INTRODUÇÃO À ECONOMIA

O GEN | Grupo Editorial Nacional – maior plataforma editorial brasileira no segmento científico, técnico e profissional – publica conteúdos nas áreas de ciências sociais aplicadas, exatas, humanas, jurídicas e da saúde, além de prover serviços direcionados à educação continuada e à preparação para concursos.

As editoras que integram o GEN, das mais respeitadas no mercado editorial, construíram catálogos inigualáveis, com obras decisivas para a formação acadêmica e o aperfeiçoamento de várias gerações de profissionais e estudantes, tendo se tornado sinônimo de qualidade e seriedade.

A missão do GEN e dos núcleos de conteúdo que o compõem é prover a melhor informação científica e distribuí-la de maneira flexível e conveniente, a preços justos, gerando benefícios e servindo a autores, docentes, livreiros, funcionários, colaboradores e acionistas.

Nosso comportamento ético incondicional e nossa responsabilidade social e ambiental são reforçados pela natureza educacional de nossa atividade e dão sustentabilidade ao crescimento contínuo e à rentabilidade do grupo.

INTRODUÇÃO À ECONOMIA

Paul Krugman
Centro de Pós-Graduação da Universidade da Cidade de Nova York

Robin Wells

Revisão Técnica

Prof. Dr. Ronaldo Fiani
Professor Associado do Instituto de Economia da
Universidade Federal do Rio de Janeiro (UFRJ)

Tradução

Daniel Vieira (Capítulos 21 a 33, Soluções e Glossário)
Luiz Claudio de Queiroz Faria (Introdução e Capítulos 1 a 20)

Sexta edição

gen | atlas

- Os autores deste livro e a editora empenharam seus melhores esforços para assegurar que as informações e os procedimentos apresentados no texto estejam em acordo com os padrões aceitos à época da publicação. Entretanto, tendo em conta a evolução das ciências, as atualizações legislativas, as mudanças regulamentares governamentais e o constante fluxo de novas informações sobre os temas que constam do livro, recomendamos enfaticamente que os leitores consultem sempre outras fontes fidedignas, de modo a se certificarem de que as informações contidas no texto estão corretas e de que não houve alterações nas recomendações ou na legislação regulamentadora.
- Data do fechamento do livro: 05/12/2022
- Os autores e a editora se empenharam para citar adequadamente e dar o devido crédito a todos os detentores de direitos autorais de qualquer material utilizado neste livro, dispondo-se a possíveis acertos posteriores caso, inadvertida e involuntariamente, a identificação de algum deles tenha sido omitida.
- **Atendimento ao cliente: (11) 5080-0751 | faleconosco@grupogen.com.br**
- Traduzido de
  ECONOMICS, 6e
  First published in the United States by Worth Publishers

  ISBN: 978-1-319-24494-1

  GEN | Grupo Editorial Nacional S.A.
  Publicado pelo selo Editora Atlas Ltda.
  Travessa do Ouvidor, 11
  Rio de Janeiro – RJ – CEP 20040-040
  www.grupogen.com.br

- Capa: Joyce Matos
- Imagens da capa: iStock (©Matheus Obst; ©ipopba; ©Prostock-Studio; ©Kerkez; ©AlexRaths; ©gorodenkoff; ©OlenaMykhaylova; ©caio acquesta; ©alphaspirit; ©Fahroni; justocker; ©Dilok Klaisataporn; ©Evgenii Mitroshin; ©Petmal; ©Bilanol; ©Artur Nichiporenko)
- Editoração eletrônica: Eramos Serviços Editoriais
- Ficha catalográfica

K95i
6. ed.

Krugman, Paul
Introdução à economia / Paul Krugman, Robin Wells ; revisão técnica Ronaldo Fiani ; tradução Daniel Vieira, Luiz Claudio de Queiroz Faria. - 6. ed. - Barueri [SP] : Atlas, 2023.

Tradução de: Economics
Apêndice
Inclui índice
ISBN 978-85-9515-114-7

1. Economia. I. Wells, Robin. II. Fiani, Ronaldo. III. Vieira, Daniel. IV. Faria, Luiz Claudio de Queiroz. V. Título.

22-81092 CDD: 330
CDU: 330

Meri Gleice Rodrigues de Souza - Bibliotecária - CRB-7/6439

Sobre os Autores

PAUL KRUGMAN, que recebeu o Prêmio Nobel de Economia em 2008,[1] é membro docente do Centro de Pós-Graduação da Universidade da Cidade de Nova York, associado ao Luxembourg Income Study, que acompanha e analisa a desigualdade de renda em todo o mundo. Antes disso, ele lecionou na Universidade de Princeton durante 14 anos. Formou-se na Universidade Yale e tem PhD do MIT. Antes de sua posição atual, lecionou nas Universidades Yale, Stanford e no MIT. Pertenceu por 1 ano aos quadros do Conselho de Assessores Econômicos da Presidência dos Estados Unidos em 1982-1983. Suas pesquisas incluíram trabalhos que revolucionaram os padrões de análise acerca do comércio internacional, da geografia econômica e das crises monetárias. Em 1991, Krugman recebeu a medalha John Bates Clark da Associação Econômica Americana. Além das aulas e da pesquisa acadêmica, escreve extensamente para o público leigo. Krugman é colunista regular do *New York Times*. Seus livros comerciais mais vendidos incluem *Um basta à depressão econômica!*, *A crise de 2008 e a economia da depressão* – uma história de problemas econômicos recentes e suas implicações para a política econômica – e *A consciência de um liberal*, estudo da economia política da desigualdade econômica e sua relação com a polarização política desde a Era Dourada[2] até o presente. Seus livros anteriores, *Vendendo prosperidade* e *A era do conformismo: as expectativas econômicas frustradas*, se tornaram clássicos modernos.

ROBIN WELLS lecionou e fez pesquisa em Economia na Universidade de Princeton. Formou-se na Universidade de Chicago e tem PhD pela Universidade da Califórnia em Berkeley; fez pesquisa de pós-doutorado no MIT. Deu aula nas Universidades de Michigan, de Southampton (Reino Unido), Stanford e no MIT.

[1]N.R.T.: Trata-se, na verdade, do Prêmio do Banco da Suécia para as Ciências Econômicas em Memória de Alfred Nobel, e não do famoso Prêmio Nobel que é concedido nos ramos da Química, Literatura, Paz, Física e Medicina, e que é pago pela Fundação Nobel. Apesar disso, a Academia de Ciências da Suécia tem afirmado que o processo de escolha dos vencedores é semelhante ao processo do Prêmio Nobel.
[2]N.R.T.: A "Era Dourada" é como os economistas norte-americanos se referem ao período que compreende mais ou menos as três últimas décadas do século XIX nos Estados Unidos. Esse período se destacou pelo expressivo crescimento da economia norte-americana.

Visão e História do Livro

Este é um livro sobre economia como o estudo do que as pessoas fazem e como interagem; um estudo muito bem informado pela experiência do mundo real. **Estas palavras, este espírito, têm nos servido como um princípio orientador em cada edição.**

Ao mesmo tempo que muitas pequenas ideias sobre aspectos particulares da economia nos levaram a escrever este livro, também fomos levados por uma ideia maior: um manual de economia deveria ser construído em torno de narrativas, muitas delas extraídas da vida real, e nunca deveria perder de vista o fato de que a economia é, no final das contas, um conjunto de histórias sobre o que as pessoas fazem.

Muitas das histórias contadas pelos economistas assumem a forma de modelos – seja lá para o que se destinem, os modelos econômicos são histórias a respeito de como o mundo funciona. Mas acreditamos que a compreensão e a avaliação dos modelos pelos estudantes serão muito melhores se eles forem apresentados, na medida do possível, no contexto das histórias do mundo real que tanto ilustram conceitos econômicos e abordam as preocupações que todos nós enfrentamos ao viver num mundo moldado pelas forças econômicas. Em 2020, a interação entre a economia e a nossa vida cotidiana tornou-se mais clara do que nunca, já que a pandemia de coronavírus afetou a todos nós, no mundo inteiro.

Você encontrará uma grande variedade de histórias na abertura de cada capítulo e nas seções *Economia em Ação*, *Para Mentes Curiosas*, *Comparação Global* e *Caso Empresarial*. Como sempre, incluímos muitas histórias novas e atualizamos outras. Também integramos uma perspectiva internacional ao longo de todo o processo, mais amplamente do que nunca. Dirigimos um novo foco à forma como os aumentos no potencial da economia levam ao crescimento de longo prazo, destacado como um princípio no Capítulo 1 e depois em todo o texto. Uma visão geral dos tipos de análises baseadas em narrativas apresentadas no texto está na próxima seção, *Engajar os Estudantes no Estudo da Economia*.

Também incluímos recursos pedagógicos que reforçam a aprendizagem. Por exemplo, cada seção principal termina com três elementos relacionados, concebidos com o aluno no centro: (1) *Economia em Ação*: uma aplicação do mundo real para ajudar os estudantes a alcançarem compreensão mais completa dos conceitos que acabaram de ler; (2) *Revisão Rápida* das principais ideias em forma de lista; e (3) *Teste seu Entendimento*, com perguntas de autoavaliação e respostas no fim do livro.

Os problemas para estímulo do raciocínio no fim de cada capítulo são outra característica importante. O recurso *Resolva* aparece no final dos problemas do capítulo e auxilia na solução de problemas selecionados do texto. Uma visão geral dos instrumentos de aprendizagem da obra está mais adiante, na seção *Engajar os estudantes com ferramentas de aprendizagem eficazes*.

Todos os recursos foram concebidos com o objetivo de apoiar o ensino de professores e o aprendizado dos alunos nos fundamentos dos cursos de economia.

Esperamos que sua experiência com este texto seja boa. Obrigado por apresentá-lo em sua sala de aula.

Paul Krugman   Robin Wells

Engajar os Estudantes no Estudo do Livro

Estamos comprometidos com a crença de que os estudantes aprendem melhor com um programa completo de livros didáticos construído em torno de narrativas, impregnado de fatos da vida real e eventos atuais, com forte ênfase em assuntos globais e com tecnologia comprovada que os ajuda a alcançar o sucesso.

Abordagem Narrativa

Este é um livro didático construído em torno de narrativas e histórias, muitas delas extraídas da vida real. Em cada capítulo, histórias são utilizadas para ensinar conceitos centrais e motivar o aprendizado. Acreditamos que a melhor maneira de introduzir conceitos e reforçá-los é por meio de histórias memoráveis, do mundo real; os estudantes se relacionam mais facilmente com elas.

Foco Global

Este livro é inigualável na atenção dispensada aos assuntos globais. Integramos completamente ao texto uma perspectiva internacional, nas inúmeras aplicações, casos, histórias e, é claro, no recurso *Comparação Global* com base em dados.

O Que Há de Novo na Sexta Edição?

Eventos atuais emoldurados pelos melhores comunicadores de economia do mundo. Nenhum outro texto permanece tão atual quanto este. A presente edição inclui uma cobertura essencial dos efeitos globais da Covid-19.

Um compromisso mais forte para ampliar a compreensão dos estudantes sobre a economia global. Com visão e clareza inigualáveis, os autores usam sua abordagem narrativa marcante a fim de levar os alunos para fora da sala de aula e para dentro de nosso mundo global, começando no Capítulo 1 com um novo princípio sobre como os aumentos no potencial da economia levam ao crescimento econômico ao longo do tempo. Para refletir nosso mundo em rápida mudança, há uma seção ampliada sobre poder de mercado e economia digital e um novo olhar incisivo sobre externalidades e crescimento em longo prazo. Além disso, há uma ampla cobertura dos impactos econômicos e das respostas políticas à pandemia.

Engajar os Estudantes com uma Abordagem Narrativa

3 Oferta e Demanda

ALTOS E BAIXOS DO GÁS NATURAL

POR QUASE UMA DÉCADA, o condado de Karnes, no Texas, experimentou uma montanha-russa econômica. De 2010 a 2018, o condado do Texas, que fica perto de duas grandes formações geológicas de petróleo, passou de um ciclo de "altos e baixos" para a recuperação. O que explica as rápidas mudanças foi o advento do fraturamento hidráulico.

De 2010 a 2015, o condado de Karnes passou por um ciclo extremo de altos e baixos, já que o preço do gás natural (por mil pés cúbicos) passou de quase US$ 8 para menos de US$ 2 por causa do fraturamento. *Fraturamento* é um método de extração de gás natural de depósitos aprisionados entre camadas de rocha de xisto a milhares de metros de profundidade, utilizando poderosos jatos de água carregada de produtos químicos. Durante quase um século nos Estados Unidos, vastos depósitos de gás natural dentro dessas formações de xisto ficaram inexplorados porque a perfuração deles era muito difícil.

Foi apenas há cerca de 80 anos que novas tecnologias de perfuração tornaram possível alcançar esses depósitos profundamente incrustados. Mas o que finalmente impulsionou as empresas de energia a investir nessas novas tecnologias de extração foi um aumento no preço do gás natural – um aumento de quatro vezes entre 2002 e 2006. Dois fatores principais explicam o aumento: a demanda por gás natural e a oferta de gás.

Em primeiro lugar, o lado da demanda. Em 2002, a economia dos EUA estava atolada em recessão; com a atividade econômica baixa e a perda de empregos alta, pessoas e empresas cortaram seu consumo de energia. Por exemplo, para economizar dinheiro, os proprietários de casas diminuíam seus termostatos no inverno e os aumentavam no verão. Mas, em 2006, a economia dos EUA voltou a crescer e o consumo de gás natural aumentou.

Em segundo lugar, o lado da oferta. Em 2005, o furacão Katrina devastou a costa americana do Golfo do México, local da maior parte da produção de gás natural do país na época. Assim, em 2006, a demanda de gás natural aumentou quando a oferta estava severamente reduzida. Como resultado, os preços do gás natural atingiram um pico de cerca de 14 dólares por mil pés cúbicos, muito acima dos cerca de 2 dólares em 2002.

Avançando até 2013: os preços do gás natural mais uma vez caíram para US$ 2 por mil pés cúbicos. Mas uma economia lenta não foi a razão desta vez; em vez disso, foram os avanços na tecnologia de fraturamento. De 2010 a 2012, a produção norte-americana de gás natural a partir de depósitos de xisto quase dobrou. Em 2018, os Estados Unidos haviam se tornado o maior produtor mundial de gás natural, assim como um exportador líquido de gás natural para outros países.

Apesar do aumento maciço da oferta, os preços durante 2018 giravam em torno de US$ 3,15, bem acima dos mínimos históricos de menos de US$ 2. Por quê? Porque, embora a oferta tenha aumentado, a demanda também aumentou. Primeiro, as usinas elétricas aumentaram o uso de gás natural, enquanto substituíam o carvão. Em segundo lugar, os proprietários de imóveis aumentaram o uso de gás natural no aquecimento, substituindo o óleo. E, em terceiro lugar, as exportações de gás natural dos EUA para a Europa aumentaram, dado que era mais barato do que fontes de energia comparáveis.

No entanto, os benefícios do gás natural – que incluem a criação de dezenas de milhares de novos empregos, um robusto *boom* econômico no condado de Karnes a partir de 2016 e os custos mais baixos de energia para quem antes utilizava carvão e óleo – foram acompanhados de profundas ressalvas e controvérsias sobre os efeitos ambientais do fraturamento. Embora haja claros benefícios ambientais na mudança para o gás natural (que queima de forma mais limpa que os outros combustíveis fósseis altamente poluentes, como o óleo e o carvão), o fraturamento tem trazido outro conjunto de preocupações ambientais. Uma delas é o potencial de contaminação das águas subterrâneas locais pelos produtos químicos utilizados. Outra é que o gás natural barato pode desencorajar a adoção de fontes de energia renováveis como a solar e a eólica, aumentando a dependência de combustíveis fósseis (embora tenha-se notado que um fornecimento abundante de gás natural poderia realmente aumentar a adoção de energias renováveis: as "minicentrais elétricas" movidas a gás natural podem queimar gás quando o sol não estiver brilhando ou o vento não estiver soprando).

Voltemos ao tema em questão: a oferta e a demanda de gás natural. Mas o que significam *oferta* e *demanda*? Muita gente usa os termos como uma espécie de bordão para significar "as leis de mercado em ação". Para os economistas, entretanto, o conceito de oferta e demanda tem um significado preciso: serve como modelo de comportamento de um mercado que é extremamente útil para entender muitos – mas não todos – os mercados.

Neste capítulo, apresentamos as peças que compõem o *modelo da oferta e da demanda*, juntamos essas peças e mostramos como o modelo pode ser usado. •

O QUE VOCÊ IRÁ APRENDER?

- O que é um **mercado competitivo.**
- O que são **curva de demanda** e **curva de oferta.**
- Como as curvas de oferta e de demanda determinam o **preço de equilíbrio** e a **quantidade de equilíbrio** no mercado.
- Em caso de **escassez** ou **excedente**, como o preço volta para o equilíbrio.

Figura 21.5 Um conto de duas recuperações.

Dados de: Federal Reserve Bank of St. Louis and OECD, "Main Economic Indicators—complete database."

ECONOMIA >> *em Ação*

Tempos difíceis no Brasil

A Grande Recessão afligiu quase todas as economias do mundo, embora algumas tenham sofrido mais do que outras. No entanto, às vezes cada país tem seus próprios problemas macroeconômicos. Cinco anos após o fim da recessão nos Estados Unidos, o Brasil – a potência econômica da América Latina, muitas vezes considerado um país em ascensão – entrou em uma recessão muito pior do que qualquer coisa que os Estados Unidos experimentaram no último meio século.

A Figura 21.5 compara o PIB real, uma medida da produção total da economia, na Grande Recessão dos EUA e na queda posterior do Brasil. Em cada caso, medimos a produção como uma porcentagem da produção máxima imediatamente antes de atingir a recessão. Como podemos ver, a queda no Brasil foi muito mais profunda e durou muito mais tempo.

O que causou essa queda no Brasil? Parece ter sido uma combinação de queda nos preços de alguns produtos, como a soja, que o Brasil vende no mercado mundial, com recuo dos consumidores brasileiros, que estavam endividados demais.

Mas por que a queda foi tão severa? Grande parte da resposta é que o Brasil, ao contrário dos Estados Unidos em 2007 e depois, não adotou medidas políticas

COMPARAÇÃO GLOBAL — CONFIRA NOSSOS SALÁRIOS BAIXOS, MUITO BAIXOS!

A taxa de salário mínimo nos Estados Unidos, como você pode ver no gráfico, é na verdade bastante baixa em comparação com a de outros países ricos. Como os salários mínimos são fixados em moeda nacional – o salário mínimo britânico é fixado em libras esterlinas, o salário mínimo francês é fixado em euros e assim por diante –, a comparação depende da taxa de câmbio de determinado dia. Em 2019, a Austrália tinha um salário mínimo quase duas vezes maior que o dos EUA, com a França, o Canadá e a Irlanda não muito atrás.

Você pode ver um efeito dessa diferença na fila do caixa do supermercado. Nos Estados Unidos, geralmente há alguém para empacotar suas compras – alguém normalmente lhe paga o salário mínimo ou, na melhor das hipóteses, um pouco mais. Na Europa, onde contratar um empacotador é muito mais caro, quase sempre se espera que você mesmo faça o empacotamento.

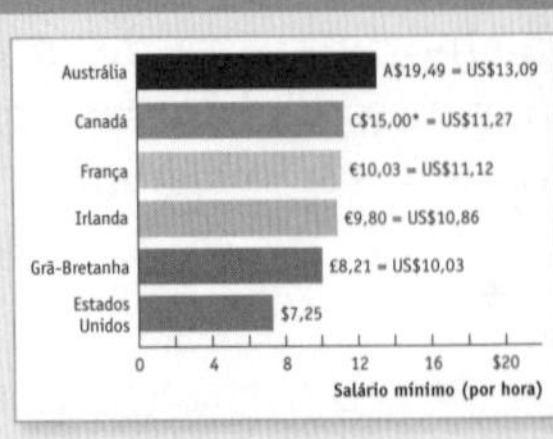

Dados de: Organization for Economic Cooperation and Development (OECD).
*O salário mínimo canadense varia de C$11,05 a C$15,00 de acordo com a província.

CASO EMPRESARIAL — A GM sobrevive

Em certa época, a General Motors (GM) foi considerada a maior corporação do mundo. Ela foi o maior empregador dos Estados Unidos; seu sucesso estava tão ligado ao da nação como um todo que, em 1953, seu CEO declarou que "o que era bom para nosso país era bom para a General Motors e vice-versa; não havia diferença".

No entanto, em 2008 a GM não era a empresa de antes. Ela não dominava mais o mercado de automóveis dos EUA, em parte graças à crescente concorrência de montadoras estrangeiras. Tinha altos custos "herdados", resultantes de contratos para pagar pensões e benefícios de saúde aos trabalhadores aposentados. E a empresa estava sangrando dinheiro, perdendo mais de US$ 30 bilhões em 2008. Parecia possível que a GM não apenas declarasse falência formal, deixando de pagar suas dívidas, mas também que entrasse em liquidação efetiva, fechando suas portas.

Os executivos da GM apelaram ao governo por ajuda e conseguiram: o governo federal forneceu quase US$ 50 bilhões em dinheiro, recebendo em troca a participação majoritária na empresa.

Houve intensa reação negativa a esse resgate, com muitos críticos prevendo que a empresa não poderia voltar, e que a ajuda fornecida à GM seria dinheiro jogado fora. No fim, porém, a GM encenou uma volta, retornando à lucratividade. Em 2010, ela pagou seus empréstimos federais e, por fim, o governo dos EUA vendeu todas as ações que havia adquirido, embora o preço que obteve por essas ações tivesse deixado os contribuintes com uma perda total de US$ 10 bilhões.

Por que a GM conseguiu sobreviver e se tornar lucrativa novamente? A empresa empreendeu uma série de medidas de corte de gastos. Mas o principal segredo de sua recuperação é que 2008 foi um ano excepcionalmente ruim para a indústria automobilística e que as coisas melhoraram muito nos anos seguintes.

Figura 21.11 Vendas de automóveis e utilitários, 1976-2019.

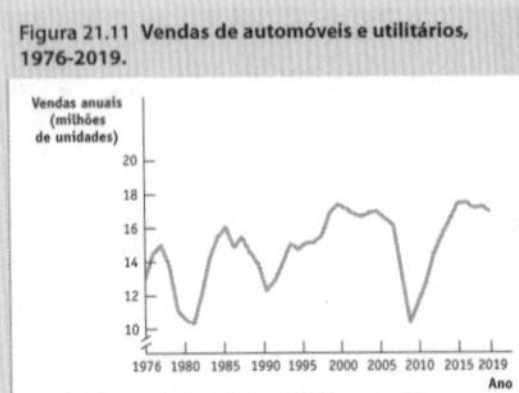

Dados de: Federal Reserve Bank of St. Louis and Bureau of Economic Analysis.

O ponto principal é que as vendas de automóveis são muito sensíveis ao estado da economia. Quando a economia como um todo tropeça e os trabalhadores perdem seus empregos ou estão preocupados com uma futura perda de empregos, eles tendem a adiar a compra de um carro novo. A Figura 21.11 mostra o total de vendas de veículos leves nos EUA (que inclui carros de passageiros e SUVs) nas últimas décadas. Como você pode ver, as vendas caíram bastante – cerca de 40% – durante a Grande Recessão, muito mais do que a economia como um todo. Era previsível, no entanto, que as vendas aumentariam novamente se e quando a economia se recuperasse.

A perspectiva de rápido crescimento nas vendas se a economia se recuperasse é o que tornou o resgate da GM em 2009 uma aposta melhor do que olhar para as perdas da empresa. Apesar de seu retorno, a empresa não é nada como o colosso que era antes. Mas ela sobreviveu.

QUESTÕES PARA PENSAR

1. Embora as vendas de muitos produtos tenham caído durante a Grande Recessão, os carros tiveram um impacto muito maior do que os mantimentos. Por quê?
2. Observando a Figura 21.11, você pode ver que as vendas de carros caíram muito menos durante as duas recessões anteriores do que durante a Grande Recessão. O que explica essa diferença?
3. A General Motors, de forma um tanto incomum para empresas norte-americanas fora do setor bancário, empregou de forma regular um economista altamente conceituado que, entre outras coisas, ajuda a economia a fazer previsões. (Em 2019, o cargo era ocupado por Elaine Buckberg, ex-aluna de um dos autores.) Por que você acha que a GM poderia dar mais prioridade à análise econômica do que, digamos, o Walmart?

623

- Para engajar os estudantes, cada capítulo começa com uma história envolvente. As perguntas nos quadros *O que você irá aprender?* ajudam os alunos a se concentrarem nos conceitos-chave do capítulo.
- Para que os estudantes possam ver imediatamente os conceitos econômicos aplicados no mundo real, as aplicações de *Economia em Ação* aparecem ao longo dos capítulos.
- Para oferecer aos estudantes uma perspectiva internacional, o recurso *Comparação Global* utiliza dados e gráficos para ilustrar por que os países atingem resultados econômicos diferentes.
- Para que os estudantes possam ver os princípios econômicos fundamentais aplicados a situações reais de negócios, cada capítulo é concluído com um *Caso Empresarial*.

Engajar os Estudantes com Ferramentas de Aprendizagem Eficazes

- Para reforçar o aprendizado, as seções principais dos capítulos terminam com três ferramentas: uma aplicação de conceitos-chave na *Economia em Ação*; uma *Revisão Rápida* dos conceitos-chave; e uma verificação de compreensão com as perguntas de *Teste seu Entendimento*. As soluções para essas questões aparecem ao fim do livro.
- As *Armadilhas* ensinam os estudantes a identificar e evitar mal-entendidos comuns sobre conceitos econômicos.
- Os problemas de construção de habilidades do recurso *Resolva*, no final de cada capítulo, auxiliam na solução de problemas selecionados do texto.

ECONOMIA >> *em Ação*

Espere, depois se apresse, e espere novamente

Em uma cidade densamente povoada como Nova York, muito pouca gente possui carro. Os nova-iorquinos normalmente dependem de metrôs e ônibus, táxis locais ou caminhadas para chegar aonde precisam ir. No entanto, cada uma dessas formas de transporte tem inconvenientes: o metrô é frequentemente atormentado por atrasos, os ônibus podem ser lentos, os táxis são caros e difíceis de encontrar durante os horários de pico das viagens, e caminhar longas distâncias leva tempo e não é ideal em condições climáticas adversas.

Como era de se esperar, o mercado de transporte mudou drasticamente com a chegada de serviços de transporte como Uber e Lyft, que se tornaram muito populares em cidades como Nova York. Embarcar em um Uber é visto como forma de chegar aonde você precisa ir mais rapidamente. Em 2018, havia mais de 65 mil veículos filiados à Uber em Nova York, proporcionando uma média de 400 mil corridas por dia. O número de nova-iorquinos que usam transporte público diminuiu.

No entanto, a popularidade dos serviços de transporte de passageiros gerou um grande inconveniente. Com tantos veículos a mais nas ruas, o congestionamento do trânsito aumentou drasticamente. Um estudo divulgado em 2018 concluiu que, em nove grandes áreas metropolitanas densamente povoadas (Boston, Chicago, Filadélfia, Los Angeles, Miami, Nova Yorlk, São Francisco, Seattle e Washington), houve aumento geral de 160% na condução de automóveis pelas ruas da cidade. As autoridades municipais de transporte de Nova York descrevem a cidade como "aleijada" pelo congestionamento de trânsito e apontam para uma redução de 40% na velocidade de deslocamento em Manhattan.

Trata-se de um resultado que os planejadores de tráfego consideram previsível. Graças aos novos aplicativos de transporte que induzem mais circulação de automóveis e levam a um influxo de novos carros nas ruas da cidade, os motoristas que procuram uma viagem rápida em um táxi estão descobrindo que seu tempo de deslocamento aumentou, tornando o ônibus, o metrô ou as opções de locomoção a pé novamente atraentes. Com os tempos de viagem mais ou menos longos de volta ao ponto de partida antes do aparecimento dos serviços de transporte, foi alcançado um novo equilíbrio no qual os tempos de viagem por meio de todos os modais disponíveis permanecem inalterados. Esse resultado previsível se assemelha ao que os planejadores de tráfego chamam de *lei fundamental do congestionamento de trânsito*: se uma cidade constrói mais vias, isso induz a mais circulação de veículos, e este aumento no tráfego continua até que um novo equilíbrio seja alcançado, com os tempos de viagem mais ou menos de volta ao ponto de partida. Quer se trate de um novo aplicativo de transporte ou de ruas recém-abertas que induzam a mais circulação, o resultado é que um novo equilíbrio é alcançado, no qual os tempos de viagem por todos os meios de transporte disponíveis permanecem inalterados.

Para quem esperava que os serviços de transporte rodoviário tornassem o deslocamento mais rápido e fácil, tal resultado é desencorajador. É, entretanto, uma boa ilustração da importância de se pensar em equilíbrio.

>> *Revisão Rápida*

- A maioria das situações econômicas envolve a **interação** das escolhas feitas pelos indivíduos, cujo resultado pode ser bem diferente do originalmente pretendido. Em uma economia de mercado, ela toma a forma de **comércio** entre os indivíduos.
- Os indivíduos negociam porque ocorrem **ganhos com o comércio.** Ganhos com o comércio resultam da **especialização.** Os mercados normalmente se movem em direção ao **equilíbrio** porque as pessoas exploram ganhos do comércio.
- Para alcançar os objetivos da sociedade, o uso dos recursos deve ser **eficiente.** Mas a **equidade**

ARMADILHAS

A COMPARAÇÃO MARGINAL CORRETA

A análise marginal nos ajuda em decisões de "quanto" comparando custos e benefícios na margem: o *benefício* de fazer um pouco mais *versus* o *custo* de fazer um pouco mais. Contudo, a forma da análise marginal pode ser diferente, dependendo de estarmos tomando uma decisão de produção que maximiza lucros ou uma decisão de consumo que maximiza a utilidade. Vamos rever essa diferença, para que ela fique clara, voltando a um exemplo no Capítulo 9.

No Capítulo 9, a decisão de Alexa era uma decisão de produção, pois o problema com que se defrontava era o de maximizar o lucro obtido com número de anos de estudo. A quantidade ótima de anos que maximizava seu lucro foi encontrada usando análise marginal: na quantidade ótima, o benefício marginal de mais um ano de estudo era igual ao seu custo marginal. Alexa não tinha uma restrição orçamentária, pois ela sempre podia pegar empréstimo para financiar mais um ano de estudo.

Se a maneira pela qual resolvemos o problema de produção de Alexa fosse aplicada, sem modificações, ao problema de consumo de Sammy, poderia haver a tentação de dizer que o pacote ótimo de consumo de Sammy é aquele em que a utilidade marginal dos rolinhos é igual à utilidade marginal do refrigerante; ou em que a utilidade marginal dos rolinhos é igual ao preço do refrigerante. No entanto, essas duas afirmações são erradas, porque não levam em conta a restrição orçamentária de Sammy.

Geralmente, ao contrário dos produtores, os consumidores enfrentam restrições orçamentárias. Consumir maior quantidade de um bem exige consumir menor quantidade de outro. Portanto, o objetivo do consumidor é maximizar a utilidade que o seu orçamento limitado pode oferecer. A maneira correta de encontrar o pacote ótimo de consumo é chegar aonde a *utilidade marginal por unidade monetária* é a mesma para todos os bens do pacote.

Quando é satisfeita essa condição, a satisfação obtida por unidade de moeda é a mesma para todos os bens e serviços consumidos. Só então não haverá maneira de rearranjar o consumo e obter mais utilidade com o orçamento.

RESOLVA

12. a. A tabela a seguir mostra o produto interno bruto (PIB), a renda disponível (*YD*), o gasto de consumo (*C*) e o gasto planejado de investimento (I_{Plan}) em uma economia. Suponha que não haja governo nem comércio exterior nessa economia. Complete a tabela calculando o gasto agregado planejado (AE_{Plan}) e o investimento não planejado em estoques ($I_{NãoPlan}$).

b. Qual é a função de consumo agregado?

c. Qual é o Y^*, PIB de equilíbrio renda-despesa?

d. Qual o valor do multiplicador?

e. Se os gastos planejados com investimentos caírem para US$ 200 bilhões, qual será o novo Y^*?

f. Se o gasto autônomo do consumidor aumentar para $200 bilhões, qual será o novo Y^*?

PIB	*YD*	*C*	I_{Plan}	AE_{Plan}	$I_{NãoPlan}$
(bilhões de dólares)					
$ 0	$ 0	$ 100	$ 300	?	?
400	400	400	300	?	?
800	800	700	300	?	?
1.200	1.200	1.000	300	?	?
1.600	1.600	1.300	300	?	?
2.000	2.000	1.600	300	?	?
2.400	2.400	1.900	300	?	?
2.800	2.800	2.200	300	?	?
3.200	3.200	2.500	300	?	?

Agradecimentos

Nossos profundos e sinceros agradecimentos vão para **Ryan Herzog**, Gonzaga University, por seu trabalho árduo e suas extensas contribuições durante cada etapa desta publicação. A criatividade e os *insights* de Ryan nos ajudaram a tornar possível esta sexta edição. Agradecimentos especiais ao nosso verificador de provas de página, Thomas Dunn, por sua cuidadosa atenção aos detalhes.

Devemos também agradecer às muitas pessoas da Worth Publishers por seu trabalho nesta edição: Chuck Linsmeier, Shani Fisher, Simon Glick, Sharon Balbos, Lukia Kliossis, Ann Kirby-Payne, Stephany Harrington, Amanda Gaglione e Joshua Hill no editorial. Agradecemos a Clay Bolton e Travis Long por sua defesa entusiástica e incansável deste livro. Muito obrigado às incríveis equipes de produção, *design*, fotografia e produção de mídia: Tracey Kuehn, Lisa Kinne, Susan Wein, Paul Rohloff, Martha Emry, Diana Blume, Natasha Wolfe, Deb Heimann, Cecilia Varas, Richard Fox e Andrew Vaccaro. Nossos profundos e sinceros agradecimentos aos seguintes leitores críticos, cujas opiniões nos ajudaram a moldar esta sexta edição:

Brandon Addison, *Providence Christian College*
Gabriel Azarlian, *California State University, Northridge*
Nestor Azcona, *Providence College*
Christopher Blake, *Oxford College of Emory University*
Bruce Brown, *Santa Monica College*
Terry Brownschidle, *Rider University, Lawrenceville*
Don Carlson, *Williams College*
Humza Chohan, *Coastline Community College*
Brandyn Churchill, *Vanderbilt University*
Charlie Cowell, *Western Iowa Tech Community College*
Meredith Crane, *Cincinnati State Technical & Community College*
Finley Edwards, *Baylor University*
Wayne Edwards, *University of Vermont*
Cynthia Foreman, *Clark College*
Julie Gonzalez, *University of California, Santa Cruz*
Robert Gordon, *Northwestern University, Evanston*
Timothy Haase, *Ramapo College of New Jersey*
Niree Kodaverdian, *Pomona College*
Janet Koscianski, *Shippensburg University of Pennsylvania*
Zhen Li, *Albion College*
Lok Man Lo, *San Francisco State University*
Mark Miller, *Ramapo College of New Jersey*
Margaret Morgan-Davie, *Hamilton College, Clinton*
Michael Nichols, *Baker College of Jackson*
Sanjay Paul, *Elizabethtown College*
Michael Polcen, *Northern Virginia Community College, Loudoun*
Collin Rabe, *University of Richmond*
Edward Raupp, *Great Bay Community College*
Jack Reardon, *University of Wisconsin, Eau Claire*
Jeff Sarbaum, *University of North Carolina, Greensboro*
Angela Seidel, *St. Francis College, Loretto*
Ali Shahnawaz, *California State University, Chico*
Jeffrey Stewart, *University of Dayton*
John Tarchick, *Wayne State University*
John Vahaly, *University of Louisville*
Yongqing Wang, *University of Wisconsin, Milwaukee at Waukesha*
Anne M. Wenzel, *San Francisco State University*
Deborah Wright, *Southeastern Community College*
Luo Yilan, *Cerritos College*

Somos gratos aos seguintes revisores, participantes de grupos focais e outros consultores, por suas sugestões e conselhos sobre edições anteriores:

Carlos Aguilar, *El Paso Community College*
Seemi Ahmad, *Dutchess Community College*
Barbara Alexander, *Babson College*
Terence Alexander, *Iowa State University*
Innocentus Alhamis, *Southern New Hampshire University*
Osbourne Allen, *Miami Dade College*
Morris Altman, *University of Saskatchewan*
Farhad Ameen, *State University of New York, Westchester Community College*
Giuliana Campanelli Andreopoulos, *William Patterson University*
Becca Arnold, *San Diego Mesa College*
Dean Baim, *Pepperdine University*
Jeremy Baker, *Owens Community College*
Christopher P. Ball, *Quinnipiac University*
David Barber, *Quinnipiac University*
Jim Barbour, *Elon University*
Sandra Barone, *Gonzaga University*
Janis Barry-Figuero, *Fordham University at Lincoln Center*
Sue Bartlett, *University of South Florida*
Hamid Bastin, *Shippensburg University*
Scott Beaulier, *Mercer University*
Klaus Becker, *Texas Tech University*
Richard Beil, *Auburn University*
Doris Bennett, *Jacksonville State University*
David Bernotas, *University of Georgia*
Syon Bhanot, *Swarthmore College*

Joydeep Bhattacharya, *Iowa State University*
Marc Bilodeau, *Indiana University and Purdue University, Indianapolis*
Kelly Blanchard, *Purdue University*
Joanne Blankenship, *State Fair Community College*
Emma Bojinova, *Canisius College*
Michael Bonnal, *University of Tennessee, Chattanooga*
Milicia Bookman, *Saint Joseph's University*
Ralph Bradburd, *Williams College*
Mark Brandly, *Ferris State University*
Anne Bresnock, *California State Polytechnic University, Pomona*
Stacey Brook, *University of Iowa*
Kevin Brown, *Asbury University*
Douglas M. Brown, *Georgetown University*
Joseph Calhoun, *Florida State University*
Colleen Callahan, *American University*
Charles Campbell, *Mississippi State University*
Douglas Campbell, *University of Memphis*
Randall Campbell, *Mississippi State University*
Kevin Carlson, *University of Massachusetts, Boston*
Joel Carton, *Florida International University*
Andrew Cassey, *Washington State University*
Shirley Cassing, *University of Pittsburgh*
Semih Cekin, *Texas Tech University*
Sewin Chan, *New York University*
Mitchell M. Charkiewicz, *Central Connecticut State University*
Joni S. Charles, *Texas State University, San Marcos*
Adhip Chaudhuri, *Georgetown University*
Basanta Chaudhuri, *Rutgers University*
Sanjukta Chaudhuri, *University of Wisconsin, Eau Claire*
Eric Chiang, *Florida Atlantic University*
Hayley H. Chouinard, *Washington State University*
Abdur Chowdhury, *Marquette University*
Kenny Christianson, *Binghamton University*
Lisa Citron, *Cascadia Community College*
Timothy Classen, *Loyola University Chicago*
Maryanne Clifford, *Eastern Connecticut State University*
Steven L. Cobb, *University of North Texas*
Greg Colson, *University of Georgia*
Barbara Z. Connolly, *Westchester Community College*
Stephen Conroy, *University of San Diego*
Thomas E. Cooper, *Georgetown University*
Cesar Corredor, *Texas A&M University and University of Texas, Tyler*
Chad Cotti, *University of Wisconsin, Oshkosh*
Jim F. Couch, *University of Northern Alabama*
Patrick Crowley, *Texas A&M University, Corpus Christi*
Attila Cseh, *Valdosta State University*
Maria DaCosta, *University of Wisconsin, Eau Claire*
Daniel Daly, *Regis University*
Dixie Dalton, *Southside Virginia Community College*
H. Evren Damar, *Pacific Lutheran University*
James P. D'Angelo, *University of Cincinnati*
Antony Davies, *Duquesne University*
Greg Delemeester, *Marietta College*
Sean D'Evelyn, *Loyola Marymount University*
Ronald Dieter, *Iowa State University*
Joseph Dipoli, *Salem State University*
Patrick Dolenc, *Keene State College*
Christine Doyle-Burke, *Framingham State College*
Ding Du, *South Dakota State University*
Jerry Dunn, *Southwestern Oklahoma State University*
Thomas Dunn
Robert R. Dunn, *Washington and Jefferson College*
Christina Edmundson, *North Idaho College*
Hossein Eftekari, *University of Wisconsin, River Falls*
Ann Eike, *University of Kentucky*
Harold Elder, *University of Alabama*
Tisha L. N. Emerson, *Baylor University*
Hadi Salehi Esfahani, *University of Illinois*
Mark Evans, *California State University, Bakersfield*
Mohammadmahdi Farsiabi, *Wayne State University*
William Feipel, *Illinois Central College*
Rudy Fichtenbaum, *Wright State University*
David W. Findlay, *Colby College*
Mary Flannery, *University of California, Santa Cruz*
Sherman Folland, *Oakland University*
Cynthia Foreman, *Clark College*
Irene Foster, *George Washington University*
Robert Francis, *Shoreline Community College*
Amanda Freeman, *Kansas State University*
Shelby Frost, *Georgia State University*
John Gahagan, *Shoreline Community College*
Frank Gallant, *George Fox University*
Robert Gazzale, *Williams College*
Bruce Gervais, *California State University, Sacramento*
Satyajit Ghosh, *University of Scranton*
Stuart Glosser, *University of Wisconsin, Whitewater*
Robert Godby, *University of Wyoming*
Fidel Gonzalez, *Sam Houston State University*
Julie Gonzalez, *University of California, Santa Cruz*
Michael G. Goode, *Central Piedmont Community College*
Douglas E. Goodman, *University of Puget Sound*
Marvin Gordon, *University of Illinois at Chicago*
Kathryn Graddy, *Brandeis University*
Alan Gummerson, *Florida International University*
Jason Gurtovoy, *Cerritos College*
Eran Guse, *West Virginia University*
Ian Haberman, *Hunter College*
Alan Day Haight, *State University of New York, Cortland*
Mehdi Haririan, *Bloomsburg University*
Robert Harris, *Indiana University and Purdue University, Indianapolis*
Hadley Hartman, *Santa Fe College*
Clyde A. Haulman, *College of William and Mary*
Richard R. Hawkins, *University of West Florida*
Mickey A. Hepner, *University of Central Oklahoma*
Ryan Herzog, *Gonzaga University*
Michael Hilmer, *San Diego State University*
Tia Hilmer, *San Diego State University*
Jane Himarios, *University of Texas, Arlington*

Jim Holcomb, *University of Texas, El Paso*
Don Holley, *Boise State University*
Alexander Holmes, *University of Oklahoma*
Julie Holzner, *Los Angeles City College*
Robert N. Horn, *James Madison University*
Scott Houser, *Colorado School of Mines*
Grover Howard, *Shoreline Community College*
Steven Husted, *University of Pittsburgh*
Hiro Ito, *Portland State University*
Ali Jalili, *New England College*
Mike Javanmard, *Rio Hondo Community College*
Mervin Jebaraj, *University of Arkansas*
Jonatan Jelen, *The City College of New York*
Carl Jensen, *Seton Hall University*
Robert T. Jerome, *James Madison University*
Donn Johnson, *Quinnipiac University*
Shirley Johnson-Lans, *Vassar College*
David Kalist, *Shippensburg University*
Lillian Kamal, *Northwestern University*
Roger T. Kaufman, *Smith College*
Dennis Kaufman, *University of Wisconsin, Parkside*
Elizabeth Sawyer Kelly, *University of Wisconsin, Madison*
Herb Kessel, *St. Michael's College*
Farida Khan, *University of Wisconsin, Parkside*
Ara Khanjian, *Ventura College*
Rehim Kilic, *Georgia Institute of Technology*
Grace Kim, *University of Michigan, Dearborn*
Miles Kimball, *University of Michigan*
Michael Kimmitt, *University of Hawaii, Manoa*
Robert Kling, *Colorado State University*
Colin Knapp, *University of Florida*
Janet Koscianski, *Shippensburg University*
Sherrie Kossoudji, *University of Michigan*
Stephan Kroll, *Colorado State University*
Charles Kroncke, *College of Mount Saint Joseph*
Reuben Kyle, *Middle Tennessee State University (retired)*
Katherine Lande-Schmeiser, *University of Minnesota, Twin Cities*
Vicky Langston, *Columbus State University*
Richard B. Le, *Cosumnes River College*
Yu-Feng Lee, *New Mexico State University*
David Lehr, *Longwood College*
Mary Jane Lenon, *Providence College*
Noreen Lephardt, *Marquette University*
Mary H. Lesser, *Iona College*
An Li, *Keene State College*
Liaoliao Li, *Kutztown University*
Solina Lindahl, *California Polytechnic Institute, San Luis Obispo*
Haiyong Liu, *East Carolina University*
Jane S. Lopus, *California State University, East Bay*
Fernando Lozano, *Claremont McKenna College*
María José Luengo-Prado, *Northeastern University*
Volodymyr Lugovskyy, *Indiana University*
Rotua Lumbantobing, *North Carolina State University*
Ed Lyell, *Adams State College*
Martin Ma, *Washington State University*
John Marangos, *Colorado State University*
Stephen Marks, *Claremont McKenna College*
Ralph D. May, *Southwestern Oklahoma State University*
Mark E. McBride, *Miami University (Ohio)*
Wayne McCaffery, *University of Wisconsin, Madison*
Larry McRae, *Appalachian State University*
Mary Ruth J. McRae, *Appalachian State University*
Ellen E. Meade, *American University*
Meghan Millea, *Mississippi State University*
Ashley Miller, *Mount Holyoke College*
Norman C. Miller, *Miami University (Ohio)*
Michael Mogavero, *University of Notre Dame*
Khan A. Mohabbat, *Northern Illinois University*
Ross Mohr, *Chapman University*
Myra L. Moore, *University of Georgia*
Jay Morris, *Champlain College in Burlington*
Akira Motomura, *Stonehill College*
Gary Murphy, *Case Western Reserve University*
Kevin J. Murphy, *Oakland University*
Robert Murphy, *Boston College*
Ranganath Murthy, *Bucknell University*
Anna Musatti, *Columbia University*
Christopher Mushrush, *Illinois State University*
Anthony Myatt, *University of New Brunswick, Canada*
Steven Nafziger, *Williams College*
Soloman Namala, *Cerritos College*
Kathryn Nantz, *Fairfield University*
ABM Nasir, *North Carolina Central University*
Gerardo Nebbia, *El Camino College*
Pattabiraman Neelakantan, *East Stroudsburg University*
Randy A. Nelson, *Colby College*
Charles Newton, *Houston Community College*
Daniel X. Nguyen, *Purdue University*
Pamela Nickless, *University of North Carolina, Asheville*
Dmitri Nizovtsev, *Washburn University*
Nick Noble, *Miami University (Ohio)*
Gerald Nyambane, *Davenport University*
Fola Odebunmi, *Cypress College*
Thomas A. Odegaard, *Baylor University*
Constantin Oglobin, *Georgia Southern University*
Charles C. Okeke, *College of Southern Nevada*
Alexandre Olbrecht, *Ramapo College of New Jersey*
Terry Olson, *Truman State University*
Una Okonkwo Osili, *Indiana University and Purdue University, Indianapolis*
Ram Orzach, *Oakland University*
Maxwell Oteng, *University of California, Davis*
Tomi Ovaska, *Youngstown State University*
P. Marcelo Oviedo, *Iowa State University*
Jeff Owen, *Gustavus Adolphus College*
Orgul Demet Ozturk, *University of South Carolina*
Jennifer Pakula, *Cerritos College*
James Palmieri, *Simpson College*
Walter G. Park, *American University*
Elliott Parker, *University of Nevada, Reno*
Tim Payne, *Shoreline College*
Sonia Pereira, *Barnard College, Columbia University*

Michael Perelman, *California State University, Chico*
Nathan Perry, *Utah State University*
Brian Peterson, *Central College*
Dean Peterson, *Seattle University*
Ken Peterson, *Furman University*
David Pieper, *City College of San Francisco*
Paul Pieper, *University of Illinois at Chicago*
Dennis L. Placone, *Clemson University*
Michael Polcen, *Northern Virginia Community College*
Linnea Polgreen, *University of Iowa*
Raymond A. Polchow, *Zane State College*
Eileen Rabach, *Santa Monica College*
Matthew Rafferty, *Quinnipiac University*
Jaishankar Raman, *Valparaiso University*
Tove Rasmussen, *Southern Maine Community College*
Margaret Ray, *Mary Washington College*
Arthur Raymond, *Muhlenberg College*
Jason Reed, *Wayne State University*
Jack Reynolds, *Navarro College*
Tim Reynolds, *Alvin Community College*
Helen Roberts, *University of Illinois at Chicago*
Greg Rose, *Sacramento City College*
Luis Rosero, *Framingham State*
Jeffrey Rubin, *Rutgers University, New Brunswick*
Rose M. Rubin, *University of Memphis*
Lynda Rush, *California State Polytechnic University, Pomona*
Matt Rutledge, *Boston College*
Michael Ryan, *Western Michigan University*
Martin Sabo, *Community College of Denver*
Sara Saderion, *Houston Community College*
Djavad Salehi-Isfahani, *Virginia Tech*
Mikael Sandberg, *University of Florida*
Michael Sattinger, *University at Albany*
Duncan Sattler, *Wilbur Wright College*
Elizabeth Sawyer-Kelly, *University of Wisconsin, Madison*
Jake Schild, *Indiana University*
Lucie Schmidt, *Williams College*
Jesse A. Schwartz, *Kennesaw State University*
Chad Settle, *University of Tulsa*
Steve Shapiro, *University of North Florida*
Robert L. Shoffner III, *Central Piedmont Community College*
Joseph Sicilian, *University of Kansas*
Zamira Simkins, *University of Wisconsin, Superior*
Aschale Siyoum, *Catholic University of America*
Judy Smrha, *Baker University*
Mark Sniderman, *Case Western Reserve University*
John Solow, *University of Iowa*
John Somers, *Portland Community College*
Ralph Sonenshine, *American University*
Stephen Stageberg, *University of Mary Washington*
Monty Stanford, *DeVry University*
Rebecca Stein, *University of Pennsylvania*
James Sterns, *Oregon State University*
William K. Tabb, *Queens College, City University of New York (retired)*
Sarinda Taengnoi, *University of Wisconsin, Oshkosh*
Daniel Talley, *Dakota State University*
Kerry Tan, *Loyola University, Maryland*
Henry Terrell, *George Washington University*
Henry Terrell, *University of Maryland*
Rebecca Achée Thornton, *University of Houston*
Michael Toma, *Armstrong Atlantic State University*
Jill Trask, *Tarrant County College—Southeast*
Julianne Treme, *University of North Carolina at Wilmington*
Brian Trinque, *University of Texas, Austin*
Magda Tsaneva, *Clark University*
Boone A. Turchi, *University of North Carolina, Chapel Hill*
Phillip Tussing, *Alvin Community College*
Nathaniel Udall, *Alvin Community College*
Nora Underwood, *University of Central Florida*
J. S. Uppal, *State University of New York, Albany*
John Vahaly, *University of Louisville*
Lee Van Scyoc, *University of Wisconsin, Oshkosh*
Jose J. Vazquez-Cognet, *University of Illinois, Urbana–Champaign*
Daniel Vazzana, *Georgetown College*
Sujata Verma, *Notre Dame de Namur University*
Aimee Vlachos-Bullard, *Southern Maine Community College*
Roger H. von Haefen, *North Carolina State University*
Andreas Waldkirch, *Colby College*
Christopher Waller, *University of Notre Dame*
Xiao Wang, *University of North Dakota*
Gregory Wassall, *Northeastern University*
Robert Whaples, *Wake Forest University*
Thomas White, *Assumption College*
Michael Williams, *Prairie View A&M University*
Jennifer P. Wissink, *Cornell University*
Mark Witte, *Northwestern University*
Kristen M. Wolfe, *St. Johns River Community College*
Larry Wolfenbarger, *Macon State College*
Louise B. Wolitz, *University of Texas, Austin*
Kelvin Wont, *University of Minnesota*
Hyun Woong Park, *Allegheny College*
Jadrian Wooten, *Pennsylvania State University*
Gavin Wright, *Stanford University*
Bill Yang, *Georgia Southern University*
Kristen Zaborski, *The State College of Florida*
Jason Zimmerman, *South Dakota State University*

Organização deste Livro

Para ajudar a planejar seu curso, listamos os capítulos que consideramos essenciais e opcionais, com descrições sobre o que cada um deles aborda.

Opcional

Introdução: Um Mecanismo de Crescimento e Descoberta
Introduz os alunos no estudo da economia usando o Delta do Rio das Pérolas, na China, como a história motivadora. Traz termos básicos e explica a diferença entre microeconomia e macroeconomia.

Essencial

1. **Princípios Básicos**
Descreve 12 princípios subjacentes ao estudo da economia: princípios da escolha individual, interação entre indivíduos e interação em toda a economia.

2. **Modelos Econômicos: *Trade-offs* e Comércio**
Emprega dois modelos econômicos – a fronteira de possibilidades de produção e a vantagem comparativa – como introdução a ganhos do comércio e comparações internacionais. Apresenta também o diagrama de fluxo circular.

Opcional

Apêndice do Capítulo 2: Gráficos em Economia
Uma revisão abrangente das habilidades gráficas e matemáticas para os estudantes que possam achar este histórico útil.

Essencial

3. **Oferta e Demanda**
Cobre o essencial sobre oferta, demanda, equilíbrio de mercado, excedente e escassez.

4. **Excedente do Consumidor e do Produtor**
Apresenta a eficiência do mercado, as formas como os mercados falham, o papel dos preços como sinais e os direitos de propriedade.

5. **Controle de Preços e Cotas: Intervenção nos Mercados**
Abrange intervenções no mercado e suas consequências: controles de preço e quantidade, ineficiência e perda provocada pelo peso morto.

6. **Elasticidade**
Apresenta as várias medidas de elasticidade e explica como calculá-las e interpretá-las, incluindo elasticidade-preço, elasticidade-preço cruzada da demanda, elasticidade-renda da demanda e elasticidade-preço da oferta.

7. **Impostos**
Abrange análise tributária básica juntamente com uma revisão da carga tributária e considerações de equidade *versus* eficiência. Estrutura da tributação, política fiscal e gastos públicos também são discutidos.

Opcional

8. **Comércio Internacional**
Um exame da vantagem comparativa, das tarifas e quotas, da política de proteção comercial e dos acordos comerciais internacionais, além da controvérsia sobre as importações de países com baixos salários. Com nova cobertura de hiperglobalização, UE e Brexit, deslocalização (*offshoring*) e repatriamento (*reshoring*).

Essencial

9. **Tomada de Decisões por Indivíduos e Empresas**
Enfoca a análise marginal (decisões "ou-ou então" e decisões sobre "quanto") e o conceito de custo irrecuperável, com cobertura detalhada de economia comportamental, mostrando as limitações do pensamento racional.

Opcional

Apêndice do Capítulo 9: Como Tomar Decisões Envolvendo Tempo: Compreendendo o Valor Presente
Amplia a cobertura do capítulo examinando por que as decisões que envolvem tempo são diferentes e como tomá-las.

Essencial

10. **O Consumidor Racional**
Apresenta um tratamento completo do comportamento do consumidor para quem não conhece curvas de indiferença. Inclui linha de orçamento, escolha de consumo ótimo, diminuição da utilidade marginal e efeitos de substituição.

Opcional

Apêndice do Capítulo 10: Preferências e Escolha do Consumidor
Oferece tratamento detalhado para quem deseja conhecer curvas de indiferença.

Essencial

11. **Por Trás da Curva de Oferta: Insumos e Custos**
Desenvolve a função de produção e as várias medidas de custo da empresa, incluindo a discussão da diferença entre o custo médio e o custo marginal.

12. **Competição Perfeita e Curva de Oferta**
Explica a decisão de produção da empresa perfeitamente competitiva, sua decisão de entrada/saída, a curva de oferta da indústria e o equilíbrio de um mercado perfeitamente competitivo.

13. **Monopólio**
Um tratamento completo do monopólio, incluindo tópicos como a discriminação de preços, os efeitos do monopólio sobre o bem-estar e as respostas políticas.

14. **Oligopólio**
Define o conceito de oligopólio usando exemplos atuais e reais, como o desaparecimento da OPEP. Oferece cobertura detalhada da teoria básica dos jogos, tanto em um contexto de jogo simultâneo como em um contexto de jogo repetido.

15. **Competição Monopolística e Diferenciação de Produto**
Cobertura abrangente de concorrência monopolística, decisão de entrada/saída, considerações de eficiência e publicidade, com exemplos vívidos e atuais.

16. **Externalidades**
Revisado para maior clareza e atualizado para incluir novos conteúdos sobre a economia da mudança climática. Abrange externalidades negativas e suas soluções, como a negociação Coasiana, impostos sobre emissões e um sistema de licenças negociáveis. Também explica as externalidades positivas, os transbordamentos tecnológicos e as externalidades de rede.

Essencial

17. Bens Públicos e Recursos Comuns
Explica como classificar os bens em quatro categorias (bens privados, recursos comuns, bens públicos e bens artificialmente escassos), com base na exclusividade e na rivalidade no consumo, para esclarecer por que alguns bens, mas não outros, podem ser administrados de forma eficiente pelos mercados.

Opcional

18. Análise Econômica do Estado de Bem-Estar
Significativamente revisado e atualizado, este capítulo fornece uma visão abrangente do estado de bem-estar e seus fundamentos filosóficos. Examina o problema da pobreza, a questão da desigualdade de renda e a economia da saúde, incluindo a "Lei de Cuidados Acessíveis" (*Patient Protection and Affordable Care Act*).

19. Mercados de Fatores e Distribuição de Renda e Apêndice do Capítulo 19: Análise da Oferta de Trabalho pelas Curvas de Indiferença
Aborda o modelo de salário-eficiência do mercado de trabalho, bem como a influência da educação, da discriminação e do poder de mercado. O apêndice examina o *trade-off* de mão de obra e a curva de oferta de mão de obra reversa.

20. Incerteza, Risco e Informação Privilegiada
Este capítulo singular e aplicado explica as atitudes em relação ao risco, os benefícios e limites da diversificação, bem como informações privilegiadas, seleção adversa e risco moral.

Essencial

21. Macroeconomia: Quadro Geral
Apresenta as ideias centrais da macroeconomia com uma visão geral das recessões e expansões, emprego e desemprego, crescimento a longo prazo, inflação *versus* deflação e economia internacional.

22. PIB e IPC: Monitoramento da Macroeconomia
Explica como e por que são calculados os números que os macroeconomistas utilizam, incluindo as bases da contabilidade da renda nacional e os índices de preços. Define o cenário para os próximos capítulos com uma apresentação simplificada do diagrama de fluxo circular expandido.

23. Desemprego e Inflação
Cobre a aferição do desemprego, enfatizando que criação e destruição contínuas de empregos são características das economias modernas. Examina os problemas que a inflação representa para os formuladores de políticas e para a economia.

24. Crescimento Econômico de Longo Prazo
Enfatiza uma perspectiva internacional – o crescimento econômico diz respeito ao mundo como um todo – e explica por que alguns países têm sido mais bem-sucedidos do que outros, com uma seção atualizada sobre sustentabilidade.

25. Poupança, Gastos de Investimento e Sistema Financeiro
Uma introdução aos mercados e instituições financeiras, fundos de empréstimo e a determinação das taxas de juros. Inclui a abordagem do valor presente.

Essencial

26. Renda e Despesa
Aborda os determinantes dos gastos de consumo e investimento, apresenta o diagrama de 45 graus e explica a lógica do multiplicador.

Opcional

Apêndice do Capítulo 26: Derivação Algébrica do Multiplicador
Abordagem rigorosa e matemática para derivar o multiplicador.

Essencial

27. Demanda Agregada e Oferta Agregada
Fornece o enfoque tradicional no nível de preços agregados utilizando a abordagem *AD-AS*. Além disso, discute a capacidade de a economia recuperar-se no longo prazo.

28. Política Fiscal
Fornece uma análise do papel da política fiscal discricionária, estabilizadores automáticos, questões de longo prazo de dívida e solvência, e a distinção entre déficit e dívida – com exemplos de estímulo fiscal dos EUA em resposta à pandemia do coronavírus, a Grande Recessão e austeridade fiscal na Grécia.

Opcional

Apêndice do Capítulo 28: Impostos e o Multiplicador
Uma derivação rigorosa do papel dos impostos na redução do tamanho do multiplicador e atuando como estabilizadores automáticos.

Essencial

29. Moeda, Bancos e os Bancos Centrais
Abrange as funções da moeda, as formas pelas quais os bancos criam dinheiro, a estrutura e o papel do *Federal Reserve* e de outros bancos centrais. Examina a evolução dos bancos norte-americanos com cobertura detalhada das crises bancárias. O capítulo também foi aprimorado com a integração do conteúdo do nosso capítulo, antes separado, sobre crises e consequências.

30. Política Monetária
Cobre o papel da política do Federal Reserve na gestão das taxas de juros e da demanda agregada. Faz a ponte entre o curto e o longo prazos, mostrando como as taxas de juros estabelecidas no curto prazo refletem a oferta e a demanda de economia no longo prazo.

Opcional

Apêndice do Capítulo 30: Reconciliação entre os Dois Modelos de Taxa de Juros
Explica por que o modelo de fundos de empréstimo (discussões de longo prazo) e a abordagem de preferência de liquidez (discussões de curto prazo) são igualmente valiosos.

Essencial

31. Inflação, Desinflação e Deflação
Cobre as causas e consequências da inflação, os custos enormes que a deflação impõe à economia e o perigo de que a desinflação conduza a economia a uma armadilha de liquidez.

Opcional

32. Macroeconomia: Eventos e Ideias
Visão única da história do pensamento macroeconômico, no contexto da mudança das preocupações com políticas públicas e do estado atual dos debates macroeconômicos.

33. Macroeconomia Internacional
Abrange tópicos básicos em macroeconomia internacional, tais como contas de balanço de pagamentos, mercados cambiais e taxas de câmbio.

Sumário

CAPÍTULO 6
Elasticidade, 156

PARTE 3 Indivíduos e Mercados

CAPÍTULO 7
Impostos, 182

CAPÍTULO 8
Comércio Internacional, 213

CAPÍTULO 22
PIB e IPC: Monitoramento da Macroeconomia, 627

CAPÍTULO 23
Desemprego e Inflação, 650

PARTE 11 Crescimento Econômico de Longo Prazo

CAPÍTULO 24
Crescimento Econômico de Longo Prazo, 678

CAPÍTULO 25
Poupança, Gastos de Investimento e Sistema Financeiro, 710

PARTE 13 Estabilização Política

CAPÍTULO 28
Política Fiscal, 814

CAPÍTULO 28
Apêndice: Impostos e o Multiplicador, 844

CAPÍTULO 29
Moeda, Bancos e os Bancos Centrais, 846

CAPÍTULO 30
Política Monetária, 883

CAPÍTULO 30
Apêndice: Reconciliação entre os Dois Modelos de Taxa de Juros, 910

CAPÍTULO 31
Inflação, Desinflação e Deflação, 914

PARTE 14 Acontecimentos e Ideias

CAPÍTULO 32
Macroeconomia: Eventos e Ideias, 942

Introdução: Um Mecanismo de Crescimento e Descoberta

UM DIA NA MEGACIDADE

LONDRES, NOVA YORK E TÓQUIO têm algo em comum: são megacidades – enormes complexos metropolitanos contendo dezenas de milhões de pessoas e espalhados por imensas extensões de terra. Embora a maioria das pessoas esteja familiarizada com essas megacidades, nem todas conhecem a maior delas: o vasto complexo urbano conhecido como Delta do Rio das Pérolas (DRP), na China. Mais ou menos do mesmo tamanho que o estado norte-americano de Delaware, o DRP é o lar de mais de 65 milhões de pessoas. Dirigir através do DRP (como fez um dos autores), com sua sucessão interminável de fábricas, prédios comerciais e residenciais, é uma experiência inesquecível – e muito longa.

O que todas essas pessoas estão fazendo? Boa parte delas está envolvida na produção de bens para os mercados mundiais, especialmente (mas não só) componentes eletrônicos: praticamente todos os *smartphones, tablets* e computadores contêm componentes produzidos no DRP. Mas os habitantes da megacidade são tanto consumidores quanto produtores. Enquanto o salário de um trabalhador médio no DRP é relativamente baixo pelos padrões norte-americanos, a soma dos salários e a renda geral são suficientemente altos para apoiar um vasto setor varejista, variando de estabelecimentos familiares locais a lojas que vendem produtos de luxo caros.

Mas não muito tempo atrás, nem o DRP nem o dinamismo econômico que ele encarnava eram visíveis. Ainda em 1980, 800 milhões de pessoas na China subsistiam com menos de US$ 1,50 por dia. O cidadão chinês médio tinha mais ou menos o suficiente para comer e um teto sobre sua cabeça, mas não muito mais do que isso. Na verdade, o padrão de vida não era muito mais alto do que havia sido séculos antes. E, de 1959 a 1961, no que hoje é conhecido como o "Grande Salto para Trás", o governo chinês errou tanto na economia que milhões de chineses morreram de fome provocada pelo homem.

No entanto, desde os anos 1980, a renda chinesa aumentou mais de 20 vezes em termos reais, pois a taxa de pobreza (porcentagem da população que subsiste com menos de US$ 1,90 por dia) caiu de 88% em 1981 para 0,2% em 2015. O crescimento do DRP é um capítulo de uma incrível história de sucesso na qual centenas de milhões de chineses foram tirados da pobreza abjeta nas últimas décadas. Nunca na história humana tantos viram tanto progresso.

Embora esta seja uma história notável, não é totalmente inédita. De 1840 até 1910, os trabalhadores britânicos também experimentaram um acentuado aumento em seu nível de vida. Tal sucesso foi repetido logo em seguida nos Estados Unidos, preparando o terreno para os altos níveis de prosperidade que agora o país desfruta. Comentando como os trabalhadores ingleses foram retirados da pobreza, o grande economista Alfred Marshall fez uma observação que é igualmente relevante para os trabalhadores chineses de hoje: "A esperança de que a pobreza e a ignorância possam ser gradualmente extintas deriva, na realidade, do grande apoio do progresso constante das classes trabalhadoras durante o século XIX."

Esses conjuntos de eventos sem precedentes afetaram nossa vida hoje de forma vertiginosa. Você está usando *smartphones, tablets* e *laptops* que são fabricados no DRP enquanto busca uma educação de primeira linha nos Estados Unidos, um dos países mais ricos do mundo.

O que a economia pode dizer sobre tudo isso? Bastante, afinal de contas. O que você aprenderá com este livro é como tais mudanças importantes, que tiraram centenas de milhões de pessoas da pobreza, estão associadas a um conjunto de questões simples, mas muito relevantes, que envolvem a economia. Entre essas questões, temos:

- Como funciona nosso sistema econômico? Ou seja, como ele consegue fornecer bens?
- Quando e por que nosso sistema econômico às vezes deixa de funcionar adequadamente, levando as pessoas a um comportamento contraproducente?
- Por que há expansão e retração na economia? Isto é, por que a economia às vezes tem um ano ruim?
- Por que o longo prazo é principalmente uma história de expansão e não de retração? Ou seja, por que a China, assim como a Grã-Bretanha e os Estados Unidos, se tornou muito mais rica com o tempo?

Vamos dar uma olhada nessas questões e oferecer uma pequena amostra do que você vai aprender neste livro. •

A mão invisível

O enorme complexo industrial e de consumo que é hoje o Delta do Rio das Pérolas é uma criação bastante nova. Ainda em 1980, a maior parte da região era um recanto atrasado; o núcleo, Shenzhen, era então uma vila de pescadores pequena e muito pobre. Como esse fim de mundo se transformou na oficina eletrônica do planeta, tornando-se um criador dinâmico de riqueza?

Economia é um sistema para coordenar as atividades produtivas da sociedade.

Ciência econômica é o ramo das ciências sociais que estuda a produção, a distribuição e o consumo de bens e serviços.

Para atingir o nível de prosperidade que temos nos Estados Unidos, um nível ao qual o habitante médio do DRP só agora pode aspirar, você precisa de um sistema que funcione bem para coordenar as atividades produtivas – as atividades que criam os bens e serviços que as pessoas desejam e que os fazem chegar a quem as quer. É esse tipo de sistema que temos em mente quando falamos da **economia**. E **ciência econômica** é o ramo das ciências sociais que estuda a produção, a distribuição e o consumo de bens e serviços.

Uma economia tem sucesso na medida em que, literalmente, entrega os bens. E, como já discutimos, nos últimos 30 anos a economia chinesa alcançou um aumento espetacular da quantidade de bens que entrega tanto para seus próprios cidadãos quanto ao resto do mundo.

Portanto, a economia da China deve estar fazendo algo certo, e talvez queiramos elogiar os responsáveis por isso. Mas adivinhe só! Não há ninguém no comando – não mais.

Nos anos 1970, antes do início da incrível ascensão do DRP, a China era uma *economia planificada* na qual as decisões sobre o que as fábricas produziriam e que bens seriam entregues às famílias eram tomadas por funcionários do governo. Mas a experiência mostra que as economias planificadas não funcionam muito bem. Produtores em economias planificadas como a China antes de 1980 ou a União Soviética antes de 1991 se viam rotineiramente incapazes de produzir, porque não tinham matérias-primas cruciais ou, se conseguiam produzir, não encontravam ninguém que quisesse seus produtos. Muitas vezes, os consumidores não conseguiam encontrar produtos de primeira necessidade, como papel higiênico ou leite. As economias planificadas são famosas pelas longas filas nas lojas. E, como mencionamos, de 1959 a 1961, o governo chinês errou terrivelmente na economia planificada, infligindo enormes dificuldades e causando milhões de mortes desnecessárias.

Economia de mercado é uma economia em que as decisões sobre produção e consumo são tomadas por produtores e consumidores individuais.

Em 1978, o governo chinês finalmente admitiu que seu modelo econômico não estava funcionando e iniciou uma notável transformação para uma **economia de mercado**, na qual a produção e o consumo são resultado de decisões descentralizadas, tomadas por muitas empresas e indivíduos. Os Estados Unidos têm uma economia de mercado. E, na China de hoje, não há uma autoridade central dizendo às pessoas o que produzir ou para onde enviar. Cada produtor produz o que ele pensa que será mais lucrativo; cada consumidor compra o que escolhe. É importante perceber, entretanto, que o governo chinês intervém nos mercados muito mais do que o governo dos EUA; em particular, enquanto o governo chinês raramente diz aos produtores o que produzir, muitas vezes diz aos bancos quanto e a quem emprestar.

Se você nunca tivesse visto uma economia de mercado em ação, poderia imaginar que ela seria caótica. Afinal de contas, ninguém está no comando. Mas as economias de mercado são capazes de coordenar até mesmo atividades altamente complexas e fornecer de forma confiável aos consumidores os bens e serviços que eles desejam. De fato, as pessoas confiam casualmente suas vidas ao sistema de mercado: os habitantes de qualquer grande cidade morreriam de fome em poucos dias se as ações não planejadas e, de alguma forma, ordenadas de milhares de empresas não fornecessem um suprimento constante de alimentos. Surpreendentemente, o "caos" não planejado de uma economia de mercado acaba sendo muito mais ordeiro do que o planejamento de uma economia planificada. E é por isso que quase todos os países do mundo – a Coreia do Norte e Cuba são as únicas exceções – tornaram-se economias de mercado.

Em 1776, em uma famosa passagem de seu livro *A riqueza das nações*, o pioneiro economista escocês Adam Smith escreveu sobre como os indivíduos, ao perseguirem seus próprios interesses, muitas vezes acabam servindo aos interesses da sociedade como um todo. Sobre um homem de negócios cuja busca de lucro torna a nação mais rica, Smith escreveu: "Ele almeja apenas seu próprio ganho, e é neste, como em muitos outros casos, conduzido por uma mão invisível para promover um fim que não fazia parte de sua intenção." Desde então, os economistas têm usado a expressão **mão invisível** para se referir à forma como uma economia de mercado consegue aproveitar o poder do interesse pessoal para o bem da sociedade.

Mão invisível refere-se à forma pela qual a busca individual do interesse próprio pode levar a bons resultados para a sociedade como um todo.

O estudo de como os indivíduos tomam decisões e como essas decisões interagem é chamado de **microeconomia**. Um dos temas-chave da microeconomia é a validade da visão de Adam Smith: os indivíduos que perseguem seus próprios interesses frequentemente promovem os interesses da sociedade como um todo. Portanto, a resposta à nossa primeira pergunta – "Como nosso sistema econômico consegue fornecer bens?" – é que confiamos nas virtudes de uma economia de mercado e no poder da mão invisível.

Microeconomia é o ramo da economia que estuda como as pessoas tomam decisões e como essas decisões interagem.

Mas a mão invisível nem sempre é nossa amiga. Também é importante entender quando e por que a busca individual do interesse próprio pode levar a um comportamento contraproducente.

|| Meu benefício, seu custo

Em muitos aspectos, a vida no DRP é imensamente melhor do que era em 1980. Duas coisas, no entanto, pioraram muito: o congestionamento de trânsito e a qualidade do ar. Na hora do *rush*, a velocidade média nas vias do DRP é de apenas cerca de 20 quilômetros por hora, e o ar é seriamente insalubre boa parte do ano.

Por que esses problemas representam falhas da mão invisível? Considere o caso de congestionamento de trânsito.

Quando o trânsito está congestionado, cada motorista impõe um custo a todos os outros motoristas na pista – ele está literalmente atrapalhando o caminho dos outros (e eles estão atrapalhando seu caminho). Esse custo pode ser substancial: uma estimativa indica que alguém dirigindo um carro na baixa Manhattan em um dia de semana causa mais de três horas de atraso para outros motoristas e cerca de US$ 160 em perdas monetárias. No entanto, ao decidirem se devem ou não dirigir, os motoristas não têm nenhum incentivo para levar em conta os custos que impõem aos outros.

O congestionamento de trânsito é um exemplo conhecido de um problema muito mais amplo: a **falha de mercado**, que acontece quando a busca individual do próprio interesse, em vez de se promoverem os interesses da sociedade como um todo, na verdade torna a sociedade pior. Outro exemplo importante de falha do mercado é a poluição do ar, que é muito visível, literalmente, no DRP. A poluição da água e a superexploração dos recursos naturais, como peixes e florestas, refletem o mesmo problema.

Quando a busca individual do interesse próprio leva a maus resultados para a sociedade como um todo, há uma **falha de mercado**.

Os custos ambientais do comportamento egoísta podem, às vezes, ser enormes. E à medida que o mundo se torna mais lotado e o impacto ambiental da atividade humana continua a crescer, questões como as mudanças climáticas e a acidificação dos oceanos se tornarão cada vez mais importantes.

A boa notícia, como você aprenderá se estudar microeconomia, é que a análise econômica pode ser usada para diagnosticar casos de falha de mercado. E, muitas vezes, a análise econômica também pode ser usada na criação de soluções para o problema.

|| Bons e maus momentos

A China se tornou uma enorme potência econômica nos últimos 30 anos (e, dependendo da fonte de dados utilizada, a China e os Estados Unidos disputam o primeiro lugar entre as economias do mundo). Consequência um tanto irônica da ascensão da China é que as pessoas ao redor do mundo ficam nervosas com quaisquer sinais de problemas na indústria chinesa, pois ela é uma fonte enorme de demanda por matérias-primas. Em 2019, havia muitos motivos para ficar nervoso. Muitos indicadores econômicos apontavam para uma forte desaceleração na economia.

Esses períodos conturbados são uma característica regular das economias modernas. O fato é que a economia nem sempre funciona bem: ela experimenta flutuações, uma série de expansões e retrações. Na meia-idade, um norte-americano típico terá experimentado três ou quatro quedas, conhecidas como **recessões**. A economia dos EUA experimentou sérias recessões que começaram em 1973, 1981, 1990, 2001 e 2007. Durante uma recessão severa, milhões de trabalhadores podem ser demitidos.

Recessão é uma retração na economia.

Assim como a falha de mercado, as recessões são um fato da vida; mas, também como a falha de mercado, elas são um problema para o qual a análise econômica oferece algumas soluções. Recessões são uma das principais preocupações do ramo da economia conhecido como **macroeconomia**, que se preocupa com a expansão e a retração da economia em geral. Se você estudar macroeconomia, aprenderá como os economistas explicam as recessões e como as políticas governamentais podem ser usadas para minimizar os danos provocados pelas flutuações econômicas.

Macroeconomia é o ramo da ciência econômica que trata de expansões e retrações em geral na economia.

Apesar de recessões ocasionais, no entanto, no longo prazo as histórias de todas as grandes economias contêm muito mais expansões do que retrações. E essa ascensão no longo prazo é o tema de nossa questão final.

|| Para a frente e para cima

O padrão de vida geral do habitante médio do DRP, embora imensamente mais alto do que era em 1980, ainda é bastante baixo em relação aos padrões norte-americanos. Porém, os EUA nem sempre foram tão ricos quanto são hoje. De fato, no início do século XX, a maioria dos norte-americanos vivia em condições que hoje em dia consideramos como pobreza extrema. Apenas 10% das casas tinham banheiros com descarga, apenas 8% tinham aquecimento central, apenas 2% tinham eletricidade, e quase ninguém tinha carro, muito menos uma máquina de lavar ou ar-condicionado. Mas ao longo do século seguinte, os EUA alcançaram um notável aumento no padrão de vida que acabou levando à grande riqueza que vemos hoje.

Tais comparações são um forte lembrete de quantas vidas ao redor do mundo foram mudadas pelo **crescimento econômico**, a crescente capacidade da economia de produzir bens e serviços, levando a padrões de vida mais altos. Por que a economia cresce com o tempo? E por que o crescimento econômico ocorre mais rapidamente em alguns lugares e épocas do que em outros? Estas são questões-chave para a economia, porque o crescimento econômico é uma coisa boa para muitos, como os residentes do DRP podem atestar, e a maioria de nós quer mais dele. Mas o crescimento econômico incorre em alguns custos.

Crescimento econômico é a capacidade crescente da economia de produzir bens e serviços, possibillitando padrões de vida mais altos.

Especificamente, apesar de beneficiar a grande maioria das pessoas, o crescimento econômico sempre criou tanto perdedores quanto vencedores, já que os setores emergentes e de rápido crescimento da economia eclipsam os do passado. Por exemplo, as cintilantes torres edificadas no DRP, juntamente com as barragens recém-construídas, desalojaram muitos chineses, alguns deles agricultores que perderam suas terras e seus meios de subsistência.

O meio ambiente é outro possível perdedor, a menos que se dê atenção à questão de como alcançar um *crescimento econômico sustentável no longo prazo*, ou seja, crescimento econômico no longo prazo que equilibre a proteção do meio ambiente com a melhoria do padrão de vida para as gerações atuais e futuras. Hoje, o objetivo de equilibrar a produção de bens e serviços com a saúde do meio ambiente é um tema político muito debatido. A análise econômica tem papel fundamental a desempenhar aqui, porque a degradação ambiental é frequentemente resultado de falhas de mercado.

Uma máquina de descobrir

Esperamos tê-lo convencido de que o que o grande economista Alfred Marshall chamou de "negócios comuns à vida", as ações e transações econômicas que acontecem todos os dias não apenas no DRP mas em todo o mundo, são na verdade extraordinários, se você parar para pensar a respeito, e podem nos levar a fazer algumas perguntas muito interessantes e importantes.

Neste livro, vamos relatar as respostas que os economistas deram a tais questões. Mas esta obra, tal como toda a ciência econômica, não é uma lista de respostas: é a introdução a uma disciplina, a um modo de tratar as questões que acabamos de mencionar. Ou, como Alfred Marshall colocou: "Economia (...) não é um corpo de verdades concretas, mas uma máquina para descobrir a verdade concreta."

Tratemos de virar a chave da ignição.

PALAVRAS-CHAVE

Ciência econômica, p. 2
Crescimento econômico, p. 4
Economia, p. 2
Economia de mercado, p. 2
Falha de mercado, p. 3
Macroeconomia, p. 4
Mão invisível, p. 3
Microeconomia, p. 3
Recessão, p. 4

1 Princípios Básicos

BASE COMUM

HOUVE UM TEMPO em que a maioria dos estudantes universitários do mundo encontrava-se em nações ocidentais ricas. Hoje, porém, o número de estudantes universitários nos países em desenvolvimento, como a China e a Índia, está ultrapassando rapidamente os números dos Estados Unidos e da Europa Ocidental. Na verdade, a China já tem mais estudantes matriculados na universidade do que os Estados Unidos.

E o que esses universitários estão estudando? Uma infinidade de matérias, é claro. Mas, independentemente da região do mundo, há muita gente estudando economia.

Você pode se perguntar, no entanto, se a economia que está sendo ensinada, digamos, na Universidade de Xangai ou na Universidade de Mumbai tem muitas semelhanças com a economia ensinada nas faculdades norte-americanas. Afinal, existem grandes diferenças entre as nações nos níveis de renda, nas instituições políticas e nos problemas que elas enfrentam. Isto não significa que a economia nesses países também é diferente?

A resposta é: sim e não. "Sim", porque circunstâncias e história diferentes afetam o que estudantes e profissionais precisam saber. Um leitor canadense e um brasileiro, por exemplo, poderão tirar conclusões diferentes da leitura deste livro, conforme associarem o material de cada capítulo às questões e instituições de seu próprio país.

A resposta também é "não" porque grande parte do material abordado em economia básica é o mesmo onde quer que você esteja ao redor do mundo. A razão disto é que toda economia é baseada em um conjunto de princípios comuns que se aplicam a muitas questões diferentes, independentemente do cenário particular.

Alguns desses princípios envolvem *escolhas individuais* – pois economia diz respeito, antes de tudo, às escolhas que os indivíduos fazem. Você economiza seu dinheiro e pega ônibus ou compra um carro? Você mantém seu telefone antigo ou atualiza para um novo? Estas decisões consistem em *escolher* entre um número limitado de alternativas – limitado porque ninguém pode ter tudo o que deseja. Cada questão em economia, em seu nível mais básico, envolve indivíduos fazendo escolhas.

Mas, para entender como funciona uma economia, você precisa ir além do modo com que as pessoas fazem suas escolhas. Nenhum de nós é como Robinson Crusoé, vivendo sozinho em uma ilha. Cada um deve tomar decisões em um ambiente moldado pelas decisões dos outros. Portanto, neste capítulo aprenderemos sobre quatro princípios de economia que guiam as escolhas feitas pelos indivíduos.

De fato, em uma economia moderna, até mesmo as decisões mais simples que você toma – digamos, o que comer no café da manhã – são moldadas pelas decisões de milhares de outras pessoas, do bananeiro que decidiu cultivar a fruta que você come até o fazendeiro que forneceu o milho para os seus *cornflakes*.

Já que em uma economia de mercado cada um de nós depende de tantos outros – e eles, por sua vez, dependem de nós –, nossas escolhas interagem. Portanto, embora toda economia em um nível básico tenha relação com escolhas individuais, para entendermos como as economias de mercado se comportam, devemos também entender a *interação econômica* – como minhas escolhas afetam suas escolhas, e vice-versa. Para isso, neste capítulo você estudará os quatro princípios que regem a forma como as escolhas individuais interagem na economia.

Embora muitas interações econômicas importantes possam ser entendidas por meio da observação dos mercados de bens individuais (como o mercado de milho), quando consideramos a economia como um todo, vemos que ela é composta por um enorme número de mercados de bens individuais, e esses muitos mercados interagem. Consequentemente, a economia maior experimenta oscilações. A fim de compreender as interações em toda a economia, neste capítulo estudaremos os princípios que estão por trás de seu comportamento.

Esses princípios são a base de toda análise econômica. Eles formam a base comum da economia. E aplicam-se tanto em Xangai ou Mumbai quanto em Omaha ou Atlanta. •

O QUE VOCÊ IRÁ APRENDER?

- Quais são os quatro princípios que orientam as escolhas feitas pelos indivíduos?
- Quais são os quatro princípios que regem a forma como as escolhas individuais interagem?
- Quais são os três princípios que ilustram as interações em toda a economia?

Princípios subjacentes à escolha individual: o cerne da economia

Toda questão econômica envolve, em seu nível mais básico, a **escolha individual** – decisões tomadas por um indivíduo sobre o que fazer e o que não fazer. Na verdade, pode-se dizer que não se trata de economia se não se trata de escolha.

Considere o Walmart ou a Amazon. Há milhares de produtos diferentes disponíveis e é extremamente improvável que você – ou qualquer outra pessoa – tenha condições de comprar tudo o que desejar. E de qualquer forma, não há muito espaço em sua casa ou em seu apartamento. Então, você vai comprar outra estante ou um minifrigorífico? Dadas as limitações em seu orçamento e em seu espaço, você deve escolher quais produtos comprar e quais deixar na prateleira.

O fato de esses produtos estarem na prateleira em primeiro lugar envolve a escolha – o gerente da loja escolheu colocá-los lá e os fabricantes dos produtos escolheram produzi-los. Todas as atividades econômicas implicam escolha individual.

Quatro princípios econômicos fundamentam a economia da escolha individual, como mostrado na Tabela 1.1. Vamos agora examinar cada um destes princípios.

Escolha individual é a decisão tomada por um indivíduo sobre o que fazer, algo que necessariamente envolve uma decisão sobre o que não fazer.

Tabela 1.1 **Princípios da escolha individual**
1. As pessoas devem fazer escolhas porque os recursos são escassos.
2. O custo de oportunidade de um item – aquilo do que você deve abrir mão para obtê-lo – é o seu verdadeiro custo.
3. As decisões sobre "Quanto" exigem o cálculo de um *trade-off* na margem: comparar os custos e benefícios de fazer um pouco mais de uma atividade *versus* fazer um pouco menos.
4. As pessoas respondem a incentivos, explorando as oportunidades para melhorar sua própria situação.

Princípio 1: Escolhas são necessárias porque os recursos são escassos

Nem sempre é possível conseguir o que se quer. Muitos de nós gostaríamos de ter uma grande casa ou apartamento bonito em um ótimo local, um carro novo ou dois e férias em locais exóticos a cada ano. Mas, mesmo em um país rico como os Estados Unidos, não são muitas as famílias que podem pagar tudo isso. Portanto, elas devem fazer escolhas – como ir à Disney World este ano ou comprar um carro melhor, mudar-se para a cidade onde a moradia é cara ou aceitar um trajeto mais longo e morar onde os preços da moradia são mais baratos.

A renda limitada não é a única coisa que nos impede de termos tudo o que queremos. O tempo também é limitado: há apenas 24 horas em um dia. Optar por gastar tempo em uma atividade significa optar por não gastar tempo em outra – estudar para um exame significa renunciar à noite anterior assistindo a um filme. De fato, muitas pessoas confrontadas com o número limitado de horas do dia dispõem-se a trocar dinheiro por tempo. Por exemplo, as lojas de bairro normalmente cobram preços mais altos do que um supermercado normal. Mas elas cumprem um papel valioso, atendendo a clientes pressionados pelo tempo que preferem pagar mais caro a andar mais até o supermercado.

Isto nos leva ao nosso primeiro princípio de escolha individual:

As pessoas devem fazer escolhas porque os recursos são escassos.

Um **recurso** é qualquer coisa que possa ser usada para produzir outra coisa. As listas de recursos da economia geralmente começam com terra, mão de obra (o tempo dos trabalhadores), capital (máquinas, edifícios e outros bens produtivos feitos pelo homem) e capital humano (as conquistas educacionais e habilidades dos trabalhadores). Um recurso é **escasso** quando não há disponibilidade suficiente do recurso para satisfazer todas as formas com que uma sociedade deseja utilizá-lo. Há muitos recursos escassos.

Um **recurso** é qualquer coisa que possa ser usada para produzir outra coisa.

Os recursos são **escassos** – não há recursos suficientes disponíveis para satisfazer todas as múltiplas maneiras com que uma sociedade deseja utilizá-los.

Estes incluem recursos naturais que vêm do ambiente físico, tais como minerais, madeira e petróleo. Há também uma quantidade limitada de recursos humanos, tais como mão de obra, habilidade e inteligência. Em uma economia mundial em crescimento, com a população humana crescendo rapidamente, até mesmo o ar e a água limpos se tornaram recursos escassos.

Assim como os indivíduos devem fazer escolhas, a escassez de recursos significa que a sociedade como um todo deve fazer escolhas. Uma forma de uma sociedade com economia de mercado fazer escolhas é permitir que elas emerjam de muitas escolhas individuais. Por exemplo, os norte-americanos, como grupo, têm apenas tantas horas em uma semana. Quantas dessas horas serão gastas no deslocamento até os supermercados para obter preços mais baixos, em vez de poupar tempo fazendo compras no comércio local? A resposta é a soma das decisões individuais: cada um dos milhões de indivíduos na economia faz uma escolha sobre onde comprar, e a escolha geral é simplesmente a soma dessas decisões individuais.

Princípio 2: O custo real de algo é o seu custo de oportunidade

Você está no último período antes de se formar, e sua agenda de aulas permite que você faça apenas uma disciplina eletiva. Há duas, no entanto, que você realmente quer fazer: Noções Básicas de Visualização de Dados e Introdução ao Idioma Chinês.

Suponha que você decida fazer o curso de Introdução ao Idioma Chinês. Qual é o custo dessa decisão? Este custo é, principalmente, o fato de que você não poderá participar da aula de Visualização de Dados, sua próxima melhor opção. O nome que os economistas dão a esse tipo de custo – aquilo de que você deve desistir para obter um item que deseja – é o **custo de oportunidade** desse item. Isto nos leva ao nosso segundo princípio de escolha individual:

O custo real de um item é o seu **custo de oportunidade:** de que você deve abrir mão para obtê-lo.

O custo de oportunidade de um item – o que você deve deixar de lado para obtê-lo – é o seu verdadeiro custo.

Portanto, o custo de oportunidade de fazer a disciplina de Introdução ao Idioma Chinês inclui o benefício que você teria obtido com a aula de Visualização de Dados.

O conceito de custo de oportunidade é crucial para entender a escolha individual porque, no final das contas, todos os custos são de oportunidade. Isso porque cada escolha que você faz significa renunciar a alguma alternativa.

Às vezes, os críticos afirmam que economistas se preocupam apenas com custos e benefícios que podem ser medidos em reais e centavos. Mas isso não é verdade. Muitas análises econômicas envolvem casos como nosso exemplo eletivo, em que não há nenhum custo adicional para fazer uma disciplina eletiva em vez de outra – ou seja, não há custo monetário direto. No entanto, a disciplina eletiva que você escolhe tem um custo de oportunidade – o outro curso eletivo desejável a que você deve renunciar porque a limitação de tempo permite que você faça apenas um. Mais especificamente, o custo de oportunidade de uma escolha é o que você deixa de lado ao não escolher sua segunda melhor opção.

Você pode pensar que o custo de oportunidade é um acréscimo – ou seja, algo *adicionado* ao custo monetário de um item. Mas não é. Suponha que uma disciplina eletiva custe $ 750 a mais. Agora há um custo monetário para fazer a introdução ao idioma chinês. O custo de oportunidade de fazer tal curso é independente desse custo monetário?

Sim, é. Considere que você terá que gastar esses $ 750, não importa a disciplina que escolha. Portanto, aquilo a que você renuncia para fazer a disciplina de introdução ao idioma chinês ainda é a disciplina de visualização de dados – você tem de gastar esses $ 750 de qualquer forma. Mas e se a disciplina de visualização de dados for gratuita? Nesse caso, o que você deixa de lado para fazer a aula de introdução ao idioma chinês é o benefício da aula de visualização de dados, *mais* o benefício que você poderia ter auferido se tivesse gastado os $ 750 em outras coisas.

De qualquer forma, o custo real de escolher a disciplina de sua preferência é aquilo de que você deve abdicar para obtê-la. Ao expandir o conjunto de decisões que estão na base de cada escolha – fazer ou não uma disciplina eletiva, terminar este período ou não, desistir ou não –, você perceberá que todos os custos são, em última instância, custos de oportunidade.

Às vezes, o dinheiro com que você tem de pagar por algo é uma boa indicação de seu custo de oportunidade. Mas muitas vezes não é.

Um exemplo muito importante de como o custo monetário pode indicar o custo de oportunidade é o custo de frequentar a universidade. A mensalidade e a moradia são grandes despesas monetárias para a maioria dos estudantes; mesmo que fossem gratuitas, porém, frequentar a universidade ainda seria uma proposta cara porque a maioria dos estudantes universitários, se não estivessem na universidade, teriam um emprego. Ao ir para a universidade, então, o estudante abdica da renda que poderia ter recebido se em vez disso tivesse trabalhado. Isto significa que o custo de oportunidade de frequentar a universidade é o que você paga pela mensalidade e pela moradia mais a renda perdida que você teria se estivesse trabalhando.

É fácil ver que o custo de oportunidade de ir para a universidade é especialmente alto para as pessoas que poderiam estar ganhando muito durante os anos que, de outra forma, seriam de estudo. É por isso que atletas famosos e empresários bem-sucedidos muitas vezes desistem de fazer ou abandonam a universidade.

Princípio 3: "Quanto" é uma decisão tomada na margem

Algumas das decisões que tomamos envolvem uma escolha do tipo "ou isso ou aquilo" – por exemplo, você decide fazer uma faculdade ou começar a trabalhar; você decide estudar economia ou outra coisa. Mas outras decisões importantes envolvem escolhas do tipo "quanto" – por exemplo, se você está fazendo economia e química neste semestre, você deve decidir quanto tempo deve passar estudando para cada uma delas. Quando se trata de compreender as decisões "quanto", a economia tem uma visão importante a oferecer: "quanto" é uma decisão tomada na margem.

Suponha que você esteja cursando disciplinas tanto de economia quanto de química. E suponha que você seja um estudante de medicina, então sua nota em química é mais importante para você do que sua nota em economia. Você deveria investir *todo* o seu tempo de estudo em química e contar com a sorte no exame de economia? Provavelmente não; mesmo se achar que sua nota em química é mais importante, você deveria fazer algum esforço para estudar economia.

Passar mais tempo estudando química envolve um benefício (uma nota mais alta esperada nesse curso) e um custo (você poderia ter gastado esse tempo fazendo algo mais, como estudar para obter uma nota mais alta em economia). Ou seja, sua decisão envolve um ***trade-off*** – uma comparação de custos e benefícios.

Você faz um ***trade-off*** quando compara os custos com os benefícios de fazer algo.

Como você decide essa pergunta do tipo "quanto"? A resposta típica é que você toma a decisão pouco a pouco, perguntando como deve gastar cada nova hora. Se houver provas dos dois cursos no dia seguinte, você passará a noite revisando suas anotações para ambos. Às 18 h, você decide que é uma boa ideia passar pelo menos uma hora em cada curso. Às 20 h, decide que precisa passar mais uma hora em cada curso. Às 22 h, está ficando cansado e imagina que tem mais uma hora para estudar antes de dormir. Estuda química ou economia? Se você é aluno de medicina, é provável que seja química; se você é um estudante de administração, é provável que seja economia.

Observe como você tomou a decisão de alocar seu tempo: em cada ponto, a questão é se você deve ou não passar *mais uma hora* em qualquer um dos cursos. Ao decidir se vai passar essa hora estudando química, você pesa os custos (uma hora perdida em economia ou uma hora perdida em sono) *versus* os benefícios (um provável aumento em sua nota de química). Desde que o benefício de estudar química por mais uma hora supere o custo, você deve optar por estudar essa hora adicional.

Decisões sobre fazer um pouco mais ou um pouco menos de uma atividade são **decisões marginais**.

Decisões deste tipo – fazer um pouco mais ou um pouco menos de uma atividade, como o que fazer com sua próxima hora, seu dinheiro a mais e assim por diante – são **decisões marginais**. Isso nos leva ao nosso terceiro princípio de escolha individual:

> ***As decisões do tipo "quanto?" envolvem um* trade-off *na margem: comparar os custos e benefícios de fazer um pouco mais de uma atividade* versus *fazer um pouco menos.***

O estudo de tais decisões é conhecido como **análise marginal**.

O estudo de tais decisões é conhecido como **análise marginal**. Muitas das questões que enfrentamos na vida real envolvem análise marginal: Quantos minutos devo me exercitar? Quantas horas devo trabalhar? Qual é uma taxa aceitável de efeitos colaterais negativos de um novo medicamento? A análise marginal desempenha um papel central na economia porque é a chave para decidir "quanto" de uma atividade deve-se fazer.

Princípio 4: As pessoas respondem a incentivos, explorando oportunidades para melhorar de situação

Certa manhã, escutando as notícias financeiras, os autores ouviram uma dica ótima de estacionamento barato em Nova York. Estacionamentos na área de Wall Street, onde fica a bolsa de valores, costumam cobrar US$ 30 por dia. Segundo o repórter, algumas pessoas tinham encontrado uma solução melhor: em vez de irem para um estacionamento, elas levavam o carro para trocar o óleo ali perto, no posto Manhattan Jiffy Lube, por US$ 19,95 e deixavam o carro lá o dia inteiro!

Ótima história, mas infelizmente não era real. Na verdade, nem existe esse posto em Manhattan. Mas, se existisse, ele teria muita procura por troca de óleo. Por quê? Porque, quando as pessoas veem uma oportunidade de melhorar sua situação, normalmente aproveitam; e, se achassem uma maneira de estacionar o carro o dia inteiro por US$ 19,95 em vez de US$ 30, elas o fariam.

Um **incentivo** é qualquer coisa que ofereça recompensas às pessoas para mudar seu comportamento.

Nesse exemplo, os economistas estão dizendo que as pessoas respondem a um **incentivo** – uma oportunidade de melhorar de situação. Podemos agora enunciar o quarto princípio da escolha individual:

> ***As pessoas respondem a incentivos, explorando oportunidades para melhorar de situação.***

Quando você tenta prever como as pessoas vão se comportar em uma situação econômica, a melhor aposta é que elas responderão a incentivos, isto é, aproveitarão a oportunidade de ficarem melhores. E mais: os indivíduos *continuarão* a explorar essas oportunidades até que elas se esgotem. Se de fato existisse em Nova York um posto na zona de Wall Street em que trocar óleo fosse mais barato que pagar estacionamento, poderíamos prever que logo a fila de espera para trocar óleo seria de várias semanas, até meses.

De fato, o princípio de que as pessoas exploram as oportunidades de melhorar sua própria situação é a base de *todas* as previsões dos economistas sobre o comportamento individual.

Na verdade, os economistas tendem a ser céticos quanto a qualquer tentativa de mudar o comportamento das pessoas *que não mude* seus incentivos. Por exemplo, um plano destinado a reduzir o tráfego em Manhattan que não ofereça aos motoristas de Manhattan incentivo, como uma recompensa financeira por não dirigir, ou que não seja acompanhado de uma penalidade por dirigir provavelmente não será bem-sucedido. Do mesmo modo, um plano que peça a fabricantes para reduzir a poluição voluntariamente, com certeza, não será eficaz. Em contraste, um plano que lhes dê recompensa financeira para reduzir a poluição tem muito mais probabilidade de funcionar, pois terá mudado seus incentivos.

Estamos prontos, então, para praticar ciência econômica? Ainda não, porque o que de mais interessante acontece na economia não é meramente o resultado de escolhas individuais, mas o modo como as escolhas individuais interagem.

ECONOMIA >> *em Ação*

O custo do casamento: a política de filho único na China cria milhões de solteiros solitários

A China é o país mais populoso da Terra, com mais de 1.420.000.000 de habitantes em 2019. Ou seja, mais de *um bilhão e quatrocentos e vinte milhões* de pessoas.

E as tendências da demografia chinesa mudaram o custo do casamento ao longo do tempo – especificamente, o custo de encontrar uma noiva para os solteiros chineses.

Na década de 1970, a China era muito pobre e já tinha uma população grande e crescente. Preocupado com a impossibilidade de cuidar adequadamente de tanta gente, o governo chinês introduziu uma política de filho único, que restringia a maioria dos casais a apenas um filho e impunha penalidades a quem desafiasse o decreto. Em 2016, o número médio de filhos por mulher chinesa havia caído de mais de cinco antes de a política ser introduzida em 1978 para 1,6.

Mas a política de filho único levou a uma infeliz consequência não intencional sobre o equilíbrio entre os sexos da população. Até recentemente, a China era esmagadoramente rural. Por causa das exigências físicas da agricultura, filhos homens eram fortemente preferidos em relação às filhas. Além disso, a tradição ditava que os filhos, e não as filhas, cuidassem dos pais idosos. O efeito da política de filho único foi aumentar muito o custo percebido para uma família chinesa de uma criança do sexo feminino. Como resultado, enquanto algumas crianças do sexo feminino eram entregues para adoção no exterior, muitas simplesmente "desapareciam" durante o primeiro ano de vida, vítimas de negligência e maus-tratos, enquanto famílias chinesas estavam determinadas a que seu único filho fosse do sexo masculino. O economista ganhador do Prêmio Nobel Amartya Sen calculou que havia milhões de "mulheres desaparecidas" na Ásia devido à percepção de um custo maior de filhos do sexo feminino, com estimativas que vão de 45 milhões a 100 milhões de mulheres desaparecidas.

O número de meninos na China superou o de meninas por 20 anos. Hoje, há quase 34 milhões de homens *a mais* do que mulheres na população. Isso é o equivalente a toda a população da Califórnia – homens que nunca encontrarão esposas entre o povo chinês.

Em 2018, dentro da faixa etária de 15 a 29 anos, havia 112 homens para cada 100 mulheres, com projeções de que haverá até 190 homens jovens para cada 100 mulheres jovens até 2050. Portanto, embora o governo chinês tenha terminado oficialmente a política do filho único em 2015, as consequências durarão décadas.

Não é de surpreender que alguns solteiros chineses anseiem encontrar mulheres provenientes do exterior – particularmente de países próximos, como Vietnã, Laos e Camboja, que não têm problemas com desequilíbrio de gênero. E mulheres empreendedoras provenientes desses países têm ido à China para encontrar maridos. Corretores matrimoniais surgiram nesses países para resolver a situação na China. Por exemplo, um solteirão chinês, Liu Hua, encontrou a felicidade com Lili, uma mulher cambojana que foi à China para encontrar marido. Antes de conhecer Lili, Liu vivia em um vilarejo com 60 homens solteiros e apenas duas mulheres solteiras. Ele acabou efetuando depósitos que variavam de US$ 5.000 a US$ 40.000 para três famílias em vilarejos próximos pela oportunidade de namorar suas filhas (nem todo mundo foi reembolsado quando os encontros não deram certo). Liu acabou pagando uma taxa de corretagem de US$ 15.000 para se casar com Lili. Casados e felizes, eles agora têm dois filhos – um menino *e* uma menina.

>> Revisão Rápida

- Toda análise econômica envolve **escolha individual**.
- As pessoas precisam fazer escolhas porque os **recursos** são **escassos**.
- O custo real de qualquer coisa é seu **custo de oportunidade** – aquilo de que você precisa abdicar para obtê-la. Todos os custos são custos de oportunidade. Custos monetários às vezes são um bom indicador dos custos de oportunidade, mas não sempre.
- Muitas das escolhas não são do tipo *fazer algo ou não*, mas *quanto* deve ser feito. Escolhas de "quanto" são feitas com ***trade-off*** na margem. O estudo das **decisões marginais** é conhecido como **análise marginal**.
- Como as pessoas normalmente aproveitam as oportunidades de melhorar sua própria situação, os **incentivos** podem mudar o comportamento delas.

>> *Teste seu entendimento* 1.1

As respostas estão no fim do livro.

1. Explique como cada uma das situações a seguir ilustra os quatro princípios da escolha individual.
   a. Você está indo pela terceira vez até a mesa de sobremesas de um restaurante *self-service* e já se sente bem satisfeito. Embora isso não vá lhe custar mais dinheiro, você desiste de pegar mais uma fatia de bolo de coco, mas se serve de uma fatia de bolo de chocolate.
   b. Mesmo que existissem mais recursos no mundo, ainda haveria escassez.
   c. Vários professores dão cursos de introdução à economia. Os cursos dados pelos professores de maior reputação têm suas vagas preenchidas rapidamente, enquanto sobram vagas nos cursos dos professores de menor reputação.

d. Para decidir quantas horas de exercícios fazer por semana, você compara os benefícios de uma ou mais horas de ginástica com o efeito sobre as suas notas de uma hora a menos de estudo.

2. Você ganha $ 45.000 por ano no seu atual emprego, na empresa de consultoria Garotos Geniais. Está considerando uma oferta de emprego da empresa Maníacos Cerebrais Ltda., que pagará $ 50.000 por ano. Quais das opções a seguir são os componentes do custo de oportunidade de aceitar um novo trabalho em Maníacos Cerebrais?
   a. Aumento do tempo gasto em transporte com o novo emprego
   b. O salário de $ 45.000 do velho emprego
   c. O escritório mais espaçoso no novo emprego

Interação: como as economias funcionam

Interação das escolhas - minhas escolhas afetam suas escolhas e vice-versa - é uma característica da maioria das situações econômicas. Os resultados dessa interação são muitas vezes bastante diferentes do que os indivíduos pretendem.

Uma economia é um sistema para coordenar as atividades produtivas de muitas pessoas. Em uma economia de mercado como a que vivemos, a coordenação ocorre sem nenhum coordenador: cada indivíduo faz suas próprias escolhas.

No entanto, essas escolhas não são de forma alguma independentes umas das outras: as oportunidades de cada indivíduo e, portanto, as escolhas dependem em grande parte das escolhas feitas por outras pessoas. Portanto, para entender como uma economia de mercado se comporta, temos que examinar esta **interação** em que minhas escolhas afetam suas escolhas e vice-versa.

Ao estudar a interação econômica, aprendemos rapidamente que o resultado das escolhas individuais pode ser bem diferente do resultado que qualquer indivíduo pretenda. Considere o caso dos agricultores norte-americanos, que ao longo do século passado adotaram novas técnicas agrícolas e variedades de cultivo que reduziram seus custos e aumentaram sua produção. O resultado de cada agricultor que tenta aumentar sua própria renda tem sido, na verdade, a expulsão de muitos agricultores do negócio. Como os agricultores norte-americanos têm alcançado um grande sucesso em produzir cada vez mais, os preços agrícolas têm caído constantemente, diminuindo a renda de muitos agricultores e, como resultado, menos pessoas acham que vale a pena se manter nessa atividade. Ou seja, um agricultor individual que planta uma variedade melhor de milho está em melhor situação, mas quando muitos agricultores plantam uma variedade melhor de milho, o resultado pode ser o de piorar a situação dos agricultores em seu conjunto.

Há quatro princípios subjacentes à economia da interação. Esses princípios estão resumidos na Tabela 1.2 e agora vamos examinar cada um deles.

Tabela 1.2 Princípios subjacentes à interação entre escolhas individuais
5. Há ganhos com o comércio.
6. Os mercados se movem em direção ao equilíbrio.
7. Os recursos deveriam ser usados do modo mais eficiente possível para alcançar os objetivos da sociedade.
8. Os mercados normalmente levam à eficiência, mas quando os mercados não alcançam a eficiência, a intervenção do governo pode melhorar o bem-estar da sociedade.

Princípio 5: Há ganhos com o comércio

Por que as escolhas que eu faço interagem com as escolhas que você faz? Uma família poderia tentar suprir todas as suas necessidades, ou seja, cultivar sua própria comida, costurar sua própria roupa, divertir-se, escrever seus próprios manuais de economia. Mas tentar viver desse jeito seria muito duro.

Em uma economia de mercado, os indivíduos se envolvem no **comércio**: eles fornecem bens e serviços a outros e recebem bens e serviços em troca.

Há **ganhos com o comércio**: as pessoas conseguem obter mais daquilo que desejam por meio do comércio do que conseguiriam se tentassem ser autossuficientes.

O aumento na produção é devido à **especialização**: cada pessoa se especializa na tarefa que executa bem.

A chave de um padrão de vida melhor para cada um é o **comércio,** no qual as pessoas dividem entre si as tarefas e cada uma oferece um bem ou serviço que outras pessoas desejam em troca de bens e serviços diferentes que ela própria quer.

A razão pela qual temos uma economia, em vez de muitos indivíduos autossuficientes, é que há **ganhos com o comércio**:[1] ao dividirem as tarefas e trocarem, duas pessoas (ou 6 bilhões de pessoas) podem obter (cada uma delas) daquilo que desejam mais do que conseguiriam sendo autossuficientes. Isso leva ao quinto princípio:

Há ganhos com o comércio.

Os ganhos com o comércio surgem sobretudo dessa divisão de tarefas, que os economistas denominam **especialização** – uma situação em que diferentes pessoas

[1] N.R.: Também chamado de *ganhos na troca*.

se ocupam cada uma com uma tarefa diferente, especializando-se naquilo que sabe fazer melhor. As vantagens da especialização e os ganhos no comércio dela resultantes foram o ponto de partida do livro de 1776 de Adam Smith, *A riqueza das nações*, que muitos consideram o início da economia como disciplina.

O livro de Adam Smith começa com a descrição de uma fábrica de alfinetes no século XVIII, onde, em vez de cada operário em uma turma de dez fazer um alfinete do começo até o fim, cada trabalhador se especializava em um dos muitos passos da fabricação de um alfinete:

> Um homem puxa o arame, outro o endireita, um terceiro o corta, um quarto o torna pontudo, um quinto o amassa na ponta para que se possa colocar a cabeça; fazer a cabeça do alfinete exige duas ou três operações separadas; colocar a cabeça é uma operação específica; clarear os alfinetes é mais outra; e enfiar os alfinetes no papel é até um setor de atividade separado; e o importante negócio de fazer um alfinete é, desse modo, dividido em cerca de 18 operações distintas (...)
>
> Aquelas dez pessoas, portanto, podiam fazer 48 mil ou mais alfinetes em um dia. Mas, se todas elas tivessem trabalhado independente e separadamente, e sem que qualquer uma tivesse sido treinada para esse tipo específico de atividade, cada uma delas certamente não teria conseguido fazer 20 ou, quem sabe, nem um único alfinete em um dia (...).

O mesmo princípio vale quando observamos como as pessoas dividem as tarefas entre elas e negociam em uma economia. *A economia como um todo pode produzir mais quando cada pessoa se especializa em uma tarefa e negocia com as outras.*

O benefício da especialização é a razão pela qual cada pessoa normalmente escolhe uma só carreira. Para tornar-se médico, são necessários muitos anos de estudo e experiência; igualmente são necessários muitos anos de estudo e experiência para ser piloto de linhas aéreas comerciais. Muitos médicos talvez tenham potencial para se tornarem excelentes pilotos e vice-versa, mas é pouco provável que alguém que decida seguir as duas carreiras possa chegar a ser um piloto ou um médico tão bom quanto alguém que decida desde o início se especializar em um campo. Assim, é bom para todo mundo que os indivíduos se especializem na carreira que escolheram.

Os mercados é que permitem a um médico ou a um piloto se especializar em seu próprio campo. Existindo os mercados de voos comerciais e de serviços médicos, um médico pode ter certeza de que pode conseguir um voo, e um piloto pode ter certeza de que encontrará um médico. Dado que os indivíduos sabem que podem encontrar os bens e serviços que desejam no mercado, eles dispõem-se a desistir de serem autossuficientes e a se especializarem. Mas o que garante às pessoas que os mercados fornecerão o que elas querem? A resposta a essa questão nos leva ao nosso segundo princípio pelo qual as escolhas individuais interagem.

Princípio 6: Os mercados caminham para o equilíbrio

É uma tarde de muito movimento no supermercado; há longas filas nos caixas. Então, um dos caixas que estavam fechados abre. O que acontece? A primeira coisa que acontece, é claro, é uma corrida na direção daquele caixa. Depois de alguns minutos, no entanto, a situação será estabilizada; os compradores terão se rearranjado de tal modo que a fila no novo caixa terá mais ou menos o mesmo comprimento que as demais.

Como sabemos disso? Pelo quarto princípio, sabemos que as pessoas exploram as oportunidades de melhorar sua própria situação. Isso significa que elas correrão para o caixa que acaba de abrir a fim de economizarem o tempo que ficam na fila. E a situação se estabilizará quando as pessoas não puderem mais melhorar de situação mudando de fila; ou seja, no caso, as oportunidades de melhorar a própria situação terão sido todas exploradas.

Pode parecer que uma história sobre fila no supermercado não tenha nada a ver com interações no conjunto da economia, mas ela ilustra um princípio importante.

Uma situação econômica está em **equilíbrio** quando nenhum indivíduo estaria em melhor situação se fizesse algo diferente.

Uma condição em que os indivíduos não podem melhorar de situação fazendo algo diferente – por exemplo, quando todas as filas nos caixas têm o mesmo comprimento – é o que os economistas denominam **equilíbrio**. Uma situação econômica está em equilíbrio quando nenhum indivíduo fica em melhor situação se fizer algo diferente.

Lembre-se daquela história do posto de gasolina Jiffy Lube, onde supostamente você podia deixar o carro o dia inteiro para trocar óleo pagando menos do que no estacionamento. Se essa oportunidade tivesse de fato existido e as pessoas ainda estivessem pagando US$ 30 para estacionar, a situação *não* teria sido um equilíbrio. E isso deveria ter sido um sinal de que a história não podia ser verdadeira. Na realidade, as pessoas teriam aproveitado a oportunidade de estacionar barato, do mesmo modo que aproveitaram a oportunidade de economizar tempo na fila do caixa do supermercado. E, ao fazê-lo, teriam eliminado a oportunidade! Ou teria ficado muito difícil conseguir uma hora para trocar óleo, ou o preço da lubrificação teria aumentado tanto que deixaria de ser uma opção atrativa (a não ser que você de fato precisasse trocar o óleo do carro). Isso leva ao sexto princípio:

> ***Como as pessoas respondem aos incentivos, os mercados caminham para o equilíbrio.***

Como veremos, os mercados usualmente alcançam o equilíbrio via mudanças de preços, que aumentam ou diminuem até que acabem as oportunidades para que os indivíduos melhorem sua própria situação.

O conceito de equilíbrio é de grande ajuda para entender interações econômicas, pois permite, por assim dizer, cortar caminho por entre os detalhes às vezes intrincados dessas interações. Para entender o que acontece quando uma nova fila se forma nos caixas do supermercado, você não precisa se preocupar em saber exatamente como se rearranjam os clientes, quem passa na frente de quem, qual foi o caixa que acabou de abrir etc. O que precisa saber é que, cada vez que houver uma mudança, a situação caminhará para o equilíbrio.

O fato de os mercados caminharem para o equilíbrio é que faz com que possamos confiar que eles funcionarão de forma previsível. De fato, podemos confiar que os mercados nos suprirão do que é essencial para viver. Por exemplo, as pessoas que vivem nas grandes cidades podem estar certas de que as prateleiras dos supermercados estarão sempre cheias. Por quê? Porque, se algumas distribuidoras de alimentos *deixassem* de fornecer, se abriria uma oportunidade de lucro para qualquer comerciante que passasse a fornecer – e haveria uma corrida para vender alimentos, exatamente como na corrida para o novo caixa do supermercado.

Assim, o mercado garante que sempre haverá comida para os moradores da cidade. E, voltando ao nosso exemplo anterior, isso permite que moradores vivam na cidade; que se especializem em empregos urbanos em lugar de viver no campo e cultivar sua própria comida.

Uma economia de mercado permite também que as pessoas obtenham ganhos com o comércio. Mas como sabemos se uma economia assim está funcionando bem? O princípio a seguir nos dá um padrão que pode ser usado para avaliar o desempenho econômico.

Princípio 7: Os recursos devem ser utilizados da maneira mais eficiente possível para se alcançarem os objetivos da sociedade

Suponha que você esteja assistindo a um curso em que a sala de aula é pequena demais para o número de alunos e muitos têm de ficar de pé, ou sentarem-se no chão, apesar de existirem salas de aula grandes vazias ali perto. Você diria, corretamente, que isso não é maneira de administrar uma faculdade. Os economistas chamam isso de uso *ineficiente* dos recursos. Mas, se um uso ineficiente dos recursos não é desejável, o que significa usar recursos *eficientemente*?

Talvez você imagine que o uso eficiente dos recursos tenha a ver com dinheiro, talvez seja medido em reais e centavos. Mas, em economia, como na vida, o dinheiro é apenas um meio para outros fins. A medida que importa aos economistas não é o dinheiro, mas o bem-estar ou a felicidade das pessoas. Para economistas, *os recursos de uma economia são usados eficientemente quando usados de modo a explorar plenamente todas as oportunidades de melhorar a situação de cada um*. Em outras palavras, uma economia é **eficiente** quando usa todas as oportunidades de melhorar a situação de alguns sem piorar a situação de outros.

Uma economia é **eficiente** se ela aproveita todas as oportunidades para melhorar a situação de algumas pessoas sem piorar a de outras.

Em nosso exemplo da sala de aula, existe claramente uma maneira de melhorar a situação de todos – transferir as aulas para uma sala maior beneficiaria a todos daquela classe sem prejudicar ninguém na faculdade. Alocar o curso à sala menor foi um uso ineficiente dos recursos da faculdade.

Quando uma economia é eficiente, ela está produzindo o máximo de ganhos do comércio dados os recursos disponíveis. Por quê? Porque não existe maneira de rearranjar o uso dos recursos de modo a melhorar a situação de todo mundo. Quando uma economia é eficiente, é possível melhorar a situação de uma pessoa rearranjando o uso dos recursos *somente* se piorarmos a situação de outra pessoa.

Em nosso exemplo, se todas as salas maiores já estivessem plenamente ocupadas, a faculdade estaria sendo administrada de modo eficiente: aquela turma de alunos só poderia melhorar de situação passando para uma sala maior caso piorasse a situação dos que estavam em uma sala maior ao transferi-los para uma sala menor.

Podemos agora enunciar nosso sétimo princípio:

Recursos devem ser usados da maneira mais eficiente possível para se alcançarem os objetivos da sociedade.

Os formuladores de política econômica deveriam buscar sempre a eficiência? Não é bem assim, porque a eficiência não é a única maneira de alcançar os objetivos da sociedade. Algumas vezes, a eficiência pode estar em conflito com um objetivo que a sociedade considera válido alcançar. Por exemplo, na maioria das sociedades, as pessoas também se importam com questões como justiça e **equidade**. E existe tipicamente um *trade-off* entre equidade e eficiência: políticas que promovem a equidade muitas vezes existem à custa de menor eficiência na economia e vice-versa.

Equidade significa que cada um recebe sua parte justa. Como as pessoas podem discordar sobre o que é "justo", equidade não é um conceito tão bem definido quanto eficiência.

Para vermos isso, consideremos o caso de vagas nos estacionamentos públicos reservadas para deficientes físicos ou idosos. Muitos têm dificuldade de andar, pela idade ou por alguma incapacidade, de modo que parece justo marcar vagas especificamente para eles. Você pode verificar, no entanto, que há certo grau de ineficiência envolvido. Para garantir que sempre haja vaga adequada caso uma pessoa com deficiência necessite, usualmente há mais vagas disponíveis do que pessoas deficientes querendo uma vaga. O resultado é que vagas desejadas ficam sem uso (e a tentação das pessoas não incapacitadas de usá-las é tão grande que temos de demovê-las com multas por estacionar em local proibido.)

Assim, a não ser que sejam contratados manobristas para alocar as vagas, há um conflito entre *equidade*, isto é, tornar a vida mais "justa" para deficientes, e *eficiência*, que é garantir que se explorem todas as oportunidades de melhorar a situação das pessoas, o que no caso é não deixar que vagas de estacionamento fiquem sem uso.

Exatamente até onde os formuladores de políticas públicas devem ir para promover equidade em relação à eficiência é uma questão difícil que vai ao cerne do processo político. Como tal, não é uma questão que os economistas possam responder. O que é importante para os economistas, contudo, é procurar usar os recursos econômicos sempre da maneira mais eficiente possível na busca dos objetivos da sociedade, quaisquer que sejam tais objetivos.

Princípio 8: Os mercados geralmente levam à eficiência, mas, quando não o fazem, a intervenção governamental pode melhorar o bem-estar social

Não existe um departamento do governo norte-americano encarregado de assegurar a eficiência econômica geral da economia de mercado. Não há agentes públicos viajando pelo país para garantir que neurocirurgiões não estejam plantando cereais, ou que os agricultores do estado de Minnesota, no norte dos Estados Unidos, não estejam tentando cultivar laranja. O governo não precisa fazer cumprir a eficiência porque, na maioria dos casos, uma mão invisível cumpre essa função. Como explicado na Introdução, a *mão invisível* refere-se a como uma economia de mercado aproveita o poder do interesse próprio para o bem da sociedade.

Em outros termos, os incentivos embutidos em uma economia de mercado já asseguram que os recursos sejam normalmente bem usados, que as oportunidades para melhorar a situação das pessoas não sejam desperdiçadas. Se uma faculdade ficasse conhecida por apertar seus alunos em salas pequenas deixando vazias as salas de aula grandes, logo veria suas matrículas cair, pondo em risco o emprego de seus administradores. O "mercado" para universitários responderia de modo a induzir os administradores a gerirem a faculdade eficientemente.

Uma explicação detalhada da razão de os mercados normalmente serem bons em assegurar que os recursos sejam bem usados terá de ser adiada até que tenhamos estudado como os mercados de fato funcionam. Mas a razão mais elementar é que, em uma economia de mercado, na qual os indivíduos são livres para escolherem o que consomem e o que produzem, normalmente as oportunidades de ganho mútuo são aproveitadas – ou seja, ganhos com o comércio.

E, se há alguma maneira de melhorar a situação de algumas pessoas, elas em geral poderão tirar proveito da oportunidade. É exatamente isso que define a eficiência: todas as oportunidades de melhorar a situação de qualquer um foram exploradas. Isso leva ao oitavo princípio:

Como as pessoas normalmente exploram os ganhos com o comércio, os mercados normalmente levam à eficiência.

Entretanto, há exceções a esse princípio de que os mercados são geralmente eficientes. Em casos de *falhas de mercado*, a busca individual do interesse próprio encontrada nos mercados piora a sociedade – ou seja, o resultado do mercado é ineficiente.

Considere a natureza da falha de mercado causada pelo congestionamento do trânsito – os motoristas que dirigem para o trabalho não têm nenhum incentivo para levar em conta o custo que suas ações infligem a outros motoristas sob a forma de aumento do congestionamento.

Possíveis soluções para essa situação incluem cobrar pedágios, subsidiar o custo do transporte público e tributar a venda de gasolina a motoristas individuais. Tais remédios mudariam os incentivos dos aspirantes a motoristas, motivando-os a dirigir menos. Mas eles também compartilham outra característica: cada um deles conta com a intervenção do governo no mercado, o que leva à segunda metade do princípio:

Quando os mercados não alcançam eficiência, o governo pode intervir para melhorar o bem-estar da sociedade.

Uma política governamental adequadamente projetada pode, às vezes, aproximar a sociedade de um resultado eficiente, mudando a forma como os recursos da sociedade são utilizados. E, como veremos a seguir, com poucas instâncias de falha do mercado, a regra geral é que os mercados são uma forma notavelmente boa de organizar uma economia.

ECONOMIA >> *em Ação*

Espere, depois se apresse, e espere novamente

Em uma cidade densamente povoada como Nova York, muito pouca gente possui carro. Os nova-iorquinos normalmente dependem de metrôs e ônibus, táxis locais ou caminhadas para chegar aonde precisam ir. No entanto, cada uma dessas formas de transporte tem inconvenientes: o metrô é frequentemente atormentado por atrasos, os ônibus podem ser lentos, os táxis são caros e difíceis de encontrar durante os horários de pico das viagens, e caminhar longas distâncias leva tempo e não é ideal em condições climáticas adversas.

Como era de se esperar, o mercado de transporte mudou drasticamente com a chegada de serviços de transporte como Uber e Lyft, que se tornaram muito populares em cidades como Nova York. Embarcar em um Uber é visto como forma de chegar aonde você precisa ir mais rapidamente. Em 2018, havia mais de 65 mil veículos filiados à Uber em Nova York, proporcionando uma média de 400 mil corridas por dia. O número de nova-iorquinos que usam transporte público diminuiu.

No entanto, a popularidade dos serviços de transporte de passageiros gerou um grande inconveniente. Com tantos veículos a mais nas ruas, o congestionamento do trânsito aumentou drasticamente. Um estudo divulgado em 2018 concluiu que, em nove grandes áreas metropolitanas densamente povoadas (Boston, Chicago, Filadélfia, Los Angeles, Miami, Nova Yorlk, São Francisco, Seattle e Washington), houve aumento geral de 160% na condução de automóveis pelas ruas da cidade. As autoridades municipais de transporte de Nova York descrevem a cidade como "aleijada" pelo congestionamento de trânsito e apontam para uma redução de 40% na velocidade de deslocamento em Manhattan.

Trata-se de um resultado que os planejadores de tráfego consideram previsível. Graças aos novos aplicativos de transporte que induzem mais circulação de automóveis e levam a um influxo de novos carros nas ruas da cidade, os motoristas que procuram uma viagem rápida em um táxi estão descobrindo que seu tempo de deslocamento aumentou, tornando o ônibus, o metrô ou as opções de locomoção a pé novamente atraentes. Com os tempos de viagem mais ou menos longos de volta ao ponto de partida antes do aparecimento dos serviços de transporte, foi alcançado um novo equilíbrio no qual os tempos de viagem por meio de todos os modais disponíveis permanecem inalterados. Esse resultado previsível se assemelha ao que os planejadores de tráfego chamam de *lei fundamental do congestionamento de trânsito*: se uma cidade constrói mais vias, isso induz a mais circulação de veículos, e este aumento no tráfego continua até que um novo equilíbrio seja alcançado, com os tempos de viagem mais ou menos de volta ao ponto de partida. Quer se trate de um novo aplicativo de transporte ou de ruas recém-abertas que induzam a mais circulação, o resultado é que um novo equilíbrio é alcançado, no qual os tempos de viagem por todos os meios de transporte disponíveis permanecem inalterados.

Para quem esperava que os serviços de transporte rodoviário tornassem o deslocamento mais rápido e fácil, tal resultado é desencorajador. É, entretanto, uma boa ilustração da importância de se pensar em equilíbrio.

>> Revisão Rápida

- A maioria das situações econômicas envolve a **interação** das escolhas feitas pelos indivíduos, cujo resultado pode ser bem diferente do originalmente pretendido. Em uma economia de mercado, ela toma a forma de **comércio** entre os indivíduos.
- Os indivíduos negociam porque ocorrem **ganhos com o comércio.** Ganhos com o comércio resultam da **especialização.** Os mercados normalmente se movem em direção ao **equilíbrio** porque as pessoas exploram ganhos do comércio.
- Para alcançar os objetivos da sociedade, o uso dos recursos deve ser **eficiente.** Mas a **equidade** também pode ser desejável, tanto quanto a eficiência, e muitas vezes há um *trade-off* entre equidade e eficiência.
- À exceção de certos casos bem definidos, os mercados normalmente *são* eficientes. Quando mercados não resultam em eficiência, a intervenção do governo pode melhorar o bem-estar da sociedade.

>> Teste seu entendimento 1.2

As respostas estão no fim do livro.

1. Explique como cada um dos quatro tópicos a seguir ilustra um dos quatro princípios de interação.
   a. Em uma cooperativa de ensino superior, os estudantes podem fornecer tutoria em disciplinas em que são bons (como economia) em troca de receberem tutoria em disciplinas nas quais têm mais dificuldade (como filosofia).
   b. O município local impõe uma lei que exige que bares e casas noturnas próximos a áreas residenciais mantenham seus níveis de ruído abaixo de determinado limite.

c. Para oferecer melhor atendimento aos pacientes de baixa renda, a municipalidade local decidiu fechar algumas clínicas de bairro subutilizadas e transferir fundos para o hospital principal.
d. Na Amazon, livros de determinado título com aproximadamente o mesmo nível de desgaste são vendidos a preços semelhantes.

2. Qual dos seguintes casos descreve uma situação de equilíbrio? Qual não descreve? Explique sua resposta.
a. Os restaurantes do outro lado da rua do refeitório da universidade servem refeições mais gostosas e baratas. A grande maioria dos estudantes continua a comer no refeitório.
b. Atualmente, você pega o metrô para trabalhar. Embora pegar ônibus seja mais barato, a viagem leva mais tempo. Portanto, você está disposto a pagar a tarifa de metrô mais elevada para economizar tempo.

Interações do conjunto da economia

A economia como um todo – a macroeconomia – tem seus altos e baixos. Por exemplo, em 2007, a economia norte-americana entrou em uma severa recessão na qual milhões de pessoas perderam seus empregos, enquanto quem permaneceu empregado viu seu salário estagnar. Foram necessários sete anos – até maio de 2014 – para que o número de norte-americanos empregados voltasse ao seu nível anterior à recessão, mas os salários só se recuperaram em 2016.

Com o tempo, o comportamento da macroeconomia é muito parecido com um passeio de carro por uma cadeia de montanhas. A viagem não é uma subida contínua até um destino em altitude elevada. Em vez disso, você irá dirigir por colinas e vales, com subidas e descidas de curto prazo durante sua viagem, enquanto sobe lenta mas inevitavelmente até seu destino.

No curto prazo, a economia geral experimenta expansões e retrações: bons períodos econômicos (recuperações) alternam-se com maus períodos econômicos (recessões), em ciclos que duram em média de sete a dez anos. No entanto, em longo prazo, um período de pelo menos dez anos, a economia cresce cada vez mais. Um gráfico da quantidade total de bens e serviços que a economia produz ao longo do tempo mostraria uma linha muito parecida com nosso passeio de carro: muitos rabiscos para cima e para baixo, mas, com o tempo, a linha chega ao topo.

Para entender por que a macroeconomia oscila entre recessões e recuperações, mas também alcança o crescimento econômico ao longo do tempo, precisamos olhar para as interações em toda a economia. E entender que o quadro geral da economia requer mais três princípios econômicos, que estão resumidos na Tabela 1.3.

Tabela 1.3 Princípios das interações no conjunto da economia

9. Os gastos de uma pessoa são a renda de outra pessoa.
10. O total de gastos da economia às vezes fica em desacordo com a capacidade produtiva da economia; quando isso acontece, a política governamental pode mudar os gastos.
11. Aumento do potencial da economia gera crescimento econômico ao longo do tempo.

Princípio 9: O gasto de uma pessoa é a renda de outra

Entre 2005 e 2011, incluindo uma profunda recessão, a construção civil nos EUA despencou mais de 60% porque os construtores encontraram cada vez mais dificuldade para fazer as vendas. No início, os danos foram limitados à indústria da construção. Mas com o tempo o declínio se espalhou pela economia, com os gastos dos consumidores caindo em todos os setores.

Mas por que uma queda na construção de casas deveria significar lojas vazias em *shoppings*? Afinal, os *shopping centers* são onde as famílias, não os construtores, fazem suas compras.

A resposta é que gastos menores na construção levaram a rendimentos mais baixos em toda a economia. As pessoas que tinham sido empregadas diretamente na construção civil, produzindo bens e serviços que os construtores precisam (como telhas), ou produzindo bens e serviços que os novos proprietários de casas precisam (como móveis novos), ou perderam seus empregos ou foram forçados a aceitar cortes salariais. E, à medida que os rendimentos caíam, também caíam os gastos dos consumidores. Este exemplo ilustra nosso nono princípio:

Os gastos de uma pessoa são a renda de outra pessoa.

Em uma economia de mercado, pessoas ganham a vida vendendo coisas – inclusive sua mão de obra – a outras pessoas. Se algum grupo na economia decidir, por qualquer razão, gastar mais, a renda de outros grupos aumentará. Se algum grupo decidir gastar menos, a renda de outros grupos cairá.

E uma reação em cadeia de mudanças no comportamento dos gastos tende a ter repercussões que se espalham por toda a economia. Por exemplo, uma queda nos gastos dos consumidores em *shopping centers* leva à redução da renda familiar; as famílias respondem reduzindo seus próprios gastos, o que leva a outra rodada de cortes de renda; e assim por diante. Essas repercussões têm papel importante em nossa compreensão das recessões e recuperações.

Princípio 10: Os gastos totais, às vezes, ficam em desacordo com a capacidade produtiva da economia

A pandemia de coronavírus de 2020 remonta a um período na década de 1930, conhecido como a Grande Depressão. Então, como agora, um colapso nos gastos dos consumidores e das empresas levou a uma grande queda nos gastos totais. Em ambos os períodos, a queda nos gastos levou a um desemprego muito alto.

O que os economistas aprenderam com a Grande Depressão é que os gastos totais – a quantidade de bens e serviços que os consumidores e as empresas querem comprar – às vezes não correspondem à quantidade de bens e serviços que a economia é capaz de produzir. Na década de 1930, como em 2020, os gastos ficaram muito aquém do necessário para manter os trabalhadores norte-americanos empregados, e o resultado foi uma grave recessão econômica.

Também é possível que os gastos totais sejam muito altos. Nesse caso, a economia experimenta *inflação*, um aumento dos preços em toda a economia. Esse aumento nos preços ocorre quando a quantidade que as pessoas querem comprar supera a oferta, levando os produtores a aumentar seus preços e também encontrar compradores dispostos a pagar.

Quando a economia experimenta déficits ou excessos nos gastos, as políticas governamentais podem ser usadas para resolver os desequilíbrios, o que conduz ao nosso décimo princípio:

Gastos totais às vezes entram em desacordo com a capacidade produtiva da economia; quando isso acontece, a política do governo pode mudar os gastos.

O governo dos EUA gasta muito, em tudo, desde equipamentos militares até atendimento de saúde. Além disso, pode optar por gastar mais ou menos, dependendo do estado da economia. Da mesma forma, o governo pode variar a quantia cobrada em impostos, o que, por sua vez, afeta o montante de sua renda que os consumidores e as empresas têm para gastar. E o controle do governo sobre a quantidade de dinheiro em circulação lhe dá outra ferramenta poderosa com a qual pode afetar os gastos totais. Os gastos, os impostos e o controle do dinheiro pelo governo são as ferramentas da *política macroeconômica*.

Governos modernos empregam ferramentas de política macroeconômica em um esforço para equilibrar os gastos totais da economia, tentando guiá-los por entre os perigos da recessão e da inflação. Tais esforços nem sempre são bem-sucedidos – recessões ainda acontecem, assim como períodos de inflação. Mas acredita-se amplamente que os esforços agressivos para sustentar os gastos em 2008 e 2009 ajudaram a evitar que a crise financeira de 2008 se transformasse em uma depressão total. E em 2020, o Congresso aprovou um pacote de ajuda de 4 trilhões de dólares para trabalhadores e empresas norte-americanas com a finalidade de amortecer o golpe da pandemia do coronavírus.

Princípio 11: Aumento do potencial da economia gera crescimento ao longo do tempo

A economia atual é diferente da economia de 20 anos atrás e drasticamente diferente da economia de um século atrás. Tais mudanças se devem ao *crescimento econômico*, ao aumento do nível de vida ao longo do tempo. O crescimento econômico tornou os Estados Unidos e outros países muito mais ricos ao longo do tempo. Como um carro subindo uma cadeia de montanhas, apesar dos vales e colinas ao longo do caminho, o trajeto geral da economia tem sido ascendente no longo prazo, como ilustra a Figura 1.1.

O que explica esse crescimento? Ele se deve ao surgimento de novas tecnologias e ao aumento dos recursos disponíveis para produção – recursos como terra, mão de obra e maquinário. Como resultado, o potencial da economia, a quantidade total de bens e serviços que ela pode produzir, aumenta e leva a um padrão de vida mais elevado. Por exemplo, em 1820, 80% dos trabalhadores norte-americanos estavam empregados na agricultura; agora, esse número é de 2%. No entanto, hoje há disponibilidade de uma quantidade e variedade de alimentos muito maior do que há 200 anos. A crescente mecanização e sofisticação tecnológica da agricultura – tratores gigantescos e imagens de satélite – são mudanças nos recursos disponíveis para produção. Como resultado, o potencial da economia tem aumentado: hoje, os agricultores norte-americanos podem produzir muito mais do que antes e os consumidores norte-americanos podem consumir muito mais do que antes.

Chegamos agora ao nosso décimo primeiro e último princípio:

> ***Aumento do potencial da economia gera crescimento econômico ao longo do tempo.***

Embora o crescimento econômico tenha beneficiado muita gente, o aumento do padrão de vida é geralmente distribuído de forma desigual entre os habitantes de um país no curto prazo. De fato, a qualquer momento, um aumento no potencial da economia tipicamente cria *vencedores e perdedores*.

Por exemplo, durante os últimos 20 anos, os avanços tecnológicos revolucionaram a forma como se produz energia nos Estados Unidos. Novas técnicas de perfuração tornaram o gás natural abundante e surgiram fontes alternativas de energia, como a solar e a eólica. Essas novas fontes de energia, que poluem menos que as fontes mais antigas, como o carvão, beneficiam tanto a economia quanto o meio ambiente – elas são as vencedoras em nosso exemplo. Mas, ao mesmo tempo, a demanda reduzida por carvão tem prejudicado comunidades onde a mineração tem sido uma fonte primária de emprego, criando perdedores.

Figura 1.1 Crescimento da economia dos Estados Unidos ao longo do tempo.

A trajetória geral da economia dos EUA nos últimos 200 anos, desde 1800 até 2000, tem sido ascendente, com os inevitáveis altos e baixos de curto prazo ao longo do caminho.

Dados de: Maddison Project Database, versão 2018. Jutta Bolt, Robert Inklaar, Herman de Jong e Jan Luiten van Zanden (2018).

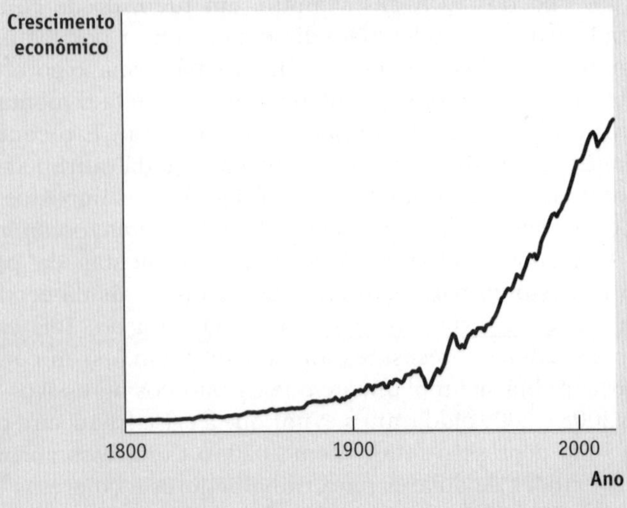

No entanto, em uma economia de mercado dinâmica, os perdedores não permanecerão sempre perdedores. Lembre-se do Princípio 4: As pessoas geralmente respondem a incentivos. Isso implica que os mineiros de carvão desempregados acabarão migrando para outros setores da economia onde podem encontrar trabalho. Eles podem, por exemplo, tornar-se instaladores de painéis solares. Entretanto, como leva tempo para que os trabalhadores façam tal transição (e isso pode ser impossível para os trabalhadores mais velhos), podemos ver também por que o Princípio 8 se aplica: A intervenção do governo pode melhorar o bem-estar da sociedade. Programas governamentais de assistência podem minorar as dificuldades dos trabalhadores deslocados.

No fim, assim como o aumento do potencial de uma economia leva ao crescimento econômico ao longo do tempo, o crescimento econômico inevitavelmente leva a mudanças econômicas e sociais fundamentais. Com essas mudanças, surgem questões (e debates) que são tão relevantes hoje como eram no século XVIII, quando Adam Smith escreveu *A Riqueza das Nações* – questões sobre equidade, o papel do governo e remédios apropriados para a política macroeconômica.

>> *Revisão Rápida*

- Em uma economia de mercado, o gasto de um indivíduo é a renda de outro. O resultado é que mudanças de comportamento nos gastos tendem a gerar repercussões que se espalham pela economia em seu conjunto.
- O gasto total, algumas vezes, fica em desacordo com a capacidade da economia de produzir bens e serviços. Quando os gastos são baixos demais, o resultado é uma recessão. Quando os gastos são altos demais, provocam inflação.
- Quando os gastos totais estão descontrolados, governos usam uma série de instrumentos para afetar o nível geral dos gastos, na tentativa de pilotar a economia entre o perigo da recessão e o da inflação.
- Apesar dos altos e baixos da economia, aumentos no potencial da economia levam ao crescimento econômico no longo prazo, enquanto criam vencedores e perdedores no curto prazo.

>> *Teste seu entendimento* 1.3

As respostas estão no fim do livro.

1. Explique como cada um dos três princípios a seguir ilustra um dos três princípios da interação no conjunto da economia.
   a. O preço dos painéis solares caiu quase 99% nos últimos 40 anos. Prevê-se que continuarão caindo nos próximos 30 anos.
   b. A crise financeira de 2008 provocou aumento do desemprego. Em resposta, a Casa Branca instou o Congresso dos EUA a aprovar um pacote de aumentos temporários de gastos e cortes de impostos no início de 2009.
   c. Com a queda dos preços do petróleo, as empresas petrolíferas canadenses e norte-americanas foram forçadas a fechar seus poços produtivos. Em cidades da Dakota do Norte, Wyoming, Texas e Alasca, restaurantes e outras empresas de consumo estão falindo.

CASO EMPRESARIAL

Como a Priceline revolucionou o setor de viagens e turismo

Se você comprou e manteve ações do Grupo Priceline, o fornecedor *on-line* de reservas e serviços de busca relacionados a viagens e turismo, de 2014 a 2019, você foi um feliz veranista. Durante esse período, o preço das ações valorizou 50%, superando o desempenho do S&P 500, um indicador geral amplamente utilizado para os preços das ações, resultando em valorização de quase US$ 80 bilhões nas ações da empresa.

Ainda mais notável é o fato de que, em 2002, a empresa estava com problemas tão profundos que muitos duvidavam de que ela sobreviveria. De 1999 a 2002, a Priceline perdeu 95% de seu valor, passando de uma valorização de US$ 9 bilhões para uma quantia insignificante de US$ 425 milhões. O que correu tão terrivelmente mal e depois tão incrivelmente bem na Priceline?

Quando a empresa (originalmente conhecida como Priceline.com) foi formada, em 1998, os investidores ficaram imediatamente impressionados com a forma como ela utilizava a internet para revolucionar o setor de viagens e turismo. Antes da internet, viajantes dependiam de agentes de viagem e funcionários de companhias aéreas para reservar voos e hotéis. A informação era fragmentada e havia dificuldade de comparar preços ao comprar passagens. Como os preços eram altos, muito menos gente viajava longas distâncias, por exemplo, nas férias. O sucesso da Priceline residia em sua capacidade de detectar oportunidades exploráveis para si e para seus clientes. A empresa entendeu que, quando um avião decola com assentos vazios ou um hotel tem camas vazias, há um custo – a receita que teria sido obtida se houvesse ocupação do assento ou da cama. A inovação da Priceline foi reunir companhias aéreas e hotéis com capacidade não vendida e viajantes.

Funciona desta forma: os clientes especificam o preço que estão dispostos a pagar por determinada viagem ou certo hotel, e então a Priceline lhes apresenta uma lista de opções de linhas aéreas ou hotéis que podem aceitar esse preço. Normalmente, o preço diminui à medida que a data da viagem se aproxima. Embora alguns viajantes gostem da segurança de reservar suas viagens com bastante antecedência e dispõem-se a pagar por isso, outros não se importam de esperar até o último minuto, e assim correm o risco de não conseguir sua primeira opção de voo ou hotel para se beneficiar de um preço mais baixo.

A Priceline, então, encontrou uma maneira de fazer com que todos ficassem bem – inclusive ela mesma, já que cobrava uma pequena taxa a cada negociação que intermediava.

No entanto, em 2002, a empresa corria o risco de falir. Após os ataques terroristas de 11 de setembro de 2001, muitos norte-americanos simplesmente pararam de voar. À medida que a economia entrou em colapso profundo, os aviões ficaram vazios na pista e as companhias aéreas perderam bilhões de dólares. Várias grandes companhias aéreas entraram em uma espiral de falência e a Priceline estava perdendo vários milhões de dólares por ano.

A fim de evitar o colapso do setor aéreo, o Congresso aprovou um pacote de ajuda de US$ 15 bilhões que foi fundamental para estabilizar o setor. Foi a semente da reviravolta da Priceline. A empresa conseguiu sobreviver e eventualmente prosperar.

Rápida no gatilho quando viu seu mercado ser desafiado pelos recém-chegados Expedia e Orbitz, respondeu agressivamente passando a maior parte de seus negócios para reservas de hotéis e para o mercado europeu, onde o setor de viagens *on-line* ainda era bastante reduzido. Sua rede era particularmente valiosa no mercado hoteleiro europeu, composto de muito mais hotéis pequenos em comparação com o mercado dos EUA, que é dominado por cadeias nacionais. Os esforços deram frutos e, em 2003, a Priceline estava dando lucro. Ao longo dos anos, a Priceline expandiu-se adquirindo os *sites* de viagem Booking.com, KAYAK, agoda.com, rentalcars.com e OpenTable e transformando-se no Grupo Priceline, com receita de US$ 14,5 bilhões em 2018.

QUESTÃO PARA PENSAR

1. Explique como cada um dos 11 princípios de economia é ilustrado neste caso.

RESUMO

1. Toda análise econômica baseia-se em um conjunto de princípios básicos que se aplicam a três níveis de atividade econômica. Primeiro, estudamos como os indivíduos fazem escolhas; segundo, estudamos como as escolhas interagem; e, terceiro, estudamos como a economia funciona em seu conjunto.
2. Todos têm de fazer escolhas sobre o que fazer e o que *não* fazer. A **escolha individual** é a base da economia – se esta não envolve escolha, não é economia.
3. O motivo de escolhas serem necessárias é que os **recursos** – qualquer coisa que possa ser usada para produzir outra coisa – são **escassos**. Os limites para as escolhas individuais são tempo e dinheiro; as economias são limitadas por suas ofertas de recursos humanos e naturais.
4. Uma vez que você é obrigado a escolher entre alternativas limitadas, o custo real de qualquer coisa é aquilo de que você deve abdicar para obtê-la; todos os custos são **custos de oportunidade**.
5. Muitas decisões econômicas envolvem questões que não são "ou isso ou aquilo", mas "quanto" – quanto gastar em algum bem, quanto produzir e assim por diante. Tais decisões têm de ser tomadas implicando um ***trade-off*** *na margem*, ou seja, comparando os custos e os benefícios de fazer um pouco mais ou um pouco menos. Decisões desse tipo são chamadas **decisões marginais**, e o estudo delas, a **análise marginal**, desempenha um papel central na economia.
6. O estudo de como as pessoas *deveriam* tomar decisões é também uma boa maneira de entender o comportamento de fato. Indivíduos normalmente respondem a **incentivos**, aproveitando oportunidades para melhorar de situação.
7. O próximo nível da análise econômica é o estudo da **interação** – como minhas escolhas dependem das suas e vice-versa. Quando os indivíduos interagem, o resultado final pode ser diferente do que eles pretendiam.
8. A razão para a interação é que há **ganhos do comércio**: ao participar de um **comércio** de bens e serviços com outros, os membros de uma economia podem melhorar sua situação. A **especialização** – cada pessoa se especializa naquilo em que é boa – é a fonte dos ganhos de comércio.
9. Uma vez que indivíduos em geral respondem a incentivos, as economias normalmente se movem rumo ao **equilíbrio** – uma situação em que nenhum indivíduo pode melhorar sua situação optando por uma ação diferente.
10. Uma economia é **eficiente** se forem aproveitadas todas as oportunidades de melhorar a situação de alguém sem piorar a de outrem. Recursos devem ser usados do modo mais eficiente possível para alcançar os objetivos da sociedade. Mas a eficiência não é o único critério para avaliar uma economia: **equidade**, ou o que é justo, também é desejável, e muitas vezes há um *trade-off* entre equidade e eficiência.
11. Mercados em geral trazem eficiência, com algumas exceções bem definidas. Quando os mercados falham e não alcançam eficiência, a intervenção do governo pode melhorar o bem-estar da sociedade.
12. Como as pessoas em uma economia de mercado podem obter rendimento vendendo coisas, inclusive seu próprio trabalho, os gastos de uma pessoa são a renda de outra. O resultado disso é que mudanças no comportamento dos gastos podem se espalhar para a economia em seu conjunto.
13. O gasto total na economia pode ficar desalinhado com a capacidade produtiva da economia. Gasto total abaixo da capacidade produtiva leva à recessão; gasto total que excede a capacidade produtiva leva à inflação. Quando os gastos totais saem da linha, os governos podem usar ferramentas de política macroeconômica para guiar a economia entre a recessão e a inflação.
14. Aumento do potencial da economia gera crescimento econômico ao longo do tempo. Embora o crescimento econômico leve a padrões de vida mais altos para todos ao longo do tempo, no curto prazo o aumento do potencial da economia gera tanto vencedores quanto perdedores.

PALAVRAS-CHAVE

Análise marginal, p. 10
Comércio, p. 12
Custo de oportunidade, p. 8
Decisões marginais, p. 9
Eficiente, p. 15
Equidade, p. 15
Equilíbrio, p. 14
Escasso, p. 7
Escolha individual, p. 7
Especialização, p. 12
Ganhos com o comércio, p. 12
Incentivo, p. 10
Interação, p. 12
Recurso, p. 7
Trade-off, p. 9

PROBLEMAS

1. Em cada uma das situações a seguir, identifique qual dos 11 princípios está em ação.
   a. Você opta por comprar seus livros didáticos *on-line* em vez de pagar um preço mais alto pelos mesmos livros na sua livraria universitária.
   b. Na sua viagem de férias, seu orçamento está limitado a $ 35 por dia.
   c. Para ajudar a reduzir o congestionamento de trânsito, muitos estados adotaram preços de congestionamento. Sob esse programa, os motoristas são cobrados a mais para usar as faixas expressas durante o horário de pico.
   d. O Congresso aprova um projeto de lei de infraestrutura para ajudar os trabalhadores da construção civil que ficaram sem emprego após a última recessão.
   e. Você compra um livro didático usado de seu colega de quarto. Ele usa o dinheiro para comprar música no iTunes.
   f. Você decide quantas xícaras de café vai tomar quando estuda à noite antes de uma prova, considerando quanto consegue estudar a mais com mais uma xícara, comparado com quão nervoso vai ficar por tomar tanto café.
   g. Há um limite de espaço no laboratório que tem de ser usado pelos estudantes de química. O supervisor do laboratório agenda os estudantes segundo a hora em que eles podem vir.
   h. Você percebe que pode se formar um semestre mais cedo se desistir de um semestre de estudos no exterior.
   i. No centro acadêmico, há um mural em que as pessoas anunciam itens à venda, como bicicletas. Ajustado segundo a diferença de qualidade, todas as bicicletas se vendem pelo mesmo preço.
   j. Você é melhor em fazer pesquisa de laboratório e sua colega é melhor em escrever relatórios de pesquisa. Assim, os dois combinam que você fará todos os experimentos e ela escreverá todos os relatórios.
   k. A Amazon anuncia um programa para desenvolver um sistema de entrega por *drones* no lugar do tradicional transporte terrestre.
2. Descreva alguns dos custos de oportunidade quando você decidir fazer o seguinte:
   a. Frequentar a faculdade em vez de aceitar um emprego
   b. Assistir a um filme em vez de estudar para um exame
   c. Andar de ônibus em vez de sair com seu carro
3. Kim precisa comprar um livro didático para a próxima aula de economia. O preço na livraria da faculdade é $ 65. Um *site* o oferece por $ 55 e outro *site*, por $ 57. Todos os preços incluem o imposto sobre vendas. A tabela que acompanha o *site* indica os custos habituais de remessa e manuseio do livro didático encomendado pela internet.

Método de envio	Prazo de entrega	Tarifa
Envio padrão	3 a 7 dias	$ 3,99
Aéreo em 2 dias	2 dias úteis	$ 8,98
Aéreo em 1 dia	1 dia útil	$ 13,98

   a. Qual o custo de oportunidade de comprar pela internet em vez de ir à livraria? Note que, se você compra o livro pela internet, tem de esperar até que ele chegue.
   b. Mostre a escolha relevante para essa estudante. O que determina qual dessas opções a estudante escolherá?
4. Use o conceito de custo de oportunidade para explicar o que se segue.
   a. Mais pessoas decidem frequentar uma faculdade quando o mercado de trabalho não está bom.
   b. Mais pessoas escolhem fazer elas mesmas os consertos necessários em casa quando a economia está crescendo pouco.
   c. Há mais parques nos subúrbios que no centro da cidade.
   d. As lojas de bairro que cobram preços mais caros atendem as pessoas que são muito ocupadas.
   e. Menor número de estudantes se matricula nas aulas que começam antes das 10 da manhã.
5. Nos exemplos a seguir, indique como você usaria o princípio da análise marginal para tomar uma decisão.
   a. Decidir quantos dias esperar antes de lavar sua roupa.
   b. Decidir quanto tempo fazer pesquisa na biblioteca antes de escrever o trabalho solicitado no curso.
   c. Decidir quantos pacotes de batata frita comer.
   d. Decidir a quantas aulas do curso não comparecer.
6. Esta manhã, você fez as seguintes escolhas individuais: comprou uma broinha e um café no bar local, foi para a faculdade no seu carro na hora do *rush* e digitou o trabalho de curso da sua colega porque você digita rápido – e, em troca, ela vai lavar sua roupa por um mês. Em cada uma dessas ações, descreva como suas escolhas individuais interagem com as escolhas feitas por outras pessoas. Outras pessoas ficaram em situação pior ou melhor como resultado das suas escolhas em cada caso?
7. Na margem esquerda do Rio Hatatoochie mora a família Hatfield, enquanto a família McCoy vive na margem direita. A alimentação de cada família consiste em frango assado e espigas de milho cozido, e cada uma é autossuficiente, criando suas próprias galinhas e plantando seu milho. Explique em que condições seriam verdadeiras as afirmações a seguir:
   a. As duas famílias ficariam em situação melhor se os Hatfield se especializassem em criar frangos e os McCoy em plantar milho, e as duas famílias comerciassem.
   b. As duas famílias ficariam em situação melhor se os McCoy se especializassem em criar frangos e os Hatfield em plantar milho, e as duas famílias comerciassem.

8. Qual das situações a seguir descreve um equilíbrio? E qual não descreve? E se a situação não é de equilíbrio, como seria um equilíbrio?
   a. Muita gente vai e vem todo dia do subúrbio ao centro da cidade de Pleasantville. Por causa do congestionamento de trânsito, a viagem leva 30 minutos pela rodovia, mas apenas 15 minutos pelas ruas laterais.
   b. Na esquina da Rua Principal com a Rua Larga há dois postos de gasolina. Um posto cobra $ 3 por galão de gasolina (aproximadamente 3,8 litros) e o outro cobra $ 2,85. Os clientes do primeiro são atendidos imediatamente, enquanto no segundo amargam longas filas.
   c. Cada estudante matriculado na disciplina Economia 101 é obrigado a assistir a uma aula de orientação por semana. Este ano se oferecem duas seções, A e B, no mesmo horário, em salas de aula vizinhas, e os instrutores são igualmente competentes. A seção A está superlotada, com gente sentada no chão, e às vezes nem se consegue enxergar o quadro-negro. Na seção B, há carteiras vazias.
9. Em cada um dos casos que se seguem, explique se você considera a situação eficiente ou não. Se não é eficiente, por quê? Que ações tornariam a situação eficiente?
   a. A eletricidade está incluída no aluguel do seu quarto, na pensão de estudantes. Alguns dos residentes deixam ligados a luz, os computadores e os aparelhos elétricos quando não estão em seus quartos.
   b. Embora a preparação tenha o mesmo custo, o restaurante da sua pensão regularmente oferece pratos demais dos quais os estudantes não gostam, como caçarola de tofu, e de menos os pratos que os estudantes preferem, como peru assado.
   c. O número de matrículas para certa disciplina supera o de vagas. Alguns estudantes que precisam dessa matéria para completar seu curso não conseguem vaga, enquanto outros para os quais a disciplina é eletiva estão conseguindo vaga.
10. Discuta as implicações de eficiência e equidade de cada uma das políticas a seguir. Como você trataria de equilibrar as preocupações de equidade e de eficiência nessas áreas?
    a. O governo paga a matrícula total para qualquer estudante universitário estudar o curso que quiser.
    b. Quando as pessoas perdem o emprego, o governo paga seguro-desemprego até que elas encontrem um novo emprego.
11. Os governos, muitas vezes, adotam certas políticas a fim de incentivar o comportamento desejado entre os cidadãos. Para cada uma das políticas públicas a seguir, determine qual é o incentivo e qual o comportamento que o governo quer promover. Em cada caso, por que você acha que o governo estaria querendo modificar o comportamento das pessoas, em vez de deixar que suas ações sejam determinadas apenas pelo mercado?
    a. Existe cobrança de um imposto de $ 5 por pacote de cigarro.
    b. O governo dá aos pais $ 100 quando vacinam uma criança contra caxumba.
    c. O governo paga aos estudantes universitários para darem aulas a crianças de famílias de baixa renda.
    d. O governo estabelece um imposto sobre a quantidade de ar poluído emitido por uma companhia.
12. Em cada uma das situações a seguir, explique como a intervenção do governo poderia melhorar o bem-estar da sociedade ao mudar o incentivo das pessoas. Em que sentido o mercado está funcionando errado?
    a. A poluição provocada pelos automóveis chegou a níveis insustentáveis.
    b. Todo mundo em Woodville ficaria em situação melhor se as ruas da cidade fossem iluminadas. Mas nenhum residente está disposto a pagar por um poste de luz em frente da sua casa, porque é impossível recuperar o custo cobrando outros moradores pelo benefício que recebem dele.
13. Tim Geithner, ex-secretário do Tesouro dos Estados Unidos, afirmou: "A recessão que começou no fim de 2007 foi excepcionalmente grave. Mas as medidas que tomamos no seu auge para estimular a economia ajudaram a conter a queda livre, evitando um colapso ainda maior e colocando a economia no caminho da recuperação." Quais os dois princípios, dentre os três princípios da interação na economia em seu conjunto, que estão funcionando nessa afirmação?
14. Em agosto de 2007, uma mudança negativa muito aguda no mercado imobiliário nos Estados Unidos reduziu a renda de muitos que trabalhavam na indústria da construção. Um artigo no *Wall Street Journal* contou que os serviços de transferência bancária internacional do Walmart provavelmente iriam diminuir porque muitos trabalhadores na indústria de construção civil são estrangeiros que regularmente remetem via Walmart uma parte de seus salários para ajudar os parentes em seus países de origem. Com essa informação, use um dos princípios da interação na economia em seu conjunto para identificar a sequência de eventos que explica como uma redução nos gastos de compra de residências nos Estados Unidos possivelmente afetará o desempenho da economia no país natal desses trabalhadores.
15. Após a crise financeira de 2008, os consumidores norte-americanos reduziram as compras de carros novos. Em resposta ao declínio nas vendas de carros, o Congresso aprovou o programa "*Cash for Clunkers*" (Dinheiro pelo Carro Velho, em tradução livre), que permitiu aos consumidores trocar seu carro antigo e receber auxílio em dinheiro para comprar um veículo novo. Que princípio de interação no conjunto da economia está em ação aqui?
16. Automóveis que rodam sem motorista, também conhecidos como veículos autônomos, exigirão pouca ou nenhuma intervenção humana para operarem com segurança. Um relatório recente afirma que esses veículos irão custar para a economia dos EUA 4 milhões de empregos, mas também somam quase US$ 800 bilhões em produção anual. Explique como os veículos autônomos aumentam a produção potencial e contribuem para o crescimento econômico. Identifique os vencedores e os perdedores no desenvolvimento de veículos autônomos.

2 Modelos Econômicos: *Trade-offs* e Comércio

DO AVIÃO DOS IRMÃOS WRIGHT AO BOEING 787 DREAMLINER

O 787 DREAMLINER da Boeing foi o resultado de uma revolução aerodinâmica – um avião supereficiente projetado para cortar custos de operação de companhias aéreas e o primeiro a usar materiais compostos superleves.

Para garantir que o Dreamliner fosse suficientemente leve e aerodinâmico, ele passou por mais de 15 mil horas de testes em túnel de vento, resultando em mudanças sutis de projeto que melhoraram seu desempenho, tornando-o mais eficiente no consumo de combustível e menos poluente do que os jatos de passageiros existentes. Na verdade, algumas companhias aéreas de baixo custo, como a Norwegian Air (a terceira maior companhia aérea da Europa), têm oferecido voos transatlânticos pela metade do preço de seus rivais, esperando que o Dreamliner, supereficiente em consumo de combustível, encolha os custos de combustível o suficiente para tornar lucrativa sua estratégia de descontos.

O primeiro voo do Dreamliner foi um avanço espetacular em relação ao primeiro voo do avião dos irmãos Wright em 1903, em Kitty Hawk, no estado da Carolina do Norte. Mas os engenheiros da Boeing, e todos os engenheiros aeronáuticos, têm uma enorme dívida para com Wilbur e Orville Wright, os inventores do avião que levantou voo em Kitty Hawk.

O que fez dos irmãos Wright verdadeiros visionários foi sua invenção do túnel de vento, um aparelho que os levou a experimentar com vários desenhos diferentes de asas e de controle de superfícies. Os experimentos com uma miniatura de avião em um túnel de vento do tamanho de um baú proporcionaram aos irmãos Wright o conhecimento que tornaria possível o voo de algo mais pesado que o ar.

Nem a miniatura de um avião parado dentro de um túnel de vento nem o modelo em miniatura do jato Dreamliner no mais moderno túnel de vento transônico da Boeing são a mesma coisa que um avião de verdade voando. Mas são *modelos* muito úteis do voo de um avião – uma representação simplificada da coisa real que pode ser usada para responder questões cruciais como quanta sustentação determinado formato de asa vai gerar a certa velocidade do vento.

É óbvio que testar o desenho de um avião em um túnel de vento é mais barato e seguro do que construir uma versão em tamanho real na esperança de que vá voar. De modo mais geral, os modelos desempenham papel crucial em quase toda pesquisa científica, inclusive em economia.

De fato, poderíamos dizer que a teoria econômica consiste principalmente em uma coleção de modelos, uma série de representações simplificadas da realidade econômica que nos permite compreender uma variedade de questões econômicas.

Neste capítulo, vamos examinar três modelos econômicos que são importantes por si só e vamos ilustrar por que tais modelos são tão úteis. Concluiremos examinando como os economistas de fato usam modelos em seu trabalho. •

O QUE VOCÊ IRÁ APRENDER?

- O que são **modelos** econômicos e por que são tão importantes para os economistas?
- Como três modelos simples – a **fronteira de possibilidades de produção,** a **vantagem comparativa** e o **diagrama do fluxo circular** – nos ajudam a entender o funcionamento das economias modernas?
- Por que a compreensão da diferença entre **economia positiva** e **economia normativa** é importante para a aplicação dos princípios econômicos no mundo real?
- Por que os economistas às vezes divergem entre si?

Modelos em economia: alguns exemplos importantes

Um **modelo** é qualquer representação da realidade usada para entender melhor situações da vida real. Mas de que modo criamos uma representação simplificada de uma situação econômica?

Um **modelo** é a representação simplificada de uma situação concreta que é usado para entender melhor as situações da vida real.

Uma possibilidade (o equivalente, para o economista, a um túnel de vento) é encontrar ou criar uma economia real, porém simplificada. Tomemos como exemplo um economista que quer saber como um aumento do salário mínimo imposto pelo governo afetaria a economia dos Estados Unidos. Seria impossível realizar um experimento que envolvesse aumentar o salário mínimo em todo o país e ver o que aconteceria. Em vez disso, o economista observará os efeitos de uma economia menor que está aumentando seu salário mínimo (como Nova York fez em 2019) e então extrapolará esses resultados para a economia maior dos Estados Unidos.

Outra possibilidade é simular o funcionamento da economia em um computador. Por exemplo, quando são propostas mudanças na lei tributária, funcionários do governo usam *modelos tributários* – extensos programas matemáticos de computador – para avaliar como as mudanças propostas afetariam diferentes tipos de pessoas.

A importância dos modelos é que eles permitem ao economista se concentrar somente nos efeitos de uma mudança de cada vez, isto é, eles permitem manter todo o resto constante e estudar como as mudanças propostas afetam o resultado econômico geral. Assim, o **pressuposto de tudo o mais constante** – que significa que todos os outros fatores relevantes permanecem sem mudar – é um pressuposto importante na construção de modelos econômicos.

O **pressuposto de tudo o mais constante** significa que todos os outros fatores relevantes permanecem inalterados.

Mas nem sempre é possível criar uma versão de toda a economia em pequena escala, e um programa de computador é apenas tão bom quanto os dados que utiliza (os programadores têm um ditado: lixo que entra, lixo que sai). Para muitos objetivos, a forma mais efetiva de modelar a economia é a construção de "experimentos mentais", versões hipotéticas simplificadas de situações da vida real.

No Capítulo 1, ilustramos o conceito de equilíbrio com o exemplo de como os clientes em fila no supermercado se rearranjam quando abre um novo caixa. Embora não o tenhamos dito, esse foi um exemplo de modelo simples: um supermercado imaginário em que muitos detalhes foram ignorados (o que os clientes estavam comprando não vem ao caso). Aquele modelo podia ser usado para responder a uma questão do tipo "e se?": e se abrisse um novo caixa?

Como mostrou a história dos caixas no supermercado, muitas vezes é possível descrever e analisar um modelo – econômico – útil em linguagem comum. Contudo, visto que muito do que ocorre na economia envolve mudança de quantidade (no preço de um produto, no número de unidades produzidas, no número de trabalhadores empregados na produção), os economistas muitas vezes consideram que um pouco de matemática ajuda a esclarecer uma questão. Em particular, um exemplo numérico, uma equação simples e, especialmente, um gráfico podem ser essenciais para entender um conceito econômico.

Qualquer que seja sua forma, um bom modelo econômico pode ser uma tremenda ajuda para a compreensão. Analisaremos agora três modelos econômicos simples, mas importantes, e o que eles nos dizem.

- Primeiro, analisaremos a *fronteira de possibilidades de produção*, um modelo que ajuda os economistas a pensar sobre os *trade-offs* que toda economia enfrenta.
- Em seguida, voltamo-nos para a *vantagem comparativa*, um modelo que esclarece o princípio dos ganhos com o comércio – comércio tanto entre indivíduos quanto entre países.
- Também examinaremos o *diagrama do fluxo circular*, uma representação esquemática que nos ajuda a entender como os fluxos de dinheiro, bens e serviços são canalizados através da economia.

Ao longo deste capítulo, e de todo o livro, faremos uso considerável de gráficos para representar as relações matemáticas. Se você já está familiarizado com a forma como os gráficos são usados, você pode pular o apêndice deste capítulo, que fornece uma breve introdução ao uso de gráficos em economia. Caso contrário, este seria um bom momento para ler o apêndice.

Trade-offs: A fronteira de possibilidades de produção

O primeiro princípio da economia que introduzimos no Capítulo 1 é que os recursos são escassos e, como resultado, qualquer economia enfrenta *trade-offs* – seja um grupo isolado de algumas dezenas de caçadores-coletores, ou os quase 7,8 bilhões de pessoas que compõem a economia global do século XXI. Por mais leve que o Boeing Dreamliner seja, por mais eficiente que seja a linha de montagem da Boeing, produzir Dreamliners significa usar recursos que, portanto, não podem ser usados para produzir alguma outra coisa.

A **fronteira de possibilidades de produção** ilustra os *trade-offs* ao considerarmos uma economia que produz apenas dois bens. Mostra a quantidade máxima de um bem que pode ser produzida, dada a quantidade produzida de outro bem.

Para examinar os *trade-offs* com que se defronta toda economia, os economistas muitas vezes usam o modelo conhecido como **fronteira de possibilidades de produção**. A ideia por trás desse modelo é melhorar nossa compreensão dos *trade-offs* ao considerarmos uma economia simplificada que produz apenas dois bens. Essa simplificação nos permite mostrar o *trade-off* mediante um gráfico.

Suponha por um instante que os Estados Unidos são uma economia de uma só empresa, sendo a Boeing o único empregador e aviões a jato o único produto. Haveria, porém, uma escolha sobre o tipo de avião a produzir, por exemplo, Dreamliners ou jatinhos de transporte regional. A Figura 2.1 mostra uma fronteira de possibilidades de produção hipotética que teria esta economia de uma só empresa. A fronteira, ou seja, a curva no gráfico, mostra a quantidade máxima de jatinhos que a Boeing pode produzir por ano, *dada* a quantidade de Dreamliners que produz por ano, e vice-versa. Ou seja, responde a questões na forma: "Qual é a quantidade máxima de jatinhos que a Boeing pode produzir se ao mesmo tempo produz nove (ou 15, ou 30) Dreamliners nesse ano?"

Há uma distinção crucial entre pontos *dentro* da curva ou *sobre* a curva (a área sombreada) e *fora* da curva. Se o ponto de produção está dentro ou na fronteira, como o ponto *C*, em que a Boeing produz 20 jatos pequenos e nove Dreamliners, ele é um ponto possível. Afinal de contas, a fronteira diz que, se a Boeing produz 20 jatos pequenos, consegue também produzir um máximo de 15 Dreamliners, de modo que certamente pode produzir nove.

Figura 2.1 A fronteira de possibilidades de produção.

A fronteira de possibilidades de produção ilustra *trade-offs* com que se defronta a Boeing ao produzir Dreamliners e jatinhos. Mostra a quantidade máxima de um bem que pode ser produzida, dada a quantidade produzida de outro bem. Aqui, o número máximo de Dreamliners manufaturados por ano depende do número de jatinhos fabricados nesse ano, e vice-versa. Sua produção possível é representada pela área *dentro* ou *sobre* a curva. A produção no ponto *C* é factível, mas não é eficiente. Os pontos *A* e *B* são factíveis e eficientes, mas o ponto *D* não é factível.

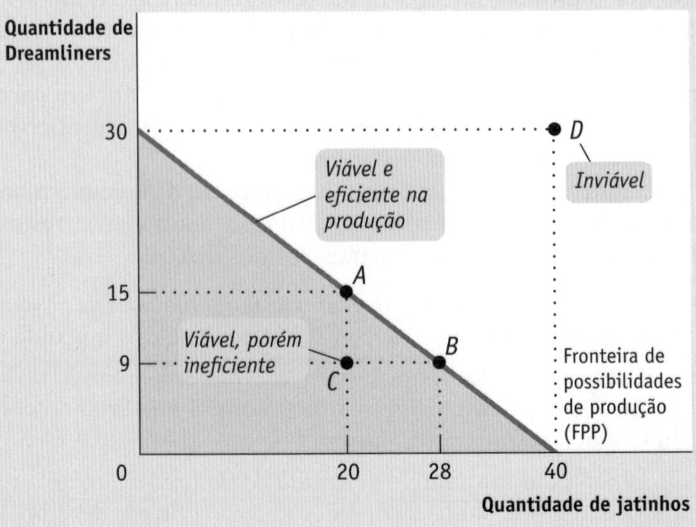

Contudo, o ponto de produção que está fora da fronteira, tal como o ponto de produção hipotético *D* na figura, em que a Boeing produz 40 jatos pequenos e 30 Dreamliners, não é factível. A Boeing pode produzir 40 jatinhos e nenhum Dreamliner ou, então, 30 Dreamliners e nenhum jatinho, mas não pode fazer ambas as coisas.

Na Figura 2.1, a fronteira de possibilidades de produção intercepta o eixo horizontal em 40 jatinhos. Isso significa que, se a Boeing dedicasse toda a sua capacidade produtiva à fabricação de jatinhos, ela poderia produzir 40 jatinhos por ano mas nenhum Dreamliner. A fronteira de possibilidades de produção intercepta o eixo vertical em 30 Dreamliners. Isso significa que, se a Boeing dedicasse toda a sua capacidade produtiva a fazer Dreamliners, poderia produzir 30 Dreamliners por ano, mas nenhum jatinho.

A figura mostra também *trade-offs* não tão extremos. Por exemplo, se a Boeing decide fabricar 20 jatinhos esse ano, pode fabricar no máximo 15 Dreamliners; essa escolha de produção é ilustrada pelo ponto *A*. Se os gerentes da Boeing decidem produzir 28 jatinhos, podem produzir no máximo 9 Dreamliners, como mostra o ponto *B*.

Pensar em termos de fronteira de possibilidades de produção simplifica as complexidades da realidade. A economia do mundo real produz milhões de bens diferentes. Até a Boeing pode produzir mais que dois tipos de avião. Mas é preciso notar que, mesmo em sua simplicidade, esse modelo permite percepções importantes sobre o mundo real.

Quando simplificamos a realidade, a fronteira de possibilidades de produção nos ajuda a compreender alguns aspectos da economia real melhor do que compreenderíamos sem o modelo: eficiência, custo de oportunidade e crescimento econômico.

Eficiência. Antes de tudo, a fronteira de possibilidades de produção é uma boa maneira de mostrar o conceito econômico geral de *eficiência*. Vimos no Capítulo 1 que uma economia é eficiente quando não há oportunidades perdidas: não há maneira de melhorar a situação de alguém sem piorar a situação de outrem.

Um elemento-chave da eficiência é que não há oportunidades desperdiçadas na produção: não há maneira de produzir mais de um bem sem produzir menos de outros bens. Enquanto a Boeing opera na fronteira de possibilidades de produção, sua produção é eficiente. No ponto *A*, 15 Dreamliners são o número máximo factível dado que a Boeing decidiu também fabricar 20 jatinhos; no ponto *B*, nove Dreamliners são o máximo que ela pode produzir dada a sua escolha de produzir 28 jatinhos, e assim por diante.

Mas suponha que, por alguma razão, a Boeing esteja operando no ponto *C*, produzindo 20 jatinhos e 9 Dreamliners. Nesse caso, não seria eficiente na produção e seria, portanto, *ineficiente:* poderia estar produzindo mais de ambos os tipos de avião.

Embora tenhamos usado um exemplo de escolhas de produção de uma só empresa e dois bens para ilustrar eficiência e ineficiência, esses conceitos se aplicam também à economia real, que tem muitas empresas e produz muitos bens. Se uma economia em seu conjunto não pode produzir mais de certo bem sem passar a produzir menos de outro bem – isto é, se ela está sobre a fronteira de possibilidades de produção –, dizemos que a economia é *eficiente na produção*.

Caso, no entanto, a economia pudesse produzir mais de certas coisas sem deixar de produzir outras – o que normalmente significaria que ela poderia produzir maior quantidade de todas as coisas –, diríamos que a economia é ineficiente na produção. Por exemplo, uma economia em que há grande número de pessoas involuntariamente desempregadas é claramente ineficiente na produção. E isso é ruim, pois a economia poderia estar produzindo mais bens e serviços úteis.

Embora a fronteira de possibilidades de produção ajude a esclarecer o que significa uma economia ser eficiente na produção, é importante entender que eficiência na produção é apenas *parte* do necessário para que uma economia em seu conjunto seja eficiente. Eficiência implica também que a economia faça uma alocação de recursos de tal modo que os consumidores estejam tão bem quanto possível. Se a economia faz isso, dizemos que ela é *eficiente na alocação*.

Para verificar por que a eficiência na alocação é tão importante quanto a eficiência na produção, note que os pontos *A* e *B* na Figura 2.1 representam situações em que a economia é eficiente na produção, pois em cada caso não pode produzir mais de um bem sem produzir menos do outro. Mas essas duas situações podem não ser igualmente desejáveis do ponto de vista da sociedade. Suponha que a sociedade prefira ter mais jatinhos e menos Dreamliners que no ponto *A*, isto é, prefira ter 28 jatinhos e nove Dreamliners, correspondentes ao ponto *B*. Então, o ponto *A* é ineficiente na alocação do ponto de vista da economia em seu conjunto, que prefere que a Boeing produza no ponto *B* em vez de no ponto *A*.

Esse exemplo mostra que a eficiência, para a economia em seu conjunto, requer *tanto* eficiência na produção como eficiência na alocação: para ser eficiente, uma economia tem de produzir o máximo de cada bem, dada a produção dos demais, e tem de produzir também uma composição de bens que as pessoas queiram consumir. (E ainda tem de fornecer esses bens às pessoas certas: uma economia que entrega jatinhos às companhias aéreas internacionais e os gigantescos Dreamliner a empresas regionais que servem a pequenos aeroportos rurais também é ineficiente.)

No mundo real, economias planificadas, como a antiga União Soviética, eram notoriamente ineficientes na alocação. Por exemplo, era comum que os consumidores encontrassem numa loja estoques de algumas mercadorias que quase ninguém queria, mas ao mesmo tempo faltavam itens básicos como sabonete e papel higiênico.

Custo de oportunidade. A fronteira de possibilidades de produção é útil também para lembrar o ponto fundamental de que o verdadeiro custo de qualquer bem não é apenas a quantidade de dinheiro que ele vale quando o compramos, mas tudo o mais, além do dinheiro, que tem de ser sacrificado a fim de obtermos esse bem, ou seja, o custo de oportunidade. Se, por exemplo, a Boeing decidir mudar sua produção do ponto *A* para o *B*, produzirá mais oito jatinhos, mas seis Dreamliners a menos. Assim, o custo de oportunidade desses oito jatinhos extras é de seis Dreamliners, isto é, os seis Dreamliners dos quais se abdica para produzir seis jatinhos a mais. Isso significa que jatinho tem um custo de oportunidade de $6/8 = 3/4$ de um Dreamliner.

Esse custo de oportunidade de um jatinho a mais em termos de Dreamliners é sempre o mesmo, qualquer que seja a quantidade de jatinhos e Dreamliners que se produzam? No exemplo ilustrado pela Figura 2.1, a resposta é sim. Se a Boeing aumenta sua produção de jatinhos de 28 para 40, o número de Dreamliners que produz cai de nove para zero. Assim, seu custo de oportunidade por jatinho adicional é $9/12 = 3/4$ de um Dreamliner, o mesmo de quando a Boeing passou de 20 para 28 jatinhos fabricados. Contudo, o fato de que nesse exemplo o custo de oportunidade de um jatinho adicional em termos de Dreamliners é sempre o mesmo resulta de um pressuposto que adotamos, que se reflete no formato da curva na Figura 2.1. Especificamente, sempre que supomos que o custo de oportunidade de uma unidade adicional não muda, independentemente das proporções na produção, a fronteira de possibilidades de produção é uma linha reta.

Além disso, como você talvez já tenha percebido, a inclinação da linha reta que representa a fronteira de possibilidades de produção é igual ao custo de oportunidade – especificamente, o custo de oportunidade de um bem medido no eixo horizontal em termos do bem medido no eixo vertical. Na Figura 2.1, a fronteira de possibilidades de produção tem uma *inclinação constante* de $-3/4$, o que implica que a Boeing se defronta com o *custo de oportunidade constante* de um jatinho igual a $3/4$ de Dreamliner (uma revisão de como calcular a inclinação de uma reta encontra-se no Apêndice deste capítulo). Esse é o caso mais simples, mas o modelo da fronteira de possibilidades de produção pode ser usado também para situações em que o custo de oportunidade muda com a composição da produção.

A Figura 2.2 ilustra uma pressuposição diferente, uma situação em que a Boeing se defronta com *custo de oportunidade crescente*. Aqui, quanto mais

Figura 2.2 Custo de oportunidade crescente.

O formato abaulado da fronteira de possibilidades de produção reflete o custo de oportunidade crescente. Neste exemplo, para produzir os primeiros 20 jatinhos, a Boeing precisa sacrificar cinco Dreamliners. Mas, para produzir um adicional de 20 jatinhos, precisa sacrificar mais 25 Dreamliners.

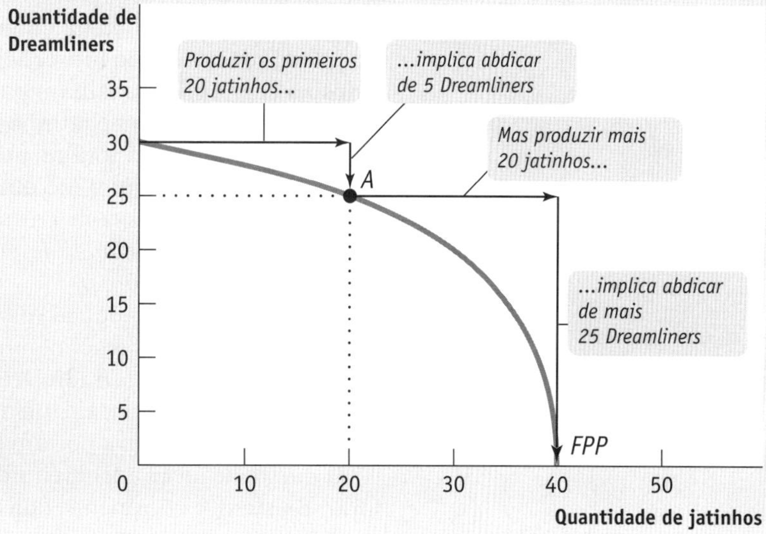

jatinhos produzir, tanto mais será custoso produzir um jatinho a mais em termos de Dreamliners que deixa de produzir. E o mesmo vale para o reverso: quanto mais Dreamliners a Boeing produza, tanto mais custoso será produzir um Dreamliner a mais em termos da produção de jatinhos da qual tem de abdicar. Por exemplo, para passar de nenhum jatinho para 20, ela tem de deixar de produzir 5 Dreamliners. Isto é, o custo de oportunidade desses 20 jatinhos é de 5 Dreamliners. Mas, para aumentar a produção de jatinhos para 40, ela tem de desistir de 25 Dreamliners adicionais, um custo de oportunidade muito mais alto. Como se vê na Figura 2.2, quando os custos de oportunidade são crescentes em vez de constantes, a fronteira de possibilidades de produção é uma curva abaulada e não uma linha reta.

Embora muitas vezes seja prático trabalhar com o pressuposto simples de que a fronteira de possibilidades de produção seja uma linha reta, os economistas acreditam que, na realidade, os custos de oportunidade são crescentes. Quando é produzida apenas pequena quantidade de um bem, o custo de oportunidade de produzir esse bem é relativamente baixo porque a economia pode usar apenas os recursos especialmente adequados para essa produção.

Por exemplo, se uma economia cultiva apenas uma pequena quantidade de milho, este pode ser plantado em lugares em que o solo e o clima sejam perfeitos para plantar milho, e que sejam menos adequados para plantar qualquer outra coisa, por exemplo, trigo. Assim, plantar milho implica sacrificar apenas uma pequena quantidade de produção potencial de trigo. Quando a economia passa a cultivar uma quantidade grande de milho, tem de usar terra que não seja tão boa para milho e que teria sido mais adequada para trigo. Desse modo, a produção adicional de milho envolverá um sacrifício muito maior em termos de produção de trigo. Em outras palavras, à medida que maior quantidade de um bem é produzida, o custo de oportunidade em geral aumenta porque os insumos mais adequados foram todos usados e, em vez disso, é preciso usar insumos menos adaptáveis.

Crescimento econômico. Finalmente, a fronteira de possibilidades de produção nos ajuda a compreender o que significa falar de *crescimento econômico*. Apresentamos o conceito de crescimento econômico na Introdução, definindo-o como *a capacidade crescente da economia de produzir bens e serviços*. Como vimos, o crescimento econômico é uma das características fundamentais da economia real. Mas podemos realmente dizer que a economia cresceu ao longo do tempo? Afinal, embora a economia norte-americana produza hoje muito mais coisas do que produzia há um século, há itens que agora se produzem muito menos, por exemplo, carruagens. Em outros termos, a produção de muitos itens de fato caiu. Como, então, podemos afirmar com segurança que a economia em seu conjunto cresceu?

A resposta é ilustrada na Figura 2.3, em que traçamos duas fronteiras das possibilidades de produção hipotéticas para a economia. Nelas, supomos de novo que todos na economia trabalham para a Boeing e, portanto, que a economia produz dois bens, Dreamliners e jatinhos. Note que as duas curvas estão dispostas de tal maneira que uma está totalmente dentro da outra, sendo que a que está dentro é denominada *"FPP original"* e a outra, *"nova FPP"*. Agora, podemos ver graficamente o que queremos dizer com crescimento econômico da economia: significa uma *expansão das possibilidades de produção da economia*; ou seja, a economia pode produzir mais de tudo.

Por exemplo, se a produção da Boeing está inicialmente no ponto *A* (25 Dreamliners e 20 jatinhos), crescimento econômico significa que a economia poderia mover-se para o ponto *E* (30 Dreamliners e 25 jatinhos). O ponto *E* está fora da fronteira original; assim, em um modelo de fronteira de possibilidades de produção, o crescimento se mostra por um deslocamento da fronteira para fora.

O que pode levar a fronteira de possibilidades de produção a se deslocar para fora? Existem basicamente duas fontes de crescimento econômico. Uma é um aumento na quantidade de **fatores de produção** da economia, ou seja, na quantidade de recursos usados para produzir bens e serviços. Os economistas normalmente usam o termo *fator de produção* para se referirem a um recurso que é usado, mas não desaparece durante a produção. Por exemplo, na indústria aeronáutica tradicional, os trabalhadores usavam rebitadeiras para prender as folhas de metal que formavam a fuselagem do avião; os trabalhadores e as máquinas são fatores de produção, mas os arrebites e os laminados não são. Uma vez pronta a fuselagem, um trabalhador e uma rebitadeira podem ser usados para fazer outro avião, mas o laminado e os arrebites não podem ser usados para tal.

Fatores de produção são recursos utilizados para produzir bens e serviços.

De maneira geral, os principais fatores de produção são os recursos terra, trabalho, capital físico e capital humano. A terra é um recurso fornecido pela natureza; o trabalho é o conjunto dos trabalhadores da economia; o capital físico se refere a recursos criados, tais como máquinas e edifícios; e o capital humano se refere às conquistas educacionais e habilidades da força de trabalho, que aumentam sua produtividade. É claro que cada um desses itens é, na verdade, uma categoria e não um fator único: a terra no estado da Dakota do Norte é bem diferente da terra na Flórida.

Para ver de que maneira o acréscimo de fatores de produção à economia leva ao crescimento econômico, suponha que a Boeing consiga construir mais um hangar

Figura 2.3 Crescimento econômico.

O crescimento econômico resulta em que a fronteira de possibilidades de produção *se desloca para fora* porque as possibilidades de produção se expandiram. A economia pode agora produzir mais de tudo. Por exemplo, se a produção estivesse inicialmente no ponto *A* (25 Dreamliners e 20 jatinhos), ela poderia mover-se para o ponto *E* (30 Dreamliners e 25 jatinhos).

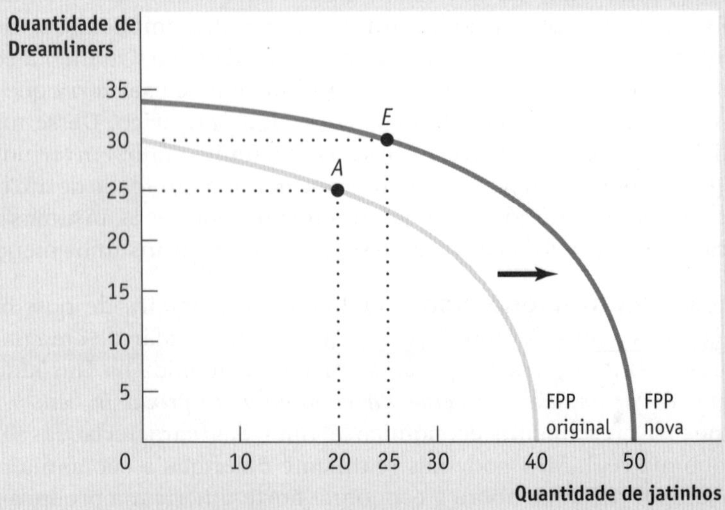

que permita aumentar o número de aviões (jatinhos, Dreamliners ou ambos) fabricados em um ano. O novo hangar é um fator de produção, um recurso que a Boeing pode usar para o aumento de sua produção anual. Não podemos dizer agora quantos aviões mais a Boeing vai fabricar; essa é uma decisão empresarial que vai depender, entre outras coisas, da demanda dos clientes. Mas podemos dizer que a fronteira de possibilidades de produção da Boeing se deslocou para fora, pois ela pode agora produzir jatinhos sem diminuir o número de Dreamliners, ou produzir Dreamliners sem reduzir o número de jatinhos.

A outra fonte de crescimento econômico é o progresso em **tecnologia**, os meios técnicos para a produção de bens e serviços. Materiais compostos tinham sido usados em algumas partes da aeronave antes do desenvolvimento do Dreamliner da Boeing. Mas os engenheiros aeronáuticos viram que havia vantagem em produzir o avião todo com materiais compostos. A aeronave seria mais leve e forte e teria melhor aerodinâmica que um avião construído da maneira tradicional. Teria assim maior autonomia de voo, levaria mais pessoas e consumiria menos combustível, além de poder manter pressão mais alta na cabine. Assim, em um sentido real, a inovação da Boeing – um avião totalmente fabricado de materiais compostos – era uma maneira de fazer mais com dada quantidade de recursos, deslocando sua fronteira de possibilidades de produção para fora.

Tecnologia é o meio técnico de produzir bens e serviços.

Como o avanço tecnológico na produção de jatos deslocou para fora a fronteira de possibilidades de produção, tornou possível que a economia produza mais de tudo, não apenas jatos e transporte aéreo. Nos últimos 30 anos, os maiores avanços tecnológicos se deram em tecnologia da informação e não na construção ou nos serviços de restaurantes. Mas norte-americanos decidiram comprar casas maiores e fazer mais refeições fora de casa porque o crescimento da economia tornou isso possível. Como aprendemos no Capítulo 1, aumentos no potencial da economia, como o desenvolvimento de novas tecnologias, levam ao crescimento econômico ao longo do tempo.

A fronteira de possibilidades de produção é um modelo muito simplificado de uma economia. Mas nos dá lições importantes sobre a economia real. Fornece o primeiro sentido claro do que seja eficiência econômica, ilustra o conceito de custo de oportunidade e torna claro o que significa crescimento econômico.

Vantagem comparativa e ganhos com o comércio

Entre os 11 princípios da economia descritos no Capítulo 1 estava o dos *ganhos com o comércio*: os ganhos mútuos que os indivíduos obtêm ao se especializarem fazendo coisas diferentes e comerciando entre si. Nossa segunda ilustração de modelo econômico é um modelo particularmente útil de ganhos com o comércio: comércio baseado em *vantagens comparativas*.

Uma das descobertas mais importantes de toda a ciência econômica é que ocorrem ganhos com o comércio, isto é, faz sentido produzir as coisas que você sabe fazer melhor e comprar de outrem as coisas que você não sabe fazer tão bem. Isso vale mesmo que você produza sozinho tudo o que precisa: mesmo que um grande neurocirurgião *fosse capaz* de consertar a torneira da sua pia, uma ideia melhor é chamar um bombeiro hidráulico.

Como podemos fazer um modelo teórico dos ganhos de comércio? Continuando com nosso exemplo aeronáutico, suponhamos de novo que os Estados Unidos são uma economia de uma só empresa em que todo mundo trabalha para a Boeing produzindo aviões. Suponhamos, contudo, que os EUA têm a possibilidade de comerciar com o Brasil, outra economia de uma só empresa em que todo mundo trabalha para a Embraer, que é, no mundo real, uma companhia aeronáutica brasileira de grande êxito na produção de pequenos jatos para rotas regionais. (Se alguém vai de uma grande cidade dos EUA para outra, é provável que o avião seja um Boeing, mas se voar para uma cidade pequena é bem provável que seja um Embraer.)

Em nosso exemplo, os únicos dois bens produzidos são jatos grandes e jatos pequenos. Os dois países poderiam produzir os dois tipos de avião a jato. Mas veremos que podem ganhar produzindo coisas diferentes e comerciando um com o outro. Para as finalidades deste exemplo, vamos voltar ao caso mais simples da fronteira de possibilidades de produção em linha reta. A fronteira de possibilidades de produção dos EUA está representada no painel (a) da Figura 2.4. De acordo com esse diagrama, que é similar ao da Figura 2.1, os EUA poderiam produzir no máximo 40 jatinhos se não fizessem nenhum jato grande, e poderiam manufaturar 30 jatos grandes desde que não fizessem nenhum jatinho. Recorde que isso significa que a inclinação de sua fronteira de possibilidades de produção é $-\frac{3}{4}$: seu custo de oportunidade de um jatinho é de $\frac{3}{4}$ de um avião a jato grande.

O painel (b) da Figura 2.4 mostra as possibilidades de produção do Brasil. Como a dos EUA, a fronteira de possibilidades de produção do Brasil é uma linha reta, implicando um custo de oportunidade constante de jatinhos em termos de jatos grandes. A fronteira de possibilidades de produção do Brasil tem uma inclinação constante de $-\frac{1}{3}$. O Brasil não consegue produzir tanto quanto os EUA no total dos produtos: no máximo, consegue produzir 30 jatinhos e dez jatos grandes. Mas é relativamente melhor que os EUA na produção de jatinhos: enquanto os EUA têm de sacrificar $\frac{3}{4}$ de um jato grande para cada jatinho, para o Brasil o custo de oportunidade de um jatinho é apenas $\frac{1}{3}$ de um jato grande. A Tabela 2.1 resume os custos de oportunidade de jatinhos e jatos grandes.

Tabela 2.1 Custos de oportunidade dos Estados Unidos e do Brasil para jatinhos e jatos grandes

	Custo de oportunidade dos EUA	Custo de oportunidade do Brasil
1 jatinho	$\frac{3}{4}$ de um jato grande	> $\frac{1}{3}$ jato grande
1 jato grande	$\frac{4}{3}$ jatinhos	< 3 jatinhos

Agora, os EUA e o Brasil podem decidir que cada um faça seus próprios jatinhos e aviões grandes, sem comércio, consumindo apenas o que cada um produz dentro de seu próprio país. (Um país "consome" um avião quando este é de propriedade dos residentes desse país.) Suponhamos que os dois países comecem assim e que suas escolhas de consumo sejam como na Figura 2.4: na ausência de comércio, os EUA produzem e consomem 16 jatinhos e 18 jatos grandes por ano, enquanto o Brasil produz e consome seis jatinhos e oito jatos grandes por ano.

Mas será isso o máximo que os dois países podem fazer? Não, não é. Dado que os dois produtores e, portanto, os dois países têm custos de oportunidade diferentes, os Estados Unidos e o Brasil podem fazer um trato que melhore a situação de ambos.

A Tabela 2.2 mostra como o trato funciona: os EUA se especializam na produção de jatos grandes, produzindo 30 por ano, e vendem 10 ao Brasil. Enquanto isso, o Brasil se especializa na produção de jatinhos, produzindo 30 por ano e vendendo 20 aos EUA. O resultado se mostra na Figura 2.5. Os EUA agora consomem mais que

Figura 2.4 Possibilidades de produção de dois países.

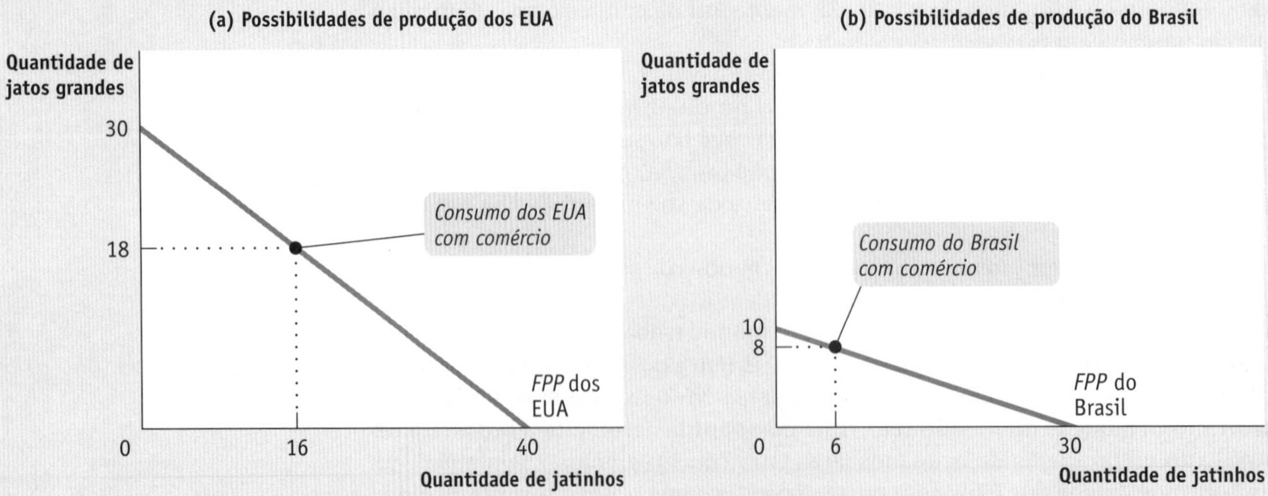

Aqui, ambos os países têm custo de oportunidade constante de jatinhos e uma fronteira de possibilidades de produção em linha reta. No caso dos EUA, cada jatinho sempre tem custo de oportunidade de $\frac{3}{4}$ de um jato grande. No caso do Brasil, cada jatinho sempre tem custo de oportunidade de $\frac{1}{3}$ de um jato grande.

Tabela 2.2 Como os Estados Unidos e o Brasil ganham com o comércio

		Sem comércio		Com comércio		Ganhos com o comércio
		Produção	Consumo	Produção	Consumo	
EUA	Jatos grandes	18	18	30	20	+2
	Jatinhos	16	16	0	20	+4
Brasil	Jatos grandes	8	8	0	10	+2
	Jatinhos	6	6	30	10	+4

Figura 2.5 Vantagem comparativa e ganhos com o comércio

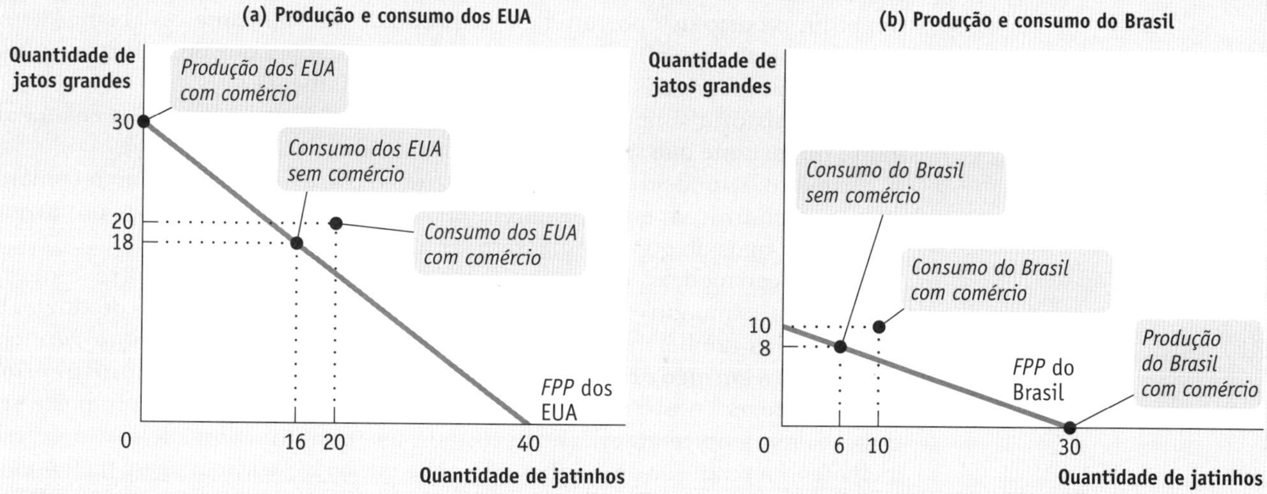

Ao se especializar e comercializar, os Estados Unidos e o Brasil podem produzir e consumir mais jatos grandes e pequenos. Os Estados Unidos são especializados na fabricação de grandes jatos, sua vantagem comparativa, e o Brasil – que tem desvantagem *absoluta* em ambos os bens, mas vantagem *comparativa* em jatinhos – é especializado na fabricação de jatinhos. Com o comércio, ambos os países podem consumir mais de ambos os bens do que qualquer um poderia sem comércio.

antes, tanto jatinhos quanto jatos grandes; em vez de 16 jatinhos e 18 jatos grandes, agora consomem 20 jatinhos e 20 jatos grandes. O Brasil também consome mais que antes, passando de seis jatinhos e oito jatos grandes para 10 jatinhos e 10 jatos grandes. Como mostra a Tabela 2.2, tanto os EUA como o Brasil se beneficiam de ganhos com o comércio, consumindo mais dos dois tipos de avião do que consumiriam sem que esse comércio entre eles fosse estabelecido.

Os dois países se beneficiam quando cada um se especializa naquilo que faz melhor. É boa ideia os Estados Unidos se especializarem na produção de aviões a jato de grande porte porque seu custo de oportunidade de jatos grandes é menor que o do Brasil: $4/3 < 3$. Da mesma maneira, O Brasil deveria se especializar em jatinhos porque seu custo de oportunidade nesse tipo de avião é menor que o dos Estados Unidos: $1/3 < 3/4$.

O que diríamos, nesse caso, é que os EUA têm vantagem comparativa na produção de jatos grandes enquanto o Brasil tem vantagem comparativa na produção de jatinhos. Um país tem **vantagem comparativa** em produzir algo quando o custo de oportunidade dessa produção é menor que em outros países. O mesmo conceito se aplica a empresas e pessoas: uma empresa ou um indivíduo tem vantagem comparativa em produzir algo quando seu custo de oportunidade ao produzir algo é menor que o custo de oportunidade dos demais.

Um país tem **vantagem comparativa** na produção de um bem ou serviço se o seu custo de oportunidade de produzir o bem ou serviço for menor que o custo dos outros países. Do mesmo modo, um indivíduo tem vantagem comparativa na produção de um bem ou serviço se o seu custo de oportunidade de produzir o bem ou serviço for menor que o das outras pessoas.

Antes de prosseguir, é preciso esclarecer um ponto. Você poderá perguntar: por que os Estados Unidos venderam dez jatos grandes e em troca compraram 20 jatinhos? Por que não foi diferente, como trocar dez jatos grandes por 12 jatinhos? A resposta a essa pergunta se divide em duas partes. Primeiro, de fato podem existir outras trocas que EUA e Brasil aceitariam fazer. Segundo, há algumas trocas que certamente não podem ocorrer, como, por exemplo, dez jatos grandes por dez jatinhos.

Para entender o porquê, voltemos à Tabela 2.1 e examinemos primeiro os Estados Unidos. Sem o comércio com o Brasil, o custo de oportunidade de um jatinho nos EUA é de $\frac{3}{4}$ de um jato grande. Assim, está claro que os EUA não aceitarão comerciar se isso implica sacrificar mais que $\frac{3}{4}$ de um jato grande em troca de um jatinho. A troca de dez jatos grandes por 12 jatinhos implicaria os EUA pagarem um custo de oportunidade de $\frac{10}{12} = \frac{5}{6}$ de um jato grande por um jatinho. Como $\frac{5}{6} > \frac{3}{4}$, esse é um negócio que os EUA rejeitariam. Da mesma maneira, o Brasil não aceitará um comércio que lhe dê menos de $\frac{1}{3}$ de um jato grande por um jatinho.

O ponto a lembrar é que os Estados Unidos e o Brasil estarão dispostos a comerciar apenas se o "preço" do bem que cada país obtém no comércio for menor que seu próprio custo de oportunidade de produzir internamente esse bem. Além do mais, essa será uma afirmação geral verdadeira sempre que duas partes – países, empresas ou indivíduos – comerciarem voluntariamente.

Nossa história simplifica a realidade, mas ao mesmo tempo nos ensina algo muito importante que se aplica à economia real.

Primeiro, o modelo oferece uma ilustração clara dos ganhos com o comércio: ao se especializarem e se engajarem no comércio, ambos os países produzem e consomem mais do que se tentassem ser autossuficientes.

Segundo, o modelo demonstra um ponto importante que costuma ser esquecido em análises do mundo real: todo país tem vantagem comparativa em produzir algo. Isso se aplica também a empresas e pessoas: ***cada uma tem alguma vantagem comparativa em algo e cada uma tem alguma desvantagem comparativa em algo.***

Note que, em nosso exemplo e provavelmente na vida real, não importa se os trabalhadores norte-americanos são tão bons quanto os brasileiros, ou mesmo melhores, na produção de jatinhos. Suponha que os EUA de fato sejam melhores que o Brasil na produção de todo tipo de avião. Nesse caso, diríamos que os EUA têm uma **vantagem absoluta** em ambas as atividades: em uma hora, um trabalhador norte-americano consegue produzir mais, seja de jato grande seja de pequeno, que um trabalhador brasileiro. Talvez você pense que, nesse caso, os EUA nada têm a ganhar do comércio com o Brasil, menos produtivo.

Um país terá **vantagem absoluta** em produzir um bem ou serviço se ele gerar mais produção por trabalhador do que outros países. Da mesma forma, um indivíduo terá vantagem absoluta em produzir um bem ou serviço se ele for melhor em produzi-lo do que outras pessoas. Ter vantagem absoluta não é a mesma coisa que ter vantagem comparativa.

Mas o que acabamos de ver é que os Estados Unidos, na verdade, podem se beneficiar do comércio com o Brasil porque ***é a vantagem comparativa, não a vantagem absoluta, que é a base dos ganhos recíprocos.*** Não importa se o Brasil precisa de mais recursos que os EUA para produzir um jatinho; o que importa para o comércio é que, no Brasil, o custo de oportunidade de um jatinho é inferior ao custo de oportunidade nos EUA. Assim, o Brasil, a despeito de sua desvantagem absoluta, mesmo em jatinhos, tem vantagem comparativa na manufatura de jatinhos. Enquanto isso, os EUA, que podem usar seus recursos mais produtivamente na fabricação de jatos grandes, têm *des*vantagem comparativa em jatinhos.

Vantagem comparativa e comércio internacional na realidade

Examine a etiqueta de um bem manufaturado vendido nos Estados Unidos; é bem provável que ele tenha sido produzido em algum outro país – na China, no Japão ou mesmo no Canadá. Por outro lado, muitas indústrias norte-americanas vendem uma proporção elevada do seu produto no exterior. Isso se aplica particularmente à agricultura, à alta tecnologia e ao entretenimento.

Toda essa troca internacional de bens e serviços deve ser comemorada ou deve ser motivo de preocupação? Políticos e o povo em geral, muitas vezes, questionam que o comércio internacional seja desejável e argumentam que a nação deveria produzir os bens ela própria, em vez de comprar de estrangeiros. Indústrias em todo o mundo pedem proteção contra a competição estrangeira: os agricultores

ARMADILHAS

CONFUNDINDO A VANTAGEM COMPARATIVA

Acontece com estudantes, com especialistas, com políticos: o tempo todo eles confundem *vantagem comparativa* com *vantagem absoluta*. Por exemplo, nos anos 1980, quando a economia norte-americana parecia estar ficando para trás em relação à do Japão, vimos muitos comentaristas alertarem que, se os Estados Unidos não melhorassem sua produtividade, em pouco tempo não teriam mais vantagem comparativa em coisa alguma.

O que esses comentaristas queriam dizer é que os EUA não teriam mais vantagem absoluta em nada – que chegaria um momento em que os japoneses seriam melhores em tudo (o que não aconteceu, mas essa é outra história). E eles tinham a ideia de que, nesse caso, não mais seria vantajoso os EUA comerciarem com o Japão.

Mas, assim como o Brasil, em nosso exemplo, podia se beneficiar do comércio com os Estados Unidos (e vice-versa), apesar de que os EUA eram melhores na produção tanto de jatos grandes como de jatinhos, na vida real uma nação pode ganhar com o comércio mesmo sendo menos produtiva que os países com os quais comercia em todas as indústrias.

japoneses querem manter de fora o arroz norte-americano, os trabalhadores nas siderúrgicas norte-americanas querem manter de fora o aço europeu. E essas demandas são muitas vezes apoiadas pela opinião pública.

Os economistas, no entanto, têm uma visão muito positiva do comércio internacional. Por quê? Porque eles o consideram em termos da vantagem comparativa. Como aprendemos no exemplo dos grandes aviões a jato norte-americanos e dos jatinhos brasileiros, o comércio internacional beneficia ambos os países. Cada país pode consumir mais do que poderia se não comerciasse e permanecesse autossuficiente. Além disso, ganhos mútuos não dependem de cada país ser melhor que os outros na produção de certo bem. Embora um país tenha, digamos,

COMPARAÇÃO GLOBAL **REPÚBLICA DE PIJAMAS**

Um terrível desastre industrial foi manchete quando um prédio que abrigava cinco fábricas de roupas desabou em Bangladesh em 2013, matando mais de mil trabalhadores de vestuário presos em seu interior. A atenção logo se concentrou nas condições de trabalho precárias nessas fábricas, assim como nas muitas violações dos códigos de construção e procedimentos de segurança – inclusive os exigidos pela lei de Bangladesh – que prepararam o cenário para a tragédia.

Embora esse desastre tenha provocado um protesto justificado, também destacou a notável ascensão da indústria de vestuário de Bangladesh, que se tornou um importante ator nos mercados mundiais – atrás apenas da China em exportações totais – e uma fonte desesperadamente necessária de renda e emprego em um país muito pobre.

Não é que Bangladesh tenha uma produtividade especialmente alta na fabricação de roupas. Na verdade, estimativas da consultoria McKinsey and Company sugerem que o país é cerca de um quarto menos produtivo do que a China. No entanto, tem ainda menor produtividade em outros setores, o que lhe dá vantagem comparativa na fabricação de roupas. Isso é típico dos países pobres, que muitas vezes dependem fortemente das exportações de vestuário durante as primeiras fases de seu desenvolvimento econômico. Um funcionário de um desses países certa vez brincou: "Não somos uma república de bananas – somos uma república de pijamas."

A figura mostra a renda *per capita* de várias dessas "repúblicas de pijamas" (a renda total do país dividida pelo tamanho da população) em comparação com a parcela das exportações totais de

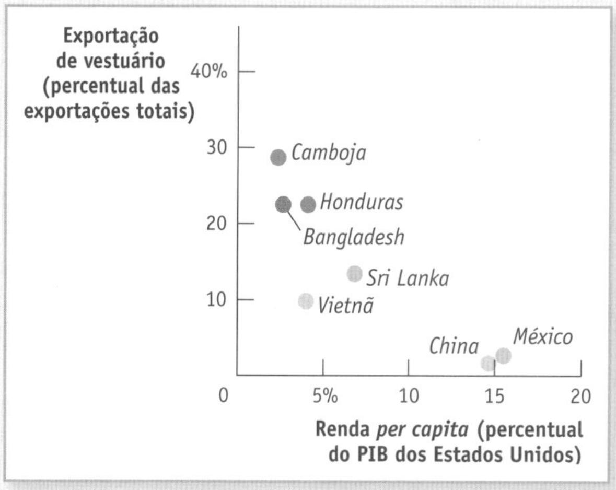

vestuário; a renda *per capita* é medida como porcentagem do nível dos Estados Unidos, a fim de dar uma noção de quão pobres esses países são. Como você pode ver, eles são realmente muito pobres – e, quanto mais pobres, mais dependem das exportações de vestuário.

Vale ressaltar, a propósito, que depender das exportações de roupas não é necessariamente uma coisa ruim, apesar de tragédias como a de Bangladesh. De fato, Bangladesh, embora ainda desesperadamente pobre, é mais de quatro vezes e meia mais rico do que era há duas décadas, quando começou sua dramática ascensão como exportador de roupas. (Veja também, adiante, Economia em Ação sobre Bangladesh.)

Dados de: The World Bank

maior produção por trabalhador em ambas as indústrias, isto é, tenha vantagem absoluta em ambas, ainda haverá ganhos com o comércio. A Comparação Global ilustra esse ponto.

Transações: o diagrama do fluxo circular

O comércio toma a forma de **escambo** (ou permuta) quando as pessoas trocam diretamente bens ou serviços que possuem por bens ou serviços que desejam.

Os modelos de economia que vimos até agora, em que cada um tem uma só empresa, constituem uma enorme simplificação. Também simplificamos muito o comércio entre Estados Unidos e Brasil, supondo que participam apenas da mais simples das transações econômicas, o **escambo**, em que um parceiro troca diretamente um bem ou serviço que tem por outro bem ou serviço, sem usar dinheiro ou moeda. Na moderna economia, a troca direta é rara: em geral, as pessoas trocam bens e serviços por dinheiro (pedaços de papel colorido sem valor intrínseco) e depois trocam esses pedaços de papel colorido por bens e serviços que elas desejam. Ou seja, elas vendem bens e serviços e compram outros bens e serviços.

O **diagrama do fluxo circular** representa as transações em uma economia por meio de fluxos em forma circular.

Um **domicílio** é uma pessoa ou um grupo de pessoas que compartilham renda.

Uma **empresa** é uma organização que produz bens e serviços para venda.

As empresas vendem bens e serviços que produzem para domicílios em **mercados de bens e serviços.**

As empresas compram os recursos necessários para produzir bens e serviços em **mercados de fatores**.

Aliás, as pessoas vendem e compram uma porção de coisas diferentes. A economia norte-americana é uma entidade de imensa complexidade, com mais de 100 milhões de trabalhadores empregados por centenas de milhares de companhias, produzindo milhões de diferentes bens e serviços. Mesmo assim, é possível aprender algo importante sobre a economia examinando o modelo simples que aparece na Figura 2.6, o **diagrama do fluxo circular**. Esse diagrama representa as transações levadas a cabo em uma economia com duas espécies de fluxos ao redor de um círculo: o fluxo físico, como de bens, serviços, trabalho ou matérias-primas, em uma direção; e o fluxo de dinheiro, que paga por essas coisas físicas, na direção oposta.

Os diagramas do fluxo circular mais simples modelam uma economia que tem apenas dois tipos de habitantes: **domicílios** e **empresas**. Um domicílio consiste em um indivíduo ou um grupo de pessoas (em geral, mas não necessariamente, uma família) que compartilham sua renda. Uma empresa é uma organização que produz bens e serviços para a venda e que emprega membros dos domicílios.

Como se vê na Figura 2.6, há dois tipos de mercado nessa economia simples. De um lado, há **mercados de bens e serviços** em que os domicílios compram das empresas os bens e serviços que desejam, e isso produz um fluxo de bens e serviços em direção aos domicílios e um fluxo de retorno de dinheiro para as empresas.

Do outro lado, há os **mercados de fatores**, em que as empresas compram os recursos de que necessitam para produzir bens e serviços. Lembre-se, como vimos antes, de os principais fatores de produção são terra, trabalho, capital físico e capital humano.

O mercado de fatores que a maioria das pessoas conhece melhor é o mercado de trabalho, em que os trabalhadores são pagos por seu tempo. Além de trabalho, podemos imaginar que os domicílios possuem e vendem às empresas outros fatores de produção. Por exemplo, quando uma empresa compra capital físico na forma de máquinas, o pagamento, em última instância, vai para os domicílios aos quais pertence a empresa produtora de máquinas. Nesse caso, as transações estão ocorrendo no mercado de capitais, o mercado em que o capital é vendido e comprado. Como examinaremos em detalhe mais adiante, os mercados de fatores determinam em última instância a **distribuição de renda** da economia, ou a forma pela qual a renda gerada na economia é alocada entre trabalhadores menos qualificados, trabalhadores altamente qualificados e proprietários do capital e da terra.

A **distribuição de renda** de uma economia é a forma pela qual a renda total é dividida entre os proprietários dos diversos fatores de produção.

O diagrama do fluxo circular ignora uma série de complicações do mundo real. A seguir, alguns exemplos:

- No mundo real, a distinção entre empresas e domicílios não é sempre assim tão clara. Consideremos um pequeno negócio familiar – uma fazenda, uma loja, um pequeno hotel. É empresa ou é domicílio? Um quadro mais completo incluiria um boxe separado para as empresas familiares.
- Muitas das vendas que as empresas fazem não são para os domicílios, mas para outras empresas. Por exemplo, as siderúrgicas vendem sobretudo para outras

Figura 2.6 Diagrama do fluxo circular.

Este modelo representa o fluxo de dinheiro e o de bens e serviços em uma economia. No mercado para bens e serviços, os domicílios compram bens e serviços das empresas, gerando um fluxo de dinheiro para as empresas e um fluxo de bens e serviços para os domicílios. O dinheiro flui de volta para os domicílios quando as empresas compram fatores de produção dos domicílios nos mercados de fatores.

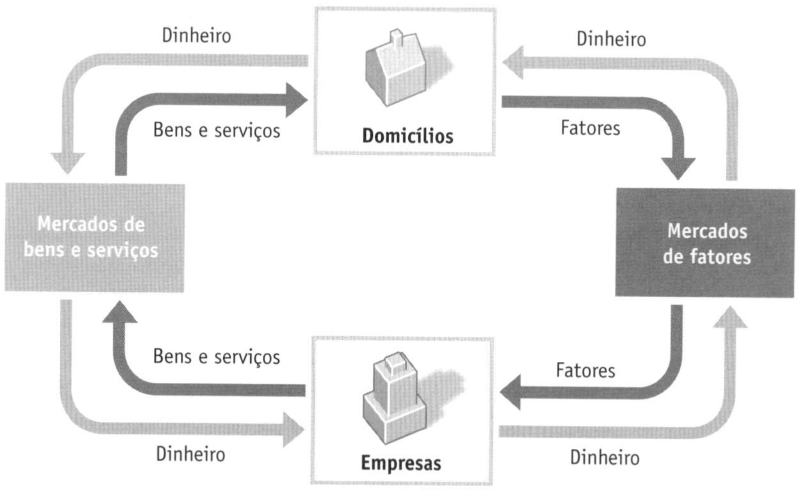

empresas, como os fabricantes de automóveis, e não para os domicílios. Um quadro mais completo teria de incluir esses fluxos de bens e dinheiro dentro do setor das empresas.

- A figura não mostra o governo que, no mundo real, retira do fluxo circular uma boa quantidade de dinheiro na forma de impostos, mas também injeta de volta ao fluxo uma boa quantidade de dinheiro na forma de gasto público.

Em outros termos, a Figura 2.6 não é de modo algum um quadro completo de todos os tipos de habitantes da economia real, ou de todos os fluxos de dinheiro e de itens físicos que ocorrem entre esses habitantes.

Apesar de sua simplicidade, o diagrama do fluxo circular, como qualquer outro modelo econômico, é uma ajuda útil para pensar sobre economia.

ECONOMIA >> *em Ação*

Nação rica, nação pobre

Tire sua roupa – em momento e lugar adequados, é óbvio – e olhe as etiquetas que mostram de onde as peças vêm. Nos Estados Unidos, pode-se apostar que muitas delas, se não a maioria, são feitas no exterior, em algum país muito mais pobre que os EUA (talvez El Salvador, Sri Lanka, Bangladesh).

Por que esses países são tão mais pobres que os EUA? O motivo imediato é que essas economias são bem menos *produtivas* – as empresas desses países não conseguem, com dada quantidade de recursos, produzir tanto quanto as empresas comparáveis nos EUA ou outros países ricos. Por que os países diferem tanto em produtividade é uma questão profunda – de fato, é uma das principais questões que preocupam os economistas. Mas, em todo caso, a diferença de produtividade é um fato. Contudo, se as economias desses países são tão menos produtivas que a dos Estados Unidos, como é que eles produzem uma quantidade tão grande da roupa usada pelos norte-americanos? Por que os próprios norte-americanos não as fabricam?

A resposta é a "vantagem comparativa". Possivelmente toda indústria em Bangladesh é menos produtiva que a indústria correspondente nos EUA. Mas a diferença de produtividade entre países ricos e países pobres varia segundo o bem; é muito grande na produção de bens sofisticados, como aviões, mas não é tão grande na produção de bens simples, como vestuário. Assim, a posição de Bangladesh com respeito à produção de roupa é análoga à posição da Embraer com respeito à fabricação de jatinhos: não é tão boa quanto a Boeing, mas é o que a Embraer faz comparativamente bem. Bangladesh, embora tenha desvantagem absoluta em quase tudo comparado aos EUA, tem vantagem comparativa na produção de vestuário. Isso significa que tanto os EUA quanto Bangladesh podem consumir mais porque se especializam em produzir coisas diferentes, com Bangladesh fornecendo roupas aos Estados Unidos e os EUA fornecendo a Bangladesh bens mais sofisticados.

>> *Revisão Rápida*

- A maioria dos **modelos** econômicos compreende "experimentos mentais" ou representações simplificadas da realidade, baseadas no **pressuposto de que tudo o mais permanece constante**.
- O modelo da **fronteira de possibilidades de produção** ilustra os conceitos de eficiência, custo de oportunidade e crescimento econômico.
- Duas fontes de crescimento econômico são um aumento dos **fatores de produção** e uma **tecnologia** aprimorada.
- Cada pessoa e cada país têm **vantagem comparativa** em algo, fazendo surgir os ganhos com o comércio. A vantagem comparativa frequentemente é confundida com **vantagem absoluta**.
- Nas economias mais simples, as pessoas fazem **escambo**, ou troca direta, em lugar de comerciar com dinheiro, como se faz na economia moderna. O **diagrama do fluxo circular** é um modelo que representa transações dentro da economia como fluxos de bens e serviços, de fatores de produção e de dinheiro entre **domicílios** e **empresas**. Essas transações ocorrem em **mercados de bens e serviços** e **mercados de fatores**. Em última instância, os mercados de fatores determinam a **distribuição de renda** da economia.

>> *Teste seu entendimento* 2.1

As respostas estão no fim do livro.

1. Verdadeiro ou falso? Explique sua resposta.
   a. Um aumento na quantidade de recursos de que dispõe a Boeing para produzir Dreamliners e jatinhos não muda sua fronteira de possibilidades de produção.
   b. Uma mudança tecnológica que permita à Boeing produzir mais jatinhos para qualquer quantidade dada de Dreamliners produzidos resulta em uma mudança na sua fronteira de possibilidades de produção.
   c. A fronteira de possibilidades de produção é útil porque ilustra quanto de um bem uma economia é obrigada a abandonar para ter mais de outro bem, independentemente de os recursos estarem sendo usados com eficiência.
2. Na Itália, um automóvel pode ser produzido por oito trabalhadores em um dia e uma máquina de lavar roupa, por três trabalhadores em um dia. Nos Estados Unidos, um automóvel pode ser produzido por seis trabalhadores em um dia e uma máquina de lavar, por dois trabalhadores em um dia.
   a. Que país tem vantagem absoluta na produção de automóveis? E na de máquinas de lavar?
   b. Que país tem vantagem comparativa na produção de máquinas de lavar? E de automóveis?
   c. Que padrão de especialização resultaria em maiores ganhos no comércio entre os dois países?
3. Usando os dados da Tabela 2.1, explique por que os Estados Unidos e o Brasil se disporiam a um comércio de dez jatos grandes por 15 jatinhos.
4. Use o diagrama do fluxo circular para explicar como um aumento do dinheiro gasto pelos domicílios resulta em um aumento do número de empregos na economia. Relate o que prevê o modelo do fluxo circular.

Uso de modelos

A análise econômica, como vimos, é principalmente uma questão de criar modelos que se apoiem em um conjunto de princípios básicos, mas acrescentam alguns pressupostos mais específicos que permitam ao modelador aplicar tais princípios em uma situação particular. Porém, o que os economistas de fato fazem com seus modelos?

Economia positiva *versus* economia normativa

Imagine que você seja um assessor econômico do governo no seu estado. Quais serão as possíveis perguntas do governador para que você responda?

Eis três questões possíveis:

1. Qual será a receita dos pedágios nas rodovias do estado no ano que vem?
2. Qual seria a receita se o pedágio passasse de $ 1 para $ 1,50?
3. Devemos aumentar o pedágio, considerando que esse aumento reduzirá o trânsito e a poluição do ar perto da estrada, mas significará um ônus financeiro para os usuários frequentes?

Há uma grande diferença entre as duas primeiras perguntas e a terceira. As duas primeiras são questões sobre fatos. Será verificado se a previsão do total de pedágio a ser arrecadado está certa ou errada quando a cobrança de pedágio de fato tiver ocorrido. A estimativa sobre o efeito da mudança de preço do pedágio é um pouco mais difícil de checar, pois a receita depende de outros fatores além do preço do pedágio, e é possível que seja difícil separar as causas de uma mudança na receita. Ainda assim, em princípio, há apenas uma única resposta correta.

Mas a pergunta sobre o pedágio ser ou não aumentado pode não ter uma única resposta "correta". Duas pessoas podem concordar sobre os efeitos de um pedágio mais alto, mas ainda assim podem discordar quanto ao aumento do preço do pedágio ser uma boa ideia. Por exemplo, alguém que mora perto da rodovia, mas não a usa muito, se importará muito com barulho e poluição, mas nem tanto com o custo de usar a rodovia. Já as prioridades de um usuário regular que não vive perto da rodovia serão o oposto.

Esse exemplo revela uma distinção-chave entre dois papéis desempenhados pela análise econômica. A análise que busca responder a perguntas sobre a maneira como o mundo funciona, que tem respostas que são claramente certas ou erradas, é conhecida como **economia positiva**. Por outro lado, a análise que envolve dizer como o mundo *deveria* funcionar é conhecida como **economia normativa**. Em outros termos, a economia positiva trata de descrição, a economia normativa trata de prescrição.

Economia positiva é o ramo da análise econômica que descreve a maneira como a economia realmente funciona.

A **economia normativa** faz prescrições sobre o modo como a economia deve funcionar.

A economia positiva ocupa a maior parte do tempo e do esforço dos economistas profissionais, e os modelos desempenham papel crucial em quase toda a economia positiva. Mas, como mencionamos antes, o governo norte-americano usa um modelo de computador para avaliar propostas de mudança na política tributária nacional. Muitos governos estaduais têm modelos similares para avaliar os efeitos de suas próprias políticas tributárias.

Convém notar que há uma distinção sutil, mas relevante, entre a primeira e a segunda perguntas que imaginamos poderem ser feitas pelo governador. A primeira pede apenas um prognóstico da receita do ano que vem, ou seja, uma **previsão**. A segunda é do tipo "se, então" e pergunta como a receita mudaria se a lei tributária mudasse. Aos economistas se pede responder a ambos os tipos de pergunta, mas os modelos são particularmente úteis para responder a perguntas do tipo "se, então".

Uma **previsão** é uma simples predição do futuro.

As respostas a tais perguntas muitas vezes servem de guia para políticas públicas. Mas, ainda assim, trata-se de predições e não prescrições. Isto é, as respostas informam o que acontecerá se uma política se modificar, mas não informam se o resultado será bom ou ruim.

Suponha que seu modelo econômico informe que o aumento de pedágio proposto pelo governador vai aumentar o valor das propriedades nas comunidades perto da rodovia, mas prejudicar as pessoas que precisam usar a rodovia para chegar ao trabalho. Isso faz da proposta de aumento do preço do pedágio uma boa ou má ideia? Depende de quem seja perguntado. Como vimos, quem estiver preocupado com as comunidades na beira da estrada apoiará o aumento, mas alguém que estiver mais preocupado com o bem-estar dos motoristas que têm de chegar ao trabalho terá uma opinião diferente. Esse é um julgamento de valor e não uma questão de análise econômica.

Ainda assim, os economistas muitas vezes acabam dando conselhos de política econômica. Isto é, dedicam-se à economia normativa. Como eles podem fazer isso, se é possível que não exista uma resposta "correta"?

Uma resposta é que os economistas também são cidadãos, e todos temos opinião. Mas a análise econômica pode ser usada para mostrar que algumas políticas são nitidamente melhores que outras, independentemente da opinião de quem quer que seja.

Suponha que uma política A deixe todos em situação melhor do que a política B ou, pelo menos, torne melhor a situação de alguns sem piorar a de outros. Então, A é claramente mais eficiente que B. Esse não é um julgamento de valor: trata de como melhor alcançar um objetivo, não do próprio objetivo.

Por exemplo, duas políticas diferentes têm sido usadas para ajudar famílias de baixa renda a conseguir moradia: tabelamento de aluguéis, que limita o que os locatários podem cobrar, e subsídios que proporcionam às famílias uma quantia adicional para pagar o aluguel. Quase todos os economistas concordam que os subsídios são uma política mais eficiente. E, assim, a grande maioria dos economistas, qualquer que seja sua preferência política, está mais a favor de subsídios do que de controle de aluguéis.

Quando as políticas podem ser claramente hierarquizadas dessa forma, os economistas em geral concordam entre si. Mas não é segredo que economistas algumas vezes discordam.

Quando e por que os economistas divergem

Economistas têm a reputação de discutir entre si. De onde vem essa reputação? Ela tem razão de ser?

Uma das respostas é que a cobertura da mídia tende a exagerar as reais diferenças de posição entre os economistas. Quando todos os economistas concordam a respeito de uma questão (por exemplo, a proposição de que o controle de aluguéis leva à escassez de moradia), repórteres e editores provavelmente concluem que não há uma história que vale a pena cobrir e, assim, o consenso profissional tende a ficar fora das reportagens. Mas, quando há alguma questão em que os economistas proeminentes tomam posições opostas (por exemplo, se cortar impostos neste momento ajudaria ou não a economia), isso dá notícia. Assim, ouve-se muito mais sobre as áreas de desacordo entre os economistas do que sobre a ampla área em que há acordo.

Vale a pena lembrar também que a economia, inevitavelmente, é muitas vezes ligada à política. Em relação a várias questões, há poderosos grupos de interesses que sabem quais as opiniões que querem ouvir. Por conseguinte, têm incentivo para descobrir e promover os economistas que professem essas opiniões, dando-lhes uma proeminência e uma visibilidade que não guardam proporção com o apoio que eles têm entre seus colegas.

Mas, ainda que a aparência de desacordo entre os economistas seja maior que o verdadeiro desacordo, continua sendo verdade que economistas muitas vezes discordam a respeito de coisas importantes. Por exemplo, alguns economistas muito respeitados argumentam com veemência que o governo norte-americano deveria substituir o imposto de renda por um *imposto sobre o valor agregado*, um imposto nacional sobre as vendas, que é a principal fonte de receita governamental em muitos países europeus. Outros economistas igualmente respeitados discordam. Por que essa diferença de opinião?

Uma fonte importante de diferença são os valores: como em qualquer grupo variado de indivíduos, pessoas razoáveis podem divergir. Em comparação com o imposto de renda, um imposto sobre o valor agregado normalmente tende a recair de forma mais pesada sobre as pessoas com renda modesta. Assim, um economista que preza por mais uma sociedade com maior igualdade social e de renda tenderá a ser contrário ao imposto sobre valor agregado. Um economista com valores diferentes tem menos probabilidade de se opor ao imposto sobre o valor agregado.

Uma segunda fonte importante de divergência provém da construção de modelos econômicos. Como os economistas baseiam suas conclusões em modelos, que são representações simplificadas da realidade, dois economistas podem legitimamente discordar sobre quais simplificações são adequadas e, portanto, chegar a conclusões diferentes.

Suponha que o governo dos Estados Unidos esteja pensando em introduzir um imposto sobre o valor agregado. O economista A pode basear-se em um modelo que se concentra nos custos administrativos do sistema tributário, isto é, o custo de monitorar, processar documentos, arrecadar o imposto e assim por diante. Esse economista poderá então assinalar os famosos custos altos de administrar um imposto sobre o valor agregado e argumentar contra a mudança. O economista B poderá pensar que a maneira correta de abordar a questão é ignorar os custos administrativos e focar em como a lei proposta modificaria o comportamento relativo à poupança. Esse economista poderá apontar para estudos sugerindo que impostos sobre o valor agregado provocam aumento da poupança do consumidor, um resultado desejável.

Como os dois economistas usaram modelos diferentes, isto é, adotaram pressupostos simplificadores diferentes, eles chegaram a conclusões diferentes. E, assim, os dois economistas podem encontrar-se em lados diferentes quanto a essa questão.

ECONOMIA >> *em Ação*

Quando os economistas concordam

"Quando dois economistas se juntam, há três opiniões diferentes", diz uma piada de economistas. Mas será que eles realmente divergem tanto assim? Não, de acordo com uma pesquisa em andamento. A Booth School of Business da Universidade de Chicago reuniu um painel de 51 economistas, todos com reputação profissional exemplar, representando uma mistura de regiões, escolas e filiações políticas. Eles são regularmente indagados sobre questões de política ou interesse político, muitas vezes aquelas em que há divisões amargas entre os políticos ou o público em geral.

No entanto, a pesquisa mostra muito mais concordância entre os economistas do que usualmente se crê, mesmo sobre tópicos supostamente controversos. Por exemplo, 85% dos respondentes concordaram que o comércio com a China torna a maioria dos norte-americanos melhor e quase a mesma porcentagem concordou que os norte-americanos que trabalham na produção de bens concorrentes, como vestuário, são prejudicados pelo comércio com a China. Aproximadamente a mesma porcentagem (82%) discordou da proposta de que o controle do aluguel aumenta a oferta de moradias de qualidade e a preços acessíveis.

No primeiro caso, o painel de respondentes mostrou esmagadora concordância com uma posição amplamente considerada progressista na política norte-americana, enquanto no segundo caso concordou com uma posição amplamente considerada conservadora.

Os desacordos tendiam a envolver políticas econômicas não testadas. Houve, por exemplo, uma divisão quase uniforme quanto ao funcionamento de novas políticas adotadas pelo Federal Reserve para impulsionar a economia durante a profunda recessão de 2007 a 2009. A ideologia desempenhou papel limitado nessas discordâncias: economistas conhecidos por serem progressistas tinham, em média, posições ligeiramente diferentes daqueles conhecidos por serem conservadores, mas as diferenças não eram tão grandes quanto as do público em geral.

Portanto, os economistas divergem bastante em algumas questões, especialmente na macroeconomia. Mas há uma grande área em comum.

>> *Teste seu entendimento* 2.2

As respostas estão no fim do livro.

1. Qual das afirmações que se seguem é uma afirmação positiva? Qual é uma proposição normativa?
   a. A sociedade precisa tomar medidas para evitar que pessoas tenham comportamento pessoal perigoso.
   b. Quem tem comportamento pessoal perigoso impõe custos mais altos à sociedade em virtude de custos médicos mais elevados.
2. Verdadeiro ou falso? Explique sua resposta.
   a. A opção política A e a opção política B tentam alcançar o mesmo objetivo social. A opção política A, contudo, resulta no uso de recursos menos eficientes que a opção política B. Por conseguinte, os economistas tendem a concordar que a opção política B é preferível.
   b. Quando dois economistas discordam sobre a conveniência de uma política, normalmente é porque um deles cometeu um erro.

>> *Revisão Rápida*

- A **economia positiva** – o foco da maioria das pesquisas econômicas – é a análise da forma como o mundo funciona, na qual há respostas certas e erradas definitivas. Muitas vezes, isso envolve fazer **previsões**. A **economia normativa**, que faz prescrições sobre como as coisas *devem ser*, inevitavelmente envolve juízos de valor.
- Os economistas divergem – embora não tanto quanto a lenda diz – por duas razões principais. Em primeiro lugar, eles podem discordar sobre quais simplificações devem ser feitas em um modelo. Em segundo lugar, os economistas podem discordar – como todo mundo – sobre valores.

CASO EMPRESARIAL

Eficiência, custo de oportunidade e a lógica de produção austera da Boeing

Em janeiro de 2020, o Boeing 777X, uma atualização do amplamente popular 777, fez seu primeiro voo. O 777X foi um produto do que a Boeing chama de seu *avançado processo de fabricação*. Com ele, a Boeing estendeu seu processo extremamente bem-sucedido, conhecido como *produção enxuta*, a novos métodos de produção, tais como a robótica.

A produção enxuta,[1] da qual a Toyota Motors do Japão foi a pioneira, baseia-se na prática de ter peças chegando ao chão de fábrica na medida exata em que forem necessárias para a produção. Isso reduz a quantidade de peças que a Boeing mantém em estoque, assim como o volume de chão de fábrica necessário para a produção. Para ajudar a passar da produção enxuta para a fabricação avançada, a Boeing recorreu à Toyota, contratando alguns de seus melhores engenheiros.

A Boeing adotou a produção enxuta pela primeira vez em 1999 na fabricação do 737, o avião comercial mais popular. Em 2005, após refinamento constante, conseguiu reduções de 50% no tempo de produção de um avião e de quase 60% no estoque de peças. Uma característica importante é a linha de montagem em movimento contínuo, passando os produtos de uma equipe de montagem para outra a um ritmo constante e eliminando a necessidade de que os trabalhadores vagueiem pelo chão de fábrica de tarefa em tarefa ou em busca de ferramentas e peças.

As técnicas de produção enxuta da Toyota têm sido as mais adotadas, revolucionando a fabricação em todo o mundo. Em termos simples, a produção enxuta é focada em organização e comunicação. Trabalhadores e peças são organizados de forma a garantir um fluxo de trabalho suave e consistente que minimize o desperdício de esforços e materiais. A produção enxuta também é projetada para ser altamente responsiva a mudanças no *mix* de produção desejado – por exemplo, produzindo rapidamente mais SUVs e menos sedãs – em função de mudanças na demanda dos clientes.

Os métodos da Toyota foram tão bem-sucedidos que transformaram a indústria automobilística global e ameaçaram seriamente as montadoras norte-americanas outrora dominantes. Até os anos 1980, as "Três Grandes" – Chrysler, Ford e General Motors – dominaram a indústria automobilística norte-americana, com praticamente nenhum carro fabricado no exterior sendo vendido nos Estados Unidos. Nos anos 1980, entretanto, os veículos da Toyota tornaram-se cada vez mais populares devido à sua alta qualidade e ao preço relativamente baixo – tão populares que as "Três Grandes" acabaram persuadindo o governo dos EUA a protegê-las, restringindo assim a venda de automóveis japoneses no país. Com o tempo, a Toyota respondeu construindo linhas de montagem nos EUA, trazendo consigo suas técnicas de produção enxuta, que depois se espalharam pela indústria norte-americana.

QUESTÕES PARA PENSAR

1. Qual é o custo de oportunidade associado a ter um trabalhador vagando pelo chão de fábrica de tarefa em tarefa ou em busca de ferramentas e peças?
2. Explique como a produção enxuta melhora a eficiência da economia na alocação.
3. Antes das inovações de produção enxuta, o Japão vendia principalmente bens de consumo eletrônicos para os Estados Unidos. Como as inovações de produção enxuta alteraram a vantagem comparativa do Japão em relação aos EUA?
4. Como você acha que a mudança na localização da produção da Toyota do Japão para os Estados Unidos alterou o padrão de vantagem comparativa na indústria automobilística entre os dois países?

[1]N. R.: Em inglês, *lean production*.

RESUMO

1. Quase toda a economia é baseada em **modelos**, que são "experimentos mentais" ou versões simplificadas da realidade, e muitas vezes usam instrumentos matemáticos, como gráficos. Um pressuposto importante em modelos econômicos é o de **tudo o mais constante**, que permite analisar o efeito de uma mudança em dado fator mantendo constantes todos os demais fatores relevantes.
2. Um modelo importante é o da **fronteira de possibilidades de produção**. Ele ilustra o *custo de oportunidade* (mostrando qual quantidade de um produto é produzida a menos, quando se produz maior quantidade de outro); *eficiência* (uma economia é eficiente na produção quando produz na fronteira de possibilidades de produção, e eficiente na alocação quando produz o espectro ou composição de bens e serviços que as pessoas querem consumir); e *crescimento econômico* (um deslocamento da fronteira de possibilidades de produção para fora). Há duas fontes básicas de crescimento: aumento dos **fatores de produção** (recursos como terra, trabalho, capital e capital humano, insumos que não desaparecem no processo produtivo) e progresso da **tecnologia**.
3. Outro modelo importante é o da **vantagem comparativa**, que explica a fonte dos ganhos com o comércio entre indivíduos e países. Todo mundo tem alguma vantagem comparativa em algo, algum bem ou serviço em que a pessoa tem custo de oportunidade mais baixo que todas as demais pessoas. Mas, muitas vezes, ela é confundida com **vantagem absoluta**, a capacidade de produzir determinado bem ou serviço melhor do que qualquer outra pessoa. Essa confusão leva alguns a concluírem erroneamente que não há ganhos com o comércio entre pessoas e países.
4. Na mais simples das economias, as pessoas fazem **escambo** – trocam bens e serviços por outros bens e serviços, em vez de trocá-los por dinheiro como em uma economia moderna. O **diagrama do fluxo circular** representa transações dentro da economia como fluxos de bens e serviços e fluxos de renda entre **domicílios** e **empresas**. Essas transações ocorrem em **mercados de bens e serviços** e em **mercados de fatores**, mercados para fatores de produção (terra, trabalho, capital físico e capital humano). É preciso entender como gastos, produção, emprego, renda e crescimento se relacionam em uma economia. Em última instância, os mercados de fatores determinam a **distribuição de renda** da economia, isto é, de que maneira a renda total de uma economia é alocada entre os donos dos fatores de produção.
5. Economistas usam modelos econômicos tanto para a **economia positiva**, que descreve como a economia funciona, quanto para a **economia normativa**, que prescreve como uma economia *deve* funcionar. A economia positiva muitas vezes envolve fazer **previsões**. Os economistas podem determinar as respostas corretas para questões positivas, mas normalmente não para questões normativas, que implicam julgamento de valor. As exceções ocorrem quando políticas desenhadas para concretizar determinada prescrição podem ser claramente hierarquizadas em termos de eficiência.
6. Há duas razões pelas quais os economistas discordam entre si. Em primeiro lugar, eles podem discordar sobre as simplificações a serem feitas em um modelo. Em segundo lugar, os economistas, como qualquer pessoa, podem discordar sobre valores.

PALAVRAS-CHAVE

QUESTÕES PARA PENSAR

1. Penelope Pundit,[2] repórter de economia, afirma que a União Europeia (UE) está aumentando sua produtividade muito rapidamente em todos os setores. Ela afirma que tal avanço de produtividade é tão rápido que a produção da UE nessas indústrias logo ultrapassará a dos Estados Unidos e, consequentemente, os EUA não se beneficiarão mais do comércio com a UE.
   a. Você acha que Penelope Pundit está correta ou não? Se não, onde acha que ela erra?
   b. Se a UE e os Estados Unidos continuarem a negociar, o que você acha que caracterizará as mercadorias que a UE vende para os EUA e as mercadorias que os EUA vendem para a UE?
2. Os habitantes da economia fictícia de Atlântida usam dinheiro na forma de conchas coloridas. Desenhe um diagrama do fluxo circular mostrando domicílios e

[2]N. E.: Gíria norte-americana, *pundit*, que significa uma pessoa que é perita em algo.

empresas. As empresas produzem batatas e peixe, e os domicílios compram batatas e peixe. Os domicílios também fornecem a terra e a mão de obra para as empresas. Identifique onde, nos fluxos de conchas coloridas ou coisas físicas (bens e serviços ou recursos), cada um dos seguintes impactos ocorreria. Descreva como cada impacto a seguir se difunde no círculo.

a. Um furacão devastador inunda muitos dos campos de batatas.

b. Uma temporada de pesca muito produtiva gera um número muito grande de peixes capturados.

c. Os habitantes de Atlântida descobrem Shakira e passam vários dias por mês em festas dançantes.

3. Um economista poderia dizer que as faculdades e universidades "produzem" educação, utilizando membros do corpo docente e estudantes como insumos. De acordo com esta linha de raciocínio, a educação é então "consumida" pelos domicílios. Construa um diagrama do fluxo circular para representar o setor da economia dedicado à educação universitária: faculdades e universidades representam empresas, e os domicílios tanto consomem educação como fornecem professores e estudantes às universidades. Quais são os mercados relevantes nesse diagrama? O que está sendo comprado e vendido em cada direção? O que aconteceria no diagrama se o governo decidisse subsidiar 50% da mensalidade de todos os estudantes universitários?

4. Um representante da indústria de vestuário norte-americana fez a seguinte declaração: "Os trabalhadores na Ásia muitas vezes trabalham em condições de superexploração da mão de obra, ganhando meros centavos por hora. Os trabalhadores norte-americanos são mais produtivos e, como resultado, ganham salários mais altos. A fim de preservar a dignidade do local de trabalho norte-americano, o governo deveria promulgar uma legislação proibindo a importação de roupas asiáticas feitas com baixos salários."

a. Quais partes desta citação são declarações positivas? Quais partes são afirmações normativas?

b. A política que está sendo defendida é consistente com as declarações anteriores sobre salários e produtividade dos trabalhadores norte-americanos e asiáticos?

c. Tal política deixaria melhor alguns norte-americanos sem piorar a situação de nenhum outro norte-americano? Ou seja, essa política seria eficiente do ponto de vista de todos os norte-americanos?

d. Os trabalhadores asiáticos que recebem baixos salários se beneficiariam ou seriam prejudicados por tal política?

5. Avalie a seguinte declaração: "É mais fácil construir um modelo econômico que reflita com precisão os eventos que já ocorreram do que construir um modelo econômico para prever eventos futuros." Você acha que isso é verdade ou não? Por quê? O que isto implica sobre as dificuldades de construir bons modelos econômicos?

6. Economistas que trabalham para o governo são frequentemente convocados a fazer recomendações políticas. Por que você acha importante que o público seja capaz de diferenciar as declarações normativas das declarações positivas do Estado nessas recomendações?

PROBLEMAS

1. Dois setores muito importantes nas Ilhas Bermudas são o turismo e a pesca. De acordo com dados da Organização das Nações Unidas para Alimentação e Agricultura (FAO) e do Departamento de Estatística das Bermudas, em 2014, os 315 pescadores lá registrados capturaram 497 toneladas métricas de peixe marinho. E as 2.446 pessoas empregadas pelos hotéis geraram 580.209 estadias de hotel (medidas pela quantidade de visitantes). Suponha que esse seja um ponto de produção eficiente. Suponha também que o custo de oportunidade de uma tonelada métrica adicional de peixe seja 2.000 estadias de hotel e que esse custo de oportunidade seja constante – ou seja, o custo de oportunidade não muda.

a. Se todos os 315 pescadores registrados passassem a ser empregados dos hotéis (em acréscimo às 2.446 pessoas já trabalhando na hotelaria), quantas estadas de hotel as Bermudas poderiam produzir?

b. Se todos os 2.446 empregados de hotelaria se tornassem pescadores (além dos 315 pescadores que já trabalham na indústria da pesca), quantas toneladas métricas de pescado as Bermudas poderiam produzir?

c. Trace a fronteira de possibilidades de produção de Bermudas, com peixe no eixo horizontal e estadias em hotéis no eixo vertical, e marque o atual ponto de produção para o ano de 2014.

2. De acordo com dados do Serviço Nacional de Estatística Agrícola do Departamento de Agricultura dos Estados Unidos, 124 milhões de acres de terra foram usados no país para o cultivo de trigo ou milho em 2004.[3] Desses 124 milhões de acres, os agricultores usaram 50 milhões para obter 2,158 bilhões de sacas de trigo e 74 milhões de acres de terra para obter 11,807 bilhões de sacas de milho. Suponha que os cultivos de trigo e milho nos Estados Unidos sejam eficientes na produção. Nesse ponto de produção, o custo de oportunidade de produzir uma saca adicional de trigo é de 1,7 saca de milho a menos. Contudo, os agricultores têm custos de oportunidade crescentes, de modo que sacas adicionais de trigo têm um custo de oportunidade superior a 1,7 saca de milho. Para cada um dos três pontos de produção a seguir, decida se o ponto de produção é (i) factível e eficiente na produção, (ii) factível, mas não eficiente na produção, (iii) inviável ou (iv) não fica claro se é factível.

a. Os agricultores usam 40 milhões de acres para produzir 1,8 bilhão de sacas de trigo e 60 milhões de acres para produzir 9 bilhões de sacas de milho. Os 24 milhões de acres restantes são deixados sem cultivo.

b. Do seu ponto de produção original, os agricultores transferem 40 milhões de acres de terra da produção

[3] N. R.: Um acre equivale, aproximadamente, a 0,4 hectare.

de milho para a de trigo. Eles agora produzem 3,158 bilhões de sacas de trigo e 10,107 bilhões de sacas de milho.

c. Os agricultores reduzem sua produção de trigo para 2 bilhões de sacas e aumentam sua produção de milho para 12,044 bilhões de sacas. Ao longo da fronteira de possibilidades de produção, o custo de oportunidade de passar de 11,807 bilhões para 12,044 bilhões de sacas de milho é de 0,666 saca de trigo por uma saca de milho.

3. Na Roma antiga, são produzidos apenas dois bens: espaguete e bolinhos de carne. Há duas tribos em Roma, os Tivoli e os Frivoli. Sem ajuda, os Tivoli podem produzir 30 kg de espaguete e nenhum bolinho de carne, ou 50 kg de bolinhos e nenhum espaguete ou, então, qualquer combinação intermediária. Os Frivoli, sozinhos, podem produzir 40 kg de espaguete e nenhum bolinho, ou 30 kg de bolinho de carne e nenhum espaguete ou, então, qualquer combinação intermediária.

a. Suponha que todas as fronteiras das possibilidades de produção sejam linhas retas. Desenhe um diagrama mostrando a fronteira de possibilidades de produção mensal para os Tivoli e outra para os Frivoli. Mostre como elas foram calculadas.

b. Qual tribo tem vantagem comparativa na produção de espaguete? E na produção de bolinhos?
No ano 100 a.C., os Frivoli descobrem uma nova técnica para fazer bolinho de carne, que dobra a quantidade de bolinhos que eles conseguem produzir por mês.

c. Desenhe a nova fronteira de possibilidades de produção mensal para os Frivoli.

d. Depois da inovação, qual tribo agora tem vantagem absoluta na produção de bolinhos de carne? E na produção de espaguete? Qual tem vantagem comparativa na produção de bolinhos de carne? E na produção de espaguete?

4. Em um mês de julho, os Estados Unidos venderam à China aeronaves no valor de US$ 1 bilhão e compraram da China aeronaves no valor de apenas US$ 19 mil. No mesmo mês, entretanto, os EUA compraram da China US$ 83 milhões de calças, *shorts* e calças *jeans* masculinos, mas venderam apenas US$ 8 mil de calças, *shorts* e *jeans* para a China. Usando o que você aprendeu sobre como o comércio é determinado pela vantagem comparativa, responda às seguintes perguntas.

a. Qual país tem a vantagem comparativa na produção de aeronaves? E na produção de calças, *shorts* e *jeans*?

b. Você pode determinar qual país tem a vantagem absoluta na produção de aeronaves? E na produção de calças, *shorts* e *jeans*?

5. Você está encarregado de distribuir os seus colegas de universidade entre os times de beisebol e de basquete. Você já está com os quatro últimos colegas: dois deles têm de ir para o beisebol e dois para o basquete. A tabela a seguir dá a média de sucesso de cada um deles em rebatidas no beisebol e em lances livres no basquete.

Nome	Média de rebatidas no beisebol	Média de lances livres no basquete
Kelley	70%	60%
Jackie	50%	50%
Curt	10%	30%
Gerry	80%	70%

a. Explique como você usaria o conceito de vantagem comparativa para alocar os jogadores. Comece por calcular, para cada jogador, o custo de oportunidade dos lances livres, no basquete, em termos das rebatidas no beisebol.

b. Por que é provável que os outros jogadores de basquete vão ficar tristes com esse arranjo, mas os outros jogadores de beisebol vão ficar satisfeitos? Mesmo assim, por que um economista diria que essa é uma forma eficiente de alocar os jogadores nos times desportivos da sua universidade?

6. Sua colega de dormitório na universidade toca música muito alto quase o tempo todo, mas você prefere mais tranquilidade. Você sugere a ela que compre fones de ouvido. Ela responde que está disposta a usar fones de ouvido, mas que neste momento prefere gastar dinheiro em várias outras coisas de maior prioridade. Você discute essa situação com um amigo que estuda economia. Ocorre a seguinte conversa:

Ele: Quanto custa um fone de ouvido?
Você: $ 15.
Ele: Que valor você dá a ter mais tranquilidade no resto do semestre?
Você: $ 30.
Ele: Então, é eficiente que você compre os fones de ouvido para dá-los à sua colega. Você ganha mais do que perde, seu benefício é maior que o custo. Você deveria fazer isso.
Você: Mas não é justo que eu pague pelos fones de ouvido quando não sou eu quem está fazendo barulho.

a. Que parte dessa conversa tem afirmações positivas por sua natureza e que parte contém afirmações normativas?

b. Prepare uma argumentação em favor do seu ponto de vista, de que é sua colega quem deveria mudar de hábitos. De modo similar, componha uma argumentação para o ponto de vista da sua colega, de que você é quem deveria comprar os fones de ouvido. Se o dormitório da sua universidade tem uma política de dar pleno direito aos residentes de tocar música quando queiram, qual o argumento que provavelmente vai vencer? Se o seu dormitório na universidade tem uma regra que diz que a pessoa tem de parar de tocar música sempre que um colega reclame, qual é o argumento com maior probabilidade de ganhar?

7. As afirmativas a seguir são verdadeiras ou falsas? Explique suas respostas.

a. "Quando as pessoas são obrigadas a pagar impostos mais altos sobre seu salário, ocorre uma redução do seu incentivo ao trabalho" é uma afirmação positiva.

b. "Deveríamos reduzir impostos para estimular mais trabalho" é uma afirmação positiva.

c. A análise econômica nem sempre pode ser usada para decidir inteiramente o que a sociedade deve fazer.

d. "O sistema de educação pública neste país gera maiores benefícios para a sociedade do que o custo de funcionamento desse sistema" é uma afirmação normativa.

e. Todos os desacordos entre os economistas são provocados pela mídia.

8. O prefeito do município de Gotham City, preocupado com o potencial de uma epidemia de gripe devastadora neste inverno, faz uma série de perguntas a um economista. Essas perguntas exigem do assessor econômico avaliações positivas ou normativas?

a. Quanta vacina é preciso ter em estoque no município até o fim de novembro, ou seja, às vesperas do inverno no hemisfério norte?

b. Se oferecermos pagar às companhias farmacêuticas que fornecem as vacinas 10% a mais por dose, elas fornecerão doses adicionais?

c. Se houver escassez de vacinas no município, quem deverá ser vacinado primeiro, os idosos ou os bem jovens? (Suponha que uma pessoa de um grupo tenha igual probabilidade de morrer da gripe que uma pessoa do outro grupo.)

d. Se o município cobrar $ 25 por vacina, quantas pessoas pagarão?

e. Se o município cobrar $ 25 por vacina, poderá lucrar $ 10 em cada uma. Esse dinheiro poderá pagar a vacinação das pessoas pobres. Deve o município implementar um esquema como esse?

RESOLVA

9. Atlantis é uma pequena ilha isolada no Atlântico Sul. Seus habitantes cultivam batata e pescam. A tabela a seguir mostra o produto anual máximo de combinações de batata e peixe que pode ser obtido. Obviamente, com seus recursos e tecnologia limitados, se os habitantes usarem mais recursos para produzir batata, terão menos recursos disponíveis para a pesca.

a. Desenhe a fronteira de possibilidades de produção com batata no eixo horizontal e peixe no eixo vertical. Ilustre essas opções mostrando os pontos *A* a *F*.

b. Pode Atlantis produzir 500 kg de peixe e 800 kg de batata? Explique. Onde estaria esse ponto em relação à fronteira de possibilidades de produção?

c. Qual é o custo de oportunidade de aumentar a produção anual de batata de 600 para 800 kg?

d. Qual é o custo de oportunidade de aumentar a produção de batata de 200 para 400 kg?

e. Explique por que as respostas a (c) e (d) não são iguais. O que isso implica para a inclinação da fronteira de possibilidades de produção?

Opções de produto anual máximo	Quantidade de batata (kg)	Quantidade de peixe (kg)
A	1.000	0
B	800	300
C	600	500
D	400	600
E	200	650
F	0	675

Gráficos em Economia

2
Apêndice

Percebendo o quadro geral

Ao ler sobre economia no *Wall Street Journal* ou em seu livro didático de economia, você verá muitos gráficos. As imagens visuais podem facilitar muito a compreensão de descrições verbais, informações numéricas ou ideias. Em economia, gráficos são o tipo de imagem visual utilizada para facilitar a compreensão. Portanto, você precisa estar familiarizado com a forma de interpretar e construir esses auxílios visuais. Este apêndice explica como fazer isso.

Gráficos, variáveis e modelos econômicos

Uma razão para frequentar a faculdade é que um diploma de curso superior dá acesso a empregos de maior remuneração. Formações adicionais, tais como MBAs ou graduação em Direito, aumentam ainda mais os ganhos. Se você lesse um artigo sobre a relação entre progresso educacional e renda, provavelmente veria um gráfico mostrando os níveis de renda dos trabalhadores com diferentes níveis de educação. E esse gráfico retrataria a ideia de que, em geral, maior escolaridade aumenta a renda.

Esse gráfico, como a maioria daqueles em economia, retrataria a relação entre duas variáveis econômicas. Uma **variável** é uma quantidade que pode assumir mais de um valor, como o número de anos de educação que uma pessoa tem, o preço de uma lata de refrigerante ou a renda de uma família.

Uma quantidade que pode assumir mais de um valor é chamada de **variável**.

Como você aprendeu no Capítulo 2, a análise econômica baseia-se fortemente em modelos, descrições simplificadas de situações reais. A maioria dos modelos econômicos descreve a relação entre duas variáveis, simplificada pela fixação em valores constantes das outras variáveis que podem afetar a relação.

Por exemplo, um modelo econômico pode descrever a relação entre o preço de uma lata de refrigerante e o número de latas de refrigerante que os consumidores comprarão, assumindo que tudo o mais que afete as compras de refrigerante dos consumidores permaneça constante. Este tipo de modelo pode ser descrito matemática ou verbalmente, mas a ilustração desta relação em um gráfico facilita a compreensão, como você verá a seguir.

Como os gráficos funcionam

A maioria dos gráficos em economia são baseados em uma grade construída em torno de duas linhas perpendiculares que mostram os valores de duas variáveis, ajudando a visualizar a relação entre elas. Vamos ver como isto funciona.

Gráficos de duas variáveis

A Figura 2A.1 mostra um típico gráfico de duas variáveis. Ela ilustra os dados da tabela anexa sobre a temperatura externa e a quantidade de refrigerante que um vendedor típico pode esperar vender no estádio durante um jogo. A primeira coluna mostra a temperatura externa (a primeira variável) e a segunda coluna mostra o número de latas de refrigerante vendidas (a segunda variável). Mostram-se cinco combinações ou pares de duas variáveis. Cada uma delas é denotada por *A* até *E*, na terceira coluna.

A linha ao longo da qual os valores da variável *x* são medidos é chamada de **eixo horizontal** ou **eixo *x***. A linha ao longo da qual os valores da variável *y* são medidos é chamada de **eixo vertical** ou **eixo *y***. O ponto em que os eixos de um gráfico de duas variáveis se encontram é a **origem**.

Vamos traçar o gráfico com os dados dessa tabela. Em qualquer gráfico de duas variáveis, uma delas é denominada variável *x* e a outra, variável *y*. Aqui, a temperatura externa é a variável *x* e a quantidade de refrigerante é a variável *y*. A linha sólida horizontal no gráfico é denominada **eixo horizontal** ou **eixo *x***, e os valores da variável *x* – a temperatura externa – são medidos sobre ele. De modo análogo, a linha vertical sólida no gráfico é denominada **eixo vertical** ou **eixo *y***, e os valores da variável *y* – o número de latas de refrigerante – são medidos sobre ela.

Na **origem**, o ponto em que os dois eixos se encontram, cada variável é igual a zero. À medida que nos movemos para a direita a partir da origem, ao longo do eixo *x*, os valores da variável *x* são positivos e crescentes. À medida que nos movemos para cima a partir da origem, ao longo do eixo *y*, os valores da variável *y* são positivos e crescentes.

É possível representar cada um dos pontos de *A* até *E* nesse gráfico usando um par de números – os valores que a variável *x* e a variável *y* tomam em dado ponto. Na Figura 2A.1, no ponto *C*, a variável *x* toma o valor de 40 e a variável *y* toma o valor de 30. O ponto *C* é representado desenhando uma linha vertical no ponto

Figura 2A.1 Representação de pontos em um gráfico de duas variáveis.

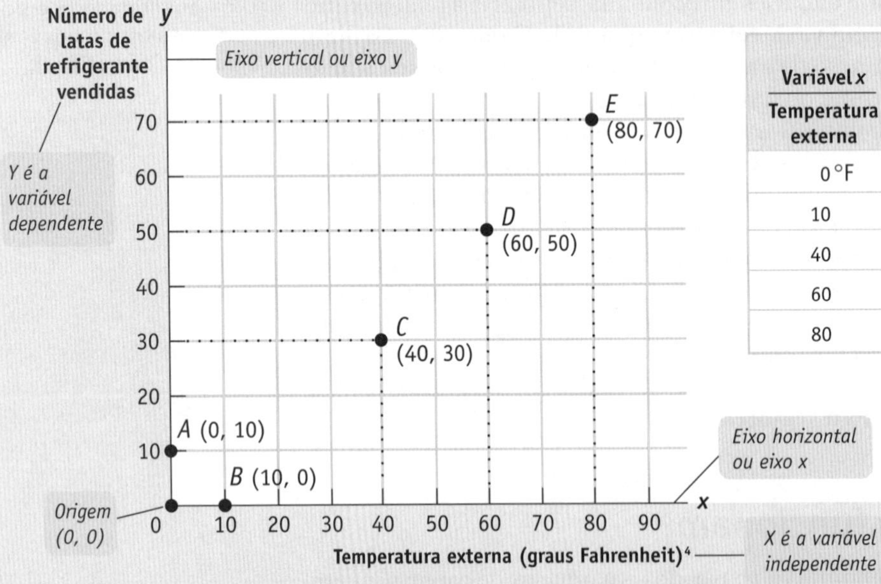

Variável *x* Temperatura externa	Variável *y* Número de latas de refrigerante vendidas	Ponto
0 °F	10	*A*
10	0	*B*
40	30	*C*
60	50	*D*
80	70	*E*

Os dados da tabela são representados onde a temperatura externa (a variável independente) é medida ao longo do eixo horizontal e o número de refrigerantes vendidos (a variável dependente) é medido ao longo do eixo vertical. Cada uma das cinco combinações de temperatura e de refrigerantes vendidos é representada por um ponto: *A*, *B*, *C*, *D* e *E*. Cada ponto no gráfico é identificado por um par de valores. Por exemplo, o ponto *C* corresponde ao par (40, 30) – uma temperatura externa de 40 °F (o valor da variável *x*) e 30 refrigerantes vendidos (o valor da variável *y*).

[4]N.E.: A correspondência entre graus Celsius e Fahrenheit se dá pela seguinte fórmula: $C = \frac{5(F - 32)}{9}$, em que *C* corresponde ao grau Celsius e *F* a Fahrenheit.

40 do eixo x e uma linha horizontal no ponto 30 do eixo y. Escrevemos o ponto C como (40,30). Escrevemos a origem como (0,0). Olhando para os pontos A e B na Figura 2A.1, podemos ver que, quando uma das variáveis para demarcar um ponto tem valor zero, o ponto estará sobre um dos eixos. Se o valor de x é zero, o ponto estará sobre o eixo vertical, como o ponto A. Se o valor de y é zero, estará sobre o eixo horizontal, como o ponto B.

A maior parte dos gráficos que representam relações entre duas variáveis econômicas representa uma **relação causal**, uma relação em que o valor assumido por uma variável influencia diretamente ou determina o valor que toma a outra variável. Em uma relação causal, a variável determinante é chamada de **variável independente**; a variável que é determinada por ela é chamada de **variável dependente**. Em nosso exemplo da venda de refrigerante, a temperatura externa é a variável independente. Ela influencia diretamente o número de latas de refrigerante vendidas, que é, nesse caso, a variável dependente.

Existe uma **relação causal** entre duas variáveis quando o valor tomado por uma variável influencia diretamente ou determina o valor tomado pela outra variável. Em uma relação causal, a variável determinante é chamada de **variável independente**; a variável que ela determina é chamada de **variável dependente**.

Por convenção, coloca-se a variável independente no eixo horizontal e a dependente no eixo vertical. A Figura 2A.1 é construída de modo consistente com essa convenção; a variável independente (temperatura externa) está no eixo horizontal, e a variável dependente (refrigerante vendido) está no eixo vertical. Uma exceção importante a essa convenção é a dos gráficos que mostram a relação econômica entre o preço de um produto e sua quantidade: embora o preço seja em geral a variável independente que determina a quantidade, ele é sempre medido no eixo vertical.

Curvas em um gráfico

O painel (a) na Figura 2A.2 repete algumas das informações da Figura 2A.1, com uma linha reta passando pelos pontos B, C, D e E. Tal linha em um gráfico é chamada de **curva**, independentemente de a linha ser reta ou curva. Se a curva que mostra a relação entre duas variáveis é uma linha reta, ou linear, as variáveis têm **relação linear**. Quando a curva é uma linha que não é reta, ou não linear, as variáveis têm **relação não linear**.

Uma **curva** é uma linha em um gráfico que retrata uma relação entre duas variáveis. Pode ser uma linha reta ou uma linha curva. Se a curva for uma linha reta, as variáveis têm **relação linear**. Se a curva não for uma linha reta, as variáveis têm **relação não linear**.

Um ponto sobre uma curva indica o valor da variável y para um valor específico da variável x. Por exemplo, o ponto D indica que, à temperatura de 60 °F, um vendedor pode esperar vender 50 latas de refrigerante. O formato e o sentido da curva revelam a natureza geral da relação entre as duas variáveis. A inclinação para cima da curva no painel (a) da Figura 2A.2 sugere que os vendedores podem esperar vender mais refrigerante conforme as temperaturas externas fiquem mais altas.

Quando duas variáveis se relacionam desse modo, isto é, quando um aumento em uma variável é associado com um aumento em outra variável, diz-se que as variáveis têm **relação positiva.** Isso é ilustrado por uma curva que se inclina para cima da esquerda para a direita. Por essa curva também ser linear, a relação entre temperatura externa e o número de latas de refrigerante vendidas, ilustrada pela curva no painel (a) da Figura 2A.2, é uma relação linear positiva.

Duas variáveis têm **relação positiva** quando um aumento no valor de uma variável é associado a um aumento no valor da outra variável. Isto é ilustrado por uma curva que se inclina para cima, da esquerda para a direita.

Quando um aumento em uma variável é associado a uma diminuição em outra variável, diz-se que as duas variáveis têm **relação negativa.** Isso é ilustrado por uma curva que se inclina para baixo, da esquerda para a direita, tal como a curva no painel (b) da Figura 2A.2. Por essa curva também ser linear, a relação que ela representa é uma relação linear negativa. Duas variáveis que podem ter uma relação assim são a temperatura externa e a quantidade de bebida quente que um vendedor pode esperar vender em um estádio.

Duas variáveis têm **relação negativa** quando um aumento no valor de uma variável é associado a uma diminuição no valor da outra variável. Isto é ilustrado por uma curva que se inclina para baixo, da esquerda para a direita.

Voltemos por um instante à curva do painel (a) da Figura 2A.2. Pode-se ver que ela toca o eixo horizontal no ponto B. Esse ponto é conhecido como **intercepto horizontal** e mostra o valor da variável x quando o valor da variável y é zero. No painel (b) da Figura 2A.2, a curva toca o eixo vertical no ponto J. Esse ponto é chamado de **intercepto vertical** e indica o valor da variável y quando o valor da variável x é zero.

O **intercepto horizontal** de uma curva é o ponto em que ela atinge o eixo horizontal; indica o valor da variável x quando o valor da variável y é zero.

O **intercepto vertical** de uma curva é o ponto em que ela atinge o eixo vertical; indica o valor da variável y quando o valor da variável x é zero.

Figura 2A.2 **Desenhando curvas.**

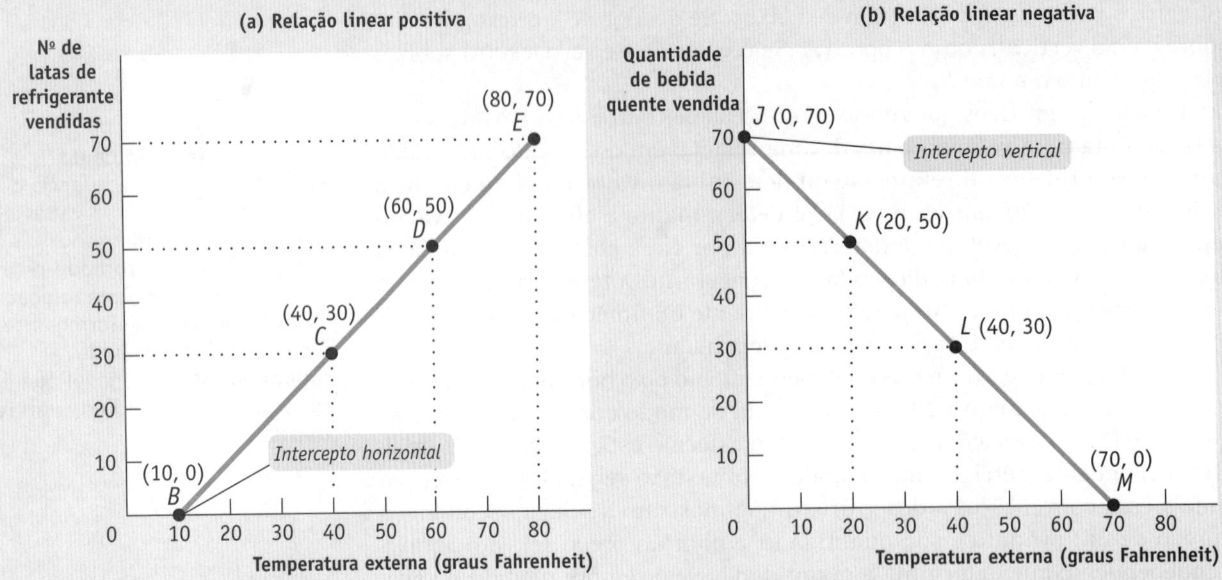

A curva no painel (a) ilustra a relação entre as duas variáveis, temperatura externa e latas de refrigerante vendidas. As duas variáveis têm relação linear positiva: positiva porque a curva é inclinada para cima, e linear porque é uma linha reta. Ela implica que um aumento de *x* (temperatura externa) leva a um aumento de *y* (refrigerante vendido). A curva no painel (b) também é uma linha reta, mas se inclina para baixo. As duas variáveis aqui (temperatura externa e quantidade de bebida quente vendida) têm relação linear negativa: um aumento de *x* (temperatura externa) leva a uma redução de *y* (quantidade de bebida quente vendida). A curva no painel (a) tem um intercepto horizontal no ponto *B*, onde ela toca o eixo horizontal. A curva no painel (b) tem um intercepto vertical no ponto *J*, onde ela toca o eixo vertical, e um intercepto no ponto *M*, onde ela toca o eixo horizontal.

Um conceito-chave: a inclinação da curva

A **inclinação** de uma linha ou curva é uma medida de quão íngreme ela é. A inclinação de uma linha é medida pela razão entre a elevação dela sobre um intervalo e a extensão desse intervalo, ou seja, a mudança da variável *y* entre dois pontos da linha dividida pela mudança da variável *x* entre esses mesmos dois pontos.

A **inclinação** de uma linha ou curva indica o quanto a variável *y* é sensível a uma mudança na variável *x*. Em nosso exemplo da temperatura e dos refrigerantes que um vendedor pode esperar vender, a inclinação da curva indicaria a quantidade a mais de latas de refrigerante que o vendedor pode esperar vender a cada grau de aumento na temperatura. Interpretada desse modo, a inclinação dá uma informação que faz sentido. Mesmo sem números para *x* e *y*, é possível chegar a conclusões importantes sobre a relação entre as duas variáveis examinando quão forte é a inclinação em vários pontos da curva.

Inclinação de uma curva linear

Ao longo de uma curva linear, a inclinação é medida dividindo a *distância vertical* entre dois pontos na curva pela *distância horizontal* entre esses mesmos dois pontos.

A distância vertical é o quanto *y* se modifica, e a distância horizontal é o quanto *x* se modifica. Eis a fórmula:

$$\frac{\text{Mudança em } y}{\text{Mudança em } x} = \frac{\Delta y}{\Delta x} = \text{Inclinação}$$

Na fórmula, o símbolo Δ (o delta grego maiúsculo) indica *mudança em*. Quando uma variável aumenta, a mudança nessa variável é positiva; quando a variável diminui, a mudança nessa variável é negativa.

A inclinação de uma curva é positiva quando a distância vertical (a mudança na variável *y*) tem o mesmo sinal que a distância horizontal (a mudança na variável *x*).

Isso porque, quando dois números têm o mesmo sinal, a razão entre eles é positiva. A curva no painel (a) da Figura 2A.2 tem inclinação positiva: ao longo da curva, tanto a variável y quanto a variável x aumentam.

A inclinação de uma curva é negativa quando a distância vertical e a distância horizontal percorridas têm sinais diferentes. Isso porque, quando dois números têm sinais diferentes, a razão entre eles é negativa. A curva no painel (b) da Figura 2A.2 tem uma inclinação negativa: ao longo da curva, um aumento na variável x está associado a uma diminuição na variável y.

A Figura 2A.3 mostra como se calcula a inclinação de uma curva linear. Vamos nos concentrar primeiro no painel (a). Do ponto A ao ponto B, o valor de y muda de 25 para 20, e o valor de x muda de 10 para 20. Assim, a inclinação da linha entre esses dois pontos é:

$$\frac{\text{Mudança em } y}{\text{Mudança em } x} = \frac{\Delta y}{\Delta x} = \frac{-5}{10} = -\frac{1}{2} = -0{,}5$$

Uma linha reta tem, por assim dizer, o mesmo grau de subida/descida em todos os seus pontos, ou melhor, a inclinação de uma linha reta é a mesma em todos os seus pontos. Em outros termos, uma linha reta tem inclinação constante. É possível conferir isso calculando a inclinação da curva linear entre os pontos A e B e entre os pontos C e D no painel (b) da Figura 2A.3.

$$\text{Entre } A \text{ e } B = \frac{\Delta y}{\Delta x} = \frac{10}{2} = 5$$

$$\text{Entre } C \text{ e } D = \frac{\Delta y}{\Delta x} = \frac{20}{4} = 5$$

Figura 2A.3 Cálculo da inclinação.

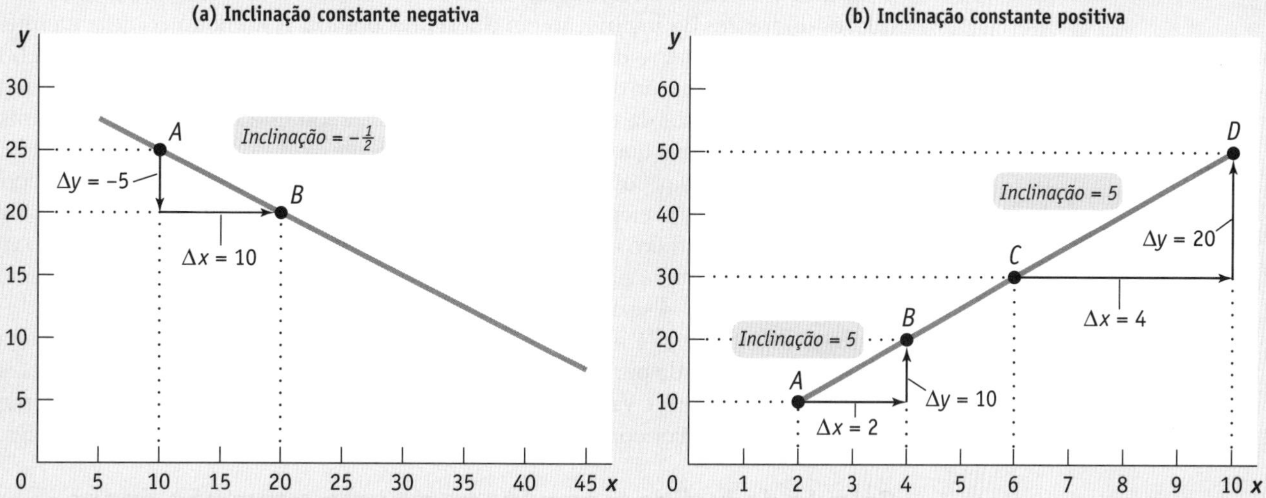

Os painéis (a) e (b) mostram duas curvas lineares. Entre os pontos A e B na curva do painel (a), a mudança em y (distância percorrida na vertical) é −5 e a mudança em x (distância percorrida na horizontal) é 10. Assim, a inclinação de A a B é $\frac{\Delta y}{\Delta x} = \frac{-5}{10} = -\frac{1}{2} = -0{,}5$, onde o sinal negativo indica que a curva se inclina para baixo, da esquerda para a direita. No painel (b), a curva entre A e B tem inclinação de $\frac{\Delta y}{\Delta x} = \frac{10}{2} = 5$. Entre C e D é $\frac{\Delta y}{\Delta x} = \frac{20}{4} = 5$. A inclinação é positiva, indicando que a curva tem inclinação para cima da esquerda para a direita. Além do mais, a inclinação entre A e B é a mesma que entre C e D, o que faz dela uma curva linear. A inclinação de uma curva linear é a mesma, independentemente do ponto ao longo da curva em que é calculada.

Curvas horizontais e verticais e suas inclinações

Quando uma curva é horizontal, o valor de y ao longo dessa curva não muda, é constante. Em qualquer ponto da curva, a mudança é zero. Zero dividido por qualquer número é zero. Assim, independentemente do valor da mudança em x, a inclinação de uma curva horizontal é sempre zero.

Se uma curva é vertical, o valor de x ao longo da curva nunca muda, é constante. Em toda parte, ao longo da curva, a mudança em x é zero. Isso significa que a inclinação de uma linha vertical é uma razão com zero no denominador. Uma razão que tem zero no denominador é igual a infinito, isto é, um número infinitamente elevado. Assim, a inclinação de uma linha vertical é igual a infinito.

Uma curva vertical ou horizontal tem implicações especiais: significa que as variáveis x e y não são relacionadas. Duas variáveis não são relacionadas quando a mudança em uma delas (a variável independente) não tem efeito sobre a outra (variável dependente). Em outros termos, duas variáveis não são relacionadas quando a variável dependente é constante, não importa qual seja o valor da variável independente. Se, como normalmente acontece, a variável y é a dependente, a curva é horizontal. Se a variável dependente é a variável x, a curva é vertical.

Inclinação de uma curva não linear

Uma **curva não linear** é aquela em que a inclinação não é a mesma entre cada par de pontos.

Uma **curva não linear** é aquela cuja inclinação muda à medida que nos movemos ao longo dela. Os painéis (a), (b), (c) e (d) na Figura 2A.4 mostram várias curvas não lineares. Os painéis (a) e (b) mostram curvas lineares cujas inclinações mudam ao longo delas, mas essas inclinações permanecem sempre positivas. Embora ambas as curvas se inclinem para cima, a curva no painel (a) tem uma inclinação que se torna mais íngreme quando se vai da esquerda para a direita, diferentemente da curva no painel (b), que se torna mais achatada.

Diz-se da curva que se inclina para cima e se torna mais íngreme, como no painel (a), que ela tem uma inclinação *crescente positiva*. Da curva que se inclina para cima, mas vai se tornando mais achatada, como no painel (b), se diz que ela tem uma inclinação *decrescente positiva*.

Quando calculamos a inclinação ao longo dessas curvas não lineares, obtemos valores diferentes da inclinação em diferentes pontos. A maneira como a inclinação muda ao longo da curva determina o formato da curva. Por exemplo, no painel (a) da Figura 2A.4, a inclinação da curva é um número positivo que aumenta constantemente quando nos movemos da esquerda para a direita, enquanto no painel (b) a inclinação é um número positivo que diminui constantemente.

O **valor absoluto** de um número negativo é o valor do número negativo sem o sinal negativo.

As inclinações das curvas nos painéis (c) e (d) são números negativos. Os economistas muitas vezes preferem expressar um número negativo por seu **valor absoluto**, que é o valor do número negativo sem o sinal de menos. Em geral, denota-se o valor absoluto de um número por duas barras paralelas em torno do número; por exemplo, o valor absoluto de -4 se escreve como $|-4| = 4$.

No painel (c), o valor absoluto da inclinação aumenta continuamente quando nos movemos da esquerda para a direita. A curva, portanto, tem uma inclinação *crescente negativa*. No painel (d), o valor absoluto da inclinação da curva diminui constantemente ao longo da curva. Por conseguinte, esta tem uma inclinação *decrescente negativa*.

Cálculo da inclinação ao longo de uma curva não linear

Vimos que, ao longo de uma curva não linear, o valor da inclinação depende do ponto em que estejamos nessa curva. Como se calcula, então, a inclinação de uma curva não linear? Vamos nos concentrar em dois métodos: o *método do arco* (ou *cálculo pela secante*) e o *método do ponto* (ou *cálculo pela tangente*).

Método de calcular a inclinação no arco. Um arco de uma curva é alguma parte ou segmento dessa curva. Por exemplo, o painel (a) na Figura 2A.4 mostra um arco, que é o segmento da curva entre os pontos *A* e *B*. Para calcular a inclinação ao longo de uma curva não linear usando o método do arco, traçamos uma linha reta entre os dois pontos das extremidades de um arco. Essa linha é a

Figura 2A.4 Curvas não lineares.

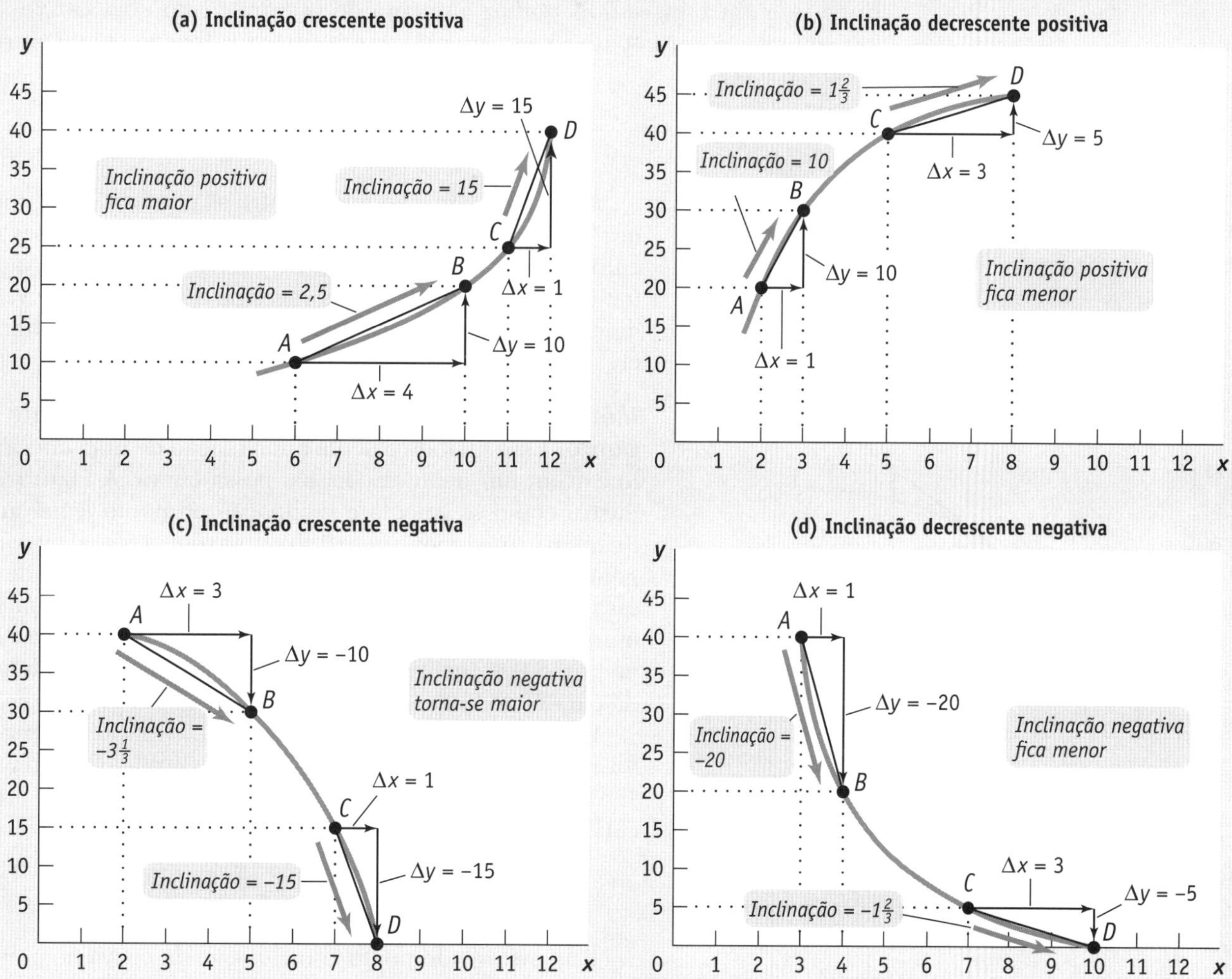

No painel (a), a inclinação da curva de A até B é $\frac{y}{x} = \frac{10}{4} = 2{,}5$, e de C até D é $\frac{\Delta y}{\Delta x} = \frac{15}{1} = 15$. A inclinação é positiva e crescente; torna-se mais íngreme quando nos movemos para a direita. No painel (b), a inclinação da curva de A até B é $\frac{\Delta y}{\Delta x} = \frac{10}{1} = 10$, e de C até D é $\frac{\Delta y}{\Delta x} = \frac{5}{3} = 1\frac{2}{3}$. A inclinação é positiva e decrescente; torna-se mais suave quando nos movemos para a direita. No painel (c), a inclinação da curva de A até B é $\frac{\Delta y}{\Delta x} = \frac{-10}{3} = -3\frac{1}{3}$, e de C até D é $\frac{\Delta y}{\Delta x} = \frac{-15}{1} = -15$. A inclinação é negativa e crescente; torna-se mais forte quando nos movemos para a direita. E, no painel (d), a inclinação da curva de A até B é $\frac{\Delta y}{\Delta x} = \frac{-20}{1} = -20$, e de C até D é $\frac{\Delta y}{\Delta x} = \frac{-5}{3} = -1\frac{2}{3}$. A inclinação é negativa e decrescente; torna-se menos forte quando nos movemos para a direita. A inclinação em cada caso foi medida usando o método do cálculo pela secante, isto é, traçando uma linha reta conectando dois pontos ao longo da curva. A inclinação média entre os dois pontos é a inclinação da linha reta entre esses dois pontos.

secante do arco. A inclinação dessa linha reta é uma medida da inclinação média da curva entre esses dois pontos.

Pode-se verificar no painel (a) da Figura 2A.4 que a linha reta entre os pontos A e B aumenta de 6 para 10 no eixo x (de modo que $\Delta x = 4$) e aumenta de 10 para 20 no eixo y (de modo que $\Delta y = 10$). Por conseguinte, a inclinação da linha reta conectando os pontos A e B é:

$$\frac{\Delta y}{\Delta x} = \frac{10}{4} = 2{,}5$$

Isso significa que a inclinação média da curva entre os pontos *A* e *B* é 2,5.

Consideremos agora o arco entre os pontos *C* e *D* sobre a mesma curva. Uma linha reta entre esses dois pontos aumenta de 11 para 12 no eixo *x* ($\Delta x = 1$) e aumenta de 25 para 40 no eixo *y* ($\Delta y = 15$). Portanto, a inclinação média entre os pontos *C* e *D* é:

$$\frac{\Delta y}{\Delta x} = \frac{15}{1} = 15$$

Figura 2A.5 Cálculo da inclinação pelo método do ponto.

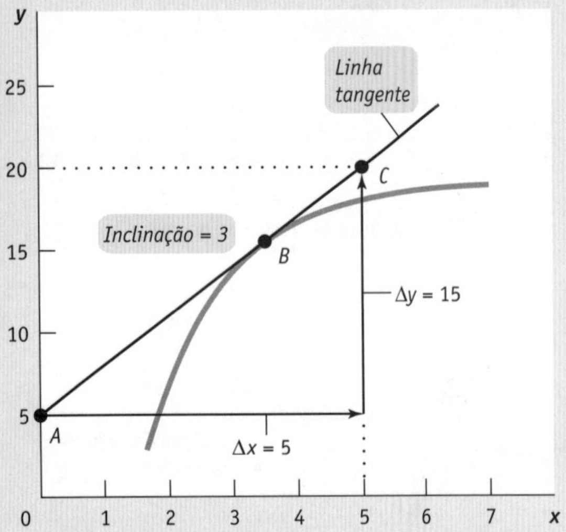

Aqui foi traçada uma linha tangente, uma linha que toca a curva no ponto *B*. A inclinação dessa linha é igual à inclinação da curva no ponto *B*. A inclinação da linha tangente, medida de *A* até *C*, é $\frac{\Delta y}{\Delta x} = \frac{15}{5} = 3$.

Uma **tangente** é uma linha reta que apenas toca, ou é tangente a uma curva não linear em um ponto particular. A inclinação da linha tangente é igual à inclinação da curva não linear naquele ponto.

Assim, a inclinação média entre os pontos *C* e *D* é maior que a inclinação média entre os pontos *A* e *B*. Esses cálculos confirmam o que já observamos – essa curva que se inclina para cima fica mais íngreme quando nos movemos da esquerda para a direita e, portanto, tem uma inclinação crescente positiva.

Método de calcular a inclinação da tangente no ponto. Esse método calcula a inclinação de uma curva não linear em um ponto específico nessa curva. A Figura 2A.5 ilustra como se calcula a inclinação no ponto *B* na curva. Primeiro, traçamos uma linha reta que toca a curva no ponto *B*. Essa linha é denominada **tangente**. O fato de que essa linha toca a curva no ponto *B* e não a toca em qualquer outro ponto significa que a linha reta é uma *tangente* à curva no ponto *B*. A inclinação dessa tangente é igual à inclinação da curva não linear no ponto *B*.

Pode-se ver, na Figura 2A.5, como a inclinação da tangente foi calculada: do ponto *A* até o ponto *C*, a mudança em *y* é de 15 unidades, e a mudança em *x* é de cinco unidades, provocando uma inclinação de

$$\frac{\Delta y}{\Delta x} = \frac{15}{5} = 3$$

Pelo método do ponto, a inclinação da curva no ponto *B* é igual a 3.

Uma questão surge naturalmente neste ponto. Como se decide qual método usar ao calcular a inclinação de uma curva não linear – método do arco (pela secante) ou do ponto (pela tangente)? A resposta depende da própria curva e dos dados usados para construí-la.

Utiliza-se o método do arco quando não há informação suficiente para traçar uma curva contínua. Por exemplo, suponha que no painel (a) da Figura 2A.4 tenhamos somente os dados representados pelos pontos *A*, *C* e *D*, e não tenhamos os dados representados pelo ponto *B* ou qualquer ponto do resto da curva. Nesse caso, é óbvio que não podemos usar o método do ponto para calcular a inclinação no ponto *B*. Teríamos de usar o método do arco para obter uma aproximação da inclinação da curva nessa área, traçando uma linha reta entre os pontos *A* e *C*.

Mas, se temos dados suficientes para traçar uma curva contínua como se mostra no painel (a) da Figura 2A.4, então podemos usar o método da tangente no ponto para calcular a inclinação no ponto *B*, ou em qualquer outro ponto ao longo da curva.

Pontos máximo e mínimo

A inclinação de uma curva não linear pode passar de positiva a negativa ou vice-versa. Quando a inclinação de uma curva muda de positiva para negativa, cria o que é denominado ponto *máximo* da curva. Quando a inclinação da curva muda de negativa para positiva, cria um ponto *mínimo*.

O painel (a) da Figura 2A.6 ilustra uma curva em que a inclinação muda de positiva para negativa quando nos movemos da esquerda para a direita. Quando

Figura 2A.6 Pontos máximo e mínimo.

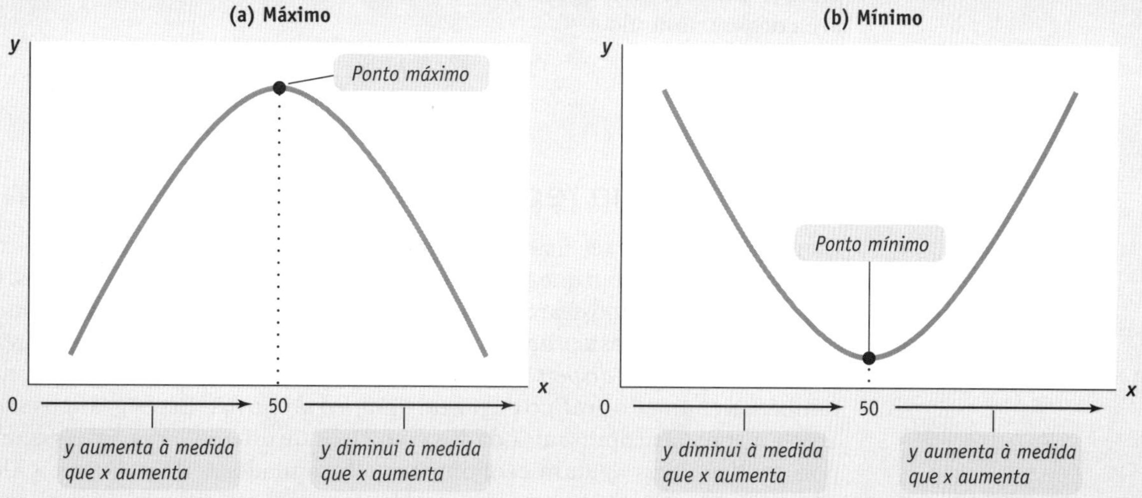

O painel (a) mostra uma curva com ponto máximo, o ponto a partir da qual a inclinação muda de positiva para negativa.

O painel (b) mostra uma curva com ponto mínimo, o ponto a partir do qual a inclinação muda de negativa para positiva.

x está entre 0 e 50, a inclinação da curva é positiva. Em $x = 50$, a curva atinge seu ponto mais alto – o maior valor de y ao longo da curva. Esse ponto é denominado **máximo** da curva. Quando x excede 50, a inclinação se torna negativa, e a curva passa a mover-se para baixo. Muitas das curvas importantes em economia, como a curva que representa a variação do lucro de uma empresa à medida que ela produz mais produto, têm esse formato, como o de um morro.

Uma curva não linear pode ter um ponto **máximo**, o ponto mais alto ao longo da curva. No máximo, a inclinação da curva muda de positiva para negativa.

Ao contrário, a curva que se mostra no painel (b) da Figura 2A.6 tem formato de U: ela mostra uma inclinação que muda de negativa para positiva. Em $x = 50$, a curva atinge seu ponto mais baixo, o menor valor de y ao longo da curva.

Esse ponto é denominado **mínimo** da curva. Várias curvas importantes em economia – por exemplo, a que representa como mudam os custos de algumas empresas quando a produção aumenta – têm formato de U como essa.

Uma curva não linear pode ter um ponto **mínimo**, o ponto mais baixo ao longo de uma curva. No máximo, a inclinação da curva muda de negativa para positiva.

Cálculo da área abaixo ou acima da curva

É útil saber como medir a área abaixo ou acima de uma curva. Encontraremos um caso assim em um capítulo mais adiante. Para simplificar, vamos calcular somente a área abaixo ou acima de uma curva linear.

Qual o tamanho da área sombreada abaixo da curva linear no painel (a) da Figura 2A.7? Note primeiro que essa área tem o formato de um triângulo retângulo. Um triângulo retângulo é aquele em que dois lados formam entre si um ângulo reto. Vamos nos referir a um desses lados como a *altura* do triângulo e ao outro lado como a *base* do triângulo. Para nossos fins, não importa qual dos lados consideremos base ou altura.

O cálculo da área de um triângulo retângulo é simples: multiplica-se a altura do triângulo pela sua base e divide-se o resultado por 2. A altura do triângulo no painel (a) da Figura 2A.7 é $10 - 4 = 6$. E a base do triângulo é $3 - 0 = 3$. Assim, a área do triângulo é

$$\frac{6 \times 3}{2} = 9$$

Como calcular a área sombreada acima da curva linear no painel (b) da Figura 2A.7? Podemos usar a mesma fórmula para calcular a área desse triângulo retângulo. A altura do triângulo é 8 – 2 = 6. E a base do triângulo é 4 – 0 = 4. Assim, a área desse triângulo é

$$\frac{6 \times 4}{2} = 12$$

Gráficos que representam informação numérica

Os gráficos podem ser usados também como uma maneira prática de resumir e apresentar dados, sem que se suponha qualquer relação causal entre eles. Gráficos que podem apenas mostrar informação numérica são chamados *gráficos numéricos*.

Aqui, vamos considerar apenas quatro tipos de gráficos: *gráfico de séries temporais, diagrama de dispersão, gráfico de setores ou gráfico circular* (que, no Brasil, também é chamado gráfico de pizza) e *gráfico de barras*. Esses gráficos são usados amplamente para apresentar dados empíricos de diferentes variáveis econômicas, pois muitas vezes ajudam economistas e formuladores de políticas a identificar padrões ou tendências na economia. Mas veremos também que é preciso cuidado para não interpretá-los de forma enganosa, ou tirar deles conclusões que não se justificam. Ou seja, é preciso estar consciente tanto da utilidade quanto das limitações dos gráficos numéricos.

Tipos de gráficos numéricos

Um **gráfico de série temporal** tem datas em um eixo horizontal e os valores de uma variável que ocorreu nessas datas no eixo vertical.

É provável que você tenha visto gráficos nos jornais mostrando o que aconteceu ao longo do tempo com variáveis econômicas como desemprego ou o valor das ações. Um **gráfico de série temporal** tem sucessivas datas em um eixo horizontal e os valores de uma variável que ocorreu nessas datas no eixo vertical.

Por exemplo, a Figura 2A.8 mostra o produto interno bruto (PIB) real *per capita* (uma medida aproximada do padrão de vida de um país) entre 1950 e 2019 nos

Figura 2A.7 Cálculo da área abaixo e acima da curva.

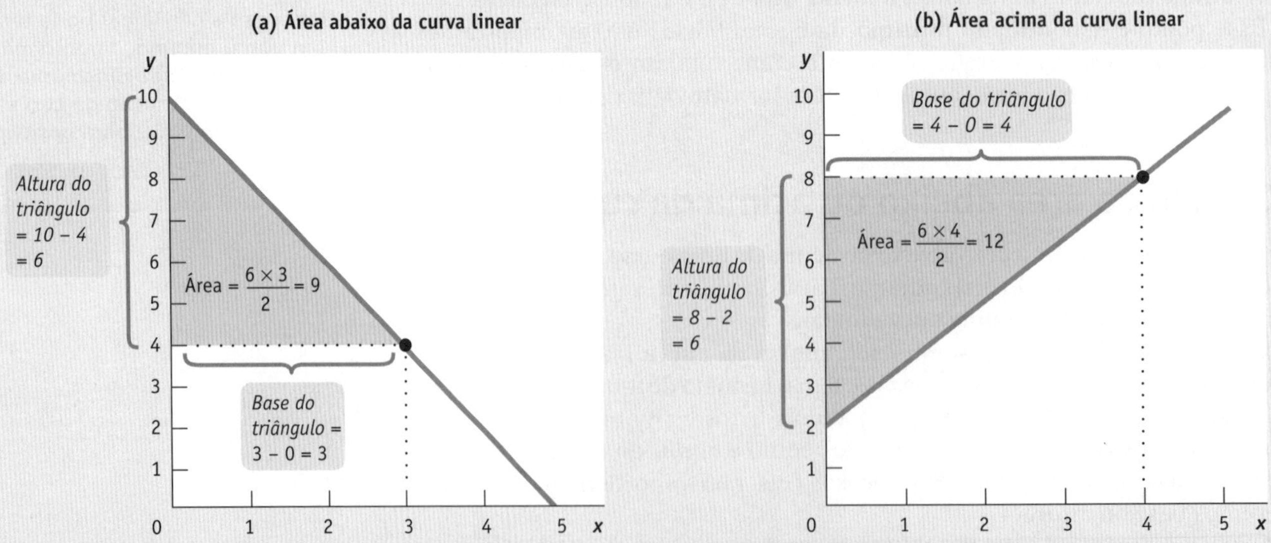

A área acima ou abaixo de uma curva linear forma um triângulo retângulo. A área de um triângulo retângulo é calculada multiplicando-se a altura do triângulo pela sua base e dividindo o resultado por 2. No painel (a), a área do triângulo sombreado é $6 \times \frac{3}{2} = 9$. No painel (b), a área do triângulo sombreado é $6 \times \frac{4}{2} = 12$.

Estados Unidos. A linha ligando esses pontos, que correspondem ao PIB real *per capita* por trimestre de cada ano, dá uma ideia clara da tendência geral do padrão de vida ao longo desses anos.

A Figura 2A.9 é exemplo de um tipo diferente de gráfico. Representa informação a respeito do padrão de vida, de novo medido em termos de PIB *per capita,* e da quantidade de emissões de carbono (CO_2) *per capita,* uma medida de poluição ambiental, para uma amostra de 180 países. Cada ponto aqui indica o padrão de vida médio e a emissão de CO_2 de cada residente de dado país.

Os pontos no lado superior direito do gráfico, que mostram um alto padrão de vida e emissões de carbono elevadas, representam países economicamente avançados como os Estados Unidos. (O país com a mais elevada emissão de carbono, no topo do gráfico, é o Catar.) Os pontos no canto inferior esquerdo do gráfico, que mostram combinações de baixo padrão de vida e baixas emissões de carbono, representam os países menos avançados economicamente, como Afeganistão e Serra Leoa.

O padrão da distribuição dos pontos indica que há relação positiva entre padrão de vida e emissões de carbono *per capita*. De modo geral, as pessoas criam mais poluição nos países com padrão de vida mais alto. Esse tipo de gráfico é denominado **diagrama de dispersão**, um diagrama em que cada ponto corresponde a uma observação real de uma variável *x* e de uma variável *y*. Uma curva é ajustada aos pontos dispersos, isto é, traça-se uma curva que aproxime da melhor forma possível a relação geral entre as variáveis. Como se pode ver, a curva ajustada na Figura 2A.9 tem inclinação para cima, indicando que a relação subjacente entre as duas variáveis é positiva. Diagramas de dispersão são muitas vezes usados para mostrar uma relação geral que pode ser inferida de um conjunto de dados.

Um **diagrama de dispersão** mostra pontos que correspondem a observações reais das variáveis *x* e *y*. Uma curva é normalmente ajustada à dispersão dos pontos.

Figura 2A.8 Gráfico de série temporal.

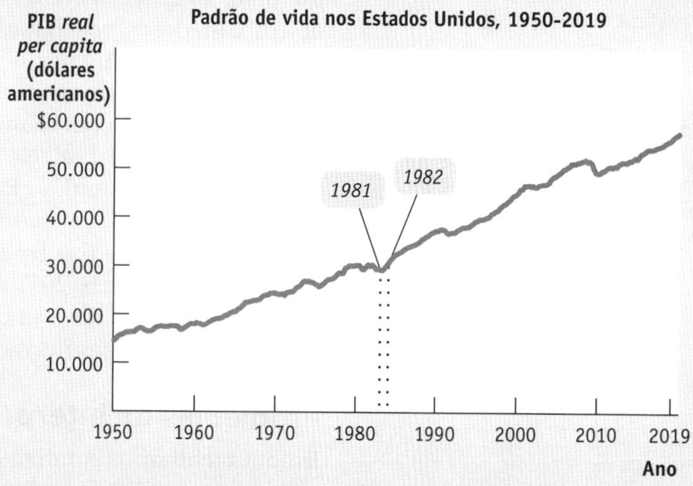

Gráficos de séries temporais mostram datas sucessivas no eixo *x* e valores de uma variável no eixo *y*. Este gráfico de série temporal mostra o PIB real *per capita*, uma medida do padrão de vida de um país, de 1950 ao início de 2019, nos Estados Unidos.

Dados de: The Federal Reserve Bank of St. Louis.

Figura 2A.9 Diagrama de dispersão.

Em um diagrama de dispersão, cada ponto representa os valores correspondentes das variáveis *x* e *y* para dada observação. Aqui cada ponto indica o PIB *per capita* e a quantidade de emissões de carbono *per capita* para uma amostra de 180 países. A curva ajustada com inclinação para cima é a melhor aproximação da relação geral entre as duas variáveis.

Dados de: World Development Indicators.

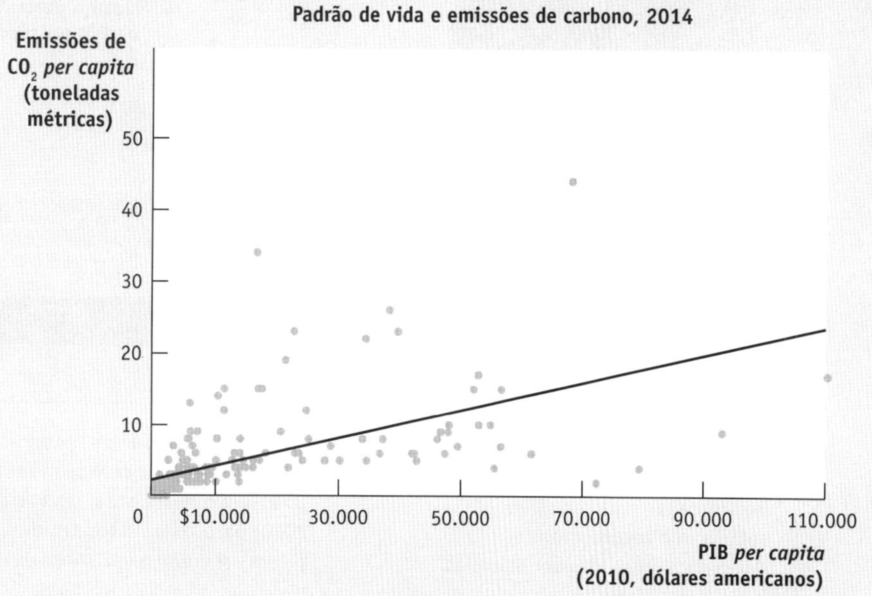

Um **gráfico de pizza** mostra como algum total é dividido entre seus componentes, geralmente expresso em porcentagens.

Um **gráfico de barras** usa barras de diferentes alturas ou comprimentos para mostrar os tamanhos comparativos de diferentes observações de uma variável.

Um gráfico de setores ou **gráfico de pizza** mostra as parcelas de um total que correspondem a vários componentes, geralmente expressas em porcentagens. Por exemplo, a Figura 2A.10 é um gráfico de pizza que representa o nível educacional de trabalhadores nos Estados Unidos que em 2018 recebiam o salário mínimo federal ou menos. Apenas 14% dos trabalhadores que recebiam o mínimo ou menos tinham diploma universitário ou grau mais alto de educação.

Gráficos de barras usam barras de várias alturas ou comprimentos para indicar valores de uma variável. No gráfico de barras da Figura 2A.11, as barras mostram a mudança percentual no PIB *per capita* de Estados Unidos, China e Bangladesh, de 2017 para 2018. Os valores exatos da variável que está sendo medida podem ser escritos no fim das barras, como nessa figura. Por exemplo, o PIB da China aumentou 6,1% entre 2017 e 2018. Mas, mesmo sem apresentar valores precisos, a comparação das alturas das barras pode fornecer uma compreensão imediata acerca das diferenças de magnitude com relação aos diferentes valores da variável.

Problemas de Interpretação de Gráficos Numéricos

Embora tenhamos enfatizado no início deste apêndice que os gráficos são imagens visuais que facilitam a compreensão de ideias ou informações, os gráficos podem ser construídos (intencionalmente ou não) de modo enganoso e levar a conclusões imprecisas. Esta seção trata de algumas questões sobre as quais é preciso estar precavido ao interpretar gráficos.

Característica da construção. Antes de chegar a qualquer conclusão sobre o que um gráfico implica, é preciso prestar atenção na escala e no tamanho dos

Figura 2A.10 Gráfico de pizza.

Nível de educação dos trabalhadores com salário mínimo ou menos, 2018

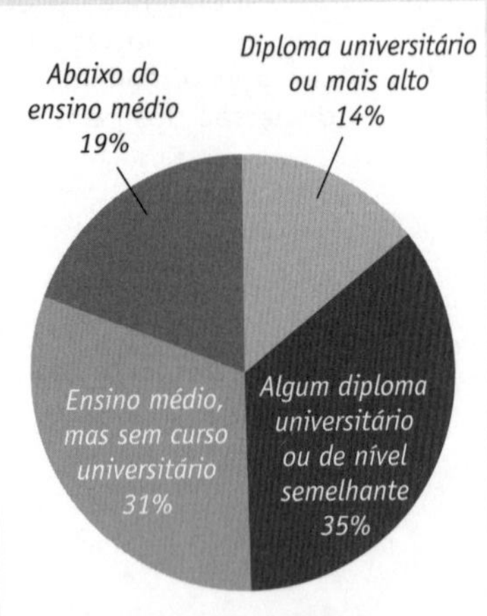

Um gráfico de pizza (ou gráfico de setores) mostra a porcentagem de um montante total que pode ser atribuída a vários componentes. Este gráfico de pizza mostra, para os Estados Unidos em 2018, a porcentagem de trabalhadores com dado nível de educação que recebiam o salário mínimo ou menos.
Dados de: Bureau of Labor Statistics.

Figura 2A.11 Gráfico de barras.

Mudança no PIB *per capita*, 2017-2018

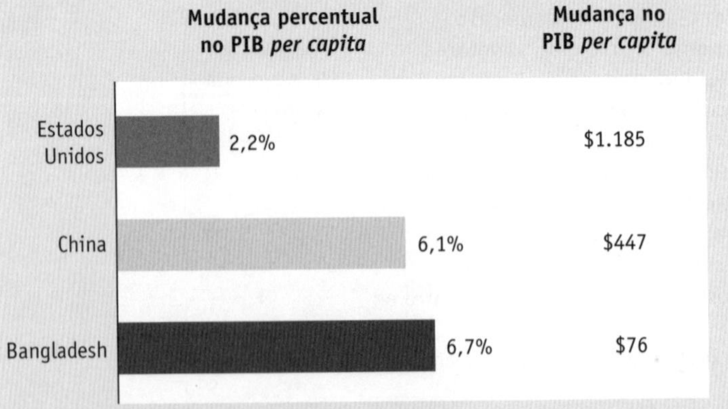

Um gráfico de barras mede uma variável usando barras de várias alturas ou comprimentos. Este gráfico de barras mostra a variação percentual do PIB *per capita* (medido em dólares de 2010) para os Estados Unidos, na China e em Bangladesh.
Dados de: World Bank, World Development Indicators.

incrementos que se mostram nos eixos. Pequenos incrementos tendem a exagerar visualmente as mudanças nas variáveis, enquanto incrementos grandes tendem a diminuir visualmente. Assim, a escala usada na construção de um gráfico pode influenciar a interpretação do significado das mudanças que ele ilustra de maneira que talvez não se justifique.

Tomemos, por exemplo, a Figura 2A.12, que mostra o PIB real *per capita* nos Estados Unidos de 1981 a 1982 usando incrementos de US$ 500. Pode-se ver que o PIB real *per capita* caiu de US$ 30.316 para US$ 29.186. Uma queda, por certo, mas tão enorme quanto sugere a escala escolhida para o eixo vertical? Não.

Se voltarmos atrás e reexaminarmos a Figura 2A.8, que mostra o PIB real *per capita* nos Estados Unidos de 1950 até 2019, veremos que essa seria uma conclusão enganosa. A Figura 2A.8 usa os mesmos dados que a Figura 2A.12, mas é construída com uma escala com aumentos de US$ 10.000 em vez de US$ 500. Nela, pode-se ver que a queda no PIB real *per capita* de 1981 a 1982 foi de fato relativamente insignificante.

Na verdade, a história do PIB real *per capita* (uma medida do padrão de vida) nos Estados Unidos, na maior parte das vezes, é de expansão, não de declínio. Essa comparação mostra que, ao interpretarmos um gráfico, se não tivermos o cuidado de considerar a escolha da escala, poderemos chegar a conclusões muito diferentes e possivelmente nos enganar.

Quanto à escolha da escala, temos o uso de *truncamento* na construção de um gráfico. Um eixo é **truncado** quando uma parte do âmbito ou abrangência da variável é omitida. Isso se indica por duas barras (//) no eixo, perto da origem. Pode-se observar que o eixo vertical da Figura 2A.12 está truncado. O âmbito de valores de 0 a $ 29.000 foi omitido e (//) aparece no eixo. O truncamento poupa espaço na apresentação de um gráfico e permite que se usem incrementos maiores ao construí-lo. O resultado é que mudanças de variável representadas por um gráfico truncado parecem maiores comparadas a um gráfico que não é truncado e usa incrementos maiores.

Um eixo é **truncado** quando alguns dos valores no eixo são omitidos, geralmente para economizar espaço.

Você também deve considerar exatamente o que um gráfico ilustra. Por exemplo, na Figura 2A.11, você deve reconhecer que o que está sendo mostrado são mudanças *percentuais* no PIB *per capita*, não mudanças *numéricas*. A taxa de crescimento de Bangladesh aumentou na porcentagem mais alta, 6,7% neste exemplo. Se você confundir mudanças numéricas com mudanças percentuais, concluirá erroneamente que o país com a maior mudança no PIB *per capita* foi Bangladesh.

De fato, uma interpretação correta da Figura 2A.11 mostra que a maior mudança no PIB *per capita* em dólares foi a dos Estados Unidos: o PIB *per capita* aumentou

Figura 2A.12 Interpretando gráficos: efeito da escala.

Os mesmos dados para 1981 e 1982 usados na Figura 2A.8 estão representados aqui, exceto que agora os dados se mostram em incrementos de US$ 500 em vez de US$ 10.000. Em consequência dessa mudança de escala, mudanças no padrão de vida parecem muito maiores nesta figura do que na Figura 2A.8.
Dados de: Bureau of Economic Analysis.

em US$ 1.185 nos EUA, aumento maior que o do do PIB *per capita* da China, que é de US$ 447 neste exemplo. Embora tenha havido um aumento percentual maior no PIB *per capita* da China, o aumento em dólar da China de 2017 a 2018 foi menor que a mudança nos Estados Unidos, levando a uma mudança menor no PIB *per capita* da China do que dos EUA. O mesmo pode ser dito de Bangladesh, onde o PIB *per capita* cresceu 6,7%, mas isso resultou apenas em um aumento de US$ 76 no PIB real *per capita*.

Variáveis omitidas. A partir de um diagrama de dispersão mostrando duas variáveis que se movem positiva ou negativamente, uma em relação à outra, é fácil concluir que existe relação causal. Mas as relações entre duas variáveis nem sempre são diretamente de causa e efeito. É bem possível que uma relação observada entre duas variáveis se deva ao efeito *não observado* de uma terceira variável sobre cada uma dessas duas outras variáveis.

Uma variável não observada que, por sua influência sobre outras variáveis, cria aparência errônea de uma relação causal direta entre essas variáveis é denominada **variável omitida**. Por exemplo, na Nova Inglaterra (nordeste dos EUA, região com invernos rigorosos), uma quantidade maior de neve caindo em uma semana normalmente fará as pessoas comprarem mais pás para retirar neve. Fará também as pessoas comprarem mais fluido para descongelar para-brisas. Mas, se omitirmos a influência da neve e representarmos apenas o número de pás e de garrafas de fluido para descongelar vendidas, teremos um diagrama de dispersão mostrando tendência para cima no padrão de pontos dispersos, indicando uma relação positiva entre pás e fluido descongelante vendidos.

Uma **variável omitida** é uma variável não observada que, por sua influência sobre outras variáveis, cria a aparência errônea de uma relação causal direta entre essas variáveis.

Contudo, atribuir uma relação causal entre essas duas variáveis é um engano: maior número de pás vendidas não causa a venda de mais fluido descongelante, ou vice-versa. Eles se movem em conjunto porque são influenciados por uma terceira variável determinante, a presença de neve na semana e que é, nesse caso, a variável omitida.

Assim, antes de supor que um padrão em diagrama de dispersão implica relação de causa e efeito, é importante considerar se o padrão não é, na verdade, o resultado de uma variável omitida. Em suma: correlação não é causação.

Causalidade reversa. Mesmo que estejamos certos de que não há variável omitida e de que existe relação causal entre duas variáveis apresentadas em um gráfico numérico, é preciso cuidado para não cometermos o erro da **causalidade reversa** – chegar a uma conclusão errônea sobre qual é a variável dependente e qual é a independente, invertendo a verdadeira direção da causalidade entre as duas variáveis.

O erro da **causalidade reversa** é cometido quando a verdadeira direção da causalidade entre duas variáveis é invertida.

Por exemplo, imagine um diagrama de dispersão mostrando a média das notas de 20 de seus colegas de turma em um eixo e o número de horas que cada um deles ficou estudando em outro. A linha ajustada entre os pontos provavelmente terá uma inclinação positiva, mostrando relação positiva entre a média de notas e a quantidade de horas de estudo. Podemos razoavelmente inferir que horas de estudo é a variável independente e média de notas é a variável dependente. Mas é possível cometer o erro da causalidade reversa concluindo que um estudante com média alta foi induzido a estudar mais, e que uma média baixa levou o aluno a estudar menos.

Entender como os gráficos podem enganar ou ser interpretados de forma incorreta não é uma preocupação puramente acadêmica. Decisões de política, decisões empresariais e argumentos políticos muitas vezes se baseiam na interpretação desses tipos de gráficos numéricos que acabamos de discutir. Problemas como características enganosas de construção do gráfico, variáveis omitidas e causalidade reversa podem levar a consequências importantes e indesejáveis.

PROBLEMAS

1. Examine os quatro gráficos adiante. Considere as afirmações a seguir e indique o gráfico que corresponde a cada afirmação. Qual variável apareceria no eixo horizontal e qual no vertical? Em cada uma dessas afirmações, a inclinação é positiva, negativa, zero ou infinita?

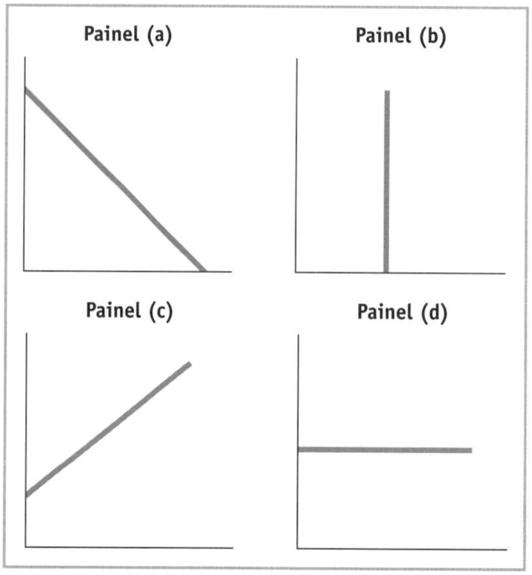

   a. A entrada de cinema subiu de preço, então menos gente vai ao cinema.
   b. Trabalhadores com experiência, normalmente, têm renda mais elevada que trabalhadores menos experientes.
   c. Qualquer que seja a temperatura externa, os norte-americanos consomem a mesma quantidade de cachorro-quente por dia.
   d. Os consumidores compram mais iogurte congelado quando o preço do sorvete sobe.
   e. As pesquisas não encontram nenhuma relação entre número de livros de dieta comprados e o número de quilos perdidos pela média das pessoas que fazem dieta.
   f. Independentemente do preço, os norte-americanos compram a mesma quantidade de sal.

2. Durante a administração Reagan, o economista Arthur Laffer argumentou em favor de baixar o imposto de renda a fim de aumentar a receita tributária. Como a maioria dos economistas, ele acreditava que, se a taxa de impostos passasse de determinado nível, a receita tributária cairia porque impostos elevados desestimulariam algumas pessoas a trabalhar, e essas pessoas simplesmente se recusariam a trabalhar se não sobrasse renda depois de pagarem os impostos. Essa relação entre taxas de imposto e receita tributária é resumida graficamente no que é bastante conhecido como curva de Laffer. Trace uma curva de Laffer supondo que ela tenha o formato de uma curva não linear. As questões a seguir ajudarão na construção do gráfico.
   a. Qual é a variável independente? Qual é a variável dependente? Em que eixo, portanto, se mede o imposto de renda? Em que eixo se mede a receita tributária?
   b. Qual seria a receita tributária se a taxa do imposto de renda fosse 0%?
   c. A taxa de imposto de renda máxima possível é 100%. Qual seria a receita tributária a uma taxa de imposto de renda de 100%?
   d. Há estimativas que mostram agora que o ponto máximo em uma curva de Laffer ocorre a uma taxa de imposto de aproximadamente 80%. Para taxas de imposto inferiores a 80%, como você descreveria a relação entre taxa de imposto e receita tributária? E como essa relação se refletiria na inclinação? Para taxas de imposto superiores a 80%, como você descreveria a relação entre taxa de imposto e receita tributária, e como essa relação se refletiria na inclinação?

3. Nas figuras a seguir, os números nos eixos foram perdidos. Tudo o que se sabe é que as unidades mostradas no eixo vertical são as mesmas do eixo horizontal.

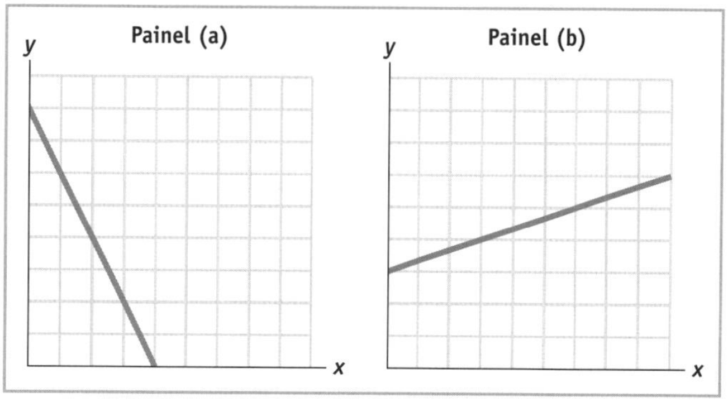

   a. No painel (a), qual é a inclinação da linha? Mostre que a inclinação é constante ao longo da linha.
   b. No painel (b), qual a inclinação da linha? Mostre que a inclinação é constante ao longo da linha.

4. Responda a cada uma das questões a seguir desenhando um diagrama esquematizado.
   a. Medindo a inclinação de uma curva em três pontos cada vez mais à direita ao longo do eixo horizontal, temos que a inclinação da curva muda de –0,3 para –0,8, depois para –2,5, medida pelo método do ponto. Trace um diagrama dessa curva. Como você descreveria as relações ilustradas em seu diagrama?
   b. Medindo a inclinação de uma curva em cinco pontos cada vez mais à direita ao longo do eixo horizontal, temos que a inclinação da curva muda de 1,5 para 0,5, então para 0, depois para –0,5 e finalmente para –1,5, medida pelo método do ponto. Trace um diagrama dessa curva. Ela tem um máximo ou um mínimo?

5. Para cada um dos gráficos a seguir, calcule a área do triângulo reto sombreado.

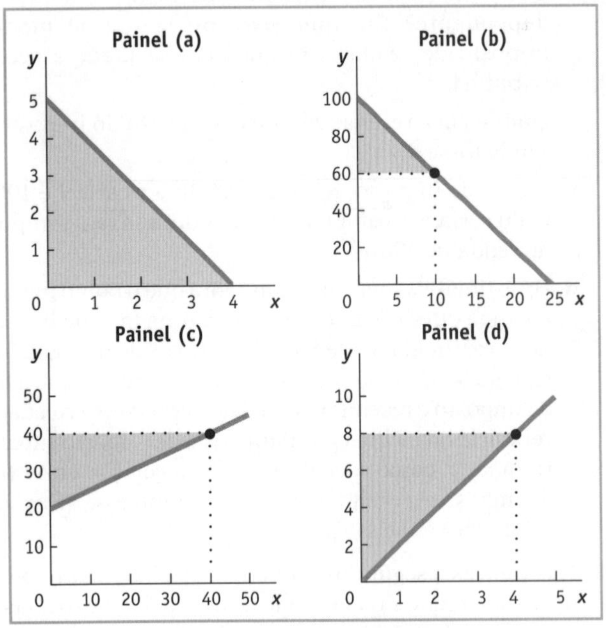

6. A base de um triângulo retângulo é 10 e sua área é 20. Qual é a altura desse triângulo retângulo?

7. A tabela para esta questão mostra a relação entre as horas trabalhadas por semana de cada trabalhador e seu salário por hora. Fora o fato de que os cinco trabalhadores recebem salários por hora diferentes e trabalham números diferentes de horas, os cinco são idênticos.

Nome	Quantidade de trabalho (horas por semana)	Salário (por hora)
Akiko	30	$ 15
Ben	35	30
Cameron	37	45
Diego	36	60
Emily	32	75

a. Qual é a variável independente? Qual é a dependente?

b. Elabore um diagrama de dispersão mostrando essa relação. Ajuste uma curva (não linear) que conecte os pontos. Coloque o salário por hora no eixo vertical.

c. De que modo responde o número de horas trabalhadas quando o salário por hora muda de $ 15 para $ 30, de acordo com a relação representada aqui? Qual é a inclinação média da curva entre os pontos de Akiko e de Ben, usando o método do arco?

d. De que modo responde o número de horas trabalhadas quando o salário por hora muda de $ 60 para $ 75, de acordo com a relação representada aqui? Qual é a inclinação média da curva entre os pontos de Diego e de Emily, usando o método do arco?

8. Uma companhia de seguros verificou que a gravidade do dano à propriedade causado por um incêndio é positivamente relacionada com o número de bombeiros que chegam à cena do incêndio.

a. Trace um diagrama representando essa descoberta, com o número de bombeiros no eixo horizontal e o dano à propriedade no eixo vertical. O que diz o diagrama? Suponhamos que se inverta o que está sendo medido nos dois eixos. Qual é, então, o argumento?

b. A fim de reduzir o pagamento de indenizações aos portadores de apólices de seguro, deveria a companhia de seguros solicitar à prefeitura que envie menor número de bombeiros para qualquer incêndio?

9. A tabela que acompanha esta questão mostra o salário anual e o imposto de renda devido, no caso de cinco indivíduos. Fora o fato de que eles recebem diferentes salários e devem diferentes quantias de imposto de renda, esses cinco indivíduos são idênticos.

Nome	Salário anual	Imposto de renda anual devido
Mila	$ 22.000	$ 3.304
Jayden	63.000	14.317
Aria	3.000	454
Logan	94.000	23.927
Saeed	37.000	7.020

a. Se você tivesse de representar esses pontos em um gráfico, qual seria a inclinação média da curva entre os pontos para os salários e o imposto de Jayden e Logan usando o método do arco (método da secante da curva)? Como você interpretaria esse valor da inclinação?

b. Qual seria a inclinação média da curva entre os pontos para os salários e o imposto de Aria e de Mila usando o método do arco? Como você interpretaria esse valor da inclinação?

c. O que acontece com a inclinação quando o salário aumenta? O que essa relação implica sobre a maneira pela qual o nível do imposto de renda afeta o incentivo das pessoas para conseguir um salário maior?

RESOLVA

10. Há estudos mostrando relação entre a taxa anual de crescimento de um país e sua taxa anual de aumento da poluição do ar. Acredita-se que uma taxa mais alta de crescimento econômico permita aos residentes de um país ter mais carros e viajar mais, liberando, assim, maior quantidade de poluentes no ar.

a. Qual é a variável independente? Qual é a dependente?

b. Suponha que em um país chamado Sulândia, quando a taxa de crescimento econômico caiu de 3% para 1,5%, a taxa anual de aumento da poluição do ar caiu de 6% para 5%. Qual é a inclinação média de uma curva não linear entre esses pontos pelo método do arco?

c. Suponha agora que, quando a taxa anual de crescimento econômico passou de 3,5% para 4,5%, a taxa anual de aumento da poluição do ar passou de 5,5% para 7,5%. Qual é a inclinação média de uma curva não linear entre esses dois pontos pelo método do arco?

d. Como você descreveria a relação entre essas duas variáveis?

3 Oferta e Demanda

ALTOS E BAIXOS DO GÁS NATURAL

POR QUASE UMA DÉCADA, o condado de Karnes, no Texas, experimentou uma montanha-russa econômica. De 2010 a 2018, o condado do Texas, que fica perto de duas grandes formações geológicas de petróleo, passou de um ciclo de "altos e baixos" para a recuperação. O que explica as rápidas mudanças foi o advento do fraturamento hidráulico.

De 2010 a 2015, o condado de Karnes passou por um ciclo extremo de altos e baixos, já que o preço do gás natural (por mil pés cúbicos) passou de quase US$ 8 para menos de US$ 2 por causa do fraturamento. *Fraturamento* é um método de extração de gás natural de depósitos aprisionados entre camadas de rocha de xisto a milhares de metros de profundidade, utilizando poderosos jatos de água carregada de produtos químicos. Durante quase um século nos Estados Unidos, vastos depósitos de gás natural dentro dessas formações de xisto ficaram inexplorados porque a perfuração deles era muito difícil.

Foi apenas há cerca de 80 anos que novas tecnologias de perfuração tornaram possível alcançar esses depósitos profundamente incrustados. Mas o que finalmente impulsionou as empresas de energia a investir nessas novas tecnologias de extração foi um aumento no preço do gás natural – um aumento de quatro vezes entre 2002 e 2006. Dois fatores principais explicam o aumento: a demanda por gás natural e a oferta de gás.

Em primeiro lugar, o lado da demanda. Em 2002, a economia dos EUA estava atolada em recessão; com a atividade econômica baixa e a perda de empregos alta, pessoas e empresas cortaram seu consumo de energia. Por exemplo, para economizar dinheiro, os proprietários de casas diminuíam seus termostatos no inverno e os aumentavam no verão. Mas, em 2006, a economia dos EUA voltou a crescer e o consumo de gás natural aumentou.

Em segundo lugar, o lado da oferta. Em 2005, o furacão Katrina devastou a costa americana do Golfo do México, local da maior parte da produção de gás natural do país na época. Assim, em 2006, a demanda de gás natural aumentou quando a oferta estava severamente reduzida. Como resultado, os preços do gás natural atingiram um pico de cerca de 14 dólares por mil pés cúbicos, muito acima dos cerca de 2 dólares em 2002.

Avançando até 2013: os preços do gás natural mais uma vez caíram para US$ 2 por mil pés cúbicos. Mas uma economia lenta não foi a razão desta vez; em vez disso, foram os avanços na tecnologia de fraturamento. De 2010 a 2012, a produção norte-americana de gás natural a partir de depósitos de xisto quase dobrou. Em 2018, os Estados Unidos haviam se tornado o maior produtor mundial de gás natural, assim como um exportador líquido de gás natural para outros países.

Apesar do aumento maciço da oferta, os preços durante 2018 giravam em torno de US$ 3,15, bem acima dos mínimos históricos de menos de US$ 2. Por quê? Porque, embora a oferta tenha aumentado, a demanda também aumentou. Primeiro, as usinas elétricas aumentaram o uso de gás natural, enquanto substituíam o carvão. Em segundo lugar, os proprietários de imóveis aumentaram o uso de gás natural no aquecimento, substituindo o óleo. E, em terceiro lugar, as exportações de gás natural dos EUA para a Europa aumentaram, dado que era mais barato do que fontes de energia comparáveis.

No entanto, os benefícios do gás natural – que incluem a criação de dezenas de milhares de novos empregos, um robusto *boom* econômico no condado de Karnes a partir de 2016 e os custos mais baixos de energia para quem antes utilizava carvão e óleo – foram acompanhados de profundas ressalvas e controvérsias sobre os efeitos ambientais do fraturamento. Embora haja claros benefícios ambientais na mudança para o gás natural (que queima de forma mais limpa que os outros combustíveis fósseis altamente poluentes, como o óleo e o carvão), o fraturamento tem trazido outro conjunto de preocupações ambientais. Uma delas é o potencial de contaminação das águas subterrâneas locais pelos produtos químicos utilizados. Outra é que o gás natural barato pode desencorajar a adoção de fontes de energia renováveis como a solar e a eólica, aumentando a dependência de combustíveis fósseis (embora tenha-se notado que um fornecimento abundante de gás natural poderia realmente aumentar a adoção de energias renováveis: as "minicentrais elétricas" movidas a gás natural podem queimar gás quando o sol não estiver brilhando ou o vento não estiver soprando).

Voltemos ao tema em questão: a oferta e a demanda de gás natural. Mas o que significam *oferta* e *demanda*? Muita gente usa os termos como uma espécie de bordão para significar "as leis de mercado em ação". Para os economistas, entretanto, o conceito de oferta e demanda tem um significado preciso: serve como modelo de comportamento de um mercado que é extremamente útil para entender muitos – mas não todos – os mercados.

Neste capítulo, apresentamos as peças que compõem o *modelo da oferta e da demanda*, juntamos essas peças e mostramos como o modelo pode ser usado. •

O QUE VOCÊ IRÁ APRENDER?

- O que é um **mercado competitivo.**
- O que são **curva de demanda** e **curva de oferta.**
- Como as curvas de oferta e de demanda determinam o **preço de equilíbrio** e a **quantidade de equilíbrio** no mercado.
- Em caso de **escassez** ou **excedente**, como o preço volta para o equilíbrio.

Oferta e demanda: um modelo de mercado competitivo

Mercado competitivo é um mercado no qual há muitos compradores e vendedores do mesmo bem ou serviço, nenhum dos quais pode influenciar o preço pelo qual o bem ou serviço é vendido.

Vendedores e compradores de gás natural constituem um mercado, um grupo de produtores e consumidores que trocam bens ou serviços por pagamento. Neste capítulo, nos concentraremos em um tipo particular de mercado conhecido como *mercado competitivo*. Grosso modo, **mercado competitivo** é um mercado em que há muitos compradores e vendedores do mesmo bem ou serviço. Mais precisamente, a característica central de um mercado competitivo é que as ações de qualquer indivíduo não têm efeito perceptível sobre o preço pelo qual o bem ou serviço é vendido. Importante entender, no entanto, que isso não é uma descrição exata de cada mercado.

Por exemplo, não é uma descrição exata do mercado das bebidas do tipo coca. Isso porque, no mercado dessas bebidas, a Coca-Cola e a Pepsi são responsáveis por uma proporção tão grande da venda que elas conseguem influenciar o preço pelo qual essas bebidas são vendidas e compradas. Contudo, é uma descrição acurada do mercado de gás natural. O mercado mundial de gás natural é tão grande que mesmo um varejista grande como a Exxon Mobil representa apenas uma fração ínfima das transações, tornando-se incapaz de influenciar o preço pelo qual o gás natural é vendido e comprado.

É difícil explicar por que mercados competitivos são diferentes de outros mercados sem ver primeiro como funciona um mercado competitivo. Assim, vamos adiar o assunto: voltaremos a essa questão no fim do capítulo. Por enquanto, vamos afirmar apenas que é mais fácil modelar mercados competitivos do que outros mercados. Ao prestar um exame, sempre é uma boa estratégia começar respondendo às questões mais fáceis. Neste livro, faremos a mesma coisa. Assim, vamos começar pelos mercados competitivos.

O **modelo de oferta e demanda** é um modelo do comportamento de um mercado competitivo.

Quando um mercado é competitivo, seu comportamento é bem descrito por um modelo conhecido como **modelo de oferta e demanda**. E, como muitos mercados são competitivos, o modelo de oferta e demanda é de fato muito útil.

Há cinco elementos essenciais nesse modelo:

- A *curva de demanda*.
- A *curva de oferta*.
- O conjunto de fatores que faz a curva de demanda se deslocar e o conjunto de fatores que faz a curva de oferta se deslocar.
- O *equilíbrio de mercado*, que inclui o *preço de equilíbrio* e a *quantidade de equilíbrio*.
- A maneira pela qual o preço de equilíbrio muda quando as curvas de oferta e de demanda se deslocam.

Para entendermos o modelo de oferta e de demanda, vamos examinar cada um desses elementos.

Curva da demanda

Quanto gás natural os consumidores norte-americanos vão querer comprar em determinado ano? Você pode pensar de imediato que podemos responder a esta pergunta simplesmente somando as quantidades que cada família e empresa norte-americanas consomem naquele ano. Mas isso não é suficiente para responder à pergunta, porque a quantidade de gás natural que os norte-americanos querem comprar depende do preço do gás natural.

Quando o preço do gás natural cai, como aconteceu de 2006 a 2015, os consumidores geralmente respondem ao preço mais baixo usando mais gás natural – por exemplo, aumentando o termostato para manter suas casas mais quentes no inverno ou mudando para veículos movidos a gás natural. Em geral, a quantidade de gás natural, ou de qualquer bem ou serviço que as pessoas queiram comprar, depende do preço. Quanto mais alto o preço, menos do bem ou serviço as pessoas querem comprar; por outro lado, quanto mais baixo o preço, mais elas querem comprar.

Portanto, a resposta à pergunta "Quantas unidades de gás natural os consumidores querem comprar?" depende do preço de uma unidade de gás natural. Se você ainda não sabe qual será o preço, pode começar fazendo uma tabela de quantas unidades de gás natural as pessoas gostariam de comprar a uma série de preços diferentes. Essa tabela é conhecida como *tabela de demanda*. Isso, por sua vez, pode ser usado para traçar uma *curva de demanda*, que é um dos elementos-chave do modelo de oferta e demanda.

Tabela de demanda e curva de demanda

A **tabela de demanda** mostra quanto de um bem ou serviço os consumidores vão querer comprar a diferentes preços. No lado direito da Figura 3.1, há uma tabela de demanda hipotética de gás natural. Ela é expressa em BTUs (sigla de *unidades térmicas britânicas* em inglês), uma medida comumente usada de quantidade de gás natural. É uma tabela de demanda hipotética – não utiliza dados reais sobre a demanda norte-americana de gás natural.

A **tabela de demanda** é uma tabela mostrando quanto de um bem ou serviço os consumidores vão querer comprar a diferentes preços.

De acordo com a tabela, se um BTU de gás natural custa US$ 3, os consumidores vão querer comprar 10 trilhões de BTUs de gás natural no decorrer de um ano. Se o preço for US$ 3,25 por BTU, eles desejarão comprar apenas 8,9 trilhões de BTUs; se o preço for apenas US$ 2,75 por BTU, eles vão querer comprar 11,5 trilhões de BTUs. Quanto mais alto o preço, menos BTUs os consumidores de gás natural vão querer comprar. Assim, conforme o preço sobe, a **quantidade demandada** de gás natural – quantidade real que os consumidores se dispõem a comprar a algum preço específico – cai.

A **quantidade demandada** corresponde à quantidade real de um bem ou serviço que os consumidores se dispõem a comprar por algum preço específico.

Figura 3.1 A tabela de demanda e a curva de demanda.

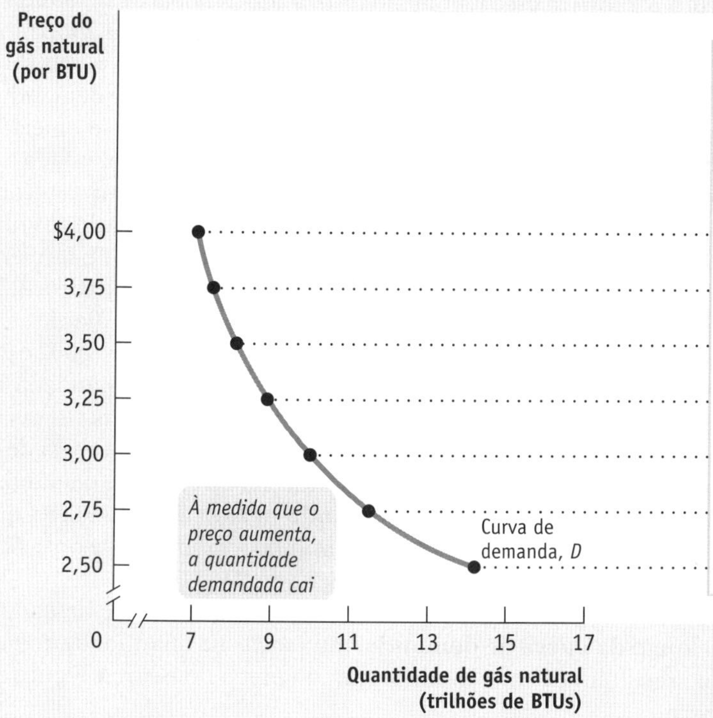

Tabela de demanda do gás natural

Preço do gás natural (por BTU)	Quantidade demandada de gás natural (trilhões de BTUs)
$4,00	7,1
3,75	7,5
3,50	8,1
3,25	8,9
3,00	10,0
2,75	11,5
2,50	14,2

O cronograma de demanda de gás natural produz a curva de demanda correspondente, que mostra quanto de um bem ou serviço os consumidores desejam comprar a qualquer preço. A curva de demanda e o cronograma de demanda refletem a lei da demanda: à medida que o preço aumenta, a quantidade demandada cai. Da mesma forma, uma queda no preço aumenta a quantidade demandada. Assim, a curva de demanda tem inclinação para baixo.

A **curva de demanda** é uma representação gráfica da tabela de demanda. Ela mostra a relação entre a quantidade demandada e o preço.

A Figura 3.1 é uma representação visual da informação na tabela. (Quem quiser, pode rever a discussão sobre gráficos em economia no Apêndice do Capítulo 2.) O eixo vertical mostra o preço de um BTU de gás natural, e o eixo horizontal mostra a quantidade de gás natural. Cada ponto no gráfico corresponde a uma das entradas da tabela. A curva que conecta esses pontos é uma **curva de demanda**. A curva de demanda é uma representação gráfica da tabela de demanda, outra forma de mostrar a relação entre quantidade demandada e preço.

Note que a curva de demanda que aparece na Figura 3.1 tem inclinação para baixo, e isso reflete a proposição geral de que um preço mais alto reduz a quantidade demandada. Podemos verificar isso na Figura 3.1. À medida que o preço cai, descemos a curva de demanda, e a quantidade demandada aumenta. E à medida que o preço aumenta, subimos a curva de demanda e a quantidade demandada cai.

A **lei da demanda** diz que um preço mais alto para um bem ou serviço, com tudo o mais permanecendo constante, leva as pessoas a demandarem uma quantidade menor desse bem ou serviço.

Assim, no mundo real, as curvas de demanda quase sempre têm inclinação para baixo, com algumas exceções bem específicas (as exceções são tão raras que, na prática, podemos ignorá-las). Em geral, a proposição de que um preço mais alto para um bem, *tudo o mais mantido constante*, leva as pessoas a procurarem uma quantidade menor de tal bem é tão confiável que os economistas consideram que ela pode ser denominada "lei", a **lei da demanda**.

Deslocamentos da curva de demanda

Embora o preço do gás natural estivesse bem mais alto em 2006 do que em 2002, o total do consumo de gás natural nos Estados Unidos foi maior em 2006. Como podemos reconciliar esse fato com a lei da demanda, que diz que um preço mais alto reduz a quantidade demandada, tudo o mais mantido constante?

A resposta está na frase essencial: *tudo o mais mantido constante*. Nesse caso, tudo o mais não foi mantido constante: o mundo mudou entre 2002 e 2006 de uma maneira que aumentou a quantidade demandada de gás natural a qualquer preço dado. Por um lado, a economia dos EUA foi muito mais forte em 2006 do que em 2002. A Figura 3.2 ilustra esse fenômeno utilizando a tabela de demanda e a curva de demanda de gás natural. (Como antes, os números da Figura 3.2 são hipotéticos.)

A Figura 3.2 mostra duas tabelas de demanda. A primeira é a tabela de demanda de 2002, a mesma exibida na Figura 3.1. A segunda é a tabela de demanda de 2006. A diferença desta tabela para a de 2002 se deve à economia norte-americana mais forte, levando a um aumento na quantidade de gás natural demandada a qualquer preço determinado. Portanto, a cada preço a tabela de 2006 mostra uma quantidade maior demandada do que a de 2002. Por exemplo, a quantidade de gás natural que os consumidores queriam comprar ao preço de 3 dólares por BTU aumentou de 10 trilhões para 12 trilhões de BTUs por ano; a quantidade demandada a 3,25 dólares por BTU passou de 8,9 trilhões para 10,7 trilhões, e assim por diante.

Um **deslocamento da curva de demanda** é uma mudança na quantidade demandada a qualquer preço, representada pela mudança da curva de demanda original para uma nova posição, indicada por uma nova curva de demanda.

Um **movimento ao longo da curva de demanda** é uma mudança na quantidade demandada de um bem, decorrente de uma mudança no preço desse bem.

O que está claro no exemplo é que mudanças ocorridas entre 2002 e 2006 geraram uma *nova* tabela de demanda, na qual a quantidade demandada é maior a qualquer preço dado que na tabela de demanda original. As duas curvas na Figura 3.2 mostram essa informação de forma gráfica. Como se vê, a tabela de demanda de 2006 corresponde a uma nova curva, D_2, à direita da curva de demanda de 2002, D_1. Esse **deslocamento da curva de demanda** mostra a mudança na quantidade demandada a qualquer preço dado, representando a mudança de posição da curva de demanda original D_1 para sua nova posição em D_2.

É essencial distinguir entre tais deslocamentos da curva de demanda e **movimentos ao longo da curva de demanda**, mudanças na quantidade demandada de um bem que resultam de uma modificação do preço do bem. A Figura 3.3 ilustra essa diferença.

O movimento do ponto *A* para o ponto *B* é um movimento ao longo da curva de demanda: a quantidade demandada aumenta devido à queda no preço à medida que nos movemos para baixo em D_1. Aqui, uma queda de preço do gás natural de $ 3,50 para $ 3 por BTU provoca um aumento na quantidade demandada de 8,1 para 10 trilhões de BTUs ao ano. Mas a quantidade demandada pode aumentar também quando o preço não se modifica, se há um *aumento na demanda*, um deslocamento para a direita da curva de demanda. Isso é ilustrado na Figura 3.3 pelo deslocamento da curva de demanda D_1 para D_2. Mantendo o preço constante em \$ 3,50 por BTU, a quantidade demandada aumenta de 8,1 trilhões de BTUs no ponto *A* em D_1 para 9,7 trilhões de BTUs no ponto *C* em D_2.

Quando os economistas dizem "a demanda de *X* aumentou" ou "a demanda de *Y* caiu", eles querem dizer que a curva de demanda para *X* ou para *Y* se deslocou, e não que a quantidade demandada aumentou ou diminuiu por causa de uma mudança no preço.

COMPARAÇÃO GLOBAL — PAGUE MAIS, ABASTEÇA MENOS

Para ilustrar a lei da demanda no mundo real, considere como o consumo de gasolina varia de acordo com os preços que o consumidor paga na bomba. Em virtude dos altos impostos, na maioria dos países europeus e em muitos países do leste asiático a gasolina e o diesel custam mais que o dobro do que nos Estados Unidos. De acordo com a lei da demanda, isso deveria levar os europeus a comprar menos gasolina do que os norte-americanos – e eles o fazem. Como você pode ver pela figura, por pessoa, europeus consomem menos da metade do combustível que norte-americanos, principalmente porque dirigem carros menores e com melhor quilometragem.

Os preços não são o único fator que afeta o consumo de combustível, mas provavelmente são a principal causa da diferença de consumo por pessoa entre europeus e norte-americanos.

Dados de: Bloomberg e U.S. Energy Information Administration, 2018.

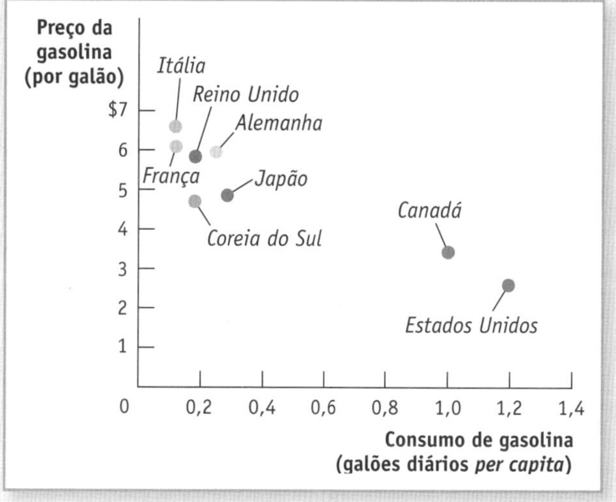

Figura 3.2 Aumento na demanda.

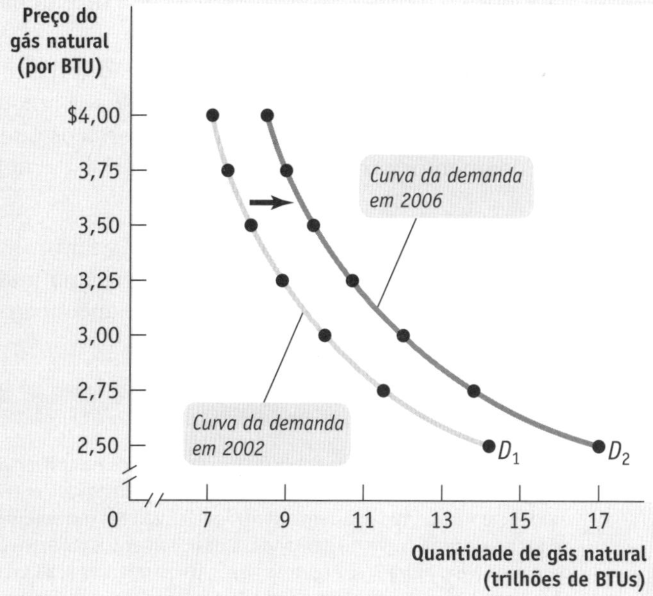

Tabela de demanda do gás natural

Preço do gás natural (por BTU)	Quantidade demandada de gás natural (trilhões de BTUs) em 2002	em 2006
\$4,00	7,1	8,5
3,75	7,5	9,0
3,50	8,1	9,7
3,25	8,9	10,7
3,00	10,0	12,0
2,75	11,5	13,8
2,50	14,2	17,0

Uma economia forte é um fator que aumenta a demanda por gás natural – um aumento na quantidade demandada a qualquer preço. Isto é representado pelas duas tabelas de demanda – uma mostrando a demanda em 2002, quando a economia era fraca, a outra mostrando a demanda em 2006, quando a economia era forte – e suas correspondentes curvas de demanda. O aumento da demanda desloca a curva de demanda para a direita.

Figura 3.3 Movimento ao longo da curva de demanda *versus* deslocamento da curva de demanda.

O aumento na quantidade demandada quando passamos do ponto *A* para o ponto *B* reflete um movimento ao longo da curva de demanda: é o resultado de uma queda no preço do bem. O aumento na quantidade demandada quando passamos do ponto *A* para o ponto *C* reflete um deslocamento da curva de demanda: é o resultado de um aumento na quantidade demandada a qualquer preço dado.

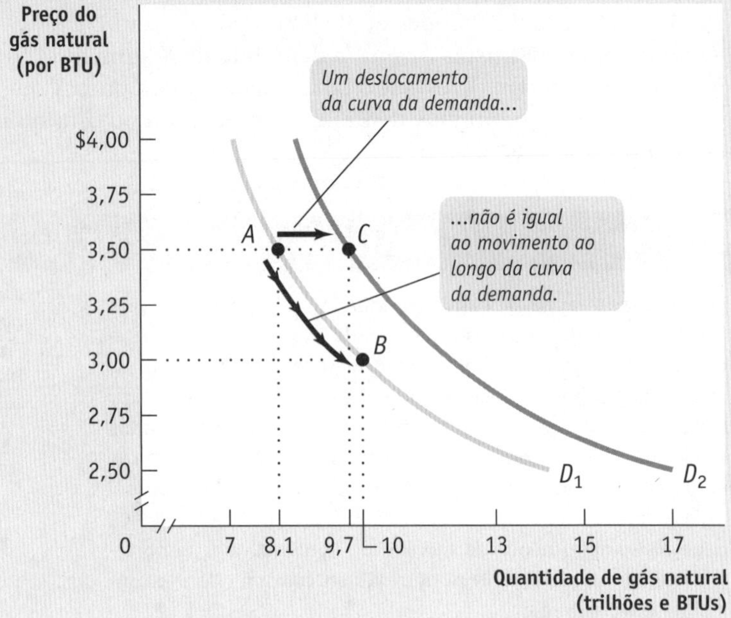

Entendendo os deslocamentos da curva de demanda

A Figura 3.4 ilustra as duas maneiras como as curvas de demanda podem se deslocar.

1. Quando economistas falam de "aumento na demanda", eles estão se referindo a um deslocamento *para a direita* da curva de demanda: a qualquer preço dado, os consumidores demandam maior quantidade de bens e serviços que antes. Isso se mostra na Figura 3.4 pelo deslocamento para a direita da curva de demanda original, de D_1 para D_2.
2. Quando os economistas falam de "queda na demanda", estão indicando um deslocamento *para a esquerda* da curva de demanda: a qualquer preço dado, os consumidores demandam menor quantidade de bens e serviços que antes. Isso se mostra pelo deslocamento para a esquerda da curva de demanda original D_1 para D_3.

O que causou o deslocamento da curva de demanda de gás natural? Como mencionamos anteriormente, a razão foi a economia norte-americana mais forte em 2006, em comparação com 2002. Se você pensar nisso, pode encontrar outros

ARMADILHAS

DEMANDA *VERSUS* QUANTIDADE DEMANDADA

Quando economistas dizem "um aumento na demanda", eles entendem por isso um deslocamento para a direita na curva de demanda, e quando dizem "uma redução na demanda", estão se referindo a um deslocamento para a esquerda da curva de demanda. Ou seja, pelo menos quando eles estão sendo cuidadosos.

Na linguagem comum, a maioria das pessoas, inclusive economistas profissionais, usa a palavra *demanda* de maneira coloquial. Por exemplo, um economista talvez diga "a demanda de transporte aéreo dobrou nos últimos 20 anos, em parte devido aos preços declinantes das passagens", quando o que ele realmente quer dizer é que a *quantidade demandada* dobrou.

Pode-se aceitar algum desleixo no uso dos termos na conversa comum. Mas, na análise econômica, é importante distinguir entre mudanças na quantidade demandada, que envolvem movimento ao longo de uma curva de demanda, e deslocamentos na curva de demanda (ver Figura 3.3). Algumas vezes, os estudantes acabam escrevendo algo como: "Se a demanda aumenta, o preço aumentará, mas isso levará a uma queda na demanda, o que pressiona o preço para baixo...", e depois ficam dando voltas em torno disso.

Se você fizer uma distinção clara entre mudança na *demanda*, que significa deslocamentos na curva de demanda, e mudança na *quantidade demandada*, que significa movimento ao longo da curva da demanda, poderá evitar confusão.

Figura 3.4 Deslocamentos da curva da demanda.

Qualquer evento que aumente a demanda desloca a curva de demanda para a direita, refletindo um aumento na quantidade demandada a qualquer preço dado. Um evento que reduz a demanda desloca a curva de demanda para a esquerda, refletindo uma queda na quantidade demandada a qualquer preço dado.

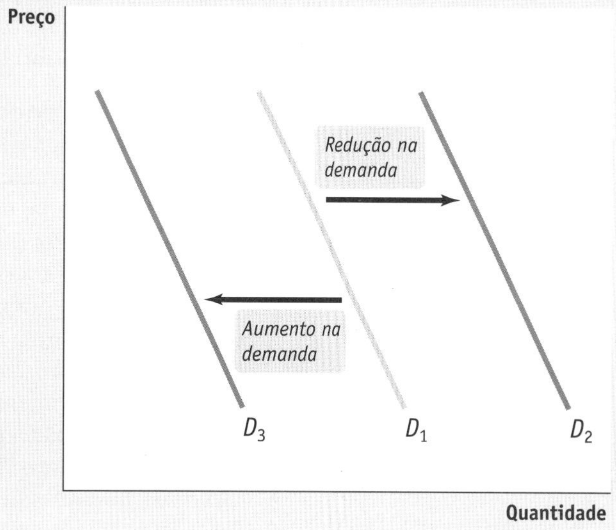

fatores que provavelmente mudariam a curva de demanda por gás natural. Por exemplo, suponha que o preço do óleo para aquecimento aumente. Isto induzirá alguns consumidores, que aquecem suas casas e empresas no inverno com óleo de aquecimento, a mudar para o gás natural, aumentando a demanda por esse insumo.

Os economistas acreditam haver cinco fatores principais que deslocam a curva de demanda por um bem:

- Mudanças nos preços de bens e serviços relacionados.
- Mudanças na renda.
- Mudanças no gosto.
- Mudanças nas expectativas.
- Mudanças no número dos consumidores.

Embora essa lista não seja exaustiva, ela contém os cinco fatores mais importantes que podem deslocar as curvas de demanda. Quando dizemos que a quantidade demandada de um bem cai quando seu preço aumenta, *tudo o mais mantido constante*, estamos de fato afirmando que os fatores que deslocam a demanda permanecem sem modificação. Tratemos de examinar mais detalhadamente como esses fatores deslocam a curva de demanda.

Mudanças nos preços de bens e serviços relacionados. O óleo para aquecimento é o que os economistas chamam de um *substituto* para o gás natural. Um bem é substituto de outro quando um aumento no preço de um deles (óleo de aquecimento) torna os consumidores mais propensos a comprar o outro (gás natural). **Substitutos** são normalmente bens que de alguma maneira têm função similar: café e chá, broa de milho ou pão de queijo, viagem de trem ou de avião. Um aumento no preço do bem alternativo induz certos consumidores a comprar o bem original *em lugar do* substituto, deslocando para a direita a demanda pelo bem original.

Dois bens são **substitutos** entre si se um aumento no preço de um dos bens levar a um aumento na demanda pelo outro bem.

Contudo, às vezes, o aumento no preço de um bem torna os consumidores *menos* dispostos a comprar outro bem. Tais pares de bens são conhecidos como bens complementares ou simplesmente **complementares**. Complementares são normalmente bens que em certo sentido são consumidos em conjunto: computadores e *software*, *cappuccinos* e *croissants*, carros e gasolina. Como os consumidores gostam de consumir um bem e seu complementar juntos, a mudança no preço de um dos bens afetará a demanda do seu complementar. Desse modo, quando o

Dois bens são **complementares** se um aumento no preço de um bem levar a uma diminuição na demanda pelo outro bem.

preço de um complementar sobe, cai a quantidade demandada do bem do qual ele é complementar, a qualquer preço dado, e a curva de demanda se desloca para a esquerda. Assim, por exemplo, quando o preço da gasolina começou a subir em 2009 de menos de US$ 3 por galão para perto de US$ 4 por galão em 2011, a demanda por carros a gasolina caiu.

Mudanças na renda. Por que a economia mais forte em 2006 levou a um aumento da demanda por gás natural em comparação com a demanda durante a fraca economia de 2002? Isso aconteceu porque a economia era mais forte e os norte-americanos tinham mais renda, tornando-os mais propensos a comprar mais bens e serviços a qualquer preço. Por exemplo, com uma renda mais alta é provável que você mantenha sua casa mais quente durante o inverno do que se sua renda for baixa.

E a demanda por gás natural, uma importante fonte de combustível para usinas geradoras de energia elétrica, está ligada à demanda por outros bens e serviços. Por exemplo, as empresas devem consumir energia a fim de fornecer bens e serviços às residências. Assim, quando a economia é forte e a renda familiar é alta, as empresas consumirão mais eletricidade e, indiretamente, mais gás natural.

Quando um aumento na renda aumenta a demanda por um bem - o caso normal -, trata-se de um **bem normal**.

Quando um aumento na renda diminui a demanda por um bem, trata-se de um **bem inferior**.

Por que dizemos "a *maioria* dos bens" e não "*todos* os bens"? A maioria dos bens são **bens normais**; a demanda por eles aumenta quando a renda do consumidor sobe. Contudo, a demanda de alguns produtos cai quando a renda sobe. Os bens para os quais a demanda cai quando a renda sobe são conhecidos como **bens inferiores**. Normalmente, um bem inferior é aquele considerado menos desejável que alternativas mais caras, como tomar ônibus em vez de táxi. Quando têm condições para isso, as pessoas param de comprar um bem inferior e mudam o consumo para o bem preferido, uma alternativa mais cara. Quando um bem é inferior, um aumento na renda desloca a curva de demanda para a esquerda. E não é surpresa que uma queda na renda desloque a curva de demanda para a direita.

Um dos exemplos da distinção entre bem normal e bem inferior que tem tido muito destaque nos jornais de economia é a diferença entre os chamados restaurantes informais, como Buffalo Wild Wings ou Olive Garden, e as cadeias de *fast-food*, como McDonald's ou Burger King. Quando a renda dos norte-americanos aumenta, eles tendem a sair para jantar mais nos restaurantes informais, em vez dos locais das cadeias de *fast-food*. Em certa medida, nos Estados Unidos, as pessoas vão menos ao McDonald's quando têm dinheiro para ir a um lugar melhor. Assim, restaurantes informais são bens normais, enquanto o consumo de comida rápida parece ser um bem inferior.

Mudanças no gosto. Por que as pessoas querem o que querem? Felizmente, não precisamos responder a essa questão. Só precisamos reconhecer que as pessoas têm certas preferências ou gostos, que determinam o que elas decidem consumir, e que esses gostos podem mudar. Os economistas normalmente agregam as modificações na demanda devido a moda, crenças, mudanças culturais etc. sob um único título de gostos ou preferências.

Por exemplo, antigamente, os homens usavam chapéu. Até mais ou menos a Segunda Guerra Mundial, um homem respeitável não estaria bem vestido se não estivesse com um chapéu decente acompanhando seu terno. Mas os soldados que voltaram da guerra adotaram um estilo mais informal. O Presidente Eisenhower, que antes de eleito havia sido o comandante supremo das forças aliadas na guerra, muitas vezes andava sem chapéu. Depois da Segunda Guerra, ficou claro que a curva de demanda para chapéus havia se deslocado para a esquerda, refletindo o declínio da demanda por chapéus.

Economistas pouco têm a dizer sobre as forças que influenciam o gosto dos consumidores (ainda que marqueteiros e o pessoal da publicidade tenham muito o que dizer delas!). Contudo, a mudança no gosto tem um efeito previsível sobre a demanda. Quando o gosto muda a favor de um bem, mais pessoas querem comprá-lo a qualquer preço dado, de modo que a curva de demanda se desloca para a direita. Quando o gosto muda contra um bem, menos pessoas querem comprá-lo a qualquer preço dado, de modo que a curva de demanda se desloca para a esquerda.

Mudanças nas expectativas. Quando os consumidores têm alguma opção sobre quando fazer uma compra, a demanda corrente de um bem é muitas vezes afetada pelas expectativas sobre seu preço futuro. Por exemplo, consumidores espertos aguardam as liquidações e compram os presentes de Natal do ano seguinte com os descontos das liquidações pós-natalinas. Nesse caso, expectativas de futura queda de preços causam redução na demanda hoje. Do outro lado, expectativas de aumento de preços no futuro tendem a aumentar a demanda agora.

Além disso, a queda nos preços do gás nos últimos anos para cerca de US$ 2 por BTU estimulou mais consumidores a passarem dos outros tipos de combustível para o gás natural do que quando o gás natural caiu para US$ 2 por BTU, em 2002. Mas por que os consumidores estão mais dispostos a mudar agora? Porque, em 2002, eles não esperavam que a queda no preço do gás natural durasse – e estavam certos.

Em 2002, os preços do gás natural caíram por causa da fraca economia. Essa situação mudou em 2006, quando a economia voltou com força total e o preço do gás natural subiu drasticamente. Em contraste, os consumidores passaram a esperar que a queda mais recente no preço do gás natural não seja temporária porque se baseia em uma mudança permanente: a capacidade de explorar depósitos muito maiores de gás natural.

Mudanças esperadas na renda futura também podem levar a mudanças na demanda: se você espera que sua renda aumente no futuro, normalmente tomará emprestado hoje e aumentará sua demanda por certos bens; se você espera que sua renda caia no futuro, provavelmente economizará hoje e reduzirá sua demanda por alguns bens.

Mudanças no número de consumidores. Outro fator que pode causar mudança na demanda é uma mudança no número de consumidores de um bem ou serviço. Por exemplo, o crescimento da população nos Estados Unidos acaba gerando maior demanda por gás natural, pois mais casas e empresas precisam ser aquecidas no inverno e resfriadas no verão.

Vamos introduzir um novo conceito: a **curva de demanda individual**, que mostra a relação entre quantidade demandada e preço para um consumidor individual. Por exemplo, suponha que a família Gonzalez seja consumidora de gás natural para aquecimento e resfriamento de sua casa. O painel (a) da Figura 3.5 mostra quantos BTUs de gás natural ela comprará por ano a cada preço determinado. A curva de demanda individual da família Gonzalez é $D_{Gonzalez}$.

Uma **curva de demanda individual** mostra a relação entre a quantidade demandada e o preço para um consumidor individual.

A *curva de demanda do mercado* mostra como a quantidade demandada conjunta de todos os consumidores depende do preço de mercado do bem (na maior parte do tempo, quando os economistas falam em curva de demanda, eles estão se referindo à curva de demanda de mercado). A curva de demanda do mercado é a *soma horizontal* das curvas de demanda individuais de todos os consumidores nesse mercado.

Para vermos o que significa *soma horizontal*, vamos assumir por um momento que existem apenas dois consumidores de gás natural, a família Gonzalez e a família Murray. A família Murray consome gás natural para abastecer seu carro movido a gás natural. A curva de demanda individual da família Murray, D_{Murray}, é exibida no painel (b). O painel (c) mostra a curva de demanda do mercado. A qualquer preço, a quantidade demandada pelo mercado é a soma das quantidades demandadas pela família Gonzalez e pela família Murray. Por exemplo, ao preço de US$ 5 por BTU, a família Gonzalez demanda 30 BTUs de gás natural por ano e a família Murray demanda 20 BTUs por ano. Portanto, a quantidade demandada pelo mercado é de 50 BTUs por ano, como visto na curva de demanda do mercado, $D_{Mercado}$.

Claramente, a quantidade demandada pelo mercado sob determinado preço é maior com a família Murray presente do que seria se a família Gonzalez fosse o único consumidor. A quantidade demandada a qualquer preço seria ainda maior se acrescentássemos um terceiro consumidor, depois um quarto e assim por diante. Portanto, aumento no número de consumidores gera aumento na demanda.

Uma revisão dos fatores que deslocam a demanda aparece na Tabela 3.1.

Figura 3.5 Curvas de demanda individual e curva de demanda do mercado.

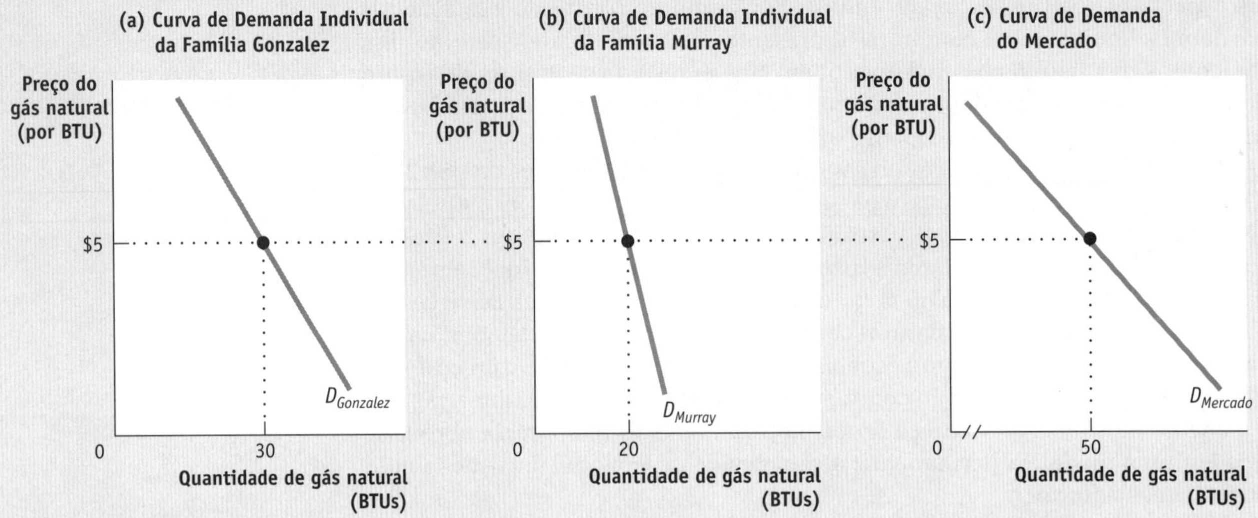

A família Gonzalez e a família Murray são os dois únicos consumidores de gás natural no mercado. O painel (a) mostra a curva de demanda individual da família Gonzalez: o número de BTUs que eles comprarão por ano a qualquer preço determinado. O painel (b) mostra a curva de demanda individual da família Murray. Considerando que a família Gonzalez e a família Murray são os dois únicos consumidores, a demanda do mercado que mostra a quantidade de BTUs demandada por todos os consumidores a qualquer preço determinado é mostrada no painel (c). A curva de demanda do mercado é a soma horizontal das curvas de demanda individuais de todos os consumidores. Neste caso, a qualquer preço, a quantidade demandada pelo mercado é a soma das quantidades demandadas pela família Gonzalez e pela família Murray.

Tabela 3.1 Fatores que deslocam a demanda

Quando isso acontece . . .		. . . a demanda aumenta	Mas, quando isso acontece. . .		. . . a demanda diminui
Quando o preço de um substituto aumenta . . .	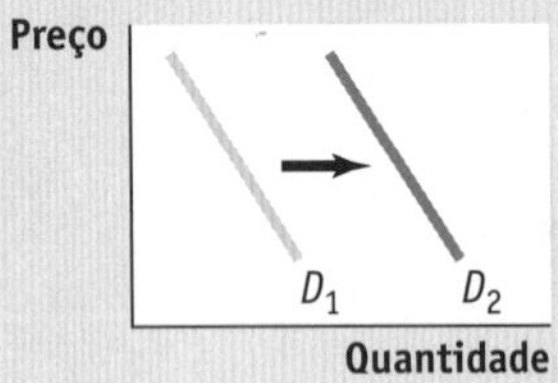	. . . a demanda pelo bem original aumenta.	Quando o preço de um substituto diminui . . .	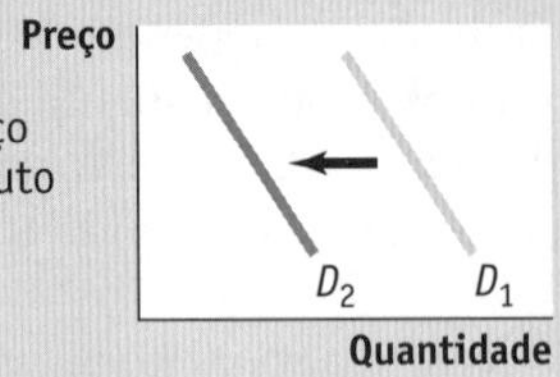	. . . a demanda pelo bem original diminui.
Quando o preço de um complementar diminui . . .	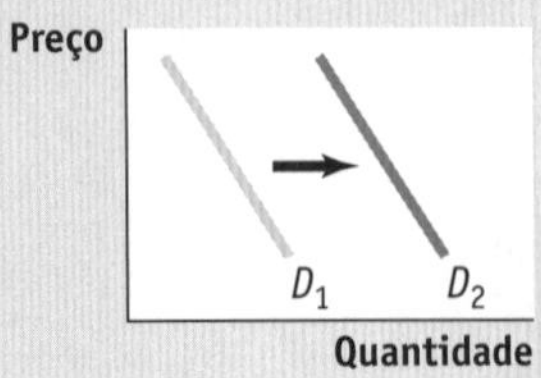	. . . a demanda pelo bem original aumenta.	Quando o preço de um complementar aumenta . . .	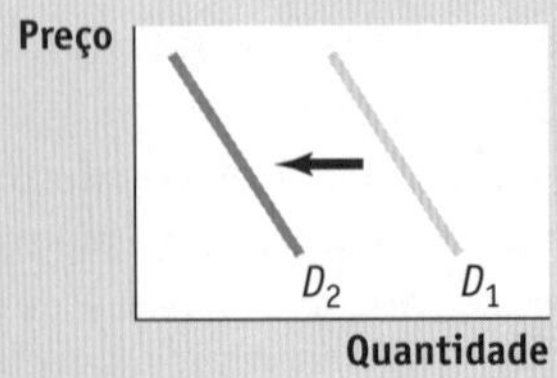	. . . a demanda pelo bem original diminui.
Quando a renda aumenta . . .	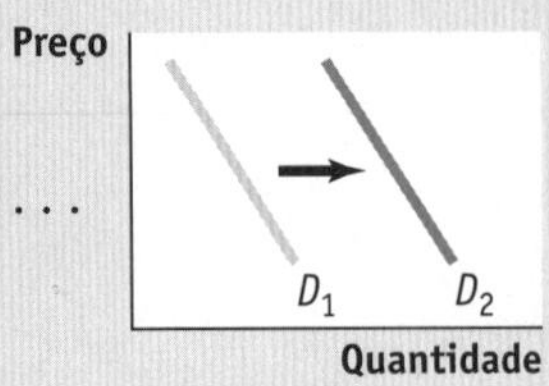	. . . a demanda por um bem normal aumenta.	Quando a renda diminui . . .	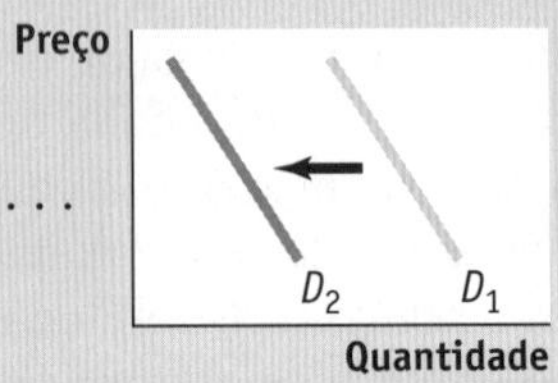	. . . a demanda por um bem normal diminui.

(*continua*)

Tabela 3.1 Fatores que deslocam a demanda *(continuação)*

Quando isso acontece . . .	. . . a demanda aumenta		Mas, quando isso acontece. . .	. . . a demanda diminui	
Quando a renda diminui . . .	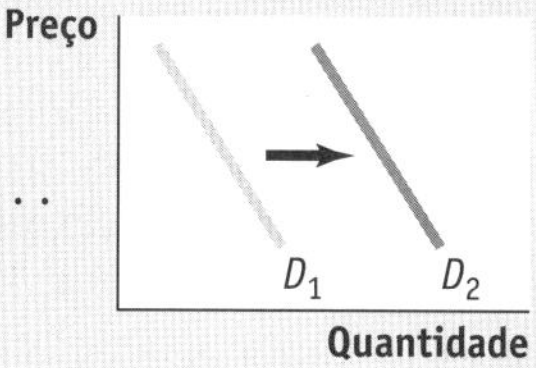	. . . a demanda por um bem inferior aumenta.	Quando a renda aumenta . . .	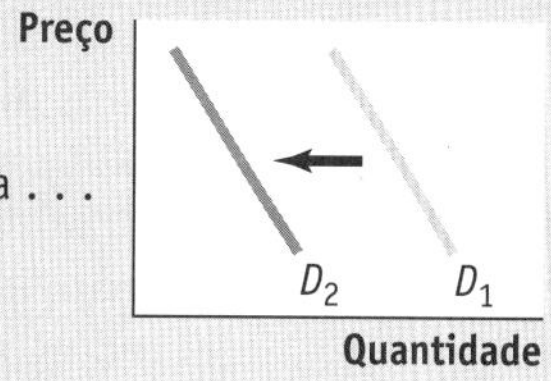	. . . a demanda por um bem inferior diminui.
Quando os gostos mudam a favor de um bem . . .	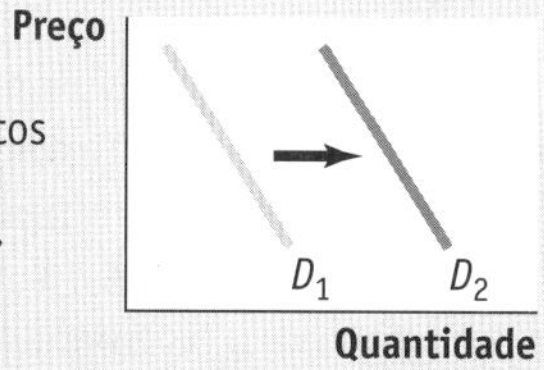	. . . a demanda pelo bem aumenta.	Quando os gostos mudam em desfavor de um bem . . .	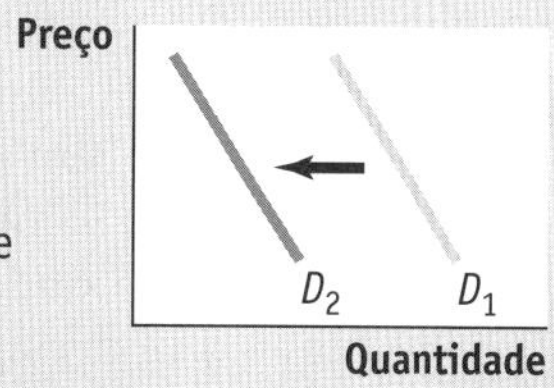	. . . a demanda pelo bem diminui.
Quando se espera que o preço aumente no futuro . . .	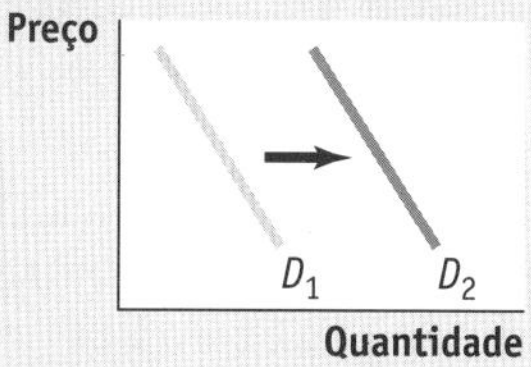	. . . a demanda pelo bem aumenta hoje.	Quando se espera que o preço caia no futuro . . .	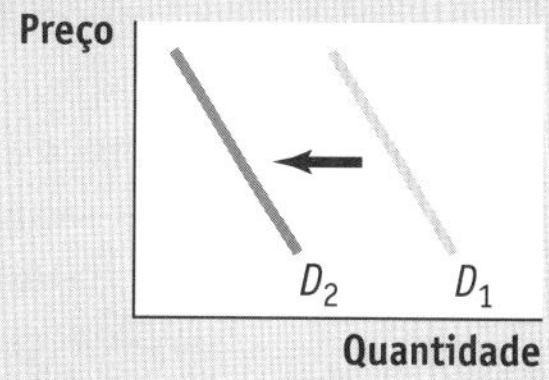	. . . a demanda pelo bem diminui hoje.
Quando o número de consumidores aumenta . . .	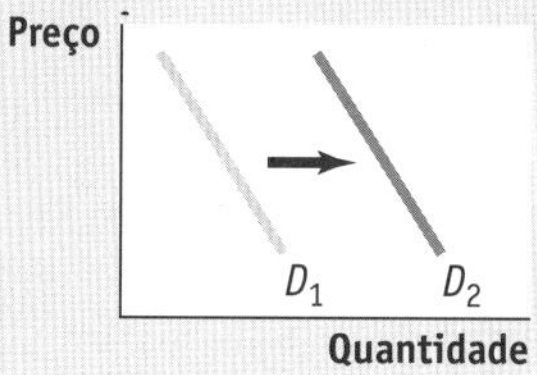	. . . a demanda do mercado pelo bem aumenta.	Quando o número de consumidores diminui . . .	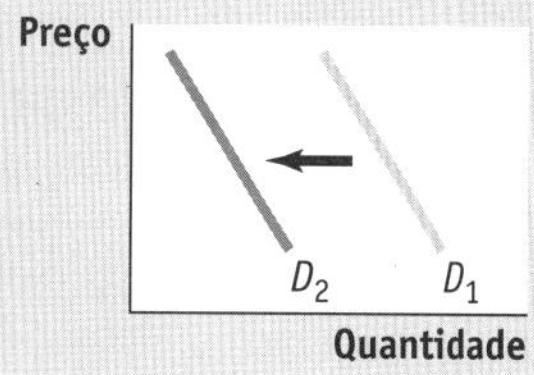	. . . a demanda do mercado pelo bem diminui.

ECONOMIA >> *em Ação*

Ganhando do trânsito

Todas as grandes cidades têm problemas de trânsito, e muitas autoridades locais tentam desestimular o tráfego de veículos no centro congestionado da cidade. Se imaginarmos que ir de automóvel até o centro da cidade é um bem que as pessoas consomem, podemos usar a análise econômica da demanda para tentar analisar políticas para o trânsito.

Uma estratégia comum das prefeituras é reduzir a demanda por viagens de automóvel diminuindo o preço dos substitutos. Muitas áreas metropolitanas subsidiam serviços de ônibus e de trem, esperando levar as pessoas a deixarem seus automóveis em casa. Uma alternativa é aumentar o preço dos complementares. Diversas grandes cidades nos Estados Unidos cobram elevados impostos de estacionamentos particulares ou limitam os horários dos parquímetros, tanto para aumentar a receita como para desencorajar as pessoas de irem de automóvel para o centro.

Algumas cidades importantes – como Singapura, Londres, Oslo, Estocolmo e Milão – dispuseram-se a adotar uma abordagem direta que causa grande controvérsia política: reduzir o congestionamento aumentando o preço de dirigir. Nessa política de "preço do congestionamento" (ou "taxa de congestionamento" no Reino Unido), é estabelecida a cobrança de uma taxa para todos os carros que entram no centro da cidade durante o horário comercial. Os motoristas compram passes, que são então debitados automaticamente nas estações monitoradas pelas quais trafeguem. Isto é monitorado com câmeras que fotografam placas.

O custo diário de dirigir em Londres é de 11,50 libras esterlinas (cerca de 78 reais), e os motoristas que não pagam e são detectados recebem uma multa de 130 libras (cerca de 900 reais) para cada infração.

Não surpreende que estudos tenham mostrado que, após a implementação dos preços de congestionamento, o trânsito diminui. Nos anos 1990, Londres tinha um dos piores trânsitos da Europa. A introdução de sua taxa de congestionamento em 2003 reduziu imediatamente o trânsito no centro da cidade em cerca de 15%. Quinze anos depois, em 2018, a política ainda estava funcionando, pois os volumes de trânsito ainda são 25% menores do que no final dos anos 1990. Também houve aumento no uso de substitutos, tais como transporte público, bicicletas e transporte de passageiros por aplicativos. De 2001 a 2011, as viagens de bicicleta em Londres aumentaram 79%, e o uso de ônibus aumentou 30%.

E menos congestionamentos resultaram não só em menos acidentes, mas também em menor *taxa* de acidentes, com menos carros disputando espaço. Um estudo revelou que de 2000 a 2010 o número de acidentes por milha percorrida em Londres caiu 40%. A experiência de Estocolmo teve efeitos similares aos de Londres: o tráfego caiu 22% em 2013 em comparação com os níveis pré-taxação de congestionamento, os tempos despendidos no trânsito caíram de um terço a meio e a qualidade do ar melhorou de forma mensurável. Um artigo de 2018 descobriu que ataques graves de asma infantil diminuíram significativamente em Estocolmo depois que a taxa de congestionamento foi imposta.

A taxação do congestionamento está agora chamando a atenção dos urbanistas nos Estados Unidos. Nova York se tornou a primeira cidade norte-americana a implementar taxas de congestionamento a partir de 2020, com Los Angeles, Seattle e Portland, no estado do Oregon, atualmente considerando planos para fazer o mesmo.

>> *Revisão Rápida*

- O **modelo de oferta e demanda** é um modelo de **mercado competitivo**, aquele em que há muitos compradores e vendedores de um mesmo bem e serviço.
- A **tabela de demanda** mostra como a **quantidade demandada** muda quando o preço se modifica. Essa relação é ilustrada pela **curva de demanda**.
- A **lei da demanda** afirma que um preço mais alto reduz a quantidade demandada. Assim, curvas de demanda normalmente se inclinam para baixo.
- Um aumento na demanda leva a **deslocamentos da curva de demanda** para a direita: a quantidade demandada aumenta para qualquer preço dado. Uma redução na demanda gera deslocamento para a esquerda: a quantidade demandada cai para qualquer preço dado. Uma mudança no preço resulta em mudança na quantidade demandada e a um **movimento ao longo da curva de demanda**.
- Os cinco principais fatores que podem deslocar a curva de demanda são (1) mudança no preço de um bem relacionado, como um **substituto** ou um **complementar**, (2) renda, (3) gostos, (4) expectativas e (5) número de consumidores.
- A curva de demanda do mercado é a soma horizontal das **curvas de demanda individuais** de todos os consumidores do mercado.

>> *Teste seu entendimento* 3.1

As respostas estão no fim do livro.

1. Explique se cada um dos eventos a seguir representa (i) um *deslocamento* da curva de demanda ou (ii) um *movimento ao longo* da curva de demanda.
   a. O dono de uma loja acha que os clientes dispõem-se a pagar mais caro por guarda-chuvas em dias de chuva.
   b. Quando a Circus Cruise Lines ofereceu preços reduzidos para cruzeiros de verão no Caribe, sua quantidade de reservas aumentou acentuadamente.
   c. No Dia dos Namorados, as pessoas compram mais rosas, ainda que o preço seja mais alto do que em outras épocas do ano.
   d. O forte aumento do preço da gasolina leva muita gente a formar grupos em que uma pessoa dá carona às demais em diferentes dias, a fim de reduzir as compras de gasolina.

Curva de oferta

Alguns depósitos de gás natural são mais fáceis de explorar do que outros. Antes do uso generalizado do fraturamento, os perfuradores limitavam seus poços de gás natural a depósitos de fácil acesso sob a terra. A quantidade de gás natural que eles exploravam nos poços existentes e a intensidade com que procuravam novos depósitos e perfuravam novos poços dependiam do preço que esperavam obter pelo gás natural. Quanto mais alto o preço, mais eles exploravam os poços existentes, assim como perfuravam e exploravam novos poços.

Do mesmo modo que a quantidade de gás natural que os consumidores querem comprar depende do preço que eles tenham de pagar, a quantidade que os produtores de gás natural, ou de qualquer bem ou serviço, dispõem-se a produzir e vender – a **quantidade ofertada** – depende do preço que lhes é oferecido.

A **quantidade ofertada** é a quantidade real de um bem ou serviço que as pessoas estão dispostas a vender por algum preço específico.

Uma **tabela de oferta** mostra quanto de um bem ou serviço seria ofertado a preços diferentes.

Tabela de oferta e curva de oferta

A tabela da Figura 3.6 mostra como a quantidade de gás natural disponibilizada varia com o preço – ou seja, mostra uma hipotética **tabela de oferta** de gás natural.

A tabela de oferta funciona da mesma forma que a tabela de demanda mostrada na Figura 3.1: neste caso, a tabela mostra o número de BTUs dos produtores de

Figura 3.6 Tabela de oferta e curva de oferta.

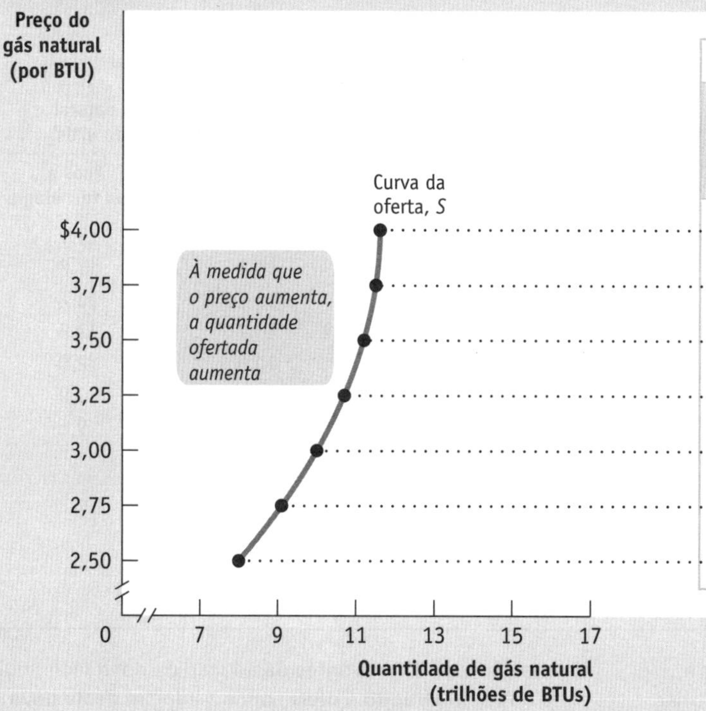

Tabela de oferta do gás natural	
Preço do gás natural (por BTU)	Quantidade de gás natural ofertada (trilhões de BTUs)
$4,00	11,6
3,75	11,5
3,50	11,2
3,25	10,7
3,00	10,0
2,75	9,1
2,50	8,0

A tabela de oferta do gás natural é traçada para produzir a curva de oferta correspondente, o que mostra quanto de um bem os produtores estão dispostos a vender a qualquer preço. A curva de oferta e o cronograma de fornecimento refletem o fato de que as curvas de oferta são geralmente inclinadas para cima: a quantidade ofertada aumenta quando o preço sobe.

gás natural dispostos a vender a preços diferentes. Ao preço de US$ 2,50 por BTU, os produtores se dispõem a vender apenas 8 trilhões de BTUs de gás natural por ano. Ao preço de $ 2,75 por BTU, eles venderão 9,1 trilhões de BTUs. Por $ 3, eles se dispõem a vender 10 trilhões de BTUs, e assim por diante.

Da mesma maneira que a tabela de demanda pode ser representada graficamente por uma curva de demanda, também a tabela de oferta pode ser representada por uma **curva de oferta**, como se mostra na Figura 3.6. Cada ponto na curva representa números da tabela.

Uma **curva de oferta** mostra a relação entre a quantidade ofertada e o preço.

Suponha que o preço do gás natural aumente de US$ 3 para US$ 3,25; podemos ver que a quantidade de gás natural que os produtores admitem vender aumenta de 10 trilhões para 10,7 trilhões de BTUs. Essa é a situação normal para uma curva de oferta, refletindo a proposição geral de que preços mais altos levam a uma quantidade ofertada maior. Assim como as curvas de demanda em geral são inclinadas para baixo, as curvas de oferta normalmente são inclinadas para cima: quanto mais alto o preço oferecido, tanto mais de qualquer bem ou serviço os produtores aceitam vender.

Deslocamentos da curva de oferta

Como discutimos na introdução deste capítulo, as inovações na tecnologia de perfuração de jazidas de gás natural permitiram enorme aumento na produção de gás natural nos EUA. A Figura 3.7 ilustra esses eventos na forma de uma tabela de oferta e curva de oferta de gás natural. Essa figura mostra duas tabelas de oferta. A tabela antes da adoção da nova tecnologia de perfuração de gás natural é a mesma da Figura 3.6. A segunda tabela mostra o fornecimento de gás natural após a adoção da nova tecnologia.

Uma **deslocamento da curva da oferta** é uma alteração na quantidade ofertada de um bem ou serviço a qualquer preço determinado. É representada pela mudança da curva de oferta original para uma nova posição, denotada por uma nova curva de oferta.

Assim como uma mudança nas tabelas de demanda causa mudança na curva da demanda, uma mudança na tabela de oferta leva a uma **deslocamento da curva da oferta** – mudança na quantidade ofertada a qualquer preço determinado. Isso é

Figura 3.7 Aumento na oferta.

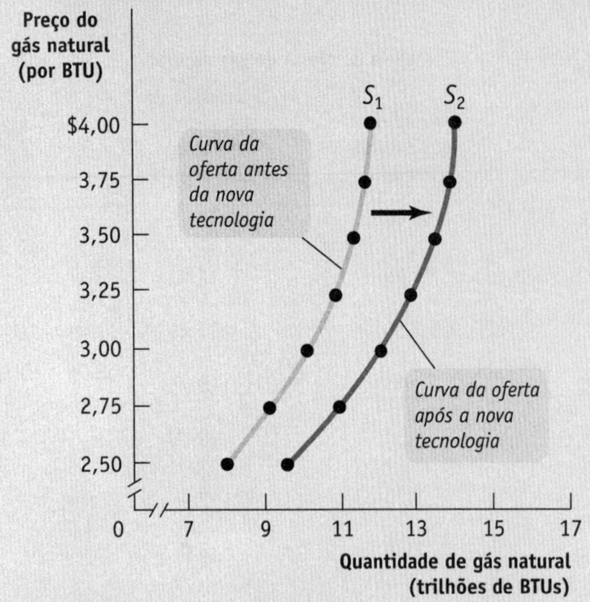

Tabelas de oferta de Gás Natural

Preço do gás natural (por BTU)	Quantidade de gás natural ofertada (trilhões de BTUs)	
	Antes da nova tecnologia	Após a nova tecnologia
$4,00	11,6	13,9
3,75	11,5	13,8
3,50	11,2	13,4
3,25	10,7	12,8
3,00	10,0	12,0
2,75	9,1	10,9
2,50	8,0	9,6

A adoção de uma nova tecnologia de perfuração de gás natural gerou aumento na oferta – um aumento na quantidade ofertada a qualquer preço. Esse evento é representado pelas duas tabelas de oferta – uma mostrando a oferta antes da adoção da nova tecnologia, a outra mostrando a oferta após a adoção desta nova tecnologia – e suas correspondentes curvas de oferta. O aumento da oferta desloca a curva da oferta para a direita.

mostrado na Figura 3.7 pela mudança da curva de oferta antes da adoção da nova tecnologia de perfuração de gás natural, S_1, para sua nova posição após a adoção da nova tecnologia de perfuração de gás natural, S_2. Observe que S_2 está à direita de S_1, reflexo do fato de que a quantidade ofertada aumentou para qualquer preço determinado.

Movimento ao longo da curva de oferta é uma mudança na quantidade ofertada de um bem decorrente de uma mudança no preço do bem.

Como na análise da demanda, é fundamental fazer uma distinção entre tais deslocamentos da curva da oferta e **movimentos ao longo da curva de oferta** – mudanças na quantidade ofertada decorrentes de mudança no preço. Podemos ver esta diferença na Figura 3.8. O movimento do ponto *A* para o ponto *B* é um deslocamento ao longo da curva da oferta: a quantidade ofertada aumenta ao longo da S_1 devido a um aumento no preço. Aqui, um aumento no preço de US$ 3 para US$ 3,50 faz aumentar a quantidade ofertada de 10 trilhões para 11,2 trilhões de BTUs de gás natural. Mas a quantidade ofertada também pode aumentar quando o preço não é alterado, se houver aumento na oferta – uma mudança na curva da oferta. Isto é demonstrado pelo deslocamento para a direita da curva da oferta de S_1 para S_2. Mantendo o preço constante em US$ 3, a quantidade ofertada aumenta de 10 trilhões de BTUs no ponto *A* em S_1 para 12 bilhões de BTUs no ponto *C* em S_2.

Entendendo os deslocamentos na curva de oferta

A Figura 3.9 ilustra as duas principais maneiras como as curvas de oferta podem se deslocar. Quando economistas falam de um "aumento na oferta", eles se referem a um deslocamento *para a direita* da curva de oferta: a qualquer preço dado, as pessoas vão ofertar uma quantidade do bem maior que antes. Isso se mostra na Figura 3.9 pelo deslocamento para a direita da curva de oferta original S_1 para S_2. E, quando os economistas falam de uma "queda na oferta", eles se referem a um deslocamento *para a esquerda* da curva de oferta: a qualquer preço dado, os produtores fornecem uma quantidade do bem menor do que antes. Isso é representado pelo deslocamento para a esquerda de S_1 para S_3.

Figura 3.8 Movimento ao longo da curva de oferta *versus* deslocamento da curva de oferta.

O aumento na quantidade ofertada quando passamos do ponto *A* para o ponto *B* reflete um movimento ao longo da curva de oferta: é o resultado de um aumento no preço do bem. O aumento na quantidade ofertada quando passamos do ponto *A* ao ponto *C* reflete um deslocamento da curva de oferta: é o resultado de um aumento na quantidade ofertada a qualquer preço dado.

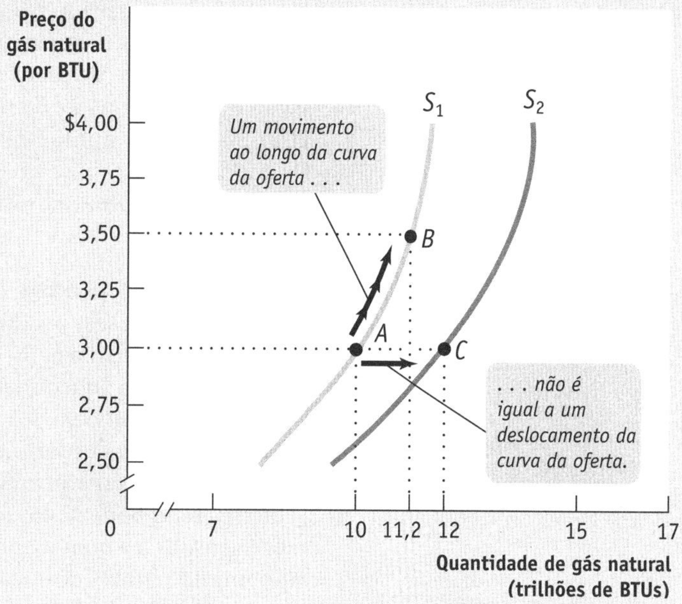

Figura 3.9 Deslocamentos da curva de oferta.

Um evento que aumenta a oferta desloca a curva de oferta para a direita, refletindo o aumento na quantidade ofertada a qualquer preço dado. Um evento que reduz a oferta desloca a curva de oferta para a esquerda, refletindo queda na quantidade ofertada a qualquer preço dado.

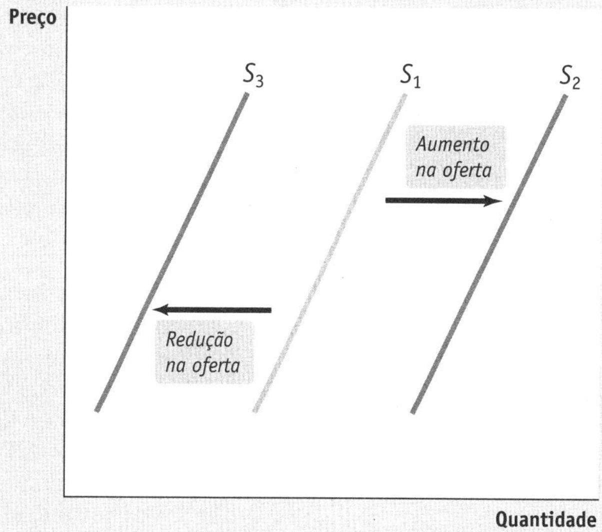

Os economistas acreditam que deslocamentos nas curvas de oferta resultam principalmente de cinco fatores (embora existam, como no caso da demanda, outras causas possíveis):

- Mudanças nos preços dos insumos.
- Mudanças nos preços de bens e serviços relacionados.
- Mudanças na tecnologia.
- Mudanças nas expectativas.
- Mudanças no número de produtores.

Mudança nos preços dos insumos. Para produzir um produto, são necessários insumos. Por exemplo, para fazer sorvete de baunilha, é necessário ter favas de baunilha, creme, açúcar e assim por diante. Um **insumo** é qualquer bem ou

Insumo é um bem ou serviço que é usado para produzir outro bem ou serviço.

serviço usado para produzir outro bem ou serviço. Insumos, do mesmo modo que o produto, têm preços. E o aumento no preço de um insumo torna a produção do bem final mais cara para quem produz e vende o bem. Assim, vendedores estarão menos dispostos a suprir o bem a qualquer preço dado, e a curva de oferta se deslocará para a esquerda. Por exemplo, o combustível é parte importante do custo das empresas de transporte aéreo. Quando o preço do petróleo disparou em 2007-2008, companhias aéreas reduziram o número de voos e algumas fecharam. De modo similar, uma queda no preço de um insumo torna a produção do bem final mais barata para os vendedores. Eles estarão mais dispostos a oferecer o bem a qualquer preço dado, e a curva de oferta se deslocará para a direita.

Mudanças nos preços de bens ou serviços relacionados. Um único produtor, muitas vezes, produz uma mistura de bens e não um único produto. Por exemplo, uma refinaria produz gasolina do petróleo cru, mas também produz óleo combustível para aquecimento e outros produtos da mesma matéria-prima. Quando um produtor vende vários produtos, a quantidade de qualquer dos produtos que ele se dispõe a fornecer a qualquer preço dado depende do preço de seus outros itens conjuntamente produzidos.

Esse efeito pode se dar em qualquer das duas direções. Uma refinaria produzirá menos gasolina a qualquer preço dado quando o óleo combustível para aquecimento aumentar de preço, deslocando a curva de oferta da gasolina para a esquerda. Mas fornecerá mais gasolina a qualquer preço quando o óleo combustível tiver queda de preço, deslocando a curva da gasolina para a direita. Isso significa que a gasolina e outros derivados do petróleo são *substitutos na produção* para a refinaria.

Em contraste, devido à natureza do processo produtivo, outros bens podem ser *complementares na produção*.Produtores de gás natural costumam verificar que os poços de gás também produzem petróleo como subproduto da extração. Quanto mais alto o preço pelo qual um perfurador pode vender seu petróleo, mais propenso ele estará para perfurar poços de gás natural e mais gás natural fornecerá a qualquer preço determinado. Preços mais altos do petróleo levam a mais gás natural fornecido a qualquer preço, porque o petróleo e o gás podem ser extraídos simultaneamente. Com isso, o petróleo é um produto complementar na produção de gás natural. O inverso também é verdadeiro: gás natural é um produto complementar da produção de petróleo.

Mudanças na tecnologia. Como ilustra a história de abertura, as mudanças na tecnologia afetam a curva da oferta. Melhorias tecnológicas permitem aos produtores gastar menos em insumos (neste caso, equipamentos de perfuração, mão de obra, compra de terrenos etc.), mas ainda assim geram a mesma quantidade de produção. Quando uma tecnologia melhor se torna disponível, reduzindo o custo de produção, a oferta aumenta e a curva de oferta se desloca para a direita.

A melhoria da tecnologia permitiu aos produtores de gás natural mais do que duplicar a produção em menos de dois anos. A tecnologia também é a principal razão de o gás natural ter permanecido relativamente barato, mesmo com o crescimento da demanda.

Mudanças nas expectativas. Assim como mudanças nas expectativas podem deslocar a curva de demanda, podem também deslocar a curva de oferta. Quando os produtores têm alguma opção de quando colocar à venda seu produto, mudanças esperadas no preço futuro podem levar um produtor a fornecer menos ou mais do bem hoje.

Por exemplo, considere o fato de que gasolina e outros derivados muitas vezes são estocados por bastante tempo nas refinarias antes de serem vendidos aos consumidores. De fato, estoques normalmente são parte da estratégia de negócios dos produtores. Sabendo que a demanda de gasolina é mais alta no verão, as refinarias normalmente estocam parte da gasolina produzida na primavera para vender no verão. Do mesmo modo, conscientes de que a demanda de óleo combustível para aquecimento sobe no inverno, elas normalmente estocam parte da produção de óleo combustível do outono para vender mais tarde.

Em cada caso, tem-se de decidir entre vender agora e estocar para vender mais tarde. A opção vai depender de uma comparação entre o preço de hoje e o preço esperado no futuro. Isso ilustra como as expectativas alteram a oferta: uma expectativa de que o preço do bem vai aumentar no futuro faz a oferta se reduzir hoje, um deslocamento da curva de oferta para a esquerda. Mas uma expectativa de que o preço de um bem vai baixar no futuro faz a oferta aumentar hoje, um deslocamento da curva de oferta para a direita.

Mudanças no número de produtores. Assim como mudanças no número de consumidores afetam a curva de demanda, mudanças no número de produtores afetam a curva de oferta. Tratemos de examinar a **curva de oferta individual**, como a representada no painel (a) da Figura 3.10. A curva de oferta individual mostra a relação entre a quantidade ofertada e o preço de um produtor individual. Por exemplo, suponha que a Louisiana Drillers é produtora de gás natural e que o painel (a) da Figura 3.10 mostra a quantidade de BTUs que ela fornecerá por ano a qualquer preço determinado. Então, a $S_{Louisiana}$ é sua curva de fornecimento individual.

A **curva de oferta individual** ilustra a relação entre a quantidade ofertada e o preço de um produtor individual.

A *curva de oferta de mercado* mostra como a quantidade total da oferta combinada de todos os produtores individuais no mercado depende do preço de mercado do bem. Assim como a curva de demanda de mercado é a soma horizontal das curvas de demanda individuais, a curva de oferta de mercado é a soma horizontal das curvas de oferta individuais de todos os produtores. Suponha, por enquanto, que haja apenas dois produtores de gás natural, Louisiana Drillers e Allegheny Natural Gas. A curva de oferta individual da Allegheny é mostrada no painel (b). O painel (c) mostra a curva de oferta do mercado. A qualquer preço, a quantidade ofertada ao mercado é a soma das quantidades ofertadas pela Louisiana Drillers e pela Allegheny Natural Gas. Por exemplo, ao preço de $ 1 por BTU, a Louisiana Drillers oferece 200.000 BTUs e a Allegheny Natural

Figura 3.10 Curvas de oferta individuais e curva de oferta do mercado.

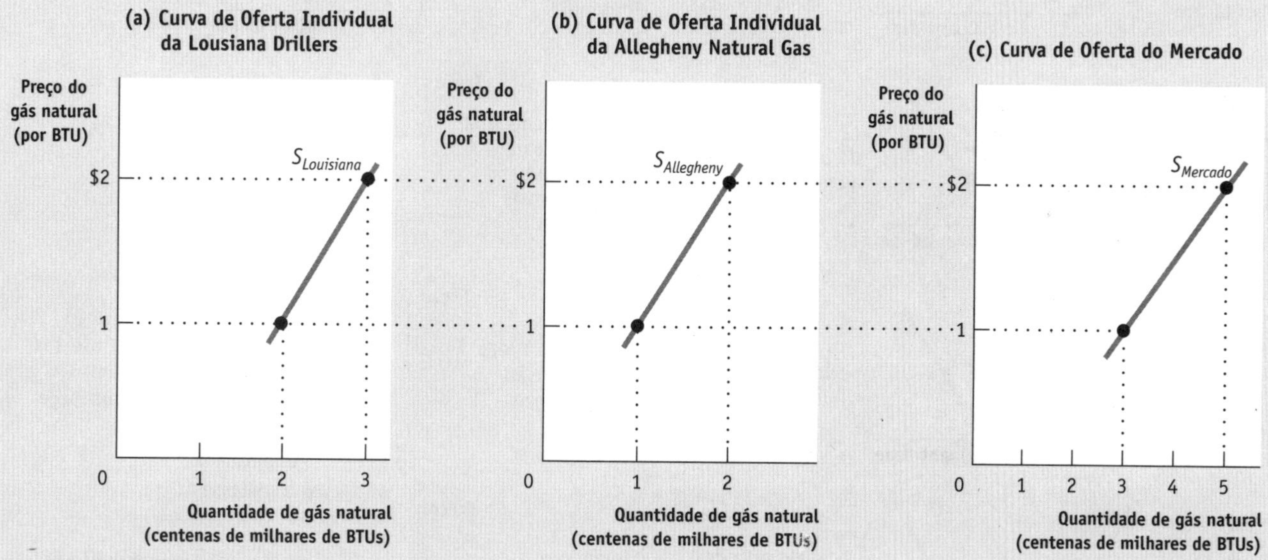

O painel (a) mostra a curva de oferta individual da Louisiana Drillers, $S_{Louisiana}$, a quantidade que será vendida a qualquer preço determinado. O painel (b) mostra a curva de oferta individual da Allegheny Natural Gas, $S_{Allegheny}$. A curva de oferta do mercado, que mostra a quantidade de gás natural ofertada por todos os produtores a qualquer preço determinado, é apresentada no painel (c). A curva de oferta do mercado é a soma horizontal das curvas de oferta individuais de todos os produtores.

Gas oferece 100.000 BTUs por ano, fazendo com que a quantidade ofertada ao mercado seja de 300.000 BTUs.

Claramente, a quantidade ofertada ao mercado a qualquer preço é maior quando a Allegheny Natural Gas também é produtora do que seria se a Louisiana Drillers fosse a única fornecedora. A quantidade ofertada sob determinado preço seria ainda maior se acrescentássemos um terceiro produtor, depois um quarto e assim por diante. Portanto, aumento no número de produtores leva a aumento na oferta e a mudança na curva da oferta.

Para uma revisão dos fatores que deslocam a oferta, veja a Tabela 3.2.

Tabela 3.2 Fatores que deslocam a oferta

Quando isto acontece . . .	. . . a oferta aumenta		Mas, quando isso acontece . . .	. . . a oferta diminui	
Quando o preço de um insumo diminui . . .	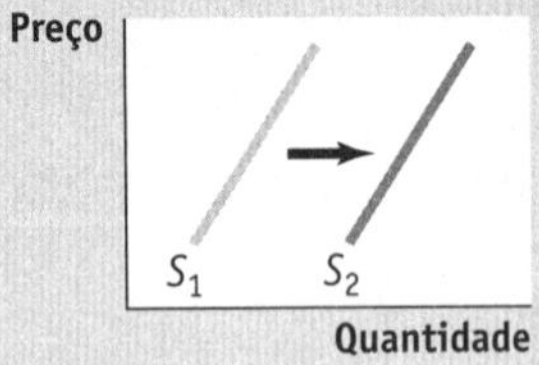	. . . a oferta do bem aumenta.	Quando o preço de um insumo aumenta . . .	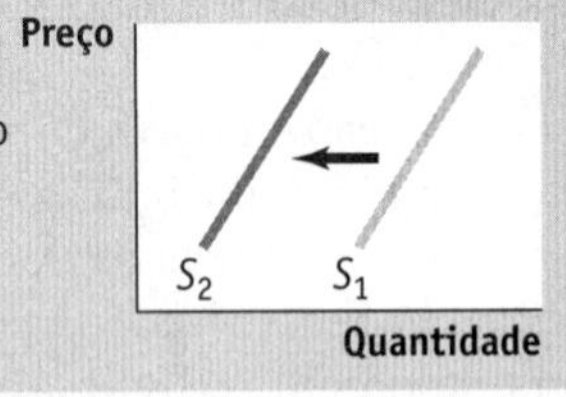	. . . a oferta do bem diminui.
Quando o preço de um substituto na produção diminui . . .	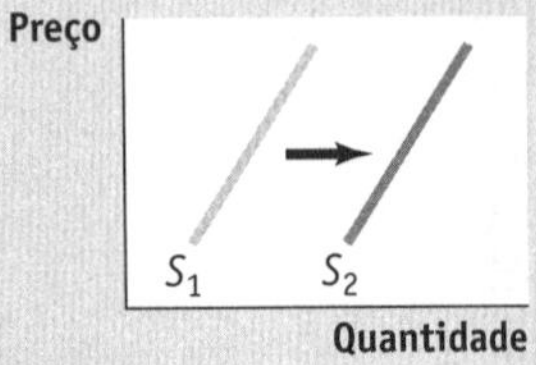	. . . a oferta do bem original aumenta.	Quando o preço de um substituto na produção aumenta . . .	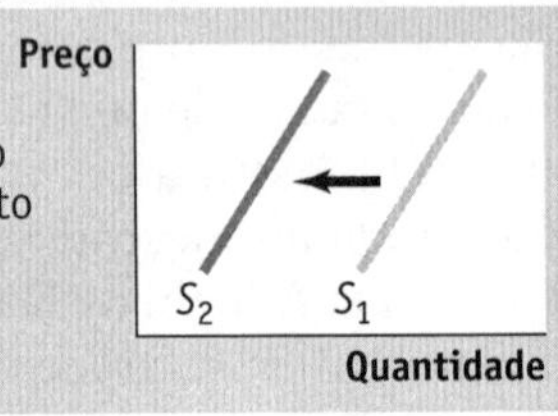	. . . a oferta do bem original diminui.
Quando o preço de um complementar na produção aumenta . . .	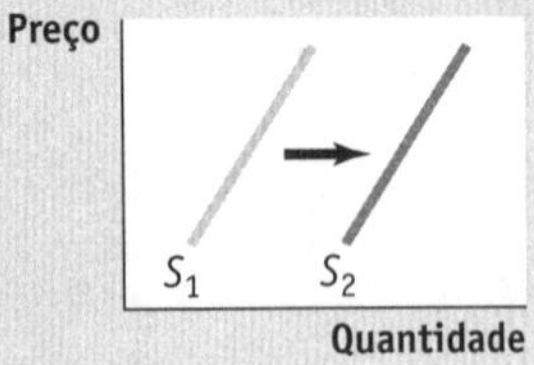	. . . a oferta do bem original aumenta.	Quando o preço de um complementar na produção diminui . . .	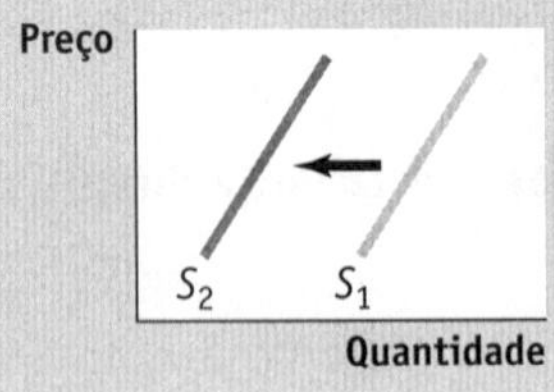	. . . a oferta do bem original diminui.
Quando a tecnologia utilizada para produzir o bem se aprimora . . .	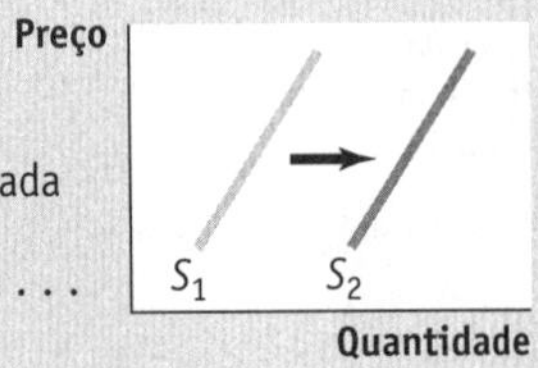	. . . a oferta do bem aumenta.	Quando a melhor tecnologia utilizada para produzir o bem não está mais disponível . . .	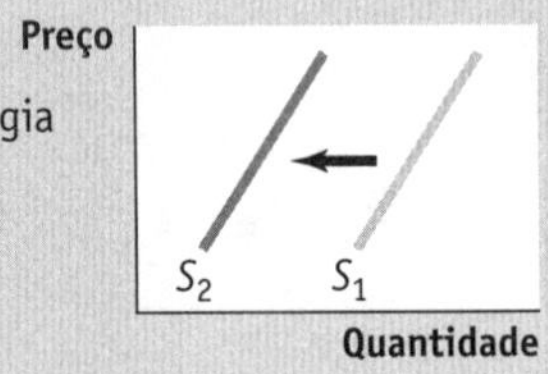	. . . a oferta do bem diminui.
Quando o preço tem previsão de queda futura . . .	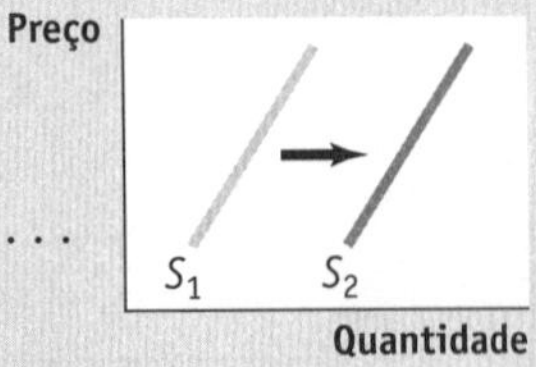	. . . a oferta do bem aumenta hoje.	Quando o preço tem previsão de aumento futuro . . .	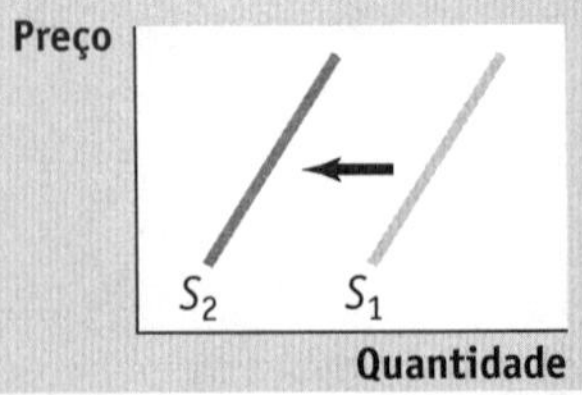	. . . a oferta do bem diminui hoje.
Quando o número de produtores aumenta . . .	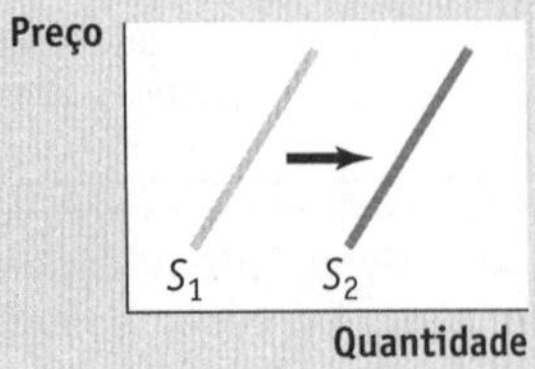	. . . a oferta de mercado do bem aumenta.	Quando o número de produtores diminui . . .	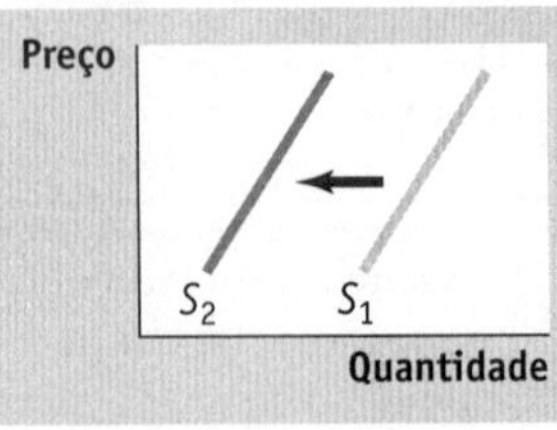	. . . a oferta de mercado do bem diminui.

ECONOMIA >> *em Ação*

A queda no preço dos painéis solares

O custo dos painéis solares caiu 99% nos últimos 40 anos, tornando a geração de energia solar em larga escala uma opção ainda mais econômica do que as formas mais convencionais de energia, como a gerada a partir do carvão. O menor custo dos painéis solares é responsável pela proliferação de retângulos azuis voltados para o céu, visíveis em todos os Estados Unidos. E o custo dos painéis solares deve continuar caindo. Os custos devem diminuir 60% de 2019 a 2050 no estado atual da tecnologia, de acordo com o Laboratório Nacional de Energias Renováveis. Avanços tecnológicos podem resultar em uma queda ainda maior.

O que explica as enormes reduções no custo da energia solar? Há duas explicações. Primeiro, os avanços tecnológicos desempenharam um papel importante. Com o tempo, engenheiros descobriram novas formas mais eficientes de converter os raios solares em energia utilizável. Essas novas tecnologias permitiram aos produtores de painéis solares reduzir o custo de produção, aumentando a oferta, o que deslocou a curva de oferta para a direita.

O segundo incentivo para a queda nos preços dos painéis solares começou com um evento que, na realidade, fez o preço aumentar: uma mudança no custo de um insumo-chave – o polissilício – que depois levou a uma mudança no número de produtores.

Até 2008, os painéis solares ainda eram relativamente caros e o mercado para eles, embora em crescimento, ainda era pequeno. Nesse mesmo ano, o polissilício, principal insumo dos painéis solares (assim como os *chips* semicondutores), subiu para US$ 475 por quilograma, em comparação com os US$ 30 de quatro anos antes. A razão desse aumento de preços – um aumento de 1.500% – foi que a demanda por painéis solares e *chips* semicondutores estava crescendo. Como resultado, a demanda por polissilício também crescia. Mas, na época, a curva de oferta do mercado para o polissilício permaneceu inalterada, contribuindo em última análise para o alto preço do material e para um deslocamento à esquerda na curva de oferta de painéis solares.

Embora o alto preço do polissilício em 2008 tenha inicialmente contribuído para o aumento dos preços de painéis solares, também fez com que novos produtores de polissilício entrassem no mercado, levando a um aumento maciço na oferta. Em virtude disso, em 2014, o preço do polissilício havia caído de US$ 475 para menos de US$ 16 à medida que a curva de oferta do mercado se deslocava para fora. Os preços dos painéis solares caíram então ainda mais e as vendas aumentaram.

A U.S. Energy Information Administration estimava que, em 2019, quase 20% da capacidade da nova matriz energética seria alimentada por energia solar. A quantidade de energia solar gerada aumentou quase 100 vezes nos 10 anos do período que vai de 2008 a 2018.

>> Revisão Rápida

- A **tabela de oferta** mostra como a **quantidade ofertada** depende do preço. Tal relação se ilustra pela **curva de oferta**.
- Curvas de oferta normalmente têm inclinação para cima: a um preço mais alto, as pessoas se dispõem a oferecer maior quantidade de um bem ou serviço.
- Mudança no preço tem como consequência um **movimento ao longo da curva de oferta** e uma mudança na quantidade ofertada.
- Aumento ou redução da oferta levam a **deslocamentos da curva de oferta.** Um aumento na oferta é um deslocamento para a direita: a quantidade ofertada aumenta para qualquer preço dado. Redução na oferta é um deslocamento para a esquerda: a quantidade ofertada cai para qualquer preço dado.
- Os cinco principais fatores que podem deslocar a curva de oferta são: (1) preços dos **insumos,** (2) preços de bens e serviços relacionados, (3) tecnologia, (4) expectativas e (5) número de produtores.
- A curva de oferta de mercado é a soma horizontal das **curvas de oferta individuais** no mercado.

>> Teste seu entendimento 3.2

As respostas estão no fim do livro.

1. Em cada um dos eventos enumerados a seguir, explique se ele representa (i) um *deslocamento* da curva de oferta ou (ii) um *movimento ao longo* da curva de oferta:
   a. Um número maior de proprietários põe seus imóveis à venda quando o mercado imobiliário se mostra mais aquecido e há aumento dos preços dos imóveis.
   b. Muitos produtores de morangos abrem barracas temporárias na beira da estrada no período de colheita, ainda que normalmente os preços sejam baixos nessa época.
   c. Imediatamente depois do início do ano escolar, as cadeias de lanchonetes nos Estados Unidos precisam aumentar os salários, que são o preço do trabalho, para atrair empregados.
   d. Muitos trabalhadores da construção civil se mudam temporariamente para áreas atingidas por furacões, atraídos por salários mais altos.
   e. Desde que novas tecnologias tornaram possível construir navios maiores para cruzeiros, cuja manutenção por pessoa é mais barata, as linhas de cruzeiros do Caribe oferecem mais cabinas que antes e a preços mais baixos.

Oferta, demanda e equilíbrio

Abordamos os três primeiros elementos essenciais do modelo de oferta e demanda: a curva de oferta, a curva de demanda e o conjunto de fatores que deslocam cada curva. O passo seguinte será reunir esses elementos para mostrar que eles podem ser usados para prever o preço a que efetivamente um bem será comprado e vendido, bem como a quantidade envolvida de fato na transação.

O que determina o preço pelo qual um bem é comprado ou vendido? O que determina a quantidade transacionada de um bem ou serviço? No Capítulo 1, aprendemos o princípio geral de que os *mercados se movem para o equilíbrio*, uma situação em que nenhum indivíduo estaria melhor caso decidisse agir de modo diferente. No caso de um mercado competitivo, temos de ser mais específicos: um mercado competitivo está em equilíbrio quando o preço se moveu para um nível em que a quantidade demandada de um bem é igual à quantidade ofertada desse bem. Por esse preço, nenhum vendedor individual poderia melhorar sua situação propondo vender uma quantidade maior ou menor daquele bem, e nenhum comprador individual poderia melhorar sua situação tentando comprar mais ou menos desse bem. Em outras palavras, no equilíbrio de mercado, o preço se moveu até um nível que equipara exatamente a quantidade demandada pelos consumidores com a quantidade ofertada pelos vendedores.

Um mercado competitivo está em equilíbrio quando o preço se moveu para um nível no qual a quantidade demandada de um bem ou serviço é igual à quantidade ofertada desse bem ou serviço. O preço em que isso ocorre é o **preço de equilíbrio**, também chamado de **preço que equilibra o mercado**. A quantidade do bem ou serviço comprado e vendido a esse preço é a **quantidade de equilíbrio**.

O preço que iguala a quantidade ofertada e a quantidade demandada é o **preço de equilíbrio**; a quantidade comprada e vendida a esse preço é a **quantidade de equilíbrio**. O preço de equilíbrio é conhecido também como **preço que equilibra o mercado**: é o preço que "ajusta o mercado" ao garantir que cada comprador disposto a pagá-lo encontra um vendedor disposto a vender por esse preço, e vice-versa. Como, então, encontramos o preço e a quantidade de equilíbrio?

Encontrando o preço e a quantidade de equilíbrio

A maneira mais fácil de determinar o preço e a quantidade de equilíbrio em um mercado é colocar a curva de oferta e a curva de demanda no mesmo diagrama. Como a curva de oferta mostra a quantidade ofertada a qualquer preço dado, e a curva de demanda mostra a quantidade demandada a qualquer preço dado, o preço em que as duas curvas se cruzam é o preço de equilíbrio, ou seja, o preço em que a quantidade ofertada é igual à quantidade demandada.

A Figura 3.11 combina a curva de demanda da Figura 3.1 e a curva de oferta da Figura 3.6. A *interseção* delas se dá no ponto *E*, que é o equilíbrio desse mercado; ou seja, $ 3 é o preço de equilíbrio e 10 trilhões de BTUs é a quantidade de equilíbrio.

Queremos confirmar que o ponto *E* se ajusta à nossa definição de equilíbrio. Ao preço de $ 3 por BTU, os produtores de gás natural dispõem-se a vender 10 trilhões de BTUs por ano e os consumidores querem comprar 10 bilhões de libras por ano. Assim, ao preço de $ 3 o BTU, a quantidade de gás natural ofertada é igual à quantidade demandada. Note que, sob qualquer outro preço, o mercado não estaria ajustado, isto é, nem todo comprador conseguiria encontrar um vendedor disposto a vender ou vice-versa. Em outras palavras, se o preço fosse maior que $ 3, a quantidade ofertada excederia a quantidade demandada; se o preço fosse menor que $ 3, a quantidade demandada excederia.

O modelo de oferta e demanda, portanto, prevê que, dadas as curvas de demanda e de oferta mostradas na Figura 3.11, 10 trilhões de BTUs de gás natural mudariam de dono ao preço de $ 3 o BTU. Mas como podemos ter certeza de que o mercado chegará ao preço de equilíbrio? Começamos respondendo a três questões simples:

1. Por que todas as vendas e compras em um mercado se dão pelo mesmo preço?
2. Por que o preço de mercado cai se estiver acima do preço de equilíbrio?
3. Por que o preço de mercado sobe se estiver abaixo do preço de equilíbrio?

1. Por que todas as vendas e compras em um mercado se dão pelo mesmo preço? Há alguns mercados em que um mesmo bem pode ser vendido a vários

Figura 3.11 Equilíbrio de mercado.

O equilíbrio de mercado ocorre no ponto *E*, a interseção entre a curva de oferta e a curva de demanda. Em equilíbrio, a quantidade demandada é igual à quantidade ofertada. Nesse mercado, o preço de equilíbrio é $ 3 por BTU e a quantidade de equilíbrio é 10 trilhões de BTUs por ano.

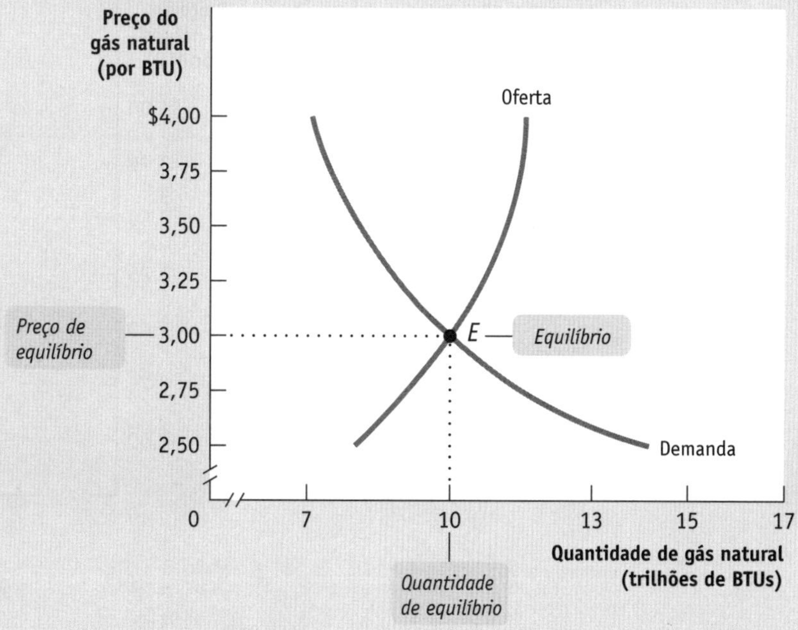

preços, dependendo de quem vende e de quem compra. Por exemplo, alguma vez você já comprou uma lembrança em uma loja para turistas, apenas para descobrir logo depois o mesmo suvenir sendo vendido em outra loja por um preço muito mais baixo? Como os turistas não sabem quais lojas oferecem os melhores preços e não têm tempo para fazer comparações, os vendedores podem oferecer os mesmos artigos por preços diferentes em áreas turísticas.

Mas, em qualquer mercado em que tanto vendedores como compradores têm estado algum tempo por perto, vendas e compras tendem a convergir para um preço em geral uniforme, de modo que vale falar sobre *o* preço de mercado. É fácil ver por quê. Suponha que um vendedor tenha pedido a um comprador potencial um preço nitidamente acima do que o comprador sabe que outras pessoas estão pagando. O comprador claramente ficará em situação melhor se for comprar em outra parte, a não ser que o vendedor esteja disposto a fazer uma oferta melhor. Do mesmo modo, um vendedor não vai querer vender por preço muito inferior ao que ele sabe que a maioria dos compradores está pagando; ele estará em situação melhor esperando por um cliente mais razoável. Assim, em qualquer mercado bem estabelecido, em funcionamento, todos os vendedores e todos os compradores pagam aproximadamente o mesmo preço. Este é o que denominamos *preço de mercado.*

2. Por que o preço de mercado cai se ele está acima do preço de equilíbrio? Suponha que as curvas de oferta e de demanda sejam as que se mostram na Figura 3.11, mas que o preço de mercado esteja acima do equilíbrio de $ 3; digamos que esteja em $ 3,50. Essa situação é ilustrada na Figura 3.12. Por que o preço não pode ficar lá?

Como mostra a figura, ao preço de $ 3,50 haveria mais gás natural disponível do que os consumidores teriam interesse em comprar: 11,2 trilhões de BTUs frente a 8,1 trilhões de BTUs. A diferença de 3,1 bilhões de BTUs é o **excedente,** também conhecido como *excesso de oferta,* de gás natural a $ 3,50.

Há **excedente** de um bem ou serviço quando a quantidade ofertada excede a quantidade demandada. Excedentes ocorrem quando o preço está acima de seu nível de equilíbrio.

Esse excedente faz com que alguns produtores de gás natural fiquem frustrados: eles não podem encontrar consumidores que queiram comprar seu gás. Assim, o excedente fornece incentivo para os frustrados vendedores potenciais para que ofereçam um preço mais baixo, a fim de atrair negócios de outros vendedores e

Figura 3.12 Preço acima do seu nível de equilíbrio cria excedente.

O preço de mercado de $ 3,50 é superior ao preço de equilíbrio de $ 3. Isso cria um excedente: a $ 3,50, os produtores gostariam de vender 11,2 trilhões de BTUs, mas os consumidores estariam dispostos a comprar somente 8,1 trilhões de BTUs, de modo que haveria um excedente de 3,1 trilhões de BTUs. Esse excedente pressiona o preço para baixo até que chegue ao preço de equilíbrio de $ 3.

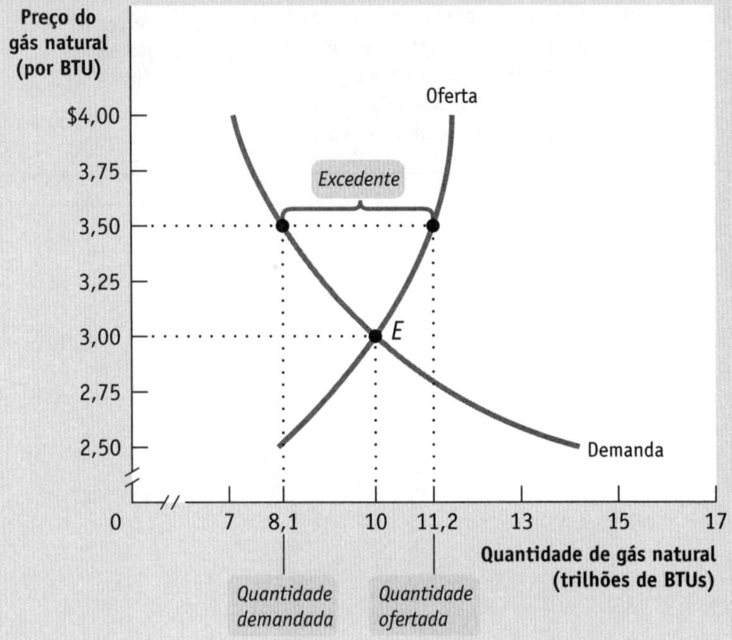

incentivar mais compradores potenciais. O resultado desses cortes no preço será pressionar para baixo o preço prevalecente até que chegue ao preço de equilíbrio. Assim, o preço de um bem cai sempre que há excedente, ou seja, sempre que o preço de mercado está acima do nível de equilíbrio.

3. Por que o preço de mercado aumenta se ele está abaixo do preço de equilíbrio? Suponha agora que o preço esteja abaixo do nível de equilíbrio, isto é, a $ 2,75 por BTU, como se mostra na Figura 3.13. Nesse caso, a quantidade demandada, de 11,5 trilhões de BTUs, excede a quantidade ofertada, de 9,1 trilhões

Figura 3.13 Preço abaixo de seu nível de equilíbrio cria escassez.

O preço de mercado de $ 2,75 é inferior ao preço de equilíbrio de $ 3. Isso cria escassez: os consumidores querem comprar 11,5 trilhões de BTUs, mas somente 9,1 trilhões de BTUs estão à venda, de modo que há escassez de 2,4 trilhões de BTUs. Esse excedente pressionará o preço para cima até que chegue ao preço de equilíbrio de $ 3.

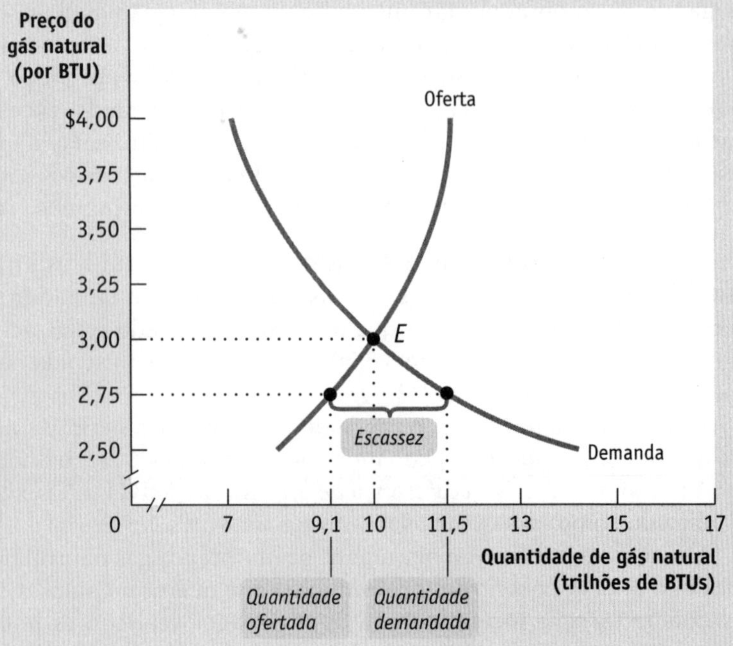

de BTUs, o que implica que compradores potenciais não conseguem encontrar gás natural: há **escassez**, também conhecida como *excesso de demanda*, de 2,4 trilhões de BTUs.

Há **escassez** de um bem ou serviço quando a quantidade demandada excede a quantidade ofertada. A escassez ocorre quando o preço está abaixo de seu nível de equilíbrio.

Quando há escassez, há compradores potenciais frustrados, que querem comprar gás natural mas não conseguem encontrar vendedores dispostos a vender ao preço corrente. Nessa situação, ou os compradores propõem pagar mais que o preço prevalecente, ou os vendedores percebem que podem cobrar um preço mais alto. Seja como for, o resultado é pressionar para cima o preço prevalecente.

Esse tipo de "leilão dos preços" acontece sempre que há escassez, e haverá escassez sempre que o preço estiver abaixo do nível de equilíbrio. Assim, o preço sempre subirá se estiver abaixo do nível de equilíbrio.

Uso do equilíbrio para descrever mercados

Vimos que um mercado tende a ter um único preço, o preço de equilíbrio. Assim, se o preço de mercado está acima do nível de equilíbrio, o excedente resultante fará compradores e vendedores levarem a cabo ações que reduzam o preço. E, se o preço de mercado está abaixo do nível de equilíbrio, a escassez resultante fará compradores e vendedores levarem a cabo ações que elevem o preço. Assim, o preço de mercado sempre *se move rumo* ao preço de equilíbrio, o preço pelo qual não há excedente nem escassez.

ECONOMIA >> *em Ação*

O preço de um ingresso

O equilíbrio de mercado, pelo que diz a teoria, é bastante igualitário porque o preço de equilíbrio vale para todo mundo. Isto é, todos os compradores pagam o mesmo preço, o preço de equilíbrio, e todos os compradores recebem esse mesmo preço. Mas isso é realista?

O mercado de ingressos para *shows* musicais é um exemplo que parece contradizer a teoria: há um preço na bilheteria mas, para o mesmo evento, há outro preço (em geral, muito mais alto) nos *sites* em que as pessoas que já têm ingresso oferecem revendê-los. Por exemplo, compare o preço de bilheteria de um *show* recente de Billie Ellish na Filadélfia, Pensilvânia, em março de 2020 com o preço que aparece no StubHub.com para assentos nas mesmas áreas: US$ 149,50 *versus* US$ 348,00.

Ainda que isso cause estranheza, não há contradição se levarmos em conta custos de oportunidade e gostos. Para megaeventos, comprar ingresso na bilheteria significa espera em longas filas. Compradores de ingresso que usam os revendedores da internet decidiram que o custo de oportunidade de seu tempo é alto demais para ser gasto esperando na fila. E, para grandes eventos que têm venda *on-line* ao mesmo preço que na bilheteria, os ingressos frequentemente acabam em poucos minutos. Nesse caso, algumas pessoas que querem muito ir ao *show*, mas perderam a oportunidade de comprar *on-line* aos preços mais baratos, estarão dispostas a pagar um preço mais alto aos revendedores da internet.

E não é só isso: ao comparar os preços entre os vendedores para assentos próximos uns dos outros, você pode ver que os mercados realmente se movem para o equilíbrio. Por exemplo, para um assento na seção 105, fila 12, o preço do StubHub era US$ 278,80 enquanto o preço do SeatGeek para um assento próximo era US$ 278,00. Como o modelo de mercado competitivo prevê, as unidades do mesmo bem acabarão sendo vendidas por aproximadamente o mesmo preço.

Na verdade, o comércio eletrônico fez com que os mercados se movessem mais rapidamente para o equilíbrio, fazendo as comparações de preços para você. O *site* SeatGeek compara preços dos bilhetes entre mais de 100 revendedores, permitindo que os clientes escolham instantaneamente o melhor negócio. Os bilhetes com preços mais baixos do que os dos concorrentes serão logo comprados, enquanto os bilhetes com preços mais altos ficarão sobrando.

E os ingressos no StubHub podem ser vendidos por menos do que o valor nominal para eventos com pouco apelo, enquanto podem disparar para eventos de alta demanda. Por exemplo, em 2019, o preço médio dos ingressos no StubHub para o Jogo 6 das Finais da NBA estava acima de US$ 3.300, com um fã pagando quase US$ 70 mil por um par de assentos para ver os Toronto Raptors ganharem seu primeiro campeonato da NBA. Até mesmo o chefe executivo do StubHub disse que o *site* é "a encarnação da economia da oferta e da procura".

Portanto, a teoria dos mercados competitivos não é apenas especulação. Se você quiser experimentar por si mesmo, tente comprar ingressos para um concerto ou para um campeonato.

>> *Revisão Rápida*

- O preço em um mercado competitivo se move para o **preço de equilíbrio**, ou **preço que equilibra o mercado**, pelo qual a quantidade ofertada é igual à quantidade demandada. Essa é a **quantidade de equilíbrio**.
- Todas as vendas e compras em um mercado ocorrem ao mesmo preço. Se o preço está acima do nível de equilíbrio, há um **excedente** que pressiona o preço para baixo. Se o preço está abaixo do nível de equilíbrio, há **escassez**, o que pressiona o preço para cima.

>> *Teste seu entendimento* 3.3

As respostas estão no fim do livro.

1. Nas três situações a seguir, o mercado inicialmente está em equilíbrio. Depois de cada evento descrito, haverá excedente ou escassez ao preço de equilíbrio original? O que acontecerá com o preço de equilíbrio em consequência disso?
   a. O ano de 2018 foi excelente para os vinhedos da Califórnia, que tiveram colheita recorde.
   b. Depois de um furacão, os hotéis da Flórida verificam que muitas pessoas cancelam suas férias, deixando-os com quartos vazios.
   c. Quando há nevascas fortes, muita gente quer comprar removedores de neve de segunda mão nas lojas de ferragem locais.

|| Mudanças na oferta e na demanda

A enorme queda no preço do gás natural de US$ 14 para US$ 2 por BTU de 2006 a 2013 pode ter sido uma surpresa para os consumidores, mas para os fornecedores não foi nenhuma surpresa. Os fornecedores sabiam que os avanços na tecnologia de perfuração abriram vastas reservas de gás natural que no passado tinham sido muito caras para serem exploradas. E, previsivelmente, um aumento na oferta reduz o preço de equilíbrio.

A adoção de tecnologia de perfuração mais avançada é exemplo de um evento que mudou a curva da oferta para um bem sem ter efeito sobre a curva da demanda. Há muitos eventos deste tipo. Há também eventos que deslocam a curva de demanda sem deslocar a curva de oferta. Por exemplo, um relatório médico segundo o qual chocolate faz bem aumenta a demanda por chocolate, mas não afeta a oferta. Os eventos frequentemente mudam ou a curva da oferta ou a curva da demanda, mas não ambas; por isso, é útil perguntar o que acontece em cada caso.

Já vimos que, quando uma curva muda, o preço de equilíbrio e a quantidade mudam. Agora, vamos nos concentrar exatamente em como o deslocamento de uma curva altera o preço de equilíbrio e a quantidade.

O que acontece quando a curva da demanda se desloca

O óleo de aquecimento e o gás natural são substitutos: se o preço do óleo de aquecimento subir, a demanda por gás natural aumentará, e se o preço do óleo de aquecimento cair, a demanda por gás natural diminuirá. Mas como o preço do óleo de aquecimento afeta o equilíbrio do mercado de gás natural?

A Figura 3.14 mostra o efeito de um aumento no preço do óleo combustível de aquecimento no mercado de gás natural. O aumento do preço do óleo de aquecimento aumenta a demanda por gás natural. O ponto E_1 mostra o equilíbrio correspondente à curva de demanda original, com P_1 sendo o preço de equilíbrio e Q_1 a quantidade comprada e vendida no equilíbrio.

O aumento na demanda é indicado por um *deslocamento para a direita* da curva de demanda de D_1 para D_2. Ao preço original de mercado P_1, este mercado não está mais em equilíbrio: ocorre escassez porque a quantidade demandada excede a quantidade fornecida. Portanto, o preço do gás natural aumenta e gera aumento

Figura 3.14 Equilíbrio e deslocamentos da curva de demanda.

O equilíbrio original no mercado está em E_1. A tecnologia aperfeiçoada causa aumento no fornecimento de gás natural e desloca a curva de fornecimento de S_1 para S_2. Um novo equilíbrio é estabelecido em E_2, com preço de equilíbrio mais baixo, P_2, e quantidade de equilíbrio mais alta, Q_2.

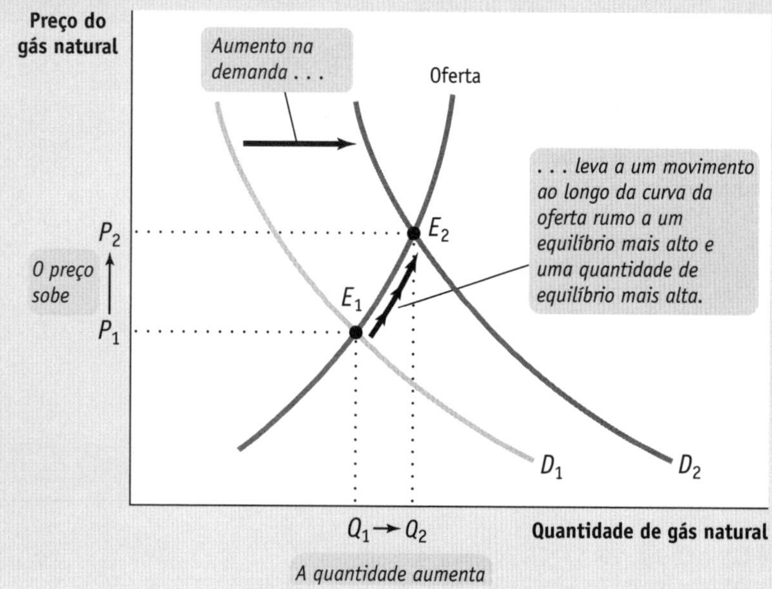

na quantidade fornecida, um *movimento ascendente ao longo da curva da oferta*. Um novo equilíbrio é estabelecido no ponto E_2, com um preço de equilíbrio mais alto, P_2, e maior quantidade de equilíbrio, Q_2. Esta sequência de eventos reflete um princípio geral: *quando a demanda por um bem ou serviço aumenta, o preço de equilíbrio e a quantidade de equilíbrio do bem ou serviço aumentam.*

O que aconteceria no caso inverso, uma queda no preço do óleo de aquecimento? Queda no preço do óleo de aquecimento reduz a demanda por gás natural, deslocando a curva da demanda para a esquerda. Ao preço original, um excedente ocorre na medida em que a quantidade ofertada excede a quantidade demandada. O preço cai e leva a uma diminuição da quantidade fornecida, resultando em preço de equilíbrio mais baixo e em quantidade de equilíbrio mais baixa. Isto ilustra outro princípio geral: *quando a demanda por um bem ou serviço diminui, o preço de equilíbrio e a quantidade de equilíbrio do bem ou serviço caem.*

Para resumir como um mercado responde a uma mudança na demanda: *aumento na demanda leva a aumento tanto no preço de equilíbrio quanto na quantidade de equilíbrio. Diminuição na demanda leva a queda tanto no preço de equilíbrio quanto na quantidade de equilíbrio.*

O que acontece quando a curva da oferta se desloca

Para a maioria dos bens e serviços, é um pouco mais fácil prever as mudanças na oferta do que as mudanças na demanda. Fatores físicos que afetam a oferta, como o clima ou a disponibilidade de insumos, são mais fáceis de compreender do que os gostos inconstantes que afetam a demanda. Ainda assim, tanto com a oferta como com a demanda, o que podemos prever melhor são os efeitos das mudanças da curva da oferta.

Como mencionamos na história introdutória do capítulo, a melhoria da tecnologia de perfuração aumentou significativamente a oferta de gás natural a partir de 2006. A Figura 3.15 mostra como essa mudança afetou o equilíbrio do mercado. O equilíbrio original está em E_1, o ponto de intersecção da curva de fornecimento original, S_1, com preço de equilíbrio P_1 e quantidade de equilíbrio Q_1. Como resultado da tecnologia aperfeiçoada, a oferta aumenta e S_1 passa *diretamente* para S_2. Ao preço original P_1, existe agora um excedente de gás natural e o mercado não está mais em equilíbrio. O excedente provoca queda no preço e aumento na quantidade

Figura 3.15 Equilíbrio e deslocamentos da curva de oferta.

O equilíbrio original no mercado está em E_1. A tecnologia aperfeiçoada causa aumento no fornecimento de gás natural e desloca a curva de fornecimento de S_1 para S_2. Um novo equilíbrio é estabelecido em E_2, com preço de equilíbrio mais baixo, P_2, e quantidade de equilíbrio mais alta, Q_2.

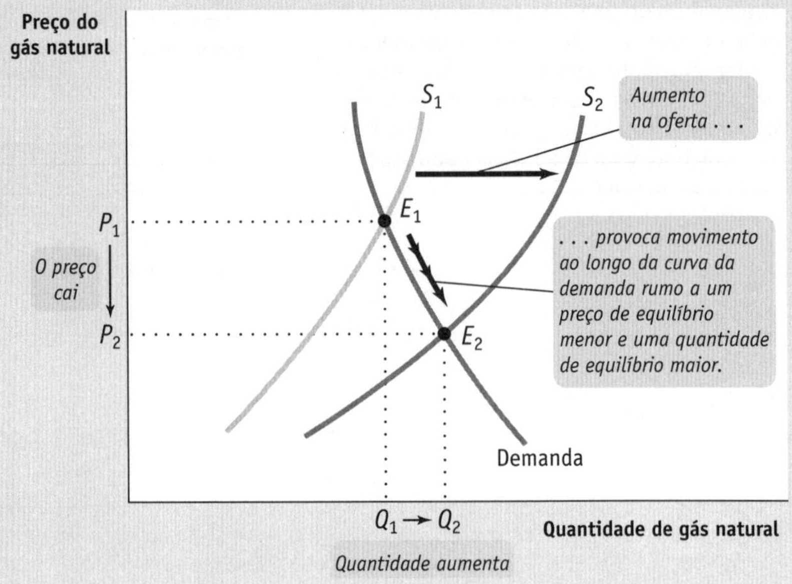

> **ARMADILHAS**
>
> **QUE CURVA É ESSA, ENTÃO?**
>
> Quando o preço de algum bem muda, geralmente podemos dizer que isso reflete uma modificação seja na oferta, seja na demanda. Mas é fácil ficar confuso sobre qual delas será. Um indício que ajuda é a direção da mudança na quantidade. Se a quantidade vendida muda na mesma direção que o preço – por exemplo, se tanto o preço como a quantidade sobem –, isso sugere que foi a curva de demanda que se deslocou. Se o preço e a quantidade se movem em direções *opostas*, é provável que a causa seja um deslocamento na curva de oferta.

demandada, um *movimento descendente ao longo da curva da demanda*. O novo equilíbrio está em E_2, com preço de equilíbrio P_2 e quantidade de equilíbrio Q_2. No novo equilíbrio E_2, o preço é menor e a quantidade de equilíbrio é maior do que antes. Isto pode ser declarado como um princípio geral: *quando a oferta de um bem ou serviço aumenta, o preço de equilíbrio do bem ou serviço cai e a quantidade de equilíbrio do bem ou serviço sobe.*

O que acontece com o mercado quando a oferta cai? A queda na oferta leva a um deslocamento da curva da oferta *para a esquerda*. Ao preço original, agora existe uma escassez. Como resultado, o preço de equilíbrio sobe e a quantidade demandada cai. Isso descreve o que aconteceu com o mercado de gás natural depois que o furacão Katrina danificou a produção de gás natural no Golfo do México em 2005. Podemos formular um princípio geral: *quando a oferta de um bem ou serviço diminui, o preço de equilíbrio do bem ou serviço sobe e a quantidade de equilíbrio do bem ou serviço cai.*

Para resumir como um mercado responde a uma mudança na oferta: *Aumento na oferta leva a queda no preço de equilíbrio e a aumento na quantidade de equilíbrio. Diminuição na oferta leva a aumento no preço de equilíbrio e queda na quantidade de equilíbrio.*

Deslocamentos simultâneos na oferta e na demanda

Finalmente, às vezes acontece de os eventos deslocarem *ambas* as curvas, a de demanda e a de oferta. Isso não é incomum; na realidade, as curvas de oferta e as curvas de demanda de muitos bens e serviços normalmente se deslocam com frequência, pois o ambiente econômico muda continuamente.

A Figura 3.16 ilustra dois exemplos de deslocamentos simultâneos. Em ambos os painéis, há aumento na oferta – ou seja, um deslocamento para a direita da curva de oferta de S_1 para S_2 – representando, por exemplo, a adoção de uma tecnologia de perfuração melhorada. Observe que o deslocamento para a direita no painel (a) é menor que o do painel (b): podemos supor que o painel (a) representa uma pequena mudança incremental na tecnologia, enquanto o painel (b) representa um grande avanço na tecnologia.

Ambos os painéis mostram diminuição na demanda – ou seja, um deslocamento para a esquerda de D_1 para D_2. Observe também que o deslocamento para a esquerda no painel (a) é relativamente maior que o do painel (b): podemos supor que o painel

Figura 3.16 Deslocamentos simultâneos das curvas de demanda e de oferta.

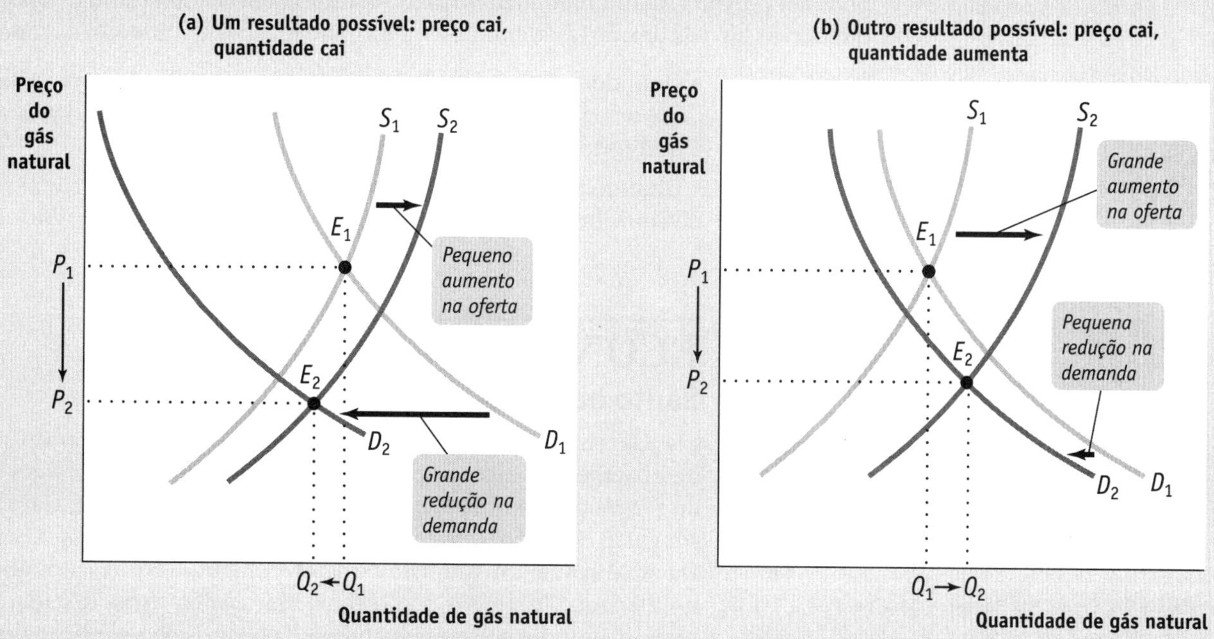

No painel (a), há um deslocamento para a esquerda da curva da demanda e, simultaneamente, um deslocamento para a direita da curva da oferta. Aqui, a diminuição da demanda é relativamente maior do que o aumento da oferta; portanto, a quantidade de equilíbrio cai à medida que o preço de equilíbrio também cai. No painel (b), há também deslocamentos simultâneos para a esquerda da curva da demanda e para a direita da curva da oferta. Aqui, o aumento da oferta é grande em relação à diminuição da demanda, de modo que a quantidade de equilíbrio aumenta à medida que o preço de equilíbrio cai.

(a) reflete o efeito na demanda de uma recessão profunda na economia em geral, enquanto o painel (b) reflete o efeito de um inverno suave.

Em ambos os casos, o preço de equilíbrio cai de P_1 para P_2 à medida que o equilíbrio se move de E_1 para E_2. Mas o que acontece com a quantidade de equilíbrio, a quantidade de gás natural comprada e vendida? No painel (a), a diminuição da demanda é grande em relação ao aumento da oferta e, em consequência, a quantidade de equilíbrio cai. No painel (b), o aumento da oferta é grande em relação à diminuição da demanda, e a quantidade de equilíbrio aumenta como resultado. Ou seja, quando a demanda diminui e a oferta aumenta, a quantidade real comprada e vendida pode ir para qualquer direção, dependendo de *quanto* as curvas de demanda e oferta se alteraram.

Em geral, quando a oferta e a demanda se deslocam em direções opostas, não podemos prever qual será o efeito final sobre a quantidade comprada e vendida. O que podemos dizer é que uma curva que se desloca a uma distância desproporcionalmente maior do que a outra terá efeito desproporcionalmente maior sobre a quantidade comprada e vendida. Dito isto, podemos fazer a seguinte previsão sobre o resultado quando as curvas de oferta e demanda se deslocarem em direções opostas:

- Quando a demanda diminui e a oferta aumenta, o preço de equilíbrio cai, mas a mudança na quantidade de equilíbrio é ambígua.
- Quando a demanda aumenta e a oferta diminui, o preço de equilíbrio aumenta, mas a mudança na quantidade de equilíbrio é ambígua.

Mas suponha que as curvas de demanda e oferta se desloquem na mesma direção. Foi o que aconteceu nos Estados Unidos, depois que a economia se recuperou gradualmente da recessão em 2008, resultando em aumento tanto na demanda quanto na oferta. Podemos fazer qualquer previsão segura sobre as mudanças de preço e quantidade? Nesta situação, a mudança na quantidade comprada e vendida pode ser prevista, mas a mudança no preço é ambígua. Os dois resultados possíveis quando as curvas de oferta e demanda mudam no mesmo sentido são os seguintes:

- Quando tanto a demanda quanto a oferta aumentam, a quantidade de equilíbrio aumenta, mas a mudança no preço de equilíbrio é ambígua.
- Quando tanto a demanda quanto a oferta diminuem, a quantidade de equilíbrio cai, mas a mudança no preço de equilíbrio é ambígua.

Figura 3.17 Alta no preço do abacate.

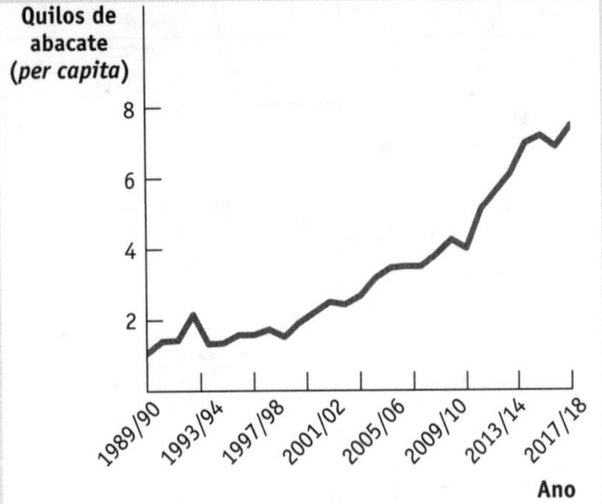

Dados de: USDA, Economic Research Service.

ECONOMIA >> *em Ação*

Santo abacate!

Liz Garrison ficou chocada quando viu que o preço do pacote de abacate que ela compra com frequência no Trader Joe's saltou de $ 2,50 para $ 6,50. "Eu como um abacate por dia. É muito para ser gasto com algo que como com tanta frequência", disse Garrison. David Magaña, um analista do setor, comentou o preço dos abacates no atacado: "Este é o preço mais elevado em uma década, talvez mais". Contudo, por mais surpreendente que seja a elevação do preço do abacate, ela é o resultado da oferta e da demanda.

Em primeiro lugar, temos o crescente apetite (demanda) dos norte-americanos pelo abacate em suas diferentes formas: guacamole (pasta temperada de abacate), torradas de abacate e abacate batido. Em 2018 cada norte-americano consumiu aproximadamente 7,5 libras por ano, comparadas com 1,1 libra em 1989. Além disso, a demanda por abacates tem aumentado em outros lugares, como a China e a Europa. Ambos os eventos deslocaram a curva de demanda para a direita.

Em segundo lugar, há a oferta. Em 2019, a colheita na Califórnia foi a menor em uma década, quase 50% menor do que o colhido em 2018, resultado de uma onda de calor. Junto a isto, duas outras áreas que são grandes produtoras de abacate – Peru e África do Sul – experimentaram declínios nas taxas anuais de crescimento da produção. Esses eventos deslocaram a curva de oferta para a esquerda.

Inevitavelmente, um crescimento na demanda associado à queda abrupta de oferta produz aumentos vertiginosos nos preços dos abacates. No final das contas, é apenas lógica econômica. Até que a demanda diminua, ou a oferta aumente, ou ambas aconteçam, o preço de satisfazer o desejo da América por abacates continuará elevado, como é mostrado na Figura 3.17.

Contudo, há luz no horizonte para os amantes do abacate. Um grande volume de chuvas de inverno no começo de 2019 na California deu novo estímulo aos plantadores (e às suas plantações), de acordo com analistas de mercado. Então, segure a sua tortilha e esteja pronto para pegar guacamole!

>> *Revisão Rápida*

- Mudanças no preço e na quantidade de equilíbrio em um mercado resultam de deslocamentos na curva de oferta, na curva de demanda ou em ambas.
- Um aumento na demanda aumenta tanto o preço de equilíbrio quanto a quantidade de equilíbrio. Uma queda na demanda pressiona para baixo tanto o preço de equilíbrio quanto a quantidade de equilíbrio.
- Um aumento na oferta pressiona para baixo o preço de equilíbrio, mas aumenta a quantidade de equilíbrio. Uma queda na oferta aumenta o preço de equilíbrio, mas reduz a quantidade de equilíbrio.
- Muitas vezes, as flutuações em mercados implicam deslocamento simultâneo da curva de oferta e da curva de demanda. Quando elas se deslocam na mesma direção, a mudança na quantidade de equilíbrio é previsível, mas a mudança no preço de equilíbrio não é. Quando se movem em direções opostas, a mudança no preço de equilíbrio é previsível, mas a mudança na quantidade de equilíbrio, não. Quando ocorre deslocamento simultâneo da curva de demanda e da curva de oferta, a curva que se desloca por maior distância tem efeito mais forte sobre a mudança no preço e na quantidade de equilíbrio.

>> *Teste seu entendimento* 3.4

As respostas estão no fim do livro.

1. Em cada um dos exemplos a seguir, determine (i) qual é o mercado em questão, (ii) se ocorreu deslocamento da demanda ou da oferta, qual a direção do deslocamento e o que esse deslocamento provocou; e (iii) o efeito do deslocamento sobre o preço de equilíbrio e a quantidade de equilíbrio.
   - **a.** Quando o preço da gasolina cai nos Estados Unidos, mais pessoas compram carros maiores.
   - **b.** À medida que a inovação tecnológica reduziu o custo de reciclar papel, o papel novo reciclado tem sido usado com maior frequência.
   - **c.** Quando uma empresa de TV a cabo local oferece filmes sob demanda mais baratos, os cinemas locais ficam com mais lugares vazios.

2. Quando um novo e mais rápido *chip* de computador é lançado, a demanda por computadores que utilizam os *chips* mais antigos e mais lentos diminui. Simultaneamente, os fabricantes de computadores aumentam sua produção de computadores contendo os *chips* antigos, a fim de limpar seus estoques.
   a. Trace dois diagramas do mercado para computadores contendo os *chips* antigos: um em que a quantidade de equilíbrio cai em resposta a esses eventos e outro em que a quantidade de equilíbrio aumenta.
   b. O que acontece com o preço de equilíbrio em cada diagrama?

Mercados competitivos – e outros

No início deste capítulo, definimos o que é um mercado competitivo e explicamos a estrutura da oferta e da demanda em um modelo de mercados competitivos. Mas havíamos adiado a questão de saber por que importa se o mercado é ou não competitivo. Agora que vimos como funciona o modelo de oferta e demanda, podemos dar uma explicação.

Para compreender por que os mercados competitivos são diferentes de outros mercados, compare os problemas com que se defrontam dois indivíduos: um produtor de trigo que precisa decidir se deve cultivar mais trigo e o presidente de uma grande companhia de alumínio (por exemplo, a Alcoa) que precisa decidir se deve produzir mais alumínio.

Para o produtor de trigo, a questão é se o trigo pode ser vendido a um preço suficientemente alto para justificar o custo de produção extra. O fazendeiro não precisa se preocupar em saber se a sua produção aumentada vai afetar o preço do trigo que ele já pretendia cultivar. Isso porque o mercado de trigo é competitivo. Há milhares de produtores desse cereal, e a decisão de um único produtor não terá maior impacto sobre o preço de mercado.

Para o executivo da Alcoa, a questão não é tão simples porque o mercado de alumínio *não* é competitivo. Há apenas alguns poucos participantes grandes, inclusive a Alcoa, e cada um deles tem consciência de que suas ações *têm, sim,* impacto significativo sobre o preço de mercado. Isso torna muito mais complexas as decisões que os produtores devem tomar. A Alcoa não pode decidir se vai ou não produzir mais alumínio apenas perguntando se o produto adicional vai vender por mais do que o seu custo de fabricação. A companhia tem de perguntar também se produzir mais alumínio não poderá pressionar para baixo o preço de mercado e reduzir seu *lucro,* isto é, o ganho líquido de produzir e vender seu produto. Quando um mercado é competitivo, os indivíduos podem basear decisões em análises menos complexas do que aquelas usadas em mercados não competitivos. Isso significa, por sua vez, que para os economistas é mais fácil construir um modelo de mercado competitivo do que de um mercado não competitivo.

Mas isso não significa que a análise econômica não tenha nada a dizer sobre mercados não competitivos. Diferentemente, os economistas podem oferecer percepções muito importantes sobre o funcionamento de outros tipos de mercado. Mas essas percepções exigem outros modelos, que trataremos mais adiante.

CASO EMPRESARIAL

A Uber dá aos motoristas uma lição de oferta e demanda

Dois jovens empreendedores, Garrett Camp e Travis Kalanick, criaram a Uber em 2009 para aliviar uma frustração comum: como encontrar um táxi quando você precisa chegar a algum lugar e não há nenhum táxi disponível. Em cidades densamente povoadas como Nova York, encontrar um táxi é relativamente fácil na maioria dos dias – fique em uma esquina, ponha seu braço para fora e em pouco tempo um táxi irá parar para pegá-lo. E você sabe exatamente quais serão as tarifas de táxi antes de entrar no carro, porque elas são estabelecidas pelos órgãos reguladores da cidade.

Mas, em outros momentos, pode ser difícil encontrar um táxi, e você pode esperar muito tempo por um – por exemplo, em dias chuvosos ou na hora do *rush*. Enquanto você espera, provavelmente notará táxis vazios passando por você – motoristas que estão saindo do trabalho e seguindo para casa. Além disso, há momentos em que é simplesmente impossível chamar um táxi – como durante uma tempestade de neve ou na véspera de Ano Novo.

A Uber foi criada para resolver esse problema. Usando um aplicativo, a Uber conecta as pessoas que querem uma carona e os motoristas com carros. Ele também registra os motoristas, define as tarifas e cobra automaticamente o pagamento com o cartão de crédito de um passageiro registrado. A Uber então retém 25% da tarifa, com o restante indo para o motorista. Já em 2019, a Uber operava em 65 países e em mais de 600 cidades, e contabilizou US$ 11,3 bilhões em corridas.

Estudos demonstraram que as tarifas da Uber são aproximadamente iguais ou inferiores às tarifas normais de táxi durante as horas normais de condução. A qualificação *durante o horário normal de condução* é importante, porque em outros momentos as tarifas Uber flutuam. Quando há mais pessoas procurando por uma corrida do que carros disponíveis, a Uber usa o que chama de *aumento de preço*: fixar a tarifa mais alta até que todos que querem um carro com o preço corrente possam conseguir um. Por exemplo, durante uma tempestade de neve ou na noite de Ano Novo, as corridas com Uber custam cerca de nove a dez vezes o preço padrão. Enraivecidos, alguns clientes Uber a acusaram de ter um preço superfaturado.

Mas, de acordo com seus fundadores, o aumento de preços da Uber é simplesmente uma forma de manter os clientes satisfeitos, porque o aumento de preços é calculado para deixar o menor número possível de pessoas sem uma corrida. Como explica Kalanick: "Não possuímos carros nem empregamos motoristas. São necessários preços mais altos para colocar os carros na rua e mantê-los ali durante os períodos mais movimentados." Entretanto, com mais motoristas se juntando à frota da Uber, eles estão descobrindo que leva mais horas para se conseguir uma renda suficiente. Assim, em cidades como San Diego, onde os passageiros têm acesso a serviços de táxi, os motoristas de Uber se uniram para fazer "pausas sincronizadas" durante as horas de pico, como as noites de sábado. Essas pausas provocam um aumento dos preços, o que leva os motoristas a saltar para dentro de seus carros. Esses motoristas de Uber sabem claramente como funcionam a oferta e a demanda.

QUESTÕES PARA PENSAR

1. O que explica o fato de que, antes da chegada da Uber, normalmente havia táxis suficientes disponíveis para todos que queriam um em dias de bom tempo, mas não o suficiente em dias de mau tempo?
2. Como o aumento dos preços de Uber resolve o problema? Avalie a alegação de Kalanick de que o preço é estabelecido para deixar o menor número possível de pessoas sem uma corrida.
3. Use um diagrama de oferta e demanda para ilustrar como os motoristas de Uber podem provocar um aumento de preços fazendo pausas coordenadas. Por que é improvável que essa estratégia funcione em Nova York, uma cidade grande com frota de táxis estabelecida?

RESUMO

1. O **modelo de oferta e demanda** ilustra como funciona um **mercado competitivo**, o que tem muitos compradores e vendedores.

2. A **tabela de demanda** mostra a **quantidade demandada** a cada preço e se representa graficamente por uma **curva de demanda**. A **lei da demanda** diz que as curvas de demanda se inclinam para baixo; isto é, o preço mais alto por um bem e serviço leva as pessoas a procurarem uma quantidade menor, tudo o mais mantido constante.

3. Um **movimento ao longo da curva de demanda** ocorre quando o preço muda e provoca uma mudança na quantidade demandada. Quando os economistas falam de aumento ou queda na demanda, eles se referem a **deslocamentos da curva de demanda** – uma mudança na quantidade demandada a qualquer preço dado. Um aumento na demanda provoca deslocamento da curva de demanda para a direita. Uma redução na demanda causa deslocamento para a esquerda.

4. Há cinco fatores principais que deslocam a curva de demanda:
   - Mudança nos preços de bens relacionados, como **substitutos** ou **complementares.**
   - Mudança na renda: quando a renda sobe, a demanda por **bens normais** aumenta e a demanda por **bens inferiores** diminui.
   - Mudança nos gostos.
   - Mudança nas expectativas.
   - Mudança no número de consumidores.

5. A curva de demanda de mercado para um bem ou serviço é a soma horizontal das **curvas de demanda individuais** de todos os consumidores no mercado.

6. A **tabela de oferta** mostra a **quantidade ofertada** a cada preço e é representada graficamente por uma **curva de oferta**. As curvas de oferta, normalmente, inclinam-se para cima.

7. Um **movimento ao longo da curva de oferta** ocorre quando o preço muda e provoca mudança na quantidade ofertada. Quando os economistas falam de aumento ou redução da oferta, eles se referem a **deslocamentos da curva de oferta** – uma mudança na quantidade ofertada a qualquer preço dado. Um aumento na oferta causa deslocamento da curva de oferta para a direita. Uma redução na oferta causa deslocamento para a esquerda.

8. Há cinco fatores principais que deslocam a curva de oferta:
   - Mudança no preço de **insumos.**
   - Mudança nos preços de bens e serviços relacionados.
   - Mudança na tecnologia.
   - Mudança nas expectativas.
   - Mudança no número de produtores.

9. A curva de oferta de mercado de um bem ou serviço é a soma horizontal das **curvas de oferta individuais** de todos os produtores nesse mercado.

10. O modelo de oferta e demanda se baseia no princípio de que o preço em um mercado se move rumo ao **preço de equilíbrio** ou **preço que equilibra o mercado** – o preço pelo qual a quantidade demandada é igual à quantidade ofertada. Essa quantidade é a **quantidade de equilíbrio**. Quando o preço está acima do nível que equilibra o mercado, há um **excedente** que pressiona o preço para baixo. Quando o preço está abaixo do preço que equilibra o mercado, há uma **escassez** que pressiona o preço para cima.

11. Um aumento na demanda aumenta tanto o preço de equilíbrio quanto a quantidade de equilíbrio. Uma queda na demanda tem o efeito oposto. Um aumento na oferta reduz o preço de equilíbrio e aumenta a quantidade de equilíbrio. Uma queda na oferta tem o efeito oposto.

12. Deslocamentos na curva de demanda e na curva de oferta podem ocorrer simultaneamente. Quando elas se deslocam em direções opostas, a mudança no preço de equilíbrio é previsível, mas a mudança na quantidade de equilíbrio não é. Quando elas se deslocam na mesma direção, a mudança na quantidade de equilíbrio é previsível, mas a mudança no preço de equilíbrio não é. Em geral, a curva que se desloca por maior distância tem efeito maior nas mudanças de preço e quantidade de equilíbrio.

PALAVRAS-CHAVE

QUESTÕES PARA PENSAR

1. No mercado de automóveis explique como a demanda responde a (i) um aumento no preço dos automóveis hoje e (ii) um aumento esperado no preço futuro dos automóveis.
2. Explique por que a seguinte declaração é enganosa: "A Apple aumenta a oferta de relógios após um aumento inesperado na demanda."
3. Em cada uma das seguintes alternativas, qual é o erro subjacente à declaração? Explique o erro em termos de oferta e demanda e os fatores que os influenciam.
   a. Os consumidores são ilógicos porque estão comprando mais bebidas Starbucks em 2019, apesar do fato de que a Starbucks aumentou os preços em 10 a 30 centavos por bebida.
   b. Os consumidores são ilógicos porque compram menos na Cost-U-Less Warehouse Superstore quando sua renda aumenta.
   c. Os consumidores são ilógicos ao comprar um iPhone 11 quando um iPhone X custa menos.
4. Dois estudantes estão debatendo os efeitos de uma queda esperada nos preços futuros das casas. Um deles alega que um declínio nos preços das casas aumentará a quantidade total de casas, enquanto o outro afirma que a quantidade de casas diminuirá. Qual estudante está correto? Explique. Não deixe de discutir como as mudanças esperadas nos preços mudam a demanda e/ou oferta.

PROBLEMAS

1. Uma pesquisa indicou que o sorvete de chocolate é o favorito dos norte-americanos. Para cada um dos itens a seguir, indique os possíveis efeitos sobre a demanda e/ou oferta e sobre o preço e a quantidade de equilíbrio do sorvete de chocolate.
   a. Uma seca severa no Meio-Oeste faz os pecuaristas reduzirem em um terço o número de vacas leiteiras no seu plantel. Esses pecuaristas fornecem o creme usado na fabricação do sorvete de chocolate.
   b. Um novo relatório da Associação Médica Americana revela que chocolate, de fato, faz bem à saúde.
   c. A descoberta de baunilha sintética mais barata reduz o preço do sorvete de baunilha.
   d. Nova tecnologia para misturar e congelar sorvete reduz o custo de produzir sorvete de chocolate.
2. Em um diagrama de oferta e demanda, trace um deslocamento da demanda de hambúrguer na sua cidade, devido aos eventos a seguir. Em cada caso, mostre o efeito sobre o preço e a quantidade de equilíbrio.
   a. Aumentou o preço dos pastéis.
   b. Todos os vendedores de hambúrguer aumentaram o preço das fritas.
   c. Há queda de renda na cidade. Suponha que o hambúrguer seja um bem normal para a maioria das pessoas.
   d. Há queda de renda na cidade. Suponha que o hambúrguer seja um bem inferior para a maioria das pessoas.
   e. A carrocinha de cachorro-quente reduziu o preço desse sanduíche.
3. O mercado de muitos bens muda de forma previsível de acordo com a época do ano, em resposta a eventos como feriados, férias, mudanças sazonais de produção e assim por diante. Usando oferta e demanda, explique a mudança de preço em cada um dos casos a seguir. Note que a oferta e a demanda podem se deslocar simultaneamente.
   a. O preço da lagosta normalmente cai no pico do verão, apesar de as pessoas preferirem comer lagosta no verão mais que em qualquer outra época do ano.
   b. O preço das árvores de Natal é mais baixo depois do Natal, porém menos árvores são vendidas.
   c. O preço de uma passagem de ida e volta a Paris pela Air France cai mais de $ 200 depois que terminam as férias escolares, e isso acontece apesar de em geral piorar o clima, o que aumenta o custo de operar voos até Paris e, portanto, a Air France reduz o número de voos a Paris por qualquer preço dado.
4. Mostre em um diagrama o efeito sobre a curva de demanda, a curva de oferta, o preço de equilíbrio e a quantidade de equilíbrio em cada um dos eventos a seguir.
   a. O mercado de quartos de hotel na sua cidade

      Caso 1: O salário das camareiras sobe.

      Caso 2: Uma grande convenção política será realizada em sua cidade, atraindo muitos visitantes de todo o país.
   b. O mercado de camisetas de algodão de um clube popular

      Caso 1: O clube popular ganha o campeonato.

      Caso 2: O preço do algodão aumenta.
   c. O mercado de pãozinho

      Caso 1: As pessoas percebem que o pãozinho engorda.

      Caso 2: As pessoas têm menos tempo para preparar seu café da manhã.
   d. O mercado do livro de economia de Krugman e Wells.

      Caso 1: Seu professor diz que é um livro obrigatório para todos os seus alunos.

      Caso 2: O custo de impressão de livros-texto baixa com uso de papel sintético.
5. Vamos supor que cada pessoa nos Estados Unidos consome uma média de 37 galões de refrigerante (não dietético) a um preço médio de US$ 2 por galão, e que a população dos Estados Unidos é de 294 milhões. Ao preço de US$ 1,50 por galão, cada consumidor demandaria 50 galões de refrigerantes. A partir dessas informações sobre o cronograma de demanda individual, calcule a tabela

de demanda do mercado de refrigerantes para os preços de US$ 1,50 e US$ 2 por galão.

6. Suponha que a tabela de oferta de lagosta do Maine seja a seguinte:

Preço da lagosta (por libra)	Quantidade de lagosta ofertada (libras)
$ 25	800
20	700
15	600
10	500
5	400

Suponha que as lagostas do Maine possam ser vendidas apenas nos Estados Unidos. A tabela de demanda dos Estados Unidos para lagostas do Maine é a seguinte:

Preço da lagosta (por libra)	Quantidade de lagosta demandada (libras)
$ 25	200
20	400
15	600
10	800
5	1.000

a. Trace uma curva de demanda e uma curva de oferta para lagostas do Maine. Qual é o preço e a quantidade de equilíbrio para lagostas?

Suponha agora que as lagostas do Maine possam ser vendidas na França. A tabela da demanda francesa por lagostas do Maine é a seguinte:

Preço da lagosta (por libra)	Quantidade de lagosta demandada (libras)
$ 25	100
20	300
15	500
10	700
5	900

b. Qual é a tabela de demanda de lagostas do Maine agora que os consumidores franceses também podem comprá-las? Trace um diagrama de oferta e de demanda que ilustre o novo preço e a quantidade de equilíbrio para lagostas. O que acontecerá com o preço pelo qual os pescadores podem vender lagosta? O que acontecerá com o preço pago pelos consumidores nos Estados Unidos? O que acontecerá com a quantidade consumida pelos consumidores nos Estados Unidos?

7. Descubra os erros de raciocínio nas afirmações a seguir, prestando atenção à distinção entre deslocamento das curvas de oferta e de demanda e movimentos ao longo delas. Trace um diagrama para mostrar o que de fato acontece em cada situação.

a. "Uma inovação tecnológica que reduz o custo de produção de um bem, à primeira vista, parece trazer queda de preço desse bem para o consumidor. Mas uma queda de preço aumenta a demanda do bem, e a demanda mais elevada faz o preço subir. No fim das contas, não é certo, portanto, que uma inovação de fato reduzirá o preço."

b. "Um estudo mostrando que comer um dente de alho por dia pode ajudar a prevenir doenças cardíacas leva muitos consumidores a procurarem por mais alho. Esse aumento na demanda resulta em aumento do preço do alho. Os consumidores, vendo que o preço do alho subiu, reduzem sua demanda e isso faz cair a demanda de alho, bem como seu preço. Por conseguinte, o efeito final do estudo sobre o preço do alho é incerto."

8. Alguns pontos de uma curva de demanda para um bem normal são dados aqui:

Preço	Quantidade demandada
$ 23	70
21	90
19	110
17	130

a. Você acha que o aumento na quantidade demandada (de 90 para 110 na tabela) quando o preço cai (de $ 21 para $ 19) se deve a um aumento na renda dos consumidores? Explique brevemente por quê.

b. Suponha agora que se trate de um bem inferior. Essa tabela de demanda também poderia ser válida para um bem inferior?

c. Finalmente, suponha que você não saiba se o bem é normal ou inferior. Formule um experimento que lhe permita determinar se é um ou outro. Explique.

9. Nos últimos anos, o número de carros produzidos na China vem aumentando rapidamente. Na verdade, a China hoje tem mais marcas de carro que os Estados Unidos. Além disso, as vendas de automóveis têm aumentado a cada ano e as montadoras têm aumentado sua produção a taxas ainda mais rápidas, causando uma concorrência feroz e queda nos preços. Ao mesmo tempo, a renda dos consumidores chineses tem aumentado. Suponha que os carros são um bem normal. Trace um diagrama das curvas de oferta e demanda de carros na China para explicar o que aconteceu no mercado automobilístico chinês.

10. Aaron Hank é uma estrela do time de beisebol de Bay City. Ele está perto de bater um recorde de jogadas da estação e espera-se que esse recorde seja batido no próximo jogo. Por isso, as entradas estão sendo bem vendidas. Mas hoje foi anunciado que, devido a dores no joelho, ele na verdade não participará do próximo jogo. Suponha que quem tem entradas para a temporada possa revendê-las se assim quiser. Use diagramas de oferta e demanda para explicar o seguinte:

a. Mostre o caso em que esse anúncio resulta em preço e quantidade de equilíbrio mais baixos que antes do anúncio.

b. Mostre o caso em que esse anúncio resulta em preço de equilíbrio mais baixo e quantidade de equilíbrio mais alta que antes do anúncio.

c. O que faz que aconteça o caso a ou o caso b.

d. Suponha que um cambista tenha sabido secretamente, antes do jogo, que Hank não jogaria no próximo jogo. O que você acha que ele decidiu fazer?

11. Os fãs de música muitas vezes lamentam o alto preço dos ingressos para *shows*. Uma superestrela argumentou que vê-la se apresentar não vale centenas, muito menos milhares de dólares. Vamos assumir que essa estrela vendeu *shows* em todo o país ao preço médio de 75 dólares.

a. Como você avaliaria o argumento de que o preço das entradas está alto demais?

b. Suponha que, devido ao protesto dessa estrela, o preço das entradas baixe para $ 50. Em que sentido esse preço é baixo demais? Trace um diagrama usando curvas de oferta e de demanda para apoiar seu argumento.

c. Suponha que a estrela de fato queira diminuir o preço das entradas. Como ela controla a oferta dos seus serviços, o que você recomenda que ela faça? Explique usando um diagrama de oferta e demanda.

d. Suponha que o último álbum da artista tenha sido um fracasso total. Você acha que ela ainda teria de se preocupar com entradas caras demais? Por quê? Trace um diagrama de oferta e demanda para apoiar sua argumentação.

e. Suponha que a estrela tenha anunciado que essa será sua última turnê. Quais efeitos você acha que isso terá sobre a demanda e sobre o preço das entradas? Ilustre com um diagrama de oferta e demanda.

12. Depois de vários anos de declínio, o mercado de violões feitos à mão está voltando. Esses violões normalmente são feitos em pequenas oficinas que empregam uns poucos especialistas altamente qualificados. Avalie o impacto sobre o preço e a quantidade de equilíbrio dos violões em consequência dos eventos seguintes. Em suas respostas, indique qual curva ou quais curvas se deslocam e em qual direção.

a. Ambientalistas conseguem proibir o uso do pau-rosa brasileiro nos Estados Unidos, forçando os fabricantes de violões a procurarem outras madeiras mais caras.

b. Um produtor externo faz uma reengenharia do processo de construir violão e inunda o mercado de violões idênticos.

c. A música de violões feitos à mão volta à moda ao passo que as audiências cansam do som *heavy metal* e do *rock* alternativo.

d. A economia entra em recessão e a renda média dos norte-americanos cai fortemente.

13. *Torcendo a demanda*: Desenhe e explique a relação de demanda em cada uma das afirmações que se seguem.

a. Eu jamais compraria um CD da Taylor Swift! Não quero nem de graça!

b. Em geral, eu compro um pouco mais de café quando o preço cai, mas quando o preço chega a cair até $ 2 por meio quilo, compro o estoque todo do supermercado.

c. Gasto mais em suco de laranja, mesmo quando o preço aumenta. (Isso significa que estou violando a lei da demanda?)

d. Devido ao aumento no valor da matrícula, a maioria dos estudantes de uma faculdade fica com menos renda disponível. Quase todos eles fazem suas refeições mais frequentemente na cantina da faculdade e menos em restaurantes, ainda que os preços também tenham subido na cantina. (Aqui, é preciso desenhar tanto a curva de demanda quanto a curva de oferta para as refeições na cantina da faculdade.)

14. Shakespeare é um dramaturgo em dificuldades em Londres, no século XVI. Conforme o preço que recebe por peça de teatro aumenta, ele se dispõe a escrever mais peças. Nas situações que se seguem, use um diagrama para ilustrar como cada um dos eventos afeta o preço e a quantidade de equilíbrio no mercado de peças de Shakespeare.

a. O dramaturgo Christopher Marlowe, principal rival de Shakespeare, é morto em uma briga de bar.

b. A peste bubônica, doença infecciosa mortal, aparece em Londres.

c. Para celebrar a derrota da Armada espanhola, a rainha Elizabeth declara várias semanas de festas, o que implica encomendar novas peças de teatro.

15. Na pequena cidade de Middling, a taxa de natalidade dobra repentinamente. Depois de 3 anos, a taxa de natalidade volta ao normal. Use um diagrama para ilustrar o efeito desse evento sobre:

a. O mercado de uma hora de serviços de babá em Middling hoje.

b. O mercado de uma hora de serviços de babá daqui a 14 anos, depois que a taxa de natalidade tiver voltado ao normal e quando as crianças que nasceram hoje estiverem em idade de trabalharem como babás.

c. O mercado de uma hora de serviços de babá daqui a 30 anos, quando as crianças nascidas hoje provavelmente estarão tendo seus próprios bebês.

16. Use um diagrama para ilustrar como cada um dos eventos a seguir afeta o preço e a quantidade de equilíbrio de pizza.

a. O preço da muçarela aumenta.

b. Há muita publicidade sobre o mal que os hambúrgueres fazem à saúde.

c. O preço do molho de tomate cai.

d. A renda dos consumidores aumenta e a pizza é um bem inferior.

e. Os consumidores esperam que o preço da pizza vá cair na semana que vem.

17. Embora tenha sido um artista prolífico, Picasso pintou apenas mil quadros no seu "período azul". Picasso já morreu e todos os seus trabalhos do período azul estão em museus e galerias privadas na Europa e nos Estados Unidos.

a. Trace uma curva de oferta dos quadros de Picasso do período azul. Por que essa curva de oferta é diferente de outras?

b. Dada a curva de oferta no item *a*, o preço de uma obra do período azul de Picasso dependerá inteiramente de qual fator ou quais fatores? Trace um diagrama mostrando como é determinado o preço de equilíbrio de tal obra.

c. Suponha que um rico colecionador de arte decida que é essencial adquirir arte do período azul de Picasso para suas coleções. Mostre o impacto disso sobre o mercado dessas pinturas.

18. Trace as curvas apropriadas em cada um dos casos que se seguem. Elas são semelhantes ou não às curvas que você viu até agora? Explique.

a. A demanda por cirurgia de ponte de safena, considerando que o governo paga o custo total para qualquer paciente.

b. A demanda por cirurgia plástica cosmética eletiva, considerando que cada paciente pague ele mesmo o custo total.

c. A oferta de reimpressões de fotografias de Annie Leibovitz.

19. Em 2018, o preço do petróleo caiu para o menor preço em 14 anos. Para os motoristas, o custo de dirigir caiu significativamente com a queda dos preços da gasolina. Para o setor aéreo, o custo de operação também caiu significativamente porque o combustível de avião é uma grande despesa.

a. Desenhe um diagrama de oferta e demanda que ilustre o efeito de uma queda no preço do combustível de avião a jato sobre a oferta de viagens aéreas.

b. Desenhe um diagrama de oferta e demanda que ilustre o efeito de uma queda no preço do petróleo sobre a demanda das viagens aéreas. (Dica: pense nisto em termos de substitutos para as viagens aéreas, como ir de carro.)

c. Coloque os diagramas das partes *a* e *b* juntos. O que acontece com o preço de equilíbrio e a quantidade das viagens aéreas?

Apesar da queda no custo da viagem de carro, muito mais norte-americanos optaram por voar para seus destinos durante 2018, à medida que a renda aumentava e as pessoas tiravam as férias que haviam sido adiadas durante a Grande Recessão.

d. Usando seus resultados da parte *c*, modifique seu diagrama para ilustrar um resultado no qual o preço de equilíbrio das viagens aéreas sobe à medida que as pessoas tiram mais férias por via aérea.

RESOLVA

20. A tabela anexa traz as tabelas anuais da demanda e da oferta de caminhonetes nos EUA.

Caminhonetes	Quantidade de caminhonetes demandada (milhões)	Quantidade de caminhonetes ofertada (milhões)
$ 20.000	20	14
25.000	18	15
30.000	16	16
35.000	14	17
40.000	12	18

a. Trace as curvas de demanda e oferta usando essas tabelas. Indique o preço de equilíbrio e a quantidade em seu diagrama.

b. Suponha que os pneus usados nas caminhonetes estejam defeituosos. O que você esperaria que acontecesse no mercado de caminhonetes? Mostre isso em seu diagrama.

c. Suponha que o Departamento de Transporte dos EUA imponha regulamentações dispendiosas aos fabricantes que os levem a reduzir a oferta em um terço a qualquer preço. Calcule e trace o novo cronograma de fornecimento e indique o novo preço e quantidade de equilíbrio em seu diagrama.

4 Excedente do Consumidor e do Produtor

DOMINANDO A ECONOMIA DO LIVRO DIDÁTICO

EMBORA VOCÊ ESTEJA APENAS COMEÇANDO seu estudo de economia, é provável que já tenha tomado uma série de decisões econômicas em relação a seus livros didáticos – este, inclusive. É provável que já tenha tido várias opções para escolher. Você compra uma assinatura de *e-book*, uma cópia nova do livro impresso ou uma cópia usada? Você aluga o livro ou pede uma cópia emprestada? De acordo com uma pesquisa da Campus-books.com, um número significativo de estudantes ainda está preferindo comprar livros físicos. Dos pesquisados, 67% haviam comprado um livro didático usado e 25% compraram uma nova edição.

Com tantos estudantes optando pelo uso de livros didáticos físicos, há também um mercado muito ativo de livros usados. E sempre que existe um mercado, isso significa que as pessoas estão tomando decisões. Os alunos que possuem livros físicos decidirão no final do curso se querem ou não ficar com seus livros: o dinheiro ganho com a venda do livro usado vale mais do que manter o livro? Da mesma forma, os estudantes que procuram livro didático determinarão se o preço de um usado e um pouco maltratado é suficientemente baixo para que eles façam melhor negócio comprando em vez de alugar o livro, comprar um novo ou assinar um *e-book*.

Tanto os estudantes que vendem seus livros quanto os que os compram beneficiam-se claramente da existência do mercado de livros usados, seja *online*, na livraria da faculdade ou em outro lugar. Mas podemos quantificar o que os vendedores e compradores de livros didáticos usados ganham com essas transações? Podemos responder à pergunta: "Quanto os compradores e vendedores de livros didáticos ganham com a existência do mercado de livros usados"?

Sim, podemos. Neste capítulo, veremos de que modo se medem benefícios como aquele que usufruem os compradores de livros usados, o benefício de poder comprar um bem, conhecido como *excedente do consumidor*. E veremos que há uma medida correspondente dos benefícios que os vendedores recebem por serem capazes de vender um bem, o *excedente do produtor*.

Os conceitos de excedente do consumidor e excedente do produtor são extremamente úteis para analisar uma ampla variedade de questões econômicas. Eles nos permitem calcular quanto benefício os produtores e consumidores obtêm da existência de um mercado. Também nos permitem calcular como o bem-estar de consumidores e produtores é afetado por mudanças nos preços de mercado. Tais cálculos desempenham papel essencial na avaliação de muitas políticas econômicas.

Qual é a informação de que precisamos para calcular os excedentes do consumidor e do produtor? Surpreendentemente, a resposta é que tudo o que precisamos são as curvas de demanda e de oferta de um bem. Ou seja, o modelo de oferta e demanda não é apenas um modelo de como funciona um mercado competitivo; é também um modelo de quanto consumidores e produtores ganham ao participar do mercado.

Assim, o primeiro passo é aprender como o excedente do consumidor e o do produtor podem ser derivados das curvas de demanda e de oferta. Veremos, então, como esses conceitos podem ser aplicados a questões econômicas de fato. •

O QUE VOCÊ IRÁ APRENDER?

- O que é **excedente do consumidor**?
- O que é **excedente do produtor**?
- O que é **excedente total**, e por que é usado para ilustrar os ganhos do comércio em um mercado?
- O que explica a importância dos **direitos de propriedade** e dos sinais econômicos em um mercado que funciona bem?
- Por que um mercado às vezes pode falhar e ser **ineficiente**?

Excedente do consumidor e curva de demanda

O mercado de livros didáticos usados é um grande negócio em termos de valores – estima-se que movimente mais de um bilhão de dólares por ano. O que importa é o ponto de partida conveniente para desenvolver os conceitos de excedente do consumidor e do produtor. Usaremos os conceitos de excedente do consumidor e do produtor para entender precisamente por que compradores e vendedores se beneficiam de um mercado competitivo e qual é o tamanho desses benefícios. Além disso, esses conceitos desempenham papel importante quando analisamos o que acontece quando mercados competitivos não funcionam bem, ou quando há intervenção no mercado.

Examinemos o mercado de livros didáticos usados, começando pelos compradores. Para manter a discussão simples, vamos supor que todas as transações sejam feitas por intermédio da livraria do *campus*. O ponto-chave, como veremos em seguida, é que a curva de demanda é derivada dos gostos ou preferências dos compradores, e essas mesmas preferências determinam também quanto eles ganham com a oportunidade de comprar livros usados.

Disposição a pagar e curva de demanda

Um livro usado não é tão bom quanto um livro novo – pode estar um pouco amassado, ter manchas de café, trazer marcas e anotações feitas por outra pessoa e não estar totalmente atualizado. O quanto isso incomoda depende das preferências de cada um. Algum comprador potencial poderá preferir comprar o livro usado desde que seja um pouco mais barato que um novo, enquanto outro comprará um livro usado somente se for bem mais barato.

Vamos definir a **disposição a pagar** de um comprador potencial como o preço máximo pelo qual ele compraria um bem, nesse caso, um livro didático usado. O indivíduo não comprará o livro se custar mais que esse montante, mas tem muito interesse em comprá-lo se custar menos. Se o preço é idêntico à disposição a pagar do indivíduo, ele será indiferente entre comprar e não comprar. Para simplificar, supomos que o indivíduo compra o bem neste caso.

Disposição a pagar de um consumidor por um bem é o preço máximo pelo qual ele compraria esse bem.

A tabela na Figura 4.1 mostra cinco compradores potenciais de um livro usado que, quando novo, custa $ 100. Eles estão listados de acordo com sua disposição a pagar. Em um dos extremos está Aisha, que comprará um livro de segunda mão mesmo que ele custe $ 59. Ben tem menos disposição para livros usados e o comprará somente se o seu preço for $ 45 ou menos. Chloe está disposta a pagar somente $ 35, Darsh somente $ 25. Elena não gosta da ideia de livros usados e só comprará um se ele custar no máximo $ 10.

Dentre esses cinco estudantes, quem de fato comprará um livro usado? Depende do preço. Se o preço do livro é $ 55, somente Aisha compra um. Se é $ 40, Aisha e Ben compram o livro usado, e assim por diante. Dessa forma, a informação na tabela sobre a disposição a pagar define também a *tabela de demanda* de livros didáticos usados.

Podemos usar essa tabela de demanda para derivar a curva de demanda de mercado mostrada na Figura 4.1. Como estamos levando em conta apenas um pequeno número de consumidores, esta curva não se parece com as curvas suaves de demanda do Capítulo 3, nas quais os mercados continham centenas ou milhares de consumidores. Diferentemente, esta curva de demanda tem forma de degrau, com segmentos horizontais e verticais alternados. Cada segmento horizontal – cada etapa – corresponde à disposição a pagar de um comprador potencial – não ao pagamento.

Entretanto, veremos em breve que para a análise do excedente do consumidor não importa se a curva da demanda tem forma de degrau, como nesta figura, ou se há muitos consumidores, tornando a curva suave.

Disposição a pagar e excedente do consumidor

Suponha que as livrarias no *campus* ofereçam livros didáticos usados ao preço de $ 30. Nesse caso, Aisha, Ben e Chloe comprarão os livros. Eles ganham com essas compras? E, caso ganhem, quanto?

Figura 4.1 Curva de demanda para livros didáticos usados.

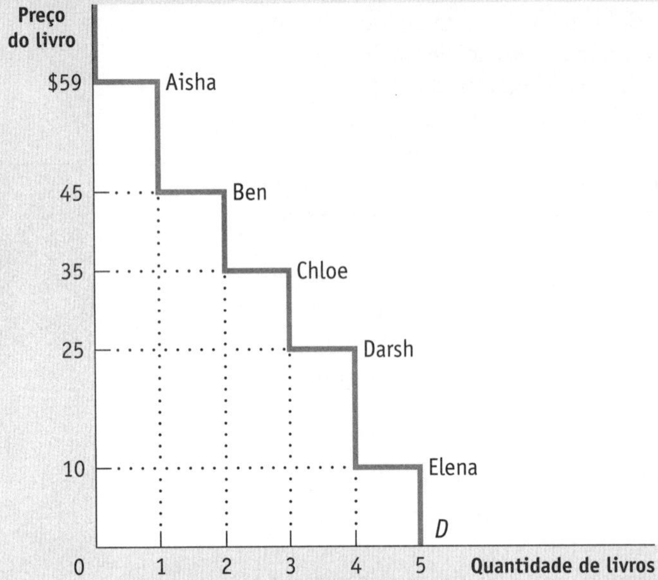

Compradores potenciais	Disposição a pagar
Aisha	$59
Ben	45
Chloe	35
Darsh	25
Elena	10

Sendo apenas cinco os consumidores potenciais nesse mercado, a curva de demanda é formada por degraus. Cada degrau representa um consumidor, e sua altura indica a disposição a pagar daquele consumidor, no caso, o preço máximo pelo qual cada estudante comprará o livro usado, como se indica na tabela. Aisha tem a mais alta disposição a pagar, $ 59; Ben tem a próxima mais alta, com $ 45, e assim por diante, até Elena, a mais baixa, $ 10. Ao preço de $ 59, a quantidade demandada é um (Aisha); ao preço de $ 45, a quantidade demandada é dois (Aisha e Ben), e assim por diante, até que se alcança o preço de $ 10, pelo qual todos os cinco estudantes aceitam comprar o livro.

A resposta, mostrada na Tabela 4.1, é que cada estudante que compra um livro tem seu ganho líquido, mas o montante desse ganho é diferente para cada um.

Aisha tem disposição para pagar $ 59, de modo que seu ganho líquido é $ 59 – $ 30 = $ 29. Ben está disposto a pagar $ 45, de modo que seu ganho líquido é $ 45 – $ 30 = $ 15. Chloe dispõe-se a pagar $ 35, de modo que seu ganho líquido é $ 35 – $ 30 = $ 5. Darsh e Elena, contudo, não aceitam comprar um livro usado ao preço de $ 30, de modo que não ganham nem perdem.

Excedente do consumidor individual é o ganho líquido para um comprador individual com a compra de um bem. É igual à diferença entre a disposição do comprador a pagar e o preço pago.

Excedente do consumidor total é a soma dos excedentes individuais de todos os compradores de um bem em um mercado.

O termo **excedente do consumidor** é frequentemente usado para se referir tanto ao excedente individual quanto ao total do consumidor.

O ganho líquido que um comprador alcança na compra de um bem é denominado **excedente do consumidor individual** daquele comprador. O que aprendemos desse exemplo é que, sempre que o comprador paga um preço inferior à sua disposição a pagar, ele alcança algum excedente do consumidor individual.

A soma dos excedentes do consumidor individual alcançada por todos os compradores do dito bem é conhecida como **excedente do consumidor total** alcançada nesse mercado. Na Tabela 4.1, o excedente do consumidor total é a soma dos excedentes individuais do consumidor alcançados por Aisha, Ben e Chloe: $ 29 + $ 15 + $ 5 = $ 49.

Os economistas usam com frequência o termo **excedente do consumidor** para referir-se tanto ao excedente do consumidor individual quanto ao total. Seguiremos essa prática; sempre ficará claro no contexto se estamos nos referindo ao excedente do consumidor alcançado por um indivíduo ou por todos os compradores.

O excedente do consumidor total pode ser representado graficamente. A Figura 4.2 reproduz a curva de demanda da Figura 4.1. Cada degrau nessa curva de demanda tem a largura de um livro e representa um consumidor. Por exemplo, a altura do degrau de Aisha é $ 59, sua disposição a pagar. Esse degrau forma o topo de um retângulo, sendo que $ 30, o preço que ela de fato paga pelo livro, forma a base. A área do retângulo de Aisha, ($ 59 – $ 30) × 1 = $ 29, é seu excedente do consumidor ao comprar um livro a $ 30. Por conseguinte, o excedente do consumidor individual que Aisha ganha é a *área do retângulo mais escuro* que aparece na Figura 4.2.

Tabela 4.1 Excedente do consumidor se o preço de um livro usado = $ 30

Comprador potencial	Disposição de pagar	Preço pago	Excedente do consumidor individual = Disposição de pagar – Preço pago
Aisha	$ 59	$ 30	$ 29
Ben	45	30	15
Chloe	35	30	5
Darsh	25	–	–
Elena	10	–	–
Todos os compradores			**Excedente do consumidor total = $ 49**

Além de Aisha, também Ben e Chloe compram livros quando o preço estava $ 30. Assim como Aisha, eles se beneficiam de suas compras, mas não tanto, pois têm menor disposição a pagar. A Figura 4.2 mostra também o excedente do consumidor de Ben e Chloe; mais uma vez, isso pode ser medido pelas áreas dos retângulos apropriados. Darsh e Elena não compram livros ao preço de $ 30 e, portanto, não obtêm excedente do consumidor.

O total do excedente do consumidor alcançado nesse mercado é a soma dos excedentes do consumidor individual obtidos por Aisha, Ben e Chloe. Assim, o excedente do consumidor total é igual à área combinada dos três retângulos, ou seja, toda a área sombreada na Figura 4.2. Outra maneira de ver a mesma situação é que o excedente do consumidor total é igual à área que está por baixo da curva de demanda, porém acima do preço.

A Figura 4.2 ilustra o seguinte princípio geral: *O excedente do consumidor total gerado pelas compras de um bem a dado preço é igual à área abaixo da curva de demanda, mas acima desse preço.* O mesmo princípio se aplica independentemente do número de consumidores.

Quando consideramos mercados grandes, essa representação gráfica torna-se extremamente útil. Consideremos, por exemplo, as vendas de iPhones a milhões de compradores potenciais. Cada comprador potencial tem um preço máximo que aceita pagar. Com tantos compradores potenciais, a curva de demanda terá suave continuidade, como a mostrada na Figura 4.3.

Figura 4.2 Excedente do consumidor no mercado de livros usados.

Ao preço de $ 30, Aisha, Ben e Chloe compram um livro cada um, mas Darsh e Elena, não. Aisha, Ben e Chloe obtêm excedentes do consumidor individual iguais à diferença entre sua disposição a pagar e o preço, ilustrados pelas áreas dos retângulos sombreados. Tanto Darsh como Elena têm disposição a pagar menor do que $ 30, de modo que eles não estão dispostos a comprar um livro nesse mercado; o excedente do consumidor deles é zero. O excedente do consumidor total é dado por toda a área sombreada, ou seja, a soma do excedente do consumidor individual de Aisha, Ben e Chloe, igual a $ 29 + $ 15 + $ 5 = $ 49.

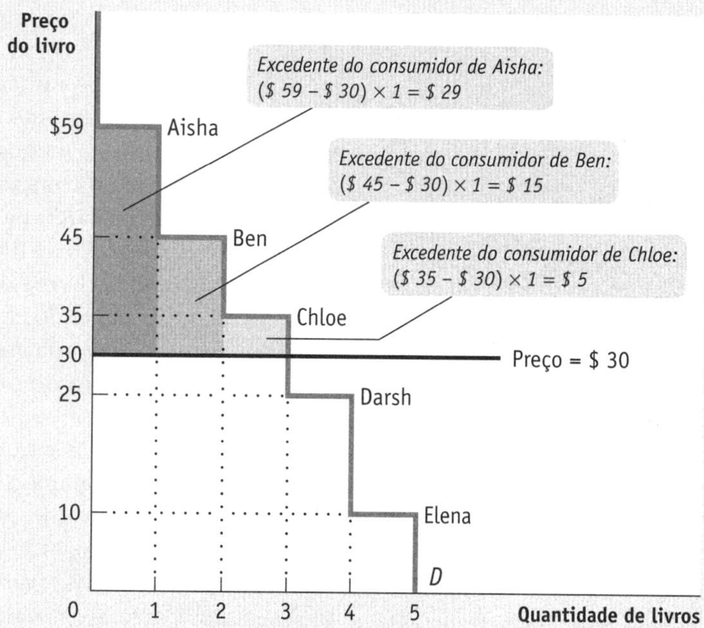

Figura 4.3 Excedente do consumidor.

A curva de demanda de iPhones tem suave continuidade porque há muitos compradores potenciais de iPhone. Ao preço de $ 500, um milhão de iPhones são demandados. O excedente do consumidor a esse preço é igual à área sombreada: a área abaixo da curva de demanda, mas acima do preço. Este é o ganho total gerado para os consumidores ao consumirem iPhones quando o preço é $ 500.

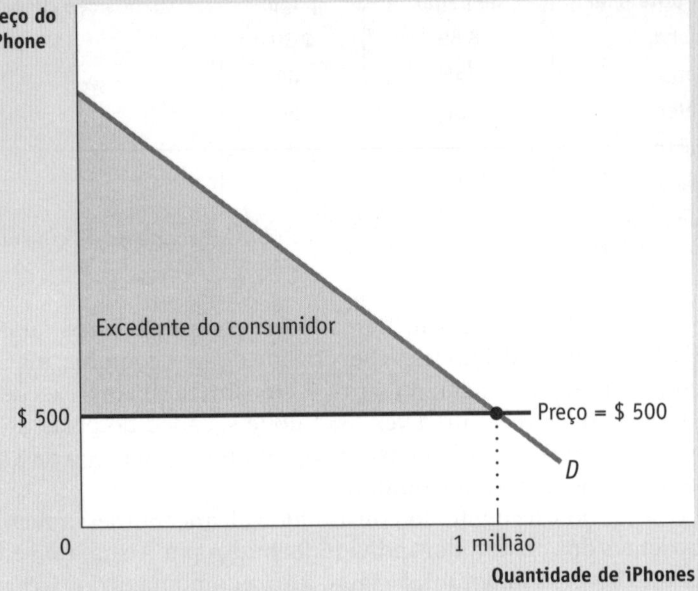

Suponha que, ao preço de $ 500, é comprado o total de 1 milhão de iPhones. Quanto os consumidores ganham por serem capazes de comprar 1 milhão de iPhones? Poderíamos responder a essa questão calculando o excedente do consumidor de cada comprador individual e somando esses números para chegar a um total. Mas é muito mais fácil olhar a Figura 4.3 e usar o fato de que o excedente do consumidor total é igual à área sombreada. Como em nosso exemplo original, o excedente do consumidor é igual à área abaixo da curva de demanda, mas acima do preço. (Você pode voltar ao Apêndice do Capítulo 2 para lembrar-se de como calcular a área de um triângulo retângulo.)

Como as mudanças de preço afetam o excedente do consumidor

Muitas vezes, é importante saber a proporção em que *muda* o excedente do consumidor quando o preço muda. Por exemplo, talvez queiramos saber quanto os consumidores serão prejudicados se uma inundação no Paquistão aumentar os preços do algodão, ou quanto os consumidores ganharão se a introdução de piscicultura tornar o salmão menos dispendioso. A mesma abordagem que usamos para derivar o excedente do consumidor pode ser empregada para determinar como as mudanças nos preços afetam os consumidores.

Voltemos ao exemplo do mercado de livros didáticos usados. Suponha que uma livraria decida vender livros didáticos usados por $ 20 em vez de $ 30. Em quanto aumentaria o excedente do consumidor?

A resposta é ilustrada na Figura 4.4. Como mostrado na figura, há duas partes para o aumento do excedente do consumidor. A primeira parte, cinza-escuro, é o ganho de quem teria comprado livros mesmo com o preço mais alto, $ 30. Cada um dos estudantes que teriam comprado livros a $ 30 – Aisha, Ben e Chloe – agora paga $ 10 a menos e, portanto, cada um ganha $ 10 em excedente do consumidor com a queda do preço para $ 20. Portanto, a área escura representa o aumento de $ 10 × 3 = $ 30 no excedente do consumidor para esses três compradores.

A segunda parte, sombreada em cinza-claro, é o ganho daqueles que não teriam comprado um livro a $ 30, mas estão dispostos a pagar mais do que $ 20. Nesse caso, isso significa que Darsh, que não teria comprado um livro a $ 30, compra um a $ 20. Ele ganha $ 5, a diferença entre sua disposição a pagar de $ 25 e o novo preço de $ 20. A área cinza-claro representa um ganho adicional de $ 5 no excedente do consumidor.

O aumento total no excedente do consumidor é a soma das áreas sombreadas, $ 35. Do mesmo modo, um aumento no preço de $ 20 para $ 30 diminuiria o excedente do consumidor em montante igual à soma das áreas sombreadas.

A Figura 4.4 mostra que, quando o preço de um bem cai, aumenta a área abaixo da curva de demanda, mas acima do preço (que, como vimos, corresponde ao total do excedente do consumidor). A Figura 4.5 mostra o mesmo resultado no caso de uma curva de demanda suavemente contínua, a demanda de iPhones. Aqui, supomos que o preço de um iPhone caia de $ 2.000 para $ 500, o que provoca aumento da quantidade demandada de 200 mil para 1 milhão de unidades.

Como no exemplo dos livros didáticos, dividimos o ganho no excedente do consumidor em duas partes:

1. O retângulo escuro na Figura 4.5 corresponde à área mais escura na Figura 4.4: é o ganho das 200 mil pessoas que teriam comprado iPhones mesmo ao preço mais alto de $ 2.000. Em consequência da queda de preço, cada uma recebe um excedente adicional de $ 1.500.
2. O triângulo claro na Figura 4.5 corresponde à área sombreada mais clara na Figura 4.4: é o ganho das pessoas que não teriam comprado o bem a um preço mais alto, mas dispõem-se a fazê-lo ao preço de $ 500. Por exemplo, o triângulo escuro inclui o ganho de alguém que estava disposto a pagar $ 1.000 por um um iPhone e, portanto, ganha um excedente do consumidor de $ 500 quando pode comprar um iPhone por apenas $ 500.

Como antes, o acréscimo total no excedente do consumidor é a soma das áreas sombreadas, ou seja, o aumento na área que está abaixo da curva de demanda, mas acima do preço.

Figura 4.4 Excedente do consumidor e uma queda no preço de livros usados.

Há duas partes no aumento do excedente do consumidor gerado por uma queda de preço de $ 30 para $ 20. A primeira é dada pelo retângulo escuro: cada pessoa que teria comprado ao preço original de $ 30 – Aisha, Ben e Chloe – ganha um aumento no excedente do consumidor igual ao total da queda de preço, $ 10. Assim, a área do retângulo escuro corresponde a um montante igual a 3 × $ 10 = $ 30. A segunda parte é dada pelo retângulo claro: o aumento no excedente do consumidor de quem não teria comprado ao preço original de $ 30, mas que compra ao novo preço de $ 20 – a saber, Darsh. A disposição a pagar de Darsh era de $ 25, de modo que agora ele recebe um excedente do consumidor de $ 5. O aumento total no excedente do consumidor é 3 × $ 10 + $ 5 = $ 35, representado pela soma das áreas sombreadas. Do mesmo modo, um aumento no preço de $ 20 para $ 30 reduziria o excedente do consumidor em um montante igual à soma das áreas sombreadas.

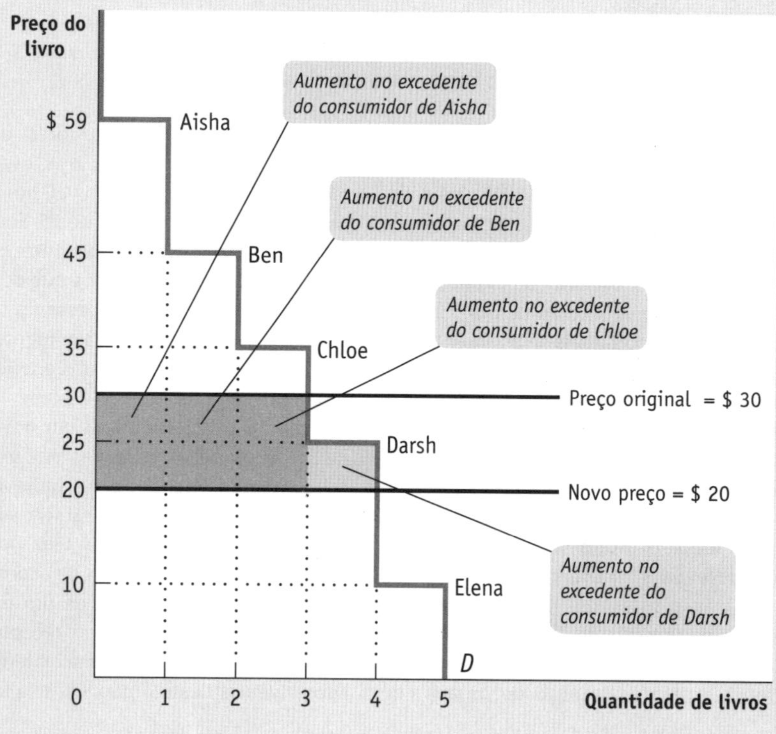

Figura 4.5 Uma queda no preço aumenta o excedente do consumidor.

A queda no preço de um iPhone de $ 2.000 para $ 500 gera aumento na quantidade demandada e aumento no excedente do consumidor. A mudança no excedente do consumidor total é dada pela soma das áreas sombreadas: a área total abaixo da curva de demanda, localizada entre o velho e o novo preço. Aqui, a área mais escura representa um aumento no excedente do consumidor para os 200 mil consumidores que teriam comprado o iPhone ao preço original de $ 2.000. Cada um deles recebe aumento no excedente do consumidor de $ 1.500. A área sombreada mais clara representa o aumento no excedente do consumidor de quem se dispõe a comprar a um preço igual ou superior a $ 500, mas inferior a $ 2.000. De modo similar, um aumento no preço do iPhone de $ 500 para $ 2.000 gera queda no excedente do consumidor igual à soma das duas áreas sombreadas.

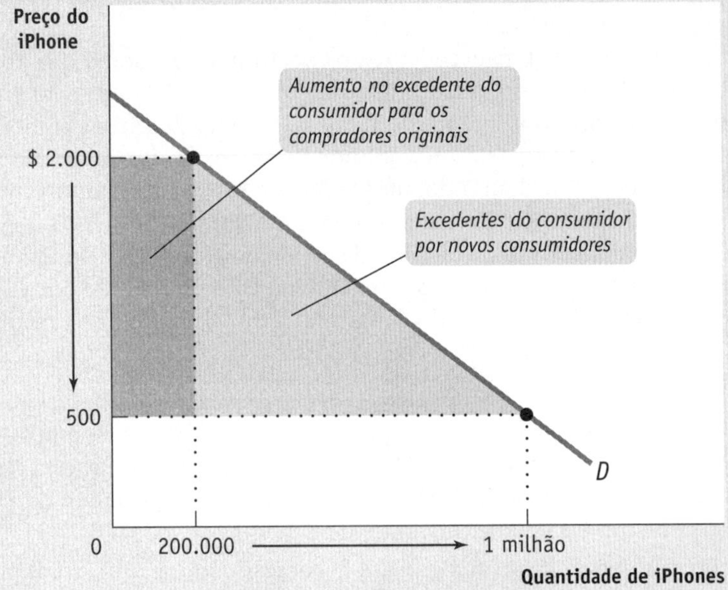

O que aconteceria se o preço de um bem subisse em vez de cair? Suponha, por exemplo, que por alguma razão o preço dos iPhones aumentasse de $ 500 para $ 2.000. Isso levaria a uma queda no excedente do consumidor igual à área sombreada na Figura 4.5. A perda consiste em duas partes:

1. O retângulo escuro representa a perda para o consumidor que compraria um iPhone mesmo ao preço de $ 2.000.
2. O triângulo claro representa a perda dos consumidores que decidem não comprar um iPhone ao preço mais alto.

PARA MENTES CURIOSAS Uma questão de vida ou morte

Em 2018, uma média de 20 norte-americanos morreu todos os dias devido à falta de órgãos para transplante. Em 2019, mais de 113.000 foram colocados na lista de espera.

Como o número de pessoas que precisam de órgãos excede em muito a disponibilidade, e a demanda por órgãos continua a crescer mais rapidamente do que a oferta, qual é a melhor maneira de alocar os órgãos disponíveis? Um mercado não é viável. E, por razões compreensíveis, a venda de partes do corpo humano é ilegal nesse país. Portanto, a tarefa de estabelecer um protocolo para tais situações recaiu sobre o grupo sem fins lucrativos United Network for Organ Sharing (UNOS).

Os transplantes de rins, o tipo mais comum de transplante, foram o centro das atenções quando a UNOS reformulou suas diretrizes para a alocação de órgãos em 2013. Sob orientações anteriores, um rim doado iria para a pessoa que esperasse mais tempo: um rim disponível, por exemplo, iria para uma pessoa de 75 anos que estivesse esperando há dois anos em vez de ir para alguém de 25 anos que estivesse esperando há um ano – apesar do fato de a pessoa de 25 anos provavelmente viver mais tempo e, portanto, se beneficiar do órgão por mais tempo.

Assim, a UNOS formulou um novo conjunto de diretrizes baseadas em um conceito chamado benefício de sobrevivência líquida. Os rins disponíveis são classificados de acordo com o tempo de vida provável; receptores são classificados de acordo com o tempo de vida provável de um rim. Um rim é, então, comparado ao receptor que se espera que consiga o maior tempo de sobrevivência desse órgão. Ou seja, um rim que deve durar muitas décadas será doado a um jovem, enquanto um rim com expectativa de vida mais curta será doado a um destinatário mais velho.

Então, o que o transplante renal tem a ver com o excedente do consumidor? O conceito UNOS de *benefício líquido de sobrevivência* é muito parecido com o excedente do consumidor individual – o excedente do consumidor individual gerado pela obtenção de um novo rim. Em essência, a UNOS concebeu um sistema que aloca um rim de acordo com quem recebe o maior excedente do consumidor, maximizando assim o excedente total do consumidor a partir do *pool* de rins disponíveis. Em termos de resultados, o sistema UNOS opera de modo bem parecido com um mercado competitivo, mas sem compra e venda de rins.

ECONOMIA >> *em Ação*

O Facebook é realmente gratuito?

O Facebook obteve quase US$ 56 bilhões em receitas em 2018, apesar de não cobrar dos consumidores o uso de sua plataforma de mídia social. Como a empresa realizou esse feito impressionante?

Apesar de ser uma empresa de alta tecnologia, o Facebook ganha seu dinheiro de forma bastante antiquada: vendendo espaço publicitário. Anunciantes pagam ao Facebook pelo direito de colocar seus anúncios nas páginas dos usuários. Além disso, o Facebook coleta informações pessoais de seus usuários – localização, idade, sexo e características de perfil – que permitam aos anunciantes direcionar seus anúncios aos indivíduos que tenham maior probabilidade de comprar seus produtos. O Facebook oferece sua plataforma aos usuários a preço zero, ou seja, você não paga para acessá-la. No entanto, ainda há um *preço efetivo* a ser pago por seu uso. Embora não incorra em pagamento monetário, ao usar o Facebook você libera o controle de informações pessoais, o que pode causar aborrecimento e distração, pois anúncios direcionados são criados para influenciar suas decisões de compra ou visões. Portanto, o preço efetivo do uso do Facebook é o fardo, em termos de aborrecimento e distração, causado pela perda de controle de suas informações pessoais.

Quão oneroso é esse preço efetivo varia de pessoa para pessoa. Podemos ter uma noção do preço efetivo que uma pessoa incorre ao usar o Facebook, perguntando quanto ela está disposta a pagar por uma versão do Facebook sem anúncios. Na verdade, uma pesquisa recente com usuários norte-americanos do Facebook fez exatamente isso. A pesquisa revelou que 63% dos usuários do Facebook não estavam dispostos a pagar por uma versão sem anúncios do *site*, enquanto 22% dos usuários aceitavam pagar e 15% não tinham certeza. Assim, para a maioria de 63% que não se dispunham a pagar por uma versão sem anúncios do Facebook, o preço efetivo da coleta de dados e anúncios do Facebook era próximo de zero. Esses usuários ganharam o maior excedente de consumo com o atual preço zero. Por outro lado, os 22% que estavam dispostos a pagar por uma versão sem anúncios incorreram em preço efetivo mais alto e, portanto, ganharam menos excedente do consumidor.

Então, o Facebook é realmente gratuito? Para a maioria dos usuários, é, mas para uma minoria significativa de usuários, não.

>> *Teste seu entendimento* 4.1

As respostas estão no fim do livro.

1. Considere o mercado de pimentão recheado. Há dois consumidores, Teresa e Azar, e sua disposição a pagar por cada pimentão é dada pela tabela a seguir. (Nenhum dos dois quer comprar mais de quatro pimentões a qualquer preço.) Use a tabela (i) para construir a tabela de demanda de pimentão para os preços $ 0, $ 0,10 e assim por diante, até $ 0,90; e (ii) para calcular o excedente do consumidor total quando o preço do pimentão é $ 0,40.

Quantidade de pimentões	Disposição a pagar de Teresa	Disposição apagar de Azar
1º pimentão	$ 0,90	$ 0,80
2º pimentão	0,70	0,60
3º pimentão	0,50	0,40
4º pimentão	0,30	0,30

>> *Revisão Rápida*

- A curva de demanda de um bem é determinada pela **disposição a pagar** de cada consumidor potencial.
- O **excedente do consumidor individual** é o ganho líquido que um consumidor individual obtém da compra de um bem.
- O **excedente do consumidor total** em dado mercado é igual à área abaixo da curva de demanda, localizada acima do preço.
- A queda no preço de um bem aumenta o **excedente do consumidor** através de dois canais: um ganho para os consumidores que teriam comprado ao preço original e um ganho para os consumidores que são persuadidos a comprar ao preço mais baixo. O aumento no preço de um bem reduz o excedente do consumidor de modo análogo.

Excedente do produtor e curva de oferta

Assim como alguns compradores de um bem estariam dispostos a pagar mais que o preço que de fato pagam, alguns vendedores de um bem estariam dispostos a vendê-lo por menos que o preço que de fato recebem. Assim como há consumidores que obtêm excedente do consumidor por comprar em um mercado, há produtores que obtêm excedente do produtor por vender em um mercado.

Custo e excedente do produtor

Considere um grupo de estudantes que são vendedores potenciais de livros didáticos usados. Como têm preferências diferentes, os vários vendedores potenciais diferem quanto ao preço pelo qual venderiam seus livros. A tabela na Figura 4.6 mostra os preços pelos quais diferentes estudantes estariam dispostos a vender. Andrew dispõe-se a vender o livro desde que possa obter qualquer coisa superior a $ 5; Brianna não venderá se não conseguir pelo menos $ 15; Carlos quer pelo menos $ 25; Desiree, nada menos que $ 35; Eli, $ 45.

O **custo** de um vendedor é o preço mais baixo pelo qual ele se dispõe a vender um bem.

O preço mais baixo pelo qual um vendedor potencial dispõe-se a vender tem um nome especial em economia: é denominado **custo** do vendedor. O custo de Andrew é $ 5, o de Brianna é $ 15 e assim por diante.

O uso do termo *custo*, que as pessoas normalmente associam ao custo monetário de produzir um bem, pode soar um pouco estranho quando aplicado a vendedores de livros usados. Eles não precisam manufaturar os livros, de modo que não custa nada ao estudante que vende um livro disponibilizá-lo para venda, não é mesmo?

Custa, sim. O estudante que vende um livro não o terá mais tarde como parte de sua coleção particular. Há um custo de *oportunidade* em vender um livro, mesmo que o dono tenha terminado o curso para o qual o livro era exigido. Lembre-se de que um dos princípios básicos da economia é que a verdadeira medida do custo de fazer algo é sempre o custo de oportunidade, ou seja, o verdadeiro custo de algo é aquilo de que temos de abrir mão para obtê-lo.

Assim, é boa análise econômica falar do preço mínimo pelo qual alguém venderá um bem como o "custo" de vender esse bem, mesmo que a pessoa não gaste nenhum dinheiro ao torná-lo disponível para venda. Evidentemente, na maioria dos mercados do mundo real, os vendedores são também aqueles que produzem o bem e, por conseguinte, gastam, *sim*, dinheiro ao disponibilizarem o bem para venda. Nesse caso, o custo de tornar o bem disponível para venda inclui custos monetários, mas pode incluir também outros custos de oportunidade.

Figura 4.6 Curva de oferta de livros didáticos usados.

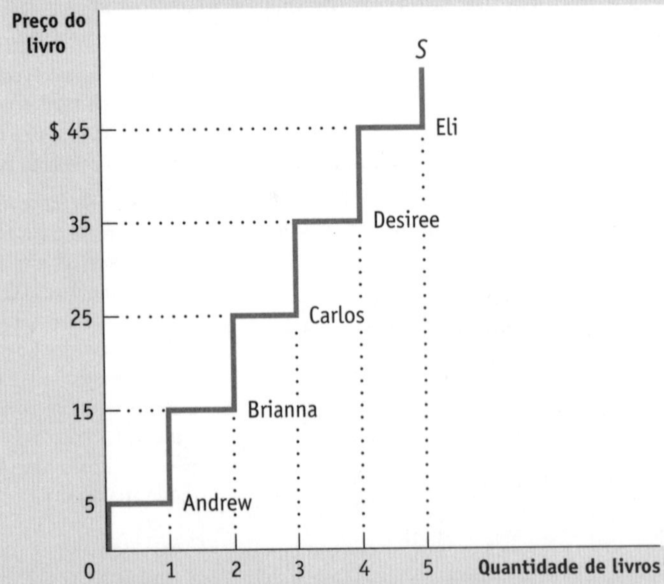

Vendedores potenciais	Custo
Andrew	$ 5
Brianna	15
Carlos	25
Desiree	35
Eli	45

A curva de oferta ilustra o custo do vendedor, o preço mais baixo pelo qual um vendedor potencial dispõe-se a vender o bem e a quantidade ofertada a esse preço. Cada um dos cinco estudantes tem um livro para vender, e cada um tem um custo diferente, como indicado pela tabela. Ao preço de $ 5, a quantidade ofertada é um (Andrew), a $ 15 é dois (Andrew e Brianna) e assim por diante, até que se alcance $ 45, preço pelo qual todos os cinco estudantes aceitam vender.

Voltemos ao exemplo. Suponha que Andrew venda seu livro por $ 30. Claramente, ganhou com a transação: ele esperava vender por apenas $ 5, de modo que ganhou $ 25. Esse ganho, a diferença entre o preço que ele de fato consegue e o seu custo (o preço mínimo pelo qual ele estaria disposto a vender), é conhecido como o seu **excedente do produtor individual**.

Excedente do produtor individual é o ganho líquido para um vendedor individual com a venda de um bem. É igual à diferença entre o preço recebido e o custo do vendedor.

Assim como derivamos a curva de demanda da disposição a pagar dos diferentes consumidores, podemos derivar a curva de oferta do custo de diferentes produtores. O gráfico em formato de escada na Figura 4.6 representa a curva de oferta implícita nos custos da tabela que o acompanha. Por um preço inferior a $ 5, nenhum dos estudantes aceita vender; por um preço entre $ 5 e $ 15, somente Andrew dispõe-se a vender; e assim por diante.

Como no caso do excedente do consumidor, podemos somar os excedentes do produtor individual dos vendedores para calcular o **excedente do produtor total**, ou seja, os ganhos totais para os vendedores em um mercado. Os economistas usam o termo **excedente do produtor** para se referir tanto ao excedente do produtor total quanto ao individual. A Tabela 4.2 mostra o ganho líquido de cada estudante ao vender um livro usado ao preço de $ 30: $ 25 para Andrew, $ 15 para Brianna e $ 5 para Carlos. O excedente do produtor total é $ 25 + $ 15 + $ 5 = $ 45.

Excedente do produtor total é a soma dos excedentes do produtor individual de todos os vendedores de um bem em um mercado.

Os economistas usam o termo **excedente do produtor** para se referirem tanto ao excedente individual quanto ao total do produtor.

Como no caso do excedente do consumidor, o excedente do produtor obtido por quem vende livros pode ser representado graficamente. A Figura 4.7 reproduz a curva de oferta da Figura 4.6. Cada degrau na curva de oferta tem a largura de um livro e representa um vendedor. A altura do degrau de Andrew é $ 5, seu custo. Isso forma a base de um retângulo no qual $ 30, o preço de fato recebido por seu livro,

Tabela 4.2 Excedente do produtor quando o preço de um livro-texto usado é $ 30

Vendedor potencial	Custo	Preço recebido	Excedente do produtor individual = preço recebido − custo
Andrew	$ 5	$ 30	$ 25
Brianna	15	30	15
Carlos	25	30	5
Desiree	35	–	–
Eli	45	–	–
Todos os vendedores			Excedente do produtor total = $ 45

Figura 4.7 Excedente do produtor no mercado de livros usados.

Ao preço de $ 30, Andrew, Brianna e Carlos vendem um livro cada, mas Desiree e Eli não vendem. Andrew, Brianna e Carlos têm excedentes do produtor individual iguais à diferença entre o preço e seu custo, o que é ilustrado aqui pelos retângulos sombreados. Desiree e Eli têm, cada um deles, um custo que é maior do que o preço de $ 30, de modo que não estão dispostos a vender e, portanto, seu excedente do produtor é zero. O excedente do produtor total é dado pela área sombreada toda, a soma dos excedentes de produtores individuais de Andrew, Brianna e Carlos, igual a $ 25 + $ 15 + $ 5 = $ 45.

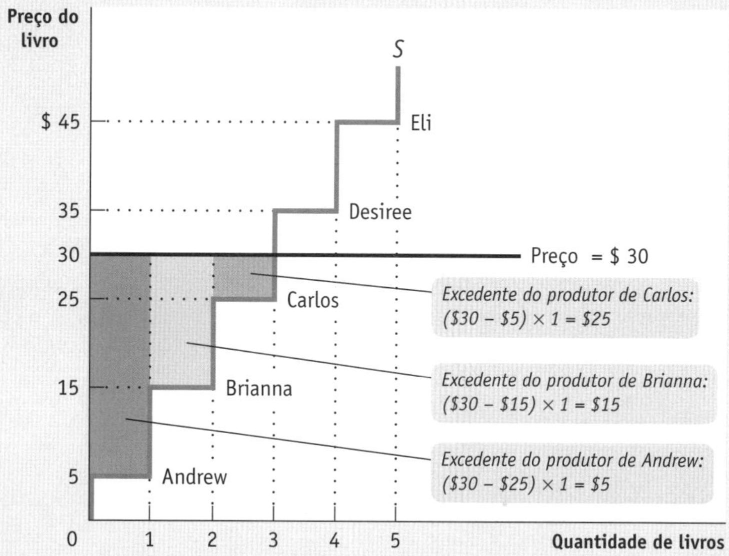

constitui o topo. A área desse retângulo, (\$ 30 – \$ 5) × 1 = \$ 25, é seu excedente do produtor. Assim, o excedente do produtor que Andrew ganha por vender seu livro é a *área do retângulo escuro* que aparece à esquerda na figura.

Suponhamos que a livraria do *campus* disponha-se a comprar todos os livros usados que os estudantes concordam em vender ao preço de \$ 30. Então, além de Andrew, também Brianna e Carlos vão querer vender seus livros. Eles também se beneficiarão com suas vendas, embora não tanto quanto Andrew, pois têm custos mais elevados. Andrew, como vimos, ganha \$ 25. Brianna ganha uma quantia menor: como seu custo é de \$ 15, ela obtém apenas \$ 15. Carlos ganha ainda menos, apenas \$ 5.

Mais uma vez, como no caso do excedente do consumidor, temos uma regra geral para determinar o excedente do produtor total: *o excedente do produtor total ao vender um bem a determinado preço é a área acima da curva de oferta, localizada abaixo do preço.*

Essa regra se aplica tanto a exemplos como o da Figura 4.7, em que temos um pequeno número de produtores e uma curva de oferta em formato de degraus, como a exemplos mais realistas, em que há muitos produtores e a curva de oferta é mais ou menos contínua e suave.

Consideremos, por exemplo, a oferta de trigo. A Figura 4.8 mostra como o excedente do produtor depende do preço por saca. Suponha que, como aparece na figura, o preço seja \$ 5 por saca e a oferta dos agricultores seja 1 milhão de sacas. Qual é o benefício para os agricultores de vender seu trigo ao preço de \$ 5? O excedente do produtor é igual à área sombreada na figura, a área acima da curva de oferta, mas abaixo do preço de \$ 5 por saca.

Como mudanças de preço afetam o excedente do produtor

Como no caso do excedente do consumidor, uma mudança de preço altera o excedente do produtor. Mas os efeitos são opostos. Enquanto uma queda no preço aumenta o excedente do consumidor, ela reduz o excedente do produtor. E um aumento no preço reduz o excedente do consumidor, mas aumenta o do produtor.

Para verificar isso, consideremos primeiro um aumento no preço de um bem. Os produtores desse bem experimentarão um aumento do excedente do produtor, embora nem todos os produtores ganhem o mesmo montante. Alguns produtores teriam produzido o bem mesmo ao preço original; estes ganharão o total do

Figura 4.8 Excedente do produtor.

Temos aqui uma curva de oferta de trigo. Ao preço de \$ 5 a saca, os agricultores oferecem um milhão de sacas. O excedente do produtor a esse preço é igual à área sombreada: a área acima da curva de oferta, mas abaixo do preço. Esse é o ganho total para os produtores – agricultores, no caso – ao fornecerem seu produto quando o preço é \$ 5.

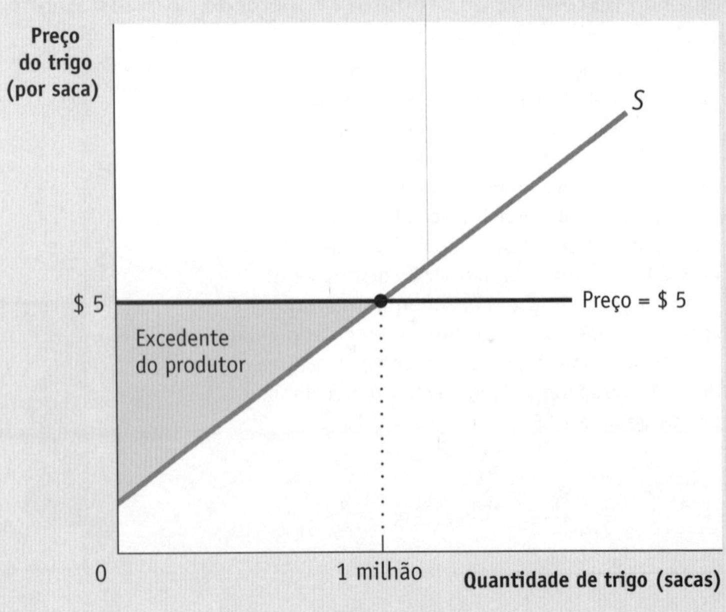

aumento de preço em cada unidade que produzem. Outros produtores entrarão no mercado por causa da alta de preço; estes ganharão apenas a diferença entre o novo preço e o seu custo.

A Figura 4.9 é a contraparte, para a oferta, da Figura 4.5. Ela mostra o efeito sobre o excedente do produtor quando o preço do trigo passa de $ 5 para $ 7 por saca. O aumento no excedente do produtor é o total da área sombreada, que consiste em duas partes. Primeiro, há um retângulo escuro, que corresponde aos ganhos dos agricultores que teriam ofertado trigo mesmo ao preço original de $ 5. Segundo, há um triângulo claro adicional, que corresponde aos ganhos dos agricultores que não teriam fornecido trigo ao preço original, mas que são atraídos para o mercado pela alta de preço.

Se o preço caísse de $ 7 para $ 5 por saca, a história se reverteria. O total da área sombreada seria agora o declínio no excedente do produtor, a redução na área acima da curva de oferta, mas abaixo do preço. A perda consistiria em duas partes: perda dos agricultores que ainda produziriam trigo ao preço de $ 5 (o retângulo) e perda dos agricultores que decidem não mais produzir trigo porque o preço caiu (o triângulo).

Figura 4.9 Aumento no preço aumenta o excedente do produtor.

Um aumento no preço do trigo de $ 5 para $ 7 leva a um aumento na quantidade ofertada e a um aumento no excedente do produtor. A mudança no excedente do produtor total é dada pela soma das áreas sombreadas: a área total acima da curva da oferta, mas entre o velho preço e o novo. A área retangular representa o ganho dos agricultores que teriam ofertado um milhão de sacas ao preço original de $ 5; cada um deles recebe um aumento de excedente do produtor de $ 2 para cada uma daquelas sacas. A área triangular representa o aumento no excedente do produtor obtido pelos agricultores que oferecem um adicional de 500 mil sacas por causa do preço mais alto. De modo similar, uma queda no preço do trigo gera declínio no excedente do produtor igual às áreas sombreadas.

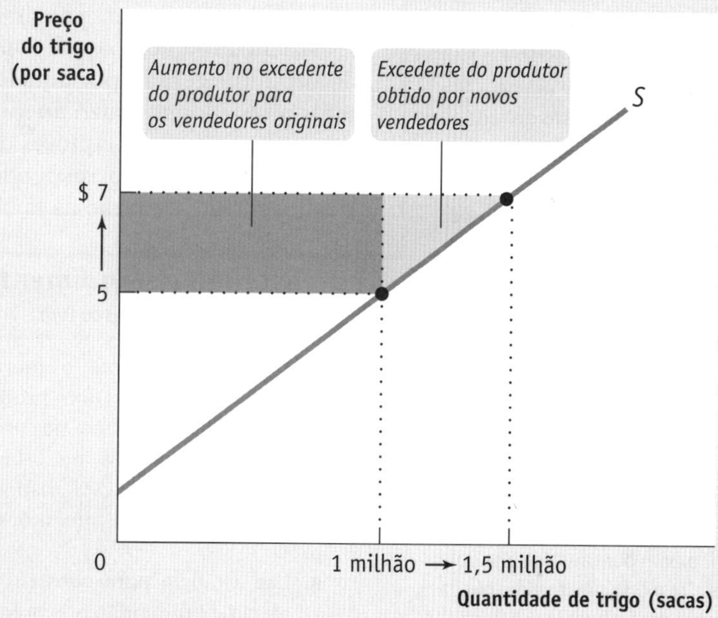

ECONOMIA >> *em Ação*

Altas e baixas nas fazendas de Iowa

O preço das terras agrícolas do estado norte-americano de Iowa é muito sensível às mudanças na economia mundial – especificamente, às mudanças na oferta e na demanda mundial por *commodities* alimentares. De fato, de 2000 a 2013, o preço das terras agrícolas de Iowa teve alta espetacular, com o preço médio atingindo um recorde histórico de US$ 8.716 por acre em 2013. O preço daquele ano foi mais de 1,5 vez superior ao de 2010 e mais de 4 vezes acima do preço de 2000.

A Figura 4.10 mostra o aumento explosivo no preço das terras agrícolas de Iowa durante esses anos. E não havia nenhum mistério na razão por que os preços das terras agrícolas subiram tão drasticamente: tudo se resumia aos altos preços que estavam sendo pagos por milho, trigo e soja.

De 2009 a 2013, o preço do milho saltou 75%, o da soja 45% e o do trigo 40%.

Figura 4.10 Preço das terras agrícolas de Iowa, 1970-2019.

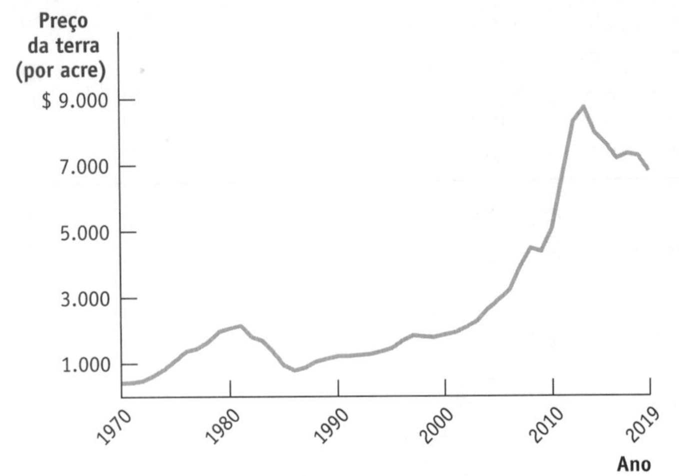

Dados de: Iowa State University Iowa Land Value Survey.

A escalada dos preços das terras agrícolas de Iowa também reflete mudanças na economia mundial. A demanda maior por alimentos em economias de renda crescente como a China e a Índia elevaram os preços dos produtos alimentícios de Iowa para níveis mais altos em comparação com uma década antes. Além disso, o mau tempo nos países produtores de alimentos concorrentes, como a Austrália, contribuiu para o aumento de preços dos alimentos em 2012 e 2013.

Mas, como você pode ver no diagrama, o preço das terras agrícolas de Iowa começou a cair em 2014. No início de 2019, o preço havia caído 22%, para US$ 6.794. Esta queda pode ser atribuída aos preços mais baixos dos produtos alimentícios, causados por um aumento na oferta, pois os agricultores dos Estados Unidos e os concorrentes no exterior produziram mais milho, trigo e soja durante esse período. Uma disputa comercial crescente entre os Estados Unidos e a China também contribuiu para a queda dos preços. A disputa prejudicou os preços dos produtos alimentícios, pois os agricultores dos EUA ficaram receosos que a China restringisse as importações de produtos agrícolas norte-americanos.

Assim, uma pessoa que compra terras agrícolas em Iowa compra o excedente do produtor gerado por aquele acre de terra. Como acabamos de ver, os preços mais altos a longo prazo do milho, do trigo e da soja, que aumentam o excedente do produtor dos agricultores de Iowa, tornarão as terras agrícolas de Iowa mais valiosas. De forma correspondente, preços mais baixos para os produtos alimentícios de Iowa tornarão as terras agrícolas desse estado menos valiosas.

>> *Revisão Rápida*

- A curva de oferta de um bem é determinada pelo **custo** de cada vendedor potencial.
- A diferença entre o preço e o custo é o **excedente do produtor individual** de quem vende.
- O **excedente do produtor total** é igual à área acima da curva de oferta, localizada abaixo do preço.
- Quando o preço de um bem sobe, o **excedente do produtor** sobe através de dois canais: os ganhos daqueles que teriam fornecido o bem mesmo ao preço original mais baixo e os ganhos de quem é induzido a suprir o bem por causa da alta do preço. De modo similar, uma queda no preço de um bem leva a uma queda no excedente do produtor.

>> *Teste seu entendimento* 4.2

As respostas estão no fim do livro.

1. Considere novamente o mercado de pimentão recheado de dois produtores, Cara e Jamie. Seus custos de produzir cada pimentão são dados na tabela a seguir. (Nenhum dos dois está disposto a produzir mais de quatro pimentões a qualquer preço.)

Quantidade de pimentões	Custo de Cara	Custo de Jamie
1º pimentão	$ 0,10	$ 0,30
2º pimentão	0,10	0,50
3º pimentão	0,40	0,70
4º pimentão	0,60	0,90

a. Use a tabela para construir a tabela de oferta de pimentão aos preços $ 0, $ 0,10 e assim por diante até $ 0,90;

b. Calcule o excedente do produtor total quando o preço do pimentão é $ 0,70.

Excedente do consumidor, excedente do produtor e ganhos do comércio

Um dos 11 princípios centrais da economia que apresentamos no Capítulo 1 é que os mercados são uma maneira notoriamente eficaz de organizar a atividade econômica: em geral, eles tornam a situação da sociedade a melhor possível, dada a disponibilidade de recursos. Os conceitos de excedente do consumidor e excedente do produtor podem nos ajudar a aprofundar nosso conhecimento dos motivos para isso.

Ganhos do comércio

Vamos voltar ao mercado de livros didáticos usados, mas agora consideremos um mercado muito maior – digamos, o mercado em uma grande universidade estadual. Há muitos compradores e vendedores potenciais; portanto, o mercado é competitivo.

Façamos uma fila com estudantes novos que são compradores potenciais de um livro, na ordem da sua disposição a pagar, de tal modo que o estudante com disposição a pagar mais alta será o comprador potencial número 1, estudante com disposição a pagar de nível seguinte será o número 2 e assim por diante. Então, podemos usar a disposição a pagar desses estudantes para derivar uma curva de demanda, como a que aparece na Figura 4.11.

De modo similar, podemos colocar em fila os estudantes em final de curso, que são vendedores potenciais do livro, na ordem do seu custo, começando pelo estudante com o custo mais baixo, passando em seguida ao estudante com o nível imediatamente abaixo do primeiro e assim por diante, para derivar a curva de oferta como a que aparece na mesma figura.

Da maneira como desenhamos as curvas, o mercado alcança o equilíbrio ao preço de $ 30 por livro, e 1.000 livros são comprados e vendidos a esse preço. Os dois triângulos sombreados mostram o excedente do consumidor (triângulo superior) e o excedente do produtor (triângulo inferior) gerado por esse mercado. A soma dos excedentes do consumidor e do produtor é conhecida como **excedente total** gerado em um mercado.

O **excedente total** gerado em um mercado é o ganho líquido total para os consumidores e produtores proveniente do comércio nesse mercado. É a soma dos excedentes do produtor e do consumidor.

O que chama a atenção nessa figura é que tanto consumidores quanto produtores ganham, isto é, tanto consumidores quanto produtores estão em situação melhor porque existe um mercado desse bem. Mas isso não deveria surpreender, o que ilustra outro princípio central da economia: *há ganhos com o comércio*. Esses ganhos do comércio são o motivo pelo qual todos, quando participam de uma economia de mercado, ficam em situação melhor do que se cada um tentasse ser autossuficiente.

Mas estarão todos em situação tão boa quanto possível? Isso nos leva ao problema da eficiência dos mercados.

Eficiência dos mercados

Mercados produzem ganhos do comércio. Contudo, no Capítulo 1, fizemos uma afirmação de alcance maior: a de que mercados normalmente são *eficientes*. Ou seja, argumentamos que, uma vez que o mercado tenha produzido ganhos do comércio, normalmente não há maneira de tornar a situação de algumas pessoas melhor sem piorar a de outras, exceto em algumas condições bem definidas.

A análise do excedente do consumidor e do produtor nos ajuda a entender por que os mercados normalmente são eficientes. Para intuir melhor por que isso é

Figura 4.11 Excedente total.

No mercado de livros usados, o preço de equilíbrio é $ 30 e a quantidade de equilíbrio é 1.000 livros. O excedente do consumidor é dado, no gráfico, pelo triângulo superior, a área abaixo da curva de demanda, mas acima do preço. O excedente do produtor é dado pelo triângulo inferior, a área acima da curva de oferta, mas abaixo do preço. A soma das duas áreas é o excedente total, o benefício total para a sociedade pela produção e consumo de um bem.

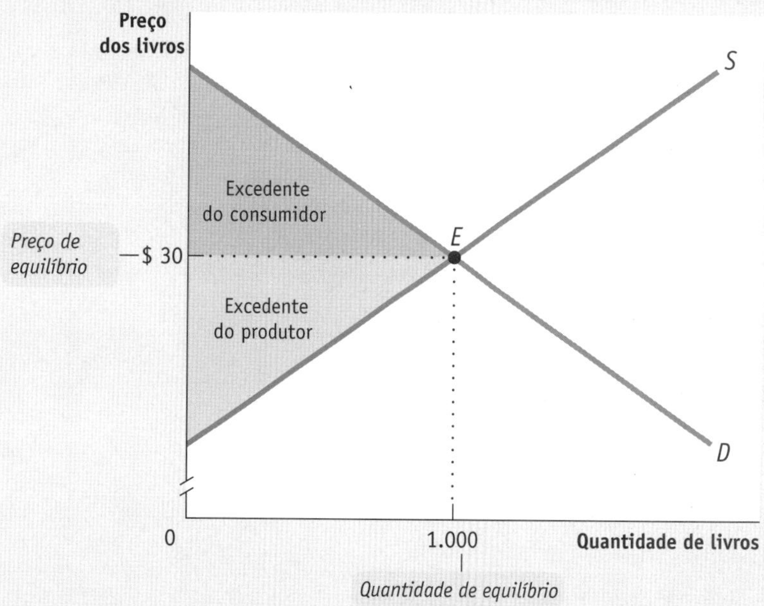

assim, considere o fato de que o equilíbrio de mercado é meramente *uma* maneira de decidir quem consome o bem e quem vende o bem. Existem outras maneiras possíveis para tomar essa decisão.

Considere, novamente, o caso dos transplantes de rins, no qual deve ser tomada uma decisão sobre quem os recebe. Não é possível utilizar um mercado para decidir porque, nessa situação, órgãos humanos estão envolvidos. Em vez disso, no passado os rins eram alocados de acordo com o tempo de espera de um receptor – um método muito ineficiente. Desde então, foi substituído por um novo sistema criado nos EUA pela United Network for Organ Sharing, ou UNOS, baseado no *benefício de sobrevivência líquido*, conceito muito parecido com o excedente do consumidor que, embora não seja um sistema de mercado, consegue reproduzir a eficiência deste.

Para entender melhor por que os mercados normalmente funcionam bem, imagine um comitê encarregado de melhorar o equilíbrio de mercado, decidindo quem recebe e quem se desfaz de um livro didático usado. O objetivo final do comitê é contornar o resultado de mercado e propor outro arranjo que aumente o excedente total.

Consideremos três maneiras pelas quais o comitê possa tentar um aumento do excedente total:

1. Realocar o consumo entre consumidores.
2. Realocar as vendas entre vendedores.
3. Modificar a quantidade comercializada.

Realocar o consumo entre consumidores. O comitê pode tentar aumentar o excedente total pela venda de livros a diferentes consumidores. A Figura 4.12 mostra por que isto resultará em um superávit menor em comparação com o resultado de equilíbrio do mercado. Aqui, temos curvas suaves de demanda e oferta porque há muitos compradores e vendedores. Os pontos *A* e *B* mostram as posições na curva de demanda de dois compradores potenciais de livros usados, Ana e Braxton. Como podemos ver pela figura, Ana está disposta a pagar $ 35 por um livro, mas Braxton aceita pagar apenas $ 25. Como o preço de equilíbrio de mercado é de $ 30, sob o resultado do mercado, Ana compra um livro e Braxton não compra.

Suponha agora que o comitê realoque o consumo. Isso significaria tirar o livro de Ana e dá-lo a Braxton. Como o livro vale $ 35 para Ana e somente $ 25 para Braxton, isso *reduziria o excedente do consumidor total* em $ 35 – $ 25 = $ 10.

Figura 4.12 Realocação do consumo reduz o excedente do consumidor.

Ana (ponto *A*) tem disposição a pagar $ 35. Braxton (ponto *B*) tem disposição a pagar apenas $ 25. No preço do equilíbrio de mercado de $ 30, Ana compra um livro, mas Braxton não compra nenhum. Se rearranjamos o consumo tirando um livro de Ana e dando-o a Braxton, o excedente do consumidor cai $ 10 e, em consequência, o excedente total cai $ 10.

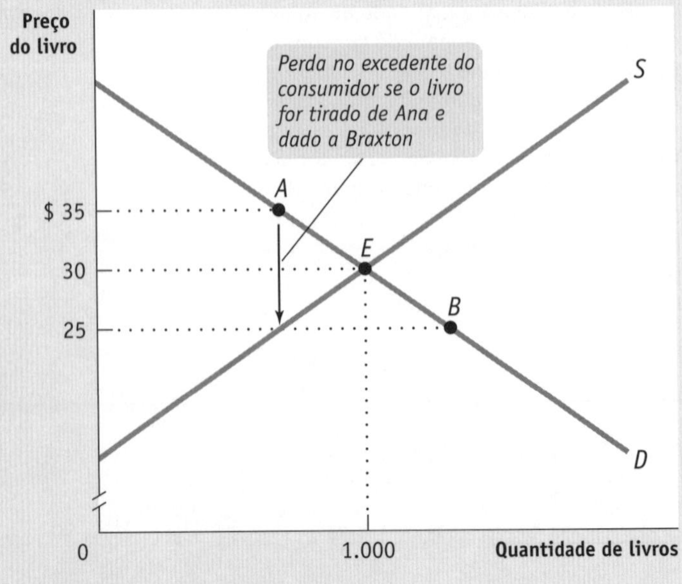

Além disso, esse resultado não depende de qual par de estudantes tomemos. Todo estudante que compra um livro no equilíbrio tem disposição a pagar $ 30 ou mais, e cada estudante que não compra um livro no equilíbrio tem disposição a pagar o que estiver abaixo de $ 30.

Assim, a realocação do bem entre consumidores sempre significa tirar o livro de um estudante que lhe dá mais valor e entregá-lo a um estudante que lhe dá menos valor, o que necessariamente reduz o excedente do consumidor.

Realocar as vendas entre vendedores. O comitê pode tentar aumentar o excedente total realocando a venda dos livros, tirando-a dos vendedores que teriam vendido seus livros no equilíbrio de mercado e, em vez disso, obrigando aqueles que não teriam vendido seus livros no equilíbrio de mercado a vendê-los.

A Figura 4.13 mostra por que isso resultaria em um excedente menor. Aqui, os pontos *X* e *Y* mostram duas posições na curva de oferta: Xavier, que tem um custo de $ 25, e Yvette, que tem um custo de $ 35. No preço de equilíbrio de $ 30, Xavier venderia seu livro, mas Yvette não. Se o comitê realoca as vendas obrigando Xavier a ficar com seu livro e obrigando Yvette a vender o seu, o excedente do produtor total se reduzirá em $ 35 – $ 25 = $ 10.

Mais uma vez, não importa qual o par de estudantes que escolhemos. Qualquer estudante que vende um livro no equilíbrio de mercado tem custo mais baixo que qualquer estudante que não o vende, de modo que realocar as vendas entre os vendedores necessariamente aumenta o custo total e reduz o excedente do produtor.

Modificar a quantidade comercializada. O comitê pode tentar aumentar o excedente total obrigando os estudantes a vender e comprar mais livros ou menos livros do que a quantidade do equilíbrio de mercado.

A Figura 4.14 mostra por que isso resultará em excedente menor. Ela representa os quatro estudantes: os compradores potenciais Ana e Braxton e os vendedores potenciais Xavier e Yvette. Para reduzir as vendas, o comitê terá de impedir uma transação que teria ocorrido no equilíbrio de mercado, isto é, terá que impedir Xavier de vender para Ana. Como Ana estaria disposta a pagar $ 35, mas o custo de Xavier é $ 25, impedir essa venda reduziria o excedente total em $ 35 – $ 25 = $ 10.

Mais uma vez, esse resultado não depende de qual par de estudantes escolhemos: qualquer estudante que tivesse vendido seu livro no equilíbrio teria um custo inferior a $ 30 ou menos, e qualquer estudante que tivesse comprado o livro no

Figura 4.13 Realocação das vendas reduz o excedente do produtor.

Yvette (ponto *Y*) tem um custo de $ 35, $ 10 mais que Xavier (ponto *X*), que tem um custo de $ 25. Ao preço do equilíbrio de mercado de $ 30, Xavier vende um livro, mas Yvette não. Se rearranjamos as vendas, impedindo Xavier de vender seu livro e induzindo Yvette a vender o seu, o excedente do produtor diminui em $ 10 e, como resultado o excedente total diminui em $ 10.

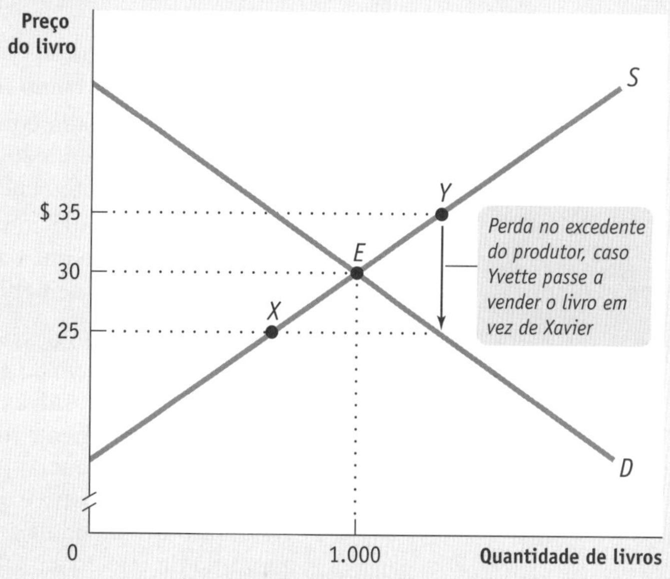

Figura 4.14 Mudar a quantidade reduz o excedente total.

Se Xavier (ponto *X*) fosse impedido de vender seu livro para alguém como Ana (ponto *A*), o excedente total cairia $ 10, a diferença entre a disposição a pagar de Ana ($ 35) e o custo de Xavier ($ 25). Isso significa que o excedente total cai sempre que se transacionem menos que 1.000 livros, a quantidade de equilíbrio. Do mesmo modo, se Yvette (ponto Y) fosse obrigada a vender seu livro a alguém como Braxton (ponto *B*), o excedente total também cairia $ 10, a diferença entre o custo de Yvette ($ 35) e a disposição a pagar de Braxton ($ 25). Isso significa que o excedente total cai sempre que mais de 1.000 livros são comercializados. Esses dois exemplos mostram que, no equilíbrio do mercado, todas as transações mutuamente benéficas – e apenas as transações mutuamente benéficas – ocorrem.

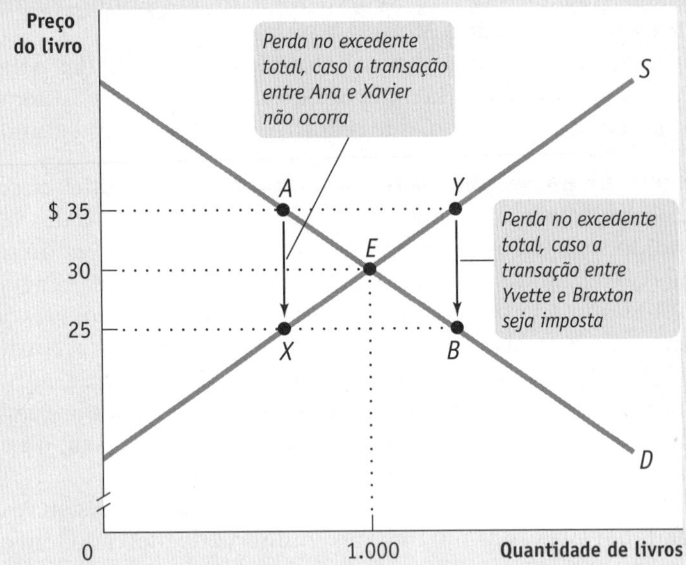

equilíbrio estaria disposto a pagar $ 30 ou mais. Assim, impedir qualquer venda que teria ocorrido no equilíbrio de mercado reduziria o excedente total.

Finalmente, o comitê poderia tentar aumentar as vendas forçando Yvette, que não teria vendido seu livro no equilíbrio de mercado, a vendê-lo a alguém como Braxton, que não teria comprado um livro no equilíbrio de mercado. Como o custo de Yvette é $ 35, mas Braxton está disposto a pagar apenas $ 25, isso reduz o excedente total em $ 10. E, mais uma vez, não importa qual o par de estudantes selecionado: qualquer um que não tivesse comprado o livro estaria disposto a pagar menos de $ 30, e qualquer um que não tivesse vendido o livro teria um custo superior a $ 30.

O ponto essencial a lembrar é que, quando o mercado está em equilíbrio, não há como aumentar os ganhos do comércio. Qualquer outro resultado reduz o excedente total. Podemos resumir nossos resultados observando que um mercado eficiente desempenha quatro funções importantes:

1. Aloca o consumo de um bem aos compradores potenciais que dão maior valor a ele, como indicado pelo fato de que eles têm a disposição a pagar mais elevada.
2. Aloca as vendas aos vendedores potenciais que dão maior valor ao direito de vender o bem, como indicado pelo fato de que eles têm o menor custo.
3. Garante que cada consumidor que faz uma compra dá mais valor a um bem do que cada vendedor que faz a venda, de tal modo que todas as transações são mutuamente benéficas.
4. Garante que cada comprador potencial que não faz uma compra dá a um bem valor menor do que cada vendedor potencial que não faz uma venda, de modo que não se perde nenhuma transação mutuamente benéfica.

Como resultado dessas quatro funções, *qualquer maneira de alocar o bem que não seja a que advém do equilíbrio de mercado reduz o excedente total.*

Mas há três ressalvas. Primeiro, ainda que o mercado possa ser eficiente, ele não é necessariamente *justo*. De fato, justiça, ou *equidade*, muitas vezes está em conflito com eficiência. Discutiremos isso na próxima seção.

A segunda ressalva é que os mercados às vezes *falham*. Assim como mencionado no Capítulo 1, devido a circunstâncias bem definidas, mercados podem falhar na garantia da eficiência. Quando isso ocorre, os mercados não mais maximizam o excedente total.

Terceiro, embora o equilíbrio de mercado maximize o excedente total, esse não significa o melhor resultado para cada consumidor e produtor *individual*. Tudo o mais mantido constante, cada comprador gostaria de pagar menos, e cada vendedor gostaria de receber mais. Assim, se o governo interferisse no mercado, por exemplo, reduzindo o preço para um nível abaixo do preço de equilíbrio a fim de agradar os consumidores ou aumentando o preço para acima do nível de equilíbrio de modo a agradar os produtores, o resultado já não seria eficiente. Embora algumas pessoas ficassem mais felizes, a sociedade em seu conjunto ficaria em situação pior porque o excedente total seria mais baixo.

Equidade e eficiência

Para muitos pacientes que precisam de transplante de rim, as novas diretrizes propostas pela UNOS, comentadas antes, serão má notícia. Os que esperaram muitos anos por transplantes certamente vão achar essas diretrizes, que dão precedência a pacientes mais jovens, injustas. E as diretrizes levantam outras questões relativas à justiça: por que limitar os receptores potenciais de transplantes a norte-americanos? Por que incluir pacientes jovens com outras doenças crônicas? Por que não dar preferência aos que reconhecidamente fizeram contribuições à sociedade? E assim por diante.

O ponto é que eficiência se refere a *como atingir objetivos, não a quais deveriam ser esses objetivos*. Por exemplo, a UNOS decidiu que seu objetivo é maximizar o tempo de vida de um receptor de rim transplantado. Outros teriam defendido um objetivo diferente, e a eficiência não trata de saber qual é o objetivo melhor. *A eficiência trata é da melhor maneira de atingir um objetivo, uma vez determinado esse objetivo* – nesse caso, usando o conceito da UNOS de "benefício de sobrevivência líquida".

É fácil exagerar no entusiasmo com a ideia de que os mercados estão sempre certos e que políticas econômicas que interferem na eficiência são más. Mas isso seria um engano, pois há outro fator a considerar: a sociedade se importa com a equidade, ou o com que é "justo".

Com frequência, há um *trade-off* entre equidade e eficiência: políticas que promovem equidade muitas vezes se concretizam ao custo de menor eficiência, e políticas que promovem a eficiência muitas vezes resultam em menos equidade. Assim, é importante ter consciência de que a escolha da sociedade de sacrificar alguma eficiência em favor da equidade (seja qual for essa definição de equidade) é uma escolha válida. E é importante entender que justiça no sentido de equidade, diferentemente da eficiência, pode ser muito difícil de definir. Justiça e equidade são conceitos dos quais pessoas bem-intencionadas muitas vezes discordam.

ECONOMIA >> *em Ação*

Aqui estão as chaves

A "Airbnb nasceu realmente de um problema matemático", disse seu cofundador, Joe Gebbia. "Deixamos nossos empregos para sermos empreendedores, e o locador aumentou nosso aluguel além de nossas possibilidades. E assim tivemos um problema de matemática para resolver. Acontece que, no fim de semana seguinte, uma conferência de *design* viria a São Francisco, acabando por ocupar todos os hotéis da cidade. Nós ligamos os pontos. Tínhamos espaço extra em nosso apartamento. Assim nasceu o *air bed-and-breakfast*."

Dessa ideia engenhosa, desencadeada pelo puro desespero, surgiu uma empresa que é hoje a maior fonte de hospedagem do mundo. Em 2019, 500 milhões de pessoas que procuravam uma cama já se abasteceram no mercado da Airbnb e, em média, mais de 2 milhões de pessoas ficam em um imóvel alugado da Airbnb a cada noite. O *site* agora conta com 6 milhões de moradias no mundo todo, incluindo 4 mil castelos e 2.400 casas em árvores.

A Airbnb é a fornecedora mais famosa e bem-sucedida no que é chamado de "economia compartilhada": empresas que proporcionam um mercado no qual pode-se compartilhar o uso de bens. E há uma série vertiginosa de outras: Turo e Getaround permitem alugar carros de seus proprietários; Boatbound facilita o aluguel de barcos, Desktime oferece espaço de escritório para aluguel, JustPark fornece vagas de estacionamento e Rent the Runway oferece roupas de grife.

O que está motivando toda essa partilha? Bem, não é um surto de altruísmo – é simplesmente dinheiro. Se há recursos não utilizados, por que não ganhar dinheiro alugando-os para outra pessoa? Como diz Judith Chevalier, economista da Escola de Administração de Yale: "Estas empresas deixam você extrair um pouco do valor de [...] mercadorias que estão ali paradas." E gerar um pouco mais de excedente de seus bens leva a um uso mais eficiente desses recursos. Como resultado, diz Arun Sundararajan, professor da Escola de Comércio Stern, da Universidade de Nova York: "Isso torna possível que as pessoas repensem a maneira como consomem."

>> *Revisão Rápida*

- O **excedente total** mede os ganhos do comércio em um mercado.
- Os mercados são eficientes, exceto sob algumas condições bem definidas. Podemos demonstrar a eficiência de um mercado considerando o que acontece com o excedente total se começarmos no equilíbrio e realocarmos consumo, vendas ou alterarmos a quantidade negociada. Qualquer resultado diferente do mercado em equilíbrio reduzirá o excedente total, o que significa que o mercado em equilíbrio é eficiente.
- Como a sociedade se preocupa com a equidade, a intervenção do governo em um mercado que reduz a eficiência enquanto aumenta a equidade pode ser justificada.

>> *Teste seu entendimento* 4.3

As soluções estão no fim do livro.

1. Use as tabelas das seções Teste seu entendimento 4.1 e 4.2 para encontrar o preço e a quantidade de equilíbrio no mercado de pimentão recheado. Qual é o excedente total no equilíbrio desse mercado e quem o recebe?

2. Mostre como cada uma das três ações a seguir reduz o excedente total:

a. Fazer Azar consumir um pimentão a menos e Teresa um pimentão a mais do que no equilíbrio do mercado.

b. Fazer Cara produzir um pimentão a menos e Jamie um pimentão a mais do que no equilíbrio do mercado.

c. Fazer Azar consumir um pimentão a menos e Cara produzir um pimentão a menos do que no equilíbrio do mercado.

3. Suponha que a UNOS altere suas diretrizes para a alocação de rins doados e não mais se baseie apenas no conceito de "benefício de sobrevivência líquida", mas dê preferência a pacientes com filhos pequenos. Se o "excedente total" nesse caso é definido como o tempo de vida total de quem recebeu o rim transplantado, essas novas diretrizes tenderão a reduzir, aumentar ou deixar inalterado o excedente total? Como você poderia justificar essas novas diretrizes?

Uma economia de mercado

Como aprendemos antes no livro, em uma economia de mercado as decisões sobre produção e consumo se tomam via mercado. De fato, a economia em seu conjunto é formada por muitos *mercados inter-relacionados*. Até agora, para aprender como os mercados funcionam, estivemos examinando um único mercado, o de livros didáticos usados. Na realidade, consumidores e produtores não tomam decisões em mercados isolados. Por exemplo, a decisão de um estudante no mercado de livros didáticos usados pode ser afetada pelo custo da taxa de juros que tem de ser pago nos empréstimos para estudantes; assim, a decisão no mercado de livros didáticos usados seria influenciada pelo que acontece no mercado de crédito.

Sabemos que um equilíbrio de mercado eficiente maximiza o excedente total, ou os ganhos obtidos por compradores e vendedores nesse mercado. Existe um resultado comparável para a economia em seu conjunto, uma economia composta por um número muito grande de mercados individuais? A resposta é sim, mas com ressalvas.

Quando todo e qualquer mercado na economia maximiza o excedente total, a economia em seu conjunto é eficiente. Esse é um resultado importante: assim como é impossível melhorar a situação de alguém sem piorar a situação de outrem em um mercado isolado, é impossível melhorar o resultado de uma economia de mercado quando todo e qualquer mercado nessa economia é eficiente. Contudo, é importante ter consciência de que esse é um resultado *teórico*: é praticamente impossível encontrar uma economia em que todo e qualquer mercado seja eficiente.

Por enquanto vamos examinar a razão por que mercados e economias normalmente funcionam tão bem. Depois podemos examinar por que os mercados às vezes dão errado.

Por que os mercados em geral funcionam tão bem

Economistas já escreveram muitos volumes sobre a razão por que mercados são uma forma eficiente de organizar a economia. No fim das contas, os mercados que funcionam bem devem sua eficácia a dois elementos poderosos: os *direitos de propriedade* e o papel dos preços como *sinais econômicos*.

Direitos de propriedade. Por **direitos de propriedade**, entendemos um sistema no qual os itens que possuem valor na economia têm proprietários específicos que deles podem dispor como prefiram. Em um sistema de direitos de propriedade, ao comprar um bem você recebe *direitos de propriedade*: o direito de usar e dispor do bem como você considerar adequado. Direitos de propriedade são o que torna possíveis as transações mutuamente benéficas no mercado de livros didáticos usados ou em qualquer mercado.

Direitos de propriedade são os direitos que proprietários de itens valiosos, sejam estes recursos ou bens, detêm para dispor desses itens da forma que desejarem.

Para ver por que os direitos de propriedade são cruciais, imagine que os estudantes não tenham direitos de propriedade plenos sobre seus livros e estejam proibidos de vendê-los ao fim do semestre letivo. Essa restrição dos direitos de propriedade evitaria muitas transações mutuamente benéficas. Alguns estudantes vão ficar com livros-texto encalhados que eles jamais lerão de novo, quando ficariam muito mais felizes recebendo alguns trocados. Outros serão forçados a pagar o preço completo por livros novos em folha, quando estariam perfeitamente satisfeitos com cópias um pouco desgastadas por um preço menor.

Sinais econômicos. Quando já existe um sistema de direitos de propriedade bem definidos, pode operar a segunda característica necessária de mercados que funcionam bem: preços como sinais econômicos. Um **sinal econômico** é toda informação que ajude as pessoas a tomarem melhores decisões econômicas. Por exemplo, analistas que fazem previsões afirmam que a venda de embalagens é um bom indicador antecipado de mudanças na produção industrial: se as empresas estão comprando montes de caixas de papelão, pode-se ter certeza de que elas logo aumentarão a produção.

Sinal econômico é toda informação que ajude as pessoas a tomarem melhores decisões econômicas.

Mas preços são de longe os sinais mais importantes em uma economia de mercado, porque eles transmitem informação essencial sobre os custos de outras pessoas e sobre sua disposição a pagar. Se o preço de equilíbrio de mercado de livros usados é $ 30, isso de fato informa a todo mundo que há consumidores dispostos a pagar $ 30 ou mais e que há vendedores potenciais com custo de $ 30 ou menos. O sinal dado pelo mercado assegura que o excedente total seja maximizado dizendo às pessoas se elas devem comprar livros, vender livros ou não fazer nada disso.

Cada vendedor potencial com custo de $ 30 ou menos fica sabendo pelo mercado que é uma boa ideia vender seu livro; se tem custo mais elevado, é boa ideia manter o livro. Do mesmo modo, cada consumidor disposto a pagar $ 30 ou mais fica sabendo pelo mercado que é uma boa ideia comprar um livro; se não se dispõe a pagar $ 30, é uma boa ideia não comprar o livro.

Esse exemplo mostra que o preço de mercado "sinaliza" aos consumidores com disposição a pagar igual ou superior ao preço de mercado que eles devem comprar o bem, do mesmo modo como sinaliza aos produtores com custo igual ou inferior ao preço de mercado que devem vender o bem. E como, em equilíbrio, a quantidade demandada iguala a quantidade ofertada, todos os consumidores dispostos encontrarão vendedores dispostos.

Os preços, às vezes, podem falhar como sinais econômicos. Algumas vezes, o preço não é um sinal acurado de quão desejável é o bem. Quando há incerteza sobre a qualidade de um bem, o preço sozinho pode não ser um indicador preciso do valor do bem. Por exemplo, você não pode inferir apenas do preço se um carro usado é uma boa compra ou um "abacaxi". De fato, um dos problemas conhecidos em economia é o do"*market for lemons*",[1] um mercado em que os preços não funcionam adequadamente para sinalizar a qualidade do produto.

Algumas palavras de advertência

Mercados são uma maneira espantosamente eficaz de organizar a atividade econômica. Mas, como notamos, os mercados às vezes podem dar errado. No Capítulo 1, tivemos a primeira informação sobre isso por meio do quinto princípio da interação: *Quando os mercados não alcançam eficiência, a intervenção do governo pode melhorar o bem-estar da sociedade.*

Um mercado ou uma economia é **ineficiente** quando há oportunidades perdidas: algumas pessoas poderiam ficar em situação melhor sem piorarem a situação de outras.

Quando os mercados são **ineficientes**, há oportunidades desperdiçadas, isto é, maneiras pelas quais a produção ou o consumo poderiam ser rearranjados para melhorar a situação de algumas pessoas sem piorar a situação de outras. Em outras palavras, existem ganhos por negócios que acabam desperdiçados: o excedente total poderia ser aumentado. E, quando o mercado ou os mercados são ineficientes, a economia da qual fazem parte também é.

Falhas de mercado acontecem quando um mercado deixa de ser eficiente.

Mercados podem tornar-se ineficientes por diversas razões. Duas das razões mais importantes são a falta de direitos de propriedade e a falta de precisão dos preços como sinais econômicos. Quando um mercado é ineficiente, temos o que é conhecido como **falha de mercado**. Em capítulos posteriores, vamos examinar em profundidade vários tipos de falhas de mercado; por ora, vamos rever as três razões principais pelas quais os mercados algumas vezes não são de fato eficientes.

1. *Poder de mercado*: Mercados podem falhar devido ao poder de mercado, que ocorre quando uma empresa tem capacidade de aumentar o preço de mercado. Neste caso, a suposição subjacente à análise da oferta e da demanda – que ninguém pode ter um efeito perceptível no preço de mercado – não é mais válida. Como veremos no Capítulo 13, a presença do poder de mercado leva à ineficiência, pois a empresa manipula o preço de mercado para aumentar lucros e, assim, impedir a ocorrência de negócios mutuamente benéficos.
2. *Externalidades*: Mercados podem falhar devido a externalidades, que surgem quando ações têm efeitos colaterais sobre o bem-estar de outros. O exemplo mais comum de uma externalidade é a poluição. Como o preço de mercado não capta o efeito negativo que a poluição tem sobre os outros, o resultado do mercado é ineficiente. No Capítulo 16, aprenderemos mais sobre externalidades e como as sociedades tentam lidar com elas.
3. *Bens públicos, recursos comuns e informações privadas*: Mercados podem falhar quando a natureza do bem o torna inadequado para alocação eficiente por um mercado. Isso é verdade para bens públicos como a defesa nacional. Como não pode ser comprada e vendida pelas pessoas, a defesa nacional não pode ser alocada eficientemente por um mercado. Também é verdade para recursos comuns, como os peixes em nossos oceanos. Os mercados geralmente falham nesses casos devido a direitos de propriedade incompletos. Também podem falhar quando algumas pessoas possuem informações sobre mercadorias que outras não possuem, como acontece no mercado de carros usados que acabamos de discutir. Nos Capítulos 17 e 20, aprenderemos como a sociedade lida com tais situações.

Mas, mesmo com essas ressalvas, é notável quão bem os mercados funcionam maximizando ganhos do comércio.

[1] N. R.: "Mercado de limões", em inglês. Não há equivalente consagrado em português. Um possível equivalente seria "mercado de abacaxis", significando mercados em que produtos de má qualidade são oferecidos pelo mesmo preço de produtos de boa qualidade.

ECONOMIA >> *em Ação*

O grande salto para trás

De qualquer país do mundo, a China é talvez o que mais se associa aos mercados livres. Desde os intermináveis mercados de rua para alimentos em Xangai até os movimentados mercados de bens de exportação em Guangzhou, especializados em tudo, desde óculos até eletrônicos, passando pelo enorme *shopping* em Shenzhen onde é possível encontrar ternos finamente cortados sob medida e bolsas de marca falsificadas, as possibilidades de compras na China são infinitas.

No entanto, não faz muito tempo, a China era um país praticamente inexistente nos mercados. Isso porque, até os anos 1980, a China era em grande parte uma *economia planificada* na qual um planejador central, em vez de mercados, tomava decisões de consumo e produção. A Rússia, muitos países do leste europeu e vários países do Sudeste Asiático já haviam planejado economias. Também a Índia e o Brasil já tiveram partes significativas de suas economias sob planejamento central.

Economias planificadas são notórias por sua ineficiência, e provavelmente o exemplo mais convincente disso é o chamado Grande Salto para a Frente, um ambicioso plano econômico instituído na China no final dos anos 1950 por seu líder Mao Zedong. Sua intenção era acelerar a industrialização do país. A chave para esse plano era uma mudança da produção urbana para a rural: as vilas agrícolas deveriam começar a produzir produtos pesados como o aço. Infelizmente, o plano saiu pela culatra.

Desviar os agricultores de seu trabalho habitual levou a uma queda acentuada na produção de alimentos. Enquanto isso, como as matérias-primas para o aço, tais como carvão e minério de ferro, foram enviadas a produtores rurais mal equipados e inexperientes em vez de fábricas urbanas, a produção industrial também diminuiu. Em resumo, o plano levou à redução da produção de tudo na China.

Como para começar a China era um país muito pobre, os resultados foram catastróficos. Estima-se que a fome que se seguiu tenha reduzido a população chinesa em até 30 milhões.

A transição da China para um sistema de livre mercado a colocou no caminho de maior crescimento econômico, aumentou a riqueza e levou ao surgimento de uma classe média. Mas alguns aspectos do planejamento central ainda permanecem, em grande parte na alocação de capital financeiro e em empresas estatais. Como resultado, persistem significativas ineficiências de planejamento central. Além disso, à medida que transita para um sistema de livre mercado, a China está agora experimentando poluição excessiva, uma ineficiência decorrente de falhas do mercado. Muitos economistas observaram que essas ineficiências devem ser abordadas se a China quiser sustentar seu rápido crescimento e satisfazer as aspirações de bilhões de chineses de forma sustentável.

>> *Revisão Rápida*

- Em uma economia de mercado, os mercados são inter-relacionados. Quando todo e qualquer mercado na economia é eficiente, a economia em seu conjunto é eficiente. Mas, no mundo real, alguns mercados em uma economia de mercado quase certamente não conseguirão ser eficientes.
- Um sistema de **direitos de propriedade** e a operação dos preços como **sinais econômicos** são dois fatores essenciais para permitir um mercado eficiente. Mas, em condições em que os direitos de propriedade são incompletos ou os preços dão sinais econômicos imprecisos, mercados podem falhar.
- Sob certas condições, a **falha de mercado** ocorre e o mercado é **ineficiente**: ganhos do comércio não são realizados. As três principais causas da falha de mercado são o poder de mercado, as externalidades e um bem que, por sua natureza, torna-se inadequado para ser alocado eficientemente pelo mercado.

>> *Teste seu entendimento* 4.4

As respostas estão no fim do livro.

1. Em alguns estados ricos em recursos naturais, como petróleo, a lei separa o direito de uso da terra na superfície do direito de perfuração abaixo da superfície (chamados "direitos minerais"). Alguém que tem a propriedade tanto da superfície quanto do subsolo pode vender esses direitos separadamente. Explique por que essa divisão nos direitos de propriedade reforça a eficiência comparada com uma situação em que os dois direitos têm de ser sempre vendidos juntos.
2. Suponha que, em um mercado para livros didáticos usados, o preço de equilíbrio seja \$ 30, mas por engano se anuncie que o preço de equilíbrio é \$ 300. Como isso afeta a eficiência do mercado? Seja específico.
3. O que há de errado na afirmação a seguir? "Mercados são sempre a melhor forma de organizar a atividade econômica. Quaisquer políticas que interfiram nos mercados reduzem o bem-estar da sociedade."

CASO EMPRESARIAL

Preços dos ingressos e o casal reinante na música, Beyoncé e Jay-Z

Beyoncé e Jay-Z são o casal reinante na música, cujos rendimentos estimam-se em 1,4 bilhão de dólares. E boa parte desse dinheiro foi ganha com turnês. Em 2018, a turnê do casal *"On the Run II Tour"*, com cerca de 2,2 milhões de ingressos vendidos, totalizou um impressionante valor de US$ 253 milhões. Os dois também tiveram um ano muito lucrativo em 2014, quando sua *"On the Run Tour"* inicial totalizou mais de US$ 100 milhões. Um especialista da indústria musical observou que ninguém deveria se surpreender com isso. "Com quase 200 milhões de discos vendidos entre eles e 36 *Grammys* no total, Beyoncé e Jay-Z são uma força criativa a ser considerada. Quando seus talentos se juntam, o céu é o limite – pelo menos no que diz respeito aos preços dos ingressos." E o mercado parece concordar. A TicketIQ estimou que o preço médio de venda *online* dos ingressos para a turnê de 2018 foi de US$ 403.

No entanto, apesar da alta demanda por ingressos para suas apresentações, Beyoncé e Jay-Z recebem significativamente menos que esse valor por um ingresso médio. Por quê? Omar Al-Joulani, o produtor da turnê, explicou que o preço dos ingressos é inclusivo. No evento do Metlife Stadium realizado em Nova Jersey em 2018, os preços dos ingressos de venda direta no Live Nation variaram de US$ 25 a US$ 380. Al-Joulani continuou: "Nossa estratégia era fixar o preço dos ingressos para que, onde quer que você estivesse naquela cadeia de ingressos, tivesse a oportunidade de assistir ao espetáculo."

Assim, se você pudesse obter um ingresso de um vendedor direto, poderia ter feito uma boa grana revendendo seu ingresso ao preço de mercado. Talvez essa tenha sido a maneira de Beyoncé e Jay-Z compartilharem a riqueza, assim como sua música.

QUESTÕES PARA PENSAR

1. Utilize os conceitos de excedente de consumidor e excedente de produtor para analisar a troca entre Beyoncé e Jay-Z e seus fãs na ausência de revendedores de ingressos. (Ou seja, assuma que todos compram ingresso diretamente e vão ao *show*). Desenhe um diagrama para ilustrar.
2. Referindo-se ao diagrama desenhado em resposta à pergunta 1, explique o efeito dos revendedores sobre a alocação de excedentes de consumidores e produtores entre Beyoncé e Jay-Z e seus fãs.

RESUMO

1. A **disposição a pagar** de cada consumidor individual determina a curva de demanda. Quando o preço é inferior ou igual à disposição a pagar, o consumidor potencial compra o bem. A diferença entre o preço e a disposição a pagar é o ganho líquido para o consumidor, o **excedente do consumidor individual**.
2. O **excedente do consumidor total** em um mercado, ou seja, a soma de todos os excedentes do consumidor individual em um mercado, é igual à área abaixo da curva de demanda, mas acima do preço. O aumento no preço de um bem reduz o excedente do consumidor; uma queda no preço aumenta o excedente do consumidor. O termo **excedente do consumidor** é frequentemente usado para indicar tanto o excedente do consumidor individual quanto o total.
3. O **custo** de cada produtor potencial, ou seja, o preço mais baixo pelo qual ele se dispõe a fornecer uma unidade do bem, determina a curva de oferta. Se o preço de um bem está acima do custo do produtor, uma venda gera ganho líquido para o produtor, conhecido como **excedente do produtor individual**.
4. O **excedente do produtor total**, soma dos excedentes do produtor individual, é igual à área acima da curva de oferta, mas abaixo do preço. Um aumento no preço do bem aumenta o excedente do produtor; uma queda no preço reduz o excedente do produtor. O termo **excedente do produtor** é frequentemente usado para indicar tanto o excedente do produtor individual quanto o total.
5. O **excedente total**, ganho total para a sociedade decorrente da produção e do consumo de um bem, é a soma dos excedentes do consumidor e do produtor.
6. Normalmente, mercados são eficientes e alcançam o excedente total máximo. Qualquer rearranjo possível do consumo ou das vendas, bem como mudança na quantidade comprada e vendida, reduz o excedente total. Contudo, a sociedade se preocupa também com a equidade. Assim, a intervenção governamental que reduz a eficiência mas aumenta a equidade pode ser uma opção válida feita pela sociedade.
7. Uma economia composta de mercados eficientes também é eficiente, embora isso de fato seja praticamente impossível de alcançar. As chaves para a eficiência de uma economia de mercado são os **direitos de propriedade** e o funcionamento dos preços como **sinais econômicos**. Em certas condições, ocorre uma **falha de mercado** e os mercados tornam-se **ineficientes**. As três fontes principais de falhas de mercado são: poder de mercado, externalidades e problemas na própria natureza do bem.

PALAVRAS-CHAVE

QUESTÕES PARA PENSAR

1. Suponha que, devido a uma queda na demanda, a tarifa média das linhas aéreas domésticas caiu de $ 375 no terceiro trimestre de 2019 para $ 360 no quarto trimestre do mesmo ano, uma redução de $ 15. O número de passagens aéreas vendidas no terceiro trimestre foi de 185 milhões, e de 175 milhões no quarto trimestre. Durante o mesmo período, os custos das companhias aéreas permaneceram aproximadamente os mesmos: o preço do combustível para aviões a jato era em média de cerca de $ 2 por galão em ambos os trimestres, e os salários dos pilotos das companhias aéreas permaneceram aproximadamente os mesmos, com média de $ 117 mil por ano em 2019.

   Usando esta informação, determine exatamente quanto o excedente do produtor diminuiu como resultado da redução de $ 15 na tarifa média. Se você não puder ser preciso, determine se será menor ou maior do que uma quantia específica.
2. Durante o verão de 2019, o furacão Dorian, considerado o mais intenso da história, se abateu sobre a costa da Flórida antes de enfraquecer e aterrissar na Carolina do Norte. Enquanto o furacão ameaçava a Flórida, residentes correram para estocar bens de primeira necessidade, incluindo pão, gás e água. Dada a escassez de suprimentos, os residentes rapidamente notaram que alguns lugares tinham aumentado os preços em mais de 300%, ato conhecido como elevação injustificada de preços. Explique como a elevação injustificada de preços pode resultar em aumento do excedente do consumidor.
3. No início dos anos 1990, a Chrysler Corporation lançou o SUV mais vendido, o Jeep Grand Cherokee. Na época do lançamento, o Grand Cherokee veio em três modelos diferentes, cada modelo oferecendo características únicas. Hoje, o Grand Cherokee é vendido em dez modelos exclusivos. Por que as empresas fornecem modelos exclusivos e como o aumento do número de modelos afeta o excedente do produtor?

PROBLEMAS

1. Determine o montante do excedente do consumidor gerado em cada uma das situações que se seguem.

   a. Bo vai à loja comprar uma camiseta nova pela qual está disposto a pagar até $ 10. Ele encontra uma que lhe agrada com o preço de exatamente $ 10. Quando chega no caixa para pagar, dizem-lhe que sua camiseta está em liquidação pela metade do preço.

   b. Alberto vai comprar um CD na esperança de encontrar uma cópia de segunda mão de *Nevermind*, do Nirvana, por até $ 30. A loja tem uma cópia, que está vendendo por $ 30, que ele compra.

   c. Depois de um treino de futebol, Stephany está disposta a pagar $ 2 por uma garrafa de água mineral. O bar tem água mineral por $ 2,25 a garrafa e, assim, ela decide não comprar.

2. Determine o montante do excedente do produtor gerado em cada uma das situações a seguir.

   a. Conner põe seu velho trenzinho elétrico de brinquedo à venda no eBay e fixa um preço mínimo aceitável, conhecido como seu preço de reserva, de $ 75. Depois de cinco dias recebendo ofertas, o último lance mais alto é exatamente $ 75. Ele aceita a oferta.

   b. So-Hee coloca um anúncio de venda do seu carro na seção de usados do jornal estudantil por $ 2 mil, mas está disposta a vender por qualquer preço acima de $ 1.500. A melhor oferta que consegue é $ 1.200, que ela rejeita.

   c. Sanjay gosta tanto do seu trabalho que estaria disposto a trabalhar de graça. Contudo, seu salário anual é de $ 80 mil.

3. Há seis consumidores potenciais de jogos de computador, cada um disposto a comprar apenas um jogo. O consumidor 1 está disposto a pagar $ 40 por um jogo, o consumidor 2 dispõe-se a pagar $ 35, o consumidor 3 pagaria $ 30, o consumidor 4 pagaria $ 25, o consumidor 5 pagaria $ 20 e o consumidor 6 pagaria $ 15.

   a. Suponha que o preço de mercado seja $ 29. Qual é o excedente do consumidor total?

   b. O preço de mercado cai para $ 19. Qual é então o excedente do consumidor total?

   c. Quando o preço passa de $ 29 para $ 19, como muda o excedente do consumidor individual de cada consumidor? Como o total do excedente do consumidor muda?

4. a. Em um leilão, compradores potenciais competem por um bem fazendo lances. Adam Galinsky, psicólogo social da Northwestern University, comparou leilões do eBay em que era vendido o mesmo bem. Ele verificou que, em média, quanto maior o número de pessoas fazendo lances, tanto maior o preço alcançado pelo bem no leilão. Por exemplo, em dois leilões de iPads idênticos, aquele com o número mais elevado de pessoas fazendo lances obteve preço de venda mais alto. De acordo com Galinsky, isso explica por que vendedores espertos no eBay colocam preços de abertura absurdamente baixos (o preço mais baixo que um vendedor aceitará), tal como 1 centavo para um iPad novo. Use os conceitos de excedentes do consumidor e do produtor para explicar o raciocínio de Galinsky.

   b. Você está pensando em vender seu primeiro carro. Se o carro estiver em boas condições, vale muito; se estiver em más condições, é útil apenas como sucata. Suponha que seu carro está em excelentes condições, mas que um potencial comprador vai gastar $ 40 em uma avaliação profissional para determinar o estado do carro. Use o que aprendeu na parte *a* para explicar se você deve ou não pagar pela avaliação e compartilhar os resultados com todos os compradores interessados.

5. A tabela a seguir mostra as tabelas de oferta e procura para exemplares usados da segunda edição deste livro. A tabela de oferta é derivada das ofertas da Amazon. A tabela de demanda é hipotética.

Preço do livro	Quantidade de livros demandada	Quantidade de livros oferecida
$ 55	50	0
60	35	1
65	25	3
70	17	3
75	14	6
80	12	9
85	10	10
90	8	18
95	6	22
100	4	31
105	2	37
110	0	42

   a. Calcule os excedentes do consumidor e do produtor no equilíbrio desse mercado.

   b. Agora está disponível a sexta edição deste livro. Em consequência, cai em $ 20 a disposição a pagar de cada comprador potencial por um exemplar de segunda mão da primeira edição. Em uma tabela, mostre a nova tabela de demanda e calcule de novo os excedentes do consumidor e do produtor no novo equilíbrio.

6. Às quintas-feiras à noite, o restaurante local serve uma massa especial. Ari gosta dessa massa, e sua disposição a pagar por prato se mostra na tabela a seguir.

Quantidade de massa (pratos)	Disposição de pagar pela massa (por prato)
1	$ 10
2	8
3	6
4	4
5	2
6	0

   a. Se o preço de um prato de massa é $ 4, quantos pratos Ari comprará? Quanto obterá de excedente do consumidor?

b. Na semana seguinte, Ari volta ao restaurante, mas agora o preço de um prato de massa é $ 6. Quanto diminui seu excedente do consumidor comparado com a semana anterior?

c. Uma semana mais tarde, ele volta ao restaurante. Descobre que o restaurante está oferecendo um especial "tudo o que você puder comer" por $ 25. Quantos pratos de massa ele vai comer e qual o excedente do consumidor que ele obtém agora?

d. Suponha que você seja o dono do restaurante e que Ari seja um cliente "típico". Quanto você pode cobrar pelo especial "tudo o que você puder comer" e ainda assim atrair fregueses?

7. Imagine-se como gerente do Mundo da Diversão, um pequeno parque de diversões. O diagrama a seguir mostra a curva de demanda de um típico visitante do Mundo da Diversão.

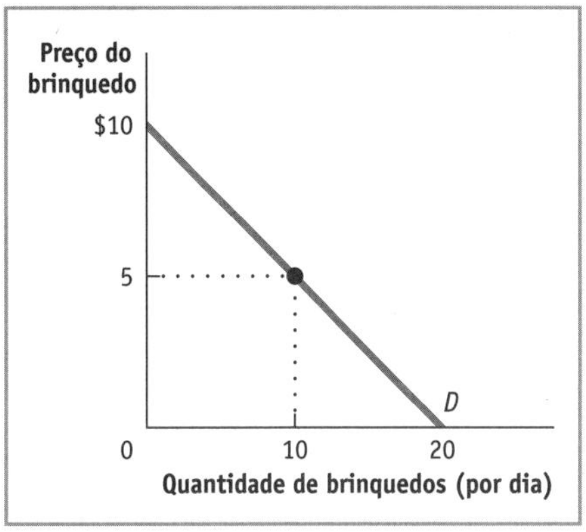

a. Suponha que o preço de ingresso para cada brinquedo seja $ 5. A esse preço, qual é o montante de excedente do consumidor obtido por um consumidor individual? (Recorde que a área do triângulo retângulo é base do triângulo × altura do triângulo ÷ 2.)

b. Suponha que o Mundo da Diversão esteja pensando em cobrar entrada, apesar de manter o preço de $ 5 para cada brinquedo. Qual é o máximo de entrada que ele poderia cobrar? (Suponha que todos os visitantes potenciais tenham dinheiro suficiente para pagar a entrada.)

c. Suponha que o Mundo da Diversão baixe para zero o preço de cada brinquedo. Quanto excedente do consumidor cada consumidor individual obterá? Qual é o máximo que o Mundo da Diversão pode, então, cobrar pela entrada?

8. O diagrama a seguir mostra a curva de oferta individual de um taxista (suponha que cada corrida de táxi cubra a mesma distância).

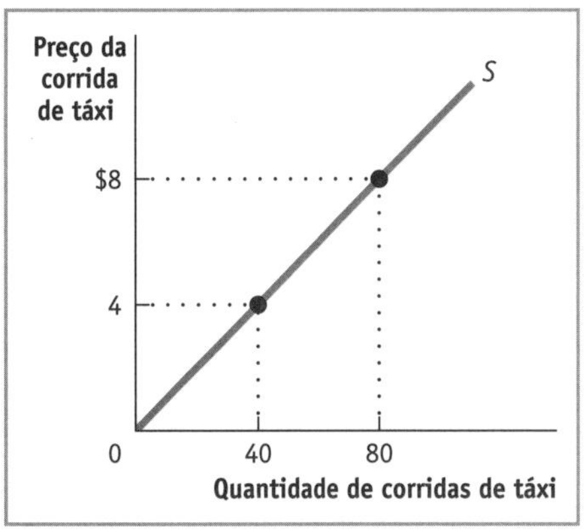

a. Suponha que a prefeitura fixe um preço obrigatório de $ 4 por corrida de táxi e que a $ 4 o taxista consegue vender tantas corridas quanto queira. Qual é o excedente do produtor desse taxista? (Recorde que a área do triângulo é base do triângulo × altura do triângulo ÷ 2.)

b. Suponha que agora a prefeitura mantenha o tabelamento de $ 4 por corrida de táxi, mas decida cobrar dos taxistas uma taxa de licenciamento. Qual é o máximo de taxa de licenciamento que a prefeitura poderia extrair desse taxista?

c. Suponha que a prefeitura permita que o preço de cada corrida aumente para $ 8. Suponha de novo que, a esse preço, o taxista consiga vender tantas corridas quanto queira. Qual o excedente do produtor que agora obtém um taxista individual? Qual é o máximo de taxa de licenciamento que a prefeitura poderia cobrar desse taxista?

9. Spotify, Pandora, e Google Play são alguns dos serviços de distribuição de música mais populares. Essas empresas oferecem acesso gratuito à música. Por uma pequena taxa mensal, os usuários podem adquirir acesso *premium* e ouvir milhões de músicas sob demanda e sem anúncios. Mas nem todos os artistas são fãs desse tipo de distribuição de mídia. A iniciativa de Taylor Swift de impedir o Spotify de tocar de graça seu lançamento de 2014, *1989*, deu manchetes nacionais. Quando o Spotify se recusou a restringir o acesso apenas a clientes pagantes, Swift não permitiu que a empresa tocasse sua música de graça. Ela não está sozinha. Adele, Dr. Dre, Garth Brooks e Coldplay tiveram seus problemas com os serviços de *streaming* gratuitos.

a. Se os amantes de música obtivessem conteúdo em música e vídeo de serviços gratuitos de *streaming*, em vez de comprá-lo diretamente ou pagar por acesso *premium*, qual seria o excedente do produtor das gravadoras com as vendas de música? Quais são as implicações para o incentivo das gravadoras em produzir conteúdo musical no futuro?

b. Se Taylor Swift e outros artistas não fossem autorizados a retirar suas músicas dos serviços gratuitos de *streaming*, o que aconteceria com as transações mutuamente benéficas (a produção e a compra de música) no futuro?

10. Em 17 de dezembro de 2015, os ingressos para a tão esperada turnê de *shows* da cantora Adele nos Estados Unidos ficaram disponíveis na Ticketmaster para venda por ordem de chegada. Ao longo do dia, um número recorde de 10 milhões de pessoas tentou comprar os 750 mil ingressos disponíveis. Em uma tentativa de evitar a atuação dos cambistas, Adele e Ticketmaster limitaram aos compradores quatro ingressos por *show* e exigiram que os portadores de assentos *premium* apresentassem o cartão de crédito utilizado para a compra de ingresso para entrar no evento. Apesar dessas tentativas de restringir a revenda, ingressos em *sites* secundários como StubHub estavam sendo vendidos por 10 vezes o seu valor nominal.

a. Desenhe um diagrama de oferta e demanda que descreva o mercado de ingressos para o *show* de

Adele. Suponha que todos os ingressos custam US$ 150. Indique o preço de equilíbrio, a quantidade e a escassez resultante.

b. Em seu diagrama, destaque ou indique as áreas que correspondem a excedente do consumidor, excedente do produtor e excedente total.

c. Use seu diagrama para explicar como a revenda de ingressos em *sites* secundários pode aumentar o excedente do consumidor.

11. A Uber vem sendo criticada há muito tempo por seu uso de preços dinâmicos (*surge pricing*), estabelecendo preços baseados em fatores atuais de oferta e demanda, o que, às vezes, resulta em um aumento súbito e drástico dos preços. Em uma matéria do *Wall Street Journal*, perguntou-se ao CEO da Uber se estamos vendo o fim da escalada de preços. Sua resposta: "[...] no final do dia, a noite de sexta-feira é três ou cinco vezes mais movimentada e cara que uma noite de domingo em qualquer cidade do mundo. E se você tem oferta suficiente no sistema para que sejamos perfeitamente abastecidos numa sexta-feira à noite para tanta demanda quanto uma cidade poderia lançar sobre nós, então no resto da semana você tem motoristas que não faturam o suficiente".

a. Desenhe um gráfico de demanda e oferta para as corridas de Uber em uma cidade grande na noite de domingo. Como a demanda muda em uma sexta-feira à noite? Como muda a oferta das corridas de Uber? Indique a escassez de carros Uber que resulta em uma sexta-feira à noite sem aumento de preço.

b. Em seu diagrama, mostre o que acontece com o excedente de consumidores e produtores em uma sexta à noite sem aumento de preço.

c. Ainda em seu diagrama, explique como os preços de pico mudam o excedente do consumidor e o do produtor.

12. Os roteiristas de Hollywood negociam um novo acordo com produtores de cinema estipulando que eles receberão 10% da receita de cada locação de um filme que escreveram. Eles não têm tal acordo para filmes exibidos na televisão sob demanda.

a. Quando o novo acordo com os roteiristas entrar em vigor, o que acontecerá no mercado de aluguel de filmes – isto é, mudará a oferta ou a demanda, e como? E, como resultado, como mudará o excedente do consumidor no mercado de aluguel de filmes? Ilustre com um diagrama. O acordo dos roteiristas será popular entre os consumidores que alugam filmes?

b. Os consumidores consideram os aluguéis de filmes e filmes sob demanda substituíveis em certa medida. Quando o novo acordo dos roteiristas entrar em vigor, o que acontecerá no mercado de filmes *on demand* – isto é, a oferta ou a demanda mudará, e como? E, como resultado, como mudará o excedente do produtor no mercado de filmes *on demand*? Ilustre com um diagrama. O acordo dos escritores será popular entre as empresas de televisão a cabo que exibem filmes por demanda?

c. Mais consumidores estão mudando suas preferências de assistir a filmes alugados na locadora Redbox para serviços de *streaming* como Netflix e Amazon Prime. O que vai acontecer no mercado de aluguel de filmes após a mudança nas preferências de exibição? Como o excedente do produtor no mercado de aluguel de filmes irá mudar? Ilustre com um diagrama. Use seu diagrama para explicar como a mudança para o *streaming* afetará as empresas de aluguel de filmes e os roteiristas de Hollywood.

RESOLVA

13. O diagrama anexo mostra as curvas de demanda e oferta das corridas de táxi na cidade de Nova York.

a. Em E_1, o mercado está em equilíbrio com 600 milhões de milhas transacionadas ao preço de equilíbrio de $ 2,50. Calcule excedente do consumidor, excedente do produtor e excedente total em E_1.

b. A entrada da Uber no mercado reduz em 30% a quantidade de corridas de táxi a cada preço, deslocando a curva de demanda para a esquerda. Suponha que os legisladores de Nova York respondam impondo um preço tabelado de US$ 2,50 por milha. Calcule excedente do consumidor, excedente do produtor e excedente total do mercado de táxis após a Uber ter entrado no mercado.

c. Após reclamações dos taxistas, Nova York remove o preço tabelado de US$ 2,50 por milha. O que aconteceu com o preço e a quantidade de equilíbrio? Como taxistas e passageiros serão afetados?

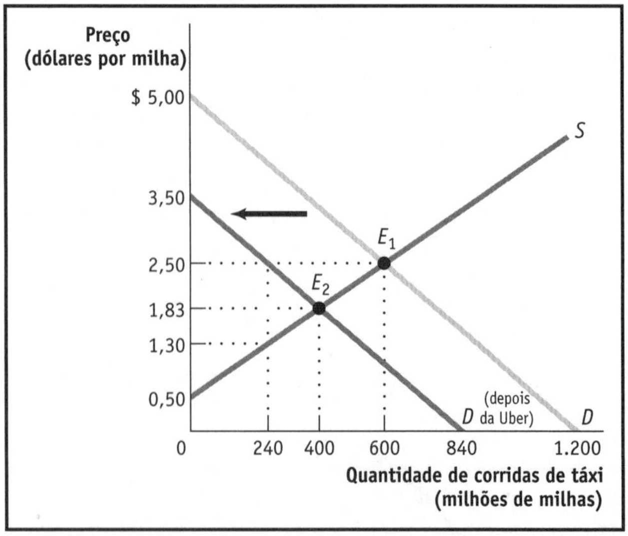

5 Controle de Preços e Cotas: Intervenção nos Mercados

UM CONTO DO BRONX

STEPHANIE KIRNON ESTAVA PREOCUPADA. Como será que ela, uma proprietária, arcaria com os US$ 29 mil necessários para consertar o vazamento no telhado do prédio de 26 unidades que possui no Bronx, um bairro da cidade de Nova York? Em contrapartida, Gloribel Castillo, inquilina de um prédio de apartamentos próximo, ficou aliviada ao saber que não precisaria mais se preocupar em pagar o aluguel mensal.

A origem desse contraste foi um endurecimento das normas de controle de aluguel. Tais leis impedem que locadores aumentem o aluguel ou despejem inquilinos de apartamentos com aluguel controlado sem a permissão de uma agência municipal. Em 2019, o estado de Nova York tornou muito mais difícil para os locadores obterem essa permissão. Os regulamentos revisados também proíbem aos locadores mudar o status do aluguel de apartamentos de controlado para não regulamentado. Uma vez que os apartamentos não estejam regulamentados, os locadores podem cobrar aluguéis muito mais altos no mercado.

Grupos de inquilinos, que fizeram *lobby* por tais mudanças regulatórias, aplaudiram. Muitos de seus membros eram da classe trabalhadora, como Gloribel Castillo, faxineira de hotel que trabalhava em dois turnos para pagar o aluguel de seu apartamento em esquema controlado. Há décadas o Bronx tem sido lar da classe trabalhadora e dos nova-iorquinos de baixa renda. Mas em 2019, esse bairro estava passando por um processo de *gentrificação* – locais menos desejáveis se tornaram mais desejáveis à medida que pessoas com maior renda se mudaram para lá e residentes de menor renda foram forçados a sair. Como resultado, os aluguéis estavam começando a aumentar. Até as restrições mais rigorosas serem adotadas, inquilinos de apartamentos com aluguel controlado enfrentavam a possibilidade muito real de que os proprietários encontrassem uma brecha na lei para aumentar o aluguel ou despejá-los.

Outro grupo também se beneficiou com a nova regulamentação mais rigorosa: os proprietários de apartamentos não regulamentados. Agora que era ilegal transferir o status de apartamentos de aluguel controlado para o de apartamentos não regulamentados, haveria menos apartamentos não regulamentados disponíveis. Como resultado, os aluguéis dos apartamentos não regulados aumentariam. Mas os proprietários de apartamentos com aluguel controlado, como Stephanie Kirnon, estavam enfrentando um problema real. A regulamentação mais rigorosa tornava mais difícil pagar reformas e manutenção necessárias. Stephanie também sabia que menos renda de aluguel tornava mais difícil para ela arcar com os pagamentos de sua hipoteca.

O que o futuro reservará para os residentes do Bronx? Nos anos 1970, quando leis de controle de aluguel foram aplicadas com rigor, muitos edifícios foram abandonados, pois os proprietários não podiam cobrar aluguéis suficientemente altos para cobrir seus custos. O Bronx decaiu drasticamente durante esses anos: havia escassez de apartamentos habitáveis e o crime aumentou na medida em que edifícios vazios eram utilizados para fins nefastos. Somente o tempo dirá se o Bronx se tornará o paraíso de um inquilino ou se voltará a ser um pesadelo.

Controle do aluguel é um tipo de *intervenção no mercado*, uma política imposta pelo governo para prevalecer sobre as forças da oferta e demanda de mercado – neste caso, sobre as forças de mercado da oferta e demanda de apartamentos para aluguel no Bronx. Embora as leis de controle de aluguéis tenham sido introduzidas durante a Segunda Guerra Mundial em muitas grandes cidades norte-americanas para proteger o interesse dos inquilinos, os problemas que elas criaram levaram a maioria das cidades a descartá-las. Nova York e São Francisco são exceções notáveis, embora o controle de aluguel cubra apenas uma pequena e decrescente proporção de apartamentos alugados em ambas as cidades.

Como aprenderemos neste capítulo, quando um governo tenta ditar um preço de mercado ou uma quantidade de mercado diferente do preço ou quantidade de equilíbrio, o mercado reage de forma previsível. A escassez de apartamentos é um exemplo do que acontece quando a lógica do mercado é desafiada: uma intervenção no mercado como o controle do aluguel mantém o preço do aluguel de apartamentos abaixo do nível de equilíbrio do mercado, criando escassez e outros problemas graves. E, como veremos, esses problemas inevitavelmente criam vencedores e perdedores.

Embora existam vencedores e perdedores específicos com a intervenção no mercado, aprenderemos como e por que a sociedade como um todo perde – um resultado que levou os economistas a ficarem céticos em relação às intervenções no mercado, exceto em certas situações bem definidas. •

O QUE VOCÊ IRÁ APRENDER?

- O que é uma intervenção no mercado e por que os **controles de preço** e de quantidade são as duas principais formas de intervenção?
- Por que controles de preço e de quantidade criam perdas de **peso morto**?
- Quem se beneficia e quem perde com as intervenções no mercado?
- Por que economistas geralmente são céticos em relação às intervenções no mercado? E por que os governos intervêm no mercado, apesar de criarem perdas para a sociedade?

Por que os governos controlam preços

Aprendemos no Capítulo 3 que um mercado se move em direção ao equilíbrio, isto é, o preço de mercado se move até o nível em que a quantidade ofertada iguala a quantidade demandada. Mas esse preço de equilíbrio não agrada necessariamente aos compradores ou vendedores.

Afinal de contas, os compradores sempre gostariam de pagar menos se pudessem e, algumas vezes, podem ter fortes argumentos morais ou políticos em defesa de pagar preços mais baixos. Por exemplo, o que acontece se o equilíbrio entre oferta e demanda de apartamentos em uma grande cidade leva a aluguéis que a média das pessoas empregadas não pode pagar? Nesse caso, o governo poderá sofrer pressões para impor limites ao que os locadores possam cobrar.

Os vendedores, no entanto, sempre gostariam de obter mais dinheiro pelo que vendem. E, algumas vezes, têm argumentos morais ou políticos fortes em defesa de receber preços mais altos. Por exemplo, considere o mercado de trabalho. O preço do tempo de um trabalhador é o salário. E se o equilíbrio entre oferta e demanda de trabalhadores não qualificados leva a salários que estão abaixo do nível de pobreza? Nesse caso, o governo sofrerá pressões para exigir que os empregadores paguem salários que não sejam inferiores a algum mínimo especificado.

Controles de preço são restrições legais sobre quão alto ou baixo pode ser um preço de mercado. Podem tomar duas formas: **teto de preços**, um preço máximo que os vendedores podem cobrar por um bem ou serviço, ou **piso de preços**, um preço mínimo que os compradores são obrigados a pagar por um bem ou serviço.

Em outras palavras, muitas vezes há forte demanda política para que os governos intervenham nos mercados. E grupos de interesse poderosos conseguem argumentos fortes de que uma intervenção que os favoreça é "justa". Quando um governo intervém para regular preços, dizemos que ele impõe **controles de preço.** Esses controles normalmente tomam a forma de um limite superior, um **teto de preços,** ou de um limite inferior, um **piso de preços.**

Infelizmente, não é fácil determinar ao mercado o que ele deve fazer. Como veremos, quando o governo tenta legislar preços – seja legislar para baixo, impondo um teto para os preços, ou legislar para cima, impondo um piso para os preços –, ocorrem certos efeitos colaterais previsíveis e desagradáveis.

No entanto, há duas importantes advertências a serem consideradas. Primeiro, assumimos neste capítulo que os mercados em questão são eficientes antes que os controles de preço sejam impostos. Mas os mercados às vezes podem ser ineficientes – por exemplo, um mercado dominado por um monopolista, um único vendedor que tem o poder de influenciar o preço de mercado. Quando mercados são ineficientes, os controles de preço não causam necessariamente problemas e podem potencialmente aproximar os mercados da eficiência. Segundo, os controles de preço no curto prazo em resposta à escassez causada por desastres naturais podem ser justificados com base na equidade e no bem-estar social. Por exemplo, durante a pandemia de coronavírus de 2020, a escassez de ventiladores necessários para manter as pessoas vivas teria levado à disparada dos preços em um mercado livre, tornando-os disponíveis apenas para os mais abastados. Assim, o governo em níveis estadual e federal agiu para alocar ventiladores de acordo com a necessidade, fazendo uma alocação muito mais equitativa de vida e morte.

Tetos de preço

Fora o controle de aluguéis, não há muitos tetos de preço nos Estados Unidos, hoje em dia. Mas houve tempo em que eles eram mais comuns. Um teto de preços se impõe tipicamente durante crises – guerras, más colheitas, desastres naturais – porque tais eventos, muitas vezes, levam a aumentos súbitos de preços que prejudicam muita gente, mas proporcionam ganhos elevados a uns poucos felizardos.

O governo dos Estados Unidos impôs tetos a muitos preços durante a Segunda Guerra Mundial. A guerra aumentou fortemente a demanda por matérias-primas, como alumínio e aço, e controles de preço impediram que quem tinha acesso a esses materiais tivesse enormes lucros. Controles de preço do petróleo foram impostos em 1973, quando parecia que um embargo dos países árabes exportadores de petróleo geraria enormes lucros para as companhias petrolíferas norte-americanas.

Os controles de preço foram instituídos novamente em 2012 pelas autoridades de Nova York e Nova Jersey na sequência do furacão Sandy, já que a escassez de gás levou a uma escalada de preços.

O controle de aluguéis em Nova York, conforme mencionamos na história que abre este capítulo, é um legado da Segunda Guerra Mundial. Foi imposto porque a produção militar trouxe um *boom* econômico, que aumentou a demanda por apartamentos em um momento no qual trabalhadores e matérias-primas que poderiam ser usados na construção estavam, em vez disso, sendo usados para ganhar a guerra. Embora a maioria dos controles de preço tenha sido eliminada logo que a guerra terminou, os limites para os aluguéis em Nova York foram mantidos e gradualmente estendidos a edifícios que anteriormente não estavam cobertos, levando a algumas situações muito estranhas.

É possível alugar um apartamento de um quarto em Manhattan rapidamente, se a pessoa quiser pagar alguns milhares de dólares por mês e viver em uma área menos cobiçada. Mas há quem pague uma pequena parcela disso por apartamentos comparáveis, enquanto outros pagam praticamente o mesmo por apartamentos muito maiores em bairros mais cobiçados.

Fora permitir um bom negócio para alguns inquilinos, quais as consequências mais gerais do controle de aluguéis em Nova York? Para responder essa pergunta, passamos ao modelo desenvolvido no Capítulo 3: o modelo de oferta e demanda.

Modelo de um teto de preços

Para ver o que pode dar errado quando um governo impõe teto de preços em um mercado competitivo, considere a Figura 5.1, que mostra um modelo simplificado do mercado de apartamentos em Nova York. Para simplificar, imaginamos que todos os apartamentos são exatamente iguais e que, portanto, seriam alugados pelo mesmo preço em um mercado não controlado.

A tabela da Figura 5.1 mostra as tabelas de demanda e oferta; as curvas de demanda e oferta são mostradas à esquerda. Mostramos a quantidade de

Figura 5.1 Mercado de apartamentos sem controles de preço.

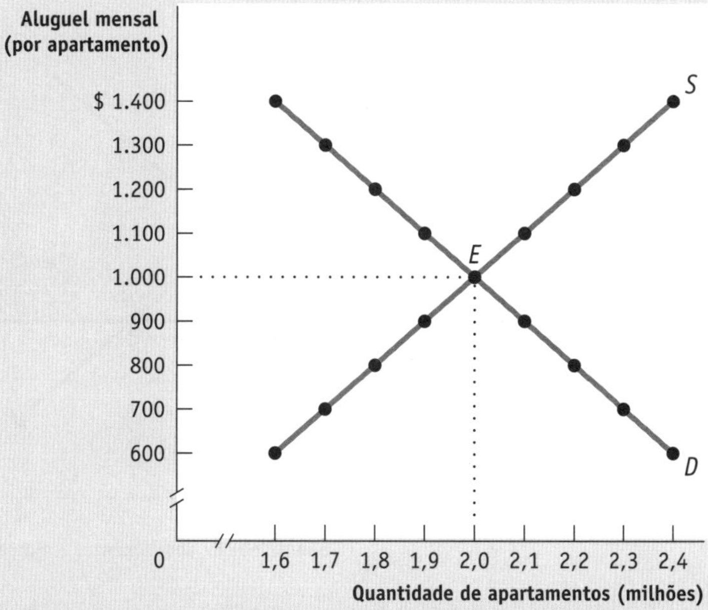

Aluguel mensal (por apartamento)	Quantidade de apartamentos (milhões)	
	Quantidade demandada	Quantidade ofertada
$ 1.400	1,6	2,4
1.300	1,7	2,3
1.200	1,8	2,2
1.100	1,9	2,1
1.000	2,0	2,0
900	2,1	1,9
800	2,2	1,8
700	2,3	1,7
600	2,4	1,6

Sem intervenção governamental, o mercado de apartamentos alcança o equilíbrio no ponto *E*, com um aluguel de mercado de $ 1.000 por mês e dois milhões de apartamentos alugados.

apartamentos no eixo horizontal e o aluguel mensal por apartamento no eixo vertical. Você pode ver que em um mercado não controlado o equilíbrio estaria no ponto *E*: 2 milhões de apartamentos seriam alugados por $ 1.000 mensais cada um.

Agora, suponha que o governo imponha um teto de preço, limitando os aluguéis a um preço abaixo do preço de equilíbrio – digamos, não mais do que $ 800.

A Figura 5.2 mostra o efeito do teto de preços, representado pela linha em $ 800. Com o limite de aluguel estabelecido em $ 800, os locadores terão menos incentivos para oferecer apartamentos, de modo que eles não estarão dispostos a oferecer tantos apartamentos quanto ofereceriam ao nível de equilíbrio de $ 1.000. Escolherão o ponto *A* na curva de oferta, oferecendo apenas 1,8 milhão de apartamentos para alugar, 200 mil a menos que no mercado não regulado.

Ao mesmo tempo, ao preço de $ 800, mais pessoas vão querer alugar apartamentos do que ao preço de equilíbrio de $ 1.000. Como se mostra no ponto *B* da curva de demanda, a um aluguel mensal de $ 800, a quantidade de apartamentos demandada sobe para 2,2 milhões, 200 mil a mais que no mercado não regulado, e 400 mil a mais do que os de fato disponíveis ao preço de $ 800. Assim, existe agora uma escassez permanente de moradias para alugar: a esse preço, há mais 400 mil pessoas que querem alugar do que as que conseguem encontrar apartamento.

Tetos de preço sempre causam escassez? Não. Caso um teto de preço seja fixado acima do preço de equilíbrio, ele não terá qualquer efeito. Suponha que o aluguel de equilíbrio seja $ 1.000 por mês e que a prefeitura estabeleça um limite de $ 1.200. O que importa? Nesse caso, o teto de preço não será *vinculante*.[1] Na verdade, ele não será uma restrição ao comportamento do mercado e não terá efeito.

Como um teto para o preço causa ineficiência

A escassez de moradia que se mostra na Figura 5.2 não é apenas desagradável: como qualquer escassez induzida por controles de preço, pode causar prejuízos sérios, pois leva à ineficiência. Em outras palavras, há ganhos do comércio que

Figura 5.2 Efeitos de um teto de preços.

A linha horizontal escura representa o preço máximo imposto pelo governo para os aluguéis, de $ 800 por mês. Esse teto reduz a quantidade de apartamentos ofertada para 1,8 milhão, o ponto *A*, e aumenta a quantidade demandada para 2,2 milhões, o ponto *B*. Isso cria uma escassez persistente de 400.000 unidades: 400.000 pessoas que querem apartamentos ao preço legal de $ 800, mas não conseguem encontrá-los.

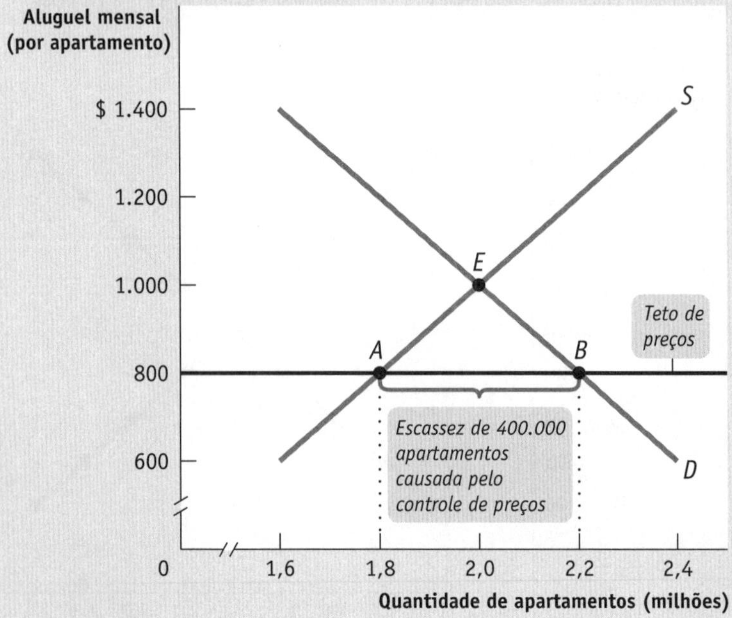

[1] N. R.: Não há tradução consagrada em português para o termo *binding* quando se trata de teto de preços ou piso de preços, que possui o sentido de vincular os agentes a determinado comportamento ou obrigação. Aqui, adotou-se o termo "vinculante", que traduz o sentido do conceito em inglês.

não chegam a se realizar. O controle de aluguéis, como todos os tetos de preço, cria ineficiência de pelo menos quatro maneiras diferentes:

1. Ele reduz a quantidade de apartamentos alugados para uma quantidade abaixo do nível de eficiência.
2. Normalmente, motiva uma alocação inadequada dos apartamentos entre os inquilinos potenciais.
3. Leva a desperdício de tempo e esforço das pessoas na procura de apartamentos.
4. Induz locadores a manterem os apartamentos em más condições e sem manutenção.

Além de ineficiência, os controles de preço dão origem a comportamento ilegal, na medida em que as pessoas tentam burlar os controles.

Quantidade baixa pelo critério da eficiência. Aprendemos no Capítulo 4 que o equilíbrio de mercado leva à quantidade "correta" de bens e serviços sendo comprados e vendidos, isto é, à quantidade que maximiza o excedente do produtor e do consumidor. Como o controle dos aluguéis reduz o número de apartamentos oferecidos, ele reduz também o número de apartamentos alugados.

A Figura 5.3 mostra as implicações para excedente total. Recorde que o excedente total é a soma da área acima da curva de oferta e abaixo da curva de demanda. Se o único efeito do controle de aluguéis fosse reduzir o número de apartamentos disponíveis, causaria perda de excedente igual à área do triângulo sombreado na figura.

A área representada por esse triângulo tem um nome especial em economia, perda de eficiência ou **peso morto**: o excedente perdido associado com as transações que deixam de ocorrer em virtude da intervenção no mercado. Nesse exemplo, o peso morto é o excedente perdido associado com os apartamentos que deixam de ser alugados em virtude do teto para os aluguéis, uma perda de eficiência que é experimentada tanto pelos inquilinos desapontados quanto pelos donos de apartamento frustrados. Economistas costumam chamar os triângulos como esse na Figura 5.3 de *triângulo do peso morto*.

Peso morto (ou perda de eficiência) é um conceito-chave em economia, que encontraremos sempre que uma ação ou uma política pública provoca redução na quantidade transacionada abaixo da quantidade eficiente do equilíbrio de mercado.

Figura 5.3 Um teto de preços causa quantidade baixa e ineficiente.

Um teto de preços reduz a quantidade fornecida abaixo da quantidade de equilíbrio do mercado, levando a um peso morto. A área do triângulo sombreado no gráfico corresponde ao valor do excedente total perdido devido à quantidade transacionada abaixo do nível que seria eficiente.

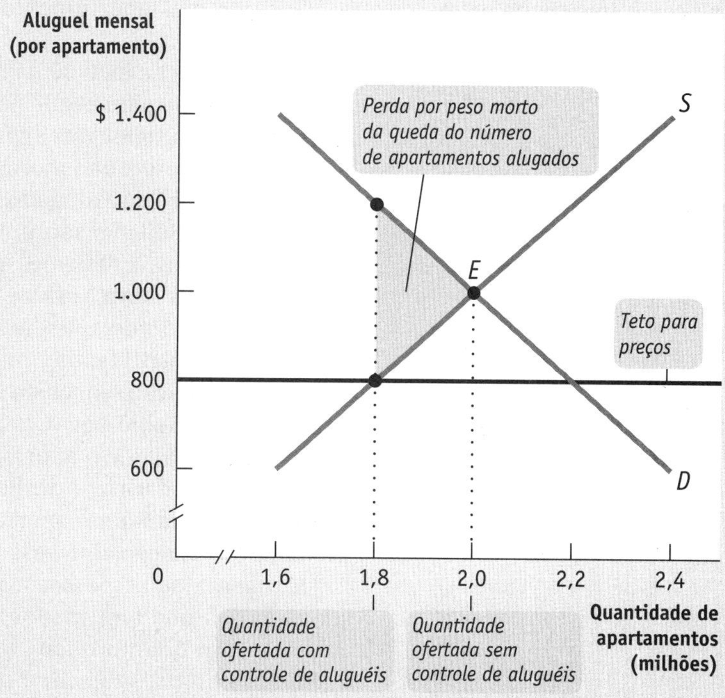

Peso morto (ou perda de eficiência) é um conceito-chave em economia, que encontraremos sempre que uma ação ou uma política pública causar redução na quantidade transacionada abaixo da quantidade eficiente do equilíbrio de mercado. É importante ter consciência de que o peso morto é uma *perda para a sociedade*, isto é, uma redução no excedente total, uma perda de excedente que não representa ganho para ninguém. Não é o mesmo que uma perda no excedente de uma pessoa, que então vai como ganho para outra pessoa, ou seja, o que um economista chamaria de *transferência de excedente* de uma pessoa para outra. Na próxima seção, veremos como um teto de preço pode criar peso morto, bem como uma transferência de excedente entre locatários e locadores.

O peso morto não é o único tipo de ineficiência que pode ser causada por um teto de preço. Os tipos de ineficiência criados pelo controle de aluguéis vão além da redução na quantidade de apartamentos disponíveis. Essas ineficiências adicionais (alocação ineficiente entre consumidores, desperdício de recursos e qualidade abaixo do nível que seria eficiente) levam a uma perda de excedente maior do que o peso morto.

Alocação ineficiente entre consumidores. O controle de aluguéis não resulta apenas em menor disponibilidade de apartamentos. Pode levar também à alocação inadequada dos apartamentos disponíveis: pessoas que precisam desesperadamente encontrar um apartamento podem não encontrá-lo, enquanto alguns apartamentos podem ser ocupados por pessoas com muito menos urgência.

No caso mostrado na Figura 5.2, 2,2 milhões de pessoas gostariam de alugar um apartamento a $ 800 por mês, mas somente 1,8 milhão de apartamentos estão disponíveis. Desses 2,2 milhões de pessoas procurando apartamento, algumas querem muito alugar e estão dispostas a pagar preços mais altos para obter um. Outras têm necessidade menor e só se dispõem a pagar um preço baixo, talvez porque tenham moradia alternativa.

Uma alocação eficiente de apartamentos refletiria essas diferenças: pessoas que realmente quisessem um apartamento conseguiriam, e quem não estivesse tão interessado não conseguiria. Em uma distribuição ineficiente de apartamentos, ocorre o contrário: algumas pessoas que não estão particularmente ansiosas para achar apartamento encontram um, mas outras que têm grande urgência não conseguem achar apartamento.

E, como quando há controle de aluguéis as pessoas geralmente acham apartamentos por sorte ou por contatos pessoais, o controle de aluguéis geralmente leva a que os poucos apartamentos disponíveis tenham **alocação ineficiente entre consumidores**.

Tetos de preço frequentemente levam à ineficiência na forma de **alocação ineficiente entre consumidores**: algumas pessoas que querem muito o bem e estão dispostas a pagar um preço mais alto não conseguem, e algumas que se importam relativamente pouco com o bem e estão dispostas apenas a pagar um preço baixo conseguem.

Para perceber a ineficiência envolvida, considere a situação dos Lee, uma família com crianças pequenas que não tem moradia alternativa e que estaria disposta a pagar até $ 1.500 por um apartamento, mas não encontra. Considere também o aposentado George, que mora a maior parte do tempo na Flórida e mesmo assim tem um apartamento alugado em Nova York para o qual se mudou 40 anos atrás. George paga $ 800 mensais por seu apartamento, mas se o aluguel fosse um pouco maior – digamos, $ 850 –, ele desistiria do apartamento e ficaria com seus filhos quando viesse a Nova York de visita.

Essa alocação de apartamentos – George tem um e os Lee não têm – é uma oportunidade perdida: há uma maneira de fazer com que os Lee e George fiquem em melhor situação sem custo adicional. Os Lee ficariam felizes em pagar a George, digamos, US$ 1.200 por mês para sublocar seu apartamento, o que ele aceitaria de bom grado, já que o apartamento não vale mais do que US$ 849 por mês para ele. George preferiria o dinheiro que recebe dos Lee a manter seu apartamento; os Lee prefeririam ter o apartamento em vez do dinheiro. Assim, ambos ficariam em melhor situação com essa transação – e ninguém mais ficaria pior.

Em geral, se as pessoas que realmente querem um apartamento pudessem alugá-lo das que têm menos interesse em ficar nele, tanto quem consegue um apartamento quanto quem troca sua locação por dinheiro ficaria em situação melhor. Contudo, sublocar é ilegal pelo controle de aluguéis, porque a sublocação ocorreria a preços acima do teto.

O fato de que a sublocação seja ilegal não significa que não aconteça. Na verdade, descobrir sublocação ilegal é um negócio importante para os detetives particulares de Nova York. Uma reportagem no *New York Times* descreveu como detetives particulares usam câmeras ocultas e outros expedientes para provar que os proprietários legais dos apartamentos de aluguel controlado de fato moram nos subúrbios, e até em outros estados, e sublocaram seus apartamentos por duas ou três vezes mais que o teto do controle.

Essa sublocação é um tipo de atividade ilegal que discutiremos em breve. Por enquanto, anote apenas que a perseguição à sublocação ilegal certamente desencoraja essa prática, de modo que a alocação ineficiente de apartamentos permanece.

Desperdício de recursos. Outra razão pela qual os tetos de preço causam ineficiência é que levam a **desperdício de recursos:** as pessoas gastam dinheiro, esforço e tempo para enfrentar a escassez causada pelo teto de preços. Em 1979, controles de preço sobre a gasolina nos Estados Unidos obrigaram milhões de norte-americanos a gastar horas toda semana esperando em filas nos postos de gasolina. O custo de oportunidade do tempo gasto na fila para comprar gasolina (o salário não ganho, o lazer não aproveitado) constitui desperdício de recursos do ponto de vista dos consumidores e da economia em seu conjunto.

Tetos de preços geralmente levam à ineficiência na forma de **desperdício de recursos**: as pessoas gastam dinheiro, esforço e tempo para lidar com a escassez causada pelo teto de preços.

Por causa do controle de aluguéis, os membros da família Lee vão gastar seu tempo livre durante vários meses procurando apartamento, um tempo que eles prefeririam usar trabalhando ou em atividades familiares. Isto é, há um custo de oportunidade na prolongada busca por um apartamento pela família Lee: o lazer ou a renda que ela deixa de ter.

Se o mercado de apartamentos funcionasse livremente, os Lee rapidamente achariam um apartamento ao aluguel de equilíbrio de $ 1.000 e teriam tempo para ganhar mais dinheiro ou se divertir, um resultado que melhoraria a situação deles sem piorar a de outros. Mais uma vez, o controle de aluguéis provoca perda de oportunidades.

Baixa qualidade por ineficiência. Outra forma de um teto de preços causar ineficiência é fazer os bens terem baixa qualidade por ineficiência. **Baixa qualidade por ineficiência** significa que os vendedores oferecem produtos de baixa qualidade a preço baixo, ainda que os compradores prefiram qualidade mais alta e estejam dispostos a pagar por ela.

Os tetos de preço muitas vezes levam à ineficiência na medida em que as mercadorias oferecidas apresentam **baixa qualidade por ineficiência**: os vendedores oferecem mercadorias de baixa qualidade a preço baixo, embora os compradores preferissem qualidade mais alta a preço mais alto.

Consideremos, mais uma vez, o controle de aluguéis. Locadores não têm incentivos para oferecer melhores condições porque não podem aumentar os aluguéis para cobrir os custos de manutenção, mas facilmente conseguem inquilinos. Em muitos casos, os inquilinos estariam dispostos a pagar por melhorias, até mais do que sua instalação custaria aos locadores – por exemplo, a renovação de um sistema elétrico antigo que não permite ter ar-condicionado ou computadores com

PARA MENTES CURIOSAS Os milionários do controle de aluguel de Mumbai

Assim como Nova York, Mumbai, na Índia, tem apartamentos de aluguel controlado. Atualmente, cerca de 60% dos apartamentos na região central de Mumbai são de aluguel controlado. Embora Mumbai esteja a meio mundo de Nova York, a economia do controle de aluguel funciona da mesma forma: o controle de aluguel leva a escassez, baixa qualidade, alocação ineficiente entre os consumidores, desperdício de recursos e mercados negros.

Os proprietários de Mumbai, que frequentemente pagam mais em impostos e manutenção do que o que recebem em aluguel, às vezes simplesmente deixam suas propriedades se degradarem. E um mercado negro de apartamentos por aluguel controlado prospera em Mumbai, pois inquilinos antigos vendem o direito de ocupar apartamentos a inquilinos novos.

E, como muitas grandes cidades, inclusive Nova York, Mumbai tem seus "milionários do controle de aluguel". Certo inquilino vivia em um apartamento com cerca de 240 metros quadrados pagando apenas o equivalente a US$ 20 por mês em uma área onde os apartamentos que não estão sob controle de aluguel costumam custar US$ 2.000 por mês. Ele se recusou a sair quando o telhado desabou e, após três anos de negociações, recebeu 2,5 milhões de dólares de um construtor para desocupar o apartamento a fim de que um edifício de luxo pudesse ser construído.

Da mesma forma, nos últimos anos, três inquilinos da cidade de Nova York receberam US$ 25 milhões por um incorporador imobiliário para se mudarem de seus apartamentos de aluguel controlado.

Com sua falta de terrenos para empreendimentos imobiliários e sua conveniência como local de moradia para o número em rápida expansão de indianos de alta renda, Mumbai tem milhares de inquilinos de aluguel controlado que se tornaram milionários ao desocupar seus apartamentos.

segurança suficiente. Mas qualquer pagamento adicional por tais melhorias seria legalmente considerado um aumento de aluguel, o que é proibido.

Na verdade, apartamentos de aluguel controlado são notoriamente malconservados, raramente pintados, sujeitos a problemas elétricos e de encanamento, algumas vezes até perigosos para morar. Como disse um antigo administrador de prédios de Manhattan: "Nos apartamentos não regulados, fazíamos a maioria das coisas que os inquilinos pediam, mas nas unidades de aluguel controlado fazíamos exclusivamente o que a lei exigia. [...] Tínhamos um incentivo perverso para manter aqueles inquilinos infelizes." Toda essa situação é uma oportunidade perdida: alguns inquilinos gostariam de pagar por melhores condições, e os locadores gostariam de proporcioná-las em troca de pagamento. Mas essa troca ocorreria somente se o mercado pudesse operar livremente.

Mercado negro é um mercado no qual bens ou serviços são comprados e vendidos ilegalmente - seja porque é ilegal vendê-los, seja porque os preços cobrados são legalmente proibidos por um teto de preço.

Mercado negro. Além dessas quatro ineficiências, há um último aspecto do controle de preços: o incentivo proporcionado a atividades ilegais, mais especificamente o surgimento de **mercados negros**. Já mostramos um tipo de atividade de mercado negro: a sublocação ilegal feita pelos inquilinos. Mas não é só isso. É claro que há a tentação de um locador dizer ao inquilino potencial "Olha, você pode ter o apartamento se me fizer todo mês um pagamento extra em dinheiro por fora" e de o inquilino concordar, se for uma dessas pessoas que se dispõem a pagar bem mais do que o aluguel máximo da lei.

O que há de errado com o mercado negro? Em geral, desobedecer *qualquer* lei é ruim, pois isso encoraja o desrespeito pela lei em geral. Pior ainda, nesse caso a atividade ilegal prejudica quem procura ser honesto. Se a família Lee faz questão de obedecer à lei de controle de aluguéis, mas outros que precisam de apartamento menos que os Lee estão dispostos a subornar os locadores, pode ser que os Lee nunca encontrem um apartamento.

No entanto, os mercados negros podem diminuir *um pouco* a ineficiência do controle do aluguel. Por exemplo, se George permite que os Lee subloquem seu apartamento de aluguel controlado (um negócio no mercado negro, já que é ilegal), a sociedade está melhor (assim como os Lee) do que se não houvesse negócio. Mas no final, a sociedade como um todo fica pior com a presença de um mercado negro em relação a um mercado completamente livre do controle do aluguel.

Vencedores, perdedores e controle de aluguel

Acabamos de ver como os controles de preço podem levar a ineficiências. Essas ineficiências, por sua vez, criam vencedores e perdedores, pois algumas pessoas se beneficiam de políticas como o controle de aluguéis enquanto outras ficam em pior situação.

Usando o excedente do consumidor e do produtor, podemos avaliar graficamente os vencedores e os perdedores do controle de aluguéis. O painel (a) da Figura 5.4 mostra o excedente do consumidor e o excedente do produtor no equilíbrio do mercado não regulamentado de apartamentos antes do controle do aluguel. Lembramos que o *excedente do consumidor*, representado pela área abaixo da curva de demanda e acima do preço, é o ganho líquido total para os consumidores no equilíbrio do mercado. Da mesma forma, o *excedente do produtor*, representado pela área acima da curva de oferta e abaixo do preço, é o ganho líquido total para os produtores em equilíbrio de mercado.

O painel (b) dessa figura mostra o excedente do consumidor e do produtor no mercado após a imposição do teto de preço de US$ 800. Como você pode ver, para os consumidores que ainda podem conseguir apartamentos sob controle de aluguel, o excedente do consumidor aumentou. Esses inquilinos são claramente vencedores: eles obtêm um apartamento em US$ 800, pagando US$ 200 a menos do que o preço de mercado não regulamentado. Essas pessoas recebem uma transferência direta do excedente dos locadores sob a forma de aluguel mais baixo.

Figura 5.4 Vencedores e perdedores do controle de aluguéis.

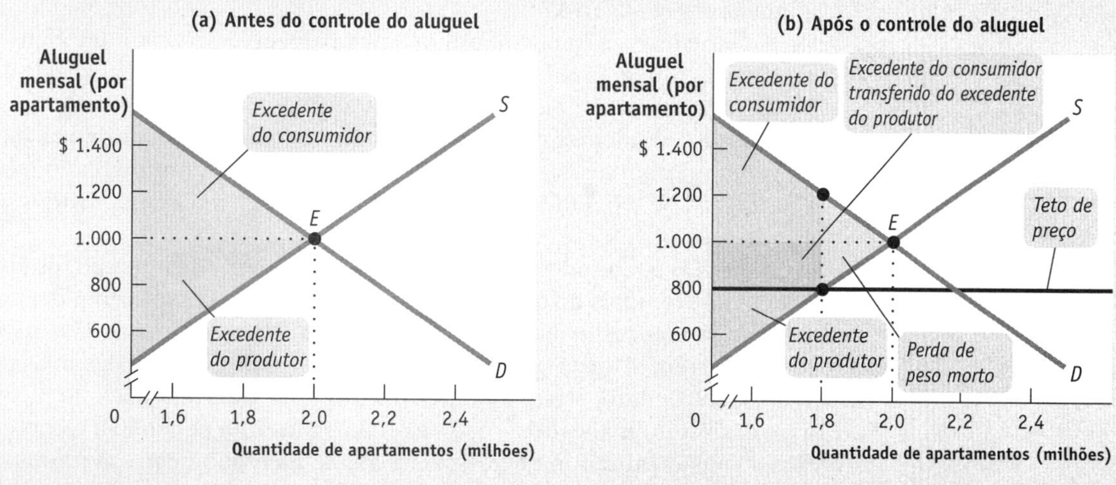

Tetos de preço como o controle dos aluguéis reduzem o excedente total. O painel (a) mostra o excedente do consumidor e do produtor no equilíbrio de um mercado não regulado de apartamentos, isto é, antes do controle de aluguéis. O excedente total é maior no equilíbrio de mercado: um aluguel mensal de $ 1.000 e uma quantidade de 2 milhões de apartamentos envolvidos nessa transação. O painel (b) mostra o excedente do consumidor e do produtor no mercado depois da imposição de um teto de preço de $ 800, resultando na queda do excedente total. Com o aluguel obrigatório de $ 800, os locadores reduzem a quantidade de oferta de apartamentos de 2 milhões para 1,8 milhão. Para os inquilinos que precisam encontrar um apartamento, o excedente do consumidor aumenta. Esse aumento do excedente do consumidor é diretamente transferido aos locadores, representados pelo retângulo sombreado em cinza-escuro. No entanto, o excedente do consumidor diminui para aqueles que não têm condições de alugar um apartamento. Essa perda, assim como a perda para os locadores que alugam menos apartamento, é representada pelo triângulo do peso morto sombreado em cinza-claro. O peso morto indica a perda total da sociedade em virtude da imposição do controle de aluguéis.

Mas nem todos os locatários ganham: há menos apartamentos para alugar agora do que se o mercado não tivesse sido regulamentado, tornando difícil, se não impossível para alguns, encontrar um lugar para chamar de casa.

Sem o cálculo direto dos excedentes ganhos e perdidos, geralmente não fica claro se os inquilinos como um todo estão melhores ou piores com o controle do aluguel. O que podemos dizer é que, quanto maior o peso morto – quanto maior a redução na quantidade de apartamentos alugados –, maior é a probabilidade de os inquilinos como um todo perderem. Vimos isto na história inicial: a perda de peso morto incorrida no Bronx durante os anos 1970 foi muito grande. Os inquilinos como um todo perderam à medida que o bairro declinou e que se depararam com escassez de apartamentos habitáveis.

No entanto, podemos dizer sem ambiguidade que os locadores estão em pior situação: o excedente do produtor diminuiu claramente. Proprietários que continuam a alugar seus apartamentos recebem 200 dólares a menos por mês de aluguel, e outros retiram seus apartamentos do mercado por completo. O triângulo do peso morto, no meio do painel (b), representa o valor perdido tanto para locatários como para locadores por aluguéis que, em essência, desaparecem graças ao controle do aluguel.

Então, por que há tetos de preço?

Vimos três resultados comuns dos tetos para preço:

- Escassez permanente do bem.
- Ineficiência, que nasce da escassez persistente na forma de alocação ineficiente do bem entre os consumidores, desperdício de recursos na busca do bem e baixa qualidade por ineficiência no bem colocado à venda.
- Surgimento de atividade ilegal, de mercado negro.

Dadas essas consequências desagradáveis, por que os governos ainda impõem algumas vezes tetos para os preços? E por que, em especial, persiste o controle de aluguéis em Nova York?

Uma resposta é que, embora os tetos para preço possam ter efeitos adversos, eles beneficiam algumas pessoas. Na prática, as regras de controle de aluguéis em Nova York (que são mais complexas do que o nosso modelo simples) prejudicam a maioria dos residentes, mas proporcionam a uma pequena minoria de inquilinos moradia muito mais barata do que eles obteriam em um mercado não regulado. E os que se beneficiam do controle costumam ser mais organizados e influentes que os prejudicados.

Além disso, quando o teto de preços vigora por longo tempo, os compradores podem não ter ideia do que aconteceria sem ele. Em nosso exemplo anterior, o aluguel em um mercado não controlado (Figura 5.1) seria apenas 25% superior ao do mercado controlado (Figura 5.2): $ 1.000 em vez de $ 800. Mas como os inquilinos vão saber? De fato, eles podem ter ouvido falar de transações no mercado negro a preços muito mais altos – os Lee ou outra família pagando a George $ 1.200 ou mais – e não saberiam que esses preços de mercado negro são muito mais altos que os preços que prevaleceriam em um mercado totalmente livre.

Uma última resposta é que funcionários do governo, muitas vezes, não entendem a análise de oferta e demanda! É um erro supor que as políticas econômicas no mundo real são sempre sensatas e bem-informadas.

ECONOMIA >> *em Ação*

Como o controle de preços na Venezuela se provou desastroso

Em todos os sentidos, a Venezuela é um país rico como um dos maiores produtores de petróleo do mundo. Mas, apesar de sua riqueza, o controle dos preços tem distorcido sua economia de tal forma que o país tem lutado para alimentar seus cidadãos e fornecer assistência médica. Itens de primeira necessidade como papel higiênico, arroz, café, milho, farinha, leite e carne são cronicamente insuficientes. Hospitais operam sem suprimentos básicos e com equipamentos quebrados.

Hoje, os venezuelanos fazem fila durante horas para comprar mercadorias com preço controlado em lojas estatais, mas muitas vezes saem de mãos vazias. "Prateleiras vazias e ninguém para explicar por que um país rico não tem comida. É inaceitável", disse Jesús López, um agricultor de 90 anos.

As origens da escassez podem ser traçadas pelas políticas defendidas pelo ex-presidente da Venezuela, Hugo Chávez. Eleito pela primeira vez em 1998 com uma plataforma que prometia favorecer as classes pobres e trabalhadoras sobre a elite econômica do país, Chávez implementou controles de preço de alimentos básicos. Os preços foram fixados tão baixo que os agricultores reduziram a produção, de modo que em 2006 a escassez era grave. Como resultado, a Venezuela, que em 1998 era autossuficiente em alimentos, passou a importar mais de 70% de seus alimentos. Até 2019, os pesquisadores haviam documentado a perda de peso generalizada e a crescente desnutrição entre a população venezuelana.

Ao mesmo tempo, programas governamentais generosos para os pobres e a classe trabalhadora criaram uma demanda maior. A redução da oferta de bens devido ao controle de preços combinado com maior demanda levou a um aumento acentuado dos preços dos bens no mercado negro que, por sua vez, gerou demanda ainda maior por bens vendidos a preços controlados. O contrabando tornou-se desenfreado, como uma garrafa de leite vendida através da fronteira com a Colômbia por sete ou oito vezes o preço controlado na Venezuela. Sem surpresa, o leite fresco raramente era visto nos mercados venezuelanos.

A ironia da situação é que as políticas implementadas para ajudar as classes pobres e trabalhadoras as prejudicaram de forma desproporcional. Em 2019, o salário mínimo mensal permitia aos venezuelanos pagar por apenas 24 ovos, três quartos de uma pizza ou metade de um hambúrguer no mercado negro. Pessoas passavam até 12 horas de cada vez na fila para comprar alimentos básicos. Como disse um comprador de uma área de baixa renda: "Me enche de raiva ter que passar o único dia livre que tenho desperdiçando meu tempo por um saco de arroz. Eu acabo pagando mais nos revendedores [no mercado negro]. No final, todos esses controles de preço se revelaram inúteis."

A falta de bens de primeira necessidade – alimentos e remédios – aliada ao aumento da criminalidade levou a um êxodo em massa de mais de 3 milhões de pessoas da Venezuela para os países vizinhos em 2019. Como disse uma mulher: "Estou partindo sem nada. Mas eu tenho que fazer isso. Caso contrário, vamos morrer de fome aqui."

>> *Teste seu entendimento* 5.1

As respostas estão no fim do livro.

1. Em dias de jogo, os donos de residências perto do estádio da Universidade de Middletown costumavam alugar a quem vinha ao estádio espaço para estacionar junto aos seus portões, por $ 11. Um novo decreto municipal fixou a taxa máxima de estacionamento em $ 7. Use o diagrama de oferta e demanda desta questão para explicar como cada um dos eventos a seguir corresponde a um conceito de teto de preços.
   - **a.** Alguns donos das casas agora pensam que não vale a pena alugar seu espaço.
   - **b.** Alguns fãs, que vinham juntos num só carro para economizar, agora dirigem sozinhos.
   - **c.** Alguns frequentadores do estádio não conseguem espaço para estacionar e vão embora sem ver o jogo.

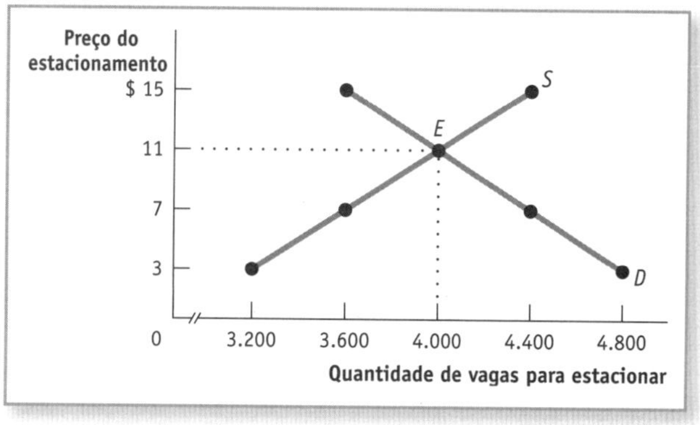

   Explique como cada um dos eventos a seguir é provocado por um teto de preços.
   - **d.** Alguns fãs agora chegam várias horas antes do jogo para encontrar estacionamento.
   - **e.** Amigos dos donos das casas perto do estádio assistem aos jogos regularmente, embora não sejam entusiastas, mas alguns fãs entusiastas desistiram por causa da situação do estacionamento.
   - **f.** Alguns donos das casas alugam espaço para estacionar por mais de $ 7, mas dizem que os que estacionam são amigos ou pessoas da família que não estão pagando.
2. Verdadeiro ou falso? Explique sua resposta. Em comparação com um mercado que de outro modo seria eficiente, os tetos para preços a um nível abaixo do preço de equilíbrio provocam o seguinte:
   - **a.** Aumentam a quantidade ofertada.
   - **b.** Pioram a situação de algumas pessoas que querem consumir o bem.
   - **c.** Pioram a situação de todos os produtores.
3. Quais das situações a seguir criam perda por peso morto? Quais não criam e são apenas transferência do excedente de uma pessoa para outra? Explique suas respostas.
   - **a.** Você foi expulso do seu apartamento com aluguel controlado depois que o locador descobriu que você tinha uma jiboia como animal de estimação. O apartamento foi rapidamente alugado para outra pessoa pelo mesmo preço. Você e o novo inquilino não têm necessariamente a mesma disposição de pagar pelo apartamento.
   - **b.** Você ganhou em concurso uma entrada para um concerto de *jazz*. Mas você não pode ir por causa de uma prova, e os termos do concurso não permitem que venda ou dê a entrada para outra pessoa. Sua resposta a esta questão mudaria se você não pudesse vender a entrada mas pudesse dá-la de presente a alguém?

>> *Revisão Rápida*

- **Controles de preço** tomam a forma de um preço máximo legal – **teto de preços** – ou de um preço mínimo legal – **piso de preços**.
- Um teto de preços abaixo do preço de equilíbrio beneficia os compradores que conseguem comprar, mas causa efeitos adversos previsíveis, como escassez persistente que leva a quatro tipos de ineficiência: **peso morto, alocação ineficiente entre consumidores, desperdício de recursos e baixa qualidade por ineficiência.**
- Peso morto é a perda no excedente total que ocorre sempre que uma política pública ou ação reduz a quantidade transacionada abaixo do nível de equilíbrio eficiente de mercado.
- Os tetos de preço também geram **mercado negro**, na medida em que compradores e vendedores tentam contornar a restrição de preços.
- Tetos de preço se justificam quando o mercado é ineficiente ou quando um desastre natural leva à escassez que, se deixada a critério de um mercado livre, diminuiria muito a equidade e o bem-estar social.

c. O administrador do *campus* é favorável a uma dieta com pouca gordura e proíbe a venda de sorvete no local.

d. A sua casquinha de sorvete cai no chão e seu cachorro come tudo. (Tome a liberdade de contar seu cão como membro da sociedade e de supor que, se ele pudesse, estaria disposto a pagar pelo sorvete o mesmo que você.)

Pisos de preço

Algumas vezes, o governo intervém a fim de pressionar os preços para cima e não para baixo. *Pisos de preço* foram amplamente estabelecidos por lei para produtos agrícolas, como trigo e leite, como forma de garantir renda aos agricultores. Historicamente, também houve pisos para preços de serviços, como transporte de carga e passagens aéreas, embora eles tenham sido gradualmente eliminados nos Estados Unidos nos anos 1970.

Quem já trabalhou em um restaurante barato nos EUA possivelmente terá encontrado um piso de preços: esse e muitos outros países mantêm um mínimo para o salário horário de um trabalhador, isto é, um piso para o preço do trabalho, chamado **salário mínimo**.

Salário mínimo é um piso legal sobre a taxa salarial, que é o preço de mercado da mão de obra.

Assim como os tetos de preço, os pisos de preço têm o objetivo de ajudar algumas pessoas, mas geram efeitos colaterais previsíveis e indesejáveis. A Figura 5.5 mostra curvas de oferta e de demanda hipotéticas para manteiga. Deixado sem interferência, o mercado se moveria para o equilíbrio no ponto *E*, com 10 milhões de libras de manteiga comprada e vendida ao preço de $ 1 por libra.

Suponha que o governo, a fim de ajudar os pecuaristas, imponha um piso para o preço da manteiga de $ 1,20 por libra. Os efeitos se mostram na Figura 5.6, em que a linha em $ 1,20 representa o piso. Ao preço de $ 1,20 por libra, os produtores querem vender 12 milhões de libras (ponto *B* na curva de oferta), mas os consumidores só querem comprar 9 milhões de libras (ponto *A* na curva de demanda). Haveria, portanto, um excedente persistente de 3 milhões de libras de manteiga.

Um piso de preços sempre provoca excedente não desejado? Não. Assim como no caso de um teto de preços, o piso pode não ser cumprido, isto é, pode ser irrelevante. Se o preço de equilíbrio da manteiga é $ 1 por libra, mas o piso é fixado em $ 0,80, o piso não tem efeito.

Suponha, no entanto, que um piso de preços seja cumprido: o que acontece com o excedente indesejado? A resposta depende da política governamental. No caso dos pisos de preços agrícolas, o governo compra o excedente indesejado. Por

COMPARAÇÃO GLOBAL | **CONFIRA NOSSOS SALÁRIOS BAIXOS, MUITO BAIXOS!**

A taxa de salário mínimo nos Estados Unidos, como você pode ver no gráfico, é na verdade bastante baixa em comparação com a de outros países ricos. Como os salários mínimos são fixados em moeda nacional – o salário mínimo britânico é fixado em libras esterlinas, o salário mínimo francês é fixado em euros e assim por diante –, a comparação depende da taxa de câmbio de determinado dia. Em 2019, a Austrália tinha um salário mínimo quase duas vezes maior que o dos EUA, com a França, o Canadá e a Irlanda não muito atrás.

Você pode ver um efeito dessa diferença na fila do caixa do supermercado. Nos Estados Unidos, geralmente há alguém para empacotar suas compras – alguém normalmente lhe paga o salário mínimo ou, na melhor das hipóteses, um pouco mais. Na Europa, onde contratar um empacotador é muito mais caro, quase sempre se espera que você mesmo faça o empacotamento.

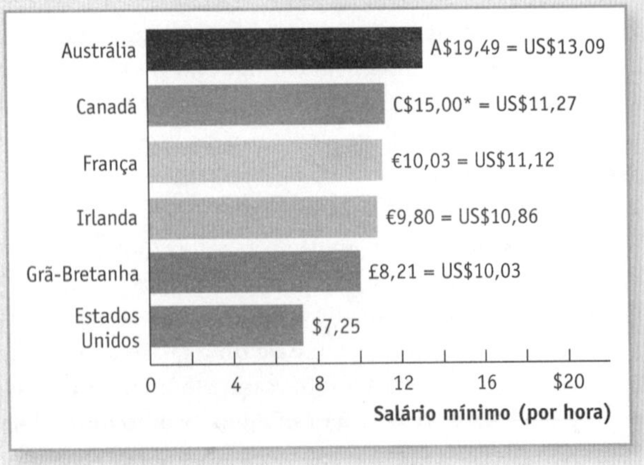

Dados de: Organization for Economic Cooperation and Development (OECD).
*O salário mínimo canadense varia de C$11,05 a C$15,00 de acordo com a província.

isso, o governo dos Estados Unidos em algumas épocas teve de estocar milhares de toneladas de manteiga, queijo e outros produtos agrícolas. (A Comissão Europeia, que administra preços mínimos em diversos países europeus, já se viu dona da chamada montanha de manteiga, de peso igual ao de toda a população da Áustria.) O governo, então, tem de encontrar formas de dispor dos bens não desejados.

Figura 5.5 Mercado de manteiga na ausência de controle governamental.

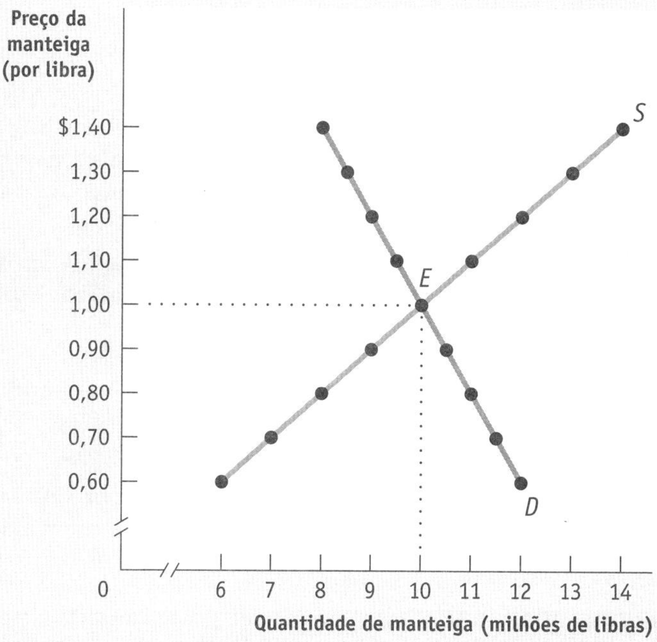

Quantidade de manteiga (milhões de libras)	Preço da manteiga (por libra)	
	Quantidade demandada	Quantidade ofertada
$ 1,40	8,0	14,0
1,30	8,5	13,0
1,20	9,0	12,0
1,10	9,5	11,0
1,00	10,0	10,0
0,90	10,5	9,0
0,80	11,0	8,0
0,70	11,5	7,0
0,60	12,0	6,0

Sem intervenção do governo, o mercado de manteiga alcança equilíbrio ao preço de $ 1 por libra (cerca de meio quilo), com 10 milhões de libras de manteiga compradas e vendidas.

Figura 5.6 Efeitos de um piso de preços.

A linha horizontal escura representa um preço mínimo imposto pelo governo de $ 1,20 por libra de manteiga. A quantidade de manteiga demandada cai para nove milhões de libras, enquanto a quantidade ofertada sobe para 12 milhões de libras, gerando um excedente persistente de três milhões de libras de manteiga.

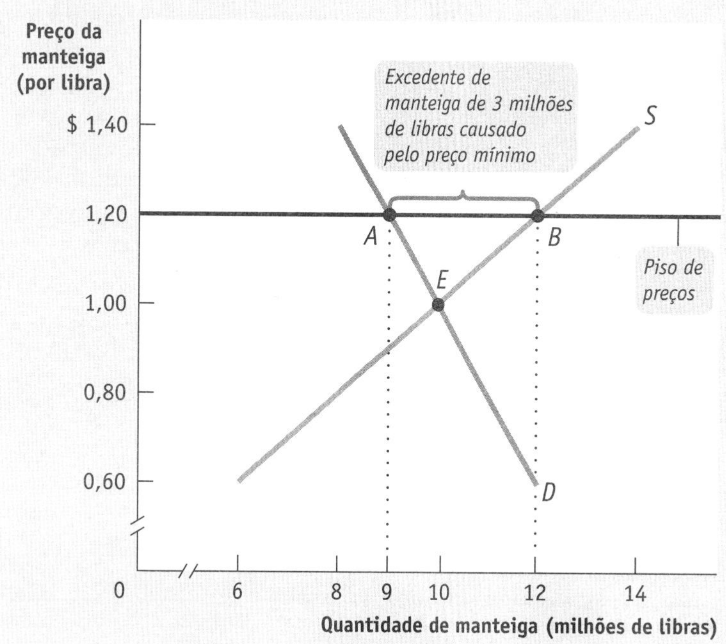

Alguns países pagam seus exportadores para que vendam os produtos com perdas no exterior; esse é o procedimento padrão da União Europeia. Os Estados Unidos doam alimentos excedentes às escolas, que usam os produtos no lanche dos alunos. Em alguns casos, os governos acabaram destruindo a produção excedente.

Quando o governo não está preparado para comprar o excedente indesejado, um preço mínimo significa que os vendedores potenciais não conseguem encontrar compradores. É isso que acontece quando há um piso para o preço do trabalho, um salário mínimo: quando o salário mínimo está acima do salário de equilíbrio, algumas pessoas dispostas a trabalhar, isto é, a vender seu trabalho, não conseguem encontrar compradores, isto é, empregadores dispostos a lhes dar emprego.

Como um piso de preços causa ineficiência?

O excedente persistente que resulta de um piso de preços dá origem a oportunidades perdidas, ou seja, ineficiências, semelhantes àquelas criadas pela escassez que advém de um teto de preços. Como um teto de preços, um piso de preços cria ineficiência de pelo menos quatro maneiras:

1. Cria peso morto ao reduzir a quantidade transacionada abaixo do nível eficiente.
2. Leva a uma alocação ineficiente das vendas entre os vendedores.
3. Leva a desperdício de recursos.
4. Leva a que os vendedores forneçam qualidade excessivamente elevada segundo o critério da eficiência.

Além da ineficiência, assim como um teto de preços, um piso de preços motiva um comportamento ilegal, pois as pessoas violam a lei para vender abaixo do preço legal.

Quantidade baixa por ineficiência. Como um piso de preços aumenta o preço de um bem para os consumidores, ele reduz a quantidade demandada desse bem; como os vendedores não podem vender mais do que os compradores estão dispostos a comprar, um piso de preços reduz a quantidade do bem comprado e vendido para menos do que a quantidade de equilíbrio de mercado e gera o peso morto. Note que esse é o *mesmo* efeito que o de um teto de preços. Você talvez pense que um teto e um piso de preços têm efeitos opostos, mas ambos têm o efeito de reduzir a quantidade vendida e comprada (veja, a seguir, o quadro Armadilhas).

Como o equilíbrio de um mercado eficiente maximiza a soma dos excedentes do consumidor e do produtor, um piso de preços que reduz a quantidade para menos que a quantidade de equilíbrio reduz o excedente total. A Figura 5.7 mostra quais as implicações para o excedente total de um preço mínimo para a manteiga. O excedente total é a soma da área acima da curva de oferta e abaixo da curva de demanda.

Ao reduzir a quantidade de manteiga vendida, um preço mínimo causa peso morto igual à área do triângulo sombreado na figura. Como no caso do teto de preços, contudo, o peso morto é apenas uma das formas de ineficiência criadas pelo controle de preços.

ARMADILHAS

TETOS, PISOS E QUANTIDADES

Um teto de preços empurra o preço de um bem *para baixo*. Um piso de preços empurra o preço de um bem *para cima*. Assim, é fácil supor que os efeitos de um piso de preços são o oposto dos efeitos de um teto de preços. Mais especificamente: se um teto de preços reduz a quantidade comprada e vendida de um bem, então um piso de preços não aumenta a quantidade?

Não, não aumenta. De fato, tanto pisos quanto tetos de preços reduzem a quantidade comprada e vendida. Por quê? Quando a quantidade ofertada de um bem não é igual à quantidade demandada, a quantidade efetiva que se vende é determinada pelo "lado curto" do mercado, qualquer que seja a quantidade menor. Quando vendedores não querem vender tanto quanto compradores querem comprar, só os vendedores determinam a quantidade de fato vendida, pois os compradores não têm como forçar os vendedores a vender. Se os compradores não querem comprar tanto quanto os vendedores querem vender, são os compradores que determinam a quantidade de fato vendida, pois os vendedores não podem obrigar os consumidores a comprar.

Figura 5.7 Um piso de preços causa quantidade baixa por ineficiência.

Um preço mínimo reduz a quantidade demandada para menos que a quantidade de equilíbrio de mercado e resulta em peso morto.

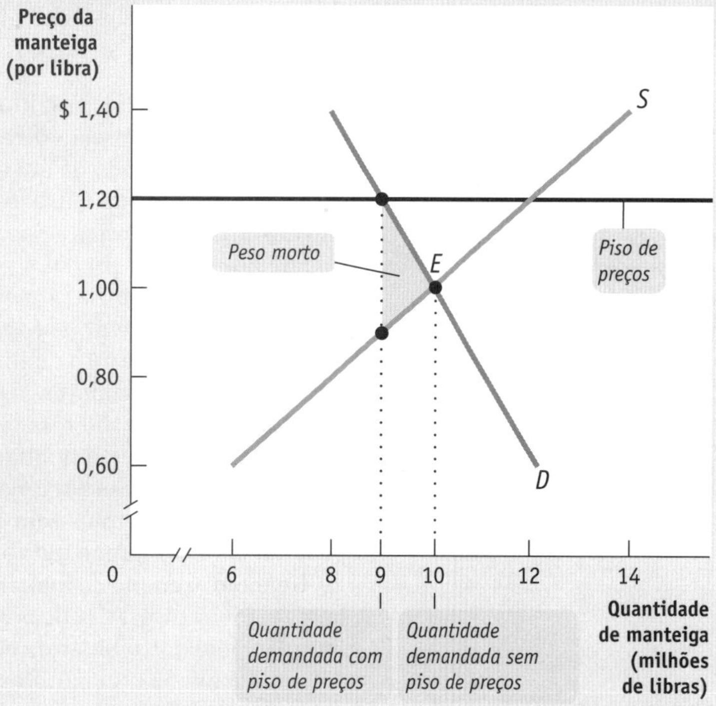

Alocação ineficiente das vendas entre os vendedores. Como um teto de preços, um preço mínimo pode provocar *alocação ineficiente* – neste caso, uma **alocação ineficiente das vendas entre os vendedores**: os vendedores que estão dispostos a vender ao preço mais baixo não conseguem fazer vendas, enquanto as vendas vão para os vendedores que só estão dispostos a vender a um preço mais alto.

Os níveis de preço podem gerar **alocação ineficiente das vendas entre os vendedores**: os vendedores que estão dispostos a vender ao preço mais baixo não conseguem fazer vendas, enquanto as vendas vão para os vendedores que só estão dispostos a vender a um preço mais alto.

Um exemplo da alocação ineficiente de oportunidades de venda causada por um piso de preços é o mercado de trabalho de "dois níveis", encontrado em muitos países europeus, que surgiu nos anos 1980 e persiste até os dias atuais. Um salário mínimo alto levou a um sistema de trabalho de dois níveis, composto pelos afortunados que tinham bons empregos no mercado de trabalho formal e os demais que estavam bloqueados sem qualquer perspectiva de encontrarem um bom emprego.

Desempregados ou subempregados em empregos sem saída no mercado negro de trabalho, os azarados são desproporcionalmente jovens, dos 18 aos 30 anos de idade. Embora ávidos por bons empregos no setor formal e dispostos a aceitar menos que o salário mínimo – ou seja, dispostos a vender sua mão de obra por um preço menor –, é ilegal os empregadores pagarem menos que o salário mínimo. Por exemplo, em 2019, o desemprego dos jovens trabalhadores italianos era de quase 20%.

A ineficiência do desemprego e do subemprego é agravada uma vez que as gerações de jovens são incapazes de receber treinamento profissional adequado, desenvolver carreiras e economizar para seu futuro. Esses jovens também são mais propensos a se envolverem na criminalidade. Os países mais atingidos – como Grécia, Espanha, Itália e França – têm visto muitos de seus melhores e mais brilhantes jovens emigrar, o que resulta em redução permanente no desempenho futuro de suas economias.

Desperdício de recursos. Assim como um teto de preços, um piso de preços gera ineficiência pelo *desperdício de recursos*. Os exemplos mais evidentes são de produtos agrícolas com um piso quando o governo compra o excedente indesejado. A produção excedente às vezes é destruída, o que é puro desperdício. Em outros casos, o produto estocado fica "fora de condição", como dizem eufemisticamente os funcionários, e tem de ser jogado fora.

Pisos de preços também provocam perda de tempo e esforço. Considere o salário mínimo. Trabalhadores potenciais, que gastam muitas horas procurando trabalho ou esperando em filas na esperança de obter emprego, desempenham o mesmo papel no caso dos pisos de preços que as infelizes famílias procurando apartamentos no caso do teto de preços.

Os pisos de preços muitas vezes provocam um tipo de ineficiência na oferta de produtos que consiste em um nível de **qualidade elevada por ineficiência**: os vendedores oferecem produtos de alta qualidade a um preço elevado, embora os compradores preferissem uma qualidade inferior a preço inferior.

Qualidade elevada por ineficiência. Mais uma vez, assim como os tetos de preços, os pisos de preços levam à ineficiência na qualidade dos bens produzidos.

Vimos que, quando há um teto de preços, há oferta de produtos que são de qualidade ineficientemente baixa: os compradores preferem produtos de qualidade mais alta e estariam dispostos a pagar por eles, mas os vendedores se recusam a melhorar a qualidade dos seus produtos porque o teto de preços impede que eles sejam compensados por essa melhoria. A mesma lógica se aplica a pisos de preços, mas de forma inversa: os produtores oferecem um bem de **qualidade elevada por ineficiência**.

Como assim? Não é a qualidade uma boa coisa? Sim, mas só se ela vale o custo. Suponha que os produtores gastem muito para fazer bens de qualidade elevada, mas essa qualidade não interesse muito aos consumidores, que gostariam de receber o dinheiro gasto nessa qualidade na forma de preço mais baixo. Isso representa uma oportunidade perdida: vendedores e compradores poderiam fazer um negócio que beneficiaria a ambos, em que os compradores obteriam bens de qualidade um pouco menor por preço muito menor.

Um bom exemplo da ineficiência da qualidade excessiva vem dos dias em que as tarifas aéreas transatlânticas eram artificialmente elevadas em virtude de tratados internacionais. Proibidas de competir por clientes oferecendo preços mais baixos de passagens, as companhias aéreas, ao invés disso, ofereciam serviços caros, como refeições luxuosas a bordo que em grande parte não eram consumidas – uma prática de desperdício evidente, considerando que o que os passageiros realmente queriam era menos comida e tarifas aéreas mais baixas.

Desde a desregulamentação das companhias aéreas dos EUA nos anos 1970, os passageiros norte-americanos experimentaram uma grande redução nos preços das passagens, acompanhada de diminuição na qualidade do serviço a bordo – assentos menores, alimentos de menor qualidade etc. Todos reclamam do serviço – mas, graças às tarifas mais baixas, o número de pessoas voando em companhias aéreas norte-americanas cresceu de 130 bilhões de passageiros-milhas[2] quando a desregulamentação começou para aproximadamente 1.016 bilhões de passageiros-milhas em 2019.

Atividade ilegal. Além das quatro ineficiências que analisamos, assim como os tetos de preços, os pisos de preços podem representar um incentivo para a *atividade ilegal*. Por exemplo, em países nos quais o salário mínimo está muito acima do salário de equilíbrio, trabalhadores desesperados por um emprego às vezes concordam em trabalhar sem registro para empregadores que escondem seu emprego do governo, ou dão propina a inspetores. Essa prática, conhecida na Europa como "trabalho negro", é comum especialmente em países do sul da Europa, como a Itália e a Espanha.

Então, por que há pisos de preços?

Em resumo, um piso de preços dá origem a vários efeitos colaterais negativos:

- Excesso de oferta persistente do bem.
- Ineficiência derivada do excesso persistente na forma de quantidade ineficientemente baixa (peso morto), alocação ineficiente das vendas entre os vendedores, recursos desperdiçados e qualidade ineficientemente elevada do bem oferecido.
- Tentação de participar de atividade ilegal, especialmente propinas e corrupção de funcionários do governo.

[2]N. R.: Passageiro-milha é uma medida de volume de tráfego, que corresponde a uma milha percorrida por passageiro, sendo obtida multiplicando-se o número de passageiros pelo número de milhas percorridas. No Brasil, utiliza-se passageiro-quilômetro.

Então, por que os governos impõem preços mínimos, quando existem tantos efeitos colaterais negativos? As razões são similares àquelas para impor tetos de preços: funcionários do governo muitas vezes não levam em conta advertências sobre as consequências de pisos para preços, ou porque eles acham que o mercado em questão não é bem descrito pelo modelo de oferta e procura ou, mais frequentemente, porque não entendem o modelo. E sobretudo porque, assim como os tetos de preços muitas vezes são estabelecidos porque beneficiam alguns compradores influentes, também os pisos de preços muitas vezes são impostos porque beneficiam alguns vendedores influentes.

ECONOMIA >> *em Ação*

Ascensão e queda de um estagiário não remunerado

O exemplo mais conhecido de piso de preços é o salário mínimo. A maioria dos economistas acredita, entretanto, que o salário mínimo tem relativamente pouco efeito sobre o mercado de trabalho em geral nos Estados Unidos, principalmente porque o piso é estabelecido em um valor bem baixo. Em 1964, o salário mínimo norte-americano era 53% do salário médio dos operários das fábricas; em 2019, ele havia caído para cerca de 30%. Entretanto, há um setor do mercado de trabalho dos EUA onde parece que o salário mínimo pode ser de fato obrigatório: o mercado para estagiários.

A partir de 2011, uma série de ações judiciais interpostas por ex-estagiários não remunerados alegando que eles foram enganados em relação aos salários chamou a atenção do público. Um tópico comum nessas reclamações era que os estagiários eram designados para trabalho braçal sem valor educacional, como, por exemplo, rastrear telefones celulares perdidos. Em outros casos, estagiários não remunerados reclamavam que lhes era dado o trabalho de funcionários assalariados. E até 2015, muitos desses processos foram bem-sucedidos: Condé Nast Publications pagou US$ 5,8 milhões, Sirius SatelliteXM Radio pagou US$ 1,3 milhão e Viacom Media pagou US$ 7,2 milhões. Mesmo os gêmeos Olsen tiveram que desembolsar US$ 140 nil em pagamento a estagiários não remunerados para sua empresa de moda, Dualstar Entertainment, em 2017.

Em 2018, o Departamento do Trabalho dos EUA, agência que elabora as leis trabalhistas federais, emitiu uma diretiva afirmando que, a menos que seus programas possam demonstrar claramente um componente educacional como crédito de curso, as empresas têm que pagar o salário mínimo de seus estagiários, ou encerrar completamente seus programas.

Alguns observadores se preocupam que o fim do estágio não remunerado significa que os programas que uma vez ofereceram treinamento valioso serão perdidos. Mas, como comentou um advogado, "A lei diz que quando você trabalha, você tem que ser pago [pelo menos o salário mínimo]".

>> *Revisão Rápida*

- O piso de preços mais conhecido é o **salário mínimo**. Pisos de preços também são, com frequência, estabelecidos para bens agrícolas.
- Um piso de preços acima do preço de equilíbrio beneficia vendedores que conseguem vender, mas causa efeitos adversos previsíveis, como excesso de oferta, que leva a quatro tipos de ineficiência: perda por peso morto em virtude de quantidade muito baixa pelo critério da eficiência, **alocação ineficiente das vendas entre os vendedores,** recursos desperdiçados e **qualidade elevada por ineficiência.**
- Pisos de preços encorajam atividades ilegais, como os trabalhadores que trabalham sem registro, com frequência sendo um incentivo à corrupção oficial.

>> *Teste seu entendimento* 5.2

As respostas estão no fim do livro.

1. A assembleia legislativa estadual aprova um preço mínimo para a gasolina no valor de P_F por galão. Avalie as afirmações a seguir e ilustre sua resposta usando a figura.
   a. Os defensores da lei argumentam que ela aumentará a renda dos donos de postos de gasolina. Os opositores argumentam que vai prejudicar os donos dos postos de gasolina porque eles perderão clientes.

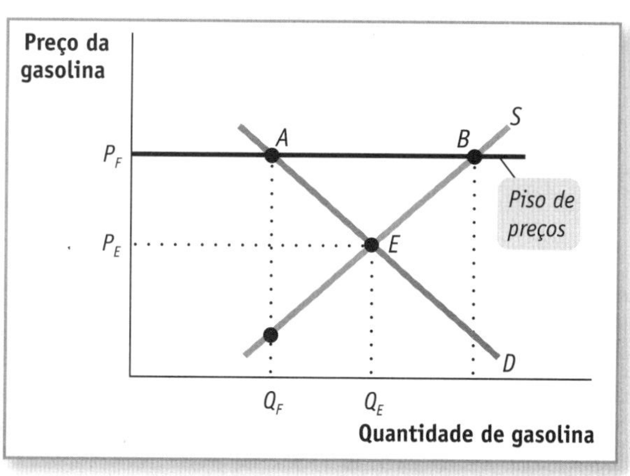

b. Os defensores dizem que consumidores serão beneficiados porque os postos de gasolina oferecerão serviço melhor. Os opositores dizem que consumidores serão prejudicados, pois eles preferem comprar gasolina a preço menor.

c. Os defensores da lei dizem que estão ajudando os donos dos postos de gasolina sem prejudicar terceiros. Os opositores dizem que os consumidores estão sendo prejudicados e serão obrigados a fazer coisas como comprar gasolina em outro estado ou no mercado negro.

Controle de quantidades

Nos anos 1930, a prefeitura de Nova York instituiu um sistema de licenciamento para táxis: somente táxis que portassem um "medalhão" podiam pegar passageiros. Como esse sistema pretendia garantir qualidade, os proprietários de medalhões tinham de manter certos padrões, inclusive segurança e limpeza. Um total de 11.787 medalhões foi emitido, com os taxistas pagando $ 10 por medalhão.

Em 1995, continuavam a existir somente 11.787 táxis licenciados, embora nesse meio-tempo a cidade tenha se tornado a capital financeira do mundo, um lugar em que centenas de milhares de pessoas a cada dia estão com pressa e tentam pegar um táxi. Em 2019, o número de táxis licenciados havia aumentado para apenas 13.587. E até alguns anos atrás, essa restrição ao número de medalhões de táxi da cidade de Nova York os tornou um item muito valioso: se você quisesse dirigir um táxi na cidade, tinha que alugar um medalhão de alguém ou comprar um.

No entanto, as restrições ao número de táxis induziram as pessoas a tentar contorná-los, levando eventualmente ao surgimento de serviços de automóveis baseados em aplicativos de celular, como Uber e Lyft. Seus carros não são chamados na rua como os táxis – na verdade, seus motoristas são proibidos de pegar os pedestres na rua. Em vez disso, os passageiros arranjam viagens em seus *smartphones*, direcionando os motoristas disponíveis para sua localização. Naturalmente, a ubiquidade dos *smartphones* também contribuiu para o surgimento desses serviços de carro.

Desde 2013, Uber e Lyft alteraram fundamentalmente o mercado de viagens de carro em Nova York e na maioria das outras grandes cidades. Mas vamos adiar a discussão sobre esses efeitos até sabermos mais sobre como o mercado funcionava quando apenas os taxistas licenciados podiam circular.

Controle de quantidade, ou **cota**, é um limite superior na quantidade de algum bem que pode ser comprado ou vendido. A quantidade total do bem que pode ser legalmente transacionada é o **limite da cota**.

Uma **licença** dá a seu proprietário o direito de fornecer um bem.

O medalhão de táxi é uma forma de **controle de quantidade**, ou **cota**, pelo qual o governo regulamenta a quantidade de um bem que pode ser comprado e vendido, em vez do preço pelo qual ele é transacionado. É outra forma de o governo intervir nos mercados junto com os tetos de preços e os pisos de preços. A quantidade total de um bem que pode ser transacionado sob controle de quantidade é chamada de **limite da cota**. Normalmente, o governo limita a quantidade em um mercado mediante a emissão de **licenças**; somente pessoas com licença podem fornecer legalmente o bem.

Um medalhão de táxi é uma licença. A prefeitura de Nova York limita o número de corridas de táxi que podem ser vendidas limitando o número de táxis apenas àqueles que têm medalhões. De modo mais geral, os controles de quantidade, ou cotas, estabelecem um limite superior para a quantidade de um bem que pode ser transacionado. Por exemplo, cotas têm sido usadas com frequência para limitar o tamanho da captura de recursos pesqueiros ameaçados de extinção. Neste caso, as cotas são implementadas por boas razões econômicas: para proteger os recursos pesqueiros ameaçados de extinção.

Mas algumas cotas são implementadas por razões econômicas ruins, normalmente com o objetivo de enriquecer o detentor da cota. Por exemplo, os controles de quantidade introduzidos para resolver um problema temporário, como assegurar que somente táxis seguros e limpos possam circular, tornam-se difíceis de remover mais tarde, uma vez que o problema tenha desaparecido, porque os titulares de cotas se beneficiam deles e exercem pressão política.

Anatomia dos controles de quantidade

Antes da chegada de Uber e Lyft, um medalhão de táxi de Nova York valia muito dinheiro – em média, várias centenas de milhares de dólares. Para entender por que um medalhão de táxi nova-iorquino valia tanto dinheiro naqueles dias, consideramos uma versão simplificada do mercado para corridas de táxi, mostrada na Figura 5.8. Assim como assumimos na análise do controle do aluguel que todos os apartamentos são iguais, supomos agora que todas as corridas de táxi são iguais – ignorando a complicação do mundo real de que algumas corridas de táxi são mais longas, e bem mais caras, do que outras.

A tabela na figura mostra os horários de oferta e demanda. O equilíbrio – indicado pelo ponto *E* na figura e pelas entradas sombreadas na tabela – é uma tarifa de US$ 5 por corrida, com 10 milhões de corridas por ano. (Você verá em breve por que apresentamos o equilíbrio desta forma.)

Neste exemplo, o sistema de medalhões de Nova York limita o número de táxis, mas cada taxista pode oferecer o maior número de corridas que conseguir. Para simplificar nossa análise, no entanto, vamos supor que um sistema de medalhões limita o número de corridas de táxi que podem ser feitas legalmente a 8 milhões por ano.

Até agora, derivamos a curva de demanda respondendo a perguntas do formulário: "Quantas corridas de táxi os passageiros vão querer fazer se o preço for $ 5 por corrida?". Mas é possível reverter a pergunta e perguntar em seu lugar: "A que preço os consumidores vão querer comprar 10 milhões de corridas por ano?". O preço pelo qual os consumidores querem comprar determinada quantidade – neste caso, 10 milhões de corridas a $ 5 por corrida – é o **preço de demanda** dessa quantidade. Você pode ver pela tabela de demanda na Figura 5.8 que o preço de demanda de 6 milhões de corridas é $ 7 por corrida, o preço de demanda de 7 milhões de corridas é $ 6,50 por corrida e assim por diante.

O **preço de demanda** de determinada quantidade é o preço pelo qual os consumidores demandarão essa quantidade.

Da mesma forma, a curva da oferta representa a resposta às perguntas do formulário: "Quantas corridas de táxi os taxistas forneceriam ao preço de $ 5 cada?". Mas também podemos inverter esta pergunta: "A que preço os fornecedores estarão dispostos a fornecer 10 milhões de corridas por ano?". O preço pelo qual os fornecedores fornecerão determinada quantidade – neste caso, 10 milhões de corridas a $ 5 por corrida – é o **preço de oferta** dessa quantidade. Podemos ver pela tabela de oferta na Figura 5.8 que o preço de oferta de 6 milhões de corridas é de $ 3 por corrida, o preço de oferta de 7 milhões de corridas é de $ 3,50 por corrida, e assim por diante.

O **preço de oferta** de determinada quantidade é o preço pelo qual os produtores fornecerão essa quantidade.

Agora, estamos prontos para analisar uma cota. Supomos que o governo da cidade limita a quantidade de viagens de táxi a 8 milhões por ano. Medalhões, cada um deles com direito a certo número de corridas de táxi por ano, são disponibilizados a pessoas selecionadas de tal forma que um total de 8 milhões de corridas será fornecido. Os detentores de medalhões podem então dirigir seus próprios táxis ou alugar seus medalhões a outros por uma taxa.

A Figura 5.9 mostra o mercado resultante para corridas de táxi, com a linha vertical em 8 milhões de corridas por ano representando o limite da cota. Como a quantidade de corridas é limitada a 8 milhões, os consumidores devem estar no ponto *A* da curva de demanda, correspondente à entrada sombreada na tabela de demanda: o preço de demanda de 8 milhões de corridas é de $ 6 por corrida. Enquanto isso, os taxistas devem estar no ponto *B* da curva de oferta, correspondente à entrada sombreada na tabela de oferta: o preço de oferta de 8 milhões de corridas é $ 4 por corrida.

Mas como o preço recebido pelos taxistas pode ser $ 4, quando o preço pago pelo passageiro é $ 6? A resposta é que, além do mercado de taxistas, há também um mercado de medalhões. Detentores de medalhões podem nem sempre querer dirigir seus táxis: eles podem estar doentes ou em férias. Quem não quer dirigir seu próprio táxi venderá o direito de usar o medalhão para outra pessoa.

Portanto, precisamos considerar dois conjuntos de transações aqui, e assim dois preços: (1) as transações em corridas de táxi e o preço pelo qual elas ocorrerão e (2)

Figura 5.8 Mercado para corridas de táxi na ausência de controle governamental.

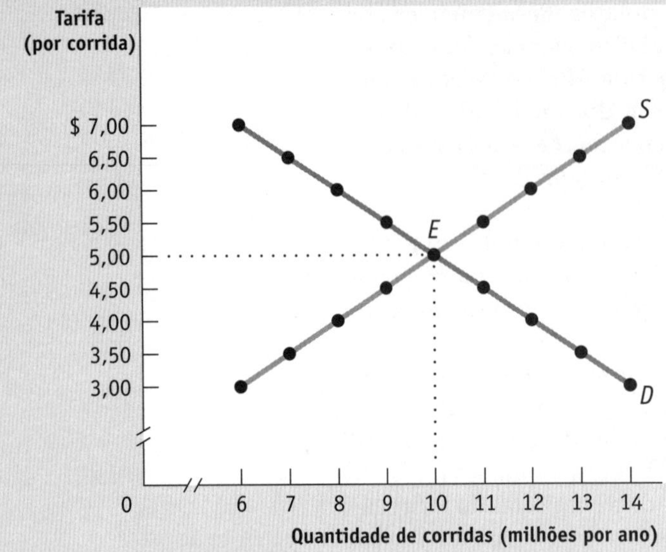

Tarifa (por corrida)	Quantidade de corridas (milhões por ano) Quantidade demandada	Quantidade ofertada
$7,00	6	14
6,50	7	13
6,00	8	12
5,50	9	11
5,00	10	10
4,50	11	9
4,00	12	8
3,50	13	7
3,00	14	6

Sem intervenção governamental, o mercado atinge o equilíbrio com 10 milhões de corridas por ano ao preço de $ 5 por corrida.

Figura 5.9 Efeito de uma cota no mercado de corridas de táxi.

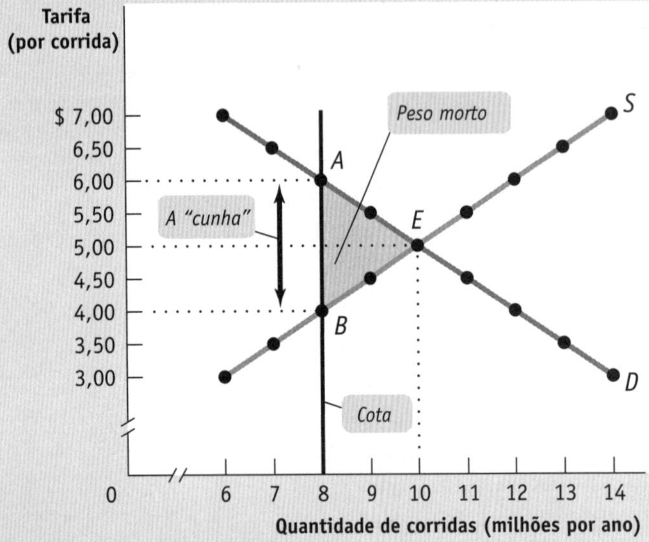

Tarifa (por corrida)	Quantidade de corridas (milhões por ano) Quantidade demandada	Quantidade ofertada
$ 7,00	6	14
6,50	7	13
6,00	8	12
5,50	9	11
5,00	10	10
4,50	11	9
4,00	12	8
3,50	13	7
3,00	14	6

A tabela mostra o preço de demanda e o preço de oferta correspondentes a cada quantidade: o preço pelo qual tal quantidade seria demandada e ofertada, respectivamente. A prefeitura impõe uma cota de 8 milhões de corridas por meio de licenças para apenas 8 milhões de corridas, representada pela linha vertical. O preço pago pelos consumidores aumenta para $ 6 por corrida, o preço de demanda de 8 milhões de corridas, que se mostra no ponto *A*. O preço de oferta de 8 milhões de corridas é apenas $ 4 por corrida, que se mostra no ponto *B*. A diferença entre esses dois preços é a renda da cota por corrida, a renda que vai para o dono de uma licença. A renda da cota introduz uma cunha entre o preço de demanda e o preço de oferta. E, como a cota desencoraja transações mutuamente benéficas, ela cria um peso morto igual ao triângulo sombreado.

as transações em medalhões e o preço pelo qual estas ocorrerão. Acontece que, como estamos olhando para dois mercados, os preços de $ 4 e $ 6 estarão corretos.

Para ver como isso funciona, considere dois taxistas nova-iorquinos imaginários, Ali e Jean. Ali tem um medalhão, mas não pode usá-lo porque tem uma grave tendinite no pulso. Assim, está procurando alugar seu medalhão a alguém. Jean não tem medalhão, mas gostaria de alugar um. Além disso, a todo instante há muitas outras pessoas como Jean, que gostariam de alugar um medalhão, bem como outros como Ali, que têm um medalhão para alugar. Suponha que Ali concorde em alugar seu medalhão para Jean. Para simplificar, suponhamos que qualquer taxista possa fazer apenas uma corrida por dia e que Ali esteja alugando seu medalhão para Jean por um dia. Qual o preço de aluguel sobre o qual concordarão?

Para responder a essa questão, precisamos olhar para as transações do ponto de vista de ambos os motoristas. Jean sabe que, se tiver o medalhão, poderá ganhar $ 6 por dia, o preço de demanda de uma corrida havendo a cota. Ela está disposta a alugar o medalhão somente se ganhar pelo menos $ 4 por dia, o preço de oferta havendo cota. Assim, Ali não pode exigir um aluguel de mais de $ 2, a diferença entre $ 6 e $ 4. E se Jean oferecer a Ali menos que $ 2 – digamos, $ 1,50 –, outros motoristas ansiosos estarão dispostos a oferecer-lhe mais, até o nível de $ 2. Por conseguinte, para obter um medalhão, Jean tem de oferecer a Ali pelo menos $ 2. Por conseguinte, como o aluguel não pode ser mais que $ 2 nem menos que $ 2, deve ser exatamente $ 2.

Não é coincidência que $ 2 seja exatamente a diferença entre $ 6, o preço de demanda de 8 milhões de corridas, e $ 4, o preço de oferta de 8 milhões de corridas. Sempre que a oferta de um bem é legalmente restringida, há uma **cunha** entre o preço de demanda da quantidade transacionada e o preço de oferta da quantidade transacionada.

Um controle de quantidade, ou cota, cria uma **cunha** entre o preço de demanda e o preço de oferta de um bem; ou seja, o preço pago pelos compradores acaba sendo mais alto do que o recebido pelos vendedores.

Essa cunha, que se mostra pela flecha de duas pontas na Figura 5.9, tem um nome especial: **renda da cota**. Ela é a renda que vai para o dono da licença pela propriedade de uma mercadoria valiosa, a licença. Nesse caso de Ali e Jean, a renda da cota de $ 2 vai para Ali porque ele é o dono da licença, e o resto dos $ 4 do preço total da corrida de $ 6 vai para Jean.

A diferença entre o preço de demanda e o preço de oferta no limite da cota é a **renda da cota**, os ganhos que advêm para o detentor da licença da propriedade do direito de vender o bem: é igual ao preço de mercado da licença quando as licenças são negociadas.

Assim, a Figura 5.9 ilustra a renda da cota no mercado de corridas de táxi de Nova York. A cota limita a quantidade de corridas a 8 milhões por ano, quantidade pela qual o preço de demanda de $ 6 excede o preço de oferta de $ 4. A cunha entre esses dois preços, $ 2, é a renda da cota que resulta das restrições estabelecidas para a quantidade de corridas de táxi nesse mercado.

Mas espere um segundo. E se Ali não aluga seu medalhão? Se ele próprio o usa? Significa isso que ele obtém o preço de $ 6? Não, na verdade. Mesmo que Ali não alugue seu medalhão, ele poderia tê-lo alugado, o que significa que o medalhão tem um *custo de oportunidade* de $ 2: se Ali decide dirigir seu próprio táxi, em vez de alugá-lo a Jean, $ 2 representam seu custo de oportunidade de não alugar o medalhão, isto é, a renda da cota de $ 2 é agora a renda de aluguel da qual ele abdica ao dirigir seu próprio táxi.

Com efeito, Ali está em dois negócios: o negócio de taxista e o negócio de alugar medalhões. Ele ganha $ 4 por corrida dirigindo seu táxi e $ 2 por corrida alugando seu medalhão. Não importa que, nesse caso específico, ele tenha alugado seu medalhão a si mesmo. Independentemente de um medalhão ser usado pelo próprio dono ou alugado a outro, ele é um ativo de valor.

Em 2010, antes do surgimento de Uber e Lyft eliminar efetivamente os controles de quantidade, os medalhões de táxi de Nova York estavam sendo negociados por cerca de $ 500.000. Observe, a propósito, que as cotas – como os tetos e os pisos dos preços – nem sempre têm efeito real. Se a cota fosse fixada em 12 milhões de corridas – isto é, acima da quantidade de equilíbrio em um mercado não regulamentado –, não teria efeito porque não seria vinculativa.

Custos dos controles de quantidade

Assim como controles de preços, os controles de quantidade podem ter efeitos colaterais indesejáveis. O primeiro é o problema conhecido da *ineficiência* devida a oportunidades perdidas; controles de quantidade impedem a ocorrência de transações mutuamente benéficas, transações que beneficiariam tanto compradores quanto vendedores.

Olhando de novo a Figura 5.9, pode-se ver que, a partir do limite da cota de 8 milhões de corridas, os nova-iorquinos estariam dispostos a pagar pelo menos $ 5,50 por corrida para 1 milhão de corridas adicionais, e que os motoristas de táxi estariam dispostos a oferecer essas corridas desde que ganhassem pelo menos $ 4,50 por corrida. Essas são corridas que teriam existido se não houvesse o limite da cota.

O mesmo se aplica ao milhão seguinte de corridas; os nova-iorquinos estariam dispostos a pagar pelo menos $ 5 por corrida quando a quantidade de corridas aumentasse de 9 para 10 milhões, e os taxistas estariam dispostos a suprir essas corridas desde que obtivessem pelo menos $ 5 por corrida. Mais uma vez, essas corridas teriam acontecido sem o limite da cota.

Somente quando o mercado atingisse a quantidade de equilíbrio de livre mercado de 10 milhões de corridas é que não haveria "corridas que são oportunidades perdidas". O limite da cota de 8 milhões causa 2 milhões de "corridas que são oportunidades perdidas".

Em geral, *enquanto o preço de demanda de certa quantidade for superior ao preço de oferta, existirá o peso morto.* Um comprador estaria disposto a comprar o bem a um preço que o vendedor estaria disposto a aceitar, mas tal transação não acontece porque é proibida pela cota. A perda por peso morto derivada dos 2 milhões das corridas que são oportunidades perdidas é representada pelo triângulo sombreado na Figura 5.9.

E, uma vez que há transações que as pessoas gostariam de efetuar mas estão proibidas de fazer, os controles de quantidade geram incentivos para contornar a lei. E antes da Uber e da Lyft, um número substancial de táxis sem licença simplesmente desafiou a lei e pegou passageiros sem medalhão. Esses táxis não regulamentados e não licenciados contribuíram para uma parcela desproporcionalmente grande de acidentes.

Entretanto, os carros Uber e Lyft contornam legalmente a restrição imposta a um carro sem medalhão de ser chamado na rua. Em 2018, a Uber tinha mais de 78 mil carros em Nova York, significativamente mais do que os 13.587 táxis licenciados.

Claramente, a restrição quantitativa dos táxis da cidade de Nova York tem sido substancialmente minada. Com efeito, a linha de cota da Figura 5.9 se deslocou para a direita, mais próxima da quantidade de equilíbrio, com a entrada de Uber e Lyft.

Nos últimos anos, como os aluguéis das cotas para os proprietários de um medalhão de táxi caíram, os preços dos medalhões de táxi também caíram significativamente. Em 2018 e 2019, os preços dos medalhões de táxi em Nova York variaram de $ 185 mil a $ 130 mil, uma queda acentuada em relação aos $ 500 mil de 2010. Em suma, os controles de quantidade tipicamente criam os seguintes efeitos colaterais indesejáveis:

- Peso morto porque algumas transações mutuamente benéficas não ocorrem.
- Incentivos para atividades ilegais.

ECONOMIA >> *em Ação*

Caranguejos, cotas e vidas salvas no Alasca

Os caranguejos *king* e *snow* do Alasca são considerados iguarias no mundo inteiro. E a pesca do caranguejo é uma das indústrias mais importantes na economia do Alasca. Muita gente estava justificadamente preocupada quando, em 1983, a captura anual de caranguejo diminuiu em 90% devido à pesca predatória. Em resposta, os biólogos marinhos estabeleceram um *sistema de cotas de captura totais permitidas*, que limitava a quantidade de caranguejo que poderia ser capturada anualmente, a fim de permitir que a população de caranguejos voltasse a um nível saudável e sustentável.

Observe, a propósito, que a cota de caranguejo do Alasca é um exemplo de cota justificada por considerações econômicas e ambientais mais amplas – ao contrário da cota de táxi da cidade de Nova York, que há muito perdeu qualquer lógica econômica. Outra diferença importante é que, ao contrário dos medalhões de táxi em Nova York, os proprietários de barcos de caranguejo do Alasca não tinham a capacidade de comprar ou vender cotas individuais. Assim, embora os estoques de caranguejo esgotados acabassem se recuperando com o sistema de cotas de captura total em vigor, houve outra consequência, não intencional e mortal.

A temporada de captura do caranguejo do Alasca é bastante curta, decorrendo aproximadamente de outubro a janeiro, e pode ser ainda mais reduzida com mau tempo. Nos anos 1990, os pescadores de caranguejo do Alasca estavam se engajando em "*derbies* de pesca". Para ficarem dentro do limite da cota quando começou a temporada de pesca do caranguejo, as tripulações dos barcos correram para pescar caranguejo em águas perigosas, geladas e difíceis, esforçando-se para obter em poucos dias um resultado que rendesse várias centenas de milhares de dólares. Em consequência, os barcos frequentemente ficavam sobrecarregados e viravam, tornando a pesca do caranguejo do Alasca um dos trabalhos mais perigosos, com média de 7,3 mortes por ano, cerca de 80 vezes a taxa de mortalidade de um trabalhador médio. E após a breve captura, o mercado do caranguejo foi inundado pela oferta, baixando os preços que os pescadores recebiam.

Em 2006, os reguladores da pesca instituíram outro sistema de cotas, chamado *parcela de cota* – destinado a proteger os caranguejeiros e caranguejos do Alasca. Sob o regime de parcela de cota, cada barco recebeu uma parcela da cota para preencher durante a temporada de três meses. Além disso, as parcelas de cota podiam ser vendidas ou alugadas. Essas mudanças transformaram a indústria, pois proprietários de barcos maiores compraram as parcelas individuais de barcos menores, diminuindo drasticamente o número de barcos de pesca de caranguejo. Os barcos maiores são muito menos propensos a emborcar, melhorando a segurança da tripulação.

Além disso, ao prolongar a temporada de pesca, o sistema de parcelas de quota aumentou a população e os preços dos caranguejos. Com mais tempo para pescar, os pescadores puderam garantir que caranguejos jovens e fêmeas fossem devolvidos ao mar em vez de pescados. E com uma temporada de pesca mais longa, a captura chega ao mercado mais gradualmente, eliminando a queda nos preços quando a oferta atinge o mercado. Previsivelmente, um pescador de caranguejo do Alasca ganha mais dinheiro sob o sistema de parcelas de cota do que sob o sistema de cota total de captura.

>> Teste seu entendimento 5.3

As respostas estão no fim do livro.

1. Suponha a oferta e a demanda de corridas de táxi dadas na Figura 5.8, mas com a cota fixada em 6 milhões de corridas em vez de 8 milhões. Encontre os valores a seguir e indique-os na Figura 5.8.
   a. O preço de uma corrida
   b. A renda da cota
   c. O peso morto
   d. Suponha que o limite da cota de corridas de táxi aumente para 9 milhões. O que acontece com a renda da cota?
2. Suponha que o limite da cota seja de 8 milhões de corridas. Suponha que a demanda caia devido a um declínio no turismo. Qual o menor dos deslocamentos paralelos da demanda para a esquerda que teria como resultado a cota não mais ter efeito no mercado? Ilustre sua resposta usando a Figura 5.8.

>> *Revisão Rápida*

- **Controles de quantidade** ou **cotas** são limites impostos pelo governo referentes à quantidade que pode ser comprada ou vendida. A quantidade permitida para venda é o **limite da cota**. O governo então emite uma **licença**, ou seja, o direito de vender certa quantidade de um bem sujeito a cota.
- Quando o limite da cota é menor que a quantidade transacionada do bem em um mercado não regulado, o **preço de demanda** é maior que o **preço de oferta:** há uma **cunha** entre eles no limite da cota.
- Essa cunha é a **renda da cota,** ou seja, os ganhos que vão para o dono da licença pela propriedade do direito de vender um bem, de fato suprindo o bem, ou alugando a licença para outra pessoa. O preço de mercado de uma licença é igual à renda da cota.
- Assim como controles de preço, controles de quantidade criam peso morto e encorajam a atividade ilegal.

CASO EMPRESARIAL

Um desestabilizador do mercado é desestabilizado pelo mercado

O dia 8 de agosto de 2019 foi terrível na sede de São Francisco da Uber, líder mundial em empresas de transporte particular contratado por aplicativo. Nesse dia, a empresa anunciou uma perda espantosa de US$ 5,2 bilhões apenas nos 3 meses anteriores. Isso se somou à perda de mais de US$ 1 bilhão no primeiro trimestre do ano. Igualmente sinistra foi a notícia de uma queda significativa na taxa de crescimento anual do número de corridas fornecidas. Tais resultados levaram alguns observadores a questionar a viabilidade da empresa a longo prazo.

Para uma empresa que tinha sido a queridinha do mundo dos negócios de alta tecnologia, aquele dia foi uma espetacular humilhação. Os investidores haviam acreditado que apenas uma empresa – a Uber – viria a dominar essa indústria de transporte, tornando-a muito lucrativa. O que havia dado errado?

A Uber foi criação de dois amigos, Travis Kalanick e Garret Camp, concebida após uma difícil busca por táxi em Paris. Quando foi lançada em 2010, em São Francisco, a Uber foi a primeira empresa a permitir corridas contratadas via aplicativo para *smartphone*. Ela proporcionou fácil acesso às corridas de menor preço. A Uber expandiu-se rápido, eventualmente estendendo seu alcance para mais de 600 cidades em todo o mundo. A empresa concentrou-se, em particular, na expansão em cidades onde o mercado de táxi existente era altamente regulamentado e restrito. O transporte de passageiros cresceu explosivamente, de modo que, em 2019, a Uber estava completando quase 14 milhões de corridas por dia.

Mas o sucesso da Uber não passou despercebido. Vendo a oportunidade de ganhar dinheiro, algumas pessoas queriam se tornar motoristas de Uber enquanto outras queriam criar empresas rivais. Em 2012, por exemplo, a Lyft lançou um serviço concorrente. Na América Latina, na China e na Índia, surgiram concorrentes locais. A Uber respondeu lançando iniciativas caras. Por exemplo, para manter seu transporte de passageiros em alta, começou a subsidiar as corridas – ou seja, forneceu códigos de desconto e cupons que reduziram o preço das corridas abaixo do custo real de fornecê-las.

Resta saber se a Uber pode voltar ao caminho certo – revertendo suas perdas, recuperando suas altas taxas de crescimento do passado e cumprindo sua promessa inicial.

QUESTÕES PARA PENSAR

1. Como os controles de quantidade para as corridas de táxi contribuíram para as altas taxas de crescimento da Uber em seus primeiros anos?
2. Com base no que você aprendeu no capítulo, explique se as recentes dificuldades da Uber eram previsíveis ou resultado de má sorte.
3. Qual a probabilidade de a Uber conseguir recuperar suas altas taxas de crescimento do passado?
4. Como a alocação do excedente mudou nesse mercado ao longo do tempo? Quem se beneficiou quando a Uber começou a competir com as empresas de táxi existentes? Quem se beneficiou quando empresas rivais de transporte por aplicativo começaram a competir com a Uber?

RESUMO

1. Mesmo quando um mercado é eficiente, os governos muitas vezes intervêm em busca de maior equidade e justiça, ou para agradar a grupos de pressão poderosos. As intervenções podem tomar a forma de **controles de preço** ou controles de quantidade. Ambas geram efeitos colaterais previsíveis e indesejáveis, que consistem em várias formas de ineficiência e atividade ilegal.

2. Um **teto de preços**, um preço máximo de mercado abaixo do preço de equilíbrio, beneficia os compradores que conseguem adquirir o produto, mas cria escassez persistente. Como o preço é mantido abaixo do preço de equilíbrio, a quantidade demandada aumenta e a quantidade ofertada se reduz, comparado com o que seria a quantidade de equilíbrio. Isso leva a problemas previsíveis: ineficiência na forma de **peso morto** em virtude de quantidade baixa pelo critério da eficiência, **alocação ineficiente entre consumidores**, **desperdício de recursos** e **baixa qualidade por ineficiência**. Isso encoraja também a atividade ilegal, com pessoas recorrendo ao **mercado negro** para ter um bem. Por causa desses problemas, tetos para preços em geral perderam prestígio como instrumento de política econômica. Entretanto, os tetos de preços podem ser justificados quando o mercado é ineficiente, ou quando um desastre natural leva à escassez que, se deixada por conta de um mercado livre, diminuiria muito a equidade e o bem-estar social.

3. Um **piso de preços** – preço mínimo de mercado acima do preço de equilíbrio – beneficia os vendedores que conseguem vender, mas cria um excedente persistente. Uma vez que o preço é mantido acima do preço de equilíbrio, a quantidade demandada cai e a quantidade ofertada aumenta, comparada com a quantidade de equilíbrio. Isso leva a problemas previsíveis: ineficiência na forma de peso morto por quantidade baixa pelo critério da eficiência, **alocação ineficiente das vendas entre os vendedores**, desperdício de recursos e **qualidade elevada por ineficiência**. Encoraja também a atividade ilegal e o mercado negro. O tipo mais conhecido de piso de preços é o **salário mínimo**, mas preços mínimos também são comumente adotados para produtos agrícolas.

4. **Controles de quantidade** ou **cotas** limitam a quantidade de um bem que pode ser vendida ou comprada. A quantidade permitida para venda é o **limite da cota**. Governos emitem **licenças** para os indivíduos, o direito de vender dada quantidade do bem. O dono da licença obtém uma **renda da cota**, rendimento que decorre da propriedade e do direito de vender o bem. Este é igual à diferença entre o **preço de demanda** no limite da cota, o que os consumidores estão dispostos a pagar por aquela quantidade, e o **preço de oferta** no limite da cota, o que os fornecedores estão dispostos a aceitar para aquela quantidade. Os economistas dizem que uma cota introduz uma **cunha** entre o preço de demanda e o preço de oferta; essa cunha é igual à renda da cota. Controles de quantidade geram peso morto, além de encorajar atividades ilegais.

PALAVRAS-CHAVE

QUESTÕES PARA PENSAR

1. Oregon tornou-se recentemente o primeiro estado norte-americano a adotar a legislação que limita os aluguéis de casas em todo o estado. Explique como a política do Oregon afetará locadores, locatários e a qualidade das unidades de aluguel disponíveis.

2. Em seu estado, o salário mínimo é de $ 12 por hora. No entanto, você percebe que muitos restaurantes de *fast-food* afixaram avisos de oferta de empregos pagando $ 15 por hora. O que isto lhe diz sobre o salário mínimo e a disponibilidade de trabalho nos restaurantes em sua cidade?

3. Muitos residentes e políticos do estado de Washington estão preocupados com o declínio da população de salmões, fonte primária de alimento para a vida selvagem local, incluindo a baleia orca ameaçada de extinção. Para proteger a população de salmões contra a pesca excessiva, os políticos estão considerando duas medidas. A primeira é um teto de preços obrigatório no mercado para o salmão. A segunda é uma cota: licenças seriam vendidas para quem pesca comercialmente, a fim de restringir sua captura de salmão. Com o desenrolar dos acontecimentos, tornou-se claro que os políticos tendem a favorecer o sistema de cotas, enquanto quem pesca peixe para viver prefere um teto de preço. Por que isso acontece, na sua opinião?

PROBLEMAS

1. Para agradar seus eleitores, o prefeito de Gotham City decidiu baixar o preço das corridas de táxi. Suponha, para simplificar, que todas as corridas de táxi percorram a mesma distância e, assim, custam o mesmo. A seguir estão as correspondentes tabelas de demanda e de oferta de corridas de táxi.

Tarifa (por corrida)	Quantidade de corridas (milhões por ano)	
	Quantidade demandada	Quantidade ofertada
$ 7,00	10	12
6,50	11	11
6,00	12	10
5,50	13	9
5,00	14	8
4,50	15	7

a. Suponha que não haja restrições à quantidade de corridas de táxi que podem ser ofertadas na cidade (ou seja, não há um sistema de licenças como os medalhões de Nova York). Encontre o preço e a quantidade de equilíbrio.

b. Suponha que o prefeito estabeleça um limite de preços de $ 5,50. De quanto será a escassez de corridas? Ilustre com um diagrama. Quem perde e quem ganha com essa política?

c. Suponha que o mercado acionário sofra uma enorme queda e as pessoas em Gotham fiquem mais pobres. Isso reduz a quantidade de corridas de táxi demandadas em 6 milhões de viagens por ano a qualquer preço dado. Agora, quais serão os efeitos da nova política do prefeito? Ilustre com um diagrama.

d. Suponha que o mercado acionário se recupere e a demanda de táxis retorne ao normal (isto é, retorne à tabela de demanda que foi dada). O prefeito agora decide agradar os taxistas, e anuncia uma política em que serão concedidas licenças de táxi; o número de licenças é restrito, de tal modo que somente 10 milhões de corridas por ano possam ser efetuadas. Ilustre o efeito dessa política sobre o mercado e indique o preço resultante e a quantidade transacionada. Qual é a renda da cota por corrida?

2. No fim do século XVIII, o preço do pão em Nova York era controlado, prefixado em um preço acima do preço de mercado.

a. Trace um diagrama mostrando o efeito dessa política. Ela funcionou como um teto de preços ou como um piso de preços?

b. Que tipos de ineficiência tenderam a aparecer quando o preço controlado do pão estava acima do preço de mercado? Explique em detalhe.

Em um ano desse período, a colheita do trigo foi fraca e causou deslocamento para a esquerda da oferta de pão, aumentando, portanto, o preço de mercado. As padarias de Nova York descobriram que o preço controlado do pão estava abaixo do preço de mercado.

c. Trace um diagrama mostrando o efeito do controle de preços sobre o mercado de pão durante esse ano. A política de controle funcionou como teto de preços ou como piso de preços?

d. Que tipos de ineficiência devem ter ocorrido nesse período? Explique em detalhe.

3. Em 2019, a Câmara dos Deputados dos EUA aprovou um novo projeto de lei agrícola modificando os preços de apoio aos produtores de leite. O novo programa, chamado de Cobertura da Margem de Leite, apoia os produtores de leite quando a margem entre os custos da ração e os preços do leite cai abaixo de US$ 0,08 por libra. Suponha que os custos atuais da ração sejam de $ 0,10 por libra, o que significa que o programa cria um preço mínimo para o leite de $ 0,18 por libra. A esse preço, em 2019, a quantidade de leite fornecida era de 240 bilhões de libras e a quantidade demandada era de 140 bilhões de libras. Para suportar o preço do leite ao preço mínimo, o Departamento de Agricultura tem que comprar 100 bilhões de libras de leite excedente. As curvas de oferta e demanda no diagrama a seguir ilustram o mercado para o leite.

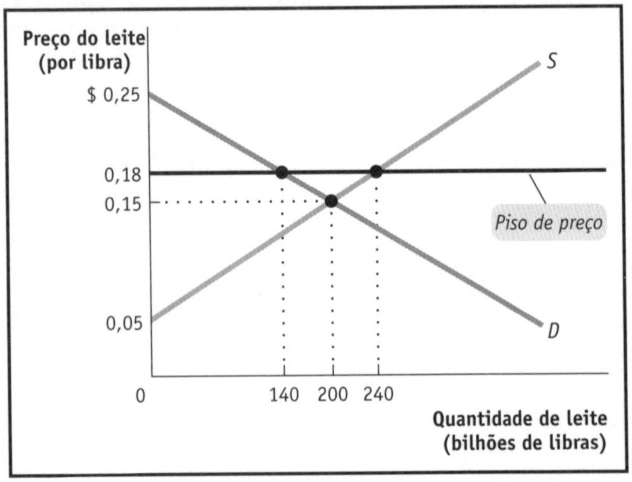

a. Na ausência de um piso para os preços, qual é o excedente do consumidor criado? Qual é o excedente do produtor? Qual o excedente total?

b. Com o preço mínimo a $ 0,18 por libra de leite, os consumidores compram 140 bilhões de libras. Quanto é o excedente do consumidor criado agora?

c. Com o preço mínimo a $ 0,18 por libra de leite, os produtores vendem 240 bilhões de libras (uma parte para os consumidores e outra parte para o Departamento de Agricultura). Qual é o excedente do produtor criado agora?

d. Quanto o Departamento gasta comprando o leite excedente?

e. É necessária uma arrecadação de impostos para que o Departamento de Agricultura compre o leite excedente. Em consequência, o excedente total (do consumidor e do produtor) diminui no montante gasto pelo Departamento na compra do leite excedente. Usando suas respostas para as partes *b*, *c* e *d*, qual é o excedente total quando há um piso para os preços? Como isso se compara com o excedente total sem preço mínimo da parte *a*?

4. Temos a seguir tabelas hipotéticas de demanda e de oferta anual de leite. O governo dos Estados Unidos decide que a renda dos pecuaristas deve ser mantida em um nível que permita a uma família tradicional sobreviver em uma fazenda de gado leiteiro. Por conseguinte, estabelece um piso de preços de $ 1 por garrafa de leite, comprando o leite excedente até que o preço de mercado chegue a $ 1 por garrafa.

Preço do leite (por garrafa)	Quantidade de leite (milhões de garrafas por ano)	
	Quantidade demandada	Quantidade ofertada
$ 1,20	550	850
1,10	600	800
1,00	650	750
0,90	700	700
0,80	750	650

a. Mostre em um diagrama o peso morto da baixa quantidade, quando comparada à quantidade eficiente.

b. Qual o excedente de leite que será produzido devido a essa política?

c. Qual será o custo dessa política para o governo?

d. Como o leite é uma fonte importante de proteína e cálcio, o governo decide oferecer o excedente de leite que ele compra às escolas primárias pelo preço de apenas de $ 0,60 por garrafa. Suponha que as escolas comprem qualquer quantidade de leite disponível a esse preço baixo. Mas os pais dos estudantes agora reduzem suas compras de leite por qualquer preço em 50 milhões de garrafas por ano, porque sabem que seus filhos estão recebendo leite na escola. Quanto o programa do leite vai custar ao governo?

e. Explique como resultarão ineficiências dessa política, na forma de alocação ineficiente entre vendedores e desperdício de recursos.

5. Os governos europeus tendem a fazer maior uso de controles de preços do que o governo norte-americano. Por exemplo, o governo francês estabelece salários mínimos iniciais para quem tenha completado o chamado *le bac* francês, um certificado mais ou menos equivalente ao diploma de escola secundária dos Estados Unidos. A tabela de demanda para novos contratados que tenham o *bac* e a tabela de oferta de jovens com essas credenciais procurando emprego aparecem a seguir. O preço, aqui dado na moeda usada na França, que é o euro, corresponde ao salário anual.

Salário (por ano)	Quantidade demandada (novas ofertas de emprego por ano)	Quantidade ofertada (número de pessoas procurando emprego por ano)
€ 45.000	200.000	325.000
40.000	220.000	320.000
35.000	250.000	310.000
30.000	290.000	290.000
25.000	370.000	200.000

a. Na ausência de interferência governamental, qual é o salário de equilíbrio? Quantas pessoas que acabam de obter o referido diploma são contratadas por ano?

b. Suponha que o governo francês estabeleça um mínimo anual de € 35.000. A esse salário, haverá desemprego involuntário? E, se for o caso, quanto? Ilustre com um diagrama. E se o salário mínimo anual é fixado em € 40.000? Também ilustre com um diagrama.

c. Dada a sua resposta na parte *b* e a informação da tabela, qual é a relação entre nível de desemprego involuntário e nível do salário mínimo? Quem se beneficia de uma política assim? Quem perde? Qual é a oportunidade perdida aqui?

6. Em muitos países europeus, salários mínimos elevados provocaram altos níveis de desemprego e subemprego, e um sistema de trabalho em dois níveis. No mercado de trabalho formal, os trabalhadores têm bons empregos que pagam pelo menos o salário mínimo. No mercado informal ou negro de trabalho, os trabalhadores têm empregos ruins e recebem menos do que o mínimo.

a. Desenhe um diagrama de demanda e oferta mostrando o efeito da imposição de um salário mínimo no mercado de trabalho em geral, com salário no eixo vertical e horas de trabalho no eixo horizontal. Sua curva de oferta deve representar as horas de trabalho oferecidas pelos trabalhadores de acordo com o salário, e a curva de demanda deve representar as horas de trabalho demandadas pelos empregadores de acordo com o salário. Em seu diagrama, mostre a perda de peso morto decorrente da imposição de um salário mínimo. Que tipo de escassez é criada? Ilustre em seu diagrama o tamanho da carência.

b. Assuma que a imposição do salário mínimo elevado provoca contração na economia, de modo que os empregadores do setor formal cortam sua produção e sua demanda por trabalhadores. Ilustre o efeito disso sobre o mercado de trabalho em geral. O que acontece com o tamanho do peso morto? E com a escassez? Ilustre com um diagrama.

c. Assuma que os trabalhadores que não podem conseguir emprego que pague pelo menos o salário mínimo mudam para o mercado de trabalho informal, no qual não há salário mínimo. O que acontece com o tamanho do mercado informal de trabalho como resultado da contração econômica? O que acontece com o salário de equilíbrio no mercado informal de trabalho? Ilustre com um diagrama de oferta e demanda para o mercado informal.

7. Durante os últimos 85 anos, o governo dos Estados Unidos usou preços de apoio para ajudar a manter a renda dos fazendeiros norte-americanos. Algumas vezes, o governo usou pisos para preços que são mantidos pela compra do excedente agrícola. Outras vezes usou metas de preço, uma política pela qual o governo dá ao fazendeiro uma quantia igual à diferença entre o preço de mercado e a meta de preço para cada unidade vendida. Considere o mercado de milho representado na figura a seguir.

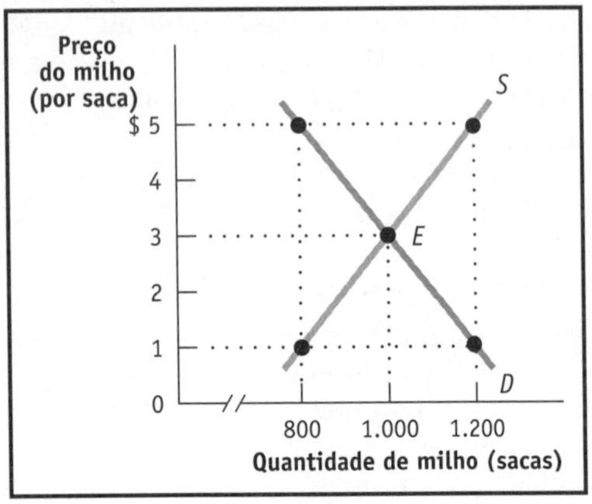

a. Quando o governo estabelece um piso de preços de $ 5 a saca, quantas sacas de milho são produzidas? Quantas são compradas pelos consumidores? E pelo governo? Quanto o programa custa ao governo? Qual é a receita dos produtores de milho?

b. Suponha que o governo estabeleça uma meta de $ 5 por saca para qualquer quantidade ofertada até o limite de 1.000 sacas. Quantas sacas de milho serão compradas pelos consumidores e a que preço? E pelo governo? Quanto o programa custa ao governo? Qual o montante da receita dos fazendeiros com o milho?

c. Qual desses programas (nas partes *a* e *b*) custa mais para os consumidores de milho? Qual o programa que custa mais ao governo? Explique.

d. Uma dessas políticas é menos ineficiente que a outra? Explique.

8. A costa nordeste dos Estados Unidos já teve muito peixe. Agora, devido à pesca industrial excessiva, os estoques de peixe estão em sério perigo de se esgotarem. Em 1991, o Serviço Nacional de Pesca Marinha do governo implementou uma cota para permitir que os estoques de peixe se recuperassem. A cota limitava a 7 milhões de libras a quantidade de peixe-espada que podia ser pescada pela totalidade dos barcos pesqueiros licenciados. Logo que a frota pesqueira atingiu o limite da cota, a pesca foi proibida no resto do ano. A seguir aparecem as tabelas hipotéticas de demanda e de oferta de peixe-espada pescado anualmente nos EUA.

Preço do peixe-espada (por libra)	Quantidade de peixe-espada (em milhões de libras por ano)	
	Quantidade demandada	Quantidade ofertada
$ 20	6	15
18	7	13
16	8	11
14	9	9
12	10	7

a. Use um diagrama para mostrar o efeito da cota sobre o mercado de peixe-espada em 1991. Em seu diagrama, ilustre o peso morto devido à quantidade baixa de acordo com o critério da eficiência.

b. Como os pescadores mudam a sua maneira de pescar em resposta a essa política?

9. No estado do Maine, é preciso ter uma licença para pescar lagosta comercialmente. Essa licença é emitida a cada ano. O Maine está preocupado com o desaparecimento das lagostas na sua costa. O departamento de pesca decidiu estabelecer uma cota anual de 80.000 libras para lagostas pescadas em águas do estado e decidiu também dar licenças este ano somente aos pescadores que já tinham licença no ano anterior. Os números a seguir mostram as curvas de demanda e de oferta para lagostas do Maine.

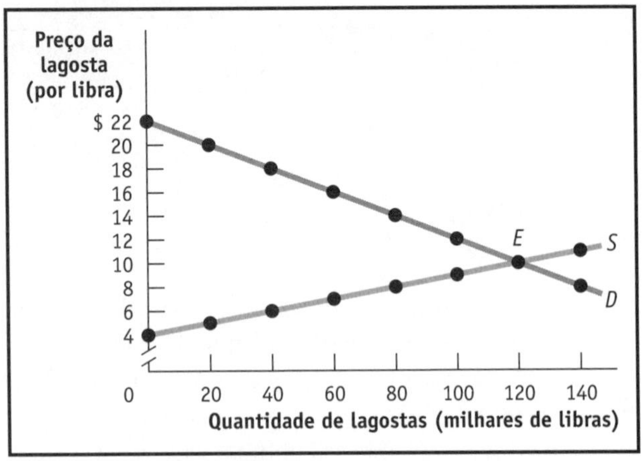

a. Na ausência de restrições governamentais, quais são o preço e a quantidade de equilíbrio?

b. Qual é o *preço de demanda* pelo qual os consumidores dispõem-se a comprar 80 mil libras de lagosta?

c. Qual é o *preço de oferta* pelo qual os pescadores dispõem-se a oferecer 80 mil libras de lagosta?

d. Quanto é a *renda da cota* por libra de lagosta quando são vendidas 80 mil libras? Ilustre na figura a renda da cota e o peso morto.

e. Explique uma transação que beneficie tanto o comprador quanto o vendedor, mas é impedida pela restrição da cota.

10. O governo venezuelano impôs um teto de preços para o preço do café torrado em grão no comércio varejista. O diagrama mostra o mercado de café em grão. Na ausência de controle de preços, o equilíbrio está no ponto *E*, com um preço de equilíbrio de P_E e uma quantidade de equilíbrio comprada e vendida em Q_E.

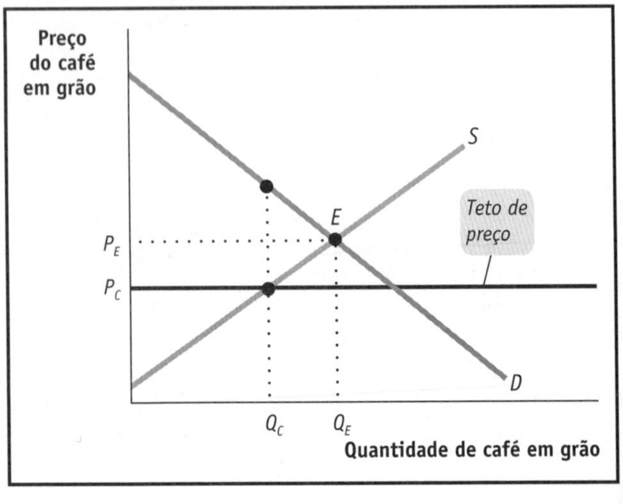

a. Mostre os excedentes do consumidor e do produtor antes da introdução do teto de preços.

Depois da adoção do teto de preços, o preço caiu para *Pc* e a quantidade comprada e vendida, para *Qc*.

b. Mostre o excedente do consumidor depois da introdução do teto de preços (supondo que os consumidores com disposição a pagar mais elevada comprem o café em grão disponível; isto é, supondo que não haja alocação ineficiente entre os consumidores).

c. Mostre o excedente do produtor depois da introdução do teto de preços (supondo que os produtores com os menores custos vendam seu café; isto é, supondo que não haja alocação ineficiente entre produtores).

d. Usando o diagrama, mostre quanto do que era o excedente do produtor antes da introdução do teto de preços foi transferido para os consumidores em virtude da introdução do teto de preços.

e. Usando o diagrama, mostre quanto do que era o excedente total antes do teto de preços foi perdido. Ou seja, quanto foi o peso morto?

11. O diagrama mostra dados do governo norte-americano para o preço médio de uma passagem aérea nos Estados Unidos de 1975 a 1985, ajustado para eliminar os efeitos da *inflação* (o aumento geral de preços de todos os bens no decorrer do tempo). Em 1978, uma lei do Congresso norte-americano desregulamentou o transporte aéreo de pas- sageiros e removeu o piso para os preços das passagens, além de permitir às companhias de aviação maior flexibilidade para oferecer novas rotas.

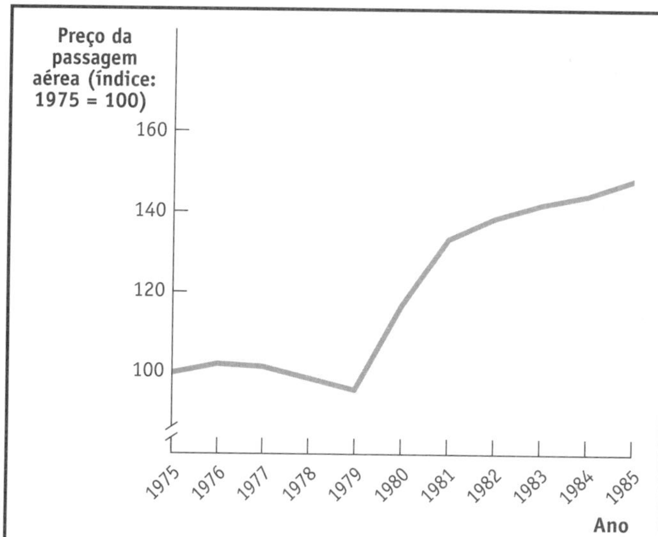

Dados de: U.S. Bureau of Labor Statistics.

a. Observando os preços de passagens no diagrama, você acha que o piso de preços que existia antes de 1978 era vinculante ou não? Isto é, você acha que ele estava fixado acima ou abaixo do preço de equilíbrio? Trace um diagrama de oferta e procura mostrando onde estava, em relação ao preço de equilíbrio, o piso de preços que existia antes de 1978.

b. A maioria dos economistas concorda que o preço médio da passagem aérea por milha viajada, na realidade, *caiu* depois da desregulamentação do tráfego aéreo nos Estados Unidos. Como se reconcilia essa visão com o que vemos no diagrama?

12. Muitos estudantes universitários tentam fazer estágios antes da formatura para valorizar seus currículos, ganhar maturidade em um campo escolhido ou tentar possíveis carreiras. A esperança compartilhada por todos esses possíveis estagiários é que eles encontrem estágios que paguem mais do que os empregos típicos de verão, como servir mesas ou virar hambúrgueres na chapa.

a. Com o salário medido no eixo vertical e o número de horas de trabalho no eixo horizontal, trace um diagrama de oferta e demanda para o mercado de estagiários em que o salário mínimo não seja vinculante no equilíbrio do mercado.

b. Assuma que uma retração do mercado reduz a demanda por estagiários por parte dos empregadores. Entretanto, muitos estudantes estão dispostos e ansiosos para trabalhar em estágios não remunerados. Como resultado, o novo salário de equilíbrio de mercado é igual a zero. Desenhe outro diagrama de oferta e demanda para ilustrar esse novo equilíbrio de mercado. Como na Figura 5.7, inclua um triângulo sombreado que representa o peso morto do salário mínimo. Usando o diagrama, explique suas conclusões.

RESOLVA

13. Suponha que tenha sido decidido abolir o controle de aluguéis em Nova York e que agora prevalecerá o mercado de aluguéis. Suponha que todas as unidades para locação sejam idênticas e, portanto, ofertadas pelo mesmo valor. Para atender às dificuldades dos residentes que não podem pagar o aluguel de mercado, será pago um suplemento de renda às famílias de baixa renda igual à diferença entre o antigo aluguel controlado e o novo aluguel de mercado.

a. Use um diagrama para mostrar o efeito da eliminação do controle de aluguéis sobre o mercado de aluguéis. O que acontecerá com a qualidade e a quantidade dos imóveis oferecidos para locação?

b. Use um segundo diagrama para mostrar o efeito adicional de uma política de suplementação de renda sobre o mercado. Qual será o efeito sobre o mercado de aluguéis e sobre a quantidade de imóveis ofertada para locação, em comparação com sua resposta na parte *a*?

c. Os inquilinos ficaram em situação melhor ou pior como resultado dessas políticas? Os locadores melhoraram ou pioraram de situação?

d. De um ponto de vista político, por que você acha que, para ajudar as pessoas de baixa renda a pagar por moradia, houve uma tendência das cidades ao controle de aluguéis em lugar de uma política de suplementação de renda?

6 Elasticidade

LEVADA PARA UM PASSEIO

SE VOCÊ PASSAR por uma verdadeira emergência, na certa não vai se preocupar com o preço de uma viagem de ambulância até o pronto-socorro mais próximo. Mas e se não for emergência? Pegue o caso de Kira Milas, que nem sabe quem chamou uma ambulância depois que ela topou com a borda da piscina em que nadava, quebrando três dentes. Agitada, ela aceitou o passeio de ambulância até um hospital local, a 15 minutos de distância. Uma semana depois, recebeu a conta: US$ 1.772,42. Aturdida, ela disse: "Rodamos apenas nove milhas e foi uma lesão que não era fatal. Eu absolutamente não precisava de tratamento de emergência."

A experiência de Kira não é de forma alguma excepcional. Embora ambulâncias sejam frequentemente solicitadas por transeuntes ou por operadores do 911,[1] é o paciente que recebe a conta. Sem dúvida, em uma verdadeira emergência médica, o paciente se sente sortudo quando uma ambulância estaciona. Mas em casos não emergenciais, como o de Kira, muitos pacientes se sentem obrigados a entrar na ambulância quando ela chega. E, assim como Kira, eles não estão informados sobre o custo da viagem até o hospital. Embora muitas pessoas tenham um seguro de saúde que cobrirá parte ou todo o custo do serviço da ambulância, o paciente é o responsável final pelo pagamento do resto.

A cada ano, cerca de 40 milhões de deslocamentos de ambulâncias, a um custo de 14 bilhões de dólares são fornecidos por entidades sem fins lucrativos como bombeiros locais e por empresas com fins lucrativos nos Estados Unidos. Sentindo oportunidades de lucro, nos últimos anos as empresas com fins lucrativos expandiram significativamente suas operações, muitas vezes substituindo as operadoras sem fins lucrativos. E os grandes investidores estão apostando que os serviços de ambulância gerarão lucros significativos: dois fornecedores privados de ambulâncias foram recentemente comprados por investidores, um por US$ 3 bilhões e outro por US$ 438 milhões. Uma dinâmica semelhante ocorreu no mercado de ambulâncias aéreas, cujos altos lucros levaram a um crescimento explosivo e foram entregues aos pacientes contas de dezenas de milhares de dólares para viagens que teriam sido mais curtas e mais seguras por terra.

As cobranças por uma viagem de ambulância variam enormemente pelo país, desde várias centenas até dezenas de milhares de dólares. O preço pode depender de muitas outras coisas além das necessidades médicas do paciente, desde o nível de habilidade da equipe da ambulância até a distância percorrida ou, em alguns casos, se um amigo ou parente viajou (o que pode acrescentar centenas de dólares ao custo).

O que explica a extrema variação no custo dos serviços de ambulância? Como esses serviços são capazes de cobrar milhares de dólares, independentemente de uma ambulância ser realmente necessária? Ou cobrar por uma ambulância equipada com capacidade de reanimação cardíaca quando o paciente só tem uma perna quebrada? A resposta a estas perguntas é a *falta de resposta ao preço*: no calor do momento, muitos consumidores – particularmente aqueles com verdadeiras emergências – não reagem ao preço de uma ambulância. Os operadores de ambulância julgam corretamente que um número significativo de pacientes não vai perguntar "Quanto vai custar esta viagem até o pronto-socorro?" antes de embarcar. Em outras palavras, um grande aumento no preço de uma viagem de ambulância deixa a quantidade demandada por um número significativo de consumidores relativamente inalterada.

Vamos considerar um cenário muito diferente. Suponhamos que o fabricante de determinada marca de cereais para o café da manhã decidiu cobrar 10 vezes o preço original. Seria extremamente difícil, se não impossível, encontrar consumidores dispostos a pagar o preço muito mais alto. Em outras palavras, consumidores de cereais matinais são muito mais reativos ao preço do que consumidores de viagens de ambulância.

Mas como definimos a *capacidade de resposta*? Os economistas medem a resposta dos consumidores ao preço com um número específico, chamado de *elasticidade-preço da demanda*. Neste capítulo, mostraremos como é calculada a elasticidade-preço da demanda e por que ela é a melhor medida de como a quantidade demandada responde às mudanças no preço. Veremos então que a elasticidade-preço da demanda é apenas um de uma família de conceitos relacionados, incluindo *elasticidade-renda da demanda*, *elasticidade-preço cruzada da demanda* e *elasticidade-preço da oferta*. •

O QUE VOCÊ IRÁ APRENDER?

- Por que a elasticidade é usada para medir a resposta às mudanças nos preços ou na renda?
- Quais são as diferentes medidas de elasticidade e o que elas significam?
- Quais fatores influenciam o tamanho dessas diversas elasticidades?
- Por que é de vital importância determinar o tamanho da elasticidade relevante antes de estabelecer preços ou taxas governamentais?

[1] N. R.: Número de telefone das chamadas de emergência nos Estados Unidos.

Definição e medida de elasticidade

Para que os investidores saibam se podem obter lucros significativos no negócio de ambulâncias, eles precisam conhecer a *elasticidade-preço da demanda* de viagens de ambulância. Com esta informação, os investidores podem prever com precisão se um aumento significativo no preço de uma viagem de ambulância resulta ou não em aumento na receita.

Calculando a elasticidade-preço da demanda

A Figura 6.1 mostra uma curva de demanda hipotética para um percurso de ambulância. Ao preço de US$ 200 por viagem, os consumidores demandariam 10 milhões de viagens por ano (ponto *A*); ao preço de US$ 210 por viagem, demandariam 9,9 milhões de viagens por ano (ponto *B*).

A Figura 6.1, então, nos informa a mudança na quantidade demandada para determinada mudança no preço. Mas como podemos transformar isto em uma medida de capacidade de resposta ao preço? A resposta é *calcular a elasticidade da demanda em relação ao preço*.

A **elasticidade-preço da demanda** compara a mudança percentual na quantidade demandada com a mudança percentual no preço, à medida que nos movemos ao longo da curva de demanda.

A **elasticidade-preço da demanda** é a razão da *variação percentual da quantidade* demandada em relação ao *percentual de variação no preço, à medida que nos movemos ao longo da curva de demanda. Como veremos mais adiante neste capítulo*, o motivo pelo qual os economistas usam as mudanças percentuais é obter uma medida que não dependa das unidades em que um bem é medido (digamos, uma viagem de ambulância de 1 quilômetro *versus* uma viagem de ambulância de 10 quilômetros). Mas antes de chegarmos a isso, vejamos como a elasticidade é calculada.

Para calcular a elasticidade-preço da demanda, primeiro calculamos *a mudança percentual na quantidade demandada* e a *mudança percentual correspondente no preço* à medida que nos movemos ao longo da curva da demanda. Estas são definidas da seguinte forma:

$$\textbf{(6.1)}\quad \begin{matrix}\%\text{ mudança na}\\ \text{quantidade demandada}\end{matrix} = \frac{\text{mudança na quantidade demandada}}{\text{quantidade inicial demandada}} \times 100$$

e

$$\textbf{(6.2)}\quad \%\text{ mudança no preço} = \frac{\text{mudança no preço}}{\text{preço inicial}} \times 100$$

Na Figura 6.1, vemos que quando o preço sobe de \$ 200 para \$ 210, a quantidade demandada cai de 10 milhões para 9,9 milhões de viagens, produzindo uma mudança na quantidade demandada de 0,1 milhão de viagens. Portanto, a mudança percentual na quantidade demandada é:

$$\%\text{ mudança na quantidade demandada} = \frac{-\,0{,}1\text{ milhão de viagens}}{10\text{ milhões de viagens}} \times 100 = -\,1\%$$

O preço inicial é de US$ 200 e a mudança no preço é de US$ 10, portanto, a mudança percentual no preço é:

$$\%\text{ mudança no preço} = \frac{\$\ 10}{\$\ 200} \times 100 = 5\%$$

Para calcular a elasticidade-preço da demanda, encontramos a relação entre a variação percentual da quantidade demandada e a variação percentual do preço:

$$\textbf{(6.3)}\quad \begin{matrix}\%\text{ elasticidade-preço}\\ \text{da demanda}\end{matrix} = \frac{\%\text{ mudança na quantidade demandada}}{\%\text{ mudança no preço}}$$

Na Figura 6.1, a elasticidade-preço da demanda é, portanto:

$$\%\text{ elasticidade-preço da demanda} = \frac{1\,\%}{5\,\%} = 0{,}2$$

Figura 6.1 Demanda por deslocamentos de ambulância.

Ao preço de 200 dólares por deslocamento de ambulância, a quantidade de deslocamentos demandada é de 10 milhões por ano (ponto *A*). Quando o preço sobe para $ 210 por deslocamento, a quantidade demandada cai para 9,9 milhões de deslocamentos por ano (ponto *B*).

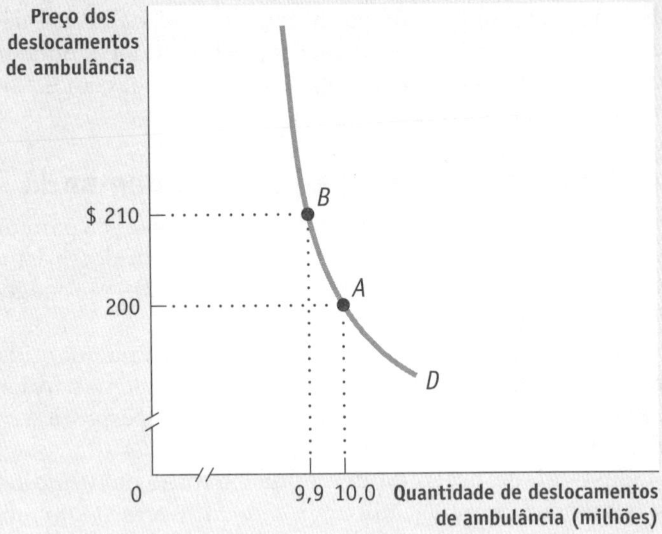

Observe que o sinal de menos que apareceu no cálculo da variação percentual da quantidade demandada foi descartado quando calculamos esta última equação, a elasticidade-preço da demanda. Por que fizemos isto? A lei da demanda diz que as curvas de demanda são inclinadas para baixo, portanto, o preço e a quantidade demandada sempre se movem em direções opostas. Em outras palavras, uma mudança percentual positiva no preço (um aumento no preço) leva a uma mudança percentual negativa na quantidade demandada; uma mudança percentual negativa no preço (uma queda no preço) leva a uma mudança percentual positiva na quantidade demandada. Isto significa que a elasticidade-preço da demanda é, em termos estritamente matemáticos, um número negativo.

No entanto, é inconveniente escrever repetidamente um sinal de menos. Assim, quando os economistas falam sobre a elasticidade-preço da demanda, eles geralmente deixam cair o sinal negativo e informam o *valor absoluto* da elasticidade-preço da demanda. Neste caso, por exemplo, os economistas normalmente diriam "a elasticidade-preço da demanda é 0,2", tomando como certo que você entende que eles querem dizer *menos* 0,2. Seguimos esta convenção aqui.

Quanto maior a elasticidade-preço da demanda, maior é a resposta da quantidade demandada ao preço. Quando a elasticidade-preço da demanda é grande – quando os consumidores mudam sua quantidade demandada por uma grande porcentagem em comparação com a mudança percentual no preço –, os economistas dizem que a demanda é altamente elástica.

Como veremos em breve, uma elasticidade-preço de 0,2 indica uma pequena resposta da quantidade demandada ao preço. Ou seja, a quantidade demandada cairá em um montante relativamente pequeno quando o preço subir. Isto é o que os economistas chamam de demanda *inelástica*. E a demanda inelástica é exatamente o que permite que um operador de ambulância aumente a quantidade total obtida com o aumento do preço de uma viagem de ambulância.

Uma maneira alternativa de calcular a elasticidade: o método do ponto médio

A elasticidade-preço da demanda compara *mudança percentual na quantidade demandada* com *mudança percentual no preço*. Quando examinarmos algumas outras elasticidades, como faremos logo mais, veremos por que é importante nos concentrarmos nas mudanças percentuais. Mas, antes, precisamos discutir uma questão técnica que surge quando se calculam mudanças percentuais em variáveis e ver como os economistas lidam com ela.

A melhor forma de entender a questão é com um exemplo real. Suponha que queiramos estimar a elasticidade-preço da demanda de gasolina comparando os preços e o consumo de gasolina em diferentes países. Por causa de impostos elevados, a gasolina normalmente custa três vezes mais na Europa do que nos Estados Unidos. Assim, qual a diferença percentual entre os preços de gasolina norte-americano e europeu?

Isso depende da maneira como se mede. O preço da gasolina na Europa é três vezes mais alto do que nos Estados Unidos; é, portanto, 200% mais alto. O preço da gasolina nos Estados Unidos é um terço do preço na Europa; é, portanto, 66,7% mais baixo.

Isso atrapalha: queremos uma medida percentual de diferentes preços que não dependa da maneira de medir. Uma boa maneira de evitar que o cálculo da elasticidade seja diferente para preços em queda ou preços em alta é usar o *método do ponto médio*.

Método do ponto médio é uma técnica para calcular a mudança percentual. Nesta abordagem, calculamos as mudanças em uma variável em comparação com a média, ou ponto médio, dos valores inicial e final.

O **método do ponto médio** substitui a definição usual de mudança percentual em uma variável X por uma definição ligeiramente diferente:

$$\textbf{(6.4)}\quad \%\text{ de mudança em } X = \frac{\text{Mudança em } X}{\text{Valor médio de } X} \times 100$$

em que o valor médio de X é definido como

$$\text{Valor médio de } X = \frac{\text{Valor inicial de } X + \text{Valor final de } X}{2}$$

Ao se calcular a elasticidade-preço da demanda usando o método do ponto médio, tanto a mudança percentual no preço quanto a mudança percentual na quantidade demandada se medem pelo mesmo método. Para ver como esse método funciona, suponha que você tenha os seguintes dados de algum bem:

Situação	Preço	Quantidade demandada
A	$ 0,90	1.100
B	$ 1,10	900

Para calcularmos a mudança percentual de quantidade da situação A para a situação B, comparamos a mudança na quantidade demandada, 200 unidades, com a *média* da quantidade demandada nas duas situações. Assim, calculamos:

$$\begin{array}{c}\%\text{ de mudança na}\\ \text{quantidade demandada}\end{array} = \frac{-200}{(1.100+900)/2}\times 100 = \frac{-200}{(1.000)}\times 100 = -20\%$$

Da mesma maneira, calculamos:

$$\%\text{ de mudança no preço} = \frac{\$\ 0{,}20}{(\$\ 0{,}90+\$\ 1{,}10)/2}\times 100 = \frac{\$\ 0{,}20}{\$\ 1{,}00}\times 100 = 20\%$$

Assim, nesse caso, calcularíamos que a elasticidade-preço da demanda é:

$$\text{Elasticidade-preço da demanda} = \frac{\begin{array}{c}\%\text{ de mudança na}\\ \text{quantidade demandada}\end{array}}{\begin{array}{c}\%\text{ de mudança}\\ \text{no preço}\end{array}} = \frac{20\ \%}{20\ \%} = 1$$

de novo deixando de lado o sinal de menos.

O importante aqui é que obteríamos o mesmo resultado, a elasticidade-preço da demanda igual a 1, tanto subindo na curva de demanda da situação A para a situação B quanto descendo na curva de demanda da situação B para a situação A.

Para chegarmos a uma fórmula mais geral da elasticidade-preço da demanda, suponha que tenhamos dados para dois pontos em uma curva de demanda. No ponto 1, a quantidade demandada e o preço são (Q_1, P_1); no ponto 2, (Q_2, P_2). Então, a fórmula para calcular a elasticidade-preço da demanda é:

$$\textbf{(6.5)}\ \text{Elasticidade-preço da demanda} = \frac{\dfrac{Q_2 - Q_1}{(Q_1 + Q_2)/2}}{\dfrac{P_2 - P_1}{(P_1 + P_2)/2}}$$

Assim como antes, ao relatarmos uma elasticidade-preço da demanda calculada pelo método do ponto médio, abandonamos o sinal negativo e relatamos apenas o valor absoluto.

ECONOMIA >> *em Ação*

Estimativas da elasticidade

Você pode achar que é fácil estimar as elasticidades-preço da demanda a partir de dados do mundo real: basta comparar as variações percentuais nos preços com as variações percentuais nas quantidades demandadas. Infelizmente, *é raro ser tão simples assim*, porque as mudanças de preço não são a única coisa que afeta as mudanças na quantidade demandada: outros fatores – tais como mudanças na renda, mudanças nos gostos e mudanças nos preços de outros bens – mudam a curva da demanda, mudando assim a quantidade demandada sob determinado preço.

Para estimarem as elasticidades-preço da demanda, economistas devem usar uma análise estatística cuidadosa a fim de separarem a influência da mudança no preço, mantendo outras coisas iguais.

Os economistas estimaram as elasticidades-preço da demanda para uma série de bens e serviços. A Tabela 6.1 resume algumas delas e mostra uma ampla gama de elasticidades-preço. Há alguns bens, como a gasolina, para os quais a demanda dificilmente responde às mudanças de preço. Há outros bens, como viagens aéreas de lazer, ou Coca-Cola e Pepsi, para os quais a quantidade demandada é muito sensível ao preço.

Observe que a Tabela 6.1 está dividida em duas partes: demanda inelástica e elástica. Explicaremos o significado dessa divisão na próxima seção.

Tabela 6.1 Algumas estimativas de elasticidade-preço da demanda

Bem	Elasticidade-preço da demanda
Demanda inelástica	
Gasolina (curto prazo)	0,09
Gasolina (longo prazo)	0,24
Universidade (matrícula paga no próprio estado)	0,60-0,75
Viagem aérea (negócios)	0,80
Refrigerante	0,80
Demanda elástica	
Moradia	1,2
Universidade (matrícula paga fora do estado)	1,2
Viagem aérea (lazer)	1,5
Coca-Cola/Pepsi	3,3

>> *Revisão Rápida*

- **Elasticidade-preço da demanda** é a mudança percentual na quantidade demandada dividida pela mudança percentual no preço à medida que nos movemos ao longo da curva de demanda (deixando de lado o sinal de menos).
- Na prática, mudanças percentuais se medem melhor pelo **método do ponto médio**, em que a mudança percentual em cada variável é calculada usando a média entre os valores inicial e final.

>> *Teste seu entendimento* 6.1

As respostas estão no fim do livro.

1. O preço do morango caiu de \$ 1,50 para \$ 1,00 a caixa, e a quantidade demandada aumentou de 100 mil para 200 mil caixas. Use o método do ponto médio para estimar a elasticidade-preço da demanda.
2. No presente nível de consumo de 4 mil entradas de cinema ao preço de \$ 5 cada, a elasticidade-preço da demanda é 1. Pelo método do ponto médio, calcule em quanto os proprietários de cinemas têm de reduzir o preço para vender 5 mil entradas.
3. A elasticidade-preço da demanda por sanduíches é 1,2 ao preço corrente de \$ 0,50 por sanduíche e consumo corrente de 100 mil sanduíches. Calcule a mudança na quantidade demandada quando o preço aumenta em \$ 0,05. Use as Equações 6.1 e 6.2 para calcular as mudanças percentuais e a Equação 6.3 para relacionar a elasticidade-preço da demanda com essas mudanças percentuais.

Interpretação da elasticidade-preço da demanda

Em uma verdadeira emergência, é pouco provável que um paciente questione o preço da viagem de ambulância até o hospital. Mas mesmo em uma não emergência, como os dentes quebrados de Kira, é pouco provável que os pacientes reajam a um aumento no preço de uma ambulância reduzindo sua quantidade demandada, pois eles não estão cientes do custo. Como resultado, os investidores em empresas privadas de ambulância veem oportunidades lucrativas na prestação desse serviço, porque a elasticidade-preço da demanda é pequena. Mas o que isso significa? Quão baixa tem que ser a elasticidade-preço para que possamos classificá-la como baixa? Quão alta tem que ser para que possamos considerá-la alta? E, enfim, o que determina se a elasticidade-preço da demanda é alta ou baixa?

Para respondermos a essas questões, temos de examinar em mais detalhe a elasticidade-preço da demanda.

Quão elástico é elástico?

Como primeiro passo para classificarmos elasticidade-preço da demanda, vamos examinar os casos extremos.

Vamos considerar primeiro a demanda de um bem quando as pessoas não prestam atenção no preço – caso, por exemplo, do soro antiofídico. Suponha que os consumidores norte-americanos comprem 1.000 doses de soro antiofídico por ano, qualquer que seja o preço. Nesse caso, a curva de demanda para soro antiofídico seria a que aparece no painel (a) da Figura 6.2; seria uma linha vertical em 1.000 doses. Como a mudança percentual na quantidade demandada é zero para *qualquer* mudança de preço, a elasticidade-preço da demanda nesse caso é zero. O caso da elasticidade-preço da demanda igual a zero é conhecido como **demanda perfeitamente inelástica**.

O extremo oposto ocorre quando um aumento mínimo no preço leva a quantidade demandada a cair para zero ou quando uma queda mínima no preço leva a quantidade demandada a tornar-se extremamente elevada.

A demanda é **perfeitamente inelástica** quando a quantidade demandada não responde de forma alguma às mudanças no preço. Quando a demanda é perfeitamente inelástica, a curva da demanda é uma linha vertical.

Figura 6.2 Dois casos extremos de elasticidade-preço da demanda.

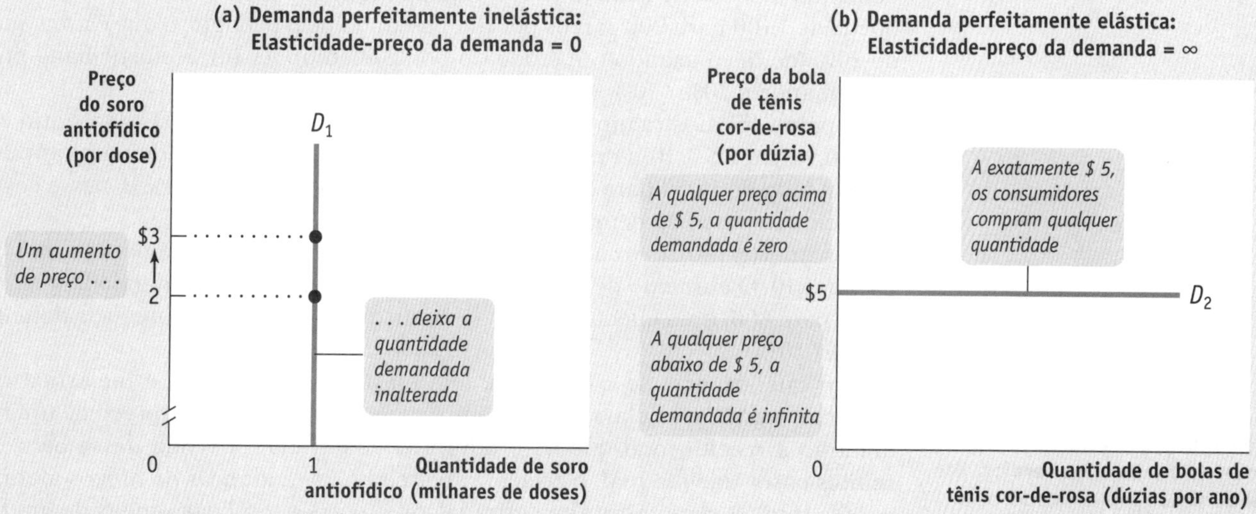

O painel (a) mostra uma curva de demanda perfeitamente inelástica, que é uma linha vertical. A quantidade de soro antiofídico exigida é sempre 1.000 doses, independentemente do preço. Como resultado, a elasticidade do preço da demanda é zero – a quantidade demandada não é afetada pelo preço. O painel (b) mostra uma curva de demanda perfeitamente elástica, que é uma linha horizontal. Ao preço de $ 5, os consumidores compram qualquer quantidade de bolas de tênis cor-de-rosa, mas nenhuma a um preço acima de $ 5. Se o preço cai abaixo de $ 5, eles compram uma quantidade extremamente alta de bolas de tênis cor-de-rosa e nenhuma de qualquer outra cor.

O painel (b) da Figura 6.2 mostra o caso de bolas de tênis cor-de-rosa. Suponhamos que os jogadores de tênis não deem a menor importância à cor das bolas e que outras cores, como verde ou amarelo, estejam disponíveis por $ 5 a dúzia. Nesse caso, o consumidor não comprará bolas cor-de-rosa se elas custarem mais do que $ 5 a dúzia, mas comprará exclusivamente bolas cor-de-rosa se elas custarem menos do que $ 5. A curva de demanda será, portanto, uma linha horizontal no preço de $ 5 por dúzia. Quando nos movermos para diante e para trás nessa linha, haverá mudança na quantidade demandada, mas nenhuma mudança de preço. *Grosso modo*, quando se divide um número por zero obtém-se infinito, e assim uma curva de demanda horizontal implica uma elasticidade-preço da demanda infinita. Quando a elasticidade-preço da demanda é infinita, os economistas dizem que a demanda é **perfeitamente elástica**.

A demanda é **perfeitamente elástica** quando qualquer aumento de preço fará com que a quantidade demandada caia para zero. Quando a demanda é perfeitamente elástica, a curva de demanda é uma linha horizontal.

A elasticidade-preço da demanda da grande maioria dos bens está entre esses dois extremos. Os economistas usam um critério central para classificar esses casos intermediários. Eles perguntam se a elasticidade-preço da demanda é maior ou menor que 1. Quando a elasticidade-preço da demanda é maior que 1, os economistas dizem que a demanda é **elástica**. Quando a elasticidade-preço da demanda é menor que 1, eles dizem que a demanda é **inelástica**. O limite entre os dois casos é a **demanda de elasticidade unitária**, quando a elasticidade-preço da demanda é (surpresa!) exatamente igual a 1.

A demanda é **elástica** se a elasticidade-preço da demanda é maior que 1, **inelástica** se a elasticidade-preço da demanda é menor que 1 e **de elasticidade unitária** se a elasticidade-preço da demanda é exatamente 1.

Para verificarmos por que a elasticidade-preço da demanda igual a 1 é uma linha divisória útil, vejamos um exemplo hipotético: uma praça de pedágio, operada pelo departamento rodoviário estadual. Tudo o mais mantido constante, o número de passageiros que usam esse caminho depende do pedágio, o preço cobrado pelo departamento rodoviário aos veículos que ali passam. Quanto mais alto o pedágio, menos motoristas usarão essa passagem.

A Figura 6.3 mostra três curvas de demanda hipotéticas: uma em que a demanda tem elasticidade unitária, uma em que ela é inelástica e outra em que ela é elástica. Em cada caso, o ponto *A* mostra a quantidade demandada se o pedágio é $ 0,90, e o ponto *B* mostra a quantidade demandada se o pedágio é $ 1,10. Um aumento do pedágio de $ 0,90 para $ 1,10 é um aumento de 20% se usamos o método do ponto médio para calcular a mudança percentual.

O painel (a) mostra o que acontece quando o pedágio aumenta e a curva de demanda tem elasticidade unitária. Aqui, o aumento de 20% no preço leva a uma queda de 1.100 para 900 carros por dia passando pelo pedágio, o que é uma queda de 20% (de novo usando o método do ponto médio). Assim, a elasticidade-preço da demanda é 20% / 20% = 1.

O painel (b) mostra um caso de demanda inelástica quando o pedágio aumenta de $ 0,90 para $ 1,10. O mesmo aumento de 20% no preço reduz a quantidade demandada de 1.050 para 950. Esse é um declínio de apenas 10% e, nesse caso, a elasticidade-preço da demanda é 10% / 20% = 0,5.

O painel (c) mostra o caso da demanda elástica quando o pedágio sobe de $ 0,90 para $ 1,10. O aumento de 20% no preço leva a quantidade demandada a cair de 1.200 para 800, uma queda de 40%, de modo que a elasticidade-preço da demanda é 40% / 20% = 2.

Por que importa se a demanda tem elasticidade unitária, é inelástica ou é elástica? Porque essa classificação prevê como as mudanças no preço de um bem afetarão a receita total que os produtores obtêm com a venda desse bem. Em muitos casos da vida real, é crucial saber como as mudanças de preços afetam a receita total. A **receita total** é definida como o valor total das vendas de um bem ou serviço: o preço multiplicado pela quantidade vendida.

Receita total é o valor total das vendas de um bem ou serviço. É igual ao preço multiplicado pela quantidade vendida.

(6.6) Receita total = preço × quantidade vendida

A receita total tem uma representação gráfica que nos ajuda a entender por que é crucial sabermos a elasticidade-preço da demanda quando queremos saber se um aumento de preço reduz ou aumenta a receita total. O painel (a) na Figura

Figura 6.3 Demanda com elasticidade unitária, demanda inelástica e demanda elástica.

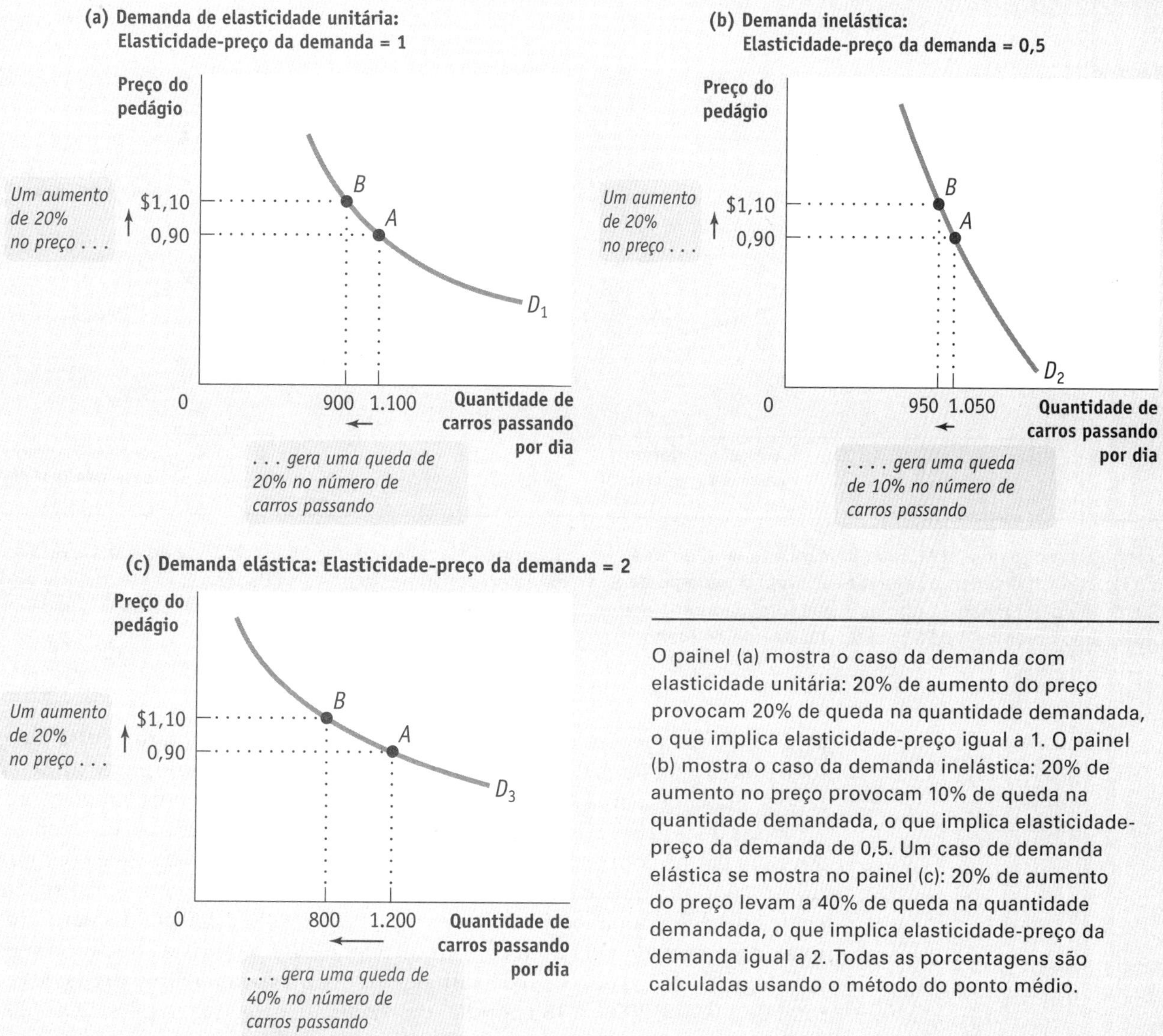

O painel (a) mostra o caso da demanda com elasticidade unitária: 20% de aumento do preço provocam 20% de queda na quantidade demandada, o que implica elasticidade-preço igual a 1. O painel (b) mostra o caso da demanda inelástica: 20% de aumento no preço provocam 10% de queda na quantidade demandada, o que implica elasticidade-preço da demanda de 0,5. Um caso de demanda elástica se mostra no painel (c): 20% de aumento do preço levam a 40% de queda na quantidade demandada, o que implica elasticidade-preço da demanda igual a 2. Todas as porcentagens são calculadas usando o método do ponto médio.

6.4 mostra a mesma curva de demanda do painel (a) da Figura 6.3. Vemos que 1.100 motoristas passarão pelo pedágio se o preço for $ 0,90. A receita total ao preço de $ 0,90 é, pois, $ 0,90 × 1.100 = $ 990. Esse valor é igual à área do retângulo que tem o canto inferior esquerdo no ponto (0,0) e o canto superior direito em (1.100, 0,90). Em geral, a receita total a qualquer preço dado é igual ao retângulo cuja altura é o preço e cuja largura é a quantidade demandada àquele preço.

Para ter uma ideia da importância da receita total, considere o seguinte cenário. Suponha que o pedágio seja atualmente $ 0,90, mas que o departamento rodoviário precise arrecadar mais dinheiro para reparos na estrada. Uma possibilidade é aumentar o preço do pedágio. Mas isso pode ser um tiro pela culatra, pois o pedágio mais alto vai reduzir o número de motoristas que usam aquele caminho. E, se o trânsito no pedágio cair muito, o aumento de preço na verdade reduzirá a receita total em vez de aumentá-la. Assim, é importante para o departamento rodoviário saber como os motoristas reagirão ao aumento de preço.

Podemos ver graficamente como o aumento de pedágio afeta a receita total do pedágio no painel (b) da Figura 6.4. Ao pedágio de $ 0,90, a receita total é dada

Figura 6.4 Receita total.

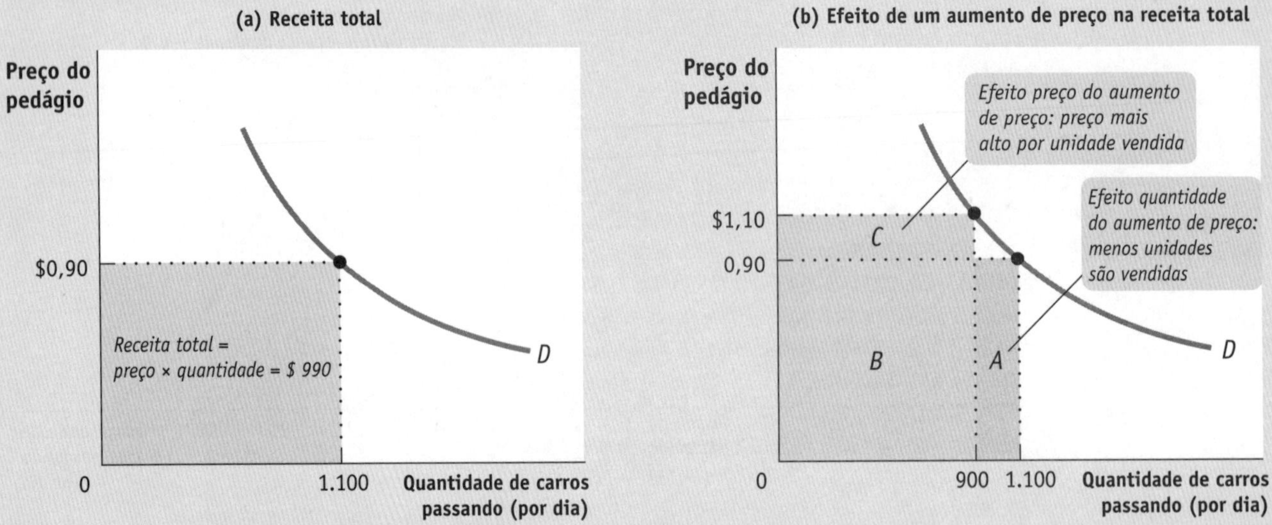

O retângulo no painel (a) representa a receita total gerada pelo fato de 1.100 carros a cada dia pagarem o pedágio de $ 0,90. O painel (b) mostra como a receita total é afetada pelo aumento de preço de $ 0,90 para $ 1,10. Devido ao efeito quantidade, a receita total cai no valor da área *A*. Devido ao efeito preço, aumenta no valor da área *C*. O efeito geral pode ser de aumento ou redução, dependendo da elasticidade-preço da demanda.

pela soma das áreas *A* e *B*. Depois que o pedágio aumenta para $ 1,10, a receita total é dada pela soma das áreas *B* e *C*. Assim, quando o pedágio aumenta, a receita representada pela área *A* se perde, mas ganha-se a receita representada na área *C*.

Essas duas áreas têm interpretações que são importantes. A área *C* representa a receita ganha com os $ 0,20 adicionais pagos pelos motoristas que continuam a usar o caminho que tem pedágio. Isto é, os 900 que continuam a usar o pedágio contribuem com uma receita adicional de $ 0,20 × 900 = $ 180 por dia para a receita total, representada pela área *C*. Por outro lado, 200 motoristas que teriam usado o pedágio ao preço de $ 0,90 deixam de fazê-lo, provocando uma perda de receita total de $ 0,90 × 200 = $ 180 por dia, representada pela área *A*. (Neste exemplo em particular, como a demanda tem elasticidade unitária [a mesma que no painel (a) da Figura 6.3], o aumento na taxa do pedágio não tem efeito na receita total, e as áreas *A* e *B* são do mesmo tamanho.)

Exceto no caso raro em que um bem tem demanda perfeitamente elástica ou perfeitamente inelástica, quando um vendedor aumenta o preço do bem estão presentes dois efeitos que se contrapõem:

- *Efeito preço*. Depois de um aumento de preço, cada unidade é vendida a um preço mais alto, o que tende a aumentar a receita.
- *Efeito quantidade*. Depois de um aumento de preço, menos unidades são vendidas, o que tende a diminuir a receita.

Pode-se perguntar, então: qual é o efeito final sobre a receita total? Ela sobe ou desce? A resposta é que, em geral, o efeito sobre a receita total pode ir para qualquer lado, ou seja, um aumento de preço pode aumentar a receita total ou pode diminuí-la. Se o efeito preço, que tende a aumentar a receita total, é o mais forte dos dois efeitos, então a receita total aumenta. Se o efeito quantidade, que tende a reduzir a receita total, é o mais forte, então a receita total diminui. E, se a força dos dois efeitos é exatamente igual, como em nosso exemplo do pedágio em que um ganho de $ 180 é cancelado por uma perda de $ 180, a receita total não muda com o aumento de preço.

A elasticidade-preço da demanda nos diz o que acontece com a receita total quando o preço muda: seu tamanho determina qual dos efeitos, efeito preço ou efeito quantidade, é o mais forte. Especificamente:

- Se a demanda por um bem tem *elasticidade unitária* (a elasticidade-preço da demanda é 1), um aumento de preço não muda a receita total. Nesse caso, o efeito quantidade e o efeito preço cancelam-se mutuamente.
- Se a demanda de um bem é *elástica* (a elasticidade-preço da demanda é maior que 1), um aumento de preço reduz a receita total. Nesse caso, o efeito quantidade é mais forte que o efeito preço.
- Se a demanda de um bem é *inelástica* (a elasticidade-preço da demanda é menor que 1), um preço mais alto aumenta a receita total. Nesse caso, o efeito preço é mais forte que o efeito quantidade.

A Tabela 6.2 usa os mesmos dados da Figura 6.3 para mostrar como o efeito de um aumento de preço sobre a receita total depende da elasticidade-preço da demanda. Um aumento de preço de \$ 0,90 para \$ 1,10 deixa a receita total inalterada em \$ 990 quando a elasticidade é unitária. Quando a demanda é inelástica, o efeito preço domina o efeito quantidade; o mesmo aumento de preço leva a um aumento na receita total de \$ 945 para \$ 1.045. E quando a demanda é elástica, o efeito quantidade domina o efeito preço; o mesmo aumento de preço leva a uma redução da receita total de \$ 1.080 para \$ 880.

Tabela 6.2 Elasticidade-preço da demanda e receita total

	Preço do pedágio = \$ 0,90	Preço do pedágio = \$ 1,10
Demanda de elasticidade unitária (elasticidade-preço da demanda = 1)		
Quantidade demandada	1.100	900
Receita Total	\$ 990	\$ 990
Demanda inelástica (elasticidade-preço da demanda = 0,5)		
Quantidade demandada	1.050	950
Receita Total	\$ 945	\$ 1.045
Demanda elástica (elasticidade-preço da demanda = 2)		
Quantidade demandada	1.200	800
Receita Total	\$ 1.080	\$ 880

A elasticidade-preço da demanda prevê também o efeito de uma *queda* no preço sobre a receita total. Quando o preço cai, estão presentes as mesmas duas forças contrapostas, mas elas funcionam em direções opostas ao caso do aumento de preço. Aqui, é o efeito preço de um preço mais baixo por unidade vendida que tende a reduzir a receita. Isso é contrabalançado pelo efeito quantidade de mais unidades vendidas, que tende a aumentar a receita. Qual deles é o efeito dominante depende da elasticidade-preço. Eis um breve resumo:

- Quando a demanda tem *elasticidade unitária*, os dois efeitos são equivalentes; uma queda no preço não tem efeito sobre a receita total.
- Quando a demanda é *inelástica*, o efeito preço domina o efeito quantidade; assim, uma queda de preço reduz a receita total.
- Quando a demanda é *elástica*, o efeito quantidade domina o efeito preço; assim, uma queda de preço aumenta a receita total.

Elasticidade-preço ao longo da curva de demanda

Suponha que um economista diga que "a elasticidade-preço da demanda por café é 0,25". O que ele está dizendo é que, *ao preço corrente*, a elasticidade é 0,25. Na discussão anterior do pedágio, o que na verdade estávamos descrevendo era a elasticidade *ao preço* de \$ 0,90. Por que essa qualificação? Porque, para a vasta maioria das curvas de demanda, a elasticidade-preço da demanda em um ponto da curva é diferente da elasticidade-preço da demanda em outros pontos ao longo da mesma curva.

Para observar isso, examine a tabela de demanda hipotética que está no lado direito da Figura 6.5. Na última coluna, aparece a receita total gerada por uma a uma das combinações de preço e quantidade da tabela de demanda. O painel superior do gráfico mostra a curva de demanda correspondente. O painel inferior ilustra esses mesmos dados de receita total: a altura de uma barra em cada nível de quantidade demandada, que corresponde a um preço específico, mede a receita total gerada a esse preço.

Na Figura 6.5, vemos que, quando o preço é baixo, o aumento de preço traz um aumento da receita total: começando por $ 1, o aumento do preço para $ 2 aumenta a receita total de $ 9 para $ 16. Isso significa que, quando o preço é baixo, a demanda é inelástica. Ademais, pode-se ver que a demanda é inelástica na seção inteira da curva de demanda que vai do preço $ 0 ao preço $ 5.

Quando o preço é alto, contudo, elevá-lo ainda mais reduz a receita total. A partir do preço de $ 8, o aumento do preço para $ 9 reduz a receita total de $ 16 para $ 9. Isso significa que, quando o preço é alto, a demanda é elástica. Além disso, pode-se dizer que a demanda é elástica na seção inteira da curva de demanda que vai do preço $ 5 ao $ 10.

Para a vasta maioria dos bens, a elasticidade-preço da demanda muda ao longo da curva de demanda. Por conseguinte, ao medir a elasticidade, na verdade a medimos em um ponto ou seção particular da curva de demanda.

Que fatores determinam a elasticidade-preço da demanda?

Investidores em empresas privadas de ambulância acreditam que a elasticidade-preço da demanda por uma viagem de ambulância é baixa por duas razões importantes.

Figura 6.5 A elasticidade-preço da demanda muda ao longo da curva de demanda.

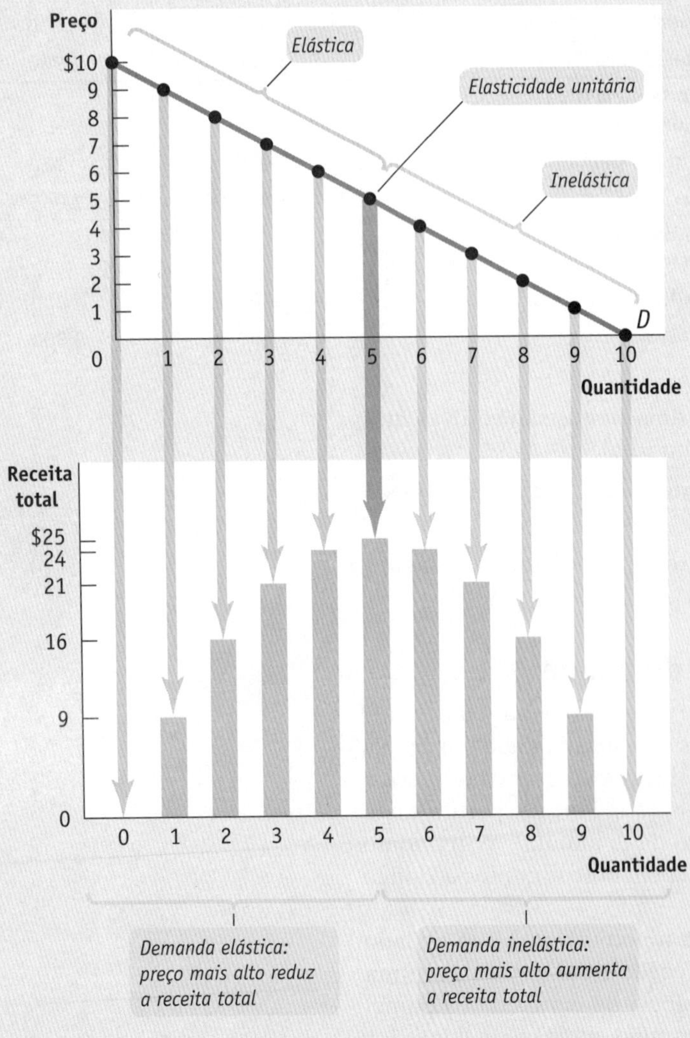

Tabela de demanda e receita total para uma curva de demanda linear

Preço	Quantidade demandada	Receita total
$0	10	$0
1	9	9
2	8	16
3	7	21
4	6	24
5	5	25
6	4	24
7	3	21
8	2	16
9	1	9
10	0	0

O painel superior mostra uma curva de demanda. O painel inferior mostra como a receita total muda ao longo da curva de demanda: a cada combinação de preço e quantidade, a altura da barra representa o total da receita gerada. Pode-se ver que, a um preço baixo, o aumento do preço traz aumento da receita total. Por conseguinte, a demanda é inelástica a preços baixos. A um preço alto, contudo, o aumento de preços reduz a receita total. Por conseguinte, a demanda é elástica a preços elevados.

Primeiro, em muitos casos, se não em sua maioria, uma viagem de ambulância é uma necessidade médica. Segundo, em uma emergência, não há realmente um substituto para o padrão de cuidado que uma ambulância oferece. E mesmo entre ambulâncias normalmente não há substitutos, porque em qualquer área geográfica normalmente há apenas um fornecedor de serviços de ambulância. As exceções são áreas muito densamente povoadas, mas mesmo nesses locais é improvável que um operador de ambulância possa dar opções de fornecedores junto com uma lista de preços.

Em geral, há quatro fatores principais que determinam a elasticidade: se um bem é uma necessidade ou luxo, a disponibilidade de substitutos imediatos, a parcela da renda que um consumidor gasta com o bem e o tempo passado desde uma mudança de preço. Vamos examinar brevemente cada um destes fatores.

Se o bem é uma necessidade ou um luxo. Como nossa história inicial ilustra, a elasticidade-preço da demanda tende a ser baixa se um bem é algo que você deve ter, como uma viagem de ambulância até o hospital para salvar vidas. A elasticidade-preço da demanda tenderá a ser alta se o bem for um luxo – algo sem o qual você pode viver facilmente. Por exemplo, a maioria das pessoas consideraria uma TV de 98 polegadas de ultra-alta definição um luxo – agradável de se ter, mas algo sem o qual se pode viver. Portanto, a elasticidade-preço da demanda por ela será muito mais alta do que para uma viagem de ambulância que salva vidas no trajeto até o hospital.

Disponibilidade de substitutos imediatos. Em contraste, a elasticidade-preço da demanda tende a ser alta se há outros bens prontamente disponíveis que os consumidores considerem similares e que estariam dispostos a consumir em seu lugar. Por exemplo, a maioria dos consumidores acredita que existem substitutos bastante próximos à sua marca favorita de cereais para o café da manhã. Como resultado, se o fabricante de determinada marca de cereais matinais elevasse o preço significativamente, esse fabricante provavelmente perderia muito – se não a totalidade – de suas vendas para outras marcas cujos preços não tivessem aumentado.

Parcela da renda gasta com o bem. Considere um bem que algumas pessoas consomem frequentemente, como gasolina – digamos, para um longo deslocamento de ida e volta ao trabalho todos os dias. Para estes consumidores, os gastos com gasolina normalmente absorverão uma parcela significativa de sua renda. Assim, quando o preço da gasolina sobe, é provável que esses consumidores sejam muito sensíveis à mudança de preço e tenham maior elasticidade da demanda. Por quê? Porque, quando o bem absorve uma parte significativa da renda desses consumidores, valem a pena o tempo e o esforço para encontrar uma maneira de reduzir sua demanda quando o preço sobe – como, por exemplo, mudar para a carona compartilhada em vez de dirigir sozinho. Em contraste, quem consome gasolina com pouca frequência – por exemplo, quem caminha para o trabalho ou pega ônibus – terá uma participação baixa na renda gasta com gasolina e, portanto, menor elasticidade da demanda.

Tempo decorrido desde a mudança de preços. Em geral, a elasticidade-preço da demanda tende a aumentar à medida que os consumidores têm mais tempo para se ajustar. Isto significa que a elasticidade-preço da demanda no longo prazo é frequentemente maior do que a elasticidade no curto prazo.

Um bom exemplo são as mudanças no comportamento dos norte-americanos nas últimas duas décadas em resposta a preços mais altos da gasolina. Em 1998, um galão de gasolina custava apenas cerca de US$ 1. Ao longo dos anos, no entanto, o preço da gasolina subiu constantemente, de modo que em 2008 um galão custava mais de US$ 4 em grande parte dos Estados Unidos. Com o tempo, no entanto, as pessoas mudaram seus hábitos e escolhas de maneira que lhes permitiu reduzir gradualmente seu consumo de gasolina. Tais mudanças se refletem nos dados sobre o consumo de gasolina norte-americano: a linha de tendência de consumo flutuou até cerca de 2003, depois tomou um tombo. Em 2013, os norte-americanos estavam comprando menos de 350 milhões de galões de gasolina por dia, menos do que os quase 380 milhões adquiridos diariamente em 2007 e muito menos de 450 milhões de galões por dia, a quantidade que os norte-americanos teriam comprado se tivessem seguido as tendências prévias de consumo crescente de gasolina. Isto confirma que a elasticidade de longo prazo da demanda de gasolina é muito maior do que a elasticidade de curto prazo.

Os preços da gasolina caíram drasticamente de 2014 a 2019, com o preço médio durante esse período baixando para cerca de US$ 2,50 por galão. Não é de admirar que o consumo de gasolina tenha aumentado quando os preços caíram. Em 2016, quando os preços caíram até chegarem em US$ 1,75, o consumo norte-americano saltou para quase 400 milhões de galões de gasolina por dia, à medida que os consumidores voltavam a usar o combustível. Conforme a economia se recuperava em 2017 e 2018, os preços da gasolina aumentavam. A combinação de preços mais altos da gasolina com a melhoria da eficiência do combustível dos carros novos tornou o consumo de gasolina nos EUA praticamente estável durante 2017 e 2018, situação que persistiu até a forte queda na demanda causada pela pandemia do coronavírus em 2020.

ECONOMIA >> *em Ação*

Reação ao custo da matrícula da universidade

Se parece que o custo da faculdade continua subindo, é porque subiu. Estima-se que nos últimos 15 anos o aumento médio anual da mensalidade superou a taxa de inflação em aproximadamente 5 a 6% a cada ano. Uma questão importante para educadores e formuladores de políticas é se o aumento das mensalidades impede as pessoas de ir para a faculdade. E em caso afirmativo, até que ponto?

Vários estudos demonstraram que aumentos nas mensalidades levam a efeitos consistentemente negativos sobre o número de matrículas, com estimativas da elasticidade-preço da demanda variando de 0,67 a 0,76 para instituições com cursos de quatro anos. Portanto, um aumento de 3% na mensalidade de uma instituição de quatro anos leva a uma queda no número de matrículas de aproximadamente 2% (3 × 0,67) a 2,3% (3 × 0,76). As instituições de dois anos tiveram resposta significativamente maior: um aumento de 3% na mensalidade leva a uma queda de 2,7% na matrícula, implicando elasticidade-preço da demanda de 0,9.

Para os estudantes que recebem ajuda financeira, a elasticidade-preço da demanda sobe para 1,18, implicando que um aumento de 3% na mensalidade leva a uma queda de 3,54% no número de matrículas. Enquanto os desembolsos de subsídios e empréstimos provocam aumento na matrícula, seus efeitos são modestos: com uma elasticidade-preço da demanda de 0,33, um aumento de 3% no dinheiro dos subsídios leva a um aumento de 1% na matrícula; e, com uma elasticidade de 0,12, um aumento de 3% no dinheiro dos empréstimos causa aumento de 0,36% na matrícula.

Esses resultados indicam que um aumento nas mensalidades acompanhado de aumento igual na ajuda financeira resulta em menor número de matrículas. Ou seja, os estudantes se preocupam não apenas com a *mensalidade líquida*, definida como o preço total da mensalidade menos a ajuda financeira, mas também com a composição da forma de pagamento de suas contas de mensalidade, preferindo uma mensalidade integral mais baixa a uma mensalidade mais alta e com mais ajuda financeira.

Portanto, o aumento da mensalidade é uma barreira para o ingresso na faculdade e é uma barreira maior para os estudantes em instituições de dois anos do que em instituições de quatro anos. Isto faz sentido à luz das evidências que sugerem que estudantes em escolas de dois anos são mais propensos a pagar suas próprias contas, de modo que eles gastam uma parcela maior da renda em mensalidades em comparação com os estudantes em instituições de quatro anos (mais propensos a contar com a renda de seus pais).

Os alunos das escolas de dois anos também são mais sensíveis às mudanças na taxa de desemprego. Desemprego mais alto leva a matrículas mais altas, indicando que estes estudantes estão fazendo uma troca indo à escola em vez de trabalhar e que consideram a escola um substituto para seu tempo. Ambos os fatores – a alta parcela da renda gasta na matrícula e o fato de considerarem a escola um substituto para seu tempo – levarão os estudantes de faculdades de dois anos a serem mais sensíveis às mudanças na taxa de matrícula do que os estudantes de faculdades de quatro anos.

O aumento na mensalidade também é mais uma barreira para os estudantes que recebem ajuda financeira do que para os que pagam a mensalidade integral. Beneficiários da ajuda financeira podem ser mais sensíveis ao custo total da mensalidade por medo de perder o dinheiro da bolsa ou por preocupação com o custo do pagamento de seus empréstimos estudantis.

>> *Teste seu entendimento* 6.2

As respostas estão no fim do livro.

1. Para cada caso, escolha a condição que caracteriza a demanda: elástica, inelástica ou de elasticidade unitária.
   a. A receita total diminui quando o preço aumenta.
   b. A receita adicional gerada por um aumento na quantidade vendida é exatamente compensada por uma perda de receita resultante da queda no preço recebido por unidade.
   c. A receita total cai quando a produção aumenta.
   d. Os produtores em uma indústria acham que podem aumentar suas receitas totais cooperando para reduzir a quantidade de produtos da indústria.
2. Para os bens seguintes, qual é a elasticidade da demanda? Explique. Qual é o formato da curva de demanda?
   a. Demanda de transfusão de sangue por uma vítima de acidente.
   b. Demanda dos estudantes por apagadores verdes.

>> *Revisão Rápida*

- A demanda é **perfeitamente inelástica** quando é completamente insensível ao preço. Ela é **perfeitamente elástica** quando infinitamente sensível ao preço.
- A demanda é **elástica** se a elasticidade-preço da demanda é maior que 1; é **inelástica** se a elasticidade-preço da demanda é menor que 1; e tem **elasticidade unitária** se a elasticidade-preço da demanda é exatamente 1.
- Quando a demanda é elástica, o efeito quantidade de um aumento de preço domina seu efeito preço, e a **receita total** cai. Quando a demanda é inelástica, o efeito preço de um aumento de preço domina o efeito quantidade, e a receita total aumenta.
- Como a elasticidade-preço da demanda pode mudar ao longo da curva de demanda, quando os economistas falam da elasticidade-preço da demanda eles se referem a um ponto particular na curva de demanda.
- A disponibilidade de bons substitutos torna a demanda de um bem mais elástica, assim como o tempo decorrido desde a mudança de preço. A demanda de bens de primeira necessidade é menos elástica, e a de bens de luxo é mais elástica. A demanda tende a ser inelástica para bens que absorvem pequena parcela da renda do consumidor, e elástica para bens que absorvem uma parcela grande da renda.

Outras elasticidades da demanda

A quantidade demandada de um bem depende não só do seu preço, mas também de outras variáveis. Em particular, curvas de demanda se deslocam por causa de mudanças nos preços de bens relacionados e mudanças na renda dos consumidores. Muitas vezes, é importante ter uma medida desses outros efeitos, e as melhores medidas – adivinhe! – são as elasticidades. Especificamente, a melhor maneira de medir como a demanda de um bem é afetada pelos preços de outro bem é usar a chamada *elasticidade-preço cruzada da demanda*, e a melhor maneira de medir como a demanda é afetada por mudanças na renda é usar a *elasticidade-renda da demanda*.

Elasticidade-preço cruzada da demanda

A **elasticidade-preço cruzada da demanda** entre dois bens mede o efeito da variação do preço de um bem sobre a quantidade demandada do outro. É igual à variação percentual da quantidade demandada de um bem dividida pela variação percentual do preço do outro bem.

No Capítulo 3, vimos que a demanda de um bem é muitas vezes afetada pelos preços de outros bens relacionados, substitutos ou complementares. Vimos ali que uma mudança de preço de um bem relacionado desloca a curva de demanda do bem original, refletindo uma mudança na quantidade demandada a qualquer preço dado. A força desse efeito cruzado sobre a demanda pode ser medida pela **elasticidade-preço cruzada da demanda**, definida como a razão entre a mudança percentual na quantidade demandada de um bem e a mudança percentual no preço de outro. Assim como a elasticidade-preço da demanda, a elasticidade-preço cruzada da demanda é calculada usando o método do ponto médio.

(6.7) Elasticidade-preço cruzada da demanda entre os bens A e B =

$$= \frac{\text{\% mudança na quantidade demandada do bem A}}{\text{\% mudança no preço do bem B}}$$

Quando dois bens são substitutos, como cachorro-quente e hambúrguer, a elasticidade-preço cruzada da demanda é positiva: um aumento no preço do cachorro-quente aumenta a demanda de hambúrgueres, isto é, causa um deslocamento para a direita da curva de demanda de hambúrgueres. Se os bens são substitutos muito próximos, a elasticidade-preço cruzada será positiva e elevada; se eles são substitutos não tão próximos, a elasticidade-preço cruzada será positiva, mas baixa. Portanto, a elasticidade-preço cruzada da demanda positiva é uma medida de quanto os bens são substituíveis um pelo outro.

Quando dois bens são complementares, como cachorro-quente e o pãozinho especial para fazê-lo, a elasticidade-preço cruzada é negativa: o aumento no preço do cachorro-quente diminui a demanda do pão correspondente, isto é, causa um deslocamento para a esquerda da curva de demanda do pãozinho especial para cachorro-quente. Como acontece com os substitutos, o tamanho da elasticidade-preço cruzada da demanda entre dois bens complementares informa quão forte é a complementaridade entre eles: se a elasticidade-preço cruzada é apenas ligeiramente inferior a zero, trata-se de complementaridade fraca; se ela é muito negativa, a complementaridade é forte.

Note que, no caso da elasticidade-preço cruzada da demanda, o sinal (mais ou menos) é muito importante: ele informa se os dois bens são complementares ou substitutos. Assim, não podemos deixar de lado o sinal de menos, como havíamos feito com a elasticidade-preço da demanda.

Nossa análise da elasticidade-preço cruzada da demanda é um ponto conveniente para voltar ao que dissemos anteriormente: a elasticidade é uma medida *adimensional*, isto é, não depende das unidades em que os bens são medidos.

Existe um problema potencial. Suponha que alguém diga que "se o preço do pãozinho especial para cachorro-quente subir $ 0,30, os norte-americanos comprarão 10 milhões de cachorros-quentes a menos este ano". Se você alguma vez já comprou esse pãozinho, ficará em dúvida: é um aumento de $ 0,30 para cada pãozinho ou é um aumento de $ 0,30 no preço *do pacote* (esses pãezinhos geralmente são vendidos por pacotes com oito unidades nos EUA)? Importa muito saber de que unidade estamos falando. Contudo, se alguém diz que a elasticidade-preço cruzada da demanda entre pãezinhos e cachorro-quente é –0,3, não importa se os pãezinhos são vendidos individualmente ou em pacote. A elasticidade é definida como uma razão entre mudanças percentuais, de modo a se assegurar que não haja confusão sobre unidades.

Elasticidade-renda da demanda

Elasticidade-renda da demanda é a mudança percentual na quantidade de um bem demandado quando a renda de um consumidor muda, dividida pela mudança percentual da renda do consumidor.

A **elasticidade-renda da demanda** é uma medida de quanto a demanda de um bem é afetada por mudanças na renda dos consumidores. Ela permite determinar se um bem é normal ou inferior, bem como medir quão intensamente a demanda do bem responde a mudanças na renda.

$$\textbf{(6.8)}\quad \text{Elasticidade-renda da demanda} = \frac{\text{\% mudança na quantidade demandada}}{\text{\% mudança na renda}}$$

Assim como a elasticidade-preço cruzada da demanda entre dois bens pode ser positiva ou negativa, dependendo de os bens serem substitutos ou complementares, a elasticidade-renda da demanda de um bem também pode ser positiva ou negativa. Recorde, do Capítulo 3, que os bens podem ser *bens normais*, cuja demanda aumenta quando a renda aumenta, ou *bens inferiores*, cuja demanda cai quando a renda aumenta. Essas definições se relacionam diretamente com o sinal da elasticidade-renda da demanda:

- Quando a elasticidade-renda da demanda é positiva, o bem é normal, isto é, a quantidade demandada a qualquer preço dado aumenta quando a renda aumenta.
- Quando a elasticidade-renda da demanda é negativa, trata-se de um bem inferior, isto é, a quantidade demandada a qualquer preço cai quando a renda diminui.

Os economistas costumam usar estimativas da elasticidade-renda da demanda para preverem quais indústrias crescerão mais rapidamente à medida que a renda

COMPARAÇÃO GLOBAL A MORDIDA DOS ALIMENTOS NOS ORÇAMENTOS MUNDIAIS

A elasticidade da demanda por alimentos é inferior a 1 – é inelástica em termos de renda. À medida que os consumidores enriquecem, e tudo o mais é mantido constante, gastos com alimentos aumentam menos do que a renda.

Diante destes fatos, esperaríamos descobrir que as pessoas nos países pobres gastam uma parte maior de sua renda em alimentos do que as pessoas nos países ricos. E é exatamente isso que os dados mostram.

No gráfico, comparamos a renda *per capita* – renda total de um país dividida pela população – com a parcela de renda que é gasta em alimentos. (Para que o gráfico tenha um tamanho administrável, a renda *per capita* é medida como porcentagem da renda *per capita* dos EUA.) Em países muito pobres como o Paquistão, gasta-se uma grande porcentagem de renda com alimentos. Em países de renda média, como Israel e México, a parcela de gastos que vai para a alimentação é muito mais baixa. E é mais baixa ainda em países ricos como os Estados Unidos.

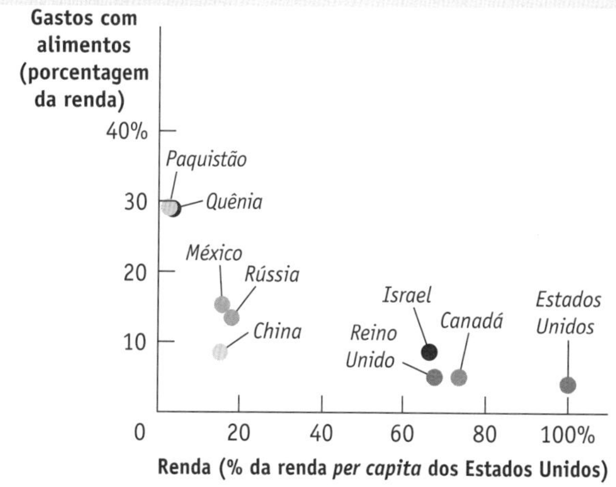

Dados de: USDA e IMF, World Economic Outlook.

dos consumidores aumenta com o passar do tempo. Para isso, muitas vezes é útil distinguir, dentre os bens normais, aqueles que são *elásticos* ou *inelásticos em relação a mudanças de renda*.

- A demanda de um bem é **elástica em relação à renda** se a elasticidade-renda da demanda é maior que 1. Quando a renda cresce, a demanda de bens elásticos em relação à renda aumenta mais rápido que a renda. Bens de luxo, como casas de veraneio e viagens internacionais, costumam ter elasticidade maior que 1.
- A demanda de um bem é **inelástica em relação à renda** se a elasticidade-renda da demanda é positiva, porém menor que 1. Quando a renda aumenta, a demanda do bem também aumenta, porém mais lentamente do que o aumento da renda. Bens de primeira necessidade como alimentos e vestuário tendem a ser inelásticos em relação à renda.

A demanda de um bem é **elástica em relação à renda** se a elasticidade-renda da demanda é maior que 1.

A demanda de um bem é **inelástica em relação à renda** se a elasticidade-renda da demanda é positiva porém menor que 1.

ECONOMIA >> *em Ação*

Gastando

O Departamento de Estatística do Trabalho dos Estados Unidos tem pesquisas por amostragem abrangentes sobre como as famílias gastam sua renda. Não se trata de mera curiosidade intelectual. Diversos programas do governo implicam algum ajustamento para compensar mudanças no custo de vida; para calcular essas mudanças, o governo precisa saber como as pessoas gastam dinheiro. Mas uma vantagem adicional dessas pesquisas é a evidência sobre elasticidade-renda da demanda de vários bens.

O que revelam esses estudos? O resultado clássico é que a elasticidade-renda da demanda de "refeições feitas em casa" é bem menor que 1: à medida que a renda familiar aumenta, a parcela da renda gasta com alimento consumido em casa diminui. Correspondentemente, quanto mais baixa a renda familiar, maior a proporção da renda gasta com alimentação consumida em casa. Em países pobres, muitas famílias gastam mais da metade da renda com comida consumida em casa.

Enquanto a elasticidade-renda de refeições feitas em casa é estimada em menos de 0,5 nos Estados Unidos, as estimativas para "refeições fora de casa" (comida de restaurante) são bem mais elevadas: perto de 1.

Famílias com renda elevada vão comer fora mais frequentemente e em lugares mais sofisticados. Em 1950, cerca de 18% da renda nos EUA era gasta em alimentos consumidos em casa, número que baixou para 5,6% em 2018. Mas, durante o mesmo período, a parcela da renda dos EUA gasta em refeições fora de casa permaneceu constante em 5%. Um sinal seguro de elevação de níveis de renda em países em desenvolvimento é a chegada das cadeias de restaurantes *fast-food*, que atendem a clientes recém-chegados. Por exemplo, o McDonald's pode ser encontrado hoje em Hanói, Jacarta e Mumbai.

Um exemplo bem claro de bens inferiores foi encontrado nessas pesquisas dos Estados Unidos: imóveis alugados. Famílias com renda mais elevada de fato gastam menos com aluguéis que famílias de renda mais baixa, pois é muito mais provável que elas sejam proprietárias de sua residência. E a categoria identificada como "outra residência", que basicamente significa residência secundária, para férias, tem elevada elasticidade-renda. Somente famílias de renda mais elevada têm condições de ter uma casa de veraneio. Assim, "outra residência" apresenta elasticidade-renda da demanda maior que 1.

>> *Revisão Rápida*

- Bens são substitutos quando a **elasticidade-preço cruzada da demanda** é positiva. Bens são complementares quando a elasticidade-preço cruzada da demanda é negativa.
- Bens inferiores têm **elasticidade-renda da demanda** negativa. A maioria dos bens são normais, ou seja, são aqueles que têm elasticidade-renda positiva.
- Bens normais podem ser **elásticos em relação à renda**, quando a elasticidade-renda da demanda é maior que 1, ou **inelásticos em relação à renda**, quando a elasticidade-renda da demanda é positiva mas menor que 1.

>> *Teste seu entendimento* 6.3

As respostas estão no fim do livro.

1. Depois que a renda de Charlotte aumentou de $ 12 mil para $ 18 mil por ano, suas compras de *downloads* de filmes aumentaram de 10 para 40 por ano. Calcule a elasticidade-renda da demanda de Charlotte por filmes usando o método do ponto médio.
2. Comer fora em restaurantes caros é um bem de alta elasticidade-renda para a maioria das pessoas, inclusive para Sanjay. Suponha que a renda dele tenha uma redução de 10% este ano. Qual a sua previsão sobre a mudança do consumo de refeições em restaurantes caros por Sanjay?
3. Quando o preço da margarina aumenta 20%, uma panificadora aumenta sua quantidade demandada de manteiga em 5%. Calcule a elasticidade-preço cruzada da demanda entre manteiga e margarina. Para essa manufatura, a manteiga e a margarina são substitutos ou complementares?

|| Elasticidade-preço da oferta

Uma característica fundamental de qualquer mercado de serviços privados de ambulância, não importa onde ele esteja localizado, é a oferta limitada. Por exemplo, teria sido muito mais difícil cobrar da Kira Milas US$ 1.772,42 por uma viagem de 15 minutos até o hospital se houvesse muitos operadores de ambulâncias circulando nas proximidades e oferecendo preço mais baixo. Mas há boas razões econômicas pelas quais isso não ocorre: quem, entre aqueles que sofrem uma verdadeira emergência médica, confiaria sua saúde e segurança a uma ambulância de baixo preço? E quem gostaria de ser um fornecedor, pagando as despesas de fornecer serviços de ambulância de qualidade, sem poder cobrar preços altos para recuperar os custos? Não surpreende, então, que na maioria dos locais haja apenas um fornecedor de ambulâncias disponível. Em suma, um elemento crítico na capacidade dos fornecedores de ambulâncias de cobrar preços altos é a oferta limitada: uma capacidade baixa de resposta na quantidade de produção fornecida a preços mais altos cobrados por uma viagem de ambulância. Para medir a resposta dos fornecedores de ambulâncias às mudanças de preços, precisamos de uma medida paralela à elasticidade-preço da demanda: a *elasticidade-preço da oferta*, como veremos a seguir.

Elasticidade-preço da oferta é uma medida da capacidade de resposta da quantidade de um bem fornecido ao preço desse bem. É a proporção entre a mudança percentual na quantidade fornecida e a porcentagem de mudança no preço à medida que nos movemos ao longo da curva da oferta.

Medindo a elasticidade-preço da oferta

Elasticidade-preço da oferta é definida do mesmo modo que a elasticidade-preço da demanda (embora aqui não tenhamos mais o sinal de menos para eliminar):

$$\textbf{(6.9)}\quad \text{Elasticidade-preço da oferta} = \frac{\text{\% mudança na quantidade ofertada}}{\text{\% mudança no preço}}$$

Também é calculada usando o método do ponto médio. A única diferença é que agora consideramos movimentos ao longo da curva de oferta, e não mais movimentos ao longo da curva de demanda.

Suponha que o preço do tomate aumente 10%. Se a quantidade ofertada de tomates também aumenta 10% como reação a isso, a elasticidade-preço da oferta de tomates é 1 (10%/10%), e a oferta tem elasticidade unitária. Se a quantidade ofertada aumenta 5%, a elasticidade-preço da oferta é 0,5 e a oferta é inelástica; se a quantidade aumenta 20%, a elasticidade-preço da oferta é 2 e a oferta é elástica.

Como no caso da demanda, os valores extremos da elasticidade-preço da oferta têm uma representação gráfica simples. O painel (a) da Figura 6.6 mostra a oferta de frequência de telefonia celular, a parte do espectro de radiofrequência que serve para enviar e receber sinais de telefone celular. Dentro de suas fronteiras, o governo é proprietário do direito de vender o uso dessa parte do espectro aos operadores de telefonia celular. Mas o governo não pode aumentar ou diminuir o número de frequências para telefonia celular que tem para oferecer; por motivos técnicos, a quantidade de frequências adequadas para operações de telefonia celular é fixa.

Assim, a curva de oferta de frequência de telefonia celular é uma linha vertical composta, suponhamos, por um conjunto de 100 frequências. À medida que nos movemos para cima ou para baixo nessa curva, a mudança na quantidade ofertada pelo governo é zero, qualquer que seja a mudança de preço. Assim, o painel (a) ilustra o caso em que a elasticidade-preço da oferta é zero. Trata-se do caso da **oferta perfeitamente inelástica**.

Há **oferta perfeitamente inelástica** quando a elasticidade-preço da oferta é zero, de modo que as mudanças no preço do bem não têm efeito sobre a quantidade ofertada. A curva de oferta perfeitamente inelástica é uma linha vertical.

O painel (b) mostra a curva de oferta de pizza. Suponhamos que produzir uma pizza custe $ 12, incluindo todos os custos de oportunidade. A qualquer preço abaixo de $ 12, não seria lucrativo produzir pizza e todos os restaurantes de pizza dos Estados Unidos fechariam. Por outro lado, há muitos produtores que conseguiriam ter um restaurante de pizza se ele fosse lucrativo. Os ingredientes massa, tomate e queijo são abundantes. E, se necessário, mais tomates podem ser cultivados, mais leite pode ser produzido para fazer muçarela e assim por diante. Dessa maneira, qualquer preço acima de $ 12 resultaria em uma quantidade extremamente alta de pizza ofertada. A curva de oferta implícita é, portanto, uma linha horizontal em $ 12.

Figura 6.6 Dois casos extremos de elasticidade-preço da oferta.

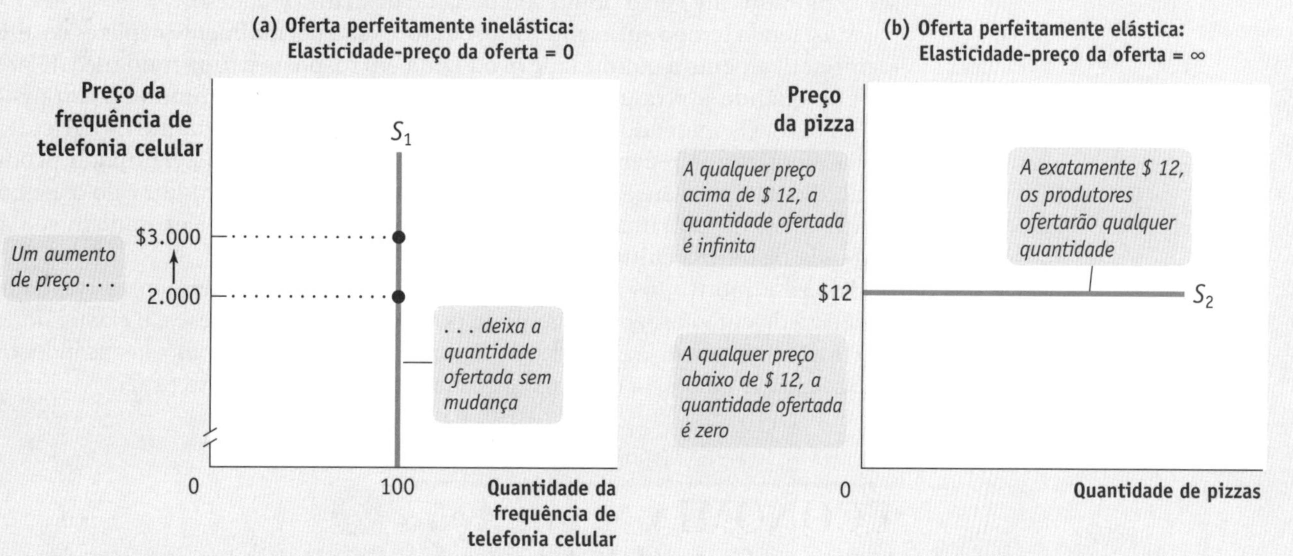

O painel (a) mostra a curva de oferta perfeitamente inelástica, que é uma linha vertical. A elasticidade-preço da oferta é zero: a quantidade ofertada é sempre a mesma, independentemente do preço. O painel (b) mostra a curva de oferta perfeitamente elástica, que é uma linha horizontal. Ao preço de $ 12 os produtores oferecerão qualquer quantidade, mas não suprirão nada com preço inferior a $ 12. Se o preço aumentar para mais de $ 12, ofertarão uma quantidade extremamente elevada.

Há **oferta perfeitamente elástica** quando mesmo um pequeno aumento ou redução no preço leva a mudanças muito grandes na quantidade ofertada, de modo que a elasticidade-preço da oferta é infinita. Uma curva da oferta perfeitamente elástica é uma linha horizontal.

Dado que mesmo um aumento mínimo no preço levaria a um enorme aumento na quantidade ofertada, a elasticidade-preço da oferta seria mais ou menos infinita. Esse é o caso da **oferta perfeitamente elástica**.

Como sugerem nossos exemplos de frequência de telefonia celular e de pizza, exemplos reais de oferta perfeitamente inelástica e perfeitamente elástica são fáceis de encontrar, muito mais fáceis que suas contrapartes na demanda.

Quais fatores determinam a elasticidade-preço da oferta?

Nossos exemplos sugerem o principal determinante da elasticidade-preço da oferta: a disponibilidade de insumos. Ademais, assim como no caso da elasticidade-preço da demanda, o tempo desempenha um papel na elasticidade-preço da oferta. Aqui, resumimos os dois fatores.

Disponibilidade de insumos. A elasticidade-preço da oferta tende a ser elevada quando não há problema de disponibilidade de insumos. Tende a ser baixa quando os insumos são difíceis de obter – e só podem ser deslocados para dentro e para fora da produção a um custo relativamente alto. No caso de serviços de ambulância, o alto custo de fornecer serviços de ambulância de qualidade é o elemento crucial para manter a elasticidade da oferta muito baixa.

Tempo. A elasticidade-preço da oferta tende a tornar-se maior à medida que os produtores têm mais tempo para responder à mudança de preço. Isso significa que a elasticidade-preço da oferta no longo prazo é frequentemente superior à elasticidade de curto prazo.

A elasticidade-preço da oferta de pizza é muito alta porque os insumos necessários à expansão da atividade são fáceis de obter. A elasticidade-preço da frequência de telefonia celular é zero porque um insumo essencial, o espectro das radiofrequências, não pode aumentar.

Muitas indústrias são como a da pizza e têm elasticidade-preço da oferta elevada. Elas podem se expandir rapidamente porque não precisam de recursos especiais e exclusivos. Por outro lado, a elasticidade-preço da oferta normalmente está longe de ser perfeitamente elástica para bens que envolvem recursos naturais limitados: minérios como ouro ou cobre, produtos agrícolas como o café, que floresce apenas em certos tipos de terra, recursos não renováveis como peixe do mar, que só podem ser explorados até certo ponto sob pena de destruir o recurso.

Mas, tendo tempo suficiente, os produtores são normalmente capazes de alterar significativamente a quantidade produzida em resposta a uma mudança de preço, mesmo quando a produção envolve um recurso natural limitado ou um insumo muito caro. Os mercados agrícolas são um bom exemplo. Quando os agricultores norte-americanos recebem preços muito mais altos por determinado produto, como o trigo (por causa de uma seca em um grande país produtor de trigo como a Austrália), na próxima estação de plantio é provável que eles mudem sua área plantada de outras culturas para trigo.

Por esse motivo, os economistas muitas vezes distinguem entre elasticidade da oferta de curto prazo, em geral de poucas semanas ou meses, e elasticidade da oferta de longo prazo, em geral significando vários anos. Na maioria das indústrias, a elasticidade da oferta de longo prazo é maior que a de curto prazo.

ECONOMIA >> *em Ação*

Um excedente global de *commodities*

A economia chinesa em rápido crescimento tem sido um consumidor voraz de *commodities* – metais, alimentos e combustíveis – à medida que sua economia vem se expandindo rapidamente para se tornar uma potência de fabricação global. Como a demanda da China por *commodities* para apoiar sua transformação disparou, os países que fornecem essas *commodities* também viram suas rendas aumentar.

Entretanto, quando a economia chinesa vacilou em 2016, o *boom* das *commodities* chegou a um fim abrupto. Produtores globais de *commodities* viram a demanda por suas mercadorias cair drasticamente, e muitos deles estavam investindo em projetos caros para aumentar a oferta. Por exemplo, o Chile, o maior produtor mundial de cobre, havia empreendido uma expansão maciça de suas minas de cobre, escavando 1,7 bilhão de toneladas à medida que os preços do metal caíam em todo o mundo. A Índia estava construindo ferrovias para conectar suas minas de carvão subutilizadas ao mercado de exportação, exatamente no momento em que uma grande quantidade de carvão se apresentava em todo o mundo. E a Austrália estava planejando aumentar sua produção de gás natural em 150%, justamente quando as empresas de gás natural em todo o mundo entraram em falência devido à diminuição da demanda de combustível e à queda dos preços.

Como esses países haviam investido muitos bilhões de dólares para aumentar sua capacidade de fornecimento durante vários anos, eles não podiam simplesmente encerrar a produção. Assim, a produção continuou, agravando o excesso existente de *commodities*.

O que os produtores de *commodities* parecem ter esquecido é a lógica da elasticidade-preço da oferta: combinar preços persistentemente altos com a fácil disponibilidade de insumos para aumentar a capacidade de oferta (neste caso, o principal insumo era o capital financeiro), e o resultado previsível é um grande aumento na oferta de *commodities* – uma mudança na curva da oferta.

Também era previsível que, conforme o crescimento da demanda pelas *commodities* desacelerasse, uma queda acentuada nos preços se seguiria. Como disse um especialista em *commodities* no Conselho de Relações Exteriores: "Os produtores acabaram sendo os piores inimigos deles mesmos. Ninguém nunca se preocupou em produzir demais, mas foi exatamente isso que aconteceu e os colocou nesta confusão."

>> *Revisão Rápida*

- **Elasticidade-preço da oferta** é a mudança percentual na quantidade ofertada dividida pela mudança percentual no preço.
- Com **oferta perfeitamente inelástica**, a quantidade ofertada é completamente insensível ao preço, e a curva de oferta é uma linha vertical. Com **oferta perfeitamente elástica**, a curva de oferta é horizontal em algum preço específico. Quando o preço cai abaixo desse nível, a quantidade ofertada é zero. Quando o preço sobe acima desse nível, a quantidade ofertada é infinita.
- A elasticidade-preço da oferta depende da disponibilidade de insumos, da facilidade de deslocar insumos entre usos alternativos e do período decorrido desde a mudança de preço.

>> *Teste seu entendimento* 6.4

As respostas estão no fim do livro.

1. Usando o método do ponto médio, calcule a elasticidade-preço da oferta para serviços de construção de *sites* quando o preço por hora aumenta de $ 100 para $ 150 e o número de horas comercializadas aumenta de 300 mil para 500 mil. A oferta é elástica, inelástica ou tem elasticidade unitária?
2. Verdadeiro ou falso?
   - **a.** Se a demanda de leite aumentasse, no longo prazo, quem toma leite ficaria em situação melhor se a oferta fosse elástica e não inelástica.
   - **b.** A elasticidade-preço da oferta de longo prazo é geralmente maior que a elasticidade-preço de curto prazo. Por conseguinte, as curvas de oferta de curto prazo são em geral menos inclinadas que as curvas de oferta de longo prazo.
   - **c.** Quando a oferta é perfeitamente elástica, mudanças na demanda não têm impacto no preço.

Um mostruário de elasticidades

Acabamos de passar por um bom número de elasticidades diferentes. Pode ficar problemático distinguir bem entre elas. Por isso, damos na Tabela 6.3 um resumo de todas as elasticidades que examinamos e suas implicações.

Tabela 6.3 Mostruário de elasticidades

$$\text{Elasticidade-preço da demanda} = \frac{\text{\% mudança na quantidade demandada}}{\text{\% mudança de preço}} \text{ (use valores absolutos)}$$

0	**Perfeitamente inelástica:** o preço não tem efeito sobre a quantidade demandada (curva de demanda vertical).
Entre 0 e 1	**Inelástica:** um aumento no preço aumenta a receita total.
Exatamente 1	**Elasticidade unitária:** mudanças no preço não afetam a receita total.
Maior que 1, menos que ∞	**Elástica:** um aumento no preço reduz a receita total.
∞	**Perfeitamente elástica:** um aumento no preço faz a quantidade demandada cair a 0. Uma queda no preço leva a quantidade demandada ao infinito (curva de demanda horizontal).

$$\text{Elasticidade-preço cruzada da demanda} = \frac{\text{\% mudança na quantidade demandada de } \textit{um bem}}{\text{\% mudança de preço do } \textit{outro bem}}$$

Negativa	**Complementares:** a quantidade demandada de um bem cai quando o preço do outro bem sobe.
Positiva	**Substitutos:** a quantidade demandada de um bem sobe quando o preço do outro bem sobe.

$$\text{Elasticidade renda da demanda} = \frac{\text{\% mudança na quantidade demandada}}{\text{\% mudança na renda}}$$

Negativa	**Bem inferior:** a quantidade demandada cai quando a renda sobe.
Positiva menor que 1	**Bem normal inelástico em relação à renda:** a quantidade demandada sobe quando a renda sobe, mas não tão rapidamente quanto a renda.
Maior que 1	**Bem normal elástico em relação à renda:** a quantidade demandada sobe quando a renda sobe, e mais rapidamente que a renda.

$$\text{Elasticidade-preço da oferta} = \frac{\text{\% mudança na quantidade ofertada}}{\text{\% mudança no preço}}$$

0	**Perfeitamente inelástica:** o preço não tem impacto sobre a quantidade ofertada (curva de oferta vertical).
Maior que 0, menor que ∞	Curva de oferta normal com inclinação para cima.
∞	**Perfeitamente elástica:** qualquer queda no preço faz a quantidade ofertada cair a 0. Qualquer aumento de preço provoca uma quantidade ofertada infinita (curva de oferta horizontal).

CASO EMPRESARIAL

O setor de transporte aéreo: voe menos, cobre mais

Em 2019, as quatro maiores companhias aéreas intra-norte-americanas responderam por 67% de todas as milhas aéreas de passageiros voadas nos Estados Unidos. Em contraste, as cinco maiores companhias aéreas intraeuropeias representavam cerca de 50% de todas as milhas aéreas europeias voadas. Além disso, as companhias aéreas norte-americanas são as mais lucrativas do mundo, obtendo mais que o dobro do lucro por passageiro do que a média global. Desde 2010, o setor de transporte aéreo dos EUA tem sido lucrativo a cada ano.

No entanto, nem sempre foi assim. A indústria aérea dos EUA sofreu grandes perdas por muitas décadas, acumulando um prejuízo de US$ 52 bilhões entre 1977 e 2009. Esses anos também foram um período de maior fragmentação em toda a indústria: então, as quatro maiores companhias aéreas representavam apenas 49% das milhas aéreas percorridas, em vez da quota de 67% de hoje. Como mostrado na tabela, de 2005 em diante, a consolidação entre as 10 maiores empresas de aviação norte-americanas levou às 4 principais restantes hoje: American, Delta, United e Southwest.

Como o setor de transporte aéreo dos EUA conseguiu uma reviravolta tão dramática? Simples: voar menos e cobrar mais. O catalisador foi uma recessão particularmente desagradável em 2008, que empurrou o setor de transporte aéreo dos EUA para a beira do desastre. Quando a crise econômica se abateu, as pessoas pararam de voar, tendo a indústria perdido 11 bilhões de dólares naquele ano. Os maiores transportadores foram forçados a reduzir significativamente sua capacidade – pondo menos aviões no ar – para atender à demanda menor por assentos. Os transportadores menores, sobrecarregados com anos de perdas, não eram mais viáveis. Eles se fundiram com seus maiores rivais e os voos redundantes foram cortados. Como resultado, a partir de 2010 os voos se tornaram muito mais lotados, com apenas 1 em cada 7 assentos vazio.

Empresa aérea adquirente	Empresa aérea adquirida	Data
American Airlines	TWA	2001
U.S. Airways	America West	2005
American Airlines	U.S. Airways	2013
Delta	Northwest	2008
United	Continental	2010
Southwest	AirTran	2010

As empresas aéreas também começaram a cobrar mais: desde 2010, a indústria experimentou as vantagens de muitos anos de significativos aumentos de tarifa. Uma maneira de as empresas aéreas alcançarem tal fato foi a variação dos preços das passagens conforme o dia e o horário do embarque, assim como o dia em que a passagem foi comprada. Por exemplo, a quarta-feira se tornou o dia mais barato para voar, e a sexta-feira e o sábado, os mais caros. O voo mais barato do dia é o primeiro voo da manhã (o único que obriga a pessoa a acordar às 4 h da manhã). E comprar passagens às 15 h da terça-feira (fuso horário UTC-4, Leste dos EUA) incorre em tarifas mais baratas, enquanto passagens compradas no fim de semana são mais caras.

E não parou por aí, como todo viajante enclausurado sabe. Em 2010, as companhias aéreas começaram a impor novas tarifas e aumentaram as antigas – tarifas por comida, cobertores, bagagem, o direito de embarcar primeiro ou escolher seu assento com antecedência e assim por diante. Essas tarifas são agora uma grande fonte de receita para as companhias aéreas, ao mesmo tempo em que proporcionam uma quantidade aparentemente cada vez menor de espaço para as pernas.

Entretanto, eventos recentes podem estar virando o jogo em favor dos consumidores. Desde 2015, o aumento das tarifas tem sido pequeno, pois transportadoras de baixo custo como a Spirit Air e a Alaska Airlines têm se expandido à medida que a economia ganha vapor. Um pesquisador da indústria aérea, comentando sobre a rentabilidade a longo prazo das companhias, tinha isto a dizer: "O fator imprevisível é sempre a regra da capacidade. Basta uma transportadora começar a adicionar capacidade agressivamente, então a seguimos e desfazemos todo o bom trabalho que tinha sido feito."

QUESTÕES PARA PENSAR

1. Dadas as informações deste caso, como você descreveria a elasticidade-preço da demanda de passagens aéreas? Explique.
2. Usando o conceito de elasticidade, explique por que as companhias aéreas criaram tal variedade nos preços das passagens dependendo do momento da compra e do dia e hora das partidas. Suponha que algumas pessoas disponham-se a perder tempo procurando boas ofertas e a voar em horários pouco convenientes, enquanto outras não se dispõem a isso.
3. Mediante o conceito de elasticidade, explique por que as companhias de aviação estabeleceram taxas para itens como bagagens despachadas. Por que elas podem tentar esconder ou disfarçar taxas?
4. Use um conceito de elasticidade para explicar em que condições o setor de transporte aéreo conseguirá manter lucros elevados no futuro. Explique.

RESUMO

1. Muitas questões econômicas dependem do tamanho da resposta do consumidor ou do produtor a mudanças de preço ou outras variáveis. *Elasticidade* é uma medida geral de sensibilidade que pode ser usada para responder a essas questões.

2. A **elasticidade-preço da demanda**, ou seja, a mudança percentual na quantidade demandada dividida pela mudança percentual no preço (deixando de lado o sinal de menos), é uma medida da sensibilidade da quantidade demandada a mudanças de preço. Em cálculos na prática, geralmente é melhor usar o **método do ponto médio**, que calcula a mudança percentual de preços e quantidades com base na média entre os valores inicial e final.

3. A resposta da quantidade demandada ao preço pode ir de **demanda perfeitamente inelástica**, quando a quantidade demandada não é afetada pelo preço, à **demanda perfeitamente elástica**, na qual existe um único preço pelo qual os consumidores comprarão qualquer quantidade ofertada. Quando a demanda é perfeitamente inelástica, a curva de demanda é uma linha vertical; quando ela é perfeitamente elástica, a curva de demanda é uma linha horizontal.

4. A elasticidade-preço da demanda é classificada como maior ou menor que 1. Se ela é maior que 1, a demanda é **elástica**; se é menor que 1, a demanda é **inelástica**; e se ela é exatamente 1, a demanda é de **elasticidade unitária**. Essa classificação determina a **receita total**, o valor total das vendas, quando o preço muda. Se a demanda é elástica, a receita total cai quando o preço sobe, e sobe quando o preço cai. Se a demanda é inelástica, a receita total sobe quando o preço sobe, e cai quando o preço cai.

5. A elasticidade-preço da demanda depende de existirem substitutos próximos para o bem em questão, de o bem ser de primeira necessidade ou de luxo, da parcela da renda gasta com o bem e do tempo decorrido desde a mudança de preço.

6. A **elasticidade-preço cruzada da demanda** mede o efeito de uma mudança no preço de um bem sobre a quantidade demandada de outro bem. A elasticidade-preço cruzada da demanda pode ser positiva, quando os bens são substitutos, ou negativa, quando são complementares.

7. A **elasticidade-renda da demanda** é a mudança percentual na quantidade demandada de um bem quando a renda do consumidor muda, dividida pela mudança percentual na renda. A elasticidade-renda da demanda indica quanto a demanda de um bem responde a mudanças na renda. Pode ser negativa; nesse caso, trata-se de um bem inferior. Bens com elasticidade-renda da demanda positiva são chamados bens normais. Se a elasticidade-renda é maior que 1, a demanda do bem é **elástica em relação à renda**. Se é positiva e menor que 1, é **inelástica em relação à renda**.

8. A **elasticidade-preço da oferta** é a mudança percentual na quantidade ofertada de um bem dividida pela mudança percentual no preço. Se a quantidade ofertada não muda nada, temos um exemplo de **oferta perfeitamente inelástica**; a curva de oferta é uma linha vertical. Se a quantidade ofertada é zero abaixo de certo preço, mas infinita acima desse preço, temos um exemplo de **oferta perfeitamente elástica**; a curva de oferta é uma linha horizontal.

9. A elasticidade-preço da oferta depende da disponibilidade de recursos para expandir a produção e do tempo. Ela é tanto mais alta quanto mais os insumos sejam fáceis de obter e quanto mais tempo tenha passado desde a mudança de preço.

PALAVRAS-CHAVE

Demanda de elasticidade unitária, p. 162
Demanda elástica em relação à renda, p. 171
Demanda elástica, p. 162
Demanda inelástica, p. 162
Demanda inelástica em relação à renda, p. 171
Demanda perfeitamente elástica, p. 162
Demanda perfeitamente inelástica, p. 161
Elasticidade-preço cruzada da demanda, p. 169
Elasticidade-preço da demanda, p. 157
Elasticidade-preço da oferta, p. 172
Elasticidade-renda da demanda, p. 170
Método do ponto médio, p. 159
Oferta perfeitamente elástica, p. 174
Oferta perfeitamente inelástica, p. 173
Receita total, p. 162

QUESTÕES PARA PENSAR

1. Você se deparou recentemente com as seguintes manchetes:

   i. "Escolas particulares cortam as mensalidades e não atingem as metas de matrícula."

   ii. "Universidade da Califórnia aumenta o valor da matrícula de estudantes de fora do estado, ainda a plena capacidade."

   O que cada declaração diz sobre a elasticidade da demanda por mensalidades escolares? Cada afirmação é consistente com o que você aprendeu sobre os fatores que determinam a elasticidade?

2. Você e seu colega de classe estavam discutindo algumas observações recentes em seu *campus* universitário. Usando os conceitos de elasticidade, como vocês explicariam cada uma das situações a seguir?

   i. Os preços dos livros didáticos na livraria do *campus* são 20 a 30% mais caros do que nos varejistas *on-line*.

ii. Você percebe que, no restaurante onde você serve mesas, o bar oferece salgadinhos gratuitos como pipoca e amendoim.

iii. O departamento de atletismo cobra pelos ingressos de futebol preços mais baixos para os estudantes do que para o público em geral.

iv. Os preços de estacionamento aumentaram 25% durante o ano letivo e você ainda tem dificuldade para encontrar uma vaga.

3. Debate-se a possibilidade de distribuir gratuitamente agulhas hipodérmicas estéreis nas cidades com alto consumo de drogas. Os defensores da ideia argumentam que isso reduzirá a incidência de doenças, tais como HIV/AIDS, que são frequentemente disseminadas no compartilhamento de agulhas entre usuários de drogas. Os opositores acreditam que isso encorajará mais o uso de drogas ao reduzir os riscos desse comportamento. Como um economista pediu para avaliar a política, você deve saber o seguinte: (i) como a propagação de doenças como HIV/AIDS responde ao preço das agulhas esterilizadas e (ii) como o uso de drogas responde ao preço das agulhas esterilizadas. Supondo que você saiba estas duas coisas, use os conceitos de elasticidade-preço da demanda de agulhas estéreis e elasticidade-preço cruzada entre drogas e agulhas estéreis para responder as seguintes perguntas:

a. Em que circunstâncias você acredita que esta é uma política benéfica?

b. Em que circunstâncias você acredita que esta é uma política ruim?

PROBLEMAS

1. A elasticidade-preço da demanda do veículo utilitário da Ford vai aumentar, diminuir ou permanecer a mesma em cada um dos eventos a seguir? Explique sua resposta.

a. Outras empresas, como a General Motors, decidem fabricar e vender utilitários.

b. O uso de utilitários produzidos no exterior é proibido no mercado norte-americano.

c. Devido a campanhas publicitárias, os norte-americanos acham que os utilitários são mais seguros que os carros comuns.

d. O período no qual você mede a elasticidade aumenta. Nesse meio-tempo, aparecem novos modelos, como caminhonetes com tração nas quatro rodas.

2. O ano de 2018 foi mau para o cultivo de trigo nos Estados Unidos. A oferta de trigo caiu e o preço aumentou drasticamente, levando a uma quantidade demandada menor (um movimento ao longo da curva de demanda). A tabela a seguir descreve o que aconteceu com os preços e com a quantidade demandada de trigo.

	2017	2018
Quantidade demandada (sacas)	2,3 bilhões	1,7 bilhão
Preço médio (sacas)	$ 4,02	$ 4,98

a. Usando o método do ponto médio, calcule a elasticidade-preço da demanda para o trigo na colheita de inverno.

b. Qual a receita total dos agricultores de trigo norte-americanos em 2017 e 2018?

c. A má colheita aumentou ou diminuiu a receita total dos agricultores de trigo norte-americanos? Como você poderia ter previsto isso pela sua resposta da pergunta (a)?

3. Temos a seguir uma parte da tabela de oferta de computadores pessoais nos Estados Unidos.

Preço do computador	Quantidade ofertada de computadores
$ 1.100	12.000
900	8.000

a. Calcule a elasticidade-preço da oferta quando o preço aumenta de $ 900 para $ 1.100 usando o método do ponto médio.

b. Suponha que as empresas produzam 1.000 computadores a mais por qualquer preço dado, graças a uma melhoria tecnológica. Quando o preço aumenta de $ 900 para $ 1.100, a elasticidade-preço da oferta passa a ser maior, menor ou é a mesma que era na questão a?

c. Suponha que, sendo mais longo o período considerado, a quantidade ofertada a qualquer preço dado seja 20% maior que as cifras dadas na tabela. Quando o preço aumenta de $ 900 para $ 1.100, a elasticidade-preço da oferta passa a ser maior, menor ou é a mesma que era na parte a?

4. A tabela a seguir enumera as elasticidades-preço cruzadas da demanda de vários pares de bens, sendo a mudança percentual de preço medida para o primeiro bem do par e a mudança percentual na quantidade medida para o segundo bem do par.

Bem	Elasticidades-preço cruzadas da demanda
Unidade de ar-condicionado e quilowatts de eletricidade	−0,34
Coca-Cola e Pepsi	+0,63
Veículo utilitário esportivo de alto consumo de combustível e gasolina	−0,28
Hambúrguer do McDonald's e hambúrguer do Burger King	+0,82
Manteiga e margarina	+1,54

a. Explique o sinal de cada uma das elasticidades-preço cruzadas. O que ele implica para a relação entre os dois bens em questão?

b. Compare os valores absolutos das elasticidades-preço cruzadas e explique sua magnitude. Por exemplo, por que a elasticidade-preço cruzada entre McDonald's e Burger King é menor que a elasticidade-preço cruzada entre manteiga e margarina?

c. Use a informação da tabela para calcular como um aumento de 5% no preço da Pepsi afeta a quantidade demandada de Coca-Cola.

d. Use a informação da tabela para calcular como uma redução de 10% no preço da gasolina afeta a quantidade demandada de veículos utilitários esportivos.

5. O que se pode concluir sobre a elasticidade-preço da demanda em cada uma das afirmações que se seguem?

a. "A entrega domiciliar de pizza nesta cidade é muito competitiva. Eu perderia metade dos meus clientes se aumentasse o preço em 10%."

b. "Eu era dono das duas únicas litogravuras autografadas de John Lennon. Vendi uma delas na internet por um preço alto, mas quando vendi a segunda o preço caiu 80%."

c. "Meu professor de Economia decidiu usar o livro-texto de Krugman/Wells. Não tive outra escolha senão comprá-lo."

d. "Sempre gasto exatamente $ 10 por semana de café."

6. Considere uma curva de demanda linear como a que se mostra na Figura 6.5, na qual está indicada a faixa de preços para a qual a demanda é elástica e a faixa para a qual ela é inelástica. Em cada um dos cenários a seguir, a curva de oferta se desloca. Mostre em qual parte da curva de demanda (isto é, a parte elástica ou a inelástica) a curva de oferta deve ter se deslocado a fim de gerar o evento que se descreve a seguir. Em cada caso, mostre no diagrama o efeito quantidade e o efeito preço.

a. Tentativas recentes do exército da Colômbia de barrar o fluxo de drogas ilegais para os Estados Unidos de fato beneficiaram os traficantes.

b. Construções novas aumentaram o número de assentos no estádio e resultaram em aumento na receita total de vendas de entradas para jogos de futebol.

c. Uma queda nos preços dos insumos gerou produção maior de carros Porsche. Mas o resultado foi que a receita total da Porsche Company declinou.

7. A tabela a seguir mostra o preço e a quantidade anual de camisetas vendidas como lembranças da cidade de Crystal Lake de acordo com a renda média dos turistas que visitam a cidade.

Preço da camiseta	Quantidade de camisetas demandada quando a renda média do turista é $ 20.000	Quantidade de camisetas demandada quando a renda média do turista é $ 30.000
$ 4	3.000	5.000
5	2.400	4.200
6	1.600	3.000
7	800	1.800

a. Usando o método do ponto médio, calcule a elasticidade-preço da demanda quando o preço de uma camiseta aumenta de $ 5 para $ 6, com a renda média do turista sendo $ 20.000. Calcule-a também quando a renda média do turista é $ 30.000.

b. Usando o método do ponto médio, calcule a elasticidade-renda da demanda quando a renda média do turista aumenta de $ 20.000 para $ 30.000, sendo o preço da camiseta $ 4. Calcule-a também quando o preço da camiseta é $ 7.

8. Um estudo recente determinou as elasticidades seguintes para o Honda Civic:

Elasticidade-preço da demanda = 2

Elasticidade-renda da demanda = 1,5

A oferta de Civics é elástica. Com base nessas informações, as afirmativas a seguir são verdadeiras ou falsas? Explique o raciocínio.

a. Um aumento de 10% no preço do Civic reduzirá a quantidade demandada em 20%.

b. Um aumento na renda do consumidor aumentará o preço e a quantidade vendida de Civics. Como a elasticidade-preço da demanda é maior que 1, a receita total diminuirá.

9. Em cada um dos casos que se seguem, você acha que a elasticidade-preço da oferta é (i) perfeitamente elástica, (ii) perfeitamente inelástica, (ii) elástica, mas não perfeitamente ou (iv) inelástica, mas não perfeitamente? Explique com um diagrama.

a. Neste verão, um aumento da demanda por cruzeiros de luxo provoca um salto no preço de venda de uma cabine no transatlântico *Queen Mary 2*.

b. O preço de 1 quilowatt de eletricidade é o mesmo nos períodos de demanda elevada e nos períodos de baixa demanda.

c. O número de pessoas que querem passagens aéreas em fevereiro é menor que em qualquer outro mês do ano. Nesse mês, as companhias aéreas cancelam 10% dos voos e o preço das passagens cai cerca de 20%.

d. Quem tem casa de férias no estado do Maine costuma alugar essa casa durante o verão. Devido ao baixo crescimento da economia neste ano, houve uma queda no preço do aluguel para férias que levou mais de metade dos proprietários a ocupar suas próprias casas de férias durante o verão.

10. Use o conceito de elasticidade para explicar as observações a seguir:

a. Em época de auge econômico, a abertura de novos negócios que oferecem cuidados pessoais, como academias de ginástica e salões de bronzeamento, é relativamente maior que a abertura de outros negócios, como quitandas.

b. Cimento é um material básico de construção no México. Depois que uma nova tecnologia barateia a produção, a curva de oferta da indústria de cimento mexicana se torna relativamente mais achatada.

c. Alguns bens que eram considerados de luxo, como telefone, hoje em dia são considerados praticamente de primeira necessidade. Por isso, a curva de demanda de serviços telefônicos foi tendo inclinação mais forte com o passar do tempo.

d. Em comparação com os consumidores de países mais desenvolvidos, como o Canadá, os consumidores de países menos desenvolvidos, como a Guatemala, gastam parcela maior de sua renda em equipamentos para produzir coisas em casa, como máquinas de costura.

11. Taiwan é um grande fornecedor de semicondutores. Um recente terremoto danificou severamente as instalações das companhias produtoras de semicondutores e reduziu fortemente a quantidade de *chips* que elas produzem.

a. Suponha que a receita total de uma típica manufatura de semicondutores fora de Taiwan aumente devido a esse evento. No que se refere a elasticidades, o que precisa ser verdade para que isso aconteça? Ilustre essa modificação na receita total com um diagrama, indicando o efeito preço e o efeito quantidade do terremoto de Taiwan sobre a receita total dessa companhia.

b. Suponha agora que a receita total de uma típica manufatura de semicondutores fora de Taiwan diminua por causa desse evento. No que se refere a elasticidades, o que precisa ser verdade para isso acontecer? Ilustre essa modificação na receita total com um diagrama, indicando o efeito preço e o efeito quantidade do terremoto de Taiwan sobre a receita total dessa companhia.

12. Na média mundial, os plantadores de café aumentaram a área cultivada nos últimos anos. O resultado é que, em média, o cafeicultor produz muito mais café do que há 10 ou 20 anos. Infelizmente para quem cultiva, no entanto, esse foi também um período de queda da receita total. No que se refere a elasticidades, o que tem de ser verdade para que esses eventos tenham ocorrido? Ilustre esses eventos com um diagrama, indicando o efeito quantidade e o efeito preço que deu origem a esses eventos.

13. Um artigo de 2015 publicado pelo *American Journal of Preventive Medicine* estudou os efeitos do aumento do preço do álcool na incidência de novos casos de doenças sexualmente transmissíveis. Em particular, os pesquisadores estudaram os efeitos de uma política de Maryland, que aumentava os impostos sobre o álcool, teve sobre o declínio dos casos de gonorreia. O relatório concluiu que um aumento de 3% no imposto sobre o álcool resultou em 1.600 casos a menos de gonorreia. Suponha que, antes do aumento de impostos, o número de casos de gonorreia era de 7.450. Use o método do ponto médio para determinar a diminuição percentual dos casos de gonorreia e, em seguida, calcule a elasticidade cruzada da demanda entre o álcool e a incidência de gonorreia. De acordo com sua estimativa dessa elasticidade cruzada da demanda, o álcool e a gonorreia são complementares ou substitutos?

14. O governo dos Estados Unidos pretende reduzir a quantidade de dióxido de carbono que as empresas têm permissão de produzir, limitando o número de licenças comercializáveis de emissão de CO_2. Em um relatório de 25 de abril de 2007, o Escritório de Orçamento do Congresso (*Congressional Budget Office* – CBO) argumenta que "a maior parte da despesa ao se obedecer o limite de emissões de CO_2 viria dos consumidores, que teriam de enfrentar altos preços permanentes em produtos ligados a eletricidade e gasolina (...) famílias com menos renda teriam de suportar um fardo maior do que as famílias com mais renda". Qual hipótese de elasticidade aprendida neste capítulo deve ser a verdadeira para que famílias com baixa renda sejam desproporcionalmente afetadas?

15. De acordo com dados do Departamento de Energia dos EUA, as vendas do carro híbrido Prius da Toyota, que gasta menos combustível, caíram de 194.108 unidades em 2014 para 180.603 unidades em 2015. Durante o mesmo período, de acordo com os dados da Administração de Informações de Energia dos Estados Unidos (*Energy Information Administration* – EIA), o preço médio da gasolina comum caiu de US$ 3,36 por galão para US$ 2,43 por galão (aproximadamente 3,8 litros). Usando o método do ponto médio, calcule a elasticidade-preço cruzada da demanda entre o Toyota Prius e a gasolina comum. De acordo com sua estimativa da elasticidade-preço cruzada de demanda, as duas mercadorias são complementares ou substitutas? Sua resposta faz sentido?

RESOLVA

16. A Nilo.com, vendedora *on-line* de livros, quer aumentar sua receita total. Uma das estratégias sugeridas é a de oferecer desconto de 10% no preço de todo livro vendido. A Nilo.com sabe que seus clientes podem ser divididos em dois grupos, de acordo com sua provável resposta ao desconto. A tabela a seguir mostra como os dois grupos respondem ao desconto.

	Grupo A (vendas por semana)	Grupo B (vendas por semana)
Volume de vendas antes do desconto de 10%	1,55 milhão	1,50 milhão
Volume de vendas depois do desconto de 10%	1,65 milhão	1,70 milhão

a. Usando o método do ponto médio, calcule a elasticidade-preço da demanda dos grupos A e B.

b. Explique como o desconto afetará a receita total resultante de cada grupo.

c. Suponha que a Nilo.com saiba a qual grupo pertence cada cliente quando ele se comunica pela internet e pode escolher se oferece ou não o desconto de 10%. Se a Nilo.com quer aumentar sua receita total, deve oferecer o desconto ao grupo A ou ao grupo B, a nenhum dos dois grupos ou a ambos os grupos?

7 Impostos

UM PROTESTO CONTRA IMPOSTOS

INSATISFAÇÕES ANTIGAS TRANSBORDARAM em 1794 e fazendeiros indignados se uniram em uma ampla revolta. A administração pública respondeu com força letal: foram trocados tiros e várias pessoas foram mortas, até que as forças do governo prevaleceram.

Não espantaria que alguém tomasse essa descrição como um episódio da Revolução Francesa. Na verdade, ocorreu na Pensilvânia ocidental e abalou severamente a jovem nação norte-americana e seu primeiro Presidente, George Washington. Ainda que a chamada Rebelião do Uísque fosse afinal debelada, reformou de modo permanente a política norte-americana.

Qual o motivo da luta? Impostos. Tendo acumulado enorme dívida após a Guerra de Independência e sem a possibilidade de aumentar ainda mais os impostos sobre produtos importados, a administração federal em Washington, por sugestão do Secretário do Tesouro Alexander Hamilton, estabeleceu um imposto sobre as destilarias de uísque em 1791. Naquela época, uísque era uma bebida popular, de modo que esse imposto daria uma boa arrecadação. Enquanto isso, o imposto encorajaria um "comportamento mais direito" dos cidadãos beberrões do jovem país.

Mas a maneira pela qual o imposto se aplicou foi considerada profundamente injusta. As destilarias podiam pagar um montante fixo de uma só vez ou pagar o imposto por galão. As grandes destilarias tinham condições de pagar o montante fixo, mas as pequenas não tinham e pagavam por galão.

A consequência é que os pequenos destiladores (fazendeiros que produziam uísque para suplementar sua renda) pagavam em impostos uma proporção de seus rendimentos maior que aquela dos grandes destiladores. Ao desestimular os pequenos destiladores de fabricar uísque, o imposto fez a economia local ter menos renda e menor capacidade de comprar e vender outros bens.

A rebelião contra o imposto do uísque acabou sendo contida, mas o partido político que apoiou o imposto, o Partido Federalista de Alexander Hamilton, jamais recuperou totalmente a popularidade. A Rebelião do Uísque abriu caminho para a emergência de um novo partido político, o Partido Republicano de Thomas Jefferson, que revogou o imposto em 1800.

A moral da história, pelo menos a primeira, é que impostos são necessários: todos os governos precisam de dinheiro para funcionar. Sem impostos, os governos não poderiam fornecer os serviços que queremos, desde a defesa nacional até os parques públicos. Mas os impostos têm um custo que normalmente excede o dinheiro efetivamente pago ao governo. Isso porque os impostos distorcem os incentivos para fazer transações mutuamente vantajosas.

Isso leva à segunda moral da história, a de que não é fácil fazer política fiscal: de fato, se você for um político, pode ser perigoso para sua saúde profissional. Mas a história ilustra algumas questões cruciais da política fiscal – questões que os modelos econômicos ajudam a esclarecer.

Um dos princípios usados para orientar a política fiscal é a eficiência: os impostos deveriam ser formulados de modo a distorcer os incentivos o mínimo possível. Mas a eficiência não é a única preocupação quando elaboramos taxas de impostos. Como o governo em Washington aprendeu com a Rebelião do Uísque, também é importante que um imposto seja considerado equitativo. A política fiscal sempre implica tentar equilibrar a busca da eficiência com a busca da equidade percebida.

Neste capítulo, veremos como os impostos afetam a eficiência e a equidade e como arrecadam receita para o governo. •

O QUE VOCÊ IRÁ APRENDER?

- O efeito dos impostos sobre a oferta e a demanda.
- O que determina quem realmente arca com o peso dos impostos.
- Os custos e benefícios dos impostos e por que eles impõem um custo maior que a receita tributária que arrecadam.
- As diferenças entre impostos progressivos e regressivos e o *trade-off* entre equidade e eficiência tributária.
- A estrutura do sistema tributário dos Estados Unidos.

Economia dos impostos: ideias preliminares

Para entender a economia dos impostos, convém examinar um tipo de imposto simples conhecido como **imposto seletivo,** cobrado sobre cada unidade vendida de bens ou serviços. A maior parte da receita tributária nos Estados Unidos provém de outros tipos de impostos, que descreveremos adiante neste capítulo. Mas impostos seletivos são comuns. Por exemplo, há impostos seletivos sobre gasolina, cigarros, bem como sobre caminhões produzidos fora do país, e muitos governos locais cobram impostos seletivos sobre serviços como o uso de quartos de hotel. O que aprendemos estudando impostos seletivos se aplica também a outros impostos mais complexos.

Imposto seletivo é um imposto cobrado sobre cada unidade vendida de um bem ou serviço.

O efeito de um imposto seletivo sobre quantidades e preços

Suponha que a oferta e a demanda por quartos de hotel na cidade de Potterville estejam representadas na Figura 7.1. Supomos, para simplificar, que todos os quartos são iguais. Na ausência de impostos, o preço de equilíbrio de um quarto é $ 80 por noite e a quantidade de equilíbrio de quartos de hotel ocupados é 10.000 por noite.

Suponha agora que o governo de Potterville estabeleça um imposto seletivo de $ 40 por noite sobre os quartos de hotel, ou seja, cada vez que um quarto é alugado por uma noite, o proprietário do hotel tem de pagar $ 40 à cidade. Isto é, quando um cliente paga $ 80, $ 40 são arrecadados como imposto, deixando o dono do hotel com apenas $ 40. Em consequência, os donos de hotel estarão menos dispostos a oferecer quartos de hotel a qualquer preço dado.

O que isso implica para a curva de oferta por quartos de hotel de Potterville? Para responder à questão, temos de comparar os incentivos dos donos de hotel *pré-imposto* (antes de um imposto ser cobrado) aos incentivos *pós-imposto* (depois de o imposto ser cobrado).

Pela Figura 7.1, sabemos que, pré-imposto, os donos de hotel estão dispostos a fornecer 5.000 quartos por noite ao preço de $ 60. Mas, depois que o imposto de $ 40 por quarto é cobrado, eles dispõem-se a suprir a mesma quantidade, 5.000 quartos, somente se receberem $ 100 por quarto – $ 60 para eles mais $ 40 pagos como imposto à municipalidade. Isto é demonstrado pelo ponto *A*. Em outras palavras,

Figura 7.1 Oferta e demanda de quartos de hotel em Potterville.

Na ausência de impostos, o preço de equilíbrio de quartos de hotel é $ 80 por noite e a quantidade de equilíbrio de quartos ocupados é 10.000 por noite, como mostra o ponto *E*. A curva de oferta *S* mostra a quantidade ofertada a cada preço dado, pré-imposto. Ao preço de $ 60 por noite, os donos de hotel dispõem-se a oferecer 5.000 quartos, ponto *B*. Mas, pós-imposto, eles se dispõem a oferecer a mesma quantidade somente ao preço de $ 100: $ 60 para si mesmos e $ 40 a pagar de imposto à prefeitura. Isto é demonstrado pelo ponto *A*.

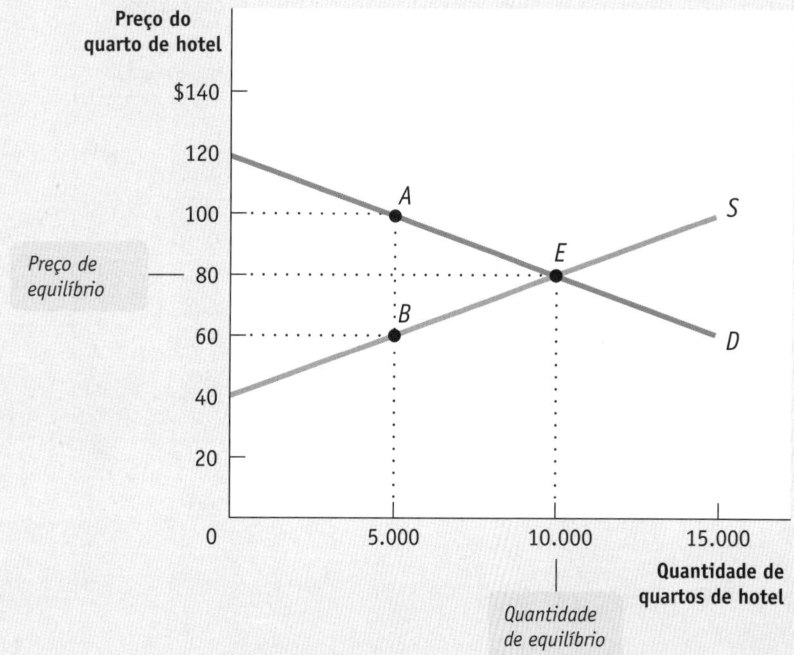

para que os donos de hotel aceitem fornecer a mesma quantidade pós-imposto que estavam dispostos a fornecer pré-imposto, eles precisam receber $ 40 adicionais por quarto, o montante do imposto.

Isso implica que a curva de oferta pós-imposto se desloca para cima no montante do imposto, comparada com a curva de oferta pré-imposto. A cada quantidade oferecida, o preço de oferta – preço que os produtores precisam receber para produzir dada quantidade – aumentou em $ 40.

O deslocamento para cima da curva de oferta causada pelo imposto se mostra na Figura 7.2, onde S_1 é a curva de oferta pré-imposto e S_2 é a curva de oferta pós-imposto. Como se pode ver, o equilíbrio de mercado muda de *E*, ao preço de equilíbrio de $ 80 por quarto e 10.000 quartos ocupados por noite, para *A*, pelo preço de mercado de $ 100 por quarto e apenas 5.000 quartos ocupados por noite. *A*, é claro, está tanto na curva de demanda *D* como na nova curva de oferta S_2.

Nesse caso, $ 100 é o preço de demanda de 5.000 quartos; mas, de fato, os donos de hotel recebem apenas $ 60, considerado o fato de que eles têm de pagar $ 40 de imposto. Do ponto de vista dos donos de hotel, é como se eles estivessem na curva de oferta original no ponto *B*.

Vamos conferir isso. Como sabemos que 5.000 quartos serão oferecidos ao preço de $ 100? Porque o preço líquido de impostos é $ 60 e, de acordo com a curva de oferta original, 5.000 quartos serão oferecidos ao preço de $ 60, como mostra o ponto *B* da Figura 7.2.

Isso não lhe parece familiar? Deveria parecer. No Capítulo 5, descrevemos os efeitos de uma cota sobre as vendas: uma cota *introduz uma cunha* entre o preço pago pelos consumidores e o preço recebido pelos produtores. Um imposto seletivo faz o mesmo. Devido a essa cunha, os consumidores pagarão mais e os produtores receberão menos.

Em nosso exemplo, os consumidores – pessoas que alugam quartos de hotel – acabam pagando $ 100 por noite, $ 20 a mais que o preço pré-imposto de $ 80. Ao mesmo tempo, os produtores – isto é, os proprietários de hotel – recebem um preço líquido de impostos de $ 60 por quarto, $ 20 a menos que o preço pré-imposto. Além disso, o imposto gera oportunidades perdidas: 5.000 consumidores potenciais que teriam alugado quartos de hotel – aqueles dispostos a pagar $ 80 mas não $ 100 por noite – são desestimulados de alugar quartos. De modo correspondente, 5.000 quartos que se tornariam disponíveis se os donos de hotel recebessem $ 80

Figura 7.2 Imposto seletivo cobrado sobre quartos de hotel.

Um imposto de $ 40 por quarto de hotel cobrado dos donos de hotel desloca a curva de oferta de S_1 para S_2, um deslocamento para cima de $ 40. O preço de equilíbrio de quartos de hotel aumenta de $ 80 para $ 100 por noite, e a quantidade de equilíbrio de quartos ocupados cai de 10.000 para 5.000 por noite. Embora os donos de hotel paguem o imposto, de fato eles sofrem apenas metade da carga: o preço que recebem líquido do imposto cai apenas $ 20, de $ 80 para $ 60. Os hóspedes que alugam os quartos sofrem a outra metade da carga, pois o preço que eles pagam aumenta em $ 20, de $ 80 para $ 100.

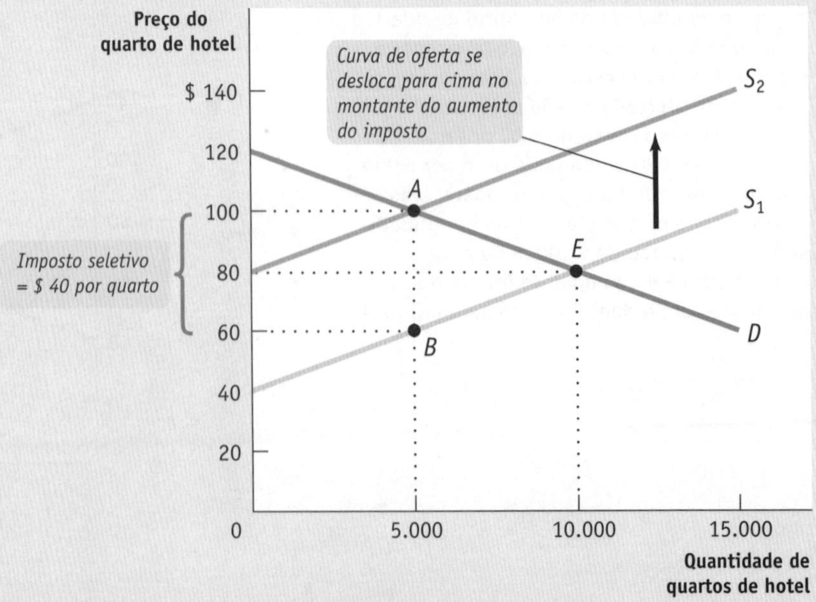

não são disponibilizados quando eles recebem apenas $ 60. Da mesma forma que uma cota, esse imposto causa ineficiência ao distorcer os incentivos e resulta em oportunidades perdidas de transações mutuamente benéficas.

É importante reconhecer que, da maneira como descrevemos, o imposto sobre os hotéis de Potterville é cobrado dos donos de hotel e não de seus hóspedes: é um imposto sobre os produtores, não sobre os consumidores. Contudo, o preço recebido pelos produtores, líquido de impostos, caiu apenas $ 20, metade do montante do imposto, e o preço pago pelos consumidores subiu $ 20. De fato, metade do imposto está sendo paga pelos consumidores.

O que aconteceria se o município criasse um imposto cobrado dos consumidores em vez dos produtores? Ou seja, suponha que, em lugar de exigirem que os donos de hotel paguem $ 40 por noite para cada quarto alugado, as autoridades municipais exijam que os *hóspedes* paguem $ 40 por noite que passarem em um hotel. A resposta aparece na Figura 7.3. Se um hóspede tem de pagar um imposto de $ 40 por noite, então o preço do quarto pago por esse hóspede tem de baixar $ 40 para que a quantidade de quartos demandada pós-imposto seja a mesma que a demanda pré-imposto. Assim, a curva de demanda se desloca *para baixo*, de D_1 para D_2, pelo montante do imposto.

A cada quantidade demandada, o preço de demanda – o preço oferecido ao consumidor para que ele demande determinada quantidade – caiu em $ 40. Isso desloca o equilíbrio de *E* para *B*, onde o preço de mercado dos quartos de hotel é $ 60, e 5.000 quartos de hotel são transacionados, isto é, comprados e vendidos. Quando se inclui o imposto, o hóspede de fato paga $ 100. Assim, do ponto de vista dos hóspedes, é como se eles estivessem em sua curva de demanda original no ponto *A*.

Comparando as Figuras 7.2 e 7.3, vemos imediatamente que elas mostram o mesmo resultado. Em cada caso, os consumidores pagam um preço real de $ 100, os produtores recebem de fato um preço de $ 60 e 5.000 quartos de hotel são comprados e vendidos. *De fato, não importa quem oficialmente paga o imposto: o resultado de equilíbrio é o mesmo.*

Essa percepção ilustra um princípio geral de economia tributária: a **incidência** de um imposto – quem de fato sofre a carga do imposto – é tipicamente uma questão que não se pode responder perguntando quem assina o cheque para o governo. Nesse caso específico, um imposto de $ 40 sobre quartos de hotel se

Incidência de um imposto é uma medida de quem realmente o paga.

Figura 7.3 Imposto seletivo cobrado dos hóspedes.

Um imposto de $ 40 por quarto cobrado dos hóspedes de hotel desloca a curva de demanda de D_1 para D_2, deslocamento para baixo no valor de $ 40. O preço de equilíbrio de quartos de hotel cai de $ 80 para $ 60 por noite, e a quantidade de quartos ocupados cai de 10.000 para 5.000. Embora nesse caso o imposto seja pago oficialmente pelos consumidores, enquanto na Figura 7.2 ele era pago pelos produtores, o resultado é o mesmo: depois do imposto, os donos de hotel recebem $ 60 por quarto, mas os hóspedes pagam $ 100. Isso ilustra um princípio geral: a incidência de um imposto seletivo não depende de quem paga oficialmente o imposto, se consumidores ou produtores.

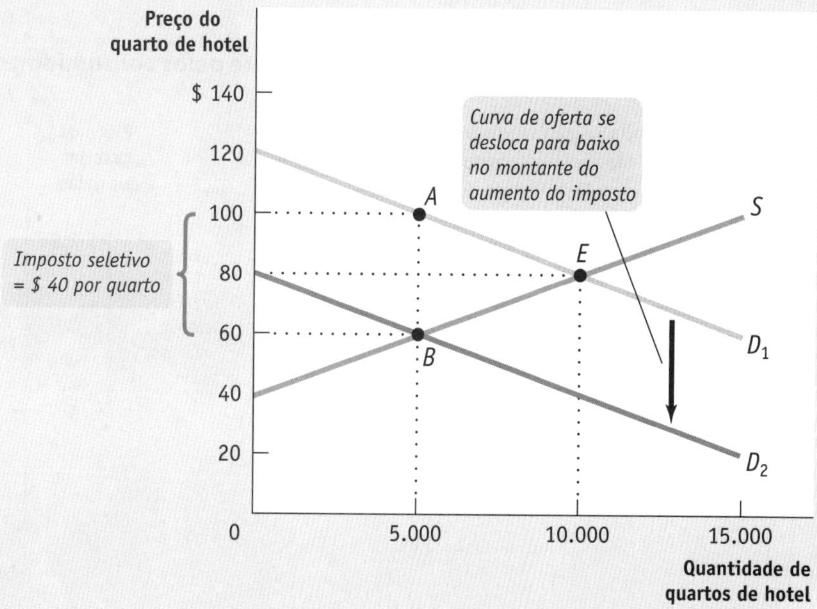

reflete em um aumento de $ 20 no preço pago pelo consumidor e uma redução de $ 20 no preço recebido pelos produtores. Aqui, independentemente de uma cobrança sobre consumidores ou sobre produtores, a incidência é dividida igualmente entre eles.

Elasticidades-preço e incidência do imposto

Acabamos de ver que a incidência de um imposto seletivo não depende de quem o paga oficialmente. Nos exemplos das Figuras 7.1 a 7.3, um imposto sobre quartos de hotel incide igualmente sobre consumidores e produtores.

Mas é importante notar que esse resultado de meio a meio entre consumidores e produtores resulta dos pressupostos do exemplo. No mundo real, a incidência de um imposto seletivo recai de forma desigual sobre consumidores e produtores: um grupo suporta mais da carga total do que outro.

O que determina como a carga de um imposto seletivo é alocada entre consumidores e produtores? A resposta depende do formato das curvas de oferta e de demanda. *Mais especificamente, a incidência de um imposto seletivo depende da elasticidade-preço da oferta e da elasticidade-preço da demanda.* Podemos verificar isso examinando primeiro um exemplo em que os consumidores pagam a maior parte do imposto seletivo e, em seguida, um caso em que os produtores pagam a maior parte do imposto.

Quando um imposto seletivo é pago principalmente pelos consumidores. A Figura 7.4 mostra um imposto seletivo cuja carga recai principalmente sobre os consumidores: um imposto sobre a gasolina, fixado em $ 1 por galão. (De fato, existe um imposto sobre a gasolina, mas na verdade ele é de apenas cerca de $ 0,18 por galão nos Estados Unidos. Além disso, os estados impõem impostos seletivos que vão de $ 0,04 a $ 0,38 por galão.) De acordo com a Figura 7.4, na ausência de um imposto, a gasolina seria vendida por $ 2 o galão.

Dois pressupostos essenciais estão refletidos no formato das curvas de oferta e de demanda da Figura 7.4.

1. A elasticidade-preço da demanda por gasolina é presumidamente muito baixa, de modo que a curva de demanda tem inclinação relativamente alta. Recorde que uma elasticidade-preço da demanda baixa indica que a quantidade demandada muda pouco em resposta a mudanças de preço – característica de uma curva de demanda com inclinação forte.

Figura 7.4 Um imposto seletivo pago principalmente pelos consumidores.

A curva de demanda relativamente íngreme aqui reflete uma baixa elasticidade-preço da demanda por gasolina. A curva de oferta relativamente plana reflete uma alta elasticidade-preço da oferta. O pré-imposto de um galão de gasolina é de $ 2,00, e estabelece-se um imposto de $ 1,00 por galão. O preço pago pelos consumidores aumenta de $ 0,95 a $ 2,95, refletindo o fato de que a maior parte do ônus do imposto recai sobre os consumidores. Apenas uma pequena parte do imposto é paga pelos produtores: o valor que recebem diminui apenas $ 0,05, indo para $ 1,95.

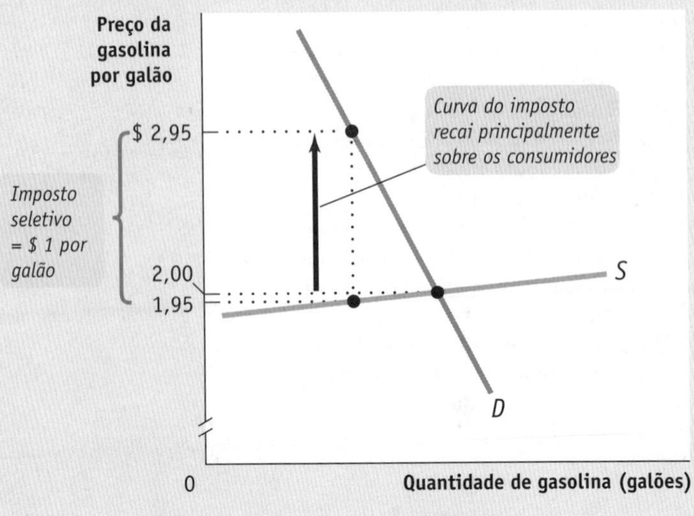

2. A elasticidade-preço da oferta de gasolina é presumidamente muito elevada, de tal modo que a curva de oferta é relativamente achatada. Elevada elasticidade-preço da oferta significa que a quantidade oferecida muda bastante em reposta a uma mudança de preço – característica de uma curva de demanda praticamente sem inclinação.

Acabamos de aprender que um imposto seletivo gera uma cunha igual ao tamanho do imposto entre o preço pago pelos consumidores e o preço recebido pelos produtores. Essa cunha leva para cima o preço pago pelos consumidores e para baixo o preço recebido pelos produtores. Mas, como podemos ver na Figura 7.4, nesse caso os dois efeitos têm tamanhos muito desiguais. O preço recebido pelos produtores cai ligeiramente, de $ 2,00 para $ 1,95, mas o preço pago pelos consumidores aumenta muito, de $ 2,00 para $ 2,95. Neste caso, os consumidores suportam a maior parte da carga tributária.

Esse exemplo ilustra mais um princípio geral da tributação: *quando a elasticidade-preço da demanda é baixa e a da oferta é alta, a carga de um imposto seletivo recai principalmente sobre os consumidores*. Por quê? Elasticidade-preço da demanda baixa significa que o consumidor tem poucos substitutos e, portanto, pouca alternativa a comprar a gasolina que aumentou de preço. Em contraposição, elasticidade-preço da oferta elevada resulta do fato de que os produtores têm muitos substitutos de produção para a sua gasolina (isto é, outros usos para o petróleo cru do qual a gasolina é refinada).

Isso dá aos produtores maior flexibilidade para se recusarem a aceitar preços mais baixos para a gasolina. E não surpreende que o lado com menos flexibilidade – nesse caso, os consumidores – acabe pagando a maior parte do imposto. Essa é uma boa descrição de como a carga dos principais impostos seletivos cobrados hoje em dia nos Estados Unidos, como sobre cigarros ou bebidas alcoólicas, é alocada entre consumidores e produtores.

Quando um imposto seletivo é pago principalmente pelos produtores. A Figura 7.5 mostra um exemplo de imposto seletivo pago sobretudo pelos produtores, $ 5,00 por dia para estacionamento no centro de uma cidade pequena. Na ausência do imposto, o preço de equilíbrio de mercado do estacionamento é de $ 6,00 por dia.

Pressupomos, nesse caso, que a elasticidade-preço da oferta é muito baixa porque a área usada para estacionamento tem poucos usos alternativos. Isso torna a curva de oferta para vagas de estacionamento relativamente íngreme. Supõe-se,

Figura 7.5 Um imposto seletivo pago principalmente pelos produtores.

A curva de demanda relativamente achatada reflete aqui a elevada elasticidade-preço da demanda por vagas de estacionamento no centro da cidade, e a curva de oferta de inclinação relativamente forte vem da baixa elasticidade-preço da oferta. O preço pré-imposto de uma vaga é $ 6,00 por dia e cria-se um imposto de $ 5,00 por dia. O preço recebido pelos produtores cai muito, para $ 1,50, refletindo o fato de que eles carregam a maior parte da carga do imposto. O preço pago pelos consumidores aumenta um pouco, em $ 0,50, até $ 6,50, de modo que sobre eles recai só um pouco da carga do imposto.

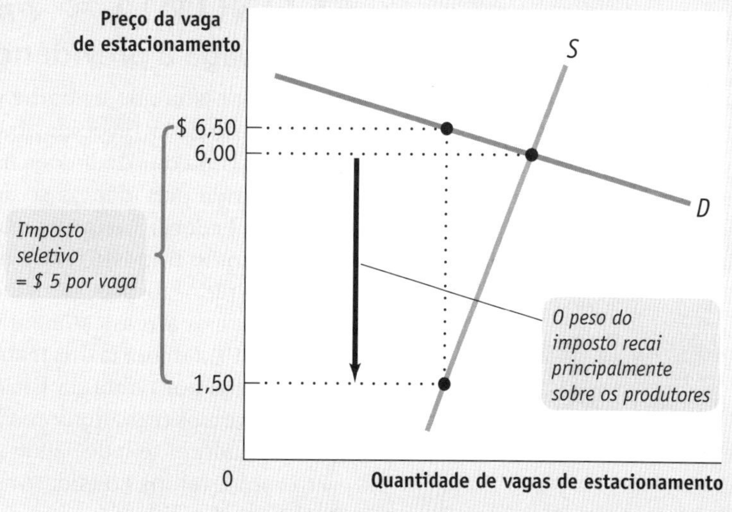

contudo, que a elasticidade-preço da demanda seja alta: os consumidores podem facilmente trocar as vagas do centro por estacionamentos próximos, a poucos minutos de caminhada, cujas vagas não estão sujeitas ao imposto. Isso torna a curva de demanda relativamente achatada.

O imposto gera uma cunha entre o preço pago pelos consumidores e o preço recebido pelos produtores. Nesse exemplo, contudo, o imposto provoca aumento muito pequeno do preço pago pelos consumidores, de $ 6,00 para $ 6,50, mas uma queda grande do preço recebido pelos produtores, de $ 6,00 para $ 1,50. No fim das contas, o consumidor arca com apenas $ 0,50 da carga tributária de $ 5,00, enquanto o produtor arca com os $ 4,50 restantes.

Mais uma vez, esse exemplo ilustra um princípio geral: *quando a elasticidade-preço da demanda é alta e a elasticidade-preço da oferta é baixa, a carga de um imposto seletivo recai sobretudo sobre os produtores.* Um exemplo da vida real é o imposto sobre a compra de casas já construídas. Antes do colapso do mercado imobiliário que se iniciou em 2007, os preços de residências com localização desejável haviam aumentado significativamente, à medida que gente mais rica de fora dessas localidades mudou-se para elas, comprando as casas dos ocupantes originais menos ricos.

Algumas dessas cidades impuseram o imposto sobre a venda de casas para extrair dinheiro dos novos moradores. Mas isso ignora o fato de que a elasticidade-preço da demanda por casas em determinada cidade, muitas vezes, é alta porque os moradores potenciais podem escolher outro lugar. Além disso, a elasticidade-preço da oferta muitas vezes é baixa porque a maioria dos que precisam vender suas casas tem de se transferir por causa do emprego ou precisa de fundos para sua aposentadoria. Assim, os impostos sobre a compra de casas, na verdade, são pagos principalmente pelos vendedores menos ricos e não pelos compradores ricos, diferentemente do que imaginam os funcionários municipais.

Juntando tudo. Acabamos de ver que, quando a elasticidade-preço da oferta é alta e a elasticidade-preço da demanda é baixa, um imposto seletivo cai principalmente sobre os consumidores. E quando a elasticidade-preço da oferta é baixa e a elasticidade-preço da demanda é alta, um imposto seletivo cai principalmente sobre os produtores. Isto nos leva à regra geral: *Quando a elasticidade-preço da demanda é maior do que a elasticidade-preço da oferta, um imposto especial seletivo cai principalmente sobre os produtores. Quando a elasticidade-preço da oferta é maior do que a elasticidade-preço da demanda, um imposto seletivo cai principalmente sobre os consumidores.*

Portanto, a elasticidade – não quem paga oficialmente o imposto – determina a incidência de um imposto seletivo.

ECONOMIA >> *em Ação*

Quem paga a previdência social?

Qualquer pessoa que trabalhe para um empregador recebe um contracheque que detalha a quantia recebida, bem como as quantias deduzidas a título de vários impostos. Uma das deduções importantes para a maioria das pessoas é o que elas pagam para a previdência social. Nos Estados Unidos, a lei relativa à previdência social é o Federal Insurance Contributions Act, lá conhecido pela sigla FICA ou também como imposto sobre a folha de salários. Segundo essa lei, pagam-se, nos Estados Unidos, a previdência social e o seguro-saúde conhecido por Medicare, que proporcionam assistência médica a aposentados e a pessoas com deficiência.

Em 2019, a maioria dos trabalhadores norte-americanos pagava 7,65% dos seus rendimentos por conta da FICA. (Em 2011, houve uma redução temporária desse imposto para os trabalhadores.) Mas isso representa, literalmente, apenas a metade: os empregadores têm de pagar um montante igual à contribuição de seu empregado.

Como devemos considerar as deduções de previdência social pela FICA? Elas são de fato divididas igualmente entre empregadores e empregados? Podemos usar nossa análise anterior para responder a essa pergunta, pois o que se paga por conta da FICA é como um imposto seletivo, um imposto sobre a venda e compra de trabalho. Metade é um imposto sobre os vendedores, isto é, os trabalhadores. A outra metade é um imposto sobre os compradores, isto é, os empregadores.

Mas já vimos que a incidência de um imposto, na verdade, não depende de quem de fato assina o cheque. Quase todos os economistas concordam que a FICA é de fato um imposto pago pelos trabalhadores e não por seus empregadores. A razão dessa conclusão está na comparação das elasticidades-preço da oferta de trabalho pelas famílias com as elasticidades-preço da demanda de trabalho pelas empresas.

Há evidência de que a elasticidade-preço da demanda por trabalho é bastante elevada, pelo menos 3. Isto é, um aumento médio dos salários de 1% levaria a um declínio de pelo menos 3% no número de horas de trabalho demandado pelos empregadores. Economistas acreditam, no entanto, que a elasticidade-preço da oferta de trabalho é muito baixa. O motivo é que, embora uma queda de salários reduza o incentivo para trabalhar mais horas, ela também torna as pessoas mais pobres e menos capazes de se darem ao luxo de ter tempo de lazer.

A força desse segundo argumento aparece nos dados: o número de horas que as pessoas estão dispostas a dedicar ao trabalho cai muito pouco – se é que cai – quando o salário por hora diminui.

A regra geral de incidência dos impostos diz que, quando a elasticidade-preço da demanda é muito mais alta que a elasticidade-preço da oferta, a carga de um imposto seletivo recai sobre os ofertantes. Assim, a carga dos impostos de previdência social da FICA é sobretudo dos que ofertam trabalho, isto é, os trabalhadores, ainda que no papel metade desses impostos seja paga pelos empregadores. Em outras palavras, a carga das deduções de previdência social da FICA é suportada pelos trabalhadores na forma de salários mais baixos, em vez de ser carregada pelos empregadores na forma de menores lucros.

Essa conclusão nos diz algo importante sobre o sistema tributário norte-americano: as deduções da FICA, mais que o tão malfalado imposto de renda, é que representam a principal carga tributária que recai sobre a maioria das famílias. Pagamentos da FICA representam 15,3% de todos os salários e honorários até $ 132.900 anuais (note que 7,65% + 7,65% = 15,3%). Isto é, a grande maioria dos trabalhadores nos Estados Unidos paga 15,3% dos seus salários em deduções de previdência social da FICA. Somente uma minoria das famílias norte-americanas paga mais que 15% de sua renda como imposto de renda. De fato, de acordo com estimativas do Congressional Budget Office, o comitê de orçamento do Congresso norte-americano, para mais de 70% das famílias as deduções da FICA são a principal mordida que o Tio Sam dá no orçamento delas.

>> Teste seu entendimento 7.1

As respostas estão no fim do livro.

1. Considere o mercado de manteiga apresentado na figura a seguir. O governo impõe um imposto seletivo de $ 0,30 por libra[1] de manteiga. Qual é o preço pago pelos consumidores após o imposto? Qual é a quantidade de manteiga comprada e vendida? Como a incidência do imposto é alocada entre consumidores e produtores? Mostre isso na figura.

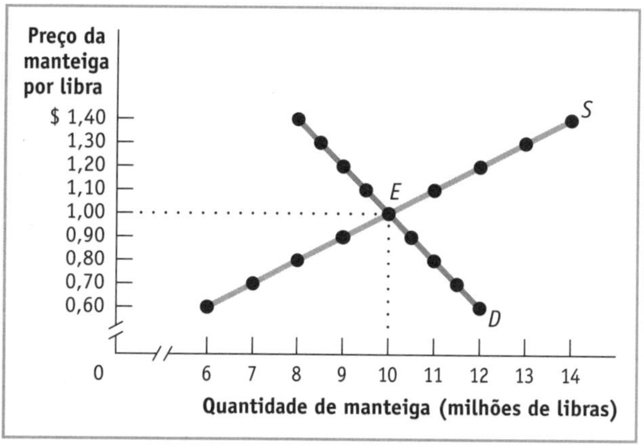

2. A demanda por livros-texto de economia é muito inelástica, mas a oferta é um tanto elástica. O que isso implica quanto à incidência de um imposto seletivo? Ilustre com um gráfico.

[1]N. R.: Uma libra corresponde a 0,45 quilo.

>> Revisão Rápida

- Um **imposto seletivo** gera uma cunha entre o preço pago pelo consumidor e o preço recebido pelo produtor, levando a uma queda na quantidade transacionada. Ele cria ineficiência ao distorcer incentivos e provocar oportunidades perdidas.
- A **incidência** de um imposto seletivo não depende de quem é formalmente tributado. Depende, sim, das elasticidades-preço da oferta e da demanda.
- Quanto maior a elasticidade-preço da oferta e quanto menor a elasticidade-preço da demanda, tanto mais pesada é a carga do imposto que recai sobre os consumidores. Quanto menor a elasticidade-preço da oferta e quanto maior a elasticidade-preço da demanda, tanto maior é a carga que recai sobre os produtores.

3. Verdadeiro ou falso? Quando substituímos um bem de ampla disponibilidade para os consumidores, mas para o qual os produtores têm dificuldade de ajustar a quantidade produzida do bem, a carga do imposto recai mais pesadamente sobre os produtores. Explique sua resposta.
4. A oferta de água mineral engarrafada é muito inelástica, e a demanda é elástica, mas não muito. O que isso implica para a incidência de um imposto? Ilustre com um gráfico.
5. Verdadeiro ou falso? Tudo o mais mantido constante, os consumidores prefeririam enfrentar uma curva de oferta menos elástica de um bem ou serviço no momento da cobrança de um imposto seletivo. Explique sua resposta.

Benefícios e custos da tributação

Quando um governo estuda criar um imposto ou elaborar um sistema tributário, ele tem de comparar os benefícios de um imposto com o seu custo. Normalmente, não pensamos em um imposto como algo que proporciona benefícios, mas os governos precisam de dinheiro para oferecer coisas que a população deseja, como defesa nacional ou serviço de saúde para quem não tem como pagá-lo. O benefício de um imposto é a receita que ele dá ao governo para proporcionar esses serviços. Infelizmente, tais benefícios vêm junto com um custo – um custo que normalmente é maior do que a quantia total que consumidores e produtores pagam. Primeiro, vamos examinar o que determina a quantidade de receita que um imposto arrecada, em seguida os custos que o imposto acarreta.

A receita de um imposto seletivo

Quanta receita o governo coleta de um imposto seletivo? No exemplo anterior do imposto sobre quartos de hotel, a receita é igual ao retângulo sombreado da Figura 7.6.

Para ver por que essa área representa a receita coletada com um imposto de $ 40 sobre quartos de hotel, note que a *altura* do retângulo é $ 40, igual ao imposto por quarto. Ela é também igual à cunha que o imposto gera entre o preço de oferta (o preço recebido pelos produtores) e o preço de demanda (o preço pago pelos consumidores). Enquanto isso, a *largura* do retângulo é 5.000 quartos, igual à quantidade de equilíbrio de quartos, dado o imposto de $ 40. Com essa informação, podemos fazer os cálculos a seguir.

Figura 7.6 Receita de um imposto seletivo.

A receita de um imposto seletivo de $ 40 sobre quartos de hotel é $ 200 mil, igual à taxa de imposto de $ 40 (o tamanho da cunha que o imposto interpõe entre preço de oferta e preço de demanda) multiplicado pelo número de quartos alugados, $ 5.000. Isso é igual à área sombreada do retângulo.

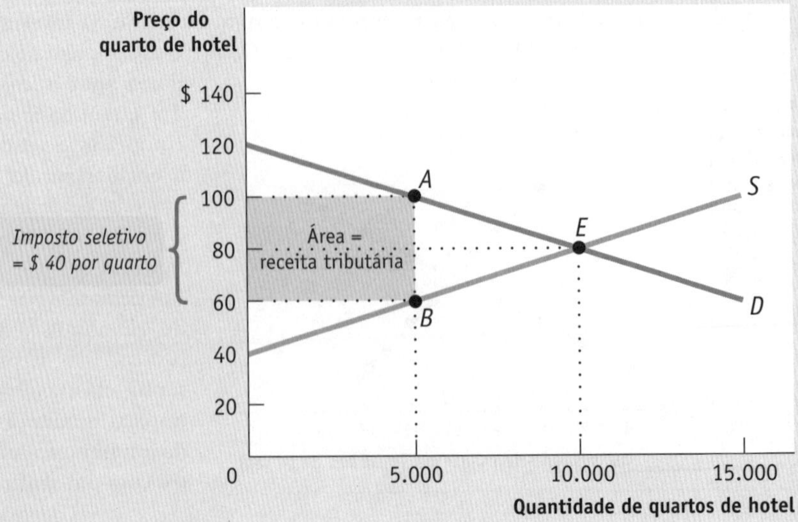

A receita arrecadada é:

Receita tributária = $ 40 por quarto × 5.000 quartos = $ 200.000

A área do retângulo sombreado é:

Área = largura × altura = $ 40 por quarto × 5.000 quartos = $ 200.000

ou

Receita tributária = área sombreada do retângulo

Este é um princípio geral: *a receita arrecadada por um imposto seletivo é igual à área do retângulo cuja altura represente a cunha entre as curvas de oferta e de demanda e cuja largura seja a quantidade transacionada dado o imposto.*

Taxa de impostos e receita

A **taxa de imposto** é a quantidade de impostos a que as pessoas são obrigadas a pagar por unidade do que está sendo tributado.

Na Figura 7.6, $ 40 por quarto é a *taxa de impostos* sobre quartos de hotel. Uma **taxa de impostos** é a quantidade de impostos que recai sobre a unidade do que está sendo tributado. Às vezes, os impostos são definidos em termos da quantia de unidades monetárias (no caso, o dólar) por unidade de um bem ou serviço, por exemplo, US$ 2,46 por maço de cigarros vendido. Outras vezes, são definidos como porcentagem do preço: por exemplo, o imposto sobre a folha salarial é 15,3% do rendimento de até US$ 128.400 de um trabalhador em 2018.

É óbvio que existe relação entre taxa de imposto e receita. Essa relação não é, contudo, de um para um. Em geral, quando se dobra a taxa de imposto sobre um bem ou serviço, isso não dobra a receita que tal imposto arrecada, pois o aumento do imposto reduzirá a quantidade transacionada (comprada e vendida) do bem ou serviço. E a relação entre o nível de impostos e a receita arrecadada pode nem ser positiva: em alguns casos, o aumento do imposto na verdade *reduz* a quantia arrecadada pelo governo.

Podemos ilustrar esse ponto usando nosso exemplo dos quartos de hotel. A Figura 7.6 mostrou a receita que o governo arrecada com um imposto de $ 40 sobre quartos de hotel. A Figura 7.7 mostra a receita que o governo arrecadaria com duas taxas alternativas: uma taxa mais baixa, de apenas $ 20 por quarto, e uma taxa mais alta, de $ 60 por quarto.

O painel (a) da Figura 7.7 mostra o caso de uma taxa de $ 20, metade da taxa que foi ilustrada na Figura 7.6. A essa taxa mais baixa, serão alugados 7.500 quartos, gerando uma receita de:

Receita tributária = 20 por quarto × 7.500 quartos = $ 150.000

Recorde que a receita tributária arrecadada com $ 40 por quarto é $ 200.000. Desse modo, a receita arrecadada com uma taxa de $ 20, ou seja, $ 150.000, é apenas 75% do montante arrecadado quando a taxa era o dobro ($ 150.000 / $ 200.000 × 100 = 75%). Em outras palavras, um aumento de 100% na taxa de imposto de $ 20 para $ 40 gera aumento de apenas um terço, ou 33,3% na receita, de $ 150.000 para $ 200.000 (($ 200.000 – $ 150.000) / $ 150.000 × 100 = 33,3%).

O painel (b) mostra o que acontece quando se aumenta a taxa de imposto de $ 40 para $ 60 por quarto, levando a uma queda no número de quartos alugados de 5.000 para 2.500. A receita arrecadada com uma taxa de imposto de $ 60 é:

Receita tributária = $ 60 por quarto × 2.500 quartos = $ 150.000

Isso é igualmente *menos* do que a receita arrecadada com $ 40 por quarto. Assim, aumentar a taxa de $ 40 para $ 60, de fato, diminui a arrecadação. Mais precisamente, nesse caso o aumento da taxa em 50% ($ 60 – $ 40 / $ 40 × 100 = 50%) reduz a receita em 25% ($ 150.000 – 200.000) / $ 200.000 × 100 = –25%). Por que isso aconteceu? Aconteceu porque a queda na receita tributária causada pela redução do número de quartos alugados mais do que cancelou o aumento de receita causado pelo aumento na taxa do imposto. Em outras palavras, estabelecer uma taxa de impostos tão alta que impeça um número significativo de transações tende a resultar em queda da receita tributária.

Figura 7.7 Taxas de imposto e receita tributária.

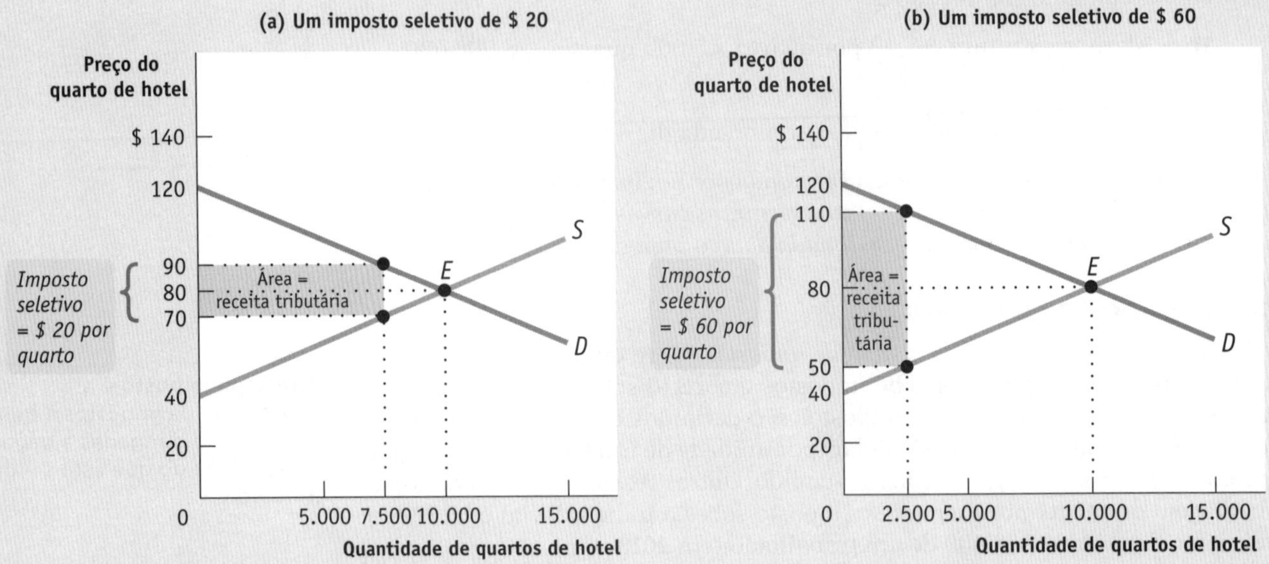

Geralmente, dobrar a taxa do imposto seletivo em uma mercadoria ou serviço não irá dobrar o total de receita coletado, já que o aumento do imposto irá reduzir a quantidade de mercadorias ou serviços comprados e vendidos. Além disso, a relação entre o nível do imposto e o total de receita coletado pode não ser positiva. O painel (a) apresenta a receita arrecadada pela taxa de imposto de $ 20 por quarto, apenas metade da taxa de imposto da Figura 7.6. A receita tributária arrecadada, representada pelo retângulo sombreado no gráfico, é de $ 150,00, ou seja, ¾ a mais do que a receita arrecadada pela taxa de imposto de $ 40. O painel (b) mostra que a receita arrecadada pela taxa de imposto de $ 60 é de $ 150.000. Assim, aumentar a taxa de imposto de $ 40 para $ 60 reduz a receita tributária.

Uma forma de pensar no efeito que o aumento de um imposto seletivo provoca na receita tributária é levar em conta que o aumento do imposto afeta a receita tributária de duas maneiras. Por um lado, o aumento do imposto significa que o governo arrecada mais receita por unidade do bem vendido, o que, tudo o mais mantido constante, levaria a um aumento da receita tributária total. Por outro lado, o aumento do imposto reduz a quantidade das vendas, o que, tudo o mais mantido constante, levaria a uma queda da receita tributária. O resultado depende tanto das elasticidades-preço da oferta e da demanda como do nível inicial do imposto.

Se as elasticidades-preço da oferta assim como da demanda são baixas, o aumento do imposto não reduzirá muito a quantidade transacionada, de modo que a receita tributária certamente aumentará. Se as elasticidades-preço são altas, o resultado é menos certo; se forem suficientemente altas, o imposto reduzirá a quantidade vendida a ponto de diminuir a receita tributária. Além disso, se a taxa de imposto inicial é baixa, o governo não perderá muita receita com a queda da quantidade vendida, de modo que o aumento do imposto certamente aumentará a receita tributária. Se a taxa de imposto inicial já é alta, o resultado mais uma vez é incerto. A receita tributária tende a cair ou subir muito pouco em decorrência do aumento do imposto somente nos casos em que as elasticidades-preço são altas e a taxa de imposto já é alta.

A possibilidade de que o aumento da taxa de impostos leve a uma queda da receita, com a possibilidade paralela de que uma redução da taxa de impostos possa aumentar a receita tributária, é um princípio básico de tributação que os formuladores de política levam em conta quando fixam as taxas de impostos. Isto é, ao considerar um imposto a ser criado com a finalidade de aumentar a receita (diferentemente dos impostos criados para desestimular comportamento indesejável, conhecidos como “impostos do pecado”), o formulador de política bem-informado não fixará um imposto em nível tão alto a ponto de sua eventual redução aumentar a arrecadação.

Na vida real, políticos nem sempre são tão bem-informados, mas tampouco são completamente idiotas. É por isso que é difícil encontrar no mundo real exemplos em que o aumento do imposto reduziu a receita tributária ou a queda do imposto aumentou a receita. Não obstante, a possibilidade teórica de que uma diminuição de impostos aumente a receita tributária desempenhou papel importante no folclore da política norte-americana. Como se explica no quadro "Para mentes curiosas", um economista que, na década de 1970, rabiscou em um guardanapo o gráfico de uma redução de impostos que aumentava a receita teve impacto significativo nas políticas econômicas adotadas nos Estados Unidos nos anos 1980.

PARA MENTES CURIOSAS As taxas de impostos francesas e a curva de Laffer

Uma tarde em 1974, o economista norte-americano Arthur Laffer desenhou em um guardanapo um diagrama que ficou conhecido como curva de Laffer. De acordo com esse diagrama, o aumento das taxas de impostos inicialmente aumenta a receita fiscal, mas, além de certo nível, um aumento contínuo das taxas de impostos faz com que a receita fiscal caia à medida que as pessoas renunciam à atividade econômica. De forma correspondente, uma redução nas taxas de impostos a partir desse limiar resulta em um aumento na atividade econômica à medida que mais pessoas dispõem-se a realizar transações econômicas.

Embora não seja uma ideia nova, o diagrama de Laffer capturou o debate político norte-americano da época. Em 1981, o recém-eleito presidente Ronald Reagan decretou cortes nos impostos com a promessa de que eles se pagariam por si mesmos – ou seja, os cortes nos impostos aumentariam tanto a atividade econômica que a receita do governo federal não cairia.

Muito poucos economistas acreditam agora que os cortes fiscais de Reagan realmente aumentaram a receita do governo federal porque, de modo geral, as taxas de impostos norte-americanas simplesmente não eram altas o suficiente para proporcionarem impedimento significativo à atividade econômica. Contudo, teoricamente, a curva de Laffer existe para altos níveis de taxas de impostos. E o caso do aumento dos impostos franceses parece apresentar uma ilustração do mundo real.

Uma mudança em 1997 na lei fiscal francesa aumentou significativamente os impostos sobre cidadãos franceses ricos. Além disso, ao contrário dos Estados Unidos, é relativamente fácil para um francês mudar-se para um país vizinho, como a Bélgica ou a Suíça, com impostos muito mais baixos sobre os ricos.

O assunto explodiu em uma briga pública entre o mais famoso presidente da França, François Hollande, e um dos atores mais famosos do país, Gérard Depardieu, quando Hollande anunciou uma taxa de imposto de 75% sobre rendas superiores a US$ 1,2 milhão para fechar um enorme déficit governamental. Estima-se que várias centenas de bilhões de dólares em ativos deixaram a França, juntamente com cidadãos franceses que optaram por deixar o país para escapar de taxas tributárias mais altas. Entre eles estava Depardieu, que renunciou à sua cidadania francesa e se mudou para a Bélgica. Além disso, as falências de empresas aceleraram-se e empresas cortaram investimentos. Então, em 2015, a política foi abandonada e a taxa de impostos sobre altos rendimentos retornou ao seu nível anterior.

Custos da tributação

Qual é o custo de um imposto? É o dinheiro que os contribuintes pagam ao governo? Em outras palavras, o custo de um imposto é a receita tributária arrecadada? A resposta a esta pergunta é, na verdade, mais complexa. Suponha que o governo utilize a receita tributária para prestar os serviços que os contribuintes desejam. Ou que apenas devolva a receita tributária aos contribuintes. Poderíamos dizer nesses casos que o imposto não custou realmente nada?

Não, não poderíamos – porque um imposto, como uma cota, impede a realização de transações mutuamente benéficas. Considere a Figura 7.6 mais uma vez. Aqui, com uma taxa de $ 40 sobre quartos de hotel, os hóspedes pagam $ 100 por quarto, mas os donos dos hotéis recebem apenas $ 60 por quarto. Por causa da cunha criada pelo imposto, sabemos que algumas transações não ocorrem, mas teriam ocorrido sem o imposto.

Por exemplo, sabemos pelas curvas de oferta e demanda que existem alguns hóspedes potenciais que estariam dispostos a pagar até $ 90 por noite e alguns proprietários de hotéis que estariam dispostos a fornecer quartos se recebessem pelo menos $ 70 por noite. Se esses dois conjuntos de pessoas pudessem negociar um com o outro sem o imposto, eles se envolveriam em transações mutuamente benéficas – quartos de hotel seriam alugados.

Mas tais negócios seriam ilegais, pois o imposto de $ 40 não seria pago. Em nosso exemplo, 5.000 possíveis aluguéis de quartos de hotel que teriam ocorrido na ausência do imposto, para benefício mútuo de hóspedes e proprietários de hotéis, não acontecem por causa do imposto. Especificamente, 5.000 (o número de aluguéis perdidos) é igual a 10.000 (a quantidade de equilíbrio a uma taxa não tributada de \$ 80) menos 5.000 (os quartos que são alugados com o imposto).

Assim, um imposto seletivo impõe custos além da receita tributária cobrada sob a forma de ineficiência, o que ocorre porque o imposto desestimula as transações de benefício mútuo. Como vimos no Capítulo 5, o custo para a sociedade desse tipo de ineficiência – o valor das transações mutuamente benéficas perdidas – é chamado de *peso morto*. Enquanto todos os impostos do mundo real impõem algum peso morto, um imposto mal concebido impõe peso morto maior do que um imposto bem concebido.

Para medir o peso morto de um imposto, voltamo-nos para os conceitos de excedente do produtor e do consumidor. A Figura 7.8 mostra os efeitos de um imposto seletivo sobre o excedente do consumidor e o excedente do produtor. Na ausência de imposto, o equilíbrio está em E, e o preço e a quantidade de equilíbrio são, respectivamente, P_E e Q_E. Um imposto seletivo gera uma cunha igual ao montante do imposto entre o preço recebido pelos produtores e o preço pago pelos consumidores, reduzindo a quantidade vendida. Nesse caso, em que o imposto é T dólares por unidade, a quantidade comprada e vendida cai para Q_T, o preço pago pelos consumidores aumenta para P_C, o preço de demanda da quantidade reduzida Q_T, e o preço recebido pelos produtores cai para P_P, o preço de oferta dessa quantidade reduzida. A diferença entre os preços $P_C - P_P$ é igual ao imposto seletivo T.

Usando os conceitos de excedente do produtor e do consumidor, podemos mostrar exatamente quanto se perde de excedente dos produtores e consumidores como resultado do imposto. Na Figura 4.5, vimos que a queda no preço de um bem gera ganho no excedente do consumidor igual à soma das áreas de um retângulo e de um triângulo. Assim, não é surpresa que, no caso de um imposto seletivo, o aumento no preço pago pelos consumidores provoque uma perda igual à soma das áreas de um retângulo e de um triângulo: o retângulo indicado por A e o triângulo indicado por B, na Figura 7.8.

A queda no preço recebido pelos produtores, enquanto isso, causa uma queda no excedente do produtor, o que é igualmente a soma das áreas de um retângulo e de um triângulo. A perda no excedente do produtor é a soma das áreas do retângulo indicado por C e do triângulo indicado por F, na Figura 7.8.

Evidentemente, embora consumidores e produtores sejam prejudicados pelo imposto, o governo obtém receita. A receita que o governo arrecada é igual ao

Figura 7.8 Um imposto reduz o excedente do consumidor e do produtor.

Antes do imposto, o preço e a quantidade de equilíbrio são, respectivamente, P_E e Q_E. Depois da imposição de um imposto seletivo de T por unidade, o preço para os consumidores aumenta para P_C e o excedente do consumidor cai no valor da soma do retângulo A com o triângulo B. O imposto também faz com que caia para P_P o preço para os produtores; o excedente dos produtores cai pela soma do retângulo C e do triângulo F. O governo recebe a receita do imposto, $Q_T \times T$, que é dada pela soma das áreas A e C. As áreas B e F representam a perda de excedente do consumidor e do produtor que não é arrecadada pelo governo como receita do imposto; essa perda é o peso morto causado pelo imposto à sociedade.

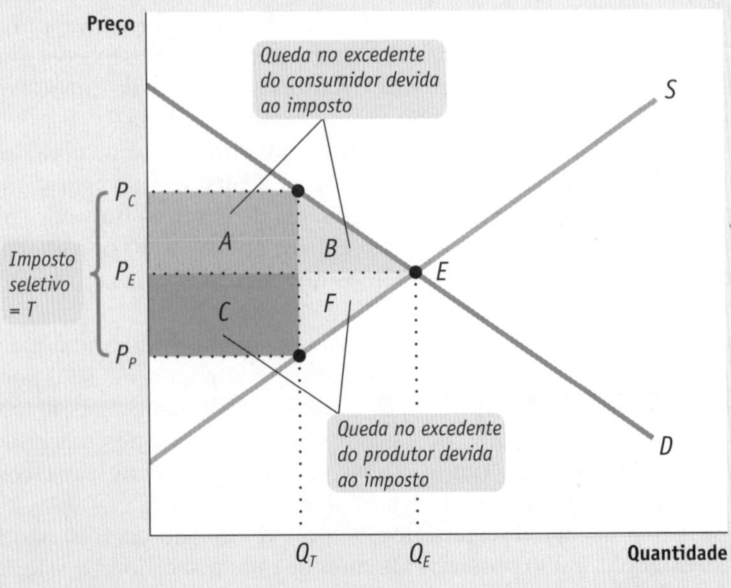

imposto por unidade vendida, *T*, multiplicado pela quantidade vendida Q_T. Essa receita é igual à área do retângulo com largura Q_T e altura *T*. E já temos esse retângulo na figura: é a soma dos retângulos *A* e *C*. Assim, o governo ganha parte do que consumidores e produtores perdem com o imposto seletivo.

Mas uma parte da perda para produtores e consumidores decorrente do imposto não é compensada pelo ganho do governo – especificamente, os dois triângulos *B* e *F*. O peso morto causado pelo imposto é igual à área combinada desses triângulos. Ele representa o excedente total que teria sido gerado por transações que agora são evitadas por causa do imposto.

A Figura 7.9 é uma versão da Figura 7.8 deixando de lado os retângulos *A* (o excedente transferido dos consumidores para o governo) e *C* (o excedente transferido dos produtores para o governo) e mostrando apenas o peso morto, agora representado por um triângulo sombreado. A base desse triângulo é a cunha tributária *T*; a altura do triângulo é a redução na quantidade vendida e comprada devida ao imposto, $Q_E - Q_T$. Fica claro que, quanto maior a cunha do imposto e quanto maior a redução nas quantidades negociadas, tanto maior a ineficiência derivada do imposto.

Mas, ao mesmo tempo, é preciso notar um ponto de comparação: se o imposto seletivo *não* reduzisse a quantidade comprada e vendida nesse mercado – se, pós-imposto, Q_T não fosse menor que Q_E –, o triângulo sombreado desapareceria e o peso morto do imposto seria zero. Essa observação é a contraparte do princípio examinado antes neste capítulo: um imposto causa ineficiência porque desestimula transações mutuamente benéficas entre compradores e vendedores. Assim, se um imposto não desencoraja as transações, ele não provoca peso morto. Nesse caso, o imposto desloca o excedente diretamente dos consumidores e produtores para o governo.

O uso de um triângulo para medir o peso morto é um técnica que tem muitas aplicações econômicas. Por exemplo, triângulos são usados para medir o peso morto derivado não só de impostos seletivos, mas também de outros tipos de tributos. São usados também para medir o peso morto produzido por monopólios, uma forma diferente de distorção de mercados. Triângulos de peso morto são frequentemente usados para avaliar os custos e benefícios de outras políticas públicas além da política fiscal; por exemplo, decisões sobre a imposição de critérios de segurança mais rigorosos para certos produtos.

Figura 7.9 O peso morto decorrente de um imposto.

Um imposto provoca peso morto porque cria ineficiência: algumas transações mutuamente benéficas deixam de ocorrer por causa do imposto, a saber, as transações $Q_E - Q_T$. A área sombreada representa o valor do peso morto: é o excedente total que teria sido obtido das transações $Q_E - Q_T$. Se o imposto não tivesse desestimulado as transações – se o número de transações permanecesse em Q_E –, não teria havido peso morto.

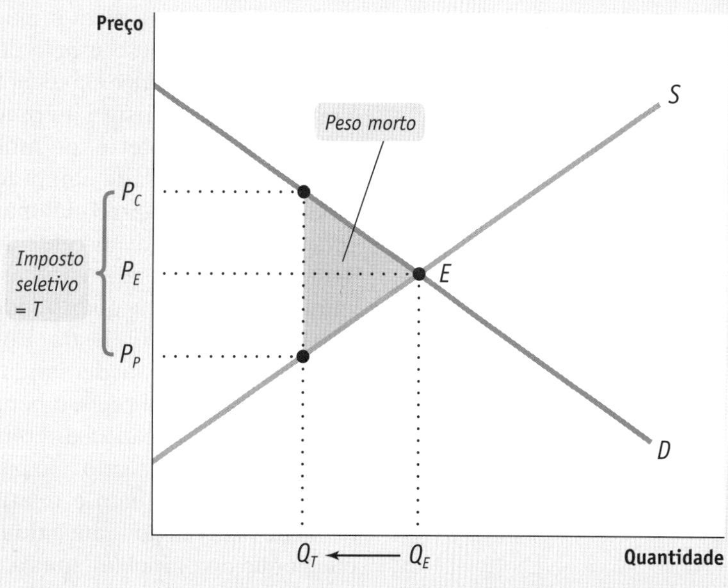

Custos administrativos de um imposto são os recursos utilizados para sua cobrança, para o método de pagamento e por quaisquer tentativas de fugir do imposto.

Ao considerarmos o montante total de ineficiência causado por um imposto, temos de levar em conta também algo que não aparece na Figura 7.9: os recursos de fato usados pelo governo para arrecadar impostos, e dos contribuintes para pagá-los, sobre o montante do imposto. Esses recursos são chamados de **custos administrativos** do imposto. O custo administrativo mais familiar do sistema tributário norte-americano é o tempo que os indivíduos gastam preenchendo suas declarações de imposto de renda ou o dinheiro que pagam por serviços de preparação de declarações de impostos como os fornecidos por empresas como H&R Block. (Este último é considerado uma ineficiência do ponto de vista da sociedade porque os recursos gastos na preparação da declaração poderiam ser utilizados para outros fins, não relacionados a impostos).

Incluídos nos custos administrativos que os contribuintes incorrem estão os recursos utilizados para fugir do imposto, tanto legal como ilegalmente. Os custos de operação da Receita Federal, braço do governo encarregado de cobrar o imposto de renda federal, são na verdade bastante pequenos em comparação com os custos administrativos pagos pelos contribuintes.

Portanto, obtemos:

Ineficiência total dos impostos = Peso morto + Custos administrativos

A regra geral da política econômica é que, em igualdade de circunstâncias, um sistema fiscal deve ser projetado para minimizar a ineficiência total que ele impõe à sociedade. Na prática, outras considerações também se aplicam, mas este princípio, no entanto, dá orientação valiosa. Os custos administrativos são geralmente bem conhecidos, mais ou menos determinados pela tecnologia atual de cobrança de impostos (por exemplo, arquivamento de devoluções em papel *versus* arquivamento eletrônico).

Mas como podemos prever o tamanho do peso morto associado a determinado imposto? Não surpreende, como em nossa análise da incidência de um imposto, que as elasticidades-preço da oferta e da demanda desempenhem papéis cruciais na realização de tal previsão.

Elasticidades e peso morto de um imposto

Sabemos que o peso morto decorrente de um imposto seletivo ocorre porque ele evita a ocorrência de algumas transações mutuamente benéficas. Mais especificamente, o excedente do produtor e do consumidor que se deixa de ganhar porque essas transações foram perdidas é igual ao tamanho do próprio peso morto. Isso significa que, quanto maior o número de transações evitadas pelo imposto, tanto maior é o peso morto.

Isso nos dá uma pista importante para entender as relações entre elasticidade e o tamanho do peso morto decorrente de um imposto. Recorde que, quando a demanda ou a oferta é elástica, a quantidade demandada ou a quantidade ofertada é relativamente sensível ao preço. Assim, um imposto sobre um bem para o qual a demanda ou a oferta, ou ambas, são elásticas causa uma queda relativamente grande na quantidade comprada e vendida e, portanto, um peso morto elevado. Adicionalmente, quanto maior a elasticidade quer da demanda, quer da oferta, maior será o peso morto decorrente de um imposto. De forma correspondente, quando a demanda ou a oferta, ou ambas, são inelásticas, um imposto causará queda relativamente pequena na quantidade transacionada e peso morto relativamente menor.

Os quatro painéis da Figura 7.10 ilustram as relações positivas entre elasticidade-preço da demanda ou da oferta de um bem e o peso morto decorrente de um imposto sobre esse bem. Cada painel representa a mesma quantidade de imposto que é aplicado a diferentes bens; o tamanho do peso morto é dado pela área do triângulo sombreado. No painel (a), o triângulo de peso morto é grande porque a demanda desse bem é relativamente elástica – grande número de transações deixa de ocorrer por causa do imposto. No painel (b) traçamos a mesma curva de oferta que no painel (a), mas a demanda para esse bem é relativamente inelástica; o resultado é que o triângulo é pequeno, porque somente um pequeno número de

Figura 7.10 O peso morto e as elasticidades.

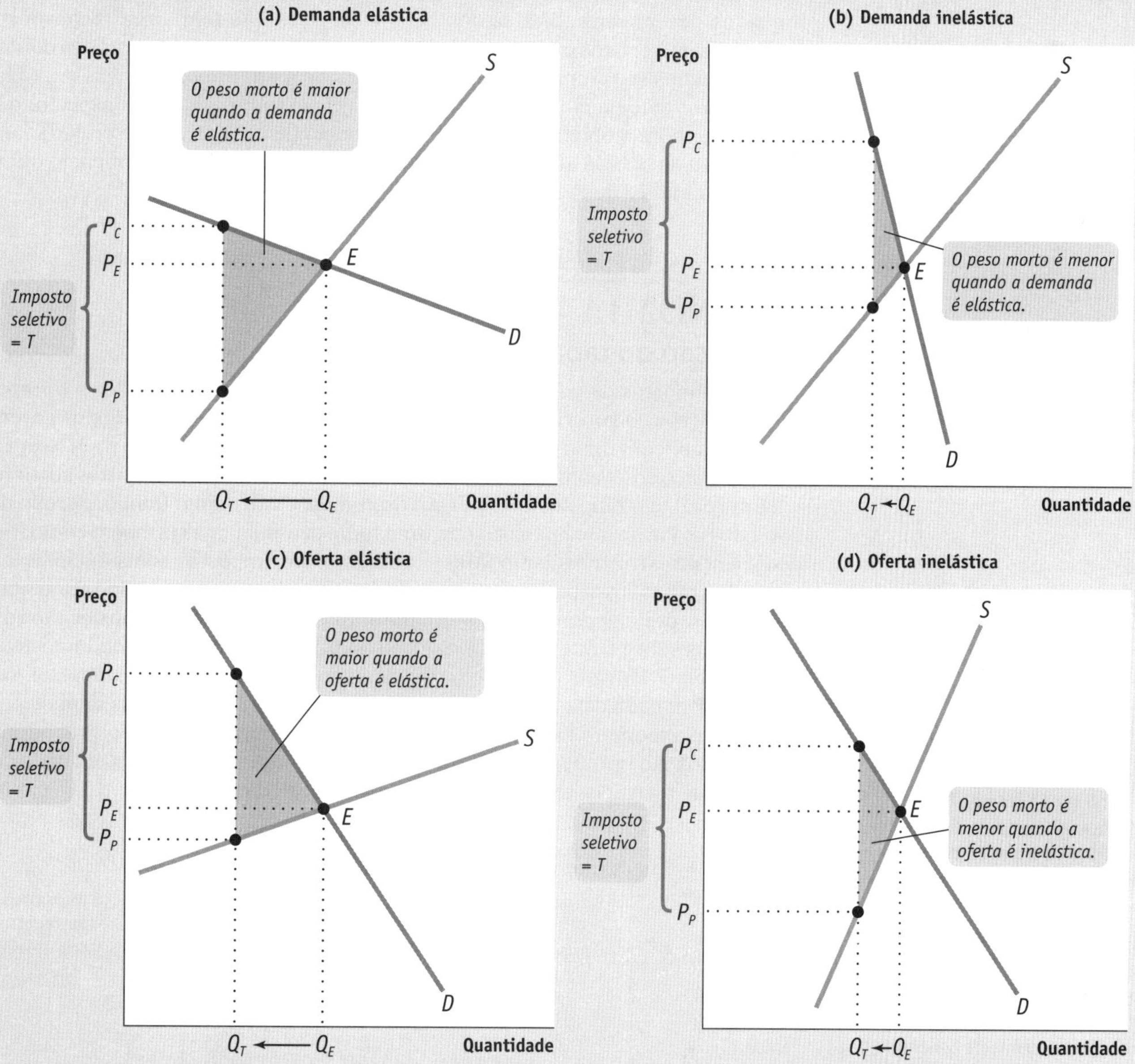

A demanda é elástica no painel (a) e inelástica no painel (b), mas as curvas de oferta são idênticas. A oferta é elástica no painel (c) e inelástica no painel (d), mas as curvas de demanda são idênticas. As perdas representadas pelo peso morto são maiores nos painéis (a) e (c) do que nos painéis (b) e (d) porque, quanto maior a elasticidade da demanda ou da oferta, tanto maior a queda na quantidade comprada e vendida induzida pelo imposto. Em contraste, quando a demanda ou a oferta é inelástica, tanto menor a queda na quantidade comprada e vendida pelo imposto e tanto menor o peso morto.

transações é evitado. De maneira semelhante, os painéis (c) e (d) contêm a mesma curva de demanda e curvas de oferta diferentes. No painel (c), uma curva de oferta elástica dá origem a um grande triângulo de peso morto, mas no painel (d) uma curva de oferta inelástica dá origem a um pequeno triângulo de peso morto.

A implicação desse resultado é clara: se queremos reduzir o custo da tributação em termos de eficiência, devemos desenhar impostos que incidam sobre bens cuja demanda ou oferta, ou ambas, sejam relativamente inelásticas. Para tais bens, um imposto pouco afeta o comportamento porque este é relativamente insensível a mudanças de preço. No caso extremo em que a demanda é perfeitamente inelástica (uma curva de demanda vertical), a quantidade demandada não muda com o estabelecimento do imposto. O resultado é que o imposto não provoca peso morto.

Assim, se o objetivo na decisão sobre quem tributar é minimizar o peso morto, impostos devem ser cobrados dos bens e serviços que tenham a resposta mais inelástica, isto é, bens e serviços em relação aos quais consumidores e produtores mudem menos seu comportamento como reação a um imposto (a não ser, é claro, que tenham tendência a se revoltar). E essa lição tem mais outro aspecto: o uso do imposto com o objetivo de reduzir a extensão de uma atividade prejudicial, tal como o uso de bebida alcoólica por menores de idade, terá maior impacto quando essa atividade for de demanda ou de oferta elástica.

ECONOMIA >> *em Ação*

Tributação do tabaco

Um dos impostos de consumo mais conhecidos nos Estados Unidos é o imposto sobre cigarros. O governo federal aplica imposto de $ 1,01 por maço; os governos estaduais aplicam impostos que variam de $ 0,17 centavos por maço no Missouri a $ 4,50 por maço em Washington D.C., e muitas cidades instituem impostos adicionais.

Em geral, os impostos sobre cigarros aumentaram com o tempo, porque mais governos os viram não apenas como uma fonte de renda, mas também como forma de desencorajar o tabagismo. Mas o aumento dos impostos sobre o cigarro não tem sido gradual. Normalmente, quando um governo estadual decide aumentar os impostos sobre cigarros, ele os aumenta muito – o que propicia aos economistas dados úteis sobre o que acontece quando há um grande aumento de impostos.

A Tabela 7.1 mostra os resultados de grandes aumentos nos impostos sobre cigarros. Em cada caso, as vendas caíram, exatamente como nossa análise prevê. Embora seja teoricamente possível que a receita tributária caia após um aumento de impostos tão grande, na realidade a receita tributária aumentou em cada caso. Isso porque o cigarro tem baixa elasticidade-preço da demanda.

>> *Revisão Rápida*

- Um imposto seletivo gera receita tributária igual à **taxa de imposto** multiplicada pelo número de unidades negociadas do bem ou serviço, mas reduz o excedente do consumidor e do produtor.
- A receita tributária que o governo arrecada é inferior à perda no excedente total porque o imposto cria ineficiência ao desencorajar algumas transações mutuamente benéficas.
- A diferença entre a receita tributária de um imposto seletivo e a redução no excedente total é o peso morto que resulta do imposto. A quantidade total de ineficiência que resulta de um imposto é igual ao peso morto mais os **custos administrativos** do imposto.
- Quanto maior o número de transações evitado em virtude do imposto, tanto maior é o peso morto. Por isso, impostos sobre bens com maior elasticidade-preço da oferta ou da demanda, ou de ambas, geram perdas maiores representadas pelo peso morto. Não há peso morto quando o número de transação não muda com o imposto. (Isto é, quando a oferta ou a demanda é perfeitamente inelástica).

Tabela 7.1 Resultados do aumento nos impostos sobre cigarros

Estado	Aumento do imposto (por maço)	Novo imposto estadual (por maço)	Mudança na quantidade transacionada	Mudança na receita tributária
Louisiana	$ 0,50	$ 0,86	–23,9%	81,0%
Kansas	0,50	1,29	–6,4	56,3
Nevada	1,00	1,80	–33,1	51,6
Pensilvânia	1,00	2,60	–18,1	31,3
Virgínia Ocidental	0,65	1,20	–15,8	83,7

Dados de: Orzechowski & Walker. Tax burden on Tobacco. U.S. Alcohol and Tobacco Tax and Trade Bureau.

>> *Teste seu entendimento* 7.2

As respostas estão no fim do livro.

1. A tabela mostra a disposição de cada um de cinco consumidores a pagar por uma lata de refrigerante *diet*, bem como o custo de cada um de cinco produtores ao vender uma lata de refrigerante *diet*. Cada consumidor compra no máximo uma lata de refrigerante,

Consumidores	Disposição a pagar	Produtores	Custo
Ana	$ 0,70	Zachary	$ 0,10
Brianna	0,60	Yves	0,20
Chizuko	0,50	Xavier	0,30
Dylan	0,40	Willian	0,40
Ella	0,30	Vern	0,50

e cada produtor vende no máximo uma lata. O governo pede seu conselho sobre os efeitos de um imposto seletivo de $ 0,40 por lata de refrigerante. Suponha que não haja custos administrativos do imposto.

a. Sem o imposto seletivo, quais são o preço de equilíbrio e a quantidade de equilíbrio do refrigerante comercializado?

b. O imposto seletivo aumenta o preço pago pelos consumidores pós-imposto para $ 0,60 e reduz o preço recebido pelos produtores pós-imposto para $ 0,20. Com o imposto seletivo, qual é a quantidade de refrigerante comercializado?

c. Sem o imposto seletivo, quanto de excedente do consumidor individual cada um dos consumidores obtém? E após o imposto? Quanto de excedente do consumidor total se perde em virtude do imposto?

d. Sem o imposto seletivo, quanto de excedente do produtor individual cada um dos produtores obtém? E pós-imposto? Quanto de excedente do produtor total se perde como resultado do imposto?

e. Quanta receita pública é gerada por esse imposto seletivo?

f. O que é o peso morto resultante da cobrança deste imposto seletivo?

2. Em cada um dos casos a seguir, concentre-se na elasticidade-preço da demanda e use um gráfico para ilustrar o provável tamanho – grande ou pequeno – do peso morto provocado por um imposto. Explique seu raciocínio.

a. Gasolina.

b. Barras de chocolate ao leite.

Equidade e eficiência dos impostos

Acabamos de ver como a análise econômica pode ser usada para determinar a ineficiência causada por um imposto. É claro que, tudo o mais mantido constante, os formuladores de políticas públicas devem escolher um imposto que crie menos ineficiência em vez de um que crie mais ineficiência. Mas essa orientação ainda deixa os formuladores das políticas com uma enorme gama de opções quanto ao que tributar e, portanto, quanto a quem vai arcar com a carga do imposto. Como deveriam ser usadas essas possibilidades de opção?

Uma resposta é que os formuladores de políticas deveriam tornar equitativo o sistema tributário. Mas, no caso, o que significa exatamente equidade ou justiça? Além disso, qualquer que seja a definição de equidade e justiça, como os formuladores de políticas devem equilibrar considerações de justiça em contraposição a considerações de eficiência?

Dois princípios de justiça tributária

Equidade, como beleza, muitas vezes depende do olhar do observador. No que se refere a impostos, contudo, a maioria dos debates sobre equidade se baseia em dois princípios de justiça tributária: o princípio dos *benefícios* e o princípio da *capacidade de pagar*.

Princípio dos benefícios. De acordo com o princípio de justiça tributária chamado **princípio dos benefícios**, quem se beneficia do gasto público deve arcar com o peso do imposto que paga por esse gasto. Por exemplo, quem se beneficia de uma estrada deve pagar pela manutenção dessa estrada, quem viaja de avião deve pagar pelo controle do tráfego aéreo, e assim por diante. O princípio dos benefícios é a base para algumas partes do sistema tributário nos Estados Unidos. Por exemplo, a receita do imposto federal sobre a gasolina é reservada especificamente para a manutenção e a melhoria das rodovias federais, inclusive o sistema interestadual de rodovias. Dessa forma, motoristas que se beneficiam do sistema rodoviário também pagam por ele.

De acordo com o princípio de justiça tributária chamado **princípio dos benefícios**, quem se beneficia dos gastos públicos deve arcar com a carga do imposto que paga por esses gastos.

O princípio dos benefícios é atrativo do ponto de vista econômico porque combina bem com uma das principais justificativas do gasto público, a teoria dos *bens públicos*, que será tratada no Capítulo 17. Essa teoria explica por que a ação governamental algumas vezes é necessária para fornecer às pessoas aqueles bens que os mercados por si mesmos não forneceriam, como, por exemplo, a defesa nacional. Se esse é o papel do governo, parece natural cobrar cada pessoa em proporção aos benefícios que ela obtém desses bens.

Considerações práticas, entretanto, impossibilitam basear todo o sistema tributário no princípio dos benefícios. Seria muito complicado ter um imposto específico para cada um dos muitos programas distintos que o governo oferece. Além disso, as tentativas de basear impostos no princípio dos benefícios muitas vezes entram em conflito com outro princípio fundamental da justiça tributária: o *princípio da capacidade de pagar.*

Na equidade tributária, de acordo com o **princípio da capacidade de pagar**, quem tem maior capacidade de pagar um imposto deveria pagar mais impostos.

Princípio da capacidade de pagar. De acordo com o **princípio da capacidade de pagar**, quem tem maior capacidade de pagar um imposto deve pagar mais. Este princípio é geralmente interpretado no sentido de que os indivíduos de alta renda devem pagar mais em impostos do que os indivíduos de baixa renda. Muitas vezes, o princípio da capacidade de pagar é usado para argumentar não apenas que os indivíduos de alta renda deveriam pagar mais impostos, mas também que deveriam pagar uma *porcentagem* maior de sua renda em impostos. Consideraremos a questão de como os impostos variam como porcentagem da renda mais tarde.

A Rebelião do Uísque descrita no início deste capítulo foi basicamente um protesto contra o fato de que o imposto sobre uísque não levou em conta o princípio da capacidade de pagar. Na verdade, o imposto fez os pequenos destiladores, agricultores de recursos modestos, pagarem uma proporção de sua renda maior que a dos destiladores ricos. Não surpreende que os agricultores se indignassem pelo fato de o novo imposto haver desconsiderado inteiramente o princípio da capacidade de pagar.

Equidade *versus* eficiência

Um **imposto de soma fixa** é o mesmo para todos, independentemente de quaisquer ações que as pessoas tomem.

No caso do imposto sobre o uísque, o montante fixo pago pelas grandes destilarias (em contraste com o imposto por galão pago pelas pequenas destilarias) era um exemplo de **imposto de soma fixa**, que é igual para todo mundo independentemente do que as pessoas façam. Nesse caso, as grandes destilarias pagavam o mesmo valor em impostos, independentemente da quantidade de galões que produzissem.

Impostos de soma fixa são em geral considerados menos justos do que impostos proporcionais ao valor da transação. Isso vale para a Rebelião do Uísque: embora os pequenos agricultores ficassem insatisfeitos com o novo imposto proporcional, ainda era menos do que eles teriam de pagar com o imposto de soma fixa, que teria exigido deles uma carga ainda mais injusta.

Mas o imposto do uísque por galão definitivamente distorcia os incentivos para que as pessoas fizessem transações mutuamente vantajosas; assim, criava peso morto. Por causa do imposto, alguns agricultores reduziriam a quantidade destilada e outros abandonariam de vez essa atividade. O resultado, seguramente, foi menor produção de uísque e menor renda obtida pelos agricultores por causa do imposto.

Em comparação, um imposto de soma fixa não distorce incentivos. Como as pessoas têm de pagar o imposto independentemente da sua situação, tal imposto não as leva a evitarem fazer certas coisas que aumentariam seus impostos e, por conseguinte, não causa peso morto. Impostos de soma fixa, embora injustos, são melhores que outros impostos para promover a eficiência econômica.

Pode-se tornar um sistema tributário mais justo mudando-o na direção do princípio dos benefícios ou do princípio da capacidade de pagar. Mas isso terá um custo, pois o sistema tributário passará a tributar as pessoas mais pesadamente com base em suas ações, aumentando a quantidade de peso morto. Essa observação reflete um princípio geral que aprendemos no Capítulo 1: frequentemente há *trade-off* entre equidade e eficiência.

Em um sistema fiscal bem projetado, há ***trade-off* entre equidade e eficiência**: o sistema só pode se tornar mais eficiente se for menos justo, e vice-versa.

A não ser que um sistema tributário seja mal desenhado, ele só poderá tornar-se mais equitativo ou justo à custa de tornar-se menos eficiente. Por outro lado, só poderá tornar-se mais eficiente ao preço de tornar-se menos equitativo. Isso significa que, normalmente, há ***trade-off* entre equidade e eficiência** na elaboração de um sistema tributário.

É importante entender que a análise econômica é incapaz de dizer quanta importância deve ser dada à equidade em um sistema de impostos ou quanta importância deve ser dada à eficiência. Essa escolha é um julgamento de valor que pode ser feito somente por meio do processo político.

ECONOMIA >> *em Ação*

A filosofia dos impostos federais

Qual é o princípio em que se baseia o sistema federal de impostos? (Por federal, entendemos os impostos arrecadados pelo governo federal, que são diferentes dos impostos arrecadados por estados e municípios.) A resposta é que isso depende do imposto.

O imposto federal mais conhecido, que nos Estados Unidos responde por cerca de metade de toda a receita federal, é o imposto de renda. A estrutura do imposto de renda reflete o princípio da capacidade de pagar: famílias de baixa renda pagam pouco ou nenhum imposto de renda. De fato, algumas famílias pagam imposto de renda negativo: nos EUA, um programa conhecido como Crédito Tributário sobre Renda do Trabalho (*Earned Income Tax Credit*) paga um adicional diferenciado que se soma aos rendimentos de trabalhadores com salários muito baixos. Enquanto isso, aqueles que têm renda elevada não só pagam muito imposto de renda, mas pagam uma parcela maior de sua renda a título de imposto de renda.

O segundo imposto federal em importância nos Estados Unidos, conhecido como imposto sobre a folha salarial, estrutura-se de forma muito diferente. Esse imposto sobre a folha salarial (estabelecido em uma lei norte-americana denominada *Federal Insurance Contributions Act* – FICA) foi originalmente introduzido em 1935 para pagar a previdência social, um programa que garante aposentadoria para os idosos norte-americanos que se qualificam para seu recebimento, além de fornecer benefícios para trabalhadores que se tornam incapacitados e para membros da família de trabalhadores que morrem. (Parte do imposto sobre a folha salarial é agora usada também para pagar pelo Medicare, um programa que custeia a maioria dos gastos médicos de norte-americanos idosos.)

O sistema de previdência social foi construído para ter a aparência de um programa de seguro particular: as pessoas contribuem para o sistema durante os anos em que trabalham e depois recebem benefícios com base no que pagaram. E o imposto reflete mais ou menos o princípio dos benefícios: uma vez que os benefícios da previdência social têm o objetivo de oferecer assistência às pessoas de baixa e média renda, e não aumentam substancialmente para os ricos, o imposto da previdência social incide somente sobre as rendas até certo nível máximo – de US$ 137.700 em 2020 (a parcela do imposto sobre a folha salarial que vai para o Medicare não tem limite superior). O resultado é que uma família de alta renda não paga muito mais imposto sobre a folha salarial do que uma família de renda média.

A Tabela 7.2 ilustra a diferença entre os dois impostos usando dados de um estudo do Congresso norte-americano. O estudo dividiu as famílias norte-americanas em cinco grupos: o quintil mais baixo é o dos 20% de famílias mais pobres, o segundo quintil é dos 20% de famílias que vêm logo a seguir no ordenamento da renda e assim por diante. A segunda coluna mostra a parcela da renda total antes do imposto recebida por um de cada quintil de famílias. A terceira coluna mostra a parcela do total do imposto de renda federal paga por cada quintil.

Como se vê, pelo programa de Crédito Tributário sobre Renda do Trabalho as famílias de baixa renda de fato pagam imposto de renda negativo. Mesmo as famílias de renda média pagam uma parcela do total de imposto de renda arrecadado bem menor do que sua parcela na renda total. Em contraste, o quintil das famílias de renda mais alta, os 20% mais ricos, paga uma parcela do imposto de renda muito maior do que sua parcela na renda total. A quarta coluna mostra a parcela no total do imposto sobre folha salarial paga por cada quintil, e o resultado é bem diferente: a parcela do total do imposto sobre a folha salarial paga pelo quintil das famílias de renda mais alta é substancialmente *menor* que sua parcela na renda total.

Tabela 7.2 Estados Unidos: parcelas da renda sem descontar impostos, parcelas do imposto de renda e parcelas do imposto sobre a folha salarial, por quintis, 2016

Grupo de renda	Porcentagem da renda total recebida antes do imposto	Porcentagem paga do total do imposto de renda federal	Porcentagem paga do total do imposto sobre folha salarial
Quintil mais pobre	3,8%	−4,2%	4,7%
Segundo quintil	8,9	−1,0	9,7
Terceiro quintil	13,6	4,2	15,5
Quarto quintil	20,5	13,7	24,3
Quintil mais rico	54,4	87,3	45,7

Dados de: Congressional Budget Office.

>> ***Revisão Rápida***

- Tudo o mais mantido constante, a política tributária do governo busca a eficiência tributária. Mas ela busca também a justiça tributária ou equidade tributária.
- Há dois princípios importantes de justiça tributária: o **princípio dos benefícios** e o **princípio da capacidade de pagar**.
- Um **imposto de soma fixa** é eficiente porque não distorce incentivos, mas em geral é considerado injusto. Em qualquer sistema tributário bem desenhado, há ***trade-off* entre equidade e eficiência** na formulação da política tributária. A importância relativa que o sistema tributário deve dar à equidade ou à eficiência é um julgamento de valor a ser decidido pelo processo político.

>> ***Teste seu entendimento* 7.3**

As respostas estão no fim do livro.

1. Avalie cada um dos impostos a seguir em termos de princípio dos benefícios *versus* princípio da capacidade de pagar. Que ações são distorcidas pelo imposto, se houver? Para simplificar, suponha em cada um dos casos que o comprador do bem arque com 100% da carga do imposto.

a. Um imposto de $ 500 por carro que financia programas de segurança das rodovias.

b. Um imposto local de 20% sobre quartos de hotel que financia despesas do governo local.

c. Um imposto local de 1% sobre o valor estimado dos imóveis residenciais que financia as escolas locais.

d. Um imposto sobre as vendas de alimentos, de 1%, que paga os programas governamentais de regulação e inspeção sanitária do setor de alimentos.

Entendendo o sistema tributário

Um imposto de vendas seletivo é o mais fácil de analisar, o que faz dele um bom instrumento para entender o princípio geral da análise tributária. Contudo, nos Estados Unidos, impostos de venda seletivos são de fato uma fonte relativamente pouco importante de receita governamental. Nesta seção, vamos desenvolver uma estrutura para entender as formas mais gerais de tributação e examinar alguns dos principais impostos usados nos EUA.

Base tributária é a medida ou valor, tal como renda ou valor da propriedade, que determina quanto um indivíduo ou empresa paga de imposto.

A **estrutura tributária** especifica como o imposto depende da base tributária.

Imposto de renda é um imposto sobre a renda de um indivíduo ou de uma família.

Imposto sobre a folha salarial é um imposto sobre a remuneração que um empregador paga a um empregado.

Imposto sobre a venda é um imposto sobre o valor das mercadorias vendidas.

Imposto sobre o lucro é um imposto sobre os lucros de uma empresa.

Base tributária e estrutura tributária

Cada imposto consiste em duas partes: uma *base* e uma *estrutura*. A **base tributária** é a medida ou o valor que determina quanto imposto é pago por um indivíduo ou uma empresa. Normalmente é uma medida monetária, como renda ou valor da propriedade. A **estrutura tributária** especifica como o imposto depende da base tributária. Normalmente é expressa como porcentagem; por exemplo, donos de imóveis em certas áreas pagariam de 2% de imposto sobre o valor de seus imóveis.

A seguir, alguns impostos importantes e suas bases tributárias:

- **Imposto de renda**: imposto que depende dos rendimentos de um indivíduo ou família provenientes de salários e investimentos.
- **Imposto sobre a folha salarial**: imposto que depende dos salários e honorários que um empregador paga ao empregado.
- **Imposto sobre a venda**: imposto que depende do valor de um bem vendido (também conhecido como imposto seletivo).
- **Imposto sobre o lucro**: imposto que depende dos lucros de uma empresa.

- **Imposto sobre a propriedade**: imposto que depende do valor da propriedade, tal como o valor de um imóvel.
- **Imposto sobre fortuna**: um imposto que depende da riqueza acumulada individual.

Imposto sobre a propriedade é um imposto sobre o valor da propriedade, tal como o valor de uma casa.

Imposto sobre fortuna é um imposto sobre a riqueza de um indivíduo.

Uma vez definida a base tributária, a questão seguinte é como o imposto depende da base. A estrutura tributária mais simples é um **imposto proporcional**, algumas vezes chamado *imposto horizontal*, que é a mesma porcentagem da base, independentemente da renda ou riqueza do contribuinte. Por exemplo, um imposto territorial fixado em 2% do valor da propriedade, independentemente de a propriedade valer $ 10.000 ou $ 10.000.000, é um imposto proporcional.

Imposto proporcional mantém a mesma porcentagem da base tributária, independentemente da renda ou do patrimônio do contribuinte.

Muitos impostos, contudo, não são proporcionais. Em vez disso, diferentes pessoas pagam diferentes porcentagens, geralmente porque a lei tenta levar em conta o princípio dos benefícios ou o princípio da capacidade de pagar.

Como os impostos, em última instância, são pagos com renda, os economistas classificam os impostos de acordo com a maneira pela qual eles variam com a renda dos indivíduos. Imposto que aumenta em proporção maior do que a renda, de tal modo que os contribuintes de alta renda pagam porcentagem maior de sua renda do que os contribuintes de baixa renda, é um **imposto progressivo**. Imposto que aumenta menos do que proporcionalmente ao aumento de renda, de tal modo que os contribuintes de alta renda pagam porcentagem menor de sua renda em imposto comparados com os de baixa renda, é um **imposto regressivo**. Um imposto proporcional sobre a renda não seria nem progressivo nem regressivo.

Imposto progressivo toma uma parte da renda dos contribuintes de alta renda maior do que a dos contribuintes de baixa renda.

Imposto regressivo absorve uma parcela da renda de contribuintes de alta renda menor que a de contribuintes de baixa renda.

O sistema tributário dos Estados Unidos inclui uma mistura de impostos progressivos e regressivos, embora, tomado em seu conjunto, seja levemente progressivo.

Equidade, eficiência e tributação progressiva

A maioria das pessoas – mas não todas – considera que um sistema tributário progressivo é mais justo que um regressivo. A razão é o princípio da capacidade de pagar: uma família de alta renda que paga em imposto 35% da sua renda, ainda assim, fica com muito mais dinheiro do que uma família de baixa renda que paga de imposto apenas 15%. Mas as tentativas de tornar os impostos fortemente progressivos se defrontam com um *trade-off* entre equidade e eficiência.

Para ver por quê, consideremos o exemplo hipotético ilustrado na Tabela 7.3. Supomos que haja duas espécies de pessoas na Taxmânia:[2] metade da população ganha $ 40.000 por ano e metade ganha $ 80.000, de modo que a renda média é $ 60.000 por ano. Supomos também que o governo da Taxmânia precise arrecadar um quarto dessa renda em impostos: $ 15.000 anuais por pessoa.

Uma maneira de arrecadar essa receita seria via imposto proporcional, que tomaria um quarto da renda de cada pessoa. Os resultados desse imposto proporcional aparecem na segunda coluna da Tabela 7.3: pós-imposto, pessoas de renda mais baixa da Taxmânia ficariam com $ 30.000 por ano e pessoas de renda mais alta ficariam com $ 60.000.

Tabela 7.3 Impostos proporcionais *versus* progressivos na Taxmânia

Renda pré-imposto	Renda pós-imposto com tributos proporcionais	Renda pós-imposto com tributos progressivos
$ 40.000	$ 30.000	$ 40.000
$ 80.000	$ 60.000	$ 50.000

Mesmo esse sistema poderá ter algum efeito negativo sobre incentivos. Suponha, por exemplo, que terminar a faculdade melhoraria a chance de uma pessoa na Taxmânia obter emprego de remuneração mais alta. Algumas pessoas que investiriam tempo e esforço para frequentar a faculdade na esperança de aumentar sua renda de $ 40.000 para $ 80.000, um ganho de $ 40.000, talvez não fizessem esse esforço por um ganho potencial de apenas $ 30.000, a diferença pós-imposto entre os salários do emprego que paga menos e do que paga mais.

Um sistema tributário fortemente progressivo, no entanto, criaria um problema de incentivos muito maior. Suponha que o governo da Taxmânia decida isentar a metade mais pobre da população de qualquer imposto, mas ainda assim queira arrecadar a mesma quantidade de receita tributária. Para isso, teria de arrecadar

[2]N. R.: O autor faz um trocadilho com o nome geográfico Tasmânia e a palavra *tax* (imposto, em inglês).

$ 30.000 de cada indivíduo que ganha $ 80.000 por ano. Como mostra a terceira coluna da Tabela 7.3, as pessoas ganhando $ 80.000 ficariam com uma renda pós-imposto de $ 50.000 – apenas $ 10.000 a mais do que a renda pós-imposto das pessoas ganhando a metade. Isso reduziria consideravelmente o incentivo para que as pessoas investissem no esforço de aumentar seus rendimentos.

O ponto central é que um sistema tributário tomará (anulará) parte do ganho que um indivíduo obtém ao subir na escala dos rendimentos, reduzindo o incentivo para ganhar mais. Mas um imposto progressivo toma parcela de ganho maior do que um imposto proporcional, criando um efeito mais adverso sobre incentivos. Ao comparar os efeitos de sistemas tributários, muitos economistas concentram a atenção na **taxa marginal de imposto**: a porcentagem do aumento de renda que é tomada (anulada) pelo imposto. Nesse exemplo, a taxa marginal de imposto sobre a renda superior a $ 40.000 é de 25% com o imposto proporcional, mas de 75% com o imposto progressivo.

Taxa marginal de imposto é a porcentagem do aumento de renda tomada pelo imposto.

Nosso exemplo hipotético é muito mais extremo que a realidade da tributação progressiva nos Estados Unidos de hoje. Mas, como se mostrou no quadro Economia em Ação, as taxas marginais de imposto pagas pelas pessoas de mais alta renda em anos passados eram de fato muito altas. Contudo, com o passar do tempo, essas taxas se tornaram mais moderadas à medida que surgiram preocupações acerca dos severos efeitos sobre incentivos quando os impostos são extremamente progressivos. Em resumo, o princípio da capacidade de pagar empurra o governo para um sistema tributário altamente progressivo, mas considerações de eficiência empurram no sentido contrário.

Impostos nos Estados Unidos

A Tabela 7.4 mostra a receita arrecadada com os principais impostos nos Estados Unidos em 2010. Alguns desses impostos são coletados pelo governo federal e outros pelos estados e governos locais.

Tabela 7.4 Principais impostos nos Estados Unidos, 2018

Impostos federais (bilhões de dólares)		Estaduais e municipais (bilhões de dólares)	
Sobre a renda	1.620,2	Sobre a renda	420,9
Sobre folha salarial	1.344,4	Sobre vendas	411,9
Sobre lucros	147,4	Sobre lucros	58,4
		Sobre a propriedade	562,0

Dados de: Bureau of Economic Analysis.

Existe um imposto importante para cinco das seis bases tributárias que identificamos anteriormente. Há impostos sobre a renda, impostos sobre a folha salarial, impostos sobre as vendas, impostos sobre os lucros e impostos sobre a propriedade. Todos eles desempenham papel importante no sistema tributário em seu conjunto. O único item que falta é um imposto sobre fortunas. De fato, os Estados Unidos têm imposto sobre fortunas, o *imposto sobre o patrimônio* (*estate tax*), que depende do valor do patrimônio de uma pessoa depois que ela morre. Em todo caso, ele arrecada muito menos dinheiro do que os impostos que mostramos na tabela.

Além dos impostos que mostramos na tabela, os governos estaduais e municipais arrecadam somas substanciais com outras fontes, tão variadas como licença de motorista e taxa de esgoto. Essas tarifas e taxas constituem uma parte importante do peso dos impostos, mas são muito difíceis de resumir ou analisar.

Os impostos na Tabela 7.4 são progressivos ou regressivos? Depende do imposto. O imposto de renda da pessoa física é fortemente progressivo. O imposto sobre a folha salarial, exceto na parte que vai para o Medicare, pago somente sobre rendimentos que vão até US$ 137.700, é ligeiramente regressivo. Impostos sobre vendas em geral são regressivos porque as famílias de alta renda poupam uma parte maior da sua renda e assim gastam uma parcela menor em bens tributados, comparadas com famílias de baixa renda. Além disso, há outros impostos, principalmente os que incidem em níveis estadual e municipal, que tipicamente são bastante regressivos: custa o mesmo renovar a licença de motorista, não importa qual seja a sua renda.

Em seu conjunto, os impostos arrecadados pelo governo federal são bastante progressivos. A segunda coluna da Tabela 7.5 mostra estimativas da taxa média de imposto federal paga pelas famílias em diferentes níveis de renda ganha em 2016. Essas estimativas não incluem apenas o que as famílias pagam diretamente. Elas procuram estimar a incidência dos impostos pagos diretamente pelas empresas, como o imposto sobre lucros corporativos, que em última instância recai sobre os acionistas individuais. Essa tabela mostra que o sistema federal de impostos é de fato progressivo, com as famílias de baixa renda pagando uma parcela relativamente pequena de sua renda em impostos federais, e as famílias de alta renda pagando uma parcela maior de sua renda.

A partir do ano 2000, o governo federal reduziu os impostos de renda para a maioria das famílias. Os maiores cortes, tanto na receita quanto na arrecadação de impostos federais, foram para as famílias com alta renda. Como resultado, o sistema federal tornou-se menos progressivo porque a parcela da renda paga pelas famílias de alta renda caiu em relação à parcela paga pelas famílias de média e baixa renda. Mais recentemente, houve duas grandes mudanças nas alíquotas do imposto de renda. Em 2013, alguns desses cortes de impostos expiraram para os norte-americanos com renda alta, e tributos adicionais foram impostos sobre a renda superior para ajudar a pagar a reforma da saúde. Mas as alíquotas de impostos para pessoas com alta renda foram novamente reduzidas com a aprovação da Lei de Cortes de Impostos e Emprego de 2017. Enquanto a taxa média de impostos federais para os norte-americanos mais ricos era aproximadamente a mesma em 2016 e em 2000, provavelmente tenha tido queda significativa na época em que este texto foi escrito.

Tabela 7.5 Impostos federais, estaduais e municipais como porcentagem da renda, por categorias de renda, 2016

Grupo de renda	Federais	Estaduais e municipais	Total
Quintil mais pobre	1,7%	11,4%	13,1%
Segundo quintil	9,4	10,1	19,5
Terceiro quintil	13,9	9,9	23,8
Quarto quintil	17,9	9,5	27,4
15% seguintes	22,0	8,9	30,9
4% seguintes	26,8	8,0	34,8
1% mais rico	33,3	7,4	40,7
Média	13,3	9,4	22,7

Dados de: Congressional Budget Office; Institute on Taxation and Economic Policy; cálculos dos autores.

Contudo, como mostra a terceira coluna da Tabela 7.5, impostos estaduais e municipais em geral são regressivos porque o imposto sobre vendas, a principal fonte de receita dos estados, é um tanto regressivo, e outros itens, como o licenciamento de veículos, são fortemente regressivos.

Em resumo, o sistema de impostos dos Estados Unidos é ligeiramente progressivo, com a parte rica da população pagando uma parcela mais alta de imposto de renda do que a parcela paga pelas famílias de classes média e baixa.

No entanto, existem diferenças importantes dentro do sistema fiscal norte-americano: o imposto de renda federal é mais progressivo do que o imposto sobre a folha de pagamento. E, como pode ser visto na Tabela 7.5, a tributação federal é mais progressiva do que a tributação estadual e a local.

Diferentes impostos, diferentes princípios

Por que alguns impostos são progressivos mas outros são regressivos? O governo não consegue se decidir?

Há duas razões principais para a mistura de impostos regressivos e progressivos no sistema tributário norte-americano: a diferença entre níveis de governo e o fato de que diferentes impostos são baseados em princípios diferentes.

COMPARAÇÃO GLOBAL — VOCÊ ACHA QUE PAGA MUITO IMPOSTO?

Todo mundo em toda parte se queixa dos impostos. Mas os cidadãos dos Estados Unidos têm menos do que se queixar que cidadãos da maioria dos outros países ricos.

Para avaliar o nível geral dos impostos, os economistas normalmente calculam o imposto como parcela do produto interno bruto (PIB), o valor total dos bens e serviços produzidos em um país. Por essa medida, como se pode ver na figura, em 2017 os impostos nos EUA eram os mais baixos na escala. Até o vizinho Canadá tem impostos significativamente mais altos. Na Europa, onde os governos precisam de receitas altas para pagar amplos benefícios como serviço de saúde garantido e generoso seguro-desemprego, os impostos são de 40 a 70% mais altos que nos EUA.

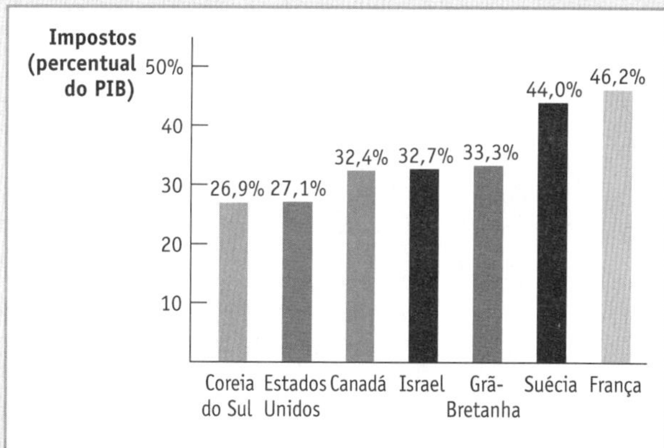

Dados de: OECD.

PARA MENTES CURIOSAS Tributar renda *versus* tributar consumo

O governo federal, nos Estados Unidos, tributa as pessoas principalmente sobre o dinheiro que elas *ganham* e não sobre o dinheiro que elas gastam. Mas a maioria dos especialistas em tributação argumenta que isso distorce os incentivos. Se uma pessoa obtém renda e em seguida investe essa renda para o futuro, ela é tributada duas vezes: uma vez quando ganha a soma original e de novo sobre qualquer rendimento que advém do seu investimento.

Assim, um sistema que tributa a renda desencoraja as pessoas de poupar e investir e oferece incentivo para que elas gastem sua renda hoje. E encorajar a poupança e o investimento é uma meta importante de política econômica, não só porque dados empíricos mostram que os norte-americanos tendem a poupar muito pouco para sua aposentadoria e para as despesas médicas que ocorrem mais tarde na vida, mas também porque a poupança e o investimento contribuem para o crescimento econômico.

Passar de um sistema que tributa renda para um que tributasse consumo resolveria esse problema. De fato, os governos de muitos países obtêm grande parte de sua receita de um imposto sobre o valor agregado, que funciona como um imposto nacional sobre as vendas. Em alguns países, a taxa de imposto sobre o valor agregado é muito alta; na Suécia, por exemplo, essa taxa é de 25%.

Os Estados Unidos não têm imposto sobre o valor agregado, por duas razões principais. Uma é que é difícil, embora não impossível, tornar progressivo um imposto sobre o consumo. A outra é que impostos sobre o valor agregado geralmente têm custos administrativos muito altos.

Em geral, os estados e especialmente os municípios não fazem muito esforço para aplicar o princípio da capacidade de pagar. Isso acontece, em boa medida, porque eles estão sujeitos à *guerra fiscal*: um estado ou município que decida impor impostos elevados às pessoas com renda alta poderá ver essas pessoas mudando para outros locais em que os impostos são mais baixos. Essa preocupação é bem menor em nível nacional, ainda que uma dezena de pessoas muito ricas tenha abdicado de sua cidadania norte-americana para evitar pagar impostos nos Estados Unidos.

Embora o governo federal tenha melhores condições do que estados e municípios para aplicar princípios de justiça tributária, ele aplica princípios diferentes a diferentes impostos. Já vimos isso no último exemplo de Economia em Ação. O imposto mais importante, o imposto de renda, é fortemente progressivo, refletindo o princípio da capacidade de pagar. Mas o segundo imposto mais importante, o imposto sobre a folha salarial, é ligeiramente regressivo, porque sua maior parte está vinculada a programas específicos – previdência social e assistência médica para idosos – e, refletindo o princípio dos benefícios, é cobrado mais ou menos na proporção dos benefícios recebidos desses programas.

ECONOMIA >> *em Ação*

Opções fiscais do estado

Enquanto os impostos federais são fortemente progressivos e os impostos estaduais e locais são regressivos, há grande variação de sistemas tributários entre os estados.

Você pode ver como essas diferenças podem ser grandes ao comparar a tributação nos dois estados mais populosos, Califórnia e Texas, mostrados na Figura 7.11. Os impostos da Califórnia são representados pelas barras mais escuras e os impostos do Texas, pelas barras mais claras.

Figura 7.11 Tributação média por categoria de renda na Califórnia e no Texas.

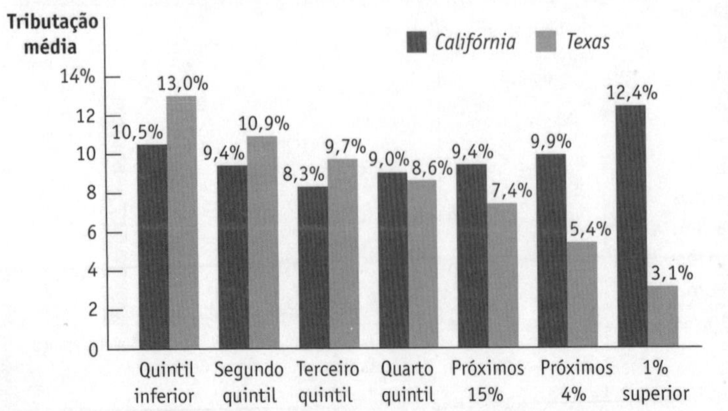

Dados de: Institute of Taxation and Economic Policy. *Who Pays*. 6. ed., 2018.

O Texas tem um governo relativamente pequeno comparado com a Califórnia, de modo que os impostos, como porcentagem da renda, são em média mais baixos. Mas os dois estados também fazem escolhas muito diferentes sobre como cobrar a receita. A Califórnia cobra um imposto de renda que pode chegar a 13,3% da renda, enquanto o Texas não tem imposto de renda. Além disso, a Califórnia oferece uma série de incentivos fiscais aos residentes de renda baixa e média que o Texas não oferece. O resultado é que as taxas médias de impostos são na verdade ligeiramente mais baixas na Califórnia para a metade inferior da distribuição de renda, mas muito mais altas para os residentes de renda mais alta.

Portanto, embora alguns estados como o Texas possam se anunciar como estados com impostos baixos, e políticos em quase todos os lugares se gabam de manter os impostos baixos, uma pergunta importante a ser sempre feita é: "taxas baixas para quem?". Ou seja, quais são os residentes que se beneficiam das baixas taxas de impostos?

Esta comparação nos ensina que a política tributária não é unidimensional. Há muitas opções envolvidas na criação de um sistema tributário, e manter os impostos baixos para algumas pessoas pode significar aumentá-los para outras.

>> *Teste seu entendimento* 7.4

As respostas estão no fim do livro.

1. Um imposto sobre a renda cobra 1% sobre os primeiros $ 10.000 de riqueza e 2% sobre toda a renda acima de $ 10.000.
   a. Qual é a taxa marginal de imposto para alguém com renda de $ 5.000 e quanto de imposto essa pessoa paga? Qual é o percentual do total de imposto na renda da pessoa?
   b. Qual é a taxa marginal de imposto para alguém com renda de $ 20.000 e quanto de imposto essa pessoa paga? Qual é o percentual do total de imposto na renda da pessoa?
   c. Esse imposto de renda é proporcional, progressivo ou regressivo?
2. Comparando famílias de diferentes níveis de renda, os economistas verificam que os gastos de consumo crescem mais lentamente que a renda. Suponha que, quando a renda aumenta 50%, de $ 10.000 para $ 15.000, os gastos de consumo aumentam 25%, de $ 8.000 para $ 10.000. Compare a porcentagem da renda paga em impostos por uma família com $ 15.000 de renda e a de uma família com $ 10.000 de renda, supondo um imposto sobre gastos de consumo de 1%. Esse imposto é proporcional, progressivo ou regressivo?
3. Verdadeiro ou falso? Explique suas respostas.
   a. Impostos sobre a folha salarial não afetam o incentivo de uma pessoa para aceitar um emprego porque eles são pagos pelos empregadores.
   b. Um imposto de soma fixa é um imposto proporcional porque o montante é o mesmo para cada pessoa.

>> *Revisão Rápida*

- Todo imposto consiste em uma **base tributária** e uma **estrutura tributária**.
- Entre os tipos de impostos classificados segundo a base tributária, há **os *impostos* de renda, sobre a folha salarial, sobre vendas, sobre lucros, sobre a propriedade e sobre a riqueza**.
- Os sistemas são classificados conforme sejam **proporcionais, progressivos** ou **regressivos**.
- Impostos progressivos muitas vezes se justificam pelo princípio da capacidade de pagar. Mas impostos fortemente progressivos levam a **taxas marginais de imposto** elevadas, que criam sérios problemas de incentivo.
- Os Estados Unidos têm uma mistura de impostos progressivos e regressivos. Contudo, em seu conjunto, a estrutura dos impostos é progressiva.

CASO EMPRESARIAL

Um aumento do imposto bem-vindo: Microsoft aumenta seu imposto interno sobre o carbono

A Microsoft acabou de aumentar um imposto – sobre si mesma. Em abril de 2019, a empresa anunciou que quase dobraria sua taxação interna de carbono, de US$ 8 para US$ 15 por tonelada métrica de dióxido de carbono. Embora a empresa tenha feito um progresso constante em direção a sua meta corporativa de reduzir as emissões de carbono em 75% até 2030, "a magnitude e a velocidade das mudanças ambientais do mundo tornaram cada vez mais claro que devemos fazer mais", nas palavras do presidente da Microsoft, Brad Smith. A empresa agora se compromete a atingir sua meta sete anos antes, em 2023.

As várias unidades de negócios da Microsoft – como sua Divisão Intelligent Cloud – são avaliadas trimestralmente pela gerência sênior. Um dos principais fatores na análise de desempenho é o lucro trimestral – ou seja, quanto a unidade de negócios ganhou acima de seus custos. Portanto, pode ser surpreendente saber que um tipo de custo que as unidades de negócios da Microsoft devem pagar é um imposto: o imposto de carbono que é cobrado internamente pela Microsoft sobre suas próprias unidades. A Microsoft começou a implementar um imposto interno de carbono em 2012, e desde então a política cresceu rapidamente em popularidade. Hoje, mais de 1.400 empresas e organizações – de Google, Disney e ExxonMobil à Universidade de Yale – cobram imposto interno sobre o carbono em suas operações.

Uma *taxa de carbono* é um imposto sobre um bem ou serviço avaliado de acordo com a quantidade de dióxido de carbono criada pela produção desse bem ou serviço. O dióxido de carbono é um dos principais poluentes por trás da mudança climática global.

Uma unidade de negócios da Microsoft determina sua taxa de imposto de carbono calculando a quantidade total de energia que consome para suas operações – como a energia consumida para seu espaço de escritório, data centers ou viagens de negócios. Em seguida, a quantidade de energia consumida é convertida em toneladas métricas de carbono – a quantidade de emissões de carbono gerado pelo consumo de energia da unidade. A Equipe de Sustentabilidade Ambiental da Microsoft então calcula a taxa de carbono de cada unidade. É uma soma substancial: mesmo antes do aumento de impostos de 2019, a Microsoft arrecadou aproximadamente US$ 30 milhões em receitas de imposto de carbono de suas unidades de negócios.

A receita do imposto de carbono é colocada em um fundo que paga por uma série de projetos de energia limpa dentro da Microsoft. Por exemplo, em sua sede corporativa em Redmond, estado de Washington, a receita do imposto de carbono paga por um sistema de coleta de dados e *software* que otimizou o uso de energia em 125 edifícios, gerando enorme economia de custos e emissões de carbono. Em apenas seus primeiros três anos, o sistema de imposto de carbono levou a uma economia de US$ 10 milhões para a Microsoft pela redução do consumo de energia e uma diminuição de 7,5 milhões de toneladas métricas nas emissões de carbono.

Embora o sistema interno de imposto de carbono reduza o lucro da empresa a curto prazo, os acionistas da Microsoft apoiam o sistema. Eles acreditam que a redução do consumo de energia no longo prazo levará a maiores lucros futuros. Por exemplo, com pesquisa e desenvolvimento gerados por seu próprio programa interno de imposto de carbono, a Microsoft desenvolveu importantes habilidades e tecnologia, particularmente na área de inteligência artificial. Essa nova capacidade está sendo usada agora para criar programas similares para seus clientes que também querem reduzir suas emissões de carbono e economizar energia. Nas palavras de Smith, "Já estamos ajudando a capacitar nossos clientes e parceiros com novas tecnologias para ajudá-los a impulsionar eficiências, transformar seus negócios e criar suas próprias soluções para criar um planeta mais sustentável".

QUESTÕES PARA PENSAR

1. Para economizar energia e reduzir as emissões de carbono, por que você acha que a Microsoft instituiu um imposto em vez de emitir uma diretiva para toda a empresa?
2. De que maneira a Microsoft está se comportando de forma similar a um governo? Por que isto é preferível a unidades de negócios agindo independentemente?
3. Que conflitos de escolha a Microsoft deve enfrentar ao determinar o tamanho do imposto de carbono? O que acontece se a taxa for muito alta? E se for demasiado baixa?
4. O que este caso lhe diz sobre a relação entre um objetivo e o tamanho da tributação criada para alcançar esse objetivo? Eles devem ser determinados de forma independente ou conjunta?

RESUMO

1. **Impostos seletivos** – impostos sobre a compra ou venda de um bem – aumentam o preço pago pelos consumidores e reduzem o preço recebido pelos produtores, gerando uma cunha entre os dois. A **incidência** do imposto – como a carga do imposto é dividida entre consumidores e produtores – não depende de quem oficialmente paga o imposto.
2. A incidência do imposto seletivo depende das elasticidades-preço da oferta e da demanda. Se a elasticidade-preço da demanda é superior à da oferta, o imposto recai em sua maior parte sobre os produtores; se a elasticidade-preço da oferta é superior à da demanda, o imposto recai principalmente sobre os consumidores.
3. A receita tributária gerada por um imposto depende da **taxa de imposto** e do número de unidades compradas e vendidas com o imposto. Impostos seletivos causam ineficiência na forma de peso morto porque desencorajam algumas transações mutuamente benéficas. Os impostos impõem também **custos administrativos**: recursos usados para arrecadar o imposto, para pagá-lo (para além do montante do imposto em si) e para evitá-lo.
4. Um imposto seletivo gera receita para o governo, mas reduz o excedente total. A perda no excedente total excede a receita tributária, resultando em peso morto para a sociedade. Esse peso morto é representado por um triângulo cuja área corresponde ao valor das transações desencorajadas pelo imposto. Quanto maior a elasticidade da demanda ou da oferta, ou de ambas, tanto maior o peso morto provocado por um imposto. Se a demanda ou a oferta for perfeitamente inelástica, não haverá peso morto.
5. Um imposto eficiente minimiza tanto a soma do peso morto devido aos incentivos distorcidos quanto os custos administrativos. Contudo, a justiça tributária, ou a equidade dos impostos, é igualmente uma meta da política tributária.
6. Há dois princípios importantes de justiça tributária, o **princípio dos benefícios** e o **princípio da capacidade de pagar**. O imposto mais eficiente, um **imposto de soma fixa**, não distorce incentivos, mas funciona mal em termos de justiça. Os impostos mais justos em termos do princípio da capacidade de pagar, contudo, são os que mais distorcem incentivos e funcionam mal no que se refere à eficiência. Assim, em um sistema tributário bem formulado, há um ***trade-off* entre equidade e eficiência**.
7. Todo imposto consiste em uma **base tributária**, que define o que é tributado, e uma **estrutura tributária,** que define como o imposto depende da base tributária. Diferentes bases tributárias dão origem a diferentes impostos: o **imposto de renda**, o **imposto sobre a folha salarial**, o **imposto sobre vendas**, o **imposto sobre lucros**, o **imposto sobre a propriedade** e o **imposto sobre a fortuna**. Um **imposto proporcional** apresenta a mesma porcentagem de base tributária para todos os contribuintes.
8. Um imposto é **progressivo** quando pessoas de renda mais elevada pagam de imposto porcentagem mais alta sobre sua renda do que as pessoas de renda mais baixa, e é **regressivo** se as pessoas mais ricas pagam porcentagem menor. Impostos progressivos muitas vezes se justificam pelo princípio da capacidade de pagar. Contudo, um sistema de impostos altamente progressivo distorce significativamente os incentivos, porque dá origem a uma elevada **taxa marginal de imposto,** a porcentagem de um aumento de renda que é absorvida pelos impostos no caso das rendas mais altas. O sistema tributário dos Estados Unidos em seu conjunto é progressivo, embora contenha uma mistura de impostos progressivos e regressivos.

PALAVRAS-CHAVE

QUESTÕES PARA PENSAR

1. Um estado norte-americano precisa levantar dinheiro e o governador tem a opção de impor um imposto seletivo do mesmo tamanho para dois bens que ainda não são taxados: pode estabelecer o imposto sobre refeições feitas em restaurantes ou sobre gasolina. Tanto a demanda quanto a oferta das refeições em restaurantes são mais elásticas que a demanda e a oferta de gasolina. Se o governador quer minimizar o peso morto decorrente do imposto, qual bem deve ser tributado? Para cada bem, desenhe um gráfico que ilustre o peso morto gerado pelo imposto.
2. Suponha que a demanda de gasolina seja inelástica e que a oferta seja relativamente elástica. O governo institui um imposto sobre a venda de gasolina. A receita tributária é usada para financiar a pesquisa de alternativas de combustível limpo à gasolina, o que melhorará o ar que todos nós respiramos.

a. Quem arcará com mais encargos com este imposto, consumidores ou produtores? Mostre em um diagrama quem arcará com a carga tributária.

b. Este imposto se baseia no princípio dos benefícios ou no princípio da capacidade de pagamento? Explique.

3. Você está aconselhando o governo sobre como pagar pela defesa nacional. Há duas propostas para um sistema tributário financiar a defesa nacional. Sob ambas as propostas, a base tributária é a renda de um indivíduo. Sob a proposta A, todos os cidadãos pagam exatamente o mesmo imposto, independentemente de sua renda. Sob a proposta B, os indivíduos com renda mais alta pagam uma proporção maior de sua renda em impostos.

a. O imposto da proposta A é progressivo, proporcional ou regressivo? E quanto ao imposto da proposta B?

b. O imposto da proposta A é baseado no princípio da capacidade de pagar ou no princípio dos benefícios? E quanto ao imposto da proposta B?

c. Em termos de eficiência, qual imposto é melhor? Explique.

4. Você trabalha para o Conselho de Assessores Econômicos, dando assessoria econômica à Casa Branca. O presidente quer reformar o sistema tributário e pede seu parecer. Suponha que o sistema de imposto de renda atual consista em um imposto proporcional de 10% sobre todas as rendas e que haja uma pessoa no país que ganha \$ 110 milhões; todas as demais ganham menos que \$ 100 milhões. O presidente propõe um corte de impostos para os muito ricos, de tal modo que o novo sistema de imposto de renda consistiria em um imposto proporcional de 10% para todas as rendas até \$ 100 milhões e taxa marginal de imposto de 0% (nenhum imposto) sobre a renda superior a \$ 100 milhões. Pede-se a sua avaliação dessa proposta de imposto.

a. Para rendas de \$ 100 milhões ou menos, esse sistema é progressivo, regressivo ou proporcional? E para rendas superiores a 100 milhões? Explique.

b. Tudo o mais mantido constante, esse sistema tributário criaria mais ou menos receita? Esse sistema de imposto é mais ou menos eficiente que o atual sistema? Explique.

PROBLEMAS

1. Os Estados Unidos cobram um imposto seletivo sobre a venda de passagens aéreas domésticas. Suponhamos que em 2010 o imposto total fosse \$ 6,10 por passagem (consistindo no imposto de \$ 3,60 pelo segmento voado mais o imposto de \$ 2,50 para segurança adicional cobrado depois do atentado terrorista de 11 de setembro de 2001). De acordo com dados do Escritório de Estatísticas de Transporte dos EUA, em 2015, 643 milhões de passageiros viajaram com passagens aéreas domésticas, ao preço médio de \$ 380 por viagem. A tabela a seguir mostra os preços de demanda por viagens aéreas. A quantidade demandada ao preço médio de \$ 380 é um dado da realidade; o resto é hipotético.

Preço da viagem	Quantidade de viagens demandada (milhões)	Quantidade de viagens ofertada (milhões)
\$ 380,02	642	699
380,00	643	698
378,00	693	693
373,90	793	643
373,82	913	642

a. Qual é a receita do governo em 2015 por conta desse imposto seletivo?

b. Em 1º de janeiro de 2016, o imposto seletivo total aumentou para \$ 6,20 por passagem. Qual a quantidade de equilíbrio agora transacionada? Qual é agora o preço médio da passagem? Qual é a receita do governo por esse imposto em 2016?

c. O aumento do imposto seletivo aumentou ou diminuiu a receita tributária do governo?

2. Em 1990, o governo dos Estados Unidos começou a cobrar um imposto sobre a venda de carros de luxo. Para simplificar, suponhamos que se tratasse de um imposto seletivo de \$ 6.000 por carro. A figura a seguir mostra curvas hipotéticas de demanda e oferta de carros de luxo.

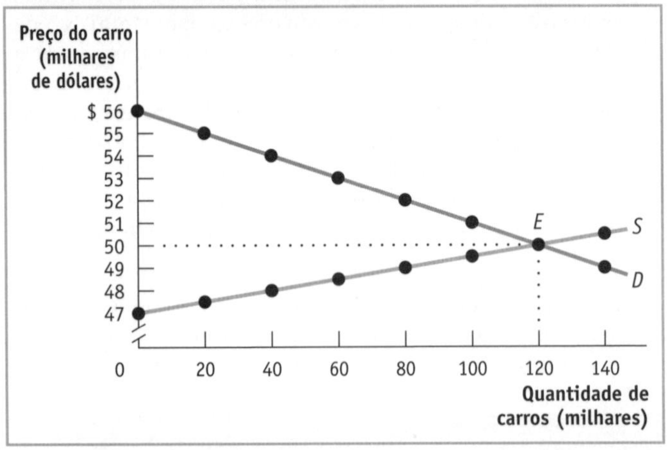

a. Pós-imposto, qual é o preço pago pelos consumidores? Qual é o preço recebido pelos produtores? Qual é a receita tributária do governo proveniente desse imposto seletivo?

Com o tempo, o imposto sobre carros de luxo foi gradualmente reduzido (e completamente extinto em 2002). Suponha que o imposto seletivo caia de \$ 6.000 por carro para \$ 4.500 por carro.

b. Depois da redução do imposto seletivo de \$ 6.000 para \$ 4.500 por carro, qual o preço pago pelos consumidores? Qual o preço recebido pelos produtores? Qual é agora a receita tributária?

c. Compare a receita tributária gerada pelo imposto nas partes *a* e *b*. O que explica a mudança de receita tributária com a redução do imposto seletivo?

3. Todos os estados norte-americanos impõem impostos seletivos sobre a gasolina. De acordo com a Administração Federal das Rodovias dos Estados Unidos, o estado da Califórnia impõe um imposto seletivo de \$ 0,40 por galão de gasolina. Em 2015, as vendas de gasolina na Califórnia totalizaram 14,6 bilhões de galões. Qual foi a receita do governo da Califórnia por conta do imposto sobre a gasolina? Se a Califórnia dobrasse o imposto seletivo, dobraria a receita? Por quê?

4. Nos Estados Unidos, o governo de cada estado pode impor seus próprios impostos seletivos sobre a venda de cigarros. Suponha que no estado de Texarkana do Norte o governo imponha um imposto de $ 2,00 por maço vendido dentro do estado. Diferentemente, o estado vizinho de Texarkana do Sul não cobra imposto seletivo sobre cigarros. Suponha que em ambos os estados o preço pré-imposto de um maço de cigarros seja $ 1,00. Suponha que o custo total para um morador de Texarkana do Norte contrabandear cigarros de Texarkana do Sul seja $ 1,8 (isso inclui custo do tempo, da gasolina etc.). Suponha que a curva de oferta de cigarros não seja perfeitamente elástica nem perfeitamente inelástica.

a. Faça um gráfico das curvas de oferta e de demanda de cigarros em Texarkana do Norte mostrando a situação na qual faz sentido, do ponto de vista econômico, que um morador de Texarkana do Norte contrabandeie cigarros de Texarkana do Sul para Texarkana do Norte. Explique o seu gráfico.

b. Faça um gráfico correspondente para uma situação na qual não faz sentido econômico para um morador de Texarkana do Norte contrabandear um maço de cigarros de Texarkana do Sul para Texarkana do Norte. Explique o seu gráfico.

c. Suponha que a demanda de cigarros em Texarkana do Norte seja perfeitamente inelástica. Até que ponto poderia chegar o custo de contrabandear um maço de cigarros até que o morador de Texarkana do Norte não mais considerasse vantajoso contrabandear cigarros?

d. Suponha ainda que a demanda de cigarros em Texarkana do Norte seja perfeitamente inelástica e que todos os moradores de Texarkana estejam contrabandeando seus cigarros ao custo de $ 1,85 por maço, de modo que não se pague imposto algum. Existe ineficiência nessa situação? Se existe, de quanto é por maço? Suponha que um *chip* embutido no maço de cigarros torne impossível contrabandear os cigarros de um estado para outro. Existe alguma ineficiência nessa situação? Se existe, de quanto é por maço?

5. Em cada um dos casos que se seguem, envolvendo impostos, analise: (i) se a incidência do imposto recai mais pesadamente sobre consumidores ou sobre produtores, (ii) por que a receita governamental arrecadada com o imposto não é um bom indicador do verdadeiro custo do imposto e (iii) como o peso morto resulta da introdução do imposto.

a. O governo impõe um imposto seletivo sobre a venda de todos os livros-texto. Antes do imposto, eram vendidos 1 milhão de livros a cada ano, ao preço de $ 50. Depois de criado o imposto, vendem-se 600 mil livros por ano; os estudantes pagam $ 55 por livro, dos quais a editora recebe $ 30.

b. O governo impõe um imposto seletivo sobre a venda de todas as passagens aéreas. Antes do imposto, vendiam-se 3 milhões de passagens aéreas por ano ao preço de $ 500. A partir da existência do imposto, vendem-se 1,5 milhão de passagens por ano; os passageiros pagam $ 550 por passagem, dos quais as companhias aéreas recebem $ 450.

c. O governo impõe um imposto seletivo sobre a venda de todas as escovas de dente. Antes do imposto, eram vendidos 2 milhões de escovas de dente ao preço de $ 1,50. Depois do imposto vendem-se 800 mil escovas por ano. Os consumidores pagam $ 2 por escova, dos quais $ 1,25 vai para os produtores.

6. O gráfico a seguir mostra o mercado de cigarros. O preço de equilíbrio corrente por maço é $ 4, e a cada dia se vendem 40 milhões de maços. A fim de recuperar uma parte dos gastos de saúde associados ao hábito de fumar, o governo impõe um imposto de $ 2 por maço. Isso aumentará o preço de equilíbrio para $ 5 por maço e reduzirá a quantidade de equilíbrio para 30 milhões de maços.

O economista que trabalha para o *lobby* do tabaco argumenta que esse imposto reduzirá o excedente do consumidor dos fumantes em $ 40 milhões por dia, pois 40 milhões de maços custam agora $ 1 a mais por maço. O economista trabalhando para o *lobby* dos fumantes passivos argumenta que essa é uma estimativa exagerada e que a redução no excedente do consumidor será de apenas 30 milhões por dia, pois, depois do estabelecimento do imposto, apenas 30 milhões de maços de cigarros serão vendidos, e cada um desses maços agora custa $ 1 a mais. Os dois estão errados. Por quê? Inclua em sua resposta um cálculo do excedente do consumidor antes e depois do imposto.

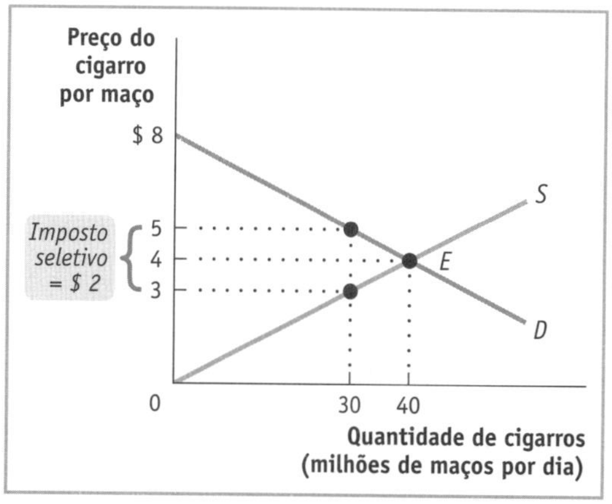

7. Considere o mercado original de pizzas em Collegetown, ilustrado na tabela a seguir. A prefeitura de Collegetown decide impor um imposto seletivo de $ 4 por pizza.

a. Qual é a quantidade de pizzas comprada e vendida depois de estabelecido o imposto? Qual é o preço pago pelos consumidores? Qual é o preço recebido pelos produtores?

b. Calcule o excedente do consumidor e o excedente do produtor depois de estabelecido o imposto. Em quanto a criação do imposto reduziu o excedente do consumidor? Em quanto reduziu o excedente do produtor?

Preço da pizza	Quantidade demandada de pizza	Quantidade ofertada de pizza
$ 10	0	6
9	1	5
8	2	4
7	3	3
6	4	2
5	5	1
4	6	0
3	7	0
2	8	0
1	9	0

c. Quanto é a receita arrecadada por Collegetown com esse imposto?

d. Calcule o peso morto desse imposto.

8. Avalie os quatro impostos a seguir, em termos do princípio dos benefícios comparado com o princípio da capacidade de pagar.

a. Um imposto sobre a gasolina que financia a manutenção das rodovias estaduais.

b. Um imposto de 8% sobre bens importados de valor superior a $ 800 por família, trazidos em voos de passageiros.

c. Uma tarifa de aterrissagem para aviões que custeia o controle do tráfego aéreo.

d. Uma redução no montante de imposto de renda a pagar com base no número de crianças dependentes por família.

9. Cada uma das propostas a seguir tem a renda como base tributária. Em cada caso, calcule a taxa marginal de imposto para cada nível de renda. Em seguida, calcule a porcentagem da renda paga em impostos para um indivíduo com renda antes dos impostos de $ 5.000 e para um indivíduo com renda antes dos impostos de $ 40.000. Classifique o imposto como proporcional, progressivo ou regressivo. (*Dica*: você pode calcular a taxa marginal de imposto como porcentagem de $ 1 de renda adicional que é tomada pelo imposto.)

a. Toda a renda é tributada em 20%.

b. Toda a renda até $ 10.000 é livre de imposto. Toda a renda acima de $ 10.000 é tributada à taxa constante de 20%.

c. Toda a renda entre $ 0 e $ 10.000 é tributada em 10%. Toda a renda entre $ 10.000 e $ 20.000 é tributada em 20%. Toda a renda superior a $ 20.000 é tributada em 30%.

d. Cada indivíduo que ganha mais que $ 10.000 paga um imposto de soma fixa de $ 10.000. Se a renda do indivíduo é menor que $ 10.000, ele paga em imposto exatamente o montante da sua renda.

e. Das quatro políticas tributárias, qual é a que tende a causar os piores problemas de incentivo?

10. Na Transilvânia, o sistema básico do imposto de renda é bastante simples. Os primeiros 40.000 sylvers (a moeda oficial da Transilvânia) ganhos a cada ano estão livres do imposto de renda. Qualquer renda adicional é tributada à alíquota de 25%. Além disso, cada indivíduo paga um imposto de seguridade social, que é calculado da seguinte forma: toda a renda de até 80.000 sylvers é tributada a um adicional de 20%, mas não há imposto previdenciário adicional sobre a renda acima de 80.000 sylvers.

a. Calcule as alíquotas marginais de imposto (incluindo imposto de renda e imposto previdenciário) para transilvanianos com os seguintes níveis de renda: 20.000 sylvers, 40.000 sylvers e 80.000 sylvers. (*Dica*: você pode calcular a alíquota marginal do imposto como a porcentagem de um sylver adicional na renda que é tributado.)

b. O imposto de renda na Transilvânia é progressivo, regressivo ou proporcional?

c. Quais incentivos de grupos de renda são mais adversamente afetados pelos sistemas combinados de imposto de renda e previdência social?

RESOLVA

11. O governo dos Estados Unidos gostaria de ajudar a indústria automobilística norte-americana a competir contra os fabricantes estrangeiros que vendem caminhões no país. Pode fazê-lo impondo uma cota de importação de caminhões ou criando um imposto seletivo cobrado para cada caminhão importado vendido nos EUA. A seguir estão as tabelas hipotéticas de demanda e oferta para caminhões importados.

Preço do caminhão importado	Quantidade de caminhões importados (em milhares)	
	Quantidade demandada	Quantidade fornecida
$ 32.000	100	400
31.000	200	350
30.000	300	300
29.000	400	250
28.000	500	200
27.000	600	150

a. Na ausência de intervenção governamental, qual é o preço de equilíbrio de um caminhão importado? Quantos são vendidos nos Estados Unidos? Ilustre com um gráfico.

b. Suponha que, em vez de uma cota, o governo cobre um imposto seletivo de $ 3.000 por caminhão importado. Ilustre o efeito desse imposto em seu gráfico da questão a. Quantos caminhões serão comprados agora e a que preço? Quanto os fabricantes estrangeiros vão receber por caminhão?

c. Calcule a receita do governo arrecadada com o imposto seletivo da questão b. Ilustre isso no seu gráfico.

d. Como um imposto seletivo sobre caminhões importados beneficia a indústria automobilística norte-americana? Quem é prejudicado? Como essa política governamental gera ineficiência?

8 Comércio Internacional

O TELEFONE ONIPRESENTE

O QUE FAZEM OS NORTE-AMERICANOS com seu tempo? A resposta é que eles o gastam em grande parte olhando para pequenas telas. Em 2018, o norte-americano médio passava três horas e 43 minutos por dia olhando para um *smartphone* (especialmente um iPhone) ou um *tablet*, um pouco mais de tempo do que eles passavam assistindo à TV.

De onde vêm essas pequenas telas? Mais precisamente, de onde vem um iPhone?

A Apple, que vende o iPhone, é uma empresa norte-americana. Mas, se você disse que os iPhones vêm da América, na maioria das vezes você está errado: a Apple desenvolve produtos, mas contrata quase toda a fabricação desses produtos com outras empresas localizadas principalmente no exterior. Mas também não é exatamente correto responder "China", mesmo que seja onde os iPhones são montados. A montagem é a última fase da produção do iPhone, na qual as peças são montadas na conhecida caixa de metal e vidro.

De fato, um estudo do iPhone X estimou que, do preço médio por atacado de cerca de US$ 800 por aparelho, menos de US$ 25 permaneceram na economia chinesa. Uma quantia substancialmente maior foi para os fabricantes sul-coreanos, que forneceram o *display* e os *chips* de memória. Houve também despesas substanciais com matérias-primas, que são fornecidas em todo o mundo. E a maior parte do preço – mais da metade – consistia na margem de lucro da Apple, que era em grande parte uma recompensa por pesquisa, desenvolvimento e *design*.

Então, de onde esses iPhones vêm? muitos lugares. E o caso do iPhone não é incomum: o carro que você dirige, as roupas que você usa, até mesmo os alimentos que come são geralmente produtos finais de cadeias de suprimentos complexas que atravessam o globo. O comércio internacional em grande escala como este não é novidade. Era bastante comum no início do século XX. Nas últimas décadas, entretanto, novas tecnologias de transporte e comunicação interagiram com políticas pró-comércio para produzir uma era de *hiperglobalização* na qual o comércio internacional disparou graças a complexas cadeias de produção, como a que coloca um iPhone na sua frente.

Essas cadeias de suprimentos globais tornam a economia mundial muito mais produtiva e, como resultado, mais rica do que seria se cada país tentasse ser autossuficiente. E não é apenas o mundo como um todo que se beneficia do comércio internacional: é quase certo que cada país também se beneficia. No entanto, o comércio internacional é controverso, porque às vezes prejudica determinados grupos *dentro* dos países. Por estas razões, devemos ter um quadro completo do comércio internacional para entender como funcionam as economias nacionais.

Este capítulo examina a economia do comércio internacional. Partimos do modelo de vantagem comparativa, que, como vimos no Capítulo 2, explica por que há ganhos com o comércio internacional. Vamos recapitular brevemente esse modelo aqui e, em seguida, passaremos a um exame mais detalhado das causas e consequências da globalização. •

O QUE VOCÊ IRÁ APRENDER?

- O que é vantagem comparativa e por que ela leva ao comércio internacional?
- Quais são as fontes de vantagem comparativa?
- Quem ganha e quem perde com o comércio internacional?
- Por que **proteções comerciais** como **tarifas** e cotas de importação criam ineficiência?
- Por que os governos se envolvem na proteção comercial e como os **acordos comerciais internacionais** contrariam isso?

Vantagem comparativa e comércio internacional

Bens e serviços adquiridos de outros países são **importações**; bens e serviços vendidos para outros países são **exportações**.

Os Estados Unidos compram *smartphones* – e muitos outros bens e serviços – de outros países. Ao mesmo tempo, vendem muitos bens e serviços para outros países. Bens e serviços comprados do exterior são **importações**; bens e serviços vendidos para o exterior são **exportações**.

Como ilustrado pela história de abertura, o comércio internacional desempenha um papel cada vez mais importante na economia mundial. O painel (a) da Figura 8.1 mostra a relação entre os bens que cruzam as fronteiras nacionais e o *PIB mundial* – o valor total dos bens e serviços produzidos no mundo como um todo – desde 1870. Como você pode ver, a tendência de longo prazo tem sido ascendente, embora tenha havido alguns períodos de declínio do comércio – por exemplo, a queda acentuada mas breve do comércio durante a crise financeira global de 2008 e suas consequências.

O painel (b) ilustra as importações e exportações como porcentagem do PIB para vários países. Ele mostra que o comércio exterior é significativamente mais importante para muitos outros países do que para os Estados Unidos.

O comércio exterior não é a única maneira de países interagirem economicamente. No mundo moderno, os investidores de um país frequentemente investem fundos em outra nação; muitas empresas são multinacionais, com subsidiárias operando em vários países; e um número crescente de pessoas trabalha em um país diferente daquele em que nasceram. O crescimento de todas essas formas de vínculos econômicos entre países é frequentemente chamado de **globalização**.

Globalização é o fenômeno do aumento dos vínculos econômicos entre países.

A globalização não é um fenômeno novo. Como você pode ver no painel (a) da Figura 8.1, houve um rápido crescimento no comércio entre 1870 e o início da Primeira Guerra Mundial, pois as ferrovias e os navios a vapor efetivamente tornaram o transporte de mercadorias a longas distâncias mais rápido e mais barato, efetivamente encolhendo o mundo. Esse crescimento do comércio foi acompanhado por grandes investimentos internacionais e migração. No entanto, a globalização

Figura 8.1 Importância crescente do comércio internacional.

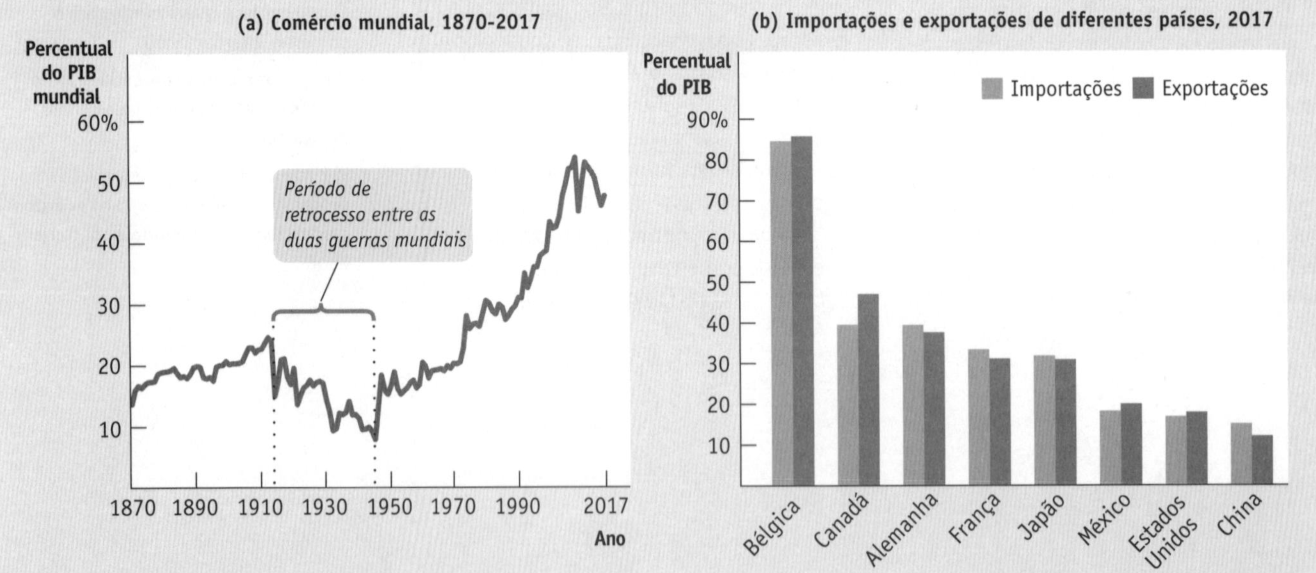

O painel (a) mostra a história de longo prazo da relação entre comércio mundial e produção mundial. A tendência tem sido geralmente ascendente, graças ao progresso tecnológico em transporte e comunicação, embora tenha havido um longo revés durante o período entre as duas guerras mundiais. O painel (b) mostra que o comércio internacional é bem mais importante para muitos outros países do que para os Estados Unidos.

Dados de: [painel (a)] Klasing, M. J., and P. Milionis, "Quantifying the Evolution of World Trade, 1870–1949," *Journal of International Economics* (2013); and Feenstra, Robert C., Robert Inklaar, and Marcel P. Timmer, "The Next Generation of the Penn World Table" *American Economic Review* 105, no. 10 (2015): 3150–3182, disponível para download em www.ggdc.net/pwt; [painel (b)] World Development Indicators.

foi invertida por quase 40 anos após a Primeira Guerra Mundial, pois os governos impuseram limites ao comércio. E por várias medidas, a globalização não retornou aos níveis de 1913 até os anos 1980.

Desde então, no entanto, houve um novo aumento dramático nos vínculos internacionais, fenômeno às vezes chamado de **hiperglobalização**. A fabricação de iPhones e outros bens de alta tecnologia, que muitas vezes envolvem cadeias de produção que abrangem o globo, é um exemplo de hiperglobalização. Cada etapa da produção de um bem ocorre em um país diferente – tudo isso possibilitado pelos avanços nas técnicas de comunicação e na tecnologia de transporte. (Para um exemplo da vida real, veja o Caso Empresarial deste capítulo.)

Hiperglobalização é o fenômeno de níveis extremamente elevados de comércio internacional.

Uma grande questão em economia internacional é se a hiperglobalização vai continuar nas próximas décadas. Como você pode ver na Figura 8.1, o grande aumento na relação entre as exportações e o PIB mundial se estabilizou por volta de 2005. Desde então, muitos relatos têm surgido sobre empresas decidindo que o dinheiro que economizaram ao comprar mercadorias de fornecedores a milhares de quilômetros de distância é mais do que contrabalançado pelas desvantagens de longos tempos de embarque e outros inconvenientes. (Mesmo agora, leva cerca de duas semanas para que um navio porta-contêiner da China chegue à Califórnia, e um mês para chegar à costa leste norte-americana.) Como resultado, tem havido algum movimento de *reshoring*,[1] aproximando a produção dos mercados locais.

Mais recentemente, as disputas internacionais sobre comércio aqueceram, e os governos podem mais uma vez impor o tipo de restrições ao comércio que causou o declínio da globalização após a Primeira Guerra Mundial.

Para entender por que o comércio internacional ocorre e por que os economistas acreditam que ele é benéfico para a economia, vamos primeiro rever o conceito de vantagem comparativa.

Possibilidades de produção e vantagem comparativa – revisitada

Para produzir telefones, qualquer país deve utilizar recursos – terra, mão de obra e capital – que poderiam ter sido utilizados para produzir outras coisas. O custo de oportunidade de um telefone é a produção potencial de outros bens a que um país deve renunciar para produzi-lo.

Em alguns casos, é fácil verificar por que o custo de produzir certo bem é especialmente baixo em determinado país. Considere, por exemplo, o camarão que agora vem de criadouros do Vietnã e da Tailândia. É bem mais fácil produzir camarão no Vietnã, onde o clima para isso é quase ideal e há muito mais faixa costeira adequada para a piscicultura do que nos Estados Unidos.

Por outro lado, alguns bens não são produzidos no Vietnã tão facilmente quanto nos Estados Unidos. Por exemplo, o Vietnã não tem a base de trabalhadores qualificados e o *know-how* tecnológico que tornam os EUA tão bons em produzir bens de alta tecnologia. Assim, o custo de oportunidade de uma tonelada de camarão em termos de outros bens como computadores é muito menor no Vietnã do que nos Estados Unidos.

Em outros casos, a troca é menos óbvia. Por exemplo, é tão fácil montar *smartphones* nos Estados Unidos quanto na China. E os trabalhadores chineses da área de eletrônica são, quando muito, menos produtivos do que seus homólogos norte-americanos. Mas os trabalhadores chineses são ainda menos produtivos do que os trabalhadores norte-americanos em outras áreas, como a produção de automóveis e produtos químicos. Portanto, dizemos que a China tem vantagem comparativa na produção de *smartphones*. Vamos repetir a definição de vantagem comparativa do

[1]N. R.: Ainda não há traduções consagradas para *offshoring* e seu oposto, *reshoring*, em língua portuguesa, que transmitam o sentido econômico dos termos em inglês. Originalmente, *offshoring* significa "em alto mar", mas em economia *offshoring* é a tendência de transferir fábricas para outros países, especialmente à China e países asiáticos, em busca de menores custos de produção, essencialmente mão obra mais barata. *Offshoring* pode envolver também a substituição de um fornecedor do país por um fornecedor estrangeiro. *Reshoring* é o movimento contrário ao de *offshoring*: retorno da fábrica de uma empresa para o seu país, ou a substituição de um fornecedor estrangeiro por um fornecedor do próprio país.

Capítulo 2: *um país tem vantagem comparativa na produção de um bem ou serviço se o custo de oportunidade de produzir o bem ou serviço ali é menor do que em outros países.*

Empregar um trabalhador chinês para montar telefones é mais produtivo do que empregar um trabalhador norte-americano para montar telefones porque o trabalhador norte-americano pode ser empregado ainda mais produtivamente em outro lugar. Ou seja, o custo de oportunidade da montagem de *smartphones* na China é menor do que nos Estados Unidos.

Note que dissemos o custo de oportunidade da *montagem* de telefones. Como já vimos, a maior parte do valor de um telefone *"made in China"*, na verdade vem de outros países. No entanto, por uma questão de exposição, vamos ignorar essa complicação e considerar um caso hipotético no qual a China faz telefones do zero.

A Figura 8.2 fornece um exemplo numérico hipotético de vantagem comparativa no comércio internacional. Presumimos que apenas dois bens são produzidos e consumidos: telefones e caminhões pesados Caterpillar. (Os Estados Unidos não exportam muitos caminhões comuns, mas a Caterpillar, que fabrica equipamentos de terraplenagem, é um grande exportador.) E assumimos que existem apenas dois países no mundo, os Estados Unidos e a China.

Como no Capítulo 2, simplificamos o modelo, assumindo que as fronteiras de possibilidades de produção são linhas retas, como mostrado na Figura 2.1, em vez da forma curvada mais realista da Figura 2.2. O formato reto implica que o custo de oportunidade de um telefone em termos de caminhões em cada país é constante – não depende de quantas unidades de cada bem o país produz. A análise do comércio internacional sob o pressuposto de que os custos de oportunidade são constantes, o que faz com que a possibilidade de produção crie fronteiras com linhas retas, é conhecida como o **modelo ricardiano de comércio internacional**, em tributo ao economista inglês David Ricardo, que introduziu esta análise no início do século XIX.

O **modelo ricardiano** analisa o **comércio internacional** sob o pressuposto de que os custos de oportunidade são constantes.

Na Figura 8.2, mostramos uma situação na qual os EUA podem produzir 100 mil caminhões se não produzirem telefones, ou 100 milhões de telefones se não produzirem caminhões. Assim, a inclinação da fronteira de possibilidade de produção dos Estados Unidos, ou *FPP*, é de –100.000 / 100 = –1.000. Ou seja, para

Figura 8.2 Vantagem comparativa e fronteiras das possibilidades de produção.

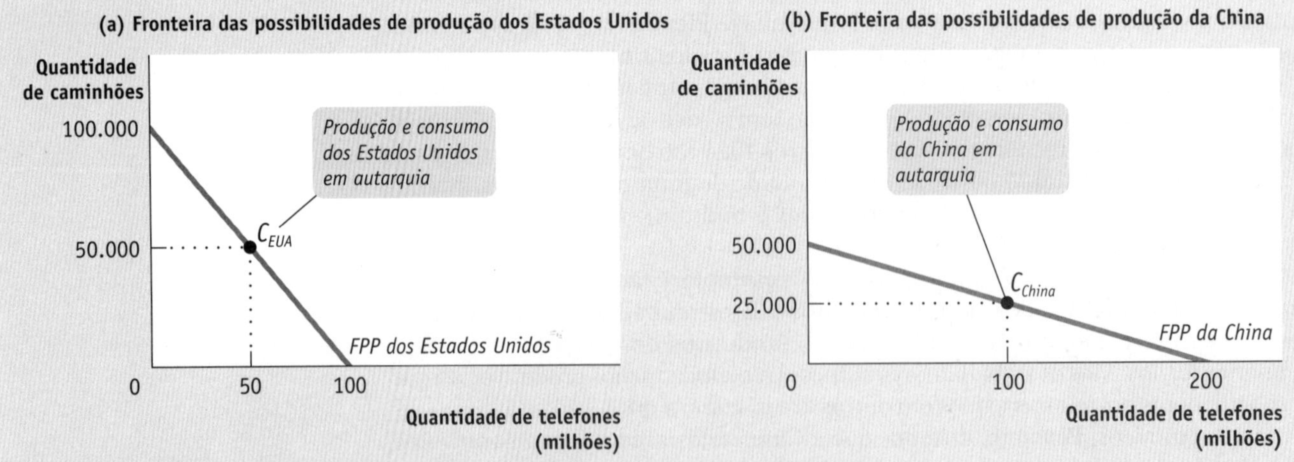

O custo de oportunidade nos EUA de 1 milhão de telefones em termos de caminhões é de 1.000: para cada 1 milhão de telefones, deve-se renunciar a 1.000 caminhões. O custo de oportunidade chinês de 1 milhão de telefones em termos de caminhões é de 250: para cada 1 milhão de telefones adicionais, apenas 250 caminhões devem ser rejeitados. Como resultado, os Estados Unidos têm vantagem comparativa na produção de caminhões e a China tem uma vantagem comparativa na produção de telefones. Na autarquia, cada país é forçado a consumir apenas o que produz: 50.000 caminhões e 50 milhões de telefones nos EUA; 25.000 caminhões e 100 milhões de telefones na China.

produzir um milhão de telefones a mais, os EUA devem renunciar à produção de 1.000 caminhões. Da mesma forma, para produzir mais um caminhão, o país deve renunciar a 1.000 telefones (igual a 1 milhão de telefones divididos por 1.000 caminhões).

Da mesma forma, a China pode produzir 50 mil caminhões se não produzir telefones ou 200 milhões de telefones se não produzir caminhões. Assim, a inclinação da FPP da China é de –50.000/200 = –250. Ou seja, para produzir um milhão de telefones a mais, a China deve renunciar à produção de 250 caminhões. Da mesma forma, para produzir mais um caminhão, a China deve renunciar à produção de 4 mil telefones (1 milhão de telefones dividido por 250 caminhões).

Historicamente, os países têm quase sempre negociado entre si. No entanto, os economistas consideram útil como primeiro passo ilustrar as escolhas que um país faria se não fosse capaz de se envolver no comércio internacional. Os economistas usam o termo **autarquia** para se referir a uma situação na qual um país não faz comércio com outros países. Em nosso exemplo, assumimos que na autarquia os Estados Unidos optam por produzir e consumir 50 milhões de telefones e 50 mil caminhões. Também assumimos que na autarquia a China produz 100 milhões de telefones e 25 mil caminhões.

Autarquia é uma situação em que um país não faz comércio com outros países.

Os *trade-offs* que os dois países enfrentam quando não comercializam estão resumidos na Tabela 8.1. Como você pode ver, os Estados Unidos têm vantagem comparativa na produção de caminhões porque têm um custo de oportunidade em termos de telefones inferior ao da China: produzir um caminhão custa aos Estados Unidos apenas 1.000 telefones, ao passo que custa à China 4.000 telefones. Correspondentemente, a China tem vantagem comparativa em termos de produção de telefones: 1 milhão de telefones custa apenas 250 caminhões, enquanto custa aos Estados Unidos 1.000 caminhões.

Como aprendemos no Capítulo 2, cada país pode fazer melhor se engajando no comércio do que se não pudesse comercializar. Um país pode conseguir isso especializando-se na produção do bem em que tem vantagem comparativa e exportando esse bem, enquanto importa o bem em que tem desvantagem comparativa.

Vamos ver como isto funciona.

Tabela 8.1 Custos de oportunidade norte-americanos e chineses relativos a celulares e caminhões

	Custo de oportunidade dos Estados Unidos		Custo de oportunidade da China
1 milhão de celulares	1.000 caminhões	>	250 caminhões
1 caminhão	1.000 celulares	<	4.000 celulares

Ganhos do comércio internacional

A Figura 8.3 ilustra como ambos os países podem ganhar com a especialização e o comércio, mostrando uma hipotética reorganização da produção e do consumo que permite a *cada* país consumir mais de *ambas* as mercadorias. Novamente, o painel (a) representa os Estados Unidos e o painel (b) representa a China. Em cada painel, indicamos novamente a produção e o consumo da autarquia assumida na Figura 8.2.

Uma vez que o comércio se torna possível, no entanto, tudo muda. Com o comércio, cada país pode passar a produzir apenas o bem no qual tem vantagem comparativa – caminhões nos Estados Unidos e telefones na China. Como a produção mundial de ambos os bens é agora maior do que na autarquia, o comércio possibilita que cada país consuma mais de ambos os bens.

A Tabela 8.2 resume as mudanças resultantes do comércio e mostra por que ambos os países podem ganhar. A parte esquerda da tabela mostra a situação da autarquia, antes do comércio, na qual cada país deve produzir os bens que consome. A parte da direita da tabela mostra o que acontece como resultado do comércio. Após o comércio, os Estados Unidos são especializados na produção de caminhões, produzindo 100 mil caminhões e nenhum telefone; a China se especializa na produção de telefones, produzindo 200 milhões de telefones e nenhum caminhão.

O resultado é um aumento na produção mundial total de ambas as mercadorias. Como você pode ver na tabela, há ganhos com o comércio para ambos os países:

- Os Estados Unidos podem consumir tanto mais caminhões (12.500 a mais) quanto telefones (25 milhões a mais) do que antes, embora não produzam mais telefones, pois podem importar telefones da China.

Figura 8.3 Ganhos do comércio internacional.

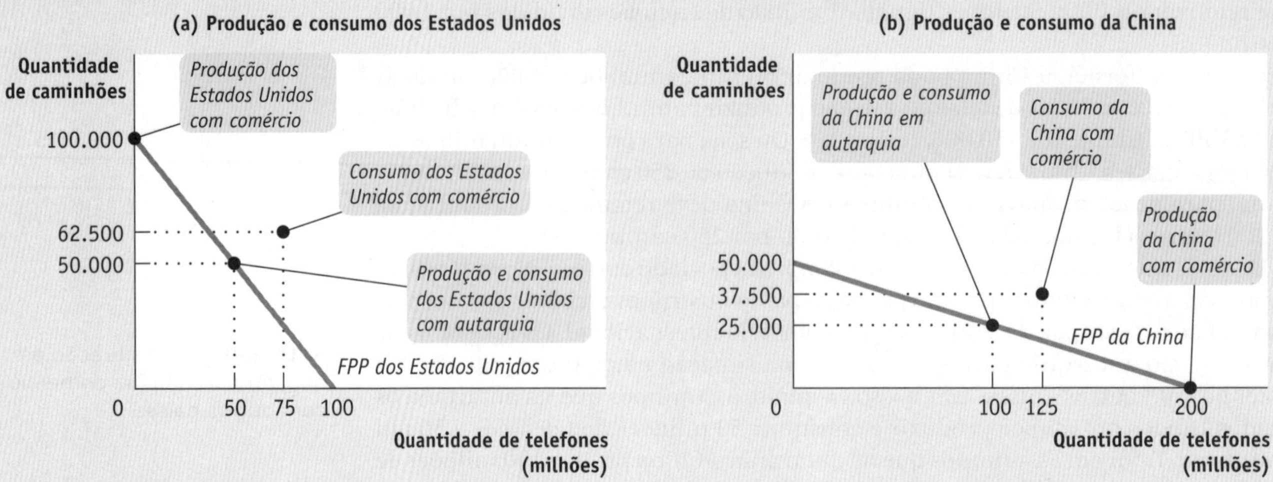

O comércio aumenta a produção mundial das duas mercadorias, permitindo que os dois países consumam mais. Aqui, cada país especializa sua produção como resultado do comércio: os Estados Unidos concentram-se na produção de caminhões e a China concentra-se na produção de telefones. A produção mundial total de ambas as mercadorias aumenta, o que significa que é possível para ambos os países consumir mais de ambas as mercadorias.

Tabela 8.2 Como Estados Unidos e China ganham no comércio

		Em autarquia		Com comércio		
		Produção	Consumo	Produção	Consumo	Ganhos no comércio
Estados Unidos	Milhões de telefones	50	50	0	75	+25
	Caminhões	50.000	50.000	100.000	62.500	+12.500
China	Milhões de telefones	100	100	200	125	+25
	Caminhões	25.000	25.000	0	37.500	+12.500

- A China também pode consumir mais das duas mercadorias (mais 12.500 caminhões e mais 25 milhões de telefones), mesmo que não produza mais caminhões, porque pode importar caminhões dos Estados Unidos.

A chave para esse ganho mútuo é o fato de que o comércio libera ambos os países da autossuficiência – da necessidade de produzir o mesmo *mix* de mercadorias que eles consomem. Como cada país pode se concentrar na produção do bem no qual tem vantagem comparativa, a produção mundial total aumenta, tornando possível um padrão de vida mais elevado em ambas as nações.

Neste exemplo, simplesmente assumimos os pacotes de consumo pós-comércio dos dois países. Na verdade, as escolhas de consumo de um país refletem tanto as preferências de seus residentes quanto os *preços relativos* – preços de um bem em termos de outro nos mercados internacionais. Embora não tenhamos dado explicitamente o preço dos caminhões em termos de telefones, esse preço está implícito em nosso exemplo: a China vende aos Estados Unidos os 75 milhões de telefones que os EUA consomem em troca dos 37.500 caminhões que a China consome, portanto 1 milhão de telefones são trocados por 500 caminhões. Isto nos diz que o preço de um caminhão nos mercados mundiais deve ser igual ao preço de 2.000 telefones.

Uma exigência que o preço relativo deve satisfazer é que nenhum país pague preço relativo superior ao seu custo de oportunidade para obter o bem na autarquia. Ou seja, os Estados Unidos não pagarão mais de 1.000 caminhões por 1 milhão de telefones da China, e a China não pagará mais de 4.000 telefones por cada caminhão dos Estados Unidos. Uma vez satisfeita esta exigência, o preço relativo real no comércio internacional é determinado por oferta e demanda – e voltaremos à oferta e demanda no comércio internacional na próxima seção. No entanto, primeiro vamos olhar mais profundamente para a natureza dos ganhos do comércio.

Vantagem comparativa *versus* vantagem absoluta

É fácil aceitar a ideia de que o Vietnã e a Tailândia têm vantagem comparativa na produção de camarões: eles têm um clima tropical mais adequado para a criação de camarões do que o clima dos Estados Unidos e possuem grande área costeira utilizável. Portanto, os Estados Unidos importam camarões do Vietnã e da Tailândia. Mas, como vimos no caso da montagem de telefones celulares, os ganhos do comércio muitas vezes dependem da *vantagem comparativa* e não da vantagem absoluta. Seria necessário menos trabalho para montar um telefone nos Estados Unidos do que na China. Ou seja, a produtividade dos trabalhadores chineses da eletrônica é menor do que a de seus homólogos dos EUA. O que determina a vantagem comparativa, porém, não é a quantidade de recursos utilizados para produzir um bem, mas o custo de oportunidade desse bem – neste caso, a quantidade de outros bens perdidos para produzir um telefone. E o custo de oportunidade dos telefones é mais baixo na China do que nos Estados Unidos.

É assim que funciona: os trabalhadores chineses têm baixa produtividade em comparação com os trabalhadores dos EUA na indústria eletrônica. Mas os trabalhadores chineses têm ainda menor produtividade em comparação com os trabalhadores norte-americanos de outros setores. Como a produtividade da mão de obra chinesa em outras indústrias além da eletrônica é relativamente muito baixa, produzir um telefone na China, apesar de exigir muita mão de obra, não requer a renúncia à produção de grandes quantidades de outras mercadorias.

Nos Estados Unidos, acontece o oposto: produtividade muito alta em outras indústrias (como a automotiva) significa que a montagem de produtos eletrônicos nos EUA, embora não exija muita mão de obra, requer sacrifícios de muitas outras mercadorias. Portanto, o custo de oportunidade para fabricar produtos eletrônicos é menor na China do que nos Estados Unidos. Apesar de sua menor produtividade de mão de obra, a China tem vantagem comparativa na produção de muitos produtos eletrônicos de consumo, embora os EUA Unidos tenham vantagem absoluta.

A fonte da vantagem comparativa da China na eletrônica de consumo é refletida nos mercados globais pelos salários pagos aos trabalhadores chineses. Isso porque os salários de um país, em geral, refletem sua produtividade de trabalho. Em países cuja mão de obra é altamente produtiva em muitas indústrias, os empregadores procuram pagar salários altos para atrair trabalhadores, de modo que a concorrência entre os empregadores leva a uma taxa salarial globalmente elevada. Em países cuja mão de obra é menos produtiva, a competição por trabalhadores é menos intensa e as taxas salariais são correspondentemente mais baixas.

Como mostra a Comparação Global, existe de fato uma forte relação entre os níveis gerais de produtividade e as taxas salariais em todo o mundo. Como a China tem geralmente baixa produtividade, ela tem uma taxa salarial relativamente baixa. Os baixos salários, por sua vez, dão à China uma vantagem de custo na produção de bens cuja produtividade é apenas moderadamente baixa, como os produtos eletrônicos de consumo. Como resultado, é mais barato produzir estes bens na China do que nos Estados Unidos.

Mitos populares que surgem do entendimento equivocado das vantagens comparativas

O tipo de comércio que ocorre entre economias de baixos salários e baixa produtividade como a China e economias de altos salários e alta produtividade como os Estados Unidos dá origem a dois mal-entendidos comuns:

- A *falácia do trabalho miserável* é a crença de que, quando um país com altos salários importa bens produzidos por trabalhadores que recebem baixos salários, isso deve prejudicar o padrão de vida dos trabalhadores do país importador.

- A *falácia do trabalho em condições desumanas* é a crença de que o comércio deve ser ruim para os trabalhadores de países exportadores pobres, porque esses trabalhadores recebem salários muito baixos de acordo com nossos padrões.

Ambas as falácias não percebem a natureza dos ganhos do comércio: é vantajoso para ambos os países se o país mais pobre e com salários mais baixos exporta mercadorias nas quais tem vantagem comparativa, mesmo que sua vantagem de custo nessas mercadorias dependa de salários baixos. Ou seja, ambos os países são capazes de alcançar um padrão de vida mais alto por meio do comércio.

É particularmente importante entender que comprar um bem feito por alguém que recebe salários muito mais baixos do que a maioria dos trabalhadores dos EUA não implica necessariamente que você esteja se aproveitando dessa pessoa. Isso depende das alternativas. Como os trabalhadores dos países pobres têm baixa produtividade em geral, são-lhes oferecidos baixos salários quer produzam mercadorias exportadas para os Estados Unidos ou mercadorias vendidas no mercado local. Um emprego que parece terrível para os padrões dos países ricos pode ser um passo à frente para alguém em um país pobre.

O comércio internacional que depende de exportações com baixos salários pode, no entanto, elevar o padrão de vida do país exportador. Isto é especialmente verdadeiro para nações com salários muito baixos. Por exemplo, Bangladesh e países similares seriam muito mais pobres do que são – seus cidadãos poderiam até mesmo passar fome – se não fossem capazes de exportar mercadorias como vestuário com base em suas faixas salariais baixas.

Fontes da vantagem comparativa

O comércio internacional é impulsionado pela vantagem comparativa. Mas de onde ela vem? Economistas que estudam comércio internacional verificaram três fontes principais de vantagem comparativa: diferenças internacionais de *clima*, diferenças internacionais de *disponibilidade de fatores* e diferenças internacionais de *tecnologia*.

Diferenças de clima. Uma razão importante para que o custo de oportunidade de produzir camarão seja mais baixo no Vietnã e na Tailândia do que nos Estados

COMPARAÇÃO GLOBAL **PRODUTIVIDADE E SALÁRIOS AO REDOR DO MUNDO**

É verdade que tanto o argumento do trabalho miserável quanto o argumento do trabalho em condições desumanas são falácias? Sim, é. A verdadeira explicação para os baixos salários nos países pobres é a produtividade geral baixa.

O gráfico mostra estimativas da produtividade do trabalho, medida pelo valor da produção (PIB) por trabalhador, e salários, medidos pela remuneração horária do trabalhador médio, para vários países em 2018. Tanto a produtividade quanto os salários são expressos como percentagens da produtividade e dos salários dos EUA; por exemplo, a produtividade e os salários no Japão foram de 66% e 68%, respectivamente, de seus níveis nos EUA. Você pode ver a forte relação positiva entre produtividade e salários. A relação não é perfeita. Por exemplo, a Islândia tem salários mais altos do que sua produtividade poderia levar. Mas comparações simples de salários dão uma sensação enganosa dos custos de mão de obra nos países pobres: sua vantagem salarial baixa é compensada principalmente pela baixa produtividade.

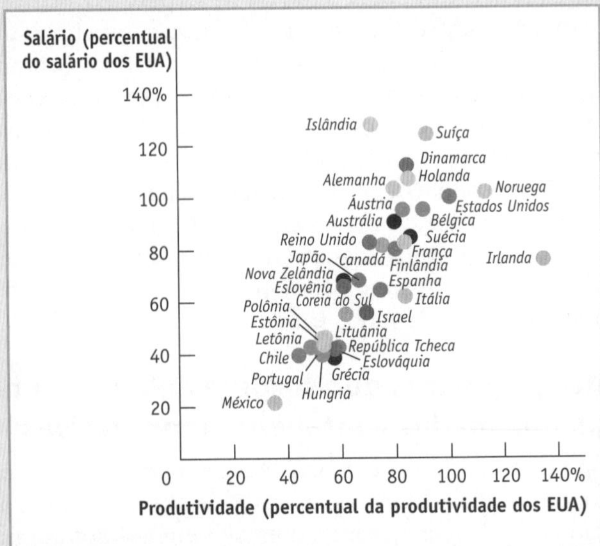

Dados de: The OECD and the World Bank, World Development Indicators.

Unidos é que o camarão precisa de água mais quente, o que o Vietnã tem muito e os Estados Unidos, não. Em geral, diferenças de clima desempenham papel significativo no comércio internacional. Países tropicais exportam produtos tropicais como café, açúcar, banana e camarão. Países de zona temperada exportam cultivos como trigo e milho. Algum comércio é movido inclusive por diferenças de estação entre o hemisfério norte e o hemisfério sul: fornecimentos de uva chilena no inverno norte-americano e europeu tornaram-se uma coisa comum.

Diferenças na disponibilidade de fatores. Os Estados Unidos fazem mais comércio com o Canadá do que com qualquer outro país (a China vem em segundo lugar). Entre outras coisas, o Canadá vende aos EUA muitos produtos florestais – madeira e produtos derivados da madeira, como celulose e papel. Estas exportações não refletem a habilidade especial dos lenhadores canadenses. O Canadá tem vantagem comparativa em produtos florestais porque sua área florestal é muito maior em comparação com o tamanho de sua força de trabalho do que a relação entre a área florestal e a força de trabalho nos Estados Unidos.

Floresta, como trabalho e capital, é um *fator de produção*: um insumo usado para produzir bens e serviços. (Recorde, do Capítulo 2, que os fatores de produção são terra, trabalho, capital e capital humano.) Por razões de história e geografia, a mistura de fatores de produção disponíveis difere entre os países, proporcionando uma fonte importante de vantagem comparativa. A relação entre vantagem comparativa e disponibilidade de fatores aparece em um modelo influente de comércio internacional, o *modelo Heckscher-Ohlin*, desenvolvido por dois economistas suecos na primeira metade do século XX.

Dois conceitos-chave no modelo são *abundância de fatores* e *intensidade de fatores*. A abundância de fatores refere-se ao tamanho da oferta de um fator por um país em relação à sua oferta de outros fatores. A **intensidade de fatores** refere-se à classificação dos bens de acordo com qual fator é utilizado em quantidades relativamente maiores na produção, em comparação com outros fatores. Portanto, o refino de petróleo é capital intensivo porque tende a usar uma proporção de capital alta em relação à mão de obra, mas a produção de telefones é mão de obra intensiva porque tende a usar alta proporção de mão de obra em relação ao capital.

Intensidade de fatores de um bem é uma medida para determinar qual fator é utilizado em quantidades relativamente maiores do que outros fatores na produção.

De acordo com o **modelo Heckscher-Ohlin**, um país tem vantagem comparativa em um bem cuja produção é intensiva nos fatores que estão disponíveis em abundância naquele país.

De acordo com o **modelo Heckscher-Ohlin**, *um país que tem oferta abundante de um fator de produção terá vantagem comparativa em bens cuja produção é intensiva nesse fator*. Portanto, um país que tem abundância relativa de capital terá vantagem comparativa em indústrias de capital intensivas como o refino de petróleo, mas um país que tem abundância relativa de mão de obra terá vantagem comparativa em indústrias de trabalho intensivas como a produção de telefones.

A intuição básica por trás deste resultado é simples e baseada no custo de oportunidade.

- O custo de oportunidade de determinado fator – o valor que o fator geraria em usos alternativos – é baixo para um país quando é relativamente abundante nesse fator.
- Em relação aos Estados Unidos, a China tem abundância de mão de obra pouco qualificada.
- Como resultado, o custo de oportunidade da produção de bens pouco qualificados e mão de obra intensivos é menor na China do que nos Estados Unidos.

A produção de vestuário é uma atividade de trabalho intensiva: não requer muito capital físico, nem requer muito capital humano na forma de trabalhadores altamente qualificados. Portanto, é de se esperar que países com trabalho abundante como a China e Bangladesh tenham vantagem comparativa na produção de vestuário. E é o que acontece.

O fato de que o comércio internacional é o resultado de diferenças na disponibilidade de fatores ajuda a explicar outro fato: a especialização internacional da produção é muitas vezes *incompleta*. Ou seja, um país frequentemente mantém alguma produção interna de um bem que importa. Um bom exemplo é o comércio britânico de petróleo. A Grã-Bretanha importa a maior parte do petróleo que consome, principalmente da Noruega, que possui enormes reservas *offshore*.[2] Mas a Grã-Bretanha tem algumas reservas próprias *offshore*, a maior parte delas ao largo da costa da Escócia, portanto, ela mesma é um produtor de petróleo significativo.

Em nossa análise da oferta e da demanda na próxima seção, consideraremos como norma a especialização incompleta de um país. Devemos enfatizar, no entanto, que o fato de países muitas vezes se especializarem de forma incompleta não altera em nada a conclusão de que há ganhos com o comércio.

Diferenças de tecnologia. Nos anos 1970 e 1980, o Japão tornou-se de longe o maior exportador mundial de automóveis, vendendo grande quantidade para os Estados Unidos e o resto do mundo. A vantagem comparativa do Japão em automóveis não era resultado do clima. Nem pode ser facilmente atribuída a diferenças na disponibilidade de fatores; fora a escassez de terra, a combinação de fatores disponíveis no Japão é bem similar à de outros países avançados. Em lugar disso, a vantagem comparativa do Japão em automóveis era baseada nas técnicas de produção superiores desenvolvidas pelas manufaturas daquele país, que permitiram produzir mais carros com dada quantidade de trabalho e de capital, em comparação com suas contrapartes norte-americanas e europeias.

A vantagem comparativa do Japão em automóveis foi um caso de vantagem comparativa causada por diferenças de tecnologia – as técnicas usadas na produção.

As causas da diferença de tecnologia são um tanto misteriosas. Às vezes, parecem basear-se no conhecimento acumulado pela experiência; por exemplo, a vantagem comparativa da Suíça em relógios reflete uma longa tradição de relojoaria. Outras vezes, parece ser o resultado de um conjunto de inovações que, por alguma razão, ocorre em um país mas não em outros.

A vantagem tecnológica, muitas vezes, é também transitória. Ao adotarem o sistema de *produção enxuta* (técnicas projetadas para melhorar a produtividade da fabricação por meio de maior eficiência), as companhias automobilísticas norte-americanas reduziram boa parte do hiato de produtividade em relação a seus competidores japoneses. A indústria aeronáutica europeia reduziu um hiato semelhante em relação à indústria aeronáutica norte-americana. Entretanto, em qualquer momento dado no tempo, diferenças de tecnologia são uma fonte importante de vantagem comparativa.

PARA MENTES CURIOSAS Como os efeitos de escala impulsionam o comércio internacional

A maioria das análises do comércio internacional se concentra em como as diferenças entre países – diferenças de clima, disponibilidade de fatores e tecnologia – criam vantagem comparativa nacional. Embora a vantagem comparativa seja a causa mais significativa do comércio internacional, economistas também apontaram outra razão para o comércio internacional: o papel do *retorno crescente de escala*.

A produção de um bem é caracterizada pelo retorno crescente de escala se a produtividade da mão de obra e de outros recursos utilizados na produção aumenta com a quantidade da produção. Por exemplo, em uma indústria caracterizada pelo retorno crescente de escala, o aumento da produção em 10% pode exigir apenas 8% a mais de mão de obra e 9% a mais de matéria-prima.

Um exemplo de como o retorno crescente impulsiona o comércio internacional é o setor das grandes aeronaves de passageiros. Produzir aviões grandes de passageiros de forma eficiente exige fábricas enormes – por exemplo, os jatos de passageiros de grande porte da Boeing são montados em uma fábrica em Everett, Washington, que cobre pouco mais de 400.000 metros quadrados. O desenvolvimento de novas aeronaves também exige enormes investimentos simultâneos em pesquisa e desenvolvimento. Como resultado, um pequeno número de empresas com fábricas de grande escala domina a produção mundial de aeronaves. De fato, aeronaves de passageiros de grande porte são produzidas sobretudo em apenas dois lugares do mundo – perto de Seattle, EUA, e em Toulouse, França.

A indústria de serviços financeiros é outro exemplo de comércio internacional gerado por retornos crescentes de escala. Essa indústria é dominada por um número relativamente pequeno de bancos muito grandes. Tais bancos também consideram vantajoso agrupar-se no mesmo local para facilitar a interação face a face nos negócios, bem como ter acesso a um grande *pool* de trabalhadores qualificados. Como resultado, a indústria financeira mundial é dominada por bancos localizados em duas cidades – Nova York e Londres.

Retornos crescentes também explicam a grande quantidade de comércio que ocorre entre países que possuem recursos naturais semelhantes. Além das florestas, os Estados Unidos e o Canadá não parecem muito diferentes em termos de tecnologia ou recursos. No entanto, exportam enormes quantidades de produtos manufaturados entre si. A razão é que os retornos crescentes de escala levam cada país a se especializar na produção de uma gama limitada de produtos e a importar os bens que não produz. Os retornos crescentes de escala provavelmente desempenham um papel especialmente importante no comércio de bens manufaturados entre países avançados, que é cerca de 25% do valor total do comércio mundial.

[2]N. R.: Reservas de petróleo *offshore* são reservas extraídas em plataformas marítimas.

ECONOMIA >> *em Ação*

Como Hong Kong perdeu suas camisas

A ascensão de Hong Kong foi uma das histórias de sucesso econômico mais improváveis do século XX. Quando um regime comunista tomou posse da China em 1949, Hong Kong – que naquela época ainda era uma colônia britânica – tornou-se de fato uma cidade sem interior, em grande parte isolada das relações econômicas com o território logo além da fronteira. Até aquele momento, o povo de Hong Kong ganhava a vida em grande parte servindo como ponto de entrada na China. Entretanto, depois que a cidade ficou isolada do país, ela não definhou. Em vez disso, Hong Kong prosperou a tal ponto que, hoje, a cidade – agora de volta à China, mas governada como região autônoma especial – tem um PIB *per capita* comparável com o dos Estados Unidos.

Grande parte da ascensão de Hong Kong foi resultado de sua indústria de vestuário. Em 1980, os setores de vestuário e têxtil de Hong Kong empregavam quase 450.000 trabalhadores, cerca de 20% do emprego total na ilha. Esses trabalhadores – na sua esmagadora maioria – fabricavam vestuário – camisas, calças, vestidos e mais – para exportação, especialmente para os Estados Unidos.

Figura 8.4 Educação, intensidade de qualificação e comércio.

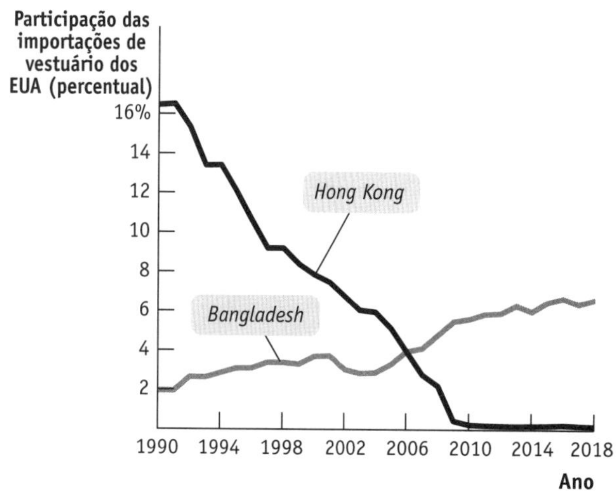

Dados de: U.S. International Trade Administration.

Mais recentemente, a indústria de vestuário de Hong Kong teve queda drástica – na verdade, quase desapareceu e, junto com ela, as exportações de vestuário de Hong Kong. A Figura 8.4 mostra a participação de Hong Kong nas importações de vestuário dos EUA desde 1989, juntamente com a participação de um relativamente recém-chegado à indústria, Bangladesh. Como você pode ver, Hong Kong caiu mais ou menos fora do gráfico, enquanto a participação de Bangladesh subiu significativamente.

Por que Hong Kong perdeu sua vantagem comparativa na confecção de roupas? Não foi porque os trabalhadores do setor de vestuário da cidade ficaram menos produtivos. Ao contrário, foi porque a cidade melhorou em outras coisas. A produção de vestuário é uma indústria de mão de obra intensiva, relativamente de baixa tecnologia; a vantagem comparativa nessa indústria sempre residiu historicamente nas economias pobres e abundantes em mão de obra. Hong Kong não se encaixa mais nessa descrição; Bangladesh, sim. A indústria do vestuário de Hong Kong foi uma vítima do sucesso da cidade.

>> *Revisão Rápida*

- **Importações** e **exportações** representam uma parcela crescente da economia norte-americana e da economia de muitos outros países.
- O crescimento do comércio internacional e de outras relações econômicas internacionais é conhecido por **globalização**. Níveis extremamente elevados de comércio internacional são conhecidos como **hiperglobalização.**
- O comércio internacional é movido por vantagens comparativas. O **modelo ricardiano de comércio internacional** mostra que o comércio entre dois países torna a situação de ambos melhor do que seria em **autarquia**, isto é, há ganhos do comércio.
- As principais fontes de vantagem comparativa são diferenças internacionais de clima, dotação de fatores e tecnologia.
- O **modelo Heckscher-Ohlin** mostra como as vantagens comparativas podem surgir de diferenças na disponibilidade de fatores: os bens diferem em sua **intensidade de fator**, e os países tendem a exportar bens que são intensivos nos fatores que têm em abundância.

>> *Teste seu entendimento* 8.1

As respostas estão no fim do livro.

1. Nos Estados Unidos, o custo de oportunidade de uma tonelada de milho são 50 bicicletas. Na China, o custo de oportunidade de uma bicicleta é 0,01 tonelada de milho.
   a. Determine o padrão de vantagem comparativa.
   b. Em autarquia, os Estados Unidos podem produzir 200.000 bicicletas se não produzirem milho, e a China pode produzir 3.000 toneladas de milho se não produzir bicicletas. Trace a fronteira das possibilidades de produção de cada país supondo custo de oportunidade constante, com toneladas de milho no eixo vertical e bicicletas no eixo horizontal.
   c. Havendo comércio, cada país especializa sua produção. Os Estados Unidos consomem 1.000 toneladas de milho e 200.000 bicicletas; a China consome 3.000 toneladas de milho e 100.000 bicicletas. Indique os pontos de produção e consumo em seu gráfico e use-os para explicar os ganhos no comércio.
2. Explique o seguinte padrão de comércio usando o modelo Heckscher-Ohlin:
   a. A França exporta vinho para os Estados Unidos, e os Estados Unidos exportam filmes para a França.
   b. O Brasil exporta sapatos para os Estados Unidos, e os Estados Unidos exportam maquinaria de produzir sapatos para o Brasil.

Oferta, demanda e comércio internacional

Modelos simples de vantagem comparativa ajudam a entender as causas fundamentais do comércio internacional. Contudo, para analisar os efeitos do comércio internacional com mais detalhe e entender as políticas comerciais, convém voltar ao modelo de oferta e demanda. Começaremos examinando os efeitos das importações sobre produtores e consumidores domésticos para, em seguida, passar ao efeito das exportações.

Efeitos das importações

A Figura 8.5 mostra o mercado norte-americano de telefones, ignorando por um momento o comércio internacional. Ela introduz alguns conceitos novos: a *curva de demanda doméstica*, a *curva de oferta doméstica* e o preço doméstico ou de autarquia.

A **curva de demanda doméstica** mostra como a quantidade de um bem demandado pelos consumidores domésticos depende do preço desse bem.

A **curva de demanda doméstica** mostra a quantidade demandada de um bem por residentes de um país em função do seu preço. Por que "doméstica"? Porque pessoas vivendo em outros países também podem demandar o bem. Uma vez introduzido o comércio internacional, temos de distinguir entre compras de um bem por consumidores domésticos e compras por consumidores estrangeiros. Assim, a curva de demanda doméstica reflete apenas a demanda de residentes nesse país.

A **curva de oferta doméstica** mostra como a quantidade de um bem fornecido pelos produtores domésticos depende do preço desse bem.

De modo similar, a **curva de oferta doméstica** mostra como a quantidade de um bem ofertada pelos produtores dentro de um país varia em função do preço desse bem. Uma vez introduzido o comércio internacional, precisamos distinguir entre a oferta de produtores domésticos e a oferta externa, ou seja, a oferta do exterior.

Em autarquia, sem comércio internacional de telefones, o equilíbrio nesse mercado seria determinado pela interseção entre as curvas de demanda doméstica e de oferta doméstica, o ponto *A*. O preço de equilíbrio do telefone seria P_A e a quantidade de equilíbrio de telefones produzidos e consumidos seria Q_A. Como sempre, tanto consumidores quanto produtores ganhariam na existência do mercado doméstico. Em autarquia, o excedente do consumidor seria igual à área do triângulo sombreado superior na Figura 8.5. O excedente do produtor seria igual à área do triângulo inferior, e o excedente total seria igual à soma desses dois triângulos.

O **preço mundial** ou internacional de um bem é o preço pelo qual esse bem pode ser comprado ou vendido no exterior.

Imaginemos agora que esse mercado se abra para importações. Para isso, temos de fazer algumas pressuposições sobre a oferta de importações. A pressuposição mais simples adotada aqui é a de que uma quantidade ilimitada de telefones pode ser comprada no exterior a um preço fixo, conhecido como **preço mundial** dos

Figura 8.5 Excedente do consumidor e do produtor em autarquia.

Na ausência de comércio, o preço doméstico é P_A, o preço de autarquia pelo qual a curva de oferta doméstica e a curva de demanda doméstica se cruzam. A quantidade produzida e consumida internamente é Q_A. O excedente do consumidor é representado pela área sombreada mais escura, e o excedente do produtor é representado pela área sombreada mais clara.

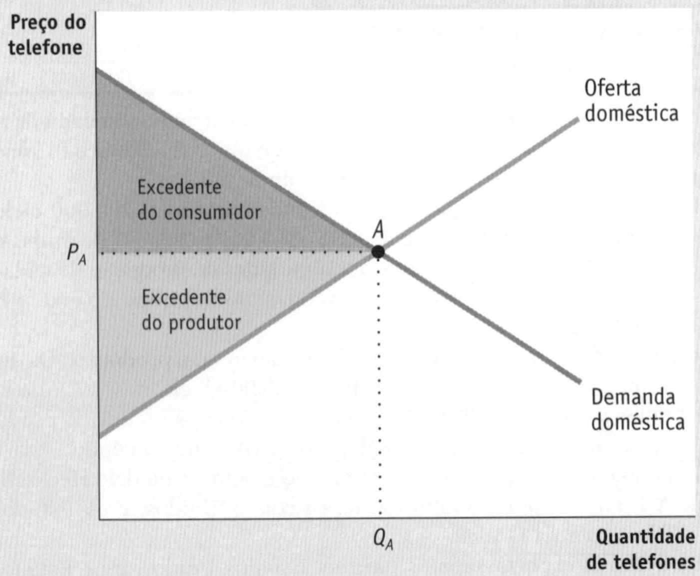

telefones. A Figura 8.6 mostra a situação em que o preço mundial de um telefone, P_W, é mais baixo que o preço do telefone que prevaleceria no mercado doméstico em autarquia, P_A.

Dado que o preço mundial está abaixo do preço doméstico do telefone, é lucrativo para os importadores comprar o telefone no exterior e revendê-lo no mercado doméstico. Os telefones importados aumentam a oferta de telefones no mercado doméstico, reduzindo o preço do mercado doméstico. Telefones continuarão a ser importados até que o preço doméstico chegue a um nível igual ao preço mundial.

O resultado se mostra na Figura 8.6. Por causa das importações, o preço doméstico do telefone cai de P_A para P_W. A quantidade de telefones demandada pelos consumidores domésticos aumenta de Q_A para Q_D, e a quantidade ofertada pelos produtores domésticos cai de Q_A para Q_S. A diferença entre quantidade doméstica demandada e quantidade doméstica ofertada, $Q_D - Q_S$, é coberta por importações.

Passemos agora aos efeitos das importações sobre o excedente do consumidor e o excedente do produtor. Como a importação de telefones leva a uma queda no preço doméstico, o excedente do consumidor aumenta e o excedente do produtor cai. A Figura 8.7 mostra como isso funciona. Marcamos quatro áreas: *W*, *X*, *Y* e *Z*. O excedente do consumidor em autarquia que identificamos na Figura 8.5 corresponde a *W*, e o excedente do produtor em autarquia corresponde à soma de *X* e *Y*. A queda no preço doméstico até o nível do preço mundial leva a um aumento no excedente do consumidor; ele aumenta pelas áreas *X* e *Z*, de modo que agora é igual à soma de *W*, *X* e *Z*. Ao mesmo tempo, o produtor perde em excedente a área *X*, de modo que o excedente do produtor agora é igual apenas a *Y*.

A tabela na Figura 8.7 resume as mudanças nos excedentes do consumidor e do produtor quando o mercado de telefones se abre para importações. Os consumidores ganham excedente igual à área *X* + *Z*. Os produtores perdem excedente igual à área *X*. Assim, a soma dos excedentes do produtor e do consumidor, ou seja, o excedente total gerado no mercado de telefones aumenta pela área *Z*. Como resultado do comércio, os consumidores ganham e os produtores perdem, mas o ganho dos consumidores excede a perda dos produtores.

Figura 8.6 Mercado doméstico com importações.

Aqui, o preço mundial de telefones, P_W, está abaixo do preço de autarquia, P_A. Quando a economia se abre ao comércio internacional, as importações penetram no mercado doméstico e o preço doméstico cai do preço de autarquia, P_A, para o preço mundial P_W. À medida que o preço cai, aumenta a quantidade demandada doméstica de Q_A para Q_D, e a produção doméstica cai de Q_A para Q_S. A diferença entre a quantidade doméstica demandada e a quantidade doméstica ofertada a P_W, a quantidade $Q_D - Q_S$, é coberta por importações.

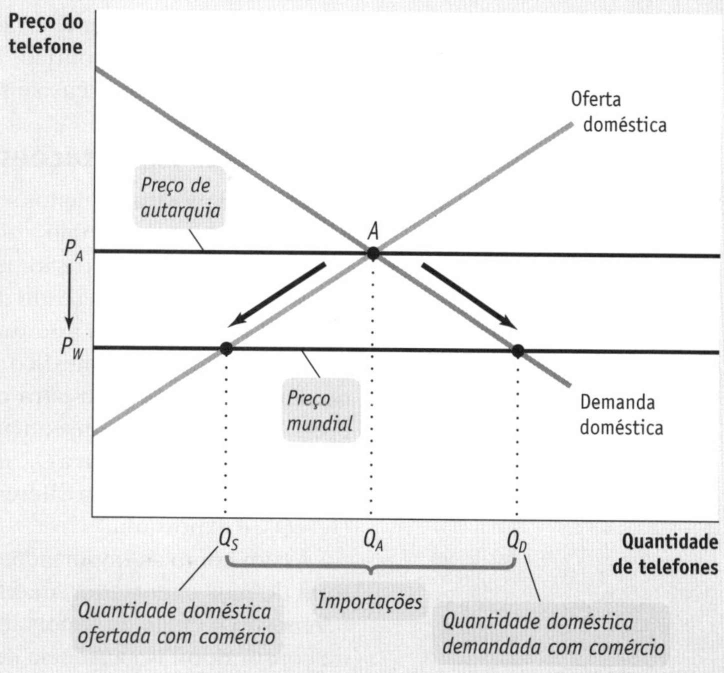

Figura 8.7 Efeitos de importações sobre o excedente.

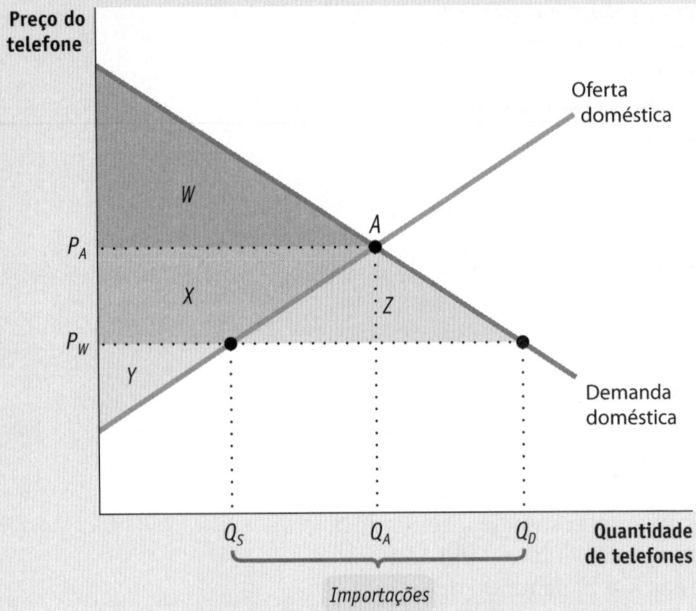

	Mudança no excedente total	
	Ganho	Perda
Excedente do consumidor	$X + Z$	
Excedente do produtor		$-X$
Mudança no excedente total	$+Z$	

Quando o preço doméstico cai para P_W em virtude do comércio internacional, os consumidores ganham excedente adicional (áreas $X + Z$) e os produtores perdem excedente (área X). Como o ganho dos consumidores ocupa uma extensão maior que a perda dos produtores, há aumento no excedente total da economia em seu conjunto (área Z).

Essa é uma conclusão importante. Acabamos de mostrar que a abertura de um mercado para as importações ocasiona ganho líquido no excedente total, o que era de se esperar, dada a proposição de que há ganhos do comércio internacional.

Contudo, vimos também que, embora o país em seu conjunto ganhe, alguns grupos, nesse caso os produtores domésticos de telefone, perdem em consequência do comércio internacional. Como veremos a seguir, o fato de que o comércio internacional tipicamente cria perdedores, bem como vencedores, é crucial para entender os aspectos políticos da política comercial.

Passamos agora ao caso em que um país exporta um bem.

Efeitos das exportações

A Figura 8.8 mostra os efeitos sobre um país quando ele exporta um bem, nesse caso caminhões. Nesse exemplo, supomos que uma quantidade ilimitada de caminhões possa ser vendida no exterior ao preço mundial dado, P_W, que é maior que o preço que prevaleceria no mercado doméstico em autarquia, P_A.

O preço mundial mais alto torna lucrativo para os exportadores comprar caminhões no mercado doméstico e vendê-los no exterior. As compras de caminhões domésticos pressionam para cima o preço doméstico até que este fique igual ao preço mundial. Em consequência, a quantidade demandada pelos consumidores domésticos cai de Q_A para Q_D, e a quantidade ofertada pelos produtores domésticos sobe de Q_A para Q_S. Essa diferença entre produção doméstica e consumo doméstico, $Q_S - Q_D$, é exportada.

Assim como as importações, as exportações trazem ganho geral no excedente total do país exportador, mas também criam perdedores e ganhadores. A Figura 8.9 mostra o efeito da exportação de caminhões sobre os excedentes do produtor e do consumidor. Na ausência de comércio, o preço dos caminhões seria P_A. O excedente do consumidor, na ausência de comércio, seria a soma das áreas W e X, e o

Figura 8.8 Mercado doméstico com exportações.

Aqui, o preço mundial, P_W, é maior do que o preço da autarquia, P_A. Quando a economia é aberta ao comércio internacional, parte da oferta doméstica é agora exportada. O preço interno aumenta a partir do preço da autarquia, P_A, para o preço mundial, P_W. À medida que o preço sobe, a quantidade doméstica demandada cai de Q_A para Q_D e a quantidade doméstica ofertada sobe de Q_A para Q_S. A parte da produção doméstica que não é consumida domesticamente, $Q_S - Q_D$, é exportada.

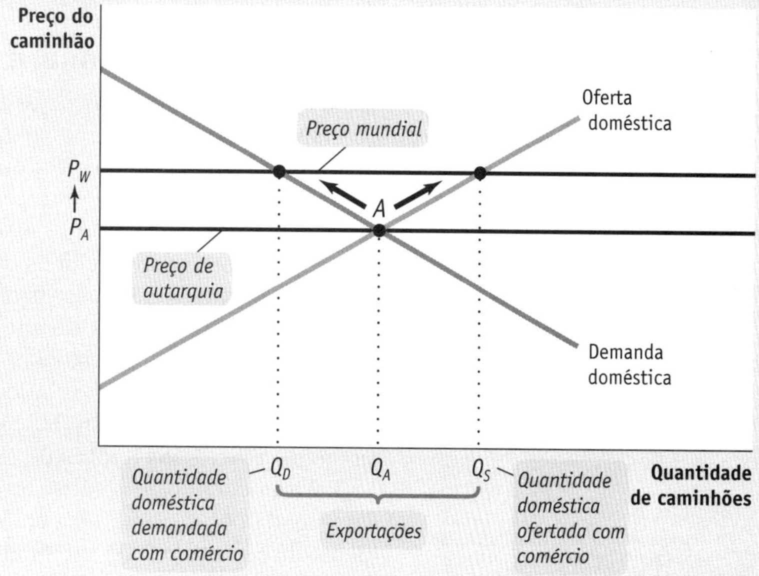

Figura 8.9 Efeitos de exportações sobre o excedente.

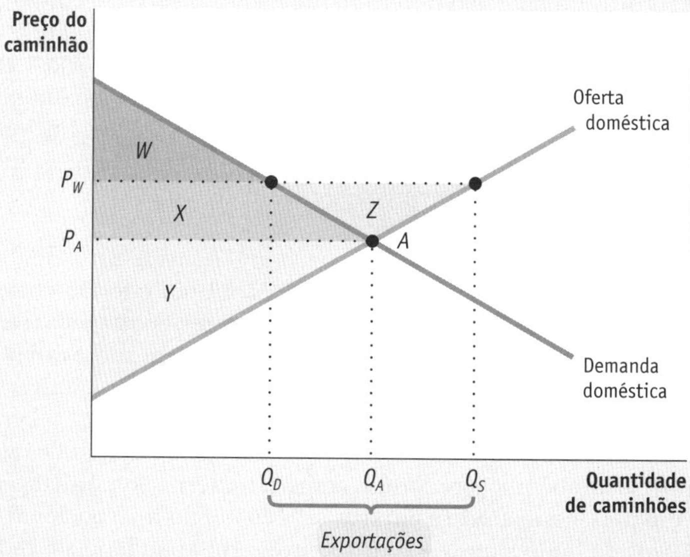

	Mudança no excedente total	
	Ganho	Perda
Excedente do consumidor		– X
Excedente do produtor	X + Z	
Mudança no excedente total	+ Z	

Quando o preço doméstico sobe para P_W em virtude do comércio internacional, os produtores ganham excedente adicional (áreas $X + Z$), mas os consumidores perdem excedente (área X). Como o ganho dos produtores é maior que a perda dos produtores, há aumento no excedente total da economia como um todo (área Z).

excedente do produtor seria a área Y. Como resultado do comércio, o preço aumenta de P_A para P_W, o excedente do consumidor cai para W e o excedente do produtor aumenta para $Y + X + Z$. Assim, os produtores ganham $X + Z$, os consumidores perdem X e, como se mostra na tabela junto à figura, a economia em seu conjunto ganha excedente total no montante de Z.

Aprendemos, portanto, que as importações de um bem particular prejudicam os produtores domésticos desse bem, mas ajudam os consumidores domésticos, enquanto as exportações de um bem particular prejudicam os consumidores domésticos, mas ajudam os produtores domésticos desse bem. Em cada caso, os ganhos são maiores que as perdas.

Comércio internacional e salários

Até agora, nos concentramos nos efeitos do comércio internacional sobre produtores e consumidores em uma indústria particular. Para muitas finalidades, essa é uma abordagem útil. Contudo, produtores e consumidores não são as únicas partes da sociedade afetadas pelo comércio: os proprietários dos fatores de produção também são afetados. De modo especial, os proprietários de trabalho, terra e capital empregados em produzir bens que são exportados, ou bens que competem com bens importados, podem ser profundamente afetados pelo comércio.

Além disso, os efeitos do comércio não se limitam aos setores que exportam ou competem com importações, pois *os fatores de produção se movem de uma indústria para outra*. Vamos enfocar, então, os efeitos de longo prazo do comércio internacional sobre a distribuição de renda, isto é, como a renda total do país é alocada entre vários fatores de produção.

Para iniciar nossa análise, considere a posição da Mia, que inicialmente está empregada como contadora em um setor que encolhe como resultado do crescimento do comércio internacional. Suponha, por exemplo, que ela trabalhe no setor de vestuário (roupas) dos EUA, que anteriormente empregava milhões de pessoas, mas que em grande parte foi deslocada por importações de países de baixos salários. É provável que Mia encontre um novo emprego em outro setor, como o de saúde, que vem se expandindo rapidamente ao longo do tempo. Como a mudança afetará seus ganhos?

A resposta é: provavelmente não haverá muito efeito. De acordo com o Bureau of Labor Statistics dos EUA, os contadores ganham aproximadamente a mesma importância em saúde que ganham no que resta do setor de vestuário – cerca de 65 mil dólares por ano. Portanto, não devemos pensar na Mia como um produtor de vestuário que é prejudicado pela concorrência das importações. Em vez disso, devemos pensar nela como trabalhadora com habilidades particulares que é afetada pelas importações – principalmente pela medida em que essas importações mudam os salários dos contadores na economia como um todo.

A taxa salarial dos contadores é um *preço de fator* – o preço que empregadores têm de pagar pelos serviços de um fator de produção. Uma questão-chave sobre comércio internacional é como ele afeta os preços dos fatores – não apenas fatores de produção estritamente definidos, como contadores, mas também fatores amplamente definidos, como capital, mão de obra não qualificada e mão de obra universitária.

No início deste capítulo, descrevemos o modelo de comércio Heckscher-Ohlin, que afirma que a vantagem comparativa é determinada pela dotação de fatores de um país. Este modelo também sugere como o comércio internacional afeta os preços dos fatores em um país: comparado à autarquia, o comércio internacional tende a aumentar os preços de fatores que estão disponíveis em abundância e reduzir os preços de fatores que são escassos.

Não abordaremos isso em detalhes, mas trata-se de uma ideia simples. Os preços dos fatores de produção, como os preços de bens e serviços, são determinados pela oferta e pela demanda. Se o comércio internacional aumentar a demanda por um fator de produção, o preço desse fator subirá; se o comércio internacional reduzir a demanda por um fator de produção, o preço desse fator cairá.

As **indústrias exportadoras** produzem bens e serviços que são vendidos no exterior.

As **indústrias concorrentes à importação** produzem bens e serviços que também são importados.

Agora, pense nas indústrias de um país consistindo tanto em **indústrias exportadoras**, que produzem bens e serviços vendidos no exterior, quanto em **indústrias concorrentes à importação**, que produzem bens e serviços que competem com bens e serviços importados do exterior. Em comparação com a autarquia, o comércio internacional gera maior produção nas indústrias exportadoras e menor produção nas indústrias concorrentes à importação. Isto aumenta indiretamente a demanda por fatores utilizados pelas indústrias exportadoras e diminui a demanda por fatores utilizados pelas indústrias concorrentes à importação.

Além disso, o modelo Heckscher-Ohlin mostra que um país tende a exportar bens que sejam intensivos em fatores abundantes naquele país e a importar bens que sejam intensivos em fatores escassos. *Assim, o comércio internacional tende a aumentar a demanda por fatores mais abundantes em um país em comparação com outros países, e a diminuir a demanda por fatores mais escassos em um país em comparação com outros. À medida que o comércio internacional cresce, os preços de fatores abundantes tendem a subir e os preços de fatores escassos tendem a cair.*

Em outras palavras, o comércio internacional tende a redistribuir a renda levando-a em direção aos fatores abundantes de um país e afastando-a de seus fatores menos abundantes.

As exportações dos EUA tendem a ser intensivas em capital humano (como design de alta tecnologia e filmes de Hollywood), enquanto as importações dos EUA tendem a ser intensivas em mão de obra não qualificada (como montagem de telefones e produção de roupas). Isto sugere que o efeito do comércio internacional nos mercados de fatores dos EUA é aumentar a taxa salarial dos trabalhadores norte-americanos altamente qualificados e reduzir a taxa salarial dos não qualificados.

Esse efeito tem sido motivo de preocupação nos últimos anos. A desigualdade salarial, ou seja, o hiato entre os salários de quem é muito bem pago e o salário dos trabalhadores mal pagos, aumentou consideravelmente nos últimos 40 anos. Alguns economistas acreditam que o crescimento do comércio internacional tem sido um fator importante nessa tendência. Se o comércio internacional tem o efeito previsto no modelo Heckscher-Ohlin, ele aumenta os salários dos trabalhadores altamente educados que já têm salários relativamente altos e reduz os salários dos trabalhadores menos educados que já têm salários relativamente mais baixos.

Mas é preciso ter em mente outro fenômeno: o comércio reduz a desigualdade de renda *entre* países, na medida em que países pobres melhoram seu padrão de vida ao exportarem para países ricos.

Os efeitos do comércio internacional sobre salários nos Estados Unidos geraram grande controvérsia em anos recentes. A maioria dos economistas que estudaram a questão nos Estados Unidos concorda que importações crescentes de produtos de mão de obra intensivos provenientes das economias de industrialização recente, em troca da exportação de produtos de alta tecnologia, contribuíram para diferenciais de salário crescentes entre trabalhadores altamente educados e menos educados. Contudo, a maioria dos economistas acredita que essa é apenas uma entre várias forças que explicam a crescente desigualdade salarial nos Estados Unidos.

ECONOMIA >> *em Ação*

O choque da China

Se você entrar em um Walmart ou outra grande loja e olhar os rótulos nas etiquetas dos produtos, pode parecer que tudo é feito na China hoje em dia. Isso não é bem verdade, mas compramos muito da China, que fornece quase um quarto das mercadorias importadas dos EUA, um fenômeno bastante recente.

As importações da China, embora em crescimento, foram pequenas até o final dos anos 1990, quando deram um grande salto. Em 2000, as importações provenientes da China representavam menos de 1% da renda nacional dos EUA e em 2007 eram mais de 2%, e depois começaram a se estabilizar. O aumento das importações chinesas correspondeu a uma mudança na estrutura da economia global – em particular, uma transferência de tecnologia de produção e transporte de países avançados para a China. O ingresso da China na Organização Mundial do Comércio, instituição global de regulamentação do comércio internacional, também contribuiu para o surto, conhecido como o *Choque da China*.

Temos visto que o comércio internacional frequentemente cria perdedores assim como vencedores. Neste caso, o aumento das importações da China foi bom para os consumidores norte-americanos, que pagaram menos por muitos produtos. O preço das roupas, em particular, caiu cerca de 10% durante o Choque da China, mesmo quando os preços ao consumidor em geral subiram cerca de 25%. Isso foi, no entanto, difícil para algumas indústrias norte-americanas. Produtores de roupas, móveis e alguns bens eletrônicos, de repente, enfrentaram uma concorrência muito maior. Os perdedores foram as empresas norte-americanas que produziam esses bens, muitas das quais foram forçadas a fechar fábricas e demitir seus trabalhadores.

Várias estimativas dos efeitos do Choque da China indicam que até um milhão de empregos de manufatura podem ter sido perdidos para as importações da China de 2000 a 2007. A perda desses empregos foi compensada por ganhos em outros setores: o emprego global nos Estados Unidos aumentou em 5 milhões durante o período. Mas as comunidades que tiveram ganhos de emprego não foram as mesmas que tiveram perdas de emprego, e algumas comunidades foram duramente atingidas, como mostrado na Figura 8.10.

Por exemplo, o aumento das importações da China foi provavelmente a principal razão pela qual a indústria de móveis dos EUA perdeu cerca de 150 mil empregos entre 2000 e 2007, mesmo com o aumento geral do emprego nos EUA. Para a economia geral dos EUA, isso não foi tão grande coisa: quase 2 milhões de trabalhadores norte-americanos são demitidos todos os meses, mesmo em bons momentos. Mas para comunidades como Hickory, na Carolina do Norte, onde 1 em cada 6 trabalhadores estava empregado na indústria moveleira, as consequências foram devastadoras. Não somente os moveleiros foram demitidos, mas também foram perdidos outros empregos, pois estes trabalhadores deixaram de gastar na economia local. Como mostra a Figura 8.10, o emprego global caiu drasticamente e estagnou na área de Hickory, mesmo quando subiu na nação como um todo.

Figura 8.10 Efeito das importações chinesas sobre emprego na indústria moveleira norte-americana.

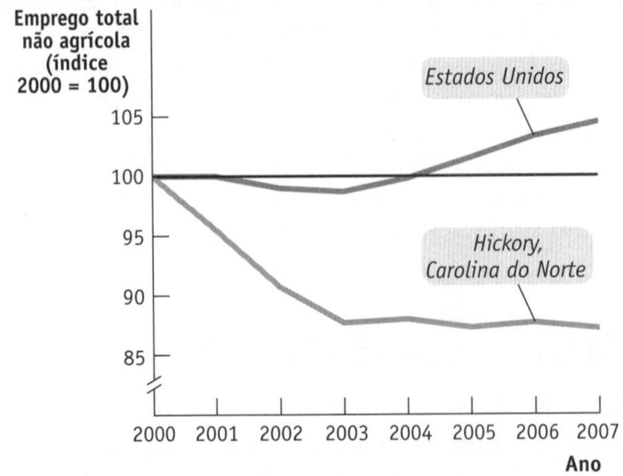

Dados de: U.S. Census and the Federal Reserve Bank of St. Louis.

>> *Revisão Rápida*

- A interseção da **curva de demanda doméstica** com a **curva de oferta doméstica** determina o preço doméstico de um bem. Quando o mercado se abre ao comércio internacional, o preço doméstico é levado a se igualar ao **preço internacional**.
- Se o preço internacional é mais baixo que o preço de autarquia, o comércio motiva importações, e o preço doméstico cai até o nível do preço mundial. Ocorrem ganhos gerais com o comércio porque o ganho no excedente do consumidor excede a perda no excedente do produtor.
- Se o preço internacional é mais alto que o preço de autarquia, o comércio gera exportações, e o preço doméstico aumenta até o nível do preço internacional. Há ganhos gerais com o comércio porque o ganho no excedente do produtor é superior à perda no excedente do consumidor.
- O comércio provoca expansão das **indústrias exportadoras**, o que aumenta a demanda pelos fatores abundantes no país e a uma contração das **indústrias concorrentes à importação**, o que reduz a demanda de seus fatores mais escassos.

>> *Teste seu entendimento* 8.2

As respostas estão no fim do livro.

1. Devido a uma greve de caminhoneiros, o comércio de alimentos entre os Estados Unidos e o México é interrompido. Em autarquia, o preço das uvas mexicanas é mais barato que o das norte-americanas. Use um gráfico mostrando a curva de demanda doméstica e a curva de oferta doméstica para uvas nos Estados Unidos e explique o efeito desses eventos sobre o:
   - **a.** Excedente do consumidor de uvas nos Estados Unidos.
   - **b.** Excedente do produtor de uvas nos Estados Unidos.
   - **c.** Excedente total nos Estados Unidos.
2. Que efeito isso terá sobre os produtores de uva no México? Sobre os apanhadores de uva no México? Sobre os consumidores de uva mexicanos? Sobre os apanhadores de uva nos Estados Unidos?

Efeitos da proteção comercial

Desde que David Ricardo apresentou o princípio da vantagem comparativa, no início do século XIX, a maioria dos economistas defende o **livre comércio**. Isto é, eles têm argumentado que políticas governamentais não deveriam tentar reduzir ou aumentar o nível das exportações e importações que ocorrem naturalmente como resultado da oferta e da demanda.

Uma economia tem **livre comércio** quando o governo não tenta reduzir ou aumentar os níveis de exportação e importação que ocorrem naturalmente como resultado de oferta e demanda.

A despeito dos argumentos dos economistas em favor do livre comércio, muitos governos usam tarifas e outras restrições para limitar as importações. Com menos frequência, os governos dão subsídios para incentivar as exportações. Políticas para limitar as importações, geralmente com o objetivo de proteger da concorrência externa produtores domésticos nas indústrias concorrentes à importação, são conhecidas como **proteção comercial** ou apenas **proteção**.

Políticas que limitam as importações são conhecidas como **proteção comercial** ou simplesmente como **proteção**.

Vamos examinar políticas protecionistas mais comuns, *tarifas* e *cotas de importação* e, em seguida, ver as razões pelas quais os governos adotam tais políticas.

Efeitos de uma tarifa

Uma **tarifa** é uma forma de imposto seletivo, um imposto que incide apenas sobre a venda de bens importados. Por exemplo, o governo dos Estados Unidos poderia determinar que quem quer que trouxesse para os Estados Unidos um telefone teria de pagar uma tarifa de $ 100 por unidade. Em um passado mais ou menos longínquo, as tarifas eram uma fonte importante de receita governamental porque eram relativamente fáceis de arrecadar. Mas, no mundo moderno, tarifas se destinam a desencorajar as importações e proteger os produtores domésticos concorrentes à importação, e de modo geral se tornaram menos importantes como fonte de receita pública.

Uma **tarifa** é um imposto cobrado sobre as importações.

O efeito de uma tarifa é aumentar o preço recebido pelos produtores domésticos, bem como o preço pago pelos consumidores domésticos. Suponha, por exemplo, que um país importe telefones e que um telefone custe $ 200 no mercado mundial. Como vimos antes, em condições de livre comércio, o preço doméstico também seria $ 200. Mas, quando se impõe uma tarifa de $ 100 por unidade, o preço doméstico aumenta para $ 300, pois não será lucrativo importar telefones a não ser que o preço no mercado doméstico seja suficientemente alto para compensar os importadores pelo custo de pagar a tarifa.

A Figura 8.11 ilustra o efeito de uma tarifa sobre a importação de telefones. Como antes, supomos que o preço internacional do telefone seja P_W. Antes de ser imposta a tarifa, as importações haviam baixado o preço doméstico para P_W, de modo que a produção doméstica antes da tarifa é Q_S, o consumo doméstico antes da tarifa é Q_D e as importações antes da tarifa são $Q_D - Q_S$.

Suponha agora que o governo imponha uma tarifa sobre cada telefone importado. Em consequência, não é mais lucrativo importar telefones, a não ser que o preço recebido pelo importador seja superior ou igual ao preço internacional *mais* a tarifa. Dessa forma, o preço doméstico aumenta para P_T, o que é igual ao preço internacional, P_W, mais a tarifa. A produção doméstica aumenta para Q_{ST}, o consumo doméstico cai para Q_{DT} e as importações caem para $Q_{DT} - Q_{ST}$.

Por conseguinte, uma tarifa aumenta os preços domésticos e provoca aumento da produção doméstica e redução do consumo doméstico, em comparação com a situação anterior de livre comércio. A Figura 8.12 mostra os efeitos sobre o excedente. Há três efeitos:

1. O preço doméstico mais elevado aumenta o excedente do produtor, um ganho igual à área *A*.
2. O preço doméstico mais alto reduz o excedente do consumidor, uma redução igual à soma das áreas *A*, *B*, *C* e *D*.
3. A tarifa gera receita para o governo. Quanta receita? O governo arrecada a tarifa, que, lembre-se, é igual à diferença entre P_T e P_W sobre cada uma das $Q_{DT} - Q_{ST}$ unidades importadas. Assim, a receita total é $(P_T - P_W) \times (Q_{DT} - Q_{ST})$. Esse total é igual à área *C*.

Figura 8.11 Efeito de uma tarifa.

Uma tarifa aumenta o preço doméstico do bem de P_W para P_T. A quantidade demandada doméstica cai de Q_D para Q_{DT}, e a quantidade ofertada doméstica aumenta de Q_S para Q_{ST}. Como resultado, as importações – que haviam sido $Q_D - Q_S$ antes da tarifa – caem para $Q_{DT} - Q_{ST}$ depois que a tarifa é imposta.

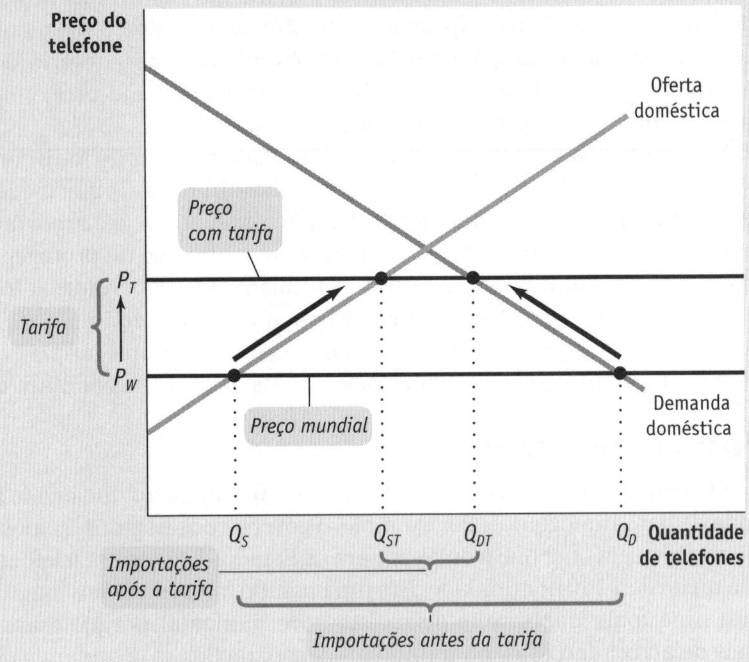

Figura 8.12 Uma tarifa reduz o excedente total.

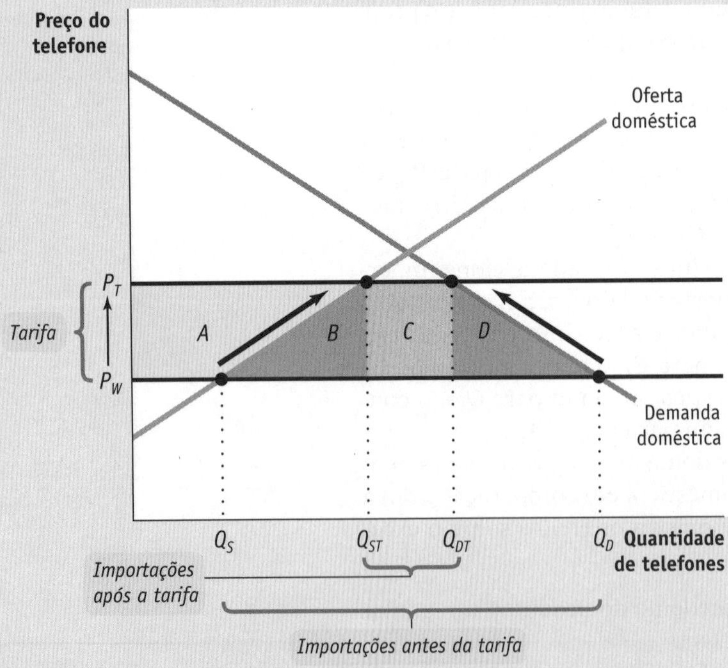

	Mudanças no excedente	
	Ganho	Perda
Excedente do consumidor		$-(A + B + C + D)$
Excedente do produtor	A	
Receita do governo	C	
Mudança no excedente total		**$-(B + D)$**

Quando o preço doméstico sobe como resultado de uma tarifa, os produtores ganham excedente adicional (área *A*), o governo ganha receita (área *C*) e os consumidores perdem excedentes (*A* + *B* + *C* + *D*). Como as perdas dos consumidores superam os ganhos dos produtores e do governo, a economia como um todo perde excedentes (áreas *B* e *D*).

Os efeitos de uma tarifa sobre o bem-estar geral são resumidos na tabela ao lado da Figura 8.12. Os produtores ganham, os consumidores perdem e o governo ganha. Mas as perdas dos consumidores são maiores que a soma dos ganhos dos produtores e do governo, o que leva a uma redução do excedente total igual à das áreas $B + D$.

Um imposto seletivo cria ineficiência, ou peso morto, porque faz com que transações mutuamente benéficas deixem de ocorrer. O mesmo se aplica a uma tarifa aduaneira, em que o peso morto para a sociedade é igual à perda no excedente total representada pelas áreas $B + D$.

Tarifas geram peso morto porque criam ineficiência de duas maneiras:

1. Certas transações mutuamente benéficas deixam de ocorrer: consumidores que se dispunham a pagar mais que o preço internacional, P_W, não compram o bem ainda que P_W seja o custo verdadeiro de uma unidade do bem para a economia. O custo dessa ineficiência é representado na Figura 8.12 pela área *D*.
2. Os recursos da economia são desperdiçados em produção ineficiente: produtores cujos custos excedem P_W produzem o bem ainda que uma unidade adicional do bem possa ser comprada no exterior por P_W. O custo dessa ineficiência é representado na Figura 8.12 pela área *B*.

Efeitos de uma cota de importação

Uma **cota de importação**, outra forma de proteção comercial, é um limite legal para a quantidade de um bem que pode ser importado. Por exemplo, uma cota de importação dos EUA sobre telefones chineses pode limitar a quantidade importada a cada ano a 50 milhões de unidades. Cotas de importação são geralmente administradas por meio de licenças: várias licenças são emitidas, cada uma dando ao detentor da licença o direito de importar uma quantidade limitada da mercadoria a cada ano.

Cota de importação é um limite legal para a quantidade que se pode importar de um bem.

Uma cota de vendas tem o mesmo efeito que o imposto seletivo, com uma diferença: o dinheiro que de outro modo passaria ao governo como receita tributária gerada pelo imposto seletivo torna-se renda para os proprietários de licenças, também conhecida como renda da cota. (*Renda da cota* foi definida no Capítulo 5.) De modo similar, uma cota de importação tem o mesmo efeito que a tarifa, com uma diferença: o dinheiro que de outro modo seria receita governamental torna-se renda da cota para os proprietários de licenças.

Examinemos de novo a Figura 8.12. Uma cota de importação que limita as importações a $Q_{DT} - Q_{ST}$ aumentará o preço doméstico dos telefones da mesma maneira que a tarifa que consideramos anteriormente, isto é, aumentará o preço doméstico de P_W para P_T. Contudo, a área *C* agora representará renda da cota em vez de receita pública.

Quem é que recebe licenças de importação e assim obtém renda da cota? No caso da proteção contra importações nos Estados Unidos, a resposta possivelmente causará surpresa: as licenças de importação mais importantes, sobretudo para vestuário e em menor medida para açúcar, são concedidas a governos estrangeiros.

Como as rendas de cota para a maior parte das cotas de importação dos Estados Unidos vão para estrangeiros, o custo de tais cotas para a nação é maior que o de uma tarifa comparável (uma tarifa que leve ao mesmo nível de importações). Na Figura 8.12, a perda líquida para os EUA de tal cota de importação seria igual a $B + C + D$, a diferença entre as perdas dos consumidores e os ganhos dos produtores.

ECONOMIA >> *em Ação*

As tarifas de aço de 2018-2019

A lei norte-americana confere ao presidente autoridade para impor tarifas unilateralmente, sem recorrer ao Congresso, sob certas circunstâncias. Esta autoridade foi concebida para permitir respostas rápidas aos desafios comerciais sem abrir

Figura 8.13 Tarifas e preços do aço, Estados Unidos e o mundo.

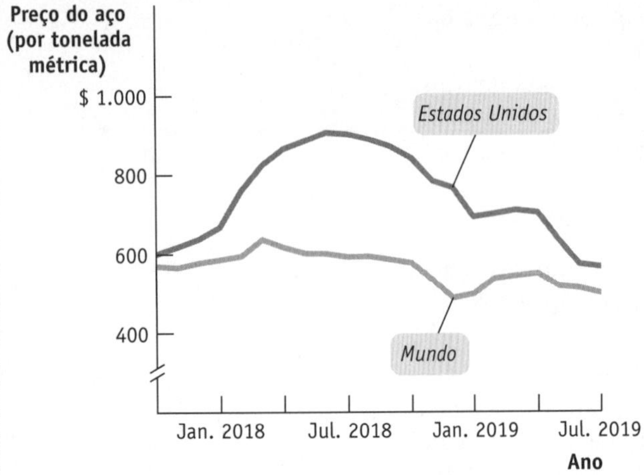

Dados de: SteelBenchmarker.com.

um processo político que, a história mostra, tende a estar repleto de políticas de interesse especial. Em geral, presidentes têm usado essa autoridade com parcimônia. No entanto, em 2018, o Presidente Donald Trump decidiu impor tarifas elevadas a vários países e produtos, sendo a medida mais dramática uma tarifa de 25% sobre as importações de aço de todos os principais fornecedores, dos quais o Canadá era o mais importante.

Certas declarações do Presidente pareciam mostrar que ele acreditava que exportadores estrangeiros, e não consumidores norte-americanos, estariam pagando essas tarifas. Os dados de mercado, entretanto, mostraram um aumento acentuado dos preços do aço nos EUA à medida que as tarifas entraram em vigor, enquanto os preços mundiais eram, em sua maioria, constantes. A Figura 8.13 mostra um exemplo, o preço da chapa laminada a quente – uma forma de aço que é vendida para fabricantes de produtos que utilizam aço. A figura inclui dados do final de 2017 até julho de 2019. As tarifas foram implementadas ao longo de 2018 e removidas em 2019, depois que Estados Unidos, Canadá e México chegaram a um novo acordo comercial.

Como você pode ver, depois que as tarifas entraram em vigor, o preço dos EUA subiu acima do preço mundial; depois, os preços norte-americanos caíram drasticamente quando as tarifas foram removidas.

Quem ganhou e quem perdeu com as tarifas do aço? As empresas siderúrgicas norte-americanas se beneficiaram claramente, pois os preços mais altos aumentaram seus lucros. Elas também reagiram aos preços mais altos reabrindo instalações que tinham sido fechadas e planejando alguma expansão de sua capacidade.

Ao menos inicialmente, porém, os trabalhadores siderúrgicos não pareciam compartilhar muito do benefício: seus salários não estavam subindo muito mais do que os dos trabalhadores de outras indústrias.

Por outro lado, preços mais altos do aço prejudicam os seus usuários. Norte-americanos comuns, é claro, não compram aço diretamente. O metal é usado, ao invés disso, para fazer uma variedade de produtos manufaturados, como carros – e as empresas norte-americanas que compram aço reclamaram amargamente dos custos mais altos, atribuindo à tarifa a responsabilidade parcial por alguns fechamentos de fábricas e demissões. Elas também repassaram pelo menos parte da tarifa para seus clientes sob a forma de preços mais altos.

As tarifas do aço de 2018, então, funcionaram praticamente da maneira que a análise padrão teria previsto. Os fabricantes de produtos concorrentes à importação – empresas siderúrgicas norte-americanas – ganharam. Os consumidores – fabricantes que usam aço, e, em última instância, os compradores dos produtos desses fabricantes – foram prejudicados.

>> *Revisão Rápida*

- A maioria dos economistas defende o **livre comércio**, embora muitos governos se dediquem à **proteção comercial** de indústrias concorrentes à importação. As duas políticas protecionistas mais comuns são tarifas e cotas de importação. Em casos raros, o governo subsidia indústrias exportadoras.
- Uma **tarifa** é um imposto sobre importações. Ela aumenta o preço doméstico acima do preço internacional, provocando queda no comércio e no consumo total e aumento na produção doméstica. Os produtores domésticos e o governo ganham, mas o consumidor perde mais do que aquele ganho, o que gera peso morto no excedente total.
- Uma **cota de importação** é um limite quantitativo legal sobre importações. Seu efeito é como o de uma tarifa, exceto que as receitas, ou seja, as rendas das cotas, vão para os detentores das licenças e não para o governo.

>> *Teste seu entendimento* 8.3

As respostas estão no fim do livro.

1. Suponha que o preço internacional da manteiga seja $ 0,50 por libra (cerca de meio quilo) e que o preço doméstico em autarquia seja $ 1,00 por libra. Use um gráfico similar ao da Figura 8.10 para mostrar o seguinte:
   a. Em caso de livre comércio, os produtores de manteiga querem que o governo imponha uma tarifa não inferior a $ 0,50 por libra. Compare o resultado com uma tarifa de $ 0,25 por libra.
   b. O que acontece se for imposta uma tarifa superior a $ 0,50 por libra?
2. Suponha que o governo imponha uma cota de importação de manteiga, em vez de tarifa. Que limite de cotas geraria a mesma quantidade de importações de uma tarifa de $ 0,50 por libra?

A economia política da proteção comercial

Vimos que o comércio internacional produz benefícios mútuos aos países que nele se engajam. Vimos também que tarifas e cotas de importação, ainda que criem ganhadores e perdedores, reduzem o excedente total. Contudo, muitos países continuam a impor tarifas e cotas de importação e a adotar outras medidas protecionistas.

Para entendermos por que a proteção comercial é levada a cabo, vamos examinar primeiro algumas justificativas comuns da proteção. Em seguida, vamos examinar a política da proteção comercial. Finalmente, examinaremos uma característica importante da proteção comercial no mundo de hoje: tarifas e cotas de importação estão sujeitas a negociações internacionais e são fiscalizadas por organizações internacionais.

Argumentos em favor da proteção comercial

Defensores de tarifas e cotas de importação apresentam três argumentos comuns:

1. O argumento da *segurança nacional* é baseado na proposição de que fontes externas de bens estão sujeitas a interrupção em tempos de conflito internacional; por conseguinte, um país deve proteger os produtores domésticos de bens essenciais, com o objetivo de ser autossuficiente nesses bens. Por exemplo, em 2020, durante a pandemia de coronavírus, 90% das máscaras médicas usadas nos Estados Unidos foram produzidas no exterior. Por isso, o suprimento de máscaras era extremamente baixo e o preço teve severo aumento à medida que os países procuravam por esse artigo essencial.
2. O argumento da *criação de emprego* indica que empregos adicionais seriam criados nas indústrias concorrentes à importação, como resultado da proteção comercial. Economistas argumentam que esses empregos são contrabalançados pela perda de empregos em outras áreas, como as indústrias que usam insumos importados e que passam a se defrontar com maiores custos de insumos. Mas quem não é economista nem sempre é persuadido por esse argumento.
3. O argumento da *indústria nascente*, apresentado com frequência em países de industrialização recente, afirma que novas indústrias requerem um período temporário de proteção comercial para se estabelecerem. Por exemplo, nos anos 1950, muitos países da América Latina estabeleceram tarifas e cotas de importação sobre bens manufaturados, em um esforço para mudar de seu papel tradicional de exportadores de matérias-primas para um novo *status* de países industriais.

   Em teoria, o argumento da indústria nascente pode ser persuasivo, particularmente em indústrias de alta tecnologia que aumentam o nível geral de qualificação da mão de obra no país. A realidade, no entanto, é mais complicada: mais frequente é que indústrias politicamente influentes sejam as que ganhem proteção. Além disso, os governos tendem a ser falhos na previsão das melhores tecnologias emergentes. Finalmente, com frequência é muito difícil desacostumar uma indústria da proteção no momento em que deveria estar madura o suficiente para não precisar mais dela.

Política da proteção comercial

Na realidade, boa parte da proteção comercial tem pouco a ver com os argumentos que acabamos de descrever. Em vez disso, reflete a influência política dos produtores que competem com importações.

Vimos que uma tarifa ou uma cota de importação leva a ganhos para os produtores que competem com importações e a perdas para os consumidores. Os produtores, contudo, normalmente têm muito mais influência sobre as decisões de política comercial. Produtores que competem com importações de um bem particular, em geral, são um grupo menor e mais coeso do que os consumidores desse bem.

Por exemplo, em 2018, o governo dos EUA impôs uma tarifa de 30% sobre as importações de painéis solares, muitos dos quais vêm da China. Enquanto ajudou os produtores norte-americanos, que empregavam cerca de 2.000 trabalhadores, prejudicou um grupo muito maior, formado por dezenas de milhares de instaladores de painéis solares, cujo negócio foi prejudicado quando os painéis ficaram mais caros, o que causou declínio em novas instalações. No entanto, as vozes dos produtores de painéis foram ouvidas muito mais claramente em Washington do que as vozes de preocupação de quem compra os painéis ou os instala.

Seria bom dizer que a principal razão pela qual a proteção comercial não é mais abrangente é que os economistas convenceram os governos das virtudes do livre comércio. Uma razão mais importante, no entanto, é o papel dos *acordos internacionais de comércio*.

Acordos internacionais de comércio e a Organização Mundial do Comércio

Acordos internacionais de comércio são tratados pelos quais um país promete adotar menos proteção comercial contra as exportações de outro país em troca de uma promessa do outro país de fazer o mesmo para suas exportações.

Em uma **guerra comercial**, os países deliberadamente tentam impor dor a seus parceiros comerciais, na tentativa de forçá-los a fazer concessões políticas.

Quando um país faz proteção comercial, ele prejudica dois grupos. Já enfatizamos o efeito adverso sobre os consumidores domésticos. Mas a proteção também prejudica as indústrias exportadoras estrangeiras, e isso significa que os países se preocupam com as políticas comerciais uns dos outros; a indústria madeireira do Canadá, por exemplo, tem interesse em manter baixas as tarifas norte-americanas sobre produtos florestais.

Em virtude de os países se preocuparem com as políticas comerciais uns dos outros, eles participam de **acordos internacionais de comércio**: tratados pelos quais um país promete adotar menos proteção comercial contra as exportações de outro país em troca de uma promessa do outro país de fazer o mesmo para suas exportações. Tais acordos são importantes especialmente como forma de evitar potenciais **guerras comerciais**, nas quais países impõem tarifas e outras medidas protecionistas sobre produtos de outros países na tentativa de forçá-los a fazer concessões políticas. A maior parte do comércio internacional hoje em dia é governada por acordos desse tipo.

O **Tratado Norte-americano de Livre Comércio**, ou **NAFTA**, é um acordo comercial entre Estados Unidos, Canadá e México. A versão atual do acordo é o **NAFTA-USMCA**.

Alguns acordos internacionais de comércio envolvem apenas dois países ou um pequeno grupo deles. Por exemplo, em 1993, Estados Unidos, Canadá e México se uniram no **Tratado Norte-Americano de Livre Comércio**, ou **NAFTA** (*North American Free Trade Agreement*). Em 2008, o NAFTA havia removido a maioria das barreiras ao comércio entre as três nações. Em 2018, os países negociaram um acordo revisado, o Acordo Estados Unidos-México-Canadá ou USMCA (*United States-Mexico-Canada Agreement*), que fez algumas mudanças, mas manteve intacta a estrutura principal do NAFTA. Por questão de precisão, citaremos o acordo comercial atual como NAFTA-USMCA.

A **União Europeia**, ou **UE**, é uma união aduaneira entre 27 nações europeias.

A maioria dos países europeus faz parte de um acordo ainda mais abrangente, a **União Europeia**, ou **UE**. Ao contrário dos membros do **NAFTA-USMCA**, os 27 membros da UE concordam em cobrar as mesmas tarifas sobre mercadorias importadas de países não pertencentes ao bloco. A UE também estabelece regras sobre outras políticas além do comércio, principalmente exigindo que cada nação-membro aceite livremente migrantes de qualquer outro membro, enquanto cobra taxas das nações-membros para pagar por coisas como subsídios agrícolas. Essas regras e taxas são frequentemente impopulares e controversas. Em junho de 2016, a Grã-Bretanha realizou um referendo sobre a saída da UE – proposta popularmente conhecida como Brexit (abreviação para *British exit* – "saída britânica"), que foi aprovada por uma estreita maioria de eleitores. Negociações sobre os detalhes da saída da Grã-Bretanha da UE e sua futura relação com o bloco ainda estavam em andamento quando este livro foi publicado.

A **Organização Mundial do Comércio**, ou **OMC**, supervisiona os acordos de comércio internacional e as regras sobre disputas entre países sobre esses acordos

Também existem acordos comerciais globais cobrindo a maior parte do mundo. Tais acordos globais são supervisionados pela **Organização Mundial do Comércio**, ou **OMC**, organização internacional formada de países-membros – 164 atualmente, representando a maior parte do comércio mundial. A OMC desempenha dois papéis:

1. Fornece estrutura para as negociações extremamente complexas envolvidas em um acordo de comércio internacional importante (o texto completo do último grande acordo geral na OMC, aprovado em 1994, tem 24 mil páginas).

2. Resolve disputas entre os países-membros. Essas disputas, tipicamente, surgem quando um país alega que as políticas de outro país violam acordos prévios.

Um exemplo da OMC em ação é a disputa entre os Estados Unidos e o Brasil sobre os subsídios norte-americanos a seus produtores de algodão. Esses subsídios, no valor de US$ 3 bilhões a US$ 4 bilhões por ano, são ilegais sob as regras da OMC. O Brasil argumentou que eles reduziram artificialmente o preço do algodão norte-americano nos mercados mundiais e prejudicaram os produtores de algodão brasileiros. Em 2005, a OMC decidiu contra os Estados Unidos e a favor do Brasil, e os EUA responderam cortando alguns subsídios à exportação de algodão. Entretanto, em 2007, a OMC decidiu que os Estados Unidos não haviam feito o suficiente para o cumprimento integral da decisão, como eliminar os empréstimos governamentais aos produtores de algodão. Em 2010, depois que o Brasil ameaçou, por sua vez, impor tarifas de importação aos produtos fabricados nos EUA, os dois lados concordaram com uma estrutura para a solução da disputa do algodão.

As regras da OMC permitem a proteção comercial sob certas circunstâncias. Uma dessas circunstâncias ocorre quando a concorrência estrangeira é "desleal" sob certos critérios técnicos. A proteção comercial também é permitida como medida temporária quando um súbito aumento das importações ameaça perturbar uma indústria nacional. Por exemplo, embora tanto o Vietnã quanto a Tailândia sejam membros da OMC, os Estados Unidos impuseram, de forma intermitente, tarifas sobre as importações de camarão provenientes desses países.

Às vezes a OMC é descrita, com grande exagero, como um governo mundial. Na verdade, ela não tem exército, nem polícia nem poder de imposição direta. A parte verdadeira dessa descrição é que, quando um país adere à OMC, ele concorda em aceitar as decisões da organização – e essas decisões se aplicam não apenas a tarifas e cotas de importação, mas também a políticas nacionais que a organização considera proteção comercial disfarçada sob outro nome. Assim, ao aderir à OMC, um país abdica de parte de sua soberania.

Desafios à globalização

A marcha da globalização no século passado é geralmente considerada um grande sucesso político e econômico porque trouxe aumento do padrão de vida para centenas de milhões de pessoas. Mas também é verdade que muitas pessoas, incluindo alguns economistas e formuladores de políticas, têm tido novas opiniões sobre a globalização. Essas opiniões novas emergem em grande parte do declínio da manufatura nos países mais ricos e da *terceirização offshore* que põe em risco os empregos de trabalhadores não industriais, antes considerados imunes à concorrência estrangeira.

Decadência da manufatura. Vimos que o comércio internacional tem um efeito sobre os preços dos fatores, particularmente sobre os salários. Há 40 anos, as importações norte-americanas de países mais pobres consistiam principalmente em matérias-primas e bens que dependiam do clima, como bananas e grãos de café. Por isso, os salários norte-americanos não eram efetivamente afetados pelo comércio internacional. Mas esse não é mais o caso. Hoje, muitos dos bens manufaturados consumidos nos Estados Unidos são importados de países mais pobres. Como resultado, o comércio internacional tem agora um efeito muito maior sobre a desigualdade de renda nos Estados Unidos.

O comércio com a Ásia tem levantado as maiores preocupações por parte de quem estuda o efeito do comércio internacional sobre os níveis salariais de países ricos. A China, apesar de seu rápido crescimento econômico e aumento dos salários nos últimos anos, ainda é um país com salários muito baixos em comparação com os Estados Unidos. Sua remuneração horária na produção é de aproximadamente 10% do nível dos EUA. Outros exportadores de manufatura, tais como Índia, Bangladesh e Vietnã, têm níveis salariais inferiores à metade dos da China. Como discutimos anteriormente no capítulo, é claro que as importações desses países têm pressionado para baixo os salários dos trabalhadores menos qualificados dos EUA e possivelmente contribuído para a desigualdade de renda.

Terceirização (*Outsourcing*). Nas exportações chinesas para os Estados Unidos predominam os bens manufaturados de mão de obra intensivos. Contudo, alguns trabalhadores norte-americanos se defrontaram recentemente com uma nova forma de competição internacional. O chamado *outsourcing* (ou terceirização), em que uma empresa contrata outra para executar certa tarefa (como, por exemplo, cuidar da infraestrutura de informática da companhia), é uma prática antiga. Até recentemente, contudo, essa subcontratação era em geral doméstica, isto é, com uma companhia contratando outra dentro da mesma cidade ou país.

A **terceirização internacional (*offshore outsourcing*)** ocorre quando empresas contratam pessoas em outro país para realizar várias tarefas.

Agora, modernos meios de telecomunicação tornam cada vez mais possível o que é conhecido como **terceirização internacional** (***offshore outsourcing***), pela qual as empresas contratam pessoas em outro país para executar diversas tarefas. O exemplo clássico é o dos *call centers*: a pessoa que atende ao telefone, quando um norte-americano liga para o número de atendimento ao cliente de uma empresa nos Estados Unidos, pode muito bem estar na Índia, que tomou a liderança na atração desse tipo de serviço terceirizado internacionalmente. Essa terceirização internacional se espalhou para campos como desenho de programas de computação e até mesmo serviços médicos: o radiologista examinando o seu raio X, assim como a pessoa dando instruções para a solução de problemas no seu computador, pode muito bem estar em outro continente.

O perigo da terceirização internacional difere do perigo representado pelas importações em larga escala de produtos manufaturados em países mais pobres. De modo geral, a terceirização internacional atinge trabalhadores norte-americanos mais qualificados que imaginavam que seus empregos estavam a salvo da concorrência estrangeira. Um exemplo são os programadores de computadores dos EUA, muitos dos quais têm seus empregos terceirizados para a Índia ou a Europa Oriental. Embora a terceirização internacional ainda represente uma parte relativamente pequena do comércio internacional, alguns economistas advertiram que milhões ou mesmo dezenas de milhões de trabalhadores em países ricos podem enfrentar surpresas desagradáveis num futuro não muito distante – trabalhadores como contadores, avaliadores de sinistros em seguros e processadores de hipotecas.

Tais desafios da globalização minam o argumento de que o comércio internacional é uma coisa boa? A grande maioria dos economistas argumentaria que os ganhos com a proteção comercial ainda ultrapassam as perdas. Entretanto, como o comércio internacional cresceu e as perdas de emprego em setores vulneráveis aumentaram, a política de comércio internacional se tornou cada vez mais difícil e levou a apelos por políticas comerciais protecionistas. Neste debate, é importante entender que programas governamentais, como benefícios para o desempregado, assistência médica de fácil acesso e projetos de reciclagem profissional, podem reduzir a oposição ao livre comércio, ajudando a amortecer as perdas dos prejudicados pelo comércio.

ECONOMIA >> *em Ação*

Guerra comercial, para que serve isso?

Há, como vimos, várias razões pelas quais os países às vezes impõem tarifas e outras restrições às importações, e essas medidas muitas vezes prejudicam outros países, assim como os consumidores domésticos. Entretanto, geralmente só usamos a expressão *guerra comercial* quando prejudicar os estrangeiros não é um efeito colateral das tarifas, mas seu propósito – ou seja, quando as tarifas são impostas para infligir danos a outro país numa tentativa de forçá-lo a fazer concessões de algum tipo.

Um exemplo clássico é a "guerra do frango" que eclodiu entre os Estados Unidos e a Europa há mais de meio século. Em 1964, os Estados Unidos impuseram uma tarifa de 25% sobre as importações de caminhões leves – uma categoria que hoje inclui a maioria das picapes e dos utilitários esportivos. O objetivo da tarifa era pressionar a comunidade europeia a eliminar uma tarifa que ela havia colocado sobre as exportações norte-americanas de frango congelado, que aumentaram com o incremento da criação em escala industrial. Incrivelmente, essa disputa nunca foi resolvida: a tarifa de 25% permanece em vigor.

Historicamente, porém, guerras comerciais nas quais os países tentam infligir sofrimento têm sido bastante raras. Antes da década de 1930, os Estados Unidos e outros países geralmente ignoravam os efeitos de suas políticas comerciais sobre outros países; desde a Segunda Guerra Mundial, guerras comerciais têm sido, em sua maioria, impedidas por acordos comerciais internacionais.

Isso pode, no entanto, estar mudando. Desde 2017, o governo dos EUA tem imposto tarifas sobre uma grande variedade de bens e parceiros comerciais, com o objetivo explícito de forçar outros países a mudar suas políticas, e alguns desses países têm respondido com tarifas próprias que são explicitamente destinadas a causar problemas nos EUA.

Já discutimos as tarifas do aço recentemente impostas ao Canadá e ao México, pelo menos em parte com o objetivo de forçar os vizinhos norte-americanos a concordarem em rever o Tratado Norte-Americano de Livre Comércio. Essas tarifas, no entanto, têm alcance pálido em comparação com a tarifa de 25% que o governo dos EUA impôs sobre US$ 250 bilhões das exportações chinesas em 2019 – quase metade do que a China vende para os Estados Unidos – com a ameaça de expandir as tarifas para o resto das exportações chinesas, a menos que a China atenda às exigências políticas que incluem proteção da propriedade intelectual norte-americana e redução do superávit comercial da China com os Estados Unidos.

A China, por sua vez, retaliou impondo tarifas aos produtos norte-americanos, especialmente bens agrícolas, numa clara tentativa de aumentar os custos políticos da atual postura norte-americana, por exemplo prejudicando os agricultores dos EUA.

O que estamos vivendo agora, em outras palavras, é realmente uma guerra comercial no sentido clássico. No momento em que escrevemos, não estava claro quando ou como esta guerra comercial poderia ser resolvida. E o caso da "guerra do frango" de 1964 sugere que os efeitos do atual conflito comercial podem durar muito tempo.

>> *Teste seu entendimento* 8.4

As respostas estão no fim do livro.

1. Em 2017, os Estados Unidos impuseram tarifas sobre as importações de aço de vários países. O aço é um insumo presente em grande número e grande variedade de indústrias norte-americanas. Explique por que o *lobby* político para eliminar essas tarifas tem mais possibilidade de ser eficaz do que o *lobby* para eliminar tarifas sobre bens de consumo, como vestuário e açúcar.
2. Ao longo dos anos, a OMC se viu cada vez mais envolvida na resolução de disputas comerciais que englobam não apenas tarifas e cotas de importação, mas também restrições baseadas em qualidade, saúde e considerações ambientais. Por que você acha que isso ocorreu? Que método você adotaria, como funcionário da OMC, para decidir se restrições de qualidade, saúde e questões ambientais violam ou não um acordo de livre comércio?

>> *Revisão Rápida*

- As três principais justificativas da proteção comercial são segurança nacional, criação de emprego e proteção de indústrias nascentes.
- Apesar das perdas por peso morto, a proteção contra importações é imposta com frequência porque grupos que representam indústrias concorrentes à importação são menores e mais coesos e, portanto, têm mais influência que grupos de consumidores.
- Para promover a liberalização do comércio, países negociam **acordos internacionais de comércio**. Alguns acordos se dão apenas entre um pequeno número de países, como o **Tratado de Livre Comércio da América do Norte (NAFTA)** e a **União Europeia**. A **Organização Mundial do Comércio (OMC)** é uma organização multilateral que procura negociar acordos globais de comércio, bem como resolver disputas comerciais entre os países-membros.
- Nos últimos anos, emergiu uma resistência maior à globalização, como reação ao enorme crescimento das importações vindas de países pobres e a ameaça da **terceirização internacional (*offshore outsourcing*)** a muitos trabalhadores que antes se consideravam resguardados da competição estrangeira.

CASO EMPRESARIAL

Li & Fung: de Guangzhou até você

Dá quase para apostar que quem está lendo este texto usa algo manufaturado na Ásia. E, nesse caso, é provável que uma companhia de Hong Kong, Li & Fung, esteja envolvida em desenho, produção e transporte dessa peça de vestuário até sua loja preferida. De Levi's a The Limited ou Walmart, Li & Fung é um intermediário crítico entre as fábricas ao redor do mundo e a loja mais perto da sua casa.

A companhia foi criada em 1906 em Guangzhou, na China. De acordo com Victor Fung, presidente da companhia, o "valor agregado" do seu avô era que ele falava inglês, o que lhe permitiu servir de intérprete em negócios entre chineses e estrangeiros. Quando o Partido Comunista de Mao tomou o poder na China continental, a companhia mudou-se para Hong Kong. Ali, quando a economia de mercado se expandiu nos anos 1960 e 1970, Li & Fung cresceu como um corretor de exportações, estabelecendo contato entre manufaturas de Hong Kong e compradores estrangeiros.

A verdadeira transformação da companhia, no entanto, ocorreu à medida que as economias da Ásia cresciam e mudavam. O rápido crescimento de Hong Kong motivou aumento dos salários locais, reduzindo a competitividade de Li & Fung na fabricação de vestuário, seu principal negócio. Assim a companhia teve de se reinventar: em vez de ser um simples agente de exportações, tornou-se "administradora de cadeias produtivas". Não só alocaria a produção de determinado bem a uma manufatura, mas também subdividiria a produção, alocaria a produção dos insumos e, no fim, alocaria a montagem final dos bens entre seus mais de 12.000 fornecedores ao redor do mundo. Algumas vezes a produção se daria em economias sofisticadas como Hong Kong ou Japão, onde os salários são altos, mas altas também são a qualidade e a produtividade; outras vezes, seria em localidades menos avançadas como a China continental ou a Tailândia, onde a mão de obra é menos produtiva porém mais barata.

Suponha, por exemplo, ser dono de uma loja que quer vender *jeans* lavados. Em vez de apenas organizar a produção de *jeans*, a Li & Fung trabalhará com você no desenho, fornecendo-lhe a informação mais atualizada sobre técnicas de produção e estilo, como os materiais e as cores que estão na moda. Depois de finalizar o desenho, Li & Fung providenciará a criação de um protótipo, a maneira mais vantajosa de fabricação e fará os pedidos em seu nome. Por meio da Li & Fung, o fio pode ser feito na Coreia e tingido em Taiwan, e em seguida o *jeans* pode ser costurado na Tailândia ou na China. E, como a produção está se dando em tantas localizações, Li & Fung cuidará da logística de transporte bem como do controle de qualidade.

A Li & Fung tem sido extremamente bem-sucedida. Em 2019, a empresa tinha valor de mercado de US$ 13,2 bilhões, com escritórios e centros de distribuição em mais de 50 países.

A propósito, pode-se perguntar como a Li & Fung foi afetada pela guerra comercial entre os EUA e a China. A resposta é que as tarifas norte-americanas sobre as exportações chinesas prejudicaram um aspecto importante dos negócios da empresa, mas também abriram outras oportunidades de negócios. A Li & Fung tem ajudado clientes dos EUA a mudar para fontes alternativas, como Vietnã e Bangladesh; também tem ajudado clientes na Europa e em outras localidades a tirar vantagem dos preços baixos oferecidos por fornecedores chineses fora dos mercados dos EUA.

QUESTÕES PARA PENSAR

1. Por que foi lucrativo para a Li & Fung ir além de promotor de exportações e passar a administrador de cadeias de produção, subdividindo o processo produtivo e encomendando insumos de fornecedores diversos nos mais diversos países?
2. Que princípio está subjacente às decisões de Li & Fung sobre como alocar a produção de insumos e a montagem final do bem entre diferentes países?
3. Por que um varejista prefere que a Li & Fung organize a produção internacional dos *jeans* que vai vender em vez de comprá-los diretamente de um fabricante de *jeans* na China?
4. Qual a fonte de sucesso da Li & Fung? Baseia-se em capital humano, na propriedade de um recurso natural, ou na propriedade do capital?

RESUMO

1. O comércio internacional tem importância crescente para os Estados Unidos e importância ainda maior para a maioria dos outros países. O comércio internacional, assim como o comércio entre indivíduos, surge da vantagem comparativa: o custo de oportunidade de produzir uma unidade adicional de um bem é mais baixo em alguns países do que em outros. Bens e serviços comprados no exterior são **importações**; aqueles vendidos no exterior são **exportações**. O comércio exterior, assim como outras ligações econômicas entre os países, vem crescendo rapidamente, um fenômeno que é chamado de **globalização**. A **hiperglobalização**, o fenômeno de níveis extremamente altos de comércio internacional, ocorreu à medida que os avanços na tecnologia de comunicação e transporte permitiram que as cadeias de produção abrangessem o globo.
2. O **modelo ricardiano de comércio internacional** supõe que os custos de oportunidade sejam constantes. Ele mostra que há ganhos do comércio: dois países melhoram de situação com o comércio, em comparação com a **autarquia**.
3. Na prática, a vantagem comparativa reflete diferenças entre os países quanto a clima, dotação de fatores e tecnologia. O **modelo Heckscher-Ohlin** mostra como diferenças na dotação de fatores determinam a vantagem comparativa: os bens diferem em **intensidade de fator** e os países tendem a exportar os bens que são intensivos nos fatores que eles possuem em abundância.
4. A **curva de demanda doméstica** e a **curva de oferta doméstica** determinam o preço de um bem quando há autarquia. Quando ocorre comércio internacional, o preço doméstico é levado a se igualar ao **preço mundial ou internacional**, preço pelo qual o bem pode ser comprado ou vendido no exterior.
5. Se o preço internacional está abaixo do preço de autarquia, um bem é importado. Isso produz um aumento no excedente do consumidor, queda no excedente do produtor e ganho no excedente total. Se o preço internacional está acima do preço de autarquia, um bem é exportado. Isso gera aumento no excedente do produtor, queda no excedente do consumidor e ganho no excedente total.
6. O comércio internacional gera expansão nas **indústrias exportadoras** e contração nas **indústrias concorrentes à importação**. Isso aumenta a demanda doméstica de fatores de produção abundantes e reduz a demanda de fatores escassos, afetando assim os preços dos fatores, como os salários.
7. A maioria dos economistas advoga o **livre comércio**, mas na prática muitos governos fazem **proteção comercial**. As duas formas mais comuns de **proteção** são tarifas e cotas; em alguns casos raros, subsidiam-se indústrias exportadoras.
8. **Tarifa** é um imposto que incide sobre importações. Ela aumenta o preço doméstico acima do preço internacional, prejudicando consumidores, beneficiando produtores domésticos e gerando receita governamental. Em consequência, o excedente total diminui. **Cota de importação** é um limite legal para a quantidade que se pode importar de um bem. Ela tem os mesmos efeitos que uma tarifa, exceto que a receita não vai para o governo, mas para quem recebe licenças de importação.
9. Embora tenham sido apresentados vários argumentos populares em favor do protecionismo comercial, na prática a razão principal da proteção é provavelmente política: as indústrias concorrentes à importação são bem organizadas e bem informadas sobre o que ganham com a proteção comercial, enquanto os consumidores não têm consciência dos custos que pagam. Mesmo assim, o comércio dos Estados Unidos é relativamente livre, sobretudo por causa do papel dos **acordos internacionais de comércio**, pelos quais os países concordam em reduzir a proteção comercial referente às exportações uns dos outros. O **Tratado Norte-Americano de Livre Comércio (NAFTA)** e a **União Europeia (UE)** cobrem um número pequeno de países. Por outro lado, a **Organização Mundial do Comércio (OMC)** cobre um número muito maior de países, representando o grosso do comércio mundial. A OMC supervisiona as negociações comerciais internacionais e procura resolver as disputas entre os países-membros.
10. Nos últimos anos, expressaram-se várias preocupações quanto aos efeitos da globalização. Uma questão é o aumento da desigualdade de renda devido à enorme expansão das importações provenientes dos países relativamente pobres nos últimos 20 anos. Outra dúvida é o aumento da **terceirização internacional (*offshore outsourcing*)**, levando para o exterior funções outrora consideradas resguardadas da competição estrangeira.

PALAVRAS-CHAVE

Acordos internacionais de comércio, p. 236
Autarquia, p. 217
Cota de importação, p. 233
Curva de demanda doméstica, p. 224
Curva de oferta doméstica, p. 224
Exportações, p. 214
Globalização, p. 214
Guerras comerciais, p. 236
Hiperglobalização, p. 215
Importações, p. 214
Indústrias exportadoras, p. 228
Indústrias concorrentes à importação, p. 228
Intensidade de fatores, p. 221
Livre comércio, p. 231
Modelo Heckscher-Ohlin, p. 221
Modelo ricardiano de comércio internacional, p. 216
NAFTA-USMCA, p. 236
Organização Mundial do Comércio (OMC), p. 236
Preço mundial ou internacional, p. 224
Proteção, p. 231
Proteção comercial, p. 231
Tarifa, p. 231
Terceirização internacional (*offshore outsourcing*), p. 238
Tratado Norte-Americano de Livre Comércio (NAFTA), p. 236
União Europeia (UE), p. 236

QUESTÕES PARA PENSAR

1. Avalie a seguinte afirmação: ela é verdadeira, falsa ou imprecisa? "Os Estados Unidos podem produzir mais tomates e abacates quando comparados ao México; portanto, não é necessário que os Estados Unidos negociem com o México essas mercadorias."
2. No contexto do suprimento e demanda sob os acordos internacionais de comércio, quando será que um país decide exportar uma mercadoria em especial? E quando importá-la? Quais os lucros e os prejuízos em cada decisão?
3. Em 2018 os Estados Unidos anunciaram tarifas de 25% sobre os abacates importados do México e os abacates que tivessem os preços mais altos seriam pagos integralmente pelo México. Defensores da tarifa alegaram que o aumento do preço seria pago pelo México. Avalie a validade dessa alegação. (*Dica:* Utilize a figura presente no capítulo para apoiar sua conclusão.)

PROBLEMAS

1. Tanto os Estados Unidos como o Canadá produzem madeira e bolas de futebol americano, com custo de oportunidade constante. Os Estados Unidos podem produzir 10 toneladas de madeira e nenhuma bola ou, então, 1.000 bolas e nenhuma madeira ou qualquer combinação intermediária. O Canadá pode produzir 8 toneladas de madeira e nenhuma bola de futebol americano ou, então, 400 bolas e nenhuma madeira ou qualquer combinação entre esses extremos.
   a. Trace a fronteira das possibilidades de produção norte-americana e canadense em dois gráficos separados, com bolas de futebol americano no eixo horizontal e madeira no eixo vertical.
   b. Em autarquia, se os Estados Unidos querem consumir 500 bolas, qual é o máximo de madeira que podem consumir? Indique esse ponto como *A* em seu gráfico. De modo similar, se o Canadá quer consumir 1 tonelada de madeira, quantas bolas pode consumir em autarquia? Indique esse ponto como *C* em seu gráfico.
   c. Que país tem vantagem absoluta na produção de madeira?
   d. Que país tem vantagem comparativa na produção de madeira?

   Suponha que cada país se especialize no bem em que tem vantagem comparativa e que eles comerciem entre si.

   e. Quantas bolas os Estados Unidos produzem? Quanta madeira o Canadá produz?
   f. É possível para os Estados Unidos consumir 500 bolas e 7 toneladas de madeira? Indique esse ponto como *B* em seu gráfico. É possível para o Canadá, ao mesmo tempo, consumir 500 bolas e uma tonelada de madeira? Indique esse ponto como *D* em seu gráfico.
2. Para cada uma das relações de comércio seguintes, explique a fonte provável da vantagem comparativa para cada país exportador.
   a. Os Estados Unidos exportam programas de computador para a Venezuela, e a Venezuela exporta petróleo para os Estados Unidos.
   b. Os Estados Unidos exportam aviões para a China, e a China exporta vestuário para os Estados Unidos.
   c. Os Estados Unidos exportam trigo para a Colômbia, e a Colômbia exporta café para os Estados Unidos.
3. De acordo com dados do U.S. Census Bureau, desde 2000, o valor das importações norte-americanas de camisas masculinas da China mais do que triplicou, passando do valor relativamente pequeno de US$ 244 milhões em 2000 para US$ 753 milhões em 2017. Que previsão faz o modelo Heckscher-Ohlin sobre os salários recebidos pela mão de obra na China?
4. A produção de sapatos é mão de obra intensiva e a de satélites é capital intensiva. Os Estados Unidos têm capital abundante e a China tem trabalho abundante. De acordo com o modelo Heckscher-Ohlin, qual bem a China vai exportar? E qual bem os Estados Unidos vão exportar? Nos Estados Unidos, o que acontecerá com o preço do trabalho (o salário) e com o preço do capital?
5. Antes que o Tratado Norte-Americano de Livre Comércio (NAFTA) eliminasse as tarifas de importação, o preço de autarquia dos tomates no México estava abaixo do preço internacional e, nos Estados Unidos, estava acima do preço internacional. De modo similar, o preço de autarquia do frango no México estava acima do preço internacional e, nos Estados Unidos, estava abaixo do preço internacional. Trace gráficos com curvas de oferta e de demanda para cada país e cada um dos dois bens. Como resultado do NAFTA, os Estados Unidos agora importam tomate do México e exportam frango para o México. Como você imagina que são afetados os grupos a seguir?
   a. Consumidores mexicanos e norte-americanos de tomate. Ilustre o efeito sobre o excedente do consumidor em seu gráfico.
   b. Produtores mexicanos e norte-americanos de tomate. Ilustre o efeito sobre o excedente do produtor em seu gráfico.
   c. Trabalhadores mexicanos e norte-americanos no setor de tomate.
   d. Consumidores mexicanos e norte-americanos de frango. Ilustre o efeito sobre o excedente do consumidor em seu gráfico.
   e. Produtores mexicanos e norte-americanos de frango. Ilustre o efeito sobre o excedente do produtor em seu gráfico.
   f. Trabalhadores mexicanos e norte-americanos na indústria do frango.

6. A seguir estão as tabelas de demanda doméstica e de oferta doméstica dos Estados Unidos para aviões a jato comerciais. Suponha que o preço internacional de um jato comercial seja $ 100 milhões.

   a. Em autarquia, quantos aviões comerciais são produzidos nos Estados Unidos e a que preço eles são vendidos e comprados?

   b. Havendo comércio internacional, qual será o preço dos jatos comerciais? Os Estados Unidos vão importar ou exportar aviões? Quantos?

Preço do jato (milhões)	Quantidade demandada de jatos	Quantidade ofertada de jatos
$ 120	100	1.000
110	150	900
100	200	800
90	250	700
80	300	600
70	350	500
60	400	400
50	450	300
40	500	200

7. A seguir estão as tabelas de demanda doméstica e de oferta doméstica de laranjas nos Estados Unidos. Suponha que o preço internacional seja de $ 0,30 por laranja.

Preço da laranja	Quantidade demandada de laranjas (milhares)	Quantidade ofertada de laranjas (milhares)
$1.00	2	11
0,90	4	10
0,80	6	9
0,70	8	8
0,60	10	7
0,50	12	6
0,40	14	5
0,30	16	4
0,20	18	3

   a. Trace as curvas de oferta e de demanda doméstica dos Estados Unidos.

   b. Com livre comércio, quantas laranjas os Estados Unidos vão importar ou exportar?

   Suponha que o governo dos Estados Unidos imponha tarifa de importação de $ 0,20 por laranja.

   c. Quantas laranjas os Estados Unidos vão importar ou exportar depois da introdução da tarifa?

   d. Em seu gráfico, indique com destaque o ganho ou a perda da economia em seu conjunto decorrente da introdução dessa tarifa.

8. As tabelas de demanda doméstica e de oferta doméstica dos Estados Unidos para laranjas foram dadas no Problema 7. Suponha que o preço internacional de laranjas seja de $ 0,30 cada. Os Estados Unidos introduzem uma cota de importação de 3.000 laranjas e deixam a renda da cota para os exportadores de laranja estrangeiros.

   a. Trace as curvas de demanda e de oferta doméstica.

   b. Qual será o preço doméstico da laranja depois da introdução da cota?

   c. Ilustre em seu gráfico a área que representa a renda da cota. Qual é o valor da renda da cota que os exportadores de laranja estrangeiros recebem?

9. O Observatório da Complexidade Econômica (*Observatory of Economic Complexity* – OEC) é uma visualização de dados que modela os dados do comércio internacional entre os países. Acesse o *site* atlas.media.mit.edu para responder às perguntas a seguir.

   a. Comece selecionando "Países" e digite "Estados Unidos" na barra de busca. Em 2017, qual foi o maior bem exportado (em dólares) para os Estados Unidos? Qual foi o valor das exportações para "Aviões, Helicópteros e/ou Veículos Espaciais"? Qual foi o maior bem importado para os Estados Unidos?

   b. Repita os passos anteriores para o Brasil. Em 2017, qual foi o maior bem exportado para o Brasil? Qual foi o valor das exportações para "Aviões, Helicópteros e/ou Espaçonaves"? Qual foi o maior bem importado pelo Brasil?

   c. Na barra lateral esquerda, clique no *link* "Explore na Página de Visualização". Na nova página, na barra lateral esquerda, selecione "Exportar", em "País" selecione "Brasil", em "Parceiro" selecione "Estados Unidos" e depois "Construir Visualização". Qual é o valor total das exportações brasileiras para os Estados Unidos? Qual é o maior bem exportado pelo Brasil (em dólares) em comparação com os Estados Unidos? Que tipo de mercadoria o Brasil geralmente exporta para os Estados Unidos? Qual é o valor das exportações relacionadas a "Aviões, Helicópteros e/ou Veículos Espaciais"?

   d. Agora repita os passos da parte c para as exportações dos Estados Unidos ao Brasil. Mude "País" para "Estados Unidos", mude "Parceiro" para "Brasil" e selecione "Construir Visualização". Qual é o valor total das exportações dos Estados Unidos para o Brasil? Qual é a maior exportação dos Estados Unidos (em dólares) para o Brasil? Quais os tipos de mercadorias que os Estados Unidos exportam para o Brasil? Qual é o valor das exportações relacionadas a "Aviões, Helicópteros e/ou Veículos Espaciais"?

10. A vantagem comparativa cria uma oportunidade para economias menos produtivas, como Bangladesh, de negociar com economias mais produtivas, como os Estados Unidos. Usando o *site* do OEC do Problema 9, quanto Bangladesh exportou para os Estados Unidos? Qual foi sua maior exportação para os Estados Unidos? Em geral, que tipo de mercadorias Bangladesh exportou para os Estados Unidos?

11. Mais uma vez, usando o *website* da OEC dos Problemas 9 e 10, identifique qual país tem vantagem comparativa para cada uma das seguintes mercadorias. Para cada mercadoria, inclua a participação do país nas exportações globais e o valor total em dólares dessa participação.

   a. Computadores

   b. Xarope de bordo

   c. Soja

   d. Cacau em grão

   e. Cerveja

12. Nos últimos cinco anos, os Estados Unidos se tornaram o maior produtor mundial de gás natural. Mas os produtores de gás têm lutado para encontrar métodos de liquefazer o gás natural para que ele possa ser exportado através do Atlântico. Entre na Cheniere Energy, uma empresa de gás natural sediada em Houston que desenvolveu um terminal de exportação de gás natural localizado no Passo Sabine, que leva ao Golfo do México. O terminal dará às empresas norte-americanas acesso a mercados em todo o mundo.
    a. Explique como o desenvolvimento de um terminal de exportação de gás natural afetará o mercado de gás natural nos Estados Unidos.
    b. Assumindo que os preços do gás natural são de \$ 3,00 por BTU, ilustre o efeito de um terminal de exportação sobre a demanda de gás natural nos Estados Unidos. Explique suas conclusões.
    c. Assumindo que os preços do gás natural na Europa são \$ 6,00 por BTU, desenhe um diagrama para ilustrar como o desenvolvimento de um terminal de gás natural nos Estados Unidos afetará a oferta e a demanda no mercado de gás natural para a Europa. Explique suas conclusões.
    d. Como a exportação de gás natural dos Estados Unidos para a Europa afetará os consumidores e produtores em ambos os lugares?
13. O gráfico a seguir ilustra a curva de demanda doméstica e a curva de oferta doméstica dos Estados Unidos para carne. O preço internacional da carne é P_W. Os Estados Unidos atualmente aplicam uma tarifa de importação para carne, de modo que o preço da carne é P_T. O Congresso decide eliminar a tarifa. Em termos das áreas marcadas no gráfico, responda às questões a seguir:

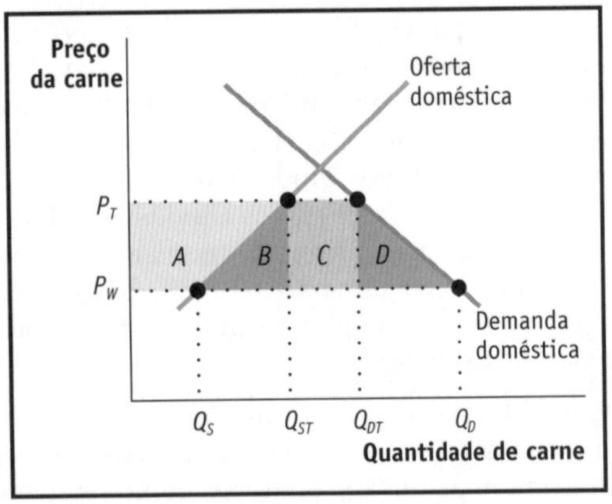

    a. Qual é o ganho/perda no excedente do consumidor?
    b. Qual é o ganho/perda no excedente do produtor?
    c. Qual é o ganho/perda do governo?
    d. Qual o ganho/perda da economia em seu conjunto?
14. À medida que os Estados Unidos se abriram ao comércio internacional, perderam muitos dos seus empregos industriais de baixa qualificação, mas ganharam postos em indústrias de alta qualificação, como a informática. Explique se, no balanço final, os Estados Unidos tiveram melhora em virtude do comércio.
15. Os Estados Unidos são altamente protecionistas no setor agrícola, impondo tarifas de importação e, algumas vezes, cotas para a importação de produtos agrícolas. Este capítulo descreveu três argumentos em favor da proteção comercial. Para cada um dos argumentos, discuta se ele pode ser uma justificativa válida para a proteção da agricultura dos Estados Unidos.
16. Nas negociações da OMC, quando um país concorda em reduzir uma barreira comercial (tarifa ou cota), normalmente se refere a isso como uma concessão a outros países. Você considera essa terminologia apropriada?
17. Produtores em indústrias concorrentes à importação muitas vezes argumentam da seguinte forma: "Outros países têm vantagem comparativa na produção de certos bens porque seus trabalhadores recebem salários mais baixos. De fato, os trabalhadores norte-americanos são muito mais produtivos que os trabalhadores estrangeiros. Assim, as indústrias concorrentes à importação devem ser protegidas." Esse argumento é válido? Explique sua resposta.

RESOLVA

18. Suponha que a Arábia Saudita e os Estados Unidos se defrontem com possibilidades de produção para petróleo e automóveis, como se mostra na tabela a seguir.

Arábia Saudita		Estados Unidos	
Quantidade de petróleo (milhões de barris)	Quantidade de carros (milhões)	Quantidade de petróleo (milhões de barris)	Quantidade de carros (milhões)
0	4	0	10,0
200	3	100	7,5
400	2	200	5,00
600	1	300	2,5
800	0	400	0

    a. Qual é o custo de oportunidade de produzir um carro na Arábia Saudita? E nos Estados Unidos? Qual é o custo de oportunidade de produzir um barril de petróleo na Arábia Saudita? E nos Estados Unidos?
    b. Que país tem vantagem comparativa em produzir petróleo? E em produzir carros?
    c. Suponha que, em autarquia, a Arábia Saudita produza 200 milhões de barris de petróleo e 3 milhões de carros; e que os Estados Unidos produzam 300 milhões de barris de petróleo e 2,5 milhões de carro. Sem comércio, a Arábia Saudita pode produzir mais petróleo, *bem como* mais carros? Sem comércio, os Estados Unidos podem produzir mais petróleo, *bem como* mais carros?

Suponha agora que cada país se especialize no bem em que tem vantagem comparativa e que os dois países comerciem. Suponha também que, para cada país, o valor das importações tenha de ser igual ao valor das exportações.

    d. Qual é a quantidade total de petróleo produzido? Qual é a quantidade total de carros produzidos?
    e. É possível para a Arábia Saudita consumir 400 milhões de barris de petróleo e 5 milhões de carros, e para os Estados Unidos consumir 400 milhões de barris de petróleo e 5 milhões de carros?
    f. Suponha que, de fato, a Arábia Saudita consuma 300 milhões de barris de petróleo e 4 milhões de carros, e que os Estados Unidos consumam 500 milhões de barris de petróleo e 6 milhões de carros. Quantos barris de petróleo os Estados Unidos importam? Quantos carros os Estados Unidos exportam? Suponha que um carro custe \$ 10.000 no mercado mundial. Quanto, então, custa um barril de petróleo no mercado mundial?

9 Tomada de Decisões por Indivíduos e Empresas

TOMAR DECISÕES EM BONS E MAUS MOMENTOS

QUANDO MACKENZIE MCQUADE se formou na faculdade de biologia, encontrou imediatamente um emprego. Esta experiência foi uma surpresa para ela, pois, apenas quatro anos antes, seu irmão mais velho, Adam, havia passado por uma experiência muito diferente. Tendo se graduado em 2010, Adam havia conseguido um diploma semelhante, mas teve muita dificuldade para encontrar emprego. Quando deixou a faculdade, ele já havia sido rejeitado por mais de uma dúzia de empresas. Estressado e nervoso, finalmente conseguiu uma colocação que o obrigou a se mudar para outro estado. Muita gente, no sombrio mercado de trabalho de 2010, escolheu outra opção: voltar para a faculdade. Naquele ano, faculdades e universidades em todo o país relataram um surto de inscrições para todos os tipos de programas de graduação.

As diferentes situações de Mackenzie e Adam não se deviam ao fato de Mackenzie ser mais capaz do que Adam. Ao contrário, elas eram o resultado de flutuações econômicas. Infelizmente para Adam, ele se formou em meio a um mercado de trabalho muito difícil, quando a taxa de desemprego era de quase 10%, a pior em várias décadas. Quando Mackenzie se formou, em 2014, o mercado de trabalho havia melhorado consideravelmente; a taxa de desemprego havia caído para cerca de 6,1%. Mas, apesar da melhoria do mercado de trabalho, a situação não era exatamente um mar de rosas: em 2014, no mesmo ano em que Mackenzie encontrou seu emprego, 44% dos graduados de 24 a 27 anos estavam presos em empregos de baixa remuneração que não exigiam diploma universitário.

Independentemente das circunstâncias, milhões de pessoas todos os anos tomam decisões sobre suas carreiras. Mackenzie, com várias ofertas de emprego, tinha de decidir qual trabalho aceitar. Adam tinha de decidir se aceitava um emprego não tão gratificante que o obrigava a se mudar, ou se arriscava e continuava procurando. E milhões tomaram a decisão de voltar à universidade em vez de suportar um emprego mal remunerado e sem saída ou uma busca prolongada de emprego.

Este capítulo trata da economia da tomada de decisões: como tomar uma decisão que resulte no melhor resultado econômico possível – muitas vezes chamado de *ótimo*. Economistas formularam princípios ou métodos de tomada de decisão que levam a resultados ótimos, independentemente de o tomador de decisão ser um indivíduo ou uma empresa.

Vamos começar examinando o problema de decisão de um indivíduo e aprender sobre os três diferentes tipos de decisões econômicas, cada um com um princípio correspondente de tomada de decisão que leva ao melhor resultado econômico possível. Com este capítulo, vamos entender por que os economistas consideram ser a tomada de decisões a própria essência da microeconomia.

Apesar do fato de que as pessoas devem usar os princípios da tomada de decisões econômicas para alcançar os melhores resultados econômicos possíveis, elas às vezes não o fazem. Em outras palavras, as pessoas nem sempre são tomadores de decisão racionais. Por exemplo, um comprador pode, conscientemente, gastar mais do que economizar em gasolina na busca de uma pechincha. No entanto, os economistas descobriram que as pessoas são *irracionais de formas previsíveis*. Uma discussão sobre *economia comportamental*, o ramo da economia que estuda o comportamento irracional previsível, conclui este capítulo. ●

O QUE VOCÊ IRÁ APRENDER?

- Por que a tomada de decisões bem feita começa por definir com exatidão custos e benefícios?
- Qual é a diferença entre custos **implícitos** e **explícitos**?
- Qual é a diferença entre **lucro contábil** e **lucro econômico**, e por que o lucro econômico é a base correta para decisões?
- Por que existem três tipos diferentes de decisões econômicas?
- Por que as pessoas às vezes se comportam de maneira irracional, mas previsível?
- Por que as decisões que envolvem tempo são diferentes, e como elas devem ser tomadas? (No apêndice deste capítulo.)

|| Custos, benefícios e lucros

Ao tomarmos qualquer tipo de decisão, é essencial definirmos com exatidão os custos e benefícios da decisão. Se não sabemos os custos e benefícios, é quase impossível tomarmos uma boa decisão. Então é preciso começar por aí.

O primeiro passo é reconhecer o papel do *custo de oportunidade*, um conceito que vimos pela primeira vez no Capítulo 1, quando aprendemos que custos de oportunidade surgem porque *recursos são escassos*. Como os recursos são escassos, o verdadeiro custo de algo é aquilo do que precisamos abrir mão para obtê-lo, isto é, seu custo de oportunidade.

Caso você decida continuar na escola mais um ano, ou caso decida deixar o curso para procurar trabalho, cada escolha tem custos e benefícios. Como o seu tempo (um recurso) é escasso, você não pode ao mesmo tempo estudar em tempo integral e ter um emprego de tempo integral. Se você se decide por ser um estudante em tempo integral, o custo de oportunidade dessa escolha é o rendimento que teria obtido no seu emprego de tempo integral. E podem existir outros custos de oportunidade, como a experiência que você teria adquirido no trabalho.

Quando se trata de tomar decisões, é essencial pensar em termos de custo de oportunidade, porque o custo de oportunidade de uma ação é frequentemente muito maior que o simples custo monetário.

Economistas usam os conceitos de *custo explícito* e *custo implícito* para comparar a relação entre o custo de oportunidade e as despesas em dinheiro. Primeiro, vamos examinar esses dois conceitos. Em seguida, definiremos os conceitos de *lucro contábil* e *lucro econômico*, que são *maneiras de medir se o benefício de uma ação é maior que seu custo*. Usando esses conceitos para avaliar custos e benefícios, podemos tratar do primeiro princípio da tomada de decisões: como fazer escolhas do tipo "ou-ou então".

Custos explícitos *versus* custos implícitos

Suponha que, como Adam McQuade, você tenha duas opções ao se formar: aceitar um emprego abaixo do ideal ou voltar à universidade por mais um ano para obter um diploma de graduação.

A fim de tomar essa decisão corretamente, você precisa saber o custo de um ano adicional de universidade.

Aqui, é importante lembrar o conceito de custo de oportunidade: o custo do ano que se passa para obter um diploma universitário inclui o que se renuncia ao não aceitar um emprego naquele ano. O custo de oportunidade de mais um ano de universidade, como qualquer custo, pode ser dividido em duas partes: *custo explícito* da escolaridade do ano e *custo implícito*.

Custo explícito é aquele que requer gasto em dinheiro.

Custo implícito não implica despesas em dinheiro; em vez disso, é medido pelo valor, em termos monetários, de todos os benefícios dos quais se é obrigado a abrir mão.

Custo explícito é aquele que requer gasto em dinheiro. Por exemplo, o custo explícito de um ano adicional de curso inclui a matrícula. O **custo implícito**, por outro lado, não implica despesas em dinheiro; em vez disso, é medido pelo valor, em termos monetários, de todos os benefícios dos quais se é obrigado a abrir mão. Por exemplo, o custo implícito de um ano gasto na faculdade inclui a renda que você teria recebido se, em vez disso, tivesse optado por um emprego.

Um erro comum, tanto na análise econômica quanto em situações reais de negócios, é ignorar os custos implícitos e focalizar apenas os custos explícitos. Mas o custo implícito de uma atividade costuma ser considerável; às vezes é, de fato, muito maior que o custo explícito.

A Tabela 9.1 fornece os componentes de custos hipotéticos, explícitos e implícitos, associados com a opção de gastar um ano adicional na faculdade em vez de aceitar um emprego. O custo explícito consiste em matrícula, livros, material escolar e um computador para executar as tarefas: tudo isso exige gasto em dinheiro. O custo implícito é o salário que você teria recebido se, em vez disso, tivesse aceitado um emprego. Como se vê, o custo total de permanecer mais um ano na universidade é \$ 44.500, a soma do total do custo implícito (o salário de \$ 35.000 que se deixou de ganhar) e do custo explícito de (\$ 9.500 de gastos com matrícula, materiais e computador). Como o custo implícito é mais do que três vezes superior ao custo explícito, ignorar o custo implícito levaria a uma decisão mal orientada. Esse exemplo ilustra um princípio geral: *o custo de oportunidade de qualquer atividade é igual ao seu custo explícito mais seu custo implícito.*

Tabela 9.1 Custo de oportunidade de um ano adicional de faculdade

Custo explícito		Custo implícito	
Matrícula	$ 7.000	Salário que não se ganhou	$ 35.000
Livros e material	1.000		
Computador	1.500		
Custo explícito total	**9.500**	**Custo implícito total**	**35.000**

Custo de oportunidade total = custo explícito total + custo implícito total = $ 44.500

Uma maneira ligeiramente diferente de ver o custo implícito nesse exemplo pode aprofundar nossa compreensão do custo de oportunidade:

- O salário que você deixa de ganhar é o custo de usar seus próprios recursos – seu tempo – para ir à universidade em vez de trabalhar.
- O uso de seu tempo para mais escolaridade, apesar do fato de não precisar gastar nenhum dinheiro com isso, ainda é caro para você.

Esta explicação ilustra um aspecto importante do custo de oportunidade:

- Ao considerar o custo de uma atividade, você deve incluir o custo de usar qualquer um de seus próprios recursos para essa atividade. Você pode calcular o custo do uso de seus próprios recursos determinando o que eles teriam ganhado em seu próximo melhor uso.

A compreensão do papel dos custos de oportunidade deixa claro o motivo do aumento das matrículas universitárias em 2010: um mercado de trabalho ruim. A partir de 2009, o mercado de trabalho dos Estados Unidos se deteriorou drasticamente à medida que a economia entrava em grave recessão. Em 2010, o mercado de trabalho ainda estava bastante fraco; embora as vagas de emprego tivessem começado a reaparecer, uma proporção relativamente alta dessas vagas era para empregos com salários baixos e sem benefícios. Como resultado, o custo de oportunidade de mais um ano de escolaridade havia diminuído significativamente, tornando os gastos de mais um ano na universidade uma escolha muito mais atraente do que quando o mercado de trabalho estava forte.

Lucro contábil *versus* lucro econômico

Vamos voltar a Adam McQuade e imaginar que ele enfrente a escolha entre completar um programa de pós-graduação de dois anos em tempo integral para se tornar farmacêutico e passar dois anos trabalhando. Vamos supor que, para ser certificado como farmacêutico, ele deve completar todo o programa de pós-graduação de dois anos. Que escolha ele deve fazer?

Para começar, vamos considerar o que Adam ganha com a obtenção do diploma – o que poderíamos chamar de sua receita com o diploma de farmacologia. Uma vez que tenha completado o curso daqui a dois anos, ele receberá com o diploma ganhos avaliados hoje em $ 600.000 pelo resto de sua vida. Em contraste, se ele não conseguir o diploma e, em vez disso, aceitar o emprego que lhe é oferecido atualmente, daqui a dois anos seus ganhos futuros ao longo da vida serão, pela avaliação atual, $ 500.000. O custo da mensalidade para seu diploma de farmacologia é de $ 40.000, que ele paga com um empréstimo estudantil que lhe custa $ 4.000 em juros.

Neste ponto, o que ele deve fazer pode parecer óbvio: se ele escolher o diploma de farmacologia, receberá um aumento vitalício no valor dos ganhos de $ 600.000 – $ 500.000 = $ 100.000, e ele paga $ 40.000 em mensalidade mais $ 4.000 em juros. Isso significa que ele tem um lucro de $ 100.000 – $ 40.000 – $ 4.000 = $ 56.000 ao obter seu diploma de farmacologia. Estes $ 56.000 são o **lucro contábil** de Adam ao obter o diploma: sua receita menos seu custo explícito. Neste exemplo, seu custo explícito de obter o diploma de farmacologia é de $ 44.000, o valor de mensalidade mais os juros do empréstimo estudantil.

O **lucro contábil** é igual à receita menos o custo explícito.

Embora o lucro contábil seja uma medida útil, seria enganoso para Adam usá-lo isoladamente na tomada de sua decisão. Para tomar a decisão correta, aquela que leva ao melhor resultado econômico possível para ele, é preciso que ele calcule seu

O **lucro econômico** é igual à receita menos o custo de oportunidade dos recursos utilizados. Geralmente, é menor do que o lucro contábil.

lucro econômico – a receita que ele recebe do diploma de farmacologia menos seu custo de oportunidade de permanência na universidade (que é igual ao seu custo explícito mais seu custo implícito de permanência na universidade). Em geral, o lucro econômico de determinado projeto será menor que o lucro contábil, pois quase sempre há custos implícitos além dos custos explícitos.

Quando os economistas usam o termo *lucro*, eles se referem ao lucro *econômico*, não ao lucro *contábil*. Esta será nossa convenção no resto do livro: quando usamos o termo *lucro*, nos referimos ao lucro econômico.

Como o lucro econômico de Adam de permanecer na universidade difere do seu lucro contábil? Já encontramos uma fonte da diferença: os dois anos de salário que deixa de ganhar. Este é um custo implícito de ir à universidade em tempo integral por dois anos. Presumimos que o valor hoje dos ganhos perdidos de Adam durante os dois anos é de $ 57.000.

Tabela 9.2 Lucro econômico de Adam na obtenção de título de farmacêutico

Valor do aumento de renda por tempo de vida	$ 100.000
Custo explícito	
Matrícula	–40.000
Juro do empréstimo estudantil	–4.000
Lucro Contábil	**56.000**
Custo implícito	
Rendimento que deixa de ter nos 2 anos de estudo	–57.000
Lucro Econômico	**–1.000**

Considerando os custos implícitos de Adam e calculando seu lucro econômico, vemos que é melhor que ele não obtenha um diploma em farmacologia. Você pode ver isto na Tabela 9.2: seu lucro econômico ao obter a graduação em farmacologia é de –$ 1.000. Em outras palavras, ele incorre em uma *perda econômica* de $ 1.000 se conseguir o diploma. Claramente, o melhor para ele será trabalhar agora.

Vamos considerar um cenário ligeiramente diferente para garantir que os conceitos de custos de oportunidade e lucro econômico sejam bem compreendidos. Vamos supor que Adam não tenha que pegar $ 40.000 em empréstimos estudantis para pagar sua mensalidade. Em vez disso, ele pode pagar com uma herança de sua avó. Como resultado, ele não tem que pagar $ 4.000 em juros. Neste caso, seu lucro contábil é de $ 60.000 em vez de $ 56.000. A decisão certa agora seria ele obter o diploma de farmacologia? O lucro econômico do diploma não seria agora de $ 60.000 – $ 57.000 = $ 3.000?

A resposta é não, porque, neste cenário, Adam está usando seu próprio capital para financiar sua educação, e o uso desse capital tem um custo de oportunidade mesmo quando ele é o dono do dinheiro.

Capital é o valor total dos ativos de propriedade de um indivíduo ou empresa – ativos físicos mais ativos financeiros.

Capital é o valor total dos ativos de um indivíduo ou de uma empresa. O capital de um indivíduo geralmente consiste em dinheiro no banco, ações, títulos e o valor de propriedade de bens imóveis, como uma casa. No caso de uma empresa, o capital também inclui seus equipamentos, suas ferramentas e seu inventário de bens não vendidos e peças usadas. (Economistas gostam de distinguir entre *ativos financeiros*, como dinheiro, ações e títulos, e *ativos físicos*, como edifícios, equipamentos, ferramentas e inventário.)

A questão é que, mesmo que Adam seja dono dos $ 40.000, usá-los para pagar as mensalidades implica um custo de oportunidade – aquilo de que ele abre mão no próximo melhor uso desses $ 40.000. Se ele não tivesse usado o dinheiro para pagar a mensalidade, seu próximo melhor uso do dinheiro teria sido depositá-lo em um banco para ganhar juros.

Para manter as coisas simples, vamos supor que ele ganhe $ 4.000 com esses $ 40.000 depositados em um banco. Agora, em vez de pagar $ 4.000 em custos explícitos na forma de juros de empréstimo estudantil, Adam paga $ 4.000 em custos implícitos a partir dos juros perdidos que ele poderia ter obtido.

Custo implícito do capital é o custo de oportunidade do uso do próprio capital – a renda obtida se o capital tivesse sido empregado em sua próxima melhor alternativa de uso.

Esses $ 4.000 em juros perdidos é o que os economistas chamam de **custo implícito do capital** – a renda que o proprietário do capital poderia ter auferido se o capital tivesse sido empregado em sua próxima melhor alternativa de uso. O efeito líquido é que não faz diferença se Adam financia sua mensalidade com um empréstimo estudantil ou usando seus próprios fundos. Esta comparação reforça o cuidado com que você deve acompanhar os custos de oportunidade ao tomar uma decisão.

Tomando decisões de "ou-ou então"

Segundo o **princípio da tomada de decisões "ou-ou então"**, ao tomar uma decisão do tipo "ou-ou então" entre duas atividades, escolha a que tiver lucro econômico positivo.

Em uma decisão do tipo "ou-ou então", é preciso escolher entre duas atividades. É diferente de uma decisão de "quanto", que exige escolher quanto exercer de dada atividade. Por exemplo, Adam estava diante de uma decisão do tipo "ou-ou então": ou enfrentar dois anos de universidade para se formar em farmacologia, ou então trabalhar. Diferentemente, uma decisão de "quanto" seria escolher quantas horas estudar por dia, ou quantas horas trabalhar em um emprego. A Tabela 9.3 compara várias decisões de "ou-ou então" e de "quanto".

Ao tomar decisões econômicas, como já enfatizamos, é essencial calcular corretamente os custos de oportunidade. A melhor maneira de tomar uma decisão do tipo "ou-ou então", o método que leva ao melhor possível dos resultados econômicos, é o **princípio da tomada de decisões "ou-ou então"**. De acordo com esse princípio, *ao tomar uma decisão do tipo "ou-ou então" entre duas atividades, escolha aquela que tem lucro econômico positivo.*

Tabela 9.3 Decisões de "quanto" *versus* decisões de "ou-ou então"

Decisões de "ou-ou então"	Decisões de "quanto"
Usar sabão em pó Omo ou Ariel?	Quantos dias sem lavar roupa?
Comprar um carro ou não?	Quantos quilômetros rodados para trocar o óleo do carro?
Pedir uma torta ou um sanduíche?	Quantos pimentões na sua torta?
Ter seu próprio negócio ou trabalhar para alguém?	Quantos trabalhadores você deveria contratar em sua empresa?
Prescrever o remédio A ou B para seu paciente?	Que quantidade de um remédio que tem efeito colateral um paciente deve tomar?
Fazer pós-graduação ou não?	Quantas horas estudar?

Vamos examinar o dilema de Adam sob outro ângulo, para entender como esse princípio funciona. Se ele começar a trabalhar imediatamente, seus rendimentos pela duração de sua vida serão \$ 57.000 (rendimento dos próximos dois anos) + \$ 500.000 (rendimentos totais ao longo da vida depois desses dois anos) = \$ 557.000. Se, em vez disso, ele graduar-se farmacêutico, o valor total de seus rendimentos ao longo da vida será \$ 600.000 (rendimentos ao longo da vida depois dos dois anos de estudo em tempo integral) – \$ 40.000 (matrícula) – \$ 4.000 (juros) = \$ 556.000. O lucro econômico de trabalhar em vez de se formar em farmacologia é \$ 557.000 – \$ 556.000 = \$ 1.000.

Assim, a escolha correta para Adam é começar a trabalhar imediatamente, o que lhe dá um lucro econômico de \$ 1.000, em vez de tornar-se farmacêutico, o que lhe daria lucro econômico de –\$ 1.000. Em outros termos, tornando-se farmacêutico ele perderia os \$ 1.000 de lucro econômico que teria obtido no caso de trabalhar.

Ao se tomarem decisões de "ou-ou então", erros ocorrem mais comumente quando pessoas ou empresas usam seus próprios ativos nos projetos, em vez de alugarem ou tomarem emprestados esses ativos. Isso acontece porque se esquecem do custo implícito de usar capital que é de sua propriedade. Diferentemente, quando alugam ativos ou os tomam emprestado, tais custos aparecem como explícitos. Se, por exemplo, um restaurante é proprietário de seus equipamentos e utensílios, terá de computar seu custo implícito de capital, calculando por quanto pode vender seu equipamento e quanto pode ser ganho usando esses fundos no melhor projeto alternativo.

Além disso, os negócios administrados pelo próprio dono (um *empresário*) muitas vezes deixam de calcular o custo de oportunidade do tempo do proprietário ao administrar seu empreendimento. Dessa forma, pequenas empresas com frequência subestimam seu custo de oportunidade e superestimam o lucro econômico de manterem o negócio.

Nossa análise implica que estavam mal orientadas as centenas de milhares de pessoas que em 2010 preferiram voltar para a faculdade em vez de procurar trabalho? Não necessariamente. Como vimos, o mercado de trabalho em estado precário de 2010 levou a uma queda do custo de oportunidade medido em salários dos quais, em tese, abdicam muitos dos estudantes, fazendo com que continuar a educação seja a escolha ótima.

ARMADILHAS

POR QUE HÁ APENAS DUAS ESCOLHAS?

Nas decisões de "ou-ou então", adotamos a suposição de que há apenas duas atividades entre as quais escolher. E se, em vez de duas, houver três ou mais opções? Continua válido o princípio de "ou-ou então"?

Sim, continua, pois qualquer escolha entre três (ou mais) alternativas sempre pode ser reduzida a uma série de escolhas entre duas alternativas. Aqui, um exemplo de três opções de atividade: A, B e C. (Recorde que esta é uma decisão de "ou-ou então": é possível escolher apenas uma das três atividades.)

Digamos que você começa por decidir entre A e B: nesta comparação, A tem lucro econômico positivo, mas B resulta em perda econômica. Nesse ponto, você descarta B como opção viável, pois A será sempre superior a B. O passo seguinte é comparar A e C: nessa comparação, C tem lucro econômico positivo, mas A resulta em prejuízo econômico. Você agora pode descartar A, pois C será sempre superior a A. Você decidiu: como A é melhor que B e C é melhor que A, C é a escolha correta.

ECONOMIA >> *em Ação*

Airbnb e o aumento do custo da privacidade

Um dos benefícios de envelhecer é ter renda maior para adquirir um lugar próprio e a privacidade que vem junto com isso. Você não será mais obrigado a suportar um colega de quarto desarrumado ou esperar para usar o banheiro. Mas, em muitos lugares do país, isso está mudando à medida que mais pessoas dividem suas casas e apartamentos com estranhos. Você pode agradecer a *sites* como Airbnb e VRBO pela mudança e pela perda de privacidade.

Trata-se simplesmente de uma questão de custo de oportunidade. O aumento dos *sites* de compartilhamento de espaço facilita o aluguel de seu espaço extra por dinheiro. Se você vive em uma área onde há alta demanda por estadias de curto prazo – como São Francisco ou Austin –, alugar seu quarto de hóspedes pode ser muito lucrativo. Em Austin, um quarto particular (banheiro compartilhado) aluga-se por mais de US$ 50 por noite, enquanto em São Francisco um quarto em *loft* (banheiro compartilhado) aluga por quase US$ 170 a noite. Assim, em muitos lugares, o custo de oportunidade de um quarto vazio – ou seja, o custo de oportunidade de sua privacidade – aumentou substancialmente.

Não surpreende que construtores tenham percebido a tendência e estejam construindo casas com espaços alugáveis. Em uma pesquisa, 35% dos jovens adultos disseram que queriam poder alugar espaço em suas casas pelo menos em tempo parcial. "Grande parte da motivação deles para fazer isso é tornar a etapa financeira de comprar sua casa mais viável", disse Linda Mamet, executiva de uma construtora de casas.

>> *Revisão Rápida*

- Todos os custos são custos de oportunidade. Eles podem ser divididos em **custos explícitos** e **custos implícitos**.
- O **lucro contábil** de uma atividade não é necessariamente igual ao seu **lucro econômico**.
- Devido ao **custo implícito do capital** (isto é, o custo de oportunidade de usar o **capital** que é propriedade de uma companhia) e ao custo de oportunidade do tempo do proprietário, o lucro econômico muitas vezes é bem menor que o lucro contábil.
- O **princípio da tomada de decisão do tipo "ou-ou então"** diz que, ao se fazer uma escolha de "ou-ou então" entre duas atividades, deve ser escolhida aquela que tem lucro econômico positivo.

>> *Teste seu entendimento* 9.1

As respostas estão no fim do livro.

1. Marisol e Logan têm uma empresa de restauração de móveis instalada em sua residência. Dentre os itens a seguir, qual representa um custo explícito do negócio e qual representa um custo implícito?
   a. Suprimentos, como removedor, verniz, material de polimento, lixa etc.
   b. Espaço no porão, que foi convertido em área de trabalho.
   c. Salários pagos a ajudantes de meio período.
   d. Uma caminhonete que herdaram e que usam para transportar móveis.
   e. O emprego em uma grande empresa de restauração de móveis que Marisol abandonou a fim de abrir sua própria empresa.
2. Suponha que Adam tem uma terceira alternativa: um estágio de treinamento para maquinistas especializados que, ao seu término, faria dele um mecânico licenciado. Durante esse estágio, ele receberia um salário reduzido de $ 15.000 por ano. No fim do estágio, o valor de sua renda ao longo da vida seria $ 725.000. Qual seria a melhor opção de carreira de Adam?
3. Suponha que você tem três alternativas – A, B e C – e pode escolher uma só. Ao comparar A com B, verifica que B dá lucro econômico e que A dá prejuízo econômico. Mas, ao comparar A com C, você observa que C dá lucro econômico e A dá prejuízo econômico. Como fazer sua escolha?

Tomando decisões de "quanto": o papel da análise marginal

Embora muitas decisões em economia sejam de "ou-ou então", muitas outras são de "quanto". Não são muitas as pessoas que deixarão inteiramente de dirigir se o preço da gasolina subir, mas muitas pessoas vão dirigir menos. Quanto menos? Um aumento no preço do milho não vai necessariamente persuadir muita gente a virar agricultor, mas persuadirá alguns fazendeiros que já cultivam milho a plantar mais. Quanto mais?

Recorde que, segundo os princípios de microeconomia, "quanto" é uma decisão na margem. Assim, para entendermos decisões de "quanto", usaremos uma abordagem conhecida como *análise marginal*. A análise marginal implica comparar o benefício de empreender um pouquinho mais de alguma atividade com o custo de continuar um pouquinho mais nessa atividade. O benefício de fazer um pouco mais de alguma coisa é o que os economistas chamam de *benefício marginal*, e o custo de fazer um pouco mais de algo é o que eles denominam *custo marginal*.

Por que isso se denomina análise "marginal"? Uma margem é uma beira; o que se faz na análise marginal é empurrar a beira um pouco mais e ver se esse é um bom movimento. Começaremos nosso estudo da análise marginal considerando uma decisão hipotética sobre quantos anos de escola completar. Vamos considerar o caso de Alexa, que estuda informática na esperança de se tornar uma *designer* de aplicativos. Como há grande variedade de tópicos que podem ser aprendidos um ano de cada vez (programação, *hardware*, aplicações, interface de usuário), ao final de cada ano Alexa pode decidir se deve ou não continuar seus estudos.

Ao contrário de Adam, que enfrentou uma decisão "ou-ou então" de obter ou não um diploma de farmacologia, Alexa enfrenta uma decisão "quanto" de quantos anos estudar ciência da computação. Por exemplo, ela poderia estudar mais um ano, ou mais cinco anos, ou qualquer número de anos no meio. Vamos começar nossa análise do problema de decisão da Alexa definindo o *custo marginal* de outro ano de estudo dela.

Custo marginal

Vamos supor que cada ano adicional de estudo implica $ 10.000 de custos explícitos para Alexa (matrícula, juros do empréstimo estudantil etc.). Além dos custos explícitos, ela tem também custos implícitos, ou seja, a renda da qual ela abdica por ficar mais um ano estudando.

Diferentemente dos custos explícitos, que são constantes (isto é, os mesmos cada ano), o custo implícito de Alexa muda a cada ano. Isso porque cada ano de estudo a deixa mais qualificada que no ano anterior; e quanto mais qualificada, tanto maior o salário que pode obter. Por conseguinte, a renda à qual abdica para continuar estudando aumenta cada ano em que continua estudando. Em outras palavras, quanto maior o número de anos que Alexa permaneceu estudando, tanto maior o custo implícito de mais um ano na escola.

A Tabela 9.4 mostra como o custo de um ano adicional de escola muda para Alexa conforme ela completa mais anos de estudo. A segunda coluna mostra como muda seu custo total. Por exemplo, o primeiro ano de Alexa tem um custo total de $ 30.000: $ 10.000 de custos explícitos de matrícula e itens similares, e $ 20.000 de salário que deixou de ganhar.

A segunda coluna mostra também que o custo total de dois anos de estudo é $ 70.000: $ 30.000 no primeiro ano mais $ 40.000 no segundo ano. Durante o segundo ano de Alexa na escola, seus custos explícitos permaneceram os mesmos ($ 10.000) mas seu custo implícito em termos do salário a que teve de abdicar subiu para $ 30.000. Isso porque ela é uma trabalhadora mais valiosa depois de um ano de estudo do que sem estudo.

Da mesma maneira, o custo total de três anos de estudo é $ 130.000: $ 30.000 de custo explícito por três anos de matrículas mais $ 100.000 de custo implícito por três anos de salários que deixou de ganhar. O custo total de quatro anos é $ 220.000, de cinco anos é $ 350.000.

Tabela 9.4 Custo marginal de Alexa em anos adicionais na escola

Número de anos de estudo	Custo total	Custo marginal
0	$ 0	
		$ 30.000
1	30.000	
		40.000
2	70.000	
		60.000
3	130.000	
		90.000
4	220.000	
		130.000
5	350.000	

A mudança no custo total dos estudos de Alexa quando ela frequenta a escola por mais um ano é o seu *custo marginal* de acrescentar um ano de estudo. Em geral, o **custo marginal** de produzir um bem ou serviço (neste caso, produzir sua própria educação) é o custo adicional incorrido ao produzir uma unidade mais desse

O **custo marginal** de produzir um bem ou serviço é o custo adicional incorrido pela produção de mais uma unidade desse bem ou serviço.

bem ou serviço. As linhas em zigue-zague entre o custo total na segunda coluna e o custo marginal na terceira coluna ajudam a mostrar como o custo marginal é calculado a partir do custo total.

Da mesma forma, o custo total pode ser calculado a partir do custo marginal: o custo total de determinada quantidade é a soma dos custos marginais dessa quantidade e de todas as quantidades anteriores. Portanto, o custo total de três anos de escolaridade é $ 30.000 + $ 40.000 + $ 60.000 = $ 130.000; isto é, o custo marginal do ano 1 mais o custo marginal do ano 2 mais o custo marginal do ano 3.

Como foi dito, a terceira coluna da Tabela 9.4 mostra os custos marginais de Alexa para mais anos de estudo, que têm um padrão claro: eles aumentam. Passam de $ 30.000 a $ 40.000, a $ 60.000, a $ 90.000 e finalmente a $ 130.000 para o quinto ano de estudo. Isso porque cada ano de estudo tornaria Alexa uma profissional mais valiosa e bem paga caso estivesse trabalhando. Por conseguinte, abdicar de um emprego fica cada vez mais custoso à medida que ela se torna mais educada. Este é um exemplo do que os economistas denominam **custo marginal crescente**, que ocorre quando cada unidade do bem custa mais para produzir que a unidade anterior.

A produção de um bem ou serviço tem **custo marginal crescente** quando cada unidade adicional custa mais para produzir do que a anterior.

A **curva de custo marginal** mostra como o custo de produção de mais uma unidade depende da quantidade que já foi produzida.

A produção de um bem ou serviço tem **custo marginal constante** quando cada unidade adicional custa o mesmo para produzir que a unidade anterior.

A produção de um bem ou serviço tem **custo marginal decrescente** quando cada unidade adicional custa menos para produzir do que a unidade anterior.

A Figura 9.1 mostra uma **curva de custo marginal**, uma representação gráfica dos custos marginais de Alexa. A altura de cada barra sombreada corresponde ao custo marginal de dado ano de estudo. A linha conectando os pontos médios no topo de cada barra é a curva de custo marginal de Alexa. Essa curva de custo marginal inclina-se para cima, pois tem custos marginais crescentes por anos adicionais de estudo.

Embora custos marginais crescentes sejam comuns na vida real, não são a única possibilidade. O **custo marginal constante** ocorre quando o custo de produzir uma unidade adicional é o mesmo que o custo da unidade anterior. Viveiros de plantas, por exemplo, costumam ter custo marginal constante, isto é, o custo de fazer crescer mais uma planta é o mesmo, independentemente de quantas plantas já tenham sido produzidas. Com custo marginal constante, a curva de custo marginal é uma linha horizontal.

Também pode haver **custo marginal decrescente**, que se dá quando o custo marginal diminui à medida que o número de unidades produzidas aumenta. Com custo marginal decrescente, a curva de custo marginal é uma linha com inclinação para baixo. O custo marginal decrescente se deve a *efeitos de aprendizado* na produção: para tarefas complexas, como a montagem de um novo modelo de carro, os trabalhadores muitas vezes são lentos e cometem erros ao montar as primeiras

Figura 9.1 Custo marginal.

A altura de cada barra sombreada corresponde ao custo marginal de Alexa para um ano adicional de estudo. Cada barra é mais alta que a anterior, porque cada ano de estudo custa mais que o anterior. Por isso, Alexa tem custo marginal crescente e a curva de custo marginal, a linha que conecta os pontos médios no topo de cada barra, tem inclinação para cima.

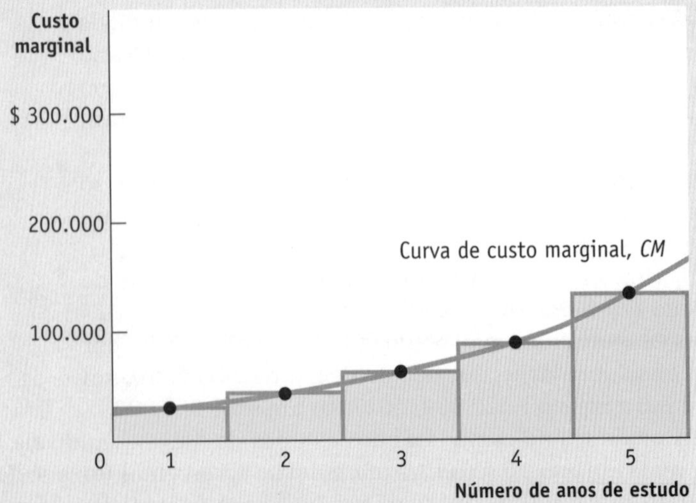

unidades, tornando maior o custo marginal das primeiras unidades. Mas, à medida que os trabalhadores ganham experiência, o tempo de montagem e a taxa de erros declinam, gerando custos marginais menores para as unidades posteriores. O resultado é que a produção no conjunto tem custo marginal decrescente.

Finalmente, para a produção de alguns bens e serviços, o formato da curva de custo marginal muda com o aumento do número de unidades produzidas. Por exemplo, a produção de automóveis provavelmente terá custos marginais decrescentes para as primeiras unidades à medida que os trabalhadores corrigem falhas e estabilizam o ritmo.

Mas, em algum ponto, se os trabalhadores produzirem cada vez mais carros, o custo marginal começará a aumentar quando o espaço na fábrica ficar apertado e a empresa tiver de pagar horas extras. Isso dá origem a uma curva de custo marginal parecida com um U meio torto, de maior inclinação na descida e inclinação menor na subida. Discutiremos isso em mais detalhe no Capítulo 11. Por enquanto vamos nos ater ao nosso exemplo simples de curva de custo marginal crescente.

Benefício marginal

Alexa se beneficia de rendimentos mais altos ao longo da vida ao completar mais anos de estudo. O quanto ela se beneficia aparece na Tabela 9.5. A segunda coluna da Tabela 9.5 mostra o benefício total de Alexa conforme o número de anos de estudo completados, expresso como o aumento na renda por duração de sua vida. A terceira coluna mostra o *benefício marginal* derivado de um ano adicional de estudo. Em geral, o **benefício marginal** de produzir um bem ou serviço é o benefício adicional obtido de produzir uma unidade mais do bem ou serviço.

Benefício marginal de um bem ou serviço é o benefício adicional derivado da produção de mais uma unidade desse bem ou serviço.

Há **benefício marginal decrescente** de uma atividade quando cada unidade adicional da atividade produz menos benefício do que a unidade anterior.

Como na Tabela 9.4, os dados da terceira coluna da Tabela 9.5 têm um padrão claro. Mas, dessa vez, os números são decrescentes em vez de crescentes. O primeiro ano de estudo dá a Alexa um aumento de $ 300.000 no valor do rendimento de toda a sua vida. O segundo também dá retorno positivo, mas o tamanho do retorno caiu para $ 150.000; o retorno do terceiro ano também é positivo, mas caiu para $ 90.000; e assim por diante. Em outras palavras, quanto maior o número de anos de estudo completados por Alexa, menor o aumento no rendimento ao longo da vida derivado de ficar na escola mais um ano.

A decisão de estudar de Alexa tem o que os economistas denominam **benefício marginal decrescente**: cada

Tabela 9.5 Benefício marginal de Alexa por um ano adicional de estudo

Quantidade de anos de estudo	Benefício total	Benefício marginal
0	$ 0	
		$ 300.000
1	300.000	
		150.000
2	450.000	
		90.000
3	540.000	
		60.000
4	600.000	
		50.000
5	650.000	

ARMADILHAS

CUSTO TOTAL *VERSUS* CUSTO MARGINAL

Pode ser fácil concluir que o custo marginal e o custo total devem mover-se sempre na mesma direção. Isto é, se o custo total está aumentando, o custo marginal tem de estar subindo também. Ou, se o custo marginal está caindo, o custo total tem de estar caindo também. Mas essa conclusão é errada, como mostra o exemplo a seguir.

Vamos considerar o exemplo da produção de automóveis, a qual, como mencionamos, tende a envolver efeitos de aprendizado. Suponha que para as primeiras unidades de um novo modelo a montagem de cada carro custa $ 10.000. À medida que os trabalhadores ganham experiência, eles melhoram sua produção. Em consequência, o custo da montagem por carro cai para $ 8.000 no grupo seguinte. Para o terceiro grupo de carros o custo da montagem cai de novo, para $ 6.500 por carro, à medida que os trabalhadores ganham habilidade. E para o quarto grupo o custo da montagem cai para $ 5.000, permanecendo constante para o resto dessa produção.

Neste exemplo, o custo marginal é *decrescente* nos grupos de 1 a 4, caindo de $ 10.000 para $ 5.000. É importante notar, contudo, que o custo total continua *aumentando* para o total da produção, pois o custo marginal é maior que zero.

Para entender bem esse ponto, imagine que cada grupo é constituído de 100 carros. O custo total do primeiro grupo é 100 × $ 10.000 = $ 1.000.000. O custo total de produzir o primeiro mais o segundo grupo de carros é $ 1.000.000 + (100 × $ 8.000) = $ 1.800.000. Da mesma forma, o custo total de produzir o primeiro, o segundo e o terceiro grupo é $ 1.800.000 + (100 × $ 6.500) = $ 2.450.000, e assim por diante. Como se vê, embora o custo marginal seja decrescente, o custo total é crescente para os mesmos grupos.

Isso mostra que o custo total e o marginal podem algumas vezes se mover em direções opostas. Ou seja, é errado afirmar que se movem sempre na mesma direção. O que podemos afirmar é que *o custo total aumenta sempre que o custo marginal seja positivo*, independentemente de o custo marginal estar aumentando ou diminuindo.

ano adicional de estudo gera menos benefício que o ano anterior. Ou, formulado de modo ligeiramente diferente, quando o benefício marginal é decrescente, o benefício marginal de produzir mais de um bem ou serviço diminui à medida que a quantidade já produzida aumenta.

A **curva de benefício marginal** mostra como o benefício de produzir mais uma unidade depende da quantidade que já foi produzida.

Assim como o custo marginal podia ser representado por uma curva de custo marginal, o benefício marginal pode ser representado por uma **curva de benefício marginal**, que se mostra na Figura 9.2. A curva de benefício marginal de Alexa tem inclinação para baixo porque ela tem benefício marginal decrescente com cada ano adicional de estudo.

Nem todos os bens apresentam benefício marginal decrescente. De fato, há muitos bens cujo benefício marginal é constante, ou seja, é o mesmo independentemente do número de unidades já feitas. Em capítulos posteriores, ao estudarmos as empresas, veremos que o formato da curva de benefício marginal que uma empresa obtém ao produzir um produto tem implicações importantes para o comportamento dela dentro do seu setor industrial. Em capítulos posteriores, veremos por que o benefício marginal constante é considerado a norma para muitas indústrias importantes.

Agora estamos prontos para examinar como os conceitos de benefício marginal e de custo marginal podem ser reunidos para responder quantos anos de estudo adicional Alexa deve completar.

Análise marginal

A Tabela 9.6 mostra os números do custo marginal e do benefício marginal das Tabelas 9.4 e 9.5. E acrescenta mais uma coluna: o ganho líquido de Alexa decorrente de permanecer na escola mais um ano, igual à diferença entre o benefício marginal e o custo marginal de cada ano adicional na escola. (Recorde que é o lucro econômico de Alexa que nos interessa, não o lucro contábil.) Podemos usar a Tabela 9.6 para determinar a quantos anos adicionais de estudo Alexa deve se dedicar a fim de maximizar seu lucro total.

Primeiro, imagine que Alexa decide não frequentar escola alguma. Verificamos na coluna 4 que isso é um erro caso Alexa queira obter o lucro mais alto possível do seu estudo, isto é, a soma dos lucros adicionais provenientes de mais um ano de estudo. Se ela estuda mais um ano, aumenta o valor de seus rendimentos por toda a vida em $ 270.000, o lucro do primeiro ano de estudo completado.

Vejamos agora se Alexa deve optar por um segundo ano na escola. O lucro adicional do segundo ano de estudo é $ 110.000 e, portanto, Alexa deve estudar um ano mais. E um terceiro ano? O lucro adicional é $ 30.000 e, portanto, a resposta é sim.

Figura 9.2 Benefício marginal.

A altura de cada barra corresponde ao benefício marginal de Alexa a cada ano adicional de escolaridade. As barras têm alturas cada vez menores, porque cada ano adicional de escolaridade acarreta benefícios marginais decrescentes. O resultado é que a curva de benefício marginal de Alexa (a curva no centro do topo de cada barra) tem inclinação para baixo.

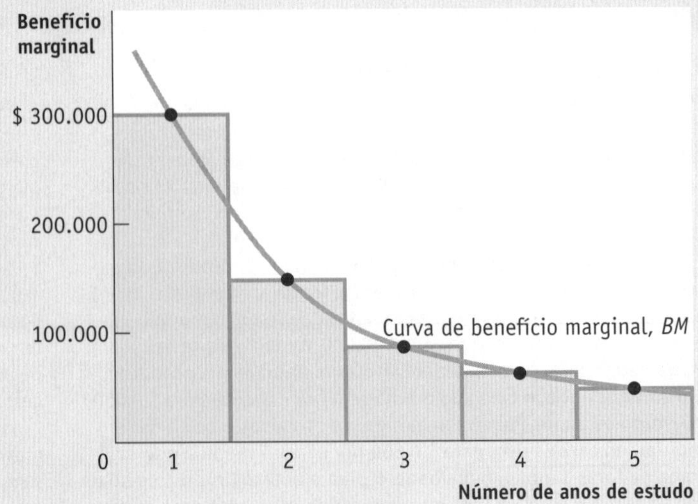

E um quarto ano? Nesse caso, o lucro adicional é negativo, –$30.000. Alexa perde $ 30.000 do valor do rendimento total durante sua vida caso estude um quarto ano. Está claro que Alexa fica em situação pior se for estudar pelo quarto ano em vez de aceitar um emprego. O mesmo vale para o quinto ano: tem lucro adicional negativo de $ 80.000.

Tabela 9.6 Ganhos de Alexa decorrentes de anos adicionais de escola

Quantidade de anos de escola	Benefício marginal	Custo marginal	Ganho líquido
0			
	$ 300.000	$ 30.000	$ 270.000
1			
	150.000	40.000	110.000
2			
	90.000	60.000	30.000
3			
	60.000	90.000	– 30.000
4			
	50.000	130.000	– 80.000
5			

O que aprendemos? Que Alexa deveria frequentar três anos adicionais de escola e parar nesse ponto. O primeiro, o segundo e o terceiro anos de estudo aumentam o valor de seus rendimentos ao longo da vida, mas eles diminuem com o quarto e o quinto anos. Assim, três anos de estudo adicional garantem o lucro total máximo possível. É o que os economistas chamam de **quantidade ótima**, a quantidade que gera o máximo possível de lucro total.

Quantidade ótima é a quantidade que gera o máximo possível de lucro total.

A Figura 9.3 mostra por meio de um gráfico como a quantidade ótima pode ser determinada. Aparecem ali, juntas, as curvas de benefício marginal e de custo marginal de Alexa. Se Alexa escolhe menos que três anos adicionais (isto é, 0, 1 e 2), escolhe um nível de escolaridade em que sua curva de benefício marginal está *acima* da curva de custo marginal. Ela pode melhorar sua situação permanecendo na escola.

Se, ao contrário, escolhe mais que três anos adicionais (4 ou 5), sua curva de benefício marginal fica *abaixo* da curva de custo marginal. Ela estaria em situação melhor evitando um ano de permanência na escola e, em vez disso, obtendo um emprego.

A tabela na Figura 9.3 confirma nosso resultado. A segunda coluna repete a informação da Tabela 9.6, mostrando o benefício marginal de Alexa menos seu

Figura 9.3 Quantidade ótima de anos de estudo de Alexa.

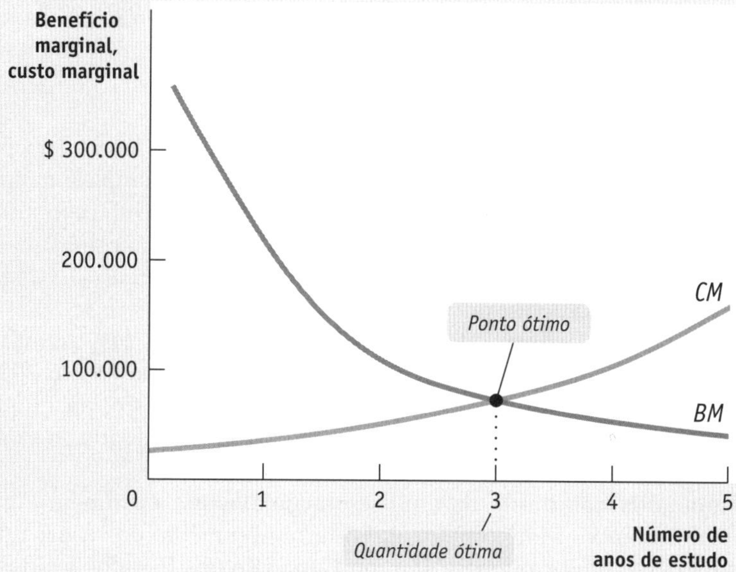

Número de anos de estudo	Lucro adicional	Lucro total
0		$ 0
	$ 270.000	
1		270.000
	110.000	
2		380.000
	30.000	
3		410.000
	–30.000	
4		380.000
	–80.000	
5		300.000

A quantidade ótima é aquela que gera o máximo possível de lucro total. É a quantidade em que o benefício marginal é maior ou igual ao custo marginal. De modo equivalente, é a quantidade em que a curva de benefício marginal intercepta a curva de custo marginal. Aqui, a interseção se dá a 3 anos adicionais de estudo. A tabela confirma que, de fato, 3 é a quantidade ótima: leva ao máximo de lucro total, $ 410.000.

custo marginal, ou ganho líquido, para cada ano adicional de estudo. A terceira coluna mostra o ganho líquido total para diferentes anos de escolaridade. O lucro total, para cada ano possível de estudo, é a soma dos números da segunda coluna até aquele ano inclusive.

Por exemplo, o ganho líquido de Alexa de anos adicionais de permanência na escola é $ 270.000 para o primeiro ano e $ 110.000 para o segundo. Assim, o ganho líquido total de dois anos adicionais de escola é $ 270.000 + $ 110.000 = $ 380.000. Do mesmo modo, o ganho líquido total de três anos adicionais é $ 270.000 + $ 110.000 + $ 30.000 = $ 410.000. Nossa conclusão de que três anos é a quantidade ótima para Alexa é confirmada pelos dados da tabela na Figura 9.3: é com três anos de escola que Alexa obtém o maior lucro total, de $ 410.000.

O problema da decisão de Alexa ilustra o procedimento para encontrar a quantidade ótima quando a escolha envolve um número pequeno de quantidades. (Neste exemplo, de um a cinco anos.) Com quantidades pequenas, a regra para escolher a quantidade ótima é: *aumente a quantidade enquanto o benefício marginal de uma unidade adicional é maior que o custo marginal, mas pare antes que o benefício marginal se torne inferior ao custo marginal.*

Diferentemente, quando a decisão sobre "quanto" envolve quantidades relativamente elevadas, a regra simplificada é: *a quantidade ótima é a quantidade na qual o benefício marginal é igual ao custo marginal.*

Para sabermos por que isso acontece, vejamos o exemplo de uma fazendeira que verifica que sua quantidade ótima de trigo produzido é de 5.000 sacas. Tipicamente, ela descobre que ao passar de 4.999 para 5.000 sacas seu benefício marginal é apenas um pouquinho maior que seu custo marginal, isto é, a diferença entre benefício e custo marginal é próxima de zero. De modo similar, ao passar de 5.000 para 5.001 sacas, seu custo marginal é apenas um pouquinho maior que seu benefício marginal. De novo, a diferença entre custo e benefício marginal é muito próxima de zero.

Uma regra simples para que ela possa decidir a quantidade ótima de trigo é produzir a quantidade em que a diferença entre benefício e custo marginal seja aproximadamente zero, isto é, a quantidade em que o benefício marginal iguala o custo marginal.

De acordo com o **princípio de maximização do lucro da análise marginal**, quando confrontada com uma decisão de maximização do lucro do tipo "quanto", a quantidade ótima é a maior quantidade na qual o benefício marginal é maior ou igual ao custo marginal.

Agora estamos prontos para enunciar o princípio geral para a escolha da quantidade ótima, que se aplica tanto a quantidades pequenas quanto a grandes. Essa regra geral é conhecida como **princípio de maximização do lucro da análise marginal**: *ao se tomar uma decisão de "quanto" para maximização do lucro, a quantidade ótima é a maior quantidade em que o benefício marginal é maior que o custo marginal.*

Graficamente, a quantidade ótima é aquela em que a curva de benefício marginal *intercepta* a curva de custo marginal. Por exemplo, na Figura 9.3, as curvas de benefício marginal e custo marginal se interceptam em três anos. Ou seja, o benefício marginal é igual ao custo marginal quando a escolha é de três anos adicionais de estudo, que é, como já vimos, a quantidade ótima de Alexa.

Uma aplicação direta da análise marginal explica por que tantas pessoas nos Estados Unidos decidiram voltar às escolas entre 2009 e 2011: em um mercado de trabalho em depressão, o custo marginal de mais um ano de estudo caiu porque o custo de oportunidade do salário que se deixava de ganhar havia caído.

Uma aplicação direta da análise marginal explica também muitos fatos, tais como o motivo pelo qual o tamanho médio das casas novas é tipicamente maior na Austrália, no Canadá e nos Estados Unidos do que em países com menor massa terrestre (como explicamos no quadro Comparação Global).

ARMADILHAS

CONFUSÃO NA MARGEM

A ideia de determinar benefício marginal *igual* ao custo marginal, algumas vezes, confunde as pessoas. O que queremos maximizar não é a *diferença* entre benefícios e custos? Sim. E não estaremos eliminando ganhos ao determinarmos que benefícios e custos devam igualar uns aos outros? Mas o que fazemos é determinar a igualdade entre benefício e custo *marginal*, *não total*.

Mais uma vez, o que interessa é maximizar o ganho líquido total de uma atividade. Se o benefício marginal de uma atividade é maior que o custo marginal, fazer um pouco mais aumentará esse ganho total. Se o benefício marginal é inferior ao custo marginal, fazer um pouco menos aumentará o ganho líquido total. *Então, só quando o benefício e o custo marginal são iguais é que a diferença entre o benefício total e o custo total estará em um ponto máximo.*

Um princípio com muitos usos

O princípio de maximização do lucro da análise marginal pode ser aplicado a praticamente qualquer decisão de "quanto" em que se queira maximizar o lucro total de uma atividade. Aplica-se a decisões de produção, de consumo e de política econômica. Além disso, a análise marginal pode ser usada também em decisões nas quais os benefícios e os custos não são necessariamente expressos em dinheiro (desde que benefícios e custos possam ser medidos em algum tipo de unidade comum). A Tabela 9.7 inclui três exemplos de decisões que são adequadas para análise marginal.

COMPARAÇÃO GLOBAL TAMANHOS DE CASAS AO REDOR DO MUNDO

Embora os norte-americanos geralmente pensem que tudo o que possuem é o maior do mundo, quando se trata do tamanho da casa, a Austrália ocupa o primeiro lugar. Em 2015, o tamanho médio das casas novas na Austrália era de 214 metros quadrados, comparado com 201 metros quadrados nos Estados Unidos. Logo atrás estava o Canadá, com tamanho médio de casa nova de 181 metros quadrados, seguido pelos outros países listados na figura.

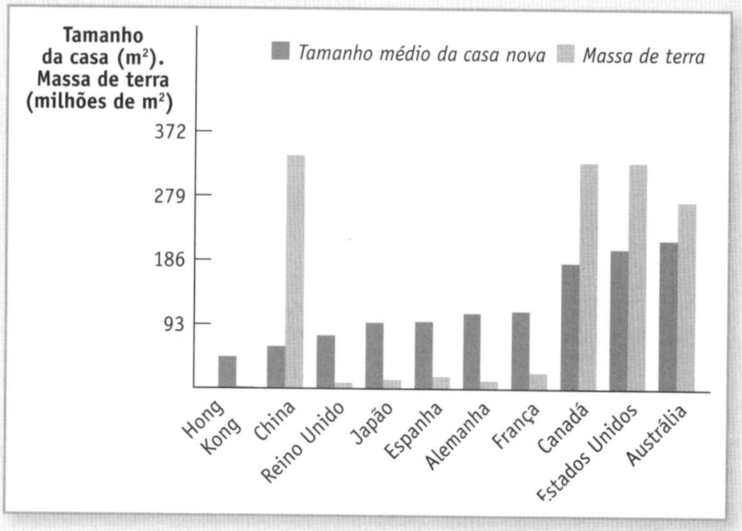

Casas maiores podem ser explicadas pelos preços médios mais baixos dos terrenos nesses países. Em comparação com países como Alemanha ou Japão, países como Austrália, Estados Unidos e Canadá têm muito mais terra em relação ao tamanho de suas populações. Esta maior oferta de terrenos leva a preços médios mais baixos e, portanto, a custos mais baixos para a construção de casas maiores.

A figura também mostra como as forças de oferta e demanda determinam o custo de oportunidade, o que então impulsiona a escolha do consumidor. O gráfico mostra barras que medem o tamanho médio das casas novas por país e barras que medem o tamanho do terreno do país. Como você pode ver, há uma forte relação positiva entre o tamanho da casa e o tamanho do terreno do campo.

Mas você também pode ver que não há uma relação perfeita um a um entre o tamanho da casa e o tamanho do terreno. A anomalia mais notável é a China, com a maior massa de terra e a segunda menor média de novas habitações, um resultado que também é consistente com o custo de oportunidade. Em comparação com os habitantes dos outros países da amostra, e apesar do rápido aumento da renda, os cidadãos chineses ainda são significativamente mais pobres. No entanto, dado o quanto a China era pobre há 20 anos, é um feito extraordinário que a média da casa nova chinesa seja apenas 20% menor do que a do Reino Unido.

Dados de: Shrink That Footprint, www.shrinkthatfootprint.com.

Tabela 9.7 Tomando decisões usando a análise marginal

A decisão de "quanto" a ser tomada	Aplicando a análise marginal	Chegando à quantidade ótima
O varejista PalMart deve decidir sobre o tamanho da nova loja que está construindo em Pequim.	O PalMart deve comparar o benefício marginal de ampliar a loja em 1 metro quadrado (o valor das vendas adicionais que realiza a partir desse metro quadrado adicional) com o custo marginal (o custo de construção e manutenção do metro quadrado adicional).	O tamanho ótimo de loja para o PalMart é o maior tamanho no qual o benefício marginal seja maior ou igual ao custo marginal.
Um médico deve decidir se deve ou não aumentar a dosagem de um medicamento em função de possíveis efeitos colaterais.	O médico deve considerar o custo marginal, em termos de efeitos colaterais, de aumentar a dosagem de um medicamento *versus* o benefício marginal de melhorar a saúde aumentando a dosagem.	O nível ótimo de dosagem é o maior nível em que o benefício marginal da melhora da doença seja maior do que ou igual ao custo marginal dos efeitos colaterais.
Um agricultor deve decidir a quantidade de fertilizante a ser aplicada.	Mais fertilizante aumenta o rendimento da colheita, mas também custa mais.	A quantidade ótima de fertilizante é a maior quantidade em que o benefício marginal de maior rendimento da cultura seja maior ou igual ao custo marginal de compra e aplicação de mais fertilizantes.

Uma prévia: Como são diferentes as decisões de consumo

Estabelecemos que a análise marginal é uma ferramenta extraordinariamente útil. Ela é utilizada nas decisões do tipo "quanto" que são aplicadas tanto nas escolhas de consumo quanto na maximização do lucro. Produtores a utilizam para tomar decisões ótimas de produção na margem e indivíduos a utilizam para tomar decisões ótimas de consumo na margem. Mas as decisões de consumo são diferentes das decisões de produção. Por que a diferença? Porque, quando os indivíduos fazem escolhas, eles se deparam com uma renda de valor limitado. Como resultado, quando escolhem mais de um bem para consumir (digamos, roupas novas), eles devem escolher menos de outro bem (digamos, jantar em restaurante).

Em contraste, as decisões que envolvem maximizar o lucro produzindo um bem ou serviço – como anos de educação ou toneladas de trigo – não são afetadas pelas limitações de renda. Por exemplo, no caso de Alexa, ela não é limitada pela renda, porque sempre pode pedir um empréstimo para pagar mais um ano de escola. No próximo capítulo veremos como as decisões de consumo diferem – mas são semelhantes – das decisões de produção.

ECONOMIA >> *em Ação*

O custo de uma vida

Qual o benefício marginal para a sociedade de salvar uma vida humana? Você pode ter a tentação de responder que a vida humana é infinitamente preciosa. Mas, no mundo real, os recursos são escassos, de modo que precisamos decidir quanto gastar em salvar vidas, pois não podemos gastar somas infinitas. Afinal de contas, certamente poderíamos reduzir as mortes por acidentes na estrada reduzindo o limite de velocidade nas rodovias a 60 quilômetros por hora, mas o custo de um limite tão mais baixo, em termos de tempo e dinheiro, é maior do que a maioria das pessoas se dispõe a pagar.

Geralmente, as pessoas relutam em falar de maneira direta sobre comparar o custo marginal de uma vida salva com o benefício marginal; isso parece muito cruel. Às vezes, contudo, essa questão se torna inevitável.

Por exemplo, o custo de salvar uma vida tornou-se objeto de intensa discussão no Reino Unido depois que um terrível acidente de trem, perto da estação Paddington, em Londres, matou 31 pessoas. Houve acusações de que o governo britânico estava gastando muito pouco em segurança nas ferrovias. Contudo, o governo estimou que melhorar a segurança nas ferrovias custaria o equivalente a US$ 4,5 milhões adicionais por vida salva. Mas, se fosse considerado que valeria a pena gastar esse montante, isto é, que o benefício marginal de salvar uma vida excedia US$ 4,5 milhões, então a implicação era que o governo britânico estava gastando pouquíssimo em segurança no trânsito.

Diferentemente, a estimativa do custo marginal por vida salva com melhorias nas rodovias era somente US$ 1,5 milhão, tornando esta opção mais interessante do que salvar vidas com maior segurança nas ferrovias.

>> *Revisão Rápida*

- Uma decisão do tipo "quanto" é feita usando a análise marginal.
- O **custo marginal** de produzir um bem ou serviço é representado graficamente pela **curva de custo marginal**. O **custo marginal crescente** é representado por uma curva de custo marginal com inclinação para cima. Uma curva de custo marginal horizontal significa **custo marginal constante**. Uma curva de custo marginal com inclinação para baixo reflete um **custo marginal decrescente**.
- O **benefício marginal** de produzir um bem ou serviço é representado pela **curva de benefício marginal**. Uma curva de benefício marginal inclinada para baixo reflete **benefício marginal decrescente**.
- A **quantidade ótima**, quantidade que gera o lucro total mais alto possível, é encontrada aplicando-se o **princípio de maximização do lucro da análise marginal**. Este princípio diz que a quantidade ótima é a maior quantidade em que o benefício marginal é maior ou igual ao custo marginal. Graficamente, é a quantidade em que a curva de custo marginal intercepta a curva de benefício marginal.

>> *Teste seu entendimento* 9.2

As respostas estão no fim do livro.

1. Para cada uma das decisões de "quanto" listadas na Tabela 9.3, descreva a natureza do custo marginal e do benefício marginal.
2. Suponha que a escola de Alexa cobre matrícula fixa de $ 70.000 por quatro anos de aulas. Se Alexa abandonar os estudos antes de completar quatro anos, continuará tendo de pagar os $ 70.000. O custo total de Alexa para diferentes anos de estudo é dado pela tabela a seguir. Suponha que o benefício

Número de anos de estudo	Custo total
0	$ 0
1	90.000
2	120.000
3	170.000
4	250.000
5	370.000

total e o benefício marginal de Alexa permaneçam os mesmos que foram descritos na Tabela 9.5.

Use essa informação para calcular: (i) o novo custo marginal de Alexa; (ii) seu novo lucro; (iii) seu novo número ótimo de anos de estudo. Que tipo de custo marginal Alexa passou a ter agora: constante, crescente ou decrescente?

Custos irrecuperáveis

Ao tomar decisões, saber o que se deve ignorar pode ser tão importante quanto saber o que incluir. Embora neste capítulo tenhamos dado muita atenção a custos que são importantes para levar em conta ao tomar decisões, alguns custos devem ser ignorados ao fazê-lo. Nesta seção, nos concentraremos nos tipos de custo que as pessoas devem ignorar – o que os economistas denominam *custos irrecuperáveis* – e por que eles devem ser ignorados.

Para ter uma percepção disso, considere o cenário a seguir. Você possui um carro que já tem alguns anos e acabou de colocar pastilhas para freio novas ao custo de $ 250. Então, você descobre que todo o sistema de freios está com defeito e precisa ser substituído, inclusive as pastilhas que acabou de instalar. Isso vai custar um adicional de $ 1.500. Uma alternativa seria vender o carro e comprar outro comparável, mas sem defeito no freio, gastando um adicional de $ 1.600. O que você deve fazer? Consertar seu carro velho ou vendê-lo e comprar outro?

Alguém poderia pensar que esta última deveria ser sua opção. Afinal de contas, segundo essa linha de raciocínio, se você consertar seu carro, terá gastado um total de $ 1.750: $ 1.500 pelo sistema de freios e $ 250 pelas pastilhas de freio que substituiu, ao passo que, se vendesse o carro velho e comprasse outro, gastaria apenas $ 1.600.

Embora esse raciocínio soe plausível, está errado. E está errado porque ignora que você *já gastou* $ 250 nas pastilhas para freio e esses $ 250 *não são recuperáveis*. Por conseguinte, devem ser ignorados e não ter efeito em sua decisão de consertar e manter o carro ou trocá-lo.

De um ponto de vista racional, o custo real de reparar e manter seu carro passa a ser $ 1.500 e não $ 1.750. Por conseguinte, a decisão correta é consertar seu carro e mantê-lo, em vez de gastar $ 1.600 em um carro novo.

Nesse exemplo, os $ 250 que já foram gastos e não podem ser recuperados é o que os economistas chamam de **custo irrecuperável.**[1] Custos irrecuperáveis devem ser ignorados ao se tomarem decisões sobre ações futuras, porque eles não têm influência nos seus custos e benefícios efetivos. Uma vez que algo não possa ser recuperado, torna-se irrelevante nas decisões sobre o que fazer no futuro.

Custo irrecuperável é um custo que já foi incorrido e não pode ser recuperado. Um custo irrecuperável deve ser ignorado nas decisões sobre ações futuras.

Muitas vezes, é psicologicamente difícil ignorar custos irrecuperáveis. E, se de fato esses custos ainda não foram incorridos, eles devem ser levados em consideração. Isto é, se você tivesse sabido desde o início que custaria $ 1.750 consertar seu carro, a escolha correta, naquele momento, teria sido comprar um carro novo por $ 1.600. Mas, uma vez gastos, os $ 250 pagos pelas pastilhas de freio já não são algo que deva ser incluído na sua tomada de decisão sobre as ações seguintes. Pode ser difícil aceitar que "o que passou, passou", mas é o correto a fazer.

ECONOMIA >> *em Ação*

Biotecnologia: a maior perdedora do mundo

Empresas de biotecnologia utilizam técnicas de bioengenharia de ponta para descobrir novas terapias de combate a doenças. Mas a grande maioria dos projetos que elas empreendem acaba em fracasso. O portal Medscape Medical News estimou que apenas um em 5 mil a 10 mil medicamentos examinados nos primeiros testes

[1] N. R.: O termo original em inglês é *sunk costs*, que se traduz literalmente por "custos afundados". Por isso, menos frequentemente alguns economistas no Brasil usam a expressão "custos afundados". Embora custos afundados e custos irrecuperáveis signifiquem a mesma coisa, é muito mais comum (e mais fiel ao sentido do conceito) empregar-se o termo *custos irrecuperáveis*.

chegam até o consumidor. E, em 2016, avaliou-se que mais de 90% das empresas de biotecnologia de capital aberto perderiam dinheiro no ano seguinte.

Portanto, se existe algum setor que exemplifica o princípio de que custos irrecuperáveis não importam, é o de biotecnologia. De acordo com Arthur Levinson, presidente da Genentech, uma das maiores e mais bem-sucedidas empresas do ramo, a biotecnologia tem sido "um dos setores que mais perderam dinheiro na história da humanidade". Estima-se que o setor tenha perdido bem mais de 100 bilhões de dólares desde 1976. (Sim, *bilhões*.)

Como, então, as empresas de biotecnologia sobrevivem? Graças a investidores experientes que sabem que, embora milhares de medicamentos experimentais falhem, uma minoria minúscula será bem-sucedida. E, quando isso acontece, os retornos são enormes. Esses investidores ignoram as perdas passadas – que são custos irrecuperáveis – e se concentram, ao invés disso, na capacidade técnica de uma empresa e na amplitude das drogas em seu *pipeline* de desenvolvimento.

A empresa farmacêutica Xoma é um desses casos. Desde sua fundação, em 1981, a Xoma acumulou perdas de mais de US$ 1 bilhão. No entanto, os investidores têm estado dispostos a fornecer-lhe mais dinheiro ano após ano porque a Xoma possui uma tecnologia de anticorpos muito promissora e, é claro, porque investidores astutos entendem o princípio dos custos irrecuperáveis.

>> *Revisão Rápida*

- **Custos irrecuperáveis**, custos já incorridos e que não se podem reaver, devem ser ignorados nas decisões que consideram ações futuras. Como eles já foram feitos e são irrecuperáveis, não têm influência sobre os custos e benefícios futuros.

>> *Teste seu entendimento* 9.3

As respostas estão no fim do livro.

1. Você decidiu abrir uma empresa para vender sorvete e comprou um caminhão usado de transportar sorvete por $ 8.000. Agora, você está mudando de ideia. Qual é o seu custo irrecuperável nos cenários a seguir?
   a. O caminhão não pode ser revendido.
   b. O caminhão pode ser revendido, mas somente com 50% de desconto.
2. Você estudou dois anos de Medicina, mas de repente está pensando que talvez fosse mais feliz sendo músico. Quais das afirmações que se seguem são argumentos potencialmente válidos e quais não são?
   a. "Não posso desistir agora depois de todo o tempo e dinheiro que já gastei."
   b. "Se eu tivesse pensado bem desde o início, jamais teria ido para a faculdade de Medicina, de modo que é bom que eu desista já."
   c. "Perdi dois anos, mas, paciência, vamos recomeçar a partir de agora."
   d. "Meus pais me matariam se eu parasse agora." (Dica: estamos discutindo a sua capacidade de tomar decisões e não a de seus pais.)

|| Economia comportamental

Economia comportamental é um ramo da economia que combina a modelagem econômica com *insights* da psicologia humana para entender como as pessoas realmente tomam decisões.

A maioria dos modelos em economia supõe que as pessoas fazem escolhas baseadas na obtenção do melhor resultado econômico possível para elas próprias. O comportamento humano, contudo, nem sempre é tão simples. Em vez de agir como máquinas de computação econômica, as pessoas com frequência fazem escolhas que estão longe (e às vezes muito longe) do melhor resultado econômico possível. **Economia comportamental** é um ramo da economia que combina modelagem econômica com uma visão da psicologia humana a fim de entender como as pessoas realmente – em vez de teoricamente – fazem escolhas econômicas. A economia comportamental tornou-se muito influente ao longo dos últimos 20 anos, fornecendo conhecimentos que permitem aos economistas modelar com mais precisão a tomada de decisões em determinadas circunstâncias.

Primeiro, devemos observar que, apesar das suposições da maioria dos modelos econômicos, às vezes é *racional* fazer escolhas que não levam ao maior retorno monetário possível. Essas escolhas são racionais se valoriza algo que não seja um retorno monetário. Por exemplo, a Alexa pode decidir estudar informática por dois anos em vez de três anos, o número ótimo que maximiza seus ganhos, porque ela quer passar algum tempo viajando. Esta é uma escolha racional se a Alexa valoriza mais as viagens do que a renda adicional que outro ano de escola lhe proporcionaria. Como discutiremos em breve, há muitos exemplos de escolhas racionais que não maximizam o retorno monetário.

É bem documentado, no entanto, que pessoas envolvem-se em comportamento *irracional*, fazendo opções que as deixam em situação pior que outras opções disponíveis. O estudo do comportamento econômico irracional foi iniciado em grande medida por Daniel Kahneman e Amos Tversky. Kahneman ganhou o Prêmio Nobel de Economia 2002 por seu trabalho integrando conhecimentos da psicologia do julgamento humano e da tomada de decisões em economia.[2] Seus estudos e as observações de outros sobre como as pessoas muitas vezes se comportam de modo irracional têm tido influência significativa na forma como os economistas analisam mercados financeiros, mercados de trabalho e outras preocupações econômicas.

Racional, mas humano também

Se você é **racional**, escolherá dentre as opções disponíveis aquela que traga o resultado que você prefere. Mas será que o resultado que você prefere é sempre o que lhe dá o melhor resultado econômico possível? Não. Pode ser totalmente racional escolher a alternativa que lhe dê um ganho econômico pior, porque você se preocupa com algo diferente do tamanho do ganho econômico. Há três razões principais para as pessoas darem preferência a um ganho econômico pior: preocupação com justiça e equidade, racionalidade limitada e aversão ao risco.

Um tomador de decisão **racional** escolhe a opção disponível que leve ao resultado de sua preferência.

Preocupação com justiça. Em situações sociais, as pessoas com frequência se importam com justiça tanto quanto se preocupam com o ganho econômico para elas próprias. Por exemplo, a lei não exige que se dê gorjetas ao garçom. Mas preocupações com justiça levam a maioria a deixar uma gorjeta (a não ser que o serviço tenha sido muito ruim), pois a gorjeta é tida como uma compensação justa para o bom serviço segundo normas da sociedade. Quem dá gorjeta está reduzindo seu próprio ganho econômico para fazer justiça com quem lhe serviu. Um comportamento parecido é dar presentes: se você se importa com o bem-estar de outra pessoa, é racional que reduza seu próprio ganho econômico para dar um presente a ela.

Recompensas não monetárias. Mais do que as gerações mais velhas, os jovens de hoje parecem entender o significado de um velho ditado: "Dinheiro não é tudo na vida." E, apesar do fato de que economistas passam suas carreiras rastreando valores monetários, todos eles concordam. **Recompensas não monetárias** normalmente tomam a forma de experiências de "bem-estar", como viajar de férias, passar tempo de qualidade com a família e amigos, praticar um esporte ou ser voluntário em uma cozinha comunitária. Um relatório recente mostrou que 9 em cada 10 *millennials* (nascidos entre 1981 e 1996) aceitariam redução salarial para trabalhar em uma empresa com valores semelhantes aos seus, enquanto apenas 9% dos *baby boomers* (nascidos entre 1946 e 1964) fariam o mesmo. Ao contrário das atividades que levam a pagamentos monetários mais altos que são usados para consumir mais bens e serviços, recompensas não monetárias geram diretamente sentimentos de satisfação.

Recompensas não monetárias são benefícios ou retornos que não têm natureza financeira; exemplos incluem o aumento do tempo de lazer e experiências de bem-estar.

O desejo por recompensas não monetárias pode, na verdade, ser explicado pela economia. É um resultado do princípio da *diminuição da utilidade marginal*, conceito abordado no Capítulo 10. De acordo com o princípio da utilidade marginal decrescente, a satisfação obtida ao consumir mais uma unidade de um bem cai à medida que a quantidade do bem já consumido aumenta. Por exemplo, seu primeiro par de tênis Converse pode ter feito você se sentir muito especial. Entretanto, depois que você comprou seu nono par, outro par não parece ser tão especial. Assim, em vez de trabalhar para comprar o décimo par, você escolhe uma experiência de bem-estar: por exemplo, deixa seu emprego regular e assume uma posição de liderança em passeios de mochila em troca de alojamento e alimentação.

---

[2]N. R.: Amos Tversky não foi agraciado por ter falecido antes da concessão do Nobel, que não é concedido postumamente.

Pesquisas mostram que, depois de terem adquirido bens suficientes para viver confortavelmente, as pessoas preferem cada vez mais recompensas não econômicas a recompensas monetárias mais altas. De acordo com uma pesquisa recente do *site* de viagens Expedia, isso vale particularmente para os *millenials*: "*Millenials* lideram a tarefa de dar um valor inédito às experiências, mais do que às coisas."

Racionalidade limitada. Funcionar como máquina de computação econômica (escolher a opção que traga o melhor ganho econômico) pode dar muito trabalho: listar as opções, calcular os custos de oportunidade, calcular as quantidades marginais e assim por diante. O esforço mental que isso exige tem seu próprio custo de oportunidade. A consciência disso levou economistas ao conceito de **racionalidade limitada**, isto é, fazer uma escolha que esteja próxima mas não é exatamente igual à escolha que traria o mais alto lucro possível, porque o esforço de encontrar o melhor ganho é custoso demais. Em outras palavras, racionalidade limitada é o método "bom o suficiente" para a tomada de decisões.

Um tomador de decisão que opera com **racionalidade limitada** faz uma escolha que se aproxima, mas não leva exatamente ao melhor resultado econômico possível.

Por exemplo, você pode ter muitos critérios, e muitas opções, a considerar ao escolher o que comer durante o intervalo do almoço. O que é conveniente? O que é mais rápido? O que é mais acessível? O que é saudável? O que será mais satisfatório? Selecionar o resultado ótimo – aquele que satisfará todos esses critérios – provavelmente custaria mais poder de computação econômica do que você está disposto a dedicar à tarefa. Assim, você optará por uma opção "suficientemente boa" – uma que satisfará um ou dois desses critérios –, e seguirá em frente com seu dia. Economistas comportamentais estudaram o conceito de racionalidade limitada e descobriram que, muitas vezes, fazemos escolhas dessa forma. E as empresas e os formuladores de políticas podem apelar para essa tendência de influenciar nossas escolhas, como aprenderemos mais adiante no capítulo.

Aversão ao risco. Como a vida é incerta e o futuro é desconhecido, às vezes uma escolha é acompanhada de risco significativo. Embora o ganho possa ser alto se tudo correr bem, existe a possibilidade de as coisas darem errado e você ficar em situação pior.

Assim, mesmo quando você pensa que dada escolha dará o maior ganho dentre todas as opções, você pode desistir dela porque considera que a possibilidade de as coisas darem errado possui alto risco. Isso se chama **aversão ao risco** – a disposição de sacrificar algum ganho econômico potencial a fim de evitar uma perda potencial. (Discutiremos a aversão ao risco em mais detalhe no Capítulo 20.) Como o risco deixa as pessoas desconfortáveis, é racional que elas abdiquem de algum ganho econômico potencial para evitá-lo. De fato, não fosse a aversão ao risco, não existiriam as companhias de seguros.

Aversão ao risco é a disposição de sacrificar alguns benefícios econômicos para evitar uma perda potencial.

Irracionalidade na visão de um economista

Algumas vezes, no entanto, em vez de serem racionais, as pessoas são **irracionais**: fazem escolhas que as deixam em situação pior do que se tivessem escolhido outras opções disponíveis. Existe algo sistemático que economistas e psicólogos possam dizer a respeito de comportamento economicamente irracional? Sim, porque a maioria das pessoas é irracional de modo previsível. O comportamento irracional das pessoas, *tipicamente*, vem de sete erros que cometem ao pensarem em decisões econômicas. Esses erros são apresentados na Tabela 9.8 e vamos discuti-los um a um.

Tomadores de decisão **irracionais** escolhem opções que os deixam em pior situação do que outra opção disponível.

Tabela 9.8 **Sete erros comuns na tomada de decisão econômica**
1. Enganos sobre o custo de oportunidade
2. Excesso de confiança
3. Expectativas irrealistas sobre o comportamento futuro
4. Contagem do dinheiro de forma desigual
5. Aversão à perda
6. Viés de enquadramento
7. Viés de *status quo*

Enganos sobre o custo de oportunidade. Como discutimos no início deste capítulo, as pessoas tendem a ignorar os custos de oportunidade quando eles não são monetários – ou seja, custos de oportunidade que não envolvem

PARA MENTES CURIOSAS *"Jingle Mail Blues"*

Os preços de casas nos Estados Unidos cresceram de forma constante nos seis anos anteriores a 2019. No entanto, pouco tempo antes, o mercado imobiliário dos EUA tinha sido abalado por um cataclismo. Em 2008, houve a grande quebra do setor imobiliário norte-americano e o preço das casas sofreu um período de declínio. Quatro anos depois, no auge do colapso, o preço havia caído quase 30% em relação aos seus níveis anteriores ao colapso. Apesar do fato de que o preço das casas norte-americanas já recuperou todas as perdas sofridas durante o colapso do setor habitacional, muitos observadores sabem que o mercado imobiliário dos EUA foi modificado para sempre por ele. Uma situação que mudou foi o aumento da *inadimplência estratégica*: situação em que um proprietário é financeiramente capaz de pagar a hipoteca, mas opta por não a pagar. (*Hipoteca* é um empréstimo contraído para comprar uma casa.) A inadimplência estratégica, então, precipita a *execução da hipoteca*, quando o concedente do empréstimo recupera a casa.

A inadimplência estratégica tornou-se tão prevalente durante o colapso habitacional que um novo termo foi criado: *jingle mail*, quando um proprietário sela as chaves de sua casa em um envelope e as deixa com o banco que detém a hipoteca da casa.[3]

Os credores hipotecários ficaram atordoados com as inadimplências estratégicas. No passado, os proprietários faziam tudo que podiam para evitar perder suas casas. Mas tudo isso mudou com o colapso habitacional em 2008. Uma parcela significativa dos proprietários (aqueles que haviam comprado quando os preços estavam altos) se encontrava abaixo da linha d'água, o que significa que eles deviam mais por suas casas do que o preço pelo qual podiam vendê-las. Algumas casas tinham valor significativamente menor do que o valor da hipoteca. Estes proprietários também descobriram que podiam alugar casas similares por menos do que o valor da hipoteca mensal.

No entanto, quem optou por se manter estrategicamente inadimplente não saiu ileso: perdeu os pagamentos de entrada, dinheiro gasto em reparos e reformas, despesas de mudança etc. Mas, nas palavras de um residente da Flórida, que havia desembolsado US$ 215.000 por um apartamento em Miami onde unidades similares estavam sendo vendidas por US$ 90.000, "Não há sentido financeiro em ficar." Percebendo que suas perdas eram custos irrecuperáveis, os proprietários de casas desvalorizadas para além do valor que tinha sido pago por elas foram embora. Talvez não tivessem tomado a melhor decisão econômica ao comprar suas casas, mas ao sair mostraram uma lógica econômica impecável.

---

gasto de dinheiro. Outra má percepção comum dos custos de oportunidade leva à **falácia do custo irrecuperável**: tomar uma decisão baseada na crença de que um custo irrecuperável é um custo de oportunidade. Mas, como já sabemos pela seção anterior, um custo irrecuperável não é um custo de oportunidade. Uma vez que um gasto é irrecuperável, não é mais um custo de oportunidade e deve ser ignorado na tomada de decisões futuras. Por exemplo, muitos estudantes universitários se recusam a desistir de um curso mesmo quando é improvável que o concluam com nota mínima. Muitas vezes, isto se deve ao fato de que eles estão se tornando presas da falácia do custo irrecuperável, incluindo o custo da mensalidade – que já foi gasto e não pode ser reembolsado – em sua análise. Uma análise melhor ignoraria esse custo irrecuperável e se concentraria no custo de oportunidade de permanecer no curso, o que inclui tempo e esforço que poderiam ser melhor gastos estudando para outros cursos.

Falácia do custo irrecuperável é a crença equivocada de que um custo irrecuperável representa um custo de oportunidade.

Excesso de confiança. É uma função do ego: tendemos a pensar que sabemos mais do que de fato sabemos. Mesmo quando alertadas para o quanto é comum o excesso de confiança, as pessoas tendem a pensar que é problema dos outros e não delas. (Claro que não é um problema seu ou meu!)

Por exemplo, uma pesquisa pediu a estudantes que estimassem o tempo que levariam para terminar suas teses "se tudo corresse da melhor maneira possível" e "se tudo corresse da pior maneira possível". O resultado foi o seguinte: o estudante típico pensou que levaria 33,9 dias para terminar, com estimativa média de 27,4 dias se tudo corresse bem e 48,6 dias se tudo corresse mal. Na realidade, o tempo que levaram para completar a tese foi muito maior, 55,5 dias. Em média, os estudantes foram de 14 a 102% mais confiantes do que deveriam ter sido sobre o tempo que levariam para terminar suas teses.

Excesso de confiança pode causar problemas no cumprimento de prazos. Mas pode causar muito mais efeito adverso sobre a saúde financeira das pessoas. O excesso de confiança muitas vezes convence as pessoas de que elas estão em

---

[3]N. R.: A expressão em inglês remete ao som produzido pela chave quando alguém chacoalha (*jingle*) o envelope. Remete ironicamente ao ato de chacoalhar um pacote de Natal para adivinhar qual é o presente.

melhor situação financeira do que de fato estão. Pode levar também a más decisões de investimento e gasto. Por exemplo, investidores não profissionais que fazem muitos investimentos especulativos (como rápidas compras e vendas de ações) em média têm resultados bem piores que corretores profissionais, em virtude de sua crença enganosa de que são capazes de detectar vencedores. De modo similar, o excesso de confiança pode levar as pessoas a fazer gastos elevados, como comprar um carro, sem pesquisar os prós e contras, confiando em vez disso em evidência precária de casos isolados. Pior que isso, as pessoas tendem a manter seu excesso de confiança porque lembram seus êxitos, mas justificam ou esquecem seus fracassos.

Expectativas irrealistas sobre o comportamento futuro. Outro tipo de excesso de confiança é ser exageradamente otimista sobre o próprio comportamento futuro: amanhã você estudará, amanhã você vai parar de tomar sorvete, amanhã você gastará menos e poupará mais, e assim por diante. É claro que sabemos que amanhã será tão difícil quanto hoje estudar ou evitar algo de que gostamos.

Estratégias que mantêm as pessoas sob controle durante certo tempo são basicamente maneiras de lidar com o problema das expectativas irrealistas sobre o próprio comportamento. São exemplos disso os planos de dedução automática no salário para uma conta de poupança, programas de dieta com doses pré-embaladas de alimentos ou frequência obrigatória em grupos de estudo. Ao oferecer uma maneira de se comprometer hoje com uma ação no futuro, esses planos contrabalançam o hábito de adiar as ações difíceis.

Contagem do dinheiro de forma desigual. Você já gastou mais em alguma coisa ao pagar com cartão de crédito do que se tivesse que pagar com dinheiro? Ou notou que os estudantes que recebem uma mesada de seus pais são menos cuidadosos com seu dinheiro do que aqueles que vivem com seus próprios ganhos? Ambos os cenários são exemplos de **contabilidade mental**, que consiste no hábito de mentalmente atribuir dinheiro a diferentes contas, fazendo com que algumas quantias valham mais do que outras.

Contabilidade mental é o hábito de atribuir mentalmente o dinheiro a diferentes contas para que certas quantias valham mais que outras.

Ao gastar mais com cartão de crédito, você está de fato tratando o dinheiro em sua carteira como mais valioso do que o saldo de seu cartão de crédito, embora na realidade esse valor conte igualmente no seu orçamento. Da mesma forma, se você gastar mais com uma mesada do que gastaria com seus próprios ganhos, está tratando o dinheiro que ganhou como mais valioso do que o que seus pais lhe dão. Ambos os exemplos decorrem da incapacidade de compreender que, independentemente da forma em que se apresente, dinheiro é sempre dinheiro.

Aversão à perda. A **aversão à perda** é uma sensibilidade exagerada à perda, que gera falta de disposição de reconhecer uma perda e seguir adiante. De fato, no linguajar dos mercados financeiros, "disciplina de vender" (a capacidade de rapidamente reconhecer que uma ação que você comprou é uma perdedora e vendê-la) é uma característica altamente desejável.

Aversão à perda é uma hipersensibilidade à perda, que gera falta de vontade de reconhecer uma perda e seguir em frente.

Muitos investidores, no entanto, relutam em reconhecer que perderam dinheiro com uma ação e não fazem a correção. Embora seja racional vender a ação nesse momento e realocar os fundos restantes, a maioria acha tão doloroso admitir uma perda que evita vender as ações por muito mais tempo que deveria. De acordo com Daniel Kahneman e Amos Tversky, a maioria das pessoas sente desprazer ao perder $ 100 com aproximadamente o dobro de intensidade com que sentem o prazer ao ganhar $ 100.

A aversão à perda ajuda a explicar por que custos irrecuperáveis são difíceis de ignorar: ignorar um custo irrecuperável significa que o dinheiro gasto não é recuperável e que é, portanto, uma perda.

Viés de enquadramento é a tendência de tomar decisões com base na forma como as escolhas são apresentadas e não na comparação de seus verdadeiros valores.

Viés de enquadramento. Você já se perguntou por que, em uma loja de descontos como a Walmart, os preços raramente estão em números inteiros como $ 1,00 ou $ 2,00? Em vez disso, quase sempre terminam no número "99" – como $ 0,99 ou $ 1,99? O motivo é devido ao que os economistas chamam de **viés de**

enquadramento: a tendência a tomar uma decisão baseada na forma como as escolhas são apresentadas, ou enquadradas, em vez de basear-se na comparação de seus verdadeiros valores. Ao oferecer preços que terminam no número 99 em vez do próximo número inteiro, a Walmart está explorando o viés de enquadramento dos compradores. A empresa sabe que fará muito mais vendas de um item se o preço for de $ 0,99 em vez de $ 1,00 porque os compradores percebem irracionalmente que $ 0,99 é um negócio muito mais atraente do que $ 1,00. Essencialmente, este é um atalho mental que as pessoas frequentemente tomam quando confrontadas com muitos dados, como observado na discussão do início deste capítulo sobre racionalidade limitada.

Vendas por tempo limitado, como as da *Black Friday*, são outro exemplo de como varejistas aproveitam o viés de enquadramento dos compradores. Os varejistas sabem que, em geral, os compradores comprarão mais quando os preços forem percebidos como baixos por um período limitado de tempo, em comparação com uma política de manter os preços em um nível constante e baixo. Os varejistas estão explorando a percepção irracional do comprador de que "é melhor eu comprar muito agora, porque os preços nunca mais serão tão baixos assim".

O enquadramento não se refere apenas a preços. Os anunciantes sabem que é muito mais provável você comprar um medicamento se o anúncio disser "efetivo em 75% dos casos" do que se disser "ineficaz em 25% dos casos", embora ambas as afirmações sejam igualmente verdadeiras.

Os varejistas também fazem uso da tendência dos compradores de se engajar no que os cientistas sociais chamam de *ancoragem*, tomando decisões de acordo com alguma referência ou ponto de referência percebido. Por exemplo, os varejistas tentam influenciar a crença do comprador em estar conseguindo um bom negócio mostrando tanto o preço total (a âncora) quanto o preço com desconto.

Viés de *status quo*. Outro comportamento irracional é o **viés de *status quo***, a tendência a evitar completamente uma tomada de decisão. Um exemplo conhecido nos Estados Unidos é a maneira como os empregados tomam decisões sobre investimento nas contas de aposentadoria organizadas pelo empregador, conhecidas como 401(k). Com uma 401(k), o empregado pode, por meio de deduções no salário, separar para o fundo uma parte do salário que fica livre de imposto, prática que pode economizar uma quantia significativa de impostos todo ano. Algumas companhias operam tais fundos de aposentadoria de tal modo que o empregado tem de ativamente optar por participar em uma 401(k). Outras companhias operam de modo que os empregados ficam automaticamente inscritos como participantes, desde que não optem explicitamente por não participar.

Viés de *status quo* é a tendência de evitar tomar uma decisão e seguir o *status quo*.

Se todo mundo operasse racionalmente, a proporção dos empregados inscritos nos fundos 401(k) deveria ser semelhante nos dois grupos de companhias, as que esperam a inscrição do empregado e as que o inscrevem automaticamente desde que ele não recuse. Em outras palavras, a decisão de participar em um 401(k) deveria ser independente do modo vigente de operação da companhia. Mas, na realidade, a inscrição dos empregados aumenta dramaticamente quando as companhias mudam para o registro automático. Está claro que as pessoas tendem a deixar como está, quer dizer, seguir o *status quo*.

Por que as pessoas exibem viés de *status quo*? Alguns afirmam que é uma forma de "paralisia de decisão": quando se dão mais opções, as pessoas têm mais dificuldade para tomar uma decisão. Outros afirmam que é devido à aversão à perda e ao medo de arrependimento, ao se pensar: "se eu não fizer nada, então não terei que me arrepender de minha escolha". Isso é irracional, sim. Mas não é de todo surpreendente. O reconhecimento do viés de *status quo* levou à prática de incorporar **incentivos** nas escolhas de *status quo*, a fim de "incentivar" as pessoas a fazerem escolhas mais racionais. A inscrição automática em um 401(K) é um exemplo clássico de incentivo.

Incentivo é uma formulação da escolha do *status quo* com o objetivo de fazer as pessoas mudarem para escolhas mais racionais quando elas são propensas a um viés de *status quo*.

Entretanto, as pessoas racionais sabem que, no final, o ato de não fazer uma escolha ainda é uma escolha.

Modelos racionais para pessoas irracionais?

Por que os economistas continuam usando modelos baseados em comportamento racional quando as pessoas às vezes são manifestamente irracionais? Para começar, modelos baseados em comportamento racional continuam oferecendo previsões robustas sobre como as pessoas se comportam na maioria dos mercados. Por exemplo, a maioria dos fazendeiros usa menos fertilizante quando este se torna mais caro, o que é um resultado consistente com o comportamento racional.

Outra explicação é que as forças de mercado podem às vezes forçar as pessoas a se comportarem mais racionalmente ao longo do tempo. Por exemplo, se o proprietário de uma pequena empresa persiste em exagerar sua capacidade ou se recusa a reconhecer que a linha preferida de itens que está produzindo é perdedora, mais cedo ou mais tarde o negócio irá à falência se o proprietário não aprender a corrigir seus erros. Por conseguinte, é razoável supor que, quando as pessoas sofrem restrições em virtude de seus erros, como acontece na maioria dos mercados, a racionalidade com o tempo vencerá.

Finalmente, os economistas dependem do pressuposto da racionalidade pela simples e fundamental razão de que isso torna a construção de modelos muito mais simples. Recorde que modelos são construídos com base em generalizações, e que é muito mais difícil extrapolar a partir de comportamento confuso e irracional. Mesmo os economistas comportamentais, em suas pesquisas, buscam o comportamento irracional *previsível* na tentativa de construir modelos melhores de como as pessoas se comportam. Existe claramente um diálogo atual entre economistas comportamentais e o resto da profissão de economista, e em virtude dele a própria análise econômica sofreu mudanças irrevogáveis.

ECONOMIA >> *em Ação*

Em reconhecimento aos prazos rígidos

Dan Ariely, professor de psicologia e economia comportamental, gosta de fazer experiências com seus alunos que o ajudem a explorar a natureza da irracionalidade. Em seu livro *Predictably Irrational* (Previsivelmente Irracional), Ariely descreve uma experiência que chega ao âmago da procrastinação e a formas de enfrentá-la.

Na época, Ariely estava ensinando o mesmo assunto para três turmas diferentes, mas ele deu a cada turma horários de tarefas diferentes. A nota em todas as três turmas era baseada em três trabalhos ponderados de forma idêntica.

Os alunos da primeira turma tinham que escolher seus próprios prazos pessoais para enviar cada trabalho. Uma vez estabelecidos, os prazos não podiam ser alterados. Os trabalhos atrasados seriam penalizados à taxa de 1% da nota para cada dia de atraso. Trabalhos poderiam ser entregues mais cedo sem penalidades, mas também sem qualquer vantagem, já que Ariely não daria as notas até o final do semestre.

Os alunos da segunda turma poderiam entregar os três trabalhos na hora que quisessem, sem prazos pré-definidos, desde que fosse antes do final do semestre. Mais uma vez, não haveria benefício para a apresentação antecipada.

Os alunos da terceira turma enfrentavam o que Ariely chamou de "tratamento ditatorial". Ele estabeleceu três prazos rígidos: na quarta, na oitava e na décima segunda semanas.

Então, quais classes você acha que alcançaram as melhores e as piores notas? Como aconteceu, a classe com prazos menos flexíveis – a que recebeu o tratamento ditatorial – obteve as melhores notas. A turma com total flexibilidade obteve as piores notas. E a classe que teve de escolher seus prazos ficou entre as duas em termos de desempenho.

Ariely aprendeu duas coisas simples sobre o excesso de confiança com esses resultados. Primeiro – sem surpresas –, os alunos tendem a procrastinar. Segundo, prazos rígidos e espaçados igualmente são a melhor cura para a procrastinação.

Mas a maior revelação veio da classe que estabeleceu seus próprios prazos. A maioria desses estudantes espaçou demais os seus prazos e obteve notas tão boas quanto as dos estudantes sob o tratamento ditatorial. Alguns, no entanto, não espaçaram seus prazos com suficiente distância, e outros não os espaçaram de forma alguma. Estes dois últimos grupos se saíram pior, colocando a média de sua classe abaixo da média da classe com a menor flexibilidade. Como observa Ariely, sem prazos bem espaçados, alunos procrastinam e a qualidade de seu trabalho sofre.

Essa experiência fornece dois *insights* importantes:

1. As pessoas que reconhecem sua tendência a procrastinar são mais propensas a usar ferramentas para se comprometerem com um caminho de ação.
2. Fornecer essas ferramentas permite que as pessoas se tornem melhores.

Se você procrastina, os prazos rígidos, por mais incômodos que sejam, são realmente para seu próprio bem.

>> *Teste seu entendimento* 9.4

As respostas estão no fim do livro.

1. Que tipos de comportamento irracional parecem ocorrer nos eventos a seguir?
   a. Embora o mercado imobiliário tenha afundado e Jenny queira se mudar, ela se recusa a vender sua casa por qualquer preço que seja menos do que ela pagou.
   b. Quando Leo faz compras, ele gosta de aproveitar as ofertas "dois por um" ou "três por dois" que as lojas exibem frequentemente. Como resultado, ele costuma comprar mais do que precisa e acaba gastando muito.
   c. Danilo começou no seu primeiro emprego e deliberadamente decidiu ficar fora do plano de poupança da empresa. Seu raciocínio é que ele é bem jovem e há muito tempo no futuro para começar a poupar. Por que não gozar a vida por enquanto?
   d. A empresa de Emma exige que os empregados preencham um formulário se quiserem participar do plano de poupança promovido pela companhia. Um ano depois de começar em seu emprego, Emma ainda não entregou o formulário para participar do plano.
2. Como você determina se uma decisão que tomou foi racional ou irracional?

>> *Revisão Rápida*

- A **economia comportamental** combina a construção de modelos econômicos com percepções da psicologia para entender como as pessoas realmente tomam decisões.
- O comportamento **racional** leva ao resultado preferido pela pessoa, dadas todas as opções disponíveis. Devido a **racionalidade limitada, aversão ao risco, recompensas não monetárias** e preocupações com justiça e equidade, pode ser racional escolher resultados com menor remuneração econômica em comparação com outras escolhas disponíveis.
- O comportamento **irracional** leva a um resultado que deixa a pessoa em pior situação do que estaria se escolhesse outra opção disponível. Tipos comuns de comportamento irracional são percepções errôneas de custos de oportunidade, excesso de confiança, **contabilidade mental**, expectativas irrealistas sobre o futuro, **aversão à perda, viés de enquadramento e viés de *status quo***. A **falácia do custo irrecuperável** é um exemplo de má percepção do custo de oportunidade. **Estímulos** são frequentemente incorporados às escolhas de *status quo* para induzir um comportamento mais racional.

CASO EMPRESARIAL

A estratégia de preço único da J.C. Penney incomoda seus clientes

Antes do Walmart e da Target, havia J.C. Penney. Em seu auge, tinha mais de 2.000 lojas nos Estados Unidos, vendendo de tudo, desde joias até eletrodomésticos. Mas, em 2019, o varejista de 117 anos de idade estava em uma corrida por sobrevivência – assolado por diminuição das vendas, lojas em baixa e seleção aleatória de mercadorias. Tendo contraído um grande empréstimo nos últimos anos para se manter em atividade, à medida que as vendas diminuíam, enfrentou um momento de "faça ou morra": seria capaz de fazer uma reviravolta suficientemente rápida para pagar sua enorme dívida e atualizar suas mercadorias e lojas?

Analistas estimam que o declínio acentuado da J.C. Penney começou em 2011, quando Ron Johnson foi contratado como CEO para revigorar a empresa. Antes da chegada de Johnson, a maneira de a J.C. Penney atrair compradores era manter as vendas. Em 2010, ela realizou 590 vendas, e quase três quartos de suas mercadorias tiveram preços rebaixados em 50% ou mais. No entanto, sob a antiga estratégia, os clientes não estavam pagando menos. A empresa apenas aumentava os preços das mercadorias nas prateleiras e depois fazia descontos durante as promoções. Mas, como argumentou Johnson, por que jogar um jogo que é caro para a empresa quando é simplesmente uma ilusão para os clientes? Assim, em 2012 ele instituiu uma nova estratégia de varejo de "preços baixos diários". Ou seja, em vez de oferecer vendas periódicas, J.C. Penney agora se anunciava aos clientes oferecendo preços baixos todos os dias. Além disso, os preços não foram mais definidos como números terminando em 9 ou 7, mas foram alterados para números inteiros.

A nova estratégia pareceu muito óbvia. Ao invés de continuar a promover as vendas e oferecer cupons, apresentava-se agora aos clientes sempre um preço baixo, independentemente da estação do ano e sem acréscimo de cupons. Além disso, a empresa se beneficiou da nova estratégia na forma de economia de custos com estoques mais precisos e projeções de lucro, com receitas mais consistentes e eliminação do custo de pagar ao pessoal de vendas para mudar continuamente os preços. Como observou John T. Gourville, professor de marketing da Harvard Business School, uma estratégia de preço único "torna o lado operacional das coisas muito mais fácil de prever. Você não tem o efeito de chicotada de vender, digamos, uma tonelada de Diet Coke em uma semana e praticamente nenhuma na semana seguinte".

Mas também houve problemas com esta estratégia de preços. Não estava claro quão baixos deveriam ser os tais "preços baixos diários" da J.C. Penney. Na verdade, "Confie em nós" foi a mensagem que J.C. Penney transmitiu a seus compradores. Ao contrário do Walmart, a empresa não se ofereceu para igualar os preços dos concorrentes nem podia depender de um volume alto de clientes regulares para compensar os minúsculos lucros por item. Ela não podia depender de taxas de adesão como a Costco fazia. Além disso, uma estratégia de preço único não atraía clientes durante a época de compras sazonais de alta intensidade, como o Dia do Trabalho ou o Natal.

No final, J.C. Penney perdeu a fidelidade de compradores, conforme comentou Tracie Fobes, que dirige o *blog* da Penny Pinchin' Mom: "ver algo remarcado com 20% de desconto, depois poder entregar o cupom para economizar, é isso que me seduz". A perda desses compradores foi devastadora: em dois curtos anos, a receita da J.C. Penney caiu 30% e suas vendas caíram 25%. No início de 2013, Johnson foi demitido sem cerimônia.

Com a saída de Johnson, a J.C. Penney recuou rapidamente e começou a oferecer novamente cupons e vendas semanais. Os assistentes da loja voltaram ao trabalho, remarcando os itens com aumento para, imediatamente depois, tornar a remarcá-los com desconto. No entanto, os danos já tinham sido feitos. Com fome de receita, suas lojas e mercadorias diminuíram, rivais mais ágeis roubaram seus clientes e dívidas se acumularam. Como observou um analista do setor sobre as chances de sobrevivência da empresa, "Agora é uma corrida até a linha de chegada".

QUESTÕES PARA PENSAR

1. Dê um exemplo de tomada de decisão racional ilustrado por este caso e justifique sua escolha.
2. Dê um exemplo de tomada de decisão irracional ilustrado por este caso e justifique sua escolha.
3. Qual a finalidade da garantia feita pelo Walmart de que cobre o preço da concorrência? O que você prevê que aconteceria se ele abandonasse esta política? Você poderia prever que seus concorrentes – digamos, o supermercado local ou a Target – adotariam a mesma política?

RESUMO

1. Todas as decisões econômicas envolvem a alocação de recursos escassos. Algumas decisões são do tipo "ou-ou então", em que a questão é fazer ou não fazer algo. Outras decisões são de "quanto", em que a questão é quantos recursos aplicar em alguma atividade.

2. O custo de usar um recurso para uma atividade específica é o custo de oportunidade desse recurso. Alguns custos de oportunidade são **custos explícitos**, isto é, envolvem pagamento direto em dinheiro. Outros, no entanto, são **custos implícitos**; eles não envolvem despesas em dinheiro, mas são medidos pelo valor em dinheiro do que se deixa de obter. Tanto custos explícitos como implícitos devem ser levados em conta ao tomar decisões. Muitas decisões envolvem o uso de **capital** e tempo, tanto para indivíduos como para empresas. Assim, deve-se basear decisões no **lucro econômico**, que leva em conta custos implícitos, como o custo de oportunidade do tempo e o **custo implícito do capital**. Tomar decisões com base no **lucro contábil** pode ser enganoso. Muitas vezes, ele é bem maior que o lucro econômico, pois inclui apenas custos explícitos e não os custos implícitos.

3. De acordo com o **princípio da tomada de decisões do tipo "ou-ou então"**, quando se enfrenta uma opção "ou-ou então" entre duas atividades, deve-se escolher aquela que tenha lucro econômico positivo.

4. Uma decisão de "quanto" é feita usando a análise marginal, a qual envolve comparar o benefício e o custo de empreender uma unidade adicional de uma atividade. O **custo marginal** de produzir um bem ou serviço é o custo adicional incorrido ao se produzir mais uma unidade desse bem ou serviço. O **benefício marginal** de produzir um bem ou serviço é o benefício adicional ganho ao se produzir mais uma unidade desse bem ou serviço. A **curva de custo marginal** é a representação gráfica do custo marginal, e a **curva de benefício marginal** é a ilustração gráfica do benefício marginal.

5. No caso do **custo marginal constante**, cada unidade adicional custa o mesmo para produzir que a unidade anterior; isso se representa por uma curva de custo marginal horizontal. Contudo, custo marginal e benefício marginal tipicamente dependem de quanto da atividade já foi feito antes. No caso do **custo marginal crescente**, cada unidade adicional custa mais que a unidade anterior; isso é representado por uma curva de custo marginal com inclinação para cima. No **custo marginal decrescente**, cada unidade custa menos para produzir do que a unidade anterior. Já no caso do **benefício marginal decrescente**, cada unidade adicional produz benefício menor do que a unidade anterior.

6. **Quantidade ótima** é a quantidade que gera o máximo possível de ganho líquido total. De acordo com o **princípio de maximização do lucro da análise marginal,** a quantidade ótima é aquela em que o benefício marginal é maior ou igual ao custo marginal. É a quantidade em que a curva de custo marginal intercepta a curva de benefício marginal.

7. Um custo que já foi incorrido e que não se pode reaver é **custo irrecuperável**. Custos irrecuperáveis devem ser ignorados em decisões sobre ações futuras, pois eles não têm efeito sobre benefícios e custos futuros. A **falácia do custo irrecuperável** é a crença equivocada de que custos irrecuperáveis devem ser levados em conta na tomada de decisão.

8. A **economia comportamental**, um ramo da economia que se tornou muito influente nos últimos 20 anos, combina a modelagem econômica com *insights* da psicologia para entender como as pessoas realmente tomam decisões.

9. Com comportamento **racional**, os indivíduos escolherão entre as opções disponíveis aquela cujo resultado seja preferível. No entanto, pode ser racional escolher um resultado com retorno econômico mais baixo. Os quatro principais motivos para isso são preocupações com justiça, **recompensas não monetárias**, racionalidade limitada e aversão ao risco. A **racionalidade limitada** ocorre porque o esforço necessário para verificar o melhor ganho econômico possível é custoso. A **aversão ao risco** leva indivíduos a sacrificarem algum ganho econômico para evitar uma perda potencial.

10. Uma escolha **irracional** deixa alguém em situação pior do que estaria se tivesse escolhido outra alternativa disponível. O comportamento irracional pode assumir sete formas comuns: engano sobre o custo de oportunidade; excesso de confiança; expectativa irrealista sobre o comportamento futuro; **contabilidade mental**, em que o dinheiro é avaliado de forma desigual; **aversão à perda**, ou excesso de sensibilidade em relação à perda; **viés de enquadramento**, em que se tomam decisões com base na forma como as escolhas são apresentadas e não em seu real valor; e **viés de *status quo***, ao se evitar uma decisão e deixar tudo como está. **Incentivos,** mudanças no *status quo* para induzir escolhas mais racionais, são utilizados com frequência.

PALAVRAS-CHAVE

QUESTÕES PARA PENSAR

1. Um estudo sobre taxas de inadimplência de empréstimos estudantis realizado pelo Brookings Institute encontrou uma correlação interessante. Geralmente estudantes que precisavam de mais dinheiro emprestado para frequentar um curso de quatro anos tinham menos probabilidade de inadimplência do que os estudantes com nível de endividamento menor. Estudantes que começaram a faculdade em 2003 pegaram emprestado uma média de US$ 15.000 e tinham taxa de inadimplência de 17,1%. Analisando os dados, os estudantes que completaram um bacharelado de quatro anos tomaram emprestado uma média de US$ 25.000, mas tinham taxa de inadimplência significativamente menor, de apenas 5,6%. Por sua vez, os alunos que abandonaram a faculdade só tomaram emprestado US$ 7.500, mas tinham uma taxa de inadimplência que era mais de quatro vezes maior, 23,9%. Use o conceito de análise marginal para explicar os dados da taxa de inadimplência dos empréstimos estudantis apresentados.

2. Discuta como cada uma das seguintes afirmações representa um viés de enquadramento:

   i. Os consultores financeiros fornecerão orientação sobre opções de aposentadoria e poupança por uma pequena taxa. Eles frequentemente promovem suas habilidades de investimento em relação a outros consultores. O mercado de ações caiu 5% durante o ano, mas você vê um anúncio para consultor financeiro: "nossos investimentos superaram nossos concorrentes em 2%". Por que o consultor não quer anunciar seu retorno real?

   ii. Um estudo recente descobriu que alunos de último ano do ensino médio e de faculdades comunitárias tinham menos probabilidade de frequentar uma instituição de quatro anos ao se oferecer um pacote de ajuda financeira que incluía a palavra "empréstimo" em comparação com um pacote financeiramente equivalente que omitia a palavra "empréstimo". De fato, ao utilizar o termo "empréstimo", os estudantes tinham 10% menos probabilidade de frequentar aquela universidade em particular.

3. Você e seu colega de quarto se encontram em um dilema. Ambos estão fazendo economia e contabilidade e farão um exame de economia amanhã à tarde. Preocupados que não terão tempo suficiente para estudar, estão debatendo sobre omitir a contabilidade e usar o tempo estudando para o exame. Você não está preocupado com sua nota de contabilidade, mas seu colega ainda está tentando convencê-lo a não pular a contabilidade, porque você já pagou sua mensalidade. Explique como seu colega de quarto é culpado de cometer uma falácia de custos irrecuperáveis.

PROBLEMAS

1. Jackie é a dona e administra uma empresa de *web design*. Para permanecer atualizada, ela gasta $ 5.000 por ano em tecnologia nova para seu equipamento. Desenvolve as atividades em um quarto de sua casa. Se não usasse esse quarto como escritório, poderia alugá-lo por $ 2.000 por ano. Jackie sabe que, se não gerisse sua própria empresa, poderia voltar ao seu emprego anterior em uma grande companhia de *software* que lhe pagaria um salário anual de $ 60.000. Jackie não tem outros gastos.

   a. Quanto de receita total Jackie precisa para igualar despesa e receita segundo o seu contador? Isto é, quanto de receita total daria a ela lucro contábil zero?

   b. Quanto de receita total Jackie precisa obter para permanecer autônoma? Isto é, quanta receita total daria a Jackie um lucro econômico exatamente igual a zero?

2. Você é dono e gerencia uma loja de bicicletas. A cada ano, obtém receita de $ 200.000 da venda de bicicletas, as quais adquire por $ 100.000. Além disso, você paga $ 20.000 por ano de eletricidade, impostos e outros gastos. Em lugar de administrar a loja de bicicletas, você poderia tornar-se contador e ganhar um salário anual de $ 40.000. Uma cadeia de lojas de roupa quer ampliar e oferece alugar sua loja por $ 50.000 anuais. Como explicaria a seus amigos que, apesar de estar conseguindo lucro, o custo de continuar tendo sua loja é alto demais?

3. Suponha que você tenha acabado de pagar uma taxa de $ 1.000, que não pode ser devolvida, por refeições na universidade neste semestre, o que lhe permite jantar no refeitório toda noite.

   a. Você recebe a oferta de um emprego de tempo parcial em um restaurante onde pode comer de graça toda noite. Seus pais dizem que você deveria jantar no refeitório da universidade de qualquer modo, porque já pagou por essas refeições. Seus pais estão corretos? Explique por que sim ou por que não.

   b. Suponha agora que lhe ofereçam emprego de tempo parcial em um restaurante, mas, em vez de poder comer de graça, lhe oferecem um desconto elevado nas refeições que fizer ali. Cada refeição no restaurante custará $ 2 e, se comer ali toda noite durante o semestre, o total será $ 200. Seu colega diz que você deveria comer no restaurante porque custa menos que os $ 1.000 já pagos por seu plano de refeições na universidade. Seu colega está certo? Explique por quê.

4. Você já comprou antecipadamente uma entrada de $ 10 para o campeonato de futebol entre as faculdades. A entrada não pode ser revendida. Você sabe que assistir ao jogo de futebol lhe dá um benefício equivalente a $ 20. Depois que você comprou a entrada, descobriu que vai haver um jogo de beisebol profissional na mesma hora. As entradas para o jogo de beisebol custam $ 20 e você sabe que ir ao jogo de beisebol lhe dá um benefício equivalente a $ 35. Você diz o seguinte aos seus amigos: "Se eu tivesse sabido do jogo de beisebol antes de comprar a entrada do jogo de futebol, teria ido ao beisebol. Mas, agora que já tenho a entrada para o futebol, é melhor ir mesmo ver o jogo de futebol." Você está tomando a decisão correta? Justifique sua resposta calculando os benefícios e os custos de sua decisão.

5. Amy, Bill e Carla cortam gramados para ganhar dinheiro. Cada um deles usa um cortador de grama diferente. A tabela a seguir mostra o custo total de cortar gramados para Amy, Bill e Carla.

Quantidade de gramados cortados	Custo total de Amy	Custo do total de Bill	Custo total de Carla
0	$ 0	$ 0	$ 0
1	20	10	2
2	35	20	7
3	45	30	17
4	50	40	32
5	52	50	52
6	53	60	82

a. Calcule os custos marginais de Amy, Bill e Carla, e trace cada uma das curvas de custo marginal.

b. Quem tem custos marginais crescentes? Quem tem custos marginais decrescentes? Quem tem custo marginal constante?

6. Você é gerente de uma academia de ginástica e tem de decidir quantos clientes admitir em cada hora. Suponha que cada cliente fique exatamente uma hora. Há um custo em admitir clientes, pois eles causam desgaste nos equipamentos. Além do mais, cada cliente adicional gera mais desgaste que o anterior. Em consequência, a academia se defronta com um custo marginal crescente. A tabela a seguir mostra os custos marginais associados com cada número de clientes por hora.

Quantidade de clientes por hora	Custo marginal do cliente
0	
	$ 14,00
1	
	14,50
2	
	15,00
3	
	15,50
4	
	16,00
5	
	16,50
6	
	17,00
7	

a. Suponha que cada cliente pague $ 15,25 por hora de ginástica. Use o princípio de maximização do lucro da análise marginal para encontrar o número ótimo de clientes que você deve admitir por hora.

b. Você aumenta o preço da hora da ginástica para $ 16,25. Qual é agora o número ótimo de clientes por hora que você deve admitir?

7. Georgia e Lauren são estudantes de economia que vão à aula de caratê juntas. As duas precisam decidir quantas aulas de caratê fazer por semana. Cada aula custa $ 20. A tabela a seguir mostra as estimativas de Georgia e Lauren do benefício marginal que cada uma delas obtém de cada aula por semana.

Quantidade de aulas	Benefício marginal de Lauren em cada aula	Benefício marginal de Georgia em cada aula
0		
	$ 23	$ 28
1		
	19	22
2		
	14	15
3		
	8	7
4		

a. Use a análise marginal para encontrar o número ótimo de aulas de caratê por semana para Lauren. Explique sua resposta.

b. Use a análise marginal para encontrar o número ótimo de aulas de caratê por semana para Georgia. Explique sua resposta

8. O CDC (Centers for Disease Control and Prevention) recomenda que não se vacine a população inteira contra o vírus da varíola, porque a vacina tem efeitos colaterais indesejáveis e algumas vezes fatais. Suponha que a tabela a seguir tenha os dados sobre os efeitos de um programa de vacinação contra varíola.

Porcentagem da população vacinada	Mortes devidas à varíola	Mortes devidas a efeito colateral da vacina
0%	200	0
10	180	4
20	160	10
30	140	18
40	120	33
50	100	50
60	80	74

a. Calcule o benefício marginal (em termos de vidas salvas) e o custo marginal (em termos de vidas perdidas) de cada 10% de aumento de vacinação contra a varíola. Calcule o ganho líquido de um aumento de 10% na população vacinada.

b. Usando a análise marginal, decida qual a porcentagem ótima de população que deveria ser vacinada.

9. Paige entrega pizzas usando seu próprio carro e recebe de acordo com o número de pizzas que entrega. A tabela a seguir mostra o benefício total e o custo total de Paige quando ela trabalha um número específico de horas.

Quantidade de horas trabalhadas	Benefício total	Custo total
0	$ 0	$ 0
1	30	10
2	55	21
3	75	34
4	90	50
5	100	70

a. Use a análise marginal para decidir quantas horas Paige deveria trabalhar. Em outras palavras, qual é o número ótimo de horas que Paige deveria trabalhar?

b. Calcule o lucro total de Paige trabalhando zero hora, 1 hora, 2 horas e assim por diante. Suponha agora que Paige decida trabalhar 1 hora. Compare o ganho líquido total de ela trabalhar 1 hora com o ganho líquido total de trabalhar o número ótimo de horas. Quanto ela perderia trabalhando apenas 1 hora?

10. Suponha que a De Beers seja o único produtor de diamantes. Quando quer vender mais diamantes, a empresa precisa baixar o preço a fim de induzir os consumidores a comprarem mais. Além disso, cada diamante adicional produzido custa mais que o anterior devido às dificuldades da mineração de diamantes. A tabela de benefício total da De Beers aparece a seguir junto com a tabela de custo total.

Quantidade de diamantes	Benefício total	Custo total
0	$ 0	$ 0
1	1.000	50
2	1.900	100
3	2.700	200
4	3.400	400
5	4.000	800
6	4.500	1.500
7	4.900	2.500
8	5.200	3.800

a. Trace a curva de custo marginal e a curva de benefício marginal e, a partir do seu gráfico, derive graficamente a quantidade ótima de diamantes a produzir.

b. Calcule o lucro total da De Beers ao produzir cada quantidade de diamantes. Qual é a quantidade que dá à De Beers o lucro total mais alto?

11. Em cada um dos exemplos a seguir, explique se a decisão é racional ou irracional. Descreva o tipo de comportamento exibido.

a. O melhor amigo de Mikayla gosta de lhe dar vales-presente que ela pode usar em suas lojas favoritas. Mikayla, no entanto, muitas vezes esquece de usar os vales antes de eles perderem validade ou perde os vales. Mas ela é cuidadosa com seu próprio dinheiro.

b. Em maio de 2010, a empresa Panera Bread abriu uma loja em Clayton, cidade no estado norte-americano de Missouri, que permite aos clientes pagar o que queiram por seus pedidos; em vez de preços, a loja apresenta uma lista de doações sugeridas de acordo com o custo dos bens. Todo o lucro vai para uma fundação de caridade criada por Panera Bread. Em maio de 2011, a loja estava contente com o êxito de seu programa.

c. Dominic acaba de obter seu diploma de professor e duas ofertas de emprego. Um emprego, substituir um professor que está de licença, dura apenas 2 anos. É numa escola de prestígio e paga $ 35.000 por ano. Ele acha que provavelmente encontrará outro emprego na área depois de transcorridos os 2 anos, mas não tem certeza. O outro emprego, também numa escola de ensino médio, paga $ 25.000 por ano e é praticamente garantido por 5 anos; depois desses 5 anos, ele será avaliado para uma posição permanente na escola. Cerca de 75% dos professores que começam nessa escola são contratados para posições permanentes. Dominic opta pela posição de 5 anos a $ 25.000 por ano.

d. Kimora planejou uma viagem à Flórida nas férias da primavera em março. Ela tem vários trabalhos escolares que precisa entregar logo que voltar. Em vez de fazê-los em fevereiro, ela acha que pode levar seus livros para a Flórida e terminar seus trabalhos lá.

e. Sahir pagou demais por um carro usado que depois se mostrou ser um "abacaxi", cheio de defeitos. Ele poderia vender as peças do carro, mas em vez disso deixa o carro deteriorando na garagem.

f. Barry se considera um excelente investidor em ações. Ele seleciona novas ações para comprar buscando aquelas com características similares às que anteriormente lhe deram bom resultado. Ele se atola perdendo negócios com ações que sobem e descem junto com os ciclos macroeconômicos.

12. Você foi contratado para elaborar o plano de aposentadoria de uma empresa, levando em conta vários tipos de comportamento irracional previsível exibido pelos empregados. Apresente pelo menos dois tipos de comportamento irracional que os empregados podem ter em relação ao plano de aposentadoria e as medidas que você tomaria para evitar tal comportamento.

RESOLVA

13. Hiro é o dono da pequena empresa de serviços de consultoria econômica que ele mesmo administra. Durante o ano, ele gasta $ 57.000 em viagens para visitar clientes e em outras despesas. Além disso, tem um computador que usa em seu negócio. Se ele não usasse o computador, poderia vendê-lo e ganhar $ 100 por ano de juros sobre o dinheiro obtido com essa venda. A receita total de Hiro durante o ano é $ 100.000. Em vez de trabalhar como consultor durante o ano, ele poderia dar aulas de economia numa faculdade local e ganhar um salário anual de $ 50.000.

a. Qual é o lucro contábil de Hiro?

b. Qual é seu lucro econômico?

c. Hiro deve continuar trabalhando como consultor ou deve, em vez disso, dar aulas de economia?

Como Tomar Decisões Envolvendo Tempo: Compreendendo o Valor Presente

9
Apêndice

Como aprendemos no Capítulo 9, a regra básica a ser seguida ao decidir se deve ou não realizar um projeto é comparar os benefícios do projeto com seus custos – explícitos e implícitos – e escolher o curso de ação com o lucro econômico mais alto.

Porém, muitas decisões econômicas envolvem escolhas em que os benefícios e os custos chegam em momentos diferentes, dificultando as comparações entre essas escolhas. Por exemplo, a decisão de voltar a estudar e obter um diploma avançado ou conseguir um emprego é um desses tipos de comparação. Se você, Alexa ou Adam optarem por obter um diploma avançado, os custos – salários perdidos, mensalidades e livros – são incorridos imediatamente, enquanto os benefícios – ganhos mais elevados – serão colhidos no futuro. Em outros casos, os benefícios de um projeto vêm antes dos custos, como fazer um empréstimo para pagar férias que devem ser pagas no futuro. Então, como devemos tomar decisões quando o tempo é um fator importante?

A maneira economicamente correta é usar um conceito chamado *valor presente*. O uso de cálculos de valor presente permite converter custos e/ou benefícios que chegam no futuro em valores de hoje. Dessa forma, podemos sempre comparar projetos que ocorrem ao longo do tempo comparando seus valores atuais. Você pode se perguntar por que não viu os cálculos do valor presente quando analisamos as decisões no Capítulo 9. O fato é que o valor presente foi usado, mas implicitamente. Por exemplo, declarações como "ele receberá com o diploma ganhos avaliados hoje em \$ 600.000 pelo resto de sua vida" significam que os benefícios futuros já foram convertidos em um valor atual – esse valor é de \$ 600.000.

Agora, vejamos exatamente como funciona o valor presente.

Como calcular o valor presente de um projeto para um ano

Suponha que você se formará exatamente daqui a um ano e precisará de \$ 1.000 para alugar seu primeiro apartamento. Para ter \$ 1.000 daqui a um ano, de quanto você precisa hoje? Não são \$ 1.000, e o motivo tem a ver com a *taxa de juros*. A **taxa de juros**, que indicaremos por r, é o preço cobrado de um mutuário pelo empréstimo de dinheiro expresso como uma porcentagem do valor emprestado. E vamos usar X para indicar a quantia que você precisa hoje para ter \$ 1.000 daqui a um ano. Se você colocar X no banco hoje e ganhar uma taxa de juros r, depois de um ano o banco pagará $X \times (1+ r)$. Se o valor pago a você pelo banco daqui a um ano for \$ 1.000, então o valor que você precisa depositar no banco hoje é dado pela seguinte equação:

Quando alguém pede dinheiro emprestado por um ano, a **taxa de juros** é o preço, calculado como uma porcentagem do valor emprestado, cobrado por quem emprestou.

(9A.1) $X \times (1 + r) = \$\ 1.000$

Você pode aplicar um pouco de álgebra básica para descobrir que:

(9A.2) $X = \$\ 1.000/(1 + r)$

Portanto, o valor que você precisa hoje para estar certo de ter \$ 1.000 daqui a um ano, X, é igual a \$ 1.000 dividido por $(1 + r)$. Observe que o valor de X depende da taxa de juros, r, que é sempre maior que zero. Esse fato implica que X é sempre menor que \$ 1.000. Por exemplo, se $r = 5\%$ (ou seja, $r = 0{,}05$), então $X = \$\ 1.000 / 1{,}05 = \$\ 952{,}38$. Em outras palavras, \$ 952,38 é o valor hoje correspondente a receber \$ 1.000 daqui a um ano, dada uma taxa de juros de 5%.

O **valor presente** de X é a quantidade de dinheiro necessária atualmente para receber X em uma data futura, dada a taxa de juros.

Agora, podemos definir o **valor presente** de X: é o valor monetário necessário hoje para receber X no futuro, dada a taxa de juros. Neste exemplo, \$ 952,38 é o valor presente de \$ 1.000 hoje dada a taxa de juros de 5%.

O conceito de valor presente é muito útil ao tomarem-se decisões que exigem pagar custos iniciais agora em troca de benefícios que serão recebidos no futuro. Digamos que você tenha duas opções, A e B: ou aceitar um emprego de um ano que paga \$ 10.000 imediatamente (opção A) ou fazer um curso de um ano que custa \$ 1.000 agora, mas permite que você ganhe um pagamento único de \$ 12.000 daqui a um ano (opção B). Qual opção escolher?

Por um lado, o valor presente da opção A é simplesmente \$ 10.000, porque você recebe seu pagamento imediatamente. Por outro lado, o valor presente da opção B, com taxa de juros de 5%, é:

(9A.3) $\$\ 12.000 / 1{,}05 - \$\ 1.000 = \$\ 11.429 - \$\ 1.000 = \$\ 10.429$

Como o valor presente da opção B (\$ 10.429) é maior que o valor presente da opção A (\$ 10.000), você deve escolher a opção B.

Este exemplo ilustra um princípio geral: ao avaliar escolhas em que os custos e/ou benefícios chegam ao longo do tempo, converta os lucros em seus valores presentes e escolha aquele com o maior valor presente. Em seguida, veremos como usar o valor presente quando os projetos têm duração superior a um ano.

Como calcular o valor presente de projetos plurianuais

Vamos representar o valor de \$ 1 a ser recebido daqui a dois anos como X_{2anos}. Se você emprestar X_{2anos} hoje por dois anos, receberá:

(9A.4) $X_{2anos} \times (1 + r)$ ao final de um ano

que você reinvestirá então para receber:

(9A.5) $X_{2anos} \times (1 + r) \times (1 + r) = X_{2anos} \times (1 + r)^2$ ao final de dois anos.

Pela Equação 9A.5, podemos calcular quanto você teria de emprestar hoje para receber \$ 1 daqui a dois anos:

(9A.6) $X_{2anos}(1 + r)^2 = \$\ 1$

Para resolver para X_{2anos}, divida os dois lados da Equação 9A.6 por $(1 + r)^2$ para chegar a:

(9A.7) $X_{2anos} = \$\ 1 / (1 + r)^2$

Por exemplo, se $r = 0{,}10$, então $X_{2anos} = \$\ 1 / (1{,}10)^2 = \$\ 1 / 1{,}21 = \$\ 0{,}83$.

A Equação 9A.7 aponta o caminho para a expressão geral do valor presente, em que \$ 1 é pago após N anos. Isto é:

(9A.8) $X_{Nanos} = \$\ 1 / (1 + r)^N$

Em outras palavras, o valor presente de \$ 1 a ser recebido daqui a N anos é igual a \$ 1 / $(1 + r)^N$.

Como calcular o valor presente de projetos com receitas e custos

Agora, vamos supor que você tenha de escolher qual dos três projetos realizar. O Projeto A lhe dá um retorno imediato de \$ 100. O Projeto B custa \$ 10 agora e paga \$ 115 por ano a partir de agora. O Projeto C lhe dá um retorno imediato de \$ 119, mas exige que você pague \$ 20 por ano a partir de agora. Vamos supor que $r = 0{,}10$.

Para comparar esses três projetos, você deve avaliar os custos e receitas que são gastos ou realizados em diferentes momentos. É aqui, claro, que o conceito de valor presente é extremamente útil: usando o valor presente para converter qualquer montante realizado no futuro em valor de hoje, você pode fatorar diferenças no tempo. Uma vez fatoradas as diferenças de tempo, você pode comparar os três projetos calculando o *valor presente líquido* de cada um, o valor presente das receitas atuais e futuras menos o valor presente dos custos atuais e futuros. O melhor projeto a ser realizado é aquele com maior valor presente líquido.

A Tabela 9A.1 mostra como calcular o valor presente líquido de cada um dos três projetos. A segunda e a terceira colunas mostram quanto é realizado e quando se realiza; os custos são indicados por um sinal de menos. A quarta coluna mostra as equações usadas para converter os fluxos de dinheiro em valor presente, e a quinta coluna mostra os valores reais do valor presente líquido total para cada um dos três projetos.

Por exemplo, para calcular o valor presente líquido do projeto B, você precisa calcular o valor presente de \$ 115 recebido daqui a um ano. O valor presente de \$ 1 recebido daqui a um ano é \$ 1 / $(1 + r)$. Portanto, o valor presente de \$ 115 recebido daqui a um ano é \$ 115 × 1 / $(1 + r)$ = \$ 115 / $(1 + r)$. O valor presente líquido do projeto B é o valor presente das receitas atuais e futuras menos o valor presente dos custos atuais e futuros: –\$ 10 + \$ 115 / $(1 + r)$.

A partir da quinta coluna, podemos ver imediatamente que, a uma taxa de juros de 10%, o projeto C é o melhor. Ele tem o valor presente líquido mais alto, \$ 100,82, que é maior que o valor presente líquido do projeto A (\$ 100) e muito maior que o valor presente líquido do projeto B (\$ 94,55).

Esse exemplo mostra a importância do conceito de valor presente. Se não tivéssemos usado os cálculos do valor presente e, em vez disso, simplesmente tivéssemos somado as receitas e os custos, teríamos sido enganados ao acreditar que o projeto B era o melhor e C o pior.

Tabela 9A.1 Valor presente líquido de três projetos hipotéticos

Projeto	Montante realizado hoje	Montante realizado daqui a um ano	Fórmula do valor presente	Valor presente líquido dado $r = 0{,}10$
A	\$ 100	–	\$ 100	\$ 100,00
B	–\$ 10	\$ 115	–\$ 10 + \$ 115 / $(1 + r)$	\$ 94,55
C	\$ 119	–\$ 20	\$ 119 – \$ 20 / $(1 + r)$	\$ 100,82

PROBLEMAS

1. Suponha que a via principal de uma grande cidade, que também é uma rodovia interestadual, tenha sido completamente fechada ao tráfego por dois anos, de janeiro de 2018 a dezembro de 2019, para reconstrução a um custo de \$ 535 milhões. Se a construtora mantivesse a rodovia aberta para o tráfego durante a construção, o projeto de reconstrução da rodovia levaria muito mais tempo e seria mais caro. Suponha que a construção levasse quatro anos se a rodovia fosse mantida aberta, a um custo total de \$ 800 milhões. A Secretaria Estadual de Transportes teve de tomar sua decisão em 2017, um ano antes do início da construção (para que o primeiro pagamento fosse feito em um ano). Assim, o departamento de transporte tinha as seguintes opções:

   (i) Fechar a rodovia durante a construção, a um custo anual de \$ 267,5 milhões por ano durante dois anos.

   (ii) Manter a rodovia aberta durante a construção, a um custo anual de \$ 200 milhões por ano durante quatro anos.

   a. Suponha que a taxa de juros seja de 10%. Calcule o valor presente dos custos incorridos em cada plano. Qual plano de reconstrução seria mais barato?

   b. Agora, suponha que a taxa de juros seja de 80%. Calcule o valor presente dos custos incorridos em cada plano. Qual plano de reconstrução seria agora o mais barato?

2. Você ganhou na loteria estadual. Existem duas formas de receber seu prêmio. Você pode ter \$ 1 milhão em dinheiro agora ou \$ 1,2 milhão que é pago da seguinte forma: \$ 300 mil agora, \$ 300 mil daqui a um ano, \$ 300 mil daqui a dois anos e \$ 300 mil daqui a três anos. A taxa de juros é de 20%. Como você prefere receber seu prêmio?

3. A empresa farmacêutica Pfizer está considerando se deve investir no desenvolvimento de um novo medicamento contra o câncer. O desenvolvimento exigirá um investimento inicial de \$ 10 milhões agora; a partir de um ano, a droga gerará lucros anuais de \$ 4 milhões durante três anos.

   a. Se a taxa de juros for de 12%, será que a Pfizer deve investir no desenvolvimento do novo medicamento? Por que motivo?

   b. Se a taxa de juros for de 8%, a Pfizer deve investir no desenvolvimento do novo medicamento? Por que motivo?

10 O Consumidor Racional

A MORDIDA DEFINITIVA

UM ESTILO POPULAR DE RESTAURANTE, encontrado em muitas cidades dos Estados Unidos, é o bufê do tipo "coma à vontade". Por exemplo, no Buffet Chinês Família Feliz em Humble, Texas, por US$ 11,99 você pode escolher entre uma grande variedade de itens, tais como rolinhos primavera, patas de caranguejo e sushi, tudo em quantidades ilimitadas.

Mas por que o proprietário do Buffet Chinês Família Feliz não foi à falência por seus clientes? Em outras palavras, o que impede que seu cliente médio coma uma quantidade de comida que custa muito mais que US$ 11,99 – digamos, dez porções de patas de caranguejo?

A resposta é que, mesmo que de vez em quando alguns clientes aproveitem a oferta e empilhem dez porções de pernas de caranguejo no prato, essa é uma ocorrência rara na vida real. Isso porque a pessoa comum sabe que, enquanto uma ou duas porções de patas de caranguejo são um deleite, dez porções provavelmente levarão a uma perturbação no estômago. De fato, qualquer pessoa sensata que paga por uma refeição que se pode comer quer aproveitar ao máximo, mas aproveitar ao máximo significa saber quando mais uma porção seria demais.

Repare na última frase. Dissemos que os clientes em um restaurante querem "aproveitar ao máximo" sua refeição; isso soa como se eles estivessem tentando maximizar algo. E também dissemos que eles vão parar quando consumir uma mordida a mais for um erro; eles estão tomando uma decisão marginal.

Mas é uma decisão marginal que também envolve os gostos de uma pessoa. Embora os economistas não possam dizer muito sobre de onde vêm os gostos, eles podem dizer muito sobre como um indivíduo racional usa a análise marginal para satisfazer seus gostos. E esta é, de fato, a maneira como os economistas pensam sobre a escolha do consumidor. Eles trabalham com um modelo de *consumidor racional* – um consumidor que sabe o que quer e aproveita ao máximo as oportunidades disponíveis.

Neste capítulo, mostraremos como analisar as decisões de um consumidor racional. Começaremos mostrando como o conceito de *utilidade* – uma medida de satisfação do consumidor – nos permite pensar sobre a escolha racional do consumidor.

Em seguida, analisaremos como as *restrições orçamentárias* determinam o que um consumidor pode comprar e como a análise marginal pode ser usada para determinar a escolha de consumo que maximize a utilidade.

Finalmente, veremos como essa análise pode ser usada para entender a lei da demanda e por que a curva da demanda se inclina para baixo.

Para quem se interessa por um tratamento mais detalhado do comportamento do consumidor e pela cobertura das curvas de indiferença, indicamos o apêndice no final deste capítulo. •

O QUE VOCÊ IRÁ APRENDER?

- Que fatores determinam como os consumidores gastam sua renda?
- Por que os economistas usam o conceito de **utilidade** para descrever gostos das pessoas?
- Por que o **princípio da utilidade marginal decrescente** descreve com precisão o comportamento do consumidor?
- Qual é o **pacote de consumo ótimo** e por que usamos a análise marginal para determiná-lo?
- Como os **efeitos renda e substituição** mostram os efeitos das mudanças na renda e nos preços sobre as escolhas dos consumidores?

Utilidade: obtendo satisfação

Quando analisamos o comportamento do consumidor, estamos falando de gente tentando conseguir o que quer, isto é, de sentimentos subjetivos. Porém, não existe uma maneira simples de medir sentimentos subjetivos. Quanta satisfação eu tenho com uma mordida a mais? É mais ou é menos que a sua? Tem sentido fazer essa pergunta?

Felizmente, não precisamos fazer comparações entre os seus sentimentos e os meus. Tudo o que é necessário para analisar o comportamento do consumidor é supor que cada indivíduo está tentando maximizar alguma medida pessoal de satisfação, obtida pelo consumo de bens e serviços. Essa medida é conhecida como **utilidade** do consumidor, um conceito que usamos para entender o comportamento, mas que não esperamos medir na prática. Apesar disso, veremos que o pressuposto de que o consumidor maximiza utilidade nos ajuda a analisar a escolha do consumidor.

A **utilidade** de um consumidor é uma medida da satisfação que o consumidor obtém do consumo de bens e serviços.

Utilidade e consumo

A utilidade de um indivíduo depende de tudo o que ele consome, desde maçãs até sacos plásticos. O conjunto desses bens e serviços que um indivíduo consome é conhecido como **pacote de consumo**. A relação entre o pacote de consumo individual e o montante total de utilidade que ele gera é conhecida como **função de utilidade**. A função de utilidade é uma questão pessoal; duas pessoas com gostos diferentes terão funções de utilidade diferentes. Alguém que realmente gosta de consumir 20 rolinhos primavera de uma vez deve ter uma função de utilidade que pareça diferente daquela de alguém que prefere parar em três rolinhos primavera.

O **pacote de consumo** de um indivíduo é a coleção de todos os bens e serviços consumidos por esse indivíduo.[1]

A **função de utilidade** de um indivíduo dá a utilidade total gerada por seu pacote de consumo.

Assim, podemos imaginar os consumidores como se eles usassem o consumo para "produzir" utilidade, de maneira semelhante ao que faremos em capítulos posteriores, ao pensarmos nos produtores usando insumos para produzir produtos. É óbvio que as pessoas não têm um pequeno computador na cabeça que calcule a utilidade gerada por suas escolhas de consumo. Mesmo assim, elas têm de fazer escolhas e normalmente baseiam tais escolhas em pelo menos uma tentativa rudimentar de decidir quais delas lhes darão maior satisfação. Posso tomar uma Coca-Cola ou uma limonada no jantar. De qual vou gostar mais? Posso rodar a Europa de mochila neste verão ou poupar o dinheiro para comprar um carro novo. O que vai me fazer mais feliz?

O conceito de função de utilidade é uma maneira de representar o fato de que pessoas precisam fazer tais escolhas e que elas fazem essas escolhas de modo mais ou menos racional.

Como medimos a utilidade? Para simplificar, vamos supor que possamos medir a utilidade com uma unidade hipotética denominada – o que mais? – **util**.

Util é uma unidade de utilidade.

A Figura 10.1 ilustra uma função de utilidade. Ela mostra a utilidade total que Cassie, que gosta de rolinhos primavera, recebe de um bufê "coma à vontade". Supomos que seu pacote de consumo consista em uma Coca-Cola mais um número de rolinhos primavera a ser determinado. A tabela que acompanha a figura mostra como a utilidade total de Cassie depende do número de rolinhos primavera; a curva no painel (a) da figura mostra graficamente essa mesma informação.

A função de utilidade da Cassie inclina-se para cima na maior parte da faixa mostrada, mas fica mais plana à medida que o número de rolinhos primavera consumidos aumenta. E, neste exemplo, acaba virando para baixo. De acordo com as informações da tabela da Figura 10.1, nove rolinhos primavera são um rolinho além da conta. Acrescentar esse outro rolinho realmente piora a situação de Cassie: isso diminuiria sua utilidade total. Se ela for racional, é claro, perceberá isso e não consumirá o nono rolinho primavera.

Portanto, quando Cassie escolher quantos rolinhos consumir, ela tomará essa decisão considerando a *mudança* em sua utilidade total de consumir mais um rolinho primavera. Isso ilustra o ponto geral: para maximizar a utilidade *total*, os consumidores devem se concentrar na utilidade *marginal*.

[1]N.R.: também se emprega o termo "cesta de consumo".

Figura 10.1 Utilidade total e utilidade marginal de Cassie.

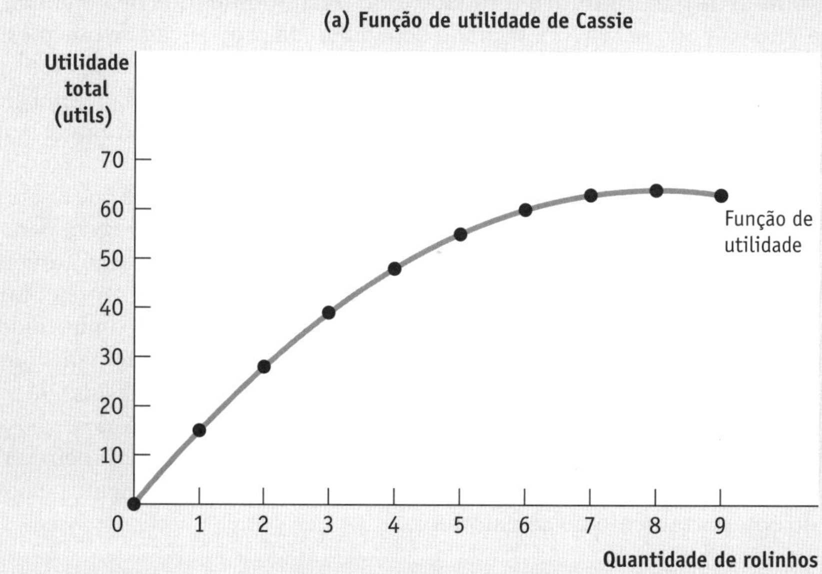

Quantidade de rolinhos	Utilidade total (utils)	Utilidade marginal por rolinho (utils)
0	0	
		15
1	15	
		13
2	28	
		11
3	39	
		9
4	48	
		7
5	55	
		5
6	60	
		3
7	63	
		1
8	64	
		−1
9	63	

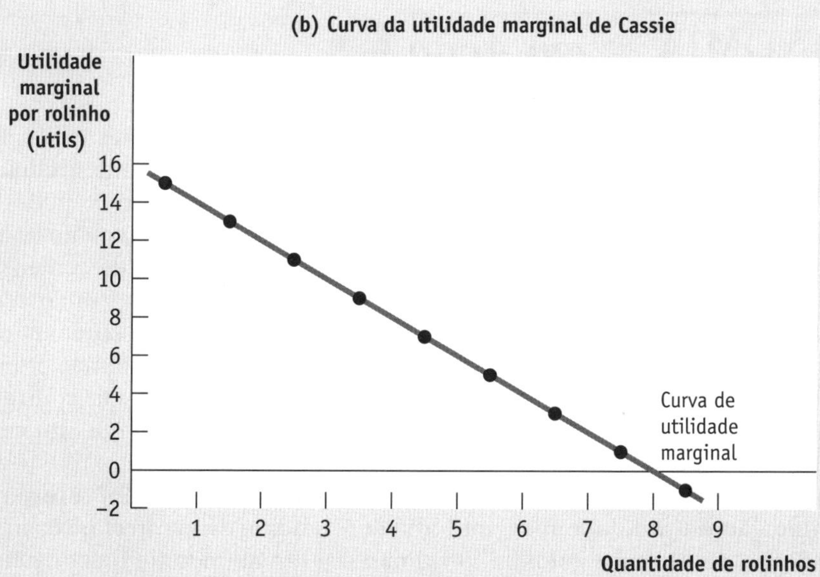

O painel (a) mostra como a utilidade total de Cassie depende do seu consumo de rolinhos primavera. Ela aumenta até alcançar seu nível máximo de utilidade em 64 utils, quando são consumidos oito rolinhos, e declina depois disso. A utilidade marginal está calculada na tabela. O painel (b) mostra a curva de utilidade marginal, que tem inclinação para baixo em razão da utilidade marginal decrescente. Isto é, cada rolinho adicional dá a Cassie menos utilidade que o rolinho anterior.

Princípio da utilidade marginal decrescente

Além de mostrar como a utilidade total de Cassie depende do número de rolinhos que ela consome, a tabela na Figura 10.1 mostra também a **utilidade marginal** gerada por consumir cada rolinho adicional, isto é, a *mudança* na utilidade total de consumir um rolinho adicional. O painel (b) mostra a **curva de utilidade marginal** implícita. Continuando nossa prática do Capítulo 9 que trata da curva do benefício marginal, a curva de utilidade marginal é construída representando pontos no meio dos intervalos entre as unidades.

A curva de utilidade marginal tem inclinação para baixo: cada rolinho sucessivo acrescenta menos utilidade total do que o anterior. Isso se reflete na tabela: a

Utilidade marginal de um bem ou serviço é a mudança na utilidade total gerada pelo consumo de uma unidade adicional desse bem ou serviço.

A **curva de utilidade marginal** mostra como a utilidade marginal depende da quantidade consumida de um bem ou serviço.

utilidade marginal cai de 15 no primeiro rolinho para –1 quando o nono rolinho é consumido. O fato de que o nono rolinho tem utilidade marginal negativa significa que consumi-lo de fato diminui a utilidade total (restaurantes que oferecem bufês em que a pessoa pode se servir à vontade dependem da proposição de que mesmo algo que é bom pode ser demais). Nem toda utilidade marginal se torna eventualmente negativa. No entanto, a proposição de que as curvas de utilidade marginal têm inclinação para baixo é em geral aceita, ou seja, o consumo da maioria dos bens e serviços está sujeito à *utilidade marginal decrescente*.

De acordo com o **princípio da utilidade marginal decrescente**, cada unidade sucessiva de um bem ou serviço consumido adiciona menos utilidade total do que a unidade anterior.

A ideia básica do **princípio da utilidade marginal decrescente** é que a satisfação adicional que um consumidor obtém de uma unidade a mais de certo bem ou serviço declina à medida que a quantidade consumida do bem ou serviço aumenta. Ou, dito de modo diferente, quanto mais consumimos um bem ou serviço, tanto mais perto chegamos da *saciedade* – até chegar ao ponto em que uma unidade adicional do bem não acrescente nada à nossa satisfação. Para alguém que quase nunca consegue comer banana, uma banana ocasional pode ser um deleite. Já para quem come banana toda hora, uma banana não passa de uma banana.

O princípio da utilidade marginal decrescente nem sempre é verdadeiro. Mas vale, na grande maioria dos casos, suficientemente para ser o fundamento de nossa análise do comportamento do consumidor.

ECONOMIA >> *em Ação*

O salmão é um artigo de luxo? Depende

Hoje em dia, é comum encontrar salmão no cardápio de restaurantes locais. Por exemplo, a cadeia TGI Fridays apresenta seu "salmão simplesmente grelhado" como o favorito do cliente. Entretanto, o salmão nem sempre foi um item básico do cardápio nos Estados Unidos. Essa tendência é apenas o mais recente desenvolvimento da popularidade do salmão na longa montanha-russa de comensais norte-americanos. Nos anos 1950, o salmão era considerado um luxo caro, reservado para ocasiões especiais. Além disso, a virada do luxo de ontem para o item básico de hoje é uma inversão. Quando o país era colônia, o salmão era um peixe tão barato e abundante que os criados tinham cláusulas em seus contratos estipulando que o salmão não poderia ser servido a eles mais do que um certo número de vezes por semana.

O que está por trás das mudanças extremas no *status* do salmão? A resposta é a diminuição da utilidade marginal aliada a mudanças na oferta. Na natureza intocada da América colonial, o salmão era tão abundante que os peixes transbordavam dos rios, lagos e riachos. Porém, nos anos 1980, a poluição e a pesca excessiva ameaçaram a sobrevivência do salmão. Como afirma um artigo do *New York Times* de 1981, "Somente nos últimos 25 anos, devido à diminuição do número de exemplares, o salmão ascendeu à escala culinária para se tornar um luxo".

Desde então, o fornecimento de salmão recuperou-se maciçamente, graças aos avanços feitos pela aquicultura, comumente conhecida como piscicultura. Em 1982, 13.265 toneladas de salmão cultivado foram produzidas em todo o mundo. Em 2015, esse número havia aumentado 1.500% para bem mais de 2 milhões de toneladas.

Assim, nos tempos coloniais, quando o salmão era extraordinariamente abundante e consumido o tempo todo, a utilidade marginal decrescente fazia de uma porção a mais de salmão um evento de baixa utilidade marginal. E, nos anos 1980, quando o salmão estava quase extinto, sua raridade fazia com que uma porção a mais se tornasse um evento de alta utilidade marginal. Agora que os estoques estão novamente abundantes, o salmão não é nem um luxo nem um alimento a ser evitado. Em vez disso, ele cai em algum lugar intermediário – uma opção atrativa a ser encontrada no menu em restaurantes próximos a você.

>> Teste seu entendimento 10.1

As respostas estão no fim do livro.

1. Explique por que um consumidor racional, que tem utilidade marginal decrescente de um bem, não consumiria uma unidade adicional de tal bem quando ela gerasse utilidade marginal negativa, mesmo que essa unidade fosse de graça.
2. Marta toma três xícaras de café por dia, com o que ela tem utilidade marginal decrescente. Qual das três xícaras gera o maior aumento de utilidade total? Qual gera o menor aumento?
3. Em cada um dos casos que se seguem, o consumidor tem utilidade marginal decrescente, constante ou crescente? Explique suas respostas.
   a. Quanto mais Mabel faz ginástica, mais ela gosta de cada visita adicional à academia.
   b. Embora a coleção de CDs clássicos de Mei seja enorme, seu prazer de comprar mais um CD não mudou à medida que sua coleção aumentou.
   c. Quando Dexter era um estudante com pouco dinheiro, seu prazer de ir a um bom restaurante era maior do que agora, que ele vai com mais frequência.

>> Revisão Rápida

- **Utilidade** é uma medida da satisfação do consumidor ao consumir, expressa em unidades de **util**. Os consumidores tentam maximizar sua utilidade. A **função de utilidade** de um consumidor mostra a relação entre o **pacote de consumo** e a utilidade total gerada por ele.
- Para maximizar a utilidade, o consumidor considera a **utilidade marginal** de consumir uma unidade a mais de certo bem ou serviço, ilustrada pela **curva de utilidade marginal**.
- No consumo da maioria dos bens e serviços, e para a maioria das pessoas, é válido o **princípio da utilidade marginal decrescente**: cada unidade sucessiva consumida acrescenta menos à utilidade total do que a unidade anterior.

Orçamentos e consumo ótimo

O princípio da utilidade marginal decrescente explica por que a maioria das pessoas eventualmente chega a um limite mesmo em um bufê coma à vontade, no qual o custo de mais um rolinho é medido apenas em termos da indigestão futura. Em condições normais, contudo, consumir mais quantidade de um bem custa recursos adicionais, e o consumidor precisa levar em conta esse custo ao fazer escolhas.

O que entendemos por custo? Como sempre, a medida fundamental do custo é o *custo de oportunidade*. Como a quantidade de dinheiro que um consumidor pode gastar é limitada, a decisão de consumir mais de um bem é ao mesmo tempo a decisão de consumir menos de outro bem.

Restrição orçamentária e linha orçamentária

Imagine Sammy, que gosta exclusivamente de rolinhos primavera e refrigerante. Ele tem renda semanal de $ 20 e, dado seu apetite, mais de cada um dos bens é melhor do que menos, de modo que ele gasta toda a sua renda em rolinhos e refrigerantes. Vamos supor que cada rolinho custe $ 4 e os refrigerantes custem $ 2 a lata. Quais são suas escolhas possíveis?

Seja qual for a escolha de Sammy, sabemos que o custo do seu pacote de consumo não pode exceder o montante de dinheiro que ele tem para gastar. Ou seja,

(10.1) Gasto em rolinhos + gasto em refrigerante ≤ renda total

Consumidores sempre têm renda limitada, o que restringe a quantidade que podem consumir. Assim, o requisito ilustrado pela Equação 10.1, de que o consumidor tem de escolher o pacote de consumo que não custe mais que sua renda total, é conhecido como **restrição orçamentária** do consumidor. É uma maneira simples de dizer que o consumidor não pode gastar mais que o total da renda de que dispõe. Em outras palavras, pacotes de consumo são possíveis quando obedecem à restrição orçamentária. Chamamos o conjunto dos pacotes de consumo a que Sammy pode se permitir de suas **possibilidades de consumo**. Em geral, quais pacotes de consumo fazem parte desse conjunto vai depender da renda do consumidor e dos preços dos bens e serviços.

Uma **restrição orçamentária** exige que o custo do pacote de consumo de um consumidor não seja maior do que a renda desse consumidor.

Possibilidades de consumo de um consumidor são o conjunto de todos os pacotes de consumo que podem ser consumidos, dada a renda do consumidor e os preços prevalecentes.

A Figura 10.2 mostra as possibilidades de consumo de Sammy. A quantidade de rolinhos no seu pacote de consumo é medida no eixo horizontal, e a quantidade de refrigerante no eixo vertical. A linha que se inclina para baixo conectando os pontos *A* até *F* mostra quais os pacotes de consumo que se pode comprar e quais não. Cada pacote sobre essa linha ou no interior dela (a área sombreada) pode ser comprado; cada pacote fora dessa linha é impossível de comprar.

Figura 10.2 Linha de orçamento.

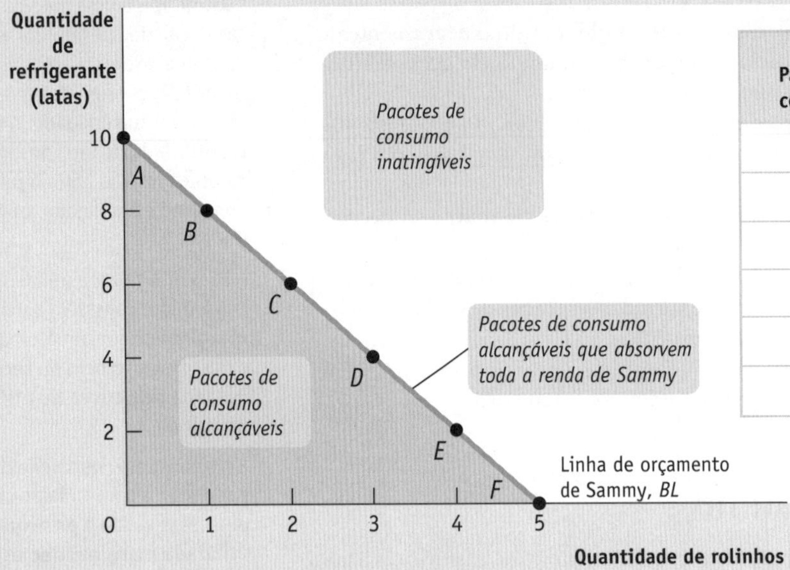

Pacote de consumo	Quantidade de rolinhos	Quantidade de refrigerante (latas)
A	0	10
B	1	8
C	2	6
D	3	4
E	4	2
F	5	0

A *linha de orçamento* representa todas as combinações possíveis de quantidades de refrigerantes e rolinhos que Sammy pode comprar se ele gastar toda a sua renda. É também o limite entre o conjunto de pacotes de consumo que ele pode comprar (as *possibilidades de consumo*) e os que ele não tem condições de comprar. Dado que o rolinho custa \$ 4 a unidade e o refrigerante \$ 2 por lata, se Sammy gasta toda a sua renda em rolinhos (pacote *F*), ele pode comprar 5 rolinhos; se ele gasta toda a sua renda em refrigerante (pacote *A*), pode comprar 10 latas de refrigerante.

Tomemos o exemplo do ponto *C*, representando 2 rolinhos primavera e 6 latas de refrigerante, para ver se ele satisfaz a restrição orçamentária de Sammy. O custo do pacote *C* é 6 latas de refrigerante × \$ 2 por lata + 2 rolinhos × \$ 4 por unidade = \$ 12 + \$ 8 = \$ 20. Assim, o pacote *C* de fato satisfaz a restrição orçamentária de Sammy: não custa mais que sua renda semanal de \$ 20. De fato, o pacote *C* custa exatamente a renda de Sammy. Fazendo essa conta, pode-se verificar que todos os outros pontos sobre a linha inclinada para baixo são igualmente pacotes nos quais Sammy gastaria o total da sua renda.

A **linha de orçamento** do consumidor mostra os pacotes de consumo disponíveis para um consumidor que gasta toda a sua renda.

A linha inclinada para baixo tem um nome especial, **linha de orçamento**. Ela mostra todos os pacotes de consumo disponíveis para Sammy quando ele gasta toda a sua renda. Tem inclinação para baixo porque, quando Sammy está consumindo toda a sua renda – digamos, no ponto *A* na linha de orçamento –, para consumir mais rolinhos, ele é obrigado a consumir menos refrigerante. Ou seja, tem de se mover para um ponto como *B*. Em outras palavras, quando Sammy está em sua linha de orçamento, o custo de oportunidade de consumir mais rolinhos é consumir menos refrigerante e vice-versa. Como a Figura 10.2 indica, qualquer pacote de consumo que esteja acima da linha de orçamento não é atingível.

Será preciso considerar os outros pacotes dentro das possibilidades de consumo de Sammy, aqueles que estão *dentro* da área sombreada na Figura 10.2 tendo como limite a linha de orçamento? A resposta, para todos os fins práticos, é não: desde que Sammy não fique *saciado*, isto é, desde que sua utilidade marginal de consumir qualquer dos bens seja sempre positiva, e desde que não haja nenhuma utilidade em poupar renda em vez de gastá-la, Sammy sempre escolherá consumir um pacote que esteja sobre sua linha de orçamento, e não dentro da área sombreada.

Dado esse orçamento de \$ 20 por semana, que ponto da sua linha de orçamento Sammy vai escolher?

Escolha do consumo ótimo

Sammy escolherá um pacote de consumo que esteja em sua linha orçamentária. Isso é o melhor que ele pode fazer, dada sua restrição orçamentária. Queremos encontrar o pacote de consumo – o ponto na linha orçamentária – que maximiza a utilidade total do Sammy. Esse é o **pacote de consumo ótimo** do Sammy, o que maximiza sua utilidade total, dada a restrição orçamentária.

Pacote de consumo ótimo de um consumidor é aquele que maximiza a utilidade total do consumidor, dada sua restrição orçamentária.

A Tabela 10.1 mostra a quantidade de utilidade que Sammy obtém ao consumir diferentes quantidades de rolinhos e refrigerantes. Como você pode ver, Sammy tem um apetite saudável; quanto mais de um ou outro bem ele consome, maior é sua utilidade. (Embora as quantidades não sejam tão grandes a ponto de um rolinho ou refrigerante adicional lhe dar utilidade negativa, o que significa que não seria racional consumir.)

Mas, como tem orçamento limitado, ele precisa aceitar um *trade-off*: quanto mais rolinhos consome, menos refrigerantes e vice-versa. Ou seja, ele precisa escolher um ponto na sua linha de orçamento.

A Tabela 10.2 mostra como sua utilidade total varia para diferentes pacotes de consumo ao longo de sua linha de orçamento. Cada um dos seis pacotes de consumo possíveis, de *A* até *F* na Figura 10.2, aparece na primeira coluna. A segunda coluna mostra o nível de consumo de rolinhos correspondente a cada escolha. A terceira coluna mostra a utilidade que Sammy obtém consumindo esses rolinhos. A quarta coluna mostra a quantidade de refrigerantes que Sammy pode comprar *dado* o nível do consumo de rolinhos; essa quantidade diminui à medida que aumenta seu consumo de rolinhos, pois ele está deslizando para baixo na linha de orçamento. A quinta coluna mostra a utilidade que ele obtém consumindo esses refrigerantes. E a última coluna mostra sua *utilidade total*. Nesse exemplo, a utilidade total de Sammy é a soma da utilidade que ele obtém do rolinho com a utilidade que obtém do refrigerante.

Tabela 10.1 Utilidade de Sammy no consumo de rolinhos e refrigerantes

Utilidade do consumo de rolinhos		Utilidade do consumo de refrigerantes	
Quantidade de rolinhos	Utilidade do rolinho (utils)	Quantidade de refrigerante (latas)	Utilidade do refrigerante (utils)
0	0	0	0
1	15	1	11,5
2	25	2	21,4
3	31	3	29,8
4	34	4	36,8
5	36	5	42,5
		6	47,0
		7	50,5
		8	53,2
		9	55,2
		10	56,7

Tabela 10.2 Orçamento e utilidade total de Sammy

Pacote de consumo	Quantidade de rolinhos	Utilidade do rolinho (utils)	Quantidade de refrigerante (latas)	Utilidade do refrigerante (utils)	Utilidade total (utils)
A	0	0	10	56,7	56,7
B	1	15	8	53,2	68,2
C	2	25	6	47,0	72,0
D	3	31	4	36,8	67,8
E	4	34	2	21,4	55,4
F	5	36	0	0	36,0

A Figura 10.3 dá uma representação visual dos dados da Tabela 10.2. O painel (a) mostra a linha de orçamento de Sammy para relembrar que, quando ele decide consumir mais rolinhos, decide simultaneamente consumir menos refrigerante. O painel (b) mostra como sua utilidade total depende dessa escolha. O eixo horizontal no painel (b) tem duas etiquetas: ele mostra tanto a quantidade de rolinhos aumentando da esquerda para a direita quanto a quantidade de refrigerante aumentando da direita para a esquerda.

A razão de podermos usar o mesmo eixo para representar o consumo de ambos os bens é, naturalmente, a linha de orçamento: quanto mais rolinhos Sammy consome, menos latas de refrigerante ele pode comprar e vice-versa.

Está claro que o pacote de consumo que aproveita ao máximo o *trade-off* entre o consumo de rolinhos e o consumo de refrigerante, o pacote de consumo ótimo, é aquele que maximiza a utilidade total de Sammy. Isto é, o pacote de consumo ótimo de Sammy o coloca no topo da curva de utilidade.

Como sempre, podemos localizar o topo de uma curva por observação direta. Podemos ver na Figura 10.3 que a utilidade total de Sammy é maximizada no ponto

Figura 10.3 Pacote de consumo ótimo.

O painel (a) mostra a linha de orçamento de Sammy e seus seis pacotes de consumo possíveis. O painel (b) mostra como sua utilidade total é afetada por seu pacote de consumo, que tem de estar na sua linha de orçamento. A quantidade de rolinhos é medida da esquerda para a direita no eixo horizontal, e a quantidade de refrigerante é medida no mesmo eixo da direita para a esquerda. Sua utilidade total é maximizada no pacote *C*, quando ele consome 2 rolinhos e 6 latas de refrigerante. Este é o *pacote de consumo ótimo de Sammy*.

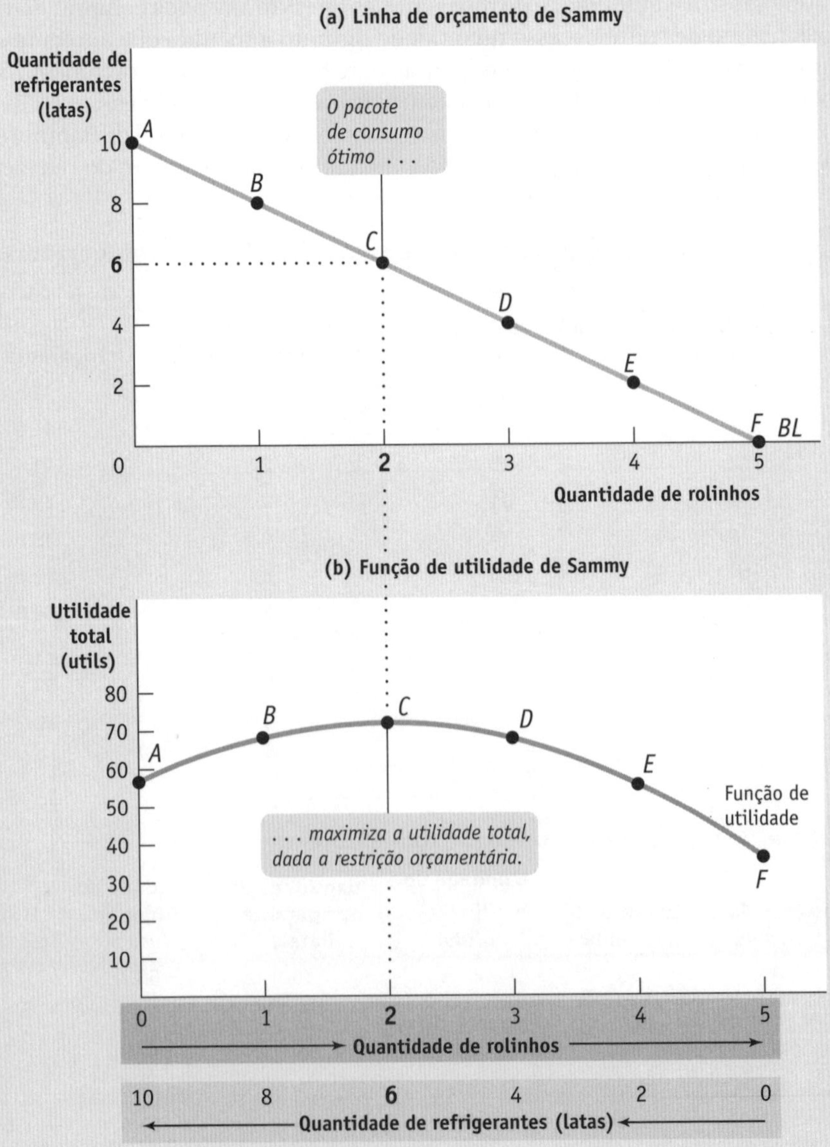

PARA MENTES CURIOSAS **Pensando sobre restrições orçamentárias**

Restrições orçamentárias não tratam simplesmente de dinheiro. De fato, há muitas outras restrições orçamentárias afetando nossa vida. Temos restrição orçamentária quando há espaço limitado para as roupas no armário. Todos temos uma restrição orçamentária de tempo: não dá para esticar as horas do dia. E quem tenta perder peso com o plano da contagem de pontos relacionados com calorias também se defronta com uma restrição orçamentária relativa àquilo que come.

O programa de dieta dos Vigilantes do Peso é elaborado para formalizar os orçamentos de alimentação das pessoas, a fim de ajudar a alcançar e manter um peso saudável. Esse plano atribui a cada alimento certo número de "pontos" (em função das calorias, gorduras saturadas, açúcar e teor de proteína). Uma bola de sorvete de creme tem 8 pontos, uma fatia de pizza tem 7 pontos, a maioria das frutas tem zero ponto. É permitido um número máximo de pontos por dia, mas as pessoas têm liberdade para escolher os alimentos que vão ingerir.

Em outras palavras, alguém fazendo dieta com esse plano é como um consumidor escolhendo um pacote de consumo: os pontos são como se fossem preços, e o limite total é o equivalente da renda total.

C – seu pacote de consumo ótimo contém 2 rolinhos e 6 latas de refrigerante. No entanto, sabemos que, normalmente, problemas de "quanto" se tornam mais claros quando usamos a análise marginal. Assim, na próxima seção, representamos e resolvemos o problema da escolha do consumo ótimo usando a análise marginal.

ECONOMIA >> *em Ação*

A nova mania dos temperos

Você já se viu aflito na mercearia, tentando decidir qual mostarda escolher? Seus avós provavelmente nunca tiveram esse problema. Na época deles, o único tipo de mostarda disponível nas mercearias era uma mistura amarela, fluorescente, embalada em frascos plásticos de espremer. Idem para *ketchup* e maionese – a pouca seleção que havia tinha o mesmo sabor.

Não mais. Os norte-americanos desenvolveram um intenso gosto por condimentos – em variedade vertiginosa. Quem quer mostarda simples quando se pode obter mostarda com sabor de alho assado, damasco ou até mesmo bourbon/melaço? Da mesma forma, você gostaria de maionese de açafrão e alho ou maionese de *sriracha* (um molho picante típico do sudeste da Ásia) em seu sanduíche? E as vendas de salsa nos Estados Unidos há muito ultrapassaram as vendas de *ketchup*. Em 2019, as vendas de condimentos e molhos nos EUA chegaram a 42,7 bilhões de dólares. Nos próximos cinco anos, as vendas deverão crescer mais rapidamente do que nos cinco anos anteriores.

Então, o que aconteceu? Os gostos e os orçamentos mudaram. A mídia de massa, a imigração e o comércio global implicam que os norte-americanos estão continuamente expostos a diferentes culturas e culinárias, tornando-os mais dispostos a experimentar – ou mesmo procurar – novos sabores. Não só as pessoas querem experimentar mais sabores, com rendimentos crescentes, mas muitos norte-americanos também têm capacidade financeira de gastar mais em condimentos de maior qualidade que não sejam amarelos escorridos e fluorescentes. A explosão das variedades também decorre do fato de que é bastante fácil fazer condimentos engarrafados. Isso permite que empresas menores experimentem com sabores exóticos, encontrando aqueles que apelem para os gostos cada vez mais sofisticados do consumidor. Eventualmente, os sabores que atraem um segmento significativo são adquiridos pelas empresas maiores, como a Kraft. Como disse um analista do setor: "As pessoas querem produtos *gourmet* mais baratos, mais especializados. É como a moda."

>> *Revisão Rápida*

- A **restrição orçamentária** requer que o gasto total de um bem consumido não seja superior à sua renda. O conjunto de pacotes de consumo que satisfazem a restrição orçamentária constitui as **possibilidades de consumo** do consumidor.
- Um consumidor que gasta toda a sua renda escolhe um ponto na sua **linha de orçamento**. A linha de orçamento tem inclinação para baixo porque o consumidor tem de consumir menos de um bem para consumir mais de outro.
- A escolha de consumo que maximize a utilidade total, dada a restrição orçamentária do consumidor, é o **pacote de consumo ótimo**. Ele tem de estar na linha de orçamento do consumidor.

>> *Teste seu entendimento* 10.2

As respostas estão no fim do livro.

1. Nos dois exemplos a seguir, encontre todos os pacotes de consumo que estão na linha de orçamento. Ilustre essas possibilidades de consumo em um gráfico e trace a linha de orçamento por elas.

a. Um pacote de consumo consiste em entradas de cinema e baldes de pipoca. Cada entrada custa $ 10,00 e cada balde de pipoca custa $ 5,00, e a renda do consumidor é $ 20,00. Coloque entradas de cinema no eixo vertical e pipoca no eixo horizontal.

b. Um pacote de consumo consiste em cuecas e meias. Cada par de cuecas custa $ 4,00 e cada par de meias custa $ 2,00, e a renda do consumidor é $ 12,00. Pares de meias estão no eixo vertical e pares de cuecas estão no eixo horizontal.

Gastando a unidade marginal de moeda

Como vimos, podemos encontrar a escolha de consumo ótimo de Sammy verificando a utilidade total que ele obtém de cada pacote de consumo na sua linha de orçamento e depois escolhendo o pacote pelo qual a utilidade total é maximizada. No entanto, podemos, em vez disso, usar a análise marginal, transformando o problema de Sammy de encontrar sua opção de consumo ótimo em um problema de "quanto".

Para fazer isso, pensamos no problema de escolher o pacote de consumo ótimo em termos da decisão que o consumidor precisa tomar sobre *quanto gastar em cada bem*. Isto é, para encontrar o pacote de consumo ótimo usando análise marginal, perguntamos se Sammy pode melhorar de situação gastando um pouco mais de sua renda em rolinhos e menos em refrigerantes ou, então, fazendo o oposto, gastando um pouco mais em refrigerantes e menos em rolinhos. Em outras palavras, a decisão marginal é a de como *gastar a unidade marginal de moeda*, como alocar $ 1 adicional entre rolinho e refrigerante de tal modo que a utilidade seja maximizada.

O primeiro passo é perguntar se Sammy melhora de situação ao gastar $ 1 adicional em qualquer dos bens; e, se é assim, em quanto melhora sua situação. Para respondermos a essa questão, temos de calcular a **utilidade marginal por unidade de moeda** gasta, seja em rolinho, seja em refrigerante, isto é, quanta utilidade adicional Sammy obtém ao gastar $ 1 adicional em qualquer dos bens.

Utilidade marginal por unidade de moeda gasta em um bem ou serviço é a utilidade adicional de gastar mais um dólar com esse bem ou serviço.

Utilidade marginal por unidade de moeda

Já introduzimos o conceito de *utilidade marginal*, a utilidade adicional que um consumidor obtém ao consumir uma unidade mais de um bem ou serviço; agora vamos ver como esse conceito pode ser usado para derivar uma medida relacionada com ele, a utilidade marginal por unidade de moeda (seja esta dólar, real ou qualquer outra moeda que se use).

A Tabela 10.3 mostra como calcular a utilidade marginal por unidade de moeda ($) gasta em rolinho ou refrigerante, respectivamente.

No painel (a) da tabela, a primeira coluna mostra vários níveis possíveis de consumo de rolinho. A segunda coluna mostra a utilidade que Sammy deriva de cada nível de consumo de rolinho; a terceira coluna mostra a utilidade marginal, o aumento de utilidade que Sammy obtém ao consumir uma unidade adicional de rolinho. O painel (b) faz o mesmo para refrigerantes. O passo seguinte é derivar a utilidade marginal *por $* para cada bem. Para isso, é preciso dividir a utilidade marginal do bem por seu preço.

Para ver por que é preciso dividir pelo preço, compare a terceira e a quarta colunas do painel (a). Consideremos o que acontece quando Sammy aumenta seu consumo de rolinho de 2 para 3 unidades. Como podemos ver, esse aumento no consumo de rolinho aumenta sua utilidade total em 6 utils. Porém, ele precisa gastar $ 4 por esse rolinho adicional, de modo que o aumento de sua utilidade por $ adicional gasto em rolinho é de 6 utils / $4 = 1,50 util por $.

De modo similar, se ele aumenta seu consumo de rolinho de 3 para 4 unidades, sua utilidade marginal é de 3 utils por rolinho, mas sua utilidade marginal por $ é 3 utils / $ 4 = 0,75 util por $. Note que, em virtude da utilidade marginal decrescente por rolinho, a utilidade marginal de Sammy por rolinho cai à medida que aumenta o seu consumo de rolinhos. Em consequência, sua utilidade marginal por $ gasto em rolinho também cai à medida que aumenta a quantidade de rolinhos que ele consome.

Tabela 10.3 Utilidade marginal de Sammy por unidade de moeda ($)

(a) Rolinhos (preço = $ 4 por unidade)

Quantidade de rolinhos	Utilidade dos rolinhos (utils)	Utilidade marginal por rolinho (utils)	Utilidade marginal por unidade de moeda (utils/$)
0	0		
		15	3,75
1	15		
		10	2,50
2	25		
		6	1,50
3	31		
		3	0,75
4	34		
		2	0,50
5	36		

(b) Refrigerantes (preço = $ 2 por lata)

Quantidade de refrigerante (latas)	Utilidade do refrigerante (utils)	Utilidade marginal por lata de refrigerante (utils)	Utilidade marginal por $ (utils/$)
0	0		
		11,5	5,75
1	11,5		
		9,9	4,95
2	21,4		
		8,4	4,20
3	29,8		
		7,0	3,50
4	36,8		
		5,7	2,85
5	42,5		
		4,5	2,25
6	47,0		
		3,5	1,75
7	50,5		
		2,7	1,35
8	53,2		
		2,0	1,00
9	55,2		
		1,5	0,75
10	56,7		

Assim, a última coluna no painel (a) mostra como a utilidade marginal de Sammy por $ gasto em rolinho depende da quantidade de rolinhos que ele consome. De modo similar, a última coluna do painel (b) mostra como sua utilidade marginal por $ gasto em refrigerante depende da quantidade de latas que ele consome. Mais uma vez, a utilidade marginal por $ gasto em cada bem cai à medida que a quantidade consumida aumenta, por causa da utilidade marginal decrescente.

Usaremos os símbolos MU_p e MU_r para representar a utilidade marginal por rolinho e refrigerante, respectivamente. E usaremos os símbolos P_p e P_r para representar os preços dos rolinhos (por unidade) e do refrigerante (por lata). Então, a utilidade marginal por $ gasto em rolinho é MU_p/P_p e a utilidade marginal por $ gasto em refrigerante é MU_r/P_r. Em geral, a utilidade adicional gerada por $ 1 adicional gasto em um bem é igual a:

(10.2) Utilidade marginal por $ gasto em um bem

= utilidade marginal de uma unidade do bem / preço de uma unidade do bem

$= MU_{bem}/P_{bem}$

Vejamos agora como esse conceito nos ajuda a derivar o consumo ótimo do consumidor usando a análise marginal.

Consumo ótimo

Consideremos a Figura 10.4. Como na Figura 10.3, podemos medir tanto a quantidade de rolinhos quanto a quantidade de refrigerantes no eixo horizontal em decorrência da restrição orçamentária. Ao longo do eixo horizontal da Figura 10.4, e também da Figura 10.3, a quantidade de rolinhos aumenta quando se vai da esquerda para a direita, e a quantidade de refrigerantes aumenta quando se vai da direita para a esquerda. A curva indicada por MU_p/P_p na Figura 10.4 mostra a utilidade marginal por unidade de moeda ($) de Sammy para rolinhos como derivado da Tabela 10.3. Do mesmo modo, a curva MU_r/P_r mostra sua utilidade marginal por $ gasto em refrigerantes. Note que as duas curvas, MU_r/P_r e MU_p/P_p, se cortam no pacote de consumo ótimo, o ponto *C*, que consiste em 2 rolinhos e 6 latas de refrigerante.

Além do mais, a Figura 10.4 ilustra uma característica importante do pacote de consumo ótimo: quando Sammy consome 2 rolinhos e 6 latas de refrigerante, sua utilidade marginal por $ gasto é a mesma de 2 para cada um dos bens. Isto é, no pacote de consumo ótimo, $MU_r/P_r = MU_p/P_p = 2$.

Isso não é acidental. Consideremos outro dos pacotes de consumo possíveis de Sammy, digamos *B*, na Figura 10.3, quando ele consome 1 rolinho e 8 latas de refrigerante. A utilidade marginal por $ gasto em cada um dos bens aparece nos pontos B_r e B_p na Figura 10.4. Nesse pacote de consumo, a utilidade marginal de Sammy por $ gasto em rolinho seria aproximadamente 3, mas sua utilidade marginal por $ gasto em refrigerantes seria apenas cerca de 1. Isso mostra que ele cometeu um erro: está consumindo refrigerante demais e rolinhos de menos.

Como sabemos? Se, para Sammy, a utilidade marginal por $ gasto em rolinho é maior que sua utilidade marginal por $ gasto em refrigerantes, ele tem uma maneira simples de melhorar a própria situação dentro do seu orçamento: gastar menos $ 1 em refrigerantes e mais $ 1 em rolinho. Podemos ilustrar isso com os pontos B_r e B_p na Figura 10.4. Ao gastar $ 1 adicional em rolinho, ele aumenta em cerca de 3 utils a utilidade dada por B_p; enquanto isso, gastando menos $ 1 em refrigerantes, ele retira apenas 1 util da utilidade dada por B_r.

Como sua utilidade marginal por $ gasto é mais alta para rolinhos que para refrigerante, ao realocar seu gasto na direção do rolinho e se afastar do refrigerante, ele aumenta sua utilidade total. Por outro lado, quando a sua utilidade marginal por $ gasto em refrigerante é mais alta, ele pode aumentar sua utilidade total

Figura 10.4 Utilidade marginal por unidade de moeda.

O pacote de consumo *ótimo* de Sammy está no ponto *C*, no qual a sua utilidade marginal por $ gasto em refrigerante, MU_p/P_p, é igual à sua utilidade marginal por $ gasto em rolinhos primavera, MU_r/P_r. Isto ilustra o *princípio de maximização da utilidade da análise marginal*: no pacote de consumo *ótimo*, a utilidade marginal por $ gasto em cada bem e serviço é a mesma. Em qualquer outro pacote de consumo na linha de orçamento de Sammy, como o pacote *B* na Figura 10.3, aqui representado pelos pontos B_p e B_r, o consumo não é o *ótimo*: Sammy pode aumentar sua vantagem, sem nenhum custo adicional por realocar seus gastos.

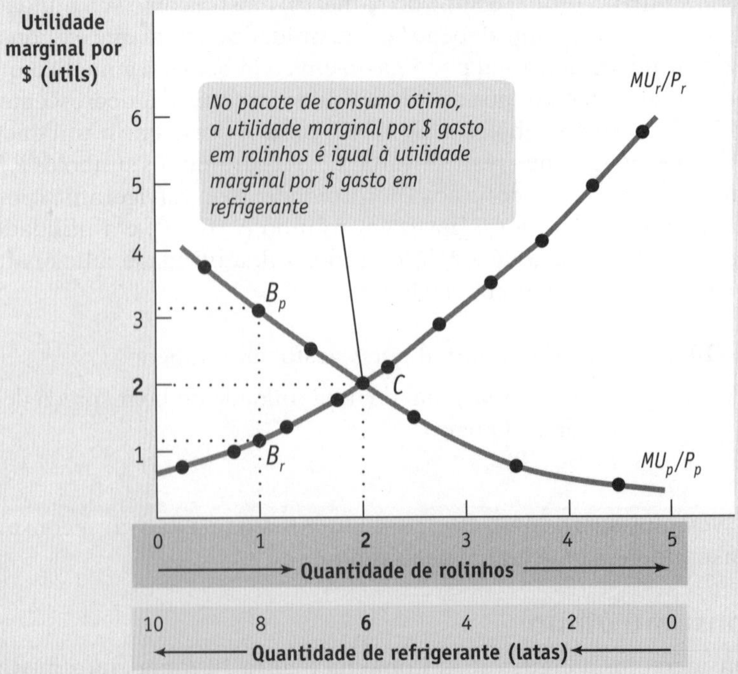

gastando menos em rolinhos e mais em refrigerante. Assim, se Sammy de fato escolheu seu pacote de consumo ótimo, sua utilidade marginal por $ gasto em rolinhos e refrigerante tem de ser igual.

Este é um princípio geral conhecido como **princípio de maximização da utilidade da análise marginal**: quando um consumidor maximiza utilidade diante de sua restrição orçamentária, a utilidade marginal por unidade monetária gasta em cada bem ou serviço que faz parte do pacote de consumo é a mesma. Isto é, para dois bens quaisquer, *r* e *p*, a regra do consumo ótimo diz que, no pacote de consumo ótimo,

De acordo com o **princípio de maximização da utilidade da análise marginal**, a utilidade marginal por unidade monetária gasta deve ser a mesma para todos os bens e serviços no pacote de consumo ótimo.

$$\textbf{(10.3)} \quad \frac{MU_r}{P_r} = \frac{MU_c}{P_c}$$

É mais fácil entender essa regra usando o exemplo em que o pacote de consumo contém apenas dois bens, mas ela se aplica não importa qual seja a quantidade de bens e serviços que o consumidor compre: no pacote de consumo ótimo, as utilidades marginais por unidade de moeda em cada um e em todos os bens e serviços do pacote são iguais.

ARMADILHAS

A COMPARAÇÃO MARGINAL CORRETA

A análise marginal nos ajuda em decisões de "quanto" comparando custos e benefícios na margem: o *benefício* de fazer um pouco mais *versus* o *custo* de fazer um pouco mais. Contudo, a forma da análise marginal pode ser diferente, dependendo de estarmos tomando uma decisão de produção que maximiza lucros ou uma decisão de consumo que maximiza a utilidade. Vamos rever essa diferença, para que ela fique clara, voltando a um exemplo no Capítulo 9.

No Capítulo 9, a decisão de Alexa era uma decisão de produção, pois o problema com que se defrontava era o de maximizar o lucro obtido com número de anos de estudo. A quantidade ótima de anos que maximizava seu lucro foi encontrada usando análise marginal: na quantidade ótima, o benefício marginal de mais um ano de estudo era igual ao seu custo marginal. Alexa não tinha uma restrição orçamentária, pois ela sempre podia pegar empréstimo para financiar mais um ano de estudo.

Se a maneira pela qual resolvemos o problema de produção de Alexa fosse aplicada, sem modificações, ao problema de consumo de Sammy, poderia haver a tentação de dizer que o pacote ótimo de consumo de Sammy é aquele em que a utilidade marginal dos rolinhos é igual à utilidade marginal do refrigerante; ou em que a utilidade marginal dos rolinhos é igual ao preço do refrigerante. No entanto, essas duas afirmações são erradas, porque não levam em conta a restrição orçamentária de Sammy.

Geralmente, ao contrário dos produtores, os consumidores enfrentam restrições orçamentárias. Consumir maior quantidade de um bem exige consumir menor quantidade de outro. Portanto, o objetivo do consumidor é maximizar a utilidade que o seu orçamento limitado pode oferecer. A maneira correta de encontrar o pacote ótimo de consumo é chegar aonde a *utilidade marginal por unidade monetária* é a mesma para todos os bens do pacote.

Quando é satisfeita essa condição, a satisfação obtida por unidade de moeda é a mesma para todos os bens e serviços consumidos. Só então não haverá maneira de rearranjar o consumo e obter mais utilidade com o orçamento.

ECONOMIA >> *em Ação*

Pagando para escapar da tentação

Pode parecer esquisito pagar mais para receber menos. Porém, empresas alimentícias que vendem alimentos para beliscar, como biscoitos e salgadinhos, descobriram que os consumidores de fato estão dispostos a pagar mais por porções menores. Explorar essa tendência é uma receita de sucesso. Um executivo explicou por que os pacotes pequenos são populares: eles ajudam os consumidores a comerem menos sem que tenham o trabalho de contar calorias. "A ironia" – disse David Adelman, analista do setor de alimentos – "é que, se você comprar um pacote grande dos biscoitos Wheat Thins ou Goldfish, dividi-los em várias porções e colocá-los em saquinhos plásticos, terá essencialmente o mesmo produto." Ele estima que os minipacotes sejam cerca de 20% mais lucrativos que pacotes grandes desse mesmo tipo de produtos alimentícios.

Nesse caso, o consumidor está fazendo um cálculo: a utilidade extra obtida por não precisar se preocupar em saber se está comendo demais vale o custo extra. Como disse uma compradora: "São caros, mas valem a pena. São empacotados individualmente na quantidade de que preciso, de modo que não há perigo de eu exagerar." Está claro que o consumidor não está sendo irracional nesse caso. Ao contrário, é inteiramente racional: além do biscoitinho, está comprando um pouco de restrição no caminho da mão para a boca.

>> ***Revisão Rápida***

- De acordo com o **princípio de maximização da utilidade da análise marginal**, no pacote ótimo de consumo, a **utilidade marginal por unidade de moeda**, isto é, a utilidade marginal de um bem dividida pelo seu preço, é a mesma para todos os bens.
- Sempre que a utilidade marginal por unidade de moeda é maior para um bem do que para outro, o consumidor deve gastar mais $ 1 no bem com a utilidade marginal por unidade de moeda mais alta e menos $ 1 no outro. Ao fazer isso, o consumidor se aproxima do seu pacote de consumo ótimo. Alcança-se o pacote de consumo ótimo quando a utilidade marginal por unidade de moeda é igual em todos os bens consumidos.

>> ***Teste seu entendimento* 10.3**

As respostas estão no fim do livro.

1. Na Tabela 10.3, você pode ver que a utilidade marginal por $ gasto em rolinho e a utilidade marginal por $ gasto em refrigerantes são iguais quando Sammy aumenta seu consumo de rolinhos de 3 para 4 unidades e seu consumo de refrigerante de 9 para 10 latas. Explique por que este não é o pacote de consumo ótimo de Sammy. Ilustre sua resposta usando a linha de orçamento da Figura 10.3.
2. Explique o que está errado na afirmação seguinte, usando dados da Tabela 10.3: "A fim de maximizar a utilidade, Sammy deve consumir o pacote que lhe dê utilidade marginal máxima por unidade de moeda para cada bem."

Da utilidade à curva de demanda

Acabamos de analisar a escolha de consumo ótimo de um consumidor cuja renda se considera dada e que se defronta com um conjunto particular de preços: no nosso exemplo de Sammy, $ 20 de renda semanal, $ 4 por rolinho primavera e $ 2 por lata de refrigerante.

Porém, a principal razão pela qual queremos entender o comportamento do consumidor é saber o que está por trás da curva de demanda de mercado; entender como o comportamento maximizador de utilidade dos consumidores individuais leva à inclinação para baixo da curva de demanda do mercado.

Utilidade marginal, efeito substituição e lei da demanda

Suponha que o preço do rolinho, P_p, aumente. Isso não muda a utilidade marginal que o consumidor obtém de uma unidade adicional de rolinho, MU_p, a qualquer nível dado de consumo de rolinhos. Contudo, isso reduz a utilidade marginal *por unidade de moeda gasta* em rolinhos, MU_p/P_p. E a redução da utilidade marginal da unidade de moeda ($) gasta em rolinho dá ao consumidor incentivo para consumir menos rolinhos quando o preço do rolinho aumenta.

Para vermos por quê, recordemos o princípio de maximização da utilidade da análise marginal: um consumidor que maximiza a utilidade escolhe um pacote de consumo para o qual a utilidade marginal por $ gasto em todos os bens é a mesma. Se a utilidade marginal por $ de rolinho cai porque o preço do rolinho sobe, o consumidor pode aumentar sua utilidade comprando menos rolinho e mais de outros bens.

Acontece o oposto quando o preço do rolinho diminui. Nesse caso, aumenta a utilidade marginal por $ gasto em rolinho, MU_p/P_p, em qualquer nível de consumo de rolinho. Em consequência, um consumidor pode aumentar sua utilidade comprando mais rolinho e menos de outros bens.

Assim, quando o preço de um bem aumenta, um indivíduo normalmente vai consumir menos desse bem e mais de outros bens. De maneira correspondente, quando o preço de um bem diminui, um indivíduo normalmente vai consumir mais desse bem e menos de outros. Isso explica por que a curva de demanda individual, que relaciona o consumo individual de um bem ao preço desse bem, normalmente tem inclinação para baixo, isto é, obedece à lei da demanda. E, dado que – como aprendemos no Capítulo 3 – a curva de demanda de mercado é a soma horizontal das curvas de demanda individual de todos os consumidores, ela também se inclinará para baixo.

Uma maneira alternativa de ver por que as curvas de demanda individuais têm inclinação para baixo é colocar o foco nos custos de oportunidade. Quando o preço do rolinho ou de qualquer outro bem diminui, um indivíduo não precisa abdicar de tantas unidades de outros bens para comprar mais uma unidade de rolinho. Assim, consumir rolinhos se torna mais atrativo. Correspondentemente, quando o preço de um bem aumenta, consumir esse bem se torna um uso menos atrativo de recursos, e o consumidor compra menos.

Esse efeito de uma mudança de preço sobre a quantidade consumida está sempre presente. Ele é conhecido como **efeito substituição**, ou seja, a mudança na quantidade consumida à medida que o consumidor substitui o bem que se tornou relativamente mais caro pelo bem que se tornou relativamente mais barato. Quando um bem absorve apenas uma pequena parcela dos gastos do consumidor típico, o efeito substituição é essencialmente a única explicação para a inclinação descendente da curva de demanda individual desse consumidor. E isso implica que, quando um bem absorve apenas uma pequena parte dos gastos do consumidor típico, o efeito substituição é essencialmente a única explicação para a curva de demanda do mercado se inclinar para baixo.

Efeito substituição de uma mudança no preço de um bem é a mudança na quantidade desse bem consumido, uma vez que o consumidor substitui o bem que se tornou relativamente mais caro por outros bens que agora são relativamente mais baratos.

Contudo, existem alguns bens, como moradia, que absorvem elevada parcela dos gastos do consumidor típico. Para tais bens, a história por trás da curva de demanda individual e da curva de demanda do mercado fica um pouco mais complicada.

Efeito renda

Para a grande maioria dos bens, o efeito substituição é praticamente toda a história por trás da inclinação da curva de demanda individual e de mercado. Existem, no entanto, alguns bens, como alimentação ou moradia, que representam uma parcela substancial dos gastos de muitos consumidores. Nesse caso, outro efeito, chamado *efeito renda*, também entra em cena.

Vejamos o caso de uma família que gasta metade da sua renda com o aluguel de sua moradia. Suponha agora que o preço do aluguel da moradia aumente em toda parte. Isso terá um efeito substituição sobre a demanda da família: tudo o mais mantido constante, a família terá incentivo para consumir menos moradia, digamos, mudando para um apartamento menor, e consumir mais de outros bens. No entanto, além disso, a família, em sentido real, se tornará mais pobre por causa do aumento de preço da moradia; sua renda comprará menos moradia que antes.

O montante de renda ajustado para refletir o verdadeiro poder de compra é muitas vezes denominado "renda real", diferente de "renda em dinheiro" ou "renda nominal", que não foi ajustada. E essa redução do seu poder de compra terá mais um efeito, além do efeito substituição, sobre o pacote de consumo da família, que inclui seu consumo de moradia.

A mudança na quantidade consumida de um bem que resulta da mudança do poder de compra geral do consumidor provocada pela alteração de preço do bem é conhecida como **efeito renda** da mudança de preço. Aqui, verificamos que a mudança no preço de um bem tem o efeito de mudar a renda do consumidor, pois tal mudança de preço altera o poder de compra do consumidor. Junto com o efeito substituição, o efeito renda faz parte do efeito dos preços sobre as escolhas de consumo.

Efeito renda da mudança no preço de um bem é a mudança na quantidade desse bem consumido que resulta de uma mudança no poder de compra do consumidor em razão da mudança no preço do bem.

É possível dar definições mais precisas do efeito substituição e do efeito renda de uma mudança de preço, e o faremos no Apêndice deste capítulo. Na maioria dos casos, entretanto, há apenas duas coisas que é preciso saber sobre a distinção entre esses dois efeitos:

1. Para a grande maioria dos bens e serviços, o efeito renda não é importante e não tem efeito significativo sobre o consumo individual. Assim, a maioria das curvas de demanda do mercado tem inclinação para baixo apenas por causa do efeito substituição.
2. Quando tem real importância, o efeito renda normalmente reforça o efeito substituição. Isto é, quando sobe o preço de um bem que absorve parcela substancial da renda, os consumidores desse bem se tornam um pouco mais pobres porque seu poder de compra se reduz.

Como aprendemos no Capítulo 3, a vasta maioria dos bens são *bens normais*, itens para os quais a demanda cai quando a renda cai. Desse modo, a efetiva redução da renda causa redução na quantidade demandada e reforça o efeito substituição.

Contudo, no caso de um *bem inferior*, bem cuja demanda aumenta quando a renda cai, os efeitos renda e substituição funcionam em direções opostas. Embora o efeito substituição tenda a produzir um declínio na quantidade demandada de qualquer bem quando seu preço sobe, no caso de um bem inferior o efeito renda de aumento de preço tende a provocar um *aumento* na quantidade demandada.

Bem de Giffen é um bem hipotético inferior para o qual o efeito renda supera o efeito substituição e a curva de demanda se inclina para cima.

Como resultado, é possível que preferências e efeitos renda possam se combinar para gerar um tipo de bem inferior, em que a distinção entre efeito renda e efeito substituição é importante. O exemplo mais extremo dessa distinção é um **bem de Giffen**, bem que tem curva de demanda com inclinação para cima.

Até recentemente, bens de Giffen eram tratados como caso hipotético – teoricamente possíveis, mas não observados na realidade. Entretanto, um exame recente dos padrões de consumo de camponeses chineses documenta um exemplo real de bem de Giffen: o consumo de arroz e macarrão, produtos básicos na dieta dos camponeses chineses, sobe à medida que o preço do arroz e do macarrão sobe. Dado que alimentos baratos como arroz e macarrão ajudam esses camponeses a atingir certa quantidade mínima exigida de calorias diárias, eles são parte necessária da dieta. Porém, quando o preço do arroz ou do macarrão sobe, alimentos mais caros, como carne ou peixe, têm de ser abandonados. Como resultado, os camponeses comem mais arroz e macarrão quando os preços sobem.

É certo que se trata de um caso raro; é provável que surja apenas quando os consumidores são muito pobres e um bem, uma necessidade, é responsável por grande parte de seu orçamento. Portanto, como questão prática, os bens de Giffen não são um assunto com o qual precisemos nos preocupar ao discutirmos a demanda da maioria dos bens. Normalmente, os efeitos sobre a renda são importantes apenas para um número muito limitado de bens.

ECONOMIA >> *em Ação*

Preços mais baixos da gasolina e a necessidade de ostentar

Para os consumidores norte-americanos, 2015 foi um ano para satisfazer o desejo de esbanjar, viabilizado pela queda nos preços da gasolina. Do início de 2014 ao final de 2015, os preços da gasolina caíram quase 45%, segundo um estudo do Instituto JP Morgan baseado em dados de milhões de usuários de cartões de crédito e de débito. Isto se traduziu em um ganho inesperado de aproximadamente 700 dólares para a família norte-americana média.

Os consumidores gastaram cerca de 80% de seu novo ganho, economizando os 20% restantes. Cadeias de *fast-food* como McDonald's, Wendy's ou Taco Bell, frequentemente localizadas perto de postos de gasolina e que atendem consumidores de baixa renda, foram os maiores beneficiados por esse gasto, pois as pessoas optaram por comer fora com mais frequência ou adicionaram extras como *bacon* em seus hambúrgueres.

Isto não deve surpreender, pois as famílias de baixa renda sofreram o maior *efeito renda* a partir da queda nos preços da gasolina – compras de gasolina representaram uma parte significativa dos gastos domésticos, especialmente para quem ganha menos de 29.999 dólares por ano. Essas famílias experimentaram um aumento de 1,6% em sua renda média em razão da queda nos preços da gasolina, enquanto as famílias que ganham US$ 79.700 ou mais viram sua renda média aumentar em apenas 0,5%.

E os dados indicam que o *efeito substituição* – preços da gasolina mais baixos levando à compra de mais gasolina e menos de outros bens – também afetou as escolhas dos consumidores. Não só comprou-se mais gasolina, mas também gasolina de melhor qualidade. Previsivelmente, as vendas de veículos elétricos, que usam muito menos gasolina por quilômetro, caíram drasticamente em 2015 (cerca de 15%) depois de um forte aumento de 2011 a 2013, período de altos preços da gasolina. Ao mesmo tempo, utilitários a gasolina aumentaram as vendas.

>> *Teste seu entendimento* 10.4

As respostas estão no fim do livro.

1. Em cada um dos casos a seguir, verifique se o efeito renda, o efeito substituição ou ambos são significativos. Em que caso eles se movem na mesma direção? E em direção oposta? Por quê?

a. Suco de laranja constitui uma parcela pequena do gasto de Clare. Ela compra mais limonada e menos suco de laranja quando o preço do suco de laranja sobe. Ela não muda seus gastos com outros bens.

b. O aluguel de apartamentos subiu drasticamente este ano. Como o aluguel toma parte considerável de sua renda, Delia muda para um apartamento menor. Suponha que moradia alugada seja um bem normal.

c. O custo do tíquete-refeição válido para o semestre no restaurante da faculdade aumenta e representa um aumento significativo no custo de vida. Suponha que refeições no restaurante da faculdade sejam um bem inferior.

2. No exemplo descrito na questão 1c, como você determinaria se refeições no restaurante da faculdade são ou não um bem de Giffen?

>> *Revisão Rápida*

- A maioria dos bens absorve apenas uma parcela pequena do gasto dos consumidores. Para tais bens, o **efeito substituição** de uma mudança de preço é o único efeito importante sobre a demanda que resulta dessa mudança de preço. Ela faz a curva de demanda individual e a curva de demanda de mercado terem inclinação para baixo.
- Quando um bem absorve grande parcela dos gastos do consumidor, o **efeito renda** de uma mudança de preço está presente, somando-se ao efeito substituição.
- Para bens normais, a demanda aumenta quando o consumidor fica mais rico e cai quando o consumidor fica mais pobre, de modo que o efeito renda reforça o efeito substituição. Para bens inferiores, a demanda aumenta quando o consumidor é mais pobre e cai quando o consumidor é mais rico, de modo que os efeitos renda e substituição se movem em direções opostas.
- No caso raro do **bem de Giffen**, um tipo de bem inferior, o efeito renda é tão forte que a curva de demanda se inclina para cima.

CASO EMPRESARIAL

Além do impossível: a batalha sem carne do McDonald's e do Burger King

Após décadas de crescimento confiável, a sorte do McDonald's tem estado em uma montanha-russa nos últimos anos. Durante a Grande Recessão, o McDonald's superou outros restaurantes de *fast-food* e cadeias de restaurantes, como o TGI Friday's, pois clientes conscientes do preço foram atraídos para o "Menu Dólar" do McDonald's (combos econômicos oferecidos ao preço definido de 1, 2 ou 3 dólares). Entretanto, em 2013, o Menu Dólar não era mais lucrativo. Quando foi substituído pelo "Menu do Dólar e Mais", que incluía itens que custavam até US$ 5, a reação dos clientes não foi definitivamente positiva: de 2014 a 2015, a receita caiu 7,4% e, pela primeira vez, o McDonald's fechou mais restaurantes do que abriu nos Estados Unidos. Como disse Steve Easterbrook, CEO do McDonald's na época, "Ao nos afastarmos do Menu Dólar, não o substituímos por ofertas de valor equivalente. E os clientes reagiram na prática."

O McDonald's tentou atrair de volta os clientes com seu "McPick 2 Menu" 2016, que permitiu aos clientes escolher dois itens por US$ 2. No entanto, à medida que a economia se recuperava lentamente, o McDonald's se viu lutando para manter seus clientes econômicos, ao mesmo tempo em que perdia terreno para o segmento de crescimento mais rápido dessa indústria: restaurantes de *fast-casual* que atendem clientes com renda mais alta. Cadeias de restaurantes casuais rápidos como Chipotle e Panera oferecem cardápio mais saudável, usando ingredientes frescos, personalizáveis, com seleções próprias e um ambiente gastronômico mais confortável. Enquanto a refeição média do McDonald's custa de US$ 5 a US$ 7, o cliente típico da Chipotle gasta $ 12 por uma refeição. Apesar de seu custo mais baixo, as opções mais saudáveis do cardápio do McDonald's não venderam particularmente bem porque clientes preocupados com a saúde tendem a ver o McDonald's como o lugar para comer um hambúrguer rápido e batatas fritas.

O McDonald's também foi pego de surpresa pelo sucesso do Impossible Whopper Burger, sanduíche vegetariano lançado pelo Burger King em 2019. Custando US$ 1 a mais do que um hambúrguer de carne normal, esse hambúrguer "impossível" é completamente sem carne, mas recria o sabor e a sensação de um hambúrguer de carne. Como disse o CEO da Restaurant Brands International, empresa matriz do Burger King, as vendas do Impossible Whopper têm sido "altamente incrementais e têm atraído novos tipos de clientes para nosso restaurante. Vemos muitos clientes *millennial* e geração Z que tendem a realmente se conectar com a mensagem em torno da sustentabilidade". A forte demanda pelo Impossible Whopper elevou as vendas do Burger King em quase 11% no final de 2019, enquanto as vendas comparáveis do McDonald's cresceram menos de 5% durante o mesmo período.

O McDonald's agora joga para recuperar o atraso, lançando seu próprio hambúrguer sem carne, o PLT, em mercados selecionados. Portanto, a questão na mente dos analistas da indústria é a seguinte: tendo conseguido dominar o segmento do mercado de alimentos econômico, mas de baixa rentabilidade, será que o McDonald's pode agora se transformar na mente de clientes conscientes da saúde e do meio ambiente que se dispõem a pagar mais por alimentos mais saudáveis e mais sustentáveis? Pode ir além de sua identidade como um lugar para comprar hambúrguer barato de carne e batatas fritas?

QUESTÕES PARA PENSAR

1. Em que medida a promoção McPick 2 se assemelha a um problema de escolha ótima do consumidor?
2. Dê exemplos de bem normal e de bem inferior mencionados neste caso. Cite exemplos de efeito substituição e de efeito renda deste caso.
3. Dê um exemplo de diferenças nas preferências dos consumidores ilustradas pelo caso.

RESUMO

1. Consumidores maximizam uma medida de satisfação chamada **utilidade**. Cada consumidor tem uma **função de utilidade** que determina o nível total de utilidade do seu **pacote de consumo**, os bens e serviços consumidos. Para medir a utilidade, usamos uma unidade hipotética chamada **util**.
2. A **utilidade marginal** de um bem ou serviço é a utilidade adicional gerada pelo consumo de uma unidade a mais desse bem ou serviço. Supõe-se que normalmente seja válido o **princípio da utilidade marginal decrescente**: o consumo de uma unidade extra de um bem ou serviço gera menos utilidade adicional que a unidade anterior. Em consequência, a **curva de utilidade marginal** tem inclinação para baixo.
3. A **restrição orçamentária** limita o gasto do consumidor, que não pode ser superior à sua renda. Ela define as **possibilidades de consumo**, o conjunto de todos os pacotes de consumo que ele tem condições de comprar. Um consumidor que gasta toda a sua renda escolherá um pacote de consumo sobre sua **linha de orçamento**. Um indivíduo escolhe o pacote de consumo que maximize sua utilidade total, seu **pacote de consumo ótimo**.
4. Usamos a análise marginal para encontrar o pacote de consumo ótimo analisando como se deve alocar a unidade de moeda (dólar, real ou qualquer outra) marginal. O **princípio de maximização da utilidade da análise marginal** diz que, quando alcançamos o conjunto de consumo ótimo, a **utilidade marginal por unidade de moeda** gasta em cada bem ou serviço – a utilidade marginal de um bem ou serviço dividida por seu preço – é a mesma.
5. Mudanças no preço de um bem afetam a quantidade consumida de duas maneiras: **efeito substituição** e **efeito renda**. A maioria dos bens absorve apenas uma pequena parcela dos gastos do consumidor; para esses bens, somente o efeito substituição é significativo, isto é, compra-se menos do bem que se tornou relativamente mais caro e mais do bem que se tornou relativamente mais barato. Isso faz as curvas de demanda individuais e de mercado terem inclinação para baixo. Quando um bem absorve grande parcela do gasto, torna-se significativo também o efeito renda: um aumento no preço do bem torna o consumidor mais pobre, mas a queda no preço torna o consumidor mais rico. Essa mudança no poder de compra faz os consumidores demandarem mais ou menos de um bem, dependendo de ser um bem normal ou um bem inferior. Para bens normais, o efeito substituição e o efeito renda se reforçam entre si. No caso de bens inferiores, contudo, eles funcionam em direção oposta. A curva de demanda de um **bem de Giffen** tem inclinação para cima, pois se trata de um bem inferior em que o efeito renda é mais forte que o efeito substituição. Entretanto, os bens de Giffen são extremamente raros: eles provavelmente só surgirão quando os consumidores forem muito pobres e um bem, uma necessidade, absorver grande parte do seu orçamento.

PALAVRAS-CHAVE

QUESTÕES PARA PENSAR

1. Para cada uma das situações a seguir, decida se Al tem utilidade marginal crescente, constante ou decrescente.
   a. Quanto mais aulas de economia Al assiste, mais ele gosta do tema. E, quanto mais aulas ele assiste, mais fácil fica cada uma das aulas, fazendo-o gostar mais de cada aula adicional do que da anterior.
   b. Al gosta de ouvir música muito alto. De fato, segundo ele, "quanto mais alto, melhor". Cada vez que aumenta o volume um pouco, ele acrescenta 5 utils à sua utilidade total.
   c. Al gosta de assistir na televisão a antigos episódios de *Arquivo X*. Ele acha que episódios antigos são sempre empolgantes, mas admite que, quanto mais vê um episódio, menos empolgante este se torna.
   d. Al adora *marshmallow*. Quanto mais ele come, no entanto, mais saciado fica e menos agradável acha cada um desses doces adicionais. Há um ponto em que ele fica saciado: além desse ponto, mais *marshmallow* de fato o faz se sentir pior, em vez de melhor.
2. Use o conceito de utilidade marginal para explicar o seguinte: as máquinas automáticas de vender jornal são desenhadas de tal modo que, quando você paga por um jornal, pode pegar mais de um jornal de cada vez. No entanto, as máquinas de vender refrigerante, quando você paga um refrigerante, soltam apenas um de cada vez.

3. Você e seu companheiro de quarto apreciam o sorvete de massa de biscoito Blue Bunny. Na loja do *campus*, você pode comprar um litro de sorvete por $ 3. Em sua última visita à loja, você notou que o sorvete Blue Bunny estava à venda com 50% de desconto. Você está entusiasmado com a venda e a estocagem de litros de sorvete, mas, para sua surpresa, seu colega de quarto compra menos litros de Blue Bunny, optando por comprar mais sorvete da marca Ben and Jerry. Explique como cada decisão se relaciona aos conceitos de renda e efeitos de substituição.

4. Muitas faculdades norte-americanas oferecem planos de refeições no *campus* que permitem aos estudantes comprar determinado número de refeições por semana; as refeições não são reembolsáveis. A maioria dos estudantes compra um plano que permite a eles comer 20 refeições por semana no refeitório do *campus*. No final da semana, você percebe que a maioria dos estudantes come fora, apesar de não utilizar todas as refeições dentro do *campus*. Use o conceito de utilidade marginal para explicar o comportamento dos estudantes ao gastarem dinheiro para comer fora do *campus* em vez de consumir refeições "grátis" no *campus*.

PROBLEMAS

1. Bruno pode gastar sua renda em dois bens diferentes: frapês e barras energéticas. Para cada uma das três situações a seguir, decida se o pacote de consumo dado está dentro das possibilidades de consumo de Bruno. Em seguida, verifique se está ou não na linha de orçamento.
   a. Frapês custam $ 2 cada e barras energéticas custam $ 3 cada. Bruno tem renda de $ 60. Ele está considerando consumir um pacote de 15 frapês e 10 barras.
   b. Frapês custam $ 2 cada e barras custam $ 5 cada. Bruno tem renda de $ 110. Ele está considerando consumir um pacote de 20 frapês e 10 barras.
   c. Frapês custam $ 3 cada e barras custam $ 10 cada. Bruno tem renda de $ 50. Ele está considerando consumir um pacote de 10 frapês e 3 barras.

2. O Bruno do Problema 1 é o melhor amigo de Ruby, que tem o mesmo amor por barras energéticas e frapês. A tabela a seguir mostra a utilidade que Ruby obtém dos frapês e das barras energéticas.

Quantidade de frapês	Utilidade dos frapês (utils)	Quantidade de barras energéticas	Utilidade das barras energéticas (utils)
0	0	0	0
1	32	2	28
2	60	4	52
3	84	6	72
4	104	8	88
5	120	10	100

O preço de uma barra energética é $ 2, o preço de um frapê é $ 4 e Ruby tem $ 20 de renda para gastar.

   a. Que pacotes de consumo de barras energéticas e frapês Ruby pode consumir se gasta toda a sua renda? Trace a linha de orçamento de Ruby, com frapês no eixo horizontal e barras energéticas no eixo vertical.
   b. Calcule a utilidade marginal de cada barra e de cada frapê. Em seguida, calcule a utilidade marginal por unidade de moeda ($) gasta em barras e a utilidade marginal por $ gasta em frapês.
   c. Trace um gráfico como o da Figura 10.4, em que a utilidade marginal por $ gasta em barras se mostra em um painel e a utilidade marginal por $ gasta em frapês em outro painel. Use esse gráfico e o princípio de maximização da utilidade da análise marginal para prever qual pacote, de todos os pacotes na sua linha de orçamento, Ruby vai escolher.

3. Para cada uma das situações a seguir, decida se o pacote que Lakshani pretende consumir é ótimo ou não. Se não é ótimo, como Lakshani poderia melhorar seu nível geral de utilidade? Isto é, determine em que bem ela deve gastar mais e em que bem deve gastar menos.
   a. Lakshani tem $ 200 para gastar em tênis e camisetas. Tênis custam $ 50 o par e camisetas, $ 20 cada. Ela está pensando em comprar 2 pares de tênis e 5 camisetas. Lakshani diz a amigos que a utilidade adicional que teria com o segundo par de tênis é a mesma utilidade adicional que teria comprando a quinta camiseta.
   b. Lakshani tem $ 5 para gastar em canetas e lápis. Cada caneta custa $ 0,50 e cada lápis, $ 0,10. Ela está pensando em comprar 6 canetas e 20 lápis. A última caneta acrescentaria cinco vezes mais à sua utilidade total que o último lápis.
   c. Lakshani tem $ 50 por temporada para gastar em ingressos para jogos de futebol e jogos de vôlei. Cada ingresso para o futebol custa $ 10 e cada ingresso para o vôlei, $ 5. Ela está pensando em comprar 3 ingressos para futebol e 2 para vôlei. Sua utilidade marginal obtida do terceiro ingresso para futebol é o dobro da sua utilidade marginal da segunda entrada para vôlei.

4. Cal "Cool" Cooper tem $ 200 para gastar em Nikes e óculos escuros.
   a. Cada par de Nikes custa $ 100 e cada par de óculos escuros custa $ 50. Quais pacotes estão na linha de orçamento de Cal? Trace um gráfico como o da Figura 10.4, que ilustre tanto a utilidade marginal por unidade de moeda gasta em Nikes quanto a gasta em óculos escuros. Usando esse gráfico e o princípio de maximização de utilidade da análise marginal, decida como Cal deve alocar seu dinheiro. Isto é, de todos os pacotes na sua linha de orçamento, que pacote Cal escolherá? A tabela a seguir dá sua utilidade de Nikes e de óculos escuros.

Quantidade de Nikes	Utilidade dos Nikes (utils)	Quantidade de óculos escuros	Utilidade dos óculos escuros (utils)
0	0	0	0
1	400	2	600
2	700	4	700

b. O preço dos Nikes cai para $ 50 cada par, mas o dos óculos escuros permanece em $ 50 o par. Quais pacotes estão na linha de orçamento de Cal? Trace um gráfico como o da Figura 10.4, que ilustre tanto a utilidade marginal por unidade de moeda gasta em Nikes quanto a gasta em óculos escuros. Usando esse gráfico e o princípio de maximização de utilidade da análise marginal, decida como Cal deve alocar seu dinheiro. Isto é, de todos os pacotes na sua linha de orçamento, qual é o pacote que Cal escolherá? A tabela a seguir dá sua utilidade de Nikes e óculos de escuros.

Quantidade de Nikes	Utilidade dos Nikes (utils)	Quantidade de óculos escuros	Utilidade dos óculos escuros (utils)
0	0	0	0
1	400	1	325
2	700	2	600
3	900	3	825
4	1.000	4	700

c. Como o consumo de Nikes de Cal muda quando o preço dos Nikes cai? Em palavras, descreva o efeito renda e o efeito substituição dessa queda no preço dos Nikes, supondo que Nikes sejam um bem normal.

5. Damien Matthews é um ator muito ocupado. Ele aloca seu tempo livre vendo filmes e malhando na academia. A tabela a seguir dá sua utilidade do número de vezes por semana que ele vê um filme ou vai à academia.

Quantidade de visitas à academia por semana	Utilidade das visitas à academia (utils)	Quantidade de filmes por semana	Utilidade dos filmes (utils)
1	100	1	60
2	180	2	110
3	240	3	150
4	280	4	180
5	310	5	190
6	330	6	195
7	340	7	197

Damien tem 14 horas por semana para gastar vendo filmes ou indo à academia. Cada filme leva 2 horas e cada visita à academia leva 2 horas. (*Dica*: o tempo livre de Damien é análogo à renda que ele pode gastar. As horas necessárias para cada atividade são análogas ao preço dessa atividade.)

a. Que pacotes de visitas à academia e filmes Damien pode consumir por semana se ele gasta todo o seu tempo indo à academia ou vendo filmes? Trace a linha de orçamento de Damien em um gráfico, com visitas à academia no eixo horizontal e filmes no eixo vertical.

b. Calcule a utilidade marginal de cada visita à academia e a utilidade marginal de cada filme. Em seguida, calcule a utilidade marginal por hora gasta na academia e a gasta vendo filme.

c. Trace um gráfico como o da Figura 10.4, em que se mostre a utilidade marginal por hora gasta na academia e a utilidade marginal por hora gasta vendo filmes. Usando esse gráfico e o princípio de maximização de utilidade da análise marginal, decida como Damien deveria alocar seu tempo.

6. Anna Jenniferson é uma atriz que gasta várias horas de sua semana vendo filmes e indo à academia. Ela prefere muito mais ver filmes do que ir à academia. De fato, ela diz que, se tivesse de desistir de um filme, teria de ir à academia duas vezes para compensar a perda de utilidade de não ver o filme. Um filme leva 2 horas e a visita à academia também leva 2 horas. Anna deveria assistir mais filmes ou passar mais tempo na academia?

7. Sven é um estudante pobre que cobre a maior parte de suas necessidades de alimentação comendo cereal matinal barato, que contém a maioria das vitaminas importantes. À medida que o preço do cereal aumenta, ele decide comprar ainda menos de outros alimentos e ainda mais cereal matinal, para manter sua ingestão de nutrientes importantes. Isso transforma o cereal matinal em um bem de Giffen para Sven. Descreva em palavras o efeito substituição e o efeito renda desse aumento no preço do cereal. Em que direção se move cada um dos efeitos e por quê? O que isso implica para a inclinação da curva de demanda de cereal de Sven?

8. Em cada uma das situações a seguir, descreva o efeito substituição e, se for significativo, o efeito renda. Em que direção se move cada um desses efeitos? Por quê?

a. Ed gasta grande parcela da sua renda com a educação de seus filhos. Como as matrículas aumentaram, um dos seus filhos tem de deixar a faculdade.

b. Homer gasta boa parte da sua renda mensal na amortização do seu empréstimo imobiliário. O juro desse empréstimo hipotecário de taxa variável diminui, baixando seus pagamentos de empréstimo, e Homer decide mudar para uma casa maior.

c. Pam acha que Spam, marca antiga de presunto enlatado, é um bem inferior. Porém, à medida que o preço de Spam aumenta, ela decide comprar menos desse bem.

9. Refeições em restaurante e moradia (medida em número de quartos) são as duas únicas coisas que Neha pode comprar. Ela tem renda de $ 1.000. Inicialmente, compra um pacote de consumo tal que ela gasta exatamente metade de sua renda com refeições em restaurantes e a outra metade com moradia. Aí a sua renda aumenta 50%, mas o preço dos restaurantes aumenta 100% (ou seja, dobra). O preço da moradia permanece o mesmo. Depois dessas mudanças, poderia Neha, se quisesse, manter o mesmo pacote de consumo que antes?

10. Scott verifica que, quanto mais alto o preço do suco de laranja, mais dinheiro ele gasta com o suco. Teria Scott descoberto um bem de Giffen?

11. Para Margô, a utilidade marginal de uma aula de dança é de 100 utils por aula. Sua utilidade marginal de um novo sapato de dança é de 300 utils o par. O preço de cada aula de dança é $ 50. Atualmente, ela gasta toda a sua renda e compra seu pacote de consumo ótimo. Qual é o preço de um par de sapatos de dança?

12. De acordo com dados do Departamento de Energia dos Estados Unidos, o preço médio da gasolina regular no varejo aumentou de $ 1,16 em 1990 para $ 2,52 em 2015, um aumento de 117%.

   a. Tudo o mais mantido constante, descreva o efeito desse aumento de preço sobre a quantidade demandada de gasolina. Em sua explicação, use o princípio de maximização de utilidade da análise marginal e descreva o efeito renda e o efeito substituição.

Na realidade, contudo, tudo o mais não permaneceu constante. Nesse mesmo período, os preços de outros bens e serviços também aumentaram. De acordo com dados do Departamento de Estatísticas Trabalhistas, o preço geral do pacote de bens e serviços do consumidor médio aumentou 81%.

   b. Levando em conta o aumento no preço da gasolina e dos preços em geral, e tudo o mais mantido constante, descreva o efeito sobre a quantidade demandada de gasolina.

Mas ainda não é o fim da história. Entre 1990 e 2015, a renda nominal do consumidor típico aumentou também: conforme o Departamento do Censo dos EUA, a mediana[2] da renda nominal familiar anual aumentou de $ 29.943 em 1990 para $ 56.516 em 2015, aumento de 89%.

   c. Levando em conta o aumento do preço da gasolina, dos preços em geral e da renda do consumidor, descreva o efeito sobre a quantidade demandada de gasolina.

RESOLVA

13. Brenda gosta de café com pãozinho no café da manhã. A tabela a seguir mostra a utilidade total de Brenda de vários pacotes de consumo de pãozinho e café.

Pacote de consumo		
Quantidade de pães	Quantidade de café (xícaras)	Utilidade total (utils)
0	0	0
0	2	28
0	4	40
1	2	48
1	3	54
2	0	28
2	2	56
3	1	54
3	2	62
4	0	40
4	2	66

Suponha que Brenda saiba que consumirá 2 xícaras de café, com certeza. No entanto, ela pode optar por consumir diferentes quantidades de pãozinho: 0, 1, 2, 3 ou 4.

   a. Calcule a utilidade marginal de Brenda ao consumir pão quando ela passa de 0 para 1, de 1 para 2, de 2 para 3 e de 3 para 4.

   b. Trace a curva de utilidade marginal de Brenda para o pão. A utilidade marginal do pão para Brenda é decrescente? Explique.

   c. Brenda tem $ 8 de renda para gastar em pãezinhos e café. Os pãezinhos custam $ 2 cada e o café custa $ 2 por xícara. Que pacotes estão na linha orçamentária da Brenda? Para cada um desses pacotes, calcule o nível de utilidade (em utils) de que a Brenda desfruta. Qual é o pacote ideal dela?

   d. O preço dos pãezinhos aumenta para $ 4, mas o preço do café permanece em $ 2 por xícara. Quais pacotes estão agora na linha orçamentária da Brenda? Para cada pacote, calcule o nível de utilidade da Brenda (em utils). Qual é o pacote ideal dela?

[2] N. R.: A mediana divide um grupo de valores previamente ordenados em dois grupos iguais. Assim, se ordenarmos a renda dos domicílios norte-americanos da maior para a menor, a mediana será o valor central que vai dividir os domicílios em duas metades: a metade de renda mais elevada e a metade com renda inferior.

Preferências e Escolha do Consumidor

10 Apêndice

Pessoas diferentes têm preferências distintas. E, para qualquer pessoa, haverá pacotes de consumo diferentes que resultarão na mesma utilidade total. Essa percepção leva ao conceito de *curvas de indiferença*, uma forma útil de representar as preferências individuais. Neste apêndice, analisaremos de perto as curvas de indiferença.

O uso de curvas de indiferença para analisar o comportamento do consumidor nos servirá de três maneiras:

1. As curvas de indiferença mostram como a diminuição da utilidade marginal determina a troca que um consumidor faz entre consumir mais de um bem e menos de outro.
2. Elas fornecem estrutura para uma análise mais profunda da renda e dos efeitos de substituição – como as mudanças no preço e na renda alteram o pacote de consumo ótimo.
3. As curvas de indiferença nos permitem ilustrar as diferenças de gostos entre duas pessoas e como essas diferenças nos gostos levam a diferentes pacotes de consumo ótimo.

As curvas de indiferença, portanto, nos permitem compreender melhor o que significa ser um consumidor racional.

Mapa da função de utilidade

No Capítulo 10, apresentamos o conceito de função de utilidade, que determina a utilidade total do consumidor, dado o seu pacote de consumo. Na Figura 10.1, vimos como a utilidade total de Cassie mudava quando modificávamos a quantidade consumida de rolinhos primavera, mantendo fixas as quantidades de outros itens em seu pacote de consumo. Isto é, na Figura 10.1 mostramos como a utilidade total mudava à medida que mudava o consumo de apenas *um* bem. Porém, também aprendemos no Capítulo 10, com o exemplo de Sammy, que a busca do pacote de consumo ótimo implica um problema de como alocar a última unidade de moeda gasta entre *dois* bens, rolinho e refrigerante.

Neste apêndice, vamos estender a análise, aprendendo a forma de expressar a utilidade total como função do consumo de dois bens. Dessa maneira, vamos aprofundar nossa compreensão do *trade-off* envolvido quando se escolhe o pacote de consumo ótimo e como o próprio pacote de consumo ótimo muda em resposta a mudanças nos preços dos bens. A fim de fazer isso, passamos a uma maneira diferente de representar a função de utilidade do consumidor, baseada no conceito de *curvas de indiferença*.

Curvas de indiferença

Ingrid é uma consumidora que compra apenas dois bens: moradia, medida em número de quartos, e refeições em restaurantes. Como podemos representar sua função de utilidade de maneira que leve em conta o seu consumo de ambos os bens?

Uma das maneiras é traçar um gráfico tridimensional. A Figura 10A.1 mostra um *morro de utilidade* tridimensional. A distância ao longo do eixo horizontal mede a quantidade de moradia consumida por Ingrid em termos do número de quartos;

Figura 10A.1 Função de utilidade de Ingrid.

O morro tridimensional mostra como a utilidade total de Ingrid depende de seu consumo de moradia e refeições em restaurantes. O ponto *A* corresponde ao consumo de 3 quartos e 30 refeições em restaurantes. Esse pacote de consumo gera para Ingrid 450 utils, correspondendo à altura do morro no ponto *A*. As linhas ao redor do morro são linhas de contorno ao longo das quais a altura é constante. Assim, todos os pontos em dada linha de contorno geram a mesma utilidade. Então o ponto *B*, correspondente a 6 quartos e 15 restaurantes, gera a mesmo nível de utilidade do ponto *A*, 450 utils, uma vez que se encontram na mesma linha de contorno.

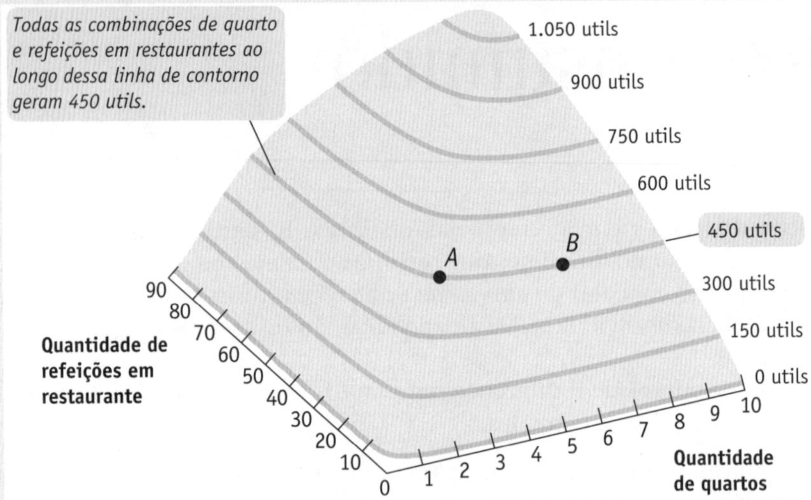

a distância ao longo do eixo vertical mede o número de refeições que ela consome em restaurante. A altitude ou altura do morro em cada ponto é indicada por uma linha de contorno ao longo da qual a altura do morro é constante. Por exemplo, o ponto *A*, que corresponde a um pacote de consumo de 3 quartos e 30 refeições em restaurante, está numa linha de contorno indicada por 450. Assim, a utilidade total que Ingrid obtém de 3 quartos e 30 idas ao restaurante é 450 utils.

Um gráfico tridimensional como o da Figura 10A.1 nos ajuda a pensar sobre a relação entre pacotes de consumo e utilidade total. Porém, quem já usou um mapa topográfico para praticar alpinismo sabe que é possível representar uma superfície tridimensional em apenas duas dimensões. Um mapa topográfico não dá uma vista tridimensional do terreno; em vez disso, informa sobre altitudes pelo uso de linhas de contorno.

O mesmo princípio se pode aplicar à representação da função de utilidade. Na Figura 10A.2, o consumo de quartos de Ingrid se mede no eixo horizontal e seu consumo de refeições em restaurante, no eixo vertical. Aqui, a curva corresponde à linha de contorno na Figura 10A.1 e foi traçada a uma utilidade total de 450 utils. Essa curva mostra todos os pacotes de consumo que dão utilidade total de 450 utils. Um ponto nessa linha de contorno é *A*, um pacote de consumo que consiste em 3 quartos e 30 idas a restaurante. Outro ponto na linha de contorno é *B*, pacote de consumo que consiste em 6 quartos, mas apenas 15 idas a restaurante. Como o ponto *B* também está na linha de contorno, ele gera para Ingrid a mesma utilidade total que *A*, 450 utils. Dizemos que Ingrid é *indiferente* entre *A* e *B*: como *A* e *B* geram o mesmo nível de utilidade total, o bem-estar de Ingrid é igual nos dois pacotes.

Curva de indiferença é uma linha que mostra todos os pacotes de consumo que resultam na mesma quantidade de utilidade total para um indivíduo.

Toda a função de utilidade de um indivíduo pode ser representada por um **mapa das curvas de indiferença**, uma família de curvas de indiferença em que cada curva corresponde a um nível de utilidade total diferente.

Uma linha de contorno que mapeia pacotes de consumo que geram a mesma quantidade de utilidade total é conhecida como **curva de indiferença**. Um indivíduo fica sempre indiferente entre dois pacotes que estejam na mesma curva de indiferença. Para dado consumidor, existe uma curva de indiferença correspondente a cada nível de utilidade total. A curva de indiferença na Figura 10A.2 mostra pacotes de consumo que geram para Ingrid 450 utils; diferentes curvas de indiferença mostrariam pacotes de consumo que geram para Ingrid 400 utils, 500 utils e assim por diante.

Uma coleção de curvas de indiferença que representa a função de utilidade inteira de um consumidor, em que cada curva de indiferença corresponde a um nível diferente de utilidade total, é conhecida como **mapa das curvas de indiferença**. A Figura 10A.3 mostra três curvas de indiferença, I_1, I_2 e I_3, do mapa de curvas de indiferença de Ingrid, bem como vários pacotes de consumo, *A*, *B*, *C* e

Figura 10A.2 Uma curva de indiferença.

Uma curva de indiferença é uma linha de contorno ao longo da qual a utilidade total é constante. Neste caso, mostramos todos os pacotes de consumo que geram para Ingrid 450 utils. O pacote de consumo *A*, que consiste em 3 quartos e 30 refeições em restaurante, gera a mesma utilidade total que o pacote *B*, que consiste em 6 quartos e 15 refeições em restaurante. Ou seja, Ingrid é indiferente entre os pacotes *A* e *B*.

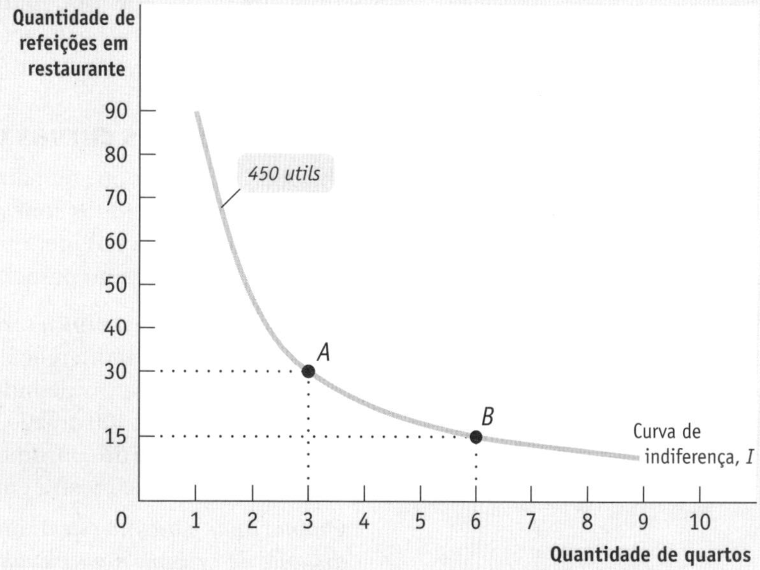

Figura 10A.3 Mapa de curvas de indiferença.

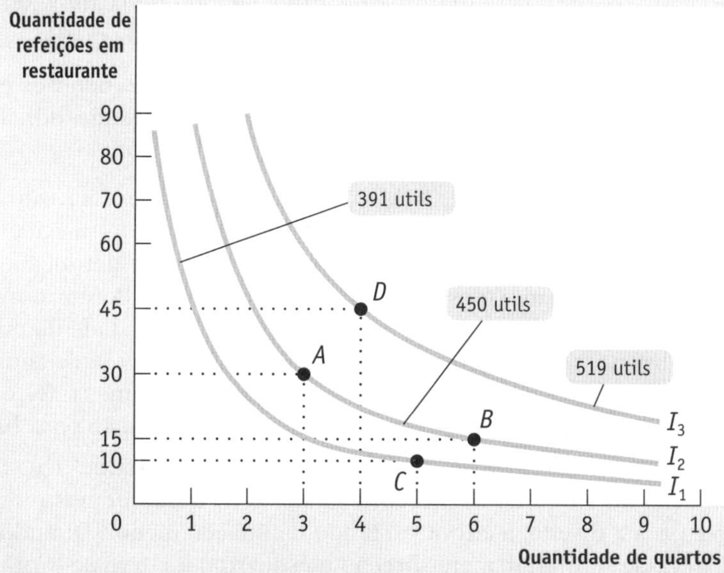

Pacote de consumo	Quantidade de quartos	Quantidade de refeições	Utilidade total (utils)
A	3	30	450
B	6	15	450
C	5	10	391
D	4	45	519

A função de utilidade pode ser representada tão detalhadamente quanto se queira traçando uma série de curvas de indiferença, cada uma delas correspondendo a um nível diferente de utilidade total. Nesta figura, o pacote *C* está em uma curva de indiferença correspondente à utilidade total de 391 utils. Como na Figura 10A.2, os pacotes *A* e *B* estão em uma curva de indiferença correspondente à utilidade total de 450 utils. O pacote *D* está em uma curva de indiferença correspondente à utilidade total de 519 utils. Ingrid considera qualquer pacote em I_2 preferível a pacotes em I_1 e prefere qualquer pacote em I_3 em comparação com I_2.

D. A tabela da figura enumera os pacotes, sua composição em quartos e refeições em restaurante, e a utilidade total que cada pacote gera.

Como os pacotes *A* e *B* geram o mesmo número de utils, 450, eles estão na mesma curva de indiferença, I_2. Embora Ingrid seja indiferente entre A e B, ela certamente não é indiferente entre *A* e *C*: como se pode ver na tabela, *C* gera apenas 391 utils, uma utilidade total mais baixa que *A* ou *B*. Assim, Ingrid prefere os pacotes de consumo *A* e B ao pacote *C*. Isso se representa pelo fato de que *C* está na curva de indiferença I_1, e I_1 situa-se abaixo de I_2. O pacote *D*, no entanto, gera 519 utils, uma utilidade total mais alta que a de *A* e *B*. Ele está situado em I_3, uma curva de indiferença que está acima de I_2. Está claro que Ingrid prefere *D* a *A* ou a *B*. E, mais ainda, prefere *D* a C.

Propriedades das curvas de indiferença

Não há dois indivíduos que tenham o mesmo mapa de curvas de indiferença, porque não existem dois indivíduos com as mesmas preferências. No entanto, economistas acreditam que todo e qualquer mapa de curvas de indiferença tenha duas propriedades gerais ilustradas no painel (a) da Figura 10A.4:

- *Curvas de indiferença nunca se cruzam*. Suponha que tenhamos tentado traçar um mapa de curvas de indiferença como o que aparece no gráfico esquerdo do painel (a), em que duas curvas de indiferença se cruzam no ponto *A*. Qual é a utilidade total no ponto *A*? É 100 ou 200 utils? Curvas de indiferença não podem se cruzar, porque cada pacote de consumo tem de corresponder a um único nível de utilidade total e não, como se mostra em *A*, dois níveis diferentes de utilidade total.
- *Quanto mais para fora esteja situada uma curva de indiferença, ou seja, quanto mais distante da origem, mais elevado o nível de utilidade total que ela indica*. A razão, ilustrada no gráfico da direita no painel (a), é que pressupomos que mais seja melhor – no conjunto de pacotes de consumo considerados, o consumidor ainda não está saciado. O pacote *B*, na curva de indiferença mais distante da origem, contém mais de ambos os bens do que o pacote *A*, na curva de indiferença mais perto da origem. Assim, *B* gera um nível de utilidade total mais alto (200 utils) e, portanto, situa-se em uma curva de indiferença mais elevada que *A*.

Além disso, os economistas acreditam que, para a maioria dos bens, os mapas de curvas de indiferença dos consumidores têm mais duas propriedades adicionais. Elas estão ilustradas no painel (b) da Figura 10A.4:

- *Curvas de indiferença têm inclinação para baixo*. Aqui também a razão é que mais é melhor. O gráfico esquerdo no painel (b) mostra quatro pacotes de consumo na mesma curva de indiferença: *W*, *X*, *Y* e *Z*. Por definição, esses pacotes de consumo geram o mesmo nível de utilidade total. Porém, à medida que nos movemos ao longo da curva para a direita, a quantidade de quartos consumidos aumenta. A única maneira pela qual uma pessoa pode consumir mais quartos sem ganhar mais utilidade é renunciando a algumas refeições em restaurante. Assim, a curva de indiferença tem de ter inclinação para baixo.
- *Curvas de indiferença são convexas*. O gráfico direito no painel (b) mostra que a inclinação da curva de indiferença muda. À medida que nos movemos para baixo e para a direita, a curva vai tendo inclinação menor. Quando subimos pela curva de indiferença em direção à esquerda, a curva se torna mais inclinada. Assim, a curva de indiferença tem inclinação maior em *A* do que em *B*. Quando isso acontece, dizemos que a curva de indiferença tem forma *convexa*, ou seja, o arco vai em direção à origem. Essa característica surge da utilidade marginal decrescente, um princípio que já discutimos no Capítulo 10. Recorde que, quando um consumidor tem utilidade marginal decrescente, o consumo de mais uma unidade de um bem gera aumento menor na utilidade total do que a unidade consumida anterior. Na seção a seguir, examinaremos em detalhe como a utilidade marginal decrescente dá origem à convexidade das curvas de indiferença.

Bens que satisfazem todas as quatro propriedades dos mapas de curvas de indiferença são denominados *bens normais*. A vasta maioria dos bens em qualquer função de utilidade do consumidor situa-se nessa categoria. Na seção a seguir, definiremos bens normais e veremos o papel essencial que a utilidade marginal decrescente desempenha em relação a eles.

Figura 10A.4 Propriedades das curvas de indiferença.

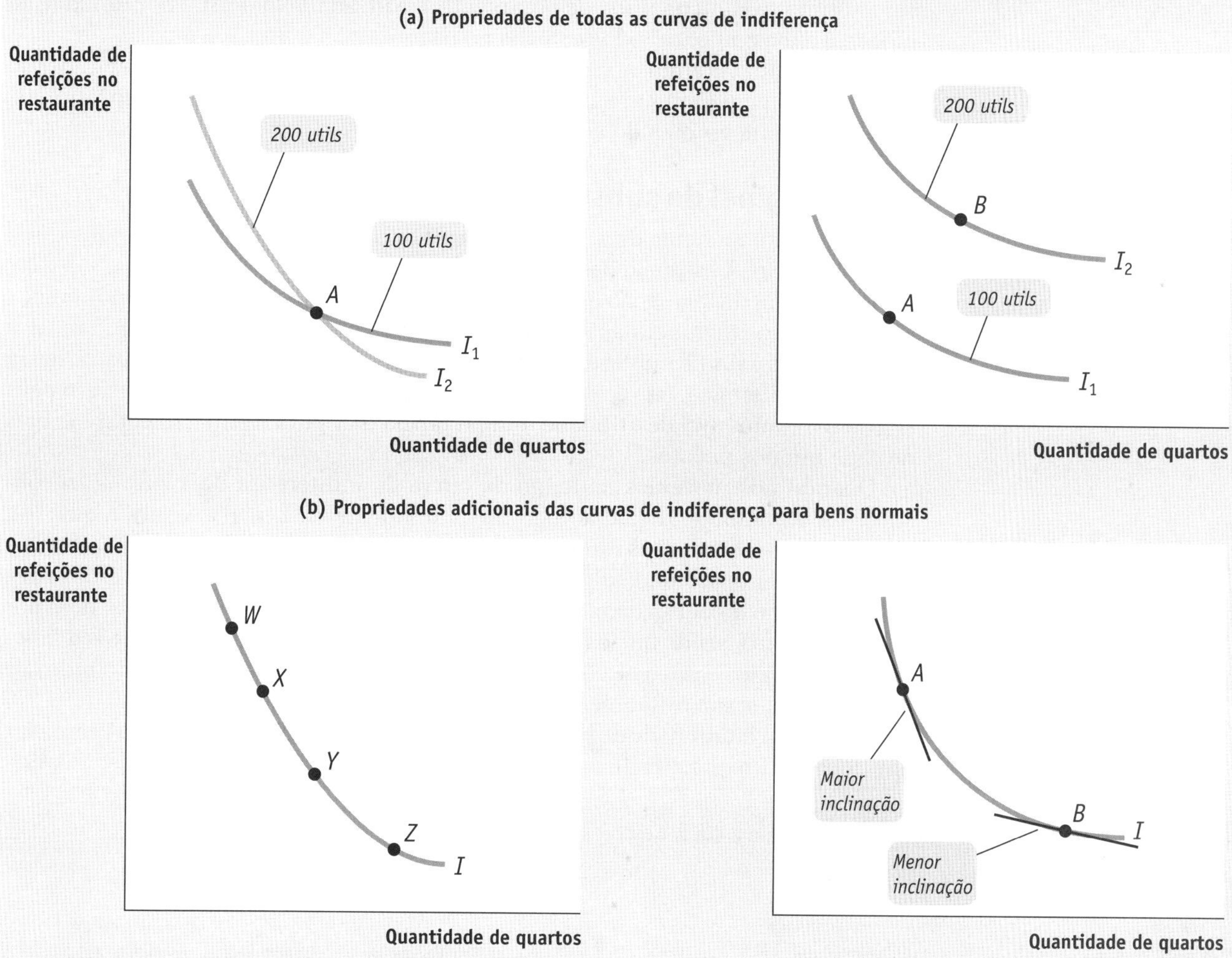

O painel (a) representa duas propriedades gerais de todos os mapas de curvas de indiferença. O gráfico esquerdo mostra por que curvas de indiferença não podem cruzar: se o fizessem, um pacote de consumo como *A* geraria 100 utils e, ao mesmo tempo, 200 utils, uma contradição. O gráfico direito do painel (a) mostra que curvas de indiferença situadas mais para fora geram utilidade total mais alta: o pacote *B*, que contém mais de ambos os bens do que o pacote *A*, gera utilidade total mais alta. O painel (b) descreve duas propriedades adicionais das curvas de indiferença para bens ordinários. O gráfico esquerdo do painel (b) mostra que curvas de indiferença têm inclinação para baixo: quando se move do pacote *W* para o pacote *Z* na curva, o consumo de quartos aumenta. Para manter a utilidade total constante, é preciso compensar com redução na quantidade de refeições em restaurante. O gráfico direito do painel (b) mostra uma curva de indiferença que é convexa. A inclinação da curva de indiferença se torna menor à medida que nos movemos sobre a curva para baixo e para a direita, uma característica que deriva da utilidade marginal decrescente.

Curvas de indiferença e escolha do consumidor

No início da última seção, usamos curvas de indiferença para representar as preferências de Ingrid, cujos pacotes de consumo consistem em quartos e refeições em restaurantes. O passo seguinte é mostrar como usar o mapa das curvas de indiferença de Ingrid para encontrar o pacote de consumo que maximiza sua utilidade, dada a sua restrição orçamentária, isto é, o fato de que ela tem de escolher um pacote de consumo que não custe mais que sua renda total.

É importante entender como a nossa análise se relaciona com a que fizemos no Capítulo 10. Não estamos propondo uma nova teoria do comportamento do consumidor neste apêndice. Do mesmo modo que no Capítulo 10, supõe-se que os consumidores maximizam sua utilidade total. Em particular, sabemos que os consumidores seguem a *regra do consumo ótimo* do Capítulo 10: o pacote de consumo ótimo se situa na linha de orçamento, e a utilidade marginal por unidade de moeda é a mesma para todos os bens no pacote.

No entanto, veremos a seguir que podemos derivar o comportamento ótimo do consumidor de maneira diferente, de modo a permitir uma percepção mais aprofundada da escolha do consumidor.

Taxa marginal de substituição

O primeiro componente da nossa abordagem é um novo conceito, a *taxa marginal de substituição*. A essência desse conceito se ilustra na Figura 10A.5.

Recorde da última seção que, para a maioria dos bens, as curvas de indiferença do consumidor têm inclinação para baixo e são convexas. A Figura 10A.5 mostra uma dessas curvas de indiferença. Os pontos indicados por *V*, *W*, *X*, *Y* e *Z* estão nessa curva de indiferença, isto é, eles representam pacotes de consumo que geram para Ingrid o mesmo nível de utilidade total. A tabela da figura mostra os componentes de cada um dos pacotes.

Quando nos movemos ao longo da curva de indiferença de *V* para *Z*, o consumo de moradia de Ingrid aumenta gradualmente de 2 quartos para 6 quartos, seu consumo de refeições em restaurantes diminui gradualmente de 30 refeições para 10, mas sua utilidade total se mantém constante. Quando nos movemos para baixo ao longo da curva de indiferença, Ingrid está trocando mais de um bem por menos de outro, sendo que os *termos* desse *trade-off* (a razão entre quartos adicionais consumidos e refeições em restaurante sacrificadas) vão sendo escolhidos de modo a manter sua utilidade total constante.

Note que a quantidade de refeições em restaurante a que Ingrid aceita renunciar em troca de um quarto adicional muda ao longo da curva de indiferença. Quando

Figura 10A.5 Mudança de inclinação de uma curva de indiferença.

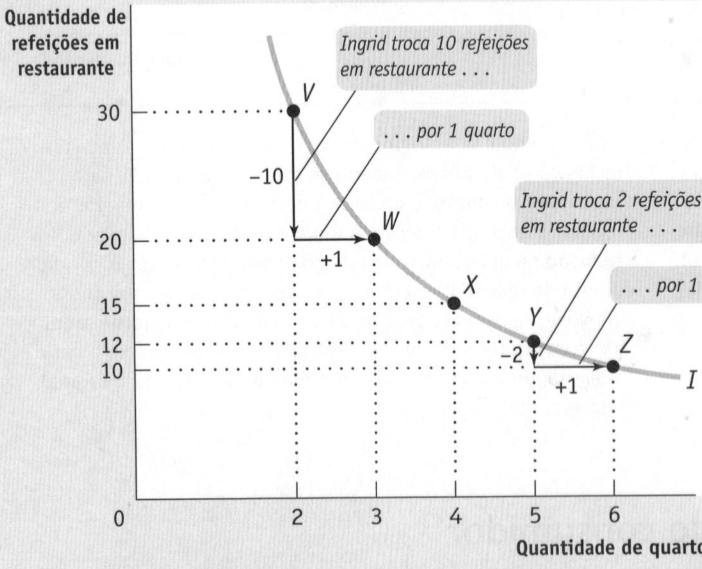

Pacote de consumo	Quantidade de quartos	Quantidade de refeições em restaurante
V	2	30
W	3	20
X	4	15
Y	5	12
Z	6	10

Essa curva de indiferença tem inclinação para baixo e é convexa, o que implica que refeições em restaurante e quartos da moradia são bens ordinários para Ingrid. À medida que Ingrid se desloca para baixo em sua curva de indiferença, de *V* para *Z*, ela troca cada vez menos refeições em restaurante por cada vez mais consumo de moradia. Contudo, os termos dessa troca mudam. Quando passa de *V* a *W*, ela está disposta a renunciar a 10 refeições em restaurante em troca de mais 1 quarto. À medida que seu consumo de quartos aumenta e o de refeições em restaurante diminui, ela aceita renunciar a uma quantidade menor de refeições em restaurante em troca de 1 quarto adicional. O achatamento da inclinação quando nos movemos da esquerda para a direita deriva da utilidade marginal decrescente.

nos movemos de *V* para *W*, o gasto em moradia aumenta de 2 para 3 quartos, e o consumo de refeições em restaurante cai de 30 para 20, um *trade-off* de 10 refeições em restaurante por 1 quarto adicional. Porém, quando nos movemos de *Y* para *Z*, o consumo de moradia aumenta de 5 para 6 quartos e o consumo de refeições em restaurante cai de 12 para 10, um *trade-off* de apenas 2 refeições em restaurante por 1 quarto adicional.

Formulando isso em termos de inclinação, a inclinação da curva de indiferença entre *V* e *W* é –10: a mudança no consumo de refeições em restaurante, –10, dividida pela mudança no consumo de moradia, 1. De modo similar, a inclinação da curva de indiferença entre *Y* e *Z* é –2. Assim, a curva de indiferença fica mais achatada à medida que nos movemos para a direita, isto é, ela é convexa, uma das quatro propriedades das curvas de indiferença para bens normais.

Por que o *trade-off* muda dessa forma? Pensemos no caso intuitivamente para, em seguida, examinarmos com mais cuidado. Quando Ingrid se move para baixo na sua curva de indiferença, seja de *V* para *W* ou de *Y* para *Z*, ela ganha utilidade de seu consumo adicional de moradia, mas perde montante igual de utilidade por ter reduzido seu consumo de refeições em restaurante. Porém, a cada passo, a posição inicial a partir da qual Ingrid começa a troca é diferente. Em *V*, Ingrid consome apenas pequena quantidade de quartos, de modo que, por causa da utilidade marginal decrescente, sua utilidade marginal por quarto nesse ponto é alta. Em *V*, ela já consome uma quantidade grande de refeições em restaurante, de modo que a utilidade marginal de refeições em restaurante é baixa nesse ponto. Isso significa que é necessária uma redução maior na sua quantidade de refeições em restaurante para contrabalançar o aumento de utilidade que ela obtém de um quarto extra de moradia.

Em *Y*, diferentemente, Ingrid consome uma quantidade muito maior de quartos e muito menor de refeições em restaurante do que em *V*. Isso significa que um quarto adicional acrescenta muito menos utils, e uma refeição em restaurante à qual ela renuncia subtrai muito mais utils do que em *V*. Assim, Ingrid está disposta a renunciar a uma quantidade menor de refeições em restaurante em troca de mais um quarto de moradia em *Y* (renunciando a 2 refeições em troca de 1 quarto) do que em *V* (renunciando a 10 refeições por 1 quarto).

Essa mesma ideia, de que a troca que Ingrid se dispõe a fazer depende do seu ponto de partida, pode ser expressa usando um pouco de matemática. Isso se faz examinando como a inclinação da curva de indiferença muda quando nos movemos para baixo ao longo dela.

O movimento para baixo na curva de indiferença, reduzindo o consumo de refeições em restaurante e aumentando o consumo de moradia, produzirá dois efeitos opostos sobre a utilidade total de Ingrid: menos refeições em restaurante reduzirão sua utilidade total, porém o consumo mais alto de moradia aumentará sua utilidade total. Como estamos nos movendo em uma mesma curva de indiferença, os dois efeitos têm de se anular entre si:

Ao longo da curva de indiferença:

(10A.1) (Mudança na utilidade total por causa de menos consumo de restaurante) +
(Mudança na utilidade total por causa de maior consumo de moradia) = 0

ou, rearranjando os termos,

Ao longo da curva de indiferença:

(10A.2) – (Mudança na utilidade total por causa de menos consumo de restaurante)
= (Mudança na utilidade total por causa de maior consumo de moradia)

Examinemos de perto o que acontece quando descemos apenas uma distância pequena na curva de indiferença, trocando um pequeno aumento no consumo de moradia por uma pequena redução no consumo de refeições em restaurante.

Usando a notação do Capítulo 10, MU_R e MU_M representam, respectivamente, a utilidade marginal de quartos e refeições em restaurante, e ΔQ_R e ΔQ_M representam, respectivamente, as mudanças no consumo de quartos e de refeições.

Em geral, a mudança na utilidade total causada por uma pequena mudança no consumo de um bem é igual à mudança no consumo multiplicada pela *utilidade marginal* desse bem. Isso significa que podemos calcular a mudança na utilidade total de Ingrid gerada por uma mudança no seu pacote de consumo usando as equações a seguir:

(10A.3) Mudança na utilidade total derivada de mudança no consumo de refeições em restaurante = $MU_M \times \Delta Q_M$

e

(10A.4) Mudança na utilidade total derivada de mudança no consumo de quartos = $MU_R \times \Delta Q_R$

Assim, podemos escrever a Equação 10A.2 em símbolos:

(10A.5) *Ao longo da curva de indiferença:*

$$-MU_M \times \Delta Q_M = MU_R \times \Delta Q_R$$

Note que o termo esquerdo da Equação 10A.5 tem sinal de menos; representa a perda de utilidade total da redução no consumo de refeições em restaurante. Isso tem de ser igual ao ganho de utilidade total do aumento do consumo de quartos, representado no termo direito da equação.

Queremos saber como isso se traduz pela inclinação da curva de indiferença. Para encontrar a inclinação, dividimos ambos os lados da Equação 10A.5 por ΔQ_R e de novo por $-MU_M$ para que os termos ΔQ_M e ΔQ_R fiquem em um lado da equação e os termos MU_M e MU_R fiquem do outro. O resultado é:

(10A.6) *Ao longo da curva de indiferença:* $\dfrac{\Delta Q_M}{\Delta Q_R} - \dfrac{MU_R}{MU_M}$

O lado esquerdo da Equação 10A.6 é a inclinação da curva de indiferença; é a taxa pela qual Ingrid aceita trocar uma quantidade maior de quartos (o bem no eixo horizontal) por refeições em restaurante (o bem que está no eixo vertical), sem mudar seu nível de utilidade total. O lado direito da Equação 10A.6 é a razão entre a utilidade marginal de quartos e a utilidade marginal de refeições em restaurante, isto é, a razão entre o que ela ganha de mais um quarto e o que ela ganha de mais uma refeição.

Reunindo tudo isso, vemos que a Equação 10A.6 mostra que, ao longo da curva de indiferença, a quantidade de refeições em restaurante à qual Ingrid aceita renunciar em troca de um quarto, $\Delta Q_M/\Delta Q_R$, é exatamente igual a menos a razão entre a utilidade marginal de um quarto e a utilidade marginal de uma refeição, $-MU_R/MU_M$. Somente quando essa condição é satisfeita, seu nível de utilidade total permanece constante à medida que ela consome mais quartos e menos refeições em restaurante.

A **taxa marginal de substituição**, ou ***MRS***, do bem *R* no lugar do bem *M* é igual a MU_R/MU_M, a razão entre a utilidade marginal de *R* e a utilidade marginal de *M*.

Economistas têm um nome especial para a razão entre as utilidades marginais que se encontram no lado direito da Equação 10A.6: **taxa marginal de substituição** (***MRS – marginal rate of substitution***) de quartos (o bem no eixo horizontal) em lugar de refeições em restaurante (o bem no eixo vertical). Isso porque, quando descemos pela curva de indiferença de Ingrid, estamos substituindo mais quartos por menos refeições em restaurante em seu pacote de consumo. Como veremos adiante, a taxa marginal de substituição desempenha um papel importante para determinar o pacote de consumo ótimo.

Recorde que as curvas de indiferença se tornam mais achatadas quando nos movemos para baixo e para a direita. A razão, como acabamos de ver, é a utilidade marginal decrescente: quando Ingrid consome mais moradia e menos refeições em restaurante, sua utilidade marginal da moradia cai e sua utilidade marginal de refeições em restaurante aumenta. Assim, sua taxa marginal de substituição, que é igual à inclinação de sua curva de indiferença, com sinal negativo, cai à medida que ela desce pela sua curva de indiferença.

O achatamento das curvas de indiferença à medida que se desce por elas para a direita – que reflete a mesma lógica da utilidade marginal decrescente – é conhecido como **taxa marginal de substituição decrescente**. Ela informa que um indivíduo que consome apenas um pouquinho do bem *A* e um montão do bem *B* está disposto a trocar uma quantidade grande do bem *B* por uma unidade mais de *A*; e um indivíduo que já consome grande quantidade de *A* e pouca de *B* estará menos disposto a fazer esse mesmo *trade-off*.

O princípio da **taxa marginal de substituição decrescente** afirma que, quanto mais *R* uma pessoa consome em proporção ao bem *M*, menos *M* ela aceita substituir por outra unidade de *R*.

Podemos ilustrar esse ponto voltando à Figura 10A.5. No ponto *V*, um pacote em que a proporção de refeições em restaurante é mais alta que a de quartos, Ingrid está disposta a renunciar a 10 refeições em restaurante em troca de 1 quarto. No entanto, no ponto *Y*, um pacote com menor proporção de refeições em restaurante comparado com quartos, ela aceita renunciar a apenas 2 refeições em restaurante em troca de 1 quarto.

Com esse exemplo podemos ver que, na função de utilidade de Ingrid, quartos e refeições em restaurante possuem as duas propriedades adicionais que caracterizam os bens normais. Ingrid precisa de quartos adicionais para compensá-la pela perda de uma refeição, e vice-versa; assim, suas curvas de indiferença para esses dois bens têm inclinação para baixo e são convexas: a inclinação de sua curva de indiferença, ou seja, a taxa marginal de substituição com sinal de *menos*, torna-se mais achatada à medida que descemos na curva. Uma curva de indiferença é convexa somente quando tem taxa marginal de substituição decrescente. As duas condições são equivalentes.

Com essa informação, podemos definir **bens ordinários**, que representam a grande maioria dos bens em qualquer função de utilidade do consumidor. Dois bens são bens ordinários em função da utilidade do consumidor se eles têm duas propriedades: o consumidor precisa mais de um bem para compensar menos de outro, e o consumidor experimenta uma taxa marginal de substituição decrescente quando substitui um bem pelo outro.

Dois bens, *R* e *M*, são **bens ordinários** na função de utilidade do consumidor quando (1) o consumidor requer unidades adicionais de *R* para compensar menos *M*, e vice-versa; e (2) o consumidor experimenta uma taxa marginal de substituição cada vez menor ao substituir um bem por outro.

Em seguida, veremos como determinar o pacote de consumo ótimo de Ingrid usando curvas de indiferença.

Condição de tangência

Agora, vamos colocar algumas das curvas de indiferença de Ingrid em um mesmo gráfico com sua linha de orçamento, para obtermos uma forma alternativa de representar sua escolha de consumo ótimo. A Figura 10A.6 mostra a linha de orçamento de Ingrid, *BL*, quando sua renda é $ 2.400 por mês, a moradia custa mensalmente $ 150 por quarto e cada refeição em restaurante custa $ 30. Qual é seu pacote de consumo ótimo?

Para responder a essa questão, mostramos várias curvas de indiferença de Ingrid: I_1, I_2 e I_3. Ingrid gostaria de alcançar a utilidade total representada por I_3, a mais alta das três curvas, mas ela não tem condições para isso porque está limitada por sua renda; nenhum pacote de consumo na sua linha de orçamento gera tanta utilidade total. Mas ela não deveria se conformar com o nível de utilidade total gerado por *B*, que está em I_1; há outros pacotes de consumo na sua linha de orçamento, como *A*, que claramente oferecem utilidade total maior que *B*.

De fato, *A* – um pacote de consumo que consiste em 8 quartos e 40 refeições em restaurante por mês – é a escolha de consumo ótima de Ingrid. O motivo é que *A* está na curva de indiferença mais alta que Ingrid pode alcançar dada a sua renda.

No pacote de consumo ótimo *A*, a linha de orçamento de Ingrid apenas toca a curva de indiferença relevante – a linha de orçamento é *tangente* à curva de indiferença. Essa **condição de tangência** entre a curva de indiferença e a linha de orçamento se aplica ao pacote de consumo ótimo quando as curvas de indiferença têm a forma convexa típica: *no pacote de consumo ótimo, a linha de orçamento apenas toca a curva de indiferença.*

A **condição de tangência** entre a curva de indiferença e a linha de orçamento se mantém quando a curva de indiferença e a linha de orçamento apenas se tocam. Essa condição determina o pacote de consumo ótimo quando as curvas de indiferença têm a forma convexa típica.

Para vermos por quê, vamos examinar mais de perto de que modo sabemos que um pacote de consumo que *não* satisfaz a condição de tangência não pode ser ótimo. Reexaminando a Figura 10A.6, podemos ver que os pacotes de consumo *B* e *C* podem ser comprados, pois estão na linha de orçamento. Contudo, nenhum dos dois é ótimo. Ambos estão na curva de indiferença I_1, que corta a linha de orçamento nos dois pontos. Porém, como I_1 corta a linha de orçamento, Ingrid pode obter uma situação melhor: ela pode descer pela linha de orçamento saindo do ponto *B* ou subir pela linha de orçamento a partir de *C*, como indicado pelas setas. Em cada caso, isso lhe permite chegar a uma curva de indiferença mais alta, I_2, que aumenta sua utilidade total.

Ingrid, contudo, não pode conseguir nada melhor que I_2: qualquer outra curva de indiferença corta sua linha de orçamento ou nem a toca. E o pacote que lhe permite alcançar I_2 é, obviamente, seu pacote de consumo ótimo.

Inclinação da linha de orçamento

A Figura 10A.6 mostra como usar um gráfico da linha de orçamento e das curvas de indiferença para descobrir o pacote de consumo ótimo, o pacote em que a linha de orçamento e a curva de indiferença se tangenciam. Porém, em vez de nos servirmos de gráficos, podemos determinar o pacote de consumo ótimo usando um pouquinho de matemática.

Como se pode ver da Figura 10A.6, no ponto *A*, o pacote de consumo ótimo, a linha de orçamento e a curva de indiferença têm a mesma inclinação. Por quê? Porque duas curvas só podem se tocar se têm a mesma inclinação no seu ponto de tangência. Se não fosse assim, elas se cruzariam em algum ponto. E sabemos que, se estamos em uma curva de indiferença que corta a linha de orçamento (como I_1 na Figura 10A.6), não podemos estar na curva de indiferença que contém o pacote de consumo ótimo (como I_2).

Assim, podemos usar a informação sobre as inclinações da linha de orçamento e da curva de indiferença para encontrarmos o pacote de consumo ótimo. Para isso, temos de verificar primeiro a inclinação da linha de orçamento, o que é fácil. Sabemos que Ingrid obterá o máximo de utilidade gastando toda a sua renda e consumindo um pacote sobre sua linha de orçamento. Desse modo, podemos representar a linha de orçamento de Ingrid, e os pacotes de consumo possíveis quando ela gasta toda a sua renda, com a equação:

Figura 10A.6 Pacote de consumo ótimo.

A linha de orçamento, *BL*, mostra os pacotes de consumo possíveis de Ingrid dada uma renda de \$ 2.400 por mês, quando os quartos custam \$ 150 por mês e as refeições em restaurante custam \$ 30 cada. I_1, I_2 e I_3 são curvas de indiferença. Pacotes de consumo como *B* e *C* não são ótimos, porque Ingrid pode alcançar uma curva de indiferença mais alta. O pacote de consumo ótimo está em *A*, onde a linha de orçamento é tangente à curva de indiferença mais alta possível.

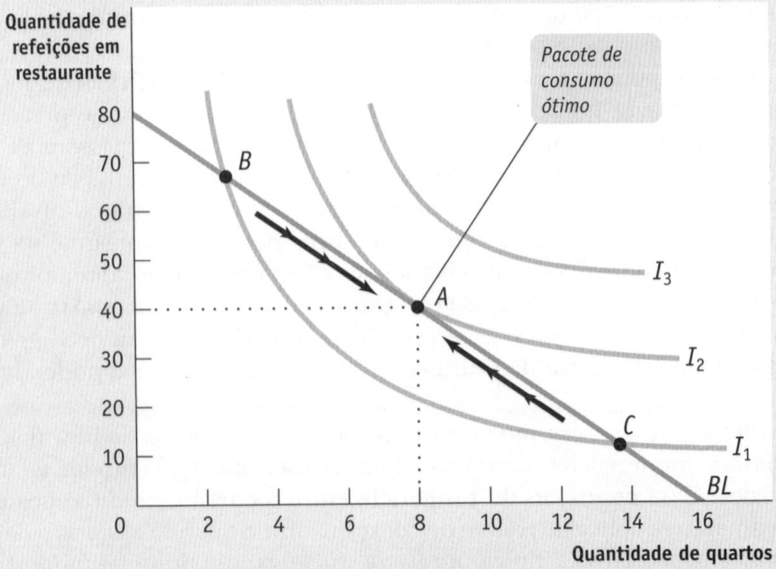

(10A.7) $(Q_R \times P_R) + (Q_M \times P_M) = N$

onde N é a renda de Ingrid. Para encontrarmos a inclinação da linha de orçamento, dividimos o intercepto vertical (onde a linha de orçamento toca o eixo vertical) pelo intercepto horizontal (onde a linha de orçamento toca o eixo horizontal). O intercepto vertical é o ponto em que Ingrid gasta toda a sua renda em refeições em restaurantes e nada em moradia (isto é, $Q_R = 0$). Nesse caso, o número de refeições em restaurante que ela consome é:

(10A.8) $Q_M = N/P_M =$ \$ 2.400/(\$ 30 por refeição) = 80 refeições
= Intercepto vertical da linha de orçamento

No outro extremo, Ingrid gasta toda a sua renda em moradia e nada em refeições em restaurantes (de modo que $Q_M = 0$). Isso significa que o intercepto horizontal da linha de orçamento, o número de quartos que ela consome, é:

(10A.9) $Q_R = N/P_R =$ \$ 2.400/(\$ 150 por quarto) = 16 quartos
= Intercepto horizontal da linha de orçamento

Agora, temos a informação necessária para encontrar a inclinação da linha de orçamento. É a seguinte:

(10A.10) Inclinação da linha de orçamento = –(Intercepto vertical) / (Intercepto horizontal)

$$= -\frac{\dfrac{N}{P_M}}{\dfrac{N}{P_R}} = -\frac{P_R}{P_M}$$

O **preço relativo** do bem R em termos do bem M é igual a P_R/P_M, a taxa pela qual R é negociado para M no mercado.

Note o sinal de menos na Equação 10A.10; ele está lá porque a linha de orçamento tem inclinação para baixo. A quantidade P_R/P_M é conhecida como o **preço relativo** de quartos em termos de refeições, para distingui-lo do preço comum em termos de unidade monetária. Neste exemplo é igual a \$ 150 / \$ 30 = 5. Como Ingrid, para comprar mais um quarto, tem de abdicar da quantidade P_R/P_M de refeições em restaurantes, ou 5 refeições, podemos interpretar o preço relativo P_R/P_M como a taxa pela qual um quarto se troca por refeições no mercado; é o preço – em termos de refeições em restaurantes – que Ingrid tem de "pagar" para obter mais um quarto.

Examinando de outro ângulo, a inclinação da linha de orçamento, ou seja, o preço relativo com sinal menos nos informa qual é o custo de oportunidade de cada bem em termos do outro. O preço relativo ilustra o custo de oportunidade para um indivíduo de consumir mais uma unidade de um bem em termos de quanto do outro bem em seu pacote de consumo ele é obrigado a dispensar. Esse custo de oportunidade existe porque o consumidor tem recursos limitados: seu orçamento limitado.

Convém notar que as Equações 10A.8, 10A.9 e 10A.10 nos dão toda a informação necessária sobre o que acontece com a linha de orçamento quando mudam os preços relativos ou a renda. Pelas Equações 10A.8 e 10A.9, vemos que uma mudança na renda, N, leva a uma mudança paralela na linha de orçamento: tanto o intercepto vertical quanto o intercepto horizontal se deslocarão. Ou seja, o quanto a linha de orçamento se afasta da origem depende da renda do consumidor. Se a renda do consumidor aumenta, a linha de orçamento se move para fora. Se a renda do consumidor encolhe, a linha de orçamento se desloca para dentro. Em cada um desses casos, a inclinação da linha de orçamento permanece a mesma, pois o preço relativo de um bem em termos do outro não muda.

Em contraste, uma mudança no preço relativo P_R/P_M levará a uma mudança na inclinação da linha de orçamento. Mais adiante neste apêndice, analisaremos essas mudanças na linha de orçamento e como o pacote de consumo ótimo muda quando os preços relativos mudam ou quando muda a renda.

Preços e taxa marginal de substituição

Temos agora todos os elementos para reunirmos a inclinação da linha de orçamento e a inclinação da curva de indiferença de modo a encontrarmos o pacote de consumo ótimo. Pela Equação 10A.6, sabemos que a inclinação da curva de indiferença em qualquer ponto é igual à taxa marginal de substituição com sinal negativo:

$$\textbf{(10A.11)}\ \text{Inclinação da curva de indiferença} = \frac{MU_R}{MU_M}$$

A **regra do preço relativo** diz que, no pacote de consumo ótimo, a taxa marginal de substituição entre dois bens é igual ao seu preço relativo.

Como vimos, no pacote de consumo ótimo, a inclinação da linha de orçamento e a inclinação da curva de diferença são iguais. Podemos escrever isso formalmente juntando as Equações 10A.10 e 10A.11, o que nos dá a **regra do preço relativo** para encontrar o pacote de consumo ótimo:

$$\textbf{(10A.12)}\ \textit{No pacote de consumo ótimo}: -\frac{MU_R}{MU_M} = -\frac{P_R}{P_M} \text{ ou } \frac{MU_R}{MU_M} = \frac{P_R}{P_M}$$

Isto é, no pacote de consumo ótimo, a taxa marginal de substituição de um bem por outro é igual à relação entre seus preços. Ou, de forma mais intuitiva, no pacote de consumo ótimo de Ingrid, a taxa pela qual ela trocaria um quarto por maior quantidade de refeições em restaurante ao longo de sua curva de indiferença, MU_R/MU_M, é igual à taxa pela qual são trocados quartos por refeições em restaurante no mercado, P_R/P_M.

O que aconteceria se essa igualdade não se aplicasse? Podemos verificar isso examinando a Figura 10A.7. Ali, no ponto *B*, a inclinação da curva de indiferença, $-MU_R/MU_M$, é maior em valor absoluto que a inclinação da linha de orçamento, $-P_R/P_M$. Isso significa que, em *B*, Ingrid atribui a um quarto adicional em lugar de refeições um *valor maior* do que lhe custa comprar um quarto adicional e renunciar a algumas refeições. Em consequência, a situação de Ingrid melhoraria se ela descesse por sua linha de orçamento em direção a *A*, consumindo mais quartos e menos refeições; e, portanto, aquele *B* não poderia ter sido seu pacote ótimo.

Do mesmo modo, em *C*, a inclinação da curva de indiferença de Ingrid é menor que a inclinação da linha de orçamento. A implicação é que, em *C*, Ingrid dá a refeições adicionais em lugar de um quarto *maior* valor do que lhe custa comprar refeições adicionais e renunciar a um quarto. De novo, a situação de Ingrid

Figura 10A.7 Entendendo a regra do preço relativo.

O *preço relativo* de quartos em termos de refeições em restaurante é igual à inclinação da linha de orçamento com sinal negativo. A *taxa marginal de substituição* de refeições por quartos é igual à inclinação de curva de indiferença com sinal negativo. A *regra do preço relativo* diz que, no pacote de consumo ótimo, a taxa marginal de substituição tem de ser igual ao preço relativo. Isso pode ser demonstrado considerando o que acontece quando a taxa marginal de substituição não é igual ao preço relativo. No pacote de consumo *B*, a taxa marginal de substituição é maior que o preço relativo; Ingrid pode aumentar sua utilidade total descendo em sua linha de orçamento, *BL*. Em *C*, a taxa marginal de substituição é menor que o preço relativo, e Ingrid pode aumentar sua utilidade total subindo ao longo de sua linha de orçamento. Somente em *A*, onde vale a regra do preço relativo, sua utilidade total é maximizada, dada a sua restrição orçamentária.

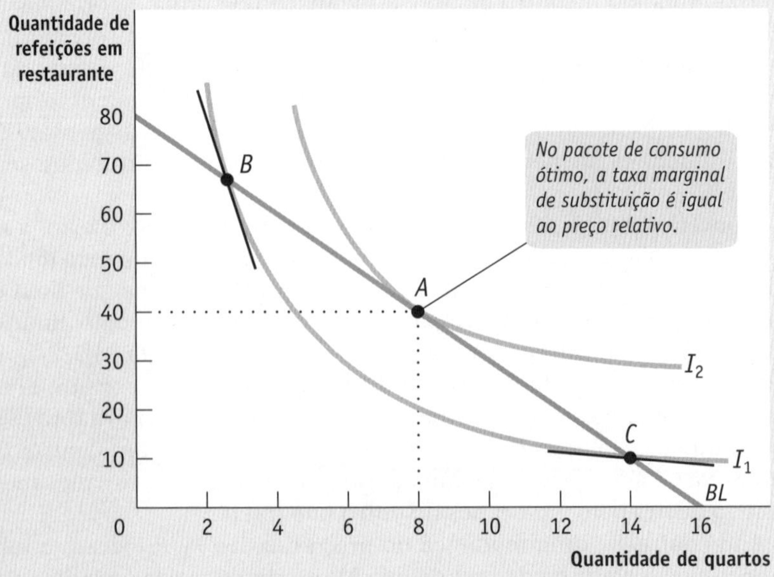

melhoraria se ela subisse por sua linha de orçamento, consumindo mais refeições em restaurante e menos quartos, até alcançar *A*, seu pacote de consumo ótimo.

No entanto, suponha que façamos a seguinte transformação na Equação 10A.12: dividimos ambos os lados por P_R e multiplicamos ambos os lados por MU_M. Então, a regra do preço relativo se torna (do Capítulo 10, Equação 10.3):

(10A.13) *Regra do consumo ótimo:* $$\frac{MU_R}{P_R} = -\frac{MU_M}{P_M}$$

Por conseguinte, usando a *regra do consumo ótimo* (do Capítulo 10) ou a regra do preço relativo (deste apêndice), encontramos o mesmo pacote de consumo ótimo.

Preferências e escolhas

Agora que vimos como representar a escolha de consumo ótimo em um gráfico de curvas de indiferença, podemos passar à relação entre preferências do consumidor e escolhas do consumidor.

Quando dizemos que dois consumidores têm preferências diferentes, queremos dizer que eles têm funções de utilidade diferentes. Isso significa, por sua vez, que eles têm mapas de curvas de indiferença com formatos diferentes. E esses diferentes mapas se traduzem em diferentes escolhas de consumo, mesmo entre consumidores que têm a mesma renda e se defrontam com os mesmos preços.

Para verificar isso, suponha que Lars, um amigo de Ingrid, igualmente consome apenas moradia e refeições em restaurante. Lars, contudo, tem preferência maior por refeições em restaurante e menor gosto por moradia. Essa diferença de preferências se vê na Figura 10A.8, que mostra *dois* conjuntos de curvas de indiferença: o painel (a) mostra as preferências de Ingrid e o painel (b) mostra as preferências de Lars. Atenção para a diferença de seus formatos.

Suponha, como antes, que os quartos custem \$ 150 por mês e que as refeições em restaurante custem \$ 30 cada. Suponha, também, que tanto Ingrid quanto Lars tenham renda mensal de \$ 2.400 e, portanto, linhas de orçamento idênticas. Não obstante, por terem preferências diferentes, eles fazem escolhas de consumo diferentes, como se mostra na Figura 10A.8. Ingrid escolhe 8 quartos e 40 refeições em restaurante; Lars escolhe 4 quartos e 60 refeições.

Usando curvas de indiferença: substitutos e complementares

Agora, vamos aplicar a análise da curva de indiferença para aprofundarmos nossa compreensão de como um consumidor classifica diferentes bens com base em suas preferências. Em primeiro lugar, uma nova percepção da diferença entre *substitutos* e *complementares*.

Lá no Capítulo 3, assinalamos que o preço de um bem muitas vezes afeta a demanda de outro, mas que esse efeito pode funcionar em uma direção ou outra; um aumento no preço do chá aumenta a demanda de café, mas um aumento no preço do leite reduz a demanda de café. Chá e café são substitutos, leite e café são bens complementares.

Porém, o que determina se dois bens são substitutos ou complementares? Isso depende do formato das curvas de indiferença do consumidor. Essa relação pode ser ilustrada com dois casos extremos: *substitutos perfeitos* e *complementares perfeitos*.

Substitutos perfeitos

Imagine que Cokie goste de biscoito. Ela não é detalhista e pouco importa ter 3 biscoitos de amendoim ou 7 biscoitos de chocolate ou vice-versa. Qual seria sua curva de indiferença entre biscoitos de amendoim e biscoitos de chocolate?

A resposta é que seria uma linha reta como I_1 e I_2 na Figura 10A.9. Por exemplo, I_1 mostra que qualquer combinação de biscoitos de amendoim e biscoitos de chocolate somando 10 biscoitos dá a Cokie a mesma utilidade.

Um consumidor cujas curvas de indiferença sejam linhas retas está sempre disposto a substituir a mesma quantidade de um bem por uma unidade do outro,

Figura 10A.8 Diferenças de preferências.

Ingrid e Lars têm preferências diferentes, refletidas no formato diverso de seus mapas de curvas de indiferença. Por conseguinte, escolhem pacotes de consumo diferentes mesmo quando têm as mesmas escolhas possíveis. Ambos têm renda de $ 2.400 por mês e se defrontam com preços de $ 30 por refeição e $ 150 por quarto. O painel (a) mostra a escolha de consumo de Ingrid: 8 quartos e 40 refeições em restaurante. O painel (b) mostra a escolha de Lars: embora ele tenha a mesma linha de orçamento, consome menos quartos (4) e mais refeições em restaurante (60).

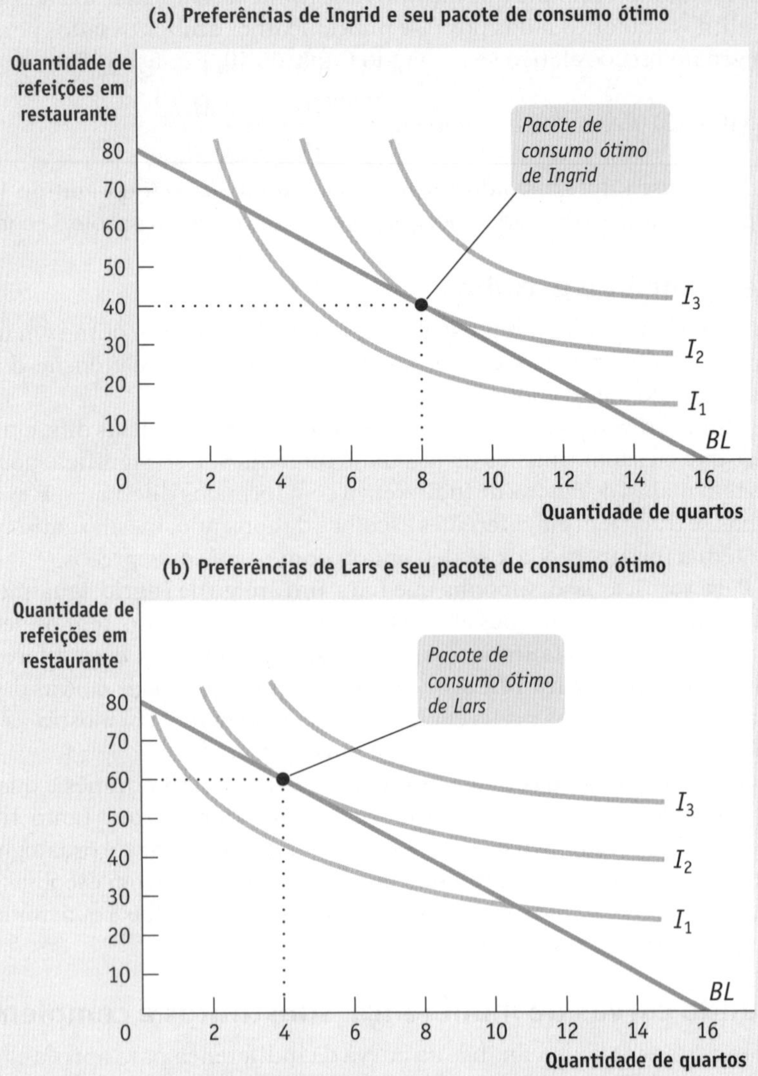

Dois bens serão **substitutos perfeitos** se a taxa marginal de substituição de um bem no lugar do outro for constante, independentemente de quanto de cada um deles um indivíduo consome.

independentemente de quanto ele esteja consumindo de um bem ou de outro. Cokie, por exemplo, está sempre disposta a aceitar um biscoito de amendoim a menos em troca de um biscoito de chocolate a mais, o que torna a sua taxa marginal de substituição *constante*.

Quando as curvas de indiferença são linhas retas, dizemos que os bens são **substitutos perfeitos**. Quando dois bens são substitutos perfeitos, existe um único preço relativo pelo qual os consumidores dispõem-se a comprar ambos os bens; um preço relativo um pouquinho mais alto ou um pouquinho mais baixo fará os consumidores comprarem apenas um dos dois bens.

A Figura 10A.10 ilustra esse ponto. As curvas de indiferença são as mesmas que na Figura 10A.9, mas agora incluímos a linha de orçamento de Cokie, *BL*. Em cada painel, supomos que Cokie tenha $ 12 para gastar. No painel (a), supomos que os biscoitos de chocolate custem $ 1,20 cada, e os biscoitos de amendoim, $ 1,00 cada. O pacote de consumo ótimo de Cokie está no ponto *A*: ela compra 12 biscoitos de amendoim e nenhum biscoito de chocolate. No painel (b), a situação é a inversa: biscoitos de chocolate custam $ 1,00 e biscoitos de amendoim custam $ 1,20. Nesse caso, seu consumo ótimo está no ponto *B*, quando ela consome apenas biscoitos de chocolate.

Figura 10A.9 Substitutos perfeitos.

Dois bens são substitutos perfeitos quando a taxa marginal de substituição não depende das quantidades consumidas. Nesse caso, as curvas de indiferença são linhas retas.

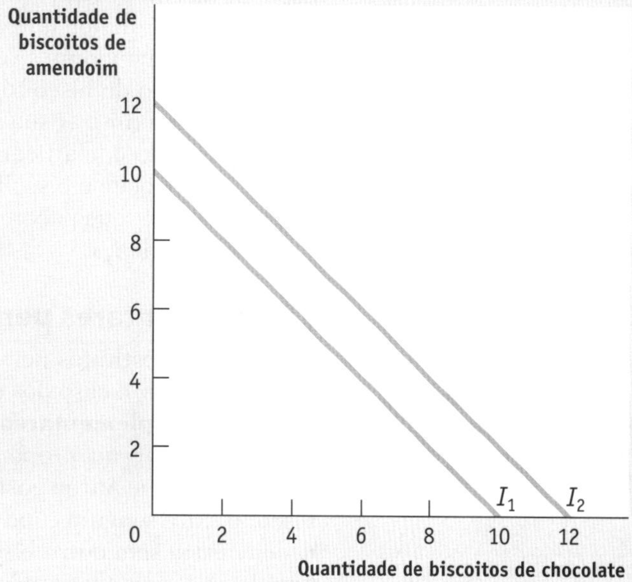

Figura 10A.10 Escolha do consumidor entre substitutos perfeitos.

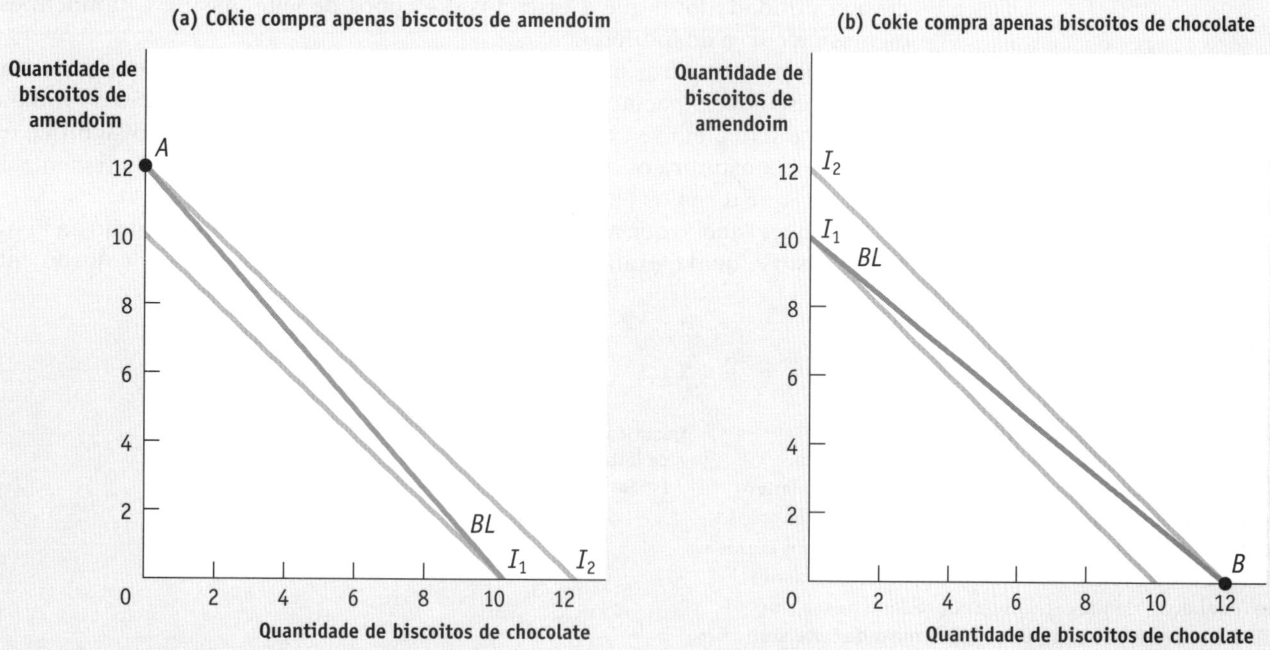

Quando dois bens são substitutos perfeitos, pequenas modificações de preço podem levar a grandes modificações no pacote de consumo. No painel (a), o preço relativo do biscoito de chocolate é ligeiramente superior à taxa marginal de substituição entre biscoitos de chocolate e biscoitos de amendoim; isso basta para induzir Cokie a escolher o pacote de consumo *A*, que consiste totalmente em biscoitos de amendoim. No painel (b), o preço relativo do biscoito de chocolate é ligeiramente inferior à taxa marginal de substituição; isso induz Cokie a escolher o pacote *B*, que consiste inteiramente em biscoitos de chocolate.

Por que uma mudança tão pequena no preço faz Cokie transferir todo o seu consumo de um bem para outro? Porque sua taxa marginal de substituição não depende da composição de seu pacote de consumo. Se o preço relativo do biscoito de chocolate é maior que a taxa marginal de substituição, ela compra apenas biscoitos de amendoim; se é menor, ela compra apenas biscoitos de chocolate. Se o preço relativo do biscoito de chocolate é igual à taxa marginal de substituição, Cokie pode maximizar sua utilidade comprando qualquer pacote em sua linha de orçamento. Isto é, ela ficará igualmente feliz com qualquer combinação de biscoitos de chocolate e biscoitos de amendoim que possa comprar. Nesse caso, não podemos prever que pacote ela escolherá entre todos os pacotes que estão na sua linha de orçamento.

Complementares perfeitos

Dois bens são **complementares perfeitos** quando um consumidor quer consumir os bens na mesma proporção, independentemente de seu preço relativo.

O caso dos substitutos perfeitos representa uma forma extrema das preferências do consumidor; o caso dos complementares perfeitos representa o outro extremo. Bens são **complementares perfeitos** quando um consumidor quer consumir os dois bens na mesma proporção, independentemente do seu preço relativo.

Suponha que Aaron goste de biscoitos e leite, mas somente dos dois juntos. Um biscoito extra sem um copo de leite extra não lhe dá utilidade; tampouco, um copo de leite extra sem outro biscoito. Nesse caso, suas curvas de indiferença formam ângulos retos, como se mostra na Figura 10A.11.

Para ver por quê, considere os três pacotes indicados por *A*, *B* e *C*. Em *B*, sobre I_4, Aaron consome 4 biscoitos e 4 copos de leite. Em *A*, diretamente acima de *B*, ele consome 4 biscoitos e 5 copos de leite, mas o copo de leite extra não acrescenta nada à sua utilidade. Assim, *A* está na mesma curva de indiferença que *B*, I_4. De modo similar, em *C* ele consome 5 biscoitos e 4 copos de leite, mas isso gera a mesma utilidade total que 4 biscoitos e 4 copos de leite. Assim, *C* também está na mesma curva de indiferença, I_4.

Também se mostra, na Figura 10A.11, a linha de orçamento que permitiria a Aaron escolher o pacote *B*. O ponto importante é que a inclinação da linha de orçamento não afeta seu consumo relativo de biscoitos e leite. Isso significa que ele sempre consumirá os dois bens na mesma proporção, independentemente dos preços – o que torna os bens complementares perfeitos.

Você quer saber o que aconteceu com a taxa marginal de substituição na Figura 10A.11? Isto é, qual é exatamente a taxa marginal de substituição de Aaron entre

Figura 10A.11 Complementares perfeitos.

Quando dois bens são complementares perfeitos, o consumidor quer consumir os bens na mesma proporção, independentemente do seu preço relativo. As curvas de indiferença assumem a forma de ângulos retos. Nesse caso, Aaron vai escolher consumir 4 copos de leite e 4 biscoitos (pacote *B*), independentemente da inclinação da linha de orçamento (que passa por *B*). O motivo é que nem um copo a mais de leite sem um biscoito adicional (pacote *A*), nem um biscoito adicional sem um copo a mais de leite (pacote *C*) acrescentam alguma vantagem ao final.

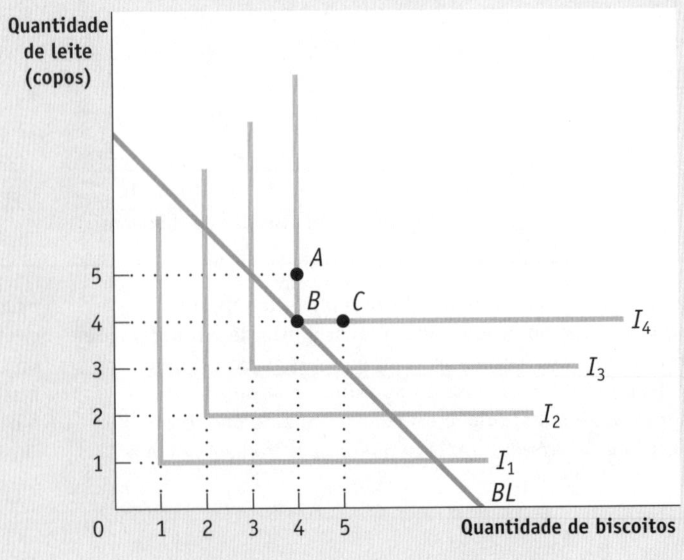

biscoitos e leite, já que ele não está disposto a fazer qualquer substituição entre os dois bens? A resposta é que, nesse caso dos complementares perfeitos, a taxa marginal de substituição é *indefinida*, porque as preferências individuais *não* permitem substituição *alguma* entre os bens.

Casos menos extremos

Existem exemplos reais de pares de bens que estão muito próximos de serem substitutos perfeitos. Por exemplo, a lista de ingredientes em um pacote de mistura para panqueca diz que ela contém "óleo de soja ou óleo de algodão": o produtor usa o que estiver mais barato, pois os consumidores não conseguem perceber se há diferença. Há outros pares de bens que estão bem próximos de serem complementares perfeitos – por exemplo, carros e pneus.

Na maioria dos casos, entretanto, as possibilidades de substituição se encontram em algum ponto entre esses extremos. Em alguns casos, não é fácil ter certeza se os bens são substitutos ou complementares.

Preços, renda e demanda

Voltemos às escolhas de consumo de Ingrid. Na situação que consideramos, sua renda era \$ 2.400 por mês, a moradia custava \$ 150 por quarto e as refeições em restaurante custavam \$ 30 cada. Seu pacote de consumo ótimo, como vimos na Figura 10A.7, continha 8 quartos e 40 refeições em restaurante.

Vejamos como sua escolha de consumo mudaria se mudasse o aluguel por quarto ou sua renda. Como veremos, podemos juntar essas peças para aprofundar a compreensão da demanda do consumidor.

Efeitos de um aumento de preço

Suponha que, por alguma razão, ocorra um forte aumento no preço da moradia. Ingrid agora tem de pagar \$ 600 por quarto em vez de \$ 150. Enquanto isso, o preço das refeições em restaurante e sua renda não mudam. Como essa mudança afeta suas escolhas de consumo?

Quando o preço dos quartos aumenta, o preço relativo dos quartos em termos de refeições em restaurante aumenta; como resultado, a linha de orçamento de Ingrid muda (para pior, mas vamos chegar a isso mais tarde). Ela responde a essa mudança escolhendo um novo pacote de consumo.

A Figura 10A.12 mostra a linha de orçamento original de Ingrid (BL_1) e sua nova linha de orçamento (BL_2), de novo supondo que sua renda permaneça igual, \$ 2.400 por mês. Com moradia custando \$ 150 por quarto e refeições em restaurante custando \$ 30 cada, sua linha de orçamento, BL_1, intercepta o eixo horizontal em 16 quartos e o eixo vertical em 80 refeições. Depois que o preço dos quartos aumenta para \$ 600 cada, a linha de orçamento, BL_2, continua atingindo o eixo vertical em 80 refeições em restaurante, mas atinge o eixo horizontal em apenas 4 quartos. Isso porque, pela Equação 10A.9, sabemos que o novo intercepto horizontal da linha de orçamento é agora \$ 2.400/\$ 600 = 4. Sua linha de orçamento teve uma rotação para dentro e se tornou mais íngreme, refletindo o novo preço mais elevado de um quarto em termos de refeições em restaurante.

A Figura 10A.13 mostra como Ingrid responde a essas novas circunstâncias. Seu pacote de consumo ótimo original consiste em 8 quartos e 40 refeições. Porém, depois que sua linha de orçamento gira em resposta a uma mudança no preço relativo, ela busca seu novo pacote de consumo ótimo, escolhendo o ponto em BL_2 que a leve à curva de indiferença mais alta possível. No novo pacote de consumo, *C*, ela consome menos quartos e mais refeições em restaurante que antes: 1 quarto e 60 refeições.

Por que o consumo de quartos de Ingrid cai? Em parte, mas apenas em parte, porque o aumento no preço de quartos reduz seu poder de compra, tornando-a mais pobre. Isto é, o preço relativo mais alto de um quarto provoca uma rotação

Figura 10A.12 Efeitos de um aumento de preço na linha de orçamento.

Um aumento no preço dos quartos, mantido constante o preço de refeições em restaurante, aumenta o preço relativo dos quartos em termos e refeições. Em consequência, a linha de orçamento original de Ingrid, BL_1, faz uma rotação para dentro até BL_2. O máximo possível de compras de refeições em restaurante permanece igual, mas o máximo possível de aquisição de quartos se reduz.

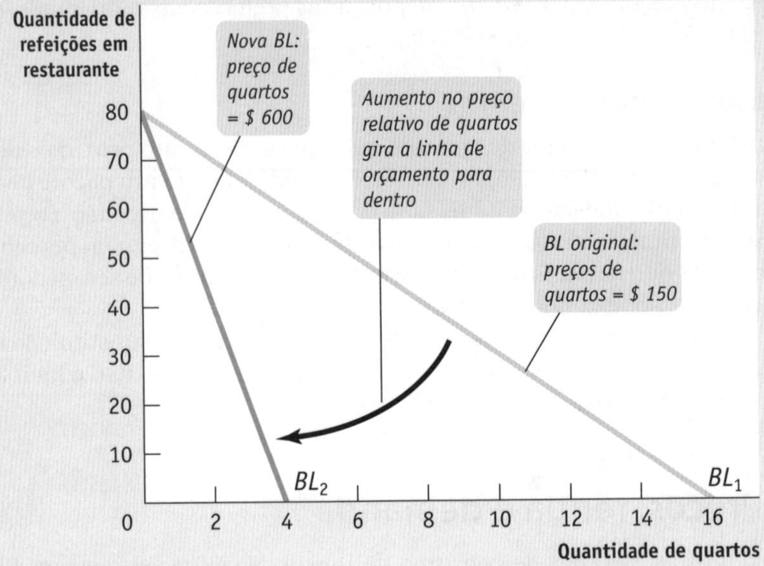

Figura 10A.13 Respondendo a um aumento de preço.

Ingrid responde ao preço relativo mais alto de quartos escolhendo um novo pacote de consumo com menos quartos e mais refeições em restaurante. Seu novo pacote de consumo ótimo, *C*, contém 1 quarto em vez de 8 e 60 refeições em restaurante em vez de 40.

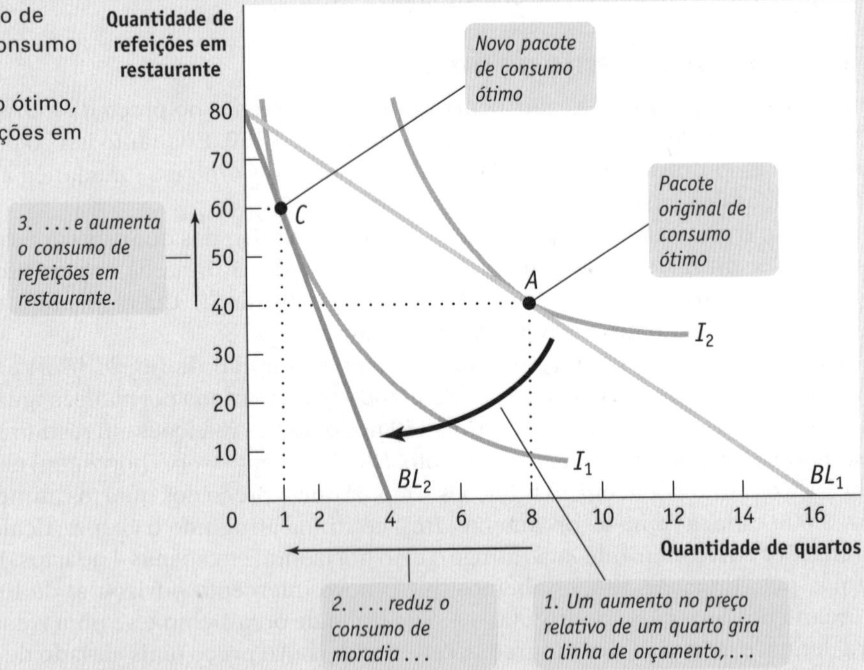

da sua linha de orçamento para dentro em direção à origem, reduzindo suas possibilidades de consumo e colocando-a em uma curva de indiferença mais baixa. Quando ela se defronta com um preço mais alto para moradia, é como se sua renda diminuísse.

Para entendermos esse efeito e verificarmos que ele não representa a história completa, consideremos uma mudança diferente nas circunstâncias de Ingrid: uma alteração da sua renda.

Renda e consumo

No Capítulo 3, estudamos a curva de demanda individual, que mostra como a escolha de consumo de um consumidor muda quando o preço de um bem muda, mantidos constantes a renda e os preços dos outros bens. Isto é, o movimento ao longo da curva de demanda individual mostra o efeito substituição, ou seja, como a quantidade consumida muda em resposta a mudanças no *preço relativo* dos dois bens. Mas podemos perguntar também como muda a escolha de consumo quando a *renda* muda, mantidos constantes os preços relativos.

Antes de continuar, é importante entender como uma mudança na renda, mantidos constantes os preços relativos, afeta a linha de orçamento. Suponha que a renda de Ingrid diminua de \$ 2.400 para \$ 1.200 e que deixemos os preços constantes em \$ 150 por quarto e \$ 30 por refeição em restaurante. Em consequência, o número máximo de quartos que ela pode comprar cai de 16 para 8, e o número máximo de refeições em restaurante cai de 80 para 40. Em outras palavras, as possibilidades de consumo de Ingrid encolheram, como se mostra no deslocamento para dentro de sua linha de orçamento na Figura 10A.14, de BL_1 para BL_2. É um deslocamento paralelo, porque a inclinação da linha de orçamento – os preços relativos – permaneceu inalterada enquanto a renda mudou.

De forma alternativa, suponha que a renda de Ingrid aumente de \$ 2.400 para \$ 3.000. Ela agora tem condições de obter um máximo de 20 quartos e 100 refeições, o que leva a um *deslocamento paralelo para fora* da linha de orçamento, o deslocamento de BL_1 para BL_3 na Figura 10A.14. Nesse caso, as possibilidades de consumo de Ingrid se expandiram.

Agora, estamos prontos para considerar como Ingrid responde a uma mudança direta na renda, isto é, uma mudança em seu nível de renda, mantidos constantes os preços relativos. A Figura 10A.15 compara a linha de orçamento e a escolha de consumo ótimo quando Ingrid tinha renda de \$ 2.400 por mês (BL_1) com sua linha de orçamento e escolha de consumo ótimo quando ela tem renda de \$ 1.200 por mês (BL_2), mantendo constantes os preços de \$ 150 por quarto e \$ 30 por refeição em restaurante. O ponto *A* é o pacote de consumo ótimo de Ingrid com renda de \$ 2.400, e o ponto *B* é seu pacote de consumo ótimo com a renda de \$ 1.200. Em cada caso, seu pacote de consumo ótimo é dado pelo ponto em que a linha de orçamento é tangente à curva de indiferença. Como se vê, quando a renda diminui, sua linha

Figura 10A.14 Efeito de uma mudança de renda na linha de orçamento.

Quando os preços relativos são mantidos constantes, a linha de orçamento se desloca em paralelo às mudanças de renda. Por exemplo, se a renda de Ingrid cai de \$ 2.400,00 para \$ 1.200, ela claramente piora de situação: sua linha de orçamento se desloca para dentro, de BL_1 para sua nova posição BL_2. Ao contrário, se a renda de Ingrid sobre de \$ 2.400 para \$ 3.000, ela nitidamente melhora de situação: sua linha de orçamento se desloca para fora, de BL_1, para BL_3.

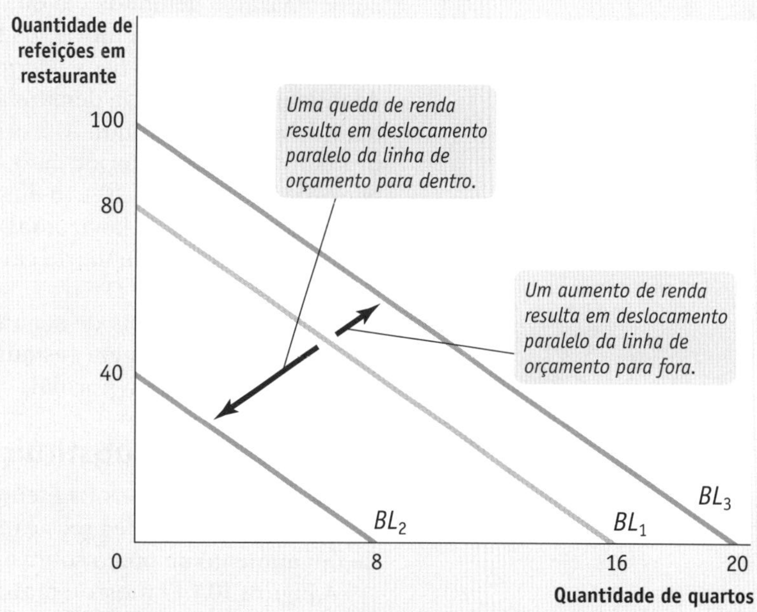

Figura 10A.15 Renda e consumo: bens normais.

Com renda mensal de $ 2.400, Ingrid escolhe o pacote *A*, que consiste em 8 quartos e 40 refeições em restaurantes. Quando o preço relativo permanece inalterado, uma queda na renda desloca sua linha orçamentária para dentro, ou seja, para BL_2. Com renda mensal de $ 1.200, ela escolhe o pacote *B*, que consiste em 4 quartos e em 20 refeições em restaurantes. Já que o consumo de Ingrid, tanto de refeições em restaurantes quanto de quartos, cai quando sua renda cai, ambos os bens são bens normais.

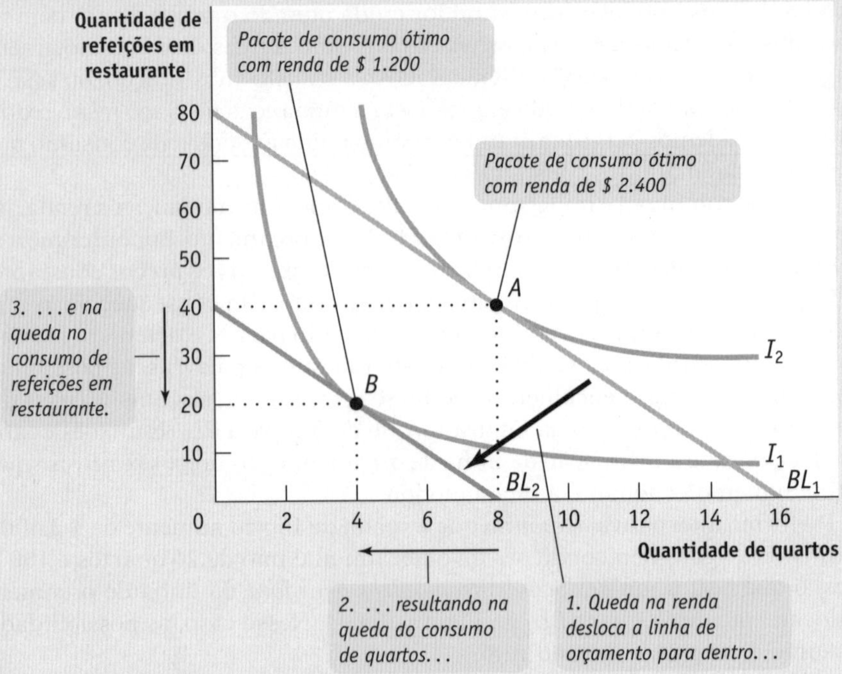

de orçamento se desloca para dentro, comparada com sua linha de orçamento de renda mais alta, mas mantém a mesma inclinação porque os preços relativos não mudaram.

Isso significa que ela tem de reduzir seu consumo de moradia ou de refeições, ou ambos. O resultado é que ela se encontra em um nível de utilidade total mais baixo, representado por uma curva de indiferença mais baixa.

No fim das contas, Ingrid consome menos de ambos os bens quando sua renda cai: quando sua renda passa de $ 2.400 para $ 1.200, seu consumo de moradia cai de 8 para 4 quartos e seu consumo de refeições em restaurante cai de 40 para 20. Isso acontece porque, em sua função de utilidade, ambos os bens são *bens normais*, como definidos no Capítulo 3: bens cuja demanda aumenta quando a renda aumenta e cuja demanda cai quando a renda cai.

Embora, em sua maioria, os bens sejam normais, também notamos no Capítulo 3 que alguns são *bens inferiores*, cuja demanda se move na direção oposta à da mudança de renda: a demanda cai quando a renda sobe, e a demanda aumenta quando a renda diminui. Móveis de segunda mão podem servir de exemplo. Se um bem é ou não inferior, isso depende do mapa das curvas de indiferença do consumidor. A Figura 10A.16 ilustra um caso desses, no qual se medem móveis de segunda mão no eixo horizontal e refeições em restaurante no eixo vertical. Note que, quando a renda de Ingrid cai de $ 2.400 (BL_1) para $ 1.200 (BL_2) e seu pacote de consumo ótimo vai de *D* para *E*, seu consumo de móveis de segunda mão aumenta, implicando que móveis de segunda são um bem inferior. Simultaneamente, seu consumo de refeições em restaurante diminui, implicando que refeições em restaurantes são um bem normal.

Efeitos renda e substituição

Agora que examinamos os efeitos de uma mudança de renda, podemos voltar à questão da mudança de preço e mostrar mais detalhadamente de que modo o efeito de um aumento de preço sobre a demanda tem um componente de renda.

A Figura 10A.17 mostra, mais uma vez, as linhas de orçamento original (BL_1) e nova (BL_2) de Ingrid, e suas escolhas de consumo com uma renda de $ 2.400. Com

Figura 10A.16 Renda e consumo: bem inferior.

Quando a renda de Ingrid cai de $ 2.400 a $ 1.200, seu pacote de consumo *ótimo* muda de *D* para *E*. Seu consumo de móveis de segunda mão aumenta, o que implica que móveis de segunda mão são bens inferiores. Além disso, o consumo de refeições em restaurantes diminui, indicativo de que refeições em restaurantes são bens normais.

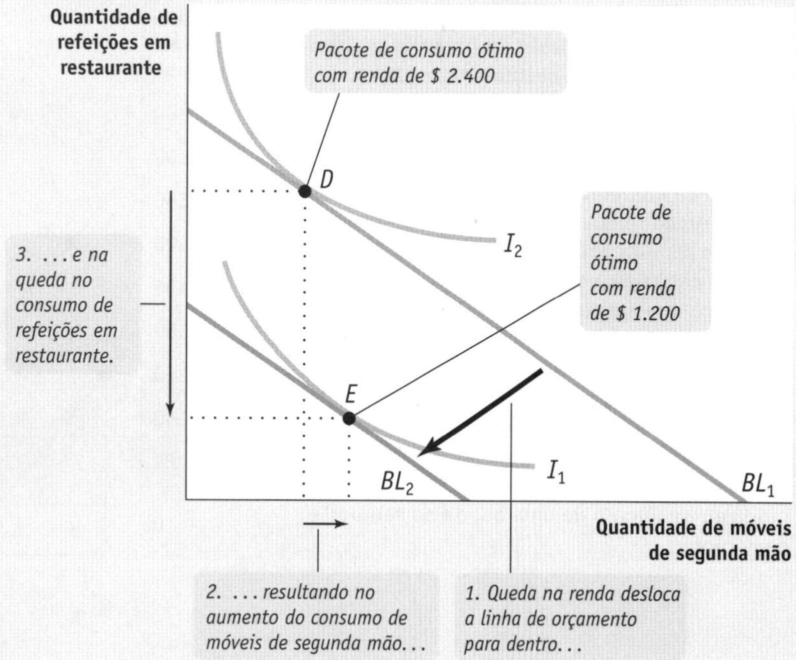

o preço de moradia em $ 150 por quarto, Ingrid escolhe o pacote de consumo em *A*; com um preço de moradia de $ 600 por quarto, ela escolhe o pacote de consumo em *C*.

Observemos de novo o que acontece com a linha de orçamento de Ingrid. Ela continua a atingir o eixo vertical em 80 refeições em restaurante; isto é, se Ingrid fosse gastar toda a sua renda em refeições em restaurante, o aumento no preço da moradia não a afetaria. Mas a nova linha de orçamento atinge o eixo horizontal somente em 4 quartos. Assim, a linha de orçamento teve uma rotação, *deslocando-se para dentro e passando a ter inclinação mais forte*, em consequência do aumento no preço relativo de quartos.

Já sabemos o que acontece: o consumo de moradia de Ingrid diminui de 8 quartos para 1. Porém, a figura sugere que há *duas* razões para a queda no consumo de moradia de Ingrid. Uma razão para consumir menos quartos é que, por causa do preço relativo mais alto dos quartos, o custo de oportunidade de um quarto medido em termos de refeições em restaurante (a quantidade de refeições em restaurante à qual ela precisa renunciar para consumir um quarto adicional) subiu. Essa mudança no custo de oportunidade, refletida na inclinação maior da linha de orçamento, dá a ela um incentivo para substituir quartos por refeições em seu consumo. Ela agora consome mais refeições em restaurantes: 60 em vez de 40.

Porém, o outro motivo para Ingrid consumir menos quartos depois do aumento de preço é que o aumento no preço dos quartos deixa-a *mais pobre*. É verdade que sua renda em dinheiro não mudou. Mas ela precisa pagar mais pela moradia, e o resultado é que sua linha de orçamento teve rotação para dentro. Assim, ela não consegue alcançar o mesmo nível de utilidade total que antes. É por isso que ela acaba se situando em uma curva de indiferença mais baixa.

No mundo real, esses efeitos – ou seja, o aumento no preço de um bem que aumenta seu custo de oportunidade e também torna o consumidor mais pobre – andam geralmente juntos. Mas podemos separá-los mentalmente. No Capítulo 10, apresentamos a distinção entre *efeito substituição* de uma mudança de preço (a mudança no consumo que deriva da substituição de um bem que se tornou

Figura 10A.17 Efeitos renda e substituição.

O movimento do pacote de consumo ótimo original de Ingrid, *A*, quando o preço de quartos é $ 150, para seu novo pacote de consumo ótimo, *C*, quando o preço de quartos é $ 600, pode ser decomposto em duas partes. O movimento de *A* para *B*, o movimento ao longo da curva de indiferença original, I_2, quando muda o preço relativo, é o efeito substituição puro. Ele captura a forma como o seu consumo mudaria caso tivesse um aumento de renda hipotético que lhe compensasse exatamente pelo aumento no preço dos quartos de tal modo que sua utilidade total permanecesse inalterada. O movimento de *B* para *C*, a mudança de consumo quando removemos aquela hipotética compensação de renda, é o efeito renda do aumento de preço, ou seja, como seu consumo muda em resultado de uma queda do seu poder de compra.

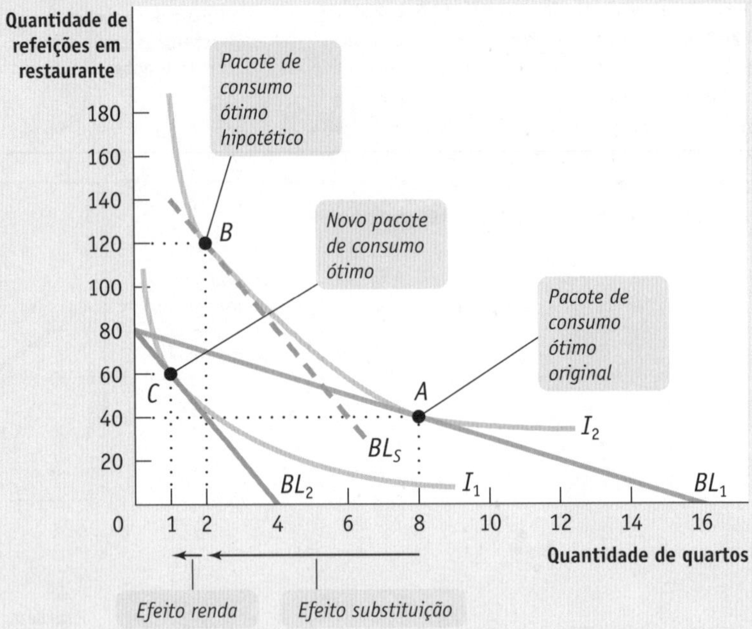

relativamente mais caro pelo bem que se tornou relativamente mais barato) e *efeito renda* (a mudança no consumo causada pela mudança no poder de compra que deriva da mudança de preço). Agora, podemos mostrar esses dois efeitos mais nitidamente.

Para isolar o efeito substituição, vamos mudar temporariamente a história da razão por que Ingrid se defronta com um aumento de aluguéis: não é que a moradia tenha ficado mais cara, mas ela mudou de Cincinnati para San Jose, onde os aluguéis são mais caros. No entanto, vamos imaginar um cenário hipotético; suponhamos por um momento que ela ganhe mais em San Jose e que a renda mais alta seja suficiente para *compensá-la* pelo preço mais alto da moradia, de tal modo que sua utilidade total é exatamente a mesma que antes.

A Figura 10A.17 mostra sua situação antes e depois desse movimento. O pacote indicado por *A* representa a escolha de consumo original de Ingrid: 8 quartos e 40 refeições em restaurante. Quando ela muda para San Jose, encontra um preço de moradia mais alto, de modo que sua linha de orçamento fica com inclinação maior. Mas a nossa pressuposição é de que, ao mudar para San Jose, ela tem uma renda maior, que compensa exatamente o preço mais alto da moradia, isto é, o suficiente para que possa alcançar sua curva de indiferença original. Assim, o seu novo pacote de consumo ótimo *hipotético* é *B*, em que a linha de orçamento hipotética mais inclinada, pontilhada (BL_S), tangencia a curva de indiferença original (I_2). Ao supor que compensamos Ingrid pela perda de poder de compra derivada do aumento de preço da moradia, conseguimos isolar o *efeito substituição puro* sobre o seu consumo, distinguindo-o do efeito da mudança no preço relativo.

Em *B*, o pacote de consumo de Ingrid contém 2 quartos e 120 refeições em restaurante. Isso custa $ 4.800 (2 quartos a $ 600 cada e 120 refeições a $ 30 cada). Assim, se Ingrid sofre um aumento no preço da moradia de $ 150 para $ 600 por quarto, mas experimenta ao mesmo tempo um aumento de renda de $ 2.400 para $ 4.800 por mês, ela acaba tendo o mesmo nível de utilidade total.

O movimento de *A* para *B* é o efeito substituição puro de uma mudança de preço. É o efeito sobre a escolha de consumo de Ingrid quando mudamos o preço da moradia mantendo constante a utilidade total.

Agora que isolamos o efeito substituição, podemos trazer de volta o efeito renda de uma mudança de preço. Isso é fácil: basta voltar à história original, em que Ingrid sofre aumento no preço da moradia *sem* qualquer aumento de renda. Já sabemos que isso a coloca em *C* na Figura 10A.17. Mas podemos imaginar o movimento de *A* para *C* em dois passos. Primeiro, Ingrid passa de *A* para *B*, o efeito substituição da mudança no preço relativo. Em seguida, retiramos a renda extra necessária para mantê-la em sua curva de indiferença original, fazendo-a passar para *C*. O movimento de *B* para *C* é a mudança adicional na demanda de Ingrid que resulta do fato de que o aumento no preço da moradia, de fato, reduz sua utilidade. Esse é o efeito renda da mudança de preço.

Podemos usar a Figura 10A.17 para confirmar que refeições em restaurante e moradia são bens normais nas preferências de Ingrid. Para bens normais, o efeito renda e o efeito substituição funcionam na mesma direção: um aumento de preço induz uma queda na quantidade consumida por causa do efeito substituição (o movimento de *A* para *B*) e uma queda na quantidade consumida por causa do efeito renda (o movimento de *B* para *C*). Por isso é que as curvas de demanda para bens normais sempre têm inclinação para baixo.

O que teria acontecido em consequência do aumento no preço da moradia se, em vez de ser um bem normal, a moradia fosse para Ingrid um bem inferior? Primeiro, o movimento de *A* para *B* que aparece na Figura 10A.17, o efeito substituição, seria o mesmo. Mas uma mudança de renda faz a quantidade consumida mudar na direção oposta quando um bem é inferior. Assim, o movimento de *B* para *C* que se mostra na Figura 10A.17, o efeito renda no caso de um bem normal, já não aconteceria. Em vez disso, o efeito renda para um bem inferior faria a quantidade de quartos consumidos por Ingrid *aumentar* em relação a *B* – digamos, para um pacote consistindo em 3 quartos e 20 refeições em restaurante.

No fim das contas, as curvas de demanda para bens inferiores normalmente se inclinam para baixo: se Ingrid consome 3 quartos depois do aumento no preço da moradia, ainda são 5 quartos menos do que consumia antes. Embora o efeito renda funcione na direção oposta ao efeito substituição, no caso dos bens inferiores, nesse exemplo o efeito substituição é mais forte que o efeito renda.

O que aconteceria se existisse um tipo de bem inferior em que o efeito renda fosse tão forte que dominasse o efeito substituição? A curva de demanda desse bem teria inclinação para cima, isto é, a quantidade demandada aumentaria quando o preço aumentasse? A resposta é sim: já vimos esse bem antes, é o chamado *bem de Giffen*, explicado no Capítulo 10. Como observamos ali, bens de Giffen são criaturas raras, mas não são completamente impossíveis.

Essa distinção entre os efeitos renda e substituição é importante na prática? Para analisar a demanda de bens, em geral ela não tem grande importância. Contudo, no Capítulo 19, vamos discutir como os indivíduos tomam decisões sobre quanto do seu trabalho ofertar aos empregadores. Nesse caso, os efeitos renda e substituição funcionam em direções opostas, e a distinção entre eles se torna crucial.

QUESTÕES PARA PENSAR

1. As quatro propriedades das curvas de indiferença para bens ordinários, ilustradas na Figura 10A.4, excluem certas curvas de indiferença. Determine se essas propriedades gerais permitem cada uma das curvas de indiferença que se seguem. Caso contrário, informe qual dos princípios gerais exclui a curva em questão.

a.

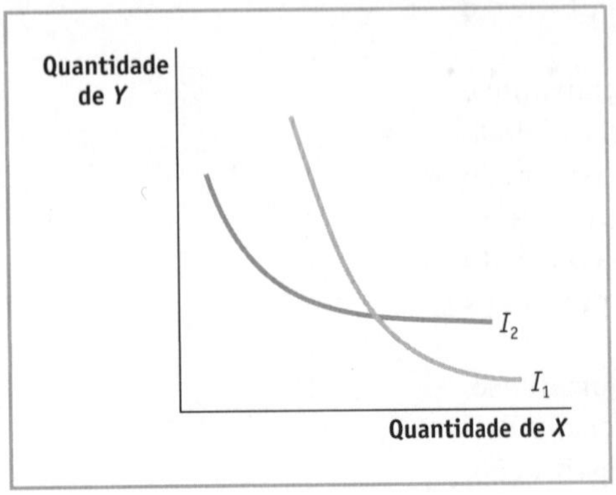

b.

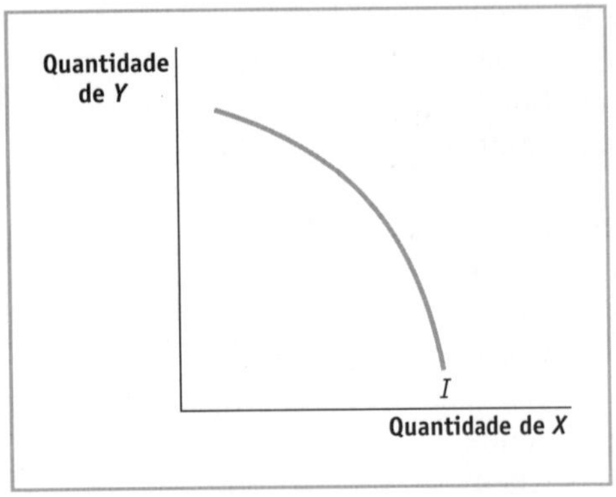

c.

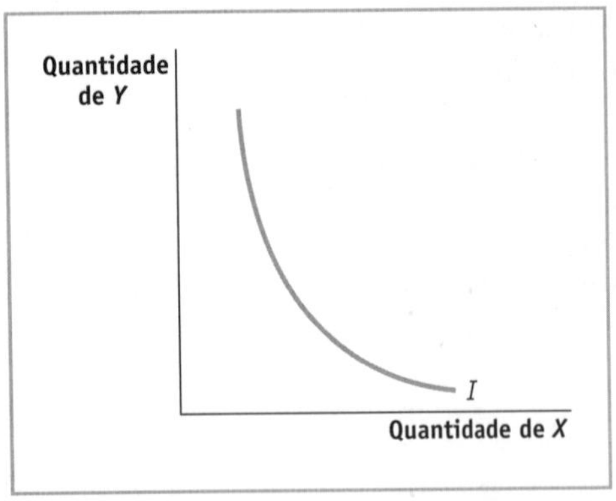

d.

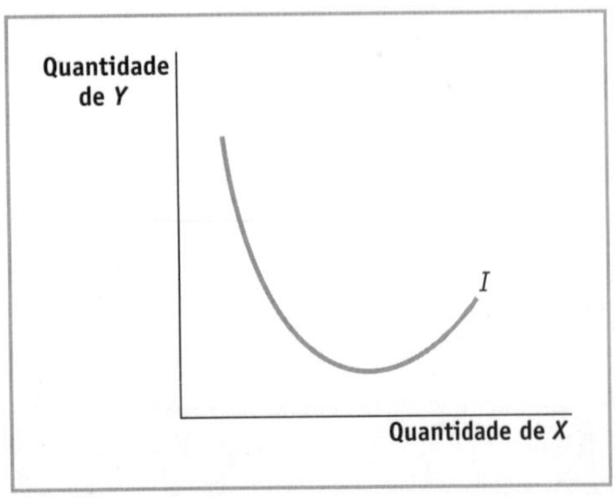

2. Ralph e Lauren estão conversando sobre o quanto gostam de frequentar a academia e quanto gostam de jantar fora no restaurante favorito, coisas que eles costumam fazer regularmente. Uma sessão na academia custa o mesmo que uma refeição no restaurante. Ralph diz que, em seu atual consumo de academia e restaurante, ele dá a mais uma refeição no restaurante o dobro do valor que dá a mais uma sessão na academia. Lauren está estudando economia e diz a ele que seu atual consumo não pode ser ótimo.
   a. Lauren está correta? Por quê? Trace um gráfico da linha de orçamento de Ralph e da curva de indiferença em que ele está situado ao fazer sua atual escolha de consumo. Coloque refeições no restaurante no eixo horizontal e sessões na academia no eixo vertical.
   b. Como Ralph deve ajustar seu consumo para que se torne ótimo? Ilustre sua escolha ótima no gráfico.
3. Para Norma, tanto *nachos* como batatas fritas são bens normais. Embora ela goste de consumi-los juntos, eles não são complementos perfeitos (suas curvas de indiferença são convexas e não em ângulo reto). O preço dos *nachos* aumenta, enquanto o preço da batata frita não muda.
   a. É possível determinar com certeza se ela consumirá mais ou menos *nachos*? Explique com um gráfico, colocando *nachos* no eixo horizontal e batatas fritas no eixo vertical.
   b. É possível saber com certeza se ela consumirá mais ou menos batatas fritas? Explique com um gráfico, colocando *nachos* no eixo horizontal e batatas fritas no eixo vertical.
4. Pam gasta seu dinheiro em pão e carne enlatada Spam, e suas curvas de indiferença obedecem às quatro propriedades das curvas de indiferença para bens ordinários. Suponha que, para Pam, Spam seja um bem inferior mas não um bem de Giffen; pão é um bem normal. O pão custa \$ 2 cada e Spam custa \$ 2 por lata. Pam tem \$ 20 para gastar.
   a. Trace um gráfico da linha de orçamento de Pam colocando Spam no eixo horizontal e pão no eixo vertical. Suponha que seu pacote de consumo ótimo seja 4 latas de Spam e 6 pães. Ilustre esse pacote e trace a curva de indiferença sobre a qual ele está situado.
   b. O preço de Spam cai para \$ 1; o preço do pão continua o mesmo. Pam agora compra 7 pães e 6 latas de Spam. Ilustre sua nova linha de orçamento e o novo pacote de consumo ótimo em seu gráfico. Trace também a curva de indiferença sobre a qual está esse pacote.
   c. Em seu gráfico, mostre os efeitos renda e substituição dessa queda no preço de Spam. Recorde que, para Pam, Spam é um bem inferior.
5. Katya percorre um trajeto longo para o trabalho. Ela pode usar transporte público ou seu próprio carro. Suas curvas de indiferença obedecem às quatro propriedades das curvas de indiferença para bens ordinários.
   a. Trace a linha de orçamento de Katya com o uso de carro no eixo vertical e de transporte público no eixo horizontal. Suponha que Katia consuma algo de ambos

os bens. Trace uma curva de indiferença que ajude a ilustrar o pacote de consumo ótimo.

b. Agora, o preço do transporte público cai. Trace a nova linha de orçamento de Katya.

c. Para Katya, transporte público é um bem inferior, mas não um bem de Giffen. Trace a curva de indiferença que ilustra seu pacote de consumo ótimo depois que o preço do transporte público caiu. Katya está consumindo mais ou menos transporte público?

d. Mostre os efeitos renda e substituição dessa queda de preço do transporte público.

6. Carmen consome apenas refeições na lanchonete e CDs. Suas curvas de indiferença exibem as quatro propriedades gerais das curvas de indiferença. Refeições na lanchonete custam \$ 5 cada e CDs custam \$ 10 cada. Carmen tem \$ 50 para gastar.

a. Trace a linha de orçamento de Carmen e uma curva de indiferença que ilustre seu pacote de consumo ótimo. Coloque refeições na lanchonete no eixo horizontal e CDs no eixo vertical. As informações não são suficientes para saber qual é o ponto de tangência específico, de modo que você deve escolher um ponto arbitrariamente.

b. Agora, a renda de Carmen aumenta para \$ 100. Trace sua nova linha de orçamento no mesmo gráfico, bem como uma curva de indiferença que ilustre seu pacote de consumo ótimo. Suponha que refeições na lanchonete sejam um bem inferior.

c. É possível traçar curvas de indiferença mostrando que refeições na lanchonete e CDs são bens inferiores?

PROBLEMAS

1. Para cada uma das situações a seguir, trace um gráfico contendo três curvas de indiferença de Isabella.

a. Para Isabella, carros e pneus são complementos perfeitos, mas em proporção de 1:4 – isto é, para cada carro, Isabella quer exatamente 4 pneus. Dê nomes e unidades de medida aos eixos do seu gráfico. Coloque pneus no eixo horizontal e carros no vertical.

b. Isabella obtém utilidade de seu consumo de cafeína. Ela pode consumir um energético ou um refrigerante com cafeína. O energético tem o dobro de cafeína do refrigerante. Dê nomes e unidades de medida aos eixos do seu gráfico. Coloque refrigerante no eixo horizontal e energético no eixo vertical.

c. Isabella obtém utilidade de consumir dois bens: tempo livre e renda. Ambos têm utilidade marginal decrescente. Dê nomes e unidades de medida aos eixos do seu gráfico. Coloque tempo livre no eixo horizontal e renda no eixo vertical.

d. Isabella pode consumir dois bens: esquis e as presilhas que prendem os esquis nas botas. Para cada esqui, ela quer exatamente um conjunto de presilhas. Dê nomes e unidades de medida aos eixos do seu gráfico. Coloque presilhas no eixo horizontal e esquis no vertical.

e. Isabella obtém utilidade ao consumir refrigerante, mas não obtém utilidade consumindo água. Água a mais ou a menos deixa seu nível de utilidade na mesma. Dê nomes e unidades de medida aos eixos do seu gráfico. Coloque água no eixo horizontal e refrigerante no vertical.

2. Use as quatro propriedades das curvas de indiferença para bens ordinários ilustradas na Figura 10A.4 para responder às seguintes questões:

a. É possível ordenar os dois pacotes seguintes? Em caso afirmativo, que propriedade das curvas de indiferença permite sua ordenação?

Pacote *A*: 2 ingressos para cinema e 3 refeições na lanchonete

Pacote *B*: 4 ingressos de cinema e 8 refeições na lanchonete

b. É possível ordenar os dois pacotes seguintes? Em caso afirmativo, que propriedade das curvas de indiferença permite essa ordenação?

Pacote *A*: 2 ingressos para cinema e 3 refeições na lanchonete

Pacote *B*: 4 ingressos de cinema e 3 refeições na lanchonete

c. É possível ordenar os dois pacotes seguintes? Em caso afirmativo, que propriedade das curvas de indiferença permite essa ordenação?

Pacote *A*: 12 vídeos e 4 pacotes de batata frita

Pacote *B*: 5 vídeos e 10 pacotes de batata frita

d. Suponha que você se considere indiferente entre os dois pacotes seguintes:

Pacote *A*: 10 cafés da manhã e 4 jantares

Pacote *B*: 4 cafés da manhã e 10 jantares

Agora, compare o pacote *A* com o pacote seguinte:

Pacote *C*: 7 cafés da manhã e 7 jantares

É possível ordenar os pacotes *A* e *C*? Em caso afirmativo, que propriedade das curvas de indiferença permite essa ordenação? (*Dica*: fica mais fácil se você fizer um gráfico, colocando jantar no eixo horizontal e café da manhã no eixo vertical, e lembrar que café da manhã e jantar são bens ordinários.)

3. Refeições em restaurantes e moradia (medida em número de quartos) são os dois únicos bens que Neha pode comprar. Ela tem renda de \$ 1.000, e o preço de cada quarto é \$ 100. O preço relativo de 1 quarto em termos de refeições em restaurante é 5. Quantas refeições em restaurante ela pode comprar se gasta toda a sua renda em restaurantes?

4. Responda às questões a seguir com base em duas pressuposições: (1) A inflação aumenta os preços de todos os bens em 20%. (2) A renda de Ina aumenta de \$ 50.000 para \$ 55.000.

a. A linha de orçamento de Ina ficou mais inclinada, menos inclinada ou manteve a mesma inclinação?

b. A linha de orçamento de Ina se deslocou para fora, para dentro ou não se deslocou nada?

5. Kory tem renda de $ 50, que ela gasta em dois bens: CDs e canecas de chocolate quente. Ambos são para ela bens normais; cada CD custa $ 10 e cada caneca de chocolate quente custa $ 2. Para cada uma das situações a seguir, decida se é o pacote de consumo ótimo de Kory. Caso não seja, o que deve fazer Kory para atingir seu pacote de consumo ótimo?
   a. Kory está pensando em comprar 4 CDs e 5 canecas de chocolate quente. Nesse pacote, sua taxa marginal de substituição de canecas de chocolate quente por CDs é 1, isto é, ela está disposta a trocar 1 caneca de chocolate quente por 1 CD.
   b. Kory está pensando em comprar 2 CDs e 15 canecas de chocolate quente. A utilidade marginal de Kory no segundo CD é 25, e sua utilidade marginal na 15ª caneca de chocolate quente é 5.
   c. Kory está pensando em comprar 1 CD e 10 canecas de chocolate quente. Nesse pacote, sua taxa marginal de substituição de canecas de chocolate quente por CDs é 5, isto é, ela estaria disposta a trocar 5 canecas de chocolate quente por 1 CD.
6. Raul tem 4 cartões do jogador de beisebol Cal Ripken e 4 cartões do jogador Nolan Ryan. Os preços desses cartões são $ 24 para Cal e $ 12 para Nolan, mas Raul está disposto a trocar um cartão de Cal por um cartão de Nolan.
   a. Qual é a taxa marginal de substituição de Raul na troca de cartões de Nolan por cartões de Cal?
   b. Raul pode melhorar sua situação vendendo e comprando cartões de beisebol? Como?
   c. Suponha que Raul já tenha trocado cartões de beisebol e agora não queira trocar mais nada. Qual é sua taxa marginal de substituição de cartões de Nolan por cartões de Cal?
7. Sabine não consegue perceber a diferença entre Coca e Pepsi; para ela, as duas têm exatamente o mesmo gosto.
   a. Qual é a taxa marginal de substituição entre Coca e Pepsi para Sabine?
   b. Trace algumas das curvas de indiferença de Sabine para Coca e Pepsi. Coloque Coca no eixo horizontal e Pepsi no vertical.
   c. Sabine tem $ 6 para gastar nos dois refrigerantes essa semana. A Coca custa $ 1,50 por garrafa e a Pepsi custa $ 1 por garrafa. Trace no mesmo gráfico a linha de orçamento de Sabine para Coca e Pepsi.
   d. Qual é o pacote de consumo ótimo de Sabine? Mostre isso no seu gráfico.
   e. Quando o preço de Coca e Pepsi é o mesmo, que combinação de Coca e Pepsi Sabine comprará?
8. Gus gasta sua renda em gasolina para o carro e em alimentação. O governo aumenta o imposto sobre a gasolina, aumentando assim o preço da gasolina. Mas o governo também reduz o imposto de renda, dessa forma aumentando a renda de Gus. Esse aumento de renda é suficiente para situar Gus na mesma curva de indiferença em que ele estava antes do aumento do preço da gasolina. Gus vai comprar mais, menos ou a mesma quantidade de gasolina que antes dessas mudanças? Ilustre sua resposta com um gráfico, colocando a gasolina no eixo horizontal e a alimentação no eixo vertical.
9. Para Crandall, cubos de queijo e biscoitos salgados são complementos perfeitos. Ele quer consumir exatamente um cubo de queijo com cada biscoito. Ele tem $ 2,40 para gastar em queijo e biscoito. Um cubo de queijo custa $ 0,20 e um biscoito custa $ 0,10. Trace um gráfico com biscoitos no eixo horizontal e cubos de queijo no eixo vertical, para responder às seguintes questões:
   a. Que pacote Crandall consumirá?
   b. O preço do biscoito salgado aumenta para $ 0,20. Quantos cubos de queijo e quantos biscoitos Crandall vai consumir?
   c. Mostre os efeitos renda e substituição desse aumento de preço.
10. O Ministério do Interior e das Comunicações do Japão coleta dados sobre preços de bens e serviços em Tóquio, bem como dados sobre a renda familiar média dos japoneses. A tabela mostra alguns desses dados (¥ denota a moeda japonesa, o iene).

Ano	Preço dos ovos (por pacote de 10)	Preço do atum (porção de 100 g)	Renda mensal média
2013	¥ 187	¥ 392	¥ 524.810
2015	231	390	524.585

   a. Em cada um dos 2 anos para os quais você tem dados, qual é o número máximo de pacotes de ovos que uma família japonesa média podia consumir por mês? E a quantidade máxima de porções de atum? Em um gráfico, trace a linha de orçamento de uma família japonesa média em 2013 e 2015. Coloque a quantidade de ovos no eixo y e a quantidade de atum no eixo x.
   b. Calcule o preço relativo dos ovos em termos de atum para cada ano. Use a regra do preço relativo para determinar de que modo teria mudado o consumo de ovos e de atum da família média de 2013 para 2015.

RESOLVA

11. Tyrone maximiza a utilidade. Sua renda é $ 100, que ele pode gastar em refeições na lanchonete ou comprando blocos de anotações. Cada refeição custa $ 5 e cada bloco custa $ 2. A esses preços, Tyrone escolhe comprar 16 refeições e 10 blocos.
   a. Trace um gráfico que mostre a escolha de Tyrone usando uma curva de indiferença e sua linha de orçamento, colocando blocos no eixo vertical e refeições na lanchonete no eixo horizontal. Denomine a curva de indiferença I_1 e a linha de orçamento BL_1.
   b. O preço dos blocos cai para $ 1 e o preço das refeições na lanchonete permanece o mesmo. No mesmo gráfico, trace a linha de orçamento com os novos preços e denomine-a BL_H.
   c. Por último, a renda de Tyrone cai para $ 90. No mesmo gráfico, trace a linha de orçamento com essa renda e os novos preços e denomine-a BL_2. Com aqueles novos preços e renda mais baixa, Tyrone fica em situação pior, melhor ou igual comparado com os preços originais e a renda mais alta? (*Dica*: determine se Tyrone tem condições de comprar seu pacote de consumo original de 16 refeições e 10 blocos com a renda mais baixa e os novos preços.) Ilustre sua resposta usando uma curva de indiferença e denomine-a I_2.
   d. Forneça uma explicação intuitiva da resposta que você deu em (c).

11 Por Trás da Curva de Oferta: Insumos e Custos

A MARGEM DE LUCRO DOS AGRICULTORES

"OH! BELEZA DO CÉU ABERTO, das ondas de âmbar dos cereais." Assim começa a canção *America the Beautiful*. E aquelas ondas de âmbar de cereais são de verdade: embora os agricultores sejam hoje apenas uma pequena minoria da população norte-americana, o setor agrícola dos Estados Unidos é imensamente produtivo e alimenta boa parte do mundo.

Quando examinamos estatísticas agrícolas, contudo, encontramos algo que parece um tanto surpreendente: em matéria de rendimento por área cultivada, os fazendeiros norte-americanos muitas vezes estão bem longe do topo. Por exemplo, os agricultores dos países da Europa Ocidental colhem três vezes mais trigo por hectare que suas contrapartes norte-americanas. Será que os europeus cultivam trigo melhor que os norte-americanos?

Não: os fazendeiros europeus são muito competentes, porém não mais que os norte-americanos. Eles produzem mais trigo por hectare porque empregam mais insumos, mais fertilizantes e, sobretudo, mais trabalho em cada hectare. Evidentemente, isso significa que os agricultores europeus têm custos mais elevados que seus colegas norte-americanos. Porém, em virtude de políticas governamentais, agricultores europeus recebem preços muito mais altos por seu trigo do que os norte-americanos. Isso lhes dá incentivo para usar mais insumos e aplicar mais esforços na margem de modo a aumentar o rendimento por área cultivada.

Note que dissemos "na margem". Assim como a maioria das decisões que envolve comparação entre benefícios e custos, decisões sobre insumos e produção envolvem comparação entre quantidades marginais, ou seja, o custo marginal comparado com o benefício marginal de produzir um pouco mais em cada hectare.

No Capítulo 9, usamos o exemplo de Alexa, que tinha de escolher o número de anos de estudo que maximizasse o seu lucro de estudar. Ali, usamos o princípio de maximização do lucro da análise marginal para encontrar o número ótimo de anos de estudo. Neste capítulo, encontraremos produtores que precisam tomar decisão similar de "quanto": escolher o nível de produção que maximize o lucro.

Neste capítulo e no Capítulo 12, mostraremos como a análise marginal pode ser usada para entender as decisões de produção, aquelas que estão por trás da curva de oferta. O primeiro passo nessa análise é mostrar como a relação entre os insumos de uma empresa e seu produto, sua *função de produção*, determina suas *curvas de custo*, a relação entre custo e quantidade produzida. É o que faremos neste capítulo. No Capítulo 12, usaremos o conhecimento das curvas de custo da empresa para derivar as curvas de oferta individual e de mercado. •

O QUE VOCÊ IRÁ APRENDER?

- Qual é a **função de produção** de uma empresa?
- Por que a produção está frequentemente sujeita a **retornos decrescentes de insumos**?
- Que tipos de custos uma empresa enfrenta e como a empresa gera suas curvas de custo marginal e **médio**?
- Por que os custos de uma empresa diferem no **curto prazo** e no **longo prazo**?
- O que são **retornos crescentes à escala** e qual a vantagem que isso traz?

A função de produção

Uma **função de produção** é a relação entre a quantidade de insumos que uma empresa utiliza e a quantidade de produção que ela gera.

Uma *empresa* é uma organização que produz bens e serviços para venda. Para fazê-lo, precisa transformar insumos em produto. A quantidade de produto que uma empresa produz depende da quantidade de insumos; essa relação é conhecida como **função de produção** da empresa. Como veremos, a função de produção da empresa é a base das suas *curvas de custo*. Como primeiro passo, vejamos as características de uma função de produção hipotética.

Insumos e produto

Para entender o conceito de função de produção, consideremos uma fazenda. Suponhamos, para simplificar, que ela produza somente um produto, trigo, e use somente dois insumos, terra e trabalho. Essa fazenda específica é propriedade de um casal chamado Riley e Tyler. Eles contratam trabalhadores para o trabalho braçal na fazenda. Além disso, supomos que todos os trabalhadores potenciais sejam da mesma qualidade, ou seja, todos têm os mesmos conhecimentos e a mesma capacidade para executar trabalho agrícola.

Um **insumo fixo** é aquele cuja quantidade é fixa por um período de tempo e não pode variar.

Um **insumo variável** é aquele cuja quantidade a empresa pode variar a qualquer momento.

Longo prazo é o período de tempo no qual as quantidades de todos os insumos podem ser variadas.

Curto prazo é o período de tempo no qual a quantidade de pelo menos um insumo é fixa.

A fazenda de Riley e Tyler tem 4 hectares de terra e não há mais terra disponível para eles. No momento, eles não têm capacidade nem de aumentar nem de diminuir o tamanho de sua fazenda, seja por meio de venda, compra ou arrendamento de terra. Terra, aqui, é o que os economistas denominam **insumo fixo**, um insumo cuja quantidade é fixa e não pode variar. Por outro lado, Riley e Tyler têm liberdade para decidir quantos trabalhadores contratar. O trabalho fornecido pelos trabalhadores é denominado **insumo variável**, insumo cuja quantidade a empresa pode variar em qualquer momento.

Na realidade, a quantidade de um insumo ser ou não fixa depende do horizonte de tempo. No **longo prazo**, isto é, dado um período de tempo suficientemente prolongado, as empresas podem ajustar a quantidade de qualquer insumo. Riley e Tyler podem variar a área de terra que cultivam comprando ou vendendo terra. Assim, não há insumos fixos no longo prazo.

Em contraste, **curto prazo** é definido como o período em que pelo menos um insumo é fixo. Mais adiante neste capítulo, examinaremos em mais detalhes a distinção entre curto prazo e longo prazo. Por ora, nos concentraremos no curto prazo e vamos pressupor que pelo menos um insumo seja fixo.

Riley e Tyler sabem que a quantidade de trigo que produzem depende do número de trabalhadores que contratam. Dadas modernas técnicas agrícolas, um trabalhador pode cultivar 4 hectares, ainda que de modo não muito intensivo. Quando um trabalhador adicional é contratado, a terra é dividida igualmente entre todos eles: cada trabalhador tem 2 hectares para cultivar quando dois trabalhadores estão empregados; quando três trabalhadores são empregados, cada um cultiva 1,3 hectare e assim por diante. Assim, quando se empregam trabalhadores adicionais, os 4 hectares de terra são cultivados mais intensivamente, e mais sacas de trigo são produzidas.

A **curva de produto total** mostra como a quantidade produzida depende da quantidade de insumo variável, para determinada quantidade de insumo fixo.

A relação entre a quantidade de trabalho e a quantidade de produto, para dada quantidade do insumo fixo, constitui a função de produção da fazenda. A função de produção para a fazenda de Riley e Tyler é dada nas primeiras duas colunas da tabela da Figura 11.1; o gráfico mostra a mesma informação. A curva na Figura 11.1 mostra como a quantidade de produto depende da quantidade do insumo variável para dada quantidade do insumo fixo; ela é denominada **curva de produto total** da fazenda.

A quantidade física de produto, sacas de trigo, mede-se no eixo vertical, enquanto a quantidade do insumo variável, trabalho – isto é, o número de trabalhadores empregados –, mede-se no eixo horizontal. A curva de produto total é inclinada para cima, refletindo o fato de que mais sacas de trigo são produzidas à medida que mais trabalhadores são empregados.

Embora a curva de produto total na Figura 11.1 tenha inclinação para cima em toda a sua extensão, a inclinação não é constante: à medida que nos movemos

Figura 11.1 Função de produção e curva de produto total para a fazenda de Riley e Tyler.

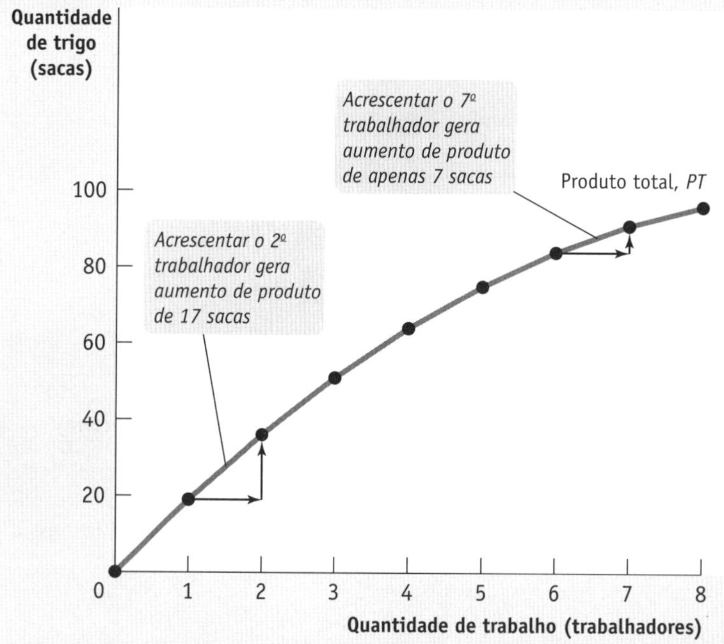

Quantidade de trabalho L (trabalhadores)	Quantidade de trigo Q (sacas)	Produto marginal do trabalho $MPL = \Delta Q/\Delta L$ (sacas por trabalhador)
0	0	
		19
1	19	
		17
2	36	
		15
3	51	
		13
4	64	
		11
5	75	
		9
6	84	
		7
7	91	
		5
8	96	

A tabela mostra a função de produção, a relação entre a quantidade do insumo variável (trabalho, medido pelo número de trabalhadores) e a quantidade de produto (trigo, medido em sacas para uma dada quantidade de insumo fixo). Ela calcula também o produto marginal do trabalho na fazenda de Riley e Tyler. A curva de produto total mostra a função de produção em gráfico. Ela tem inclinação para cima porque mais trigo é produzido à medida que mais trabalhadores são empregados. Torna-se também mais achatada porque o produto marginal do trabalho declina à medida que mais e mais trabalhadores são empregados.

na curva para a direita, ela se torna mais achatada. Para entender essa mudança de inclinação, examine a terceira coluna da tabela na Figura 11.1, que mostra a *mudança na quantidade de produto* (*MPL*) que é gerada ao se adicionar mais um trabalhador. Isto é, ela mostra o *produto marginal do trabalho*: a quantidade adicional de produto gerada por usar uma unidade a mais de trabalho (isto é, um trabalhador a mais). Em geral, o **produto marginal** de um insumo é a quantidade adicional de produto gerada usando uma unidade a mais desse insumo.

Nesse caso, temos dados para intervalos de um trabalhador. Algumas vezes, não há dados para incrementos de uma unidade; por exemplo, pode-se ter informação apenas sobre a quantidade de produto quando há 40 trabalhadores e quando há 50 trabalhadores. Nesse caso, pode-se usar a seguinte equação para calcular o produto marginal do trabalho:

$$\textbf{(11.1)}\quad \text{Produto marginal do trabalho} = \begin{array}{c}\text{Mudança na quantidade de produto}\\ \text{gerada por uma unidade adicional}\\ \text{de trabalho}\end{array} = \frac{\text{Mudança na quantidade de produto}}{\text{Mudança na quantidade de trabalho}}$$

ou

$$MPL = \frac{\Delta Q}{\Delta L}$$

Nessa equação, Δ, o delta maiúsculo grego, representa a mudança em uma variável.

Agora, podemos explicar o significado da inclinação da curva de produto total: é igual ao **produto marginal** do trabalho. A inclinação de uma linha é igual à mudança vertical sobre a mudança horizontal (ver o apêndice do Capítulo 2). Isso

Produto marginal de um insumo é a quantidade adicional de produto que é obtida usando mais uma unidade desse insumo.

COMPARAÇÃO GLOBAL RENDIMENTO DO TRIGO AO REDOR DO MUNDO

O rendimento do trigo varia substancialmente ao redor do mundo. A disparidade entre a União Europeia e os Estados Unidos que vemos no gráfico é especialmente espantosa, pois ambas são economias ricas com tecnologia agrícola comparável. Porém, a razão da disparidade é clara: diferentes políticas governamentais. Nos EUA, os agricultores recebem pagamentos do governo para suplementar sua renda, enquanto os agricultores europeus se beneficiam de pisos para os preços. Como os agricultores europeus recebem por seus produtos preços mais elevados que os agricultores norte-americanos, eles empregam mais insumos variáveis e obtêm rendimentos significativamente mais altos.

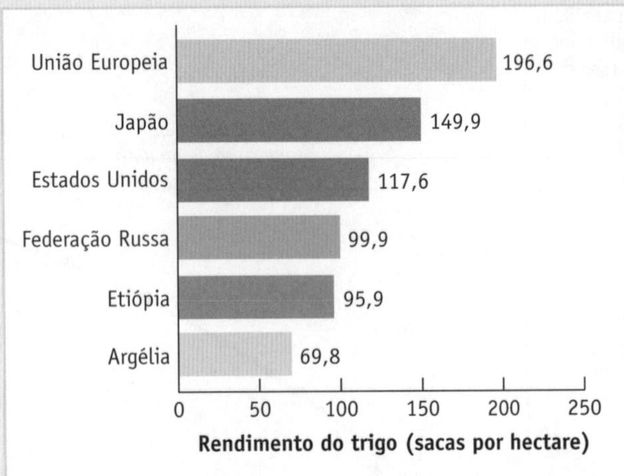

É interessante que, em países pobres, como Argélia ou Etiópia, a ajuda externa pode levar a rendimentos significativamente deprimidos. A ajuda externa dos países ricos muitas vezes assume a forma de alimentos excedentes, que deprimem os preços nos mercados locais, prejudicando severamente a agricultura local da qual os países pobres em geral dependem. Organizações assistenciais como a OXFAM têm solicitado que os países ricos produtores de alimentos mudem suas políticas de ajuda oficial – principalmente para que doem ajuda em dinheiro em vez de produtos alimentícios, exceto nos casos de escassez aguda de alimentos – para evitar esse problema.

Dados de: USDA, 2019.

implica que a inclinação da curva de produto total é a mudança na quantidade de produto (a mudança vertical, ΔQ) dividida pela mudança na quantidade de trabalho (a mudança horizontal, ΔL). E esse, como podemos ver na Equação 11.1, é o produto marginal do trabalho. Na Figura 11.1, o fato de que o produto marginal do primeiro trabalhador é 19 significa também que a inclinação da curva de produto total passando de 0 a 1 trabalhador é 19. De modo similar, a inclinação da curva de produto total passando de 1 a 2 trabalhadores é a mesma que o produto marginal do segundo trabalhador, 17, e assim por diante.

Nesse exemplo, o produto marginal do trabalho declina constantemente à medida que mais trabalhadores são contratados. Isto é, cada trabalhador sucessivo acrescenta ao produto menos do que o anterior. Assim, à medida que o emprego aumenta, a curva de produto total se torna mais achatada.

A Figura 11.2 mostra como o produto marginal do trabalho depende do número de trabalhadores empregados na fazenda. O produto marginal do trabalho, *MPL*, é medido no eixo vertical em unidades de produto físico, sacas de trigo, produzidas por cada trabalhador adicional, e o número de trabalhadores empregados é medido no eixo horizontal. Pode-se ver pela tabela na Figura 11.1 que, quando se empregam 5 trabalhadores em vez de 4, o produto aumenta de 64 para 75 sacas; então, nesse caso, o produto marginal do trabalho é 11 sacas, o mesmo número que vemos na Figura 11.2. Para indicarmos que 11 sacas é o produto marginal quando o emprego aumenta de 4 para 5 colocamos o ponto correspondente a essa informação entre os trabalhadores 4 e 5.

Nesse exemplo, o produto marginal do trabalho cai à medida que o número de trabalhadores aumenta. Isto é, há *retornos decrescentes do trabalho* na fazenda de Riley e Tyler. Em geral, há **retornos decrescentes de um insumo**[1] quando um aumento na quantidade desse insumo, mantida fixa a quantidade de todos os outros,

Há **retornos decrescentes de um insumo** quando um aumento na quantidade desse insumo, mantidos fixos os níveis de todos os outros, leva a um declínio no produto marginal desse insumo.

[1]N. R.: Também se utiliza alternativamente a expressão *rendimentos marginais decrescentes de um insumo (ou de um fator de produção)*, com o mesmo sentido de retornos decrescentes de um insumo. A expressão "rendimentos marginais decrescentes" é frequentemente utilizada para evitar confusões com o conceito de retornos de escala, que será visto mais adiante e diz respeito ao longo prazo.

Figura 11.2 Produto marginal da curva de trabalho para a fazenda de Riley e Tyler.

O produto marginal da curva de trabalho marca o produto marginal de cada trabalhador, o aumento na quantidade de produtos gerada por cada trabalhador adicional. A mudança na quantidade de produto é medida no eixo vertical, e o número de trabalhadores empregados, no eixo horizontal. O primeiro empregado contratado gera um aumento na produção na ordem de 19 sacas, o segundo gera aumento de 17 sacas e assim em diante. A curva apresenta uma inclinação para baixo em razão do retorno decrescente.

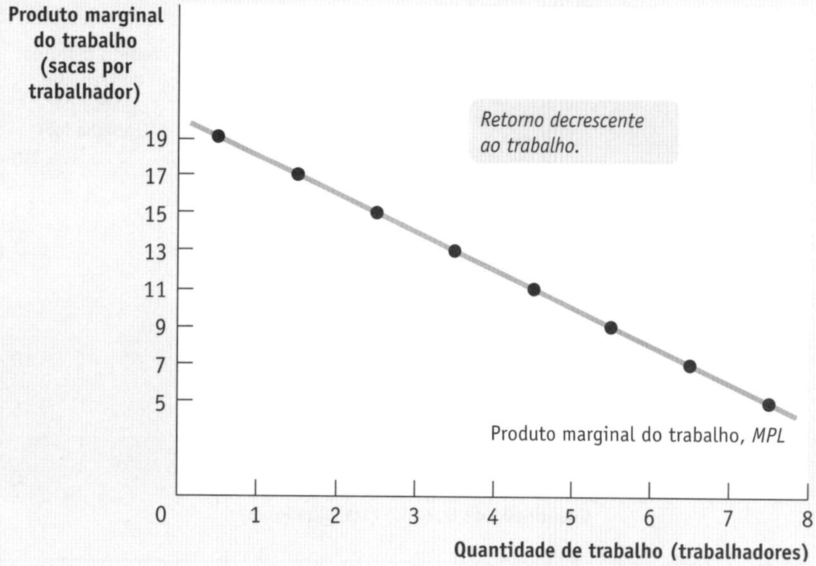

reduz o produto marginal desse insumo. Por conta dos retornos decrescentes, a curva *MPL* tem inclinação negativa.

Para entender por que podem ocorrer retornos decrescentes, imagine o que acontece à medida que Riley e Tyler acrescentam mais e mais trabalhadores sem aumentar a quantidade de terra. À medida que o número de trabalhadores aumenta, a terra é cultivada cada vez mais intensivamente e o número de sacas aumenta. Porém, cada trabalhador adicional está trabalhando com uma parcela menor que o anterior do total de 4 hectares, o insumo fixo. O resultado é que o trabalhador adicional não consegue produzir tanto produto quanto o anterior, de modo que não é surpresa que o produto marginal do trabalhador adicional caia.

O que deve ser enfatizado a respeito de retornos decrescentes é que, como muitas proposições em economia, trata-se de uma proposição do tipo "tudo o mais mantido constante": cada unidade sucessiva de um insumo aumentará a produção menos que a unidade anterior *se a quantidade de todos os outros insumos se mantiver fixa*.

O que aconteceria se os níveis de outros insumos pudessem mudar? Podemos ver a resposta na Figura 11.3. O painel (a) mostra duas curvas, TP_4 e TP_8. TP_4 é a curva de produto total da fazenda quando sua área total é 4 hectares (a mesma curva que na Figura 11.1). TP_8 é a curva de produto total quando a fazenda aumenta para 8 hectares. Exceto quando não se emprega nenhum trabalhador, TP_8 está situada sempre acima de TP_4 porque, com mais hectares disponíveis, qualquer número dado de trabalhadores produz mais produto. O painel (b) mostra as curvas correspondentes de produto marginal do trabalho. MPL_4 é a curva de produto marginal do trabalho dados 4 hectares para cultivo (a mesma curva que na Figura 11.2) e MPL_8 é a curva de produto marginal do trabalho dados 8 hectares.

Ambas as curvas têm inclinação para baixo, pois em cada caso a quantidade de terra é fixa, ainda que em níveis diferentes. Porém, MPL_8 está acima de MPL_4 em todos os pontos, refletindo o fato de que o produto marginal do mesmo trabalhador é mais alto quando ele pode trabalhar com mais insumo fixo.

A Figura 11.3 demonstra o resultado geral: a posição da curva de produto total depende das quantidades de outros insumos. Quando se modifica a quantidade de outros insumos, tanto a curva de produto total quanto a curva de produto marginal do insumo restante se deslocam.

ARMADILHAS

O QUE É UMA UNIDADE?

O produto marginal do trabalho (ou qualquer outro insumo) é definido como o aumento na quantidade de produto quando aumenta a quantidade do insumo em uma unidade. Mas o que queremos dizer com "unidade" de trabalho? É uma hora adicional de trabalho, uma semana adicional ou uma pessoa-ano?

A resposta é: não importa, *desde que sejamos consistentes*. Uma fonte comum de erro em economia é confundir as unidades, digamos, comparar o acréscimo ao produto de uma *hora* adicional de trabalho com o custo de empregar um trabalhador por uma *semana*. Qualquer que seja a unidade usada, é preciso muito cuidado para que seja usada a mesma unidade ao longo de toda a análise de qualquer problema.

Figura 11.3 **Produto total, produto marginal e insumo fixo.**

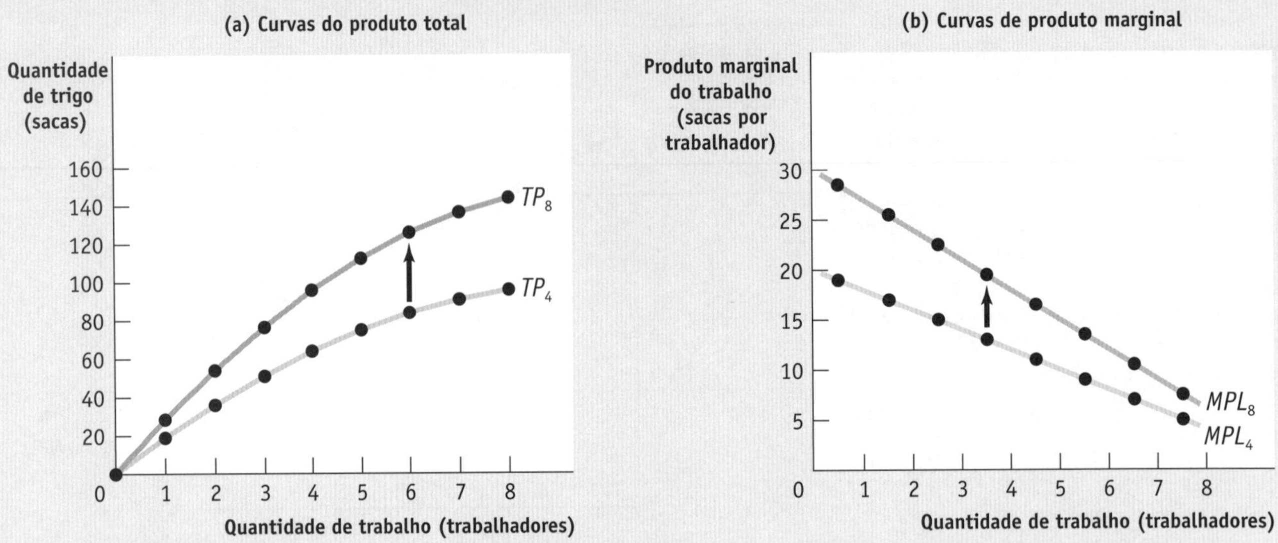

Esta figura mostra como a quantidade de produto – ilustrada pela curva de produto total – e o produto marginal dependem do nível do insumo fixo. O painel (a) mostra duas curvas de produto total para a fazenda de Riley e Tyler, TP_4 quando sua fazenda tem 4 hectares e TP_8 quando tem 8 hectares. Com mais terra, cada trabalhador pode produzir mais trigo. Desse modo, um aumento no insumo fixo desloca a curva de produto total para cima, de TP_4 para TP_8. Isso implica também que o produto marginal de cada trabalhador é mais alto quando a fazenda tem 8 hectares do que quando tem 4. O painel (b) mostra as curvas de produto marginal do trabalho. Em consequência, um aumento da área também desloca para cima a curva de produto marginal do trabalho, de MPL_4 para MPL_8. Note que ambas as curvas de produto marginal do trabalho continuam com inclinação para baixo em consequência de retornos decrescentes do trabalho.

Da função de produção às curvas de custo

No momento em que Riley e Tyler conhecem sua função de produção, eles conhecem a relação entre os insumos de trabalho e terra e a produção de trigo. No entanto, se querem maximizar seus lucros, eles precisam traduzir esse conhecimento em informação sobre a relação entre a quantidade de produto e o custo. Vejamos como podem fazer isso.

Para traduzir a informação sobre a função de produção da empresa em informação sobre seu custo, precisamos saber quanto a empresa precisa pagar por seus insumos. Suponhamos que Riley e Tyler se defrontem com um custo explícito ou implícito de \$ 400 pelo uso da terra. Aprendemos no Capítulo 9 que é irrelevante se Riley e Tyler precisam arrendar a terra de outra pessoa por \$ 400 ou se eles são donos da terra e deixam de ganhar os \$ 400 que obteriam se arrendassem a terra a outra pessoa. De todos os modos, eles pagam um custo de oportunidade de \$ 400 ao usar a terra para cultivar trigo. Além disso, como a terra é um insumo fixo, os \$ 400 que Riley e Tyler pagam por ela são um **custo fixo**, denotado por *FC* – um custo que não depende da quantidade produzida. No mundo dos negócios, um custo fixo é muitas vezes mencionado como *overhead*.

Custo fixo é um custo que não depende da quantidade de produção realizada. É o custo do insumo fixo.

Custo variável é um custo que depende da quantidade de produção realizada. É o custo do insumo variável.

Custo total da produção de determinada quantidade de produto é a soma do custo fixo e do custo variável da produção dessa quantidade de produtos.

Pressupomos também que Riley e Tyler tenham de pagar \$ 200 a cada trabalhador. Usando sua função de produção, Riley e Tyler sabem que o número de trabalhadores que eles precisam contratar depende da quantidade de trigo que pretendem produzir. Assim, o custo do trabalho, que é igual ao número de trabalhadores multiplicado por \$ 200, é um **custo variável** denotado por *VC*, ou seja, um custo que depende da quantidade produzida.

A soma do custo fixo e do custo variável de certa quantidade de produto nos dá o **custo total**, ou *TC*, daquela quantidade de produto. Podemos expressar a relação entre custo fixo, custo variável e custo total em uma equação:

(11.2) Custo total = custo fixo + custo variável

ou

$TC = FC + VC$

A tabela na Figura 11.4 mostra como é calculado o custo total da fazenda de Riley e Tyler. A segunda coluna mostra o número de trabalhadores empregados, *L*. A terceira coluna mostra o nível correspondente de produto, *Q*, tomado da tabela na Figura 11.1. A quarta coluna mostra o custo variável, *VC*, que é igual ao número de trabalhadores multiplicado por $ 200. A quinta coluna mostra o custo fixo, *FC*, que é $ 400, independentemente do número de trabalhadores empregados. A sexta coluna mostra o custo total do produto, *TC*, que é o custo variável mais o custo fixo.

A primeira coluna indica cada fila da tabela por uma letra, de *A* a *I*. Essas letras nos ajudarão a entender o passo seguinte: traçar a **curva de custo total**, a curva que mostra como o custo total depende da quantidade de produto.

A **curva de custo total** mostra como o custo total depende da quantidade de produção.

A curva de custo total de Riley e Tyler aparece no gráfico da Figura 11.4, em que o eixo horizontal mede a quantidade de produto em sacas de trigo e o eixo vertical, o custo total em dinheiro. Cada ponto na curva corresponde a uma linha da tabela na Figura 11.4. Por exemplo, o ponto *A* mostra a situação quando não se empregam trabalhadores: o produto é zero e o custo total é igual ao custo fixo, $ 400. De modo similar, o ponto *B* mostra a situação quando 1 trabalhador é empregado: o produto é 19 sacas e o custo total é $ 600, igual à soma de $ 400 de custo fixo com $ 200 de custo variável.

Figura 11.4 Curva de custo total da fazenda de Riley e Tyler.

A tabela mostra o custo variável, o custo fixo e o custo total para várias quantidades de produto da fazenda de 4 hectares de Riley e Tyler. A curva de custo total mostra como o custo total (medido no eixo vertical) depende da quantidade de produto (medido no eixo horizontal). Os pontos indicados por letras na curva correspondem às linhas da tabela. A curva de custo total tem inclinação para cima porque o número de trabalhadores empregados e, portanto, o custo total aumentam com o aumento da quantidade de produto. A curva se torna mais inclinada à medida que o produto aumenta, em razão dos retornos decrescentes do trabalho.

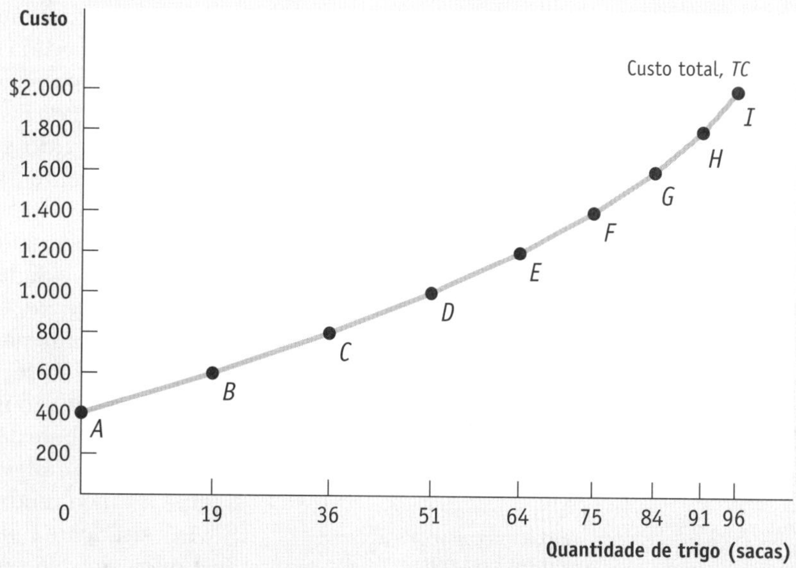

Ponto no gráfico	Quantidade de trabalho *L* (trabalhadores)	Quantidade de trigo *Q* (sacas)	Custo variável *VC*	Custo fixo *FC*	Custo total *TC = FC + VC*
A	0	0	$ 0	$ 400	$ 400
B	1	19	200	400	600
C	2	36	400	400	800
D	3	51	600	400	1.000
E	4	64	800	400	1.200
F	5	75	1.000	400	1.400
G	6	84	1.200	400	1.600
H	7	91	1.400	400	1.800
I	8	96	1.600	400	2.000

Assim como a curva de produto total, a curva de custo total tem inclinação para cima: em razão do custo variável, quanto mais produto é produzido, maior o custo total da fazenda. No entanto, diferentemente da curva de produto total, que se torna mais achatada à medida que o emprego aumenta, a curva de custo total vai ficando mais *inclinada*. Isto é, a inclinação da curva de custo total torna-se maior à medida que aumenta a quantidade de produto produzido. Como veremos a seguir, a curva de custo total passa a ter inclinação mais forte por causa dos retornos decrescentes do insumo variável. Para entender isso melhor, convém examinar as relações entre várias medidas úteis de custo.

ECONOMIA >> *em Ação*

Descobrindo o tamanho ideal da equipe

Tanto nos escritórios quanto nos ambientes de aprendizagem, os projetos em equipe são a forma preferida de organizar o trabalho. Eles também têm sido tema de pesquisa. De acordo com um estudo, o tamanho da equipe mais eficiente é entre 4 e 5 pessoas (4,6 membros na equipe, para ser exato). No entanto, os pesquisadores descobriram que projetistas rotineiramente formam equipes grandes demais para serem eficientes. O que os projetistas não estão entendendo?

É verdade que uma equipe maior tem acesso a mais recursos, especificamente mais mão de obra e mais capital humano. Porém, tenha em mente que o tamanho de uma equipe deve ser uma decisão à margem. E estudos têm mostrado que adicionar outra pessoa a uma equipe de 5 geralmente *reduz* o produto marginal dos membros existentes. Esse resultado se deve a um fenômeno chamado *"preguiça social"*: à medida que o tamanho da equipe aumenta, é mais fácil esconder a falta de esforço individual e a conexão entre esforço individual e recompensa se enfraquece. Por isso, os membros da equipe relaxam. Como resultado, o produto marginal do sexto membro é igual à sua contribuição pessoal *menos* a perda decorrente da preguiça social que sua presença inflige aos outros membros da equipe.

Uma equipe maior também deve passar mais tempo coordenando suas atividades, o que reduz o produto marginal de cada membro da equipe. Com a adição de cada membro, as perdas da equipe se tornam maiores. Assim, em algum momento, as perdas da equipe com a preguiça social e os custos de coordenação superam a contribuição individual do sexto membro da equipe. Esse resultado está bem documentado entre equipes de programadores de *software*: em algum momento, a adição de outro membro à equipe reduz o rendimento de toda a equipe.

Figura 11.5 Descobrindo o tamanho ideal da equipe.

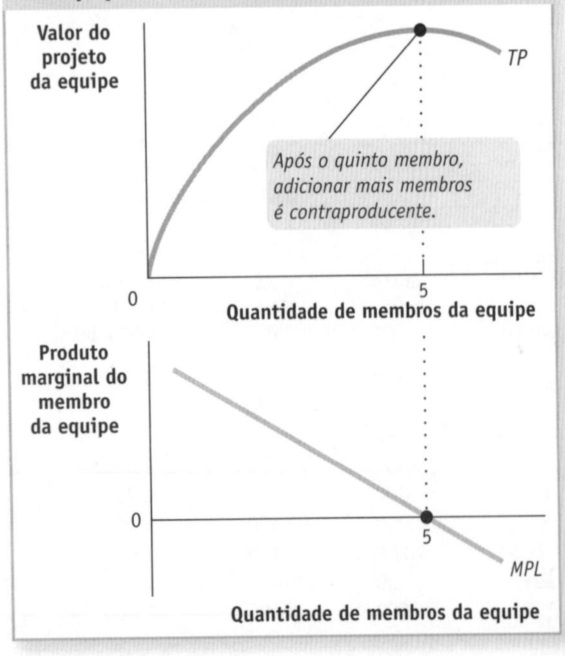

Tal situação é ilustrada na Figura 11.5. A parte superior da figura mostra como o valor do projeto da equipe varia de acordo com o número de membros da equipe. Cada membro adicional realiza menos do que o anterior, e além de certo ponto um membro adicional é, na verdade, contraproducente. A parte inferior da figura mostra o produto marginal de cada membro sucessivo da equipe, que cai à medida que mais membros são empregados e acaba se tornando negativo. Em outras palavras, o sexto membro da equipe tem um produto marginal negativo.

Parece que os projetistas estão criando equipes grandes demais por se concentrarem erroneamente na contribuição individual de um membro adicional da equipe e não no produto marginal gerado por *toda* a equipe quando outra pessoa é adicionada. Assim, em vez de ter um grande projeto realizado por uma equipe de 10 pessoas, seria mais eficiente e produtivo dividi-lo em dois projetos menores realizados por equipes de

5 pessoas. Pensando na margem, podemos entender por quê, no trabalho em equipe, 5 + 5 não é igual a 10: duas equipes de 5 pessoas produzirão mais do que uma equipe de 10 pessoas.

>> *Teste seu entendimento* 11.1

As respostas estão no fim do livro.

1. A companhia de sorvetes de Bernie produz cubos de gelo usando uma máquina de 10 toneladas e eletricidade. A quantidade de produto, medida em quilos de gelo, é dada na tabela a seguir.
   a. Qual é a quantidade de insumo fixo? Qual é a quantidade de insumo variável?
   b. Elabore uma tabela do produto marginal do insumo variável. Ela apresenta retornos decrescentes?
   c. Suponha que um aumento de 50% no tamanho do insumo fixo aumente o produto em 100% para qualquer quantidade dada de insumo variável. Qual é agora o insumo fixo? Elabore uma tabela mostrando a quantidade de produto e o produto marginal nesse caso.

Quantidade de eletricidade (quilowatts)	Quantidade de gelo (quilos)
0	0
1	1.000
2	1.800
3	2.400
4	2.800

>> *Revisão Rápida*

- A **função de produção** da empresa é a relação entre quantidade de insumos e produto. A **curva de produto total** mostra como a quantidade de produto depende da quantidade do **insumo variável** para dada quantidade do **insumo fixo**, e sua inclinação é igual ao produto marginal do insumo variável. No **curto prazo**, o insumo fixo não pode variar; no **longo prazo**, todos os insumos são variáveis.
- Quando os níveis de todos os demais insumos são fixos, podem ocorrer **retornos decrescentes de um insumo**, gerando uma curva de produto marginal com inclinação para baixo e uma curva de produto total que se torna mais achatada à medida que se produz maior quantidade de produto.
- O **custo total** de certa quantidade de produto é igual ao **custo fixo** mais o **custo variável** daquele produto. A **curva de custo total** se torna mais inclinada à medida que se produz mais, em razão de retornos decrescentes.

Dois conceitos-chave: custo marginal e custo médio

Acabamos de ver como derivar a curva de custo total da empresa a partir de sua função de produção. O passo seguinte será olhar mais de perto o custo total ao derivar duas medidas extremamente úteis: o *custo marginal* e o *custo médio*. Como veremos, essas duas medidas de custo da produção têm uma relação entre elas que pode surpreender. Além disso, elas serão essenciais no Capítulo 12, em que serão usadas para analisar a decisão de produto da empresa e a curva de oferta do mercado.

Custo marginal

Definimos *custo marginal* no Capítulo 9: é a mudança no custo total gerada por produzir uma unidade adicional de produto. Já vimos que o produto marginal é mais fácil de calcular quando há dados de produto segundo incrementos de uma unidade de insumo. De modo similar, o custo marginal é mais fácil de calcular se temos dados de custo total conforme incrementos de uma unidade de produto. Quando os dados se apresentam em incrementos menos práticos, continua sendo possível calcular o custo marginal em dado intervalo. No entanto, para simplificar, vamos trabalhar com um exemplo em que os dados se apresentam em incrementos convenientes de uma unidade.

A Molhos Gourmet de Selena produz molho engarrafado; a Tabela 11.1 mostra como os seus custos por dia dependem do número de caixas de molho produzidas por dia. A empresa tem um custo fixo de $ 108 por dia, registrado na segunda coluna, que representa o custo diário de seu equipamento para produção de alimentos. A terceira coluna mostra o custo variável e a quarta coluna, o custo total. O painel (a) da Figura 11.6 representa a curva de custo total. Tal como a curva de custo total da fazenda de Riley e Tyler na Figura 11.4, essa curva tem inclinação para cima, tornando-se mais inclinada à medida que nos movemos para a direita.

O significado da inclinação da curva de custo total se mostra na quinta coluna da Tabela 11.1, que calcula o *custo marginal*: o custo de cada unidade adicional. A fórmula geral do custo marginal é:

$$\text{(11.3)}\quad \text{Custo marginal} = \begin{array}{c}\text{Mudança no custo}\\ \text{total gerada por uma}\\ \text{unidade adicional do}\\ \text{produto}\end{array} = \frac{\text{Mudança no custo total}}{\text{Mudança na quantidade do produto}}$$

ou

$$MPL = \frac{\Delta TC}{\Delta Q}$$

Tabela 11.1 Custos da Molhos Gourmet de Selena

Quantidade de molho *Q* (caixas)	Custo fixo *FC*	Custo variável *VC*	Custo total *TC = FC + VC*	Custo marginal de uma caixa *MC = ΔTC/ΔQ*
0	$ 108	$0	$ 108	
				$12
1	108	12	120	
				36
2	108	48	156	
				60
3	108	108	216	
				84
4	108	192	300	
				108
5	108	300	408	
				132
6	108	432	540	
				156
7	108	588	696	
				180
8	108	768	876	
				204
9	108	972	1.080	
				228
10	108	1.200	1.308	

Figura 11.6 Curvas de custo total e marginal da Molhos Gourmet de Selena.

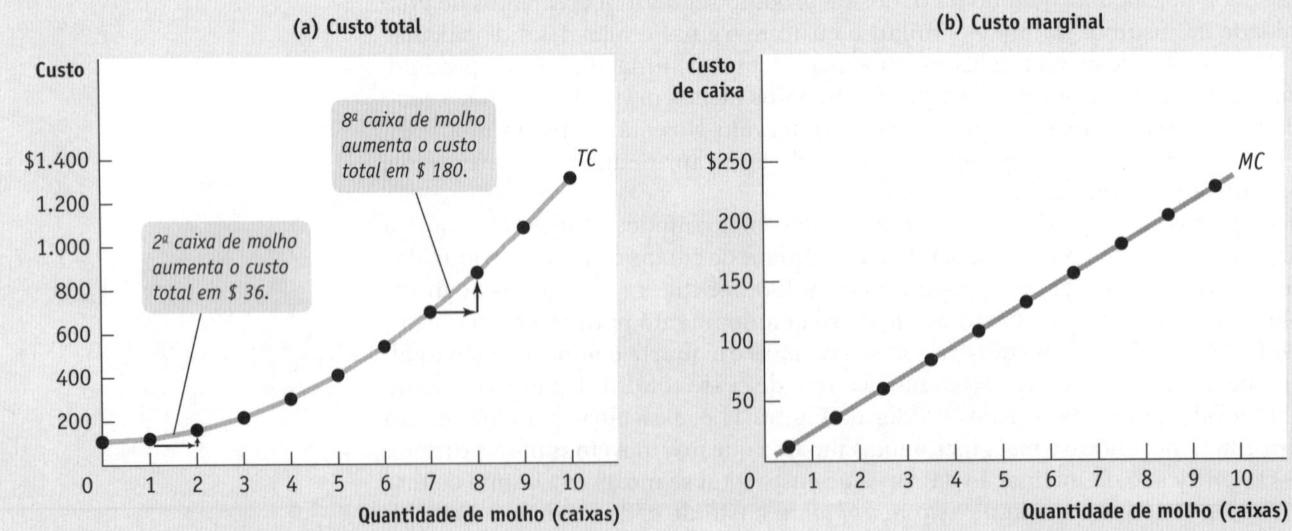

O painel (a) mostra a curva de custo total da Tabela 11.1. Tal como a curva de custo total na Figura 11.4, ela tem inclinação para cima, que se torna mais forte à medida que nos movemos para a direita. O painel (b) mostra a curva de custo marginal. Ela também tem inclinação para cima, refletindo retornos decrescentes do insumo variável.

Como no caso do produto marginal, o custo marginal é igual à mudança vertical (o aumento no custo total) dividida pela mudança horizontal (aumento na quantidade de produto). Assim como o produto marginal é igual à inclinação da curva de produto total, o custo marginal é igual à inclinação da curva de custo total.

Agora podemos entender por que a curva de custo total se torna mais inclinada quando nos movemos para a direita: como se pode ver na Tabela 11.1, o custo marginal de Selena aumenta à medida que o produto aumenta. O painel (b) na Figura 11.6 mostra a curva de custo marginal correspondente aos dados da Tabela 11.1. Note que, assim como na Figura 11.2, representamos o custo marginal de aumentar o produto de 0 para 1 caixa de molho a meio caminho entre 0 e 1; representamos o custo marginal de aumentar o produto de 1 para 2 caixas de molho a meio caminho entre 1 e 2, e assim por diante.

Por que a curva de custo marginal tem inclinação para cima? Porque há retornos decrescentes de insumos nesse exemplo. À medida que o produto aumenta, o produto marginal do insumo variável declina. Isso implica que cada vez mais insumo variável tem de ser usado para produzir cada unidade adicional de produto, quando a quantidade de produto já produzido aumenta. E como cada unidade de insumo variável tem de ser paga, o custo por unidade adicional de produto também aumenta.

Ademais, recordemos que o achatamento da curva de produto total também se deve a retornos decrescentes dos insumos na produção: o produto marginal de um insumo cai à medida que mais desse insumo é usado, enquanto as quantidades dos demais insumos são fixas. O achatamento da curva de produto total à medida que o produto aumenta e o aumento da inclinação da curva de custo total à medida que aumenta o produto são dois lados do mesmo fenômeno. Isto é, à medida que o produto aumenta, o custo marginal do produto também aumenta, porque o produto marginal do insumo variável está caindo.

Voltaremos ao custo marginal no Capítulo 12, no qual consideramos a decisão sobre a quantidade de produto a produzir que maximiza o lucro da empresa. O próximo passo é apresentar outra medida de custo: *custo médio.*

Custo total médio

Além dos custos total e marginal, convém calcular mais uma medida: o **custo total médio**, com frequência denominado **custo médio**. O custo total médio é o custo total dividido pela quantidade produzida de produto, ou seja, é igual ao custo total por unidade de produto. Se denotamos o custo total médio por *ATC*, a equação é:

O **custo total médio**, muitas vezes chamado simplesmente de **custo médio**, é o custo total dividido pela quantidade de produção realizada.

(11.4) $$ATC = \frac{\text{Custo total}}{\text{Quantidade de produto}} = \frac{TC}{Q}$$

O custo total médio é importante porque informa ao produtor quanto custa produzir a unidade *média* ou *típica* de produto. O custo marginal, enquanto isso, informa ao produtor quanto custa produzir *uma unidade adicional* de produto. Embora tenham aparência similar, essas duas medidas de custo normalmente diferem.

A Tabela 11.2 usa dados da Molhos Gourmet de Selena para calcular o custo médio. Por exemplo, o custo total de produção de 4 caixas de molho é $ 300, constituídos de $ 108 de custo fixo e $ 192 de custo variável (veja a Tabela 11.1). Assim, o custo médio de produzir 4 caixas de molho é $300/4 = $75. Podemos ver pela Tabela 11.2 que, à medida que a quantidade de produto aumenta, o custo total médio primeiro cai e depois sobe.

A Figura 11.7 representa esses dados para traçar a *curva de custo total médio,* que mostra como o custo total médio depende do produto. Como antes, o custo em dinheiro é medido no eixo vertical e a quantidade de produto, medida no eixo horizontal. A curva de custo total médio tem claramente o formato de U, que corresponde a que o custo total médio primeiro cai e depois sobe conforme o produto aumenta. Os economistas creem que tais **curvas de custo total médio em forma de U** são a norma para os produtores de muitas indústrias.

Uma **curva de custo total médio em forma de U** cai em níveis baixos de produção, depois sobe em níveis mais altos.

Tabela 11.2 Custos Médios da Molhos Gourmet de Selena

Quantidade de molho *Q* (caixas)	Custo total *TC*	Custo médio total por caixa *ATC = TC/Q*	Custo fixo médio por caixa *AFC = FC/Q*	Custo variável médio por caixa *AVC = V/Q*
1	$ 120	$ 120,00	$ 108,00	$ 12,00
2	156	78,00	54,00	24,00
3	216	72,00	36,00	36,00
4	300	75,00	27,00	48,00
5	408	81,60	21,60	60,00
6	540	90,00	18,00	72,00
7	696	99,43	15,43	84,00
8	876	109,50	13,50	96,00
9	1.080	120,00	12,00	108,00
10	1.308	130,80	10,80	120,00

O **custo fixo médio** é o custo fixo por unidade de produção.

O **custo variável médio** é o custo variável por unidade de produção.

Para ajudar a entender por que as curvas de custo total médio têm formato de U, a Tabela 11.2 decompõe o custo total em seus dois componentes, *custo fixo médio* e *custo variável médio*. **Custo fixo médio** (*AFC*) é o custo fixo dividido pela quantidade de produto, também conhecido como custo fixo por unidade de produto. Por exemplo, se Selena produz 4 caixas de molho, o custo fixo médio é $ 108 / 4 = $ 27 por caixa. **Custo variável médio** (*AVC*) é o custo variável dividido pela quantidade de produto, também conhecido como custo variável por unidade de produto. Quando o produto é 4 caixas de molho, o custo variável médio é $ 192 / 4 = $ 48 por caixa.

Em forma de equação, temos:

$$\textbf{(11.5)}\quad AFC = \frac{\text{Custo fixo}}{\text{Quantidade de produto}} = \frac{FC}{Q}$$

$$AVC = \frac{\text{Custo variável}}{\text{Quantidade de produto}} = \frac{VC}{Q}$$

Figura 11.7 Curva de custo total médio da Molhos Gourmet de Selena.

A curva de custo total médio de Selena tem formato de U. Em níveis mais baixos de produção, o custo total médio cai porque o *efeito de dispersão* do custo fixo médio decrescente domina o *efeito de retornos decrescentes* do custo variável médio crescente. Em níveis mais altos de produção, acontece o inverso e o custo total médio aumenta. No ponto *M*, que corresponde a um produto de 3 caixas de molho por dia, o custo total médio atinge seu mínimo.

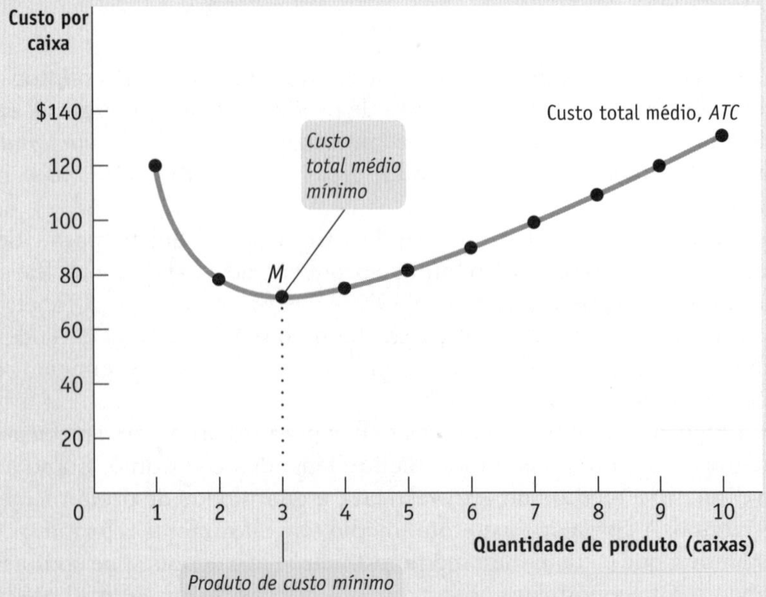

O custo total médio é a soma do custo fixo médio e do custo variável médio; tem formato de U porque esses componentes se movem em direção oposta à medida que o produto cresce.

O custo fixo médio cai conforme mais produto é produzido porque o numerador (o custo fixo) é um número fixo, mas o denominador (a quantidade de produto) aumenta junto com a produção. Outra maneira de ver essa relação é que, à medida que mais produto é gerado, o custo fixo se distribui por mais unidades de produto; o resultado final é que o custo fixo *por unidade de produto*, ou seja, o custo fixo médio, cai. Podemos observar esse efeito na quarta coluna da Tabela 11.2: o custo fixo médio se reduz continuamente à medida que o produto aumenta.

O custo variável médio, contudo, sobe à medida que aumenta o produto. Como vimos, isso reflete os retornos decrescentes do insumo variável: cada unidade adicional de produto incorre em mais custo variável do que incorre a unidade anterior. Assim, o custo variável aumenta mais rapidamente do que aumenta a quantidade de produto.

Por conseguinte, o aumento do produto tem dois efeitos opostos sobre o custo total médio:

1. *Efeito de distribuição.* Quanto maior a quantidade de produto, maior a quantidade pela qual se distribui o custo fixo, baixando, dessa forma, o custo fixo médio.
2. *Efeito de retorno decrescente.* Quanto maior a quantidade de produto, mais insumo variável é necessário para produzir unidades adicionais e, assim, mais alto é o custo variável médio.

Em níveis baixos de produção, o efeito de distribuir o custo fixo é muito poderoso, porque mesmo pequenos aumentos de produto causam grande redução no custo fixo médio. Assim, em níveis baixos de produção, o efeito de distribuir o custo fixo domina o efeito do retorno decrescente e faz a curva de custo médio total ter inclinação para baixo. Porém, quando a quantidade de produto passa a ser muito elevada, o custo fixo médio fica bem pequeno, de modo que um aumento adicional do produto tem um efeito muito pequeno de distribuir custo fixo.

Por outro lado, retornos decrescentes tornam-se cada vez mais importantes à medida que o produto aumenta. O resultado é que, quando o produto é elevado, o efeito dos retornos decrescentes domina o efeito de distribuição do custo fixo, fazendo a curva de custo total médio ter inclinação para cima. No fundo da curva de custo total médio de formato de U – o ponto *M* na Figura 11.7 –, os dois efeitos cancelam um ao outro. Nesse ponto, o custo médio total atinge o seu nível mínimo.

A Figura 11.8 reúne quatro membros da família das curvas de custo que derivamos da curva de custo total: a curva de custo marginal (*MC*), a curva de custo total médio (*ATC*), a curva de custo variável médio (*AVC*) e a curva de custo fixo médio (*AFC*). Todas elas se baseiam na informação das Tabelas 11.1 e 11.2. Como antes, o custo é medido no eixo vertical e a quantidade de produto é medida no eixo horizontal. Vejamos algumas características das várias curvas de custo.

- O custo marginal tem inclinação para cima – resultado dos retornos decrescentes que fazem uma unidade adicional de produto ter maior custo de produção que a anterior.
- O custo variável médio também tem inclinação para cima – mais uma vez por conta de retornos decrescentes –, mas é menos inclinado que a curva de custo marginal. Isso porque, quando se mede o custo variável médio, o custo mais alto de uma unidade adicional de produto é dividido por todas as unidades e não apenas pelas unidades adicionais.
- O custo fixo médio tem inclinação para baixo, por causa do efeito de tal custo ir se dividindo entre mais unidades.
- A curva de custo marginal intercepta a curva de custo total médio vindo de baixo e a cruza no seu ponto mais baixo, o ponto *M* na Figura 11.8. Essa característica será estudada a seguir.

Figura 11.8 Curvas de custo marginal e médio da Molhos Gourmet de Selena.

Temos aqui a família das curvas de custo de Selena: a curva de custo marginal (*MC*), a curva de custo total médio (*ATC*), a curva de custo variável médio (*AVC*) e a curva de custo fixo médio (*AFC*). Note que a curva de custo total médio tem formato de U e que a curva de custo marginal corta a curva de custo total médio no fundo do U, no ponto *M*, correspondente ao custo total médio mínimo da Tabela 11.2 e da Figura 11.7.

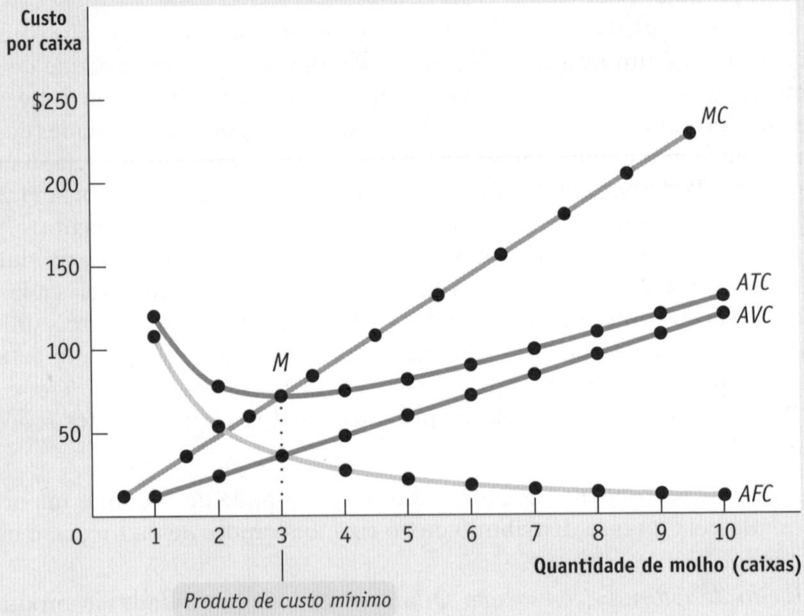

Produto de custo mínimo é a quantidade de produção na qual o custo médio total é mais baixo - a parte inferior da curva do custo médio total em forma de U.

Custo total médio mínimo

Para uma curva de custo total médio em forma de U, o custo total médio está no seu nível mínimo no fundo do U. Os economistas denominam a quantidade que corresponde a um custo total médio mínimo **produto de custo mínimo**. No caso da Molhos Gourmet de Selena, o produto de custo mínimo são 3 caixas de molho por dia.

Na Figura 11.8, o fundo do U encontra-se no nível de produto em que a curva de custo marginal cruza a curva de custo total médio por baixo. Será por acaso? Não, isso reflete princípios gerais válidos sempre em relação às curvas de custo marginal e de custo total médio de uma empresa:

1. Na quantidade de produto de custo mínimo, o custo total médio é *igual* ao custo marginal.
2. Na quantidade de produto inferior à de custo mínimo, o custo marginal é *inferior* ao custo médio total, e o custo total médio está diminuindo.
3. Quando o produto é superior ao produto de custo mínimo, o custo marginal é *maior* que o custo total médio, e o custo total médio está aumentando.

Para entender esses princípios, pense em como sua nota em uma matéria – digamos, nota 3 em sociologia – afeta a sua média geral no curso. Se a sua média geral no curso antes de receber essa nota era maior do que 3, essa nova nota reduz a média.

De modo similar, se o custo marginal, o custo de produzir uma unidade adicional, é inferior ao custo total médio, produzir essa unidade extra reduz o seu custo total médio. Isso se mostra na Figura 11.9 pelo movimento de A_1 para A_2. Nesse caso, o custo marginal de produzir uma unidade adicional de produto é baixo, como indicado pelo ponto MC_L na curva de custo marginal. Quando o custo de produzir a unidade seguinte de produto é inferior ao custo total médio, aumentar a produção leva a uma redução do custo total médio. Assim, qualquer quantidade de produto na qual o custo marginal é inferior ao custo médio tem de estar no segmento do U com inclinação para baixo.

Porém, se a sua nota de sociologia é mais alta que a média de suas notas anteriores, essa nova nota vai aumentar sua média geral no curso. De modo similar,

Figura 11.9 Relação entre curvas de custo total médio e de custo marginal.

Para ver por que a curva de custo marginal (*MC*) tem de cortar a curva de custo total médio (*ATC*) no mínimo do custo total médio (ponto *M*), correspondente ao produto de custo mínimo, devemos observar o que acontece quando o custo marginal é diferente do custo total médio. Se o custo marginal é *inferior* ao custo total médio, um aumento no produto tem de reduzir o custo total médio, como no movimento de A_1 para A_2. Se o custo marginal é *maior* que o custo total médio, um aumento de produto deve aumentar o custo total médio, como no movimento de B_1 para B_2.

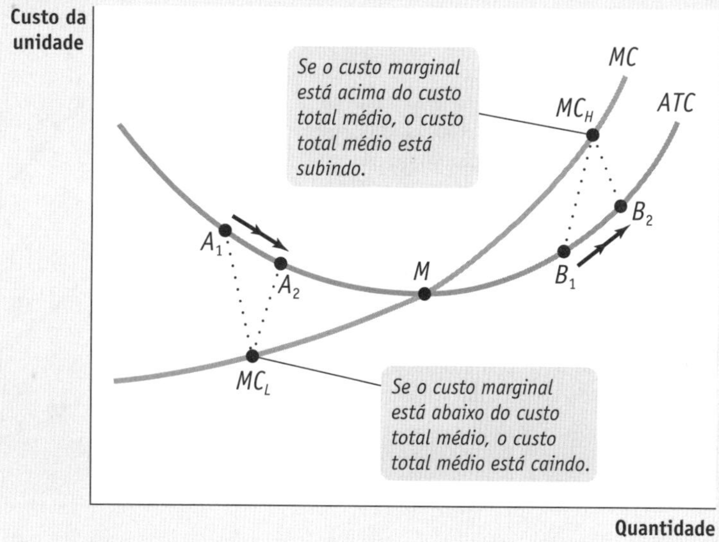

se o custo marginal é maior que o custo total médio, a produção de uma unidade extra aumenta o custo total médio. Isso é ilustrado pelo movimento de B_1 para B_2 na Figura 11.9, em que o custo marginal, MC_H, é mais alto que o custo total médio. Assim, qualquer quantidade de produto em que o custo marginal é superior ao custo total médio tem de estar no segmento do U com inclinação para cima.

Finalmente, quando uma nova nota é exatamente igual à sua média de notas anterior, a nota adicional não aumenta nem reduz sua média, ela permanece a mesma. Isso corresponde ao ponto *M* na Figura 11.9: quando o custo marginal é igual ao custo total médio, temos de estar no fundo do U, pois somente nesse ponto o custo total médio não está caindo nem subindo.

A curva de custo marginal sempre tem inclinação para cima?

Até agora, enfatizamos a importância dos retornos decrescentes, que levam a uma curva de produto marginal que sempre tem inclinação para baixo e a uma curva de custo marginal que sempre tem inclinação para cima. Na prática, contudo, os economistas acreditam que curvas de custo marginal muitas vezes se inclinam *para baixo* à medida que a empresa aumenta sua produção de zero até algum nível relativamente baixo, passando a ter inclinação para cima somente em níveis mais elevados de produção: elas têm a aparência da curva *MC* na Figura 11.10.

A inclinação para baixo na fase inicial ocorre porque uma empresa que só emprega poucos trabalhadores, muitas vezes, não consegue aproveitar os benefícios da especialização do trabalho. Por exemplo, um indivíduo produzindo molho sozinho teria de executar todas as tarefas que isso implica: selecionar e preparar os ingredientes, misturar o molho, engarrafá-lo, colocar etiquetas, arrumar as garrafas nas caixas etc. À medida que mais trabalhadores são empregados, eles podem dividir as tarefas, cada um especializando-se em algum aspecto da produção de molho.

Essa especialização leva a *retornos crescentes* no início e, assim, a uma inclinação para baixo da curva de custo marginal. Porém, no momento em que já há trabalhadores suficientes para permitir a especialização, os retornos decrescentes começam a ter impacto. De fato, as curvas de custo marginal típicas têm o formato de uma "pincelada", como *MC* na Figura 11.10. Pela mesma razão, as curvas de custo variável médio normalmente são parecidas com a *AVC* na Figura 11.10: são mais em formato em U do que rigorosamente inclinadas sempre para cima.

Contudo, a Figura 11.10 mostra também que as características essenciais que vimos no exemplo da Molhos Gourmet de Selena permanecem válidas: a curva

Figura 11.10 Curvas de custo mais realistas.

Uma curva de custo marginal realista tem o formato de uma "pincelada". Começando de uma quantidade de produto bem baixa, o custo marginal muitas vezes cai quando a empresa aumenta a produção. Isso porque contratar trabalhadores adicionais permite maior especialização e divisão do trabalho, o que leva a retornos crescentes. Uma vez alcançada a especialização, contudo, ocorrem retornos decrescentes por trabalhador adicional, e o custo marginal aumenta. A curva de custo variável médio correspondente tem formato de U, assim como a curva de custo total médio.

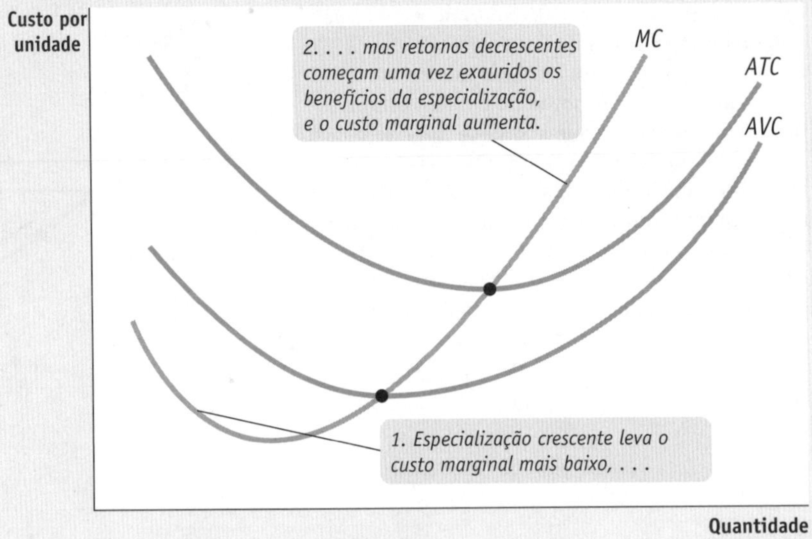

de custo total médio tem formato em U e a curva de custo marginal passa pelo ponto de mínimo do custo total médio, bem como pelo ponto de mínimo do custo variável médio.

ECONOMIA >> *em Ação*

Economia inteligente de energia elétrica

Se você gosta de ouvir música, escrever trabalhos escolares ou lavar roupa no meio da noite, sua rede elétrica local gostaria de lhe agradecer. Por quê? Porque você está usando eletricidade quando a geração é menos cara.

O problema é que a energia não pode ser armazenada de forma eficiente em grande escala. Assim, os operadores de usinas mantêm tanto as principais usinas elétricas que são projetadas para funcionar continuamente quanto as usinas menores que operam somente durante períodos de pico de demanda – como durante o horário de trabalho diurno ou períodos de temperaturas externas extremas.

Essas usinas menores são mais caras para operar, incorrendo em custo marginal por quilowatt gerado maior do que o custo médio de geração de um quilowatt (ou seja, custo médio sobre quilowatts gerados pelas usinas grandes e pequenas). De acordo com o U.S. Government Accountability Office,[2] pode custar até dez vezes mais gerar eletricidade durante uma tarde de verão (quando os aparelhos de ar-condicionado estão funcionando à plena capacidade), quando se compara com a madrugada.

No entanto, os consumidores normalmente não estão cientes de que o custo marginal da eletricidade varia ao longo do dia ou de acordo com o tempo. Em vez disso, eles avaliam os preços em suas contas com base no custo médio da geração de eletricidade. Como resultado, a demanda de eletricidade é ineficaz – muito alta durante períodos de alto custo marginal e muito baixa durante períodos de baixo custo marginal. No final, os consumidores acabam pagando mais do que deveriam por sua eletricidade, pois as empresas de serviços públicos devem em algum momento aumentar seus preços para cobrir os custos de produção.

[2]N. R.: Órgão do legislativo norte-americano responsável por produzir estatísticas e informações para assessorar o Congresso dos Estados Unidos e informar o público em geral.

Para resolver essa ineficiência, nos Estados Unidos, empresas de serviços públicos, fabricantes de eletrodomésticos e o governo federal estão trabalhando juntos para desenvolver as tecnologias SMART Grid, que ajudam os consumidores a ajustar seu uso de acordo com o verdadeiro custo marginal de um quilowatt em tempo real. Medidores "inteligentes" instalados em residências permitem que o preço ao consumidor varie de acordo com o verdadeiro custo marginal, que o consumidor pode ver. E aparelhos como máquinas de lavar louça, refrigeradores, secadores e aquecedores de água foram desenvolvidos para funcionar quando as tarifas de eletricidade são mais baixas.

Estudos têm mostrado consistentemente que, quando os consumidores veem as flutuações reais do custo marginal e são convidados a pagar de acordo, eles reduzem seu consumo durante os horários de pico de demanda. Claramente, as tecnologias SMART Grid não são mais que uma aplicação da economia inteligente.

>> *Teste seu entendimento* 11.2

As respostas estão no fim do livro.

1. Aidy's Apple Pies é um negócio de beira de estrada. Aidy tem de pagar $ 9 de aluguel por dia. Além disso, custa $ 1 produzir a primeira torta do dia, e o custo de fazer cada torta subsequente custa 50% a mais do que o custo da anterior. Por exemplo, fazer a segunda torta custa $ 1,00 × 1,5 = $ 1,50, e assim por diante.
   a. Calcule custo marginal, custo variável, custo total médio, custo variável médio e custo fixo médio de Aidy quando sua produção diária de torta passa de 0 a 6. (*Dica*: o custo variável de duas tortas é o custo marginal da primeira mais o custo marginal da segunda e assim por diante.)
   b. Indique a faixa da produção de tortas em que o efeito de distribuir o custo fixo domina e a faixa em que domina o efeito de retornos decrescentes.
   c. Que quantidade de produto de Aidy é a de custo mínimo? Explique por que fazer uma torta adicional baixa o custo total médio de Aidy, quando o produto é menos que o produto de custo mínimo. De modo similar, explique por que fazer uma torta adicional aumenta o custo total médio de Aidy quando o produto é mais que o produto de custo mínimo.

Custos de curto prazo *versus* de longo prazo

Até agora, tratamos o custo fixo como estando completamente fora do controle de uma empresa, pois nos concentramos no curto prazo. Porém, como notamos antes, todos os insumos são variáveis no longo prazo: isso significa que, no longo prazo, o custo fixo também pode variar. Em outros termos, *no longo prazo, o custo fixo da empresa torna-se uma variável que ela pode escolher*. Por exemplo, dado prazo suficiente, Selena pode comprar equipamento adicional para preparar alimentos em sua Molhos Gourmet ou se desfazer de parte do equipamento existente.

Nesta seção, examinaremos como os custos de uma empresa se comportam no curto e no longo prazo. Veremos também que a empresa escolherá seu custo fixo no longo prazo com base na quantidade de produto que espera produzir.

Comecemos supondo que Selena esteja pensando se deve adquirir mais equipamento para a produção de alimentos. A aquisição de equipamento adicional afetará seu custo total de duas maneiras. Primeiro, a empresa terá de alugar ou comprar o equipamento adicional; de qualquer modo, isso significará um custo fixo mais alto no curto prazo. Segundo, como os trabalhadores terão mais equipamento, eles se tornarão mais produtivos: menos trabalhadores serão necessários para produzir qualquer produto dado, de modo que o custo variável para qualquer quantidade dada de produto diminuirá.

A tabela na Figura 11.11 mostra como a aquisição de uma máquina adicional afeta os custos. Em nosso exemplo original, imaginamos que a Molhos Gourmet de Selena tinha um custo fixo de $ 108. A metade esquerda da tabela mostra o custo variável, bem como o custo total e o custo total médio, supondo um custo fixo de

>> *Revisão Rápida*

- O custo marginal é igual à inclinação da curva de custo total. Retornos decrescentes fazem a curva de custo marginal ter inclinação para cima.
- O **custo total médio** (ou **custo médio**) é igual à soma do **custo fixo médio** e do **custo variável médio**. Quando a **curva de custo total médio em forma de U** tem inclinação para baixo, o efeito de distribuição do custo fixo domina: o custo fixo se dilui por mais unidades de produto. Quando ela tem inclinação para cima, o efeito dos retornos decrescentes domina: uma unidade de produto adicional exige mais insumos variáveis.
- O custo marginal é igual ao custo total médio no ponto do **produto de custo mínimo**. Em níveis mais elevados de produto, o custo marginal é mais alto que o custo total médio, e o custo total médio é crescente. Em níveis mais baixos de produto, o custo marginal é mais baixo que o custo total médio, e o custo total médio é decrescente.
- Em níveis baixos de produção, muitas vezes ocorrem retornos crescentes de um insumo, em decorrência da vantagem da especialização, fazendo a curva de custo marginal ter a aparência de uma "pincelada": inicialmente tem inclinação para baixo, antes de começar a ter inclinação para cima.

\$ 108. A curva de custo total médio para esse nível de custo fixo é dada por ATC_1 na Figura 11.11. Vamos comparar isso a uma situação em que a empresa compra um equipamento adicional para a produção de alimentos dobrando seu custo fixo para \$ 216, mas reduzindo seu custo variável para qualquer quantidade de produto. A metade direita da tabela mostra custo variável, custo total e custo total médio da empresa com esse nível mais alto de custo fixo. A curva de custo total médio correspondente a \$ 216 de custo fixo é dada por ATC_2 na Figura 11.11.

Podemos ver pela figura que, para uma pequena quantidade de produto, 4 caixas de molho por dia ou menos, o custo total médio é menor quando Selena abdica de ter equipamento adicional e mantém o custo fixo mais baixo de \$ 108: ATC_1 está abaixo de ATC_2. Por exemplo, a 3 caixas por dia, o custo total médio é \$ 72 sem equipamento adicional e \$ 90 com equipamento adicional. Porém, quando o produto aumenta para mais de 4 caixas por dia, o custo total médio da empresa é mais baixo se ela adquire equipamento adicional, elevando seu custo fixo para \$ 216. Por exemplo, em 9 caixas de molho por dia, o custo total médio é \$ 120 quando o custo fixo é \$ 108, e apenas \$ 78 quando o custo fixo é \$ 216.

Por que o custo médio total muda dessa forma quando o custo fixo aumenta? Quando o produto é baixo, o aumento no custo fixo pelo equipamento adicional mais do que compensa a redução no custo variável da produtividade mais alta do

Figura 11.11 Escolha do nível de custo fixo da Molhos Gourmet de Selena.

Há um *trade-off* entre custo fixo mais alto e custo variável mais baixo para qualquer nível dado de produto e vice-versa. ATC_1 é a curva de custo total médio correspondente a um custo fixo de \$ 108; ela leva a um custo fixo mais baixo e a um custo variável mais alto. ATC_2 é a curva de custo total médio correspondente a um custo fixo mais alto, de \$ 216, porém de um custo variável mais baixo. Em níveis de produtos reduzidos, de menos de quatro caixas de molho de salsa por dia, ATC_1 está abaixo de ATC_2; o custo total médio é mais baixo, com apenas \$ 108 de custo fixo. No entanto, à medida que o produto aumenta, o custo total médio é mais baixo com montante mais alto de custo fixo, \$ 216; quando mais de quatro caixas de molho são produzidas por dia, ATC_2 fica abaixo de ATC_1.

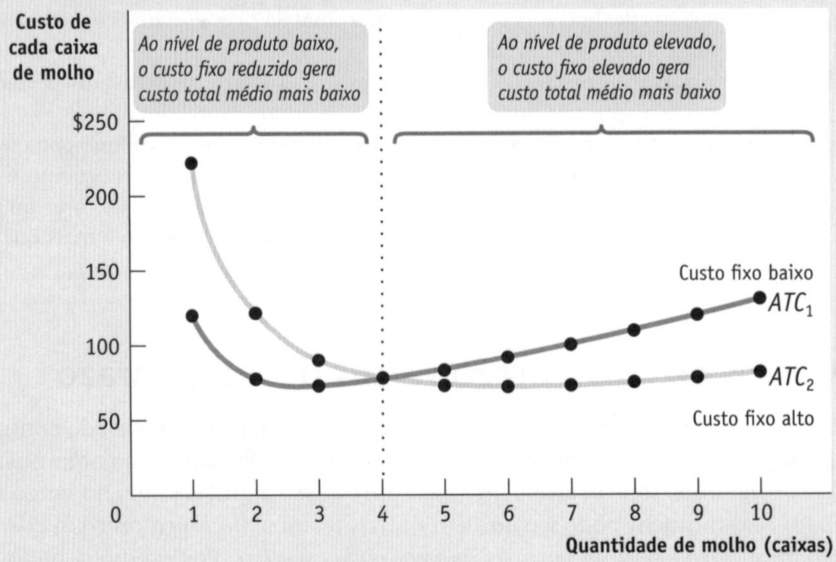

	Custo fixo baixo (*FC* = \$ 108)			Custo fixo alto (*FC* = \$ 216)		
Quantidade de caixas de molho	Custo variável alto	Custo total	Custo médio total por par ATC_1	Custo variável baixo	Custo total	Custo médio total por caixa ATC_2
1	\$12	\$120	\$120,00	\$6	\$222	\$222,00
2	48	156	78,00	24	240	120,00
3	108	216	72,00	54	270	90,00
4	192	300	75,00	96	312	78,00
5	300	408	81,60	150	366	73,20
6	432	540	90,00	216	432	72,00
7	588	696	99,43	294	510	72,86
8	768	876	109,50	384	600	75,00
9	972	1.080	120,00	486	702	78,00
10	1.200	1.308	130,80	600	816	81,60

trabalhador, isto é, há poucas unidades de produto pelas quais distribuir o custo fixo adicional. Assim, se Selena pretende produzir menos que 4 caixas de molho por dia, ficará em situação melhor escolhendo o nível mais baixo de custo fixo, $ 108, para conseguir um custo total médio mais baixo na produção. Quando planeja produto elevado, contudo, deve adquirir o equipamento adicional.

Em geral, para cada nível de produto existe alguma escolha de custo fixo que minimiza o custo total médio da empresa para aquele nível de produto. Assim, se a empresa tem um nível desejado de produto que espera manter ao longo do tempo, deve escolher o nível de custo fixo adequado para aquele nível, isto é, o nível de custo fixo que minimize seu custo total médio.

Quando estudamos uma situação em que o custo fixo pode mudar, é preciso levar em conta o tempo ao discutir o custo total médio. Todas as curvas de custo médio que examinamos até agora se definem para um dado nível de custo fixo, isto é, elas são definidas para o curto prazo, o período de tempo em que o custo fixo não varia. Para reforçar essa distinção, no resto do capítulo vamos nos referir a essas curvas de custo total médio como *curvas de custo total médio de curto prazo*.

Para a maioria das empresas, é razoável supor que haja muitas escolhas possíveis de custo fixo e não apenas duas. Isso implica que para tal empresa existirão muitas possibilidades de curvas de custo total médio de curto prazo, cada uma correspondendo a uma escolha diferente de custo fixo e dando origem ao que é denominado "família" das curvas de custo total médio de curto prazo da empresa.

Em qualquer momento dado, a empresa estará em uma de suas curvas de custo de curto prazo, aquela correspondente ao seu nível corrente de custo fixo; uma mudança no produto a fará se mover ao longo dessa curva. Se a empresa espera que a mudança no nível do produto dure muito tempo, é provável que o nível corrente de custo fixo dela já não seja adequado. Havendo tempo suficiente, a empresa vai querer ajustar seu custo fixo para um novo nível que minimize seu custo total médio para o novo nível de produto.

Por exemplo, se a Molhos Gourmet de Selena estivesse produzindo 2 caixas de molho por dia com custo fixo de $ 108, mas fosse aumentando sua produção até 8 caixas por dia e pretendesse continuar nesse nível no futuro previsível, no longo prazo deveria aumentar seu custo fixo até um nível que minimizasse o custo total médio no nível de produto de 8 caixas por dia.

Suponhamos um experimento mental e calculemos o custo total médio mais baixo possível que pode ser alcançado para cada nível de produto, se a empresa escolher seu custo fixo para cada nível de produto. Os economistas deram um nome a esse experimento mental: *curva de custo total médio de longo prazo*. Especificamente, a **curva de custo total médio de longo prazo** (ou *LRATC*) é a relação entre produto e curva de custo total médio quando o custo fixo foi escolhido de modo a minimizar o custo total médio *para cada nível de produto*. Quando há muitas escolhas possíveis de custo fixo, a curva de custo total médio de longo prazo tem o familiar formato suave de U, como se mostra pela *LRATC* na Figura 11.12.

A **curva de custo total médio de longo prazo** mostra a relação entre a produção e o custo total médio quando o custo fixo foi escolhido para minimizar o custo total médio para cada nível de produção.

Podemos agora distinguir mais nitidamente entre curto prazo e longo prazo. No longo prazo, quando um produtor tem tempo para escolher o custo fixo adequado para seu nível desejado de produto, ele estará em algum ponto na curva de custo total médio de longo prazo. No entanto, se o nível de produto for alterado, a empresa já não estará na curva de custo total médio de longo prazo e, em vez disso, estará se movendo ao longo de sua curva de custo total médio de curto prazo corrente. Ela só voltará a estar sobre a curva de custo total médio de longo prazo quando reajustar seu custo fixo para o novo nível de produto.

A Figura 11.12 ilustra esse ponto. A curva ATC_3 mostra o custo total médio de curto prazo se Selena escolheu o nível de custo fixo que minimiza o custo total médio a um produto de 3 caixas de molho por dia, e isso é confirmado pelo fato de que, a 3 caixas por dia, ATC_3 toca a *LRATC*, a curva de custo total médio de longo prazo. De forma similar, ATC_6 mostra a curva de custo total médio de curto prazo se Selena decidiu produzir 6 caixas por dia. Ela toca a *LRATC* em 6 caixas por dia. E ATC_9 mostra a curva de custo total médio de curto prazo se Selena escolheu o

Figura 11.12 Curvas de custo total médio de curto e de longo prazos.

Curvas de custo total médio de curto e de longo prazos são diferentes porque, no longo prazo, a empresa pode escolher seu custo fixo. Se Selena escolheu o nível de custo fixo que minimiza o custo médio de curto prazo em uma produção de 6 caixas de molho por dia, e de fato continua produzindo 6 caixas diárias, estará nas curvas *LRATC* e ATC_6 no ponto C. No entanto, se ela produz apenas 3 caixas por dia, mudará para o ponto *B*. Se ela espera continuar produzindo 3 caixas por um longo período, reduzirá seu custo fixo e mudará para o ponto *A* em ATC_3. Do mesmo modo, se ela produz 9 caixas (situando-se no ponto *Y*) e espera continuar isso por muito tempo, aumentará seu custo fixo no longo prazo e mudará para o ponto *X*, em ATC_9.

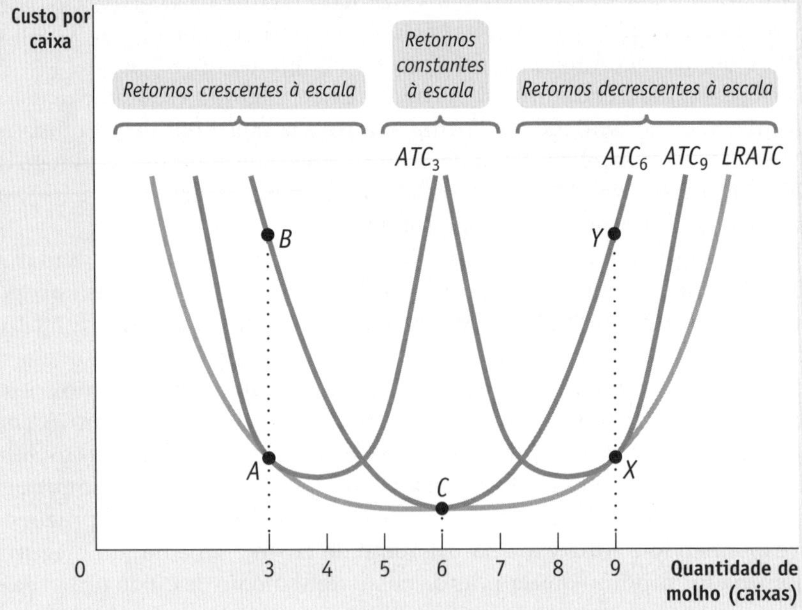

nível de custo fixo que minimiza o custo total médio se o seu produto são 9 caixas por dia. Ela toca *LRATC* em 9 caixas por dia.

Suponha que Selena tenha decidido inicialmente estar em ATC_6. Se ela de fato produz 6 caixas de molho por dia, estará no ponto *C*, tanto sobre sua curva de custo total médio de curto prazo quanto na de longo prazo. Suponha, no entanto, que Selena termine produzindo apenas 3 caixas por dia. No curto prazo, seu custo total médio é indicado pelo ponto *B* em ATC_6; já não está sobre *LRATC*. Se Selena tivesse sabido que terminaria produzindo apenas 3 caixas por dia, teria estado em melhor situação escolhendo um custo fixo menor, aquele correspondente a ATC_3, em que teria um custo total médio mais baixo. Ela poderia fazer isso, por exemplo, vendendo sua fábrica e comprando uma menor. Nesse caso, teria estado no ponto *A* sobre a curva de custo total médio de longo prazo, situado abaixo do ponto *B*.

Suponha, por outro lado, que Selena termine produzindo 9 caixas por dia. No curto prazo, seu custo total médio é indicado pelo ponto *Y* em ATC_6. Mas estaria melhor se incorresse em um custo fixo mais alto, a fim de reduzir seu custo variável, movendo para ATC_9. Isso lhe permitiria alcançar o ponto *X* na curva de custo total médio de longo prazo, que está abaixo do ponto *Y*.

A distinção entre curvas de custo total médio de curto prazo e de longo prazo é muito importante para entender como as empresas de verdade operam ao longo do tempo. Uma empresa que tenha de aumentar rapidamente o produto para atender uma demanda, em geral, verá seu custo total médio aumentar consideravelmente no curto prazo, pois é difícil obter uma produção extra com as instalações existentes. Porém, com tempo para construir uma nova fábrica ou acrescentar equipamento, o custo total médio de curto prazo diminuirá.

Retornos à escala

O que determina o formato da curva de custo total médio de longo prazo? A resposta é que a *escala*, a dimensão das operações de uma empresa, é muitas vezes um determinante importante do seu custo total médio de longo prazo. Empresas que experimentam efeitos de escala na produção verificam que seu custo total médio de longo prazo muda consideravelmente, dependendo da quantidade de produto que elas produzem. Ocorrem **retornos crescentes à escala** (também conhecidos como *economias de escala*) quando o custo total médio de longo prazo declina à medida que a produção aumenta.

Há **retornos crescentes à escala** quando o custo total médio de longo prazo diminui à medida que a produção aumenta.

Como se vê na Figura 11.12, a Molhos Gourmet de Selena experimenta retornos crescentes à escala nos níveis de produto de 0 a 5 caixas, os níveis de produto ao longo dos quais a curva de custo total médio de longo prazo é declinante. Diferentemente, há **retornos decrescentes à escala** (também conhecidos como *deseconomias de escala*) quando o custo total médio de longo prazo aumenta à medida que o produto aumenta. Para Selena, ocorrem retornos decrescentes à escala nos níveis de produto de 7 caixas ou mais, os níveis de produto em que a curva de custo total médio de longo prazo está subindo.

Há **retornos decrescentes à escala** quando o custo total médio de longo prazo aumenta à medida que a produção aumenta.

Existe também uma terceira relação possível entre custo total médio de longo prazo e escala: as empresas experimentam **retornos constantes à escala** quando o custo total médio de longo prazo é constante à medida que a produção aumenta. Nesse caso, a curva de custo total médio de longo prazo é horizontal sobre os níveis de produção para os quais existem retornos constantes à escala. Como se vê na Figura 11.12, Selena tem retorno constante à escala quando produz em algum ponto entre 5 e 7 caixas de molho por dia.

Há **retornos constantes à escala** quando o custo total médio de longo prazo é constante à medida que a produção aumenta.

O que explica esse efeito da escala na produção? Em última instância, a resposta está na tecnologia de produção da empresa. Economias de escala, com frequência, surgem do aumento de *especialização* permitido pela produção maior, ou seja, uma escala de operações maior significa que cada trabalhador individual pode se limitar a uma tarefa mais especializada, tornando-se mais qualificado e eficiente na sua execução.

Outra fonte de economias de escala é um custo de instalação inicial muito elevado; em algumas indústrias, como a automobilística, a de geração de eletricidade e a de refino de petróleo, é necessário um gasto inicial muito alto na forma de planta e equipamento para produzir qualquer nível de produto.

Uma terceira fonte de retornos crescentes à escala, que pode ser encontrada em indústrias de alta tecnologia como a de desenvolvimento de *software*, é que o valor de um bem ou serviço para um indivíduo aumenta quando um grande número de outros possui ou usa o mesmo bem ou serviço (conhecidas como *externalidades de rede*). Como veremos no Capítulo 13, em que estudamos o monopólio, as economias de escala têm implicações importantes sobre a forma como as empresas e os setores industriais interagem e se comportam.

Retornos decrescentes à escala, o cenário oposto, tipicamente surgem em grandes empresas em razão de problemas de coordenação e comunicação: à medida que a empresa aumenta de tamanho, torna-se cada vez mais difícil e dispendioso comunicar e organizar suas atividades. Enquanto retornos crescentes à escala induzem a empresa a crescer, os retornos decrescentes à escala tendem a limitar seu tamanho. E, quando os retornos à escala são constantes, não têm impacto sobre o custo total médio de longo prazo da empresa: ele é o mesmo para produzir 1 unidade ou 100.000.

Resumo de custos: o curto e o longo prazo

Para que uma empresa tome as melhores decisões sobre quanto produzir, ela tem de entender como seus custos se relacionam com a quantidade de produto que decide produzir. A Tabela 11.3 resume os conceitos e medidas de custo que aprendemos.

Tabela 11.3 Conceitos e medidas de custo

	Medidas	Definição	Termos matemáticos
Curto prazo	Custo fixo	Custo que não depende da quantidade	*FC*
	Custo fixo médio	Custo fixo por unidade de produto	$AFC = FC/Q$
Curto prazo e longo prazo	Custo variável	Custo que depende da quantidade produzida	*VC*
	Custo variável médio	Custo variável por unidade de produto	$AVC = VC/Q$
	Custo total	Soma do custo fixo (curto prazo) e do custo variável	$TC = FC$ (curto prazo) + VC
	Custo total médio (custo médio)	Custo total por unidade de produto	$ATC = TC/Q$
	Custo marginal	Mudança no custo total gerada por se produzir uma unidade a mais de produto	$MC = \Delta TC/\Delta Q$
Longo prazo	Custo total médio de longo prazo	Custo total médio quando o custo fixo foi escolhido de modo a minimizar o custo total para cada nível de produto	*LRATC*

ECONOMIA >> *em Ação*

Como a economia compartilhada reduz o custo fixo

Turo é um negócio de compartilhamento de carros: ele permite que quem possui carro possa alugá-lo a quem quer usar um carro, mas prefere não comprá-lo. Assim como a Airbnb, a empresa de grande sucesso de compartilhamento de moradias, o Turo é exemplo de um fenômeno significativo e crescente: a economia compartilhada. Na economia compartilhada, a tecnologia permite que partes não relacionadas (empresas e indivíduos) compartilhem ativos como espaço de escritório, casas, capacidade de computação, carros, pequenos jatos, capital financeiro, livros e roupas de grife mediante transações de mercado. Mesmo a própria nuvem, a vasta rede digital na qual você armazena suas fotos e seus documentos, é uma característica da economia de compartilhamento, porque permite que empresas e indivíduos aluguem capacidade computacional, armazenamento e *software*. Mas o que isso tem a ver com custos fixos? Muito. Se o uso de um ativo só pode ser obtido quando necessário, então ele vai de um custo fixo para um custo variável.

Vamos explicar usando o exemplo de um mercado de compartilhamento de carros, como o Turo. Karenna precisa usar carro de vez em quando. Comprar um carro significaria gastar muito dinheiro: mesmo um carro usado mais velho custará a Karenna uma boa soma de dinheiro. Ou seja, Karenna tem de incorrer em um custo fixo considerável se comprar um carro. E, como ela só precisa do carro ocasionalmente, qualquer carro que ela comprasse ficaria na garagem por um período significativo de tempo.

Suponha que, em vez de comprar um carro, Karenna use o Turo para alugar um carro quando precisa. Então ela incorre em um custo variável – a taxa de aluguel do carro – em vez de um grande custo fixo de propriedade. Ao compartilhar ao invés de comprar um carro, Karenna transformou o que teria sido um custo fixo em um custo variável.

Agora considere Brianna, que possui um carro que ela aluga a outros motoristas pelo aplicativo Turo. Brianna incorreu em um custo fixo quando comprou o carro, o qual ela pode custear alugando o carro quando não precisa dele. Entretanto, visto que pessoas como Brianna alugam regularmente seus carros, o número total de carros comprados na economia cai, porque gente como Karenna não precisa mais comprar um veículo para consumir os passeios de carro. Como resultado, em toda a economia, para determinada quantidade demandada de viagens de carro, o número de automóveis cai. Assim, o gasto total de custos fixos na economia cai para determinada quantidade demandada de viagens de carro.

Com efeito, ao transformar o custo fixo de propriedade no custo variável de compartilhamento, a economia de compartilhamento permite que as pessoas possam pagar mais bens e serviços (como os passeios de carro) do que seriam capazes de pagar de outra maneira. Da mesma forma, o compartilhamento permite que gente como Brianna possa comprar bens como um carro – bens que antes podiam ser inacessíveis – porque agora pode usar o carro para obter renda. O mercado de economia compartilhada faz um uso mais eficiente dos recursos da sociedade, porque reduz a quantidade total de custos fixos incorridos para gerar as quantidades desejadas de bens e serviços.

>> *Teste seu entendimento* 11.3

As respostas estão no fim do livro.

1. A tabela mostra três combinações possíveis de custo fixo e custo variável médio. O custo variável médio é constante neste exemplo (não varia com a quantidade produzida).

Escolha	Custo fixo	Custo variável médio
1	$ 8.000	$ 1,00
2	12.000	0,75
3	24.000	0,25

   a. Para cada uma das três opções, calcule o custo total médio de produzir 12.000, 22.000 e 30.000 unidades. Para cada uma dessas quantidades, qual é a escolha que resulta no custo total médio mais baixo?
   b. Suponha que a empresa que historicamente produziu 12.000 unidades experimente um aumento forte e permanente na demanda que a leva a produzir 22.000 unidades. Explique como seu custo total médio mudará no curto e no longo prazos.
   c. Explique o que a empresa deve fazer se, em vez disso, ela acredita que a mudança de demanda seja temporária.
2. Em cada um dos casos que se seguem, explique o tipo de efeito de escala que você imagina que vai ocorrer e por quê.
   a. Uma empresa de televendas em que os empregados fazem chamadas para vender algo, usando computadores e telefones.
   b. Uma empresa de decoração de interiores em que os projetos se baseiam no conhecimento e na experiência do dono.
   c. Uma companhia de mineração de diamantes.
3. Desenhe um gráfico como a Figura 11.12 e insira uma curva de custo total médio de curto prazo correspondente para uma escolha de produção de longo prazo de 5 caixas de molho por dia. Use o gráfico para mostrar por que o Molhos Gourmet de Selena deve mudar seu custo fixo se espera produzir apenas 4 caixas por dia por um longo período de tempo.

>> *Revisão Rápida*

- No longo prazo, as empresas escolhem o custo fixo de acordo com o produto esperado. Um custo fixo mais alto reduz o custo total médio quando o produto é elevado. Um custo fixo mais baixo reduz o custo total médio quando o produto é reduzido.
- Há muitas possibilidades de curvas de custo total médio de curto prazo, cada uma correspondendo a um nível diferente de custo fixo. A **curva de custo total médio de longo prazo** (*LRATC*) mostra o custo total médio de longo prazo quando a empresa escolhe o custo fixo que minimiza o custo total médio para cada nível de produto.
- A empresa que ajustou plenamente seu custo fixo ao seu nível de produto vai operar em um ponto que está tanto sobre sua curva de custo total médio de curto prazo quanto sobre sua curva de custo total médio de longo prazo. Uma mudança de produto move a empresa ao longo de sua curva de custo total médio de curto prazo corrente. Depois de reajustar seu custo fixo, a empresa passa a operar em uma nova curva de custo total médio de curto prazo e situa-se na curva de custo total médio de longo prazo.
- Efeitos de escala advêm da tecnologia de produção. **Retornos crescentes à escala** tendem a tornar as empresas maiores. **Retornos decrescentes à escala** tendem a limitar seu tamanho. Com **retornos constantes à escala**, a dimensão não tem efeito.

CASO EMPRESARIAL

A ascensão das máquinas na Amazon

Um dos principais pilares do sucesso da Amazon é sua promessa de entrega rápida. Para a maioria dos itens elegíveis na categoria Prime, os clientes recebem seus pedidos dentro de dois dias úteis. Melhor ainda, em códigos postais selecionados, a Amazon pode agora entregar dentro de 24 horas. E, se você mora em uma grande cidade, é provável que possa receber sua entrega em uma ou duas horas. Nenhum concorrente chega perto de atingir a velocidade da Amazon. O que explica a prodigiosa capacidade de entrega da Amazon?

A resposta: robôs. Visite um centro de atendimento da Amazon e você verá centenas deles ocupando uma área de 11.600 metros quadrados, envolvidos em uma dança finamente coordenada. Eles carregam prateleiras de mercadorias, que pesam cerca de 300 quilos, e as entregam aos "catadores" humanos que montam os pedidos e aos "estocadores" humanos que separam os estoques recebidos.

Em 2019 a Amazon tinha mais de 100.000 robôs trabalhando em seus 175 centros de atendimento, que enviaram mais de 5 bilhões de pedidos. Antes da chegada dos robôs, funcionários humanos faziam esse tedioso trabalho, muitas vezes andando de 15 a 25 quilômetros por dia carregando cargas pesadas. Ao eliminarem a necessidade de humanos que andassem quilômetros transportando mercadorias, as operações de armazém se tornaram muito mais eficientes. Além disso, como robôs não precisam de corredores entre prateleiras como as pessoas precisam, há mais espaço para armazenamento de mercadorias nos centros de atendimento da Amazon.

Nos últimos 20 anos, a Amazon investiu uma enorme quantia de dinheiro aperfeiçoando sua gestão de armazém e operações de atendimento de pedidos para satisfazer o desejo dos clientes de receber seus itens rapidamente. O porta-voz da empresa, Phil Hardin, explica dessa forma o uso generalizado de robôs: "É um investimento que tem implicações para muitos elementos de nossa estrutura de custos. Tem sido uma grande inovação para nós, [...] e acreditamos que isso torna nossos armazéns mais produtivos." De fato, algumas estimativas mostram que, ao adotar a automação, a Amazon reduziu o custo de atendimento de pedidos quase pela metade.

Os concorrentes da Amazon tomaram nota. O Walmart, por exemplo, também utiliza sistemas robóticos para acelerar os tempos de entrega. Empresas de robótica como a 6 River Systems têm trabalhado com empresas de gerenciamento de armazenagem como a Flowspace a fim de fornecer serviços de atendimento de pedidos para outros vendedores além da Amazon. No entanto, com a enorme vantagem de escala da Amazon, resta saber se outros varejistas poderão algum dia alcançar o nível de mercado.

QUESTÕES PARA PENSAR

1. Descreva a mudança na estrutura de custos da Amazon com base nos conceitos deste capítulo. A Amazon está em uma curva de custos de curto ou de longo prazo? Quais são os retornos relevantes para a escala nas operações da Amazon?
2. Quais são os prós e os contras da estratégia da Amazon?
3. Que vantagem um sistema robótico dá à Amazon sobre seus rivais? Qual a probabilidade de eles alcançarem a Amazon? De que fatores de mercado isso depende?

RESUMO

1. A relação entre insumos e produto é a **função de produção** do produtor. No **curto prazo**, a quantidade de um **insumo fixo** não pode variar, mas a quantidade de um **insumo variável** pode. No **longo prazo**, as quantidades de todos os insumos podem variar. Para dado montante de insumo fixo, a **curva de produto total** mostra como a quantidade de produto muda à medida que muda a quantidade do insumo variável. Podemos calcular também o **produto marginal** de um insumo, o aumento de produto que advém de usar uma unidade adicional desse insumo.

2. Ocorrem **retornos decrescentes de um insumo** quando seu produto marginal declina à medida que o insumo é usado, mantidas fixas as quantidades de todos os demais insumos.

3. **O custo total**, representado pela **curva de custo total**, é igual à soma do **custo fixo**, que não depende da quantidade de produto, e do **custo variável**, que depende da quantidade de produto. Em razão de retornos decrescentes, o custo marginal, acréscimo de custo total gerado por produzir uma unidade adicional do produto, normalmente sobe à medida que o produto aumenta.

4. **Custo total médio** (também conhecido como **custo médio**), o custo total dividido pela quantidade de produto, é o custo da unidade de produto média, enquanto o custo marginal é o custo de uma unidade adicional produzida. Economistas acreditam que **curvas de custo total médio em forma de U** são típicas porque o custo total médio se compõe de duas partes: **custo fixo médio**, que cai quando o produto aumenta (pelo efeito de distribuir o custo fixo por mais unidades), e **custo variável médio**, que aumenta com o produto (por efeito dos retornos decrescentes).

5. Quando o custo total médio tem formato de U, o fundo do U é o nível de produto pelo qual o custo total médio é minimizado, o ponto de **produto de custo mínimo**. Este é também o ponto no qual a curva de custo marginal cruza a curva de custo total médio vindo de baixo. Em razão de ganhos de especialização, a curva de custo marginal pode inicialmente ter inclinação para baixo, antes de começar a ter inclinação para cima, dando-lhe a aparência de uma "pincelada".

6. No longo prazo, um produtor pode mudar seu insumo fixo e o seu nível de custo fixo. Ao aceitar um custo fixo mais alto, a empresa pode baixar seus custos variáveis para qualquer nível dado de produto, e vice-versa. A **curva de custo total médio de longo prazo** mostra a relação entre produto e custo total médio, quando o custo fixo foi escolhido de modo a minimizar o custo total médio em cada nível de produto. A empresa se move ao longo de sua curva de custo total médio de curto prazo quando aumenta o produto, e volta a um ponto que está ao mesmo tempo sobre as duas curvas de custo total médio, a de curto prazo e a de longo prazo, no momento em que ajusta seu custo fixo ao seu novo nível de produto.

7. À medida que o produto aumenta, há **retornos crescentes à escala** se o custo total médio de longo prazo declina; há **retornos decrescentes à escala** se ele aumenta; e **retornos constantes à escala** se ele permanece o mesmo. Os efeitos de escala dependem da tecnologia da produção.

PALAVRAS-CHAVE

QUESTÕES PARA PENSAR

1. Explique a diferença entre os retornos marginais decrescentes ao trabalho e os retornos decrescentes à escala. Dê um exemplo para cada caso.

2. Muitas faculdades e universidades estão testemunhando uma mudança na demografia em razão do fato de as mulheres terem menos filhos hoje em dia. A taxa de natalidade caiu de uma média de 2,1 nascimentos por mulher em 2007 para 1,7 nascimento em 2018. A taxa de declínio na natalidade reduzirá a população em idade universitária em até 15% entre 2025 e 2029. Como o declínio da taxa de natalidade afetará as operações universitárias? Responda às perguntas a seguir.

   a. As instituições de ensino superior têm custos fixos grandes ou pequenos? Quais são os custos variáveis das faculdades e universidades?

   b. Tendo em vista sua resposta à questão *a*, como você descreveria o custo médio total em curto prazo?

   c. Se as universidades estiverem operando onde os custos médios totais de curto prazo são minimizados, o que acontecerá com o custo médio por estudante do ensino superior se as universidades experimentarem um declínio no número de matrículas?

3. Em sua aula de economia, cada conjunto de problemas de lição de casa é classificado com base em uma pontuação máxima de 100. Você completou 9 de 10 dos conjuntos de problemas para o prazo, e sua média atual é 88. Que faixa de notas para o seu 10º conjunto de problemas aumentará sua média geral? Que intervalo irá diminuir sua média geral? Explique sua resposta.

PROBLEMAS

1. Mudanças nos preços de mercadorias-chave podem ter impacto significativo sobre a situação de uma companhia. Para praticamente todas as empresas, o preço da energia é uma parte substancial de seus custos. Além disso, muitas indústrias nos Estados Unidos – como as que produzem carne bovina, frango, xarope de milho com alto teor de frutose e etanol – são altamente dependentes do preço do milho. Em particular, o milho tem sofrido aumento significativo no preço.

   a. Explique como o custo da energia pode ser tanto custo fixo quanto custo variável para uma companhia.

   b. Suponha que a energia seja um custo fixo e que o preço dela suba. O que acontece com a curva de custo total médio da companhia? O que acontece com sua curva de custo marginal? Ilustre suas respostas com um gráfico.

   c. Explique por que o custo do milho é variável, e não fixo, para o produtor norte-americano de etanol.

   d. Quando o custo do milho sobe, o que acontece com a curva de custo total médio do produtor de etanol? O que acontece com sua curva de custo marginal? Ilustre suas respostas com um gráfico.

2. Marty's Frozen Yogurt é uma pequena loja que vende sorvete em uma cidade universitária. Marty é dono de três máquinas de fazer sorvete, e seus outros insumos são refrigeradores, mistura para sorvete, copinhos, coberturas e trabalhadores, obviamente. Ele estima que sua função de produção diária, quando muda a quantidade de trabalhadores empregados (e, ao mesmo tempo, é claro, de mistura para sorvete, copinhos etc.), é aquela que se mostra na tabela a seguir.

Quantidade de trabalho (trabalhadores)	Quantidade de sorvete (copinhos)
0	0
1	110
2	200
3	270
4	300
5	320
6	330

   a. Quais são os insumos fixos e os variáveis na produção de sorvete?

   b. Trace a curva de produto total. Ponha a quantidade de trabalho no eixo horizontal e a quantidade de sorvete no eixo vertical.

   c. Qual é o produto marginal do primeiro trabalhador? E do segundo? E do terceiro? Por que o produto marginal declina quando o número de trabalhadores aumenta?

3. A função de produção de Marty's Frozen Yogurt é dada no Problema 2. Marty paga $ 80 por dia a cada um de seus trabalhadores. O custo dos outros insumos variáveis é $ 0,50 por copinho de sorvete. Seu custo fixo é $ 100 por dia.

   a. Quais são o custo variável e o custo total de Marty quando ele produz 110 copinhos de sorvete? E 200 copinhos? Calcule o custo variável e o custo total para cada nível de produto dado no Problema 2.

   b. Trace a curva de custo variável de Marty. No mesmo gráfico, trace sua curva de custo total.

   c. Qual é o custo marginal por copinho para os primeiros 110 copinhos de sorvete? E para os 90 copinhos seguintes? Calcule o custo marginal de todos os demais níveis de produto.

4. A função de produção de Marty's Frozen Yogurt é dada no Problema 2. Os custos são dados no Problema 3.

   a. Para cada um dos níveis dados de produto, calcule o custo fixo médio (*AFC*), o custo variável médio (*AVC*) e o custo total médio (*ATC*) por copinho de sorvete.

   b. Em um gráfico, trace as curvas de custo fixo médio, custo variável médio e custo total médio.

   c. Que princípio explica por que o custo fixo médio declina à medida que o produto aumenta? Que princípio explica por que o custo variável médio aumenta à medida que o produto aumenta? Explique suas respostas.

   d. Quantos copinhos de sorvete são produzidos quando o custo total médio é minimizado?

5. Para muitas empresas, os custos do trabalho representam uma parcela importante dos custos totais. De acordo com dados do Bureau of Labor Statistics, os custos do trabalho nos Estados Unidos haviam aumentado 2,0% em 2019, comparando-se com 2018.

   a. Quando o custo do trabalho aumenta, o que acontece com o custo total médio e o custo marginal? Considere um caso em que os custos do trabalho são apenas custos variáveis e outro em que são tanto custos variáveis quanto custos fixos.

   Um aumento na produtividade do trabalho significa que cada trabalhador pode produzir mais produto. Dados recentes mostram que a produtividade do trabalho nos Estados Unidos no setor não agrícola aumentou 1,7% ao ano entre 1970 e 1999, 2,6% entre 2000 e 2009 e 1,0% entre 2010 e 2019.

   b. Quando o crescimento da produtividade é positivo, o que acontece com a curva de produto total e a curva de produto marginal do trabalho? Ilustre sua resposta com um gráfico.

c. Quando o crescimento da produtividade é positivo, o que acontece com a curva de custo marginal e a curva de custo total médio? Ilustre sua resposta com um gráfico.

d. Se os custos do trabalho, em média, estão aumentando ao longo do tempo, por que uma empresa gostaria de adotar equipamentos e métodos que aumentem a produtividade do trabalho?

6. Flores Maravilha é uma florista especializada em arranjos para casamentos, formaturas e outros eventos. Flores Maravilha tem um custo fixo relativo ao espaço e ao equipamento de $ 100 por dia. Ela paga a cada trabalhador $ 50 por dia. A função de produção diária de Flores Maravilha se mostra a seguir.

Quantidade de trabalho (trabalhadores)	Quantidade de arranjos florais
0	0
1	5
2	9
3	12
4	14
5	15

a. Calcule o produto marginal de cada trabalhador. Qual é o princípio que explica por que o produto marginal por trabalhador declina à medida que aumenta o número de trabalhadores empregados?

b. Calcule o custo marginal de cada nível de produto. Que princípio explica por que o custo marginal por arranjo floral aumenta à medida que aumenta o número de arranjos?

7. Você tem a informação que se mostra na tabela a seguir sobre custos de uma empresa. Complete os dados que faltam.

Quantidade	Custo total	Custo marginal	Custo total médio	Custo variável médio
0	$ 20		—	—
		$ 20		
1	?		?	?
		10		
2	?		?	?
		16		
3	?		?	?
		20		
4	?		?	?
		24		
5	?		?	?

8. Avalie cada uma das afirmações a seguir. Se a afirmação for verdadeira, explique por quê; se for falsa, identifique o erro e tente corrigi-lo.

a. Um produto marginal decrescente nos informa que o custo marginal deve estar subindo.

b. Com o aumento no custo fixo, aumenta o nível de produto de custo mínimo.

c. Um aumento no custo fixo aumenta o custo marginal.

d. Quando o custo marginal está acima do custo total médio, o custo total médio deve estar caindo.

9. Sandra e Trey operam uma pequena empresa que produz bolas de futebol. Seu custo fixo é $ 2.000 por mês. Eles podem contratar trabalhadores por $ 1.000 mensais cada. Sua função de produção mensal para bolas de futebol aparece na tabela a seguir.

Quantidade de trabalho (trabalhadores)	Quantidade de bolas
0	0
1	300
2	800
3	1.200
4	1.400
5	1.500

a. Para cada quantidade de trabalho, calcule o custo variável médio, o custo fixo médio, o custo total médio e o custo marginal.

b. Em um gráfico, trace as curvas de custo variável médio, custo total médio e custo marginal.

c. Em que nível de produto o custo total médio de Sandra e Trey é minimizado?

10. Você produz uma ferramenta qualquer. Atualmente, produz 4 ferramentas a um custo total de $ 40.

a. Qual é seu custo total médio?

b. Suponha que você possa produzir mais uma ferramenta, a quinta, ao custo marginal de $ 5. Caso você produza essa quinta, qual será seu custo total médio? Seu custo total médio aumenta ou diminui? Por quê?

c. Suponha que, em vez disso, você possa produzir mais uma unidade ao custo marginal de $ 20. Ao produzir essa quinta unidade, qual será seu custo total médio? Seu custo total médio aumenta ou diminui? Por quê?

11. Em 2017, a Tesla Motors lançou o Modelo 3. O Modelo 3 é um sedã de luxo com tração nas quatro rodas. Não usa gasolina e tem alcance de 350 a 490 quilômetros por carga completa. As pré-vendas do Modelo 3 excederam 450.000 unidades. Para atender a demanda pelo Modelo 3, a Tesla anunciou que aumentará a produção em suas instalações para 6.000 carros por semana, ou cerca de 300.000 carros por ano. Atualmente, a fábrica está equipada para produzir cerca de 100.000 carros por ano. Usando a tabela:

	Custo total (em bilhões de dólares)		
Tamanho da planta	100.000 carros vendidos	200.000 carros vendidos	300.000 carros vendidos
A	$ 1,75	$ 3,25	$ 5,50
B	2,00	3,00	5,00
C	2,50	4,00	4,50

a. Encontre o custo total médio de produção da Tesla nas diversas fábricas para cada nível de produção.

b. Explique por que os custos de produção com a fábrica tamanho A são mais altos do que seriam se a Tesla pudesse construir uma nova fábrica equipada para produzir 300.000 veículos.

12. Daniella tem uma pequena empresa de misturar concreto. Seu custo fixo é o custo da maquinaria de bater concreto e seus caminhões misturadores. Seu custo variável é o custo de areia, pedregulho e outros insumos para produzir concreto; a gasolina e a manutenção da maquinaria e dos caminhões; e seus trabalhadores. Ela está tentando decidir quantos caminhões misturadores comprar. Estimou os custos na tabela a seguir, com base em estimativa do número de encomendas que sua empresa receberá por semana.

Quantidade de caminhões	Custo fixo	Custo variável: 20 pedidos	40 pedidos	60 pedidos
2	$6.000	$ 2.000	$ 5.000	$ 12.000
3	7.000	1.800	3.800	10.800
4	8.000	1.200	3.600	8.400

a. Para cada nível de custo fixo, calcule o custo total de Daniella ao produzir 20, 40 e 60 pedidos por semana.

b. Se Daniella produzir 20 pedidos por semana, quantos caminhões deverá comprar e qual será seu custo total médio? Responda às mesmas questões para 40 e 60 pedidos por semana.

13. Considere o negócio de misturar concreto de Daniella descrito no Problema 12. Suponha que Daniella compre três caminhões, esperando produzir 40 pedidos por semana.

a. Suponha que, no curto prazo, o negócio caia para 20 pedidos por semana. Qual é o custo total médio de Daniella para cada pedido no curto prazo? Qual será seu custo total médio por pedido no curto prazo se o negócio pular para 60 pedidos por semana?

b. Qual é o custo total médio de longo prazo de Daniella para 20 pedidos por semana? Explique por que o custo total médio de curto prazo de produzir 20 pedidos por semana, quando o número de caminhões está fixo em 3, é maior que seu custo total médio de longo prazo de produzir 20 pedidos por semana.

c. Trace a curva de custo total médio de longo prazo de Daniella. Trace sua curva de custo total médio de curto prazo quando ela tem 3 caminhões.

14. Verdadeiro ou falso? Explique seu raciocínio.

a. O custo total médio de curto prazo nunca pode ser inferior ao custo total médio de longo prazo.

b. O custo variável médio de curto prazo nunca pode ser inferior ao custo total médio de longo prazo.

c. No longo prazo, a escolha de um nível mais alto de custo fixo desloca para cima a curva de custo total médio de longo prazo.

15. Vagões Wolfsburg (VW) é um pequeno fabricante de automóveis. A tabela a seguir mostra o custo total médio de longo prazo de VW.

Quantidade de carros	*LRATC* do carro
1	$ 30.000
2	20.000
3	15.000
4	12.000
5	12.000
6	12.000
7	14.000
8	18.000

a. Em que níveis de produção VW experimenta retornos crescentes à escala?

b. Em que níveis de produção VW experimenta retornos decrescentes à escala?

c. Em que níveis de produção VW experimenta retornos constantes à escala?

RESOLVA

16. A tabela a seguir mostra o custo total de uma fábrica de automóveis ao produzir carros.

Quantidade de carros	Custo total
0	$ 500.000
1	540.000
2	560.000
3	570.000
4	590.000
5	620.000
6	660.000
7	720.000
8	800.000
9	920.000
10	1.100.000

a. Qual o custo fixo dessa manufatura?

b. Para cada nível de produto, calcule o custo variável (*VC*). Para cada nível de produto exceto 0, calcule o custo variável médio (*AVC*), o custo total médio (*ATC*) e o custo fixo médio (*AFC*). Qual é o produto de custo mínimo?

c. Para cada nível de produto, calcule o custo marginal (*MC*) dessa manufatura.

d. Em outro gráfico, trace as curvas de custo variável médio (*AVC*), custo total médio (*ATC*) e custo marginal (*MC*) dessa manufatura.

12 Competição Perfeita e Curva de Oferta

DECOREM AS SALAS

UM SINAL CERTO de que é a época das festas é o aparecimento repentino de vendedores de árvores de Natal, que se instalam em terrenos baldios, estacionamentos e centros de jardinagem por todo o país. Até os anos 1950, praticamente todas as árvores de Natal eram obtidas por indivíduos que iam até as florestas locais para cortar suas próprias árvores. Entretanto, nos anos 1950, o aumento da demanda por parte do crescimento populacional e a diminuição da oferta por conta da perda das florestas criou uma oportunidade de mercado. Vendo a capacidade de lucrar com cultivo e venda de árvores de Natal, os agricultores agiram.

Assim, em vez de se aventurar na floresta para cortar sua própria árvore, você agora tem uma grande variedade de tamanhos e de árvores para escolher – e elas estão disponíveis perto de casa. Em 2018, quase 33 milhões de árvores cultivadas foram vendidas nos Estados Unidos por um total de mais de 2 bilhões de dólares.

Note que o fornecimento de árvores de Natal é relativamente inelástico em termos de preço por duas razões: leva tempo para adquirir terra para plantio e também para as árvores crescerem. No entanto, esses limites se aplicam apenas no curto prazo. Com o tempo, as fazendas que já estão em operação podem aumentar sua capacidade e os novos agricultores podem entrar no negócio. E, com o passar do tempo, as árvores amadurecerão e estarão prontas para a colheita. Além disso, se os preços das árvores vivas continuarem a aumentar enquanto as árvores artificiais ficam mais baratas, muitos consumidores comprarão árvores artificiais. Portanto, o aumento da quantidade fornecida em resposta a um aumento de preço será muito maior no longo do que no curto prazo.

De onde vem a curva da oferta? Por que existe diferença entre a curva da oferta de curto e a de longo prazo? Neste capítulo, utilizaremos nosso conhecimento dos custos, desenvolvido no Capítulo 11, como base para uma análise da curva da oferta. Como veremos, isto exigirá que compreendamos o comportamento de cada empresa e da indústria como um todo, composta por essas muitas empresas individuais.

Nossa análise neste capítulo pressupõe que a indústria em questão é caracterizada pela *concorrência perfeita*. Começamos por explicar o conceito de concorrência perfeita, proporcionando uma breve introdução às condições que dão origem a uma indústria perfeitamente competitiva. Em seguida, mostramos como um produtor sob concorrência perfeita decide quanto produzir. Finalmente, usamos as curvas de custo dos produtores individuais para derivar a *curva de oferta da indústria* sob competição perfeita.

Analisando a forma como uma indústria competitiva evolui com o tempo, chegaremos a entender a distinção entre os efeitos de curto e de longo prazo das mudanças na demanda em uma indústria competitiva – como, por exemplo, o efeito da preferência dos Estados Unidos por árvores facilmente disponíveis durante as férias na indústria de cultivo de árvores de Natal. Concluiremos com uma discussão mais profunda sobre as condições necessárias para que uma indústria seja perfeitamente competitiva. •

O QUE VOCÊ IRÁ APRENDER?

- O que é concorrência perfeita e por que os economistas a consideram uma referência importante?
- Que fatores tornam uma empresa ou uma indústria perfeitamente competitiva?
- Como uma **indústria perfeitamente competitiva** determina o nível de produção que maximizará o lucro?
- O que determina se uma empresa é lucrativa ou não?
- Por que faz sentido que uma empresa se comporte de maneira diferente a curto e a longo prazo?
- Como a **curva da oferta da indústria a curto prazo** difere da curva de **curva de oferta da indústria a longo prazo**?

Competição perfeita

Suponha que Yves e Zoe sejam fazendeiros vizinhos, ambos cultivando árvores de Natal. Os dois fornecem seu produto ao mesmo grupo de consumidores de árvores de Natal; assim, em sentido real, Yves e Zoe competem um com o outro.

Isso significa que Yves deveria impedir Zoe de cultivar árvores de Natal ou que Yves e Zoe deveriam entrar em acordo para produzir menos? É quase certo que não; há milhares de plantadores de árvores de Natal, e Yves e Zoe competem com todos esses outros agricultores tanto como competem entre si. Como tantos agricultores vendem árvores de Natal, se qualquer um deles produz mais ou menos não há efeito mensurável sobre os preços de mercado.

Quando as pessoas falam sobre concorrência comercial, a imagem que têm em mente é uma situação em que duas ou três empresas rivais batalham intensamente para ter vantagem. No entanto, os economistas sabem que, quando um setor de atividade se concentra em poucos competidores principais, isso é sinal de que, de fato, a competição é bastante limitada. Como mostra o exemplo dos cultivadores de árvores de Natal, quando há competição suficiente não faz sentido você identificar seus rivais; há tantos competidores que não faz sentido destacar qualquer um deles como rival.

Produtor tomador de preço é um produtor cujas ações não têm efeito sobre o preço de mercado do bem ou serviço que vende.

Podemos dizê-lo de outro modo: Yves e Zoe são **produtores tomadores de preço**. Um produtor é tomador de preço quando suas ações não podem afetar o preço de mercado do bem que ele vende. Em consequência, um produtor tomador de preço considera o preço de mercado como dado. Quando a competição é suficiente, ou seja, quando a competição é o que os economistas denominam "perfeita", cada produtor é um tomador de preço.

Consumidor tomador de preço é um consumidor cujas ações não têm efeito sobre o preço de mercado do bem ou serviço que ele compra.

E há uma definição similar para consumidores: um **consumidor tomador de preço** é um consumidor que não pode influenciar o preço de mercado do bem com suas ações. Isto é, o preço de mercado do bem não é afetado se o consumidor compra muito ou pouco desse bem.

Definindo competição perfeita

Mercado perfeitamente competitivo ocorre quando todos os participantes do mercado são tomadores de preços.

Em um **mercado perfeitamente competitivo**, todos os participantes do mercado, tanto consumidores quanto produtores, são tomadores de preço. Isto é, nem as decisões de consumo do consumidor individual nem as decisões de produção do produtor individual afetam o preço de mercado do bem.

O modelo de oferta e demanda, que apresentamos no Capítulo 3 e usamos repetidamente desde então, é um modelo de mercado perfeitamente competitivo. Ele depende fundamentalmente do pressuposto de que nenhum comprador ou vendedor individual de um bem, seja café em grão ou árvores de Natal, acredita que pode afetar o preço pelo qual venderá ou comprará o bem.

Como regra geral, os consumidores de fato são tomadores de preço. São raros os exemplos em que consumidores têm capacidade de afetar os preços que pagam. Contudo, é bastante comum que produtores tenham capacidade significativa de afetar os preços que recebem, um fenômeno que vamos tratar no Capítulo 13. Ou seja, o modelo de competição perfeita é adequado para alguns, mas não para todos os mercados. Um setor industrial em que os produtores são tomadores de preço é denominado **indústria perfeitamente competitiva**. É claro que algumas indústrias não são perfeitamente competitivas; em capítulos posteriores, veremos como analisar indústrias que não se adaptam ao modelo perfeitamente competitivo.

Indústria perfeitamente competitiva é uma indústria em que os produtores são tomadores de preços.

Em que circunstâncias todos os produtores seriam tomadores de preço? Na seção a seguir, veremos que há duas condições necessárias para uma indústria perfeitamente competitiva, e há também uma terceira condição que está presente com muita frequência.

Duas condições necessárias para a competição perfeita

Os mercados dos principais grãos, como trigo e milho, são perfeitamente competitivos: fazendeiros individuais de trigo e de milho, bem como compradores individuais de trigo e de milho, consideram os preços de mercado como dados. Em contraste, os mercados de alguns dos alimentos feitos com esses grãos, especialmente certos cereais matinais, estão longe de ser perfeitamente competitivos. Existe competição intensa entre marcas de cereais matinais, mas não uma competição *perfeita*. Quando entendemos a diferença entre o mercado de trigo e o mercado de um cereal matinal feito com trigo, entendemos as duas condições necessárias da competição perfeita.

Primeiro, para que uma indústria seja perfeitamente competitiva, ela precisa ter muitos produtores, e nenhum deles pode ter grande **participação de mercado**. A participação de mercado de um produtor é a fração da produção total da indústria representada pela produção desse produtor. A distribuição das parcelas de mercado constitui uma diferença essencial entre a indústria de grãos e a indústria de cereais matinais. Há milhares de fazendeiros de trigo; nenhum deles representa mais que uma fração ínfima do total das vendas de trigo.

A **participação de mercado** de um produtor é a fração da produção total da indústria que representa a produção desse produtor.

Já a indústria de cereais matinais é dominada nos Estados Unidos por quatro grandes produtores: Kellogg's, General Mills, Post Foods e Quaker. A Kellog's e a General Mills sozinhas são responsáveis por 85% de todas as vendas de cereal matinal nos EUA. Os executivos da Kellog's sabem que, se tentarem vender mais flocos de milho, provavelmente pressionarão para baixo o preço de mercado de flocos de milho. Isto é, eles sabem que suas ações influenciam o preço de mercado porque são uma parcela tão grande do mercado que mudanças em sua produção afetarão significativamente a quantidade geral ofertada. Só faz sentido pressupor que os produtores são tomadores de preço quando uma indústria *não* tem nenhum participante tão grande como a Kellog's.

Segundo, uma indústria será perfeitamente competitiva somente se os consumidores considerarem os produtos de todos os produtores equivalentes. Está claro que isso não é verdade no mercado de cereais matinais: os consumidores norte-americanos não consideram o Cap'n Crunch, produzido pela Quaker, um bom substituto para o Wheaties, da General Mills. Como resultado, o fabricante de Wheaties tem alguma capacidade de aumentar seu preço sem medo de perder todos os seus clientes para o fabricante do Cap'n Crunch.

Contraste isso com o caso de um **produto padronizado**, que é o produto que os consumidores consideram o mesmo bem, até quando vem de produtores diferentes, e por vezes é denominado ***commodity***. Como o trigo é um produto padronizado, os consumidores consideram a produção de um produtor de trigo substituto perfeito para a de outro produtor. Consequentemente, um produtor não pode aumentar o preço de seu trigo sem perder todas as vendas para outros produtores de trigo. Portanto, *a segunda condição necessária para uma indústria competitiva é que a produção da indústria seja um produto padronizado* (ver o quadro Para Mentes Curiosas).

Um bem é um **produto padronizado**, também chamado ***commodity***, quando os consumidores consideram os produtos de diferentes produtores como o mesmo bem.

PARA MENTES CURIOSAS O que é um produto padronizado?

Uma indústria perfeitamente competitiva precisa produzir um produto padronizado. Mas basta que o produto das diferentes empresas seja de fato o mesmo? Não: é preciso também que as pessoas *pensem* que é a mesma coisa. E os produtores muitas vezes fazem grandes esforços para convencer os consumidores de que eles têm um produto distinguível, *diferenciado*, mesmo quando não têm.

Considere, por exemplo, o champanhe – não aquele champanhe *premium* supercaro, mas um espumante comum. A maioria das pessoas não consegue perceber alguma diferença entre o champanhe de fato produzido na região francesa de Champagne, onde o produto se originou, e produtos similares da Espanha ou da Califórnia. Porém, o governo francês buscou e conseguiu proteção legal para as empresas da região de Champagne, assegurando que no mundo inteiro somente o espumante daquela região possa ser chamado de champanhe. Caso seja de outro lugar, o vendedor pode dizer, no máximo, que foi produzido pelo *método champenoise*. Isso cria uma diferenciação na mente do consumidor e permite que os produtores de champanhe da região de Champagne cobrem preços mais altos.

De maneira similar, os produtores coreanos de *kimchi*, o repolho fermentado e condimentado que é um prato nacional de acompanhamento, têm feito o possível para convencer o consumidor de que o mesmo produto embalado por empresas japonesas não é o verdadeiro. O objetivo, obviamente, é garantir preços mais altos para o *kimchi* coreano.

Então, uma indústria é perfeitamente competitiva quando vende produtos que não se distinguem exceto pelo nome, mas que os consumidores, por qualquer razão, não consideram padronizado? Não. Quando se trata de definir a natureza da competição, o consumidor sempre tem razão.

Livre entrada e saída

Todas as indústrias perfeitamente competitivas têm muitos produtores com pequenas parcelas de mercado produzindo um produto padronizado. A maioria das indústrias perfeitamente competitivas tem ainda outra característica: é fácil para novas empresas entrarem no setor industrial ou para as empresas que já estão nele saírem. Isto é, não há obstáculos na forma de regulamentação governamental ou acesso limitado a recursos essenciais impedindo novos produtores de entrar no mercado. E não há custos adicionais associados ao fechamento de uma companhia e abandono do setor.

Os economistas se referem à chegada de novas empresas em um setor industrial como *entrada* e se referem à partida das empresas que deixam uma indústria como *saída*. Quando não há obstáculos para a entrada e a saída na indústria, dizemos que a indústria tem **livre entrada e saída**.

Uma indústria tem **livre entrada e saída** quando novos produtores podem entrar facilmente nessa indústria e os produtores existentes podem facilmente sair dela.

A livre entrada e saída não é estritamente necessária para a competição perfeita. No Capítulo 5, descrevemos o caso da pesca do caranguejo no Alasca, onde a regulamentação governamental teve o efeito de limitar o número de barcos de pesca. Apesar disso, o número de barcos operando é suficiente para que os pescadores sejam tomadores de preço. Porém, a livre entrada e saída é um fator essencial na maioria das indústrias competitivas. Ela garante que o número de produtores em uma indústria possa se ajustar a mudanças nas condições de mercado. Em particular, garante que os produtores em uma indústria não possam manter artificialmente afastadas outras empresas.

Resumindo: a competição perfeita depende de duas condições necessárias:

1. A indústria precisa ter muitos produtores, cada um deles com uma pequena parcela de mercado.
2. A indústria tem de produzir um produto padronizado.

Ademais, indústrias perfeitamente competitivas em geral se caracterizam por livre entrada e saída.

Como se comporta uma indústria que atende a esses três critérios? Como primeiro passo para respondermos a essa questão, vamos examinar de que modo um produtor individual em uma indústria perfeitamente competitiva maximiza o lucro.

ECONOMIA >> *em Ação*

O pagamento pelo atraso corre contra o tempo

Às vezes, é possível observar como um mercado se torna perfeitamente competitivo. Este é o caso da indústria farmacêutica, quando a patente de um medicamento popular expira e um medicamento *genérico* rival entra no mercado atendido por esse medicamento.

Comecemos com alguns antecedentes que explicam por que o mercado era originalmente não competitivo. Uma empresa que desenvolve novo medicamento recebe uma *patente*, o que lhe dá um *monopólio legal* – o direito exclusivo de vender o medicamento – por 20 anos. Legalmente, ninguém mais pode vender o remédio sem a permissão do detentor da patente. Isso permite que o desenvolvedor recupere os custos de desenvolvimento.

Quando a patente expira após 20 anos, o mercado está aberto à entrada de outras empresas para produzir e vender *genéricos*, versões alternativas, mas medicamente equivalentes. Como resultado, o preço cai drasticamente. Em média, um medicamento genérico custa cerca de 15% do preço do equivalente protegido por patente, que perderá até 90% de sua participação de mercado. No caso do Lipitor, o medicamento *blockbuster* da Pfizer para o colesterol, a versão genérica custava apenas 8% do preço do Lipitor.

Essa sequência de eventos é o que *supostamente* deve acontecer. Entretanto, fabricantes dos medicamentos originais protegidos por patente empregaram uma variedade de estratégias para bloquear ou prevenir a entrada de concorrentes genéricos. Uma tática muito bem-sucedida tem sido o *pay-for-delay* (pagamento pelo atraso), um acordo no qual o titular da patente paga ao fabricante do medicamento genérico para atrasar a entrada do genérico em troca de uma compensação. Como resultado, o titular da patente continua a cobrar preços altos, o fabricante do medicamento genérico recebe um pagamento lucrativo e o consumidor sofre.

Em 2012 e 2013, no auge do uso de acordos de pagamento pelo atraso, a Comissão Federal de Comércio (*Federal Trade Commission* – FTC) estimou que até 142 versões genéricas de medicamentos patenteados haviam sido adiadas em média cinco anos e, em alguns casos, por até nove anos. A agência estimou que os acordos de *pay-for-delay* custaram aos consumidores cerca de US$ 3,5 bilhões por ano de 2005 a 2013. No entanto, a situação mudou drasticamente em 2014, quando a Suprema Corte dos EUA decidiu que os órgãos reguladores federais tinham autoridade para processar os acordos de *pay-for-delay* como anticompetitivos. Posteriormente, o número de tais acordos teve queda drástica. Com sua nova autoridade, a Comissão Federal de Comércio obteve um acordo de $ 1,2 bilhão do fabricante de medicamentos Teva sobre alegações de que ele se engajava no pagamento pelo atraso de seu medicamento Provigil, para tratamento de distúrbios do sono. Além disso, em 2019, a Teva teve de pagar aos consumidores quase US$ 66 milhões por seu comportamento anticompetitivo. Para a indústria farmacêutica, o prazo de pagamento pelo atraso tem, claramente, corrido contra o tempo.

>> Revisão Rápida

- Nenhuma das ações de um **produtor tomador de preço** ou de um **consumidor tomador de preço** pode influenciar o preço de mercado de um bem.
- Em um **mercado perfeitamente competitivo**, todos os produtores e consumidores são tomadores de preço. Consumidores quase sempre são tomadores de preço, mas isso muitas vezes não se aplica a produtores. Uma indústria em que os produtores são tomadores de preço é uma **indústria perfeitamente competitiva**.
- Uma indústria perfeitamente competitiva tem muitos produtores, cada um dos quais produz um **produto padronizado** (também conhecido como ***commodity***), sendo que nenhum deles tem grande **participação de mercado**.
- A maioria das indústrias perfeitamente competitivas se caracteriza também por **livre entrada e saída**.

>> *Teste seu entendimento* 12.1

As respostas estão no fim do livro.

1. Em cada uma das situações a seguir, a indústria descrita será perfeitamente competitiva ou não? Explique sua resposta.
   a. Há dois produtores de alumínio no mundo, um bem que é vendido em muitos lugares.
   b. O preço do gás natural é determinado por oferta e demanda global. Uma pequena parte dessa oferta global é produzida por uma dezena de companhias situadas no Mar do Norte.
   c. Dúzias de *designers* vendem roupas de alta moda. Cada *designer* tem um estilo característico e uma clientela fiel.
   d. Há muitos times de beisebol nos Estados Unidos, um ou dois em cada grande cidade, e cada um vende entradas para seus eventos em sua cidade de origem.

Produção e lucros

Considere Noelle, que administra uma fazenda produtora de árvores de Natal. Suponha que o preço de mercado das árvores de Natal seja $ 72 por árvore e que Noelle seja uma tomadora de preço – ela pode vender quantas quiser a esse preço. Então, podemos usar os dados da Tabela 12.1 para encontrar o nível de produção que maximiza o seu lucro por cálculo direto.

Tabela 12.1 Lucro no cultivo de Noelle quando o preço de mercado é $ 72

Quantidade de árvores *Q*	Receita total *TR*	Custo total *TC*	Lucro *TR – TC*
0	$ 0	$ 560	–$ 560
10	720	1.200	–480
20	1.440	1.440	0
30	2.160	1.760	400
40	2.880	2.240	640
50	3.600	2.880	720
60	4.320	3.680	640
70	5.040	4.640	400

A primeira coluna mostra o volume de produção em número de árvores, e a segunda coluna mostra a receita total de Noelle com sua produção: o valor de mercado das árvores que ela produziu. A receita total, *TR*, é igual ao preço de mercado multiplicado pela quantidade produzida:

(12.1) $TR = P \times Q$

Nesse exemplo, a receita total é igual a $ 72 por árvore vezes a quantidade de produção em árvores.

A terceira coluna da Tabela 12.1 mostra o custo total de Noelle. A quarta coluna mostra o lucro dela, igual à receita total menos o custo total:

(12.2) Lucro $= TR - TC$

Como indicado pelos números na tabela, o lucro é maximizado a uma produção de 50 árvores, quando o lucro é igual a \$ 720. No entanto, podemos obter mais informações sobre a escolha da produção que maximize o lucro ao vê-la como um problema de análise marginal, tarefa que faremos a seguir.

Uso da análise marginal para escolher a quantidade da produção que maximize o lucro

Recordemos o *princípio de maximização do lucro da análise marginal* do Capítulo 9: a quantidade ótima de uma atividade é o nível em que o benefício marginal é igual ao custo marginal. Para aplicarmos esse princípio, consideremos o efeito sobre o lucro do produtor quando ele aumenta a produção em uma unidade. O benefício marginal dessa unidade é a receita adicional gerada com suas vendas; essa medida tem nome – é chamada **receita marginal** daquela unidade produzida. A fórmula geral da receita marginal é:

Receita marginal é a alteração na receita total gerada por uma unidade adicional produzida.

$$\textbf{(12.3)}\ \text{Receita marginal} = \begin{matrix}\text{Mudança na receita}\\ \text{total gerada por uma}\\ \text{unidade adicional}\\ \text{produzida}\end{matrix} = \frac{\text{Mudança na renda total}}{\text{Mudança na quantidade produzida}}$$

ou

$$MR = \frac{\Delta TR}{\Delta Q}$$

Assim, Noelle maximiza seu lucro ao produzir árvores até o ponto em que a receita marginal é igual ao custo marginal. Podemos resumir isso como **regra de produção ótima** do produtor: o lucro é maximizado ao produzir a quantidade em que a receita marginal da última unidade produzida é igual ao seu custo marginal. Ou seja, na quantidade ótima produzida, $MR = MC$.

De acordo com a **regra de produção ótima**, o lucro é maximizado ao se produzir a quantidade em que a receita marginal da última unidade produzida é igual ao seu custo marginal.

Podemos aprender como aplicar a regra da produção ótima com a ajuda da Tabela 12.2, que nos dá várias medidas de custo de curto prazo da fazenda de Noelle. A segunda coluna contém o custo variável da fazenda e a terceira coluna mostra seu custo total de produzir, com base no pressuposto de que a fazenda incorre em um custo fixo de \$ 560. A quarta coluna mostra seu custo marginal. Note que, nesse exemplo, o custo marginal cai à medida que a produção aumenta a partir de um nível baixo, antes de começar a subir, de modo que a curva de custo marginal tem o formato de uma "pincelada", como descrito no Capítulo 11. Logo, ficará claro que esse formato tem implicações importantes para as decisões de produção de curto prazo.

Tabela 12.2 Custos de curto prazo para a fazenda de Noelle

Quantidade de árvores Q	Custo variável VC	Custo total TC	Custo marginal por árvore $MC = \Delta TC/\Delta Q$	Receita marginal por árvore MR	Ganho líquido por árvore $= MR - MC$
0	\$0	\$560			
			\$64	\$72	\$8
10	640	1.200			
			24	72	48
20	880	1.440			
			32	72	40
30	1.200	1.760			
			48	72	24
40	1.680	2.240			
			64	72	8
50	2.320	2.880			
			80	72	−8
60	3.120	3.680			
			96	72	−24
70	4.080	4.640			

A quinta coluna contém a receita marginal da fazenda e traz uma característica importante: a receita marginal de Noelle é constante, em \$ 72, para cada nível de produção. A sexta e última coluna da Tabela 12.2 mostra o cálculo do ganho líquido por árvore, que é igual à receita marginal menos o custo marginal ou, o que dá no mesmo: preço de mercado menos custo marginal. Como você pode ver, ele é positivo da primeira até a 50ª árvore; produzir cada uma dessas árvores aumenta o lucro de Noelle. Da a 51ª até a 70ª árvore, contudo, o ganho líquido é negativo: produzi-las reduziria o lucro. Então, para maximizar os lucros, Noelle produzirá até o ponto em que a receita marginal da última unidade produzida for maior ou igual ao custo marginal da última unidade produzida; uma a mais reduz seu lucro. Assim, 50 árvores é o nível de produção que maximiza o lucro para Noelle.

Como Noelle recebe $ 72 a cada árvore produzida, sabemos que a sua empresa é tomadora de preço. Uma empresa tomadora de preço não pode influenciar o preço de mercado por meio de suas ações. Ela sempre toma o preço de mercado como dado, porque não pode baixar o preço de mercado vendendo mais ou aumentá-lo vendendo menos. Assim, para uma empresa tomadora de preço, a receita adicional gerada ao produzir uma unidade extra é sempre o preço de mercado. Devemos ter isso em mente em capítulos futuros, em que veremos que a receita marginal não é igual ao preço de mercado quando a indústria não é perfeitamente competitiva; por isso, as empresas não são tomadoras de preço quando uma indústria não é perfeitamente competitiva. No restante deste capítulo, vamos supor que as empresas em questão sejam, como a fazenda de árvores de Noelle, perfeitamente competitivas.

A Figura 12.1 mostra que a quantidade produzida que maximiza o lucro de Noelle é, de fato, 50 árvores. A figura mostra a curva de custo marginal, *MC*, traçada a partir dos dados da última coluna da Tabela 12.2. Como no Capítulo 9, representamos o custo marginal de aumentar a produção de 10 para 20 árvores a meio caminho entre 10 e 20, e assim por diante. A curva *MC* é suave, permitindo-nos ver como *MC* muda à medida que mais uma árvore é produzida. A linha horizontal a $ 72 é a **curva de receita marginal** de Noelle.

A **curva de receita marginal** mostra como a receita marginal varia conforme a produção varia.

Note que, sempre que uma empresa é tomadora de preço, sua curva de receita marginal é uma linha horizontal no preço de mercado: ela pode vender quanto quiser ao preço de mercado. Independentemente de ela vender mais ou menos, o preço de mercado não é afetado. *De fato, a empresa individual se defronta com uma curva de demanda perfeitamente elástica, horizontal, de seu produto – uma curva de demanda individual para sua produção que equivale à sua curva de receita marginal.* A curva de custo marginal cruza a curva de receita marginal no ponto *E*, no qual *MC* = *MR*. Com certeza, a quantidade de produção em *E* é de 50 árvores.

Esse exemplo ilustra outra regra geral derivada da análise marginal, a **regra de produção ótima da empresa tomadora de preços**, que diz que o lucro de uma empresa tomadora de preços é maximizado ao produzir a quantidade de produto em que o preço de mercado é igual ao custo marginal da última unidade produzida. Isto é, *P* = *MC na quantidade de produção ótima da empresa tomadora*

De acordo com a **regra de produção ótima da empresa tomadora de preços**, o lucro de uma empresa desse tipo é maximizado ao produzir a quantidade em que o preço de mercado é igual ao custo marginal da última unidade produzida.

Figura 12.1 Quantidade de produção que maximiza o lucro da empresa tomadora de preço.

Na quantidade de produção que maximiza o lucro, o preço de mercado é igual ao custo marginal. Localiza-se no ponto em que a curva de custo marginal cruza a curva de receita marginal, que é uma linha horizontal no preço de mercado. Aqui, o ponto de maximização do lucro situa-se em 50 árvores produzidas, quantidade de produção no ponto *E*.

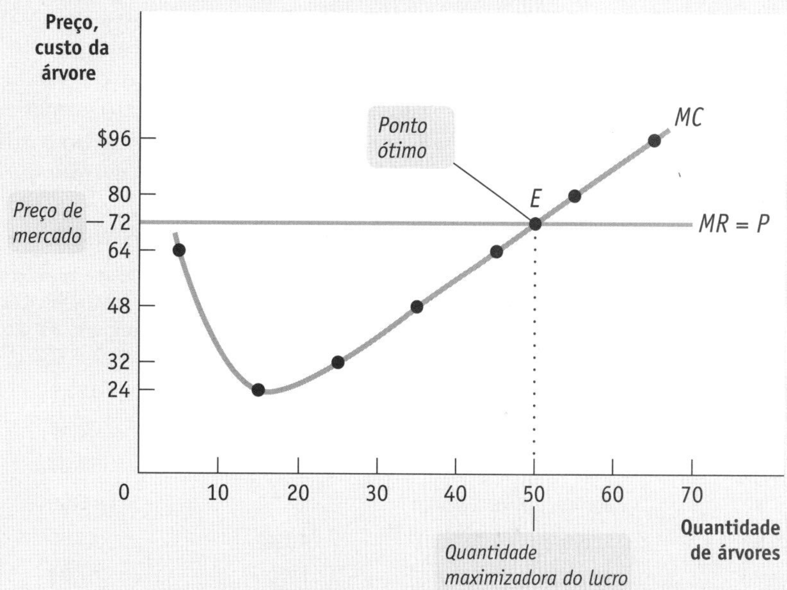

ARMADILHAS

E SE A RECEITA MARGINAL E O CUSTO MARGINAL NÃO FOREM EXATAMENTE IGUAIS?

A regra de produção ótima diz que, para maximizar o lucro, deve-se produzir a quantidade em que a receita marginal seja igual ao custo marginal. Mas o que fazer se não há um nível de produção em que a receita marginal iguala o custo marginal? Nesse caso, deve-se produzir a maior quantidade para a qual a receita marginal exceda o custo marginal. A versão mais simples da regra de produção ótima se aplica quando a produção envolve grandes números, como centenas ou milhares de unidades. Nesse caso, o custo marginal tem incrementos pequenos e sempre existe um custo marginal quase exatamente igual à receita marginal.

de preços. De fato, a regra de produção da empresa tomadora de preços é uma aplicação da regra de produção ótima ao caso particular da empresa tomadora de preços. Por quê? Porque, *no caso da empresa tomadora de preços, a receita marginal é igual ao preço.*

Isso significa que a decisão de produção da empresa pode ser resumida totalmente como "produza até o ponto em que o custo marginal de produção é igual ao preço"? Não é bem assim. Antes de aplicar o princípio da análise marginal para determinar quanto produzir, um produtor potencial tem de responder primeiro à questão "ou-ou então": devo produzir ou não? Se a resposta for sim, vem o segundo passo – uma decisão de "quanto": maximizar o lucro escolhendo a quantidade de produção em que o custo marginal é igual ao preço.

Para entendermos por que o primeiro passo na decisão de produção envolve uma questão de "ou-ou então", é preciso sabermos como determinar se produzir é lucrativo ou não.

Quando a produção é lucrativa?

Recorde-se do Capítulo 9, no qual vimos que a decisão de uma empresa de permanecer ou não em dado negócio depende de seu *lucro econômico*, uma medida baseada no custo de oportunidade dos recursos usados no negócio. Usando uma formulação um pouco diferente: para calcular o lucro, o custo total da empresa incorpora o custo implícito – os benefícios aos quais se abdicou no melhor uso seguinte dos recursos da empresa – e o custo explícito na forma dos gastos efetivos em dinheiro.

Diferentemente, o *lucro contábil* é calculado usando apenas os custos explícitos incorridos pela empresa. Isso significa que o lucro econômico incorpora os custos de oportunidade dos recursos de propriedade da empresa e usados na produção, enquanto o lucro contábil não os incorpora.

Uma empresa pode obter lucro contábil positivo enquanto obtém zero ou até mesmo lucro econômico negativo. É importante entender claramente que a decisão de uma empresa de produzir ou não, permanecer em atividade ou encerrar definitivamente deve basear-se no lucro econômico, não no lucro contábil.

Assim, vamos supor, como sempre fazemos, que todos os custos, implícitos e explícitos, estejam incluídos nas cifras dadas nas Tabelas 12.1 e 12.2; em consequência, as cifras de lucro na Tabela 12.1 são de lucro econômico. Então, o que determina se a fazenda de Noelle dá lucro ou prejuízo? A resposta é que, *dadas as curvas de custo da fazenda, lucro ou prejuízo depende do preço de mercado das árvores – especificamente, se o preço de mercado é superior ou inferior ao custo total médio mínimo da fazenda.*

A Tabela 12.3 calcula o custo variável médio de curto prazo e o custo total médio de curto prazo para a fazenda de Noelle. Trata-se de valores de curto prazo porque consideramos o custo fixo como dado (em breve, veremos o efeito de mudar o custo fixo). A curva de custo total médio de curto prazo (*ATC*) se mostra na Figura 12.2 junto com a curva de custo marginal (*MC*) da Figura 12.1. Como se vê, o custo total médio é minimizado no ponto *C*, correspondente a uma produção de 40 árvores – a *produção de custo mínimo* – e a um custo total médio de $ 56 por árvore.

Tabela 12.3 Custos médios de curto prazo para a fazenda de Noelle

Quantidade de árvores *Q*	Custo variável *VC*	Custo total *TC*	Custo médio variável da árvore no curto prazo *AVC = VC/Q*	Custo médio total da árvore no curto prazo *ATC = TC/Q*
10	$ 640,00	$ 1.200,00	$ 64,00	$ 120,00
20	880,00	1.440,00	44,00	72,00
30	1.200,00	1.760,00	40,00	58,67
40	1.680,00	2.240,00	42,00	56,00
50	2.320,00	2.880,00	46,40	57,60
60	3.120,00	3.680,00	52,00	61,33
70	4.080,00	4.640,00	58,29	66,29

Para vermos como essas curvas podem ser usadas para decidir se produzir dá lucro ou prejuízo, recordemos que o lucro é igual à receita total menos o custo total, *TR* – *TC*. Isso significa:

- Se produz uma quantidade em que $TR > TC$, a empresa é lucrativa.
- Se produz uma quantidade em que $TR = TC$, a empresa iguala custo e receita.
- Se produz uma quantidade em que $TR < TC$, a empresa tem prejuízo.

Figura 12.2 Custos e produção no curto prazo.

Essa figura mostra a curva de custo marginal, *MC*, e a curva de custo total médio de curto prazo, *ATC*. Quando o preço de mercado é $ 56, a produção será de 40 árvores (a produção de custo mínimo), representada pelo ponto *C*. O preço de $ 56, igual ao custo total médio mínimo da empresa, é o *preço que iguala* receita e custo da empresa.

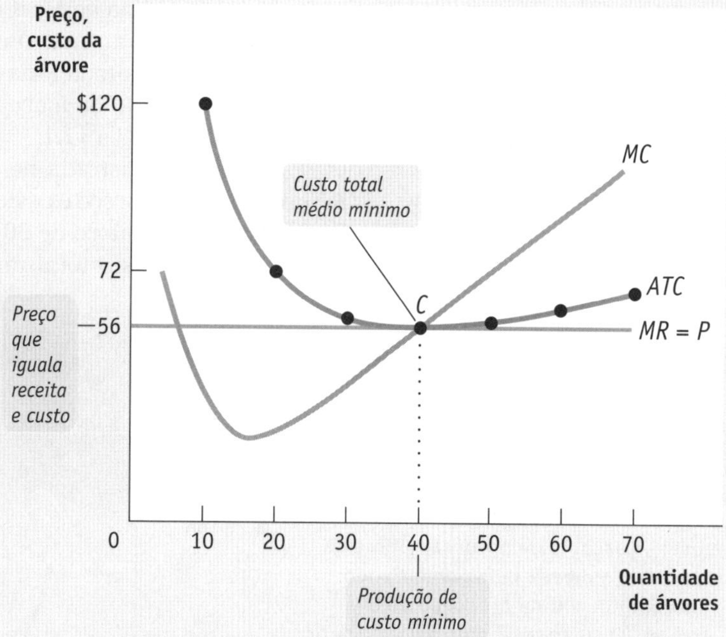

Também podemos expressar essa ideia em termos de receita e custo por unidade de produção. Quando dividimos o lucro pelo número de unidades de produção (Q), temos a expressão a seguir para o lucro por unidade de produção:

(12.4) Lucro/Q = $TR/Q - TC/Q$

TR/Q é a receita média, isto é, o preço de mercado; TC/Q é o custo total médio. A empresa é lucrativa se o preço de mercado para seu produto excede o custo total médio da quantidade que produz; a empresa tem prejuízo se o preço de mercado é inferior ao custo total médio da quantidade que produz. Isso significa:

- Se produz uma quantidade em que $P > ATC$, a empresa é lucrativa.
- Se produz uma quantidade em que $P = ATC$, a empresa iguala custo e receita.
- Se produz uma quantidade em que $P < ATC$, a empresa tem prejuízo.

A Figura 12.3 ilustra esse resultado mostrando como o preço de mercado determina se a empresa é lucrativa. Mostra também como fazer um gráfico dos lucros. Cada painel mostra a curva de custo marginal (*MC*) e a curva de custo total médio de curto prazo (*ATC*). O custo total médio é minimizado no ponto *C*. O painel (a) mostra o caso que já analisamos, em que o preço de mercado das árvores é $ 72. O painel (b) mostra o caso em que o preço de mercado das árvores é mais baixo, $ 40 por árvore.

No painel (a) vemos que, ao preço de $ 72 por árvore, a quantidade de produção maximizadora do lucro são 50 árvores, indicada pelo ponto em que a curva de custo marginal (*MC*) corta a curva de receita marginal, a qual, para uma empresa tomadora de preço, é uma linha horizontal no preço de mercado. Naquela quantidade de produção, o custo total médio é $ 57,60 por árvore, indicado pelo ponto Z. Como o preço por árvore é maior que o custo total médio por árvore, a fazenda de Noelle é lucrativa.

O lucro total de Noelle quando o preço de mercado é $ 72 está representado pela área do retângulo sombreado no painel (a). Para ver por quê, note que o lucro total pode ser expresso em termos do lucro por unidade:

(12.5) Lucro = $TR - TC = (TR/Q - TC\,/\,Q) \times Q$

ou, de modo equivalente,

Lucro = (*P* – *ATC*) × *Q*

pois *P* = *TR*/*Q* e *ATC* = *TC*/*Q*. A altura do retângulo sombreado no painel (a) corresponde à distância vertical entre os pontos *E* e *Z*. É igual a *P* – *ATC* = $ 72 – $ 57,60 = $ 14,40 por árvore. O retângulo sombreado tem largura igual à produção: *Q* = 50 árvores. Assim, a área do retângulo sombreado é igual ao lucro de Noelle: 50 árvores × $ 14,40 de lucro por árvore = $ 720,00, que é o mesmo número que calculamos na Tabela 12.1.

E a situação ilustrada no painel (b)? Ali, o preço de mercado é de $ 40 por árvore. Ao igualar preço e custo marginal, chegamos a uma quantidade de produção maximizadora de lucro de 30 árvores, indicada pelo ponto *A*. Nessa quantidade, Noelle tem um custo total médio de $ 58,67 por árvore, indicado pelo ponto *Y*.

Figura 12.3 Lucro e preço de mercado.

No painel (a), o preço de mercado é $ 72. A fazenda tem lucro porque o preço excede o custo total médio mínimo ou o preço de $ 56 que equilibra receita e custo. A escolha de produção ótima da fazenda é indicada pelo ponto *E*, que corresponde a uma produção de 50 árvores. O custo total médio de produzir 50 árvores é indicado pelo ponto *Z* na curva *ATC* e corresponde a $ 57,60. A distância vertical entre *E* e *Z* corresponde ao lucro da fazenda por unidade, $ 72 – $ 57,60 = $ 14,40. O lucro total é dado pela área do retângulo sombreado, 50 × $ 14,40 = $ 720. No painel (b), o preço de mercado é $ 40; a fazenda não é lucrativa porque o preço fica abaixo do custo total médio mínimo de $ 56. A escolha de produto ótimo da fazenda ao produzir é indicada pelo ponto *A*, correspondendo a uma produção de 30 árvores. O prejuízo por unidade da fazenda, $ 58,67 – $ 40 = $ 18,67, é representado pela distância vertical entre *A* e *Y*. O prejuízo total da fazenda é representado pelo retângulo sombreado, 30 × $ 18,67 = $ 560 (arredondando).

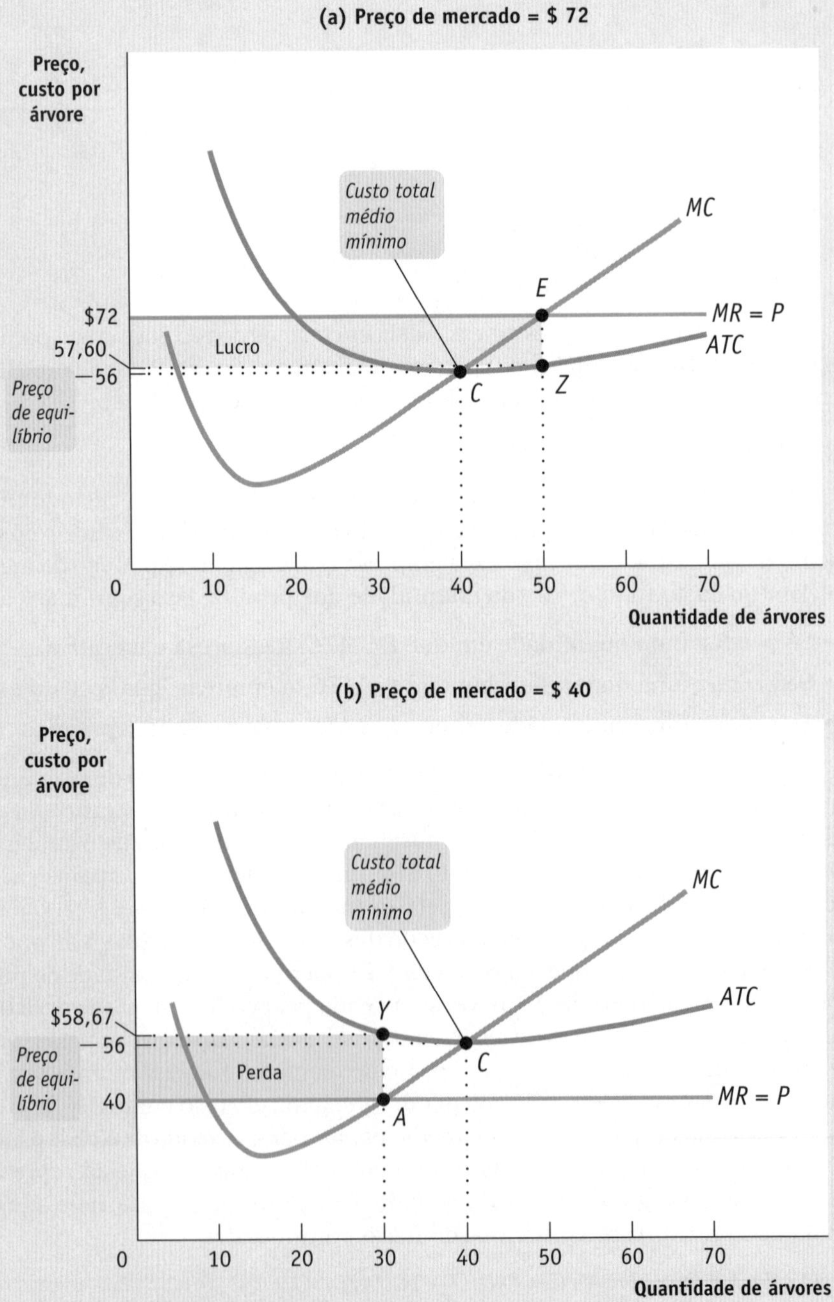

Em sua quantidade de produção maximizadora de lucro, 30 árvores, o custo total médio excede o preço de mercado. Isso significa que a fazenda de Noelle dá prejuízo, não lucro.

Quanto ela perde produzindo quando o preço de mercado é $ 40? Para cada árvore, ela perde *ATC* – *P* = $ 58,67 – $ 40 = $ 18,67, montante que corresponde à distância vertical entre os pontos *A* e *Y*. E ela produzirá 30 árvores, que correspondem à largura do retângulo sombreado. O valor total do prejuízo é $ 18,67 × 30 = $ 560,00 (arredondando), montante que corresponde à área do retângulo sombreado no painel (b).

Mas como um produtor sabe, em geral, se o seu negócio será ou não lucrativo? O teste crucial está em comparar o preço de mercado com o *custo total médio mínimo* do produtor. Na fazenda de Noelle, o custo total médio mínimo, que é $ 56, ocorre na quantidade de produção de 40 árvores, indicado no ponto *C*.

Sempre que o preço de mercado excede o custo total médio mínimo, o produtor pode encontrar algum nível de produção para o qual o custo total médio é menor que o preço de mercado. Isso significa que o produtor pode encontrar um nível de produção no qual a empresa é lucrativa. A fazenda de Noelle será lucrativa sempre que o preço de mercado for superior a $ 56. E ela alcançará o lucro mais alto produzindo a quantidade em que o custo marginal iguale o preço de mercado.

Por outro lado, se o preço de mercado é inferior ao custo total médio mínimo, não existe um nível de produção em que o preço exceda o custo total médio. O resultado é que a empresa não terá lucro em quantidade alguma de produção. Como vimos, ao preço de $ 40, ou seja, uma soma menor do que o custo total médio mínimo, Noelle de fato perde dinheiro. Ao produzir a quantidade na qual o custo marginal é igual ao preço de mercado, Noelle fez o melhor que podia, mas o melhor que podia dá prejuízo de $ 560. Qualquer outra quantidade aumentaria o prejuízo.

O custo total médio mínimo de uma empresa tomadora de preço é denominado **preço que iguala receita e custo**, o preço em que seu lucro é zero (recorde que se trata do *lucro econômico*). Uma empresa tem lucros positivos quando o preço de mercado está acima do preço que iguala receita e custo e tem perdas quando o preço de mercado é inferior ao preço que iguala receita e custo. O preço que iguala receita e custo para Noelle é $ 56, o preço no ponto *C* das Figuras 12.2 e 12.3.

O **preço que iguala receita e custo** de uma empresa tomadora de preços é o preço de mercado em que ela obtém lucro zero.

Assim, a regra para determinar se o produtor de um bem é lucrativo depende da comparação entre o preço de mercado do bem e o preço que equilibra receita e custo para o produtor – seu custo total médio mínimo:

- Sempre que o preço de mercado é superior ao custo total médio mínimo, o produtor é lucrativo.
- Sempre que o preço de mercado é igual ao custo total médio mínimo, o produtor tem receita e custo iguais.
- Sempre que o preço de mercado é menor que o custo total médio mínimo, o produtor não tem lucro.

A decisão de produção de curto prazo

Você pode ser tentado a pensar que uma empresa que não tem lucro, porque o preço de mercado está abaixo do seu custo total médio mínimo, não deveria produzir nada do produto em questão. No curto prazo, essa conclusão não é correta.

No curto prazo, às vezes a empresa deve produzir mesmo quando o preço é inferior ao custo total médio mínimo. A razão é que o custo total inclui o *custo fixo*, isto é, o custo que não depende da quantidade produzida e que só pode ser alterado no longo prazo.

No curto prazo, o custo fixo continua tendo de ser pago, independentemente de a empresa produzir ou não. Por exemplo, se Noelle alugar um trator por um ano, ela tem de pagar o aluguel independentemente de produzir árvores ou não. *Como isso não pode mudar no curto prazo, seu custo fixo é irrelevante para sua decisão de produzir ou deixar de produzir no curto prazo.*

Embora o custo fixo não desempenhe um papel na decisão de curto prazo de produzir ou não, os outros custos – os custos variáveis – têm sua importância. Um exemplo de custo variável é o salário dos trabalhadores que têm de ser contratados para ajudar no plantio e na colheita. Custos variáveis podem ser economizados deixando de produzir, de modo que devem desempenhar um papel quando se decide produzir ou não no curto prazo.

Passemos à Figura 12.4: ela mostra a curva de custo total médio de curto prazo (*ATC*) e a curva de custo variável médio de curto prazo (*AVC*) traçadas a partir dos dados da Tabela 12.3. Lembre-se de que a diferença entre as duas curvas, a distância vertical entre elas, representa o custo fixo médio, o custo fixo por unidade produzida, *FC*/*Q*.

Como a curva de custo marginal tem o já explicado formato de "pincelada", caindo no começo e depois subindo, a curva de custo variável médio de curto prazo tem formato de U: a queda inicial no custo marginal faz o custo variável médio cair também, até que em certo momento o custo marginal crescente o pressione para cima de novo. A curva de custo variável médio de curto prazo alcança seu valor mínimo de $ 40 no ponto *A*, tomando por base a produção de 30 árvores.

Estamos preparados agora para analisar integralmente a decisão de produção ótima no curto prazo. Temos de considerar dois casos:

1. Quando o preço de mercado está abaixo do custo *variável* médio mínimo.
2. Quando o preço de mercado está acima ou é igual ao custo *variável* médio mínimo.

Quando o preço de mercado é inferior ao custo variável médio mínimo, o preço que a empresa recebe não cobre seu custo variável por unidade. Nessa situação, a empresa deveria parar a produção imediatamente. Por quê? Porque não existe um nível de produto no qual a receita total da empresa possa cobrir seus custos variáveis, ou seja, os custos que ela pode evitar deixando de operar.

Uma empresa cessará a produção no curto prazo se o preço de mercado ficar abaixo do **preço de fechamento**, que é igual ao custo variável médio mínimo.

Nesse caso, a empresa maximiza seu lucro não produzindo nada – na verdade, minimizando suas perdas. Ela ainda incorrerá em custo fixo no curto prazo, mas já não incorrerá em qualquer custo variável. Isso significa que o custo variável médio mínimo é igual ao **preço de fechamento**, o preço em que a empresa deixa de produzir no curto prazo. No exemplo da fazenda de Noelle, ela cessará a produção no curto prazo demitindo todos os trabalhadores e interrompendo todo o plantio e colheita de árvores.

Figura 12.4 Curva de oferta individual de curto prazo.

Quando o preço de mercado é igual ou superior ao *preço de fechamento* de Noelle de $ 40, o custo variável médio mínimo indicado pelo ponto *A*, ela produzirá a quantidade na qual o custo marginal é igual ao preço. Assim, a qualquer preço igual ou acima do custo *variável* médio mínimo, a curva de oferta individual de curto prazo é a curva de custo marginal da empresa; isso corresponde ao segmento ascendente da curva de oferta individual. Quando o preço de mercado cai abaixo do custo variável médio mínimo, a empresa deixa de operar no curto prazo. Isso corresponde ao segmento vertical da curva de oferta individual ao longo do eixo vertical.

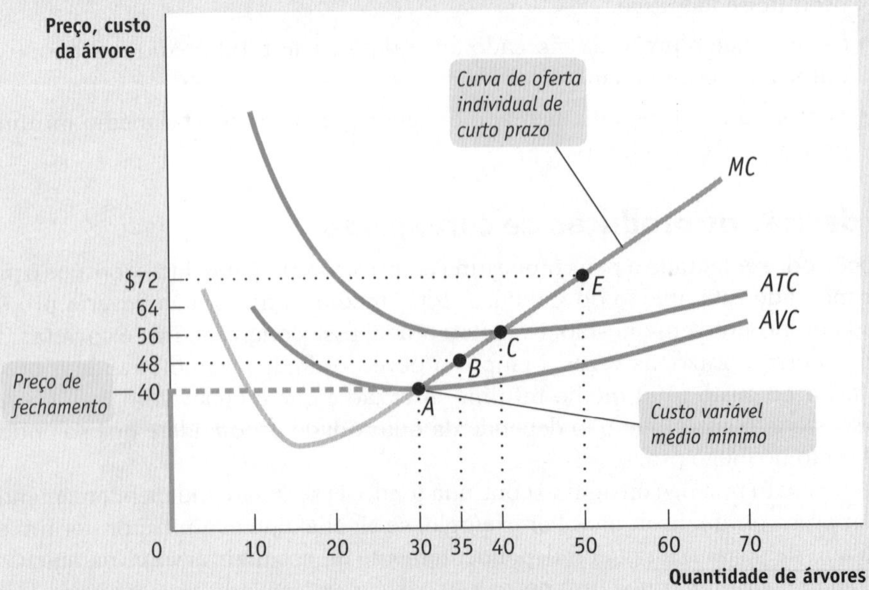

Contudo, quando o preço é maior que o custo variável médio mínimo, a empresa deve produzir no curto prazo. Nesse caso, a empresa maximiza seu lucro, ou minimiza sua perda, escolhendo a quantidade de produto em que o custo marginal é igual ao preço de mercado. Por exemplo, se o preço de mercado de cada árvore é $ 72, Noelle deve produzir no ponto *E* da Figura 12.4, que corresponde à produção de 50 árvores. Note que o ponto *C* na Figura 12.4 corresponde ao preço de $ 56 por árvore, que iguala receita e custo da fazenda. Como *E* está acima de *C*, a fazenda de Noelle será lucrativa; ela vai gerar um lucro por saca de $ 72 – $ 56 = $ 16 quando o preço de mercado for $ 72.

E se o preço de mercado está entre o preço de fechamento e o preço que iguala a receita e o custo, isto é, entre o custo *variável* médio mínimo e o custo *total médio mínimo? No caso da fazenda de Noelle, isso corresponde a preços entre $* 40 e $ 56; digamos, um preço de mercado de $ 48. A $ 48, a fazenda de Noelle não é lucrativa; como o preço de mercado está abaixo do custo total médio mínimo, a fazenda está perdendo a diferença entre o preço e o custo total médio por unidade produzida.

Contudo, ainda que não esteja cobrindo seu custo total por unidade, está cobrindo seu custo variável por unidade e uma parte (mas não tudo) do custo fixo por unidade. Se a empresa nessa situação fecha, ela deixa de incorrer no custo variável, mas incorre no *total* do custo fixo. Em consequência, o fechamento gera uma perda ainda maior do que se continua a funcionar.

Isso significa que, se o preço cai para um nível entre o custo total médio mínimo e o custo variável médio mínimo, é melhor para a empresa produzir alguma quantidade de produto no curto prazo. A razão é que, ao produzir, ela consegue cobrir o custo variável por unidade e pelo menos uma parte do custo fixo, ainda que incorrendo em perda. Nesse caso, a empresa maximiza o lucro, isto é, minimiza a perda, ao escolher a quantidade de produto em que o custo marginal é igual ao preço de mercado. Assim, quando Noelle se defronta com o preço de mercado de $ 48 por árvore, sua produção maximizadora de lucro é dada pelo ponto *B* na Figura 12.4, correspondente à produção de 35 árvores.

Vale a pena notar que a decisão de produzir quando a empresa consegue cobrir o seu custo variável, mas não todo o seu custo fixo, é similar à decisão de ignorar *custos irrecuperáveis*, um conceito que examinamos no Capítulo 9. Recorde que o custo irrecuperável é um custo já incorrido, impossível de reaver; e, como ele não pode mudar, não deve ter efeito sobre a decisão corrente.

Na decisão de produção de curto prazo, o custo fixo é de fato como um custo irrecuperável: foi gasto e é impossível reavê-lo no curto prazo. Essa comparação ilustra também por que o custo variável de fato importa no curto prazo: ele pode ser evitado deixando-se de produzir.

E o que acontece se o preço de mercado é exatamente igual ao preço de fechamento, o custo variável médio mínimo? Nesse caso, a empresa fica indiferente entre produzir 30 unidades ou 0. Como veremos logo mais, esse é um ponto importante quando examinamos o comportamento de uma indústria em seu conjunto. Para evitar confusão, vamos supor que a empresa, embora indiferente, de fato continue produzindo quando o preço é igual ao preço de fechamento.

Juntando tudo, podemos agora traçar a **curva de oferta individual de curto prazo** da fazenda de Noelle, a linha da curva de oferta individual de curto prazo na Figura 12.4; ela mostra como a quantidade maximizadora de lucro no curto prazo depende do preço. Como se vê, a curva tem dois segmentos. O segmento mais escuro com inclinação para cima, que começa no ponto *A*, mostra o produto que maximiza o lucro no curto prazo quando o preço está acima do preço de fechamento de $ 40 por árvore.

A **curva de oferta individual de curto prazo** mostra como a quantidade maximizadora de lucro no curto prazo depende do preço de mercado, tomando o custo fixo como dado.

Enquanto o preço de mercado está acima do preço de fechamento, Noelle produz a quantidade de produto em que o custo marginal é igual ao preço de mercado. Isto é, a preços de mercado acima do preço de fechamento, a curva de oferta de curto prazo da empresa corresponde à sua curva de custo marginal, mas, a qualquer preço de mercado abaixo do custo variável médio mínimo (nesse caso, de $ 40 por árvore), a empresa fecha e a produção cai para zero no curto prazo. Isso corresponde ao segmento vertical da curva que se situa ao longo do eixo vertical.

Empresas de fato fecham temporariamente sem sair totalmente do setor? Sim. De fato, em alguns setores, o fechamento temporário é rotina. Os exemplos mais comuns são as indústrias em que a demanda é extremamente sazonal, como parques de diversão ao ar livre em lugares com inverno rigoroso. Tais parques teriam de oferecer preços muito baixos para atrair clientes nos meses mais frios, preços tão baixos que não cobririam os custos variáveis (principalmente, salários e eletricidade). A opção mais sábia economicamente é fechar, até que volte a esquentar e cheguem clientes suficientes dispostos a pagar um preço mais alto.

Mudando o custo fixo

Embora o custo fixo não possa ser alterado no curto prazo, no longo prazo as empresas podem adquirir ou se livrar de máquinas, construções etc. Como aprendemos no Capítulo 11, em longo prazo o nível do custo fixo é uma questão de escolha. Vimos que uma empresa escolherá o nível de custo fixo que minimize o custo médio total para a quantidade de produto desejada. Agora, nos concentraremos em uma questão ainda mais importante com que se defronta a empresa ao escolher seu custo fixo: saber se de fato vale a pena incorrer em *algum* custo fixo e permanecer na sua atividade corrente.

No longo prazo, um produtor sempre pode eliminar o custo fixo vendendo sua planta e o equipamento. Ao fazê-lo, obviamente, não pode voltar a produzir – ele saiu da indústria. Por outro lado, um produtor potencial pode assumir algum custo fixo, comprando máquinas e outros recursos que o colocam em posição de produzir – ou seja, ele pode entrar em uma indústria. Na maioria das indústrias perfeitamente competitivas, o conjunto de produtores, ainda que estável no curto prazo, muda no longo prazo, à medida que empresas entram ou saem da indústria.

Vejamos, mais uma vez, a fazenda de Noelle. A fim de simplificar nossa análise, vamos deixar de lado o problema de escolher entre vários níveis possíveis de custo fixo. Em vez disso, vamos supor que Noelle tenha uma única escolha de custo fixo se ela decidir operar: os $ 560 que foram a base dos cálculos nas Tabelas 12.1, 12.2 e 12.3. (Com esse pressuposto, a curva de custo total médio de curto prazo e a curva de custo total médio de longo prazo de Noelle são uma só e a mesma.) Alternativamente, ela pode escolher um custo fixo de zero se resolver sair da indústria ou setor de atividade.

Suponhamos que o preço de mercado das árvores seja consistentemente menor que $ 56 durante um longo período. Nesse caso, Noelle nunca consegue cobrir inteiramente seu custo fixo: o negócio dela funciona com prejuízo. No longo prazo, ela ficaria em situação melhor fechando seu negócio e saindo do setor. Em outras palavras, *no longo prazo*, as empresas sairão de uma indústria se o preço de mercado for consistentemente inferior ao preço que iguala seu custo e receita – seu custo total médio mínimo.

Por outro lado, suponha que o preço das árvores de Natal seja consistentemente superior ao preço que iguala custo e receita, de $ 56, por um período prolongado. Como sua fazenda é lucrativa, Noelle permanecerá na indústria e continuará produzindo.

Mas as coisas não acabam aqui. A indústria de árvores de Natal passa no critério da *livre entrada*: há muitos produtores potenciais de árvores, pois os insumos necessários são fáceis de obter. E as curvas de custo desses produtores potenciais tendem a ser similares às de Noelle, pois a tecnologia usada pelos outros produtores provavelmente é muito semelhante à utilizada por ela. Se o preço é suficientemente alto para gerar lucro para os produtores existentes, também vai atrair à indústria alguns desses produtores potenciais. Assim, *no longo prazo*, um preço superior a $ 56 leva à entrada: novos produtores entrarão no setor de árvores de Natal.

Como veremos na seção a seguir, entrada e saída nos levam a uma distinção importante entre a *curva de oferta da indústria no curto prazo* e a *curva de oferta da indústria no longo prazo*.

Em resumo: lucratividade e condições de produção da empresa perfeitamente competitiva

Neste capítulo, estudamos de onde vem a curva de oferta para uma empresa perfeitamente competitiva. Cada empresa perfeitamente competitiva toma suas decisões de produção maximizando o lucro, e essas decisões determinam a curva de oferta. A Tabela 12.4 resume as condições de lucratividade e produção da empresa perfeitamente competitiva. Também as relaciona à entrada e à saída da indústria.

Tabela 12.4 Resumo das condições de lucratividade e produção da empresa perfeitamente competitiva

Condição de lucratividade (*ATC* mínimo = preço que iguala custo e receita)	**Resultado**
$P > ATC$ mínimo	Empresa lucrativa. Entrada na indústria no longo prazo.
$P = ATC$ mínimo	Empresa em equilíbrio. Nem entrada nem saída na indústria no longo prazo.
$P < ATC$ mínimo	Empresa com prejuízo. Saída da indústria no longo prazo.
Condição de produção (AVC mínimo = preço de fechamento)	**Resultado**
$P > AVC$ mínimo	Empresa produz no curto prazo. Se $P < ATC$ mínimo, a empresa cobre o custo variável e uma parte, mas não todo o custo fixo. Se $P > ATC$ mínimo, a empresa cobre o total dos custos variável e fixo.
$P = AVC$ mínimo	Empresa indiferente entre produzir e não produzir no curto prazo. Meramente cobre o custo variável.
$P < AVC$ mínimo	Empresa fecha no curto prazo. Não cobre o custo variável.

ECONOMIA >> *em Ação*

Know-how dos agricultores

Se há uma profissão que requer uma clara compreensão da maximização do lucro, é a agricultura. Agricultores devem responder à constante flutuação dos preços de sua produção, bem como à constante mudança dos preços de insumos. Além disso, a agricultura satisfaz as condições de um mercado competitivo porque é composta de milhares de agricultores individuais que são tomadores de preços.

Para um bom exemplo da perspicácia econômica dos agricultores, podemos examinar os preços das safras norte-americanas durante as duas últimas décadas, período marcado pelo *boom* e depois pela retração. De 2003 a 2013, os preços do milho e da soja atingiram recorde histórico, aumentando 300 e 250%, respectivamente.

O aumento impressionante dos preços de 2003 a 2013 deveu-se praticamente a dois fatores baseados na demanda. Primeiro, os preços do milho se beneficiaram de um decreto do Congresso para aumentar o uso do etanol à base de milho, biocombustível que é misturado à gasolina, como um meio de reduzir a dependência norte-americana do petróleo importado. Em segundo lugar, os preços das safras foram empurrados para cima por um rápido aumento das exportações para a China e outros países em desenvolvimento. Como maximizadores inteligentes do lucro, os agricultores responderam cultivando suas terras de forma mais intensiva – usando mais fertilizantes, por exemplo, – e aumentando sua área de cultivo. Até 2013, os preços dos fertilizantes haviam dobrado em relação a 2005. E durante a década de 2003 a 2013, o preço médio das terras agrícolas triplicou, com algumas delas sendo vendidas por preço dez vezes maior que o de 2003.

Cada uma dessas estratégias fazia todo o sentido econômico, pois cada agricultor fazia subir sua curva de oferta individual. E como a curva de oferta individual é a curva de custo marginal, os custos de cada agricultor também subiram à medida que mais insumos foram empregados para gerar mais produção.

Entretanto, as coisas mudaram drasticamente em 2014, quando os preços das terras agrícolas caíram quase 9%, e em 2019 os preços caíram 23% em uma base ajustada pela inflação a partir de seu pico de 2013. Vários fatores relacionados tanto à oferta quanto à demanda da produção dos agricultores contribuíram para essa queda. Do lado da demanda, o *boom* na produção de óleo de xisto, um substituto do etanol, fez baixar o preço do etanol, enquanto um dólar americano forte reduziu a demanda de compradores estrangeiros por produtos cultivados nos Estados Unidos. Mais recentemente, a retaliação do governo chinês contra as tarifas impostas pelos EUA em 2018 e 2019 reduziu significativamente a demanda por produtos agrícolas norte-americanos. Do lado da oferta, as colheitas de grãos volumosas derrubaram os preços das safras.

Pensando como economistas, os agricultores responderam recuando sua curva de oferta, retirando da produção as terras mais caras para cultivar e reduzindo sua demanda por mais área. Como resultado, o preço médio das terras cultivadas tendeu a baixar. E, sem surpresa, de 2012 a 2019 o preço dos fertilizantes caiu significativamente, quase 50% em relação ao seu preço mais alto. Portanto, se você quiser ver a maximização do lucro em ação, observe um agricultor.

>> *Revisão Rápida*

- Um produtor escolhe o produto de acordo com a **regra de produção ótima**. Para uma empresa tomadora de preço, a **receita marginal** é igual ao preço, e ela escolhe a quantidade de produto de acordo com a **regra de produção ótima da empresa tomadora de preço, *P* = *MC*.**
- A empresa é lucrativa sempre que o preço de mercado é superior ao **preço que iguala receita e custo**, igual ao seu custo total médio mínimo. Abaixo desse preço a empresa dá prejuízo, e ela iguala custo e receita quando o preço de mercado é igual ao preço que iguala seu custo e receita.
- O custo fixo é irrelevante para a decisão ótima de produção de curto prazo. Quando o preço excede o **preço de fechamento**, ou seja, o custo variável médio mínimo, a empresa tomadora de preço produz a quantidade de produto em que o custo marginal iguala o preço. Quando o preço é inferior ao preço de fechamento, ela interrompe a produção no curto prazo. Isso define a **curva de oferta individual de curto prazo** da empresa.
- Ao longo do tempo, o custo fixo é importante. Se o preço cair abaixo do custo total médio mínimo durante um período prolongado, a empresa sairá da indústria. Se o preço exceder o custo total médio mínimo, a empresa será lucrativa e permanecerá na indústria. Além disso, outras empresas entrarão na indústria.

>> *Teste seu entendimento* 12.2

As respostas estão no fim do livro.

1. Trace um gráfico de curto prazo mostrando uma curva de custo total médio em forma de U, uma curva de custo variável médio em forma de U e uma curva de custo marginal em forma de "pincelada". Nesse gráfico, indique o intervalo de produção e o intervalo de preços para os quais as ações a seguir são ótimas.
   a. A empresa fecha imediatamente.
   b. A empresa opera no curto prazo apesar de levar prejuízo.
   c. A empresa opera dando lucro.
2. O estado do Maine explora intensamente a pesca de lagosta durante o verão. No resto do ano, pode-se obter lagosta de outras partes do mundo, mas a preço muito mais alto. O Maine também tem muitas barracas de lagosta, restaurantes de beira de estrada que servem pratos de lagosta e que abrem somente durante o verão. Explique por que o ponto ótimo de produção das barracas de lagosta é operar somente durante o verão.

Curva de oferta da indústria

A **curva de oferta da indústria** mostra a relação entre o preço de um bem e a produção total da indústria como um todo.

Por que um aumento na demanda de árvores de Natal leva a um aumento grande de preço no começo, mas a um aumento muito menor no longo prazo? A resposta está no comportamento da **curva de oferta da indústria**, ou seja, na relação entre o preço e o produto total na indústria em seu conjunto. A curva de oferta da indústria é o que tratamos em capítulos anteriores como curva de oferta ou curva de oferta de mercado. Porém, aqui, tomamos cuidado em distinguir entre a *curva de oferta individual* de uma única empresa e a curva de oferta da indústria como um todo.

Como você deve imaginar pela leitura da seção anterior, a curva de oferta da indústria tem de ser analisada de forma um tanto diferente no curto prazo e no longo prazo. Comecemos pelo curto prazo.

Curva de oferta da indústria no curto prazo

Recorde que, no curto prazo, o número de produtores em uma indústria é constante – não há entrada nem saída. E talvez você lembre, do Capítulo 3, que a curva de oferta da indústria é a soma horizontal das curvas de oferta individuais de todos os produtores: ela se verifica somando o produto total de todos os fornecedores a cada preço. Aqui, faremos esse exercício supondo que todos os produtores sejam iguais – suposição essa que torna a derivação particularmente simples. Suponhamos que existam 100 fazendas de árvores de Natal, cada uma delas com os mesmos custos que os da fazenda de Noelle.

Cada uma dessas 100 fazendas terá uma curva de oferta de curto prazo individual como aquela da Figura 12.4. A um preço abaixo de $ 40, nenhuma fazenda produzirá. A um preço superior a $ 40, cada fazenda produzirá a quantidade em que seu custo marginal for igual ao preço de mercado. Como se pode ver na Figura 12.4, isso levará cada fazenda a produzir 40 árvores se o preço for de $ 56 cada, 50 árvores se o preço for de $ 72 e assim por diante. Assim, se existirem 100 plantadores de árvores de Natal e o preço de cada árvore for $ 72, a indústria em seu conjunto produzirá 5.000 árvores, correspondentes a 100 fazendeiros × 50 árvores por fazendeiro, e assim por diante. O resultado é a **curva de oferta da indústria no curto prazo**, a curva *S* na Figura 12.5. Essa curva mostra a quantidade que os produtores ofertarão a cada preço, *tomando como dado o número de produtores.*

A **curva de oferta da indústria no curto prazo** mostra como a quantidade ofertada por uma indústria depende do preço de mercado, dado um número constante de produtores.

A curva de demanda *D* na Figura 12.5 cruza a curva de oferta da indústria de curto prazo em E_{MKT}, correspondente ao preço de $ 72 e à quantidade de 5.000 árvores. O ponto E_{MKT} é um **equilíbrio de mercado no curto prazo**: a quantidade ofertada é igual à quantidade demandada, tomando como dado o número de produtores. Porém, o longo prazo pode ter aparência bem diferente, porque os fazendeiros podem entrar e sair do setor ou indústria.

Existe **equilíbrio de mercado no curto prazo** quando a quantidade ofertada é igual à quantidade demandada, considerando o número de produtores como fixo.

Curva de oferta da indústria no longo prazo

Suponha que, além dos 100 fazendeiros atualmente no negócio das árvores de Natal, existem muitos outros potenciais. Suponha também que cada um desses produtores potenciais, caso entrasse na indústria, teria as mesmas curvas de custo que os produtores existentes, como Noelle.

Quando outros produtores entrarão na indústria? Sempre que os produtores existentes estiverem tendo lucro, isto é, sempre que o preço de mercado estiver acima do preço que iguala custo e receita – $ 56 por árvore, o custo de produção total médio mínimo. Por exemplo, ao preço de $ 72 por árvore, novas empresas entrarão na indústria.

O que acontecerá à medida que mais produtores entrarem na indústria? É claro que a quantidade ofertada a qualquer preço dado vai aumentar. A curva de oferta da indústria no curto prazo se deslocará para a direita. Isso, por sua vez, vai alterar o

Figura 12.5 Equilíbrio de mercado no curto prazo.

A curva de oferta da indústria de curto prazo, *S*, é a curva de oferta da indústria tomando o número de produtores como dado – aqui, de 100. Ela é gerada adicionando as curvas de oferta individuais dos 100 produtores. Abaixo do preço de $ 40, nenhum produtor quer produzir no curto prazo. Acima de $ 40, a curva de oferta da indústria no curto prazo tem inclinação para cima, pois cada produtor aumenta a produção à medida que o preço aumenta. Ela corta a curva de demanda, *D*, no ponto E_{MKT}, o ponto de equilíbrio de mercado de curto prazo, correspondente ao preço de mercado de $ 72 e à quantidade de 5.000 árvores.

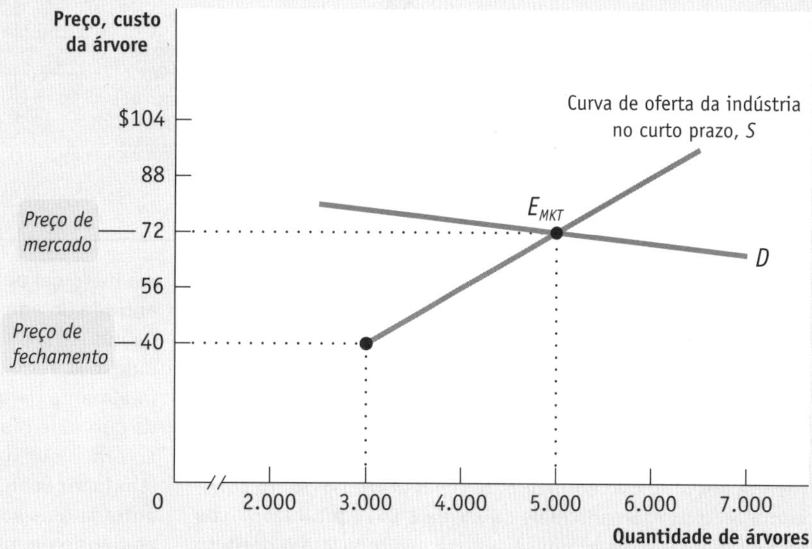

equilíbrio de mercado e resultará em um preço de mercado mais baixo. As empresas existentes responderão ao preço mais baixo reduzindo sua produção, mas a produção total da indústria vai aumentar por causa da presença de um número maior de empresas na indústria.

A Figura 12.6 ilustra o efeito dessa cadeia de eventos sobre uma empresa existente e sobre o mercado; o painel (a) mostra como o mercado responde à entrada, e o painel (b) mostra como uma empresa individual existente responde à entrada (note que a escala desses dois gráficos foi modificada, em comparação com as Figuras 12.4 e 12.5, para ilustrar melhor como o lucro muda em resposta ao preço). No painel (a), S_1 é a curva de oferta da indústria de curto prazo inicial, baseada na existência de 100 produtores. O equilíbrio de mercado de curto prazo inicial é E_{MKT}, com preço de equilíbrio de mercado de \$ 72 e quantidade de 5.000 árvores. A esse preço, os produtores existentes têm lucro, que é refletido no painel (b): uma empresa existente terá lucro total representado pelo retângulo sombreado indicado por *A* quando o preço de mercado for \$ 72.

Esses lucros induzirão novos produtores a entrar na indústria, deslocando a curva de oferta da indústria de curto prazo para a direita. Por exemplo, a curva de oferta da indústria de curto prazo quando o número de produtores aumentou para 167 é S_2. Correspondentemente a essa curva de oferta, ocorre um novo equilíbrio de mercado de curto prazo indicado por D_{MKT}, com preço de mercado de \$ 64 e quantidade de 7.500 árvores. A \$ 64, cada empresa produz 45 árvores, de modo que a produção da indústria é 167 × 45 = 7.500 árvores (arredondando).

Figura 12.6 Equilíbrio de mercado no longo prazo.

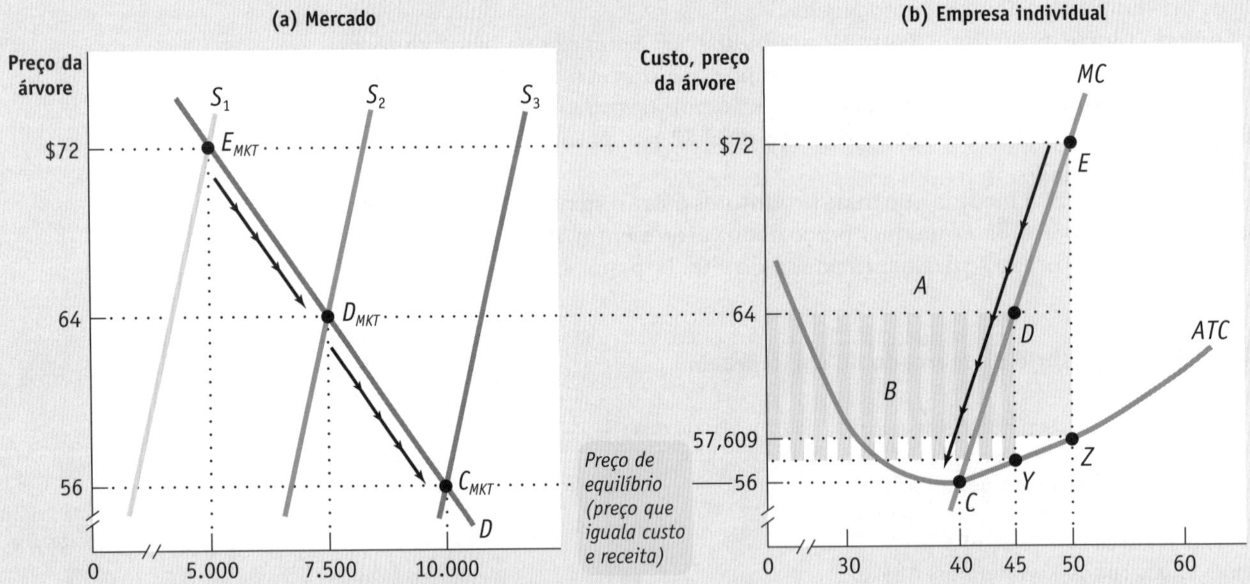

O ponto E_{MKT} no painel (a) mostra o equilíbrio de mercado de curto prazo inicial. Cada um dos 100 produtores existentes tem um lucro econômico, ilustrado no painel (b), em que o retângulo indicado por *A* mostra o lucro de uma empresa existente. Esse lucro induz a entrada de produtores adicionais, deslocando para fora a curva de oferta da indústria de curto prazo, de S_1 para S_2 no painel (a). Isso resulta em um novo equilíbrio de curto prazo no ponto D_{MKT}, com preço de mercado mais baixo, de \$ 64, e produção mais alta da indústria. As empresas existentes reduzem o produto, e o lucro cai para o retângulo indicado por *B* no painel (b). A entrada de empresas continua a deslocar para fora a curva da indústria de curto prazo, à medida que a produção da indústria aumenta e o preço cai mais uma vez. A entrada finalmente para quando é atingido o equilíbrio no ponto C_{MKT} da curva de oferta S_3 (a). Aqui, o preço de mercado é igual ao preço que iguala receita e custo; os produtores existentes têm lucro econômico zero e não há mais incentivo para a entrada ou a saída. Por conseguinte, C_{MKT} é também um equilíbrio de mercado de longo prazo.

No painel (b), pode-se ver o efeito da entrada de 167 novos produtores sobre uma empresa existente: a queda de preço a faz reduzir sua produção, e seu lucro cai para a área representada pelo retângulo sombreado *B*.

Embora tenha diminuído, o lucro das empresas existentes em D_{MKT} significa que a entrada vai continuar e que o número de empresas vai continuar a subir. Se o número de produtores aumenta para 250, a curva de oferta da indústria de curto prazo se desloca de novo para fora, para S_3, e o equilíbrio de mercado é C_{MKT}, com quantidade ofertada e demandada de 10.000 árvores e preço de mercado de $ 56 por árvore.

Como E_{MKT} e D_{MKT}, C_{MKT} é um equilíbrio de curto prazo. Mas é também algo mais. Como $ 56 é o preço que iguala receita e custo de cada empresa, um produtor tem lucro econômico zero – nem lucro nem prejuízo, ganhando apenas o custo de oportunidade dos recursos usados na produção – quando obtém a produção de 40 árvores que maximiza seu lucro.

A esse preço, não há incentivo para que produtores potenciais entrem na indústria nem para que produtores existentes saiam. Assim, C_{MKT} corresponde a um **equilíbrio de mercado no longo prazo,** uma situação em que a quantidade ofertada iguala a quantidade demandada, tendo passado tempo suficiente para que produtores entrassem na indústria ou a deixassem. No equilíbrio de mercado no longo prazo, todos os produtores existentes e potenciais se ajustaram plenamente a suas escolhas ótimas no longo prazo; o resultado é que nenhum produtor tem incentivo, seja para entrar, seja para sair da indústria.

Vemos um **equilíbrio de mercado no longo prazo** quando a quantidade ofertada é igual à quantidade demandada, uma vez que já decorreu tempo suficiente para que ocorra entrada e saída do setor.

Entendemos melhor o significado da diferença entre o equilíbrio de curto prazo e o de longo prazo examinando o efeito de um aumento de demanda sobre uma indústria com livre entrada, que inicialmente está no equilíbrio de longo prazo. O painel (b) na Figura 12.7 mostra o ajustamento do mercado; os painéis (a) e (c) mostram como uma empresa individual existente se comporta durante o processo.

No painel (b) da Figura 12.7, D_1 é a curva de demanda inicial e S_1 é a curva de oferta inicial da indústria no curto prazo. Sua interseção no ponto X_{MKT} é um equilíbrio tanto de curto prazo quanto de longo prazo, porque o preço de equilíbrio de $ 56 leva a um lucro econômico zero e, portanto, não há entrada nem saída. Ele corresponde ao ponto *X* no painel (a), em que uma empresa individual existente está operando no mínimo da sua curva de custo total médio.

Suponha agora que a curva de demanda, por alguma razão, se desloque para fora, para D_2. Como se mostra no painel (b), no curto prazo a produção da indústria se move ao longo da curva de oferta da indústria no curto prazo, S_1, para um novo ponto de equilíbrio de curto prazo em Y_{MKT}, a interseção entre S_1 e D_2. O preço de mercado aumenta para $ 72 por árvore e a produção da indústria aumenta de Q_x para Q_y. Isso corresponde ao movimento de *X* para *Y* no painel (a), à medida que uma empresa existente aumenta sua produção em resposta à elevação do preço de mercado.

Contudo, sabemos que Y_{MKT} não é um equilíbrio de longo prazo, pois $ 72 é mais que o custo total médio mínimo, de modo que os produtores existentes estão obtendo lucro econômico. Isso levará à entrada de mais empresas na indústria.

Com o tempo, a entrada fará a curva de oferta da indústria de curto prazo se deslocar para a direita. No longo prazo, a curva de oferta da indústria de curto prazo terá se deslocado para S_2, e o equilíbrio será o ponto Z_{MKT}, com o preço caindo de volta para $ 56 por árvore e a produção da indústria aumentando de novo, de Q_Y para Q_Z. Como X_{MKT} antes do aumento de demanda, Z_{MKT} é um equilíbrio de mercado, tanto de curto prazo quanto de longo prazo.

O efeito da entrada de novas empresas em uma empresa existente é ilustrado no painel (c), no movimento de *Y* para *Z* ao longo da curva de oferta individual daquela empresa. A empresa reduz sua produção em resposta à queda de preço, chegando em última instância de volta à sua quantidade de produção original, correspondente ao ponto de mínimo de sua curva de custo total médio. De fato, cada uma das empresas que estão agora na indústria, ou seja, o conjunto das empresas originais mais as novas entrantes, vai operar no mínimo de sua curva de custo total

Figura 12.7 Efeito de um aumento da demanda no curto prazo e no longo prazo.

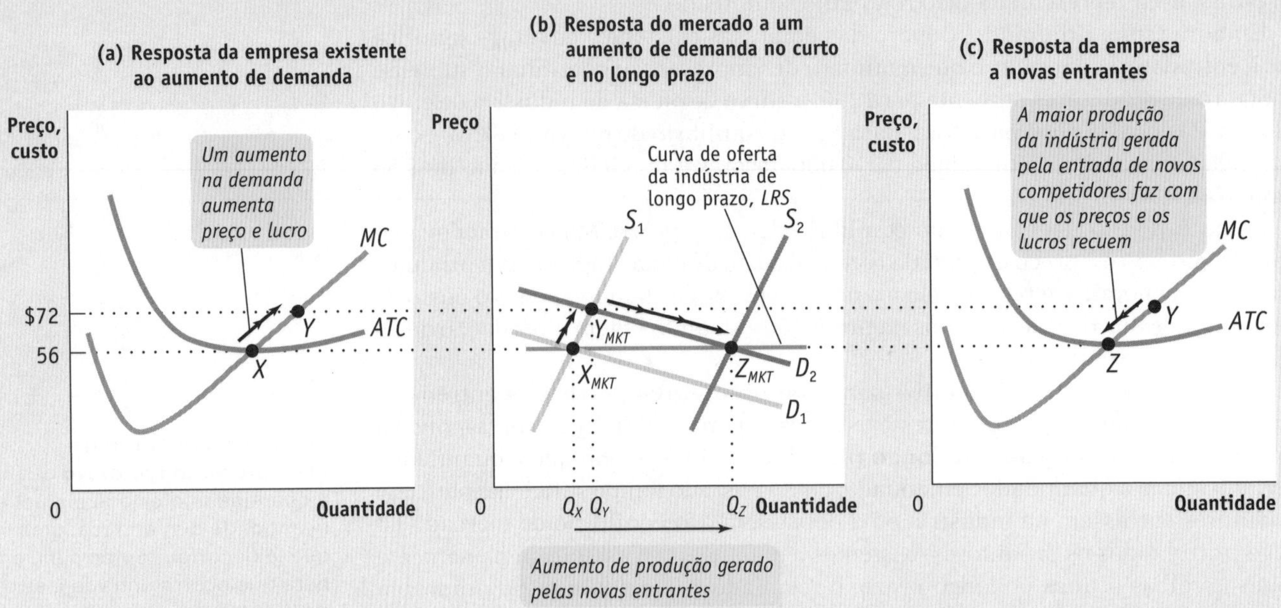

O painel (b) mostra o ajustamento de curto e de longo prazo de uma indústria quando aumenta a demanda; os painéis (a) e (c) mostram os ajustamentos correspondentes de uma empresa já existente. Inicialmente, o equilíbrio de mercado está no ponto X_{MKT}, no painel (b), que é um equilíbrio de curto e de longo prazo ao preço de \$ 56 e produção da indústria em Q_x. Uma empresa existente tem lucro zero, operando no ponto *X* no painel (a), ao custo total médio mínimo. A demanda aumenta quando D_1 se desloca para a direita até D_2, e aumenta o preço de mercado para \$ 72. As empresas existentes aumentam sua produção, e a produção da indústria se move ao longo da curva de oferta da indústria no curto prazo, S_1, para um equilíbrio de curto prazo em Y_{MKT}. Correspondentemente, a empresa existente no painel (a) se move do ponto *X* para o ponto *Y*. Porém, ao preço de \$ 72, as empresas existentes têm lucro. Como se mostra no painel (b), no longo prazo chegam novas entrantes, e a curva de oferta da indústria no curto prazo se move para a direita, de S_1 para S_2. Há um novo equilíbrio no ponto Z_{MKT}, a preço mais baixo de \$ 56 e produção da indústria mais alta em Q_z. Uma empresa existente responde movendo-se de *Y* para *Z* no painel (c), voltando ao seu nível de produção inicial e lucro zero. A produção das novas entrantes é responsável pelo total do aumento no resultado da indústria, $Q_z - Q_x$. Como X_{MKT}, Z_{MKT} é também um equilíbrio, tanto de curto quanto de longo prazo: com as empresas existentes tendo lucro econômico zero, não há incentivo para que qualquer empresa entre ou saia da indústria. A linha horizontal que passa por X_{MKT} e Z_{MKT}, *LRS*, é a curva de oferta da indústria de longo prazo: no preço que iguala receita e custo, \$ 56, os produtores produzirão qualquer quantidade que os consumidores demandem no longo prazo.

médio, no ponto *Z*. Isso significa que o total do aumento de produção da indústria, de Q_x para Q_z, vem da produção das novas entrantes.

A **curva de oferta da indústria no longo prazo** mostra como a quantidade ofertada responde ao preço quando os produtores tiveram tempo para entrar ou sair da indústria.

A linha *LRS* que passa por X_{MKT} e Z_{MKT} no painel (b) é a **curva de oferta da indústria no longo prazo**. Ela mostra como a quantidade ofertada por uma indústria responde ao preço quando os produtores tiveram tempo para entrar ou sair da indústria.

Nesse caso particular, a curva da oferta da indústria no longo prazo é horizontal em \$ 56. Em outras palavras, nessa indústria, a oferta é *perfeitamente elástica* no longo prazo, ou seja, dado tempo suficiente para entrar ou sair, os produtores ofertarão qualquer quantidade que os consumidores demandem ao preço de \$ 56. Oferta perfeitamente elástica no longo prazo é, na verdade, um bom pressuposto para muitas indústrias. Nesse caso, dizemos que há *custos constantes para o conjunto da indústria*: cada empresa, independentemente de ser já estabelecida ou recém-chegada, se defronta com a mesma estrutura de custos (isto é, tem as mesmas curvas de custo). Indústrias que satisfazem essa condição são aquelas cuja oferta de insumos é perfeitamente elástica – setores como a agricultura ou padarias.

Em outros setores, contudo, mesmo a curva de oferta da indústria no longo prazo tem inclinação para cima. Em geral, o motivo para isto é que os produtores precisam usar algum insumo de oferta limitada (ou seja, de oferta inelástica) e, à medida que a indústria se expande, o preço desse insumo é pressionado para cima. Consequentemente, as empresas que entram mais tarde na indústria verificam que têm estrutura de custos mais elevados do que as empresas que entraram cedo. Por exemplo, hotéis de praia precisam competir por uma quantidade limitada de bons terrenos de frente para o mar. Diz-se das indústrias que se comportam desse modo que elas têm *custos crescentes para o conjunto da indústria.*

É possível também que a curva de oferta de longo prazo da indústria tenha inclinação para baixo. Isso ocorre quando uma indústria tem retornos crescentes à escala, quando o custo médio cai à medida que o produto aumenta. Note que a afirmação é de que a *indústria* ou setor tem retornos crescentes. Contudo, quando os retornos crescentes ocorrem no nível da empresa individual, a indústria acaba sendo dominada por um pequeno número de empresas (um *oligopólio*) ou por uma única empresa (um *monopólio*).

Em certos casos, as vantagens da produção em grande escala de toda uma indústria beneficiam todas as empresas nessa indústria. Por exemplo, os custos de novas tecnologias como painéis de células fotovoltaicas tendem a cair à medida que a indústria cresce, pois esse crescimento leva a avanços no conhecimento, ao aumento do número de trabalhadores com a devida competência, e assim por diante.

De qualquer modo, seja a curva de oferta da indústria no longo prazo horizontal ou tenha inclinação para cima, a elasticidade-preço de longo prazo da oferta será *mais alta* que a elasticidade-preço de curto prazo sempre que houver livre entrada e saída. Como se mostra na Figura 12.8, a curva de oferta da indústria no longo prazo é sempre mais achatada que a curva de oferta da indústria no curto prazo. Entrada e saída constituem o motivo para isso: um preço alto atrai a entrada de novos produtores, resultando em aumento no produto da indústria e queda de preço; um preço baixo induz as empresas existentes a saírem, provocando queda no produto da indústria e eventual aumento no preço.

A distinção entre as curvas de oferta da indústria no longo prazo e no curto prazo é muito importante na prática. É frequente vermos uma sequência de eventos como a que aparece na Figura 12.7; um aumento de demanda inicialmente leva a um aumento maior de preço, mas o preço volta ao seu nível inicial quando novas empresas entram na indústria. Ou temos a sequência inversa: uma queda de demanda reduz preços no curto prazo, mas eles voltam ao seu nível inicial conforme produtores deixam a indústria.

Figura 12.8 Comparação entre curvas de oferta da indústria no curto prazo e no longo prazo.

A curva de oferta da indústria no longo prazo pode ter inclinação para cima, mas ela é sempre mais achatada – mais elástica – que a curva de oferta da indústria no curto prazo. Isso se dá por causa de entradas e saídas: um preço mais alto atrai novas entrantes no longo prazo, resultando em aumento na produção da indústria e em queda de preço; uma queda de preço induz produtores existentes a saírem no longo prazo, provocando queda na produção da indústria e aumento no preço.

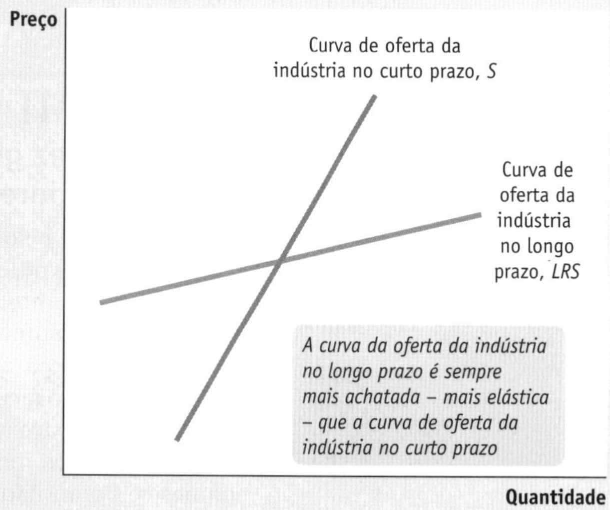

Custo de produção e eficiência no equilíbrio de longo prazo

Essa análise tem três conclusões sobre o custo de produção e a eficiência no equilíbrio de longo prazo de uma indústria perfeitamente competitiva. Esses resultados serão importantes para analisarmos, no Capítulo 13, como o monopólio gera ineficiência.

1. ***Em uma indústria perfeitamente competitiva em equilíbrio, o valor do custo marginal é o mesmo para todas as empresas.*** Isso acontece porque todas as empresas produzem a quantidade de produto em que o custo marginal iguala o preço de mercado e, como tomadoras de preço, todas elas se defrontam com o mesmo preço de mercado.
2. ***Em uma indústria perfeitamente competitiva, com livre entrada e saída, cada empresa terá lucro econômico zero no equilíbrio de longo prazo.*** Cada empresa produz a quantidade de produto que minimiza seu custo total médio, correspondente ao ponto Z no painel (c) da Figura 12.7. Assim, o custo total de produção de uma indústria é minimizado na indústria perfeitamente competitiva.

A exceção é uma indústria com custos crescentes para o conjunto da indústria. Dado um preço de mercado suficientemente alto, os entrantes iniciais têm lucro econômico positivo, mas os últimos entrantes não. Os custos são minimizados para os entrantes tardios, mas não necessariamente para os que entraram cedo.

3. ***O equilíbrio de mercado de longo prazo de uma indústria perfeitamente competitiva é eficiente: nenhuma transação mutuamente benéfica deixa de ser explorada.*** Para entendermos isso, temos de lembrar uma exigência fundamental para a eficiência: adquirem o bem todos os consumidores que têm disposição a pagar um preço maior ou igual ao custo dos vendedores. Além disso, quando um mercado é eficiente (exceto em certas condições bem definidas), o preço de mercado atende a todos os consumidores de um bem com disposição a pagar preço maior ou igual ao preço de mercado a todos os vendedores que tenham custo de produção do bem inferior ou igual ao preço de mercado.

Assim, no equilíbrio de longo prazo de uma indústria perfeitamente competitiva, a produção é eficiente: os custos são minimizados e nenhum recurso é desperdiçado. Além disso, a alocação dos bens aos consumidores é eficiente: cada consumidor disposto a pagar o custo de produzir uma unidade de um bem obtém esse bem. De fato, nenhuma transação mutuamente benéfica deixa de ser aproveitada. Além disso, tal condição tende a persistir ao longo do tempo à medida que o ambiente se modifica: a força da competição faz os produtores responderem às mudanças nos desejos dos consumidores e às mudanças na tecnologia.

> **ARMADILHAS**
>
> **DE NOVO O LUCRO ECONÔMICO**
>
> Alguns leitores indagarão por que uma empresa teria interesse em entrar em uma indústria na qual o preço de mercado é apenas ligeiramente mais alto que o preço que iguala receita e despesa. Não seria melhor para a empresa entrar em um negócio de lucratividade mais alta?
>
> A resposta é que aqui, como sempre, quando calculamos o custo, queremos dizer *custo de oportunidade*, isto é, custo que inclui o retorno que uma empresa obteria usando seus recursos em outra parte. E assim o lucro que calculamos é o *lucro econômico*; se o preço de mercado está acima do nível que iguala receita e despesa, ainda que por pouco, a empresa terá nessa indústria um ganho maior do que poderia obter em outra parte.

ECONOMIA >> *em Ação*

Uma escassez global de carne suína atinge duramente os consumidores chineses

Impulsionados pelo rápido aumento da renda, os consumidores chineses têm comido mais carne, e sua preferência tem sido definitivamente pela carne de porco. Nos últimos 20 anos, o consumo *per capita* de carne suína quase dobrou na China. Em 2020, o consumidor chinês médio comeu cerca de 30 quilos de carne de porco por ano, em comparação com os 24 quilos consumidos pelo norte-americano médio.

No entanto, o mercado chinês de carne suína sofreu um choque devastador – um deslocamento para a esquerda da curva da oferta – em 2018, quando a peste suína africana, doença mortal e de rápida propagação, surgiu nos rebanhos de suínos chineses. Como não havia vacina, os animais expostos à doença tiveram de ser sacrificados imediatamente para impedir a propagação. No final de 2019, cerca de

40% dos porcos chineses – o equivalente a centenas de milhões de animais – haviam sido perdidos. Como resultado, a China experimentou uma escassez crônica de carne de porco e os preços dispararam. O preço da carne suína junto ao produtor na China – o preço na fazenda – mais do que dobrou, aumentando em 125%.

As reverberações na demanda e na oferta se espalharam globalmente. Sendo o maior consumidor mundial de carne suína, a China "tem uma grande influência sobre o preço e a disponibilidade da carne suína no mundo inteiro", de acordo com uma comissão de estudo do U.S. National Pork Board.[1] Em 2019, houve um aumento global nos preços da carne suína e do toucinho, registrando o aumento mais acentuado visto em 15 anos. Assim comentou um observador do mercado: "Não importa em que parte do mundo você esteja no momento, os preços da carne suína estão em alta."

A redução no fornecimento de carne suína chinesa tem sido uma bênção para os criadores de porcos em outros países. Produtores do Brasil, da Austrália e da União Europeia entraram no mercado chinês em larga escala. (Por conta das tarifas da administração Trump contra a China, os produtores de carne suína dos Estados Unidos se beneficiaram menos.) No final de 2019, as importações de carne suína estrangeira para a China haviam aumentado em 150%. O crescimento das importações aumentou a oferta, deslocando para a direita a curva da oferta de carne suína para os consumidores chineses, o que amorteceu o aumento dos preços dessa carne.

No entanto, o ganho para produtores não chineses de carne suína pode ser de curta duração; 50% da carne suína produzida internamente na China provém de fazendas de pequena escala – fazendas que em geral são muito pequenas para lutar efetivamente contra uma doença como a peste suína africana. Dizimadas pela epidemia, as fazendas de pequena escala estão sendo forçadas a sair do mercado e as fazendas modernas e de grande escala estão expandindo sua participação na produção total. Ao modernizar seus métodos de produção de suínos, a China espera nunca mais ser atingida por uma escassez de carne de porco tão devastadora.

>> *Teste seu entendimento* 12.3

As respostas estão no fim do livro.

1. Qual dos eventos a seguir induzirá as empresas a entrarem em um setor industrial? Qual induzirá as empresas a saírem? Quando entrada e saída cessarão? Explique suas respostas.
   a. Um avanço tecnológico reduz o custo fixo de produção para cada empresa na indústria.
   b. Os salários pagos aos trabalhadores nessa indústria sobem.
   c. Uma mudança permanente no gosto dos consumidores aumenta a demanda do bem.
   d. O preço de um insumo essencial sobe em razão da escassez desse insumo.
2. Suponha que a indústria de ovos seja perfeitamente competitiva e esteja em equilíbrio de longo prazo, com uma curva de oferta da indústria no longo prazo perfeitamente elástica. Preocupações de saúde relativas a colesterol levam então a uma redução na demanda. Elabore um gráfico similar ao da Figura 12.7, mostrando o comportamento de curto prazo da indústria e como se restabelece o equilíbrio de longo prazo.

[1]N. R.: Programa patrocinado pelo Departamento de Agricultura dos Estados Unidos.

>> *Revisão Rápida*

- A **curva de oferta da indústria** corresponde à curva de oferta vista em capítulos anteriores. No curto prazo, o período em que o número de produtores é fixo, o **equilíbrio de mercado no curto prazo** é dado pela interseção entre a **curva de oferta da indústria no curto prazo** e a curva de demanda. No longo prazo, o período em que os produtores podem entrar ou sair da indústria, o **equilíbrio de mercado no longo prazo** é dado pela interseção entre a **curva de oferta da indústria no longo prazo** e a curva de demanda. No equilíbrio de mercado no longo prazo, nenhum produtor tem incentivo para entrar ou sair da indústria.
- A curva de oferta da indústria no longo prazo é com frequência horizontal, embora possa ter inclinação para cima quando um insumo necessário tem oferta limitada. Ela é sempre mais elástica que a curva de oferta da indústria no curto prazo.
- No equilíbrio de mercado de longo prazo de uma indústria perfeitamente competitiva, cada empresa produz ao mesmo custo marginal, que é igual ao preço de mercado, e o custo total de produção do produto da indústria é minimizado. E é também eficiente.

CASO EMPRESARIAL

Guerras de varejo: as lojas de departamentos na era da Amazon

O grande número de centros comerciais defuntos ou moribundos espalhados pelos Estados Unidos confirma que a indústria do varejo com lojas físicas passou pelo que Robin Lewis, autor de *The new rules of retail* (*As novas regras do varejo*), descreve como "um período que só seria comparável com a Revolução Industrial". As compras *on-line* dizimaram muitos varejistas há muito estabelecidos, como Sears e J.C. Penney, e até mesmo os mais novos, como Circuit City e Toys "R" Us.

No entanto, nos últimos anos, vários varejistas de lojas físicas, tais como Walmart e Target, lutaram vigorosamente. Para combater a propensão dos consumidores ao *showroom* – visitar uma loja física para inspecionar a mercadoria e depois comprá-la com um aplicativo de compras em seu *smartphone* a preço mais barato –, a Target estoca produtos que os fabricantes modificaram ligeiramente como exclusivos da Target, tornando mais difícil encontrar uma comparação *on-line*. Tanto a Target quanto o Walmart reforçaram sua presença no varejo *on-line* e enviam alertas de desconto e cupons diretamente para o telefone dos clientes. Ambas as lojas alavancaram sua infraestrutura existente, emparelhando o comércio digital com a conveniência da loja física, permitindo aos clientes fazer pedidos *on-line* e recolher (e devolver) a mercadoria nas lojas, um desafio para o modelo de depósito e entrega da Amazon. O Walmart também instituiu uma garantia de cobertura de preço, na qual os clientes recebem cartões-presente da loja pelo valor de qualquer diferença de preço.

No entanto, o contra-ataque mais inovador é a criação de Hubert Joly, CEO da Best Buy. Em 2012, ao que tudo indicava, a Best Buy logo seguiria seu rival, a superloja eletrônica Circuit City, até a falência. Entretanto, em 2019, a Best Buy estava consistentemente superando suas previsões de lucros feitas em Wall Street. Como Joly conseguiu? A primeira e talvez mais necessária estratégia foi a de igualar os preços: "Até que eu iguale os preços da Amazon, vamos perder clientes", disse o Sr. Joly. Em segundo lugar, a Best Buy se distinguiu em uma área que não podia ser capturada usando robôs ou entrega rápida: atendimento ao cliente. Para manter seus vendedores bem informados e felizes, Joly restabeleceu um muito estimado desconto para funcionários e instituiu um ambicioso programa de treinamento para garantir que os funcionários pudessem responder perguntas sobre categorias inteiramente novas, como capacetes de realidade virtual. Em terceiro lugar, Joly transformou a infraestrutura de entrega da Best Buy, para que ela pudesse enviar seus itens quase tão rapidamente quanto a Amazon. No final do processo, Joly encontrou uma maneira de transformar os *showroomers* em clientes.

Para os varejistas de lojas físicas, o ambiente atual de varejo é uma corrida pela sobrevivência. Como disse um analista: "Somente uns poucos varejistas podem jogar o jogo do preço mais baixo. Isto vai acelerar o desaparecimento dos varejistas que não têm nem preços competitivos nem uma grande experiência em loja."

QUESTÕES PARA PENSAR

1. A partir das evidências do caso, o que você pode inferir sobre o mercado varejista de eletrônicos satisfazer ou não as condições para uma concorrência perfeita antes do advento da comparação de preços de compra via *app* móvel? Qual era o impedimento mais importante para a concorrência?
2. Que efeito a introdução de aplicativos de compras está tendo sobre a concorrência no mercado varejista de eletrônicos? E sobre a rentabilidade dos varejistas físicos como a Best Buy? Qual será, em média, o efeito sobre o excedente do consumidor desses itens para o comprador?
3. Por que alguns varejistas estão reagindo, fazendo com que os fabricantes criem versões ligeiramente modificadas ou exclusivas de produtos para eles? É provável que essa tendência aumente ou diminua?

RESUMO

1. Em um **mercado perfeitamente competitivo**, todos os produtores são **produtores tomadores de preço** e todos os consumidores são **consumidores tomadores de preço**; ninguém tem influência sobre o preço de mercado. Consumidores são normalmente tomadores de preço, mas produtores muitas vezes não são. Em uma **indústria perfeitamente competitiva**, todos os produtores são tomadores de preço.

2. Há duas condições necessárias para que uma indústria seja perfeitamente competitiva: existência de muitos produtores, nenhum dos quais com grande **participação de mercado**, e uma indústria que gera **produtos padronizados** ou ***commodities*** – bens que os consumidores consideram equivalentes. Uma terceira condição costuma igualmente ser satisfeita: **livre entrada e saída** na indústria.

3. Um produtor escolhe seu nível de produto de acordo com a **regra de produção ótima**: a quantidade em que a **receita marginal** iguala o custo marginal. Para uma empresa tomadora de preço, a receita marginal é igual ao preço, e sua **curva de receita marginal** é uma linha horizontal no nível do preço de mercado. Ela escolhe a quantidade a produzir de acordo com a **regra de produção ótima da empresa tomadora de preço**: produz a quantidade em que o preço iguala o custo marginal. Contudo, uma empresa que produz a quantidade ótima pode não ser lucrativa.

4. Uma empresa é lucrativa quando a receita total excede o custo total ou, o que é equivalente, quando o preço de mercado excede o **preço que iguala receita e custo**, ou seja, o custo total médio mínimo. Quando o preço de mercado excede o preço que iguala custo e receita, a empresa é lucrativa; quando é inferior, a empresa dá prejuízo; quando é igual, a empresa iguala custo e receita total. Quando a empresa é lucrativa, o lucro por unidade é $P - ATC$; quando dá prejuízo, a perda por unidade é $ATC - P$.

5. O custo fixo é irrelevante para a decisão de produção ótima de curto prazo de uma empresa, que depende de seu **preço de fechamento** – seu custo variável médio mínimo – e do preço de mercado. Quando o preço de mercado é maior que o preço de fechamento, a empresa produz a quantidade de produto em que o custo marginal é igual ao preço de mercado. Quando o preço de mercado cai para um nível abaixo do preço de fechamento, a empresa encerra sua produção no curto prazo. Isso gera a **curva de oferta individual de curto prazo** da empresa.

6. O custo fixo tem importância ao longo do tempo. Se o preço de mercado ficar abaixo do custo total médio mínimo durante um período de tempo prolongado, as empresas deixarão o setor. Se ficar acima, as empresas existentes serão lucrativas e, no longo prazo, novas empresas entrarão no setor.

7. A **curva de oferta da indústria** depende do período de tempo. A **curva de oferta da indústria no curto prazo** é a curva de oferta da indústria quando o número de empresas é constante. O **equilíbrio de mercado no curto prazo** é dado pela interseção entre a curva de oferta da indústria no curto prazo e a curva de demanda.

8. A **curva de oferta da indústria no longo prazo** é a curva de oferta da indústria, dado tempo suficiente para as empresas entrarem e saírem da indústria. No **equilíbrio de mercado no longo prazo**, dado pela interseção entre a curva de oferta da indústria no longo prazo e a curva de demanda, nenhum produtor tem incentivo para entrar ou sair. A curva de oferta da indústria no longo prazo muitas vezes é horizontal. Pode ter inclinação para cima se a oferta de um insumo é limitada, resultando em custos crescentes para o conjunto da indústria. Pode até ter inclinação para baixo, no caso de custos decrescentes para o conjunto da indústria. Mas é sempre mais elástica que a curva de oferta da indústria no curto prazo.

9. No equilíbrio de mercado de longo prazo de uma indústria competitiva, a maximização do lucro faz cada empresa produzir ao mesmo custo marginal, que é igual ao preço de mercado. Livre entrada e saída significa que cada empresa tem lucro econômico zero, produzindo a quantidade de produto correspondente ao seu custo total médio mínimo. Assim, o custo de produção total do produto de uma indústria é minimizado. O resultado é eficiente porque cada consumidor com disposição a pagar um preço maior ou igual ao custo marginal obtém o bem.

PALAVRAS-CHAVE

QUESTÕES PARA PENSAR

1. Um relatório recente constatou que o preço das árvores de Natal dobrou nos últimos três anos. O aumento de preços se deve em parte a uma oferta excessiva de árvores dez anos antes. Durante a Grande Recessão de 2008, muitos consumidores reduziram suas compras, o que gerou excedente de árvores e preços mais baixos. Explique como um excesso de árvores dez anos antes poderia levar a preços mais altos hoje. Concentre-se em como as fazendas transformaram suas operações em resposta à queda de preços.
2. Dadas as suposições de uma indústria perfeitamente competitiva, explique por que as empresas que operam nessa indústria relutam em investir em novos desenvolvimentos tecnológicos.
3. O estado de Washington é o maior produtor de maçãs dos Estados Unidos. Em 2018, as fazendas em Washington produziram 171 milhões de sacas de maçãs, quase cinco vezes mais do que o segundo maior estado produtor, o estado de Nova York. Muitas fazendas de maçãs em Washington dependem de mão de obra migrante do México e da América Central. Esses países já foram fontes de mão de obra confiável, mas os agricultores estão passando por uma grande escassez de mão de obra. A maioria dos trabalhadores migrantes está optando por vagas durante todo o ano na indústria da construção ao invés do trabalho sazonal oferecido na agricultura, deixando as fazendas de maçãs dependentes de mão de obra migrante ilegal.

   Com menos trabalhadores sem documentação, os custos de mão de obra subiram, forçando muitos agricultores a investir em caros dispositivos mecânicos de colheita. Explique como tanto a escassez de mão de obra quanto o investimento em dispositivos mecânicos de colheita mudarão a estrutura de custos das fazendas e a dinâmica da indústria.
4. Seu colega de quarto está tendo dificuldade em entender como uma empresa pode continuar operando apesar de perder dinheiro, obtendo um lucro negativo. Como as empresas responderão à perda de dinheiro?

PROBLEMAS

1. Em cada um dos itens a seguir, trata-se de empresa tomadora de preço? Explique suas respostas.
   a. Uma cafeteria que serve *capuccino* em uma cidade universitária na qual há dúzias de cafeterias muito semelhantes.
   b. Os produtores de Pepsi.
   c. Um entre muitos vendedores de abobrinha na feira local.
2. Em cada um dos itens a seguir, temos uma indústria competitiva? Com referência à participação de mercado, padronização de produto e/ou livre entrada e saída, explique suas respostas.
   a. Aspirina.
   b. Concertos de Alicia Keys.
   c. Veículos utilitários esportivos.
3. Bob produz vasos de flores para venda, que ele desenha e imprime usando tecnologia de impressão 3D. Bob aluga o prédio por $ 30.000 ao mês e a máquina por $ 20.000 mensais. Esses são seus custos fixos. Seus custos variáveis estão na tabela a seguir.

Quantidade de vasos	Custo variável
0	$ 0
1.000	5.000
2.000	8.000
3.000	9.000
4.000	14.000
5.000	20.000
6.000	33.000
7.000	49.000
8.000	72.000
9.000	99.000
10.000	150.000

   a. Para o negócio de Bob, calcule o custo variável médio, o custo total médio e o custo marginal para cada quantidade de produto.
   b. Há livre entrada na indústria: qualquer um que entrar terá os mesmos custos que Bob. Suponha que, atualmente, o preço de um vaso seja $ 25. Qual será o lucro de Bob? Trata-se de um equilíbrio de longo prazo? Se não é, qual será o preço dos vasos no longo prazo?
4. Considere a empresa de Bob descrita no Problema 3. Suponha que a produção de vasos de flores seja uma indústria perfeitamente competitiva. Em cada caso, explique suas respostas.
   a. Qual é o preço que iguala custo e receita de Bob?
   b. Suponha que o preço de um vaso seja $ 2. O que deveria fazer Bob no curto prazo?
   c. Suponha que o preço de um vaso seja $ 7. Qual é a quantidade maximizadora de lucro que Bob deveria produzir? Qual seria seu lucro total? No curto prazo, ele deve produzir ou fechar? No longo prazo, ele ficará na indústria ou não?
   d. Suponha que, em vez disso, o preço do vaso seja $ 20. Agora qual será a quantidade que maximiza o lucro e que Bob deverá produzir? Qual é seu lucro total agora? Ele produzirá ou fechará no curto prazo? No longo prazo, ele vai ficar ou sair da indústria?
5. Considere de novo a empresa de Bob descrita no Problema 3.
   a. Trace a curva de custo marginal de Bob.
   b. Em que faixa de preços Bob não produzirá vasos no curto prazo?

c. Trace a curva de oferta individual de Bob. No seu gráfico, trace a faixa de preço de $ 0 a $ 60 em incrementos de $ 10.

6. a. Uma empresa maximizadora de lucro tem prejuízo econômico de $ 10.000 por ano. Seu custo fixo é de $ 15.000 por ano. Ela deverá produzir ou fechar no curto prazo? Deverá permanecer ou sair da indústria no longo prazo?

b. Suponha, em vez disso, que essa empresa tenha um custo fixo de $ 6.000 por ano. Ela deverá produzir ou fechar no curto prazo? Deverá permanecer ou sair da indústria no longo prazo?

7. Abre na cidade o primeiro restaurante de *sushi*. Inicialmente, as pessoas estão receosas de comer pequenas porções de peixe cru, pois até agora o prato mais popular nessa cidade eram grandes porções de carne grelhada. Mas logo um relatório médico adverte contra a carne grelhada e sugere que se aumente o consumo de peixe, especialmente peixe cru. O restaurante de *sushi* se torna popular e seu lucro aumenta.

a. O que acontecerá no curto prazo com o lucro do restaurante de *sushi*? O que acontecerá com o número de restaurantes de *sushi* na cidade no longo prazo? O restaurante de *sushi* pioneiro conseguirá manter seu lucro de curto prazo durante o longo prazo? Explique suas respostas.

b. As churrascarias locais começam a sofrer por causa da popularidade do *sushi* e a ter prejuízo. O que acontecerá com o número de churrascarias na cidade no longo prazo? Explique sua resposta.

8. Uma empresa perfeitamente competitiva tem o seguinte custo total de curto prazo:

Quantidade	Custo total
0	$ 5
1	10
2	13
3	18
4	25
5	34
6	45

A demanda de mercado pelo produto da empresa é dada pela seguinte tabela de demanda de mercado:

Preço	Quantidade demandada
$ 12	300
10	500
8	800
6	1.200
4	1.800

a. Calcule o custo marginal dessa empresa para todos os níveis de produto exceto zero, bem como seu custo variável médio e seu custo total médio.

b. Há 100 empresas nessa indústria, todas com custos idênticos aos dessa. Trace a curva de oferta da indústria no curto prazo. No mesmo gráfico, trace a curva de demanda do mercado.

c. Qual é o preço de mercado e qual é o lucro de cada empresa?

9. Uma nova vacina contra uma doença mortal acaba de ser descoberta. Atualmente, 55 pessoas morrem por ano dessa doença. A nova vacina salvará vidas, mas não é completamente segura. Alguns pacientes que a receberem morrerão de reações adversas. Os efeitos projetados da vacinação são dados na tabela a seguir:

Porcentagem da população vacinada	Total de mortes decorrentes da doença	Total de mortes decorrentes da vacinação	Benefício marginal da vacinação	Custo marginal da vacinação	"Lucro" da vacinação
0	55	0			
			—	—	—
10	45	0			
			—	—	—
20	36	1			
			—	—	—
30	28	3			
			—	—	—
40	21	6			
			—	—	—
50	15	10			
			—	—	—
60	10	15			
			—	—	—
70	6	20			
			—	—	—
80	3	25			
			—	—	—
90	1	30			
			—	—	—
100	0	35			

a. Como interpretar "benefício marginal" e "custo marginal" no caso? Calcule o benefício marginal e o custo marginal para cada aumento de 10% na taxa de vacinação. Escreva suas respostas na tabela.

b. Qual será o ótimo de porcentagem da população a ser vacinada?

c. Como interpretar "lucro", no caso? Calcule o lucro para todos os níveis de vacinação.

10. Avalie cada uma das afirmações a seguir. Se uma afirmação é verdadeira, explique por quê; se é falsa, identifique o erro e tente corrigi-lo.

a. Uma empresa maximizadora de lucro deve escolher o nível de produto em que a diferença entre o preço de mercado e o custo marginal seja máxima.

b. Um aumento no custo fixo reduz a quantidade maximizadora de lucro que se produz no curto prazo.

11. A produção de produtos agrícolas como o trigo é um dos poucos exemplos de setor perfeitamente competitivo. Nesta questão, analisamos os resultados de um recente estudo divulgado pelo Departamento de Agricultura dos Estados Unidos sobre a produção de trigo.

a. O custo médio variável do cultivo de trigo era de $ 115 por acre.[2] Suponha um rendimento de 44 sacas por acre e calcule o custo variável médio por *saca* de trigo.

---

[2]N. R.: Um acre equivale a 0,4 hectare.

b. O preço médio do trigo que os fazendeiros receberam em 2016 foi de $ 4,89 por saca. Você acha que o fazendeiro médio teria deixado o setor no curto prazo? Explique.

c. Com rendimento de 44 sacas de trigo por acre, o custo total médio por fazenda foi de $ 7,71 por saca. A área cultivada de cevada (um cereal da família do trigo) nos Estados Unidos caiu de 48,8 milhões de acres em 2013 para 43,9 milhões de acres em 2016. Usando a informação sobre preços e custos aqui e nos itens *a* e *b*, explique por que isso pode ter acontecido.

d. Usando as informações nas questões *a*, *b* e *c*, o que você acha que pode ter acontecido com a produção e os preços do trigo depois de 2016?

12. A tabela mostra os preços de lavar e passar uma camisa masculina conforme uma pesquisa sobre lavanderias na Califórnia.

Lavanderia	Cidade	Preço
A-1 Cleaners	Santa Barbara	$ 1,50
Regal Cleaners	Santa Barbara	1,95
St. Paul Cleaners	Santa Barbara	1,95
Zip Kleen Dry Cleaners	Santa Barbara	1,95
Effie the Tailor	Santa Barbara	2,00
Magnolia Too	Goleta	2,00
Master Cleaners	Santa Barbara	2,00
Santa Barbara Cleaners	Goleta	2,00
Sunny Cleaners	Santa Barbara	2,00
Casitas Cleaners	Carpinteria	2,10
Rockwell Cleaners	Carpinteria	2,10
Norvelle Bass Cleaners	Santa Barbara	2,15
Ablitt's Fine Cleaners	Santa Barbara	2,25
California Cleaners	Goleta	2,25
Justo the Tailor	Santa Barbara	2,25
Pressen 4 Time	Goleta	2,50
King's Cleaners	Goleta	2,50

a. Qual o preço médio da camisa lavada e passada em Goleta? E em Santa Barbara?

b. Trace curvas de custo marginal e custo total médio para California Cleaners em Goleta, supondo que seja uma empresa perfeitamente competitiva mas que esteja tendo lucro em cada camisa no curto prazo. Marque o ponto de equilíbrio de curto prazo e destaque a área que corresponde ao lucro que a lavanderia está tendo.

c. Suponha que $ 2,25 seja o preço de equilíbrio de curto prazo em Goleta. Trace curvas típicas de oferta e de demanda de curto prazo para o mercado. Indique o ponto de equilíbrio.

d. Observando os lucros na área de Goleta, outra lavanderia, Diamond Cleaners, entra no mercado. Ela cobra $ 1,95 por camisa. Qual é o novo preço médio de lavar e passar uma camisa em Goleta? Ilustre o efeito da entrada no preço médio de Goleta por meio de um deslocamento na curva de oferta de curto prazo, na curva de demanda ou em ambas.

e. Suponha que California Cleaners cobre agora o novo preço médio e consiga apenas igualar receita e custo (ou seja, ter lucro econômico zero). Mostre o efeito provável da entrada em seu gráfico da questão *b*.

f. Se o setor de lavanderias é perfeitamente competitivo, o que a diferença média de preços entre Goleta e Santa Barbara sugere sobre os custos nas duas áreas?

13. Nos últimos três anos, os preços das árvores de Natal aumentaram de uma média de $ 35 por árvore para mais de $ 75 por árvore. Como uma fazenda de árvores de Natal e a indústria em geral reagiriam à mudança de preço nas seguintes circunstâncias? Não deixe de explicar como sua resposta depende da elasticidade da oferta:

a. O aumento de preço é resultado de um aumento na demanda das gerações mais jovens, principalmente *millennials*, aumentando seu desejo de comprar árvores de Natal verdadeiras.

b. O aumento de preço é resultado de menos fazendas de árvores de Natal colhendo árvores em resposta a consumidores que compram mais árvores artificiais.

RESOLVA

14. Kate oferece serviços de bufê, e esse setor é perfeitamente competitivo. A maquinaria de Kate custa $ 100 por dia e é seu único insumo fixo. Seu custo variável compõe-se dos salários pagos aos cozinheiros e dos ingredientes dos pratos que oferece. O custo variável associado a cada nível de produto é dado na tabela a seguir.

Quantidade de refeições	VC
0	0
10	200
20	300
30	480
40	700
50	1.000

a. Calcule o custo total, o custo variável médio, o custo total médio e o custo marginal para cada quantidade produzida.

b. Qual é o preço que iguala receita e custo? Qual é o preço de fechamento?

c. Suponha que o preço pelo qual Kate pode vender cada refeição do bufê seja $ 21. No curto prazo, Kate terá lucro? No curto prazo, ela deve produzir ou fechar?

d. Suponha que o preço pelo qual Kate pode vender cada refeição do bufê seja $ 17. No curto prazo, ela terá lucro? No curto prazo, ela deve produzir ou fechar?

e. Suponha que o preço pelo qual Kate pode vender cada refeição do bufê seja $ 13. No curto prazo, ela terá lucro? No curto prazo, ela deve produzir ou fechar?

13 Monopólio

"BRILHA COMO UM DIAMANTE"

A *SUPERSTAR* RIHANNA, cantora, ícone da moda e magnata da maquiagem, é bem conhecida por sua associação com joias com diamante. Sua canção de sucesso "Diamonds", de 2012, liderou as paradas em mais de 20 países. Em 2018, ela se tornou embaixadora da marca de um dos mais antigos e exclusivos fornecedores de joias com diamante, Chopard de Paris. Seu Baile de Diamantes anual arrecada milhões de dólares para caridade.

Mas por que a Rihanna se concentra nos diamantes? Diamante é símbolo de luxo, valorizado não apenas por sua aparência mas também por sua conhecida raridade.

No entanto, como dirão os geólogos, diamantes não são realmente tão raros assim. Na verdade, de acordo com o *Dow Jones-Irwin guide to fine gems and jewelry*, diamantes são "mais comuns do que qualquer outra pedra colorida com qualidade de gema. Eles só parecem mais raros".

Por que diamantes parecem mais preciosos e raros do que rubis, esmeraldas e outras pedras? Parte da resposta é uma brilhante campanha de marketing. Mas a principal razão pela qual o diamante parece ser raro é o legado de uma empresa chamada De Beers, que o *tornou* raro. Durante 100 anos, a De Beers controlou a maior parte das minas de diamante do mundo, o que lhe permitiu limitar a quantidade de diamantes fornecidos ao mercado.

Nos capítulos anteriores, nos concentramos exclusivamente em mercados perfeitamente competitivos – mercados nos quais os produtores são concorrentes perfeitos. No entanto, o mercado diamantífero tem sido historicamente muito diferente. No auge de seu poder, a De Beers controlava o mercado mundial de diamantes e era diferente dos produtores que estudamos até agora. Era um *monopolista*, o único (ou quase único) produtor de um bem. Monopolistas se comportam de maneira diferente dos produtores em indústrias perfeitamente competitivas: enquanto os concorrentes perfeitos tomam como dado o preço pelo qual podem vender sua produção, os monopolistas sabem que suas ações afetam os preços de mercado e levam isso em consideração ao decidir quanto produzir.

Antes de começarmos nossa análise, vamos recuar e olhar para o *monopólio* e a concorrência perfeita como partes de um sistema mais amplo de classificação de mercados. A concorrência perfeita e o monopólio são tipos particulares de *estrutura de mercado*. São categorias específicas em um sistema que os economistas usam para classificar mercados e indústrias de acordo com duas dimensões principais. Este capítulo começa com uma breve visão geral dos tipos de estrutura de mercado. Isso nos ajudará aqui e nos capítulos seguintes a entender em um nível mais profundo por que os mercados diferem e por que os produtores desses mercados se comportam de formas bem diversas. •

O QUE VOCÊ IRÁ APRENDER?

- Qual é o significado de **monopólio**, tipo de indústria em que um **monopolista** sozinho é o único produtor de um bem?
- Como um monopolista determina sua quantidade de produto e seu preço que maximizam o lucro?
- Por que a presença do monopólio reduz o bem-estar da sociedade?
- Como o desenho de políticas econômicas trata os problemas que aparecem com o monopólio?
- Como os gigantes digitais como Amazon, Google e Facebook se encaixam no modelo de monopólio e quais são os desafios especiais que eles apresentam?
- O que é **discriminação de preços** e por que é tão prevalecente em certas indústrias?

Tipos de estrutura de mercado

No mundo real, há uma variedade imensa de mercados distintos. Podemos notar que os padrões de comportamento de produtores nos vários mercados diferem amplamente: em alguns mercados, os produtores são extremamente competitivos; em outros, parecem de alguma maneira coordenar suas ações para evitar competir entre si; e, como acabamos de descrever, alguns mercados são monopólios, em que não há competição alguma.

A fim de desenvolver princípios e fazer previsões sobre mercados e sobre como os produtores se comportam neles, os economistas desenvolveram quatro modelos principais de estrutura de mercado: *monopólio, oligopólio, competição (ou concorrência) perfeita* e *competição (ou concorrência) monopolística*. Esse sistema de estruturas de mercado baseia-se em duas dimensões:

1. O número de produtores no mercado (um só, alguns poucos ou muitos).
2. Se os bens oferecidos são idênticos[1] ou *diferenciados*.

Bens diferenciados são diferentes entre si mas os consumidores os consideram até certo ponto substituíveis um pelo outro (Coca e Pepsi, p. ex.). Se um mercado tem produtos diferenciados ou idênticos, isso depende da natureza do bem e das preferências do consumidor. Alguns produtos – refrigerantes, livros de economia, cereais matinais – podem ser facilmente percebidos como apresentando diferentes variedades aos olhos e gostos dos consumidores. Outros bens – árvores de Natal ou lápis, por exemplo – são muito menos fáceis de diferenciar.

A Figura 13.1 oferece um resumo visual simplificado de quatro tipos de estrutura de mercado, classificados segundo as duas dimensões. No *monopólio*, um único produtor vende um produto único, sem diferenciação. No *oligopólio*, alguns produtores, mais do que um, porém não em número muito grande, vendem produtos que podem ser idênticos ou diferenciados. Como sabemos, na *competição perfeita* há muitos produtores, cada um vendendo um produto idêntico ao dos outros. E, finalmente, na *competição monopolística* há muitos produtores, cada um vendendo um produto diferenciado (p. ex., os produtores de livros didáticos de economia).

No decorrer deste capítulo e nos dois próximos, veremos o que determina o número de empresas em um mercado: se uma só (monopólio), algumas (oligopólio) ou muitas (competição perfeita e competição monopolística). Vamos apenas

Figura 13.1 Tipos de estruturas de mercado.

O comportamento de uma empresa qualquer e o mercado em que ela se situa são analisados usando um dentre quatro modelos de estrutura de mercado: monopólio, oligopólio, competição perfeita e competição monopolística. Esse sistema para classificar estruturas de mercado é baseado em duas dimensões: (1) se os produtos são diferenciados ou idênticos e (2) o número de produtores no setor – um, poucos ou muitos.

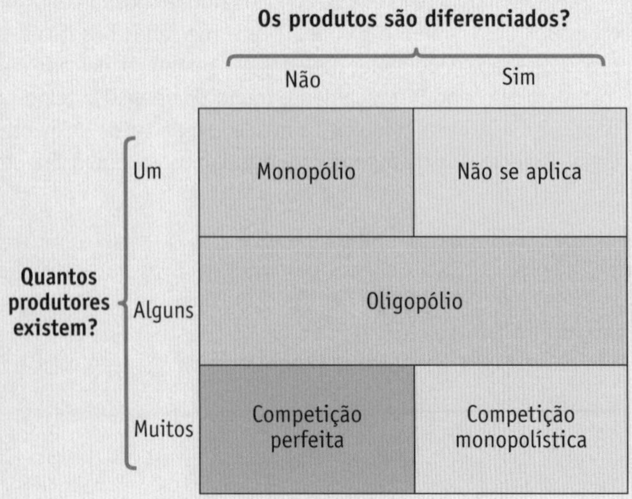

[1] N. R.: Também se usa o termo "bens homogêneos" para bens que os consumidores veem como idênticos, ou seja, bens que atendem às mesmas necessidades.

observar brevemente que, em longo prazo, o número de empresas em um mercado depende da existência de condições que dificultem a entrada de novas empresas. Quando essas condições estão presentes, as indústrias tendem a ser monopólios ou oligopólios; quando não estão presentes, as indústrias tendem a ser perfeitamente competitivas ou monopolisticamente competitivas.

Embora este capítulo seja dedicado ao monopólio, aspectos importantes do monopólio se estendem ao oligopólio e à competição monopolística. Na próxima seção, vamos definir monopólio e rever as condições que o tornam possível. Essas mesmas condições, em forma menos extrema, também dão origem ao oligopólio. Em seguida, mostramos como um monopolista pode aumentar o lucro limitando a quantidade ofertada ao mercado – comportamento que se dá no oligopólio e na competição monopolística.

Como veremos, esse tipo de comportamento é bom para o produtor, mas é ruim para os consumidores, além de causar ineficiência. Um tópico de estudo importante abrange as maneiras como políticas públicas podem tentar limitar o dano. Finalmente, passamos a um dos efeitos surpreendentes do monopólio, que muitas vezes está presente também no oligopólio e na competição monopolística: o fato de que diferentes consumidores pagam preços diferentes pelo mesmo bem.

|| Significado de monopólio

O monopólio da De Beers na África do Sul foi criado na década de 1880 por Cecil Rhodes, um homem de negócios britânico. Na época, as minas da África do Sul já dominavam a oferta mundial de diamantes. Existiam, no entanto, muitas companhias de mineração, todas competindo entre si. Rhodes comprou a maioria dessas minas e as consolidou em uma única companhia, a De Beers. Em 1889, a De Beers controlava quase toda a produção mundial de diamantes.

Em outras palavras, a De Beers tornou-se **monopolista**. Um produtor é monopolista quando é o único a ofertar um bem que não tem substitutos próximos. Quando a empresa é monopolista, a indústria ou o setor é um **monopólio**.

Uma empresa é **monopolista** quando é o único produtor de um bem que não tem substitutos próximos. A indústria controlada por um monopolista é conhecida como **monopólio**.

Monopólio: nosso primeiro desvio da competição perfeita

Como vimos no Capítulo 12, o modelo de oferta e demanda de um mercado não é universalmente válido. Ao contrário, é um modelo de competição perfeita que é apenas um entre vários tipos de estruturas de mercado. Um mercado será perfeitamente competitivo apenas se existirem muitos produtores, todos eles produzindo o mesmo produto padronizado. O monopólio é o caso mais extremo de afastamento da concorrência perfeita.

Na prática, é difícil encontrar verdadeiros monopólios na moderna economia norte-americana, em parte em razão de impedimentos legais. O empresário contemporâneo que tentasse consolidar todas as empresas de uma indústria da maneira que Rhodes fez com as minas de diamante logo teria de enfrentar os tribunais, acusado de ferir leis *antitruste* cujo objetivo é impedir o surgimento de monopólios. O oligopólio, uma estrutura de mercado em que há um pequeno número de grandes produtores, é muito mais comum. De fato, a maioria dos bens e serviços que compramos, de carros a passagens aéreas, são fornecidos por oligopólios.

Os monopólios, contudo, desempenham papel importante em alguns setores da economia, como o farmacêutico. Ademais, uma análise do monopólio fornecerá a base para a análise posterior de outros desvios da competição perfeita, como o oligopólio e a competição monopolística.

O que os monopolistas fazem

Por que Rhodes quis consolidar os produtores de diamante da África do Sul em uma única companhia? Que diferença isso fez no mercado mundial de diamantes? A Figura 13.2 oferece uma ideia preliminar dos efeitos do monopólio. Ela mostra uma indústria em que a curva de oferta em competição perfeita intercepta a curva de demanda em C, levando ao preço P_C e ao produto Q_C.

Figura 13.2 O que faz um monopólio.

Em competição perfeita, o preço e a quantidade são determinados por oferta e demanda. Aqui, o equilíbrio está em *C*, onde o preço é P_C e a quantidade é Q_C. Um monopolista reduz a quantidade ofertada para Q_M, e se move para cima na curva de demanda, de *C* para *M*, aumentando o preço para P_M.

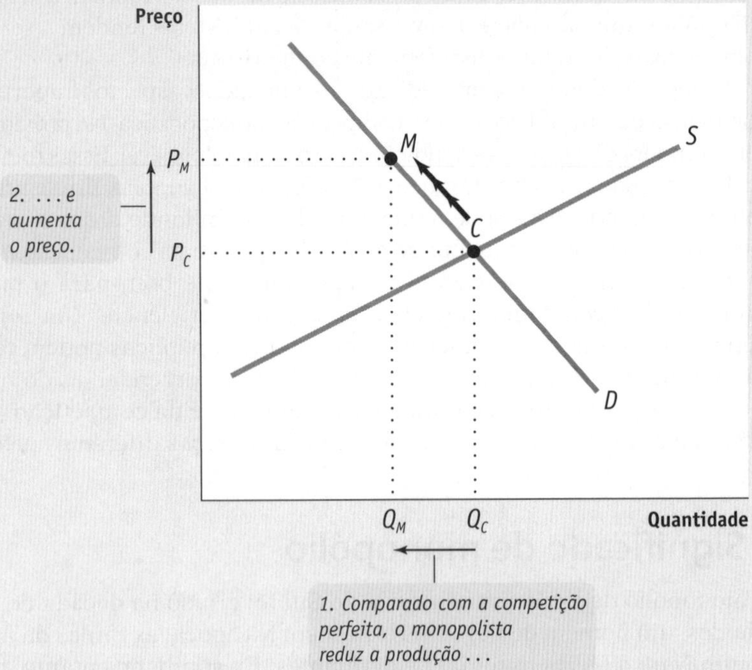

Suponha que uma indústria se consolide em um monopólio. O monopolista se *move para cima na curva de demanda*, reduzindo a quantidade ofertada para um ponto como *M*, em que a quantidade produzida, Q_M, é mais baixa e o preço P_M é mais alto do que em condições de competição perfeita.

Poder de mercado é a capacidade de uma empresa de aumentar os preços.

A capacidade de um monopolista de aumentar o preço acima do nível da competição perfeita reduzindo a quantidade é conhecida como **poder de mercado**. E o poder de mercado é o que é essencial no monopólio. Um produtor de trigo que é um só entre 100.000 fazendeiros não tem poder de mercado: ele tem de vender o trigo ao preço corrente de mercado. A empresa local de serviço de abastecimento de água, contudo, tem poder de mercado: ela pode aumentar os preços e ainda assim manter a maior parte dos seus consumidores (ainda que não todos), pois eles não têm alternativa. Em resumo, é um monopolista.

O motivo pelo qual um monopolista reduz a produção e aumenta o preço, comparado com uma indústria em competição perfeita, é aumentar o lucro. Cecil Rhodes consolidou os produtores de diamante na De Beers porque ele percebeu que o conjunto valeria mais que a soma das suas partes, ou seja, o monopólio geraria lucros maiores do que a soma dos lucros das empresas competitivas individuais. Na competição perfeita, os lucros econômicos normalmente desaparecem no longo prazo. No monopólio, os lucros não desaparecem, o monopolista consegue continuar tendo lucro no longo prazo.

Na verdade, monopolistas não são os únicos tipos de empresa que têm poder de mercado. No capítulo seguinte, estudaremos os *oligopolistas*, empresas que também podem ter poder de mercado. Em certas condições, os oligopolistas podem ter lucros econômicos positivos no longo prazo, restringindo a quantidade produzida da maneira como os monopolistas fazem.

Mas por que os lucros não desaparecem pela competição? O que permite aos monopolistas serem monopolistas?

Por que existem monopólios?

Um monopolista que tem lucro não vai ser ignorado pelos outros. Mas as outras empresas não irão penetrar na festa, agarrar a sua parte e pressionar para baixo os preços e os lucros no longo prazo?

Para que um monopólio lucrativo continue existindo, algo tem de impedir os outros de entrar no mesmo negócio: esse "algo" é conhecido como **barreira à entrada**. Há cinco tipos principais de barreiras à entrada: controle de um recurso ou insumo escasso, retornos crescentes à escala, superioridade tecnológica, externalidades de rede e barreiras criadas pelo governo.

Para obter lucro econômico, um monopolista deve ser protegido por uma **barreira à entrada** – algo que impeça outras empresas de entrar no setor.

1. Controle de um recurso ou insumo escasso. O monopolista que controla um recurso ou insumo crucial para uma indústria pode impedir outras empresas de entrar em seu mercado. Cecil Rhodes criou o monopólio da De Beers ao estabelecer controle sobre as minas que produziam o grosso dos diamantes do mundo. O mercado de diamantes também oferece um exemplo do que acontece quando um monopolista perde o controle de seu escasso recurso ou insumo. O domínio da De Beers no mercado foi seriamente enfraquecido pela abertura de minas de diamantes rivais na Rússia, no Canadá e na Austrália nos anos 1990. Mais recentemente, o advento dos diamantes manufaturados de alta qualidade acabou efetivamente com a posição de monopólio da De Beers.

2. Retornos crescentes à escala. Muitos norte-americanos têm gás natural encanado em sua residência para cozinhar e para aquecimento. Invariavelmente, a companhia local de gás é um monopolista. Por que companhias rivais não competem para fornecer gás?

No início do século XIX, quando a indústria de gás estava começando, as companhias competiam por clientes locais. No entanto, o custo de colocar a tubulação não depende de quanto gás a companhia vende, e os grandes custos fixos necessários para a disponibilização de tubulações de gás deram vantagem às empresas com maior volume de vendas. Estas tinham uma vantagem de custo: como podiam subdividir os custos fixos por um volume maior, elas tinham custo total médio mais baixo do que as empresas menores. Logo o fornecimento local de gás tornou-se um monopólio em todas as cidades.

O fornecimento de gás na cidade é uma indústria em que o custo total médio sempre cai à medida que o produto aumenta. Como vimos no Capítulo 11, esse fenômeno é denominado *retornos crescentes à escala* (que alguns chamam *economias de escala*). Ali, aprendemos que, quando o custo total médio cai à medida que o produto aumenta, as empresas tendem a tornar-se maiores. Em uma indústria caracterizada por retornos crescentes à escala, companhias maiores são mais lucrativas e expulsam as menores. Pela mesma razão, companhias estabelecidas têm vantagem de custo sobre qualquer novo entrante, o que constitui uma barreira potencial à entrada. Assim, retornos crescentes à escala podem não só dar origem, mas também sustentar um monopólio.

Um monopólio criado e sustentado por retornos crescentes à escala é denominado **monopólio natural**. A característica definidora de um monopólio natural é que ele apresenta retornos crescentes à escala no âmbito da produção relevante para a indústria ou setor. Isso se ilustra na Figura 13.3, que mostra a curva de custo total médio da empresa e a curva de demanda do mercado, *D*. Vemos que a curva *ATC* do monopolista natural declina no âmbito dos níveis de produto em que o preço é maior ou igual ao custo total médio.

Um **monopólio natural** existe quando os retornos crescentes à escala proporcionam grande vantagem de custo para uma única empresa, que efetua toda a produção de uma indústria.

Assim, um monopolista natural tem retornos crescentes à escala no intervalo total de produção em que qualquer empresa iria querer permanecer na indústria, o intervalo de produto no qual a empresa teria, no mínimo, custo e receita iguais no longo prazo. Isso ocorre porque os custos fixos são elevados: quando o custo fixo necessário para operar é muito elevado, uma dada quantidade de produto se produz a um custo total médio menor por uma empresa grande do que por duas ou mais empresas menores.

Os monopólios naturais mais visíveis na economia moderna são os serviços públicos locais: água, gás natural, eletricidade e TV a cabo. Como veremos mais adiante neste capítulo, monopólios naturais apresentam um desafio especial para as políticas públicas.

Figura 13.3 Retornos crescentes à escala criam um monopólio natural.

Um monopólio natural pode surgir quando os custos fixos necessários para operar são muito altos. Quando isso ocorre, a curva *ATC* da firma declina ao longo do intervalo de produção em que o preço é maior ou igual ao custo total médio. Isso dá à empresa retornos crescentes à escala em todo o intervalo do produto em que a empresa ao menos iguala custo e receita no longo prazo. O resultado é que dada quantidade de produto é executada a menor custo por uma empresa grande do que por duas ou mais pequenas.

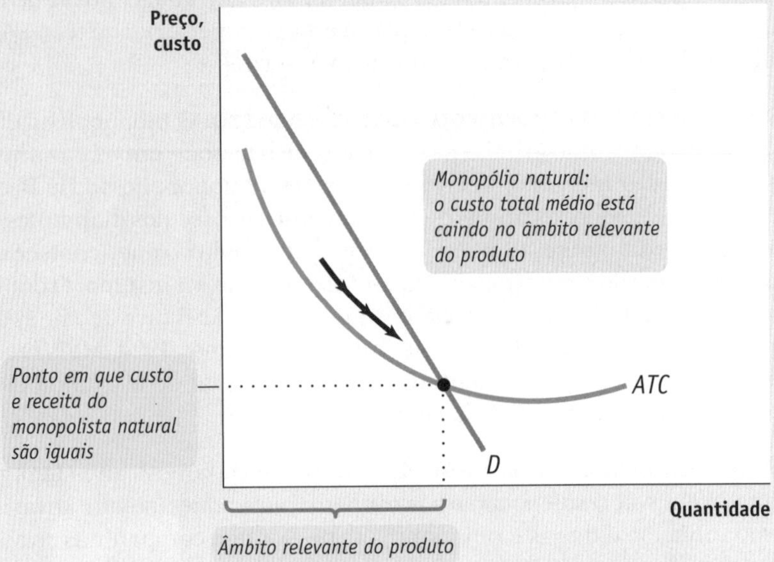

3. Superioridade tecnológica. Uma empresa que mantém vantagem tecnológica consistente sobre competidores potenciais pode se estabelecer como monopolista. Por exemplo, da década de 1970 até a de 1990, o produtor de *chips* Intel foi capaz de manter uma vantagem consistente sobre os competidores potenciais, tanto no desenho quanto na produção de microprocessadores, os *chips* que fazem funcionar computadores. Mas a superioridade tecnológica é tipicamente uma barreira à entrada de curto prazo e não de longo prazo: com o passar do tempo, os competidores investirão na melhoria de sua tecnologia para alcançar o nível do líder tecnológico. De fato, nos últimos anos, a Intel teve sua superioridade tecnológica ameaçada por um competidor, a Advanced Micro Devices (conhecida pela sigla AMD), que hoje produz *chips* tão rápidos e poderosos quanto os da Intel.

O fato de que mudanças tecnológicas podem corroer o poder de monopólio também é ilustrado pelo mercado diamantífero. Como observado anteriormente, a qualidade dos diamantes fabricados melhorou ao ponto de fazê-los rivalizar com o diamante real, o que contribuiu para a erosão da posição de monopólio da De Beers.

4. Externalidade de rede. Se você fosse a única pessoa no mundo a ter uma conexão de internet, que valor teria para você tal conexão? Claro que não valeria nada. Sua conexão de internet é valiosa apenas porque outras pessoas também estão conectadas. E, em geral, quanto mais pessoas conectadas, tanto mais valiosa é sua conexão. Esse fenômeno, pelo qual o valor de um bem ou serviço para o consumidor aumenta à medida que cresce o número de pessoas que também usam esse bem ou serviço, é denominado **externalidade de rede**. Ou seja, esse valor deriva da possibilidade de o usuário participar de uma rede de outros usuários.

Uma **externalidade de rede** existe se o valor de um bem ou serviço para um indivíduo é maior quando muitas outras pessoas também utilizam o bem ou serviço.

A forma mais antiga de externalidade de rede surgiu no setor de transportes, no qual o valor de uma estrada ou de um aeroporto aumentava à medida que crescia o número de pessoas com acesso a eles. Porém, externalidades de rede prevalecem especialmente nos setores de tecnologia e de comunicações.

As externalidades de rede são uma característica generalizada da economia digital. O exemplo clássico é o dos sistemas operacionais de computador. No mundo inteiro, a maioria dos computadores pessoais funciona com o sistema Windows da Microsoft. Embora muitos acreditem que a Apple tenha um sistema superior, o uso mais amplo do Windows quando do surgimento do computador pessoal atraiu mais desenvolvimento de programas e suporte técnico, dando ao Windows um predomínio duradouro. Exemplos mais recentes de empresas que passaram a dominar suas indústrias por meio de externalidades de rede são eBay, Facebook, Amazon, Netflix, Google, PayPal e Snapchat.

Quando há externalidade de rede, a empresa que possui a maior rede de consumidores correntemente usando seu produto tem vantagem sobre seus competidores para atrair novos clientes, vantagem que lhe permite tornar-se monopolista. No mínimo, a empresa dominante pode cobrar um preço mais alto e obter lucros maiores que os competidores. Ademais, com externalidades de rede, tem vantagem a empresa que possui mais fundos, não necessariamente a com melhor tecnologia. Companhias com maior disponibilidade de dinheiro podem vender maior quantidade de bens com prejuízo, na expectativa de que assim fazendo terão a maior base de consumidores e, no final das contas, um monopólio.

Na prática, uma externalidade de rede se comporta muito como um caso de retorno crescente à escala: para a empresa maior, o custo de acesso a um novo cliente é menor do que para uma empresa menor. Como monopólio natural, externalidades da rede apresentam um problema difícil para os formuladores de políticas públicas. Examinaremos essas questões em detalhes mais adiante neste capítulo.

5. Barreiras criadas pelo governo. Em 1998, a companhia farmacêutica Merck apresentou o *Propecia*, um medicamento eficaz contra a perda de cabelo. Apesar de o produto ser muito lucrativo e outras companhias farmacêuticas terem o *know-how* para produzi-lo, nenhuma outra empresa desafiou o monopólio da Merck. Isso porque o governo dos Estados Unidos havia dado a ela o direito exclusivo de produzir a droga no país. O *Propecia* é um exemplo de monopólio protegido por barreiras criadas pelo governo.

Os monopólios mais importantes criados legalmente hoje em dia surgem das *patentes* e do *copyright*. Uma **patente** dá ao inventor direito exclusivo de fazer, usar ou vender essa invenção por um período determinado, que na maioria dos países estende-se entre 14 e 20 anos. Patentes são dadas aos inventores de novos produtos como remédios ou instrumentos. De modo similar, o ***copyright*** (ou direito autoral) dá ao criador de obra literária ou artística o direito exclusivo de lucrar com essa obra, normalmente pela duração da vida do criador e mais 70 anos.

Uma **patente** confere a um inventor monopólio temporário no uso ou venda de uma invenção.

O ***copyright*** dá ao criador de uma obra literária ou artística direitos exclusivos para lucrar com essa obra.

A justificativa para patentes e *copyrights* é a questão dos incentivos. Se os inventores não fossem protegidos por patentes, o prêmio por seus esforços seria bem pequeno: logo que uma invenção valiosa fosse tornada pública, outros a copiariam e venderiam produtos baseados nela. E, se os inventores não esperassem lucrar com suas criações, já de antemão não haveria incentivo para incorrer nos custos da invenção. O mesmo se dá para os criadores de obras literárias ou artísticas. Assim, a lei concede um monopólio temporário, estabelecendo direitos de propriedade temporários que encorajam a invenção e a criação.

Patentes e *copyrights* são temporários porque a lei representa um compromisso, uma conciliação entre os interesses dos produtores e os dos consumidores. O preço elevado do bem, que prevalece enquanto a proteção legal está em vigor, compensa os inventores pelo custo da invenção; por outro lado, o preço mais baixo, depois que a proteção legal expira e surge a competição, beneficia os consumidores e aumenta a eficiência econômica.

Dado que a duração do monopólio temporário não pode ser fixada segundo cada caso específico, esse sistema é imperfeito e leva à existência de oportunidades perdidas. Em alguns casos há questões importantes de bem-estar. Por exemplo, a violação de patentes[2] norte-americanas de medicamentos por companhias farmacêuticas em países pobres tem sido fonte de grande controvérsia, pondo de um lado as necessidades de pacientes pobres que não têm condições de comprar esses medicamentos no varejo e, de outro lado, os interesses de produtores de medicamentos que incorreram em gastos elevados de pesquisa para descobri-los e testá-los.

Para resolver esse problema, algumas companhias farmacêuticas norte-americanas e países pobres negociaram acordos pelos quais as patentes são

[2] N. R.: O termo técnico é *licenciamento compulsório*.

COMPARAÇÃO GLOBAL O QUE EXPLICA O ALTO PREÇO DOS MEDICAMENTOS NOS EUA?

Embora fornecer medicamentos baratos protegidos por patentes a pacientes em países pobres seja um fenômeno novo, cobrar preços diferentes de consumidores em países diferentes não é: este é um exemplo de *discriminação de preços*.

Um monopolista maximizará os lucros cobrando um preço mais alto no país com elasticidade de preço mais baixa (o país rico) e um preço mais baixo no país com elasticidade de preço mais alta (o país pobre). Curiosamente, porém, os preços de medicamentos podem diferir substancialmente mesmo entre países com níveis de renda comparáveis. Como explicar isto?

A resposta é a diferença na regulação.

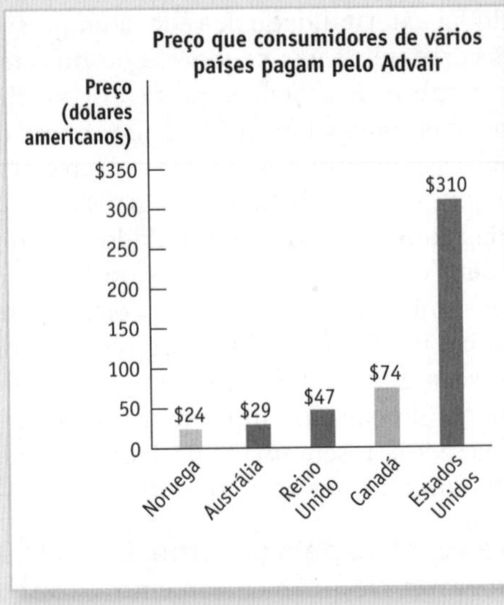

O gráfico mostra uma comparação de preços do Advair, medicamento para asma, nos Estados Unidos e quatro outros países de alta renda. Como você pode ver, os norte-americanos pagam muito mais do que os residentes de outras nações ricas, como o Canadá e o Reino Unido. O preço de varejo de um suprimento mensal de Advair nos Estados Unidos é US$ 309,60, enquanto os canadenses pagam cerca de um quarto e os australianos cerca de um décimo do preço dos EUA. Conquanto alguns norte-americanos recebam desconto de US$ 154,80 com de seu seguro-saúde, isso ainda é 50% mais alto do que o preço canadense e 81% mais alto do que o preço australiano.

O exemplo do Advair não é incomum. Os norte-americanos pagam constantemente mais pelos medicamentos mais vendidos do que os residentes de outros países. De acordo com um estudo recente, os gastos anuais dos EUA em produtos farmacêuticos ultrapassaram US$ 1.000 por pessoa, 30% a 190% mais do que em nove outros países avançados.

A razão? Os governos desses outros países regulam os preços de medicamentos mais efetivamente do que o governo norte-americano, ajudando a manter os preços acessíveis para seus cidadãos. Portanto, não é surpreendente que alguns norte-americanos viajem até o Canadá e o México para comprar seus medicamentos, ou que os comprem do exterior via internet para economizar dinheiro.

Os fabricantes norte-americanos argumentam que preços mais altos são necessários para cobrir o alto custo de pesquisa e desenvolvimento, que pode chegar a dezenas de milhões de dólares ao longo de vários anos para medicamentos bem-sucedidos. Críticos das empresas farmacêuticas contra-argumentam que os preços norte-americanos são superiores ao que é necessário para um nível socialmente desejável de inovação em medicamentos. Em vez disso, eles dizem que as empresas farmacêuticas estão muito frequentemente focadas no desenvolvimento de medicamentos que geram altos lucros em vez daqueles que melhoram a saúde ou salvam vidas.

É indiscutível que algum nível de lucro é necessário para financiar a inovação.

Também é claro que, com os altos preços que pagam, os norte-americanos subsidiam efetivamente a pesquisa e o desenvolvimento de novos medicamentos que beneficiam pacientes em todo o mundo. Entretanto, com o aumento dos preços dos medicamentos chamando a atenção de formuladores de políticas, seguradoras e consumidores, por quanto tempo isso continuará é uma pergunta a ser respondida.

Dados de: Bloomberg News, https://www.bloomberg.com/graphics/2015-drug-prices/.

respeitadas, mas a companhia norte-americana vende seus medicamentos ao país pobre com desconto significativo (esse é um exemplo de *discriminação de preços*, que veremos mais tarde neste capítulo).

ECONOMIA >> *em Ação*

O Monopólio que não houve: A China e o mercado de terras raras

Uma onda de pânico atingiu os setores militar e tecnológico dos Estados Unidos em 2010. Terras raras, um grupo de 17 elementos que são um insumo crítico na fabricação de produtos de alta tecnologia, como *smartphones* e componentes de jatos militares, repentinamente tinham se tornado muito mais difíceis de obter.

A China controlava de 85 a 95% do fornecimento global de terras raras e, até 2009, tornou-as relativamente abundantes e baratas nos mercados mundiais. Entretanto, em 2010 a China adotou uma *cota de exportação* – um limite para a quantidade de terras raras que poderia ser exportada, restringindo severamente a oferta no mercado mundial e suscitando preços acentuadamente mais altos. Por exemplo, o preço do disprósio[3] passou de US$ 166 por quilo em 2010 para quase US$ 1.000 por quilo em 2011, um aumento de quase cinco vezes.

Mas o pânico provou ser temporário. O domínio da China em terras raras era decorrente de seu baixo custo de produção, não de uma posição de monopólio. De fato, apenas cerca de um terço das reservas mundiais de terras raras são encontradas na China. As minas de terras raras na Austrália e nos Estados Unidos, que haviam sido desativadas durante o período de preços baixos, foram reabertas em resposta aos preços acentuadamente mais altos. Além disso, outras fontes surgiram, tais como a recuperação de terras raras de equipamentos de informática descartados.

O episódio revelou aos líderes governamentais e empresariais fora da China como eles eram vulneráveis a interrupções no fornecimento de terras raras chinesas. Como resultado, eles se comprometeram a manter em funcionamento as fontes alternativas, mesmo que os preços caíssem. E os líderes chineses aprenderam que o controle sobre as fontes globais de terras raras, o que parecia ser uma posição de monopólio, na verdade, não era.

>> *Teste seu entendimento* 13.1

As respostas estão no fim do livro.

1. A Texas Tea Oil Co. é atualmente o único fornecedor de óleo combustível para aquecimento em Frigid, no Alasca. Neste inverno, os residentes se assustaram ao ver que o galão de combustível havia dobrado de preço e acharam que estavam sendo vítimas de poder de mercado. Explique quais evidências enumeradas a seguir apoiam ou desmentem essa conclusão.
   a. Há escassez nacional de óleo combustível para aquecimento, e a Texas Tea conseguiu comprar apenas uma quantidade limitada.
   b. No ano passado, a Texas Tea e várias outras empresas competindo no mercado local de fornecimento de combustível se fundiram em uma única empresa.
   c. O preço pelo qual a Texas Tea compra combustível das refinarias aumentou significativamente.
   d. Recentemente, algumas empresas não locais começaram a oferecer aos clientes da Texas Tea óleo combustível para aquecimento a um preço muito mais baixo que o dela.
   e. A Texas Tea adquiriu uma licença exclusiva do governo para retirar combustível do único oleoduto destinado a aquecimento no estado.
2. Suponha que o governo esteja pensando em estender o prazo de vigência de uma patente de 20 para 30 anos. Como isso mudaria nos seguintes itens?
   a. Incentivo para inventar novos produtos.
   b. Prazo durante o qual os consumidores têm de pagar preços mais altos.
3. Explique a natureza da externalidade de rede em cada um dos casos a seguir.
   a. Um novo tipo de cartão de crédito chamado Passport.
   b. Um novo tipo de motor de automóvel movido a energia solar.
   c. Um *site* para vender bens e serviços fornecidos localmente.

|| Como um monopolista maximiza o lucro

Depois que Cecil Rhodes consolidou os vários produtores de diamante da África do Sul em uma única companhia, o comportamento da indústria mudou: a quantidade ofertada caiu e o preço de mercado subiu. Nesta seção, vamos aprender como um monopolista aumenta seu lucro reduzindo a quantidade produzida, e veremos o

[3]N. R.: Um dos elementos químicos que compõem as chamadas terras raras.

>> *Revisão Rápida*

- Em um **monopólio**, uma única empresa usa seu **poder de mercado** para cobrar preços mais altos e produzir menos do que em uma indústria competitiva, gerando lucros no curto e no longo prazo. Para um monopólio ser bem-sucedido, não pode haver substitutos próximos de um bem.
- Os lucros no monopólio não persistirão no longo prazo a não ser que existam **barreiras à entrada**, tais como controle de recursos naturais e insumos, retornos crescentes à escala, superioridade tecnológica, externalidades de rede ou restrições legais impostas pelos governos.
- Um **monopólio natural** surge quando o custo total médio declina no intervalo de produto relevante para a indústria ou setor. Isso cria uma barreira à entrada porque o **monopolista** estabelecido tem custo total médio mais baixo do que qualquer empresa entrante.
- Na economia digital, predominam **externalidades de rede**. Como o valor do uso de um bem ou serviço se eleva à medida que aumenta o número de outras pessoas que o utilizam, uma externalidade de rede pode levar ao monopólio porque as empresas rivais encolhem e fracassam à medida que os clientes se transferem para a empresa com o maior número de clientes. Tanto os monopólios naturais quanto as externalidades de rede apresentam desafios especiais para os formuladores de políticas.
- **Patentes** e ***copyrights***, barreiras criadas pelo governo, são fontes de monopólio temporário, que tentam equilibrar a necessidade de preços mais altos como recompensa do inventor pelos custos de sua invenção com o aumento do excedente do consumidor derivado de preços mais baixos e maior eficiência. Patentes e *copyrights* expiram após certo tempo. Portanto, do mesmo modo que a superioridade tecnológica, que tipicamente desaparece com o tempo, eles não são uma barreira de longo prazo à entrada.

papel crucial que a demanda de mercado desempenha ao levar um monopolista a se comportar de modo diferente de uma indústria perfeitamente competitiva.

Curva de demanda do monopolista e receita marginal

Lembre-se da regra de produção ótima da empresa: uma empresa maximizadora de lucros produz a quantidade na qual o custo marginal de produção da última unidade é igual à receita marginal – a mudança na receita total gerada por essa última unidade de produção. Ou seja, $MR = MC$ na quantidade de produção que maximiza o lucro.

Embora a regra de produção ótima se aplique a todas as empresas, veremos em breve que sua aplicação leva a diferentes níveis de produção para um monopolista em comparação com uma empresa em uma indústria perfeitamente competitiva – ou seja, uma empresa tomadora de preços. Podemos ver a diferença comparando a curva de demanda enfrentada por um monopolista com a curva de demanda enfrentada por uma empresa específica perfeitamente competitiva.

Comparando as curvas de demanda. Lembre-se de que cada uma das empresas em uma indústria perfeitamente competitiva enfrenta uma curva de demanda *perfeitamente elástica* que é horizontal ao preço de mercado, como a D_C no painel (a) da Figura 13.4. Uma empresa perfeitamente competitiva pode vender o quanto quiser ao preço de mercado, mas perderá todas as suas vendas se tentar cobrar mais. Portanto, a receita marginal de um produtor perfeitamente competitivo é simplesmente o preço de mercado. Como resultado, a regra de produção ótima da empresa tomadora de preço é gerar o nível de produção no qual o custo marginal da última unidade produzida é igual ao preço de mercado.

Um monopolista, ao contrário, é o único fornecedor do seu bem. Assim, sua curva de demanda é a curva de demanda do mercado, que tem inclinação para baixo, como D_M no painel (b) da Figura 13.4. *Essa inclinação para baixo cria uma diferença – uma "cunha" – entre o preço do bem e a receita marginal do bem recebida pelo monopolista do bem.*

A Tabela 13.1 mostra essa cunha entre preço e receita marginal de um monopolista, calculando a receita total e a receita marginal de um monopolista a partir de sua tabela de demanda.

Figura 13.4 Comparação entre curvas de demanda de um produtor perfeitamente competitivo e de um monopolista.

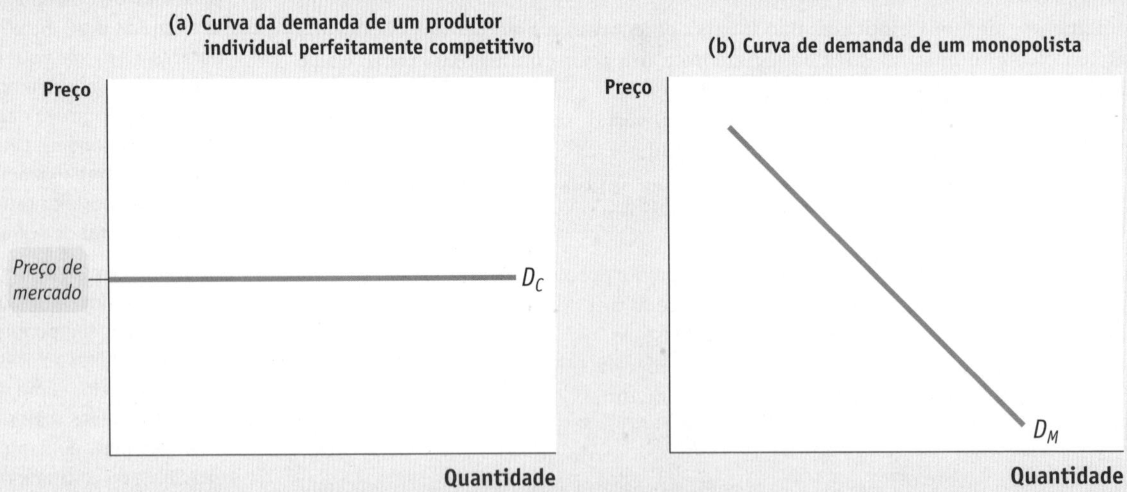

Como um produtor individual perfeitamente competitivo não pode afetar o preço de mercado do bem, ele se defronta com uma curva de demanda horizontal D_C, como se mostra no painel (a), permitindo-lhe vender o quanto quiser ao preço de mercado. Um monopolista, por outro lado, pode afetar o preço. Como ele é o único fornecedor na indústria, sua curva de demanda é a do mercado, D_M, como se mostra no painel (b). Para vender mais produto, ele precisa reduzir o preço; ao reduzir o produto, ele aumenta o preço.

Comparando receita marginal e preço. Agora, vamos examinar como a cunha entre a receita marginal do monopolista e o preço muda de acordo com a quantidade de produção. As duas primeiras colunas da Tabela 13.1 mostram um esquema de demanda hipotética para os diamantes da De Beers. Para simplificar, supomos que todos os diamantes sejam exatamente iguais e, para facilitar a aritmética, supomos que o número de diamantes vendidos seja muito menor do que de fato acontece. Por exemplo, ao preço de $ 500 por diamante, supomos que sejam vendidos apenas 10 diamantes. A curva de demanda implícita nessa tabela é mostrada no painel (a) da Figura 13.5.

A terceira coluna da Tabela 13.1 mostra a receita total da De Beers pela venda de cada quantidade de diamantes, o preço por diamante multiplicado pelo número de diamantes vendidos. A última coluna calcula a receita marginal, a mudança na receita total por produzir e vender um diamante mais.

Depois do primeiro diamante, a receita marginal que um monopolista recebe por vender uma unidade mais é inferior ao preço pelo qual essa unidade é vendida. Por exemplo, se a De Beers vende 10 diamantes, o preço pelo qual é vendido o 10º diamante é $500. Mas a receita marginal, ou seja, a mudança na receita total ao passar do 9º para o 10º diamante, é apenas $50.

A receita marginal do 10º diamante é inferior ao preço porque um aumento na produção de um monopolista tem dois efeitos opostos sobre a receita:

- *Efeito quantidade*. Uma unidade a mais vendida aumenta a receita total no montante do preço pelo qual essa unidade é vendida (neste caso, $ 500).
- *Efeito preço*. A fim de vender a última unidade, o monopolista tem de reduzir o preço de mercado em *todas* as unidades vendidas. Isso reduz a receita total (nesse caso, em 9 × –$ 50 = –$ 450).

Tabela 13.1 Demanda, receita total e receita marginal para o monopólio da De Beers

Preço do diamante *P*	Quantidade de diamantes *Q*	Receita total $TR = P \times Q$	Receita marginal $MR = \Delta TR/\Delta Q$
$1.000	0	$0	
			$950
950	1	950	
			850
900	2	1.800	
			750
850	3	2.550	
			650
800	4	3.200	
			550
750	5	3.750	
			450
700	6	4.200	
			350
650	7	4.550	
			250
600	8	4.800	
			150
550	9	4.950	
			50
500	10	5.000	
			–50
450	11	4.950	
			–150
400	12	4.800	
			–250
350	13	4.550	
			–350
300	14	4.200	
			–450
250	15	3.750	
			–550
200	16	3.200	
			–650
150	17	2.550	
			–750
100	18	1.800	
			–850
50	19	950	
			–950
0	20	0	

O efeito quantidade e o efeito preço se ilustram pelas duas áreas sombreadas no painel (a) da Figura 13.5. Aumentar as vendas de diamante de 9 para 10 significa descer na curva de demanda de *A* para *B*, reduzindo o preço por diamante de $ 550 para $ 500. A área sombreada mais clara representa o efeito quantidade: a De Beers vende o 10º diamante ao preço de $ 500. Isso é contrabalançado, contudo, pelo efeito preço, representado pela área sombreada mais escura. A fim de vender o 10º diamante, a De Beers tem de reduzir o preço de todos os seus diamantes de $ 550 para $ 500. Desse modo, ela perde 9 × $ 50 = $ 450 de receita, a área sombreada mais escura. Como indica o ponto *C*, o efeito total sobre a receita por vender mais um diamante – a receita marginal – derivado de aumentar a venda de diamantes de 9 para 10 é apenas $ 50.

O ponto *C* está sobre a curva de receita marginal do monopolista, indicada por *MR* no painel (a) da Figura 13.5 e tomada da última coluna da Tabela 13.1. O ponto essencial a respeito da curva de receita marginal do monopolista é que ela está sempre *abaixo* da curva de demanda. Isso acontece por causa do efeito preço, que significa que a receita marginal de um monopolista por vender uma unidade adicional é sempre menor que o preço que o monopolista recebe por essa unidade. É o efeito preço que cria a cunha entre a curva de receita marginal do monopolista e sua curva de demanda. A fim de vender um diamante adicional, a De Beers tem de reduzir o preço de mercado de todas as unidades vendidas.

Figura 13.5 Curvas de demanda, de receita total e de receita marginal de um monopolista.

O painel (a) mostra as curvas de demanda e de receita marginal de um monopolista de diamantes, a partir dos dados da Tabela 13.1. A curva de receita marginal está abaixo da curva de demanda. Para ver por quê, considere o ponto *A* na curva de demanda, onde são vendidos 9 diamantes a $ 550 cada, gerando uma receita total de $ 4.950. Para vender o 10º diamante, o preço de todos os 10 diamantes tem de ser reduzido para $ 500, como se mostra no ponto *B*. Em consequência, a receita total aumenta conforme a área sombreada mais clara (o efeito quantidade: +$ 500), mas diminui conforme a área sombreada mais escura (o efeito preço: –$ 450). Assim, a receita marginal do 10º diamante é $ 50 (a diferença entre as áreas clara e escura), o que é muito menos que seu preço de $ 500. O painel (b) mostra a curva de receita total do monopolista de diamantes. À medida que o produto vai de zero a 10 diamantes, a receita total aumenta. Ela alcança o seu máximo em 10 diamantes, o nível no qual a receita marginal é igual a 0, e declina depois disso. O efeito quantidade domina o efeito preço quando a receita total está aumentando; o efeito preço domina o efeito quantidade quando a receita total está caindo.

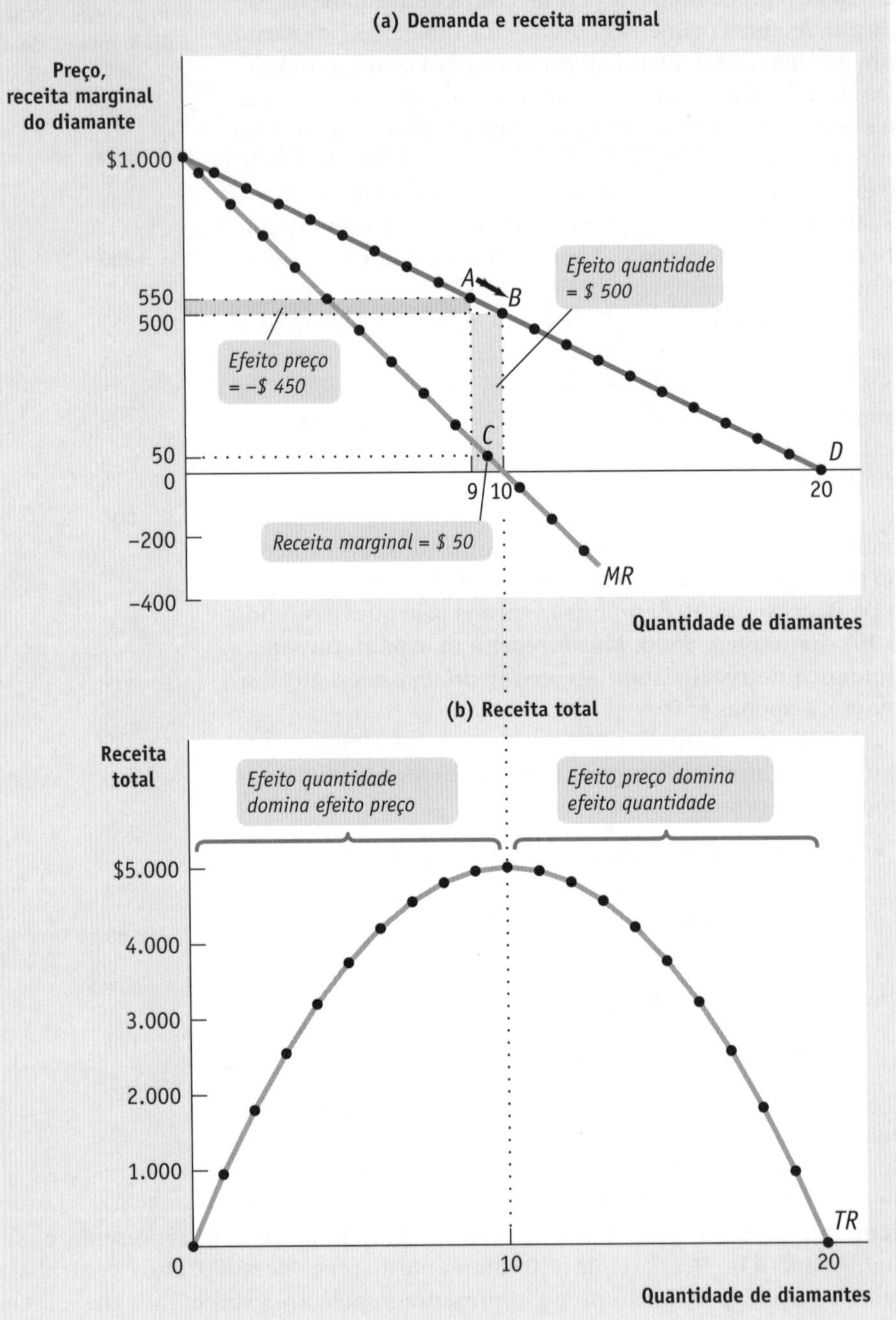

De fato, essa cunha existe para qualquer empresa que tenha poder de mercado, seja ela oligopolista ou monopolista. Ter poder de mercado significa que a empresa se defronta com uma curva de demanda que tem inclinação para baixo. Em consequência, sempre vai haver efeito preço de aumento de sua produção. Para uma empresa com poder de mercado, a curva de receita marginal sempre se situa abaixo da curva de demanda.

Compare por um momento a curva de receita marginal do monopolista com a curva de receita marginal de um produtor perfeitamente competitivo, um que não tenha poder de mercado. Para esse produtor, não há efeito preço de aumento na quantidade de produto. Sua curva de receita marginal é sua curva de demanda horizontal. Assim, para um produtor perfeitamente competitivo, o preço de mercado e a receita marginal são sempre iguais.

Para enfatizarmos como os efeitos quantidade e preço compensam um ao outro para um produtor com poder de mercado, mostramos a curva de receita total da De Beers no painel (b) da Figura 13.5. Note seu formato de montanha: à medida que o produto aumenta de 0 para 10 diamantes, a receita total aumenta. Isso reflete o fato de que, *em níveis reduzidos de produção, o efeito quantidade é mais forte que o efeito preço*: à medida que o monopolista vende mais, obtém preço mais baixo apenas para umas poucas unidades, de modo que o efeito preço é pequeno. À medida que a produção passa de 10 diamantes, a receita total de fato cai. Isso reflete o fato de que, *em níveis mais altos de produção, o efeito preço é mais forte que o efeito quantidade*. À medida que um monopolista vende mais, ele tem de baixar o preço para muitas unidades de produto, tornando o efeito preço muito grande.

Correspondentemente, a curva de receita marginal fica abaixo de zero para níveis de produção acima de 10 diamantes. Por exemplo, um aumento na produção de diamantes de 11 para 12 gera apenas $ 400 para o 12º diamante, simultaneamente reduzindo a receita obtida com os diamantes de 1 até 11 em $ 550. O resultado é que a receita marginal do 12º diamante é –$ 150.

Produção e preço que maximizam o lucro para o monopolista

Para completarmos a história de como um monopolista maximiza o lucro, introduzimos a noção de custo marginal do monopolista. Suponha que não haja custo fixo de produção. Suponha também que o custo marginal de produzir um diamante adicional seja constante em $ 200, não importa qual seja a quantidade produzida. O custo marginal, então, será sempre igual ao custo total médio, e a curva de custo marginal (bem como a curva de custo total médio) será uma linha horizontal em $ 200, como se mostra na Figura 13.6.

Para maximizar o lucro, o monopolista compara o custo marginal com a receita marginal. Se a receita marginal exceder o custo marginal, a De Beers terá lucro maior se produzir mais; se a receita marginal for menor que o custo marginal, a

Figura 13.6 Produção e preço que maximizam o lucro para o monopolista.

Esta figura mostra as curvas de demanda, de receita marginal e de custo marginal. O custo marginal por diamante é constante em $ 200, de modo que a curva de custo marginal é horizontal em $ 200. De acordo com a regra do produto ótimo, a quantidade de produção que maximiza o lucro para o monopolista é $MR = MC$, que se mostra no ponto A, onde as curvas de custo marginal e de receita marginal se cruzam, em um nível de produto de 8 diamantes. Encontramos o preço que a De Beers pode cobrar por diamante indo até o ponto na curva de demanda diretamente acima do ponto A – aqui o ponto B, $ 600 por diamante. O lucro é $ 400 × 8 = $ 3.200. Uma indústria perfeitamente competitiva produz um nível de produto em que $P = MC$, dado pelo ponto C, onde as curvas de demanda e de custo marginal se cruzam. Assim, a indústria competitiva produz 16 diamantes, vende ao preço de $ 200 cada e tem lucro zero.

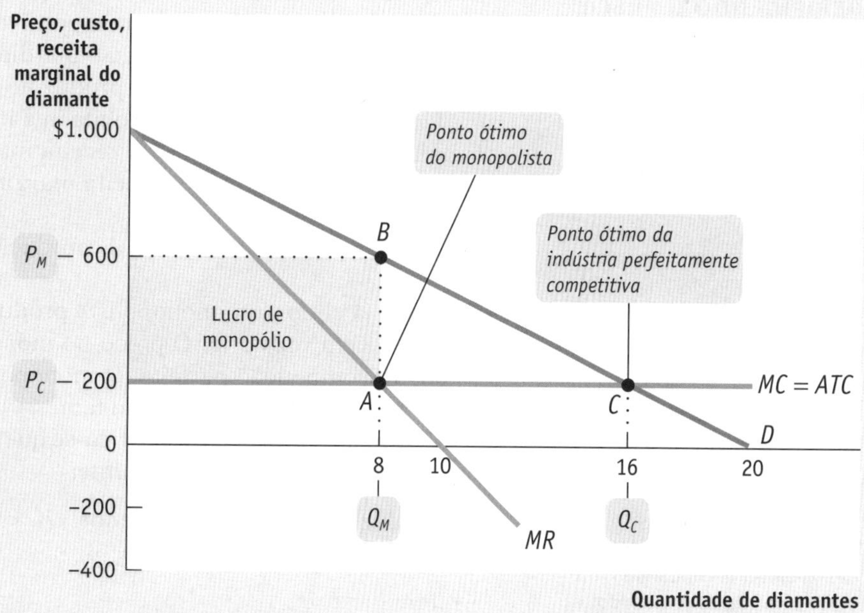

De Beers maximizará seu lucro produzindo menos. O monopolista maximiza seu lucro usando a seguinte regra do produto ótimo:

(13.1) $MR = MC$ na quantidade de produção que maximiza o lucro do monopolista

O ponto ótimo do monopolista se mostra na Figura 13.6. Em *A*, a curva de custo marginal, *MC*, cruza a curva de receita marginal, *MR*. O nível de produção correspondente, 8 diamantes, é a quantidade que maximiza o lucro do monopolista, Q_M. O preço pelo qual os consumidores demandam 8 diamantes é $ 600, de modo que o preço do monopolista (P_M) é $ 600, correspondente ao ponto *B*. O custo total médio de produzir cada diamante é $ 200, de modo que o monopolista pode obter lucro de $ 600 – $ 200 = $ 400 por diamante, e o lucro total é 8 × $ 400 = $ 3.200, como indicado pela área sombreada.

Monopólio *versus* competição perfeita

Quando Cecil Rhodes consolidou muitos produtores independentes de diamante na De Beers, ele converteu uma indústria perfeitamente competitiva em um monopólio. Podemos agora usar nossa análise para ver os efeitos de tal consolidação.

Vejamos de novo a Figura 13.6, para indagar como esse mesmo mercado funcionaria se, em vez de ser um monopólio, a indústria fosse perfeitamente competitiva. Vamos continuar supondo que não haja custo fixo e que o custo marginal seja constante, de modo que o custo total médio e o custo marginal sejam iguais.

Se a indústria do diamante consiste em muitas empresas perfeitamente competitivas, cada um desses produtores aceita o preço de mercado. Isto é, cada produtor age como se sua receita marginal fosse igual ao preço de mercado. Assim, cada empresa dentro da indústria usa a regra de produção ótima da empresa tomadora de preços:

(13.2) $P = MC$ no nível de produção que maximiza o lucro da empresa perfeitamente competitiva

Na Figura 13.6, isso corresponderia a produzir no ponto *C*, onde o preço por diamante, P_C, é $ 200, igual ao custo marginal de produção. A produção que maximiza o lucro na indústria em competição perfeita, Q_C, é, portanto, 16 diamantes.

E a indústria perfeitamente competitiva tem algum lucro em *C*? Não: o preço de $ 200 é igual ao custo de produção por diamante. Assim, não há lucro econômico para essa indústria quando ela produz no nível perfeitamente competitivo.

Já vimos que, uma vez consolidada a indústria em um monopólio, o resultado é muito diferente. O cálculo de receita marginal do monopolista leva em conta o efeito preço, de modo que a receita marginal é inferior ao preço. Ou seja,

(13.3) $P > MR = MC$ no nível de produção que maximiza o lucro do monopolista

Como já vimos, um monopolista produz menos que a indústria competitiva – 8 diamantes em vez de 16. O preço no monopólio é $ 600, comparado com apenas $ 200 em competição perfeita. O monopolista tem um lucro econômico positivo, mas a indústria competitiva não tem.

Como sugerimos antes, verifica-se que, comparado com uma indústria competitiva, o monopolista faz o seguinte:

- Produz uma quantidade menor: $Q_M < Q_C$
- Cobra um preço maior: $P_M > P_C$
- Tem lucro

ARMADILHAS

VERIFICANDO O PREÇO DE MONOPÓLIO

Para encontrarmos a *quantidade de produto que maximiza o lucro* para um monopolista, procuramos o ponto em que a curva de receita marginal cruza a curva de custo marginal. O ponto *A* na Figura 13.6 é um exemplo.

É importante, contudo, evitar um erro comum: imaginar que o ponto *A* mostra também o *preço* pelo qual o monopolista vende seu produto. Não é assim: o ponto *A* mostra a *receita marginal* recebida pelo monopolista que, como sabemos, é inferior ao preço.

Para encontrar o preço de monopólio, é preciso subir verticalmente de *A* até a curva de demanda. Ali, encontraremos o preço pelo qual os consumidores demandam a quantidade que maximiza o lucro. Assim, a combinação de preço e quantidade que maximiza o lucro é sempre um ponto sobre a curva de demanda, como *B* na Figura 13.6.

Monopólio: Quadro geral

A Figura 13.6 usou números específicos e supôs que o custo fosse constante, que não havia custo fixo e que, portanto, a curva de custo marginal fosse uma linha horizontal. A Figura 13.7 mostra um quadro mais geral do monopólio em ação:

Figura 13.7 Lucro do monopolista.

Neste caso, a curva de custo marginal tem formato de "pincelada", e a curva de custo total médio tem forma de U. O monopolista maximiza o lucro ao produzir a quantidade em que $MR = MC$, dada pelo ponto A, que gera a quantidade Q_M. Ele verifica seu preço de monopólio, P_M, indo ao ponto na curva de demanda situado diretamente acima do ponto A; aqui, é o ponto B. O custo total médio de Q_M se mostra no ponto C. O lucro é dado pela área do retângulo sombreada.

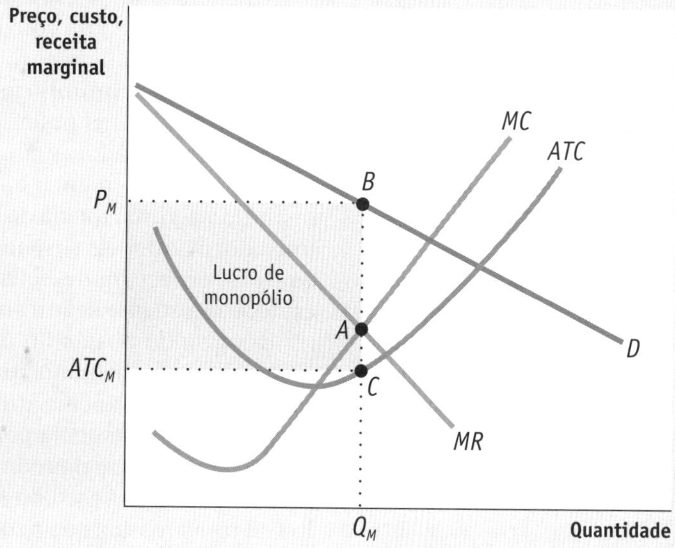

D é a curva de demanda de mercado; MR, a curva de receita marginal; MC, a curva de custo marginal; ATC, a curva de custo total médio. Aqui, voltamos à suposição usual de que a curva de custo marginal tem o formato de uma "pincelada" e que a curva de custo total médio tem forma de U.

Aplicando a regra de produção ótima, vemos que o nível de produção que maximiza o lucro é aquele em que a receita marginal iguala o custo marginal, indicado pelo ponto A. A quantidade de produção que maximiza o lucro é Q_M, e o preço cobrado pelo monopolista é P_M. No nível de produção que maximiza o lucro, o custo total médio do monopolista é ATC_M, que se mostra pelo ponto C.

Recordando como calculamos o lucro na Equação 12.5, o lucro é igual à diferença entre a receita total e o custo total. Por conseguinte, temos

$$\textbf{(13.4)}\quad \text{Lucro} = TR - TC$$
$$= (P_M \times Q_M) - (ATC_M \times Q_M)$$
$$= (P_M - ATC_M) \times Q_M$$

O lucro é igual à área do retângulo sombreado na Figura 13.7 com a altura de $P_M - ATC_M$ e a largura de Q_M.

No Capítulo 12, aprendemos que uma indústria perfeitamente competitiva pode ter lucros *no curto prazo, mas não no longo prazo*. No curto prazo, o preço pode exceder o custo total médio, permitindo a uma empresa perfeitamente competitiva ter lucro. Mas sabemos também que isso não pode persistir.

No longo prazo, qualquer lucro em uma indústria perfeitamente competitiva desaparecerá à medida que novas empresas entram no mercado. Em contraste, um monopolista terá lucros *tanto no curto quanto no longo prazo*.

ARMADILHAS

EXISTE UMA CURVA DE OFERTA DO MONOPÓLIO?

Dada a maneira como um monopolista aplica a regra de produção ótima, talvez alguém queira saber o que isso implica para a curva de oferta de um monopolista. Mas essa é uma pergunta sem sentido: *monopolistas não têm curvas de oferta.*

Recorde que uma curva de oferta mostra a quantidade que os produtores estão dispostos a ofertar a qualquer preço de mercado dado. Um monopolista, contudo, não toma o preço como dado; ele escolhe a quantidade que maximiza o lucro levando em conta sua própria capacidade de influenciar o preço.

ECONOMIA >> *em Ação*

Susto por conta do alto preço da eletricidade

Historicamente, as concessionárias de eletricidade foram reconhecidas como monopólios naturais. Uma concessionária de serviços públicos servia uma área geográfica definida, sendo proprietária das usinas geradoras de eletricidade, bem como das linhas de transmissão usadas na distribuição aos consumidores. As tarifas cobradas dos consumidores eram reguladas pelo governo, estabelecidas a um nível que deveria cobrir os custos operacionais mais um retorno modesto sobre o capital para seus acionistas.

No fim dos anos 1990, contudo, houve uma mudança em favor da desregulamentação, baseada na convicção de que a concorrência resultaria em preços mais baixos de eletricidade para o consumidor final. A competição foi introduzida em duas junções no caminho feito pela eletricidade da geração até o consumidor final: (1) as distribuidoras poderiam competir para vender eletricidade ao consumidor final, e (2) as geradoras competiriam para fornecer eletricidade às distribuidoras.

Essa era pelo menos a teoria. Em 2018, nos EUA, apenas 16 estados haviam instituído alguma forma de desregulamentação de eletricidade, enquanto 7 haviam iniciado, mas depois suspenderam a desregulamentação, permanecendo 27 estados com um fornecedor de eletricidade monopolista regulamentado. Por que tão poucos estados realmente seguiram adiante com a desregulamentação da eletricidade?

Um grande obstáculo é a falta de escolha nos geradores de energia elétrica, a maior parte dos quais ainda implica grandes custos fixos iniciais. Em muitos mercados, existe apenas um gerador de energia elétrica. Embora os consumidores pareçam ter preferência por sua distribuidora de eletricidade, a escolha é ilusória, uma vez que no fim das contas todos devem obter sua eletricidade da mesma fonte. Mesmo quando há escolha entre geradores de energia, frequentemente não há escolha na transmissão, que é controlada por empresas monopolistas de linhas elétricas.

Na verdade, a desregulamentação pode piorar a situação dos consumidores quando há apenas um gerador de energia elétrica. Livre de regulamentações que estabelecem os preços ao consumidor, um gerador de energia monopolista pode se envolver em manipulação de mercado. E foi exatamente isso que aconteceu na Califórnia durante 2000 e 2001. Depois que a Califórnia desregulamentou seu mercado de eletricidade, uma "crise de energia" repentinamente ocorreu, trazendo apagões e bilhões de dólares em sobretaxas de eletricidade para residências e empresas. Descobriu-se que uma geradora monopolista reduziu intencionalmente a quantidade de energia fornecida aos consumidores a fim de elevar os preços. Após uma investigação, os reguladores descobriram fitas de áudio nas quais executivos podiam ser ouvidos discutindo planos para desligar usinas de energia durante períodos de pico de demanda, brincando sobre como eles estavam "roubando" mais de US$ 1 milhão por dia dos consumidores de eletricidade da Califórnia.

Outro problema associado à desregulamentação dos mercados de energia é que ela tende a acarretar investimento insuficiente em novas usinas elétricas. Sem regulamentação, as geradoras de energia não têm mais a garantia de um preço de mercado que lhes dê uma taxa lucrativa de retorno em novas usinas elétricas. Como resultado, em muitos estados, as geradoras se recusaram a investir em novas usinas. Isto levou a um déficit de capacidade à medida que a demanda de eletricidade cresceu. Por exemplo, o Texas, um estado desregulamentado, sofreu apagões maciços por capacidade insuficiente e, em Nova Jersey e Maryland, os reguladores intervieram para obrigar produtores a construir mais usinas elétricas.

Finalmente, os consumidores em estados desregulamentados têm sido sujeitos a grandes picos em suas contas de eletricidade, pagando muitas vezes muito mais do que os consumidores de estados regulamentados. Clientes furiosos e reguladores exasperados fizeram com que muitos estados invertessem a direção, com Illinois, Montana e Virgínia movendo-se para regular suas indústrias. A Califórnia e Montana chegaram ao ponto de exigir que suas distribuidoras de eletricidade readquirissem usinas que foram vendidas durante a desregulamentação. Além disso, os reguladores têm andado à espreita, multando concessionárias no Texas, em Nova York e Illinois por manipulação de mercado.

>> *Revisão Rápida*

- A diferença crucial entre o produtor com poder de mercado, como um monopolista, e o produtor em uma indústria perfeitamente competitiva é que produtores perfeitamente competitivos são tomadores de preço, que se defrontam com curvas de demanda horizontais. Porém, um produtor com poder de mercado se defronta com uma curva de demanda inclinada para baixo.
- Em razão do efeito preço de um aumento do produto, a curva de receita marginal de um produtor com poder de mercado está sempre abaixo de sua curva de demanda. Assim, um monopolista que maximiza lucros escolhe o nível de produção em que o custo marginal é igual à receita marginal, e *não* igual ao preço.
- O resultado é que o monopolista produz menos e vende seu produto a um preço mais alto do que o praticado por uma indústria perfeitamente competitiva; e consegue lucro no curto e no longo prazo.

>> *Teste seu entendimento* 13.2

As respostas estão no fim do livro.

1. Use a tabela de receita total a seguir, de Emerald Inc., um produtor monopolista de esmeraldas, para calcular as respostas de *a* a *d*; depois, responda a parte *e*.
   a. A tabela de demanda
   b. A tabela de receita marginal

c. O componente do efeito quantidade na receita marginal, por nível de produção
d. O componente do efeito preço na receita marginal, por nível de produção
e. Que informação adicional é necessária para determinar o nível de produção que maximiza o lucro para a Emerald Inc.?

Quantidade demandada de esmeraldas	Receita total
1	$ 100
2	186
3	252
4	280
5	250

2. Use a Figura 13.6 para mostrar o que acontece com os itens enumerados a seguir quando o custo marginal da produção de diamantes aumenta de $ 200 para $ 400.
   a. Curva de custo marginal
   b. Preço e quantidade que maximiza o lucro
   c. Lucro do monopolista
   d. Lucros na indústria perfeitamente competitiva

Monopólio e políticas públicas

É bom ser monopolista, mas não é tão bom ser cliente de monopolista. Um monopolista, ao reduzir o nível de produção e aumentar os preços, se beneficia à custa dos consumidores. No entanto, compradores e vendedores sempre têm interesses conflitantes. Será que o conflito de interesses no caso do monopólio é muito diferente do que é na competição perfeita?

A resposta é sim, porque o monopólio é uma fonte de ineficiência: as perdas para os consumidores decorrentes do comportamento monopolista são maiores que os ganhos para o monopolista. Como o monopólio leva a perdas líquidas para a economia, governos frequentemente tentam impedir o surgimento de monopólios ou limitar seus efeitos. Nesta seção, veremos por que o monopólio leva à ineficiência e vamos examinar as políticas que os governos adotam na tentativa de evitar essa ineficiência.

Efeitos do monopólio sobre o bem-estar

Ao conter a produção em um nível abaixo daquele em que o custo marginal é igual ao preço de mercado, o monopolista aumenta seu lucro, mas prejudica os consumidores. Para avaliarmos se isso é um benefício líquido ou uma perda líquida para a sociedade, temos de comparar o ganho do monopolista com seu lucro e a perda do consumidor, e o que verificamos é que a perda do consumidor é maior que o ganho do monopolista. O monopólio causa perda líquida para a sociedade.

Para vermos por quê, voltemos ao caso em que a curva de custo marginal é horizontal e não há custo fixo, como vemos nos dois painéis da Figura 13.8. Aqui, a curva de custo marginal é *MC*, a curva de demanda é *D* e, no painel (b), a curva de receita marginal é *MR*.

O painel (a) mostra o que acontece quando essa indústria é perfeitamente competitiva. O produto de equilíbrio é Q_C; o preço do bem, P_C, é igual ao custo marginal, e o custo marginal é também igual ao custo total médio, pois não há custo fixo, e o custo marginal é constante. Cada empresa tem receita exatamente igual ao seu custo por unidade produzida, de modo que não há excedente do produtor nesse equilíbrio.

O excedente do consumidor gerado pelo mercado é igual à área do triângulo sombreado CS_C no painel (a). Como não há excedente do produtor quando a indústria é perfeitamente competitiva, CS_C representa também o excedente total.

O painel (b) mostra o resultado para o mesmo mercado, mas supondo dessa vez que a indústria seja um monopólio. O monopolista produz o nível, Q_M, no qual o custo marginal é igual à receita marginal, e ele cobra o preço P_M. O monopolista agora tem lucro, que é também o excedente do produtor, igual à área do retângulo PS_M. Note que esse lucro é o excedente que foi capturado dos consumidores, pois o excedente do consumidor encolhe para a área do triângulo CS_M.

Comparando os painéis (a) e (b), vemos que, além de redistribuir excedente dos consumidores para o monopolista, mais outra modificação importante ocorre:

Figura 13.8 Monopólio causa ineficiência.

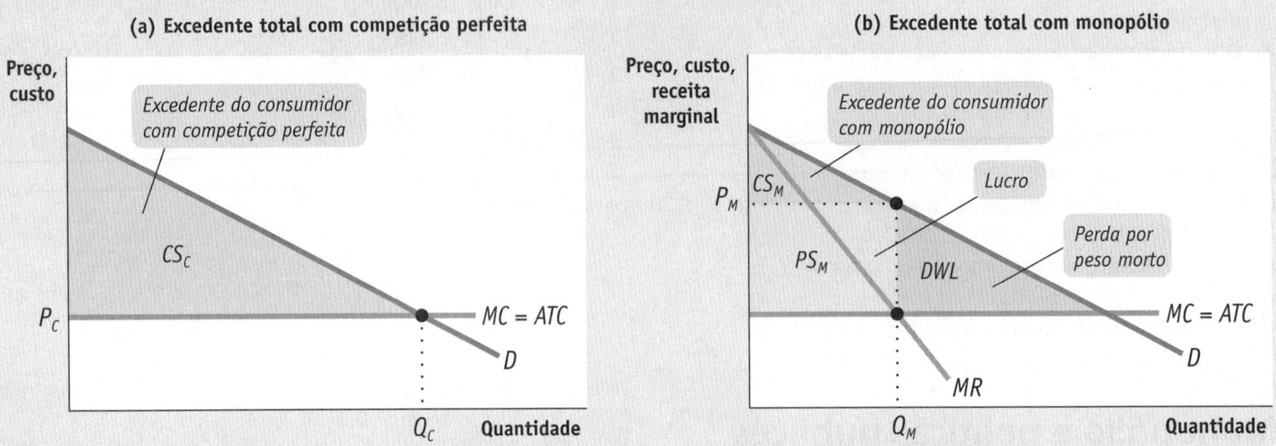

O painel (a) representa uma indústria perfeitamente competitiva: o produto é Q_C e o preço de mercado, P_C, é igual a *MC*. Como o preço é exatamente igual ao custo de produção por unidade de cada produtor, não há excedente do produtor. O excedente total, portanto, é igual ao excedente do consumidor, o total da área sombreada. O painel (b) mostra a indústria com monopólio: o monopolista reduz a produção para Q_M e cobra P_M. O excedente do consumidor – triângulo CS_C na figura (a) – encolheu porque uma parte dele foi capturada como lucro (área PS_M). O excedente total diminui: o peso morto (área *DWL*) representa o valor das transações mutuamente benéficas que deixam de ocorrer por causa do comportamento monopolista. Como resultado, o excedente total cai.

a soma do lucro com o excedente do consumidor, o excedente total, é *menor* no monopólio que na competição perfeita. Isto é, a soma de CS_M e PS_M é menor que a área CS_C no painel (a). No Capítulo 7, analisamos o conceito de *peso morto*, a perda causada por políticas governamentais como impostos. Aqui, mostramos que o monopólio cria um peso morto para a sociedade, igual à área do triângulo *DL*. Assim, o monopólio produz uma perda líquida para a sociedade.

Essa perda líquida ocorre porque algumas transações mutuamente benéficas não acontecem. Há pessoas para as quais uma unidade adicional do bem vale mais que o custo marginal de produzi-la, mas que não podem consumi-la porque não aceitam pagar P_M.

Se você recorda a nossa discussão do peso morto no capítulo sobre impostos, pode notar que o peso morto por causa do monopólio tem aparência semelhante. De fato, ao introduzir uma cunha entre o preço e o custo marginal, o monopólio atua de forma semelhante a um imposto sobre o consumo e produz o mesmo tipo de ineficiência.

Dessa forma, o monopólio causa dano ao bem-estar da sociedade em seu conjunto e é uma fonte de falha de mercado. Há algo que as políticas governamentais possam fazer em relação a isso?

Soluções políticas para o monopólio

A política para o monopólio depende fundamentalmente de ser a indústria em questão: (a) um monopólio natural ou (b) uma indústria de externalidade de rede. Lembre-se de que, em ambos os casos, maior é melhor para o consumidor. No caso de monopólio natural, um produtor maior tem custo médio mais baixo. No caso de uma indústria de externalidade de rede, um produtor maior fornece uma rede maior e, portanto, mais valor para o consumidor. Se nenhuma dessas condições se aplica, então a melhor política é evitar que o monopólio surja ou quebrá-lo se ele já existir. Vamos nos concentrar primeiro nesses remédios, antes de nos voltarmos para os problemas mais difíceis de lidar com o monopólio natural e uma indústria de externalidade de rede. Abordaremos o monopólio natural mais tarde nesta seção, e as indústrias de externalidade de rede na seção seguinte.

O monopólio da De Beers em diamantes não tinha necessariamente de acontecer. A produção de diamantes não é um monopólio natural: os custos da indústria não seriam mais altos caso ela fosse composta de produtores independentes competindo entre si (como acontece, por exemplo, na produção de ouro).

A De Beers é um caso único. Por razões históricas singulares, ela foi autorizada a permanecer em monopólio até ser ultrapassada pelos acontecimentos dos anos 1990. Porém, a partir do final do século XIX, a maioria dos monopólios semelhantes foi desmantelada. Os reguladores se concentraram nos monopólios que haviam surgido, como a De Beers, da consolidação de empresas rivais em um setor em propriedade comum. O exemplo mais celebrado nos Estados Unidos é a Standard Oil, fundada por John D. Rockefeller em 1870. Em 1878, a Standard Oil controlava quase todo o refino de petróleo nos EUA; mas em 1911 uma ordem judicial dividiu a empresa em várias unidades menores, incluindo as empresas que mais tarde se tornaram Exxon e Mobil (e se fundiram em 1999 para se tornarem ExxonMobil).

As políticas governamentais usadas para impedir ou eliminar monopólios são conhecidas como *políticas antitruste*, que discutiremos no próximo capítulo.

Lidando com o monopólio natural

Impedir um monopólio que não é natural é claramente uma boa ideia: os ganhos para o consumidor mais do que compensam a perda para o produtor. Mas isso não fica tão claro quando se trata de um monopólio natural, aquele em que grandes produtores têm custos totais médios mais baixos do que produtores menores, pois o desmembramento de um monopólio desses provoca aumento do custo total médio. Por exemplo, um governo municipal que tentasse impedir que uma única companhia dominasse o fornecimento local de gás – que, como vimos, é quase certamente um monopólio natural – provocaria aumento do custo de fornecer gás para seus residentes.

Mesmo no caso de um monopólio natural, contudo, o monopolista que maximiza lucro atua de modo a causar ineficiência, uma vez que cobra dos consumidores um preço superior ao custo marginal e, por conseguinte, impede algumas transações potencialmente benéficas. Além disso, pode parecer injusto que uma empresa que conseguiu estabelecer uma posição de monopólio ganhe lucros elevados à custa dos consumidores.

Duas opções políticas podem ser adotadas para lidar com as ineficiências do monopólio: propriedade pública e regulação.

Na **propriedade pública** de um monopólio, o bem é fornecido pelo governo ou por uma empresa de propriedade do governo.

1. Propriedade pública. Em muitos países, a resposta preferida para o problema do monopólio natural tem sido a **propriedade pública**.[4] Em vez de permitir a um monopolista privado controlar a indústria, o governo estabelece uma agência estatal para fornecer o bem e proteger os interesses dos consumidores. Existem alguns exemplos de propriedade pública nos Estados Unidos. O transporte ferroviário de passageiros é oferecido por uma companhia pública, a Amtrak; o serviço postal regular é de uma estatal, o U.S. Postal Service. Em geral, canais críticos de transporte como os principais aeroportos, grandes pontes, metrôs e grandes portos são de propriedade de um governo estadual. Algumas cidades, inclusive Los Angeles, têm companhias de serviços de eletricidade de propriedade pública.

A vantagem da propriedade pública, em princípio, é que um monopólio natural de propriedade do governo pode estabelecer um preço baseado no critério de eficiência, em vez de maximização do lucro. Em uma indústria perfeitamente competitiva, o comportamento de maximização do lucro é eficiente porque os produtores estabelecem preço igual ao custo marginal; por isso é que não há argumento econômico que favoreça a propriedade pública, por exemplo, de fazendas que produzem árvores de Natal.

A experiência indica, no entanto, que a propriedade pública como solução para o problema do monopólio natural com frequência funciona mal na prática. Uma das

[4]N. R.: Também conhecida como monopólio público ou monopólio estatal.

razões é que empresas estatais muitas vezes se preocupam menos do que companhias privadas em manter custos baixos e oferecer um produto de alta qualidade. Outra razão é que as companhias estatais com muita frequência acabam servindo interesses políticos e dando contratos ou empregos a pessoas bem relacionadas. Por exemplo, a Amtrak notoriamente tem oferecido serviços de trem com prejuízo a destinos que atraem poucos passageiros, mas que estão localizados em distritos de membros influentes do Congresso norte-americano.

2. Regulação. Nos Estados Unidos, a ferramenta política mais frequente para abordar o monopólio natural tem sido a de deixar a indústria em mãos privadas, mas sujeita à regulação. Por exemplo, a maioria dos serviços públicos locais é coberta por **regulação de preços**, que limita os valores que elas podem cobrar.

A **regulação de preços** limita os valores que um monopolista está autorizado a cobrar.

Como já aprendemos, impor *teto para preços* em uma indústria competitiva é uma receita para escassez, mercado negro e outros efeitos indesejáveis. Impor um limite de preços, digamos, para a companhia de gás local não terá o mesmo efeito?

Não necessariamente: um limite de preços, no caso do monopólio, não precisa criar escassez; na ausência de teto para preços, o monopolista cobraria um preço superior ao seu custo marginal de produção. Mesmo forçado a cobrar um preço mais baixo, desde que esse preço esteja acima do custo marginal e pelo menos se igualem custo e receita para o produto total, o monopolista ainda tem um incentivo para produzir a quantidade demandada àquele preço.

A Figura 13.9 mostra um exemplo de regulação de preço para um monopólio natural: uma versão ultra simplificada de companhia municipal de gás. A companhia se defronta com a curva de demanda *D* e com a curva de receita marginal *MR* associada a ela. Para simplificar, supomos que o custo total da empresa tenha duas partes: um custo fixo e custos variáveis, que incidem em proporção constante da produção. Nesse caso, o custo marginal é constante, e a curva de custo marginal (que é também a curva de custo variável médio) é uma linha horizontal em *MC*.

A curva de custo total médio, *ATC*, tem inclinação para baixo; ela se inclina para baixo porque, quanto maior a quantidade de produto, menor o custo fixo médio (o custo fixo por unidade produzida). A curva de custo total médio tem inclinação para baixo no âmbito de produto relevante para a demanda de mercado, o que indica que esse é um monopólio natural.

O painel (a) mostra o caso de um monopólio natural sem regulação. O monopolista natural não regulado escolhe o produto de monopólio Q_M e cobra o preço P_M. Como o monopolista recebe um preço superior ao seu custo total médio, ele tem lucro. Esse lucro é exatamente igual ao excedente do produtor nesse mercado, representado pelo retângulo sombreado mais claro. O excedente do consumidor é dado pelo triângulo sombreado mais escuro.

Suponhamos que os reguladores imponham um teto de preços para o fornecimento local de gás, um preço abaixo do preço de monopólio, P_M, mas acima de *ATC*, digamos P_R no painel (a). Nesse ponto, a quantidade demandada é Q_R.

Existe incentivo para que a companhia produza essa quantidade? Sim. Se o preço pelo qual o monopolista pode vender seu produto é fixado pelos reguladores, a produção da empresa não mais afeta o preço de mercado, de modo que ela ignora a curva de receita marginal *MR* e dispõe-se a expandir sua produção para atender à quantidade demandada, desde que o preço que ela receba pela unidade seguinte seja superior ao custo marginal e o monopolista, no mínimo, iguale receita e custo nesse nível de produção. Assim, com o preço regulado, o monopolista produz maior quantidade a preço mais baixo.

É claro que o monopolista não estará disposto a produzir nada se o preço estabelecido significa produzir com prejuízo. Isto é, o teto para o preço tem de ser alto o suficiente para que a empresa possa cobrir seu custo total médio. O painel (b) mostra uma situação em que o regulador fixou o preço no nível mais baixo possível, o nível em que a curva de custo total médio cruza a curva de demanda.

A qualquer preço mais baixo, a empresa perde dinheiro. O preço aqui, P^*_R, é o melhor preço regulado: o monopolista está disposto a operar até esse ponto e

Figura 13.9 Monopólio natural com e sem regulação.

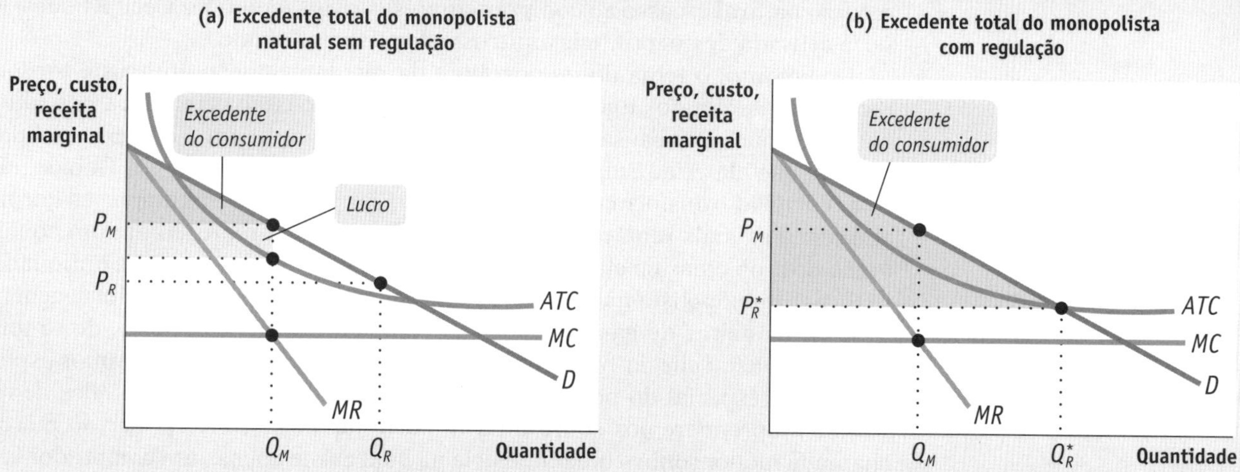

Esta figura mostra o caso de um monopolista natural. No painel (a), se o monopolista é autorizado a cobrar P_M, ele obtém lucro, representado pelo retângulo sombreado claro; o excedente do consumidor é mostrado pelo triângulo sombreado acima do retângulo. Caso seja regulado e deva cobrar o menor preço P_R, a produção aumentará de Q_M para Q_R e o excedente do consumidor aumentará. O painel (b) mostra o que acontece quando o monopolista deve cobrar um preço igual ao custo total médio, o preço P_R^*. A produção se expande para Q_R^* e o excedente do consumidor é agora toda a área sombreada. O monopolista tem lucro zero. Este é o maior excedente total possível quando o monopolista pode pelo menos atingir o ponto de equilíbrio, tornando P_R^* o melhor preço regulado.

produz Q_R^*, a quantidade demandada a esse preço. Como resultado, ganham os consumidores e a sociedade.

Os efeitos dessa regulação sobre o bem-estar podem ser observados comparando-se as áreas sombreadas nos dois painéis da Figura 13.9. O excedente do consumidor aumenta com a regulação, com ganhos advindos de duas fontes. Primeiro, os lucros são eliminados e acrescentados ao excedente do consumidor. Segundo, maior quantidade de produto e preço mais baixo levam a um ganho de bem-estar geral, ou seja, um aumento no excedente total. De fato, o painel (b) ilustra o maior excedente total possível.

Isso tudo parece uma maravilha: consumidores em situação melhor, lucros eliminados e aumento do bem-estar geral. Infelizmente, é raro que tudo seja assim fácil na prática. O principal problema é que os reguladores não têm informação necessária para fixar o preço exatamente no nível em que a curva de demanda cruza a curva de custo total médio. Algumas vezes, fixam o preço baixo demais, criando escassez; outras vezes, fixam alto demais. Além disso, os monopólios regulados, do mesmo modo que as empresas de propriedade estatal, tendem a exagerar seus custos para os reguladores e a oferecer qualidade inferior aos consumidores. Em segundo lugar, há o problema da *captura regulatória*: como grandes somas de dinheiro estão em jogo, os reguladores podem ser indevidamente influenciados pelas empresas que eles devem supervisionar.

No entanto, como mostrado antes na seção Economia em Ação "Susto por conta do alto preço da eletricidade", algum nível de regulamentação e supervisão de um monopólio natural é geralmente muito melhor do que nenhum.

Uma nova geração de poder de mercado

Hoje, é difícil encontrar um monopolista antiquado como o DeBeers. Exceto nos casos de monopólios que surgem de monopólio natural, proteção governamental ou vantagem tecnológica (geralmente de curta duração), exemplos de indústrias nas quais há realmente apenas um vendedor que tem o controle exclusivo de um bem são encontrados quase exclusivamente nos livros de história.

Há uma razão para isso. Como explicamos anteriormente, uma empresa norte-americana que tentou se tornar monopolista ao adquirir o controle de um recurso natural escasso ao comprar empresas rivais (como fez Cecil Rhodes) logo seria acusada de quebrar leis antitruste dos Estados Unidos.

No entanto, o tema do monopólio e da regulamentação antitruste tornou-se recentemente um dos tópicos mais quentes da discussão econômica nos últimos anos. Por quê? Por causa da ascensão da economia digital e das externalidades da rede que ela cria. Empresas como Facebook, Microsoft, Apple, Google, eBay, Uber e PayPal transformaram a economia. Elas estão entre as empresas que mais crescem e as mais rentáveis da economia. Entretanto, representam um conjunto único de problemas na elaboração de políticas. Enquanto a maneira antiquada de se tornar monopolista não é mais viável, as externalidades de rede fornecem uma série de maneiras de ganhar poder de mercado e, potencialmente, de se tornar monopolista (ou chegar muito próximo de se tornar). Nesta seção, vamos explorar a natureza especial do poder de mercado que surge das externalidades de rede. Também aprenderemos sobre uma importante variação do poder de mercado chamada monopsônio – uma indústria na qual existe apenas um comprador –, que tem crescido em razão do crescimento das externalidades de rede.

Nos últimos anos, a economia digital e suas externalidades de rede têm gerado uma urgência significativa em responder às questões sobre como administrar o poder de mercado, tanto no caso de monopólio como no caso de monopsônio. Nesta seção, aprenderemos sobre a razão disso e os desafios especiais que os formuladores de políticas enfrentam agora.

Uma nova geração de poder de mercado e monopólio

Como aprendemos anteriormente, o retorno crescente à escala e as externalidades da rede compartilham a característica crítica de que "maior é melhor". Lembramos que, quando há externalidades de rede em uma indústria, a empresa com a maior rede é preferida pelos consumidores em detrimento das empresas com redes menores. Portanto, a maior empresa do setor fica maior enquanto as empresas menores encolhem. Em algum momento, a maior empresa – a empresa *dominante* – se tornará suficientemente grande em relação a qualquer rival para exercer o poder de mercado e comportar-se como monopolista.

Como no monopólio padrão, a empresa dominante em uma indústria de externalidades em rede cria um peso morto para a sociedade se ela aumenta o preço e reduz a produção a fim de capturar o excedente dos consumidores. E nas indústrias digitais de rápida evolução, há outra ineficiência potencial causada pelo poder de mercado: a *sufocação da inovação*. A empresa dominante, ao usar sua vantagem de tamanho para dissuadir os rivais de entrar no mercado ou usar sua rede, asfixia a inovação que eles possam trazer.

A Microsoft é o melhor exemplo de empresa de externalidades de rede que usou seu tamanho para vencer os rivais e reduzir a inovação. Um tribunal federal considerou a Microsoft culpada de se envolver em "monopolização": usar seu domínio no mercado de sistemas operacionais de PC para prejudicar a Netscape, rival do Internet Explorer da Microsoft no mercado de navegadores de internet. O tribunal federal também considerou que a Microsoft tinha tomado medidas contra várias empresas de *software* rivais para esmagar qualquer desafio à sua posição de quase monopólio no mercado de sistemas operacionais, a fonte da externalidade da rede – empresas que possuíam tecnologia superior à da Microsoft. Em vez de dividir a Microsoft em empresas menores, o tribunal ordenou que a empresa abrisse seu *software* de sistemas operacionais para permitir que empresas rivais trabalhassem com ele. Entretanto, a posição da Microsoft já era tão dominante que as empresas de *software* rivais nunca foram capazes de estabelecer uma participação significativa no mercado. Um caso em questão: depois de ter participação inicial de 90% do mercado de navegadores da internet, a Netscape acabou desaparecendo. Não admira que a divisão de *software* da Microsoft permaneça altamente lucrativa, reportando lucros de quase 13 bilhões de dólares em 2019.

Mais recentemente, em 2018 e 2019, as autoridades antitruste da União Europeia (UE) acusaram o Google de se envolver em comportamento anticoncorrencial e sufocar a inovação ao bloquear rivais em diversas plataformas, tais como pesquisas de compras *on-line* e o mercado de sistemas operacionais de telefones Android, atingindo-o com mais de US$ 9 bilhões em multas. No entanto, os veredictos finais nesses casos provavelmente levarão anos para serem decididos; se a história for encarregada de julgar, até essa altura o domínio do Google estará selado.

Uma nova geração de poder de mercado e monopsônio

É possível que o comprador e não o vendedor tenha poder de mercado? Dito de outra forma, é possível haver um mercado no qual há apenas um comprador mas muitos vendedores, de modo que o comprador possa usar seu poder para capturar o excedente dos vendedores? A resposta é sim, e esse mercado é chamado de **monopsônio**.

Existe **monopsônio** quando há apenas um comprador de um bem. **Monopsonista** é a empresa que é o único comprador em um mercado.

Assim como o monopolista, um **monopsonista** distorcerá o resultado competitivo do mercado a fim de capturar mais do excedente, com a diferença de que o monopsonista fará isso mediante a quantidade comprada e o preço pago pela mercadoria, não por meio da quantidade vendida e do preço cobrado pela mercadoria.

O exemplo clássico é um único empregador em uma pequena cidade – digamos, a fábrica local – que está comprando serviços de mão de obra dos trabalhadores. Lembre-se de que um monopolista, percebendo que pode afetar o preço pelo qual suas mercadorias são vendidas, reduz a produção a fim de obter um preço mais alto e aumentar seus lucros. Um monopsonista faz praticamente a mesma coisa, mas com uma diferença: percebendo que pode afetar o salário que paga ao baixar a curva da oferta de mão de obra, reduz o número de empregados contratados e paga salário mais baixo para aumentar seus lucros.

Assim como um monopolista cria peso morto ao produzir muito pouco, um monopsonista cria peso morto ao contratar muito poucos trabalhadores e pagar salários muito baixos. Como resultado, ele também gera muito pouca produção.

No passado, o monopsônio era um fenômeno relativamente raro, pois os vendedores encontravam uma maneira de oferecer seus bens e serviços a um rival. Por exemplo, trabalhadores sujeitos a um empregador monopsonista local podiam, na maioria dos casos, simplesmente se mudar e encontrar emprego em outro lugar. Entretanto, com o advento da economia digital, o comportamento monopsonista parece estar em ascensão. Plataformas gigantescas de comércio eletrônico, como a Amazon ou a Apple App Store, podem agora usar seu poder para obter concessões de vendedores que usam suas plataformas para vender suas mercadorias. Elas podem capturar o excedente dos vendedores forçando-os a aceitarem preços mais baixos para suas mercadorias de várias maneiras – por exemplo, cobrando-lhes taxas elevadas, desenvolvendo marcas concorrentes internas (a marca Amazon Basics) e ações similares. Ao cabo desse processo, os vendedores reduzem suas vendas na plataforma. A produção cai e a perda por peso morto é incorrida.

O recente caso legal *Apple versus Pepper*, ainda em curso, é exemplo de comportamento monopsonista decorrente de uma externalidade de rede. Nos procedimentos legais, consumidores e *designers* de aplicativos queixaram-se de que a exigência da Apple de que todos os aplicativos iOS fossem comprados em sua Apple App Store permitia a ela exercer poder monopsonista sobre os *designers*. Alegavam que, ao cobrar dos projetistas de aplicativos 30% de seu preço de venda, a Apple estava usando o domínio de sua plataforma de comércio eletrônico para capturar o excedente dos fornecedores de aplicativos. Estes, em consequência, tinham de aceitar um excedente menor ou tentar passar os 30% do "imposto Apple" para os consumidores. De qualquer forma, a produção cai em comparação com o resultado competitivo, no qual fornecedores e consumidores de aplicativos podem negociar livremente uns com os outros. Entretanto, como os *designers* de aplicativos querem vender na plataforma de comércio eletrônico visitada pelo maior número de clientes, enquanto os clientes querem visitar a plataforma com o maior número de aplicativos fornecidos, lidar com o comportamento de monopsônio baseado em externalidades de rede apresenta a mesma dificuldade política que lidar com o comportamento de monopólio baseado em externalidades de rede.

Políticas para lidar com a nova geração de poder de mercado

Os exemplos aqui discutidos ilustram o espinhoso desafio que o poder de mercado resultante das externalidades de rede representa para formuladores de políticas. Como monopólio natural, a empresa com a maior rede provavelmente se tornará dominante o suficiente para exercer poder de mercado. E poderia, eventualmente, tornar-se monopolista ou monopsonista à medida que as empresas menores desaparecessem. No entanto, os formuladores de políticas também reconheceram que, assim como o monopólio natural, o bem-estar será reduzido se a empresa dominante for dividida em empresas menores com redes menores. Com o tempo, o problema do poder de mercado reapareceria à medida que os consumidores migrassem para a empresa com a rede maior, repetindo a dinâmica na qual a empresa maior cresce e as empresas menores encolhem e desaparecem. E, quando se trata de fomentar a inovação, existe também um enigma. Embora com comportamento monopolista ou monopsonista os gigantes digitais possam sufocar a inovação criada pelos rivais, é claro que os próprios gigantes digitais são também enormes fontes de inovação. Assim, a regulamentação mal implementada dos gigantes também pode asfixiar a inovação. Regulamentá-los por causa de seu tamanho, argumentam essas empresas, é simplesmente penalizá-los por seu sucesso em entregar aos consumidores o que eles querem.

Dado o crescimento explosivo da economia digital, pode-se argumentar que o problema de como administrar a nova geração de poder de mercado é um dos desafios mais difíceis enfrentados pelos economistas e formuladores de políticas. Como mostra a Economia em Ação a seguir, no momento em que escrevemos, há poucas respostas claras.

ECONOMIA >> *em Ação*

Formuladores norte-americanos de políticas antitruste estão atrasados em relação à era digital?

Gigantes digitais, Amazon, Facebook e Google, são as empresas mais importantes da economia digital. A Amazon, que começou como varejista *on-line* de livros, cresceu e se tornou um gigante corporativo: varejista geral, plataforma de marketing, fornecedor de serviços de entrega e logística, serviço de pagamento, credor, casa de leilões, grande editora de livros, produtor de televisão e filmes, fabricante de *hardware*, criador de moda e fornecedor líder de serviços na nuvem e poder computacional.

O Facebook é a plataforma social dominante no mundo, com quase 2,3 bilhões de usuários ativos em 2018. O Google é responsável por 92% da atividade global dos mecanismos de busca. Juntos, Facebook e Google são responsáveis por 73% da publicidade digital nos Estados Unidos. Em 2018, a Amazon registrou receita anual de mais de US$ 142 bilhões; o Facebook registrou quase US$ 56 bilhões; e o Google, mais de US$ 136 bilhões. (Esses dados foram encontrados usando o Google, escritos em um computador comprado na Amazon, sem olhar para nenhuma página aberta no Facebook.)

No entanto, economistas e historiadores notaram uma característica marcante dessas três empresas: cada uma delas confiou em práticas que, em épocas anteriores, foram consideradas anticompetitivas, ou criaram uma infraestrutura crítica em larga escala que justificava a regulamentação como monopólio natural.

Por exemplo, todas as três empresas tomaram medidas para eliminar rivais. A Amazon comprou uma miríade de empresas de comércio eletrônico – como Audible, Diapers.com e Zappos – para manter seu domínio como o *site one-stop shopping*. Da mesma forma, o Facebook comprou as plataformas de redes sociais rivais Friendster, Instagram e WhatsApp. De acordo com as autoridades antitruste da UE, o Google prejudicou a concorrência ao exigir a instalação de seu mecanismo de busca nos produtos de fabricantes de equipamentos.

O enorme sistema de armazéns da Amazon, com mais de 100 unidades em todo o país, operado por frotas de robôs, permite a entrega super-rápida. E os descontos por volume que recebe de empresas de entrega como a United Parcel Service não estão disponíveis para rivais menores. Assim, fornecedores de mercadorias, como a Eveready Batteries, consideram necessário listar seus produtos no Amazon Marketplace. No entanto, isso permite à Amazon reunir dados finamente detalhados sobre os hábitos de compra dos clientes, que depois pode usar para criar sua própria marca "Amazon Basics", que compete diretamente com os fornecedores de mercadorias a preços mais baixos. Finalmente, revelações recentes sobre o uso dos dados particulares de seus usuários no Facebook levaram a pedidos de intervenção.

Então, o que explica a falta de ação dos formuladores de políticas dos Estados Unidos?

Uma explicação para tal inação é que, como no caso do monopólio natural, os formuladores de políticas entendem que não há solução fácil para o problema do poder de mercado quando existem externalidades de rede. Uma segunda explicação é que formuladores de políticas não creem que as empresas estejam explorando suas posições dominantes, porque não há provas claras de que são cobrados dos consumidores preços de monopólio e que a produção está sendo restringida. E é certamente verdade que os consumidores ganharam vastos benefícios com as três empresas. Uma terceira explicação é que os formuladores de políticas nos EUA temem que a regulamentação possa asfixiar a inovação e, assim reduzir, o bem-estar da sociedade em longo prazo.

No entanto, outras explicações não são tão otimistas. De acordo com alguns economistas e historiadores, os formuladores de políticas têm uma visão muito restritiva do bem-estar social. No caso da Amazon, eles afirmam que o bem-estar dos fornecedores de bens também deve ser levado em conta juntamente com o dos consumidores. Argumentam que as ações da Amazon em algum momento forçarão alguns fornecedores de bens a sair de seus mercados, reduzindo a inovação, bem como a qualidade e a diversidade dos produtos disponíveis, o que permitirá à Amazon, a partir de algum momento, aumentar os preços. Por exemplo, a empresa matriz da Diapers.com rejeitou uma oferta da Amazon para comprar essa empresa em 2009. A Amazon respondeu criando sua própria marca de fraldas e produtos para bebês, baixando os preços em relação aos que estavam no *site* diapers.com. Assim, em 2010, a empresa cedeu e admitiu ser comprada pela Amazon.

Além disso, economistas e historiadores argumentam que a estrutura antitruste do passado não leva em conta as enormes vantagens que Amazon, Facebook e Google têm em adquirir e usar os dados de seus usuários de uma forma que reforça seu domínio no mercado. Eles argumentam que, no caso da Amazon, seu sistema de preços constantemente flutuante e personalizado simplesmente não permite aos reguladores a capacidade de monitorar se a empresa está de fato elevando seus preços. Finalmente, levantam a preocupação de que o enorme peso econômico dos gigantes digitais se traduza em poder político de tamanho exagerado, tornando mais difícil controlar seu domínio e seu exercício do poder de mercado. Isto ecoa uma das principais preocupações que levaram à criação da lei antitruste dos EUA nos anos 1890 (que discutiremos no próximo capítulo).

Até agora, os reguladores da UE agiram de forma muito mais agressiva do que os norte-americanos. Até 2019, a UE havia multado o Google em mais de US$ 9 bilhões, alegando ter a empresa abusado de seu domínio de mercado em vários setores, como a publicidade e o sistema operacional Android. Em 2020, a UE anunciou que planejava acusar formalmente a Amazon de abusar de seu poder, coletando dados de seus pequenos vendedores e usando essas informações para lançar produtos concorrentes. Posicionou-se contra o tratamento negligente dos dados privados dos usuários no Facebook e, em 2020, anunciou uma investigação formal de abuso de poder de mercado pela loja de aplicativos da Apple.

Os formuladores de políticas dos Estados Unidos mobilizam-se muito lentamente? Ou os formuladores de políticas da UE movem-se de forma agressiva? Neste momento, a resposta não é clara. Além disso, alguns observadores dizem que, apesar da postura mais ativa dos formuladores de políticas da UE, não está claro que suas ações acabarão por alterar o domínio de mercado das empresas.

Qualquer que seja a posição política final, é claro que a política antitruste será um tópico de intenso debate para o futuro previsível.

>> *Revisão Rápida*

- Ao reduzir o produto e aumentar o preço acima do custo marginal, um monopolista captura uma parte do excedente do consumidor como lucro e causa peso morto. Para evitar o peso morto, políticas governamentais tentam impedir o comportamento monopolista.
- Quando monopólios são "criados" e não são naturais, os governos devem agir para impedir sua formação ou para desmontar os já existentes.
- Um método de gestão de monopólio natural é por **propriedade pública**. No entanto, as empresas de propriedade pública são muitas vezes mal administradas. Outro método é a **regulação de preço**. Um teto de preço imposto a um monopolista não cria escassez, desde que não seja estabelecido muito baixo.
- Por conta da ascensão da economia digital, o poder de mercado decorrente de externalidades de rede tornou-se um tópico de intenso debate, pois os gigantes digitais se envolvem em comportamentos de monopólio e **monopsônio**. Um **monopsonista** pode afetar o preço do bem que compra: ele captura o excedente dos vendedores reduzindo a quantidade que compra e, assim, diminui o preço pago ao vendedor. Como monopólio, ele cria peso morto, pois a produção é muito pequena.
- Como os consumidores se beneficiam de redes maiores, o poder de mercado resultante de externalidades de rede é um desafio difícil para formuladores de políticas. Os gigantes digitais podem exercer poder de mercado, criando peso morto e asfixiando a inovação ao dissuadirem os rivais. No entanto, os gigantes digitais também são fontes de inovação e são bem-sucedidos porque os consumidores os preferem. Além disso, se forem desmembradas, as empresas dominantes com poder de mercado provavelmente ressurgirão.

>> *Teste seu entendimento* 13.3

As respostas estão no fim do livro.

1. Que política o governo deveria adotar nos seguintes casos? Explique.
   a. O serviço de internet na cidade de Anytown, no estado de Ohio, é fornecido por cabo. Os clientes acham que estão sendo cobrados em excesso, mas a companhia argumenta que precisa cobrar preços que permitam recuperar o custo de instalar cabos.
   b. As duas únicas companhias aéreas que atualmente voam para o Alasca precisam de aprovação do governo para uma fusão. Outras linhas querem voar para o Alasca, mas para isso precisam de direitos de aterrissagem alocados pelo governo.
2. Verdadeiro ou falso? Explique sua resposta.
   a. O bem-estar da sociedade é menor no caso do monopólio porque uma parte do excedente do consumidor é transformada em lucro para o monopolista.
   b. Um monopolista causa ineficiência porque há consumidores dispostos a pagar um preço que é mais alto ou igual ao custo marginal, mas inferior ao preço de monopólio.
3. Suponha que um monopolista acredite por engano que sua receita marginal seja sempre igual ao preço de mercado. Supondo custo marginal constante e inexistência de custo fixo, trace um gráfico comparando o nível de lucro, o excedente do consumidor, o excedente total e o peso morto desse monopolista desorientado, comparado com um monopolista esperto.
4. Alguns observadores da indústria de mídia social afirmam que o Facebook é tão dominante nesse mercado que agora é como uma prestadora de serviços de utilidade pública, como uma concessionária de água. O que você aprendeu sobre o monopólio que poderia validar essa afirmação? Que evidências podem invalidá-la?

Discriminação de preços

Até agora consideramos apenas o caso de um **monopolista de preço único**, aquele que cobra o mesmo preço de todos os consumidores. Como o termo sugere, não são todos os monopolistas que fazem isso. De fato, muitos, se não a maioria, dos monopólios acham que podem aumentar seus lucros cobrando de diferentes clientes diferentes preços pelo mesmo bem: eles praticam **discriminação de preços**.

Um **monopolista de preço único** oferece seu produto a todos os consumidores pelo mesmo preço.

Vendedores praticam **discriminação de preços** quando cobram preços diferentes a consumidores diferentes pelo mesmo bem.

O exemplo mais marcante de discriminação de preços que encontramos regularmente envolve passagens aéreas. Embora existam muitas companhias aéreas, a maioria das rotas nos Estados Unidos é servida por uma ou duas companhias, as quais, em virtude disso, têm poder de mercado e podem fixar preços. Qualquer passageiro regular tem consciência da questão: "Quanto vai me custar um voo até lá?". A resposta raramente é simples.

Para quem está disposto a comprar uma passagem não reembolsável com um mês de antecedência e fazer a compra na terça ou quarta-feira à noite, o bilhete de ida e volta pode custar apenas US$ 150 – ou menos ainda no caso de idoso ou estudante. No entanto, se você tem de fazer uma viagem de negócios amanhã, uma terça-feira, e precisa voltar na quarta, o bilhete de ida e volta pode custar US$ 550. E, no entanto, o homem de negócios e o vovô a passeio recebem o mesmo produto, o mesmo assento apertado, a mesma comida ruim (isso quando se serve comida).

Pode-se objetar que as companhias de aviação normalmente não são monopolistas, que o setor de transporte aéreo é um oligopólio. De fato, a discriminação de preços ocorre no oligopólio e na competição monopolística tanto quanto no monopólio. Mas ela não acontece na competição perfeita, em que empresas não têm a habilidade de influenciar preços. E, quando entendemos por que os monopolistas às vezes fazem discriminação de preços, fica mais fácil entender por que isso acontece em outros casos também.

A lógica da discriminação de preços

Vamos começar examinando por que a discriminação de preços pode ser mais lucrativa do que cobrar o mesmo preço de todos os consumidores. Imagine que a linha aérea Air Sunshine ofereça os únicos voos diretos entre Bismarck, Dakota do Norte e Fort Lauderdale, Flórida. Suponha que não haja problemas de capacidade – a companhia pode pôr no ar tantos aviões quanto necessário segundo o número de passageiros. Suponha também que não haja custo fixo. O custo marginal de oferecer um assento é $ 125, qualquer que seja o número de passageiros que a companhia transporte. Suponha também que a companhia aérea saiba que há dois tipos de passageiros potenciais: 2.000 viajantes a negócios que querem fazer o trajeto toda semana; e 2.000 estudantes que querem fazer o mesmo.

Os passageiros potenciais pegarão o voo? Depende do preço. Os homens de negócios de fato querem viajar; verifica-se que eles pegarão o voo desde que o preço da passagem não seja superior a $ 550. Os estudantes, contudo, têm menos dinheiro e mais tempo; se o preço passar de $ 150, eles irão de ônibus. A curva de demanda implícita se mostra na Figura 13.10.

O que a companhia aérea deve fazer? Se ela tem de cobrar o mesmo preço para todos, suas opções são limitadas. Ela poderia cobrar $ 550; desse modo, ganharia o máximo possível com os que viajam a negócios, mas perderia o mercado dos estudantes. Ou poderia cobrar somente $ 150; desse modo, teria os dois tipos de passageiros, mas não ganharia tanto dinheiro quanto poderia com os que viajam a negócios.

Podemos calcular rapidamente os lucros de cada uma dessas alternativas. Se a companhia aérea cobrasse $ 550, ela venderia 2.000 passagens para os homens de negócios e teria receita total de 2.000 × $ 550 = $ 1,1 milhão, incorrendo em custos de 2.000 × $ 125 = $ 250.000; portanto, seu lucro seria $ 850.000, ilustrado pela área sombreada *B* na Figura 13.10.

Figura 13.10 Dois tipos de passageiros no ar.

A Air Sunshine tem dois tipos de cliente: os que viajam a negócios, dispostos a pagar $ 550 a passagem, e estudantes dispostos a pagar $ 150 a passagem. Há 2.000 clientes de cada tipo. A Air Sunshine tem custo marginal de $ 125 por assento. Caso a Air Sunshine pudesse cobrar aos dois tipos de cliente preços diferentes pela passagem, ela maximizaria seu lucro cobrando $ 550 dos homens de negócios e $ 150 dos estudantes. Ela capturaria o total do excedente do consumidor como lucro.

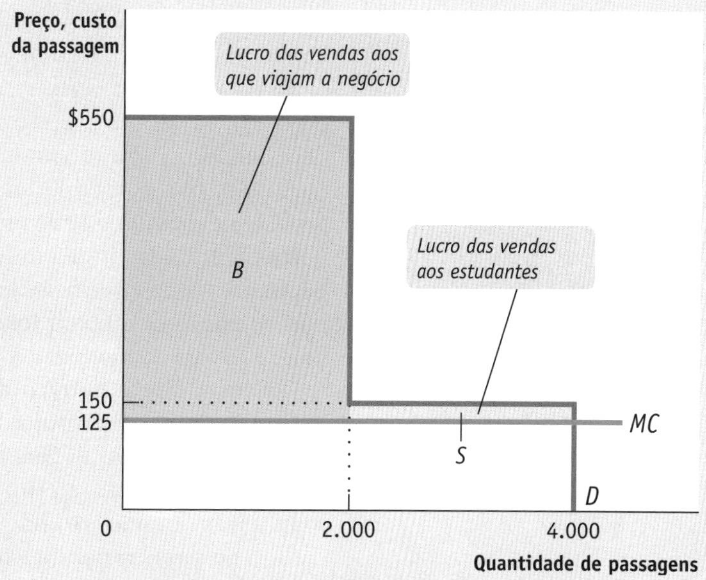

Se a companhia cobrasse apenas $ 150, ela venderia 4.000 passagens e teria receita de 4.000 × $ 150 = $ 600.000, incorrendo em um custo de 4.000 × $ 125 = $ 500.000; seu lucro seria $ 100.000. Se a companhia é obrigada a cobrar o mesmo preço de todo mundo, cobrar o preço mais alto é claramente o mais lucrativo.

O que a companhia deveria fazer, no entanto, é cobrar dos homens de negócios os $ 550 completos, mas oferecer passagens de $ 150 aos estudantes. Isso é bem menos que o preço pago pelos que viajam a negócios, mas ainda fica acima do custo marginal; de modo que, se a companhia pudesse vender essas 2.000 passagens extras aos estudantes, ela teria um lucro adicional de $ 50.000. Ou seja, teria um lucro igual às áreas *B* mais *S* na Figura 13.10.

Seria mais realista supor que há alguma flexibilidade na demanda de cada grupo: a um preço inferior a $ 550 haveria algum aumento de viajantes a negócios, e a um preço superior a $ 150 alguns estudantes ainda comprariam passagens. Mas isso não acaba com o argumento em favor da discriminação de preços.

O ponto importante é que os dois grupos de consumidores diferem quanto à sua *sensibilidade a preço*: um preço alto tem efeito maior em desencorajar as compras dos estudantes do que das pessoas que viajam a negócios. Sempre que grupos diferentes de consumidores respondem de modo diferente ao preço, um monopolista verificará que ele pode capturar mais excedente do consumidor e aumentar seu lucro cobrando preços diferenciados.

Discriminação de preços e elasticidade

Uma descrição mais realista da demanda com que se defrontam as companhias aéreas não especificaria preços segundo os quais diferentes tipos de viajantes decidiriam voar. Em vez disso, distinguiria entre os grupos com base em sua sensibilidade ao preço – sua elasticidade-preço da demanda.

Suponha que uma companhia venda seu produto para dois grupos de pessoas fáceis de identificar: homens de negócios e estudantes. Acontece que os que viajam a negócios são pouco sensíveis ao preço: há uma quantidade de produto que eles precisam ter, qualquer que seja o preço, mas eles não serão persuadidos a comprar muito mais, ainda que esse produto fique muito mais barato. Os estudantes, ao contrário, são mais flexíveis: se a proposta de preço for boa, eles comprarão uma boa quantidade, mas se o preço for alto demais eles mudarão para outra coisa. O que a companhia deve fazer?

A resposta já foi sugerida com nosso exemplo simplificado: a companhia deve cobrar dos que viajam a negócios e têm baixa elasticidade-preço da demanda um preço mais alto do que cobra dos estudantes, que têm alta elasticidade-preço da demanda.

A situação real das companhias aéreas é muito semelhante a esse exemplo hipotético. Quem viaja a negócios tipicamente dá prioridade alta a estar no lugar certo no momento certo e não é muito sensível a preço. Mas quem não viaja a negócios, ao ver um preço muito alto, pode tomar o ônibus, ir até outro aeroporto para conseguir um voo mais barato ou não viajar.

Então, por que as linhas aéreas não anunciam preços diferentes para viagens de negócios e outras viagens? Primeiro, provavelmente isso seria ilegal (leis norte-americanas impõem limites à prática aberta da discriminação de preços). Segundo, mesmo que fosse legal, seria difícil de implementar: homens de negócios podem pôr uma roupa informal e dizer que vão visitar a família em Fort Lauderdale, a fim de economizar $ 400.

Assim, o que as companhias fazem – com muito sucesso – é impor regras que indiretamente têm o resultado de cobrar mais dos homens de negócio e menos dos outros tipos de viajante. Quem viaja a negócios normalmente viaja durante a semana e quer estar em casa no fim de semana; por isso, as passagens de ida e volta são mais caras quando não há pernoite em um sábado. A exigência de permanência em fim de semana para ter uma passagem barata, na verdade, serve para separar quem viaja a negócios dos outros viajantes.

De forma similar, quem viaja a negócios frequentemente visita várias cidades em sequência, em vez de fazer uma única viagem de ida e volta; assim, passagens de ida e volta são mais baratas do que duas passagens apenas de ida. Muitas viagens de negócios se fazem necessárias de repente; assim, as passagens são mais baratas quando compradas com bastante antecedência. As passagens também são mais baratas quando o passageiro aceita ficar em *stand-by* e esperar a sorte de haver ou não lugar no voo. Quem viaja a negócios precisa chegar à reunião na hora; quem vai visitar um parente, não.

E, ao exigirem que os passageiros mostrem sua carteira de identidade no embarque, as companhias aéreas se asseguram de que não há revenda entre os dois grupos, pois isso sabotaria a sua capacidade de discriminar preços – ou seja, estudantes não podem comprar passagens baratas e revendê-las a homens de negócios. Examine as regras da venda de passagens aéreas e você verá uma engenhosa implementação da discriminação de preços que maximiza o lucro.

Discriminação de preços perfeita

Voltemos ao exemplo dos homens de negócios e dos estudantes viajando entre Bismarck e Fort Lauderdale, ilustrado na Figura 13.10. O que aconteceria se a companhia pudesse distinguir entre os dois grupos de clientes a fim de cobrar de cada um deles um preço diferente?

É claro que a companhia aérea cobraria de cada grupo sua disposição de pagar, isto é, o máximo que cada grupo se dispõe a pagar. Para os que viajam a negócios, a disposição de pagar é $ 550 e para os estudantes é $ 150. Supomos que o custo marginal seja $ 125 e não depende da quantidade de produto, de modo que a curva de custo marginal é uma linha horizontal. Como já notamos, é fácil determinar o lucro da companhia: é a soma das áreas dos retângulos *B* e *S*.

Nesse caso, os consumidores não obtêm excedente do consumidor. O total do excedente é capturado pelo monopolista na forma de lucro. Quando um monopolista é capaz de capturar o excedente inteiro dessa forma, dizemos que ele consegue **discriminação de preços perfeita.**[5]

Discriminação de preços perfeita ocorre quando um monopolista cobra de cada consumidor sua predisposição para pagar – o máximo que o consumidor se dispõe a pagar.

Em geral, quanto maior o número de diferentes preços que um monopolista pode cobrar (pelo mesmo produto), mais perto ele chega da discriminação de preços perfeita. A Figura 13.11 mostra um monopolista que se defronta com uma curva de demanda inclinada para baixo. Supomos que esse monopolista seja capaz de cobrar preços diferentes de cada grupo de consumidor, sendo que cobra mais dos consumidores com maior disposição a pagar.

No painel (a), o monopolista cobra dois preços diferentes; no painel (b), o monopolista cobra três preços diferentes. Duas conclusões ficam evidentes:

1. Quanto maior o número de preços que o monopolista cobra, menor o preço mais baixo cobrado, isto é, alguns consumidores pagarão preços próximos do custo marginal.
2. Quanto maior o número de preços que o monopolista cobra, mais dinheiro ele extrai dos consumidores.

Com um número muito grande de preços diferentes, a situação seria como a do painel (c), um caso de discriminação de preços perfeita. Aqui, os consumidores com menor disposição de pagar compram o bem pagando o custo marginal, e o total do excedente do consumidor é extraído como lucro.

Tanto o exemplo das linhas aéreas quanto o da Figura 13.11 podem ser usados para verificar mais outro ponto: o monopolista que pode fazer discriminação de preços perfeita não causa ineficiência alguma! O motivo é que se elimina a fonte da ineficiência: todo consumidor potencial disposto a comprar o bem a um preço igual ou acima do custo marginal será capaz de fazê-lo. O monopolista perfeitamente discriminador de preços consegue arrebatar todos os consumidores ao oferecer a uns preços mais baratos do que cobra de outros.

[5]N. R.: Também chamada de *discriminação de preços de primeiro grau*.

Figura 13.11 Discriminação de preço.

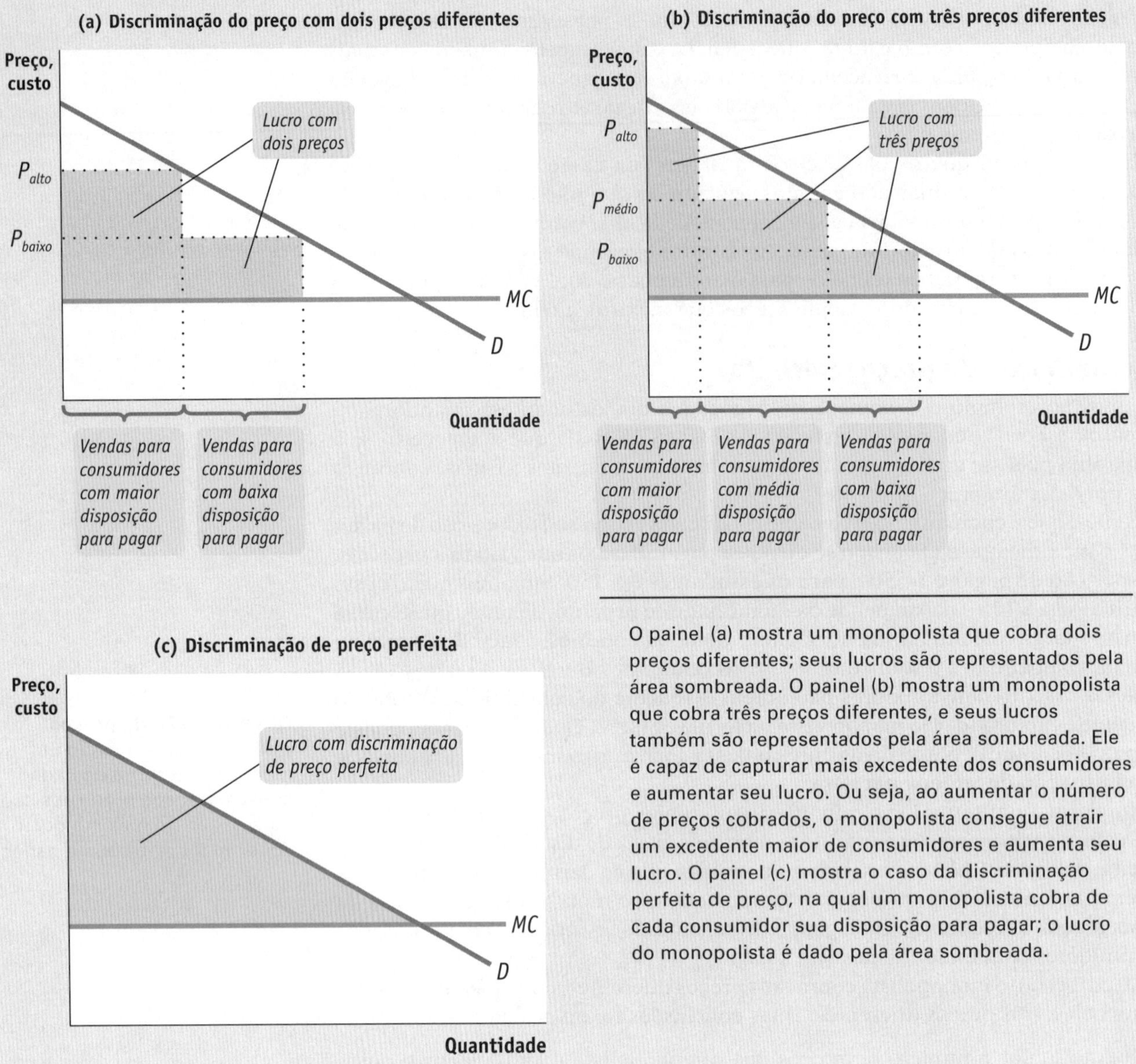

O painel (a) mostra um monopolista que cobra dois preços diferentes; seus lucros são representados pela área sombreada. O painel (b) mostra um monopolista que cobra três preços diferentes, e seus lucros também são representados pela área sombreada. Ele é capaz de capturar mais excedente dos consumidores e aumentar seu lucro. Ou seja, ao aumentar o número de preços cobrados, o monopolista consegue atrair um excedente maior de consumidores e aumenta seu lucro. O painel (c) mostra o caso da discriminação perfeita de preço, na qual um monopolista cobra de cada consumidor sua disposição para pagar; o lucro do monopolista é dado pela área sombreada.

Na prática, os monopolistas acham quase impossível discriminar perfeitamente o preço. Isso porque um monopolista não é capaz de conhecer a verdadeira disposição de pagar de cada consumidor. Enquanto cada consumidor conhece sua verdadeira disposição de pagar, o monopolista não conhece. Assim, a vantagem informativa do consumidor permite que ele disfarce sua verdadeira disposição de pagar. Por exemplo, um passageiro em viagem a negócios que usa um desconto para idosos ao comprar seu bilhete é capaz de fingir que tem uma verdadeira disposição de pagar igual à tarifa da classe executiva de $ 550.

Por causa da sua desvantagem de informação, o monopolista discriminador de preços é obrigado a oferecer apenas um número limitado de preços diferentes [como no painel (b) da Figura 13.11] – preços que correspondem à disposição de pagar dos diferentes tipos de consumidores que o monopolista pode identificar.

Historicamente, monopolistas têm usado várias estratégias de preços para tentar identificar diferentes tipos de consumidores, a fim de se aproximar de uma perfeita discriminação de preços. Exemplos disso são:

- *Programas de compra antecipada*. Os preços são mais baixos para os que compram com muita antecedência (ou, algumas vezes, para os que compram no último minuto). Isso separa aqueles que tendem a pesquisar preços melhores daqueles que não o fazem.
- *Descontos segundo o volume*. Muitas vezes, o preço é mais baixo quando se compra em grande quantidade. Para um consumidor que pretende consumir grande quantidade de um bem, o custo da última unidade, ou seja, o custo marginal para o consumidor, é bem menor que o preço médio. Isso separa aqueles que pretendem comprar uma quantidade grande e, portanto, são mais sensíveis ao preço daqueles que não são.
- *Tarifas em duas partes*. Com uma tarifa de duas partes, um cliente paga uma taxa fixa adiantada e depois uma taxa por unidade a cada item adquirido. O custo do primeiro item comprado é de fato muito mais alto do que o dos itens subsequentes, fazendo com que a tarifa de duas partes se comporte como um desconto de acordo com o volume. Por exemplo, uma assinatura da Amazon Prime, que dá frete gratuito em uma vasta seleção de itens, ao custo de US$ 119 por ano, é um tipo de tarifa de duas partes.
- *Lojas de varejo e* outlet. Manter vendas em períodos regulares, tais como Black Friday Sales, Labor Day Sales, Memorial Day Sales etc., é uma forma de identificar aqueles que têm maior sensibilidade ao preço e, portanto, estão dispostos a esperar para obter um preço mais baixo. Da mesma forma, a construção de uma loja de varejo distante do centro da cidade permite ao monopolista estabelecer um mercado separado para os clientes que têm maior sensibilidade ao preço e que, portanto, estão dispostos a percorrer certa distância a fim de obter preço mais baixo.
- *Preços personalizados digitais*. O método de discriminação de preços que mais cresce rapidamente é o de preços personalizados digitais. Ao coletar dados pessoais sobre as escolhas e características *on-line* de compradores, os varejistas *on-line* podem reduzir muito as vantagens de informação que os compradores têm sobre sua verdadeira disposição de pagar. Por exemplo, a agência *on-line* de viagens Orbitz descobriu que os usuários de computadores Apple gastam até 30% a mais por noite em hotéis. Assim, a Orbitz lhes mostra um menu de hotéis mais extravagante e mais caro do que mostra aos usuários de PC. O preço digital personalizado tem o potencial de alcançar uma aproximação maior à discriminação de preços perfeita do que qualquer outro método graças à sua capacidade de coletar e analisar informações muito precisas sobre os compradores.

Em comparação com o monopólio de preço único, a discriminação de preços – mesmo quando não é perfeita – pode aumentar a eficiência do mercado. Por exemplo, com a discriminação de preços, as empresas podem vender aos consumidores que antes estavam fora do mercado por causa do preço elevado. Aqueles que agora são capazes de comprar o bem a um preço mais baixo geram excedente suficiente para compensar a perda em excedente por aqueles que agora enfrentam um preço mais alto e não compram mais o bem. Dessa forma, o excedente total aumenta quando se introduz a discriminação de preços. Essa explanação da discriminação de preços também ajuda a explicar por que as políticas governamentais sobre monopólio normalmente se concentram em evitar peso morto, não impedindo a discriminação de preços – a menos que isso cause sérios problemas de igualdade.

Um exemplo disso pode ser o remédio que é mais que proporcionalmente usado por idosos, que muitas vezes têm renda fixa e são muito sensíveis a preço. Uma política que permita a determinada companhia farmacêutica cobrar preço mais baixo para os idosos e preço mais alto para os demais pode de fato aumentar o excedente total, comparada com uma situação em que todo mundo tem de pagar o mesmo preço. Mas uma discriminação de preços que fere gravemente a equidade tende a ser proibida; por exemplo, um serviço de ambulância que cobrasse dos pacientes conforme a gravidade de sua emergência.

>> *Revisão Rápida*

- Nem todo monopolista é **monopolista de preço único**. Muitos monopolistas, bem como oligopolistas e competidores monopolísticos, fazem **discriminação de preços**.
- A discriminação de preços é lucrativa quando os consumidores diferem na sensibilidade ao preço. Um monopolista discriminador de preços cobra preços mais altos aos consumidores com baixa elasticidade-preço da demanda e menores àqueles com elevada elasticidade-preço da demanda. As técnicas mais utilizadas são restrições de compra antecipada; descontos por volume; tarifas em duas partes; lojas de varejo e *outlet*; e preços personalizados digitais. Em comparação com um monopólio de preço único, a discriminação de preços reduz a perda por peso morto.
- Os preços personalizados digitais são os que mais se aproximam de uma **discriminação de preços perfeita**, em que cada consumidor paga um preço igual à sua disposição a pagar. Isto permite ao monopolista captar o excedente total no mercado. Nenhuma perda por peso morto é incorrida, uma vez que todas as transações mutuamente benéficas ocorrem. A menos que isso cause sérios problemas de igualdade, os governos tendem a se concentrar em evitar o peso morto e não impedir a discriminação de preços.

>> *Teste seu entendimento* 13.4

As respostas estão no fim do livro.

1. Verdadeiro ou falso? Explique sua resposta.

a. Um monopolista de preço único vende a alguns consumidores que são rejeitados por um monopolista que discrimina preços.

b. Um monopolista que discrimina preços cria mais ineficiência que um monopolista de preço único, porque captura mais do excedente do consumidor.

c. Com discriminação de preços, um consumidor com demanda altamente elástica paga preço mais baixo que um consumidor com demanda inelástica.

2. Na lista a seguir, quais são casos de discriminação de preços e quais não são? Nos casos em que há discriminação de preços, identifique os consumidores com alta elasticidade-preço da demanda e aqueles com baixa elasticidade.

a. Mercadoria com defeito a preço reduzido.

b. Restaurantes com descontos para idosos.

c. Fábricas de alimentos que colocam cupons de desconto para suas mercadorias nos jornais.

d. Passagens aéreas custando mais na alta temporada de verão.

CASO EMPRESARIAL Amazon e Hachette vão à guerra

Em maio de 2014, eclodiu uma guerra total entre a Amazon, terceiro maior varejista de livros dos EUA, e a Hachette, quarta maior editora de livros. De repente, a Amazon levou semanas para entregar as publicações da Hachette (em papel e eletrônicas), incluindo *best-sellers* de autores como Stephen Colbert, Dan Brown e J. D. Salinger, enquanto oferecia aos compradores sugestões de livros de outras editoras como alternativa. Além disso, as opções de pré-compra dos próximos livros da Hachette – incluindo um de J. K. Rowling, famosa por seus livros de Harry Potter – desapareceram do *site* da Amazon junto com muitos outros livros da Hachette. Estes mesmos livros estavam à disposição, muitas vezes a preços mais baixos, em livrarias rivais, como a Barnes and Noble.

Todas as editoras pagam uma porcentagem dos preços de venda aos varejistas. Neste caso, as hostilidades foram desencadeadas pela demanda da Amazon para que a Hachette aumentasse essa participação de 30 para 50%. Era uma história conhecida: a Amazon exigia percentuais cada vez maiores durante as negociações contratuais anuais. Uma vez que não vai comercializar os livros de uma editora sem acordo, a discordância prolongada e a perda de vendas resultante são desastrosas para as editoras. Dessa vez, porém, a Hachette se recusou a ceder e tornou públicas as exigências da Amazon.

A Amazon alegou que a editora poderia pagar mais com sua margem de lucro – cerca de 75% em *e-books*, 60% em livros de bolso e 40% em livros de capa dura. De fato, a Amazon admitiu abertamente que seu objetivo em longo prazo era substituir por completo as editoras e lidar diretamente com os próprios autores. Esse modelo foi popularizado por empresas como a Netflix, que agora produzem seu próprio conteúdo de mídia. A Amazon já recebeu o apoio de alguns autores famosos, incluindo Dean Koontz e Michael Lewis. Ironicamente, as editoras contrapuseram que os cálculos da Amazon ignoravam os custos de edição, marketing, publicidade e, às vezes, o apoio a escritores em dificuldades até que obtivessem sucesso; no entanto, recentemente, a Amazon tem tido sucesso como publicadora, já que muitas grandes editoras cortaram seus orçamentos de marketing e edição. A Amazon, segundo elas, acabaria por destruir a indústria do livro e, agora, a indústria editorial.

No conflito, a Amazon enfrentou alguns autores muito zangados. Douglas Preston, autor *best-seller* de suspense publicado pela Hachette, viu suas vendas caírem em pelo menos 60%. Falando do estilo de vida confortável que sua escrita proporcionava, Preston observou que, se a Amazon decidisse não vender seus livros, "tudo isso iria embora". No final, o conflito se tornou um desastre de relações públicas para a Amazon, já que escritores e até mesmo alguns leitores se voltaram contra ela. Assim, a Amazon acabou capitulando e concordou em permitir que a Hachette estabelecesse o preço de seus *e-books*. Entretanto, dado o tamanho e a influência da Amazon, autores se mantêm cautelosos quanto ao futuro.

De fato, alguns anos depois, a Amazon se tornou o maior varejista de livros nos EUA. Isto se deve em grande parte aos caros investimentos da Amazon em seu *website* e em seu vasto sistema de armazenagem e entrega rápida, apesar de às vezes cobrar preços mais altos do que os *websites* rivais. Essas atualizações têm sido financiadas por investidores da Amazon, que esperaram pacientemente por 20 anos, incorrendo em bilhões de dólares em perdas. Mas 2015 foi um ponto de inflexão para a Amazon. Naquele ano, a empresa teve um pequeno lucro, e a cada ano, desde então, tem experimentado um aumento da lucratividade. Em 2018, a Amazon ganhou mais de 10 bilhões de dólares. A espera de seus investidores finalmente deu frutos. No mesmo período, o preço das ações da Amazon aumentou quase 500%.

QUESTÕES PARA PENSAR

1. Qual é a fonte de excedentes nesse setor? Quem o gera? Como ele é dividido entre os diversos agentes (autores, editores e varejistas)?
2. Quais são as diversas fontes de poder de mercado aqui? O que está em risco para as diversas partes?

RESUMO

1. Há quatro tipos principais de estrutura de mercado, baseadas no número de empresas presentes na indústria e na diferenciação de produto: competição perfeita, monopólio, oligopólio e competição monopolística.
2. **Monopolista** é um produtor que é o único fornecedor de um bem sem substitutos próximos. A indústria controlada por um monopolista é um **monopólio**.
3. A diferença-chave entre um monopólio e uma indústria perfeitamente competitiva é que uma empresa individual perfeitamente competitiva se defronta com uma curva de demanda horizontal, mas um monopolista se defronta com uma curva de demanda inclinada para baixo. Isso dá ao monopolista **poder de mercado**, a capacidade de aumentar o preço de mercado reduzindo a quantidade de produto em comparação com uma indústria perfeitamente competitiva.
4. Para se manter, o monopólio tem de ser protegido por **barreiras à entrada**. Podem tomar a forma de controle de recursos ou insumos naturais, retornos crescentes à escala que dão origem a **monopólio natural**, vantagem tecnológica, **externalidade de rede**, ou regras governamentais que impedem a entrada de outras empresas, como **patentes** e ***copyrights***. Nem a superioridade tecnológica, nem as patentes e os *copyrights* oferecem barreiras à entrada no longo prazo.
5. A receita marginal de um monopolista é composta de um efeito quantidade (o preço recebido por unidade adicional) e um efeito preço (a redução no preço pelo qual todas as unidades são vendidas). Por causa do efeito preço, a receita marginal de um monopolista é sempre inferior ao preço de mercado, e a curva de receita marginal se situa abaixo da curva de demanda.
6. Na quantidade de produto que maximiza o lucro para o monopolista, o custo marginal é igual à receita marginal, que é inferior ao preço de mercado. Na quantidade de produto que maximiza o lucro de uma empresa perfeitamente competitiva, o custo marginal é igual ao preço de mercado. Assim, em comparação com indústrias perfeitamente competitivas, os monopólios produzem menos, cobram preços mais altos e obtêm lucro maior, tanto no curto quanto no longo prazo.
7. Um monopólio cria peso morto cobrando um preço acima do custo marginal: a perda de excedente do consumidor é maior que o lucro do monopolista. O governo deve intervir para impedir a formação dos monopólios criados para explorar o poder do monopólio e obter lucros monopolistas. Se eles já existirem, o governo deverá quebrá-los. Os monopólios baseados em barreiras criadas pelo governo e a superioridade tecnológica desaparecerão com o tempo. Entretanto, a quebra de um monopólio natural aumentará os custos e reduzirá o bem-estar.
8. Monopólios naturais também podem causar perda por peso morto. Para limitar essas perdas, os governos algumas vezes estabelecem a **propriedade pública** de tais monopólios e outras vezes impõem **regulação de preços**. Um teto para os preços de um monopolista, diferentemente do teto para uma indústria perfeitamente competitiva, não causa necessariamente escassez e pode aumentar o excedente total.
9. A forma de administrar o poder de mercado resultante de externalidades de rede é um tópico muito debatido, pois os gigantes digitais adotam comportamentos de monopólio e **monopsônio**. Um **monopsonista** – o único comprador de um bem em uma indústria – captura o excedente dos vendedores reduzindo suas compras e baixando o preço pago aos vendedores. Há pouquíssima produção e ocorre peso morto.
10. O poder de mercado resultante de externalidades de rede representa um problema político difícil, pois os consumidores se beneficiam de redes maiores. Por um lado, o poder de mercado impõe peso morto e asfixia a inovação nas indústrias digitais que estão em rápida transformação. Por outro lado, os gigantes digitais também inovam, e são bem-sucedidos porque os consumidores os preferem. Além disso, dada a dinâmica das externalidades da rede, se o gigante digital é quebrado, é provável que as empresas dominantes com poder de mercado ressurjam.
11. Nem todo monopolista é um **monopolista de preço único**. Assim como oligopolistas e competidores monopolísticos, muitas vezes os monopolistas fazem **discriminação de preços** para obter lucros mais altos, usando várias técnicas para diferenciar os consumidores com base na sua sensibilidade a preços, e cobrando mais daqueles que têm demanda menos elástica. Em comparação com um monopólio de preço único, a discriminação de preços reduz o peso morto. As técnicas mais utilizadas são: restrições de compra antecipada; descontos por volume; tarifas em duas partes; lojas de varejo e *outlet*; e preços personalizados digitais.
12. O preço digital personalizado é o que mais se aproxima de alcançar uma **discriminação de preços perfeita**, em que cada consumidor paga um preço igual à sua disposição de pagar. Enquanto o monopolista captura o excedente total no mercado, nenhum peso morto é incorrido, porque todas as transações mutuamente benéficas se realizam. A menos que isso provoque sérios problemas de igualdade, os governos tendem a se concentrar na prevenção do peso morto e não na prevenção da discriminação de preços.

PALAVRAS-CHAVE

QUESTÕES PARA PENSAR

1. A empresa Skyscraper City tem um sistema de metrô, no qual uma passagem custa $ 1,50. Há pressão sobre a prefeita para diminuir a passagem para $ 1,00 – redução de um terço. A prefeita está preocupada, pois para ela isso significa que a Skyscraper City vai perder um terço da sua receita de vendas de passagens. O assessor econômico da prefeita lembra que ela está pensando somente no efeito preço, esquecendo o efeito quantidade. Explique por que a estimativa da prefeita de perda de um terço da receita provavelmente é exagerada. Ilustre com um gráfico.

2. O gráfico a seguir ilustra o monopólio natural da companhia de eletricidade de sua localidade. O gráfico mostra a curva de demanda de quilowatts-hora (kWh) de eletricidade, a curva de receita marginal da companhia (MR), a curva de custo marginal (MC) e sua curva de custo total médio (ATC). O governo quer regular o monopólio impondo um teto para preços.

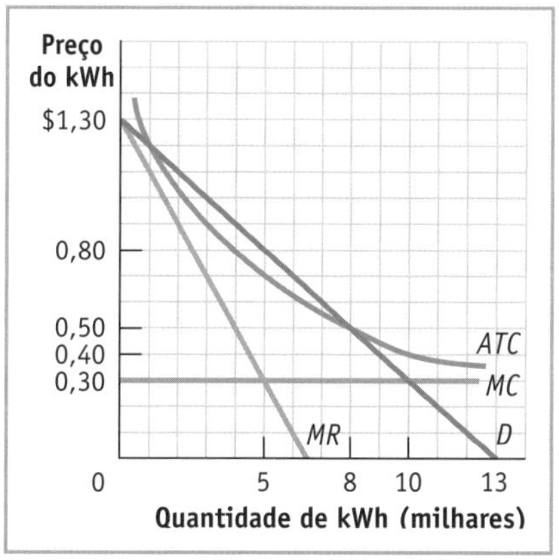

   a. Se o governo não regula esse monopólio, que preço ele cobrará? Ilustre a ineficiência que isso cria sombreando a área de peso morto do monopólio.
   b. Se o governo impõe um teto de preços igual ao custo marginal, $ 0,30, o monopolista terá lucro ou prejuízo? Indique por sombreado a área de lucro (ou de prejuízo) para o monopolista. Se o governo impõe esse teto de preços, a empresa continuará a produzir no longo prazo?
   c. Se o governo estabelece um teto de preços de $ 0,50, um monopolista terá lucro, prejuízo ou igualará receita e despesa?

3. Um monopolista sabe que, se expandir a quantidade de produção de 8 para 9 unidades, reduzirá o preço do seu produto de $ 2 para $ 1. Calcule o efeito quantidade e o efeito preço. Use esse resultado para calcular a receita marginal do monopolista ao produzir a 9ª unidade. O custo marginal de produzir a 9ª unidade é positivo. É uma boa ideia para esse monopolista produzir a 9ª unidade?

4. Explique as situações a seguir:
   a. Na Europa, muitas empresas fornecedoras de serviços de celular dão de graça aparelhos de alta qualidade (que teriam alto preço se não fossem dados) quando é assinado um contrato de serviços. Por que uma empresa estaria fazendo isso?
   b. Na Grã-Bretanha, as autoridades antitruste proibiram o fornecedor de serviços de telefonia celular Vodafone de oferecer um plano que dava aos clientes chamadas de graça para outros clientes da Vodafone. Por que a empresa queria oferecer essas chamadas de graça? Por que um governo estaria intervindo para proibir essa prática? Por que pode não ser boa ideia um governo intervir dessa maneira?

5. Para pessoas com alergias potencialmente fatais, transportar um dispositivo que injeta automaticamente epinefrina (chamado *autoinjetor*) é uma necessidade. No verão de 2016, Mylan, a fabricante do amplamente utilizado autoinjetor EpiPen, se deparou com um monopólio virtual. Um ano antes, seu principal concorrente, Auvi-Q, sofreu um *recall* em meio a temores de que seu dispositivo não funcionaria bem e forneceria a dose errada. Além disso, a FDA[6] negou a um terceiro produtor de medicamentos, a Teva, o lançamento de um autoinjetor genérico. Antes desses eventos, um EpiPen com duas unidades era vendido por aproximadamente 100 dólares. Mas, durante aquele verão, a Mylan aumentou o preço para mais de US$ 600 por unidade, o que gerou extensa cobertura jornalística, petições populares *on-line* e ultraje por parte dos consumidores. A Mylan contra-argumentou que muitos consumidores receberam EpiPens por meio de seu seguro de saúde e, portanto, estavam protegidos do aumento de preço. Para quem não tinha cobertura de seguro e precisava pagar o preço total, a Mylan ofereceu um cartão de desconto de 300 dólares.
   a. Desenhe um gráfico que mostre os excedentes de consumidores e produtores em um mercado competitivo de autoinjetores de epinefrina. Suponha que as empresas tenham um custo marginal constante de US$ 100 por unidade.
   b. Em seguida, usando esse gráfico, mostre quanto mudam o excedente do consumidor, excedente do produtor e perda por peso morto após a retirada do Auvi-Q e a entrada negada da Teva pela FDA.
   c. Como o cartão de desconto oferecido aos que não possuem seguro é um exemplo de discriminação de preços? (*Dica*: os pacientes que estão cobertos por seguro de saúde são como consumidores que têm alta renda e podem, portanto, pagar o preço total.) Desenhe um gráfico mostrando como o excedente de consumidores e produtores mudará com o programa do cartão de economia.

[6] N. R.: Sigla de *Food and Drug Administration*, agência federal aos EUA responsável por aprovar e regulamentar a distribuição de alimentos, medicamentos, vacinas e dispositivos médicos, entre outros itens afins.

PROBLEMAS

1. Cada uma das empresas a seguir possui poder de mercado. Explique sua fonte.
   a. Merck, produtor da patente do remédio de redução de colesterol Zetia
   b. WaterWorks, fornecedor de água encanada
   c. Chiquita, produtor de bananas e proprietário da maioria das plantações de banana
   d. Walt Disney Company, criadora do Mickey Mouse
2. Bob, Bill, Ben e Brad Baxter acabam de fazer um documentário sobre o time de basquete deles. Estão pensando em permitir o *download* do documentário na internet e, se quiserem, podem funcionar como um monopolista de preço único. Cada vez que o filme tem um *download*, o provedor de internet lhes cobra uma taxa de $ 4. Os irmãos Baxter estão discutindo sobre que preço cobrar dos internautas por *download*. A seguir, está a tabela de demanda do filme.

Preço por *download*	Quantidade demandada de *downloads*
$ 10	0
8	1
6	3
4	6
2	10
0	15

   a. Calcule a receita total e a receita marginal por *download*.
   b. Bob está orgulhoso do filme e quer que o máximo de pessoas faça seu *download*. Que preço ele escolheria? Quantos *downloads* seriam vendidos?
   c. Bill quer o máximo de receita total possível. Que preço ele escolheria? Quantos *downloads* seriam vendidos?
   d. Ben quer maximizar o lucro. Que preço ele escolheria? Quantos *downloads* seriam vendidos?
   e. Brad quer cobrar o preço de eficiência. Que preço ele escolheria? Quantos *downloads* seriam vendidos?
3. Mateo tem um quarto com vista, a certa distância, para um estádio importante de beisebol. Ele decide alugar um telescópio a $ 50 por semana e cobrar de seus amigos e colegas para "espiar" o jogo de beisebol por 30 segundos. Ele pode atuar como monopolista de preço único para alugar as espiadas. Para cada pessoa que dá uma espiada de 30 segundos, Mateo tem um custo de $ 0,20 para limpar o visor do telescópio. A tabela a seguir mostra a informação que Mateo coletou sobre a demanda do serviço.

Preço da espiada	Quantidade demandada de espiadas
$ 1,20	0
1,00	100
0,90	150
0,80	200
0,70	250
0,60	300
0,50	350
0,40	400
0,30	450
0,20	500
0,10	550

   a. Para cada preço nessa tabela, calcule a receita total de vender espiadas de telescópio e a receita marginal por espiada.
   b. A que quantidade Mateo maximizaria o lucro? Que preço ele cobrará? Qual será seu lucro?
   c. A dona do apartamento de Mateo reclama de tantos visitantes entrando no edifício e diz a ele que pare de vender espiadas. Mateo descobre que, se ele dá à proprietária $ 0,20 de propina por espiada, ela para de reclamar. Que efeito a propina de $ 0,20 por espiada tem sobre o custo marginal de Mateo por espiada? Qual será a nova quantidade maximizadora de lucro? Que impacto a propina de $ 0,20 por espiada tem sobre o lucro total de Mateo?
4. Suponha que a De Beers seja um monopolista de preço único no mercado de diamantes. A De Beers tem cinco clientes potenciais: Raquel, Jackie, Jake, Elijah e Jordan. Cada uma dessas clientes potenciais comprará, no máximo, um diamante e somente se o preço for igual ou inferior à sua disposição de pagar. A disposição de pagar de Raquel é $ 400; a de Jackie é $ 300; a de Jake, $ 200; a de Elijah, $ 100; e a de Jordan, $ 0. O custo marginal por diamante para a De Beers é de $ 100. Isso leva à tabela de demanda de diamantes que se mostra a seguir.

Preço do diamante	Quantidade demandada de diamantes
$ 500	0
400	1
300	2
200	3
100	4
0	5

   a. Calcule a receita total da De Beers e sua receita marginal. A partir desse cálculo, trace as curvas de demanda e de receita marginal.
   b. Explique por que a De Beers se defronta com uma curva de demanda inclinada para baixo e por que a receita marginal da venda de um diamante adicional é inferior ao preço do diamante.
   c. Suponha que a De Beers atualmente cobre $ 200 por diamante. Se baixasse o preço para $ 100, de que tamanho seria o efeito preço? E o efeito quantidade?
   d. Trace a curva de custo marginal no seu gráfico e determine a quantidade que maximiza o lucro da De Beers e qual o preço que ela vai cobrar.

5. Use a tabela de demanda para diamantes dada no Problema 4. O custo marginal de produzir diamantes é constante em $ 100. Não há custo fixo.

a. Se a De Beers cobra o preço de monopólio, de que tamanho será o excedente do consumidor individual que cada comprador experimentará? Calcule o excedente total do consumidor somando os excedentes de consumidor individual. Qual o tamanho do excedente do produtor?

Suponha que novos produtores russos e asiáticos entrem no mercado e que ele se torne perfeitamente competitivo.

b. Qual é o preço de competição perfeita? Que quantidade seria vendida no mercado perfeitamente competitivo?

c. No preço e na quantidade de competição perfeita, qual seria o excedente do consumidor experimentado por comprador? Qual seria o excedente do consumidor total? Qual seria o excedente do produtor?

d. Compare sua resposta na parte *c* com sua resposta na parte *a*. De que tamanho é o peso morto associado ao monopólio nesse caso?

6. Use a tabela de demanda para diamantes dada no Problema 4. A De Beers é um monopolista, mas agora pode discriminar preços perfeitamente entre todos os seus cinco consumidores potenciais. O custo marginal da De Beers é constante em $ 100. Não há custo fixo.

a. Se a De Beers consegue discriminar preços perfeitamente, a quais consumidores ela venderá diamantes e a que preço?

b. De que tamanho é o excedente de cada consumidor individual? De que tamanho é o excedente do consumidor total? Calcule o excedente do produtor adicionando o excedente do produtor gerado a cada venda.

7. A companhia Download Records decide lançar um álbum do grupo *Mary and the Little Lamb.* Ela produz o álbum sem custo fixo, mas o custo total de gravar o álbum e pagar direitos autorais a Mary é $ 6 por álbum. A Download Records tem condições de atuar como monopolista de preço único. Sua divisão de marketing verifica que a tabela de demanda do álbum é a que se mostra a seguir.

Preço do álbum	Quantidade demandada de álbuns
$ 22	0
20	1.000
18	2.000
16	3.000
14	4.000
12	5.000
10	6.000
8	7.000

a. Calcule a receita total e a receita marginal por álbum.

b. O custo marginal de produzir cada álbum é constante em $ 6. Para maximizar o lucro, que nível de produção a Download Records deveria escolher e, portanto, que preço ela deveria cobrar?

c. Mary renegocia seu contrato e agora recebe $ 14 de direitos autorais por álbum. O custo marginal sobe e fica constante em $ 14. Para maximizar o lucro, que nível de produto a Download Records deve escolher agora? E quanto deve cobrar por álbum?

8. O cinema de Collegetown serve a dois tipos de frequentadores: estudantes e professores. Há 900 estudantes e 100 professores em Collegetown. Cada estudante tem disposição de pagar $ 5 por entrada de cinema. Cada professor tem disposição de pagar $ 10 por entrada. Cada um comprará, no máximo, uma entrada. O custo marginal para o cinema é constante em $ 3 por entrada e não há custo fixo.

a. Suponha que o cinema não possa fazer discriminação de preços e tenha de cobrar dos estudantes e dos professores o mesmo preço por entrada. Quando o cinema cobra $ 5, quem compra entradas e qual é o lucro do cinema? Quanto é o excedente do consumidor?

b. Quando o cinema cobra $ 10, quem compra entradas e de quanto é o lucro do cinema? Qual é o excedente do consumidor?

c. Suponha agora que o cinema, se quiser, possa fazer discriminação de preços entre estudantes e professores, exigindo que os estudantes mostrem sua carteira de estudante e que o cinema cobre $ 5 dos estudantes e $ 10 dos professores. Qual será seu lucro? Qual será o excedente do consumidor?

9. Nos Estados Unidos, há uma instituição, a Federal Trade Commission (FTC), encarregada de promover a competição e fiscalizar fusões que permitam elevações de preços. Há alguns anos, as empresas Staples e Office Depot, duas das maiores cadeias de lojas de materiais de escritório, anunciaram seu acordo para uma fusão.

a. Alguns críticos da fusão argumentaram que, em várias partes do país, essa operação criaria um monopólio no mercado de materiais de escritório. Baseado nos argumentos da FTC e em sua missão de questionar fusões que possam aumentar preços, você acha que a fusão foi permitida?

b. Staples e Office Depot argumentaram que, ainda que em algumas partes do país eles pudessem criar monopólio de lojas de materiais de escritório, a FTC teria de considerar o mercado como um todo, incluindo todas as lojas que vendem materiais de escritório (como mercadinhos e outros varejistas). Nesse mercado, Staples e Office Depot enfrentariam a competição de muitas outras lojas menores. Se o mercado para o total da oferta de materiais de escritório é o que a FTC deve considerar, aumentaria ou diminuiria a probabilidade de a FTC permitir a fusão?

10. Antes do fim dos anos 1990, nos Estados Unidos, a companhia que gerava a eletricidade era também aquela que a distribuía por linhas de alta voltagem. Desde então, 16 estados e o Distrito de Columbia[7] iniciaram a separação entre os serviços de geração e distribuição de eletricidade, permitindo competição entre os geradores de eletricidade e os distribuidores.

[7]N. R.: Jurisdição em que se encontra a capital federal, equivalente ao Distrito Federal brasileiro.

a. Suponha que o mercado de distribuição de eletricidade fosse e permanecesse um monopólio natural. Use um gráfico para ilustrar o mercado de distribuição de eletricidade se o governo estabelecer que o preço seja igual ao custo total médio.

b. Suponha que a desregulamentação da geração de eletricidade crie um mercado perfeitamente competitivo. Suponha também que a geração de eletricidade não tenha características de monopólio natural. Use um gráfico para ilustrar as curvas de custo no equilíbrio de longo prazo para uma empresa individual nessa indústria.

11. Em 2014, a Time Warner e a Comcast anunciaram sua intenção de fundir-se. Isto suscitou questões de monopólio, porque a empresa combinada forneceria acesso por cabo a uma maioria esmagadora de norte-americanos. Também levantou questões de monopsônio, já que a empresa combinada seria virtualmente a única compradora de programação. Embora a fusão tenha acabado por ser rejeitada, suponha que ela tenha ocorrido. Em cada um dos itens a seguir, determine se há evidência de monopólio, monopsônio ou nenhum dos dois.

   a. A taxa mensal de TV a cabo para os consumidores aumenta significativamente mais do que o aumento do custo de produção e entrega de programas para TV a cabo.

   b. As empresas que anunciam na TV a cabo descobrem que devem pagar taxas mais altas por publicidade.

   c. As empresas que produzem programas de TV a cabo descobrem que devem produzir mais programas pelo mesmo valor que foi pago anteriormente.

   d. Os consumidores acham que há mais programas disponíveis pela mesma tarifa mensal de TV a cabo.

12. O Walmart é o maior varejista do mundo. Como consequência, tem poder de barganha suficiente para pressionar seus fornecedores a baixar seus preços, de modo a honrar seu *slogan* "Economize dinheiro. Viva Melhor" junto aos clientes.

   a. O Walmart está agindo como monopolista ou monopsonista ao comprar mercadorias de fornecedores? Explique.

   b. Como o Walmart afeta o excedente do consumidor de seus clientes? E o excedente do produtor de seus fornecedores?

   c. Com o tempo, o que provavelmente acontecerá com a qualidade dos produtos produzidos pelos fornecedores do Walmart?

RESOLVA

13. Considere uma indústria com a curva de demanda (*D*) e a curva de custo marginal (*MC*) mostradas no diagrama de acompanhamento. Não há custo fixo. Se a indústria é um monopólio de preço único, a curva de receita marginal do monopolista seria *MR*. Responda as seguintes perguntas, nomeando os pontos ou áreas apropriadas.

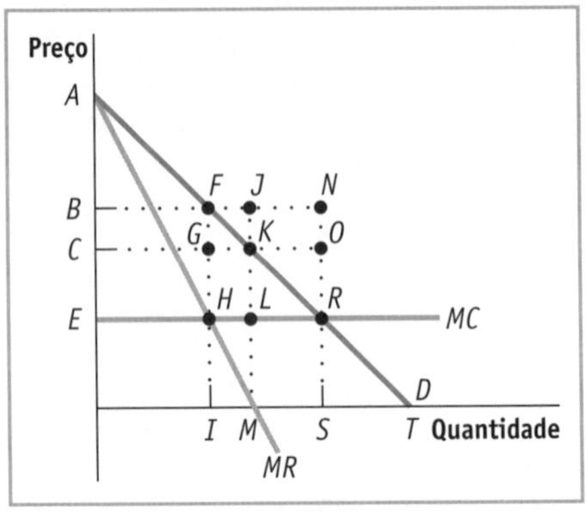

   a. Se a indústria for perfeitamente competitiva, qual será a quantidade total produzida? A que preço?

   b. Qual área reflete o excedente do consumidor sob a concorrência perfeita?

   c. Se a indústria é um monopólio de preço único, que quantidade o monopolista produzirá? Que preço cobrará?

   d. Qual área reflete o lucro do monopolista de preço único?

   e. Qual área reflete o excedente do consumidor sob monopólio de preço único?

   f. Qual área reflete o peso morto para a sociedade por conta do monopólio de preço único?

   g. Se o monopolista pode discriminar perfeitamente o preço, que quantidade produzirá o monopolista que discrimina perfeitamente o preço?

14 Oligopólio

REGULADORES DÃO À BRIDGESTONE UM PNEU FURADO

COM VENDAS DE MAIS DE US$ 33 BILHÕES EM 2019, a Bridgestone é a maior empresa de pneus, em vendas, nos Estados Unidos. Mas apenas cinco anos atrás ela sofreu uma reviravolta particularmente humilhante, por cortesia das agências reguladoras dos EUA. Em 2014, a Bridgestone admitiu que durante muitos anos tinha participado de reuniões com as concorrentes Hitachi Automotive e Mitsubishi Electric. Nessas reuniões, as empresas estabeleceram preços e dividiram o mercado de peças automotivas de borracha, comportamento chamado *fixação de preços*. No total, 26 empresas se declararam culpadas de fixação de preços para peças automotivas de borracha, 32 pessoas foram indiciadas e um total de mais de US$ 2 bilhões em multas foi imposto pelo governo dos Estados Unidos.

O que a Bridgestone e seus coconspiradores estavam fazendo era ilegal. De acordo com a acusação emitida pelo Departamento de Justiça, suas ações foram empreendidas para "reprimir e eliminar a concorrência". O efeito dessas ações foi aumentar o preço das peças automotivas para fabricantes de automóveis em todo o país – da General Motors à Toyota e à Chrysler. Neste capítulo, entenderemos como os reguladores fizeram essa determinação, e como as ações da Bridgestone prejudicaram os consumidores.

O caso apresentado contra a Bridgestone e seus coconspiradores ilustra as questões colocadas pelo *oligopólio* – uma indústria que não é perfeitamente competitiva nem puramente monopolista. Oligopólio é um tipo de estrutura de mercado no qual existem apenas alguns poucos produtores. No mundo real, o oligopólio ocorre com muito mais frequência do que o monopólio. E é indiscutivelmente mais típico das economias modernas do que a concorrência perfeita.

Os problemas colocados pelo oligopólio mantêm os reguladores do Departamento de Justiça dos EUA muito ocupados investigando dezenas de casos de alegado comportamento anticompetitivo. Por exemplo, em 2020, o Departamento de Justiça anunciou que iria instaurar processos criminais contra vários fabricantes de medicamentos genéricos por conluio para manter os preços dos medicamentos elevados e custando aos pacientes bilhões de dólares. Em 2019, a Starkist, líder de mercado de atum embalado nos Estados Unidos, pagou uma multa de 100 milhões de dólares depois que o Departamento de Justiça a acusou de trabalhar com as rivais Bumble Bee e Chicken of the Sea para fixar o preço do atum em conserva. Outros casos recentes envolveram a fixação de preços na indústria de cartões de crédito por Visa e MasterCard, na indústria de transporte marítimo e pelas empresas de aluguel de caminhões fretados U-Haul e Avis.

Quando há poucos produtores em uma indústria, como é o caso do oligopólio, surge a questão do *comportamento estratégico*: a forma como uma empresa se comporta afeta o comportamento de outras empresas. Como as empresas podem afetar o comportamento umas das outras, elas são tentadas a coordenar suas ações, ou *conspirar*, a fim de sufocar a concorrência e aumentar lucros, como fizeram a Bridgestone e seus coconspiradores. Como resultado desse comportamento, reguladores frequentemente intervêm em indústrias oligopolistas para proteger os consumidores.

Neste capítulo, vamos começar examinando o que é o oligopólio e por que ele é tão importante. Depois nos voltaremos para o comportamento das indústrias oligopolistas. Finalmente, analisaremos a *política antitruste*,[1] que é adotada pelos reguladores para preservar a concorrência nas indústrias oligopolistas, mantendo assim os oligopólios "bem-comportados". •

O QUE VOCÊ IRÁ APRENDER?

- O que é o **oligopólio** e por que ele ocorre?
- Por que os **oligopolistas** se beneficiam do **conluio** (ou colusão) e como os consumidores são prejudicados por isso?
- Como os conhecimentos obtidos com a **teoria dos jogos** nos ajudam a entender o comportamento estratégico de oligopolistas?
- Por que a **política antitruste**, que visa evitar a colusão entre oligopolistas, é uma função crítica do governo?

[1]N. R.: Também conhecida no Brasil como *política de defesa da concorrência*.

A prevalência do oligopólio

Oligopólio é uma indústria com pequeno número de produtores. Um produtor em tal indústria é conhecido como **oligopolista**.

Quando nenhuma empresa tem monopólio, mas os produtores percebem que podem afetar os preços de mercado, uma indústria é caracterizada por **competição imperfeita**.

Durante o período de fixação de preços pela Bridgestone e seus coconspiradores, nenhuma companhia controlava a indústria mundial de autopeças de borracha, mas existiam poucos grandes produtores. Uma indústria com poucos vendedores é conhecida como **oligopólio**; uma empresa em uma indústria assim é conhecida como **oligopolista**.

Os oligopolistas, obviamente, competem entre si por vendas. Mas nem a Bridgestone nem a Mitsubishi eram como empresas em uma indústria perfeitamente competitiva, que tomam como dado o preço pelo qual podem vender seu produto. Cada uma delas sabia que sua decisão sobre quanto produzir afetaria o preço de mercado. Isto é, como os monopolistas, cada uma das empresas tinha algum *poder de mercado*. Assim, a competição nessa indústria não era "perfeita".

Os economistas se referem a uma situação em que as empresas competem, mas também têm poder de mercado, o que lhes permite afetar os preços de mercado, como **competição imperfeita**. Como vimos no Capítulo 13, existem de fato duas formas importantes de competição imperfeita: oligopólio e *competição monopolística*. Dessas duas, o oligopólio é provavelmente a mais importante na prática.

Embora seja um negócio bilionário, autopeças de borracha não são precisamente um produto familiar para a maioria dos consumidores. Contudo, muitos bens e serviços comuns são fornecidos por poucos vendedores competindo entre si, o que significa que as indústrias em questão são oligopólios. Por exemplo, o Google tem participação de 62,5% no mercado norte-americano de mecanismos de busca, enquanto o Bing/Microsoft e o Yahoo/Verizon Media têm participação conjunta de 36,6%. No mercado norte-americano de *smartphones*, a Apple e a Samsung têm participações de mercado de 56 e 27%, respectivamente. No mercado norte-americano de creme dental, a Colgate-Palmolive responde por 48% do mercado, enquanto Crest e Sensodyne respondem por 29 e 22%, respectivamente. Verizon, AT&T e T-Mobile respondem coletivamente por cerca de 88% das assinaturas de telefonia sem fio nos EUA, e a maioria das rotas aéreas domésticas do país é coberta por apenas duas a três companhias aéreas. Essa lista poderia ocupar várias páginas.

É importante notar que um oligopólio não é necessariamente composto de empresas grandes. O que importa não é o tamanho, mas o número dos competidores. Quando uma cidade pequena tem só duas mercearias, isso é oligopólio, tanto quanto a ponte aérea entre Nova York e Washington.

Por que os oligopólios são tão prevalentes? Essencialmente, oligopólio é o resultado dos mesmos fatores que algumas vezes produzem um monopólio, só que de forma um pouco mais atenuada. Provavelmente, a fonte mais importante de oligopólios é a existência de *retornos crescentes à escala*, que dá a grandes produtores uma vantagem de custo sobre os menores. Quando esses efeitos são muito fortes, levam ao monopólio, mas quando não são tão fortes, promovem competição entre um pequeno número de empresas.

Por exemplo, mercearias grandes, normalmente, têm custos mais baixos que as menores. Mas a vantagem de uma escala maior vai diminuindo à medida que a mercearia se torna razoavelmente grande, e é por isso que duas ou três costumam sobreviver em cidades pequenas.

Se o oligopólio é tão comum, por que a maior parte deste livro tem seu foco na competição em indústrias com número muito grande de vendedores? E, se o monopólio não é comum, por que o estudamos primeiro? A resposta tem duas partes.

Primeiro, muito do que aprendemos ao estudarmos mercados perfeitamente competitivos – custos, entrada e saída, eficiência – permanece válido, apesar de muitas indústrias não serem perfeitamente competitivas. Segundo, a análise do oligopólio se baseia na noção de *interdependência* entre as empresas – no oligopólio, as ações de uma empresa afetam diretamente outras empresas dentro do setor. Quando as empresas são interdependentes, há uma multiplicidade de resultados possíveis, dependendo de como as empresas se comportam. Isto é diferente tanto da competição perfeita quanto do monopólio, onde haverá uma escolha racional para uma empresa e equilíbrio de mercado. Portanto, ao estudarmos a competição perfeita e o monopólio antes do oligopólio, estaremos seguindo uma regra que geralmente é boa de seguir: primeiro, lidar com as perguntas que você pode responder facilmente (competição perfeita e monopólio) e depois abordar as mais difíceis (oligopólio).

ECONOMIA >> *em Ação*

É ou não é um monopólio da cerveja?

Na prática, nem sempre é fácil determinar a estrutura de mercado de uma indústria olhando apenas para o número de produtores. O mercado de cerveja é um exemplo: embora existam dezenas de fabricantes, muitos deles são pequenos produtores de nicho (fabricantes de cerveja artesanal), deixando o mercado geral dominado por dois fabricantes muito grandes. Anheuser-Busch InBev e MillerCoors respondem por 40,8 e 23,5%, respectivamente, das vendas norte-americanas de cerveja. Você pode ver a distribuição dos cervejeiros na Figura 14.1.

Figura 14.1 Participação de mercado na indústria de cerveja dos EUA em 2018, HHI = 2.332.

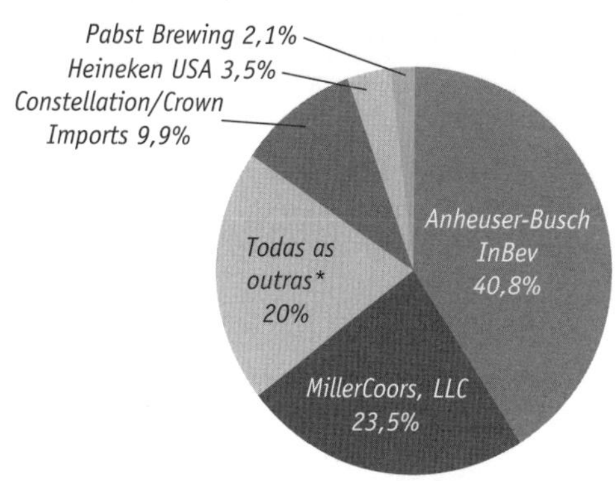

Dados de: America's Beer Distributors.

Assim, os economistas frequentemente usam uma medida chamada *Índice Herfindahl-Hirschman*, ou HHI, para medir a natureza da concorrência em determinada indústria. O HHI de uma indústria é calculado como a soma do quadrado da participação de mercado de cada empresa do setor. (Definimos a *participação de mercado* no Capítulo 12.) Por exemplo, se uma indústria contém três empresas com participações de mercado de 60, 25 e 15%, o HHI da indústria é:

$$HHI = 60^2 + 25^2 + 15^2 = 4.450$$

Ao elevar ao quadrado cada quota de mercado, o HHI é muito maior quando a indústria é dominada por um pequeno número de empresas, o que o torna uma medida melhor de quão concentrada é uma indústria.

Não se trata apenas de uma questão acadêmica. O HHI é usado nos EUA pelo Departamento de Justiça e pela Comissão Federal de Comércio para formular a *política antitruste*. Sua missão é apoiar a concorrência adequada em uma indústria, processando a fixação de preços, rompendo monopólios economicamente ineficientes e proibindo fusões entre empresas que possam reduzir a concorrência.

De acordo com as diretrizes do Departamento de Justiça, HHI abaixo de 1.500 indica uma indústria não concentrada – uma indústria que não é dominada por um pequeno número de empresas e que, portanto, opera de forma competitiva. HHI entre 1.500 e 2.500 indica concentração moderada, e acima de 2.500 indica uma indústria altamente concentrada – em outras palavras, um oligopólio ou um monopólio. Em indústrias moderadas ou altamente concentradas, as fusões entre empresas que elevam o HHI receberão o escrutínio dos economistas do Departamento de Justiça e poderão ser proibidas.

A fusão em 2016 dos fabricantes de cerveja Anheuser-Busch InBev e SABMiller (proprietária da marca MillerCoors) é um bom exemplo de como o HHI é usado na elaboração de políticas regulatórias. A Anheuser-Busch InBev queria a fusão para acessar os mercados estrangeiros em rápido crescimento nos quais a SABMiller já operava. Porém, antes da fusão, a indústria norte-americana da cerveja era altamente concentrada, com um HHI de 2.598. Portanto, as duas empresas sabiam que teriam de obter aprovação do Departamento de Justiça para prosseguir.

O Departamento de Justiça acabou permitindo a fusão, mas somente após condições rigorosas terem sido cumpridas. A SABMiller foi obrigada a vender sua marca MillerCoors, de modo que a Anheuser-Busch InBev e a MillerCoors permaneceram concorrentes. E os distribuidores de cerveja, empresas locais que entregam cerveja a restaurantes e bares em uma área geográfica, fizeram parte do negócio. Esses distribuidores costumam ser de propriedade dos grandes cervejeiros, e os fabricantes artesanais de cerveja reclamam que isso desestimula as vendas de suas cervejas artesanais. Assim, como parte do negócio, a empresa recém-fundida foi proibida de tomar medidas com distribuidores que desencorajassem a concorrência. No entanto, mesmo com o acordo, reguladores, legisladores e concorrentes deixaram claro que estão de olho em futuros desenvolvimentos na indústria da cerveja e levarão muito a sério quaisquer ações anticoncorrenciais por parte da nova empresa. Até 2019, o HHI da indústria da cerveja caiu para 2.332, passando de uma indústria altamente concentrada para uma moderadamente concentrada.

>> *Revisão Rápida*

- Além da competição perfeita e do monopólio, o **oligopólio** e a competição monopolística são também tipos importantes de estrutura de mercado. São formas de **competição imperfeita**.
- O oligopólio é uma estrutura de mercado comum, na qual há apenas poucas empresas, chamadas **oligopolistas**. Surge das mesmas forças que levam ao monopólio, porém de forma mais atenuada.
- O índice de Herfindahl-Hirschman, a soma dos quadrados da participação de mercado de cada empresa no setor, é muito usado como medida de concentração da indústria.

>> *Teste seu entendimento* 14.1

As respostas estão no fim do livro.

1. Explique por que cada um dos setores que se seguem é um oligopólio e não uma indústria perfeitamente competitiva.
   a. A indústria mundial do petróleo, na qual alguns poucos países ao redor do Golfo Pérsico controlam boa parte das reservas mundiais de petróleo.
   b. A indústria de microprocessadores, na qual duas empresas, Intel e sua feroz rival AMD, dominam a tecnologia.
   c. A indústria de grandes aviões a jato para passageiros, formada pela norte-americana Boeing e pela europeia Airbus, cuja produção se caracteriza por custos fixos extremamente elevados.

Buscadores	Parcela de mercado
Google	62,5%
Bing/Microsoft	24,9
Yahoo!/Verizon Media	11,7
Ask	0,9

2. A tabela mostra as parcelas de mercado para buscadores da internet em 2019.
   a. Calcule o HHI dessa indústria.
   b. Se Yahoo! e Bing decidissem uma fusão entre eles, qual seria o HHI?

Entendendo o oligopólio

Quando a decisão de uma empresa afeta significativamente os lucros de outras empresas do setor, elas estão em situação de **interdependência**.

Oligopolistas podem se comportar de forma muito diferente das empresas em outros tipos de estrutura de mercado, pois operam em uma situação de **interdependência**. Isto significa que as decisões de preços e produção de uma empresa afetam significativamente os lucros de suas rivais. Para entendermos como os oligopólios pensam e se comportam, vamos começar com um exemplo.

Um exemplo de duopólio

Um oligopólio constituído por apenas duas empresas é um **duopólio**. Cada uma dessas empresas é conhecida como **duopolista**.

Vamos agora examinar a versão mais simples do oligopólio, uma indústria na qual existem apenas duas empresas produtoras – um **duopólio** –, cada uma das quais conhecida como **duopolista**.

Voltando à nossa história inicial, imagine que existem apenas dois produtores de pneus para automóveis, Bridgestone e Hitachi. Para simplificar, suponha que, tendo uma empresa incorrido no custo fixo necessário para produzir pneus, o custo marginal de produzir outro pneu é zero. Portanto, as empresas estão preocupadas apenas com a receita que recebem das vendas, não com seus custos.

A Tabela 14.1 mostra uma hipotética tabela de demanda de pneus e a receita total da indústria a cada combinação preço-quantidade.

Se esta fosse uma indústria perfeitamente competitiva, cada empresa teria incentivo para produzir mais, desde que o preço de mercado estivesse acima do custo marginal. Como o custo marginal é assumido como zero, isto significaria que, no equilíbrio, os pneus seriam fornecidos gratuitamente. As empresas produziriam até que o preço fosse igual a zero, resultando em uma produção total de 120 milhões de pneus e receita zero para ambas as empresas.

No entanto, certamente as empresas não seriam tão estúpidas assim. Com apenas duas empresas do setor, cada uma delas perceberia que, ao produzir mais, isso faria baixar o preço de mercado. Assim, cada empresa, como monopolista, perceberia que os lucros seriam maiores se ela e seu rival limitassem a produção.

Então, quanto as duas empresas irão produzir?

Uma possibilidade é que as duas se envolvam em **colusão** – elas cooperarão para aumentar seus lucros conjuntos. A forma mais forte de colusão é o **cartel**, um acordo entre produtores que determina quanto cada um pode produzir. O cartel mais famoso do mundo é a Organização dos Países Exportadores de Petróleo (OPEP), descrita em um quadro Economia em Ação mais adiante no capítulo.

Vendedores se envolvem em **colusão** quando cooperam para aumentar em conjunto seus lucros. Um **cartel** é o acordo entre vários produtores para cumprirem restrições de produção a fim de aumentarem seus lucros conjuntos.

Como seu nome indica, a OPEP é na verdade um acordo entre governos, e não entre empresas. Há uma razão pela qual esse cartel é um acordo entre governos: cartéis entre empresas são ilegais nos Estados Unidos e em muitas outras jurisdições. Mas vamos ignorar a lei por um momento (o que, obviamente, fez a Bridgestone na vida real – em detrimento próprio).

Vamos ilustrar com um exemplo de cartel formado por apenas duas empresas, Bridgestone e Hitachi. Suponhamos que esse cartel decidiu agir como se fosse um monopolista, maximizando os lucros totais da indústria. É óbvio na Tabela 14.1 que, para maximizar os lucros combinados das duas empresas, o cartel deveria fixar a produção total da indústria em 60 milhões de pneus, que seriam vendidos ao preço de $ 6 por pneu, o que gera uma receita de $ 360 milhões, o máximo possível.

Então, a única pergunta seria quanto desses 60 milhões de pneus cada empresa conseguiria produzir. Uma solução justa poderia ser que cada empresa produzisse 30 milhões de pneus, com receita para cada empresa de 180 milhões de dólares.

Porém, mesmo que as duas empresas concordassem em tal acordo, elas poderiam ter um problema: cada uma delas teria um incentivo para quebrar sua palavra e produzir mais do que a quantidade acordada.

Tabela 14.1 Demanda de pneus

Preço do pneu	Quantidade demandada de pneus (milhões)	Receita total (milhões)
$ 12	0	$ 0
11	10	110
10	20	200
9	30	270
8	40	320
7	50	350
6	60	360
5	70	350
4	80	320
3	90	270
2	100	200
1	110	110
0	120	0

Colusão e competição

Suponha que os presidentes da Bridgestone e da Hitachi concordassem que cada uma produziria 30 milhões de pneus no ano seguinte. Ambos entenderiam que esse plano maximiza seus lucros conjuntos. E ambos teriam incentivo para trapacear.

Para ver por quê, considere o que aconteceria se a Hitachi honrasse seu acordo, produzindo apenas 30 milhões de pneus, mas a Bridgestone ignorasse sua promessa e produzisse 40 milhões de pneus. Esse aumento na produção total faria o preço baixar de $ 6 para $ 5 por pneu, o preço pelo qual 70 milhões de pneus são demandados. A receita total da indústria cairia de $ 360 milhões ($ 6 × 60 milhões de pneus) para $ 350 milhões ($ 5 × 70 milhões de pneus). Entretanto, a receita da Bridgestone *aumentaria* de $ 180 milhões ($ 6 × 30 milhões de pneus) para $ 200 milhões ($ 5 × 40 milhões de pneus). Como estamos assumindo custo marginal zero, isto significaria um aumento de $ 20 milhões nos lucros da Bridgestone.

Porém, o presidente da Hitachi poderia fazer exatamente o mesmo cálculo. E se ambas as empresas produzissem 40 milhões de pneus, o preço cairia para $ 4 por pneu. Assim, os lucros de cada empresa cairiam, de $ 180 milhões para $ 160 milhões.

Por que as empresas individuais têm incentivo para produzir mais do que a quantidade que maximiza seus lucros conjuntos? Porque nenhuma delas tem um incentivo tão forte para limitar sua produção quanto teria um verdadeiro monopolista.

Voltemos por um instante à teoria do monopólio. Sabemos que um monopolista que maximiza seu lucro iguala custo marginal (que, nesse caso, é igual a zero) e receita marginal. Mas o que é receita marginal? Produzir uma unidade adicional do bem tem dois efeitos:

1. Um efeito *quantidade* positivo: uma unidade adicional vendida aumenta a receita total no montante do preço pelo qual a unidade foi vendida.

2. Um efeito *preço* negativo: para vender mais uma unidade, o monopolista precisa cortar o preço de mercado de *todas* as unidades vendidas.

O efeito preço negativo é a razão pela qual a receita marginal para um monopolista é menor que o preço de mercado. Porém, ao considerar o efeito de aumentar a produção, uma empresa está preocupada exclusivamente com o efeito preço sobre suas *próprias* unidades de produção, não com o efeito sobre as unidades de seu companheiro oligopolista. Tanto a Bridgestone como a Hitachi sofrem um efeito preço negativo quando a Bridgestone decide produzir pneus extras e pressiona o preço para baixo. Mas a Bridgestone está preocupada apenas com o efeito preço negativo sobre as unidades que ela produz, e não com a perda para a Hitachi.

Isso significa que uma empresa individual em um oligopólio se defronta com efeito preço menor resultante de uma unidade adicional de produto do que se defrontaria um monopolista; por conseguinte, a receita marginal que essa empresa calcula é mais alta. Assim, vai parecer para qualquer companhia individual em um oligopólio que aumentar a produção é lucrativo, mesmo que isso reduza os lucros da indústria em seu conjunto. Porém, se todos pensarem da mesma maneira, o resultado é que todos terão lucro menor!

Quando as empresas ignoram os efeitos de suas ações sobre os lucros das demais, elas adotam um **comportamento não cooperativo.**

Até agora, pudemos analisar o comportamento do produtor perguntando o que ele deveria fazer para maximizar o lucro. Porém, mesmo que a Bridgestone e a Hitachi estejam tentando maximizar os lucros, o que isso permite prever do seu comportamento? Elas se envolverão em uma colusão, alcançando e mantendo um acordo que maximiza seus lucros combinados? Ou terão um **comportamento não cooperativo**, em que cada empresa atua em seu próprio interesse, ainda que isso tenha o efeito de reduzir o lucro de todas? Ambas as estratégias parecem ser de maximização de lucro. Qual é a que de fato corresponderá ao comportamento das empresas?

Agora se vê por que o oligopólio, com apenas um pequeno número de participantes, torna a colusão uma possibilidade real. Se houvesse dezenas ou centenas de empresas, poderíamos supor que elas teriam comportamento não cooperativo. No entanto, quando há apenas um punhado de empresas em uma indústria, o conluio não é inevitável. Por razões que explicamos na próxima seção, oligopolistas são muitas vezes incapazes de conspirar.

Como, em última instância, a colusão é mais lucrativa que o comportamento não cooperativo, as empresas terão incentivo para a colusão se conseguirem completá-la. Uma maneira de chegar a isso é formalizá-la, assinar um acordo, talvez até fazer um contrato legal ou estabelecer algum incentivo para que as companhias estabeleçam seu preço em nível alto. No entanto, nos Estados Unidos e em muitos outros países, não se pode fazer isso, pelo menos não legalmente. As companhias não podem fazer um contrato para manter os preços elevados: não se poderia garantir o cumprimento desse contrato na justiça, e sua execução levaria os envolvidos para trás das grades. Elas tampouco podem assinar um acordo de cavalheiros, que não tem força de lei, mas talvez se apoie na ameaça de retaliação, porque isso também é ilegal.

De fato, executivos de companhias rivais dificilmente se encontram sem a presença de advogados, para garantir que a conversação não adentre território inadequado. A mera sugestão de que seria bom que os preços fossem mais elevados pode motivar uma entrevista indesejável com o Departamento de Justiça ou a Comissão Federal de Comércio, órgãos encarregados de fazer cumprir as leis contra a colusão oligopolista nos Estados Unidos.

Por exemplo, em um caso emblemático ocorrido em 2013, o Departamento de Justiça norte-americano iniciou um inquérito formal de fixação de preços contra a Monsanto e outros grandes produtores de sementes geneticamente modificadas. O Departamento de Justiça foi alertado para uma série de encontros entre a Monsanto e a Pioneer Hi-Bred International, duas companhias responsáveis por 60% do mercado norte-americano de sementes de milho e de soja. As duas companhias, que participam de um acordo de licenciamento de sementes geneticamente modificadas, defenderam-se dizendo que não houve discussões ilegais de fixação de preço nessas reuniões. Mas o fato de que as duas empresas discutiram preços como parte do acordo de licenciamento bastou para que um inquérito formal fosse iniciado.

Por vezes, como vimos, oligopolistas ignoram as regras. Porém, com mais frequência, eles encontram formas de chegar a uma colusão sem acordo formal, como veremos mais tarde no capítulo.

ECONOMIA >> *em Ação*

Processo contra produtores de chocolate derrete

No caso Bridgestone, os executivos da empresa admitiram a fixação de preços, dando aos investigadores provas indiscutíveis de colusão que foram usadas para processar a empresa. Entretanto, sem provas sólidas, a acusação de fixação de preços pode ser um negócio complicado. Os resultados diferentes das alegações de fixação de preços na indústria de chocolate dos EUA e do Canadá deixam esse ponto bem claro.

No final de 2015, finalmente terminava uma investigação de oito anos sobre colusão por parte dos principais fabricantes de chocolate canadenses. Ela começou quando a Cadbury Canada revelou que havia conspirado com Hershey Canada, Nestlé Canada e Mars Canada. No processo judicial subsequente, 13 executivos da Cadbury Canada revelaram seus contatos com as outras empresas, incluindo um episódio no qual um executivo da Nestlé Canada entregou detalhes sobre um aumento planejado de preços para a Cadbury Canada. De acordo com documentos do tribunal, altos executivos da Hershey Canada, Nestlé Canada e Mars Canada reuniram-se secretamente para fixar os preços. Após longos litígios, todos os quatro produtores resolveram o caso e pagaram multas que totalizaram mais de US$ 23 milhões, valor distribuído entre os consumidores.

Ao sul da fronteira, várias das maiores redes de mercearias e lanchonetes dos EUA estavam convencidas de que elas também haviam sido vítimas de colusão por parte dos fabricantes de chocolate. Em 2010, uma dessas lojas, a SuperValu, entrou com uma ação judicial contra as divisões dos EUA dos quatro fabricantes de chocolate. Em contraste com o Canadá, onde os quatro grandes controlavam pouco menos de 50% do mercado, nos EUA eles controlavam mais de 75%. A SuperValu alegou que as empresas dos Estados Unidos vinham fixando os preços desde 2002, aumentando regularmente os preços de meio dígito para dois dígitos com diferença de poucos dias.

De fato, durante esse período, o preço dos doces de chocolate nos Estados Unidos havia disparado, subindo 17% de 2008 a 2010, muito acima da taxa de inflação.

Os fabricantes de chocolate dos Estados Unidos, entretanto, defenderam suas ações, alegando que estavam simplesmente repassando os custos mais altos de grãos de cacau, produtos lácteos e açúcar. E, como apontaram especialistas em antitruste, sem provas sólidas como conversas ou acordos escritos entre empresas, a fixação de preços pode ser muito difícil de provar, porque não é ilegal os produtores aumentarem os preços simultaneamente.

Em 2014, um juiz dos EUA revogou o caso de colusão contra os produtores de chocolate do país, afirmando que aumentos de preço muito próximos não eram prova suficiente de colusão e que não havia provas de que os produtores dos EUA sabiam da colusão entre seus homólogos canadenses. O juiz federal Christopher Conner concluiu que as empresas adotaram um "comportamento racional e competitivo" quando aumentaram os preços para compensar os aumentos de custos previstos. Em 2015, os reguladores canadenses finalmente encerraram o caso, decidindo contra a apresentação de mais acusações criminais contra as quatro empresas.

>> Revisão Rápida

- Oligopólios operam em estado de **interdependência**, no qual as decisões de preços e produção de uma empresa afetam diretamente a(s) outra(s) empresa(s) do setor.
- Algumas das questões centrais sobre oligopólio podem ser entendidas examinando o caso mais simples, o **duopólio** – uma indústria que tem apenas duas empresas, chamadas **duopolistas**.
- Ao agirem como se fossem um único monopolista, os oligopolistas podem maximizar seu lucro combinado. Assim, há incentivo para formar um **cartel**.
- Contudo, cada empresa tem seu incentivo para trair o acordo – para produzir mais do que o combinado no cartel. Assim, há dois resultados principais: uma **colusão** bem-sucedida ou o **comportamento não cooperativo** por meio de trapaça.

>> Teste seu entendimento 14.2

As respostas estão no fim do livro.

1. Qual dentre os fatores a seguir aumenta a probabilidade de que um oligopolista entrará em colusão com outras empresas na indústria? E a probabilidade de que o oligopolista se comporte de forma não cooperativa e aumente sua produção? Explique suas respostas.
   a. A fatia de mercado inicial da empresa é pequena. (*Dica*: pense sobre o efeito preço.)
   b. A empresa tem uma vantagem de custo sobre seus rivais.

c. Os clientes da empresa têm custos adicionais quando deixam de usar o produto de uma empresa e adotam o de outra.

d. O oligopolista tem muita capacidade de produção ociosa, mas sabe que seus rivais estão operando em sua capacidade máxima e não podem aumentar a quantidade que produzem.

|| O jogo dos oligopolistas

Em nosso exemplo de duopólio e na vida real, cada oligopolista percebe que está em situação de interdependência: tanto o seu próprio lucro depende do que faz o competidor como o lucro do competidor depende do que ele faz. As decisões de cada empresa, portanto, afetarão significativamente os lucros da outra empresa (ou outras empresas, caso sejam mais que duas).

De fato, as duas empresas participam de um "jogo", em que o ganho de cada jogador depende não só de suas próprias ações, mas também das ações do outro jogador (ou jogadores). Para entender melhor como os oligopolistas se comportam, economistas, junto com matemáticos, desenvolveram a área de estudo desses jogos, conhecida como **teoria dos jogos**. Ela tem muitas aplicações não só em economia, mas também em estratégia militar, em ciência política e em outras ciências sociais.

O estudo do comportamento em situações de interdependência é conhecido como **teoria dos jogos**.

Vejamos como a teoria dos jogos nos ajuda a entender um oligopólio.

O dilema do prisioneiro

A recompensa recebida por um jogador em um jogo, como o lucro obtido por um oligopolista, é o ***payoff*** desse jogador.

Uma **matriz de *payoff*** mostra como o *payoff* de cada um dos participantes de um jogo de dois jogadores depende das ações de ambos. Tal matriz nos ajuda a analisar situações de interdependência.

A teoria dos jogos lida com qualquer situação em que a recompensa de qualquer jogador – o ***payoff*** – depende não apenas de suas próprias ações, mas também das de outros participantes do jogo. No caso de empresas oligopolistas, o *payoff* é simplesmente o lucro da empresa.

Quando há apenas dois jogadores, como em um duopólio, a interdependência entre eles pode ser representada com uma **matriz de *payoff***, como a mostrada na Figura 14.2. Cada linha corresponde a uma ação de um jogador (nesse caso, Bridgestone); cada coluna corresponde a uma ação do outro (neste caso, Hitachi). Para simplificar, vamos supor que a Bridgestone possa escolher apenas uma entre duas alternativas: produzir 30 milhões de pneus ou produzir 40 milhões de pneus. A Hitachi tem o mesmo par de opções.

A matriz tem quatro quadrados, cada um dividido por uma diagonal. Cada quadrado mostra o *payoff* das duas empresas, que resulta de um par de escolhas; o número abaixo da diagonal mostra o lucro da Bridgestone, e o número acima da diagonal mostra o lucro da Hitachi.

Esses *payoffs* mostram o que concluímos da análise anterior: o lucro combinado das duas empresas é maximizado se cada uma produz 30 milhões de pneus. Contudo, cada empresa pode aumentar seu próprio lucro produzindo 40 milhões de pneus, enquanto a outra produz apenas 30 milhões. Porém, se ambas produzem a quantidade maior, terão lucro menor do que se tivessem mantido sua produção no nível mais baixo.

A situação particular que se mostra aqui é uma versão de um caso de interdependência famoso, e aparentemente paradoxal, que aparece em muitos contextos. Conhecido como **dilema do prisioneiro**, é um tipo de jogo em que a matriz de *payoffs* implica o seguinte:

Dilema do prisioneiro é um jogo com base em duas premissas: (1) cada jogador tem incentivo para escolher uma ação que beneficia a si próprio à custa do outro jogador; (2) quando ambos os jogadores agem dessa maneira, ambos ficam em pior situação do que se tivessem agido de forma cooperativa.

- Cada jogador tem incentivo, independentemente do que faça o outro jogador, para trapacear e empreender ações que o beneficiem à custa do outro.
- Quando ambos os jogadores traem o acordo, eles ficam em situação pior do que se nenhum deles tivesse traído.

O exemplo original do dilema do prisioneiro ocorreu em um caso fictício sobre dois cúmplices em um crime pegos pela polícia – vamos imaginar aqui duas cúmplices, Thelma e Louise. A polícia tem evidência suficiente para pô-las na cadeia por 5 anos. Ela sabe também que a dupla cometeu outro crime mais sério, pelo

Figura 14.2 Matriz de *payoff.*

Duas empresas, Bridgestone e Hitachi, precisam decidir quantos pneus produzir. Os lucros das duas são *interdependentes*: o lucro de cada uma depende não só de suas próprias decisões, mas também das decisões da outra. Cada linha representa uma ação levada a cabo pela Bridgestone; cada coluna, uma ação da Hitachi. Ambas as empresas ficam em situação melhor se escolhem a quantidade de produto mais baixa; mas o interesse de cada empresa individual é escolher a quantidade mais alta.

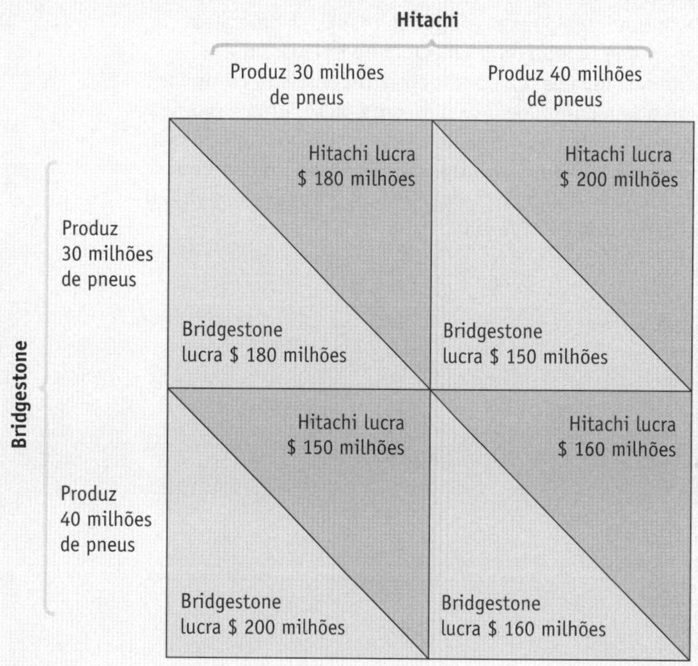

qual teria de cumprir uma sentença de 20 anos. Infelizmente, a polícia não tem evidência suficiente para condenar as mulheres com base nessa acusação. Para fazê-lo, teria de contar com que cada uma das prisioneiras implicasse a outra no segundo crime.

Assim, a polícia põe as suspeitas em celas separadas e diz a cada uma delas: "Nossa proposta é a seguinte: se nenhuma de vocês confessar, sabem que vamos colocá-las na prisão por 5 anos. Se você confessar e culpar também sua parceira, e ela não fizer a mesma coisa, vamos reduzir sua sentença de 5 para 2 anos. Porém, se a sua parceira confessar e você não, você vai ter a pena máxima de 20 anos. E, se vocês duas confessarem, vamos dar uma sentença de 15 anos a ambas."

A Figura 14.3 mostra o *payoff* que será atribuído às prisioneiras, dependendo da decisão de cada uma de permanecer em silêncio ou confessar. (Normalmente, uma matriz de *payoffs* reflete o ganho dos jogadores e, então, um *payoff* mais alto é melhor que um mais baixo. Esse caso é exceção: um número maior de anos de cadeia é pior, não melhor!) Suponha que as prisioneiras não tenham nenhuma forma de se comunicar e que elas não tenham feito nenhum juramento de não se prejudicarem mutuamente ou coisa desse tipo. Cada uma age em interesse próprio. O que elas farão?

A resposta é clara: ambas vão confessar. Olhe primeiro do ponto de vista de Thelma: é melhor para ela confessar, independentemente do que faça Louise. Se Louise não confessa, a confissão de Thelma reduz sua sentença de 5 para 2 anos. Se Louise confessa, a confissão de Thelma reduz sua sentença de 20 para 15 anos. De um modo ou de outro, claramente é do interesse de Thelma confessar. E, por ter os mesmos incentivos, claramente é do interesse de Louise confessar também. Confessar, nessa situação, é um tipo de ação que os economistas denominam *estratégia dominante*. Uma ação é uma **estratégia dominante** quando é a melhor ação do jogador independentemente da ação que o outro jogador decida empreender.

Uma ação é uma **estratégia dominante** quando é a melhor ação de um jogador, independentemente da ação tomada pelo outro jogador.

É importante notar que nem todos os jogos têm uma estratégia dominante: depende da estrutura das recompensas no jogo. Mas, nesse caso de Thelma e Louise, é claro que o interesse da polícia é estruturar as recompensas de tal modo que confessar seja a estratégia dominante para cada pessoa. Assim, enquanto as duas prisioneiras não tiverem como fazer um acordo segundo o qual nenhuma

Figura 14.3 Dilema do prisioneiro.

Cada uma das duas prisioneiras mantidas em celas separadas recebe uma proposta da polícia: uma sentença leve se ela confessar e implicar sua cúmplice, sem que a cúmplice faça a mesma coisa; uma sentença pesada se ela não confessar, mas a cúmplice confessar; e assim por diante. O interesse conjugado de ambas as prisioneiras é não confessar; mas o interesse individual de cada uma é confessar.

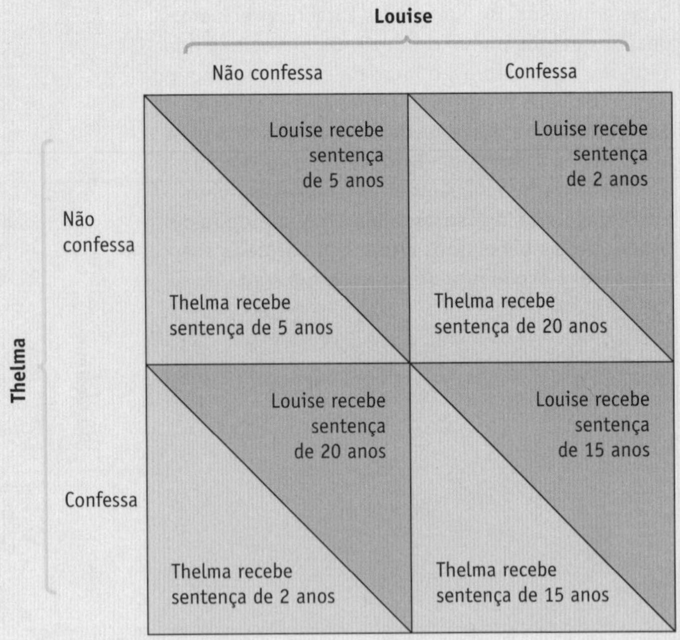

delas confessará e que o acordo seja passível de cumprimento obrigatório (algo que elas não podem fazer se não podem se comunicar, e a polícia certamente não vai permitir a comunicação, pois quer levar cada uma a confessar), Thelma e Louise agirão de um modo que uma causará danos à outra.

Assim, quando cada prisioneiro atuar racionalmente no seu próprio interesse, ambos vão confessar. E, no entanto, se nenhum deles confessasse, ambos receberiam uma sentença muito mais leve. No dilema do prisioneiro, cada jogador claramente tem incentivo para atuar de modo a prejudicar o outro jogador, mas, quando ambos fazem essa escolha, ambos ficam em situação pior.

Quando Thelma e Louise confessam, elas alcançam um *equilíbrio* no jogo. Usamos esse conceito de equilíbrio muitas vezes neste livro; é um resultado em que nenhum indivíduo ou empresa tem incentivo para mudar sua ação.

Um **equilíbrio de Nash**, também conhecido como **equilíbrio não cooperativo**, resulta quando cada jogador em um jogo escolhe a ação que maximiza seu *payoff*, dadas as ações de outros jogadores, ignorando os efeitos de sua ação sobre os *payoffs* auferidos por esses outros jogadores.

Na teoria dos jogos, esse tipo de equilíbrio em que cada jogador executa a ação que é melhor para si, dadas as ações dos outros jogadores, e vice-versa é conhecido como **equilíbrio de Nash**, por causa do matemático e Prêmio Nobel John Nash. (A vida de Nash foi relatada em uma biografia best-seller, *Uma mente brilhante*, em que se baseou o filme de mesmo nome.) Como os jogadores em um equilíbrio de Nash não levam em conta o efeito de suas ações sobre os outros, isso é conhecido também como **equilíbrio não cooperativo**.

Olhemos de novo a Figura 14.2: a Bridgestone e a Hitachi estão na mesma situação que Thelma e Louise. Cada empresa sozinha está em melhor situação produzindo a quantidade de produto mais elevada, independentemente do que a outra faz. No entanto, se ambas produzem 40 milhões de pneus, as duas ficam em situação pior do que se tivessem cumprido seu acordo e produzido apenas 30 milhões de pneus. Em ambos os casos, a busca do interesse próprio individual – o esforço para maximizar o lucro ou para minimizar o tempo de cadeia – tem o efeito perverso de causar dano a ambos os jogadores.

Dilemas do prisioneiro aparecem em muitas situações. Claramente, os jogadores em qualquer situação de dilema do prisioneiro estariam em melhor situação se tivessem uma maneira de fazer cumprir o comportamento cooperativo – se Thelma e Louise tivessem feito um juramento de silêncio ou se a Bridgestone e a Hitachi tivessem assinado um acordo passível de cumprimento de que não produziriam mais do que 30 milhões de pneus.

PARA MENTES CURIOSAS Prisioneiros da Corrida Armamentista e o Ressurgimento da Guerra Fria

Em 2016, a Organização do Tratado do Atlântico Norte, ou OTAN, aliança defensiva de 28 países da Europa e da América do Norte, aumentou suas despesas militares pela primeira vez em anos. A maioria dos especialistas atribui o aumento à nova postura militar mais agressiva da Rússia na Europa, evidenciada por sua invasão e anexação da Crimeia, uma região da Ucrânia, em 2014. Foi um caso de "volta ao futuro", pois os membros da OTAN (incluindo os Estados Unidos) se viram atraídos por uma corrida armamentista com a Rússia.

Entre a Segunda Guerra Mundial e os anos 1980, os Estados Unidos e seus aliados (a OTAN) estiveram presos em uma luta aparentemente interminável com a Rússia e seus aliados (a União Soviética), que nunca entrou em guerra aberta. Chamada de "Guerra Fria", durante esse período os Estados Unidos e a União Soviética gastaram enormes somas em equipamentos militares, somas que foram um dreno significativo para a economia dos EUA e que acabaram se revelando um fardo pesadíssimo para a economia russa.

Os dois países teriam ficado melhor se cada um tivesse gastado menos em armamento. No entanto, a corrida armamentista continuou por 40 anos. A corrida armamentista ilustra a lógica do dilema do prisioneiro, na qual ambas as partes estariam melhor se pudessem cooperar, mas é racional que cada parte individualmente aja no seu próprio interesse. Ambos os países teriam se dado melhor em um impasse com gastos militares baixos, em comparação com os altos gastos de então.

Sem um acordo de cooperação vinculativo, foi racional que cada país gastasse pesado: se não o fizesse, seu rival conquistaria superioridade militar. Os dois países tentaram escapar dessa armadilha, negociando repetidamente limites de armas. Entretanto, tais acordos eram difíceis de negociar e muito difíceis de fiscalizar. Em última análise, a questão foi resolvida, pois os pesados gastos militares aceleraram o colapso da União Soviética em 1991. Durante os 20 anos seguintes, a corrida armamentista entre os Estados Unidos e a Rússia desvaneceu-se em grande parte.

Isto é, até 2016, quando a anexação russa da Crimeia deu um sinal claro de que a corrida armamentista havia retornado, já que a Rússia havia recuperado sua base econômica. As despesas militares russas subiram 60% de 2008 a 2015, antes de se estabilizarem para níveis anteriores em 2017 e 2018. O aumento das despesas da OTAN em resposta deixou bem claro que a lógica da corrida armamentista ainda está muito viva.

Porém, nos Estados Unidos, um acordo fixando níveis de quantidade de produto de dois oligopólios não pode ser cumprido, é ilegal. Parece que o equilíbrio não cooperativo não é desejável, mas é o único resultado possível. Será que é mesmo?

Escapando do dilema do prisioneiro: interação repetida e colusão tácita

Thelma e Louise, em suas celas, jogam o que é conhecido como jogo de *uma só rodada*, isto é, elas jogam uma com a outra uma só vez. Escolhem, uma vez só, se confessam ou aguentam firme e ponto final. Contudo, a maioria dos jogos de que participam oligopolistas não é de uma só rodada; ao contrário, eles esperam jogar o jogo repetidamente com os mesmos competidores.

Um oligopolista normalmente espera permanecer em atividade por muitos anos e sabe que sua decisão de hoje, sobre enganar ou não os outros, tenderá a afetar a maneira como as outras empresas vão tratá-lo no futuro. Então, o oligopolista não decide o que fazer com base no efeito de curto prazo sobre o lucro. Diferentemente, ele se dedica a um **comportamento estratégico** que leva em conta os efeitos da ação que escolhe hoje sobre as ações futuras dos outros participantes no jogo. E, em certas condições, os oligopolistas com comportamento estratégico são capazes de se comportar como se tivessem um acordo formal de colusão.

Uma empresa se envolve em **comportamento estratégico** quando tenta influenciar o comportamento futuro de outras empresas.

Suponha que a Bridgestone e a Hitachi esperem permanecer no negócio de pneus por muitos anos e, portanto, esperem participar muitas vezes do jogo trapaça *versus* colusão, que se mostra na Figura 14.2. Elas de fato seguiriam trapaceando uma a outra?

Provavelmente não. Suponha que a Bridgestone esteja considerando duas estratégias. Na primeira, ela sempre trapaceia, produzindo 40 milhões de pneus por ano, independentemente do que faz a Hitachi. Na outra estratégia, ela começa pelo bom comportamento, produzindo apenas 30 milhões de pneus no primeiro ano, e observa o comportamento da rival. Se a Hitachi também mantém sua produção reduzida, a Bridgestone permanece cooperativa, produzindo 30 milhões de pneus de novo no ano seguinte. No entanto, se a Hitachi produz 40 milhões de pneus, a Bridgestone tira as luvas de pelica e também produz 40 milhões de pneus no ano seguinte. Esta última estratégia, de começar com comportamento cooperativo, mas depois disso fazer o que o outro jogador fez no período anterior, pode ser denominada **olho por olho.**[2]

Uma estratégia de **olho por olho** envolve jogar cooperativamente no início e, depois, fazer o que quer que o outro jogador tenha feito no período anterior.

[2]N. R.: Do inglês, *tit-for-tat*.

ARMADILHAS

JOGO LIMPO NO DILEMA DO PRISIONEIRO

Uma reação comum ao dilema do prisioneiro é afirmar que, na verdade, não é racional para nenhum dos prisioneiros confessar. Thelma não confessaria, por medo de apanhar de Louise depois ou porque se sentiria culpada achando que Louise não faria uma coisa dessas com ela.

Mas esse tipo de resposta, a bem dizer, é jogo sujo: significa modificar as recompensas na matriz de *payoffs*. Para entender o dilema, é preciso jogar limpo e imaginar prisioneiros cuja única preocupação seja o tamanho de suas sentenças.

Afortunadamente, quando se trata de oligopólio, é mais fácil crer que as empresas só se importam com o próprio lucro. Não há sinal de que qualquer um na Bridgestone tivesse medo ou carinho em relação à Hitachi ou vice-versa; tratava-se estritamente de negócios.

Olho por olho é uma forma de comportamento estratégico que acabamos de definir como um comportamento que pretende influenciar as ações futuras dos outros jogadores. Olho por olho oferece uma recompensa para o outro jogador pelo comportamento cooperativo: se você se comportar de forma cooperativa, eu farei o mesmo. Também oferece castigo para a trapaça: se você trair o combinado, não espere que eu seja gentil no futuro.

O *payoff* da Bridgestone em cada uma dessas estratégias dependerá daquela que a Hitachi escolher. Considere as quatro possibilidades mostradas na Figura 14.4:

1. Quando a Bridgestone joga olho por olho e a Hitachi faz o mesmo, ambas as empresas têm lucro de $ 180 milhões por ano.
2. Quando a Bridgestone joga trapaceando, mas a Hitachi joga olho por olho, a Bridgestone tem um lucro de $ 200 milhões no primeiro ano, mas somente $ 160 milhões a cada ano depois disso.
3. Quando a Bridgestone joga olho por olho, mas a Hitachi trapaceando, a Bridgestone tem um lucro de apenas $ 150 milhões no primeiro ano, mas $ 160 milhões por ano depois disso.
4. Quando a Bridgestone joga trapaceando e a Hitachi faz o mesmo, ambas as empresas têm lucro de $ 160 milhões por ano.

Qual estratégia é melhor? No primeiro ano, a Bridgestone fica em situação melhor quando joga trapaceando, qualquer que seja a estratégia da rival: ela garante para si um lucro de $ 200 milhões ou então de $ 160 milhões (qual desses dois ganhos ela de fato tem depende de a Hitachi jogar trapaceando ou olho por olho). Isso é melhor do que ela teria no primeiro ano se jogasse olho por olho: $ 180 milhões ou $ 150 milhões. Porém, já no segundo ano, a estratégia de trapacear resulta para a Bridgestone apenas $ 160 milhões por ano, no segundo ano e em todos os anos subsequentes, independentemente do que faça a Hitachi.

Ao longo do tempo, o montante total que a Bridgestone ganharia jogando com trapaça seria inferior ao que ganharia se jogasse olho por olho: no segundo ano e em todos os anos subsequentes, ela nunca ganharia menos que $ 160 milhões e ganharia $ 180 milhões caso a Hitachi também jogasse olho por olho. Então,

Figura 14.4 Como a interação repetida pode ajudar a colusão.

A estratégia de olho por olho envolve jogar cooperativamente em primeiro lugar e, depois, seguir os movimentos do outro jogador. Isto recompensa o bom comportamento e pune o mau comportamento. Se os outros jogadores trapaceiam, a estratégia olho por olho apenas leva a uma perda de curto prazo em comparação com jogadas que sempre trapaceiam. Mas se o outro jogador joga olho por olho, manter o jogo olho por olho leva a um ganho de longo prazo. Assim, uma empresa que espera que outras joguem olho por olho pode muito bem optar por fazer o mesmo, levando a uma bem-sucedida aliança implícita de sucesso.

Bridgestone \ Hitachi	Olho por olho	Sempre trapaceia
Olho por olho	Hitachi tem lucro de $ 180 milhões por ano / Bridgestone tem lucro de $ 180 milhões por ano	Hitachi tem lucro de $ 200 milhões no 1º ano e $ 160 milhões a cada ano subsequente / Bridgestone tem lucro de $ 150 milhões no 1º ano e $ 160 milhões a cada ano subsequente
Sempre trapaceia	Hitachi tem lucro de $ 150 milhões no 1º ano e $ 160 milhões a cada ano subsequente / Bridgestone tem lucro de $ 200 milhões no 1º ano e $ 160 milhões a cada ano subsequente	Hitachi tem lucro de $ 160 milhões a cada ano / Bridgestone tem lucro de $ 160 milhões a cada ano

qual estratégia vem a ser a mais lucrativa depende de duas coisas: quantos anos a Bridgestone espera permanecer no negócio e qual a estratégia que a rival adota.

Se a Bridgestone espera que o comércio de pneus vá terminar em um futuro próximo, ela vai jogar um jogo de uma só rodada. Nesse caso, vale a pena agarrar o quanto puder. Mesmo que a Bridgestone espere continuar no negócio de pneus por muitos anos (e, portanto, estar jogando repetidamente esse jogo com a Hitachi) e, por algum motivo, ela espere que a Hitachi vá sempre trapacear, ela também deve trapacear sempre. Ou seja, a Bridgestone deve seguir a velha regra: "Faça aos outros antes que eles façam a você."

Porém, se a Bridgestone espera permanecer no negócio por um longo tempo e pensa que a Hitachi provavelmente jogará olho por olho, ela terá mais lucros no longo prazo jogando olho por olho também. Ela poderia ter algum lucro extra de curto prazo traindo o acordo no início, mas isso levaria a Hitachi a trair também e, no fim das contas, significaria lucro menor.

A lição dessa história é que, quando oligopolistas esperam competir entre si por um período prolongado, muitas vezes cada empresa individual concluirá que é do seu próprio interesse ser cooperativa com as outras empresas na indústria. Assim, ela limitará sua produção de modo a aumentar os lucros das outras empresas, esperando que elas retribuam o favor. Ainda que as empresas não possam obrigar o cumprimento do acordo para limitar a produção e aumentar os preços (e estão em perigo legal se sequer discutem preços), elas conseguem agir como se tivessem tal acordo. Quando isso acontece, dizemos que as empresas entram em **colusão tácita**.

Quando as empresas limitam a produção e aumentam os preços de forma a aumentar os lucros de outras empresas, apesar de não terem feito nenhum acordo formal, elas estão envolvidas em **colusão tácita**.

ECONOMIA >> *em Ação*

Os altos e baixos de um cartel: OPEP derrapa no óleo de xisto dos EUA

A Organização dos Países Exportadores de Petróleo (OPEP), composta por 17 países – Argélia, Angola, Áustria, Camarões, Equador, Gabão, Irã, Iraque, Kuwait, Líbia, Nigéria, Qatar, Arábia Saudita, República do Congo, Síria, Emirados Árabes Unidos e Venezuela –, é um cartel que controlava 44% da produção mundial de petróleo bruto em 2019. O cartel responde por 72% das reservas comprovadas de petróleo bruto e gera 60% das exportações globais de petróleo bruto. Ao contrário das empresas que são legalmente proibidas de formar cartéis, os governos nacionais podem fazer o que quiserem na fixação de preços.

Durante muitos anos a OPEP foi o maior, mais bem-sucedido e economicamente mais importante cartel do mundo. Seus membros reuniam-se regularmente para estabelecer preços e cotas de produção para o petróleo.

A Figura 14.5 mostra o preço do petróleo (em dólares constantes) desde 1947. A OPEP demonstrou pela primeira vez sua força em 1973: durante a Guerra do Yom Kippur no Oriente Médio, os produtores da OPEP limitaram sua produção – e gostaram tanto do aumento de preços resultante que decidiram continuar a prática. Após uma segunda onda de tumultos por ocasião da Guerra Irã-Iraque em 1979, as cotas de produção caíram ainda mais e os preços ficaram ainda mais altos.

Os preços mais altos do petróleo estimularam mais exploração e produção, assim, em meados dos anos 1980, uma crescente abundância de petróleo nos mercados mundiais e a trapaça por parte dos membros da OPEP, que não tinham

Figura 14.5 Preços do petróleo bruto, 1947-2019 (em dólares constantes de 2019)

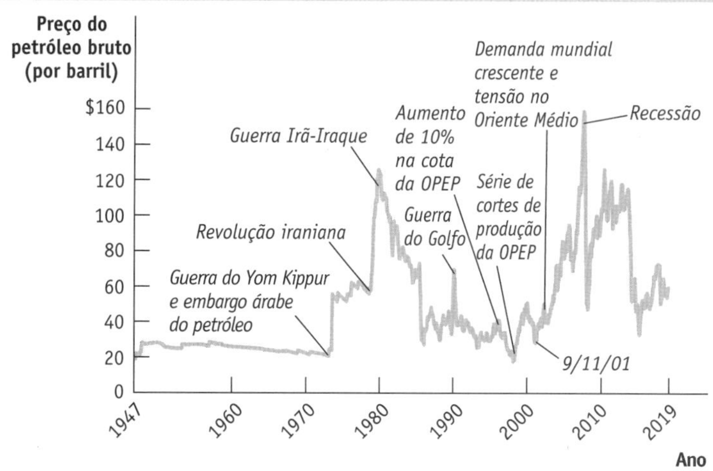

Dados de: Energy Information Administration; FRED.

dinheiro, levaram a um colapso dos preços. Porém, no final dos anos 1990, a OPEP emergiu com sucesso mais uma vez, quando a Arábia Saudita, maior produtor disparado, começou a agir como o "produtor de equilíbrio": permitindo que outros membros produzissem quanto quisessem, ajustando então sua própria produção para atender ao limite geral de produção. Em 2008, o preço do petróleo havia subido para US$ 145 por barril.

No entanto, no final de 2015, a OPEP estava quase morta como cartel de sucesso, pois o preço do petróleo havia caído para menos de US$ 30 por barril, vítima do aumento das exportações de petróleo da Rússia, que representa a terceira maior parte das reservas e da produção do mundo. Depois de ter sofrido uma enorme queda na produção ao final dos anos 1990, durante um período de instabilidade política, a Rússia aumentou sua produção o suficiente para precipitar um declínio de preços até 2015. Assim, no final de 2016, a Rússia e a OPEP concordaram em limitar conjuntamente sua produção de petróleo, elevando os preços para mais de US$ 55 por barril.

De fato, poucos observadores da indústria acreditam que a OPEP (ou OPEP mais Rússia) jamais recuperará seus dias de glória, com um consenso de 60 dólares por barril como o preço máximo mais provável para o futuro próximo. Um fator importante é a crescente popularidade das energias renováveis, à medida que mais e mais países mudam suas economias em direção à tecnologia verde e afastam-se dos combustíveis fósseis como o petróleo. Mas o fator mais importante a curto prazo que amortece o aumento dos preços é a grande expansão do fornecimento de petróleo dos Estados Unidos, decorrente de novas tecnologias de fracionamento. Dentro de cinco anos, espera-se que os EUA superem a Arábia Saudita como maior produtor mundial de petróleo. Como disse um analista, "o xisto dos EUA é uma grande mudança para a OPEP. Se os preços subirem para US$ 60 e um grande volume de petróleo puder voltar rapidamente, isso é uma restrição muito significativa para a capacidade da OPEP de administrar o mercado petrolífero". E, ao contrário da Rússia, é praticamente impossível que os produtores norte-americanos (dos quais existem milhares) alguma vez concordem com uma limitação voluntária da produção.

>> *Revisão Rápida*

- Os economistas usam a **teoria dos jogos** para estudar o comportamento de empresas quando há **interdependência** entre seus ***payoffs***. O jogo pode ser representado por uma **matriz de *payoffs***. Dependendo dos *payoffs*, um jogador pode ou não ter uma **estratégia dominante**.
- Quando cada empresa tem um incentivo para trapacear, mas ambas ficam em situação pior quando fazem trapaça, a situação é conhecida como **dilema do prisioneiro**.
- Jogadores que não levam em conta sua interdependência chegam a um **equilíbrio de Nash** ou **equilíbrio não cooperativo**. Porém, quando o jogo é feito repetidamente, os jogadores podem empenhar-se em **comportamento estratégico**, sacrificando o lucro de curto prazo para influenciar o comportamento futuro.
- Em jogos do tipo dilema do prisioneiro repetitivos, o **olho por olho** muitas vezes é uma boa estratégia, levando a uma bem-sucedida **colusão tácita**.

>> *Teste seu entendimento* 14.3

As respostas estão no fim do livro.

1. Encontre as ações de equilíbrio de Nash (não cooperativo) para a matriz de ganhos a seguir. Quais ações maximizam os ganhos totais de Nikita e Margaret? Por que é improvável que elas escolham essas ações sem alguma comunicação?

		Nikita: Construir míssil	Nikita: Não construir míssil
Margaret	Construir míssil	Margaret: −10; Nikita: −10	Margaret: 8; Nikita: −20
	Não construir míssil	Margaret: −20; Nikita: 8	Margaret: 0; Nikita: 0

2. Que fatores tornam mais provável que os oligopolistas joguem de forma não cooperativa? Que fatores tornam mais provável que eles entrem em colusão tácita? Explique.
   a. A expectativa de cada oligopolista é que várias novas empresas cheguem ao mercado no futuro.
   b. É muito difícil para uma empresa detectar se outra empresa aumentou sua produção.
   c. As empresas coexistiram durante muito tempo mantendo preços elevados.

Oligopólio na prática

Na seção Economia em Ação, anteriormente, vimos como os quatro principais fabricantes de chocolate do Canadá estavam há muitos anos em um conluio de fixação de preços. Felizmente, colusão não é a norma. Mas como os oligopólios trabalham na prática? A resposta depende tanto da legislação, que limita o que as empresas podem fazer, como da capacidade subjacente das empresas de determinada indústria para cooperar sem um acordo formal.

O marco legal

Para entendermos como os oligopólios fixam preços na prática, temos de nos familiarizar com as restrições legais sob as quais as empresas oligopolistas operam. Nos Estados Unidos, o oligopólio surgiu como problema pela primeira vez durante a segunda metade do século XIX, quando a expansão das ferrovias, elas próprias uma indústria oligopolista, criaram mercado nacional para muitos bens.

Surgiram grandes empresas que produziam petróleo, aço e muitos outros produtos. Os industriais logo perceberam que os lucros podiam ser mais altos se eles pudessem limitar a competição de preços. Assim, muitas indústrias formaram cartéis, isto é, assinaram acordos formais limitando a produção e aumentando preços. Até 1890, quando se aprovou a primeira lei contra esses cartéis, isso era perfeitamente legal.

Embora esses cartéis fossem legais, não se podia legalmente *obrigar o seu cumprimento*; os membros de um cartel não podiam pedir que os tribunais obrigassem uma empresa que estivesse violando o acordo a reduzir sua produção. E as empresas, muitas vezes, violavam seus acordos pelo motivo já indicado em nosso exemplo de duopólio: sempre existe a tentação para cada empresa em um cartel de produzir mais do que supõe o acordo.

Em 1881, advogados habilidosos da Standard Oil Company, de John D. Rockefeller, criaram uma solução: o chamado truste. Em um truste, os acionistas de todas as principais companhias em uma indústria colocavam suas ações na mão de um comitê controlador das companhias. Isso, na verdade, fundia as companhias em uma única empresa, que podia então fixar preços como no monopólio. Dessa forma, a Standard Oil Trust estabeleceu o que era essencialmente um monopólio da indústria do petróleo, e logo foi seguida de trustes em açúcar, uísque, chumbo, óleo de algodão e óleo de linhaça.

Eventualmente houve uma reação de oposição do público, em parte por causa de preocupações sobre os efeitos econômicos da evolução dos trustes, em parte pelo medo de que os donos dos trustes estivessem se tornando poderosos demais. O resultado foi que o Congresso norte-americano passou a lei antitruste de 1890 (também conhecida como Lei Antitruste de Sherman, segundo seu proponente, o senador John Sherman), com a finalidade de impedir a criação de mais monopólios e de romper os já existentes. No começo, essa lei ficou em grande medida sem ser aplicada. Porém, ao longo das décadas, o governo federal dedicou-se cada vez mais a dificultar que indústrias oligopolistas se tornassem monopólios ou se comportassem como tal.[3] Esses esforços são conhecidos até hoje como **políticas antitruste**.

A **política antitruste** consiste em esforços empreendidos pelo governo para evitar que indústrias oligopolistas se tornem monopólios ou se comportem como tal.

Um dos primeiros atos de maior repercussão das políticas antitruste foi o desmembramento da Standard Oil em 1911. (Seus componentes constituem o núcleo de muitas das grandes companhias petrolíferas de hoje: a Standard Oil de Nova Jersey se tornou Exxon, a Standard Oil de Nova York se tornou Mobil e assim por diante.) Nos anos 1980, um processo de longa data levou ao desmembramento da Bell Telephone, que já teve o monopólio dos serviços telefônicos locais e de longa distância nos Estados Unidos. Como já mencionamos, o Departamento de Justiça

[3] N. R.: A primeira legislação antitruste no Brasil foi a Lei 4.137, de 1962, que criou o Conselho Administrativo de Defesa Econômica (CADE). Essa lei só foi aplicada em 1994, quando a Lei 8.884 instituiu formalmente o CADE como autarquia federal. Desde então, a legislação antitruste vem sendo aplicada no Brasil, sendo atualmente regida pela Lei 12.529, de 2011.

dos Estados Unidos examina as propostas de fusão entre companhias de uma mesma indústria e barra aquelas que julga reduzirem a competição.

Entre as nações avançadas, os Estados Unidos são um país único em sua longa tradição de políticas antitruste. Até recentemente, outros países não tinham políticas contra a fixação de preços, e alguns até apoiavam a criação de cartéis, acreditando que isso ajudaria suas próprias empresas contra rivais estrangeiras. Mas a situação mudou radicalmente nos últimos 30 anos, quando a União Europeia (um organismo supranacional com a tarefa de fazer cumprir a política antitruste por parte de seus países-membros) convergiu na direção das práticas norte-americanas. Atualmente, a União Europeia e os Estados Unidos com frequência visam as mesmas empresas, pois a fixação de preços "globalizou-se" com a expansão do comércio internacional.

No início dos anos 1990, os Estados Unidos instituíram um programa de anistia pelo qual uma empresa fixadora de preços recebe penalidade bem mais reduzida se informa sobre seus coconspiradores na fixação de preços. Além disso, o Congresso norte-americano aumentou substancialmente as penas máximas para os incriminados. Essas duas novas políticas, claramente, transformaram a denúncia de parceiros de cartel em estratégia dominante, o que tem dado resultado: nos

COMPARAÇÃO GLOBAL — UNIÃO EUROPEIA E ESTADOS UNIDOS: DIFERENTES ABORDAGENS À REGULAMENTAÇÃO ANTITRUSTE

Assim como a Comissão Federal de Comércio (FTC) nos Estados Unidos, a Comissão de Concorrência da União Europeia (CC) reforça a regulamentação de concorrência e antitruste para suas 28 nações membros. Ela tem autoridade para bloquear fusões, forçar as empresas a vender subsidiárias e impor pesadas multas se determinar que as empresas tenham agido de forma desleal para inibir a concorrência.

Embora as empresas possam contestar as acusações em uma audiência uma vez que uma queixa tenha sido emitida, se a Comissão de Concorrência julgar que seu próprio caso é convincente, ela decide contra a empresa e impõe uma penalidade. Empresas que acreditam ter sido tratadas injustamente têm recurso limitado. Críticos reclamam que a comissão atua como promotor, juiz e júri.

Em contrapartida, as acusações de concorrência desleal nos Estados Unidos devem ser feitas em tribunal, onde os advogados da Comissão Federal de Comércio têm de apresentar suas provas a juízes independentes. Empresas contratam legiões de advogados altamente treinados e bem remunerados para fazer frente ao processo do governo. Para os reguladores dos EUA, não há garantia de sucesso. Na verdade, os juízes em muitos casos decidiram a favor das empresas e contra os reguladores. Além disso, empresas podem recorrer de decisões desfavoráveis, portanto, chegar a um veredicto final pode levar vários anos.

As empresas, não surpreendentemente, preferem o sistema norte-americano. A figura mostra ainda mais o porquê. Nos últimos anos, em média, multas por concorrência desleal têm sido mais altas na União Europeia do que nos Estados Unidos.

Os observadores, entretanto, criticam ambos os sistemas por suas inadequações. No sistema norte-americano lento, litigioso e caro, consumidores e empresas rivais podem esperar muito tempo para garantir proteção. E as empresas frequentemente prevalecem, levantando questões sobre o nível de proteção dos consumidores. Mas alguns acusam o sistema da UE de conceder proteção inadequada às empresas que são acusadas.

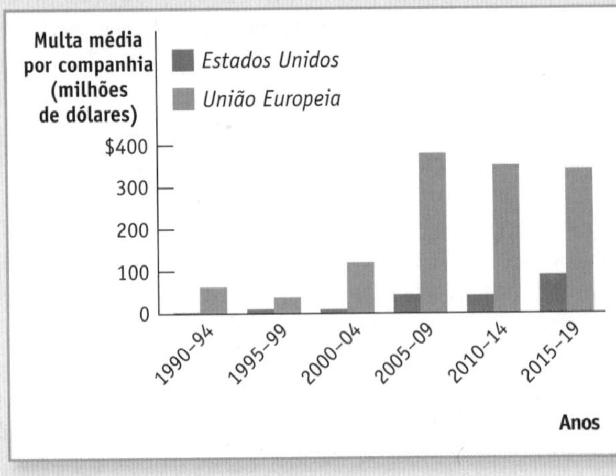

Em geral, os reguladores da UE têm estado muito mais dispostos do que os reguladores dos EUA a apontar para gigantes da tecnologia, tendo aberto múltiplas investigações sobre Apple, Google e Facebook. Em 2017, a União Europeia multou o Google em US$ 2,7 bilhões por comportamento anticompetitivo no mercado de busca *on-line*, argumentando que a empresa favoreceu injustamente seu próprio mecanismo de busca em detrimento dos de seus rivais. Foi mais que o dobro da maior penalidade anterior nesse tipo de caso antitruste. E, em 2018, a União Europeia multou o Google em um montante recorde de US$ 5,8 bilhões por comportamento anticoncorrencial no mercado do *software* Android. Enquanto alguns alegam que a União Europeia está visando injustamente as empresas norte-americanas, procurando dar vantagem para as empresas da UE; outros contestam essa alegação, dizendo que os consumidores precisam de mais proteção contra comportamento antitruste e invasões de privacidade por gigantes tecnológicos. E a FTC está levando em conta essa situação: Joseph Simons, o presidente da FTC, disse em 2018: "Deixe-me apenas dizer que vamos ler atentamente o que a UE divulgou. Estamos muito interessados no que eles estão fazendo."

últimos anos, executivos da Bélgica, da Grã-Bretanha, do Canadá, da França, da Alemanha, da Itália, do México, da Holanda, da Coreia do Sul, da Suíça, bem como dos Estados Unidos, foram declarados culpados em tribunais dos EUA pelo crime de formação de cartel. Como comentou um advogado, "há uma corrida ao tribunal" quando cada conspirador quer ser o primeiro a ficar com ficha limpa.

Para quem quer operar um cartel, a vida ficou muito mais complicada nos últimos anos. Então, o que um oligopolista pode fazer?

Colusão tácita e guerras de preços

Se uma indústria na realidade fosse tão simples como o nosso exemplo dos pneus, provavelmente não seria necessário que os presidentes das companhias se reunissem ou fizessem qualquer coisa que os colocasse em perigo de parar na cadeia. Ambas as empresas perceberiam que é do seu interesse natural restringir a produção a 30 milhões de pneus cada e que qualquer ganho de curto prazo para uma das empresas por produzir mais seria bem menor que as perdas ulteriores quando a outra empresa retaliasse. Assim, mesmo sem um acordo explícito, as empresas provavelmente chegariam à colusão tácita necessária para maximizar seus lucros combinados.

Indústrias reais estão longe dessa simplicidade. Não obstante, na maioria das indústrias oligopolistas e na maior parte do tempo, vendedores parecem ter sucesso em manter preços acima de seu nível não cooperativo. Em outras palavras, a colusão tácita é o estado normal do oligopólio.

Embora a colusão tácita seja comum, ela raramente permite que uma indústria pressione os preços até o seu nível de monopólio; a colusão normalmente está longe de ser perfeita. Como discutiremos a seguir, há quatro fatores que dificultam a coordenação de uma indústria para preços altos.

1. Menor concentração. Em uma indústria menos concentrada, a empresa típica tem fatia de mercado menor do que em um setor mais concentrado. Isso faz a empresa ter maior tendência para o comportamento não cooperativo, pois, quando uma empresa menor trapaceia e aumenta sua produção, ganha para si todo o lucro por sua produção maior. E no caso de os rivais retaliarem, sua perda é menor porque sua participação de mercado é relativamente modesta. Uma indústria menos concentrada é tipicamente um indicador de que as barreiras à entrada são baixas.

2. Complexidade do produto e da estrutura de preços. No exemplo dos pneus, as duas empresas produzem apenas um produto. Na realidade, os oligopolistas vendem muitas vezes milhares ou dezenas de milhares de produtos diferentes. Nessas circunstâncias, é difícil acompanhar o que as outras empresas estão produzindo e os preços que estão cobrando. Isso torna difícil verificar se uma empresa está burlando o acordo tácito.

3. Diferença de interesses. No exemplo dos pneus, um acordo tácito para que as empresas dividissem igualmente o mercado era um resultado natural, que tendia a ser aceitável para ambas as empresas. Na realidade, contudo, empresas frequentemente diferem na percepção do que é justo e de quais sejam seus reais interesses.

Por exemplo, suponha que a Hitachi seja um produtor de pneus com muito tempo no mercado e que a Bridgestone seja um recém-chegado. A Hitachi pode achar que merece continuar produzindo mais que a Bridgestone, mas a Bridgestone pode achar que tem direito a 50% do negócio.

Alternativamente, suponha que os custos marginais da Bridgestone fossem menores que os da Hitachi. Mesmo se eles pudessem concordar sobre as quotas de mercado, eles discordariam sobre o nível de produção que maximiza o lucro.

4. Poder de barganha dos compradores. Muitas vezes, oligopolistas vendem não a consumidores individuais, mas a grandes compradores, outras empresas industriais, cadeias de lojas com cobertura nacional etc. Esses grandes compradores têm condições de barganhar com oligopolistas por preços mais baixos. Eles podem pedir um desconto ao oligopolista e advertir que procurarão o competidor caso não o obtenham. Uma das razões pelas quais grandes varejistas como Walmart podem oferecer aos clientes preços mais baixos que os de varejistas menores é exatamente sua capacidade de usar o tamanho para extrair preços mais baixos dos fornecedores.

Essas dificuldades em fazer cumprir a colusão tácita, algumas vezes, levaram as companhias a desafiar a lei e criar cartéis ilegais. Já examinamos o caso dos pneus e dos fabricantes de chocolate. Exemplos recentes incluem a indústria de medicamentos genéricos, atum em conserva e as duas principais empresas de cartões de crédito. Um exemplo clássico mais antigo foi a conspiração do equipamento elétrico nos Estados Unidos, nos anos 1950, que levou a indiciamento e sentenças de prisão de alguns executivos. O caso fornece uma ilustração clássica dos fatores que tornam a colusão tácita especialmente difícil de ser alcançada:

- Havia muitas empresas: 40 companhias foram indiciadas.
- Elas produziam um conjunto muito variado de produtos, muitas vezes praticamente feitos por encomenda para clientes específicos.
- Havia grandes diferenças de tamanho, desde gigantes como a General Electric até empresas familiares com algumas dezenas de empregados.
- E os clientes, em muitos casos, eram grandes, como empresas de eletricidade, que normalmente procuram obrigar os fornecedores a competir por suas encomendas.

A colusão tácita não parecia prática, de modo que os executivos se reuniram secreta e ilegalmente para decidir quem cobraria que preço para cada contrato.

Ocorre **guerra de preços** quando uma colusão tácita se rompe e os preços caem.

Como a colusão tática é muitas vezes difícil de alcançar, a maioria dos oligopolistas cobra preços bem abaixo do nível que a mesma indústria cobraria se fosse controlada por uma única empresa ou se fosse capaz de chegar a uma colusão explícita. Além disso, algumas colusões se rompem e há uma **guerra de preços**. Uma guerra de preços, algumas vezes, apenas leva os preços a colapsar até o seu nível não cooperativo. Às vezes, eles chegam até mesmo *abaixo* desse nível, quando os vendedores tentam expulsar uns aos outros do setor ou pelo menos punir os que eles consideram traidores.

Diferenciação de produto e liderança de preço

Em nosso exemplo hipotético das empresas de pneus Bridgestone e Hitachi, assumimos que seus pneus são substitutos perfeitos. Ou seja, o consumidor os considera idênticos. Em muitos oligopólios, no entanto, as empresas fabricam produtos que os consumidores consideram similares, mas não idênticos. Uma diferença de preço de US$ 10 não fará muitos clientes mudarem de um *smartphone* Samsung para um iPhone, ou vice-versa.

Às vezes as diferenças entre produtos são reais, como ocorre entre os cereais matinais Froot Loops e Wheaties; às vezes, como diferenças entre marcas de vodca (que supostamente não tem sabor), elas existem principalmente na mente dos consumidores. De qualquer forma, o efeito é reduzir a intensidade da concorrência entre as empresas: os consumidores não se apressarão a comprar o produto que for mais barato.

Como você pode imaginar, oligopolistas dão boas-vindas ao poder de mercado extra que vem quando os consumidores pensam que seu produto é diferente do dos concorrentes. Assim, em muitas indústrias oligopolistas, as empresas fazem esforços consideráveis para criar a percepção de que seu produto é diferente – ou seja, elas se empenham na **diferenciação de produto**.

Diferenciação de produto é a tentativa de uma empresa de convencer os compradores de que seu produto é diferente dos de outras empresas do setor.

Uma empresa que tenta diferenciar seu produto pode fazê-lo alterando o que de fato produz, acrescentando "extras" ou escolhendo um *design* diferente. Pode também usar campanhas de publicidade para criar a diferenciação na cabeça do consumidor, ainda que seu produto seja mais ou menos idêntico ao dos rivais.

Um caso clássico de como produtos podem ser percebidos como diferentes, mesmo quando são praticamente a mesma coisa, é o da medicação vendida sem receita. Durante muitos anos houve apenas alguns analgésicos amplamente vendidos: aspirina, ibuprofeno, acetaminofeno e naproxeno. Esses analgésicos são amplamente disponíveis como marcas genéricas, mas muitos consumidores optam por gastar mais por marcas de nome da Bayer, Advil, Tylenol e Aleve. Cada marca usa uma campanha publicitária que implica alguma superioridade especial sobre seus concorrentes genéricos (marcas de loja), que são essencialmente a mesma coisa (um slogan clássico era "contém o analgésico que os médicos mais recomendam" – isto é, aspirina).

Qualquer que seja a natureza da diferenciação de produto, oligopolistas que elaboram produtos diferentes muitas vezes chegam a um entendimento tácito de não competir em matéria de preço. Por exemplo, no tempo em que a grande maioria dos automóveis vendidos nos Estados Unidos vinha das chamadas Três Grandes da indústria automobilística (General Motors, Ford e Chrysler), havia uma espécie de regra não escrita de que nenhuma das três companhias tentaria ganhar fatia de mercado oferecendo carros muito mais baratos que os das outras duas.

Mas, então, quem decidia o preço dos carros em geral? A resposta é que, normalmente, a General Motors, a maior das três, anunciaria seus preços primeiro e as outras companhias acompanhariam esse preço. Tal padrão de comportamento, em que alguma companhia tacitamente estabelece o preço para a indústria em seu conjunto, é conhecido como **liderança de preço**.

Na **liderança de preço**, uma empresa estabelece seu preço primeiro e outras empresas depois a seguem.

Empresas que têm entendimento tácito de não competir em preço, muitas vezes, se envolvem em intensa **competição extrapreço**, usando publicidade e outros meios para tentar aumentar suas vendas.

É interessante que as empresas que têm um acordo tácito para não competir em preços, muitas vezes, se dedicam a uma vigorosa **competição extrapreço**, acrescentando características novas a seus produtos, gastando enormes somas em propaganda que alardeiam a inferioridade das ofertas de seus rivais e assim por diante.

A melhor maneira de entender o misto de cooperação e competição em tais indústrias talvez seja lembrar uma analogia política. Durante a longa Guerra Fria entre Estados Unidos e União Soviética, os dois países rivalizavam intensamente por influência global. Eles não só davam ajuda militar e financeira a seus aliados; algumas vezes, apoiavam forças tentando derrubar governos aliados dos seus rivais (como a União Soviética fez no Vietnã nos anos 1960 e início dos anos 1970, e os Estados Unidos fizeram no Afeganistão de 1979 até o colapso da União Soviética, em 1991). Eles até enviavam seus próprios soldados para ajudar governos aliados contra os rebeldes (como os Estados Unidos fizeram no Vietnã e a União Soviética fez no Afeganistão). Mas não entraram em confronto militar direto um com o outro; guerra aberta entre as duas superpotências era considerada perigosa demais, e tacitamente evitada.

Guerras de preços não são tão sérias quanto guerras de tiros e bombas, mas o princípio é o mesmo.

Quão importante é o oligopólio?

Vimos que, nos vários setores da economia, o oligopólio é bem mais comum que a competição perfeita ou o monopólio. Quando tentamos analisar o oligopólio, a maneira normal de pensar do economista, ou seja, perguntar como se comportariam os indivíduos buscando seu interesse próprio e, em seguida, analisar suas interações, não funciona tão bem quanto se poderia esperar. Isso porque não sabemos se empresas rivais terão comportamento não cooperativo ou conseguirão estabelecer algum tipo de colusão.

Dada a prevalência do oligopólio, ainda é útil a análise que desenvolvemos nos capítulos anteriores, baseada na competição perfeita?

A conclusão da grande maioria dos economistas é que sim. Por um lado, partes importantes da economia são bastante bem descritas pela competição perfeita. E, embora muitas indústrias sejam oligopolistas, em muitos casos os limites da colusão mantêm os preços relativamente próximos dos custos marginais; em outras palavras, as indústrias se comportam "quase" como se fossem perfeitamente competitivas.

É verdade também que as previsões da análise de oferta e demanda são frequentemente válidas para os oligopólios. Por exemplo, no Capítulo 5 vimos que controles de preço produzem escassez. Estritamente, essa conclusão é correta apenas para indústrias perfeitamente competitivas. Porém, nos anos 1970, quando o governo norte-americano impôs controles de preço na indústria de petróleo, que é definitivamente oligopolista, o resultado de fato foi produzir escassez e filas nos postos de gasolina.

Quão importante é levar em conta o oligopólio? A maioria dos economistas adota abordagem pragmática. Como vimos neste capítulo, a análise do oligopólio é bem mais difícil e complexa que a da competição perfeita. Assim, em situações em que eles não esperam que as complicações associadas ao oligopólio sejam essenciais, os economistas preferem adotar em seu trabalho a pressuposição de mercados perfeitamente competitivos. Eles sempre levam em conta a possibilidade de que o oligopólio possa ser importante; reconhecem que existem questões importantes, das políticas antitruste às guerras de preços, em que tratar de entender o comportamento oligopolista é crucial.

Essa é a abordagem que adotaremos nos capítulos subsequentes.

ECONOMIA >> *em Ação*

As guerras de preços do Natal: Amazon e Walmart duelam

É a época de Natal e, nos corredores e *websites* do varejo norte-americano, uma pesada disputa acontece. Analistas de mercado estão observando cuidadosamente qual varejista vai dominar a maior época de vendas do ano. As vendas *on-line*, que responderam por quase metade do total de vendas de Natal em 2019, armaram uma competição de preços acirrada. Tal concorrência direta cria o potencial para uma corrida de fundo, com grandes e pequenos varejistas, assim como fornecedores, sofrendo as consequências.

Se a Amazon é o King Kong do varejo, então o Walmart é o Godzilla em ascensão, uma luta que os especialistas dizem ter potencial para ir além de uma guerra de preços convencional. Somente em relação ao preço, vários estudos mostraram que a Amazon é a líder de preços baixos. Com o tempo, o Walmart ficou atrás da Amazon em termos de competitividade de preços, já que o Walmart continuou a se concentrar nas vendas em suas lojas físicas.

No entanto, no Natal de 2019, o Walmart estava claramente fechando a vantagem do rival. Pesquisas da Boomerang Commerce descobriram que "a Amazon e o Walmart estão quase empatados em preço" no quesito presentes populares. Sua análise das ofertas de fim de semana de Ação de Graças em ambos os *sites* em 2019, por exemplo, mostrou o Walmart apresentando 40 itens em sua página inicial, em comparação com 26 itens na Amazon, e os descontos no Walmart foram em média de 33,9%, em comparação com os 36,9% da Amazon. Além disso, o Walmart começou a oferecer preços mais baixos aos clientes que pegavam na loja suas compras feitas *on-line*, apostando que eles fariam mais compras enquanto lá estivessem.

A fim de suavizar a concorrência direta de preços, os varejistas também estão usando estratégias como o agrupamento de produtos com serviços (como a oferta de montagem em casa), descontos sensíveis ao tempo e produtos personalizados. No entanto, as pressões competitivas se instalaram de vez: a temporada de vendas de férias tem se prolongado com o tempo, já que cada varejista tenta captar mais vendas de seus rivais, iniciando o desconto mais cedo. Não faz muito tempo, a Black Friday, no dia seguinte à data de Ação de Graças, marcava o início da temporada de vendas. Agora, ela começa no Halloween, o quarto dia mais movimentado do ano para vendas *on-line*.[4]

[4]N. R.: Nos EUA, o dia de Ação de Graças ocorre na última quinta-feira de novembro e o Halloween é em 31 de outubro. A Black Friday, portanto, fica estendida por quase um mês.

Como comentou um especialista de mercado sobre o estado da indústria varejista durante a época de Natal, "não acho que seja apenas uma guerra de preços. Eu acho que é uma guerra estratégica de preços, ou uma guerra inteligente de preços. No fim das contas, nenhum varejista quer perder dinheiro".

>> *Teste seu entendimento* 14.4

As respostas estão no fim do livro.

1. Quais dos fatores a seguir fornecem apoio à conclusão de que ocorre uma colusão tácita nessa indústria? E quais não fornecem? Explique.
   a. Durante muitos anos, o preço na indústria tem mudado poucas vezes, e todas as empresas na indústria cobram o mesmo preço. A maior empresa publica um catálogo com os preços "sugeridos" para o varejo. Mudanças de preço coincidem com mudanças no catálogo.
   b. As fatias de mercado das empresas na indústria têm variado consideravelmente ao longo do tempo.
   c. As empresas na indústria introduzem em seus produtos características desnecessárias que tornam difícil para o consumidor mudar dos produtos de uma companhia para os de outra.
   d. As empresas se encontram anualmente para discutir suas previsões de vendas.
   e. As empresas tendem a ajustar seus preços para cima na mesma época.

>> *Revisão Rápida*

- Os oligopólios operam com restrições legais na forma das **políticas antitruste**. Mas muitos conseguem chegar a uma colusão tácita.
- A colusão tácita é limitada por uma série de fatores, incluindo grande número de empresas, produtos e determinação de preços complexos, conflito de interesses entre as empresas e poder de barganha dos compradores. Quando a colusão se rompe, há uma **guerra de preços**.
- Para limitar a competição, os oligopolistas muitas vezes se dedicam a fazer **diferenciação de produto**. Quando os produtos são diferenciados, algumas vezes é possível para uma indústria alcançar a colusão tácita mediante **liderança de preço**.
- Oligopolistas muitas vezes evitam competir diretamente quanto a preços, engajando-se em vez disso em **competição extrapreço** com uso de publicidade e outros meios.

CASO EMPRESARIAL

Virgin Atlantic acusa... ou é acusada?

O Reino Unido é sede de duas companhias aéreas de longa distância (companhias que voam entre os continentes): British Airways e sua rival, Virgin Atlantic. Embora British Airways seja a dominante, com fatias de mercado entre 50 e 100% nas rotas entre Londres e várias cidades norte-americanas, a Virgin é um competidor tenaz.

Ao longo dos anos, a rivalidade entre as duas variou entre relativamente pacífica e abertamente hostil. Nos anos 1990, a British Airways perdeu na justiça uma ação em que foi acusada de "jogo sujo" para expulsar a Virgin do negócio. Em abril de 2010, no entanto, a British Airways podia imaginar que a maré tinha virado.

Tudo começou em meados de 2004, quando os preços do petróleo estavam subindo (companhias aéreas de longa distância são especialmente vulneráveis a aumentos no preço do combustível). Promotores públicos britânicos alegaram que as duas companhias aéreas tinham planejado cobrar dos passageiros taxas especiais de combustível. Para os dois anos seguintes, segundo a acusação, as rivais tinham estabelecido um cartel pelo qual coordenavam os aumentos na taxa de combustível. A British Airways inicialmente introduziu uma sobretaxa de 5 libras (8,25 dólares) em voos transatlânticos quando o barril de petróleo estava em cerca de US$ 38 e aumentou essa sobretaxa seis vezes, de modo que em 2006, quando o petróleo era vendido a US$ 69 o barril, a sobretaxa estava em £ 70 (US$ 115). Ao mesmo tempo, a Virgin Atlantic também cobrou uma sobretaxa de £ 70. Essas taxas foram criadas com intervalos de dias entre elas.

Eventualmente, três executivos da Virgin resolveram fazer a denúncia em troca de imunidade de penas. A British Airways imediatamente suspendeu os executivos sob suspeição e pagou multas de quase US$ 500 milhões a reguladores dos Estados Unidos e do Reino Unido. E em 2010, quatro executivos da British Airways foram processados por autoridades britânicas por seu suposto papel na conspiração.

Os advogados dos executivos argumentaram que, embora as duas companhias tivessem trocado informações, isso não constituía prova de conspiração criminosa. De fato, segundo eles, a Virgin temia tanto os reguladores norte-americanos que havia admitido comportamento criminoso antes de averiguar se de fato tinha cometido um delito.

Uma das advogadas, Clare Montgomery, argumentou que, em virtude de as leis antitruste nos Estados Unidos serem muito mais rigorosas que no Reino Unido, as companhias podem ser compelidas à delação para evitarem investigação. "É uma corrida", disse ela. "Se você não chega a eles e confessa primeiro, não pode ter imunidade. A única maneira de se proteger é ir às autoridades, mesmo que você não tenha feito nada." O resultado foi que os executivos da Virgin haviam obtido imunidade tanto nos Estados Unidos quanto no Reino Unido, enquanto os executivos da British Airways ficaram sujeitos a penas (possivelmente, vários anos de cadeia) em ambos os países.

No fim de 2011, a ação chegou a um fim chocante para a Virgin Atlantic e as autoridades britânicas. Citando *e-mails* que no fim a Virgin havia sido obrigada a entregar à corte, o juiz não encontrou evidência suficiente de que uma conspiração entre as duas companhias aéreas teria de fato ocorrido. A corte estava tão convencida que rescindiu as imunidades concedidas aos três executivos da Virgin.

QUESTÕES PARA PENSAR

1. Explique por que a Virgin Atlantic e a British Airlines poderiam participar de uma colusão em reação ao aumento nos preços do petróleo. O mercado induzia à colusão ou não?
2. Como se determinaria se de fato houve ou não comportamento ilegal? O que poderia explicar os eventos fora comportamento ilegal?
3. Explique o dilema com que se defrontavam as duas companhias aéreas e seus executivos.

RESUMO

1. Muitas indústrias são **oligopólios**: há apenas uns poucos vendedores. Em particular, o **duopólio** tem apenas dois vendedores. Oligopólios existem pelas mesmas razões, em certa medida, por que existem os monopólios, mas de forma mais fraca. Eles se caracterizam pela **competição imperfeita**: as empresas competem, mas possuem poder de mercado.

2. Oligopolistas operam em um estado de **interdependência** no qual as ações de uma empresa têm efeito significativo sobre os lucros de suas rivais. As empresas em um oligopólio podem maximizar seu lucro combinado atuando como um **cartel**, estabelecendo níveis de produto para cada empresa como se elas fossem um único monopolista. Na medida em que as empresas conseguem fazer isso, elas participam de uma **colusão**. Mas cada empresa individual tem incentivo para produzir mais do que o que faria nesse arranjo, um incentivo para ter **comportamento não cooperativo**.

3. A situação de interdependência, em que o lucro de cada empresa depende significativamente do que as outras empresas façam, é o tema da **teoria dos jogos**. No caso de um jogo com dois participantes, o ***payoff*** de cada jogador depende tanto de suas próprias ações quanto das ações do outro. Essa interdependência pode ser representada por uma **matriz de *payoffs***. Dependendo da estrutura dos ganhos na matriz de *payoffs*, um jogador pode ter uma **estratégia dominante**, ou seja, uma ação que é sempre a melhor, independentemente das ações do outro jogador.

4. **Duopolistas** enfrentam um tipo particular de jogo conhecido como **dilema do prisioneiro**; se cada um age independentemente em seu próprio interesse, o **equilíbrio de Nash** ou **equilíbrio não cooperativo** resultante será ruim para ambos. Contudo, as empresas que esperam participar de um jogo repetidamente tendem a adotar um **comportamento estratégico**, tentando influenciar as ações futuras umas das outras. Uma estratégia que parece funcionar bem em tais situações é o que se pode chamar **olho por olho**, que frequentemente leva à **colusão tácita**.

5. A fim de limitar a capacidade dos oligopolistas de entrar em colusão e agir como um monopolista, a maioria dos governos adota **políticas antitruste**, destinadas a dificultar a colusão. Na prática, contudo, a colusão tácita é bastante difundida.

6. Uma variedade de fatores torna a colusão tácita difícil: grande número de empresas, produtos múltiplos e determinação de preços complexa, diferenças de interesse e poder de barganha de compradores. Quando a colusão tácita se rompe, há **guerra de preços**. Os oligopolistas tentam de várias maneiras evitar guerras de preços, lançando mão, por exemplo, da **diferenciação de produto** e da **liderança de preço**, em que uma empresa estabelece os preços para a indústria. Outra maneira é a **competição extrapreço**, como o uso de campanhas de publicidade.

PALAVRAS-CHAVE

QUESTÕES PARA PENSAR

1. O jogo *on-line Fortnite*, da Epic Games, começa com 100 jogadores que são lançados em uma ilha para enfrentar um jogo parecido com o da série de livros de Suzanne Collins *The Hunger Games* (*Jogos Vorazes*). Cada jogador deve procurar ou trocar armas e eliminar os outros jogadores em seu caminho; o último jogador em pé ganha. Lançado em 2017, hoje o jogo conta com mais de 300 milhões de usuários. Os jogadores podem jogar de graça, mas muitas vezes gastam dinheiro em *skins* especiais (fantasias) e pagam pelo acesso a batalhas específicas. Entretanto, os desenvolvedores da Epic Games notaram recentemente uma tendência preocupante: jogadores mais avançados estavam conspirando no jogo. Em resposta ao conluio, a Epic Games está agora banindo qualquer jogador que conspire.

   a. Qual é o incentivo para os jogadores conspirarem no *Fortnite*?

   b. Por que a Epic Games quereria eliminar o conluio no *Fortnite*?

2. No romance de George R.R. Martin *A Storm of Swords* (um dos livros que inspiraram o *Game of Thrones* da HBO), o jovem e sádico Rei Joffrey tem o maior exército nos seus domínios. Joffrey recebe o conselho seguinte de seu avô, Lorde Tywin, que também é o comandante do exército: "Joffrey, quando seus inimigos o desafiam, você deve servir-lhes aço e fogo. Quando eles se ajoelham, no entanto, você deve ajudá-los a se erguer novamente. Caso contrário, nenhum homem jamais se ajoelhará diante de você."

a. Suponha que o Rei Joffrey tenha um inimigo e possa fazer duas escolhas: servir-lhe aço e fogo (violência) ou estender-lhe a mão (perdão). O inimigo do Rei Joffrey também deve tomar a decisão de lutar ou render-se. Em um único jogo, qual é a provável saída entre o Rei Joffrey e seu inimigo?

b. Agora, suponha que o Rei Joffrey enfrente ameaças potenciais de múltiplos inimigos. Qual é o resultado provável para o Rei Joffrey se ele ignorar os conselhos do Lorde Tywin?

c. Que tipo de estratégia o Lorde Tywin propõe? Explique como isso provavelmente levará a um resultado diferente.

PROBLEMAS

1. A tabela a seguir apresenta parcelas de mercado na indústria norte-americana de cereais matinais.

Companhia	Parcela do mercado
Kellog's	30%
General Mills	29,9
Post	18,9
Private Label	7,5
Quaker Oats	6,5
Outros	7,2

Dados de: Advertising Age.

a. Use os dados para calcular o Índice de Herfindahl-Hirschman (HHI) para o mercado.

b. Baseado nesse HHI, que tipo de estrutura de mercado você descreveria no mercado norte-americano de cereais matinais?

2. A seguir, apresenta-se a tabela de demanda da vitamina D. Suponha que o custo marginal de produzir vitamina D seja zero.

Preço da vitamina D (por tonelada)	Quantidade demandada de vitamina D (toneladas)
$ 8	0
7	10
6	20
5	30
4	40
3	50
2	60
1	70

a. Suponha que a BASF seja o único produtor de vitamina D e atue como monopolista. Atualmente, produz 40 toneladas de vitamina D a $ 4 por tonelada. Se a BASF produzisse 10 toneladas a mais, qual seria o efeito preço para ela? Qual seria o efeito quantidade? Teria a BASF incentivo para produzir essas 10 toneladas a mais?

b. Suponha agora que a Roche entre no mercado também produzindo vitamina D e que o mercado seja um duopólio. BASF e Roche concordam em produzir 40 toneladas de vitamina D, 20 toneladas cada. A BASF não pode ser punida por se desviar do acordo com a Roche. Se a BASF sozinha saísse do acordo e produzisse 10 toneladas mais, qual seria o efeito preço para ela? Qual seria o efeito quantidade para a BASF? Teria a BASF incentivo para produzir as 10 toneladas adicionais?

3. O mercado de azeite de oliva em Nova York é controlado por duas famílias, os Soprano e os Contralto. Ambas as famílias não têm escrúpulos em eliminar qualquer outra família que tente entrar no mercado de azeite de Nova York. O custo marginal de produzir azeite é constante e igual a $ 40 por galão. Não há custo fixo. A seguir está a tabela de demanda de mercado do azeite de oliva.

Preço do azeite (por galão)	Quantidade demandada de azeite (galões)
$ 100	1.000
90	1.500
80	2.000
70	2.500
60	3.000
50	3.500
40	4.000
30	4.500
20	5.000
10	5.500

a. Suponha que os Soprano e os Contralto formem um cartel. Para cada quantidade dada na tabela, calcule a receita total do cartel e a receita marginal em cada galão adicional. Quantos galões de azeite de oliva o cartel venderia no total e a que preço? As duas famílias dividem o mercado meio a meio. Qual é o lucro que cada família obtém?

b. Tio Júnior, o cabeça da família Soprano, rompe o acordo e vende 500 galões a mais do que o acordo do cartel. Supondo que a família Contralto mantenha o acordo, como isso afeta o preço do azeite e os lucros obtidos por cada família?

c. Anthony Contralto, o cabeça da família Contralto, decide punir Tio Júnior, também aumentando suas vendas em 500 galões. Quais são agora os lucros obtidos por cada família?

4. O mercado de água mineral na França é controlado por duas grandes empresas, Perrier e Evian. Cada empresa tem custo fixo de 1 milhão de euros e um custo marginal de € 2 por litro de água mineral engarrafada. A seguir está a tabela de demanda de mercado de água mineral engarrafada na França.

Preço da água engarrafada (por litro)	Quantidade de água demandada (em milhões de litros)
€ 10	0
9	1
8	2
7	3

Preço da água engarrafada (por litro)	Quantidade de água demandada (em milhões de litros)
6	4
5	5
4	6
3	7
2	8
1	9

a. Suponha que as duas empresas formem um cartel e atuem como um monopolista. Calcule a receita marginal do cartel. Qual será o preço e a quantidade de monopólio? Supondo que as empresas dividam igualmente a produção, quanto cada uma produzirá e qual será o lucro de cada uma?

b. Suponha agora que a Perrier decida aumentar sua produção em 1 milhão de litros. A Evian não muda sua produção. Quais serão o novo preço e a nova quantidade de mercado? Qual será o lucro da Perrier? E da Evian?

c. E se a Perrier aumentar sua produção em 3 milhões de litros? A Evian não muda sua produção. Qual será sua quantidade produzida e o lucro em relação ao da parte *b*?

d. O que os seus resultados informam sobre a probabilidade de trapaça em tal acordo?

5. Para se preservarem os estoques de peixe do Atlântico Norte, decidiu-se que apenas duas frotas pesqueiras podem capturar peixe nessas águas, uma dos Estados Unidos e outra da União Europeia. Suponha que esse acordo de pesca se rompa, de modo que as frotas se comportem de forma não cooperativa. Suponha que os Estados Unidos e a União Europeia possam enviar uma ou duas frotas cada um. Quanto mais frotas na área, mais peixes eles capturam no total, mas menor é a captura de cada frota. A matriz a seguir mostra o lucro (em dólares) por semana auferido por cada lado.

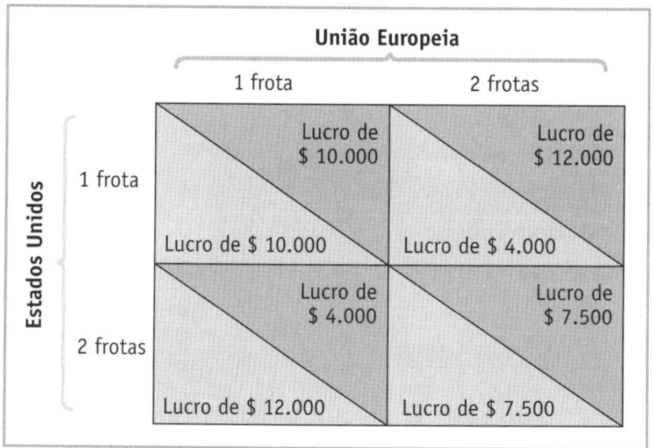

a. Qual é o equilíbrio não cooperativo de Nash? Cada lado decidirá enviar ao mar uma ou duas frotas?

b. Suponha que os estoques de pescado estejam se esgotando. Cada região pensa no futuro e chega a um acordo do tipo olho por olho, pelo qual cada lado enviará ao mar apenas uma frota, desde que o outro lado faça o mesmo. Se qualquer dos lados trair o acordo e enviar uma segunda frota, o outro fará o mesmo e continuará enviando duas frotas até que o competidor envie apenas uma. Se os dois lados jogam com essa estratégia olho por olho, quanto de lucro por semana fará cada lado?

6. Duas linhas aéreas, Untied e Air 'R' Us, são as únicas que operam voos entre Collegeville e Bigtown – ou seja, elas operam em duopólio. Cada linha pode cobrar pela passagem um preço alto ou um preço baixo. A matriz de *payoffs* a seguir mostra seus lucros por assento para qualquer das escolhas que as duas linhas aéreas possam fazer.

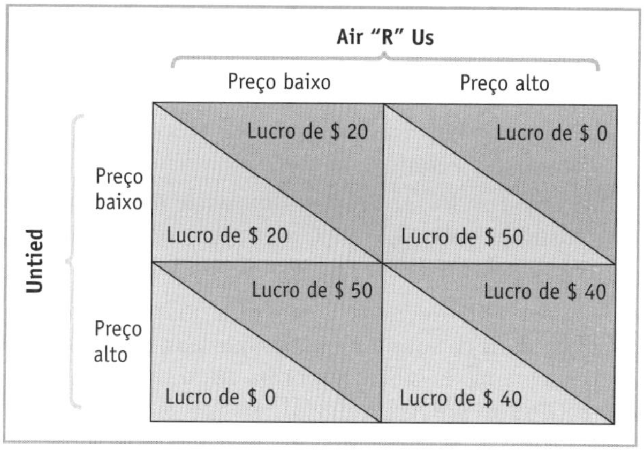

a. Suponha que as duas companhias aéreas façam um jogo de uma só rodada, isto é, elas interagem uma única vez e depois nunca mais. Qual será o equilíbrio (não cooperativo) de Nash nesse jogo de uma só rodada?

b. Suponha agora que as duas companhias aéreas façam esse jogo duas vezes e que cada companhia possa escolher uma de duas estratégias: ela pode jogar cobrando sempre o preço baixo ou então olho por olho – isto é, começando por cobrar preço alto no primeiro período e, no segundo período, fazendo o que a outra companhia fez no período anterior. Informe os ganhos da Untied com as quatro possibilidades a seguir:

i. A Untied joga cobrando sempre o preço baixo quando a Air 'R' Us também joga cobrando sempre o preço baixo.

ii. A Untied joga cobrando sempre o preço baixo quando a Air 'R' Us joga olho por olho.

iii. A Untied joga olho por olho quando a Air 'R' Us joga cobrando sempre o preço baixo.

iv. A Untied joga olho por olho quando a Air 'R' Us também joga olho por olho.

7. Suponha que Coca e Pepsi sejam os únicos produtores de refrigerantes gasosos, de modo que são duopolistas. Ambas as companhias têm custo marginal zero e um custo fixo de $ 100.000.

a. Suponha primeiro que os consumidores considerem que Coca e Pepsi sejam substitutos perfeitos. Atualmente, as duas são vendidas por $ 0,20 a latinha, e a esse preço cada companhia vende 4 milhões de latas por dia.

i. Quanto é o lucro da Pepsi?

ii. Se a Pepsi aumenta o preço da lata para $ 0,30 e a Coca não reage, mantendo seu preço em $ 0,20 por lata, o que acontece com seu lucro?

b. Suponha agora que cada companhia faça uma campanha de publicidade para diferenciar seu produto do da outra companhia. Em consequência da propaganda, a Pepsi percebe que, se aumenta ou baixa seu preço, vende menos ou mais do seu produto, conforme se mostra na tabela de demanda a seguir.

Preço da Pepsi (por lata)	Quantidade demandada de Pepsi (milhões de latas)
$ 0,10	5
0,20	4
0,30	3
0,40	2
0,50	1

Se agora a Pepsi aumentasse seu preço para $ 0,30 por lata, o que aconteceria com seu lucro?

c. Comparando sua resposta na parte a(*i*) com sua resposta na parte *b*, qual é a quantidade máxima que a Pepsi estaria disposta a gastar em publicidade?

8. Schick e Gillette gastam enormes quantias por ano na publicidade de suas lâminas de barbear, tentando roubar clientes uma da outra. Suponha que a cada ano a Schick e a Gillette precisam decidir se vão ou não gastar em publicidade. Se nenhuma delas fizer publicidade, cada uma terá um lucro de $ 2 milhões. Se ambas fizerem publicidade, cada uma terá lucro de $ 1,5 milhão. Se uma empresa fizer publicidade e a outra não, a empresa que fizer publicidade terá lucro de $ 2,8 milhões e a outra terá lucro de $ 1 milhão.

a. Use uma matriz de *payoffs* para descrever esse problema.

b. Suponha que a Schick e a Gillette possam assinar um contrato de cumprimento obrigatório sobre o que farão. Qual será a solução cooperativa para esse jogo?

c. Qual é o equilíbrio de Nash, se é impossível fazer cumprir o contrato? Explique por que esse é o resultado mais provável.

9. Nos últimos 40 anos, a Organização dos Países Exportadores de Petróleo (OPEP) teve êxito variável em formar e manter seu cartel. Explique como os fatores a seguir podem contribuir para a dificuldade de formar ou manter os acordos de preço e quantidade de produção.

a. São descobertos novos campos de petróleo e aumenta a exploração no Golfo do México e no Mar do Norte por países fora da OPEP.

b. Petróleo é um produto diferenciado pelo conteúdo de enxofre: custa menos refinar petróleo com baixo teor de enxofre. Diferentes países têm reservas com diferente teor de enxofre.

c. São desenvolvidos carros movidos a hidrogênio.

10. Suponha-se um economista trabalhando para a Divisão Antitruste do Departamento de Justiça nos Estados Unidos. Em cada um dos casos a seguir, você tem a tarefa de determinar se o comportamento justifica uma investigação antitruste por suspeita de atos ilegais ou se o caso é apenas de colusão tácita, indesejável mas não ilegal. Explique seu raciocínio.

a. Duas companhias dominam a indústria para equipamento industrial de laser. Várias pessoas estão na diretoria de ambas as companhias.

b. Três bancos dominam o mercado de serviços bancários em dado estado. Seus lucros têm aumentado recentemente porque eles criaram novas tarifas para as transações dos clientes. Há muita publicidade no setor bancário, e novas agências estão sendo abertas em muitos lugares.

c. As duas companhias petrolíferas que produzem a maior parte do petróleo na metade ocidental dos Estados Unidos decidiram não construir seus próprios oleodutos e usar um oleoduto comum, a única maneira de transportar produtos de petróleo para esse mercado.

d. As duas maiores companhias que dominam o mercado de suplementos à base de plantas criaram uma subsidiária que vende o mesmo produto que a matriz em grande quantidade, mas com nome genérico.

e. As duas maiores empresas de cartões de crédito, Passport e OmniCard, solicitaram a todos os bancos e lojas que aceitam seus cartões que concordassem em limitar seu uso de cartões de crédito rivais.

11. Em 2015, a Anheuser-Busch InBev ofereceu US$ 104,2 bilhões para adquirir a SABMiller. O Departamento de Justiça dos EUA aprovou a fusão, mas somente depois que os dois gigantes da cerveja concordaram em vender uma série de marcas, incluindo Miller Lite, Peroni e Snow (a cerveja mais vendida no mundo, produzida na China). A Anheuser-Busch InBev buscou a fusão para aumentar sua participação no mercado global. A tabela a seguir apresenta a participação no mercado global antes e depois da fusão para as dez maiores cervejarias do mundo.

	Parcela de mercado	
Cervejeiras	Antes da fusão	Depois da fusão
AB InBev	21%	29%
SABMiller	10	–
Heineken	9	11
Carlsberg	6	6
China Resource Brewery Ltd.	6	6
Tsingtao Brewery Group	4	4
Molson-Coors	3	4
Yanjing	3	3
Kirin	2	2
BGI/Groupe Castel	2	2

a. Usando a tabela, calcule o HHI para o mercado global de cerveja antes e depois da fusão.

b. Com base no HHI calculado na parte *a*, como a estrutura do mercado para a indústria global da cerveja mudou?

12. Em 2011, o Departamento de Justiça dos EUA rejeitou a proposta da AT&T de comprar a T-Mobile por $ 39 bilhões por conta de preocupações anticompetitivas. Alguns anos mais tarde, a Sprint lançou sua própria tentativa de compra da T-Mobile. Em 2019, as discussões da Sprint com a T-Mobile sobre uma potencial aquisição ainda estavam em andamento, com uma proposta de fusão próxima de ser concluída.

a. Use a tabela a seguir para calcular o HHI antes e depois da fusão proposta em 2011 da AT&T e da T-Mobile.

b. Use a tabela para calcular o HHI antes e depois da proposta de fusão da Sprint e da T-Mobile em 2019.

c. Com base em seus cálculos nas partes *a* e *b*, você acha provável que o Departamento de Justiça aprove uma fusão entre a Sprint e a T-Mobile?

Operadora	2011	2019
Verizon	34%	29%
AT&T	32	40
Sprint	17	13
T-Mobile	10	16

13. Use as seguintes etapas para encontrar a alegação antitruste feita pelo Departamento de Justiça para impedir a fusão da Anheuser-Busch InBev e do Grupo Modelo. Consulte a alegação antitruste para responder às perguntas que se seguem.

i. Vá ao Departamento de Justiça dos Estados Unidos, Divisão Antitruste (www.justice.gov/atr).

ii. Clique em "Antitrust Case Filings" na barra à esquerda e depois clique em "Filter and Sort".

iii. Defina Date para "2013", Tipo de Caso para "Civil Merger" (Fusão Civil).

iv. Encontre o caso *U.S. v. Anheuser-Busch InBev SA/NV e Grupo Modelo S.A.B. de C.V.* Clique no título para ir para o *site* do caso.

v. Vá até o final da página da *web* e clique em "Complaint" (Reclamação). Em seguida, clique em "Anexo" (Anexo) para rever o caso.

a. Antes da fusão, qual é a participação de mercado dos EUA na Anheuser-Busch InBev e no Grupo Modelo? (Veja o gráfico de pizza na página 2).

b. Na parte IV, seção C (Mercado Geográfico Relevante), como o Departamento de Justiça define um mercado de cerveja? Por quê?

c. Com base nas informações da parte v, em quantos mercados a fusão proposta excederia o limite de HHI de 2.500 pontos e seria considerada altamente concentrada?

d. No Apêndice A, encontre os cálculos do HHI após a fusão. Observe que "Delta HHI" significa a mudança no HHI. Qual mercado experimenta o maior aumento na relação HHI e é o mais concentrado? Qual mercado é o menos concentrado? Após a fusão, o que acontece com o HHI para os Estados Unidos como um todo?

RESOLVA

14. Vamos revisitar o acordo de pesca apresentado no Problema 5 afirmando que, para preservar os estoques pesqueiros do Atlântico Norte, somente duas frotas pesqueiras, uma dos Estados Unidos (EUA) e outra da União Europeia (UE), podem pescar nessas águas. A tabela a seguir mostra a demanda do mercado por semana para o pescado dessas águas. Os únicos custos são os custos fixos, portanto as frotas de pesca maximizam o lucro ao maximizarem a receita.

Preço do peixe (por libra)	Quantidade de peixe demandada (libras)
$ 17	1.800
16	2.000
15	2.100
14	2.200
12	2.300

a. Se ambas as frotas de pesca entrarem em colusão, qual será a produção maximizadora de receita para a pesca do Atlântico Norte? A que preço um quilo de pescado será vendido?

b. Se ambas as frotas de pesca entrarem em colusão e compartilharem a produção igualmente, qual será a receita da frota da UE? E da frota dos Estados Unidos?

c. Suponha que a frota da UE trapaceie ao expandir sua própria captura em 100 libras por semana. A frota dos Estados Unidos não muda sua captura. Qual é a receita da frota dos Estados Unidos? E da frota da UE?

d. Em retaliação à trapaça da frota da UE, a frota dos EUA também expande sua captura em 100 libras por semana. Qual é a receita da frota dos EUA? E da frota da UE?

15 Competição Monopolística e Diferenciação de Produto

A PRAÇA DE ALIMENTAÇÃO DA AMÉRICA

COM MAIS DE 500 LOJAS cobrindo mais de 5 milhões de metros quadrados que atendem a mais de 40 milhões de visitantes anualmente, o Mall of America, localizado em Bloomington, Minnesota, é o maior *shopping* dos Estados Unidos. Para garantir que os milhares de pessoas que o visitam diariamente tenham muita energia para fazer compras, o local também abriga a maior e mais extensa praça de alimentação do país, com mais de 70 restaurantes. Lá, você pode encontrar Panda Express, Sbarro, Qdoba Mexican Eats, Chick-fil-A, A&W Restaurant, Burger King, Long John Silvers, Kabob's Indian Grill e muito, muito mais. Com sua enorme variedade, a "Praça de Alimentação da América" é um microcosmo da indústria norte-americana de *fast-food*.

Então, como você descreveria a indústria de *fast-food*? Por um lado, claramente não é um monopólio. Quando você vai a uma praça de alimentação, tem uma variedade de escolha entre fornecedores, e há uma competição real entre eles. Por exemplo, há concorrência entre A&W e Burger King para os hambúrgueres, bem como concorrência entre hambúrgueres e pizzas. Por outro lado, de certa forma, cada fornecedor possui alguns aspectos de monopólio, porque cada um oferece um cardápio diferente e uma experiência alimentar diferente. Por exemplo, o Burger King é a "casa do Whopper", um hambúrguer grelhado, mas se você preferir um Big Mac, só pode encontrar um no McDonalds. A questão é que cada fornecedor de *fast-food* oferece um produto que é *diferenciado* dos produtos de seus rivais.

Na indústria de *fast-food*, muitas empresas competem para satisfazer mais ou menos a mesma demanda: o desejo dos consumidores por algo saboroso e rápido. Mas cada empresa se oferece para satisfazer essa demanda com um produto distinto e diferenciado: produtos que os consumidores normalmente consideram substitutos próximos, mas não perfeitos.

Quando há muitas empresas oferecendo produtos concorrentes e diferenciados, como na indústria de *fast-food*, os economistas dizem que a indústria é caracterizada pela *concorrência monopolística*. Esta é a quarta e última estrutura de mercado que discutiremos (tendo coberto concorrência perfeita, monopólio e oligopólio nos capítulos anteriores).

Começaremos definindo com mais cuidado a concorrência monopolística e explicando suas características. Depois, exploraremos como as empresas diferenciam seus produtos; isto nos permitirá analisar como funciona a concorrência monopolística. O capítulo termina com uma discussão de algumas controvérsias em curso sobre diferenciação de produtos – em particular, a questão relativa à razão por que a publicidade é eficaz. •

O QUE VOCÊ IRÁ APRENDER?

- O que é **competição monopolística**?
- Por que oligopolistas e empresas em competição monopolística diferenciam seus produtos?
- Como preços e lucros são determinados em competição monopolística no curto e no longo prazo?
- Por que a competição monopolística coloca um *trade-off* entre preço mais baixo e maior diversificação de produto?
- Qual é o significado econômico da publicidade e dos **nomes de marca**?

Significado de competição monopolística

Leo é dono do balcão do Wonderful Wok, na praça de alimentação de um grande *shopping*. É o único que tem comida chinesa, mas há uma dúzia de alternativas, desde Bodacious Burgers até Pizza Paradise. Ao decidir quanto cobrar por uma refeição, Leo sabe que tem de levar em conta essas alternativas. Mesmo quem gosta muito de comida chinesa não vai pagar $ 20 por um almoço no Leo quando pode ter um hambúrguer com fritas e um refrigerante por $ 6.

Mas Leo sabe também que não vai perder todos os seus clientes, mesmo que seu almoço custe um pouco mais que as alternativas. Arroz frito e *dim sum* são muito diferentes de hambúrguer ou pizza. Algumas pessoas realmente vão querer comida chinesa naquele dia e vão almoçar no Leo, mesmo que possam comer mais barato nos outros lugares. É claro que o inverso também é verdade: ainda que a comida do Wonderful Wok esteja um pouco mais barata, algumas pessoas vão querer hambúrguer mesmo assim. Ou seja, Leo tem algum poder de mercado: ele tem *alguma* possibilidade de fixar seu próprio preço.

Como você descreveria a situação de Leo? Ele, definitivamente, não é um tomador de preço, de modo que não está em situação de competição perfeita. Mas também não podemos chamá-lo de monopolista. Embora seja o único vendedor de comida chinesa naquela praça de alimentação, ele se defronta com a competição de outros vendedores de comida.

Ao mesmo tempo, seria errado chamá-lo de oligopolista. O oligopólio, recorde-se, implica competição entre um pequeno número de empresas em uma indústria, protegidas por algumas barreiras à entrada (ainda que limitadas) e cujos lucros são altamente interdependentes. Essa interdependência é um incentivo para os oligopólios tentarem alguma maneira de fazer colusão, mesmo que apenas tácita. Porém, no caso de Leo, há *grande quantidade* de vendedores na praça de alimentação, um número tão grande que a colusão tácita não é factível.

Economistas descrevem a situação de Leo como **competição monopolística**. A competição monopolística é muito comum nas indústrias de serviços, como restaurantes e postos de gasolina, mas existe também em algumas indústrias manufatureiras. Ela envolve três condições: grande número de produtores competindo, produtos diferenciados e livre entrada e saída da indústria no longo prazo.

Competição monopolística é uma estrutura de mercado na qual há muitos produtores concorrentes em uma indústria, cada produtor vende um produto diferenciado e há livre entrada e saída da indústria a longo prazo.

Em uma indústria sob competição monopolística, cada produtor tem alguma capacidade para fixar o preço do seu bem diferenciado, mas o nível no qual ele pode chegar é limitado pela competição dos outros produtores existentes e potenciais, que produzem bens próximos, mas não idênticos.

Grande número

Em uma indústria sob competição monopolística, há muitos produtores. Tal indústria não parece monopólio, em que a empresa não se defronta com competição, ou oligopólio, em que cada empresa tem alguns poucos rivais. Em vez disso, cada vendedor tem muitos competidores. Por exemplo, há muitos vendedores em uma praça de alimentação de *shopping*, há muitos postos de gasolina ao longo da estrada, há muitos hotéis em uma praia turística.

Produtos diferenciados

Em uma indústria sob competição monopolística, cada produtor tem um produto que o consumidor considera diferente dos produtos das empresas que competem entre si, mas ao mesmo tempo considera-os substitutos próximos. Se a praça onde está Leo tiver 15 vendedores oferecendo exatamente a mesma comida, eles estarão em competição perfeita: qualquer vendedor que tente cobrar um preço mais alto não terá clientes. Mas, suponha que o Wonderful Wok seja o único que vende comida chinesa, o Bodacious Burgers seja o único que tem hambúrguer e assim por diante. O resultado dessa diferenciação é que cada vendedor tem alguma capacidade de fixar seu próprio preço: cada produtor tem algum poder de mercado, ainda que limitado.

Livre entrada e saída no longo prazo

Nas indústrias em competição monopolística, novos produtores, com seus próprios produtos distintos, podem entrar livremente na indústria no longo prazo. Por exemplo, outros vendedores de alimentos poderiam abrir restaurantes no *shopping* se julgassem que isso seria lucrativo. Além disso, algumas empresas deixarão a indústria se acharem que não estão cobrindo seus custos no longo prazo.

Competição monopolística: em suma

A competição monopolística é, portanto, diferente das três estruturas de mercado que examinamos até agora. Não é a mesma coisa que competição perfeita: a empresa tem algum poder para fixar preço. Não é puro monopólio: a empresa se defronta com competição. E não é o mesmo que oligopólio: há muitas empresas e livre entrada, já não existe o potencial de colusão que é tão importante no oligopólio.

Logo veremos como preços, quantidade produzida e número de produtos disponíveis são determinados nas indústrias em competição monopolística. Mas, primeiro, vejamos mais de perto o que significa ter produtos diferenciados.

|| Diferenciação de produto

A diferenciação de produto, muitas vezes, tem papel importante em indústrias oligopolistas. Em tais indústrias, a diferenciação de produto reduz a intensidade da competição entre as empresas quando a colusão tácita não pode ser alcançada. A diferenciação de produto desempenha papel ainda mais importante nas indústrias em competição monopolística. Dado que a colusão tácita é virtualmente impossível quando há muitos produtores, a diferenciação de produto é a única maneira como as empresas em competição monopolística podem alcançar algum poder de mercado.

Como empresas da mesma indústria – vendedores de *fast-food*, postos de gasolina ou fabricantes de chocolate, por exemplo – diferenciam seus produtos? Algumas vezes, a diferença está, sobretudo, na cabeça dos consumidores e não nos próprios produtos. Mais adiante no capítulo, discutiremos o papel da publicidade e a importância dos nomes de marca para alcançar a diferenciação de produto. Mas, em geral, as empresas diferenciam seus produtos (surpresa!) tornando-os de fato diferentes.

A chave para a diferenciação de produto é que os consumidores têm preferências diferentes e cada produtor pode cavar um nicho produzindo algo que atenda melhor às preferências específicas de algum grupo de consumidores do que os produtos de outras empresas.

Há três formas importantes de diferenciação de produto:

1. Por estilo ou tipo.
2. Por localização.
3. Por qualidade.

Diferenciação por estilo ou tipo

Os vendedores na praça de alimentação de Leo oferecem tipos diferentes de *fast-food*: hambúrguer, pizza, comida chinesa, comida mexicana etc. Cada consumidor chega na praça com alguma preferência por uma ou outra dessas ofertas. Preferência que pode depender do humor do consumidor, da sua dieta ou do que ele já comeu antes. Essas preferências não tornam os consumidores indiferentes ao preço; caso o Wonderful Wok resolva cobrar $ 15 por um rolinho primavera, todo mundo vai se bandear para o Bodacious Burgers ou para a Pizza Paradise. Mas algumas pessoas optam pela refeição mais cara, porque ela atende melhor suas preferências. Assim, os produtos dos vários vendedores são substitutos, mas não são substitutos *perfeitos* – eles são *substitutos imperfeitos*.

Vendedores na praça de alimentação do *shopping* não são os únicos a diferenciar seus produtos por tipo. Lojas de roupa concentram-se em vestuário feminino ou masculino, em roupa de trabalho ou esportiva, em novas tendências ou em estilo clássico, e assim por diante. A indústria automobilística oferece sedãs, minivans, utilitários, carros esportivos, cada tipo destinado a motoristas com necessidades e gostos diferentes.

Livros são mais um exemplo de diferenciação por tipo e estilo. Livros de mistério são diferentes de romances; entre os de mistério, podemos diferenciar entre histórias de detetive, histórias de suspense e de investigação policial. Não há dois escritores de fantasia e ficção científica que sejam exatamente iguais: J. K. Rowling e George R. R. Martin, cada um tem seus fãs.

De fato, a diferenciação de produto é característica da maior parte dos bens de consumo. Na proporção em que as pessoas têm gostos diferentes, os produtores consideram possível e lucrativo produzir uma ampla gama de bens.

Diferenciação por localização

Postos de gasolina ao longo da estrada oferecem produtos diferenciados. É verdade que a gasolina pode ser exatamente a mesma, mas a localização dos postos varia, e a localização importa para os consumidores. É mais conveniente encher o tanque perto de casa, perto do local de trabalho ou em qualquer parte quando ele está quase vazio.

De fato, muitos setores em competição monopolística oferecem bens diferenciados pela localização. Isso é verdade especialmente no setor de serviços, de oficinas mecânicas a farmácias, no qual o cliente muitas vezes escolhe o que está mais perto e não o que é mais barato.

Diferenciação por qualidade

Você adora chocolate? Quanto você está disposto a pagar por chocolate? Pois é, existe chocolate e chocolate: embora chocolate comum possa não ser muito caro, um pedacinho de chocolate *gourmet* pode custar muito dinheiro.

Em matéria de chocolate e de muitos outros bens, existe uma margem de qualidades possíveis. É possível achar uma bicicleta razoável por preço bom, mas há modelos muito mais incrementados por dez vezes mais. Tudo depende de quanto importa a qualidade adicional e de quanto vão fazer falta as outras coisas que podem ser compradas com esse dinheiro.

Pelo fato de que os consumidores variam na disposição de pagar por qualidade melhor, os produtores podem diferenciar seus produtos segundo a qualidade, alguns oferecendo produtos de baixa qualidade mais baratos e outros oferecendo produtos de maior qualidade a preços mais altos.

Diferenciação de produto: em suma

A diferenciação de produto, então, pode tomar várias formas. Qualquer que seja a forma, contudo, há duas características importantes das indústrias com produtos diferenciados:

1. *Há concorrência entre os vendedores*: mesmo que os vendedores de produtos diferenciados não estejam oferecendo produtos idênticos, eles estão em certa medida competindo por um mercado limitado. Se mais empresas entrarem no mercado, cada uma descobrirá que vende menos quantidade a qualquer preço dado. Por exemplo, se um novo posto de gasolina abre ao longo de determinada estrada, cada um dos postos de gasolina existentes venderá um pouco menos.
2. *Há valor na variedade*: consumidores se beneficiam com a proliferação de produtos diferenciados. Uma praça de alimentação com oito vendedores torna os consumidores mais felizes do que uma com apenas seis vendedores, mesmo que os preços sejam os mesmos, porque alguns clientes terão uma refeição mais próxima do que eles tinham em mente. Uma estrada na qual há um posto de gasolina a cada dois quilômetros é mais conveniente para os motoristas

do que uma estrada onde os postos de gasolina ficam a cinco quilômetros de distância entre si. Da mesma forma, quando um produto está disponível com uma gama de padrões de qualidade, menos pessoas são forçadas a pagar por uma qualidade mais alta do que precisam ou a se contentar com uma qualidade mais baixa do que desejam.

Como veremos a seguir, concorrência entre os vendedores de produtos diferenciados é a chave para entender como funciona a concorrência monopolística.

ECONOMIA >> *em Ação*

Abbondanza!

A experiência de tentar escolher um molho para massa entre as dezenas de variedades nas prateleiras da mercearia já o deixou sobrecarregado? Se sim, você tem uma pessoa a quem agradecer e a quem culpar: Howard Moskowitz. Há trinta anos, nos Estados Unidos, era muito mais simples fazer sua escolha: não havia, como há hoje por lá, Sockarooni Newman's, nem Marinara Picante com Alho Assado da Barilla, nem Emeril's Homestyle nem Manjericão de Tomate Clássico. Na verdade, havia apenas duas marcas disponíveis, Prego e Ragu. E eles ofereciam apenas uma variedade cada um: molho de espaguete simples.

No final dos anos 1980, a Prego estava em queda em relação à sua rival, a Ragu. Enquanto buscava uma maneira de dar a virada em seus negócios, a empresa concluiu que os molhos para massa Prego e Ragu eram relativamente indistinguíveis. Mas, em vez de entrar em uma guerra de preços com sua rival, a Prego contratou o pesquisador de mercado Howard Moskowitz, que percebeu que a resposta ao dilema da Prego era descobrir o que atraía o paladar dos consumidores e depois usar isso para distinguir a Prego da Ragu. Moskowitz procedeu para criar 45 tipos de molhos para massa, variados em todas as medidas possíveis: adocicado, picante, azedo, amargo, salgado, espesso e assim por diante. Em seguida, ele os testou em todo o país. O que se destacou foi a preferência dos consumidores por molho espessados com pedaços de tomate – uma opção indisponível na época, quando tanto a Prego quanto a Ragu ofereciam molhos altamente misturados e aguados.

Em 1989, a Prego lançou sua variedade Extra Chunky, e foi extraordinariamente bem-sucedida. É uma medida do sucesso de Moskowitz e hoje é difícil apreciar a radicalidade de sua abordagem. Há trinta anos, a indústria alimentícia acreditava que deveria se esforçar para criar um "prato platônico" – alguma versão ideal que satisfizesse completamente os gostos dos consumidores. Prego e Ragu ofereciam molhos finos para massas, porque seu ideal refletia a forma como o molho era feito na Itália. Mas a Prego chegou a entender a importância de se destacar, evitando ao mesmo tempo a concorrência de preços frente a frente com a Ragu, o que acabaria sendo autodestrutivo. Com isso veio Moskowitz, que libertou a indústria alimentícia para satisfazer o desejo iconoclasta dos consumidores norte-americanos de variedade e sabores característicos. Por isso, da próxima vez que você estiver se perguntando qual molho para massa comprar, pense em Howard Moskowitz e suas ideias radicais.

>> *Revisão Rápida*

- Na **competição monopolística**, há muitos produtores competindo, cada um com um produto diferenciado, e há livre entrada e saída no longo prazo.
- A diferenciação de produto pode ocorrer em oligopólios que não conseguem alcançar a colusão tácita, bem como na competição monopolística. Ela assume três formas: por estilo ou tipo, por localização ou por qualidade. Os produtos de vendedores que competem entre si são considerados substitutos imperfeitos.
- Os produtores competem pelo mesmo mercado, de modo que a entrada de mais produtores reduz a quantidade que cada produtor existente pode vender a um preço dado. Além disso, os consumidores ganham com a maior diversidade de produtos.

>> *Teste seu entendimento* 15.1

As respostas estão no fim do livro.

1. Cada um dos bens e serviços a seguir são produtos diferenciados. Quais são diferenciados como resultado da competição monopolística e quais não são? Explique.
   - **a.** Escadas
   - **b.** Refrigerantes
   - **c.** Lojas de roupas
   - **d.** Aço

2. Você precisa determinar, entre dois tipos de estrutura de mercado, qual é o que melhor descreve uma indústria, mas pode fazer uma única pergunta sobre a indústria. Que pergunta você faria para determinar se uma indústria é:
   a. Perfeitamente competitiva ou de competição monopolística?
   b. Monopólio ou competição monopolística?

Entendendo a competição monopolística

Suponha que uma indústria esteja em competição monopolística: ela consiste em muitos produtores, todos competindo pelos mesmos consumidores, mas oferecendo produtos diferenciados. Como se comporta um setor assim?

Como sugere a expressão *competição monopolística*, essa estrutura de mercado combina algumas características típicas do monopólio com outras típicas da competição perfeita. Como cada empresa oferece um produto distinto, de certo modo é como um monopolista: ela se defronta com uma curva de demanda com inclinação para baixo e tem algum poder de mercado, ou seja, a capacidade, dentro de certos limites, de determinar o preço do seu produto. Contudo, diferentemente de um monopolista, a empresa em competição monopolística se defronta com competição: a quantidade produzida que ela pode vender depende dos preços e dos produtos oferecidos pelas outras empresas na indústria.

É verdade que o mesmo se aplica ao oligopólio. Contudo, na indústria em competição monopolística, há *muitos* produtores, diferentemente do pequeno número que define um oligopólio. Isso significa que o quebra-cabeça do oligopólio – ou seja, as empresas vão fazer colusão ou vão se comportar de modo não cooperativo? – não surge no caso do setor em competição monopolística. É verdade que, se todos os postos de gasolina e todos os restaurantes em uma cidade pudessem concordar, explícita ou tacitamente, em elevar os preços, isso seria do seu interesse mútuo.

No entanto, uma colusão assim é quase impossível quando o número de empresas é elevado e, por implicação, não há barreiras à entrada. Dessa forma, em situações de competição monopolística, podemos supor com segurança que as empresas se comportam de forma não cooperativa e ignoram a possibilidade de colusão.

Competição monopolística no curto prazo

Relembre a distinção entre equilíbrios de curto e de longo prazo. O equilíbrio de curto prazo toma o número de empresas em uma indústria como dado. O equilíbrio de longo prazo, ao contrário, se alcança apenas depois que passou tempo suficiente para que as empresas entrem ou saiam na indústria. Para analisarmos a competição monopolística, vamos nos concentrar primeiro no curto prazo e depois veremos como uma indústria passa do curto para o longo prazo.

Os painéis (a) e (b) da Figura 15.1 mostram duas situações possíveis que uma empresa típica em uma indústria em competição monopolística pode encontrar no curto prazo. Em cada caso, a empresa parece um monopolista: tem curva de demanda com inclinação para baixo, o que implica curva de receita marginal com inclinação para baixo.

Supomos que cada empresa tenha uma curva de custo marginal com inclinação para cima, mas que ela tenha também alguns custos fixos, de modo que a curva de custo total médio tem formato de U. Essa pressuposição não importa no curto prazo, mas, como veremos, é essencial para entender o equilíbrio de longo prazo.

Em cada caso, a empresa, a fim de maximizar lucros, estabelece receita marginal igual ao custo marginal. Em que essas duas figuras diferem? No painel (a), a empresa é lucrativa; no painel (b), ela tem prejuízo. (Recorde que estamos nos referindo sempre ao lucro econômico e não ao lucro contábil, isto é, lucro quando todos os fatores de produção estão remunerados também por seus custos de oportunidade.)

No painel (a), a empresa se defronta com a curva de demanda D_P, e a curva de receita marginal é MR_P. Ela produz a quantidade que maximiza o lucro Q_P, a quantidade em que a receita marginal é igual ao custo marginal, e vende ao preço P_P. Esse preço está acima do custo total médio nessa quantidade produzida, ATC_P. O lucro da empresa é indicado pela área do retângulo sombreado.

No painel (b), a empresa tem a curva de demanda D_U e a curva de receita marginal MR_U. Ela escolhe a quantidade Q_U, em que a receita marginal é igual ao custo marginal. Contudo, nesse caso, o preço P_U está *abaixo* do custo total médio ATC_U; assim, nessa quantidade, a empresa perde dinheiro. Seu prejuízo é igual à área do retângulo sombreado. Já que Q_U é a quantidade que maximiza o lucro (nesse caso, a quantidade que minimiza o prejuízo), não há como uma empresa nessa situação ter lucro.

Podemos confirmar isso notando que, para *qualquer* quantidade produzida, a curva de custo total médio no painel (b) está acima da curva de demanda D_U. Como $ATC > P$ para todas as quantidades produzidas, essa empresa sempre terá prejuízo.

Como essa comparação sugere, a chave para saber se uma empresa com poder de mercado é lucrativa ou não no curto prazo está na relação entre sua curva de demanda e sua curva de custo total médio. No painel (a), a curva de demanda D_P cruza a curva de custo total médio, o que significa que uma parte da curva de demanda está acima da curva de custo total médio. Assim, existem algumas combinações de preço e quantidade nas quais o preço é superior ao custo total médio, indicando que a empresa pode escolher uma quantidade que lhe dê lucro positivo.

No painel (b), ao contrário, a curva de demanda D_U não cruza a curva de custo total médio, mas está sempre abaixo dela. Dessa forma, o preço correspondente a cada quantidade demandada é sempre inferior ao custo total médio de produzir aquela quantidade. Não existe quantidade com a qual a empresa possa evitar prejuízo.

Figura 15.1 Empresa em competição monopolística no curto prazo.

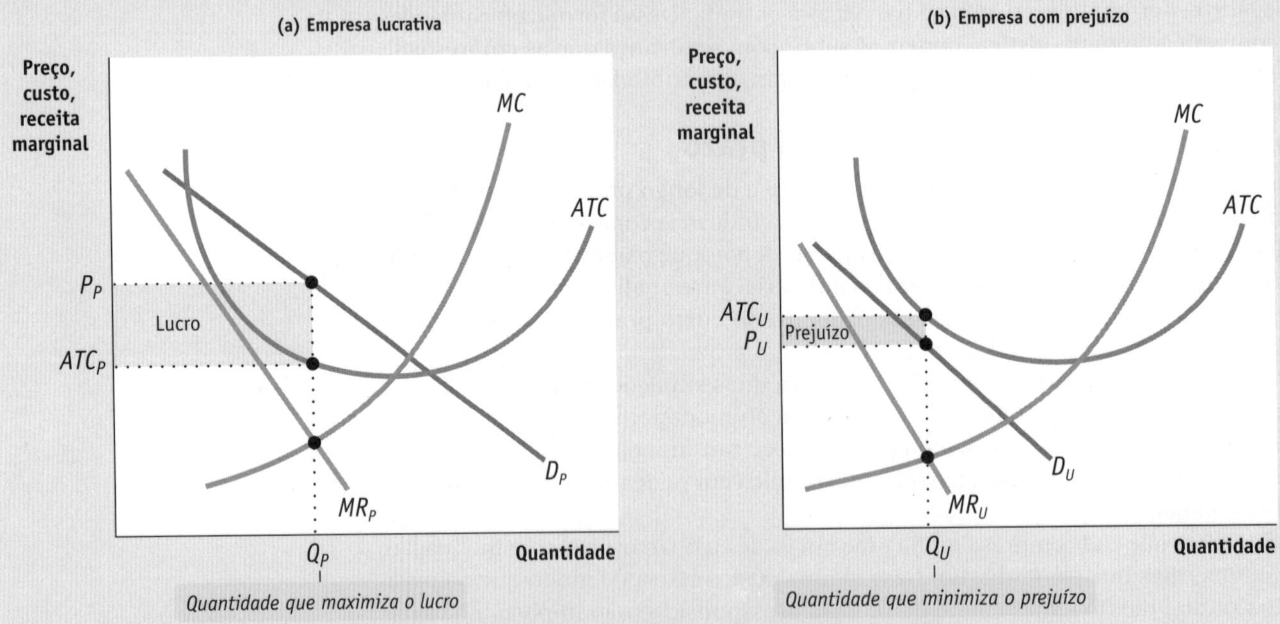

A empresa no painel (a) pode ser lucrativa produzindo certa quantidade: a quantidade pela qual a curva de custo total médio, *ATC*, fica abaixo da curva de demanda, D_P. A quantidade que maximiza o lucro é Q_P, a produção em que a receita marginal, MR_P, é igual ao custo marginal, *MC*. A empresa cobra o preço P_P e tem um lucro representado pela área do retângulo sombreado. A empresa no painel (b), no entanto, nunca pode ser lucrativa, porque sua curva de custo total médio está acima de sua curva de demanda, D_U, para todas as quantidades que produzir. O melhor que ela pode fazer, se é que ela produz, é produzir a quantidade Q_U, ao preço P_U. Isso gera um prejuízo indicado pela área do retângulo sombreado. Qualquer outra quantidade de produção resulta em prejuízo maior.

Essas figuras, que mostram empresas que se defrontam com curvas de demanda com inclinação para baixo e as respectivas curvas de receita marginal, têm a mesma aparência da análise comum do monopólio. O aspecto "competição" da competição monopolística vai aparecer quando se passar do curto para o longo prazo.

Competição monopolística no longo prazo

Obviamente, uma indústria em que as empresas existentes estão perdendo dinheiro, como a do painel (b) na Figura 15.1, não se encontra em equilíbrio de longo prazo. Quando as empresas existentes estão tendo prejuízo, algumas delas deixam a indústria. A indústria não atingirá o equilíbrio de longo prazo enquanto os prejuízos não tiverem sido eliminados pela saída de algumas empresas.

Pode parecer menos óbvio que uma indústria na qual as empresas existentes tenham lucro, como a do painel (a) na Figura 15.1, não esteja em equilíbrio de longo prazo. Dado que há *livre entrada* na indústria, a persistência de lucro nas empresas já existentes levará à entrada de produtores adicionais. A indústria não estará em equilíbrio de longo prazo enquanto os lucros persistentes não tiverem sido eliminados pela entrada de novos produtores.

Como a entrada ou a saída de outras empresas afetará os lucros de uma empresa típica existente? Dado que os produtos diferenciados oferecidos pelas empresas em competição monopolística competem pelo mesmo conjunto de consumidores, a entrada ou a saída de outras empresas afetará a curva de demanda com que se defronta cada produtor existente. Se um novo posto de gasolina abre na rodovia, cada um dos postos existentes venderá menos gasolina a qualquer preço dado. Assim, como se ilustra no painel (a) da Figura 15.2, a entrada de produtores adicionais em uma indústria em competição monopolística provocará deslocamento *para a esquerda* da curva de demanda e da curva de receita marginal para um produtor típico existente.

Figura 15.2 Entrada e saída deslocam as curvas de demanda e de receita marginal de cada empresa.

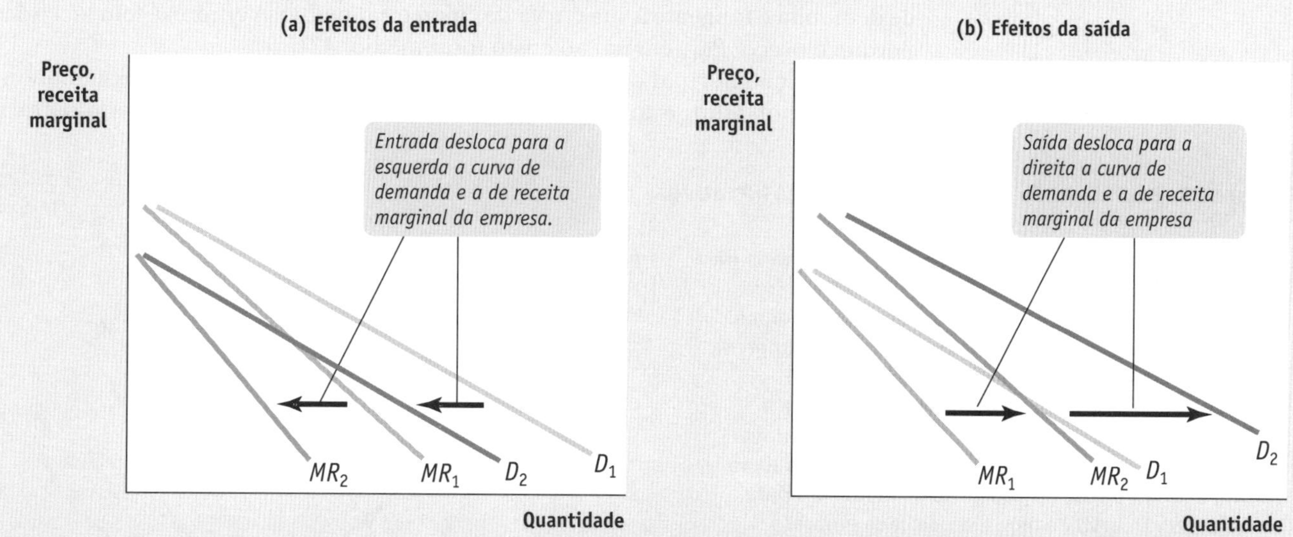

A entrada ocorre no longo prazo quando as empresas existentes são lucrativas. No painel (a), a entrada faz com que a curva de demanda e a curva de receita marginal de cada empresa existente se desloquem para a esquerda. A empresa recebe um preço mais baixo por unidade vendida, e seu lucro cai. A entrada não mais ocorrerá quando as empresas tiverem lucro zero. A saída ocorre no longo prazo quando as empresas existentes têm prejuízo. No painel (b), saídas da indústria deslocam para a direita a curva de demanda e a curva de receita marginal de cada empresa que permanece. A empresa recebe um preço mais alto por unidade vendida, e o lucro sobe. As saídas deixarão de ocorrer quando as empresas tiverem lucro econômico zero.

No longo prazo, uma indústria em competição monopolística termina em **equilíbrio de lucro zero**: cada empresa obtém lucro zero com a produção que maximiza o lucro.

Suponha, ao contrário, que alguns dos postos de gasolina na rodovia fechem. Então, cada posto remanescente venderá mais gasolina a qualquer preço dado. Como se ilustra no painel (b), a saída de empresas de uma indústria gera um deslocamento *para a direita* da curva de demanda e da curva de receita marginal do produtor típico que permanece.

A indústria estará em equilíbrio de longo prazo quando não houver mais entrada nem saída. Isso vai ocorrer somente quando cada empresa tiver lucro zero. No longo prazo, uma indústria em competição monopolística terminará no **equilíbrio de lucro zero**, em que as empresas apenas cobrem seus custos na quantidade de produção que maximiza seus lucros. (A indústria de aplicativos oferece um exemplo desse princípio, como você verá na próxima seção Economia em Ação.)

Vimos que uma empresa que se defronta com uma curva de demanda inclinada para baixo tem lucro positivo em qualquer parte de sua curva de demanda que esteja acima da curva de custo total médio; ela vai ter prejuízo se a sua curva de demanda estiver sempre abaixo de sua curva de custo total médio. Assim, no equilíbrio de lucro zero, a empresa tem de estar em uma posição limítrofe entre esses dois casos; sua curva de demanda apenas toca sua curva de custo total médio. Isto é, tem de ser *tangente* a ela na produção que maximiza o lucro da empresa, ou seja, a quantidade em que a receita marginal é igual ao custo marginal.

Se esse não for o caso, a empresa que opera na quantidade maximizadora de lucro estará obtendo lucro ou prejuízo, como ilustrado nos painéis da Figura 15.1. Mas sabemos também que a livre entrada e saída significa que isso não pode ser um equilíbrio de longo prazo. Por quê? Em caso de lucro, novas empresas entrarão na indústria, deslocando a curva de demanda de cada empresa existente para a esquerda até que todos os lucros estejam extintos. Em caso de prejuízo, algumas empresas existentes sairão, e a curva de demanda de cada empresa remanescente se deslocará para a direita, até que os prejuízos estejam extintos. Todas as entradas e saídas cessarão apenas quando cada empresa existente tiver lucro zero na quantidade produzida que maximiza seu lucro.

A Figura 15.3 mostra uma empresa típica em competição monopolística no equilíbrio de lucro zero. A empresa produz Q_{MC}, o produto pelo qual $MR_{MC} = MC$, e cobra o preço P_{MC}. A esse preço e quantidade, representados pelo ponto *Z*, a curva de demanda é tangente à sua curva de custo total médio. A empresa tem lucro zero porque o preço, P_{MC}, é igual ao custo total médio, ATC_{MC}.

A condição normal de longo prazo em uma indústria em competição monopolística, portanto, é que cada produtor esteja na situação que se mostra na

Figura 15.3 Equilíbrio de longo prazo sem fins lucrativos.

Se as empresas existentes forem rentáveis, a entrada irá ocorrer e mudar a curva de demanda para a esquerda de cada empresa existente. Se as empresas existentes não são rentáveis, a curva de demanda de cada empresa remanescente desloca-se para a direita conforme algumas empresas saem da indústria. A entrada e a saída cessarão quando cada empresa existente obtiver lucro zero em sua quantidade de maximização do lucro. Assim, a longo prazo, no equilíbrio de lucro zero para longo prazo, a curva de demanda de cada empresa é tangente à sua curva de custo total médio em sua quantidade que maximiza os lucros: na quantidade de maximização do lucro, Q_{MC}, o preço, P_{MC}, é igual ao custo total médio, ATC_{MC}. Uma empresa de concorrência monopolística é como um monopolista sem lucros de monopólio.

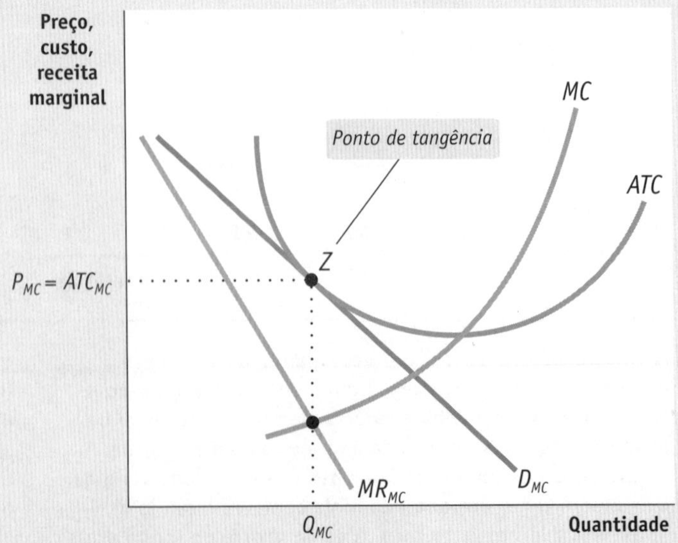

Figura 15.3. Cada produtor atua como monopolista, fixando custo marginal igual à receita marginal de modo a maximizar lucros. Mas isso só permite alcançar lucro econômico zero. Os produtores na indústria são como monopolistas sem lucros de monopólio.

ECONOMIA >> *em Ação*

Sucessos e fracassos na loja de aplicativos

Não há como negar que certos aplicativos têm sido criações extremamente lucrativas. King Digital Entertainment, a empresa que criou o popular aplicativo de jogos Candy Crush, foi comprada pela Activision, proprietária de Call of Duty, Guitar Hero e Skylanders, por quase US$ 6 bilhões em 2016. Nesse mesmo ano, o Uber, aplicativo de transporte, foi avaliado em incríveis 66 bilhões de dólares. Estimulado por essas histórias de sucesso, um número sem precedentes de pessoas se apressou a desenvolver *apps* móveis. Mas, em meio a essa agitação, o fato é que a grande maioria dos aplicativos fracassou ou mal conseguiu sobreviver.

A indústria de *apps* se parece muito com um exemplo de concorrência monopolística. Primeiro, há a entrada gratuita em *design* de aplicativos. E, em segundo lugar, os aplicativos são produtos diferenciados. Diferenciam-se por plataforma: a plataforma iOS (Apple), a plataforma Android (Google) ou a plataforma Microsoft. Eles também são diferenciados por função: compartilhamento de fotos, livros digitais para colorir, um lago de carpas virtual, preços e reservas de viagens, gestão financeira pessoal etc. E dentro de cada subgrupo funcional de aplicativos há variações, cada qual tentando capturar uma fatia maior do mercado. Em 2019, a plataforma iOS tinha 2,2 milhões de *apps* disponíveis, um pouco menos do que os 2,6 milhões disponíveis no Google Play. As duas plataformas geraram cerca de 105 bilhões de *downloads* em 2019. Mas, conforme comentou Frank Bi, um observador da indústria, "...o dinheiro fácil foi embora".

Centenas de milhares de aplicativos agora definham na obscuridade para cada *app* revolucionário como TikTok, Snapchat ou Clash of Clans. O modelo original de venda de aplicativos da App Store está desatualizado. Hoje, a maioria dos aplicativos é baixada gratuitamente ou com custo mínimo. Em 2011, 63% dos *apps* foram baixados a um preço médio de US$ 3,64; em 2019, esse número caiu para menos de 7%, com preço médio de US$ 1,01. Estima-se que, em 75% dos *downloads*, o aplicativo é usado uma vez e nunca mais.

Nesse ponto, muitos desenvolvedores de aplicativos estão lutando para sobreviver, incapazes de gerar receitas de *download* suficientes para continuar as operações. Em outras palavras, a indústria de criação de *apps* atingiu o estado de equilíbrio de lucro zero que caracteriza a concorrência monopolística. Portanto, no fim, essa indústria de vanguarda e alta tecnologia não pode escapar das consequências da economia da competição monopolística.

>> *Revisão Rápida*

- Como monopolista, cada empresa em uma indústria em competição monopolística se defronta com uma curva de demanda e uma curva de receita marginal com inclinação para baixo. No curto prazo, ela pode ter lucro ou prejuízo na sua quantidade maximizadora de lucro.
- Se a empresa típica tem lucro positivo, novas empresas entrarão na indústria no longo prazo, deslocando para a esquerda a curva de demanda de cada empresa existente. Se a empresa típica tem prejuízo, algumas empresas existentes deixarão a indústria no longo prazo, deslocando para a direita a curva de demanda de cada empresa remanescente.
- No equilíbrio de longo prazo da indústria em competição monopolística – o **equilíbrio de lucro zero** –, as empresas têm receita igual ao custo. A curva de demanda da empresa típica, na quantidade que maximiza o lucro, é tangente à sua curva de custo total médio.

>> *Teste seu entendimento* 15.2

As respostas estão no fim do livro.

1. Atualmente, uma indústria em competição monopolística, composta de empresas com curvas de custo total médio em forma de U, está em equilíbrio de longo prazo. Descreva de que modo a indústria se ajusta, no curto e no longo prazo, em cada uma das situações a seguir.
   a. Uma mudança tecnológica que aumenta o custo fixo para cada empresa na indústria.
   b. Uma mudança tecnológica que reduz o custo marginal para cada empresa na indústria.
2. Por que é impossível que as empresas em uma indústria em competição monopolística, no longo prazo, formem um monopólio reunindo-se para criar uma única empresa?

Competição monopolística *versus* competição perfeita

O equilíbrio de longo prazo em uma indústria em competição monopolística se parece bastante com o equilíbrio de longo prazo de uma indústria em competição perfeita. Em ambos os casos, há muitas empresas; em ambos os casos, os lucros desaparecem pela competição; em ambos os casos, o preço recebido por empresa é igual ao custo total médio de produção.

Contudo, as duas versões de equilíbrio de longo prazo são diferentes, e essas diferenças são importantes do ponto de vista econômico.

Preço, custo marginal e custo total médio

A Figura 15.4 compara o equilíbrio de longo prazo de uma empresa típica em uma indústria perfeitamente competitiva com o de uma empresa típica em uma indústria em competição monopolística. O painel (a) mostra uma empresa perfeitamente competitiva que se defronta com um preço de mercado igual ao seu custo total médio mínimo; o painel (b) reproduz a Figura 15.3. Comparando os dois painéis, vemos duas diferenças importantes.

Primeiro, no caso da empresa em competição perfeita que se mostra no painel (a), o preço, P_{PC}, recebido pela empresa na quantidade que maximiza o lucro, Q_{PC}, é igual ao custo marginal de produção da empresa, MC_{PC}, nessa quantidade de produto. Em contraste, na quantidade que maximiza o lucro, Q_{MC}, escolhida pela empresa em competição monopolística no painel (b), o preço, P_{MC}, é *superior* ao custo marginal de produção, MC_{MC}.

Figura 15.4 Comparação do equilíbrio de longo prazo na competição perfeita e na competição monopolística.

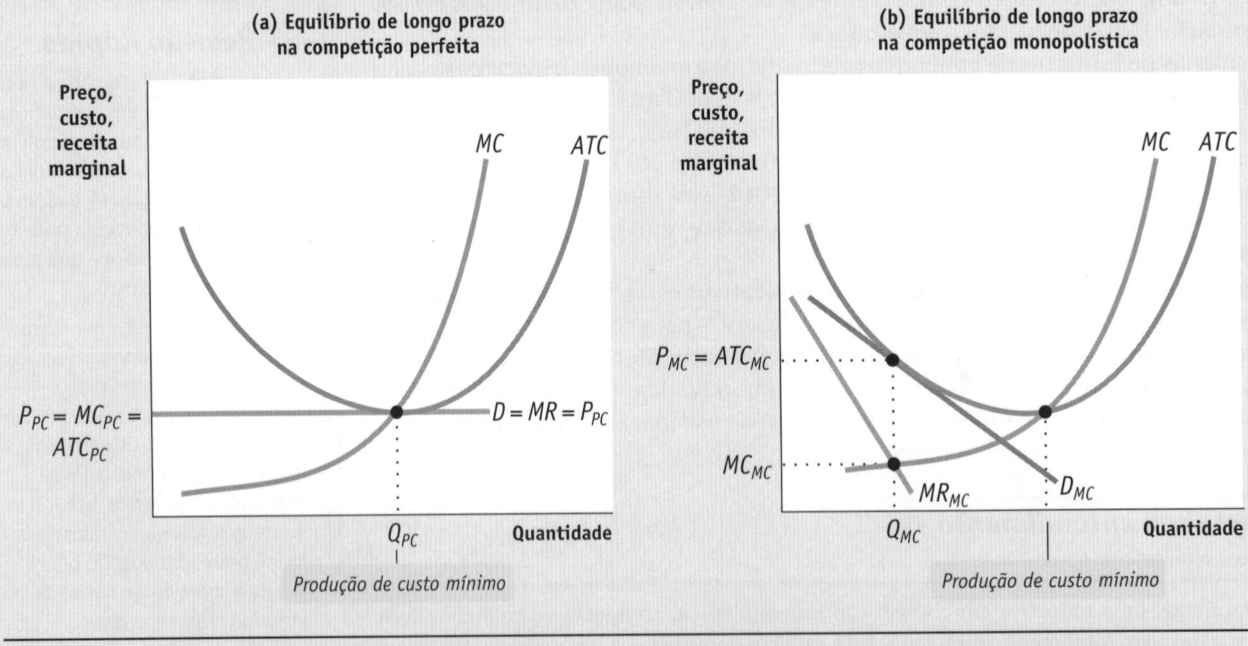

O painel (a) mostra a situação de uma empresa típica em equilíbrio de longo prazo em uma indústria em competição perfeita. A empresa opera no produto de custo mínimo Q_{PC}, vende ao preço de mercado competitivo P_{PC} e tem lucro zero. Vender uma unidade mais de produto lhe é indiferente, porque P_{PC} é igual ao custo marginal, MC_{PC}. O painel (b) mostra a situação da empresa típica em equilíbrio de longo prazo em uma indústria em competição monopolística. Em Q_{MC}, ela tem lucro zero porque seu preço, P_{MC}, é igual ao custo total médio, ATC_{MC}. Em Q_{MC}, a empresa gostaria de vender mais uma unidade ao preço P_{MC}, pois P_{MC} excede o custo marginal, MC_{MC}. Mas ela não está disposta a baixar o preço para vender mais. Por conseguinte, ela opera à esquerda da quantidade de produção que minimiza o custo e tem capacidade excedente.

Essa diferença se traduz em uma diferença de atitude das empresas em relação aos consumidores. Um fazendeiro de trigo que pode vender quanto queira ao preço de mercado corrente não fica particularmente interessado se você lhe propõe comprar algum trigo ao preço de mercado. Como ele não quer produzir mais trigo a esse preço e pode vender tudo a outros interessados, você não está fazendo nenhum favor.

No entanto, se você encher seu tanque no posto de gasolina do Jamil, em vez de ir ao posto da Katy, estará fazendo um favor ao Jamil. Ele não está disposto a reduzir seu preço para ter mais consumidores, já extraiu o máximo desse *trade-off*. Mas, para ele, é muito bom quando consegue alguns clientes a mais do que espera ao preço *que ele estabeleceu ou anunciou*. Uma venda adicional ao preço estabelecido aumenta sua receita mais do que aumenta seu custo, porque o preço estabelecido excede o custo marginal.

O fato de que competidores monopolísticos, diferentemente de competidores perfeitos, querem vender mais ao preço corrente é crucial para entender por que se dedicam a atividades como publicidade, que pode aumentar suas vendas.

A outra diferença entre competição monopolística e competição perfeita, que se pode ver na Figura 15.4, envolve a posição de cada empresa na sua curva de custo total médio. No painel (a), a empresa em competição perfeita produz no ponto Q_{PC}, no fundo da sua curva de custo total médio em formato de U. Isto é, cada empresa produz a quantidade na qual o custo total médio é minimizado, a *produção de custo mínimo*. Em consequência, o custo total do produto da indústria também é minimizado.

Na competição monopolística, no painel (b), a empresa produz em Q_{MC}, naquela parte da curva de custo total médio *ATC* em forma de U que tem *inclinação para baixo*: ela produz menos do que a quantidade que minimizaria seu custo total médio. O fato de que ela deixa de produzir o suficiente para minimizar o custo total médio é descrito às vezes como questão de **capacidade excedente**. O vendedor típico em uma praça de alimentação ou no posto de gasolina na estrada não é grande o suficiente para fazer uso máximo das possibilidades existentes de reduzir o custo. Assim, o custo do produto total da indústria não é minimizado no caso do mercado em competição monopolística.

As empresas em uma indústria competitiva monopolística têm **capacidade excedente**: elas produzem menos do que o resultado no qual o custo total médio é minimizado.

Há quem argumente que, em virtude de cada competidor monopolístico ter capacidade excedente, as indústrias em competição monopolística são ineficientes. Mas a questão da eficiência na competição monopolística é um pouco mais sutil e não tem resposta bem definida.

A competição monopolística é ineficiente?

O competidor monopolístico, como o monopolista, cobra um preço que está acima do custo marginal. Em consequência, existem pessoas dispostas a pagar por um rolinho primavera no Wonderful Wok tanto quanto custa produzir essa comida, mas estão impedidas de fazê-lo. Na competição monopolística, algumas transações mutuamente benéficas deixam de ser exploradas.

Além disso, argumenta-se que a competição monopolística está sujeita a mais um tipo de ineficiência, a de que a capacidade excedente de cada competidor monopolístico implica uma *duplicação desnecessária*, porque as indústrias em competição monopolística oferecem excesso de variedade. De acordo com esse argumento, seria melhor que houvesse apenas dois ou três vendedores na praça de alimentação, não seis ou sete. Se houvesse uma quantidade menor de vendedores, cada um teria custos totais médios mais baixos e poderia oferecer alimentos mais baratos.

Esse argumento contra a competição monopolística – que ele reduz o excedente ao causar ineficiência – está correto? Não necessariamente. É verdade que, se existissem menos postos de gasolina na rodovia, cada posto venderia mais gasolina e, assim, teria custo menor por galão. Mas haveria uma desvantagem: os motoristas não teriam tanto conforto, pois os postos seriam mais distantes uns dos outros. A questão é que a diversidade de produtos oferecidos em uma indústria em competição monopolística é em si mesma benéfica para os consumidores. Assim, o preço mais alto que os consumidores pagam por causa da capacidade excedente é, em certa medida, compensado pelo valor que eles recebem em virtude da maior diversidade.

Em outras palavras, há um *trade-off*: mais produtores significa custo total médio mais alto, mas também maior diversidade de produtos. Será que a indústria em competição monopolística chega a um ótimo social nesse *trade-off*? Provavelmente não, mas é difícil dizer se existem empresas demais ou de menos. Muitos economistas acreditam hoje que a duplicação de esforço e a capacidade excedente nas indústrias em competição monopolística, na prática, não são questões importantes.

>> *Revisão Rápida*

- No equilíbrio de longo prazo de uma indústria em competição monopolística, há muitas empresas, cada uma delas com lucro zero.
- O preço excede o custo marginal, de modo que algumas transações mutuamente benéficas não são exploradas.
- As empresas em competição monopolística têm **capacidade excedente**, porque não minimizam o custo total médio. Mas não está claro que isso seja de fato uma fonte de ineficiência, pois os consumidores ganham com a diversidade de produtos.

>> *Teste seu entendimento* 15.3

As respostas estão no fim do livro.

1. Verdadeiro ou falso? Explique sua resposta.

a. Do mesmo modo que uma empresa na indústria em competição perfeita, uma empresa na indústria em competição monopolística dispõe-se a vender um bem a qualquer preço que seja igual ou superior ao custo marginal.

b. Suponha que exista uma indústria em competição monopolística em equilíbrio de longo prazo que tenha economia de escala. Todas as empresas do setor ficariam em melhor situação caso se reunissem em uma única empresa, mas não se sabe se os consumidores ganhariam com isso.

c. Tendências e modas costumam surgir mais na competição monopolística ou no oligopólio do que no monopólio ou na competição perfeita.

|| Controvérsias sobre a diferenciação de produtos

Até agora, a nossa suposição foi a de que os produtos são diferenciados de um modo que corresponde a algum desejo real dos consumidores. É realmente conveniente, por exemplo, ter um posto de gasolina no bairro. Da mesma forma, nosso paladar sabe que as comidas chinesa e mexicana são diferentes entre si.

No mundo real, no entanto, alguns exemplos de diferenciação de produto, pensando bem, são difíceis de entender. Qual a diferença real entre pasta dental Crest e Colgate? E entre pilhas Duracell e Energizer? Ou entre um quarto de hotel no Marriott e no Hilton? A maioria das pessoas teria dificuldade em responder a essas perguntas. Os produtores desses bens fazem um esforço considerável para convencer consumidores de que seus produtos são diferentes e melhores que os dos competidores.

Nenhuma análise da diferenciação de produtos é completa sem se dedicar pelo menos um pouco de tempo a duas questões relacionadas entre si (e dois mistérios): *publicidade* e *nomes de marca*.

O papel da publicidade

Fazendeiros de trigo não anunciam seu produto na televisão; revendedoras de carro, sim. Isso não acontece porque os fazendeiros sejam tímidos e os revendedores sejam extrovertidos: acontece porque a publicidade vale a pena somente em indústrias em que as empresas têm pelo menos algum poder de mercado.

A finalidade da publicidade é fazer as pessoas comprarem mais do produto de um vendedor ao preço corrente. Uma empresa perfeitamente competitiva, que pode vender quanto queira ao preço de mercado corrente, não tem incentivo para gastar dinheiro convencendo os consumidores a comprar mais. Somente uma empresa com algum poder de mercado e que, portanto, cobra um preço acima do custo marginal pode ganhar fazendo publicidade. Setores mais ou menos perfeitamente competitivos, como o do leite, fazem publicidade, mas os anúncios são patrocinados por uma associação em nome da indústria em seu conjunto, e não se fazem para o leite das vacas de uma fazenda específica.

Dado que a publicidade funciona, é fácil ver por que empresas com poder de mercado gastam dinheiro com ela. Mas a grande pergunta a respeito da publicidade é *por que* ela funciona. Uma questão relacionada é se a publicidade, do ponto de vista social, não é um desperdício de recursos.

Nem toda publicidade é uma charada. Boa parte é bem direta: é uma forma que os vendedores têm de informar compradores potenciais sobre o produto que estão oferecendo (ou, eventualmente, para os compradores informarem vendedores potenciais sobre o que eles querem). Não há muita controvérsia sobre a utilidade econômica de anúncios que dão informação: o anúncio da imobiliária que diz "apto. ensolarado, charmoso, 2 quartos, 1 banheiro" informa algo que é preciso saber (ainda que envolva alguns eufemismos – "charmoso", é claro, significa "pequeno").

Mas que informações estão sendo transmitidas quando Jay-Z divulga celulares Samsung, ou quando Gigi Hadid promove a BMW? Certamente, ninguém acredita que Jay-Z esteja atestando pessoalmente o sistema operacional superior de um telefone Samsung, ou que o *know-how* de engenharia de Gigi Hadid a levou a escolher uma BMW em vez de um carro rival. E, no entanto, as companhias acreditam, com boas razões, que o dinheiro gasto nessas promoções aumenta suas vendas e que elas estariam em maus lençóis se parassem de fazer publicidade e os competidores continuassem a fazer.

Por que os consumidores são influenciados por endosso de influenciadores da mídia que na verdade não oferece nenhuma informação sobre o produto? Uma resposta é que os consumidores não são tão racionais quanto os economistas normalmente supõem. Talvez o julgamento dos consumidores (e até mesmo seus gostos) seja influenciado por fatores que os economistas consideram irrelevantes, como contratar a celebridade mais carismática para endossar seu produto. E certamente há alguma verdade nisso. A racionalidade do consumidor é uma pressuposição útil para o trabalho de análise; não é uma verdade absoluta.

Contudo, outra resposta é que a reação dos consumidores à publicidade não é totalmente irracional porque anúncios podem servir como sinal indireto em um mundo no qual os consumidores não têm boa informação sobre os produtos. Suponha que você precise de um serviço que não usa regularmente – encontrar um dentista ou uma empresa de mudança para seus móveis. Ao pesquisar na internet, você verá empresas com listas patrocinadas aparecerem na parte superior ou com exposições maiores. Você sabe que os anúncios são grandes porque a empresa pagou mais por eles. Ainda assim, pode ser racional chamar uma das empresas com anúncio grande. O anúncio grande talvez signifique que se trata de uma companhia relativamente grande e de sucesso; de outro modo, a companhia não teria considerado válido gastar dinheiro para colocar um anúncio grande.

O mesmo princípio pode explicar em parte por que a publicidade usa celebridades. Você não acredita que Justin Bieber de fato prefere uma marca de cueca e não a outra; mas o fato de que a Calvin Klein está disposta e é capaz de pagar a Justin quase US$ 70 milhões para colocar seu nome no produto informa que uma companhia importante está por trás desse produto. De acordo com esse raciocínio, publicidade dispendiosa serve para estabelecer a qualidade dos produtos de uma empresa aos olhos do consumidor.

A possibilidade de que é racional para o consumidor responder à publicidade tem alguma relação com a questão de saber se a publicidade é um desperdício de recursos. Se a publicidade funcionasse apenas para manipular gente de vontade frágil, as centenas de bilhões de dólares que as empresas norte-americanas gastam em publicidade anualmente teria sido um desperdício econômico – exceto pelo fato de que alguns anúncios ofereceram divertimento. Porém, na medida em que a publicidade transmite alguma informação importante, ela é, afinal de contas, uma atividade produtiva do ponto de vista econômico.

Nomes de marca

Você dirigiu na estrada o dia inteiro e decide que é hora de achar um lugar para dormir. À sua direita, um grande sinal anuncia Bates Motel; à sua esquerda, o sinal de um Motel 6 ou um da Best Western ou alguma outra cadeia nacional. Qual você escolhe?

A não ser que esteja bem familiarizada com a área, a maioria das pessoas optaria pela cadeia nacional. De fato, a maioria dos motéis nos Estados Unidos é membro de grandes cadeias; o mesmo se aplica à maior parte dos restaurantes de *fast-food* e das lojas em *shoppings*.

Nomes de marca são nomes de propriedade de empresas específicas que distinguem seus produtos dos de outras empresas.

Cadeias de motéis e restaurantes de *fast-food* são simples aspectos de um fenômeno mais amplo: o papel dos **nomes de marca**, nomes de propriedade de companhias específicas que diferenciam seus produtos na mente dos consumidores. Em muitos casos, o nome de marca é o ativo mais importante de uma companhia; é claro que o McDonald's vale muito mais que a soma dos balcões de fritas e hambúrgueres de propriedade da companhia.

De fato, as companhias vão longe para defender seu nome de marca, processando qualquer um que o utilize sem permissão. Você pode até dizer que assoa seu nariz em um kleenex e que vai usar fita scotch para embrulhar um presente, mas, a não ser que o produto em questão venha das companhias Kleenex ou Scotch, o vendedor só pode descrevê-lo como lencinho de papel ou fita adesiva.

Como no caso da publicidade, com a qual está intimamente ligada, a utilidade social de nomes de marca tem dado origem a debate. A preferência do consumidor por marcas conhecidas reflete uma irracionalidade do consumidor? Ou as marcas transmitem informação real? Isto é, nomes de marca criam poder de mercado desnecessário ou servem a um propósito real?

A resposta provavelmente tem um pouco de cada coisa, como no caso da publicidade. Por um lado, o nome de marca muitas vezes cria um poder de mercado injustificável. Os consumidores, muitas vezes, compram no supermercado bens de marcas conhecidas pagando muito mais, embora os especialistas em consumo nos garantam que os bens mais baratos com o nome do supermercado são igualmente bons. De modo similar, muitos remédios comuns, como a aspirina, são mais baratos sem perda de qualidade quando vendidos como genéricos.

Por outro lado, para muitos produtos, o nome de marca transmite informação. Um viajante que chega a uma cidade estranha tem certeza do que vai encontrar em um Holiday Inn ou em um McDonald's; um viajante cansado e faminto pode achar que isso é preferível a tentar um hotel ou restaurante independente que pode ser melhor, mas também pode ser pior.

Além disso, nomes de marca oferecem alguma garantia de que o vendedor está empenhado em uma interação repetida com seus clientes e tem uma reputação a cuidar. Se o viajante tem uma refeição ruim em um restaurante de uma atração turística e jura que nunca mais vai voltar, o restaurante pode pouco se importar porque é pequena a probabilidade de que o viajante volte à mesma área no futuro. Mas, se o viajante tem uma refeição ruim em um McDonald's e jura nunca mais entrar de novo em um McDonald's, isso importa para a companhia. Isso dá ao McDonald's incentivo para oferecer qualidade consistente e, assim, dá ao viajante alguma garantia de que existe controle de qualidade. Não surpreende que a marca tenha se tornado uma característica do comércio eletrônico ponto a ponto, uma vez que as empresas reconhecem que muitos clientes pagarão preço extra por garantias de qualidade e segurança em transações *on-line* anônimas. Assim, a Uber criou sua classe Premium, que utiliza carros de luxo dirigidos por motoristas com altas classificações. Da mesma forma, a Airbnb criou a categoria de propriedades Plus, acomodações que são inspecionadas pela equipe da Airbnb e têm histórico de ótimas avaliações.

ECONOMIA >> *em Ação*

A indústria de perfumes: guiando os consumidores pelo olfato

A indústria de perfumes tem, notavelmente, poucas barreiras à entrada: para elaborar uma fragrância, é fácil comprar ingredientes, misturá-los e envasar o resultado. Mesmo que você não ache que tem um "nariz" muito bom, consultores estão à disposição para ajudá-lo a criar algo especial (ou mesmo copiar a fragrância de outra pessoa). Então, como é possível que um perfume de sucesso possa gerar uma taxa de lucro de quase 100%? Por que os rivais não entram e competem por esses lucros?

Uma pista para a resposta é que os perfumes de maior sucesso, hoje em dia, são fortemente promovidos por celebridades. Rihanna, Beyoncé, Taylor Swift e Zendaya têm perfumes que são comercializados por elas. Britney Spears tem 28! Na verdade, o custo de produção do que está no frasco é minúsculo comparado ao custo total de venda de um perfume de sucesso – apenas cerca de 3% do custo de produção e menos de 1% do preço de varejo. Os 97% restantes do custo de produção vão para embalagem, marketing e publicidade.

Os frascos extravagantes em que entram os perfumes modernos – alguns em forma de naves espaciais ou incrustados com *strass* – têm custo de quatro a seis vezes maior do que o do perfume em seu interior. Os melhores *designers* de frascos ganham bem mais de 100.000 dólares por um único desenho. Acrescente-se a isso o custo da publicidade, dos funcionários da loja que borrifam o perfume no seu braço e de comissões para os vendedores.

Finalmente, inclua o custo de endossos de celebridades, que esbarram nos milhões de dólares. Por exemplo, Beyoncé teria recebido mais de 40 milhões de dólares por sua fragrância, o Heat. Além disso, em comparação com fragrâncias mais antigas que existem há décadas, como Chanel ou Dior, as modernas são feitas com ingredientes sintéticos muito mais baratos. Portanto, enquanto um aroma como Chanel duraria 24 horas, fragrâncias modernas duram apenas algumas horas, na melhor das hipóteses.

Como um famoso "nariz", Roja Dova, comentou: "Estudos mostram que as pessoas dirão que um determinado perfume é um de seus favoritos, mas em um teste cego elas odeiam. O problema é que a maioria das pessoas compra perfume para seu ego, depois de ver uma imagem em um anúncio e querendo se identificar de uma certa maneira."

Então aqui está uma pergunta metafísica: mesmo que os compradores de perfume realmente odeiem uma fragrância em um teste cego, mas a publicidade os convence de que o cheiro é maravilhoso, quem somos nós para dizer que eles estão errados em comprá-lo? Não é a atratividade de um perfume na mente de quem vê?

>> *Teste seu entendimento* 15.4

As respostas estão no fim do livro.

1. Em quais dos casos a seguir a publicidade provavelmente é economicamente útil? Ou é um desperdício econômico? Explique.
   a. Publicidade dos benefícios da aspirina.
   b. Publicidade da aspirina Bayer.
   c. Publicidade dos benefícios de tomar suco de laranja.
   d. Publicidade do suco de laranja da marca Tropicana.
   e. Publicidade que informa quanto tempo de profissão tem um encanador ou um eletricista.
2. Alguns analistas de indústrias afirmam que um nome de marca de muito sucesso é como uma barreira à entrada. Explique.

>> *Revisão Rápida*

- Em indústrias com diferenciação de produto, as empresas fazem publicidade a fim de aumentar a demanda por seus produtos.
- A publicidade não é desperdício de recursos quando dá aos consumidores informação útil sobre produtos.
- Publicidade que meramente apregoa o produto é mais difícil de explicar. Ou os consumidores são irracionais ou publicidade cara comunica que os produtos da empresa são de alta qualidade.
- Algumas empresas criam **nomes de marca**. Como na publicidade, o valor econômico de nomes de marca pode ser ambíguo. Eles transmitem informação real quando dão ao consumidor garantia de que o produto tem qualidade.

CASO EMPRESARIAL

Harry's e o Dollar Shave Club anulam os lucros de Schick e Gillette

Durante 95 anos, os líderes históricos de mercado da indústria norte-americana de lâminas de barbear, Schick e Gillette, desfrutaram de um relacionamento confortável, se bem que competitivo a longo prazo. A King Gillette inventou a lâmina de barbear em 1901, e em 1921 o Coronel Jacob Schick apresentou outra versão da lâmina de barbear. Atualmente propriedade de grandes empresas (Procter & Gamble e Energizer, respectivamente), o negócio da lâmina de barbear tem sido incrivelmente lucrativo. Cartuchos de barbear são a categoria mais lucrativa de produtos embalados. Tanto que Gillette e Schick compartilharam uma indústria global de 20 bilhões de dólares em 2019.

Para manter esses lucros, Schick e Gillette introduziram novos recursos, tais como reservatórios de gel hidratante, cabeças multilâmina e dobradiças giratórias. Por exemplo, a Gillette se gabou de que seu Pro-Glide Shield (que é vendido por 22 dólares) com a tecnologia FlexBall "ajusta-se aos contornos e alcança praticamente todos os pelos". Além disso, ambas as empresas gastaram centenas de milhões de dólares em publicidade e endossos de celebridades.

Foi o culminar de uma estratégia de longa data empreendida por ambas as empresas: vender lâminas de barbear baratas e ganhar dinheiro com recargas de cartucho caras. As duas concorrentes criaram uma dinâmica de corrida armamentista no mercado – passando de duas lâminas para três, depois quatro, cinco e até seis –, o que forçou os clientes a atualizarem suas lâminas de barbear a cada poucos anos.

Então, em 2011 e 2012, vieram Dollar Shave Club e o Harry's, duas marcas de lâminas de barbear voltadas diretamente ao consumidor. Para ambas as empresas, a simplicidade era o ponto: ambas oferecem uma gama muito limitada de lâminas de barbear, com preços em torno de US$ 2 por cartucho. "O homem comum não gosta de fazer compras comparando 27 coisas diferentes", disse Katz-Mayfield, CEO da Harry.

Greg Lesko, um homem de 56 anos da região de Pittsburgh, disse que ficou "farto" dos altos preços da Gillette. "Achei que não havia nada a perder, então dei ao Harry's uma chance. Eu não voltaria [às lâminas Gillette] nem se você me pagasse."

Em 2018, as duas empresas haviam capturado 14% das vendas de lâminas de barbear dos EUA e estavam crescendo furiosamente. Ambas se basearam em uma premissa simples: um assinante estabelece um pedido mensal regular *on-line*, a ser enviado para sua casa, por uma fração do custo de varejo de lâminas de 10 a 20 dólares da Schick ou da Gillette. Quando o Dollar Shave Club foi comprado pela Unilever, em 2016, suas vendas anuais estavam próximas de US$ 200 milhões. Foi comprado por US$ 1 bilhão, preço notável para uma *startup* com cinco anos. Em 2019, a Schick anunciou uma aquisição planejada da Harry's pela soma ainda maior de $ 1,37 bilhão de dólares. Entretanto, no início de 2020, a Federal Trade Commission processou para bloquear a fusão, sob a queixa alegando que a Harry's abalou um "duopólio confortável". A Harry's "forçou seus rivais a oferecer preços mais baixos e mais opções aos consumidores de todo o país", de acordo com Daniel Francis, vice-diretor do setor de controle de competição da FTC. Não é surpreendente que Gillette e Schick tenham iniciado suas próprias linhas de lâminas de barbear baratas baseadas em assinaturas.

QUESTÕES PARA PENSAR

1. O que explica a complexidade dos atuais aparelhos de barbear e o ritmo da inovação dos modelos?
2. Por que o negócio das lâminas de barbear é tão lucrativo? O que explica o tamanho do orçamento de publicidade da Schick e da Gillette?
3. O que explica a popularidade da Harry's e do Dollar Shave Club? Qual o dilema que enfrentam a Schick e a Gillette ao decidirem se criam seus modelos mais simples de barbeador por assinatura? O que isso indica sobre o valor da inovação em lâminas para o bem-estar social?

RESUMO

1. **Competição monopolística** é uma estrutura de mercado em que há muitos produtores competindo, cada um produzindo um produto diferenciado, e há livre entrada e saída no longo prazo. A diferenciação de produto toma três formas principais: por estilo ou tipo, por localização e por qualidade. Produtos de vendedores em competição são considerados substitutos imperfeitos, e cada empresa tem sua própria curva de demanda e curva de receita marginal com inclinação para baixo.
2. Lucros no curto prazo motivam a entrada de novas empresas no longo prazo. Isso reduz a quantidade que cada produtor existente vende a dado preço e desloca para a esquerda sua curva de demanda. Prejuízos no curto prazo induzem a saída de algumas empresas, e isso desloca a curva de demanda de cada empresa remanescente para a direita.
3. No longo prazo, uma indústria em competição monopolística está em **equilíbrio de lucro zero**: na quantidade que maximiza o lucro, a curva de demanda de cada empresa existente é tangente à curva de custo total médio. A indústria tem lucro zero e não há entrada nem saída.
4. No equilíbrio de longo prazo, as empresas em uma indústria em competição monopolística vendem a um preço superior ao custo marginal. Elas têm também **capacidade excedente**,[1] porque produzem menos do que o resultado de custo mínimo. Em consequência, têm custos mais altos que as empresas em uma indústria competitiva. Há ambiguidade na resposta quando se pergunta se a competição monopolística é ineficiente, uma vez que os consumidores dão valor à diversidade de produtos que ela cria.
5. Uma empresa em competição monopolística sempre vai preferir fazer uma venda adicional ao preço vigente, de modo que vai fazer publicidade para aumentar a demanda por seu produto e aumentar seu poder de mercado. Publicidade e **nomes de marca** que dão informação útil aos consumidores são valiosos economicamente, mas são um desperdício econômico quando sua única finalidade é criar poder de mercado. Na realidade, publicidade e nomes de marca tendem a ser um pouco das duas coisas: valiosos economicamente, mas também um desperdício do ponto de vista econômico.

PALAVRAS-CHAVE

Capacidade excedente, p. 457
Competição monopolística, p. 447
Equilíbrio de lucro zero, p. 454
Nomes de marca, p. 460

QUESTÕES PARA PENSAR

1. A estrutura do setor de postos de gasolina local é a competição monopolística. Suponha que, atualmente, cada posto de gasolina tenha prejuízo. Trace um gráfico para o posto de gasolina típico de modo a mostrar essa situação de curto prazo. Em seguida, em um gráfico separado, mostre o que acontecerá com o posto típico no longo prazo. Explique seu raciocínio.
2. O setor local de cabeleireiros tem estrutura de competição monopolística. Seu cabeleireiro conta vantagem, dizendo que está fazendo lucro e que, se continuar assim, vai poder se aposentar em cinco anos. Ilustre em um gráfico a situação atual do seu cabeleireiro. Você acha que essa situação vai durar? Em um gráfico separado, trace o que você espera que vá acontecer no longo prazo. Explique seu raciocínio.
3. Magnificent Blooms é uma floricultura em um setor de competição monopolística. Ela opera com sucesso e produz a quantidade que minimiza seu custo total médio, obtendo lucro. O proprietário proclama também que, em seu nível corrente de produção, seu custo marginal está acima da receita marginal. Ilustre com um gráfico a situação atual da Magnificent Blooms. Responda às questões a seguir ilustrando-as em gráficos.
   a. No curto prazo, a Magnificent Blooms poderia aumentar seu lucro?
   b. No longo prazo, a Magnificent Blooms poderia aumentar seu lucro?

PROBLEMAS

1. Use as três condições da existência de competição monopolística discutidas neste capítulo para decidir quais dentre as empresas seguintes provavelmente estão operando em competição monopolística. Se elas não são empresas em competição monopolística, são monopólios, oligopólios ou empresas perfeitamente competitivas?
   a. Uma banda local que toca em casamentos, festas etc.
   b. Minute Maid, um produtor de suco servido em caixinhas de porção individual.
   c. Sua lavanderia de bairro.
   d. Um fazendeiro que produz soja.
2. Você está pensando em abrir um café. A estrutura de mercado para os cafés é competição monopolística. Na sua cidade, já existem três lojas da Starbucks e dois outros cafés muito parecidos com a Starbucks. A fim de ter algum poder de mercado, você deverá diferenciar seu café. Pensando nas três maneiras como os produtos podem ser diferenciados, explique como você decidiria se deve copiar a Starbucks ou servir café de forma inteiramente diferente.

[1] N. R.: Também denominada *capacidade ociosa*.

3. "No longo prazo não há diferença entre competição monopolística e competição perfeita." Verdadeiro, falso ou ambíguo? Discuta essa afirmação em relação aos critérios apresentados a seguir.
   a. Preço cobrado dos consumidores.
   b. Custo total médio de produção.
   c. Eficiência do resultado de mercado.
   d. Lucro da empresa típica no longo prazo.
4. "Tanto no curto como no longo prazo, a empresa típica em competição monopolística e um monopolista obtêm lucro." Você concorda com a afirmação? Explique seu raciocínio.
5. O mercado de vestuário tem estrutura de competição monopolística. Qual impacto terá sobre você, como consumidor, uma redução no número de empresas nessa indústria? Trate das seguintes questões:
   a. Variedade das roupas.
   b. Diferenciação na qualidade do serviço.
   c. Preço.
6. Para cada uma das situações a seguir, decida se a publicidade dá informação direta sobre o produto ou dá um sinal indireto da sua qualidade. Explique seu raciocínio.
   a. O astro do futebol norte-americano Peyton Manning dirige um Buick em um comercial de televisão e alega que é seu carro preferido.
   b. Um anúncio no jornal diz: "Vende-se Honda Civic 1999, 3.000 quilômetros, transmissão nova."
   c. O McDonald's gasta milhões em uma campanha publicitária que proclama: "Amo muito tudo isso."
   d. A Subway anuncia seu sanduíche dizendo que ele contém 6 gramas de gordura e menos de 300 calorias.
7. Em cada um dos casos a seguir, explique de que modo a publicidade funciona como um sinal para o comprador potencial, explique qual a informação que o comprador não tem e está sendo dada pela publicidade e como a informação dada tende a afetar a disposição do consumidor de comprar o bem.
   a. "Procuro trabalho. Boas referências do empregador anterior."
   b. "Equipamento eletrônico à venda. Toda a mercadoria tem garantia de um ano, irrestrita."
   c. "Carro à venda, primeiro dono. Todos os recibos de reparos e manutenção estão disponíveis."
8. A tabela a seguir mostra o Índice de Herfindahl-Hirschman (HHI) para os setores de restaurantes, cereais matinais, filmes e sabão de lavar roupa, bem como os gastos de publicidade das 10 maiores empresas de cada um desses setores. Use as informações da tabela para responder o que se segue.

Indústria	HHI	Gastos de publicidade (milhões)
Restaurantes	179	$ 1.784
Cereais	2.598	732
Produtores de filmes	918	3.324
Sabão de lavar roupa	2.750	132

   a. Que estrutura de mercado – oligopólio ou competição monopolística – caracteriza melhor cada uma das indústrias?
   b. Com base em sua resposta à questão *a*, que tipo de estrutura de mercado tem gastos de publicidade mais altos? Use as características de cada estrutura de mercado para explicar por que talvez ocorra essa relação com a publicidade.
9. O McDonald's gasta todo ano milhões de dólares na proteção legal do seu nome de marca, impedindo assim qualquer uso não autorizado. Explique que informação isso transmite a você, como consumidor, a respeito da qualidade dos produtos McDonald's.
10. Antes da existência das empresas de distribuição de alimentos UberEats, Grubhub, DoorDash e Correios, muitos estudantes que frequentavam faculdade em pequenas cidades enfrentavam um dilema de pizza. Enquanto ficavam acordados até tarde estudando, os alunos famintos tinham poucas opções de alimentos: na maioria dos locais, havia apenas uma opção de entrega de alimentos à noite, geralmente pizza. Analise o efeito em curto e longo prazos da entrada de empresas de entrega de alimentos no mercado para entrega noturna em pequenas cidades universitárias.
11. Você já se perguntou por que existem tantas lojas de colchões? Não há dúvida de que valorizamos uma boa noite de descanso e estamos dispostos a gastar muito para encontrar o colchão perfeito. Apesar da quantidade esmagadoramente grande de lojas de colchões, parece haver um número crescente de novas empresas de colchões vendendo *on-line*. Empresas como Purple, Casper, Puffy e até mesmo a Amazon começaram a vender colchões *on-line*. Assumindo que as lojas de rua operassem em uma indústria monopolisticamente competitiva, como você modelaria as curvas de custo para essas empresas de colchões a curto prazo? Como as lojas *on-line* afetaram a indústria?

RESOLVA

12. Os restaurantes na cidade são um setor em competição monopolística com equilíbrio de longo prazo. Uma dona de restaurante pede seu conselho. Ela diz que, toda noite, nem todas as mesas em seu restaurante estão ocupadas. Ela também informa que, se reduzir os preços no menu, atrairá mais clientes e que, ao fazer isso, terá um custo total médio mais baixo. Ela deve reduzir seus preços? Para explicar seu conselho, trace um gráfico mostrando a curva de demanda, a curva de receita marginal, a curva de custo marginal e a curva de custo total médio para esse restaurante. Mostre no gráfico o que aconteceria com o lucro da dona do restaurante se ela reduzisse o preço até vender a quantidade de custo mínimo.

16 Externalidades

PROBLEMAS DEBAIXO DOS PÉS

QUANDO PESQUISADORES NA DUKE University publicaram um trabalho com o pouco pretensioso título "Aumento da abundância de gás disperso em um subconjunto de poços de água potável perto da extração de gás de xisto Marcellus", os efeitos dessa publicação foram tudo menos controlados. Embora seus resultados não sejam definitivos, o trabalho apresentou evidências de que o faturamento hidráulico (*fracking*) – extração de gás natural pela fratura de depósitos subterrâneos de xisto com uso de jatos pressurizados de água carregados de produtos químicos – no campo de gás de Marcellus, na Pensilvânia, havia contaminado o abastecimento subterrâneo de água potável com etano e propano.

O documento da Duke apoiou alguns críticos do fraturamento segundo os quais ele representa uma ameaça intolerável de poluição ao abastecimento de água potável. Também ajudou a alimentar um debate cada vez mais polarizado sobre os custos e benefícios do fraturamento hidráulico.

Você deve se lembrar de nossa discussão, no Capítulo 3, de que o fraturamento reduziu dramaticamente o custo da energia nos Estados Unidos, gerando contas de aquecimento menores para os proprietários de casas e menores custos de produção para os fornecedores. E o fraturamento tem o potencial de reduzir significativamente a poluição do ar à medida que os consumidores e as indústrias abandonam gasolina e carvão mais sujos e adotam o gás natural de queima mais limpa.

Entretanto, como previsto no Capítulo 3, os benefícios ambientais do ar mais limpo proveniente do gás natural mais barato foram desafiados pelo espectro da água potável poluída pelo fracionamento hidráulico. Uma questão-chave na avaliação do *trade-off* é o papel do governo: os reguladores devem fazer mais para proteger o abastecimento de água subterrânea? Será que mais supervisão regulatória da forma de perfurar os poços de fraturamento reduziria a contaminação das águas subterrâneas? Que nível de contaminação os reguladores considerariam aceitável? E como eles aplicariam tal supervisão?

O dilema colocado pelo fraturamento hidráulico é apenas um exemplo dos dilemas provocados por *externalidades*. Uma externalidade ocorre quando indivíduos impõem custos ou oferecem benefícios a outros, mas não têm incentivo econômico para levar em conta esses custos ou benefícios na tomada de decisões. Observamos brevemente o conceito de externalidades nos capítulos 1 e 4. Declaramos então que uma das principais fontes de falha do mercado são as ações que criam *efeitos colaterais* não devidamente levadas em conta – ou seja, ações que criam externalidades.

Neste capítulo, examinaremos a economia das externalidades, vendo como elas podem atrapalhar a eficiência do mercado e fazê-lo malograr, por que elas são motivo de intervenção governamental nos mercados, e como a análise econômica pode ser usada para orientar a política governamental.

Externalidades procedem dos efeitos colaterais das ações. Primeiro, vamos estudar o caso da poluição, que gera *externalidade negativa* – um efeito colateral que impõe custos aos outros. Sempre que um efeito colateral puder ser diretamente observado e quantificado, ele poderá ser regulado – impondo-lhe controles diretos, tributando-o ou subsidiando-o. Como veremos, a intervenção do governo nesse caso deve ter como objetivo direto deslocar o mercado para a quantidade certa do efeito colateral. •

O QUE VOCÊ IRÁ APRENDER?

- O que são **externalidades** e por que elas podem levar à ineficiência e dar base para a intervenção governamental no mercado.
- A diferença entre **externalidades negativas, positivas** e de *rede*.
- A importância do **teorema de Coase**, que explica como os indivíduos podem às vezes remediar externalidades.
- Por que algumas políticas governamentais para lidar com externalidades são eficientes e outras não?
- Por que as externalidades de rede são uma característica importante das indústrias de alta tecnologia?

Entendendo externalidades

Custo externo é um custo não compensado que um indivíduo ou empresa impõe aos outros.

Os custos ambientais da poluição são o exemplo mais conhecido e mais importante de **custo externo** – um custo não compensado que um indivíduo ou empresa impõe aos outros. Em uma economia moderna, há muitos exemplos de custo externo que um indivíduo ou empresa impõe aos outros. Um muito conhecido é o custo externo do congestionamento de trânsito: o indivíduo que opta por dirigir durante o horário de pico aumenta o congestionamento e não tem incentivo para levar em conta os inconvenientes infligidos a outros motoristas. Outro exemplo familiar é o custo criado por pessoas que enviam mensagens de texto enquanto dirigem, aumentando o risco de acidentes que prejudicarão os outros e a si mesmos (veja a próxima seção Para Mentes Curiosas).

A poluição leva a um custo externo porque, na ausência de intervenção governamental, quem decide quanta poluição criar não tem incentivo para levar em conta os custos da poluição que impõe aos outros. No caso da poluição do ar proveniente de uma usina elétrica alimentada a carvão, a companhia elétrica não tem nenhum incentivo para levar em conta os custos de saúde impostos às pessoas que respiram ar sujo. Em vez disso, os incentivos da empresa são determinados pelos custos e benefícios monetários privados da geração de energia, tais como o preço do carvão, o preço ganho por um quilowatt de energia e assim por diante.

Benefício externo é um benefício que um indivíduo ou empresa confere aos outros sem receber compensação.

Veremos mais adiante neste capítulo que também existem exemplos importantes de **benefícios externos**, benefícios que indivíduos ou empresas conferem a outros sem receber compensação. Por exemplo, quando você paga para ser vacinado contra a gripe, é menos provável que passe o vírus da gripe para seus colegas. No entanto, você sozinho incorre no custo monetário da vacinação e da dolorosa vacina. Empresas que desenvolvem novas tecnologias também geram benefícios externos, pois suas ideias muitas vezes contribuem para a inovação de outras empresas.

Os custos e benefícios externos são conhecidos como **externalidades**. Custos externos são **externalidades negativas** e benefícios externos são **externalidades positivas**.

Os custos e os benefícios externos são conhecidos conjuntamente como **externalidades**, sendo os custos externos chamados de **externalidades negativas** e os benefícios externos, de **externalidades positivas**. As externalidades podem levar a decisões privadas – ou seja, decisões de indivíduos ou empresas – que não são ótimas para a sociedade como um todo. Vamos examinar mais de perto o porquê, concentrando-nos no caso da poluição.

PARA MENTES CURIOSAS **Dirigindo Distraído**

Por que uma pessoa em um carro pode dirigindo tão erraticamente? O motorista está bêbado? Não, o motorista está enviando mensagens de texto ou usando seu celular para verificar as mídias sociais ou fazer ligações.

De acordo com uma pesquisa recente feita nos Estados Unidos, 69% dos motoristas entre 18 e 64 anos de idade admitiram ter usado o telefone enquanto dirigiam. Especialistas em segurança do trânsito levam muito a sério os riscos apresentados ao dirigir usando o telefone celular: um motorista tem 23 vezes mais probabilidade de sofrer acidente quando está enviando mensagens de texto.

O Conselho Nacional de Segurança dos EUA estimou que aproximadamente um em cada quatro acidentes de trânsito foi atribuído ao uso de celulares durante a condução de um veículo e quase 10% dos acidentes fatais de carro foram associados a motoristas distraídos. Os acidentes de carro são a principal causa de morte de adolescentes, e a troca de mensagens de texto enquanto se dirige são um grande fator que contribui para isso. Em 2017, houve quase 275 mortes de adolescentes atribuídas à distração ao volante.

E o uso de dispositivos ativados por voz, que deixam as mãos livres ao se fazer uma ligação, não parece ajudar muito, porque o principal perigo é a distração. Como disse um consultor de trânsito: "Não é onde seus olhos estão; é onde a cabeça está."

O Conselho Nacional de Segurança exorta as pessoas a não usarem celulares enquanto dirigem. A maioria dos estados norte-americanos tem algumas restrições ao uso de celulares ao dirigir. Porém, em resposta a um número crescente de acidentes, vários estados proibiram completamente o uso do celular ao volante. Em 48 estados, no Distrito de Colúmbia (o distrito federal norte-americano), Porto Rico, Guam e Ilhas Virgens Americanas é ilegal enviar mensagens de texto e dirigir. O uso do celular ao dirigir também é ilegal em muitos países, incluindo o Brasil, Japão e Israel.

Por que não deixar a decisão a cargo do motorista? Porque o risco representado pelo uso do celular não é apenas um risco para o motorista; é também um risco de segurança para outros – para os passageiros do carro, para os pedestres e para as pessoas em outros carros. Mesmo se um motorista decide que o benefício de usar seu celular enquanto dirige vale o custo, ele não está levando em conta o custo para outras pessoas. Dirigir enquanto se utiliza o telefone celular, em outras palavras, gera uma externalidade negativa séria – e, às vezes, fatal.

A economia de uma externalidade negativa: poluição

A poluição é uma coisa ruim. Mas a maior parte da poluição é efeito colateral das atividades que nos proporcionam coisas boas: nosso ar é poluído por usinas geradoras de energia elétrica que iluminam várias de nossas cidades, nossos rios são danificados pelo escoamento de fertilizantes das fazendas que cultivam nossos alimentos. E a contaminação das águas subterrâneas pode decorrer do fraturamento hidráulico, que também produz combustível de queima mais limpa. Por que não deveríamos aceitar certa quantidade de poluição como o custo de uma vida boa?

Na verdade, nós aceitamos. Mesmo ambientalistas altamente comprometidos não pensam que podemos ou devemos eliminar completamente a poluição – mesmo uma sociedade ambientalmente consciente aceitaria *alguma* poluição como custo de produzir bens e serviços úteis. O que os ambientalistas argumentam é que, a menos que haja uma política ambiental forte e eficaz, nossa sociedade gerará *muita* poluição – muita coisa ruim. E a grande maioria dos economistas concorda.

Para sabermos a razão disso, precisamos de uma estrutura que nos permita pensar na quantidade de poluição que uma sociedade *deve* ter. Poderemos, então, ver por que uma economia de mercado, deixada por sua própria conta, produzirá mais poluição do que deve. Começaremos adotando a estrutura mais simples para estudar o problema – assumindo que a quantidade de poluição emitida por um poluidor é diretamente observável e controlável.

Custos e benefícios da poluição

Quanta poluição a sociedade deve permitir? A resposta a essa pergunta envolve comparar o benefício marginal com o custo marginal de mais uma unidade de poluição.

Custo social marginal da poluição é o custo adicional imposto ao conjunto da sociedade por mais uma unidade de poluição.

Custo social marginal da poluição é o custo adicional imposto ao conjunto da sociedade por uma unidade adicional de poluição.

Por exemplo, o dióxido de enxofre de usinas elétricas alimentadas a carvão se mistura com a água da chuva para formar chuva ácida, que danifica a pesca, as colheitas e as florestas, enquanto a contaminação das águas subterrâneas, que pode ser um efeito colateral do fraturamento hidráulico, danifica a saúde. Tipicamente, o custo social marginal da poluição está aumentando – cada unidade adicional de poluição emitida causa um nível de dano maior do que a unidade anteriormente emitida. Isso porque a natureza, muitas vezes, consegue enfrentar baixos níveis de poluição com segurança, mas é cada vez mais prejudicada à medida que a poluição atinge níveis mais altos.

Benefício social marginal da poluição é o benefício para a sociedade de mais uma unidade de poluição. Aparentemente, trata-se de um conceito confuso – como pode haver algum benefício para a sociedade decorrente da poluição? A resposta está no entendimento de que a poluição pode ser reduzida – mas a certo custo. Por exemplo, a poluição do ar proveniente de usinas elétricas alimentadas a carvão pode ser reduzida pelo uso de variedades mais caras de carvão e de tecnologias de purificação mais caras; a contaminação da água potável causada pelo fraturamento pode ser limitada com técnicas de perfuração mais custosas; a contaminação de águas residuais de rios e oceanos pode ser reduzida com a construção de instalações de tratamento de água.

Benefício social marginal da poluição é o ganho adicional para o conjunto da sociedade gerado por uma unidade adicional de poluição.

Todos esses métodos de redução da poluição têm seu custo de oportunidade. Ou seja, evitar a poluição requer o uso de recursos escassos que poderiam ter sido empregados para produzir outros bens e serviços. Portanto, o benefício social marginal da poluição são os bens e serviços que a sociedade poderia ter se tolerasse uma unidade a mais de poluição.

Comparações entre os níveis de poluição tolerados em países ricos e pobres ilustram a importância do nível do benefício social marginal da poluição para decidir quanta poluição uma sociedade deseja tolerar. Como os países pobres têm custo de oportunidade mais alto dos recursos gastos na redução da poluição do que os países mais ricos, eles toleram níveis mais altos de poluição. Por exemplo, a Organização Mundial da Saúde estimou que 3,8 milhões de pessoas nos países pobres morrem prematuramente por respirarem ar poluído em ambientes fechados, causado pela queima de combustíveis sujos como madeira, esterco e carvão para aquecer e cozinhar – uma situação que os habitantes dos países ricos podem se dar ao luxo de evitar.

Quantidade socialmente ótima de poluição é o nível de poluição que a sociedade escolheria se todos os custos e benefícios da poluição fossem totalmente contabilizados.

Usando números hipotéticos, a Figura 16.1 mostra como podemos determinar a **quantidade socialmente ótima de poluição** – quantidade de poluição que a sociedade escolheria se todos os custos e benefícios sociais fossem totalmente contabilizados. A curva de custo social marginal ascendente, *MSC*, mostra como o custo marginal para a sociedade de mais uma unidade de poluição varia de acordo com a quantidade de poluição. É tipicamente inclinada para cima porque o dano infligido por uma unidade de poluição tende a aumentar, já que mais poluição já foi emitida antes. Em contraste, a curva de benefício social marginal, *MSB*, é inclinada para baixo. Em altos níveis de poluição, o custo de se conseguir uma redução na poluição é bastante pequeno. Entretanto, à medida que os níveis de poluição diminuem, fica progressivamente mais caro engendrar uma nova queda na poluição, pois técnicas mais caras devem ser usadas, de modo que o *MSB* é mais alto em níveis mais baixos de poluição.

Como podemos ver na Figura 16.1, a quantidade socialmente ótima de poluição nesse exemplo não é zero. É Q_{OPT}, a quantidade correspondente ao ponto *O*, onde o *MSB* cruza o *MSC*. Em Q_{OPT}, o benefício social marginal de uma unidade adicional de poluição e seu custo social marginal são equalizados em $ 200.

Mas será que uma economia de mercado, deixada à própria sorte, chegará à quantidade socialmente ótima de poluição? Não, não chegará.

Por que uma economia de mercado produz tanta poluição

Enquanto a poluição traz benefícios e custos para a sociedade, em uma economia de mercado sem intervenção governamental será produzida demasiada poluição. Nesse caso, são só os poluidores – proprietários de usinas elétricas ou empresas de perfuração de gás, por exemplo – que decidem a quantidade de poluição a ser criada. E eles não têm nenhum incentivo para levar em conta o custo que a poluição inflige sobre os outros. Em vez disso, os incentivos da empresa são determinados

Figura 16.1 A quantidade socialmente ótima de poluição.

Poluição gera tanto custos quanto benefícios. Aqui, a curva *MSC* mostra como o custo marginal gerado para o conjunto da sociedade pela emissão de mais uma unidade de poluição depende da quantidade de emissões. A curva *MSC* é inclinada para cima, portanto o custo social marginal aumenta conforme aumenta a poluição. A curva *MSB* mostra como o benefício marginal para o conjunto da sociedade gerado pela emissão de uma unidade adicional de poluição depende da quantidade de emissões de poluição. A curva *MSB* é inclinada para baixo, de modo que o benefício social marginal diminui à medida que a poluição aumenta. A quantidade socialmente ótima de poluição é Q_{OPT}; a essa quantidade, o benefício social marginal da poluição é igual ao custo social marginal, correspondente a $ 200.

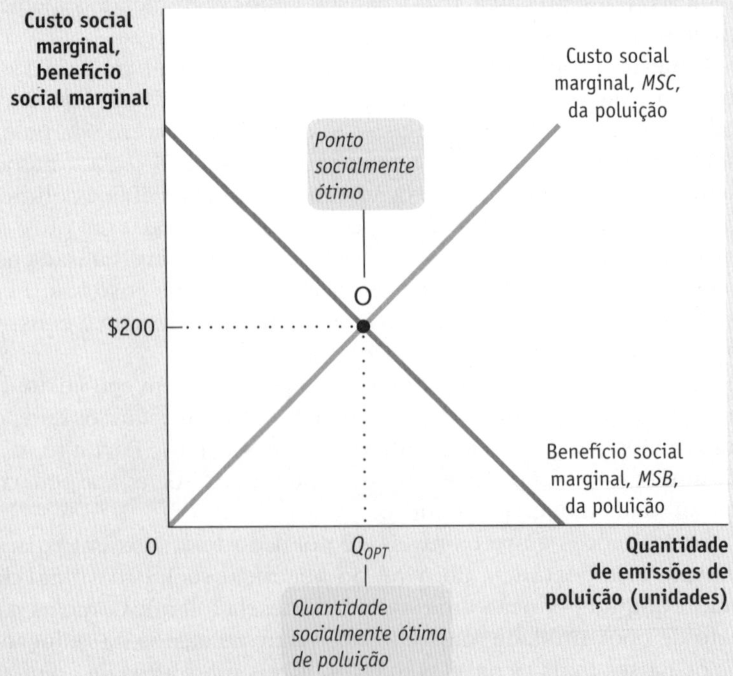

pelos custos e benefícios monetários privados da geração de energia, tais como o preço do carvão, o preço ganho por um quilowatt de energia e assim por diante.

A Figura 16.2 mostra o resultado dessa assimetria entre quem colhe os benefícios e quem paga os custos. Em uma economia de mercado sem intervenção governamental, uma vez que os poluidores são os únicos que tomam as decisões, somente os benefícios privados da poluição são levados em conta na escolha da quantidade de poluição a produzir, em vez dos custos para a sociedade. Assim, em vez de produzir a quantidade socialmente ótima, Q_{OPT}, a economia de mercado gerará a quantidade Q_{MKT}. Na quantidade Q_{MKT}, o benefício social marginal de mais uma unidade de poluição é zero, enquanto o custo social marginal de mais uma unidade é muito maior: $ 400.

Por quê? Bem, considere o que o poluidor faria se estivesse emitindo Q_{OPT} de poluição. Lembre-se de que a curva *MSB* representa os recursos que se tornam disponíveis pela tolerância de mais uma unidade de poluição. O poluidor notaria que, se ele aumentasse sua emissão de poluição descendo a curva *MSB* de Q_{OPT} para Q_H, ganharia $ 200 – $ 100 = $ 100. Esse ganho de $ 100 vem do uso de técnicas de produção menos dispendiosas, porém causadoras de maior emissão. Lembre-se, o poluidor não incorre em nenhum dos custos pela emissão maior – apenas outros o fazem. No entanto, isso não vai parar por aí. Em Q_H, o poluidor nota que, se as emissões forem aumentadas de Q_H para Q_{MKT}, ele ganhará outros $ 100 à medida que desce novamente a curva *MSB*. Isto seria alcançado com o uso de técnicas de produção ainda mais baratas e com maior emissão. Ele vai parar em Q_{MKT} porque, nesse nível de emissão, o benefício social marginal de uma unidade de poluição é zero. Ou seja, em Q_{MKT} o poluidor não ganha nada ao utilizar técnicas de produção ainda mais baratas e sujas e ao emitir mais poluição.

O resultado do mercado, Q_{MKT}, é ineficiente. Lembre-se de que um resultado é ineficiente quando alguém pode ficar melhor sem que outro alguém fique pior. Com resultado ineficiente, uma troca mutuamente benéfica está sendo perdida. Em Q_{MKT}, o benefício que advém para o poluidor da última unidade de poluição é muito baixo – praticamente zero. Mas o custo imposto à sociedade por essa última unidade de poluição é bastante alto – $ 400. Assim, ao reduzir em uma unidade a quantidade de poluição em Q_{MKT}, o custo social total da poluição cai $ 400, mas o benefício social total praticamente não diminui.

Figura 16.2 Por que uma economia de mercado produz tanta poluição?

Na ausência de intervenção governamental, a quantidade de poluição será Q_{MKT}, o nível em que o benefício social marginal da poluição é zero. Esta é uma quantidade ineficientemente alta de poluição: o custo social marginal, $ 400, excede em muito o benefício social marginal, $ 0. Um imposto pigouviano ideal* de $ 200, o valor do custo social marginal de poluição quando iguala o benefício social marginal da poluição, pode mover o mercado para a quantidade socialmente ótima de poluição, Q_{OPT}.

*Impostos pigouvianos serão tratados na próxima seção sobre política de poluição.

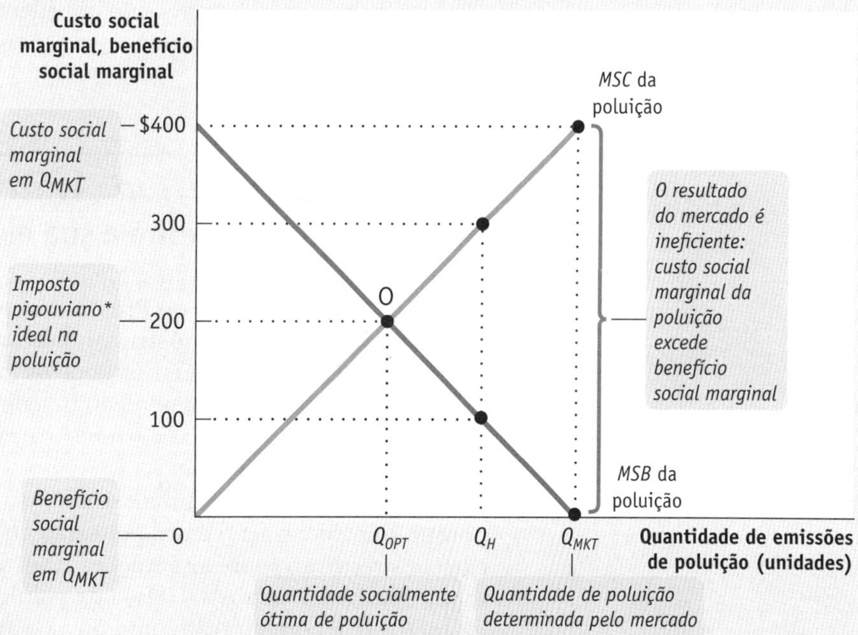

Portanto, o excedente total aumenta em aproximadamente $ 400 se a quantidade de poluição em Q_{MKT} for reduzida em uma unidade. Em Q_{MKT}, a sociedade estaria disposta a pagar ao poluidor até $ 400 para não emitir a última unidade de poluição, e o poluidor estaria disposto a aceitar sua oferta, uma vez que essa última unidade não lhe dá praticamente nada. No entanto, como não há meios nessa economia de mercado para que tal transação ocorra, o resultado é ineficiente.

Soluções privadas para externalidades

Como acabamos de ver, as externalidades, em uma economia de mercado, causam ineficiência: há um comércio mutuamente benéfico que está sendo perdido. Então, o setor privado pode resolver o problema das externalidades sem a intervenção do governo? Será que os indivíduos serão capazes de fazer esse negócio por conta própria? De acordo com o *teorema de Coase*, formulado pelo economista ganhador do Prêmio Nobel Ronald Coase, a resposta será sim se certas condições forem cumpridas. O **teorema de Coase** afirma que a economia pode sempre alcançar uma solução eficiente, mesmo na presença de externalidades, desde que os custos de se fazer um acordo sejam suficientemente baixos. Por exemplo, se o fraturamento hidráulico estiver causando contaminação do solo e da água, o teorema de Coase diz que o problema pode ser evitado se os proprietários de terras pagarem aos perfuradores para usar tecnologia de perfuração que crie menos poluição. Por outro lado, os perfuradores podem pagar aos proprietários de terras o custo de danos a suas águas subterrâneas. Se os perfuradores têm legalmente o direito de poluir, então o primeiro resultado é mais provável. Se os perfuradores não têm o direito legal de poluir, então o segundo é mais provável.

De acordo com o **teorema de Coase**, a economia pode sempre alcançar uma solução eficiente, mesmo na presença de externalidades, desde que os custos de fazer um acordo sejam suficientemente baixos. Quando indivíduos levam em conta as externalidades, eles **internalizam as externalidades**.

O que Coase argumentou é que, de qualquer forma, se os custos de transação forem suficientemente baixos, então os perfuradores e proprietários de terras podem fazer um acordo mutuamente benéfico. Quando indivíduos levam em conta as externalidades ao tomar decisões, os economistas dizem que eles **internalizam as externalidades**. Nesse caso, o resultado é eficiente sem a intervenção do governo.

Então, por que as partes privadas não internalizam sempre as externalidades? O problema é que os **custos de transação** – custos de fazer um acordo – muitas vezes impedem a ocorrência de uma transação mutuamente benéfica e eficiente. Custos de transação são uma barreira, particularmente, quando os prejudicados pela externalidade estão muito dispersos, como no caso da poluição do ar ou dos *gases de efeito estufa*. Quando isso acontece, o custo de comunicação e negociação é simplesmente alto demais para se obter um resultado eficiente.

Custos de transação – os custos para os indivíduos de fazer um acordo – frequentemente impedem a ocorrência de um comércio mutuamente benéfico.

Quando os custos de transação impedem o setor privado de lidar com as externalidades, é hora de buscar soluções governamentais. Na próxima seção, voltamo-nos para as políticas públicas.

ECONOMIA >> *em Ação*

Quanto custa realmente a sua eletricidade?

Três importantes economistas, Nicholas Z. Muller, Robert Mendelsohn e William Nordhaus (este, ganhador do Prêmio Nobel), estimaram o custo externo da poluição gerada por várias indústrias norte-americanas. Os custos assumiram uma variedade de formas, dos efeitos nocivos à saúde à redução dos rendimentos agrícolas. No caso do setor de geração de energia elétrica, eles estimaram os custos das emissões de dióxido de carbono – um dos muitos gases de efeito estufa que causam *mudança climática*.

Os autores utilizaram uma estimativa relativamente baixa dos custos externos porque sua valorização é uma questão controversa – em parte, porque os custos externos recairão sobre as gerações futuras. Eles compararam os custos externos totais (*total external costs* – TEC) da poluição para o setor de energia a carvão e a gás natural, e compararam com o valor agregado de cada setor (VA) – o valor de mercado de sua produção.

A tabela a seguir mostra a relação entre TEC e VA e a relação entre TEC e quilowatt-hora para os dois setores. Como você pode ver, ambos os modos de geração de eletricidade impõem grandes custos externos, excedendo seu valor agregado.

Mas TEC por quilowatt-hora gerada com gás natural é muito inferior à relação gerada com carvão, porque a queima de gás natural libera tanto menos dióxido de carbono quanto menos outros poluentes. Uma estimativa conservadora é que o custo externo de um quilowatt-hora é um terço do preço de varejo da eletricidade quando gerada com carvão, e um vigésimo quando gerada com gás natural.

	TEC/ VA	TEC/ Quilowatt-hora
Carvão	$2,83	$0,039
Gás natural	1,30	0,005

Em 2014, a administração Obama publicou regras que limitaram as emissões de carbono das novas usinas elétricas, com a intenção de obrigar as novas usinas movidas a carvão a adotar a tecnologia de captura de carbono. Em 2018, a administração Trump flexibilizou significativamente essas regras, em uma tentativa de revitalizar a indústria do carvão. No entanto, os analistas do setor observaram que esse relaxamento dos limites de emissões de carbono provavelmente não reverteria o declínio da indústria do carvão a longo prazo. Até 2016, o fraturamento hidráulico havia tornado as usinas a gás natural mais baratas de operar do que as usinas a carvão. Naquele ano, pela primeira vez na história, mais energia dos EUA era gerada pelo gás natural do que pelo carvão. E em 2018, algumas usinas de energia limpa eram ainda mais baratas do que as usinas a gás natural.

>> *Teste seu entendimento* 16.1

As respostas estão no fim do livro.

1. O escoamento de águas residuais de grandes criações de aves afeta negativamente seus vizinhos. Explique o seguinte:
   a. A natureza do custo externo imposto
   b. O resultado na ausência de intervenção do governo ou de um acordo privado
   c. O resultado socialmente ótimo
2. Segundo Yasmin, qualquer estudante que pega um livro emprestado da biblioteca da universidade e não o devolve dentro do prazo impõe uma externalidade negativa aos outros estudantes. Ela afirma que, em vez de cobrar uma multa modesta por devolução tardia, a biblioteca deve cobrar uma multa enorme para que os estudantes que tomam emprestado nunca devolvam um livro com atraso. O raciocínio econômico de Yasmin é correto?

>> *Revisão Rápida*

- Custos e benefícios externos são conhecidos como **externalidades**. A poluição é um exemplo de **custo externo**, ou **externalidade negativa**; em contraste, algumas atividades podem dar origem a **benefícios externos**, ou **externalidades positivas**.
- Há custos e benefícios para reduzir a poluição, portanto, a quantidade ideal de poluição não é zero. Em vez disso, a **quantidade de poluição socialmente ótima** é a quantidade em que o **custo social marginal da poluição** é igual ao **benefício social marginal da poluição**.
- Deixada à própria sorte, uma economia de mercado normalmente gerará um nível ineficientemente alto de poluição, porque os poluidores não terão nenhum incentivo para levar em conta os custos que impõem aos outros.
- De acordo com o **teorema de Coase**, o setor privado pode às vezes resolver externalidades por si só: se os custos de transação não forem muito altos, os indivíduos podem chegar a um acordo para **internalizar a externalidade**. Quando os **custos de transação** são muito altos, a intervenção governamental pode se justificar.

Políticas governamentais e poluição

Nos anos 1960, vastas extensões de árvores fantasmagóricas e murchas no nordeste dos Estados Unidos e no sudeste do Canadá revelaram uma verdade sinistra: aquelas grandes florestas estavam morrendo. Além disso, os lagos e riachos dentro delas também estavam morrendo, enquanto o estoque de peixes e outras formas de vida aquática despencava.

O culpado era a chuva ácida, fenômeno que ocorre quando a chuva se mistura com os poluentes de dióxido de enxofre transportados pelo ar de usinas elétricas que queimam carvão. O resultado é uma chuva altamente ácida que envenena as árvores e a vida aquática. Antes de 1970, não existiam regras que regulassem a quantidade de dióxido de enxofre que as usinas elétricas a carvão nos Estados Unidos poderiam emitir.

Em 1970, o Congresso adotou a Lei do Ar Limpo (*Clean Air Act*), que estabeleceu regras obrigando as usinas a reduzir suas emissões. A lei funcionou – a acidez das chuvas diminuiu significativamente. Economistas, entretanto, argumentaram que um sistema mais flexível de regras que explorasse a eficácia dos mercados poderia reduzir a poluição a um custo menor. Em 1990, essa teoria foi posta em prática com uma versão modificada da Lei do Ar Limpo. E, adivinhe, os economistas estavam certos!

Nesta seção, vamos analisar os três tipos de políticas que governos normalmente utilizam para lidar com a poluição: normas ambientais, impostos sobre emissões e licenças comercializáveis de emissões.

Veremos também como a análise econômica tem sido usada para melhorar essas políticas. E analisaremos a questão da mudança climática e como a política governamental pode ser usada para tratá-la.

Normas ambientais

Entre as externalidades negativas mais graves que enfrentamos hoje estão aquelas associadas a ações que prejudicam o meio ambiente – poluição do ar, poluição da água, destruição de hábitats e assim por diante. A proteção do meio ambiente tornou-se um papel importante do governo em todas as nações desenvolvidas. Nos Estados Unidos, a Agência de Proteção Ambiental (*Environmental Protection Agency*) é a principal executora das políticas ambientais em nível nacional, apoiada pelas ações dos governos estaduais e locais.[1]

Normas ambientais são regras que protegem o meio ambiente, especificando as ações dos produtores e dos consumidores.

Como um país protege seu meio ambiente? Atualmente, as principais ferramentas políticas são as **normas ambientais**, regras que protegem o meio ambiente especificando ações de produtores e de consumidores. Um exemplo familiar é a lei que exige que quase todos os veículos tenham conversores catalíticos, os quais reduzem a emissão de gases tóxicos e outros poluentes que causam *smog*[2] e levam a problemas de saúde. Outras regras exigem que as comunidades tratem seus esgotos ou fábricas para evitar ou limitar certos tipos de poluição. E, como acabamos de ver na Economia em Ação, as normas ambientais foram implementadas nos EUA em 2014, obrigando as novas usinas elétricas a carvão e a gás a adotar tecnologias de queima mais limpa.

Normas ambientais foram amplamente utilizadas nos anos 1960 e 1970, e tiveram considerável sucesso na redução da poluição. Por exemplo, desde que os Estados Unidos aprovaram a Lei do Ar Limpo, em 1970, a emissão global de poluentes no ar diminuiu mais de um terço, embora a população tenha crescido um terço e o tamanho da economia tenha mais que dobrado.

Impostos sobre emissões

Um **imposto sobre emissões** é uma contribuição tributária que depende da quantidade de poluição que uma empresa produz.

Outra ferramenta política para lidar com a poluição é cobrar de poluidores um **imposto sobre emissões**. Os impostos sobre emissões dependem da quantidade de poluição que uma empresa emite. Como aprendemos no Capítulo 7, o imposto aplicado a uma atividade reduzirá o nível dessa atividade.

Lembre-se de que, sem a intervenção do governo, os poluidores têm incentivo para aumentar a poluição além da quantidade socialmente ótima. Na verdade, os poluidores empurrarão a poluição até a quantidade Q_{MKT}, mostrada na Figura 16.2, ponto em que o benefício social marginal é igual a zero.

Como mostrado nessa figura, se o benefício social marginal e o custo social marginal de mais uma unidade de poluição forem iguais a \$ 200, um imposto sobre poluidores de \$ 200 por unidade de poluição os induzirá a reduzir suas emissões para Q_{OPT}, a quantidade socialmente ótima. Isso ilustra um resultado geral: um imposto sobre emissões igual ao custo social marginal na quantidade socialmente ótima de poluição induz os poluidores a internalizar a externalidade – para levar em conta o custo real para a sociedade trazido por suas ações.

Imposto sobre emissões também é uma maneira mais eficiente de reduzir a poluição do que as normas ambientais, pois o imposto assegura que o benefício

[1]N. R.: No Brasil, o principal órgão em nível federal responsável por fiscalização e execução da política ambiental é o Instituto Brasileiro do Meio Ambiente e dos Recursos Naturais Renováveis (IBAMA), subordinado ao Ministério do Meio Ambiente (MMA). Estados e municípios participam com seus próprios órgãos atuando em relação ao meio ambiente.

[2]N. R.: O termo é o resultado da junção das palavras inglesas *smoke* (fumaça) e *fog* (nevoeiro), sendo empregado para designar a neblina contaminada por fuligem.

marginal da poluição seja igual para todas as fontes de poluição. Normas ambientais, ao contrário, tratam todos os poluidores da mesma forma, quando na realidade eles diferem de acordo com seus custos de redução da poluição.

O termo *imposto sobre emissões* pode transmitir a impressão enganosa de que os impostos são uma solução para apenas um tipo de externalidade negativa, a poluição. Na verdade, os impostos podem ser usados para desencorajar quaisquer atividades que gerem externalidades negativas, tais como dirigir (que inflige danos ambientais maiores que o custo de produzir gasolina) ou fumar (que inflige custos de saúde para a sociedade muito maiores que o custo de fazer um cigarro).

Impostos destinados a reduzir os custos para a sociedade de uma externalidade negativa são geralmente conhecidos como **impostos pigouvianos**, em homenagem

Impostos concebidos para reduzir os custos impostos à sociedade por uma externalidade negativa são conhecidos como **impostos pigouvianos**.

COMPARAÇÃO GLOBAL CRESCIMENTO ECONÔMICO E GASES DE EFEITO ESTUFA EM SEIS PAÍSES

À primeira vista, uma comparação das emissões *per capita* de gases de efeito estufa de vários países, apresentada no painel (a) do gráfico, sugere que o Canadá, os Estados Unidos e a Austrália são os piores infratores. Em 2018, o norte-americano médio era responsável por 16,6 toneladas métricas de emissões de gases de efeito estufa (medidas em dióxido de carbono, CO_2, equivalentes) – a poluição que causa mudança climática –, em comparação com apenas 2,8 toneladas na média uzbeque, 7,1 toneladas do chinês médio e 2,0 toneladas do indiano médio. (uma tonelada métrica equivale a 1,10 tonelada).

Tal conclusão, entretanto, ignora um fator importante para determinar o nível de emissões de gases de efeito estufa de um país: seu produto interno bruto, ou PIB – o valor total da produção interna de um país. A produção, normalmente, não pode ser gerada sem mais energia, e mais uso de energia normalmente resulta em mais poluição. De fato, tem-se argumentado que criticar o nível de gases de efeito estufa de um país sem levar em conta seu nível de desenvolvimento econômico é errado. Seria equivalente a culpar um país por estar em um estágio mais avançado de desenvolvimento econômico.

Uma maneira mais significativa de comparar a poluição entre países é medir as emissões por US$ 1 milhão do PIB de um país, como mostra o painel (b). Nessa base, Estados Unidos, Canadá e Austrália são agora países "verdes", mas China, Índia e Uzbequistão não são. O que explica a reversão uma vez que o PIB é contabilizado? A resposta é a escassez de recursos.

Países pobres, como o Uzbequistão, a China (historicamente) e a Índia viam os recursos destinados a reduzir a poluição como mais bem gastos em outras coisas. Argumentavam que eram pobres demais para arcar com as mesmas prioridades ambientais que os países desenvolvidos ricos. Impor-lhes as normas ambientais de um país rico colocaria em risco seu crescimento econômico, alegavam eles.

Entretanto, as evidências científicas que apontam os *gases de efeito estufa* como causa da *mudança climática* e a queda do preço das fontes de energia não poluentes mudaram as atitudes dos países mais pobres. Percebendo que seus cidadãos talvez sofram desproporcionalmente mais com a mudança climática, os países pobres uniram forças com os países ricos para assinar em 2015 o *Acordo de Paris*, um entendimento entre 196 países para limitar suas emissões de gases de efeito estufa, de modo a manter o aumento das temperaturas globais em menos de 2 graus Celsius, temperatura na qual os efeitos da mudança climática são considerados catastróficos e irreversíveis. No momento em que escrevemos, os Estados Unidos anunciaram sua intenção de retirarem-se do acordo em novembro de 2020, sendo assim o único país do mundo a rejeitar o acordo.

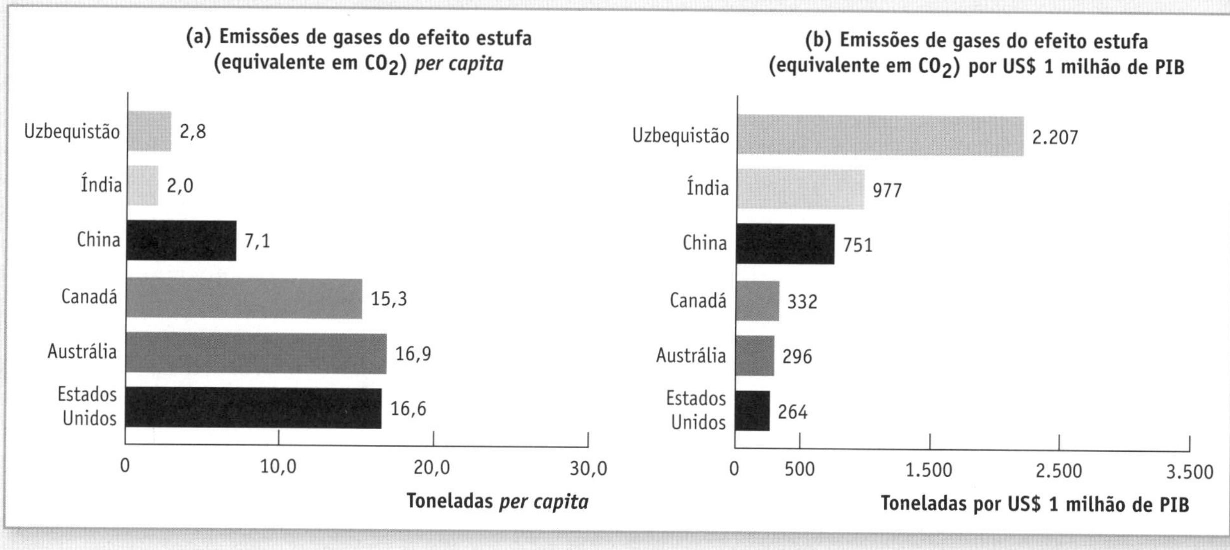

Dados de: Global Carbon Atlas; IMF – World Economic Outlook.

ao economista A. C. Pigou, que enfatizou sua utilidade em seu livro clássico de 1920, *A Economia do Bem-Estar*. Em nosso exemplo, o imposto pigouviano ideal é de $ 200. Como você pode ver na Figura 16.2, tal valor corresponde ao custo social marginal da poluição na quantidade ideal de produção, Q_{OPT}.

A principal falha dos impostos sobre emissões, quando comparados com as normas ambientais, é que os funcionários governamentais geralmente não têm certeza do nível em que o imposto deve ser fixado. Se eles o fixassem muito baixo, a redução da poluição seria insuficiente. Se o fixarem muito alto, as emissões serão reduzidas além do nível eficiente. Essa incerteza em torno do nível ideal do imposto sobre emissões não pode ser eliminada, mas a natureza dos riscos pode ser mudada usando uma política alternativa, emitindo licenças comercializáveis de emissões. Entretanto, impostos sobre emissões podem ter vantagens políticas: os eleitores podem estar mais dispostos a aprová-los quando a receita fiscal é restituída aos consumidores.

Licenças comercializáveis de emissões

Licenças comercializáveis de emissões são licenças para emitir quantidades limitadas de poluentes que podem ser compradas e vendidas por poluidores.

As **licenças comercializáveis de emissões** são licenças para emitir quantidades limitadas de poluentes que podem ser compradas e vendidas por poluidores. Funcionam, na prática, de forma muito parecida com as quotas comercializáveis (discutidas no Capítulo 5), sistema criado pelos reguladores de licenças comercializáveis para a pesca de caranguejos. As licenças comercializáveis resultaram em uma maneira eficiente de alocar o direito de pescar – proprietários de barcos com custo mais seguro e mais baixo de operação compram os direitos de proprietários com barcos menos seguros e de custo mais alto. Embora as licenças comercializáveis de emissões envolvam o comércio de uma poluição "má" em vez de um bem como o caranguejo, ambos os sistemas funcionam para alocar uma atividade de forma eficiente porque as licenças, assim como as quotas, são *comercializáveis*.

Eis por que esse sistema funciona em caso de poluição. As empresas que poluem, normalmente, têm custos diferentes para reduzir a poluição – por exemplo, será mais caro para as fábricas que utilizam tecnologia mais antiga reduzir a poluição do que as que utilizam tecnologia mais recente. Os reguladores começam o sistema concedendo aos poluidores licenças para poluir com base em alguma fórmula – por exemplo, igual a 50% do nível histórico de emissões de determinada empresa. As empresas têm então o direito de negociar licenças entre si.

Sob tal sistema, surgirá um mercado de licenças para poluir. Poluidores que dão maior valor ao direito de poluir – aqueles com tecnologia mais antiga – comprarão permissões de poluidores que dão menor valor ao direito de poluir – aqueles com tecnologia mais recente. Como resultado, um poluidor com valor mais alto para uma unidade de emissão poluirá mais do que um poluidor com valor mais baixo.

No final, aqueles com o menor custo de redução da poluição reduzirão mais sua poluição, enquanto aqueles com o maior custo de redução da poluição reduzirão menos sua poluição. O efeito total é alocar a redução da poluição de forma eficiente – ou seja, da maneira menos onerosa.

Assim como os impostos sobre emissões, as licenças comercializáveis de emissões fornecem aos poluidores um incentivo para levar em conta o custo social marginal da poluição. Para entender o porquê, suponha que o preço de mercado de uma licença para emitir uma unidade de poluição seja de $ 200. Todo poluidor agora tem um incentivo para limitar suas emissões ao ponto de seu benefício marginal de uma unidade de poluição ser de $ 200. Por quê?

Se o benefício marginal de mais uma unidade de poluição for superior a $ 200, então fica mais barato poluir mais do que poluir menos. Nesse caso, o poluidor comprará uma licença e emitirá outra unidade. E se o benefício marginal de mais uma unidade de poluição for inferior a $ 200, então ficará mais barato reduzir a poluição do que poluir mais. Nesse caso, o poluidor reduzirá a poluição em vez de comprar a licença de $ 200.

A partir desse exemplo, podemos ver como uma licença de emissões leva ao mesmo resultado que um imposto sobre emissões quando ambos são da mesma quantia: o poluidor que paga $ 200 pelo direito de emitir uma unidade enfrenta os mesmos incentivos que o poluidor que enfrenta um imposto de emissões de $ 200 por unidade.

O mesmo vale para poluidores que receberam mais licenças dos reguladores do que planejam utilizar: ao não emitir uma unidade de poluição, o poluidor libera uma licença que pode vender por $ 200. Em outras palavras, o custo de oportunidade de uma unidade de poluição para essa empresa é de $ 200, independentemente de ser utilizada.

Lembre-se de que, ao se utilizarem os impostos sobre emissões para chegar ao nível ideal de poluição, surge o problema de encontrar a quantia certa do imposto: se o imposto for muito baixo, muita poluição será emitida; se o imposto for muito alto, muito pouca poluição será emitida (em outras palavras, muitos recursos são gastos reduzindo a poluição). Um problema semelhante com as licenças comercializáveis de emissões é obter a quantidade certa de licenças, o que é muito parecido com o lado negativo de obter o nível certo de imposto.

Como é difícil determinar a quantidade ideal de poluição, os reguladores podem se ver emitindo demasiadas licenças, de modo que não haja redução suficiente da poluição, ou emitindo poucas, de modo que haja redução excessiva da poluição.

No caso da poluição por dióxido de enxofre, o governo dos Estados Unidos primeiro confiou nas normas ambientais, mas depois recorreu a um sistema de licenças comercializáveis de emissões. Atualmente, o maior programa de comércio de licenças de emissão é o sistema da União Europeia para o controle das emissões de dióxido de carbono.

Comparação de políticas ambientais com um exemplo

A Figura 16.3 mostra uma indústria hipotética que consiste em apenas duas fábricas, A e B. Vamos assumir que a fábrica A utiliza tecnologia mais recente, o que lhe dá um custo menor de redução da poluição, enquanto a fábrica B utiliza tecnologia mais antiga e tem custo maior de redução da poluição. Refletindo essa diferença, o benefício marginal obtido pela fábrica A da curva de poluição, MB_A, está abaixo da curva de benefício marginal de poluição da fábrica B, MB_B. Como é mais caro para a fábrica B reduzir sua poluição em qualquer quantidade de produção, uma unidade adicional de poluição vale mais para a fábrica B do que para a fábrica A.

Na ausência de ação governamental, sabemos que os poluidores irão poluir até que o benefício social marginal de uma unidade de poluição seja igual a zero. Como resultado, sem intervenção governamental, cada fábrica poluirá até que seu próprio benefício social marginal de poluição seja igual a zero. Isso corresponde a uma quantidade de emissões de 600 unidades para cada fábrica – as quantidades de poluição em que MB_A e MB_B são iguais a zero. Portanto, embora as fábricas A e B tenham custos diferentes de redução da poluição, cada uma delas optará por emitir a mesma quantidade de poluição.

Agora, suponha que os reguladores decidam que a poluição global dessa indústria deve ser reduzida pela metade, de 1.200 unidades para 600. O painel (a) da Figura 16.3 mostra que isso pode ser alcançado com um padrão ambiental que exige que cada fábrica reduza suas emissões pela metade, de 600 para 300 unidades. A norma tem o efeito desejado de reduzir as emissões totais de 1.200 para 600 unidades, mas o faz de forma ineficiente.

Como você pode ver no painel (a), a norma ambiental leva a fábrica A a produzir no ponto S_A, onde seu benefício marginal de poluição é de $ 150, mas a fábrica B produz no ponto S_B, onde seu benefício marginal de poluição é duas vezes maior, $ 300.

Essa diferença de benefícios marginais entre as duas fábricas nos diz que a mesma quantidade de poluição pode ser obtida a um custo total mais baixo, permitindo que a fábrica B polua mais de 300 unidades, mas induzindo a fábrica A a poluir menos. Na verdade, a maneira eficiente de reduzir a poluição é assegurar que, no resultado de toda a indústria, o benefício marginal da poluição seja o mesmo para todas as fábricas. Quando cada fábrica valoriza uma unidade de poluição igualmente, não há meio de reordenar a redução da poluição entre as diversas fábricas que atinja a quantidade ideal de poluição a um custo total mais baixo.

Podemos ver no painel (b) como um imposto sobre emissões alcança exatamente esse resultado. Suponha que tanto a fábrica A quanto a fábrica B paguem um imposto de emissões de $ 200 por unidade, de modo que o custo marginal de

Figura 16.3 Comparação de políticas ambientais.

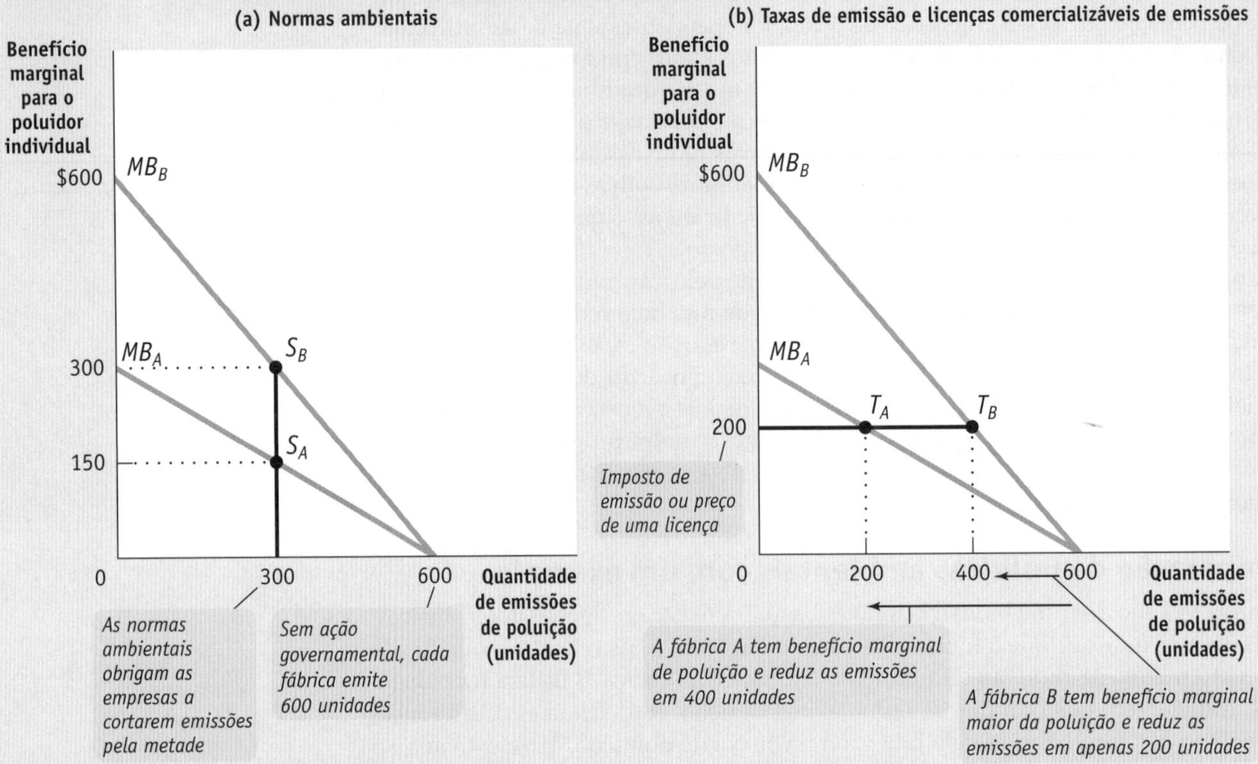

Em ambos os painéis, MB_A mostra o benefício marginal da poluição para a fábrica A e MB_B, o benefício marginal da poluição para a fábrica B. Na ausência de intervenção governamental, cada fábrica emitiria 600 unidades. Entretanto, o custo da redução de emissões é menor para a fábrica A, como mostra o fato de que MB_A está abaixo de MB_B. O painel (a) mostra o resultado de um padrão ambiental que exige que ambas as fábricas reduzam as emissões pela metade; isso é ineficiente, porque deixa o benefício marginal da poluição mais alto para a fábrica B do que para a fábrica A. O painel (b) mostra que um imposto sobre emissões, bem como um sistema de licenças comercializáveis, atinge a mesma quantidade de poluição global de forma eficiente. Diante de um imposto de emissões de $ 200 por unidade, ou de um preço de mercado de uma licença de $ 200 por unidade, cada fábrica reduz a poluição ao ponto de seu benefício marginal ser de $ 200.

uma unidade adicional de emissões para cada fábrica seja agora de $ 200 em vez de zero. Como resultado, a fábrica A produz em T_A e a fábrica B, em T_B. Assim, a fábrica A reduz sua poluição mais do que faria sob um padrão ambiental inflexível, cortando suas emissões de 600 para 200 unidades. Enquanto isso, a fábrica B reduz menos a poluição, passando de 600 para 400 unidades.

No final, a poluição total – 600 unidades – é a mesma que sob a norma ambiental, mas o excedente total é maior. Isso porque a redução da poluição foi alcançada de forma eficiente, alocando a maior parte da redução à fábrica A, a fábrica que pode reduzir as emissões a um custo menor. [Lembre-se de que o excedente do produtor é a área abaixo da curva de fornecimento e acima da linha de preço. Portanto, há mais excedente total do produtor no painel (b) do que no painel (a).]

O painel (b) também ilustra a razão de um sistema de licenças comercializáveis de emissões também atingir uma alocação eficiente da poluição entre as duas fábricas. Suponha que, no mercado de licenças, o preço de mercado de uma licença seja de $ 200 e cada fábrica tenha 300 licenças para iniciar o sistema. A fábrica B, com o maior custo de redução da poluição, comprará 100 permissões da fábrica A, o suficiente para permitir que ela emita 400 unidades. Correspondentemente, a fábrica A, com o custo mais baixo, venderá 100 de suas licenças para a fábrica B e emitirá apenas 200 unidades. Desde que o preço de mercado de uma licença seja igual ao imposto ideal sobre emissões, os dois sistemas chegarão ao mesmo resultado.

ECONOMIA >> *em Ação*

Cap and trade

Os sistemas de licenças comercializáveis de emissões tanto para chuva ácida nos Estados Unidos quanto para gases de efeito estufa na União Europeia são exemplos de sistemas de *cap and trade*: o governo estabelece um limite (uma quantidade máxima de poluente que pode ser emitida), emite licenças comercializáveis de emissões e aplica uma regra anual de que um poluidor deve possuir um número de licenças igual à quantidade de poluente emitida. O objetivo é estabelecer o limite suficientemente baixo para gerar o nível eficiente de poluição, ao mesmo tempo em que dá aos poluidores flexibilidade no cumprimento das normas ambientais e os motiva a adotar novas tecnologias que diminuirão o custo da redução de poluição.

Em 1995, os Estados Unidos iniciaram um sistema de *cap and trade* para as emissões de dióxido de enxofre que causam chuvas ácidas. Graças a esse sistema, as emissões de dióxido de enxofre diminuíram 91% de 1994 a 2018. Economistas estimaram que teria sido 80% mais caro reduzir as emissões na mesma quantidade utilizando uma política reguladora não baseada no mercado.

Em 2005, foi lançado na União Europeia o primeiro sistema de *cap and trade* de gases de efeito estufa – chamado *comércio de carbono*. Quase duas décadas depois, o comércio de carbono cresceu rapidamente em todo o mundo e agora cobre 20% de todas as emissões de gases de efeito estufa produzidos pelo homem. Nos últimos anos, vários novos mercados de gases de efeito estufa foram lançados cobrindo a Califórnia, a Coreia do Sul, Quebec e três grandes centros industriais na China. Em 2019, aproximadamente US$ 214 bilhões em licenças foram negociados globalmente. Espera-se que esse número cresça com rapidez, uma vez que a China planeja iniciar um esquema comercial nacional.

No entanto, os sistemas de *cap and trade* não são balas de prata para os problemas de poluição do mundo. Embora sejam apropriados para a poluição geograficamente dispersa, como a causada por dióxido de enxofre e gases de efeito estufa, eles não funcionam para poluição localizada, como a contaminação das águas subterrâneas. Em segundo lugar, deve haver um monitoramento vigilante da conformidade para que o sistema atinja seus objetivos. Finalmente, o sistema atrai interferências políticas que, na prática, têm levado a limites demasiado altos para atingir o nível eficiente de emissões.

Como os impostos sobre emissões, os sistemas de *cap and trade* são suscetíveis à interferência política de empresas que fazem *lobby* para obter termos mais generosos. A partir de 2018, apenas cinco países com sistemas de limitação e comércio (Finlândia, França, Suécia, Noruega e Suíça) tinham preços de licença que atingiram ou excederam US$ 44 por tonelada métrica, o preço de carbono que a Associação Internacional de Comércio de Emissões estima ser necessário para evitar mudanças climáticas catastróficas. Como afirmou um economista de energia: "É politicamente difícil levar os preços de carbono a níveis que tenham efeito." Como resultado, formuladores de políticas têm se voltado ao uso de normas ambientais. Dois exemplos são os regulamentos da época da administração Obama: regras que limitam as emissões das novas usinas a carvão e a gás natural; e normas regulatórias que exigiam a duplicação da eficiência do combustível dos automóveis até 2025.

>> Revisão Rápida

- Os governos, com frequência, limitam a poluição com **normas ambientais**. Geralmente, tais normas são uma forma ineficiente de reduzir a poluição porque são inflexíveis.
- Os objetivos ambientais podem ser alcançados de duas formas eficientes: **impostos sobre emissões** e **licenças comercializáveis de emissões**. Esses métodos são eficientes porque são flexíveis, alocando mais redução da poluição para quem possa fazê-lo de forma mais barata. Eles também motivam os poluidores a adotar novas tecnologias de redução da poluição. Imposto sobre emissões é uma forma de **imposto pigouviano**. O imposto pigouviano ideal é igual ao custo social marginal da poluição na quantidade socialmente ótima de poluição.

>> Teste seu entendimento 16.2

As respostas estão no fim do livro.

1. Alguns opositores das licenças comercializáveis de emissões se opõem a elas com o argumento de que os poluidores que vendem suas licenças se beneficiam monetariamente de sua contribuição para poluir o meio ambiente. Avalie esse argumento.
2. Responda o seguinte:
   a. Por que um imposto sobre emissões menor ou maior que o custo social marginal em Q_{OPT} leva a um excedente total menor em comparação com o excedente total gerado se o imposto sobre emissões tivesse sido fixado de forma ideal?

b. Por que um sistema de licenças de emissões comercializáveis que fixa a quantidade total de poluição permitida acima ou abaixo do Q_{OPT} leva a um excedente total menor em comparação com o excedente total gerado se o número de licenças tivesse sido fixado de forma otimizada?

c. Como um imposto de carbono, que é um imposto sobre emissões de carbono, encorajaria os consumidores a utilizar mais fontes renováveis de energia?

A economia da mudança climática

Um acúmulo de gases de efeito estufa causados pelo uso de combustíveis fósseis levou a mudanças no clima da Terra, fenômeno conhecido como **mudança climática**.

Gases de efeito estufa são emissões de gases que retêm o calor na atmosfera da Terra.

É seguro dizer que um dos problemas mais desafiadores que o mundo enfrentará durante sua vida é a **mudança climática**. A ciência tem demonstrado de forma conclusiva que as emissões de *gases de efeito estufa* estão mudando o clima da Terra. Em escala global, os **gases de efeito estufa** retêm o calor na atmosfera da Terra, levando a padrões climáticos extremos em todo o mundo – secas, enchentes, temperaturas extremas, atividade destrutiva das tempestades e aumento do nível do mar. As mudanças climáticas infligem enormes custos e sofrimento à medida que colheitas fracassam, casas são arrastadas por enchentes, doenças tropicais se espalham, espécies animais se perdem e regiões se tornam inabitáveis. Além disso, a carga de tal ônus recairá mais fortemente sobre os países mais pobres, que têm menos recursos para lidar com a mudança.

Em 2018, um relatório científico de 13 agências federais advertiu que a mudança climática não mitigada poderia reduzir o PIB dos Estados Unidos em 10% até 2100. Um estudo estimou que 20% do PIB mundial seria perdido sob as mesmas condições. Economistas e cientistas reconhecem amplamente que o custo direto do consumo de combustíveis fósseis subestima muito o custo social. Em um estudo do Banco Mundial, os economistas ganhadores do Prêmio Nobel Joseph Stiglitz e Nicholas Stern estimaram que o verdadeiro custo ambiental das emissões de carbono varia de US$ 50 a US$ 100 por tonelada desde de 2017 e pode chegar a US$ 400 até 2050.

De acordo com observadores da indústria, a queda na demanda nacional de eletricidade causada pela pandemia de 2020 provavelmente acelerará o fechamento permanente de muitas usinas de carvão.

Causas da mudança climática

Combustíveis fósseis como o carvão e o petróleo são combustíveis derivados de fontes fósseis.

Fontes renováveis de energia, como a solar e a eólica, são fontes inesgotáveis de energia (ao contrário das fontes fósseis, que são esgotáveis).

Fontes de energia limpa são aquelas que não emitem gases de efeito estufa. Fontes de energia renovável também são fontes de energia limpa.

O aumento da temperatura da Terra começou na primeira metade do século XIX e se acelerou desde os anos 1980, como mostra a Figura 16.4. A fonte da grande maioria dos gases de efeito estufa é a atividade humana – especificamente, a queima de **combustíveis fósseis** tais como carvão, petróleo e gás natural, que são derivados de fontes fósseis e usados para gerar eletricidade ou para a propulsão de veículos. A queima de combustíveis fósseis libera carbono para a atmosfera, que se transforma em gases de efeito estufa. Enquanto os combustíveis fósseis são de suprimento limitado, as **fontes renováveis de energia** são inesgotáveis. Exemplos são a energia solar e a energia gerada pelo vento. Ao contrário dos combustíveis fósseis, as fontes renováveis são **fontes de energia limpa**, porque não emitem gases de efeito estufa.

Na última década, os subsídios governamentais, a regulamentação ambiental e a ameaça de impostos sobre emissões estimularam enormes investimentos em fontes de energia limpa, levando a reduções dramáticas nos custos das energias renováveis. Enquanto o carvão (o combustível fóssil mais poluente) já foi a fonte de energia preferida nos Estados Unidos, sendo responsável por quase 60% da geração de energia, as restrições ambientais e as inovações tecnológicas o tornaram mais caro do que o gás natural ou as energias renováveis. Em 2019, o uso do carvão como fonte de energia havia caído para 20%, taxa ainda menor do que a participação de 23% das energias renováveis. Na verdade, em muitos casos, os preços da energia solar em escala industrial e da energia eólica se tornaram ainda mais baratos do que a energia a gás natural de queima mais limpa, como mostra a Figura 16.5.

Figura 16.4 Anomalia global da temperatura média da superfície.

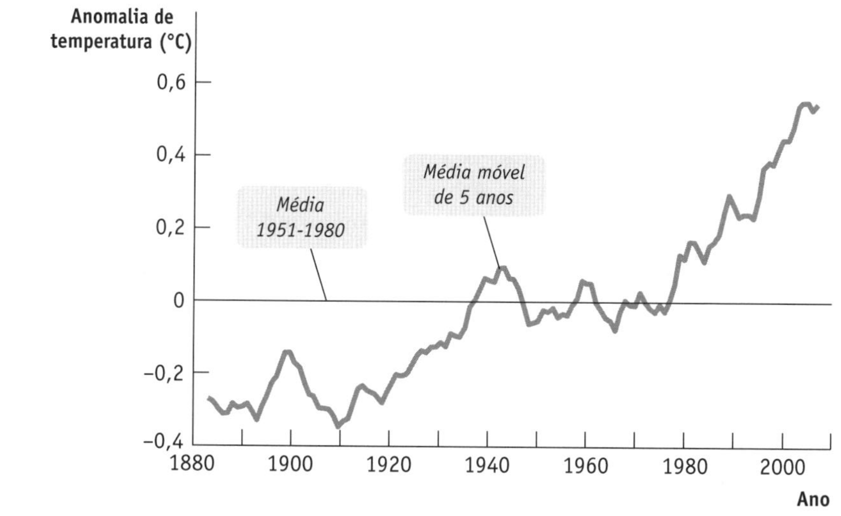

Dados de: NASA.

Figura 16.5 O custo médio da energia na América do Norte, 2009-2017.

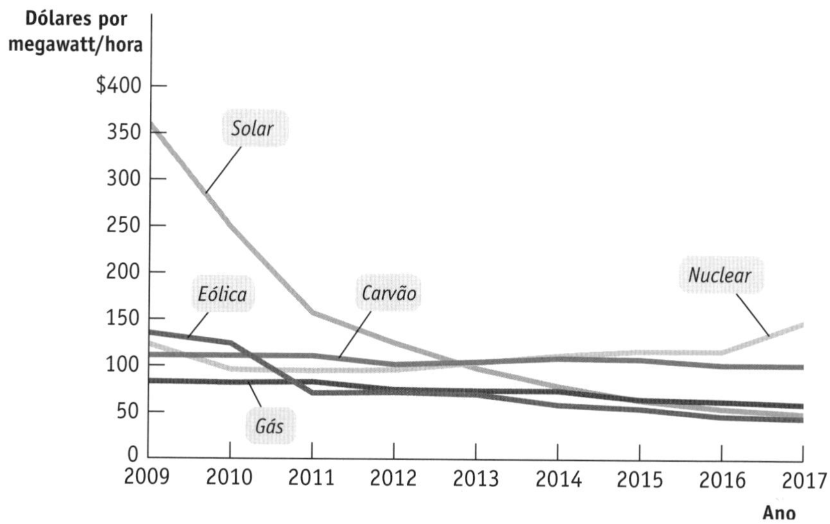

Dados de: Lazard's Levelized Cost of Energy Analysis.

Apesar de tais avanços, o consumo mundial de energia continua a depender esmagadoramente dos combustíveis fósseis. Em 2018, essas fontes representavam aproximadamente 85% do consumo total, enquanto as energias renováveis representavam apenas 10,8%. (A energia nuclear é responsável por diferença de aproximadamente 4%.) Por quê? Trata-se de dinheiro. Historicamente, os combustíveis fósseis têm sido uma fonte de energia mais barata do que as energias renováveis. Em grande parte do mundo, a energia é gerada por usinas elétricas envelhecidas que funcionam com carvão. Isso vale tanto na China quanto na Índia, onde 70% ou mais da eletricidade são geradas por carvão.

Políticas para enfrentar a mudança climática

No início deste capítulo, aprendemos sobre as políticas governamentais destinadas a atingir um nível eficiente de emissões de gases de efeito estufa. Elas incluíam regulamentos ou normas, impostos sobre emissões e sistemas de limitação e comércio (*cap and trade*).

Entretanto, a história tem mostrado que, para resolver um problema complexo e global de externalidade negativa como as emissões de gases de efeito estufa, são necessárias outras políticas. Aí se incluem tanto subsídios governamentais para pesquisa e desenvolvimento (P&D)[3] quanto acordos multilaterais.

Subsídios governamentais para P&D. Desde os anos 1980, o governo dos EUA tem fornecido bilhões de dólares em subsídios para P&D dedicados a diminuir o custo de fontes de energia limpa. Esses subsídios foram fundamentais para dar um pontapé inicial na inovação no setor de energia limpa, que se tornou cada vez mais competitivo em termos de custo com a indústria de combustíveis fósseis. De acordo com a agência nacional de informação sobre energia (*Energy Information Administration*), desde 2016 o governo federal gastou quase 7 bilhões de dólares em subsídios para energia renovável. Esses subsídios têm a vantagem de permitir que o governo incentive a inovação energética, ao mesmo tempo que evita a aplicação de impostos sobre os combustíveis fósseis ou sua regulamentação – ambas políticas menos populares que têm o potencial de provocar reação política negativa.

Acordos multilaterais. A maioria dos países não estaria inclinada a empreender políticas caras para reduzir as emissões de gases de efeito estufa se outros países se recusassem a fazer o mesmo. Para incentivar a cooperação, *acordos multilaterais* estabelecem objetivos comuns e alocam a partilha de encargos entre os países, aumentando significativamente as chances de sucesso no combate à mudança climática. Em 2015, 196 países se uniram sob o **Acordo de Paris**, comprometendo-se a reduzir as emissões de gases de efeito estufa, com o objetivo comum de limitar o aumento da temperatura da Terra a 2° centígrados, nível além do qual os efeitos da mudança climática são considerados catastróficos e irreversíveis. Outro exemplo de acordo multilateral bem-sucedido foi o *Protocolo de Montreal* de 1987. Ao estabelecer limites para a fabricação mundial de produtos químicos que afetam a camada de ozônio, esse acordo é creditado como a salvação da camada de ozônio, uma parte da atmosfera superior que protege a Terra dos efeitos nocivos da radiação ultravioleta proveniente do sol.

Acordo de Paris é um entendimento internacional de 196 países para reduzir suas emissões de gases de efeito estufa.

Incentivos para escolhas individuais. Os incentivos que visam escolhas individuais têm papel importante a desempenhar na abordagem da mudança climática. Por exemplo, por meio de medição inteligente, os indivíduos são motivados a conservar energia, uma forma rápida e econômica de reduzir os gases de efeito estufa. Impostos mais altos sobre a gasolina e maior disponibilidade de postos de carregamento podem motivar os motoristas a adotarem carros movidos a eletricidade. Os indivíduos também podem alterar particularmente suas escolhas, por exemplo, usando menos ar-condicionado, recorrendo ao transporte público ou comendo menos carne (uma fonte pesada de emissão de gases de efeito estufa).

Mitigação da mudança climática: custos e benefícios

A redução das emissões de gases de efeito estufa para níveis sustentáveis requer grande mudança estrutural na economia, que inevitavelmente afetará as taxas de crescimento e de consumo. Consequentemente, afirma-se que as tentativas de mitigar a mudança climática deveriam ser abandonadas, porque os custos para os consumidores são muito altos.

No entanto, esse argumento falha sob uma análise de custo-benefício. Em um exame das últimas evidências científicas, o Painel Intergovernamental sobre Mudanças Climáticas concluiu que o cumprimento das metas do Acordo de Paris

[3]N. R.: Atividades de pesquisa e desenvolvimento, normalmente referidas pela sigla P&D, são as atividades desenvolvidas pela empresa visando a criação e/ou comercialização de um novo produto. Também pode se referir às atividades voltadas para o desenvolvimento de novos processos de produção.

significaria diminuição do consumo global em 3-11%, até 2100, em comparação com o *status quo*. Mas esse número é uma perda bastante modesta, dado que a economia mundial continuará crescendo com uma taxa média de cerca de 3% nos últimos anos. E, como mencionado anteriormente, as perdas globais até 2100 com mudança climática descontrolada são estimadas em 20% do PIB.

Além disso, quando se levam em conta os custos diretos com saúde decorrentes da poluição do ar por combustíveis fósseis, as perdas em razão da mudança climática desenfreada sobem significativamente. A Organização Mundial da Saúde estima que 4,6 milhões de pessoas morrem anualmente por conta da poluição do ar causada pela queima de combustíveis fósseis.

Estima-se que quase 1,25 milhão de mortes "a mais" ocorra a cada ano na China, somente pelo ar contaminado por combustíveis fósseis. Avalia-se que os benefícios para a saúde da mudança para energia limpa cheguem a 5% do PIB global. Além disso, as estimativas dos custos de mitigação da mudança climática não incorporam a rápida queda dos preços das fontes de energia limpa à medida que a tecnologia avança.

Portanto, as alegações de que os custos de lidar com a mudança climática são muito altos não resistem a uma análise minuciosa. É por isso que, como a próxima Economia em Ação descreve, mais de 3.500 economistas defenderam um imposto de carbono para combater a mudança climática.

ECONOMIA >> *em Ação*

Mais de 3.500 economistas concordam: tributemos os gases de efeito estufa

Em 2019, 3.558 economistas de todo o espectro ideológico – 4 ex-presidentes do Federal Reserve System,[4] 27 ganhadores do Prêmio Nobel, 15 ex-presidentes do *Council of Economic Advisers*[5] e 2 ex-secretários do Departamento do Tesouro dos EUA – assinaram uma declaração conjunta pedindo um imposto sobre emissões de gases de efeito estufa para combater a mudança climática, com a receita do imposto a ser distribuída aos consumidores norte-americanos. Em suas palavras, "a mudança climática global é um problema sério que exige uma ação nacional imediata". Publicada no *Wall Street Journal*, foi a mais importante declaração pública de economistas da história.

De acordo com a declaração, um imposto sobre emissões é necessário para reduzi-las rapidamente e deve ser aumentado a cada ano até que se atinjam as metas de redução de emissões. Imposto, argumentam eles, é mais eficiente que regulamentos. Ao distribuir as receitas fiscais aos consumidores norte-americanos na forma de um "dividendo de carbono", eles também acreditam que esse sistema é politicamente mais viável e mais equitativo do que um sistema de *cap and trade*. Finalmente, argumentam que as importações do exterior também devem ser tributadas de acordo com seu verdadeiro custo ambiental, para que as empresas norte-americanas não sejam colocadas em desvantagem de custo em relação às empresas estrangeiras. Para a profissão de economista, foi uma demonstração indiscutível de apoio à validade da economia da mudança climática.

>> *Teste seu entendimento* 16.3

As respostas estão no fim do livro.

1. Quais são os tipos de combustíveis fósseis? Quais são as principais fontes de energia limpa? Quais são suas relações com a mudança climática?
2. Quais falhas do mercado levaram à mudança climática? Quais são as perdas estimadas para o PIB em razão de mudanças climáticas não mitigadas?

[4]N. R.: Sistema de bancos centrais dos Estados Unidos.
[5]N. R.: Gabinete de assessoria do presidente norte-americano em política econômica.

>> *Revisão Rápida*

- **Mudança climática** é o resultado da queima de combustíveis fósseis que liberam **gases de efeito estufa** na atmosfera. A mudança climática inflige enormes custos e sofrimento, especialmente aos habitantes dos países mais pobres. No âmbito das mudanças climáticas não mitigadas, um relatório federal estima perdas de até 10% do PIB dos EUA em 2100; outro estudo prevê perdas de até 20% do PIB mundial.
- Ao contrário dos combustíveis fósseis (carvão, petróleo e gás natural), as **fontes renováveis de energia**, como a solar e a eólica, são inesgotáveis. Elas são **fontes de energia limpa** porque não emitem gases de efeito estufa. Nos Estados Unidos, as restrições ambientais e os subsídios se combinaram para estimular a inovação em fontes de energia limpa, que agora são mais baratas do que os combustíveis fósseis em muitas aplicações.
- O consumo mundial de energia, atualmente, depende muito dos combustíveis fósseis, um legado do custo historicamente mais baixo dos combustíveis fósseis em comparação com os recursos de energia limpa. No entanto, economistas e cientistas estimam que o custo real das emissões de gases de efeito estufa é muito mais alto do que o preço atual de mercado.
- Além do conjunto padrão de ferramentas para atingir o nível eficiente de emissões de gases de efeito estufa (normas regulatórias, imposto sobre emissões ou sistema *cap and trade*), outras políticas podem ter importância crítica para lidar com a mudança climática. São subsídios governamentais a P&D em fontes de energia limpa; acordos multilaterais como o **Acordo de Paris**; e incentivos à escolha individual, particularmente a conservação de energia.
- Embora o enfrentamento da mudança climática exija uma mudança estrutural na economia, afastando-se dos combustíveis fósseis em direção a fontes de energia limpa, as alegações de que o enfrentamento da mudança climática é caro demais não se sustentam mediante uma análise de custo-benefício.

3. Por que os subsídios governamentais são uma ferramenta política importante para enfrentar a mudança climática? E os acordos multilaterais? E os incentivos à escolha individual?
4. Como você responderia ao argumento de que a mudança estrutural da economia necessária para enfrentar a mudança climática é muito cara?

A economia das externalidades positivas

Nova Jersey é o estado mais populoso dos Estados Unidos, situado ao longo do corredor nordeste, uma área de desenvolvimento quase contínuo que se estende da capital Washington até Boston. No entanto, um passeio de carro por Nova Jersey revela uma característica surpreendente: hectare sobre hectare de terras agrícolas, cultivando-se tudo, desde milho e abóboras até os famosos tomates de Jersey. Não se trata de acaso: a partir de 1961, os camponeses de Nova Jersey votaram em uma série de medidas que subsidiam os agricultores para preservar permanentemente suas terras agrícolas em vez de vendê-las a incorporadores. Até 2016, o programa *Green Acres*, administrado pelo estado, havia preservado mais de 275.000 hectares de espaço aberto.

Por que os cidadãos de Nova Jersey votaram por aumentar seus próprios impostos para subsidiar a preservação das terras agrícolas? Porque acreditam que as terras agrícolas preservadas em um estado já fortemente desenvolvido oferecem benefícios, tais como beleza natural, acesso a alimentos frescos e a conservação das populações de aves silvestres. Além disso, a preservação alivia externalidades negativas que vêm com mais desenvolvimento, tais como pressão nas estradas, abastecimento de água e serviços municipais – e, inevitavelmente, mais poluição. O *Trust for Public Land*[6] estimou que cada dólar investido em programas estatais de preservação de terras devolve 10 dólares em valor econômico, diminuindo a poluição local, melhorando o ambiente natural e reduzindo o risco de inundações. Não surpreendentemente, o valor médio das casas próximas aumentou 16%.

Nesta seção, vamos explorar o tópico das externalidades positivas. Elas são, em muitos aspectos, o espelho das externalidades negativas. Deixado por conta própria, o mercado produzirá muito pouco de um bem (nesse caso, terras agrícolas preservadas de Nova Jersey) que gera benefícios para os outros. Mas a sociedade como um todo fica melhor quando se adotam políticas que aumentam a oferta de tal bem.

Terra agrícola preservada: uma externalidade positiva

As terras agrícolas preservadas produzem tanto benefícios quanto custos para a sociedade. Na ausência de intervenção governamental, o agricultor que deseja vender sua terra incorre em todos os custos de preservação – a saber, o lucro perdido da venda da terra cultivada a um incorporador. Os benefícios da terra preservada, entretanto, não revertem para o agricultor, mas para os moradores vizinhos, que não têm o direito de influenciar a destinação da terra.

A Figura 16.6 ilustra o problema da sociedade. O custo social marginal das terras agrícolas preservadas, mostrado pela curva *MSC*, é o custo adicional imposto à sociedade por um hectare adicional de tais terras agrícolas. Isso representa os lucros perdidos que teriam sido obtidos pelos agricultores se eles tivessem vendido suas terras a incorporadores. A linha é inclinada para cima porque, quando muito poucos hectares são preservados e há muita terra disponível para incorporação, o lucro que poderia ser obtido com a venda de um hectare a um incorporador é pequeno. Mas, à medida que o número de hectares preservados aumenta e poucos são deixados para incorporação, a quantia que um incorporador se dispõe a pagar por eles também sobe, aumentando junto o lucro cessante.

[6]N. R.: Organização norte-americana sem fins lucrativos, criada em 1972 com a missão de criar parques e proteger áreas naturais no país.

Figura 16.6 Por que uma economia de mercado preserva tão poucas terras agrícolas?

Sem a intervenção do governo, a quantidade de terras agrícolas preservadas será zero, o nível em que o custo social marginal de preservação é zero. Trata-se de uma quantidade ineficientemente baixa de terras agrícolas preservadas: o benefício social marginal é de \$ 20.000, mas o custo social marginal é zero. Um subsídio pigouviano ótimo de \$ 10.000, o valor do benefício social marginal da preservação quando iguala o custo social marginal, pode mover o mercado para o nível socialmente ótimo de preservação, Q_{OPT}.

*Um acre equivale a 0,4 hectare.

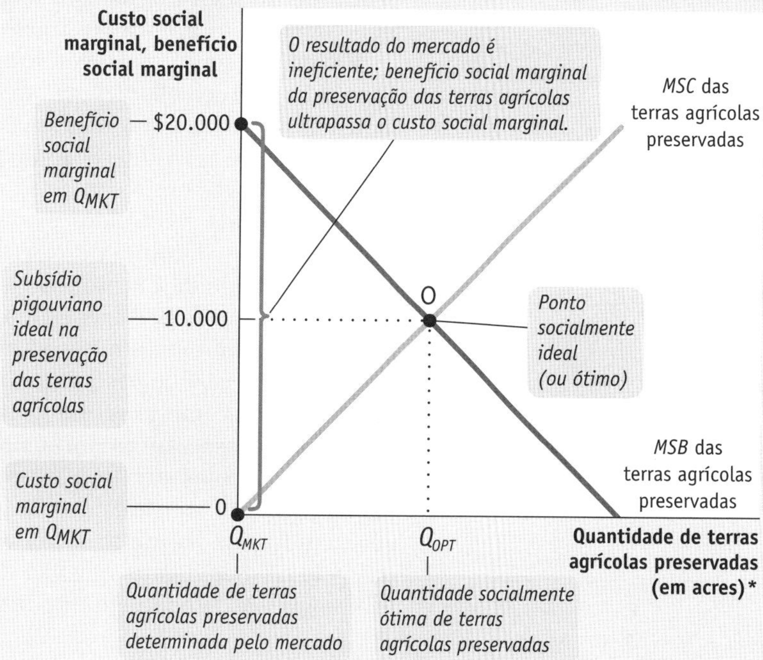

A curva *MSB* representa o benefício social marginal de terras agrícolas preservadas. É o benefício adicional que se acumula para a sociedade – nesse caso, os vizinhos do fazendeiro – quando um hectare adicional de terras agrícolas é preservado. A curva é inclinada para baixo porque, à medida que mais terras agrícolas são preservadas, o benefício para a sociedade da preservação de mais um hectare cai.

Como mostra a Figura 16.6, o ponto socialmente ótimo, *O*, ocorre quando o custo social marginal e o benefício social marginal são equalizados – aqui, ao preço de \$ 10.000 por acre (0,4 hectare). No ponto socialmente ótimo, os acres de Q_{OPT} de terras agrícolas são preservados.

O mercado, por si só, não fornecerá hectares Q_{OPT} de terras agrícolas preservadas. Em vez disso, no resultado do mercado, nenhum hectare será preservado; o nível de terra preservada, Q_{MKT}, é igual a zero. Isso porque os agricultores fixarão o custo social marginal da preservação – seus lucros perdidos – em zero e venderão todos os seus hectares aos desenvolvedores. Como os agricultores arcam com todo o custo de preservação, mas não obtêm nada de benefícios, uma quantidade ineficientemente baixa de hectares será preservada no resultado do mercado.

Isso é claramente ineficiente, porque a zero hectare preservado, o benefício social marginal de preservar um hectare de terra agrícola é de \$ 20.000. Então, como a economia pode ser induzida a produzir hectares de Q_{OPT} de terras agrícolas preservadas, o nível socialmente ótimo? A resposta é um **subsídio pigouviano**: um pagamento projetado para incentivar atividades que geram externalidades positivas. O subsídio pigouviano ótimo, como mostrado na Figura 16.6, é igual ao benefício social marginal de terras agrícolas preservadas no nível socialmente ótimo, Q_{OPT} – ou seja, \$ 10.000 por acre.

Subsídio pigouviano é um pagamento destinado a incentivar atividades que geram externalidades positivas.

Portanto, os eleitores de Nova Jersey estão de fato implementando a política correta para elevar seu bem-estar social – tributando a si mesmos a fim de fornecerem subsídios para a preservação de terras agrícolas.

Externalidades positivas na economia atual

Na economia geral dos EUA, a fonte mais importante de externalidades positivas é a criação de conhecimento. Em indústrias como programação, *design* de aplicativos, robótica, inteligência artificial, tecnologia verde e bioengenharia, as inovações de

Um **transbordamento tecnológico** (também chamado **propagação tecnológica**) é uma externalidade positiva que resulta quando o conhecimento se espalha entre indivíduos e empresas.

uma empresa são rapidamente imitadas e melhoradas por empresas rivais. Tal difusão de conhecimento entre indivíduos e empresas é conhecida como um **transbordamento tecnológico**. Na economia de hoje, as maiores fontes de difusão de tecnologia são as grandes universidades e institutos de pesquisa.

Em países tecnologicamente avançados, como Estados Unidos, Japão, Inglaterra, Alemanha, França e Israel, há um intercâmbio contínuo de pessoas e ideias entre indústrias privadas, grandes universidades e institutos de pesquisa localizados próximos entre si. A interação dinâmica que ocorre nesses *clusters*[7] de pesquisa estimula a inovação e a competição, os avanços teóricos e as aplicações práticas.

Um dos mais conhecidos e bem-sucedidos *clusters* de pesquisa é o Triângulo de Pesquisa na Carolina do Norte, fundado pela Duke University, nesse estado, e a Universidade da Carolina do Norte, várias outras universidades e hospitais e empresas como IBM, Pfizer e Qualcomm. No final das contas, as áreas de tecnologia de ponta aumentam a produtividade da economia e elevam o padrão de vida.

Mas os *clusters* de pesquisa não aparecem do nada. Exceto em alguns poucos casos em que as empresas financiaram pesquisas básicas de longo prazo, os *clusters* de pesquisa cresceram em torno das grandes universidades. E, como a preservação de terras agrícolas em Nova Jersey, as principais universidades e suas atividades de pesquisa são subsidiadas pelo governo. De fato, os formuladores de políticas governamentais há muito compreenderam que as externalidades positivas geradas pelo conhecimento, que vão desde a educação básica até a pesquisa em alta tecnologia, são fundamentais para o crescimento da economia ao longo do tempo.

ECONOMIA >> *em Ação*

A impecável lógica econômica dos programas de intervenção na primeira infância

Um dos problemas mais incômodos que qualquer sociedade enfrenta é como quebrar o que os pesquisadores chamam de *ciclo da pobreza*: crianças que crescem em circunstâncias socioeconômicas desfavoráveis têm muito mais probabilidade de permanecer presas na pobreza quando adultas, mesmo depois de considerarmos as diferenças de capacidade. Elas têm maior probabilidade de ficar desempregadas ou subempregadas, de se envolver em crimes e de sofrer problemas de saúde crônicos.

Os programas de intervenção na primeira infância oferecem esperança de quebrar o ciclo. Um estudo da Corporação RAND concluiu que programas de alta qualidade para a primeira infância que se concentram em educação e cuidados com a saúde geram vantagens sociais, intelectuais e financeiras significativas para crianças que, de outra forma, correriam o risco de abandonar o ensino médio e de se envolver em comportamentos criminosos. Crianças em programas como o Head Start[8] tinham menos probabilidade de se envolverem em comportamentos destrutivos e mais probabilidade de estarem empregadas e de ganharem salário alto no futuro.

Outro estudo, realizado por pesquisadores da Universidade de Pittsburgh, mediu os benefícios dos programas de intervenção precoce em termos monetários, encontrando de US$ 4 a US$ 7 em benefícios para cada dólar investido, enquanto um estudo da RAND colocou o valor em até US$ 17 por dólar investido. O estudo de Pittsburgh também apontou um programa cujos participantes, aos 20 anos de idade, tinham 26% mais probabilidade de concluir o ensino médio, 35% menos probabilidade de serem processados em varas de menores e 40% menos probabilidade de repetir de ano em comparação com indivíduos de origem socioeconômica semelhante que não frequentavam a pré-escola.

[7]N. R.: "*Cluster*" significa aglomeração. Um *cluster* de pesquisa científica e tecnológica é um aglomerado em determinado local de empresas, universidades e institutos de pesquisa.

[8]N. R.: Programa do governo norte-americano criado em 1965, que atualmente oferece apoio educacional e de saúde às crianças na primeira infância, e também estimula melhor convivência com os pais.

Os benefícios desses programas observados para a sociedade são tão grandes que a Brookings Institution prevê que fornecer educação pré-escolar de alta qualidade a cada criança norte-americana resultaria em um aumento no valor total da produção doméstica de um país (seu PIB) de quase 2%, representando mais 3 milhões de empregos.

>> *Teste seu entendimento* 16.4

As respostas estão no fim do livro.

1. Em 2019, o Departamento de Educação dos Estados Unidos gastou quase US$ 120 bilhões em ajuda aos estudantes universitários. Explique por que essa pode ser uma política ideal para incentivar a criação de conhecimento.

2. Em cada um dos casos seguintes, determine se é imposta uma externalidade negativa ou positiva e qual seria uma resposta política adequada.

a. As árvores plantadas em áreas urbanas melhoram a qualidade do ar e baixam as temperaturas no verão.

b. Banheiros que economizam água reduzem a necessidade de bombear água dos rios e aquíferos. O custo de um galão de água para os proprietários de casas é praticamente zero.

c. As bebidas engarrafadas são embaladas em plástico e não se decompõem quando descartadas. Como resultado, elas ocupam grandes quantidades de espaço de aterro sanitário ou devem ser queimadas, liberando poluentes.

>> *Revisão Rápida*

- Quando existem externalidades positivas, uma economia de mercado abandonada à própria sorte normalmente produzirá muito pouco do bem ou da atividade. A quantidade socialmente ótima do bem ou atividade pode ser alcançada por um **subsídio pigouviano** ótimo.
- O exemplo mais importante de externalidade positiva na economia é a criação de conhecimento por meio do **transbordamento tecnológico**.

|| Externalidades de rede

Como explicado no Capítulo 13, existe *externalidade de rede* quando o valor de um bem ou serviço aumenta à medida que aumenta o número de outras pessoas que também utilizam o bem ou serviço. Embora as externalidades de rede sejam comuns em termos de tecnologia e setores da economia orientados para a comunicação, o fenômeno é consideravelmente mais difundido do que isso.

Considere o caso de um carro. Você pode pensar que o valor de ter um carro não depende de quantos outros também têm carros, mas nos primórdios do consumismo automobilístico, certamente, dependia. Isso porque, quando existiam poucos carros, as oficinas eram poucas e distantes, e os governos locais tinham pouco ou nenhum incentivo para melhorar as estradas para torná-las dignas de carros. Entretanto, à medida que mais pessoas adquiriam carros, surgiram postos de gasolina e oficinas de reparos, e as estradas foram sendo melhoradas. Como resultado, a posse de um carro tornou-se ainda mais valiosa.

O que a externalidade de uma rede compartilha com externalidades positivas e negativas é um efeito externo: as ações de uma pessoa afetam os ganhos das ações de outra pessoa. Externalidades da rede desempenham papel fundamental tanto na economia quanto em uma série de controvérsias de política regulatória.

Benefícios externos de uma externalidade de rede

Podemos agora aprofundar nossa compreensão das externalidades de rede, observando que elas envolvem um benefício externo: a adoção de um bem ou serviço por uma pessoa estende um benefício externo a outra pessoa que também adota esse bem ou serviço. Como resultado, o benefício marginal do bem ou serviço para qualquer pessoa depende do número de outras pessoas que também o utilizam.

Embora as externalidades de rede mais comuns envolvam métodos de comunicação – internet, telefones celulares, mídia social etc. –, elas também estão frequentemente presentes no transporte. Por exemplo, o valor para um passageiro de determinado aeroporto aumenta à medida que mais passageiros utilizam esse aeroporto também, tornando mais linhas aéreas e mais destinos disponíveis a partir dele. Um *site* de comércio como o eBay é mais valioso para usar, seja em compras seja em vendas, quanto maior o número de outras pessoas que também usam esse *site*. Da mesma forma, muitos de nós valorizamos a atividade bancária com determinado banco em razão do número de caixas eletrônicos que ele possui, e ele terá mais caixas eletrônicos se tiver uma base de clientes maior.

O caso clássico de externalidades de rede na indústria de tecnologia surge dos sistemas operacionais de computador. A maioria dos computadores pessoais em todo o mundo funciona no Windows da Microsoft, não no sistema concorrente da Apple. Em 2019, quase seis novos PCs que rodam Windows foram vendidos para cada Apple Mac vendido. Por que o Windows domina os computadores pessoais? Há duas respostas para a pergunta, ambas envolvendo externalidades de rede. Primeiro, há um efeito direto: é mais fácil para um usuário Windows obter ajuda e conselhos de outros usuários Windows. Segundo, um efeito indireto: o domínio precoce do Windows atraiu mais desenvolvedores de *software*, portanto, foram desenvolvidos mais programas para rodar no Windows do que em um sistema concorrente. (Esse segundo efeito desapareceu em grande parte agora, mas foi importante nos primeiros tempos para tornar os PCs dominantes.)

Um bem está sujeito a ***feedback* positivo** quando o sucesso gera maior sucesso e o fracasso gera mais fracasso.

Quando uma externalidade de rede surge do uso de um bem ou serviço, ela produz ***feedback* positivo**, também conhecido como um *comportamento de "manada*: se um grande número de pessoas usa o bem, outras pessoas se tornam mais propensas a usá-lo também. E se menos pessoas usam o bem ou serviço, outras pessoas tornam-se menos propensas a usá-lo também. Isso leva ao problema da galinha e do ovo: se o valor de uma pessoa depende de outra pessoa também usar o bem, como você consegue que alguém compre o bem em primeiro lugar?

Não surpreende que os produtores de bens e serviços com externalidades de rede estejam cientes desse problema. Eles entendem que, de dois produtos concorrentes, aquele com a maior rede – não necessariamente aquele que é o melhor produto – acabará vencendo. O produto com a maior rede continuará a crescer e a dominar o mercado, enquanto seu rival irá encolher e finalmente desaparecer.

Uma forma importante de ganhar vantagem nos estágios iniciais de um mercado com externalidades de rede é vender o produto a preço baixo, talvez com prejuízo, a fim de aumentar o tamanho da rede de usuários. Por exemplo, a Skype, primeira empresa de chamadas pela internet de grande sucesso, permite chamadas gratuitas somente entre os membros. Isso constrói a rede de usuários do Skype, que então pagarão pelo uso do Skype para ligar para um contato que não seja do Skype ou para chamar um telefone fixo. Hoje em dia, o Skype é muito utilizado para chamadas internacionais. Empresas mais novas, como WhatsApp e Snapchat, também aumentam o tamanho de sua rede ao permitirem a interação livre entre os membros, tornando-lhes possível gerar mais receita com a venda de anúncios e dados de usuários. E, como explicamos a seguir em Economia em Ação, o fato de todos os navegadores da *web* – incluindo Internet Explorer, Chrome e Firefox – serem gratuitos para *download* é um legado da estratégia inicial da Microsoft de fornecer Internet Explorer gratuito em seus computadores, a fim de fortalecer seu domínio do sistema operacional Windows.

As externalidades da rede apresentam desafios especiais para reguladores antitruste, porque as leis antitruste não proíbem, estritamente falando, o monopólio. Na verdade, elas apenas proíbem a *monopolização* – esforços para criar um monopólio. Se, por acaso, você acabar dominando uma indústria, tudo bem, mas se você adotar ações destinadas a afastar a concorrência, isso não está bem. Portanto, poderíamos argumentar que os monopólios em bens com externalidades de rede, já que ocorrem naturalmente, não deveriam suscitar problemas legais.

Infelizmente, não é tão simples assim. As empresas que investem em novas tecnologias estão claramente tentando estabelecer posições de monopólio. Além disso, diante de um *feedback* positivo, as empresas têm incentivo para se engajar em estratégias agressivas de imposição dos seus produtos a fim de aumentar o tamanho de sua rede e inclinar o mercado a seu favor. Então, qual é a linha divisória entre ações legais e ilegais? No caso antitruste da Microsoft, descrito a seguir no quadro Economia em Ação, economistas razoáveis e especialistas legais discordaram fortemente quanto à empresa ter ou não infringido a lei.

ECONOMIA >> *em Ação*

O caso Microsoft

O termo de compromisso[9] assinado entre a Microsoft e um tribunal federal dos EUA proibindo certas práticas comerciais expirou em 2011, marcando o fim de uma era para a empresa. A partir de 1998, o Departamento Federal de Justiça, assim como 20 estados e o Distrito de Columbia, processaram a Microsoft, alegando práticas predatórias contra concorrentes para proteger a posição de monopólio detida por seu sistema operacional Windows.

Na época, a Microsoft era, por qualquer definição razoável, um monopólio, já que praticamente todos os computadores pessoais no final dos anos 1990 funcionavam com Windows. E a principal característica que apoiava essa dominação era uma externalidade de rede: as pessoas usavam Windows porque outras pessoas usavam Windows.

Apesar da insistência de alguns economistas, o Departamento de Justiça não desafiou o monopólio Windows em si, pois a maioria dos especialistas concordou que o monopólio era o resultado natural de uma indústria com externalidades de rede. O que os advogados do Departamento de Justiça afirmaram, entretanto, foi que a Microsoft havia usado a posição de monopólio de seu sistema operacional Windows para dar a seus outros produtos uma vantagem injusta sobre os concorrentes.

Por exemplo, alegou-se que, ao agregar o Internet Explorer gratuitamente como parte do Windows, a Microsoft tinha conseguido uma vantagem injusta sobre o navegador de rede rival Netscape, porque impedia a Netscape de cobrar dos clientes por seu uso.

O Departamento de Justiça argumentou que isso era prejudicial porque desencorajava a inovação: inovadores potenciais de *software* não se dispunham a investir grandes somas por medo de que a Microsoft agregasse *software* equivalente gratuitamente com o Windows. A Microsoft, por sua vez, argumentou que, ao estabelecer o precedente de que as empresas seriam punidas pelo sucesso, o governo era o verdadeiro oponente da inovação.

Após muitos anos de disputas legais, o termo de compromisso foi assinado em 2002, o que impediu a Microsoft de excluir rivais de seus computadores e forçou a empresa a tornar o Windows perfeitamente interoperável com *software* de outras empresas. Isso eliminou qualquer vantagem que a Microsoft tinha com a inclusão gratuita de seus próprios programas no pacote Windows.

Embora o caso contra a Microsoft tenha consumido muitas dezenas de milhões de dólares em custos legais e seja considerado um dos casos antitruste mais significativos de sua geração, seus efeitos a longo prazo são debatidos calorosamente. Alguns dizem que o caso, essencialmente, não teve efeito, uma vez que a tecnologia de ponta mudou para dispositivos móveis como *smartphones* e *tablets*, deixando a Microsoft e seus negócios centrados no PC para trás. Outros argumentam que, embora o caso possa não ter amortecido a inovação geral como a Microsoft alegava, ele mudou a cultura da própria Microsoft, tornando-a mais cautelosa e, portanto, incapaz de explorar e capitalizar as novas tendências tecnológicas.

Dois efeitos, no entanto, são indiscutíveis. Por causa do exemplo da Microsoft, os produtos com externalidades de rede têm frequentemente um preço com prejuízo

[9]N. R.: O termo de compromisso, nos Estados Unidos (*consent decree* em inglês), não implica reconhecimento de culpa por parte da empresa.

ou até mesmo zero – como no caso dos navegadores *web* atuais, Chrome e Firefox, que estão disponíveis gratuitamente. Em segundo lugar, empresas de tecnologia rivais agora acusam rotineiramente umas às outras de comportamento predatório que explora vantagem de externalidade de rede – como ocorre nas acusações da Microsoft contra o Google por sua vantagem no mercado de mecanismos de busca.

>> *Revisão Rápida*

- Uma *externalidade de rede* está presente quando o valor de um bem ou serviço aumenta à medida que aumenta o número de outras pessoas que utilizam esse bem ou serviço. Externalidades da rede são predominantes nas indústrias de comunicações, transporte e alta tecnologia.
- Mercadorias com externalidades de rede apresentam ***feedback* positivo**: o sucesso gera mais sucesso, o fracasso gera mais fracasso. O bem com a maior rede acaba dominando o mercado, e os bens rivais desaparecem. Como resultado, nos estágios iniciais do mercado, as empresas têm incentivo para tomar ações agressivas, como a redução do preço abaixo do custo de produção, para ampliar o tamanho da rede de seus bens.
- Mercadorias com externalidades de rede apresentam problemas especiais para os reguladores antitruste porque tendem ao monopólio. Pode ser difícil distinguir o que é crescimento natural da rede e o que é um esforço ilegal de monopolização por parte do produtor.

>> *Teste seu entendimento* 16.5

As respostas estão no fim do livro.

1. Para cada uma das seguintes mercadorias, explique a natureza da externalidade de rede presente.
   a. Aparelhos que utilizam determinada tensão, como 110 volts *versus* 220 volts
   b. Papel de 21 por 29,7 centímetros *versus* papel de 14,8 por 21 centímetros
2. Suponha que haja duas empresas concorrentes em um setor que tem externalidades de rede. Explique por que é provável que a empresa capaz de suportar as maiores perdas iniciais acabará dominando o mercado.

CASO EMPRESARIAL

Xcel Energy vai em busca de uma vitória

Historicamente, as energias renováveis são mais caras que os combustíveis fósseis, e os subsídios federais à indústria de energia renovável têm sido essenciais para reduzir os custos para os consumidores, bem como para financiar a inovação. No entanto, ao longo dos anos, esses subsídios vêm correndo risco. Por exemplo, de 2012 a 2013, a capacidade eólica recém-instalada despencou 93% após o fim dos subsídios federais. Em 2014 e 2015, a capacidade eólica foi reavivada quando se restauraram esses subsídios. Mas, em 2017, surgiu um novo padrão: quando os subsídios federais para energia renovável entraram novamente em risco enquanto o Congresso debatia se deveria reduzi-los, a porcentagem da capacidade de energia elétrica recém-instalada representada pelas fontes renováveis caiu apenas modestamente – de quase 50% em 2017 para 48% em 2018. Em 2020, o futuro dos subsídios estava novamente obscuro: sem a ação do Congresso, eles expirariam em grande parte no final de 2021. Entretanto, até 2020, as energias renováveis deveriam responder por 78% da capacidade de energia elétrica recém-instalada. Será que a ameaça de acabar com os subsídios irá estagnar sua ascensão meteórica?

Benjamin Fowke, CEO da Xcel Energy do Colorado, não pensa assim e não se deixa intimidar. Ele é formado em finanças e contabilidade, então é seguro dizer que ele não é um sonhador com óculos cor-de-rosa. A Xcel Energy anunciou que, em todo o sistema de oito estados, 60% de sua energia será gerada por energias renováveis e suas emissões de carbono serão reduzidas em 80% até 2030.

Fowke está posicionando a Xcel Energy para aproveitar a *curva de aprendizado* associada ao custo da energia renovável. O termo é usado para descrever a queda dramática de custos muitas vezes alcançada depois que uma nova tecnologia é introduzida. A adoção da nova tecnologia se difunde porque cientistas, inovadores e fabricantes aperfeiçoam a sua utilização. Um ciclo virtuoso é gerado à medida que os custos caem e a adoção da nova tecnologia aumenta, estimulando mais investimentos e mais reduções nos custos.

Um exemplo é a energia solar: o preço para os consumidores de um watt de energia solar caiu mais de 75% desde 1998. A curva de aprendizado tem sido mais acentuada na última década, com os preços da energia solar caindo 60%. No caso da energia eólica, os preços caíram mais de 90% desde 1980.

De acordo com Fowke, agora é mais barato construir novas turbinas eólicas do que operar suas usinas de carvão existentes de menor custo. Por exemplo, em 2017 a Xcel comprou energia eólica ao custo de US$ 15 a US$ 20 por megawatt/hora, comparado ao custo de US$ 25 a US$ 35 para energia gerada a gás natural, a principal fonte de energia competindo com as fontes renováveis.

Sem surpresa, a concorrência com os produtores convencionais de combustíveis fósseis encoraja as indústrias solar e eólica a tentar, juntamente com os produtores de outras energias renováveis, continuar melhorando seus produtos e preços para ficar à frente da concorrência.

QUESTÕES PARA PENSAR

1. Explique como os subsídios afetam a adoção futura de uma nova tecnologia que está sujeita a efeitos de curva de aprendizado íngreme. Relacione isso com o papel da intervenção governamental quando há externalidades.
2. Fowke está certo ou errado em persistir na adoção de energias renováveis quando os subsídios federais estão sob ameaça? Analise a decisão de investimento que um CEO como Fowke deve tomar ao decidir se e quando investir mais capacidade em energias renováveis em vez de fontes de combustíveis fósseis.
3. Como esse caso ilustra a forma como as empresas e o governo podem trabalhar juntos em uma economia de mercado?

RESUMO

1. Quando a poluição pode ser diretamente observada e controlada, as políticas governamentais devem ser orientadas diretamente para produzir **quantidade socialmente ótima de poluição**, a quantidade em que o **custo social marginal da poluição** é igual ao **benefício social marginal da poluição**. Na ausência de intervenção governamental, um mercado produz muita poluição porque os poluidores levam em conta apenas o benefício da poluição, e não os custos impostos a outros.

2. Os custos da poluição para a sociedade são um exemplo de **custo externo**; em alguns casos, porém, atividades econômicas produzem **benefícios externos**. Custos e benefícios externos são conhecidos conjuntamente como **externalidades**, sendo os custos externos chamados de **externalidades negativas** e benefícios externos chamados de **externalidades positivas**.

3. De acordo com o **teorema de Coase**, os indivíduos podem encontrar uma forma de **internalizar a externalidade**, tornando desnecessária a intervenção governamental, desde que os **custos de transação** – os custos de fazer um acordo – sejam suficientemente baixos. Entretanto, em muitos casos, os custos de transação são altos demais para permitir tais acordos.

4. Governos frequentemente lidam com a poluição impondo **normas ambientais**, método que, argumentam os economistas, geralmente é uma forma ineficiente de reduzir a poluição. Dois métodos eficientes (que minimizam os custos) para reduzir a poluição são os **impostos sobre emissões**, uma forma de **imposto pigouviano**, e as **licenças comercializáveis de emissões**. O imposto pigouviano ideal sobre a poluição é igual ao seu custo social marginal na quantidade socialmente ótima de poluição. Esses métodos também fornecem incentivos para criação e adoção de tecnologias de produção que causam menos poluição.

5. Um histórico de forte dependência de **combustíveis fósseis** que emitem **gases de efeito estufa** tem levado a problemas criados pelas **mudanças climáticas**. Ao contrário dos combustíveis fósseis, as **fontes renováveis de energia** são inesgotáveis. Políticas como impostos, créditos fiscais, subsídios e normas regulatórias, assim como o uso de medidores inteligentes pelos consumidores e compromissos industriais por parte das empresas podem ajudar a garantir uma mudança em larga escala para **fontes de energia limpa**. Acordos multilaterais, como o **Acordo de Paris**, comprometem muitos países com objetivos comuns e alocam a partilha de encargos entre países para enfrentar a mudança climática.

6. Quando um bem ou atividade produz externalidades positivas, tais como o **transbordamento tecnológico**, então um **subsídio pigouviano** ótimo para os produtores move o mercado para a quantidade socialmente ótima de produção.

7. Comunicações, transporte e bens de alta tecnologia encontram-se frequentemente sujeitos a *externalidades de rede*, que surgem quando o valor de um bem ou serviço aumenta à medida que aumenta o número de outras pessoas que utilizam o bem ou serviço. Tais bens estão sujeitos a ***feedback* positivo**: se um grande número de pessoas compra o bem, outras pessoas também ficam mais propensas a comprá-lo. Assim, o sucesso gera mais sucesso e o fracasso gera mais fracasso: o bem com a rede maior acabará dominando e os bens rivais desaparecerão. Como resultado, os produtores têm incentivo para tomar medidas agressivas nas fases iniciais do mercado de modo a aumentar o tamanho de sua rede. Mercados com externalidades de rede tendem a ser monopólios. Eles são especialmente desafiadores para os reguladores antitruste, porque pode ser difícil de fazer a diferenciação entre a progressão natural da externalidade da rede e os esforços de monopolização ilegal dos produtores.

PALAVRAS-CHAVE

Acordo de Paris, p. 480
Benefício externo, p. 466
Benefício social marginal da poluição, p. 467
Combustíveis fósseis, p. 478
Custo externo, p. 466
Custo social marginal da poluição, p. 467
Custos de transação, p. 470
Externalidades, p. 466
Externalidades negativas, p. 466
Externalidades positivas, p. 466
Feedback positivo, p. 486
Fontes de energia limpa, p. 478
Fontes renováveis de energia, p. 478
Gases de efeito estufa, p. 478
Imposto pigouviano, p. 473
Imposto sobre emissões, p. 472
Internalizar a externalidade, p. 470
Licenças comercializáveis de emissões, p. 474
Mudança climática, p. 478
Normas ambientais, p. 472
Quantidade socialmente ótima de poluição, p. 468
Subsídio pigouviano, p. 483
Teorema de Coase, p. 470
Transbordamento tecnológico, p. 484

QUESTÕES PARA PENSAR

1. Reclinar ou não reclinar? No início de 2020, um passageiro de um voo da American Airlines foi pego em vídeo dando socos contínuos no encosto do assento à sua frente, no qual outro passageiro sentou-se na posição reclinada. O vídeo se tornou viral e provocou um debate sobre se os passageiros devem reclinar seus assentos. Quem tem direito aos cinco centímetros de espaço diretamente atrás do assento do avião? Usando o teorema de Coase, recomende um método que possa fornecer solução eficiente para esse problema.

2. O Projeto Carbono Global reúne a comunidade científica internacional para "estabelecer uma base de conhecimento comum e mutuamente consensual para apoiar o debate político e as ações para desacelerar e, em última instância, deter o aumento dos gases de efeito estufa na atmosfera". Acesse seu *site* – Global Carbon Atlas, www.globalcarbonatlas.org – e encontre o mapa de dados selecionando a aba "Emissions" (Emissões) no topo da página. O mapa padrão apresentará $MtCO_2$ (toneladas métricas de CO_2) por país. Quais países produziram mais emissões de carbono? O que você observa sobre os países que produzem mais emissões de carbono? Em seguida, na barra de ferramentas à esquerda, mude as unidades para tCO_2 (total de CO_2) por pessoa. O que você observa sobre a disparidade entre os países? O que aconteceu com os países de altas emissões que você identificou anteriormente?

PROBLEMAS

1. Que tipo de externalidade (positiva ou negativa) está presente em cada um dos exemplos a seguir? O benefício social marginal da atividade é maior ou igual ao benefício marginal para o indivíduo? O custo social marginal da atividade é maior ou igual ao custo marginal para o indivíduo? Sem intervenção, haverá pouca ou muita quantidade (em relação ao que seria socialmente ótimo) dessa atividade?
   a. O Sr. Chau planta muitas flores coloridas em seu quintal.
   b. Seu vizinho do lado gosta de fazer fogueiras no quintal, e as fagulhas muitas vezes se acumulam em sua casa.
   c. Maija, que vive ao lado de um pomar de maçãs, decide criar abelhas para produzir mel.
   d. Justine compra um grande SUV que consome muita gasolina.
2. Muitos produtores de leite na Califórnia estão adotando uma nova tecnologia que lhes permite produzir sua própria eletricidade a partir de gás metano capturado de dejetos de animais. (Uma vaca pode produzir até 2 quilowatts por dia.) Essa prática reduz a quantidade de gás metano liberado na atmosfera. Além de reduzir suas próprias contas de serviços públicos, os fazendeiros podem vender qualquer eletricidade que produzam a taxas favoráveis.
   a. Explique como a capacidade de ganhar dinheiro com captura e transformação do gás metano se comporta como um imposto pigouviano sobre a poluição por metano e pode levar os produtores de leite a emitir a quantidade eficiente de poluição por metano.
   b. Suponha que alguns produtores de leite tenham custos mais baixos de transformação de metano em eletricidade do que outros. Explique como esse sistema de captura e venda de gás metano leva a uma alocação eficiente da redução de emissões entre os fazendeiros.
3. Os programas ambientais voluntários foram extremamente populares nos Estados Unidos, Europa e Japão nos anos 1990. Parte de sua popularidade deriva do fato de que tais programas não exigem autorização legislativa, o que muitas vezes é difícil de obter. O programa 33/50, iniciado pela Agência de Proteção Ambiental (EPA), é um exemplo de programa desse tipo. Com esse programa, a EPA tentou reduzir as emissões industriais de 17 produtos químicos tóxicos, fornecendo informações sobre métodos relativamente baratos de controle da poluição. As empresas foram convidadas a assumirem compromisso voluntário de reduzir as emissões de seus níveis de 1988 em 33% até 1992 e em 50% até 1995. O programa realmente atingiu sua segunda meta até 1994.
   a. Como na Figura 16.3, trace curvas de benefício marginal para a poluição gerada por duas fábricas, A e B, em 1988. Suponha que, sem a intervenção do governo, cada fábrica emite a mesma quantidade de poluição, mas que, em todos os níveis de poluição menores do que essa quantidade, o benefício marginal de poluição da fábrica A é menor do que o da fábrica B. Rotule o eixo vertical "Benefício marginal para o poluidor individual" e o eixo horizontal "Quantidade de emissões de poluição". Marque a quantidade de poluição que cada unidade produz sem ação governamental.
   b. Você espera que a quantidade total de poluição antes da implementação do programa tenha sido menor ou maior do que a quantidade ideal de poluição? Por quê?
   c. Suponha que as fábricas cujas curvas de benefício marginal você descreveu na parte *a* fossem participantes do programa 33/50. Em uma réplica de seu gráfico da parte *a*, marque os níveis de meta de poluição em 1995 para as duas fábricas. Qual fábrica precisou reduzir mais as emissões? Essa solução foi necessariamente eficiente?
   d. Com que tipo de política ambiental o programa 33/50 se assemelha mais? Qual é a principal lacuna de tal política? Compare com dois outros tipos de políticas ambientais discutidos neste capítulo.
4. De acordo com um relatório do Escritório do Censo dos Estados Unidos, "a média de ganhos [ao longo da vida] de um trabalhador em tempo integral, durante todo o ano, com educação secundária, é de cerca de US$ 1,2 milhão em comparação com US$ 2,1 milhões para um trabalhador com curso superior". Isso indica que há benefício considerável para um recém-formado em investir em sua própria educação. A matrícula na maioria das universidades estaduais cobre apenas cerca de dois terços a três quartos do custo, portanto o Estado aplica um subsídio pigouviano à educação universitária.

   Se um subsídio pigouviano é apropriado, a externalidade criada pela educação universitária é positiva ou negativa? O que isto implica sobre as diferenças entre os custos e benefícios que se acumulam privadamente para os estudantes em comparação com os custos e benefícios sociais? Dê algumas razões para as diferenças.
5. A cidade de Falls Church, Virgínia, subsidia o plantio de árvores nos jardins de frente dos proprietários quando os jardins estão a menos de 4,5 metros da rua.
   a. Usando conceitos do capítulo, explique por que um município subsidiaria o plantio de árvores em propriedade privada, mas perto da rua.

b. Desenhe um diagrama semelhante ao da Figura 16.4 mostrando o benefício social marginal, o custo social marginal e o subsídio pigouviano ideal para o plantio de árvores.

6. A pesca de peixe-carvão tinha sido tão intensa que ele estava ameaçado de extinção. Após vários anos de proibição dessa pesca, o governo propõe agora a introdução de *vouchers* comercializáveis, cada um dos quais dá direito a um pescado de determinado tamanho. Explique como a pesca descontrolada gera uma externalidade negativa e como o esquema de *vouchers* pode superar a ineficiência criada por essa externalidade.

7. As duas empresas de limpeza a seco em Collegetown, College Cleaners e Big Green Cleaners, são uma das principais fontes de poluição do ar. Juntas, elas produzem atualmente 350 unidades de poluição do ar, que a cidade quer reduzir para 200 unidades. A tabela a seguir mostra o nível atual de poluição produzido por cada empresa e o custo marginal de cada empresa para reduzir sua poluição. O custo marginal é constante.

Empresas	Níveis iniciais de poluição (unidades)	Custo marginal da redução da poluição (por unidade)
College Cleaners	230	$ 5
Big Green Cleaners	120	$ 2

a. Suponha que Collegetown aprove uma lei ambiental que limita cada empresa a 100 unidades de poluição. Qual seria o custo total, para cada uma das empresas, de reduzir suas emissões de poluição para 100 unidades?

Suponha, em vez disso, que Collegetown emita 100 *vouchers* de poluição para cada empresa, cada um dando à empresa direito a uma unidade de poluição, e que esses *vouchers* possam ser negociados.

b. Quanto vale cada *voucher* de poluição para a College Cleaners? E para a Big Green Cleaners? (Ou seja, quanto cada empresa, no máximo, estaria disposta a pagar por mais um *voucher*?)

c. Quem venderá os *vouchers* e quem os comprará? Quantos *vouchers* serão negociados?

d. Qual é o custo total para as duas empresas dos controles de poluição sob esse sistema de *vouchers*?

8. a. EAuction e EMarketplace são dois *sites* de leilões concorrentes na internet, onde compradores e vendedores transacionam mercadorias. Cada *site* de leilão ganha dinheiro cobrando dos vendedores pela listagem de suas mercadorias. A EAuction decidiu eliminar as taxas para a primeira transação para os vendedores que são novos em seu *site*. Explique por que esta provavelmente será uma boa estratégia para a EAuction em sua concorrência com a EMarketplace.

b. A EMarketplace reclamou ao Departamento de Justiça que a prática da EAuction de eliminar taxas para novos vendedores era anticompetitiva e levaria à monopolização da indústria de leilões pela internet. A EMarketplace está correta? Como o Departamento de Justiça deve responder?

c. A EAuction parou sua prática de eliminar as taxas para novos vendedores. Mas, como prestava um serviço técnico muito melhor do que sua rival, a EMarketplace, os compradores e vendedores passaram a preferir a EAuction. Eventualmente, a EMarketplace fechou, deixando a EAuction como monopolista. O Departamento de Justiça deveria intervir para dividir a EAuction em duas empresas? Explique.

d. A EAuction é agora uma monopolista na indústria de leilões pela internet. Ela também possui um *site* que lida com pagamentos pela internet, chamado PayForIt. Está competindo com outro *site* de pagamentos *on-line*, chamado PayBuddy. A EAuction agora estipulou que qualquer transação em seu *site* de leilão deve usar PayForIt, em vez de PayBuddy, para o pagamento. O Departamento de Justiça deve intervir? Explique.

9. Quais dos seguintes exemplos são caracterizados por externalidades de rede? Quais não são? Explique.

a. A escolha entre instalar 110 volts de corrente elétrica em construções em vez de 220 volts

b. A escolha entre comprar um Toyota e um Ford

c. A escolha de uma impressora, sendo que cada impressora requer seu próprio tipo específico de cartucho de tinta

d. A escolha entre comprar um iPad Air e um iPad Mini.

RESOLVA

10. A música alta que vem da república ao lado de seu dormitório é uma externalidade negativa que pode ser diretamente quantificada. A tabela a seguir mostra o benefício social marginal e o custo social marginal por decibel (dB, uma medida de volume) de música.

a. Desenhe a curva do benefício social marginal e a curva do custo social marginal. Use seu diagrama para determinar o volume socialmente ótimo de música.

b. Somente os membros da república se beneficiam da música, e não arcam com nenhum custo. Que volume de música eles escolherão?

c. A faculdade impõe uma taxa pigouviana de $ 3 por decibel de música tocada. A partir de seu diagrama, determine o volume de música que a irmandade irá escolher agora.

Volume da música (dB)	Benefício social marginal do dB	Custo social (dB) marginal do dB
90		
	$36	$0
91		
	30	2
92		
	24	4
93		
	18	6
94		
	12	8
95		
	6	10
96		
	0	12
97		

17 Bens Públicos e Recursos Comuns

O GRANDE FEDOR

EM MEADOS DO SÉCULO XIX, Londres havia se tornado a maior cidade do mundo, com cerca de 2,5 milhões de habitantes. Infelizmente, todas essas pessoas produziam muito lixo e não havia outro lugar para jogar toda a sujeira exceto o Tâmisa, rio que atravessa a cidade. Alguém que tivesse o nariz em condições normais não podia ignorar os efeitos. O rio não só cheirava mal, ele carregava doenças transmitidas pela água, como cólera e tifo. Os bairros de Londres perto do Tâmisa tinham taxas de mortalidade por cólera mais de seis vezes superiores aos bairros mais distantes. E a grande maioria dos londrinos tirava a água para seu uso doméstico do Tâmisa.

O que a cidade precisava, segundo os reformadores, era de um sistema de esgotos que levasse os resíduos para longe do rio. Mas nenhum indivíduo particular estava disposto a construir tal sistema, e pessoas influentes eram contrárias à ideia de que o governo devia assumir a responsabilidade pelo problema.

Porém, o calor muito forte do verão de 1858 trouxe o que se tornou conhecido como Grande Fedor, que foi grave a ponto de uma publicação médica relatar que "homens chegavam a desmaiar com o mau cheiro". Até os privilegiados e poderosos sofreram: o Parlamento se reunia em um edifício ao lado do rio. Depois de tentar sem resultado impedir o cheiro, cobrindo as janelas com cortinas ensopadas de produtos químicos, o Parlamento finalmente aprovou um plano para um imenso sistema de canalização e estações de bombeamento que direcionasse o esgoto para longe da cidade.

O sistema, inaugurado em 1865, trouxe uma melhoria drástica para a qualidade de vida na cidade; as epidemias de cólera e tifo, que tinham sido ocorrências regulares até então, desapareceram completamente. O Tâmisa foi transformado de rio metropolitano mais sujo do mundo em mais limpo do planeta, e o engenheiro principal do sistema de esgotos, o nobre Joseph Bazalgette, foi elogiado por ter, sozinho, "salvado mais vidas que qualquer funcionário público da era vitoriana". Estimou-se na época que o sistema de esgotos de Bazalgette acrescentou 20 anos em média à expectativa de vida dos londrinos.

A história do Grande Fedor e da resposta de política pública que se seguiu ilustra duas razões importantes para a intervenção governamental na economia. O novo sistema de esgotos de Londres era um exemplo claro de *bem público*, um bem que beneficia muitas pessoas, tenham elas pagado por ele ou não, e cujo benefício para um indivíduo não depende de quanto os outros também se beneficiam. Como veremos logo a seguir, bens públicos são bastante diferentes dos *bens privados* que estudamos até agora, e essas diferenças significam que bens públicos não podem ser supridos eficientemente pelo mercado.

Além disso, a água limpa no Tâmisa é exemplo de *recurso comum*, um bem que muitas pessoas podem consumir, tendo ou não pagado por ele, mas cujo consumo por indivíduo reduz a quantidade disponível para outros. Tais bens tendem a ser superutilizados pelos indivíduos em um sistema de mercado, a não ser que o governo tome medidas.

Em capítulos anteriores, vimos que os mercados às vezes não conseguem oferecer níveis eficientes de produção e consumo de um bem ou atividade. Vimos como a ineficiência pode ser gerada pelo poder de mercado, que permite a monopolistas e a oligopolistas em colusão cobrar preços mais altos que o custo marginal, impedindo assim que ocorram transações mutuamente benéficas. Vimos também como a ineficiência pode surgir das externalidades, positivas ou negativas, que causam divergência entre os custos e os benefícios das ações de um indivíduo ou indústria e os custos e benefícios dessas mesmas ações que a sociedade como um todo suporta.

Neste capítulo, teremos uma abordagem um pouco diferente da questão de por que os mercados às vezes falham. Aqui, vamos nos concentrar em como *as características dos bens muitas vezes determinam se o mercado pode ou não fornecê-los eficientemente*. Quando bens têm a característica "errada", as falhas de mercado resultantes se assemelham àquelas associadas com externalidades ou com o poder de mercado. Essa maneira alternativa de examinar as fontes da ineficiência aprofunda o entendimento das razões pelas quais os mercados às vezes não funcionam bem e como o governo pode tomar medidas para aumentar o bem-estar da sociedade. •

O QUE VOCÊ IRÁ APRENDER?

- O que é um **bem público** e como ele se diferencia de um **bem privado**?
- O que é um **recurso comum** e por que ele é usado em excesso?
- O que é um **bem artificialmente escasso** e por que o consumo desse tipo de bem é insuficiente?
- Por que os mercados normalmente não conseguem fornecer esses tipos de bens de forma eficiente?
- Como a intervenção do governo pode melhorar a sociedade na produção e no consumo desses tipos de bens?

Bens privados – e outros

Qual a diferença entre instalar um novo banheiro em uma casa e construir um sistema municipal de esgotos? Qual a diferença entre cultivar trigo e pescar em alto-mar?

Não estamos montando charadas. Em cada caso, existe uma diferença básica nas características dos bens envolvidos. Louças e metais sanitários e trigo têm as características necessárias que permitem aos mercados funcionar com eficiência; os sistemas de esgoto e os peixes no mar não têm.

Vamos examinar essas características essenciais e ver por que elas são importantes.

Características dos bens

Bens como louças e metais sanitários ou trigo têm duas características que, como veremos, são essenciais para que possam ser eficientemente oferecidos em uma economia de mercado.

Um bem será **excluível** se o fornecedor desse bem puder impedir seu consumo por quem não pagar por ele.

Um bem será **rival no consumo** se a mesma unidade desse bem não puder ser consumida por mais de uma pessoa ao mesmo tempo.

Um bem que pode ser tanto excluível quanto rival no consumo é um **bem privado**.

Quando um bem é **não excluível**, o fornecedor não pode impedir seu consumo por quem não paga por ele.

Um bem será **não rival no consumo** se mais de uma pessoa puder consumir a mesma unidade desse bem ao mesmo tempo.

- Eles são **excluíveis**: os fornecedores podem impedir seu consumo se as pessoas não pagam.
- Eles são **rivais no consumo**: a mesma unidade de um bem não pode ser consumida por mais de uma pessoa ao mesmo tempo.

Quando um bem é ao mesmo tempo excluível e rival no consumo, ele é denominado **bem privado**. O trigo é um exemplo de bem privado. É *excluível*: o fazendeiro pode vender uma saca de trigo para um consumidor sem ser obrigado a fornecer trigo para todos no país. E é *rival no consumo*: se alguém come pão feito com trigo, esse pão já não pode ser comido por outros.

Mas nem todos os bens têm essas duas características. Alguns bens são **não excluíveis**, ou seja, o fornecedor não pode impedir o consumo do bem por quem não paga por ele. Proteção contra incêndios é um exemplo: o corpo de bombeiros que apaga incêndios antes que eles se espalhem protege a cidade inteira, não apenas as pessoas que deram contribuições à Associação Benevolente dos Bombeiros.[1] O cuidado com o ambiente é outro exemplo: a cidade de Londres não poderia ter acabado com o Grande Fedor apenas para alguns residentes, deixando o rio Tâmisa poluído para os outros.

Nem todos os bens são rivais no consumo. Os bens são **não rivais no consumo** quando mais de uma pessoa pode consumir a mesma unidade do bem ao mesmo tempo. Programas de televisão são não rivais no consumo: sua decisão de assistir a um programa de TV não impede outras pessoas de assistirem ao mesmo programa.

Como os bens podem ser excluíveis ou não excluíveis, rivais ou não rivais, há quatro tipos de bens ilustrados pela matriz na Figura 17.1:

- *Bens privados*, que são excluíveis e rivais no consumo, como o trigo.
- *Bens públicos*, que são não excluíveis e não rivais no consumo, como um sistema de esgotos urbano.
- *Recursos comuns*, que são não excluíveis, mas são rivais no consumo, como água limpa em um rio.
- *Bens artificialmente escassos*, que são excluíveis, mas não rivais no consumo, como os filmes *on-demand* da Amazon Prime.

É claro que há muitas outras características que permitem distinguir entre vários bens, como bens de primeira necessidade *versus* bens de luxo, bens normais *versus* inferiores, e assim por diante. Por que colocar o foco nessa característica de os bens serem excluíveis e rivais no consumo?

[1]N. R.: Nos EUA, cerca de 70% dos corpos de bombeiros são constituídos por voluntários civis, sendo boa parte do seu funcionamento paga por contribuições da comunidade.

Figura 17.1 Quatro tipos de bens.

	Rival no consumo	Não rival no consumo
Excluível	**Bens privados** • Trigo • Louças e metais sanitários	**Bens artificialmente escassos** • Filmes pagos na TV • Programas de computador
Não excluível	**Recursos comuns** • Água limpa • Biodiversidade	**Bens públicos** • Sistema de água e esgoto • Segurança nacional

Há quatro tipos de bens. O tipo de um bem depende de (1) ser ou não excluível – se um produtor pode impedir alguém de consumi-lo; e (2) ser ou não rival no consumo – se é possível que a mesma unidade de um bem possa ser consumida por mais de uma pessoa ao mesmo tempo.

Por que os mercados conseguem suprir eficientemente apenas bens privados

Os mercados, como aprendemos em capítulos anteriores, são normalmente a melhor maneira de uma sociedade fornecer bens e serviços a seus membros; ou seja, eles são eficientes exceto no caso de problemas bem definidos de poder de mercado, externalidades ou outras instâncias de falha de mercado. Há, porém, mais outra condição a ser cumprida, que tem suas raízes na própria natureza do bem: os mercados não conseguem oferecer bens e serviços eficientemente a não ser que se trate de bens privados, excluíveis e rivais no consumo.

Para ver por que a característica de ser excluível é crucial, suponha que um fazendeiro tenha apenas duas escolhas: ele não produz trigo nenhum ou fornece uma saca de trigo para cada residente do país que a queira, independentemente de o residente pagar ou não por isso. É inverossímil que qualquer um cultive trigo nessas condições.

E, no entanto, o operador de um sistema de esgotos municipal se veria mais ou menos diante do mesmo problema que o nosso fazendeiro hipotético. Um sistema de esgotos torna a cidade inteira mais limpa e saudável, mas esse benefício alcança todos os residentes da cidade, paguem eles ou não ao operador do sistema. Essa é a razão pela qual nenhum empresário privado se apresentou com um plano para acabar com o Grande Fedor em Londres.

A questão geral é que, quando um bem é não excluível, consumidores racionais não estarão dispostos a pagar por ele – aproveitarão a "carona" de qualquer um que *de fato pague*. Portanto, existe o **problema das caronas**. Exemplos desse problema são comuns no dia a dia. Um exemplo que já pode ter sido encontrado é quando se pede aos estudantes para fazer um trabalho de grupo. Às vezes, há tendência de que alguns membros do grupo relaxem e se aproveitem da situação, confiando que outros vão tratar de terminar o trabalho. Os aproveitadores *pegam carona* no esforço de outros.

Os bens não excluíveis sofrem com o **problema das caronas**: quando um bem é não excluível, indivíduos racionais não estarão dispostos a pagar para consumi-lo; em vez disso, aproveitarão a "carona" de qualquer um que de fato pague.

Por causa do problema das caronas, as forças do interesse próprio, por si só, não levam a um nível eficiente de produção dos bens não excluíveis. Ainda que os consumidores possam se beneficiar de um aumento da produção desses bens, nenhum indivíduo vai querer pagar por mais e, assim, nenhum produtor estará disposto a oferecer mais. O resultado é que, quando bens não têm a característica de serem excluíveis, eles sofrem de *produção ineficientemente baixa* em uma economia de mercado. De fato, diante do problema das caronas, o interesse próprio não garante que se produza quantidade alguma do bem e, muito menos, a quantidade eficiente.

ARMADILHAS

CUSTO MARGINAL DE QUÊ, EXATAMENTE?

No caso de um bem que é não rival no consumo, é fácil confundir o custo marginal de *produzir* uma unidade do bem com o custo marginal de *permitir* que uma unidade do bem *seja consumida*.

Por exemplo, a Amazon Prime Video incorre em custo marginal ao tornar o filme disponível para seus assinantes, que é igual ao custo dos recursos que usa para produzir e projetar esse filme. Contudo, *quando o filme já está sendo transmitido*, não há custo marginal de deixar uma família adicional assisti-lo. Em outras palavras, não "se esgotam" nem se usam até o fim recursos valiosos quando uma família a mais consome um filme que já foi produzido e que está sendo transmitido.

Essa complicação não surge quando o bem é rival no consumo. Nesse caso, os recursos usados para produzir uma unidade do bem "esgotam-se" quando uma pessoa consome o bem – eles não estão mais disponíveis para satisfazer o consumo de outra pessoa. Assim, quando um bem é rival no consumo, o custo marginal para a sociedade de permitir que o indivíduo consuma uma unidade é igual ao custo em recursos de produzir essa unidade, isto é, igual ao custo marginal de produzi-la.

Bens que são excluíveis e não rivais no consumo, como os filmes pagos na televisão, sofrem de um tipo diferente de ineficiência. Desde que um bem seja excluível, é possível ter lucro disponibilizando-o apenas para quem paga. Por conseguinte, os produtores dispõem-se a suprir um bem excluível. Mas o custo marginal de deixar um espectador adicional assistir ao filme pago é zero, porque se trata de consumo não rival. Assim, o preço eficiente para o consumidor também é zero ou, dito de outro modo, os indivíduos podem assistir aos filmes na televisão até o ponto em que seu benefício marginal é zero.

No entanto, se a Amazon de fato cobra $ 4 por espectador pelos filmes sob demanda, os espectadores consumirão o bem apenas até o ponto em que seu benefício marginal for $ 4. Quando os consumidores precisam pagar um preço superior a zero pelo bem que é não rival no consumo, o preço que pagam é superior ao custo marginal de permitir que eles consumam esse bem, que é zero. Assim, em uma economia de mercado, bens que são não rivais no consumo sofrem de *consumo ineficientemente baixo*.

Agora, podemos ver por que os bens privados são os únicos que podem ser produzidos e consumidos de forma eficiente em um mercado competitivo (isto é, um bem privado será eficientemente produzido e consumido em um mercado que seja livre de poder de mercado, de externalidades ou outras instâncias de falha de mercado). Como os bens privados são excluíveis, produtores podem cobrar por eles e, assim, têm incentivo para produzi-los. Como também são rivais no consumo, é eficiente para os consumidores pagar um preço positivo, ou seja, preço igual ao custo marginal de produção. Se uma ou ambas as características não estão presentes, uma economia de mercado não leva à produção e ao consumo eficiente do bem.

Felizmente para o sistema de mercado, a maioria dos bens são bens privados. Alimentos, roupas, abrigo e a maioria das outras coisas desejáveis na vida são excluíveis e rivais no consumo e, assim, os mercados podem nos fornecer a maioria das coisas. Contudo, há bens essenciais que não obedecem a esses critérios – e, na maioria dos casos, isso significa que o governo precisa intervir.

ECONOMIA >> *em Ação*

Do caos à Renascença

A vida na Europa na Idade Média – de aproximadamente 1100 a 1500 – era dura e perigosa, com taxas elevadas de crimes violentos, banditismo e mortes em guerras. Segundo pesquisadores, o índice de assassinatos na Europa em 1200 era de 30 a 40 por 100.000 pessoas. Mas, em 1500, havia caído para metade disso, mais ou menos 20 por 100.000 pessoas; e hoje é menor que 1 por 100.000. O que explica a forte diminuição da violência ao longo desses 900 anos?

Pense em bens públicos, como ilustra a história das cidades-estados medievais na Itália.

Mais ou menos a partir do ano 900 em Veneza e 1100 em outras cidades-estados como Milão e Florença, os cidadãos começaram a se organizar e a criar instituições para sua proteção. Em Veneza, os cidadãos construíram uma frota defensiva para combater piratas e outros assaltantes que regularmente atacavam a cidade. Outras cidades-estados construíram altas muralhas de defesa ao seu redor e formaram milícias para defendê-las. Criaram-se instituições para manter a lei e a ordem: quadros de guardas, vigilantes e magistrados foram contratados; tribunais e prisões foram construídas.

O resultado foi que o comércio e os bancos floresceram, bem como a alfabetização, a matemática e as artes. Em 1300, as principais cidades – Veneza, Milão e Florença – tinham alcançado população superior a 100.000 habitantes. À medida que aumentaram os recursos e melhorou o padrão de vida, diminuíram os índices de morte violenta.

Por exemplo, a República de Veneza era conhecida como La Serenissima, por causa de sua governança esclarecida, supervisionada por um conselho dos cidadãos mais eminentes. Graças a sua estabilidade, competência diplomática e à prodigiosa frota de navios, Veneza tornou-se muito rica nos séculos XV e XVI.

Igualmente graças à estabilidade, à elevada alfabetização e ao conhecimento de matemática, Florença tornou-se o centro financeiro da Itália. No século XV, a cidade foi dominada pelos Medici, uma família de banqueiros imensamente rica. E foi o patrocínio dos Medici a artistas como Leonardo da Vinci e Michelangelo que trouxe a Renascença.

Assim, a Europa Ocidental pôde passar do caos violento à Renascença por meio da criação de bens públicos, como a boa governança e a defesa, que beneficiaram todos e cada um e que não diminuíam quando alguém se beneficiava desses bens.

>> *Revisão Rápida*

- Os bens podem ser classificados de acordo com dois atributos: se são **excluíveis** e se são **rivais no consumo**.
- Bens que são tanto excluíveis quanto rivais no consumo são **bens privados**. Bens privados podem ser eficientemente produzidos e consumidos em um mercado competitivo.
- Quando os bens são **não excluíveis**, há o **problema das caronas**: os consumidores não pagam aos produtores, o que ocasiona uma produção ineficientemente baixa.
- Quando bens são **não rivais no consumo**, o preço eficiente para consumo é zero. Porém, se é cobrado um preço positivo para compensar os produtores pelo custo de produção, o resultado é um consumo ineficientemente baixo.

>> *Teste seu entendimento* 17.1

As respostas estão no fim do livro.

1. Classifique cada um dos bens a seguir conforme eles sejam excluíveis ou rivais no consumo. Que tipo de bem é cada um deles?

a. Uso de um espaço público, como um parque

b. Pastel de queijo

c. Informação de um *site* que dá acesso somente mediante senha

d. Informação publicamente divulgada sobre a rota de um furacão por chegar

2. Quais entre os bens na Questão 1 serão ofertados por um mercado competitivo? Quais não serão? Explique.

Bens públicos

Um **bem público** é, ao mesmo tempo, não excluível e não rival no consumo.

Bem público é o oposto exato de bem privado: é um bem que tanto é não excluível quanto não rival no consumo. Um sistema de esgotos é exemplo de bem público: você não pode manter um rio limpo sem deixá-lo limpo para todo mundo que mora junto às suas margens, e a minha proteção contra o mau cheiro do rio não se faz à custa do vizinho.

Eis alguns exemplos de bens públicos:

- *Prevenção de doenças*. Quando médicos atuam para erradicar o início de uma epidemia antes que ela se espalhe, eles protegem as pessoas no mundo todo.
- *Defesa nacional*. Um exército forte protege todos os cidadãos.
- *Pesquisa científica*. Mais conhecimento beneficia a todos.

Pelo fato de esses bens serem não excluíveis, eles sofrem do problema das caronas, de modo que nenhuma empresa privada estaria disposta a produzi-los. E, como são não rivais no consumo, seria ineficiente cobrar as pessoas pelo seu consumo. Em consequência, a sociedade tem de encontrar métodos que não sejam de mercado para fornecer esses bens.

Fornecimento de bens públicos

Os bens públicos são oferecidos de diferentes maneiras. Não é sempre que o governo se envolve; em muitos casos, uma solução não governamental pode ser encontrada para o problema das caronas. Mas essas soluções normalmente são de algum modo imperfeitas.

Alguns bens públicos são fornecidos mediante contribuições voluntárias. Por exemplo, doações privadas patrocinam boa quantidade de pesquisas científicas. Mas as doações privadas são insuficientes para financiar projetos imensos e socialmente importantes, como a pesquisa médica básica.

Alguns bens públicos são oferecidos por indivíduos ou empresas com interesse próprio, porque aqueles que os produzem conseguem ganhar dinheiro com isso de modo indireto. O exemplo clássico são os canais da televisão aberta nos Estados

Unidos, mantidos inteiramente pela publicidade. A desvantagem desse financiamento indireto é que ele distorce a natureza e a quantidade dos bens públicos oferecidos, além de impor custos adicionais aos consumidores. Estações de televisão exibem os programas que geram a maior receita de publicidade (isto é, programas mais adequados para vender remédios receitados pelos médicos, solução contra a calvície, anti-histamínicos e coisas semelhantes para o segmento da população que as consome), os quais não são necessariamente os programas que a maioria das pessoas quer ver. E os espectadores têm de aguentar muitos comerciais.

Alguns bens potencialmente públicos tornam-se deliberadamente excluíveis e, portanto, ficam sujeitos a cobrança, como os filmes exibidos *on-demand*. No Reino Unido, onde a maior parte dos programas de televisão é paga por uma licença anual que incide sobre cada proprietário de televisor (£ 154,50 ou cerca de R$ 1.069,00), assistir à televisão passa a ser artificialmente excluível pelo uso das "*vans* de detecção de televisão", que percorrem os bairros na tentativa de detectar aparelhos de TV em domicílios não licenciados e aplicar-lhes multa. Contudo, como vimos antes, quando fornecedores cobram um preço maior que zero para um bem não rival, os consumidores consomem uma quantidade ineficientemente baixa desse bem.

Em comunidades pequenas, níveis elevados de estímulo ou pressão social podem fazer as pessoas darem contribuições em dinheiro ou em tempo para se fornecer o nível eficiente de um bem público. Corpos de bombeiros voluntários, que dependem tanto dos serviços voluntários dos próprios bombeiros quanto de contribuições dos residentes locais, são um bom exemplo. Porém, à medida que as comunidades se tornam maiores e mais anônimas, fica difícil aplicar a pressão social, de modo que cidades maiores têm de depender de bombeiros assalariados para os seus serviços de proteção contra incêndios.

Como este último exemplo indica, quando as outras soluções falham, cabe ao governo fornecer bens públicos. De fato, os bens públicos mais importantes – defesa nacional, sistema jurídico, controle de doenças, proteção contra incêndios em grandes cidades etc. – são fornecidos pelo governo e pagos por impostos. A teoria econômica nos diz que a provisão de bens públicos é um dos papéis essenciais do governo.

Quanto de um bem público deve ser fornecido?

Em certos casos, a provisão de um bem público é uma decisão de tipo "ou-ou então": Londres teria um sistema de esgotos ou não teria. No entanto, na maioria dos casos, os governos têm de decidir não só se devem fornecer o bem, mas também *quanto* desse bem público oferecer. Por exemplo, a limpeza urbana é um bem público, mas quantas vezes as ruas devem ser varridas? Uma vez por mês? Duas vezes por mês? Um dia sim, um dia não?

Imagine uma cidade em que haja apenas dois residentes, Theo e Abby. Suponha que o bem público em questão seja limpeza urbana e que Theo e Abby informem ao governo qual valor eles atribuem a uma unidade do bem público, em que a unidade é igual a uma rua varrida por mês. Especificamente, cada um deles diz ao governo a sua *disposição a pagar por uma unidade mais do bem público oferecido*, uma quantidade que corresponde ao *benefício marginal individual* de uma unidade adicional do bem público.

Usando essa informação mais a informação sobre o custo de fornecer o bem, o governo pode usar a análise marginal para encontrar o nível eficiente de provisão do bem público: o nível em que o *benefício marginal social* do bem público é igual ao custo marginal de produzi-lo. Recorde, do Capítulo 16, que o benefício social marginal de um bem é o benefício que a sociedade em seu conjunto recebe do consumo de uma unidade adicional do bem.

Mas o que é um benefício marginal social de uma unidade mais de um bem público – uma unidade que gera utilidade para todos os consumidores e não apenas para um só porque é não excluível e não rival no consumo? Essa questão nos leva a um princípio importante: *no caso especial de um bem público, o benefício marginal social de uma unidade do bem é igual à soma dos benefícios individuais marginais experimentados por todos os consumidores daquela unidade.*

Ou, de um ângulo um pouco diferente, se fosse possível obrigar o consumidor a pagar pela unidade do bem antes de consumi-lo (isto é, se o bem se tornasse excluível), o benefício social marginal de uma unidade seria igual à *soma* da disposição a pagar por aquela unidade de parte de cada consumidor. Usando esse princípio, o benefício social marginal de limpar uma rua adicional por mês é igual ao benefício marginal individual de Theo que resulta dessa varredura adicional *mais* o benefício marginal individual de Abby.

Por quê? Porque o bem público é não rival no consumo – o benefício para Theo de uma rua mais limpa não diminui o benefício de Abby pela mesma rua limpa, e vice-versa. Como todas as pessoas podem consumir simultaneamente a mesma unidade de um bem público, o benefício marginal social de uma unidade adicional desse bem é a *soma* dos benefícios marginais individuais de todos os que desfrutam do bem público, e a quantidade eficiente de um bem público é a quantidade em que o benefício marginal social é igual ao custo marginal de fornecê-lo.

A Figura 17.2 ilustra o fornecimento eficiente de um bem público, mostrando três curvas de benefício marginal. O painel (a) mostra a curva de benefício marginal individual de Theo para limpeza de ruas, MB_T: ele estaria disposto a pagar ao município $ 25 para limpar as ruas uma vez por mês e $ 18 adicionais para uma segunda varrição no mês, e assim por diante. O painel (b) mostra a curva de benefício marginal individual de Abby para limpeza das ruas, MB_A. O painel (c) mostra a curva de benefício marginal social da limpeza de ruas, *MSB*: ela é a soma vertical das curvas de benefício marginal individual de Theo e Abby.

Para maximizar o bem-estar da sociedade, o governo deve limpar as ruas até o nível em que o benefício marginal social de uma limpeza adicional já não é maior que o custo marginal. Suponha que o custo marginal da limpeza de ruas seja $ 6 por varrição. Então, a cidade deve limpar suas ruas 5 vezes por mês, porque o benefício marginal de passar de 4 para 5 varrições é $ 8, porém passar de 5 para 6 varrições geraria um benefício marginal social de apenas $ 2.

A Figura 17.2 pode ajudar a reforçar nossa compreensão da razão pela qual não podemos confiar no interesse próprio individual para gerar a provisão de uma quantidade eficiente de bens públicos. Suponha que a cidade fizesse uma varrição a menos do que a quantidade eficiente e que Theo ou Abby fosse solicitado a pagar a última limpeza. Nenhum deles concordaria em pagar! Theo, pessoalmente, ganharia apenas o equivalente a $ 3 de utilidade de adicionar mais uma limpeza de ruas, de modo que não estaria disposto a pagar o custo marginal de $ 6 por mais uma limpeza. Abby, pessoalmente, ganharia o equivalente a $ 5 de utilidade, de modo que ela tampouco estaria disposta a pagar.

PARA MENTES CURIOSAS **O voto como bem público**

É um fato lamentável que muitos norte-americanos com direito de votar não se importem de fazê-lo. O resultado é que seus interesses tendem a ser ignorados pelos políticos. Mas o pior é que esse comportamento autodestrutivo talvez seja completamente racional.

Como o economista Mancur Olson assinalou em seu famoso livro *The Logic of Collective Action*, votar é um bem público que sofre gravemente do problema das caronas.

Imagine que você seja uma em um milhão de pessoas que ganharão o equivalente a $ 100, cada uma, caso certo plano seja aprovado em um referendo estadual – digamos, um plano para melhorar as escolas públicas. E suponha que o custo de oportunidade do tempo que você gastará para votar seja $ 10. Certeza de ir à sua seção eleitoral votar no referendo? Se você é racional, a resposta é não! A razão é ser muito pouco provável que o seu voto vá decidir o assunto, para um lado ou para o outro. Se a medida passa, você se beneficia mesmo que não se tenha dado ao trabalho de votar, pois os benefícios são não excluíveis. E, se a medida não passa, seu voto não terá alterado o resultado, para um lado ou para o outro. Ao não votar e pegar carona entre os que votam, você economiza $ 10.

É claro que muita gente vota por senso de dever cívico, mas, pelo fato de a ação política ser um bem público, as pessoas geralmente dedicam esforço de menos para defender seus próprios interesses.

Como assinalou Olson, o resultado é que, quando grande número de pessoas compartilha um interesse político comum, elas tendem a fazer pouco e insuficiente esforço para promover sua causa e, assim, são ignoradas. Inversamente, grupos de interesse pequenos mas bem organizados, que atuam em questões bem definidas em seu favor, tendem a ter um poder desproporcional.

Isso é motivo para desconfiar da democracia? Winston Churchill deu a melhor resposta: "A democracia é a pior forma de governo, à exceção de todas as demais formas que têm sido experimentadas."

Figura 17.2 Um bem público.

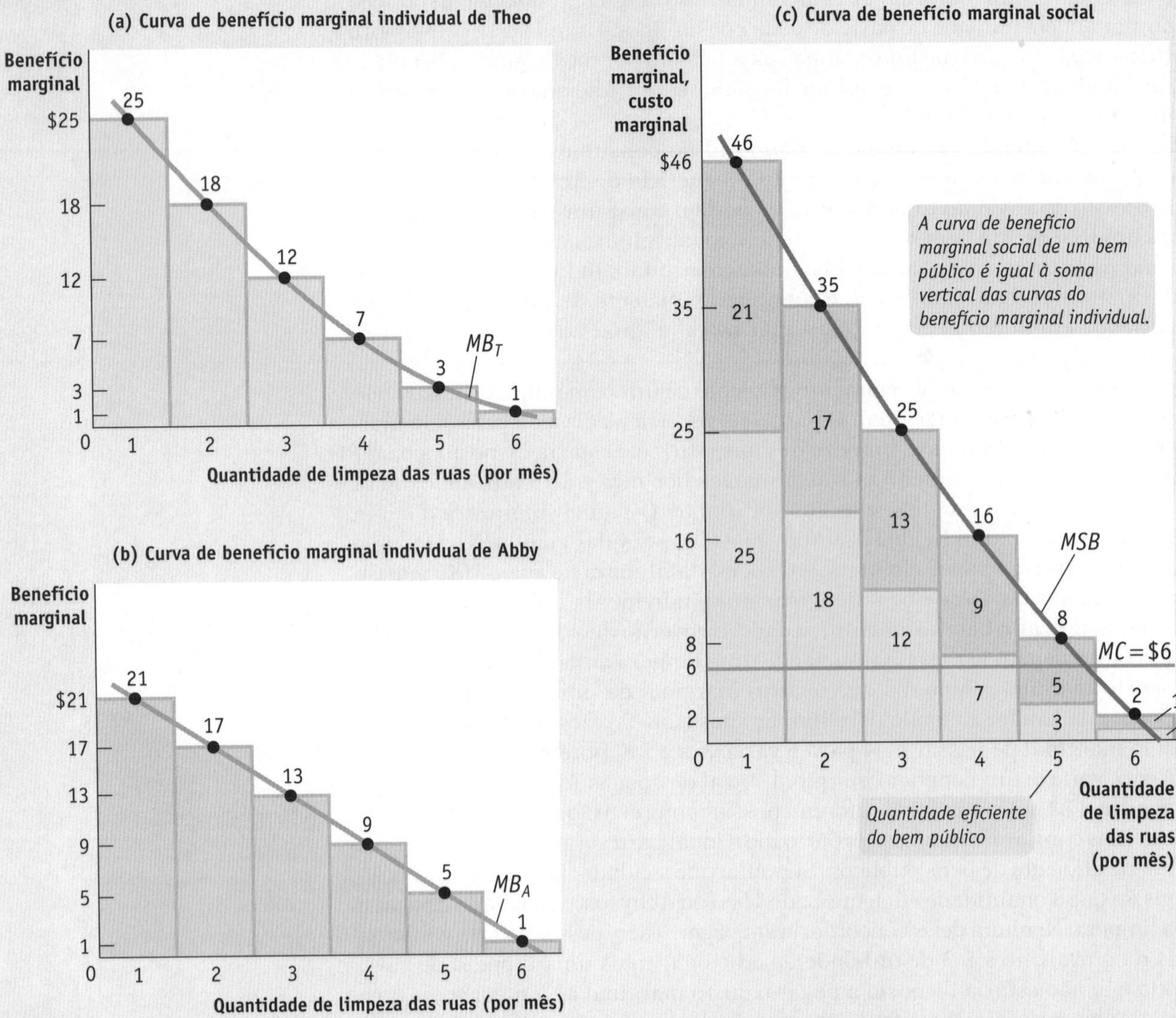

O painel (a) mostra a curva de benefício marginal individual de Theo decorrente da limpeza das ruas por mês, MB_T, e o painel (b) mostra a curva de benefício marginal individual de Abby, MB_A. O painel (c) mostra o benefício marginal social de um bem público, igual à soma dos benefícios marginais individuais de todos os consumidores (neste caso, Theo e Abby). A curva de benefício marginal social, *MSB*, é a soma vertical das curvas de benefício marginal individual MB_T e MB_A. A um custo marginal constante de $ 6 haveria 5 limpezas de rua por mês, porque o benefício marginal social de passar de 4 para 5 limpezas de rua por mês é $ 8 ($ 3 para Theo mais $ 5 para Abby), mas o benefício marginal social de passar de 5 para 6 limpezas é apenas $ 2.

A questão é que o benefício marginal social de uma unidade a mais de um bem público é sempre maior do que o benefício marginal individual para qualquer indivíduo. É por isso que nenhum indivíduo se dispõe a pagar pela quantidade eficiente do bem.

Essa descrição do problema do bem público, em que o benefício marginal social de uma unidade adicional de um bem público é maior que o benefício marginal individual, não lhe parece familiar? Deveria parecer: encontramos uma situação um tanto semelhante quando discutimos *externalidades positivas*. Recorde que, no caso de uma externalidade positiva, o benefício marginal social usufruído por todos os consumidores de uma unidade adicional de um bem é maior do que o benefício marginal do produtor em produzir essa unidade, e o mercado deixado por conta própria produz uma quantidade insuficiente do bem.

No caso de um bem público, o benefício marginal individual do consumidor desempenha o mesmo papel que o preço recebido pelo produtor desempenha no caso da externalidade positiva: em ambos os casos, é criado um incentivo insuficiente para fornecer uma quantidade eficiente do bem.

O problema de fornecer bens públicos é muito similar ao problema de lidar com externalidades positivas; em ambos os casos, há uma falha de mercado que exige intervenção governamental. Uma razão fundamental para a existência do governo é que ele proporciona uma maneira para que os cidadãos tributem a si próprios a fim de proporcionar bens públicos – particularmente um bem público vital como a defesa nacional.

É claro que, se a sociedade fosse de verdade composta de apenas dois indivíduos, eles provavelmente conseguiriam chegar a um acordo para o fornecimento do bem. Mas imagine uma cidade com milhões de residentes, cada um tendo um benefício marginal individual decorrente da provisão do bem igual a apenas uma fração mínima do benefício marginal social. Seria impossível que as pessoas chegassem a um acordo voluntário para pagar pela quantidade eficiente de limpeza urbana; e o potencial para aproveitar a carona torna difícil alcançar e fazer cumprir um acordo entre tanta gente. Mas elas de fato têm o poder e tomam a decisão de estabelecer tributos para pagar um departamento municipal de serviços sanitários.

Análise de custo-benefício

Como os governos decidem na prática quanto fornecer de um bem público? Algumas vezes, os formuladores de política adivinham ou fazem o que acham que vai reelegê-los. Contudo, governos responsáveis procuram estimar tanto os benefícios

COMPARAÇÃO GLOBAL O VOTO COMO BEM PÚBLICO: PERSPECTIVA GLOBAL

Apesar do fato de que deixar de votar pode ser inteiramente racional, muitos países logram atingir taxas de comparecimento às urnas surpreendentemente altas adotando políticas de incentivo ao voto. Na Bélgica, em Singapura e na Austrália, o voto é obrigatório; eleitores credenciados sofrem penas se não comparecem para seu dever cívico de depositar o voto. Tais penalidades são eficazes em conseguir que os eleitores votem. Quando a Venezuela eliminou a obrigatoriedade do voto, houve uma queda de 30% na proporção dos eleitores que compareceram às urnas; quando a Holanda fez o mesmo, houve queda de 20%.

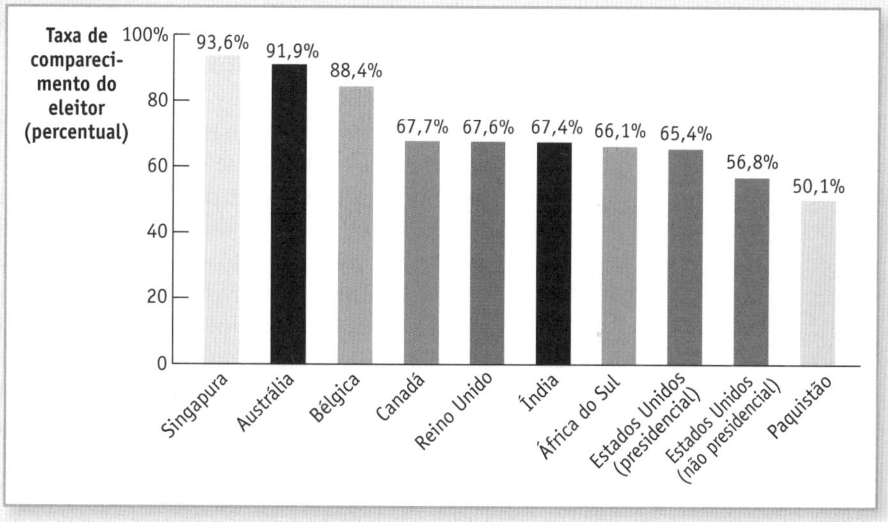

Outros países têm políticas que reduzem o custo de votar; por exemplo, declaram o dia da eleição feriado nacional (dando bastante tempo para os cidadãos irem votar), permitem o cadastramento de eleitores no dia da eleição (eliminando a necessidade de planejar com antecedência) e permitem votar pelo correio (conferindo assim mais conveniência).

O gráfico mostra as taxas de participação em vários países, medidas em porcentagem de eleitores regularizados que votaram, durante as eleições mais recentes até 2019. Como você pode ver, Singapura, Austrália e Bélgica têm as maiores taxas de comparecimento de eleitores. Os Estados Unidos têm um nível de comparecimento abaixo da média durante eleições presidenciais. Entretanto, o comparecimento às urnas cai significativamente nas eleições não presidenciais, quando os EUA têm a menor taxa de comparecimento às urnas entre os países avançados. Em geral, nas últimas quatro décadas houve queda na taxa de comparecimento às urnas nas principais democracias, mais dramática entre os eleitores mais jovens.

Dados de: International Institute for Democracy and Electoral Assistance.

Análise de custo-benefício é a estimativa por comparação dos custos sociais com as benefícios sociais de se fornecer um bem público.

sociais quanto os custos sociais de fornecer um bem público, processo conhecido como **análise de custo-benefício**.

Estimar o custo de fornecer um bem público é simples. Mais complicado é estimar o benefício. De fato, é um problema muito difícil.

Você pode estar se perguntando por que os governos não podem descobrir o benefício marginal social de um bem público apenas perguntando às pessoas sua disposição a pagar por ele (seu benefício marginal individual). Acontece que é muito difícil obter uma resposta honesta.

Esse não é um problema com os bens privados: podemos determinar quanto um indivíduo está disposto a pagar por uma unidade a mais de um bem privado observando suas escolhas efetivas. Mas, como as pessoas não pagam realmente pelos bens públicos, a questão da disposição a pagar é sempre hipotética.

Pior ainda, essa é uma pergunta que as pessoas têm incentivo para não responder honestamente. Elas naturalmente querem mais e não menos. Como de fato não podem ser obrigadas a pagar por qualquer quantidade que seja do bem público que usam, quando se pergunta quanto desejam de um bem público elas podem exagerar ou superestimar seus verdadeiros sentimentos. Por exemplo, se a varrição de ruas fosse planejada de acordo com os desejos expressos apenas pelos proprietários das casas, as ruas teriam de ser varridas todo dia – um nível ineficiente de provisão.

Assim, os governos precisam ter consciência de que não podem confiar nas declarações públicas ao decidirem quanto fornecer de um bem público. Se o fizerem, tenderão a oferecer em excesso. Em contraste, como se explicou antes na seção Para Mentes Curiosas, confiar no público para que expresse pelo voto o quanto deseja de um bem público também é problemático – e, no caso do voto, tende a fazer uma quantidade insuficiente de bem público ser fornecida.

ECONOMIA >> *em Ação*

Infraestrutura norte-americana obtém um D+

Nova Jersey é o terceiro estado mais rico dos EUA, com a terceira maior renda média familiar; grande parte de sua renda vem de seus estreitos vínculos econômicos com a indústria financeira da cidade de Nova York. Em um dia típico, várias centenas de milhares de moradores de Nova Jersey pegam um trem ou um ônibus para Nova York na segunda rota mais movimentada do país. O transporte público é a força vital da economia de Nova Jersey, com quase um milhão de pessoas – 10% da população do estado – pegando um ônibus ou um trem a cada dia.

No entanto, apesar da importância crítica do sistema de transporte público para a economia de Nova Jersey, ele tem sido cronicamente subfinanciado. Nos últimos anos, a contribuição do estado para o orçamento operacional do sistema foi de apenas 10% do que havia sido em 2009. Em 2020, o departamento estava com um déficit anual superior a 135 milhões de dólares. O investimento de capital despencou 20%, já que as viagens aumentaram 20%. Previsivelmente, os ônibus estão persistentemente atrasados, superlotados e propensos a avarias. Como disse um passageiro, "Isso me causou muitos problemas no trabalho. Eles pensam que eu estou inventando." E, em setembro de 2016, um trem suburbano de Nova Jersey lotado bateu a toda velocidade em uma estação, ferindo 114 pessoas e matando uma. Tragicamente, a New Jersey Transit Authority havia adiado a instalação de um sistema de frenagem automática em seus trens no ano anterior.

Os problemas de infraestrutura de Nova Jersey não são um caso único; na verdade, eles são a norma em todo o país. Um estudo de 2017 mostrou que os gastos estaduais e locais em infraestrutura – escolas, estações de tratamento de água, estradas, rodovias e pontes – estão no nível mais baixo em 30 anos. A cada quatro anos, a Sociedade Americana de Engenheiros Civis (*American Society of Civil Engineers* – ASCE) avalia o estado da infraestrutura norte-americana e emite um boletim informativo. Em 2017, os Estados Unidos receberam nota D+ "com base em um atraso significativo de manutenção em nosso sistema de infraestrutura [e] necessidade premente de modernização" decorrente de décadas de subfinanciamento. De acordo com a ASCE, estima-se que serão necessários US$ 4,6 trilhões em investimentos até 2027 para elevar a infraestrutura norte-americana a uma categoria B (boa). Conforme as atuais lacunas de financiamento, estima-se que quase US$ 4 trilhões em produto interno bruto serão perdidos até 2025, traduzindo-se em uma perda anual para cada família de 3.400 dólares.

A Figura 17.3 mostra o financiamento projetado, a lacuna de financiamento e a nota de 2017 por tipo de infraestrutura. Como você pode ver, as lacunas de financiamento de grande parte da infraestrutura básica são extensas, com transporte de superfície, escolas e hidrovias sofrendo mais com a escassez de financiamento. No geral, as notas para cada um desses tipos de infraestrutura são consistentemente ruins. Elas deixam claro que são necessárias melhorias na infraestrutura.

Figura 17.3 Informe sobre os gastos com infraestrutura nos Estados Unidos.

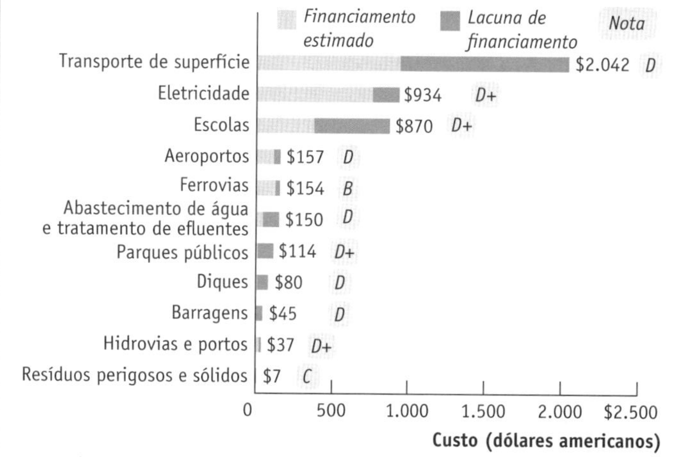

Dados de: American Society of Civil Engineers (ASCE).

Por que a infraestrutura nos Estados Unidos tem sido tão deteriorada? Trata-se de consequência tanto dos conflitos políticos no Congresso e nas legislaturas estaduais quanto da miopia que subestima a infraestrutura como um bem de longo prazo.

Durante anos, o impasse político impediu que os governos federal e estaduais tomassem dinheiro emprestado ou levantassem impostos para financiar adequadamente a infraestrutura. Como resultado, o país tem reduzido seu estoque existente a níveis perigosos. Durante os últimos anos, o Congresso alocou somas maiores, pois os custos da deterioração de estradas, escolas, qualidade da água e outros têm crescido demais para serem ignorados. É um começo, mas serão necessários muitos anos de maior financiamento para que o país saia de seu buraco de infraestrutura.

>> *Teste seu entendimento* 17.2

As respostas estão no fim do livro.

1. A cidade de Centreville, com população de 16 pessoas, tem dois tipos de residentes: os "caseiros" e os "festeiros". Usando a tabela a seguir, a cidade precisa decidir quanto gastar em uma festa de Ano-novo. Nenhum residente espera arcar diretamente com o custo da festa.
   a. Suponha que haja 10 caseiros e 6 festeiros. Determine a tabela de benefício marginal social do dinheiro gasto com a festa. Qual é o nível eficiente de gasto?
   b. Suponha que haja 6 caseiros e 10 festeiros. Como vão mudar suas respostas da questão *a*? Explique.
   c. Suponha que a tabela de benefício marginal individual seja conhecida, mas que ninguém saiba o verdadeiro número dos caseiros e dos festeiros. Indagam-se dos indivíduos suas preferências. Qual é o resultado provável se cada pessoa acredita que os outros vão pagar qualquer quantidade adicional do bem público? Por que o resultado provável é um nível ineficientemente elevado de gasto? Explique.

Dinheiro gasto com a festa	Benefício marginal individual de $ 1 adicional gasto com a festa	
	Caseiro	Festeiro
$0		
	$ 0,05	$ 0,13
1		
	0,04	0,11
2		
	0,03	0,09
3		
	0,02	0,07
4		

>> *Revisão Rápida*

- Um **bem público** é tanto não excluível quanto não rival no consumo.
- Como a maioria das formas de fornecimento de bens públicos pelo setor privado tem problemas sérios, usualmente eles são fornecidos pelo governo e pagos por meio de impostos.
- O benefício marginal social de uma unidade adicional de um bem público é igual à soma do benefício marginal individual de cada consumidor derivado dessa unidade. Na quantidade eficiente, o benefício marginal social é igual ao custo marginal de fornecer o bem.
- Nenhum indivíduo tem incentivo para pagar pelo fornecimento da quantidade eficiente de um bem público, porque o benefício marginal de cada indivíduo é menor que o benefício marginal social. Essa é a justificativa fundamental para a existência do governo.
- Embora os governos devessem se apoiar em uma **análise de custo-benefício** para determinar quanto fornecer de um bem público, isso é problemático porque os indivíduos tendem a exagerar ao informarem o valor do bem para eles.

Recursos comuns

Um **recurso comum** é não excluível e rival no consumo: você não pode me impedir de consumir o bem, e mais consumo da minha parte significa menor quantidade do bem disponível para você.

Recurso comum é um bem não excluível, mas rival no consumo. Exemplo é o estoque de peixes em uma área de pesca limitada, como ocorre ao largo da costa da Nova Inglaterra. Tradicionalmente, qualquer um que tivesse barco podia ir para o mar e pescar – peixes no mar eram um bem não excluível. Porém, como a quantidade total de pesca é limitada, o peixe que uma pessoa captura já não está disponível para ser pescado por outra. Assim, os peixes no mar são rivais no consumo.

Outros exemplos de recursos comuns são ar fresco e água limpa, bem como a variedade das espécies de animais e plantas do planeta (biodiversidade). Em cada um desses casos, o fato de que um bem seja não excluível embora rival no consumo representa um sério problema.

Problema do excesso de uso

Recursos comuns deixados por conta do mercado sofrem com **excesso de uso**: os indivíduos ignoram o fato de que seu uso esgota a quantidade do recurso disponível para os outros.

Como os recursos comuns são não excluíveis, indivíduos não podem ser cobrados pelo seu uso. Contudo, por serem rivais no consumo, um indivíduo que usa uma unidade esgota o recurso ao tornar essa unidade indisponível para outros. Como resultado, um recurso comum está sujeito ao **excesso de uso**: um indivíduo continuará a usar o recurso até que o seu benefício marginal por usá-lo seja igual a zero, ignorando o custo que essa ação inflige ao conjunto da sociedade. Como veremos logo a seguir, o problema do excesso de uso de um recurso comum é similar ao problema que estudamos no Capítulo 16: o problema de um bem que gera uma externalidade negativa, como contaminação das águas subterrâneas por fraturamento hidráulico ou mudança climática por emissão de gases de efeito estufa.

A pesca é um exemplo clássico de recurso comum. Em águas onde se pesca muito, a pesca feita por mim impõe um custo aos outros ao reduzir a população de peixes e tornar mais difícil que os outros consigam pescar algo. Mas eu não tenho incentivo pessoal para levar em conta esse custo, pois não posso ser cobrado pela pesca. Como resultado, do ponto de vista social, estarei pescando demais.

Engarrafamentos no trânsito são outro exemplo de uso excessivo de um recurso comum. Uma via importante, no horário de pico, pode acomodar apenas certo número de veículos por hora. Se eu decido ir sozinho no meu carro até o trabalho em vez de compartilhar carona ou trabalhar em casa, torno um pouco mais demorada a viagem dos outros até o trabalho; mas não tenho incentivo para levar em conta essas consequências.

No caso de um recurso comum, o *custo marginal social* do meu uso de um recurso é mais alto que o meu *custo marginal individual*, o meu custo de usar uma unidade adicional do bem.

A Figura 17.4 ilustra esse ponto. Ela mostra a curva de demanda por peixe, que mede o benefício marginal do peixe – o benefício para os consumidores quando uma unidade adicional de peixe é capturada e consumida. Ela mostra também a curva de oferta de peixe, que mede o custo marginal de produção da indústria pesqueira. Sabemos que a curva de oferta de uma indústria é a soma horizontal das curvas de oferta de cada pescador individual, equivalente à sua curva de custo marginal individual. A indústria pesqueira oferta a quantidade em que seu custo marginal seja igual ao preço, a quantidade Q_{MKT}.

Mas o resultado eficiente é capturar a quantidade Q_{OPT}, quantidade de produto que iguala o benefício marginal e o custo marginal social, não o custo marginal de produção da indústria pesqueira. O resultado de mercado é o excesso de uso do recurso comum.

Como já notamos, há um paralelo estreito entre o problema de administrar um recurso comum e o problema colocado pelas externalidades negativas. No caso de uma atividade que gera externalidade negativa, o custo de produção marginal social é maior que o custo de produção marginal da indústria, sendo a diferença o custo marginal externo imposto à sociedade. Aqui, a perda para a sociedade que resulta de um pescador esgotar o recurso comum desempenha o mesmo papel que um custo externo desempenha quando há uma externalidade negativa. De fato, muitas externalidades negativas (como a poluição) podem ser interpretadas como algo que envolve recursos comuns (como o ar puro).

Figura 17.4 Um recurso comum.

A curva de oferta *S*, que mostra o custo marginal de produção de toda a indústria pesqueira, é composta das curvas de oferta individuais dos pescadores individuais. Mas o custo marginal de cada pescador individual não leva em conta o custo que suas ações impõem aos outros: esgotamento do recurso comum. Como resultado, a curva de custo marginal social, *MSC*, situa-se acima da curva de oferta; em um mercado não regulado, a quantidade usada do recurso comum, Q_{MKT}, excede a quantidade eficiente de uso, Q_{OPT}.

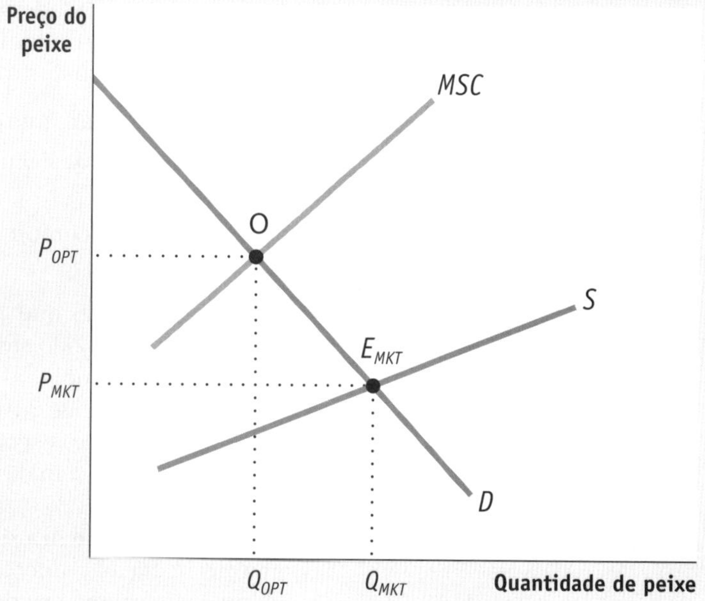

PARA MENTES CURIOSAS Quando terras férteis se transformaram em pó

O avô de Ashley Yost cavou um poço bem fundo em sua fazenda no Kansas e atingiu uma fonte de água tão abundante que ele podia bombear 1.600 galões à superfície a cada minuto. Agora, 50 anos depois, seu neto está tendo problemas para conseguir apenas 300 galões de água por minuto. E essa água está tão contaminada por sedimentos que dezenas de milhares de dólares de equipamentos de bombeamento foram destruídos. Como o Sr. Yost observou com pesar: "Isso é terra nobre. Já cultivei 294 alqueires de milho por acre antes... Agora, acabou." No centro-oeste do Kansas, o problema é generalizado. Os poços em até um quinto das terras irrigadas já secaram. No extremo norte do Texas, muitas fazendas foram abandonadas e comunidades rurais esvaziadas, pois as terras agrícolas que já foram altamente produtivas voltaram a ser pradaria.

Esta é a triste consequência da má administração de um notável recurso comum, o Aquífero Ogallala, um dos maiores reservatórios subterrâneos de água do mundo. Ele se estende em porções de oito estados das Grandes Planícies e se alastra sob mais de 450.000 quilômetros quadrados de solo, fornecendo água potável para milhões de pessoas. A água no Aquífero de Ogallala foi depositada entre 2 e 6 milhões de anos atrás, quando a região das Grandes Planícies era geologicamente ativa. Como você pode imaginar, água que foi depositada há milhões de anos não pode ser reabastecida rapidamente. Muitas partes do Ogallala que agora estão secas demandariam mais de 6.000 anos de chuva para ficarem cheias de novo.

Como isso aconteceu? A dizimação do Ogallala começou nos anos 1950, com a irrigação em grande escala de planícies agrícolas com águas subterrâneas. O bombeamento praticamente irrestrito das águas subterrâneas transformou milhões de hectares das Grandes Planícies semiáridas em uma das áreas mais produtivas do mundo para o cultivo de trigo, milho e outras culturas. Entretanto, sendo um recurso comum, os agricultores não tinham nenhum interesse em conservar a água do Ogallala. Como resultado, até mesmo as áreas mais áridas, como o extremo norte do Texas, foram persuadidas a plantar culturas sedentas de água, como o milho.

Enquanto algumas áreas nos estados das planícies do norte do país ainda têm água subterrânea suficiente para aproximadamente 200 anos, agricultores e moradores das planícies do sul sabem que os dias de abastecimento de água sem fim terminaram, pois grande parte do Aquífero Ogallala foi bombeada para níveis perigosamente baixos.

Alguns agricultores desistiram de tudo, enquanto outros mudaram para culturas menos sedentas ou para a pecuária. Todos na cadeia de suprimento, desde comerciantes de sementes até vendedores de tratores e ferrovias, acabaram ficando com menos renda.

O que é necessário é uma resposta multiestadual, já que o aquífero atravessa várias fronteiras estaduais. Infelizmente, tem havido pouca resposta coordenada. "A questão é que construímos algumas escolas e hospitais muito bonitos, e temos uma bela base tributária, tudo baseado em solo irrigado", diz uma autoridade local. "A luz está acesa já faz algum tempo; quando ficar escuro, as pessoas têm de estar prontas." Embora o que o futuro nos reserva seja desconhecido, neste momento está claro que os dias de ignorar o Aquífero Ogallala, um recurso comum, se foram.

Uso eficiente e conservação de um recurso comum

Como os recursos comuns apresentam problemas similares aos criados pelas externalidades negativas, as soluções também são similares. Para garantir o uso eficiente de um recurso comum, a sociedade precisa encontrar uma maneira de fazer os usuários individuais do recurso levarem em conta os custos que eles impõem aos outros usuários. É basicamente o mesmo princípio de fazer os indivíduos internalizarem uma externalidade negativa que surge de suas ações.

Há três maneiras fundamentais de induzir pessoas que usam recursos comuns a internalizarem os custos que impõem aos outros:

- Tributar ou regulamentar o uso do recurso comum.
- Criar um sistema de licenças comercializáveis para o direito de usar o recurso comum.
- Tornar o recurso comum excluível e atribuir direitos de propriedade a alguns indivíduos.

Como as atividades que geram externalidades negativas, o uso de um recurso comum pode ser reduzido até a quantidade eficiente pela imposição de um imposto pigouviano. Por exemplo, alguns países estabeleceram "tarifas de congestionamento" para quem dirige durante os horários de pico, na prática cobrando o uso do recurso comum que é o espaço nas ruas e estradas. Do mesmo modo, quem visita os parques nacionais tem de pagar uma entrada, e o número de visitas a qualquer parque é restringido.

Uma segunda maneira de corrigir o problema do excesso de uso é criar um sistema de licenças comercializáveis para o uso do recurso comum, bastante semelhante ao sistema criado para tratar externalidades negativas. O formulador de políticas emite certo número de licenças que correspondem ao nível eficiente de uso do bem. Ao tornar as licenças comercializáveis, garante que o direito de usar o bem seja alocado eficientemente – isto é, quem acaba usando o bem (quem se dispõe a pagar mais por uma licença) é quem se beneficia mais com seu uso.

Porém, em matéria de recursos comuns, muitas vezes a solução mais natural é atribuir direitos de propriedade. Em um nível fundamental, os recursos comuns estão sujeitos ao excesso de uso porque *ninguém é proprietário deles*. A essência da propriedade de um bem – o *direito de propriedade* sobre o bem – consiste em que se pode limitar quem usa e quem não usa o bem, assim como quanto do bem pode ser usado.

Quando um bem é não excluível, em um sentido muito real ninguém é dono dele, porque um direito de propriedade não pode ser aplicado e, consequentemente, ninguém tem incentivo para usá-lo de modo eficiente. Assim, uma maneira de corrigir o problema do excesso de uso é tornar o bem excluível e atribuir a alguém direitos de propriedade sobre ele. O bem, então, tem um proprietário com incentivo para proteger o valor do bem – para usá-lo eficientemente em vez de usá-lo em excesso.

Como a próxima seção Economia em Ação mostra, um sistema de licenças comercializáveis tem sido uma estratégia de sucesso em algumas áreas de pesca.

ECONOMIA >> *em Ação*

Salvando o oceano com quotas individuais transferíveis

Os oceanos estão ameaçados. Segundo um estudo do Programa Internacional sobre a Situação dos Oceanos, há risco iminente de extinção de numerosas espécies de peixes. Desde 2019, 40% dos estoques pesqueiros do Atlântico Norte e 87% dos estoques do Mediterrâneo se encontram em risco de colapso. No Mar do Norte, 93% do bacalhau são pescados antes que possa se reproduzir. E o atum rabilho, favorito no sushi japonês, está em perigo de extinção iminente, com os estoques atuais em menos de 97% de seus níveis naturais não pescados.

Não é surpresa que o principal culpado seja a pesca excessiva. O declínio dos estoques de peixe tem se acelerado à medida que os pescadores atingem águas cada vez mais profundas com suas grandes redes para capturar o peixe que sobra, matando involuntariamente muitas outras espécies marinhas no processo.

A indústria da pesca está em crise também, pois o rendimento dos pescadores diminui e, para obterem seu sustento, eles são obrigados a pescar por períodos mais longos em águas mais perigosas.

Talvez as cotas individuais transferíveis (CITs) possam oferecer uma solução para ambas as crises. Em um esquema de cotas, o pescador recebe uma licença que lhe dá o direito de pescar dada cota anual em certa área pesqueira. A CIT é dada por um período longo, algumas vezes por tempo indefinido. Como é transferível, o dono pode vendê-la ou arrendá-la.

Pesquisadores que analisaram 121 esquemas de CITs estabelecidos ao redor do mundo concluíram que tal arranjo pode ajudar a reverter o colapso da pesca, porque cada detentor de uma CIT tem agora um interesse econômico na preservação de longo prazo de sua área pesqueira específica. Essa visão é endossada pelo pescador comercial Arne Fuglvog, que explica que possuir parte do recurso ocasionou uma supervisão mais cuidadosa: "Queremos manter o recurso saudável. Não queremos pescar em excesso. Queremos continuar a ganhar a vida com isso enquanto pudermos e mantê-lo para as gerações futuras."

Sistemas de cotas individuais transferíveis, também chamados de esquemas de compartilhamento do pescado, são comuns na Nova Zelândia, Austrália, Islândia e, cada vez mais, nos Estados Unidos e no Canadá. (O programa de cota compartilhada para a pesca do caranguejo do Alasca, analisado no Capítulo 5, é exemplo de uma CIT norte-americana.) A pesca do halibute (peixe semelhante ao linguado) no Alasca é um exemplo de sucesso do esquema de CIT. Quando foi implementada, a temporada anual de pesca havia encolhido de quatro meses para dois ou três dias, resultando em competições perigosas entre os barcos. Agora, a temporada de pesca dura quase oito meses. Steve Gaines, diretor do Instituto de Ciências Marinhas na Universidade da Califórnia em Santa Bárbara diz: "Os pescadores de halibute mal conseguiam se sustentar, mas agora a pesca está absurdamente lucrativa."

>> *Revisão Rápida*

- Um **recurso comum** é rival no consumo, mas é não excluível.
- O problema dos recursos comuns é o **excesso de uso**: um usuário esgota a quantidade disponível para os outros, mas não leva em conta esse custo ao decidir quanto recurso comum usar.
- Assim como as externalidades negativas, um recurso comum pode ser administrado eficientemente por impostos pigouvianos, pela criação de um sistema de licenças comercializáveis para seu uso ou tornando-o excluível e atribuindo direitos de propriedade sobre ele.

>> *Teste seu entendimento* 17.3

As respostas estão no fim do livro.

1. A Floresta das Montanhas Rochosas, nos Estados Unidos, é uma área natural de propriedade do governo, onde cidadãos particulares no passado tinham permissão para colher quanta madeira quisessem, de graça. Formule em termos econômicos por que isso é um problema do ponto de vista da sociedade.
2. Você é o novo comissário dos serviços florestais e foi encarregado de apresentar maneiras de preservar a floresta para o público em geral. Indique três métodos diferentes que você poderia usar para manter um nível eficiente de atividade florestal e explique como cada um deles funcionaria. Para cada método, que informação você necessitaria a fim de alcançar um resultado eficiente?

Bens artificialmente escassos

Bem artificialmente escasso é um bem que é excluível, mas não rival no consumo. Como vimos, filmes pagos na televisão são um exemplo familiar. O custo marginal para a sociedade de permitir a um indivíduo assistir ao filme é zero, porque uma pessoa assistindo não estorva outras pessoas que também assistem. Mas a Amazon e empresas similares impedem o indivíduo de assistir a um filme se ele não pagou. Bens com *software*, *videogames* ou livros digitais, que são valorizados pelas informações que incorporam (e que às vezes são chamados de *bens de informação*), também são artificialmente escassos.

Um **bem artificialmente escasso** é excluível, mas não rival no consumo.

Como vimos, os mercados podem oferecer bens artificialmente escassos: como eles são excluíveis, os produtores podem cobrar as pessoas por seu consumo.

Mas bens artificialmente escassos são não rivais no consumo, o que significa que o custo marginal do consumo de um indivíduo é zero. Assim, o preço que o provedor de um bem artificialmente escasso cobra excede o custo marginal. Como o preço eficiente é igual ao custo marginal de zero, o bem é "artificialmente escasso", e o consumo do bem é ineficientemente baixo. Contudo, a não ser que o produtor possa de algum modo obter receita por produzir e vender o bem, ele não estará disposto a produzi-lo – resultado que deixa a sociedade em situação ainda pior do que do que estaria com um consumo positivo mas ineficientemente baixo.

A Figura 17.5 ilustra a perda de excedente total causada pela escassez artificial. A curva de demanda mostra a quantidade de filmes sob demanda a que se assiste por qualquer preço dado. O custo marginal de permitir que uma pessoa adicional assista ao filme é zero; assim, a quantidade eficiente de filmes assistidos é Q_{OPT}. A empresa de *streaming* cobra um preço positivo, nesse caso $ 4, para se assistir ao filme e, como resultado, apenas filmes sob demanda do Q_{MKT} serão assistidos. Isso leva a um peso morto igual à área do triângulo sombreado.

Parece familiar? Como os problemas que surgem com bens públicos e recursos comuns, o problema criado por bens artificialmente escassos é semelhante a algo que já vimos: nesse caso, é o problema do *monopólio natural*. Um monopólio natural, como você recorda, é uma indústria em que o custo total médio fica acima do custo marginal na amplitude de produção relevante. Para se dispor a produzir, o produtor precisa cobrar um preço que seja pelo menos igual ao custo total médio, isto é, um preço acima do custo marginal. Mas um preço acima do custo marginal leva a um consumo ineficientemente baixo.

ECONOMIA >> *em Ação*

Pirataria do século XXI

Pirataria de propriedade intelectual, ou PPI, consiste em cópia, distribuição ou uso ilegal da propriedade intelectual. A propriedade intelectual tem sido responsável por uma parcela cada vez maior da economia dos EUA: desde 2019, a propriedade intelectual patenteada representa 74% das exportações dos EUA. Portanto, a extensão da PPI é cuidadosamente monitorada, com o FBI dedicando recursos substanciais para combatê-la.

Figura 17.5 Um bem artificialmente escasso.

Um bem artificialmente escasso é excluível e não rival no consumo. Ele se torna artificialmente escasso porque os produtores cobram um preço positivo, mas o custo marginal de permitir que mais uma pessoa consuma o bem é zero. Neste exemplo, o preço de mercado de um filme *on-demand* é $ 4, e a quantidade demandada a esse preço é Q_{MKT}. Mas o nível eficiente de consumo é Q_{OPT}, a quantidade demandada quando o preço é zero. A quantidade eficiente, Q_{OPT}, excede a quantidade demandada em um mercado não regulado, Q_{MKT}. A área sombreada representa a perda de excedente total por causa da cobrança de um preço de $ 4.

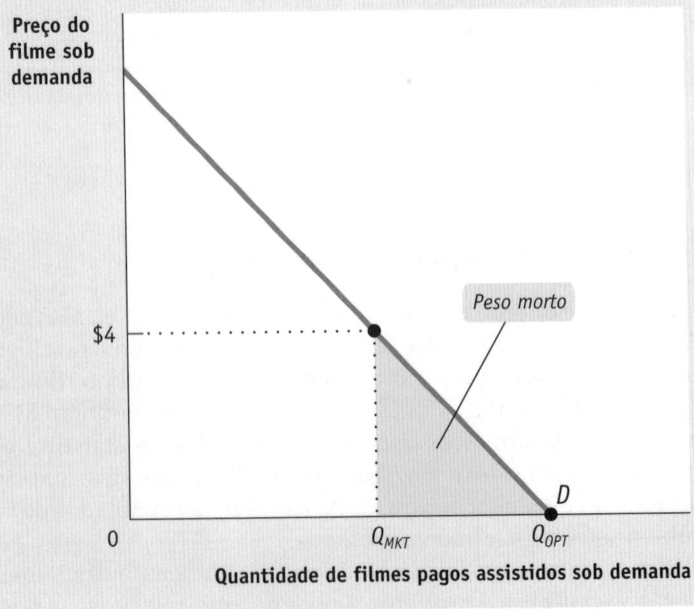

As formas mais comuns incluem pirataria de *software*, *hardware* digital sofisticado, produtos falsificados, filmes, música e jogos. É uma indústria global que custou aos proprietários dos direitos de propriedade intelectual – músicos, atores, estúdios de cinema, empresas de software e criadores de software e jogos – mais de US$ 1 trilhão em 2019. Por exemplo, o Torrentfreak.com, site que rastreia downloads ilegais, descobriu que o episódio final do Game of Thrones foi baixado ilegalmente 1,5 milhão de vezes dentro de oito horas de sua transmissão. E a Business Software Alliance estima que 36% de todo o software em uso é pirateado.

Autoridades têm intensificado seus esforços para combater a pirataria. No Canadá, os ISPs (provedores de serviços de internet) agora mantêm controle de downloads ilegais, com multas de até $ 5.000 por download ilegal. O FBI agora se uniu à Interpol, a agência internacional de combate ao crime, para encontrar, acusar e extraditar para os Estados Unidos indivíduos que realizem operações de pirataria em larga escala no exterior.

Qual é a conexão com mercadorias artificialmente escassas? Ela decorre do fato de que, uma vez criado um bem de propriedade intelectual, o custo marginal para entregar outra unidade a um consumidor é praticamente zero – envolve apenas alguns segundos de download na internet. E, como os bens de propriedade intelectual não são rivais no consumo, o meu consumo de uma versão pirata do filme Os Vingadores ou de um jogo de computador não impede ou reduz o seu consumo.

Entretanto, se criadores de filmes e jogos não puderem cobrar pelo direito de usar seus produtos, eles simplesmente não os produzirão. (Isto explica por que as versões gratuitas de software ou jogos são *knock-offs*[2] de versões comerciais e têm qualidade inferior.) Portanto, os bens de propriedade intelectual devem ser tornados artificialmente escassos. Entretanto, isso cria incentivo para pirateá-los. Portanto, você pode ter certeza de que as agências de aplicação da lei estão engajadas em sua própria versão do jogo whack-a-mole (acerte a marmota)[3] em seus esforços para acabar com a pirataria de propriedade intelectual.

>> Revisão Rápida

- Um **bem artificialmente escasso** é excluível, mas é não rival no consumo.
- Como o bem é não rival no consumo, o preço eficiente para os consumidores é zero. Contudo, porque ele é excluível, os vendedores cobram preço positivo, o que leva a um consumo ineficientemente baixo.
- Os problemas dos bens artificialmente escassos são similares aos que se apresentam no caso do monopólio natural.

>> Teste seu entendimento 17.4

As respostas estão no fim do livro.

1. Xena é um programa de computador produzido pela Xenoid. Todo ano, a Xenoid produz uma atualização que custa $ 300.000 para produzir. Não custa nada permitir que os clientes entrem no *site* da companhia e baixem o programa. A tabela de demanda para a atualização aparece a seguir.
   a. Qual é o preço eficiente dessa atualização para um consumidor? Explique.
   b. Qual é o preço mais baixo pelo qual a Xenoid se dispõe a vender essa atualização? Trace a curva de demanda e mostre a perda de excedente total que ocorre quando a Xenoid cobra esse preço comparado com o preço eficiente.

Preço da atualização	Quantidade de atualizações demandadas
$ 180	1.700
150	2.000
120	2.300
90	2.600
0	3.500

[2] N. R.: *Knock-offs* são produtos que imitam outros produtos, mas que não são considerados falsificações porque não trazem a marca do produto imitado.

[3] N. T.: Jogo de parques de diversão que consiste em acertar com um martelo marmotas que aparecem aleatoriamente em buracos. É usando como metáfora de um trabalho interminável, em que se tenta acabar com algo que sempre volta a aparecer.

CASO EMPRESARIAL

Salvando a "Fera": ecoturismo protege as onças-pintadas do Brasil

"Seu nome é *Fera* – 'Beast', em português. Ela tem quase quatro anos agora, 66 quilos", sussurrou Haberfeld para um jipe cheio de humanos que olhavam para uma onça-pintada a pouco menos de 20 metros de distância. Há apenas alguns anos, a vida de Fera estaria em grande perigo se ela tivesse permitido que os seres humanos se aproximassem tanto. Agora, graças ao trabalho de Mario Haberfeld e seu Projeto Onçafari, Fera e sua descendência estão prosperando.

Hoje, as onças-pintadas são as superestrelas do Refúgio Ecológico Caiman, uma propriedade de luxo ecoturístico de 53.000 hectares no Brasil. As onças-pintadas costumavam vagar do Grand Canyon até a Argentina. Mas, tendo perdido metade de seu alcance natural, o refúgio Caiman é agora um bastião crucial para os grandes felinos. A região onde se localiza – o Pantanal brasileiro – é o maior pântano tropical do mundo, uma vasta savana maior do que a Inglaterra. Na estação chuvosa, ela se enche de vida selvagem; na estação seca, é o lar de uma robusta indústria de gado ao ar livre. No refúgio Caiman, mais de 100 onças-pintadas – com machos pesando até 136 quilos – cruzam o caminho de 30.000 cabeças de gado.

E aí está a questão. Embora seja ilegal caçar onças-pintadas no Brasil, a lei foi rotineiramente desrespeitada, já que boiadeiros e proprietários de terras atiravam nos principais predadores da cadeia alimentar que conseguiam avistar. Conforme comentou o biólogo do projeto, "As pessoas associam as onças-pintadas à perda de dinheiro. Elas são vistas como as vilãs". A visão de Haberfeld não foi a de tentar fazer cumprir a lei existente. Em vez disso, era fazer com que os fazendeiros começassem a ver as onças-pintadas como condutoras de lucro e não como fontes de prejuízo.

Para conseguir isso, Haberfeld apresentou-lhes uma clara visão de custo-benefício. As onças-pintadas matam cerca de 1% das cabeças de gado dos fazendeiros em um ano. "Isso, para ele [o fazendeiro], não é nada", nas palavras de Haberfeld. Mas, acrescentando a suas vastas fazendas pecuaristas pousadas de ecoturismo focadas na onça-pintada, os fazendeiros poderiam ganhar dinheiro tanto com o gado quanto com os grandes felinos, argumentou ele. Uma vez que convenceu os fazendeiros a poupar os animais, ele trabalhou com biólogos para habituá-los à presença humana próxima.

E funcionou. Em 2012, apenas 7% dos visitantes do refúgio Caiman viram onças e muitos outros expressaram desapontamento por não vê-las. Em 2016, 72% dos visitantes viram os grandes felinos, subindo a quantidade para 95% na estação seca. E o impacto econômico é real: pesquisas mostram que 85% dos visitantes do refúgio Caiman escolhem um alojamento de acordo com o índice local de avistamentos de onças-pintadas, com os alojamentos mais bem-sucedidos rendendo o equivalente a cerca de 7.000 dólares por visitante. A chave, segundo Haberfeld, era entender que os fazendeiros são, acima de tudo, homens de negócios e que o resultado financeiro prevalecerá. Haberfeld vê como missão mudar as atitudes dos fazendeiros. Ou seja, criar as condições para que, como diz Haberfeld a respeito deles: "então o cara vai entender: 'Puxa, estou perdendo dinheiro matando onças'".

QUESTÕES PARA PENSAR

1. Usando os conceitos aprendidos neste capítulo, explique os incentivos econômicos por trás da perda do hábitat natural das onças-pintadas e da matança dos animais.
2. Utilizando também os conceitos deste capítulo, explique a mudança nos incentivos que levaram à proteção das onças-pintadas do Refúgio Ecológico Caiman.

RESUMO

1. Os bens podem ser classificados de acordo com as características de serem ou não **excluíveis** e serem ou não **rivais no consumo**.
2. O mercado livre pode suprir níveis eficientes de produção e consumo de **bens privados**, que são tanto excluíveis quanto rivais no consumo. Quando os bens são não excluíveis, não rivais no consumo ou ambos, os mercados livres não conseguem alcançar um resultado eficiente.
3. Quando os bens são **não excluíveis**, acontece o **problema das caronas**: os consumidores não pagam pelo bem, o que leva a uma produção ineficientemente baixa. Quando os bens são **não rivais no consumo**, eles devem ser ofertados de graça, e qualquer preço positivo leva a um consumo ineficientemente baixo.
4. Um **bem público** é não excluível e não rival no consumo. Na maioria dos casos, um bem público tem de ser fornecido pelo governo. O benefício marginal social de um bem público é igual à soma dos benefícios marginais individuais para cada consumidor. A quantidade eficiente de um bem público é a quantidade pela qual o benefício marginal social é igual ao custo marginal. Assim como uma externalidade positiva, o benefício marginal social é maior do que o benefício marginal de qualquer indivíduo sozinho e, por isso, nenhum indivíduo se dispõe a fornecer a quantidade eficiente.
5. Uma razão para a presença do governo é que ele permite que os cidadãos estabeleçam tributos a serem pagos por eles mesmos a fim de se fornecerem bens públicos. Os governos usam a **análise de custo-benefício** para determinar a provisão eficiente de um bem público. Contudo, tal análise é difícil porque os indivíduos têm incentivo para exagerar o valor que o bem tem para eles.
6. Um **recurso comum** é rival no consumo, mas não excluível. Ele está sujeito ao **excesso de uso**, porque um indivíduo não leva em conta o fato de que o seu uso esgota a quantidade disponível para os outros. Isso é similar ao problema da externalidade negativa: o custo marginal social do uso do recurso comum por parte de um indivíduo é sempre mais alto que seu custo marginal individual. São soluções possíveis: impostos pigouvianos, a criação de um sistema de licenças comercializáveis ou a atribuição de direitos de propriedade.
7. **Bens artificialmente escassos** são excluíveis, mas não rivais no consumo. Como não há custo marginal em permitir a mais um indivíduo consumir o bem, o preço eficiente é zero. Um preço positivo compensa o produtor pelo custo de produção, mas leva a um consumo ineficientemente baixo. O problema dos bens artificialmente escassos é similar ao do monopólio natural.

PALAVRAS-CHAVE

Análise de custo-benefício, p. 502
Bem artificialmente escasso, p. 507
Bem privado, p. 494
Bem público, p. 497
Excesso de uso, p. 504
Excluível, p. 494
Não excluível, p. 494
Não rival no consumo, p. 494
Problema das caronas, p. 495
Recurso comum, p. 504
Rivais no consumo, p. 494

QUESTÕES PARA PENSAR

1. Antes de 2003, a cidade de Londres parecia às vezes um imenso estacionamento. O congestionamento de trânsito era comum e se podia levar horas para percorrer uns poucos quilômetros. Cada motorista adicional contribuía para o congestionamento, que pode ser medido pelo número total de veículos nas ruas de Londres. Embora cada motorista sofresse por gastar tempo precioso no trânsito, nenhum pagava pela inconveniência que causava aos demais. O custo total do transporte inclui o custo de oportunidade do tempo gasto no trânsito e quaisquer taxas cobradas pelas autoridades londrinas.
   a. Trace um gráfico ilustrando o excesso de uso das ruas de Londres, supondo que não se cobre uma taxa para entrar com veículo na cidade e que as ruas sejam um recurso comum. Ponha o custo de fazer o trajeto no eixo vertical e a quantidade de carros no eixo horizontal. Trace a demanda típica, o custo marginal individual (*MC*), o custo marginal social (*MSC*) e indique o ponto de equilíbrio. (*Dica*: o custo marginal leva em conta o custo de oportunidade de perder tempo em trânsito para o motorista individual, mas não a inconveniência causada aos demais.)
   b. Em fevereiro de 2003, a prefeitura de Londres começou a cobrar uma taxa de congestionamento de 5 libras para todos os veículos circulando na cidade. Ilustre os efeitos dessa taxa de congestionamento em seu gráfico e indique o novo ponto de equilíbrio. Suponha que um novo ponto de equilíbrio não tenha alcançado o ponto ótimo (isto é, suponha que a taxa de £ 5 seja baixa demais em relação ao que seria eficiente).
   c. A taxa de congestionamento foi aumentada para £ 9 em janeiro de 2011. Ilustre o novo ponto de equilíbrio no seu gráfico, supondo agora que a nova taxa esteja no ponto ótimo.
2. Butchart Gardens é um imenso jardim situado na cidade de Victoria, Colúmbia Britânica, Canadá, famoso por suas belas plantas. É tão grande que poderia suportar muito mais visitantes do que os que atualmente o visitam. O jardim cobra uma entrada de aproximadamente $ 30. A esse preço, recebe 1.000 visitantes por dia. Se a entrada fosse de graça, 2.000 pessoas por dia visitariam o jardim.
   a. As visitas ao jardim são excluíveis ou não excluíveis? São rivais ou não rivais? Que tipo de bem são elas?

b. Em um gráfico, ilustre a curva de demanda para visitantes de Butchart Gardens. Indique a situação quando o jardim cobra uma entrada de $ 30. Indique também a situação quando o jardim não cobra entrada.

c. Ilustre o peso morto de cobrar entrada de $ 30. Explique por que cobrar uma entrada de $ 30 é ineficiente.

3. Ao desenvolver uma vacina para a Covid-19, uma companhia farmacêutica incorre em custos fixos muito elevados. O custo marginal de fornecer a vacina aos pacientes, contudo, é desprezível (podemos considerá-lo igual a zero). A companhia farmacêutica detém a patente exclusiva dessa vacina. Você está na agência reguladora que tem de decidir o preço que a companhia farmacêutica será autorizada a cobrar.

a. Trace um gráfico mostrando o preço da vacina que seria cobrado se a companhia não fosse regulada e indique-o por P_M. Qual é o preço eficiente para a vacina? Mostre a perda por peso morto que decorre do preço P_M.

b. Em outro gráfico, mostre o preço mais baixo possível que a agência reguladora pode fazer cumprir e, ainda assim, induzir a companhia farmacêutica a desenvolver a vacina. Indique-o por P^*. Mostre o peso morto que deriva desse preço. Como ele se compara com a perda por peso morto que surge do preço P_M?

c. Suponha que você tenha informação precisa sobre o custo fixo da companhia. Como poderia usar os preços administrados para a companhia farmacêutica combinando-os com subsídios para a companhia, de modo a ter a quantidade eficiente de vacina fornecida ao governo pelo custo mais baixo?

PROBLEMAS

1. O governo está envolvido no fornecimento de muitos bens e serviços. Para cada um dos bens ou serviços listados, determine se ele é rival ou não rival no consumo e se é excluível ou não excluível. Que tipo de bem é? Sem envolvimento governamental, a quantidade fornecida seria eficiente, ineficientemente baixa ou ineficientemente alta?

a. Sinalização das ruas

b. Serviço de transporte ferroviário

c. Regulamentação limitando a poluição

d. Uma rodovia interestadual sem pedágio

e. Um farol no litoral

2. Um economista dá o seguinte conselho ao diretor de um museu: "Você deveria introduzir 'preço para horário de pico': nos horários em que o museu tem poucos visitantes, você deixaria a entrada livre. E nos horários em que o museu tem muitos visitantes, deveria cobrar uma entrada mais alta."

a. Quando o museu está tranquilo, ele é rival ou não rival no consumo? É excluível ou não excluível? Que tipo de bem é o museu nesses horários? Qual seria o preço eficiente para cobrar dos visitantes nesse horário e por quê?

b. Quando o museu está lotado, ele é rival ou não rival no consumo? É excluível ou não excluível? Que tipo de bem é o museu nesses horários? Qual seria o preço eficiente a cobrar dos visitantes nesse horário e por quê?

3. Em muitas comunidades planejadas, vários aspectos da vida comunitária estão sujeitos a regulamentos da associação dos proprietários das unidades residenciais. Essas regras podem regular aspectos de arquitetura, exigir a remoção de neve das calçadas, proibir que se tenham instalações ao ar livre como piscinas no quintal, exigir conduta adequada nos espaços comuns como o clube da comunidade e assim por diante. Suponha que tenha surgido um conflito, pois alguns donos de residências acham que a regulamentação é exageradamente intrometida. Você foi chamado para mediar a disputa. Usando os conceitos de bem público e recursos comuns, que tipos de regulamentação se justificam e quais não?

4. A tabela a seguir mostra o benefício marginal individual de Tanisha e de Ari derivado de diferentes números de limpeza de rua por mês. Suponha que o custo marginal da limpeza de rua seja constante em $ 9 cada.

a. Se Tanisha tivesse de pagar ela própria pela limpeza das ruas, quantas vezes por mês haveria limpeza de rua?

b. Calcule o benefício marginal social da limpeza de rua. Qual é o número ótimo de limpeza de rua por mês?

c. Considere o número ótimo de limpezas de rua. A última limpeza de rua desse número ótimo custa $9. Tanisha estaria disposta a pagar por essa última limpeza ela própria? Ari estaria disposto a pagar por essa última limpeza ele próprio?

Quantidade de limpezas de rua por mês	Benefício marginal individual de Tanisha	Benefício marginal individual de Ari
0		
	$ 10	$ 8
1		
	6	4
2		
	2	1
3		

5. Quem quer que tenha um receptor de rádio pode ouvir as emissoras abertas ou públicas, financiadas em grande medida por doações.

a. A estação de rádio pública é excluível ou não excluível? Ela é rival no consumo ou não rival? Que tipo de bem é?

b. O governo deveria apoiar a rádio pública? Explique seu raciocínio.

c. A fim de se autofinanciar, a rádio pública decide transmitir apenas para aparelhos com receptor de satélite, cobrando uma tarifa dos usuários. Que tipo de bem seria a rádio pública? A quantidade dos ouvintes da rádio será eficiente? Por quê?

6. Seu professor de economia pede um trabalho em grupo para a matéria. Descreva o problema das caronas que pode levar a um resultado subótimo para seu grupo. Para combater esse problema, o assistente do professor pede que você avalie seus colegas em um relatório confidencial. Essa avaliação terá o efeito desejado?

7. A aldeia de Upper Bigglesworth tem um "terreno comum", um pedaço de terra em que cada aldeão, por lei, tem liberdade de colocar suas vacas para pastar. O uso do terreno comum é medido pelo número de vacas pastando nele. Suponha que a curva de custo marginal privado de vacas pastando no terreno comum tem inclinação para cima (digamos que seja em virtude de mais tempo gasto vigiando as vacas). Existe também uma curva de custo marginal social das vacas pastando no terreno comum: cada vaca adicional alimentada no pasto significa menos grama disponível para as outras, e o dano pelo excesso de uso do pasto do terreno comum aumenta à medida que aumenta o número de vacas pastando. Finalmente, suponha que o benefício privado para os habitantes da aldeia de cada vaca adicional pastando no terreno comum decline à medida que mais vacas pastam, pois cada vaca adicional tem menos grama para comer do que a anterior.

a. O terreno comum é excluível ou não excluível? É rival no consumo ou não rival? Que tipo de bem é o terreno comum dessa aldeia?

b. Trace um gráfico mostrando o custo marginal social, o custo marginal privado e o benefício marginal privado de vacas pastando no terreno comum, com a quantidade de vacas pastando no terreno comum no eixo horizontal. Como a quantidade de vacas pastando, na ausência de intervenção governamental, se compara com a quantidade eficiente? Mostre ambas em seu gráfico.

c. Os aldeões pedem o seu conselho sobre como alcançar o uso eficiente do terreno comum. Você diz a eles que há três possibilidades: um imposto pigouviano, a atribuição de direitos de propriedade sobre o terreno comum e um sistema de licenças comercializáveis pelo direito de deixar uma vaca pastar no terreno. Explique como cada uma dessas opções levaria ao uso eficiente do terreno comum. Ao atribuir direitos de propriedade, suponha que uma pessoa tenha os direitos sobre o terreno comum e sobre todas as vacas. Trace um gráfico que mostre o imposto pigouviano.

8. A tabela a seguir mostra a disposição de pagar de seis consumidores (seu benefício marginal individual) por uma cópia de arquivo MP3 de um álbum com músicas de Jay-Z. O custo marginal de tornar o arquivo acessível a um consumidor adicional é constante, em zero.

Consumidor	Benefício Marginal Individual
Adriana	$ 2
Bhagesh	15
Chizuko	1
Denzel	10
Emma	5
Frank	4

a. Qual seria o preço eficiente a cobrar por um *download* do arquivo?

b. Todos os seis consumidores são capazes de fazer *download* do arquivo de graça usando um serviço de parceria de arquivos, o Pantster. Que consumidores vão fazer o *download*? Qual será o excedente do consumidor total para esses consumidores?

c. O Pantster é encerrado por infringir a lei de direitos de propriedade intelectual. Agora, para fazerem *download*, os consumidores têm de pagar $ 4,99 a um *site* comercial de música. Quais consumidores vão fazer *download*? Qual será o excedente do consumidor total para esses consumidores? Que quantidade de excedente do produtor vai para o *site* comercial de música? Qual é o excedente total? Qual é o peso morto com a nova política de preços?

9. *Software* tem sido historicamente um bem escasso; é um bem não rival porque o custo de replicar um programa de computador é negligenciável uma vez feito o investimento para escrever os seus códigos. Mas as companhias de *software* o tornam excluível ao cobrarem a licença de uso. Recentemente, contudo, surgiram *softwares* abertos, a maioria dos quais pode ser baixada de graça e utilizados por qualquer um.

a. Discuta o problema das caronas que pode ocorrer no desenvolvimento de *software* aberto. Que efeito isso pode ter sobre a qualidade? Por que esse problema não existe para o *software* proprietário, como os produtos de uma companhia como Microsoft ou Adobe?

b. Argumenta-se que o *software* aberto atende uma demanda de mercado insatisfeita que os *softwares* proprietários ignoram. Trace um gráfico típico que ilustre como o *software* proprietário pode estar sendo produzido insuficientemente. Ponha o preço e o custo marginal do *software* no eixo vertical e a quantidade de *softwares* no eixo horizontal. Trace uma curva de demanda típica e uma curva de custo marginal que seja sempre igual a zero. Suponha que a companhia de *software* cobre por ele um preço positivo, *P*. Indique o ponto de equilíbrio e o ponto de eficiência.

10. Os norte-americanos se tornaram consumidores apaixonados do molho picante asiático Sriracha. O Sriracha é produzido pela Huy Fong Foods em Irwindale, Califórnia. Todos os anos, a empresa processa mais de 45 toneladas de pimentas para fazer seu molho delicioso. Mas assar todas essas pimentas tem tido uma consequência involuntária: poluição. Recentemente, os moradores locais começaram a reclamar de um odor pungente da planta que eles acreditavam ter provocado azia, sangramento do nariz e tosse.

A tabela hipotética mostra o benefício social marginal estimado (MSB) e o custo social marginal (MSC) da poluição que resulta das emissões de odores.

Quantidade de emissão de odor (milhares de unidades de odor)	Benefício social marginal ($ por unidade de odor)	Custo social marginal ($ por unidade de odor)
0	$ 80	$ 0
1	72	8

Quantidade de emissão de odor (milhares de unidades de odor)	Benefício social marginal ($ por unidade de odor)	Custo social marginal ($ por unidade de odor)
2	64	16
3	56	24
4	48	32
5	40	40
6	32	48
7	24	56
8	16	64
9	8	72
10	0	80

a. Como a poluição que resulta da produção do Sriracha pode ter um benefício social marginal?

b. Trace um gráfico do custo social marginal e do benefício social marginal do odor.

c. Qual é a quantidade de odor determinada pelo mercado?

d. Qual é o ganho social de reduzir uma unidade de odor da quantidade de odor determinada pelo mercado?

RESOLVA

11. Um condomínio residencial tem 100 residentes, que estão preocupados com a segurança. A tabela a seguir dá o custo total de contratar guardas de segurança por 24 horas, bem como o benefício individual total de cada residente.

Quantidade de guardas	Custo total	Benefício individual total de cada residente
0	$ 0	$ 0
1	150	10
2	300	16
3	450	18
4	600	19

a. Explique por que o serviço de segurança é um bem público para os residentes da comunidade.

b. Calcule o custo marginal, o benefício marginal individual de cada residente e o benefício marginal social.

c. Se um residente individual tivesse de decidir sobre contratar e pagar seguranças por conta própria, quantos guardas esse residente contrataria?

d. Se os residentes atuam em conjunto, quantos guardas eles vão contratar?

18 Análise Econômica do Estado de Bem-Estar

UM ASSUNTO DO CORAÇÃO

EM 2018, Kenneth Young, um encanador da do estado da Virgínia (EUA) de 53 anos com problemas cardíacos, não estava tomando seu remédio. Ele não tinha seguro-saúde e não tinha dinheiro para pagar o remédio do seu próprio bolso.

No entanto, ele pôde retomar o tratamento em 2019: em 1º de janeiro daquele ano, o estado da Virginia expandiu o Medicaid, programa governamental que cobre despesas de saúde para norte-americanos de baixa renda, e Young estava na primeira leva de novos inscritos. A Medicaid pagaria por seu tratamento.

Mais de 110 milhões de norte-americanos – cerca de um terço da população – recebem cobertura de saúde do governo, principalmente via Medicaid e Medicare,[1] este último um programa que cobre todos os residentes legais dos EUA com 65 anos ou mais. Milhões a mais recebem subsídios do governo para ajudá-los a adquirir seguros privados. A assistência médica também não é a única área em que a ajuda governamental é um grande fator na vida das pessoas. Mais de 60 milhões de norte-americanos recebem benefícios da Previdência Social, que apoia aposentados e pessoas com deficiência. Mais de 35 milhões recebem ajuda na compra de alimentos no âmbito do Programa de Assistência Nutricional Suplementar, frequentemente referido como *cupons de alimentação*. E mais de 25 milhões recebem subsídios que aumentam sua renda salarial por meio do *Earned Income Tax Credit* (Crédito de Imposto de Renda).

Em cada caso, o governo fornece alguma forma de ajuda aos indivíduos na tentativa de limitar a insegurança econômica e reduzir a desigualdade econômica. A coleção de programas que servem a tal propósito é conhecida como o *estado de bem-estar social*. Como mostram os números que acabamos de dar, o estado de bem-estar dos Estados Unidos é bastante extenso. Mas o estado de bem-estar desempenha um papel ainda maior nas economias da maioria dos outros países ricos.

Há intensa disputa política sobre o tamanho apropriado e o papel do estado de bem-estar social. De fato, pode-se argumentar que essa disputa incide principalmente sobre o que é a política, com os liberais[2] procurando expandir o alcance do estado de bem-estar social e os conservadores procurando reduzi-lo.

No entanto, há um amplo consenso político de que as famílias em dificuldades devem receber alguma ajuda. E é o que acontece: mesmo os conservadores geralmente aceitam um estado de bem-estar social razoavelmente extenso como um fato da vida. Os governos de todas as nações ricas desempenham papel importante em tudo, desde a assistência médica até a aposentadoria, a ajuda aos pobres e aos desempregados.

Começamos este capítulo discutindo a lógica dos programas do estado de bem-estar social. Em seguida, analisamos os dois principais programas que operam nos Estados Unidos: os *programas de apoio à renda*, dos quais a Previdência Social é de longe o maior, e os *programas de saúde*, dominados por Medicare e Medicaid, mas com a Lei de Cuidado Acessível (*Affordable Care Act*)[3] desempenhando um papel crescente. •

O QUE VOCÊ IRÁ APRENDER?

- O que é o **estado de bem-estar** e em que ele beneficia a sociedade?
- Quais são as causas e as consequências da pobreza?
- Como a desigualdade de renda nos Estados Unidos mudou ao longo do tempo?
- De que modo programas como a Previdência Social afetam a pobreza e a desigualdade de renda?
- Por que há debate sobre o tamanho do estado de bem-estar?
- Quais são as preocupações especiais sobre o **seguro-saúde privado** e como os governos agem para resolvê-las?

[1]N. R.: Os programas Medicaid e Medicare foram criados por legislação sancionada pelo presidente Lyndon Johnson em 1965.

[2]N. R.: O sentido do termo *liberal* nos Estados Unidos é bastante diferente do empregado no Brasil. Aqui, um "liberal" é aquele que defende a redução das barreiras comerciais e o livre movimento de capitais. Nos Estados Unidos, chama-se liberal o indivíduo que defende maior participação do Estado em políticas de bem-estar social, incluindo a proteção de minorias.

[3]N. R.: O *Patient Protection and Affordable Care Act* (Lei de Proteção ao Paciente e Cuidado Acessível), também conhecido como *Affordable Care Act* (ACA) e, mais popularmente, como *Obamacare* é consequência de lei sancionada pelo presidente Barak Obama em 2010. O programa ampliou o alcan ce dos seguros-saúde e subsidia o tratamento de saúde dos mais pobres.

|| Pobreza, desigualdade e políticas públicas

Estado de bem-estar social é o conjunto de programas governamentais destinados a aliviar as dificuldades econômicas.

Transferência governamental é um pagamento do governo a um indivíduo ou a uma família.

A expressão **estado de bem-estar** passou a significar a coleção de programas governamentais que se destinam a mitigar dificuldades econômicas. Uma proporção grande do gasto público em todos os países ricos consiste em **transferências governamentais** – pagamentos do governo a indivíduos e famílias – que proporcionam ajuda financeira aos pobres, assistência aos trabalhadores desempregados, renda para a previdência dos idosos e ajuda para pagar as contas médicas de quem tenha gastos muito elevados com saúde.

A lógica do estado de bem-estar

Há três razões ou argumentos econômicos em favor da criação do estado de bem-estar. Vamos examinar cada um deles.

1. Atenuar a desigualdade de renda. Suponha que a família Taylor, que tem renda de apenas $ 15.000 por ano, fosse receber do governo um cheque de $ 1.500. Esse dinheiro talvez permita aos Taylor ter um lugar melhor para morar, fazer refeições mais nutritivas ou melhorar significativamente sua qualidade de vida de outras maneiras. Suponha também que a família Fisher, com renda de $ 300.000 por ano, tenha de pagar um imposto extra de $ 1.500. Isso provavelmente não vai mudar muito o padrão de vida dela; no máximo, a família terá de abrir mão de alguns artigos de luxo sem grande importância.

Essa troca hipotética ilustra uma razão importante do estado de bem-estar: *atenuar a desigualdade de renda*. Como $ 1 marginal vale mais para uma pessoa pobre que para uma rica, transferências de renda modestas de ricos para pobres pouco prejudicarão os ricos, mas muito beneficiarão os pobres. Assim, de acordo com esse argumento, o governo que faz papel de Robin Hood, tirando dos ricos para dar aos pobres, faz mais bem que mal. Desde que os montantes sejam relativamente modestos, as ineficiências criadas pelas transferências serão compensadas pelos benefícios para a sociedade. Programas destinados a ajudar os pobres são **programas antipobreza**.

Programa antipobreza é um programa governamental projetado para ajudar os pobres.

2. Atenuar a insegurança econômica. Há uma segunda razão importante para o estado de bem-estar: *atenuar a insegurança econômica*. Quando acontecem coisas ruins, como uma enchente ou uma doença, quase sempre atingem um número limitado de pessoas. Por exemplo, durante as enchentes devastadoras que atingiram o Texas em 2017, milhões de texanos ficaram desabrigados. Mas as inundações deixaram o restante dos Estados Unidos ileso.

Imagine 10 famílias, cada uma das quais pode esperar receber no próximo ano $ 50.000, se nada der errado. Mas suponha que existe a probabilidade de alguma coisa *dar errado*, embora ninguém saiba com qual das famílias isso possa acontecer. Suponha que cada uma das famílias tenha 1 probabilidade em 10 de sofrer uma queda brusca de renda porque um dos seus membros perde o emprego ou tem gastos médicos muito altos. E suponha que esse evento produzirá danos graves para a família – por exemplo, um dos membros da família terá de abandonar a escola ou a família perderá sua casa.

Agora, suponha que haja um programa do governo para ajudar as famílias que passam por dificuldades, pagando essa ajuda por meio de impostos cobrados das famílias que passam por tempos bons. Pode-se argumentar que esse programa melhora a situação de todas as famílias, pois as que não estão recebendo ajuda poderão precisar dela em algum momento no futuro. Cada família se sentirá mais segura sabendo que o governo está pronto a ajudar caso aconteça um desastre. Programas destinados a oferecer proteção contra dificuldades financeiras imprevisíveis são conhecidos como **programas de previdência social**.

Programa de previdência social é um programa governamental projetado para fornecer proteção contra dificuldades financeiras imprevisíveis.

Estas duas razões para o estado de bem-estar, atenuar a desigualdade de renda e a insegurança econômica, estão intimamente relacionadas com o *princípio da capacidade de pagamento* que aprendemos no Capítulo 7. Recorde como o princípio da capacidade de pagamento é usado para justificar a tributação progressiva: ele diz que pessoas com baixa renda, para as quais um dólar a mais faz uma grande diferença no bem-estar econômico, devem pagar uma fração menor de sua renda em impostos do que pessoas com renda mais alta, para as quais um dólar a mais faz muito menos diferença. O mesmo princípio sugere que quem tem rendimentos muito baixos deve na verdade receber dinheiro de volta do sistema tributário.

3. Reduzir pobreza e proporcionar acesso a assistência médica. A terceira e última razão importante para o estado de bem-estar relaciona-se com os *benefícios sociais da redução da pobreza e do acesso à saúde*, especialmente quando se aplica às crianças de famílias pobres. Pesquisadores têm documentado que essas crianças, na média, sofrem desvantagem ao longo da vida. Mesmo após ajustes de diferenças de capacidade, as crianças de origem economicamente desfavorecida são mais propensas a subemprego ou desemprego, a envolverem-se com o crime e a sofrerem problemas crônicos de saúde – problemas que, em conjunto, impõem custos sociais significativos. Assim, conforme a evidência, programas que ajudam a aliviar a pobreza e dão acesso a cuidados de saúde geram benefícios externos para a sociedade.

De maneira mais ampla, alguns filósofos políticos argumentam que princípios de justiça social exigem da sociedade cuidar dos pobres e dos desafortunados. Outros discordam, argumentando que o estado de bem-estar ultrapassa o que seria o papel próprio do governo. Em grande medida, a diferença entre essas duas posições filosóficas define o que no contexto político específico dos Estados Unidos significa *liberalismo* e *conservadorismo*.

Porém, antes de embarcamos nos argumentos, é importante perceber que na realidade as coisas não são tão definidas. Mesmo conservadores que acreditam no governo limitado normalmente apoiam alguns programas do estado de bem-estar. E mesmo economistas que apoiam os objetivos do estado de bem-estar preocupam-se com os efeitos da ajuda em grande escala aos pobres e desafortunados no que concerne a incentivos para trabalhar e poupar. Como os impostos, os programas do estado de bem-estar podem criar substanciais perdas provocadas por peso morto, de modo que seus verdadeiros custos econômicos podem ser bem maiores que o custo monetário direto.

Vamos abordar os custos e benefícios do estado de bem-estar mais tarde neste capítulo. Primeiro, examinemos os problemas com que o estado de bem-estar tem de lidar.

O problema da pobreza

Mas o que se entende exatamente por pobreza? Qualquer definição é um tanto arbitrária. Desde 1965, contudo, o governo dos Estados Unidos mantém uma definição oficial da **linha de pobreza**: um mínimo de renda anual considerado adequado para a compra das necessidades básicas para viver. Famílias cuja renda seja inferior à linha de pobreza são consideradas pobres.

Linha de pobreza é a renda anual abaixo da qual uma família é oficialmente considerada pobre.

A linha oficial de pobreza depende do tamanho e da composição da família e é ajustada anualmente para refletir as mudanças no custo de vida. Em 2018, a linha de pobreza para um adulto vivendo sozinho era US$ 12.140, enquanto a linha de pobreza para uma família de dois adultos e duas crianças era US$ 25.100.[4]

Tendências da pobreza

Embora os Estados Unidos como um todo tenham se tornado muito mais ricos nas últimas décadas, a linha de baixo na Figura 18.1 mostra que a **taxa de pobreza** oficial dos EUA – a porcentagem da população norte-americana que vive abaixo da linha de pobreza – não diminuiu. A linha de baixo na Figura 18.1 mostra a taxa de pobreza de 1967 a 2018. Como se pode ver, desde 1967 a pobreza tem flutuado para cima e para baixo, sem uma tendência clara em longo prazo. Em 2018, a taxa

Taxa de pobreza é a porcentagem da população que vive abaixo da linha de pobreza.

[4]N. T.: No Brasil, são consideradas pobres as famílias com renda *per capita* (por indivíduo) inferior a 5,50 dólares por dia. Aproximadamente R$ 840 por mês, ao câmbio de R$ 5,10 por dólar.

Figura 18.1 Tendências da taxa de pobreza nos Estados Unidos, 1967-2018.

A taxa oficial de pobreza não mostrou nenhuma tendência clara desde o final dos anos 1960. Entretanto, uma medida alternativa, conhecida como medida suplementar de pobreza (*Supplemental Poverty Measure* – SPM), que a maioria dos especialistas considera ser mais precisa, diminuiu modestamente.

Dados de: U.S. Census Bureau; Fox, Liana, et al., NBER Report No. w19789.

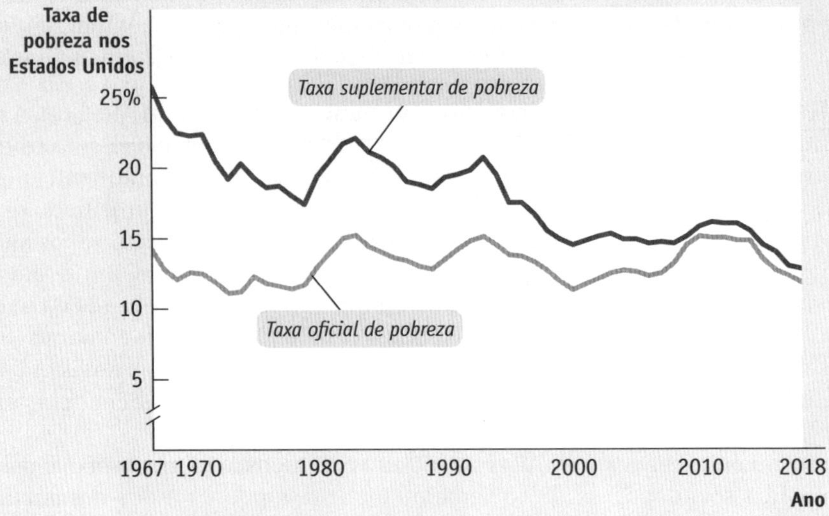

de pobreza foi aproximadamente a mesma que havia sido durante os anos 1960, embora os Estados Unidos como um todo fossem muito mais ricos.

Em resposta a esse resultado surpreendente, os pesquisadores identificaram uma série de limitações à medida oficial da pobreza, das quais a mais importante é que a definição de renda não inclui de fato muitas formas de ajuda governamental. Por exemplo, ela exclui o valor monetário dos cupons de alimentação.[5] Assim, o Escritório do Censo dos EUA libera agora uma *Medida Suplementar de Pobreza* que inclui a renda da ajuda governamental, uma medida que os especialistas consideram ser mais precisa. A linha de cima na Figura 18.1 mostra como a taxa de pobreza, de acordo com essa medida, mudou ao longo do tempo. Embora mostre mais progresso do que a medida padrão, a mudança ainda é surpreendentemente pequena considerando que a renda real total nos Estados Unidos aumentou mais de 250%.

Quem são os pobres?

Há uma imagem amplamente difundida da pobreza nos Estados Unidos: família afro-americana ou hispânica na qual não há marido presente e a chefe de família é uma mulher desempregada pelo menos em parte do tempo. Essa imagem não está completamente fora da realidade: a pobreza é desproporcionalmente elevada entre os afro-americanos e os hispânicos, bem como entre as famílias chefiadas por mulheres. Mas a maioria dos pobres não corresponde a esse estereótipo.

Em 2018, cerca de 38,1 milhões de norte-americanos eram considerados pobres – 11,8% da população, ou mais de uma entre sete pessoas. Dos que estão na pobreza, o maior grupo é o dos brancos não hispânicos, representando 41% do total. Seguem os hispânicos, representando 28% dos pobres; depois, os afro-americanos com 23% e os asiáticos com 5%. Entretanto, os afro-americanos, hispânicos e asiáticos são mais propensos a serem pobres do que os brancos não hispânicos. E um terço de todas as pessoas em situação de pobreza são crianças e bebês: cerca de uma entre seis crianças nos Estados Unidos vive na pobreza.

Existe também correlação entre o arranjo familiar e a pobreza. Famílias em que o cabeça era uma mulher sem marido presente tinham taxa de pobreza muito elevada: 24,9%. Os casais tinham muito menos probabilidade de serem pobres,

[5]N. T.: O Programa de Assistência de Suplementação Alimentar (*Supplemental Nutrition Assistance Program*, SNAP) é um programa que oferece auxílio monetário para as famílias em dificuldades adquirirem alimentos. Foi criado em 1939 e se chamava originalmente "Programa de Cupom de Alimentação" (*Food Stamp Program*), sendo popularmente chamado dessa forma até hoje.

com taxa de pobreza de apenas 4,7%, mas ainda assim cerca de 39% das famílias pobres eram casais.

O que realmente chama a atenção nesses dados, contudo, é a associação entre pobreza e falta de emprego adequado. Adultos que trabalham em tempo integral têm pouca probabilidade de serem pobres: apenas 2,3% dos trabalhadores em tempo integral eram pobres em 2018. Muitos setores, em particular no comércio varejista e nos serviços, hoje se apoiam basicamente em trabalhadores de tempo parcial. Além de não oferecer benefícios como planos de saúde, férias remuneradas e aposentadoria, a maior parte dos trabalhos em tempo parcial paga salários por hora inferiores aos trabalhos comparáveis em tempo integral. O resultado é que muitos dos pobres são *pobres que trabalham*: pobres cuja renda cai na linha de pobreza ou abaixo dela. A pandemia do coronavírus ilustra muitos dos desafios que os trabalhadores pobres enfrentam: por razões financeiras, escolher trabalhar enquanto estão doentes ou renunciar aos cuidados médicos.

O que causa a pobreza?

Frequentemente se atribui a pobreza à falta de educação, e o nível de educação claramente tem um efeito forte sobre o nível de renda; quem tem mais educação ganha em média uma renda maior do que quem tem menos educação. Por exemplo, em 1979, a média do salário por hora de homens com diploma universitário era 29% mais alta do que a dos que tinham apenas um diploma de ensino médio; em 2019, esse "prêmio de universitário" tinha aumentado para 92%.

A falta de proficiência na língua inglesa também é uma barreira para a obtenção de renda maior. Por exemplo, os trabalhadores mexicanos nos Estados Unidos, dois terços dos quais não têm diploma de escola secundária e muitos dos quais falam mal o inglês, ganham menos da metade do que ganham os nascidos nos EUA.

E é importante não esquecer o papel da discriminação racial e de gênero; embora a discriminação hoje seja menos difundida do que era 60 anos atrás, ela continua sendo uma barreira grande ao avanço de muitos norte-americanos. Não brancos com nível de educação comparável ganham menos e têm menor probabilidade de estar empregados do que os brancos. Os estudos verificam que homens afro-americanos sofrem discriminação persistente dos empregadores em favor de brancos, mulheres afro-americanas e imigrantes hispânicos. Mulheres ganham renda menor do que os homens com qualificação similar.

Além disso, uma fonte importante de pobreza que não deve ser ignorada é a falta de sorte. Muitas famílias caem na pobreza quando um assalariado perde seu emprego ou um membro da família fica seriamente doente.

Alguns dos azares que levam à pobreza afligem grupos de pessoas em vez de indivíduos. Em particular, há altas concentrações de norte-americanos pobres em regiões geográficas que foram deixadas para trás pelas mudanças econômicas. Considere, por exemplo, o condado de Harlan, Kentucky, um antigo centro de mineração de carvão que foi deixado para trás por mudanças nos mercados e na tecnologia. Mais de 40% dos residentes do condado – que são 96% brancos – estão abaixo da linha de pobreza.

Consequências da pobreza

As consequências da pobreza são muitas vezes graves e duradouras, especialmente para crianças. A pobreza está frequentemente associada à falta de acesso aos cuidados de saúde, o que pode levar a problemas de saúde que corroem a capacidade de frequentar a escola e trabalhar mais tarde em vida. A habitação a preços acessíveis também é frequentemente um problema, levando as famílias pobres a mudarem-se com frequência, interrompendo os esquemas escolares e de trabalho.

Estudos médicos recentes mostraram que crianças criadas em condições de extrema pobreza tendem a sofrer dificuldades de aprendizagem ao longo da vida. Como resultado, as crianças norte-americanas que crescem na pobreza ou perto dela tendem a ficar em desvantagem ao longo de suas vidas. Mesmo crianças talentosas que vêm de famílias pobres dificilmente terminarão a faculdade.

Uma pesquisa de longo prazo realizada pelo Departamento de Educação dos EUA acompanhou estudantes a partir da oitava série de acordo com a capacidade e com renda e emprego dos pais. Entre os estudantes que ficaram no grupo dos 25% mais bem classificados nos testes de aptidão, mas que vieram de meios economicamente desfavorecidos, apenas 29% terminaram a faculdade. Estudantes igualmente talentosos de famílias com maior renda tiveram 74% de chance de terminar. Os resultados mostram que, como as crianças de origens menos favorecidas têm muito menos probabilidade de completar a educação de que necessitam para superar a pobreza, em um grau importante, a pobreza tende a se perpetuar.

Os economistas Raj Chetty, John Friedman e Nathaniel Hendren, do Opportunity Insights Project da Universidade Harvard, descobriram que a concentração geográfica da pobreza é especialmente deletéria. Crianças que crescem em bairros pobres com taxas mais altas de estruturas familiares instáveis têm muito mais dificuldade para escapar da pobreza. Bairros com estruturas familiares mais estáveis (menores taxas de divórcio e maiores taxas de casamento) tendem a ter maiores níveis de mobilidade ascendente, independentemente de uma criança ser de uma família monoparental ou biparental. Em outras palavras, a estrutura familiar média do bairro conta mais do que a estrutura familiar da própria criança. Além disso, bairros com estruturas de apoio mais fortes e modelos de mobilidade ascendente também têm taxas mais altas de fuga da pobreza. Como resultado, de acordo com os pesquisadores, quando crianças pobres se mudam para bairros com estruturas familiares mais estáveis, redes de apoio mais fortes e mais modelos de ascensão social, é mais provável que elas se formem na escola e apresentem maior rendimento. Como comenta Chetty, "Um dos padrões mais fortes que emergem é que aquilo a que você está exposto quando criança – em termos de caminhos profissionais, crime, casamento etc. – impacta no modo como você cresce".

Desigualdade econômica

Os Estados Unidos são um país rico. A renda média anual das famílias norte-americanas em 2018 era US$ 90.021. Como é possível, então, que existam ainda tantos norte-americanos vivendo na pobreza? A resposta é que a renda é distribuída de modo desigual, com muitas famílias ganhando muito menos que a média e outras ganhando muito mais.

A Tabela 18.1 mostra a distribuição de renda das famílias norte-americanas em 2018 (antes do pagamento do imposto de renda), segundo estimativas do Census Bureau. Os domicílios estão agrupados em *quintis*, grupos contendo 20% ou um quinto da população. O primeiro, ou o quintil mais baixo, contém os domicílios cuja renda os coloca abaixo do 20º percentil de renda. O segundo quintil contém os domicílios cuja renda os coloca entre o 20º e o 40º percentil de renda; o terceiro quintil contém os domicílios com renda entre o 40º e 60º percentil de renda, e assim por diante.

Tabela 18.1 Distribuição de renda nos Estados Unidos, 2018 (valores em dólares)

Grupo de renda	Faixa de renda	Renda média	Porcentagem da renda total
Quintil mais baixo	Até $ 25.600	$ 13.775	3,1%
Segundo quintil	$ 25.601 a $ 50.000	37.293	8,3
Terceiro quintil	$ 50.001 a $ 79.542	63.572	14,1
Quarto quintil	$ 79.543 a $ 130.000	101.570	22,6
Quintil mais alto	Mais de $ 130.000	233.895	52,0
5% mais alto	Mais de $ 248.728	416.520	23,1
Renda média = $ 90.021		**Renda mediana = $ 63.179**	

Dados de: U.S. Census Bureau.

Para cada grupo, a Tabela 18.1 mostra três números. A segunda coluna mostra as faixas de renda que definem cada grupo. Por exemplo, em 2018, o quintil mais baixo consistia em domicílios com renda anual inferior a US$ 25.600; o quintil seguinte é formado por domicílios com renda entre US$ 25.601 e US$ 50.000 por ano, e assim por diante. A terceira coluna mostra a renda média anual em cada grupo, que vai de US$ 13.775 para o quintil mais baixo a US$ 416.520 para os 5% mais altos. A quarta coluna mostra a porcentagem da renda total dos Estados Unidos apropriada por grupo.

Renda familiar média *versus* mediana

Na última linha da Tabela 18.1 há dois números úteis para pensar sobre a renda dos domicílios norte-americanos. A **renda familiar média** é o total da renda de todos os domicílios dos Estados Unidos dividido pelo número de domicílios. A **renda familiar mediana** é a renda de um domicílio situado exatamente no meio da distribuição de renda, isto é, o nível de renda em que metade do total de domicílios tem renda mais baixa e a outra metade tem renda mais alta. É importante ter claro que esses dois números não medem a mesma coisa.

Renda familiar média é a renda média de todos os domicílios.

Renda familiar mediana é a renda do domicílio que se encontra exatamente no meio da distribuição de renda.

Os economistas muitas vezes ilustram a diferença pedindo que se imagine uma sala cheia de gente, várias dúzias de assalariados mais ou menos comuns; em seguida, que se pense sobre o que acontece com a média e a mediana se de repente entrar algum bilionário do Vale do Silício. A renda média aumenta muito, pois a renda do bilionário puxa a média para cima, mas a renda mediana quase não se altera.

Esse exemplo mostra por que os economistas em geral consideram que a renda mediana sinaliza melhor que a renda média o *status* econômico das famílias norte-americanas típicas: a renda média é muito afetada pelas rendas de um número relativamente pequeno de norte-americanos com renda muito elevada, que não são representativos da população em seu conjunto, enquanto com a renda mediana isso não acontece.

O que vemos na Tabela 18.1 é que, nos Estados Unidos, a renda é distribuída de maneira bastante desigual. A renda média do quinto de famílias mais pobres, aquelas no quintil mais baixo, é inferior a um quarto da renda média das famílias no meio, enquanto o quinto das famílias mais ricas, aquelas no quintil mais alto, tem renda média superior a três vezes a renda média das famílias no meio. A renda do quinto mais rico da população é, em média, aproximadamente 17 vezes maior que a do quinto mais pobre Na verdade, a distribuição de renda dos Estados Unidos ficou mais desigual desde 1980, atingindo um grau de desigualdade que se tornou uma questão política importante. O Economia em Ação no fim desta seção discute as tendências de longo prazo da desigualdade de renda nos Estados Unidos, que declinou nos anos 1930 e 1940, permaneceu estável por mais de 30 anos depois da Segunda Guerra Mundial e começou a subir de novo no fim dos anos 1970.

É importante notar que os dados da Tabela 18.1 exageram um pouco o verdadeiro grau de desigualdade nos Estados Unidos, por duas razões:

- As rendas dos domicílios variam de ano para ano. Em qualquer ano, muitos domicílios que estão na base da distribuição de renda podem estar tendo um período particularmente ruim, assim como muitos que estão no topo podem estar tendo um ano particularmente bom. Suas rendas médias ao longo de vários anos não são tão desiguais quanto as de um único ano.
- Rendas familiares variam ao longo da vida. Os jovens e os aposentados têm, em média, renda mais baixa do que as pessoas em seus primeiros anos de trabalho. Portanto, dados que misturam pessoas de diferentes idades mostrarão mais desigualdade de renda do que dados que fazem comparações entre pessoas de idades semelhantes.

Apesar dessas qualificações, existe uma amplitude considerável de desigualdade de renda de verdade nos EUA, e a renda se tornou consideravelmente mais desigual desde 1980.

Comparações Internacionais de Desigualdade

Uma boa maneira de obter perspectiva sobre o nível de desigualdade de renda nos Estados Unidos é compará-lo aos níveis de outros países. Para isso, os economistas criaram o **coeficiente de Gini**, uma medida da desigualdade de renda baseada no tipo de dados encontrados na Tabela 18.1. Matematicamente, o coeficiente de Gini de um país pode variar de 0, indicando distribuição de renda perfeitamente igualitária, a 1, a distribuição de renda mais desigual possível – uma distribuição em que toda a renda vai para uma única pessoa.

Coeficiente de Gini é um número que sintetiza o grau de desigualdade na distribuição de renda em um país, com base na diferença de distribuição entre os quintis de renda da população.

A Figura 18.2 mostra estimativas recentes do coeficiente de Gini para diversos países do mundo. Países com alto grau de desigualdade de renda têm um coeficiente de Gini próximo a 0,5. Além de alguns países da África, os níveis mais altos de desigualdade de renda são encontrados na América Latina, especialmente no Brasil. Países com distribuição de renda muito igualitária têm coeficientes de Gini em torno de 0,25. As distribuições de renda mais igualitárias estão na Europa, especialmente na Escandinávia. De acordo com os dados mais recentes, os Estados Unidos têm um coeficiente de Gini de 0,41. Portanto, em comparação com outros países ricos, os EUA têm uma desigualdade excepcionalmente alta, embora não seja tão desigual quanto a América Latina. Em 2016, a faixa de 1% com renda mais alta nos Estados Unidos (US$ 390.000 e acima) obteve 20% da renda nacional, em comparação com 6% na Dinamarca e 14% no Canadá.

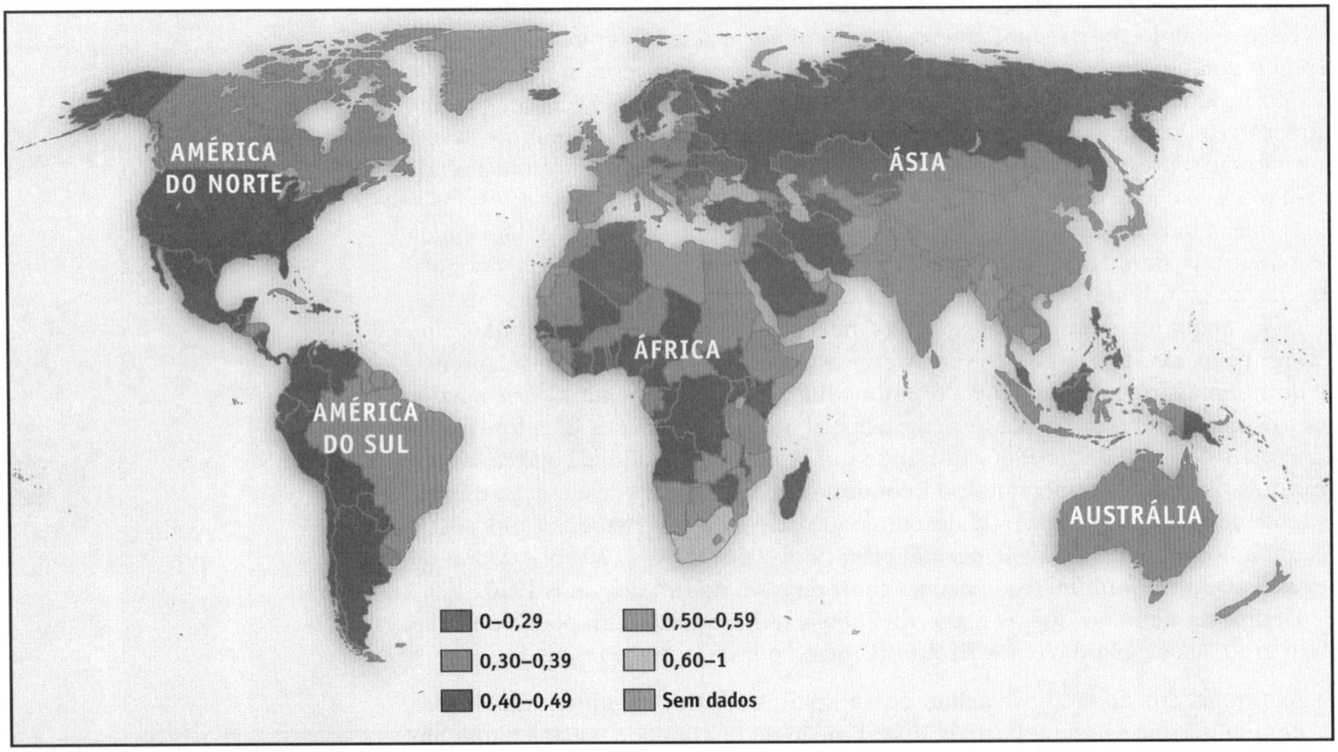

Figura 18.2 Desigualdade de renda no mundo.

Os mais altos níveis de desigualdade de renda são encontrados na África e na América Latina. As distribuições de renda mais igualitárias estão na Europa, especialmente na Escandinávia. Em comparação com outros países ricos, os Estados Unidos, com coeficiente de Gini de 0,41, apresentam desigualdade excepcionalmente alta. (Os coeficientes de Gini cobrem o período de 2008 a 2017.)

Dados de: World Bank, World Development Indicators, 2019.

Quando a desigualdade é um problema?

Algum nível de desigualdade de renda em uma economia é desejável. Em economias baseadas no mercado, uma parte significativa da desigualdade observada representará a recompensa econômica para a habilidade, o esforço, a inovação e a educação. Sem tal recompensa, os incentivos sofreriam e a economia estagnaria.

No entanto, a desigualdade de renda elevada é um problema, porque significa que uma parcela significativa da população de um país não está compartilhando a prosperidade geral do país. Nos Estados Unidos, a desigualdade vem aumentando há 40 anos; esta é a razão pela qual a taxa de pobreza não diminuiu, embora os EUA tenham se tornado consideravelmente mais ricos. Outra preocupação é como a desigualdade se perpetua através das gerações.

Filhos de pais pobres têm muito mais probabilidade de serem pobres do que os filhos de pais ricos – uma correlação que é mais forte nos Estados Unidos do que em outros países ricos.

A desigualdade extrema pode prejudicar as perspectivas econômicas a longo prazo de uma nação se, como muitas vezes acontece, ela limitar oportunidades. Nascidos em famílias de baixa renda podem não receber nutrição e cuidados de saúde adequados, tendo sua produtividade limitada quando adultos; podem também não ter acesso a educação e oportunidades de emprego, o que limitará sua capacidade de contribuir para o crescimento econômico. Em alguns casos, a alta desigualdade também contribui para a instabilidade social e política, com subsequente prejuízo para o desempenho econômico de uma nação.

Insegurança econômica

Como já dissemos, embora a lógica do estado de bem-estar se baseie em parte nos benefícios sociais de reduzir a pobreza e a desigualdade, ela se baseia também nos benefícios de reduzir a insegurança econômica, que afeta até mesmo famílias relativamente bem situadas na vida.

Uma forma de insegurança econômica é o risco de perda repentina de renda, que geralmente acontece quando um membro da família perde o emprego e passa um período prolongado sem trabalhar ou é forçado a aceitar um novo emprego que paga consideravelmente menos. Por exemplo, na sequência da pandemia de Covid-19 nos primeiros meses de 2020, a taxa de desemprego nos EUA saltou de menos de 5% para quase 15%. E a desigualdade econômica aumentou acentuadamente, pois 40% dos norte-americanos de baixa renda (abaixo de US$ 40.000) relataram perda de emprego, enquanto apenas 13% dos lares com renda acima de US$ 100.000 relataram perda de emprego. Além disso, um terço dos que perderam seus empregos ou tiveram seus salários reduzidos afirmaram não terem condições de custear suas despesas mensais.

Mesmo que uma família não enfrente perda de renda, ela pode enfrentar um aumento nas despesas. Até a implementação da Lei de Cuidado Acessível, em 2014, a

COMPARAÇÃO GLOBAL RENDA, REDISTRIBUIÇÃO E DESIGUALDADE NOS PAÍSES RICOS

Passe algum tempo viajando pelos Estados Unidos, depois passe mais algum tempo viajando pela Dinamarca. Você quase certamente ficará com a impressão de que a Dinamarca tem substancialmente menos desigualdade de renda do que os Estados Unidos, que os ricos não são tão ricos e os pobres não são tão pobres. E os números confirmam essa impressão: o coeficiente de Gini na Dinamarca, e na verdade na maior parte da Europa Ocidental, é substancialmente mais baixo do que nos Estados Unidos. Mas por quê?

A resposta, em grande parte, é o papel do governo. Mesmo nos Estados Unidos, o governo desempenha um papel significativo na redistribuição da renda de quem tem renda maior para quem ganha menos. Mas as nações europeias têm estados de bem-estar substancialmente maiores do que os EUA, e fazem muito mais redistribuição de renda.

A figura mostra duas medidas do coeficiente de Gini para vários países ricos. (A figura se concentra nas famílias em que todos têm menos de 60 anos, porque diferenças de idade de aposentadoria distorcem os resultados entre as famílias mais velhas.) Um país com distribuição de renda perfeitamente igualitária – um país em que toda família tivesse a mesma renda – teria coeficiente de Gini igual a zero. No outro extremo, um país em que toda a renda fosse para uma só família teria coeficiente de Gini igual a 1. As barras superiores de cada país mostram o Gini real, uma medida da desigualdade observada na renda antes da incidência de impostos e transferências. As barras inferiores mostram o que seria o Gini de cada país depois de impostos e transferências. Acontece que a desigualdade da renda gerada pelo mercado na Dinamarca é um pouco menor do que nos Estados Unidos, mas grande parte da diferença na desigualdade observada é resultado de maior estado de bem-estar da Dinamarca.

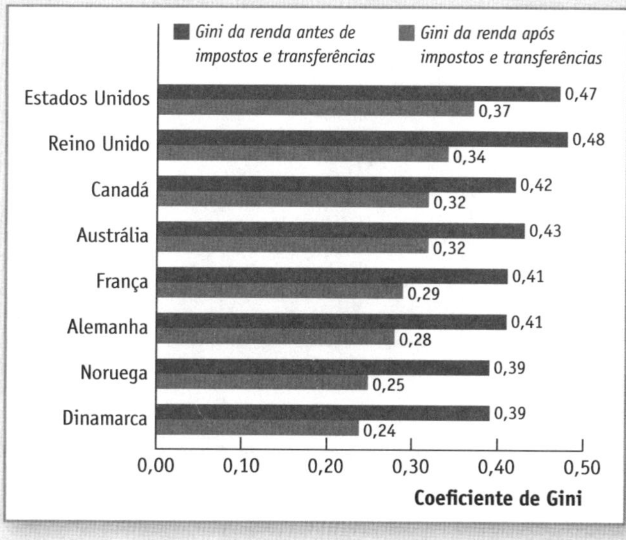

Há algumas advertências para essa conclusão. Por um lado, é improvável que os dados façam um trabalho muito bom de rastreamento de rendas muito altas, que provavelmente são um fator maior nos Estados Unidos do que em qualquer outro lugar. Por outro lado, os estados de bem-estar europeus podem indiretamente aumentar a desigualdade de renda medida por seus efeitos sobre os incentivos. Ainda assim, os dados sugerem fortemente que as diferenças de desigualdade entre países ricos refletem políticas diferentes, bem como diferenças na situação econômica subjacente.

Dados de: Janet C. Gornick and Branko Milanovic, "Income Inequality in the United States in Cross-National Perspective: Redistribution Revisited," Luxembourg Income Study Center, 4 de maio, 2015.

razão mais comum para tal aumento era um problema médico que exigia tratamento caro, como doenças cardíacas ou câncer. Estimativas mostram que 60% dos casos de falência pessoal nos Estados Unidos em 2009 se deveram a despesas médicas.

ECONOMIA >> *em Ação*

Tendência de longo prazo em desigualdade da renda nos Estados Unidos

A desigualdade tende a aumentar, diminuir ou permanecer a mesma ao longo do tempo? A resposta é: todas as três coisas. Ao longo do século passado, os Estados Unidos tiveram épocas de cada uma das três tendências: uma era de desigualdade declinante nos anos 1930 e 1940, uma era de desigualdade estável durante cerca de 35 anos após a Segunda Guerra Mundial e uma era de desigualdade crescente nos últimos 40 anos.

Dados detalhados de distribuição de renda dos Estados Unidos que podem ser agrupados por quintis de população, como os que aparecem na Tabela 18.1, só existem a partir de 1947. O painel (a) da Figura 18.3 mostra a taxa anual de crescimento da renda, ajustada para descontar a inflação, referente a cada quinto de população, em dois períodos: de 1947 a 1980 e de 1980 a 2018. Há uma nítida diferença entre os dois períodos. No primeiro, a renda dentro de cada grupo cresceu mais ou menos à mesma taxa, isto é, não houve muita mudança na desigualdade de renda, e a renda elevou-se em todos os grupos.

Depois de 1980, contudo, o crescimento da renda foi muito mais rápido nos níveis mais altos do que nos do meio e mais rápido no meio do que nos níveis mais baixos. Assim, a desigualdade aumentou substancialmente desde 1980. No conjunto, a renda corrigida pela inflação do quintil superior aumentou 83% entre 1980 e 2018, significativamente mais do que os 10% de aumento experimentado pelas famílias no quintil inferior.

Embora não existam dados detalhados da distribuição de renda antes de 1947, os economistas usaram outras informações, como dados de imposto de renda, para estimar a proporção da renda que foi para os 10% mais ricos da população desde 1917. O painel (b) da Figura 18.3 mostra essa medida de 1917 a 2018. Esses dados, do mesmo modo que os dados mais detalhados disponíveis desde 1947, mostram que a desigualdade norte-americana ficou mais ou menos constante entre 1947 e o fim dos anos 1970, mas desde então subiu substancialmente.

Os dados de longo prazo, no entanto, mostram que a distribuição relativamente igualitária de 1947 era algo novo. Nos fins do século XIX, período às vezes chamado de Era Dourada, a renda nos Estados Unidos tinha distribuição muito desigual; essa situação persistiu até os anos 1930. Mas a desigualdade caiu fortemente entre os últimos anos da década de 30 e o fim da Segunda Guerra Mundial. Em um texto famoso, dois historiadores econômicos, Claudia Goldin e Robert Margo, chamaram esse estreitamento da desigualdade de *a Grande Compressão*.

Figura 18.3 Tendências em desigualdade de renda nos Estados Unidos.

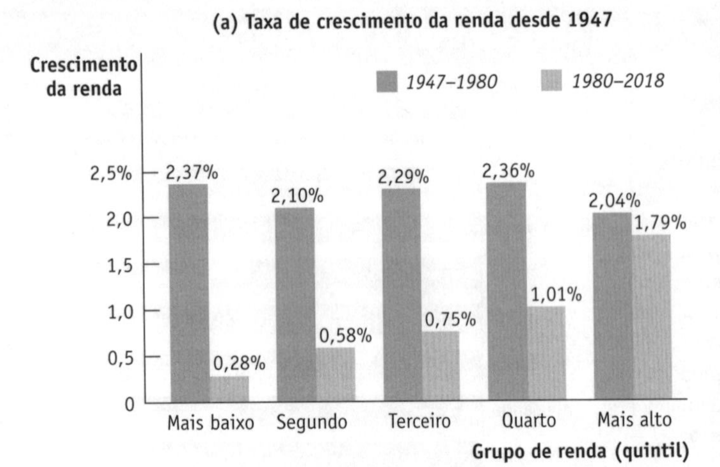

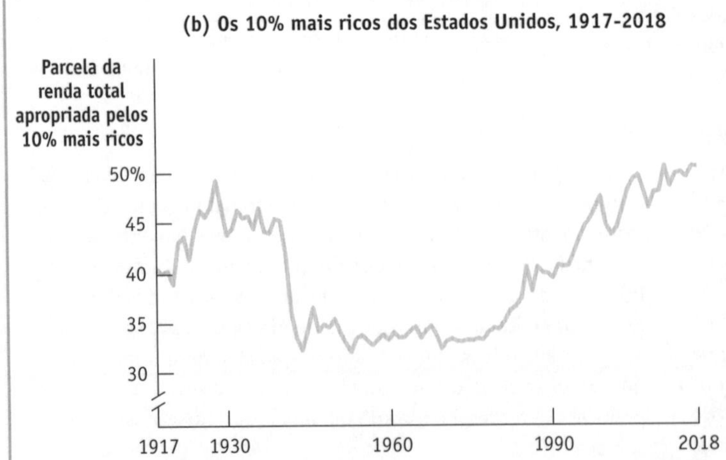

Dados de: U.S. Census Bureau [painel (a)]. Emmanuel Saez, "Striking It Richer: The Evolution of Top Incomes in the United States." University of California, Berkeley, discussion paper, 2008 (updated 2019) [painel (b)].

A Grande Compressão coincidiu, *grosso modo*, com a Segunda Guerra Mundial, período durante o qual o governo dos Estados Unidos estabeleceu controles especiais sobre salários e preços. Há evidência de que tais controles foram aplicados de modo a reduzir a desigualdade; por exemplo, era muito mais fácil um empregador conseguir aprovação para aumentar os salários de seus empregados com mais baixa remuneração do que para os de seus executivos. O mistério é que a igualdade imposta pelos controles do tempo de guerra durou décadas, mesmo depois de tais controles serem removidos em 1946.

Desde 1970, como vimos, a desigualdade aumentou substancialmente. De fato, a renda antes do pagamento do imposto parece ser tão desigualmente distribuída hoje quanto era na década de 1920 nos Estados Unidos, o que leva alguns comentaristas a descreverem o estado atual como uma nova Era Dourada, ainda que os efeitos da desigualdade sejam moderados por impostos e pela existência do estado de bem-estar.

Há intenso debate entre os economistas sobre as causas dessa desigualdade crescente. A explicação mais popular é a da rápida mudança tecnológica, que aumentou a demanda por trabalhadores altamente qualificados ou talentosos com mais rapidez que a demanda por outros trabalhadores, causando ampliação do diferencial de salários entre os altamente qualificados e os demais. O crescimento do comércio internacional também pode ter contribuído, permitindo que os EUA importem produtos intensivos em mão de obra de países que pagam salários baixos em vez de produzi-los internamente, reduzindo assim a demanda pelos trabalhadores norte-americanos menos qualificados e diminuindo seus salários. A imigração crescente pode ser mais uma fonte. Em média, imigrantes têm níveis de educação mais baixos que trabalhadores nativos e aumentam a oferta de trabalho pouco qualificado enquanto se baixam os salários correspondentes.

Todas essas explicações, contudo, não incluem uma característica-chave: muito da alta na desigualdade reflete um hiato crescente, não entre trabalhadores altamente educados e outros menos qualificados, mas entre os próprios trabalhadores altamente qualificados. Por exemplo, um professor de escola primária e um executivo de empresa têm níveis de educação semelhantes, mas o ganho dos executivos aumentou drasticamente, enquanto o salário dos professores não aumentou. Por alguma razão, a economia agora paga a algumas "superestrelas" (um grupo que inclui astros da indústria do entretenimento, mas também grupos como os investidores de Wall Street e altos executivos das corporações) rendas muito mais altas do que pagava há uma geração. Ainda não está claro o que causou a mudança.

>> *Revisão Rápida*

- Programas do **estado de bem-estar**, que incluem **transferências governamentais**, absorvem grande parcela do gasto público nos países ricos.
- O princípio da capacidade de pagamento explica uma das razões do estado de bem-estar: aliviar a desigualdade de renda. **Programas antipobreza** fazem isso ajudando os pobres. Os **programas de previdência social** lidam com a segunda das razões: aliviar a insegurança econômica. Benefícios externos para a sociedade advindos da redução da pobreza e do acesso à saúde, especialmente de crianças, são uma terceira razão para o estado de bem-estar.
- A **linha de pobreza** oficial dos Estados Unidos é ajustada anualmente para refletir mudanças no custo de vida, mas não no padrão de vida médio. Mas, ainda que a renda média dos Estados Unidos tenha aumentado significativamente, a **taxa de pobreza** do país hoje não é menor do que era há 50 anos.
- Entre as causas da pobreza podem-se incluir falta de educação, o legado da discriminação racial e de gênero e má sorte. As consequências da pobreza são graves para as crianças.
- **Renda familiar mediana** é um indicador melhor da família típica do que a **renda familiar média**. A comparação entre **coeficientes de Gini** de diferentes países mostra que os Estados Unidos têm menos desigualdade de renda do que países pobres, porém mais que todos os outros países ricos.
- Os Estados Unidos tiveram períodos de desigualdade de renda declinante e crescente. Desde 1980, a desigualdade de renda nos EUA aumentou substancialmente, sobretudo por causa do aumento de desigualdade entre trabalhadores com alto nível de educação.

>> *Teste seu entendimento* 18.1

As respostas estão no fim do livro.

1. Indique se cada um dos programas a seguir é um programa antipobreza ou um programa de previdência social.
   a. Um programa de garantia que oferece benefício para quem perdeu sua aposentadoria com base no emprego[6] em virtude da falência da empresa em que trabalhava.
   b. O Programa de Estado para Seguro-Saúde da Criança (*State Children's Health Insurance Program* – SCHIP[7]) dos Estados Unidos, que oferece assistência médica a crianças de famílias que estejam acima da linha de pobreza mas tenham renda relativamente baixa.
   c. A Seção 8 do programa habitacional norte-americano, que dá subsídios à moradia para famílias de baixa renda.
   d. O programa federal contra inundações, que fornece ajuda financeira a comunidades atingidas por grandes enchentes.

[6]N. R.: Existem planos de aposentadoria nos Estados Unidos que são oferecidos pelas próprias empresas. O tipo mais famoso é o 401k, que recebe esse nome em função do capítulo 401, parágrafo k do Código da Receita Federal norte-americano. Em geral tais planos permitem ao empregado obter benefícios fiscais se destinar parte do seu salário a uma aplicação financeira de longo prazo, que mais tarde irá financiar sua aposentadoria.

[7]N. R.: Criado por legislação sancionada pelo presidente Bill Clinton em 1997.

2. Lembre-se de que a linha de pobreza não é ajustada para refletir mudanças no padrão de vida. Em consequência, a linha de pobreza é uma medida de pobreza absoluta ou relativa? Isto é, ela define a pobreza de acordo com o quanto alguém é pobre em relação a outros ou de acordo com alguma medida fixa que não muda com o tempo? Explique.
3. A tabela a seguir dá a distribuição de renda de uma economia bem pequena.
   a. Qual é a renda média? E a renda mediana? Que medida é mais representativa da renda da pessoa mais comum na economia? Por quê?
   b. Que faixa de renda define o primeiro quintil da população? E o terceiro?

	Renda
Sephora	$ 39.000
Kelly	17.500
Raul	900.000
Vijay	15.000
Oskar	28.000

4. Qual das afirmativas que se seguem melhor reflete a principal fonte da desigualdade crescente nos Estados Unidos hoje?
   a. O salário do gerente da agência local do Banco Sunrise aumentou em relação ao salário do atendente do posto de gasolina vizinho.
   b. O salário do principal executivo do Banco Sunrise aumentou em relação ao salário do gerente da agência local, embora ambos tenham níveis de educação semelhantes.

Estado de bem-estar nos Estados Unidos

O estado de bem-estar norte-americano, em 2019, era constituído por três imensos programas (Previdência Social, Medicare e Medicaid), vários outros programas bastante grandes, como o *Affordable Care Act*, a Assistência Temporária a Famílias Necessitadas, os cupons de alimentação, o Crédito Tributário sobre a Renda do Trabalho e uma série de programas menores. A Tabela 18.2 é uma forma prática de categorizar esses programas, junto com a quantia gasta em cada um dos existentes em 2019.

O **critério de renda** aplica-se a um programa disponível somente para indivíduos ou famílias cujos rendimentos estejam abaixo de certo nível.

Primeiro, a tabela distingue entre programas que têm **critério de renda** e os que não têm. Nos programas com critério de renda, os benefícios são disponibilizados apenas para famílias ou indivíduos cuja renda ou riqueza esteja abaixo de algum mínimo predefinido. Basicamente, o critério de renda aplica-se a programas antipobreza destinados a ajudar apenas quem tem baixa renda. De outro lado, programas que não têm critério de renda fornecem benefícios a todos, embora, como veremos, eles na prática tendam a reduzir a desigualdade de renda.

Um **benefício em espécie** é dado sob a forma de bens ou serviços.

Segundo, a tabela distingue entre programas de transferências monetárias que o beneficiário pode gastar como quiser e aqueles que oferecem **benefícios em espécie**, dados na forma de bens e serviços em vez de dinheiro. Conforme sugerem as cifras, os benefícios em espécie são dominados por Medicare e Medicaid, que paga serviços de saúde. Examinaremos os serviços de saúde na próxima seção. Por ora vejamos os outros programas.

Tabela 18.2 Principais programas do estado de bem-estar, Estados Unidos, 2019

	Transferências monetárias	Em espécie
Com critério de renda	Assistência Temporária a Famílias Necessitadas: US$ 20,7 bilhões	Cupom-alimentação: US$ 71,2 bilhões
	Renda de Previdência Suplementar: US$ 53,0 bilhões	Medicaid: US$ 418,7 bilhões
	Crédito Tributário sobre a Renda do Trabalho: US$ 60,6 bilhões	*Affordable Care Act*: US$ 48,9 bilhões
Sem critério de renda	Previdência Social: US$ 1.041,2 bilhões	Medicare: US$ 644,9 bilhões
	Seguro-desemprego: US$ 26,8 bilhões	

Dados de: Office of Management and Budget and Congressional Budget Office; todos os dados são o valor projetado para 2019.

Programas com critério de renda

Quando as pessoas usam o termo *bem-estar*, estão se referindo com frequência à ajuda monetária prestada a famílias pobres. A principal fonte dessa ajuda nos Estados Unidos é a Assistência Temporária a Famílias Necessitadas (*Temporary Assistance for Needy Families* – TANF). Esse programa não ajuda quem é pobre; ele fica disponível só para famílias pobres com crianças e apenas por tempo limitado.

O TANF foi introduzido nos anos 1990 para substituir um programa altamente controverso conhecido como Ajuda a Famílias com Crianças Dependentes (*Aid to Families with Dependent Children* – AFDC). Esse programa mais antigo foi acusado de criar incentivos perversos para os pobres, inclusive o de encorajar separações nas famílias. Em parte como resultado da mudança nos programas, os benefícios do "bem-estar" moderno são consideravelmente menos generosos que os disponíveis para a geração anterior, se os dados são ajustados para levar em conta a inflação. Além disso, o programa TANF tem limites de tempo, de modo que os recebedores, mesmo que sejam mães ou pais solteiros, em algum momento precisam procurar trabalho. Como se vê na Tabela 18.2, o TANF é uma parte relativamente pequena do moderno estado de bem-estar nos Estados Unidos.

Outros programas com critério de renda, embora impliquem mais gasto público, são menos controversos. O programa Renda de Previdência Suplementar ajuda os norte-americanos com deficiência que estejam incapacitados para o trabalho e não tenham outra fonte de renda. O programa do cupom-alimentação – oficialmente, Programa de Assistência Nutricional Suplementar (*Supplemental Nutrition Assistance Program* – SNAP), pois atualmente fornece cartões de débito em vez de cupons – ajuda famílias e indivíduos de baixa renda, que podem usar cartões de débito para comprar alimentos, mas não outros itens.

Finalmente, os economistas usam o termo **imposto de renda negativo** para um programa que complementa os ganhos das famílias trabalhadoras de baixa renda. Os Estados Unidos têm um programa conhecido como Crédito Tributário sobre a Renda do Trabalho (*Earned Income Tax Credit* – EITC), que fornece renda adicional a milhões de trabalhadores. Esse programa tornou-se mais generoso à medida que os programas tradicionais do estado de bem-estar se tornaram menos generosos. Somente trabalhadores que ganham salário podem ser beneficiários do EITC. Dentro de determinada faixa de renda, quanto mais um trabalhador ganha, maior valor de EITC ele recebe. Em 2019, um casal com duas crianças ganhando menos que US$ 14.550 por ano recebia pagamentos do governo pelo EITC equivalentes a 40% dos seus rendimentos. Para 2019, o EITC era limitado a US$ 5.828 (com pagamentos ligeiramente menores para famílias monoparentais ou trabalhadores sem filhos). O crédito diminuía gradualmente para rendimentos acima de US$ 24.800. Em 2019, o pagamento cessava com uma renda de US$ 52.493 para casais casados com dois filhos.

Imposto de renda negativo é um programa que complementa os ganhos das famílias de baixa renda que trabalham.

Previdência Social e seguro-desemprego

A Previdência Social (*Social Security*), maior plano do estado de bem-estar nos Estados Unidos, é um programa sem critério de renda: ele garante proventos de aposentadoria para norte-americanos idosos que tenham cumprido as condições de elegibilidade. Também concede benefícios a trabalhadores que se tornaram incapacitados, e "benefícios de sobrevivente" a membros da família de trabalhadores falecidos.

A Previdência Social é sustentada por um imposto específico sobre salários: a parte de Previdência Social do total dos impostos sobre a folha de salários. O benefício que o trabalhador recebe na aposentadoria depende da sua remuneração tributável durante os anos trabalhados: quanto mais ganha, até o limite sujeito aos descontos para a Previdência Social (US$ 132.900 ao ano em 2019), tanto mais recebe de aposentadoria. Os benefícios não são, contudo, estritamente proporcionais aos rendimentos durante o tempo em que a pessoa trabalhava. Em vez disso, são determinados por uma fórmula que dá mais aos assalariados que ganham mais e menos aos que ganham menos, mas com uma escala de mudança progressiva que torna o programa relativamente mais generoso para os assalariados que ganham menos.

Dado que a maioria dos idosos não recebe suas pensões dos antigos empregadores e que a maioria não tem ativos suficientes para garantir seu sustento, os benefícios da Previdência Social têm para eles enorme importância como fonte de renda. Pelo menos 50% dos casais e 70% das pessoas solteiras com 65 anos ou mais dependem da Previdência Social por mais de metade de sua renda. A Previdência Social responde por pelo menos 90% dos rendimentos para 21% dos casados e 45%

dos solteiros com mais de 65 anos. Na maioria dos casos, essas pessoas não têm renda alguma, exceto pela Previdência Social.

O seguro-desemprego, ainda que seja uma quantia muito menor das transferências governamentais do que a Previdência Social, é outro programa-chave para atenuar a insegurança social. Dá aos trabalhadores que perderam seu emprego aproximadamente 35% de seus antigos salários até que encontrem um novo emprego ou até que tenham se passado 26 semanas. Do mesmo modo que a Previdência Social, o seguro-desemprego não é um programa com critério de renda.

Efeitos do estado de bem-estar sobre a pobreza e a desigualdade

O estado de bem-estar norte-americano redistribui a renda de quem tem maior renda e riqueza para quem tem menos. Estatísticas governamentais mostram que essa redistribuição reduz significativamente a taxa de pobreza nos EUA. Entretanto, as estatísticas mostram apenas o efeito *direto* de impostos e transferências, não o efeito *indireto*, como as mudanças de comportamento. Por exemplo, sabemos que muitos norte-americanos mais velhos que agora estão aposentados estariam trabalhando se não recebessem cheques da Previdência Social. No entanto, as estatísticas não capturam esse efeito. Como resultado, elas revelam apenas um indicador parcial dos efeitos do estado de bem-estar social. Não obstante, os resultados são impressionantes.

A Tabela 18.3 mostra como vários programas governamentais afetaram a taxa de pobreza, aferida pela Medida Suplementar de Pobreza, para a população como um todo e em diferentes faixas etárias em 2012 (os dados mais atuais disponíveis). Para cada programa, ela mostra o montante, em pontos percentuais, no qual a taxa de pobreza desse grupo foi reduzida pelo programa. Por exemplo, mostra que sem a Previdência Social a taxa de pobreza entre os norte-americanos mais velhos teria sido quase 40 pontos percentuais maior do que era.

A Tabela 18.4 mostra uma estimativa do Escritório de Orçamento do Congresso sobre o efeito de impostos e transferências na parcela da renda agregada que vai para cada quintil da distribuição da renda em 2016 (a última data disponível). O efeito dos programas governamentais foi aumentar a parcela da renda que vai para os 80% mais pobres da população, especialmente a parcela que vai para os 20% mais pobres, enquanto reduziu a parcela da renda que vai para os 20% mais ricos.

Tabela 18.3 Efeitos dos programas governamentais na redução da taxa de pobreza, 2012

	Todas as pessoas	Crianças	Adultos não idosos	65 anos ou mais
Previdência Social	8,56%	1,97%	4,08%	39,86%
Créditos Fiscais Reembolsáveis	3,02	6,66	2,25	0,20
SNAP (cupons de alimentação)	1,62	3,01	1,27	0,76
Seguro-desemprego	0,79	0,82	0,88	0,31
Renda de Segurança Suplementar	1,07	0,84	1,12	1,21
Subsídios para moradia	0,91	1,39	0,66	1,12
Merenda escolar	0,38	0,91	0,25	0,03
Assistência Temporária para Famílias Carentes	0,21	0,46	0,14	0,05
Mulheres, bebês e crianças	0,13	0,29	0,09	0,00

Dados de: Council of Economic Advisers.

Tabela 18.4 Efeitos de impostos e transferências sobre a distribuição de renda, 2016

Quintis	Parcela da renda agregada sem impostos e transferências	Parcela da renda agregada com impostos e transferências
Quintil mais baixo	3,8%	7,7%
Segundo quintil	8,9	11,1
Terceiro quintil	13,6	14,7
Quarto quintil	20,5	20,3
81º a 99º percentis	38,5	35,1
1% superior	15,8	12,5

Dados de: Congressional Budget Office.

ECONOMIA >> *em Ação*

Programas do Estado de Bem-Estar Social e Taxas de Pobreza na Grande Recessão, 2007-2010

Em 2007, a economia dos EUA entrou em uma profunda retração, a pior desde a década de 1930. A recuperação começou oficialmente em 2009, mas foi lenta e decepcionante. Foram necessários mais de seis anos para que as rendas familiares média e mediana, ajustadas à inflação, voltassem aos níveis pré-recessão.

Dado esse fraco desempenho econômico, era de se esperar um forte aumento da pobreza, e a taxa oficial de pobreza de fato subiu, como se pode ver na Figura 18.4. No entanto, enquanto a Grande Recessão e suas consequências certamente prejudicaram muitas famílias norte-americanas, o país não pareceu tão desesperado como durante a Grande Depressão, ou mesmo durante a última grande recessão até então, em 1981-1982. E com certeza, a Medida Suplementar de Pobreza, que a maioria dos especialistas considera um recurso melhor para medir as dificuldades econômicas, aumentou apenas um pouco. Por quê?

Figura 18.4 Taxas de pobreza na Grande Recessão.

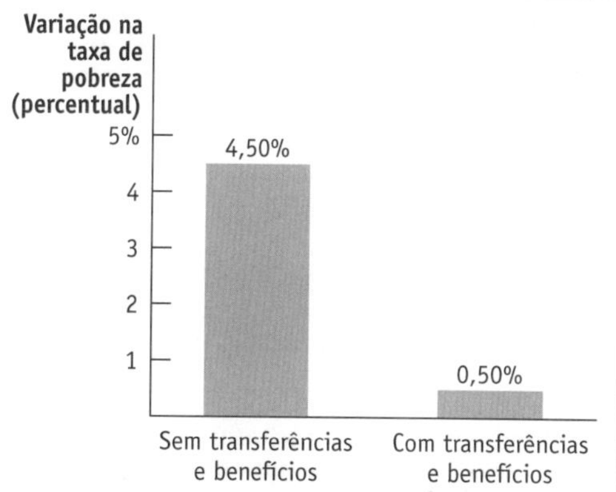

Dados de: Council of Economic Advisers.

A resposta principal, ao que parece, foram os programas de combate à pobreza, que se expandiram automaticamente durante a queda e foram reforçados pela legislação que expandiu temporariamente os cupons de alimentação e outras formas de ajuda. A Figura 18.4 mostra uma estimativa de quanto a taxa de pobreza teria aumentado entre 2007 e 2010 na ausência de programas do estado de bem-estar social, em comparação com o que realmente aconteceu. Sem transferências e benefícios, a taxa de pobreza teria subido 4,50%; mas, com transferências e benefícios, ela subiu apenas 0,50%. O estado de bem-estar social dos EUA não impediu que houvesse recessão ou que as pessoas perdessem seus empregos ou casas. Mas limitou de forma impressionante o aumento da pobreza.

>> *Revisão Rápida*

- Programas com **critério de renda** destinam-se a reduzir a pobreza, mas na prática programas sem critério de renda também fazem isso. Os programas são classificados conforme ofereçam benefícios monetários ou **benefícios em espécie**.
- O "bem-estar social" – executado hoje nos Estados Unidos via TANF (a ajuda a famílias necessitadas) – é bem menos generoso do que era há uma geração, em virtude de preocupações com seus efeitos sobre incentivos ao trabalho e desmembramento das famílias. O **imposto de renda negativo** lida com essas preocupações, pois suplementa a renda somente das famílias trabalhadoras de baixa renda.
- A Previdência Social, maior programa do estado do bem-estar nos Estados Unidos, não tem teste de renda; oferece proventos de aposentadoria aos idosos. O programa é responsável por uma parcela significativa da renda recebida pela maioria dos idosos norte-americanos. O seguro-desemprego é igualmente um programa-chave para lidar com a insegurança social.
- O estado de bem-estar norte-americano é em geral redistributivo; aumenta a parcela de renda apropriada pelos 80% mais pobres da população, enquanto reduz a parcela apropriada pelos 20% mais ricos.

>> *Teste seu entendimento* 18.2

As respostas estão no fim do livro.

1. Explique como o imposto de renda negativo evita o desincentivo ao trabalho que caracteriza os programas antipobreza que dão benefícios baseados em renda baixa.
2. De acordo com a Tabela 18.3, qual o efeito do estado de bem-estar nos Estados Unidos sobre a taxa de pobreza da população? E sobre a população com idade superior a 65 anos?

A economia dos serviços de saúde

Grande parte do estado de bem-estar, tanto nos Estados Unidos quanto em outros países ricos, destina-se a pagar serviços de saúde. Na maioria dos países ricos, o governo paga entre 70 e 80% de todos os custos médicos. O setor privado desempenha um papel maior no sistema de saúde norte-americano. Porém, mesmo nos Estados Unidos, o governo paga quase metade de tudo o que é gasto em saúde; além disso, subsidia indiretamente o seguro-saúde privado mediante o código tributário federal.

A Figura 18.5 mostra quem pagou pelos serviços de saúde nos Estados Unidos em 2018. Somente 12% das contas médicas (total do gasto com saúde exceto investimentos em edifícios e instalações) foram pagas "direto do bolso", isto é, pagas diretamente pelos próprios indivíduos. A maior parte do gasto médico, 88%, foi paga por algum tipo de seguro médico. Desses 88%, bem menos que metade foi seguro médico privado; o resto foi pago por algum tipo de seguro do governo, sobretudo por meio do Medicare e do Medicaid. Para compreendermos esse padrão, precisamos de uma análise econômica específica do sistema de saúde.

Figura 18.5 Quem pagou a saúde nos Estados Unidos em 2018?

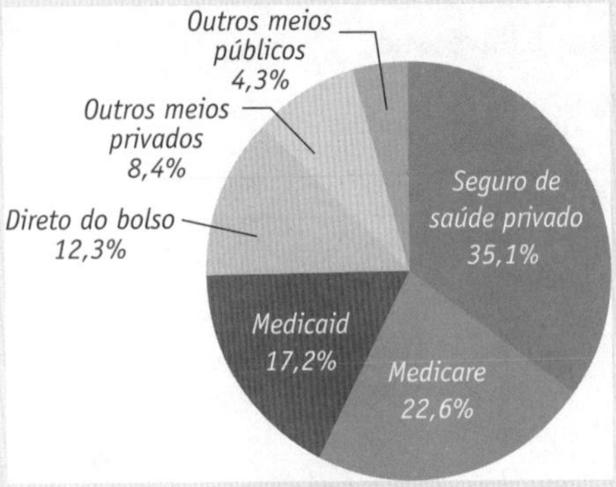

Em 2018, 88% dos custos com saúde nos Estados Unidos foram pagos por seguros: a soma de 35,1% (seguro médico privado), 22,6% (Medicare), 17,2% (Medicaid), 8,4% (outros seguros privados) e 4,3% (outros seguros públicos). A porcentagem paga por seguro privado nos Estados Unidos, 35,1%, é muito alta comparada com outros países avançados. Mesmo assim, a parcela maior dos gastos com a saúde dos norte-americanos foi paga por Medicare, Medicaid e outros programas governamentais do que por outros meios. (O total pode não somar 100 em razão de arredondamentos.)

Dados de: Department of Health and Human Services Centers for Medicare and Medicaid Services.

A necessidade de seguro-saúde

Em 2018, os gastos pessoais com saúde nos Estados Unidos foram de US$ 11.121 por pessoa, ou 17,8% do PIB. Isso não significa que o norte-americano típico gastou pouco mais de 10.000 dólares em tratamento médico. De fato, em qualquer ano, metade da população tem gastos médicos muito pequenos, mas uma pequena porcentagem da população tem contas médicas enormes, com 10% da população norte-americana geralmente responsável por dois terços dos custos médicos.

É possível prever quem terá custos médicos altos? Até certo ponto, sim. Há padrões gerais para as doenças. Por exemplo, os idosos têm mais probabilidade de necessitar de cirurgias e/ou remédios caros do que os jovens. Mas o fato é que qualquer um pode de repente encontrar-se na situação de precisar de tratamento médico muito caro, custando vários milhares de dólares em prazo curto, muito além do que a maioria das famílias pode pagar. E ninguém quer ser obrigado a ficar sem esse tratamento caso ele se torne necessário. Como resultado, a maioria das pessoas gostaria de estar coberta por *seguro-saúde* – seguro que cobre os custos das contas médicas.

O problema do seguro médico privado. Sob um **seguro-saúde privado**, cada membro de um grande grupo de indivíduos concorda em pagar uma quantia fixa anualmente (chamada de *prêmio*) em um fundo comum que é administrado por uma empresa privada, que então paga a maior parte das despesas médicas dos membros do conjunto. O problema do seguro-saúde privado é que ele está sujeito a deficiências do mercado. Vamos examinar o porquê.

Sob um **seguro-saúde privado**, cada membro de um grande grupo de indivíduos paga um montante anual fixo a uma empresa privada, a qual concorda em pagar a maior parte das despesas médicas dos membros do grupo.

As pessoas normalmente não querem adquirir um seguro-saúde até que já estejam doentes, para evitar o pagamento de prêmios quando estiverem saudáveis. Mas, como resultado, a pessoa média que compra um seguro-saúde particular está mais doente e tem despesas médicas mais altas do que a pessoa média que não o faz. Os prêmios têm de ser aumentados para responder pelas despesas médicas mais elevadas, o que, por sua vez, leva mais segurados relativamente saudáveis a deixarem de comprar um seguro e deixarem o grupo. Sem algum tipo de intervenção, essa dinâmica continua por mais rodadas até que somente pessoas extremamente doentes sejam mantidas no grupo. Em alguns casos, isso significa que a seguradora privada entra em falência, incapaz de cobrar prêmios suficientemente altos para cobrir suas despesas médicas. Os economistas chamam esse fenômeno de *espiral da morte da seleção adversa*[8] *no mercado de seguros-saúde privados*.

As seguradoras privadas de saúde empregam vários métodos para combater a seleção adversa: recusar o seguro a qualquer pessoa que tenha qualquer sinal de uma condição médica preexistente; abandonar a cobertura daquelas que desenvolveram uma doença enquanto estavam seguradas; e recusar-se a cobrir alguns procedimentos, como parto. Mas tais métodos deixam um número significativo de pessoas sem seguro – particularmente aquelas com condições preexistentes, que mais precisam dele.

Então, como as pessoas obtêm seguros-saúde quando os mercados de seguros privados são tão pobres? Há três formas principais: seguro-saúde baseado no emprego; seguro-saúde governamental; e intervenção governamental no mercado por meio da Lei de Cuidado Acessível (*Affordable Care Act*).

[8] N. R.: Diz-se haver seleção adversa quando o funcionamento do mercado induz a expulsão dos participantes de alta qualidade (no caso, os consumidores com boa saúde) pelos participantes de baixa qualidade (os consumidores doentes). Isso tende a acontecer quando há um custo elevado para obter informação sobre as características dos participantes – no caso, a saúde daqueles que desejam adquirir o seguro-saúde.

Seguro-saúde com base no emprego. As seguradoras privadas podem evitar a espiral da morte vendendo seguros indiretamente, para os empregadores das pessoas e não para indivíduos. A vantagem do *seguro-saúde com base no emprego* é que os empregados inscritos tendem a ser uma mistura representativa de pessoas mais saudáveis e menos saudáveis, em vez de um grupo de pessoas que querem comprar o seguro na expectativa de terem altas contas médicas. Isso vale especialmente se o empregador é uma grande companhia com milhares de trabalhadores. Os empregadores exigem que os empregados participem do plano de saúde, porque permitir que funcionários fiquem de fora do seguro (o que os mais saudáveis seriam tentados a fazer) aumenta o custo do seguro para todos.

Há mais uma razão pela qual o seguro com base no emprego é muito difundido nos Estados Unidos: ele tem tratamento tributário favorecido. Trabalhadores pagam impostos sobre seus contracheques, mas os que recebem seguro-saúde por meio de seus empregadores não pagam imposto sobre a parte correspondente a esse benefício. Assim, o seguro-saúde com base no emprego é de fato subsidiado pelo sistema tributário norte-americano. Os economistas estimam que o valor desse subsídio é de cerca de US$ 150 bilhões ao ano.

Contudo, muitos norte-americanos não recebem seguro-saúde com base no emprego. Entre os que não têm essa cobertura está a maior parte dos idosos, pois relativamente poucos empregadores oferecem aos seus funcionários um seguro-saúde que continua após a aposentadoria; os trabalhadores (em grande número) cujos empregadores não oferecem a cobertura (em particular trabalhadores de tempo parcial); e os desempregados.

Seguro-saúde do governo. A Tabela 18.5 mostra a cobertura do seguro-saúde da população dos Estados Unidos em 2018. A maioria, quase 178 milhões de pessoas, recebia então seguro-saúde por intermédio dos seus empregadores. A maioria dos que não tinham seguro-saúde privado era coberta por dois programas governamentais, Medicare e Medicaid. (Os números não são uma soma exata, porque algumas pessoas têm mais de uma forma de cobertura. Por exemplo, muitos dos que recebem do Medicare também têm cobertura suplementar do Medicaid ou de um seguro privado.)

O Medicare, financiado por imposto incidente na folha de pagamento, está disponível para todos os norte-americanos com 65 anos ou mais, independentemente de sua renda ou riqueza. Pode-se ter uma ideia de quanta diferença faz o Medicare nas finanças dos idosos nos Estados Unidos comparando a renda mediana *per capita* dos norte-americanos com 65 anos ou mais – US$ 43.696 – com o pagamento médio anual do Medicare por beneficiário, que foi superior a US$ 13.000 em 2018. Assim como ocorre em relação aos gastos com assistência médica em geral, no entanto, as médias podem ser enganosas: em dado ano, cerca de 7% dos recebedores do Medicare são responsáveis por 50% dos custos.

Diferentemente do Medicare, o Medicaid é um programa com critério de renda. É difícil fazer um resumo dos seus critérios de elegibilidade, porque o Medicaid é em parte pago pelos estados, e cada estado estabelece suas próprias regras. Dentre os 57,7 milhões de norte-americanos cobertos pelo Medicaid em 2018, 35 milhões eram crianças com menos de 18 anos e muitos dos restantes eram pais e mães de crianças de idade inferior a 19. A maior parte dos custos do Medicaid, no entanto, decorre de gastos com um pequeno número de cidadãos mais velhos, sobretudo os que necessitam de assistência de longo prazo.

Mais de 11,4 milhões de norte-americanos recebem seguro-saúde em razão de serviços militares. Diferentemente do Medicare e do Medicaid, que pagam contas médicas, mas não oferecem serviços de saúde diretamente, a Administração de Saúde dos Veteranos, com mais de 9 milhões de clientes, mantém hospitais e clínicas em todo o país.

O sistema de saúde dos Estados Unidos, portanto, oferece uma mistura de seguro privado, sobretudo dos empregadores, com

Tabela 18.5 Quantidade de norte-americanos cobertos por seguro-saúde, 2018 (milhões)

Cobertos por planos particulares	**217,8**
Com base no emprego	178,4
Comprados diretamente	34,9
Cobertos pelo governo	**111,3**
Medicaid	57,7
Medicare	57,8
Plano de saúde militar	11,4
Sem cobertura	**27,5**

Dados de: U.S. Census Bureau.

seguro governamental em várias formas. A maioria dos norte-americanos tem seguro-saúde, seja de companhias de seguro particulares, seja de diferentes formas de seguro público. Contudo, em 2012, antes da implementação da Lei de Cuidado Acessível – que estendeu o seguro-saúde a muitos norte-americanos anteriormente não segurados –, quase 48 milhões de pessoas, ou 15,4% da população, não tinham seguro nenhum.

Serviços de saúde em outros países

Em matéria de assistência à saúde, os Estados Unidos são muito diferentes de outros países ricos. De fato, os EUA se distinguem de três maneiras. Primeiro, apoiam-se muito mais em seguro-saúde privado do que qualquer outro país rico. Segundo, gastam muito mais em serviços de saúde *per capita*. Terceiro, mesmo após a aprovação da Lei de Cuidado Acessível, são a única nação rica com grande número de pessoas sem seguro médico.

A Tabela 18.6 compara os Estados Unidos com três outros países ricos: Grã-Bretanha, Canadá e Suíça. Cada um desses países adota uma abordagem muito diferente na prestação de serviços de saúde.

Na Grã-Bretanha, a maioria dos serviços de saúde é fornecida diretamente por uma agência governamental, o Serviço Nacional de Saúde (*National Health Service* – NHS). O NHS administra hospitais e paga a maior parte dos salários dos médicos. O atendimento médico é fornecido gratuitamente. Nos Estados Unidos, a Administração de Saúde dos Veteranos opera de forma semelhante – embora em escala menor – prestando atendimento a veteranos por meio de uma rede de hospitais e clínicas.

Sistema de pagador único é um sistema de saúde no qual o governo é o principal pagador de contas médicas, financiadas por meio de impostos.

O Canadá tem um **sistema de pagador único**: um sistema de saúde no qual o governo age como o principal pagador de contas médicas financiadas por impostos. Em comparação, o Medicare é essencialmente um sistema de pagamento único para os norte-americanos mais velhos – e o sistema canadense é, de fato, chamado Medicare.

Finalmente, a Suíça tem um sistema um tanto complexo no qual todos os cidadãos são obrigados a adquirir seguros de organizações sem fins lucrativos, com indivíduos de baixa renda recebendo subsídios do governo para ajudá-los a pagar os prêmios.

A Grã-Bretanha, o Canadá e a Suíça oferecem seguros-saúde a todos os seus cidadãos; os Estados Unidos não o fazem. No entanto, todos os três gastam muito menos em assistência médica por pessoa do que os EUA. Muitos norte-americanos supõem que, por isso, a assistência médica estrangeira seja inferior em qualidade. Mas muitos especialistas em saúde discordam da afirmação de que os sistemas de saúde de outros países ricos oferecem cuidados de baixa qualidade. Como eles apontam, outros países ricos geralmente igualam ou excedem os Estados Unidos em muitas medidas de prestação de cuidados de saúde, tais como o número de médicos, enfermeiros e leitos hospitalares por 100.000 pessoas. É verdade que a assistência médica dos EUA inclui tecnologia mais avançada em algumas áreas e muitos procedimentos cirúrgicos mais caros. Os pacientes norte-americanos

Tabela 18.6 Sistemas de saúde em países avançados, 2018

	Parcela do governo nos gastos com saúde	Gasto com saúde *per capita* (US$, paridade de poder de compra)	Expectativa de vida ao nascer (população total, anos)	Mortalidade infantil (mortes por 1.000 nascidos vivos)
Estados Unidos	40,4%	$10.586	78,5	5,60
Grã-Bretanha	77,1	4.069	81,4	3,64
Canadá	69,7	4.974	82,8	4,30
Suíça	63,7	7.317	83,3	3,70

Dados de: OECD, World Bank e CMS.gov.

também têm tempos de espera menores para cirurgias eletivas do que os pacientes no Canadá ou na Grã-Bretanha. Mas alguns países com gastos de saúde baixos têm tempos de espera muito reduzidos.

Pesquisas de opinião com pacientes sugerem que não há grandes diferenças na qualidade da assistência recebida pelos pacientes no Canadá, na Europa e nos Estados Unidos. E, como mostra a Tabela 18.6, os EUA saem-se consideravelmente pior do que outros países avançados em termos de medidas básicas, como expectativa de vida e mortalidade infantil, embora esse desempenho fraco do país em tais medidas possa ter outras causas além da qualidade dos serviços médicos – notadamente os níveis relativamente altos de pobreza e desigualdade de renda.

Por que, então, os Estados Unidos gastam tanto mais em saúde do que outros países ricos? Parte da disparidade resulta de salários mais altos dos médicos, mas a maioria dos estudos sugere que esse é um fator secundário. Uma possibilidade é que os norte-americanos estão recebendo melhor cuidado de saúde que suas contrapartes no exterior, mas de um modo que não transparece nem nas pesquisas sobre a experiência dos pacientes nem nas estatísticas de saúde.

A explicação mais provável, contudo, é que o sistema dos Estados Unidos têm sofrido de sérias deficiências que os outros países conseguiram evitar. Críticos do sistema norte-americano enfatizam o fato de esse sistema depender de companhias de seguro privadas, que gastam recursos em atividades como marketing e tentativas de identificar e peneirar os pacientes de alto risco, o que leva a altos custos operacionais. Na média, os custos operacionais das companhias privadas de seguro-saúde absorvem 14% dos prêmios que os clientes pagam, deixando apenas 86% para gastar na provisão de serviços de saúde propriamente.

Em comparação, apenas 3% dos fundos do Medicare vão para gastos operacionais, deixando 97% dos fundos para gastar com assistência médica. Um estudo do McKinsey Global Institute verificou que os Estados Unidos gastam quase seis vezes mais com a administração de serviços de saúde do que outros países ricos. Os norte-americanos também pagam preços mais altos por remédios prescritos, pois em outros países as agências governamentais barganham com as companhias farmacêuticas para obter preços menores pelos medicamentos.

O reconhecimento das graves ineficiências do sistema norte-americano, juntamente com um aumento acentuado do número de não segurados, levou à aprovação da Lei de Cuidado Acessível pelo Congresso.

Lei de Cuidado Acessível

Em 2010, o Congresso aprovou a *Affordable Care Act* (ACA), que entrou plenamente em vigor em 2014. Na época, o sistema de saúde dos Estados Unidos estava claramente em apuros. Uma das causas dos problemas era o rápido crescimento do número de não segurados. A porcentagem de norte-americanos em idade produtiva sem seguro-saúde cresceu de 1997 a 2010, atingindo um pico de quase um quarto dos norte-americanos nessa faixa de idade sem seguro. A maioria dos não segurados eram trabalhadores com salários baixos, empregados em funções que não tinham benefícios de seguro-saúde e incapazes de pagar seguros privados por conta própria.

Enquanto isso, os gastos com saúde aumentavam rapidamente, gerando prêmios de seguro muito mais altos. Na verdade, os gastos com saúde triplicaram como parte da renda dos EUA desde 1965. A ACA foi a maior expansão do estado de bem-estar norte-americano desde a criação do Medicare e do Medicaid em 1965. Ela tinha dois objetivos principais: cobrir e controlar os custos de não segurados. Vamos analisar cada um deles por vez.

Cobrindo o não segurado. A ACA passou a compensar o não segurado de duas maneiras. Primeiro, expandiu a elegibilidade para o Medicaid, pagando a maior parte das despesas dos estados que estavam dispostos a expandir o Medicaid para cobrir todas as pessoas até 133% da linha de pobreza. (Em 2019, 37 estados, incluindo o Distrito de Columbia, haviam expandido o Medicaid; a Virgínia, que apresentamos na história de abertura do capítulo, votou pela expansão em 2018.)

Em segundo lugar, a ACA mudou para tornar o seguro privado disponível para mais norte-americanos. Por um lado, as seguradoras foram proibidas de negar seguros ou cobrar prêmios mais altos a pessoas com condições médicas preexistentes. Por outro lado, muitas famílias de baixa e média renda receberam subsídios para tornar o seguro mais acessível.

Controle de custos. Antes da ACA, as seguradoras privadas tinham altos custos operacionais por causa dos montantes gastos com marketing e supressão de candidatos de alto custo. Mas, como a ACA eliminou a capacidade das seguradoras de gastar recursos com a dispensa de candidatos, ela tem o potencial de aumentar a eficiência.

A ACA também continha uma série de medidas adicionais, muitas delas envolvendo o Medicare, destinadas a ajudar a controlar custos de assistência médica. Os prestadores de serviços de saúde foram encorajados a se unirem para formar "organizações de cuidados responsáveis", coordenando os cuidados de forma a economizar dinheiro; as organizações que o fizessem receberiam uma parte da economia. Os hospitais foram encorajados a fornecer cuidados efetivos mediante regras que reduziram os pagamentos a hospitais cujos pacientes tendem a retornar em larga escala. Impostos especiais sobre seguros-saúde "Cadillac" – planos extremamente generosos – visavam desencorajar tratamento excessivo. E a ACA eliminou os copagamentos para cuidados preventivos, na esperança de que os pacientes fossem encorajados a cuidar de problemas médicos antes de necessitarem de tratamento dispendioso.

Acontece que o ritmo em que os custos de saúde estavam subindo diminuiu acentuadamente por volta de 2010, o momento em que a ACA foi aprovada. Não está claro quanto desse abrandamento de custos foi causado pelas disposições da lei.

Efeitos da ACA

Embora a Lei de Cuidados Acessíveis tenha sido aprovada em 2010, suas disposições mais importantes não entraram em vigor até o início de 2014. Em 2017, no entanto, seus principais efeitos eram claros.

O primeiro efeito pode ser visto na Figura 18.6, que mostra a porcentagem da população em idade produtiva sem cobertura de seguro saúde. Essa porcentagem começou a cair após 2010, em parte em razão de uma economia em recuperação, mas também porque algumas disposições da ACA entraram em vigor, notadamente uma regra que permite aos norte-americanos com menos de 26 anos permanecerem nas apólices de seus pais. E depois de 2013, com a lei em pleno vigor, o número de não segurados caiu drasticamente. Até 2017, a porcentagem de adultos em idade produtiva sem seguro-saúde havia sido reduzida quase pela metade.

No entanto, um número considerável de pessoas continua sem seguro. A lei não cobre imigrantes ilegais, e um número significativo de estados optou por não aceitar a expansão do Medicaid com financiamento federal, deixando vários milhões de pessoas em um *vácuo* onde não recebem nem o Medicaid nem subsídios para comprar seguros privados. Portanto, o progresso em direção à cobertura dos não segurados tem sido substancial, mas incompleto.

Além disso, em 2017 os republicanos no Congresso conseguiram revogar uma importante disposição da ACA, a exigência de que todos

Figura 18.6 Norte-americanos em idade produtiva sem seguro, 2003-2018.

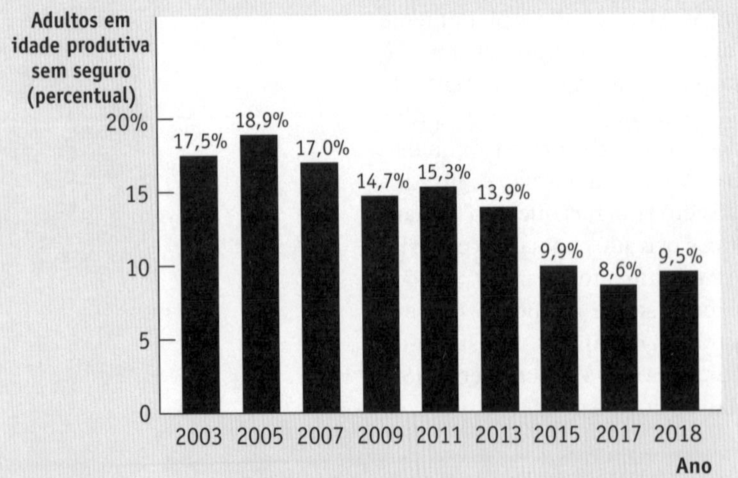

Antes de a ACA ser implementada, a parcela de adultos em idade produtiva sem seguro saúde, empregados em horário integral, estava aumentando radicalmente. Desde a entrada em vigor da ACA, essa parcela tem mostrado queda acentuada.
Dados de: U.S. Census.

os residentes legais tenham seguro, embora o restante da lei tenha permanecido intacto. Acredita-se que essa mudança tenha impulsionado o aumento dos prêmios, porque menos pessoas saudáveis se inscreveram, embora muitos beneficiários tenham ficado isolados desse aumento de prêmios graças aos subsídios exigidos por lei. Alguns estados, como Nova Jersey, impuseram suas próprias exigências de cobertura aos residentes, e viram os prêmios cair notavelmente. Porém, nos estados que não fizeram isso, a mudança provavelmente levou a uma queda significativa no número de norte-americanos segurados, que pode ser percebida no ligeiro aumento das taxas de não segurados em 2018.

ECONOMIA >> *em Ação*

O que faz o Medicaid?

Será que os programas de seguro social de fato ajudam seus beneficiários? Nem sempre a resposta é tão óbvia quanto se imagina. Vejamos o caso do Medicaid, que fornece seguro-saúde aos norte-americanos de baixa renda. Muitos que são céticos sobre o programa alegam que, na falta do Medicaid, os pobres encontrariam outros meios de assistência médica básica, e que não há evidência de que o Medicaid de fato proporcione melhoria na saúde.

Não é fácil testar essa afirmação. Não se podem comparar pessoas que recebem assistência Medicaid com outras que não recebem, pois os beneficiários do programa são diferentes dos que não estão no programa. E, em geral, não é possível fazer experimentos controlados em que grupos comparáveis recebem benefícios diferentes.

De vez em quando, contudo, os acontecimentos fornecem o equivalente de um experimento controlado. Foi o que aconteceu com o Medicaid. Em 2008, o estado norte-americano de Oregon (que havia cortado drasticamente seu programa de Medicaid por falta de fundos) conseguiu alguns recursos para voltar a atender algumas, mas não todas, as pessoas que em tese teriam direito à cobertura do programa. Para distribuir o número limitado de coberturas, o estado usou uma loteria. E aí você tinha os dados; de fato, um experimento controlado, em que os pesquisadores puderam comparar uma amostra aleatória de pessoas recebendo Medicaid com pessoas similares que não ganharam nessa loteria.

E os resultados? Verificou-se que o Medicaid fez muita diferença. Atendidos pelo Medicaid receberam:

- 60% mais mamografias
- 35% mais consultas médicas
- 30% mais atendimento hospitalar
- 20% mais exames de colesterol

Além disso, os beneficiários do Medicaid tinham:

- 70% mais probabilidade de ter uma fonte consistente de cuidados
- 55% mais probabilidade de continuar com o mesmo médico ao longo do tempo
- 45% mais probabilidade de terem feito teste de prevenção de câncer do útero no último ano (mulheres)
- 40% menos probabilidade de precisar de um empréstimo ou de atrasar pagamentos de outras contas por causa das contas médicas
- 25% mais probabilidade de se declararem em "boa" ou "excelente" saúde
- 15% mais probabilidade de tomar remédios com receita
- 15% mais probabilidade de fazer um exame de sangue para testar diabetes
- 10% menos probabilidade de ter diagnóstico de depressão

Em suma, o Medicaid melhorou o acesso a cuidados médicos e o bem-estar dos atendidos. Portanto, embora haja um debate válido sobre o tamanho do programa

Medicaid de um estado, porque custa aos contribuintes quantia significativa de dinheiro, os resultados do Oregon mostram que uma crítica ao Medicaid – a alegação de que ele não funciona – não é válida.

>> ***Revisão Rápida***

- O seguro-saúde cumpre uma função importante porque a maioria das famílias não tem condições de pagar tratamentos médicos muito caros. O **seguro-saúde privado** tem um problema inerente: quem compra seguros é desproporcionalmente mais doente do que a média das pessoas, o que aumenta os custos e prêmios, fazendo com que pessoas mais saudáveis renunciem ao seguro, elevando ainda mais os custos e prêmios e, por fim, levando as seguradoras privadas a falir. O seguro-saúde com base no emprego, a forma como a maioria dos norte-americanos é coberta, evita esse problema completamente.
- A maioria dos norte-americanos sem cobertura particular é atendida pelo Medicare, que é um programa sem critério de renda, sob **sistema de pagador único**, destinado a pessoas com 65 anos ou mais, e pelo Medicaid, disponível pelo critério de renda.
- Comparados com outros países ricos, os Estados Unidos têm maior dependência de seguros-saúde privados, gasto de saúde *per capita* mais alto, custos administrativos mais altos e remédios mais caros, mas sem evidência clara de que oferece assistência médica melhor.
- Os custos dos serviços de saúde estão aumentando rapidamente em toda parte por causa progresso científico. A Lei de Cuidado Acessível, de 2010, foi instituída para atender ao número elevado e crescente de norte-americanos sem seguro-saúde e reduzir o ritmo de crescimento das despesas com saúde.

>> ***Teste seu entendimento* 18.3**

As respostas estão no fim do livro.

1. Se você frequenta um curso universitário de quatro anos nos Estados Unidos, é provável que seja solicitado a assinar um programa de seguro-saúde administrado por sua faculdade, a menos que possa mostrar a prova de cobertura de seguro existente.
   a. Explique por que você e seus pais se beneficiariam desse programa, mesmo que, com a sua idade, seja pouco provável que vá precisar de tratamento muito caro.
   b. Explique como o programa de seguro-saúde de sua faculdade evita a espiral da morte da seleção adversa exigindo que todos os estudantes entrem no programa e paguem o prêmio do seguro.
2. De acordo com os críticos, o que explica os elevados custos do sistema de saúde nos Estados Unidos comparado com os de outros países ricos?

|| O debate sobre o estado do bem-estar

Os objetivos do estado de bem-estar parecem louváveis: ajudar os pobres, proteger todas as pessoas contra dificuldades econômicas severas e garantir que as pessoas tenham acesso a assistência à saúde essencial. Mas boas intenções nem sempre garantem boas políticas públicas. Existe um intenso debate sobre o tamanho que deve ter o estado de bem-estar, um debate que em parte reflete diferenças filosóficas, mas que reflete também a preocupação com a possibilidade de efeitos contraproducentes dos programas do estado de bem-estar. Disputas sobre o tamanho do estado de bem-estar estão igualmente entre as questões que definem a política moderna.

Problemas do estado de bem-estar

Há duas linhas de argumentação distintas contra o estado do bem-estar. Uma, já relatada antes no capítulo, se baseia em preocupações filosóficas sobre o papel adequado do estado. Como vimos, alguns teóricos políticos consideram que a redistribuição de renda não é uma função legítima do governo, que o papel do governo deveria se limitar a obrigar o cumprimento da lei, a oferecer bens públicos e a administrar as externalidades.

O argumento mais tradicional contra o estado de bem-estar envolve o *trade-off* entre eficiência e equidade. Como explicamos, o *princípio da capacidade para pagar* (o argumento de que $ 1 extra de renda importa mais ao indivíduo em piores condições que ao indivíduo bem de vida) sugere que o governo pode ajudar os pobres a um custo relativamente mais baixo. Porém, essa distribuição de renda dos que estão mais bem de vida para os mais pobres requer um sistema tributário que deve ser progressivo, com os contribuintes de alta renda pagando como imposto uma fração maior de sua renda do que os de renda mais baixa. Este é o princípio por trás da tributação progressiva.

Como resultado, os objetivos do estado de bem-estar social devem ser equilibrados com os custos de eficiência das taxas de impostos mais elevadas sobre os ricos que podem reduzir seu incentivo para trabalhar duro ou fazer investimentos arriscados. Um sistema fiscal progressivo, portanto, tende a tornar a sociedade como um todo um pouco mais pobre e pode prejudicar até mesmo aqueles que o sistema pretendia ajudar. Um estado de bem-estar social maior exige maior receita tributária e maiores taxas de impostos do que um estado de bem-estar social menor, o que se restringe a fornecer principalmente bens públicos, como a defesa nacional. Assim, ao elaborar políticas que afetam o tamanho do estado de bem-estar, o governo deve fazer uma escolha entre eficiência e equidade.

Uma maneira de reduzir o custo do estado social é adotar o critério de renda: tornar os benefícios disponíveis apenas para quem precisa deles. Mas o critério de renda cria um tipo diferente de compromisso entre equidade e eficiência. Considere o seguinte exemplo: Suponha que haja algum benefício com critério de renda, no valor de $ 2.000 por ano, disponível apenas para famílias com renda inferior a $ 20.000 por ano. Agora, suponha que uma família tenha atualmente uma renda de $ 19.500, mas que um membro da família esteja decidindo se aceita um novo emprego que elevará a renda familiar para $ 20.500. Bem, aceitar esse emprego vai realmente piorar a situação da família, porque ela ganhará $ 1.000 a mais, porém perderá os $ 2.000 em benefícios do governo. Esse efeito é conhecido como *corte nos benefícios*.

A menos que os critérios de renda sejam cuidadosamente concebidos, famílias pobres podem enfrentar uma grande queda em sua renda efetiva quando essa renda sobe até o nível em que elas não são mais qualificadas para os benefícios, reduzindo seu incentivo para trabalhar. Um estudo feito em 2005 descobriu que uma família de dois adultos e duas crianças que aumentou sua renda de US$ 20.000 por ano – pouco acima da linha de pobreza em 2005 – para US$ 35.000 teria quase todo o seu aumento na renda após os impostos compensado pela perda de benefícios, tais como cupons de alimentação, Crédito Tributário sobre a Renda do Trabalho e Medicaid.

Política do estado de bem-estar

Durante a Revolução Francesa do século XVIII, a França foi governada pela Assembleia Nacional Legislativa, um congresso de representantes que ocupavam seus lugares de acordo com a classe social: a classe superior, que basicamente gostava das coisas assim com estavam, sentava-se à direita; a gente comum, que queria grandes mudanças, sentava-se do lado esquerdo. Desde então, tem sido comum dizer dos políticos que eles são de "direita" (mais conservadores) ou de "esquerda" (mais liberais).

Hoje, os políticos norte-americanos também caem em uma divisão "direita-esquerda", e eles discordam entre si principalmente quanto ao tamanho apropriado do estado de bem-estar. Exemplo é o debate sobre a Lei de Cuidado Acessível (ACA), em que a votação do projeto de lei se dividiu inteiramente de acordo com as linhas partidárias – democratas (à esquerda) em favor da ACA e republicanos (à direita) contra essa lei.

Pensar que a afirmação de que todo o debate político se dá na verdade em torno de um único assunto – que tamanho dar ao estado de bem-estar – é uma enorme simplificação. Mas cientistas políticos verificaram que, quando classificamos cuidadosamente os membros do Congresso norte-americano da direita para a esquerda, a posição de cada um na classificação permite prever com bastante precisão seu voto relativo a qualquer futura proposta legislativa.

Os mesmos estudos que mostram amplo espectro esquerda-direita na política norte-americana mostram também forte polarização entre os principais partidos nesse espectro. Há 40 anos, havia uma superposição substancial entre os partidos: alguns representantes do Partido Democrata estavam à direita de alguns representantes do Partido Republicano ou, se preferir, alguns republicanos estavam à esquerda de alguns democratas. Hoje, porém, os democratas mais à direita parecem estar à esquerda dos republicanos mais à esquerda.

A análise econômica pode ajudar a resolver esse conflito político? Somente até certo ponto. Parte da controvérsia política envolve diferenças de opinião sobre os *trade-offs* que acabamos de discutir: se você acredita que os efeitos desestimuladores de benefícios mais generosos e impostos mais altos são muito grandes, olhará menos favoravelmente para os programas do estado de bem-estar social do que se você acredita que eles são muito pequenos. A análise econômica, ao melhorar nosso conhecimento dos fatos, pode ajudar a resolver algumas dessas diferenças. No entanto, algumas das discordâncias sobre o estado de bem-estar social são resultado de um mal-entendido sobre economia – por exemplo, como funcionam os mercados de seguro-saúde. E parte do conflito é baseado em um mal-entendido sobre como a política econômica é feita. Por exemplo, é importante perceber que uma promessa de manter programas sociais não pode ser cumprida se, ao mesmo tempo, forem feitos cortes na receita tributária da qual esses programas dependem.

Em grande parte, porém, as diferenças de opinião sobre o tamanho do estado de bem-estar social refletem diferenças de valores e filosofia. E essas são diferenças que a economia não pode resolver.

ECONOMIA >> *em Ação*

Dinamarqueses não tão melancólicos?

Os Estados Unidos têm o menor estado de bem-estar social entre quaisquer grandes economias avançadas. A Dinamarca tem um dos maiores. Em consequência, a Dinamarca tem gastos sociais muito mais elevados do que os EUA como porcentagem da renda nacional total, e os cidadãos dinamarqueses enfrentam taxas de impostos muito mais elevadas do que os norte-americanos. Um argumento contra um grande estado de bem-estar social é que ele tem efeitos negativos sobre a eficiência. A experiência dinamarquesa corrobora esse argumento?

À primeira vista, a resposta parece ser um claro sim. A Tabela 18.7 mostra que o PIB *per capita* dinamarquês – o valor total da produção da economia dividido pela população total – é cerca de 16% menor que o PIB *per capita* dos Estados Unidos. Mas será o tamanho do estado social dinamarquês responsável por essa diferença, e o menor PIB dinamarquês *per capita* é um sinal de problemas?

Não necessariamente. Uma vez que se olha para as fontes do PIB dinamarquês relativamente baixo, surge um quadro mais matizado.

Como questão de aritmética básica, o PIB *per capita* reflete três fatores:

- A fração da população que é empregada
- Quanto o trabalhador médio produz em uma hora
- O número de horas que cada trabalhador trabalha

Portanto, os dinamarqueses têm, na verdade, um pouco mais de probabilidade de serem empregados do que os norte-americanos (7% mais) e basicamente têm a mesma produtividade (1% mais produtivos). A razão pela qual a Dinamarca tem um PIB *per capita* inferior ao norte-americano (16% menor) é que os dinamarqueses empregados trabalham menos horas no decorrer de um ano (20% menos). Isso, por sua vez, reflete amplamente uma política deliberada: enquanto os norte-americanos tiram menos férias do que os cidadãos de qualquer outro país rico, os empregadores dinamarqueses são legalmente obrigados a dar aos empregados cinco semanas de férias pagas a cada ano, e o forte movimento sindical do país tem, em muitos casos, negociado tempo de folga adicional.

Essa escolha deliberada dá uma perspectiva diferente ao PIB *per capita* menor da Dinamarca, já que não é nada claro que trocar um pouco menos de renda por mais tempo com a família ou outras atividades é mau negócio. Seja como for, pesquisas que perguntam quão satisfeitas as pessoas estão com sua vida classificam a Dinamarca em posição consistentemente alta – e consistentemente acima dos Estados Unidos.

Tabela 18.7 Diferença entre a Dinamarca e os Estados Unidos, em Porcentagem (2017)

PIB *per capita*	−16%
Parcela empregada da população	+7%
Produtividade	−1%
Horas trabalhadas	−20%

Dados de: Total Economy Database.

Para ser justo, não há clareza de que cada país se sairia tão bem com um enorme estado de bem-estar como parece ser o caso da Dinamarca. Mas, na Dinamarca, o estado de bem-estar parece funcionar.

>> *Teste seu entendimento* 18.4

As respostas estão no fim do livro.

1. Explique de que modo cada uma das políticas a seguir cria desincentivos a trabalhar ou a assumir riscos de investimento.
   a. Um imposto elevado sobre as vendas de itens de consumo
   b. A perda do total de um subsídio à moradia quando a renda anual passa de $ 25.000
2. Nos últimos 40 anos, a polarização no Congresso norte-americano aumentou, diminuiu ou permaneceu a mesma?

>> *Revisão Rápida*

- Um debate intenso sobre o tamanho do estado de bem-estar gira em torno de questões filosóficas e preocupações de equidade *versus* eficiência. As elevadas taxas marginais de imposto necessárias para financiar um extenso estado de bem-estar podem reduzir o incentivo ao trabalho. A contenção dos custos do estado de bem-estar via critério de renda também pode causar ineficiência, ao criar altas taxas marginais efetivas de imposto para quem recebe benefícios.
- A política é apresentada frequentemente como oposição entre esquerda e direita; nos Estados Unidos modernos, essa divisão surge principalmente de três fontes: diferenças de opinião sobre o tamanho do *trade-off* equidade *versus* eficiência, desentendimento de economia e diferenças filosóficas.
- Estudos mostram que a política norte-americana se tornou mais polarizada entre esquerda e direita. A economia pode ajudar a resolver alguns conflitos políticos, mas não todos. A análise econômica pode ajudar a determinar os fatos quando há desacordos sobre o tamanho dos termos de um *trade-off*. Entretanto, a economia não pode ajudar quando as diferenças advêm de um desentendimento básico em economia.

CASO EMPRESARIAL

O espírito empreendedor dos Estados Unidos pode sobreviver às ameaças à ACA?

Em 2016, Stinson Dean enfrentou uma decisão crítica. Comerciante sagaz empregado em uma empresa que comercializava madeira, Dean pôde ver que o mercado de madeira estava maduro para uma dramática expansão à medida que a indústria da construção civil se recuperava do estouro da bolha especulativa habitacional. No entanto, para lucrar pessoalmente com essa expansão, ele teria de deixar seu emprego e abrir sua própria empresa.

Mas tornar-se empresário implicava risco significativo. Ao trabalhar por conta própria, ele teria de sacrificar o seguro-saúde fornecido pelo empregador que atendia Dean, sua esposa e seus três filhos pequenos. Ao tomar sua decisão, ele declarou: "Uma das coisas que eu não estava disposto a arriscar era a saúde de minha família." Na verdade, a tendência dos trabalhadores de permanecerem em um emprego que eles prefeririam deixar por medo de perder seus benefícios de saúde é tão difundida que os economistas têm um termo para isso: *bloqueio de emprego*.

No final, Dean deu o passo porque teve capacidade para adquirir seguros-saúde acessíveis para si e sua família graças à ACA. E a mudança compensou, já que a explosão na construção de casas impulsionou os negócios de Dean muito além de suas expectativas.

Na verdade, os negócios eram tão bons que, até 2017, Dean queria expandir e contratar três ou quatro novas pessoas. Entretanto, na época, as ameaças do Congresso de revogar a ACA geraram um obstáculo não só para seus planos de expansão, mas também para seu futuro como empresário a longo prazo.

"O efeito disso para mim é me impedir de convencer as pessoas que estão em uma situação semelhante à que eu estava – um bom trabalho corporativo, ganhando um bom dinheiro, com grandes benefícios, com filhos – a abandonar essa situação e vir trabalhar para mim sem benefícios", diz ele. Como resultado, em 2017, Dean estava tendo dificuldades para convencer os outros a arriscar e vir trabalhar para ele. Além disso, ele se perguntava se eventualmente seria forçado a fechar sua empresa e retomar seu trabalho corporativo a fim de garantir um seguro-saúde para sua família.

QUESTÕES PARA PENSAR

1. Um estudo recente com empregados portadores de problemas crônicos de saúde que têm cobertura de saúde fornecida pelo empregador constatou que eles tinham 40% menos probabilidade de deixar seus empregos do que empregados similares sem problemas crônicos de saúde. Um estudo da RAND Corporation constatou que tornar o seguro-saúde mais acessível aos indivíduos poderia aumentar em um terço o trabalho por conta própria e o empreendedorismo nos Estados Unidos. Que padrão você esperaria ver no tamanho e no número de empresas recém-criadas após a implementação da ACA em comparação com antes?
2. Historicamente, pequenas empresas e seus empreendedores têm sido mais inovadores do que empresas maiores. O que isso implica para a taxa de inovação nos Estados Unidos antes da implementação da ACA? E depois? E o que você esperaria agora que a ACA está sob ameaça?

RESUMO

1. O **estado de bem-estar** absorve uma parcela elevada do gasto público em países ricos. **Transferências governamentais** são pagamentos feitos pelo governo a famílias e indivíduos. **Programas antipobreza** aliviam a desigualdade de renda ajudando os pobres; **programas de previdência social** atenuam a insegurança econômica. Programas do estado de bem-estar também fornecem benefícios externos à sociedade mediante redução da pobreza e acesso a serviços de saúde, em especial para crianças.

2. Apesar de a **linha de pobreza** ser ajustada pelo índice do custo de vida, mas não pelo aumento geral do padrão de vida, e apesar de a renda média nos Estados Unidos ter crescido substancialmente nos últimos 30 anos, a **taxa de pobreza** – porcentagem da população com renda inferior à linha de pobreza – não é hoje menor do que era há 30 anos. A pobreza tem várias causas: baixo nível de educação, o legado da discriminação e má sorte. As consequências da pobreza prejudicam especialmente as crianças, causando mais doenças crônicas, menores ganhos monetários ao longo da vida e taxas de criminalidade mais altas.

3. A **renda familiar mediana** – renda de uma família situada bem no meio da distribuição de renda – é um indicador da renda do domicílio típico melhor do que a **renda familiar média**, pois não é distorcida pela inclusão de um pequeno número de domicílios muito ricos. O **coeficiente de Gini** – número que indica o nível de desigualdade da renda de um país com base na proporção de desigualdade com que a renda é distribuída entre faixas da população – é usado para comparar a desigualdade de renda em diferentes países.

4. Tanto os programas com **critério de renda** como os programas sem critério de renda reduzem a pobreza. Os principais programas de **benefícios em espécie** nos Estados Unidos são o Medicare e o Medicaid, que pagam por assistência médica. Em virtude de preocupações relacionadas com incentivo ao trabalho e coesão familiar, a ajuda a famílias pobres tornou-se significativamente menos generosa nos Estados Unidos, embora o **imposto de renda negativo** tenha se tornado mais generoso. A Previdência Social, o maior programa do estado de bem-estar, diminuiu significativamente a pobreza entre os idosos. O seguro-desemprego é também um programa essencial de seguro social.

5. O seguro-saúde satisfaz uma necessidade importante, pois a maioria das famílias não tem condições de pagar tratamentos médicos caros. O **seguro-saúde privado**, a não ser que seja com base no emprego, tem o potencial de chegar à espiral da morte da seleção adversa. A maioria dos norte-americanos está coberta pelo seguro-saúde privado com base no emprego; grande parte dos demais está coberta pelo Medicare (um **sistema de pagador único** para pessoas com mais de 65 anos em que o governo paga a maioria das contas médicas via receita tributária) e pelo Medicaid (para pessoas de baixa renda).

6. Comparados com outros países, os Estados Unidos apoiam-se mais pesadamente no seguro-saúde privado e têm custos de saúde *per capita* bem mais altos, sem que ofereçam serviços de saúde melhores. O custo dos serviços de saúde está aumentando, em boa parte em razão de avanços na tecnologia. A lei de reforma do sistema de saúde norte-americano (conhecida pela sigla ACA) foi aprovada em 2010 com o objetivo de reduzir o número de pessoas sem seguro e reduzir a taxa de crescimento dos custos.

7. Os debates sobre as dimensões do estado de bem-estar social se baseiam em considerações filosóficas e de equidade *versus* eficiência. O debate sobre equidade *versus* eficiência surge do fato de que um estado de bem-estar exige impostos elevados sobre os ricos, o que pode diminuir a riqueza da sociedade, reduzindo seu incentivo ao trabalho e a investimentos de risco. A aplicação de critérios de renda aos benefícios pode reduzir o custo do estado de bem-estar, mas deve ser concebida para evitar que se reduza o incentivo ao trabalho por parte dos pobres.

8. Os políticos da esquerda tendem a favorecer um estado de bem-estar social maior e os da direita a se oporem a ele. A política dos Estados Unidos se tornou mais polarizada nas últimas décadas. Divergências surgem de visões sobre o tamanho do conflito de escolha entre equidade e eficiência, mal-entendidos sobre como os mercados funcionam e diferenças filosóficas.

PALAVRAS-CHAVE

Benefício em espécie, p. 526
Coeficiente de Gini, p. 521
Critério de renda, p. 526
Estado de bem-estar, p. 516
Imposto de renda negativo, p. 527
Linha de pobreza, p. 517
Programa antipobreza, p. 516
Programa de previdência social, p. 516
Renda familiar média, p. 521
Renda familiar mediana, p. 521
Seguro-saúde privado, p. 530
Sistema de pagador único, p. 532
Taxa de pobreza, p. 517
Transferência governamental, p. 516

QUESTÕES PARA PENSAR

1. Nesta pergunta, você vai explorar as tendências da desigualdade de renda entre os países. Acesse o World Inequality Database (Banco de Dados Mundial de Desigualdade) no endereço eletrônico wid.world e selecione "Gráficos de Países". Abra os dados da Finlândia e dos Países Baixos.

   a. Compare a parcela de rendimentos em cada país no ano com dados mais recentes. O que você observa?

   b. Como a desigualdade mudou ao longo do tempo?

   c. Como a distribuição da renda após os impostos difere da distribuição antes dos impostos?

d. Como a tendência se compara com a dos Estados Unidos?

e. Explore outros países no banco de dados.

2. Usando o World Inequality Database, indicado na pergunta anterior, selecione os dados dos Estados Unidos. No canto superior esquerdo da página há uma opção "Selecione uma sub-região" ou estado. Selecione os dados da Califórnia, de Indiana, Michigan e Nova York.

a. Quais são os valores atuais da parcela de rendimentos para os 10 e 1% de maiores contribuintes de cada estado?

b. Como a parcela de rendimentos que vai para os maiores rendimentos mudou ao longo do tempo para cada estado?

c. Quais são os fatores prováveis que explicam o aumento da renda que vai para o topo da distribuição entre esses três estados? Quais fatores explicam as diferenças entre os estados atualmente?

3. Uma reportagem recente do *New York Times*, "How working-class life is killing Americans, in charts" (Como a vida da classe trabalhadora está matando norte-americanos, em gráficos), mostra um aumento substancial nas *mortes por desespero*, ou seja, mortes por drogas, álcool e suicídio. Em 2000, a taxa de mortalidade por essas causas para pessoas brancas, menores de 50 anos e sem diploma universitário foi inferior a 50 mortes por 100.000 pessoas. Até 2017, a taxa de mortalidade aumentou em quase 300%. Enquanto isso, a taxa de mortalidade das pessoas com diploma universitário foi significativamente menor em 2000, menos de 20 mortes por 100.000 pessoas. A taxa de mortalidade das pessoas com diploma universitário aumentou, mas apenas 40%. Como as mudanças no estado de bem-estar social contribuíram para o aumento das mortes por desespero? Que políticas você defenderia para ajudar a reduzir as mortes por desespero?

PROBLEMAS

1. A tabela a seguir contém dados da economia dos Estados Unidos para os anos 1983 e 2019, com valores em dólares. A segunda coluna mostra a linha de pobreza. A terceira coluna mostra o índice de preços ao consumidor (IPC), uma medida do nível geral de preços. E a quarta coluna mostra o produto interno bruto (PIB) *per capita* dos Estados Unidos, uma medida do padrão de vida geral.

Ano	Linha de pobreza	IPC (1982 – 1984 = 100)	PIB *per capita*
1983	$ 5.180	99,6	$ 15.525
2019	13.064	255,7	65.212

Dados de: U.S. Census Bureau; Bureau of Labor Statistics; Bureau of Economic Analysis.

a. Qual foi o aumento da linha de pobreza de 1983 a 2019? Isto é, dobrou, triplicou ou aumentou mais?

b. Qual foi o aumento do índice de preços ao consumidor no mesmo período? Dobrou, triplicou ou aumentou mais?

c. Qual foi o aumento do PIB *per capita* (a medida do padrão de vida)? Dobrou, triplicou ou aumentou mais?

d. O que seus resultados informam sobre o sucesso econômico relativo das pessoas oficialmente classificadas como "pobres" em relação aos demais cidadãos norte-americanos?

2. Na cidade de Metrópolis, há 100 cidadãos e cada um deles vive até 75 anos. Os residentes de Metrópolis têm as seguintes rendas em seu ciclo de vida: até a idade de 14 anos, não ganham nada. Na faixa de 15 a 29 anos, ganham 200 metros (a moeda de Metrópolis) ao ano. De 30 a 49 anos de idade, ganham 400 metros. De 50 a 64, ganham 300 metros. Finalmente, aos 65 se aposentam e passam a receber uma aposentadoria de 100 metros por ano até morrerem aos 75 anos. A cada ano, todo mundo consome o que ganha (ou seja, não há poupança nem empréstimos). Atualmente, 20 residentes têm idade de 10 anos, 20 residentes têm 20 anos, 20 residentes têm 40 anos, 20 residentes têm 60 anos e 20 residentes têm 70 anos.

a. Estude a distribuição de renda entre os residentes de Metrópolis. Divida a população em grupos de 20% (ou um quinto do total) de acordo com a renda. Qual é a renda de um residente no quintil de renda mais baixo da população? E no segundo, terceiro, quarto quintil e no quintil mais alto? Que parcela da renda total vai para os residentes de cada quintil da população? Apresente uma tabela com a parcela da renda total apropriada por cada quintil. Essa distribuição de renda mostra desigualdade?

b. Agora, separe apenas os residentes de Metrópolis que atualmente têm 40 anos e estude a distribuição de renda somente desses residentes. Divida esses residentes em quintis da população de acordo com sua renda. Que renda tem um residente no quintil mais baixo? E no segundo, terceiro, quarto quintil e no quintil mais alto? Que parcela da renda total de todos os que têm 40 anos vai para os residentes de cada quintil? Essa distribuição de renda é desigual?

c. Qual a relevância desses exemplos para avaliar os dados de distribuição de renda em qualquer país?

3. A tabela mostra dados do U.S. Census Bureau sobre as rendas média e mediana de trabalhadores do sexo masculino nos anos 1972 e 2018, em dólares. As cifras foram ajustadas para eliminar o efeito da inflação.

Ano	Renda mediana (em dólares de 2018)	Renda média (em dólares de 2018)
1972	$ 40.102	$ 46.481
2018	41.615	61.180

Dados de: U.S. Census Bureau.

a. Em quantos por cento a renda mediana mudou no período? Em quantos por cento a renda média mudou no período?

b. Entre 1972 e 2018, a distribuição de renda se tornou menos ou mais desigual? Explique.

4. Há 100 domicílios na economia de Equalor. Inicialmente, 99 deles têm renda de $ 10.000 cada, e cada domicílio tem renda de $ 1.010.000.

a. Qual é a renda mediana dessa economia?

Mediante seus programas antipobreza, o governo de Equalor toma $ 990.000 do domicílio mais rico e distribui igualmente entre os demais 99 domicílios.

b. Qual é agora a renda mediana dessa economia? E a renda média? A mediana mudou? A média mudou? Qual delas (renda domiciliar média ou mediana) é o melhor indicador da renda domiciliar típica em Equalor? Explique.

5. O país chamado Marxland tem o imposto de renda e o sistema de previdência social mostrados a seguir. A renda de cada cidadão é tributada a uma taxa média de imposto de 100%. Em seguida, um sistema de previdência social faz transferências para cada cidadão, de tal modo que a renda de cada cidadão depois de cobrado o imposto é igual para todos. Ou seja, todo cidadão obtém (via transferência governamental) uma parcela igual da receita tributária. Qual é o incentivo para que um cidadão individual trabalhe e assim ganhe uma renda do trabalho? Qual será a receita tributária total de Marxland? Qual será a renda pós-imposto (incluindo as transferências) de cada cidadão? Você acha que um sistema de impostos assim, que cria perfeita igualdade, pode funcionar?

6. O sistema de impostos na Taxilvânia inclui um imposto de renda negativo. Todos os indivíduos com renda inferior a $ 10.000 pagam um imposto de renda de –40% (isto é, recebem um pagamento de 40% de sua renda). Para qualquer renda acima do limite de $ 10.000, o imposto sobre a renda adicional é 10%.

Cenários	
1	Lowani ganha uma renda de $ 8.000
2	Midram ganha uma renda de $ 40.000
3	Hi-Wan ganha uma renda de $ 100.000

a. Para cada cenário da tabela, calcule o valor do imposto de renda a ser pago e a renda após os impostos.

b. Você pode encontrar uma situação nesse sistema fiscal em que ganhar mais renda antes dos impostos resulta de fato em menos renda após os impostos? Explique

7. Na cidade de Notchingham, cada trabalhador recebe $ 10 de salário por hora. Notchingham administra seu próprio seguro-desemprego, estruturado da seguinte forma: se você está desempregado (isto é, não faz nenhum trabalho), recebe um benefício de desempregado (uma transferência do governo) de $ 50 por dia. No momento em que você passa a ser empregado, nem que seja uma hora por dia, o benefício é cancelado. Ou seja, há uma "barreira de graduação" (ou de passagem de desempregado a empregado) nesse sistema de benefícios.

a. Qual é a renda diária de um desempregado? Qual a renda diária de uma pessoa que trabalha quatro horas por dia? Quantas horas por dia é preciso trabalhar para ganhar o mesmo que você ganharia desempregado?

b. Haverá alguém que aceite um emprego de tempo parcial de quatro horas por dia, em vez de permanecer desempregado?

c. Suponha que Notchingham mude a maneira como esse benefício do seguro-desemprego é obtido. Para cada $ 1 adicional que o indivíduo ganha, $ 0,50 são deduzidos do benefício. Que renda terá agora o indivíduo que trabalha quatro horas por dia? Existe agora incentivo para trabalhar quatro horas por dia em vez de ficar desempregado?

8. A tabela mostra a população total dos Estados Unidos e o número de pessoas sem seguro, para uma seleção de anos entre 2005 e 2017. Mostra também o número total de crianças pobres nos Estados Unidos (aquelas com menos de 18 anos de idade e abaixo da linha de pobreza) e o número das crianças pobres que não tinham seguro.

Ano	Total de pessoas	Pessoas sem seguro	Total de crianças pobres	Crianças pobres sem seguro
	(Milhões)			
2005	293,8	44,8	12,9	8,0
2007	299,1	45,7	13,3	8,1
2009	304,3	50,7	15,5	7,5
2011	308,8	48,6	16,1	7,0
2013	313,1	41,8	15,8	5,4
2015	318,4	29,0	14,5	4,5
2017	322,5	28,5	12,8	3,8

Dados de: U.S. Census Bureau.

Para cada ano, calcule a porcentagem da população total sem seguro e a porcentagem da população total constituída por crianças sem seguro. Como essas porcentagens mudaram com o tempo? Qual é uma explicação possível para a mudança na porcentagem das crianças sem seguro?

9. Uma entidade chamada *American National Election Studies* (Estudos das Eleições Nacionais Americanas) faz pesquisas de opinião regulares entre os eleitores nos Estados Unidos. A tabela mostra a porcentagem das pessoas, em anos selecionados entre 1952 e 2016, que concordou com a afirmação "Há diferenças importantes entre o que é defendido pelos republicanos e o que é defendido pelos democratas". O que esses dados informam sobre o grau de partidarismo da política americana com o passar do tempo?

Ano	Concordam com a afirmação
1952	50%
1972	46
1992	60
2004	76
2008	78
2012	81
2016	85

Dados de: American National Election Studies.

10. Em um mercado de seguros privado, há dois tipos diferentes de pessoas: aquelas com maior probabilidade de precisar de tratamento médico dispendioso e aquelas com menos probabilidade de precisar de tratamento (ou que optarão pelo tratamento menos caro, se precisarem). É oferecido um seguro-saúde pensado para as necessidades médias de assistência médica: o prêmio do seguro é igual aos gastos médicos de uma pessoa média (mais os gastos administrativos e o lucro da seguradora).

a. Explique por que tal seguro dificilmente será viável.

Para tentar evitar a espiral da morte da seleção adversa, uma empresa de seguro-saúde privada oferece dois planos: um para pessoas com maior probabilidade de precisar de tratamento caro (e que, portanto, cobra um prêmio de seguro mais alto) e outro para aquelas com menor probabilidade de precisar de tratamento (e que, portanto, cobra menos pelo prêmio de seguro).

b. Esse sistema superaria o problema da seleção adversa?

c. Como o Serviço Nacional de Saúde da Grã-Bretanha evita esse problema?

19 Mercados de Fatores e Distribuição de Renda

O VALOR DE UM DIPLOMA

VALE A PENA TER EDUCAÇÃO SUPERIOR? Sim, vale a pena: na economia moderna, os empregadores estão dispostos a premiar trabalhadores com mais educação. E o tamanho do prêmio aumentou consideravelmente nas últimas décadas. Em 2019, os norte-americanos com quatro anos de faculdade ganhavam, em média, 85% mais por semana do que aqueles sem diploma. Esse percentual é superior aos 72% de 2004 e aos 45% no início dos anos 1980. De fato, segundo David Autor, professor de economia no MIT, o custo real de um diploma universitário é de aproximadamente 500.000 dólares *negativos*. Ou seja, um diploma universitário é mais barato do que se fosse gratuito.

Em outras palavras, não obter um diploma universitário custará cerca de meio milhão de dólares ao longo de sua vida. Isso é aproximadamente o dobro do que o custo negativo de 35 anos atrás. E, como ter um diploma de bacharelado é tão valioso, mais norte-americanos do que nunca estão obtendo um: em 2019, 39% das pessoas de 25 a 29 anos tinham pelo menos um diploma de bacharelado, em comparação com 24,7% em 1995.

Quem decidiu que os salários de trabalhadores com diploma de faculdade aumentariam tanto comparados com quem não tem o diploma? A resposta é, obviamente, que ninguém decidiu. Salários são preços, preços de diferentes tipos de trabalho; e eles são decididos como outros preços, pela oferta e pela demanda.

No entanto, há uma diferença qualitativa entre a proporção salarial de diplomas e o preço de livros usados: salário não é o preço de um *bem*, é o preço de um *fator de produção*. E, embora os mercados para fatores de produção sejam de muitas formas similares aos mercados de bens, existem também algumas diferenças importantes.

Neste capítulo, vamos examinar os *mercados de fatores*, os mercados em que fatores de produção como trabalho, terra e capital são comercializados. Mercados de fatores, assim como mercados de bens, desempenham papel crucial na economia: eles alocam os recursos produtivos aos produtores e contribuem para garantir que esses recursos sejam usados eficientemente.

Começamos descrevendo os principais fatores de produção. Em seguida, examinamos a demanda por fatores de produção, que nos leva a uma ideia essencial: a *teoria da produtividade marginal para a distribuição de renda*. Depois, consideramos alguns desafios para a teoria da produtividade marginal. Em seguida, examinamos os mercados de capital e de terra. A seção final deste capítulo examina a oferta do fator mais importante, o trabalho. •

O QUE VOCÊ IRÁ APRENDER?

- Como se negociam recursos como terra, trabalho, **capital físico** e **capital humano** em mercados de fatores, e como isso determina a **distribuição de renda por fatores**?
- O que é a **teoria da produtividade marginal para a distribuição da renda**?
- Quais são as fontes de disparidades salariais e o papel da discriminação?
- Como o poder do mercado afeta os mercados de trabalho?
- Como decisões sobre **alocação de tempo** determinam a oferta de trabalho?

Fatores de produção da economia

Lembre-se de que definimos *fator de produção* no Capítulo 2, no contexto do modelo do fluxo circular; trata-se de qualquer recurso usado pelas empresas para produzir bens e serviços, itens que são consumidos pelos domicílios. Fatores de produção são comprados e vendidos em *mercados de fator*, e os preços em mercados de fator são conhecidos como *preços de fator*.

O que são esses fatores de produção e por que os preços de fator são relevantes?

Fatores de produção

Os economistas dividem fatores de produção em quatro classes principais: terra, trabalho, capital físico e capital humano. Terra é um recurso proporcionado pela natureza; trabalho é o esforço feito pelos seres humanos.

Capital físico, muitas vezes mencionado apenas como *capital*, consiste em recursos manufaturados, como equipamento, construções, ferramentas e máquinas.

Capital humano é o aperfeiçoamento no trabalho que se dá por meio da educação e do conhecimento e que está incorporado na força de trabalho.

No Capítulo 9, definimos *capital*: é o valor dos ativos usados por uma empresa para elaborar seu produto. Há dois tipos mais gerais de capital. **Capital físico**, muitas vezes mencionado apenas como *capital*, consiste em recursos manufaturados, como equipamento, construções, ferramentas e máquinas.

Na economia moderna, o **capital humano**, o aperfeiçoamento do trabalho que se dá por meio da educação e do conhecimento e que está incorporado na força de trabalho, tem no mínimo a mesma importância. A importância do capital humano aumentou enormemente com o progresso da tecnologia, que tornou um alto nível de conhecimento técnico essencial para muitas funções. Essa é uma das causas do aumento do prêmio pago a trabalhadores com diplomas avançados.

Por que os preços de fator são importantes: alocação dos recursos

Mercados de fator e preços de fator desempenham papel essencial em um dos processos mais importantes que têm lugar em qualquer economia: a alocação dos recursos entre produtores. Como veremos, é por meio da alocação de recursos que uma economia decide o que e quanto produzir.

Para ver como os mercados de fatores atuam na alocação dos recursos de uma economia, considere a cidade de Midland, que está no coração do novo *boom* petrolífero do Texas. Durante a expansão petrolífera de 2016 a 2019, o emprego em Midland aumentou 24%, seis vezes o crescimento do país como um todo, liderado pelo aumento do emprego nos campos petrolíferos.

O que garantiu que os trabalhadores fossem para Midland? O mercado de fator: a alta demanda por trabalhadores aumentou os salários, não apenas para aqueles diretamente empregados nos campos de petróleo, mas também para os que prestam serviços a esses trabalhadores, como os barbeiros. De fato, até 2019, barbeiros dispostos a se mudar para Midland poderiam ganhar até US$ 180.000 por ano. Em outras palavras, os mercados de fatores de produção – trabalhadores dos campos petrolíferos e barbeiros, neste exemplo – alocam os fatores de produção para onde eles são necessários. Nesse sentido, os mercados de fatores são semelhantes aos mercados de bens, que alocam bens entre os consumidores. Mas há duas características que tornam os mercados de fatores especiais. Diferentemente do mercado de um bem ou serviço, a demanda em um mercado de fator é o que denominamos *demanda derivada*. Isto é, a demanda do fator deriva da escolha de produção da empresa. A segunda característica é que mercados de fatores são o lugar em que a maioria de nós obtém a maior parte da renda (sendo as transferências governamentais a segunda maior fonte de renda na economia).

ARMADILHAS

MAS O QUE É FATOR?

Imagine uma companhia que produz camisas. A companhia usará trabalhadores e máquinas, isto é, trabalho e capital. Mas ela usará também outros insumos, como eletricidade e tecido. Esses insumos todos são fatores de produção? Não: trabalho e capital são fatores de produção, mas tecido e eletricidade não são.

A distinção essencial é que um fator de produção ganha renda por vender seus serviços repetidamente, mas um insumo não pode fazer isso.

Por exemplo, um trabalhador obtém renda ao longo do tempo por vender repetidamente seus esforços; o dono de uma máquina obtém renda ao longo do tempo por vender repetidamente o uso dessa máquina. Assim, um fator de produção, tal como trabalho ou capital, representa uma fonte duradoura de renda.

Um insumo como eletricidade ou tecido, no entanto, é consumido e acaba no processo de produção. Uma vez usado e exaurido, não pode ser uma fonte de renda futura para seu proprietário.

Renda de fator e distribuição de renda

A maioria das famílias norte-americanas obtém a maior parte de sua renda na forma de honorários e salários, ou seja, obtém sua renda vendendo trabalho. Algumas pessoas, no entanto, obtêm a maior parte da sua renda de capital físico: quando se é proprietário de ações em uma empresa, na verdade se é proprietário de uma parcela do capital físico dessa empresa. E algumas pessoas obtêm a maior parte da renda arrendando terras de sua propriedade.

Como consequência, então, os preços dos fatores de produção têm enorme impacto sobre como o bolo econômico é fatiado entre diferentes grupos. Um nível de salários mais alto, tudo o mais mantido constante, significa que uma parcela maior da renda na economia vai para as pessoas que derivam sua renda do trabalho, e que uma parcela menor vai para os que derivam sua renda do capital ou da terra. Os economistas se referem à maneira como o bolo econômico é fatiado como *distribuição de renda*. Especificamente, os preços dos fatores de produção determinam a **distribuição de renda por fatores** – a forma como a renda total da economia divide-se entre trabalho, terra e capital.

A **distribuição de renda por fatores**[1] é a divisão da renda total entre trabalho, terra e capital.

Como explica a seção Economia em Ação a seguir, a distribuição de renda por fatores tem sido bastante estável ao longo das últimas décadas nos Estados Unidos. Em outros tempos e lugares, contudo, houve grandes mudanças na distribuição por fatores. Um exemplo notável é o que ocorreu durante a Revolução Industrial: a parcela da renda total ganha pelos proprietários de terra caiu fortemente, enquanto a renda obtida pelos proprietários de capital aumentou. Como se explica no boxe Para Mentes Curiosas, esse deslocamento teve efeitos profundos na sociedade.

ECONOMIA >> *em Ação*

Distribuição de renda por fatores nos Estados Unidos

Quando falamos em distribuição de renda por fatores, do que estamos falando na prática?

Nos Estados Unidos, como em todas as economias avançadas, os pagamentos ao trabalho constituem a maior parte da renda total da economia. A Figura 19.1 mostra a distribuição de renda por fatores nos Estados Unidos em 2019: naquele ano, 68,9% da renda total na economia teve a forma de *remuneração de empregados* – um número que inclui tanto salários quanto benefícios como seguro-saúde. Esse número está baixo conforme os padrões históricos (foi 72,1% em 1972 e 70,2% em 2007). Isto reflete a lenta recuperação após a Grande Recessão, na qual o desemprego e os salários levaram mais de cinco anos para retornar aos níveis pré-recessão.

Contudo, a medida dos salários e benefícios não captura o total da renda do "trabalho", pois uma parcela significativa da renda total nos Estados Unidos (normalmente, entre 7 e 10%) é *renda de proprietários*: os rendimentos de pessoas que são donas do seu próprio negócio ou autônomas. Parte dessa renda deveria ser considerada salários que os

Figura 19.1 Distribuição de renda por fatores nos Estados Unidos em 2019.

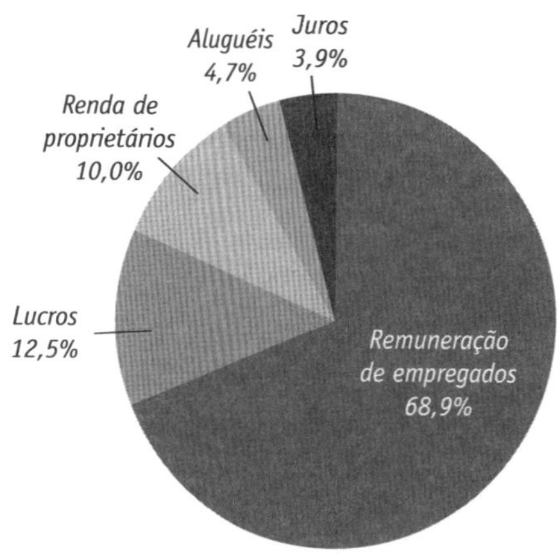

Dados de: Bureau of Economic Analysis.

PARA MENTES CURIOSAS Distribuição de renda por fatores e mudança social na Revolução Industrial

Você já leu algum romance de Jane Austen? E de Charles Dickens? Quem já leu ambos, provavelmente, notou que eles parecem estar descrevendo sociedades muito diferentes. Os romances de Austen, situados no início do século XIX, descrevem um mundo em que os líderes da sociedade são aristocratas proprietários de terra. Dickens, escrevendo cerca de 50 anos mais tarde, descreve um mundo em que homens de negócio, principalmente donos de fábricas, é que parecem estar no controle.

Essa mudança literária reflete uma transformação drástica na distribuição de renda por fatores. A Revolução Industrial, que se deu entre o fim do século XVIII e meados do século XIX, mudou a Inglaterra de país principalmente agrícola, em que a terra rendia uma parcela muito substancial da renda, para um país urbanizado e industrial, em que a renda da terra foi superada de longe pela renda do capital. Estimativas recentes da economista Nancy Stokey mostram que, entre 1780 e 1850, a parcela da terra representada na renda nacional caiu de 20% para 9%, enquanto a parcela representada pelo capital aumentou de 35% para 44%. Esse deslocamento mudou tudo – mesmo a literatura.

[1]N. R.: A distribuição de renda por fatores também é conhecida como *distribuição funcional de renda*.

>> ***Revisão Rápida***

- Os economistas, geralmente, dividem os fatores de produção da economia em quatro categorias principais: trabalho, terra, **capital físico** e **capital humano**.
- A demanda de um fator é uma demanda derivada. Preços de fatores, que são estabelecidos nos mercados de fatores, determinam a **distribuição de renda por fatores**. O trabalho recebe o grosso (69% em 2019) da renda na moderna economia dos Estados Unidos. Embora a parcela exata não seja mensurável diretamente, muito do que é chamado de remuneração de empregados é um retorno do capital humano.

donos de negócios pagam a si mesmos. Portanto, a verdadeira parcela do trabalho na economia é provavelmente alguns pontos percentuais mais alta do que a parcela de "remuneração de empregados" registrada.

Mas muito do que denominamos remuneração do trabalho é, de fato, retorno do capital humano. Um cirurgião não está apenas oferecendo os serviços de um par de mãos (pelo menos os pacientes esperam que não!): esse indivíduo está oferecendo também o resultado de muitos anos e centenas de milhares de dólares investidos em treinamento e experiência. Não podemos medir diretamente qual a parcela do salário que na verdade é um pagamento por educação e treinamento, mas muitos economistas consideram que o capital humano tornou-se *o* fator de produção mais importante nas economias modernas.

>> ***Teste seu entendimento* 19.1**

As respostas estão no fim do livro.

1. Suponha que o governo estabeleça controles de preço no mercado de professores universitários, impondo salários inferiores aos salários de mercado. Descreva o efeito dessa política sobre a produção de diplomas universitários. Que setores da economia serão adversamente afetados por essa política? Que setores da economia podem ser beneficiados?

Produtividade marginal e demanda de fatores

Todas as decisões econômicas baseiam-se na comparação de custos e benefícios e, normalmente, tratam de comparar custos marginais e benefícios marginais. Isso vale tanto para um consumidor decidindo se vai pagar mais um ano de escola quanto para um produtor decidindo se vai contratar um trabalhador adicional.

Embora existam exceções importantes, a maioria dos mercados de fatores na moderna economia norte-americana é perfeitamente competitiva, o que significa que compradores e vendedores de um fator qualquer são tomadores de preço. Em um mercado de trabalho competitivo, fica claro como se deve definir o custo marginal de um trabalhador para o empregador: é o salário do trabalhador. Mas o que é o benefício marginal desse trabalhador? Para responder a essa questão, voltamos ao conceito apresentado no Capítulo 11: a *função de produção*, que relaciona insumos com o produto. E, como no Capítulo 12, vamos supor neste capítulo que todos os produtores sejam tomadores de preço nos mercados de seus produtos – eles operam em indústrias perfeitamente competitivas.

Valor do produto marginal

A Figura 19.2 reproduz as Figuras 11.1 e 11.2, que mostraram a função de produção de trigo na fazenda de Riley e Tyler. O painel (a) usa a curva de produto total para mostrar como a produção de trigo depende do número de trabalhadores empregados na fazenda; o painel (b) mostra como o *produto marginal* do trabalho, o aumento de produção em virtude de empregar um trabalhador a mais, depende do número de trabalhadores empregados. A Tabela 19.1, que reproduz a tabela da Figura 11.1, mostra os números em que se baseia a figura.

Suponhamos que Riley e Tyler queiram maximizar seu lucro, que seja preciso pagar $ 200 a cada trabalhador e que o trigo seja vendido por $ 20 a saca. Qual é seu número ótimo de trabalhadores? Isto é, quantos trabalhadores eles devem empregar para maximizar o lucro?

Riley e Tyler usam a análise marginal para responder a essa questão em vários passos (como mostramos nos Capítulos 11 e 12).

- No Capítulo 11, usamos a informação da função de produção do produtor para derivar o custo total da empresa e seu custo marginal.

Figura 19.2 Função de produção e curva do produto marginal do trabalho na fazenda de Riley e Tyler.

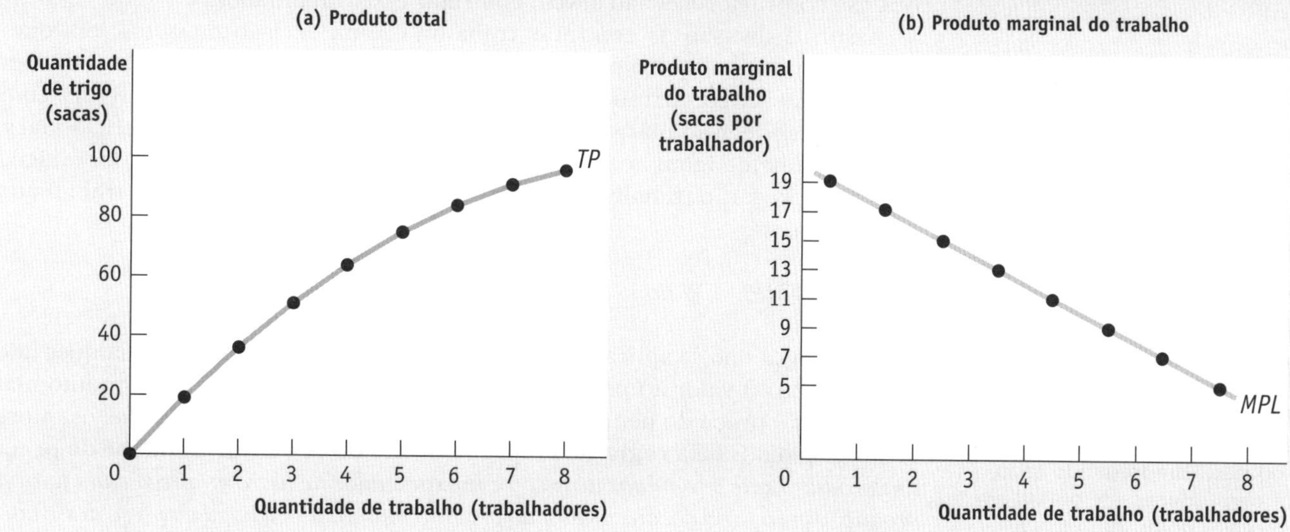

O painel (a) mostra como a quantidade produzida de trigo na fazenda de Riley e Tyler depende do número de trabalhadores empregados. O painel (b) mostra como seu produto marginal do trabalho depende do número de trabalhadores empregados.

- No Capítulo 12, derivamos a *regra de produção ótima da empresa tomadora de preço*: o lucro de uma empresa tomadora de preço é maximizado quando ela produz a quantidade de produto em cujo nível o custo marginal da última unidade produzida é igual ao seu preço de mercado.
- Tendo determinado a quantidade ótima a produzir, podemos voltar à função de produção e encontrar o número ótimo de trabalhadores: o número de trabalhadores necessário para produzir a quantidade ótima de produto.

Tabela 19.1 Emprego e produto na fazenda de Riley e Tyler

Quantidade de trabalho L (trabalhadores)	Quantidade de trigo Q (sacas)	Produto marginal do trabalho $MPL = \frac{\Delta Q}{\Delta L}$ (sacas por trabalhador)
0	0	
		19
1	19	
		17
2	36	
		15
3	51	
		13
4	64	
		11
5	75	
		9
6	84	
		7
7	91	
		5
8	96	

Existe, contudo, outra maneira de verificar o número de trabalhadores que maximiza o lucro do produtor. Podemos ir diretamente para a questão de qual nível de emprego maximiza o lucro. Essa abordagem alternativa é equivalente à abordagem que apresentamos no parágrafo anterior; é uma maneira diferente de ver a mesma coisa, que nos dá uma percepção melhor da demanda de fatores em comparação com a oferta de bens.

Para vermos como essa abordagem alternativa funciona, vamos retornar ao exemplo de Riley e Tyler e supor que eles estejam pensando se devem ou não empregar um trabalhador adicional. Em cada nível de emprego, eles comparariam o custo com o benefício da contratação. O aumento no *custo* por empregar um trabalhador a mais é a taxa salarial, *W*. O *benefício* para Riley e Tyler ao empregarem esse trabalhador extra é o valor do produto extra que esse trabalhador pode produzir. Qual é esse valor? É o produto marginal do trabalho, *MPL*, multiplicado pelo preço por unidades produzidas, *P*. Essa quantidade, o valor extra da produção gerada ao se empregar uma unidade a mais de trabalho, é conhecida como **valor do produto marginal** do trabalho, ou *VMPL*:

O **valor do produto marginal** de um fator é o valor da produção adicional gerada pelo emprego de mais uma unidade desse fator.

(19.1) Valor do produto marginal do trabalho = $VMPL = P \times MPL$

E então? Riley e Tyler devem contratar esse trabalhador extra? A resposta é sim, se o valor produzido extra for maior que o custo do trabalhador, isto é, se $VMPL > W$. Caso contrário, eles não devem contratar esse trabalhador.

Assim, a decisão de contratar trabalho é uma decisão marginal, em que o benefício marginal que o produtor deriva de contratar um trabalhador adicional ($VMPL$) deve ser comparado com o custo marginal para o produtor (W). E, como em qualquer decisão marginal, a escolha ótima se dá quando o benefício marginal é exatamente igual ao custo marginal. Isto é, para maximizar o lucro, Riley e Tyler empregarão trabalhadores até o ponto em que, para o último trabalhador empregado:

(19.2) $VMPL = W$ *no nível de emprego que maximiza o lucro*

A **regra de emprego ótimo do produtor tomador de preço** diz que o lucro de um produtor que é tomador de preço é maximizado empregando cada fator de produção até o nível em que o valor do produto marginal seja igual ao preço do fator.

Essa regra não se aplica somente à mão de obra; ela se aplica a qualquer fator de produção. O valor do produto marginal de qualquer fator é seu produto marginal vezes o preço do bem produzido. A aplicação dessa regra a todos os fatores de produção nos dá a **regra de emprego ótimo do produtor tomador de preço**: *um produtor que é tomador de preço e maximizador de lucro emprega cada fator de produção até o nível em que o valor do produto marginal seja igual ao preço desse fator.*

É importante perceber que essa regra não entra em conflito com a análise que fizemos nos Capítulos 11 e 12. Lá, vimos que o produtor maximizador de lucro de um bem escolhe o nível de produção no qual o preço desse bem seja igual ao custo marginal de produção. Trata-se apenas de uma maneira diferente de olhar para a mesma regra. Se o nível de produção é escolhido de modo que o preço seja igual ao custo marginal, então também é verdade que, nesse nível de produção, o valor do produto marginal do trabalho será igual à taxa salarial.

Agora, vamos ver mais de perto por que o método correto é escolher o nível de emprego no qual o valor do produto marginal do último trabalhador empregado é igual à taxa salarial, e como isso nos ajuda a entender a demanda de fatores.

Valor do produto marginal e demanda de fatores

O **valor da curva do produto marginal** de um fator mostra como o valor do produto marginal desse fator depende da quantidade do fator empregado.

A Tabela 19.2 calcula o valor do produto marginal do trabalho na fazenda de Riley e Tyler supondo que o preço do trigo seja $ 20 por saca. Na Figura 19.3, o eixo horizontal mostra o número de trabalhadores empregados; o eixo vertical mede o valor do produto marginal do último trabalhador empregado *e* o salário. A curva apresentada é o **valor da curva do produto marginal** do trabalho. Essa curva, do mesmo modo que a curva do produto marginal do trabalho, tem inclinação para baixo em razão do rendimento decrescente do trabalho no processo de produção. Isto é, o valor do produto marginal de cada trabalhador é menor que o do trabalhador anterior, porque o produto marginal de cada trabalhador é menor do que o do trabalhador precedente.

Acabamos de ver que, para maximizar o lucro, Riley e Tyler têm de contratar trabalhadores até o ponto em que o salário seja igual ao valor do produto marginal do último trabalhador empregado. Vamos usar o exemplo para verificar como esse princípio funciona na prática.

Suponha que Riley e Tyler empreguem atualmente 3 trabalhadores e que têm de pagar a cada trabalhador o salário de mercado de $ 200. Devem eles empregar um trabalhador adicional?

Olhando a Tabela 19.2, vemos que, se Riley e Tyler atualmente empregam 3 trabalhadores, o valor do produto marginal de um trabalhador adicional é $ 260. Assim, se empregarem um trabalhador adicional, eles aumentarão o valor de sua produção em $ 260, mas o aumento nos seus custos será de apenas $ 200, gerando um aumento de $ 60 no lucro da fazenda. De fato, um produtor sempre pode aumentar seu lucro empregando uma unidade mais de um fator de produção, desde que o valor do produto marginal produzido por essa unidade de fator exceda o preço do fator.

Como alternativa, suponhamos que Riley e Tyler empreguem 8 trabalhadores. Reduzindo o número de trabalhadores para 7, eles podem economizar $ 200 de salário. Enquanto isso, o valor do produto marginal desse último trabalhador era apenas $ 100. Assim, ao despedir um trabalhador, eles podem aumentar seu lucro em $ 200 – $ 100 = $ 100. Um produtor sempre pode aumentar seu lucro empregando uma unidade a menos de um fator de produção, desde que o valor do produto marginal produzido por essa unidade de fator seja menor que o preço do fator.

Usando esse método, podemos ver na Tabela 19.2 que o nível de emprego que maximiza o lucro é 5 trabalhadores, dado um salário de $ 200. O valor do produto marginal do 5º trabalhador é $ 220, de modo que empregar esse trabalhador resulta em $ 20 adicionais de lucro. Mas Riley e Tyler não deveriam empregar mais do que 5 trabalhadores: o valor do produto marginal do 6º trabalhador é apenas $ 180, $ 20 menos que o custo desse trabalhador. Assim, para maximizar o lucro, Riley e Tyler devem empregar trabalhadores até o ponto em que o valor do produto marginal do último trabalhador empregado seja igual ao salário.

Tabela 19.2 Valor do produto marginal do trabalho na fazenda de Riley e Tyler

Quantidade de trabalho *L* (trabalhadores)	Produto marginal do trabalho, *MPL* (*sacas* por trabalhador)	Valor do produto marginal do trabalho *VMPL* = *P* × *MPL*
0		
	19	$380
1		
	17	340
2		
	15	300
3		
	13	260
4		
	11	220
5		
	9	180
6		
	7	140
7		
	5	100
8		

Observemos de novo o valor da curva do produto marginal na Figura 19.3. Para determinarmos o nível de emprego que maximiza o lucro, igualamos o preço do trabalho ao valor do produto marginal do trabalho, um salário de $ 200 por trabalhador. Isso significa que o nível de emprego que maximiza o lucro está no ponto *A*, correspondendo ao emprego de 5 trabalhadores. Se o salário fosse mais alto, deveríamos subir na curva e diminuir o número de trabalhadores empregados; se o salário fosse menor do que $ 200, deveríamos descer na curva e aumentar o número de trabalhadores empregados.

Nesse exemplo, Riley e Tyler têm uma fazenda pequena, em que o potencial de emprego varia de 0 a 8 trabalhadores, e eles contratam trabalhadores até o ponto em que o valor do produto marginal do último trabalhador seja pelo menos igual ao salário. (Passar desse ponto e contratar trabalhadores cujo salário exceda o valor do produto marginal faria Riley e Tyler perderem dinheiro.)

Figura 19.3 O valor da curva do produto marginal.

Essa curva mostra como o valor do produto marginal do trabalho depende do número de trabalhadores empregados. Ela tem inclinação para baixo por causa do rendimento marginal decrescente do trabalho na produção. Para maximizar lucro, Riley e Tyler escolhem o nível de emprego em que o valor do produto marginal do trabalho seja igual ao salário de mercado. Por exemplo, a um salário de $ 200, o nível de emprego que maximiza lucro é 5 trabalhadores, indicado pelo ponto *A*. A curva do valor do produto marginal de um fator é a curva de demanda individual do produtor por esse fator.

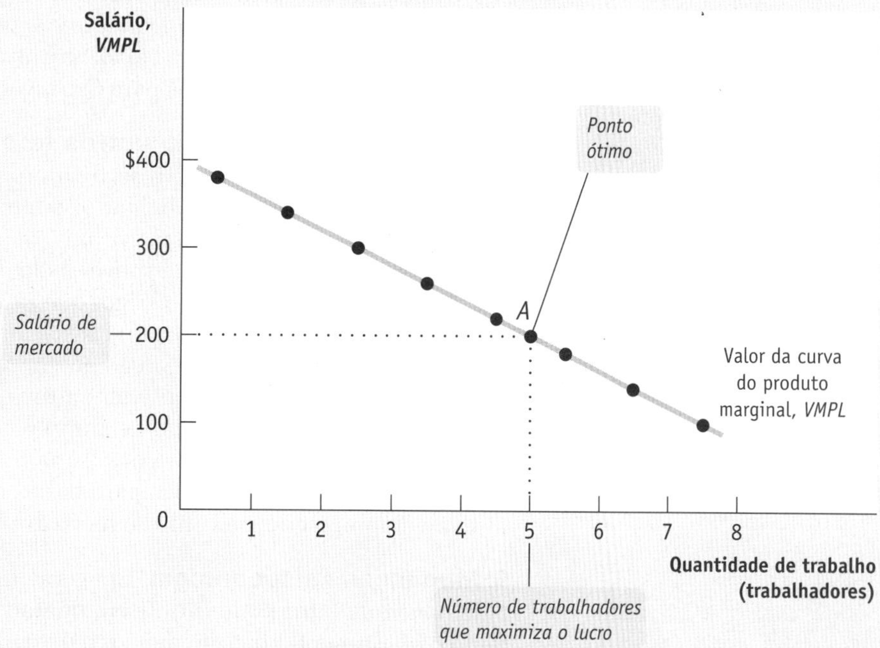

Suponhamos, no entanto, que a empresa em questão seja grande e tenha potencial de contratar muitos trabalhadores. Quando há muitos empregados, o valor do produto marginal do trabalho cai apenas ligeiramente quando um trabalhador adicional é empregado. Desse modo, existirá algum trabalhador para o qual o valor do produto marginal é quase exatamente igual ao seu salário (no exemplo de Riley e Tyler, isso significa algum trabalhador que tenha valor do produto marginal de aproximadamente $ 200). Nesse caso, a empresa maximiza o lucro escolhendo o nível de emprego no qual o valor do produto marginal do último trabalhador contratado *iguala* (com boa aproximação) o nível de salário.

Para simplificar, vamos supor daqui para a frente que as empresas usem essa regra para determinar o nível de emprego que maximiza o lucro. *Isso significa que a curva do valor do produto marginal é a curva de demanda de trabalho do produtor individual.* E, em geral, a curva do valor do produto marginal de um produtor para qualquer fator de produção representa a curva de demanda individual do produtor para esse fator de produção.

Deslocamentos da curva de demanda do fator

Assim como no caso das curvas de demanda comuns, é importante distinguir entre movimento ao longo da curva de demanda do fator e deslocamentos da curva de demanda do fator. O que leva as curvas de demanda de um fator a se deslocarem? Há três causas principais:

1. Mudanças nos preços dos bens
2. Mudanças na oferta de outros fatores
3. Mudanças em tecnologia

Vamos analisar cada uma em detalhes.

1. Mudanças nos preços dos bens. Recorde que a demanda de fatores é uma demanda derivada: se o preço do bem que é produzido com dado fator muda, muda também o valor do produto marginal do fator. Isto é, se P muda, $VMPL = P \times MPL$ muda, a qualquer nível dado de emprego.

A Figura 19.4 ilustra os efeitos de mudanças no preço do trigo, supondo que $ 200 seja o salário corrente. O painel (a) mostra o efeito de um *aumento* no preço do trigo. Isso desloca a curva do valor do produto marginal para cima, pois *VMPL* sobe para cada nível dado de emprego. Se o nível dos salários permanece o mesmo, em $ 200, o ponto ótimo muda de *A* para *B*: o nível de emprego que maximiza o lucro sobe.

O painel (b) mostra o efeito de uma *queda* no preço do trigo. Isso desloca o valor da curva de produto marginal para baixo. Se o nível dos salários permanece o mesmo, em $ 200, o ponto ótimo muda de *A* para *C*: o nível de emprego que maximiza o lucro cai.

2. Mudanças na oferta de outros fatores. Suponhamos que Riley e Tyler adquiram mais terra para cultivar; digamos que derrubem um pedaço da floresta na sua propriedade. Cada trabalhador poderia então produzir mais trigo, porque cada um teria mais terra para trabalhar. Assim, o produto marginal do trabalho na fazenda aumentaria, a qualquer nível dado de emprego. Isso teria o mesmo efeito que um aumento no preço do trigo, que já vimos no painel (a) da Figura 19.4: a curva de valor do produto marginal se deslocaria para cima e, para qualquer nível dado de salário, o nível de emprego que maximiza o lucro aumentaria.

De modo similar, se Riley e Tyler cultivam menos terra, o produto marginal do trabalho a qualquer nível dado de emprego cai. Cada trabalhador produz menos trigo porque tem menos terra para trabalhar. O resultado é que a curva de valor do produto marginal se desloca para baixo, como no painel (b) da Figura 19.4, e o nível de emprego que maximiza o lucro diminui.

3. Mudanças em tecnologia. Em geral, o efeito do progresso tecnológico sobre a demanda de fator pode influir em qualquer direção: tecnologia mais avançada tanto pode aumentar quanto reduzir a demanda de determinado fator de produção. E, frequentemente, uma diminuição em um fator leva a um aumento em outro.

Figura 19.4 Deslocamentos na curva do valor do produto marginal.

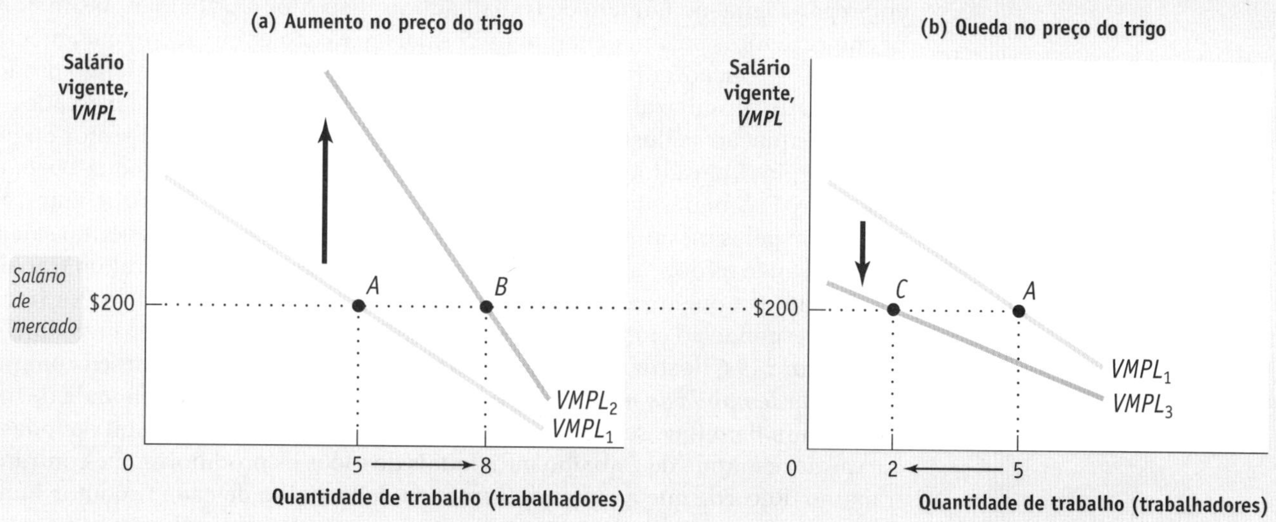

O painel (a) mostra o efeito de um aumento no preço de trigo na demanda de trabalho de Riley e Tyler. A curva do valor do produto marginal se desloca para cima, de $VMPL_1$ para $VMPL_2$. Se o salário de mercado permanece em $ 200, o emprego que maximiza o lucro aumenta de 5 para 8 trabalhadores, que se mostra pelo movimento do ponto *A* para o ponto *B*. O painel (b) mostra o efeito de uma queda no preço do trigo. A curva do valor do produto marginal se desloca para baixo, de $VMPL_1$ para $VMPL_3$. Ao salário de mercado de $ 200, o emprego que maximiza o lucro cai de 5 para 2 trabalhadores, que se mostra pelo movimento do ponto *A* para o ponto *C*.

Como o progresso tecnológico pode reduzir a demanda de fatores? Considere os cavalos, que já foram um importante fator de produção. O desenvolvimento de substitutos para a força dos cavalos, tais como carros e tratores, reduziu muito a demanda por esses animais. Ao mesmo tempo, porém, a demanda aumentou para outros fatores, como motoristas, fabricantes e mecânicos automotivos qualificados.

Na economia atual, a expansão do uso de automação e robôs como substitutos para o trabalho humano faz com que alguns analistas prevejam que a demanda de fatores por trabalhadores diminuirá em certas indústrias nas próximas décadas. Os robôs podem coletar mercadorias das prateleiras dos armazéns e colocar tijolos nos canteiros de obras, eliminando a necessidade de humanos para realizar essas tarefas. E, como se pode prever, ao mesmo tempo, a demanda por outros fatores, como desenvolvedores de *software* e engenheiros de robótica, irá aumentar.

O efeito habitual do progresso tecnológico é aumentar a demanda por determinado fator, aumentando sua produtividade. Assim, apesar do persistente receio de que a maquinaria e a automação reduziriam a demanda de mão de obra, a longo prazo, a economia dos EUA tem visto tanto grandes aumentos salariais quanto grandes aumentos no emprego. Isso porque o progresso tecnológico aumentou a produtividade da mão de obra e, como resultado, aumentou a demanda por mão de obra.

Equilíbrio de mercado no mercado de fatores

Vimos como cada produtor perfeitamente competitivo, em um mercado de fatores perfeitamente competitivo, maximiza o lucro contratando trabalho até o ponto em que seu valor do produto marginal seja igual ao seu preço, isto é, no caso do trabalho, até o ponto em que $VMPL = W$. O que isso nos informa sobre a parcela do trabalho na distribuição da renda segundo os fatores de produção? Para respondermos a essa questão, devemos examinar o equilíbrio no mercado de trabalho. A partir daí, passaremos aos mercados de terra e de capital, para verificar como eles também influenciam a distribuição de renda por fatores.

Comecemos por supor que o mercado de trabalho está em equilíbrio: sob o atual salário de mercado, o número de trabalhadores que os produtores querem empregar é igual ao número de trabalhadores dispostos a trabalhar. Assim, todos os empregadores pagam o *mesmo* nível salarial, e *cada* empregador, qualquer que seja a sua produção, emprega trabalhadores até o ponto em que o valor do produto marginal do último trabalhador empregado seja igual ao salário de mercado.

Essa situação se ilustra na Figura 19.5, que mostra as curvas de valor do produto marginal para dois produtores: o fazendeiro Garcia, que produz trigo, e o fazendeiro Freeman, que produz milho. Apesar de produzirem bens diferentes, eles competem pelos mesmos trabalhadores e, por isso, têm de pagar o mesmo salário, $ 200. Quando os dois fazendeiros maximizam o lucro, ambos contratam trabalho até o ponto em que o valor do produto marginal fica igual ao salário. Na figura, isso corresponde ao emprego de 5 trabalhadores por Garcia e 7 por Freeman.

A Figura 19.6 ilustra a situação geral no mercado de trabalho em seu conjunto. A *curva de demanda do mercado de trabalho*, tal como a curva de demanda de mercado de um bem (que se mostrou na Figura 3.5), é a soma horizontal de todas as curvas de demanda de trabalho individuais de todos os produtores que contratam trabalho. Recorde que a curva de demanda de trabalho de cada produtor individual é igual a sua curva de valor do produto marginal do trabalho. Por ora, vamos pressupor uma curva de oferta de trabalho com inclinação para cima; discutiremos a oferta de trabalho mais adiante neste capítulo. Então, o salário de equilíbrio é o salário pelo qual a quantidade de trabalho ofertada é igual à quantidade de trabalho demandada. Na Figura 19.6, esse salário de equilíbrio é W^*, e o nível de emprego de equilíbrio correspondente é L^*. (O nível de salários de equilíbrio é conhecido também como nível de salários de mercado.)

Como mostramos nos exemplos da fazenda de Riley e Tyler e dos fazendeiros Garcia e Freeman (em que o salário de equilíbrio corresponde a $ 200), cada empresa contratará trabalho até que o valor do produto marginal do trabalho seja igual ao salário de equilíbrio. Isso significa que, em equilíbrio, o produto marginal do trabalho será o mesmo para todos os empregadores. Assim, o salário de equilíbrio (ou do mercado) é igual ao **valor de equilíbrio do produto marginal** do trabalho, ou seja, o valor adicional produzido pela última unidade de trabalho empregada no

Valor de equilíbrio do produto marginal de um fator é o valor adicional produzido pela última unidade desse fator empregada no mercado de fatores como um todo.

Figura 19.5 Todos os produtores se defrontam com o mesmo nível salarial.

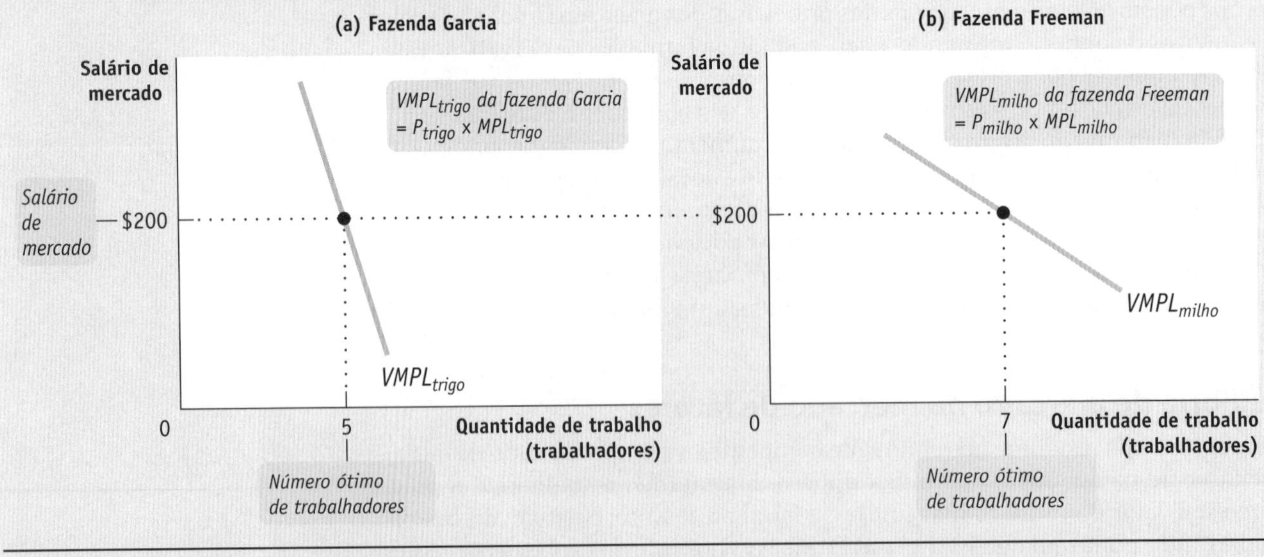

Embora a Fazenda Garcia cultive trigo e a Fazenda Freeman cultive milho, ambas competem no mesmo mercado de trabalho e têm de pagar o mesmo salário, $ 200. Cada produtor contrata trabalho até o ponto em que $VMPL$ = $ 200: 5 trabalhadores para Garcia e 7 trabalhadores para Freeman.

Figura 19.6 Equilíbrio no mercado de trabalho.

A curva de demanda do trabalho de mercado é a soma horizontal das curvas de demanda de trabalho individual de todos os produtores. Aqui, o salário de equilíbrio é W^*, o nível de emprego de equilíbrio é L^*, e cada produtor contrata trabalho até o ponto em que $VMPL = W^*$. Assim, o trabalho recebe em pagamento o seu valor de equilíbrio do produto marginal, ou seja, o valor do produto marginal do último trabalhador contratado no mercado de trabalho em seu conjunto.

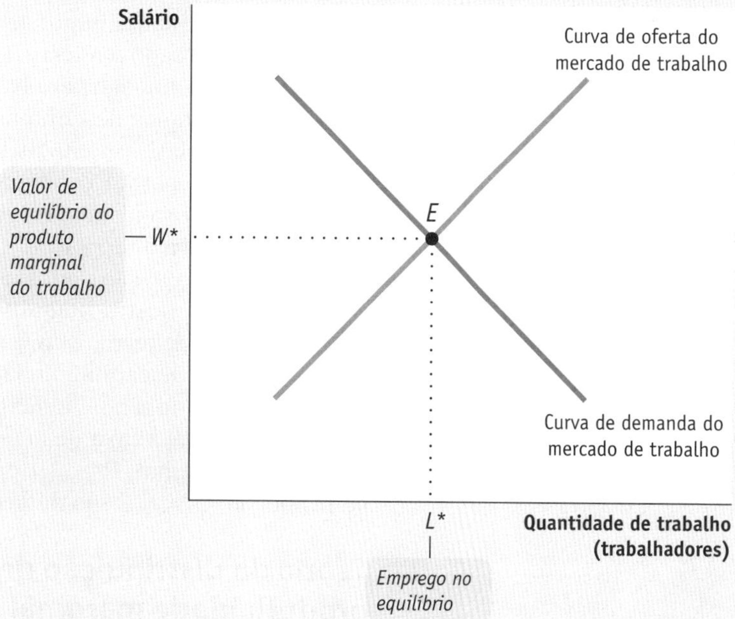

mercado de trabalho em seu conjunto. Não importa onde essa unidade adicional seja empregada, pois *VMPL* é igual para todos os produtores.

O que acabamos de aprender é que o salário de mercado é igual ao valor de equilíbrio do produto marginal do trabalho. O mesmo se aplica a cada fator de produção: em uma economia de mercado perfeitamente competitiva, o preço de cada fator é igual ao seu valor de equilíbrio do produto marginal. Tratemos de examinar agora os mercados para terra e capital (físico) (daqui em diante, vamos nos referir a capital físico como *capital*).

Os mercados para terra e capital

Mantendo o pressuposto de que os mercados de bens e serviços são perfeitamente competitivos, os resultados que derivamos para o mercado de trabalho também se aplicam aos outros fatores de produção. Suponha, por exemplo, que um fazendeiro esteja considerando se deve arrendar um hectare adicional de terra no próximo ano. Ele vai comparar o custo de arrendamento do hectare com o valor do produto adicional gerado ao empregar esse hectare adicional, o valor do produto marginal de um hectare de terra. Para maximizar o lucro, o fazendeiro tem de empregar terras até o ponto em que o valor do produto marginal de um hectare seja igual ao arrendamento por hectare.

E se o fazendeiro já é proprietário da terra? Já vimos a resposta a isso no Capítulo 9, quando tratamos das decisões econômicas: mesmo sendo proprietário da terra, há um custo implícito – o custo de oportunidade – de usar essa terra para dada atividade, pois ela poderia ser usada de outro modo, como ser arrendada para outros fazendeiros e receber a *taxa de arrendamento* do mercado. Assim, o produtor que maximiza o lucro empregará hectares adicionais de terra até o ponto em que o custo do último hectare empregado, explícito ou implícito, seja igual ao valor do produto marginal desse hectare.

O mesmo vale para o capital. O custo explícito ou implícito de usar uma unidade de terra ou de capital por dado período de tempo é chamado de **taxa de arrendamento**. Em geral, tanto uma unidade de terra quanto uma unidade de capital são empregadas até o ponto em que o valor do produto marginal dessa unidade seja igual à taxa de arrendamento naquele período de tempo. Como são determinadas as

Taxa de arrendamento de um terreno ou capital é o custo, explícito ou implícito, do uso de uma unidade desse ativo por determinado período de tempo.

taxas de arrendamento de terra ou capital? Pelos equilíbrios no mercado de terras e no mercado de capitais, é claro. A Figura 19.7 ilustra esses resultados.

O painel (a) mostra o equilíbrio no mercado de terras. Somando as curvas de demanda individuais por terra de todos os produtores, obtemos a curva de demanda de mercado por terra. Em razão dos rendimentos decrescentes, a curva de demanda tem inclinação para baixo, assim como a curva de demanda por trabalho. No formato em que a desenhamos, a curva de oferta de terra tem inclinação forte e é, portanto, relativamente inelástica. Isso reflete o fato de que encontrar novas ofertas de terra para a produção normalmente é difícil e caro, como seria, por exemplo, criar nova terra agricultável mediante irrigação. A taxa de arrendamento de equilíbrio para a terra R^*_{Terra} e a quantidade de equilíbrio de terra empregada na produção Q^*_{Terra} são dadas pela interseção das duas curvas.

O painel (b) mostra o equilíbrio no mercado de capital. Em contraste com a curva de oferta de terra, a curva de oferta de capital é relativamente elástica. Isso porque a oferta de capital é relativamente sensível a preço: o capital vem da poupança dos investidores, e a quantidade de poupança que os investidores disponibilizam é sensível à taxa de arrendamento do capital. A taxa de arrendamento de equilíbrio do capital, $R^*_{Capital}$, e a quantidade de equilíbrio do capital empregado na produção, $Q^*_{Capital}$, são dadas pela interseção das duas curvas.

Teoria da distribuição de renda segundo a produtividade marginal

Aprendemos assim que, quando os mercados para bens e serviços e os mercados de fatores são perfeitamente competitivos, fatores de produção serão empregados até o ponto em que seu valor do produto marginal seja igual ao seu preço de equilíbrio de mercado. Isto é, receberá como pagamento seu valor de equilíbrio do produto marginal.

Figura 19.7 Equilíbrio nos mercados de terra e de capital.

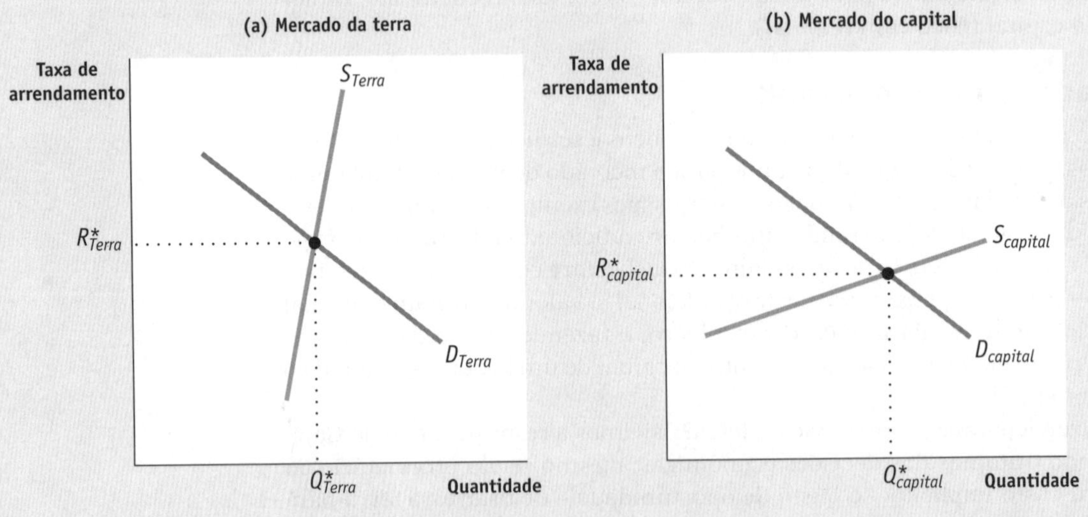

O painel (a) ilustra o equilíbrio no mercado de terra; o painel (b) ilustra o equilíbrio no mercado de capital. A curva de oferta de terra tem forte inclinação, refletindo o elevado custo de aumentar a quantidade de terra produtiva. A curva de oferta de capital, em contraste, é relativamente achatada, devido à elevada sensibilidade da poupança a mudanças na taxa de arredamento de capital. As taxas de arrendamento de equilíbrio para terra e capital, bem como as quantidades transacionadas de equilíbrio, são dadas pela interseção das curvas de demanda e de oferta. Em um mercado de terras competitivo, cada unidade de terra receberá como pagamento o valor de equilíbrio do produto marginal da terra, R^*_{Terra}. Do mesmo modo, em um mercado de capitais competitivo, cada unidade de capital receberá como pagamento o valor de equilíbrio do produto marginal do capital, $R^*_{Capital}$.

Mas o que isso informa sobre a distribuição de renda por fatores? Tal pergunta nos leva à **teoria da distribuição de renda segundo a produtividade marginal**, que diz que cada fator receberá como pagamento o valor do produto gerado pela última unidade do fator empregado no mercado de fatores em seu conjunto, ou seja, o valor de equilíbrio do produto marginal.

De acordo com a **teoria da distribuição de renda segundo a produtividade marginal**, cada fator de produção é pago por seu valor de equilíbrio do produto marginal.

Para entender por que a teoria da distribuição de renda segundo a produtividade marginal é uma teoria importante, voltemos à Figura 19.1, que mostra a distribuição de renda por fatores nos Estados Unidos, e façamos a pergunta: o que ou quem decidiu que o trabalho receberia 69% da renda total dos EUA? Por que não 90 ou 50%?

A resposta, de acordo com a teoria da distribuição de renda segundo a produtividade marginal, é que a divisão da renda entre os fatores de produção da economia não é arbitrária: ela é determinada pela produtividade marginal de cada fator na economia em equilíbrio. O nível de salário ganho por *todos* os trabalhadores na economia é igual ao aumento no valor do produto gerado pelo último trabalhador empregado no mercado de trabalho da economia em seu conjunto.

Adotamos aqui a suposição de que todos os trabalhadores têm a mesma capacidade (de modo similar, supusemos que todas as unidades de terra e de capital eram igualmente produtivas). Mas, na realidade, a capacidade dos trabalhadores pode variar consideravelmente.

Em vez de pensarmos em um só mercado de trabalho para todos os trabalhadores na economia, podemos pensar em diversos mercados para diferentes tipos de trabalhadores, nos quais os trabalhadores tenham habilidade equivalente dentro de cada mercado. Por exemplo, o mercado de programadores de computação é diferente do mercado dos cozinheiros de pastelarias.

Quando consideramos que existem mercados de fatores separados para diferentes tipos de fatores, ainda podemos aplicar a produtividade marginal da distribuição de renda. Isto é, quando o mercado de trabalho para programadores de *software* está em equilíbrio, a teoria diz que a taxa salarial obtida por todos os programadores de *software* é igual ao valor de equilíbrio do mercado do produto marginal – o valor do produto marginal do último programador de computador contratado naquele mercado.

A teoria da produtividade marginal da distribuição de renda repousa na suposição de que os mercados de fatores, assim como os mercados de bens e serviços, são perfeitamente competitivos. No entanto, como discutiremos na próxima seção, muitos mercados não satisfazem esse critério. Portanto, ela é útil como referência, mas não como representação exata do mundo real.

E é importante notar que, na medida em que a teoria da produtividade marginal da distribuição de renda funciona, trata-se de uma explicação do que os mercados fazem, não de uma declaração sobre o que é justo ou correto. Ou seja, ela não nos diz o que a distribuição de renda "deveria" ser. Pelo contrário, a teoria da produtividade marginal da distribuição de renda pode servir como referência para ajudar a sociedade a decidir qual é a troca certa entre equidade e eficiência.

ARMADILHAS

ENTENDENDO MELHOR A TEORIA DA PRODUTIVIDADE MARGINAL

Considere cuidadosamente o que a teoria da distribuição de renda pela produtividade marginal afirma: *todas* as unidades de um fator são remuneradas pelo valor de equilíbrio do produto marginal do fator – o valor adicional produzido pela *última* unidade empregada do fator.

A fonte mais comum de erro é esquecer que o valor relevante do produto marginal é o valor de equilíbrio, não o dos produtos marginais que se calcula para chegar ao equilíbrio. Ao se observar a Tabela 19.2, é tentador pensar, uma vez que o primeiro trabalhador apresenta um valor do produto marginal de $ 380, que esse trabalhador será remunerado em $ 380 no equilíbrio. Não é assim: se o valor de equilíbrio do produto marginal no mercado de trabalho é igual a $ 200, então *todos* os trabalhadores recebem $ 200.

ECONOMIA >> *em Ação*

Precisa-se de ajudante!

A Flextronics International (Flex) é a segunda maior empresa de serviços e projetos eletrônicos do mundo. Empresa norte-americana com sede em Singapura, produz desde *fitbits* até motocicletas elétricas e componentes para carros elétricos. E, como fabricante, emprega milhares de operadores de máquina qualificados.

Em março de 2019, de acordo com o portal Payscale.com, o operador de máquinas norte-americano médio qualificado ganhava US$ 73.157 na Flex, excluindo os benefícios. Como a maioria dos operadores de máquinas qualificados nos Estados Unidos, os operadores da Flex são muito produtivos: de acordo com a Pesquisa Anual de Fabricantes do Censo dos EUA, em 2017, o trabalhador médio da produção na fabricação de computadores e produtos eletrônicos gerou aproximadamente US$ 270.548 em valor agregado.

Mas há uma diferença de quase 200.000 dólares entre o salário pago em média a operadores norte-americanos especializados na Flex e o valor agregado estimado que eles criam. Isso significa que a teoria da produtividade marginal da distribuição de renda não se sustenta? A teoria não implica que os operadores devem receber $ 270.548, o valor médio acrescentado que cada um gera? A resposta a ambas as perguntas é não, por duas razões:

1. O valor de US$ 270.548 é a média de *todos os operadores de máquinas atualmente empregados*. A teoria diz que os operadores serão remunerados pelo valor do produto marginal do *último operador contratado*, e, devido à diminuição do retorno do trabalho, esse valor será inferior à média de todos os operadores atualmente empregados.
2. O salário de equilíbrio do trabalhador inclui outros custos, tais como benefícios aos empregados, que devem ser adicionados ao salário de US$ 73.157. A teoria da produtividade marginal da distribuição de renda diz que os trabalhadores recebem uma taxa salarial, *incluindo todos os benefícios*, igual ao valor do produto marginal.

Você pode ver que todos esses custos estão presentes na Flex. Lá, os operadores têm bons benefícios e segurança no emprego, que se somam ao seu salário. Incluindo esses benefícios, a remuneração total dos operadores de máquinas será igual ao valor do produto marginal do último operador empregado.

No caso do Flex, há ainda outro fator que explica a lacuna de quase 200.000 dólares: não há operadores suficientes com a remuneração atual. Desde o início de 2019, a Flex vem tentando contratar mais. Por que a Flex não aumenta seus salários a fim de atrair operadores mais qualificados? O problema é que o trabalho que eles fazem é tão especializado que é difícil contratar de fora, mesmo quando a empresa aumenta os salários como incentivo.

Para resolver esse problema, empresas como a Flex gastam quantias significativas de dinheiro treinando cada novo contratado, custo que pode ser bem superior a 100.000 dólares por estagiário. No final, parece que a teoria da produtividade marginal da distribuição de renda se mantém válida.

>> *Revisão Rápida*

- De acordo com a **regra de emprego ótimo do produtor tomador de preço**, o lucro desse tipo de produtor é maximizado empregando cada fator de produção até o nível em que o valor do produto marginal seja igual ao preço do fator.
- Em uma economia de mercado perfeitamente competitiva, o preço de um bem multiplicado pelo produto marginal do trabalho é igual ao **valor do produto marginal** do trabalho: $VMPL = P \times MPL$. Um produtor que maximiza o lucro contrata trabalho até o ponto em que o valor do produto marginal do trabalho é igual ao salário: $VMPL = W$. O **valor da curva do produto marginal** do trabalho tem inclinação para baixo, devido ao rendimento decrescente do trabalho na produção.
- A curva de demanda do trabalho de mercado é a soma horizontal de todas as curvas de demanda individual dos produtores nesse mercado. Ela se desloca por três razões: mudanças no preço do produto, mudanças na oferta de outros fatores e progresso tecnológico.
- Assim como no caso do trabalho, os produtores empregarão terra ou capital até o ponto em que o valor do produto marginal seja igual a sua **taxa de arrendamento**. De acordo com a **teoria da distribuição de renda segundo a produtividade marginal**, em uma economia perfeitamente competitiva, cada fator de produção recebe como pagamento seu **valor de equilíbrio do produto marginal**.

>> *Teste seu entendimento* 19.2

As respostas estão no fim do livro.

1. Nos casos a seguir, informe a direção do deslocamento da curva de demanda de trabalho e, tudo o mais mantido constante, o que acontecerá com o salário de equilíbrio de mercado e a quantidade de trabalho empregada em consequência do que se informa.
   a. Serviços como comércio varejista e bancos sofrem um aumento de demanda. Esses setores usam relativamente mais trabalho que os setores que não são de serviços.
   b. Por causa do excesso de pesca, há uma queda na quantidade de pescado obtido diariamente pelas empresas comerciais de pesca; isso reduz sua demanda de trabalhadores.
2. Explique a afirmação: "Quando as empresas em diferentes indústrias competem pelos mesmos trabalhadores, o valor do produto marginal do último trabalhador contratado é igual em todas as empresas, independentemente de elas estarem em diferentes indústrias."

A teoria da distribuição de renda segundo a produtividade marginal é mesmo verdadeira?

Embora a teoria da distribuição de renda segundo a produtividade marginal seja uma parte estabelecida da teoria econômica, estreitamente ligada à análise dos mercados em geral, ela é fonte de alguma controvérsia. Há duas objeções principais a ela.

Primeiro, no mundo real vemos grandes disparidades de renda entre fatores de produção que, aos olhos de alguns observadores, deveriam receber o mesmo pagamento. Talvez o exemplo mais conspícuo nos Estados Unidos seja o das diferenças nos salários médios entre homens e mulheres e entre vários grupos raciais e étnicos. Essas diferenças salariais de fato refletem diferenças de produtividade marginal ou está acontecendo alguma outra coisa?

Segundo, muitas pessoas acreditam erroneamente que a teoria da distribuição de renda segundo a produtividade marginal dá uma justificação *moral* para a distribuição de renda, implicando que a distribuição existente é justa e adequada. Esse engano, muitas vezes, leva as pessoas que consideram a distribuição atual de renda injusta a rejeitarem a teoria da produtividade marginal.

Para discutir essas controvérsias, começamos examinando as disparidades de renda por gênero e grupos étnicos. Em seguida, indagamos que fatores podem ser responsáveis por essas disparidades e se essas explicações são consistentes com a teoria da distribuição de renda pela produtividade marginal.

Disparidades salariais na prática

Nos Estados Unidos, os salários distribuem-se em uma faixa muito grande. Em 2018, quase dois milhões de trabalhadores recebiam o mínimo legal federal de US$ 7,25 por hora. No outro extremo, CEOs de várias companhias recebiam mais de US$ 100 milhões, o que daria US$ 20.000 por hora, ainda que eles trabalhassem 100 horas por semana. Mesmo deixando de lado esses extremos, os diferenciais de salário são enormes. Será que as pessoas são realmente tão diferentes em sua produtividade marginal?

Uma fonte especial de preocupação é a existência de diferenças salariais sistemáticas segundo gênero e etnia. A Figura 19.8 compara o rendimento anual mediano, em 2018, de trabalhadores com 25 anos ou mais classificados segundo gênero e etnia. Como grupo, pessoas brancas e do sexo masculino tinham os rendimentos mais elevados. Os dados mostram que as mulheres (na média de todas as etnias) ganhavam apenas cerca de 72% do que ganhava o primeiro grupo; trabalhadores afro-americanos (dos sexos masculino e feminino juntos) ganhavam apenas 70%; e trabalhadores hispânicos, apenas 62%. As diferenças marginais de produtividade realmente explicam essas diferenças persistentes entre gênero e raça?

Figura 19.8 Rendimentos medianos por gênero e etnia, 2018.

O mercado de trabalho dos Estados Unidos continua mostrando grandes diferenças entre os trabalhadores de acordo com gênero e etnia. As mulheres recebem substancialmente menos que os homens; trabalhadores afro-americanos e hispânicos recebem bem menos que trabalhadores brancos do sexo masculino.
Dados de: U.S. Census Bureau.

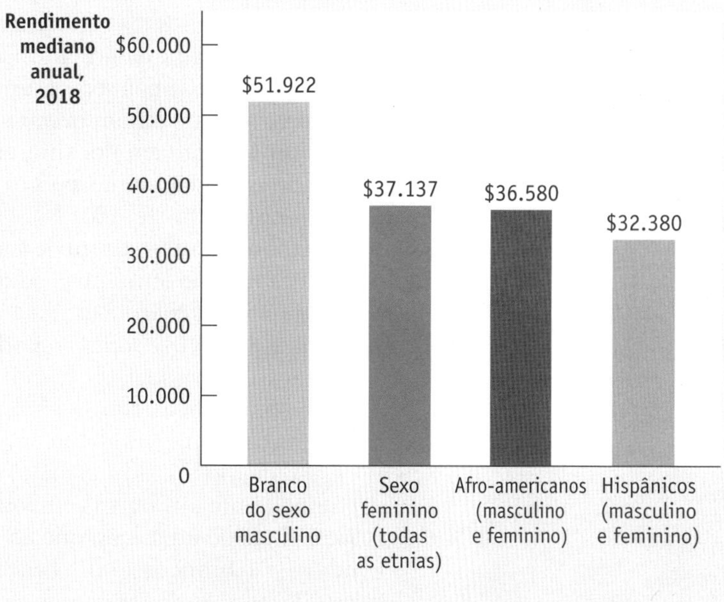

Os Estados Unidos são uma nação fundada na crença de que todos os homens foram criados iguais – e, se a Constituição fosse reescrita hoje, diria que *todas as pessoas* foram criadas iguais. Então, por que elas recebem pagamento tão desigual? Comecemos pelas explicações da produtividade marginal; em seguida, vejamos outras influências.

Produtividade marginal e desigualdade salarial

Grande parte da desigualdade observada nos salários pode ser explicada por considerações consistentes com a teoria da distribuição de renda pela produtividade marginal. Em especial, há três fontes bem estudadas de diferenças salariais entre ocupações e indivíduos.

Diferenças compensatórias são diferenças salariais entre empregos que refletem o fato de que alguns empregos são menos agradáveis do que outros.

Primeiro, a existência de **diferenças compensatórias**: entre diferentes tipos de trabalho, os salários muitas vezes são mais altos ou mais baixos dependendo de quão atrativo ou desagradável seja o emprego. Trabalhadores com empregos desagradáveis ou perigosos demandam salário maior em comparação com trabalhadores em empregos que exigem a mesma qualificação e esforço, mas não têm as características desagradáveis ou perigosas. Por exemplo, caminhoneiros que transportam carga perigosa recebem mais do que caminhoneiros que transportam carga normal. Durante o auge da pandemia de 2020, varejistas como a Amazon e a Kroger deram a seus funcionários da loja e do depósito um salário extra para compensar o perigo de pegar o vírus. Mas, para qualquer função *dada*, a teoria da distribuição da renda segundo a produtividade marginal, em geral, é válida. Por exemplo, caminhoneiros que transportam carga perigosa recebem salário igual ao valor de equilíbrio do produto marginal da última pessoa empregada no mercado de transportadores de cargas perigosas.

Uma segunda razão para a desigualdade nos salários claramente consistente com a teoria da produtividade marginal é a diferença de *talento*. As pessoas diferem em suas habilidades: uma pessoa de habilidade elevada, ao elaborar um produto melhor, que consegue um preço mais alto comparado com aquele produzido por uma pessoa de habilidade menor, gera um valor mais elevado de produto marginal. E essas diferenças no valor do produto marginal se traduzem em diferenças no potencial de renda. O esporte profissional é um bom exemplo: a prática é importante, mas a maioria da população não tem o que é preciso para fazer passes como Tom Brady ou bater bolas de tênis como Serena Williams. Isso é verdade também em outros campos de atuação.

Uma terceira razão importante para diferenciais de salário é a diferença na quantidade de capital humano. Recorde que o *capital humano* (educação e treinamento) é, pelo menos, tão importante na economia moderna quanto o capital físico na forma de edifícios e maquinaria. Pessoas diferentes "incorporam" quantidades bem diferentes de capital humano, e uma pessoa com quantidade maior de capital humano normalmente gera um valor do produto marginal mais alto ao elaborar um produto que obtém preço mais alto no mercado. Assim, diferenças de capital humano respondem por diferenças substanciais de salário. Pessoas com elevado nível de capital humano, como cirurgiões ou engenheiros competentes, geralmente têm rendimento elevado.

A maneira mais direta de ver o efeito do capital humano sobre os salários é examinar a relação entre nível educacional e renda. A Figura 19.9 mostra diferenciais de renda por gênero e etnia, e três níveis de educação para pessoas com mais de 25 anos em 2018. Como se pode ver, independentemente de gênero e etnia, mais educação está associada a rendimentos medianos mais altos. Por exemplo, em 2018, mulheres brancas com 9 a 12 anos de escolaridade, mas sem diploma de ensino médio, tinham rendimento mediano 32% inferior ao daquelas com diploma de ensino médio e 63% inferior ao das que tinham diploma universitário. Esse padrão é semelhante nos outros cinco grupos. Como ainda hoje os homens costumam ter mais anos de educação que as mulheres, e os brancos mais anos de educação do que os não brancos, as diferenças de nível educacional são parte da explicação para os diferenciais de renda que se mostram na Figura 19.8.

Figura 19.9 Diferenciais de rendimento por educação, gênero e etnia, 2018.

É claro que, independentemente de gênero e etnia, a educação vale a pena: os que têm diploma de ensino médio ganham mais que aqueles sem diploma, e os que têm diploma universitário ganham muito mais que aqueles que só têm diploma de ensino médio. Outros padrões são igualmente evidentes: para qualquer nível de educação, homens brancos ganham mais que qualquer outro grupo; e, em qualquer grupo étnico, os homens ganham mais que as mulheres.
Dados de: U.S. Census Bureau.

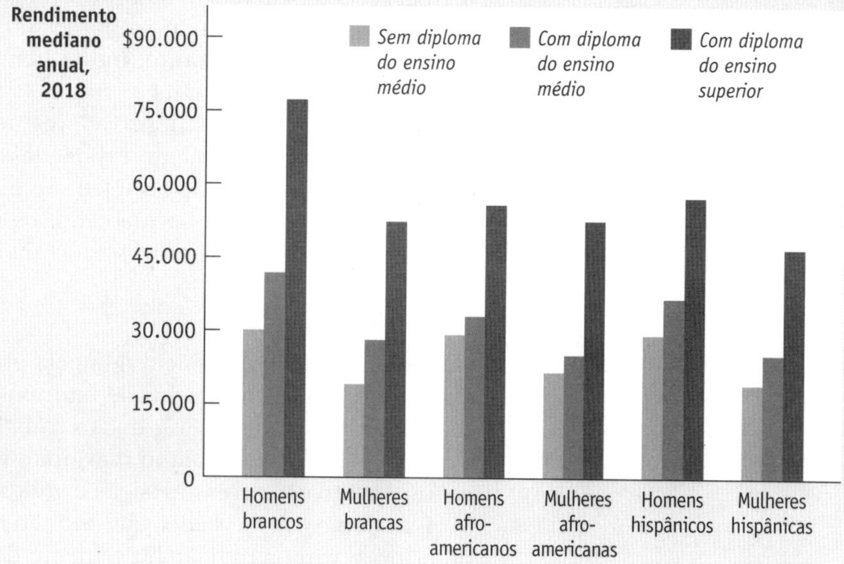

Mas a educação formal não é a única fonte de capital humano; treinamento prático e experiência de trabalho também geram capital humano e levam a diferenças salariais que são consistentes com a teoria da produtividade marginal. Trabalhadores com maior permanência no emprego tendem a ter mais experiência de trabalho e, portanto, salários mais altos.

Há outros fatores que influenciam as diferenças salariais. Um bom exemplo é encontrado em pesquisas sobre a *lacuna salarial de gênero*, a diferença persistente nos ganhos dos homens em comparação com os das mulheres. No mercado de trabalho dos Estados Unidos, os pesquisadores descobriram que a lacuna de gênero é em grande parte explicada por diferenças em:

- capital humano (as mulheres tendem a ter níveis inferiores aos dos homens)
- escolha de profissão (as mulheres tendem a escolher profissões como enfermeira e professora, nas quais ganham menos)
- interrupções de carreira (as mulheres entram e saem da força de trabalho com mais frequência)
- *status* de meio período (as mulheres são mais propensas a trabalhar em meio período do que em tempo integral)
- *status* de horas extras (as mulheres são menos propensas a trabalhar horas extras)

Por exemplo, um estudo recente do Departamento do Trabalho dos EUA indica que a diferença salarial entre homens e mulheres caiu de 20,4% para 5,0%, depois que os fatores anteriores foram contabilizados. Além disso, nos últimos 37 anos, mesmo a diferença salarial não ajustada entre os gêneros caiu significativamente, de 37,7% em 1979 para 18,9% em 2018, já que as mulheres começaram a se aproximar dos homens em termos desses cinco fatores.

Mas também é importante enfatizar que as diferenças salariais decorrentes desses fatores não são necessariamente justas. Os Estados Unidos estão atrás de outros países avançados no fornecimento de apoio governamental ou legal para o cuidado de crianças. Como resultado, as mulheres norte-americanas enfrentam mais interrupções de carreira do que os homens e também são menos capazes de trabalhar em tempo integral do que os homens. Da mesma forma, uma sociedade na qual as crianças não brancas recebem educação deficiente porque vivem em distritos escolares subfinanciados, depois passam a ganhar salários baixos porque têm pouca escolaridade, pode ter mercados de trabalho que são bem descritos pela teoria da produtividade marginal (e seria consistente com as diferenças de salário entre grupos raciais e étnicos e entre os gêneros mostradas na Figura 19.8). No entanto, muita gente ainda consideraria a distribuição de renda resultante injusta.

Ainda assim, muitos observadores pensam que as diferenças salariais reais não podem ser inteiramente explicadas pelas diferenças compensatórias, pelas diferenças de capacidade ou talento e pelas diferenças no capital humano. Eles acreditam que o poder de mercado, os *salários de eficiência* e a discriminação também desempenham papel importante. Examinamos a seguir essas forças.

Poder de mercado

A teoria da distribuição de renda pela produtividade marginal se baseia no pressuposto de que os mercados de fatores são perfeitamente competitivos. Em tais mercados, podemos esperar que os trabalhadores recebam em pagamento o valor de equilíbrio do seu produto marginal, independentemente de quem sejam. Mas até que ponto essa pressuposição é válida?

Estudamos os mercados que *não* são perfeitamente competitivos nos capítulos anteriores; vamos indicar brevemente de que maneira os mercados de trabalho podem se desviar do pressuposto da competição. Uma fonte indiscutível de diferença salarial entre trabalhadores que de outro modo seriam semelhantes é o papel dos **sindicatos**, organizações que procuram aumentar o salário e melhorar as condições de trabalho de seus membros. Os sindicatos de trabalhadores, quando têm êxito, substituem os contratos salariais de indivíduo para indivíduo entre trabalhadores e empregadores pela *negociação coletiva*, em que o empregador tem de negociar os salários com os representantes do sindicato. Indubitavelmente, isso leva a salários mais altos para os trabalhadores representados pelo sindicato. Em 2019, a remuneração semanal mediana dos trabalhadores sindicalizados nos Estados Unidos era US$ 1.082, sendo US$ 892 para trabalhadores fora dos sindicatos – diferença de mais de 20%. Estudos demonstraram que a sindicalização ajuda a reduzir as diferenças salariais entre homens e mulheres brancos, assim como entre trabalhadores brancos e não brancos.

Sindicatos são organizações de trabalhadores que tentam aumentar os salários e melhorar as condições de trabalho de seus membros, negociando coletivamente com os empregadores.

Em que medida a ação coletiva, seja por trabalhadores ou por empregadores, afeta os salários nos Estados Unidos atualmente? Há várias décadas, quando cerca de 30% dos trabalhadores norte-americanos eram sindicalizados, os sindicatos provavelmente tiveram um efeito significativo no aumento dos salários. Hoje, entretanto, a maioria dos economistas pensa que os sindicatos exercem uma influência bem menor.

Em 2019, menos de 8% dos empregados de empresas privadas eram representados por sindicatos. Assim como os trabalhadores sindicalizados podem conseguir salários mais altos do que receberiam de outra forma, se um empregador for suficientemente grande, pode exercer poder de mercado e impor salários mais *baixos*, inferiores ao nível competitivo. Como você deve se lembrar do Capítulo 13, esse tipo de poder de mercado é chamado de *monopsônio*. Quando as empresas exercem o poder de monopsônio nos mercados de trabalho, os trabalhadores recebem menos do que seu valor de produto marginal. Vamos considerar o mercado para enfermeiros. O salário médio anual para enfermeiros nos EUA é de cerca de 72.000 dólares. Os dados sugerem que, em um mercado perfeitamente competitivo, o salário dos enfermeiros seria muito maior: na faixa de US$ 90.000 a US$ 200.000. Mas, como muitas regiões nos Estados Unidos têm poucos hospitais, as instituições médicas podem pagar aos enfermeiros salários mais baixos sabendo que há oportunidades limitadas para que seus enfermeiros saiam para empregos mais bem remunerados em hospitais rivais. Pesquisas recentes encontraram evidências de um poder monopsonista considerável em muitos mercados de trabalho dos EUA, com essa questão crescendo em importância por causa da concentração da indústria.

Salários de eficiência

Uma segunda fonte de desigualdade salarial é o fenômeno dos *salários de eficiência*, um tipo de esquema de incentivo usado pelos empregadores para motivar o trabalhador a se esforçar e reduzir a rotatividade de trabalhadores. Suponha que um trabalhador execute uma tarefa extremamente importante, mas que o empregador só possa observar ocasionalmente se a tarefa está sendo bem executada – digamos, o cuidado do filho do empregador por parte de uma babá. Nesses casos, faz sentido para o empregador pagar mais do que o trabalhador conseguiria ganhar em um emprego alternativo – isto é, pagar mais que o salário de equilíbrio. Por quê? Porque o fato de estar ganhando um prêmio torna custosa para o trabalhador a perda desse emprego.

O **modelo do salário de eficiência** afirma que, quando é difícil observar o desempenho de um trabalhador, pode ser economicamente racional para um empregador pagar salário superior ao nível de equilíbrio de mercado como incentivo para melhor desempenho. A ameaça de perder um emprego que paga prêmio motiva o trabalhador a ter bom desempenho e evitar a demissão. Do mesmo modo, pagar um prêmio também reduz a rotatividade dos trabalhadores – a frequência com que os empregados deixam o emprego voluntariamente. A despeito do fato de que talvez não seja preciso mais esforço e capacidade para ser babá de uma criança do que para trabalhar como assistente hospitalar, os salários de eficiência mostram como, muitas vezes, faz sentido econômico para os pais pagarem a uma babá mais que o salário de equilíbrio de assistente hospitalar.

De acordo com o **modelo do salário de eficiência**, alguns empregadores pagam salário acima do equilíbrio como incentivo para melhor desempenho.

Como os pisos para preços, e em particular como o salário mínimo, os salários de eficiência levam a um excesso de oferta de trabalho em mercados caracterizados pelo modelo dos salários de eficiência. Esse excesso de oferta de trabalho se traduz em desemprego; alguns trabalhadores procuram ativamente por um emprego que pague salário de eficiência elevado, mas não conseguem encontrar um, enquanto outros, com mais sorte, mas sem méritos maiores, conseguem achar um emprego desses.

O resultado é que dois trabalhadores exatamente com o mesmo perfil, as mesmas capacidades e a mesma história empregatícia podem ter salários desiguais: o trabalhador que teve a sorte de encontrar um emprego com salário de eficiência ganha mais que o trabalhador que tem um emprego padrão (ou que permanece desempregado à procura de um emprego que pague mais).

Salários de eficiência são uma resposta a um tipo de falha de mercado que surge do fato de que alguns empregados nem sempre têm desempenho tão bom quanto deveriam, mas têm capacidade para esconder esse fato. O resultado é que os empregadores usam salários que não são de equilíbrio para motivar seus empregados, o que leva a um resultado ineficiente.

Discriminação

A discriminação no local de trabalho tem sido uma característica de longa data da economia norte-americana. Embora a discriminação formal com base em gênero ou raça tenha sido declarada ilegal há quase 60 anos, pesquisadores constatam que a discriminação informal ainda existe. Por exemplo, eles descobriram, ao apresentarem candidaturas a empregos fictícios usando currículos idênticos, mas com nomes etnicamente identificáveis, que os candidatos com identificação branca recebem 36% mais ligações de retorno do que os candidatos com identificação afro-americana, e 24% mais do que os candidatos com identificação hispânica.

É um fato real e feio que, ao longo da história, tem havido discriminação contra trabalhadores que são considerados de raça, etnia, gênero ou outras características. Como isso se encaixa em nossos modelos econômicos? A discriminação *não* é uma consequência natural da concorrência do mercado. Pelo contrário, as forças de mercado tendem a trabalhar contra a discriminação. Para ver por quê, considere os incentivos que existiriam se a convenção social ditasse que as mulheres fossem pagas 30% menos do que os homens com qualificações e experiência equivalentes.

As empresas seriam capazes de reduzir seus custos contratando mulheres em vez de homens. O resultado seria criar um excesso de demanda para as trabalhadoras, o que acabaria por elevar seus salários.

Mas, se a concorrência do mercado funciona contra a discriminação, como é que tem ocorrido tanta discriminação? A resposta é dupla.

Em primeiro lugar, quando os mercados de trabalho não funcionam bem, os empregadores podem ter a capacidade de discriminar sem prejudicar seus lucros. Por exemplo, interferências de mercado (como sindicatos ou leis de salário mínimo) ou falhas de mercado (como salários de eficiência) podem levar a salários que estejam acima de seus níveis de equilíbrio. Nesses casos, há mais candidatos a emprego do que empregos, deixando os empregadores livres para discriminar candidatos. Em 2011, com o desemprego acima de 9%, a Comissão de Igualdade de Oportunidades de Emprego, agência federal encarregada de investigar as acusações de discriminação no trabalho, relatou que as queixas de trabalhadores e candidatos a emprego atingiram um recorde histórico, o maior registro na história de 46 anos da agência.

Em segundo lugar, a discriminação tem sido por vezes institucionalizada na política governamental. Essa institucionalização da discriminação tornou mais fácil mantê-la contra a pressão do mercado e, historicamente, é a forma que a discriminação tem assumido em geral. Por exemplo, em algum momento nos Estados Unidos, os afro-americanos foram impedidos de frequentar escolas públicas e universidades "somente para brancos" em muitas partes do país e forçados a frequentar escolas inferiores.

Embora a competição de mercado tenda a funcionar contra a discriminação *atual*, ela não é um remédio para a discriminação passada, que tipicamente tem causado impacto na educação e na experiência de suas vítimas e, assim, reduzido sua renda.

Então, a teoria de produtividade marginal funciona?

A principal conclusão à qual você deve chegar a partir dessa discussão é que a teoria da produtividade marginal não é uma descrição perfeita de como as remunerações por fator são determinadas, mas funciona bastante bem. Os desvios são importantes.

PARA MENTES CURIOSAS **Como funciona a mão de obra à maneira alemã**

A Alemanha é lar de algumas das melhores empresas de manufatura do mundo. Do setor automotivo à fabricação de cerveja, e de eletrodomésticos à engenharia química e farmacêutica, os produtos alemães são considerados entre os de mais alta qualidade disponíveis. E, diferentemente do que acontece nos Estados Unidos, os empregos técnicos – aqueles que não exigem diplomas universitários – pagam salários altos o suficiente para que ainda sejam valorizados. Se você perguntar aos alemães o que explica sua capacidade de combinar um setor de manufatura altamente bem-sucedido com empregos técnicos bem pagos, duas instituições sobrepostas aparecerão primeiro na resposta: o sistema de conselhos de trabalho da Alemanha e seu sistema de aprendizagem.

Consagrados na constituição alemã, os conselhos de empresa existem em todas as fábricas para incentivar a administração e os funcionários a trabalhar em conjunto em questões como condições de trabalho, produtividade e salários, com o objetivo de desencorajar conflitos dispendiosos. Os trabalhadores têm assento em organizações de gestão, como o conselho de administração de uma empresa. Esse ambiente colaborativo, por sua vez, apoia níveis mais altos de sindicalização dentro da manufatura alemã. Como resultado, os sindicatos alemães são mais bem-sucedidos no aumento dos salários de seus membros.

Mas o que permite à manufatura alemã competir com sucesso enquanto paga salários mais altos? Uma explicação é o sistema alemão de aprendizes, que é promovido e credenciado pelo governo federal. Esse sistema fornece treinamento prático para jovens trabalhadores em habilidades específicas, desde eletrônica automotiva até cabeleireiro. Cerca de 60% dos alunos do ensino médio alemão treinam em um programa de aprendizagem, formando-se com um certificado formal e, muitas vezes, conseguindo um emprego permanente na empresa onde foram treinados. Como resultado, o típico trabalhador alemão de fabricação começa um emprego com níveis mais altos de capital humano específico do que o seu homólogo norte-americano.

Tão essencial é o sistema de aprendizagem para o sucesso da manufatura alemã que as empresas do país o têm replicado em suas fábricas nos Estados Unidos. Na Carolina do Sul, onde a BMW e a Tognum, fabricante alemã de motores, estão localizadas, foram criados programas de aprendizagem em parceria com os governos locais e do estado para assegurar que os jovens trabalhadores sejam treinados nas habilidades que as empresas precisam. E nem precisa dizer que os aprendizes desejam tal treinamento e os empregos bem remunerados que ele trará.

No entanto, *grosso modo*, em uma economia moderna com mercados de trabalho que funcionam bem, fatores de produção recebem o valor de equilíbrio do produto marginal, ou seja, o valor do produto marginal da última unidade empregada no mercado como um todo.

É importante enfatizar, mais uma vez, que isso não significa que a distribuição de fatores de renda tenha justificativa moral.

ECONOMIA >> *em Ação*

Produtividade marginal e o quebra-cabeça do salário mínimo

O governo dos Estados Unidos, como muitos outros governos, estabelece um piso salarial: nacionalmente, os empregadores não podem pagar aos trabalhadores menos de US$ 7,25 por hora. Entretanto, muitos estados e algumas cidades impõem seus próprios salários mínimos, em alguns casos bem acima do padrão nacional. Por exemplo, o Arizona exige que os empregadores paguem pelo menos US$ 12,00 por hora. Seattle exige o pagamento de US$ 16,39 por hora.

Economistas especializados em mercado de trabalho têm dedicado muita atenção aos salários mínimos estaduais e locais, tanto porque estes afetam milhões de trabalhadores como porque servem como "experimentos naturais": analisando o que acontece quando um estado aumenta seu salário mínimo, e especialmente comparando os resultados com os desenvolvimentos nos estados vizinhos, os economistas podem reunir informações importantes sobre como os mercados de trabalho realmente funcionam no mundo real.

Os resultados de tal experiência podem parecer evidentes: um estado que aumenta seu salário mínimo, digamos de US$ 7,25 para US$ 16,39, aumenta o custo da mão de obra. Trabalhadores com salário mínimo, como os empregados em restaurantes de *fast-food*, são agora mais caros de contratar. Esses custos mais altos não levariam os empregadores a reduzir o emprego e os trabalhadores a perder seus empregos? Mas não é isso o que parece acontecer, de acordo com muitos economistas do trabalho (embora existam alguns dissidentes). Em vez disso, mesmo aumentos salariais mínimos significativos, enquanto aumentam os salários de muitos trabalhadores, parecem não ter nenhum efeito sobre o emprego. Como isso é possível?

A resposta, sugerem alguns dos economistas que foram pioneiros nessa linha de pesquisa, é o *monopsônio*: uma vez que grandes empregadores usam seu poder de mercado para manter os salários baixos, pagando aos trabalhadores menos do que seu produto marginal, aumentos moderados no salário mínimo não desencorajam a contratação, porque mesmo o novo salário mais alto ainda está abaixo do produto marginal da mão de obra; portanto, empregar trabalhadores ainda é lucrativo.

Se correta, essa análise tem implicações muito além da política do salário mínimo, porque lança dúvidas sobre o funcionamento da teoria da distribuição de renda segundo a produtividade marginal para a economia como um todo.

>> *Revisão Rápida*

- Existem grandes disparidades de salário, tanto entre indivíduos quanto entre grupos, que levam alguns a questionar a teoria da distribuição de renda segundo a produtividade marginal.
- **Diferenças compensatórias**, bem como diferenças nos valores dos produtos marginais de trabalhadores que surgem de diferenças de talento, experiência e capital humano, são responsáveis por algumas das disparidades de salário.
- Poder de mercado na forma de **sindicatos** ou ações coletivas de empregadores, além do **modelo do salário de eficiência**, em que os empregadores pagam mais do que o salário de equilíbrio para induzir desempenho melhor, também explicam algumas disparidades salariais.
- A discriminação tem sido historicamente um fator importante de disparidade salarial. A competição no mercado tende a funcionar contra a discriminação. Mas a discriminação pode deixar um legado prolongado de menor aquisição de capital humano.

>> *Teste seu entendimento* 19.3

As respostas estão no fim do livro.

1. Avalie cada uma das afirmações a seguir. Você as considera verdadeiras, falsas ou ambíguas? Explique.

a. A teoria da distribuição da renda segundo a produtividade marginal é inconsistente com a presença de disparidades de renda associadas a gênero, raça ou etnia.

b. Companhias que praticam discriminação no local de trabalho, mas cujos competidores não fazem o mesmo, tenderão a ter lucros mais baixos em resultado de suas ações.

c. Trabalhadores que recebem menos por terem menos experiência não são vítimas de discriminação.

d. O Walmart se muda para uma cidade pequena e rural e, assim, força muitos pequenos negócios a fechar. Os trabalhadores são vítimas de discriminação, pois aceitam empregos de menor remuneração no Walmart.

Oferta de trabalho

Até agora nos concentramos na demanda de fatores, que determina as quantidades demandadas de trabalho, capital ou terra pelos produtores em função dos preços dos fatores. E a oferta de fatores?

Nesta seção, nos concentraremos exclusivamente na oferta de trabalho. Fazemos isso por duas razões. Primeiro, porque na moderna economia norte-americana o trabalho é o fator de produção mais importante, responsável pela maior parte da renda de fator. Segundo, como veremos, a oferta de trabalho é a área em que os mercados de fatores mostram as maiores diferenças na comparação com os mercados de bens e serviços.

Trabalho *versus* lazer

No mercado de trabalho, o papel das empresas e dos domicílios é o inverso do observado nos mercados de bens e serviços. Um bem como trigo ou *smartphones* é ofertado por empresas e demandado por domicílios; mas o trabalho é demandado por empresas e ofertado pelos domicílios. Como as pessoas decidem quanto trabalho ofertar?

Na prática, a maioria das pessoas tem controle limitado sobre seus horários de trabalho: ou se aceita um emprego que implica trabalhar um número estabelecido de horas por semana ou não se tem emprego nenhum. Para entender a lógica da oferta de trabalho, contudo, convém deixar o realismo de lado por um instante e imaginar um indivíduo que possa escolher trabalhar tantas horas quanto queira.

Por que um indivíduo assim não trabalharia tantas horas quanto possível? Porque os trabalhadores são seres humanos também e têm outros usos para seu tempo. Uma hora gasta no trabalho é uma hora que não é gasta em outras atividades presumivelmente mais prazerosas. Assim, a decisão sobre quanto trabalho ofertar implica decidir sobre a **alocação do tempo**: quantas horas dedicar a diferentes atividades.

Decisões sobre o fornecimento de mão de obra resultam de decisões sobre **alocação do tempo**: quantas horas para gastar em diferentes atividades.

O **lazer** é tempo disponível para outros fins que não o de ganhar dinheiro para comprar produtos.

Trabalhando, as pessoas obtêm uma renda que podem usar para comprar bens. Quanto mais horas um indivíduo trabalha, mais bens ele pode comprar. Mas esse aumento do poder de compra ocorre à custa de uma redução no tempo de **lazer**, o tempo gasto sem trabalhar. (Lazer não significa necessariamente ficar sem fazer nada. Pode ser tempo gasto com a família, dedicando-se a um *hobby*, fazendo ginástica etc.) E, embora o bem comprado gere utilidade, o lazer também. De fato, podemos imaginar o próprio lazer como um bem normal, que a maioria das pessoas gostaria de consumir mais quando sua renda aumenta.

Como um indivíduo racional decide quanto de lazer consumir? Fazendo uma comparação marginal, é claro. Ao analisarmos a escolha do consumidor, indagamos como um consumidor que maximiza utilidade usa um *dólar* marginal. Ao analisarmos a oferta de trabalho, consideramos como um indivíduo usa uma *hora* marginal.

Imagine Jaden, que gosta tanto de lazer quanto dos bens que o dinheiro pode comprar. E suponha que seu salário seja $ 10 por hora. Ao decidir quantas horas quer trabalhar, ele tem de comparar a utilidade marginal de uma hora adicional de lazer com a utilidade adicional que ele obtém de $ 10 em bens. Se $ 10 em bens acrescenta mais à sua utilidade total do que uma hora de lazer, ele pode aumentar sua utilidade total renunciando a uma hora de lazer a fim de trabalhar uma hora adicional. Se uma hora extra de lazer acrescentar à sua utilidade mais do que $ 10 de renda, ele pode aumentar sua utilidade total trabalhando uma hora menos a fim de ganhar uma hora de lazer.

No ponto de escolha ótima de oferta de trabalho de Jaden, sua utilidade marginal de uma hora de lazer é igual à utilidade marginal que ele obtém dos bens que seu salário horário pode comprar. Isso é muito semelhante à *regra do consumo ótimo*, que vimos no Capítulo 10, exceto que se trata de uma regra sobre tempo e não sobre dinheiro.

O passo seguinte é perguntar como a decisão de Jaden sobre alocação do tempo é afetada quando seu salário muda.

Salário e oferta de trabalho

Suponha que o salário de Jaden dobre de $ 10 para $ 20 por hora. Como ele vai mudar sua alocação do tempo?

Poderíamos argumentar que Jaden trabalhará mais horas, porque seu incentivo para trabalhar aumentou: ao renunciar a uma hora de lazer, ele ganha o dobro do que ganhava antes. Mas também poderíamos argumentar que ele vai trabalhar menos, porque não precisa mais trabalhar tantas horas para gerar a renda para pagar os bens que quer.

Como sugerem esses argumentos opostos, a quantidade de trabalho ofertada por Jaden pode aumentar ou diminuir quando o nível do salário por hora aumenta. Para entender a razão, recordemos a distinção entre *efeito substituição* e *efeito renda* que aprendemos no Capítulo 10 e em seu respectivo apêndice. Vimos ali que uma mudança de preço afeta a escolha do consumidor de duas maneiras: mudando o custo de oportunidade do bem em termos de outros bens (o efeito substituição) e tornando o consumidor mais rico ou mais pobre (o efeito renda).

Pensemos agora sobre como um aumento no salário de Jaden afeta sua demanda de lazer. Por um lado, o custo de oportunidade do lazer, ou seja, a quantidade de dinheiro à qual ele renuncia tirando uma hora de folga em vez de trabalhar, aumenta. Esse efeito substituição lhe dá incentivo, tudo o mais mantido constante, para consumir *menos* lazer e trabalhar *mais*. Mas, por outro lado, um salário mais alto torna Jaden mais rico, e esse efeito renda, tudo o mais mantido constante, leva Jaden a querer consumir *mais* lazer e ofertar *menos* trabalho, porque lazer é um bem normal.

Assim, no caso da oferta de trabalho, o efeito substituição e o efeito renda funcionam em direções opostas. Se o efeito substituição é tão poderoso que domina o efeito renda, um aumento no salário de Jaden o faz ofertar *mais* horas de trabalho. Se o efeito renda é tão poderoso que domina o efeito substituição, um aumento no salário o leva a ofertar *menos* horas de trabalho.

Vemos, portanto, que a **curva de oferta de trabalho individual** – ou seja, a relação entre o nível do salário por hora e o número de horas de trabalho ofertadas por um trabalhador individual – não tem necessariamente inclinação para cima. Se o efeito renda domina, um salário mais alto reduzirá a quantidade de trabalho ofertada.

A **curva de oferta de trabalho individual** mostra como a quantidade de mão de obra fornecida por um indivíduo depende do salário desse indivíduo.

A Figura 19.10 ilustra as duas possibilidades da oferta de trabalho. Se o efeito substituição domina o efeito renda, a curva de oferta de trabalho individual tem inclinação para cima; o painel (a) mostra um aumento de salário de $ 10 para $ 20 por hora que leva a um *aumento* no número de horas trabalhadas de 40 para 50. Contudo, se o efeito renda predomina, a quantidade ofertada de trabalho diminui quando o salário aumenta. O painel (b) mostra o mesmo aumento de salário resultando em uma *queda* no número de horas trabalhadas de 40 para 30. (Os economistas se referem a uma curva de oferta de trabalho individual contendo tanto segmentos de inclinação para cima quanto segmentos de inclinação para baixo como "curva de oferta de trabalho que se dobra para trás" – um conceito que analisaremos em pormenor no apêndice deste capítulo.)

É realmente possível ocorrer queda na quantidade de trabalho ofertada em resposta ao nível salarial? Sim: muitos economistas especializados em mão de obra acreditam que efeitos renda sobre a oferta de trabalho podem ser um pouco mais fortes que efeitos substituição. A evidência mais contundente para essa crença é o consumo crescente de lazer pelos norte-americanos ao longo do século passado. No fim do século XIX, os salários ajustados pela inflação não passavam de cerca de 1/8 do que eles são hoje; a semana de trabalho típica tinha 70 horas, e bem poucos trabalhadores se aposentavam aos 65 anos. Hoje, a semana de trabalho típica tem menos de 40 horas, e a maioria das pessoas se aposenta aos 65 anos ou antes. Assim, parece que os norte-americanos decidiram aproveitar os salários mais altos, em parte, consumindo mais lazer.

Figura 19.10 **Curva de oferta de trabalho individual.**

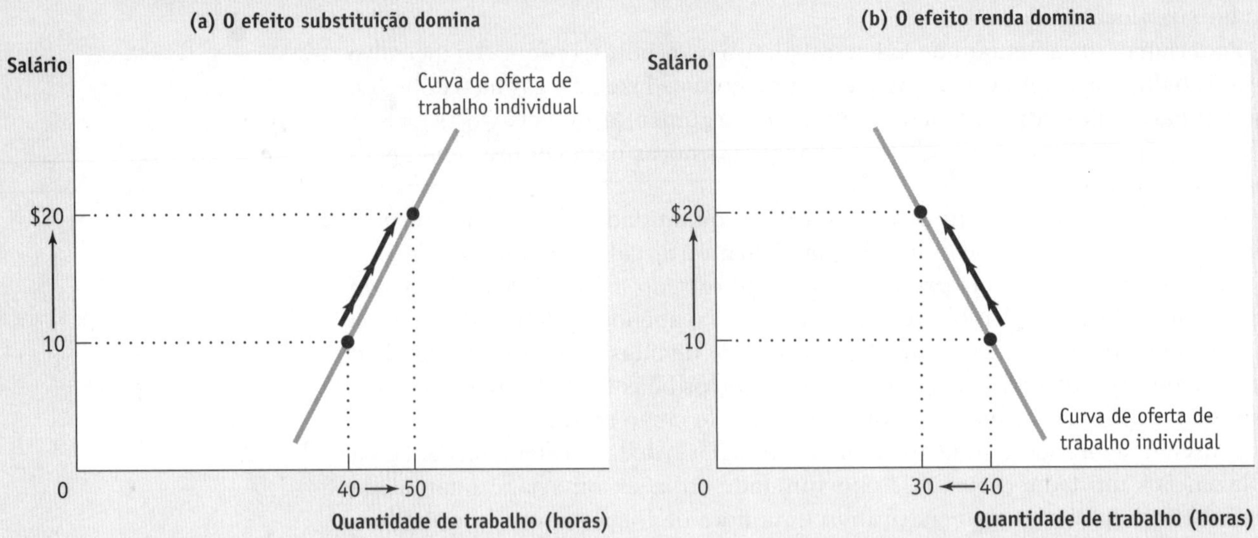

Quando o efeito substituição de um aumento de salário domina o efeito renda, a curva de oferta de trabalho individual tem inclinação para cima, como no painel (a). Aqui, um aumento de salário de $ 10 para $ 20 por hora aumenta o número de horas trabalhadas de 40 para 50. Mas, quando o efeito renda de um aumento de salário domina o efeito substituição, a curva de oferta de trabalho individual tem inclinação para baixo, como no painel (b). Aqui, o mesmo aumento de salário reduz o número de horas trabalhadas de 40 para 30. A curva de oferta de trabalho individual mostra como a quantidade de trabalho oferecida por um indivíduo depende do salário desse indivíduo.

Deslocamentos da curva de oferta de trabalho

Tendo examinado como os efeitos renda e substituição dão forma à curva de oferta de trabalho individual, podemos passar à curva de oferta de trabalho do mercado. Em qualquer mercado de trabalho, a curva de oferta do mercado é a soma horizontal das curvas de oferta de trabalho individual de todos os trabalhadores nesse mercado. Uma mudança em qualquer fator *que não seja o salário* faz com que se altere a disposição de ofertar trabalho, levando a um deslocamento da curva de oferta de trabalho. Vários fatores podem levar a esse deslocamento, inclusive mudanças nas preferências e normas sociais, mudanças na população, mudanças na oportunidade e mudanças na riqueza.

Mudanças nas preferências e normas sociais. Mudanças nas preferências e normas sociais podem levar os trabalhadores a aumentar ou diminuir sua disposição de trabalhar a qualquer salário dado. Um exemplo notável desse fenômeno é o grande aumento no número de mulheres empregadas – em particular mulheres casadas empregadas – que ocorreu nos Estados Unidos desde os anos 1960. Até então, grande parte das mulheres, quando podia, evitava trabalhar fora de casa. Mudanças nas preferências depois da Segunda Guerra Mundial (além da invenção de aparelhos domésticos que poupam trabalho, como máquinas de lavar roupa, da crescente urbanização e de níveis mais altos de educação feminina) induziram grande quantidade de mulheres norte-americanas a entrar na força de trabalho, um fenômeno que se repetiu em outros países que passaram por tendências sociais e tecnológicas similares.

Mudanças na população. Mudanças no tamanho da população em geral levam a deslocamentos na curva de oferta de trabalho. Uma população maior tende a deslocar a oferta de trabalho para a direita, à medida que mais trabalhadores ficam disponíveis por qualquer salário ofertado; uma população menor tende a deslocar a curva de oferta de trabalho para a esquerda. De 1990 a 2019, a força de trabalho norte-americana cresceu aproximadamente 1% ao ano, fato gerado pela imigração e por uma taxa de natalidade relativamente alta. Como resultado, de 1990 a 2019, o mercado de trabalho dos EUA teve uma curva de fornecimento de mão de obra que mudou para a direita. Entretanto, enquanto a população continuou a crescer após 2008, desse ano até 2011 o tamanho da força de trabalho diminuiu temporariamente à medida que os trabalhadores desiludidos pelas más perspectivas de emprego deixaram a força de trabalho. Como resultado, a curva da oferta de mão de obra dos EUA deslocou-se para a esquerda durante esse período.

Mudanças nas oportunidades. Houve um tempo em que ser professora era a única ocupação considerada adequada para mulheres bem-educadas. Contudo, à medida que oportunidades em outras profissões se abriram para as mulheres a partir dos anos 1960, muitas deixaram o ensino, e professoras potenciais escolheram outras carreiras. Isso gerou um deslocamento para a esquerda da curva de oferta de professores, refletindo uma queda na disposição de trabalhar a qualquer nível dado de salários e forçando as escolas distritais a pagarem mais para manterem um quadro de professores adequado. Esses acontecimentos ilustram um resultado geral: quando alternativas melhores para trabalhadores surgem em outros mercados de trabalho, a curva de oferta no mercado de trabalho original se desloca para a esquerda conforme os trabalhadores se encaminham para as novas oportunidades. De modo similar, quando as oportunidades diminuem em um mercado de trabalho – digamos, demissões em uma indústria vencida por crescente competição estrangeira –, a oferta nos mercados de trabalho alternativos aumenta na medida em que os trabalhadores se encaminham para esses outros mercados.

Mudanças na riqueza. Uma pessoa cuja riqueza aumentou comprará mais bens normais, inclusive lazer. Assim, quando uma categoria de trabalhadores experimenta um aumento geral em sua riqueza – digamos, devido a uma alta no mercado

COMPARAÇÃO GLOBAL O NORTE-AMERICANO SOBRECARREGADO DE TRABALHO?

Os norte-americanos de hoje podem trabalhar menos do que há cem anos, mas ainda trabalham mais do que os trabalhadores em qualquer outro país industrializado.

O gráfico compara a média anual de horas trabalhadas nos Estados Unidos com horas trabalhadas em outros países industrializados. As diferenças resultam de uma combinação das semanas de trabalho mais longas dos norte-americanos com férias mais curtas. Por exemplo, a grande maioria dos trabalhadores norte-americanos em período integral trabalha pelo menos 40 horas por semana. Até recentemente, no entanto, um regulamento governamental limitava a semana de trabalho da maioria dos franceses a 35 horas; a negociação coletiva conseguiu uma redução semelhante na semana de trabalho para muitos alemães.

Em 2019, os trabalhadores norte-americanos conseguiram, em média, dez dias de férias pagas, mas 24% deles não conseguiram nenhum dia. Em contraste, aos trabalhadores alemães são garantidas seis semanas de férias remuneradas por ano. Além disso, os norte-americanos utilizam menos dias de férias a que têm direito do que os trabalhadores de outros países industrializados. Uma pesquisa constatou que os trabalhadores norte-americanos usaram apenas 51% dos dias de férias a que têm direito, em comparação com 90% na França. Por que os norte-americanos trabalham muito mais do que os outros? Ao contrário de seus homólogos em outros países industrializados, os norte-americanos não têm direito legal a dias de férias pagos; como resultado, o trabalhador norte-americano médio obtém menos dias.

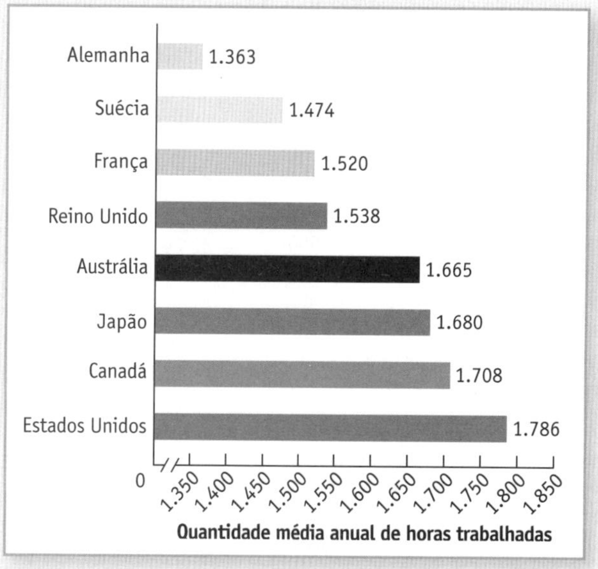

Dados de: OECD.

acionário –, o efeito renda desse aumento de riqueza desloca a curva de oferta de trabalho desses trabalhadores para a esquerda, à medida que eles consomem mais lazer e trabalham menos. Note que *o efeito renda causado por uma mudança na riqueza desloca a curva de oferta de trabalho*, porém *um efeito renda de aumento de salários* – como discutimos no caso da curva de oferta de trabalho individual – é um movimento ao longo da curva de oferta de trabalho.

ECONOMIA >> *em Ação*

As verdadeiras donas de casa dos Estados Unidos

Se você assistir a programas antigos de TV, pode pensar que os Estados Unidos nos anos 1950 eram uma terra de famílias tradicionais, com um homem como provedor da renda e uma dona de casa que ficava em casa. A realidade não era assim tão estrita: mesmo em 1960, mais de 40% das mulheres em seus melhores anos de trabalho (25-54 anos) estavam no mercado de trabalho remunerado. Mas isso se contrapunha à participação de 97% da força de trabalho dos homens na mesma faixa etária.

Durante os 35 anos que se seguiram, as mulheres se mudaram em grande número para empregos fora de casa: em meados dos anos 1990, mais de 75% das mulheres em seus melhores anos de trabalho estavam na força de trabalho remunerada. Mas, nas décadas seguintes, o emprego das mulheres estagnou, ou até mesmo declinou um pouco.

O engraçado é que isto não aconteceu em outros países ricos, onde o emprego das mulheres continuou a aumentar. Em 2019, cerca de 85% das mulheres em idade de trabalhar no norte da Europa e no Canadá estavam na força de trabalho, enquanto os Estados Unidos ainda estavam em 75%. Até mesmo o Japão, que costumava ser famoso pela flagrante discriminação de gênero, tinha números de emprego feminino mais altos do que os Estados Unidos.

Por que os Estados Unidos divergiam? A explicação mais provável é a política pública que afeta as decisões de fornecimento de mão de obra. A maioria dos outros países ricos ou fornece diretamente creches para filhos de mães trabalhadoras, ou subsidiam e regulamentam a creche privada. Os Estados Unidos não têm uma política comparável, portanto os custos de ir trabalhar são muito mais altos para as mulheres norte-americanas com filhos do que para suas contrapartes no exterior.

Uma implicação dessa explicação é que a mudança de política poderia ter grandes implicações para a oferta de trabalho. Alguns políticos norte-americanos estão agora defendendo a criação de um programa nacional que subsidie o cuidado infantil. Eles argumentam que tal programa se pagaria parcialmente (não completamente) por si mesmo, porque mais mulheres aceitariam empregos remunerados e, como resultado, pagariam impostos mais altos. A lógica da oferta de trabalho diz que essas reivindicações provavelmente estão certas.

>> *Revisão Rápida*

- A decisão sobre quanto trabalho ofertar é um problema de **alocação do tempo**: uma escolha entre trabalho e **lazer**.
- Um aumento de salário provocará um efeito renda e um efeito substituição sobre a oferta de trabalho individual. O efeito substituição de um salário maior induz a trabalhar mais horas, tudo o mais mantido constante. Isso é contrabalançado pelo efeito renda: uma renda mais alta leva a uma demanda mais alta por lazer, um bem normal. Quando o efeito renda domina, um aumento de salário pode de fato fazer a curva de oferta de trabalho individual se inclinar na direção "errada": para baixo.
- A curva de oferta de trabalho do mercado é a soma horizontal das **curvas de oferta individuais** de todos os trabalhadores nesse mercado. Ela se desloca por quatro razões principais: mudança nas preferências e normas sociais, mudança na população, mudança nas oportunidades e mudança na riqueza.

>> *Teste seu entendimento* 19.4

As respostas estão no fim do livro.

1. Antigamente, Jaden tinha liberdade de trabalhar quantas horas por semana quisesse. Mas uma nova lei limita o número de horas que ele pode trabalhar por semana a um máximo de 35. Explique, se for o caso, em que circunstâncias ele pode, em virtude disso,
   a. Ficar em situação pior.
   b. Ficar na mesma situação.
   c. Melhorar de situação.
2. Explique, em termos dos efeitos renda e substituição, como uma queda no salário de Jaden pode induzi-lo a trabalhar mais horas do que antes.

CASO EMPRESARIAL

O Walmart revoluciona suas práticas de trabalho

Com 2,2 milhões de funcionários em 2019 – aproximadamente 1,5% da população ativa do país –, o Walmart é o maior empregador privado da América. A cadeia de varejo *big-box* é tão grande que as políticas de funcionários do Walmart são consideradas um barômetro do estado atual do mercado de trabalho para os trabalhadores do varejo.

Contudo, na década de 1990 e no início dos anos 2000, o Walmart foi considerado um lugar notoriamente ruim para se trabalhar. Era conhecido por não proporcionar aos trabalhadores horários consistentes, por oferecer poucos benefícios e por pagar salários tão baixos que alguns funcionários se qualificavam para receber vale-refeição e outros, programas de combate à pobreza. Durante esse período, o Walmart foi atingido por várias ações judiciais alegando violações de horas extras, assédio sexual por parte dos gerentes e discriminação de gênero.

Não eram apenas os funcionários do Walmart que estavam insatisfeitos – os clientes também estavam. Eles reclamavam de banheiros sujos, prateleiras vazias, filas de caixa infinitas e ajuda de vendas impossível de encontrar. "O foco implacável do Walmart nos custos parece ter tido algum impacto sobre as condições da loja e os níveis de estoque", explicou um analista, acrescentando: "Se um item não está na prateleira, então você não pode vendê-lo." A partir de 2015, apenas 16% das lojas Walmart estavam cumprindo as metas de atendimento ao cliente da própria empresa.

Mas em 2015, o Walmart de repente começou a reformular suas práticas trabalhistas. No início, as mudanças foram bastante modestas: salários mais altos e programação de trabalho mais consistente. Em 2016, o salário médio do Walmart para um trabalhador não gerencial em tempo integral era de US$ 13,69 por hora, um aumento de 16% em relação a 2014 (mas ainda abaixo da tarifa horária da rede de varejo Costco, de quase US$ 20 por hora).

As mudanças produziram resultados claros. O retorno dos clientes melhorou consideravelmente: em 2016, 75% das lojas do Walmart estavam atingindo suas metas de atendimento ao cliente. As vendas do Walmart, que haviam derrapado em relação às dos concorrentes, aumentaram.

As mudanças não pararam por aí. Em 2018, em meio a uma economia em crescimento, a empresa aumentou a remuneração inicial, introduziu um bônus de final de ano para os funcionários e acrescentou dez semanas de licença-maternidade totalmente remuneradas para funcionárias em período integral. Como disse um observador do mercado: "Esses são 'benefícios pegajosos' – do tipo que pode impedir que você deixe o Walmart apenas para ganhar 50 centavos ou 1 dólar por hora a mais, ou pode atrair você para o Walmart em primeiro lugar."

Ao mesmo tempo, a fim de combater a ameaça do varejista rival Amazon, o Walmart tem investido mais no treinamento de trabalhadores enquanto investe maciçamente em suas próprias atividades de comércio eletrônico. Agora, os clientes podem "clicar e retirar" em sua loja Walmart local. Quando um item não está na prateleira, os clientes podem encomendá-lo *on-line*. Se necessário, um vendedor do Walmart acompanhará o cliente ao longo desse processo. A empresa criou "Academias Walmart", localizadas no fundo das lojas, onde os associados podem expandir suas habilidades aprendendo sobre responsabilidades de gerenciamento e aplicativos de compras por celular.

Sim, de fato, há uma revolução rondando as prateleiras.

QUESTÕES PARA PENSAR

1. Use a teoria da produtividade marginal da distribuição de renda para explicar como empresas do tipo Walmart podem pagar tão pouco aos trabalhadores a ponto de deixá-los abaixo da linha de pobreza.
2. Use o caso para explicar como trabalhadores similares no mesmo mercado de trabalho podem acabar recebendo salários diferentes no equilíbrio. Explique também por que o Walmart acreditava que poderia melhorar sua lucratividade aumentando seus custos de mão de obra.
3. Alguns políticos querem encorajar mais empresas a adotar uma estratégia de salários altos. Quais são os possíveis efeitos positivos e negativos de uma tal política?
4. Quando um empregador introduz "benefícios pegajosos", como os generosos benefícios de cuidado infantil, o que isso implica sobre os custos de rotatividade dos trabalhadores para o empregador?
5. Que fatores você acha que obrigaram o Walmart a mudar suas práticas trabalhistas? Seja específico.

RESUMO

1. Do mesmo modo que há mercados para bens e serviços, há mercados para fatores de produção, inclusive trabalho, terra e tanto **capital físico** como **capital humano**. Esses mercados determinam a **distribuição de renda por fatores**.

2. De acordo com a **regra de emprego ótimo do produtor tomador de preço**, o lucro de um produtor tomador de preço é maximizado empregando cada fator de produção até o nível em que seu **valor do produto marginal** seja igual ao preço do fator. O valor do produto marginal de um fator é igual ao seu produto marginal multiplicado pelo preço do produto que ele produz. O **valor da curva do produto marginal** é, portanto, a curva de demanda individual do produtor tomador de preço para um fator.

3. A curva de demanda de trabalho do mercado é a soma das curvas de demanda individuais dos produtores nesse mercado. Ela se desloca por três razões principais: mudança no preço do produto, mudança na oferta de outros fatores e mudança tecnológica.

4. Quando um mercado de trabalho competitivo está em equilíbrio, o salário de mercado é igual ao **valor de equilíbrio do produto marginal** do trabalho, o valor adicional produzido pelo último trabalhador contratado no mercado de trabalho em seu conjunto. O mesmo princípio se aplica a outros fatores de produção: a **taxa de arrendamento** da terra ou do capital é igual ao valor de equilíbrio dos seus respectivos produtos marginais. Essa ideia leva à **teoria da distribuição da renda segundo a produtividade marginal**, de acordo com a qual cada fator recebe em pagamento o valor do produto marginal da última unidade do fator empregada no mercado do fator em seu conjunto.

5. Grandes disparidades salariais levantam dúvidas sobre a validade da teoria da distribuição de renda pelo produto marginal. Muitas das disparidades podem ser explicadas por **diferenças compensatórias** e por diferenças de talento, experiência e capital humano entre os trabalhadores. Interferências no mercado na forma de **sindicatos** e ações coletivas de empregadores também criam disparidades de salário. O **modelo do salário de eficiência**, que decorre de um tipo de falha de mercado, mostra como disparidades de salário podem surgir de tentativas dos empregadores de melhorar o desempenho dos trabalhadores. O livre mercado tende a reduzir a discriminação, mas a discriminação continua sendo uma fonte real de disparidades de salário, sobretudo pelo efeito que exerce sobre a aquisição de capital humano. A discriminação é tipicamente mantida por meio de problemas nos mercados de trabalho ou (historicamente) pela institucionalização de políticas governamentais.

6. A oferta de trabalho é resultado de decisões sobre **alocação do tempo**, quando cada trabalhador se defronta com um *trade-off* entre **lazer** e trabalho. Um aumento no salário por hora tende a aumentar o número de horas trabalhadas por causa do efeito substituição, mas tende a reduzir o número de horas trabalhadas por causa do efeito renda. Quando o resultado líquido é o trabalhador aumentar a quantidade de trabalho ofertada em resposta a um salário mais alto, a **curva de oferta de trabalho individual** tem inclinação para cima. Quando o resultado líquido é o trabalhador reduzir o número de horas trabalhadas, a curva de oferta de trabalho individual, diferentemente das curvas de oferta para bens e serviços, tem inclinação para baixo.

7. A curva de oferta de trabalho do mercado é a soma das curvas de oferta de trabalho individual de todos os trabalhadores nesse mercado. Ela se desloca por quatro razões principais: mudanças nas preferências e normas sociais, na população, nas oportunidades e na riqueza.

PALAVRAS-CHAVE

QUESTÕES PARA PENSAR

1. O mercado para os professores das escolas parece ser muito competitivo, mas, similarmente à enfermagem, muitas cidades têm apenas alguns poucos empregadores. A maioria das regiões tem um ou dois distritos escolares que empregam a maioria dos professores. Como o poder do monopsônio dentro dos distritos escolares pode contribuir para salários mais baixos e discriminação salarial de gênero?

2. A OCDE (Organização para a Cooperação e Desenvolvimento Econômico) apresenta dados salariais médios entre os países desenvolvidos. O banco de dados também inclui informações sobre a diferença salarial entre homens e mulheres e a proporção de trabalhadores com salários baixos e altos. Para esse problema, acesse o *site*: data.oecd.org/earnwage/average-wages.htm. Na barra lateral esquerda, selecione a guia para a diferença salarial entre os sexos.

a. Qual é a definição de diferença salarial entre os sexos?

b. Qual é a diferença salarial entre os sexos nos Estados Unidos? Apresente uma interpretação do valor.

c. Quais são os principais fatores que explicam a diferença salarial entre os sexos? Esses fatores excluem a discriminação?

3. Um estudo recente realizado por economistas da Northwestern University e da Universidade da Califórnia em Los Angeles pesquisou os efeitos salariais e de emprego da concentração econômica na indústria hospitalar em todos os Estados Unidos. Os autores analisaram três grupos distintos de trabalhadores:

i. Trabalhadores não qualificados cujas ocupações não são restritas ao setor de saúde, tais como seguranças e trabalhadores de refeitório.

ii. Trabalhadores qualificados cujas habilidades não são específicas do setor, tais como pessoal de recursos humanos e oficiais de conformidade da Comissão de Igualdade de Oportunidades de Emprego

iii. Profissionais de saúde qualificados, como enfermeiros ou trabalhadores de farmácia

Qual grupo de trabalhadores você acha que foi mais afetado pela concentração? Por quê?

PROBLEMAS

1. Em 2019, a renda nacional nos Estados Unidos era de US$ 18.155,2 bilhões. No mesmo ano, estavam empregados 152 milhões de trabalhadores a um salário médio anual de US$ 75.138 por trabalhador.

   a. Qual o total pago de compensação aos empregados nos Estados Unidos em 2019?

   b. Analise a distribuição de renda por fatores. Que proporção da renda nacional foi recebida pelos empregados, em 2019, como compensação?

   c. Suponha que uma enorme onda de redução de escala das empresas faça muitos empregados demitidos abrirem seu próprio negócio. Qual será o efeito sobre a distribuição de renda?

   d. Suponha que a oferta de trabalho aumente em virtude de um aumento da idade mínima para aposentadoria. O que acontece com a porcentagem da renda nacional que é recebida pelos empregados em termos de compensação?

2. A sorveteria de Marty tem uma função de produção por dia como a que aparece na tabela a seguir. O salário de equilíbrio de um trabalhador é de $ 80 por dia. Cada casquinha de sorvete é vendida por $ 2.

Quantidade de trabalho (trabalhadores)	Quantidade de sorvete (casquinhas)
0	0
1	110
2	200
3	270
4	300
5	320
6	330

   a. Calcule o produto marginal do trabalho por cada trabalhador e o valor do produto marginal por trabalhador.

   b. Quantos trabalhadores Marty deveria empregar?

3. A função de produção da Pizzaria da Patty é dada na tabela do Problema 12. O preço da pizza é $ 2, mas o salário horário aumenta de $ 10 para $ 15. Use um gráfico para determinar como a demanda de trabalhadores de Patty responderia a esse aumento de salário.

4. Jameel é gerente de uma autoescola. Quanto mais instrutores contrata, mais aulas de direção ele pode vender. Mas ele tem um número limitado de automóveis que pode usar para treinamento, de modo que cada instrutor adicional acrescenta menos à quantidade de aulas que Jameel pode oferecer. A tabela a seguir mostra a função de produção de Jameel por dia. Cada aula é vendida a $ 35 por hora.

Quantidade de trabalho (instrutores)	Quantidade de aulas de direção (horas)
0	0
1	8
2	15
3	21
4	26
5	30
6	33

Determine a tabela de demanda de trabalho de Jameel (sua tabela de demanda de instrutores de direção) para cada um dos seguintes salários diários de instrutor: $ 160, $ 180, $ 200, $ 220, $ 240 e $ 260.

5. Dale e Dana trabalham em um posto de gasolina de autosserviço com loja de conveniência. Dale abre o posto todo dia e Dana chega mais tarde para ajudar na loja. Ambos recebem como pagamento o salário de mercado corrente de $ 9,50 por hora. Mas Dale acha que deveria ganhar mais, porque a receita gerada pelas bombas de gasolina que ele liga toda manhã é muito maior que a receita gerada pela loja de conveniência onde Dana fica. Avalie esse argumento.

6. Um artigo no *New York Times* observou que o salário de trabalhadores agrícolas no México é US$ 11 a hora, mas o salário de imigrantes mexicanos que trabalham em agricultura na Califórnia é de US$ 9 a hora.

   a. Suponha que a produção seja vendida ao mesmo preço nos dois países. Isso implica que o produto marginal do trabalho de trabalhadores agrícolas é mais alto no México que na Califórnia? Explique sua resposta e ilustre com um gráfico mostrando as curvas de demanda e de oferta por trabalho nos respectivos mercados. Em seu gráfico, suponha que a quantidade ofertada de trabalho a qualquer nível de salário seja a mesma para trabalhadores agrícolas mexicanos e para imigrantes mexicanos na Califórnia.

b. Suponha agora que o trabalho agrícola no México seja mais árduo e mais perigoso que o trabalho agrícola na Califórnia. Em consequência, a quantidade ofertada de trabalho a qualquer nível de salários não é a mesma para trabalhadores mexicanos e para imigrantes mexicanos na Califórnia. Como isso muda sua resposta à parte *a*? Que conceito melhor explica a diferença entre os trabalhadores agrícolas no México e os imigrantes mexicanos na Califórnia?

c. Ilustre sua resposta à parte *b* com um gráfico. Nesse gráfico, suponha que a quantidade de trabalho demandada para qualquer nível de salários seja igual para empregadores mexicanos e empregadores californianos.

7. Kendra é a proprietária da Direto da Fazenda, uma empresa de laticínios. Kendra emprega trabalho, terra e capital. Em suas operações, ela pode fazer alguma substituição entre a quantidade de trabalho e a quantidade de capital que emprega. Isto é, para produzir a mesma quantidade, ela pode usar mais trabalho e menos terra; mas também, para produzir a mesma quantidade, ela pode usar menos trabalho e mais terra. Seja w^* o custo anual do trabalho no mercado, r_L^* o custo anual de uma unidade de terra no mercado e r_K^* o custo anual de uma unidade de capital no mercado.

   a. Suponha que Kendra possa maximizar seus lucros empregando menos trabalho e mais capital do que utiliza atualmente, mas usando a mesma quantidade de terra. Quais as três condições que precisam cumprir as operações de Kendra (envolvendo seu valor do produto marginal de trabalho, terra e capital) para que isso seja verdadeiro?

   b. Kendra acha que pode aumentar seus lucros arrendando e usando mais terra. Contudo, se ela usa mais terra, precisa usar tanto mais trabalho como mais capital; se ela usa menos terra, pode usar tanto menos trabalho como menos capital. Quais as três condições que precisam cumprir as operações de Kendra (envolvendo seu valor do produto marginal de trabalho, terra e capital) para que isso seja verdadeiro?

8. Para cada uma das situações a seguir, nas quais trabalhadores similares recebem salários diferentes, apresente a explicação mais plausível para essas diferenças.

   a. Pilotos de teste de novos aviões a jato ganham salários mais altos que os pilotos de linhas regulares.

   b. Os formados na universidade, em geral, têm rendimentos mais altos em seu primeiro ano no emprego do que os trabalhadores sem diploma conseguem em seu primeiro ano no emprego.

   c. Professores titulares têm salários mais altos que seus assistentes que dão as mesmas aulas.

   d. Trabalhadores sindicalizados, em geral, recebem salários maiores que os não sindicalizados.

9. Pesquisas mostram consistentemente que, a despeito de políticas contra a discriminação, trabalhadores afro-americanos recebem em média salários mais baixos do que trabalhadores brancos. Qual é a possível razão para isso? Essa razão é consistente com a teoria da produtividade marginal?

10. Greta é uma jardineira amadora entusiasmada e gasta boa parte do seu tempo livre trabalhando no seu jardim. Ela também tem um emprego exigente e bem pago como consultora independente de propaganda. Os negócios de propaganda não estão em um período bom, e o que Greta pode cobrar por hora de consultoria diminui. Greta decide passar mais tempo cuidando do seu jardim e menos tempo dando consultoria. Explique tal decisão em termos dos efeitos renda e substituição.

11. Você é assessor econômico do governador. O governador quer implementar políticas que estimulem as pessoas empregadas a trabalharem mais horas em seus empregos e que estimulem as pessoas desempregadas a encontrar e aceitar empregos. Avalie cada uma das políticas a seguir em termos desses objetivos. Explique seu raciocínio em relação aos efeitos renda e substituição, e indique quando o impacto da política pode ser ambíguo.

   a. Reduz-se o imposto de renda estadual, o que resulta em aumento no salário dos trabalhadores líquido de imposto.

   b. Aumenta-se o imposto de renda estadual, o que tem o efeito de reduzir o salário líquido de imposto.

   c. Aumenta-se o imposto territorial no estado, o que reduz a renda dos trabalhadores líquida de imposto.

RESOLVA

12. A Pizzaria da Patty tem uma função de produção por hora que se mostra na tabela a seguir. O salário por hora de cada trabalhador é $ 10. Cada pizza é vendida por $ 2.

Quantidade de trabalho (trabalhadores)	Quantidade de pizzas
0	0
1	9
2	15
3	19
4	22
5	24

   a. Calcule o produto marginal do trabalho de cada trabalhador e o valor do produto marginal por trabalhador.

   b. Trace a curva do valor do produto marginal. Use seu gráfico para determinar quantos trabalhadores Patty deve empregar.

   c. Agora, o preço da pizza aumenta para $ 4. Calcule o valor do produto marginal por trabalhador e trace a nova curva de valor do produto marginal no seu gráfico. Use o gráfico para determinar quantos trabalhadores Patty deve empregar agora.

   Agora vamos supor que Patty compre um novo forno de pizza de alta tecnologia que permite que seus trabalhadores se tornem duas vezes mais produtivos. Ou seja, o primeiro trabalhador agora produz 18 pizzas por hora em vez de 9, e assim por diante.

   d. Calcule o novo produto marginal do trabalho e o novo valor do produto marginal do trabalho no preço original de $ 2 por pizza.

   e. Use um diagrama para determinar como a decisão de contratação de Patty responde a esse aumento na produtividade de sua força de trabalho.

Análise da Oferta de Trabalho pelas Curvas de Indiferença

19
Apêndice

No corpo principal deste capítulo, explicamos por que a curva de oferta de trabalho pode ter inclinação para baixo em vez de inclinação para cima: o efeito substituição de um salário mais alto, que proporciona incentivo para trabalhar mais horas, pode ser superado pelo efeito renda de um salário mais alto que leva o indivíduo a consumir mais lazer. Neste apêndice, mostramos como essa análise pode ser feita usando as *curvas de indiferença* apresentadas no apêndice do Capítulo 10.

A linha do orçamento da alocação de tempo

Voltemos ao exemplo de Jaden, que gosta de lazer, mas também gosta de ter dinheiro para gastar. Vamos supor que Jaden tenha um total de 80 horas por semana que ele pode gastar trabalhando ou desfrutando como tempo de lazer. (Suponhamos que as horas restantes nessa semana estejam tomadas por atividades necessárias, principalmente dormir.) Suponhamos também, para começar, que seu salário seja $ 10 por hora.

Suas possibilidades de consumo são definidas pela **linha do orçamento da alocação do tempo** na Figura 19A.1, uma linha do orçamento que mostra os *trade-offs* de Jaden entre consumo de lazer e renda. Horas semanais de lazer são medidas no eixo horizontal, e a renda que ele ganha para trabalhar é medida no eixo vertical.

Uma **linha do orçamento da alocação do tempo** mostra o *trade-off* de um indivíduo entre o consumo de lazer e a renda que permite o consumo de bens comercializados.

O intercepto horizontal, ponto *X*, está em 80 horas: se Jaden não trabalhasse nada, ele teria 80 horas de lazer por semana, mas não ganharia dinheiro algum. O intercepto vertical, ponto *Y*, está em $ 800: se Jaden trabalhasse o tempo todo, ele ganharia $ 800 por semana.

Figura 19A.1 Linha do orçamento da alocação de tempo.

A linha do orçamento da alocação de tempo de Jaden mostra seu *trade-off* entre trabalho, que paga um salário de $ 10 por hora, e lazer. No ponto *X*, ele aloca todo o seu tempo, 80 horas, ao lazer, mas não tem renda. No ponto *Y*, ele aloca todo o seu tempo ao trabalho, ganhando $ 800, mas não consome lazer. Seu salário de $ 10 por hora, o custo de oportunidade de uma hora de lazer, é igual à inclinação da linha do orçamento de alocação de tempo com sinal negativo. Supomos que, no ponto *A*, em 40 horas de lazer e $ 400 de renda, esteja a alocação de tempo ótima de Jaden. Ela obedece à regra da alocação de tempo ótima: a utilidade adicional que Jaden obtém de uma hora mais de lazer tem de ser igual à utilidade adicional que ele obtém dos bens que pode comprar com o salário de uma hora.

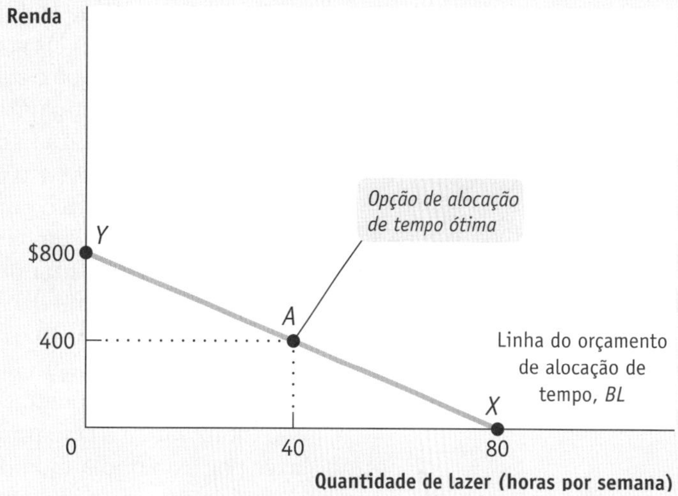

Por que podemos usar uma linha do orçamento para descrever a escolha de alocação do tempo feita por Jaden? As linhas de orçamento do Capítulo 10 e de seu respectivo apêndice representavam os *trade-offs* com que se defrontavam os consumidores ao decidirem alocar sua renda entre diferentes bens. Aqui, em vez de perguntarmos como Jaden aloca sua renda, perguntamos como ele aloca o seu *tempo*. Mas os princípios por trás da alocação de renda e da alocação do tempo são os mesmos: cada um envolve alocar um montante fixo de um recurso (80 horas de tempo, nesse caso) com um *trade-off* constante (Jaden tem de renunciar a $ 10 para cada hora adicional de lazer). Assim, usar uma linha do orçamento é tão apropriado para a alocação do tempo quanto é para a alocação de renda.

Assim como no caso das linhas de orçamento comuns, o custo de oportunidade desempenha um papel-chave. O custo de oportunidade de uma hora de lazer é o que Jaden deixa de ter ao trabalhar uma hora menos, $ 10 de renda. Esse custo de oportunidade é, naturalmente, o salário horário de Jaden e é igual à inclinação da sua linha do orçamento de alocação do tempo com sinal negativo. Isso pode ser verificado, pois a inclinação é o intercepto vertical, ponto *Y*, dividido pelo intercepto horizontal, ponto *X*, com sinal negativo, isto é, –$ 800 / 80 horas = –$ 10 por hora.

Para maximizar sua utilidade, Jaden tem de escolher o ponto ótimo na linha do orçamento da alocação de tempo na Figura 19A.1. No Capítulo 10, vimos que um consumidor que aloca os gastos para maximizar utilidade procura o ponto na linha do orçamento que satisfaça *o princípio de maximização da utilidade da análise marginal*: a utilidade marginal a cada dólar gasto em dois bens tem de ser a mesma. Embora a escolha de Jaden implique alocar tempo e não dinheiro, aplica-se o mesmo princípio.

A **regra da alocação de tempo ótima** diz que um indivíduo deverá alocar tempo de modo que a utilidade marginal ganha da renda adquirida de uma hora adicional trabalhada seja igual à utilidade marginal de uma hora adicional de lazer.

Como Jaden "gasta" tempo em vez de dinheiro, a contrapartida do princípio do consumo ótimo é a **regra da alocação de tempo ótima**: a utilidade marginal que Jaden obtém do dinheiro extra ganho por trabalhar uma hora adicional deve ser igual à utilidade marginal de uma hora adicional de lazer.

Efeito de um salário mais alto

A depender de suas preferências, a escolha que maximiza a utilidade para Jaden entre horas de lazer e renda pode estar em qualquer ponto da linha do orçamento de alocação do tempo na Figura 19A.1. Suponha que sua escolha ótima seja o ponto *A*, em que ele consome 40 horas de lazer e ganha $ 400. Agora, estamos prontos para estabelecer a ligação entre essa análise da alocação do tempo e a oferta de trabalho.

Quando Jaden escolhe um ponto como *A* em sua linha do orçamento de alocação de tempo, ele está ao mesmo tempo escolhendo a quantidade de trabalho que oferta ao mercado de trabalho. Ao escolher consumir como lazer 40 das 80 horas que tem disponíveis, ele escolheu também ofertar as outras 40 horas como trabalho.

Suponha agora que o salário de Jaden dobre, de $ 10 para $ 20 por hora. O efeito desse aumento do seu salário se mostra na Figura 19A.2. Sua linha do orçamento de alocação do tempo gira para fora: o intercepto vertical, que representa o montante que ele pode ganhar caso dedique todas as 80 horas a trabalhar, desloca-se para cima, do ponto *Y* para o ponto *Z*. Em virtude de ter agora o dobro do salário, Jaden pode ganhar $ 1.600 em vez de $ 800 se dedicar todas as 80 horas ao trabalho.

Mas como vai mudar de fato a alocação de tempo de Jaden? Como vimos neste capítulo, isso depende do *efeito renda* e do *efeito substituição*, os quais foram examinados no Capítulo 10 e em seu respectivo apêndice.

O efeito substituição de um aumento de salário funciona da seguinte forma: quando o salário aumenta, o custo de oportunidade de uma hora de lazer aumenta; isso induz Jaden a consumir menos lazer e trabalhar mais horas, isto é, substituir lazer por trabalho à medida que o salário aumenta. Se o efeito substituição fosse a história completa, a curva de oferta de trabalho individual teria a aparência de uma curva de oferta comum, sempre com inclinação para cima — um salário mais alto leva a uma quantidade de trabalho ofertada maior.

Figura 19A.2 Um aumento de salário.

Os dois painéis mostram a escolha ótima inicial de Jaden, ponto *A* em BL_1, a linha do orçamento da alocação de tempo correspondendo a um salário de $ 10. Depois que seu salário aumenta para $ 20, sua linha do orçamento gira para fora, para a nova linha do orçamento, BL_2: se ele gasta todo o seu tempo trabalhando, a quantidade de dinheiro que ganha aumenta de $ 800 para $ 1.600, refletindo o movimento do ponto *Y* ao ponto *Z*. Isso gera dois efeitos opostos: o efeito substituição o leva a consumir menos lazer e trabalhar mais horas; o efeito renda o leva a consumir mais lazer e a trabalhar menos horas. O painel (a) mostra a mudança na alocação de tempo quando o efeito substituição é mais forte: a nova escolha ótima de Jaden é o ponto *B*, representando um declínio no tempo de lazer para 30 horas e um aumento no tempo de trabalho para 50 horas. Neste caso, a curva de oferta de trabalho individual tem inclinação para cima. O painel (b) mostra a mudança na alocação de tempo quando o efeito renda é mais forte: o ponto *C* é a nova escolha ótima representando um aumento nas horas de lazer para 50 e uma redução nas horas de trabalho para 30. Agora, a curva de oferta de trabalho individual se inclina para baixo.

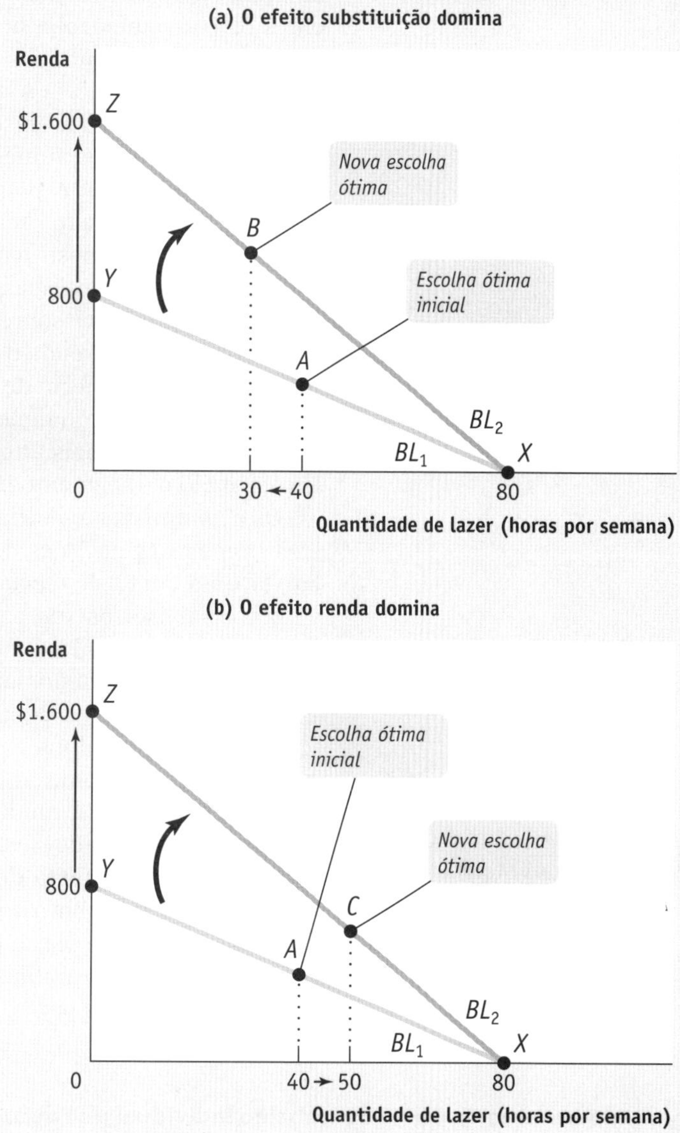

O que aprendemos em nossa análise da demanda é que, para a maior parte dos bens de consumo, o efeito renda não é muito importante, pois a maior parte dos bens representa uma parcela muito pequena do gasto total do consumidor. Além disso, nos poucos casos em que o efeito renda é significativo — por exemplo, grandes compras como a de uma casa —, normalmente o efeito renda reforça o efeito substituição: a maior parte dos bens são bens normais, de modo que, quando o preço aumenta, o consumidor se torna mais pobre e compra menos desse bem.

Na escolha entre trabalho e lazer, contudo, o efeito renda assume um novo significado, por duas razões. Primeiro, a grande maioria das pessoas obtém a maior parte da sua renda de salários. Isso significa que o efeito renda de uma mudança nos salários *não é* pequeno: um aumento nos salários vai gerar um aumento significativo na renda. Segundo, o lazer é um bem normal: quando a renda aumenta, tudo o mais mantido constante, as pessoas querem consumir mais lazer e trabalhar menos horas.

Assim, o efeito renda de um salário maior tende a *reduzir* a quantidade de trabalho ofertada, funcionando na direção oposta do efeito substituição, que tende a *aumentar* a quantidade de trabalho ofertada. Assim, o efeito líquido de um salário maior sobre a quantidade de trabalho que Jaden oferta pode funcionar em uma ou outra direção — dependendo de suas preferências, ele pode escolher entre ofertar mais trabalho e menos trabalho. Os dois painéis na Figura 19A.2 ilustram os dois resultados. Em cada painel, *A* representa a escolha de consumo inicial de Jaden.

O painel (a) mostra o caso em que Jaden trabalha mais horas em resposta a um aumento de salário. O aumento de salário o leva a passar do ponto *A* para o *B*, onde consome menos lazer e, portanto, trabalha mais horas. Aqui, o efeito substituição prevalece sobre o efeito renda. O painel (b) mostra o caso em que Jaden trabalha menos horas em resposta a um aumento de salário. Aqui, ele passa do ponto *A* para o *C*, onde consome mais lazer e trabalha *menos* horas do que no ponto *A*. Aqui, o efeito renda prevalece sobre o efeito substituição.

Quando o efeito renda de um salário mais alto é mais forte que o efeito substituição, a curva de oferta de trabalho individual, que mostra quanto trabalho um indivíduo ofertará a qualquer nível de salários, inclina-se no sentido "errado", para baixo: um salário mais alto leva a uma quantidade ofertada menor de trabalho. Um exemplo é o segmento ligando os pontos *B* e *C* na Figura 19A.3.

Os economistas acreditam que o efeito substituição, normalmente, domina o efeito renda nas decisões de oferta de trabalho quando o salário do indivíduo é baixo. Uma curva de oferta de trabalho individual costuma ter inclinação para cima sob salários baixos, à medida que as pessoas trabalham mais em resposta a salários crescentes. Mas os economistas acreditam também que muitos indivíduos têm preferência maior por lazer e escolherão reduzir o número de horas trabalhadas à medida que o salário continua a aumentar.

Para esses indivíduos, à medida que o salário aumenta o efeito renda em algum momento passa a dominar o efeito substituição, levando suas curvas de oferta de trabalho individual a mudar de inclinação e a "dobrar para trás" com salários elevados. Uma curva de oferta de trabalho individual com essa característica, denominada **curva de oferta de trabalho individual que dobra para trás**, aparece na Figura 19A.3. Embora uma curva de oferta de trabalho *individual* possa dobrar para trás, curvas de oferta de trabalho *de mercado* têm quase sempre inclinação para cima em todo o âmbito dos salários, à medida que salários mais altos atraem novos trabalhadores para o mercado de trabalho.

Uma **curva de oferta de trabalho individual que dobra para trás** é uma curva de oferta de trabalho individual que se inclina para cima com salários baixos a moderados e se inclina para baixo com salários mais altos.

Figura 19A.3 Curva de oferta de trabalho individual que dobra para trás.

Para Jaden, com salários mais baixos, o efeito substituição domina o efeito renda. Isso se ilustra pelo movimento ao longo da curva de oferta de trabalho individual do ponto *A* para o ponto *B*: um aumento no salário de W_1 para W_2 leva a quantidade de trabalho ofertada a aumentar de L_1 para L_2. Mas, com salários mais altos, o efeito renda domina o efeito substituição, o que se mostra pelo movimento do ponto *B* para o *C*: aqui, o aumento no salário de W_2 para W_3 leva a quantidade de trabalho ofertada a diminuir de L_2 para L_3.

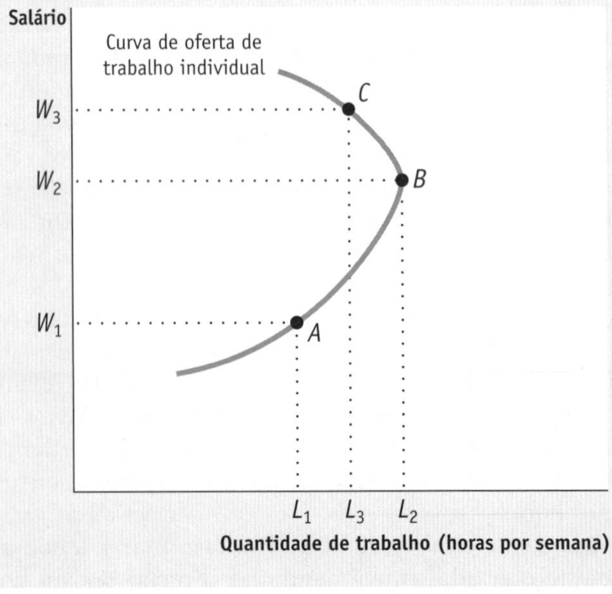

Análise das curvas de indiferença

No apêndice do Capítulo 10, mostramos como a escolha do consumidor pode ser representada usando o conceito de *curvas de indiferença*, que oferecem um "mapa" das preferências do consumidor. Mas as curvas de indiferença também são especialmente úteis para tratar da questão da oferta de trabalho.

Usando curvas de indiferença, a Figura 19A.4 mostra como um aumento de salário pode levar a uma queda na quantidade de trabalho ofertada. O ponto *A* é a escolha ótima inicial de Jaden, dado um salário de \$ 10 por hora. É o mesmo ponto *A* da Figura 19A.2; dessa vez, no entanto, incluímos uma curva de indiferença para mostrar que esse é um ponto em que a linha do orçamento é tangente à curva de indiferença mais alta possível.

Consideremos agora o efeito de um aumento de salário para \$ 20. Imaginemos por um instante que, no mesmo momento em que Jaden recebia um salário mais alto, ele era informado de que tinha de começar a amortizar seu empréstimo estudantil em que essa combinação de boas e más notícias deixava a sua utilidade sem mudança. Nesse caso, ele se encontraria no ponto *S*: na mesma curva de indiferença que em *A*, mas tangente a uma linha do orçamento de inclinação maior, a linha pontilhada BL_S na Figura 19A.4, que é paralela a BL_2. O movimento de *A* para *S* é o efeito substituição de seu aumento de salário: faz com que ele consuma menos lazer e, portanto, oferte mais trabalho.

Mas, agora, cancelemos a amortização do empréstimo de estudante, e Jaden pode mover-se para uma curva de indiferença mais alta. Seu novo ótimo está em *C*, que corresponde a *C* no painel (b) da Figura 19A.2. O movimento de *S* para *C* é o efeito renda de seu aumento de salário. E vemos que esse efeito renda pode superar o efeito substituição: em *C*, ele consome mais lazer e, portanto, oferta menos trabalho do que fazia em *A*.

Figura 19A.4 Escolha da oferta de trabalho: abordagem com curvas de indiferença.

O ponto *A*, em BL_1, é a escolha ótima inicial de Jaden. Depois de um aumento de salário, aumenta sua renda e seu nível de utilidade: sua nova linha do orçamento de alocação do tempo é BL_2, e sua nova escolha ótima é o ponto *C*. Essa mudança pode ser decomposta em efeito substituição, a queda no número de horas de lazer do ponto *A* para o ponto *S*, e efeito renda, o aumento no número de horas de lazer do ponto *S* para o ponto *C*. Como se mostra aqui, o efeito renda domina o efeito substituição: o resultado líquido de um aumento de salário é um aumento no número de horas de lazer consumidas e uma queda na quantidade de horas de trabalho ofertadas.

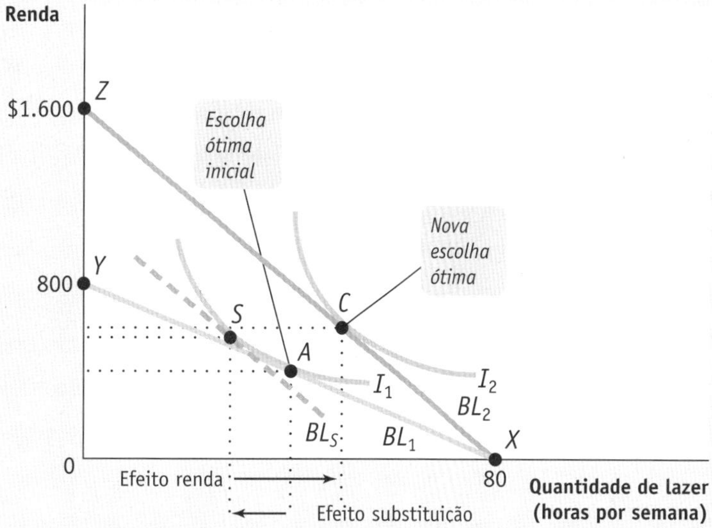

PROBLEMAS

1. Leandro tem 16 horas por dia, que ele pode alocar entre trabalho e lazer. Seu emprego paga um salário de \$ 20 por hora. Leandro decide consumir 8 horas de lazer. Suas curvas de indiferença têm o formato normal: têm inclinação para baixo, não se cruzam e têm o formato convexo característico.

   a. Trace a linha do orçamento da alocação de tempo de Leandro para um dia típico. Depois, ilustre a curva de indiferença em que está sua escolha ótima.

   Agora, o salário de Leandro cai para \$ 10 por hora.

   b. Trace a nova linha do orçamento de Leandro.

c. Suponha que Leandro agora trabalhe apenas 4 horas como resultado de seu salário reduzido. Ilustre a curva de indiferença nessa nova escolha ótima.

d. A decisão de Leandro de trabalhar menos à medida que o salário cai é o resultado de um efeito substituição e de um efeito renda. Em seu gráfico, mostre os efeitos renda e substituição desse salário reduzido. Qual efeito é mais forte?

2. Florence é uma consultora de moda muito bem paga que ganha $ 100 por hora. Ela tem 16 horas por dia que pode alocar entre trabalho e lazer, e decide trabalhar 12 horas.

a. Trace a linha do orçamento de alocação do tempo de Florence para um dia típico e ilustre a curva de indiferença na sua escolha ótima.

Uma das clientes de Florence aparece na primeira página da *Vogue*, uma conhecida revista de moda. Em consequência, o que Florence cobra por consulta aumenta agora para $ 500 por hora. Florence decide trabalhar apenas 10 horas por dia.

b. Trace a nova linha do orçamento da alocação de tempo de Florence e ilustre a curva de indiferença em sua escolha ótima.

c. Em seu gráfico, mostre os efeitos renda e substituição desse aumento de salário. Qual efeito é mais forte?

3. Wendy trabalha em um restaurante *fast-food*. Quando seu salário era $ 5 por hora, ela trabalhava 30 horas por semana. Quando o salário passou para $ 6 por hora, ela decidiu trabalhar 40 horas. Mas quando seu salário subiu ainda mais, para $ 7, ela decidiu trabalhar apenas 35 horas.

a. Desenhe a curva de oferta de trabalho individual de Wendy.

b. O comportamento de Wendy é irracional, ou existe alguma explicação lógica? Explique sua resposta.

4. Durante os últimos 50 anos, o tempo de lazer médio de um norte-americano havia aumentado entre 4 e 8 horas por semana. Alguns economistas acham que esse aumento deveu-se principalmente a um aumento nos salários.

a. Use os efeitos renda e substituição para descrever a oferta de trabalho para o norte-americano médio. Qual é o efeito dominante?

b. Além do aumento de salários, um estudo da Secretaria de Estatísticas Trabalhistas descobre que a participação na força de trabalho das mulheres tem projeção para aumentar de forma constante até 2024. Para uma mulher comum que tenha entrado na força de trabalho, qual é o efeito dominante?

c. Desenhe curvas típicas de oferta de trabalho individual que ilustrem suas respostas dos itens *a* e *b* deste problema.

RESOLVA

5. Tamara tem 80 horas por semana que pode alocar entre trabalho e lazer. Seu emprego lhe paga um salário de $ 20 por hora, mas Tamara tem de pagar imposto de renda da seguinte forma: nos primeiros $ 400 que ela ganha, Tamara não paga imposto. Isto é, pelas primeiras 20 horas de trabalho, o seu salário líquido, o que ela leva para casa depois de deduzir os impostos, é $ 20 por hora. Para toda renda acima de $ 400, Tamara tem de pagar 75% de imposto, isto é, para todas as horas acima das primeiras 20 horas, o seu salário líquido é apenas $ 5 por hora. Tamara decide trabalhar 30 horas. Suas curvas de indiferença têm o formato usual.

a. Trace a linha do orçamento da alocação de tempo de Tamara para uma semana típica. Ilustre também a curva de indiferença em sua escolha ótima.

O governo muda a cobrança do imposto. Agora, somente os primeiros $ 100 são isentos. Isto é, para as primeiras 5 horas de trabalho, o salário líquido de Tamara é $ 20 por hora. Mas o governo reduz a taxa de imposto a 50% para todo o resto da renda. Ou seja, para todas as horas acima das primeiras 5 horas, o salário líquido de Tamara é $ 10 por hora. Depois dessas mudanças, Tamara acha que está exatamente tão bem quanto antes. Isto é, sua escolha ótima se situa na mesma curva de indiferença que sua escolha ótima inicial.

b. Trace a nova linha do orçamento da alocação de tempo de Tamara no mesmo gráfico e ilustre também sua escolha ótima. Leve em conta que ela se acha tão bem quanto antes de ocorrerem as mudanças de imposto (na mesma curva de indiferença).

c. Tamara vai trabalhar mais ou menos do que antes da modificação na cobrança do imposto? Por quê?

20 Incerteza, Risco e Informação Privilegiada

CLIMA EXTREMO

EM DEZEMBRO DE 2019, quando chuvas torrenciais atingiram o estado, um suspiro coletivo de alívio pôde ser ouvido em toda a Califórnia: quase oito anos de seca severa tinham finalmente chegado ao fim. Os anos de seca haviam cobrado um pesado tributo na Califórnia e nos estados vizinhos do oeste norte-americano. Durante 2017, 2018 e 2019, uma série de incêndios catastróficos em todo o oeste, bem como no Alasca, queimou vários milhões de hectares, causando a morte de 163 pessoas e destruindo dezenas de milhares de edifícios. A perda acumulada foi estimada em mais de 53 bilhões de dólares.

Enquanto a seca e os incêndios devastaram o oeste dos Estados Unidos, outras partes do país foram repetidamente atingidas por outros eventos climáticos extremos. Somente em 2019, a tempestade tropical Imelda, o furacão Dorian e vários tornados causaram uma perda acumulada de 18 bilhões de dólares para a economia norte-americana. No meio-oeste, uma série de enchentes causou perdas que totalizaram US$ 20 bilhões. Dos Dakotas às Carolinas, chuvas torrenciais, ventos, granizo e enchentes destruíram casas, prédios, colheitas, gado e infraestrutura. Além disso, observadores acreditam que os danos estimados subestimam significativamente o custo real, porque muitas pessoas não comunicam suas perdas.

Como esses eventos climáticos extremos ilustram, a incerteza é uma característica do mundo real. Até agora, vínhamos assumindo que as pessoas tomam decisões com o conhecimento exato de como o futuro se desenrolará. (A exceção foi a nossa análise do seguro-saúde.) No entanto, como agora percebe qualquer pessoa que vive na costa atlântica, nas Grandes Planícies propensas a tornados ou nos estados do oeste devastados pela seca, tomar decisões quando o futuro é incerto traz consigo o *risco de perda*. De fato, tanto os climatologistas quanto a indústria de seguros patrimoniais concordam em grande parte que eventos climáticos extremos se tornaram mais frequentes como resultado da mudança climática.

Muitas vezes, é possível para indivíduos usar os mercados para reduzir seu risco. Por exemplo, as vítimas de furacões que tinham seguro puderam receber alguma, se não toda, compensação por suas perdas. Na verdade, mediante seguros e outros dispositivos, a economia moderna oferece muitas maneiras para que os indivíduos reduzam sua exposição ao risco.

Entretanto, uma economia de mercado nem sempre pode resolver os problemas criados pela incerteza. Os mercados se dão muito bem em lidar com o risco quando duas condições são atendidas: (1) quando o risco pode ser razoavelmente bem *diversificado* e (2) quando a probabilidade de perda é igualmente bem conhecida por todos. Entretanto, o aumento de eventos climáticos extremos nos últimos anos levou muitas seguradoras a deixar de contar com a *diversificação* para perdas relacionadas a eventos climáticos e, em vez disso, reduzir drasticamente sua cobertura de tais perdas.

Na prática, a segunda condição é frequentemente a mais limitante. Os mercados se deparam com problemas quando algumas pessoas sabem de coisas que outras não sabem – uma situação que envolve o que chamamos de *informação privada*. Veremos que a informação privada pode causar ineficiência ao impedir a ocorrência de transações mutuamente benéficas – especialmente em mercados de seguros.

Neste capítulo, vamos examinar por que a maioria das pessoas não gosta de riscos. Em seguida, exploraremos como uma economia de mercado permite que as pessoas reduzam o risco por um preço. Finalmente, abordaremos problemas especiais criados para os mercados pelas informações privadas. •

O QUE VOCÊ IRÁ APRENDER?

- Por que o **risco** é uma característica importante da economia?
- Por que a utilidade marginal decrescente faz as pessoas terem **aversão ao risco** e determina o prêmio que elas estarão dispostas a pagar para reduzi-lo?
- Como os mercados de seguros suscitam negócios de risco mutuamente benéficos?
- O que é **informação privada** e quais os problemas especiais que ela representa para os mercados?

A economia da aversão ao risco

Geralmente, as pessoas não gostam do risco e estão dispostas a pagar um preço para evitá-lo. Basta perguntar à indústria de seguros nos Estados Unidos, que arrecada mais de US$ 1 trilhão em prêmios todo ano. Mas o que é *risco*, exatamente? E por que a maioria das pessoas não gosta de risco? Para respondermos a essas questões, temos de examinar brevemente o conceito de *valor esperado* e o significado da *incerteza*. Depois disso, poderemos ver por que as pessoas não gostam de risco.

Expectativas e incerteza

A família Lee não sabe quanto terá de despesa médica no próximo ano. Se tudo for bem, ela não terá despesa médica alguma. Vamos supor que haja 50% de probabilidade de que isso aconteça. Porém, se membros da família precisarem de hospitalização ou de remédios caros, ela terá despesas médicas de $ 10.000. Vamos supor que seja igualmente de 50% a probabilidade de que essas despesas médicas elevadas se materializem.

Variável aleatória é uma variável com valor futuro incerto.

O **valor esperado** de uma variável aleatória é a média ponderada de todos os valores possíveis, onde os pesos sobre cada valor possível correspondem à probabilidade de que esse valor ocorra.

Um **estado do mundo**[1] é um possível evento futuro.

Neste exemplo – que se destina a ilustrar um ponto e não tem a pretensão de ser realista –, as despesas médicas da família Lee nos próximos anos são uma **variável aleatória**, variável que tem valor futuro incerto. Ninguém pode prever quais dos seus valores ou resultados uma variável aleatória pode assumir. Mas isso não significa que não possamos dizer nada sobre as despesas médicas futuras da família Lee. Ao contrário, uma pessoa especializada em cálculo atuarial (uma pessoa treinada em avaliar eventos futuros incertos) pode calcular um **valor esperado** das despesas no próximo ano, ou seja, a média ponderada de todos os valores possíveis, em que as ponderações de cada valor possível correspondem à probabilidade de ocorrer esse valor. Nesse exemplo, o valor esperado das despesas médicas da família Lee é (0,5 × $ 0) + (0,5 × $ 10.000) = $ 5.000.

Para derivarmos a fórmula geral do valor esperado de uma variável aleatória, imaginemos que haja certo número de **estados do mundo** diferentes, eventos futuros possíveis. Cada estado do mundo está associado a um valor realizado diferente – o valor que de fato ocorre – da variável aleatória. Não se sabe qual estado do mundo de fato vai ocorrer, mas é possível atribuir probabilidades, uma para cada estado do mundo.

Vamos supor que P_1 seja a probabilidade do estado 1, P_2 seja a probabilidade do estado 2 e assim por diante. Suponhamos também que conhecemos o valor concretizado do valor da variável aleatória em cada estado do mundo: S_1 no estado 1, S_2 no estado 2 e assim por diante. E vamos supor que haja N situações possíveis. Então, o valor esperado da variável aleatória é

(20.1) *Valor esperado da variável aleatória*

$$EV = (P_1 \times S_1) + (P_2 \times S_2) + \ldots + (P_N \times S_N)$$

No caso da família Lee, há apenas dois estados do mundo possíveis, cada um com probabilidade de 0,5.

Note, contudo, que a família Lee não espera de fato ter de pagar $ 5.000 de despesa médica no próximo ano, independentemente do que ocorra. Isso porque, nesse exemplo, não há nenhum estado do mundo em que a família Lee pague exatamente $ 5.000. Ou a família não paga nada ou ela paga $ 10.000. De modo que a família Lee se defronta com uma incerteza considerável sobre suas futuras despesas médicas.

Porém, e se a família Lee puder comprar um seguro médico que cubra suas despesas médicas, quaisquer que elas sejam? Suponha, particularmente, que a família possa pagar $ 5.000 adiantado em troca de cobertura completa de todas as despesas médicas que de fato ela possa ter no próximo ano. Nesse caso, as despesas médicas futuras da família Lee já não serão incertas *para ela*: em troca de

[1]N. R.: Também conhecido como *estado da natureza*.

$ 5.000, um montante igual ao valor esperado das despesas médicas, a companhia de seguros assume a responsabilidade de pagar todas as despesas médicas. Isso seria um bom negócio do ponto de vista da família Lee?

Sim – ou, pelo menos, a maioria das famílias acharia que sim. A maioria das pessoas prefere, tudo o mais mantido constante, reduzir o **risco**, a incerteza sobre resultados futuros. (Vamos nos concentrar aqui no **risco financeiro**, em que a incerteza recai sobre resultados monetários, diferentemente da incerteza sobre resultados aos quais não pode ser atribuído um valor monetário.) De fato, a maioria das pessoas dispõe-se a pagar um preço substancial para reduzir seu risco: esse é o motivo de existir a indústria do seguro.

Risco é a incerteza sobre os resultados futuros. Quando a incerteza diz respeito a resultados monetários, ela se torna um **risco financeiro**.

Mas, antes de estudarmos o mercado de seguros, precisamos entender por que as pessoas acham que o risco é uma coisa ruim, atitude que os economistas denominam *aversão ao risco*. A resposta, como veremos, é um conceito que primeiro encontramos na análise da demanda do consumidor, lá no Capítulo 10: *utilidade marginal decrescente*.

A lógica da aversão ao risco

Para entendermos como a utilidade marginal decrescente dá origem à aversão ao risco, temos de olhar não só os custos médicos da família Lee, mas também como esses custos afetam a renda que sobra para a família depois dos gastos médicos. Suponha que a família saiba que terá uma renda de $ 30.000 no próximo ano. Se a família não tiver gasto médico, ficará com o total dessa renda. Se o gasto médico for de $ 10.000, sua renda depois do gasto médico será de apenas $ 20.000. Como o nosso pressuposto é de que a probabilidade de cada um desses dois resultados é igual, o valor esperado da renda da família depois de despesas médicas será (0,5 × $ 30.000) + (0,5 × $ 20.000) = $ 25.000. Algumas vezes, vamos simplesmente chamar isso de *renda esperada*.

Porém, como veremos, se a função de utilidade dessa família tiver o mesmo formato típico que o da maioria das famílias, sua **utilidade esperada** – o valor esperado de sua utilidade total dada a incerteza sobre resultados futuros – será menor do que seria se a família não tivesse de enfrentar risco algum e tivesse certeza de que sua renda depois das despesas médicas seria $ 25.000.

Utilidade esperada é o valor esperado da utilidade total de um indivíduo, dada a incerteza sobre os resultados futuros.

Para vermos a razão disso, temos de verificar como a utilidade total depende da renda. O painel (a) da Figura 20.1 mostra a função de utilidade hipotética para a família Lee, na qual a utilidade total depende da renda – a quantidade de dinheiro que os Lee têm disponível para consumo de bens e serviços (depois que pagaram todas as contas de médico e remédio). A tabela do lado direito da figura mostra como a utilidade total da família varia em uma faixa que vai da renda de $ 20.000 à de $ 30.000. Como sempre, a função de utilidade tem inclinação para cima, porque uma renda mais elevada leva a uma utilidade total maior. Note também que a curva fica mais achatada à medida que nos movemos para cima e para a direita, refletindo a utilidade marginal decrescente.

No Capítulo 10, aplicamos o princípio da utilidade marginal decrescente a bens e serviços individuais: cada unidade sucessiva de um bem ou serviço que um consumidor compra acrescenta menos à sua utilidade total. O mesmo princípio se aplica à renda usada para consumo: cada $ sucessivo de renda acrescenta menos à utilidade que o $ anterior.

O painel (b) mostra como a utilidade marginal varia com a renda, confirmando que a utilidade marginal da renda cai à medida que a renda aumenta. Como veremos a seguir, a utilidade marginal decrescente é essencial para entender o desejo dos indivíduos de reduzir o risco.

Para analisarem como a utilidade de uma pessoa é afetada pelo risco, os economistas partem do pressuposto de que os indivíduos que se defrontam com a incerteza maximizam sua utilidade *esperada*. Podemos usar os dados na Figura 20.1 para calcular a utilidade esperada da família Lee. Primeiro, fazemos o cálculo supondo que a família não tenha seguro médico e, em seguida, fazemos um novo cálculo supondo que ela comprou um seguro.

Figura 20.1 Função de utilidade total e curva de utilidade marginal de uma família com aversão ao risco.

(a) Utilidade total

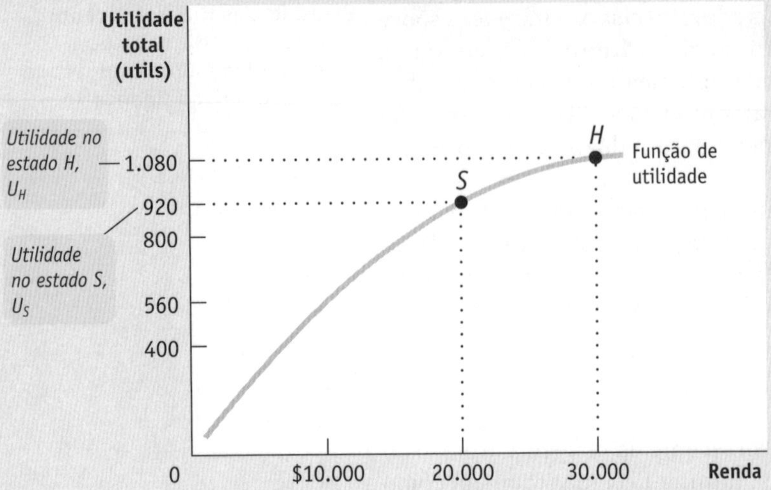

Renda	Utilidade total (utils)
$20.000	920
21.000	945
22.000	968
23.000	989
24.000	1.008
25.000	1.025
26.000	1.040
27.000	1.053
28.000	1.064
29.000	1.073
30.000	1.080

(b) Utilidade marginal

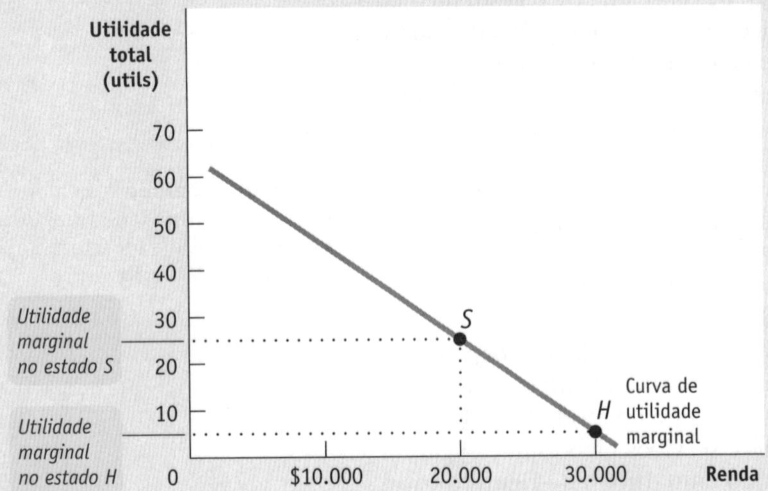

O painel (a) mostra como a utilidade total da família Lee depende da sua renda disponível para consumo (isto é, sua renda depois das despesas médicas). A curva tem inclinação para cima: mais renda leva a uma utilidade total maior. Mas ela se torna mais achatada à medida que nos movemos para cima e para a direita, refletindo a utilidade marginal decrescente. O painel (b) reflete a relação negativa entre renda e utilidade marginal quando há aversão ao risco: a utilidade marginal de cada $ 1.000 de renda adicional é menor quanto maior for sua renda. Assim, a utilidade marginal da renda é maior quando a família tem despesas médicas baixas (ponto *S*) do que quando ela tem despesas médicas altas (ponto *H*).

Sem seguro, se a família tiver sorte e não houver gasto médico, ela terá uma renda de $ 30.000, gerando uma utilidade total de 1.080 utils. Porém, se ela não tiver seguro e ocorrer algum revés que gere $ 10.000 de despesas médicas, terá apenas $ 20.000 da sua renda para gastar em consumo e utilidade total de apenas 920 utils. Assim, *sem seguro*, a utilidade esperada da família é (0,5 × 1.080) + (0,5 × 920) = 1.000 utils.

Prêmio é um pagamento a uma companhia de seguros em troca da promessa da companhia de seguros de pagar um sinistro em certos estados do mundo.

Apólice de seguro justa é uma apólice cujo prêmio é igual ao valor esperado do sinistro.

Suponha agora que uma companhia de seguros se ofereça para pagar qualquer despesa médica que a família tenha no próximo ano, por um **prêmio** – pagamento à companhia de seguro – de $ 5.000. Note que o valor do prêmio, nesse caso, é igual ao valor esperado das despesas médicas da família Lee – ou seja, o valor esperado de seu direito futuro de acordo com essa apólice de seguro. Uma apólice de seguro com essas características, na qual o prêmio é igual ao valor esperado do sinistro, tem um nome especial: **apólice de seguro justa**.

Se a família compra essa apólice de seguro justa, o valor esperado da sua renda disponível para consumo é o *mesmo* que seria sem o seguro: $ 25.000 – isto é, $ 30.000 menos o prêmio de $ 5.000. Mas o risco da família foi eliminado: ela agora tem uma renda disponível para consumo de $ 25.000 *garantida*, o que significa que ela recebe a utilidade total associada com uma renda de $ 25.000.

Conforme podemos ver na tabela da Figura 20.1, essa utilidade total é de 1.025 utils. Ou, formulando de maneira ligeiramente diferente, sua utilidade com o seguro é 1 × 1.025 = 1.025 utils, porque com o seguro a família recebeu utilidade total de 1.025 utils com probabilidade = 1. Isso é mais que a utilidade esperada sem seguro – apenas 1.000 utils. Assim, ao eliminar o risco mediante a compra de uma apólice de seguro, a família aumenta sua utilidade esperada, embora a renda esperada não tenha mudado.

Os cálculos para esse exemplo estão resumidos na Tabela 20.1. O exemplo mostra que a família Lee, como a maioria das pessoas na vida real, tem **aversão ao risco**: sua tendência é reduzir o risco com que se defronta quando o custo da redução deixa o valor esperado de sua renda ou de sua riqueza sem modificação. Assim, a família Lee, como a maioria das pessoas, concordará em comprar um seguro justo.

Indivíduos com **aversão ao risco** optarão por reduzir o risco que enfrentam quando essa redução deixar inalterado o valor esperado de sua renda ou riqueza.

Pode-se imaginar que esse resultado depende dos números específicos que foram escolhidos. Mas, na verdade, a proposição de que a compra de uma apólice de seguro justa aumenta a utilidade esperada depende de uma única pressuposição: utilidade marginal decrescente. A razão é que, *com utilidade marginal decrescente, $ 1 ganho quando a renda é baixa acrescenta mais à utilidade do que $ 1 perdido quando a renda é alta*.

Isto é, ter $ 1 adicional importa mais quando a situação é difícil do que quando as finanças vão bem. E, como veremos logo a seguir, uma apólice de seguro justa é desejável porque transfere $ 1 de um estado de renda real alta (quando se considera que esse $ vale menos) para uma situação de renda baixa (quando se considera que esse $ vale mais).

Porém, primeiro, vejamos como a utilidade marginal decrescente leva à aversão ao risco examinando mais de perto a utilidade esperada. No caso da família Lee, há apenas dois estados do mundo; vamos chamá-los de *H* e *S*, para saúde e doença. No estado *H*, a família não tem gasto médico; no estado *S*, ela tem um gasto médico de $10.000. Sejam os símbolos U_H e U_S a utilidade da família Lee em cada uma dessas duas situações. Então, a utilidade esperada da família Lee é:

(20.2) Utilidade esperada = (Probabilidade do estado *H* × Utilidade total no estado *H*) + (Probabilidade do estado *S* × Utilidade total no estado *S*)

$$= (0{,}5 \times U_H) + (0{,}5 \times U_S)$$

A apólice de seguro justa *reduz* a renda familiar disponível para consumo na situação *H* em $ 5.000, mas ela *aumenta* essa renda na situação *S* no mesmo montante. Como acabamos de ver, podemos usar a função de utilidade para calcular diretamente os efeitos dessa mudança sobre a utilidade esperada. Mas, como também vimos em muitos outros contextos, entende-se melhor a escolha individual ao se focalizar a utilidade *marginal*.

Para usarmos a análise de utilidade marginal a fim de verificarmos os efeitos de um seguro justo, imaginemos que o seguro seja introduzido aos poucos, digamos em 5.000 pequenos passos. Cada um desses passos reduz a renda no estado *H* em $ 1 e, simultaneamente, aumenta a renda no estado *S* em $ 1. Em cada um

Tabela 20.1 Efeito de um seguro justo sobre a renda disponível para consumo e a utilidade esperada da família Lee

	Renda em diferentes estados do mundo			
	$ 0 em despesas médicas (probabilidade 0,5)	$ 10.000 em despesas médicas (probabilidade 0,5)	Valor esperado da renda disponível para consumo	Utilidade esperada
Sem seguro	$ 30.000	$ 20.000	(0,5 × $ 30.000) + (0,5 × $ 20.000) = $ 25.000	(0,5 × 1.080 utils) + (0,5 × 920 utils) = 1.000 utils
Com seguro justo	$ 25.000	$ 25.000	(0,5 × $ 25.000) + (0,5 × $ 25.000) = $ 25.000	(0,5 × 1.025 utils) + (0,5 × 1.025 utils) = 1.025 utils

desses passos, a utilidade total no estado *H* cai no montante da utilidade marginal da renda nesse estado, mas a utilidade total no estado *S* aumenta no montante da utilidade marginal da renda nesse estado.

Examinemos outra vez o painel (b) na Figura 20.1, que mostra como a utilidade marginal varia com a renda. O ponto *S* mostra a utilidade marginal quando a renda da família Lee é $ 20.000; o ponto *H* mostra a utilidade marginal quando a renda é $ 30.000. Claramente, a utilidade marginal é mais alta quando a renda depois de despesas médicas é baixa. Por causa da utilidade marginal decrescente, $ 1 adicional de renda acrescenta mais utilidade quando a família tem renda baixa (ponto *S*) do que quando tem renda alta (ponto *H*).

Isso nos informa que o ganho na utilidade esperada de um aumento de renda na situação *S* é maior que a perda na utilidade esperada de reduzir a renda na situação *H*. Assim, em cada passo do processo de reduzir risco, transferindo-se $ 1 de renda da situação *H* para a situação *S*, a utilidade esperada aumenta. Isso é o mesmo que dizer que a família tem aversão ao risco; isto é, a aversão ao risco é resultado da utilidade marginal decrescente.

Quase todo mundo tem aversão ao risco porque quase todo mundo tem utilidade marginal decrescente. Mas o grau de aversão ao risco varia de indivíduo para indivíduo; algumas pessoas têm maior aversão ao risco que outras. Para ilustrar esse ponto, a Figura 20.2 compara dois indivíduos, Danny e Mel. Suponhamos que cada um deles ganhe a mesma renda agora, mas se defronte com a possibilidade de ganhar $ 1.000 a mais ou $ 1.000 a menos.

O painel (a) da figura mostra como a utilidade total de cada indivíduo seria afetada pela mudança na renda. Danny ganharia poucos utils com um aumento na renda que o levasse de *N* para H_D, mas perderia grande número de utils com uma queda na renda que o levasse de *N* para L_D. Ou seja, ele tem elevada aversão ao risco. Isso se reflete no painel (b) da figura pela curva de utilidade marginal que declina fortemente.

Um indivíduo **neutro quanto ao risco** é completamente insensível ao risco.

Mel, no entanto, como mostrado no painel (a), ganharia quase tantos utils com um aumento da renda, que o levaria de *N* para H_M, quantos perderia com uma diminuição da renda, que o levaria de *N* para L_M. Ele quase não tem aversão ao risco. Isso está refletido em sua curva de utilidade marginal no painel (b), que é quase horizontal. Tudo o mais mantido constante, Danny ganhará muito mais utilidade em virtude de um seguro do que ganhará Mel. Alguém totalmente insensível ao risco seria denominado **neutro quanto ao risco**.

Os indivíduos diferem entre si, quanto à aversão ao risco, por duas razões principais: diferenças de preferência e diferenças de renda inicial ou riqueza.

1. *Diferenças de preferência*. Tudo o mais mantido constante, as pessoas diferem quanto ao grau em que sua utilidade marginal é afetada por seu nível de renda. Alguém cuja utilidade marginal não dependa muito de mudanças na

PARA MENTES CURIOSAS O paradoxo do jogo

Se a maioria das pessoas tem aversão ao risco e indivíduos com aversão ao risco evitam jogar com a sorte, como é que Las Vegas, Atlantic City e outros lugares onde o jogo é legal têm tanto movimento?

Afinal de contas, um cassino nem sequer oferece jogo justo aos apostadores: todos os jogos, em qualquer local de apostas, são concebidos de tal modo que, na média, o cassino ganhe dinheiro. Então, qual a razão de se apostar nesses jogos?

Você poderia argumentar que a indústria do jogo atende a uma minoria de pessoas que apresentam o oposto da aversão ao risco: elas amam o risco. Mas uma simples olhada nos clientes dos hotéis de Las Vegas rapidamente faz essa hipótese ser descartada: a maioria deles não tem a mesma valentia de quem pratica *bungee jump* ou *skydive*. Diferentemente, a maioria é de pessoas comuns, que têm seguro médico e seguro de vida, e que usam cinto de segurança no carro. Em outras palavras, elas têm a mesma aversão ao risco que o resto de nós.

Então, por que as pessoas jogam? Presumivelmente, porque gostam da experiência.

Pode ser também que o jogo seja uma dessas áreas em que a pressuposição de comportamento racional não faz sentido. Psicólogos concluíram que jogar pode ser viciante de modo não muito diferente do efeito de drogas. Tomar uma droga perigosa é irracional; a mesma coisa com o jogo excessivo. Mas, mesmo assim, essas duas coisas acontecem.

Figura 20.2 Diferenças de aversão ao risco.

Como mostra o painel (a), Danny e Mel têm funções de utilidade diferentes. Danny tem grande aversão ao risco: um ganho de $ 1.000 na renda, que o move de N para H_D, acrescenta poucos utils à sua utilidade total, mas uma queda de $ 1.000 na renda, que o leva de N para L_D, reduz sua utilidade total em muitos utils. Em contraste, Mel ganha quase tantos utils com um aumento de $ 1.000 na renda (o movimento de N para H_M) quantos ele perde com redução de $ 1.000 na renda (o movimento de N para L_M). O painel (b) ilustra essa diferença mostrando as duas inclinações das curvas de utilidade marginal. A inclinação da curva de utilidade marginal de Danny é mais acentuada que a de Mel, o que significa que Danny estaria disposto a pagar muito mais pelo seguro do que Mel.

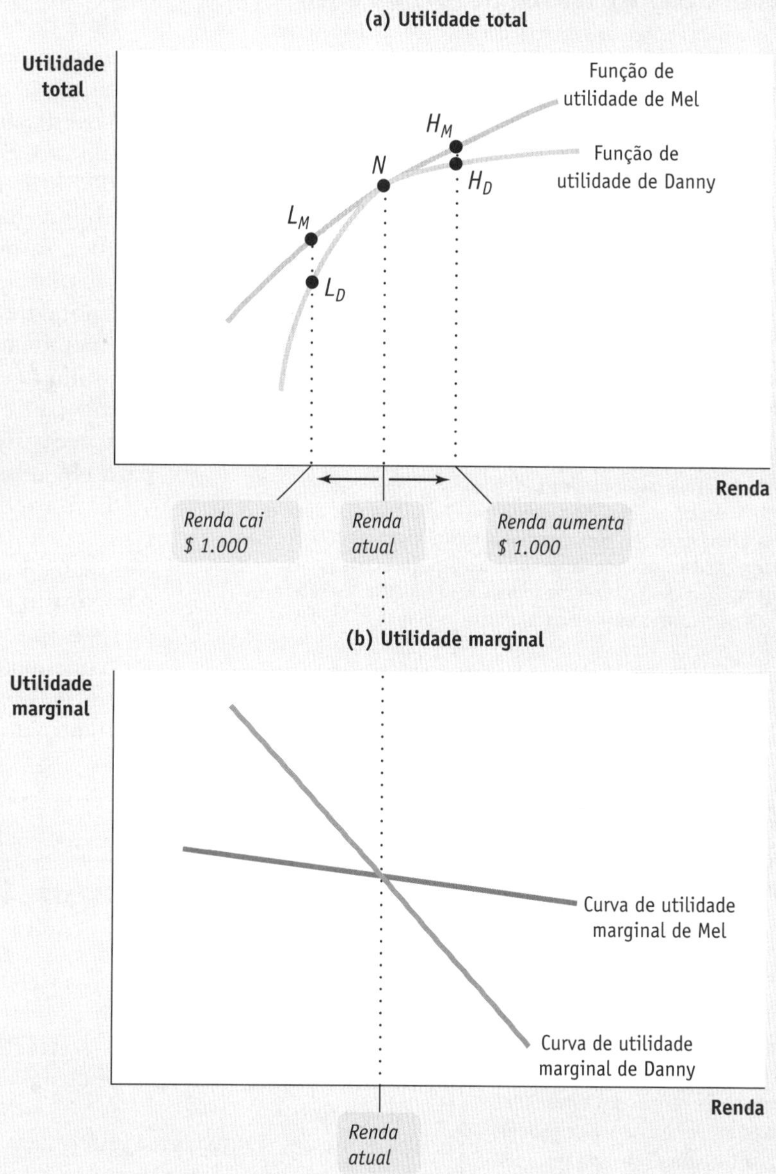

renda terá menor aversão ao risco. E alguém cuja utilidade marginal dependa muito de mudanças na renda terá aversão ao risco muito maior.

2. *Diferenças de renda inicial ou riqueza*. A possível perda de $ 1.000 faz uma grande diferença para uma família que vive abaixo da linha de pobreza; já para alguém que ganha mais de $ 1 milhão por ano, a diferença será muito pouca. Pessoas com renda ou riqueza elevada, geralmente, terão menor aversão ao risco.

As diferenças de aversão ao risco têm consequências importantes: elas afetam a disposição de um indivíduo a pagar para evitar o risco.

Pagando para evitar o risco

A família Lee, com sua aversão ao risco, claramente fica em situação melhor fazendo um seguro justo – comprando uma apólice que não altere sua renda esperada mas elimine o risco. Infelizmente, na realidade as apólices de seguro raramente são

ARMADILHAS

ANTES DO FATO *VERSUS* DEPOIS DO FATO

Por que uma apólice de seguro é diferente de um pão doce?

Não, isso não é uma charada. Embora a oferta e a demanda de seguro se comportem como a oferta e a demanda de qualquer bem ou serviço, a recompensa é muito diferente. Quando você compra um pão doce, sabe o que recebe; quando você compra um seguro, por definição *não sabe* o que vai obter. Se você comprou um seguro para automóvel e não sofreu nenhum acidente, não recebeu nada pela apólice, exceto paz de espírito, e talvez pense que nem deveria ter comprado o seguro. Mas, caso você sofra um acidente, provavelmente vai pensar que deveria ter comprado um seguro que cobrisse o custo total.

Isso significa que temos de ser cuidadosos ao avaliarmos a racionalidade da compra de um seguro (ou, na verdade, de qualquer decisão tomada em face da incerteza). *Depois do fato*, quando a incerteza foi resolvida, tais decisões quase sempre estão sujeitas a uma segunda opinião crítica. Mas isso não significa que a decisão estava errada *antes do fato*, dada a informação disponível naquele momento.

Um investidor de muito sucesso em Wall Street nos disse que jamais olha para trás. Sempre que acredita ter tomado a decisão correta, dado o que ele sabia ao tomar a decisão, ele nunca lamenta se depois as coisas vão mal. Essa é a atitude correta, e é quase certo que contribui para o sucesso dele.

justas. Como as companhias de seguro têm de cobrir outros custos, como os salários dos seus vendedores e peritos atuariais, elas cobram mais do que esperam pagar em sinistros.

Será que a família Lee ainda assim quer comprar um seguro – uma apólice "injusta", cujo prêmio é maior que a indenização esperada?

Isso depende do tamanho do prêmio. Olhe de novo a Tabela 20.1. Sabemos que, sem seguro, a utilidade esperada é 1.000 utils e que um seguro que custa $ 5.000 aumenta a utilidade esperada para 1.025 utils. Se o prêmio fosse $ 6.000, a família Lee ficaria com uma renda de $ 24.000 que, como se pode ver na Figura 20.1, daria uma utilidade total de 1.008 utils, o que ainda fica acima da utilidade esperada no caso de eles não terem seguro algum. Assim, a família Lee estaria disposta a comprar um seguro com prêmio de $ 6.000. Mas ela não concorda em pagar $ 7.000, o que reduziria sua renda para $ 23.000 e sua utilidade total para 989 utils.

Esse exemplo mostra que indivíduos com aversão ao risco aceitam fazer transações que reduzam sua renda esperada, mas reduzam também seu risco: eles se dispõem a pagar um prêmio que exceda o valor esperado do direito de recorrer ao seguro. Quanto maior aversão ao risco eles tenham, mais alto o prêmio que concordarão em pagar. Essa disposição a pagar é o que torna possível a existência de companhias de seguros. Em contraste, uma pessoa neutra quanto ao risco não se dispõe a pagar nada para reduzir seu risco.

>> *Revisão Rápida*

- O **valor esperado** de uma **variável aleatória** é a média ponderada de todos os seus valores possíveis, em que a ponderação corresponde à probabilidade de dado valor ocorrer.
- Incerteza sobre **estados do mundo** acarreta **risco**, ou **risco financeiro** em casos de resultado monetário duvidoso. Quando se defronta com a incerteza, um consumidor escolhe a opção que gere a **utilidade esperada** mais alta.
- A maioria das pessoas tem **aversão ao risco**: elas se dispõem a comprar uma **apólice de seguro justa**, na qual o prêmio é igual ao valor esperado do sinistro.
- A aversão ao risco surge da utilidade marginal decrescente. Diferenças na preferência e na renda ou riqueza levam a diferenças na aversão ao risco.
- Dependendo do tamanho do **prêmio**, a pessoa com aversão ao risco pode estar disposta a comprar uma apólice de seguro "injusta", com prêmio maior do que a indenização esperada. Quanto maior sua aversão ao risco, maior o prêmio que a pessoa aceitará pagar. Uma pessoa **neutra quanto ao risco** não se disporá a pagar prêmio algum de modo a evitar risco.

ECONOMIA >> *em Ação*

Garantias

Muitos bens de consumo caros – eletrônicos, equipamentos domésticos de grande porte e carros – são vendidos com alguma forma de *garantia*. O fabricante dos aparelhos costuma garantir consertos ou reposição do item se aparece um defeito durante um período específico a partir da data de compra, geralmente seis meses ou um ano.

Por que os fabricantes oferecem garantias? Parte da resposta é que a garantia é um *sinal* para o consumidor de que o bem é de alta qualidade. Mas as garantias são, principalmente, uma forma de seguro do consumidor. Para muitas pessoas, o custo de consertar ou repor um item caro, como um *smartphone* ou um carro, seria um peso muito grande. Se elas fossem obrigadas a pagar o total do conserto, seu consumo de outros bens ficaria restrito; como resultado, a utilidade marginal da renda ficaria mais alta do que se não tivessem de pagar pelo conserto.

Assim, a garantia que cobre o custo de consertos ou de substituições aumenta a utilidade esperada do consumidor, mesmo que o custo da garantia seja maior do que o valor esperado do conserto futuro que o fabricante venha a pagar.

>> *Teste seu entendimento* 20.1

As respostas estão no fim do livro.

1. Compare duas famílias proprietárias de casas na costa da Flórida. Que família tenderá a ter maior aversão ao risco: (i) uma família com renda de $ 2 milhões ao ano ou (ii) uma com renda de $ 60.000 ao ano? Qualquer uma dessas famílias estaria disposta a comprar uma apólice de seguro "injusta" para cobrir danos a sua casa na Flórida?

2. A renda de Karma no próximo ano é incerta: há 60% de probabilidade de que será de $ 22.000 e 40% de probabilidade de que será de $ 35.000. A tabela a seguir mostra alguns níveis de renda e de utilidade para Karma:

Renda	Utilidade total (utils)
$ 22.000	850
25.000	1.014
26.000	1.056
35.000	1.260

   a. Qual é a renda esperada de Karma? E sua utilidade esperada?
   b. Que nível de renda certa a deixaria na mesma situação de bem-estar que sua renda incerta? O que isso implica sobre as atitudes de Karma em relação ao risco? Explique.
   c. Estaria Karma disposta a pagar alguma quantidade maior que zero por uma apólice de seguro que garantisse a ela uma renda de $ 26.000? Explique.

Comprando, vendendo e reduzindo o risco

O Lloyd's de Londres é a mais antiga companhia existente de seguro comercial, uma instituição de passado ilustre. Foi originalmente constituído no século XVIII, como empreendimento comercial para ajudar os comerciantes a lidar com os riscos do comércio. Nos dias de glória do Império Britânico, transformou-se em parte essencial do comércio imperial.

A ideia básica do Lloyd's era simples. No século XVIII, transportar bens em navios a vela era arriscado: a possibilidade de um navio afundar em uma tempestade ou ser capturado por piratas era bastante alta. O mercador que fosse proprietário de um navio e de sua carga podia facilmente ficar arruinado por um evento desse tipo. O Lloyd's punha em contato proprietários de navios que buscavam seguro com investidores ricos que prometiam compensar o comerciante em caso de seu navio se perder. Em troca, o comerciante pagava ao investidor uma taxa antecipada; se o navio *não afundasse*, o investidor mesmo assim ficaria com a taxa.

Na verdade, o mercador pagava um preço para livrar-se do risco. Ao pôr em contato pessoas que queriam comprar seguro com pessoas que queriam providenciá-lo, o Lloyd's desempenhava as funções de um mercado. O fato de que mercadores britânicos podiam usar o Lloyd's para reduzir seu risco fez com que muito mais britânicos se dispusessem à atividade mercantil.

As companhias de seguro mudaram bastante desde os primórdios do Lloyd's. Mas perguntar por que o Lloyd's funcionou para benefício mútuo de mercadores e investidores é uma boa maneira de entender como a economia de mercado em seu conjunto faz transações, ou seja, "negocia" e, assim, transforma o risco.

A indústria de seguros se apoia em dois princípios.

1. Negociar riscos, do mesmo modo que negociar quaisquer bens ou serviços, pode produzir ganhos mútuos. Nesse caso, os ganhos vêm quando pessoas menos dispostas a enfrentar o risco o transferem para pessoas mais dispostas a suportá-lo.
2. Algum risco pode ser eliminado por meio da *diversificação*.

Negociando o risco

Pode parecer um pouco estranho falar de "negociar" risco. Afinal, risco é uma coisa ruim; e não devíamos estar negociando bens e serviços?

No entanto, muitas vezes, as pessoas transferem a outros coisas que não lhes agradam, mas que desagradam menos a esses outros. Suponha que você acabou de comprar uma casa por $ 300.000, o preço médio de uma casa no seu bairro. Mas agora você descobriu, para seu horror, que o edifício vizinho está sendo transformado em um clube noturno. Você quer vender a casa imediatamente e está disposto a aceitar $ 285.000 por ela. Mas quem vai comprar essa casa agora? Resposta: uma pessoa que não se importe com barulho altas horas da noite. Tal pessoa pode estar disposta a pagar $ 300.000. Portanto, há oportunidade aqui para uma transação mutuamente benéfica: você se dispõe a vender por $ 285.000 e o outro dispõe-se a pagar até $ 300.000, de modo que qualquer preço entre esses dois pontos será benéfico para ambos.

O essencial é que as duas partes tenham sensibilidades diferentes ao ruído, de modo que aqueles que não gostam de barulho de fato paguem outras pessoas para tornar sua vida mais tranquila. Negociar risco funciona exatamente do mesmo modo: pessoas que querem reduzir o risco com que se defrontam podem pagar a outras pessoas que têm menor sensibilidade ao risco para que assumam parte de seu risco.

Como vimos nas seções anteriores, preferências individuais explicam parte das variações na atitude das pessoas em relação ao risco, mas diferenças de renda e riqueza são provavelmente a principal razão por trás de diferentes sensibilidades ao risco. O Lloyd's ganhou dinheiro reunindo investidores ricos, que tinham maior tolerância ao risco, com proprietários de navios que eram menos ricos e tinham, portanto, maior aversão ao risco.

Suponha, ainda na nossa história do Lloyd's de Londres, que um comerciante cujo navio afundasse perderia 1.000 libras e que havia 10% de probabilidade de um desastre desses ocorrer. A perda esperada, nesse caso, seria 0,10 × £ 1.000 = £ 100. Mas o comerciante cujo meio de vida estivesse em jogo poderia estar disposto a pagar £ 150 para ser compensado em £ 1.000 em caso de o navio afundar. Enquanto isso, um investidor rico, para o qual perder £ 1.000 não seria grande coisa, estaria disposto a assumir esse risco por um retorno apenas um pouco maior do que a perda esperada – digamos, £ 110.

Há claramente espaço para um negócio mutuamente benéfico: o comerciante paga pouco menos que £ 150 e mais que £ 110 – digamos, £ 130 – em troca da compensação no caso de o navio afundar. Com efeito, ele pagou a um indivíduo com menor aversão ao risco para assumir o peso do seu risco. E todos ficaram bem com essa transação.

Os fundos que uma seguradora coloca em risco ao fornecer seguros são chamados de **capital em risco** da seguradora.

Os fundos que um segurador aplica com risco quando oferece seguro são denominados **capital em risco**. Em nosso exemplo, o investidor rico do Lloyd's aplica seu capital de £ 1.000 com risco em troca de um prêmio de £ 130. Em geral, o montante de capital que o segurador potencial dispõe-se a aplicar com risco depende, tudo o mais mantido constante, do prêmio oferecido. Se cada navio tem o valor de £ 1.000 e a probabilidade de que ele afunde é 10%, ninguém vai oferecer seguro por menos do que um prêmio de £ 100, igual ao direito esperado. De fato, somente um investidor que não tiver nenhuma aversão ao risco – que seja neutro quanto ao risco – estará disposto a oferecer uma apólice a esse preço, porque aceitar um prêmio de £ 100 significa deixar a renda esperada do segurador sem modificação enquanto seu risco aumenta.

Suponha que exista um investidor que seja neutro quanto ao risco. Mas o investidor seguinte tem um pouquinho de aversão ao risco e insiste em um prêmio de £ 105; o investidor depois desse tem um pouco mais de aversão ao risco e exige um prêmio de £ 110, e assim por diante. Variando o prêmio e perguntando quantos investidores estão dispostos a oferecer seguro com esse prêmio, podemos traçar a curva de oferta para seguros, como se mostra na Figura 20.3. À medida que o prêmio aumenta ao subirmos na curva de oferta, mais investidores com aversão ao risco são induzidos a oferecer cobertura.

Enquanto isso, compradores potenciais de seguro estarão considerando sua disposição de pagar dado prêmio, definindo assim a curva de demanda para seguros. Na Figura 20.4, o maior prêmio que qualquer proprietário de navio concorda em pagar é £ 200. Quem se dispõe a pagar isso? Obviamente, o dono de navio com maior aversão ao risco. Um proprietário de navio com aversão ao risco um pouco menor pode estar disposto a pagar £ 190, outro com aversão ao risco um pouco mais baixa que isso estará disposto a pagar £ 180, e assim por diante.

Agora, imagine um mercado em que haja milhares de donos de navios e de investidores potenciais, de modo que as curvas de oferta e demanda para seguros sejam linhas contínuas. Nesse mercado, como nos mercados de bens e serviços comuns, haverá um preço e uma quantidade de equilíbrio. A Figura 20.5 ilustra tal equilíbrio de mercado ao prêmio de £ 130, com uma quantidade total de 5.000 apólices compradas e vendidas, representando um total de capital em risco aplicado de £ 5.000.000.

Figura 20.3 Oferta de seguro.

Esta é a oferta de apólices de seguro dando cobertura de £ 1.000 para um navio mercante que tem 10% de probabilidade de perda. Cada investidor tem um capital de risco de £ 1.000. O prêmio mais baixo possível pelo qual uma apólice é oferecida é £ 100, igual ao valor esperado do direito ao seguro, e somente um investidor que não tenha nenhuma aversão ao risco estará disposto a oferecer essa apólice. À medida que o prêmio aumenta, investidores com maior aversão ao risco maior são induzidos a oferecer apólices no mercado, aumentando a quantidade de apólices ofertadas.

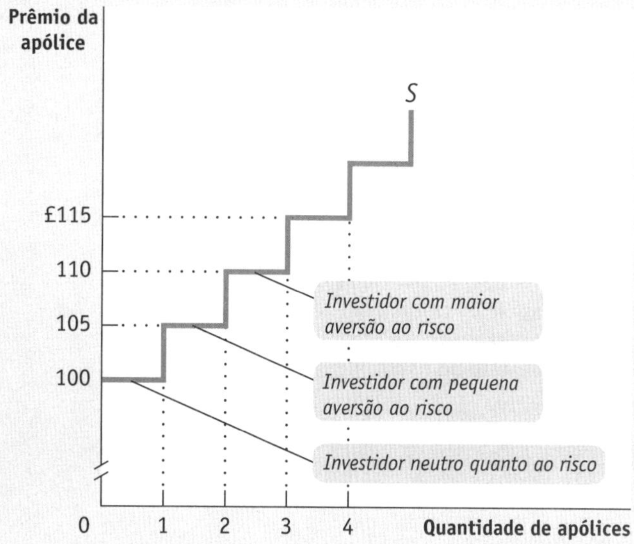

Figura 20.4 Demanda de seguro.

Esta é a demanda de apólices de seguro para £ 1.000 de cobertura de um navio mercante com 10% de probabilidade de perda. Neste exemplo, o prêmio mais alto pelo qual algum dono de navio demanda seguro é £ 200, que somente o dono de navio com a mais alta aversão ao risco vai querer. À medida que esse prêmio diminui, proprietários de navio com menor aversão ao risco são induzidos a demandar apólices, aumentando a quantidade de apólices demandadas.

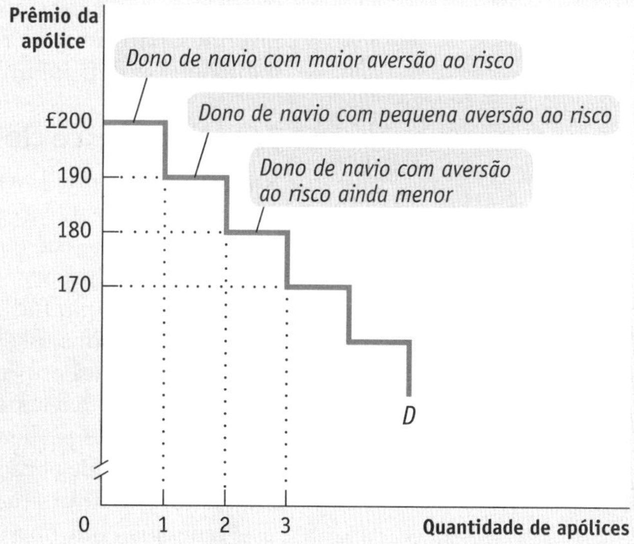

Note que, nesse mercado, o risco é transferido de pessoas que mais querem se livrar dele (os proprietários de navios que têm maior aversão ao risco) para pessoas menos incomodadas pelo risco (os investidores com menor aversão ao risco). Da mesma maneira como os mercados de bens e serviços normalmente produzem uma alocação eficiente de recursos, os mercados de risco, tipicamente, também levam a uma **alocação eficiente do risco**, ou seja, uma alocação de risco em que os mais dispostos a arcar com um risco são aqueles que de fato arcam com ele. Mas, do mesmo modo que no caso de mercados de bens e serviços, há uma qualificação importante desse resultado: existem casos bem definidos em que o mercado para riscos não consegue alcançar eficiência. Isso surge da presença da *informação privilegiada*, um tópico importante que vamos cobrir na seção a seguir.

Alocação eficiente do risco é uma alocação de risco na qual os mais dispostos a suportar o risco são aqueles que acabam suportando-o.

Figura 20.5 O mercado de seguros.

Representamos aqui o mercado hipotético para seguros de navios mercantes, em que cada navio requer uma cobertura de £ 1.000. A curva de demanda é composta dos proprietários de navio que querem comprar seguro, e a curva de oferta é composta pelos investidores ricos que querem oferecer seguro. Neste exemplo, ao prêmio de £ 200, somente o dono de navio com a maior aversão ao risco comprará seguro; ao prêmio de £ 100, somente um investidor neutro quanto ao risco estará disposto a oferecer seguro. O equilíbrio se dá ao prêmio de £ 130, com 5.000 apólices compradas e vendidas. Na ausência de *informação privilegiada*, o mercado de seguro leva a uma alocação eficiente do risco.

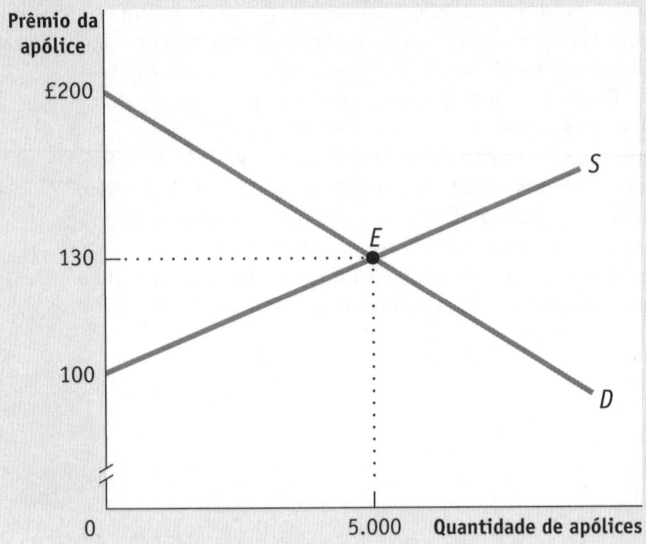

O comércio de risco entre indivíduos com diferentes graus de aversão ao risco desempenha um papel extremamente importante na economia, mas não é a única maneira pela qual os mercados ajudam a lidar com o risco. Em algumas circunstâncias, os mercados conseguem fazer uma espécie de mágica: eles conseguem fazer desaparecer uma parte (mas dificilmente a totalidade) do risco com que os indivíduos se defrontam.

Fazendo o risco desaparecer: o poder da diversificação

Nos primórdios do Lloyd's, os navios mercantes britânicos singravam pelo mundo, negociando especiarias e seda da Ásia, tabaco e rum do Novo Mundo, têxteis e lã da Grã-Bretanha, entre muitos outros bens. Cada uma das rotas dos navios britânicos tinha seus próprios riscos: piratas no Caribe, tempestades no Atlântico Norte, ciclones no Oceano Índico.

Diante de todos esses riscos, como os comerciantes podiam sobreviver? Uma forma importante era reduzir seu risco, não colocando todos os ovos na mesma cesta: enviando navios diferentes para destinos diversos, eles podiam reduzir a probabilidade de perder todos. A estratégia de investir de um modo que reduza a probabilidade de perdas graves é conhecida como *diversificação*. Como veremos, muitas vezes a diversificação pode fazer desaparecer o risco econômico.

Fiquemos com nosso exemplo dos navios. Era bem provável que um pirata capturasse um navio mercante no Caribe ou um furacão afundasse outro navio no Oceano Índico. Mas o essencial é que as várias ameaças à navegação não tinham muito que ver uma com a outra. Assim, era muito menos provável que um comerciante que tivesse um navio no Caribe e outro no Oceano Índico, em dado ano, fosse perder ambos, um por causa de piratas e outro por causa dos furacões. Afinal de contas, não havia conexão: as ações de piratas no Caribe não tinham influência sobre o clima no Oceano Índico ou vice-versa.

Dois possíveis **eventos** são **independentes** se cada um deles não for mais ou menos provável que aconteça se o outro acontecer.

Estatísticos se referem a tais eventos desconexos como **eventos independentes** – um não tem maior probabilidade de acontecer porque outro aconteceu ou deixou de acontecer. Muitos eventos imprevisíveis são independentes uns dos outros. Se você lança uma moeda duas vezes, a probabilidade de dar cara no segundo lançamento é a mesma, independentemente de ter dado cara ou coroa no primeiro lançamento. Se a sua casa pega fogo hoje, isso não afeta a probabilidade de a minha casa ter um incêndio no mesmo dia (a não ser que sejamos vizinhos e usemos os serviços de um mesmo eletricista incompetente).

Há uma regra simples para calcular a probabilidade de que dois eventos independentes aconteçam: multiplicar a probabilidade de que um evento aconteça sozinho pela probabilidade de que o outro evento aconteça sozinho. Se você lançar uma moeda uma vez, a probabilidade de que seja cara é 0,5; se você lança a moeda duas vezes, a probabilidade de que vai ser cara *ambas* as vezes é 0,5 × 0,5 = 0,25.

Mas o que importava aos donos de navio ou investidores do Lloyd's o fato de que a perda do navio no Caribe ou a perda do navio no Oceano Índico eram eventos independentes? A resposta é que, ao distribuírem seus investimentos por diferentes partes do mundo, os donos de navios e os investidores do Lloyd's podiam fazer desaparecer uma parte do risco do negócio da navegação.

Suponhamos que Joseph Moneypenny, Esq.[2], seja rico o suficiente para equipar dois navios; e ignoremos por um momento a possibilidade de fazer um seguro desses navios. Deveria ele enviar os dois navios juntos para o comércio no Caribe? Ou enviar um navio para Barbados e outro para Calcutá?

Suponha que as duas viagens serão igualmente lucrativas em caso de êxito, gerando £ 1.000 ao se completarem. Suponha, também, que haja uma probabilidade de 10% de que um navio enviado para Barbados seja atacado por piratas ou de que um navio enviado para Calcutá seja afundado por um tufão. E, se os dois navios vão para o mesmo destino, vamos supor que eles corram o mesmo risco. Assim, se o Sr. Moneypenny envia ambos os navios para qualquer dos dois destinos, ele tem 10% de probabilidade de perder seu investimento.

Porém, se ele envia um navio para Barbados e outro para Calcutá, a probabilidade de perder ambos é de apenas 0,1 × 0,1 = 0,01, ou meramente 1%. Como veremos logo a seguir, sua recompensa esperada será a mesma, mas a possibilidade de perder tudo é muito menor. Ao fazer **diversificação** – investindo em diferentes coisas, sendo que as possíveis perdas representam eventos independentes –, ele consegue fazer desaparecer uma parte do seu risco.

Um indivíduo pode se engajar na **diversificação**, investindo em várias coisas diferentes, de modo que as possíveis perdas sejam eventos independentes.

A Tabela 20.2 resume as opções do Sr. Moneypenny e suas possíveis consequências. Se envia os dois navios ao mesmo destino, ele tem 10% de probabilidade de perdê-los. Se os envia a destinos diferentes, há três resultados possíveis:

1. Os dois navios podem voltar sãos e salvos: como existe 0,9 probabilidade de cada um deles retornar, a probabilidade de ambos retornarem é 0,9 × 0,9 = 81%.
2. Ambos podem perder-se, mas a probabilidade de acontecer isso é apenas 0,1 × 0,1 = 1%.
3. Só um navio pode voltar. A probabilidade de que o primeiro navio volte bem e o segundo navio seja perdido é 0,9 × 0,1 = 9%. A probabilidade de que o primeiro navio se perca mas o segundo volte são e salvo é 0,1 × 0,9 = 9%. Assim, a probabilidade de que apenas um dos navios retorne é 9% + 9% = 18%.

Talvez você imagine que a diversificação seja uma estratégia disponível apenas para quem tem muito dinheiro. Mas existem formas em que mesmo investidores pequenos podem diversificar. Se o Sr. Moneypenny só tivesse dinheiro para equipar um navio, ele poderia associar-se a outro comerciante. Eles poderiam equipar dois navios em conjunto, concordando em repartir igualmente o lucro e, em seguida, enviar cada um dos navios a um destino diferente. Dessa forma, teriam menos risco do que se cada um equipasse um navio em separado.

Na economia moderna, a diversificação é muito mais fácil para os investidores, pois eles podem facilmente comprar participações em muitas companhias usando o *mercado acionário*. Quem participa de uma companhia adquirindo uma **ação** é proprietário de uma parte da companhia – normalmente uma parte muito pequena, um milionésimo ou menos. Um indivíduo que ponha toda a sua riqueza em ações de uma única companhia pode perder toda a sua riqueza caso a companhia vá à

Uma **ação** de uma empresa é uma propriedade parcial dessa empresa.

[2]N. R.: Em apresentações formais, a abreviatura Esq., de *Esquire*, era grafada após o nome para designar membros da pequena nobreza rural do Reino Unido.

Tabela 20.2 Como a diversificação reduz os riscos

	Se ambos os navios são enviados para o mesmo destino		
Situação	**Probabilidade**	**Recompensa**	**Recompensa esperada**
Ambos os navios de volta	0,9 = 90%	£ 2.000	(0,9 × £ 2.000) + (0,1 × £ 0) = £ 1.800
Ambos os navios perdidos	0,1 = 10%	0	
	Se um navio toma a rota oriental e o outro, a ocidental		
Situação	**Probabilidade**	**Recompensa**	**Recompensa esperada**
Ambos os navios de volta	0,9 × 0,9 = 81%	£ 2.000	(0,81 × £ 2.000) + (0,1 × £ 0) + (0,18 × £ 1.000) = £ 1.800
Ambos os navios perdidos	0,1 × 0,1 = 1%	0	
Só um navio volta	(0,9 × 0,1) + (0,1 × 0,9) = 18%	1.000	

falência, mas a maioria dos investidores tem ações em muitas companhias, o que torna muito pequena a possibilidade de perderem o total do seu investimento.

De fato, o Lloyd's de Londres não era apenas uma forma de negociar risco; era também uma forma de os investidores diversificarem. Para vermos como isso funcionava, vamos apresentar Lady Penelope, uma aristocrata rica que decide aumentar sua renda aplicando £ 1.000 do seu capital de risco via Lloyd's. Ela poderia usar esse capital para garantir a segurança de um navio apenas. Mais habitual, porém, seria ela participar de um *sindicato*, um grupo de investidores que faria conjuntamente o seguro de certo número de navios mandados para diferentes destinos, concordando em dividir o custo caso qualquer um desses navios afundasse. Como seria muito menos provável que todos os navios com seguro do sindicato afundassem, não apenas um deles, Lady Penelope estaria diante de um risco muito menor de perder todo o seu capital.

Formação de *pool* é uma forma radical de diversificação na qual um investidor assume uma pequena parte do risco em muitos eventos independentes. Isso produz uma receita com muito pouco risco total.

Em certos casos, um indivíduo pode fazer o risco desaparecer quase inteiramente ao assumir uma parcela muito pequena em vários eventos independentes. Essa estratégia é conhecida como **formação de *pool***.

Consideremos o caso de uma companhia de seguro médico que tem milhões de segurados (detentores de uma apólice de seguro), com milhares necessitando de tratamento caro a cada ano. A companhia de seguros não pode saber se determinado indivíduo vai necessitar, digamos, de uma cirurgia de ponte de safena. Mas os problemas cardíacos de dois indivíduos diferentes são eventos independentes, e quando há a possibilidade de muitos eventos independentes é possível, usando análise estatística, prever com razoável exatidão *quantos* eventos de dado tipo acontecerão. Por exemplo, se você lança uma moeda mil vezes, vai dar cara umas 500 vezes – e é muito pouco provável que seja 1 ou 2% acima ou abaixo dessa cifra.

Assim, uma companhia que oferece seguro contra incêndio pode prever com bastante exatidão quantas casas de seus clientes vão sofrer incêndio em dado ano; uma companhia que oferece seguro médico pode prever com bastante exatidão quantos clientes vão precisar de cirurgia cardíaca em dado ano; uma companhia de seguro de vida pode prever quantos de seus clientes... Enfim, a ideia é essa.

Quando uma companhia de seguros é capaz de aproveitar a previsibilidade que obtém ao observar um grande número de eventos independentes, diz-se que ela forma um *pool de riscos*. E esse *pool* muitas vezes significa que, embora a companhia de seguros proteja as pessoas do risco, pode ser que os proprietários dessa companhia não tenham muito risco.

O Lloyd's de Londres não era apenas uma maneira de os indivíduos ricos serem pagos para assumir o risco de comerciantes com menos riqueza. Era também um veículo para formar um *pool* de alguns desses riscos. O efeito desse *pool* foi o de deslocar para a direita a curva de oferta na Figura 20.5: tornar as pessoas dispostas a aceitar mais risco por um preço mais baixo do que teria sido possível de outro modo.

PARA MENTES CURIOSAS Essas emoções impertinentes

Para um pequeno investidor (alguém que investe menos que algumas centenas de milhares de dólares), os economistas financeiros concordam que a melhor estratégia para investir em ações é aplicar em fundos indexados.

Por que fundos indexados? Porque eles contêm ações de ampla variedade de empresas que refletem o mercado em seu conjunto e, assim, conseguem ser diversificados; e têm taxas de administração baixas. Além disso, economistas especializados em finanças concordam que não adianta "acertar o tempo" do mercado, isto é, comprar quando o mercado está baixo e vender quando está alto. Em vez disso, pequenos investidores devem aplicar em ações ou outros ativos financeiros uma soma fixa a cada ano, independentemente da situação do mercado.

Contudo, muitos pequenos investidores, se não todos, não seguem esse conselho. Em vez disso, compram ações individuais ou fundos que cobram taxas de administração elevadas. Gastam horas em salas de bate-papo da internet caçando a última dica ou filtrando dados na tentativa de identificar um padrão no comportamento das ações. Eles tentam entrar e sair do mercado na hora certa, mas invariavelmente compram quando as ações estão altas e se recusam a vender ações perdedoras antes de perder ainda mais. E não conseguem diversificar, concentrando em vez disso muito dinheiro em ações que eles consideram "ganhadoras".

Mas por que os seres humanos são tão pouco inteligentes quando se trata de investir? De acordo com muitos especialistas, a culpa é da emoção. Em seu recente livro, *Your Money and Your Brain*, Jason Zweig afirma que "o cérebro não é um instrumento ótimo para tomar decisões financeiras". Como ele explica, o problema é que o cérebro humano evoluiu para detectar e interpretar padrões simples (Será que tem um leão escondido ali na moita?). Em consequência, "quando se trata de investimento, nossa busca incorrigível por padrões nos leva a pressupor que há ordem onde com frequência ela não existe". Em outras palavras, os investidores se autoenganam, crendo ter descoberto um padrão de mercado de uma ação lucrativa quando, na verdade, o comportamento do mercado acionário é em grande medida aleatório.

Não surpreende que o modo pelo qual as pessoas tomam decisões financeiras seja um dos tópicos mais importantes de estudo no campo da economia comportamental, um novo ramo da economia que examina por que os seres humanos, muitas vezes, não se comportam de modo racional.

Assim, o que deve fazer o investidor típico no século XXI? De acordo com Zweig, há esperança: ao reconhecer a influência das suas emoções, você consegue domá-las.

Os limites da diversificação

A diversificação pode reduzir o risco. Em certos casos, pode eliminá-lo. Mas esses casos não são comuns, pois há limites importantes para a diversificação. Para vermos a causa mais importante desses limites, vamos voltar de novo ao exemplo do Lloyd's.

Nos primórdios do Lloyd's, havia um perigo importante para os navios britânicos além de piratas e tempestades: a guerra. Entre 1690 e 1815, a Grã-Bretanha entrou em uma série de guerras, sobretudo com a França (que, entre outras coisas, foi à guerra com a Grã-Bretanha em apoio à Revolução Americana). Em cada ocasião, a França dava apoio oficial a piratas que atacavam a navegação britânica e, assim, prejudicavam indiretamente o esforço de Guerra da Grã-Bretanha.

Sempre que estourava uma guerra entre a Grã-Bretanha e a França, as perdas de navios mercantes britânicos aumentavam de forma súbita. Infelizmente, os comerciantes não podiam se proteger contra essa eventualidade enviando navios a diferentes portos. Os piratas com apoio oficial francês assaltavam navios britânicos em qualquer parte do mundo. Assim, perdas de navios assaltados por piratas apoiados pelos franceses no Caribe ou no Oceano Índico *não* eram eventos independentes. Era bem provável que acontecessem no mesmo ano.

Quando é mais provável que um evento ocorra se algum outro evento também ocorrer, diz-se que esses dois eventos são **positivamente correlacionados**. E, assim como o risco de ter um navio tomado por piratas com apoio francês naquela época, muitos dos riscos financeiros hoje são positivamente correlacionados.

Dois eventos estão **positivamente correlacionados** se cada evento tem maior probabilidade de ocorrer quando o outro evento também ocorre.

Eis alguns riscos financeiros positivamente correlacionados que os investidores enfrentam no mundo moderno:

- *Ocorrências climáticas severas*. Em qualquer região, as perdas devidas ao tempo definitivamente não são eventos independentes. Quando um furacão atinge a Flórida, muitas residências sofrem danos. Em certa medida, as companhias de seguro podem se proteger disso pela diversificação, fazendo seguro residencial em muitos estados. Mas eventos como El Niño, uma anormalidade de temperatura recorrente no Oceano Pacífico que perturba o clima no mundo todo, pode causar inundações simultâneas em toda parte nos Estados Unidos.

E, como dissemos em nossa história de abertura do capítulo, nos últimos anos aumentaram as ocorrências climáticas extremas.

- *Eventos políticos*. Governos modernos, felizmente, não dão apoio oficial a piratas. Mas, mesmo hoje em dia, alguns tipos de eventos políticos, como guerra ou revolução em uma região produtora de matérias-primas essenciais, pode prejudicar os negócios ao redor do mundo.
- *Ciclos econômicos*. As causas dos ciclos econômicos, flutuações no produto da economia em seu conjunto, são um tema da macroeconomia. O que podemos dizer aqui é que, se uma companhia sofre declínio por causa de uma recessão econômica no país inteiro, muitas outras companhias sofrerão o mesmo declínio. Assim, esses eventos são positivamente correlacionados.

Quando os eventos são positivamente correlacionados, os seus riscos não podem ser afastados pela diversificação. Um investidor pode se proteger do risco de uma companhia ir mal investindo em muitas companhias; ele não pode usar a mesma técnica para se proteger de uma recessão em que *todas* as companhias vão mal.

Uma companhia de seguros pode se proteger do risco de perda por causa de uma inundação local fazendo seguro residencial em muitos lugares diferentes, mas um padrão climático global, que produz inundações em muitos lugares, derrotaria essa estratégia. Não surpreende, como explicamos na história de abertura, que as seguradoras passassem a evitar a venda de apólices quando ficou claro que o padrão do clima havia piorado. Elas não podiam mais ter certeza de que as apólices das áreas de tempo bom seriam suficientes para cobrir as perdas nas áreas sujeitas a furacões e tornados.

Assim, instituições como companhias de seguro e o mercado acionário não conseguem fazer o risco desaparecer completamente. Existe sempre um núcleo irredutível de risco que não pode ser diversificado. Os mercados para risco, no entanto, conseguem duas coisas: primeiro, permitem que a economia elimine o risco que pode ser diversificado; segundo, alocam o risco restante às pessoas mais dispostas a arcar com ele.

ECONOMIA >> *em Ação*

Quando o Lloyd's quase foi à falência

No fim dos anos 1980, a venerável instituição do Lloyd's esteve em grave dificuldade. Os investidores que haviam aplicado seu capital em risco, acreditando que os riscos eram pequenos e que o retorno sobre seus investimentos era mais ou menos garantido, foram obrigados a fazer grandes pagamentos para cobrir direitos de seguro. Vários investidores, inclusive antigas famílias aristocráticas, viram-se à beira da bancarrota.

O que aconteceu? Parte da resposta é que os ambiciosos administradores do Lloyd's haviam persuadido os investidores a assumirem riscos que eram muito maiores do que esses investidores imaginavam (dito de outro modo, os prêmios que esses investidores aceitaram não cobriam o verdadeiro nível de risco contido nas apólices de seguro).

Mas o grande problema foi que muitos dos eventos contra os quais o Lloyd's havia se transformado em um segurador importante *não* eram independentes. Nos anos 1970 e 1980, o Lloyd's havia se tornado um grande provedor de seguro contra passivos de corporações nos Estados Unidos: ele protegia corporações norte-americanas contra a possibilidade de que elas pudessem ser processadas por venderem produtos com defeito ou perigosos. Todos esperavam que tais processos fossem eventos mais ou menos independentes. O que os problemas legais de uma companhia têm a ver com os de outra?

A resposta estava em uma palavra: amianto. Durante décadas, esse material à prova de fogo havia sido usado em muitos produtos, o que significava que muitas companhias eram responsáveis por seu uso. Descobriu-se que o amianto pode causar doença grave nos pulmões, especialmente em crianças. O resultado foi uma torrente de processos de pessoas que acreditavam terem sido prejudicadas pelo amianto e bilhões de dólares em indenizações, muitas das quais pagas, em última instância, por investidores do Lloyd's.

>> *Teste seu entendimento* 20.2

As respostas estão no fim do livro.

1. Explique como cada um dos eventos a seguir mudaria o prêmio e a quantidade de equilíbrio no mercado de seguros, indicando quaisquer deslocamentos nas curvas de oferta e de demanda.
   a. Um aumento no número de navios fazendo a mesma rota comercial e ficando, assim, diante dos mesmos riscos.
   b. Um aumento no número de rotas comerciais, com o mesmo número de navios fazendo maior variedade de rotas e, assim, defrontando-se com diferentes tipos de risco.
   c. Um aumento no nível de aversão ao risco entre os proprietários de navios no mercado.
   d. Um aumento no nível de aversão ao risco entre os investidores no mercado.
   e. Um aumento no risco afetando a economia como um todo.
   f. Uma queda nos níveis de riqueza dos investidores no mercado.

>> *Revisão Rápida*

- Os mercados de seguro existem porque há ganhos no comércio em risco. Exceto em caso de informação privilegiada, os mercados de seguros produzem **alocação eficiente do risco**: quem está mais disposto a assumir risco aplica seu **capital em risco** para cobrir as perdas financeiras de quem está menos disposto a assumir risco.
- Quando há **eventos independentes** envolvidos, uma estratégia de **diversificação** pode reduzir substancialmente o risco. A diversificação é facilitada pela existência de instituições, como o mercado acionário, onde as pessoas negociam **ações** de companhias. Uma forma de diversificação relevante, especialmente para companhias de seguro, é a **formação de *pool***.
- Quando eventos são **positivamente correlacionados,** permanece um núcleo de riscos que não pode ser eliminado, por mais que os indivíduos diversifiquem.

Informação privilegiada: o que você não conhece pode te machucar

Os mercados funcionam bem lidando com o risco que se deve à incerteza: situações em que ninguém sabe o que vai acontecer, que casa vai ser inundada ou quem vai ficar doente. Contudo, os mercados têm muito mais dificuldade em situações nas quais *algumas pessoas sabem coisas que outras não sabem*, isto é, situações de **informação privilegiada**.

Informação privilegiada é a informação que algumas pessoas têm, mas outras não.

Como veremos, a informação privilegiada pode distorcer as decisões econômicas e, algumas vezes, fazer com que transações econômicas mutuamente benéficas deixem de acontecer (algumas vezes, os economistas usam o termo *informação assimétrica* em lugar de *informação privilegiada*, mas esses termos são equivalentes[3]).

Por que certas informações são privilegiadas? O motivo mais importante é que as pessoas, em geral, sabem mais a respeito de si mesmas do que de outras pessoas. Você sabe se é um motorista cuidadoso ou não; mas, a não ser que você já tenha estado em vários acidentes, sua companhia de seguros não sabe. Provavelmente, você poderá fazer uma estimativa melhor que sua seguradora da possibilidade de precisar de procedimentos médicos caros. Se você vai me vender seu carro usado, o mais provável é que tenha maior conhecimento de qualquer problema nesse carro do que eu.

Mas por que tais diferenças acerca de quem sabe o que podem ser um problema? Acontece que existem duas fontes diferentes de perturbações: *seleção adversa*, que surge de existir informação privilegiada sobre como estão as coisas, e *risco moral* (ou risco comportamental), que surge de se ter informação privilegiada sobre o que as pessoas vão fazer.

Seleção adversa: a economia dos "abacaxis"

Suponha que alguém lhe ofereça um carro quase novo, comprado três meses atrás, com apenas 2.000 km e nenhum amassado ou arranhão. Você estaria disposto a pagar quase o mesmo preço que pagaria por um carro novo direto do revendedor?

[3]N. R.: Também se usa de forma equivalente em português o termo *informação privada*.

Provavelmente não, por uma razão muito simples: você não consegue deixar de se perguntar por que esse carro está sendo vendido. Será que o dono descobriu que alguma coisa está errada, que o carro é uma droga, um "abacaxi" (o que os norte-americanos chamam de "*lemon*")? Como dirigiu o carro por algum tempo, o dono sabe mais sobre ele do que você, e as pessoas têm tendência maior a vender carros quando eles dão problemas.

Você pode imaginar que o fato de os vendedores de carros usados saberem mais sobre eles do que os compradores representa uma vantagem para os vendedores. Mas os compradores potenciais sabem que os vendedores potenciais provavelmente estão oferecendo algo que tem problemas; apenas não sabem exatamente qual carro tem problemas. Como os compradores potenciais de carros usados sabem que os vendedores potenciais têm maior probabilidade de vender um carro com problema do que um carro bom, os compradores oferecem um preço mais baixo do que se tivessem uma garantia da qualidade do carro. Pior ainda, a opinião ruim sobre carros usados tende a se reforçar precisamente porque deprime os preços que os compradores oferecem. Carros usados se vendem com grande desconto porque os compradores têm a expectativa de que uma parcela desproporcional desses carros tem problemas.

Mesmo um carro usado que não tenha problema se venderá somente com grande desconto, porque os compradores não sabem se o carro tem ou não problemas. Mas vendedores potenciais que têm um bom carro não estão dispostos a vender com um desconto tão grande, exceto em circunstâncias excepcionais. Assim, bons carros usados dificilmente estão à venda; e carros usados oferecidos para venda têm tendência forte a ter problemas. (Por isso é que pessoas que têm necessidade real de vender um carro – por exemplo, alguém que vai se mudar para o exterior – insistem em revelar essa informação aos compradores potenciais, como se quisessem dizer: "Esse carro não é um abacaxi!").

O resultado disso tudo é que não só carros usados são vendidos a preço baixo, mas há um grande número de carros usados com problemas escondidos. Da mesma forma, muitas transações potencialmente benéficas (vendas de carros bons, por pessoas que gostariam de se livrar deles, para pessoas que gostariam de comprá-los), acabam sendo frustradas pela incapacidade dos vendedores potenciais de convencer os compradores potenciais de que seus carros de fato valem o preço mais alto pedido. Dessa forma, transações mutuamente benéficas entre quem quer vender carros usados e quem quer comprá-los deixam de ser exploradas.

A **seleção adversa** ocorre quando um indivíduo sabe mais sobre a maneira como as coisas são do que as outras pessoas. Informações privilegiadas levam os compradores a esperar problemas ocultos nos itens oferecidos para venda, levando a preços baixos e a que os melhores itens sejam mantidos fora do mercado.

Embora os economistas às vezes se refiram a tais situações como *abacaxis*, o nome formal desse problema é **seleção adversa**. A razão desse nome é óbvia: como os vendedores potenciais sabem mais sobre a qualidade do que estão vendendo do que os compradores potenciais, eles têm incentivo para selecionar as coisas piores para vender.

A seleção adversa não se aplica apenas a carros usados. Ela é um problema para muitas partes da economia – especialmente para as empresas de seguro, mais especialmente ainda para as de seguro-saúde.

Suponha que uma companhia de seguros-saúde ofereça um seguro padrão com o mesmo prêmio para todas as pessoas. Esse prêmio refletiria o risco *médio* de incorrer em gastos médicos. Mas isso faria o seguro ser considerado muito caro pelas pessoas saudáveis, que sabem que têm menor probabilidade de ter gastos médicos. Assim, pessoas saudáveis tenderiam menos a fazer o seguro do que pessoas menos saudáveis, deixando a companhia de seguros-saúde exatamente com aqueles clientes que ela não quer: as pessoas com risco acima da média de precisar de assistência, que achariam que o preço do seguro é um bom negócio.

A fim de cobrir as perdas esperadas em razão desse *pool* de clientes mais doentes, a companhia vê-se obrigada a aumentar os prêmios do seguro, afastando mais alguns dos clientes mais saudáveis que haviam permanecido, e seguir agindo assim. Pelo fato de a seguradora não conseguir determinar quem é saudável e quem não é, ela é obrigada a cobrar de todos igualmente, assim desestimulando as pessoas saudáveis a fazerem o seguro e incentivando as pessoas pouco saudáveis a fazê-lo.

Antes da aprovação da Lei de Cuidado Acessível, a seleção adversa poderia levar a um fenômeno chamado *espiral de morte por seleção adversa* à medida que o mercado de seguros-saúde entrava em colapso: as seguradoras se recusavam a oferecer apólices porque não havia prêmio em que a empresa pudesse cobrir suas perdas. Por causa dos graves problemas de seleção adversa, os governos de muitos países avançados assumiram o papel de oferecer seguros-saúde a seus cidadãos. Nos Estados Unidos, a seleção adversa em seguros-saúde é evitada de duas maneiras:

1. Os programas de seguro do governo dos EUA, que forneceram quase metade do total dos pagamentos de assistência médica no país em 2019, são financiados por contribuições das quais as pessoas não podem optar por não participar.
2. A Lei de Cuidado Acessível exige que todos tenham seguro-saúde, de modo que pessoas saudáveis não podem optar pelo não pagamento de prêmios.

No entanto, a seleção adversa ainda existe em outros mercados de seguros, como o de automóveis. Em geral, pessoas e empresas que se defrontam com o problema da seleção adversa seguem uma de várias estratégias estabelecidas para lidar com isso. Uma estratégia é a de **peneiramento (*screening*)**:[4] usar informação que pode ser observada para fazer inferências sobre a informação privilegiada. Quando for comprar um seguro-saúde, você verá que a seguradora pede documentação sobre o seu estado de saúde na tentativa de "filtrar" os candidatos mais doentes, clientes aos quais ela recusará vender o seguro ou venderá apenas a preço muito alto.

A seleção adversa pode ser reduzida por meio de **peneiramento (*screening*)**: uso de informações observáveis sobre as pessoas para fazer inferências sobre suas informações privilegiadas.

O seguro de automóveis também oferece um bom exemplo. Uma companhia de seguros pode não saber se você é um motorista cuidadoso, mas tem dados estatísticos sobre os índices de acidente de pessoas que têm o seu perfil e usa esses dados para estabelecer os prêmios. Alguém do sexo masculino com 19 anos de idade, dirigindo um carro esporte e já teve o carro amassado, estará sujeito a pagar um prêmio bem mais elevado que uma mulher de 40 anos, que dirige uma caminhonete e nunca sofreu acidente.

Em alguns casos, isso pode ser bem injusto: há adolescentes muito cuidadosos, e algumas mulheres maduras dirigem seus SUVs como se pilotassem um caça F16. Mas ninguém pode negar que, na média, as companhias de seguro têm razão.

Outra estratégia para combater os problemas causados pela seleção adversa é que as pessoas com boa perspectiva façam uma **sinalização** de sua informação privilegiada – agindo de alguma forma que não valeria a pena a não ser que elas de fato apresentassem boa perspectiva. Por exemplo, revendedores de carros com boa reputação muitas vezes oferecem garantia – a promessa de consertar qualquer problema nos carros que vendem dentro de um prazo determinado. Isso não é apenas uma maneira de garantir seus clientes contra possíveis despesas; é uma maneira de confiavelmente mostrar que eles não estão oferecendo abacaxis. Em consequência, mais vendas são feitas e os revendedores podem pedir preços mais altos por seus carros usados quando oferecem garantias.

A seleção adversa pode ser diminuída por quem faz **sinalização** de suas informações privadas com ações que revelem de forma plausível o que sabem.

Finalmente, diante da seleção adversa, pode ser útil estabelecer uma boa **reputação**: um revendedor de carros usados muitas vezes vai anunciar há quanto tempo está no ramo, para mostrar que continua a satisfazer seus clientes. Novos clientes, portanto, estarão dispostos a comprar e a pagar mais pelos carros desse revendedor.

Uma **reputação** de longo prazo permite que um indivíduo assegure aos outros que não está ocultando informações privilegiadas adversas.

Risco moral

No fim dos anos 1970, Nova York e outras grandes cidades norte-americanas passaram por uma epidemia de incêndios suspeitos, que pareciam ter sido deliberadamente iniciados. Os investigadores acabaram percebendo que havia certo padrão em vários desses incêndios. Proprietários de vários imóveis pareciam ter uma proporção exagerada de seus prédios incendiados. Embora fosse difícil provar, a polícia não tinha muita dúvida de que esses locadores "mais sujeitos a incêndio" estavam contratando incendiários profissionais para queimar suas próprias propriedades.

[4]N. R.: Não há tradução consagrada em português para o conceito de *screening*, por isso o estudante poderá encontrar textos em que a palavra em inglês é usada.

Por que queimar seu próprio imóvel? No geral, esses edifícios situavam-se em bairros decadentes, em que o aumento da criminalidade e o êxodo da classe média haviam provocado declínio no valor das propriedades. Mas, como os seguros desses edifícios haviam sido contratados para compensar os proprietários com base nos valores históricos das propriedades, de fato pagariam ao proprietário de um prédio destruído uma indenização maior do que o valor do prédio no mercado corrente. Para donos de imóveis sem escrúpulos, que conheciam as pessoas certas, isso representava uma oportunidade de lucro.

A epidemia de incêndios se tornou menos severa na década de 1980, em parte porque as companhias de seguro dificultaram a contratação de seguros com valor muito alto e em parte porque um *boom* imobiliário fez os edifícios antes ameaçados de incêndio passarem a valer mais sem estarem queimados.

O episódio deixa claro que é má ideia para as companhias de seguro deixar que os clientes façam um seguro imobiliário com valor superior ao valor do imóvel, pois isso dá aos clientes incentivos destrutivos. Você poderá pensar que o problema do incentivo desaparece desde que o seguro não seja superior a 100% do valor do que está sendo segurado.

Infelizmente, qualquer coisa próxima de um seguro de 100% ainda distorce os incentivos, ou seja, induz os proprietários de apólices a se comportarem de modo diferente do que se comportariam sem seguro. O motivo é que prevenir incêndios exige esforço e um custo da parte do dono do imóvel. Alarmes de incêndio e sistemas de combate ao fogo precisam ser bem mantidos, regras de segurança têm de ser aplicadas etc. Tudo isso exige tempo e dinheiro que o proprietário pode achar que não vale a pena gastar se a apólice de seguro fornece compensação quase plena por qualquer perda.

É claro que a companhia de seguros poderia especificar na apólice que não pagaria em caso de precauções básicas de segurança não terem sido tomadas. Mas nem sempre é fácil julgar até que ponto o dono de um imóvel foi cuidadoso ou desleixado – o dono sabe, mas a companhia de seguros não sabe.

A questão é que o dono do imóvel tem informação privilegiada sobre suas próprias ações; sobre se tomou ou não precauções adequadas. Daí que a companhia de seguros se vê diante de direitos de indenização maiores do que se fosse capaz de determinar precisamente o esforço que um proprietário de imóvel faz para prevenir uma perda. O problema dos incentivos distorcidos surge quando um indivíduo tem informação privilegiada sobre suas próprias ações, mas outro carrega o custo de uma falta de cuidado ou falta de esforço. Isso é conhecido como **risco moral**.

O **risco moral** ocorre quando um indivíduo sabe mais sobre suas próprias ações do que as outras pessoas. Isso leva a uma distorção dos incentivos para tomar cuidado ou para exercer esforço quando outra pessoa assume os custos da falta de cuidado ou esforço.

Para lidar com o risco moral, é necessário proporcionar aos indivíduos com informação privilegiada algum interesse pessoal no que acontece, um interesse que lhes dê motivo para fazer esforço mesmo quando os outros não podem verificar se esse esforço foi feito. O risco moral é uma das razões pelas quais os vendedores em muitas lojas recebem comissão sobre suas vendas: é difícil para os gerentes terem certeza se os vendedores estão realmente trabalhando, e se eles fossem pagos apenas com um salário fixo não teriam incentivo para se esforçarem mais nas vendas.

Uma **franquia** (ou **dedutível**) em uma apólice de seguro é uma quantia que o segurado deve pagar antes de ser compensado por um sinistro.

As companhias de seguro lidam com risco moral exigindo uma **franquia** (ou um **dedutível**): elas compensam as perdas somente acima de certo montante, de modo que a cobertura é sempre menor do que 100%. O seguro do seu carro, por exemplo, poderá pagar o conserto somente acima dos primeiros $ 500 de perda. Isso significa que um motorista descuidado que tem o carro amassado terá de pagar $ 500 por algum conserto, mesmo tendo seguro, o que é pelo menos algum incentivo para ser cuidadoso e reduzir o risco moral.

Além de reduzir o risco moral, o dedutível oferece uma solução parcial para o problema da seleção adversa. O prêmio do seu seguro muitas vezes se reduz substancialmente se você está disposto a aceitar uma franquia elevada. Essa é uma opção atrativa para pessoas que sabem que são clientes de baixo risco; é menos atrativa para quem sabe que representa alto risco e, assim, tem tendência a sofrer um acidente e precisar pagar o dedutível ou a franquia. Ao oferecer um menu de apólices com diferentes prêmios e franquias, a companhia de seguro pode selecionar seus clientes e induzi-los a se distribuírem na base de sua própria informação privilegiada.

Como sugere o exemplo dos dedutíveis, o risco moral limita a capacidade da economia de alocar riscos eficientemente. Em geral, não é possível um seguro completo da casa ou do carro, mesmo que alguém quisesse comprá-lo, e qualquer pessoa é sempre obrigada a assumir o risco de dedutíveis elevados, mesmo que prefira não assumir. A seção Economia em Ação, a seguir, ilustra como em certos casos o risco moral limita a capacidade dos investidores de diversificar seus investimentos.

ECONOMIA >> *em Ação*

Donos de franquias se esforçam mais

Quando os norte-americanos querem ter uma refeição bem rápida, muitas vezes vão parar nas cadeias de *fast-food*, como Subway, Taco Bell, Pizza Hut, McDonald's etc. Como se trata de grandes corporações, muitos clientes provavelmente imaginam que quem está servindo a comida é empregado da grande corporação. Mas, geralmente, não é assim. A maioria dos restaurantes de serviço rápido – 85% dos restaurantes McDonald's, por exemplo – são franquias. Isto é, algum indivíduo pagou à companhia matriz pelo direito de operar um restaurante vendendo seu produto; o restaurante pode parecer um braço de uma companhia gigante, mas de fato é uma microempresa.

Abrir uma franquia não é garantia de sucesso. É preciso aplicar uma quantia grande de dinheiro, tanto para comprar a licença quanto para montar o próprio restaurante. Por exemplo, em 2019, custava entre US$ 1 e US$ 2,2 milhões abrir uma franquia McDonald's nos EUA. Embora o McDonald's tome o cuidado de não permitir franquias muito perto umas das outras, muitas vezes elas enfrentam competição feroz das cadeias de *fast-food* rivais e mesmo de alguns restaurantes verdadeiramente independentes. Tornar-se dono de uma franquia, em outras palavras, implica assumir um risco considerável.

Por que haveria pessoas dispostas a assumir esse risco? Não acabamos de aprender que é melhor diversificar e espalhar sua riqueza por muitos investimentos?

A lógica da diversificação parece dizer que é melhor para alguém que tem US$ 1,7 milhão investir em ampla variedade de ações, em vez de aplicar tudo abrindo um Taco Bell. Isso implica que a Taco Bell teria dificuldade em atrair interessados em abrir uma franquia: ninguém estaria disposto a ser dono de uma franquia, a não ser que esperasse ganhar bem mais do que se fosse apenas um gerente contratado que investiu sua riqueza em uma carteira diversificada de ações. Não seria mais lucrativo para a Pizza Hut ou a Taco Bell contratar gerentes para administrar seus restaurantes?

Acontece que isso não é verdade. O sucesso de um restaurante depende muito da dedicação e do trabalho do gerente, do esforço que ele faz em escolher os empregados certos, manter o lugar limpo e interessante para os clientes etc. O problema é o risco moral: o gerente sabe se está fazendo 100% de esforço no seu emprego; mas a matriz da companhia, que tem de arcar com os custos de um restaurante mal administrado, não sabe. Assim, um gerente assalariado, que ganha seu salário mesmo sem fazer o máximo possível para tornar o restaurante um sucesso, não tem incentivo para o esforço extra – um incentivo que o proprietário tem porque ele tem interesse pessoal significativo no sucesso do restaurante.

Em outras palavras, existe o problema do risco moral quando um gerente assalariado administra um Pizza Hut, onde a informação privilegiada é a de saber quanto esforço o gerente faz. As franquias resolvem esse problema. O franqueado, cuja riqueza está aplicada no negócio e que vai lucrar pessoalmente com seu sucesso, tem todo o incentivo para empenhar-se ao máximo.

O resultado é que as cadeias de *fast-food* se apoiam sobretudo em franqueados para operar seus restaurantes, mesmo que os contratos com esses gerentes proprietários permitam que os franqueados, em média, ganhem muito mais do que teria custado às companhias empregar um gerente de restaurante. Os rendimentos mais elevados dos franqueados são uma compensação para o risco que eles assumem, e as companhias são recompensadas por vendas mais elevadas, que levam a um aumento no preço de licenciamento da franquia.

Além disso, os franqueados, pelo acordo de licenciamento com a companhia, estão proibidos de reduzir seu risco com atos como o de vender ações da franquia para investidores de fora e usar o resultado para diversificar. Essa é uma ilustração do fato de que o risco moral impede a eliminação do risco via diversificação.

>> *Revisão Rápida*

- A **informação privilegiada** pode distorcer incentivos e impedir que se levem a cabo transações mutuamente benéficas. Uma fonte é a **seleção adversa**: os vendedores têm informação privilegiada sobre seus bens e os compradores oferecem preços baixos, levando os vendedores de bens de boa qualidade a ficar de fora e deixando o mercado dominado por produtos com defeitos escondidos (produtos que são considerados "abacaxis" no Brasil e "limões" nos Estados Unidos).
- A seleção adversa pode ser reduzida com a revelação de informação privilegiada, por meio de **peneiramento (*screening*)** ou **sinalização**, ou cultivando uma **reputação** de longo prazo.
- Outra fonte de problemas é o **risco moral**. No caso dos seguros, leva os indivíduos a fazerem muito pouco esforço para evitar perdas. Isso dá origem a características como os **dedutíveis** (a *franquia* da apólice de seguro), o que limita a alocação eficiente do risco.

>> *Teste seu entendimento* 20.3

As respostas estão no fim do livro.

1. O prêmio do seguro do seu carro fica mais baixo se você não teve multas de trânsito durante muito tempo. Explique por que essa característica tende a diminuir a ineficiência potencial causada pela seleção adversa.
2. Uma característica comum dos contratos de construção de edifícios é que, quando o custo de construir um edifício é superior ao que havia sido originalmente estimado, a companhia contratada tem de absorver esse custo adicional. Explique por que essa cláusula reduz o problema do risco moral, mas ao mesmo tempo força a empresa contratada a assumir mais risco do que gostaria.
3. Verdadeiro ou falso? Explique sua resposta, informando qual é o conceito analisado neste capítulo que responde pela característica. Pessoas que têm uma franquia (dedutível) mais alta na apólice de seguro do seu carro:
   a. Geralmente dirigem com mais cuidado.
   b. Pagam prêmio mais baixo.
   c. Em geral são mais ricas.

CASO EMPRESARIAL

PURE – Uma seguradora que aguenta furacões

Ross Buchmueller foi aonde poucos ousaram ir: ele foi à Flórida para subscrever apólices de seguro para proprietários logo após os furacões Katrina e Rita terem atingido a costa norte-americana do Golfo em 2005 (um *subscritor* "produz" seguro medindo o risco, calculando o prêmio e redigindo o contrato de seguro). Por si só o Katrina foi o desastre natural mais caro da história dos Estados Unidos: 1.800 pessoas foram mortas e US$ 41 bilhões foram incorridos em perdas seguradas, o suficiente para exaurir 25 anos de prêmios do setor de seguros. E, com mais condições climáticas adversas por vir, no final de 2005 as seguradoras haviam incorrido em prejuízos de 71 bilhões de dólares, o pior ano de todos os registrados.

Nos anos após o Katrina, as principais seguradoras nacionais reduziram significativamente sua emissão de apólices em áreas costeiras propensas a furacões. E, para os proprietários dessas áreas que ainda podiam obter seguros, tanto os prêmios como as franquias aumentaram astronomicamente. Milhões de norte-americanos que construíram ou compraram casas em áreas costeiras propensas a furacões com a expectativa de poder comprar um seguro com condições acessíveis enfrentaram um dilema caro e arriscado.

Assim, em 2007, alguns profissionais da indústria ficaram céticos quando a Privilege Underwriters Reciprocal Exchange (PURE), empresa criada por Ross Buchmueller, começou a subscrever apólices na Flórida. Michael Koziol, analista da indústria de seguros, observou: "Como qualquer nova empresa, há um certo risco. Há mais empresas novas do que antigas." A visão comum da indústria era que, embora os prêmios de seguro da Flórida estivessem em níveis recordes, eles ainda eram muito baixos para compensar os custos potenciais de eventos climáticos extremos.

No entanto, Buchmueller tinha uma estratégia dupla para obter lucro. Primeiro, depois de estudar as estatísticas da indústria sobre sinistros relacionados a furacões passados, ele limitou suas vendas a casas com valor superior a US$ 1 milhão que eram bastante novas, solidamente construídas e equipadas com persianas fortes e janelas de alta qualidade capazes de repelir detritos voadores. Em segundo lugar, Buchmueller comprou apólices de grandes seguradoras globais que cobriam 75% de suas perdas potenciais. O tamanho e o alcance global de suas carteiras permitiram que essas companhias tratassem as perdas por furacões na Flórida como um risco relativamente pequeno.

Buchmueller estava confiante em sua abordagem: para seu seleto grupo de clientes, ele não só oferecia apólices com prêmios mais baixos do que os concorrentes, como também ofertava frequentemente apólices a proprietários que ninguém mais cobriria. Um dos primeiros clientes da PURE, Ellis Kern, que já havia sido segurado pela Lloyd's de Londres, viu seu prêmio cair em quase 55%.

Então, como a PURE se saiu ao longo do tempo? Em 2019, a empresa não só sobreviveu como também prosperou, crescendo de 30% a 40% em *cada* um dos últimos dez anos. O sucesso da PURE na Flórida permitiu sua expansão em todo o país, de modo que, hoje, ela oferece cobertura em 49 estados mais o Distrito de Columbia. No início de 2020, a companhia de seguros internacional Tokio Marine comprou a PURE por US$ 3,1 bilhões.

QUESTÕES PARA PENSAR

1. Dê um exemplo de risco moral por parte dos proprietários de casas em áreas propensas a furacões. Explique.
2. Como o caso ilustra o fracasso do mercado devido à seleção adversa?
3. Quais foram as fontes da inovação de Buchmueller que lhe permitiram ter sucesso na presença de risco moral e seleção adversa?
4. Por que Buchmueller adquiriu apólices de seguro de grandes seguradoras globais para cobrir até 75% de suas próprias perdas? Que princípio isso ilustra?

RESUMO

1. O **valor esperado** de uma **variável aleatória** é a média ponderada de todos os valores possíveis, em que a ponderação corresponde à probabilidade de determinado valor ocorrer.

2. **Risco** é incerteza sobre eventos ou **estados do mundo** futuros. É **risco financeiro** quando a incerteza se refere a resultados monetários.

3. Havendo incerteza, as pessoas maximizam a **utilidade esperada**. Uma pessoa com **aversão ao risco** opta por reduzir o risco quando essa redução deixa o valor esperado de sua renda ou riqueza sem modificação. Uma **apólice de seguro justa** tem essa característica: o **prêmio** é igual ao valor esperado do sinistro. Uma pessoa **neutra quanto ao risco** é totalmente insensível ao risco e, portanto, não está disposta a pagar um prêmio para evitá-lo.

4. A aversão ao risco surge da utilidade marginal decrescente: 1 **dólar** adicional de renda gera uma utilidade marginal maior em situações de baixa renda do que em situações de alta renda. Uma apólice de seguro justa aumenta a utilidade de uma pessoa que tenha aversão ao risco porque transfere US$ 1 de uma situação de alta renda (uma situação em que não ocorre perda) para uma situação de baixa renda (situação em que ocorre perda).

5. Diferenças de preferência e de renda ou riqueza levam a diferenças na aversão ao risco. Dependendo do tamanho do prêmio, uma pessoa com aversão ao risco estará disposta a comprar um seguro "injusto", uma apólice para a qual o prêmio excede o **valor esperado** do sinistro. Quanto maior sua aversão ao risco, tanto maior o prêmio que a pessoa está disposta a pagar.

6. Há ganhos no comércio do risco, levando a uma **alocação eficiente do risco**: quem tem mais disposição de assumir risco aplica seu **capital em risco** para cobrir as perdas de quem tem menos disposição de assumir riscos.

7. O risco pode ser reduzido por meio da **diversificação**, investindo-se em várias coisas diferentes que correspondam a **eventos independentes**. O mercado acionário, no qual são comercializadas as **ações** das companhias, é uma maneira de diversificar. Companhias de seguro podem realizar **formação de *pool***, fazendo seguro de muitos eventos independentes, de modo a eliminar quase todo o risco. Mas, quando os eventos subjacentes estão **positivamente correlacionados**, é impossível diversificar a ponto de eliminar todo o risco.

8. A **informação privilegiada** pode causar ineficiência na alocação do risco. Um problema é a **seleção adversa**, informação privilegiada sobre como as coisas são. Ela cria o problema dos bens com defeitos escondidos (os "abacaxis" brasileiros e "limões" norte-americanos) do mercado de carros usados, em que os vendedores de carros em bom estado se afastam do mercado. A seleção adversa pode ser limitada de várias maneiras: por meio do **peneiramento (*screening*)** dos indivíduos; mediante a **sinalização** que as pessoas usam para revelar sua informação privilegiada; pela construção de uma **reputação**.

9. Um problema correlato é o **risco moral**: indivíduos têm informação privilegiada sobre suas próprias ações, o que distorce seus incentivos para fazer esforço ou tomar cuidado quando outros arcam com os custos da falta de esforço ou de cuidado. Isso limita a capacidade dos mercados de alocar riscos de modo eficiente. As companhias de seguro tentam limitar o risco moral estabelecendo um **dedutível** ou **franquia** da apólice, deixando assim mais risco para a pessoa que comprou o seguro.

PALAVRAS-CHAVE

QUESTÕES PARA PENSAR

1. As seguradoras estão usando tecnologia para aprender mais sobre o comportamento de seus clientes. Explique como cada um dos seguintes dispositivos reduz o problema de seleção adversa. Quais clientes são os mais propensos a usar os dispositivos?
   a. Rastreadores com GPS que monitoram a velocidade do carro, hora do dia e a direção inadequada
   b. Rastreadores de saúde física e dieta

2. Muitos astros do atletismo universitário norte-americano são confrontados com a difícil decisão de se tornarem profissionais e ganharem milhões ou permanecerem na escola para completar sua graduação. Quais são os riscos financeiros enfrentados pelo atleta universitário? Como o seguro pode ser usado para mitigar esses riscos?

PROBLEMAS

1. Para cada uma das situações a seguir, calcule o valor esperado.

   a. Tanisha possui uma ação da IBM negociada atualmente a $ 80. Há 50% de chance de que o preço da ação vá a $ 100 e 50% que caia a $ 70. Qual é o valor esperado do preço futuro da ação?

   b. Sharon compra um bilhete em uma casa lotérica. Há 0,7 probabilidade de que ela não ganhe nada, 0,2 de que ganhe $ 10 e 0,1 de que ganhe $ 50. Qual é o valor esperado dos ganhos de Sharon?

   c. Aaron é um fazendeiro cuja colheita de arroz depende do tempo. Se o tempo é favorável, ele tem lucro de $ 100. Se o tempo é desfavorável, ele tem lucro de –$ 20 (ou seja, tem prejuízo). A previsão é que a probabilidade de tempo favorável é 0,9 e a probabilidade de tempo ruim é 0,1. Qual é o valor esperado do lucro de Aaron?

2. Vicky está pensando em aplicar parte do seu dinheiro em uma companhia recém-fundada. Ela atualmente tem uma renda de $ 4.000 e está pensando em investir $ 2.000 naquela companhia. Há 0,5 probabilidade de sucesso da companhia, que então pagaria $ 8.000 a Vicky (seu investimento original mais um lucro de $ 6.000 da companhia) e 0,5 probabilidade de que a companhia fracasse e Vicky não obtenha nada (e perca seu investimento). A tabela a seguir ilustra a função de utilidade de Vicky.

Renda	Utilidade total (utils)
$ 0	0
1.000	50
2.000	85
3.000	115
4.000	140
5.000	163
6.000	183
7.000	200
8.000	215
9.000	229
10.000	241

   a. Calcule a utilidade marginal da renda para Vicky em cada nível de renda. Vicky tem aversão ao risco?

   b. Calcule o valor esperado da renda de Vicky advinda desse investimento.

   c. Calcule a utilidade esperada para Vicky resultante desse investimento.

   d. Qual é a utilidade de Vicky sem esse investimento? Por conseguinte, Vicky vai investir na companhia?

3. A função de utilidade de Vicky foi dada no Problema 2. Como no Problema 2, Vicky tem atualmente uma renda de $ 4.000. Ela está pensando em investir em uma companhia recém-formada, mas o investimento agora teria de ser $ 4.000. Se a companhia fracassa, Vicky não obtém nada. Mas, se a companhia tem êxito, ela obtém $ 10.000 da companhia (seu investimento original de $ 4.000 mais $ 6.000 de lucro da companhia). Cada evento tem 0,5 probabilidade de ocorrer. Vicky vai investir na companhia?

Renda	Utilidade total (utils)	Utilidade marginal (utils)
$ 0	0	
		50
1.000	50	
		35
2.000	85	
		30
3.000	115	
		25
4.000	140	
		23
5.000	163	
		20
6.000	183	
		17
7.000	200	
		15
8.000	215	
		14
9.000	229	
		12
10.000	241	

4. Você tem $ 1.000 para investir. Se você compra ações da Ford, tem os seguintes retornos e respectivas probabilidades caso mantenha as ações por um ano: 0,2 probabilidade de ganhar $ 1.500; 0,4 de ganhar $ 1.100; e 0,4 de ganhar $ 900. Se você puser o dinheiro para render no banco, em um ano terá $ 1.100 garantidos.

   a. Qual é o valor esperado de seus ganhos ao investir nas ações da Ford?

   b. Suponha que você tenha aversão ao risco. É possível dizer com certeza se você vai investir na Ford ou pôr seu dinheiro no banco?

5. Wilbur é piloto de linhas aéreas e atualmente tem renda de $ 60.000. Se ele fica doente e não tem mais licença médica para voar, perde o emprego e sua renda passa a ser apenas $ 10.000. A sua probabilidade de permanecer sadio é 0,6 e sua probabilidade de ficar doente é 0,4. A função de utilidade de Wilbur é dada na tabela a seguir.

Renda	Utilidade total (utils)
$0	0
10.000	60
20.000	110
30.000	150
40.000	180
50.000	200
60.000	210

   a. Qual é o valor esperado da renda de Wilbur?

   b. Qual é a utilidade esperada de Wilbur?

   Wilbur está pensando em comprar um seguro de "perda de licença" que o compense em caso de ele perder o certificado médico que o autoriza a voar.

   c. Uma companhia de seguros oferece a Wilbur compensação total por sua perda de renda (isto é, a companhia de seguros pagará a ele $ 50.000 em caso de perda da licença médica para voar), cobrando dele um prêmio de $ 40.000. Ou seja, independentemente de ele perder sua licença médica para voar, a renda de Wilbur será $ 20.000. Qual é a utilidade de Wilbur? Ele comprará o seguro?

d. Qual é o prêmio mais alto que Wilbur estaria disposto a pagar pelo seguro completo (seguro que compensasse inteiramente sua perda de renda)?

6. De acordo com o Relatório Uniforme de Crimes do FBI, aproximadamente 1 em 365 carros foi roubado nos Estados Unidos em 2018. Beth tem um carro que vale $ 20.000 e está pensando em fazer um seguro para se proteger de roubo. Para as questões a seguir, suponha que a probabilidade de um carro ser roubado seja a mesma para todas as regiões e todos os modelos de carro.

a. Qual deveria ter sido o prêmio de um seguro "justo" em 2018, para repor o carro de Beth em caso de roubo? (*Dica*: em seu cálculo, arredonde até três casas decimais.)

b. Suponha que uma companhia de seguro cobre 0,6% do valor do carro pela apólice que garante a reposição do veículo. Quanto ela custaria para Beth?

c. Se Beth é neutra quanto ao risco, ela comprará o seguro apresentado em *b*?

d. Discuta um possível problema de risco moral com que se defrontaria a seguradora de Beth se ela comprasse aquele seguro.

7. A renda atual de Hugh é $ 5.000. Sua função de utilidade está na tabela a seguir.

Renda	Utilidade total (utils)
$ 0	0
1.000	100
2.000	140
3.000	166
4.000	185
5.000	200
6.000	212
7.000	222
8.000	230
9.000	236
10.000	240

a. Calcule a utilidade marginal da renda de Hugh. Qual a sua atitude em relação ao risco?

b. Hugh está pensando em ir a um cassino para jogar. Ele tem 0,5 probabilidade de perder $ 3.000 e 0,5 probabilidade de ganhar $ 5.000. Qual é o valor esperado da renda de Hugh? E sua utilidade esperada? Ele vai decidir jogar? (Suponha que ele não obtenha nenhuma utilidade extra de ir ao cassino.)

c. Suponha que o *spread* do jogo (quanto ele pode ganhar comparado com quanto ele pode perder) diminua, de modo que Hugh tenha 0,5 probabilidade de perder $ 1.000 e 0,5 de ganhar $ 3.000. Qual é o valor esperado da renda de Hugh? E sua utilidade esperada? Esse jogo é melhor para ele do que o jogo do item *b*? Ele decidirá jogar?

8. Eva tem aversão ao risco. Atualmente, ela tem $ 50.000 para investir. Está diante da seguinte escolha: pode investir nas ações de uma *startup* ou em ações da IBM. Se ela investe na *startup*, tem 0,5 probabilidade de perder $ 30.000, mas 0,5 probabilidade de ganhar $ 50.000. Se ela investe em ações da IBM, tem 0,5 probabilidade de perder apenas $ 10.000, mas 0,5 probabilidade de ganhar apenas $ 30.000. Você consegue responder que investimento ela vai preferir?

9. Suponha que você tenha $ 1.000 para investir na sorveteria de Ted e Larry ou na loja de chocolate de Ethel. O preço de uma ação de qualquer das companhias é $ 100. A sorte das duas companhias está muito ligada ao tempo. Quando faz calor, o valor da ação da sorveteria sobe para $ 150, mas o valor da ação da loja de chocolate cai para $ 60. Quando faz frio, o valor da ação da loja de chocolate sobe para $ 150, mas o valor da ação da sorveteria cai para $ 60. As chances de fazer frio ou calor são iguais.

a. Se você investe todo o seu dinheiro em Ted e Larry, qual é o valor esperado da sua ação? E se você investe tudo em Ethel?

b. Suponha que você diversifique e invista metade dos seus $ 1.000 em cada companhia. Quanto vale o total de suas ações se fizer calor? E se fizer frio?

c. Suponha que você tenha aversão ao risco. Você vai preferir colocar todo o seu dinheiro em Ted e Larry, como no item *a*? Ou vai preferir diversificar, como na parte *b*? Explique seu raciocínio.

10. LifeStrategy Conservative Growth e Small Cap Growth são duas carteiras de ações construídas e administradas pela companhia de fundos mútuos Vanguard Group, constituídas, respectivamente, por ações de empresas norte-americanas de porte médio e ações de empresas de energia. A tabela mostra os dados históricos para o período 2010-2020, que sugerem o valor esperado do retorno percentual anual associado a essas carteiras de ações.

Carteiras de ações	Percentual de retorno esperado
LifeStrategy Conservative Growth	5,88%
Small Cap Growth	11,01%

a. Qual das carteiras de ações seria a preferida de um investidor neutro quanto ao risco?

b. Juan, um investidor que tem aversão ao risco, escolhe investir na carteira de ações LifeStrategy Conservative Growth. O que se pode inferir sobre o risco das duas carteiras a partir da opção de Juan? Baseado no comportamento histórico, um investidor neutro quanto ao risco escolheria a LifeStrategy Conservative Growth?

c. Juan está consciente de que a diversificação pode reduzir o risco. Ele considera uma carteira de ações que tenha metade do seu investimento em ações de companhias com gestão conservadora e a outra metade em pequenas empresas de alta tecnologia ou de saúde. Qual o valor esperado do retorno dessa carteira combinada? Você esperaria que essa carteira combinada fosse mais ou menos arriscada que a carteira da LifeStrategy Conservative Growth? Por quê?

11. Você está pensando em comprar um Volkswagen usado. Pelas informações disponíveis, você sabe que metade dos Volkswagen usados tem problemas de algum tipo e a outra metade funciona bem, sem nenhum problema. Se você soubesse que obteria um carro sem problemas, pagaria $ 10.000 por ele: é isso o que vale para você um carro funcionando bem. Mas você também estaria disposto a comprar um carro em mau estado se o preço não fosse superior a $ 4.000: é isso o que vale para você um carro com problemas. Alguém com um carro bom está disposto a vendê-lo por qualquer preço acima de $ 8.000 e alguém com um carro que tem problemas está disposto a vendê-lo por qualquer preço acima de $ 2.000.

a. Suponha, por ora, que você não consiga saber de imediato se o carro oferecido tem problemas ou está em bom estado. Suponha que alguém ofereça a você um carro em bom estado. A transação vai acontecer?

Suponha agora que o vendedor tenha informação privilegiada sobre o carro que está vendendo: o vendedor sabe se o carro é bom ou ruim. Mas, quando o vendedor oferece a você um Volkswagen, você não sabe se esse carro está em mau ou em bom estado. Assim, essa é uma situação de seleção adversa.

b. Como não sabe se o carro está em bom estado ou não, você baseia a sua decisão no valor esperado de um Volkswagen, supondo que seja igual à probabilidade de ter um carro em mau ou bom estado. Calcule esse valor esperado.

c. Suponha que, por tê-lo dirigido, o vendedor saiba que tem um bom carro. Contudo, você não sabe se esse carro específico funciona bem ou mal, de modo que está disposto a pagar seu valor esperado. Ocorrerá uma transação?

12. Você tem uma companhia que produz cadeiras e pensa em contratar mais um trabalhador. Cada cadeira produzida lhe dá uma receita de $ 10. Há dois empregados potenciais: Fred e Sylvia. Fred é um trabalhador rápido que produz 10 cadeiras por dia, criando para você uma receita de $ 100. Fred sabe que é rápido e só aceita sua oferta se você lhe pagar $ 80 por dia. Sylvia é lenta e produz apenas 5 cadeiras por dia, criando uma receita para você de $ 50. Ela sabe que é lenta e trabalhará para você por um salário diário de $ 40. Embora Sylvia saiba que é lenta e Fred saiba que é rápido, você não sabe quem é rápido e quem é lento. Assim, essa é uma situação de seleção adversa.

a. Como não sabe que tipo de trabalhador vai ter, você considera qual será o valor esperado da sua receita se contratar um dos dois. Qual é esse valor esperado?

b. Suponha que você ofereça pagar um salário diário igual à receita esperada que calculou no item *a*. Quem você conseguiria contratar: Fred, Sylvia, os dois ou nenhum?

c. Se você soubesse que um trabalhador é rápido e o outro é lento, qual você preferiria contratar e por quê? Consegue idealizar um esquema de compensação para garantir que você contrate apenas trabalhadores que estejam de acordo com sua preferência?

13. Em cada uma das situações a seguir, descreva se a situação é de risco moral ou de seleção adversa. Em seguida explique que ineficiência pode derivar dessa situação e como a solução proposta reduz a ineficiência.

a. Quando compra um carro usado, você não sabe se ele está em bom ou em mau estado, mas o vendedor sabe. A solução é que os vendedores ofereçam junto com o carro uma garantia de que pagarão o custo de eventuais consertos.

b. Algumas pessoas têm tendência a ir ao médico desnecessariamente por males menores, como dor de cabeça, e as instituições que oferecem serviços médicos não sabem com que urgência você precisa de um médico. Uma solução é que os segurados tenham de contribuir com certo montante (por exemplo, $ 10) a cada vez que visitam um serviço médico. Todos os segurados têm aversão ao risco.

c. Quando as companhias aéreas vendem bilhetes, elas não sabem se o comprador viaja a negócios (e está disposto a pagar bastante por um assento) ou é um turista (que tem disposição de pagar reduzida). A solução para a companhia aérea maximizar o lucro é oferecer uma passagem cara que é muito flexível (permite mudanças de rota e data) e uma passagem barata que é muito inflexível (tem de ser comprada muito antes e não pode ser modificada).

d. A companhia não sabe se os trabalhadores na linha de montagem trabalham duro ou embromam. Uma solução é pagar os trabalhadores "por peça", isto é, pagar de acordo com a quantidade produzida por dia. Todos os trabalhadores têm aversão ao risco, enquanto a companhia é neutra quanto ao risco.

e. Ao decidirem sobre contratar um trabalhador, os empregadores potenciais não sabem se o candidato é produtivo ou improdutivo. Uma solução é que os trabalhadores produtivos forneçam aos empregadores potenciais referências de seus empregos anteriores.

14. Kory é proprietária de uma casa que vale $ 300.000. Se a casa é destruída em um incêndio, ela perde $ 300.000. Se não acontece nada com a casa, ela não perde nada. A probabilidade de a casa queimar em um incêndio é 0,02. Kory tem aversão ao risco.

a. Quanto custaria uma apólice de seguro justa?

b. Suponha que uma companhia seguradora ofereça um seguro completo contra a perda da casa em caso de incêndio, cobrando um prêmio de $ 1.500. Você pode ter certeza se Kory fará ou não esse seguro?

c. Suponha que a companhia seguradora ofereça um seguro completo contra a perda da casa em caso de incêndio, cobrando um prêmio de $ 6.000. Você consegue afirmar com certeza se Kory fará ou não esse seguro?

d. Suponha que a companhia seguradora ofereça um seguro completo contra a perda da casa em caso de incêndio, cobrando prêmio de $ 9.000. Você consegue afirmar com certeza se Kory fará ou não esse seguro?

RESOLVA

15. Você tem $ 1.000 para investir. Se você compra ações da GM, em um ano terá os seguintes retornos: 0,4 probabilidade de ganhar $ 1.600; 0,4 probabilidade de ganhar $ 1.100; e 0,2 de ganhar $ 800. Se você põe o dinheiro para render no banco, em um ano terá $ 1.100 garantidos.

a. Qual é o valor esperado de seus ganhos investindo em ações da GM?

b. Suponha que você prefira pôr seu dinheiro no banco a investir em ações da GM. O que isso informa sobre sua atitude em relação ao risco?

21 Macroeconomia: Quadro Geral

TRAGÉDIAS GREGAS

CONSTANTINE KAKOYIANNIS, engenheiro, cresceu na Grécia. Mas atualmente mora em Dusseldorf, Alemanha. Ele é um dos muitos gregos que se estabeleceram lá desde 2010, tantos que Dusseldorf se tornou conhecida como uma "mini-Atenas".

Por que ele e tantos outros saíram de seu país? Porque não havia empregos. Em 2016, quando Kakoyiannis partiu, a *taxa de desemprego* da Grécia – a porcentagem daqueles que procuraram trabalho e não conseguiram encontrar – era de 24%. Em dezembro de 2019, o desemprego na Grécia havia caído, mas ainda era de 16,5%. Para efeito de comparação, nos Estados Unidos a taxa de desemprego era de apenas 3,5%, embora subisse para 14,7% alguns meses depois, quando a economia foi prejudicada em uma tentativa de limitar o espalhamento da Covid-19.

No entanto, a Grécia nem sempre teve um desemprego altíssimo. Em 2007, a taxa de desemprego era de apenas 8%. A Grécia ainda era mais pobre do que os países do norte da Europa, como a Alemanha, mas estava se saindo relativamente bem, e os gregos se sentiam otimistas quanto às suas perspectivas.

Então, a Grécia mergulhou em uma severa desaceleração econômica – uma *recessão* – que levou a um colapso nos empregos. Muitos negócios quebraram e as pessoas sofreram dificuldades econômicas. E a Grécia não estava sozinha. Depois de 2007, grande parte do mundo, incluindo os Estados Unidos, mergulhou em uma recessão profunda, que veio a ser conhecida como a *Grande Recessão*. Em 2019, a maior parte dos EUA havia se recuperado, mas algumas partes da Europa, particularmente a Grécia, não.

No entanto, por pior que as coisas estivessem durante a Grande Recessão, a economia global havia passado por uma situação muito pior. Começando em 1929, uma crise econômica global severa, conhecida como a *Grande Depressão*, irrompeu e durou mais de uma década, até o início da Segunda Guerra Mundial em 1940. A Grande Recessão foi menos severa do que a Grande Depressão por muitos motivos. Mas um fator significativo foi que, com a catástrofe anterior, os economistas aprenderam algo sobre o que fazer. Quando a Grande Depressão começou em 1929, os líderes políticos e seus conselheiros econômicos não tinham ideia de quais políticas poderiam ajudar ou atrapalhar a recuperação.

A *microeconomia*, que se ocupa com as decisões de consumo e produção de consumidores e produtores individuais e com a alocação de recursos escassos entre as indústrias, já era um ramo bem desenvolvido da economia. Mas a *macroeconomia*, que se concentra no comportamento da economia como um todo, ainda estava em seus primórdios. Por outro lado, em 2007, a macroeconomia havia avançado o suficiente para que os economistas soubessem o que precisava ser feito quando surgiu a Grande Recessão.

Em momentos econômicos normais, quando não há recessão ou depressão, os trabalhadores que perdem seus empregos podem encontrar emprego em outro lugar. No entanto, a Grande Depressão não foi um momento normal: nos Estados Unidos, a taxa de desemprego atingiu 23% e o valor da produção da economia (PIB) caiu 26%. Os economistas perceberam que precisavam entender a natureza da catástrofe que atingiu os Estados Unidos e grande parte do restante do mundo para se desvencilharem, bem como aprenderem como evitar tais desastres econômicos no futuro. Até hoje, o esforço para compreender crises econômicas e encontrar maneiras de evitá-las está no cerne da macroeconomia. Com o tempo, entretanto, a macroeconomia ampliou seu alcance para abranger uma série de outros assuntos, como crescimento econômico de longo prazo, inflação e macroeconomia internacional.

Este capítulo oferece uma visão geral da macroeconomia. Começamos com uma descrição geral da diferença entre macroeconomia e microeconomia e, em seguida, descrevemos brevemente algumas das principais preocupações desse setor. •

O QUE VOCÊ IRÁ APRENDER?

- O que torna a macroeconomia diferente da microeconomia?
- O que é **ciclo econômico** (ou **ciclo de negócios**) e por que os formuladores de políticas públicas procuram diminuir sua severidade?
- Como o **crescimento econômico de longo prazo** determina o padrão de vida de um país?
- O que significam **inflação** e **deflação** e por que é preferível a **estabilidade de preços**?
- Qual a importância da **macroeconomia internacional** e como as economias interagem por meio de **déficits comerciais** e **superávits comerciais**?

A natureza da macroeconomia

A macroeconomia difere da microeconomia por focar no comportamento da economia em seu conjunto.

Questões macroeconômicas

A Tabela 21.1 enumera algumas questões típicas que envolvem a análise econômica. A versão microeconômica da questão aparece na coluna esquerda e, em paralelo, uma questão macroeconômica semelhante aparece na coluna direita. Ao compararmos as questões, podemos começar a ter uma ideia da diferença entre microeconomia e macroeconomia.

Tabela 21.1 Questões microeconômicas *versus* macroeconômicas

Questões microeconômicas	Questões macroeconômicas
Devo fazer uma faculdade de administração de empresas ou aceitar um emprego já?	Quantas pessoas estão empregadas no conjunto da economia este ano?
O que determina o salário oferecido pela Google a Cherie Camajo, que acabou de obter um MBA?	O que determina o nível geral de salários pagos aos trabalhadores em determinado ano?
O que determina o custo de um novo curso para uma universidade ou faculdade?	O que determina o nível geral de preços na economia em seu conjunto?
Que políticas públicas devem ser adotadas para facilitar acesso à universidade por estudantes de baixa renda?	Que políticas públicas devem ser adotadas para promover emprego e crescimento no conjunto da economia?
O que determina se o Citibank vai abrir um escritório em Xangai?	O que determina o comércio total em bens, serviços e ativos financeiros entre os Estados Unidos e o resto do mundo?
Por que houve escassez de papel higiênico durante a pandemia do coronavírus?	Como a queda nos gastos de consumidores durante a pandemia afetou o emprego em geral?

Como essas questões ilustram, o foco da microeconomia recai na forma como indivíduos e empresas tomam decisões e nas consequências dessas decisões. Por exemplo, usamos microeconomia para determinar quanto custaria a uma universidade ou faculdade oferecer um novo curso, levando em conta salários dos professores, custo dos materiais didáticos e assim por diante. A escola pode decidir se oferece ou não o curso comparando custos e benefícios.

A macroeconomia, em contraste, examina o comportamento *geral* da economia – como as ações de todos os indivíduos e empresas da economia interagem para produzir um nível específico de desempenho da economia em seu conjunto. Por exemplo, a macroeconomia trata do nível geral de preços na economia e quão mais altos ou mais baixos os preços estão comparando com o ano anterior, em lugar de colocar o foco no preço de um bem ou serviço específico.

Talvez você imagine que questões macroeconômicas possam ser respondidas apenas somando as respostas microeconômicas. Por exemplo, o modelo de oferta e demanda que apresentamos no Capítulo 3 explica que o preço de equilíbrio de um bem ou serviço individual é determinado em um mercado competitivo. Assim, poderíamos pensar que, aplicando a análise de oferta e demanda a cada bem e serviço da economia e depois somando os resultados, iríamos entender o nível geral de preços da economia em seu conjunto.

Acontece que não é assim: embora conceitos básicos como oferta e demanda sejam essenciais na macroeconomia, responder a questões macroeconômicas requer um conjunto adicional de ferramentas e um quadro de referência ampliado.

Macroeconomia: o conjunto é maior que a soma de suas partes

Se você dirige na estrada, provavelmente sabe o que é um engarrafamento de trânsito causado pela curiosidade e por que é uma amolação tão grande. Alguém para no acostamento, talvez para trocar um pneu, e rapidamente um enorme engarrafamento vai se formando conforme os motoristas reduzem a velocidade para dar uma olhada.

O que faz disso algo tão desagradável é que o tamanho do engarrafamento não guarda proporção alguma com a importância do evento que o causou. Como alguns motoristas pisam no freio para esticar o pescoço e dar uma espiada, os motoristas atrás deles também têm de pisar no freio, os que vêm atrás têm de fazer o mesmo e assim por diante. O acúmulo de todas as freadas acaba levando a um longo engarrafamento de trânsito que desperdiça o tempo de todo mundo, pois cada motorista precisa desacelerar um pouco mais do que o motorista na frente dele. Em outras palavras, a reação de cada pessoa gera uma reação amplificada da pessoa seguinte.

Entender esse tipo de atitude nos dá pistas sobre uma diferença importante entre macroeconomia e microeconomia: muitos milhares ou milhões de ações individuais se acumulam para produzir um resultado que é maior do que a simples soma dessas ações individuais.

Consideremos, por exemplo, o que os macroeconomistas denominam *paradoxo da poupança*: quando famílias e empresas ficam preocupadas com a possibilidade de tempos difíceis na economia, elas se preparam reduzindo seus gastos. Essa redução nos gastos deprime a economia, dado que os consumidores gastam menos e as empresas reagem despedindo trabalhadores. Em consequência, famílias e empresas podem terminar em situação pior do que se não tivessem atuado de forma responsável cortando seus gastos.

Isso é chamado de paradoxo, porque é um comportamento aparentemente virtuoso – a precaução de preparar-se para tempos difíceis economizando mais – que acaba prejudicando todo mundo. E há o outro lado da moeda nessa história: quando as famílias e as empresas estão otimistas sobre o futuro, elas gastam mais hoje. Isso estimula a economia, levando as empresas a contratarem mais trabalhadores, o que por sua vez expande de novo a economia. Um comportamento aparentemente esbanjador leva a uma melhoria da situação para todos.

Portanto, uma percepção essencial da macroeconomia é que o efeito combinado das decisões individuais pode ter efeitos que são muito diferentes do que cada indivíduo pretendia, efeitos que algumas vezes são perversos. O comportamento da macroeconomia, de fato, é maior que a soma das ações individuais e dos resultados do mercado.

Macroeconomia: teoria e política

Muito mais que os microeconomistas, os macroeconomistas estão preocupados com questões de *política* econômica, com o que o governo pode fazer para melhorar o desempenho macroeconômico. Esse foco em políticas tem base na história, em especial na Grande Depressão dos anos 1930.

Em uma **economia autorregulada**, problemas como o desemprego são resolvidos sem intervenção do governo, pelo trabalho da "mão invisível".

Antes da década de 1930, economistas costumavam considerar que a **economia** era **autorregulada**: acreditavam que problemas como o desemprego seriam corrigidos pela "mão invisível" e que as tentativas governamentais de melhorar o comportamento econômico, na melhor das hipóteses, seriam ineficazes, provavelmente até piorando a situação.

A Grande Depressão mudou tudo isso. A simples escala da catástrofe, que deixou um quarto da força de trabalho norte-americana desempregada e ameaçou a estabilidade política de muitos países, criou uma demanda por ação. Levou também a um esforço importante de parte dos economistas para entender as recessões econômicas e para encontrar maneiras de preveni-las.

De acordo com a **teoria keynesiana**, as depressões econômicas são causadas por gastos inadequados e podem ser aliviadas por intervenção do governo.

A **política monetária** usa mudanças na quantidade de moeda para alterar as taxas de juros e afetar o nível geral de gastos.

A **política fiscal** usa mudanças nos impostos e no gasto público para afetar os gastos em geral.

Em 1936, o economista britânico John Maynard Keynes publicou a *Teoria geral do emprego, do juro e da moeda*, um livro que transformou a macroeconomia. De acordo com a **teoria keynesiana**, uma economia deprimida é resultado de gastos inadequados. Além disso, Keynes argumentou que a intervenção governamental pode ajudar uma economia deprimida por meio da *política monetária* e da *política fiscal*. A **política monetária** usa mudanças na quantidade de moeda para alterar as taxas de juros, as quais, por sua vez, afetam o nível geral de gastos. A **política fiscal** usa mudanças nos impostos e no gasto público para influenciar o gasto em seu conjunto.

De forma geral, Keynes estabeleceu a ideia de que administrar a economia é uma responsabilidade do governo. As ideias keynesianas continuam a ter forte influência tanto na teoria econômica quanto nas políticas públicas: em 2008 e 2009, o Congresso dos Estados Unidos, a Casa Branca e o Federal Reserve (um órgão quase governamental que administra a política monetária dos Estados Unidos) tomaram medidas para conter uma recessão econômica, as quais estavam claramente dentro do espírito keynesiano, como se descreve no próximo Economia em Ação.

ECONOMIA >> *em Ação*

Lutando contra a depressão

Em 2008, a economia mundial passou por uma crise financeira severa que lembrou perigosamente os primeiros dias da Grande Depressão. Grandes bancos estiveram à beira do colapso e o comércio internacional caiu bruscamente. Os economistas e historiadores Barry Eichengreen e Kevin O'Rourke, passando em revista os dados de 2009, assinalaram que, "globalmente, estamos repetindo ou até ficando em situação pior do que a Grande Depressão".

Mas, no fim das contas, conseguiu-se evitar o pior. A Figura 21.1 mostra um dos indicadores de atividade econômica usados por Eichengreen e O'Rourke, a produção mundial da indústria, durante a Grande Depressão (a linha inferior) e durante a Grande Recessão (a linha superior). Durante o seu primeiro ano, as duas crises eram de fato comparáveis. Mas, felizmente, aos onze meses da Grande Recessão, a produção mundial estagnou e, em seguida, se recuperou. Por outro lado, três anos após a Grande Depressão ter começado, a produção mundial continuava a cair. Por que essa diferença?

Figura 21.1 Produto industrial em duas recessões mundiais.

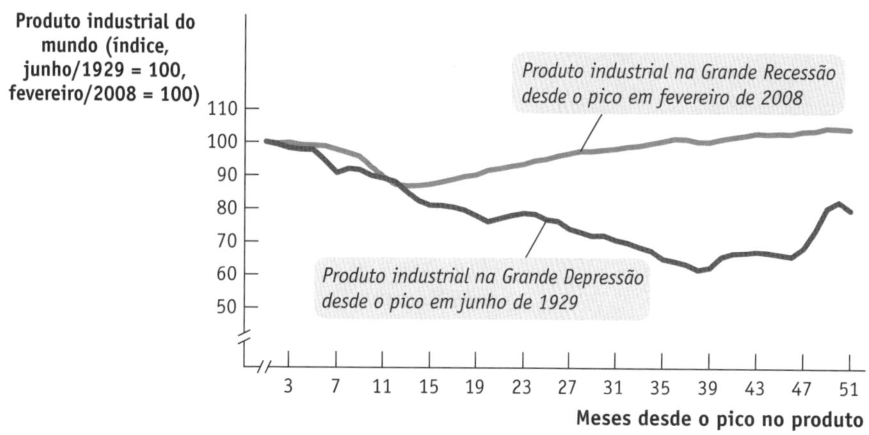

Dados de: Barry Eichengreen and Kevin O'Rourke (2009), "A Tale of Two Depressions." © VoxEU.org; CPB Netherlands Bureau for Economic Policy Analysis World Trade Monitor.

Ao menos em parte, a razão é que os responsáveis pela política econômica reagiram de maneira diferente. Durante a Grande Depressão, argumentou-se amplamente que a recessão deveria seguir seu próprio curso. Qualquer tentativa de mitigar a catástrofe que se desenrolava "impediria que o trabalho da depressão fosse feito", declarou Joseph Schumpeter, professor da Universidade Harvard de origem austríaca, hoje famoso por seus trabalhos sobre inovação. No início dos anos 1930, as autoridades monetárias de alguns países de fato aumentaram a taxa de juros diante da recessão, enquanto os governos aumentavam impostos e cortavam gastos, ações que aprofundaram a recessão.

Em seguida à crise de 2008, diferentemente, as taxas de juros foram cortadas e vários países, inclusive os Estados Unidos, usaram o aumento temporário dos gastos e reduções de impostos na tentativa de sustentar o nível dos gastos. Os governos também trataram de reforçar seus bancos com empréstimos, ajuda e garantias.

Muitas dessas medidas são, no mínimo, controversas. Mas a maioria dos economistas acredita que, ao reagirem ativamente à Grande Recessão – e fazendo-o com base nos conhecimentos adquiridos pelo estudo da macroeconomia –, os governos contribuíram para evitar uma catástrofe econômica global.

>> *Revisão Rápida*

- A microeconomia tem como foco a tomada de decisões por indivíduos e empresas e as consequências das decisões tomadas. A macroeconomia tem como foco o comportamento da economia como um todo.
- O efeito combinado das ações individuais pode ter consequências não previstas e levar a resultados macroeconômicos piores ou melhores para todo mundo.
- Antes da década de 1930, os economistas tendiam a considerar a economia como **autorregulada**. Depois da Grande Depressão, a **teoria keynesiana** forneceu o fundamento para a intervenção governamental, por meio da **política monetária** e da **política fiscal**, para ajudar uma economia em depressão.

>> *Teste seu entendimento* 21.1

As respostas estão no fim do livro.

1. Quais dentre as alternativas a seguir envolvem microeconomia e quais envolvem macroeconomia? Em cada caso, explique sua resposta.
   a. Por que os consumidores passaram a usar carros menores em 2008?
   b. Por que o total dos gastos em consumo desacelerou em 2008?
   c. Por que o padrão de vida melhorou mais rapidamente na primeira geração do pós-Segunda Guerra Mundial do que na segunda geração?
   d. Por que os salários iniciais dos diplomados em economia aumentaram rapidamente nos últimos tempos?
   e. O que determina a escolha entre transporte sobre trilhos e rodoviário?

f. Por que os *notebooks* ficaram muito mais baratos entre 2000 e 2017?
g. Por que a inflação caiu nos anos 2010?

2. Em 2008, problemas no setor financeiro levaram a uma contração severa do crédito no país: compradores de imóveis não conseguiam crédito hipotecário, estudantes não conseguiam empréstimos estudantis, consumidores não conseguiam crédito para comprar carros etc.
   a. Explique como o desaparecimento do crédito pode levar a efeitos combinados para toda a economia e provocar desaceleração econômica.
   b. Se você acredita que a economia se autorregula, que ação recomendaria aos formuladores de políticas públicas?
   c. Se você acredita na teoria keynesiana, que ação recomendaria aos formuladores de políticas públicas?

Ciclo econômico

A Grande Depressão foi, de longe, a pior crise na história dos Estados Unidos. Porém, embora a economia tenha conseguido evitar a catástrofe nas décadas seguintes, ela passou por muitos altos e baixos.

É verdade que os ascensos têm sido consistentemente maiores que os descensos: um gráfico de qualquer uma das principais estatísticas usadas para monitorar a economia norte-americana mostra forte tendência ascendente ao longo do tempo. Por exemplo, o painel (a) da Figura 21.2 mostra o total do emprego no setor privado nos Estados Unidos (o número total de empregos oferecidos por empresas privadas) medido no eixo vertical esquerdo, com os dados de 1985 a 2020 expressos pela linha cinza-escuro. O gráfico mostra também o índice de produção industrial (a medida da produção total das fábricas norte-americanas) medido no eixo vertical direito, com os dados de 1985 a 2020 refletidos na linha cinza-claro. Tanto o emprego privado quanto a produção industrial eram muito mais altos ao fim desse período do que eram no início, e ambas as medidas subiram na maioria dos anos.

Mas elas não subiram regularmente. Como se vê na figura, houve quatro períodos – início dos anos 1990, início dos anos 2000, começando no final de 2007 e novamente

Figura 21.2 Crescimento nos EUA, interrompido, 1985-2020.

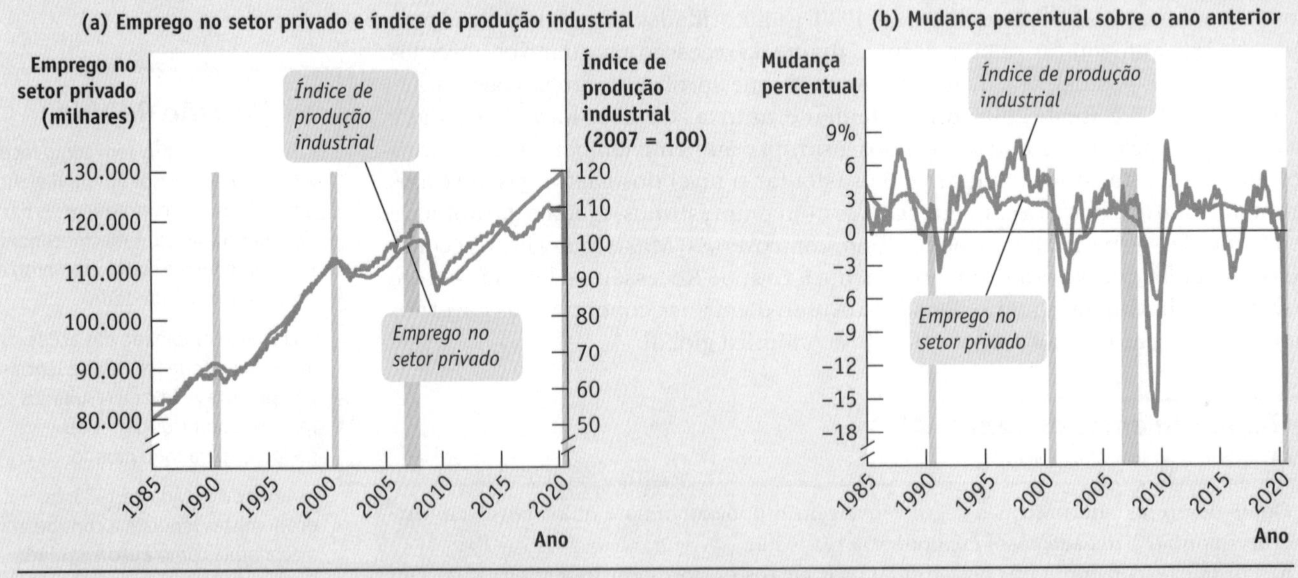

O painel (a) mostra dois dados econômicos importantes: o índice de produção industrial e o emprego total do setor privado. As duas cifras subiram substancialmente de 1985 a 2020, mas não de forma contínua. Em vez disso, ambas tiveram três descensos associados a recessões, indicados pelas áreas sombreadas na figura. O painel (b) realça esses descensos mostrando a taxa anual de variação na produção industrial e no emprego, isto é, o aumento percentual sobre o ano anterior. Os declínios simultâneos das duas cifras nas três recessões ficam nítidos.
Dados de: Federal Reserve Bank of St. Louis.

em 2020 – em que tanto o emprego quanto o produto industrial tropeçaram. O painel (b) enfatiza esses tropeços mostrando a *taxa de variação* do emprego e da produção industrial em cada ano, comparado ao anterior. Por exemplo, a mudança percentual no emprego em outubro de 2009 foi –0,6, porque o emprego em outubro de 2009 era 0,6% mais baixo do que havia sido em outubro de 2008. Os grandes períodos de declínio se destacam claramente. Além disso, um exame detalhado dos dados mostra que o encolhimento não estava limitado apenas a algumas poucas indústrias: em cada um dos períodos de descenso, praticamente todos os setores da economia dos Estados Unidos cortaram a produção e o número de empregados.

A marcha da economia para diante, em outras palavras, não é contínua e suave. E o ritmo desigual do progresso econômico, com seus altos e baixos, é uma das principais preocupações da macroeconomia.

Um gráfico dos ciclos econômicos

A Figura 21.3 é uma representação estilizada da maneira como a economia evolui ao longo do tempo. O eixo vertical mostra o emprego ou um indicador de quanto a economia está produzindo, tal como a produção industrial ou o *produto interno bruto real* (*PIB real*), uma medida do produto conjunto da economia, que vamos estudar no próximo capítulo. Como os dados da Figura 21.2 sugerem, essas duas medidas tendem a se mover juntas. Seu movimento comum é o ponto de partida para um tema central da macroeconomia: as alternâncias da economia entre descensos e ascensos de curto prazo.

Um descenso de base ampla, em que o produto e o emprego diminuem em muitas indústrias, é denominado **recessão** (algumas vezes, mencionado como *contração*). Recessões, conforme oficialmente declaradas pelo NBER, o Escritório Nacional de Pesquisa Econômica (veja o próximo Para Mentes Curiosas), estão indicadas pelas áreas sombreadas na Figura 21.2. Quando a economia não está em recessão, quando a maioria dos dados quantitativos da economia está seguindo sua tendência normal ascendente, diz-se que a economia está em **expansão** (algumas vezes, mencionada como *recuperação*).

A alternância entre recessões e expansões é conhecida como **ciclo econômico**. O momento no tempo em que a economia passa da expansão para a recessão é conhecido como **pico do ciclo econômico**; o ponto em que a economia passa da recessão para a expansão é conhecido como **vale do ciclo econômico** (às vezes, chamado de depressão ou fundo do poço).

O ciclo econômico é uma característica duradoura da economia. A Tabela 21.2 mostra a lista oficial de picos e vales do ciclo econômico nos Estados Unidos. Como se vê, houve recessões e expansões pelos últimos 160 anos, pelo menos. Sempre que há uma expansão prolongada, como houve nos anos 1960 e de novo nos anos 1990,

Recessões, ou contrações, são períodos de descenso da economia, quando o produto e o emprego estão caindo.

Expansões, ou recuperações, são períodos de ascenso da economia, quando o produto e o emprego estão subindo.

Ciclo econômico é a alternância de curto prazo entre recessões e expansões.

O ponto em que a economia passa da expansão para a recessão é um **pico do ciclo econômico**.

O ponto em que a economia passa da recessão para a expansão é um **vale do ciclo econômico**.

Figura 21.3 Ciclo econômico.

Este é um desenho estilizado do ciclo econômico. O eixo vertical mede emprego ou produto total da economia. Períodos em que essas duas variáveis se movem para baixo são *recessões*; períodos em que se movem para cima são *expansões*. O ponto em que a economia passa a encolher é um *pico do ciclo econômico*; o ponto em que ela volta a se expandir é o *vale do ciclo econômico*.

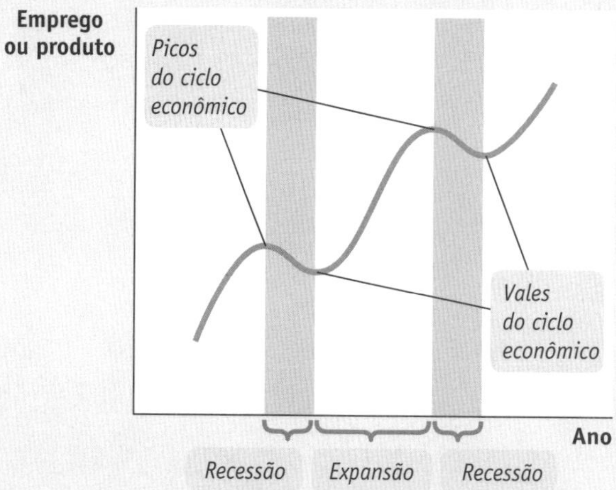

Tabela 21.2 A história do ciclo econômico

Picos do ciclo econômico	Vales do ciclo econômico
Não há dados anteriores	Dezembro 1854
Junho 1857	Dezembro 1858
Outubro 1860	Junho 1861
Abril 1865	Dezembro 1867
Junho 1869	Dezembro 1870
Outubro 1873	Março 1879
Março 1882	Maio 1885
Março 1887	Abril 1888
Julho 1890	Maio 1891
Janeiro 1893	Junho 1894
Dezembro 1895	Junho 1897
Junho 1899	Dezembro 1900
Setembro 1902	Agosto 1904
Maio 1907	Junho 1908
Janeiro 1910	Janeiro 1912
Janeiro 1913	Dezembro 1914
Agosto 1918	Março 1919
Janeiro 1920	Julho 1921
Maio 1923	Julho 1924
Outubro 1926	Novembro 1927
Agosto 1929	Março 1933
Maio 1937	Junho 1938
Fevereiro 1945	Outubro 1945
Novembro 1948	Outubro 1949
Julho 1953	Maio 1954
Agosto 1957	Abril 1958
Abril 1960	Fevereiro 1961
Dezembro 1969	Novembro 1970
Novembro 1973	Março 1975
Janeiro 1980	Julho 1980
Julho 1981	Novembro 1982
Julho 1990	Março 1991
Março 2001	Novembro 2001
Dezembro 2007	Junho 2009
Fevereiro 2020	

Dados de: National Bureau of Economic Research. A economia se encontra em recessão no momento da publicação.

publicam-se livros e artigos proclamando o fim do ciclo econômico. Tais proclamações sempre se mostraram erradas: o ciclo sempre volta.

O sofrimento da recessão

Pouca gente reclama do ciclo econômico quando a economia se expande. Recessões, contudo, causam grande sofrimento.

A consequência mais importante da recessão é seu efeito sobre a capacidade dos trabalhadores de encontrarem e manterem seus empregos. O indicador mais utilizado das condições do mercado de trabalho é a *taxa de desemprego*. Veremos como essa taxa é calculada no Capítulo 23, mas por ora basta dizer que uma taxa de desemprego alta nos diz que os empregos são escassos, e uma taxa de desemprego baixa nos diz que é fácil achar emprego.

A Figura 21.4 mostra a taxa de desemprego dos Estados Unidos de 1988 a 2020. Como se vê, a taxa de desemprego dos EUA teve forte aumento depois de cada recessão, mas em algum momento caiu durante os períodos de expansão. O aumento da taxa de desemprego em abril de 2020, por conta da recessão econômica causada pela Covid-19, foi um sinal de que nova recessão devia estar a caminho, o que de fato foi confirmado mais tarde pelo NBER como tendo começado em fevereiro de 2020.

As recessões levam muitas pessoas a perderem seus empregos e também tornam difícil encontrar novos empregos; dessa forma, prejudicam o padrão de vida de muitas famílias no país. Recessões normalmente são associadas a aumento do número de pessoas vivendo abaixo da linha da pobreza, a aumento do número de pessoas que perdem suas casas porque não conseguem pagar a hipoteca e à queda na porcentagem dos norte-americanos com seguro-saúde. Não pense, porém, que os trabalhadores são o único grupo que sofre com uma recessão. Recessões são também ruins para as empresas: os lucros caem durante recessões e muitas pequenas empresas são fechadas.

Em suma, portanto, as recessões são ruins para quase todo mundo. Há algo que possa ser feito para reduzir sua frequência e severidade?

Figura 21.4 Taxa de desemprego dos Estados Unidos, 1988-2020.

A taxa de desemprego, uma medida da falta de empregos, tem forte aumento durante recessões e normalmente cai durante expansões.

Dados de: Bureau of Labor Statistics.

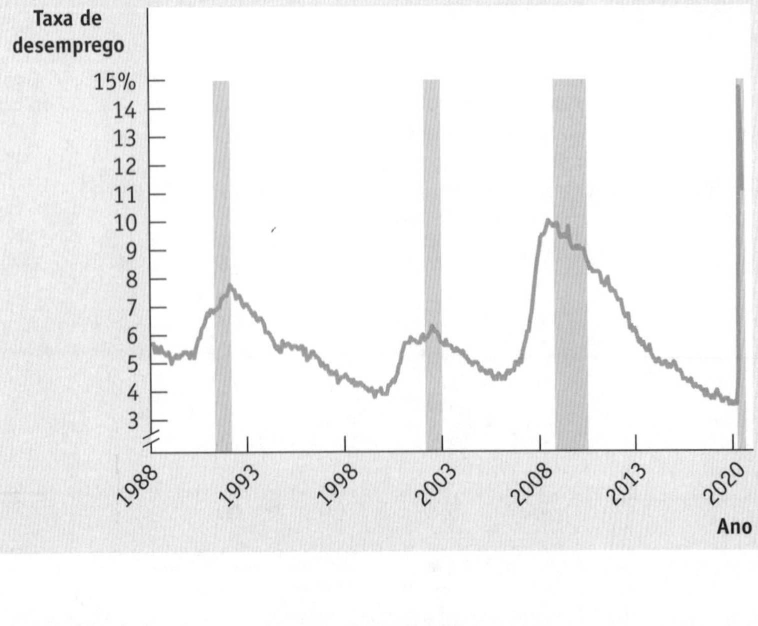

Domando o ciclo econômico

A moderna macroeconomia surgiu em grande medida como resposta à pior recessão da história, o descenso de 43 meses que começou em 1929 e continuou até 1933, abrindo o caminho para a Grande Depressão. O estrago causado pela recessão de 1929-1933 impulsionou os economistas a buscarem tanto entendimento quanto soluções: eles queriam saber como essas coisas podiam acontecer e como preveni-las.

Como explicamos antes neste capítulo, o trabalho de John Maynard Keynes sugeriu que política monetária e política fiscal podiam ser usadas para mitigar os efeitos das recessões, e até hoje os governos recorrem a políticas keynesianas quando a recessão atinge a economia. Trabalhos posteriores, notadamente o de outro grande macroeconomista, Milton Friedman, levaram a um consenso de que é importante conter os *booms* tanto quanto combater as desacelerações. Assim, os executores de políticas públicas da era moderna tentam "suavizar" os ciclos econômicos. Seu êxito não foi completo, o que a Figura 21.2 deixa claro. Mas acredita-se, em geral, que a política econômica guiada pela análise macroeconômica ajudou a tornar a economia mais estável.

Embora o ciclo econômico seja uma das principais preocupações da macroeconomia e tenha historicamente desempenhado um papel crucial em impulsionar o desenvolvimento desse campo, os macroeconomistas preocupam-se também com outras questões, como crescimento sustentável, inflação e deflação e desequilíbrios internacionais, conforme examinaremos em seguida.

PARA MENTES CURIOSAS Definição de recessões e expansões

Alguns leitores podem estar se perguntando como exatamente são definidas recessões e expansões. A verdade é que não há uma definição exata!

Em muitos países, os economistas adotam a regra de que uma recessão é um período de pelo menos dois trimestres consecutivos durante o qual o produto total da economia encolhe. A exigência de dois trimestres consecutivos destina-se a evitar que se classifiquem como recessões breves soluços no desempenho econômico que não têm relevância duradoura.

Algumas vezes, contudo, essa definição parece estrita demais. Por exemplo, uma economia que tem três meses de produção em forte declínio, em seguida três meses de crescimento ligeiramente positivo e depois mais três meses de rápido declínio, certamente, deveria ser classificada como em recessão.

Nos Estados Unidos, a tarefa de determinar quando uma recessão começa e quando termina é atribuída a um painel independente de peritos do Escritório Nacional de Pesquisa Econômica (*National Bureau of Economic Research*, NBER). Esse painel examina diversos indicadores econômicos e, então, faz um julgamento.

Às vezes esse julgamento é controverso. De fato, permanece até hoje uma controvérsia sobre a recessão de 2001. De acordo com o NBER, a recessão começou em março de 2001 e acabou em novembro de 2001, quando a produção começou a crescer. Mas alguns críticos argumentam que a recessão, na realidade, começou vários meses antes, quando a produção industrial começou a cair. Outros críticos argumentam que a recessão não acabou de fato em 2001, porque o emprego continuou caindo e o mercado de trabalho permaneceu fraco por mais um ano e meio.

COMPARAÇÃO GLOBAL RECESSÕES POR TODA PARTE

A figura mostra o desemprego de 2007 a 2020 em duas das maiores economias do mundo: os Estados Unidos e a Zona do Euro, grupo de países europeus que adotou o euro como sua moeda comum. Como se pode ver, as duas economias viram um aumento do desemprego em 2008-2009.

Recessões mais ou menos simultâneas em diferentes países realmente são bastante comuns. Mas isso não significa que as economias sempre, ou mesmo geralmente, se movem em sincronia. Como você pode ver na figura, o desemprego nos Estados Unidos começou a cair constantemente de 2010 em diante, embora mais lentamente do que a maioria gostaria. Mas a Zona do Euro experimentou um segundo aumento no desemprego de 2011 até o final de 2012, em grande parte atribuído pelos economistas a uma direção errada na política econômica. Foi só depois de 2013 que a Europa começou a ver queda constante do desemprego.

O que aprendemos, então, é que o ciclo de negócios é, de certa forma, um fenômeno internacional. Mas os países individuais podem divergir entre si por inúmeras razões, incluindo diferenças na política e na estrutura subjacente de suas economias.

Comparação global: quedas nos dois lados do Atlântico, 2007-2020

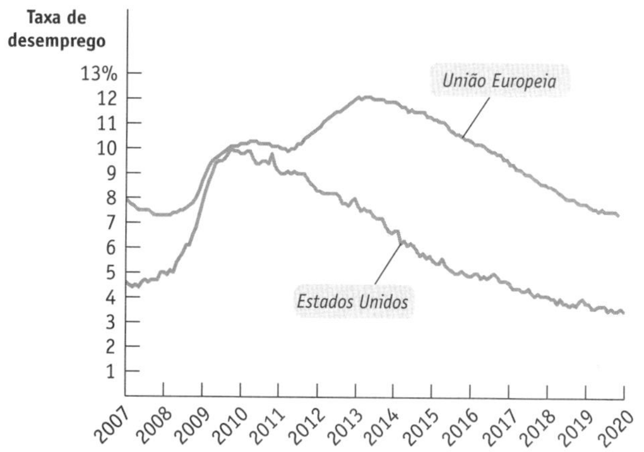

Dados de: Federal Reserve Bank of St. Louis.

Figura 21.5 **Um conto de duas recuperações.**

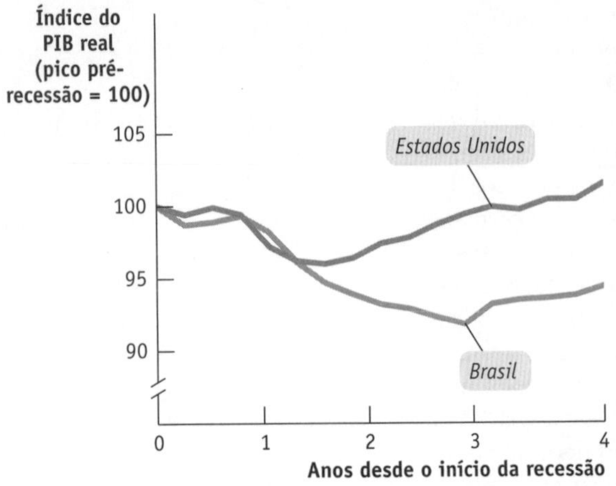

Dados de: Federal Reserve Bank of St. Louis and OECD, "Main Economic Indicators—complete database."

ECONOMIA >> *em Ação*

Tempos difíceis no Brasil

A Grande Recessão afligiu quase todas as economias do mundo, embora algumas tenham sofrido mais do que outras. No entanto, às vezes cada país tem seus próprios problemas macroeconômicos. Cinco anos após o fim da recessão nos Estados Unidos, o Brasil – a potência econômica da América Latina, muitas vezes considerado um país em ascensão – entrou em uma recessão muito pior do que qualquer coisa que os Estados Unidos experimentaram no último meio século.

A Figura 21.5 compara o PIB real, uma medida da produção total da economia, na Grande Recessão dos EUA e na queda posterior do Brasil. Em cada caso, medimos a produção como uma porcentagem da produção máxima imediatamente antes de atingir a recessão. Como podemos ver, a queda no Brasil foi muito mais profunda e durou muito mais tempo.

O que causou essa queda no Brasil? Parece ter sido uma combinação de queda nos preços de alguns produtos, como a soja, que o Brasil vende no mercado mundial, com recuo dos consumidores brasileiros, que estavam endividados demais.

Mas por que a queda foi tão severa? Grande parte da resposta é que o Brasil, ao contrário dos Estados Unidos em 2007 e depois, não adotou medidas políticas para minimizar a recessão. Em vez de cortar taxas de juros e aumentar os gastos do governo, o Brasil fez o oposto. O Brasil tinha razões para tal comportamento, em grande parte políticas, mas mesmo assim as medidas econômicas ainda tiveram o efeito de causar uma retração muito mais profunda do que a experimentada nos Estados Unidos.

>> *Revisão Rápida*

- O **ciclo econômico**, a alternância de curto prazo entre **recessões** e **expansões**, é uma das principais preocupações da moderna macroeconomia.
- O ponto em que a expansão muda para recessão é o **pico do ciclo econômico**. O ponto em que a recessão muda para expansão é o **vale do ciclo econômico**.

>> *Teste seu entendimento* 21.2

As respostas estão no fim do livro.

1. Por que falamos de ciclos econômicos para a economia em seu conjunto, em vez de falar dos altos e baixos de setores específicos?
2. Descreva quem fica prejudicado em uma recessão e como.

Crescimento econômico de longo prazo

Em 1960, a maioria dos norte-americanos acreditava, corretamente, que estava melhor do que os cidadãos de qualquer outra nação, no passado ou no presente. No entanto, pelos padrões atuais, os norte-americanos eram muito pobres naquela época. A Figura 21.6 mostra a porcentagem dos domicílios norte-americanos equipados com uma variedade de eletrodomésticos em 1960 e 2015. Em 1960, apenas uma minoria dos domicílios norte-americanos tinha máquina de lavar roupa, muito poucos tinham ar-condicionado e, logicamente, ninguém tinha *smartphones* ou computadores. E, se retornarmos até, digamos, 1900, verificaremos que a vida de muitos norte-americanos era surpreendentemente primitiva julgada pelos padrões atuais.

Crescimento econômico de longo prazo é a tendência de alta sustentada do produto da economia ao longo do tempo.

Por que a imensa maioria dos norte-americanos pode hoje desfrutar de conveniências que muitos deles não tinham em 1960? A resposta é o **crescimento econômico de longo prazo**, aumento sustentado na quantidade de bens e serviços que a economia produz. O aumento sustentado, por sua vez, reflete um dos nossos princípios básicos da economia: aumentos no potencial da economia levam ao crescimento econômico com o passar do tempo. A Figura 21.7 mostra as estimativas do PIB real *per capita*, uma medida do produto total da economia por pessoa, para dois países – os Estados Unidos e o Reino Unido – em alguns anos selecionados desde a Idade Média. Ambos os países experimentaram enorme aumento de longo prazo no produto por pessoa, reduzindo os altos e baixos do ciclo econômico.

Portanto, dois pontos merecem ser observados:

1. O crescimento econômico de longo prazo é uma invenção moderna: a Grã-Bretanha não era mais rica em 1650 do que dois séculos antes, e a renda mundial em conjunto não começou a subir antes de 1890.
2. Os países não crescem necessariamente no mesmo ritmo. A Grã-Bretanha já foi muito mais rica do que os Estados Unidos, mas foi superada pela nova nação, que cresceu rapidamente depois de 1875.

O crescimento econômico de longo prazo é fundamental para muitas das questões econômicas mais urgentes de hoje. Respostas para questões essenciais de política econômica, como a capacidade do país de arcar com os custos futuros de programas governamentais como a Previdência Social e o Medicare (o programa de saúde dos EUA para idosos e pessoas de baixa renda), dependem em parte de quanto a economia norte-americana cresça nas próximas décadas.

De modo mais amplo, a sensação do público de que o país está progredindo depende basicamente de sucesso em conseguir crescimento de longo prazo. Quando o crescimento desacelera, como aconteceu nos anos 1970, isso pode contribuir para gerar um ambiente nacional de pessimismo. Em especial, o *crescimento per capita de longo prazo* – a tendência ascendente sustentada no produto por pessoa – é a chave para salários mais altos e melhoria do padrão de vida. Uma das principais preocupações da macroeconomia – e tema do Capítulo 24 – é tentar entender as forças que estão por trás do crescimento de longo prazo.

O crescimento de longo prazo é ainda mais urgente em países pobres, menos desenvolvidos. Nesses países, que gostariam de atingir um padrão de vida mais alto, a questão de saber como acelerar o crescimento de longo prazo é a preocupação central da política econômica.

Como veremos, os macroeconomistas não usam, para pensar sobre o crescimento de longo prazo, o mesmo modelo que usam para pensar sobre o ciclo econômico. Convém ter sempre em mente ambos os modelos, porque o que é bom para o longo prazo pode ser ruim no curto prazo, e vice-versa. Por exemplo, já mencionamos o paradoxo da poupança: uma tentativa por parte dos domicílios de aumentar sua poupança pode causar recessão. Mas um nível mais alto de poupança, como será visto no Capítulo 25, desempenha papel fundamental no estímulo do crescimento econômico de longo prazo.

Figura 21.6 Frutos do crescimento de longo prazo nos Estados Unidos.

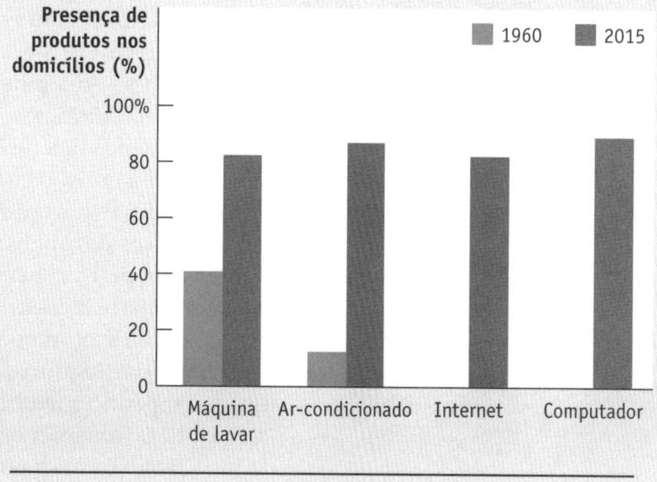

Os norte-americanos tornaram-se capazes de ter muito mais bens materiais ao longo do tempo, graças ao crescimento econômico de longo prazo.
Dados de: U.S. Census.

Figura 21.7 Crescimento econômico ao longo do tempo.

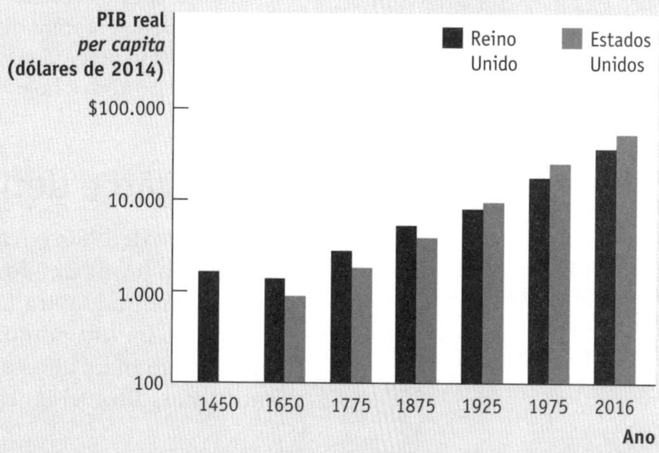

No longo prazo, o crescimento no PIB real *per capita* aumentou tanto no Reino Unido quanto nos EUA. Por cerca de 300 anos, o PIB real *per capita* foi maior na Grã-Bretanha. Porém, no início do século XX, os Estados Unidos ultrapassaram a Grã-Bretanha, tornando-se o país mais rico.
Dados de: Maddison Data Project, revision 2018.

ECONOMIA >> *em Ação*

Um conto de dois países

Muitos países tiveram crescimento de longo prazo, mas nem todos se saíram igualmente bem. Um dos contrastes mais informativos é o que se dá entre o Canadá e a Argentina, dois países que, no início do século XX, pareciam estar em boas condições econômicas.

Do ponto de vista de hoje, é uma surpresa tomar conhecimento de que o Canadá e a Argentina eram bastante parecidos antes da Primeira Guerra Mundial. Ambos eram grandes exportadores de produtos agrícolas; ambos atraíram grande número de imigrantes europeus; ambos atraíram também montantes elevados de investimentos europeus, especialmente para as ferrovias que expandiram o seu interior agrícola. Historiadores da economia acreditam que o nível médio de renda *per capita* era mais ou menos o mesmo nos dois países até a década de 1930.

Depois da Segunda Guerra Mundial, no entanto, a economia argentina teve um desempenho medíocre, em grande parte por conta da instabilidade política e das políticas macroeconômicas erradas. A Argentina passou por vários períodos de inflação extremamente elevada, durante os quais o custo de vida piorou muito. Enquanto isso, o Canadá teve progresso regular e constante. Graças ao fato de que o Canadá conseguiu ter crescimento de longo prazo desde 1930, enquanto a Argentina não conseguiu, o Canadá tem hoje um padrão de vida quase tão alto quanto o dos Estados Unidos – e aproximadamente duas vezes e meia mais alto que o da Argentina.

>> *Revisão Rápida*

- Pelo fato de os Estados Unidos terem alcançado **crescimento econômico de longo prazo**, os norte-americanos vivem muito melhor hoje do que há 50 anos ou mais.
- Crescimento econômico de longo prazo é essencial para muitas questões econômicas, como padrão de vida mais alto ou financiamento de programas do governo. É particularmente importante para países mais pobres.

>> *Teste seu entendimento* 21.3

As respostas estão no fim do livro.

1. Muitos países pobres têm elevadas taxas de crescimento da população. O que isso implica para o crescimento de longo prazo da produção geral que eles precisam alcançar a fim de gerarem um padrão de vida mais alto por pessoa?
2. A Argentina já foi tão rica quanto o Canadá; agora, é muito mais pobre. Isso quer dizer que a Argentina é hoje mais pobre do que era no passado? Explique.

Inflação e deflação

Em janeiro de 1980, o trabalhador de produção médio nos Estados Unidos recebia US$ 6,57 a hora. Em janeiro de 2020, o ganho médio por hora desse trabalhador tinha aumentado para US$ 23,88 a hora. Viva o progresso econômico!

Só que há um porém. Os salários pagos aos trabalhadores norte-americanos eram muito mais altos em 2020, mas eles também enfrentavam um custo de vida muito mais alto. A Figura 21.8 compara o aumento percentual da remuneração por

Figura 21.8 Subida dos preços.

Entre 1980 e 2020, a remuneração por hora do trabalhador norte-americano aumentou 263%. Mas o custo de alguns dos principais tipos de gastos dos consumidores também aumentou, uns mais do que outros. Em geral, o aumento do custo de vida cancelou a maior parte do aumento no salário médio dos trabalhadores norte-americanos.
Dados de: Bureau of Labor Statistics.

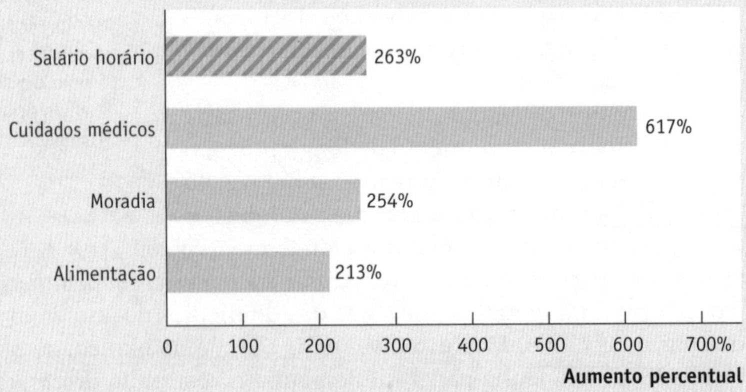

hora entre 1980 e 2020 com o aumento no preço de alguns itens comuns. Como você pode ver, o pagamento médio do trabalhador tinha maior alcance em relação a alguns produtos, porém menos em relação a outros. Em seu conjunto, o custo de vida entre 1980 e 2020 aumentou 232%, engolindo quase todos os ganhos de salário de um trabalhador típico dos Estados Unidos nesse período. Em outras palavras, quando se leva em conta a inflação, o padrão de vida do trabalhador típico nos Estados Unidos pouco aumentou desde 1980 até o presente.

A questão é que, entre 1980 e 2020, a economia sofreu uma considerável **inflação**: um aumento no nível geral de preços. Entender as causas da inflação e de seu oposto, a **deflação** – uma queda no nível geral de preços – é outra preocupação maior da macroeconomia.

Aumento no nível geral de preços é **inflação**.

Queda no nível geral de preços é **deflação**.

Causas da inflação e da deflação

Você poderá pensar que mudanças no nível geral de preços são uma questão de oferta e procura. Por exemplo, o preço mais alto da gasolina reflete o preço mais alto do petróleo cru, e preços mais altos de petróleo refletem fatores como o esgotamento dos principais campos petrolíferos, demanda crescente da China e de outras economias emergentes à medida que as pessoas ficam ricas o suficiente para comprar carros, e assim por diante. Não poderíamos apenas somar o que acontece em cada um desses mercados para descobrir o que acontece com o nível geral de preços?

Não, porque oferta e demanda podem explicar apenas por que certo bem ou serviço se torna mais caro *em relação a outros bens e serviços*. Não conseguem explicar, por exemplo, por que o preço do frango aumentou ao longo do tempo, a despeito do fato de que a produção de frangos se tornou mais eficiente e que o frango se tornou bem mais barato comparado com outros bens.

O que faz o nível geral de preços aumentar ou diminuir? Como aprenderemos no Capítulo 23, no curto prazo, os movimentos da inflação relacionam-se estreitamente com o ciclo econômico. Quando a economia está debilitada e é difícil achar empregos, a inflação tende a cair; quando a economia está em rápida expansão, a inflação tende a subir. Por exemplo, os preços da maioria dos bens e serviços caíram muito durante a Grande Depressão.

No longo prazo, ao contrário, o nível geral de preços é determinado principalmente por mudanças na oferta de moeda, a quantidade total de ativos que pode ser usada imediatamente para fazer compras. Como veremos no Capítulo 31, a hiperinflação, em que os preços sobem em porcentagens de 1.000% até 100.000%, invariavelmente ocorre quando os governos imprimem dinheiro para pagar parte de suas contas.

Os danos da inflação e da deflação

Tanto a inflação quanto a deflação podem trazer problemas para a economia. Vejamos dois exemplos.

Primeiro, a inflação desencoraja as pessoas de manter moeda em espécie, porque o dinheiro vai perdendo valor enquanto o nível geral de preços sobe. Isto é, diminui a quantidade de bens e serviços que se pode comprar com determinado montante de dinheiro. Em casos extremos, as pessoas param totalmente de manter dinheiro e passam a fazer permuta direta de bens.

Segundo, a deflação pode causar o problema inverso. Se o nível de preços está caindo, o dinheiro vivo ganha valor com o tempo. Em outras palavras, aumenta a quantidade de bens e serviços que se podem comprar com dada quantia de dinheiro. Assim, guardar o dinheiro passa a ser mais vantajoso do que investir em novas fábricas e outros ativos produtivos. Isso pode aprofundar uma recessão.

Vamos descrever os custos da inflação e da deflação nos Capítulos 23 e 31. Por enquanto, assinalamos apenas que, em geral, economistas veem a **estabilidade de preços** – a situação em que o nível geral de preços, quando muda, muda apenas muito devagar – como uma meta desejável. A estabilidade de preços é um objetivo que parecia fora de alcance na maior parte do período pós-Segunda Guerra Mundial. Porém, ela foi alcançada da década de 1990 até o momento atual, para a satisfação da maioria dos economistas.

A economia apresenta **estabilidade de preços** quando o nível geral dos preços muda lentamente ou não muda.

ECONOMIA >> *em Ação*

Uma medida barata de inflação

O McDonald's original abriu em 1948. Ele oferecia serviço rápido; foi, de fato, o restaurante de comida rápida (*fast-food*) original, e era também bastante barato: os hambúrgueres custavam apenas US$ 0,15, ou US$ 0,25 com fritas. Em 2020, o hambúrguer no McDonald's típico custava acima de seis vezes mais, cerca de US$ 1,00. Será que o McDonald's perdeu o contato com suas raízes de *fast-food*? Terá o hambúrguer se transformado em comida de luxo?

Não. De fato, um hambúrguer, comparado com outros bens de consumo, é uma compra melhor hoje do que era em 1948. O preço do hambúrguer é cerca de 6,5 vezes mais alto em 2020 do que era em 1948. Entretanto, o Índice de Preços ao Consumidor, a medida do custo de vida mais usada, foi 11 vezes mais alta em 2020 do que era em 1948.

>> *Revisão Rápida*

- Hoje, um dólar não compra o que comprava em 1980, porque os preços da maioria dos bens subiram. Esse aumento do nível geral de preços anulou a maior parte do aumento salarial (se não todo) recebido pelo trabalhador norte-americano nos últimos 40 anos.
- Uma das áreas de estudo da macroeconomia é a mudança no nível geral de preços. Como tanto **inflação** quanto **deflação** podem causar problemas para a economia, os economistas tipicamente defendem a manutenção da **estabilidade de preços**.

>> *Teste seu entendimento* 21.4

As respostas estão no fim do livro.

1. Das frases a seguir, quais lembram inflação, quais lembram deflação e quais são ambíguas?
   a. O preço da gasolina subiu 10%, o dos alimentos caiu 20% e o preço da maioria dos serviços subiu 1-2%.
   b. O preço da gasolina dobrou, o dos alimentos subiu 50% e a maioria dos serviços parecem estar 5% ou 10% mais altos.
   c. O preço da gasolina não mudou, o preço dos alimentos caiu muito e os serviços ficaram mais baratos também.

|| Desequilíbrios internacionais

Economia aberta é uma economia que comercializa bens e serviços com outros países.

Um país tem **déficit comercial** quando o valor dos bens e serviços comprados de estrangeiros é maior do que o valor dos bens e serviços que vende para eles. E gera um **superávit comercial** quando o valor dos bens e serviços comprados de estrangeiros é menor do que o valor dos bens e serviços que vende para eles.

Os Estados Unidos são uma **economia aberta**: uma economia que comercializa bens e serviços com outros países. Houve épocas em que o comércio esteve mais ou menos equilibrado, quando os Estados Unidos venderam ao resto do mundo tanto quanto compraram. Mas, atualmente, o país não está em uma época dessas.

Em 2018, os EUA tinham elevado **déficit comercial**, isto é, o valor dos bens e serviços que os residentes nos Estados Unidos compravam do resto do mundo era bem maior que o valor dos bens e serviços que os produtores norte-americanos vendiam a clientes no exterior. Enquanto isso, alguns países estavam na posição contrária, vendendo muito mais aos estrangeiros do que compravam deles.

A Figura 21.9 mostra as exportações e importações de bens de três economias importantes em 2018. Como se vê, os Estados Unidos importaram muito mais que exportaram, mas a Alemanha e a China fizeram o inverso: mantiveram um **superávit comercial**. Um país tem superávit comercial quando o valor dos bens e serviços que compra do resto do mundo é menor que o valor dos bens e serviços que vende no exterior.

Mas seria o déficit comercial norte-americano um sinal de que havia algo errado com a economia, de que os Estados Unidos eram incapazes de produzir os bens que outros países queriam comprar? Não é bem assim. Déficits comerciais e o seu oposto, superávits comerciais, são fenômenos macroeconômicos. Eles resultam de situações em que o todo é muito diferente da soma das partes. Você poderá pensar que países com trabalhadores altamente produtivos ou produtos e serviços amplamente desejados mantêm superávit comercial, enquanto países com trabalhadores pouco produtivos ou produtos e serviços de baixa qualidade mantêm déficit. Mas a verdade é que não há uma relação simples entre o sucesso de uma economia e o fato de manter superávits ou déficits comerciais.

No Capítulo 2, aprendemos que o comércio internacional é o resultado de vantagens comparativas: os países exportam bens em cuja produção são comparativamente

Figura 21.9 Desequilíbrio comercial.

Em 2018, o valor dos bens e serviços que os Estados Unidos compraram de outros países foi bem maior que o valor dos bens e serviços vendidos no exterior. A Alemanha e a China tiveram posição inversa. Déficits e superávits comerciais refletem forças macroeconômicas, especialmente diferenças de poupanças e gastos de investimento.

Dados de: International Monetary Fund, International Financial Statistics.

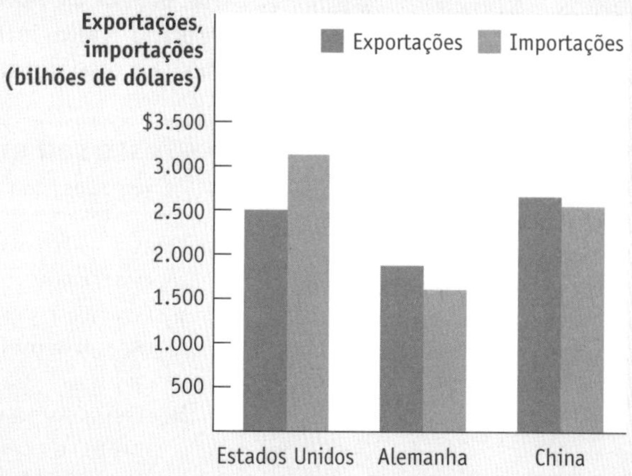

melhores e importam bens em cuja produção não se saem tão bem. É por isso que os Estados Unidos exportam trigo e importam café. Mas, se há algo que o conceito de vantagem comparativa não explica é por que o valor das importações de um país às vezes é muito mais alto que o valor de suas exportações ou vice-versa.

O que determina, então, se um país tem superávit ou déficit comercial? Mais adiante, veremos a resposta surpreendente: os determinantes do equilíbrio geral entre exportações e importações estão nas decisões de poupança e de gastos com investimento – gastos em bens como maquinaria e fábricas que, por sua vez, são usados para produzir bens e serviços para os consumidores. Países com elevado gasto de investimento comparado à poupança mantêm déficits comerciais; países com baixo gasto de investimento comparado à poupança mantêm superávits comerciais.

ECONOMIA >> *em Ação*

Superávit caro da Grécia

Em 1999, a Grécia deu um passo importante: desistiu de sua moeda nacional, a dracma, para adotar o euro, uma moeda compartilhada que visa promover união econômica e política mais estreita entre as nações da Europa. Como isso afetou o comércio internacional da Grécia?

A Figura 21.10 mostra o saldo em conta-corrente da Grécia – uma definição ampla de sua balança comercial – de 2000 a 2018. Saldo em conta corrente negativo, como mostrado aqui, significa que o país está tendo déficit comercial. Como você pode ver, depois que a Grécia mudou para o euro, ela começou a incorrer em grandes déficits comerciais, que em seu pico chegaram a quase 16% do valor total dos bens e serviços produzidos pela Grécia. No entanto, depois de 2008, o déficit comercial começou a encolher rapidamente e, em 2013, a Grécia estava quase superavitária.

Figura 21.10 Saldo em conta-corrente da Grécia, 1999-2018.

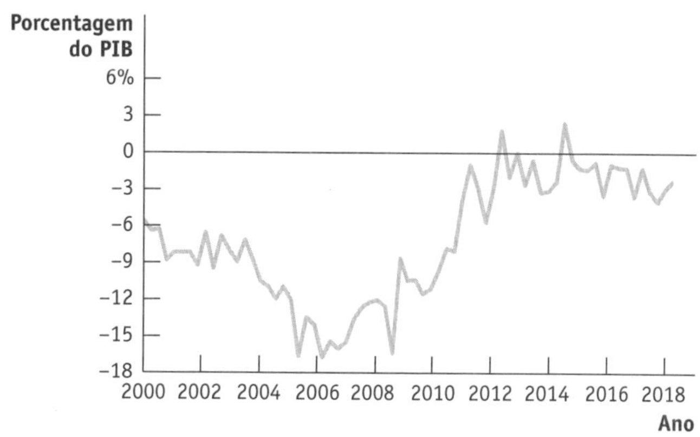

Dados de: OECD, Main Economic Indicators.

Isso significa que a economia da Grécia estava indo mal em meados dos anos 2000 e melhor depois disso? Exatamente o oposto. Quando a Grécia adotou o euro, investidores estrangeiros ficaram altamente otimistas sobre suas perspectivas, e o dinheiro entrou no país, alimentando a rápida expansão econômica. Infelizmente, esse otimismo acabou evaporando e a entrada de capital estrangeiro parou. Uma consequência foi que a Grécia não poderia mais incorrer em grandes déficits comerciais e, em 2013, foi forçada a quase ter superávit. Outra consequência foi uma recessão severa, que gerou escassez de empregos – a escassez que levou Constantine Kakoyiannis, o engenheiro que mencionamos no início deste capítulo, a desistir e se mudar para a Alemanha.

>> *Revisão Rápida*

- Vantagens comparativas explicam por que uma **economia aberta** exporta alguns bens e serviços e importa outros, mas não consegue explicar por que um país importa mais que exporta, ou vice-versa.
- **Déficits comerciais** e **superávits comerciais** são fenômenos macroeconômicos, determinados por decisões sobre gastos em investimento e poupança.

>> *Teste seu entendimento* 21.5

As respostas estão no fim do livro.

1. Dentre as frases a seguir, quais refletem vantagem comparativa e quais refletem forças macroeconômicas?

a. Graças à descoberta de extensas áreas de areia betuminosa em Alberta, Canadá, essa província se tornou exportadora de petróleo e importadora de bens manufaturados.

b. Assim como muitos bens de consumo, o iPad da Apple é montado na China, embora muitos de seus componentes sejam fabricados em outros países.

c. Desde 2002, a Alemanha tem tido enormes superávits comerciais, exportando muito mais do que importa.

d. Os Estados Unidos, que tinham uma balança comercial mais ou menos equilibrada no início dos anos 1990, passou a ter elevados déficits mais tarde na década, quando começou o *boom* tecnológico.

CASO EMPRESARIAL A GM sobrevive

Em certa época, a General Motors (GM) foi considerada a maior corporação do mundo. Ela foi o maior empregador dos Estados Unidos; seu sucesso estava tão ligado ao da nação como um todo que, em 1953, seu CEO declarou que "o que era bom para nosso país era bom para a General Motors e vice-versa; não havia diferença".

No entanto, em 2008 a GM não era a empresa de antes. Ela não dominava mais o mercado de automóveis dos EUA, em parte graças à crescente concorrência de montadoras estrangeiras. Tinha altos custos "herdados", resultantes de contratos para pagar pensões e benefícios de saúde aos trabalhadores aposentados. E a empresa estava sangrando dinheiro, perdendo mais de US$ 30 bilhões em 2008. Parecia possível que a GM não apenas declarasse falência formal, deixando de pagar suas dívidas, mas também que entrasse em liquidação efetiva, fechando suas portas.

Os executivos da GM apelaram ao governo por ajuda e conseguiram: o governo federal forneceu quase US$ 50 bilhões em dinheiro, recebendo em troca a participação majoritária na empresa.

Houve intensa reação negativa a esse resgate, com muitos críticos prevendo que a empresa não poderia voltar, e que a ajuda fornecida à GM seria dinheiro jogado fora. No fim, porém, a GM encenou uma volta, retornando à lucratividade. Em 2010, ela pagou seus empréstimos federais e, por fim, o governo dos EUA vendeu todas as ações que havia adquirido, embora o preço que obteve por essas ações tivesse deixado os contribuintes com uma perda total de US$ 10 bilhões.

Por que a GM conseguiu sobreviver e se tornar lucrativa novamente? A empresa empreendeu uma série de medidas de corte de gastos. Mas o principal segredo de sua recuperação é que 2008 foi um ano excepcionalmente ruim para a indústria automobilística e que as coisas melhoraram muito nos anos seguintes.

Figura 21.11 Vendas de automóveis e utilitários, 1976-2019.

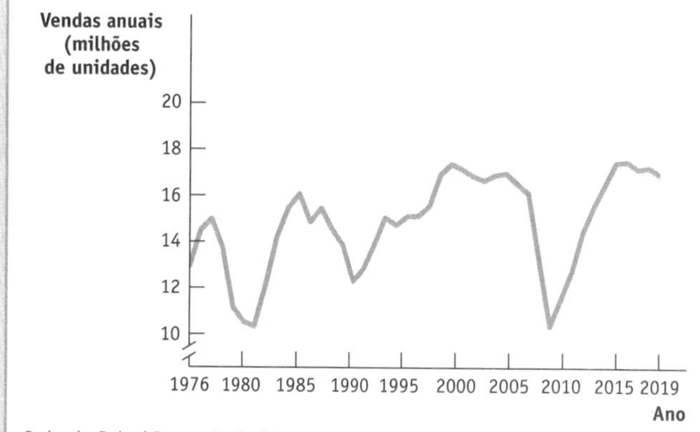

Dados de: Federal Reserve Bank of St. Louis and Bureau of Economic Analysis.

O ponto principal é que as vendas de automóveis são muito sensíveis ao estado da economia. Quando a economia como um todo tropeça e os trabalhadores perdem seus empregos ou estão preocupados com uma futura perda de empregos, eles tendem a adiar a compra de um carro novo. A Figura 21.11 mostra o total de vendas de veículos leves nos EUA (que inclui carros de passageiros e SUVs) nas últimas décadas. Como você pode ver, as vendas caíram bastante – cerca de 40% – durante a Grande Recessão, muito mais do que a economia como um todo. Era previsível, no entanto, que as vendas aumentariam novamente se e quando a economia se recuperasse.

A perspectiva de rápido crescimento nas vendas se a economia se recuperasse é o que tornou o resgate da GM em 2009 uma aposta melhor do que olhar para as perdas da empresa. Apesar de seu retorno, a empresa não é nada como o colosso que era antes. Mas ela sobreviveu.

QUESTÕES PARA PENSAR

1. Embora as vendas de muitos produtos tenham caído durante a Grande Recessão, os carros tiveram um impacto muito maior do que os mantimentos. Por quê?
2. Observando a Figura 21.11, você pode ver que as vendas de carros caíram muito menos durante as duas recessões anteriores do que durante a Grande Recessão. O que explica essa diferença?
3. A General Motors, de forma um tanto incomum para empresas norte-americanas fora do setor bancário, empregou de forma regular um economista altamente conceituado que, entre outras coisas, ajuda a economia a fazer previsões. (Em 2019, o cargo era ocupado por Elaine Buckberg, ex-aluna de um dos autores.) Por que você acha que a GM poderia dar mais prioridade à análise econômica do que, digamos, o Walmart?

RESUMO

1. A macroeconomia é o estudo do comportamento da economia em seu conjunto, que pode ser diferente da soma de suas partes. A macroeconomia difere da microeconomia no tipo de questões que procura responder. A macroeconomia dá também um grande destaque a políticas públicas: a **teoria keynesiana**, que surgiu durante a Grande Depressão, defende o uso da **política monetária** e da **política fiscal** para combater desacelerações econômicas. Antes da Grande Depressão, a economia era considerada **autorregulada**.

2. Uma preocupação central da macroeconomia é o **ciclo econômico**, a alternância de curto prazo entre **recessões**, períodos de emprego e produção em queda, e **expansões**, períodos de emprego e produção crescentes. O ponto em que se passa de expansão a recessão é o **pico do ciclo econômico**. O ponto em que se passa de recessão para expansão é o **vale do ciclo econômico**.

3. Outra área essencial do estudo da macroeconomia é o **crescimento econômico de longo prazo**, a tendência da economia de aumento sustentado de produção ao longo do tempo. O crescimento econômico de longo prazo é a força por trás da melhoria de longo prazo no padrão de vida e é importante para o financiamento de alguns programas econômicos. É especialmente importante para os países mais pobres.

4. Quando os preços da maioria dos bens e serviços estão aumentando, de modo que o nível geral de preços sobe, a economia tem **inflação**. Quando o nível geral de preços está caindo, a economia experimenta **deflação**. No curto prazo, inflação e deflação relacionam-se estreitamente com o ciclo econômico. No longo prazo, os preços tendem a refletir mudanças na quantidade agregada de moeda. Dado que a inflação e a deflação podem causar problemas, economistas e formuladores de política econômica em geral têm como objetivo a **estabilidade de preços**.

5. Embora a vantagem comparativa explique por que uma **economia aberta** exporta algumas coisas e importa outras, a análise macroeconômica é necessária para explicar por que os países mantêm **superávits comerciais** ou **déficits comerciais**. Os determinantes do equilíbrio geral entre exportações e importações estão em decisões sobre poupança e gastos com investimento.

PALAVRAS-CHAVE

Ciclo econômico, p. 613
Crescimento econômico de longo prazo, p. 616
Déficit comercial, p. 620
Deflação, p. 619
Economia aberta, p. 620
Economia autorregulada, p. 610
Estabilidade de preços, p. 619
Expansão, p. 613
Inflação, p. 619
Pico do ciclo econômico, p. 613
Política fiscal, p. 610
Política monetária, p. 610
Recessão, p. 613
Superávit comercial, p. 620
Teoria keynesiana, p. 610
Vale do ciclo econômico, p. 613

QUESTÕES PARA PENSAR

1. O Departamento do Trabalho dos Estados Unidos disponibiliza estatísticas de emprego e remunerações usadas por muitos economistas como indicadores-chave para avaliar a saúde da economia. A Figura 21.4 é um gráfico dos dados históricos da taxa de desemprego mês a mês. Pode-se ver que os números eram altos durante as recessões no início dos anos 1990, em 2001 e após a Grande Recessão, em 2007-2009.
   a. Encontre os dados mais recentes da taxa de desemprego dos Estados Unidos. (*Dica*: vá ao *site* www.bls.gov, do Bureau of Labor Statistics, digite "Employment Situation Summary" na barra de busca e selecione a página subsequente.)
   b. Compare a cifra atual com as recessões no início dos anos 1990, em 2001 e após a Grande Recessão, além dos períodos de crescimento econômico relativamente elevado logo antes das recessões. Os números atuais indicam uma tendência de recessão?

2. Na década de 1990, houve eventos econômicos dramáticos que passaram a ser conhecidos como a *crise financeira asiática*. Uma década depois, eventos semelhantes passaram a ser conhecidos como *crise financeira global*. A figura a seguir mostra a taxa de crescimento do PIB real nos Estados Unidos e no Japão, de 1996 a 2018. Usando o gráfico, explique por que os dois grupos de eventos receberam esses nomes.

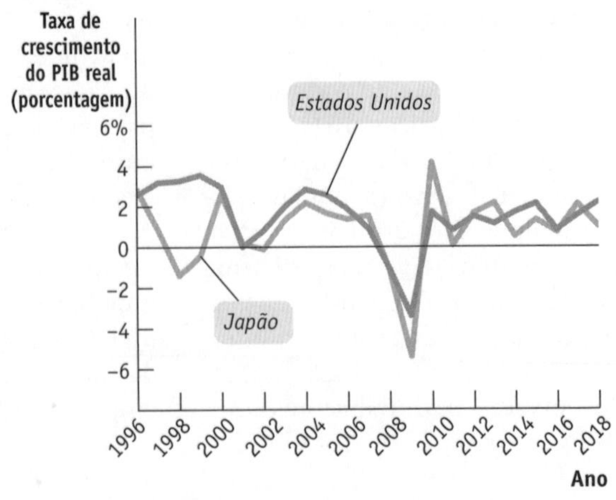

Dados de: Federal Reserve Bank of St. Louis.

3. A figura a seguir ilustra o déficit comercial dos Estados Unidos desde 1987. Os EUA têm, consistentemente e em geral de forma crescente, importado mais bens do que tem exportado. Um dos países com os quais os Estados Unidos mantêm déficit comercial é a China. Quais das afirmações a seguir são possíveis explicações para isso? Explique.

a. Muitos produtos, como televisores, que antes eram fabricados nos Estados Unidos, agora são fabricados na China.

b. O salário do trabalhador chinês médio é bem mais baixo que o do trabalhador norte-americano médio.

c. Os gastos de investimento nos Estados Unidos são altos relativamente ao seu nível de poupança.

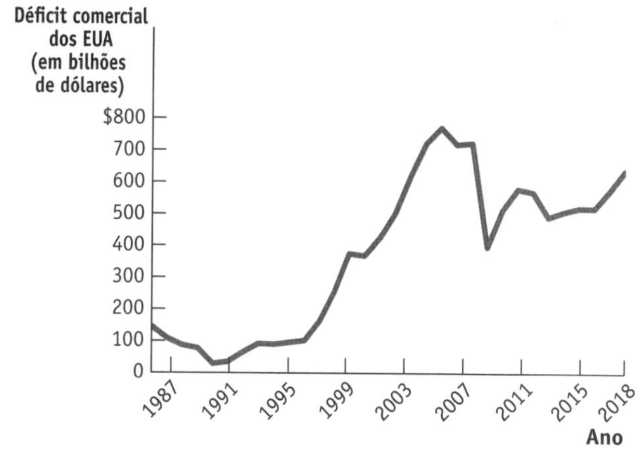

Dados de: Federal Reserve Bank of St. Louis.

PROBLEMAS

1. Quais das questões a seguir são relevantes para o estudo da macroeconomia e quais são para a microeconomia?

a. Como vão mudar as gorjetas da Senhorita Martin depois que uma grande fábrica perto do restaurante em que ela trabalha fechar?

b. O que acontecerá com os gastos dos consumidores quando a economia tiver um declínio?

c. Como será alterado o preço das laranjas se a geada prejudicar os cultivos da Flórida?

d. Como vão mudar os salários de uma fábrica quando sua força de trabalho se sindicalizar?

e. O que acontecerá com as exportações americanas se o dólar se tornar mais barato em termos de outras moedas?

f. Qual é a relação entre a taxa de desemprego e a taxa de inflação de um país?

2. Quando uma pessoa poupa mais, a riqueza dessa pessoa aumenta, significando que ela poderá consumir mais no futuro. Mas, quando todo mundo poupa, a renda de todo mundo cai, significando que todo mundo consome menos hoje. Explique essa aparente contradição.

3. Antes da Grande Depressão, a sabedoria convencional entre os economistas e formuladores de políticas públicas era que a economia é, em grande medida, autorregulada.

a. Essa visão era consistente ou inconsistente com a teoria keynesiana? Explique.

b. Que efeito teve a Grande Depressão sobre a sabedoria convencional?

c. Compare a reação dos responsáveis pela política econômica durante a recessão de 2007-2009 com suas medidas durante a Grande Depressão. Qual teria sido o resultado provável da recessão de 2007-2009 se os responsáveis pela política econômica tivessem reagido do mesmo modo que os responsáveis durante a Grande Depressão?

4. Como os economistas nos Estados Unidos determinam quando uma recessão começa e quando ela termina? Como outros países determinam se uma recessão está ocorrendo?

5. a. Quais as três medidas da economia que tendem a mover-se em conjunto durante os ciclos econômicos? Como se movem na fase ascendente? E na descendente?

b. Quem, na economia, é prejudicado durante uma recessão? Como?

c. Como Milton Friedman mudou o consenso que havia se formado depois da Grande Depressão sobre como administrar a economia? Qual é a meta atual dos formuladores de política econômica ao administrarem a economia?

6. Por que consideramos que a expansão no ciclo econômico é diferente do crescimento econômico de longo prazo? Por que nos preocupamos com a taxa de crescimento de longo prazo do PIB real em comparação com a taxa de crescimento da população?

7. Em 1798, foram publicados os *Ensaios sobre os princípios da população*, de Thomas Malthus. Ele escreveu que "a população, quando não controlada, aumenta em razão geométrica. A subsistência aumenta apenas em razão aritmética. (...) Isso implica um forte controle da população funcionando constantemente em virtude das dificuldades de subsistência". Malthus estava dizendo que o crescimento da população é limitado pela quantidade de alimentos disponíveis; as pessoas viveriam para sempre no nível de subsistência. Por que a descrição de Malthus não se aplica ao mundo depois de 1800?

8. Todo ano, *The Economist* publica dados sobre o preço do Big Mac do McDonald's em diferentes países e taxas de câmbio. A tabela a seguir mostra alguns dados usados para o índice em 2007 e 2019. Use essa informação para responder às perguntas a seguir.

País	2007 Preço do Big Mac (em moeda local)	2007 Preço do Big Mac (em US$)	2019 Preço do Big Mac (em moeda local)	2019 Preço do Big Mac (em US$)
Argentina	8,25 pesos	$ 2,65	120,0 pesos	$ 2,87
Canadá	C$ 3,63	$ 3,08	C$ 6,77	$ 5,16
Zona do Euro	€ 2,94	$ 3,82	€ 4,08	$ 4,58
Japão	¥ 280	$ 2,31	¥ 390	$ 3,59
Estados Unidos	US$ 3,22	$ 3,22	US$ 5,74	$ 5,74

a. Onde era mais barato comprar um Big Mac, em dólares americanos, em 2007?

b. Onde era mais barato comprar um Big Mac, em dólares americanos, em 2019?

c. Usando o aumento do preço do Big Mac em moeda local em cada país para medir a mudança percentual no nível geral de preços de 2007 a 2019, que país sofreu a maior inflação? Alguma dessas nações teve deflação?

9. As mensalidades das universidades nos Estados Unidos aumentaram significativamente nas últimas décadas. Para os propósitos deste problema, vamos supor que, durante os últimos 20 anos, os custos do ensino superior, incluindo o total de mensalidade, dormitório e manutenção, pagos por alunos de graduação em tempo integral, subiu de $ 2.871 para $ 16.789 nas instituições públicas, um aumento de 485%, e de $ 6.330 para $ 33.716 nas instituições privadas, um aumento de 433%. Nesse mesmo período, a renda média pessoal depois de deduzidos os impostos aumentou de $ 9.785 para $ 39.409 por ano, um aumento de 302%. Esse aumento do custo do ensino tornou mais difícil para o estudante médio conseguir pagar a universidade?

22 PIB e IPC: Monitoramento da Macroeconomia

A CHINA NAS ALTURAS

INICIAMOS ESTE LIVRO com um relato do Delta do Rio das Pérolas, o enorme complexo urbano no sudeste da China que, como um todo, é hoje a maior cidade do mundo. A maior cidade do mundo também tem uma economia muito grande, maior do que a de muitas nações. E a China como um todo, segundo algumas métricas, agora tem a maior economia do mundo. Outras métricas mostram que a economia dos EUA ainda é maior.

Mas o que significa ter a maior economia do mundo? Se você comparar a China com os Estados Unidos, verá que eles fazem coisas bem diferentes. A China, por exemplo, produz grande parte das roupas do mundo, enquanto a indústria norte-americana de roupas praticamente desapareceu. Por outro lado, os EUA produzem cerca de metade dos aviões comerciais do mundo, enquanto a China acaba de entrar no setor aeronáutico. Portanto, você pode pensar que tentar comparar os tamanhos das duas economias seria uma questão de comparar maçãs e laranjas – ou melhor, pijamas e Boeings, mas a ideia é essa.

Na verdade, porém, os economistas costumam comparar os tamanhos das economias no espaço e no tempo – por exemplo, eles comparam o tamanho da economia dos EUA com a da China e também comparam o tamanho da economia dos EUA hoje com seu tamanho no passado. Fazem isso usando uma medida conhecida como *produto interno bruto*, ou *PIB*, o valor total dos bens e serviços produzidos em um país, e uma medida intimamente relacionada, o *PIB real*, que corrige o PIB de acordo com as variações de preços. Quando os analistas de números dizem que a economia de um país ultrapassou a do outro, eles querem dizer que o PIB real da China ultrapassou o dos Estados Unidos (ou que o PIB real dos Estados Unidos ultrapassou o da China).

PIB e PIB real são duas das medidas mais importantes usadas para acompanhar a macroeconomia – ou seja, para quantificar os movimentos em nível geral da produção e dos preços. Medidas como PIB e *índices de preços* desempenham papel importante na formulação da política econômica, uma vez que os formuladores de políticas precisam saber o que está acontecendo, e evidências isoladas não substituem os dados concretos. As medidas também são importantes para as decisões de negócios – a tal ponto que, como ilustra o Caso Empresarial no final do capítulo, empresas e outras entidades buscam estimativas independentes quando não confiam nos números oficiais.

Neste capítulo, explicamos como os macroeconomistas medem os principais aspectos da economia. Primeiro, exploramos maneiras de medir a produção total da economia e a renda total. Em seguida, passamos ao problema de como medir o nível de preços e a variação dos preços na economia. •

O QUE VOCÊ IRÁ APRENDER?

- Como os economistas usam medidas agregadas para monitorar o desempenho da economia?
- O que é **produto interno bruto**, ou **PIB**, e como ele é calculado?
- Qual a diferença entre **PIB real** e **PIB nominal**, e por que o PIB real é a medida adequada da verdadeira atividade econômica?
- O que é um **índice de preços** e como ele é usado para calcular a **taxa de inflação**?

As contas nacionais

Quase todos os países calculam um conjunto de números conhecido como *contas nacionais de renda e de produto*. De fato, a exatidão das contas de um país é um indicador extremamente confiável do estado do seu desenvolvimento econômico – em geral, quanto mais confiáveis as contas, mais economicamente avançado é o país. Quando as agências econômicas internacionais procuram ajudar um país menos desenvolvido, normalmente o primeiro passo é enviar uma equipe de especialistas para auditar e melhorar as contas nacionais.

As **contas nacionais de renda e produto**, ou **contas nacionais**, monitoram os fluxos de dinheiro entre diferentes setores da economia.

Nos Estados Unidos, esses números são calculados por uma divisão governamental, o Bureau of Economic Analysis, uma divisão do Departamento de Comércio dos EUA. As **contas nacionais de renda e produto**, em geral mencionadas como **contas nacionais**, monitoram o gasto dos consumidores, as vendas dos produtores, os gastos de investimento privado, as compras do governo e uma série de outros fluxos de dinheiro entre diferentes setores da economia. Vejamos como elas funcionam.

Seguindo o dinheiro: o diagrama expandido do fluxo circular

Para entender os princípios por trás das contas nacionais, é bom examinar a Figura 22.1, que é uma versão expandida do diagrama do fluxo circular que apresentamos no Capítulo 2 (ver a Figura 2.6). A Figura 22.1 mostra os fluxos de dinheiro na economia. Para os propósitos deste capítulo, vamos focalizar apenas o lado esquerdo do diagrama, onde as setas mais claras representam a economia "real" – fluxos de dinheiro associados a produção e vendas de bens e serviços. Passaremos à economia "financeira", representada pelas setas mais escuras, no Capítulo 25 – empréstimos concedidos, empréstimos tomados e outros fluxos de dinheiro –, tema que é fundamental mas tem apenas efeito indireto sobre a produção.

Como podemos ver na Figura 22.1, os gastos com bens e serviços – fluxos de dinheiro que *entram* nos mercados para bens e serviços – vêm de quatro tipos distintos de compradores:

Compras de bens e serviços pelo governo são os gastos totais com bens e serviços por governos federais, estaduais e locais.

Gastos de consumo são os gastos domiciliares com bens e serviços.

Gastos de investimento são gastos de capital físico produtivo - como maquinário e construção de prédios - e com mudanças em estoques.

Bens e serviços vendidos para outros países são **exportações**.

Bens e serviços comprados de outros países são **importações**.

1. Governos nas esferas local, estadual e federal gastam a receita dos impostos em duas áreas gerais: **compras de bens e serviços pelo governo**, como educação e defesa, nas quais o governo compra coisas para seu próprio uso, e *pagamentos de transferência*, como a Previdência Social, em que o governo envia dinheiro para pessoas. Por enquanto, neste capítulo, vamos nos concentrar apenas nas compras do governo.
2. Domicílios — trata-se da sua família, da nossa e de dezenas de milhões de outras. Domicílios têm **gastos de consumo**, comprando bens e serviços por meio dos mercados de bens e serviços de empresas ou importações do resto do mundo.
3. Empresas – as empresas compram bens e serviços umas das outras quando realizam **gastos de investimento**, o gasto em capital produtivo, como maquinário e construção de prédios.
4. Resto do mundo — uma quarta fonte de gasto vem das **exportações**, bens e serviços vendidos para residentes de outros países.

Todos esses quatro fluxos de dinheiro envolvem gastos com bens e serviços. No entanto, alguns bens e serviços comprados pelos residentes em um país são produzidos no exterior. Por exemplo, muitos bens de consumo são feitos na China. Bens e serviços comprados por domicílios, governos ou empresas, mas produzidos por residentes de outros países, são conhecidos como **importações.** As compras de importações levam a um fluxo de fundos para *fora* do mercado de bens e serviços e para *fora* da economia.

Suponha que somamos o gasto no consumo de bens e serviços, o gasto de investimento, as compras de bens e serviços pelo governo e o valor das exportações e, em seguida, subtraímos o valor das importações. Isso nos dá uma medida do valor global de mercado dos bens e serviços que a economia produz. Essa medida tem um nome: é o *produto interno bruto* do país. Mas, antes de definirmos formalmente

Figura 22.1 Diagrama do fluxo circular expandido: os fluxos de dinheiro pela economia.

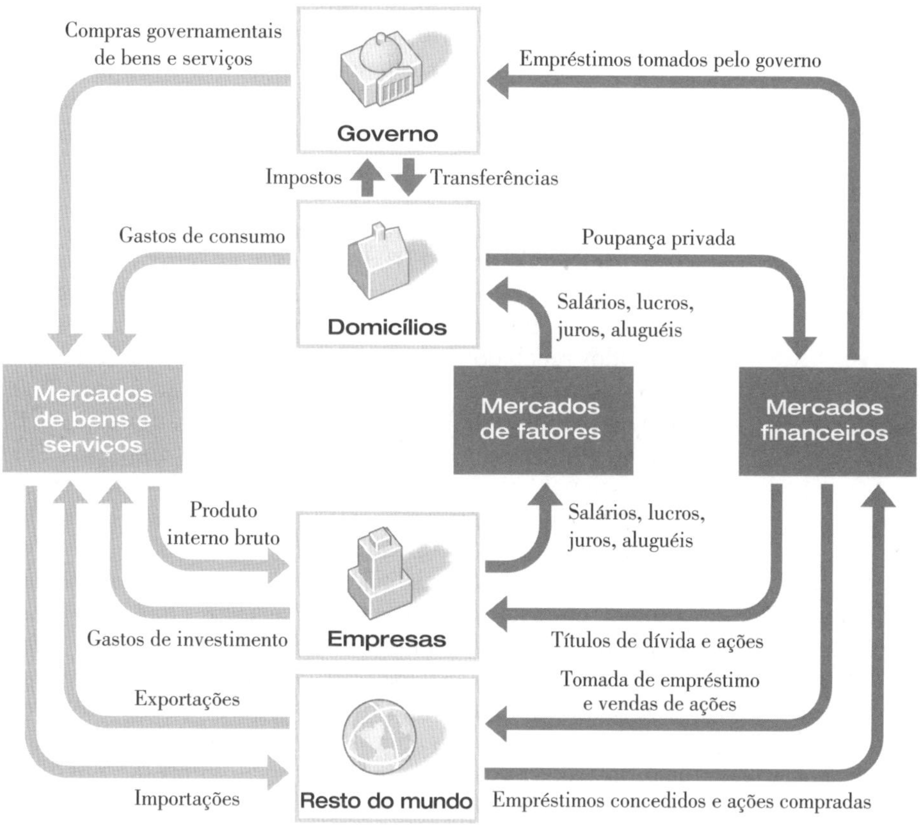

Um fluxo circular de fundos conecta os quatro setores da economia (governo, domicílios, empresas e o resto do mundo) mediante três tipos de mercado: mercados de bens e serviços, mercados de fatores e mercados financeiros. O dinheiro flui das empresas para os domicílios na forma de salários, lucros, juros e aluguéis, via mercados de fatores. Os domicílios usam esse dinheiro para pagar impostos ao governo, para guardá-lo mediante poupança privada que vai para o mercado financeiro ou para pagar os gastos de consumo sobre bens e serviços de empresas ou importações do resto do mundo. O governo usa a receita dos impostos para comprar bens e serviços de empresas ou do resto do mundo. Ele também usa a receita dos impostos para transferir dinheiro aos domicílios na forma de subsídios ou pela Previdência Social (*Social Security*), pagamentos de seguro-desemprego etc. As empresas usam o dinheiro que recebem dos mercados financeiros por empréstimo ou por emissão de ações ou títulos para pagar os gastos com investimento, que envolvem gastos com bens e serviços, como maquinário e construção de prédios, que aumentarão sua produção no futuro. Por fim, o resto do mundo compra as exportações da economia. Para entender a contabilidade da renda nacional, enfatizamos os fluxos de e para os mercados de bens e serviços, que representam a economia "real", mostrada no lado esquerdo da figura, com setas claras. O lado direito da figura, com setas escuras, representa a economia "financeira", que examinaremos no Capítulo 25.

o produto interno bruto, ou PIB, temos de examinar uma distinção importante entre os grupos de bens e serviços: a diferença entre *bens e serviços finais* e *bens e serviços intermediários*.

Produto interno bruto

Quando o consumidor compra um carro novo do revendedor, temos um exemplo de venda de **bens e serviços finais**: bens e serviços vendidos ao usuário final. Mas, quando um fabricante de automóveis compra aço de uma usina siderúrgica ou vidro de uma vidraçaria, temos um exemplo de compra de **bens e serviços intermediários**: bens e serviços que são insumos para a produção de bens e serviços

Bens e serviços finais são bens e serviços vendidos ao usuário final.

Bens e serviços intermediários são bens e serviços – comprados de uma empresa por outra – que servem de insumo para a produção de bens e serviços finais.

finais. No caso dos bens e serviços intermediários, o comprador, outra empresa, *não* é o usuário final.

Produto interno bruto, ou **PIB**, é o valor total de todos os bens e serviços finais produzidos na economia durante determinado ano.

Produto interno bruto, ou **PIB,** é o valor total de todos os *bens e serviços finais* produzidos na economia durante dado período, normalmente um ano. Em 2019, o PIB dos Estados Unidos foi US$ 21.428 bilhões, ou cerca de US$ 65.223 por pessoa. Se você é um economista tentando elaborar as contas nacionais de um país, *uma maneira de calcular o PIB é calculá-lo diretamente: pesquisar as empresas e somar o valor de sua produção de bens e serviços finais.* Logo iremos explicar em detalhes por que os bens intermediários, e alguns outros tipos de bens, não são incluídos nos cálculos do PIB.

Mas somar o valor total dos bens e serviços finais produzidos não é a única maneira de calcular o PIB. Existem duas outras maneiras. Uma delas é baseada no gasto total em bens e serviços finais. Como o PIB é igual ao valor total dos bens e serviços finais produzidos na economia, ele tem de ser igual também ao fluxo de fundos recebidos pelas empresas pelas vendas no mercado de bens e serviços.

Se olharmos de novo o diagrama de fluxo circular na Figura 22.1, veremos a seta indo do mercado de bens e serviços para as empresas. O fluxo de fundos que sai do mercado de bens e serviços em direção às empresas é igual ao fluxo de fundos que entra nos mercados de bens e serviços proveniente de outros setores. E, como podemos ver na Figura 22.1, o fluxo total de fundos em direção aos mercados de bens e serviços é a **despesa agregada** ou total em bens e serviços finais produzidos internamente – a soma do gasto de consumo, do gasto de investimento, das compras governamentais de bens e serviços e das exportações menos importações. *Assim, uma segunda maneira de calcular o PIB é somar a despesa agregada em bens e serviços finais produzidos internamente na economia.*

Despesa agregada, a soma dos gastos de consumo, do gasto de investimento, das compras governamentais de bens e serviços e das exportações menos importações, é o gasto total em bens e serviços finais produzidos internamente na economia.

Existe ainda uma terceira maneira de calcular o PIB, com base na renda total ganha na economia. As empresas, e os fatores de produção que elas empregam, são de propriedade dos domicílios. Assim as empresas, em última instância, precisam pagar o que elas ganham aos domicílios. O fluxo das empresas para os mercados de fatores é a renda de fatores paga pelas empresas aos domicílios na forma de salários, lucros, juros e aluguéis. Como toda a renda ganha pelas empresas pertence a alguém – se ela não vai para os trabalhadores ou detentores de títulos, ela conta como lucro que os acionistas recebem –, o valor do fluxo da renda de fatores das empresas para os domicílios tem de ser igual ao fluxo de dinheiro em direção às empresas vindo dos mercados de bens e serviços. E este último valor, como sabemos, é o valor total da produção na economia, o PIB.

Por que o PIB é igual ao valor total da renda de fatores paga aos domicílios pelas empresas? Porque o valor de cada venda na economia precisa representar uma renda para alguém, seja salário, lucro, juro ou aluguel. *Assim, uma terceira maneira de calcular o PIB é a soma do total das rendas de fatores recebidas pelos domicílios pagas pelas empresas na economia.*

Cálculo do PIB

Acabamos de explicar que, de fato, há três métodos para calcular o PIB:

1. Pesquisar e somar o valor total de todos os bens e serviços finais produzidos.
2. Somar gastos agregados em todos os bens e serviços produzidos internamente na economia.
3. Somar o total da renda de fatores que os domicílios recebem das empresas na economia.

Os estatísticos do governo usam os três métodos. Para explicarmos como esses três métodos funcionam, vamos considerar uma economia hipotética, simplificada, que se mostra na Figura 22.2. Essa economia tem três empresas: National Motors, que produz um carro por ano; National Steel, que produz o aço usado no carro; e National Ore, que explora o minério de ferro usado no aço. Assim, o PIB é $ 21.500, o valor de um carro por ano que a economia produz. Vejamos como os três métodos de calcular o PIB produzem o mesmo resultado.

Figura 22.2 Calculando o PIB.

Nessa economia hipotética simplificada, que consiste em três empresas, o PIB pode ser calculado de três maneiras diferentes: (1) medindo o PIB como o valor da produção de bens e serviços finais, pela soma do valor agregado de cada empresa; (2) medindo o PIB como a despesa agregada em bens e serviços produzidos internamente; e (3) medindo o PIB como renda de fatores recebida das empresas pelos domicílios na economia.

2. Despesa agregada em bens e serviços finais produzidos internamente = $ 21.500

	National Ore	National Steel	National Motors	Total da renda de fatores
Valor das vendas	$4.200 (minério)	$9.000 (aço)	$21.500 (carro)	
Bens intermediários	0	4.200 (minério)	9.000 (aço)	
Salários	2.000	3.700	10.000	$15.700
Pagamento de juros	1.000	600	1.000	2.600
Aluguéis	200	300	500	1.000
Lucros	1.000	200	1.000	2.200
Gasto total por empresa	4.200	9.000	21.500	
Valor agregado por empresa = Valor das vendas − Custo dos bens intermediários	4.200	4.800	12.500	

3. Total de pagamento a fatores = $ 21.500

1. Valor da produção de bens e serviços finais, soma do valor agregado = $ 21.500

Medindo o PIB como o valor da produção de bens e serviços finais. O primeiro método de calcular o PIB é somar o valor de todos os bens e serviços finais produzidos na economia, um cálculo que exclui o valor dos bens e serviços intermediários. Por que bens e serviços intermediários são excluídos? Afinal, não representam eles uma parcela bem grande e valiosa da economia?

Para entendermos por que apenas bens e serviços finais são incluídos no PIB, examinemos a economia simplificada descrita na Figura 22.2. Deveríamos medir o PIB dessa economia somando as vendas totais do produtor de minério de ferro, do produtor de aço e do produtor do automóvel? Se o fizéssemos, estaríamos, na verdade, contando o valor do aço duas vezes: uma vez no momento em que é vendido pela usina siderúrgica para a fábrica de automóveis e uma segunda vez quando a carroceria do automóvel é vendida ao consumidor de um carro pronto e acabado. E estaríamos contando o valor do minério de ferro *três* vezes: uma vez quando ele é retirado da mina e vendido à usina siderúrgica, uma segunda vez quando ele é transformado em aço e vendido ao produtor de automóveis, e uma terceira vez quando o aço é transformado em carro e vendido ao consumidor final.

Assim, contar o valor de cada venda de produtor nos faria contar um mesmo item várias vezes, inflando artificialmente o cálculo do PIB. Por exemplo, na Figura 22.2, o valor total de todas as vendas, intermediárias e finais, é $ 34.700: $ 21.500 da venda do carro mais $ 9.000 da venda de aço mais $ 4.200 da venda de minério de ferro. Sabemos, contudo, que o PIB é apenas $ 21.500. A maneira de evitar a dupla contagem é incluir no cálculo do PIB apenas o **valor agregado** por cada produtor: a diferença entre o valor de suas vendas e o valor de suas compras de insumos de outras empresas.

O **valor agregado** de um produtor é o valor de suas vendas menos o valor de suas compras de bens e serviços intermediários.

Ou seja, em cada estágio do processo de produção subtraímos o custo dos insumos (isto é, bens intermediários) nesse estágio. Nesse caso, o valor agregado do produtor do automóvel é o valor em dinheiro do carro que ele fabrica *menos* o custo do aço que ele compra, ou $ 12.500. O valor agregado do produtor de aço é o valor em dinheiro do aço que ele produz *menos* o custo do minério de ferro que ele compra, ou $ 4.800. Apenas o produtor de minério de ferro, que supomos não comprar bens intermediários, é que tem valor agregado igual a suas vendas totais, $ 4.200. A soma do valor agregado dos três produtores é $ 21.500, igual ao PIB.

Medindo o PIB como gasto em bens e serviços finais produzidos internamente. Outra maneira de calcular o PIB é somar a despesa agregada em bens e serviços finais produzidos internamente. Isto é, o PIB pode ser medido pelo fluxo de fundos em direção às empresas. Como o método que estima o PIB pelo valor da produção interna de bens e serviços, essa medida tem de ser levada a cabo de modo a evitar a dupla contagem.

Em termos de nosso exemplo do aço e do automóvel, não queremos contar o gasto de consumo no carro (representado na Figura 22.2 por $ 21.500, o preço de venda do carro) nem o gasto do produtor de automóvel em aço (representado na Figura 22.2 pelo valor de $ 9.000 do aço no carro). Se contássemos ambos, estaríamos contando o aço incorporado no carro duas vezes.

Resolvemos esse problema contando apenas o valor das vendas aos *compradores finais*, como consumidores, empresas que compram bens de investimento, o governo e compradores estrangeiros. Em outras palavras, a fim de evitar a dupla contagem no gasto, omitimos as vendas de insumos de uma empresa para outra ao estimar o PIB usando dados de gasto. Pode-se ver na Figura 22.2 que a despesa agregada em bens e serviços finais – o carro terminado – é $ 21.500.

Como já assinalamos, contudo, as contas nacionais incluem, *sim*, os gastos de investimento das empresas como parte do gasto final. Isto é, a compra de aço de uma fábrica de automóveis para fazer um carro não é considerada parte do gasto final, mas a compra pela companhia de uma nova máquina para sua fábrica *é* considerada, *sim*, parte do gasto final. Qual a diferença? O aço é um insumo que desaparece, que se gasta na produção; o maquinário, embora usado para fazer carros, vai durar vários anos. Como as compras de bens de capital, que vão durar um tempo considerável, não estão diretamente ligadas à produção atual, as contas nacionais consideram essas compras como uma forma de vendas finais.

Em capítulos subsequentes, vamos fazer uso repetido da proposição de que o PIB é igual à despesa agregada dos compradores finais com bens e serviços produzidos internamente. Vamos desenvolver também modelos sobre como cada grupo de compradores finais decide quanto gastar. Com isso em mente, vamos agora examinar os tipos de gasto que compõem o PIB.

Examinemos, mais uma vez, os mercados de bens e serviços na Figura 22.1. Veremos que um dos componentes das vendas das empresas é o gasto de consumo. Vamos indicar os gastos de consumo com a letra *C*. A Figura 22.1 mostra também três outros componentes das vendas: vendas de bens de investimento para outras empresas, que vamos indicar por *I*; compras de bens e serviços pelo governo, que vamos denotar por *G*; e vendas aos estrangeiros – isto é, exportações – que vamos indicar por *X*.

Na verdade, nem todos esses gastos finais se destinam a bens e serviços produzidos internamente. Temos de levar em conta os gastos com importações, que vamos indicar por *IM*. Renda gasta em importações é renda que não foi gasta em

PARA MENTES CURIOSAS Nossas vidas imputadas

Costuma-se dizer que, quando uma pessoa se casa com a empregada doméstica, o PIB cai. E isso é verdade: quando alguém fornece serviços em troca de pagamento, esses serviços são contados como parte do PIB. Mas os serviços que membros da família oferecem uns aos outros não entram no cálculo do PIB. Alguns economistas produziram medidas alternativas tentando "imputar" um valor ao trabalho doméstico, isto é, assinalar uma estimativa de qual teria sido o valor de mercado desse serviço se ele tivesse sido pago. Mas a medida-padrão do PIB não contém esse valor imputado.

As estimativas do PIB, no entanto, incluem uma imputação para o valor das habitações ocupadas pelos seus proprietários. Isto é, se você compra um imóvel que antes estava alugando, o PIB não diminui. É verdade que, como você já não paga aluguel ao locador, ele não vende mais um serviço a você, a saber, o uso da casa ou do apartamento. Mas os estatísticos fazem uma estimativa do que você pagaria caso tivesse alugado o imóvel no qual mora, seja apartamento ou casa. Para as finalidades da estatística, é como se você estivesse alugando sua casa de você mesmo.

Pensando bem, isso faz sentido. Em países nos quais a maioria das pessoas é dona de sua própria casa, como os Estados Unidos, o prazer que derivamos de nossa casa é uma parte importante do padrão de vida. Assim, para serem exatas, as estimativas do PIB têm de levar em conta o valor das residências ocupadas pelos seus donos, assim como o valor das residências alugadas.

bens e serviços domésticos; é renda que "vazou" pelas fronteiras nacionais. Assim, para medir precisamente a produção doméstica usando dados de gasto, é preciso subtrair os gastos com importações para chegar aos gastos sobre bens e serviços produzidos internamente. Reunir isso tudo nos dá a equação a seguir, que decompõe o PIB em quatro fontes de despesa agregada:

(22.1) $PIB = C + I + G + X - IM$

Veremos a Equação 22.1 muitas vezes nos capítulos seguintes.

Medindo o PIB como renda de fatores ganhos das empresas na economia. Uma última forma de calcular o PIB é somar todas as rendas ganhas pelos fatores de produção provenientes das empresas na economia: os salários recebidos pelo trabalho; os juros auferidos por quem empresta suas economias às empresas e ao governo; os aluguéis recebidos por quem arrenda sua terra ou prédios às empresas; e os lucros recebidos pelos acionistas, os proprietários do capital físico das empresas.

A Figura 22.2 mostra como esse cálculo funciona em nossa economia simplificada. A coluna sombreada na extrema direita mostra o total de salários, juros e aluguéis pagos por todas essas empresas, bem como seu lucro total. A soma disso tudo resulta na renda de fatores total de $ 21.500 – novamente, igual ao PIB.

Não vamos enfatizar a renda de fatores tanto quanto os outros dois métodos para calcular o PIB. É importante ter em mente, contudo, que todo o dinheiro gasto em bens e serviços produzidos internamente gera renda de fatores para os domicílios.

Os componentes do PIB. Agora, que sabemos como o PIB é calculado em princípio, vejamos que cara ele tem na prática.

A Figura 22.3 mostra, lado a lado, os primeiros dois métodos de calcular o PIB. A altura de cada barra acima do eixo horizontal representa o PIB da economia norte-americana em 2019: US$ 21.428 bilhões. Cada barra está dividida de modo a mostrar os componentes desse total em termos de onde foi agregado valor e como o dinheiro foi gasto.

ARMADILHAS

PIB: O QUE ENTRA E O QUE FICA DE FORA

É fácil confundir o que é incluído e o que é excluído do PIB. Por exemplo, gastos de investimento – ou seja, gastos em capital físico produtivo (incluindo construção de estruturas residenciais e comerciais) e mudanças nos estoques (bens e matérias-primas mantidas para facilitar as operações da empresa) – são incluídos no PIB. Mas os gastos com bens e serviços intermediários, como o aço usado para fabricar automóveis, não são. Por quê?

A resposta é que só incluímos itens que foram produzidos recentemente (diferentemente, digamos, de carros usados) e não são consumidos na produção (como o aço nos carros novos). A seguir, apresentamos uma tabela resumindo o que é incluído e excluído.

INCLUÍDO	EXCLUÍDO
Gastos de investimento	**Gastos com bens e serviços intermediários**
Gastos em capital físico produtivo (incluindo a construção de estruturas residenciais e comerciais) e mudanças nos estoques	Insumos para produção de bens e serviços finais
Gastos de capital	**Produtos usados**
Considerados parte dos gastos de investimento	Sua inclusão seria uma contagem dupla: contando-os uma vez quando vendidos novos e outra quando usados
Bens e produtos finais produzidos internamente	**Ativos financeiros como ações e títulos**
Inclui bens de capital e novas construções de estruturas produzidas por empresas (também inclui negócios domésticos ocupados pelo proprietário, como creches dirigidas por famílias, serviços educacionais e outros fornecidos pelo governo)	Eles nem representam a produção nem a venda de produtos e serviços finais: um *título* representa uma promessa para reembolsar uma soma com juros; uma *ação* representa uma prova de propriedade
	Gastos com importação
	Gastos com bens e serviços produzidos fora do país não fazem parte da produção doméstica e, portanto, são excluídos

Figura 22.3 PIB dos EUA em 2019: dois métodos de cálculo.

As duas barras mostram duas formas equivalentes de calcular o PIB. A altura de cada barra acima do eixo horizontal representa US$ 22.060 bilhões, o PIB dos Estados Unidos em 2019. A barra da esquerda mostra a decomposição do PIB de acordo com o valor agregado por cada setor da economia: governo, domicílios e empresas. A barra da direita mostra a decomposição do PIB de acordo com quatro tipos de despesa agregada: $C + I + G + X - IM$. A barra da direita tem o comprimento total de $ 21.428 bilhões + $ 632 bilhões = $ 22.060 bilhões. Os $ 632 bilhões que se mostram como a área que se estende abaixo do eixo horizontal são o total de gastos absorvido pelas exportações líquidas, que foram negativas em 2019. (Somas não exatas devido a arredondamento.)
Dados de: Bureau of Economic Analysis.

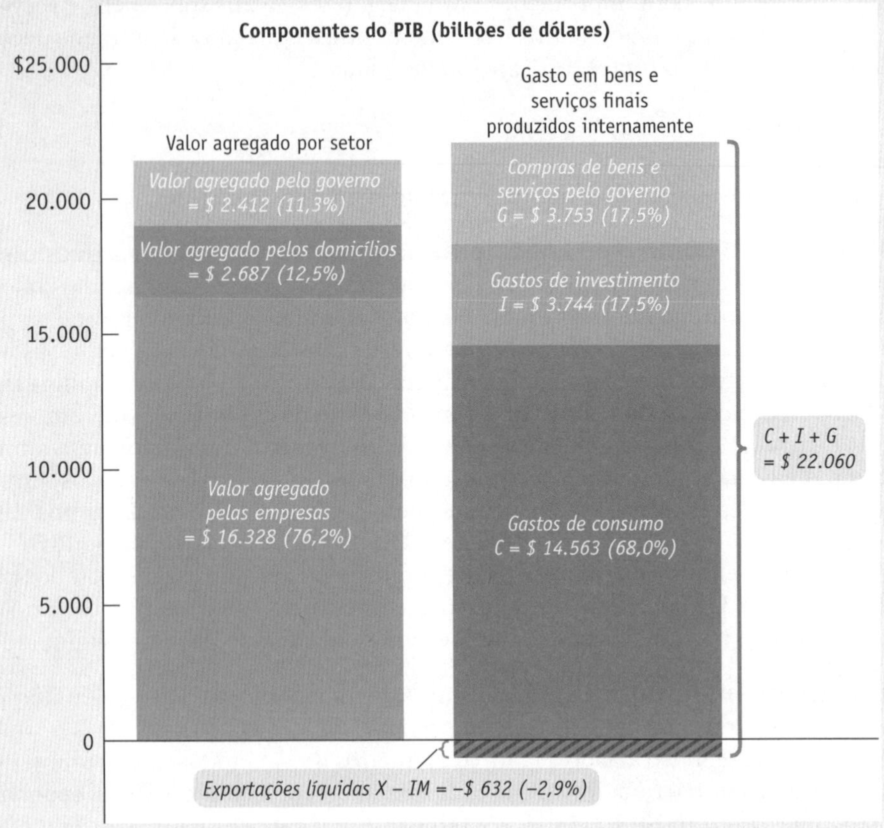

Na barra à esquerda, na Figura 22.3, vemos os componentes do PIB pelo valor agregado segundo os setores, o primeiro método de cálculo do PIB. Dos $ 21.428 bilhões, $ 16.328 bilhões representaram valor agregado pelas empresas. Outros $ 2.687 bilhões consistem em valor agregado por domicílios e instituições; uma boa parte disso foram os serviços imputados pelas residências ocupadas por seus donos, descritos no Para Mentes Curiosas anterior, "Nossas vidas imputadas". Finalmente, $ 2.412 consistem em valor agregado pelo governo na forma de atividades militares, educação e outros serviços governamentais.

A barra à direita, na Figura 22.3, corresponde ao segundo método de cálculo do PIB, mostrando a decomposição por quatro tipos de despesa agregada. O comprimento total da barra direita é maior que o comprimento da barra esquerda, uma diferença de $ 632 bilhões (que, como se vê, está abaixo do eixo horizontal). Isso porque o comprimento total da barra direita representa o gasto total na economia, gasto tanto em bens e serviços produzidos internamente quanto em bens e serviços finais produzidos no exterior. Dentro da barra, o gasto de consumo (C), que é 68,0% do PIB, domina o gasto geral.

Exportações líquidas são a diferença entre o valor das exportações e o das importações.

Mas uma parte desse gasto foi absorvida por bens e serviços produzidos no exterior. Em 2019, as **exportações líquidas**, ou seja, a diferença entre o valor das exportações e o das importações ($X - IM$ na Equação 22.1) foi negativa; os Estados Unidos foram um importador líquido de bens e serviços estrangeiros. O valor de $X - IM$ em 2019 foi –US$ 632 bilhões, ou –2,9% do PIB. Assim, uma parte da barra da direita se estende abaixo do eixo horizontal no montante de $ 632 bilhões, para representar a quantidade de gasto total absorvida pelas importações líquidas e que, portanto, não levou a um PIB norte-americano mais alto. Gastos de investimento (I) constituíram 17,5% do PIB; as compras de bens e serviços pelo governo (G) constituíram 17,5% do PIB.

O que o PIB nos informa

Agora, que vimos as várias maneiras de calcular o produto interno bruto, o que essas medidas do PIB nos informam?

O uso mais importante do PIB é como medida do tamanho da economia. Por exemplo, suponha que queiramos comparar as economias de diferentes países. Uma abordagem natural é compará-las pelo PIB. Em 2019, como vimos, o PIB dos Estados Unidos foi de US$ 21.428 bilhões; o PIB da China foi US$ 14.140 bilhões; e o PIB combinado dos 28 países que compõem a União Europeia foi US$ 18.292 bilhões.

Mas não abrimos o capítulo dizendo que, por algumas medidas, a China tem a maior economia do mundo, enquanto outras medidas mostram que a economia dos EUA ainda é maior? Bem, acontece que é preciso ter cuidado ao usar números de PIB na comparação entre países, especialmente quando se compara ao longo do tempo. Isso porque uma parte do aumento de valor do PIB no tempo representa aumento nos *preços* dos bens e serviços, não aumento no produto. Por exemplo, o PIB dos Estados Unidos foi US$ 8.578 bilhões em 1997 e tinha mais do que dobrado para US$ 21.428 bilhões em 2019. Para medir a verdadeira mudança no produto agregado, precisamos de uma versão modificada do PIB ajustada pelas mudanças de preço, conhecida como *PIB real.*

Uma questão semelhante surge quando se comparam os Estados Unidos e a China, porque muitos bens e serviços vendidos na China são muito mais baratos do que nos Estados Unidos, e as estimativas que levam isso em consideração mostram que o PIB real da China é maior do que o número não ajustado sugere. Veremos em seguida como se calcula o PIB real.

>> *Teste seu entendimento* 22.1

As respostas estão no fim do livro.

1. Explique por que os três métodos de cálculo do PIB produzem a mesma estimativa do PIB.
2. Quais são os vários setores para os quais as empresas fazem vendas? Quais são as várias maneiras pelas quais os domicílios são ligados com outros setores da economia?
3. Considere a primeira linha da Figura 22.2 e suponha que você, erroneamente, tenha achado que o valor agregado total foi $ 30.500, a soma do preço de venda de um carro e do valor do aço que compõe o carro. Qual item você estaria contando duas vezes?

>> *Revisão Rápida*

- As **contas nacionais de renda e produto**, ou **contas nacionais**, registram o fluxo de dinheiro entre os setores econômicos.
- Existem quatro fluxos de dinheiro para os mercados de bens e serviços: **gastos de consumo, compras de bens e serviços pelo governo**, **exportações** e **gastos de investimento**.
- Parte dos gastos com bens e serviços sai do país por meio das **importações**. O restante torna-se vendas por produtores domésticos.
- O **produto interno bruto**, ou **PIB**, pode ser calculado de três maneiras diferentes: somando o **valor agregado** por todas as empresas; somando todos os gastos em **bens e serviços finais** produzidos internamente, um montante igual aos gastos agregados (**despesa agregada**); ou somando todas as rendas de fatores pagas pelas empresas. **Bens e serviços intermediários** não são incluídos no cálculo do PIB.

PIB real: medida do produto agregado

A economia dos EUA teve um ano muito bom em 2019: a nação ganhou 2,1 milhões de empregos, enquanto a taxa de desemprego caiu de 4,0 para 3,5%. Certamente, foi um ano melhor que 1982, quando uma severa recessão reduziu o emprego em 2 milhões e fez o desemprego subir às alturas. O estranho, porém, é que o PIB subira ligeiramente mais rápido em 1982 (4,2%) do que em 2019 (4,1%). Como isso foi possível? A resposta é que, em 1982, o PIB estava subindo por um motivo ruim – a inflação, que aumentou os preços dos bens e serviços que o país produziu –, não porque a economia estivesse realmente crescendo. A inflação foi muito menor em 2019, de modo que o aumento no PIB realmente correspondeu ao progresso econômico.

Para calcularmos com precisão o crescimento da economia, precisamos de uma medida do **produto agregado**: a quantidade total de produtos e serviços finais que a economia produz. O cálculo utilizado neste caso é chamado de *PIB real.* O monitoramento do PIB real, com o tempo, evita o problema de a mudança dos preços distorcer o valor da mudança na produção de produtos e serviços ao longo do tempo. Vejamos primeiro como o PIB real é calculado e depois o que ele significa.

Produto agregado é a quantidade total da produção de bens e serviços finais da economia.

Cálculo do PIB real

Para entender como se calcula o PIB real, imagine uma economia em que sejam produzidos apenas dois bens, maçãs e laranjas, e que ambos os bens sejam vendidos apenas a consumidores finais. A produção e os preços dessas duas frutas por dois anos consecutivos aparecem na Tabela 22.1.

Tabela 22.1 Cálculo do PIB e do PIB real em uma economia simples

	Ano 1	Ano 2
Quantidade de maçãs (bilhões)	2.000	2.200
Preço da maçã	$ 0,25	$ 0,30
Quantidade de laranjas (bilhões)	1.000	1.200
Preço da laranja	$ 0,50	$ 0,70
PIB (bilhões de dólares)	$ 1.000	$ 1.500
PIB real (bilhões de dólares do ano 1)	$ 1.000	$ 1.150

A primeira coisa que podemos dizer sobre esses dados é que o valor das vendas aumentou do ano 1 para o ano 2. No primeiro ano, o valor total das vendas foi (2.000 bilhões × $ 0,25) + (1.000 bilhão × $ 0,50) = $ 1.000 bilhão; no segundo ano, foi (2.200 bilhões × $ 0,30) + (1.200 bilhão × $ 0,70) = $ 1.500 bilhão, o que é 50% maior. Mas também fica claro na tabela que esse aumento do valor em dólares do PIB superestima o crescimento real da economia. Embora as quantidades, tanto de maçãs quanto de laranjas, tenham aumentado, os preços da maçã e da laranja também aumentaram. Assim, parte do aumento de 50% no valor do PIB em dólares reflete preços mais altos e não uma produção maior.

Para estimarmos o verdadeiro aumento no produto agregado que se obteve, temos de fazer a seguinte pergunta: quanto teria aumentado o PIB se os preços *não* tivessem mudado? Para respondermos a essa questão, precisamos saber o valor do produto no ano 2 expresso em preços do ano 1. No ano 1, o preço das maçãs era de $ 0,25 cada, e o preço das laranjas, $ 0,50 cada. Assim, o produto do ano 2 *aos preços do ano 1* é (2.200 bilhões × $ 0,25) + (1.200 bilhão × $ 0,50) = $ 1.150 bilhão. O produto do ano 1 a preços do ano 1 foi $ 1 bilhão. Assim, neste exemplo, o PIB medido em preços do ano 1 aumentou 15%, de $ 1.000 bilhão para $ 1.150 bilhão.

PIB real é o valor total de todos os bens e serviços finais produzidos na economia durante determinado ano, calculado usando os preços de um ano-base selecionado.

PIB nominal é o valor de todos os bens e serviços finais produzidos na economia durante determinado ano, calculados usando os preços correntes no ano em que o produto é produzido.

Podemos agora definir o **PIB real**: é o valor total dos bens e serviços finais produzidos na economia durante um ano, calculado como se os preços tivessem permanecido constantes ao nível de algum ano-base específico. Os números de PIB real sempre vêm acompanhados da informação sobre qual é o ano-base.

Dados de PIB que não foram ajustados por mudanças nos preços são calculados usando os preços do ano em que o produto é produzido. Os economistas denominam essa medida **PIB nominal**, PIB a preços correntes. Se tivéssemos usado o PIB nominal para medir a verdadeira mudança de produto do ano 1 para o ano 2 em nosso exemplo de maçãs e laranjas, teríamos superestimado o verdadeiro crescimento do produto: teríamos dito que o crescimento foi 50% quando, de fato, foi apenas 15%. Comparando o produto em dois anos usando um conjunto comum de preços, neste exemplo, os preços do ano 1, temos condições de nos concentrar apenas nas mudanças da quantidade produzida, eliminando a influência das mudanças de preço.

A Tabela 22.2 mostra uma versão da vida real de nosso exemplo de maçãs e laranjas. A segunda coluna mostra o PIB nominal dos Estados Unidos em 2005, 2012 e 2019. A terceira coluna mostra o PIB real para cada ano em dólares do ano 2012. Para 2012, os dois números são iguais. Mas o PIB real em 2005, expresso em dólares de 2012, foi mais alto que o PIB nominal em 2005, refletindo o fato de que os preços em geral eram mais altos em 2012 do que em 2005. O PIB real em 2019, expresso em dólares do ano 2012, contudo, é menor que o PIB nominal em 2019 porque os preços em 2012 eram mais baixos que em 2019.

Você pode ter notado que há duas maneiras de calcular o PIB real usando os dados da Tabela 22.1. Por que não usar os preços do ano 2 em lugar dos preços do ano 1 como preços do ano-base? Esse procedimento parece igualmente válido. De acordo com esse cálculo, o PIB real no ano 1 aos preços do ano 2 é (2.000 bilhões × $ 0,30) + (1.000 bilhão × $ 0,70) = $ 1.300 bilhão; o PIB real no ano 2 aos preços do ano 2 é $ 1.500 bilhão, igual ao PIB nominal no ano 2. Assim, usando os preços do ano 2 como ano-base, o crescimento no PIB real é igual a ($ 1.500 bilhão – $ 1.300 bilhão) / $ 1.300 bilhão = 0,154 ou 15,4%. Isso é um pouco maior do que a cifra que obtivemos no cálculo anterior, em que os preços do ano 1 eram os preços do ano-base. Naquele cálculo, verificamos que o PIB real aumentou 15%. Nenhuma dessas duas respostas, 15,4% ou 15%, é mais "correta" que a outra.

Tabela 22.2 Estados Unidos: PIB nominal *versus* real em 2005, 2012 e 2019

	PIB nominal (bilhões de dólares correntes)	PIB real (bilhões de dólares de 2012)
2005	$ 13.037	$ 14.913
2012	$ 16.197	$ 16.197
2019	$ 21.428	$ 19.073

Na verdade, para medir as mudanças no PIB real, os economistas do governo que preparam as contas nacionais dos Estados Unidos adotaram um método conhecido como "encadeamento" para medir a variação no PIB real; eles usam a média entre a taxa de crescimento calculada com um ano-base anterior e a taxa de crescimento calculada usando um ano-base posterior. Consequentemente, as estatísticas norte-americanas de PIB real são sempre expressas em **dólares encadeados**.

Dólares encadeados é o método de cálculo das variações no PIB real usando a média entre a taxa de crescimento calculada usando um ano-base anterior e a taxa de crescimento calculada usando um ano-base posterior.

O que o PIB real não mede

O PIB, seja ele nominal ou real, é uma medida do produto agregado de um país. Tudo o mais mantido constante, um país com população maior tem um PIB maior porque há mais pessoas trabalhando. Quando queremos comparar o PIB de diferentes países, mas queremos eliminar o efeito de diferenças no tamanho da população, usamos o **PIB *per capita*** – o PIB dividido pelo tamanho da população, equivalente ao PIB médio por pessoa.

PIB *per capita* é o PIB dividido pelo tamanho da população; é equivalente ao PIB médio por pessoa.

O PIB real *per capita* pode ser uma medida útil em algumas circunstâncias, como na comparação da produtividade do trabalho entre países. Contudo, ainda que seja uma medida aproximada do produto real por pessoa, o PIB real *per capita* tem limitações bem conhecidas como medida do padrão de vida de um país. De vez em quando, os economistas são acusados de acreditar que o crescimento do PIB real *per capita* é a única coisa que importa – ou seja, pensar que seu aumento é um fim em si mesmo. Na verdade, economistas raramente cometem esse erro; a ideia de que os economistas se importam apenas com o PIB real *per capita* é uma espécie de lenda urbana.

COMPARAÇÃO GLOBAL O PIB E O SENTIDO DA VIDA

"Já fui rica, já fui pobre", disse a atriz Mae West em frase que ficou famosa. "Acreditem em mim, ser rica é melhor." Mas o mesmo se aplica aos países?

Esta figura mostra dois dados para uma série de países: quão ricos são eles, conforme o PIB *per capita*, e como as pessoas avaliam seu bem-estar. Bem-estar foi medido por uma pesquisa mundial da Gallup, que perguntou às pessoas como elas avaliavam sua própria vida em uma escala de 0 a 10. A figura parece indicar três coisas:

1. *Ser rico é melhor.* Países mais ricos, em média, têm bem-estar mais alto que países pobres.
2. *Dinheiro importa menos à medida que se fica mais rico.* Com o aumento do PIB, o ganho médio na satisfação com a vida por dólar extra fica cada vez menor. Passar de um PIB *per capita* de $ 20.000 para $ 40.000 parece não produzir mais ganho do que passar de $ 10.000 para $ 20.000.
3. *Dinheiro não é tudo.* Os cidadãos da Costa Rica, uma nação com renda média, parecem estar mais satisfeitos com suas vidas do que os cidadãos de países muito mais ricos, como o Japão.

Esses resultados são consistentes com a observação de que um PIB *per capita* elevado torna mais fácil alcançar uma boa vida, mas que os países não têm o mesmo êxito em aproveitar essa possibilidade.

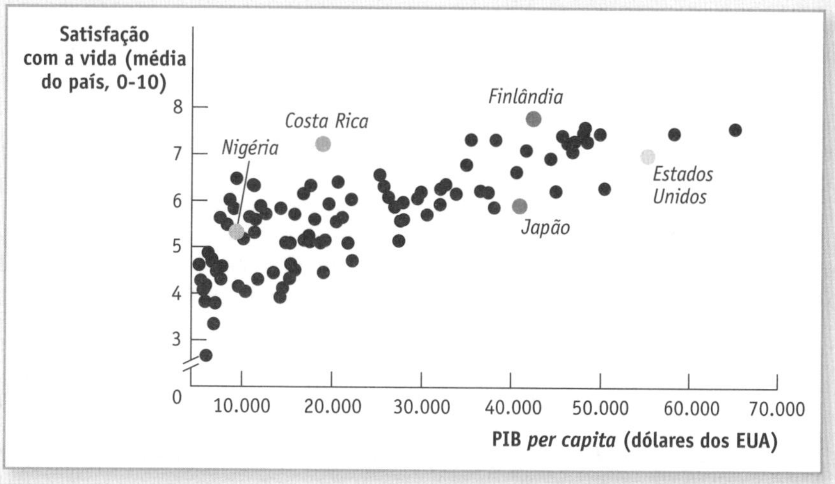

Dados de: World Happiness Report (2019); World Bank.

Vamos tomar uns minutos para esclarecer por que o PIB real *per capita* de um país não é uma medida suficiente do bem-estar humano nesse país e por que o crescimento no PIB real *per capita* não é, em si mesmo, uma meta adequada de política pública.

Uma maneira de pensar nessa questão é dizer que um aumento no PIB real significa uma expansão da fronteira das possibilidades de produção da economia. Se a economia aumentou sua capacidade produtiva, há mais coisas que a sociedade pode alcançar. Mas saber se a sociedade de fato faz bom uso desse potencial expandido para melhorar seu padrão de vida é outra questão. Em palavras um pouco diferentes: sua renda pode ser mais alta este ano do que foi no ano passado, mas se você de fato usa sua renda mais alta para melhorar sua qualidade de vida, trata-se de uma escolha sua.

O PIB real *per capita*, portanto, é uma medida do produto agregado médio da economia por pessoa. Um país que tem PIB elevado permite que seus cidadãos sejam saudáveis, tenham boa educação e, em geral, boa qualidade de vida. Mas não há correspondência um a um entre PIB e qualidade de vida.

ECONOMIA >> *em Ação*

Perplexidade no peso argentino

A nação sul-americana da Argentina teve uma história econômica conturbada, a ponto de quase se tornar sinônimo de crise econômica. Em 2018, a Argentina estava novamente em apuros, sofrendo com uma repentina perda de confiança dos investidores. A taxa de desemprego do país disparou de 7,2% no final de 2017 para 9,1% no final de 2018.

Mas como isso aconteceu? Afinal, o PIB da Argentina estava crescendo rapidamente: 43% do último trimestre de 2017 ao último trimestre de 2018.

A resposta é que esse era o crescimento do PIB *nominal*, e um dos problemas da Argentina era a inflação alta. O PIB *real* caiu mais de 6% em 2018.

Os problemas da Argentina, portanto, exemplificam bem por que é importante distinguir entre PIB nominal e real. Eles também demonstram a importância de medir a inflação com cuidado – algo que, como explicamos no Caso Empresarial deste capítulo, o governo da Argentina nem sempre fez.

>> *Revisão Rápida*

- Para determinar o verdadeiro crescimento do **produto agregado**, devemos calcular o **PIB real** usando preços de algum ano-base específico. Em contraste, o **PIB nominal** se refere ao valor do produto agregado calculado a preços correntes. As estatísticas de PIB real dos Estados Unidos são sempre expressas em **dólares encadeados**.
- O **PIB *per capita*** real é a medida do produto agregado médio por pessoa. Mas ele não é uma medida suficiente de bem-estar humano nem é um objetivo adequado em si mesmo, pois não reflete aspectos importantes do padrão de vida em uma economia.

>> *Teste seu entendimento* 22.2

As respostas estão no fim do livro.

1. Suponha que haja apenas dois bens na economia, batata frita e anéis de cebola frita. Em 2019, foi vendido um milhão de porções de batata frita a $ 0,40 cada e 800.000 porções de anéis de cebola a $ 0,60 cada. De 2019 para 2020, o preço das fritas subiu 25% e a quantidade de porções vendidas caiu 10%; o preço dos anéis de cebola caiu 15% e o número de porções vendidas aumentou 5%.
   - **a.** Calcule o PIB nominal em 2019 e 2020. Calcule o PIB real em 2020, usando preços de 2019.
   - **b.** Por que uma avaliação do crescimento pelo PIB nominal seria enganosa?
2. De 2016 a 2020, o preço dos aparelhos eletrônicos caiu drasticamente e o preço das moradias subiu muitíssimo. Que implicações isso tem ao se decidir usar 2016 ou 2020 como ano-base para calcular o PIB real de 2018?

|| Índices de preços e nível de preços agregado

No início de 2020, os motoristas norte-americanos tinham algo para comemorar: os preços do galão de gasolina tinham caído para uma média de US$ 1,77, redução de 40% em relação ao seu pico, um ano antes. Porém, embora ficasse mais barato andar de carro, ter algum lugar para viver quando você chegasse estava ficando mais caro: ao final de 2019, os aluguéis eram, em média, 3,7% mais altos do que quando a gasolina estava em seu valor mais caro. Então, o custo de vida estava subindo ou descendo?

Havia claramente a necessidade de um número único para resumir o que estava acontecendo com os preços ao consumidor. Assim como os macroeconomistas consideram útil ter um único número representando o nível geral de produção, eles também acham útil ter um único número representando o nível geral de preços: o **nível de preços agregado**. Mas há uma variedade imensa de bens e serviços que são produzidos e consumidos em uma economia. Como podemos resumir os preços de todos esses bens e serviços em único número? A resposta está no conceito de *índice de preços*, conceito a ser mais bem apresentado por meio de um exemplo.

Nível de preços agregado é uma medida do nível geral de preços na economia.

Cestas de mercado e índices de preços

Suponha que uma geada na Flórida destrua a maior parte da colheita de frutas cítricas. Em consequência, o preço da laranja sobe de $ 0,20 cada para $ 0,40 cada, o preço da toranja aumenta de $ 0,60 para $ 1,00 cada e o preço do limão aumenta de $ 0,25 para $ 0,45 cada. Qual foi o aumento de preço dos cítricos?

Uma maneira de responder a essa questão é dar os três números, as mudanças de preço para laranjas, toranjas e limões. Mas esse é um método muito enrolado. Em vez de ter de recitar três números cada vez que alguém pergunta o que aconteceu com o preço dos cítricos, é preferível ter algum tipo de medida geral do aumento de preços *médio*.

Os economistas medem a mudança média de preços de bens e serviços de consumo perguntando quanto mais ou quanto menos um consumidor típico terá de gastar para comprar seu *pacote de consumo* prévio, a cesta típica de bens e serviços comprados antes da mudança de preços. Um pacote de consumo hipotético, usado para medir mudanças no nível geral de preços, é conhecido como **cesta de mercado**. Suponha que, antes da geada, um consumidor típico comprava por ano 200 laranjas, 50 toranjas e 100 limões, nossa cesta de mercado para este exemplo.

Cesta de mercado é um conjunto hipotético de compras de bens e serviços pelo consumidor.

A Tabela 22.3 mostra o custo da cesta de mercado antes e depois da geada. Antes da geada, custava $ 95. Depois da geada, o mesmo pacote de bens custa $ 175. Como $ 175 / $ 95 = 1,842, a cesta pós-geada custa 1,842 vez o custo da cesta pré-geada, um aumento no custo de 84,2%. Neste exemplo, o preço médio dos cítricos aumentou 84,2% desde o ano-base em consequência da geada, sendo ano-base o ano inicial usado para medir a mudança de preços.

Os economistas usam o mesmo método para medir mudanças no nível geral de preços com o passar do tempo. Por exemplo, para medir a mudança no nível de preço geral de 2010 (o ano-base) até 2020, eles comparam o custo de comprar a cesta de mercado em 2010 com o custo em 2020. Assim, eles *normalizam* a medida do nível agregado de preços de tal modo que ele é igual a 100 em algum ano-base escolhido. Trabalhando com uma cesta de mercado e um ano-base, e depois normalizando, chegamos a um **índice de preços**, uma medida normalizada no nível geral de preços. Ele é sempre apresentado junto com o ano para o qual o nível de preços agregados está sendo medido, bem como o ano-base. Um índice de preços pode ser calculado usando a fórmula a seguir:

Um **índice de preços** mede o custo para comprar determinada cesta de mercado em determinado ano, sendo que esse custo é normalizado de modo que seja igual a 100 no ano-base escolhido.

(22.2) $$\text{Índice de preços em dado ano} = \frac{\text{Custo da cesta de mercado em dado ano}}{\text{Custo da cesta de mercado no ano-base}} \times 100$$

Tabela 22.3 Cálculo do custo da cesta de mercado

	Antes da geada	Depois da geada
Preço da laranja	$ 0,20	$ 0,40
Preço da toranja	0,60	1,00
Preço do limão	0,25	0,45
Custo da cesta de mercado (200 laranjas, 50 toranjas, 100 limões)	(200 × $ 0,20) + (50 × $ 0,60) + (100 × $ 0,25) = $ 95,00	(200 × $ 0,40) + (50 × $ 1,00) + (100 × $ 0,45) = $ 175,00

Em nosso exemplo, a cesta de mercado de frutas cítricas custa $ 95 no ano-base, antes da geada. Assim, pela Equação 22.2, definiríamos o índice de preços para cítricos como (custo corrente da cesta de mercado / $ 95) × 100. Isso dá um índice de preços de 100 para o período antes da geada e de 184,2 para o período depois da geada. É preciso notar que o índice de preços para o ano-base sempre resulta em um índice de preços igual a 100. Isso porque o índice de preços do ano-base é igual a: (custo da cesta de mercado no ano-base / custo da cesta de mercado no ano-base) × 100 = 100.

Dessa forma, o índice de preços deixa claro que o preço médio dos cítricos aumentou 84,2% em consequência da geada. Por sua simplicidade e apelo intuitivo, esse método é usado para calcular diversos índices de preços que monitoram mudanças médias de preço de diferentes grupos de bens e serviços. Por exemplo, o *índice de preços ao consumidor*, que discutiremos adiante, é a medida mais utilizada do nível de preços agregado, o nível geral de preços dos bens e serviços de consumo final na economia.

Taxa de inflação é a mudança percentual anual no índice de preços - normalmente, o índice de preços ao consumidor.

Índices de preços são usados também para medir a inflação. A **taxa de inflação** é a mudança percentual anual no índice de preços. A taxa de inflação do ano 1 para o ano 2 é calculada usando a fórmula a seguir, considerando que esses anos são consecutivos:

$$\textbf{(22.3)}\ \text{Taxa de inflação} = \frac{\text{Índice de preços do ano 2} - \text{Índice de preços do ano 1}}{\text{Índice de preços do ano 1}} \times 100$$

Normalmente, uma reportagem que menciona a "taxa de inflação" está se referindo à mudança percentual anual no índice de preços ao consumidor.

Índice de preços ao consumidor

O **índice de preços ao consumidor**, ou **IPC**, mede o custo da cesta de mercado de uma família urbana típica.

A medida de preço mais usada nos Estados Unidos é o **índice de preços ao consumidor** (muitas vezes mencionado como **IPC**), que tem o objetivo de mostrar como o custo de todas as compras de uma família urbana típica muda ao longo do tempo. Ele é calculado pesquisando-se os preços de mercado de uma cesta de mercado construída para representar o consumo de uma família típica de quatro pessoas vivendo em uma cidade norte-americana. O período-base para esse índice é atualmente 1982-1984; ou seja, o índice é calculado de tal modo que a média dos preços ao consumidor em 1982-1984 é igual a 100.

A cesta de mercado usada para calcular o IPC é muito mais complexa que a cesta de mercado de três frutas que acabamos de descrever. De fato, para calcular o IPC, o governo norte-americano envia seus empregados para pesquisar supermercados, postos de gasolina, lojas de ferragens etc., cerca de 23.000 pontos de comércio do varejo em 87 cidades norte-americanas. Todo mês o governo tabula cerca de 80.000 preços, incluindo de tudo, desde alface até consultas médicas.

A Figura 22.4 mostra o peso das principais categorias no índice de preços ao consumidor em dezembro de 2018. Por exemplo, combustível para veículos, sobretudo gasolina, representava 3,8% do IPC norte-americano. Por outro lado, a moradia representava mais de 42% do IPC. Assim, uma queda de 30% nos preços da gasolina teria reduzido o IPC em aproximadamente 1,1% ou (0,30 × 3,8%), enquanto o aumento percentual muito menor nos custos de moradia, de 3,5%, na realidade teve um efeito positivo sobre o índice geral de preços, de 1,5% ou (0,035 × 42,2%).

A Figura 22.5 mostra como o IPC mudou desde que se iniciou seu cálculo, em 1913. Desde 1940, o IPC tem subido gradualmente, embora os aumentos percentuais anuais em anos recentes sejam muito menores que aqueles da década de 1970 e início dos anos 1980. (Usa-se uma escala logarítmica de tal modo que mudanças percentuais iguais do IPC se mostram com a mesma inclinação.)

Os Estados Unidos não são o único país que calcula um índice de preços ao consumidor. Na verdade, quase todo país tem esse índice. Como é de esperar, as cestas de mercado que compõem o índice variam bastante de um país para outro. Em países pobres, onde as pessoas gastam uma proporção mais alta de sua renda para se alimentarem, os alimentos representam uma parcela elevada do índice. Também nos países de renda elevada, diferenças no padrão de consumo levam a diferenças no índice de preços; o índice de preços do Japão dá peso maior a peixe cru e peso menor à carne bovina, enquanto o índice da França dá mais peso ao vinho.

Figura 22.4 Componentes do índice de preços ao consumidor em 2018 nos EUA.

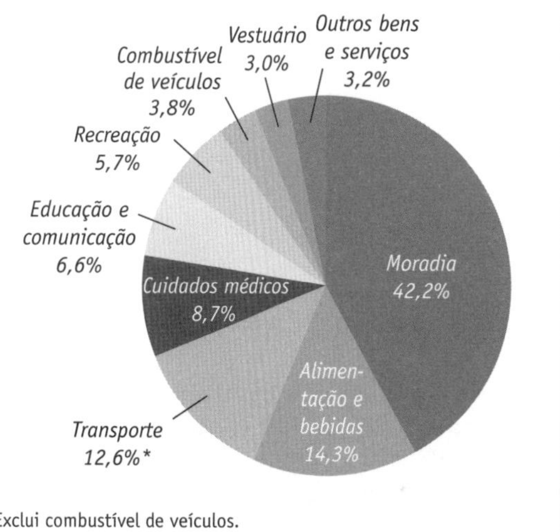

Esse gráfico de pizza mostra a parcela dos principais tipos de gasto no IPC em dezembro de 2018. Moradia, alimentação, transporte e combustível para veículos representam aproximadamente 73% da cesta de mercado do IPC. (A soma não é 100% devido ao arredondamento.)
Dados de: Bureau of Labor Statistics.

Outras medidas de preço

Há mais duas medidas de preço que também são muito utilizadas para monitorar mudanças de preço no conjunto da economia. Uma delas é o **índice de preços ao produtor** (o **IPP**, que costumava ser mencionado como *índice de preços do atacado*). Como seu nome sugere, o índice de preços ao produtor mede o custo de uma cesta típica de bens e serviços, contendo matérias-primas como aço, eletricidade, carvão etc., comprada pelos produtores. Dado que os produtores de *commodities* são relativamente rápidos em aumentar os preços quando percebem uma mudança na demanda geral por seus bens, o IPP costuma responder mais rapidamente que o IPC a pressões inflacionárias ou deflacionárias. Por isso, uma variação no IPP muitas vezes é considerada um sinal de alerta antecipado em relação a mudanças na taxa de inflação.

A outra medida muito usada é o *deflator do PIB*; este não é exatamente um índice de preços, embora sirva à mesma finalidade. Lembre-se de que, em nossa discussão da Tabela 22.2, distinguimos entre PIB *nominal* (PIB a preços correntes) e PIB *real* (PIB calculado usando os preços de um ano-base). O **deflator do PIB** para dado ano é igual a 100 multiplicado pela razão entre o PIB nominal para aquele ano e o PIB real para aquele ano. Como o PIB real dos Estados Unidos é atualmente expresso em dólares de 2012, o deflator do PIB para o ano 2012 é igual a 100. Se o PIB nominal dobra mas o PIB real não muda, o deflator do PIB indica que o nível de preços agregado dobrou.

O **índice de preços ao produtor**, ou **IPP**, mede as variações nos preços de matéria-prima comprada pelos produtores.

O **deflator do PIB** para determinado ano é 100 vezes a razão entre o PIB nominal e o PIB real nesse ano.

Figura 22.5 O IPC, 1913-2020.

Desde 1940, o IPC subiu de forma constante. Mas os aumentos percentuais anuais nos últimos anos têm sido muito menores do que os da década de 1970 e início de 1980. (O eixo vertical é medido em uma escala logarítmica, de modo que alterações percentuais iguais no IPC têm a mesma inclinação.)
Dados de: Bureau of Labor Statistics.

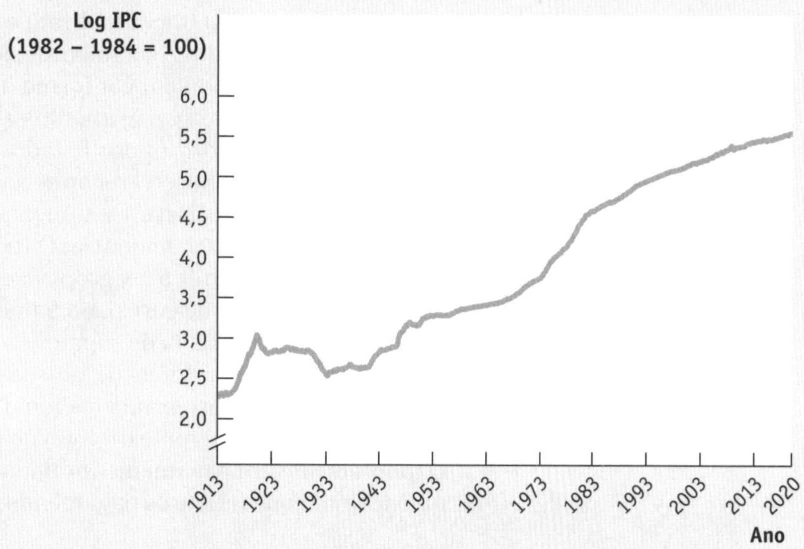

Talvez o ponto mais importante no que se refere às diferentes taxas de inflação estimadas por essas três medidas de preço seja que elas normalmente se movem muito perto umas das outras (embora o IPP tenha tendência a oscilar mais que as outras duas medidas). A Figura 22.6 mostra a mudança percentual anual nos três índices desde 1930. Pelas três medidas, a economia norte-americana sofreu deflação durante os primeiros anos da Grande Depressão, inflação durante a Segunda Guerra Mundial e aceleração da inflação durante a década de 1970, retornando a uma relativa estabilidade de preços nos anos 1990. A propósito, observe no gráfico a forte oscilação dos preços ao produtor de 2000 a 2019; isso reflete a forte oscilação nos preços de energia e alimentos, que desempenham papel muito maior no IPP do que no IPC ou no deflator do PIB.

Figura 22.6 O IPC, o IPP e o deflator do PIB.

Como mostra a figura, as três medidas diferentes de inflação, o IPP (cinza médio), o IPC (cinza-claro) e o deflator do PIB (cinza-escuro), geralmente movem-se em conjunto. Cada um revela uma aceleração drástica da inflação durante a década de 1970 e um retorno à relativa estabilidade dos preços na década de 1990. Com a exceção de um breve período de deflação em 2009, os preços se mantiveram estáveis de 2000 a 2019.

Dados de: Bureau of Labor Statistics; Bureau of Economic Analysis.

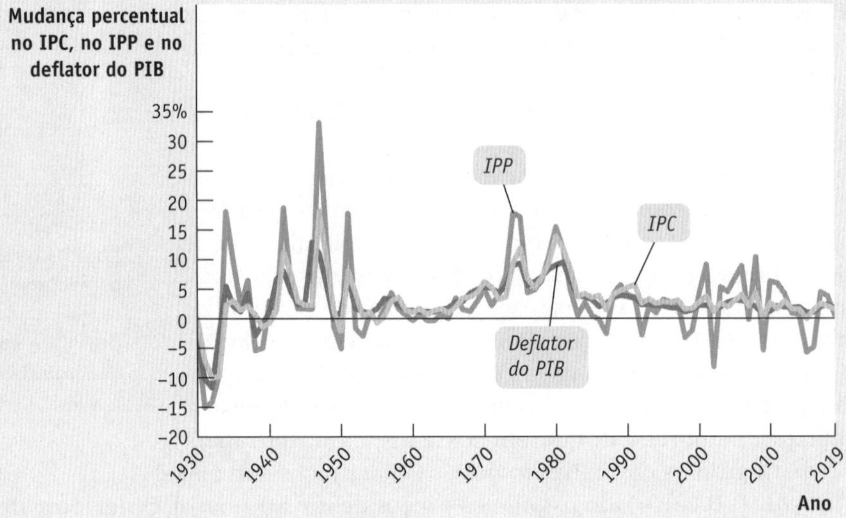

ECONOMIA >> *em Ação*

Indexação pelo IPC

Embora o PIB seja um número importante na formulação de política econômica, as estatísticas oficiais do PIB não têm efeito direto sobre a vida das pessoas. O IPC, ao contrário, tem um impacto direto e imediato sobre milhões de pessoas.

A razão é que muitos pagamentos são vinculados ou *indexados* ao IPC – o montante pago aumenta ou cai conforme o IPC sobe ou desce.

A prática de indexar pagamentos ao índice de preços ao consumidor data de longe, desde os primórdios dos Estados Unidos como nação. Em 1780, o legislativo do estado de Massachusetts reconheceu que o pagamento de seus soldados em luta contra os ingleses precisava ser aumentado por causa da inflação que havia ocorrido durante a Guerra Revolucionária. O legislativo do estado adotou uma fórmula que tornou o soldo dos militares proporcional ao custo de uma cesta de mercado que consistia em 5 sacos de cereal, 68,5 libras de carne, 10 libras de lã de carneiro e 16 libras de couro para sola de sapato.[1]

Atualmente, 63 milhões de pessoas nos Estados Unidos recebem cheques da Previdência Social, programa nacional de aposentadoria que representa quase um quarto da despesa corrente do governo federal, mais do que o orçamento de defesa. O montante de um pagamento individual da Previdência Social é determinado por uma fórmula que reflete os pagamentos anteriores de cada pessoa ao sistema, entre

[1]N. T.: Uma libra equivale a 453 gramas.

outros fatores. Além disso, todos os pagamentos da Previdência Social são ajustados todo ano para compensar qualquer aumento nos preços ao consumidor durante o ano anterior. O IPC é usado no cálculo da estimativa oficial da taxa de inflação usada para ajustar anualmente esses pagamentos. Assim, cada ponto percentual acrescentado à estimativa oficial da taxa de inflação acrescenta 1% no montante dos cheques recebidos por dezenas de milhões de indivíduos.

Outros pagamentos do governo são igualmente indexados ao IPC, como os benefícios por invalidez. Além do mais, as faixas de renda para pagamento do imposto de renda – as faixas de níveis de renda que determinam o percentual do imposto de renda que o contribuinte tem de pagar – são igualmente indexadas ao IPC. (Nos Estados Unidos, um indivíduo em uma faixa de renda mais alta paga taxa de imposto maior, pois o imposto de renda é progressivo.) A indexação também se estende ao setor privado, no qual muitos contratos privados, inclusive alguns acordos salariais, contêm cláusulas relativas a custo de vida, que ajustam os pagamentos na proporção das mudanças no IPC.

Como o IPC desempenha um papel tão importante e direto na vida das pessoas, trata-se de uma cifra politicamente sensível. O Bureau of Labour Statistics, que é nos Estados Unidos o órgão encarregado de calcular o IPC, toma muito cuidado ao coletar os dados de preços e de consumo. Ele usa um método complexo em que se faz uma pesquisa entre as famílias para determinar o que elas compram e onde compram, e uma amostra cuidadosamente selecionada de pontos de venda é monitorada para obter preços representativos.

>> Revisão Rápida

- As mudanças no **nível de preços agregado** são medidas pelo custo de comprar determinada **cesta de mercado** em diferentes anos. Um **índice de preços** para determinado ano é o custo da cesta de mercado naquele ano normalizada de tal modo que o índice de preços seja igual a 100 em um ano-base escolhido.
- A **taxa de inflação** é calculada como mudança percentual no índice de preços. O índice de preços mais comumente usado é o **índice de preços ao consumidor**, ou **IPC**, que monitora o custo de uma cesta de bens e serviços de consumo. O **índice de preços ao produtor**, ou **IPP**, faz o mesmo para os bens e serviços usados como insumos pelas empresas. O **deflator do PIB** mede o nível de preços agregado como razão entre o PIB nominal e o real multiplicado por 100. Essas três medidas normalmente se comportam de maneira bastante similar.

>> *Teste seu entendimento* 22.3

As respostas estão no fim do livro.

1. Considere a Tabela 22.3, mas suponha que a cesta de mercado seja composta por 100 laranjas, 50 toranjas e 200 limões. Como isso muda os índices de preço pré-geada e pós-geada? Explique. Generalize sua explicação de como a composição da cesta de mercado afeta o índice de preços.
2. Para cada um dos eventos a seguir, de que modo um economista que usasse uma cesta de mercado de 10 anos atrás criaria um viés ao medir a mudança no custo de vida hoje?
   a. Uma família típica possui mais carros do que teria uma década atrás. Ao longo desse tempo, o preço médio de um carro aumentou mais que os preços médios de outros bens.
   b. Há 20 anos, praticamente nenhum domicílio tinha acesso de banda larga à internet. Agora, há muitos domicílios que têm esse acesso, e o preço caiu regularmente a cada ano.
3. O índice de preços ao consumidor nos Estados Unidos (período-base 1982-1984) foi 254,943 em 2019 e 255,902 em 2020. Calcule a taxa de inflação de 2019 para 2020.

CASO EMPRESARIAL

Pagando por um alerta sobre a inflação

Normalmente, para produzirmos estatísticas econômicas importantes, contamos com o governo. Porém, e se você não puder confiar nos números do governo? Foi o que aconteceu de 2007 a 2016 na Argentina, onde era de conhecimento geral que o governo estava manipulando os dados para fazer a inflação parecer mais baixa do que realmente era. Em resposta, pesquisadores do MIT e de Harvard criaram o que chamaram de *Billion Prices Project*, usando preços *on-line* para criar suas próprias medidas de inflação, primeiro para a Argentina, depois para vários outros países, incluindo os Estados Unidos. Os pesquisadores descobriram que em meados de 2015 a inflação na Argentina havia subido para quase 27,18%, mas as medidas oficiais mostravam uma taxa de inflação anual de 14,85%. A história foi um pouco diferente para os Estados Unidos. Enquanto as medidas oficiais relatavam uma taxa de inflação de 0,17%, o projeto relatou uma taxa anual de –0,60%.

O Billion Prices Project desempenhou um papel surpreendentemente importante no debate econômico dos EUA em torno de 2011-2012. Na época, vários comentaristas proeminentes alegavam que as medidas oficiais dos EUA sobre os preços ao consumidor estavam subestimando a verdadeira taxa de inflação. Uma maneira de ver se isso realmente acontecia era comparar a taxa oficial de inflação com a medida do Billion Prices, calculada independentemente. Acontece que havia muito pouca diferença entre as duas medidas; o governo dos EUA estava, de fato, relatando os números com honestidade.

Mas se os números do governo estiverem corretos, quem precisa de uma medida de inflação privada e independente? A resposta é que a medida do Billion Prices, que se baseia em dados *on-line*, pode rastrear a inflação mais ou menos em tempo real, ao contrário do IPC, que só é divulgado uma vez por mês.

E existe, ao que parece, um mercado para leituras antecipadas da taxa de inflação. PriceStats, uma empresa de propriedade do State Street Bank, usa dados do Billion Prices para produzir estimativas de inflação em tempo real, disponibilizadas aos clientes – principalmente empresas – que pagam uma taxa de assinatura. Os dados da PriceStats oferecem informações sobre as tendências da inflação, algumas semanas antes que todos tenham os dados oficiais. E as pessoas estão dispostas a pagar por esse alerta.

QUESTÕES PARA PENSAR

1. Qual seria o motivo para o governo da Argentina querer fingir que a inflação estava mais baixa do que realmente estava?
2. Se os pesquisadores podem produzir uma medida de inflação muito boa apenas usando dados *on-line*, por que precisamos do elaborado processo usado para criar o IPC?
3. Aproveitando a questão 2, o que o índice do Billion Prices poderia estar deixando de lado? Pense no que dissemos sobre os pesos de várias mercadorias no IPC.

RESUMO

1. Economistas monitoram os fluxos de dinheiro entre setores com as **contas nacionais de renda e produto**, ou **contas nacionais**. A demanda por bens e serviços vem do **gasto de consumo**, **gasto de investimento** e **compras de bens e serviços pelo governo**. As **exportações** geram um fluxo de fundos para dentro do país proveniente do resto do mundo, mas as **importações** levam a um fluxo de fundos em direção ao resto do mundo.

2. O **produto interno bruto**, ou **PIB**, mede o valor de todos os **bens e serviços finais** produzidos na economia. Ele não inclui o valor dos **bens e serviços intermediários**, mas inclui as **exportações líquidas** ($X - IM$). Pode ser calculado de três formas: somando o **valor agregado** por todos os produtores; somando todos os gastos em bens e serviços finais produzidos internamente, o que leva à equação PIB = $C + I + G + X - IM$, também conhecida como **despesa agregada**; ou somando todas as rendas pagas pelas empresas no país aos fatores de produção. Esses três métodos são equivalentes porque, na economia em seu conjunto, a renda total paga pelas empresas no país aos fatores de produção tem de ser igual ao gasto total em bens e serviços finais produzidos internamente.

3. **PIB real** é o valor dos bens e serviços finais produzidos, que se calcula usando os preços de um ano-base escolhido. Exceto no ano-base, o PIB real não é igual ao **PIB nominal**, o valor do **produto agregado** que se calcula a preços correntes. A análise da taxa de crescimento do produto agregado tem de usar o PIB real, porque assim se elimina qualquer mudança no valor do produto agregado devida exclusivamente a mudanças de preços. O **PIB *per capita*** real é uma medida do produto agregado médio por pessoa, mas não é em si mesma uma meta adequada de política pública. As estatísticas norte-americanas do PIB real são sempre expressas em **dólares encadeados**.

4. Para medir o **nível de preços agregado**, os economistas calculam o custo de comprar uma **cesta de mercado**. Um **índice de preços** é a razão entre o custo corrente dessa cesta de mercado e o seu custo em um ano-base selecionado, multiplicado por 100.

5. A **taxa de inflação** é a mudança percentual por ano em um índice de preços, normalmente baseada no **índice de preços ao consumidor**, ou **IPC**, a medida mais comum do nível de preços agregado. Um índice de preços similar para os bens e serviços comprados pelas empresas é o **índice de preços ao produtor**, ou **IPP**. Finalmente, os economistas também usam o **deflator do PIB**, que mede o nível de preços calculando a razão entre o PIB nominal e o PIB real, multiplicada por 100.

PALAVRAS-CHAVE

QUESTÕES PARA PENSAR

1. Acesse a página inicial do Bureau of Labor Statistics em www.bls.gov. Clique na guia "Economic Releases" e, em seguida, clique em "Major Economic Indicators" no menu suspenso que aparece. Na página "Major Economic Indicators", clique em "Consumer Price Index". Nessa página, em "Table of Contents", clique em "Table 1: Consumer Price Index for All Urban Consumers". Usando os valores não ajustados ("Unadjusted indexes"), determine qual foi o IPC do mês anterior. Como ele variou em relação ao mês anterior? Como o IPC se compara ao mesmo mês do ano anterior?

2. Explique a diferença entre bens intermediários e de investimento. Os bens intermediários e de investimento são incluídos no cálculo do PIB? Explique.

3. Analise a afirmação a seguir: "O PIB aumentou 2% em relação ao ano anterior. Esse é um bom indicador do bem-estar econômico, pois representa um aumento médio na renda."

4. Usando a Figura 22.4, explique como a ponderação atual do cálculo do índice IPC poderia levar a um valor superestimado ou subestimado da taxa de inflação para o seu domicílio.

PROBLEMAS

1. A figura mostra um diagrama de fluxo circular simplificado para a economia de Micrônia. (Observe que não há gasto de investimento e nenhuma transferência em Micrônia.)
   a. Qual é o valor do PIB em Micrônia?
   b. Qual o valor das exportações líquidas?
   c. Qual o valor da renda disponível?
   d. O fluxo total de dinheiro saindo dos domicílios (a soma de impostos pagos e dos gastos de consumo) é igual ao fluxo total que entra nos domicílios?
   e. Como o governo de Micrônia financia suas compras de bens e serviços?

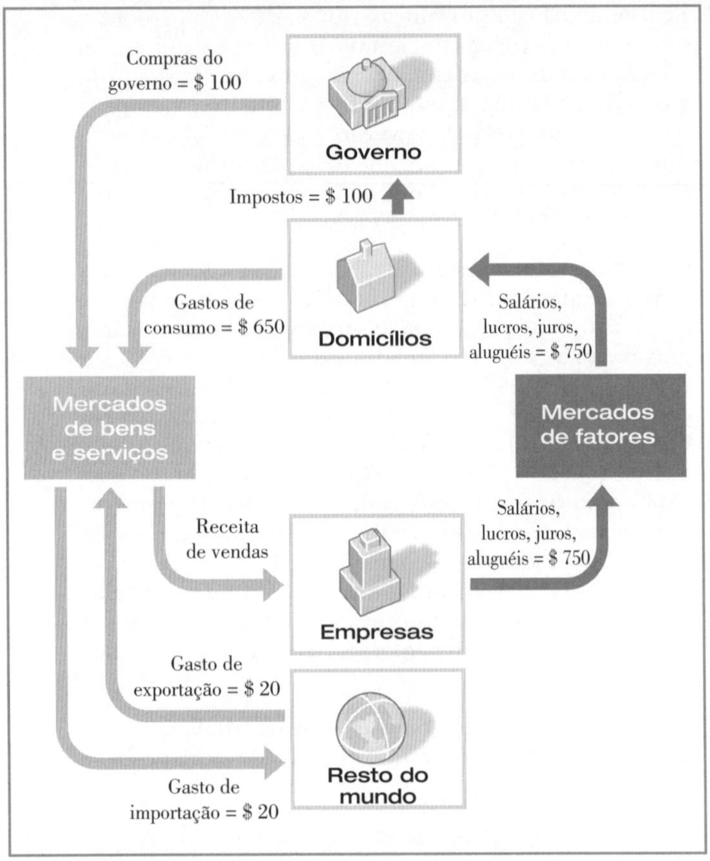

2. A figura mostra um diagrama do fluxo circular mais complexo para a economia de Macrônia.
   a. Qual é o valor do PIB em Macrônia?
   b. Qual o valor das exportações líquidas?
   c. Qual o valor da renda disponível?
   d. O fluxo total de dinheiro saindo dos domicílios, isto é, a soma de impostos pagos, gastos de consumo e poupança privada, é igual ao fluxo total que entra nos domicílios?

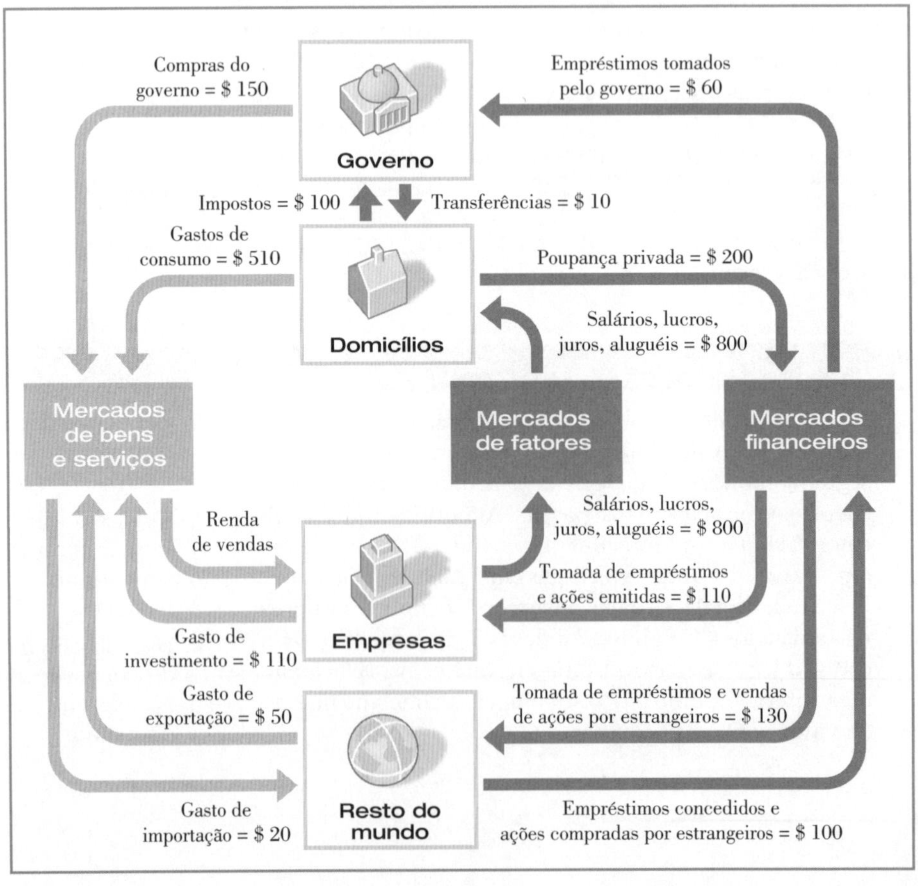

3. Os componentes do PIB, na tabela a seguir, foram produzidos pelo Bureau of Economic Analysis.

Categoria	Componentes do PIB em 2018 (bilhões de dólares)
Gastos de consumo	
Bens duráveis	$ 1.475,1
Bens não duráveis	2.889,2
Serviços	9.633,9
Gastos de investimento privado	
Gastos de investimento fixo	3.573,6
Não residencial	2.786,9
Estruturas	633,2
Equipamento e produtos de propriedade intelectual	931,1
Residencial	786,7
Mudanças nos estoques privados	54,7
Exportações líquidas	
Exportações	2.510,3
Importações	3.148,5
Compras pelo governo de bens e serviços e investimento público	
Federal	1.347,3
Militar	793,6
Não militar	553,7
Estadual e municipal	2.244,2

a. Calcule os gastos de consumo em 2018.

b. Calcule os gastos de investimento privado em 2018.

c. Calcule as exportações líquidas em 2018.

d. Calcule as compras do governo de bens e serviços e investimento público em 2018.

e. Calcule o produto interno bruto em 2018.

f. Calcule os gastos de consumo em serviços como porcentagem do gasto de consumo total em 2018.

g. Calcule as exportações como porcentagem das importações em 2018.

h. Calcule as compras do governo destinadas à defesa como porcentagem das compras de bens e serviços pelo governo federal em 2018.

4. A pequena economia de Pizzânia produz três bens (pão, queijo e pizza), cada um deles produzido por uma empresa separada. As empresas de pão e queijo produzem todos os insumos que elas precisam para fazer pão e queijo; a empresa de pizza usa massa e queijo das outras duas empresas para fazer suas pizzas. Todas as três empresas empregam mão de obra para ajudar na produção de seus bens. A diferença entre o valor dos bens vendidos e a soma dos custos de mão de obra e de insumos é o lucro da empresa. A tabela resume as atividades das três empresas quando o total da massa de pão e do queijo produzido é vendido para a empresa de pizza como insumo para a produção de pizzas.

	Empresa de pão	Empresa de queijo	Empresa de pizza
Custo dos insumos	$ 0	$ 0	$ 50 (massa) 35 (queijo)
Salários	15	20	75
Valor do produto	50	35	200

a. Calcule o PIB como valor agregado na produção.

b. Calcule o PIB como gasto em bens e serviços finais.

c. Calcule o PIB como renda de fatores.

5. Na economia de Pizzânia (do Problema 4), pão e queijo produzidos são vendidos tanto para a empresa de pizza, como insumos na produção de pizza, quanto aos consumidores, como bens finais. A tabela a seguir resume as atividades das três empresas.

	Empresa de pão	Empresa de queijo	Empresa de pizza
Custo dos insumos	$ 0	$ 0	$ 50 (massa de pão) 35 (queijo)
Salários	25	30	75
Valor do produto	100	60	200

a. Calcule o PIB como valor agregado na produção.

b. Calcule o PIB como gasto em bens e serviços finais.

c. Calcule o PIB como renda de fatores.

6. Quais dentre as transações a seguir seriam incluídas no PIB dos Estados Unidos?

a. A Coca-Cola constrói um novo local de envasamento de refrigerantes nos EUA.

b. A Delta Airlines vende um de seus aviões para a Korean Air.

c. A Senhora Moneybags compra ações existentes da Disney.

d. Uma vinícola da Califórnia produz uma garrafa de Chardonnay e a vende a um cliente em Montreal, Canadá.

e. Um norte-americano compra um frasco de perfume francês na cidade norte-americana de Tulsa.

f. Uma editora produz um número excessivo de cópias de um novo livro; os livros não vendem este ano, de modo que a editora acrescenta os livros que sobraram aos seus estoques.

7. A tabela a seguir mostra dados dos Estados Unidos de PIB nominal (em bilhões de dólares), PIB real (em bilhões de dólares de 2012) e população (em milhares), em 1968, 1978, 1988, 1998, 2008 e 2018. O nível de preços dos Estados Unidos subiu consistentemente ao longo do período 1965-2018.

Ano	PIB nominal (bilhões de dólares)	PIB real (bilhões de dólares de 2012)	População (milhares)
1968	$ 941	$ 4.792	200.745
1978	2.352	6.569	222.629
1988	5.236	8.866	245.061

Ano	PIB nominal (bilhões de dólares)	PIB real (bilhões de dólares de 2012)	População (milhares)
1998	9.063	12.038	276.154
2008	14.713	15.605	304.543
2018	20.580	18.638	327.436

a. Por que o PIB real é maior que o PIB nominal em todos os anos antes de 2008 e menor em 2018?

b. Calcule a mudança percentual no PIB real de 1968 a 1978, de 1978 a 1988, de 1988 a 1998, de 1998 a 2008 e de 2008 a 2018. Que período tem a taxa de crescimento mais alta?

c. Calcule o PIB real *per capita* para cada um dos anos da tabela.

d. Calcule a mudança percentual no PIB real *per capita* de 1968 a 1978, de 1978 a 1988, de 1988 a 1998, de 1998 a 2008 e de 2008 a 2018. Que período teve a taxa de crescimento mais alta?

e. Como a mudança percentual no PIB real se compara com a mudança no PIB real *per capita*? Qual é maior? Esse tipo de relação é esperado?

8. A Faculdade de Eastland está preocupada com os preços cada vez mais altos dos livros que os estudantes têm de comprar. Para melhor identificar o aumento no preço dos livros, o reitor solicitou que você, o aluno mais brilhante do departamento de Economia, crie um índice de preços de livros. O estudante médio compra três livros de inglês, dois de matemática e quatro de economia por ano. Os preços desses livros estão na tabela a seguir.

	2018	2019	2020
Livro de inglês	\$ 100	\$ 110	\$ 114
Livro de matemática	140	144	148
Livro de economia	160	180	200

a. Qual a mudança percentual no preço do livro de inglês de 2018 para 2020?

b. Qual a mudança percentual no preço do livro de matemática de 2018 para 2020?

c. Qual a mudança percentual no preço do livro de economia de 2018 para 2020?

d. Usando 2019 como ano-base, crie um índice de preços desses livros para todos os anos.

e. Qual a mudança percentual no índice de preços de 2018 para 2020?

9. O índice de preços ao consumidor (IPC) mede o custo de vida para uma família urbana típica multiplicando o preço de cada categoria de gasto (moradia, alimentação e assim por diante) por uma medida da importância desse gasto na cesta de mercado do consumidor médio e, depois, somando todas essas categorias. Contudo, usando dados do índice de preços ao consumidor, podemos ver que mudanças no custo de vida para diferentes tipos de consumidores podem variar consideravelmente. Compare o custo de vida para uma hipotética aposentada e um hipotético estudante universitário. Vamos supor que a cesta de mercado da aposentada se componha da seguinte maneira: 10% de moradia, 15% de alimentação, 5% de transporte, 60% de cuidados médicos, 0% de educação e 10% de recreação. A cesta de mercado do universitário tem a seguinte composição: 5% de moradia, 15% de alimentação, 20% de transporte, 0% de cuidados médicos, 40% de educação e 20% de recreação. A tabela a seguir mostra o IPC de agosto de 2019 para cada uma das categorias relevantes.

	IPC agosto de 2019
Moradia	169,5
Alimentação	162,2
Transporte	146,4
Cuidados médicos	210,8
Educação	266,8
Recreação	120,4

Calcule o IPC geral para a pessoa aposentada e para o universitário, multiplicando o IPC de cada categoria pelo peso relativo dessa categoria para o indivíduo e, em seguida, somando cada uma das categorias. O IPC geral para todos os itens em agosto de 2019 foi 158,4. Como o seu cálculo do IPC para a aposentada e para o universitário se compara com o IPC geral?

10. A tabela mostra o PIB real anual (em bilhões de dólares do ano 2012) e o PIB nominal (em bilhões de dólares) dos Estados Unidos.

a. Calcule o deflator do PIB para cada ano.

b. Use o deflator do PIB para calcular a taxa de inflação de todos os anos exceto 2012.

	2012	2013	2014	2015	2016	2017	2018
PIB real (bilhões de dólares de 2012)	16.197	16.495	16.912	17.404	17.689	18.108	18.638
PIB nominal (bilhões de dólares)	16.197	16.785	17.527	18.225	18.715	19.519	20.580

11. A tabela a seguir contém dois índices de preços para os anos 2016, 2017 e 2018: o deflator do PIB e o IPC. Para cada índice de preços, calcule a taxa de inflação de 2016 para 2017 e de 2017 para 2018.

Ano	Deflator do PIB	IPC
2016	106,551	241,432
2017	108,713	246,524
2018	111,256	251,233

RESOLVA

12. A economia de Britannica produz três bens: computadores, canetas e pizza. A tabela a seguir mostra os preços e o produto dos três bens nos anos 2018, 2019 e 2020.

a. Qual é a mudança percentual na produção de cada um dos bens de 2018 para 2019 e de 2019 para 2020?

b. Qual é a mudança percentual nos preços de cada um dos bens de 2018 para 2019 e de 2019 para 2020?

c. Calcule o PIB nominal de Britannica para cada um dos três anos. Qual é a mudança percentual no PIB nominal de 2018 para 2019 e de 2019 para 2020?

d. Calcule o PIB real em Britannica usando preços de 2018 para cada um dos três anos. Qual é a mudança percentual no PIB real de 2018 para 2019 e de 2019 para 2020?

	Computadores		Canetas		Pizza	
Ano	Preço	Quantidade	Preço	Quantidade	Preço	Quantidade
2018	$ 900	10	$ 10	100	$ 15	2
2019	1.000	10,5	12	105	16	2
2020	1.050	12	14	110	17	3

23 Desemprego e Inflação

O MAIOR ERRO DE 2011

O EURO, UMA MOEDA COMPARTILHADA POR 19 PAÍSES EUROPEUS, foi instituído em 1999. Assim como todas as moedas modernas, o euro é controlado por um *banco central* – uma instituição que tem o poder de criar ou destruir dinheiro. Associada a esse poder vem a capacidade de determinar certas taxas de juros fundamentais, como as taxas pelas quais os bancos privados emprestam uns aos outros e a taxa que é paga sobre o dinheiro que depositam no banco central. As decisões sobre a quantidade de dinheiro e as principais taxas de juros são chamadas de *política monetária* e constituem uma parte central da política macroeconômica geral. Nos Estados Unidos, a política monetária é definida pelo Federal Reserve, comumente chamado de Fed. Na Europa, a política monetária é controlada pelo Banco Central Europeu, ou BCE.

Em 2011, o BCE cometeu um grande erro. Assim como o Fed, ele cortou drasticamente as taxas de juros em face da crise financeira de 2008. Porém, em 2011 ele voltou a aumentar as taxas, embora a Europa mal tivesse começado a se recuperar dos efeitos colaterais da crise.

Por que o BCE aumentou as taxas? A política macroeconômica geralmente se concentra sobretudo em tentar mitigar os dois grandes males da macroeconomia, alto desemprego e alta inflação. Alto desemprego acarreta desperdício humano e econômico, pois trabalhadores com disposição não conseguem encontrar empregos. Alta inflação mina o sistema monetário por meio de preços em rápido aumento. Portanto, os dois principais objetivos da política macroeconômica são baixo desemprego e estabilidade de preços, geralmente definida como uma taxa de inflação baixa, porém positiva.

Às vezes, infelizmente, esses dois objetivos podem entrar em conflito. Nessas ocasiões, os criadores de políticas macroeconômicas devem fazer um *trade-off* com base em julgamentos e suposições. E as metas realmente pareciam estar em conflito na Europa em 2011: depois da crise financeira de 2008, o desemprego ainda era alto, mas a inflação também havia acelerado fortemente. O BCE, liderado na época pelo francês Jean-Claude Trichet, decidiu que a inflação era a maior ameaça e aumentou as taxas, apesar do alto desemprego.

Acontece que essa foi a decisão errada. (Ao contrário, Ben Bernanke, o líder do Fed, e seus colegas, enfrentando uma situação semelhante, fizeram a coisa certa.) O aumento da inflação foi reflexo de fatores temporários, como um aumento nos preços mundiais do petróleo, que logo caíram, enquanto o desemprego continuou a subir. No final de 2011, o BCE reverteu seus aumentos de taxas.

Neste capítulo, exploraremos a dinâmica do desemprego e da inflação na economia. Veremos como eles são medidos e por que a medição precisa é uma função crítica do governo. A partir disso, entenderemos por que o desemprego baixo e a estabilidade de preços são os principais objetivos da política macroeconômica. No entanto, como acabamos de observar, às vezes há conflito nesses objetivos. •

O QUE VOCÊ IRÁ APRENDER?

- Como se mede o **desemprego** e como se calcula a **taxa de desemprego**?
- Qual a importância da taxa de desemprego para a economia?
- Como se relacionam a taxa de desemprego e o crescimento econômico?
- Quais fatores determinam a **taxa natural de desemprego**?
- Quais são os custos econômicos da inflação?
- Como a inflação e a deflação criam ganhadores e perdedores?
- Por que os que responsáveis pela política econômica tentam manter a taxa de inflação estável?

Taxa de desemprego

A Figura 23.1 mostra a taxa de desemprego dos Estados Unidos de 1948 a 2020; como se vê, a taxa de desemprego aumentou muito durante a Grande Recessão de 2007-2009 e diminuiu apenas gradualmente nos anos seguintes, subindo novamente na primavera de 2020, como resultado da crise da Covid19. O que significou o aumento da taxa de desemprego e por que foi um fator tão importante na vida das pessoas? Para entendermos por que os executores da política econômica prestam tanta atenção ao emprego e ao desemprego, temos de entender primeiro como ambos são definidos e medidos.

Definição e medida da taxa de desemprego

É fácil definir emprego: você está empregado se e somente se tiver um emprego. **Emprego** é o número total de pessoas correntemente empregadas, seja em tempo integral ou tempo parcial.

Emprego é o número total de pessoas atualmente empregadas, seja em tempo integral ou tempo parcial.

Desemprego, contudo, é um conceito mais sutil. Só porque uma pessoa não está trabalhando não significa que consideramos essa pessoa desempregada. Por exemplo, em fevereiro de 2020 havia 49,8 milhões de trabalhadores aposentados nos Estados Unidos, recebendo cheques da Previdência Social. A maioria deles provavelmente estava feliz de não mais trabalhar, de modo que não consideraríamos como desempregado alguém que se acomodou em uma confortável e merecida aposentadoria. Havia também 13,4 milhões de trabalhadores incapacitados nos Estados Unidos, com menos de 65 anos, recebendo benefícios da previdência porque não tinham condições de trabalhar. Também esses, embora não estivessem trabalhando, não seriam normalmente considerados desempregados.

O U.S. Census Bureau, departamento nacional de estatística dos Estados Unidos, considera como desempregado quem está "sem emprego, procurando emprego e disponível para o trabalho". Aposentados não contam porque não estão procurando emprego; e incapacitados não contam porque não estão disponíveis para o trabalho. Mais especificamente, um indivíduo é considerado desempregado se atualmente não tem emprego e se esteve ativamente procurando trabalho durante as últimas quatro semanas. Assim, o **desemprego** é definido como o número total de pessoas que estão ativamente procurando emprego, mas não estão empregadas.

Desemprego é o número total de pessoas que ativamente procuram emprego, mas não estão empregadas.

A **força de trabalho** de um país é a soma do emprego e do desemprego, isto é, a soma dos que estão trabalhando com os que estão procurando trabalho,

A **força de trabalho** é igual à soma do emprego e do desemprego.

Figura 23.1 Taxa de desemprego nos Estados Unidos, 1948-2020.

A taxa de desemprego tem flutuado muito ao longo do tempo. Sempre sobe durante recessões, que se mostram pelas barras sombreadas. Normalmente, mas não sempre, ela cai nos períodos de expansão econômica.

Dados de: Bureau of Labor Statistics; National Bureau of Economic Research.

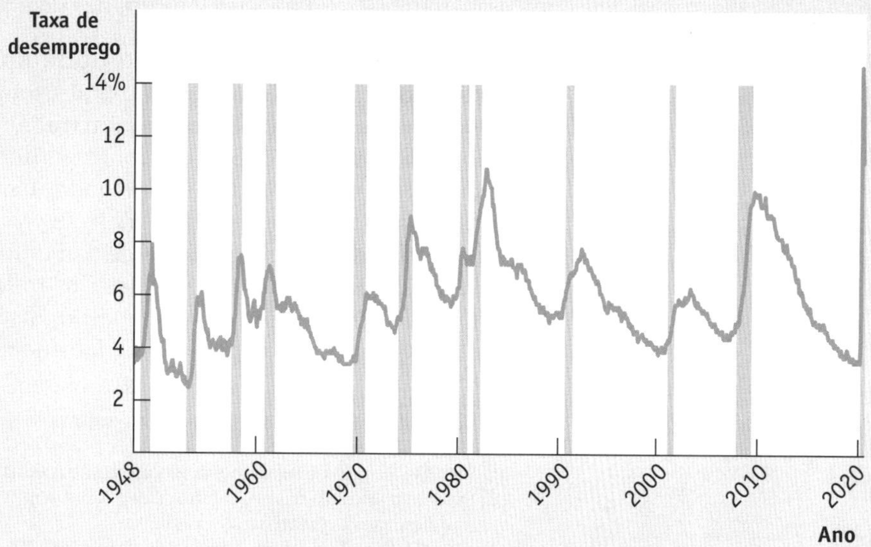

Taxa de participação na força de trabalho é a parcela da população com idade igual ou superior a 16 anos que está na força de trabalho.

A **taxa de desemprego** é a porcentagem do total das pessoas na força de trabalho que estão desempregadas.

respectivamente. A **taxa de participação na força de trabalho**, definida como a porcentagem da população em idade de trabalhar que está na força de trabalho, é calculada da seguinte maneira:

$$\textbf{(23.1)}\ \text{Taxa de participação na força de trabalho} = \frac{\text{Força de trabalho}}{\text{População com 16 anos ou mais}} \times 100$$

A **taxa de desemprego**, definida como a porcentagem do total das pessoas na força de trabalho que estão desempregadas, é calculada da seguinte maneira:

$$\textbf{(23.2)}\ \text{Taxa de desemprego} = \frac{\text{Número de trabalhadores desempregados}}{\text{Força de trabalho}} \times 100$$

Para estimar os números que entram no cálculo da taxa de desemprego, o U.S. Census Bureau faz todo mês uma Pesquisa da População Atual, por meio de entrevistas com uma amostra aleatória de 60.000 famílias norte-americanas.[1] O questionário indaga se as pessoas estão atualmente empregadas. Se elas não estão empregadas, pergunta-se se elas procuraram emprego durante as últimas quatro semanas. Os resultados são então ampliados segundo uma escala, usando estimativas de população total, para estimar o número total de empregados e desempregados nos Estados Unidos.

Significado da taxa de desemprego[2]

A taxa de desemprego[3] normalmente é um bom indicador de quão fácil ou quão difícil é encontrar emprego dado o estado atual da economia. Isso pode ser visto pela forte correlação entre a taxa de desemprego e outros indicadores das condições do mercado de trabalho, como a *taxa de abandono* – a fração de trabalhadores que deixam voluntariamente seus empregos em determinado mês. Em 2009, quando a taxa de desemprego média era de 10%, muito poucos trabalhadores estavam abandonando, porque alguém que saísse de um emprego tinha pouca garantia de encontrar outro. No início de 2020, com o desemprego abaixo dos 4%, a taxa de abandono havia dobrado. No primeiro semestre de 2020, quando o desemprego disparou em face da Covid-19, o número de abandonos despencou.

Embora a taxa de desemprego seja um bom indicador das condições atuais do mercado de trabalho, ela não deve ser tomada literalmente como uma medida da porcentagem de pessoas que querem trabalhar, mas não encontram emprego. De certa maneira, a taxa de desemprego exagera a dificuldade que as pessoas têm em encontrar trabalho. De outra maneira, o oposto é que é verdade – taxas de desemprego baixas podem esconder a profunda frustração que sentem os trabalhadores em virtude da falta de oportunidades de emprego.

Como a taxa de desemprego pode superestimar o verdadeiro nível do desemprego. É normal que uma pessoa procurando emprego leve pelo menos algumas semanas para encontrar um trabalho adequado. Contudo, um trabalhador que tem certeza de que vai encontrar um emprego, mas ainda não aceitou uma oferta, é contado como desempregado. Isso significa que, mesmo em épocas de expansão econômica, quando é fácil encontrar emprego, a taxa de desemprego não cai a zero. Mesmo no mercado de trabalho favorável de fevereiro de 2020, quando era fácil achar emprego nos Estados Unidos, a taxa de desemprego ainda assim era 3,4%. Mais adiante neste capítulo, discutiremos com mais detalhes por que o desemprego medido permanece mesmo quando os empregos são abundantes.

[1]N. R.: No Brasil, o desemprego é medido pelo Instituto Brasileiro de Geografia e Estatística (IBGE).

[2]N. R.: Os Estados Unidos possuem algumas medidas do mercado de trabalho diferentes das empregadas no Brasil. Assim, o leitor deve atentar para o fato de que alguns conceitos não têm correspondência nas estatísticas brasileiras.

[3]N. R.: No Brasil, também conhecida como taxa de desocupação, calculada pelo IBGE.

Como a taxa de desemprego pode subestimar o verdadeiro nível do desemprego. Frequentemente, pessoas que gostariam de trabalhar mas não estão trabalhando não são contadas como desempregadas. Em especial, um indivíduo que desistiu de procurar emprego por enquanto – digamos, um metalúrgico despedido em uma zona siderúrgica em profundo declínio – não é contado como desempregado, porque ele não esteve procurando emprego nas últimas quatro semanas. Indivíduos que querem trabalhar, mas que responderam no questionário oficial que não estão atualmente procurando emprego porque não veem perspectiva de encontrar um emprego dada a situação do mercado de trabalho, são chamados de **trabalhadores desalentados**. Por não contar trabalhadores desalentados, a taxa de desemprego medida pode subestimar a porcentagem das pessoas que querem trabalhar mas não conseguem achar emprego.

Trabalhadores desalentados são pessoas capazes de trabalhar, mas que desistiram de procurar emprego devido à situação do mercado de trabalho.

Trabalhadores desalentados são parte de um grupo mais amplo – os **trabalhadores** marginalmente ligados à força de trabalho ou **desocupados**. Trata-se de quem responde que gostaria de ter um emprego e que procurou trabalho no passado recente, mas que no momento não está buscando emprego. Pessoas assim tampouco são incluídas no cálculo da taxa de desemprego. Finalmente, mais uma categoria de trabalhadores frustrados em sua capacidade de encontrar emprego, mas que não são contados como desempregados: os **subempregados**: trabalhadores que gostariam de ter um emprego de tempo integral, mas que no momento estão trabalhando em tempo parcial "por razões econômicas", isto é, porque não encontram um trabalho de tempo integral. De novo, esses não são incluídos para o cálculo da taxa de desemprego.

Trabalhadores desocupados gostariam de estar empregados e procuraram um emprego no passado recente, mas não estão procurando emprego atualmente.

Subemprego é o conjunto de pessoas que trabalha em tempo parcial porque não conseguiu encontrar emprego de tempo integral.

O Bureau of Labor Statistics é a agência federal que calcula a taxa oficial de desemprego nos Estados Unidos. Calcula também "medidas de subutilização do trabalho" mais amplas, que incluem três categorias de trabalhadores frustrados. A Figura 23.2 mostra o que acontece com a taxa de desemprego medida quando se contam os trabalhadores desalentados, os desocupados e os subempregados. A medida mais ampla de desemprego e subemprego, conhecida nos Estados Unidos como *U-6* (significando "*unemployment 6*", ou "desemprego 6"), é a soma dessas três medidas mais os desempregados; ela é substancialmente mais elevada que a taxa que normalmente aparece no noticiário jornalístico. Mas a U-6 e a taxa de desemprego movem-se basicamente em paralelo, de modo que mudanças na taxa de desemprego continuam sendo um bom indicador sobre o que acontece no mercado de trabalho em geral, incluindo os trabalhadores frustrados.

Finalmente, é importante ter em conta que a taxa de desemprego varia consideravelmente entre grupos demográficos. Tudo o mais mantido constante, geralmente

Figura 23.2 Medidas alternativas de desemprego, 1996-2020.

As cifras de desemprego que aparecem na mídia contam como desempregado apenas quem procurou emprego nas últimas quatro semanas. Medidas mais amplas contam os trabalhadores desalentados, os desocupados e os subempregados. Essas medidas mais amplas indicam uma taxa de desemprego mais alta, mas elas se movem em paralelo com a medida padrão.
Dados de: Bureau of Labor Statistics.

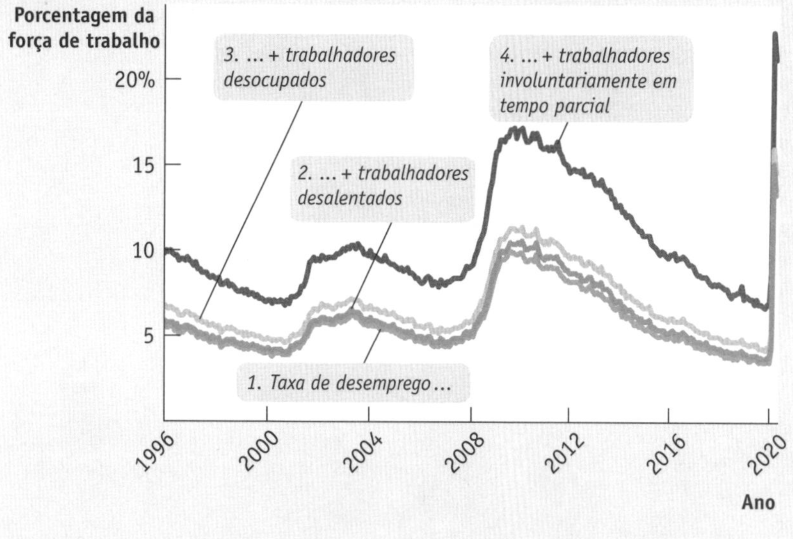

é mais fácil arranjar emprego para trabalhadores com mais experiência e para trabalhadores em sua faixa de idade mais produtiva, de 24 a 54 anos. Para trabalhadores mais jovens, bem como para trabalhadores perto da idade de se aposentar, costuma ser mais difícil encontrar emprego, tudo o mais mantido constante.

A Figura 23.3 mostra taxas de desemprego nos Estados Unidos para diferentes grupos demográficos em 2000, um momento em que a taxa geral de desemprego era baixa segundo padrões históricos; em 2010, quando a taxa era alta em consequência da Grande Recessão; e em 2020, quando ela havia caído aos níveis anteriores à crise, antes da pandemia. Como se pode ver, a taxa de desemprego para trabalhadores afro-americanos é muita mais alta que a média nacional; a taxa de desemprego para adolescentes (16 a 19 anos) brancos normalmente é ainda maior, e a taxa de desemprego para adolescentes afro-americanos é maior ainda. (Tenha em mente que um adolescente não é considerado desempregado, ainda que não esteja trabalhando, a não ser que ele esteja procurando emprego e não encontre.) Assim, mesmo em época de desemprego geral relativamente baixo, para alguns grupos é muito difícil achar emprego.

Devemos interpretar a taxa de desemprego como um indicador das condições gerais do mercado de trabalho e não como uma medida exata da porcentagem de pessoas incapazes de encontrar emprego. Ainda assim, a taxa de desemprego é um bom indicador: os altos e baixos da taxa de desemprego refletem de perto mudanças econômicas que têm impacto significativo na vida das pessoas. Passemos agora às causas dessas flutuações.

Crescimento e desemprego

Comparada com a Figura 23.1, a Figura 23.4 mostra a taxa de desemprego dos Estados Unidos em um período mais curto, de 1979 a 2020. As barras sombreadas representam períodos de recessão. Como se vê, em cada período recessivo, sem exceção, a taxa de desemprego aumentou. A severa recessão de 2007-2009, assim como a anterior, de 1981-1982, gerou enorme aumento no desemprego. A pandemia de 2020 levou a uma recessão e a um pico ainda maior no desemprego.

Por outro lado, durante períodos de expansão econômica, a taxa de desemprego normalmente cai. A longa expansão econômica dos anos 1990 e a recuperação da Grande Recessão acabaram levando a taxa de desemprego para menos de 4,0%. Contudo, é importante reconhecer que *expansões econômicas não são sempre períodos de desemprego em queda*. Observe os períodos imediatamente subsequentes às recessões de 1990-1991 e de 2001 na Figura 23.4. Em cada caso, a taxa de desemprego continuou a subir por mais de um ano depois de a recessão ter oficialmente terminado. A explicação, em ambos os casos, é que, embora a economia

Figura 23.3 Taxas de desemprego nos EUA para diferentes grupos em 2000, 2010 e 2020.

A taxa de desemprego varia muito entre diferentes grupos demográficos. Por exemplo, embora a taxa geral de desemprego em fevereiro de 2020 fosse 3,5%, a taxa entre os adolescentes afro-americanos era 20,4%. Por conseguinte, mesmo em períodos de baixo desemprego em geral, esse continua a ser um problema sério para alguns grupos.
Dados de: Bureau of Labor Statistics.

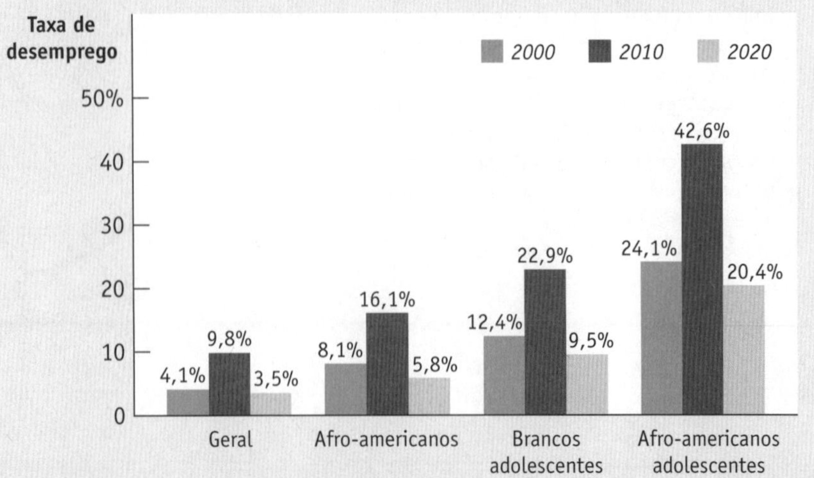

Figura 23.4 Desemprego e recessões nos EUA, 1979-2020.

Esta figura mostra a taxa de desemprego nas últimas quatro décadas, com as barras sombreadas indicando recessões. Está claro que o desemprego sempre aumenta durante recessões, e *geralmente* cai durante expansões. Mas tanto no início da década de 1990 como no início dos anos 2000, o desemprego continuou a subir durante algum tempo depois de haver sido declarado oficialmente o fim da recessão.

Dados de: Bureau of Labor Statistics; National Bureau of Economic Research.

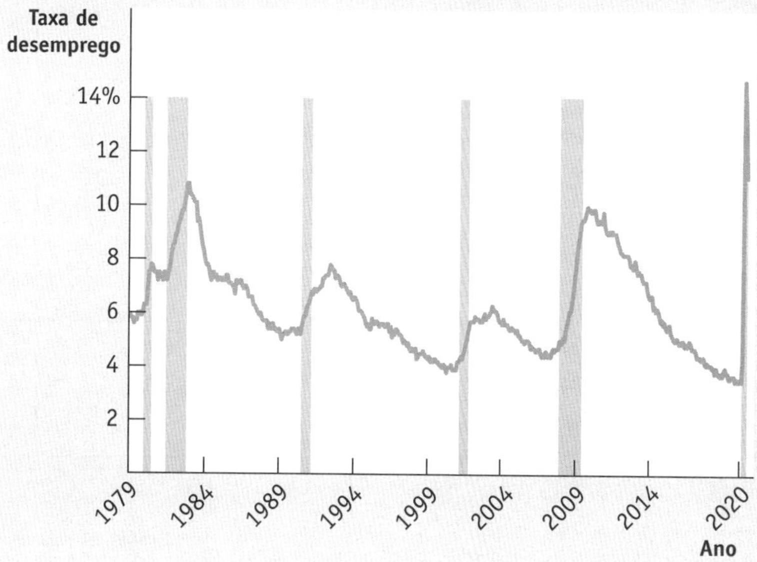

estivesse crescendo, não estava crescendo em ritmo suficiente para reduzir a taxa de desemprego.

A Figura 23.5 é um diagrama de dispersão mostrando dados dos Estados Unidos de 1949 a 2019. O eixo horizontal mede a taxa anual de crescimento do PIB real, ou seja, a porcentagem em que o PIB real de cada ano mudou comparado com o ano anterior (note que houve 10 anos em que o crescimento foi negativo, isto é, o PIB real encolheu). O eixo vertical mede a *mudança* na taxa de desemprego em relação ao ano anterior em pontos percentuais – a taxa de desemprego do ano anterior menos a taxa de desemprego do ano atual. Cada ponto representa a taxa de crescimento observado do PIB real e a mudança na taxa de desemprego em dado ano. Por exemplo, a taxa média de desemprego caiu de 4,2% em 1999 para 4% em 2000; isso se mostra como um valor de –0,2 ao longo do eixo vertical para o ano 2000. No mesmo período, o PIB real cresceu 4,1%; esse é o valor que se mostra para o ano 2000 no eixo horizontal.

Pela tendência descendente dos pontos dispersos na Figura 23.5, fica claro que, em geral, há uma relação negativa entre crescimento da economia e taxa de desemprego. Anos de elevado crescimento do PIB real foram anos em que a taxa de desemprego caiu, e anos de crescimento real do PIB baixo ou negativo foram anos em que a taxa de desemprego subiu.

A segunda linha vertical, no ponto 3,17% na Figura 23.5, indica a taxa média de crescimento do PIB real no período 1949-2019. Os pontos à direita dessa linha vertical são anos em que a economia cresceu mais rapidamente do que a média. Nesses anos, o valor no eixo vertical é geralmente negativo, indicando que a taxa de desemprego caiu. Ou seja, anos de crescimento acima da média eram geralmente anos em que o taxa de desemprego estava caindo. Por outro lado, pontos situados à esquerda da linha que indica a taxa média de crescimento mostram os anos em que a economia cresceu mais lentamente que a média. Nesses anos, o valor no eixo vertical é geralmente positivo, significando que a taxa de desemprego cresceu. Ou seja, anos de crescimento abaixo da média eram, em geral, anos em que a taxa de desemprego aumentava.

Um período em que o PIB cresce abaixo da média mas o desemprego aumenta costuma ser chamado de **recuperação sem emprego** ou de *recessão de crescimento*. Desde 1990 houve três recessões, todas seguidas de períodos de recuperação sem emprego. Mas verdadeiras recessões, períodos em que o PIB real cai, são especialmente penosas para os trabalhadores. Como se vê pelos pontos à esquerda da linha vertical sobre o ponto 0, na Figura 23.5 (representando anos em que o crescimento do PIB real é negativo), o PIB real em queda está sempre associado a uma taxa de desemprego em ascensão, causando grandes dificuldades às famílias.

Recuperação sem emprego é um período em que a taxa de crescimento real do PIB é positiva, mas a taxa de desemprego continua subindo.

Figura 23.5 Crescimento e mudanças no desemprego nos EUA, 1949-2019.

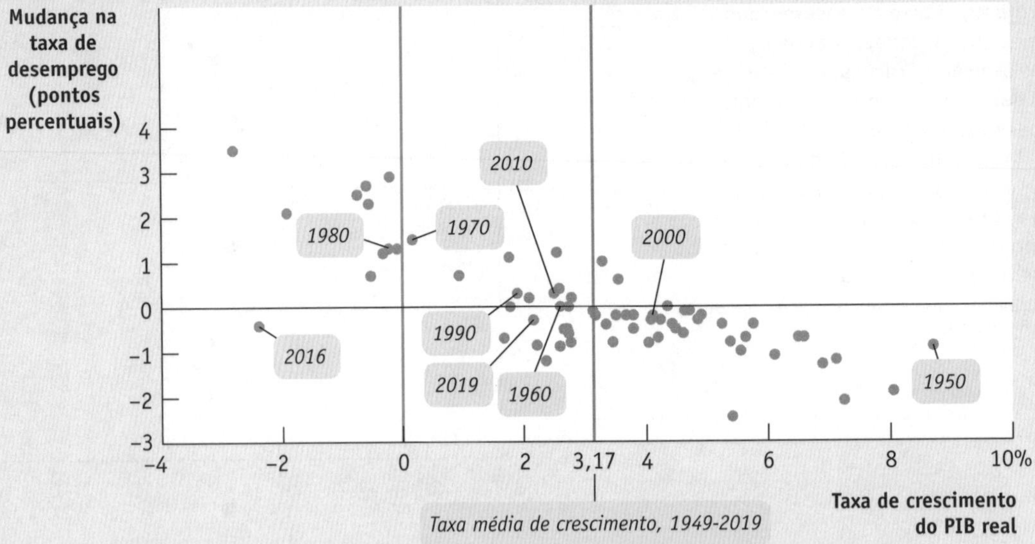

Cada ponto representa a taxa de crescimento da economia e a mudança na taxa de desemprego para um ano específico entre 1949 e 2019. Por exemplo, em 2000 a economia cresceu 4,1% e a taxa de desemprego caiu 0,2 ponto percentual, de 4,2% para 4,0%. Em geral, a taxa de desemprego caiu quando a taxa de crescimento ficou acima de sua média de 3,17% ao ano, e aumentou quando o crescimento da economia esteve abaixo da média. O desemprego sempre subiu quando o PIB real caiu.

Dados de: Bureau of Labor Statistics; Bureau of Economic Analysis.

ECONOMIA >> *em Ação*

A oportunidade bate à porta

Você precisa de diploma universitário para conseguir um emprego bem remunerado? É claro que isso ajuda. Mas às vezes a oportunidade aparece mesmo para quem não tem diploma. Um artigo de 2019 no *Wall Street Journal* destacou a boa sorte de Cassandra Eaton, uma graduada do ensino médio de 23 anos em Biloxi, Mississippi. Depois de sair da escola, a Srta. Eaton empregou-se em uma creche que pagava US$ 8,25 por hora. Mas, no início de 2019, ela estava ganhando US$ 18,90 por hora como aprendiz de soldadora em um estaleiro próximo.

Sem dúvida, a Srta. Eaton fez muito para conquistar seu novo cargo, mas houve muitas histórias como a dela em 2019: muitos empregadores dispunham-se a contratar e treinar trabalhadores, algo que poderiam não ter feito alguns anos antes. Por quê? Porque o mercado de trabalho era muito bom e os empregadores não podiam ser exigentes. O título desse artigo do *Wall Street Journal* é: *"Inside the hottest job market of the past half century"* (Por dentro do mercado de trabalho mais quente da última metade do século passado.)

A Figura 23.6 ilustra o tema, mostrando as taxas de desemprego para adultos com mais de 25 anos em relação a ensino médio e superior, respectivamente, no período de 2007 a 2020. Adultos sem diploma universitário sempre

Figura 23.6 Taxa de desemprego nos EUA para pessoas formadas em ensino superior e médio, 2007-2020.

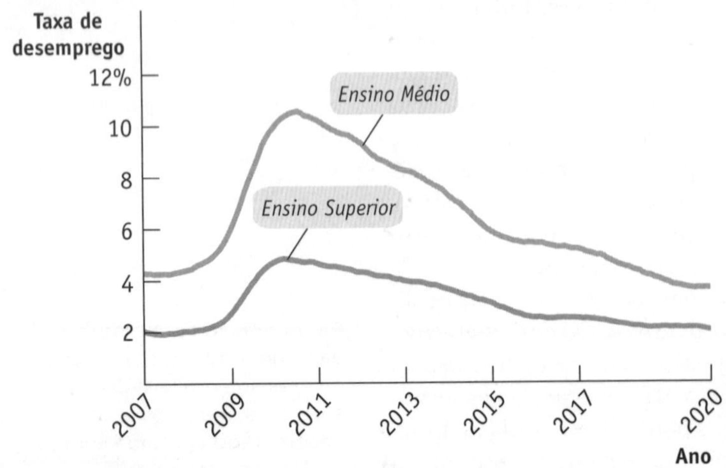

Dados de: Bureau of Labor Statistics.

têm desemprego um pouco maior do que os mais credenciados, mas a diferença depende muito da situação geral do emprego. No péssimo mercado de trabalho de 2010, com o desemprego geral próximo a 10%, a diferença era enorme. Na verdade, alguns comentaristas alertaram que os EUA estavam sofrendo de uma "lacuna de qualificação", com muitos trabalhadores sem as qualificações que a economia moderna requer.

Em 2019, no entanto, o desemprego geral estava abaixo de 4%, e o desemprego entre os trabalhadores que tinham apenas o ensino médio era apenas modestamente mais alto do que entre aqueles com ensino superior. Na medida em que ainda havia uma diferença de qualificação, os próprios empregadores tentavam eliminá-la, dando aos trabalhadores o treinamento de que precisavam.

A moral da história é que a situação do mercado de trabalho, que a taxa de desemprego nos ajuda a acompanhar, faz uma enorme diferença na vida das pessoas, mesmo daquelas que permanecem empregadas.

>> Revisão Rápida

- A **força de trabalho**, igual a **emprego** mais **desemprego**, não inclui trabalhadores desalentados. As estatísticas do trabalho tampouco contêm dados sobre **subemprego**. A **taxa de participação na força de trabalho** é a porcentagem da população com idade igual e superior a 16 anos que está na força de trabalho.
- A **taxa de desemprego** é um indicador da situação do mercado de trabalho, não uma medida exata da porcentagem dos trabalhadores que não conseguem emprego. Ela pode superestimar o verdadeiro nível de desemprego porque os trabalhadores, com frequência, gastam tempo na procura de emprego mesmo quando há muita oferta. Mas pode também subestimar o verdadeiro nível de desemprego porque exclui os **trabalhadores desalentados**, os **trabalhadores desocupados** e os **subempregados**.
- Existe uma relação negativa forte entre crescimento do PIB real e mudanças na taxa de desemprego. Quando o crescimento é superior à média, a taxa de desemprego geralmente cai; quando o crescimento é inferior à média, a taxa de desemprego geralmente sobe, o que caracteriza um período chamado de **recuperação sem emprego** que normalmente vem depois de uma recessão profunda.

>> Teste seu entendimento 23.1

As respostas estão no fim do livro.

1. Suponha que os *sites* de emprego desenvolvam um novo *software* que permita, a quem procura, encontrar empregos mais rapidamente, e aos empregadores, filtrar melhor os potenciais empregados. Ao longo do tempo, que efeito isso terá sobre a taxa de desemprego? Suponha também que esses *sites* de emprego encorajem os que tinham desistido de procurar emprego a recomeçar a procura. Que efeito isso terá sobre a taxa de desemprego?
2. Em qual dos casos a seguir um trabalhador é contado como desempregado? Explique.
   a. Rosa, uma trabalhadora idosa, que foi demitida e desistiu de procurar emprego há meses.
   b. Anthony, professor primário que não está trabalhando durante seus três meses de férias de verão.
   c. Kanako, bancária que foi despedida de um banco de investimento e está procurando nova posição.
   d. Sérgio, músico com formação clássica que só consegue trabalho tocando em festas na localidade.
   e. Natasha, uma estudante universitária que voltou a frequentar a faculdade porque os empregos estavam escassos.
3. Dentre as constatações que se seguem, quais são consistentes com a relação observada entre crescimento do PIB real e mudanças na taxa de desemprego, conforme mostra a Figura 23.5? E quais não são?
   a. Um aumento na taxa de desemprego acompanha uma queda no PIB real.
   b. Uma recuperação excepcionalmente forte dos negócios está associada a uma porcentagem maior da força de trabalho empregada.
   c. Um crescimento negativo do PIB real está associado com queda na taxa de desemprego.

Taxa natural de desemprego

O crescimento econômico rápido tende a reduzir a taxa de desemprego. Mas até onde a taxa de desemprego pode cair? Você poderá ficar tentado a responder até zero, mas isso não é factível. Nas últimas cinco décadas, o desemprego nos Estados Unidos nunca foi inferior a 2,9%.

Durante tempos de expansão, como pode haver tanto desemprego quando tantas pessoas estão ativamente procurando trabalho? Para respondermos a essa pergunta, temos de examinar a natureza dos mercados de trabalho e por que eles normalmente levam a níveis substanciais de desemprego, mesmo quando há empregos abundantes. Nosso ponto de partida é a observação de que, mesmo nos melhores momentos, empregos são constantemente criados e destruídos.

Criação e destruição de emprego

Mesmo em épocas boas, a maioria dos norte-americanos conhece alguém que já perdeu seu emprego. A taxa de desemprego dos Estados Unidos em dezembro de 2019 era de apenas 3,5%, muito baixa por padrões históricos, e no entanto naquele mês houve 5,7 milhões de *separações de emprego*, isto é, fim do vínculo de emprego que ocorre porque o trabalhador foi despedido ou porque voluntariamente pediu demissão.

Há muitas razões para tais perdas de emprego. Uma delas é a mudança estrutural na economia: há ascensão e queda das indústrias à medida que aparecem novas tecnologias e os gostos dos consumidores mudam. Por exemplo, o emprego em mineradoras de carvão caiu para uma pequena fração de sua alta histórica por causa da automação e da mudança para outras fontes de energia. Mas a mudança estrutural também pode levar à criação de empregos: o emprego no setor de energia solar aumentou depois de 2010, graças a uma combinação de tecnologia em rápido crescimento e incentivos fiscais que motivou rápido crescimento no uso de painéis solares.

O fraco desempenho na gestão ou a má sorte nas empresas individuais também ocasiona perda de emprego para os trabalhadores. Por exemplo, no início de 2018, a rede de lojas de departamento J.C. Penney anunciou o fechamento de 140 lojas e ofereceu aposentadoria antecipada para 6 mil trabalhadores. No mesmo ano, a rede de lojas de brinquedos Toys "R" Us fechou 735 lojas, ocasionando 31 mil demissões. Enquanto isso, revendedores *on-line* como Amazon continuaram a expandir suas atividades, criando centros de distribuição em todo o país.

Essa constante sequência de criação e destruição de empregos é uma característica das economias modernas, tornando inevitável a ocorrência natural de desemprego. Nesse processo natural, há dois tipos de desemprego: o *friccional* e o *estrutural*.

Desemprego friccional

Quando um trabalhador perdeu seu emprego involuntariamente pela destruição de um posto de trabalho, ele com frequência não aceita o primeiro emprego que lhe é oferecido. Por exemplo, suponha que uma programadora altamente qualificada, despedida porque uma linha de produto de sua companhia de *software* não teve sucesso, veja um anúncio oferecendo emprego de recepcionista. Ela poderia se candidatar e conseguir o emprego, mas isso seria bobagem. Em lugar disso, ela deveria dedicar seu tempo para procurar um emprego que levasse em conta suas qualificações e pagasse de forma correspondente. Além disso, trabalhadores individuais estão constantemente deixando os empregos voluntariamente, em geral por motivos pessoais, como mudança da família, insatisfação ou perspectivas melhores em outro lugar.

Trabalhadores que usam o tempo procurando emprego estão dedicados à **busca de emprego**.

Os economistas dizem que trabalhadores que usam o tempo procurando emprego estão dedicados à **busca de emprego**. Se todos os trabalhadores e todos os empregos fossem idênticos, não haveria necessidade da busca de emprego; e, se as informações sobre empregos e profissionais fossem perfeitas, a busca de emprego seria muito rápida. Na prática, contudo, é normal que um trabalhador que perde o emprego, ou um jovem trabalhador que procura seu primeiro emprego, gaste pelo menos algumas semanas na busca.

Desemprego friccional é o desemprego que se deve ao tempo que os trabalhadores gastam na busca de emprego.

Desemprego friccional é o desemprego que se deve ao tempo que os trabalhadores gastam na busca de emprego. Certo grau de desemprego friccional é inevitável, em razão do processo constante de mudança econômica. Como já dissemos, durante o mês de dezembro de 2019, com baixo desemprego nos Estados Unidos, houve mais de 5 milhões de separações de emprego, em que trabalhadores ou perderam ou deixaram seus empregos. O emprego total aumentou porque essas separações foram mais que compensadas pela contratação de ainda mais pessoas. Inevitavelmente, alguns dos trabalhadores que perderam ou deixaram seus empregos passaram no mínimo algum tempo desempregados, e o mesmo se deu com aqueles que entravam pela primeira vez na força de trabalho.

A Figura 23.7 mostra o fluxo médio mensal de trabalhadores entre três situações: empregado, desempregado e fora da força de trabalho em dezembro de 2019 nos EUA. O que os números sugerem é quanta rotatividade ocorre constantemente no mercado de trabalho. Uma consequência inevitável dessa rotatividade é um número significativo de trabalhadores que ainda não acharam seu novo emprego, isto é, desemprego friccional.

Uma extensão limitada de desemprego friccional é relativamente inofensiva e pode até ser uma coisa boa. A economia é mais produtiva se os trabalhadores gastam algum tempo para encontrar empregos adequados às suas qualificações, e os trabalhadores desempregados por um breve período, enquanto buscam o emprego certo, não passam grandes dificuldades. De fato, quando a taxa de desemprego é baixa, os períodos de desemprego tendem a ser bastante curtos, sugerindo que grande parte do desemprego é friccional.

A Figura 23.8 mostra a composição do desemprego nos Estados Unidos em fevereiro de 2020. Aproximadamente 35% dos desempregados estavam assim por menos de 5 semanas e somente 34% estavam desempregados havia 15 semanas ou mais. Somente cerca de um em cada cinco era considerado *desempregado de longo prazo*, isto é, sem emprego há 27 semanas ou mais.

Figura 23.7 Fluxos do mercado de trabalho em dezembro de 2019 nos EUA.

Mesmo em dezembro de 2019, um mês de baixo desemprego, grande número de trabalhadores saiu ou entrou tanto no emprego quanto no desemprego.
Dados de: Bureau of Labor Statistics.

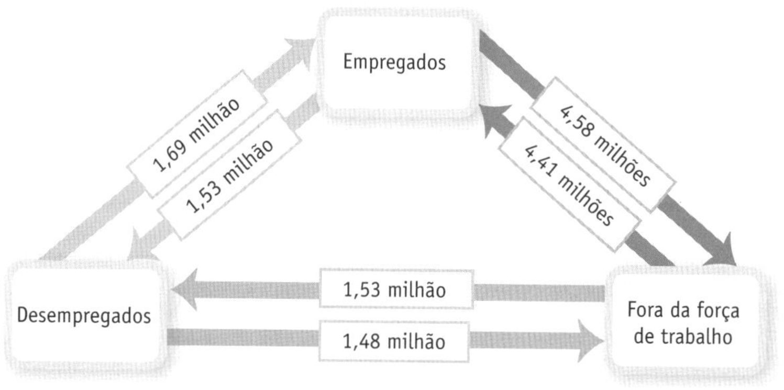

Em períodos nos quais a taxa de desemprego é mais alta, contudo, os trabalhadores tendem a ficar sem emprego por períodos mais longos, o que sugere que a proporção de desemprego friccional é pequena em relação à do desemprego que surge pela desaceleração no ciclo econômico. A Figura 23.9 mostra a fração dos desempregados que estavam fora do trabalho por 6 meses ou mais de 2007 a 2020. Essa fração saltou para 45% após a Grande Recessão, mas diminuiu gradualmente à medida que a economia se recuperava.

Figura 23.8 Distribuição dos desempregados nos Estados Unidos, por duração do desemprego, fevereiro de 2020.

Quando a taxa de desemprego é baixa, a maioria dos trabalhadores desempregados fica sem emprego apenas durante períodos curtos. Em fevereiro de 2020, 35,1% dos desempregados estavam sem emprego havia menos de 5 semanas e 66% havia menos de 15 semanas. A brevidade do período de desemprego para a maioria dos trabalhadores sugere que a maior parte do desemprego era friccional. (O total pode não chegar a 100 em razão do arredondamento.)
Dados de: Bureau of Labor Statistics.

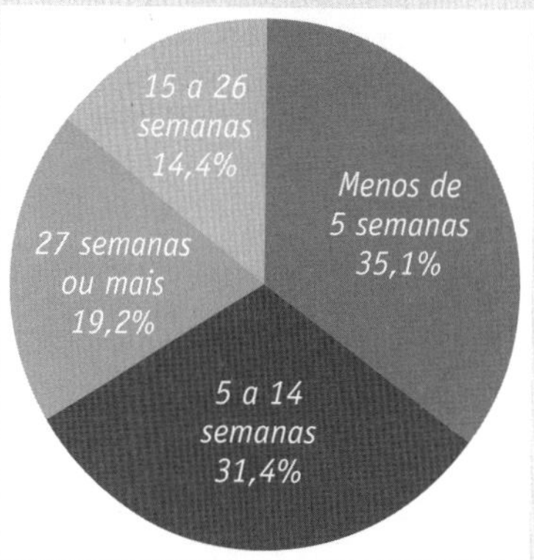

Desemprego estrutural

O desemprego friccional existe mesmo quando o número de pessoas procurando trabalho é igual ao número de empregos oferecidos, isto é, o desemprego friccional não sinaliza um excedente de trabalho. Algumas

Figura 23.9 Porcentagem de trabalhadores desempregados nos Estados Unidos que estavam fora do trabalho por seis meses ou mais, 2007-2019.

Antes da Grande Recessão, relativamente poucos trabalhadores dos EUA ficavam desempregados por longos períodos. No entanto, a porcentagem de desempregados de longo prazo subiu depois de 2007, reduzindo-se depois gradualmente.

Dados de: Bureau of Labor Statistics.

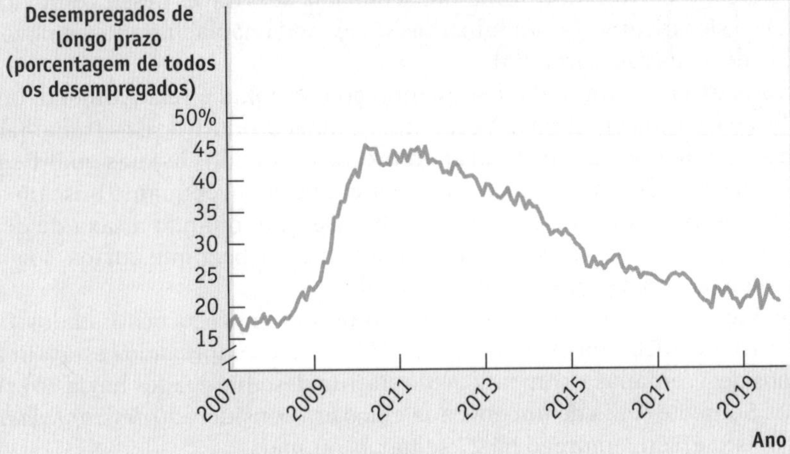

vezes, no entanto, há *excedente persistente* de pessoas procurando emprego em um mercado de trabalho específico, mesmo quando a economia está no ponto alto do ciclo econômico. Por exemplo, podem existir mais trabalhadores com uma qualificação particular do que empregos disponíveis que exijam aquela qualificação particular, ou pode haver mais trabalhadores em dada região geográfica do que os empregos disponíveis nessa região. **Desemprego estrutural** é o desemprego que resulta quando há mais pessoas procurando emprego em um mercado de trabalho do que empregos disponíveis no nível de salários corrente. Os economistas tentam medir o nível de desemprego estrutural em uma economia examinando o nível de desemprego no ponto alto do ciclo econômico.

No **desemprego estrutural**, há mais pessoas procurando colocação em determinado mercado de trabalho do que empregos disponíveis no nível de salários corrente, mesmo quando a economia está no ponto alto do ciclo econômico.

O modelo de oferta e demanda nos diz que o preço de um bem, serviço ou fator de produção tende a mover-se em direção ao equilíbrio que iguala a quantidade ofertada com a quantidade demandada. Isso também se verifica, em geral, nos mercados de trabalho. A Figura 23.10 mostra um mercado de trabalho típico. A curva de demanda de trabalho inclinada para baixo indica que, quando aumenta

Figura 23.10 O efeito de um salário mínimo sobre um mercado de trabalho.

Quando o governo estabelece um salário mínimo, W_F, que exceda a taxa de equilíbrio de mercado para aquele mercado, W_E, o número de trabalhadores, Q_S, que gostaria de trabalhar por aquele salário mínimo é maior do que o número de ofertas de trabalho, Q_D, demandado naquela taxa de salário. Esse excedente de mão de obra é o desemprego estrutural.

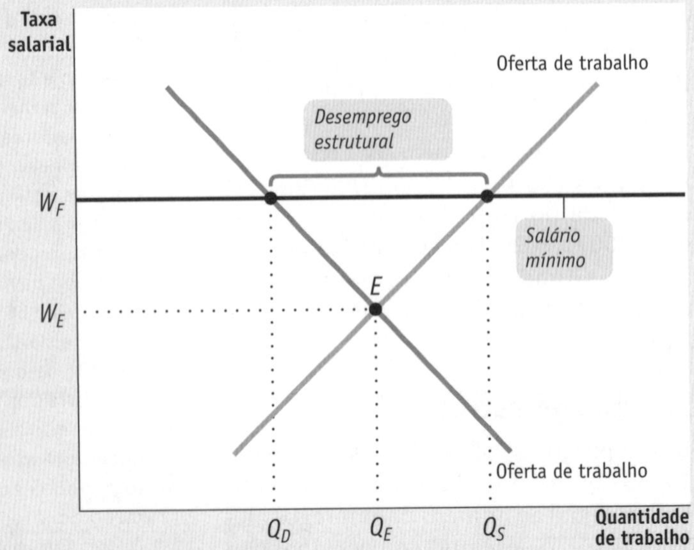

o preço do trabalho, ou seja, o nível salarial, os empregadores demandam menos trabalho. A curva de oferta de trabalho inclinada para cima indica que, quando o preço do trabalho aumenta, mais trabalhadores estão dispostos a oferecer trabalho no nível de salários que prevalece. Essas duas forças coincidem para levar a um nível de salário de equilíbrio para qualquer tipo específico de trabalho em um local particular. Esse nível de salário de equilíbrio se mostra como W_E.

Mesmo no nível de salários de equilíbrio, W_E, haverá algum desemprego friccional. Isso porque sempre existem alguns trabalhadores buscando emprego, mesmo quando o número de empregos disponíveis é igual ao número de trabalhadores procurando emprego. Mas não haveria desemprego estrutural nesse mercado de trabalho. *O desemprego estrutural ocorre quando o nível de salário é, por alguma razão, persistentemente superior a* W_E. Há vários fatores que podem levar a um nível de salários que excede W_E, os mais importantes sendo salários mínimos, sindicatos, *salários de eficiência*, efeitos colaterais de políticas públicas e defasagens entre empregados e empregadores.

Salários mínimos. Um **salário mínimo** é um piso para o preço do trabalho, legalmente estabelecido pelo governo. Nos Estados Unidos, o salário mínimo nacional no início de 2020 era 7,25 dólares por hora. Diversos governos estaduais e locais também determinam o salário mínimo dentro de suas jurisdições, normalmente com a finalidade de torná-lo maior do que o nível nacional. Por exemplo, a cidade de Seattle definiu um salário mínimo de US$ 15 por hora. Para muitos trabalhadores norte-americanos, o salário mínimo é irrelevante, pois o salário de equilíbrio de mercado é bem superior a esse piso. Porém, para alguns trabalhadores menos qualificados, o salário mínimo tem de ser cumprido, ou seja, ele aumenta os salários para acima do nível de equilíbrio. Como resultado, ele pode levar a desemprego estrutural.

Salário mínimo é um piso estabelecido pelo governo para a taxa salarial.

A Figura 23.10 mostra o efeito de um salário mínimo legalmente obrigatório. Nesse mercado, existe um piso legal para os salários, W_F, que está acima do salário de equilíbrio, W_E. Isso leva a um excedente persistente no mercado de trabalho: a quantidade de trabalho ofertada, Q_S, é maior que a quantidade de trabalho demandada, Q_D. Em outras palavras, mais pessoas querem trabalhar do que as que conseguem encontrar empregos ao salário mínimo, o que leva a um desemprego estrutural.

Dado que salários mínimos – isto é, salários mínimos legalmente obrigatórios –, em geral, levam a desemprego estrutural, é o caso de perguntar por que os governos os estabelecem. A motivação é a de contribuir para que as pessoas que trabalham possam obter uma renda que garanta ao menos um padrão de vida minimamente adequado.

Embora os economistas geralmente concordem que um salário mínimo elevado tem os efeitos de redução de emprego representados na Figura 23.10, existe um consenso difundido, embora não universal, de que essa não é uma boa descrição de como o salário mínimo de fato funciona nos Estados Unidos. O salário mínimo nos EUA é baixo comparado ao de outros países ricos e, como já foi observado, ele não é obrigatório para a grande maioria dos trabalhadores.

Além disso, alguns pesquisadores sugerem que aumentos no salário mínimo não parecem estar associados a quedas no emprego e, de fato, podem ocasionar mais emprego quando, como já foi o caso nos Estados Unidos, o salário mínimo é baixo em relação ao salário médio. Eles argumentam que empresas que empregam um grande percentual de trabalhadores em determinado mercado podem manter os salários baixos restringindo suas contratações. Sob essas condições, um aumento pequeno no salário mínimo não causará perda de empregos. A maioria dos economistas, contudo, concorda que um salário mínimo suficientemente alto leva, *sim*, ao desemprego estrutural.

Sindicato é uma organização de trabalhadores que negocia coletivamente com os empregadores para elevar os salários e melhorar as condições de trabalho.

Sindicatos. Ações de **sindicatos**, organizações de trabalhadores que negociam coletivamente com os empregadores para elevar os salários e melhorar as condições de trabalho de seus membros, podem ter efeitos similares aos do salário mínimo, provocando desemprego estrutural. Ao negociarem coletivamente em favor de todos os trabalhadores de uma empresa, os sindicatos muitas vezes conseguem dos empregadores salários mais altos do que os trabalhadores teriam conseguido caso negociassem individualmente. Esse processo, conhecido como *negociação coletiva*, busca fazer a balança do poder de barganha pesar mais do lado dos trabalhadores que do lado dos empregadores. Os sindicatos exercem seu poder de barganha ameaçando as empresas com *greves*, uma recusa coletiva de trabalhar. A ameaça de greve pode ter consequências muito sérias para as empresas. Nesses casos, trabalhadores agindo coletivamente podem exercer mais poder do que se atuassem individualmente.

Os empregadores têm atuado para conter o poder de barganha dos sindicatos, ameaçando e fazendo cumprir *lockouts*[4] – períodos em que os trabalhadores sindicalizados são impedidos de entrar no local de trabalho e ficam desempregados – ao contratarem trabalhadores substitutos.

Quando os trabalhadores têm poder de barganha maior, eles tendem a exigir e a obter salários mais altos. Os sindicatos também negociam benefícios, como seguros-saúde e aposentadoria, que podem ser considerados um adicional ao salário. De fato, economistas que estudaram o efeito dos sindicatos sobre os salários verificaram que trabalhadores sindicalizados ganham salários e benefícios mais altos que trabalhadores não sindicalizados com as mesmas qualificações. O resultado desses salários aumentados pode ser o mesmo que o do salário mínimo: os sindicatos empurram o salário recebido pelos trabalhadores para níveis acima do salário de equilíbrio. Tal como o mínimo que as empresas são obrigadas a cumprir, isso leva a desemprego estrutural. Porém, nos Estados Unidos, como há baixo nível de sindicalização, a proporção de desemprego gerado pelas demandas sindicais provavelmente será muito pequena. E, em países como Alemanha e Japão, os sindicatos e a administração colaboram na concepção de práticas de trabalho mais eficientes que apoiam salários de equilíbrio mais elevados.

Salários de eficiência são salários que os empregadores estabelecem acima do salário de equilíbrio como incentivo para um desempenho melhor do empregado.

Salários de eficiência. Ações exercidas pelas empresas podem contribuir para o desemprego estrutural. As empresas podem optar por pagar **salários de eficiência**, ou seja, salários que o empregador estabelece acima do nível de salário de equilíbrio a título de incentivo para um desempenho melhor de seus trabalhadores.

Empregadores podem achar necessário usar esses incentivos por várias razões. Por exemplo, os empregadores muitas vezes têm dificuldade em observar diretamente o quanto um empregado se esforça. Eles podem, no entanto, estimular mais esforço pagando salários acima do mercado: empregados que recebem esses salários maiores têm maior probabilidade de manter níveis elevados de dedicação para garantir que não sejam despedidos, com o que perderiam seu salário mais alto.

Por exemplo, em 2018, o trabalhador da Costco ganhava na média mais de 22 dólares por hora, enquanto o trabalhador do Walmart ganhava na média apenas US$ 14 a hora. Como resultado, observou-se que os funcionários da Costco estavam mais satisfeitos com seus empregos, eram mais produtivos e menos propensos a procurar oportunidades melhores em outro lugar.

Quando muitas empresas pagam salário de eficiência, o resultado é que haverá certa quantidade de trabalhadores que querem empregos, porém não conseguem encontrá-los. Com a Costco pagando salários de eficiência, muitos trabalhadores desejam trabalhar na Costco e não no Walmart. Dessa forma, o uso dos salários de eficiência pelas empresas pode levar ao desemprego estrutural.

Efeitos colaterais de políticas públicas. Ademais, políticas públicas formuladas com o objetivo de ajudar os trabalhadores que perdem seu emprego podem levar ao desemprego estrutural como um efeito colateral que não se pretendia. A maioria dos países economicamente avançados oferece benefícios a trabalhadores demitidos, como forma de ajudá-los durante a transição até que encontrem um

[4]N. R.: A legislação brasileira proíbe o *lockout* (artigo 17 da Lei nº 7.783, de 28 de junho de 1989).

novo emprego. Nos Estados Unidos, esses benefícios normalmente repõem apenas cerca de 45% da renda do trabalhador, e expiram em 26 semanas. (Esse período foi estendido, em alguns casos, para 99 semanas durante a fase de elevado desemprego em 2009-2011.) Em outros países, particularmente na Europa, os benefícios são mais generosos e duram mais. A desvantagem dessa generosidade é que reduz o incentivo do trabalhador para buscar um novo emprego rapidamente. Durante a década de 1980, muitos atribuíram ao auxílio-desemprego generoso boa parte da culpa pela "euroesclerose", a persistência do desemprego em nível elevado que afligiu uma série de economias europeias.

Descompassos entre empregados e empregadores. Leva tempo para que trabalhadores e empresas se ajustem aos deslocamentos na economia. O resultado pode ser um descompasso entre o que os empregados têm a oferecer e o que os empregadores estão buscando. Um descompasso nas qualificações é uma das formas; por exemplo, como resultado do estouro da bolha imobiliária de 2009, havia mais trabalhadores da construção civil procurando emprego do que havia oportunidades. Outra forma é geográfica, como no caso da região leste do interior dos Estados Unidos que, conforme descrito em Economia em Ação, foram deixadas para trás pela mudança econômica. Haverá desemprego estrutural enquanto a defasagem não for resolvida por uma queda suficiente dos salários dos trabalhadores excedentes, que induza a retreinamento ou mudança de localização.

Taxa natural de desemprego

Dado que algum desemprego friccional é inevitável e que muitas economias sofrem também de desemprego estrutural, certa quantidade de desemprego é normal ou "natural". O desemprego efetivo flutua em torno desse nível normal. A **taxa natural de desemprego** é o teor de desemprego normal em torno do qual flutua a taxa de desemprego de fato. Ela é a taxa de desemprego que surge dos efeitos do desemprego friccional somado ao estrutural.

Desvios na taxa efetiva de desemprego que a afastam da taxa natural são chamados **desemprego cíclico**, ou seja, a diferença entre a taxa real de desemprego e a natural. Como o nome indica, o desemprego cíclico é aquela parte do desemprego que surge da fase declinante do ciclo econômico.

Taxa natural de desemprego é a taxa de desemprego que surge dos efeitos do desemprego friccional somado ao estrutural.

Desemprego cíclico é a diferença entre a taxa real de desemprego e a taxa natural em razão de declinações do ciclo econômico.

Veremos no Capítulo 31 que a taxa natural de desemprego é uma variável crítica para a política econômica, porque o governo não pode manter a taxa de desemprego persistentemente abaixo da taxa natural sem provocar uma aceleração da inflação.

Podemos resumir as relações entre diversos tipos de desemprego da seguinte forma:

(23.3) Desemprego natural =
desemprego friccional + desemprego estrutural

(23.4) Desemprego real =
desemprego natural + desemprego cíclico

Talvez por causa do seu nome, com frequência as pessoas imaginam que a taxa natural de desemprego seja uma constante que não muda ao longo do tempo e que ela não pode ser afetada por políticas públicas. Nenhuma das duas proposições é verdadeira. Queremos frisar dois fatos:

1. A taxa natural de desemprego muda ao longo do tempo.
2. Ela pode ser influenciada por políticas públicas.

Mudanças na taxa natural de desemprego

Tanto economistas do setor privado quanto agências governamentais precisam de estimativas da taxa natural de desemprego para previsões e análises de políticas públicas. Quase todas essas estimativas mostram que, nos Estados Unidos, a taxa natural sobe e desce ao longo do tempo. Por exemplo, a Comissão de Orçamento do Congresso norte-americano, agência independente que realiza análises orçamentárias e econômicas para o Congresso, estima que a taxa natural de desemprego nos Estados Unidos era 5,3% em 1950, subiu para 6,3% no fim dos anos 1970, mas caiu para 4,4% em 2020. Em junho de 2020, o Federal Reserve, que faz projeções sobre a taxa natural futura, manteve sua projeção inalterada entre 4,0% e 4,3%, apesar da crise da Covid-19. Os países da Europa experimentaram oscilações ainda maiores em suas taxas naturais de desemprego.

O que leva a taxa natural de desemprego a mudar? Os fatores mais importantes são mudanças nas características da força de trabalho, mudanças nas instituições do mercado de trabalho e mudanças de política governamental. Examinemos resumidamente cada um desses fatores.

Mudanças nas características da força de trabalho. Em fevereiro de 2020, antes da Covid-19, a taxa de desemprego nos Estados Unidos era 3,5%. Trabalhadores jovens, no entanto, tinham taxas de desemprego muito mais altas: 11,0% para adolescentes e 6,4% para trabalhadores entre 20 e 24 anos. Trabalhadores com idade entre 25 e 54 anos tinham taxa de desemprego de apenas 3,0%.

Em geral, as taxas de desemprego tendem a ser mais baixas para trabalhadores com experiência do que para aqueles sem experiência. Dado que trabalhadores com experiência tendem a permanecer mais tempo no mesmo emprego do que trabalhadores inexperientes, eles têm menor desemprego friccional. Além do mais, como é mais provável que os trabalhadores mais velhos tenham uma família para sustentar do que os jovens, eles têm incentivos mais fortes para encontrar e manter um emprego. Uma das razões pelas quais a taxa natural de desemprego aumentou nos anos 1970 foi o grande aumento no número de novos trabalhadores; as crianças nascidas durante a grande expansão de natalidade logo após a Segunda Guerra Mundial começaram a entrar na força de trabalho, bem como uma proporção crescente de mulheres. Como mostra a Figura 23.11, tanto a porcentagem da força de trabalho com menos de 25 anos de idade quanto a porcentagem das mulheres na força de trabalho subiram rapidamente na década de 1970. No fim dos anos 1990, contudo, a proporção das mulheres na força de trabalho tinha parado de aumentar, e a parcela dos trabalhadores com menos de 25 anos de idade caiu bruscamente. Isso significa que a força de trabalho atual tem mais experiência do que aquela dos anos 1970, provável causa de uma taxa natural de desemprego menor hoje do que era naquela década.

Mudanças nas instituições do mercado de trabalho. Como já dissemos, sindicatos que negociam salários acima do nível de equilíbrio de mercado podem ser uma fonte de desemprego estrutural. Alguns economistas acreditam que

Figura 23.11 Mudança na composição da força de trabalho dos Estados Unidos, 1950-2020.

Nos anos 1970, a porcentagem da força de trabalho formada por mulheres cresceu de forma rápida, assim como a porcentagem de trabalhadores com menos de 25 anos. Essas mudanças refletiam a entrada de grande número de mulheres na força de trabalho remunerada pela primeira vez e o fato de os *baby boomers* terem atingido a idade de trabalhar. A taxa natural de desemprego pode ter crescido porque muitos desses trabalhadores eram relativamente inexperientes. Hoje, a força de trabalho é muito mais experiente, o que pode ser uma das razões possíveis para a queda da taxa natural desde a década de 1970.

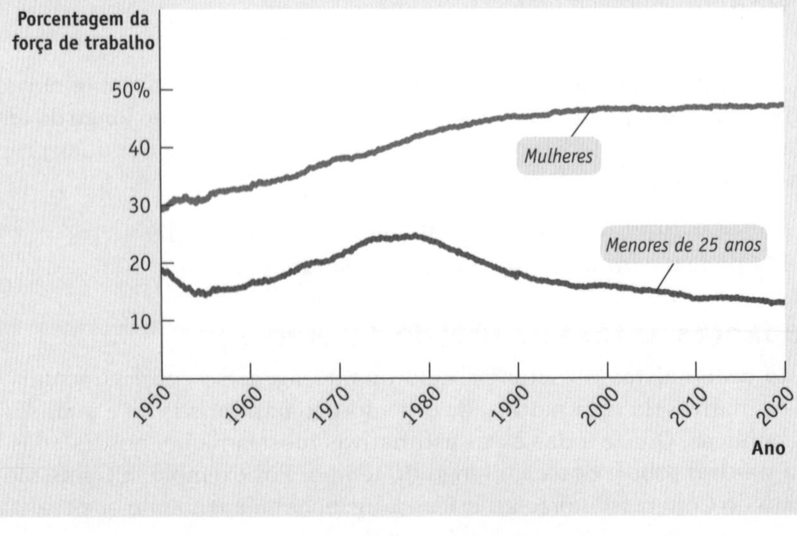

sindicatos fortes sejam uma das razões da elevada taxa natural de desemprego na Europa, causada em parte por fortes sindicatos de trabalhadores. Nos Estados Unidos, o agudo declínio no número de membros dos sindicatos depois de 1980 pode ter sido uma das razões da queda na taxa natural de desemprego entre as décadas de 1970 e 1990.

Outras mudanças institucionais podem estar influenciando também. Por exemplo, alguns especialistas em economia do trabalho acreditam que as agências de emprego temporário, que proliferaram em anos recentes, reduziram o desemprego friccional ao contribuírem para aproximar e adequar entre si trabalhadores e empregos. Da mesma forma, a proliferação de empresas com estrutura gigantesca, como Uber e TaskRabbit, reduziu o desemprego friccional e o estrutural, tornando mais fácil para os trabalhadores ganhar dinheiro rapidamente e aceitar salários abaixo do mínimo legal.

Mudança tecnológica, junto com instituições do mercado de trabalho, igualmente pode desempenhar um papel na taxa natural de desemprego. A mudança tecnológica provavelmente gera aumento na demanda de trabalhadores qualificados familiarizados com a tecnologia relevante e a diminuição na demanda de trabalhadores não qualificados. A teoria econômica prevê que, então, os salários dos trabalhadores qualificados aumentariam e os dos não qualificados se reduziriam. Mas, se os salários dos trabalhadores não qualificados não podem cair, por exemplo, devido ao mínimo legal, o resultado será um aumento do desemprego estrutural e, portanto, uma taxa natural de desemprego mais elevada durante os períodos de mudança tecnológica mais rápida.

Mudanças de política governamental. Um salário mínimo elevado pode causar desemprego estrutural. Generosos benefícios para quem perde o emprego podem aumentar tanto o desemprego estrutural quanto o friccional, pois os trabalhadores se sentem menos pressionados financeiramente para aceitar logo um emprego. Assim, políticas governamentais para ajudar os trabalhadores podem ter o efeito colateral indesejável de aumentar a taxa natural de desemprego.

Algumas políticas governamentais, no entanto, podem reduzir a taxa natural. Dois exemplos são o treinamento de trabalhadores e subsídios ao emprego. *Programas de treinamento* procuram dar ao trabalhador desempregado uma qualificação mais ampla que permita ampliar o leque das funções que ele possa desempenhar. *Subsídios ao emprego* são pagamentos ao trabalhador ou ao empregador com o fim de incentivar financeiramente a oferta ou a aceitação de empregos.

ECONOMIA >> *em Ação*

Homens sem trabalho

Os Estados Unidos são um país muito vasto: a Califórnia fica tão longe do Maine quanto a França da Sibéria. Porém, geralmente falamos como se todo o país fosse constituído por um único mercado de trabalho. Para ser justo, os trabalhadores norte-americanos muitas vezes se mudam para qualquer lugar onde exista trabalho.

Mas nem todos os trabalhadores podem ou desejam se mudar. Isso cria problemas para os trabalhadores que se encontram presos em uma região em que a demanda por mão de obra diminuiu, por um motivo qualquer. Esses trabalhadores "presos" provavelmente sofrerão de desemprego estrutural.

Economistas que estudam essa questão geralmente preferem *não* olhar para a taxa de desemprego padrão, porque as pessoas só são contadas como desempregadas se estiverem ativamente procurando trabalho, o que pode não acontecer em lugares onde constantemente faltam oportunidades de emprego. Em vez disso, a pesquisa recente costuma se concentrar em um indicador diferente: a porcentagem de homens na faixa de idade mais produtiva, entre 25 e 54 anos, que não estão trabalhando.

Por que os homens especificamente, em vez de adultos em geral? Apesar de todas as mudanças culturais, os homens norte-americanos continuam menos propensos do que as mulheres a escolher voluntariamente ser pais, cuidadores ou donos de casa que permaneçam em casa. Portanto, quando você vê um grande número de homens nessa faixa etária produtiva não trabalhando, isso sugere um mercado de trabalho problemático.

Então, onde vemos um grande número de homens sem trabalhar nos Estados Unidos? Principalmente em uma região que os economistas Benjamin Austin, Edward Glaeser e Lawrence Summers chamam de "interior do leste" – um arco que vai do oeste da Pensilvânia até o Alabama e o Mississippi.

Algumas décadas atrás, muitos residentes dessa região ainda estavam empregados em setores tradicionais, como agricultura, mineração de carvão e indústrias como a siderúrgica, bastante relacionadas ao carvão. Entretanto, desde a década de 1970, essas fontes tradicionais de emprego diminuíram, enquanto os empregadores em indústrias emergentes, "baseadas no conhecimento", tendem a preferir grandes áreas metropolitanas, com força de trabalho altamente qualificada.

O resultado parece ser um alto desemprego estrutural persistente na região afetada. Na Virgínia Ocidental, por exemplo, apenas 75% dos homens nessa faixa etária produtiva estão trabalhando, em comparação com quase 90% em estados em crescimento, como Nova Jersey e Texas.

Lamentavelmente, a falta de oportunidades de emprego no coração do leste parece estar contribuindo para uma série de problemas sociais, incluindo o vício em drogas. De forma mais sombria, a região viu um aumento na mortalidade, por meio do que os economistas Anne Case e Angus Deaton chamam de "mortes por desespero" – mortes por suicídio, álcool e drogas. Isso demonstra outra razão pela qual a situação do mercado de trabalho é importante: as oportunidades de emprego não têm relação apenas com dinheiro, mas também com dignidade.

>> *Revisão Rápida*

- Por conta da criação e da destruição de empregos, bem como demissões voluntárias do emprego, algum nível de desemprego é natural.
- O **desemprego friccional** ocorre porque trabalhadores desempregados se dedicam à **busca de emprego**, tornando alguma porção de desemprego inevitável.
- Uma variedade de fatores – **salário mínimo**, **sindicatos**, **salários de eficiência**, efeitos colaterais de políticas públicas como o benefício do seguro-desemprego e o descompasso entre empregados e empregadores – levam ao **desemprego estrutural**, aumentando os salários acima do seu nível de equilíbrio de mercado.
- A junção do desemprego estrutural e do desemprego friccional resulta no desemprego natural, o que gera uma **taxa natural de desemprego**. Por outro lado, o **desemprego cíclico** muda com o ciclo econômico. O desemprego efetivo é a soma do desemprego natural com o desemprego cíclico.
- A taxa natural de desemprego pode mudar com o tempo, em razão de mudanças nas características da força de trabalho, nas instituições e nas políticas públicas. Acredita-se que as políticas públicas criadas para ajudar trabalhadores são uma das razões para a alta taxa natural de desemprego na Europa.

>> *Teste seu entendimento* 23.2

As respostas estão no fim do livro.

1. Explique as seguintes afirmações:
   a. O desemprego friccional é mais alto quando o ritmo da mudança tecnológica se acelera.
   b. O desemprego estrutural é mais alto quando o ritmo da mudança tecnológica se acelera.
   c. O desemprego friccional corresponde a uma parcela maior do desemprego total quando a taxa de desemprego é baixa.
2. Por que a negociação coletiva tem o mesmo efeito geral sobre o desemprego que um salário mínimo? Ilustre sua resposta com um diagrama.
3. Suponha que, no ápice do ciclo econômico, os Estados Unidos aumentem drasticamente os benefícios para trabalhadores desempregados. Explique o que acontecerá, nesse caso, com a taxa natural de desemprego.

Inflação e deflação

Como dissemos na história de abertura do capítulo, os criadores de políticas macroeconômicas normalmente estão focados em dois grandes males, desemprego e inflação. É fácil ver por que desemprego alto é um problema. Mas por que a inflação é algo que deve causar preocupação? A resposta é que a inflação pode impor custos à economia – mas não da maneira que a maioria das pessoas imagina.

O nível de preços não importa...

A principal queixa contra a *inflação*, que é um aumento no nível de preços, é que ela torna todo mundo mais pobre – afinal de contas, certa quantia de dinheiro compra menos. Mas a inflação não torna todo mundo mais pobre. Para se entender o motivo, ajuda imaginar o que aconteceria se os Estados Unidos fizessem o que outros países fizeram vez por outra: substituir o dólar por uma nova moeda.

Um exemplo recente desse tipo de conversão de moeda ocorreu em 2002, quando a França, assim como vários países europeus, substituiu a moeda nacional, o franco, por uma nova moeda pan-europeia, o euro (€). As pessoas entregaram suas notas e moedas de francos e receberam em troca notas e moedas de euros, a uma taxa de câmbio de precisamente 6,55957 francos por euro. Ao mesmo tempo, todos os contratos foram reformulados em euros a essa mesma taxa de câmbio. Por exemplo, um cidadão francês que tivesse uma dívida hipotecária de 500.000 francos passaria a ter uma dívida de 500.000/6,55957 = € 76.224,51. Se um contrato de trabalho especificasse que o contratado receberia 100 francos por hora, tornava-se um contrato especificando que o trabalhador receberia 100/6,55957 = € 15,2449 por hora, e assim por diante.

Poderíamos imaginar a mesma coisa nos Estados Unidos, substituindo o dólar por um "novo dólar" a uma taxa de, digamos, 7 para 1. Se a dívida de uma pessoa pela compra da casa fosse US$ 140.000, passaria a ser 20.000 novos dólares. Se ela tivesse salário horário de US$ 14, passaria a ter 2 novos dólares, e assim por diante. Isso levaria o nível geral de preços dos Estados Unidos de volta ao nível que tinha em 1962, quando John F. Kennedy era presidente.

O resultado, então, seria todo mundo mais rico, já que os preços seriam apenas um sétimo do que eram? É óbvio que não. Os preços seriam mais baixos, mas do mesmo modo os salários e os rendimentos em geral seriam mais baixos. Se você corta o salário de um trabalhador para um sétimo do seu valor anterior, mas corta também todos os preços para um sétimo do valor anterior, o **salário real** (o salário dividido pelo nível de preços) não terá mudado. De fato, trazer o nível geral de preços para o que era durante a administração Kennedy não teria efeito algum sobre o poder de compra em geral, pois assim se reduziria a renda tanto quanto se reduziriam os preços.

Salário real é a taxa salarial dividida pelo nível de preços.

De modo correspondente, a elevação de preços que de fato ocorreu desde o início dos anos 1960 não tornou os Estados Unidos mais pobres, porque isso aumentou as rendas na mesma quantidade: a **renda real** (a renda dividida pelo nível de preços) não foi afetada pelo aumento no nível geral de preços.

Renda real é a renda dividida pelo nível de preços.

A moral dessa história é que não importa o *nível* de preços: o aumento de preços na economia dos Estados Unidos nos últimos 50 anos não tornou sua população mais pobre.

... O que importa é a taxa de mudança dos preços

A conclusão de que o nível de preços não importa parece implicar que a taxa de inflação também não importa. Mas isso não é verdade.

Para ver por quê, é essencial distinguir entre o *nível de preços* e a *taxa de inflação*, isto é, o aumento percentual no nível geral de preços por ano. Recorde, do Capítulo 22, que a inflação é definida como:

$$\text{Taxa de inflação} = \frac{\text{Índice de preços do ano 2} - \text{Índice de preços do ano 1}}{\text{Índice de preços do ano 1}} \times 100$$

A Figura 23.12 ilustra a diferença entre o nível de preços e a taxa de inflação nos Estados Unidos na última metade de século, sendo o nível de preços medido no eixo vertical esquerdo e a taxa de inflação, no eixo vertical direito. Nos anos 2000, o nível geral de preços nos Estados Unidos estava muito mais alto do que estivera em 1960, mas, como aprendemos, isso não importava. A taxa de inflação nos anos 2000, contudo, era muito mais baixa do que nos anos 1970, e é quase certo que isso tornou a economia mais rica do que seria se a inflação tivesse continuado.

Economistas acreditam que taxas de inflação elevadas impõem custos econômicos significativos. Os mais importantes desses custos são *custos de sola de sapato*, *custos de menu* e *custos de unidade de conta*. Vamos discutir esses custos um a um.

Figura 23.12 Nível de preços *versus* taxas de inflação, 1960-2020.

Com exceção de 2009, o índice de preços ao consumidor aumentou continuamente nos últimos cinquenta anos. Mas a *taxa de inflação* (a taxa pela qual os preços ao consumidor estão subindo) teve altos e baixos. E, em 2009, a taxa de inflação ficou por um breve período negativa, fenômeno chamado *deflação*.

Dados de: Bureau of Labor Statistics.

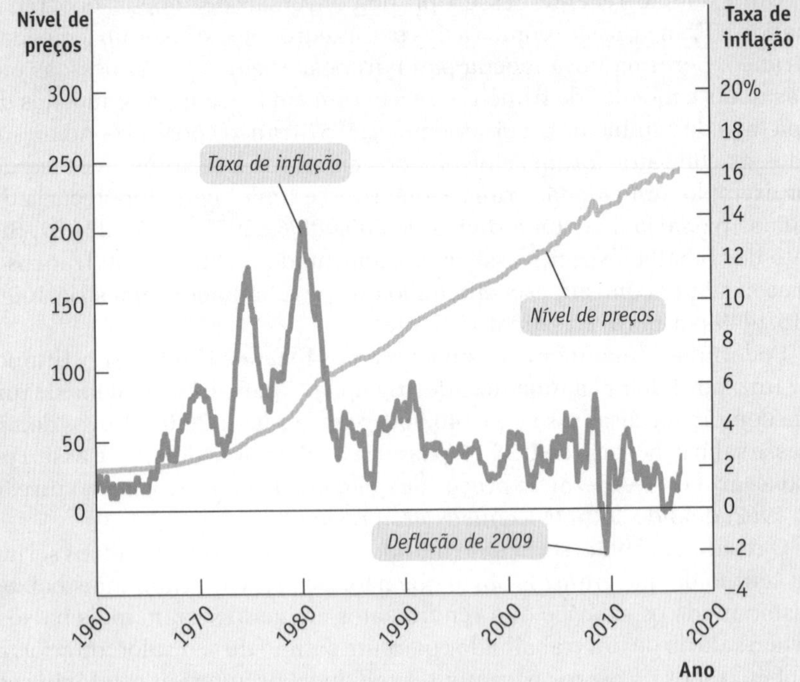

Custos de sola de sapato. As pessoas mantêm moeda – dinheiro na carteira e depósitos em conta bancária – por conveniência, com o intuito de fazer transações. Uma taxa de inflação alta, contudo, desestimula as pessoas de guardar moeda, pois o poder de compra do dinheiro na carteira e o dos fundos na conta bancária vão se deteriorando gradualmente à medida que o nível geral de preços sobe. Isso leva as pessoas a levarem fundos para ativos que elas acreditam que manterão seu valor, e a reduzir a quantidade de moeda que elas retêm, muitas vezes a custos econômicos consideráveis. Por exemplo, quando a inflação venezuelana atingiu perto de 1 milhão por cento em 2018, significando que os preços mais do que dobravam mensalmente, as pessoas começaram a estocar cigarros e criptomoedas (como o Bitcoin) em vez de moeda venezuelana.

Durante a mais famosa de todas as inflações, a *hiperinflação* alemã de 1921-1923, os comerciantes empregavam maratonistas para levar seu dinheiro ao banco várias vezes ao dia e depositá-lo em ativos que rendiam juros ou convertê-lo em moeda estrangeira mais estável. A hiperinflação ocorre quando os preços sobem 50% ou mais por mês, formando uma taxa de inflação anual de algo em torno de 13.000%. Nesses casos, em um esforço para evitar que o poder de compra de seu dinheiro evaporasse, as pessoas dedicavam recursos valiosos, como a mão de obra dos maratonistas alemães, que podiam ter sido usados produtivamente para outras coisas. Durante a hiperinflação alemã, a quantidade de transações bancárias que ocorria fez o número de empregados nos bancos alemães quase quadruplicar, de 100.000 pessoas em 1913 para 375.000 em 1923.

Mais recentemente, o Brasil passou por uma hiperinflação no início dos anos 1990; durante esse episódio, o setor bancário brasileiro cresceu tanto que representava 15% do PIB, mais do que duas vezes o setor financeiro nos Estados Unidos medido como porcentagem do PIB. O grande aumento no setor bancário brasileiro precisou lidar com as consequências da inflação, que representou uma perda de recursos reais para a sociedade.

Custos de sola de sapato são os custos elevados das transações em virtude da inflação.

Os custos elevados das transações causados pela inflação são conhecidos como **custos de sola de sapato**, em alusão ao desgaste causado quando se tem de andar muito de um lado para outro no esforço para não manter dinheiro parado. Custos de sola de sapato são substanciais em economias de inflação muito alta, como pode atestar qualquer um que viveu durante uma hiperinflação ou mesmo uma inflação de, digamos, 100% ao ano. A maioria das estimativas indica, no entanto, que os custos de sola de sapato causados pela inflação às taxas conhecidas nos Estados Unidos – que em tempos de paz nunca tiveram inflação superior a 15% ao ano – são muito pequenos.

Custos de menu. Em uma economia moderna, a maioria das coisas que compramos tem preços listados. Há um preço listado para cada item nas gôndolas dos supermercados, um preço listado para produtos vendidos em qualquer *site* de revenda *on-line*, como Amazon ou Netshoes, e um preço listado para cada prato no menu de um restaurante. Mudar os preços listados tem um custo real, denominado **custo de menu**. Embora o peso potencial imposto pelos custos de menu tenha diminuído nas economias avançadas, à medida que mais vendas passaram para canais *on-line* e os preços puderam ser trocados eletronicamente, eles ainda existem. Por exemplo, para mudar os preços no supermercado ou em uma loja de roupas é preciso mandar os empregados percorrerem a loja para mudar a etiqueta de preço em cada item. Diante da inflação, as empresas são obrigadas a mudar os preços com mais frequência do que fariam se o nível de preços agregado fosse mais ou menos estável. Isso significa custos mais altos para a economia em seu conjunto.

Custo de menu é o custo real de se mudar um preço listado.

Em tempos de inflação muito alta, os custos de menu podem ser substanciais. Durante a hiperinflação no Brasil, no início dos anos 1990, por exemplo, quem trabalhava em supermercado sabidamente gastava metade do tempo substituindo etiquetas de preços antigas por novas. Quando a inflação é alta, os comerciantes podem desistir de listar preços em termos da moeda local e usar, em vez disso, uma unidade artificial, na verdade medindo os preços em relação uns aos outros ou a uma moeda mais estável, tal como o dólar americano. Foi exatamente o que o mercado imobiliário em Israel começou a fazer em meados da década de 1980: os preços de imóveis eram cotados em dólares americanos, ainda que os pagamentos fossem feitos em *shekels*, a moeda de Israel. Isso aconteceu também no Zimbábue quando, em maio de 2008, as estimativas oficiais de inflação chegaram a 1.694.000%. Em 2009, o governo do Zimbábue suspendeu o dólar zimbabuano e permitiu aos residentes comprar e vender bens usando moedas estrangeiras.

Custos de menu também existem em economias de baixa inflação, mas eles não são graves. Em economias de baixa inflação, as empresas podem atualizar preços apenas esporadicamente e não todos os dias, ou até com mais frequência, como é o caso em economias de alta inflação ou hiperinflação.

Custos de unidade de conta. Na Idade Média, os contratos eram muitas vezes especificados "em espécie": por exemplo, um arrendatário podia ser obrigado a entregar ao dono da terra certo número de vacas por ano (em inglês, a expressão "*in kind*" – em espécie –, na realidade, vem de uma palavra antiga usada para "*cattle*" – gado). Talvez isso fizesse sentido na época, mas seria uma forma muito incômoda de fazer negócios hoje em dia. Em vez disso, os contratos são especificados em termos monetários: um inquilino deve certo número de dólares por mês, uma companhia que emite um título promete a quem comprou esse título pagar certa quantia em moeda na data do resgate, e assim por diante. Também tendemos a fazer nossos cálculos econômicos em dinheiro: uma família planejando seu orçamento ou uma pequena empresa tentando avaliar como vai indo, todos fazem estimativas da quantidade de dinheiro que entra e que sai.

Esse papel do dólar (ou de qualquer outra moeda) como base para contratos e cálculos é denominado papel de *unidade de conta* da moeda. É um aspecto importante da economia moderna. Mas é um papel que pode ser degradado pela inflação, que faz o poder de compra da moeda mudar ao longo do tempo; um dólar no próximo ano valerá menos que um dólar este ano. O efeito, conforme argumentam muitos economistas, é reduzir a qualidade das decisões econômicas: a economia em seu conjunto faz uso menos eficiente dos recursos, por causa da incerteza causada pela mudança na unidade de conta – o dólar, o real etc. Os **custos de unidade de conta**

Custos de unidade de conta da inflação são os custos que surgem da maneira como a inflação torna a moeda uma unidade de medida menos confiável.

da inflação são custos que surgem da maneira como a inflação torna a moeda uma unidade de medida menos confiável.

Custos de unidade de conta podem ser particularmente importantes no sistema tributário, pois a inflação pode distorcer as medidas da renda sobre a qual o imposto é cobrado. Vejamos um exemplo: suponha que a taxa de inflação seja 10%, de modo que o nível geral de preços aumenta 10% ao ano. Suponha que a empresa compre um ativo, como um terreno, por $ 100.000, e venda esse terreno um ano depois por $ 110.000. Em um sentido básico, a empresa não lucrou com a transação: em termos reais, não recebeu pelo terreno mais do que o que pagou por ele. Mas a lei tributária dos Estados Unidos diz que a empresa teve um ganho de capital de $ 10.000, e ela terá de pagar imposto sobre esse ganho fantasma.

Durante a década de 1970, quando os Estados Unidos tinham uma inflação relativamente alta, os efeitos distorcidos da inflação sobre o sistema tributário eram um problema sério. Algumas empresas ficaram desencorajadas de fazer gastos de investimento produtivo porque se viam pagando impostos sobre lucros fantasmas. Enquanto isso, alguns investimentos improdutivos se tornaram atrativos porque levavam a perdas fantasmas que reduziam o pagamento de impostos. Quando a inflação e as taxas de impostos foram reduzidas nos anos 1980, esses problemas tornaram-se bem menos importantes.

Ganhadores e perdedores na inflação

Como acabamos de ver, uma taxa de inflação elevada impõe custos gerais à economia por desperdício de recursos. Além disso, a inflação também pode produzir perdedores e ganhadores dentro da economia. A principal razão pela qual a inflação pode prejudicar algumas pessoas enquanto ajuda outras é que transações econômicas normalmente envolvem contratos que se estendem ao longo de um período de tempo, como empréstimos, e esses contratos costumam ser especificados em termos nominais (em dólares, por exemplo).

No caso de um empréstimo, o tomador recebe certa quantidade de fundos no início e o contrato especifica a *taxa de juros* do empréstimo e quando ele tem de ser amortizado. **Taxa de juros** é o retorno que o credor obtém por permitir ao devedor o uso de suas economias por um período de tempo, calculado como porcentagem sobre o montante emprestado.

A **taxa de juros** em um empréstimo é o preço, calculado como porcentagem do valor emprestado, que o credor cobra do devedor pelo uso de suas economias por um período de tempo.

Taxa de juros nominal é a taxa expressa em termos de dólares (ou outra moeda).

Taxa de juros real é a taxa nominal menos a taxa de inflação.

Mas o que o dólar (ou outra moeda) vale em termos reais – isto é, em termos de poder de compra – depende muito da taxa de inflação durante os anos de duração do empréstimo. Os economistas resumem o efeito da inflação sobre tomadores de empréstimos e credores distinguindo entre taxa de juros *nominal* e taxa de juros *real*. **Taxa de juros nominal** é a taxa de juros em termos de unidade de moeda – por exemplo, a taxa de um empréstimo para pagar os estudos. **Taxa de juros real** é a taxa de juros nominal menos a taxa de inflação. Por exemplo, se o empréstimo foi feito a uma taxa de juros de 8%, mas a taxa de inflação é 5%, a taxa de juros real é 8% – 5% = 3%.

Quando o tomador de um empréstimo e o credor fazem um contrato, este é normalmente escrito em termos de uma moeda – ou seja, especifica uma taxa de juros nominal. Mas cada uma das partes tem uma expectativa sobre a taxa de inflação futura e, portanto, uma expectativa sobre a taxa de juros real do empréstimo. Se a inflação efetiva é *mais alta* do que o esperado, os tomadores ganharão à custa dos credores: o tomador do empréstimo pagará com fundos que têm valor real inferior ao que havia sido esperado. Correspondentemente, se a taxa de inflação é *mais baixa* do que o esperado, os tomadores do empréstimo saldarão seu débito com fundos que têm valor real mais alto do que havia sido esperado.

Nos Estados Unidos de hoje, as hipotecas residenciais são a fonte mais importante de ganhos e perdas com a inflação. Embora algumas taxas de juros de hipoteca estejam vinculadas à taxa de inflação, na grande maioria das vezes isso não ocorre, criando grandes ganhadores e perdedores quando as taxas de inflação mudam inesperadamente. Norte-americanos que tomaram empréstimos hipotecários no início da década de 1970 logo viram seus pagamentos reais reduzidos por causa de uma inflação mais alta do que o esperado. Por outro lado, aqueles que tomaram empréstimos hipotecários no início dos anos 1990 perderam. A taxa de inflação caiu para níveis inferiores aos esperados nos anos seguintes e aumentou o custo de seus pagamentos.

Como os ganhos de uns e as perdas de outros resultam de inflação que é mais alta ou mais baixa que o esperado, surge mais um problema: a incerteza sobre a taxa de inflação futura desestimula as pessoas de entrarem em qualquer tipo de contrato de longo prazo. Esse é um custo adicional da inflação alta, pois taxas elevadas de inflação são normalmente imprevisíveis. Em países com inflação alta e incerta, empréstimos de longo prazo são raros, o que torna difícil, em muitos casos, fazer investimentos de longo prazo.

Um último ponto: *deflação* inesperada (uma queda no nível de preços que vem de surpresa) também cria ganhadores e perdedores. Entre 1929 e 1933, quando a economia norte-americana mergulhou na Grande Depressão, o índice de preços ao consumidor caiu 35%. Isso significa que os devedores, inclusive muitos fazendeiros e proprietários de imóveis, tiveram um aumento brutal no valor real de suas dívidas, o que levou a falências generalizadas e contribuiu para gerar uma crise bancária, quando os credores viam que seus clientes não tinham capacidade de pagar os empréstimos. E, como pudemos ver na Figura 23.12, deflação apareceu de novo em 2009, quando a taxa de aumento de preços caiu para –2% no ponto mais baixo de uma profunda recessão. Assim como a Grande Depressão (ainda que em menor grau), a inesperada deflação de 2009 impôs pesados custos aos devedores. Discutiremos os efeitos da deflação em mais detalhe no Capítulo 31.

Inflação é fácil, desinflação é difícil

Não há muita evidência de que um aumento da taxa de inflação, digamos, de 2% para 5% causaria grande dano à economia. Mesmo assim, os responsáveis pela política econômica geralmente atuam com determinação para trazer de volta para baixo a inflação quando ela começa a passar de 2 ou 3%. Por quê? Porque a experiência mostra que reduzir a taxa de inflação – um processo conhecido como **desinflação** – é muito difícil e custoso quando uma taxa de inflação mais alta chega a se enraizar na economia.

Desinflação é o processo de reduzir a taxa de inflação.

A Figura 23.13 mostra o que aconteceu nos dois principais episódios de desinflação nos Estados Unidos, em meados da década de 1970 e início da década de 1980. O eixo horizontal mostra a taxa de desemprego. O eixo vertical mostra a *inflação subjacente* sobre o ano anterior, uma medida que exclui preços voláteis como os

Figura 23.13 O custo da desinflação.

Ocorreram dois períodos importantes de desinflação na história moderna dos Estados Unidos: meados da década de 1970 e início da década de 1980. A figura mostra o acompanhamento da taxa de desemprego e a inflação subjacente (que exclui alimentos e energia) durante esses dois episódios. Em ambos os casos, reduzir a inflação exigiu aumento temporário, mas muito forte, da taxa de desemprego, demonstrando o elevado custo de uma desinflação.

Dados de: Bureau of Labor Statistics.

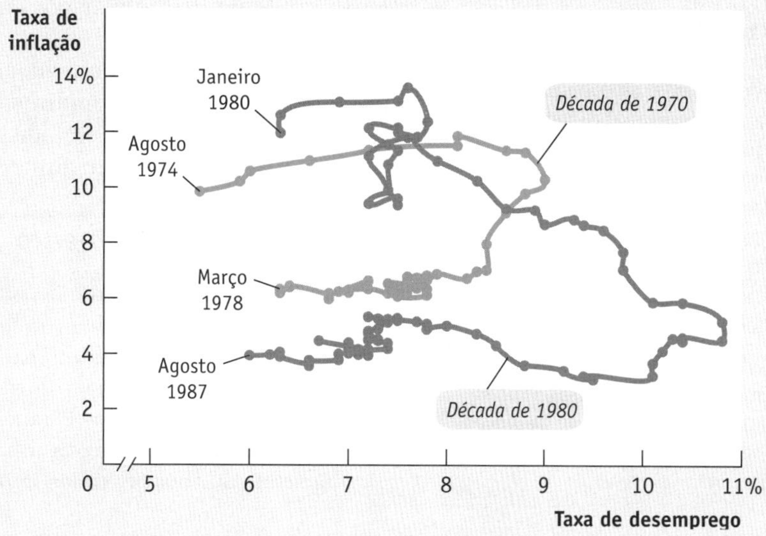

de alimentação e energia e que, em geral, se considera uma medida melhor da inflação subjacente do que o índice de preços ao consumidor. Cada ponto marcado representa a taxa de inflação e a taxa de desemprego em um mês. Em cada episódio, desemprego e inflação seguiram uma espécie de espiral em sentido horário, com a inflação alta diminuindo gradativamente face um período prolongado de desemprego muito alto.

Muitos economistas acreditam que esses períodos de elevado desemprego que temporariamente deprimiu a economia foram necessários para reduzir uma inflação que havia se incorporado profundamente à economia. A melhor maneira de evitar que a economia tenha de passar por um aperto para reduzir a inflação, contudo, é evitar que a economia chegue a ter um problema inflacionário sério em primeiro lugar. Assim, aos primeiros sinais de que a inflação pode estar acelerando, os responsáveis pela política econômica reagem com determinação, como uma forma de medicina preventiva para a economia.

ECONOMIA >> *em Ação*

Experiência de Israel com a inflação

Muitas vezes, é difícil ver claramente os custos da inflação, porque sérios problemas de inflação diversas vezes estão associados a outros problemas que perturbam a vida econômica, notadamente guerra ou instabilidade política (ou ambos). Em meados de 1980, contudo, Israel experimentou uma inflação "pura": não havia guerra, o governo era estável e havia ordem nas ruas. Mesmo assim, uma série de erros de política econômica levou a uma inflação muito elevada, com preços frequentemente subindo mais de 10% ao mês.

Acontece que um dos autores deste livro passou um mês visitando a Universidade de Tel Aviv no auge da inflação e, então, pudemos fazer um relato de primeira mão de seus efeitos.

Primeiro, os custos de sola de sapato da inflação eram substanciais. Na época, os israelenses perdiam muito tempo em filas nos bancos, depositando e retirando dinheiro de contas que pudessem pagar juros suficientes para cobrir a inflação. As pessoas saíam com bem pouco dinheiro na carteira; tinham de ir ao banco sempre que precisavam fazer pagamento um pouco maior em dinheiro. Os bancos reagiram abrindo muitas agências, o que é dispendioso para os negócios.

Segundo, ainda que os custos de menu não fossem tão visíveis para um visitante, o que se podia ver eram os esforços dos negociantes para minimizá-los. Por exemplo, os menus dos restaurantes muitas vezes vinham sem preços. Em vez disso, cada prato tinha listado um número que o cliente, para descobrir o preço do prato, tinha de multiplicar por outro número, escrito a giz em um quadro-negro e que mudava todo dia.

Por fim, era difícil tomar decisões, porque os preços mudavam muito e com muita frequência. Era comum sair de uma loja porque os preços estavam 25% mais altos do que na loja em que se costumava ir, só para descobrir depois que os preços ali também tinham aumentado 25%.

>> *Revisão Rápida*

- O **salário real** e a **renda real** não são afetados pelo nível geral de preços.
- A inflação, como o desemprego, é uma grande preocupação dos responsáveis pela política econômica, tanto assim que no passado eles aceitaram desemprego elevado como preço para reduzir a inflação.
- Ainda que o nível geral de preços seja irrelevante, a taxa de inflação alta impõe custos reais à economia: **custos de sola de sapato**, **custos de menu** e **custos de unidade de conta**.
- A **taxa de juros** é o retorno que um credor recebe pelo uso de seus fundos durante um período de tempo A **taxa de juros real** é igual à **taxa de juros nominal** menos a taxa de inflação. Em consequência, uma inflação inesperadamente alta ajuda os devedores e prejudica os credores. Com inflação alta e incerta, as pessoas frequentemente evitam investimentos de longo prazo.
- A **desinflação** é muito custosa, de modo que os responsáveis pela política econômica tratam de prevenir situações de alta inflação em primeiro lugar.

>> *Teste seu entendimento* 23.3

As respostas estão no fim do livro.

1. O amplo uso da tecnologia revolucionou o setor bancário, tornando muito mais fácil para o cliente acessar e administrar seus ativos. Isso significa que os custos de sola de sapato da inflação são mais altos ou mais baixos do que costumavam ser?
2. A maioria das pessoas nos Estados Unidos se acostumou a taxas modestas de inflação, em torno de 2 a 3%. Quem ganharia e quem perderia se a inflação chegasse a parar completamente nos próximos 15 ou 20 anos?

CASO EMPRESARIAL

TaskRabbit

"Mudar é o pior. Trabalhar no quintal é o pior. Construir móveis da IKEA é o pior." Assim começou um relatório de 2015 sobre a TaskRabbit, uma empresa fundada em 2008 (sob o nome de RunMyErrand), que ajuda as pessoas a contratarem outras pessoas para fazerem suas tarefas. Em 2019, havia cerca de 140.000 desses *freelancers*, que a empresa chama de *Taskers*, e a TaskRabbit operava em 53 cidades dos EUA, Grã-Bretanha e Canadá.

Por que se tornar um *Tasker* pareceria atraente para alguns trabalhadores? A grande maioria dos *Taskers* são trabalhadores em tempo parcial, que desejam flexibilidade em seu emprego; o discurso da empresa para potenciais *Taskers* contém o *slogan* "Ganhe dinheiro do seu jeito" e apresenta depoimentos de trabalhadores que combinaram emprego com paternidade, carreira nas artes e outras tarefas.

Trabalhar meio período para diversos clientes não é um fenômeno novo. Nas esquinas urbanas dos Estados Unidos, os trabalhadores ainda fazem fila cedo todas as manhãs na esperança de conseguir empregos diurnos em indústrias como a de construção, onde a necessidade de trabalhadores flutua, às vezes de forma imprevisível. Para trabalhadores mais qualificados, existem vários recursos *on-line*, bem como agências de recrutamento temporário, como o Allegis Group, que oferece trabalhadores por meio de subcontratação, de alguns dias a meses a cada vez. E algumas pessoas ainda encontram empregos temporários ligando para números listados em anúncios classificados ou até indo de porta em porta.

Mas a TaskRabbit – fundada um ano após a Apple lançar seu primeiro iPhone – tenta usar a onipresença dos *smartphones* para simplificar o processo. Originalmente, o serviço foi configurado como uma espécie de mercado de leilão no qual potenciais empregadores e trabalhadores faziam lances, mas desde 2014 ele conta com um sistema simplificado que é muito semelhante à maneira como serviços de automóveis como Uber ou 99 combinam passageiros com motoristas à disposição. O aplicativo TaskRabbit permite que quem procura ajuda torne suas necessidades conhecidas simplesmente clicando em uma de algumas tarefas comuns; os trabalhadores em potencial podem então se oferecer para fazer trabalhos que correspondam aos locais e habilidades que colocaram em seus perfis, novamente apenas clicando nos empregos que aparecem em seus *smartphones*. (Eles já especificaram sua remuneração horária pretendida.) O processo leva muito menos tempo e esforço do que ficar na esquina, bater de porta em porta ou realizar pesquisas de emprego *on-line*.

Qual a importância de empresas como a TaskRabbit? Alguns observadores sugerem que estamos presenciando o surgimento de uma *economia compartilhada* (*gig economy*),[5] na qual muitas pessoas trabalham como *freelancers*, passando de um emprego para outro, em vez de se tornarem funcionários formais de uma grande empresa. Provavelmente há algum exagero nessas avaliações, mas uma mudança real parece estar acontecendo. Até agora, no entanto, não há muita evidência de grande mudança na natureza do emprego.

QUESTÕES PARA PENSAR

1. Como a correspondência entre candidatos a emprego e empregadores por meio de serviços como o TaskRabbit pode afetar o desemprego friccional?
2. Qual é o efeito provável de tais serviços sobre o número de pessoas que se consideram pertencentes à força de trabalho?
3. Alguns analistas sugerem que a maioria dos *freelancers* tem outros empregos e só realiza trabalho nessa economia compartilhada nas horas vagas. Como essa afirmação ajuda a explicar a falta de evidências claras para uma economia compartilhada em crescimento?

[5]N. R.: Não há ainda tradução consagrada em português para *gig economy*. Talvez o termo mais próximo para o espírito do conceito seja economia compartilhada.

RESUMO

1. Os dois objetivos principais da política macroeconômica são estabilidade de preço (um nível de inflação baixo, porém positivo) e baixo desemprego.

2. **Emprego** é o número das pessoas empregadas; **desemprego** é o número das pessoas sem emprego que estão ativamente procurando trabalho. A soma é igual à **força de trabalho**, e a **taxa de participação na força de trabalho** é a porcentagem da população com 16 anos ou mais que está na força de trabalho.

3. A **taxa de desemprego**, a porcentagem da força de trabalho que está sem emprego e ativamente procurando trabalho, pode tanto superestimar como subestimar o verdadeiro nível do desemprego. Pode superestimar porque conta como desempregados aqueles que continuam procurando emprego, apesar de haverem recebido oferta de emprego. Pode subestimar porque ignora os trabalhadores frustrados, como **trabalhadores desalentados**, **trabalhadores desocupados** e **subempregados**. Além disso, a taxa de desemprego varia muito segundo os grupos de população: é normalmente mais alta para trabalhadores mais jovens e trabalhadores perto da idade da aposentadoria do que para trabalhadores na sua faixa de idade mais produtiva.

4. Existe uma relação negativa entre a taxa de crescimento do PIB e mudanças no desemprego. Durante uma recessão, quando a taxa de crescimento do PIB é menor que zero, o desemprego sobe; quanto mais profunda a recessão, maior o aumento no desemprego. Durante uma expansão forte, quando a taxa de crescimento do PIB fica acima da média, o desemprego diminui; quanto mais forte é a expansão, maior é a queda no desemprego. Uma **recuperação sem emprego** ocorre quando a taxa de crescimento do PIB é positiva mas abaixo da média, resultando em aumento do desemprego.

5. A criação e a destruição de empregos, bem como as demissões voluntárias, levam ao desemprego natural, composto de **desemprego friccional** e **desemprego estrutural**. A **busca de emprego** leva ao desemprego friccional. Desemprego estrutural surge quando a taxa de salário está acima da taxa de equilíbrio, resultando em desemprego persistente. Ele se deve a diversos fatores – como **salário mínimo**, **sindicatos**, **salários de eficiência**, políticas governamentais e descompasso entre empregados e empregadores. Em consequência, a **taxa natural de desemprego** – soma do desemprego friccional e do estrutural – é bem superior a zero, mesmo quando há empregos em abundância.

6. A taxa de desemprego efetiva é igual à taxa natural de desemprego, a parcela de desemprego que independe do ciclo econômico, mais o **desemprego cíclico**, a parcela de desemprego que depende de flutuações do ciclo econômico.

7. A taxa natural de desemprego muda com o tempo, sobretudo em resposta a mudanças nas características da força de trabalho, nas instituições do mercado de trabalho e nas políticas governamentais.

8. A inflação não empobrece todo mundo, como alguns pensam, aumentando o nível de preços. Isso porque salários e rendas se ajustam para levar em conta um nível de preços em elevação, deixando **salários reais** e **rendas reais** sem serem afetadas. Contudo, uma taxa de inflação elevada impõe custos gerais à economia: **custos de sola de sapato**, **custos de menu** e **custos de unidade de conta**.

9. A inflação pode produzir ganhadores e perdedores dentro da economia, porque os contratos de longo prazo em geral são escritos em termos de dólar (ou outra moeda). A **taxa de juros** especificada nos empréstimos geralmente é uma **taxa de juros nominal**, que difere da **taxa de juros real** em virtude da inflação. Uma taxa de inflação superior à esperada é boa para os devedores e ruim para os credores. Uma taxa de inflação inferior à esperada é boa para os credores e ruim para os devedores.

10. Muitos acreditam que políticas que deprimem a economia e produzem elevado desemprego são necessárias para reduzir uma inflação instalada na economia. Como a **desinflação** é muito custosa, os responsáveis pela política econômica preferem prevenir a inflação para que não se torne excessiva em primeiro lugar.

PALAVRAS-CHAVE

Busca de emprego, p. 658
Custos de menu, p. 669
Custos de sola de sapato, p. 668
Custos de unidade de conta, p. 669
Desemprego, p. 651
Desemprego cíclico, p. 663
Desemprego estrutural, p. 660
Desemprego friccional, p. 658
Desinflação, p. 671
Emprego, p. 651
Força de trabalho, p. 651
Recuperação sem emprego, p. 655
Renda real, p. 667
Salário mínimo, p. 661
Salário real, p. 667
Salários de eficiência, p. 662
Sindicato, p. 661
Subemprego, p. 653
Taxa de desemprego, p. 652
Taxa de juros, p. 670
Taxa de juros nominal, p. 670
Taxa de juros real, p. 670
Taxa de participação na força de trabalho, p. 652
Taxa natural de desemprego, p. 663
Trabalhadores desalentados, p. 653
Trabalhadores desocupados, p. 653

QUESTÕES PARA PENSAR

1. Todos os meses, geralmente na primeira sexta-feira do mês, o Bureau of Labor Statistics dos Estados Unidos divulga o Resumo da Situação do Emprego (*Employment Situation Summary*) do mês anterior. Entre no *site* www.bls.gov e encontre o relatório mais recente. Na página inicial do Bureau of Labor Statistics, na parte superior da página, selecione a guia "Economic Releases", localize "Latest Releases" e selecione "Employment Situation". Você encontrará o *Employment Situation Summary* listado no topo. Como a taxa de desemprego atual se compara com a do mês anterior? Como a taxa de desemprego atual se compara com a do ano anterior?

2. Em 2018, o Bureau of Labor Statistics divulgou o relatório "Arranjos Contingentes e Alternativos de Emprego", que incluía empreiteiros independentes, aqueles da economia compartilhada. O relatório encontrou 16,5 milhões de pessoas trabalhando em empregos contingentes ou independentes. Surpreendentemente, a proporção de todos os trabalhadores classificados como contratados contingentes ou independentes diminuiu de 11,5% em 2005 para 10,7% em 2017. O relatório do BLS afirmou: "Os números do governo contam apenas os trabalhadores cujos acordos por serviço [*gig arrangements*] são sua ocupação principal, e inclui apenas aqueles que trabalharam nesse emprego na última semana." De que maneiras o BLS subestimou os números relatados? Quem provavelmente foi omitido desses cálculos?

PROBLEMAS

1. Em geral, como as mudanças na taxa de desemprego variam com as mudanças no PIB real? Depois de vários trimestres de recessão severa, explique por que podemos observar um declínio na taxa oficial de desemprego. Explique por que poderíamos assistir a um aumento na taxa oficial de desemprego depois de vários trimestres de forte expansão.

2. Em cada uma das situações a seguir, qual é o tipo de desemprego com que se defronta Melanie?
   a. Depois de completar um projeto de programação complexo, Melanie é despedida. Suas perspectivas de encontrar um novo emprego exigindo qualificação similar são boas, e ela se registrou em um serviço de colocação para programadores. Ela obteve e não aceitou propostas com salário baixo.
   b. Quando Melanie e seus colegas se recusaram a aceitar cortes de salário, seu empregador terceirizou suas tarefas de programação para trabalhadores em outro país. Esse fenômeno está ocorrendo em todo o setor de programação.
   c. Em virtude do atual estado deprimido dos gastos de investimento, Melanie foi despedida do seu emprego de programadora. Seu empregador promete contratá-la de volta quando os negócios melhorarem.

3. Parte da informação divulgada pelo Bureau of Labor Statistics no Resumo da Situação do Emprego nos Estados Unidos se refere à duração do desemprego. Entre no *site* www.bls.gov para encontrar o relatório mais recente. Use a mesma técnica que a do Problema 1 das Questões Práticas para encontrar o "Employment Situation Summary". No fim de "Employment Situation" clique na Tabela A-12, "Unemployed persons by duration of unemployment", que são as pessoas desempregadas segundo a duração do desemprego. Use as cifras ajustadas por sazonalidade para responder às seguintes perguntas:
   a. Quantos trabalhadores estavam desempregados há menos de 5 semanas? Que porcentagem do total de trabalhadores desempregados eles representam? Como esses números se comparam com os do mês anterior?
   b. Quantos trabalhadores estavam desempregados há 27 semanas ou mais? Que porcentagem do total de trabalhadores desempregados eles representam? Como esses números se comparam com os do mês anterior?
   c. Quanto tempo o trabalhador médio está desempregado (duração média em semanas)? Como isso se compara com a duração média no mês anterior?
   d. Comparando o último mês para o qual há dados disponíveis com o mês anterior a ele, o problema do desemprego de longo prazo melhorou ou piorou?

4. A força de trabalho de um país é a soma do número de trabalhadores empregados e desempregados. A tabela a seguir apresenta dados sobre o tamanho da força de trabalho e o número de desempregados em quatro regiões dos Estados Unidos.

Região	Força de trabalho (milhares)		Desempregados (milhares)	
	Dezembro de 2018	Dezembro de 2019	Dezembro de 2018	Dezembro de 2019
Nordeste	28.536	28.729	1.083	1.080
Sul	60.112	60.909	2.183	2.074
Centro-oeste	34.971	35.063	1.275	1.244
Oeste	38.704	39.166	1.608	1.489

Dados de: Bureau of Labor Statistics.

   a. Calcule o número de trabalhadores empregados em cada região em dezembro de 2018 e dezembro de 2019. Use sua resposta para calcular a mudança no número total de trabalhadores empregados entre dezembro de 2018 e dezembro de 2019.
   b. Para cada região, calcule o crescimento da força de trabalho de dezembro de 2018 a dezembro de 2019.
   c. Calcule as taxas de desemprego nas diferentes regiões em dezembro de 2018 e dezembro de 2019.
   d. O que se pode concluir do aumento das taxas de desemprego no período? O que é causado por um ganho líquido no número de empregos ou por grande queda no número de pessoas procurando emprego?

5. Em que caso é mais provável que exista salário de eficiência? Por quê?

a. Jane e seu patrão trabalham em equipe vendendo sorvete.

b. Jane vende sorvete sem qualquer supervisão direta do patrão.

c. Jane fala coreano e vende sorvete em um bairro em que o coreano é a língua básica. É difícil achar outro trabalhador que fale coreano.

6. Como as seguintes mudanças afetarão a taxa natural de desemprego?

a. O governo reduz o tempo durante o qual o trabalhador desempregado pode receber benefícios.

b. Mais adolescentes se concentram em seus estudos e não procuram emprego antes de terminar a faculdade.

c. Maior acesso à internet leva tanto empregadores quanto empregados potenciais a usarem a rede para oferecer e buscar empregos.

d. A participação em sindicatos diminui.

7. Com sua tradição de empregos vitalícios para a maioria dos cidadãos, o Japão antigamente tinha uma taxa de desemprego muito mais baixa que a dos Estados Unidos; de 1960 a 1995, a taxa de desemprego no Japão foi superior a 3% apenas uma única vez. Contudo, desde o colapso da Bolsa em 1989 e o baixo crescimento econômico dos anos 1990, o sistema de empregos vitalícios se esfacelou e o desemprego aumentou para mais de 5% em 2003.

a. Explique o efeito provável dessas mudanças recentes sobre a taxa natural de desemprego japonesa.

b. Como mostra o gráfico adiante, a taxa de crescimento do PIB real do Japão se recuperou depois de 2001 e antes da crise econômica global de 2007-2009. Explique o efeito provável desse aumento no crescimento do PIB real sobre a taxa de desemprego. A causa provável dessa mudança na taxa de desemprego no período é uma mudança na taxa de desemprego natural ou uma mudança na taxa de desemprego cíclico?

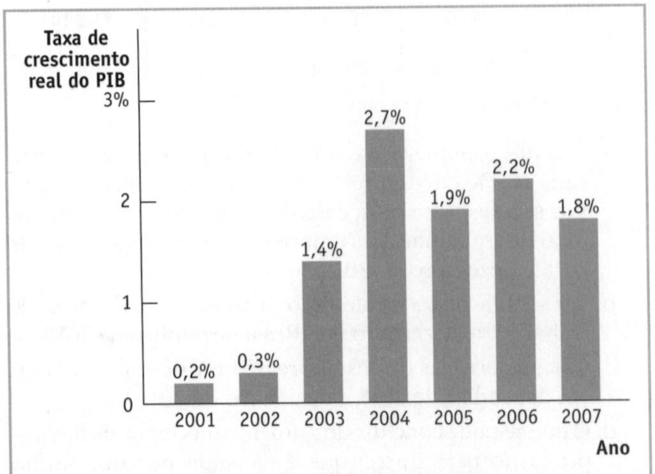

Dados de: OECD.

8. Nos exemplos a seguir, a inflação está gerando ganhadores e perdedores mas nenhum custo líquido para a economia, ou a inflação está impondo um custo líquido à economia? Se um custo líquido está sendo imposto, de qual tipo de custo se trata?

a. Quando se espera que a inflação será alta, os trabalhadores são pagos a intervalos mais curtos e vão com mais frequência ao banco.

b. Lanwei recebe da sua companhia reembolso dos gastos de viagem a trabalho. Algumas vezes, contudo, a companhia leva muito tempo para pagar esse reembolso. Assim, quando a inflação é alta, ela fica menos disposta a viajar a trabalho.

c. Hector tem uma dívida hipotecária com taxa de juros nominal fixa de 6%, contratada há 5 anos. Ao longo dos anos, a taxa de inflação aumentou gradualmente até seu presente nível de 7%.

d. Em resposta a uma inflação inesperadamente alta, o administrador da Cozy Cottages, em Cape Cod, tem de reimprimir e reenviar folhetos coloridos caros corrigindo os preços dos aluguéis nessa temporada.

9. O gráfico mostra as taxas de juros de empréstimos por um ano e taxas de inflação no período 2005-2020 na economia de Albernia. Quando os empréstimos por um ano teriam sido particularmente atrativos e por quê?

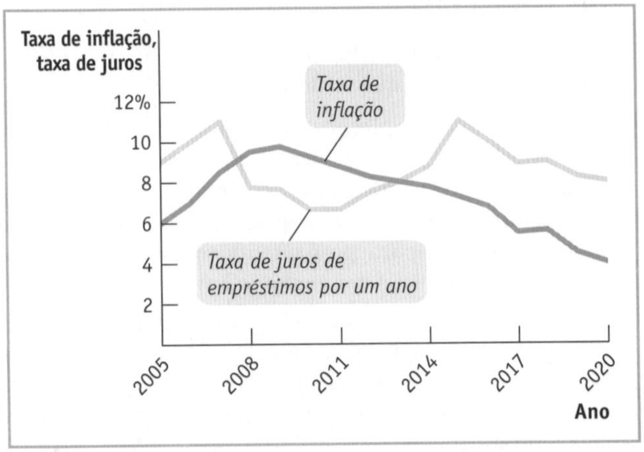

10. A tabela dá a taxa de inflação em 2005 e a taxa de inflação média do período 2006-2019 para sete países.

País	Taxa de inflação em 2005	Taxa de inflação média em 2006-2019
Brasil	6,87	5,47
China	1,77	2,68
França	1,74	1,23
Indonésia	10,45	5,83
Japão	–0,28	0,35
Turquia	8,18	9,53
Estados Unidos	3,39	1,95

Dados de: FMI.

a. Dada a relação esperada entre inflação média e custos de menu, ordene os países em ordem descendente dos custos de menu de acordo com a inflação média do período 2006-2019.

b. Ordene os países segundo as taxas de inflação que mais favoreceram devedores de empréstimos com 10 anos de prazo tomados em 2005. Suponha que os empréstimos foram contratados com a expectativa de que a taxa de inflação para o período 2006-2019 fosse igual à inflação de 2005.

c. Tomadores de crédito que pegaram um empréstimo de 10 anos no Japão, em geral, ganharam ou perderam comparados aos credores? Explique.

11. O gráfico mostra a taxa de inflação no Reino Unido de 1980 a 2019.

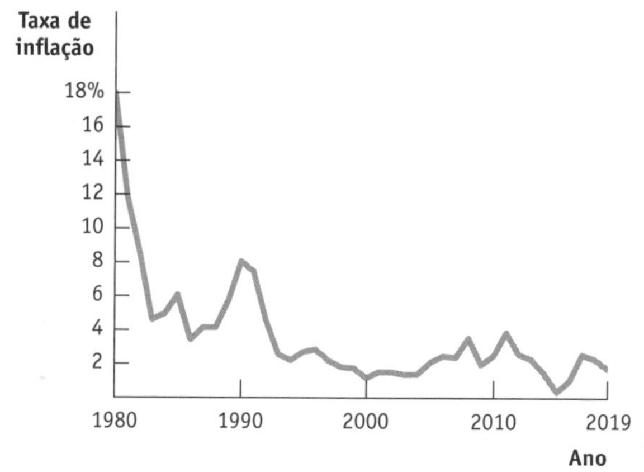

Dados de: Bank of England.

a. Entre 1980 e 1985, os responsáveis de política econômica no Reino Unido trabalharam para reduzir a taxa de inflação. Qual a sua suposição para o que terá acontecido com o desemprego nesse mesmo período?

b. Os responsáveis pela política econômica no Reino Unido atuam decididamente quando a taxa de inflação passa da meta de 2%. Por que seria danoso que a inflação aumentasse de 0,7% (o nível de 2019) para, digamos, um nível de 5%?

RESOLVA

12. Existe apenas um mercado de trabalho em Profunctia. Todos os trabalhadores têm a mesma qualificação e todas as empresas contratam trabalhadores com essa qualificação. Use o gráfico a seguir, que mostra a oferta e a demanda de trabalho, para responder às questões a seguir. Ilustre cada resposta com um gráfico.

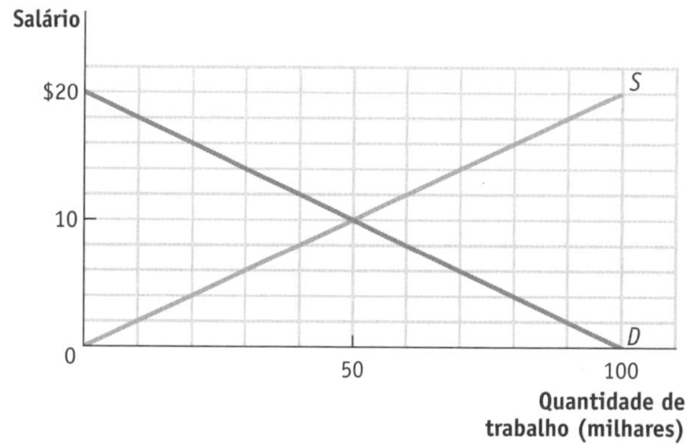

a. Qual é o salário de equilíbrio em Profunctia? Com esse salário, qual é o nível de emprego, o tamanho da força de trabalho e a taxa de desemprego?

b. Se o governo de Profunctia estabelecer um salário mínimo de $ 12, qual será o nível de emprego, o tamanho da força de trabalho e a taxa de desemprego?

c. Se os sindicatos negociarem com as empresas em Profunctia e conseguirem um nível salarial de $ 14, qual será o nível de emprego, o tamanho da força de trabalho e a taxa de desemprego?

d. Quando a preocupação em manter trabalhadores e encorajar alto desempenho levar as empresas a estabelecerem um nível de salários de $ 16, qual será o nível de emprego, o tamanho da força de trabalho e a taxa de desemprego?

24 Crescimento Econômico de Longo Prazo

A GRANDE NÉVOA DA PROSPERIDADE

NOVA DELI, A CAPITAL DA ÍNDIA, tem péssima qualidade do ar – o que é uma coisa ruim. Mas esse é um subproduto de uma coisa muito boa: o notável crescimento da economia indiana nas últimas décadas.

Até por volta de 1980, a história econômica da Índia foi de decepção: os padrões de vida não eram muito mais altos do que eram quando o país conquistou a independência em 1947. Porém, depois de 1980 a economia decolou. A Índia ainda é muito pobre para os padrões norte-americanos ou europeus, mas tem uma classe média em rápido crescimento, que pode finalmente pagar as coisas que as famílias de classe média tendem a desejar em qualquer lugar: casas maiores, eletrodomésticos como máquinas de lavar e, é claro, carros.

Em 2001, a Índia tinha apenas 53 veículos motorizados por 1.000 habitantes, cerca de um décimo dos que existem nos países avançados. Em 2015, no entanto, esse número mais do que triplicou.

Daí o problema da qualidade do ar. As ruas de Nova Deli, que tem 18 milhões de habitantes, agora estão entupidas de carros e caminhões; a cidade também é cercada por fábricas que produzem bens de consumo e usinas de energia que fornecem eletricidade para operá-las.

E todos esses carros, fábricas e usinas de energia emitem enormes quantidades de poluição. Em novembro de 2017, a visibilidade em grande parte de Nova Deli caiu para alguns metros, e especialistas em saúde disseram que apenas estar ao ar livre durante a Grande Névoa de Deli era o equivalente a fumar 50 cigarros por dia. Tampouco trata-se de evento único. Em novembro de 2019, outro período prolongado de poluição severa obrigou a cidade a fechar todas as suas escolas.

Como dissemos, no entanto, a crise da qualidade do ar de Nova Deli é subproduto de uma coisa muito boa, o sucesso econômico. E se a experiência de outros países servir de guia, a Índia por fim conseguirá controlar a poluição do ar. Pequim, a capital da China, é ainda maior do que Nova Deli, com consideravelmente mais carros, e também já teve um grave problema de qualidade do ar. Mas a China, que teve ainda mais sucesso econômico do que a Índia, começou a implementar controles eficazes de poluição, e isso ajudou literalmente a limpar o ar. Enquanto isso, os padrões de vida da China continuaram a subir.

E, apesar da poluição, a história recente da Índia é um exemplo impressionante de *crescimento econômico de longo prazo* – um aumento sustentado na produção *per capita*. É verdade que a Índia ainda é um país relativamente pobre; mas isso ocorre apenas porque outras nações iniciaram o processo de crescimento econômico de longo prazo há muitas décadas. No caso dos Estados Unidos e dos países europeus, o crescimento econômico de longo prazo começou há mais de um século e meio.

Muitos economistas argumentaram que o crescimento econômico de longo prazo – por que acontece e como alcançá-lo – é a questão mais importante na macroeconomia por causa do seu efeito direto sobre os padrões de vida.

Neste capítulo, apresentamos alguns fatos sobre o crescimento de longo prazo, examinamos os fatores que os economistas acreditam que determinam o ritmo em que ocorre o crescimento de longo prazo e examinamos como as políticas governamentais podem ajudar ou prejudicar o crescimento. Também abordaremos questões sobre a sustentabilidade ambiental do crescimento de longo prazo. •

O QUE VOCÊ IRÁ APRENDER?

- Por que o crescimento econômico de longo prazo é medido como o aumento do PIB real *per capita*? Como essa medida mudou ao longo do tempo e como ela varia de um país para outro?
- Por que a **produtividade** é a chave para o crescimento econômico de longo prazo e como a produtividade é impulsionada por **capital físico**, **capital humano** e **progresso tecnológico**?
- Por que as taxas de crescimento de longo prazo diferem tanto entre os países?
- Como o crescimento variou entre várias regiões importantes do mundo e por que a **hipótese da convergência** se aplica a países economicamente avançados?
- Como a escassez de recursos naturais e a degradação ambiental impõem um desafio para o **crescimento econômico sustentável de longo prazo**?

Comparação de economias no tempo e no espaço

Antes de analisarmos as fontes do crescimento econômico de longo prazo, convém termos uma ideia de quanto a economia norte-americana cresceu ao longo do tempo e de qual o tamanho do hiato entre países ricos como os Estados Unidos e países que ainda não conseguiram esse crescimento. Vejamos alguns números.

PIB real *per capita*

A estatística-chave usada para monitorar o crescimento econômico é o *PIB real per capita*, ou seja, o PIB real dividido pela população. Concentramo-nos no PIB porque, como aprendemos no Capítulo 22, ele mede o valor total da produção de bens e serviços finais de uma economia, bem como a renda obtida nessa economia em dado ano. Usamos o PIB *real* porque queremos separar mudanças na quantidade de bens e serviços dos efeitos de um nível de preços que esteja subindo, e nos concentramos no PIB real *per capita* porque queremos isolar os efeitos de uma mudança na população. Por exemplo, tudo o mais mantido constante, um aumento na população reduz o padrão de vida para a pessoa média – haverá mais pessoas para dividir dado montante de PIB real. Um aumento no PIB real que é igual ao crescimento da população deixa o padrão de vida médio sem modificação.

Embora também tenhamos aprendido que o crescimento do PIB real *per capita* não deve ser em si mesmo uma meta de política econômica, ele serve como medida-resumo muito útil do progresso econômico de um país ao longo do tempo. A Figura 24.1 mostra o PIB real *per capita*, em dólares de 2011, para os Estados Unidos, a Índia e a China, de 1900 a 2016. O eixo vertical é traçado em escala logarítmica, de modo que mudanças percentuais iguais no PIB real *per capita* dos diferentes países aparecem com o mesmo tamanho no gráfico.

Para dar uma ideia de quanto a economia norte-americana cresceu durante o último século, a Tabela 24.1 mostra o PIB real *per capita* em anos selecionados, expresso de duas maneiras: como porcentagem do nível de 1900 e como porcentagem do nível de 2016. Em 1920, a economia norte-americana já produzia, por pessoa, 136% do que produzia em 1900. Em 2016, produzia por pessoa 848% do que produzia em 1900, ou seja, um aumento de mais de oito vezes. Alternativamente, em 1900 a economia norte-americana produziu por pessoa apenas 12% do que produziria em 2016.

Figura 24.1 Crescimento econômico: Estados Unidos, Índia e China no decorrer do último século.

O PIB real *per capita* de 1900 a 2016, medido em dólares de 2011, é apresentado para os Estados Unidos, a Índia e a China. Mudanças percentuais iguais no PIB real *per capita* são desenhadas com o mesmo tamanho. Como mostra a inclinação maior das linhas representando a China e a Índia, desde 1980 esses países têm taxa de crescimento bem mais alta que os Estados Unidos. O padrão de vida alcançado nos Estados Unidos em 1900 foi alcançado pela China em 2000 e pela Índia em 2016 (aproximadamente para ambos). Observe que a interrupção dos dados da China entre 1940 e 1950 deve-se à guerra.

Dados de: Maddison Project Database, version 2018. Jutta Bolt, Robert Inklaar, Herman de Jong, and Jan Luiten van Zanden (2018), "Rebasing 'Maddison': New income comparisons and the shape of long-run economic development," Maddison Project Working Paper 10.

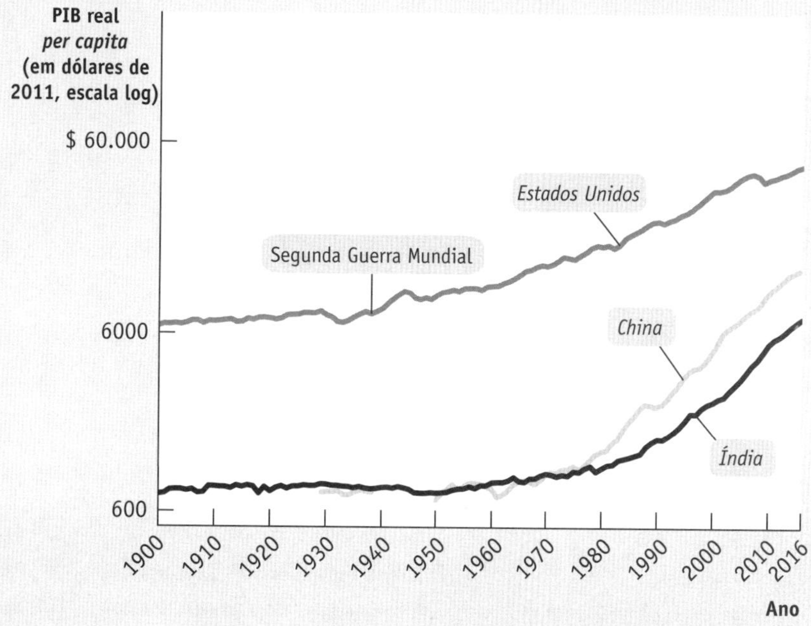

Tabela 24.1 PIB real *per capita* dos Estados Unidos

Ano	Porcentagem do PIB real *per capita* de 1900	Porcentagem do PIB real *per capita* de 2016
1900	100%	12%
1920	136	16
1940	181	21
1980	474	56
2000	734	87
2016	848	100

Dados de: Maddison Project Database, version 2018. Jutta Bolt, Robert Inklaar, Herman de Jong, and Jan Luiten van Zanden (2018), "Rebasing 'Maddison': New income comparisons and the shape of long-run economic development," Maddison Project Working Paper 10.

A renda da família típica normalmente cresce mais ou menos em proporção à renda *per capita*. Por exemplo, um aumento de 1% no PIB real *per capita* corresponde, *grosso modo*, a um aumento de 1% na renda da família mediana ou típica, uma família no centro da distribuição de renda. Em 2016, a família norte-americana mediana tinha renda anual de cerca de US$ 57.500. Considerando que a Tabela 24.1 informa que o PIB real *per capita* em 1900 era apenas 12% do nível de 2016, uma família típica em 1900 provavelmente tinha poder de compra correspondente a apenas 12% do poder de compra de uma família típica em 2016. Isso seria cerca de US$ 6.250 (por ano) em valores de 2016, representando um padrão de vida que hoje consideraríamos de pobreza extrema. A família típica norte-americana de hoje que fosse transportada de volta para os Estados Unidos de 1900 iria se sentir muito destituída.

Contudo, existem muitas pessoas no mundo que têm padrão de vida igual ou mais baixo que aquele que os Estados Unidos tinham há muitas gerações. Essa é a mensagem sobre a China e a Índia na Figura 24.1: apesar do drástico crescimento econômico da China nas últimas quatro décadas e da aceleração mais recente do crescimento econômico da Índia, o PIB *per capita* da China atingiu o padrão de vida que os Estados Unidos tinham em 1930, enquanto a Índia está aproximadamente no nível dos Estados Unidos em 1900.

É possível ter uma ideia de quão pobre permanece grande parte do mundo olhando a Figura 24.2, um mapa do mundo em que os países são classificados de acordo com seu nível de PIB *per capita* em 2018, em dólares americanos. Como se vê, grande parte do mundo tem renda muito baixa. Em geral, os países da Europa e da América do Norte, bem como alguns na orla do Pacífico, têm renda elevada. Muitos países asiáticos, incluindo China e Índia, experimentaram crescimento econômico rápido, passando para as categorias intermediárias de renda. No entanto, a África é dominada por países com PIB inferior a US$ 5.000 *per capita*. De fato, hoje cerca de 25% da população do mundo vive em países com padrão de vida inferior ao que tinham os Estados Unidos há um século.

Taxas de crescimento

Como os Estados Unidos conseguiram produzir oito vezes mais PIB real por pessoa em 2016 do que em 1900? Um pouquinho de cada vez. O crescimento de longo

Figura 24.2 Renda pelo mundo, 2018.

Embora países da Europa e da América do Norte, junto com alguns na orla do Pacífico, tenham rendas elevadas, boa parte do mundo ainda é muito pobre. Hoje, cerca de um quarto da população mundial vive em países com padrão de vida inferior ao que os Estados Unidos tinham há um século.

Dados de: World Development Indicators, World Bank.

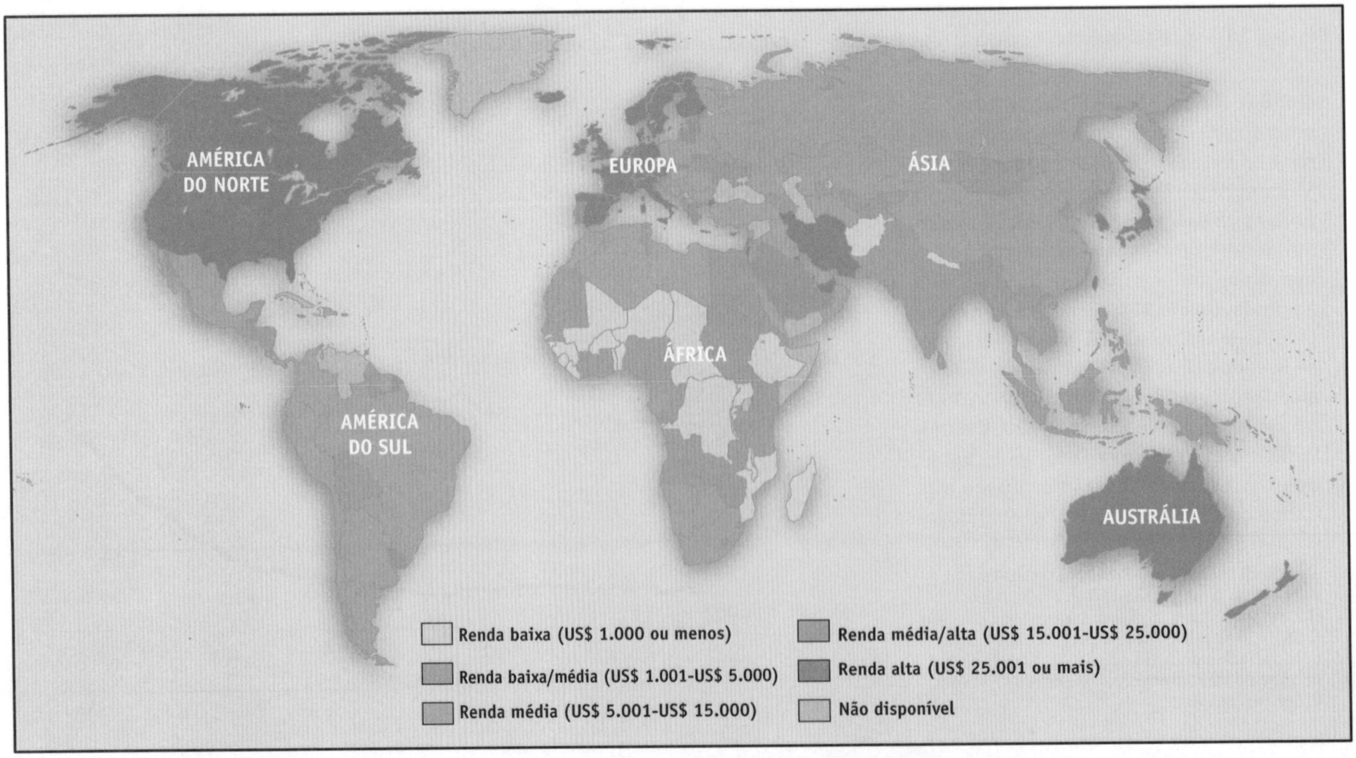

prazo é normalmente um processo gradual em que o PIB real *per capita* cresce no máximo uma pequena porcentagem ao ano. De 1900 a 2016, o PIB real *per capita* nos Estados Unidos aumentou em média 1,9% ao ano.

Para ter uma ideia da relação entre o crescimento anual do PIB real *per capita* e a mudança de longo prazo no PIB real *per capita*, convém ter em mente a **Regra dos 70**, uma fórmula matemática que nos diz quanto tempo leva para que o PIB real *per capita* (ou qualquer outra variável que cresce gradualmente ao longo do tempo) dobre. A resposta aproximada é:

De acordo com a **Regra dos 70**, o tempo gasto para que uma variável que cresce gradualmente com o tempo dobre é aproximadamente 70 dividido pela taxa de crescimento anual dessa variável.

(24.1) $$\text{Número de anos para que a variável dobre} = \frac{70}{\text{Taxa de crescimento anual da variável}}$$

(Note que a Regra dos 70 só pode se aplicar a uma taxa de crescimento positiva.) Se o PIB real *per capita* cresce 1% ao ano, ele dobra em 70 anos. Se ele cresce 2% ao ano, levará apenas 35 anos para dobrar. De fato, o PIB real *per capita* dos Estados Unidos aumentou, em média, 1,9% por ano no último século.

Aplicando a Regra dos 70 a esses dados, a implicação é que o PIB real *per capita* dobra em 37 anos e que seriam necessários 111 anos – três períodos de 37 anos cada – para o PIB real *per capita* dos Estados Unidos dobrar três vezes. Isto é, a Regra dos 70 implica que, ao longo de 111 anos, o PIB real *per capita* dos Estados Unidos teria crescido por um fator de 2 × 2 × 2 = 8. E isso acaba sendo uma boa aproximação da realidade. Entre 1900 e 2016, um período de 116 anos, o PIB *per capita* dos Estados Unidos aumentou quase oito vezes.

A Figura 24.3 mostra a taxa de crescimento médio anual do PIB real *per capita* para países selecionados entre 1980 e 2018. Alguns países mostram histórias de sucesso notável: por exemplo, a China, embora ainda seja um país pobre, teve um progresso espetacular. A Índia, ainda que não se equipare à China em desempenho, também teve um crescimento notável. O mesmo também acontece com Bangladesh, como se discute no próximo Economia em Ação.

Alguns países, no entanto, tiveram crescimento decepcionante. A Argentina já foi considerada uma nação rica. No início do século XX, estava no mesmo círculo que os Estados Unidos e o Canadá. Mas, desde então, ficou muito atrás das economias mais dinâmicas. Outros, como a Venezuela, regrediram.

O que explica essas diferenças de taxas de crescimento? Para respondermos a essa questão, temos de examinar as fontes do crescimento de longo prazo, o que faremos em seguida.

Figura 24.3 Comparação de taxas de crescimento recentes.

A taxa de crescimento do PIB real *per capita* de 1980 a 2018 aparece aqui para países selecionados. A China e, em menor grau, a Índia e a Irlanda alcançaram crescimento impressionante. Os Estados Unidos e a França tiveram crescimento moderado. Apesar de já ter sido considerada um país economicamente avançado, a Argentina tem tido crescimento lento. Outros ainda, como a Venezuela, regrediram.

Dados de: World Development Indicators.

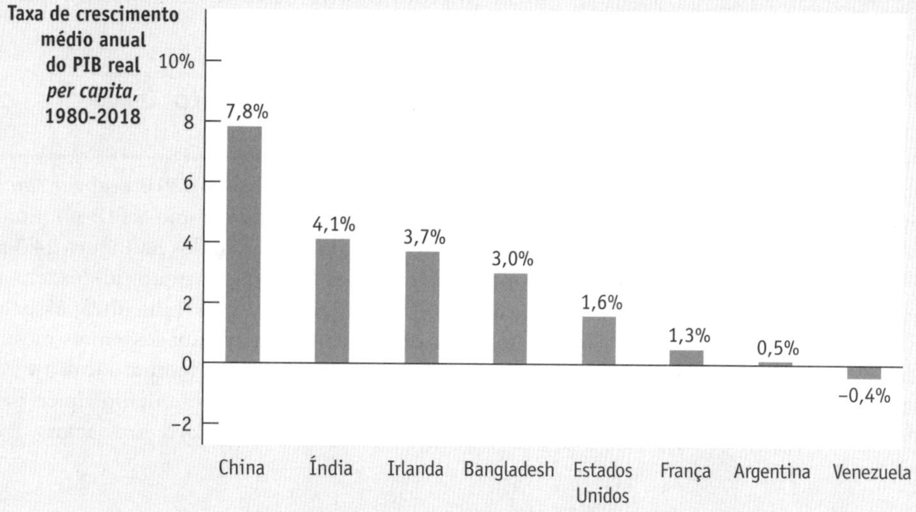

ARMADILHAS

MUDANÇA DE NÍVEL *VERSUS* TAXA DE MUDANÇA

Ao estudar o crescimento econômico, é importante entender a diferença entre uma *mudança de nível* e uma *taxa de mudança*. Quando dizemos que o PIB real "cresceu", os economistas querem dizer que o *nível* do PIB real aumentou em certo ponto do tempo. Por exemplo, podemos dizer que o PIB real dos Estados Unidos cresceu em US$ 435 bilhões em 2019.

Mas declarações sobre crescimento econômico por um período de anos quase sempre se referem a mudanças na taxa de crescimento. Por exemplo, se soubéssemos o nível do PIB real norte-americano em 2018, poderíamos representar o montante do crescimento de 2019 em termos de uma taxa de mudança. Por exemplo, se o PIB real dos Estados Unidos em 2018 foi de 18.638 bilhões de dólares, então o PIB real em 2019 foi US$ 18.638 bilhões + US$ 435 bilhões = US$ 19.073 bilhões. Poderíamos calcular a taxa de mudança ou taxa de crescimento do PIB real norte-americano durante 2019 como: ((US$ 19.073 bilhões – US$ 18.638 bilhões) / US$ 18.638 bilhões) × 100 = (US$ 435 bilhões / US$ 18.638 bilhões) × 100 = 2,3%. Quando dizemos que "o crescimento norte-americano diminuiu durante os anos 1970", na verdade estamos dizendo que a taxa de crescimento do PIB real dos Estados Unidos foi mais baixa nos anos 1970 em comparação com os anos 1960. Quando dizemos que "o crescimento acelerou no início dos anos 1990", estamos dizendo que a taxa de crescimento aumentou ano após ano no início da década de 1990 – por exemplo, passando de 3% para 3,5% e depois para 4%.

ECONOMIA >> *em Ação*

Um avanço econômico em Bangladesh

A mídia ocidental raramente menciona Bangladesh: não é um foco de atenção política, não tem petróleo e é ofuscado por seu imenso vizinho, a Índia. No entanto, é o lar de mais de 160 milhões de pessoas – e, embora ainda seja muito pobre, é uma das maiores histórias de sucesso econômico da geração passada.

Ainda na década de 1980, o PIB real *per capita* em Bangladesh – que conquistou a independência do Paquistão em 1971, após uma guerra brutal – era pouco maior do que em 1950, quando o país era tão pobre que literalmente vivia à beira da inanição. No início da década de 1990, entretanto, o país iniciou um processo de reforma política e econômica, fazendo a transição do regime militar para a democracia, liberando mercados e alcançando estabilidade monetária e fiscal. E o crescimento disparou, principalmente com a ascensão de Bangladesh como grande exportador de roupas para os mercados ocidentais. O PIB real *per capita* triplicou no período de 1990 a 2019. Outras medidas também mostraram melhorias dramáticas na qualidade de vida: a expectativa de vida aumentou 12 anos, a mortalidade infantil caiu 70% e as matrículas escolares aumentaram bruscamente, em especial para meninas.

Mas não se engane, porque Bangladesh ainda é incrivelmente pobre para os padrões norte-americanos. Os salários são muito baixos, embora estejam aumentando, enquanto as condições de trabalho muitas vezes são péssimas e perigosas – um ponto destacado em 2013, quando um complexo fabril desabou, matando mais de mil trabalhadores. Porém, em comparação com seu próprio passado, Bangladesh alcançou muito progresso – e demonstrou que o crescimento econômico também traz benefícios humanos reais.

>> *Revisão Rápida*

- O crescimento econômico é medido usando o PIB real *per capita*.
- Nos Estados Unidos, o PIB real *per capita* multiplicou por oito desde 1900, resultando em grande melhoria no padrão de vida.
- Muitos países têm PIB real *per capita* muito inferior ao dos Estados Unidos. Cerca de 25% da população mundial têm padrão de vida pior do que o que existia nos Estados Unidos no início dos anos 1900.
- O aumento de longo prazo do PIB real *per capita* é resultado de crescimento gradual. A **Regra dos 70** nos diz quantos anos de crescimento, a uma taxa anual determinada, são necessários para dobrar o PIB real *per capita*.
- Taxas de crescimento do PIB real *per capita* diferem substancialmente entre os países.

>> *Teste seu entendimento* 24.1

As respostas estão no fim do livro.

1. Por que os economistas usam o PIB real *per capita* para medir o progresso econômico e não alguma outra medida, como o PIB nominal *per capita* ou o PIB real?
2. Aplique a Regra dos 70 aos dados na Figura 24.3 para determinar quanto tempo levaria para que cada um dos países listados ali (exceto a Venezuela) dobrasse seu PIB real *per capita*. O PIB real *per capita* da Índia ultrapassaria o dos Estados Unidos no futuro caso as taxas de crescimento permanecessem as mesmas da Figura 24.3? Por quê?
3. Embora a China e a Índia tenham atualmente taxas de crescimento muito mais altas que a dos Estados Unidos, o domicílio típico na China e na Índia ainda é bem mais pobre que o domicílio típico norte-americano. Explique o motivo.

Fontes do crescimento de longo prazo

Um dos fundamentos da economia é que *aumentos no potencial econômico produzem crescimento econômico com o passar do tempo*. Mais especificamente, o crescimento econômico de longo prazo depende quase inteiramente de um ingrediente: *produtividade* crescente. Contudo, há vários fatores que afetam o aumento da produtividade. Vejamos primeiro por que a produtividade é um ingrediente-chave e, em seguida, vamos examinar o que afeta a produtividade.

A importância crucial da produtividade

Crescimento econômico sustentado ocorre somente quando a quantidade produzida pelo trabalhador médio aumenta constantemente. O termo **produtividade do trabalho**, ou apenas **produtividade**, se refere ao produto por trabalhador, em alguns casos produto por hora. (O número de horas trabalhadas por um trabalhador médio em certa medida difere entre os países, embora este não seja um fator importante da diferença de padrão de vida entre, digamos, Índia e Estados Unidos.) Nesta parte do livro, nos concentraremos no produto por trabalhador. Para a economia em seu conjunto, a produtividade – produto por trabalhador – é simplesmente o PIB real dividido pelo número de pessoas trabalhando.

Produtividade do trabalho, ou apenas **produtividade**, é a produção por trabalhador.

Alguém indagará por que dizemos que produtividade mais alta é a única fonte de crescimento de longo prazo. Não pode uma economia aumentar seu PIB real *per capita* colocando para trabalhar maior parcela da sua população? A resposta é "sim, porém...".

Por períodos curtos de tempo, uma economia pode ter uma explosão do crescimento do produto *per capita* colocando para trabalhar uma porcentagem maior de sua população. Foi isso o que aconteceu com os Estados Unidos durante a Segunda Guerra Mundial, quando milhões de mulheres entraram na força de trabalho remunerada. A porcentagem de civis adultos empregados fora de casa passou de 50% em 1941 para 58% em 1944, e pode-se ver o salto resultante no PIB real *per capita*, durante esses anos, na Figura 24.1.

Porém, no longo prazo, a taxa de crescimento do emprego nunca é muito diferente da taxa de crescimento da população. Durante o século XX, por exemplo, a população nos Estados Unidos aumentou em média 1,3% ao ano e o emprego aumentou 1,5% ao ano. O PIB real *per capita* aumentou 1,9% ao ano; disso, 1,7% – ou seja, quase 90% do total – foi o resultado de aumento da produtividade. Em geral, o PIB real total pode crescer por causa de aumento da população, mas qualquer aumento elevado no PIB real *per capita* tem de ser resultado de um aumento do produto *por trabalhador*. Isto é, tem de ser devido a produtividade mais alta.

Por conseguinte, o aumento da produtividade é a chave para o crescimento econômico de longo prazo. Mas o que gera produtividade maior?

Explicando o aumento de produtividade

Há três razões principais pelas quais o trabalhador médio nos Estados Unidos produz hoje muito mais que os trabalhadores de um século atrás. Primeiro, o trabalhador moderno tem muito mais *capital físico*, como maquinaria e espaço de serviço, com que trabalhar. Segundo, o trabalhador moderno tem maior instrução e, assim, possui muito mais *capital humano*. Finalmente, as empresas modernas têm a vantagem de um século de *progresso tecnológico*.

Examinemos cada uma dessas três fontes de crescimento de produtividade.

Aumento do capital físico. Os economistas definem **capital físico** como recursos produzidos pelo homem, tais como edifícios e máquinas. O capital físico torna os trabalhadores mais produtivos. Por exemplo, um trabalhador operando uma escavadora pode abrir muito mais área de canais por dia do que um que tenha apenas uma pá.

O **capital físico** consiste em recursos produzidos pelo homem, como edifícios e máquinas.

O trabalhador médio norte-americano, hoje em dia, é apoiado por quase 400.000 dólares equivalentes a capital físico – muito mais do que tinha um trabalhador norte-americano médio há 100 anos e muito mais do que tem a média dos trabalhadores na maioria dos outros países atualmente.

Capital humano é a melhoria no trabalho criada pela educação e pelo conhecimento incorporados à força de trabalho.

Aumento do capital humano. Não basta que um trabalhador tenha bom equipamento, ele precisa também saber o que fazer com isso. **Capital humano** diz respeito a melhoria no trabalho criada pela educação e pelo conhecimento incorporados à força de trabalho.

O capital humano nos Estados Unidos aumentou drasticamente no século passado. Há um século, embora a maioria dos norte-americanos soubesse ler e escrever, poucos tinham educação mais ampla. Em 1910, somente 13,5% dos norte-americanos com mais de 25 anos tinham diploma secundário e apenas 3% tinham diploma de cursos universitários de quatro anos. Em 2018, essas porcentagens eram, respectivamente, 90 e 35%. Seria impossível fazer funcionar a economia de hoje com uma população de nível de educação tão baixo como o de 100 anos atrás nos Estados Unidos.

Análises baseadas na *contabilidade do crescimento*, que veremos mais adiante neste capítulo, indicam que a educação, com seus efeitos sobre a produtividade, é um determinante do crescimento ainda mais importante que o aumento de capital físico.

Progresso tecnológico é um avanço nos meios técnicos da produção de bens e serviços.

Progresso tecnológico. O motor mais importante do crescimento da produtividade talvez seja o **progresso tecnológico**, definido em linhas gerais como o avanço nos meios técnicos para a produção de bens e serviços. Veremos adiante como os economistas medem o impacto da tecnologia no crescimento. Os trabalhadores de hoje conseguem produzir mais que aqueles do passado, mesmo com a mesma quantidade de capital físico e humano, porque a tecnologia avançou com o tempo. É importante perceber que o progresso tecnológico que importa para a economia não precisa ser chamativo ou apoiado em ciência de ponta.

Historiadores notaram que o crescimento econômico no passado foi movido não somente pelas grandes invenções, como ferrovias ou semicondutores, mas também por milhares de inovações modestas, como as caixas de papelão usadas para embalar praticamente tudo o que pedimos *on-line*, inventadas em 1890, e o bloquinho de papel aderente para avisos, introduzido em 1980, que trouxe grandes benefícios à produtividade dos escritórios.

Especialistas atribuem boa parte do salto de produtividade que ocorreu nos Estados Unidos de 1995 até 2005 a novas tecnologias adotadas por companhias produtoras de serviço, como Walmart, mais que a empresas de alta tecnologia.

Determinantes do crescimento: a função de produção agregada

Função de produção agregada é uma função hipotética que mostra como a produtividade (PIB real por trabalhador) depende da quantidade de capital físico por trabalhador e de capital humano por trabalhador, bem como do estado da tecnologia.

A produtividade é maior, tudo o mais mantido constante, quando os trabalhadores estão equipados com mais capital físico, mais capital humano, melhor tecnologia ou qualquer combinação dos três. Mas é possível expor esses efeitos em números? Para fazê-lo, os economistas usam estimativas da **função de produção agregada**, que mostra como a produtividade depende da quantidade de capital físico por trabalhador e de capital humano por trabalhador, bem como do estado da tecnologia.

Em geral, todos os três fatores tendem a aumentar ao longo do tempo, à medida que os trabalhadores são equipados com mais maquinário, recebem mais educação e são beneficiados pelos avanços tecnológicos. A função de produção agregada permite aos economistas destrinchar os efeitos desses três fatores sobre a produtividade geral.

Um exemplo de função de produção agregada aplicada a dados reais vem de um estudo de 2015, realizado por Keting Shen, Jing Wang e John Whalley, comparando o crescimento econômico de Estados Unidos, Índia e China de 1979 (quando a China começou uma mudança importante para se tornar uma economia de mercado) até 2008. Uma de suas funções de produção tem o formato:

$$\text{PIB por trabalhador} = T \times (\text{capital físico por trabalhador})^{1/3} \times (\text{capital humano por trabalhador})^{2/3}$$

onde *T* representa uma estimativa do nível de tecnologia, e eles relacionam o capital humano aos anos de educação. Durante esse período, a China cresceu bastante em escala, de um PIB *per capita* de apenas 5% do norte-americano para 17% (número que subiu para cerca de 25% em 2018). Descobriu-se que a maior parte desse crescimento relativo era decorrente de um aumento no *T* relativo da China, de cerca de 10% para 25% do valor de *T* dos Estados Unidos.

Ao analisarem o crescimento econômico histórico, os economistas descobriram um fato crucial sobre as estimativas da função de produção agregada: ela apresenta **retornos decrescentes ao capital físico**. Isto é, quando a quantidade de capital humano por trabalhador e o estado da tecnologia são mantidos fixos, cada aumento sucessivo na quantidade de capital físico por trabalhador gera aumento menor na produtividade.

Uma função de produção agregada apresenta **retornos decrescentes ao capital físico** quando, mantendo-se a quantidade de capital humano por trabalhador e o estado da tecnologia inalterados, cada aumento sucessivo na quantidade de capital físico por trabalhador gera aumento menor na produtividade.

A Figura 24.4 e a tabela que a acompanha dão um exemplo hipotético de como o nível do capital físico por trabalhador pode afetar o nível do PIB real por trabalhador, mantendo fixos o capital humano por trabalhador e o estado da tecnologia. Nesse exemplo, medimos a quantidade de capital físico em dólares.

Para ver por que a relação entre capital físico por trabalhador e produtividade apresenta retornos decrescentes, imagine como as máquinas agrícolas afetam a produtividade dos trabalhadores agrícolas. Um pouco de equipamento faz muita diferença: um trabalhador com trator pode fazer muito mais do que um trabalhador sem trator, e um trabalhador usando equipamento mais caro, tudo o mais mantido constante, será mais produtivo: o trabalhador com um trator de $ 40.000 normalmente conseguirá cultivar em dado tempo uma área maior do que o trabalhador com um trator de $ 20.000, pois a máquina mais cara será mais poderosa, desempenhará mais funções ou as duas coisas.

Figura 24.4 Capital físico e produtividade.

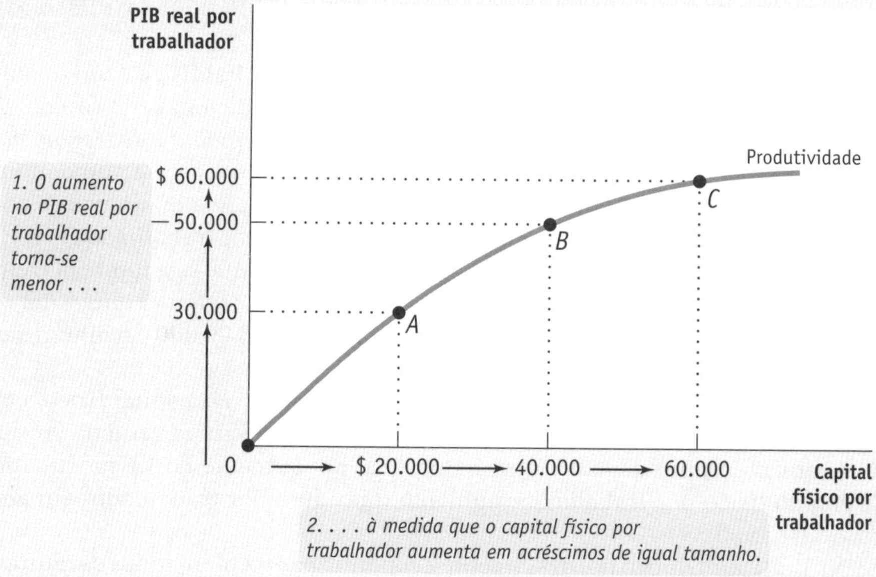

Capital físico por trabalhador	PIB real por trabalhador
$ 0	$ 0
20.000	30.000
40.000	50.000
60.000	60.000

A função de produção agregada mostra como, mantidos fixos o capital humano por trabalhador e a tecnologia, a produtividade aumenta à medida que aumenta o capital físico por trabalhador. Tudo o mais mantido constante, uma quantidade maior de capital físico por trabalhador leva a um PIB real por trabalhador mais alto, mas sujeita-se a retornos decrescentes: cada acréscimo sucessivo ao capital físico por trabalhador produz um aumento menor de produtividade. Começando da origem, 0, um aumento de $ 20.000 no capital físico por trabalhador leva a um aumento de $ 30.000 no PIB real por trabalhador, indicado pelo ponto *A*. Começando do ponto *A*, um incremento de $ 20.000 de capital físico por trabalhador leva a um aumento de apenas $ 20.000 no PIB real por trabalhador, indicado pelo ponto *B*. Finalmente, um terceiro aumento de $ 20.000 de capital físico por trabalhador leva a um aumento de apenas $ 10.000 no PIB real por trabalhador, indicado pelo ponto *C*.

Mas será que um trabalhador com trator de $ 40.000, mantidos constantes o capital humano e a tecnologia, terá o dobro da produtividade de um trabalhador com trator de $ 20.000? Provavelmente não: existe enorme diferença entre não ter trator nenhum e ter um trator barato; a diferença é muito menor entre ter um trator barato e um mais caro. E podemos ter certeza de que um trabalhador com trator de $ 200.000 não será 10 vezes mais produtivo: um trator só pode melhorar até certo ponto. Como o mesmo se aplica a outros tipos de equipamento, a função de produção agregada apresenta retornos decrescentes ao capital físico.

Retorno decrescente ao capital físico implica uma relação entre capital físico por trabalhador e produto por trabalhador semelhante à que mostramos na Figura 24.4. Como a curva de produtividade para o capital físico e a tabela que a acompanha ilustram, mais capital físico por trabalhador leva a mais produto por trabalhador. Mas cada $ 20.000 de incremento em capital físico por trabalhador acrescenta menos à produtividade.

Como se pode ver na tabela, há um grande retorno para os primeiros $ 20.000 de capital físico. O PIB real por trabalhador aumenta $ 30.000. O segundo aporte de capital físico de $ 20.000 também aumenta a produtividade, mas não tanto quanto antes: o PIB real por trabalhador aumenta apenas $ 20.000. A terceira adição de $ 20.000 de capital físico leva a um aumento de apenas $ 10.000 no PIB real por trabalhador. Comparando os pontos ao longo da curva, pode-se ver que à medida que o capital físico por trabalhador aumenta, também aumenta o produto por trabalhador, mas a uma taxa decrescente.

Indo da origem 0 para o ponto *A*, um aumento de $ 20.000 no capital físico por trabalhador leva a um aumento de $ 30.000 no PIB real por trabalhador. Indo do ponto *A* para o ponto *B*, um segundo aumento de $ 20.000 de capital físico por trabalhador leva a um aumento de apenas $ 20.000 no PIB real por trabalhador. E do ponto *B* para o *C*, um aumento de $ 20.000 de capital físico por trabalhador leva a um aumento de apenas $ 10.000 no PIB real por trabalhador.

É importante notar que o retorno decrescente ao capital físico é um fenômeno do tipo "tudo o mais mantido constante": montantes adicionais de capital físico são menos produtivos *quando os montantes de capital humano e de tecnologia são mantidos fixos*. Os retornos decrescentes podem desaparecer se aumentamos a quantidade de capital humano ou melhoramos a tecnologia ou ambas as coisas, ao mesmo tempo em que aumentamos o capital físico por trabalhador.

Por exemplo, um trabalhador com trator de $ 40.000 que seja também treinado nas mais avançadas técnicas de cultivo pode, de fato, ter mais que o dobro da produtividade de um trabalhador com trator de apenas $ 20.000 e nenhum capital humano adicional.

Mas retornos decrescentes para qualquer insumo – seja capital físico, capital humano ou número de trabalhadores – são uma característica geral da produção. Estimativas comuns sugerem que, na prática, um aumento de 1% na quantidade de capital físico por trabalhador aumenta o produto por trabalhador em apenas 1/3 de 1%, ou 0,33%.

Contabilidade do crescimento estima a contribuição ao crescimento econômico de cada um dos principais fatores na função de produção agregada.

Na prática, ao longo do crescimento econômico aumentam todos os fatores que contribuem para um aumento de produtividade maior: tanto capital físico como capital humano por trabalhador aumentam, e a tecnologia avança também. Para desassociarem os efeitos desses fatores, os economistas usam uma **contabilidade do crescimento**, que estima a contribuição ao crescimento econômico atribuível a cada um dos principais fatores na função de produção agregada. Por exemplo, suponha que seja verdade o seguinte:

- O montante de capital físico por trabalhador aumenta 3% ao ano.
- De acordo com estimativas da função de produção agregada, cada aumento de 1% no capital físico por trabalhador, mantendo-se fixos o capital humano e a tecnologia, aumenta o produto por trabalhador em 1/3 de 1%, ou 0,33%.

ARMADILHAS

PODE TER DIMINUÍDO... MAS AINDA É POSITIVO!

Como vimos, o termo *retornos decrescentes ao capital físico* significa que, quando se mantêm fixas a quantidade de capital humano por trabalhador e a tecnologia, cada aumento sucessivo no montante de capital por trabalhador resulta em um aumento menor no PIB real por trabalhador.

Mas evite cair em uma armadilha comum. O termo não significa que o PIB real por trabalhador acabará caindo à medida que mais e mais capital físico seja adicionado. Em vez disso, o que acontece é que o aumento do PIB real por trabalhador ficará cada vez menor, enquanto permanece igual ou acima de zero. Portanto, um aumento no capital físico por trabalhador nunca reduz a produtividade.

Mas, em razão de retornos decrescentes, em algum momento, aumentar a quantidade de capital físico por trabalhador não produzirá mais retorno econômico. Neste ponto, o aumento na produção será tão pequeno que não valerá o custo do capital físico adicional.

Nesse caso, estimaríamos que o crescente capital físico por trabalhador é responsável por 3% × 0,33 = 1 ponto percentual de crescimento de produtividade ao ano. Um procedimento semelhante, porém mais complexo, é usado para estimar os efeitos do capital humano crescente. O procedimento é mais complexo porque não há medidas simples, em dólar ou qualquer outra moeda, da quantidade de capital humano.

A contabilidade do crescimento nos permite calcular os efeitos de mais capital físico e humano sobre o crescimento da economia. Mas como podemos estimar os efeitos do progresso tecnológico? Fazemos isso estimando o que sobra depois de levarmos em conta os efeitos de capitais físico e humano. Por exemplo, imaginemos que não houve aumento de capital humano por trabalhador, de modo que podemos nos concentrar em mudanças no capital físico e na tecnologia.

Na Figura 24.5, a curva de baixo mostra a mesma relação hipotética entre capital físico por trabalhador e produto por trabalhador que mostramos na Figura 24.4. Suponhamos que essa fosse a relação, dada a tecnologia disponível em 1950. A curva de cima igualmente mostra a relação entre capital físico por trabalhador

Figura 24.5 Progresso tecnológico e crescimento da produtividade.

O progresso tecnológico aumenta a produtividade em qualquer nível de capital físico por trabalhador e, por conseguinte, desloca a curva de produtividade para cima. Aqui, mantemos fixo o capital humano por trabalhador. Supomos que a curva inferior (que é igual à curva da Figura 24.4) reflete a tecnologia em 1950 e a curva superior, a tecnologia em 2020. Mantendo-se fixos tecnologia e capital humano, triplicar o capital físico por trabalhador de $ 20.000 para $ 60.000 causa duplicação do PIB real por trabalhador de $ 30.000 para $ 60.000. Isso se mostra pelo movimento do ponto *A* ao ponto *C*, refletindo um aumento de aproximadamente 1% ao ano no PIB real por trabalhador. Na realidade, o progresso tecnológico deslocou a curva de produtividade para cima e o aumento efetivo no PIB real por trabalhador se mostra pelo movimento do ponto *A* ao ponto *D*. O PIB real por trabalhador cresceu 2% ao ano, quadruplicando no período. O crescimento extra de 1% no PIB real por trabalhador se deve à produtividade total de fator mais elevada.

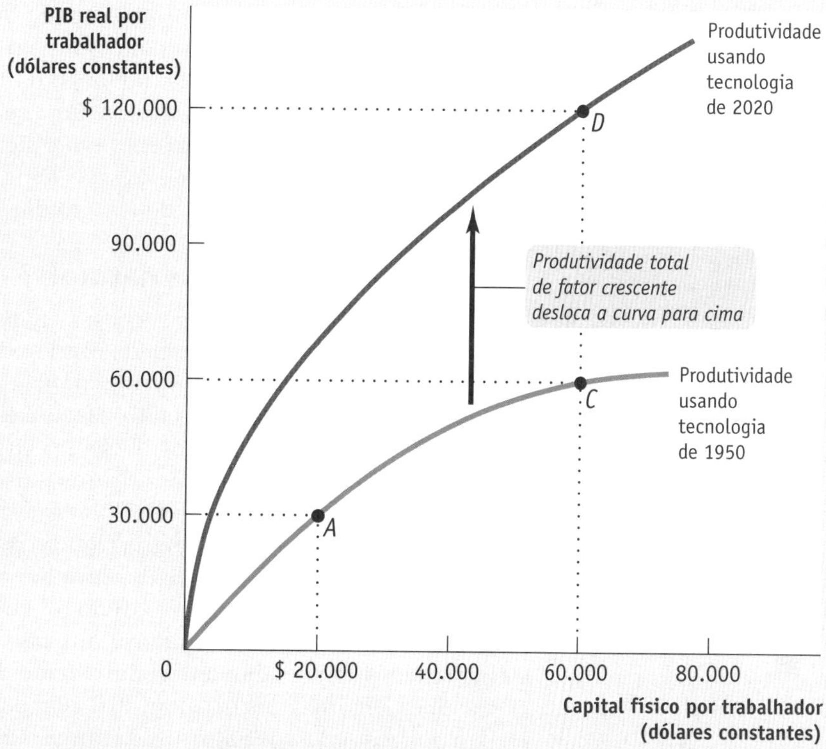

e produtividade, mas dessa vez dada a tecnologia disponível em 2020. (Escolhemos um intervalo de 70 anos para podermos usar a Regra dos 70.) A curva de 2020 deslocou-se para cima comparada com a de 1950 porque as tecnologias que se desenvolveram ao longo dos 70 anos anteriores tornam possível produzir, com dada quantidade de capital físico por trabalhador, mais do que era possível com a tecnologia de 1950. (Note que as duas curvas são medidas em dólares constantes.)

Suponhamos que, entre 1950 e 2020, o montante de capital físico por trabalhador tenha aumentado de $ 20.000 para $ 60.000. Se esse aumento no capital físico por trabalhador tivesse ocorrido sem qualquer progresso tecnológico, a economia teria se movido de *A* para *C*: o produto por trabalhador teria aumentado, mas somente de $ 30.000 para $ 60.000, ou 1% ao ano (a Regra dos 70 nos diz que 1% de taxa de crescimento durante 70 anos dobra o produto). Contudo, na verdade a economia passou de *A* para *D*: o produto aumentou de $ 30.000 para $ 120.000, ou 2% ao ano. Tanto houve aumento de capital físico por trabalhador como progresso tecnológico que deslocou a função de produção agregada.

Produtividade total de fator é a quantidade que pode ser produzida com dada quantidade de insumos de fatores.

Nesse caso, 50% do aumento anual de 2% na produtividade, isto é, 1% no crescimento da produtividade, deve-se a mais alta **produtividade total de fator**, a quantidade de produto que pode ser produzida com dada quantidade de insumos de fatores. Assim, quando a produtividade total de fator aumenta, a economia pode produzir mais com a mesma quantidade de capital físico, capital humano e trabalho.

Aumentos na produtividade total de fator são essenciais para o crescimento econômico de um país. E os economistas acreditam que o progresso tecnológico gera aumentos na produtividade total de fator. Ao reduzir as limitações impostas no crescimento por determinado montante de capital físico, o progresso tecnológico é fundamental para o crescimento econômico. O Bureau of Labor Statistics estima a taxa de crescimento tanto da produtividade do trabalho quanto da produtividade total de fator no setor não agrícola dos Estados Unidos. Segundo as estimativas do Bureau, no período 1948-2019 a produtividade do trabalho nos EUA aumentou 2,1% ao ano. Menos de metade desse aumento, aproximadamente 49%, explicam-se por aumentos nos capitais físico e humano por trabalhador; o resto se explica pela produtividade total de fator crescente, isto é, pelo progresso tecnológico.

Nos Estados Unidos, a produtividade do trabalho e a produtividade total de fator aumentaram continuamente por pelo menos dois séculos, embora a taxa de aumento tenha variado muito ao longo do tempo. Por exemplo, o crescimento da produtividade foi muito alto durante uma geração após a Segunda Guerra Mundial, dobrando os padrões de vida em uma única geração. Desde então, o crescimento da produtividade tem sido muito mais lento, apesar de inovações impressionantes como computadores, *smartphones* e mídia social.

E o papel dos recursos naturais?

Até agora, não mencionamos em nossa análise os recursos naturais, que certamente têm efeito sobre a produtividade. Tudo o mais mantido constante, países com recursos naturais valiosos em abundância, como terra fértil ou jazidas minerais, têm PIB real *per capita* mais alto que países menos afortunados.

O exemplo moderno mais óbvio é o Oriente Médio, onde enormes jazidas de petróleo tornaram muito ricos alguns países de escassa população. Por exemplo, os Emirados Árabes Unidos (EAU) têm praticamente o mesmo nível de PIB real *per capita* que a Alemanha, mas a riqueza dos EAU é baseada em petróleo e não em manufaturas, que são a fonte do elevado produto por trabalhador alemão.

Acontece que, muitas vezes, tudo o mais *não* é mantido constante. No mundo moderno, para a grande maioria dos países, os recursos naturais são um fator bem menos importante da produtividade do que o capital humano ou físico. Por exemplo, algumas nações com PIB real *per capita* muito elevado, como o Japão, têm poucos recursos naturais. Algumas nações ricas em recursos naturais, como a Nigéria (que tem jazidas de petróleo consideráveis), são muito pobres.

Historicamente, os recursos naturais desempenharam um papel muito mais proeminente na determinação da produtividade. No século XIX, os países com

PIB real *per capita* mais elevado eram aqueles que tinham terra arável e depósitos minerais abundantes: Estados Unidos, Canadá, Argentina e Austrália. Em consequência, os recursos naturais receberam muita atenção no desenvolvimento do pensamento econômico.

Em um livro famoso publicado em 1798, *Ensaio sobre o princípio da população*, o economista inglês Thomas Malthus tomou como base a quantidade fixa de terra no mundo para uma previsão pessimista sobre o futuro da produtividade. À medida que a população crescia, conforme ele assinalou, a quantidade de terra por trabalhador diminuía, e isso, tudo o mais mantido constante, faria a produtividade cair. A sua ideia, de fato, era que melhorias na tecnologia ou aumentos de capital físico gerariam melhorias apenas temporárias na produtividade, porque seriam sempre neutralizadas pela pressão de uma população crescente e de mais trabalhadores na terra disponível. No longo prazo, concluiu ele, a grande maioria das pessoas estaria condenada a viver no limite da subsistência. Só então a taxa de mortalidade seria suficientemente alta e a taxa de natalidade suficientemente baixa para evitar que o rápido crescimento da população superasse o aumento da produtividade.

Não foi o que aconteceu, embora muitos historiadores acreditem que a previsão de Malthus sobre produtividade estagnada tenha sido válida durante boa parte da história humana. A pressão populacional provavelmente impediu grandes aumentos de produtividade até o século XVIII. Mas, desde que Malthus escreveu seu livro, qualquer efeito negativo do crescimento populacional sobre a produtividade foi mais do que compensado por outros fatores positivos – avanço tecnológico, aumentos de capitais humano e físico e a abertura de enormes extensões de terra cultivável no Novo Mundo.

Continua verdade, contudo, que vivemos em um planeta finito, com suprimento limitado de recursos naturais, como o petróleo, e com capacidade limitada para absorver danos ambientais. Trataremos das preocupações que essas limitações impõem ao crescimento econômico na seção final deste capítulo.

ECONOMIA >> *em Ação*

Ascensão, queda e retorno do paradoxo da produtividade

Vivemos em uma era de mudanças tecnológicas revolucionárias – pelo menos, é o que todos dizem. E para ser justo, há bons motivos para esse entusiasmo. Afinal, seu *smartphone* é milhares de vezes mais rápido e pode armazenar milhões de vezes mais dados do que os computadores disponíveis para os astronautas que pousaram na Lua. Mas será que o gigantesco aumento no poder da computação está se traduzindo em um crescimento econômico igualmente grande? Economistas têm feito essa pergunta há décadas – e a resposta ainda não está clara.

A tecnologia da informação moderna começou na década de 1970, com a introdução do primeiro microprocessador – na verdade, um computador inteiro assumindo a forma de minúsculos transistores e circuitos gravados em um pedaço de silício. Aumentos espetaculares no poder da computação transformaram o modo como usamos e disseminamos informações. A década de 1980 trouxe os computadores pessoais, substituindo as máquinas pesadas que tinham de ser programadas com cartões perfurados, e os primeiros telefones celulares. A década de 1990 trouxe a internet. Com o século XXI, veio a banda larga, *smartphones* (o primeiro iPhone foi lançado em 2007), *streaming* de vídeo e muito mais.

Você poderia esperar que esses desenvolvimentos produzissem uma explosão na produtividade total de fator. Porém, na verdade, como mostra a Figura 24.6, a produtividade total

Figura 24.6 Ascensão e queda da produtividade total de fator, 1948-2018.

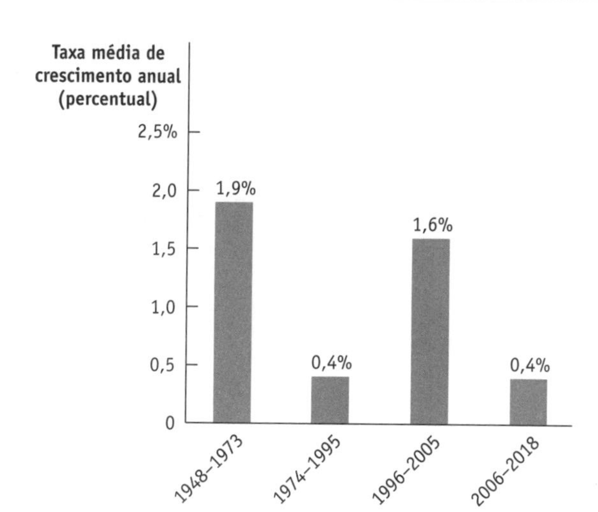

Dados de: Bureau of Labor Statistics.

de fator cresceu muito mais rapidamente na geração que se seguiu à Segunda Guerra Mundial do que desde então. Os economistas às vezes se referem a essa desconexão entre o que parece ser um rápido progresso tecnológico e a produtividade real como o "paradoxo da produtividade".

É verdade que houve uma década, de 1996 a 2005, em que a tecnologia da informação finalmente parecia estar dando frutos e o paradoxo parecia estar desaparecendo. Grande parte desse aumento veio no setor de serviços, especialmente no varejo, onde lojas como o Walmart obtiveram grandes ganhos em eficiência usando informações em tempo real de caixas registradoras para gerenciar estoques, pedidos e outros aspectos aparentemente rotineiros de seus negócios. Mas o progresso desacelerou novamente e permanece lento mesmo agora.

A verdade é que ninguém sabe por que a tecnologia moderna não parece estar fazendo mais pela economia. Contudo, como observamos no texto, muito progresso no mundo real vem de tecnologias que não são nada chamativas, como caixas de papelão pré-cortadas. Talvez o outro lado dessa observação seja que uma era de novas tecnologias vistosas não é necessariamente uma era de rápido progresso na economia como um todo.

>> *Revisão Rápida*

- Aumentos de longo prazo no padrão de vida surgem quase inteiramente do aumento da **produtividade do trabalho**, muitas vezes chamada apenas **produtividade**.
- O aumento no **capital físico** é uma fonte de produtividade mais alta, mas está sujeito a **retornos decrescentes ao capital físico**.
- O **capital humano** e o **progresso tecnológico** também são fontes de aumento na produtividade.
- A **função de produção agregada** é usada para estimar as fontes dos aumentos de produtividade. A **contabilidade do crescimento** mostrou que a **produtividade total de fator** crescente, interpretada como o efeito do progresso tecnológico, é essencial para o crescimento econômico de longo prazo.
- Recursos naturais são hoje menos importantes na maioria das economias do que capital físico e humano como fonte de crescimento da produtividade.

>> *Teste seu entendimento* 24.2

As respostas estão no fim do livro.

1. Explique o efeito de cada um dos eventos a seguir sobre a taxa de crescimento da produtividade.

a. Os montantes de capital físico e humano por trabalhador não mudam, mas há progresso tecnológico significativo.

b. O montante de capital físico por trabalhador aumenta, mas o nível de capital humano por trabalhador e a tecnologia não mudam.

2. O produto na economia de Erewhon[1] cresceu 3% ao ano nos últimos 30 anos. A força de trabalho cresceu 1% ao ano e a quantidade de capital físico aumentou 4% ao ano. O nível de educação médio não mudou. Segundo estimativas de economistas, cada 1% de aumento no capital físico por trabalhador, tudo o mais mantido constante, eleva a produtividade em 0,3%. (*Dica*: % de mudança em (X/Y) = % de mudança em X – % de mudança em Y.)

a. Com que rapidez aumentou a produtividade em Erewhon?

b. Com que rapidez cresceu o capital físico por trabalhador?

c. Quanto o crescimento físico do capital por trabalhador contribuiu para o crescimento da produtividade? Qual é essa porcentagem de crescimento da produtividade?

d. Quanto o progresso tecnológico contribuiu para o crescimento da produção? Qual é a porcentagem do crescimento da produtividade?

3. A Multinomics é uma grande companhia, com escritórios espalhados pelo país. Acaba de ser adotado um novo sistema informático que afetará praticamente todas as funções executadas na companhia. Por que pode demorar algum tempo antes que a produtividade dos empregados melhore com o novo sistema? Por que pode haver redução temporária na produtividade dos empregados?

Por que as taxas de crescimento variam?

Em 1800, de acordo com estimativas do historiador econômico Angus Maddison, o México tinha um PIB *per capita* 1,5 vez maior que o do Japão. Hoje, o Japão tem um PIB real *per capita* superior ao da maioria dos países europeus, e o México é um país relativamente pobre, embora longe de estar entre os mais pobres. Qual é a diferença? No longo prazo – desde 1800 –, o PIB real *per capita* cresceu 1,7% ao ano no Japão, mas apenas 1,1% ao ano no México. Hoje, o PIB real *per capita* do Japão é 2,5 vezes maior que o do México.

[1] N.R.: Anagrama de "*nowhere*", lugar nenhum em inglês.

Como esse exemplo ilustra, mesmo pequenas diferenças nas taxas de crescimento têm consequências importantes no longo prazo. Logo, por que as taxas de crescimento diferem entre países e entre períodos de tempo?

Explicando as diferenças nas taxas de crescimento

Como é de se esperar, economias com crescimento rápido tendem a ser economias que adicionam capital físico, aumentam capital humano ou apresentam rápido progresso tecnológico. Histórias de sucesso econômico notável, como o Japão nas décadas de 1950 e 1960 ou a China mais recentemente, tendem a ser países que fazem as três coisas:

1. Aumentam rapidamente seu capital físico por meio de poupança e gastos de investimento elevados.
2. Aumentam seu capital humano, melhorando suas instituições educacionais.
3. Têm rápido progresso tecnológico, via pesquisa e desenvolvimento.

Há evidência, também, da importância de políticas e práticas governamentais, promovendo as fontes de crescimento. Também veremos o papel do governo.

Poupança e gastos de investimento. Um motivo da diferença de taxas de crescimento entre os países é que alguns deles aumentam seu estoque de capital físico muito mais rapidamente que outros, por meio de taxas de investimento elevadas. Nos anos 1960, o Japão era, das principais economias, a que mais crescia. Ele também gastava em bens de investimento uma proporção muito maior do PIB do que as outras principais economias. Recentemente, a China é a que mais cresce dentre as principais economias e, do mesmo modo, gasta uma proporção muito grande do seu PIB em bens de investimento. Em 2019, o gasto de investimento da China foi 43% do seu PIB, comparado com apenas 21% nos Estados Unidos.

De onde vem o dinheiro para gastos elevados de investimento? No próximo capítulo, analisaremos como os mercados financeiros canalizam a poupança para os gastos de investimento. Por ora, o ponto essencial é que o gasto de investimento tem de ser pago mediante poupança dos domicílios domésticos ou poupança de domicílios estrangeiros – ou seja, entrada de capital estrangeiro.

O capital estrangeiro desempenhou um papel importante no crescimento econômico de longo prazo de alguns países, inclusive os Estados Unidos, que se apoiaram pesadamente em fundos estrangeiros durante sua industrialização inicial. Na maioria dos casos, contudo, países que investem uma parcela elevada do seu PIB conseguem fazê-lo porque têm elevada poupança interna. De fato, a China, em 2019, poupou uma porcentagem do PIB ainda maior que aquela que investiu internamente. A poupança extra foi investida no exterior, em boa parte nos Estados Unidos.

Educação. Assim como os países diferem entre si substancialmente na rapidez com que expandem seu capital físico, há grandes diferenças no ritmo em que os países ampliaram seu capital humano por meio da educação.

Um exemplo disso é a comparação entre a Argentina e a China. Em ambos os países, a taxa de alfabetização de adultos aumentou constantemente ao longo do tempo, mas aumentou muito mais rápido na China.

A Figura 24.7 mostra o percentual de pessoas com idade acima de 15 anos que sabem ler e escrever na China, que destacamos como um exemplo

Figura 24.7 O avanço dos estudantes na China, 1980-2018.

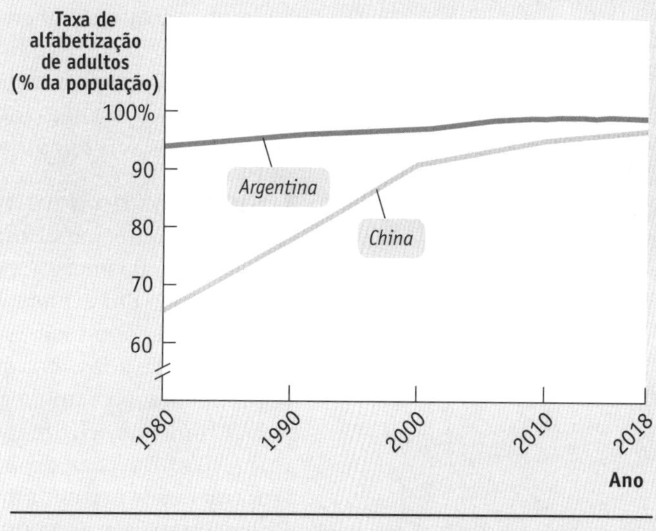

Embora a China ainda esteja atrás da Argentina em alfabetização de adultos, ela avança rapidamente. O sucesso da China em aumentar capital humano é uma das chaves do seu espetacular crescimento de longo prazo nas últimas décadas.
Dados de: World Development Indicators, World Bank.

espetacular de crescimento de longo prazo, e na Argentina, país cujo crescimento tem sido desanimador. Há 35 anos, a Argentina tinha uma população muito mais educada, enquanto muitos chineses ainda eram analfabetos. Hoje, o nível educacional médio e a taxa de alfabetização de adultos na China ainda está em nível ligeiramente inferior ao da Argentina, mas isso acontece sobretudo porque ainda há muitos idosos na China que nunca receberam educação básica. Em termos de educação secundária e superior, a China ultrapassou a outrora rica Argentina.

Pesquisa e desenvolvimento. O avanço da tecnologia é uma força essencial por trás do crescimento econômico. O que impulsiona a tecnologia?

Avanços científicos tornam possíveis novas tecnologias. Para lembrar o exemplo mais espetacular do mundo de hoje, o *chip* semicondutor, que é a base de toda a moderna tecnologia da informação, não poderia ter sido desenvolvido sem a teoria da mecânica quântica em física.

Mas a ciência sozinha não basta: conhecimento científico tem de ser traduzido em produtos e processos úteis. E isso, muitas vezes, exige que se dediquem muitos recursos a **pesquisa e desenvolvimento**, ou **P&D**, o gasto para criar nova tecnologia e prepará-la para uso prático.

Pesquisa e desenvolvimento, ou **P&D**, é o gasto para a criação e implementação de novas tecnologias.

Apesar de alguns recursos para pesquisa e desenvolvimento serem pagos pelo governo, a maioria dos recursos para P&D vêm do setor privado. Os Estados Unidos tornaram-se a economia líder do mundo em grande parte porque empresas norte-americanas estiveram entre as primeiras a incorporar pesquisa e desenvolvimento sistemáticos em suas operações. De fato, em 1875 Thomas Edison criou o primeiro laboratório moderno de pesquisa industrial.

Desenvolver tecnologia nova é uma coisa, aplicá-la é outra. Tem havido diferenças notáveis no ritmo em que os diferentes países aproveitam novas tecnologias. Por exemplo, desde 2000, a Itália tem sofrido um declínio significativo em sua produtividade total de fator, enquanto os Estados Unidos seguiram adiante (veja a Economia em Ação sobre a Itália, ao final desta seção). As fontes dessas diferenças nacionais são tema de muita pesquisa econômica.

O papel do governo na promoção do crescimento econômico

O governo pode desempenhar um papel importante promovendo – ou bloqueando – todas as três fontes de crescimento econômico de longo prazo: capital físico, capital humano e progresso tecnológico. Ele pode afetar o crescimento diretamente com subsídios a fatores que favoreçam o crescimento, ou então criando um ambiente que promova ou prejudique o crescimento.

Políticas governamentais podem aumentar a taxa de crescimento econômico por meio dos seis canais a seguir.

1. Subsídios do governo à infraestrutura. Os governos podem desempenhar um importante papel direto construindo **infraestrutura**: rodovias, linhas de transmissão de energia elétrica, portos, redes de informação e outros projetos de capital físico em grande escala para fornecer uma base ou os fundamentos para a atividade econômica. Embora uma parcela da infraestrutura seja fornecida por empresas privadas, boa parte é fornecida pelo governo ou exige grande dose de regulamentação e apoio governamental.

Rodovias, linhas de transmissão, portos, redes de informação e outros projetos para atividade econômica são conhecidos como **infraestrutura**.

A China oferece um exemplo espetacular de país que usa os gastos públicos em infraestrutura para promover o crescimento econômico. Os gastos com infraestrutura, desde estradas até ferrovias de alta velocidade, chegaram a 8% do PIB da China, quatro vezes a porcentagem nos Estados Unidos. Na verdade, a China gasta mais com infraestrutura do que a Europa Ocidental e a América do Norte juntas.

Infraestrutura precária, como um sistema elétrico com frequentes falhas e cortes de energia, é um obstáculo considerável ao crescimento econômico de muitos países. Para ter boa infraestrutura, uma economia precisa ter como pagá-la, mas precisa também ter a disciplina política para mantê-la.

Talvez a infraestrutura mais crucial seja algo em que raramente se pensa em um país avançado: medidas básicas de saúde pública na forma de suprimento de água limpa e controle de doenças. Infraestrutura precária de saúde é um grande problema para o crescimento econômico em países pobres, especialmente na África.

2. Subsídios governamentais à educação. Diferentemente do capital físico, que é criado principalmente mediante gastos de investimento de companhias privadas, grande parte do capital humano de uma economia é resultado de gastos governamentais em educação. Nos Estados Unidos, diversos níveis do governo pagam pela maior parte da educação primária e secundária. O governo paga uma parcela significativa da educação superior: mais de 70% dos estudantes frequentam faculdades e universidades públicas. Além disso, o governo federal concede subsídios significativos à pesquisa realizada em faculdades e universidades particulares.

As diferenças no ritmo em que os países ampliam seu capital humano, em grande medida, refletem políticas governamentais. Como vimos na Figura 24.7, os níveis educacionais da China vêm se elevando muito mais rapidamente que os da Argentina. Isso não acontece porque a China seja mais rica que a Argentina; até muito recentemente, a China era, em média, mais pobre que a Argentina. Em vez disso, reflete o fato de que o governo da China deu alta prioridade à educação da população e às taxas de alfabetização.

3. Subsídio do governo à P&D. O progresso tecnológico é em grande parte resultado da iniciativa privada. Mas, em países avançados, muita pesquisa e desenvolvimento de grande importância é feita também por agências governamentais. Por exemplo, a internet nasceu de um sistema, o Advanced Research Projects Agency Network (ARPANET), criado pelo Departamento de Defesa dos EUA, e depois foi estendido para instituições educacionais pela National Science Foundation.

4. Manutenção de um sistema financeiro que funcione. Os governos também têm papel importante indireto, tornando possíveis gastos elevados de investimento privado. Tanto a quantidade de poupança quanto a capacidade de uma economia de canalizar a poupança para o gasto em investimentos produtivos dependem das instituições da economia, notadamente seu sistema financeiro. Em particular, um sistema financeiro bem regulado funcionando bem é muito importante para o crescimento econômico, pois na maioria dos países é a principal forma como as poupanças são canalizadas para os gastos de investimento das empresas.

Se os cidadãos de um país confiam em seus bancos, eles colocarão sua poupança em depósitos bancários, que os bancos emprestarão aos seus clientes empresariais. Mas, se as pessoas não confiam nos seus bancos, elas vão acumular ouro ou moeda estrangeira, mantendo sua poupança em cofres ou debaixo do colchão, onde não pode ser transformada em gasto de investimento produtivo. Um sistema financeiro que funcione bem requer regulamentação governamental adequada, que garanta aos depositantes que seus fundos estarão protegidos contra perdas.

5. Proteção dos direitos de propriedade. *Direitos de propriedade* são os direitos legais, detidos por proprietários de itens valiosos, de dispor desses itens como queiram. Um subconjunto, *direitos de propriedade intelectual,* são os direitos que inovadores têm de receber as recompensas por suas inovações. As condições do direito de propriedade em geral, e do direito de propriedade intelectual em especial, são fatores importantes na explicação das diferenças em taxas de crescimento das economias. Por quê? Porque ninguém dedicaria os esforços e recursos necessários para inovar se qualquer um pudesse se apropriar da inovação e capturar as recompensas. Assim, para que a inovação floresça, os direitos de propriedade intelectual precisam ser protegidos.

Algumas vezes, a proteção dos direitos de propriedade é facultada pela natureza da inovação: pode ser muito difícil ou caro copiá-la. Mas o governo geralmente precisa proteger os direitos de propriedade intelectual. Uma *patente* é um monopólio temporário criado pelo governo e dado ao inovador para que use ou venda sua inovação. É monopólio temporário em vez de permanente pois, ainda que seja do interesse da sociedade incentivar um inovador para que ele trate de inventar, é igualmente do interesse da sociedade, a partir de algum momento, encorajar a competição.

6. Estabilidade política e boa governança. Não vale a pena investir em uma empresa se turbas em protesto podem destruí-la, e não vale a pena poupar dinheiro se alguém com conexões políticas pode roubá-lo. A estabilidade política e a boa governança (inclusive a proteção ao direito de propriedade) são ingredientes essenciais para o crescimento econômico de longo prazo.

O crescimento econômico de longo prazo em economias que tiveram êxito, como a dos Estados Unidos, tem sido possível porque existem boas leis, instituições que implementam e obrigam o cumprimento dessas leis e um sistema político estável que mantém essas instituições. A lei precisa dizer que sua propriedade é de fato sua, de tal modo que ninguém possa tomá-la de você. Os tribunais e a polícia precisam ser honestos de tal modo que não aceitem propinas para ignorar a lei. E o sistema político tem de ser estável de tal modo que a lei não mude por simples capricho.

Os norte-americanos tomam essas precondições como dadas e naturais, mas elas estão longe de ser algo que é sempre garantido. Fora as rupturas causadas por guerra ou revolução, muitos países verificam que seu crescimento econômico sofre por conta da corrupção entre funcionários públicos que deveriam estar fazendo cumprir a lei. Por exemplo, até 1991, o governo da Índia impunha muitas restrições burocráticas às empresas, que muitas vezes tinham de dar propinas a funcionários do governo para obter a aprovação até mesmo para atividades de rotina – o equivalente, na verdade, a um imposto sobre a atividade de negócios. Economistas têm argumentado que a redução desse peso da corrupção é uma das razões pelas quais a Índia experimentou aumento do crescimento econômico depois de 1990, que continua até os dias de hoje.

Mesmo quando os governos não são corruptos, a intervenção governamental excessiva pode ser um freio para o crescimento econômico. Quando grandes parcelas da economia são apoiadas por subsídios governamentais, protegidas das importações, sujeitas à monopolização excessiva, ou de outro modo isoladas da competição, a produtividade tende a sofrer em virtude da falta de incentivos. Como veremos na próxima seção, intervenção governamental excessiva é uma explicação frequentemente citada para o baixo crescimento da América Latina.

ECONOMIA >> *em Ação*

Qual é o problema da Itália?

A Itália já foi considerada uma notável história de sucesso econômico. Há um século, ainda era um país pobre – tão pobre que, no final do século XIX e início do século XX, milhões de italianos emigraram para os Estados Unidos e outros destinos em busca de uma vida melhor. Após a Segunda Guerra Mundial, no entanto, a Itália experimentou décadas de crescimento rápido, com o PIB real *per capita* quadruplicando entre 1950 e 1990. Ao final desse surto de crescimento, como você pode ver na Figura 24.8, a Itália era significativamente mais rica do que o Reino Unido, a nação que liderou a Revolução Industrial.

Mas naquele ponto o crescimento italiano estagnou. O PIB real *per capita* ficou estagnado após o final da década de 1990 e começou a cair depois de 2008, quando a economia italiana sofreu uma forte desaceleração como resultado da crise da dívida europeia. O que deu errado?

Parte da resposta envolve o crescimento lento dos fatores de produção. A baixa taxa de natalidade da Itália significa um rápido envelhecimento da população, com porcentagem cada vez menor de adultos em idade produtiva. A Itália também ficou para trás em educação, com a parcela mais baixa da população com ensino superior na União Europeia. O país também parece estar tendo problemas para aproveitar o progresso tecnológico. Na verdade, a produtividade total de fator medida na Itália diminuiu desde 2000. Por quê?

Alguns economistas sugerem que a explicação pode estar em sua cultura de negócios. Em particular, as práticas de gestão italianas foram amplamente criticadas porque a promoção e as recompensas financeiras, com muita frequência, refletem antiguidade na empresa em vez de desempenho, dando poucos incentivos para a adoção de novas tecnologias e melhores práticas de negócios.

Por trás dessa cultura de baixo desempenho pode estar a falta de concorrência efetiva em muitos mercados, o que significa que mesmo empresas mal administradas podem permanecer no mercado indefinidamente. A falta de concorrência dentro da economia italiana aponta para um fracasso da política governamental, talvez decorrente do relacionamento entre as empresas estabelecidas e um governo muito acolhedor. Em uma economia dominada por empresas estabelecidas, há pouco incentivo para investir ou inovar. Os problemas da Itália mostram que mesmo os países com história de sucesso econômico podem tropeçar. Ao que parece, alcançar crescimento econômico sustentado não é fácil.

Figura 24.8 PIB real *per capita* para a Itália e o Reino Unido, 1960-2018.

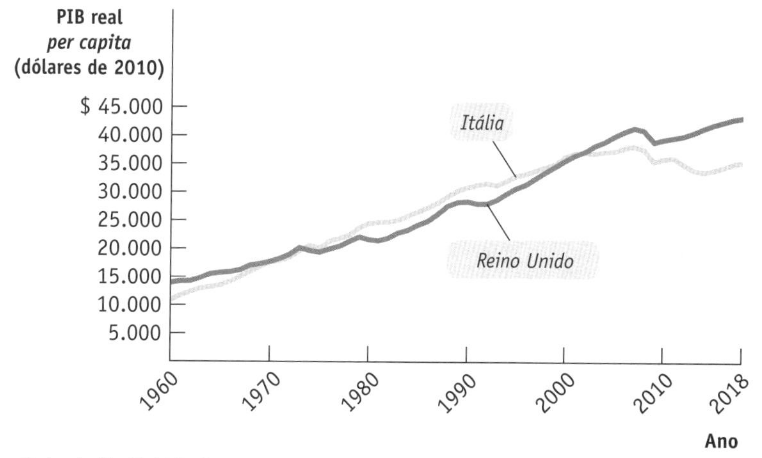

Dados de: The World Bank.

>> *Teste seu entendimento* 24.3

As respostas estão no fim do livro.

1. Explique a relação entre a taxa de crescimento de um país, seus gastos de investimento como porcentagem do PIB e sua poupança doméstica.
2. Os centros universitários de pesquisa em biotecnologia nos Estados Unidos têm relações mais estreitas com as companhias privadas de biotecnologia do que suas contrapartes na Europa. Que efeito isso pode ter para criação e desenvolvimento de novas drogas nos Estados Unidos em comparação com a Europa?
3. Durante a década de 1990, na antiga União Soviética, muitas propriedades foram tomadas e controladas por gente que estava no poder. Como isso pode ter afetado a taxa de crescimento do país naquela época? Explique.

>> *Revisão Rápida*

- Os países diferem enormemente entre si quanto a taxas de crescimento do PIB real *per capita*, em grande medida em razão de diferenças no ritmo como acumulam capital físico e capital humano, bem como diferenças de progresso tecnológico. As principais causas das diferenças de crescimento referem-se a taxas de poupança doméstica e investimento, bem como diferenças no nível de educação e de **pesquisa e desenvolvimento**, ou **P&D**. O progresso tecnológico é impulsionado em grande medida via P&D.
- Ações do governo podem promover ou barrar as fontes do crescimento de longo prazo.
- Políticas governamentais que promovem diretamente o crescimento são subsídios à **infraestrutura**, particularmente de saúde pública, subsídios a educação e a P&D, e a manutenção de um sistema financeiro em bom funcionamento.
- Os governos melhoram o ambiente para o crescimento ao protegerem os direitos de propriedade (em particular, direitos de propriedade intelectual por meio de patentes) e promoverem boa governança. Na má governança se incluem corrupção e intervenção governamental excessiva.

Êxito, decepção e fracasso

Como vimos na Figura 24.2, taxas de crescimento econômico de longo prazo diferem bastante pelo mundo. Vejamos agora três regiões do mundo que mostram experiências bastante diversas de crescimento econômico nas últimas décadas. Escolhemos essas três regiões – Leste Asiático, América Latina e África – por ilustrarem bem os desafios do crescimento sustentado na produtividade.

A Figura 24.9 mostra a tendência desde 1960 no PIB real *per capita*, em dólares de 2010, para três países: Argentina, Nigéria e Coreia do Sul. (Como na Figura 24.1, o eixo vertical é traçado em escala logarítmica.) Escolhemos esses países porque cada um deles é um exemplo que chama atenção para o que aconteceu na região em que se situa. O crescimento impressionante da Coreia do Sul é parte de um "milagre econômico" mais amplo no Leste Asiático. O lento progresso da Argentina, interrompido por repetidos revezes, é mais ou menos típico do crescimento decepcionante que tem caracterizado a América Latina. Assim como a Argentina, a Nigéria também teve pouco crescimento no PIB real antes de 2000. Desde então, esses dois países se saíram melhor.

Figura 24.9 Êxito e decepção.

Mostra-se aqui o PIB real *per capita* de 1960 a 2018, medido em dólares de 2010, para Argentina, Coreia do Sul e Nigéria, em escala logarítmica. A Coreia do Sul e alguns outros países do Leste Asiático tiveram notável êxito em alcançar crescimento econômico. A Argentina, como boa parte da América Latina, teve diversos revezes que reduziram seu ritmo de crescimento. O padrão de vida da Nigéria em 2018 era minimamente superior ao que fora em 1960, uma experiência compartilhada por muitos países africanos. Nem Argentina nem Nigéria tiveram muito crescimento no período de 58 anos, embora ambas tenham apresentado crescimento significativamente maior em anos recentes.

Dados de: World Development Indicators.

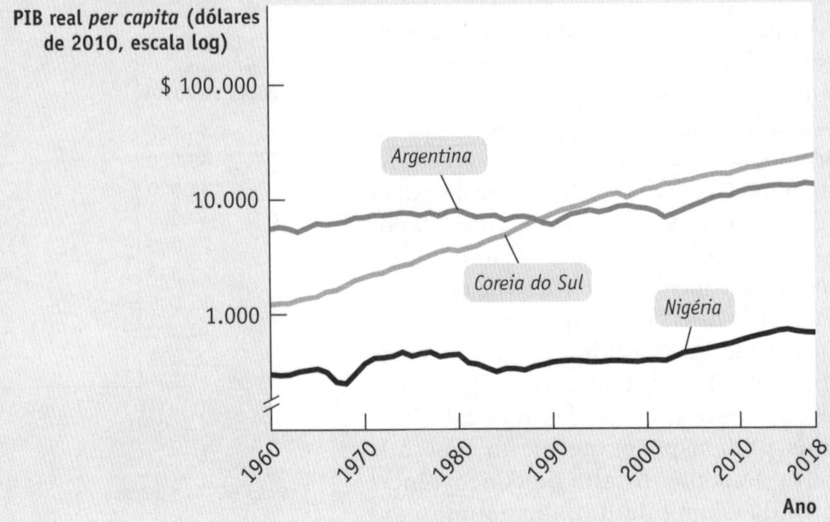

O milagre do Leste Asiático

Em 1960, a Coreia do Sul era um país muito pobre. De fato, em 1960, seu PIB real *per capita* era mais baixo que o da Índia hoje. Mas, como se vê na Figura 24.9, a partir do início dos anos 1960, a Coreia do Sul começou uma ascensão econômica extremamente rápida: o PIB real *per capita* cresceu mais de 7% ao ano durante mais de 30 anos. Hoje, a Coreia do Sul, embora um pouco mais pobre que a Europa ou os Estados Unidos, se parece muito com um país economicamente avançado.

O crescimento econômico da Coreia do Sul não tem precedentes na história: o país levou apenas 35 anos para alcançar um crescimento que levou séculos em outros lugares. A Coreia do Sul, contudo, é apenas parte de um fenômeno mais amplo frequentemente mencionado como o milagre econômico do Leste Asiático. Elevadas taxas de crescimento primeiro aconteceram na Coreia do Sul, em Taiwan, Hong Kong e Cingapura, mas depois se espalharam pela região, notadamente para a China. Desde 1975, essa região em seu conjunto aumentou seu PIB real *per capita* em 6% ao ano, três vezes a taxa de crescimento histórica dos Estados Unidos.

Como os países asiáticos conseguiram taxas de crescimento tão elevadas? A resposta é que todas as fontes de crescimento da produtividade têm funcionado a pleno vapor. Taxas de poupança (a porcentagem do PIB que é poupada nacionalmente em dado ano) muito elevadas permitiram a esses países aumentar significativamente a quantidade de capital físico por trabalhador. Educação básica muito boa permitiu uma rápida melhoria do capital humano. E esses países experimentaram progresso tecnológico substancial.

Por que outras economias não alcançaram esse tipo de crescimento no passado? A maioria dos analistas econômicos acha que o salto no crescimento do Leste Asiático foi possível por causa do seu atraso *relativo*. Isto é, no momento em que as economias do Leste Asiático começaram a se integrar no mundo moderno, elas puderam beneficiar-se da adoção de avanços tecnológicos que haviam sido gerados em países tecnologicamente avançados, como os Estados Unidos.

Em 1900, os Estados Unidos não poderiam ter passado rapidamente a um nível moderno de produtividade porque grande parte da tecnologia que impulsiona a economia moderna, de aviões a jato a computadores, ainda não havia sido inventada. Em 1970, a Coreia do Sul provavelmente ainda tinha produtividade do trabalho mais baixa do que os Estados Unidos tinham em 1900, mas pôde rapidamente aumentar sua produtividade adotando a tecnologia que havia sido desenvolvida nos EUA, na Europa e no Japão durante o século anterior. Isso foi ajudado por um enorme investimento em capital humano por meio de ampla escolarização.

A experiência do Leste Asiático mostra que o crescimento econômico pode ser especialmente rápido em países que tratam de *alcançar* outros países com PIB *per capita* mais alto. Nessa base, muitos economistas sugeriram um princípio geral conhecido como **hipótese da convergência**. Ela diz que diferenças no PIB real *per capita* entre os países tendem a estreitar-se ao longo do tempo porque os países que começam com PIB real *per capita* menor tendem a ter taxas de crescimento mais altas.

De acordo com a **hipótese da convergência**, diferenças internacionais no PIB real *per capita* tendem a estreitar-se ao longo do tempo.

No entanto, começar com um PIB real *per capita* relativamente baixo não é garantia de rápido crescimento, como demonstraram os exemplos tanto da América Latina quanto da África.

A frustração da América Latina

Em 1900, a América Latina não era considerada uma região economicamente atrasada. Recursos naturais, tanto minérios como terra cultivável, eram abundantes. Alguns países, notadamente a Argentina, atraíram milhões de emigrantes da Europa, pessoas em busca de uma vida melhor. Medidas de PIB real *per capita* na Argentina, no Uruguai e no sul do Brasil eram comparáveis com as de países economicamente avançados.

No século passado, todavia, o crescimento da América Latina desapontou. Como mostra a Figura 24.9 para o caso da Argentina, o crescimento foi decepcionante por muitas décadas. O fato de que a Coreia do Sul é agora muito mais rica que a Argentina teria parecido inconcebível há algumas gerações.

Por que a América Latina estagnou? Comparações com as histórias de sucesso do Leste Asiático sugerem diversos fatores. As taxas de poupança e de investimento na América Latina têm sido muito mais baixas que no Leste Asiático, em parte como resultado de políticas governamentais irresponsáveis que desgastaram a poupança com inflação elevada, falências de bancos e outras perturbações. A educação, especialmente a educação básica ampla, não tem recebido atenção. Mesmo países latino-americanos ricos em recursos naturais muitas vezes falharam em canalizar tal riqueza para seus sistemas educacionais. E a instabilidade política, levando a políticas econômicas irresponsáveis, teve seu custo.

Além disso, a América Latina não conseguiu crescer com a adoção de tecnologia desenvolvida em outros lugares. Isso levou a uma decepção crônica entre latino-americanos em seu padrão de vida, o que alimentou ainda mais a instabilidade política.

Nos anos 1980, muitos economistas concluíram que a América Latina estava sofrendo de excessiva intervenção governamental nos mercados. Eles recomendaram a abertura das economias às importações, a venda de empresas estatais e, em geral, a eliminação dos obstáculos à iniciativa individual. A esperança era que isso produziria um impulso econômico do tipo do Leste Asiático. Até agora, no entanto, apenas uma nação latino-americana, o Chile, alcançou de fato rápido crescimento sustentado.

As dificuldades e promessas da África

A África ao sul do Saara abriga mais de 1 bilhão de pessoas, mais que três vezes a população dos Estados Unidos. Em média, os africanos são muito pobres, não chegam nem de longe ao padrão de vida norte-americano de 100 ou até de 200 anos atrás. De fato, o PIB real *per capita* médio da África subsaariana caiu 13% entre 1980 e 1994, ainda que tenha se recuperado desde então. Porém, desde 1995, as taxas de crescimento na maior parte da África têm sido muito maiores, em média com cerca de 5% ao ano se as grandes economias da Nigéria, Angola e África do Sul forem excluídas. O que explica essa reviravolta dramática?

Acima de tudo, muitos países africanos enfrentaram o problema da instabilidade política. Nos anos seguintes a 1975, grandes extensões da África têm sofrido guerras civis devastadoras (frequentemente com potências de fora apoiando os lados rivais), que mataram milhões de pessoas e tornaram inviáveis os gastos de investimento produtivo. A ameaça de guerra e a anarquia geral inibiram também outras precondições importantes para o crescimento, como a educação e a provisão da infraestrutura básica.

Direitos de propriedade também são um problema. A falta de proteção legal significa que os proprietários muitas vezes estão sujeitos a extorsão por causa da corrupção governamental, tornando-os avessos a adquirir propriedade ou melhorá-la. Isso é particularmente prejudicial quando um país é muito pobre.

Embora muitos economistas vejam a instabilidade política e a corrupção governamental como as principais causas do subdesenvolvimento da África, há alguns – notadamente Jeffrey Sachs, da Universidade Columbia, em Nova York, e da ONU – que acreditam no oposto. Eles argumentam que a África é politicamente instável porque é pobre. E a pobreza da África, prosseguem eles, vem de condições geográficas extremamente desfavoráveis: grande parte do continente não tem acesso ao mar, é quente, infestado de doenças tropicais e amaldiçoado por um solo pouco fértil.

Sachs, junto com alguns economistas da Organização Mundial da Saúde, chamou a atenção para a importância dos problemas de saúde na África. Em países pobres, a produtividade dos trabalhadores é muitas vezes severamente prejudicada por desnutrição e doenças. Em particular, doenças tropicais como a malária podem ser controladas somente com uma infraestrutura de saúde pública eficaz, algo que falta na maior parte da África. Economistas estão estudando certas regiões da África para determinar se quantidades modestas de ajuda, dadas diretamente aos residentes com a finalidade de aumentar o rendimento dos cultivos, reduzir a malária e aumentar a frequência escolar, podem produzir ganhos autossustentados nos padrões de vida.

Embora o exemplo dos países africanos represente um alerta de que não se pode supor que o crescimento econômico de longo prazo seja algo garantido, há alguns sinais de esperança. Como se nota na Figura 24.9, o PIB real *per capita* da Nigéria, depois de décadas de estagnação, passou a subir depois de 2000, alcançando uma taxa de crescimento de 3,0% de 2008 a 2018.

Deixados para trás pelo crescimento?

Historicamente, o aumento do PIB real *per capita* tem se traduzido em aumento da renda real para a grande maioria da população de um país. No entanto, não há garantia de que isso acontecerá. Um dos princípios que estabelecemos no Capítulo 1 é que

COMPARAÇÃO GLOBAL — REGIÕES ATRASADAS EM PAÍSES RICOS

Aumento das disparidades regionais não é um problema exclusivo dos EUA. Contrariamente, forças semelhantes – tendências econômicas que parecem favorecer grandes áreas metropolitanas com altos índices de educação em vez de áreas rurais e industriais mais antigas – mostram ação clara em praticamente todas as nações ricas. Na Grã-Bretanha, a economia de Londres cresceu enquanto as antigas cidades industriais e de mineração de carvão do nordeste da Inglaterra viram-se em dificuldades. A França apresenta um contraste semelhante entre a grande Paris e o cinturão do carvão e do aço ao norte do país. A Itália há muito está dividida entre um norte rico e um sul pobre, especialmente na Sicília. Mais de 30 anos após a queda do Muro de Berlim, a antiga Alemanha Oriental continua mais pobre do que o restante do país.

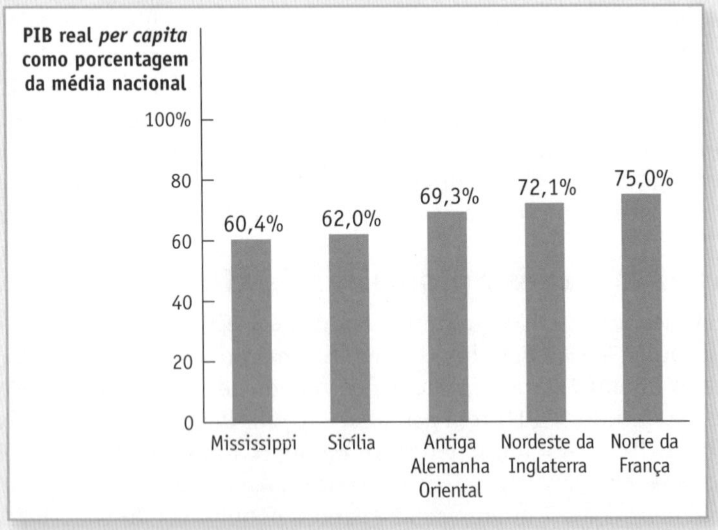

Comparar disparidades regionais entre países é complicado, porque não definimos regiões da mesma maneira: os Estados Unidos coletam dados de estados e áreas metropolitanas, enquanto os dados europeus são baseados na "*Nomenclature des Unités Territoriales Statistiques*" – isso mesmo, NUTS.[2] Para valer a pena, no entanto, a figura, que mostra o PIB real da região mais pobre de vários países como uma porcentagem da média nacional, sugere que as disparidades regionais são semelhantes em todo o mundo ocidental, e talvez ligeiramente maiores nos Estados Unidos.

Dados de: Nomenclature des Unités territoriales statistiques e Bureau of Economic Analysis.

[2]N. R.: Observação irônica do autor dirigida a quem o lê em inglês. *Nuts* significa castanhas ou nozes, mas também é gíria para se referir a uma pessoa maluca.

a mudança econômica geralmente produz perdedores e também ganhadores, e isso é verdade no que diz respeito às mudanças que vêm com o crescimento econômico de longo prazo. Os ganhos do crescimento econômico de longo prazo podem ser distribuídos de forma muito desigual e, em alguns casos, grande parte da população pode ver sua renda cair, mesmo enquanto a renda geral do país está aumentando.

Essa não é apenas uma possibilidade teórica. Nos Estados Unidos, e em menor medida em outros países ricos, a fatia da renda que vai para as famílias próximas ao topo da distribuição de renda, e especialmente para o 1% das famílias com as rendas mais altas, cresceu substancialmente desde 1980. Figura 24.10 mostra uma consequência desse aumento da desigualdade. A figura compara o crescimento desde 1953 do PIB real *per capita* nos Estados Unidos e a renda real da *família mediana* – a família exatamente no meio da escala de renda, em que metade apresenta todas as famílias mais ricas e metade, as mais pobres. Ambos os números são mostrados como índices, com 1953 = 100.

Até 1980, os dois números cresceram quase na mesma taxa, porque a distribuição de renda era bastante estável. Depois de 1980, porém, uma parcela cada vez maior da renda foi para um número relativamente pequeno de pessoas no topo. Como resultado, a renda da família mediana – que provavelmente reflete a experiência do norte-americano típico – cresceu muito mais lentamente do que o PIB real *per capita*. Em outras palavras, muitas famílias norte-americanas foram, de certa forma, deixadas para trás pelo crescimento econômico.

Nem são simplesmente famílias individuais as que foram deixadas para trás pelo crescimento recente. Regiões inteiras foram abandonadas, revertendo uma tendência histórica de convergência. Durante a maior parte do século XX, os estados mais pobres dos EUA, principalmente no sul, experimentaram um crescimento mais rápido do que a nação como um todo, de modo que as disparidades regionais de renda foram constantemente estreitadas. Nas últimas décadas, no entanto, as lacunas foram aumentando novamente, com as áreas metropolitanas de alta renda se afastando tanto das áreas rurais quanto das cidades menores que costumavam ser centros de manufatura.

A Figura 24.11 ilustra esse ponto comparando o crescimento do PIB real *per capita* desde 1997 em dois estados: Massachusetts, um estado rico graças à concentração de tecnologia e finanças em Boston e seus arredores, e Kentucky, onde os pilares econômicos tradicionais, como mineração de carvão e agricultura, estão em declínio. Mesmo em 1997, Kentucky era mais pobre do que Massachusetts, com PIB real *per capita* cerca de 25% inferior. Mas a diferença entre os estados aumentou drasticamente desde então.

Figura 24.10 Crescimento da divisão de renda, 1953-2018.

Nos Estados Unidos, de 1953 a 1980, tanto o PIB real *per capita* quanto a renda real da família mediana cresceu a taxas quase idênticas, porque a distribuição da renda era bastante estável. Porém, depois de 1980, a parcela da renda nacional destinada aos norte-americanos mais ricos aumentou significativamente. E, enquanto o PIB *per capita* real continuou a crescer, a renda mediana real – a renda obtida pelas famílias no meio da distribuição de renda – ficou para trás. Isso significa que, desde 1980, muitas dessas famílias intermediárias foram deixadas para trás pelo crescimento econômico.
Dados de: U.S. Census; FRED.

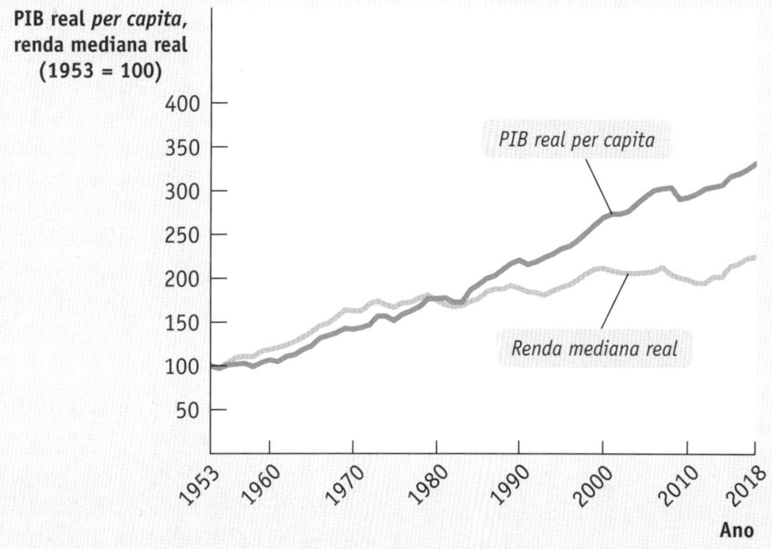

Figura 24.11 Lacuna de renda entre estados ricos e pobres, 1997-2018.

Nas últimas décadas, aumentou a lacuna entre os estados de alta renda e os estados mais pobres nos EUA. De 1997 a 2018, o produto interno bruto em Massachusetts cresceu quase 50%, em contraste com o crescimento de apenas 10% no Kentucky. Em 1997, a renda *per capita* em Massachusetts era 31% maior do que no Kentucky; em 2018, a lacuna havia aumentado para 75%.

Dados de: U.S. Census; FRED.

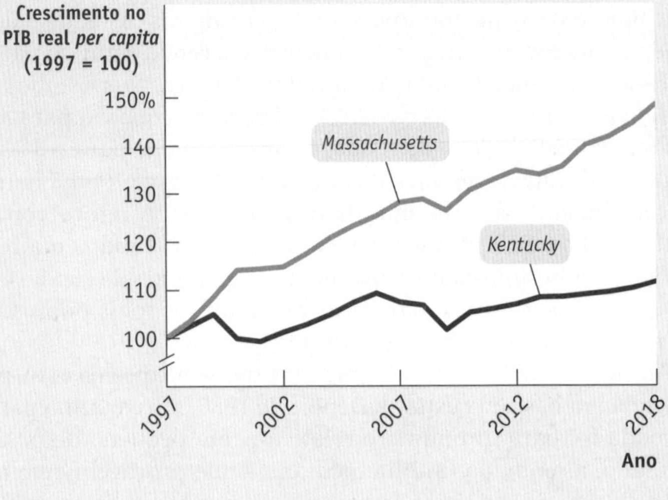

O fato de algumas regiões dos Estados Unidos estarem atrasadas, mesmo com o crescimento da economia nacional como um todo, é preocupante por si só. O que torna isso ainda mais preocupante é que as regiões atrasadas parecem estar sofrendo de problemas sociais significativos, que vão além das perdas simplesmente monetárias. Nessas regiões, uma grande fração de adultos em seus primeiros anos de trabalho está desempregada, embora nem todos sejam contabilizados como desempregados, porque alguns desistiram até de procurar trabalho. E, talvez como consequência da falta de oportunidades de emprego, essas regiões também sofrem desproporcionalmente com o que os economistas Anne Case e Angus Deaton chamaram de "mortes por desespero": mortalidade causada por *overdose* de drogas, suicídio e alcoolismo.

No entanto, é importante reconhecer duas ressalvas a essa nota um tanto pessimista sobre o crescimento nos Estados Unidos. Em primeiro lugar, no amplo alcance da história, ainda é verdade que o crescimento econômico eleva o padrão de vida da grande maioria da população. Em segundo lugar, seria errado imaginar que o crescimento econômico global, mesmo nas últimas décadas, beneficiou sobretudo uma minoria abastada. Ao contrário, como explicado na próxima seção Economia em Ação, de uma perspectiva mundial, o aspecto mais notável do crescimento recente foi a ascensão de uma *classe média global* – rendas aumentando rapidamente entre centenas de milhões de pessoas que antes eram pobres na China e em outras economias emergentes.

ECONOMIA >> *em Ação*

Ganhadores e perdedores globais

Dentro dos Estados Unidos, os ganhos resultantes do crescimento econômico desde cerca de 1980 foram distribuídos de forma desigual. A renda no topo disparou, mas a renda da maioria das famílias cresceu muito mais lentamente. Como resultado, a desigualdade aumentou.

Mas o mesmo vale para o mundo como um todo? Não, o quadro global é mais complicado. Na verdade, até mesmo a pergunta "A desigualdade global está aumentando ou diminuindo?" acabou por não ser muito significativa. A desigualdade *dentro* de muitos países, especialmente nas nações mais ricas, aumentou. Mas a desigualdade *entre* as nações diminuiu, graças ao rápido crescimento na China, na Índia e em outros países que antes eram muito pobres.

Uma maneira útil de pensar sobre quem se beneficia com o crescimento global é dividir a população mundial em quatro grupos: os intocados, a classe média dos países em desenvolvimento, a classe trabalhadora dos países avançados e a elite global.

No fundo, ainda há um grande número de pessoas, talvez até 2 bilhões, que ainda não foram atingidas pelo crescimento econômico de longo prazo. A maior parte da África subsaariana e até mesmo algumas partes da China e da Índia ainda têm renda *per capita* não muito maior do que há um século.

No entanto, acima desse grupo está outro grande grupo, com mais de 1 bilhão de pessoas na China, na Índia e em outras economias de rápido crescimento que eram muito pobres em tempo recente, mas agora constituem uma classe média global em rápido crescimento.

A história é menos feliz para o próximo grupo, a classe trabalhadora nos países avançados – por exemplo, os operários nos Estados Unidos. Esse grupo ainda tem rendas acima da média em comparação com o mundo em conjunto, mas, como vimos, essas rendas têm crescido lentamente desde cerca de 1980.

Por fim, um pequeno grupo de pessoas muito ricas, em sua maioria mas não inteiramente nos países ricos, teve grandes ganhos de renda.

Muitos analistas argumentam que esse padrão desigual de ganhos é uma fonte importante de atrito social e político. A ascensão da classe média global, embora represente uma enorme melhoria no bem-estar humano, também corroeu a posição outrora dominante das nações ricas no sistema econômico mundial, ajudando a explicar desenvolvimentos como o surgimento do conflito comercial entre os Estados Unidos e China. E a classe trabalhadora nos países ricos se sente deixada para trás, possivelmente contribuindo para uma reação populista.

>> Revisão Rápida

- O crescimento espetacular do Leste Asiático foi gerado por taxas de poupança e de investimento elevadas, ênfase na educação e a adoção dos avanços tecnológicos de outros países.
- Educação precária, instabilidade política e medidas governamentais irresponsáveis são fatores importantes do baixo crescimento da América Latina.
- Na África subsaariana, grave instabilidade, guerras e falta de infraestrutura, em particular a que afeta a saúde pública, resultaram em falha catastrófica de crescimento. Mas o desempenho econômico recente tem sido melhor que em anos passados.
- Embora a economia mundial como um todo tenha crescido rapidamente nas últimas décadas, o crescimento tem sido desigual.

>> Teste seu entendimento 24.4

As respostas estão no fim do livro.

1. Alguns economistas acham que as altas taxas de crescimento da produtividade alcançadas por muitas economias da Ásia não são sustentáveis. Eles podem estar certos? O que teria de acontecer para eles estarem errados?
2. Com base na Figura 24.9 e na discussão desta seção, quais regiões dão suporte à hipótese da convergência? Explique.
3. Alguns economistas acham que a melhor maneira de ajudar os países da África seja os países mais ricos proporcionarem fundos para financiar a infraestrutura básica. Outros acham que essa política não terá efeitos de longo prazo a não ser que os países africanos tenham os meios financeiros e políticos para manter essa infraestrutura. Que políticas você sugeriria?

O crescimento mundial é sustentável?

Antes, neste capítulo, descrevemos a opinião de Thomas Malthus, o economista do final do século XVIII que advertiu que a pressão do crescimento populacional tenderia a limitar o padrão de vida. Malthus estava certo a respeito do passado: durante aproximadamente 58 séculos, das origens da civilização até a sua própria época, a oferta limitada de terra de fato impediu qualquer grande aumento da renda real *per capita*. Desde então, contudo, o progresso tecnológico e a rápida acumulação de capitais físico e humano permitiram ao mundo desafiar o pessimismo malthusiano.

Mas será sempre assim? Alguns céticos expressaram dúvidas de que o **crescimento econômico sustentável de longo prazo** seja possível, que ele possa continuar diante da oferta limitada de recursos naturais e, talvez ainda mais importante, dos efeitos negativos do crescimento econômico passado sobre o meio ambiente.

Crescimento econômico sustentável de longo prazo é o crescimento de longo prazo que pode continuar diante da oferta limitada de recursos naturais e com impacto menos negativo sobre o meio ambiente.

Recursos naturais e crescimento – revisitados

As teorias "neo-malthusianas" – afirmações de que o crescimento econômico será severamente limitado pela falta de recursos – surgiram em intervalos desde o início do crescimento econômico moderno de longo prazo. Em 1865, o economista britânico William Stanley Jevons escreveu um livro influente alertando que as reservas de carvão que alimentaram a Revolução Industrial logo poderiam se esgotar. Em 1972, um relatório famoso feito por um grupo que se chamou Clube de Roma advertiu que a escassez de recursos naturais em geral causaria redução no crescimento. No início dos anos 2000, havia preocupações generalizadas sobre o "pico do petróleo", uma crise que supostamente seria ocasionada pelo esgotamento de estoques mundiais de petróleo.

Até agora, porém, nenhuma dessas advertências provou ser precisa, em grande parte porque os avanços tecnológicos contornaram os limites anteriores. Por exemplo, desde 2005, tem havido desenvolvimentos fantásticos na produção de energia, com grandes volumes de petróleo e gás anteriormente não alcançáveis sendo extraídos por fraturamento hidráulico e com um imenso declínio no custo de eletricidade gerada por energia eólica e solar.

A maioria dos economistas, ainda que não todos, acredita que a moderna economia quase sempre encontra maneiras de contornar os limites na oferta de recursos naturais. Uma razão para esse otimismo é o fato de que a escassez de recursos leva a preços altos dos recursos. Esses preços elevados, por sua vez, proporcionam forte incentivo para conservar os recursos escassos e encontrar alternativas. Por exemplo, após o forte aumento de preços da década de 1970, os consumidores norte-americanos passaram a usar carros menores e mais eficientes no consumo de combustível, e a indústria dos Estados Unidos aumentou seus esforços para reduzir a conta de eletricidade.

Dada essa resposta aos preços, os economistas em geral tendem a ver a escassez de recursos como um problema com que a moderna economia consegue lidar bem, e não como um limite fundamental para o crescimento econômico de longo prazo. As questões ambientais, contudo, impõem um problema mais difícil, porque lidar com elas exige ação pública efetiva.

Crescimento econômico e meio ambiente

O crescimento econômico, tudo o mais mantido constante, tende a aumentar o impacto humano sobre o meio ambiente, incluindo aumento na poluição, perda de hábitats silvestres, extinção de espécies e biodiversidade reduzida. Como vimos na história de abertura deste capítulo, o crescimento econômico da Índia também trouxe um aumento espetacular na poluição do ar em suas cidades.

Analisando o crescimento econômico e seu impacto ambiental, é útil fazer a distinção entre degradação do meio ambiente *local*, que afeta uma área geograficamente limitada, e degradação do meio ambiente *global*, que tem um alcance muito maior, com impacto mundial. Como veremos, provou ser muito mais difícil considerar a degradação do meio ambiente global e, em particular, o problema da *mudança climática*.

Na verdade, a melhoria da qualidade do ar nas cidades das economias avançadas de hoje indica que os danos ambientais locais podem ser bastante reduzidos quando há vontade política suficiente e quando se dedicam recursos para encontrar uma solução. Conforme descrito no próximo Economia em Ação, nos últimos anos a China melhorou drasticamente a qualidade do ar em suas maiores cidades, ao mesmo tempo em que continua obtendo rápido crescimento econômico.

No entanto, as *mudanças climáticas* – mudanças no clima da Terra causadas pela atividade humana, incluindo a poluição – têm sido um problema muito mais difícil de resolver, porque as políticas devem ser implementadas em escala global, exigindo a cooperação de muitos países.

Há um amplo consenso científico de que a queima de combustíveis fósseis – carvão, petróleo e gás natural – provoca aumento dos níveis de dióxido de carbono na atmosfera. O dióxido de carbono é um tipo de *gás de efeito estufa*. Gases desse tipo aprisionam a energia do sol, aumentando a temperatura do planeta, e levam a mudanças nos padrões climáticos que, por sua vez, impõem altos custos humanos, econômicos e ambientais. Esses custos incluem condições meteorológicas extremas, elevação do nível do mar que aumenta o risco de inundações, interrupção da agricultura, incluindo quebras de safra, e muito mais. Uma estimativa recente coloca o custo da mudança climática não mitigada em 20% do produto interno bruto mundial até 2100. Além disso, esse custo tende a cair mais pesadamente sobre os países pobres.

O problema da mudança climática está ligado ao crescimento econômico: quanto maior a economia, mais casas, fábricas e veículos terão de ser alimentados, normalmente, pela queima de combustíveis fósseis. Atualmente, o consumo mundial de energia depende em grande parte dos combustíveis fósseis, que respondem por 85% do consumo total, enquanto as fontes limpas e renováveis respondem por apenas 11%. Por quê? Porque, historicamente, os combustíveis fósseis são mais baratos de usar. A maioria dos países ricos de hoje fez crescer suas economias por meio da industrialização e da queima de combustíveis fósseis no século passado. Para reduzir a emissão global de gases de efeito estufa, os países desenvolvidos e grandes países em rápido desenvolvimento, como China e Índia, terão de empreender uma transição de forte dependência de combustíveis fósseis para maior uso de fontes de energia limpa e renovável, como a energia eólica e a solar.

Até recentemente, uma ação eficaz contra a mudança climática tinha sido bloqueada por divergências entre os países sobre como pagar o custo da mudança de fontes de combustível fóssil para fontes de energia limpa. Como mostra a Figura 24.12, as economias ricas de hoje têm sido responsáveis historicamente pela maioria das emissões de dióxido de carbono – e o dióxido de carbono sozinho é responsável por aproximadamente três quartos de todas as emissões globais de gases do efeito estufa. Porém, economias emergentes como China e Índia são responsáveis pelo crescimento recente. Inevitavelmente, os países ricos relutam em pagar o preço da redução das emissões apenas para ter seus esforços frustrados pelo rápido crescimento das emissões de novos agentes. Mas países relativamente pobres como China e Índia consideram injusto que devam arcar com o fardo de proteger um meio ambiente ameaçado pelas ações passadas das nações ricas.

Reconhecendo a gravidade do problema, em 2015, 196 países se uniram sob o **Acordo de Paris**, comprometendo-se a reduzir suas emissões de gases do efeito estufa em um esforço para limitar o aumento da temperatura da Terra a não mais de 2 graus Celsius. O eixo do acordo foi a cooperação entre China, Índia e Estados Unidos. China e Índia concordaram em limitar suas emissões, e os Estados Unidos, junto com outros países ricos, se comprometeram a desenvolver várias formas de financiamento público e privado para ajudar os países mais pobres a pagarem pelos

Sob o **Acordo de Paris** em 2015, 196 países se uniram para reduzir suas emissões de gases do efeito estufa em um esforço para limitar o aumento da temperatura da Terra a não mais de 2 graus Celsius.

Figura 24.12 Mudança climática e crescimento.

As emissões de gases de efeito estufa têm relação positiva com o crescimento. Como mostrado aqui pelos Estados Unidos e pela Europa, os países ricos têm sido historicamente responsáveis pela maioria das emissões de dióxido de carbono – que compõem mais de três quartos de todas as emissões de gases do efeito estufa – em decorrência de seu alto poder aquisitivo e rápido crescimento econômico. Como a China e outras economias emergentes têm crescido, elas começaram a emitir mais dióxido de carbono. Desde então, a China ultrapassou os Estados Unidos e a Europa em emissões.
Dados de: Energy Information Administration.

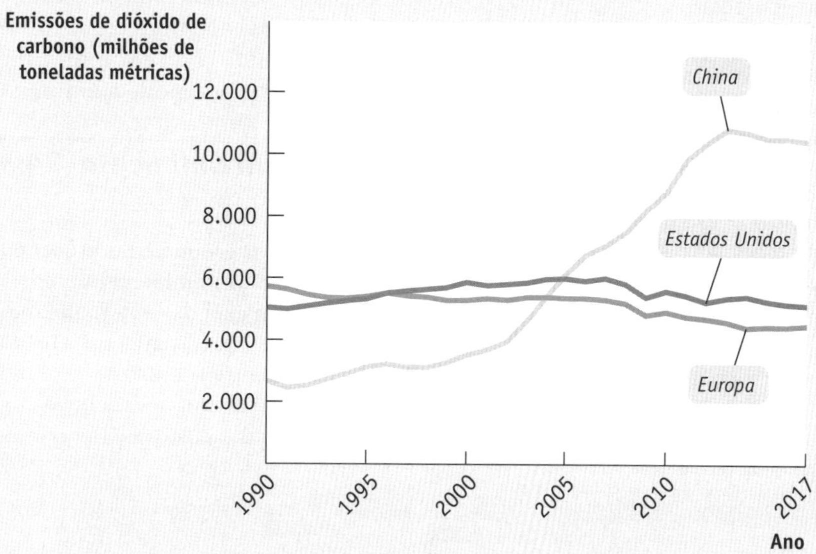

custos. Apesar de ter se comprometido originalmente com o Acordo de Paris, no momento em que este livro foi escrito, a administração Trump havia anunciado planos para os Estados Unidos se retirarem dele em novembro de 2020.

É possível manter o crescimento de longo prazo evitando os efeitos das mudanças climáticas? A resposta, segundo a maioria dos economistas que estudaram o assunto, é sim. Embora haja custos econômicos, esses custos vêm caindo à medida que a inovação tecnológica em fontes de energia limpa avança. As melhores estimativas disponíveis mostram que mesmo uma grande redução nas emissões de gases de efeito estufa nas próximas décadas causaria apenas uma redução modesta no aumento de longo prazo do PIB real *per capita*.

Para alcançar um crescimento econômico de longo prazo com proteção ambiental, os governos precisarão usar regulamentações e padrões ambientais e instituir políticas que criem incentivos de mercado para encorajar indivíduos e empresas a fazer a transição para fontes de energia limpa. Finalmente, os governos – ricos e pobres – precisarão continuar a cooperar uns com os outros. Obter consenso político em torno das políticas necessárias será fundamental.

ECONOMIA >> *em Ação*

Guerra contra a poluição na China

Pequim, a capital da China, é ainda maior do que Nova Deli: a área metropolitana abriga 24 milhões de pessoas. E, não faz muito tempo, era sinônimo de poluição do ar. Em 2014, quando a cidade foi anfitriã da Cooperação Econômica Ásia-Pacífico (CEAP), um fórum internacional de alto nível, as autoridades impuseram controles temporários de poluição que literalmente limparam o ar por um tempo; essa foi uma ocorrência tão rara na época que os residentes inventaram o termo "azul CEAP" para a aparência incomum de céus com cores naturais.

No mesmo ano, no entanto, o governo chinês declarou uma "guerra contra a poluição" de mais longo prazo. Isso envolveu uma série de medidas, incluindo restrições à queima de carvão e o fechamento de algumas das usinas mais antigas e poluentes; restrições a veículos altamente poluentes nas grandes cidades; e a introdução de ônibus elétricos altamente subsidiados.

Essas medidas funcionaram: o ar ficou muito mais limpo. O ar de Pequim ainda é muito pior do que o ar, digamos, na grande Nova York, que tem uma população semelhante; a poluição oscila entre "moderada" e "insalubre". Mas é muito melhor do que antes.

O surpreendente é que a China alcançou essa redução significativa na poluição do ar enquanto permanecia como uma das economias de crescimento mais rápido do mundo. O PIB real chinês cresceu 38% entre 2014 e 2019, ou 6,4% ao ano, mesmo com o clima ficando cada vez mais limpo. Em outras palavras, o crescimento econômico de longo prazo pode acompanhar a melhoria do meio ambiente.

>> *Revisão Rápida*

- Economistas em geral acreditam que a degradação ambiental impõe um desafio importante ao **crescimento econômico sustentável de longo prazo**. Eles também costumam acreditar que as economias modernas podem encontrar maneiras de contornar os limites ao crescimento baseado na escassez de recursos naturais, por meio de uma resposta de preços que leve a economizar recursos e criar alternativas.
- O crescimento econômico costuma prejudicar o meio ambiente, a menos que sejam tomadas ações para protegê-lo. A degradação ambiental local pode ser tratada por vontade política e recursos. A degradação ambiental global é mais difícil de tratar, pois exige cooperação entre muitos países.
- O acúmulo de gases do efeito estufa, um subproduto da queima de combustíveis fósseis, ocasionou a mudança climática, a elevação da temperatura da Terra. Para impedir o impacto da mudança climática, é preciso que o governo faça uma intervenção eficaz.
- Os países desenvolvidos e os grandes países em rápido crescimento precisam mudar de uma forte dependência de combustíveis fósseis para o uso de fontes de energia limpas, como a energia solar e a eólica. Isso terá um custo modesto para o aumento do PIB real *per capita*, um custo que vem caindo à medida que a inovação tecnológica em fontes de energia limpa avança.
- No **Acordo de Paris** de 2015, 196 países concordaram em reduzir suas emissões de gases do efeito estufa, em um esforço para limitar o aumento da temperatura do planeta.

>> *Teste seu entendimento* 24.5

As respostas estão no fim do livro.

1. Normalmente, os economistas preocupam-se mais com os limites ao crescimento baseado em degradação ambiental ou em escassez de recursos? Explique, lembrando em sua resposta o papel das externalidades negativas (custos impostos por indivíduos ou empresas sobre outros sem a exigência de pagar compensação).
2. Qual a relação entre emissão de gases do efeito estufa e crescimento? Qual o efeito esperado da redução de emissões sobre o crescimento? Por que há um problema contencioso na distribuição dos custos de reduzir as emissões de gases do efeito estufa?

CASO EMPRESARIAL

Levantando a barra (do código)

Quando pensamos em inovação e progresso tecnológico, costumamos nos concentrar nas mudanças mais dramáticas: carros substituindo cavalos e charretes, lâmpadas elétricas substituindo lampiões a gás, computadores substituindo máquinas de somar e máquinas de escrever. No entanto, há muito mais progresso incremental e quase invisível para a maioria das pessoas, embora com enormes efeitos ao longo do tempo. Considere, por exemplo, o singelo leitor de código de barras.

Os códigos de barras foram usados comercialmente pela primeira vez em 1974, quando um pacote de dez chicletes Wrigley foi colocado em um *scanner* produzido pela National Cash Register Corporation (hoje, NCR Corp). Desde então, os códigos de barras e seus descendentes bidimensionais – padrões visuais que não fazem sentido para os olhos humanos, mas são instantaneamente reconhecíveis por *scanners* e *smartphones* – tornaram-se onipresentes, usados para identificar e rastrear tudo, desde contêineres de cargas até passageiros de companhias aéreas.

Os benefícios das etiquetas legíveis por máquina são enormes, indo muito além do que os consumidores na fila do caixa podem ver. Por exemplo, os varejistas as utilizam para rastrear continuamente as vendas, determinando quando fazer novos pedidos de mercadorias e reabastecer as prateleiras, o que manter em seus depósitos, a produtividade dos trabalhadores individuais e muito mais. O varejo de alimentos é um setor intensivo em mão de obra e os economistas estimam que a adoção da tecnologia de código de barras reduziu os custos de mão de obra em até 40%. Em última análise, a tecnologia de código de barras ajudou a impulsionar a informatização de todo o setor de varejo.

Mas essa história ainda não acabou. Um número cada vez maior de varejistas oferece *caixa automático*, em que os clientes escaneiam os próprios itens e pagam eletronicamente. Algumas lojas oferecem aplicativos de *smartphone* com ainda mais conveniência, permitindo que os clientes digitalizem os itens à medida que os colocam no carrinho de compras.

Você pode pensar, então, que a NCR, que continua sendo um importante ator em tecnologias de ponto de serviço como *scanners*, caixas eletrônicos etc., fez uma fortuna com seu papel de liderança nessa revolução tecnológica. Mas, embora a empresa tenha se saído bem, as vendas de leitores nos primeiros anos não foram enormes: a adoção de leitores de código de barras foi relativamente lenta em comparação com a disseminação dos *smartphones*, algumas décadas depois. Apenas cerca de um terço dos supermercados adotou-os na primeira década após aquela histórica embalagem de chicletes.

Por quê? Para realizar todo o potencial da tecnologia de código de barras, tanto os varejistas quanto as empresas tiveram de gastar dinheiro adiantado para comprar os leitores e os sistemas de processamento de informações a que eles serviam. Tão importante quanto isso, os fabricantes tiveram de instalar o equipamento para colocar códigos de barras em seus produtos. Isso criou o problema do ovo e da galinha, com varejistas esperando para ter mais produtos disponíveis que pudessem ser lidos por *scanner* e fabricantes esperando mais lojas prontas para usar o *scanner*.

Com o tempo, esse problema foi resolvido à medida que varejistas e fabricantes fizeram os investimentos necessários, criando o cenário para uso generalizado da tecnologia da informação. Na verdade, durante o aumento da produtividade de 1995 a 2005, o varejo foi uma das principais fontes de crescimento da produtividade geral na economia dos EUA.

Na Europa, a adoção foi mais lenta. Nos Estados Unidos, as grandes lojas foram as primeiras a instalar *scanners*, e a tecnologia promoveu maior concentração de varejo à custa de pequenas lojas que não tinham recursos para implementar tal tecnologia. Na Europa, entretanto, as políticas governamentais – especialmente a política de uso da terra – protegeram essas lojas.

Porém, com o tempo, a Europa também começou a seguir a tendência. A tecnologia de código de barras se espalhou dos Estados Unidos para se tornar quase universal, pelo menos nas economias avançadas.

QUESTÕES PARA PENSAR

1. A tecnologia de código de barras estimulou muitos investimentos no varejo. Como isso alterou a função de produção no varejo? O que um montante semelhante de investimento teria alcançado sem a nova tecnologia?
2. A disseminação dos códigos de barras foi atrasada nos Estados Unidos porque todos estavam aguardando até que os outros mudassem. Que política poderia ter sido adotada para lidar com os atrasos? Essa teria sido uma boa ideia?
3. Use este caso para explicar por que as taxas de crescimento internacional variam.
4. Apesar das barreiras iniciais, os códigos de barras se espalharam globalmente. O que isso indica a respeito das diferenças de crescimento econômico entre os países?

RESUMO

1. O crescimento é medido como mudanças no PIB real *per capita* a fim de eliminar os efeitos de mudanças no nível de preços e no tamanho da população. Os níveis de PIB real *per capita* variam muito pelo mundo: cerca de um quarto da população mundial vive em países que ainda hoje são mais pobres do que os Estados Unidos eram em 1900. O PIB *per capita* atual nos Estados Unidos é cerca de oito vezes o de 1900.

2. As taxas de crescimento do PIB real *per capita* também variam muito. De acordo com a **Regra dos 70**, o número de anos necessários para que o PIB real *per capita* dobre é igual a 70 dividido pela taxa de crescimento anual do PIB real *per capita*.

3. A chave para o crescimento de longo prazo é aumentar **produtividade do trabalho**, ou **produtividade**, que é o produto por trabalhador. Aumentos de produtividade decorrem de aumento no **capital físico** por trabalhador e no **capital humano** por trabalhador, bem como do **progresso tecnológico**. A **função de produção agregada** mostra como o PIB real por trabalhador depende desses três fatores. Tudo o mais mantido constante, há **retornos decrescentes ao capital físico**: mantendo-se fixos o capital humano por trabalhador e a tecnologia, cada acréscimo sucessivo ao capital físico gera um aumento na produtividade menor do que o anterior. De modo equivalente, mais capital físico por trabalhador resulta em taxa de crescimento da produtividade mais baixa, porém ainda positiva. A **contabilidade do crescimento**, que estima a contribuição de cada fator para o crescimento econômico de um país, mostrou que a **produtividade total de fator** crescente, a quantidade de produto que resulta de dada quantidade de insumos de fatores, é a chave para o crescimento de longo prazo. Normalmente, ela é interpretada como efeito do progresso tecnológico. Ao contrário de épocas anteriores, na maioria dos países hoje os recursos naturais são uma fonte menos significativa de crescimento da produtividade.

4. As grandes diferenças de taxas de crescimento entre os países se devem em boa parte a diferenças em suas taxas de acumulação de capital físico e humano, bem como a diferenças de progresso tecnológico. Ainda que a entrada de poupança do exterior ajude, um fator básico é a diferença nas taxas de poupança e investimento, pois a maioria dos países que têm altas taxas de investimento em capital físico as financia mediante elevada poupança doméstica. O progresso tecnológico é em grande parte resultado de **pesquisa e desenvolvimento**, ou **P&D.**

5. Ações governamentais ajudam ou prejudicam o crescimento. As políticas públicas que promovem diretamente o crescimento são subsídios à **infraestrutura**, em especial de saúde pública, subsídios à educação e P&D, e manutenção de um sistema financeiro que funcione bem, canalizando a poupança para os gastos de investimento, de educação e de P&D. Governos podem tornar o ambiente favorável ao crescimento por meio da proteção dos direitos de propriedade (em particular a propriedade intelectual via patentes), da estabilidade política e da boa governança. Má governança gera corrupção e intervenção governamental excessiva.

6. A economia mundial apresenta exemplos de sucesso e de fracasso no esforço de alcançar o crescimento econômico de longo prazo. As economias do Leste Asiático fizeram muitas coisas certas e alcançaram taxas de crescimento muito altas. As baixas taxas de crescimento das economias da América Latina e da África durante muitos anos levaram os economistas a considerarem que a **hipótese da convergência**, a afirmação de que as diferenças no PIB real *per capita* entre os países se estreitam com o tempo, só corresponde aos dados quando os fatores que afetam o crescimento, como educação, infraestrutura e políticas e instituições favoráveis, são mantidos iguais para os países na comparação. Nos últimos anos, tem havido melhoria nas taxas de crescimento de alguns países da América Latina e da África subsaariana, em grande parte por conta de uma grande expansão na exportação de *commodities*.

7. O crescimento econômico não é desigual só entre os países, mas existem muitos casos em que esse crescimento é desigual dentro dos países. Nos Estados Unidos, isso pode ser visto por uma divergência na média e na mediana da renda *per capita*, realçada pela divisão de renda crescente entre estados ricos e pobres.

8. Economistas em geral acreditam que a degradação ambiental representa um problema maior para o **crescimento econômico sustentável de longo prazo** do que a escassez de recursos. Para tratar da degradação ambiental, é necessária intervenção governamental efetiva.

9. A mudança climática está ligada ao crescimento, e há um consenso geral de que é necessária ação do governo para resolvê-la. Para evitar o impacto da mudança climática, os países precisarão passar de uma grande dependência dos combustíveis fósseis para o uso de fontes de energia limpas e renováveis. Isso terá um custo modesto para o aumento no PIB real *per capita*, um custo que tem caído à medida que avança a inovação tecnológica em fontes de energia limpa. Os países também precisam cooperar uns com os outros para cumprir os termos do **Acordo de Paris** de 2015, em que 196 nações signatárias concordaram em reduzir suas emissões de gases do efeito estufa, em um esforço para limitar o aumento da temperatura da Terra.

PALAVRAS-CHAVE

QUESTÕES PARA PENSAR

1. A tabela a seguir mostra dados do Banco Mundial, Indicadores de Desenvolvimento Mundial, para o PIB real *per capita* (em dólares de 2010) da Argentina, Gana, Coreia do Sul e Estados Unidos, para os anos de 1960, 1980, 2000 e 2018.

a. Complete a tabela expressando o PIB real *per capita* de cada ano como porcentagem do seu nível de 1960 e de 2018.

b. De que modo a melhoria do padrão de vida entre 1960 e 2018 se compara entre esses quatro países? A que podemos atribuir as diferenças?

Ano	Argentina			Gana			Coreia do Sul			Estados Unidos		
		Porcentagem do			Porcentagem do			Porcentagem do			Porcentagem do	
	PIB real *per capita* (dólares de 2010)	PIB real *per capita* de 1960	PIB real *per capita* de 2018	PIB real *per capita* (dólares de 2010)	PIB real *per capita* de 1960	PIB real *per capita* de 2018	PIB real *per capita* (dólares de 2010)	PIB real *per capita* de 1960	PIB real *per capita* de 2018	PIB real *per capita* (dólares de 2010)	PIB real *per capita* de 1960	PIB real *per capita* de 2018
1960	$5.643	?	?	$1.056	?	?	$944	?	?	$17.551	?	?
1980	7.908	?	?	881	?	?	3.700	?	?	28.590	?	?
2000	8.224	?	?	952	?	?	15.105	?	?	44.727	?	?
2018	10.044	?	?	1.807	?	?	26.762	?	?	54.579	?	?

2. O país Androde está usando o Método 1 para sua função de produção. Por acaso, cientistas descobrem uma tecnologia que aumentará a produtividade de Androde. Essa descoberta tecnológica está refletida em uma função de produção diferente, o Método 2. A tabela mostra as combinações de capital físico por trabalhador e o produto por trabalhador para os dois métodos, supondo que o capital humano por trabalhador seja fixo.

Método 1		Método 2	
Capital físico por trabalhador	PIB real por trabalhador	Capital físico por trabalhador	PIB real por trabalhador
0	0,00	0	0,00
50	35,36	50	70,71
100	50,00	100	100,00
150	61,24	150	122,47
200	70,71	200	141,42
250	79,06	250	158,11
300	86,60	300	173,21
350	93,54	350	187,08
400	100,00	400	200,00
450	106,07	450	212,13
500	111,80	500	223,61

a. Usando dados da tabela, trace as duas funções de produção em um gráfico. A atual quantidade de capital físico por trabalhador em Androde é 100. Em seu gráfico, designe esse ponto por *A*.

b. Começando no ponto *A*, ao longo de 70 anos, a quantidade de capital físico por trabalhador de Androde aumentou para 400. Supondo que Androde ainda use o Método 1, indique, em seu gráfico, o ponto resultante *B*. Usando a Regra dos 70, calcule em quantos por cento cresceu anualmente o produto por trabalhador.

c. Suponha agora que, começando no ponto *A*, ao longo dos mesmos 70 anos, a quantidade de capital físico por trabalhador de Androde aumentou para 400, mas que nesse período Androde mudou para o Método 2. Em seu gráfico, indique o ponto resultante *C*. Usando a Regra dos 70, calcule em quantos por cento cresceu anualmente o produto por trabalhador nessa nova situação.

d. À medida que a economia de Androde se move do ponto *A* para o *C*, que porcentagem do crescimento anual de produtividade se deve a uma produtividade total de fator mais alta?

3. Nos Estados Unidos, o Bureau of Labor Statistics regularmente publica um relatório de "Produtividade e custos" para o mês anterior. Entre no *site* www.bls.gov e busque o último relatório. (No *site* do Bureau of Labor Statistics, pela guia "Subject", selecione o *link* para "Productivity: Labor Productivity & Costs"; depois, no título "LPC News Releases", encontre o mais recente relatório de "Productivity and Costs".) Quais foram as mudanças percentuais na produtividade dos negócios em geral e dos negócios não agrícolas no trimestre anterior? Como essa mudança percentual na produtividade do trimestre se compara com a mudança percentual do mesmo trimestre do ano anterior?

4. Por que você esperaria que o PIB real *per capita* da Califórnia e da Pensilvânia convergissem, mas não o da Califórnia e o da Baixa Califórnia, um estado mexicano perto da fronteira com os Estados Unidos? Que mudanças permitiriam uma convergência entre Califórnia e Baixa Califórnia?

5. De acordo com a Energy Information Administration dos Estados Unidos, as reservas de petróleo comprovadas do mundo eram de 1.663 bilhão de barris em 2018. Nesse ano, o mesmo órgão informou que a produção diária mundial foi 82,92 milhões de barris.

   a. Nesse ritmo, quantos anos vão durar as reservas comprovadas de petróleo? Discuta a visão malthusiana no contexto do número que você calculou.

   b. Para fazer o cálculo no item *a*, quais foram os seus pressupostos a respeito da quantidade total de reservas de petróleo com o passar do tempo? Eles são coerentes com a visão malthusiana sobre os limites dos recursos naturais?

   c. Discuta como as forças de mercado podem afetar o tempo de duração das reservas comprovadas de petróleo, supondo que não se descubram novas reservas e que a curva de demanda de petróleo não se altere.

PROBLEMAS

1. A tabela a seguir mostra a taxa de crescimento anual média do PIB real *per capita* para Argentina, Gana e Coreia do Sul, usando dados do Banco Mundial, Indicadores de Desenvolvimento Mundial, para as últimas décadas.

Anos	Taxa de crescimento média anual do PIB real *per capita*		
	Argentina	Gana	Coreia do Sul
1968–1978	1,21%	−0,34%	9,02%
1978–1988	−0,25	−1,64	7,47
1988–1998	2,13	1,50	5,59
1998–2008	1,52	2,71	5,10
2008–2018	−0,16	4,12	2,55

   a. Para cada década e cada país, use quando possível a Regra dos 70 para calcular quanto tempo levaria para que o PIB real *per capita* do país dobrasse.

   b. Suponha que a taxa de crescimento média anual que cada país alcançou no período 2008-2018 continue indefinidamente no futuro. Começando em 2018, use a regra dos 70 para calcular, se possível, o ano em que o país terá dobrado seu PIB real *per capita*.

2. A tabela a seguir dá estatísticas aproximadas de níveis de renda *per capita* e de taxas de crescimento para regiões definidas segundo seu nível de renda. De acordo com a Regra dos 70, começando em 2018, os países de alta renda deverão dobrar seu PIB *per capita* dentro de aproximadamente 70 anos, em 2088. Nesta questão, pressuponha que as taxas de crescimento de cada região fiquem constantes na média do período 2000-2018.

Região	PIB real *per capita* (2018)	Crescimento médio anual do PIB *per capita* (2000-2018)
Países de alta renda	$ 43.559	1,0%
Países de renda média	5.149	3,6
Países de baixa renda	740	2,1

Dados de: World Bank.

   a. Calcule a razão do PIB *per capita* de 2018 para os grupos a seguir:

      i. Países de renda média sobre países de alta renda.

      ii. Países de baixa renda sobre países de alta renda.

      iii. Países de baixa renda sobre países de renda média.

   b. Calcule em quantos anos o PIB *per capita* dos países de baixa renda e de renda média dobrará.

   c. Calcule o PIB *per capita* de cada região em 2088. (*Dica*: quantas vezes dobra o PIB *per capita* delas em 70 anos, o número de anos de 2018 a 2088?)

   d. Repita a questão *a*, agora com o PIB *per capita* projetado para 2088.

   e. Compare suas respostas nas questões *a* e *d*. Comente as mudanças de desigualdade econômica entre as regiões.

3. Que papel têm capital físico, capital humano, tecnologia e recursos naturais no crescimento econômico de longo prazo do produto agregado *per capita*?

4. De que modo as políticas públicas e instituições dos Estados Unidos influenciaram seu crescimento econômico de longo prazo?

5. Espera-se que, nos próximos 100 anos, o PIB real *per capita* em Groland cresça a uma taxa anual média de 2,0%. Em Sloland, contudo, espera-se um crescimento mais lento, a uma taxa média anual de 1,5%. Se, hoje, ambos os países têm PIB real *per capita* de $ 20.000, como divergirá esse PIB real *per capita* em 100 anos? [*Dica*: um país que tem PIB real *per capita* hoje de $ x e cresce a y% por ano alcançará um PIB real de $ $x \times (1 + (y / 100))^z$ em z anos. Supomos que $0 \leq y < 100$.]

6. A tabela a seguir mostra dados do Banco Mundial, Indicadores de Desenvolvimento Mundial, para o PIB real *per capita* (em dólares de 2010) de França, Japão, Reino Unido e Estados Unidos, em 1960 e 2018. Complete a tabela. Esses países reduziram o hiato de renda com os Estados Unidos?

	1960		2018	
	PIB real *per capita* (dólares de 2010)	Porcentagem do PIB real *per capita* dos EUA	PIB real *per capita* (dólares de 2010)	Porcentagem do PIB real *per capita* dos EUA
França	$12.744	?	$43.664	?
Japão	8.608	?	48.920	?
Reino Unido	13.934	?	43.325	?
Estados Unidos	17.551	?	54.579	?

7. A tabela a seguir mostra dados do Banco Mundial, Indicadores de Desenvolvimento Mundial, para o PIB real *per capita* (em dólares de 2010) de Argentina, Gana, Coreia do Sul e Estados Unidos, em 1960 e 2018. Complete a tabela. Esses países convergiram economicamente?

	1960		2018	
	PIB real *per capita* (dólares de 2010)	Porcentagem do PIB real *per capita* dos EUA	PIB real *per capita* (dólares de 2010)	Porcentagem do PIB real *per capita* dos EUA
Argentina	$5.643	?	$10.404	?
Gana	1.056	?	1.807	?
Coreia do Sul	944	?	26.762	?
Estados Unidos	17.551	?	54.579	?

8. A tabela mostra a taxa de crescimento anual para os anos de 2000-2014 das emissões *per capita* de CO_2 (dióxido de carbono) e a taxa de crescimento anual do PIB real *per capita* de países selecionados.

	Taxa de crescimento média anual 2000-2014	
País	PIB real *per capita*	Emissões de CO_2 *per capita*
Argentina	1,69%	1,17%
Bangladesh	4,33	4,47
Canadá	0,96	0,01
China	9,24	7,48
Alemanha	1,20	−0,41
Irlanda	1,30	−2,56
Japão	0,70	0,11
Coreia do Sul	3,51	2,32
México	0,67	0,42
Nigéria	5,03	−1,30
Rússia	4,16	1,35
África do Sul	1,64	−0,02
Reino Unido	1,02	−2,20
Estados Unidos	0,85	−1,26

Dados de: Energy Information Administration; World Bank.

a. Ordene os países segundo o aumento das emissões de CO_2, do mais alto ao mais baixo. Quais os cinco países que mais aumentaram as emissões? Quais os cinco países com os menores acréscimos?

b. Agora, ordene os países segundo o aumento percentual no PIB real *per capita*, do mais alto ao mais baixo. Quais os cinco países com maior aumento percentual? Quais os cinco países de menor aumento percentual?

c. Você concluiria, pelos resultados, que as emissões de CO_2 estão ligadas ao crescimento do produto *per capita*?

d. Altas taxas de crescimento necessariamente levam a maiores emissões de CO_2?

RESOLVA

9. Você é contratado para assessorar os países Albernia e Britannia. Em cada país, a relação atual entre capital físico por trabalhador e produto por trabalhador é dada pela curva indicada por Produtividade$_1$, no gráfico a seguir. Albernia está no ponto *A* e Britannia no ponto *B*.

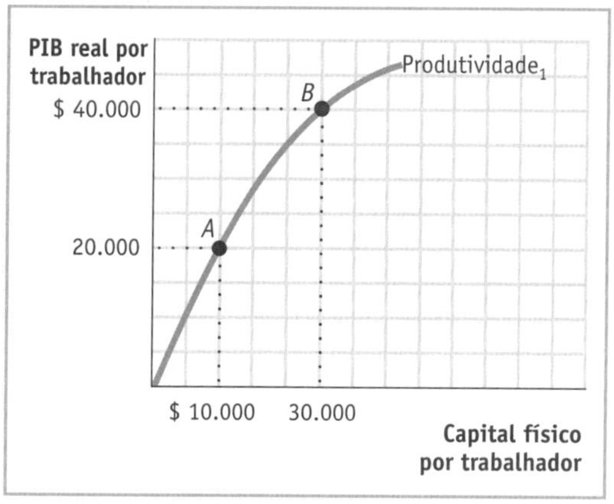

a. Na relação que aparece na curva de Produtividade$_1$, que fatores mantêm-se constantes? Esses países experimentam retornos decrescentes ao capital físico por trabalhador?

b. Supondo que a quantidade de capital humano por trabalhador e a tecnologia mantenham-se fixas em cada país, você poderia recomendar uma política que leve à duplicação do PIB real *per capita* em Albernia?

c. Como mudariam suas recomendações de política se a quantidade de capital humano por trabalhador e a tecnologia pudessem mudar? Suponha que um aumento no capital humano dobre o produto por trabalhador quando o capital físico por trabalhador chegar a $ 10.000. Trace uma curva no diagrama que represente essa política para Albernia.

25 Poupança, Gastos de Investimento e Sistema Financeiro

PAGAMENTO A UM IMPÉRIO OCULTO

AMAZON.COM É O MAIOR E MAIS FAMOSO varejista *on-line* do mundo. Milhões de pessoas visitam rotineiramente seu ***site*** para comprar tudo, desde livros até produtos eletrônicos e acessórios para animais de estimação. Você clica com o ***mouse*** ou toca no seu ***smartphone*** e, alguns dias depois, o item que você queria é entregue na sua porta, aparentemente intocado por qualquer mão humana.

Mas a impressão que às vezes se tem de uma organização sem corpo, que invoca bens de consumo do nada, é enganosa: a Amazon não é uma empresa virtual, de forma alguma. Por trás dessas convenientes interações e entregas *on-line* está um imenso, embora quase oculto, império físico de *farms* de servidores que lidam com dados e armazéns. Na verdade, essa rede de instalações físicas é amplamente considerada um fator fundamental do sucesso da Amazon. De acordo com uma análise recente, a empresa tem mais de 175 armazéns ("centros de distribuição", na linguagem da Amazon), que empregam 250.000 trabalhadores; metade da população dos Estados Unidos vive a até 30 quilômetros de um desses centros.

A existência desses armazéns, tão próximos dos principais mercados e com estoque enorme de produtos populares, é o que permite à empresa oferecer uma entrega de vários itens em um ou dois dias. E essa superioridade na distribuição – alguns de vocês podem ter comprado este livro na Amazon! – dá à empresa uma grande vantagem competitiva.

Não sabemos exatamente quanto a Amazon gastou para construir esse império físico oculto, mas o custo certamente chegou a muitos bilhões de dólares. De onde veio esse dinheiro?

Certamente, ele não veio do reinvestimento dos lucros da empresa: a Amazon, fundada em 1994, basicamente não obteve lucros até 2016. Mas a empresa foi capaz de convencer investidores de que acabaria se tornando altamente lucrativa. E a perspectiva de lucros futuros foi suficiente para reunir enormes somas de dinheiro dos investidores.

Alguns desses investidores compraram ações – basicamente, participações nos lucros futuros esperados da empresa. Em um movimento que era incomum para empresas de tecnologia, porém uma prática padrão para muitas empresas tradicionais, a Amazon, logo no início de sua história, também vendeu dívidas: prometeu pagar aos investidores uma quantia fixa a cada ano, não importava o que acontecesse. Essas vendas de dívidas eram controversas na época, mas agora pode-se ver que elas deram à Amazon uma vantagem crucial sobre os concorrentes, que não eram capazes de fazer o mesmo tipo de investimento em instalações físicas, especialmente aqueles feitos em armazéns.

Então, muito antes que esses gastos pudessem gerar resultados financeiros, a Amazon conseguiu obter o dinheiro de que precisava para grandes investimentos. De certa forma, foi uma espécie de milagre financeiro. Contudo, embora a Amazon seja um caso excepcional, o mesmo tipo de milagre financeiro acontece o tempo todo nas economias modernas.

O crescimento de longo prazo que analisamos no capítulo anterior depende fundamentalmente de um conjunto de mercados e instituições, conhecidos coletivamente como *sistema financeiro*, que canaliza os fundos dos poupadores para gastos com investimento produtivo. Sem esse sistema, empresas como a Amazon não seriam capazes de comprar muito do capital físico, que é uma fonte importante de crescimento da produtividade. Com isso, os poupadores seriam forçados a aceitar retorno menor sobre seus fundos.

Historicamente, os sistemas financeiros canalizavam fundos para projetos de gastos com investimento, como ferrovias e fábricas. Hoje, os sistemas financeiros canalizam fundos para novas fontes de crescimento, como tecnologia verde, mídia social e investimentos em capital humano. Sem um sistema financeiro em bom funcionamento, o crescimento econômico de um país se atrofia.

Neste capítulo, começamos focalizando a economia como um todo. Mostraremos a relação entre poupança e gastos de investimento. A seguir, examinamos essa relação e analisamos o sistema financeiro, o meio pelo qual a poupança é transformada em gasto de investimento.

Veremos como o sistema financeiro funciona criando ativos, mercados e instituições que aumentam o bem-estar tanto de poupadores (que têm fundos para investir) quanto de tomadores de empréstimos (que têm projetos de gastos de investimento para obter financiamento). Por fim, examinamos o comportamento dos mercados financeiros e por que eles frequentemente resistem às tentativas de explicação dos economistas. ●

O QUE VOCÊ IRÁ APRENDER?

- Como se relacionam poupança e gastos de investimento?
- Qual é a relação entre o **mercado de fundos para empréstimo** e os poupadores e tomadores de empréstimos?
- Qual a finalidade dos quatro principais tipos de **ativos financeiros**: **empréstimos**, títulos, ações e **depósitos bancários**?
- Como os **intermediários financeiros** ajudam os investidores a conseguir **diversificação**?
- Quais são as visões alternativas do que determina o preço do ativo e por que as flutuações do mercado de ações podem ser uma fonte de instabilidade macroeconômica?

Relação entre poupança e investimento

No capítulo anterior, vimos que dois ingredientes essenciais do crescimento econômico são aumentos nos níveis de *capital humano* e de *capital físico* da economia. O capital humano é em grande parte fornecido pelo governo por meio da educação pública. (Em países com amplo setor de educação privada, como os Estados Unidos, a educação privada pós-secundária também é uma fonte importante de capital humano.) Mas capital físico, com a exceção da infraestrutura, é criado principalmente com gastos de investimento privado, isto é, gastos feitos pelas empresas e não pelo governo.

Quem paga os gastos de investimento privados? Em alguns casos, são as pessoas ou corporações que de fato fazem esses gastos: por exemplo, uma família que é dona de um negócio pode usar sua própria poupança para comprar equipamento novo ou um novo prédio, ou uma corporação pode reinvestir parte de seus próprios lucros para construir uma nova fábrica. Porém, na economia moderna, indivíduos e empresas que criam capital físico muitas vezes o fazem com o dinheiro de outras pessoas, dinheiro que elas tomam emprestado ou levantam vendendo ações.

Você deve se lembrar da Figura 22.1, em que mostramos uma versão estendida do fluxo circular de fundos por meio da economia. No Capítulo 22, examinamos o lado esquerdo daquele diagrama, com as setas mais claras mostrando os fluxos de dinheiro que entram e saem dos mercados para bens e serviços. Neste capítulo, vamos examinar as setas mais escuras no lado direito do diagrama, especificamente aquelas que entram e saem dos *mercados financeiros*, mercados em que o governo, empresas e indivíduos não negociam bens, mas promessas de pagamento futuro.

Para entendermos os mercados financeiros e como os gastos de investimento são financiados, é preciso examinarmos primeiro como a poupança e os gastos de investimento se relacionam no conjunto da economia. Em seguida, veremos como a poupança é alocada entre os projetos de gasto de investimento.

Identidade entre poupança e gasto de investimento

O ponto mais básico que é preciso entender a respeito de poupança e gastos de investimento é que eles são sempre iguais. Isso não é uma teoria, é um fato contábil denominado **identidade poupança-gasto de investimento**.

Para vermos por que a identidade poupança-gasto de investimento deve ser verdadeira, vamos examinar de novo a contabilidade da renda nacional que aprendemos no Capítulo 22. Recorde que o PIB é igual ao gasto total em bens e serviços finais produzidos internamente, e que podemos escrever a equação seguinte (que é igual à Equação 22.1):

$$\textbf{(25.1)}\quad \text{PIB} = C + I + G + X - IM$$

onde *C* são gastos de consumo, *I* são gastos de investimento, *G* são compras governamentais de bens e serviços, *X* é o valor da exportação para outros países e *IM* é o gasto com importações provenientes de outros países.

De acordo com a **identidade poupança-gasto de investimento**, poupança e gastos de investimento são sempre iguais para o conjunto da economia.

ARMADILHAS

INVESTIMENTO *VERSUS* GASTOS DE INVESTIMENTO

Quando macroeconomistas usam o termo *gastos de investimento*, eles sempre querem dizer "gastos em novo capital físico". Isso pode causar confusão, porque na vida cotidiana, com frequência, dizemos que alguém que compra ações ou adquire um prédio já existente está "investindo". O importante é levar em conta que somente o gasto que acrescenta ao estoque de capital físico da economia é "gasto de investimento". Por outro lado, o ato de comprar um ativo como ações, títulos ou um fundo é "fazer um investimento".[1]

A identidade poupança-gasto de investimento em uma economia fechada. Em uma economia fechada, não há exportação nem importação. Assim, $X = 0$ e $IM = 0$, o que torna a Equação 25.1 mais simples. Como aprendemos no Capítulo 22, o conjunto da renda nessa economia simplificada seria, por definição, igual ao gasto total. Por quê? Recorde, do Capítulo 1, que um dos princípios básicos da economia é que o gasto de uma pessoa é a renda de outra pessoa: a única maneira pela qual alguém pode obter renda é vendendo algo a outra pessoa, e cada dólar gasto na economia cria renda para alguém. Isso se representa na Equação 25.2: à esquerda, o PIB representa a renda total obtida em uma economia e, à direita, $C + I + G$ o total do gasto na economia:

$$\textbf{(25.2)}\quad \begin{aligned} \text{PIB} &= C + I + G \\ \text{Renda total} &= \text{Gasto total} \end{aligned}$$

[1]N. R.: Também se usa neste caso a expressão "fazer uma aplicação financeira", para distinguir dos gastos de investimento das empresas.

Agora, o que pode ser feito com a renda? Pode ser gasta em consumo — gastos de consumidor (C) mais compras governamentais de bens e serviços (G) — ou poupada (S). Assim, deve ser verdade que:

(25.3) $\text{PIB} = C + G + S$
Renda total = Gastos de consumo + Poupança

onde S é poupança. Enquanto isso, conforme a Equação 25.2, o gasto total consiste em gastos de consumo ($C + G$) ou em gastos de investimento (I):

(25.4) $\text{PIB} = C + G + I$
Renda total = Gastos de consumo + Gastos de investimento

Juntando as Equações 25.3 e 25.4, obtemos:

(25.5) $C + G + S = C + G + I$
Gastos de consumo + Poupança = Gastos de consumo + Gastos de investimento

Subtraindo os gastos de consumo ($C + G$) de ambos os lados, obtemos:

(25.6) $S = I$
Poupança = Gastos de investimento

Como dissemos, portanto, para a economia em seu conjunto, é fato básico contábil a poupança ser igual aos gastos de investimento.

Agora, vamos examinar melhor a poupança. Domicílios não são a única parte que pode poupar em uma economia. Em qualquer ano específico, o governo pode poupar também, se arrecada mais receita tributária do que gasta. Quando isso acontece, a diferença é chamada **superávit orçamentário** e é equivalente à poupança do governo.

Se, ao contrário, o gasto governamental excede a receita tributária, há **déficit orçamentário**, ou seja, superávit negativo. Nesse caso, geralmente dizemos que o governo está "despoupando": ao gastar mais que a receita tributária, o governo faz o oposto de poupar. Um modo de financiar déficit orçamentário é pedindo emprestado. O **financiamento do governo** é a quantidade total de fundos emprestados para governos federais, estaduais e locais nos mercados financeiros.

Definiremos o termo **saldo orçamentário** em referência a ambos os casos, ficando entendido que o balanço orçamentário pode ser positivo (superávit orçamentário) ou negativo (déficit orçamentário). O saldo orçamentário é definido como:

(25.7) $S_{Governo} = T - G - TR$

onde T é o valor da receita tributária e TR é o valor das transferências do governo. O saldo orçamentário corresponde à poupança do governo – se é positivo, o governo está poupando; se é negativo, o governo está "despoupando". A **poupança nacional**, que chamamos aqui somente de poupança, é igual à soma do saldo orçamentário com a poupança privada, sendo a poupança privada igual à renda disponível (renda depois de deduzidos os impostos) menos o consumo. É dada por:

(25.8) $S_{Nacional} = S_{Governo} + S_{Privada}$

Assim, as Equações 25.6 e 25.8 nos dizem que, em uma economia fechada, a identidade poupança-gastos de investimento tem a forma a seguir:

(25.9) $S_{Nacional} = I$
Poupança nacional = Gastos de investimento

Superávit orçamentário é a diferença entre a receita tributária e os gastos do governo quando a receita tributária é superior a esses gastos.

Déficit orçamentário é a diferença entre receita tributária e gastos do governo quando os gastos do governo são superiores à receita tributária.

Financiamento do governo é a quantidade total de fundos emprestados aos governos federais, estaduais e locais pelos mercados financeiros.

Saldo orçamentário é a diferença entre receita tributária e gastos do governo.

Poupança nacional, soma da poupança privada com o saldo orçamentário, é o montante total de poupança gerado dentro da economia.

Identidade poupança-gasto de investimento em uma economia aberta. Em uma economia aberta ou internacional, bens e dinheiro podem entrar e sair do país. Isso muda a identidade poupança-gasto de investimento, pois a poupança não precisa ser gasta em projetos de investimento localizados no mesmo país em que essa poupança é gerada. Isso porque a poupança de uma pessoa que vive em qualquer país pode ser usada para financiar gastos de investimento que se fazem em outros países. Assim, qualquer país pode receber uma *entrada* de fundos, ou seja, poupança estrangeira que financia gastos de investimento no país. Qualquer país pode, também, gerar uma *saída* de fundos, isto é, poupança doméstica que financia gastos de investimento em outro país.

O efeito líquido das entradas e saídas internacionais de fundos sobre o total da poupança disponível para investimento em dado país é denominado **entrada líquida de capital** no país, igual à entrada total de fundos estrangeiros menos a saída total de fundos domésticos em direção a outros países. Assim como o saldo orçamentário, o saldo da entrada de capital também pode ser negativo, isto é, mais capital pode sair de um país do que o capital que entra. Nos últimos anos, os Estados Unidos experimentaram consistente entrada líquida positiva de capital de estrangeiros, que consideram aquela economia um lugar atrativo para colocar sua poupança. Em 2018, por exemplo, a entrada de capital nos Estados Unidos foi de US$ 509,5 bilhões.

Entrada líquida de capital é a entrada total de fundos em um país menos a saída total de fundos do país.

É importante notar que, do ponto de vista nacional, um dólar (ou outra moeda) gerado por poupança nacional e um dólar gerado por entrada de capital não são equivalentes. Sim, ambos podem financiar o mesmo dólar de gasto de investimento. Mas qualquer dólar tomado emprestado de um poupador terá eventualmente de ser pago de volta com juros. Um dólar que vem da poupança nacional é pago de volta com juros a alguém dentro do país – seja um agente privado ou o governo.

Mas um dólar proveniente de entrada de capital tem de ser pago de volta com juros a um estrangeiro. Assim, um dólar de gasto de investimento financiado por entrada de capital terá um custo *nacional* mais elevado – o juro que eventualmente terá de ser pago a um estrangeiro – do que o dólar de gasto de investimento financiado por poupança nacional.

O fato de que uma entrada líquida de capitais representa fundos que se tomaram emprestado de estrangeiros é um aspecto importante da identidade poupança-gastos de investimento em uma economia internacional. Imagine alguém que gasta mais que sua renda; essa pessoa tem de tomar emprestado de outras. Da mesma forma, um país que gasta mais em importações do que a receita que obtém em exportações precisará cobrir a diferença tomando emprestado de estrangeiros. E essa diferença, o montante de fundos obtidos como empréstimo do exterior, é a entrada de capital do país. Como será explicado melhor no Capítulo 33, isso significa que a entrada líquida de capital em um país é igual à diferença entre importações e exportações.

ARMADILHAS

OS DIFERENTES TIPOS DE CAPITAL

É importante entender bem os três tipos diferentes de capital: físico, humano e financeiro (como explicamos no capítulo anterior):

1. *Capital físico* consiste em recursos manufaturados, como prédios e máquinas.
2. *Capital humano* é a melhoria na força de trabalho gerada por educação e conhecimento.
3. O *capital financeiro* consiste em fundos de poupança que estejam disponíveis para gastos de investimento. Assim, um país que tem saldo positivo na entrada de capitais está recebendo um fluxo de fundos do exterior que podem ser usados para gastos de investimento.

(25.10) $$NCI = IM - X$$

Entrada líquida de capital = Importação − Exportação

Rearranjando a Equação 25.1 obtemos:

(25.11) $$I = (PIB - C - G) + (IM - X)$$

Usando a Equação 25.3, sabemos que $PIB - C - G$ é igual à poupança nacional, de modo que:

(25.12) $$I = S_{Nacional} + (IM - X) = S_{Nacional} + NCI$$

Gasto de investimento = Poupança nacional + Entrada líquida de capital

Assim, a aplicação da identidade poupança-investimento a uma economia que é aberta a entradas e saídas de capital significa que o gasto de investimento é igual à poupança, onde poupança é igual à poupança nacional *mais* entrada de capital. Ou seja, em uma economia com entrada de capital positiva, algum gasto de investimento é financiado com a poupança de estrangeiros. E, em uma economia com entrada de capital negativa (ou seja, mais capital sai do que entra), alguma parte da poupança nacional está fornecendo os fundos para gastos de investimento em outros países.

Nos Estados Unidos em 2018, o total dos gastos de investimento foi de US$ 4.315,5 bilhões. A poupança privada totalizou US$ 4.478,4 bilhões e a poupança do governo foi igual a –US$ 683,2 bilhões, o que gerou uma poupança nacional de US$ 3.795,2 bilhões. A entrada líquida de capital foi de US$ 509,5 bilhões. Note que esses números não fecham direito a conta. Como a coleta de dados não é perfeita, há uma "discrepância estatística" de US$ 10,8 bilhões, o montante em que a poupança nacional mais a entrada líquida de capital excedeu os gastos de investimento. Sabemos que esse é um erro na coleta de dados, porque a identidade poupança-gasto de investimento tem de se dar na realidade.

A Figura 25.1 mostra como era essa identidade para duas das maiores economias do mundo em 2018, os Estados Unidos e a Alemanha. Para tornarmos mais fácil a comparação dessas duas economias, medimos poupança e gastos de investimento como porcentagem do PIB. Em cada painel, as barras da esquerda mostram o gasto de investimento total e as da direita, os componentes da poupança. Os gastos de investimento dos Estados Unidos foram 21,0% do PIB, financiados por uma combinação de poupança privada (24,1% do PIB) e entrada positiva de capital (2,4% do PIB), o que teve como contrapartida parcial o déficit do governo (–5,7% do PIB). Os gastos de investimento da Alemanha foram mais elevados enquanto porcentagem do PIB (21,8%). Foram financiados por um nível de poupança privada mais alto como porcentagem do PIB (27,2%) e um excedente orçamentário do governo (1,9% do PIB), mas contrabalançados por uma entrada líquida negativa de capital ou desembolso de capital (–7,3% do PIB).

A poupança da economia financia seu gasto de investimento. Mas como esses fundos disponíveis para gastos de investimento são alocados entre vários projetos? Isto é, o que determina quais projetos são financiados (como os centros de distribuição da Amazon) e quais não são? Veremos adiante que os fundos são alocados por projetos de gasto de investimento usando um método familiar: pelo mercado, via oferta e demanda.

O mercado de fundos para empréstimo

Para a economia em seu conjunto, a poupança é sempre igual ao gasto de investimento. Em uma economia fechada, a poupança é igual à poupança nacional. Em

Figura 25.1 Identidade poupança-gasto de investimento em economias abertas: Estados Unidos e Alemanha, 2018.

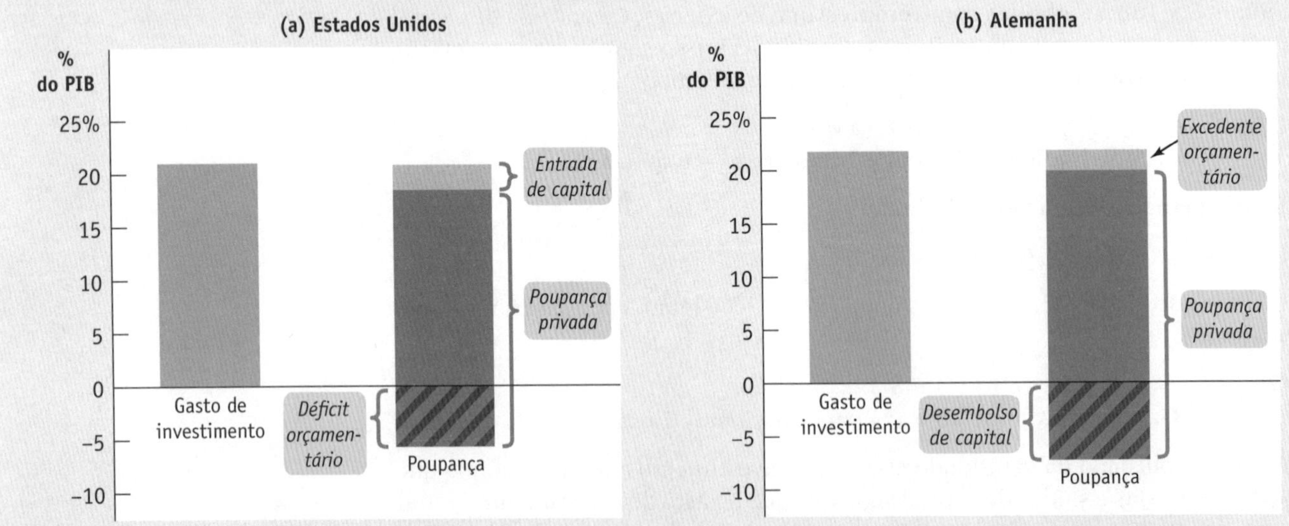

Os gastos de investimento dos Estados Unidos, em 2018 (iguais a 21,0% do PIB), foram financiados por uma combinação de poupança privada (24,1% do PIB) e entradas de capital (2,4% do PIB), com uma contrapartida parcial no déficit orçamentário (–5,7% do PIB). Os gastos de investimento da Alemanha em 2018 foram ligeiramente maiores como porcentagem do PIB (21,8%). Foram financiados por um nível mais elevado de poupança privada como porcentagem do PIB (27,2%) e um pequeno excedente orçamentário do governo (1,9% do PIB), mas contrabalançados por um desembolso de capital (–7,3% do PIB). As barras podem não se igualar por discrepância estatística.

Dados de: Fundo Monetário Internacional.

uma economia com fluxos internacionais ou aberta, a poupança é igual à poupança nacional mais entrada de capital. Porém, a qualquer momento, os poupadores, pessoas com fundos para emprestar, geralmente não são os mesmos que os tomadores de empréstimo, pessoas que querem tomar empréstimos a fim de financiar seu gasto de investimento. Como os poupadores e os tomadores de crédito se aproximam?

Poupadores e tomadores de empréstimo equiparam-se de forma semelhante ao que acontece entre produtores e consumidores: por meio do mercado governado por oferta e demanda.

Para compreendermos isso, convém levarmos em consideração uma versão um tanto simplificada da realidade. Na economia real, há muitos mercados financeiros diferentes, como o mercado de *títulos* e o de *empréstimos*, sendo ambos promessas de pagar um valor fixo, não importa o que aconteça, e o de *ações*, que dão aos investidores uma parte dos lucros futuros. Contudo, os economistas com frequência trabalham com um modelo simplificado no qual supõem que haja apenas um único mercado reunindo quem quer emprestar dinheiro (os poupadores) e quem quer tomar emprestado (empresas com projetos de gastos de investimento).

Esse mercado hipotético é conhecido como **mercado de fundos para empréstimo** ou mercado de crédito. O preço que é determinado no mercado de crédito é a taxa de juros, indicada por *r*. Como notamos no Capítulo 23, os empréstimos normalmente especificam uma taxa de juros nominal – taxa de juros que não foi ajustada pela inflação.

Mercado de fundos para empréstimo é um mercado hipotético que ilustra o resultado do mercado da demanda por fundos gerada por tomadores de empréstimo e a oferta de fundos fornecidos por credores.

Mas temos de simplificar mais ainda. Na realidade, há muitos tipos de taxas de juros diferentes, pois há muitos tipos diferentes de empréstimo: empréstimos de curto prazo, de longo prazo, empréstimos tomados por empresas, financiamento do governo e assim por diante. Para simplificar, vamos ignorar essas diferenças e supor que exista um só tipo de empréstimo.

Agora podemos examinar como poupança e investimento se equiparam.

Demanda de fundos para empréstimo. A Figura 25.2 ilustra a curva da demanda hipotética de fundos para empréstimo, *D*, representada por uma inclinação para baixo. No eixo horizontal, mostramos a quantidade demandada de fundos para empréstimo. No eixo vertical, a taxa de juros, que é o "preço" de tomar emprestado. Mas por que a curva de demanda por fundos para empréstimo tem inclinação para baixo?

Figura 25.2 Demanda de fundos para empréstimo.

A curva de demanda de fundos para empréstimos tem inclinação para baixo: quanto mais baixa a taxa de juros, maior a quantidade de empréstimos demandada. Aqui, a redução da taxa de juros de 12% para 4% aumenta a demanda de fundos para empréstimo de $ 150 bilhões para $ 450 bilhões.

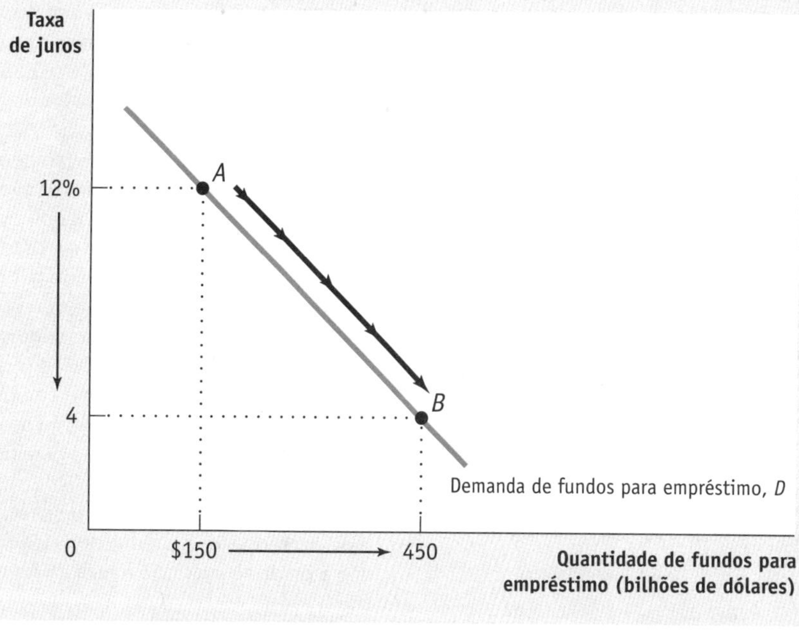

Para responder a essa pergunta, examine o que uma empresa faz quando se ocupa com gasto de investimento, digamos, ao comprar novos equipamentos. O gasto de investimento significa usar dinheiro imediatamente, esperando que esse investimento leve a lucros mais altos em algum momento no futuro. De fato, no entanto, $ 1 prometido para daqui a cinco ou dez anos vale menos que $ 1 agora. Assim, só vale a pena fazer um investimento se ele gera um retorno futuro que seja *maior* que o custo monetário de fazer o investimento hoje. Maior em que medida?

Para respondermos isso, temos de levar em conta o valor presente do retorno futuro que a empresa espera ter. Examinamos o conceito de *valor presente* na seção Para Mentes Curiosas. E, como você deve se lembrar, no Apêndice do Capítulo 9 mostramos como o conceito de valor presente pode ser aplicado a dinheiro recebido vários anos no futuro. O apêndice também explicou como o valor presente é usado para calcular os preços do mercado de ações e dos títulos.

Nos cálculos de valor presente, usamos a taxa de juros para determinar como o valor de $ 1 no futuro pode ser comparado com o valor da moeda hoje. Mas o fato é que $ 1 futuro vale menos que $ 1 hoje, e vale ainda menos quando a taxa de juros é mais alta.

A intuição por trás do cálculo do valor presente é simples. A taxa de juros mede o custo de oportunidade do gasto de investimento que resulta em um retorno futuro: em vez de gastar dinheiro em um projeto de investimento, a empresa poderia apenas colocar o dinheiro no banco para render juros. Quanto mais alta a taxa de juros, tanto mais atrativo é pôr o dinheiro no banco e deixar que ele renda juros em vez de investi-lo em um projeto de gasto de investimento.

Em outras palavras, quanto mais alta a taxa de juros, tanto mais alto o custo de oportunidade do gasto de investimento. E quanto maior o custo de oportunidade

PARA MENTES CURIOSAS **Usando o valor presente**

Entender o conceito de valor presente ajuda a explicar por que a curva de demanda por fundos para empréstimos se inclina para baixo. Uma maneira simples de compreender a essência do valor presente é considerar um exemplo que ilustra a diferença de valor entre ter uma quantia em dinheiro hoje e ter a mesma quantia daqui a um ano.

Suponha que daqui a exatamente um ano você se formará e deseja se recompensar fazendo uma viagem que custará $ 1.000. Para ter $ 1.000 daqui a um ano, de quanto você precisa hoje? Não é $ 1.000, e o motivo tem a ver com a taxa de juros.

Vamos chamar de X o valor que você precisa ter hoje. Usaremos r para representar a taxa de juros que você recebe sobre os fundos depositados no banco. Se você colocar X no banco hoje e ganhar uma taxa de juros r sobre ele, depois de um ano, o banco pagará a você $X \times (1 + r)$. Se o valor que o banco vai pagar a você daqui a um ano for igual a $ 1.000, então isso pode ser representado pela equação:

$$X \times (1 + r) = \$\ 1.000$$

Com alguma álgebra básica, descobrimos que o valor que você precisa hoje é:

$$X = \$\ 1.000/(1 + r)$$

Observe que o valor de X depende da taxa de juros r, que é sempre maior que 0. Esse fato implica que *X é sempre menor que* $ 1.000. Por exemplo, se r = 5% (ou seja, r = 0,05), então X = $ 952,38. Em outras palavras, ter $ 952,38 hoje equivale a ter $ 1.000 daqui a um ano, se a taxa de juros anual for 5%. Ou seja, $ 952,38 é o valor desses $ 1.000 hoje, dada uma taxa de juros de 5%.

Agora, podemos definir o *valor presente* de X: é a quantidade de dinheiro necessária hoje para receber X no futuro, dada a taxa de juros. Neste exemplo numérico, $ 952,38 é o valor presente de $ 1.000 recebidos daqui a um ano, dada uma taxa de juros de 5%.

O conceito de valor presente também se aplica às decisões tomadas pelas empresas. Pense em uma empresa que tem dois projetos de investimento em potencial, cada um dos quais renderá $ 1.000 por ano a partir de agora. No entanto, cada projeto tem custos iniciais diferentes – digamos, um exige que a empresa tome emprestados $ 900 agora e o outro exige que a empresa tome emprestados $ 950. Qual desses projetos, se houver, vale tomar dinheiro emprestado para financiar e empreender?

A resposta depende da taxa de juros, que determina o valor presente de $ 1.000 por ano a partir de agora. Se a taxa de juros for 10%, o valor presente de $ 1.000 entregues daqui a um ano é $ 909. Em outras palavras, à taxa de juros de 10%, um empréstimo de $ 909 requer reembolso de $ 1.000 em um ano. Um empréstimo inferior a $ 909 requer reembolso inferior a $ 1.000, enquanto um empréstimo de mais de $ 909 requer reembolso de mais de $ 1.000. Portanto, apenas o primeiro projeto, que tem custo inicial inferior a $ 909, é lucrativo, porque seu retorno em um ano é maior do que o valor do reembolso do empréstimo.

Com taxa de juros de 10%, o retorno de qualquer projeto que custe mais de $ 909 é menor do que o valor que a empresa tem de pagar pelo empréstimo e, portanto, não é lucrativo. Se a taxa de juros for de apenas 5%, entretanto, o valor presente de $ 1.000 subirá para $ 952. Com essa taxa de juros, ambos os projetos são lucrativos, porque $ 952 excede o custo inicial de ambos. Assim, uma empresa tomará mais empréstimos e se envolverá em mais gastos de investimento quando a taxa de juros for mais baixa.

Enquanto isso, cálculos semelhantes ocorrerão em outras empresas. Portanto, uma taxa de juros mais baixa levará a maiores gastos com investimentos na economia como um todo: a curva de demanda por fundos para empréstimos se inclina para baixo.

do gasto de investimento, tanto menor o número de projetos de investimento que as empresas querem realizar; assim, tanto menor a quantidade demandada de fundos para empréstimo. Essa percepção explica por que a curva de demanda dos fundos para empréstimo tem inclinação para baixo.

Quando empresas fazem gastos de investimento, elas gastam dinheiro agora em troca de retorno esperado no futuro. Assim, para decidir se determinado projeto de investimento vale a pena, a empresa tem de comparar o valor presente do retorno futuro com o custo presente do projeto. Se o valor presente do retorno futuro é maior que o custo atual, o projeto é lucrativo e vale a pena investir nele. Quando a taxa de juros cai, o valor presente de qualquer projeto aumenta, e mais projetos passam no teste. Quando a taxa de juros sobe, o valor presente de qualquer projeto cai, e menos projetos passam no teste.

Assim, o gasto de investimento total e, portanto, a demanda de empréstimos para financiar esse gasto relacionam-se negativamente com a taxa de juros. Ou seja, a curva de demanda de fundos para empréstimo tem inclinação para baixo. Isso se vê na Figura 25.2. Quando a taxa de juros cai de 12 para 4%, a quantidade demandada de fundos para empréstimo aumenta de $ 150 bilhões (ponto *A*) para $ 450 bilhões (ponto *B*).

Oferta de fundos para empréstimo. A Figura 25.3 mostra a curva da oferta hipotética de fundos para empréstimo, *S*. Mais uma vez, a taxa de juros desempenha o mesmo papel de um preço na análise comum de oferta e demanda. Por que essa curva tem inclinação para cima?

A resposta é que os fundos para empréstimo são fornecidos pelos poupadores, e poupadores incorrem em um custo de oportunidade para os fundos que podem emprestar a uma empresa: eles poderiam, em vez disso, gastar em consumo – digamos, tirar umas boas férias. Se um poupador se torna ou não credor, disponibilizando os fundos para os devedores, isso depende da taxa de juros recebida em recompensa. Ao poupar seu dinheiro hoje e obter juros sobre ele, você será recompensado com consumo maior no futuro, quando receber de volta, amortizado, o empréstimo mais os juros. Assim, é razoável pressupor que mais pessoas dispõem-se a abdicar do consumo corrente e oferecer crédito quando a taxa de juros é mais alta.

Como resultado, nossa curva hipotética de fundos disponíveis para empréstimo tem inclinação para cima. Na Figura 25.3, os credores ofertarão $ 150 bilhões no

Figura 25.3 Oferta de fundos para empréstimo.

A curva de oferta para fundos disponíveis para empréstimo tem inclinação para cima: quanto mais alta a taxa de juros, tanto maior a quantidade ofertada de fundos. Aqui, o aumento da taxa de juros de 4 para 12% aumenta a quantidade ofertada de crédito de $ 150 bilhões para $ 450 bilhões.

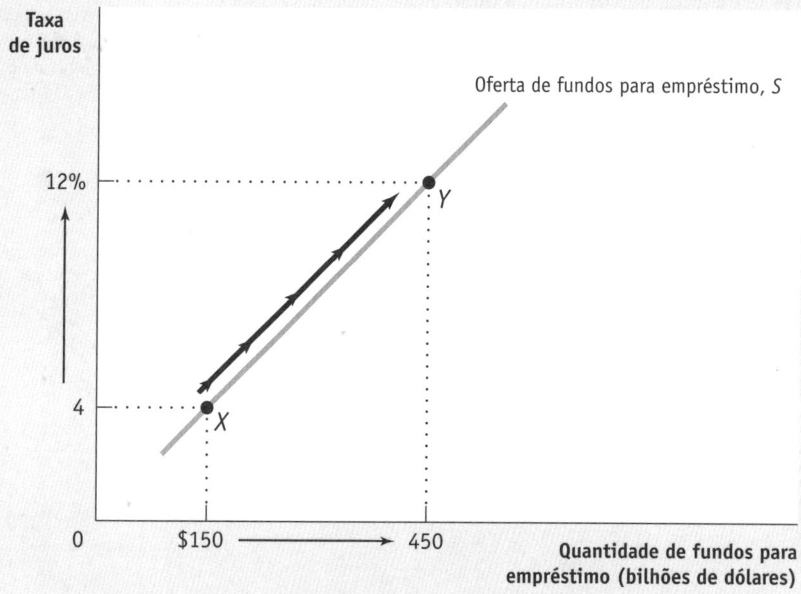

mercado de crédito a uma taxa de 4% (ponto *X*); se a taxa de juros aumentar para 12%, a quantidade ofertada de fundos para empréstimos aumentará para $ 450 bilhões (ponto *Y*).

A taxa de juros em que a quantidade ofertada de fundos para empréstimo é igual à quantidade demandada de fundos é a **taxa de juros de equilíbrio**.

Taxa de juros de equilíbrio. Chama-se **taxa de juros de equilíbrio** a taxa de juros na qual a quantidade ofertada de fundos para empréstimo é igual à quantidade demandada de fundos para empréstimo. Como se vê na Figura 25.4, a taxa de juros de equilíbrio, r^*, e a quantidade total de crédito, Q^*, são determinadas pela interseção das curvas de oferta e demanda no ponto *E*.

Aqui, a taxa de juros de equilíbrio é 8%, pela qual $ 300 bilhões são emprestados e tomados de empréstimo. Os projetos de gastos de investimento com taxa de retorno de 8% ou mais são financiados; projetos com taxa de retorno inferior a 8% não são. Da mesma forma, apenas credores dispostos a aceitar uma taxa de juros de 8% ou menos terão aceitas suas ofertas de emprestar fundos; credores que demandarem taxa de juros superior a 8% não terão sua oferta aceita.

A Figura 25.4 mostra como o mercado de fundos de empréstimo equipara a poupança desejada com os gastos de investimento desejados: em equilíbrio, a quantidade de fundos que os poupadores querem emprestar é igual à quantidade de fundos que as empresas querem tomar emprestado. A figura mostra também que esse "casamento" é eficiente em dois sentidos. Primeiro, são realizados os gastos de investimento certos: os projetos de investimento que são de fato financiados têm taxas de retorno mais altas (em termos de valor presente) do que aqueles que não conseguem ser financiados. Segundo, as pessoas certas é que fazem a poupança e emprestam: os poupadores potenciais que de fato emprestam fundos dispõem-se a emprestar a taxas de juros menores do que aqueles que não emprestam.

Essa percepção de que o mercado de fundos de empréstimo (ou mercado de crédito) motiva uso eficiente da poupança, embora derivado de um modelo altamente simplificado, tem implicações importantes na vida real. Como veremos, é a razão pela qual um sistema financeiro que funciona bem aumenta a taxa de crescimento de longo prazo de uma economia.

Antes de passar a isso, vejamos como o mercado de fundos para empréstimo responde a mudanças na demanda e na oferta. Como no modelo-padrão de oferta e demanda, em que o preço de equilíbrio muda em resposta a deslocamentos nas

Figura 25.4 Equilíbrio no mercado de fundos para empréstimo.

À taxa de juros de equilíbrio, a quantidade ofertada de fundos para empréstimo é igual à quantidade demandada de fundos para empréstimo. Aqui, a taxa de juros de equilíbrio é 8%, com $ 300 milhões de fundos emprestados e tomados como empréstimo. Os credores que pedirem uma taxa de juros de 8% ou menor terão suas ofertas de empréstimo aceitas; os que pedirem taxa de juros mais alta, não. Os projetos com taxa de juros de 8% ou mais recebem financiamento; aqueles que são lucrativos apenas quando a taxa de retorno é inferior a 8% não recebem.

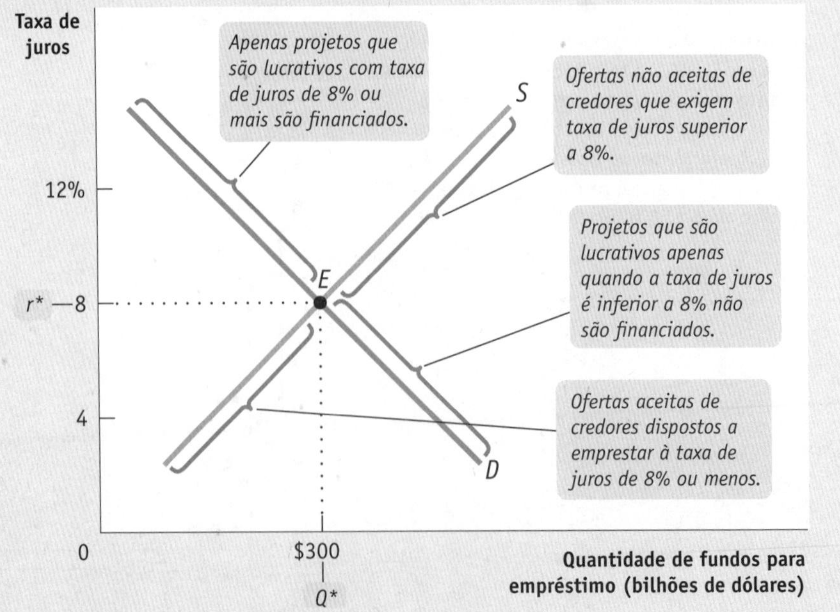

curvas de demanda e de oferta, aqui a taxa de juros de equilíbrio muda quando há deslocamentos na curva de demanda de crédito, na curva de oferta de fundos para empréstimo ou em ambas.

Deslocamentos na demanda de fundos para empréstimo. Vamos começar pelas causas e efeitos de mudanças na demanda.

Os fatores que podem causar deslocamento na curva de demanda de fundos para empréstimo incluem:

1. *Mudanças na percepção sobre oportunidades de negócios.* Uma mudança de percepção sobre a taxa de retorno de gastos de investimento pode aumentar ou diminuir a quantidade desejada de gastos sob qualquer dada taxa de juros. Por exemplo, durante os anos 1990 houve grande animação sobre as possibilidades de negócios criadas pela internet, que apenas começara a ser usada amplamente. Em consequência, as empresas correram para comprar equipamentos de computação, estender cabos de fibra ótica no solo, lançar *sites* etc. Isso deslocou para a direita a demanda de fundos para empréstimo. Em 2001, o fracasso de muitos dos chamados negócios *pontocom* causou desilusão quanto a investimento relacionado com tecnologia; isso deslocou de volta para a esquerda a curva de demanda de fundos para empréstimo.
2. *Mudanças no financiamento do governo.* Um governo tem déficit orçamentário quando, em determinado ano, gasta mais do que sua receita. Governos que têm déficits do orçamento público são uma fonte importante de demanda de fundos para empréstimo. Por exemplo, em 2009 o governo federal dos Estados Unidos passou por um déficit orçamentário superior a US$ 1,413 trilhão, mas em 2016 o déficit federal tinha sido reduzido em US$ 1 trilhão, passando a pouco mais do que US$ 330 bilhões. O governo federal reduziu bastante suas necessidades de financiamento. Essa mudança na posição do orçamento público federal teve o efeito, tudo o mais mantido constante, de deslocar para a esquerda a curva de demanda de fundos para empréstimo.

A Figura 25.5 mostra o efeito de um aumento na demanda de fundos para empréstimo; S é a oferta de fundos para empréstimo e D_1 é a curva de demanda inicial. A taxa de juros de equilíbrio inicial é r_1. Um aumento na demanda de fundos para empréstimo significa que a quantidade demandada de fundos aumenta para qualquer nível da taxa de juros, de modo que a curva de demanda se desloca para a direita, para D_2. Em consequência, a taxa de juros de equilíbrio aumenta para r_2.

Figura 25.5 Aumento na demanda de fundos para empréstimo.

Se a quantidade de fundos demandada pelos que querem tomar emprestado aumenta sob qualquer nível de taxa de juros, a demanda de fundos para empréstimo se desloca para a direita, de D_1 para D_2. Em consequência, a taxa de juros de equilíbrio aumenta de r_1 para r_2.

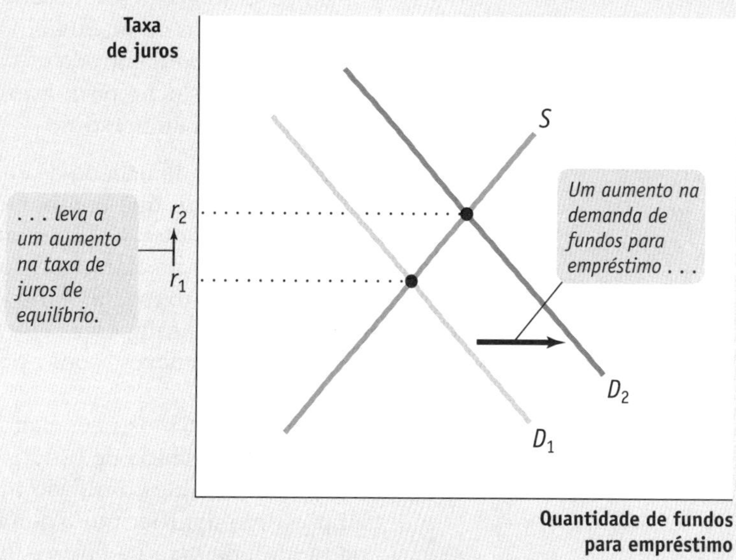

O fato de que um aumento na demanda de fundos para empréstimo, tudo o mais mantido constante, leva a um aumento na taxa de juros tem uma implicação particularmente importante: informa uma razão para ficarmos preocupados com déficits orçamentários do governo crescentes ou persistentes, pois um aumento no déficit do orçamento público desloca para a direita a curva de demanda de fundos para empréstimo, o que leva a taxas de juros mais altas. Se a taxa de juros aumenta, as empresas cortam seus gastos de investimento.

Crowding out ocorre quando o déficit orçamentário público aumenta a taxa de juros e ocasiona menores gastos de investimento.

Assim, tudo o mais mantido constante, um aumento no déficit público tende a reduzir os gastos gerais de investimento. Os economistas denominam esse efeito negativo do déficit orçamentário sobre os investimentos de ***crowding out*** (ou deslocamento do investimento privado). A questão do *crowding out* é um dos principais motivos de preocupação quanto a déficits públicos crescentes ou persistentes.

No entanto, é importante acrescentar uma qualificação aqui: o *crowding out* pode não ocorrer se a economia estiver em depressão. Quando a economia está operando muito abaixo do pleno emprego, os gastos do governo podem motivar rendas mais altas, e essas rendas mais altas levam a mais poupança sob qualquer taxa de juros. Poupança maior permite que o governo busque financiamento sem aumentar as taxas de juros. Muitos economistas acreditam, por exemplo, que os grandes déficits orçamentários que o governo dos EUA administrou de 2008 a 2013 em face de uma economia deprimida causaram pouco ou nenhum *crowding out*.

Deslocamentos na oferta de fundos para empréstimo. Assim como a demanda de fundos para empréstimo, a oferta de fundos para empréstimo pode se deslocar. Entre os fatores que causam deslocamento na oferta de fundos para empréstimo estão:

1. *Mudanças no comportamento da poupança privada*. Vários fatores podem mudar o nível da poupança privada em qualquer dado nível da taxa de juros. Por exemplo, após a pandemia de coronavírus e as preocupações com uma recessão crescente, domicílios cortaram seus gastos. Em abril de 2020, a taxa de poupança pessoal, como porcentagem da renda disponível, aumentou para 33%, após estar em aproximadamente 8% antes nesse ano. Isso teve o efeito de deslocar para a direita a curva da oferta de fundos para empréstimo.
2. *Mudanças na entrada de capital*. A entrada e a saída de capital no país podem mudar à medida que mudam as percepções dos investidores sobre o país. Por exemplo, a Grécia teve alta entrada líquida de capitais depois da criação do euro, a moeda comum da Europa, em 1999, porque investidores acreditaram que a adoção do euro pela Grécia havia tornado o país seguro para a aplicação de seus fundos. Em 2009, contudo, preocupações com a solvência do governo grego (e a descoberta de que o governo estivera informando dados subestimados de sua dívida) levaram ao colapso na confiança dos investidores, fazendo parar a entrada de capital. O efeito da redução das entradas de capital foi o de deslocar para a esquerda a curva de oferta no mercado grego de fundos para empréstimo.

Em meados da década de 2000, os Estados Unidos tiveram elevadas entradas de capital, sendo que boa parte dos fundos veio da China e do Oriente Médio. Essa entrada ajudou a alimentar um grande aumento dos gastos de investimento em imóveis residenciais – em novas construções de casas – de 2003 a 2006. Como resultado do estouro da bolha imobiliária dos EUA em 2006-2007 e da recessão severa que se seguiu, essas entradas começaram a desacelerar e, em 2019, ainda eram muito menores, como porcentagem do PIB, do que tinham sido em seu período de pico.

A Figura 25.6 mostra os efeitos de um aumento na oferta de fundos para empréstimo. D é a demanda de fundos para empréstimo e S_1 é a curva de oferta inicial. A taxa de juros de equilíbrio inicial é r_1. Um aumento na oferta de fundos para empréstimo significa que a quantidade de fundos oferecida aumenta sob qualquer dado nível da taxa de juros e, assim, a curva de oferta se desloca para a direita, para S_2. Em consequência, a taxa de juros de equilíbrio cai para r_2.

Figura 25.6 Aumento na oferta de fundos para empréstimo.

Se a quantidade de fundos ofertada pelos credores aumenta com qualquer taxa de juros, a oferta de fundos para empréstimo se desloca para a direita, de S_1 para S_2. Em consequência, a taxa de juros de equilíbrio cai de r_1 para r_2.

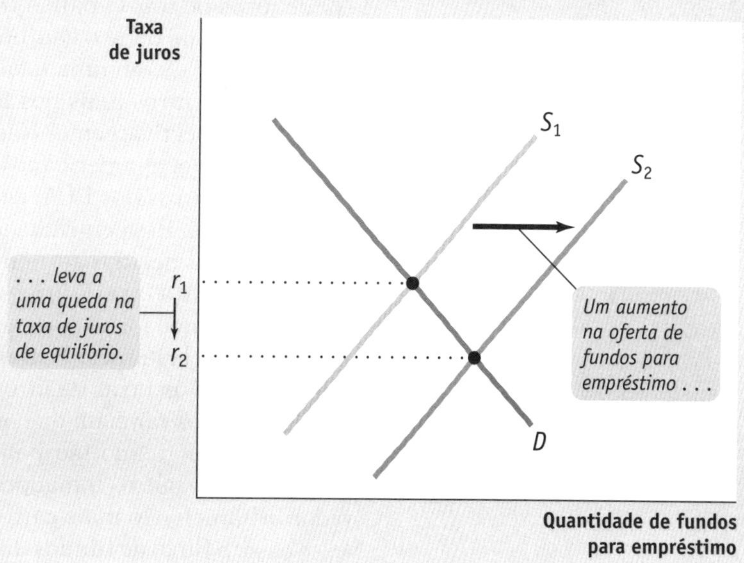

Um mercado global de fundos para empréstimo? Como já vimos, os fluxos de capital internacional podem ter forte influência nas taxas de juros. O que determina esses fluxos de capital? Quase sempre, o capital flui de países onde as taxas de juros são relativamente baixas para países onde as taxas de juros são relativamente altas. E o resultado desses fluxos é aumentar as taxas de juros onde eram baixas e reduzir as taxas onde eram altas.

Para algumas finalidades, é útil pensar no que aconteceria se esse processo ocorresse por todo o caminho – se os fluxos internacionais de capital fossem tão grandes que teriam o efeito de igualar completamente as taxas de juros dos países. Nesse caso, poderíamos considerar um **mercado global de fundos para empréstimo**.

Um **mercado global de fundos para empréstimo** surge quando os fluxos de capital internacionais são tão grandes que igualam as taxas de juros entre os países.

A Figura 25.7 mostra como funcionaria esse mercado. Imagine um mundo composto por apenas dois países, os Estados Unidos e a Grã-Bretanha. O painel (a)

Figura 25.7 Mercados de fundos para empréstimo em um mundo com dois países.

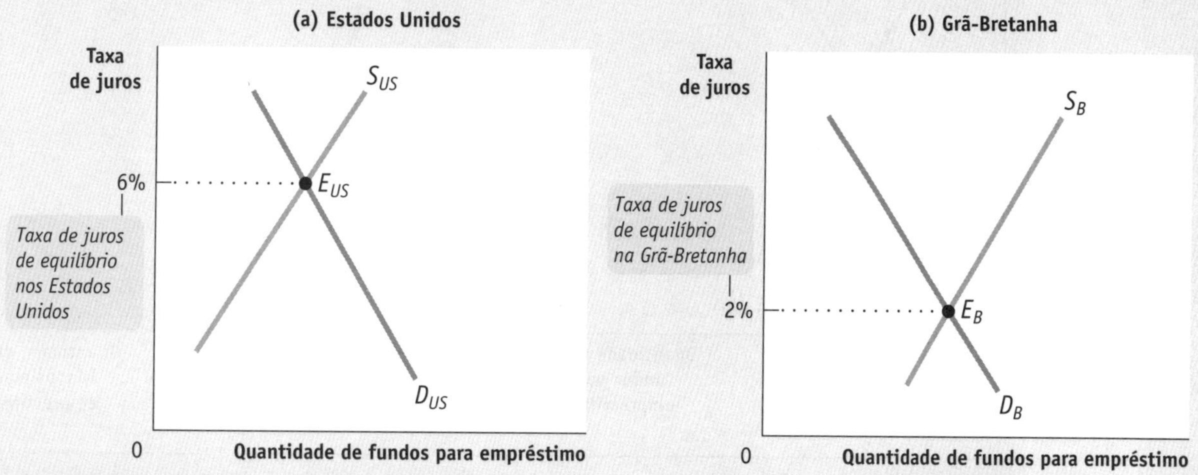

Aqui, mostramos dois países, os Estados Unidos e a Grã-Bretanha, cada um com seu próprio mercado de fundos de empréstimo. A taxa de juros de equilíbrio é 6% no mercado dos EUA, mas somente 2% no mercado britânico. Isso cria um incentivo para o fluxo de capital da Grã-Bretanha para os Estados Unidos.

mostra o mercado de fundos para empréstimo nos Estados Unidos, onde o equilíbrio na ausência de fluxos internacionais de capital está no ponto E_{US}, com uma taxa de juros de 6%. O painel (b) mostra o mercado de fundos para empréstimo na Grã-Bretanha, onde o equilíbrio na ausência de fluxos de capital internacional está no ponto E_B, com uma taxa de juros de 2%.

As taxas de juros reais nos Estados Unidos e na Grã-Bretanha permanecerão em 6 e 2%, respectivamente? Não, se for fácil para os residentes britânicos emprestarem para os norte-americanos. Nesse caso, os credores britânicos, atraídos pelas altas taxas de juros dos EUA, enviarão parte de seus fundos para empréstimo aos Estados Unidos. Essa entrada de capital aumentará a quantidade de fundos para empréstimos fornecidos aos tomadores de empréstimo norte-americanos, empurrando para baixo a taxa de juros dos EUA. Também reduzirá a quantidade de fundos para empréstimos fornecidos aos tomadores de empréstimo britânicos, elevando a taxa de juros britânica. Portanto, os fluxos de capital internacional reduzirão a diferença entre as taxas de juros dos EUA e da Grã-Bretanha.

Suponhamos também que os credores britânicos considerem um empréstimo a um norte-americano tão bom quanto um empréstimo a um de seus próprios compatriotas, e que os tomadores norte-americanos considerem uma dívida a um credor britânico não mais cara do que uma dívida a um credor norte-americano. Nesse caso, o fluxo de fundos da Grã-Bretanha para os Estados Unidos continuará até que a diferença entre suas taxas de juros seja eliminada. Em outras palavras, quando os residentes dos dois países acreditarem que os ativos e passivos externos são tão bons quanto os domésticos, os fluxos internacionais de capital igualarão as taxas de juros nos dois países.

A Figura 25.8 mostra como surge um equilíbrio internacional no mercado de fundos para empréstimo. Nesse caso, a taxa de juros de equilíbrio é de 4% nos Estados Unidos e também na Grã-Bretanha. A essa taxa de juros, a quantidade de fundos para empréstimo exigida pelos tomadores dos EUA excede a quantidade de fundos para empréstimo fornecidos pelos credores dos EUA. Essa lacuna é preenchida por fundos "importados" – um influxo de capital da Grã-Bretanha. Ao mesmo tempo, a quantidade de fundos para empréstimo fornecida pelos credores

Figura 25.8 Fluxos internacionais de capital em um mundo com dois países.

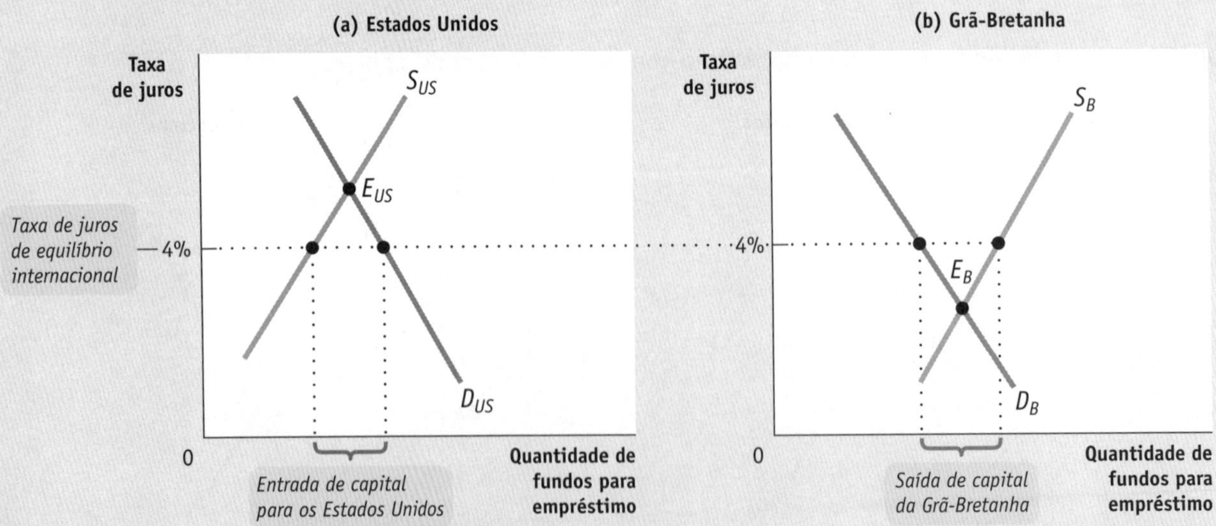

Os credores britânicos emprestam para tomadores nos Estados Unidos, levando à equalização das taxas de juros a 4% nos dois países. Nessa taxa, os empréstimos tomados pelos EUA excedem os empréstimos concedidos pelos EUA; a diferença é composta por entradas de capital nos Estados Unidos. Enquanto isso, os empréstimos concedidos pelos britânicos excedem os empréstimos tomados; o excesso é uma saída de capital da Grã-Bretanha.

britânicos é maior do que a quantidade de fundos para empréstimos exigida pelos tomadores britânicos. Esse excedente é "exportado" na forma de saída de capital para os Estados Unidos. Um mercado global de fundos para empréstimo surge quando os dois mercados estão em equilíbrio a uma taxa de juros comum de 4%. A essa taxa, a quantidade total de empréstimos demandados pelos mutuários nos dois mercados é igual à quantidade total de empréstimos fornecidos pelos mutuantes nos dois mercados.

Em suma, os fluxos internacionais de capital são como os fluxos internacionais de bens e serviços. O capital se move de locais onde ele seria barato na ausência de fluxos de capital internacional para locais onde seria caro na ausência de tais fluxos.

Na prática, essa situação é complicada por diversos fatores. Particularmente, os países utilizam moedas diferentes – os Estados Unidos usam dólares e a Grã-Bretanha usa libras – e quando comparamos a taxa de juros sobre empréstimos em dólares com a taxa sobre empréstimos em libras, é preciso levar em consideração a possibilidade de que o valor de uma libra em dólares pode variar com o tempo. Mesmo assim, o conceito de um mercado global de fundos para empréstimo é muito útil para algumas finalidades, e voltaremos a abordar esse conceito em outros capítulos.

Inflação e taxas de juros. Qualquer coisa que desloque a curva da oferta ou da demanda de fundos para empréstimos muda a taxa de juros. Historicamente, mudanças na taxa de juros têm sido ocasionadas por muitos fatores, inclusive mudanças na política governamental e inovações tecnológicas que criaram novas oportunidades de investimento.

Contudo, o fator que é provavelmente o mais importante afetando as taxas de juros ao longo do tempo (por exemplo, o principal motivo pelo qual as taxas de juros nos Estados Unidos hoje são muito mais baixas do que eram no fim dos anos 1970 e começo dos anos 1980) é a mudança nas expectativas sobre a inflação futura, que desloca tanto a oferta quanto a demanda por fundos para empréstimo.

Para entender o efeito da inflação esperada sobre a taxa de juros, recorde a discussão do Capítulo 23 sobre o modo como a inflação cria ganhadores e perdedores; por exemplo, a maneira pela qual a inflação elevada dos Estados Unidos nos anos 1970 e 1980 reduziu o valor real de seus empréstimos hipotecários e como isso foi bom para os donos dos imóveis hipotecados, mas ruim para os bancos. Aprendemos também que os economistas resumem o efeito da inflação sobre devedores e credores distinguindo entre a *taxa de juros nominal* e a *taxa de juros real*, em que a diferença é a seguinte:

Taxa de juros real = Taxa de juros nominal – Taxa de inflação

O verdadeiro custo de tomar emprestado é a taxa de juros real, não a nominal. Para entender o motivo, suponha que uma empresa tome um empréstimo de $ 10.000 por um ano com taxa nominal de juros de 10%. Ao fim do ano, ela tem de pagar de volta $ 11.000, a quantidade do empréstimo mais o juro. Mas suponha que, durante o ano, o nível médio de preços aumentou 10%, de modo que a taxa de juros real é zero. Nesse caso, os $ 11.000 têm o mesmo poder de compra do empréstimo original de $ 10.000. Na verdade, o devedor recebeu um empréstimo a juro zero.

Do mesmo modo, a verdadeira remuneração do crédito é a taxa de juros real, não a nominal. Suponha que um banco empreste $ 10.000 por um ano à taxa nominal de 10%. Ao final de um ano, o banco recebe $ 11.000 da liquidação do crédito. Mas, se o nível médio de preços aumentou 10% ao ano, o poder de compra do dinheiro que o banco obtém de volta é meramente o mesmo do dinheiro que emprestou. Em termos reais, o banco fez um empréstimo a juro zero.

Podemos agora acrescentar um detalhe importante à nossa análise do mercado de fundos para empréstimo. As Figuras 25.5 e 25.6 são desenhadas com o eixo vertical medindo a *taxa de juros nominal para dada taxa de inflação esperada no futuro*. Por que usamos a taxa de juros nominal em vez da taxa de juros real? Porque, no mundo real, nem o devedor nem o credor, no momento em que entram em um contrato, sabem qual será a taxa de inflação futura. Contratos reais de empréstimo, portanto, especificam taxa de juros nominal, não taxa de juros real. Contudo, visto que nas Figuras 25.5 e 25.6 estamos mantendo fixa a taxa de juros esperada no futuro, mudanças na taxa de juros nominal levam também a mudanças na taxa de juros real.

As expectativas de devedores e credores sobre taxas de inflação futuras normalmente se baseiam na experiência recente. No fim dos anos 1970, depois de uma década de inflação alta, devedores e credores nos Estados Unidos esperavam que a inflação futura fosse alta. No fim dos anos 1990, depois de uma década de inflação baixa, devedores e credores esperavam que a inflação futura fosse baixa. E essas expectativas variáveis sobre inflação futura tiveram forte efeito sobre a taxa de juros nominal, o que em boa medida explica por que as taxas de juros nos primeiros anos do século XXI eram muito mais baixas do que haviam sido no início dos anos 1980.

Vejamos como mudanças na taxa de inflação esperada no futuro se refletem no modelo dos fundos para empréstimo.

Na Figura 25.9, as curvas S_0 e D_0 mostram a oferta e a demanda de fundos para empréstimo, dada uma taxa de inflação esperada de 0%. Nesse caso, o equilíbrio está em E_0 e a taxa de juros nominal de equilíbrio é 4%. Dado que a taxa de inflação esperada é 0%, a taxa de juros real esperada de equilíbrio durante o período do empréstimo também é 4%.

Suponha agora que a inflação esperada aumente para 10%. A curva de demanda por fundos se desloca para cima, para D_{10}: tomadores de empréstimos dispõem-se a tomar como empréstimo, a uma taxa de juros nominal de 14%, a mesma quantidade que anteriormente estavam dispostos a tomar emprestada a 4%. Isso porque, a uma taxa de inflação de 10%, uma taxa de juros nominal de 14% corresponde a uma taxa de juros real de 4%.

De modo similar, a curva de oferta de fundos para empréstimos se desloca para cima, para S_{10}: os credores exigem uma taxa de juros nominal de 14% para serem persuadidos a emprestar a mesma quantidade que anteriormente emprestariam a 4%. O novo equilíbrio está em E_{10}: o resultado de uma taxa de inflação esperada de 10% é que a taxa de juros nominal de equilíbrio aumenta de 4 para 14%.

De acordo com o **efeito Fisher**, um aumento na inflação futura esperada pressiona para cima a taxa de juros nominal, não afetando a taxa de juros real esperada.

Essa situação pode ser resumida em um princípio geral conhecido como **efeito Fisher** (segundo o economista norte-americano Irving Fisher, que o propôs em 1930): *a taxa de juros real esperada não é afetada por mudanças na inflação futura esperada*.

Figura 25.9 O efeito Fisher.

S_0 e D_0 são as curvas de oferta e demanda para fundos de empréstimo quando a inflação esperada é 0%. A uma taxa de inflação esperada de 0%, a taxa de juros nominal de equilíbrio é 4%. Um aumento na inflação esperada para o futuro eleva em 1 ponto percentual tanto a curva de demanda quanto a de oferta para cada ponto percentual de aumento da inflação futura esperada. D_{10} e S_{10} são as curvas de oferta e demanda de fundos para empréstimo quando a taxa de inflação esperada é 10%. O aumento de 10 pontos percentuais na taxa de inflação esperada para o futuro aumenta a taxa de juros nominal de equilíbrio para 14%. A taxa de juros esperada real permanece em 4%, e a quantidade de equilíbrio de fundos para empréstimo igualmente permanece inalterada.

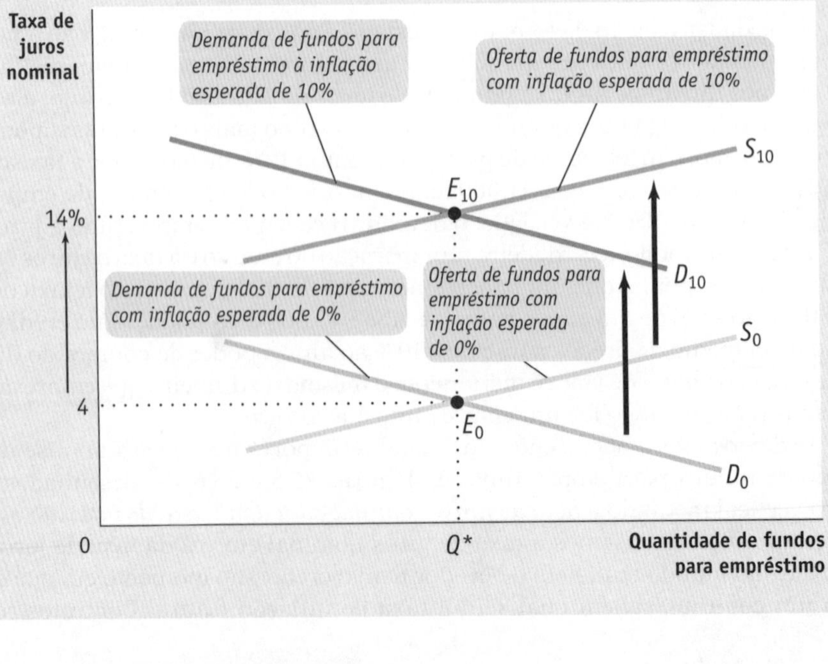

De acordo com o efeito Fisher, um aumento na inflação futura esperada pressiona para cima a taxa de juros nominal, e cada ponto percentual adicional de inflação esperada acrescenta 1 ponto percentual na taxa de juros nominal. O ponto central é que tanto credores quanto devedores baseiam suas decisões na taxa de juros esperada real. Como resultado, uma mudança na taxa de inflação esperada não afeta a quantidade de equilíbrio de fundos para empréstimos nem a taxa de juros real esperada; tudo o que ela afeta é a taxa de juros nominal de equilíbrio.

ECONOMIA >> *em Ação*

Três gerações de taxas de juros nos Estados Unidos

Desde a década de 1950 ocorreram movimentos importantes na taxa de juros dos Estados Unidos. Esses movimentos mostram claramente que mudanças na inflação esperada, bem como mudanças nas taxas de retorno esperadas para os gastos de investimento, alteram a taxa de juros.

O painel (a) da Figura 25.10 ilustra o primeiro efeito. Mostra a taxa média de juros de títulos emitidos pelo governo norte-americano – especificamente, títulos que o governo promete resgatar pelo valor total em 10 anos – entre 1953 e 2020, junto com a taxa de inflação (medida pelo índice de preços ao consumidor) no mesmo período. Como se vê, o grande panorama das taxas de juros é o modo como elas subiram muito nos anos 1970, antes de voltarem a cair nos anos 1980.

Não é difícil ver por que isso aconteceu: a inflação deu um salto nos anos 1970, levando a expectativas muito difundidas de que a inflação alta iria continuar. E, como vimos, a inflação esperada aumenta a taxa de juros de equilíbrio. Quando a inflação baixou na década de 1980, também diminuíram as expectativas de inflação futura, e isso trouxe para baixo também as taxas de juros.

O painel (b) ilustra o segundo efeito: mudanças na taxa de retorno esperada dos gastos de investimento e as taxas de juros, oferecendo um *close* das taxas de juros e a inflação de 2000 a 2020. As taxas de juros têm sido muito menores nos últimos anos – normalmente, abaixo de 2% – do que no início do século XXI, quando costumavam ultrapassar os 5%. Mesmo assim, a inflação não caiu muito. De fato, pesquisas e outras evidências sugerem que a inflação esperada ficou estável, em torno de 2%, durante as duas últimas décadas. O que aconteceu, na verdade,

Figura 25.10 Mudanças na inflação esperada e nas taxas de juros dos EUA.

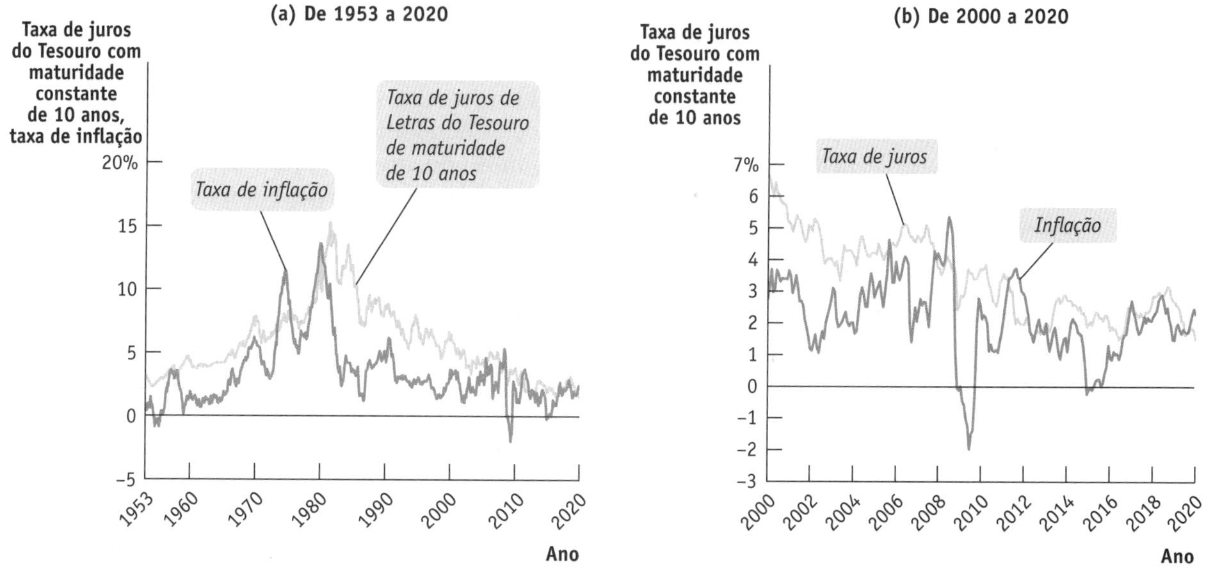

Dados de: Federal Reserve Bank of St. Louis.

parece ter sido uma queda em retornos percebidos nos investimentos. Os economistas ainda discutem as causas dessa queda, embora muitos apontem a redução do crescimento populacional, reduzindo a necessidade de novas moradias, prédios de escritórios e outras formas de capital.

Durante todo esse processo, a poupança total era igual ao gasto de investimento total; e o aumento e a queda da taxa de juros desempenharam papel-chave "casando" devedores com credores.

>> ***Revisão Rápida***

- De acordo com a **identidade poupança-gasto de investimento**, a poupança é igual ao gasto de investimento no conjunto da economia.
- O governo é uma fonte de poupança quando tem **saldo orçamentário** positivo, também conhecido como **superávit orçamentário**. É uma fonte de despoupança quando incorre em um saldo orçamentário negativo, um **déficit orçamentário**, que pode ser custeado por **financiamento do governo** – o montante total de fundos emprestados aos governos federal, estadual e municipal pelos mercados financeiros.
- A poupança é igual à **poupança nacional** mais a **entrada líquida de capital**, que pode ser positiva ou negativa.
- Para fazer a comparação correta, quando custos e benefícios ocorrem em tempos diferentes, é preciso transformar qualquer dólar que será efetivo no futuro em seu valor presente.
- O **mercado de fundos para empréstimo** casa poupadores com tomadores de empréstimo. Em equilíbrio, somente são financiados os projetos de gasto de investimento com taxa de retorno superior ou igual à **taxa de juros de equilíbrio**.
- Como o governo compete com o setor privado no mercado de fundos para empréstimo, um déficit público pode deslocar o gasto de investimento privado, provocando o que é conhecido como ***crowding out***, que não é provável quando a economia está em recessão.
- Fluxos de capital permitem que os países exportem suas economias para tomadores de empréstimo em outros países. O capital flui de um país com taxa de juros mais baixa para um país com maior taxa de juros, reduzindo a diferença nessas taxas. Se os fluxos de capital são grandes, surge um **mercado global de fundos para empréstimo**, equilibrando as taxas de juros entre os países.
- Uma expectativa mais elevada para a inflação futura aumenta a taxa de juros nominal por meio do **efeito Fisher**, deixando inalterada a taxa de juro real.

>> ***Teste seu entendimento* 25.1**

As respostas estão no fim do livro.

1. Ilustre, com um diagrama do mercado de fundos para empréstimo, o efeito dos eventos a seguir sobre a taxa de juros de equilíbrio e o gasto de investimento.
   a. Uma economia se abre para o movimento de capital internacional e ocorre entrada líquida de capital.
   b. Aposentados geralmente poupam menos do que gente que está trabalhando, qualquer que seja a taxa de juros. A proporção de pessoas aposentadas na população aumenta.
2. Explique o que está errado na seguinte afirmação: "Poupança e gasto de investimento podem não ser iguais na economia em seu conjunto porque, quando a taxa de juros aumenta, os domicílios querem poupar mais dinheiro do que o que as empresas querem investir."
3. Suponha que a inflação esperada aumente de 3% para 6%.
   a. Como a taxa de juros real será afetada por essa mudança?
   b. Como a taxa de juros nominal será afetada por essa mudança?
   c. O que acontecerá com a quantidade de equilíbrio dos fundos para empréstimo?

|| Sistema financeiro

Um sistema financeiro em bom funcionamento, reunindo fundos de investidores e a visão de empreendedores, tornou possível a expansão da Amazon. Mas seria enganoso pensar que esse é um fenômeno exclusivamente moderno. Mercados financeiros levantaram fundos que foram usados para desenvolver mercados coloniais na Índia, construir canais cruzando a Europa e financiar as guerras napoleônicas no século XVIII e início do século XIX. Entradas de capital financiaram o início do desenvolvimento econômico nos Estados Unidos, fornecendo fundos para investimentos em mineração, ferrovias e canais. De fato, muitas das principais características dos mercados e dos ativos financeiros são bem conhecidas na Europa e nos Estados Unidos desde o século XVIII. Essas características continuam sendo relevantes hoje. Portanto, comecemos por entender exatamente o que é negociado nos mercados financeiros.

Mercado financeiro é onde os domicílios investem suas economias correntes e acumuladas, ou **riqueza**, comprando *ativos financeiros*. Um **ativo financeiro** é um papel ou título que dá ao comprador desse papel direito a uma renda futura paga pelo vendedor do papel. Por exemplo, quando um poupador empresta fundos a uma companhia, o empréstimo é um ativo financeiro vendido pela companhia, que dá ao credor (o comprador do papel) direito a uma renda futura da companhia.

Um domicílio também pode investir sua poupança corrente ou sua riqueza comprando um **ativo físico**, um objeto tangível que pode ser usado para gerar renda futura, tal como uma casa ou um equipamento preexistente. A compra de um ativo físico dá ao proprietário o direito de dispor do objeto da forma como queira (por exemplo, alugá-lo ou vendê-lo).

Recorde que a compra de um ativo financeiro ou físico é tipicamente denominada investimento. Assim, se você compra um equipamento que já existe – digamos, um avião usado –, está fazendo investimento em um ativo físico. Mas, se você gasta fundos para *acrescentar* estoque de capital físico da economia – digamos, comprando um avião que acaba de ser fabricado –, está fazendo um gasto de investimento.

Se você obtém um empréstimo do seu banco – digamos, a fim de comprar um carro novo –, você e o seu banco estarão criando um ativo financeiro, que é o seu empréstimo. Um *empréstimo* é um tipo importante de ativo financeiro no mundo real, cuja propriedade é de quem empresta – nesse caso, o seu banco local. Ao criarem o empréstimo, você e o seu banco também criam um **passivo**, uma exigência de pagar renda no futuro.

Assim, embora seu empréstimo seja um ativo financeiro do ponto de vista do banco, ele é um passivo do seu ponto de vista. Além de empréstimos, há três outros tipos importantes de ativos financeiros: *ações*, *títulos* e *depósitos bancários*. Como um ativo financeiro é um direito a renda futura que alguém tem de pagar, ele é também um passivo de outro. Logo explicaremos detalhadamente quem arca com o passivo para cada tipo de ativo financeiro.

Esses quatro tipos de ativos financeiros – empréstimos, ações, títulos e depósitos bancários – existem porque a economia desenvolveu um conjunto de mercados especializados, como o mercado de ações e o mercado de títulos, bem como instituições especializadas, como os bancos, que facilitam o fluxo de fundos dos credores aos devedores. Juntas, essas instituições e mercados constituem um sistema financeiro.

Um sistema financeiro que funciona bem é um ingrediente crítico para alcançar o crescimento de longo prazo, porque encoraja mais poupança e mais gasto de investimento. Além disso, garante que a poupança e o gasto de investimento se façam de modo eficiente. Para entendermos como isso ocorre, precisamos saber primeiro quais as tarefas que o sistema financeiro precisa levar a cabo. Depois, veremos como essas tarefas são cumpridas.

Mercado financeiro é onde os domicílios investem suas economias correntes e acumuladas. **Riqueza** de um domicílio é o valor de suas economias acumuladas.

Ativo financeiro é um papel ou título que dá ao comprador direito a uma renda futura paga pelo vendedor.

Ativo físico é um objeto tangível que pode ser usado para gerar renda futura.

Passivo é uma exigência de pagar renda no futuro.

Três tarefas do sistema financeiro

Nossa análise anterior do mercado de fundos para empréstimo ignorou três problemas importantes com que se defrontam devedores e credores: os *custos de transação*, o *risco* e o desejo de *liquidez*. As três tarefas do sistema financeiro são as de reduzir esses problemas de maneira eficiente no que se refere a custos, aumentando a eficiência dos mercados financeiros e tornando mais provável que credores e devedores tenham trocas mutuamente benéficas, ou seja, trocas que tornam a sociedade em seu conjunto mais rica. Vejamos como são desenhados os ativos financeiros e como se desenvolvem instituições para lidar com esses problemas.

Tarefa 1: Reduzir custos de transação. Despesas incorridas para efetivamente montar e completar um negócio ou transação são conhecidas como como **custos de transação**. Por exemplo, para arranjar um empréstimo é preciso gastar tempo e dinheiro negociando os termos da transação, verificando a capacidade de pagamento do tomador do empréstimo, redigindo e executando documentos legais e assim por diante.

Custos de transação são as despesas para negociar e executar uma transação.

Suponha que uma grande empresa decida que quer levantar \$ 1 bilhão para gasto de investimento. Nenhum indivíduo estaria disposto a emprestar tanto assim. E negociar empréstimos individuais de milhares de pessoas diferentes, cada uma querendo emprestar uma quantia modesta, implicaria custos muito elevados, pois cada transação individual incorreria em um custo. Os custos totais seriam tão grandes que a transação completa provavelmente não seria lucrativa para a empresa.

Felizmente, isso não é necessário: quando grandes empresas querem tomar dinheiro emprestado, elas vão ao banco ou vendem títulos no mercado de títulos. Obter empréstimo de um banco evita custos de transação elevados, pois envolve um único tomador do empréstimo e um único credor. Explicaremos como funcionam os títulos na seção a seguir. Por ora, basta notar que a principal razão da existência de um mercado de títulos é que ele permite às empresas tomar emprestado grandes somas sem incorrer em elevados custos de transação.

Tarefa 2: Reduzir o risco financeiro. Um segundo problema que credores e devedores enfrentam no mundo real é o **risco financeiro**, a incerteza sobre resultados futuros que envolvam perdas e ganhos financeiros. O risco financeiro, ou apenas risco, é um problema porque o futuro é incerto, contendo potencial tanto

Risco financeiro é a incerteza sobre resultados futuros que envolvam perdas ou ganhos.

para perdas quanto para ganhos. Por exemplo, possuir e dirigir um carro implica o risco financeiro de acidente sério. A maioria das pessoas considera perdas e ganhos potenciais de modo *assimétrico*: a perda total de bem-estar individual decorrente de perda de dada quantia é considerada maior que o ganho total de bem-estar de receber a mesma quantia.

Uma pessoa que é mais sensível a uma perda do que a um ganho de valor igual tem *aversão ao risco*. A maioria das pessoas tem aversão ao risco, embora em diferentes graus. Por exemplo, pessoas ricas normalmente têm menos aversão ao risco do que pessoas não abastadas.

Um sistema financeiro que funciona bem ajuda as pessoas a reduzirem sua exposição ao risco, que é o que aquelas com aversão ao risco gostariam de fazer. Suponha que a dona de uma empresa espere ter lucro muito maior se comprar determinado equipamento adicional, mas ela não tem certeza absoluta de que isso de fato vai acontecer. Ela pode pagar pelo novo equipamento usando sua poupança ou vendendo sua casa. Mas, se o lucro for significativamente menor do que o esperado, ela terá perdido sua poupança, sua casa ou ambas. Isto é, ela estará se expondo a um grande risco em razão da incerteza quanto a desempenho melhor ou pior de sua empresa. (É por isso que os donos de empresas, que normalmente têm uma porção significativa de sua riqueza pessoal empregada no negócio, normalmente são pessoas com maior tolerância ao risco do que uma pessoa comum.)

Tendo aversão ao risco, essa dona de empresa quer compartilhar o risco de comprar um novo equipamento, mesmo que isso signifique que ela tenha de compartilhar uma parte do lucro se tudo funcionar bem. A dona da empresa faz isso vendendo ações de sua companhia a outras pessoas e usando o dinheiro que recebe da venda de ações, em vez do dinheiro da venda de seus próprios ativos, para financiar a compra do equipamento. Ao vender ações de sua empresa, ela reduz suas perdas pessoais caso o lucro seja inferior ao esperado: não terá perdido seus outros ativos. Mas, se tudo corre bem, os acionistas ganham uma parcela do lucro como retorno de seu investimento.

Ao vender ações de sua empresa, a proprietária conseguiu *diversificação*: ela foi capaz de investir em várias coisas de modo a reduzir seu risco total. Manteve seu investimento na conta bancária, um ativo financeiro; na propriedade de sua casa, um ativo físico; e na propriedade da parte não vendida de sua empresa, um ativo financeiro. Esses investimentos tendem a ter embutido algum risco próprio; por exemplo, seu banco pode ir à falência ou sua casa pode desaparecer em um incêndio (embora, nos Estados Unidos de hoje, seja provável que ela esteja parcialmente protegida contra esses riscos mediante um seguro).

Mas, mesmo na ausência de seguro, é melhor para ela manter investimentos nesses ativos diferentes, porque seus diversos riscos são *eventos não relacionados* ou *independentes*. Isso significa, por exemplo, que não há maior probabilidade de sua casa queimar quando a empresa não vai bem e que não há maior probabilidade de o banco falir caso sua casa sofra um incêndio.

Em outras palavras, se um ativo tiver desempenho precário, é muito provável que os outros ativos não sejam atingidos e, em consequência, o risco total de perda tenha sido reduzido. Mas, se ela tivesse investido toda a sua riqueza na empresa, se defrontaria com a perspectiva de perder tudo caso o desempenho da empresa fosse ruim. Ao esforçar-se por **diversificação** – investir em vários ativos de riscos não relacionados ou independentes entre si –, a dona de empresa reduziu seu risco total de perda.

Um indivíduo pode obter **diversificação** investindo em diferentes ativos, de modo que as possíveis perdas sejam eventos independentes.

O desejo dos indivíduos de reduzir seu risco total fazendo diversificação é a razão pela qual temos ações e um mercado de ações, conforme explicaremos em detalhes na próxima seção.

Tarefa 3: Fornecer liquidez. O sistema financeiro também existe para proporcionar *liquidez* aos investidores, uma preocupação que surge, como o risco, porque o futuro é incerto. Suponha que, depois de conceder um empréstimo, um credor repentinamente precise de dinheiro em caixa – digamos, para cuidar de uma emergência médica. Infelizmente, se o empréstimo foi concedido a uma empresa que usou o dinheiro para comprar equipamento novo, essa empresa não pode amortizar o empréstimo antecipadamente para cobrir a necessidade que tem o credor de recuperar seu dinheiro de antemão. Antecipando isso, ou seja, havendo o perigo de precisar do dinheiro de volta antes do prazo final do empréstimo, o credor pode ter relutância em empatar seu dinheiro emprestando a uma empresa.

Um ativo é **líquido** quando ele pode ser rapidamente convertido em dinheiro sem grande perda de valor; e é **ilíquido** quando não pode. Como veremos, ações e títulos são uma resposta parcial ao problema da liquidez. Os bancos são mais uma forma de os indivíduos manterem ativos líquidos e, ainda assim, financiarem projetos de gastos de investimento ilíquidos, como a compra de equipamento essencial para uma empresa.

Um ativo é **líquido** quando ele pode ser rapidamente convertido em dinheiro sem grande perda de valor.

Um ativo é **ilíquido** quando ele não pode ser rapidamente convertido em dinheiro sem grande perda de valor.

Para ajudar prestadores e tomadores de crédito a fazerem transações mutuamente benéficas, a economia necessita de maneiras de reduzir os custos de transação, de reduzir e administrar o risco pela diversificação e de proporcionar liquidez. Como ela leva a cabo essas tarefas?

Tipos de ativos financeiros

Na economia moderna, há quatro tipos principais de ativos financeiros: *empréstimos, títulos, ações* e *depósitos bancários*. Além disso, a inovação financeira permitiu a criação de ampla gama de *títulos lastreados por empréstimos*. Cada ativo tem uma finalidade um pouco diferente. Agora, examinaremos empréstimos, títulos, ações e títulos lastreados por empréstimos, adiando a análise de depósitos bancários para a seção a seguir.

Empréstimos. Um **empréstimo** é um acordo de crédito entre um credor individual e um devedor individual. A maioria das pessoas conhece os empréstimos na forma de empréstimo bancário para financiar a compra de um carro ou de uma casa, e pequenas empresas normalmente usam empréstimos bancários para comprar equipamento novo.

Um **empréstimo** é um acordo de crédito entre um credor individual e um tomador individual.

A vantagem desse tipo de ativo é que determinado empréstimo normalmente é adaptado às necessidades de seu tomador. Antes de a pequena empresa conseguir um empréstimo, normalmente ela tem de discutir com o credor seus planos empresariais, seus lucros etc. Isso resulta em um crédito que atende às necessidades do devedor e a sua capacidade de pagamento.

A desvantagem é que conceder empréstimo a um indivíduo ou a uma empresa normalmente envolve custos de transação altos, como o custo de negociar os termos do crédito, investigar a história de crédito do tomador do empréstimo, sua capacidade de amortizá-lo etc. Para minimizar esses custos, os tomadores de grande porte, como grandes corporações ou o governo, muitas vezes têm uma abordagem mais direta: eles vendem (ou emitem) títulos.

Títulos. Um contrato emitido por um tomador de empréstimo é conhecido como título. Normalmente, o vendedor do título promete pagar uma soma fixa de juros a cada ano e amortizar o principal – o valor de face estampado no título – ao proprietário do título em uma data específica. Assim, um título é um ativo financeiro do ponto de vista do seu proprietário e um passivo do ponto de vista do seu emissor.

O emissor de título vende certa quantidade de títulos com taxa de juros e data de vencimento determinadas para quem queira comprá-lo – processo que evita a negociação custosa dos termos de um empréstimo com muitos tomadores individuais.

Os compradores de títulos podem obter gratuitamente informações sobre a qualidade do emissor, como sua história de crédito, fornecida pelas agências de avaliação de risco, em vez de terem de arcar eles mesmos com a despesa da investigação. Uma preocupação especial dos investidores é a possibilidade de **inadimplência**, o risco de que o emissor do título não consiga fazer os pagamentos de acordo com o que foi especificado no contrato. Quando se avalia o risco de inadimplência em um título, ele pode ser vendido no mercado de títulos como um produto mais ou menos padrão, ou seja, um produto com termos e qualidade claramente definidos.

Ocorre **inadimplência** quando um tomador deixa de fazer os pagamentos de acordo com o que foi especificado pelo contrato do empréstimo ou título.

Geralmente, títulos com alto risco de inadimplência devem pagar maior taxa de juros para se atraírem investidores.

Outra vantagem importante dos títulos é que eles são fáceis de revender. Isso oferece liquidez aos compradores dos títulos. De fato, um título frequentemente passa por muitas mãos antes de seu prazo de vencimento final. Empréstimos, ao contrário, são muito mais difíceis de revender porque, diferentemente dos títulos, eles não são padronizados: diferem em tamanho, qualidade, termos e assim por diante. Isso os torna bem menos líquidos que os títulos.

Um **título lastreado por empréstimo** é um ativo financeiro criado pela reunião de empréstimos individuais e venda de participações nesse *pool*.

Títulos lastreados por empréstimos. Chamam-se **títulos lastreados por empréstimos** os ativos criados quando se reúnem empréstimos na forma de um *pool* e se vendem participações nesse *pool* (um processo chamado *securitização*). Esse tipo de ativo tornou-se extremamente popular nas duas últimas décadas. Embora os títulos lastreados por empréstimos hipotecários – em que milhares hipotecas individuais são reunidas em um *pool* e os títulos são vendidos aos investidores – sejam o exemplo mais conhecido, a securitização também tem sido amplamente aplicada em diversos outros ativos, como empréstimos educacionais, recebíveis de cartões de crédito e financiamentos de automóveis.

Esses títulos financeiros lastreados por empréstimos são negociados nos mercados financeiros, assim como os títulos, e são preferidos pelos investidores porque proporcionam maior diversificação e liquidez do que empréstimos individuais. Contudo, com tantos empréstimos "empacotados" juntos, pode ser difícil avaliar a verdadeira qualidade do ativo. Essa dificuldade veio a alarmar os investidores durante a crise financeira de 2008, quando o estouro da bolha imobiliária nos Estados Unidos levou a uma enorme inadimplência nos empréstimos hipotecários e a grandes perdas para os portadores de títulos financeiros "supostamente seguros" lastreados naqueles empréstimos hipotecários, perdas que se espalharam por todo o sistema financeiro.

Ações. Ação é uma participação na propriedade de uma companhia. Uma participação acionária é um ativo financeiro do ponto de vista do dono das ações e um passivo do ponto de vista da empresa. Nem todas as empresas vendem participação acionária. Empresas de capital fechado são propriedade de um indivíduo ou de uns poucos parceiros, que assim ficam com o total do lucro da companhia. A maioria das grandes empresas, contudo, vende ações. Por exemplo, a Microsoft tem cerca de 8 bilhões de ações no mercado; se você compra uma dessas ações, tem direito a 1 sobre 8 bilhões do lucro da companhia, bem como 1 voto dentre os 8 bilhões de votos nas decisões da companhia.

Por que a Microsoft, uma companhia historicamente muito lucrativa, permite que se compre participação em sua propriedade? Por que Bill Gates e Paul Allen, os dois fundadores da Microsoft, não mantêm a propriedade toda para si mesmos, simplesmente vendendo títulos para cobrir seus gastos de investimento? A razão, como acabamos de ver, é o risco: poucos indivíduos têm tolerância ao risco a ponto de enfrentarem o risco de serem proprietários únicos de uma grande companhia.

Reduzir o risco com quê se defrontam os proprietários de um negócio, contudo, não é a única maneira pela qual a existência de ações melhora o bem-estar da sociedade: elas também melhoram o bem-estar do investidor que compra ações. Proprietários de ações podem se beneficiar dos retornos mais elevados ao longo do tempo que, em geral, as ações oferecem comparadas com os títulos. Durante o século passado, as ações normalmente renderam cerca 7% depois de ajuste para descontar a inflação, enquanto os títulos renderam apenas cerca de 2%. Mas, como as companhias de investimento sempre advertem, "desempenho passado não é garantia de resultados futuros".

E há um aspecto negativo: ser proprietário de ações de dada companhia é mais arriscado do que ser proprietário de títulos emitidos pela mesma companhia. Por quê? Dito de modo muito geral, um título é uma promessa, enquanto uma ação é uma esperança: por lei, a companhia tem de pagar o que deve aos credores antes de distribuir lucro aos seus acionistas. E, se a companhia for à falência (isto é, se ela se tornar incapaz de pagar seus juros e declarar bancarrota), seus ativos físicos e financeiros irão para os proprietários dos títulos, seus credores, enquanto os acionistas em geral não recebem nada. Assim, embora uma ação costume dar retorno mais alto ao investidor do que um título, ela também implica risco mais elevado.

Mas o sistema financeiro elaborou formas de ajudar os investidores, bem como os proprietários de empresas, a administrarem o risco e ao mesmo tempo se beneficiarem de retornos um pouco mais altos. Isso se faz por meio dos serviços de instituições conhecidas como *intermediários financeiros*.

Intermediários financeiros

Intermediário financeiro é uma instituição que transforma em ativos financeiros o conjunto dos fundos recebidos de muitos indivíduos. Os tipos mais importantes de intermediários financeiros são os *fundos mútuos*, os *fundos de pensão*, as *companhias de seguro de vida* e os *bancos*. Cerca de três quartos dos ativos financeiros detidos pelos norte-americanos são mantidos por esses intermediários e não diretamente.

Intermediário financeiro é uma instituição que transforma em ativos financeiros o conjunto dos fundos recebidos de muitos indivíduos.

Fundos mútuos. Como explicamos, ser dono de ações de uma companhia implica riscos, em troca de retorno potencialmente mais alto. Mas não é nenhuma surpresa que quem investe em ações pode reduzir seu risco total fazendo diversificação. Ao serem proprietários de uma *carteira diversificada* de ações (um grupo de ações cujos riscos não são relacionados nem se compensam uns aos outros), em vez de concentrar o investimento nas ações de uma única companhia ou grupo de companhias relacionadas entre si, os investidores podem reduzir seu risco.

Além disso, os assessores financeiros, conscientes de que a maioria das pessoas tem aversão ao risco, quase sempre, aconselham seus clientes a diversificarem não só a sua carteira de ações, mas o total da sua riqueza, mantendo outros ativos além de ações, como títulos e depósitos à vista (e, ainda mais, contratar bastante seguro para o caso de perdas acidentais).

Contudo, para indivíduos que não têm grandes somas para investir, como $ 1 milhão ou mais, montar uma carteira diversificada de ações pode significar custos de transação elevados (em particular, as taxas pagas a corretores), pois eles têm de comprar poucas ações de muitas companhias. Felizmente para esses investidores, os *fundos mútuos* resolvem o problema de conseguir diversificação sem custos de transação muito altos.

Um **fundo mútuo** é um intermediário financeiro que cria uma carteira de ações comprando e mantendo ações de companhias e depois revende a investidores individuais uma participação na carteira de ações. Ao comprarem essas ações do fundo, investidores com quantia relativamente pequena de dinheiro para investir podem indiretamente ter uma carteira diversificada, obtendo, sob qualquer nível de risco, um retorno melhor do que poderiam obter de outro modo. A Tabela 25.1 mostra um exemplo de fundo mútuo diversificado, o Vanguard 500 Index Fund. Ele mostra a porcentagem do dinheiro dos investidores na carteira do fundo mútuo aplicada em ações das maiores companhias.

Fundo mútuo é um intermediário financeiro que cria uma carteira de ações e depois revende a investidores individuais uma participação nessa carteira.

Muitos fundos mútuos também fazem análises financeiras sobre as companhias nas quais investem. Isso é importante, pois há milhares de companhias norte-americanas emitindo ações (sem falar nas companhias estrangeiras), cada uma delas diferente em termos de lucratividade, distribuição de dividendos etc. Levaria muito tempo e seria muito caro para um investidor individual fazer essa pesquisa de forma adequada, até mesmo em relação a um número pequeno de empresas. Os fundos mútuos economizam custos de transação fazendo essa pesquisa para seus clientes.

Tabela 25.1 Vanguard 500 Index Fund, principais componentes (janeiro de 2020)

Companhia	Porcentagem dos ativos do fundo mútuo investida na companhia
Microsoft Corp.	5,03%
Apple Inc.	4,64
Amazon.com Inc.	3,19
Facebook Inc. A	1,88
Alphabet Inc. A	1,63
Alphabet Inc. C	1,63
Berkshire Hathaway Inc. B	1,60
Johnson & Johnson	1,44
JPMorgan Chase & Co.	1,43
Visa Inc. A	1,27

Dados de: Morningstar.

O setor de fundos mútuos representa uma parcela enorme da moderna economia norte-americana, não apenas do sistema financeiro norte-americano. No total, os fundos mútuos nos Estados Unidos tinham ativos de US$ 17,7 trilhões no final de 2019. O maior fundo em 2019 era o Vanguard, que administrava US$ 3,4 trilhões em fundos mútuos.

Devemos mencionar, aliás, que os fundos mútuos cobram taxas de administração por seus serviços. Essas taxas são relativamente baixas nos fundos mútuos que mantêm carteira diversificada de ações, sem tentar escolher vencedores. Mas as taxas de administração cobradas por fundos mútuos que alegam ter competência técnica especial em aplicar seu dinheiro podem ser bastante elevadas.

Fundos de pensão são um tipo de fundo mútuo que mantém ativos a fim de oferecer renda de aposentadoria aos seus membros.

Fundos de pensão e companhias de seguro de vida. Além dos fundos mútuos, muitos norte-americanos têm participação em **fundos de pensão**, instituições sem fins lucrativos que coletam a poupança de seus membros e investem esses fundos em uma grande variedade de ativos, garantindo a seus membros uma renda quando eles se aposentam. Embora os fundos de pensão estejam sujeitos a algumas regras especiais e recebam tratamento tributário especial, eles funcionam de forma bastante semelhante aos fundos mútuos. Investem em uma variada gama de ativos financeiros, permitindo a seus membros diversificação e oferecendo análises financeiras com um custo menor do que conseguiriam individualmente. Ao fim de 2019, os fundos de pensão nos Estados Unidos tinham ativos de mais de US$ 24,4 trilhões.

Companhias de seguro de vida vendem apólices que garantem um pagamento aos beneficiários de quem detém a apólice quando o detentor da apólice morre.

Os norte-americanos também têm fundos substanciais em apólices de **companhias de seguro de vida**, que garantem um pagamento aos beneficiários de quem detém a apólice (normalmente, a família) quando esse detentor da apólice morre. Ao permitir que os detentores de apólices protejam seus beneficiários de dificuldades financeiras decorrentes de sua morte, as companhias de seguro de vida igualmente melhoram o bem-estar reduzindo o risco.

Bancos. Recorde o problema da liquidez: tudo o mais mantido constante, as pessoas preferem ativos que possam ser imediatamente convertidos em dinheiro vivo. Títulos e ações são muito mais líquidos do que ativos físicos ou empréstimos, mas o custo de transação de vender títulos ou ações para enfrentar um gasto repentino pode ser elevado. Além disso, para muitas companhias de porte pequeno ou médio, o custo de emitir títulos e ações é elevado demais, considerada a quantia modesta de dinheiro que elas procuram levantar. Um *banco* é uma instituição que ajuda a resolver o conflito entre o desejo de liquidez de quem concede um empréstimo e a necessidade financeira do tomador do empréstimo que não quer usar os mercados de ações ou de títulos.

Depósito bancário é um direito sobre um banco, que é obrigado a devolver o dinheiro se e quando a pessoa precisar.

Um banco funciona, primeiro, aceitando fundos dos *depositantes*; quando alguém deposita seu dinheiro em uma conta bancária, basicamente se transforma em credor ao emprestar seu dinheiro ao banco. Em troca, essa pessoa é creditada com um **depósito bancário**, um direito sobre o banco, que é obrigado a devolver o dinheiro se e quando a pessoa precisar. Assim, um depósito bancário é um ativo financeiro de propriedade do depositante e um passivo para um banco onde foi feito o depósito.

O banco, contudo, mantém apenas uma fração dos depósitos de seus clientes na forma de dinheiro à vista. A maioria dos seus depósitos é emprestada a empresas, compradores de casas novas e outros tomadores de empréstimo. Esses empréstimos são acompanhados de um compromisso de longo prazo do banco aos tomadores de empréstimo: desde que um devedor faça seus pagamentos no prazo, o empréstimo não pode ser cancelado pelo banco para ser convertido em dinheiro. Assim, o banco possibilita a quem queira tomar emprestado por longos períodos que faça uso dos fundos de quem deseja emprestar, mas quer ao mesmo tempo manter a capacidade de obter de volta seu dinheiro sempre que precisar.

Banco é um intermediário financeiro que fornece ativos financeiros líquidos na forma de depósitos aos credores e usa os fundos destes para financiar as necessidades de gastos de investimentos ilíquidos dos tomadores de empréstimo.

Mais formalmente, o **banco** é um intermediário financeiro que fornece ativos financeiros líquidos na forma de depósitos aos credores e usa os fundos destes para financiar as necessidades de gastos de investimentos ilíquidos dos tomadores

COMPARAÇÃO GLOBAL TÍTULOS CORPORATIVOS NOS ESTADOS UNIDOS E NA ZONA DO EURO

Uma empresa pode tomar fundos emprestados de duas maneiras: vendendo títulos a investidores ou obtendo empréstimos de bancos. Cada estratégia possui vantagens e desvantagens.

Por um lado, a emissão de títulos tende a ser mais barata do que os empréstimos bancários, pois elimina o intermediário. Além disso, os bancos muitas vezes impõem condições para emprestar, restringindo a liberdade do tomador de conduzir seus negócios da maneira que desejar. Por outro lado, os empréstimos bancários podem ser menos arriscados do que a emissão de títulos. Se um tomador de empréstimo entrar em dificuldade, seu banco normalmente o apoiará, oferecendo mais tempo para pagar, caso haja um bom plano em vigor para resolver seus problemas. Os detentores de títulos são muito menos flexíveis.

Essa é uma escolha difícil – e, curiosamente, as empresas nos Estados Unidos e suas contrapartes na Europa geralmente fazem escolhas diferentes. A figura mostra o valor dos títulos emitidos por sociedades não financeiras nos Estados Unidos e na Zona do Euro, grupo de países europeus que utilizam o euro como moeda comum, ambos expressos em percentagem do PIB em 2019. As empresas dos EUA emitem mais títulos do que as europeias, que dependem muito mais de empréstimos bancários.

Por que a diferença? Geralmente, as empresas norte-americanas são mais inclinadas a assumir riscos. Além disso, as famílias europeias são mais propensas do que as norte-americanas a deixar grandes somas em contas bancárias. Como resultado, os bancos europeus têm mais dinheiro para emprestar do que os norte-americanos.

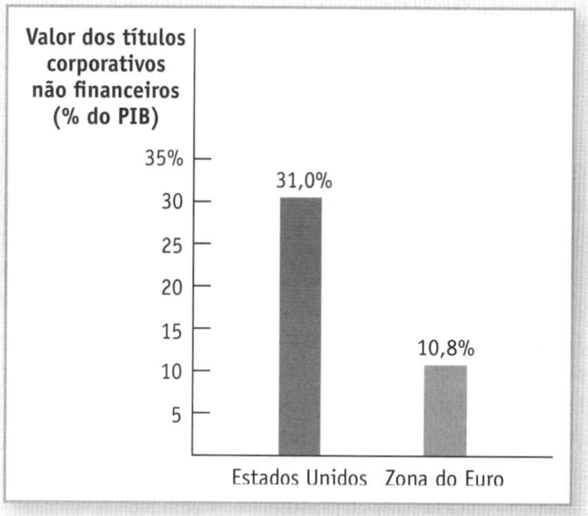

Dados de: BIS Statistics Explorer.

de empréstimo. Basicamente, um banco se dedica a uma espécie de descompasso ou descasamento: emprestar por longos períodos de tempo, mas ao mesmo tempo estar submetido à condição de que seus depositantes possam demandar de volta seus fundos a qualquer momento. Como ele consegue isso?

O banco conta com o fato de que, em média, apenas uma pequena fração de seus depositantes vai querer todo o dinheiro ao mesmo tempo. Em determinado dia, algumas pessoas farão retiradas e outras farão novos depósitos; grosso modo, uma coisa compensa a outra. Assim, o banco precisa manter somente uma quantia limitada de dinheiro à vista para satisfazer seus depositantes.

Além disso, há mecanismos que garantem ao depositante individual retirar seu dinheiro caso o banco se torne financeiramente incapaz de pagar seus depósitos. Nos Estados Unidos, os depósitos bancários individuais são garantidos até o limite de US$ 250.000 por uma agência federal, a Federal Deposit Insurance Corporation (FDIC).[2] Isso reduz o risco de o depositante ter um depósito bancário e, assim, reduz o incentivo para retirar os fundos caso surjam preocupações a respeito da situação financeira do banco. Desse modo, em circunstâncias normais, os bancos precisam manter apenas uma fração dos seus depósitos em dinheiro vivo.

Ao reconciliar a necessidade dos poupadores de ter ativos líquidos com a necessidade dos tomadores de empréstimo de obter financiamento de longo prazo, os bancos desempenham um papel econômico essencial. Como explica a seção Economia em Ação a seguir, a criação de um sistema bancário que funcione bem parece ser uma condição importante para o êxito econômico.

[2]N. R.: No Brasil, temos o Fundo Garantidor de Créditos (FGC), associação sem fins lucrativos criada em 1995, que garante créditos até R$ 250 mil por instituição ou conglomerado financeiro, até o teto de R$ 1 milhão por CPF ou CNPJ.

ECONOMIA >> *em Ação*

Bancos, sucesso e a América do Sul

A Argentina, como observamos no Capítulo 24, é um exemplo notável de crescimento econômico decepcionante no longo prazo. No início do século XX, era considerado um país rico, mas o PIB *per capita* cresceu lentamente desde então. E nas últimas décadas a Argentina ficou bem atrás de alguns de seus vizinhos, especialmente o Chile, a maior história de sucesso econômico da América Latina. Até 1990, a Argentina era um pouco mais rica do que o Chile, mas desde então o PIB *per capita* do Chile aumentou a uma taxa anual de 3,3%, contra apenas 1,7% na Argentina, de modo que o Chile é agora cerca de 50% mais rico que seu vizinho.

O que explica essa diferença de circunstâncias? Certamente há vários motivos, mas o desenvolvimento financeiro é provavelmente um fator importante. Após uma crise bancária no início da década de 1980, o Chile implementou reformas que tornaram os bancos mais seguros, incentivando os poupadores a aumentarem os depósitos e permitindo rápido crescimento dos empréstimos ao setor privado. A Argentina, por outro lado, continuou a vivenciar uma série de crises bancárias, bem como surtos de inflação que corroeram o valor real dos depósitos.

O resultado é que há muito mais intermediação financeira no Chile do que na Argentina. Como medida aproximada da quantidade de intermediação financeira em uma economia, economistas costumam usar o crédito doméstico ao setor privado, medido como porcentagem do PIB. Em países avançados, com instituições financeiras bem desenvolvidas, esse número normalmente varia entre 100 e 200%. Em 2018, o crédito interno do Chile era de 116% do PIB, proporção semelhante à dos países avançados. Na Argentina, o número ficou em apenas 16%, indicando uma economia com intermediação financeira muito limitada. Isso provavelmente significa que o Chile está fazendo um trabalho muito melhor do que seu vizinho outrora rico, canalizando suas economias para investimentos produtivos.

>> *Revisão Rápida*

- **Mercados financeiros** são instâncias onde as famílias podem investir suas economias correntes ou sua **riqueza** comprando **ativos financeiros** ou **ativos físicos**. Ativo financeiro é um **passivo**, do ponto de vista do seu vendedor.
- Um sistema financeiro funcionando bem reduz os **custos de transação**, reduz o **risco financeiro** permitindo **diversificação** e fornece ativos **líquidos**, que os investidores preferem em comparação com ativos **ilíquidos**.
- Os quatro principais tipos de ativos financeiros são **empréstimos**, títulos, ações e **depósitos bancários**. Uma inovação recente são os **títulos lastreados por empréstimos**, que são mais líquidos e mais diversificados que empréstimos individuais. Títulos com risco elevado de **inadimplência** normalmente são obrigados a pagar juros mais altos.
- Os tipos mais importantes de **intermediários financeiros** são **fundos mútuos, fundos de pensão, companhias de seguro de vida** e **bancos**.
- Um banco aceita depósitos bancários, o que significa que ele se obriga a devolver o dinheiro do depositante quando este solicita, e empresta esses fundos aos tomadores de empréstimo a prazos longos.

>> *Teste seu entendimento* 25.2

As respostas estão no fim do livro.

1. Ordene os ativos a seguir em termos de (i) nível dos custos de transação, (ii) nível de risco, (iii) nível de liquidez.
   a. Um depósito bancário com taxa de juros garantida.
   b. Uma participação em fundo mútuo altamente diversificado que pode ser vendida rapidamente.
   c. Uma participação em negócio familiar que só pode ser vendida se você encontra compradores e se todos os membros da família concordam com a venda.
2. Que relação se deve esperar entre o nível de desenvolvimento do sistema financeiro de um país e o seu nível de desenvolvimento econômico? Explique em termos do nível de poupança e do nível de gastos de investimento do país.

Flutuações financeiras

Aprendemos que o sistema financeiro é uma parte essencial da economia; sem mercado acionário, mercado de títulos e bancos, seria difícil alcançar crescimento econômico de longo prazo. Mas a novidade não é totalmente boa: às vezes, o sistema financeiro não funciona bem e é na verdade uma fonte de instabilidade no curto prazo.

De fato, em meados de 2007, as consequências financeiras de uma queda aguda nos preços dos imóveis residenciais se transformaram em grave problema para os responsáveis pela política econômica. Quando chegamos ao terceiro trimestre de 2008, estava claro que a economia norte-americana se defrontava com uma grave desaceleração à medida que se ajustava às consequências da enorme queda de valor das residências, e o desemprego continuou elevado durante anos. Poderíamos facilmente escrever todo um livro sobre flutuações do mercado de ativos. De fato, muitas pessoas já o fizeram. Aqui, discutiremos brevemente as causas das flutuações nos preços dos ativos.

A demanda por ações

Depois que uma companhia emite ações para venda a investidores, essas ações podem ser revendidas a outros investidores no mercado acionário. E, graças à TV a cabo e à internet, pode-se facilmente passar o dia olhando flutuações do mercado de ações – os movimentos para cima e para baixo dos preços de ações individuais –, bem como de índices compostos de ações, como o Dow Jones Industrial Average. Essas flutuações refletem mudanças na oferta e na demanda dos investidores. Mas o que faz com que a oferta e a demanda de ações se alterem?

Recorde que ações são ativos financeiros: elas são participações na propriedade de uma companhia. Diferentemente de um bem ou serviço cujo valor para o proprietário decorre do seu consumo, o valor de um ativo deriva de sua capacidade de gerar no futuro um consumo mais alto de bens e serviços.

Um ativo financeiro permite consumo futuro mais alto de duas maneiras. Primeiro, muitos ativos financeiros proporcionam renda regular a seus proprietários na forma de pagamento de juros e dividendos. Muitas companhias, contudo, não pagam dividendos; em vez disso, retêm seus rendimentos para financiar futuros gastos de investimento. Investidores compram ações que não pagam dividendos na crença de que terão rendimento vendendo as ações com lucro no futuro, o que é a segunda maneira de gerar renda futura mais alta. Mesmo no caso de títulos ou ações que pagam dividendos, os investidores não vão querer comprar agora um ativo se acreditam que no futuro esse ativo será vendido por menos do que hoje, pois um ativo assim reduziria sua riqueza no momento em que eles o vendessem.

Assim, o valor de um ativo financeiro hoje depende da crença do investidor sobre o valor futuro ou preço futuro do ativo. Isto é, se o investidor acredita que ele vai valer mais no futuro, haverá maior demanda desse ativo hoje a qualquer preço dado; em consequência, o preço de equilíbrio que o ativo exibe hoje vai aumentar. De modo correspondente, se o investidor acredita que o ativo terá menor valor no futuro, haverá menor demanda hoje sob qualquer preço; dessa forma, o preço atual de equilíbrio do ativo vai cair. Os preços correntes das ações mudam de acordo com as mudanças nas expectativas dos investidores sobre os preços futuros das ações.

Suponha que exista um evento que cause um aumento no preço futuro esperado das ações de uma companhia – por exemplo, a Apple anuncia que espera lucros mais altos graças a vendas torrenciais da sua última versão do iPhone. A demanda por ações da Apple aumentará. Ao mesmo tempo, os detentores de ações estarão menos dispostos a oferecer suas ações no mercado a qualquer preço que seja, o que

PARA MENTES CURIOSAS **E agora, Dow Jones?**

O noticiário financeiro muitas vezes começa com a reportagem sobre o mercado acionário do dia, medido nos EUA por mudanças nos índices Dow Jones, S&P 500 e NASDAQ.

Os três são índices do mercado de ações. Como o índice de preços ao consumidor, eles são números construídos como um resumo dos preços médios – nesse caso, preços de ações.

- O Dow, criado pela companhia de análise financeira Dow Jones, é um índice de preços composto das ações das 30 maiores companhias.
- O S&P 500 é um índice de 500 companhias criado pela Standard and Poor's, outra companhia financeira.
- O NASDAQ é compilado pela associação nacional das corretoras nos Estados Unidos (National Association of Securities Dealers), que faz transações com ações de companhias novas menores.

Por conterem diferentes grupos de ações, esses índices monitoram coisas um tanto diferentes. O Dow Jones, por abranger apenas 30 das maiores companhias, tende a refletir os poderosos tradicionais do mundo dos negócios. O NASDAQ é bastante influenciado por ações de empresas de tecnologia. O S&P 500, uma medida mais ampla, ocupa posição intermediária.

Esses índices dão aos investidores uma visão rápida de como estão se comportando as ações de certos setores da economia. E o preço de uma ação embute as expectativas dos investidores sobre as perspectivas futuras da companhia subjacente. Por conseguinte, um índice composto de ações de companhias de um setor particular incorpora as expectativas dos investidores sobre as perspectivas futuras daquele setor da economia.

leva a uma redução na oferta de ações da Apple. E, como sabemos, um aumento de demanda ou uma redução de oferta (ou ambos) causa aumento de preço.

Alternativamente, suponha que ocorra um evento que leve a uma queda no preço futuro esperado das ações de uma companhia – digamos que a Home Depot[3] anuncie que espera menos lucro por causa da desaceleração na venda de imóveis residenciais que deprimiu a procura de melhorias e reformas de residências. A demanda por ações da Home Depot vai cair. Ao mesmo tempo, a oferta vai aumentar, pois quem possui ações estará mais disposto a oferecer ações da Home Depot no mercado. Ambas as mudanças provocam queda no preço da ação.

Por conseguinte, os preços das ações são determinados por oferta e demanda, que, por sua vez, dependem das expectativas dos investidores sobre o preço futuro da ação.

Os preços das ações são influenciados também pelo grau de atração de ativos substitutivos, como os títulos. Conforme já vimos, a demanda de um bem particular diminui quando a compra de um bem substituto fica mais atrativa – por exemplo, por conta de uma queda no seu preço. O mesmo se aplica às ações: quando comprar títulos se torna mais atrativo pela alta da taxa de juros, os preços das ações caem. E quando a compra de títulos fica menos atrativa por causa de uma queda na taxa de juros, os preços das ações sobem.

A demanda por outros ativos

Tudo o que dissemos até agora sobre as ações se aplica também a outros ativos, inclusive ativos físicos. Pense na demanda por imóveis comerciais, como edifícios de escritórios, *shopping centers* e outras estruturas que oferecem espaço para atividades de negócios. Um investidor que compra um edifício comercial faz isso por duas razões. Primeiro, porque o espaço no edifício pode ser alugado, e o proprietário do edifício recebe uma renda na forma de aluguéis. Segundo, os investidores podem ter a expectativa de que o edifício aumente de valor, o que significa que ele poderá ser vendido a preço mais alto no futuro.

Como no caso das ações, a demanda por imóveis comerciais também depende de quão atrativos sejam os ativos substitutos, em especial os títulos. Quando a taxa de juros aumenta, a demanda por imóveis comerciais diminui; quando a taxa de juros diminui, a demanda por imóveis comerciais aumenta.

A maioria dos norte-americanos não é proprietária de imóveis comerciais. Apenas metade da população tem propriedade de ações, mesmo indiretamente por meio dos fundos mútuos, e a maioria dessas pessoas possui um total de ações bem abaixo de 50.000 dólares. Mas, no fim de 2019, cerca de 65% das famílias norte-americanas eram proprietárias de outro tipo de ativo: eram donas de suas residências. O que determina o preço dos imóveis residenciais?

Você poderá duvidar que os preços de imóveis residenciais possam ser analisados do mesmo modo que os preços das ações ou o preço de imóveis comerciais. Afinal de contas, as ações pagam dividendo e os prédios comerciais proporcionam renda de aluguel, mas quando a família mora em uma casa de sua propriedade não há uma quantia de dinheiro trocando de mãos.

Em termos econômicos, no entanto, isso não importa muito. Em grande medida, a vantagem de ser dono de sua própria residência é que você não precisa pagar aluguel a outra pessoa, ou, dito de outra maneira, você paga aluguel a si mesmo. De fato, o governo dos Estados Unidos inclui em suas estimativas do PIB o *aluguel implícito*, isto é, uma estimativa do montante em aluguéis que os donos de suas casas de fato pagam a si mesmos. A quantia que as pessoas dispõem-se a pagar por uma casa depende em parte da renda implícita que elas esperam receber por essa casa.

A demanda de imóveis residenciais, como a demanda de outros ativos, também depende do que as pessoas esperam que vá acontecer com os preços futuros: elas estarão dispostas a pagar mais por uma casa quando acreditarem que poderão vendê-la por um preço mais alto em algum momento futuro.

[3]N. T.: A Home Depot é uma varejista norte-americana que vende produtos para o lar e a construção civil.

Por último, mas não menos importante, a demanda de residências depende da taxa de juros: um aumento na taxa de juros aumenta o custo de um empréstimo hipotecário e traz redução na demanda de imóveis residenciais; uma redução na taxa de juros reduz o custo do crédito imobiliário e acarreta aumento na demanda de residências.

Os preços de todos os ativos, portanto, são determinados por um conjunto similar de fatores. Mas ainda não respondemos inteiramente à pergunta sobre o que determina os preços dos ativos, pois ainda não explicamos o que determina as *expectativas* dos investidores sobre os preços futuros dos ativos.

Expectativas de preço dos ativos

Há duas visões principais conflitantes sobre como as expectativas de preço das ações são determinadas. A primeira visão, que vem da análise econômica tradicional, dá ênfase a motivos racionais pelos quais as expectativas *deveriam* mudar. A outra, que predomina entre participantes do mercado e é apoiada também por alguns economistas, dá ênfase à irracionalidade dos participantes do mercado.

A hipótese dos mercados eficientes. Suponha que você esteja tentando avaliar quanto de fato vale a ação da Home Depot. Para fazê-lo, você examinaria os *fundamentos*, os determinantes subjacentes dos lucros futuros da companhia. Isso incluiria fatores como mudanças nos hábitos de compra do público norte-americano e as perspectivas de reformas de residências. Você teria de comparar também os rendimentos esperados da Home Depot com os retornos prováveis de outros ativos financeiros, como títulos.

De acordo com uma das visões sobre os preços de ativos, o valor que você encontraria depois de um estudo cuidadoso desse tipo acabaria sendo de fato o preço pelo qual a ação da Home Depot já está sendo vendida no mercado. Por quê? Porque toda a informação disponível para o público sobre os fundamentos da Home Depot já estaria embutida no preço da ação. Qualquer diferença entre o preço de mercado e o valor sugerido por uma análise cuidadosa dos fundamentos subjacentes indicaria uma oportunidade de lucro para os investidores espertos, que venderiam ações da Home Depot se o preço delas parecesse exagerado e comprariam se o preço parecesse subestimado.

A **hipótese dos mercados eficientes** é a forma geral dessa visão; ela significa que os preços dos ativos sempre materializam toda a informação publicamente disponível. Uma implicação da hipótese dos mercados eficientes é que, em qualquer momento no tempo, os preços das ações têm valores justos: eles refletem toda a informação disponível no momento sobre os fundamentos. Por conseguinte, não estão superestimados nem subestimados.

De acordo com a **hipótese dos mercados eficientes**, os preços dos ativos materializam toda a informação publicamente disponível.

Outra implicação da hipótese dos mercados eficientes é que os preços das ações e de outros ativos mudariam apenas em resposta a novas informações sobre os fundamentos subjacentes. Como uma nova informação por definição é imprevisível – pois, se fosse previsível, não seria informação nova –, os movimentos nos preços dos ativos são também imprevisíveis. Em consequência, o movimento dos preços das ações, por exemplo, seria um **passeio aleatório** – o termo geral para o movimento de uma variável imprevisível ao longo do tempo.

Um **passeio aleatório** é o movimento de uma variável imprevisível ao longo do tempo.

A hipótese dos mercados eficientes desempenha um papel importante na compreensão de como funcionam os mercados financeiros. A maioria dos profissionais no mercado de investimentos e muitos economistas, no entanto, consideram essa hipótese simplista. Segundo eles, os investidores não são assim tão racionais.

Mercados irracionais? Muitas pessoas que operam de fato nos mercados, como investidores individuais e corretores profissionais, expressam ceticismo quanto à hipótese dos mercados eficientes. Acreditam que os mercados muitas vezes se comportam de modo irracional e que os investidores espertos podem empregar um bem-sucedido *timing* de mercado – comprando ações quando seu preço está subestimado e vendendo-as quando o preço está superestimado.

Embora os economistas geralmente sejam céticos quanto à existência de maneiras garantidas de tirar vantagem do mercado, muitos questionaram também a hipótese dos mercados eficientes. É importante entender, contudo, que descobrir exemplos particulares em que o mercado funcionou errado não é prova suficiente contra a hipótese dos mercados eficientes. Se o preço da ação da Home Depot afunda de $ 40 para $ 10 por causa de uma mudança repentina nos padrões de compra, isso não significa que o mercado era ineficiente ao, originalmente, resultar no preço de $ 40 por aquela ação. O fato de que padrões de compra estavam para mudar não era uma informação publicamente disponível, de modo que não estava incorporado no preço anterior da ação.

Questionamentos sérios da hipótese dos mercados eficientes, na verdade, põem o foco na evidência de comportamento errôneo sistemático dos preços de mercado ou então na evidência de que os investidores individuais não se comportam da maneira indicada pela teoria. Por exemplo, alguns economistas acreditam ter encontrado forte evidência de que os preços das ações flutuam mais do que o que pode ser explicado por novidades a respeito dos fundamentos.

Outros acreditam ter evidência forte de que os investidores individuais se comportam sistematicamente de modo irracional. Por exemplo, as pessoas parecem esperar que uma ação que subiu no passado continuará subindo, ainda que a teoria dos mercados eficientes diga que não há razão para esperar que isso aconteça. O mesmo parece ser verdade para outros ativos, especialmente moradias: a grande bolha imobiliária descrita na seção Economia em Ação adiante surgiu sobretudo porque os compradores de imóveis residenciais pressupunham que os preços ascendentes do início da década continuariam no futuro.

PARA MENTES CURIOSAS **Finanças comportamentais**

Com frequência os indivíduos fazem escolhas irracionais – algumas vezes, previsivelmente irracionais –, escolhas que os deixam economicamente em situação pior do que ficariam com alternativas factíveis. As pessoas têm também o costume de repetir os mesmos erros de tomada de decisões. Esse tipo de comportamento é tema da *economia comportamental*, que inclui um subtema em rápida expansão, o das *finanças comportamentais* – o estudo de como investidores nos mercados financeiros com frequência fazem escolhas previsivelmente irracionais. Na verdade, o Prêmio Nobel de Economia de 2013 foi concedido ao professor de Yale Robert Shiller (juntamente com outros dois), por seu trabalho mostrando como os mercados financeiros apresentam sinais claros de irracionalidade.

Como a maioria das pessoas, os investidores se afastam da racionalidade de maneiras sistemáticas. Em especial, eles têm propensão a:

- *Excesso de confiança*: terem a crença enganosa de que são capazes de identificar uma ação ganhadora.
- *Aversão à perda*: não aceitarem vender um ativo que está dando prejuízo e conformarem-se com a perda.
- *Comportamento de manada*: comprarem ações quando elas já foram levadas a um preço alto, vendendo-as quando seu preço já foi empurrado para baixo.

Esse comportamento irracional levanta uma questão importante: investidores que *são* racionais podem ganhar muito dinheiro à custa dos investidores que não o são – por exemplo, comprando ações de uma empresa quando medos irracionais tornam as suas ações baratas?

A resposta a essa pergunta às vezes é sim e às vezes não. Alguns investidores profissionais tiveram grandes lucros apostando contra movimentos irracionais no mercado – comprando quando há vendas irracionais e vendendo quando há compras irracionais. Por exemplo, o bilionário gerente de fundos de *hedge* John Paulson ganhou 4 bilhões de dólares ao apostar contra hipotecas *subprime* durante a bolha imobiliária dos EUA de 2007-2008, porque ele entendeu que esses ativos financeiros estavam sendo vendidos a preços inflacionados.

Contudo, às vezes, até mesmo um investidor racional pode não lucrar com a irracionalidade do mercado. Por exemplo, um gerente financeiro precisa obedecer às ordens dos clientes de comprar ou vender, mesmo quando essas atitudes são irracionais. Da mesma forma, pode ser muito mais seguro para os gestores financeiros profissionais seguirem o rebanho: se eles fizerem isso e seus investimentos forem ruins, terão a desculpa salvadora de que ninguém previu um problema.

Mas se eles forem contra o rebanho e seus investimentos fracassarem, provavelmente serão demitidos por fazerem escolhas erradas. Assim, investidores racionais podem até exagerar os movimentos irracionais nos mercados financeiros.

Alguns observadores de tendências históricas levantam a hipótese de que os mercados financeiros alternam períodos de complacência e esquecimento, o que gera bolhas, pois os investidores acreditam irracionalmente que os preços só podem subir, seguindo-se uma queda, o que por sua vez leva os investidores a evitarem os mercados financeiros por completo e torna os preços dos ativos irracionalmente baratos.

Claramente, os eventos dos últimos 20 anos, com uma enorme bolha imobiliária seguida de extrema turbulência nos mercados financeiros, deram aos pesquisadores da área de finanças comportamentais muito material para trabalhar.

Preços dos ativos e macroeconomia

Como os macroeconomistas e formuladores de políticas públicas deveriam lidar com o fato de que os preços das ações flutuam muito e de que essas flutuações podem ter efeitos econômicos importantes? Essa questão tornou-se um dos principais problemas de política macroeconômica.

Por um lado, os responsáveis pelas políticas públicas relutam em supor que o mercado acionário esteja errado, isto é, que os preços das ações estejam altos demais ou baixos demais. Em parte, isso reflete a hipótese dos mercados eficientes, que diz que qualquer informação disponível publicamente já está incorporada nos preços das ações. De modo mais geral, é difícil defender o argumento de que funcionários do governo são melhores em julgar quais são os preços adequados do que os investidores privados, que estão colocando seu dinheiro em jogo.

Por outro lado, os últimos 25 anos foram marcados não por uma, mas por duas bolhas de ativos, e cada uma delas causou grandes problemas macroeconômicos quando estourou. No fim dos anos 1990, os preços de ações de tecnologia – inclusive as empresas "pontocom", mas não apenas essas – subiram às nuvens, a alturas difíceis de justificar. Quando a bolha estourou, essas ações perderam, em média, dois terços de seu valor em um breve período de tempo, contribuindo para provocar a recessão de 2001 e um prolongado período de elevado desemprego. Poucos anos depois, houve uma grande bolha de preços de imóveis residenciais. O colapso dessa bolha em 2008 foi o gatilho para uma severa crise financeira seguida de uma profunda recessão, que continuou afetando a economia dos Estados Unidos anos depois.

Esses eventos provocaram intenso debate entre os economistas sobre a questão de saber se e como limitar a instabilidade financeira. Discutiremos a regulamentação financeira e os esforços para torná-la mais eficiente no Capítulo 29.

ECONOMIA >> *em Ação*

Ascenção e queda da inadimplência das hipotecas

Pelos últimos 40 anos, cerca de um quarto dos gastos de investimento dos EUA, em média, tem sido "investimento fixo residencial": construir lugares para as pessoas viverem. Como se trata principalmente de residências unifamiliares ou condomínios, em vez de prédios de apartamentos, as famílias precisam conseguir grandes somas para comprar suas moradias, e relativamente poucas pessoas podem pagar à vista.

Em vez disso, a compra de uma casa é normalmente paga com hipoteca – um empréstimo de um banco ou outro intermediário financeiro, que dá ao credor o direito de confiscar a casa se os pagamentos programados não forem feitos. Isso pode soar como uma proposta arriscada para o mutuário; e se um ou mais membros da família perderem seus empregos ou tiverem de arcar com despesas médicas inesperadas e não puderem manter os pagamentos? Na prática, entretanto, "inadimplências" – pagamentos não feitos – costumam ser raros, afetando apenas cerca de uma hipoteca em 40. Uma razão pela qual a taxa é tão baixa é que as famílias em dificuldades financeiras muitas vezes podem vender suas casas e pagar seus empréstimos.

No entanto, como mostra o painel (a) da Figura 25.11, houve um grande aumento na inadimplência de hipotecas entre 2007 e 2010, quando quase uma entre oito famílias estava devendo. Esse período de inadimplência generalizada de hipotecas durou vários anos, antes de iniciar uma queda gradual. Em 2019, a inadimplência voltou aos níveis históricos normais.

O que aconteceu? Como mostra o painel (b) da Figura 25.11, houve um aumento dramático na dívida hipotecária entre 2000 e 2007, que estava intimamente associado a um período de rápido aumento dos preços de residências. Tanto mutuários quanto credores acreditavam que era seguro para os compradores de casas tomar

Figura 25.11 Débito e inadimplência.

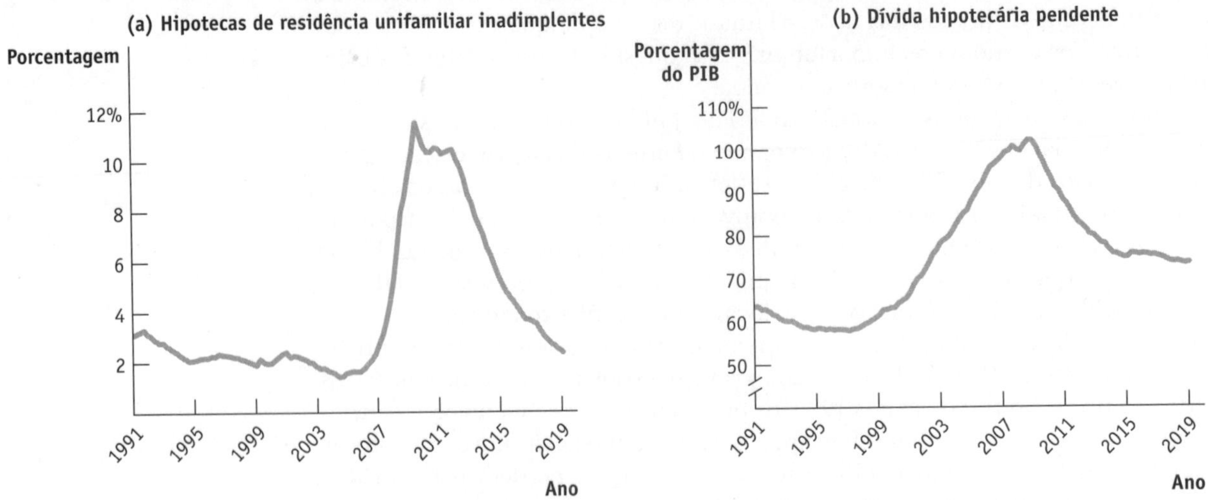

Dados de: painel (a): Board of Governors of the Federal Reserve System. Painel (b): Bureau of Economic Analysis and Board of Governors of the Federal Reserve System.

mais empréstimos do que no passado, porque o aumento dos preços tornaria mais fácil vender as casas e pagar os empréstimos, mesmo que os mutuários enfrentassem dificuldades financeiras.

Porém, no final das contas, o grande aumento nos preços das casas foi uma bolha – e o estouro da bolha provocou uma recessão severa, que levou a um alto desemprego e maiores dificuldades financeiras. Portanto, a inadimplência aumentou.

Por fim, como você pode ver na figura, a redução dos empréstimos e a recuperação econômica reduziram o nível de dívida hipotecária em relação à receita, e a inadimplência voltou a níveis mais ou menos normais.

>> *Revisão Rápida*

- Flutuações no mercado financeiro podem ser uma fonte de instabilidade macroeconômica de curto prazo.
- Os preços das ações são movidos por oferta e demanda, bem como pelo grau de atração de ativos que competem com elas, como os títulos. A oferta e a demanda refletem também expectativa sobre os preços futuros de ativos. Uma visão dessas expectativas é a **hipótese dos mercados eficientes**, que leva à ideia de que os preços das ações se movimentam segundo um **passeio aleatório**.
- Participantes do mercado e alguns economistas colocam em dúvida a hipótese dos mercados eficientes. Na prática, os formuladores de políticas públicas não supõem que eles possam tirar vantagem do mercado, mas tampouco supõem que o mercado sempre se comporte racionalmente.

>> *Teste seu entendimento* 25.3

As respostas estão no fim do livro.

1. Qual é o efeito provável de cada um dos eventos a seguir sobre o preço das ações de uma companhia? Explique suas respostas.
   a. Uma companhia anuncia que, embora seus lucros estejam baixos este ano, descobriu uma nova linha de negócios que vai gerar lucro elevado no próximo ano.
   b. Uma companhia anuncia que, embora tenha tido lucros elevados este ano, tais lucros serão inferiores ao que havia sido anunciado anteriormente.
   c. Outras companhias na mesma indústria anunciam que as vendas estão inesperadamente baixas este ano.
   d. Uma companhia anuncia que tem todas as condições para alcançar a meta de lucro que havia sido projetada.
2. Avalie a afirmação: "Embora muitos investidores possam ser irracionais, não é provável que ao longo do tempo eles se comportem irracionalmente da mesmíssima maneira, como a de sempre comprar ações um dia depois que o índice Dow Jones aumenta 1%."

CASO EMPRESARIAL

Grameen Bank: serviços bancários contra a pobreza

Uma velha piada diz que um banqueiro só lhe emprestará dinheiro se você não precisar dele. Então, quando Guadalupe Perez achou difícil pagar o aluguel de sua loja de decoração para festas no Queens, em Nova York, porque a Grande Recessão prejudicou seus negócios, o normal seria que ela fechasse as portas. Em vez disso, Guadalupe conseguiu pedir ajuda à Grameen America, obtendo um empréstimo para se recuperar. "Isso gerou uma maneira de manter meu negócio", disse ela. "Foi um empréstimo que eu pude pagar aos poucos; achei que essa foi uma boa escolha para mim." E ela voltou ao Grameen, pegando emprestado diversas outras vezes para expandir sua loja e investir em mais estoque.

A Grameen America é uma subsidiária do Grameen Bank de Bangladesh, que foi pioneiro no negócio de *microcrédito*, fornecendo pequenos empréstimos a indivíduos pobres. Foi criado em meados da década de 1970 por Muhammad Yunus, um economista de Bangladesh com PhD pela Universidade Vanderbilt. Bancos normalmente exigem que o mutuário tenha um histórico de crédito estabelecido e/ou ativos que são dados como garantia para o empréstimo (e serão apreendidos se o empréstimo não for pago a tempo) – requisitos que uma pessoa pobre raramente pode cumprir.

Em vez disso, o Grameen Bank depende da responsabilidade coletiva para garantir que seus empréstimos sejam pagos: cada mutuário faz parte de um grupo de cinco membros que aprova os empréstimos entre eles e oferece supervisão. O grupo não tem qualquer obrigação legal de reembolsar o empréstimo, mas na prática geralmente assume a responsabilidade financeira se um mutuário entrar em dificuldades. Se todos no grupo pagarem no prazo, cada membro poderá pedir uma quantia maior na próxima vez.

O Grameen opera em mais de 100 países, dos Estados Unidos a Uganda. Entre seus clientes, a grande maioria é composta de mulheres rurais que tentam escapar da pobreza abrindo pequenos negócios. Desde o começo, ele já emprestou mais de US$ 30 bilhões para mais de nove milhões de mulheres.

Mesmo em um país rico como os Estados Unidos, o *microcrédito* – definido como um empréstimo de menos de 50.000 dólares – tornou-se um negócio próspero. Desde 2008, quando foi fundada, até 2019, a Grameen America fez mais de 530.000 microcréditos para mulheres e distribuiu quase US$ 1,4 bilhão. A empresa estima que, na média, os mutuários aumentaram sua receita em US$ 1.800 por ano.

No entanto, o microcrédito não é uma panaceia. Vários estudos descobriram que, embora o microcrédito realmente aumente o investimento em pequenas empresas, seus impactos na redução da pobreza e na melhoria do bem-estar familiar são limitados. Aliás, em alguns casos, ele leva ao endividamento excessivo. Ainda assim, o impacto geral do microcrédito é positivo, especialmente quando combinado com outros esforços para aumentar o acesso ao sistema financeiro.

Apropriadamente, em 2006 Yunus e o Grameen receberam o Prêmio Nobel da Paz por suas contribuições para o desenvolvimento e a redução da pobreza.

QUESTÕES PARA PENSAR

1. Qual ineficiência de mercado está sendo explorada pelo Grameen Bank? Qual é a origem dessa ineficiência?
2. Quais tarefas de um sistema financeiro são realizadas pelo microcrédito?
3. Qual é o efeito que você pode prever do empréstimo do Grameen Bank para a comunidade?

RESUMO

1. Investimento em capital físico é necessário para o crescimento econômico de longo prazo. Assim, para que a economia cresça, ela tem de canalizar as economias para gastos de investimento.

2. De acordo com a **identidade poupança-gasto de investimento**, poupança e gasto de investimento são sempre iguais para a economia em seu conjunto. O governo é uma fonte de poupança quando tem **saldo orçamentário** positivo, também conhecido como **superávit orçamentário**. Ele é uma fonte de despoupança quando apresenta saldo orçamentário negativo, também conhecido como **déficit orçamentário**. Uma forma de o governo poder financiar um déficit orçamentário é tomando empréstimo. **Financiamento do governo** é o montante total de fundos tomados emprestados pelos governos federal, estadual e municipal nos mercados financeiros. Em uma economia fechada, a poupança é igual à **poupança nacional**, a soma da poupança privada com o saldo orçamentário. Em uma economia aberta ou internacional, a poupança é igual à poupança nacional mais a **entrada líquida de capital** proveniente de poupança estrangeira. Uma entrada de capital negativa (saída de capital) ocorre quando parte da poupança nacional está financiando gastos de investimento em outros países.

3. O **mercado de fundos para empréstimo** do modelo hipotético mostra como empréstimos concedidos pelos poupadores são alocados entre os tomadores de empréstimo com projetos de gasto de investimento. A uma **taxa de juros de equilíbrio**, a quantidade de empréstimos exigidos é igual à quantidade de empréstimos oferecidos. Somente os projetos de investimento com retorno esperado maior ou igual à taxa de juros de equilíbrio são financiados. Ao mostrar como ganhos de negociação entre os que concedem e os que tomam empréstimo são maximizados, o mercado de fundos para empréstimo mostra por que um sistema financeiro que funciona bem gera maior crescimento econômico de longo prazo. Déficits orçamentários do governo, quando crescentes ou persistentes, podem levar ao ***crowding out***: aumento da taxa de juros e diminuição dos gastos de investimento. Mudanças na percepção das oportunidades de negócios e na tomada de empréstimos pelo governo deslocam a curva de demanda de fundos para empréstimos; mudanças na poupança privada e na entrada de capitais deslocam a curva de oferta.

4. A fim de avaliar um projeto cujo retorno, X, ocorrerá no futuro, é preciso transformar X em seu valor presente usando a taxa de juros r. O valor presente de \$ 1 a ser recebido daqui a um ano é \$ $1 / (1 + r)$, a quantidade de dinheiro que você precisa emprestar hoje para ter \$ 1 daqui a um ano. O valor presente de certo projeto aumenta quando a taxa de juros cai e diminui quando a taxa de juros sobe. Isso nos informa que a curva de demanda por fundos para empréstimo tem inclinação para baixo.

5. Os fluxos de capital estreitam as diferenças nas taxas de juros entre os países, saindo de países com baixas taxas de juros em direção a países com taxas de juros mais altas. Quando os fluxos são grandes, surge um **mercado global de fundos para empréstimo**, em que as taxas de juros são equilibradas entre os países.

6. Dado que nem tomadores de empréstimo nem credores conseguem saber a taxa de inflação futura, os empréstimos especificam uma taxa nominal de juros, não uma taxa real. Para dada inflação esperada no futuro, os deslocamentos nas curvas de demanda e de oferta resultam em mudanças na taxa de juros real subjacente, o que leva a mudanças na taxa de juros nominal. De acordo com o **efeito Fisher**, um aumento na inflação esperada para o futuro aumenta a taxa nominal de juros em um para um, de modo que a taxa real de juros permanece inalterada.

7. **Mercados financeiros** são as instâncias onde os domicílios podem investir suas economias correntes ou sua **riqueza** – suas economias acumuladas – comprando ativos. Ativos existem na forma de **ativo financeiro**, título que dá ao comprador direito a uma renda futura paga pelo vendedor do título, ou **ativo físico**, um objeto tangível que pode gerar renda futura. Um ativo financeiro é também um **passivo** do ponto de vista do seu vendedor. Há quatro tipos principais de ativos financeiros: **empréstimos**, títulos, ações e **depósitos bancários**. Cada um deles serve a uma finalidade diferente ao lidar com as três tarefas fundamentais de um sistema financeiro: reduzir **custos de transação**, os custos de fazer um acordo ou negócio; reduzir o **risco financeiro**, incerteza sobre resultados futuros envolvendo ganhos ou perdas financeiras; e fornecer ativos **líquidos**, que podem ser rapidamente convertidos em moeda sem grande perda de valor (ao contrário dos ativos **ilíquidos**, que não podem ser facilmente convertidos).

8. Embora muitos pequenos e médios tomadores de empréstimo usem empréstimos bancários para financiar o gasto de investimento, grandes companhias normalmente emitem títulos. Títulos com risco de **inadimplência** mais alto normalmente oferecem juros mais altos. Os proprietários de empresas reduzem seu risco ao venderem ações. Embora as ações normalmente gerem retorno mais alto do que os títulos, os investidores normalmente preferem reduzir seus riscos fazendo **diversificação**, detendo ampla gama de ativos cujos retornos são baseados em eventos não relacionados, independentes. A maioria das pessoas tem aversão ao risco, mais sensibilidade a uma perda que a um ganho de igual magnitude. Uma inovação recente, a securitização, cria **títulos lastreados por empréstimos**, que são ativos criados formando um *pool* de empréstimos individuais; aos investidores é vendida uma participação nesse *pool*. Por serem mais diversificados e mais líquidos que empréstimos individuais, sendo negociados nos mercados financeiros como os títulos, eles são preferidos pelos investidores. No entanto, pode ser difícil avaliar a qualidade desses títulos.

9. **Intermediários financeiros** (instituições como **fundos mútuos**, **fundos de pensão**, **companhias de seguro de vida** e **bancos**) são componentes críticos do sistema financeiro. Fundos mútuos e fundos de pensão permitem

aos pequenos investidores diversificar e às companhias de seguro de vida reduzir o risco.

10. Um banco permite aos indivíduos manterem depósitos bancários líquidos, que são então usados para financiar empréstimos ilíquidos. Os bancos podem se dedicar a esse descompasso ou descasamento porque, em média, somente uma pequena fração dos depositantes retira o total de suas economias em determinado momento no tempo. Um setor bancário em bom funcionamento é ingrediente-chave do crescimento econômico de longo prazo.

11. Flutuações no mercado de ativos podem ser uma fonte de instabilidade macroeconômica de curto prazo. Os preços dos ativos são determinados por oferta e demanda, bem como pelo grau de atração dos ativos concorrentes, como os títulos: quando a taxa de juros sobe, o preço das ações e de ativos físicos como imóveis em geral caem, e vice-versa. Expectativas impulsionam a oferta e a demanda de ativos: expectativas de preços futuros mais altos pressionam para cima os preços dos ativos hoje, e expectativas de preços futuros mais baixos pressionam para baixo o preço de hoje dos ativos. Uma visão de como são formadas as expectativas é a **hipótese dos mercados eficientes**, a qual sustenta que os preços dos ativos incorporam toda a informação disponível publicamente. Essa ideia implica que as flutuações são inerentemente imprevisíveis, seguindo um **passeio aleatório**.

12. Muitos participantes do mercado e economistas acreditam que, conforme a evidência, os mercados financeiros não são tão racionais quanto alega a hipótese dos mercados eficientes. Essa evidência inclui o fato de que as flutuações dos preços das ações são fortes demais para que se expliquem apenas pelos fundamentos. De igual modo, formuladores de políticas públicas não acreditam que os mercados sempre se comportam de modo racional, nem que se consegue saber mais do que eles.

PALAVRAS-CHAVE

QUESTÕES PARA PENSAR

1. Explique por que o equilíbrio no mercado de fundos para empréstimo maximiza a eficiência.

2. Como você responderia a um amigo que afirma que o governo deveria eliminar todas as suas compras financiadas, porque tal tomada de empréstimos desloca o gasto de investimento privado, isto é, causa *crowding out*?

3. Quais são os tipos importantes de intermediários financeiros na economia dos EUA? Quais são os ativos primários desses intermediários e como eles facilitam o gasto de investimento e a poupança?

PROBLEMAS

1. Dada a informação a seguir sobre a economia fechada de Britannia, qual é o nível de gasto de investimento e de poupança privada, e qual é o saldo orçamentário? Qual é a relação entre os três? A poupança nacional é igual ao gasto de investimento? Não há transferências governamentais.

   PIB = \$ 1.000 milhões T = \$ 50 milhões
   C = \$ 850 milhões G = \$ 100 milhões

2. Dada a informação a seguir sobre a economia aberta (internacional) de Regalia, qual é o nível de gasto de investimento e de poupança privada, e quais são o saldo orçamentário e a entrada de capital? Qual é a relação entre os quatro? Não há transferências governamentais. (*Dica*: entrada de capital = valor das importações menos valor das exportações.)

   PIB = \$ 1.000 milhão G = \$ 100 milhões
   C = \$ 850 milhões X = \$100 milhões
   T = \$ 50 milhões IM = \$ 125 milhões

3. A tabela a seguir mostra a porcentagem do PIB que corresponde à poupança privada, ao gasto de investimento e à entrada líquida de capital nas economias de Capsland e Marsalia. Capsland está tendo no momento uma entrada

líquida de capital positiva, e Marsalia, uma entrada líquida de capital negativa. Qual é o saldo orçamentário (como porcentagem do PIB) em ambos os países? Os dois países estão tendo déficit ou superávit orçamentário?

	Capsland	Marsalia
Gasto de investimento como % do PIB	20%	20%
Poupança privada como % do PIB	10	25
Entrada líquida de capital como % do PIB	5	−2

4. Suponha que a economia seja aberta à entrada de capitais e que a entrada de capital seja igual a importações (*IM*) menos exportações (*X*). Responda a cada uma das questões a seguir.

 a. X = $ 125 milhões
 IM = $ 80 milhões
 Saldo orçamentário = –$ 200 milhões
 I = $ 350 milhões
 Calcule a poupança privada.

 b. X = $ 85 milhões
 IM = $ 135 milhões
 Saldo orçamentário = $ 100 milhões
 Poupança privada = $ 250 milhões
 Calcule I.

 c. X = $ 60 milhões
 IM = $ 95 milhões
 Poupança privada = $ 325 milhões
 I = $ 300 milhões
 Calcule o saldo orçamentário.

 d. Poupança privada = $ 325 milhões
 I = $ 400 milhões
 Saldo orçamentário = $ 10 milhões
 Calcule $IM - X$.

5. Quando o governo tem saldo orçamentário igual a zero, decide aumentar em $ 200 bilhões o gasto em educação e financiar o gasto vendendo títulos públicos. O gráfico a seguir mostra o mercado para fundos de empréstimo antes de o governo vender os títulos. Suponha que a economia não tenha entrada nem saída de capital. Como a taxa de juros de equilíbrio e a quantidade de equilíbrio de fundos para empréstimo vai mudar? Ocorre algum *crowding out* no mercado?

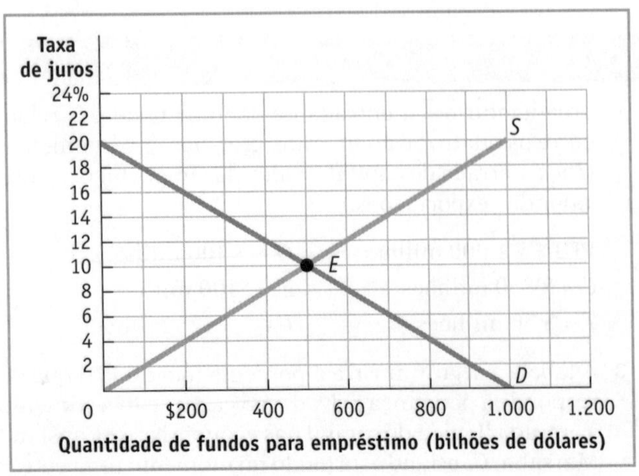

6. O Congresso norte-americano estimou que o custo de aumentar o apoio e expandir a educação pré-escolar e o auxílio para creches seria de $ 28 bilhões em 2014. Como o governo dos Estados Unidos tinha déficit orçamentário nessa época, suponha que o novo suporte tenha sido custeado por financiamento do governo, o que aumentou a demanda de fundos para empréstimo sem afetar a oferta. Esta questão considera o efeito provável desse gasto governamental sobre a taxa de juros.

 a. Trace curvas de demanda (D_1) e de oferta (S_1) típicas dos fundos para empréstimo sem levar em conta o custo dos programas pré-escolares. Rotule o eixo vertical como "taxa de juros" e o eixo horizontal como "quantidade de fundos para empréstimo". Rotule o ponto de equilíbrio (E_1) e a taxa de juros de equilíbrio (r_1).

 b. Trace agora um novo gráfico com o custo do aumento dos programas pré-escolares incluído na análise. Desloque a curva de demanda na direção apropriada. Indique o novo ponto de equilíbrio (E_2) e a nova taxa de juros de equilíbrio (r_2).

 c. Como muda a taxa de juros de equilíbrio em resposta ao gasto governamental com os programas pré-escolares? Explique.

7. Lynn concorda em emprestar $ 10.000 a Boris, que liquidará a dívida em um ano com juros. Eles concordam com uma taxa de juros nominal de 8%, que reflete uma taxa de juros real de 3% sobre o empréstimo e uma expectativa comum de que a inflação no ano que se segue será de 5%.

 a. Se a taxa de inflação de fato for 4% no ano seguinte, como essa inflação abaixo da esperada afetará Boris e Lynn? Quem se sai melhor?

 b. Se a taxa de inflação de fato for 7% no ano seguinte, como isso afetará Boris e Lynn? Quem se sairá melhor?

8. Usando o diagrama a seguir, explique o que acontecerá com o mercado de fundos para empréstimo quando ocorrer uma queda de 2 pontos percentuais na inflação esperada para o futuro. Como a mudança na inflação esperada para o futuro afetará a quantidade de equilíbrio de fundos para empréstimo?

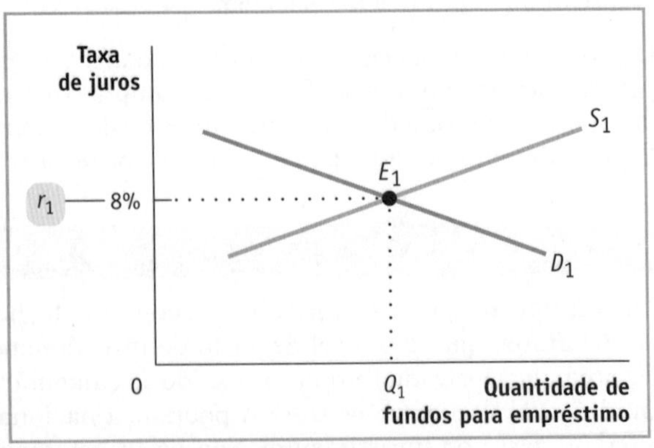

9. O gráfico mostra dados da taxa de juros de títulos públicos de 10 anos da Zona do Euro, como reportado pelo Banco Central Europeu (BCE), bem como a inflação da Zona do Euro de 1996 até o início de 2020. Como você descreveria a relação entre as duas variáveis? Como esse padrão se compara com o dos Estados Unidos da Figura 25.10?

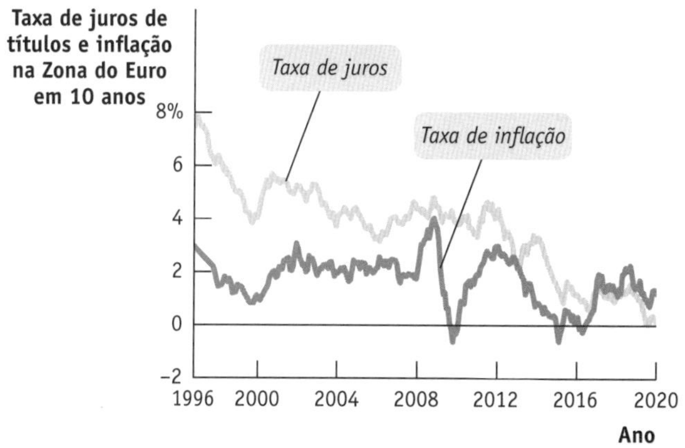

Dados de: Euro Stat.

10. Entre os itens a seguir, quais são exemplos de gasto de investimento, de investimento em ativos financeiros ou de investimento em ativos físicos?

   a. Rupert, um investidor rico, compra 100 ações já existentes da Coca-Cola.

   b. Rhonda, artista de cinema, gasta $ 10 milhões para comprar uma mansão construída nos anos 1970.

   c. Ronald, artista colega de Rhonda, gasta $ 10 milhões para construir uma nova mansão com vista para o Oceano Pacífico.

   d. Rawlings constrói uma nova fábrica de luvas de beisebol.

   e. A Rússia compra $ 100 milhões de títulos públicos dos Estados Unidos.

11. Mantendo fixos o saldo orçamentário e os fluxos de capital, explique como um sistema financeiro que funciona bem aumenta a poupança e o gasto de investimento.

12. Tudo o mais mantido constante, explique o efeito dos eventos a seguir sobre o preço da ação de uma companhia hoje.

   a. A taxa de juros sobre os títulos cai.

   b. Várias companhias no mesmo setor anunciam vendas surpreendentemente mais altas.

   c. Uma mudança na legislação tributária aprovada no ano passado reduz os lucros deste ano.

   d. A companhia inesperadamente anuncia que, em razão de um erro contábil, precisa alterar a declaração contábil do ano passado e reduzir o lucro declarado em $ 5 milhões. Ela anuncia também que essa modificação não tem implicações para os lucros futuros.

13. Sallie Mae é uma agência quase-governamental que "empacota" créditos educacionais em *pools* de créditos e vende aos investidores participação nesses *pools* como títulos da Sallie Mae.

   a. Como é denominado esse processo? Que efeito isso terá sobre os investidores comparado com situações em que eles podiam comprar e vender apenas os recebíveis dos empréstimos educacionais individuais?

   b. Que efeito você acha que terão as atividades da Sallie Mae sobre a possibilidade de os estudantes obterem empréstimos educacionais?

   c. Suponha que aconteça uma recessão severa e que, por isso, muitos estudantes universitários não obtêm emprego e deixam de pagar seus empréstimos educacionais. Que efeito isso terá sobre os títulos da Sallie Mae? Por que é provável que os investidores agora achem que os títulos da Sallie Mae são mais arriscados do que o esperado? Qual será o efeito sobre a disponibilidade de empréstimos educacionais?

RESOLVA

14. Use o mercado de fundos de empréstimo que aparece no gráfico a seguir para explicar o que acontece com a poupança privada, o gasto de investimento privado e a taxa de juros caso ocorram os eventos a seguir. Suponha que a economia não tenha entrada nem saída de capital.

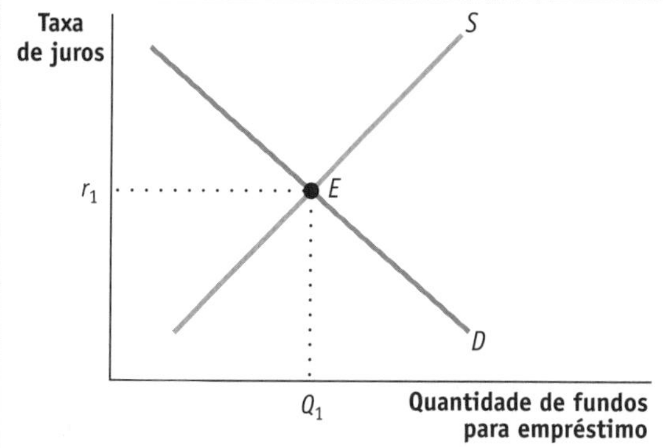

   a. O governo reduz o seu déficit a zero.

   b. Sob qualquer taxa de juros, os consumidores decidem poupar mais. Suponha que o saldo orçamentário seja zero.

   c. Sob qualquer taxa de juros, as empresas se tornam mais otimistas sobre a lucratividade futura dos gastos de investimento. Suponha que o saldo orçamentário seja zero.

26 Renda e Despesa

OS SHOPPINGS DA ESPANHA ESCAPARAM DO PIOR

QUANDO PUERTO VENECIA, NA CIDADE DE ZARAGOZA, ESPANHA, foi inaugurado em outubro de 2012, era um dos maiores *shoppings* da Europa. Como alguns grandes *shoppings* dos EUA, ele oferece mais do que apenas compras: é uma experiência de destino, com cinemas, um rinque de patinação, onda artificial de surfe e um lago com barcos a remo.

No entanto, o momento de sua abertura parecia ser terrível: a economia da Espanha estava em baixa. Duas crises consecutivas – a crise financeira global de 2008 e a crise do euro, a moeda comum da Europa, que começou em 2010 – empurraram a Espanha para uma profunda recessão. Quando o *shopping* foi inaugurado, a taxa de desemprego na Espanha era de quase 26%. Você pode pensar que esse não era o momento ideal para abrir um complexo comercial de luxo.

Contudo, felizmente para os investidores do Puerto Venecia, o final de 2012 marcou o ponto mais baixo da crise. Nos anos seguintes, a economia se recuperou, sobretudo graças ao aumento nas exportações, especialmente de carros: em 2018, a Espanha fabricava mais de 2 milhões de carros por ano, mais do que qualquer outro país europeu, com exceção da Alemanha. E com a recuperação da economia veio um aumento nos gastos de consumo – em especial, como é comum acontecer, em grandes *shopping centers*.

Mas, espere: por que boas notícias para a indústria automobilística da Espanha também devem ser boas para seus *shoppings*?

A resposta é que o aumento das vendas de carros e outras exportações significou renda mais alta para as famílias espanholas, que gastaram grande parte dessa renda mais alta em outros bens e serviços. Isso significou outra rodada de aumento de renda entre os espanhóis que produzem ou vendem esses bens e serviços. E o processo não parou por aí: o aumento da renda suscitou ainda mais gastos de consumo, trazendo ainda mais ganhos de renda, e assim sucessivamente.

A recuperação da Espanha ilustra a forma como altos e baixos acontecem na economia como um todo. O ciclo econômico costuma ser impulsionado por altos ou baixos em um tipo específico de gasto – seja nas exportações, como foi o caso na Espanha, seja nos gastos com investimento. Essas mudanças de primeira rodada nos gastos geram então mudanças nos gastos de consumo, que aumentam – ou, como os economistas costumam dizer, *multiplicam* – o efeito das mudanças iniciais na economia em conjunto.

Neste capítulo, estudaremos como funciona tal processo, mostrando como a análise do *multiplicador* nos ajuda a entender o ciclo de negócios. Como primeiro passo, apresentamos o conceito de multiplicador de modo informal. •

O QUE VOCÊ IRÁ APRENDER?

- Qual a importância do **multiplicador**, que mostra como mudanças iniciais nos gastos acarretam outras mudanças?
- O que é **função consumo agregado**?
- Como a renda futura esperada e a riqueza agregada afetam os gastos de consumo?
- O que determina os gastos de investimento e por que precisamos distinguir **gasto planejado de investimento** de **investimento não planejado em estoques**?
- Como o processo de ajuste dos estoques move a economia para um novo equilíbrio depois de uma mudança na demanda?
- Por que o gasto de investimento é considerado um indicador essencial do estado futuro da economia?

Multiplicador: uma introdução informal

A história da recuperação na Espanha envolve uma espécie de reação em cadeia em que um aumento ou a queda inicial no gasto leva a mudanças na renda, o que acarreta mudanças subsequentes no gasto e assim por diante. Vamos examinar a reação em cadeia mais de perto, dessa vez pensando nos efeitos de mudanças em gastos agregados na economia como um todo.

Para essa análise, teremos quatro pressupostos simplificadores que serão reexaminados mais adiante.

1. Supomos que *os produtores estejam dispostos a fornecer produto adicional a um preço fixo*. Isto é, se os consumidores ou empresas que compram bens de investimento decidem gastar $ 1 bilhão adicional, isso se traduzirá na produção do valor de $1 bilhão em bens e serviços adicionais sem empurrar para cima o nível geral de preços. Em consequência, *mudanças no gasto agregado se traduzem em mudanças no produto agregado*, como medido pelo PIB real. Como veremos no próximo capítulo, no curto prazo esse pressuposto não é por demais irrealista, mas precisa ser modificado quando pensamos sobre os efeitos de longo prazo de mudanças na demanda.
2. Tomamos a taxa de juros como dada.
3. Supomos que não haja gasto do governo nem impostos.
4. Supomos que exportações e importações sejam zero (o que, obviamente, é um desvio do nosso exemplo espanhol, mas em uma próxima seção veremos como considerar isso).

Dados esses pressupostos simplificadores, vejamos o que acontece quando há uma mudança no gasto de investimento. Especificamente, imaginemos que por alguma razão as construtoras de imóveis residenciais decidam gastar um adicional de $ 100 bilhões no próximo ano.

O efeito direto desse aumento no gasto de investimento será aumentar a renda e o valor do produto agregado no mesmo montante. Isso porque cada $ gasto na construção de casas é traduzido em $ 1 de renda para operários da construção, fornecedores de materiais, eletricistas etc. Se o processo parasse aqui, o aumento no gasto de investimento imobiliário aumentaria a renda geral em exatamente $ 100 bilhões.

Mas o processo não para aí. O aumento no produto agregado gera um aumento na renda disponível que flui para os domicílios na forma de lucros e salários. O aumento na renda disponível dos domicílios gera aumento no gasto de consumo, o que, por sua vez, induz as empresas a aumentarem o produto de novo. Isso gera outro aumento na renda disponível que leva a outra rodada de aumentos nos gastos de consumo, e assim por diante. Portanto, há diversas rodadas de aumentos do produto agregado.

Qual será o tamanho do efeito total sobre o produto agregado se somarmos o efeito de todas essas rodadas de aumentos de gasto? Para respondermos a essa pergunta, precisamos introduzir o conceito de **propensão marginal ao consumo** (***MPC***): o aumento no gasto de consumo quando a renda disponível aumenta em $ 1. Quando o gasto de consumo muda por causa de um aumento ou de uma queda na renda disponível, a propensão marginal ao consumo, *MPC*, é a mudança de gastos de consumo dividida pela mudança na renda disponível:

A **propensão marginal ao consumo**, ou ***MPC***, é o aumento no gasto de consumo quando a renda disponível aumenta em $ 1.

$$\textbf{(26.1)}\quad MPC = \frac{\Delta \text{ Gasto de consumo}}{\Delta \text{ Renda disponível}}$$

onde o símbolo Δ (delta) significa "mudança em". Por exemplo, se o gasto de consumo sobe $ 6 bilhões quando a renda disponível aumenta em $ 10 bilhões, a propensão marginal ao consumo, *MPC*, é $ 6 bilhões / $ 10 bilhões = 0,6.

Como os consumidores normalmente gastam uma parte da quantidade adicional de renda disponível, mas não ela toda, *MPC* é um número entre 0 e 1. A renda

Propensão marginal a poupar, ou ***MPS***, é o aumento na poupança do consumidor quando a renda disponível aumenta em $ 1.

disponível adicional que os consumidores não gastam é poupada; a **propensão marginal a poupar (*MPS*)** é a fração da quantidade adicional de renda disponível que é poupada. *MPS* é igual a 1 – *MPC*.

Como, por enquanto, pressupomos que não haja impostos nem comércio exterior, podemos supor que cada aumento de $ 1 no gasto agregado aumente tanto o PIB real quanto a renda disponível em $ 1. Assim, o aumento de $ 100 bilhões no gasto de investimento inicialmente aumenta o PIB real em $ 100 bilhões. Isso leva a uma segunda rodada de aumento no gasto de consumo, que aumenta o PIB real em *MPC* × $ 100 bilhões. Esta é seguida de uma terceira rodada de aumento no gasto de consumo ou *MPC* × *MPC* × $ 100 bilhões, e assim por diante. Após um número infinito de rodadas, o efeito total sobre o PIB real é:

$$\begin{aligned}
&\text{Aumento no gasto de investimento} = \$\ 100 \text{ bilhões}\\
&+ 2^{\text{a}} \text{ rodada de aumento no gasto de consumo} = MPC \times \$\ 100 \text{ bilhões}\\
&+ 3^{\text{a}} \text{ rodada de aumento no gasto de consumo} = MPC^2 \times \$\ 100 \text{ bilhões}\\
&+ 4^{\text{a}} \text{ rodada de aumento no gasto de consumo} = MPC^3 \times \$\ 100 \text{ bilhões}\\
&\qquad\vdots \qquad\qquad\qquad\qquad\qquad\qquad\qquad \vdots\\
\hline
&\text{Aumento total no PIB real} = (1 + MPC + MPC^2 + MPC^3 + \ldots) \times \$\ 100 \text{ bilhões}
\end{aligned}$$

Assim, o aumento de $ 100 bilhões no gasto de investimento dá início a uma reação em cadeia na economia. O resultado líquido dessa reação em cadeia é que um aumento de $ 100 bilhões no gasto de investimento leva a uma mudança no PIB real que é um *múltiplo* do montante da mudança inicial no gasto.

Qual o tamanho desse múltiplo? Em matemática, uma série do formato $1 + x + x^2 + x^3 + \ldots$, onde x está entre 0 e 1, é igual a $1 / (1 - x)$. Portanto, o efeito total de um aumento de $ 100 bilhões no gasto de investimento, *I*, levando em conta todos os aumentos subsequentes de gasto de consumo (e supondo que não haja impostos nem comércio exterior), é dado por:

(26.2) Aumento total do PIB real a partir de um aumento de $ 100 bilhões em *I*

$$= \frac{1}{1 - MPC} \times \$ \text{ bilhões}$$

Vamos considerar um exemplo numérico em que *MPC* = 0,6: cada $ 1 adicional de renda disponível leva a $ 0,60 de aumento no gasto de consumo. Nesse caso, um aumento de $ 100 bilhões no gasto de investimento aumenta o PIB real em $ 100 bilhões na primeira rodada. A segunda rodada de aumento no gasto de consumo aumenta o PIB real em mais 0,6 × $ 100 bilhões ou $ 60 bilhões. A terceira rodada de aumento no gasto de consumo eleva o PIB real em 0,6 × $ 60 bilhões ou $ 36 bilhões. A Tabela 26.1 mostra as etapas sucessivas de aumento, em que "..." significa que o processo continua um número infinito de vezes. No fim, o PIB real aumenta $ 250 bilhões em consequência de um aumento inicial de $ 100 bilhões no gasto de investimento.

$$\frac{1}{0{,}6} \times \$\ 100 \text{ bilhões} = 2{,}5 \times \$\ 100 \text{ bilhões} = \$\ 250 \text{ bilhões}$$

Tabela 26.1 Rodadas de aumento do PIB real quando *MPC* = 0,6

Rodadas	Aumento no PIB real (bilhões)	Aumento total no PIB real (bilhões)
Primeira	$100	$100
Segunda	60	160
Terceira	36	196
Quarta	21,6	217,6
...	...	...
Final	0	250

Note que, embora haja um número infinito de rodadas de expansão do PIB real, o aumento total do PIB real é limitado a $ 250 bilhões. A razão é que, em cada estágio, uma parte da renda disponível "vaza" porque é poupada. O quanto de $ 1 adicional de renda disponível é poupado depende da propensão marginal a poupar, *MPS*.

O que descrevemos foi o efeito de uma mudança no gasto de investimento, mas a mesma análise pode ser aplicada em outras mudanças no gasto agregado. O importante é distinguir entre a mudança inicial no gasto agregado antes de o PIB real aumentar e a mudança adicional no gasto agregado causada pela mudança no PIB real à medida que a reação em cadeia se desenrola. Por exemplo, suponha que uma forte alta nos preços dos imóveis residenciais faça os consumidores se sentirem mais ricos e, em consequência, ficarem dispostos a gastar mais com qualquer nível de renda disponível. Isso levará a um aumento inicial no gasto de consumo antes que o PIB real aumente. Mas levará também a uma segunda rodada e a rodadas subsequentes de gastos de consumo mais altos à medida que o PIB real cresce.

Um movimento de aumento ou queda inicial no gasto agregado em dado nível de PIB real é denominado **mudança autônoma no gasto agregado**. Tal mudança é autônoma, o que significa autogovernada, porque é causa e não resultado da reação em cadeia que acabamos de descrever. Formalmente, o **multiplicador** é a razão entre a mudança total no PIB real causada por uma mudança autônoma no gasto agregado e o tamanho daquela mudança autônoma.

Mudança autônoma no gasto agregado é uma mudança no nível desejado de gasto efetuado por empresas, domicílios ou governo em determinado nível de PIB real.

Multiplicador é a razão entre a mudança total no PIB real causada por uma mudança autônoma no gasto agregado e o tamanho dessa mudança autônoma.

Se indicamos a mudança autônoma no gasto agregado por ΔAAS e a mudança no PIB real por ΔY, então o multiplicador é igual a $\Delta Y / \Delta AAS$. E já vimos como encontrar o valor do multiplicador. Supondo que não haja impostos nem comércio exterior, a mudança no PIB real causada por uma mudança autônoma no gasto é:

(26.3) $$\Delta Y = \frac{1}{1 - MPC} \times \Delta AAS$$

Assim, o multiplicador é:

(26.4) $$\text{Multiplicador} = \frac{\Delta Y}{\Delta AAS} = \frac{1}{1 - MPC}$$

Note que o tamanho do multiplicador depende da *MPC*. Se a propensão marginal ao consumo é alta, o multiplicador também é. Isso é verdade porque o tamanho da *MPC* determina que tamanho tem cada rodada de expansão, comparada à rodada anterior. Dito de outra forma, quanto mais alta a *MPC*, menos renda disponível vaza para ser poupada em cada rodada de expansão.

Em capítulos posteriores, usaremos o conceito do multiplicador para analisarmos os efeitos das políticas fiscal e monetária. Veremos também que a fórmula para o multiplicador muda quando introduzimos várias complicações, inclusive impostos e comércio exterior. Antes, no entanto, precisamos examinar mais de perto o que determina os gastos de consumo.

ECONOMIA >> *em Ação*

Xisto: avanço e recuo

Para a maior parte dos Estados Unidos, a recuperação da severa recessão de 2007-2009 foi decepcionantemente lenta. Mas algumas partes do país experimentaram crescimento rápido – e nenhum mais rápido que o de Dakota do Norte, cuja economia cresceu 60% entre 2009 e 2012. Trata-se de uma taxa de crescimento anual de 15%, mais de cinco vezes o crescimento da economia total dos EUA.

Não há mistério sobre o *boom* de Dakota do Norte: tudo se resumiu ao óleo de xisto. O fraturamento hidráulico possibilitou a extração de petróleo do xisto Bakken que se encontra no subsolo do estado. Companhias de petróleo e outros investidores ingressaram rapidamente na atividade, junto com milhares de trabalhadores em campos de petróleo, mais do que dobrando a produção do setor de mineração em apenas dois anos.

Mas, como mostra a Figura 26.1, a mineração e as indústrias a ela relacionadas não eram os únicos setores em rápido crescimento. Dakota do Norte também teve um crescimento muito mais rápido do que outros estados em várias áreas, notadamente comércio varejista e atacadista, bancos e serviços públicos. Por quê?

A resposta estava no multiplicador. À medida que aumentavam os empregos bem pagos relacionados ao xisto, também aumentavam os gastos de consumo – muitos dos quais acabaram nas mãos de lojas locais, agências bancárias, empresas que forneciam eletricidade e óleo para aquecimento etc. Esses fornecedores locais, por sua vez, contrataram mais trabalhadores, cujas receitas aumentaram os gastos de consumo e alimentaram rodadas adicionais de expansão.

Figura 26.1 Comparação das taxas de crescimento da indústria em Dakota do Norte, 2009-2012 e 2014-2017.

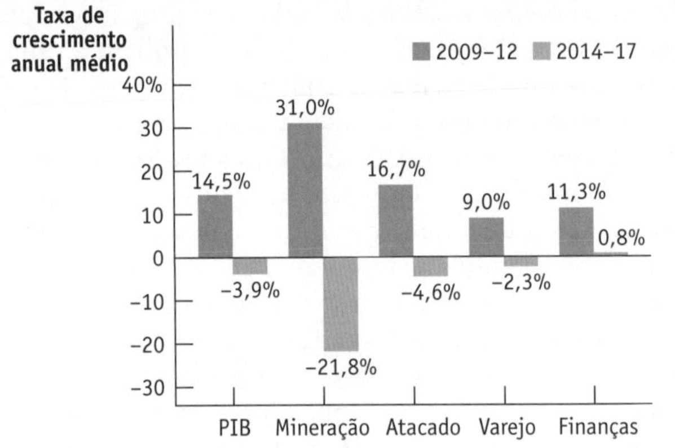

Dados de: Bureau of Economic Analysis.

Obviamente, esse crescimento extraordinário não poderia durar. Na verdade, o *boom* do xisto teve um brusco término no fim de 2014, quando a queda dos preços do petróleo provocou uma desaceleração drástica: o emprego na mineração em Dakota do Norte caiu mais de 50% entre outubro de 2014 e julho de 2016, o que teve um efeito cascata em toda a economia do estado. Mas o *boom* foi divertido enquanto durou e também deu um excelente exemplo do multiplicador em ação.

>> *Revisão Rápida*

- Uma mudança no gasto de investimento que decorre de mudança nas expectativas dá início a uma reação em cadeia em que a mudança inicial no PIB real leva a mudanças nos gastos de consumo, gerando mudanças subsequentes no PIB real e assim por diante. A mudança total no produto agregado é um múltiplo da mudança inicial no gasto de investimento.
- Qualquer **mudança autônoma no gasto agregado**, uma alteração que não é causada por mudança no PIB real, gera a mesma reação em cadeia. O tamanho total da mudança no PIB real depende do tamanho do **multiplicador**. Supondo que não haja impostos nem comércio exterior, o multiplicador é igual a $1 / (1 - MPC)$, em que *MPC* é a **propensão marginal ao consumo**. A mudança total no PIB real, ΔY, é igual a $1 / (1 - MPC) \times \Delta AAS$.

>> *Teste seu entendimento* 26.1

As respostas estão no fim do livro.

1. Explique por que um declínio nos gastos de investimento causado por mudança nas expectativas econômicas provocaria também queda nos gastos de consumo.
2. Qual é o multiplicador se a propensão marginal ao consumo é 0,5? E se a propensão marginal ao consumo for 0,8?
3. Como porcentagem do PIB, a poupança é uma parcela da economia maior no país Scania do que no país Amerigo. Que país tenderá a ter maior multiplicador? Explique.

|| Gastos de consumo

Melhor gastar indo ao restaurante ou economizar comendo em casa? Comprar um carro novo e, nesse caso, um modelo de que preço? Melhor reformar seu banheiro ou mantê-lo como está por mais um ano? No mundo real, domicílios constantemente se defrontam com escolhas desse tipo – não somente em relação a *mix* consumo, mas a quanto gastar no total.

Essas escolhas, por sua vez, têm um efeito poderoso sobre a economia: os gastos de consumo normalmente correspondem a dois terços do gasto total em bens e serviços finais. Em especial, como acabamos de ver, a decisão sobre quanto gastar de $ 1 adicional de renda – a propensão marginal ao consumo – determina o tamanho do multiplicador, que em última instância determina o efeito de mudanças autônomas de gastos sobre a economia.

Mas o que determina quanto gastam os consumidores?

Renda disponível corrente e gastos de consumo

O fator mais importante que afeta os gastos de consumo de uma família é a renda disponível corrente, isto é, a renda depois do pagamento de impostos e do recebimento de transferências governamentais. Fica óbvio no cotidiano que pessoas com renda disponível elevada, em média, dirigem carros mais caros, vivem em casas mais caras e gastam mais em refeições e vestuário do que pessoas com renda disponível mais baixa. E a relação entre renda disponível corrente e gasto fica clara nos dados estatísticos.

Nos Estados Unidos, o Bureau of Labor Statistics (BLS) coleta anualmente dados sobre renda e despesa familiar.[1] As famílias são agrupadas segundo o nível de renda antes do pagamento de impostos, e a renda para cada grupo depois do pagamento de impostos é igualmente registrada. Como as cifras de renda incluem transferências do governo, o que o BLS chama de renda familiar após impostos é o equivalente à sua renda disponível corrente.

A Figura 26.2 é um gráfico de dispersão ilustrando a relação entre a renda disponível corrente dos domicílios e o gasto de consumo dos domicílios segundo grupos de renda, em 2018, nos Estados Unidos. Por exemplo, o ponto A mostra que, em 2018, o quinto do meio na população tinha média de renda familiar disponível corrente de US$ 51.211 e média de gasto de US$ 51.729. O padrão dos pontos tem inclinação para cima, da esquerda para a direita, deixando claro que domicílios com renda disponível corrente mais alta tinham gastos de consumo mais altos.

Convém representar por uma equação a relação entre renda disponível corrente de cada um dos domicílios e seus gastos de consumo. A **função consumo** é uma equação que mostra como o gasto de consumo de um domicílio individual varia com a renda disponível corrente do domicílio. A versão mais simples da função consumo é uma equação linear:

Função consumo é uma equação que mostra como o gasto de consumo de um domicílio individual varia com a renda disponível corrente do domicílio.

(26.5) $c = a + MPC \times yd$

onde as letras minúsculas indicam variáveis medidas para um domicílio específico.

Nessa equação, c é o gasto de consumo do domicílio individual e yd é a renda disponível corrente do domicílio individual. Recorde que MPC, a propensão marginal ao consumo, é a quantidade em que o gasto de consumo aumenta se a renda disponível corrente aumenta em $ 1. Finalmente, a é um termo constante, o *gasto de consumo autônomo* do domicílio individual, a quantidade de gasto que um domicílio faria se tivesse renda disponível zero. Supomos que a seja maior que zero porque um domicílio com renda disponível zero tem a possibilidade de financiar algum consumo tomando emprestado ou usando sua poupança.

Figura 26.2 Renda disponível corrente e gasto de consumo para domicílios dos EUA em 2018.

Para cada grupo de renda domiciliar, foi representada a renda disponível corrente média em 2018 em relação ao gasto de consumo médio em 2018. Por exemplo, o grupo de renda média, com renda anual entre US$ 41.490 e US$ 70.367, é representado pelo ponto *A*, indicando uma renda domiciliar disponível corrente média de US$ 51.211 e um gasto de consumo domiciliar médio de US$ 51.729. Os dados mostram claramente uma relação positiva entre renda disponível corrente e gastos de consumo: famílias com renda disponível corrente mais alta têm gastos de consumo mais altos.
Dados de: Bureau of Labor Statistics.

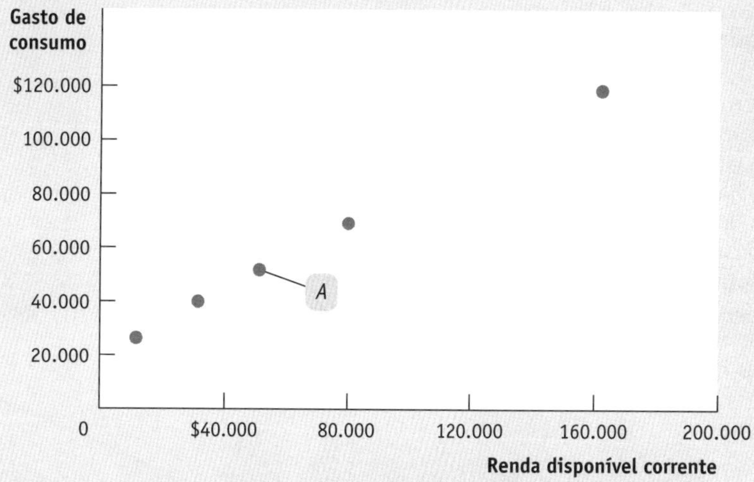

[1]N. R.: No Brasil, dados sobre renda e despesas das famílias são coletados e divulgados pelo Instituto Brasileiro de Geografia e Estatística (IBGE).

Note, aliás, que estamos usando y para denotar renda (*income*). Esse é um padrão em macroeconomia, ainda que tampouco em inglês se escreva renda com ípsilon. O motivo é que I ficou reservado para gastos de investimento.

Recorde que expressamos a *MPC* como a razão entre uma mudança nos gastos de consumo e uma mudança na renda disponível corrente. Reescrevemos essa equação para um domicílio individual como a Equação 26.6:

(26.6) $MPC = \Delta c \ / \ \Delta yd$

Multiplicando ambos os lados da Equação 26.6 por Δyd, obtemos:

(26.7) $MPC \times \Delta yd = \Delta c$

A Equação 26.7 nos informa que, quando yd aumenta em \$ 1, c aumenta em $MPC \times$ \$ 1.

A Figura 26.3 mostra como a Equação 26.5 é representada em um gráfico, colocando yd no eixo horizontal e c no eixo vertical. O gasto de consumo domiciliar autônomo, a, é o valor de c quando yd é zero, ou seja, é o *intercepto* vertical da função consumo, cf. *MPC* é a *inclinação* da linha, que se mede como o acréscimo vertical sobre o acréscimo horizontal. Se a renda disponível corrente aumentar em Δyd, o gasto de consumo domiciliar, c, aumentará em Δc. Como *MPC* é definida como $\Delta c / \Delta yd$, a inclinação da função consumo é:

(26.8) Inclinação da função consumo
= Acréscimo vertical sobre acréscimo horizontal
= $\Delta c \ / \ \Delta yd$
= MPC

Na verdade, os dados reais nunca se ajustam perfeitamente à Equação 26.5, mas o ajustamento pode ser razoável. A Figura 26.4 mostra de novo os dados da Figura 26.2 junto com uma linha traçada para se ajustar o mais perfeitamente possível aos dados. De acordo com os dados sobre gastos de consumo e renda disponível corrente dos domicílios nos Estados Unidos, a melhor estimativa de a é \$ 20.195 e de *MPC* é 0,60. Assim, a função consumo ajustada aos dados é:

$$c = \$\ 20.195 + 0{,}60 \times yd$$

Isto é, os dados indicam uma propensão marginal ao consumo de aproximadamente 0,60. Isso implica que a propensão marginal a poupar (*MPS*), ou seja, o

Figura 26.3 Função consumo.

A função consumo relaciona a renda disponível corrente do domicílio ao seu gasto de consumo. O intercepto vertical, *a*, é o gasto de consumo autônomo do domicílio individual: o montante de gasto de consumo de um domicílio caso sua renda disponível corrente seja zero. A inclinação da linha da função consumo, *cf*, é a propensão marginal ao consumo, ou *MPC*: de cada \$ 1 adicional de renda disponível corrente é gasto *MPC* × *\$1*.

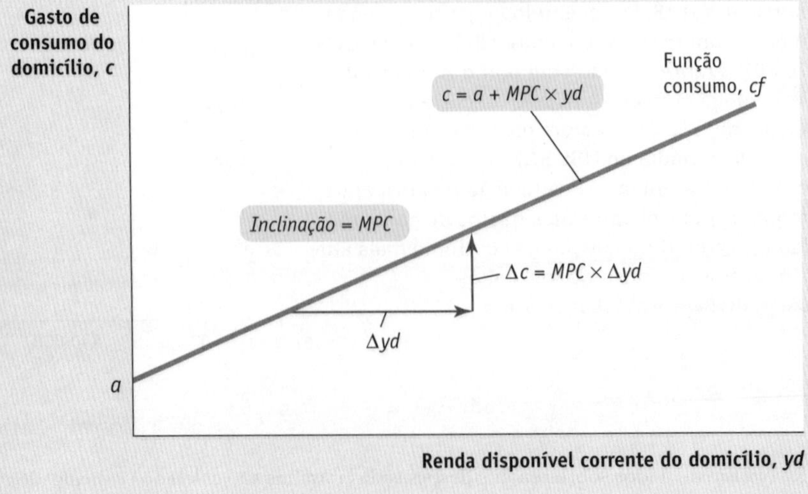

Figura 26.4 Função consumo ajustada a dados.

Os dados da Figura 26.2 são reproduzidos aqui junto com uma linha traçada para ajustar-se aos dados o mais estreitamente possível. Para os domicílios norte-americanos em 2018, a melhor estimativa do gasto de consumo autônomo do domicílio médio, *a*, é $ 20.195, e a melhor estimativa de *MPC* é 0,60.
Dados de: Bureau of Labor Statistics.

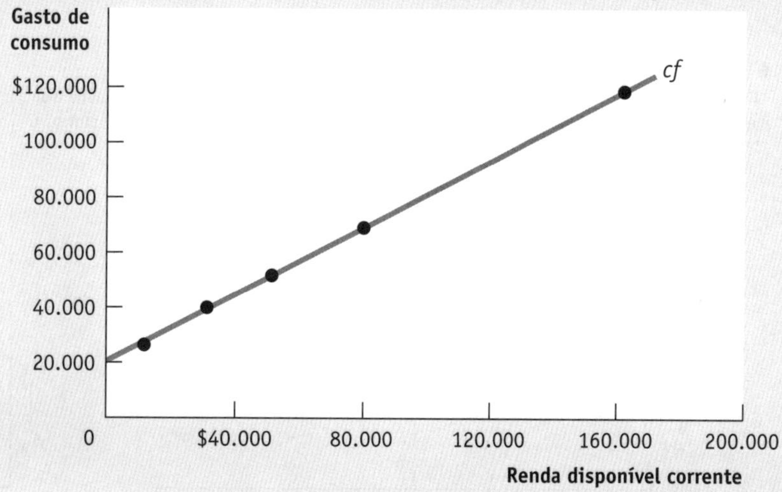

montante de $ 1 adicional de renda disponível que é poupada, é aproximadamente 0,40, e o multiplicador é aproximadamente 1 / 0,40 = 2,50.

É importante perceber que a Figura 26.4 mostra uma relação *microeconômica* entre renda disponível corrente de domicílios individuais e seus gastos em bens e serviços. Contudo, os macroeconomistas supõem que uma relação similar vale *para a economia em seu conjunto*: há uma relação denominada **função consumo agregado** entre renda disponível corrente agregada e gastos de consumo agregados. Vamos supor, portanto, que ela tenha a mesma forma que a função consumo no nível de cada domicílio:

Função consumo agregado é a relação para a economia como um todo entre renda disponível corrente agregada e gastos de consumo agregados.

(26.9) $C = A + MPC \times YD$

Aqui, *C* é o gasto de consumo agregado (denominado "gasto de consumo"); *YD* é a renda disponível corrente agregada (denominada "renda disponível", para simplificar); e *A* é o gasto de consumo autônomo agregado, o montante de gasto de consumo quando *YD* é igual a zero. Essa é a relação representada na Figura 26.5 por *CF*, semelhante a *cf* na Figura 26.3.

Deslocamentos da função consumo agregado

A função consumo agregado mostra a relação entre renda disponível e gasto de consumo para a economia em seu conjunto, tudo o mais mantido constante. Quando muda algo que não seja a renda disponível, a função consumo agregado se desloca. Há duas causas principais para deslocamentos da função consumo agregado: mudanças na renda disponível esperada no futuro e mudanças na riqueza agregada.

Mudanças na renda disponível esperada no futuro. Suponha que logo depois de se formar, em maio, você arranje um emprego realmente bom e que paga bem, mas o emprego e o salário não vão começar antes de setembro. A sua renda disponível ainda não subiu, mas é provável que você comece logo a gastar mais em bens e serviços finais – quem sabe, comprando roupas para trabalhar melhores do que tinha originalmente planejado –, pois sabe que a renda está a caminho.

Diferentemente, suponha que você tenha um bom emprego, mas é informado de que a empresa está pensando em reduzir seu departamento, aumentando a possibilidade de você perder o emprego e ter de aceitar um trabalho com menor remuneração em algum outro lugar. Ainda que sua renda disponível por enquanto não tenha caído, possivelmente você reduzirá os gastos mesmo enquanto continuar empregado, a fim de poupar para tempos mais difíceis.

Figura 26.5 Deslocamentos na função consumo agregado.

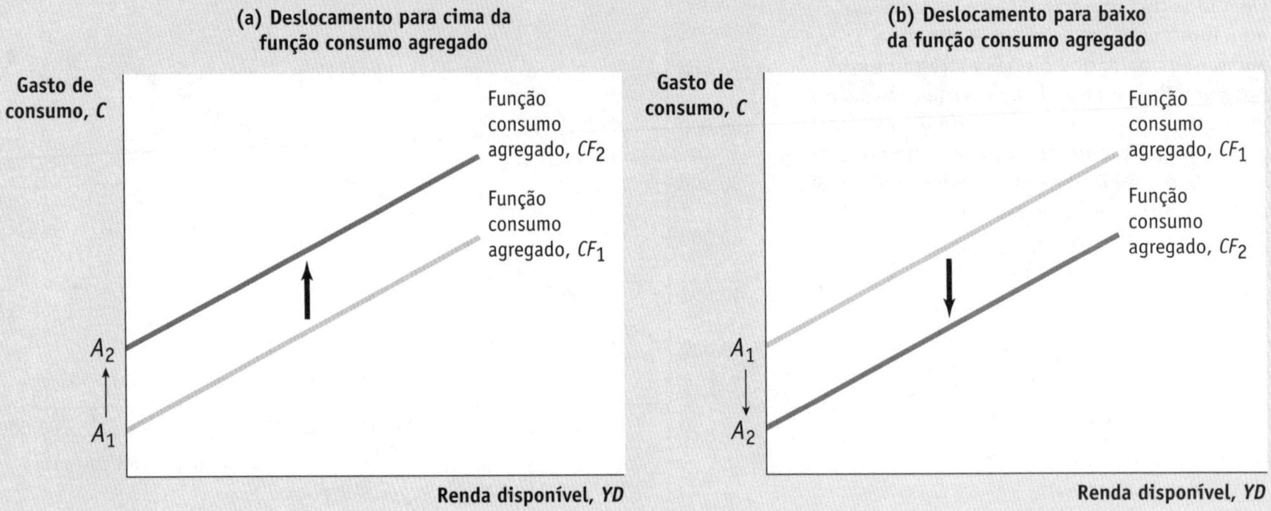

O painel (a) ilustra o efeito de um aumento na renda disponível esperada no futuro. Os consumidores gastarão mais em qualquer nível de renda disponível corrente, *YD*. Em consequência, a função consumo agregado inicial CF_1, com gasto de consumo autônomo agregado A_1, se deslocará para cima para uma nova posição em CF_2, com gasto de consumo agregado autônomo A_2. Um aumento na riqueza agregada também deslocará a função consumo agregado para cima.

O painel (b), diferentemente, ilustra o efeito de uma redução na renda disponível esperada no futuro. Os consumidores gastarão menos em cada nível de renda disponível corrente, *YD*. Consequentemente, a função de consumo agregado inicial CF_1, com gasto de consumo autônomo agregado A_1, se deslocará para baixo rumo a uma nova posição em CF_2, com gasto de consumo agregado autônomo A_2. Uma redução na riqueza agregada terá o mesmo efeito.

Esses dois exemplos mostram como as expectativas sobre a renda disponível no futuro podem afetar os gastos de consumo. Os dois painéis na Figura 26.5, que representam a renda disponível em relação ao gasto de consumo, mostram como mudanças na renda disponível esperada no futuro afetam a função consumo agregado. Em ambos os painéis, CF_1 é a função consumo agregado inicial. O painel (a) mostra o efeito de boas notícias: informação que leva os consumidores a esperarem no futuro renda disponível mais alta do que eles tinham antes.

Os consumidores agora gastarão mais em qualquer nível de renda disponível *YD*, o que corresponde a um aumento em *A*, o gasto de consumo autônomo agregado, de A_1 para A_2. O efeito é deslocar a função consumo agregado para cima, de CF_1 para CF_2. O painel (b) mostra o efeito de notícias ruins: informação que leva os consumidores a esperarem no futuro renda disponível mais baixa do que antes. Os consumidores agora gastarão menos em qualquer nível de renda disponível corrente *YD*, o que corresponde a uma queda em *A*, de A_1 para A_2. O efeito é deslocar a função consumo agregado para baixo, de CF_1 para CF_2.

Em um famoso livro de 1957, *A Theory of the Consumption Function*, Milton Friedman mostrou que levar em conta o efeito da renda futura esperada explica um fato relativo ao comportamento do consumidor que de outro modo seria intrigante. Quando observamos os gastos de consumo em um ano qualquer, vemos que as pessoas com renda corrente elevada poupam uma fração maior de sua renda que aquelas com renda corrente baixa. (Isso é óbvio nos dados da Figura 26.4: pessoas no grupo de renda mais alta gastam bem menos que sua renda; pessoas no grupo de renda mais baixa gastam mais que sua renda.) Você poderá pensar que isso implica que a taxa geral de poupança aumenta à medida que a economia cresce e a renda corrente média aumenta; mas, de fato, isso não tem acontecido.

Friedman assinalou que, quando observamos as rendas individuais em dado ano, existem diferenças sistemáticas entre renda corrente e renda futura esperada que criam uma relação positiva entre renda corrente e a taxa de poupança. Por um lado, pessoas com renda corrente baixa podem estar passando por um ano excepcionalmente ruim. Por exemplo, podem ser trabalhadores que perderam o emprego mas que em algum momento encontrarão um novo emprego. São pessoas cuja renda futura esperada é maior que sua renda corrente, de modo que faz sentido que tenham poupança baixa ou negativa. Por outro lado, pessoas com renda corrente alta, muitas vezes, podem estar passando por um ano excepcionalmente bom. Por exemplo, podem ter aplicações que deram resultado muito bom. São pessoas cuja renda futura esperada é mais baixa que sua renda corrente, de modo que faz sentido para elas poupar a maior parte de seu ganho excepcional.

Quando a economia cresce, por outro lado, a renda corrente e a esperada no futuro aumentam juntas. Renda corrente mais alta tende a gerar poupança mais alta hoje, mas renda mais alta esperada no futuro tende a gerar menos poupança hoje. Em consequência, existe relação mais fraca entre a renda corrente e a taxa de poupança.

Friedman argumentou que os gastos de consumo, em última instância, dependem sobretudo da renda que as pessoas esperam ter no longo prazo e não de sua renda corrente. Esse argumento é conhecido como *hipótese da renda permanente*.

Mudanças na riqueza agregada. Imagine dois indivíduos, Maria e Mark, ambos esperando ganhar $ 30.000 este ano. Suponha, contudo, que eles tenham histórias diferentes. Maria está trabalhando regularmente há 10 anos, é proprietária de sua casa e tem $ 200.000 no banco. Mark tem a mesma idade que Maria, mas tem tido empregos instáveis, não conseguiu comprar sua casa e tem pouca poupança. Nesse caso, Maria tem algo que Mark não tem: *riqueza*. Ainda que ambos tenham a mesma renda disponível, tudo o mais mantido constante, é de se esperar que Maria vá gastar mais em consumo do que Mark. Isto é, a riqueza tem efeito sobre os gastos de consumo.

O efeito da riqueza sobre o gasto é enfatizado por um modelo econômico influente de como os consumidores fazem escolhas entre gasto e poupança, denominado *hipótese do ciclo de vida*. Segundo essa hipótese, os consumidores planejam seu gasto ao longo da vida e não apenas em resposta à sua renda disponível corrente. O resultado é que as pessoas tentam atenuar seu consumo ao longo do seu tempo de vida: elas poupam mais da sua renda disponível corrente durante os anos de auge nos rendimentos (que tipicamente ocorrem quando um trabalhador está nos seus 40 a 50 anos) e vivem, no período de aposentados, da riqueza acumulada no tempo em que trabalharam.

Não vamos entrar em detalhes sobre essa hipótese, mas apenas assinalar que ela implica um papel importante da riqueza na determinação dos gastos de consumo. Por exemplo, um casal de meia-idade que já acumulou bastante riqueza – já pagou a compra de sua casa e já é proprietário de boa quantidade de ações e títulos –, tudo o mais mantido constante, gastará mais em bens e serviços do que um casal com a mesma renda disponível que ainda tem de poupar para sua aposentadoria.

Como a riqueza afeta os gastos de consumo das famílias, mudanças na riqueza no conjunto da economia podem deslocar a função consumo agregado. Aumento na riqueza agregada – digamos, por causa de uma alta na bolsa de valores – aumenta o intercepto vertical A, o gasto de consumo autônomo agregado. Isso, por sua vez, desloca a função consumo agregado para cima, do mesmo modo que um aumento na renda disponível esperada no futuro. Um declínio na riqueza agregada – digamos, por causa de uma queda nos preços dos imóveis residenciais, como ocorreu em 2008 – reduz A e desloca a função consumo agregado para baixo.

ECONOMIA >> *em Ação*

Primeiros fracassos de previsão famosos

A Grande Depressão criou a macroeconomia moderna. Ela também deu origem ao moderno campo da *econometria* – o uso de técnicas estatísticas para ajustar modelos econômicos a dados empíricos. A função consumo agregado foi uma das primeiras coisas estudadas pelos econometristas. Aliás, eles rapidamente passaram por um dos primeiros grandes fracassos de previsão econômica: os gastos de consumo depois da Segunda Guerra Mundial foram muito mais altos do que teriam previsto estimativas da função consumo agregado baseadas em dados anteriores à guerra.

A Figura 26.6 conta essa história. O painel (a) mostra dados agregados de renda disponível e gastos de consumo de 1929 a 1941, medidos em bilhões de dólares de 2005. Uma função consumo linear simples, CF_1, parece ajustar-se muito bem aos dados. E muitos economistas pensaram que essa relação continuaria a manter-se no futuro. Mas o painel (b) mostra o que de fato aconteceu em anos posteriores. Os pontos no círculo à esquerda são os dados da Grande Depressão que se mostram no painel (a). Os pontos no círculo à direita são os dados de 1946 a 1960. (Dados de 1942 a 1945 não estão incluídos, porque o racionamento durante a Segunda Guerra Mundial impediu os consumidores de gastar normalmente.)

A linha sólida na figura, CF_1, é a função consumo ajustada aos dados de 1929-1941. Como se pode ver, os gastos de consumo após a Segunda Guerra Mundial foram muito mais altos que a relação dos anos de Depressão teria previsto. Por exemplo, em 1960, os gastos de consumo foram 13,5% mais altos do que o nível previsto por CF_1.

Por que extrapolar a relação anterior foi tão enganoso? A resposta é que, de 1946 em diante, tanto a renda disponível esperada no futuro quanto a riqueza agregada estavam aumentando constantemente. Os consumidores tornaram-se cada vez mais confiantes de que a Grande Depressão não voltaria a acontecer e que a expansão econômica do pós-guerra continuaria. Ao mesmo tempo, a riqueza aumentava constantemente. Como indicado pelas linhas tracejadas no painel (b), CF_2 e CF_3, os aumentos na renda disponível esperada no futuro e a riqueza agregada deslocaram a função consumo para cima várias vezes.

Em macroeconomia, as falhas, sejam de política econômica ou de previsão econômica, muitas vezes levam a progresso intelectual. As embaraçosas falhas

Figura 26.6 Mudanças na função consumo agregado ao longo do tempo.

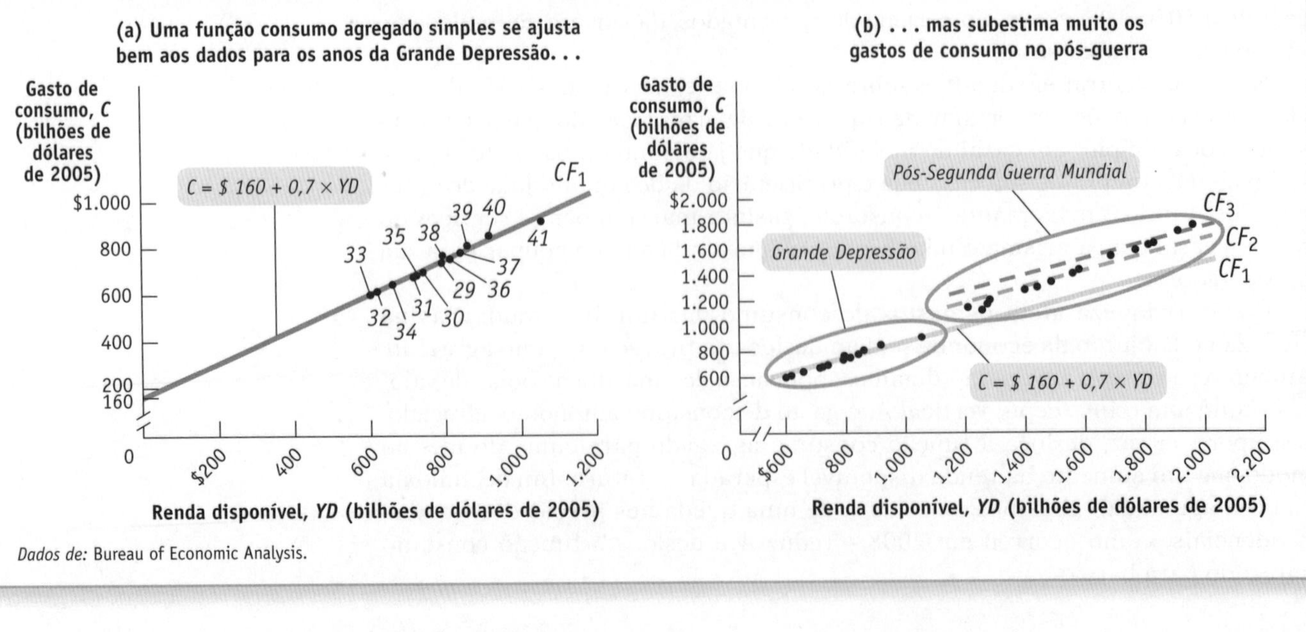

Dados de: Bureau of Economic Analysis.

das primeiras estimativas da função consumo agregado em prever os gastos de consumo após a Segunda Guerra Mundial possibilitaram um progresso importante em nosso entendimento do comportamento do consumidor.

>> **Revisão Rápida**

- A **função consumo** mostra a relação entre renda disponível dos domicílios individuais e seus gastos de consumo.
- A **função consumo agregado** mostra a relação entre renda disponível e gastos de consumo no conjunto da economia. Ela pode se deslocar em razão de mudanças na renda disponível esperada no futuro e mudanças na riqueza agregada.

>> *Teste seu entendimento* 26.2

As respostas estão no fim do livro.

1. Suponha que a economia consista em três pessoas: Angelina, Felícia e Marina. A tabela a seguir mostra como variam seus gastos de consumo à medida que sua renda disponível corrente aumenta em \$ 10.000.
   a. Derive a função consumo de cada uma das três, sendo a *MPC* calculada para uma mudança de \$ 10.000 na renda disponível corrente.
   b. Derive a função consumo agregado.

Renda disponível corrente	Gastos de consumo		
	Angelina	Felícia	Marina
\$ 0	\$ 8.000	\$ 6.500	\$ 7.250
10.000	12.000	14.500	14.250

2. Suponha que problemas no mercado de capitais tornem impossível que os consumidores tomem emprestado ou poupem para uso futuro. Que implicações isso tem no que se refere ao impacto da renda disponível esperada no futuro sobre os gastos de consumo?

Gastos de investimento

Embora os gastos de consumo sejam muito maiores que os gastos de investimento, *booms* e colapsos nos gastos de investimento tendem a produzir ciclos econômicos. De fato, a maioria das recessões se originou de queda nos gastos de investimento. A Figura 26.7 ilustra esse ponto; ela mostra a mudança percentual anual de gastos de investimento e de gastos de consumo nos Estados Unidos, medidos em termos reais, durante as seis recessões ocorridas entre 1973 e 2009. Como se pode ver, oscilações nos gastos de investimento são muito mais drásticas que oscilações nos gastos de consumo. Além disso, em razão do processo do multiplicador, os economistas acham que os declínios nos gastos de consumo normalmente são resultado de um processo que começa com uma queda no gasto de investimento. Examinaremos em breve como uma queda forte nos gastos de investimento gera uma queda nos gastos de consumo por meio do processo do multiplicador.

Figura 26.7 Flutuações nos gastos de investimento e de consumo.

As barras ilustram a mudança percentual anual nos gastos de investimento e de consumo durante as últimas seis recessões. Como mostra o comprimento das barras, a oscilação nos gastos de investimento foi muito maior em termos percentuais que a dos gastos de consumo. Esse padrão levou os economistas a crerem que as recessões normalmente têm origem em queda nos gastos de investimento.

Dados de: Bureau of Economic Analysis.

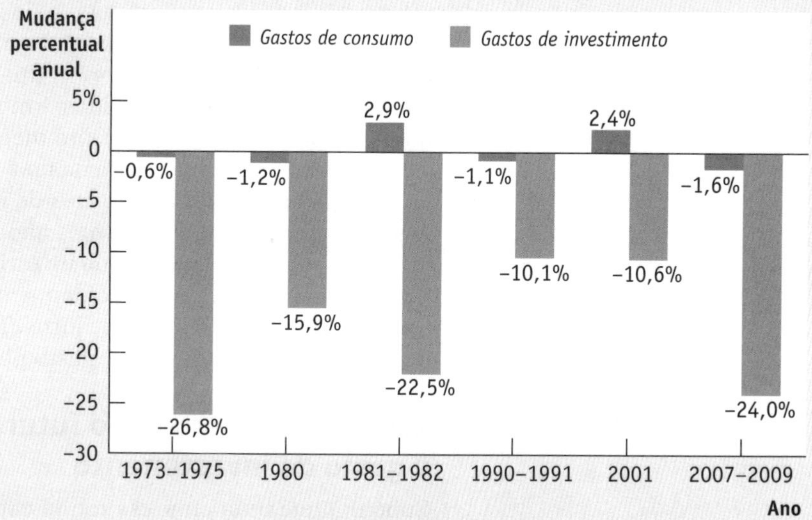

Antes de fazê-lo, no entanto, é preciso analisar os fatores que determinam os gastos de investimento, que são um tanto diferentes daqueles que determinam os gastos de consumo. Os fatores mais importantes são a taxa de juros e o PIB real esperado no futuro. Vamos revisitar também um fato que já notamos no Capítulo 25: o nível de gastos de investimento que as empresas *efetivamente* levam a cabo algumas vezes não é o nível do **gasto planejado de investimento** – o gasto de investimento que as empresas *pretendem* levar a cabo em dado período.

Gasto planejado de investimento é o gasto de investimento que as empresas pretendem levar a cabo em dado período.

Gastos planejados de investimento dependem de três fatores principais, que analisaremos em seguida.

1. A taxa de juros.
2. O nível de PIB real esperado no futuro.
3. O nível atual da capacidade de produção.

Primeiro, vamos analisar o efeito da taxa de juros.

1. Taxa de juros e gastos de investimento

Taxas de juros têm efeito particularmente nítido sobre uma forma de gastos de investimento: o gasto de construção residencial, isto é, a construção de novas residências. A razão é óbvia: construtores só constroem casas que eles acham que poderão vender, e residências se tornam mais acessíveis (e assim também mais fáceis de vender) quando a taxa de juros é baixa.

Considere uma família que precisa tomar emprestados $ 350.000 para comprar uma casa. Com taxa de juros de 6,5%, um crédito hipotecário de 30 anos implicará pagamentos de $ 2.212 por mês. Com taxa de juros de 4,0%, esses pagamentos seriam de apenas $ 1.722 por mês, tornando as casas bem mais acessíveis.

A taxa de juros afeta também outras formas de gastos de investimento. Empresas com projeto de gastos de investimento só prosseguirão com o projeto se esperam uma taxa de retorno mais alta que o custo dos fundos que teriam de tomar emprestado para financiar o projeto. Como vimos no Capítulo 25, se a taxa de juros sobe, menos projetos passarão nesse teste e, em consequência, o gasto de investimento será mais baixo.

Você poderá imaginar que o *trade-off* de uma empresa é diferente quando ela pode financiar seu projeto de investimento com os lucros passados em vez de tomar emprestado. Lucros passados usados para financiar gastos de investimento são chamados *lucros retidos*. Mas, mesmo que a empresa pague pelos seus gastos de investimento usando lucros retidos, o *trade-off* que ela terá de fazer ao decidir financiar ou não um projeto continuará o mesmo, porque ela terá de levar em conta o custo de oportunidade de seus fundos. Por exemplo, em vez de comprar um novo equipamento, a empresa poderia emprestar seus fundos e receber juros. O juro a que ela renuncia é o custo de oportunidade de usar os lucros retidos para financiar um projeto de investimento.

Assim, o *trade-off* com que uma empresa se defronta ao comparar a taxa de retorno de um projeto com a taxa de juros do mercado não muda quando ela usa lucros retidos em vez de fundos tomados como empréstimo. Isso significa que, independentemente de a empresa financiar os gastos de investimento por meio de empréstimo ou de lucros retidos, um aumento na taxa de juros de mercado torna qualquer projeto de investimento menos lucrativo.

Por outro lado, uma queda na taxa de juros torna lucrativos, com a nova taxa de juros mais baixa, alguns projetos de investimento que não eram lucrativos antes. Assim, alguns projetos que antes não eram financiados agora o serão.

Assim, o gasto planejado de investimento, ou seja, o gasto em projetos de investimento que as empresas decidem voluntariamente se levam a cabo ou não, tem relação negativa com a taxa de juros. Tudo o mais mantido constante, taxas de juro mais altas ocasionam menor gasto planejado de investimento.

2. PIB real esperado no futuro, capacidade produtiva e gasto de investimento

Suponha que uma empresa tenha capacidade suficiente para continuar a produzir a quantidade que está vendendo atualmente, mas não espera aumento de suas vendas no futuro. Nesse caso, ela fará gastos de investimento somente para repor equipamentos e estruturas desgastadas ou que se tornaram obsoletas por causa de novas tecnologias. Mas, se em vez disso a empresa tem expectativa de vendas crescentes no futuro, ela vai considerar que a capacidade produtiva existente não basta para atender suas necessidades de produção futura. Portanto, a empresa vai levar a cabo gastos de investimento para cobrir tais necessidades. Isso implica que, tudo o mais mantido constante, as empresas fazem maiores gastos de investimento quando esperam crescimento de suas vendas.

Suponha agora que a empresa tenha no momento muito mais capacidade do que o necessário para cobrir suas necessidades de produção correntes. Mesmo que ela espere um crescimento das vendas, não terá de fazer gastos de investimento por algum tempo, até que o crescimento de suas vendas alcance o seu excesso de capacidade. Isso ilustra o fato de que, tudo o mais mantido constante, o nível corrente de capacidade produtiva tem efeito negativo sobre os gastos de investimento: quanto maior a capacidade corrente, mais baixo será o gasto de investimento.

Se reunimos os efeitos sobre o gasto de investimento provenientes do crescimento esperado de vendas futuras e do tamanho da capacidade de produção corrente, há uma situação em que podemos ter certeza razoável de que as empresas vão fazer gastos de investimento elevados: quando elas esperam que suas vendas vão crescer rapidamente. Nesse caso, mesmo o excedente de capacidade de produção logo se esgotará, levando as empresas a reiniciarem gastos de investimento.

Mas o que é um indicador de níveis altos esperados de vendas futuras? É uma taxa alta esperada de crescimento do PIB real. Taxas de crescimento esperado mais alto do PIB real levam a um nível mais alto de gastos planejados de investimento, enquanto taxas de crescimento esperado mais baixo do PIB real levam a gastos planejados de investimento mais baixos. Essa relação é resumida na proposição conhecida como **princípio do acelerador**. Em geral, os efeitos do princípio do acelerador desempenham papel importante nas *retrações de gastos de investimento*, isto é, períodos de baixo gasto de investimento.

De acordo com o **princípio do acelerador**, uma taxa de crescimento mais alta do PIB real leva a maiores gastos planejados de investimento, mas uma taxa de crescimento mais baixa do PIB real leva a menores gastos planejados de investimento.

3. Estoques e gasto de investimento não planejado

A maioria das empresas mantém **estoques**, quantidades de bens mantidos para atender a vendas futuras. Empresas mantêm estoques a fim de rapidamente satisfazer compradores, ou seja, o consumidor pode comprar um item imediatamente disponível em vez de esperar que ele seja manufaturado. Além disso, empresas muitas vezes mantêm estoques de insumos para certificarem-se de ter uma oferta pronta de materiais necessários e peças de reposição. Ao final de dezembro de 2019, o valor total dos estoques na economia norte-americana foi estimado em US$ 2,04 trilhões, pouco abaixo de 10% do PIB.

Estoques são quantidades de bens mantidos para atender a vendas futuras.

Uma empresa que aumenta seus estoques está fazendo um tipo de gasto de investimento. Suponha, por exemplo, que a indústria automobilística nos Estados Unidos produza 800.000 carros por mês, mas venda apenas 700.000. Os 100.000 carros restantes são acrescentados ao estoque das montadoras ou dos revendedores de automóveis, prontos para serem vendidos no futuro. **Investimento em estoques** é o valor da mudança no total dos estoques mantido na economia durante dado período. Diferentemente de outras formas de gasto de investimento, o investimento em estoques, na verdade, pode ser negativo. Por exemplo, se a indústria automobilística reduz seus estoques ao longo de um mês, dizemos que ela teve um investimento negativo em estoques.

Investimento em estoques é o valor da mudança no total dos estoques mantido na economia durante dado período.

Para entender o investimento em estoques, pense em um gerente abastecendo as prateleiras de enlatados de um supermercado. O gerente tenta manter a loja plenamente abastecida, de tal modo que os compradores possam quase sempre encontrar o que estão buscando. Mas o gerente não quer que as prateleiras fiquem exageradamente cheias, porque o espaço de prateleira é limitado e os produtos podem estragar. Considerações semelhantes se aplicam em muitas empresas e, normalmente, as levam a administrar cuidadosamente seus estoques.

Investimento não planejado em estoques é uma oscilação não intencional que ocorre nos estoques quando as vendas reais são maiores ou menores do que as vendas esperadas.

Gasto efetivo de investimento é a soma dos gastos planejado e não planejado de investimento em estoques.

Contudo, vendas flutuam e, como as empresas não conseguem sempre prever vendas com precisão, elas muitas vezes acabam mantendo mais ou menos estoques do que pretendiam. Essas oscilações não intencionais nos estoques decorrentes de mudanças não previstas nas vendas são chamadas de **investimento não planejado em estoques**. Elas representam gasto de investimento, positivo ou negativo, que ocorreu, mas não estava planejado.

Dessa forma, em qualquer período considerado, o **gasto efetivo de investimento** é igual ao gasto planejado de investimento mais o investimento não planejado em estoques. Se designamos o investimento não planejado em estoques por $I_{NãoPlan}$, e o gasto planejado de investimento por I_{Plan}, sendo I o gasto efetivo de investimento, então a relação entre os três pode ser representada como:

(26.10) $I = I_{NãoPlan} + I_{Plan}$

Para ver como o investimento não planejado em estoques pode ocorrer, continuemos no exemplo da indústria automobilística e façamos as pressuposições a seguir. Primeiro, suponhamos que a indústria tenha de determinar todo mês, antecipadamente, o volume de produção antes de saber qual será o volume efetivo de vendas. Segundo, suponhamos que ela preveja vender 800.000 carros no próximo mês e que não pretenda aumentar nem diminuir seus estoques existentes. Nesse caso, ela produzirá 800.000 carros para corresponder às vendas previstas.

Imagine agora que, no mês seguinte, as vendas sejam menores do que o esperado, somente 700.000 carros. Em consequência, o valor de 100.000 carros será acrescentado ao gasto de investimento como investimento não planejado em estoques.

É claro que a indústria automobilística em algum momento se ajustará a essa desaceleração das vendas e ao resultante aumento de investimento não planejado em estoques. É provável que no mês seguinte ela reduza o volume de produção a fim de reduzir os estoques.

De fato, economistas que estudam variáveis macroeconômicas na tentativa de estimar o trajeto futuro da economia prestam muita atenção a mudanças nos níveis dos estoques. Estoques em aumento normalmente indicam investimento positivo não planejado em estoques e uma economia em desaceleração, na medida em que as vendas são inferiores ao que havia sido previsto. Estoques em queda normalmente indicam investimento não planejado negativo em estoques e uma economia em crescimento, conforme as vendas sejam superiores ao que havia sido previsto.

Na próxima seção, veremos como ajustes na produção em resposta a flutuações nas vendas e nos estoques garantem que o valor dos bens e serviços finais efetivamente produzidos seja igual à compra desejada desses bens e serviços finais.

ECONOMIA >> *em Ação*

Investimento das empresas na Grande Recessão

Entre dezembro de 2007 e junho de 2009, a economia dos EUA experimentou sua pior desaceleração econômica desde a década de 1930. Quase todos os economistas concordam que o principal fator responsável pela Grande Recessão foi o mercado imobiliário: quando uma enorme bolha imobiliária estourou, o investimento residencial – construção de novas moradias – despencou e a queda no valor das casas também reduziu a riqueza do consumidor e, portanto, os gastos com consumo.

Mas a Grande Recessão não se limitou ao investimento residencial. Como mostra a Figura 26.8, o investimento não residencial – que consiste basicamente em gastos comerciais com novas fábricas, parques de escritórios, armazéns e assim por diante – também despencou. Por quê?

A resposta é que a queda acentuada em investimento residencial e em gastos de consumo deixou as empresas dos EUA com um grande *excesso de capacidade*, conforme mostrado pela linha mais clara na Figura 26.8. Ou seja, como as pessoas não estavam comprando tanto quanto antes, havia muitas linhas de montagem ociosas, escritórios vazios, espaço não utilizado em depósitos etc. E, uma vez que as empresas não estavam usando a capacidade que tinham, elas viram poucos motivos para construir mais.

Como resultado, uma queda acentuada na construção de moradias levou a uma nova queda nos investimentos não residenciais, exacerbando a recessão.

A boa notícia é que, assim que a economia se estabilizou e voltou a crescer, o excesso de capacidade comercial foi colocado de volta em uso e logo as empresas começaram a investir novamente.

Figura 26.8 Investimento não residencial e capacidade da empresa.

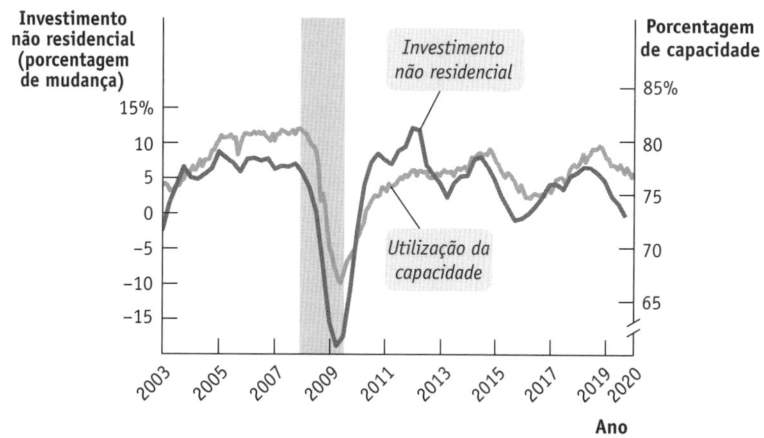

Dados de: Federal Reserve Board of Governors and Bureau of Economic Analysis.

>> *Teste seu entendimento* 26.3

As respostas estão no fim do livro.

1. Para cada evento, explique se o gasto planejado de investimento ou o gasto em estoques não planejado mudará e em que direção.
   a. Um aumento inesperado no gasto de consumo
   b. Uma alta aguda no custo dos empréstimos para empresas
   c. Um forte aumento na taxa de crescimento do PIB real
   d. Uma queda imprevista nas vendas
2. Historicamente, o gasto de investimento sofreu oscilações para cima e para baixo mais extremas que o gasto de consumo. Por que será que isso é assim? (*Dica*: considere a propensão marginal ao consumo e o princípio do acelerador.)
3. Os gastos do consumidor foram fracos ao final de 2007, e os economistas se preocuparam quanto ao *excesso de estoques* – nível elevado de investimento não planejado em estoques em toda a economia – tornar difícil a pronta recuperação da economia. Explique por que um grande excesso de estoques, do mesmo modo que a existência de excesso de capacidade de produção, pode deprimir a atividade econômica.

>> *Revisão Rápida*

- O **gasto planejado de investimento** se relaciona negativamente com a taxa de juros e positivamente com o PIB real esperado no futuro. De acordo com o **princípio do acelerador**, há relação positiva entre gasto planejado de investimento e taxa de crescimento do PIB real esperada no futuro.
- Empresas mantêm **estoques** para vender no futuro. O **investimento em estoques**, uma forma de gasto de investimento, pode ser positivo ou negativo.
- Quando as vendas efetivas são maiores ou menores do que o esperado, ocorre **investimento não planejado em estoques**. O **gasto efetivo de investimento** é igual ao gasto planejado de investimento mais o investimento não planejado em estoques.

Modelo de renda e gasto

Anteriormente neste capítulo, descrevemos como mudanças autônomas no gasto – como uma queda no gasto de investimento quando acontece o estouro de uma bolha imobiliária – desencadeiam um processo de diversas mediante a ação do multiplicador que amplifica o efeito de tais mudanças sobre o PIB real. Vamos agora examinar esse processo de diversas etapas mais de perto.

Veremos que as diversas rodadas de mudança no PIB real são completadas ao longo de mudanças na quantidade produzida pelas empresas, mudanças que elas fazem em resposta a mudanças nos seus estoques. Assim, entenderemos por que os estoques desempenham papel central em modelos macroeconômicos da economia no curto prazo e por que os economistas prestam tanta atenção ao comportamento dos estoques das empresas quando tentam prever o futuro mais provável da economia.

Antes de começarmos, vejamos mais uma vez, brevemente, as suposições em que se baseia o processo do multiplicador.

1. *Mudanças no gasto total levam a mudanças no produto agregado.* Supomos que produtores estejam dispostos a fornecer produção adicional a um nível de preço fixo. Como resultado, mudanças no gasto se traduzem em mudanças na produção, em vez de aumentarem ou diminuírem o nível geral de preços. Um nível fixo de preço agregado implica também que não há diferença entre PIB nominal e PIB real. Assim, neste capítulo, podemos usar os dois termos como se indicassem a mesma coisa.
2. *A taxa de juros é fixa.* Consideramos que a taxa de juros é predeterminada e não é afetada pelos fatores que analisamos nesse modelo. Como no caso do nível de preço agregado, o que na realidade estamos fazendo é deixar os determinantes da taxa de juros fora do modelo. Como veremos, mesmo assim o modelo pode ser usado para estudar os efeitos de uma mudança na taxa de juros.
3. *Impostos, transferências governamentais e compras governamentais são iguais a zero.*
4. *Exportações e importações são, ambas, zero.*

Em todos os capítulos subsequentes, vamos abandonar o pressuposto de que o nível de preço agregado é fixo. O apêndice do Capítulo 28 explica como impostos afetam o processo do multiplicador. Discutiremos brevemente como o comércio exterior entra em cena ainda neste capítulo, e faremos sua apresentação integral no Capítulo 33.

Gasto agregado planejado e PIB real

Em uma economia que não tem governo nem comércio exterior, existem apenas duas fontes de demanda agregada: gasto de consumo, *C*, e gasto de investimento, *I*. E, como supomos que não haja impostos nem transferências, a renda disponível agregada é igual ao PIB (que é igual ao PIB real, dado que o nível de preço agregado é fixo): o valor total das vendas finais de bens e serviços, em última instância, corresponde à renda dos domicílios. Assim, nessa economia altamente simplificada, há duas equações básicas da contabilidade nacional:

(26.11) $PIB = C + I$

(26.12) $YD = PIB$

Como já aprendemos neste capítulo, a função consumo agregado mostra a relação entre renda disponível e gastos de consumo. Continuamos a supor que a função consumo agregado tenha o mesmo formato da Equação 26.9:

(26.13) $C = A + MPC \times YD$

Em nosso modelo simplificado, vamos supor também que o gasto planejado de investimento, I_{Plan}, seja fixo.

Gasto agregado planejado é a quantidade total de gasto planejado na economia.

Antes de completar nosso modelo, necessitamos de mais um conceito: **gasto agregado planejado**, a quantidade total de gasto planejado na economia. Diferentemente das empresas, os domicílios não têm ações não intencionais, como investimento não planejado em estoques. Assim, o gasto agregado planejado é igual à soma do gasto de consumo com o gasto planejado de investimento. Indicamos o gasto agregado planejado por AE_{Plan}, de modo que:

(26.14) $AE_{Plan} = C + I_{Plan}$

O nível do gasto agregado planejado em determinado ano depende do nível do PIB real naquele ano. Para sabermos a razão disso, vejamos um exemplo específico mostrado na Tabela 26.2. Supomos que a função consumo agregado seja

(26.15) $C = 300 + 0{,}6 \times YD$

PIB real, YD, C, I_{Plan} e AE_{Plan} medem-se em bilhões de dólares, e supomos que o nível de investimento planejado, I_{Plan}, seja fixo em $ 500 bilhões por ano. A primeira coluna mostra possíveis níveis de PIB real. A segunda coluna mostra a renda disponível, YD, que em nosso modelo simplificado é igual ao PIB real. A terceira coluna mostra o gasto de consumo, C, igual a $ 300 bilhões + 0,6 multiplicado pela renda disponível, YD. A quarta coluna mostra o gasto planejado de investimento, I_{Plan}, que supomos ser $ 500 bilhões independentemente do nível do PIB real. Por fim, a última coluna mostra o gasto agregado planejado, AE_{Plan}, a soma do gasto de consumo agregado, C, e do gasto planejado de investimento, I_{Plan}. (Para simplificar a notação, vamos supor a partir de agora que todas as variáveis da Tabela 26.2 sejam medidas em bilhões de dólares por ano.)

Tabela 26.2 Equilíbrio quando PIB real = $YD = AE_{Plan}$

PIB real	YD	C	I_{Plan}	AE_{Plan}
(bilhões de dólares)				
$ 0	$ 0	$ 300	$ 500	$ 800
500	500	600	500	1.100
1.000	1.000	900	500	1.400
1.500	1.500	1.200	500	1.700
2.000	2.000	1.500	500	2.000
2.500	2.500	1.800	500	2.300
3.000	3.000	2.100	500	2.600
3.500	3.500	2.400	500	2.900

Como se pode ver, um nível mais elevado de PIB real leva a um nível mais elevado de renda disponível: cada aumento de 500 no PIB real aumenta a renda disponível (YD) em 500, o que, por sua vez, aumenta o consumo (C) em 500 × 0,6 = 300 e o gasto agregado planejado (AE_{Plan}) em 300.

A Figura 26.9 ilustra a informação da Tabela 26.2 em um gráfico. O PIB real é medido no eixo horizontal. CF é a função consumo agregado: mostra como gastos de consumo dependem do PIB real. AE_{Plan}, a linha de gasto agregado planejado, corresponde à função consumo agregado deslocada para cima em 500 (o valor de I_{Plan}). Ela mostra como o gasto agregado planejado depende do PIB real. Ambas as linhas têm inclinação de 0,6, igual à propensão marginal ao consumo (MPC).

Mas esse não é o fim da história. A Tabela 26.2 revela que o PIB real é igual ao gasto agregado planejado, AE_{Plan}, somente quando o nível do PIB real está em 2.000. O PIB real não é igual a AE_{Plan} em qualquer outro nível. Isso é possível? Não aprendemos, no Capítulo 22, com o diagrama do fluxo circular, que o gasto total em bens e serviços finais na economia é igual ao valor total do produto de bens e serviços finais? A resposta é que, por períodos *curtos*, o gasto agregado planejado pode ser diferente do PIB real, por causa do papel do gasto agregado *não planejado*, $I_{NãoPlan}$, o investimento não planejado em estoques.

Mas, como veremos na próxima seção, a economia se move ao longo do tempo para uma situação em que não há investimento não planejado em estoques,

Figura 26.9 Função consumo agregado e gasto agregado planejado.

A linha mais baixa, CF, é a função consumo agregado construída a partir dos dados da Tabela 26.2. A linha mais alta, AE_{Plan}, representa o gasto agregado planejado e igualmente é construída a partir dos dados da Tabela 26.2. Ela é equivalente à função consumo agregado deslocada para cima em $ 500 bilhões, valor do gasto planejado de investimento, I_{Plan}.

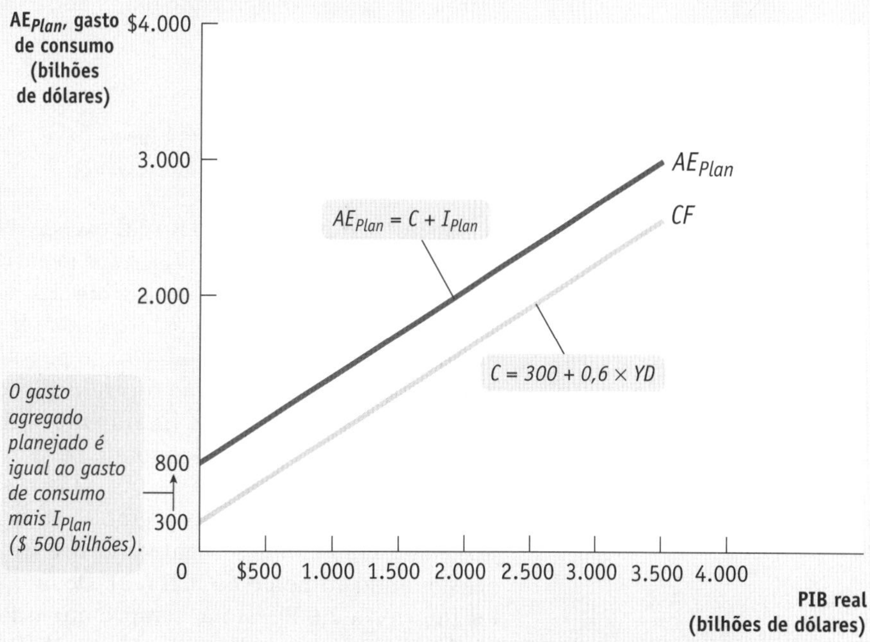

denominada *equilíbrio renda-despesa*. E, quando a economia está em equilíbrio renda-despesa, o gasto agregado planejado em bens e serviços finais é igual ao produto agregado.

Equilíbrio renda-despesa

Para todos os valores de PIB real mostrados na Tabela 26.2, exceto um caso, o PIB real é inferior ou superior a AE_{Plan}, a soma dos gastos de consumo e do gasto *planejado* de investimento. Por exemplo, quando o PIB real é 1.000, o gasto de consumo C é 900 e o gasto planejado de investimento é 500, tornando o gasto agregado planejado 1.400. Isso é 400 *mais* que o nível correspondente de PIB real. Considere agora o que acontece quando o PIB real é 2.500: o gasto de consumo é 1.800 e o gasto planejado de investimento é 500, tornando o gasto agregado planejado apenas 2.300, que é 200 *a menos* que o PIB real.

Tabela 26.3 Equilíbrio quando $I_{NãoPlan} = 0$

PIB real	AE_{Plan}	$I_{NãoPlan}$
(bilhões de dólares)		
$ 0	$ 800	–$ 800
500	1.100	–600
1.000	1.400	–400
1.500	1.700	–200
2.000	2.000	0
2.500	2.300	200
3.000	2.600	400
3.500	2.900	600

Como acabamos de explicar, o gasto agregado planejado pode ser diferente do PIB real somente quando ocorre na economia investimento não planejado em estoques, $I_{NãoPlan}$. Vejamos a Tabela 26.3, que inclui os números para PIB real e para gasto agregado planejado da Tabela 26.2. Inclui também os níveis de investimento não planejado em estoques, $I_{NãoPlan}$, que cada combinação de PIB real e gasto agregado planejado implica. Por exemplo, quando o PIB real é 2.500, o gasto agregado planejado é apenas 2.300. Esses 200 de excesso do PIB real sobre AE_{Plan} necessariamente consistem em investimento não planejado em estoques positivo. Isso pode acontecer apenas se as empresas superestimaram as vendas e produziram em excesso, provocando acréscimo não intencional nos estoques.

De modo mais geral, qualquer nível de PIB real maior que 2.000 corresponde a uma situação em que as empresas estão produzindo mais do que os consumidores e outras empresas querem comprar, criando um aumento não intencional nos estoques.

De maneira correspondente, um nível de PIB real abaixo de 2.000 implica que o gasto agregado planejado é *maior* que o PIB real. Por exemplo, quando o PIB real é 1.000, o gasto agregado planejado é muito maior, ficando em 1.400. O excesso de 400 de AE_{Plan} sobre o PIB real corresponde a investimento não planejado em estoques negativo de –400. De modo mais geral, qualquer nível de PIB real abaixo de 2.000 implica que as empresas subestimaram as vendas, levando a um nível negativo de investimento não planejado em estoques na economia.

Juntando as Equações 26.10, 26.11 e 26.14, podemos resumir a relação geral entre PIB real, gasto agregado planejado e investimento não planejado em estoques da seguinte forma:

$$\textbf{(26.16)}\quad \begin{aligned} PIB &= C + I \\ &= C + I_{Plan} + I_{NãoPlan} \\ &= AE_{Plan} + I_{NãoPlan} \end{aligned}$$

Assim, sempre que o PIB real excede AE_{Plan}, $I_{NãoPlan}$ é positivo; sempre que o PIB real é inferior a AE_{Plan}, $I_{NãoPlan}$ é negativo.

Mas as empresas atuarão para corrigir seus erros. O nosso pressuposto foi que elas não mudam seus preços, mas *podem* ajustar seu produto. Mais especificamente, elas reduzirão a produção se passarem por um aumento não intencional nos estoques ou aumentarão a produção se sofrerem queda não intencional nos estoques. E essas respostas finalmente eliminarão as mudanças não antecipadas nos estoques e moverão a economia para um ponto em que o PIB real for igual ao gasto agregado planejado.

Usando ainda o último exemplo, se o PIB real é 1.000, o investimento não planejado em estoques negativo levará as empresas a aumentarem a produção, ocasionando aumento no PIB real. De fato, isso acontecerá sempre que o PIB real for inferior a 2.000, isto é, sempre que o PIB real for inferior ao gasto agregado planejado. Correspondentemente, se o PIB real for 2.500, o investimento não planejado em estoques positivo levará as empresas a reduzirem a produção, causando queda no PIB real. Isso acontecerá sempre que o PIB real for maior que o gasto agregado planejado.

A única situação em que as empresas não terão incentivo para mudar o produto no período seguinte é aquela em que o produto agregado medido pelo PIB real é igual ao gasto agregado planejado no período corrente, um resultado conhecido como **equilíbrio renda-despesa**. Na Tabela 26.3, o equilíbrio renda-despesa é alcançado quando o PIB real é 2.000, único nível de PIB real em que o investimento não planejado em estoques é zero. A partir de agora, vamos denotar por Y^* o nível de PIB real em que ocorre o equilíbrio renda-despesa e chamá-lo de **PIB de equilíbrio renda-despesa**.

A economia está em **equilíbrio renda-despesa** quando o produto agregado, medido pelo PIB real, é igual ao gasto agregado planejado.

PIB de equilíbrio renda-despesa é o nível de PIB real em que este é igual ao gasto agregado planejado.

A Figura 26.10 ilustra graficamente o conceito de equilíbrio renda-despesa. O PIB real está no eixo horizontal e o gasto agregado planejado, AE_{Plan}, está no eixo vertical. Há duas linhas na figura. A linha sólida é o gasto agregado planejado. Ela mostra como AE_{Plan}, igual a $C + I_{Plan}$, depende do PIB real; ela tem uma inclinação de 0,6, igual à propensão marginal ao consumo, *MPC*, e o intercepto vertical é igual a $A + I_{Plan}(300 + 500 = 800)$. A linha tracejada, que passa pela origem com inclinação de 1 (frequentemente denominada linha de 45 graus), mostra todos os pontos possíveis em que o gasto agregado planejado é igual ao PIB real.

Essa linha nos permite identificar facilmente o ponto de equilíbrio renda-despesa, que tem de estar tanto sobre a linha de 45 graus quanto sobre a linha de gasto agregado planejado. Assim, o ponto de equilíbrio renda-despesa está em *E*, onde as duas linhas se cruzam. E o PIB de equilíbrio renda-despesa, Y^*, é 2.000, o mesmo resultado que derivamos na Tabela 26.3.

Considere agora o que acontece se a economia não está em equilíbrio renda-despesa. Podemos ver na Figura 26.10 que, sempre que o PIB real é menor que Y^*, a linha de gasto agregado planejado fica acima da linha de 45 graus e AE_{Plan} excede o PIB real. Nessa situação, $I_{NãoPlan}$ é negativo: como se mostra na figura, a um PIB real de 1.000, $I_{NãoPlan}$ é –400. Em consequência, o PIB real aumentará. Em contraste, sempre que o PIB real está acima de Y^*, a linha de gasto agregado planejado fica abaixo da linha de 45 graus. Aqui, $I_{NãoPlan}$ é positivo; como se mostra,

Figura 26.10 Equilíbrio renda-despesa.

O equilíbrio renda e despesa ocorre em *E*, o ponto em que a linha de gasto agregado planejado, AE_{Plan}, cruza a linha de 45 graus. Em *E*, a economia produz um PIB real de $ 2 bilhões por ano, o único ponto em que seu PIB real é igual ao gasto agregado planejado, AE_{Plan}, e o investimento não planejado em estoques, $I_{NãoPlan}$, é zero. Este é o nível do PIB de equilíbrio renda-despesa, Y^*. Em qualquer nível de PIB real inferior a Y^*, AE_{Plan} excede o PIB real. Em consequência, o investimento não planejado em estoques, $I_{NãoPlan}$, é negativo, e as empresas respondem aumentando a produção. Em qualquer nível de PIB real superior a Y^*, o PIB real excede AE_{Plan}. O montante de investimento não planejado em estoques, $I_{NãoPlan}$, é positivo, e as empresas respondem reduzindo a produção.

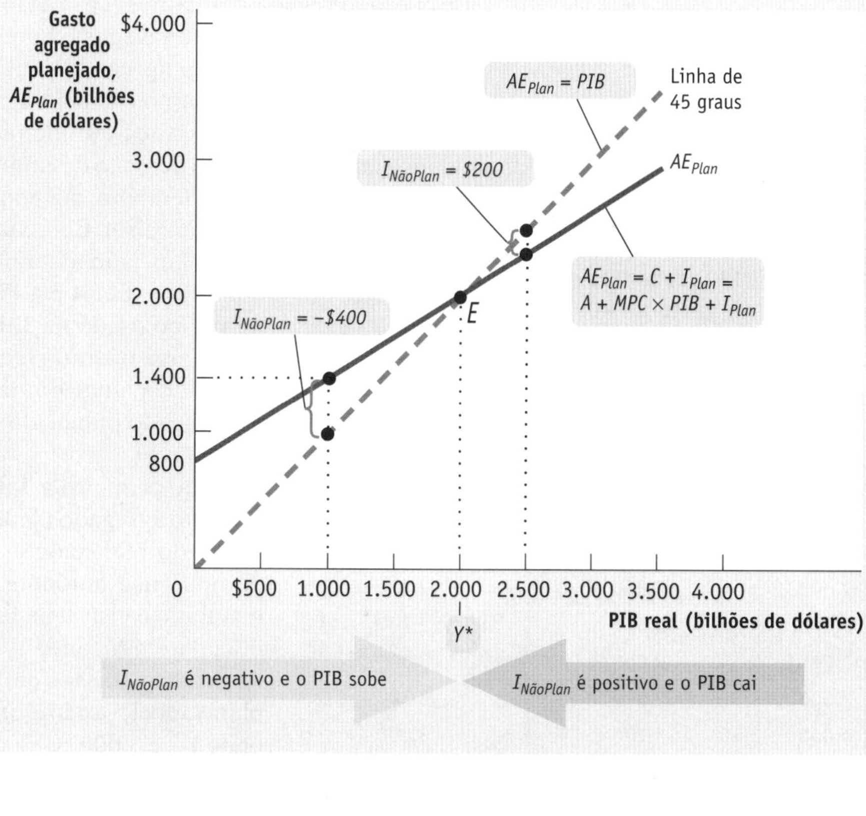

a um PIB real de 2.500, $I_{NãoPlan}$ é 200. A acumulação não antecipada de estoques provoca queda no PIB real.

O diagrama de **cruz keynesiana** identifica o equilíbrio renda-despesa como o ponto onde a linha do gasto agregado planejado cruza a linha de 45 graus.

O tipo de diagrama mostrado na Figura 26.10, que identifica o equilíbrio renda-despesa como o ponto em que a linha do gasto agregado planejado cruza a linha de 45 graus, tem um lugar especial na história do pensamento econômico. Conhecido como **cruz keynesiana**, foi desenvolvido por Paul Samuelson, um dos maiores economistas do século XX (e ganhador do Prêmio Nobel), para explicar as ideias de John Maynard Keynes, o fundador da macroeconomia como a conhecemos hoje.

Processo do multiplicador e ajuste nos estoques

Acabamos de conhecer uma característica muito importante da macroeconomia: quando o gasto planejado por domicílios e empresas não é igual ao produto agregado corrente das empresas, essa diferença se mostra como mudança nos estoques. A resposta das empresas a essas mudanças nos estoques, ao longo do tempo, move o PIB real para o ponto em que o PIB real e o gasto agregado planejado se igualam. Essa é a razão por que, como mencionamos anteriormente, mudanças nos estoques são consideradas um indicador antecedente da atividade econômica futura.

Agora que entendemos como o PIB real se move para alcançar o equilíbrio renda-despesa para dado nível de gasto agregado planejado, passemos à análise do que acontece quando há um *deslocamento na linha do gasto agregado planejado.* Como a economia passa do ponto inicial de equilíbrio renda-despesa para um novo ponto de equilíbrio renda-despesa? E quais são as possíveis fontes de mudança no gasto agregado planejado?

Em nosso modelo simples, existem apenas duas fontes possíveis de mudança na linha de gasto agregado planejado: uma mudança no gasto planejado de investimento, I_{Plan}, ou um deslocamento na função consumo agregado, *CF.* Por exemplo, uma mudança em I_{Plan} pode ocorrer por causa de mudança na taxa de juros. (Recorde que estamos supondo que a taxa de juros é fixada por fatores que estão fora do modelo. Mas, mesmo assim, podemos perguntar o que acontece quando a taxa de juros muda.) Um deslocamento da função consumo agregado (isto é, uma mudança no intercepto vertical, *A*) pode ocorrer por causa de uma mudança na riqueza agregada – digamos, em razão de um aumento no valor dos imóveis residenciais. Quando a linha de gasto agregado planejado se desloca – quando há mudança no nível de gasto agregado planejado em qualquer nível de PIB real –, ocorre mudança autônoma no gasto agregado planejado.

Recorde que uma mudança autônoma no gasto agregado planejado é uma mudança no nível desejado de gasto de empresas, domicílios e governo, em qualquer nível específico de PIB real (embora, por enquanto, tenhamos deixado o governo fora dessa análise). Como uma mudança autônoma no gasto agregado planejado afeta o PIB real em equilíbrio renda-despesa?

Tabela 26.4 PIB real antes e depois do aumento autônomo no gasto de 400 (*MPC* = 0,6)

PIB real	AE_{Plan} antes da mudança autônoma	AE_{Plan} depois da mudança autônoma
	(bilhões de dólares)	
$ 0	$ 800	$ 1.200
500	1.100	1.500
1.000	1.400	1.800
1.500	1.700	2.100
2.000	2.000	2.400
2.500	2.300	2.700
3.000	2.600	3.000
3.500	2.900	3.300
4.000	3.200	3.600

A Tabela 26.4 e a Figura 26.11 partem do mesmo exemplo numérico usado na Tabela 26.3 e na Figura 26.10. Elas igualmente mostram o efeito de um aumento autônomo no gasto agregado planejado de 400 – o que acontece quando o gasto agregado planejado é 400 mais alto a cada nível particular de PIB real.

Olhe primeiro a Tabela 26.4. Antes do aumento autônomo no gasto agregado planejado, o nível do PIB real em que o gasto agregado planejado é igual ao PIB real, Y^*, é 2.000. Depois da mudança autônoma, Y^* aumentou para 3.000. O mesmo resultado é visível na Figura 26.11. O equilíbrio renda-despesa inicial é em E_1, onde Y_1^* é 2.000. O aumento autônomo no gasto agregado planejado desloca para cima a linha de gasto agregado planejado, levando a um novo equilíbrio renda-despesa em E_2, onde Y_2^* é 3.000.

Figura 26.11 O multiplicador.

Esta figura ilustra a mudança em Y^* causada por um aumento autônomo no gasto agregado planejado. A economia está inicialmente no ponto de equilíbrio E_1 com PIB de equilíbrio renda-despesa, Y_1^*, igual a 2.000. Um aumento autônomo em AE_{Plan} de 400 desloca a linha de gasto agregado planejado para cima em 400. A economia não está mais em equilíbrio renda-despesa: o PIB real é igual a 2.000, mas AE_{Plan} é agora 2.400, representado pelo ponto X. A distância vertical entre as duas linhas de gasto agregado planejado, igual a 400, representa $I_{NãoPlan}$ = −400, o investimento em estoques negativo pelo qual agora passa a economia. As empresas respondem aumentando a produção, e a economia eventualmente alcança um novo equilíbrio renda-despesa em E_2, com PIB de equilíbrio renda-despesa de nível mais alto, Y_2^*, igual a 3.000.

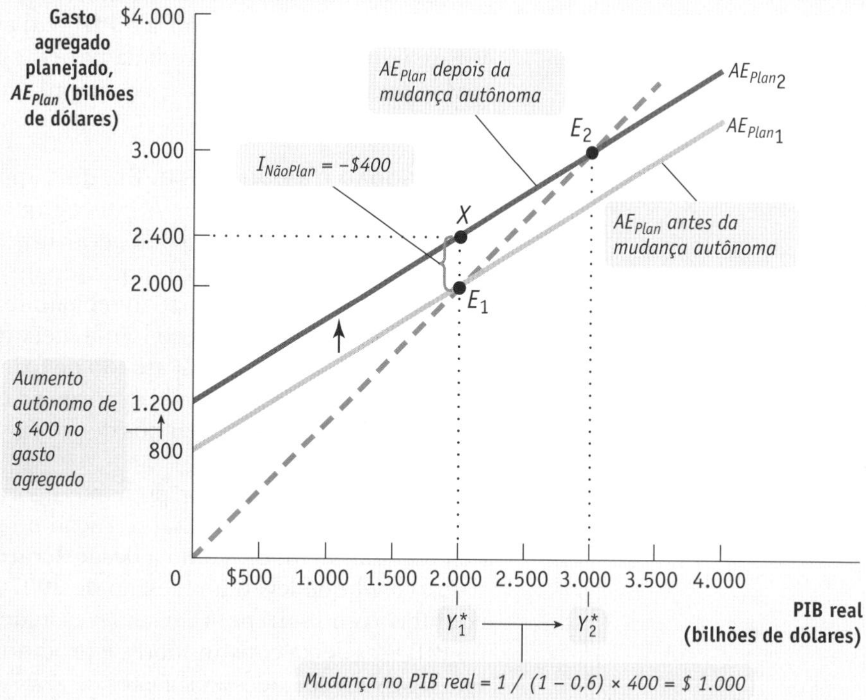

O fato de que o aumento no PIB de equilíbrio renda-despesa, de 2.000 para 3.000, é muito maior que o aumento autônomo no gasto agregado, que foi de apenas 400, tem uma explicação que conhecemos: o processo do multiplicador. No exemplo específico que acabamos de descrever, um aumento autônomo no gasto agregado planejado de 400 leva a um aumento em Y^* de 2.000 para 3.000, aumento de 1.000. Assim, o multiplicador desse exemplo é 1.000 / 400 = 2,5.

Podemos examinar em detalhe os fundamentos do processo do multiplicador em diversas etapas olhando mais atentamente a Figura 26.11. Primeiro, começando de E_1, o aumento autônomo no gasto agregado planejado gera um hiato entre o gasto agregado planejado e o PIB real. Isso é representado pela distância vertical entre X, em 2.400, e E_1, em 2.000. Tal hiato ilustra uma queda não planejada no investimento em estoques: $I_{NãoPlan} = -400$. As empresas respondem aumentando a produção, o que gera um aumento do PIB real partindo de Y_1^*. O aumento no PIB real se traduz em aumento na renda disponível, YD.

Essa é a primeira etapa da reação em cadeia. Mas isso não para por aí – o aumento em YD leva a um aumento no gasto de consumo, C, que dá início a uma segunda rodada de aumento no PIB real. Isso, por sua vez, leva a um aumento subsequente na renda disponível e no gasto de consumo, e assim por diante. Poderíamos fazer o jogo desse processo no sentido inverso: uma queda autônoma no gasto agregado causará reação em cadeia de reduções no PIB real e nos gastos de consumo.

Podemos resumir esses resultados em uma equação, onde ΔAAE_{Plan} representa a mudança autônoma em AE_{Plan} e $\Delta Y^* = Y_2^* - Y_1^*$, a mudança subsequente no PIB de equilíbrio renda-despesa:

$$\textbf{(26.17)}\quad \Delta Y^* = \text{Multiplicador} \times \Delta AAE_{Plan} = \frac{1}{(1 - MPC)} \times \Delta AAE_{Plan}$$

Recordando que o multiplicador, $1/(1 - MPC)$, é maior que 1, a Equação 26.17 nos informa que a mudança no PIB de equilíbrio renda-despesa, ΔY^*, é várias vezes maior que a mudança autônoma no gasto agregado planejado, ΔAAE_{Plan}. Também nos ajuda a recordar um ponto importante: como a propensão marginal ao consumo é menor que 1, cada aumento na renda disponível e cada aumento correspondente no gasto de consumo é menor que na rodada anterior. Isso porque, em cada rodada, uma parte do aumento na renda disponível escoa para poupança.

Em consequência, embora o PIB real aumente em cada rodada, o aumento no PIB real diminui de uma rodada para outra. Em algum ponto, o aumento no PIB real se torna insignificante e a economia converge para um novo PIB de equilíbrio renda-despesa em Y_2^*.

O paradoxo da poupança. Em um capítulo anterior, mencionamos o paradoxo da poupança para ilustrar o fato de que, em macroeconomia, a conclusão de muitas ações individuais pode gerar um resultado que é diferente e pior do que a mera soma daquelas ações individuais. No paradoxo da poupança, domicílios e empresas cortam seu gasto antecipando tempos econômicos difíceis no futuro. Essas ações deprimem a economia, deixando domicílios e empresas em situação pior do que se não tivessem atuado de forma virtuosa preparando-se para tempos difíceis. Denomina-se paradoxo porque o que é normalmente "bom" (poupar para amparar sua família em tempos de dureza) é um "mau" (porque pode deixar todos em situação pior).

Usando o multiplicador, podemos agora ver precisamente como esse cenário se desenrola. Suponha que haja retração no gasto de consumo e no gasto de investimento, ou em ambos, como a desaceleração dos gastos de investimento em construção civil que levou à recessão de 2007-2009. Isso causa uma queda no PIB de equilíbrio renda-despesa várias vezes maior que a queda original no gasto. A queda no PIB real deixa consumidores e produtores em situação pior do que estariam se não tivessem cortado seus gastos.

Correspondentemente, o comportamento perdulário é compensado: se consumidores e produtores aumentam seu gasto, o resultante processo do multiplicador faz o aumento do PIB de equilíbrio renda-despesa ser várias vezes maior que o aumento de gasto original. Assim, o gasto perdulário faz os consumidores e os produtores ficarem em situação melhor do que se tivessem sido compradores prudentes.

É importante observar que o nosso resultado de que o multiplicador é igual a $1/(1 - MPC)$ depende da pressuposição simplificadora de que não há impostos nem transferências, de modo que a renda disponível é igual ao PIB real. No apêndice do Capítulo 28, colocaremos os impostos em cena, o que tornará a expressão para o multiplicador mais complexa e reduzirá o próprio multiplicador.

Mas permanece válido o princípio geral que acabamos de aprender: mudança autônoma no gasto agregado planejado leva a mudança no PIB de equilíbrio renda-despesa, tanto diretamente quanto pela mudança induzida no gasto de consumo.

Como já vimos, declínios no gasto planejado de investimento normalmente são o principal fator que causa recessões, pois historicamente eles têm sido a fonte mais comum de redução autônoma do gasto agregado. A tendência da função consumo a deslocar-se para cima ao longo do tempo, para o que chamamos a atenção anteriormente na seção Economia em Ação "Primeiros fracassos de previsão famosos", significa que as mudanças autônomas tanto no gasto planejado de investimento quanto no gasto de consumo desempenham papel importante nas expansões. Mas, independentemente da fonte, há efeitos de multiplicador na economia que amplificam o tamanho da mudança inicial no gasto agregado.

E quanto a exportações e importações?

A versão simples do modelo de receita-despesa que acabamos de apresentar pressupõe que não há comércio internacional. Mas, como você deve ter notado, a história de abertura deste capítulo se afasta significativamente dessa versão simples do modelo. A recuperação econômica da Espanha foi em grande parte resultado de um forte aumento nas exportações de automóveis. E, basicamente, o *boom* em Dakota do Norte, descrito em um quadro Economia em Ação, também envolveu comércio exterior – o óleo de xisto de Dakota do Norte é vendido para outros estados e países, não para consumidores locais.

Então, como o fato de se trazerem de volta as exportações e as importações muda a história? A resposta é que a história do multiplicador básico continua funcionando, mas com duas alterações.

Primeiro, a receita obtida com exportações é uma fonte de gastos com bens e serviços produzidos internamente, assim como o consumo e o investimento. Mudanças nas exportações agem exatamente como mudanças autônomas nos gastos, como um aumento ou uma queda no investimento. No caso da Espanha, o aumento nas exportações de automóveis gerou aumento direto na renda dos espanhóis. Isso, então, proporcionou aumento na demanda por bens de consumo, o que levou a um novo aumento na renda e assim por diante, na forma exata como um aumento nos gastos com investimento conduz, pelo processo do multiplicador, a uma expansão econômica.

Em segundo lugar, o próprio processo do multiplicador torna-se um pouco mais fraco graças ao comércio exterior: quando gastos de consumo aumentam ou diminuem, parte dessa mudança se reflete em mudanças nos gastos com importações, que não afetam a própria renda de uma nação. Suponha, por exemplo, que os gastos de consumo nos EUA aumentem em $ 1 bilhão. Se os Estados Unidos não se engajassem no comércio exterior, todo esse aumento nos gastos se traduziria diretamente em aumento no PIB dos EUA. Porém, na realidade, uma parte significativa do total – digamos, $ 200 milhões – será um aumento nos gastos com bens produzidos no Canadá, no México, na China ou em outro lugar. E esse gasto *não* faz parte do PIB dos EUA. Como os economistas costumam dizer, parte de qualquer mudança nos gastos "vaza" para o exterior.

O efeito desse vazamento é reduzir o tamanho do multiplicador. A extensão em que o multiplicador diminui depende de quanto de um dólar adicional de gasto vaza para as importações e não para os bens domésticos – a *propensão marginal para importar*. No caso dos Estados Unidos, que é uma economia muito grande, com comércio internacional limitado, vazamentos das importações têm efeito modesto sobre o tamanho do multiplicador. Em países pequenos, que realizam muito comércio, o comércio pode reduzir bastante o multiplicador.

Um último ponto sobre o efeito do comércio exterior: ele cria interdependência entre economias nacionais, porque as exportações de um país são as importações de outro. Suponha que a economia dos EUA entre em recessão. Isso levará, mantendo-se as outras condições iguais, a uma redução no valor que o país gasta com bens produzidos no Canadá, o que significa uma redução nas exportações canadenses. E essa repercussão tenderá a puxar a economia do Canadá para baixo também. De forma mais ampla, os vínculos comerciais entre economias são um dos motivos pelos quais o alcance dos ciclos econômicos costuma ser internacional, até mesmo global: muitos países tendem a ter recessões e recuperações ao mesmo tempo.

No entanto, é importante perceber uma coisa sobre exportações e importações: embora elas possam alterar o tamanho do multiplicador, não mudam o cerne do enredo de aumento e diminuição do gasto agregado.

ECONOMIA >> *em Ação*

Estoques e o fim de uma recessão

Um exemplo muito claro do papel dos estoques no processo do multiplicador ocorreu no final de 2001, quando a recessão daquele ano terminou. A força motora por trás da recessão foi a queda nos gastos de investimento das empresas. Passaram-se vários anos antes que os gastos de investimento voltassem com toda força na forma do *boom* imobiliário. A economia começou a se recuperar ao final de 2001, em grande parte graças a um aumento nos gastos de consumo, especialmente de bens duráveis, como automóveis.

Inicialmente, esse aumento nos gastos de consumo pegou a indústria manufatureira de surpresa. A Figura 26.12 mostra as mudanças no PIB real, nos gastos

Figura 26.12 **Estoques e o fim de uma recessão.**

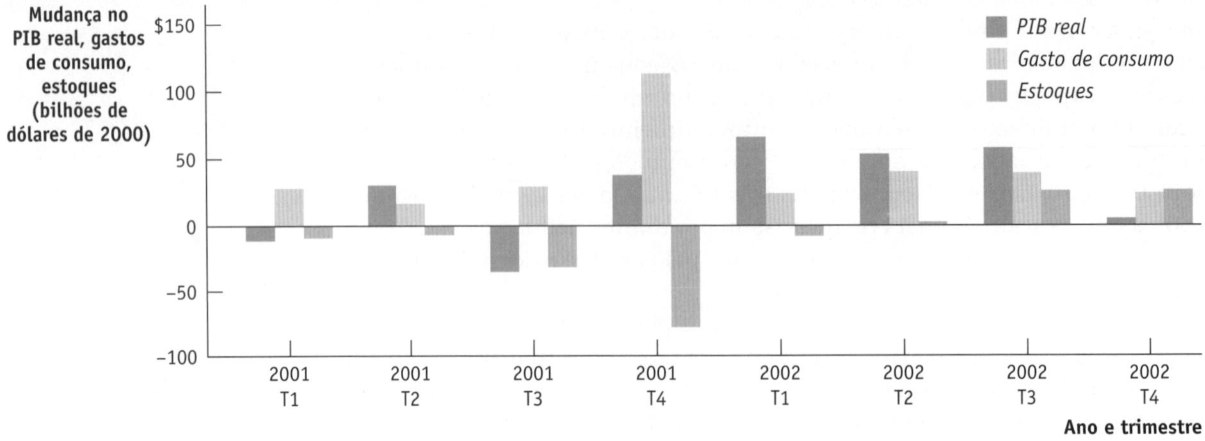

Dados de: Bureau of Economic Analysis.

reais de consumo e nos estoques reais em cada trimestre de 2001 e 2002. Observe o salto nos gastos de consumo no quarto trimestre de 2001. Inicialmente, ele não causou grande aumento do PIB real, porque foi compensado por um declínio no nível dos estoques. Mas, no primeiro trimestre de 2002, os produtores aumentaram muito a produção, levando a um salto no PIB real.

>> *Revisão Rápida*

- A economia está em **equilíbrio renda-despesa** quando o **gasto agregado planejado** é igual ao PIB real.
- Em qualquer nível de produção maior que o **PIB de equilíbrio renda-despesa**, o PIB real excede o gasto agregado planejado e os estoques sobem. Em qualquer nível de produção menor, o PIB real não alcança o gasto agregado planejado e os estoques baixam.
- Depois de uma mudança autônoma no gasto agregado planejado, a economia se move para um novo equilíbrio renda-despesa mediante um processo de ajuste dos estoques, como ilustra a **cruz keynesiana**. Em razão do efeito do multiplicador, a mudança no PIB de equilíbrio renda-despesa é um múltiplo da mudança autônoma no gasto agregado.
- O efeito multiplicador é modificado, mas não alterado fundamentalmente, pelo comércio internacional. Mudanças nas importações operam da mesma forma que as mudanças nos gastos de consumo e investimento. Importações criam vazamentos de gasto, que tornam o tamanho do multiplicador menor do que em uma economia sem importações.

>> *Teste seu entendimento* 26.4

As respostas estão no fim do livro.

1. Embora economistas acreditem que as recessões geralmente começam com uma retração no gasto de investimento, eles também acreditam que o gasto de consumo acaba se retraindo durante uma recessão. Explique o motivo.
2. a. Use um diagrama como o da Figura 26.11 para mostrar o que acontece quando há uma queda autônoma no gasto agregado planejado. Descreva como a economia se ajusta a um novo equilíbrio renda-despesa.

   b. Suponha que Y^* seja originalmente \$ 500 bilhões, que a redução autônoma no gasto agregado planejado seja de \$ 300 milhões (\$ 0,3 bilhão) e que $MPC = 0{,}5$. Calcule Y^* depois dessa mudança.

CASO EMPRESARIAL

O que é bom para a América é bom para a GM

Com a economia em forte queda livre em 2009, o governo dos EUA tomou diversas medidas de estabilização, algumas das quais foram muito polêmicas. A decisão de usar os fundos do contribuinte para resgatar a General Motors, que estava à beira da falência, foi uma das mais polêmicas. Para manter viva a empresa, o governo dos EUA deu-lhe US$ 49,5 bilhões em empréstimos que foram então convertidos em ações, o que conferiu ao governo a propriedade temporária de 61% da empresa.

A General Motors – ou GM, como costumava ser chamada em seu apogeu – já foi um ícone dos EUA, tão dominante que nos anos 1950 o presidente da empresa, que havia sido nomeado Secretário de Defesa, alegou que qualquer conflito de interesses era inconcebível: "Eu achava que o que era bom para o nosso país era bom para a General Motors e vice-versa."

Em 2009, o destino da GM e o destino dos Estados Unidos pareciam menos interligados. Ainda assim, o motivo do resgate baseava-se principalmente na crença de que os problemas da GM não eram inteiramente criados por ela mesma, que a empresa estava em apuros porque a economia dos Estados Unidos estava em apuros e que a recuperação nacional também faria uma grande diferença no destino da montadora.

Diante disso, tal interdependência não foi totalmente óbvia: a recessão de 2007-2009 foi impulsionada por uma crise imobiliária e problemas no setor bancário, não por desenvolvimentos na indústria automobilística. Mas os efeitos multiplicadores realmente levaram a uma queda nas vendas de automóveis, conforme mostrado na Figura 26.13. E com certeza, conforme a economia começou a se recuperar, as vendas de automóveis recuperaram a maior parte do terreno perdido, com participação da GM no ressurgimento do setor.

Salvar a GM justificou o resgate? A recuperação da empresa significou que os contribuintes receberam a maior parte de seu dinheiro de volta – mas não todo. Lembre-se de que o empréstimo do governo de quase US$ 50 bilhões foi convertido em ações da GM. Com o tempo, o governo vendeu sua participação por cerca de US$ 40 bilhões – deixando os contribuintes da nação com uma perda de 10 bilhões de dólares.

Figura 26.13 Vendas de automóveis nos EUA, 2000-2020.

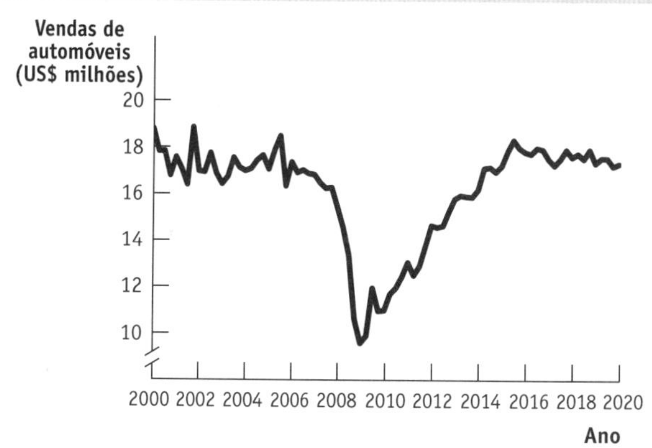

Dados de: Federal Reserve Bank of St. Louis.

Defensores do resgate, no entanto, declararam-no um sucesso, porque ressuscitou a indústria automobilística dos Estados Unidos e salvou muitos empregos, não apenas nas montadoras e em seus fornecedores, mas em muitas empresas cujas vendas dependem da renda dos trabalhadores empregados na indústria automobilística. Em meados de 2009, a taxa de desemprego em Michigan, ainda o coração do setor automotivo dos Estados Unidos, havia subido para mais de 14% – mas então começou um rápido declínio, caindo abaixo da média nacional para 4,5% em meados de 2016. Poucos argumentariam que a rápida recuperação do emprego em Michigan teria acontecido sem o resgate da montadora.

No fim, a GM se recuperou porque a economia dos EUA também se recuperou; o que era bom para a América ainda era bom para a General Motors. E o que era bom para a General Motors era claramente bom para Michigan – e talvez, sem dúvida, para os Estados Unidos como um todo.

QUESTÕES PARA PENSAR

1. Por que uma crise nacional que começou com o setor imobiliário afetou empresas como a General Motors?
2. Por que era razoável prever, em junho de 2009, que as vendas de automóveis aumentariam em um futuro próximo?
3. Como essa história sobre a General Motors ajuda a explicar como uma queda no setor imobiliário – uma parte relativamente pequena da economia dos EUA – poderia produzir uma recessão nacional tão profunda?

RESUMO

1. Uma **mudança autônoma no gasto agregado** gera reação em cadeia na qual uma mudança total no PIB real é igual ao **multiplicador** vezes a mudança inicial no gasto agregado. O tamanho do multiplicador, $1 / (1 - MPC)$, depende da **propensão marginal ao consumo, *MPC***, a fração de \$ 1 adicional de renda disponível gasta em consumo. Quanto maior a *MPC*, tanto maior o multiplicador e tanto maior a mudança no PIB real para qualquer mudança autônoma no gasto agregado. A **propensão marginal a poupar, *MPS***, é igual a $1 - MPC$.

2. A **função consumo** mostra como o gasto de consumo de um domicílio individual é determinado por sua renda disponível corrente. A **função consumo agregado** mostra essa relação no conjunto da economia. De acordo com a hipótese do ciclo de vida, domicílios tendem a distribuir o consumo ao longo de sua vida. Como resultado, a função consumo agregado se desloca em resposta a mudanças na renda disponível esperada no futuro e mudanças na riqueza agregada.

3. O **gasto planejado de investimento** depende negativamente da taxa de juros e da capacidade de produção existente; e depende positivamente do PIB real esperado no futuro. O **princípio do acelerador** diz que o gasto de investimento é extremamente influenciado pela taxa de crescimento esperada do PIB real.

4. Empresas mantêm **estoques** de bens de modo que possam satisfazer a demanda do consumidor rapidamente. O **investimento em estoques** é positivo quando as empresas ampliam seus estoques e negativo quando elas os reduzem. Muitas vezes, contudo, mudanças nos estoques não são uma decisão deliberada, mas resultado de previsões erradas quanto às vendas. O resultado é o **investimento não planejado em estoques**, que pode ser positivo ou negativo. O **gasto efetivo de investimento** é a soma do gasto planejado de investimento e do investimento não planejado em estoques.

5. No **equilíbrio renda-despesa**, o **gasto agregado planejado**, que em um modelo simplificado sem governo e sem comércio exterior é a soma dos gastos de consumo com o investimento planejado, é igual ao PIB real. No **PIB de equilíbrio renda-despesa**, ou Y^*, o investimento não planejado em estoques é zero. Quando o gasto agregado é maior que Y^*, o investimento não planejado em estoques é negativo; há redução não antecipada em estoques e as empresas passam a aumentar a produção. Quando o gasto agregado planejado é menor que Y^*, o investimento não planejado em estoques é positivo; há aumento não antecipado nos estoques e as empresas passam a reduzir a produção. A **cruz keynesiana** mostra como a economia se autoajusta para chegar ao equilíbrio renda-despesa, via ajustes nos estoques.

6. Depois de uma mudança autônoma no gasto agregado planejado, o processo de ajuste dos estoques move a economia para um novo equilíbrio renda-despesa. A mudança no PIB de equilíbrio renda-despesa que decorre de uma mudança autônoma no gasto é igual a $1 / (1 - MPC) \times \Delta AAE_{Plan}$.

7. Quando o comércio exterior entra em cena, o multiplicador básico continua a funcionar, mas é modificado de duas maneiras. Primeiro, a renda obtida pelas exportações é uma fonte de gasto em bens e serviços produzidos internamente, como o consumo e o investimento. Segundo, as importações diminuem o tamanho do multiplicador.

PALAVRAS-CHAVE

Cruz keynesiana, p. 766
Equilíbrio renda-despesa, p. 765
Estoques, p. 759
Função consumo, p. 751
Função consumo agregado, p. 753
Gasto agregado planejado, p. 762
Gasto efetivo de investimento, p. 760
Gasto planejado de investimento, p. 758
Investimento em estoques, p. 759
Investimento não planejado em estoques, p. 760
Mudança autônoma no gasto agregado, p. 749
Multiplicador, p. 749
PIB de equilíbrio renda-despesa, p. 765
Princípio do acelerador, p. 759
Propensão marginal a poupar (*MPS*), p. 748
Propensão marginal ao consumo (*MPC*), p. 747

QUESTÕES PARA PENSAR

1. Explique como cada uma das ações a seguir afetará o nível do gasto planejado de investimento e o investimento não planejado em estoques. Suponha que a economia esteja inicialmente em equilíbrio renda-despesa.
   a. O Banco Central aumenta a taxa de juros.
   b. Ocorre um aumento na taxa de crescimento esperada do PIB real.
   c. Uma entrada considerável de fundos provenientes do exterior reduz a taxa de juros.
   d. Um grande fechamento de empresas não essenciais causa redução significativa no gasto de consumo.

2. O capítulo apresentou uma função de consumo linear, considerando que a propensão marginal ao consumo é igual para todos os níveis de renda disponível. No entanto, muitas pesquisas mostram que a *MPC* varia entre os níveis de renda. Você esperaria que a *MPC* fosse maior para grupos de renda mais baixa ou mais alta? Como o relaxamento da suposição de uma *MPC* constante, permitindo que varie entre os grupos de renda, mudaria o multiplicador?

PROBLEMAS

1. Em razão de aumento na riqueza dos consumidores, ocorre aumento autônomo de $ 40 bilhões nos gastos de consumo das economias de Oestelândia e Lestelândia. Supondo que o nível de preços agregado seja constante, que a taxa de juros seja fixa em ambos os países e que não haja impostos nem comércio exterior, complete a tabela a seguir para mostrar as várias rodadas de aumento de gastos que vão ocorrer em ambas as economias, sendo a propensão marginal ao consumo de 0,5 em Oestelândia e de 0,75 em Lestelândia. O que os seus resultados indicam a respeito da relação entre o tamanho da *MPC* e o multiplicador?

Rodadas	Oestelândia Mudança incremental no PIB	Mudança total no PIB
1	$\Delta C =$ $ 40 bilhões	?
2	$MPC \times \Delta C =$?	?
3	$MPC \times MPC \times \Delta C =$?	?
4	$MPC \times MPC \times MPC \times \Delta C =$?	?
...	...	...
Mudança total no PIB	**(1 / (1 – *MPC*)) × Δ*C* = ?**	

Rodadas	Lestelândia Mudança incremental no PIB	Mudança total no PIB
1	$\Delta C =$ $ 40 bilhões	?
2	$MPC \times \Delta C =$?	?
3	$MPC \times MPC \times \Delta C =$?	?
4	$MPC \times MPC \times MPC \times \Delta C =$?	?
...	...	...
Mudança total no PIB	**(1 / (1 – *MPC*)) × Δ*C* = ?**	

2. Supondo que o nível de preços agregado seja constante, a taxa de juros seja fixa e que não haja impostos nem comércio exterior, qual será a mudança no PIB se ocorrerem os eventos a seguir?

a. Aumento autônomo de $ 25 bilhões no gasto de consumo; a propensão marginal ao consumo é 2/3.

b. As empresas reduzem gastos de investimento em $ 40 bilhões; a propensão marginal ao consumo é 0,8.

c. O governo aumenta suas compras de equipamento militar em $ 60 bilhões; a propensão marginal ao consumo é 0,6.

3. Economistas observaram os únicos cinco residentes de uma economia muito pequena e estimaram os gastos de consumo de cada um deles, em vários níveis de renda disponível corrente. A tabela a seguir mostra os gastos de consumo de cada residente em três níveis de renda.

Gasto de consumo individual de	Renda disponível corrente individual $ 0	$ 20.000	$ 40.000
André	$ 1.000	$ 15.000	$ 29.000
Barbara	2.500	12.500	22.500
Casey	2.000	20.000	38.000
Declan	5.000	17.000	29.000
Elena	4.000	19.000	34.000

a. Qual é a função consumo de cada residente? Qual é a *MPC* de cada residente?

b. Qual é a função consumo agregado da economia? Qual é a *MPC* para a economia?

4. De 2014 a 2019, Lestelândia passou por grandes flutuações no gasto de consumo agregado, bem como na renda disponível, mas a riqueza, a taxa de juros e a renda disponível esperada no futuro não mudaram. A tabela a seguir mostra o nível de gastos de consumo agregado e de renda disponível em milhões de dólares, para cada um desses anos. Use essa informação para responder às perguntas a seguir.

Ano	Renda disponível (milhões de dólares)	Gasto de consumo (milhões de dólares)
2014	$ 100	$ 180
2015	350	380
2016	300	340
2017	400	420
2018	375	400
2019	500	500

a. Represente em um gráfico a função consumo agregado para Lestelândia.

b. Qual é a *MPC*? Qual é a *MPS*?

c. Qual é a função consumo agregado?

5. O Bureau of Economic Analysis dos Estados Unidos divulgou que os gastos de consumo no conjunto da economia aumentaram $ 335,5 bilhões em 2019.

a. Se a *MPC* é 0,50, quanto mudará o PIB real em reação a isso?

b. Se não há outras mudanças no gasto autônomo fora o aumento nos gastos de consumo do item (a) e o investimento não planejado em estoques, $I_{NãoPlan}$, diminuiu $ 100 bilhões, qual é a mudança no PIB real?

c. O PIB dos Estados Unidos, no final de 2019, era $ 18.638,2 bilhões. Se o PIB chegar a aumentar no montante calculado no item (b), qual será o seu aumento percentual?

6. No início dos anos 2000, o Índice Case-Shiller de Preços de Imóveis Residenciais dos EUA subiu continuamente até chegar ao ponto máximo, em março de 2006. De março de 2006 até maio de 2009, o índice perdeu 32% de seu valor. Enquanto isso, o mercado acionário teve altas e quedas semelhantes. De março de 2003 a outubro de 2007, o S&P 500, índice amplo dos preços das ações, quase dobrou, passando de 800,73 a um pico de 1.565,15. Depois disso, até março de 2009, o índice caiu quase 60%, até o ponto mais baixo, de 676,53. De que modo você acha que o movimento nos preços de imóveis residenciais influenciou o crescimento do PIB real na primeira metade da década e agravou a preocupação em manter os gastos do consumidor depois do colapso do mercado imobiliário que começou em 2006? Em que medida o movimento do mercado de ações prejudicou ou ajudou os gastos de consumo?

7. Como muda o gasto planejado de investimento se ocorrem os eventos a seguir?

a. A taxa de juros cai como resultado da política do Banco Central.

b. A agência federal de proteção ambiental determina que as corporações troquem seu maquinário para reduzir emissões de dióxido de enxofre.

c. A geração dos nascidos logo depois da Segunda Guerra Mundial começa a aposentar-se em grande número e a reduzir sua poupança, o que resulta em taxas de juros mais altas.

8. Em uma economia sem governo e sem comércio exterior, o gasto de consumo autônomo é $ 250 bilhões, o gasto planejado de investimento é $ 350 bilhões e a propensão marginal ao consumo é 2/3.

a. Faça um gráfico da função consumo agregado e do gasto agregado planejado.

b. Qual é o investimento não planejado em estoques quando o PIB real chega a $ 600 bilhões?

c. Quanto é Y^*, o PIB de equilíbrio renda-despesa?

d. Qual é o valor do multiplicador?

e. Se o gasto planejado de investimento aumentar para $ 450 bilhões, qual será o novo Y^*?

9. Uma economia tem propensão marginal ao consumo de 0,5 e o PIB de equilíbrio renda-despesa (Y^*) é igual a $ 500 bilhões. Dado um aumento autônomo no investimento planejado de $ 10 bilhões, mostre as rodadas de aumento de gasto que ocorrem, completando a tabela a seguir. A primeira e a segunda linhas já estão preenchidas. Na primeira linha, o aumento de gasto planejado de investimento de $ 10 bilhões aumenta o PIB real e a *YD* em $ 10 bilhões, gerando aumento no gasto de consumo de $ 5 bilhões (*MPC* × mudança na renda disponível) na segunda linha, que aumenta o PIB real e a *YD* em $ 5 bilhões adicionais.

Rodadas	Mudança no I_{Plan} ou *C* (bilhões de dólares)	Mudança no PIB real	Mudança na *YD*
1	ΔI_{Plan} = $ 10,00	$ 10,00	$ 10,00
2	ΔC = $ 5,00	$ 5,00	$5,00
3	ΔC = ?	?	?
4	ΔC = ?	?	?
5	ΔC = ?	?	?
6	ΔC = ?	?	?
7	ΔC = ?	?	?
8	ΔC = ?	?	?
9	ΔC = ?	?	?
10	ΔC = ?	?	?

a. Qual é a mudança total no PIB real depois das 10 rodadas? Qual é o valor do multiplicador? Com base na fórmula do multiplicador, qual deverá ser a mudança total em Y^*? Como se comparam as suas respostas com a primeira e a terceira questões?

b. Calcule de novo a tabela, começando da rodada 2, considerando uma *MPC* de 0,75. Qual é a mudança total no PIB real depois das 10 rodadas? Qual é o valor do multiplicador? Quando a propensão marginal ao consumo aumenta, o que acontece com o valor do multiplicador?

10. Embora os Estados Unidos sejam uma das nações mais ricas do mundo, são também o país que tem a maior dívida. Ouvimos com frequência que isso se deve à baixa taxa de poupança do país. Suponha que os formuladores de política econômica tentem corrigir isso, encorajando mais poupança na economia. Que efeito sobre o PIB real terão suas tentativas, se tiverem êxito?

11. A economia dos Estados Unidos desacelerou significativamente durante o início de 2008 e os responsáveis pela política econômica estavam muito preocupados com o ritmo de crescimento. Para estimular a economia, o Congresso aprovou vários pacotes de incentivos econômicos (a Lei de Estímulo Econômico de 2009 e a Lei Americana de Recuperação e Reinvestimento de 2009) que resultariam em cerca de US$ 700 bilhões de gasto público. Suponha que esse gasto tenha tido a forma de pagamentos feitos diretamente aos consumidores. O objetivo era estimular a economia aumentando a renda disponível dos consumidores norte-americanos.

a. Calcule a mudança inicial no gasto de consumo agregado em consequência dessas medidas de política econômica se a *MPC* nos Estados Unidos for 0,5. Em seguida, calcule a mudança no PIB real que resulta dos $ 700 bilhões em pagamentos.

b. Ilustre o efeito sobre o PIB real desenhando um gráfico que mostre o equilíbrio renda-despesa. Denomine o eixo vertical "Gasto Agregado Planejado (AE_{Plan})" e o eixo horizontal "PIB Real". Desenhe duas curvas de gasto agregado planejado (AE_{Plan1} e AE_{Plan2}) e uma linha em 45 graus para mostrar o efeito de uma mudança autônoma de política sobre o equilíbrio.

RESOLVA

12. a. A tabela a seguir mostra o produto interno bruto (PIB), a renda disponível (YD), o gasto de consumo (C) e o gasto planejado de investimento (I_{Plan}) em uma economia. Suponha que não haja governo nem comércio exterior nessa economia. Complete a tabela calculando o gasto agregado planejado (AE_{Plan}) e o investimento não planejado em estoques ($I_{NãoPlan}$).

b. Qual é a função de consumo agregado?

c. Qual é o Y^*, PIB de equilíbrio renda-despesa?

d. Qual o valor do multiplicador?

e. Se os gastos planejados com investimentos caírem para US$ 200 bilhões, qual será o novo Y^*?

f. Se o gasto autônomo do consumidor aumentar para $200 bilhões, qual será o novo Y^*?

PIB	YD	C	I_{Plan}	AE_{Plan}	$I_{NãoPlan}$
(bilhões de dólares)					
$ 0	$ 0	$ 100	$ 300	?	?
400	400	400	300	?	?
800	800	700	300	?	?
1.200	1.200	1.000	300	?	?
1.600	1.600	1.300	300	?	?
2.000	2.000	1.600	300	?	?
2.400	2.400	1.900	300	?	?
2.800	2.800	2.200	300	?	?
3.200	3.200	2.500	300	?	?

26 Apêndice

Derivação Algébrica do Multiplicador

Este apêndice mostra como derivar algebricamente o multiplicador. Primeiro, recordemos que neste capítulo o gasto agregado planejado, AE_{Plan}, é a soma do gasto de consumo, C, que é determinado pela função consumo, mais o gasto planejado de investimento, I_{Plan}. Ou seja, $AE_{Plan} = C + I_{Plan}$. Reescrevendo-se essa equação para expressar de modo completo todos os seus termos, obtém-se:

(26A.1) $AE_{Plan} = A + MPC \times YD + I_{Plan}$

Como não há impostos nem transferências governamentais nesse modelo, a renda disponível é igual ao PIB, de modo que a Equação 26A.1 se torna:

(26A.2) $AE_{Plan} = A + MPC \times PIB + I_{Plan}$

O PIB em equilíbrio renda-despesa, Y^*, é igual ao gasto agregado planejado:

(26A.3) $Y^* = AE_{Plan}$
$= A + MPC \times Y^* + I_{Plan}$
em equilíbrio renda-despesa

Dois passos mais. Subtrair $MPC \times Y^*$ de ambos os lados da Equação 26A.3:

(26A.4) $Y^* - MPC \times Y^* = Y^* \times (1 - MPC) = A + I_{Plan}$

Por fim, dividir ambos os lados por $(1 - MPC)$:

(26A.5) $Y^* = \dfrac{A + I_{Plan}}{1 - MPC}$

A Equação 26A.5 nos diz que uma mudança autônoma de \$ 1 no gasto agregado planejado – uma mudança em A ou em I_{Plan} – causa mudança de \$ 1 / (1 –MPC) no PIB de equilíbrio renda-despesa, Y^*. O multiplicador de nosso modelo simplificado é, portanto:

(26A.6) Multiplicador = $1/(1 - MPC)$

PROBLEMAS

1. Complete a tabela a seguir calculando o valor do multiplicador e identificando a mudança em Y^* que se deve à mudança no gasto autônomo. Como o valor do multiplicador muda com a propensão marginal ao consumo?

MPC	Valor do multiplicador	Mudança no gasto	Mudança em Y^*
0,5	?	ΔC = +\$ 50 milhões	?
0,6	?	ΔI = –\$ 10 milhões	?
0,75	?	ΔC = –\$ 25 milhões	?
0,8	?	ΔI = +\$ 20 milhões	?
0,9	?	ΔC = –\$ 2,5 milhões	?

2. Em uma economia sem compras governamentais, transferências ou impostos, e sem importações ou exportações, o gasto de consumo agregado autônomo é \$ 500 bilhões, o gasto planejado de investimento é \$ 250 bilhões e a propensão marginal ao consumo é 0,5.

a. Escreva a expressão para o gasto agregado planejado, como na Equação 26A.1.

b. Derive Y^* algebricamente.

c. Qual é o valor do multiplicador?

d. Como Y^* muda se o gasto de consumo autônomo cai para \$ 450 bilhões?

27 Demanda Agregada e Oferta Agregada

GERAÇÕES DIFERENTES, POLÍTICAS DIFERENTES

DESEMPREGO E INFLAÇÃO são os dois grandes males da macroeconomia, e os formuladores de políticas fazem o possível para mantê-los sob controle. Porém, às vezes essa tarefa não é simples, como aprendemos no Capítulo 23: políticas para controlar a inflação podem piorar o desemprego e políticas voltadas a reduzir o desemprego podem causar inflação. Portanto, às vezes é difícil saber se é a inflação ou o desemprego que representa o maior risco para a economia.

Os legisladores do Federal Reserve, também conhecido como Fed, se viram diante de um dilema assim em 2011, quando a taxa de desemprego nos Estados Unidos, em torno de 9%, era muito alta para os padrões históricos, mas a inflação havia disparado para quase 4%, o dobro da meta de política amplamente aceita de 2%. Portanto, a política deve continuar expansionista, para combater o desemprego, ou deve ser contracionista, para reduzir a inflação?

Por fim, o Fed decidiu manter o pé na tábua e continuar com uma política monetária expansionista forte – reduziu as taxas de juros com o objetivo de impulsionar a economia. As autoridades do Fed acreditaram que o aumento da inflação foi uma pequena consequência de um aumento temporário nos preços do petróleo e que logo se dissiparia. O tempo provou que eles estavam certos: uma vez que o aumento do preço do petróleo seguiu seu curso, a inflação caiu rapidamente abaixo de 2%. A contraparte do Fed na Europa, o Banco Central Europeu (BCE), enfrentou uma situação semelhante: taxa de desemprego de 10% e inflação de 3%. Mesmo assim, fez a escolha oposta: política monetária contracionista – elevando as taxas de juros com o objetivo de desacelerar a economia.

Por que esses dois bancos centrais, enfrentando circunstâncias semelhantes, moveram-se em direções opostas? As diferenças de idade dos dois líderes bancários podem dar uma pista: Jean-Claude Trichet, presidente do BCE, tinha 68 anos, enquanto Ben Bernanke, presidente do Fed, tinha 57 anos. A diferença de 11 anos pode parecer irrelevante, mas era de fato significativa, porque correspondia a diferenças nos tipos de problemas econômicos predominantes quando cada um deles estava crescendo.

De fato, Neil Irwin, do *New York Times*, encontrou forte correlação entre a idade dos formuladores de políticas e suas posições políticas. Pessoas como Trichet, que passou a juventude durante a alta inflação dos anos 1970, eram mais propensas a enfatizar aumentos das taxas de juros e aperto da política monetária para evitar a inflação do que os formuladores de políticas mais jovens, como Bernanke, que, ao contrário, eram mais preocupados com o desemprego e o crescimento.

Bernanke entendeu que uma crise econômica pode ser proveniente de diferentes tipos de choque. Esse entendimento requer um modelo de economia que possa distinguir diferentes tipos de flutuações econômicas de curto prazo, um modelo que se estenda além da estrutura de renda-despesa que estudamos no capítulo anterior.

Então, por que Bernanke estava certo neste caso? Porque as recessões dos anos 1970 foram muito diferentes da severa crise que começou em 2007 e ainda afetava a economia em 2011. As recessões dos anos 1970 foram causadas em grande parte por *choques de oferta*, enquanto a Grande Recessão de 2007-2009 foi resultado de um *choque de demanda*. (Discutiremos bastante os choques de oferta e demanda neste capítulo.) Ao contrário de Trichet, Bernanke parecia ter percebido o fato de que os tempos haviam mudado.

Neste capítulo, desenvolveremos o modelo *AD-AS* para ajudar você a entender como esses choques afetam a economia. Vamos prosseguir em três etapas. Primeiro, vamos desenvolver o conceito de *demanda agregada*. Então, passaremos ao conceito paralelo de *oferta agregada*. Por fim, colocaremos os dois conceitos juntos. •

O QUE VOCÊ IRÁ APRENDER?

- Como a **curva de demanda agregada** ilustra a relação entre nível agregado de preços e quantidade de produto agregado demandada na economia?
- Como a **curva de oferta agregada** ilustra a relação entre nível agregado de preços e quantidade ofertada de produto agregado na economia?
- Por que a curva de oferta agregada é diferente no curto prazo em comparação com o longo prazo?
- Como usar o **modelo de demanda agregada-oferta agregada (modelo AD-AS)** para analisar flutuações econômicas?
- Como as políticas monetária e fiscal podem estabilizar a economia?

Demanda agregada

A **curva de demanda agregada** mostra a relação entre o nível agregado de preços e a quantidade de produto agregado demandada por domicílios, empresas, governo e resto do mundo.

A Grande Depressão foi resultado de um maciço choque de demanda negativo, conforme o diagnóstico da maioria dos economistas. O que isso significa? No Capítulo 3, explicamos que, quando os economistas falam de queda na demanda de um bem ou serviço específico, eles estão se referindo a um deslocamento para a esquerda na curva de demanda. De modo similar, quando os economistas falam de choque de demanda negativo para a economia em seu conjunto, eles se referem a um deslocamento para a esquerda na **curva de demanda agregada**, a curva que mostra a relação entre o nível agregado de preços e a quantidade de produto agregado demandada por domicílios, empresas, governo e resto do mundo.

A Figura 27.1 mostra que aparência poderia ter tido a curva de demanda agregada em 1933, ao fim da recessão de 1929-1933. O eixo horizontal mostra a quantidade total de bens e serviços domésticos demandada, medida em dólares de 2012. Usamos o PIB real como medida do produto agregado e usaremos com frequência esses dois termos sem distinguir um do outro.

O eixo vertical mostra o nível agregado de preços, medido pelo deflator do PIB. Com essas duas variáveis nos eixos, podemos traçar a curva *AD*, mostrando que quantidade de produto agregado teria sido demandada em qualquer nível de preços dado. Como *AD* pretende ilustrar a demanda agregada em 1933, um ponto na curva corresponde a dados reais de 1933, quando o nível agregado de preços foi de 9,4 e a quantidade total de bens e serviços finais comprada internamente foi US$ 817 bilhões em valores de 2012.

Como traçada na Figura 27.1, a curva de demanda agregada tem inclinação para baixo, indicando uma relação negativa entre o nível agregado de preços e a quantidade de produto agregado demandada. Um nível agregado de preços mais alto, tudo o mais mantido constante, reduz a quantidade de produto agregado demandada; um nível de preços mais baixo, tudo o mais mantido constante, aumenta a quantidade de produto agregado demandada. De acordo com a Figura 27.1, se o nível de preços em 1933 tivesse sido 5 em lugar de 9,4, a quantidade total demandada de bens e serviços finais domésticos teria sido de US$ 1.109 bilhões (em dólares de 2012) em vez de US$ 817 bilhões.

A primeira questão-chave sobre a curva de demanda agregada é: por que a curva tem inclinação para baixo?

Figura 27.1 Curva de demanda agregada.

A curva de demanda agregada mostra a relação entre o nível agregado de preços e a quantidade de produto agregado demandada. A curva tem inclinação para baixo em razão do efeito riqueza de uma mudança no nível agregado de preços e do efeito da taxa de juros de uma mudança no nível agregado de preços. Em correspondência com os dados efetivos de 1933, a quantidade total de bens e serviços demandada no nível agregado de preços de 9,4 é US$ 817 bilhões em valores de 2012. De acordo com a nossa curva hipotética, contudo, se o nível agregado de preços tivesse sido apenas 5,0, a quantidade de produto agregado demandada teria aumentado para US$ 1.109 bilhões.

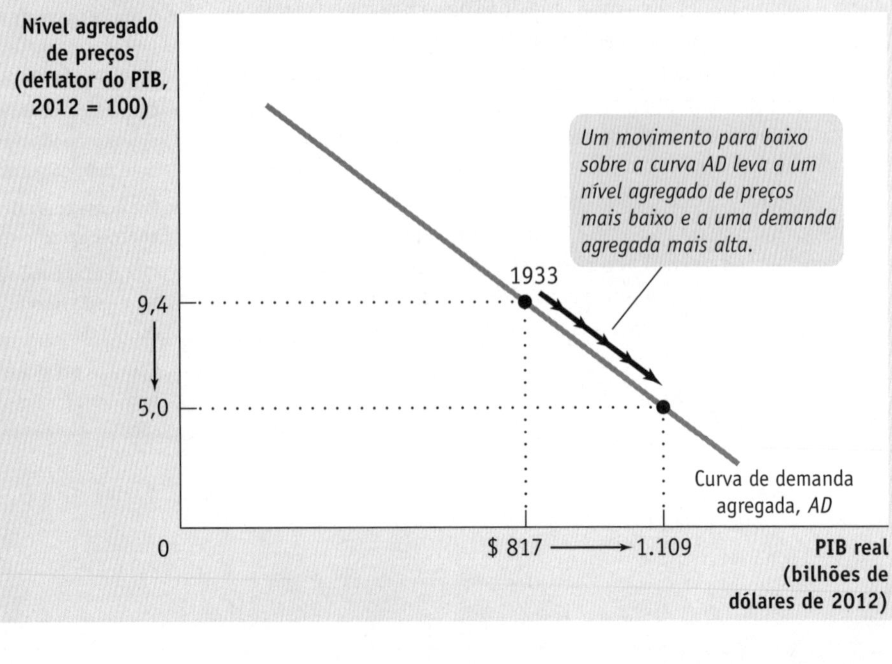

Por que a curva de demanda agregada tem inclinação para baixo?

Na Figura 27.1, a curva *AD* tem inclinação para baixo. Por quê? Recorde a equação básica das contas da renda nacional:

(27.1) $\text{PIB} = C + I + G + X - IM$

onde C é gasto de consumo, I é gasto de investimento, G são compras governamentais de bens e serviços, X são exportações e IM são importações. Se medirmos essas variáveis em dólares constantes, isto é, aos preços do ano-base, então $C + I + G + X - IM$ é a quantidade internamente produzida de bens e serviços finais que é demandada durante dado período. G é decidido pelo governo, mas as outras variáveis são decisões do setor privado. Para entendermos por que a curva de demanda agregada tem inclinação para baixo, temos de saber por que um aumento no nível agregado de preços reduz C, I, G e $X - IM$.

Você poderá pensar que a inclinação para baixo da curva de demanda agregada é uma consequência natural da *lei de demanda* que definimos no Capítulo 3. Isto é, como a curva de demanda para qualquer bem individual tem inclinação para baixo, não será natural que a curva de demanda do produto agregado também tenha inclinação para baixo? Acontece que isso é um paralelo enganoso. A curva de demanda para qualquer bem individual mostra como a quantidade demandada depende do preço desse bem, *mantidos constantes os preços dos outros bens e serviços*. A principal razão pela qual a quantidade demandada de um bem cai quando o preço desse bem aumenta (isto é, a quantidade demandada do bem cai à medida que nos movemos para cima ao longo da curva de demanda) é que as pessoas transferem seu consumo para outros bens e serviços.

Porém, quando consideramos movimentos para cima ou para baixo ao longo da curva de demanda agregada, estamos considerando uma *mudança simultânea nos preços de todos os bens e serviços finais*. Além disso, mudanças na composição de bens e serviços nos gastos de consumo não são relevantes para a curva de demanda agregada: se os consumidores decidem comprar menos roupa e mais carros, isso não muda necessariamente a quantidade total de bens e serviços que eles demandam.

Por que, então, um aumento no nível agregado de preços provoca queda na quantidade demandada de todos os bens e serviços finais produzidos internamente? Há duas razões principais: o *efeito riqueza* e o *efeito taxa de juros* de uma mudança no nível agregado de preços.

Efeito riqueza. Um aumento no nível agregado de preços, tudo o mais mantido constante, reduz o poder de compra de muitos ativos. Imaginemos, por exemplo, alguém que tenha \$ 5.000 em uma conta bancária. Se o nível agregado de preços aumenta 25%, o que custava \$ 5.000 custaria agora \$ 6.250 e não seria mais acessível. E o que custava \$ 4.000 custaria agora \$ 5.000, de modo que os \$ 5.000 na conta bancária agora comprariam apenas o que \$ 4.000 teriam comprado anteriormente. Com essa perda de poder de compra, o titular da conta bancária provavelmente reduziria seus planos de consumo. Milhões de outras pessoas reagirão da mesma forma, porque um aumento no nível geral de preços reduz o poder de compra das contas bancárias de todo mundo.

Da mesma maneira, uma queda no nível agregado de preços aumenta o poder de compra dos ativos dos consumidores e gera aumento na demanda de consumo. O **efeito riqueza de uma mudança no nível agregado de preços** é o efeito sobre o gasto de consumo decorrente do efeito de uma mudança no nível agregado de preços sobre o poder de compra dos ativos dos consumidores. Por causa do efeito riqueza, o gasto de consumo, C, cai quando o nível agregado de preços sobe, produzindo uma curva de demanda agregada com inclinação para baixo.

Efeito riqueza de uma mudança no nível agregado de preços é o efeito sobre o gasto de consumo decorrente do efeito de uma mudança no nível agregado de preços sobre o poder de compra dos ativos dos consumidores.

Efeito taxa de juros. Os economistas usam o termo *moeda* no seu sentido mais estrito para referir-se a dinheiro vivo e depósitos bancários para os quais as pessoas podem usar um cartão de débito e fazer cheques. Pessoas e empresas mantêm dinheiro porque isso reduz o custo e a inconveniência de fazer transações. Um aumento no nível agregado de preços, tudo o mais mantido constante, reduz o poder de compra de dada quantia de dinheiro mantido. Para comprar a mesma cesta de bens e serviços que antes, pessoas e empresas precisam manter mais dinheiro. Assim, em resposta a um aumento no nível agregado de preços, o público procura aumentar a quantidade de dinheiro que mantém, tomando mais emprestado ou vendendo outros ativos, como títulos. Isso reduz os fundos disponíveis para emprestar a outros tomadores de empréstimo e tem o efeito de pressionar para cima a taxa de juros.

No Capítulo 25, aprendemos que um aumento na taxa de juros reduz o gasto de investimento porque torna mais alto o custo de tomar emprestado. Isso também reduz o gasto de consumo, à medida que os domicílios poupam maior parcela da sua renda disponível. Assim, um aumento no nível agregado de preços deprime o gasto de investimento, I, e o gasto de consumo, C, por seu efeito sobre o poder de compra da quantidade de dinheiro mantido, um efeito conhecido como **efeito taxa de juros de uma mudança no nível agregado de preços**. Isso, igualmente, gera uma curva de demanda agregada com inclinação para baixo.

Efeito taxa de juros de uma mudança no nível agregado de preços é o efeito sobre o gasto de consumo e o gasto de investimento causado pelo efeito de uma mudança no nível agregado de preços sobre o poder de compra da quantidade de dinheiro mantido por consumidores e empresas.

Haverá muito mais o que ver sobre dinheiro e taxas de juros no Capítulo 30, sobre política monetária. Também veremos, no Capítulo 33, sobre macroeconomia internacional, que uma taxa de juros mais alta tende indiretamente a reduzir as exportações (X) e aumentar as importações (IM). Por ora, o ponto importante é que a curva de demanda agregada tem inclinação para baixo, em razão tanto do efeito riqueza quanto do efeito taxa de juros de uma mudança no nível agregado de preços.

Curva de demanda agregada e modelo renda-despesa

No capítulo anterior, apresentamos o *modelo de renda-despesa*, que mostra como a economia alcança um *equilíbrio renda-despesa*. Agora, apresentamos a curva de demanda agregada, que relaciona a demanda geral de bens e serviços com o nível geral de preços. Como se combinam esses conceitos?

Recorde que um dos pressupostos do modelo de renda-despesa é que o nível geral de preços é fixo. Agora, abandonamos esse pressuposto. Mas ainda podemos usar o modelo de renda-despesa para indagar qual seria o gasto agregado *em qualquer nível de preço agregado*, que é exatamente o que mostra a curva de demanda agregada. Assim, a curva AD é de fato derivada do modelo de renda-despesa. Economistas dizem às vezes que o modelo de renda-despesa está "embutido" no modelo AD-AS.

A Figura 27.2 mostra, mais uma vez, como se determina o equilíbrio renda-despesa. O PIB real está no eixo horizontal; o gasto agregado real planejado está no eixo vertical. Tudo o mais mantido constante, o gasto agregado planejado (que é igual ao gasto de consumo mais o gasto de investimento planejado) aumenta com o PIB real. Isso é ilustrado pelas linhas ascendentes AE_{Plan1} e AE_{Plan2}. O equilíbrio renda-despesa, como vimos no Capítulo 26, é o ponto em que a linha representando o gasto planejado agregado cruza a linha de 45 graus. Por exemplo, se AE_{Plan1} é a relação entre o PIB real e o gasto agregado planejado, então o equilíbrio renda-despesa está no ponto E_1, que corresponde a um nível de PIB real igual a Y_1.

Acabamos de ver, no entanto, que mudanças no nível agregado de preços mudam o nível do gasto agregado planejado *em qualquer nível de PIB real dado*. Isso significa que, quando muda o nível agregado de preços, a curva AE_{Plan} se desloca. Por exemplo, suponha que o nível agregado de preços caia. Como resultado do efeito riqueza e do efeito taxa de juros, a queda no nível agregado de preços levará a um gasto agregado planejado mais alto em qualquer nível de PIB real. Assim, a curva AE_{Plan} se deslocará para cima, como ilustrado na Figura 27.2 pelo deslocamento de AE_{Plan1} para AE_{Plan2}. O aumento no gasto agregado planejado gera um processo do multiplicador que move o equilíbrio renda-despesa do ponto E_1 para o ponto E_2, aumentando o PIB real de Y_1 para Y_2.

A Figura 27.3 mostra como esse resultado pode ser usado para derivar a curva de demanda agregada. Mostramos nessa figura uma queda no nível agregado de preços de P_1 para P_2. Vimos na Figura 27.2 que uma queda no nível agregado de preços

Figura 27.2 Como as mudanças no nível agregado de preços afetam o equilíbrio renda-despesa.

O equilíbrio renda-despesa ocorre no ponto em que a curva AE_{Plan}, que mostra gasto agregado real planejado, cruza a linha de 45 graus. Uma queda no nível agregado de preços faz com que a curva AE_{Plan} se desloque de AE_{Plan1} para AE_{Plan2}, provocando um aumento no PIB de equilíbrio renda-despesa de Y_1 para Y_2.

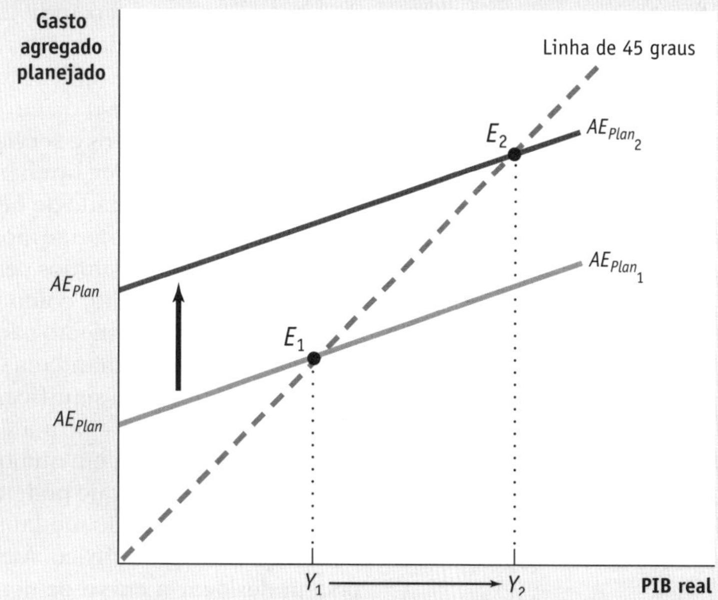

provocaria um deslocamento para cima da curva AE_{Plan} e, portanto, um aumento no PIB real. Pode-se ver o mesmo resultado na Figura 27.3 como um movimento ao longo da curva *AD*: quando o nível agregado de preços cai, o PIB real aumenta de Y_1 para Y_2.

Assim, a curva de demanda agregada não substitui o modelo de renda-despesa. Em vez disso, é uma maneira de resumir o que diz o modelo de renda-despesa sobre os efeitos de mudanças no nível agregado de preços.

Na prática, economistas costumam usar o modelo de renda-despesa para analisar flutuações econômicas de curto prazo, embora, a rigor, ele devesse ser visto como componente de um modelo mais completo. No curto prazo, em particular, isso é visto como uma simplificação razoável.

Figura 27.3 Modelo de renda-despesa e a curva de demanda agregada.

Vimos na Figura 27.2 como uma queda no nível agregado de preços desloca para cima a curva de gasto agregado planejado, provocando aumento no PIB real. Aqui, mostramos o mesmo resultado como um movimento ao longo da curva de demanda agregada. Se o nível agregado de preços cai de P_1 para P_2, o PIB real aumenta de Y_1 para Y_2. A curva *AD*, portanto, tem inclinação para baixo.

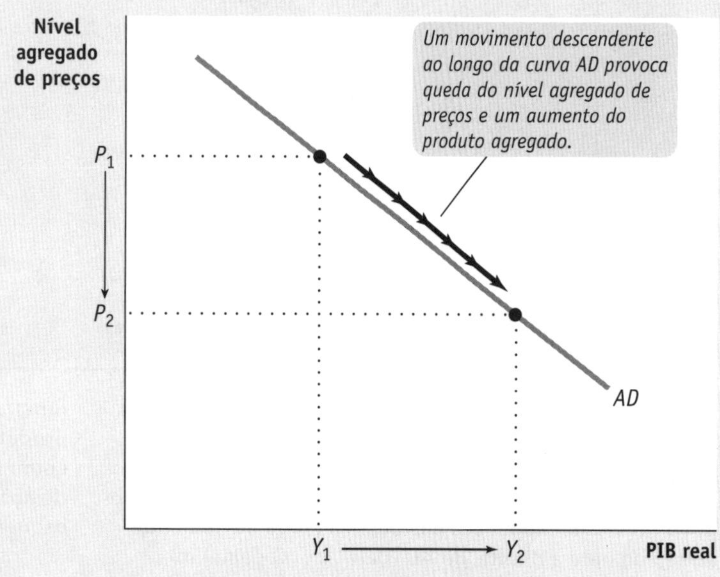

Deslocamentos da curva de demanda agregada

No Capítulo 3, quando apresentamos a análise de oferta e demanda no mercado de um bem ou serviço individual, frisamos a importância da distinção entre *movimento ao longo* da curva de demanda e *deslocamento* da curva de demanda. A mesma distinção se aplica à curva de demanda agregada. A Figura 27.1 mostra um *movimento ao longo* da curva de demanda agregada, uma mudança na quantidade agregada de bens e serviços à medida que muda o nível agregado de preços.

Mas podem ocorrer também *deslocamentos* da curva de demanda agregada, mudanças na quantidade de bens e serviços demandada em qualquer dado nível agregado de preços, como se mostra na Figura 27.4. Quando falamos de aumento na demanda agregada, estamos pensando em um deslocamento da curva de demanda agregada para a direita, como mostrado no painel (a) pelo deslocamento de AD_1 para AD_2. Um deslocamento para a direita ocorre quando aumenta a quantidade de produto agregado demandada em qualquer nível agregado de preços. Uma queda na demanda agregada significa que AD se desloca para a esquerda, como no painel (b). Um deslocamento para a esquerda implica que cai a quantidade de produto agregado demandada em qualquer nível agregado de preços.

Há vários fatores que podem deslocar a curva de demanda agregada. Entre os mais importantes estão mudança de expectativas, mudança de riqueza e mudança no estoque de capital físico. Além disso, tanto a política fiscal quanto a monetária podem deslocar a curva de demanda agregada. Todos os cinco fatores põem em movimento o processo do multiplicador. Ao causar um aumento ou uma queda inicial no PIB real, eles mudam a renda disponível, o que leva a mudanças adicionais na despesa agregada, que por sua vez leva a mudanças subsequentes no PIB real, e assim por diante. Um panorama dos fatores que deslocam a curva de demanda agregada pode ser visto na Tabela 27.1.

Mudanças nas expectativas. Tanto o gasto de consumo quanto o de investimento planejado dependem, em parte, das expectativas das pessoas sobre o futuro. Consumidores baseiam seus gastos não apenas na renda que têm agora, mas também

Figura 27.4 Deslocamentos na curva de demanda agregada.

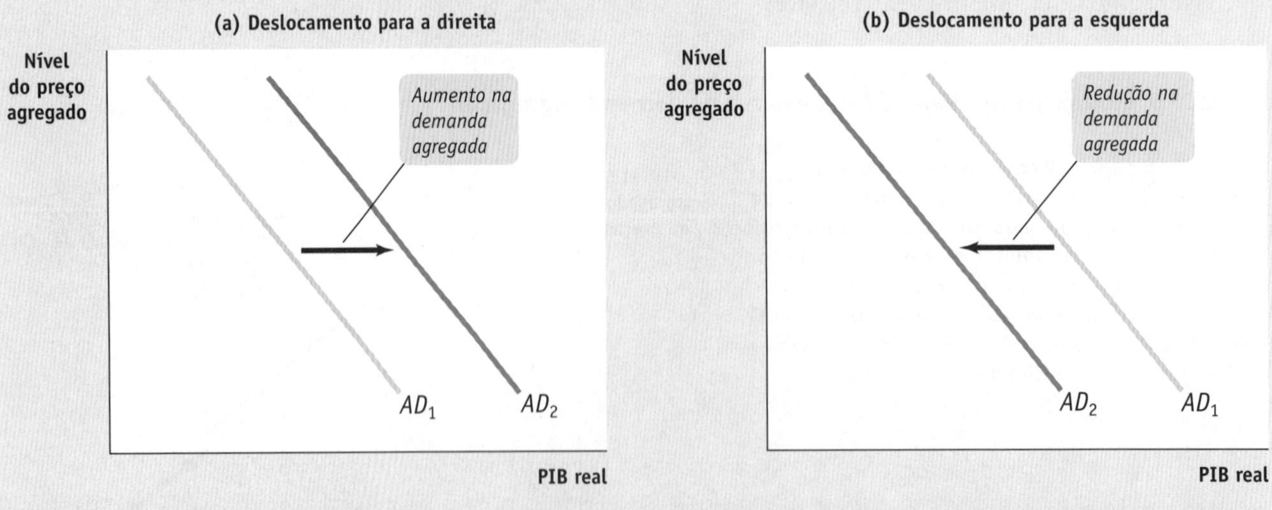

O painel (a) mostra os efeitos de eventos que aumentam a quantidade do produto agregado demandada em qualquer nível agregado de preços, como melhorias nos negócios e expectativas do consumidor ou um aumento nos gastos do governo. Essas mudanças deslocam a curva de demanda agregada para a direita, de AD_1 para AD_2. O painel (b) mostra o efeito de eventos que diminuem a quantidade de produto agregado demandada em qualquer nível e preços, como queda na riqueza causada por declínio no mercado de ações. Isso desloca a curva de demanda agregada para a esquerda, de AD_1 para AD_2.

Tabela 27.1 Fatores que deslocam a demanda agregada

Quando isto acontece . . .		. . . a demanda agregada aumenta	Mas quando isto acontece . . .		. . . a demanda agregada diminui
Mudanças nas expectativas					
Se consumidores e empresas ficam mais otimistas . . .	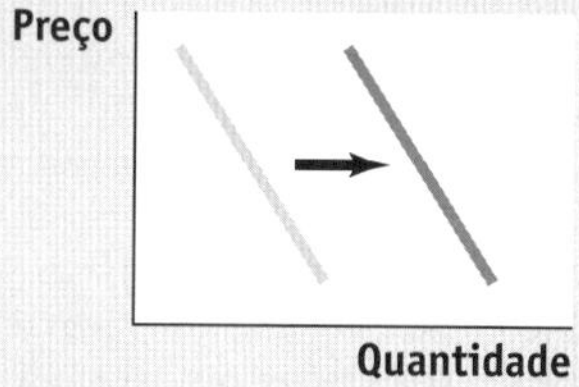	. . . a demanda agregada aumenta.	Se consumidores e empresas ficam mais pessimistas . . .	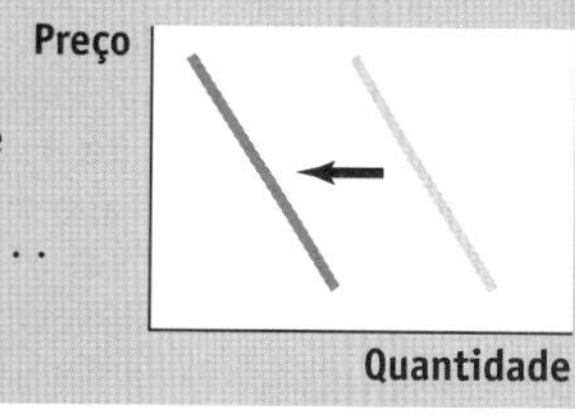	. . . a demanda agregada diminui.
Mudanças na riqueza					
Se aumenta o valor real dos ativos dos domicílios . . .	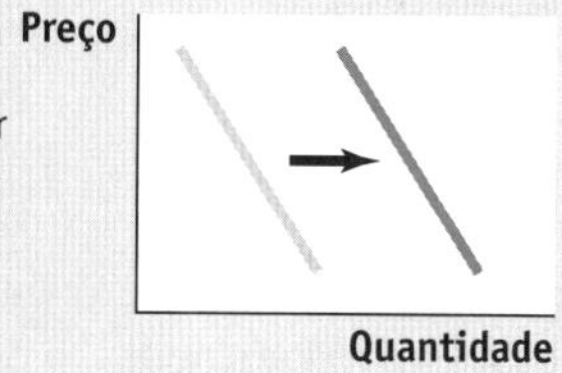	. . . a demanda agregada aumenta.	Se diminui o valor real dos ativos dos domicílios . . .	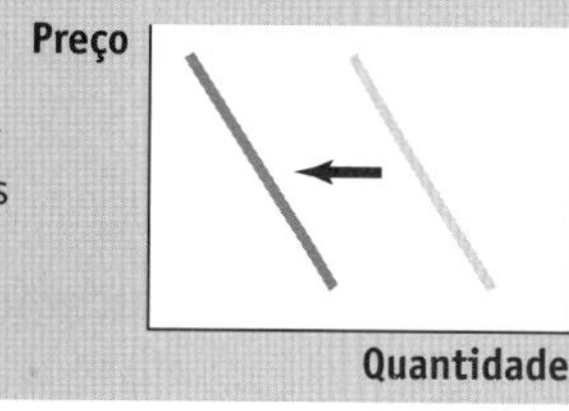	. . . a demanda agregada diminui.
Tamanho do estoque existente de capital físico					
Se o estoque existente de capital físico é relativamente pequeno . . .	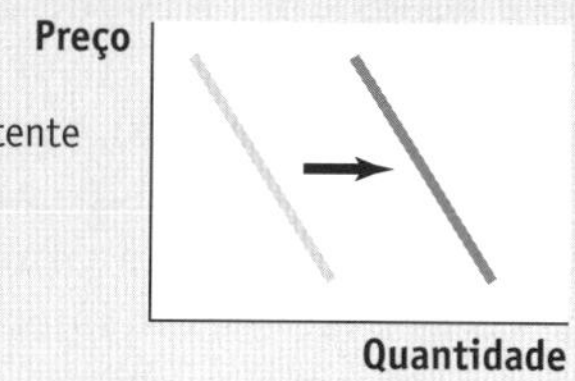	. . . a demanda agregada aumenta.	Se o estoque existente de capital físico é relativamente grande . . .	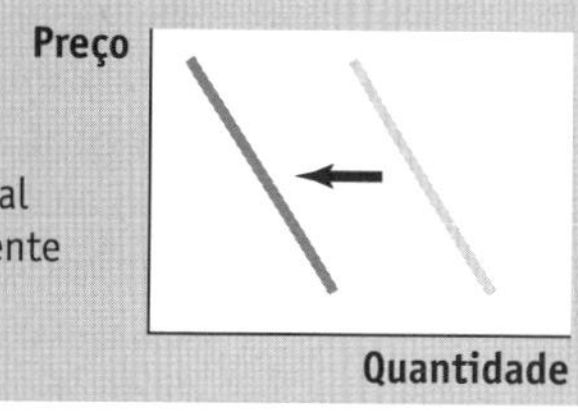	. . . a demanda agregada diminui.
Política fiscal					
Se o governo aumenta gastos ou corta impostos . . .	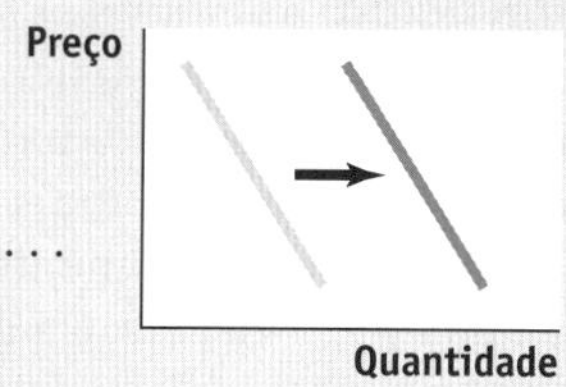	. . . a demanda agregada aumenta.	Se o governo corta gastos ou aumenta impostos . . .	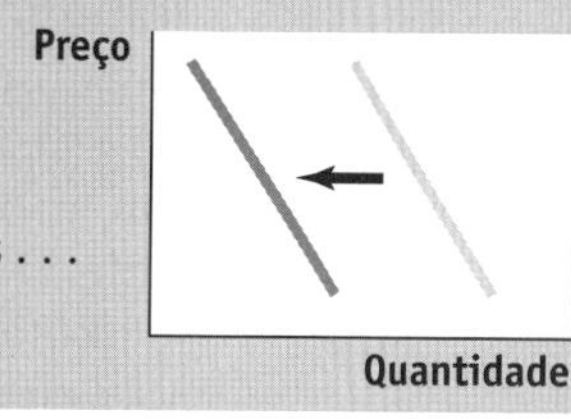	. . . a demanda agregada diminui.
Política monetária					
Se o banco central aumenta a quantidade de moeda . . .	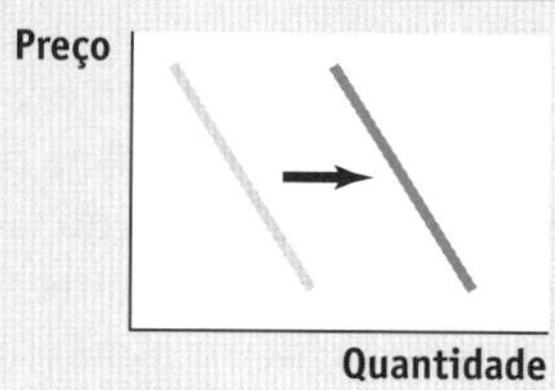	. . . a demanda agregada aumenta.	Se o banco central reduz a quantidade de moeda . . .	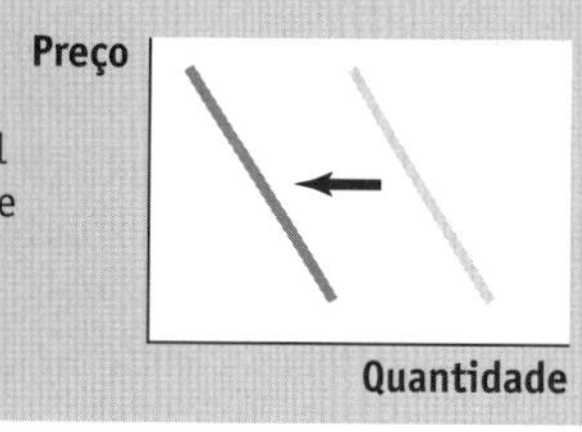	. . . a demanda agregada diminui.

na renda que esperam ter no futuro. Empresas baseiam seu gasto de investimento não somente nas condições correntes, mas também nas vendas que esperam fazer no futuro. Em consequência, mudanças nas expectativas podem levar os gastos de consumo e os gastos de investimento planejado para cima ou para baixo. Se consumidores e empresas ficam mais otimistas, os gastos aumentam; se ficam mais pessimistas, os gastos diminuem.

De fato, a previsão econômica de curto prazo presta muita atenção a pesquisas sobre os sentimentos de consumidores e empresários. Em particular, quem se dedica a fazer previsões nos Estados Unidos observa o Índice de Confiança do Consumidor, uma medida mensal calculada pelo Conference Board, e o Índice dos Sentimentos do Consumidor de Michigan, medida semelhante calculada pela Universidade de Michigan.[1]

[1]N. R.: No Brasil, temos o Índice de Confiança do Consumidor (ICC), calculado pelo Instituto Brasileiro de Economia (IBRE) da Fundação Getulio Vargas (FGV).

ARMADILHAS

MOVIMENTO AO LONGO DA CURVA DE DEMANDA AGREGADA *VERSUS* SEU DESLOCAMENTO

Como já vimos, uma das razões pelas quais a curva de demanda agregada, *AD*, tem inclinação para baixo é o efeito riqueza de uma mudança no nível agregado de preços: um nível agregado de preços mais alto reduz o poder de compra dos ativos dos domicílios que provoca queda no gasto de consumo, *C*. Mas, nesta seção, explicamos que mudanças na riqueza geram deslocamento da curva *AD*. Essas duas explicações não são contraditórias? Afinal, o que está certo: uma mudança de riqueza move a economia ao longo da curva *AD* ou desloca a curva *AD*? A resposta é que ambas as coisas acontecem, *dependendo da fonte da mudança na riqueza*.

Um movimento ao longo da curva *AD* ocorre quando a mudança no nível agregado de preços muda o poder de compra da riqueza existente dos consumidores (o valor real dos seus ativos). Esse é o *efeito riqueza de uma mudança no nível agregado de preços*, isto é, uma mudança no nível agregado de preços é a fonte da mudança na riqueza. Por exemplo, uma queda no nível agregado de preços aumenta o poder de compra dos ativos dos consumidores e inicia um movimento descendente ao longo da curva *AD*.

Por outro lado, uma mudança na riqueza *independentemente de mudança no nível agregado de preços* desloca a curva *AD*. Por exemplo, um aumento no mercado de ações ou um aumento no valor dos imóveis leva a um aumento no valor real dos ativos dos consumidores, em qualquer nível agregado de preços. Nesse caso, a fonte da mudança na riqueza é uma mudança no valor dos ativos sem qualquer mudança no nível agregado de preços – isto é, uma mudança no valor dos ativos, mantidos constantes os preços de todos os bens e serviços finais.

Mudanças na riqueza. Os gastos de consumo dependem em parte do valor de ativos dos domicílios. Quando o valor real desses ativos aumenta, o poder de compra que eles incorporam também aumenta, gerando aumento no gasto agregado. Por exemplo, nos anos 1990 houve no mercado de ações um crescimento significativo que aumentou a demanda agregada. E, quando o valor real dos ativos dos domicílios cai (por exemplo, por causa de um colapso no mercado de ações), o poder de compra que eles incorporam se reduz e a demanda agregada igualmente cai. O colapso do mercado de ações em 1929 foi um fator importante que levou à Grande Depressão. Da mesma forma, um forte declínio no valor dos imóveis foi um fator importante da redução dos gastos de consumo dos Estados Unidos durante a recessão de 2007-2009.

Tamanho do estoque existente de capital físico. As empresas fazem gastos de investimento planejado para aumentar seu estoque de capital físico. Seu incentivo para gastar depende, em parte, de quanto capital físico elas já tenham: quanto mais têm, menos sentem necessidade de acrescentar mais, tudo o mais mantido constante. O mesmo se aplica a outros tipos de despesas de investimento. Por exemplo, se muitas casas foram construídas recentemente, isso deprimirá a demanda por novas casas e, em consequência, haverá também uma tendência a reduzir o gasto de investimento residencial. Na verdade, isso é parte do motivo da desaceleração das despesas de investimento em imóveis residenciais que começou em 2006. O *boom* imobiliário de alguns anos antes havia criado uma oferta excessiva de casas: perto do final do primeiro trimestre de 2009, o estoque de casas não vendidas no mercado norte-americano era igual a mais de 14 meses de vendas, e os preços de imóveis novos haviam caído mais de 25% desde o seu nível mais alto. Isso dava à indústria de construção civil pouco incentivo para construir ainda mais residências.

Políticas governamentais e demanda agregada

Uma das percepções essenciais da análise macroeconômica é que o governo pode ter uma influência poderosa sobre a demanda agregada e, em certas circunstâncias, essa influência pode ser usada para melhorar o desempenho econômico.

As duas principais formas de influência do governo sobre a curva de demanda agregada se dão pela política fiscal e pela política monetária. Discutiremos resumidamente a influência dessas políticas sobre a demanda agregada, mas haverá uma discussão mais detalhada em capítulos subsequentes.

Política fiscal. O uso de gasto governamental (ou seja, compras governamentais de bens e serviços finais e transferências governamentais) ou de política tributária para estabilizar a economia é conhecido como política fiscal. Na prática, os governos muitas vezes respondem a recessões aumentando o gasto, cortando impostos ou fazendo ambas as coisas. Geralmente eles respondem à inflação reduzindo gastos ou aumentando impostos.

O efeito das compras governamentais de bens e serviços finais, *G*, sobre a curva de demanda agregada é *direto* porque as compras governamentais são em si mesmas um componente da demanda agregada. Sendo assim, um aumento nas compras governamentais desloca a curva de demanda agregada para a direita, e uma redução dessas compras a desloca para a esquerda. O exemplo histórico mais drástico de como compras governamentais crescentes afetam a demanda agregada foi o efeito dos gastos militares durante a Segunda Guerra Mundial.

Por causa da guerra, as compras do governo federal dos Estados Unidos saltaram 400%. A esse aumento de compras é creditado normalmente o fim da Grande Depressão. Nos anos 1990, o Japão usou grandes projetos de obras públicas, como a construção de estradas, pontes e represas financiadas pelo governo, em um esforço para aumentar a demanda agregada diante da economia em declínio. De modo semelhante, em 2009, no início da Grande Recessão, os Estados Unidos começaram a gastar mais de US$ 100 bilhões em projetos de infraestrutura, como melhoria de rodovias, pontes, transporte público e outros, para estimular gastos em geral.

Em contraste, mudanças nas taxas de impostos ou nas transferências governamentais afetam a economia *indiretamente*, por meio do seu efeito sobre a renda disponível. Impostos mais baixos significam que os consumidores ficam com uma parte maior do que ganham, o que aumenta sua renda disponível. Um aumento nas transferências governamentais igualmente eleva a renda disponível dos consumidores. Em qualquer dos casos, isso aumenta os gastos de consumo e desloca a curva de demanda agregada para a direita. Uma taxa de impostos mais alta reduz o montante de renda disponível recebido pelos consumidores, e isso reduz o gasto de consumo e desloca a curva de demanda agregada para a esquerda.

Durante o início da pandemia de coronavírus em 2020, muitas empresas foram fechadas, o que exigiu que o governo federal implementasse um pacote de auxílio econômico sem precedentes. Isso incluiu transferências de pagamentos por meio de seguro-desemprego para os que foram demitidos e um auxílio único de US$ 1.200 para indivíduos que ganham menos de US$ 75.000 por ano, com um extra de US$ 500 por filho dependente. Essas medidas foram tomadas para estabilizar o gasto do consumo, impedindo um declínio ainda maior na demanda agregada e aliviando o impacto econômico causado pelo vírus.

Política monetária. Abrimos este capítulo falando dos problemas enfrentados pelo Federal Reserve em 2011. O Fed, como é chamado, controla a política monetária, isto é, ele realiza mudanças na quantidade de dinheiro ou na taxa de juros para estabilizar a economia. Acabamos de ver como um aumento no nível agregado de preços, ao reduzir o poder de compra dos ativos mantidos em dinheiro, causa aumento na taxa de juros e isso, por sua vez, reduz tanto o gasto de investimento quanto o gasto de consumo.

Mas o que acontece se a quantidade de dinheiro na mão de domicílios e empresas muda? Na economia moderna, a quantidade de dinheiro em circulação é em grande parte determinada pelas decisões de um *banco central* criado pelo governo. Como veremos no Capítulo 29, o Federal Reserve é uma instituição especial que nem é exatamente parte do governo nem é exatamente uma instituição privada.[2] Quando o banco central aumenta a quantidade de moeda em circulação, as pessoas têm mais dinheiro, dinheiro esse que elas dispõem-se a emprestar. O efeito é pressionar para baixo a taxa de juros em qualquer nível agregado de preços, levando a maiores gastos de investimento e de consumo.

Ou seja, aumentar a quantidade de dinheiro desloca a curva de demanda agregada para a direita. Reduzir a quantidade de dinheiro tem o efeito oposto: domicílios e empresas têm menos dinheiro do que antes, o que as leva a tomar mais emprestado e a emprestar menos. Isso aumenta a taxa de juros, reduz os gastos de investimento e de consumo e desloca a curva de demanda agregada para a esquerda.

[2]N. R.: No Brasil, temos o Banco Central (BACEN).

ECONOMIA >> *em Ação*

Movimento ao longo da curva de demanda agregada, 1979-1980

Quando examinamos os dados, muitas vezes é difícil distinguir entre movimento nos gastos que representam *movimentos ao longo* da curva de demanda agregada e *deslocamentos* da curva de demanda agregada. Exceção significativa é o que aconteceu imediatamente depois da crise do petróleo de 1979. Diante de um aumento agudo no nível agregado de preços (a taxa de inflação dos preços ao consumidor alcançou 14,8% em março de 1980), o Fed insistiu em uma política de aumentar a quantidade de dinheiro lentamente. O nível agregado de preços aumentava muito rapidamente, mas a quantidade de dinheiro circulando na economia mostrava lenta expansão. O resultado líquido foi que diminuiu o poder de compra da quantidade de dinheiro em circulação na economia.

Isso provocou aumento na demanda por crédito e um forte aumento na taxa de juros. A *taxa preferencial*, que é a taxa de juros que os bancos cobram de seus melhores clientes, passou dos 20%. Taxas de juros elevadas, por sua vez, causaram queda tanto nos gastos de consumo quanto nos de investimento: em 1980, as compras de bens de consumo durável, como carros, caíram 5,3% e o gasto de investimento real caiu 8,9%.

Em outras palavras, em 1979-1980 a economia respondeu exatamente como esperaríamos se ela estivesse se movendo ao longo da curva de demanda agregada da direita para a esquerda: devido ao efeito riqueza e ao efeito taxa de juros de uma mudança no nível agregado de preços, a quantidade de produto agregado demandada caiu à medida que o nível agregado de preços subiu. É claro que isso não explica por que o nível agregado de preços subiu. Porém, como veremos em uma seção sobre o modelo *AD-AS*, a resposta para essa pergunta está no comportamento da *curva de oferta agregada de curto prazo*.

>> *Revisão Rápida*

- A **curva de demanda agregada** inclina-se para baixo por causa do **efeito riqueza de uma mudança no nível agregado de preços** e do **efeito taxa de juros de uma mudança no nível agregado de preços**.
- A curva de oferta agregada ilustra como o PIB de equilíbrio renda-despesa muda quando muda o nível agregado de preços.
- Mudanças nos gastos de consumo causadas por mudanças na riqueza e nas expectativas sobre o futuro deslocam a curva de demanda agregada. Mudanças nos gastos de investimento causadas por mudanças nas expectativas e no estoque de capital físico também deslocam a curva de demanda agregada.
- A política fiscal afeta a demanda agregada diretamente por meio das compras governamentais e indiretamente por mudanças nos tributos e nas transferências governamentais. A política monetária afeta a demanda agregada indiretamente por meio de mudanças na taxa de juros.

>> *Teste seu entendimento* 27.1

As respostas estão no fim do livro.

1. Determine o efeito de cada um dos eventos a seguir sobre a demanda agregada. Explique se ele representa um movimento ao longo da curva de demanda agregada (para cima ou para baixo) ou um deslocamento da curva (para a esquerda ou para a direita).
   - **a.** Aumento na taxa de juros causado por mudança na política monetária.
   - **b.** Queda no valor real do dinheiro na economia por causa de um nível agregado de preços mais alto.
   - **c.** Expectativa de um mercado de trabalho fraco no próximo ano.
   - **d.** Queda na taxa de impostos.
   - **e.** Aumento no valor real dos ativos da economia devido a um nível agregado de preços mais baixo.
   - **f.** Aumento no valor real dos ativos da economia devido a um aumento no valor dos imóveis.

Oferta agregada

Entre 1929 e 1933, houve uma queda forte da demanda agregada, isto é, uma redução na quantidade demandada de bens e serviços em qualquer nível de preços. Uma das consequências do declínio da demanda na economia em seu conjunto foi queda nos preços da maioria dos bens e serviços. Em 1933, o deflator do PIB (um dos índices de preços que definimos no Capítulo 22) estava 26% abaixo do seu nível de 1929, e outros índices sofreram queda semelhante. Uma segunda consequência foi um declínio na produção da maioria dos bens e serviços, de modo que, em 1933, o PIB real estava 27% abaixo do nível de 1929. Uma terceira consequência, estreitamente relacionada com a queda no PIB real, foi um salto na taxa de desemprego, passando de 3 para 25%.

A associação entre o mergulho do PIB real e a enorme queda de preços não foi acidental. Entre 1929 e 1933, a economia dos EUA estava deslocando para baixo sua **curva de oferta agregada**, que mostra a relação entre o nível agregado de preços da economia (o nível geral de preços dos bens e serviços finais na economia) e a quantidade total de bens e serviços finais, ou produto agregado, que os produtores dispõem-se a ofertar. (Lembre-se de que usamos o PIB real para medir o produto agregado; por isso, os dois termos costumam ser usados para o mesmo propósito.) Mais especificamente, entre 1929 e 1933, a economia dos EUA moveu para baixo sua *curva de oferta agregada de curto prazo*.

A **curva de oferta agregada** mostra a relação entre o nível agregado de preços e a quantidade de produto agregado ofertado na economia.

Curva de oferta agregada de curto prazo

O período 1929-1933 demonstrou que há relação positiva, no curto prazo, entre nível agregado de preços e quantidade ofertada de produto agregado. Isto é, um aumento no nível agregado de preços produz aumento na quantidade agregada de produto, tudo o mais mantido constante; e uma queda no nível agregado de preços gera queda na quantidade ofertada de produto agregado, tudo o mais mantido constante. Para entendermos o motivo dessa relação positiva, pensemos na questão mais básica com que se defronta um produtor: produzir uma unidade é lucrativo ou não? Vejamos a definição de lucro por unidade produzida:

(27.2) Lucro por unidade produzida =
Preço por unidade produzida – Custo de produção por unidade produzida

Assim, a reposta à pergunta depende de saber se o preço que o produtor recebe por uma unidade de produto é maior ou menor que o custo de produzir essa unidade. Em qualquer momento no tempo, muitos dos custos que os produtores enfrentam são fixos e não podem ser modificados por um longo período. Tipicamente, a maior fonte de falta de flexibilidade no custo de produção são os salários pagos aos trabalhadores. O termo *salários*, aqui, se refere a todas as formas de compensação dos trabalhadores, como serviços de saúde pagos pelo empregador e benefícios de aposentadoria, além do salário.

Salários são normalmente um custo de produção rígido porque a quantidade em dinheiro de qualquer salário pago, denominada **salário nominal**, com frequência é determinada por contratos assinados anteriormente. E, mesmo quando não há contratos formais, existem com frequência acordos informais entre a direção da empresa e os trabalhadores, de modo que as companhias relutam em mudar os salários em resposta a condições econômicas. Por exemplo, as empresas normalmente não reduzem salários em tempos econômicos ruins – exceto quando a recessão é particularmente longa e severa –, por medo de provocar ressentimento entre os trabalhadores. De forma correspondente, elas normalmente não aumentam salários quando a situação econômica é melhor – a não ser que sofram o risco de perder seus trabalhadores para a concorrência –, pois não querem encorajar os trabalhadores a rotineiramente solicitarem salários maiores.

Salário nominal é a quantidade em dinheiro do salário pago.

O resultado dos acordos, tanto formais quanto informais, é que a economia se caracteriza por ter **salários rígidos**: os salários nominais caem lentamente, mesmo diante de desemprego elevado, e sobem lentamente, mesmo diante de escassez de mão de obra. É importante notar, contudo, que os salários nominais não podem ser inflexíveis para sempre: em última instância, contratos formais e acordos informais serão renegociados para levar em conta mudanças nas circunstâncias econômicas. Como explica o próximo quadro Para Mentes Curiosas, o tempo necessário para que os salários nominais se tornem flexíveis é um componente integral daquilo que distingue o curto prazo do longo prazo.

Salários rígidos são salários nominais que caem lentamente, mesmo diante de elevado desemprego, e sobem lentamente, mesmo diante de escassez de mão de obra.

Para entender como o fato de muitos custos serem fixos em termos nominais dá origem a uma curva de oferta agregada de curto prazo com inclinação para cima, convém observar que os preços se estabelecem de modo diferente em diferentes tipos de mercado. Em *mercados perfeitamente competitivos*, os produtores tomam os preços como dados; em *mercados que não são perfeitamente competitivos*, os produtores têm alguma capacidade para escolher os preços que cobram. Em ambos os tipos de mercado, existe relação positiva de curto prazo entre preços e quantidade produzida, mas por motivos ligeiramente diferentes.

Comecemos pelo comportamento dos produtores em mercados perfeitamente competitivos; lembre-se de que eles tomam os preços como dados. Imagine que, por alguma razão, o nível agregado de preços caia, o que significa queda no preço recebido pelo produtor típico de um bem ou serviço final. Como muitos dos custos de produção são fixos no curto prazo, o custo de produção de uma unidade de produto não cai na mesma proporção que a queda no preço do produto. Assim, o lucro por unidade de produto declina, levando os produtores em competição perfeita a reduzirem a quantidade ofertada no curto prazo.

Por outro lado, considere agora que o nível agregado de preços aumente, por qualquer razão. Em consequência, o produtor típico recebe um preço mais alto por seu bem ou serviço final. De novo, muitos dos custos de produção são fixos no curto prazo, de modo que o custo por unidade de produção não aumenta na mesma proporção que aumenta o preço de uma unidade. E, como o produtor em mercado perfeitamente competitivo tem o preço como dado, o lucro por unidade de produto sobe e a quantidade produzida aumenta.

Considere agora um produtor em competição imperfeita, que consegue definir seu próprio preço. Quando a demanda por seu produto aumenta, ele pode vender mais a qualquer preço dado. Como há demanda mais forte por seu produto, ele provavelmente optará por aumentar seus preços, bem como sua quantidade de produção, como forma de aumentar o lucro por unidade de produto. De fato, analistas do setor industrial costumam falar de variações no *poder de fixar preços* de uma indústria: quando a demanda é forte, as empresas com poder de determinar preços conseguem aumentar os preços – e normalmente o fazem.

Por outro lado, quando há queda na demanda, as empresas normalmente tentam conter a queda nas suas vendas cortando preços.

A **curva de oferta agregada de curto prazo** mostra a relação entre o nível agregado de preços e a quantidade de produto agregado oferecida no curto prazo, o período em que muitos custos de produção podem ser considerados fixos.

Tanto a resposta de empresas em setores perfeitamente competitivos como a de empresas de setores em competição imperfeita levam a uma relação ascendente entre produto agregado e nível agregado de preços. A relação positiva entre nível agregado de preços e quantidade de produto agregado no curto prazo é ilustrada pela **curva de oferta agregada de curto prazo**. Ao longo dessa curva, os produtores estão dispostos a oferecer bens e serviços finais durante o período em que muitos custos de produção, principalmente salários nominais, podem ser considerados fixos. A Figura 27.5 mostra uma curva de oferta agregada de curto prazo hipotética, *SRAS*, que corresponde efetivamente aos dados dos EUA para 1929 e 1933. No eixo horizontal está o produto agregado (ou, o que é equivalente, o PIB real), ou seja, a quantidade total de bens e serviços finais ofertada na economia, medida em dólares de 2012. No eixo vertical está o nível agregado de preços, medido pelo deflator do PIB, com o valor do ano 2012 igual a 100. Em 1929, o nível agregado de preços foi 9,4 e o PIB real foi de US$ 1.109 bilhões. Em 1933, o nível agregado de preços foi 7,0 e o PIB real foi de apenas US$ 817 bilhões. O movimento para baixo ao longo da curva *SRAS* corresponde à deflação e à queda no produto agregado experimentada ao longo daqueles anos.

Deslocamentos na curva de oferta agregada de curto prazo

A Figura 27.5 mostra um *movimento ao longo* da curva de oferta agregada de curto prazo, quando o nível agregado de preços e o produto agregado caíram entre 1929 e 1933. Mas podem ocorrer também *deslocamentos* da curva de oferta agregada de curto prazo, como vemos na Figura 27.6. O painel (a) mostra uma *redução na oferta agregada de curto prazo*, ou seja, um deslocamento para a esquerda da curva de oferta agregada de curto prazo. A oferta agregada cai quando produtores reduzem a quantidade de produto agregado que estão dispostos a ofertar a qualquer dado nível agregado de preços. O painel (b) mostra um *aumento na oferta agregada de curto prazo*, ou seja, um deslocamento para a direita da curva de oferta agregada de curto prazo. A oferta agregada aumenta quando os produtores aumentam a quantidade de produto agregado que estão dispostos a ofertar a qualquer nível agregado de preços.

Figura 27.5 Curva de oferta agregada de curto prazo.

A curva de oferta agregada de curto prazo mostra a relação entre o nível agregado de preços e a quantidade ofertada de produto agregado no curto prazo, o período em que muitos custos de produção, como os salários nominais, são fixos. Ela se inclina para cima porque um nível agregado de preços mais alto leva a um lucro maior por unidade de produto e a um produto agregado mais alto, dados salários nominais fixos. Os números correspondem aos da Grande Depressão, de 1929 a 1933: quando ocorreu deflação e o nível agregado de preços caiu de 9,4 (em 1929) para 7,0 (em 1933), as empresas responderam reduzindo a quantidade ofertada de produto agregado de US$ 1.109 bilhões para US$ 817 bilhões, medido em dólares de 2012.

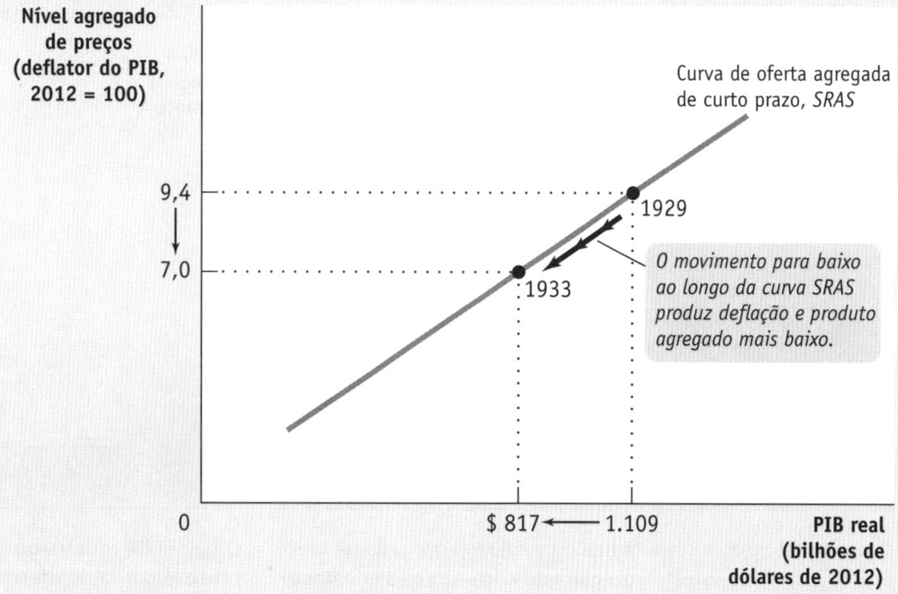

PARA MENTES CURIOSAS **O que é de fato flexível, o que é de fato rígido?**

A maioria dos macroeconomistas concorda que o panorama básico mostrado na Figura 27.5 está correto: existe, tudo o mais mantido constante, relação positiva de curto prazo entre o nível agregado de preços e o produto agregado. Mas muitos argumentariam que os detalhes são um pouco mais complicados.

Até agora, destacamos a diferença de comportamento entre o nível agregado de preços e o comportamento dos salários nominais. Isto é, dissemos que o nível agregado de preços é flexível, mas os salários nominais são rígidos no curto prazo. Embora essa suposição seja uma boa maneira de explicar por que a curva de oferta agregada de curto prazo é ascendente, dados empíricos sobre salários e preços não dão apoio integral a uma distinção nítida entre preços flexíveis de bens e serviços finais e salários nominais rígidos.

Por um lado, alguns salários nominais são de fato flexíveis, mesmo no curto prazo, porque alguns trabalhadores não são protegidos por contratos ou acordos informais com seus empregadores. Como alguns salários nominais são rígidos mas outros são flexíveis, observamos que o *salário nominal médio*, ou seja, o salário nominal calculado como média de todos os trabalhadores na economia, cai quando há forte aumento de desemprego. Por exemplo, os salários nominais caíram substancialmente nos primeiros anos da Grande Depressão.

Por outro lado, alguns preços de bens e serviços finais são mais rígidos do que flexíveis. Por exemplo, algumas empresas, particularmente as produtoras de bens de luxo e de grife, relutam em cortar preços mesmo quando a demanda cai. Em vez disso, preferem reduzir a produção, mesmo que seu lucro por unidade não tenha declinado.

Essas complicações, como dissemos, não mudam o panorama básico. Quando o nível agregado de preços cai, certos produtores cortam a quantidade de produto porque os salários nominais que eles pagam são rígidos. E alguns produtores não cortam seu preço diante da queda do nível agregado de preços, preferindo, em vez disso, diminuir sua produção. Em ambos os casos, a relação positiva entre nível agregado de preços e produto agregado se mantém. Assim, no final das contas, a curva de oferta agregada de curto prazo continua ascendente.

Para entender por que a curva de oferta agregada de curto prazo pode se deslocar, é importante recordar que produtores tomam decisões de produção baseados nos seus lucros por unidade produzida. A curva de oferta agregada de curto prazo ilustra a relação entre o nível agregado de preços e o produto agregado: como parte do custo de produção é fixa no curto prazo, uma mudança no nível agregado de preços leva a uma mudança no lucro dos produtores por unidade produzida e, por sua vez, a uma mudança no produto agregado.

Mas há outros fatores além do nível agregado de preços que podem afetar o lucro por unidade e, por sua vez, a produção agregada. São mudanças nesses outros fatores que farão a curva de oferta agregada de curto prazo se deslocar.

Figura 27.6 Deslocamentos da curva de oferta agregada de curto prazo.

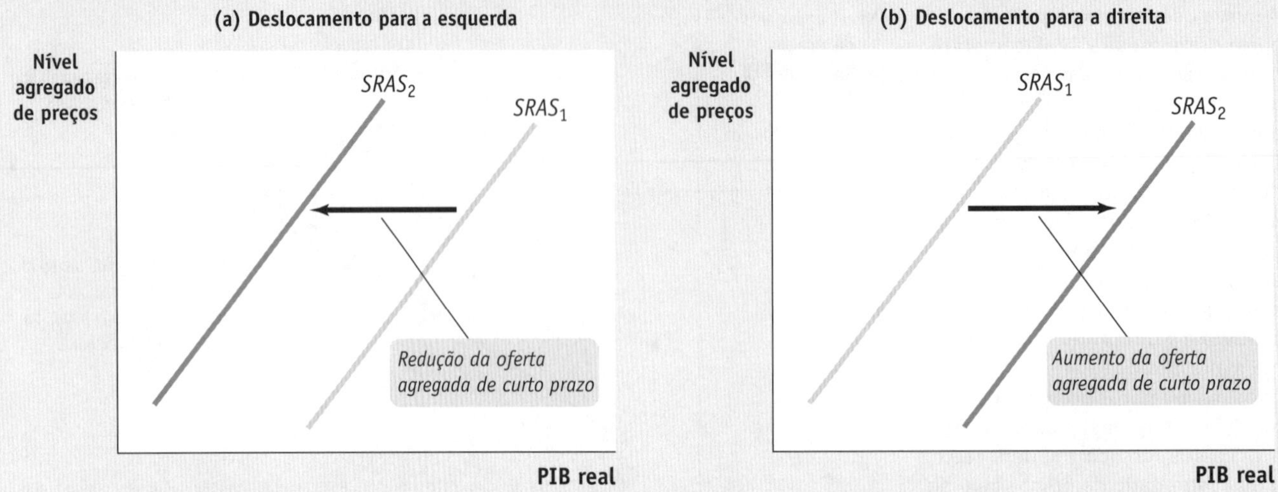

O painel (a) mostra uma redução na oferta agregada de curto prazo: a curva de oferta agregada de curto prazo se desloca para a esquerda, de $SRAS_1$ para $SRAS_2$, e a quantidade ofertada de produto agregado a qualquer nível de preços cai.

O painel (b) mostra um aumento na oferta agregada de curto prazo: a curva de oferta agregada de curto prazo se desloca para a direita, de $SRAS_1$ para $SRAS_2$, e a quantidade ofertada de produto agregado a qualquer nível de preços aumenta.

Para ter uma ideia disso, suponha que aconteça algo que aumente os custos de produção – digamos, um aumento no preço do petróleo. Sob qualquer preço de produto, um produtor agora tem lucro menor por unidade. Em consequência, os produtores reduzem a quantidade ofertada em qualquer nível agregado de preços, e a curva de oferta agregada de curto prazo se desloca para a esquerda. Se, ao contrário, acontece algo que reduz os custos de produção – digamos, uma queda nos salários nominais –, um produtor agora tem lucro mais alto por unidade de produto sob qualquer preço de produto. Isso leva os produtores a aumentarem a quantidade de produção agregada ofertada em qualquer nível agregado de preços, e a curva de oferta agregada de curto prazo se desloca para a direita.

Vamos discutir agora alguns outros fatores importantes que afetam o lucro por unidade dos produtores e que podem, assim, levar a deslocamentos na curva de oferta agregada de curto prazo. Esses fatores incluem mudanças nos preços de *commodities*, mudanças nos salários nominais e mudanças na produtividade.

Mudanças nos preços de *commodities*. Na história que abre este capítulo, descrevemos como as visões de Jean-Claude Trichet, o presidente do BCE, foram moldadas pela inflação alta dos anos 1970. As origens desse período inflacionário estão no aumento brusco e sustentado no preço de uma *commodity* muito importante: o petróleo. O preço alto do petróleo elevou bruscamente os custos para produtores no mundo inteiro.

Uma *commodity* é um insumo padronizado, comprado e vendido em grande volume. Um aumento no preço de uma *commodity*, como petróleo, aumenta os custos de produção no conjunto da economia e reduz a quantidade ofertada de produto agregado a qualquer nível agregado de preços, deslocando a curva de oferta agregada para a esquerda. Por outro lado, um declínio nos preços de *commodities* reduzirá os custos de produção, levando a um aumento na quantidade ofertada a qualquer dado nível agregado de preços e a um deslocamento para a direita da curva de oferta agregada de curto prazo.

Por que a influência dos preços de *commodities* e insumos em geral não é já capturada pela curva de oferta agregada de curto prazo? Porque insumos, diferentemente de refrigerantes, por exemplo, não são um bem final. Logo, seus preços não integram o cálculo do nível agregado de preços. Além disso, *commodities* representam um custo de produção significativo para a maioria dos produtores, do mesmo modo que salários nominais. Dessa forma, mudanças nos preços de *commodities* têm grande impacto nos custos de produção. Diferentemente dos outros tipos de produtos, os preços das *commodities* às vezes mudam drasticamente em virtude de choques de oferta específicos do setor, como guerras no Oriente Médio ou demanda crescente dos chineses, que deixa menos petróleo para países como os Estados Unidos.

Mudanças nos salários nominais. Em qualquer momento, os salários em dinheiro de muitos trabalhadores são fixos porque são estabelecidos por contratos ou acordos informais feitos no passado. Salários nominais, contudo, podem mudar, desde que passe tempo suficiente para que os contratos e os acordos informais sejam renegociados.

Suponha, por exemplo, que haja um aumento geral no custo do seguro médico pago pelos empregadores como parte do salário dos empregados. Do ponto de vista do empregador, isso é equivalente a um aumento no salário nominal, pois é um aumento na compensação paga pelo empregador. Esse aumento no salário nominal eleva os custos de produção e desloca a curva de oferta agregada de curto prazo para a esquerda.

Correspondentemente, suponha que haja uma queda geral no custo do seguro médico. Isso é equivalente a uma queda de salários nominais do ponto de vista do empregador; reduz os custos de produção e desloca a curva de oferta agregada de curto prazo para a direita.

Um fato histórico importante é que, durante a década de 1970, o salto nos preços do petróleo teve o efeito indireto de aumentar também os salários nominais. Esse efeito "por tabela" ocorreu porque muitos contratos salariais incluíam um *adicional de custo de vida* que automaticamente elevava o salário nominal quando se elevavam os preços ao consumidor. Por meio desse canal, o salto no preço do petróleo, que provocou aumento geral nos preços ao consumidor, em última instância, causou aumento nos salários nominais.

Assim, no final das contas, a economia passou por dois deslocamentos para a esquerda da curva de oferta agregada: o primeiro gerado pelo aumento inicial no preço do petróleo e o segundo gerado pelo aumento induzido dos salários nominais. O efeito negativo do aumento do preço do petróleo sobre a economia foi amplificado pelo adicional de custo de vida nos contratos salariais. Atualmente, adicionais de custo de vida em contratos salariais são raros.

Mudanças na produtividade. Um aumento na produtividade significa que um trabalhador pode produzir mais unidades com a mesma quantidade de insumos. Por exemplo, a introdução do leitor de código de barras no comércio varejista aumentou enormemente a capacidade de um só trabalhador de abastecer, registrar e reabastecer as prateleiras. Em consequência, o custo para a loja de "produzir" uma unidade de moeda de vendas caiu, o lucro aumentou e a quantidade ofertada subiu. (Pense na Walmart e no aumento do número de suas lojas como um aumento na oferta agregada.) Assim, um aumento na produtividade, qualquer que seja sua fonte, aumenta o lucro dos produtores e desloca a curva de oferta agregada de curto prazo para a direita.

Por outro lado, uma queda de produtividade – digamos, novos regulamentos que exijam do trabalhador maior gasto de tempo preenchendo formulários – reduz o número de unidades que o trabalhador pode produzir com a mesma quantidade de insumos. Em consequência, o custo por unidade produzida aumenta, o lucro por unidade cai e a quantidade ofertada cai. Isso desloca a curva de oferta agregada de curto prazo para a esquerda.

Um resumo dos fatores que deslocam a curva de oferta agregada de curto prazo aparece na Tabela 27.2.

Tabela 27.2 Fatores que deslocam a oferta agregada de curto prazo

Quando isto acontece . . .	. . . a oferta agregada aumenta	Mas quando isto acontece . . .	. . . a oferta agregada diminui
Mudanças no preço de *commodities*			
Se o preço das *commodities* cai . . . 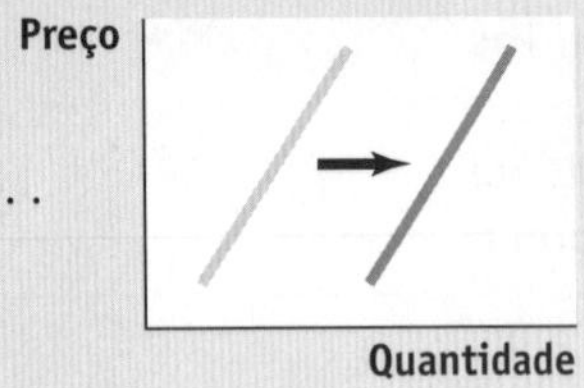	. . . a oferta agregada sobe.	Se o preço das *commodities* sobe . . . 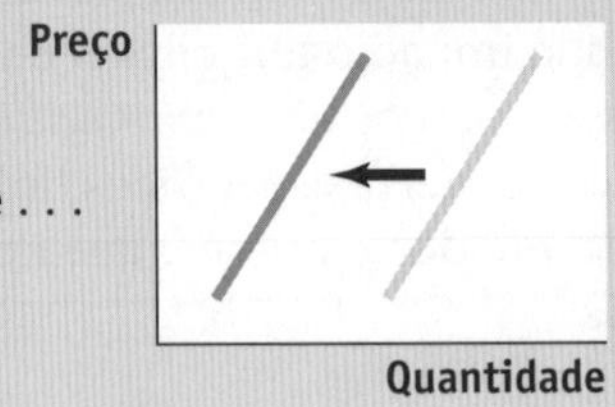	. . . a oferta agregada cai.
Mudanças nos salários nominais			
Se os salários nominais diminuem . . . 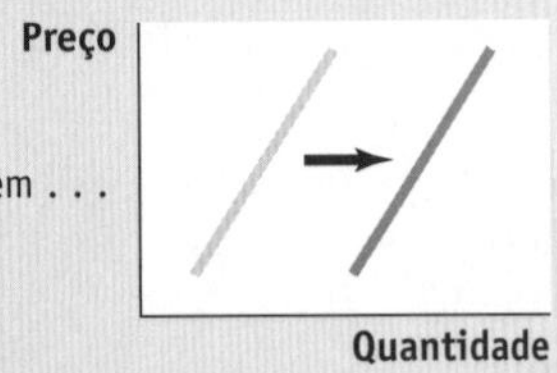	. . . a oferta agregada aumenta.	Se os salários nominais aumentam . . . 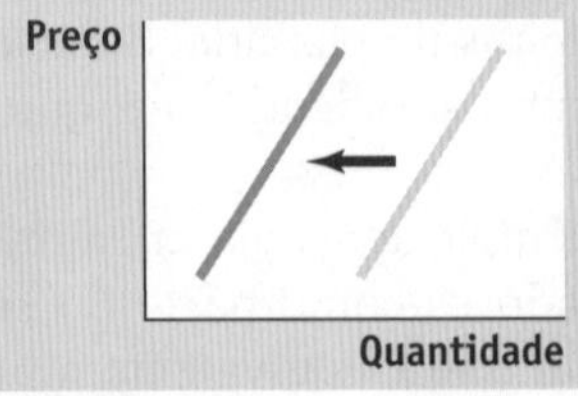	. . . a oferta agregada diminui.
Mudanças na produtividade			
Se os trabalhadores ficam mais produtivos . . . 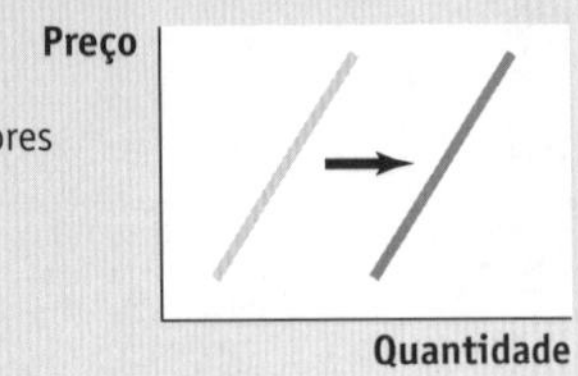	. . . a oferta agregada aumenta.	Se os trabalhadores ficam menos produtivos . . . 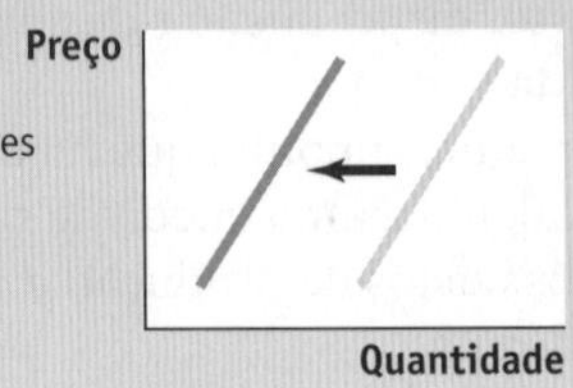	. . . a oferta agregada diminui.

Curva de oferta agregada de longo prazo

Acabamos de ver que, no curto prazo, uma queda no nível agregado de preços leva a um declínio na quantidade ofertada de produto agregado porque os salários nominais são rígidos no curto prazo. Mas, como notamos anteriormente, contratos e acordos informais serão renegociados no longo prazo. Portanto, no longo prazo, os salários nominais se ajustarão totalmente a mudanças no nível agregado de preços (eles são flexíveis e não rígidos). Esse fato altera consideravelmente a relação de longo prazo entre o nível agregado de preços e a oferta agregada. De fato, no longo prazo, o nível agregado de preços *não* tem efeito sobre a quantidade ofertada de produto agregado.

Para vermos a razão disso, façamos um experimento imaginário. Imaginemos que, por uma mágica qualquer – talvez um leitor de códigos de barra mágico –, pudéssemos cortar *todos os preços* da economia pela metade ao mesmo tempo. Por "todos os preços" queremos dizer preços de todos os insumos, inclusive salários nominais, bem como os preços dos bens e serviços finais. O que aconteceria com o produto agregado, considerando que o nível agregado de preços foi cortado pela metade e todos os preços de insumos, inclusive salários nominais, passaram a ser metade do que eram?

A resposta é: nada. Consideremos de novo a Equação 27.2: cada produtor receberia um valor mais baixo por seu produto, mas os custos cairiam na mesma proporção. Em consequência, cada unidade cuja produção dava lucro antes da mudança de preços continuaria sendo lucrativa depois da mudança de preços. Assim, reduzir à metade *todos* os preços da economia não tem efeito sobre o produto agregado da economia. Em outras palavras, mudanças no nível agregado de preços agora não têm efeito sobre a quantidade ofertada de produto agregado.

Na verdade, é claro, ninguém pode mudar todos os preços na mesma proporção ao mesmo tempo. Mas, agora, vamos considerar o *longo prazo, o período de tempo ao longo do qual todos os preços (incluindo custos de produção, como os salários nominais) são completamente flexíveis*. No longo prazo, inflação ou deflação tem o mesmo efeito causado por alguém que mude todos os preços na mesma proporção.

Como resultado, mudanças no nível agregado de preços não mudam a quantidade ofertada de produto agregado no longo prazo. Isso porque mudanças no nível agregado de preços, que é composto de preços de bens e serviços finais, serão acompanhadas por mudanças proporcionais iguais em *todos* os preços de insumos, inclusive salários nominais.

A **curva de oferta agregada de longo prazo**, ilustrada na Figura 27.7 pela curva *LRAS*, mostra a relação entre o nível agregado de preços e a quantidade ofertada de produto agregado que ocorreria se todos os preços, inclusive salários nominais, fossem plenamente flexíveis. A curva de oferta agregada de longo prazo é vertical porque mudanças no nível agregado de preços *não* têm efeito no produto agregado em longo prazo. Em um nível agregado de preços de 15,0, a quantidade ofertada de produto agregado é de $ 1.109 bilhões em dólares de 2012. Se o nível agregado de preços cai para 7,5 (50%), a quantidade ofertada de produto agregado não muda no longo prazo e continua sendo $ 1.109 bilhões em dólares de 2012.

A **curva de oferta agregada de longo prazo** mostra a relação entre o nível agregado de preços e a quantidade ofertada de produto agregado que ocorreria se todos os preços, inclusive salários nominais, fossem plenamente flexíveis.

É importante entender não só que a curva *LRAS* é vertical, mas também que sua posição ao longo do eixo horizontal representa uma medida significativa. O intercepto horizontal na Figura 27.7, onde *LRAS* toca o eixo horizontal ($ 1.109 bilhões em dólares de 2012), é o **produto potencial** da economia, Y_P: o nível de PIB real que a economia produziria se todos os preços, inclusive salários nominais, fossem plenamente flexíveis.

Produto potencial é o nível de PIB real que a economia produziria se todos os preços, inclusive salários nominais, fossem plenamente flexíveis.

Na realidade, o nível do PIB real quase sempre está abaixo ou acima do produto potencial. Veremos o motivo mais adiante neste capítulo, quando discutirmos o modelo *AD-AS*. Mesmo assim, o produto potencial da economia é um número importante porque define a tendência em torno da qual o produto agregado efetivo flutua de ano para ano.

Nos Estados Unidos, o escritório de orçamento do Congresso (*Congressional Budget Office*, CBO) estima o produto potencial anual com a finalidade de analisar o orçamento federal. Na Figura 27.8, a estimativa do CBO para o produto potencial norte-americano de 1990 a 2020 é representada pela linha mais escura e os valores do PIB real que de fato ocorreram no mesmo período são representados pela linha mais clara. Os anos sombreados no eixo horizontal correspondem a períodos em que o produto agregado efetivo foi inferior ao produto potencial; os demais anos são aqueles em que o produto agregado efetivo foi maior que o produto potencial.

Figura 27.7 Curva de oferta agregada de longo prazo.

A curva de oferta agregada de longo prazo mostra a quantidade ofertada de produto agregado quando todos os preços, inclusive salários nominais, são flexíveis. Ela é vertical no produto potencial, Y_P, porque no longo prazo uma mudança no nível agregado de preços não tem efeito sobre a quantidade ofertada de produto agregado.

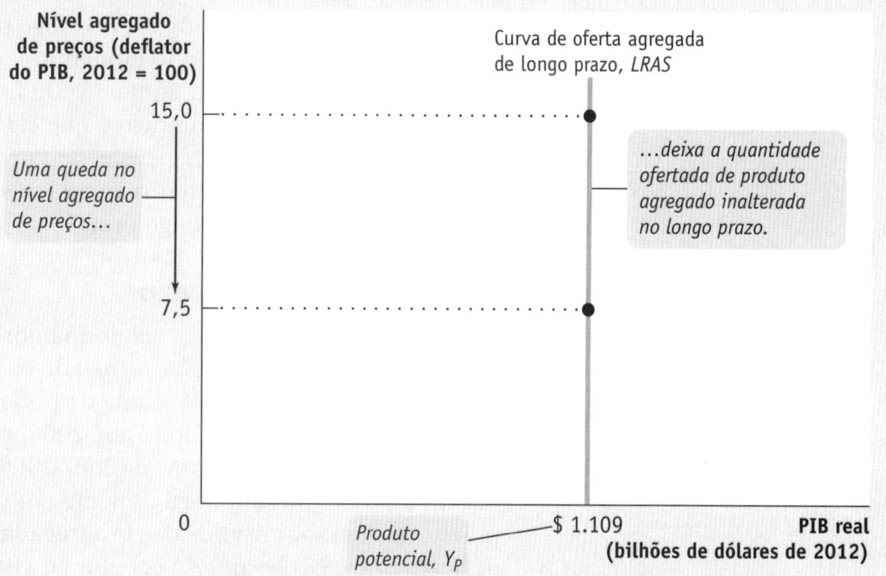

Figura 27.8 Produto efetivo e potencial dos Estados Unidos, 1990-2020.

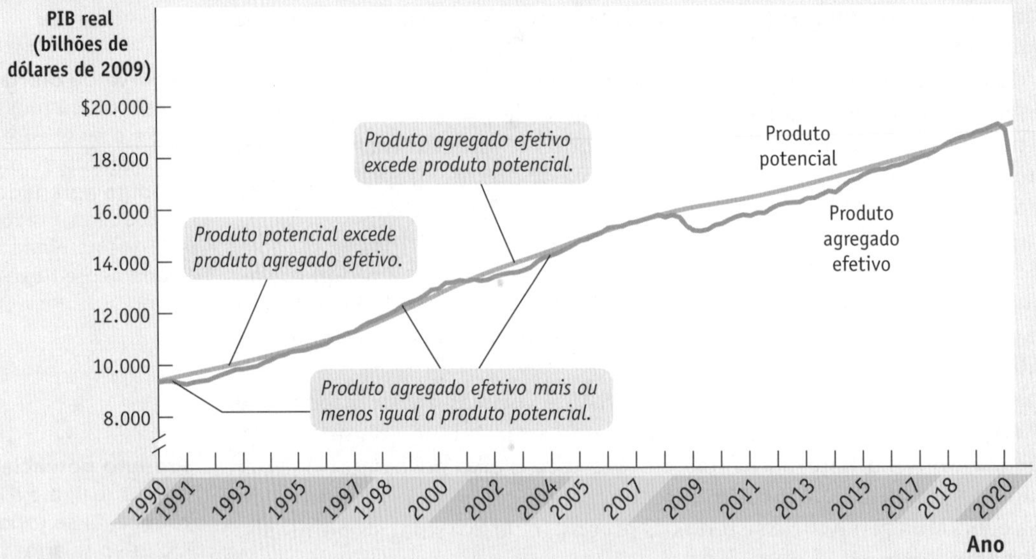

Esta figura mostra o desempenho dos produtos efetivo e potencial nos Estados Unidos de 1990 a 2020. A linha mais escura mostra estimativas do produto potencial dos EUA elaboradas pelo CBO, o escritório de orçamento do Congresso norte-americano. Os anos sombreados são períodos em que o produto agregado efetivo caiu abaixo do produto potencial, e os outros são períodos em que o produto agregado efetivo foi superior ao produto potencial. Como se mostra, o produto potencial não foi alcançado nas recessões do início dos anos 1990 e de depois de 2000. O produto agregado efetivo esteve bem acima do produto potencial no *boom* do fim da década de 1990, e muito abaixo depois da recessão de 2007-2009. Outro hiato ocorreu no segundo trimestre de 2020, quando a pandemia do coronavírus fez com que a atividade econômica caísse a uma taxa anual superior a 30%.

Dados de: Congressional Budget Office; Bureau of Economic Analysis; Federal Reserve Bank of St. Louis.

Como se vê, o produto potencial dos Estados Unidos aumentou constantemente ao longo do tempo, implicando uma série de deslocamentos para a direita de *LRAS*, a curva de oferta agregada de longo prazo. O que causou os deslocamentos para a direita? A resposta está nos fatores que se relacionam com o crescimento de longo prazo que discutimos no Capítulo 24, como aumento nos capitais físico e humano, bem como progresso tecnológico. No longo prazo, à medida que a força de trabalho e a produtividade do trabalho aumentam, o nível de PIB real que a economia é capaz de produzir também aumenta. De fato, uma maneira de pensar no crescimento econômico de longo prazo é que ele é o crescimento do produto potencial da economia. Costumamos pensar na curva de oferta agregada de longo prazo como deslocamentos para a direita ao longo do tempo, à medida que a economia consegue crescimento de longo prazo.

Do curto ao longo prazo

Como se vê na Figura 27.8, a economia normalmente produz mais ou menos que o produto potencial: o produto agregado efetivo ficou abaixo do produto potencial no início da década de 1990, acima do potencial no fim dos anos 1990 e abaixo do potencial na maior parte dos anos 2000, e significativamente abaixo do produto potencial depois da recessão de 2007-2009 e durante a pandemia do coronavírus. Assim, a economia está normalmente em sua curva de oferta agregada de curto prazo e não em sua curva de oferta agregada de longo prazo. Então, por que a curva de longo prazo é relevante? A economia, afinal, passa do curto prazo para o longo prazo? E, se é assim, como isso acontece?

O primeiro passo para responder a essas perguntas é entender que a economia está sempre em um de apenas dois estados em relação às curvas de oferta agregada de curto e de longo prazos. Ela pode estar em ambas as curvas simultaneamente, ficando em um ponto no qual as curvas se cruzam (como nos poucos anos da Figura 27.8 em que o produto agregado efetivo e o produto potencial mais ou menos coincidiram), ou pode estar na curva de oferta agregada de curto prazo, mas não na curva de oferta agregada de longo prazo (como nos anos em que o produto agregado efetivo e o produto potencial *não* coincidiram).

Mas isso não é o fim da história. Se a economia está na curva de oferta agregada de curto prazo, mas não na de longo prazo, a curva de oferta agregada de curto prazo com o tempo se deslocará até que a economia esteja em um ponto em que ambas as curvas se cruzam, um ponto em que o produto agregado efetivo é igual ao produto potencial.

A Figura 27.9 ilustra como esse processo funciona. Em ambos os painéis, *LRAS* é a curva de oferta agregada de longo prazo, $SRAS_1$ é a curva de oferta agregada de curto prazo inicial e o nível agregado de preços está em P_1. No painel (a), a economia começa no ponto de produção inicial A_1, que corresponde à quantidade ofertada de produto agregado, Y_1, mais alta que o produto potencial, Y_P. Chegar a um nível de produto agregado (como Y_1) mais alto que o produto potencial (Y_P) só é possível porque os salários nominais ainda não foram totalmente ajustados para cima. Até que ocorra esse ajuste para cima dos salários nominais, os produtores terão lucros elevados e elevado nível de produção. Mas um nível de produto agregado superior ao produto potencial significa baixo nível de desemprego. Como empregos são abundantes e trabalhadores são escassos, os salários nominais vão subir ao longo do tempo, gradualmente deslocando a curva de oferta agregada de curto prazo para a esquerda. Em algum momento ela

ARMADILHAS

O QUE REALMENTE SIGNIFICA LONGO PRAZO

Usamos o termo *longo prazo* em dois contextos diferentes. Em um capítulo anterior, o foco foi *crescimento econômico de longo prazo*, o crescimento que ocorre ao longo de décadas. Neste capítulo, apresentamos a *curva de oferta agregada de longo prazo*, que representa o produto potencial da economia: o nível de produto agregado que a economia produziria caso todos os preços, inclusive salários nominais, fossem totalmente flexíveis. Pode parecer que estamos usando o mesmo termo, *longo prazo*, para dois conceitos diferentes. Mas não estamos: esses dois conceitos são na verdade a mesma coisa.

Como a economia no longo prazo sempre tende a voltar para o produto potencial, o produto agregado efetivo *flutua ao redor* do produto potencial, raramente ficando muito longe dele. Em consequência, a taxa de crescimento da economia durante longos períodos – digamos, décadas – fica muito próxima da taxa de crescimento do produto potencial. E o crescimento do produto potencial é determinado pelos fatores que analisamos no capítulo sobre crescimento de longo prazo. Isso significa que o "longo prazo" do crescimento de longo prazo e o "longo prazo" da curva de oferta agregada de longo prazo coincidem.

Figura 27.9 Do curto ao longo prazo.

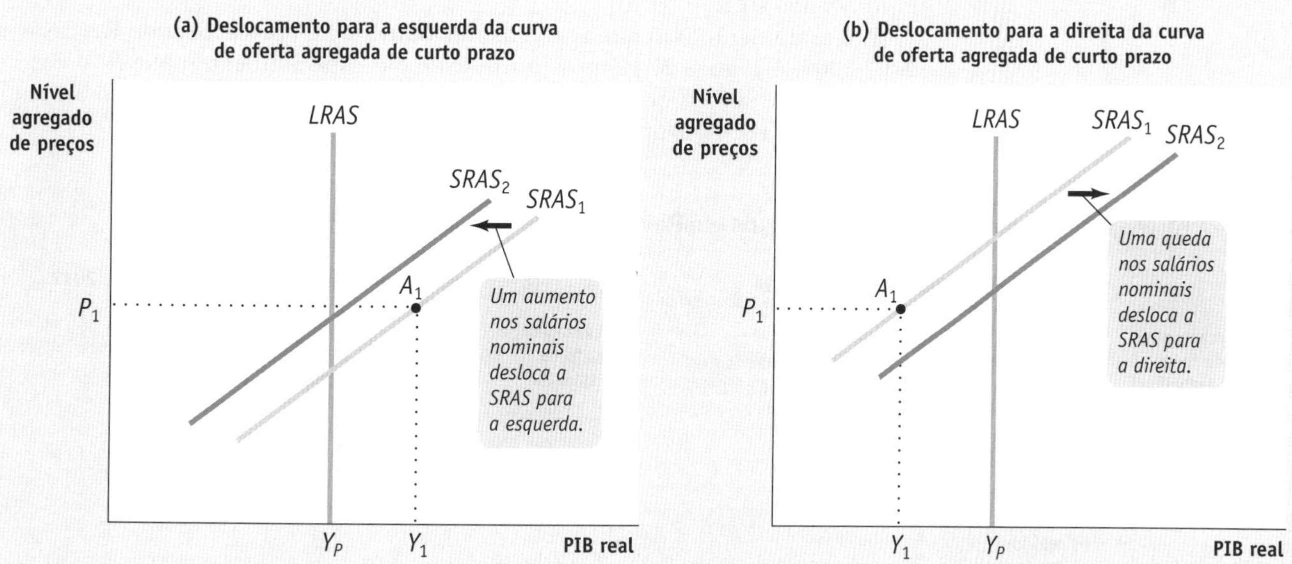

No painel (a), a curva de oferta agregada de curto prazo inicial é $SRAS_1$. Ao nível agregado de preços, P_1, a quantidade ofertada de produto agregado, Y_1, excede o produto potencial, Y_P. Finalmente, o baixo desemprego causará aumento nos salários nominais, deslocando para a esquerda, de $SRAS_1$ para $SRAS_2$, a curva agregada de curto prazo. No painel (b), acontece o inverso: no nível agregado de preços, P_1, a quantidade ofertada de produto agregado é menor que o produto potencial. Elevado desemprego acaba provocando queda de salários nominais ao longo do tempo e deslocamento para a direita da curva de oferta agregada de curto prazo.

chegará a uma nova posição, como $SRAS_2$. (Mais adiante, neste capítulo, mostraremos onde vai parar a curva de oferta agregada de curto prazo. Como veremos, isso depende também da curva de demanda agregada.)

No painel (b), o ponto de produção inicial, A_1, corresponde a um nível de produto agregado Y_1, que é mais baixo que o produto potencial Y_P. Produzir um nível de produto agregado (como Y_1), que é mais baixo que o produto potencial (Y_P), só é possível porque os salários nominais ainda não foram totalmente ajustados para baixo. Até que esse ajuste para baixo ocorra, os produtores terão lucro baixo (ou negativo) e nível baixo de produto. Nível de produto agregado inferior ao produto potencial significa desemprego elevado. Como os trabalhadores são abundantes e os empregos escassos, os salários nominais vão cair ao longo do tempo, deslocando a curva de oferta agregada de curto prazo gradualmente para a direita. Finalmente, ela chegará a uma nova posição, como $SRAS_2$.

Veremos em seguida que esses deslocamentos da curva de oferta agregada de curto prazo farão a economia retornar ao produto potencial no longo prazo.

ECONOMIA >> *em Ação*

Salários rígidos na Grande Recessão

Afirmamos que a curva de oferta agregada é ascendente no curto prazo, principalmente por causa dos *salários rígidos* – em particular, porque empregadores relutam em cortar salários nominais (e trabalhadores não se dispõem a aceitar cortes salariais), mesmo quando a oferta de trabalho está em excesso. Mas qual é a evidência de rigidez salarial?

A resposta é que podemos perceber o que acontece com os salários em momentos em que poderíamos esperar ver muitos trabalhadores enfrentando cortes de salários porque trabalhadores semelhantes estão desempregados e aceitariam trabalhar por menos. Se os salários são rígidos, o que esperaríamos encontrar nessas horas é que os salários de muitos trabalhadores não mudam: não há razão para os empregadores darem a eles um aumento, mas, como os salários são rígidos, eles também não sofrem cortes.

E é exatamente isso que você encontra durante e após a Grande Recessão de 2007-2009. A Figura 27.10 mostra um exemplo especialmente notável: o caso de Portugal, que sofreu queda severa e prolongada a partir de 2008, com a taxa de desemprego a atingir um pico de mais de 17% no início de 2013.

Figura 27.10 Mudanças na distribuição de salários em Portugal.

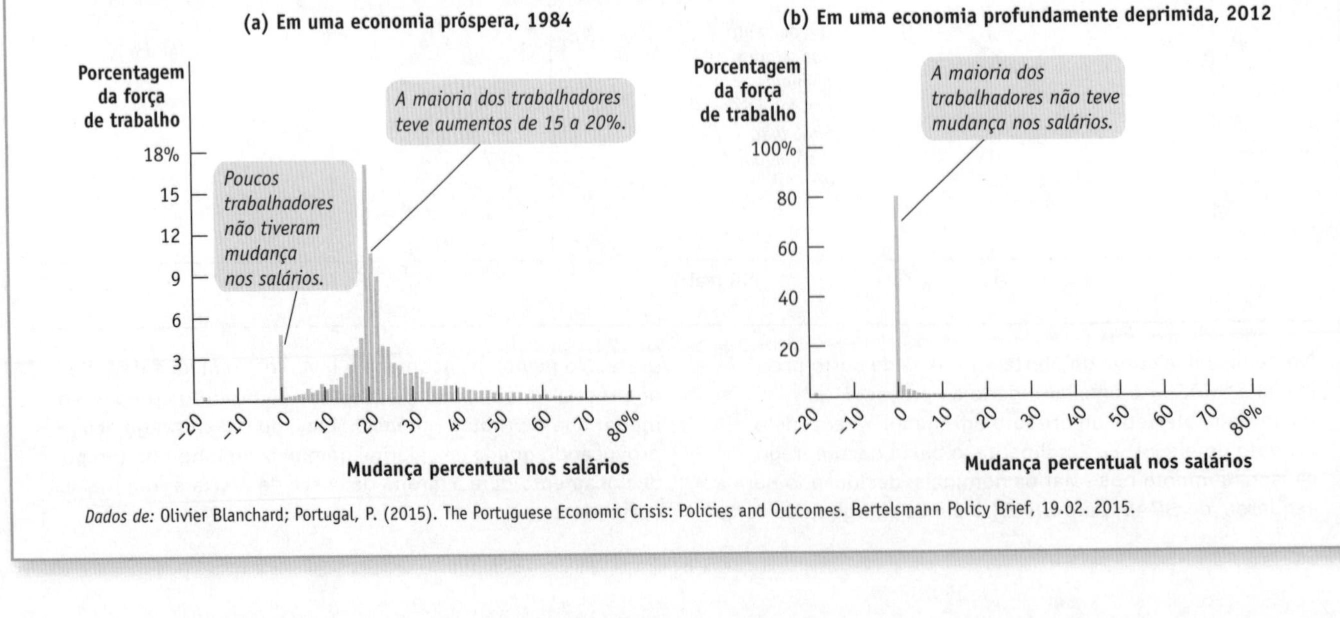

Dados de: Olivier Blanchard; Portugal, P. (2015). The Portuguese Economic Crisis: Policies and Outcomes. Bertelsmann Policy Brief, 19.02. 2015.

O painel (a) mostra a distribuição das variações salariais portuguesas – a percentagem de todos os trabalhadores cujos salários aumentaram em determinado montante – em tempos prósperos, neste caso em 1984, quando a economia ia muito bem e também havia uma inflação significativa. Como se pode ver, a maioria dos trabalhadores recebia aumentos entre 15 e 20%, mas eles estavam espalhados por uma faixa significativa. O painel (b), pelo contrário, mostra a distribuição das variações salariais em 2012, quando a economia portuguesa estava profundamente deprimida e a inflação ficava perto de zero. Nessas circunstâncias, você poderia esperar ver cortes salariais generalizados. Mas os empregadores relutam em cortar salários. Então, o que vimos, em vez disso, foi que os salários da maioria dos trabalhadores, quase 80%, permaneceram inalterados, como mostrado pelo pico que aparece em zero. Ou seja, como os salários eram rígidos, a maioria deles não subia nem diminuía.

>> ***Revisão Rápida***

- A **curva de oferta agregada** ilustra a relação entre nível agregado de preços e a quantidade ofertada de produto agregado.
- A **curva de oferta agregada de curto prazo** tem inclinação para cima: um nível agregado de preços mais alto gera um nível de produto agregado mais alto, dados **salários nominais rígidos**.
- Mudanças nos preços das *commodities*, nos salários nominais e na produtividade deslocam a curva de oferta agregada de curto prazo.
- No longo prazo, todos os preços são flexíveis e mudanças no nível agregado de preços não têm efeito sobre o produto agregado. A **curva de oferta agregada de longo prazo** é vertical no nível de **produto potencial**.
- Se o produto agregado efetivo excede o produto potencial, os salários nominais finalmente aumentam e a curva de oferta agregada de curto prazo se desloca para a esquerda. Se o produto potencial excede o produto agregado efetivo, os salários nominais finalmente caem, e a curva de oferta agregada de curto prazo se desloca para a direita.

>> ***Teste seu entendimento* 27.2**

As respostas estão no fim do livro.

1. Determine o efeito sobre a oferta agregada de curto prazo de cada um dos eventos a seguir. Explique se cada caso representa um movimento ao longo da curva *SRAS* ou um deslocamento dessa curva.
   a. Um aumento no índice de preços ao consumidor (IPC) leva os produtores a aumentarem a produção.
   b. Uma queda no preço do petróleo leva os produtores a aumentarem a produção.
   c. Um aumento determinado por lei nos benefícios de aposentadoria pagos aos trabalhadores leva os produtores a reduzirem sua produção.
2. Suponha que a economia esteja inicialmente no seu produto potencial e que a quantidade ofertada de produto agregado aumente. Que informação você precisaria ter para determinar se isso aconteceu devido a um movimento ao longo da curva *SRAS* ou a um deslocamento da curva *LRAS*?

Modelo *AD-AS*

De 1929 a 1933, a economia dos EUA se moveu para baixo ao longo da curva de oferta agregada de curto prazo, à medida que o nível de preços caía. Ao contrário, de 1979 a 1980, a economia do país se moveu para cima na curva de demanda agregada à medida que o nível agregado de preços subia. Nestes dois casos, a causa do movimento ao longo da curva foi o deslocamento de outra curva. Em 1929-1933, foi um deslocamento para a esquerda da curva de demanda agregada – uma enorme queda nos gastos de consumo. Em 1979-1980, foi um deslocamento para a esquerda da curva de oferta agregada de curto prazo – uma drástica queda na oferta agregada de curto prazo, causada pelo choque de preços do petróleo. Embora o nível agregado de preços não tenha caído durante a Grande Recessão, economistas concordam que ela tenha sido causada por um deslocamento para a esquerda na curva de demanda agregada, semelhante ao episódio de 1929-1933.

Para entendermos o comportamento da economia, temos de reunir a curva de oferta agregada e a curva de demanda agregada. O resultado é o **modelo de demanda agregada-oferta agregada (modelo *AD-AS*)**,[3] um modelo básico que usamos para compreender as flutuações econômicas.

No **modelo *AD-AS***, a curva de oferta agregada e a curva de demanda agregada são usadas em conjunto para analisar flutuações econômicas.

Equilíbrio macroeconômico de curto prazo

Começamos nossa análise colocando o foco no curto prazo. A Figura 27.11 mostra a curva de demanda agregada e a curva de oferta agregada de curto prazo no mesmo diagrama. O ponto E_{SR} em que se cruzam a curva de demanda agregada, *AD*, e a curva de oferta agregada de curto prazo, *SRAS*, é o **equilíbrio macroeconômico de curto prazo**: o ponto em que a quantidade ofertada de produto agregado é igual

A economia está em **equilíbrio macroeconômico de curto prazo** quando a quantidade ofertada de produto agregado é igual à quantidade demandada.

[3] N. R.: Também conhecido em português como "modelo OA-DA", iniciais de oferta agregada e demanda agregada.

Figura 27.11 Modelo *AD-AS*.

O modelo *AD-AS* combina a curva de demanda agregada e a curva de oferta agregada de curto prazo. Seu ponto de interseção, E_{SR}, é o ponto do equilíbrio macroeconômico de curto prazo, em que a quantidade demandada de produto agregado é igual à quantidade ofertada de produto agregado. P_E é o nível agregado de preços do equilíbrio de curto prazo e Y_E é o nível de produto agregado de equilíbrio de curto prazo.

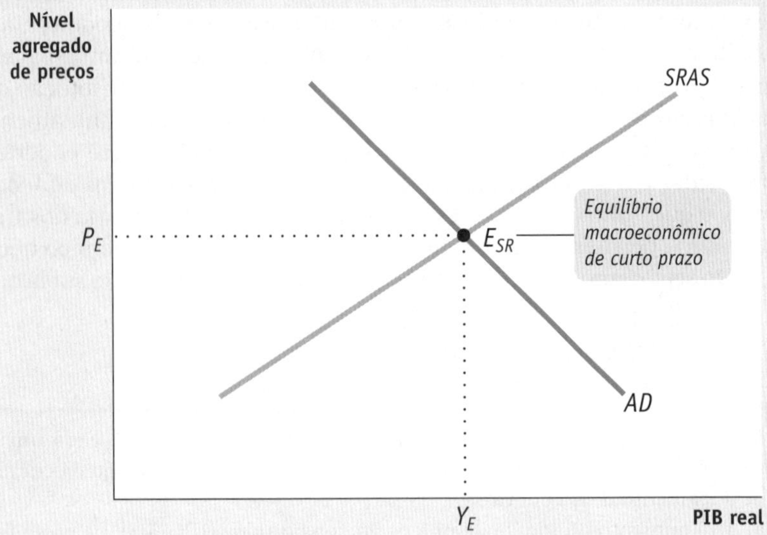

O **nível agregado de preços de equilíbrio de curto prazo** é o nível agregado de preços no equilíbrio macroeconômico de curto prazo.

Produto agregado de equilíbrio de curto prazo é a quantidade de produto agregado produzido no equilíbrio macroeconômico de curto prazo.

à quantidade de produto agregado demandada por famílias, empresas, governo e o restante do mundo. O nível agregado de preços em E_{SR}, P_E, é o **nível agregado de preços de equilíbrio de curto prazo**. O nível de produto agregado em E_{SR}, Y_E, é o **produto agregado de equilíbrio de curto prazo**.

No modelo de oferta e demanda, vimos que uma escassez de qualquer bem individual faz o preço de mercado subir, mas um excedente do bem faz o preço de mercado cair. Essas forças garantem que o mercado chegue ao equilíbrio. A mesma lógica se aplica ao equilíbrio macroeconômico de curto prazo. Se o nível agregado de preços está acima do nível de equilíbrio, a quantidade ofertada de produto agregado excede a quantidade demandada. Isso leva a uma queda no nível agregado de preços e o pressiona em direção ao nível de equilíbrio.

Se o nível agregado de preços está abaixo do nível de equilíbrio, a quantidade ofertada de produto agregado é inferior à quantidade demandada, e isso leva a um aumento no nível agregado de preços, de novo pressionando-o em direção ao nível de equilíbrio. Na discussão que se segue, vamos supor que a economia esteja sempre em equilíbrio macroeconômico de curto prazo.

Também vamos fazer mais uma simplificação importante com base na observação de que, na realidade, há uma tendência ascendente de longo prazo, tanto no produto agregado quanto no nível agregado de preços. Vamos supor que uma queda em qualquer dessas variáveis signifique de fato uma queda comparada com a tendência de longo prazo. Por exemplo, se o nível agregado de preços normalmente aumenta 4% ao ano, um ano em que o nível agregado de preços aumenta apenas 3% vai contar, para nossa finalidade, como um declínio de 1%. Na verdade, desde a Grande Depressão houve bem poucos anos em que o nível agregado de preços de qualquer das nações mais importantes de fato baixou – o período de deflação desde 1995 no Japão é uma das poucas exceções. Aconteceram, no entanto, muitos casos em que o nível agregado de preços caiu em relação à tendência de longo prazo.

O produto agregado de equilíbrio de curto prazo e o nível agregado de preços de equilíbrio de curto prazo podem mudar por causa de deslocamentos na curva *AD* ou por causa de deslocamentos na curva *SRAS*. Vamos examinar cada caso separadamente.

Deslocamentos na demanda agregada: efeitos de curto prazo

Um evento que desloca a curva de demanda agregada é um **choque de demanda**.

Um evento que desloca a curva de demanda agregada, como uma mudança de expectativas ou de riqueza, o efeito do tamanho do estoque existente de capital físico ou o uso de política fiscal ou monetária, é conhecido como **choque de demanda**.

A Grande Depressão foi causada por um choque de demanda negativo: a diminuição da riqueza e da confiança de empresários e consumidores que se seguiu à queda do mercado de ações de 1929 e à crise bancária de 1930-1931.

A Depressão terminou com um choque de demanda positivo: o enorme aumento de compras governamentais durante a Segunda Guerra Mundial. Em 2008, a economia dos EUA experimentou outro choque de demanda significativo quando o mercado de imóveis residenciais foi do *boom* ao colapso, levando consumidores e empresas a cortar gastos.

A Figura 27.12 mostra os efeitos de curto prazo de choques de demanda negativos e positivos. Um choque de demanda negativo desloca a curva de demanda agregada *AD* para a esquerda, de AD_1 para AD_2, como se mostra no painel (a). A economia se move para baixo ao longo da curva *SRAS*, de E_1 para E_2, gerando produto agregado de equilíbrio mais baixo e nível agregado de preços de equilíbrio mais baixo. Um choque de demanda positivo desloca a curva de demanda agregada, *AD*, para a direita, como se mostra no painel (b). Assim, a economia se move para cima ao longo da curva *SRAS*, de E_1 para E_2. Isso gera produto agregado de equilíbrio de curto prazo mais alto e nível agregado de preços de equilíbrio de curto prazo mais alto. Choques de demanda fazem o produto agregado e o nível agregado de preços se moverem na mesma direção.

Deslocamentos na curva *SRAS*

Um evento que desloca a curva de oferta agregada de curto prazo (*SRAS*), como uma mudança nos preços de *commodities*, nos salários nominais ou na produtividade, é conhecido como **choque de oferta**. Um choque de oferta *negativo* aumenta os custos de produção e reduz a quantidade que os produtores dispõem-se a ofertar, em qualquer nível agregado de preços, levando a um deslocamento para a esquerda da curva de oferta agregada de curto prazo. A economia dos EUA experimentou um severo choque de oferta negativo na esteira da ruptura na oferta mundial de petróleo em 1973 e 1979.

Um evento que desloca a curva de oferta agregada de curto prazo é um **choque de oferta**.

Em contraste, um choque de oferta *positivo* reduz os custos de produção e aumenta a quantidade ofertada, em qualquer nível de preços, levando a um

Figura 27.12 Choques de demanda.

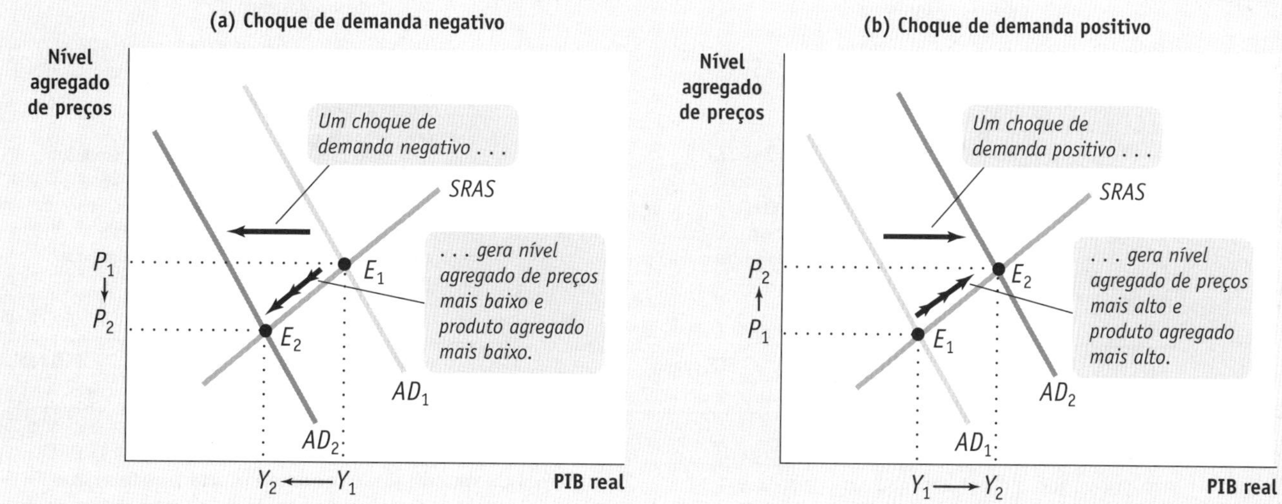

Um choque de demanda desloca a curva de demanda agregada, movendo o nível agregado de preços e o produto agregado na mesma direção. No painel (a), um choque de demanda negativo desloca a curva de oferta agregada de AD_1 para AD_2, reduzindo o nível agregado de preços de P_1 para P_2 e o produto agregado de Y_1 para Y_2. No painel (b), um choque de demanda positivo desloca a curva de demanda agregada para a direita, aumentando o nível agregado de preços de P_1 para P_2 e o produto agregado de Y_1 para Y_2.

deslocamento para a direita da curva de oferta agregada de curto prazo. Os Estados Unidos experimentaram um choque de oferta positivo entre 1995 e 2000, quando o uso crescente da internet e de outras tecnologias de informação causou repentino aumento na produtividade.

Os efeitos de um choque de oferta negativo se mostram no painel (a) da Figura 27.13. O equilíbrio inicial está em E_1, com o nível agregado de preços P_1 e a oferta agregada Y_1. A desorganização na oferta de petróleo causa um deslocamento para a esquerda da curva de oferta agregada de curto prazo, de $SRAS_1$ para $SRAS_2$. Em consequência, o produto agregado cai e o nível agregado de preços sobe, um movimento para cima ao longo da curva *AD*. No novo equilíbrio, E_2, o nível agregado de preços de equilíbrio, P_2, é mais alto e o nível de produto agregado de equilíbrio, Y_2, é mais baixo do que antes.

Estagflação é a combinação de inflação e produto agregado em queda.

A combinação de inflação com queda de produto agregado que se mostra no painel (a) tem um nome especial: **estagflação**, ou seja, "estagnação mais inflação". A situação de uma economia que passa por estagflação é bem desagradável: produto agregado em queda leva a desemprego crescente, e as pessoas sentem seu poder de compra encolhendo por preços em ascensão. A estagflação nos anos 1970 motivou um clima de pessimismo econômico e afetou profundamente as pessoas que viveram nessa época, como Jean-Claude Trichet. Além disso, como veremos, ela apresenta um dilema para os formuladores de política econômica.

Um choque de oferta positivo, mostrado no painel (b), tem o efeito exatamente oposto. Um deslocamento para a direita da curva *SRAS*, de $SRAS_1$ para $SRAS_2$, resulta em aumento no produto agregado e queda no nível agregado de preços, um movimento para baixo ao longo da curva *AD*. Os choques de oferta favoráveis do fim dos anos 1990 suscitaram uma combinação de pleno emprego e inflação declinante. Ou seja, o nível agregado de preços caiu comparado com sua tendência de longo prazo. Essa combinação produziu, durante algum tempo, uma grande onda de otimismo nacional.

Figura 27.13 Choques de oferta.

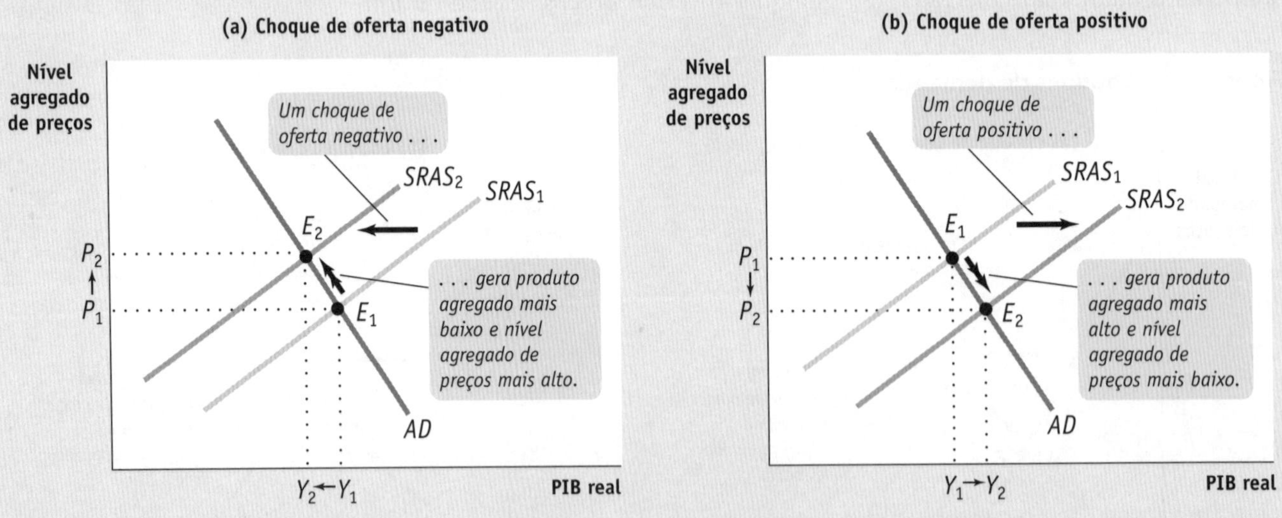

Um choque de oferta desloca a curva de oferta agregada de curto prazo, movendo o nível agregado de preços e o produto agregado em direções opostas. O painel (a) mostra um choque de oferta negativo que desloca a curva de oferta agregada de curto prazo para a esquerda e causa *estagflação*, ou seja, produto agregado mais baixo e nível agregado de preços mais alto. Aqui, a curva de oferta agregada de curto prazo se desloca de $SRAS_1$ para $SRAS_2$ e a economia passa de E_1 para E_2. O nível agregado de preços aumenta de P_1 para P_2 e o produto agregado cai de Y_1 para Y_2. O painel (b) mostra um choque de oferta positivo, que desloca a curva de oferta agregada de curto prazo para a direita, gerando um produto agregado mais alto e um nível agregado de preços mais baixo. A curva de oferta agregada de curto prazo se desloca de $SRAS_1$ para $SRAS_2$ e a economia passa de E_1 para E_2. O nível agregado de preços cai de P_1 para P_2 e o produto agregado aumenta de Y_1 para Y_2.

A característica especial dos choques de oferta, tanto negativos quanto positivos, é que eles fazem o nível agregado de preços e o produto agregado se moverem em direções *opostas*.

Há outro contraste importante entre choques de oferta e choques de demanda. Como vimos, a política monetária e a política fiscal permitem ao governo deslocar a curva de demanda agregada *AD*, de modo que os governos têm possibilidade de criar os tipos de choque que mostramos na Figura 27.12. É muito mais difícil para os governos deslocarem a curva de oferta agregada *AS*. Há boas razões de política econômica para deslocar a curva de demanda *AD*? Passaremos a essa questão em breve. Primeiro, contudo, vejamos a diferença entre equilíbrio macroeconômico de curto prazo e *equilíbrio macroeconômico de longo prazo*.

Equilíbrio macroeconômico de longo prazo

A Figura 27.14 combina a curva de demanda agregada com as curvas de oferta agregada de curto prazo, bem como de longo prazo. A curva de demanda agregada, *AD*, cruza a curva de oferta agregada de curto prazo, *SRAS*, em E_{LR}. Supomos aqui que passou tempo suficiente para que a economia esteja também na curva de oferta agregada de longo prazo, *LRAS*. Em consequência, E_{LR} é a interseção de todas as três curvas, *SRAS*, *LRAS* e *AD*. Dessa forma, o produto agregado de equilíbrio de curto prazo é igual ao produto potencial, Y_P. Tal situação, em que o ponto de equilíbrio macroeconômico de curto prazo está sobre a curva de oferta agregada de longo prazo, é conhecida como **equilíbrio macroeconômico de longo prazo**.

A economia está em **equilíbrio macroeconômico de longo prazo** quando o ponto de equilíbrio macroeconômico de curto prazo encontra-se sobre a curva de oferta agregada de longo prazo.

Para vermos o significado do equilíbrio macroeconômico de longo prazo, consideremos o que acontece quando um choque de demanda afasta a economia do equilíbrio macroeconômico de longo prazo. Na Figura 27.15, supomos que a curva de demanda agregada inicial seja AD_1 e que a curva de oferta agregada de curto prazo inicial seja $SRAS_1$. Assim, o equilíbrio macroeconômico inicial é E_1, que fica sobre a curva de oferta agregada de longo prazo, *LRAS*. A economia, então, começa em um ponto de equilíbrio macroeconômico de curto prazo e de longo prazo, e o produto agregado de equilíbrio de curto prazo é igual ao produto potencial em Y_1.

Suponha agora que, por alguma razão – por exemplo, uma piora repentina das expectativas das empresas e dos consumidores –, a demanda agregada caia e a curva de demanda agregada se desloque para a esquerda até AD_2. Isso resulta em

Figura 27.14 Equilíbrio macroeconômico de longo prazo.

Aqui, o ponto de equilíbrio macroeconômico de curto prazo está também sobre a curva de oferta agregada de longo prazo, *LRAS*. Em consequência, o produto agregado de equilíbrio de curto prazo é igual ao produto potencial, Y_P. A economia encontra-se em equilíbrio macroeconômico de longo prazo em E_{LR}.

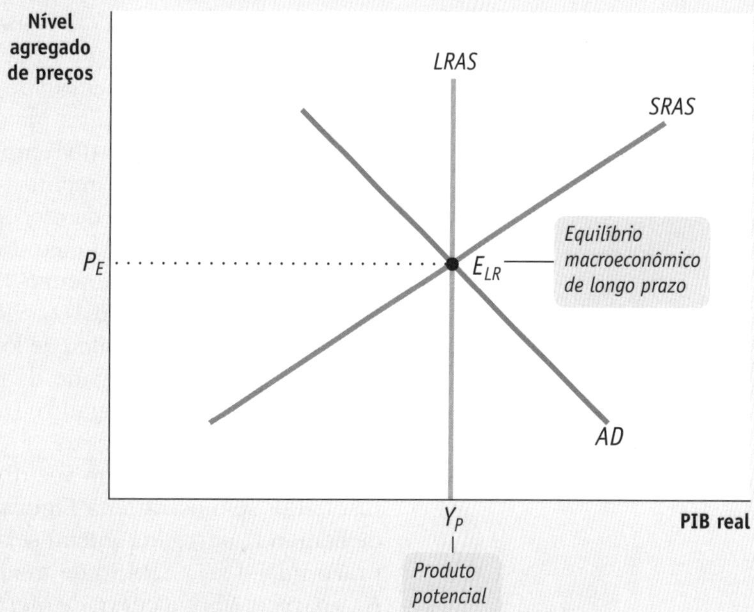

Figura 27.15 Efeitos de curto prazo e de longo prazo de um choque de demanda negativo.

No longo prazo, a economia exibe autocorreção: choques de demanda têm somente efeito de curto prazo sobre o produto agregado. Começando em E_1, um choque de demanda negativo desloca AD_1 para a esquerda até AD_2. No curto prazo, a economia se move para E_2 e surge um hiato característico de recessão: o nível agregado de preços declina de P_1 para P_2, o produto agregado declina de Y_1 para Y_2 e o desemprego aumenta. Mas, no longo prazo, os salários nominais caem em resposta ao elevado desemprego em Y_2, e $SRAS_1$ se desloca para a direita, até $SRAS_2$. O produto agregado aumenta de Y_2 para Y_1 e o nível agregado de preços declina de novo, de P_2 para P_3. O equilíbrio macroeconômico de longo prazo termina por ser restaurado em E_3.

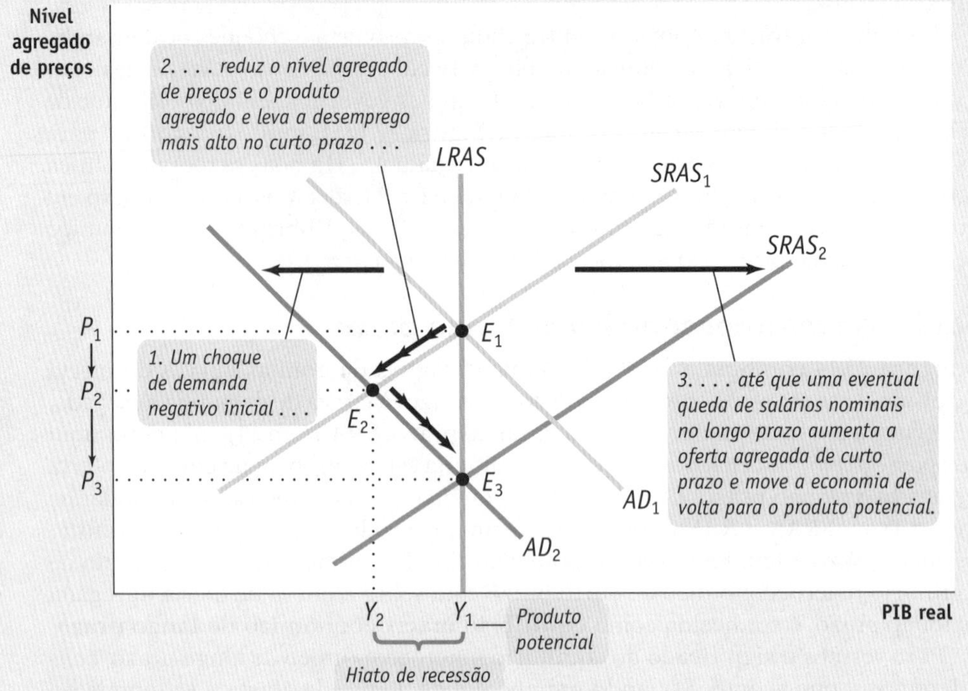

um nível agregado de preços de equilíbrio mais baixo em P_2 e um nível de produto agregado de equilíbrio mais baixo em Y_2, conforme a economia fica no curto prazo em E_2. O efeito de curto prazo de tal queda na demanda agregada foi o que a economia dos EUA experimentou em 1929-1933: nível agregado de preços declinante e produto agregado em queda.

Há um **hiato de recessão** quando o produto agregado é inferior ao produto potencial.

O produto agregado nesse novo equilíbrio de curto prazo, E_2, é inferior ao produto potencial. Quando isso acontece, a economia se defronta com um **hiato de recessão** (ou hiato recessivo). Um hiato de recessão causa grande desconforto, pois corresponde a desemprego elevado. O grande hiato de recessão que se abriu nos Estados Unidos em 1933 causou intensa turbulência social e política. E o hiato de recessão devastador que se deu na Alemanha na mesma época desempenhou papel importante na ascensão de Hitler ao poder.

Mas esse não é o fim da história. Diante de desemprego elevado, os salários nominais caem ao longo do tempo, assim como outros preços rígidos, levando os produtores em algum momento a aumentarem o produto. Como resultado, o hiato de recessão leva a curva de oferta agregada de curto prazo a se deslocar gradualmente para a direita ao longo do tempo. Esse processo continua até que $SRAS_1$ chega à sua nova posição em $SRAS_2$, trazendo a economia para o equilíbrio em E_3, onde há interseção de AD_2, $SRAS_2$ e $LRAS$. Em E_3, a economia está de volta ao equilíbrio macroeconômico de longo prazo; está de volta ao produto potencial Y_1, mas com um nível agregado de preços mais baixo, P_3, refletindo uma queda de longo prazo no nível agregado de preços. No final das contas, a economia apresenta *autocorreção* no longo prazo.

O que acontece se, em vez disso, ocorre aumento na demanda agregada? Os resultados se mostram na Figura 27.16, onde supomos mais uma vez que a curva de demanda agregada inicial seja AD_1 e que a curva de oferta agregada de curto prazo inicial seja $SRAS_1$, de modo que o equilíbrio macroeconômico inicial, em E_1, aparece sobre a curva de oferta agregada de longo prazo, $LRAS$. Inicialmente, então, a economia está em equilíbrio macroeconômico de longo prazo.

PARA MENTES CURIOSAS Onde está a deflação?

O modelo de demanda agregada-oferta agregada diz que um choque de demanda negativo ou um choque de oferta positivo deveria provocar queda no nível agregado de preços – ou seja, deflação. Na verdade, porém, os Estados Unidos raramente experimentaram queda no nível agregado de preços desde 1949. Da mesma forma, a maioria dos outros países teve pouca ou nenhuma experiência com deflação. O Japão, que sofreu deflação leve e sustentada durante os últimos anos da década de 1990 e no início da década seguinte, é a grande (e muito discutida) exceção. O que aconteceu com a deflação?

A resposta é que, desde a Segunda Guerra Mundial, flutuações econômicas ocorreram ao redor de uma tendência inflacionária de longo prazo. Antes da guerra, era comum que os preços caíssem durante as recessões, mas desde então os choques de demanda negativos têm se refletido em *declínio na taxa de inflação* e não em queda de fato nos preços. Por exemplo, a taxa de inflação medida pelos preços ao consumidor nos Estados Unidos caiu de mais de 3% no início da recessão de 2001 para 1,1% um ano depois, mas nunca chegou a ficar abaixo de zero.

Tudo isso mudou durante a recessão de 2007-2009. O choque de demanda negativo que se seguiu à crise financeira de 2008 foi tão severo que, durante a maior parte de 2009, os preços ao consumidor nos Estados Unidos de fato caíram. Mas o período deflacionário não durou muito: a partir de 2010, os preços passaram a subir de novo, a uma taxa anual entre 1 e 4%.

Figura 27.16 Efeitos de curto e de longo prazos de um choque de demanda positivo.

Começando em E_1, um choque de demanda positivo desloca AD_1 para a direita até AD_2, e a economia se move para E_2 no curto prazo. Isso resulta em um hiato inflacionário conforme o produto agregado aumenta de Y_1 para Y_2, o nível agregado de preços sobe de P_1 para P_2 e o desemprego vai para níveis baixos. No longo prazo, $SRAS_1$ se desloca para a esquerda até $SRAS_2$ conforme os salários nominais aumentam em resposta ao baixo desemprego em Y_2. O produto agregado cai de volta para Y_1, o nível agregado de preços sobe de novo para P_3 e a economia se autocorrige à medida que volta para o equilíbrio macroeconômico de longo prazo em E_3.

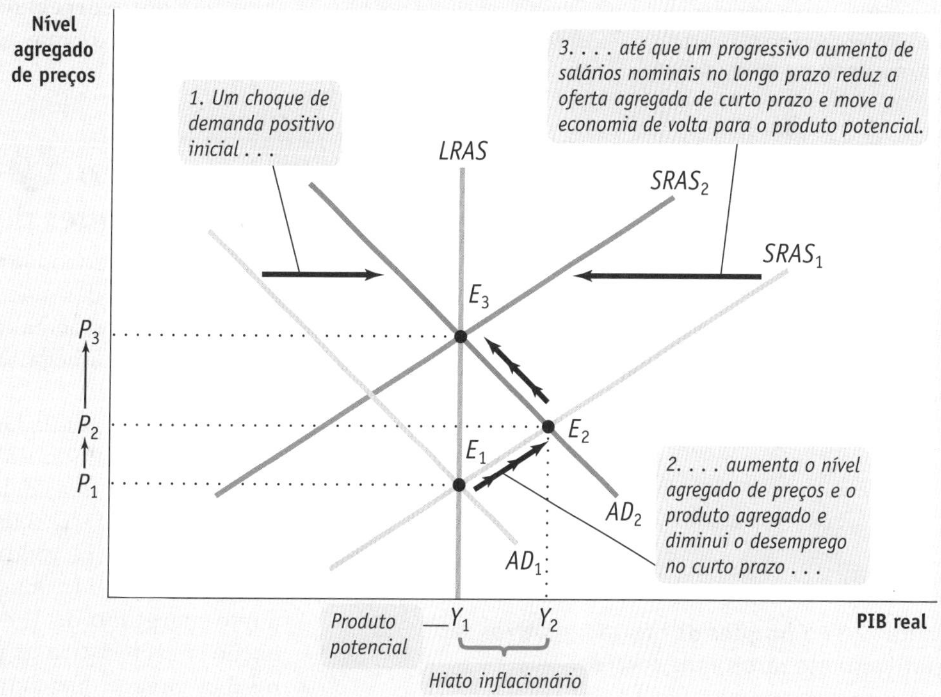

Suponha agora que a demanda agregada aumente e que a curva de demanda agregada se desloque para a direita, até AD_2. Isso resulta em um nível agregado de preços mais alto, em P_2, e um nível de produto agregado mais alto, em Y_2, à medida que a economia se ajusta no curto prazo em E_2. O produto agregado nesse novo equilíbrio de curto prazo está acima do produto potencial e o desemprego é baixo, de forma a se produzir esse nível de produto agregado mais alto. Quando isso acontece, a economia experimenta um **hiato inflacionário**.

Há **hiato inflacionário** quando o produto agregado está acima do produto potencial.

Como no caso do hiato de recessão, a história não termina aqui. Diante de desemprego baixo, os salários nominais aumentam, do mesmo modo que outros preços rígidos. Um hiato inflacionário faz a curva de oferta agregada de curto prazo se deslocar gradualmente para a esquerda, à medida que os produtores reduzem o produto diante de salários nominais em ascensão. Esse processo continua até que $SRAS_1$ alcance sua nova posição em $SRAS_2$, trazendo a economia para o equilíbrio em E_3, onde há uma interseção de AD_2, $SRAS_2$ e $LRAS$. Em E_3, a economia está de volta ao equilíbrio macroeconômico de longo prazo. Está de volta ao produto potencial, mas em um nível agregado de preços mais alto, P_3, refletindo aumento de longo prazo no nível agregado de preços. De novo, a economia apresenta autocorreção no longo prazo.

O **hiato de produto** é a diferença percentual entre o produto agregado efetivo e o produto potencial.

Para resumirmos a análise de como a economia responde ao hiato de recessão e ao hiato inflacionário, podemos concentrar a atenção no **hiato de produto**, a diferença percentual entre o produto agregado efetivo e o produto potencial. O hiato de produto é calculado da seguinte forma:

$$\textbf{(27.3)}\quad \text{Hiato de produto} = \frac{\text{Produto agregado efetivo} - \text{Produto potencial}}{\text{Produto potencial}} \times 100$$

Nossa análise diz que o hiato de produto sempre tende a zero.

Quando há hiato de recessão, de modo que o hiato de produto é negativo, os salários nominais a partir de algum momento caem, movendo a economia de volta ao produto potencial e de novo trazendo o hiato de produto de volta a zero. Quando há hiato inflacionário, de modo que o hiato de produto é positivo, os salários nominais a partir de algum momento sobem, também movendo a economia de volta ao produto potencial, e de novo trazendo o hiato de produto de volta a zero. Assim, no longo prazo, a economia apresenta **autocorreção**: choques de demanda agregada afetam o produto agregado no curto prazo, mas não no longo prazo.

A economia apresenta **autocorreção** quando choques de demanda agregada afetam o produto agregado no curto prazo, mas não no longo prazo.

ECONOMIA >> *em Ação*

Choques de oferta *versus* choques de demanda na prática

Com que frequência choques de oferta e choques de demanda, respectivamente, causam recessões? O veredito da maioria dos macroeconomistas, ainda que não de todos, é que as recessões são causadas principalmente por choques de demanda. Mas, quando ocorre um choque de oferta negativo, a recessão resultante tende a ser particularmente destruidora.

Sejamos mais específicos. Entre a Segunda Guerra Mundial e a recessão pelo coronavírus de 2020, que na verdade ocupou uma classe própria, ocorreram 12 recessões nos Estados Unidos. Contudo, duas delas, em 1980 e em 1981-1982, são frequentemente tratadas como uma única *recessão de duplo mergulho* (ou seja, uma recessão seguida por outra recessão), o que reduz o número total a 11. Dessas 11 recessões, somente duas, a de 1973-1975 e a recessão de duplo mergulho de 1980-1982, apresentaram a combinação característica de produto em queda e elevação no nível de preços que chamamos de estagflação. Em cada caso, o motivo do choque de oferta foi turbulência política no Oriente Médio (a Guerra Árabe-Israelense de 1973 e a revolução do Irã de 1979), que desorganizou a oferta mundial de petróleo e mandou o preço do petróleo para as nuvens. De fato, os economistas por vezes se referem às duas recessões como "OPEP I" e "OPEP II" – referindo-se à sigla da Organização dos Países Exportadores de Petróleo, o cartel mundial do petróleo. A Grande Recessão, que começou em 2007 e durou até 2009, foi ao menos em parte agravada, se não parcialmente causada, por um pico nos preços de petróleo.

Assim, oito das 11 recessões do pós-guerra foram puramente o resultado de choques de demanda, não de choques de oferta. As poucas recessões provocadas por choques de oferta, no entanto, foram as piores, quando medidas pela taxa de desemprego. A Figura 27.17 mostra a taxa de desemprego dos Estados Unidos desde 1948,

Figura 27.17 Choques de oferta negativos são relativamente raros, mas severos.

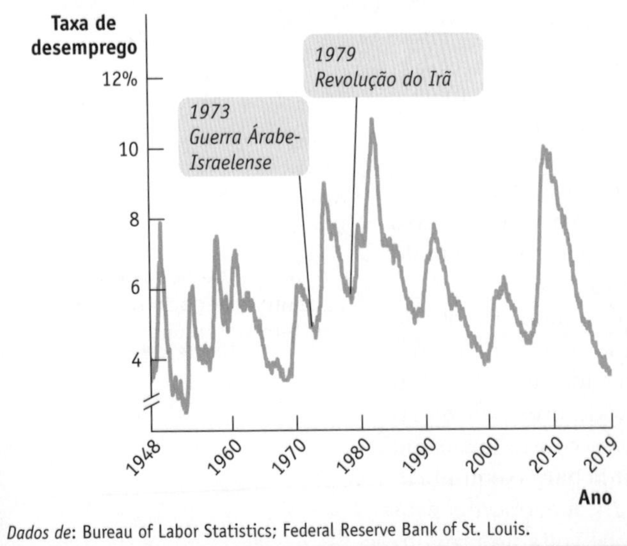

Dados de: Bureau of Labor Statistics; Federal Reserve Bank of St. Louis.

com as datas da Guerra Árabe-Israelense de 1973 e da revolução iraniana de 1979 marcadas no gráfico. Algumas das taxas de desemprego mais altas desde a Segunda Guerra Mundial ocorreram depois desses dois grandes choques de oferta negativos.

Há uma razão para que as sequelas de um choque de oferta sejam particularmente duras para a economia: a política macroeconômica tem muito mais dificuldade em lidar com choques de oferta do que com choques de demanda. Veremos adiante por que os choques de oferta representam um problema mais complicado.

>> *Teste seu entendimento* 27.3

As respostas estão no fim do livro.

1. Descreva os efeitos de curto prazo de cada um dos choques a seguir sobre o nível agregado de preços e o produto agregado.
   a. O governo aumenta fortemente o salário mínimo, elevando o salário de muitos trabalhadores.
   b. Empresas de energia solar lançam um importante programa de gastos de investimento.
   c. O Congresso aumenta impostos e corta gastos.
   d. Adversidade climática destrói plantações ao redor do mundo.
2. Um aumento de produtividade aumenta o produto potencial, mas há quem se preocupe porque a demanda por produto adicional será insuficiente mesmo no longo prazo. Como você responderia?

>> *Revisão Rápida*

- O **modelo *AD-AS*** é utilizado para estudar flutuações econômicas.
- O **equilíbrio macroeconômico de curto prazo** ocorre na interseção das curvas de oferta agregada e de demanda agregada de curto prazo. Isso determina o **nível agregado de preços de equilíbrio de curto prazo** e o nível de **produto agregado de equilíbrio de curto prazo**.
- Um **choque de demanda**, um deslocamento na curva de demanda agregada *AD*, leva o nível agregado de preços e o produto agregado a se movimentarem na mesma direção. Um **choque de oferta** – um deslocamento da curva de oferta agregada de curto prazo *SRAS* – faz com que se movam em direções opostas. **Estagflação** é a consequência de um choque de oferta negativo.
- Uma queda nos salários nominais ocorre em resposta a um **hiato de recessão**, e um aumento nos salários nominais ocorre em resposta a um **hiato inflacionário**. Ambos movem a economia para o **equilíbrio macroeconômico de longo prazo**, em que ocorre interseção das curvas *AD*, *SRAS* e *LRAS*.
- O **hiato de produto** sempre tende a zero porque a economia apresenta **autocorreção** no longo prazo.

Política macroeconômica

Acabamos de ver que a economia é autocorretiva no longo prazo: ela tende eventualmente a voltar para o produto potencial. A maioria dos macroeconomistas acredita, contudo, que o processo de autocorreção leve uma década ou mais. Em particular, se o produto agregado encontra-se abaixo do produto potencial, a economia pode sofrer um período prolongado de produto agregado deprimido e alto desemprego antes de voltar ao normal.

Essa convicção é a base de uma das citações mais famosas em economia, a declaração de John Maynard Keynes de que, "no longo prazo, estaremos todos mortos". Explicaremos o contexto em que foi feita essa observação na seção Para Mentes Curiosas, a seguir.

Os economistas normalmente entendem que Keynes recomendou aos governos não esperarem que a economia se autocorrigisse. Em vez disso, muitos economistas (mas nem todos) argumentam que o governo deveria usar política monetária e fiscal para levar a economia de volta ao produto potencial como resultado de um deslocamento da curva de demanda agregada. Esse é o argumento para uma **política de estabilização** ativa, que é o uso de política pública para reduzir a severidade da recessão e controlar expansões excessivamente fortes.

Política de estabilização é o uso de política pública para reduzir a severidade da recessão e controlar expansões excessivamente fortes.

PARA MENTES CURIOSAS Keynes e o longo prazo

O economista britânico *Sir* John Maynard Keynes (1883-1946) foi quem, provavelmente mais que qualquer outro economista, criou o moderno campo da macroeconomia. Examinaremos seu papel e as controvérsias que ainda continuam em torno de alguns aspectos do seu pensamento em capítulos subsequentes sobre eventos e ideias macroeconômicas. Por enquanto, vamos olhar apenas sua citação mais famosa.

Em 1923, Keynes publicou *Um tratado sobre reforma monetária*, pequeno livro sobre os problemas econômicos da Europa depois da Primeira Guerra Mundial. Ali, criticou a tendência de muitos dos seus colegas a enfatizarem a maneira como as coisas funcionam no longo prazo, como no equilíbrio macroeconômico de longo prazo que acabamos de analisar, ignorando os eventos muitas vezes dolorosos e possivelmente desastrosos que podem acontecer no caminho. Aqui está uma versão mais completa da citação:

> Esse longo prazo é um guia enganoso para assuntos correntes. No longo prazo, estaremos todos mortos. Os economistas se propõem uma tarefa fácil demais e inútil demais se, em épocas tempestuosas, eles só conseguem nos dizer que, quando há muito tiver passado a tempestade, o mar estará de novo tranquilo.

Podem as políticas de estabilização melhorar o desempenho da economia? Se reexaminarmos a Figura 27.8, a resposta certamente parece ser afirmativa. Com uma política de estabilização ativa, a economia dos EUA voltou ao produto potencial em 1996, depois de aproximadamente cinco anos de hiato de recessão. Do mesmo modo, em 2001, ela também retornou ao produto potencial depois de aproximadamente quatro anos de hiato inflacionário. Esses períodos são bem mais curtos que as décadas, ou mais, que os economistas acreditam que seriam necessárias para que a economia chegasse à autocorreção na ausência de uma política de estabilização ativa. De fato, a recuperação da Grande Recessão levou mais tempo (sete anos) em parte devido às restrições políticas na política fiscal. E a recuperação teria demorado ainda mais se Ben Bernanke não tivesse adotado uma política monetária fortemente expansionista, conforme relatado na história de abertura deste capítulo. Contudo, como veremos em breve, a capacidade de melhorar o desempenho da economia nem sempre é garantida. Ela depende dos tipos de choque com que a economia se defronta.

Política econômica em face de choques de demanda

Imagine que a economia sofra um choque de demanda negativo, como o que aparece na Figura 27.15. Conforme discutimos neste capítulo, a política monetária e fiscal desloca a curva de demanda agregada. Se os formuladores da política econômica reagem rapidamente à queda na demanda agregada, eles podem usar a política monetária ou fiscal para deslocar a curva de demanda agregada de volta para a direita. E se a política fosse capaz de antecipar perfeitamente os deslocamentos da curva de demanda agregada, ela poderia abreviar o processo inteiro mostrado na Figura 27.15. Em vez de passar por um período de produto agregado baixo e preços em queda, o governo administraria a economia de tal modo que ela permanecesse em E_1.

Por que poderia ser desejável uma política para interromper o ajuste que se mostra na Figura 27.15 e para manter a economia em seu equilíbrio original? Por duas razões.

1. A queda temporária de produto agregado que acontece sem intervenção de política econômica é ruim, em particular porque tal queda está associada a alto desemprego.
2. Como explicamos no Capítulo 23, a estabilidade de preços em geral é considerada um objetivo desejável. Assim, prevenir a deflação, ou seja, uma queda no nível agregado de preços, é uma boa coisa.

Isso significa que os encarregados da política econômica deveriam sempre atuar no sentido de compensar declínios na demanda agregada? Não necessariamente. Como veremos em outros capítulos, algumas medidas de política econômica para aumentar a demanda agregada, especialmente aquelas que aumentam o déficit orçamentário, podem ter custos de longo prazo em termos de um crescimento de longo prazo mais baixo. Além do mais, os responsáveis pela política econômica no mundo real não têm informação perfeita, e os efeitos de suas políticas não são perfeitamente previsíveis. Isso cria o risco de uma política de estabilização causar mais danos do que benefícios; isto é, as tentativas de estabilizar a economia podem acabar criando mais instabilidade. Vamos descrever o duradouro debate sobre política econômica no Capítulo 32. A despeito dessas qualificações, a maioria dos economistas acredita que haja bons argumentos para usar política macroeconômica a fim de compensar choques negativos sérios na curva de demanda agregada.

Deveriam os responsáveis pela política econômica tentar também contrabalançar choques positivos na demanda agregada? Não parece óbvio que eles devam fazer isso. Afinal de contas, embora a inflação possa ser algo maléfico, não é fato que mais produto e menos desemprego são uma boa coisa? Não necessariamente.

A maioria dos economistas, hoje em dia, acredita que qualquer ganho de curto prazo decorrente de um hiato inflacionário tenha de ser pago de volta mais tarde. Por isso, atualmente os responsáveis por política econômica em geral procuram contrabalançar choques de demanda tanto positivos quanto negativos. Por motivos que explicaremos no Capítulo 30, tentativas de eliminar hiatos de recessão e hiatos inflacionários normalmente apoiam-se mais em política monetária do que em política fiscal. Em 2007 e 2008, o Fed cortou bastante a taxa de juros na tentativa de se contrapor ao hiato de recessão crescente; anteriormente na mesma década, quando a economia norte-americana parecia estar chegando a um hiato inflacionário, aumentou a taxa de juros para gerar o efeito oposto.

Mas como a política macroeconômica responde a choques de oferta?

Respondendo a choques de oferta

Mostramos no painel (a) da Figura 27.13 os efeitos de um choque de oferta negativo no curto prazo e como tal choque gera produto agregado mais baixo, mas a um nível agregado de preços mais alto. Como notamos, os responsáveis pela política econômica podem responder a um choque de *demanda* negativo usando política monetária e fiscal para levar a demanda agregada de volta ao seu nível original. Mas o que podem ou devem fazer a respeito de um choque de *oferta* negativo?

Em contraste com a curva de demanda agregada, não existem políticas fáceis para deslocar a curva de oferta agregada de curto prazo. Isto é, não há política governamental que possa facilmente afetar a lucratividade dos produtores e, assim, contrabalançar os deslocamentos na curva de oferta agregada de curto prazo. Por conseguinte, a reação de política econômica a um choque de oferta negativo não pode ser a de tentar pressionar a curva que se deslocou de volta para sua posição original.

Mesmo que se considere usar política monetária ou fiscal para deslocar a curva de demanda agregada em resposta a um choque de oferta, não é nada óbvio qual seja a resposta correta. Duas coisas ruins estão acontecendo simultaneamente: uma queda no produto agregado, que causa aumento no desemprego, *e* um aumento no nível agregado de preços. Qualquer política que desloca a curva de demanda agregada ajuda na solução de um problema somente tornando o outro pior. Se o governo atua para aumentar a demanda agregada e limitar o aumento do desemprego, ele reduz o declínio da produção, mas causa mais inflação. E, se ele atua para reduzir a demanda agregada, ele controla a inflação mas causa maior aumento no desemprego.

É um *trade-off* que não tem boa solução. No final das contas, os Estados Unidos e outras nações economicamente avançadas que sofreram choques de oferta nos anos 1970 optaram por estabilizar os preços mesmo ao custo de desemprego mais alto. Essa foi a mesma política que Jean-Claude Trichet adotou em 2011, quando escolheu renunciar a uma política monetária expansionista depois de confundir um aumento temporário nos preços do petróleo com um choque de oferta.

ECONOMIA >> *em Ação*

Política de estabilização estabiliza?

Descrevemos o argumento teórico em favor de políticas de estabilização como uma maneira de responder a choques de demanda. Mas será que a política de estabilização de fato estabiliza a economia? Um jeito de responder a essa questão é olhar para os dados históricos de longo prazo.

Antes da Segunda Guerra Mundial, o governo norte-americano não possuía uma política real de estabilização, principalmente porque a macroeconomia não existia como a conhecemos hoje e não havia consenso sobre o que fazer. Desde a Segunda Guerra Mundial, e especialmente desde 1960, políticas de estabilização ativas tornaram-se prática padrão.

Eis a questão: a economia efetivamente se tornou mais estável depois que o governo começou a tentar estabilizá-la? A resposta é um sim com qualificações. A resposta precisa ser qualificada por duas razões. Uma é que os dados anteriores à Segunda

Guerra Mundial são menos confiáveis que dados mais modernos. A outra é que a recessão prolongada que começou em 2007 abalou a confiança na eficácia das políticas governamentais. Mas, ainda assim, parece haver uma redução clara no tamanho das flutuações econômicas.

Figura 27.18 Políticas de estabilização têm funcionado?

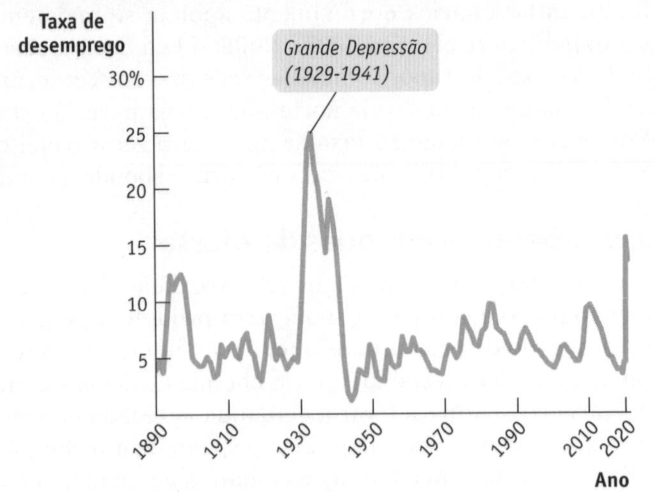

Dados de: Christina Romer, "Spurious Volatility in Historical Unemployment Data." *Journal of Political Economy* 94, no. 1 (1986): 1–37 (years 1890–1928); Bureau of Labor Statistics (years 1929–2020).

A Figura 27.18 mostra o número de desempregados como porcentagem da força de trabalho não agrícola desde 1890. (Focamos trabalhadores não agrícolas porque os agricultores, ainda que muitas vezes tenham dificuldades econômicas, raramente se registram como desempregados.) Mesmo ignorando o gigantesco repique de desemprego durante a Grande Depressão, o desemprego parece ter variado muito mais antes da Segunda Guerra Mundial do que depois dela. Vale notar que os picos no desemprego do pós-guerra, em 1975, 1982 e até certo ponto em 2010, correspondem a choques de oferta importantes, o tipo de choque para o qual a política de estabilização não tem boa solução.

É possível que a maior estabilidade da economia reflita boa sorte mais que boa política. Mas, à primeira vista, evidências sugerem que a política de estabilização está de fato estabilizando a economia.

>> *Revisão Rápida*

- **Política de estabilização** é o uso de política fiscal ou monetária para contrabalançar choques de demanda. Contudo, pode haver desvantagens. Tais políticas podem provocar aumento de longo prazo no déficit orçamentário e crescimento de longo prazo mais baixo em razão de deslocamento dos gastos de investimento privados pelo governo (*crowding out*). E, por causa de previsões incorretas, uma política mal orientada pode aumentar a instabilidade econômica.
- Choques de oferta negativos representam um dilema de política econômica, pois combater uma recessão no produto agregado piora a inflação e combater a inflação piora a recessão.

>> *Teste seu entendimento* 27.4

As respostas estão no fim do livro.

1. Suponha que alguém diga: "Política monetária ou fiscal expansionista não faz nada senão estimular exageradamente a economia durante algum tempo – obtém-se uma breve alta, mas em seguida vem o sofrimento da inflação."
   a. Explique o que significa isso em termos do modelo de demanda agregada e oferta agregada (modelo *AD-AS*).
   b. É esse um argumento válido contra a política de estabilização? Por que motivo?
2. Em 2008, em consequência do colapso da bolha imobiliária e de um forte aumento no preço das *commodities*, em especial o petróleo, houve muito desacordo interno no Fed sobre como reagir, com alguns defendendo uma redução na taxa de juros e outros argumentando que isso provocaria alta da inflação. Explique o raciocínio por trás de cada uma dessas posições em termos do modelo *AD-AS*.

CASO EMPRESARIAL Toyota faz sua jogada

Alguém que tenha comprado um carro novo recentemente nos Estados Unidos, muito provavelmente, terá escolhido um modelo fabricado por uma entre duas empresas japonesas, Toyota ou Honda. Juntas, essas empresas respondem por cerca de um quarto das vendas totais de automóveis de passeio. Mas isso nem sempre foi assim. Em 1973, as duas empresas respondiam por apenas 2,6% das vendas de automóveis nos EUA. Ao longo da década de 1970 e início dos anos 1980, a participação japonesa quadruplicou. Por quê?

A Toyota fez muita coisa certa: durante os anos 1960, aperfeiçoou a técnica da chamada *produção just-in-time* ou *manufatura enxuta* (*lean*), um sistema de produção que gerava custos mais baixos, maior produtividade e maior qualidade em comparação com as técnicas de produção norte-americanas. (Você deve se lembrar de nossa discussão sobre a produção enxuta no Caso Empresarial do Capítulo 2.)

Mas a Toyota também teve sorte. Durante a década de 1970, os norte-americanos começaram a trocar seus enormes sedãs por carros menores, um mercado que as montadoras norte-americanas haviam negligenciado. As poucas opções que elas ofereciam eram de baixa qualidade, como o AMC Gremlin e o Ford Pinto, entre outras. Em contraste, a Toyota, que há muito vinha produzindo carros pequenos, confiáveis e com baixo consumo de combustível para o Japão, seu mercado doméstico, estava pronta para preencher a lacuna.

Mas por que a mudança para carros menores e com baixo consumo de combustível? Uma resposta é que os Estados Unidos passaram por uma série de recessões severas, o que poderia ter induzido os consumidores a buscar alternativas mais baratas aos carros grandes e tradicionais. Como se constatou, no entanto, outras recessões não levaram a grandes reduções na compra de automóveis. A Figura 27.19 mostra o consumo médio, em milhas por galão,[4] de automóveis novos de passageiros desde 1975, que geralmente tende a aumentar mas teve crescimento muito mais rápido em meados dos anos 1970 e início dos anos 1980, antes de se estabilizar no início da década de 1990 – isso apesar do fato de que muitos consumidores estavam comprando carros mais econômicos naquela época. E, como pode ser visto, houve apenas um ligeiro aumento no consumo médio após 2007, embora a Grande Recessão que começou naquele ano tenha sido mais profunda e prolongada do que qualquer queda desde os anos 1930.

Figura 27.19 Consumo médio em milhas por galão para carros novos, 1975-2016.

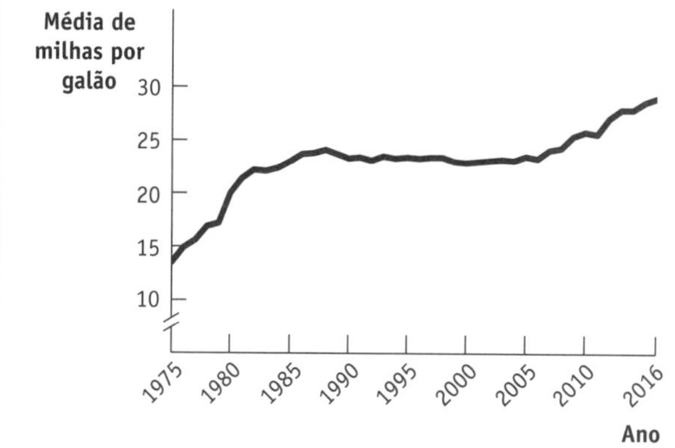

Dados de: Environmental Protection Agency.

Então, o que houve de diferente na década de 1970? Naquela época, duas coisas ruins estavam acontecendo: o desemprego aumentava vertiginosamente, mas também o preço da gasolina. Depois de 2007, com o aumento do desemprego, os preços da gasolina foram às alturas, mas acabaram caindo para níveis bem abaixo dos anteriores à recessão. Assim, as pessoas compraram menos carros, mas, em geral, não carros menores.

A questão é que a Toyota teve sua grande chance não apenas fabricando bons carros, mas também produzindo o tipo específico de carro bom, que fosse adequado aos consumidores durante os problemas econômicos da década de 1970.

QUESTÕES PARA PENSAR

1. Em sua opinião, por que os preços da gasolina aumentaram nas recessões da década de 1970, mas caíram após a Grande Recessão?
2. O que significa isso em relação às causas das recessões em cada caso?
3. Na década de 1970, a Toyota conseguiu aumentar suas vendas nos Estados Unidos, apesar de as taxas de juros sobre empréstimos para automóveis terem aumentado para até 17,5%. Por outro lado, depois de 2007, as taxas de empréstimo de automóveis nos EUA caíram para seus níveis mais baixos da história; as vendas de automóveis também diminuíram. Explique o motivo. (*Dica*: examine a conexão entre a inflação e as taxas de juros dos empréstimos.)

[4]N. R.: No Brasil, essa aferição seria feita entre quilômetros e litros de combustível. Uma milha corresponde a 1,6 quilômetro e um galão vale 3,8 litros.

RESUMO

1. A **curva de demanda agregada** mostra a relação entre o nível agregado de preços e a quantidade demandada de produto agregado.

2. A curva de demanda agregada tem sentido descendente por duas razões. A primeira é o **efeito riqueza de uma mudança no nível agregado de preços** – nível agregado de preços mais alto reduz o poder de compra da riqueza das famílias e reduz os gastos de consumo. A segunda é o **efeito taxa de juros de uma mudança no nível agregado de preços** – nível agregado de preços mais alto reduz o poder de compra das economias em dinheiro de domicílios e empresas, provocando aumento na taxa de juros e queda nos gastos de investimento e de consumo.

3. A curva de demanda agregada se desloca por causa de mudanças nas expectativas, mudanças na riqueza não resultantes de mudanças no nível agregado de preços e o efeito do tamanho do estoque existente de capital físico. Formuladores de política econômica podem usar política fiscal e política monetária para deslocar a curva de demanda agregada.

4. A **curva de oferta agregada** mostra a relação entre nível agregado de preços e quantidade ofertada de produto agregado.

5. A **curva de oferta agregada de curto prazo** tem sentido ascendente porque os **salários nominais** são **rígidos** no curto prazo: um nível agregado de preços mais alto gera lucros mais altos por unidade de produto e maior produto agregado no curto prazo.

6. Mudanças nos preços das *commodities*, nos salários nominais e na produtividade levam a mudanças nos lucros dos produtores e deslocam a curva de oferta agregada de curto prazo.

7. No longo prazo, todos os preços, inclusive salários nominais, são flexíveis e a economia opera em seu **produto potencial**. Se o produto agregado efetivo excede o produto potencial, os salários nominais acabam aumentando em resposta ao baixo desemprego e o produto agregado cai. Se o produto potencial excede o produto agregado efetivo, os salários nominais acabam caindo em resposta ao desemprego elevado e o produto agregado aumenta. Assim, a **curva de oferta agregada de longo prazo** é vertical no produto potencial.

8. No **modelo *AD-AS***, a interseção da curva de oferta agregada de curto prazo e da curva de demanda agregada é o ponto de **equilíbrio macroeconômico de curto prazo**. Ele determina o **nível agregado de preços de equilíbrio de curto prazo** e o nível no **produto agregado de equilíbrio de curto prazo**.

9. Flutuações econômicas ocorrem por causa de deslocamento da curva de demanda agregada (*choque de demanda*) ou da curva de oferta agregada de curto prazo (*choque de oferta*). Um **choque de demanda** faz com que o nível agregado de preços e o produto agregado se movam na mesma direção conforme a economia se move ao longo da curva de oferta agregada de curto prazo. Um **choque de oferta** faz com que eles se movam em direções opostas conforme a economia se move ao longo da curva de demanda agregada. Uma ocorrência particularmente difícil é a **estagflação**, ou seja, inflação com queda do produto agregado, que é causada por choque de oferta negativo.

10. Choques de demanda têm apenas efeitos de curto prazo sobre o produto agregado porque a economia é **autocorretiva** no longo prazo. Em um **hiato de recessão**, a certa altura uma queda nos salários nominais move a economia para o **equilíbrio macroeconômico de longo prazo**, ponto em que o produto agregado é igual ao produto potencial. Em um **hiato inflacionário**, um eventual aumento dos salários nominais move a economia para o equilíbrio macroeconômico de longo prazo. Podemos usar o **hiato de produto**, a diferença percentual entre o produto agregado efetivo e o produto potencial, para resumir como a economia responde a um hiato de recessão e a um hiato inflacionário. Como a economia tende a se autocorrigir no longo prazo, o hiato de produto sempre tende a zero.

11. O custo elevado de um hiato de recessão, em termos de desemprego, e as consequências adversas futuras de um hiato inflacionário levam muitos economistas a defender uma **política de estabilização** ativa: usar a política fiscal ou monetária para contrabalançar choques de demanda. Pode haver inconvenientes, contudo, porque tais políticas podem contribuir para um aumento de longo prazo no déficit orçamentário e para um deslocamento do investimento privado pelo governo (*crowding out*), levando a menor crescimento de longo prazo. Além disso, previsões erradas podem aumentar a instabilidade econômica.

12. Choques de oferta negativos trazem um dilema de política econômica: uma política que combata a queda no produto agregado, ao aumentar a demanda agregada, gera inflação mais alta, mas uma política que combata a inflação, ao reduzir a demanda agregada, vai aprofundar a queda da produção.

PALAVRAS-CHAVE

Autocorreção, p. 804
Choque de demanda, p. 798
Choque de oferta, p. 799
Curva de demanda agregada, p. 778
Curva de oferta agregada, p. 787
Curva de oferta agregada de curto prazo, p. 788
Curva de oferta agregada de longo prazo, p. 793
Efeito riqueza de uma mudança no nível agregado de preços, p. 779
Efeito taxa de juros de uma mudança no nível agregado de preços, p. 780
Equilíbrio macroeconômico de curto prazo, p. 797
Equilíbrio macroeconômico de longo prazo, p. 801
Estagflação, p. 800
Hiato de produto, p. 804
Hiato de recessão, p. 802
Hiato inflacionário, p. 803
Modelo *AD-AS*, p. 797
Nível agregado de preços de equilíbrio de curto prazo, p. 798
Política de estabilização, p. 805
Produto agregado de equilíbrio de curto prazo, p. 798
Produto potencial, p. 793
Salário nominal, p. 787
Salários rígidos, p. 787

QUESTÕES PARA PENSAR

1. Seu colega de estudos está confuso com a ascensão da curva de oferta agregada de curto prazo e o formato vertical da curva de oferta agregada de longo prazo. Como você explicaria por que essas inclinações são diferentes?

2. Suponha que em Salariolândia todos os trabalhadores assinem contratos salariais anuais em 1º de janeiro. Não importa o que aconteça com os preços dos bens e serviços finais durante o ano, todos os trabalhadores ganham o salário especificado em seu contrato anual. Este ano, os preços dos bens e serviços finais caíram inesperadamente depois de os contratos terem sido assinados. Responda às questões a seguir usando um gráfico e supondo que a economia comece no seu produto potencial.

a. No curto prazo, como a quantidade ofertada de produto agregado vai responder à queda dos preços?

b. O que acontecerá quando empresas e trabalhadores renegociarem seus salários?

3. O Conference Board dos Estados Unidos publica todo mês o índice de confiança do consumidor (CCI), baseado em uma pesquisa amostral abrangendo 5.000 domicílios representativos. Esse índice é usado por muitos estudiosos para monitorar o estado da economia. Um comunicado do Conference Board à imprensa em 31 de março de 2020 afirmava: "O Índice de Confiança do Consumidor do Conference Board caiu bruscamente em março, após um aumento em fevereiro. O índice está agora em 120,0 (1985 = 100), abaixo dos 132,6 de fevereiro."

a. Respondendo como economista: essa notícia é encorajadora para o crescimento econômico?

b. Explique sua resposta do item *a* com a ajuda do modelo *AD-AS*. Trace um gráfico típico mostrando dois pontos de equilíbrio, E_1 e E_2. Denomine o eixo vertical "Nível agregado de preços" e o eixo horizontal "PIB real". Suponha que todos os outros fatores macroeconômicos relevantes permaneçam sem alteração.

c. Como o governo deve reagir a essa notícia se a economia estiver abaixo do produto potencial? E se estiver acima do produto potencial?

PROBLEMAS

1. Uma queda no valor do dólar em relação às outras moedas torna os bens e serviços finais norte-americanos mais baratos para os estrangeiros, embora o nível agregado de preços nos Estados Unidos se mantenha o mesmo. Em consequência, os estrangeiros demandam mais produto agregado norte-americano. Seu colega diz que isso representa um movimento descendente na curva de demanda agregada, porque os estrangeiros estão demandando mais em resposta a um preço mais baixo. Você, contudo, insiste que isso representa um deslocamento para a direita da curva de demanda agregada. Quem tem razão? Explique.

2. A economia está no ponto *A* do gráfico a seguir. Suponha que o nível agregado de preços aumente de P_1 para P_2. Como a oferta agregada se ajustará, no curto e no longo prazo, ao aumento no nível agregado de preços? Ilustre com um gráfico.

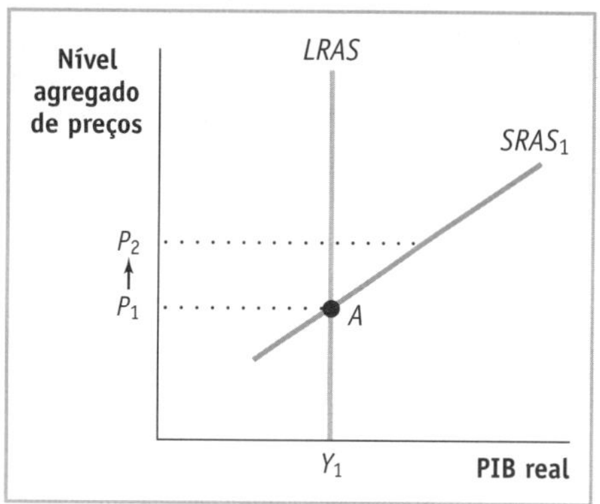

3. Suponha que todos os domicílios mantenham sua riqueza em ativos que automaticamente aumentam de valor quando o nível agregado de preços aumenta (exemplo disso seria um "bônus indexado pela inflação" – um bônus cuja taxa de juros, entre outras coisas, muda exatamente na mesma medida que a taxa de inflação). O que acontece com o efeito riqueza de uma mudança no nível agregado de preços em consequência dessa alocação de ativos? O que acontece com a inclinação da curva de demanda agregada? A inclinação continuará para baixo? Explique.

4. Suponha que a economia esteja atualmente no produto potencial. Suponha também que você seja um formulador de política econômica e que um estudante de economia lhe peça, se possível, para ordenar os tipos de choque do seu mais preferido ao seu menos preferido: choque de demanda positivo, choque de demanda negativo, choque de oferta positivo, choque de oferta negativo. Como você os ordenaria e por quê?

5. Explique se as políticas públicas a seguir afetam a curva de demanda agregada ou a curva de oferta agregada de curto prazo, e como.

a. O governo reduz o salário mínimo nominal.

b. O governo aumenta os pagamentos da Assistência Temporária às Famílias em Necessidade, transferências governamentais a famílias com crianças dependentes.

c. Para reduzir o déficit orçamentário, o governo anuncia que as famílias terão de pagar impostos muito mais altos a partir do próximo ano.

d. O governo reduz os gastos militares.

6. Em Salariolândia, todos os trabalhadores assinam contratos salariais anuais em 1º de janeiro. No fim de janeiro, é lançado um novo sistema operacional para computadores, aumentando drasticamente a produtividade do trabalho. Explique como Salariolândia vai passar de um equilíbrio macroeconômico de curto prazo para outro. Ilustre com um gráfico.

7. Houve dois choques importantes na economia norte-americana em 2007, que levaram à severa recessão de 2007-2009. Um choque foi relativo aos preços do petróleo; o outro foi a desaceleração no mercado de imóveis residenciais. Esta questão analisa o efeito dos dois choques sobre o PIB usando como instrumento analítico o modelo *AD-AS*.

a. Trace as curvas usuais de demanda agregada e de oferta agregada de curto prazo. Denomine o eixo horizontal "PIB real" e o eixo vertical "Nível agregado de preços". Indique o ponto de equilíbrio E_1, a quantidade de equilíbrio Y_1 e o preço de equilíbrio P_1.

b. Dados do Departamento de Energia indicam que o preço mundial médio do barril de petróleo cru aumentou de \$ 54,63 em 5 de janeiro de 2007 para \$ 92,93 em 28 de dezembro de 2007. Um aumento no preço do petróleo causaria um choque de demanda ou um choque de oferta? Redesenhe o gráfico do item *a* para ilustrar o efeito desse choque deslocando a curva apropriada.

c. O Índice de Preços dos Imóveis Residenciais, publicado nos Estados Unidos por um órgão de supervisão denominado *Office of the Federal Housing Enterprise Oversight*, calcula que o preço das residências no país caiu em média 3,0% nos 12 meses de janeiro de 2007 a janeiro de 2008. A queda nos preços das residências causaria um choque de oferta ou um choque de demanda? Redesenhe o gráfico do item *b* para ilustrar o efeito desse choque deslocando a curva apropriada. Indique o novo ponto de equilíbrio E_3, a quantidade de equilíbrio Y_3 e o preço de equilíbrio P_3.

d. Compare os pontos de equilíbrio E_1 e E_3 em seu gráfico do item *c*. Qual foi o efeito dos dois choques no PIB real e no nível agregado de preços (aumento, redução ou indeterminado)?

8. Usando curvas de demanda agregada, de oferta agregada de curto prazo e de oferta agregada de longo prazo, explique o processo pelo qual os eventos econômicos a seguir moverão a economia de um equilíbrio macroeconômico de longo prazo para outro. Ilustre com gráficos. Em cada caso, quais são os efeitos de curto prazo e de longo prazo sobre o nível agregado de preços e sobre o produto agregado?

a. Há redução na riqueza dos domicílios em virtude de uma queda no mercado de ações.

b. O governo reduz impostos, deixando os domicílios com mais renda disponível, sem redução correspondente nas compras públicas.

9. Usando curvas de demanda agregada, de oferta agregada de curto prazo e de oferta agregada de longo prazo, explique o processo pelo qual cada uma das políticas governamentais a seguir moverá a economia de um equilíbrio macroeconômico de longo prazo para outro. Ilustre com diagramas. Em cada caso, quais são os efeitos de curto prazo e de longo prazo sobre o nível agregado de preços e sobre o produto agregado?

a. Há um aumento na tributação sobre os domicílios.

b. Há um aumento na quantidade de moeda.

c. Há um aumento nos gastos públicos.

10. A economia está em equilíbrio macroeconômico de curto prazo no ponto E_1 do gráfico apresentado. Com base no gráfico, responda às questões a seguir.

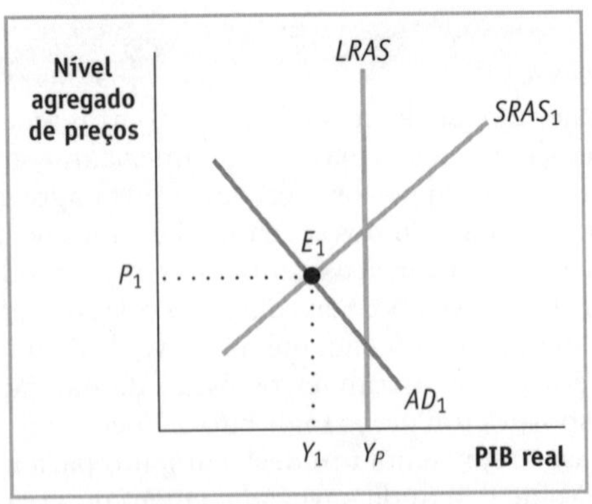

a. A economia está enfrentando um hiato inflacionário ou um hiato de recessão?

b. Que políticas o governo pode implementar para trazer a economia de volta ao equilíbrio macroeconômico de longo prazo? Ilustre com um gráfico.

c. Se o governo não interferisse para fechar o hiato, a economia voltaria ao equilíbrio macroeconômico de longo prazo? Explique e ilustre com um gráfico.

d. Quais são as vantagens e as desvantagens de o governo implementar políticas para fechar o hiato?

11. No gráfico, a economia está em equilíbrio macroeconômico de longo prazo no ponto E_1 quando um choque do petróleo desloca a curva de oferta agregada de curto prazo para $SRAS_2$. Com base no gráfico, responda às questões a seguir.

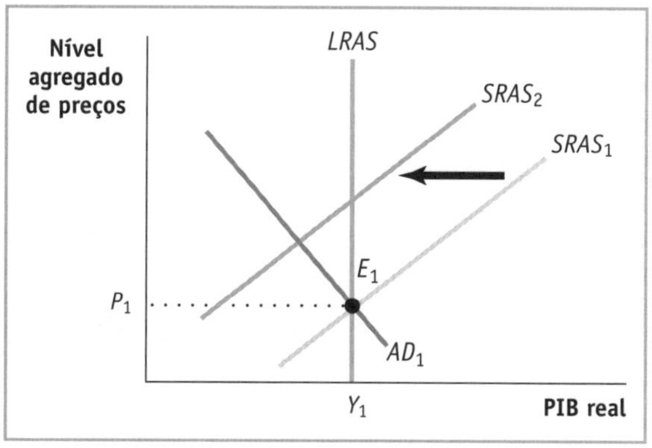

a. Como o nível agregado de preços e o produto agregado mudam no curto prazo em consequência do choque do petróleo? Como é conhecido esse fenômeno?

b. Que política fiscal ou monetária o governo pode usar para enfrentar os efeitos do choque de oferta? Use um gráfico que mostre o efeito das políticas escolhidas para enfrentar a mudança no PIB real. Use outro diagrama para mostrar os efeitos das políticas escolhidas para enfrentar a mudança no nível agregado de preços.

c. Por que os choques de oferta apresentam um dilema para os formuladores de política pública?

12. O fim dos anos 1990, nos Estados Unidos, caracterizou-se por crescimento econômico substancial com baixa inflação; isto é, o PIB real apresentou pouco ou nenhum aumento no nível agregado de preços. Explique essa experiência usando curvas de demanda agregada e de oferta agregada. Ilustre com um gráfico.

RESOLVA

13. Em cada um dos casos a seguir, no curto prazo, determine quais eventos causam deslocamento de uma curva ou movimento ao longo da curva. Determine que curva está envolvida e qual a direção da mudança.

a. Em consequência de um aumento no valor do dólar em relação a outras moedas, os produtores norte-americanos agora pagam menos em termos de dólar por aço estrangeiro, uma *commodity* importante usada na produção.

b. Um aumento na quantidade de moeda, medido pelo Fed, aumenta a quantidade de moeda que as pessoas e as empresas desejam emprestar, reduzindo as taxas de juros.

c. Mais atividade sindical leva a salários nominais mais altos.

d. Uma queda no nível agregado de preços aumenta o poder de compra do dinheiro mantido por domicílios e empresas. Em consequência, empresta-se mais e toma-se menos emprestado.

28 Política Fiscal

GASTO PARA COMBATER UMA RECESSÃO

2020 foi o ano do coronavírus – um vírus de disseminação rápida que em pouco tempo infectou milhões de pessoas em todo o mundo, em muitos casos exigindo semanas de tratamento intensivo e, em muitíssimos casos, revelando-se fatal. A pandemia também provocou efeitos devastadores na economia, levando ao declínio mais acentuado já registrado no emprego e na produção.

Em resposta, no final de março o Congresso dos EUA promulgou a Lei CARES (Coronavirus Aid, Relief and Economic Security), um pacote de US$ 2 trilhões concedendo dinheiro e empréstimos a indivíduos, empresas, hospitais etc. Um dos principais objetivos da lei era fornecer alívio temporário aos norte-americanos que foram demitidos, visto que as novas regras que reforçavam o "distanciamento social" acabaram fechando inúmeras empresas. Em todo o país, restaurantes foram fechados para limitar a propagação do vírus, deixando milhões de trabalhadores do setor de alimentação desempregados.

Mas a lei tinha uma finalidade secundária: sustentar as partes da economia que continuavam a funcionar. Havia boas razões para temer que os trabalhadores demitidos cortassem gastos com diversos tipos de bens e serviços, o que causaria desemprego desnecessário no país em geral. Assim, a lei deu a adultos que ganham até US$ 75.000 por ano um cheque de US$ 1.200 e um adicional de US$ 500 por filho. Além disso, a lei aumentou bastante os pagamentos a trabalhadores desempregados. Ambas as medidas foram planejadas para ajudar as famílias prejudicadas por pedidos de "fique em casa" e pelo fechamento de empresas não essenciais.

Embora a Lei CARES tratasse em parte de amenizar os desastres, também foi um exemplo de *política fiscal*: mudanças nos impostos e nos gastos públicos para estabilizar a economia por meio do deslocamento da curva de demanda agregada. Nesse caso, a política fiscal foi *expansionista*, visando deslocar a curva de demanda agregada *para fora*; as políticas fiscais que deslocam a curva de demanda agregada *para dentro* são *contracionistas*.

A política fiscal costuma ser controversa. Em 2009, quando o governo se engajou em uma política fiscal expansionista o chamado "estímulo Obama" para combater a recessão que se seguiu à crise financeira de 2008, alguns acreditaram que seria um erro aumentar gastos públicos em um momento de grande aflição. Um membro do Congresso falou por muitos ao declarar que o governo deveria gastar *menos* em tempos difíceis: "As famílias americanas estão apertando o cinto, mas não veem o governo fazendo o mesmo." Também havia preocupações de que os novos gastos aumentariam o déficit orçamentário. Mas a maioria dos economistas acredita que a política fiscal expansionista é apropriada quando a economia está deprimida.

A qualificação "quando a economia está deprimida" é importante. Em 2017, oito anos após o estímulo Obama, o recém-eleito governo Trump aprovou novos cortes de impostos. Em alguns aspectos, essas medidas pareciam ser semelhantes ao estímulo Obama, porém, embora alguns economistas apoiassem o estímulo Trump, a maioria não apoiava – incluindo muitos que apoiaram o estímulo Obama. Havia incoerência nisso? Na verdade, não: no início de 2009, a economia dos EUA estava profundamente deprimida e caminhava ainda mais para baixo. Por outro lado, no início de 2017 a economia estava crescendo e se aproximava do emprego pleno. Os economistas que se recusaram a apoiar o estímulo Trump sabiam que esse estímulo, entregue no momento errado, provavelmente seria contraproducente para a economia. Eles entenderam que, na formulação da política fiscal, agir no momento certo é fundamental.

Neste capítulo, vamos aprender como a política fiscal se encaixa no modelo de flutuação econômica que desenvolvemos nos Capítulos 26 e 27. Veremos também por que os déficits orçamentários e a dívida do governo podem ser problemáticos e como as preocupações de curto e longo prazos podem conduzir a política fiscal para direções opostas. •

O QUE VOCÊ IRÁ APRENDER?

- O que é política fiscal e por que ela é um instrumento importante para administrar flutuações econômicas?
- Quais políticas constituem **política fiscal expansionista** e quais constituem **política fiscal contracionista**?
- Por que a política fiscal tem efeito multiplicador e como esse efeito é influenciado por **estabilizadores automáticos**?
- Por que governos calculam o **balanço orçamentário ciclicamente ajustado**?
- Por que uma **dívida pública** elevada e **passivos implícitos** do governo podem ser motivo de preocupação?

Política fiscal: noções básicas

Governos modernos em países economicamente avançados gastam muito dinheiro e arrecadam um montão de impostos. A Figura 28.1 mostra o gasto público e a receita tributária como porcentagem do PIB para alguns países de alta renda em 2019. Como se vê, o setor público na França é relativamente grande, representando mais de metade da economia francesa. O governo dos Estados Unidos desempenha na economia um papel menor do que os governos do Canadá, do Japão e da maioria dos países europeus. Mas esse papel ainda é considerável, e o governo desempenha um papel importante na economia dos EUA. Em consequência, mudanças no orçamento federal – mudanças no gasto público ou na tributação – podem ter grandes efeitos na economia norte-americana.

Figura 28.1 Gasto público e receita tributária para alguns países ricos selecionados em 2019.

O gasto público e a receita tributária são representados como porcentagem do PIB. A França tem um setor governamental particularmente elevado, representando mais de metade do PIB. O setor público nos Estados Unidos, embora considerável, é menor do que no Canadá, no Japão e na maioria dos países europeus.

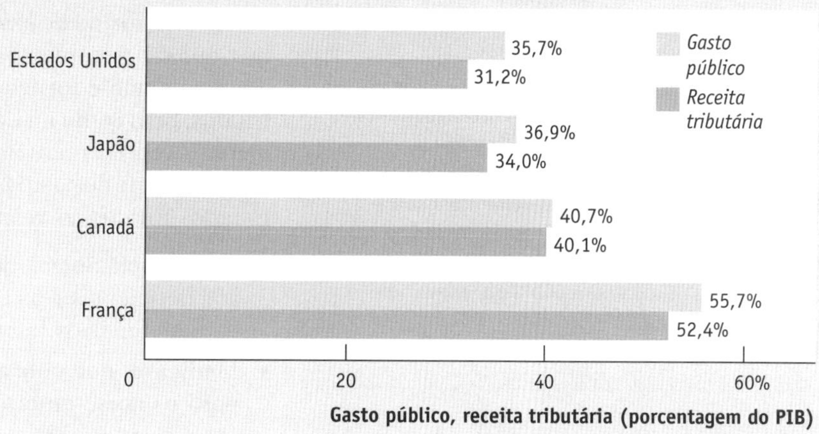

Para analisarmos esses efeitos, começamos por mostrar como impostos e gasto público afetam o fluxo de renda da economia. Depois disso, podemos ver como mudanças na despesa pública e na política tributária afetam a demanda agregada.

Impostos, compra de bens e serviços, transferências governamentais e tomada de empréstimos

Na Figura 22.1, mostramos o fluxo circular da renda e dos gastos na economia em seu conjunto. Um dos setores representados na figura é o governo. Os fundos fluem *para dentro* do governo na forma de impostos e tomada de empréstimos pelo governo; os fundos fluem *para fora* na forma de compras governamentais de bens e serviços, além de transferências governamentais aos domicílios.

Que tipos de imposto os norte-americanos pagam e para onde vai o dinheiro? A Figura 28.2 mostra a composição da receita tributária dos Estados Unidos em 2019. Impostos, obviamente, são pagamentos exigidos pelo governo. Nos EUA, os impostos são arrecadados em nível nacional, pelo governo federal; em nível estadual, por cada governo estadual; em nível local, pelos municípios e outras entidades de governo locais. Em nível federal, os impostos que geram mais renda são o imposto de renda, tanto de pessoas físicas quanto de pessoas jurídicas, bem como os impostos de *seguro social*, que explicaremos em breve. Nos níveis estadual e local, o panorama é mais complexo: esses governos contam com

Figura 28.2 Fontes de receita tributária nos Estados Unidos, 2019.

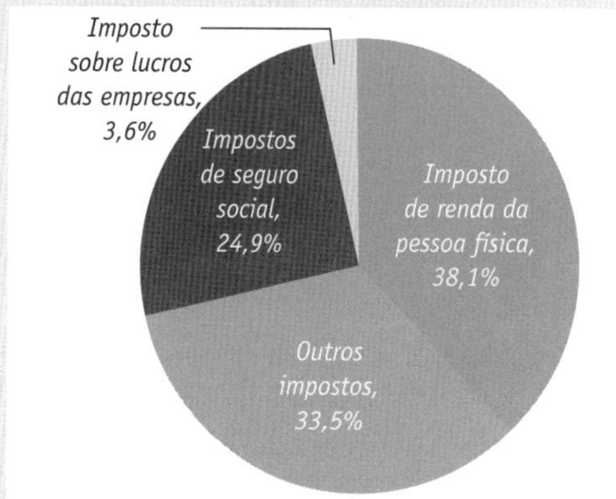

Impostos de renda da pessoa física, impostos sobre os lucros das empresas e impostos de seguro social constituem a maior parte da receita tributária do governo. O resto é uma mistura de imposto territorial, impostos sobre vendas e outras fontes de receita. (Os números não somam 100% por motivo de arredondamento.)
Dados de: Bureau of Economic Analysis.

Figura 28.3 Gasto público nos Estados Unidos, 2018.

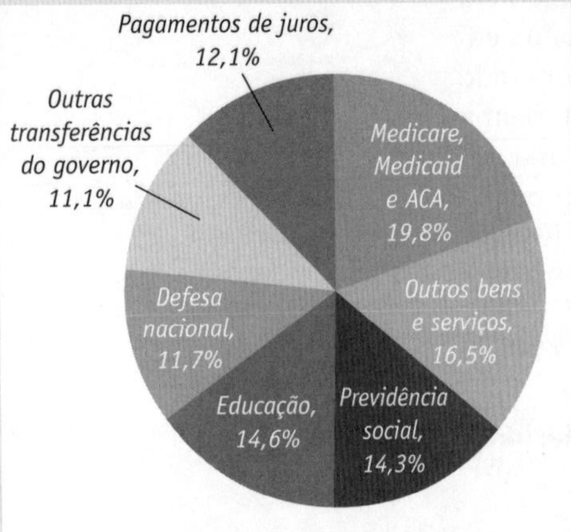

Os dois tipos de gasto público são compras de bens e serviços e transferências governamentais. Os maiores itens de compras públicas são defesa nacional e educação. Os maiores itens de transferências governamentais são a Previdência Social e os programas de saúde Medicare, Medicaid e a lei Affordable Care Act. (Os números não somam 100% por motivo de arredondamento.)

Dados de: Bureau of Economic Analysis.

uma combinação de impostos sobre a venda, impostos sobre a propriedade, impostos sobre renda e taxas de vários tipos.

No conjunto, os impostos sobre a renda pessoal e o lucro das empresas corresponderam a 41,2% da receita do governo norte-americano em 2019; os impostos para seguro social representaram 24,6%; e uma variedade de outros impostos, coletados principalmente em níveis estadual e municipal, correspondeu ao restante.

A Figura 28.3 mostra a composição do gasto público total nos Estados Unidos em 2018, que tem duas formas gerais. Uma das formas é a compra de bens e serviços. Isso inclui tudo, desde munição para o exército até salários dos professores das escolas públicas (que são tratados nas contas nacionais como provedores de um serviço – educação). Aqui, os grandes itens são defesa nacional e educação. A categoria denominada "Outros bens e serviços" consiste principalmente em gastos estaduais e locais em diversos serviços, desde policiamento e bombeiros até a construção de estradas e sua manutenção.

A outra forma de gasto público são transferências governamentais, que são pagamentos feitos pelo governo aos domicílios em troca dos quais não é fornecido nenhum bem ou serviço. Nos Estados Unidos, bem como no Canadá e na Europa, transferências governamentais representam uma proporção muito grande do orçamento. A maior parte do gasto público em pagamentos de transferência nos Estados Unidos corresponde a quatro grandes programas:

- Previdência Social, que oferece renda garantida aos mais velhos, aos deficientes e às esposas sobreviventes e filhos dependentes de beneficiários falecidos ou aposentados.
- Medicare, que cobre boa parte do custo de serviços de saúde para os norte-americanos com mais de 65 anos.
- Medicaid, que cobre boa parte do custo de serviços de saúde para os norte-americanos de baixa renda.
- Lei Affordable Care Act (ACA), que procura tornar o seguro-saúde disponível e acessível para todos os norte-americanos.

Programas de **seguro social** são programas públicos que buscam proteger as famílias contra dificuldades econômicas.

O termo **seguro social** é usado para descrever programas de governo que buscam proteger as famílias contra dificuldades econômicas. São eles Previdência Social, Medicare, Medicaid e a lei ACA, além de programas menores, como o seguro-desemprego e vales-refeição. A ACA (também conhecida como Obamacare) funciona por meio de um sistema de mercados de seguros privados regulamentados, subsídios e uma expansão da elegibilidade do Medicaid, sendo muito menor do que os outros três grandes programas. Nos Estados Unidos, os programas de seguro social são pagos em grande medida por meio de um imposto específico vinculado, que incide sobre os salários – os impostos de seguro social que mencionamos anteriormente. ACA é exceção: ela é patrocinada principalmente por impostos especiais sobre altas rendas.

Mas como a política tributária e o gasto público afetam a economia? A resposta é que a tributação e o gasto do governo têm grande efeito sobre o gasto agregado total na economia.

Orçamento público e despesa total

Recordemos a equação básica da contabilidade da renda nacional:

(28.1) $\text{PIB} = C + I + G + X - IM$

O lado esquerdo da equação é o PIB, o valor de todos os bens e serviços finais produzidos na economia. O lado direito é o gasto agregado, gasto total em bens e serviços finais produzidos na economia. É a soma dos gastos de consumo (C), dos gastos de investimento (I), das compras de bens e serviços pelo governo (G) e do valor das exportações (X) menos o valor das importações (IM). Isso inclui todas as fontes da demanda agregada.

O governo controla diretamente uma das variáveis do lado direito da Equação 28.1: compras de bens e serviços pelo governo (G). Mas esse não é o único efeito da política fiscal sobre o gasto agregado na economia. Recorrendo a mudanças nos impostos e nas transferências, o governo também influencia o gasto de consumo (C) e, em alguns casos, o gasto de investimento (I).

Para ver por que o orçamento afeta os gastos de consumo, recorde que a *renda disponível*, ou seja, a renda total que domicílios têm disponível para gastar, é igual à renda total recebida com salários, dividendos, juros e aluguéis, *menos* impostos, *mais* transferências governamentais. Assim, um aumento de impostos ou uma redução nas transferências governamentais *reduz* a renda disponível. E uma queda na renda disponível, tudo o mais mantido constante, provoca queda nos gastos de consumo. Por outro lado, uma redução de impostos ou um aumento nas transferências governamentais *aumenta* a renda disponível. E um aumento de renda disponível, tudo o mais mantido constante, leva a um aumento nos gastos de consumo.

A capacidade do governo de afetar o gasto de investimento é uma história mais complexa, que não vamos discutir em detalhe. O ponto importante é que o governo tributa lucros, e mudanças nas regras sobre o quanto uma empresa deve pagar podem aumentar ou reduzir o incentivo para gastar em bens de investimento.

Como o governo é ele próprio uma fonte de demanda agregada na economia, e como impostos e transferências podem afetar os gastos de consumidores e de empresas, o governo pode usar mudanças nos impostos ou no gasto governamental para *deslocar a curva de demanda agregada*. Como vimos no Capítulo 27, às vezes há boas razões para deslocar a curva de demanda agregada.

Política fiscal de expansão ou contração

Por que o governo poderá querer deslocar a curva de demanda agregada? Pode ser para fechar um hiato de recessão, criado quando o produto agregado caiu abaixo do produto potencial, ou para fechar um hiato inflacionário, criado porque o produto agregado excede o produto potencial.

A Figura 28.4 mostra o caso de uma economia que se defronta com hiato de recessão. *SRAS* é a curva de oferta agregada de curto prazo, *LRAS* é a curva de

Figura 28.4 Política fiscal expansionista pode fechar hiato de recessão.

Em E_1, a economia está em equilíbrio macroeconômico de curto prazo, em que a curva de demanda agregada AD_1 cruza a curva *SRAS*. No entanto, ela não está no equilíbrio macroeconômico de longo prazo. Em E_1, há um hiato de recessão de $Y_P - Y_1$. Uma política fiscal expansionista – ou seja, um aumento de compras públicas de bens e serviços, um corte de impostos ou um aumento de transferências do governo – desloca a curva de demanda agregada para a direita. Ela pode fechar o hiato de recessão ao deslocar AD_1 para AD_2, movendo a economia para um novo equilíbrio macroeconômico de curto prazo, E_2, que é também um equilíbrio macroeconômico de longo prazo.

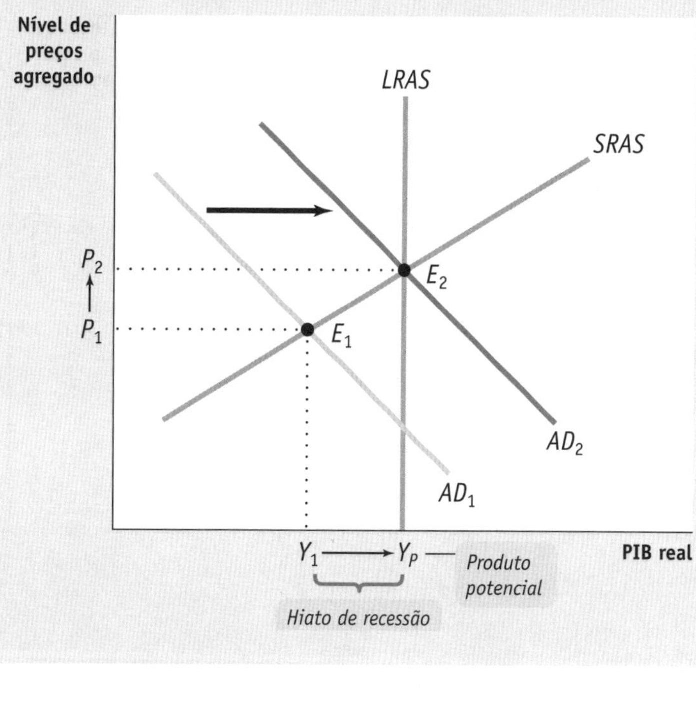

oferta agregada de longo prazo e AD_1 é a curva de demanda agregada inicial. No equilíbrio macroeconômico de curto prazo inicial, E_1, o produto agregado é Y_1, abaixo do produto potencial, Y_P. O que o governo quer fazer é aumentar a demanda agregada, deslocando a curva de demanda agregada para a direita até AD_2. Isso aumentaria o produto agregado, tornando-o igual ao produto potencial. A política fiscal que aumenta a demanda agregada, denominada **política fiscal expansionista**, normalmente toma uma de três formas:

Política fiscal expansionista é a política fiscal que aumenta a demanda agregada.

1. Aumento nas compras governamentais de bens e serviços.
2. Corte de impostos.
3. Aumento de transferências do governo.

O estímulo de 2009 (ou a Lei de Recuperação) foi uma mistura das três: aumento direto do gasto federal e ajuda aos governos estaduais para que mantivessem os gastos, corte de impostos para a maioria dos domicílios e aumento de ajuda a desempregados. A Lei CARES consistia principalmente em transferências: um cheque único de US$ 1.200 para cada norte-americano, aumento do seguro-desemprego e empréstimos subsidiados para empresas. Também incluiu algum aumento nos gastos com saúde e ajuda aos governos estaduais.

A Figura 28.5 mostra o caso oposto, de uma economia que se defronta com hiato inflacionário. Mais uma vez, *SRAS* é a curva de oferta agregada de curto prazo, *LRAS* é a curva de oferta agregada de longo prazo e AD_1 é a curva de demanda agregada inicial. No equilíbrio inicial E_1, o produto agregado é Y_1, que está acima do produto potencial Y_P. Como explicaremos em capítulos posteriores, os responsáveis pela política econômica, muitas vezes, tentam combater a inflação eliminando hiatos inflacionários. Para eliminar o hiato inflacionário que se mostra na Figura 28.5, a política fiscal tem de reduzir a demanda agregada e deslocar a curva de demanda agregada para a esquerda até AD_2. Isso reduz o produto agregado, tornando-o igual ao produto potencial. Uma política fiscal que reduz a demanda agregada, denominada **política fiscal contracionista**, é o oposto da política fiscal expansionista. Ela é implementada de três formas possíveis:

Política fiscal contracionista é a política fiscal que reduz a demanda agregada.

1. Redução nas compras de bens e serviços pelo governo.
2. Aumento de impostos.
3. Redução nas transferências do governo.

Figura 28.5 Política fiscal contracionista pode fechar hiato inflacionário.

Em E_1, a economia está em equilíbrio macroeconômico de curto prazo, em que a curva de demanda agregada AD_1 cruza a curva *SRAS*. No entanto, ela não está no equilíbrio macroeconômico de longo prazo. Em E_1, há um hiato inflacionário de $Y_1 - Y_P$. Uma política fiscal contracionista – como redução das compras públicas de bens e serviços, aumento de impostos ou redução de transferências do governo – desloca a curva de demanda agregada para a esquerda. Ela fecha o hiato inflacionário ao deslocar AD_1 para AD_2, movendo a economia para um novo equilíbrio macroeconômico de curto prazo, E_2, que é também um equilíbrio macroeconômico de longo prazo.

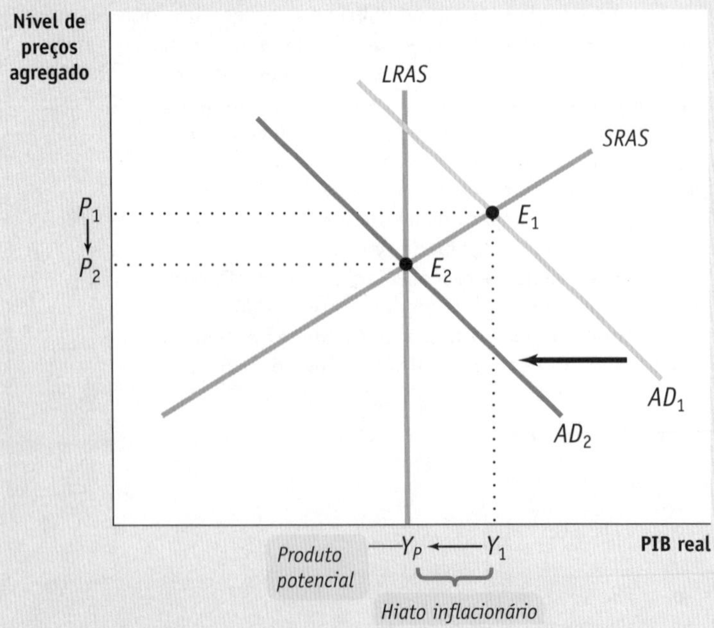

Um exemplo clássico de política fiscal contracionista ocorreu em 1968, quando os encarregados da política econômica nos Estados Unidos ficaram preocupados com a inflação crescente. O então Presidente Lyndon Johnson impôs uma taxa adicional temporária de 10% no imposto de renda, ou seja, o imposto de renda de todo mundo aumentou 10%. Ele também tentou reduzir a escala das compras governamentais de bens e serviços, que haviam crescido drasticamente por causa dos custos da Guerra do Vietnã.

A política expansionista pode de fato funcionar?

Na prática, o uso da política fiscal – especialmente o uso de política fiscal expansionista diante de um hiato de recessão – costuma ser controverso. Examinaremos as origens dessa controvérsia no Capítulo 32. Por ora, vamos resumir os principais pontos do debate sobre política fiscal expansionista, para podermos entender quando as críticas se justificam e quando não.

Há três argumentos principais contra o uso de política fiscal expansionista:

1. Gasto público sempre ocasiona *crowding out* do gasto privado.
2. Tomada de empréstimos pelo governo sempre provoca *crowding out* do gasto de investimento privado.
3. Déficit no orçamento público leva a redução do gasto privado.

O primeiro desses argumentos é errado em princípio, mas mesmo assim tem desempenhado papel importante nos debates. O segundo é válido em algumas circunstâncias, mas não todas. O terceiro argumento, ainda que levante algumas questões importantes, não chega a ser motivo para acreditar que a política fiscal expansionista não funcione.

Argumento 1: "Gasto público sempre ocasiona *crowding out* do gasto privado." Argumenta-se que a política fiscal expansionista nunca consegue elevar o gasto agregado e, portanto, nunca consegue aumentar a renda agregada. O raciocínio é mais ou menos o seguinte: "Cada dólar que o governo gasta é um dólar que ele tira do setor privado. Assim, qualquer aumento no gasto público é necessariamente compensado por uma queda igual no gasto privado." Em outras palavras, cada dólar gasto pelo governo desloca um dólar de gasto privado, isto é, gera *crowding out*.

Mas tal afirmação está errada, porque pressupõe que os recursos na economia são sempre plenamente empregados e que, como resultado, a renda agregada obtida na economia é sempre uma soma fixa – o que não é verdade. O fato é que, se o governo desloca ou não o gasto privado, isso depende do estado da economia. Em particular, quando a economia sofre um hiato de recessão, há recursos não empregados na economia e o produto (e com ele, a renda) está abaixo de seu nível potencial. Uma política fiscal expansionista nesse período ativa recursos não empregados e gera gasto mais alto e renda mais alta. Os gastos do governo deslocam os gastos privados apenas quando a economia está operando com emprego pleno. Assim, o argumento de que a política fiscal expansionista sempre desloca o gasto privado está errado por princípio.

Argumento 2: "Tomada de empréstimos pelo governo sempre provoca *crowding out* do gasto de investimento privado." No Capítulo 25, discutimos que a tomada de empréstimos pelo governo usa fundos que de outro modo teriam sido usados para gastos de investimento privados – isto é, provoca deslocamento (*crowding out*) do gasto de investimento privado. Logo, qual é a validade do argumento de que a tomada de empréstimos pelo governo sempre reduz os gastos de investimento privados?

Da mesma forma que o Argumento 1, o Argumento 2 está errado porque, se o deslocamento ocorre ou não, isso depende de a economia estar ou não deprimida. Se a economia não está em depressão, um aumento no endividamento do governo, ao aumentar a demanda por fundos disponíveis para a concessão de empréstimos, pode aumentar a taxa de juros e deslocar gastos de investimento privado. Mas, se a economia está deprimida, esse deslocamento (via *crowding out*) é bem menos provável. Quando a economia está longe do pleno emprego, uma expansão fiscal criará maiores rendas, o que, por sua vez, leva a aumento da poupança em qualquer nível de taxa de juros. Essa quantidade maior de poupança permite ao governo tomar mais emprestado sem impulsionar para cima a taxa de juros. A Lei de Recuperação de 2009, nos Estados Unidos, exemplifica isso: apesar de elevados níveis de endividamento público, as taxas de juros no país mantiveram-se perto de recordes históricos de baixa. Por fim, endividamento público desloca o gasto de investimento privado somente quando a economia está operando em pleno emprego (motivo pelo qual a maioria dos economistas recusou-se a endossar os cortes de impostos de 2017 na administração Trump).

Argumento 3: "Déficit no orçamento público leva a redução do gasto privado." Tudo o mais mantido constante, a política fiscal expansionista traz maior déficit de orçamento e dívida pública maior. E o elevado endividamento público eventualmente exigirá que o governo aumente impostos para pagá-lo. Assim, de acordo com o terceiro argumento contra a política fiscal expansionista, os consumidores, prevendo que terão de pagar impostos mais altos no futuro para compensar o atual endividamento do governo, cortarão seus gastos hoje para economizar dinheiro. Esse argumento, apresentado de início por David Ricardo,[1] é conhecido como *equivalência ricardiana*. Trata-se de um argumento muitas vezes usado para sugerir que a política fiscal expansionista não terá efeito na economia porque os consumidores, prevendo o futuro, anularão qualquer tentativa de expansão do governo. (E, aliás, anularão também qualquer política fiscal contracionista.)

Na realidade, é duvidoso que consumidores se comportem com tal capacidade de previsão e disciplina. A maioria das pessoas, ao receber dinheiro extra (gerado pela expansão fiscal), gastará ao menos parte dele. Assim, mesmo uma política fiscal que tome a forma de cortes temporários de impostos ou transferências em dinheiro para os consumidores terá, provavelmente, efeito expansionista.

Além disso, é possível mostrar que, mesmo com equivalência ricardiana, um aumento temporário no gasto do governo que envolva compras diretas de bens e serviços, como um programa de construção de estradas, melhoraria o gasto total no curto prazo. Isso porque, mesmo que os consumidores cortem sua despesa corrente prevendo impostos futuros mais altos, essa redução de gasto vai ocorrer ao longo do tempo, pois é ao longo do tempo que os consumidores poupam para pagar impostos futuros. Enquanto isso, o gasto adicional do governo estará concentrado no futuro imediato, quando a economia precisar.

Assim, ainda que os efeitos enfatizados pela equivalência ricardiana possam reduzir o impacto da expansão fiscal, o argumento de que isso torna a expansão fiscal inteiramente ineficaz não é consistente com o comportamento dos consumidores na realidade, nem é motivo para crer que um aumento no gasto do governo não terá efeito. No fim das contas, não é argumento válido contra a política fiscal expansionista.

Em suma. Em que medida podemos esperar que a política fiscal expansionista de fato funcione depende das circunstâncias. Quando a economia tem um hiato de recessão – como era o caso quando foi aprovada a Lei de Recuperação de 2009 nos Estados Unidos –, a análise econômica nos diz que essa é a situação em que uma política fiscal expansionista ajuda a economia. Contudo, quando a economia atinge o pleno emprego – como parecia ser o caso em 2017, quando os cortes de impostos do governo Trump entraram em vigor –, uma política fiscal expansionista é errada e causará *crowding out*, aquecimento exagerado da economia e inflação mais alta. (Aliás, a economia norte-americana provavelmente estava mais longe do emprego pleno em 2017 do que a maioria dos economistas acreditava, de modo que os efeitos adversos do estímulo econômico não eram óbvios.)

[1]N.R.: David Ricardo (1772-1823) foi um importante economista britânico do século XIX, autor do clássico livro *Princípios de Economia Política e Tributação*, publicado em 1817. No capítulo 8 foi discutida uma importante contribuição de David Ricardo à teoria econômica do comércio internacional, o conceito de *vantagens comparativas*.

Nota de advertência: defasagens na política fiscal

Pelas Figuras 28.4 e 28.5, pode parecer óbvio que o governo deve usar ativamente a política fiscal, sempre adotando uma política fiscal expansionista quando a economia se defronta com hiatos de recessão e sempre adotando uma política fiscal contracionista quando a economia se defronta com hiatos inflacionários. Mas muitos economistas advertem contra políticas de estabilização extremamente ativas, argumentando que um governo que se esforça demais por estabilizar a economia – recorrendo a política fiscal ou a política monetária – pode acabar tornando a economia menos estável.

Vamos deixar a discussão das advertências relacionadas com política monetária para o Capítulo 30. No caso da política fiscal, um motivo importante para cuidados é que no seu uso há *defasagens de tempo* importantes entre o momento em que se decide implementar a política e o momento em que ela é de fato implementada. Para entender a natureza dessas defasagens, considere as três coisas que precisam acontecer antes que o governo possa aumentar os gastos para combater um hiato de recessão:

1. O governo tem de perceber que o hiato de recessão existe: dados econômicos levam tempo para coletar e analisar, e muitas vezes a recessão só é reconhecida meses depois de haver começado. Mesmo que geralmente se localize em dezembro de 2007 o início da Grande Recessão,[2] em setembro de 2008 alguns economistas ainda questionavam se a recessão era real.
2. O governo tem de elaborar um plano de gastos, o que por si só pode levar meses, particularmente se os políticos demorarem para debater como o dinheiro deve ser gasto e aprovar a legislação.
3. Gastar dinheiro leva tempo. Por exemplo, um projeto de construção de estrada começa com atividades como pesquisas e mapeamento, que não envolvem grandes somas. Pode passar bastante tempo antes que gastos significativos comecem. A Lei de Recuperação foi aprovada no primeiro trimestre de 2009, mas grande parte do seu efeito sobre os gastos públicos, especialmente compras de bens e serviços, não aconteceu antes de 2011.

Por causa dessas defasagens, uma tentativa de aumentar as despesas públicas para combater um hiato de recessão pode levar tanto tempo para começar que, no momento de a política fiscal ser implementada, o hiato de recessão pode já ter se transformado em hiato de inflação. Nesse caso, a política fiscal expansionista estará piorando a situação em vez de melhorá-la.

Isso não significa que a política fiscal nunca deva ser usada ativamente. No início de 2009, havia bons motivos para crer que a recessão que a economia dos Estados Unidos sofria seria tão profunda quanto longa, e era quase certo que um estímulo fiscal destinado a funcionar dentro de um ano ou dois empurraria a curva de demanda agregada na direção certa. O que aconteceu foi que, como veremos adiante neste capítulo, o estímulo de 2009 possivelmente se esgotou cedo demais, deixando a economia ainda em profunda depressão quando ele terminou. Mas o problema das defasagens faz o uso efetivo das políticas fiscal e monetária ser mais difícil do que se pode imaginar a partir de uma análise simples como a que acabamos de apresentar.

ECONOMIA >> *em Ação*

Uma história de dois estímulos

Houve algumas fortes semelhanças entre o estímulo Obama de 2009 e as propostas que foram lançadas pelo governo Trump logo após sua posse no início de 2017, incluindo a aprovação de novos cortes de impostos que começaram em 2018 e a proposição de novos gastos de infraestrutura. Mesmo assim, muitos economistas que apoiaram o estímulo Obama duvidaram do plano Trump, porque o estado da economia já era outro.

[2]N. R.: O termo Grande Recessão diz respeito à recessão norte-americana, que começou em dezembro de 2007 e se tornou global em seguida. Não deve ser confundida com a *Grande Depressão* dos anos 1930.

Figura 28.6 Comparação do estado da economia dos EUA em 2009 e 2017.

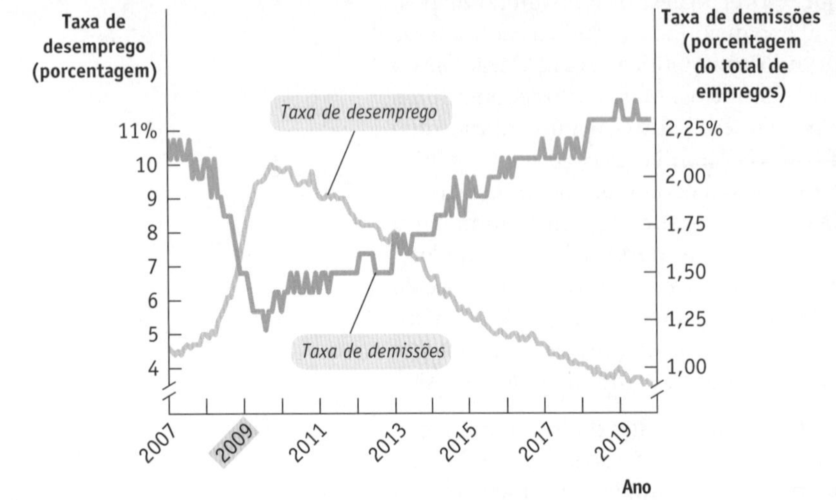

Dados de: Federal Reserve Bank of St. Louis.

A Figura 28.6 mostra dois indicadores que tiveram papel importante nas discussões sobre política nesses dois momentos. Um é a taxa de desemprego. O outro é a *taxa de demissões*, a fração de trabalhadores que deixam voluntariamente seus empregos a cada mês. Essa taxa é considerada uma indicação da situação do mercado de trabalho: os trabalhadores relutam em pedir demissão se acham que é muito difícil encontrar novos empregos. Por isso, a taxa de demissões é um substituto útil para a taxa de desemprego: se você não tiver certeza se a taxa de desemprego está mostrando uma leitura precisa da situação, pode verificar se a taxa de demissões conta a mesma história.

O que se pode ver na Figura 28.6 é que, no início de 2009, os Estados Unidos mostravam todos os sinais de uma economia profundamente deprimida, à beira de uma queda acelerada, com o desemprego alto e crescendo e a taxa de demissões baixa e caindo. Contudo, no final de 2017, quando os cortes de impostos entraram em vigor, os dados contavam uma história oposta: baixa taxa de desemprego e alta taxa de demissões indicavam que os empregos eram relativamente abundantes.

Essa diferença significava que o argumento para uma política fiscal expansionista era muito mais fraco em 2017 do que tinha sido em 2009: nas condições de 2017, parecia provável que o aumento dos gastos públicos impediria gastos privados e que o aumento de pedidos de empréstimo do governo afastaria o investimento privado. Por diversos motivos, foi possível favorecer as propostas do governo Trump. Mas a macroeconomia da política fiscal tornou os potenciais efeitos negativos muito maiores do que em 2009.

>> *Revisão Rápida*

- Os principais canais da política fiscal são impostos e gastos públicos. O gasto público toma a forma de compras de bens e serviços, além de transferências.
- Nos Estados Unidos, a maior parte das transferências governamentais se faz por conta de programas de **seguro social** destinados a aliviar dificuldades econômicas – sobretudo Previdência Social, Medicare, Medicaid e a lei Affordable Care Act (ACA).
- O governo controla *G* diretamente e influencia *C* e *I* por meio de impostos e transferências.
- Uma **política fiscal expansionista** é implementada com maiores compras governamentais, cortes de impostos e aumento nas transferências governamentais. Uma **política fiscal contracionista** é implementada via redução do gasto público, elevação de impostos e diminuição das transferências governamentais.
- Argumentos contra a eficácia de uma política fiscal expansionista são válidos apenas quando a economia está em pleno emprego ou próxima disso. O argumento de que a política fiscal expansionista não funcionará por causa da equivalência ricardiana (de que os consumidores reduzirão seus gastos hoje para compensar o pagamento de maiores impostos no futuro) não parece ser válido na prática. O que nitidamente parece ser verdade é que o uso de política fiscal normalmente envolve defasagens no tempo, o que pode reduzir sua eficácia e, potencialmente, torná-la contraproducente.

>> *Teste seu entendimento* 28.1

As respostas estão no fim do livro.

1. Em cada um dos casos a seguir, determine se a política fiscal é expansionista ou contracionista.
   a. São fechadas no país várias bases militares, que juntas empregam dezenas de milhares de pessoas.
   b. Há aumento no número de semanas que uma pessoa desempregada precisa esperar antes que passe a ter direito de receber seguro-desemprego.
   c. Há aumento no imposto federal sobre gasolina.
2. Explique por que programas de emergência que rapidamente desembolsam fundos para as vítimas de desastres naturais como furacões, inundações e perdas catastróficas de colheita estabilizarão a economia mais efetivamente após um desastre do que a assistência que tem de ser aprovada em lei.
3. A afirmação a seguir é verdadeira ou falsa? Explique. "Quando o governo se expande, o setor privado encolhe; quando o governo encolhe, o setor privado se expande."

Política fiscal e o multiplicador

Uma política fiscal expansionista, como o pacote de estímulos de 2009 nos Estados Unidos, desloca a curva de demanda agregada para a direita. Uma política fiscal contracionista desloca a curva de demanda para a esquerda. Para os responsáveis pela política econômica, saber a direção do deslocamento não basta: eles precisam de estimativas de *quanto* a curva de demanda agregada é deslocada por dada política. Para fazer essas estimativas, eles usam o conceito do multiplicador, que já foi apresentado no Capítulo 26.

Efeito multiplicador de aumentos nas compras públicas de bens e serviços

Suponha que o governo decida gastar $ 50 bilhões construindo pontes e estradas. As compras públicas de bens e serviços aumentarão diretamente o gasto total em bens e serviços finais em $ 50 bilhões. Mas, como aprendemos no Capítulo 26, haverá também um efeito indireto, porque as compras do governo darão início a uma reação em cadeia por toda a economia. As empresas que produzem bens e serviços comprados pelo governo terão receitas que fluirão para domicílios na forma de salários, lucros, juros e aluguéis. Esse aumento na renda disponível levará a um aumento nos gastos de consumo, e o aumento nos gastos de consumo, por sua vez, induzirá as empresas a aumentarem a produção, provocando um aumento subsequente na renda disponível, o que dará início a outra rodada de aumento dos gastos de consumo, e assim por diante.

Como sabemos, o *multiplicador* é a razão entre a mudança no PIB real causada por uma mudança autônoma no gasto agregado e o tamanho dessa mudança autônoma. Um aumento nas compras públicas de bens e serviços é um exemplo de aumento autônomo no gasto agregado.

No Capítulo 26, consideramos um caso simples em que não há impostos nem comércio internacional, de modo que qualquer mudança no PIB real reverte totalmente para as famílias. Adotamos também o pressuposto de que o nível de preços agregado é fixo, de modo que qualquer aumento no PIB nominal também é um aumento no PIB real, e que a taxa de juros também é fixa. Nesse caso, o multiplicador é 1 / (1 – *MPC*). Recorde que *MPC* é a *propensão marginal a consumir*, a fração de 1 unidade monetária adicional de renda disponível que é gasta. Por exemplo, se a propensão marginal a consumir é 0,5, o multiplicador é 1 / (1 – 0,5) = 1 / 0,5 = 2. Dado um multiplicador de 2, um aumento de $ 50 bilhões nas compras governamentais de bens e serviços aumentaria o PIB real em $ 100 bilhões. Desses $ 100 bilhões, $ 50 bilhões são o efeito inicial do aumento em *G* e os $ 50 bilhões restantes são o efeito subsequente que surge do aumento nos gastos de consumo.

O que acontece se, em vez disso, as compras governamentais de bens e serviços diminuem? A matemática é exatamente a mesma, exceto que há um sinal negativo na frente: se as compras do governo caem $ 50 bilhões e a propensão marginal a consumir é 0,5, o PIB real diminui $ 100 bilhões.

Efeito multiplicador de mudanças em transferências governamentais e impostos

Política fiscal expansionista ou contracionista não precisa ter a forma de mudanças em compras governamentais de bens e serviços. O governo pode também mudar pagamentos de transferências ou impostos. Em geral, contudo, uma mudança nas transferências governamentais ou nos impostos desloca a curva de demanda agregada *menos* do que uma mudança de igual tamanho nas compras governamentais, resultando em efeito menor sobre o PIB real.

Para ver o motivo, imagine que, em vez de gastar $ 50 bilhões construindo pontes, o governo distribua $ 50 bilhões na forma de transferências governamentais. Nesse caso, não há efeito direto sobre a demanda agregada, como houve com as compras governamentais de bens e serviços. O PIB real aumenta porque domicílios gastam uma parte desses 50 bilhões – mas não irão gastar o total.

A Tabela 28.1 mostra uma comparação hipotética entre duas políticas fiscais expansionistas supondo *MPC* igual a 0,5: uma em que o governo compra diretamente $ 50 bilhões em bens e serviços e outra em que, em vez disso, o governo faz pagamentos de transferência, distribuindo um total de $ 50 bilhões em cheques aos consumidores. Em cada um dos casos há uma primeira rodada de efeito sobre

Tabela 28.1 Efeito hipotético de uma política fiscal quando *MPC* = 0,5

Efeito no PIB real	$ 50 bilhões de aumento em compras públicas de bens e serviços	$ 50 bilhões de aumento em transferências governamentais
Primeira rodada	$ 50 bilhões	$ 25 bilhões
Segunda rodada	$ 25 bilhões	$ 12,5 bilhões
Terceira rodada	$ 12,5 bilhões	$ 6,25 bilhões
⋮	⋮	⋮
Efeito total	$ 100 bilhões	$ 50 bilhões
Efeito total em termos do multiplicador	$\Delta Y = \Delta G \times 1 / (1 - MPC)$	$\Delta Y = \Delta TR \times MPC \times 1 / (1 - MPC)$

o PIB real, seja das compras feitas pelo governo, seja das compras feitas pelos consumidores que receberam os cheques, seguindo-se uma série de rodadas adicionais à medida que o PIB real crescente aumenta a renda disponível.

O efeito da primeira rodada do programa de transferência, contudo, é menor; como supusemos que a *MPC* é 0,5, somente $ 25 bilhões dos $ 50 bilhões serão gastos e os outros $ 25 bilhões serão poupados. Em consequência, todas as rodadas subsequentes serão menores também. No final das contas, os pagamentos de transferência aumentarão o PIB real em apenas $ 50 bilhões, iguais a *MPC* × 1 / (1 – *MPC*). Em comparação, um aumento de $ 50 bilhões nas compras governamentais produz aumento no PIB real de $ 100 bilhões, iguais a 1 / (1 – *MPC*).

No conjunto, quando a política fiscal expansionista toma a forma de aumento nas transferências, o PIB real pode aumentar mais ou menos do que o gasto inicial do governo; isto é, o multiplicador pode ser maior ou menor que 1, dependendo do tamanho da propensão marginal a consumir (*MPC*). Na Tabela 28.1, com *MPC* igual a 0,5, o multiplicador é exatamente 1: um aumento de $ 50 bilhões nos gastos de transferência aumenta o PIB em $ 50 bilhões. Se o *MPC* é menos que 0,5, de modo que se gasta uma parcela menor da transferência inicial, o multiplicador sobre essa transferência é *menor* que 1. Se é gasta uma parcela maior da transferência inicial, o multiplicador sobre essa transferência é *maior* que 1.

Um corte de impostos tem efeito semelhante ao de uma transferência. Aumenta a renda disponível, gerando uma série de aumentos nos gastos de consumo. Mas o efeito global é menor do que o de um aumento nas compras públicas de igual tamanho: o aumento autônomo no gasto agregado é menor porque domicílios poupam parte do montante do corte de impostos.

Impostos em valor fixo *per capita* (ou *lump-sum*) são impostos que não dependem da renda do contribuinte.

Devemos notar, também, que os impostos trazem uma complicação adicional: eles normalmente mudam o tamanho do multiplicador. Isso porque, no mundo real, governos raramente estabelecem algo na forma de um **imposto em valor fixo *per capita*** (ou *lump-sum*), em que o valor de imposto que um domicílio deve é independente de sua renda. Com impostos *lump-sum*, não há mudança no multiplicador. Em vez disso, a grande maioria da receita tributária é arrecadada mediante impostos que não são de *lump-sum*, de modo que dependem do nível do PIB real. Como discutiremos logo adiante e vamos analisar em detalhe no apêndice a este capítulo, impostos não *lump-sum* reduzem o tamanho do multiplicador.

Na prática, economistas muitas vezes argumentam que o tamanho do multiplicador determina *quem* na população deve receber os cortes de impostos ou o aumento de transferências governamentais. Compare-se, por exemplo, o efeito de um aumento no seguro-desemprego com um corte de impostos sobre os lucros distribuídos aos acionistas como dividendos. Pesquisas sobre consumo indicam que o trabalhador desempregado gastará, em média, uma proporção maior da sua renda disponível do que o faria, em média, alguém que recebe renda como dividendos. Isto é, pessoas desempregadas tendem a ter propensão marginal a consumir (*MPC*) mais alta do que pessoas que são donas de grande quantidade de ações, pois estas últimas tendem a ser mais ricas e poupar uma proporção maior de qualquer aumento de renda disponível. Se isso é verdade, $ 1 gasto em pagar seguro-desemprego aumenta a demanda agregada mais do que $ 1 de corte de impostos sobre dividendos.

Como os impostos afetam o multiplicador

Quando apresentamos a análise do multiplicador no Capítulo 26, simplificamos o assunto supondo que $ 1 de aumento no PIB real aumenta a renda disponível em

$ 1. De fato, contudo, os impostos cobrados pelo governo capturam uma parte do aumento de PIB real que ocorre em cada rodada do processo do multiplicador, uma vez que a maior parte dos impostos depende positivamente do PIB real. Em consequência, a renda disponível aumenta menos que $ 1 quando incluímos os impostos no modelo.

O aumento da receita tributária do governo quando o PIB real aumenta não é resultado de uma decisão ou ação deliberada do governo. É consequência da forma como a legislação tributária é formulada, que faz a maioria das fontes da receita pública aumentar *automaticamente* quando o PIB real aumenta. Por exemplo, a arrecadação do imposto de renda aumenta quando o PIB real sobe, pois o montante que cada indivíduo tem de pagar em impostos depende positivamente da sua renda, e a renda disponível dos domicílios aumenta quando o PIB real aumenta. A arrecadação dos impostos sobre venda aumenta quando o PIB real cresce, porque pessoas com mais renda gastam mais em bens e serviços. E a receita de impostos sobre lucros das empresas aumenta com o PIB real porque lucros aumentam quando a economia se expande.

O efeito desses aumentos automáticos de receita tributária é o de reduzir o tamanho do multiplicador. Recorde que o multiplicador é o resultado de uma reação em cadeia em que um PIB maior gera renda disponível mais alta, o que leva a maior gasto de consumo, o que leva a um subsequente aumento do PIB real. O fato de que o governo recolhe uma parte de qualquer aumento de PIB real significa que, em cada etapa desse processo, o aumento no gasto do consumidor é menor do que teria sido se impostos não fossem parte do quadro. O resultado é reduzir o multiplicador.

Na verdade, o efeito dos impostos sobre o multiplicador é muito semelhante ao efeito do comércio internacional, que também reduz o multiplicador. Em um caso, o processo do multiplicador é enfraquecido porque, em cada estágio, algum gasto "vaza" para as importações; no outro caso, a renda "vaza" para os impostos. O apêndice a este capítulo mostra como derivar o multiplicador quando se levam em conta impostos que dependem positivamente do PIB real.

Muitos macroeconomistas acreditam ser uma boa coisa o fato de que, na vida real, os impostos reduzem o multiplicador. No capítulo anterior, argumentamos que quase sempre, ainda que não todas as vezes, as recessões são resultado de choques de demanda negativos. O mesmo mecanismo que causa o aumento da receita tributária quando a economia se expande causa uma diminuição da receita tributária quando a economia se contrai. Como a receita tributária diminui quando o PIB real cai, os efeitos desses choques de demanda negativos são menores do que seriam em um mundo onde não existissem impostos. A redução da receita tributária reduz o efeito adverso de uma queda inicial de demanda agregada.

A queda automática da receita tributária do governo gerada por uma queda no PIB real (causada pela diminuição da quantidade de imposto que os domicílios pagam) atua como uma política fiscal expansionista automática implementada diante de uma recessão. De modo semelhante, quando a economia se expande, o governo se vê perseguindo automaticamente uma política fiscal contracionista, ou seja, um aumento de impostos. As regras de gasto e tributação que fazem a política fiscal ser expansionista quando a economia se contrai e contracionista quando a economia se expande, sem exigir uma ação deliberada dos formuladores de política, são chamadas **estabilizadores automáticos**.

Estabilizadores automáticos são gastos públicos e regras tributárias que fazem com que a política fiscal seja automaticamente expansionista quando a economia se contrai e automaticamente contracionista quando a economia se expande.

As regras que governam a arrecadação de impostos não são os únicos estabilizadores automáticos, ainda que sejam os mais importantes. Alguns tipos de transferências governamentais igualmente desempenham papel estabilizador. Por exemplo, mais pessoas recebem seguro-desemprego quando a economia está deprimida do que quando ela está em expansão. O mesmo se aplica à assistência médica às famílias de baixa renda (por exemplo, Medicaid) e ao vale-refeição. Assim, os pagamentos de transferência tendem a aumentar quando a economia está se contraindo e a diminuir quando a economia está se expandindo. Do mesmo modo que a receita tributária, essas mudanças nas transferências tendem a reduzir o tamanho do multiplicador porque a mudança total de renda disponível que resulta de dado aumento ou dada queda no PIB real é menor.

Como no caso da receita tributária do governo, muitos macroeconomistas acreditam que é bom que as transferências governamentais reduzam o multiplicador. As políticas fiscais expansionistas e contracionistas que resultam dos estabilizadores automáticos são, em geral, consideradas uma ajuda para a estabilização macroeconômica, porque elas amenizam os extremos do ciclo econômico.

Política fiscal discricionária é a política fiscal que resulta diretamente de ações deliberadas dos responsáveis pela política econômica e não de regras.

Mas o que dizer da política fiscal que *não é* resultado dos estabilizadores automáticos? **Política fiscal discricionária** é a política fiscal que resulta diretamente de ações deliberadas dos responsáveis pela política econômica e não de ajustes automáticos. Por exemplo, durante uma recessão, o governo pode aprovar legislação que corta impostos e aumenta o gasto público a fim de estimular a economia. Economistas geralmente tendem a apoiar o uso de política fiscal discricionária apenas em casos como uma recessão particularmente severa ou uma fragilidade econômica persistente.

ECONOMIA >> *em Ação*

Austeridade e o multiplicador

Já explicamos a lógica do multiplicador fiscal, mas que evidência empírica os economistas têm sobre os efeitos do multiplicador na prática? Até alguns anos atrás, a resposta teria sido que não tínhamos tantas evidências quanto gostaríamos.

O problema é que grandes mudanças na política fiscal são muito raras e geralmente acontecem ao mesmo tempo em que acontecem outras coisas, o que torna difícil separar os efeitos dos gastos e impostos dos de outros fatores. Por exemplo, o governo dos EUA aumentou drasticamente os gastos durante a Segunda Guerra Mundial. Mas também instituiu o racionamento de muitos bens de consumo e restringiu a construção de novas casas a fim de reservar recursos para o esforço de guerra. Portanto, é difícil distinguir os efeitos do aumento nos gastos públicos da transformação de uma economia de paz em uma economia de guerra.

Entretanto, eventos mais recentes oferecem novas evidências consideráveis. No início da crise financeira global de 2009, diversos governos europeus enfrentaram crises de endividamento. Com o vencimento dos empréstimos que haviam contraído, esses governos não conseguiram levantar novos fundos ou foram forçados a pagar taxas de juros extremamente altas. Como resultado, eles tiveram de buscar ajuda no restante da Europa. Na tentativa de reduzir os déficits orçamentários, uma condição para essa ajuda foi a *austeridade* – cortes bruscos nos gastos juntamente com aumentos de impostos. A austeridade é uma forma de política fiscal contracionista. Portanto, quando comparamos o desempenho econômico dos países forçados à austeridade com o desempenho dos países que não o foram, temos uma visão relativamente clara dos efeitos das mudanças sobre gastos e impostos.

Figura 28.7 Multiplicador fiscal, 2009-2013.

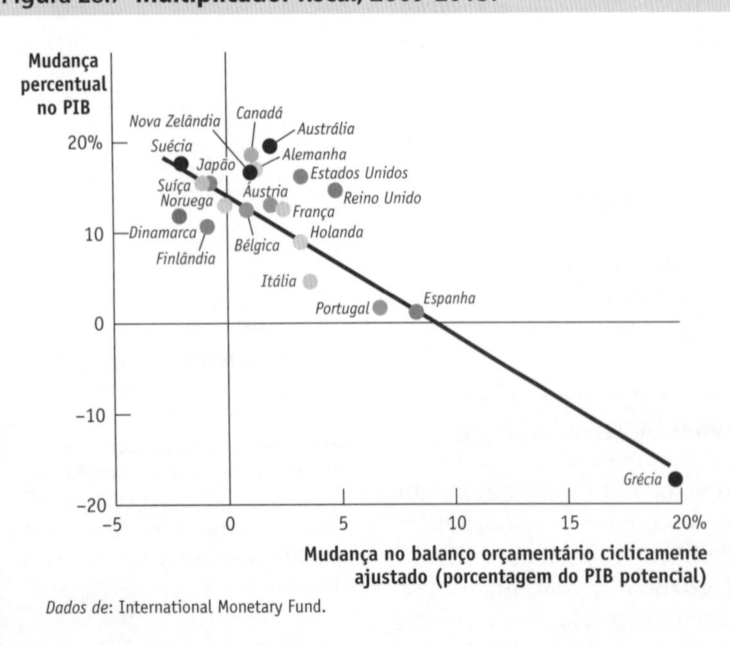

Dados de: International Monetary Fund.

A Figura 28.7 compara o grau de austeridade imposto em vários países entre 2009 e 2013 com o crescimento de seu PIB no mesmo período. (Terminamos a análise em 2013 porque os mercados europeus endividados se acalmaram no final de 2012 e a pressão por austeridade severa foi bastante reduzida.) A austeridade é medida no eixo horizontal pela mudança no *balanço orçamentário ciclicamente ajustado*, definido mais adiante neste capítulo. Como se pode ver, a Grécia se destaca. Ela foi forçada a impor severos cortes de gastos e sofreu uma queda enorme na produção. Porém, mesmo sem a Grécia, existe uma relação claramente negativa. Uma linha ajustada atravessando o gráfico de dispersão tem inclinação de −1,5. Ou seja, a figura sugere que cortes de gastos e aumento de impostos tiveram multiplicador médio de 1,5. Em outras palavras, uma política fiscal contracionista que retirou $ 1 da economia resultou em queda de $ 1,50 no PIB.

Economistas ofereceram diversas qualificações e ressalvas a esse resultado, visto que esse não foi realmente um experimento controlado. No entanto, a experiência recente apoia fortemente a proposição de que a política fiscal de fato move o PIB na direção prevista, com um multiplicador de mais de 1.

>> Revisão Rápida

- O montante em que mudanças nas compras públicas aumentam o PIB real é determinado pelo multiplicador.
- Mudanças nos impostos e nas transferências do governo também movem o PIB real, porém menos do que mudanças de igual tamanho nas compras públicas.
- Impostos reduzem o tamanho do multiplicador, a não ser que sejam **impostos em valor fixo *per capita*** (*lump-sum*).
- Impostos e algumas transferências governamentais funcionam como **estabilizadores automáticos** conforme a receita tributária responde positivamente a mudanças no PIB real e algumas transferências governamentais respondem negativamente a mudanças no PIB real. Muitos economistas consideram bom que haja essa redução no tamanho do multiplicador. Por outro lado, os economistas tendem a apoiar o uso de **políticas fiscais discricionárias** somente durante recessão particularmente severa ou períodos de fragilidade econômica persistente.

>> *Teste seu entendimento* 28.2

As respostas estão no fim do livro.

1. Explique por que um aumento de $ 500 milhões em compras públicas de bens e serviços vai gerar aumento maior no PIB real do que um aumento de $ 500 milhões em transferências governamentais.
2. Explique por que uma redução de $ 500 milhões em compras públicas de bens e serviços vai gerar queda maior no PIB real do que uma redução de $ 500 milhões em transferências governamentais.
3. No país Boldóvia, não há seguro-desemprego e o sistema tributário usa apenas impostos em valor fixo *per capita* (*lump-sum*). O país vizinho Moldóvia tem um generoso benefício para desempregados, e os residentes pagam um imposto percentual sobre sua renda. Que país terá maior variação no PIB real em reação a choques de demanda, positivos ou negativos? Explique.

Balanço orçamentário (ou saldo orçamentário)

As manchetes sobre orçamento público tendem a concentrar-se em apenas um ponto: se o governo está tendo superávit ou déficit e, em cada caso, de quanto. Em geral, as pessoas acham que superávits são bons: quando o governo federal dos Estados Unidos gerou um superávit recorde em 2000, muita gente considerou isso motivo de comemoração. Por outro lado, as pessoas em geral pensam que os déficits são ruins: quando o governo federal nos Estados Unidos teve déficits recordes de 2009 a 2011, muita gente considerou isso motivo de preocupação.

Como superávits e déficits entram na análise da política fiscal? Será verdade que déficits jamais são bons e superávits jamais são maus? Para respondermos a essas perguntas, examinemos as causas e as consequências de superávits e déficits.

Balanço orçamentário como medida de política fiscal

O que entendemos por superávits e déficits? Balanço orçamentário, que definimos no Capítulo 25, é a diferença entre a renda do governo, na forma de arrecadação de impostos, e seus gastos, tanto com bens e serviços como com transferências governamentais, em determinado ano. Ou seja, o balanço orçamentário é igual à poupança do governo, definida pela Equação 28.2 (que é igual à Equação 25.7):

$$\textbf{(28.2)}\quad S_{Gov} = T - G - TR$$

onde T é o valor da receita tributária, G são compras públicas de bens e serviços, e TR é o valor das transferências governamentais. Como já aprendemos, superávit orçamentário é um balanço (saldo) orçamentário positivo, e déficit orçamentário é um balanço (saldo) orçamentário negativo.

Tudo o mais mantido constante, políticas fiscais expansionistas, ou seja, aumento de compras públicas de bens e serviços, maiores transferências governamentais e impostos mais baixos reduzem o balanço orçamentário no ano em consideração. Ou seja, políticas fiscais expansionistas tornam menor o superávit orçamentário ou maior o déficit orçamentário. Por outro lado, políticas fiscais contracionistas, com menos compras públicas de bens e serviços, menos transferências e impostos mais elevados, aumentam o balanço orçamentário nesse ano, tornando o superávit maior ou o déficit menor.

Pode-se imaginar que isso significa que mudanças no balanço orçamentário servem para avaliar a política fiscal. De fato, os economistas muitas vezes fazem exatamente isso: usam mudanças no balanço orçamentário como maneira superficial de avaliar se a política fiscal corrente é expansionista ou contracionista. Mas eles sempre têm em mente duas razões pelas quais essa abordagem superficial às vezes engana:

1. Duas mudanças diferentes de política fiscal podem ter efeitos iguais sobre o balanço orçamentário, mas podem ter efeitos muito diversos sobre a economia. Como vimos, mudanças nas compras públicas têm um efeito maior sobre o PIB real do que mudanças do mesmo tamanho nos impostos e nas transferências governamentais.
2. Muitas vezes, mudanças no balanço orçamentário são resultado, não causa, de flutuações na economia.

Para entendermos esse segundo ponto, temos de examinar os efeitos do ciclo econômico sobre o orçamento.

O ciclo econômico e o balanço orçamentário ciclicamente ajustado

Historicamente, tem existido forte relação entre o balanço orçamentário do governo federal nos Estados Unidos e o ciclo econômico. O orçamento tende a ficar deficitário quando a economia passa por uma recessão, mas os déficits tendem a se tornar menores ou até a transformar-se em superávit quando a economia se expande. A Figura 28.8 mostra o déficit do orçamento federal como porcentagem do PIB de 1964 a 2019. As áreas sombreadas indicam recessões; as demais áreas indicam expansões. Como se vê, o déficit orçamentário federal aumentou na época de cada recessão e normalmente declinou durante as expansões. Nos últimos estágios de uma longa expansão de 1991 até o início de 2001, o déficit na verdade tornou-se negativo – isto é, o déficit do orçamento tornou-se um superávit.

A relação entre ciclo econômico e balanço orçamentário fica ainda mais clara se compararmos o déficit como porcentagem do PIB com a taxa de desemprego, como fazemos na Figura 28.9. O déficit orçamentário quase sempre aumenta quando a taxa de desemprego aumenta e cai quando a taxa de desemprego cai.

Figura 28.8 Déficit do orçamento federal dos EUA e ciclo econômico, 1964-2019.

O déficit orçamentário como porcentagem do PIB tende a aumentar durante as recessões (indicadas pelas áreas sombreadas) e a cair durante as expansões.

Dados de: Federal Reserve Bank of St. Louis.

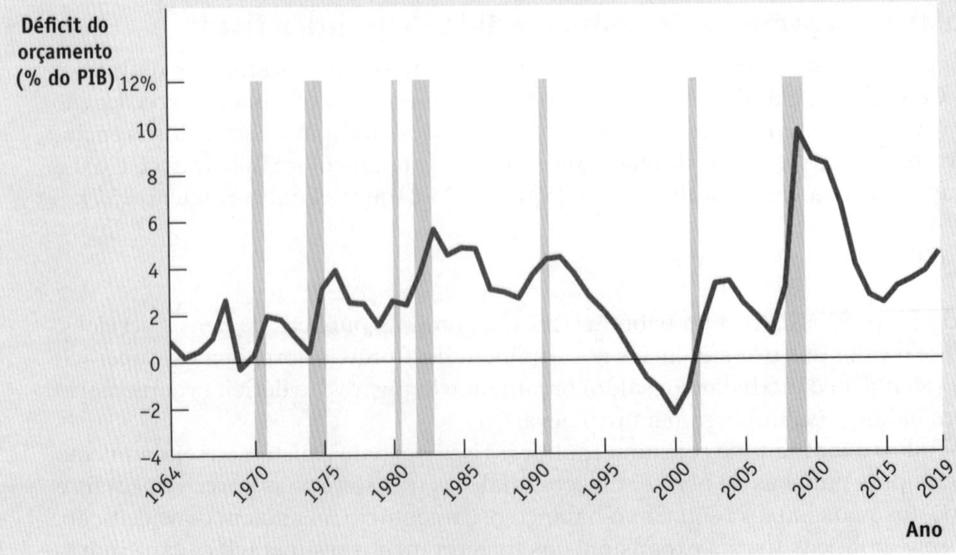

Figura 28.9 Déficit do orçamento federal dos EUA e taxa de desemprego, 1964-2019.

Há uma relação estreita entre o balanço orçamentário e o ciclo econômico: uma recessão move o balanço orçamentário em direção ao déficit, mas uma expansão o move em direção ao superávit. Aqui, a taxa de desemprego serve como indicador do ciclo econômico, e devemos esperar uma taxa de desemprego mais alta associada a um déficit orçamentário mais elevado. Isso se confirma na figura: os déficits orçamentários como percentagem do PIB se movem em paralelo à taxa de desemprego.

Dados de: Federal Reserve Bank of St. Louis.

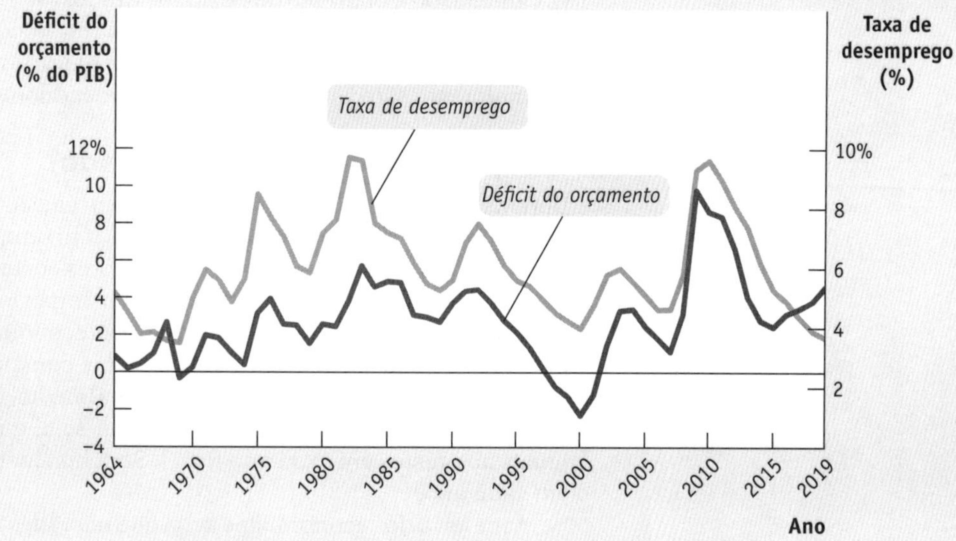

Essa relação entre ciclo econômico e balanço orçamentário é evidência de que os responsáveis pela política econômica empreendem políticas fiscais discricionárias, usando política fiscal expansionista durante recessões e contracionista durante expansões? Não necessariamente. Em grande medida, a relação da Figura 28.9 reflete o funcionamento dos estabilizadores automáticos. Como aprendemos na discussão sobre estabilizadores automáticos, a receita tributária do governo tende a aumentar e algumas transferências governamentais, como o pagamento de seguro-desemprego, tendem a cair quando a economia passa por uma expansão. Por outro lado, a receita tributária do governo tende a cair e algumas transferências governamentais tendem a subir quando a economia se contrai. Por conseguinte, o orçamento tende a mover-se para superávit durante as expansões e para déficit durante as recessões, mesmo sem qualquer ação deliberada de parte dos responsáveis pela política econômica.

Ao avaliar a política orçamentária, muitas vezes convém separar as mudanças no orçamento devidas ao ciclo econômico das mudanças decorrentes de alterações deliberadas de política. As primeiras são afetadas pelos estabilizadores automáticos e as últimas, por mudanças deliberadas nas compras públicas, nas transferências governamentais ou nos impostos. É importante entender que os efeitos do ciclo sobre o balanço orçamentário são temporários: tanto os hiatos de recessão (em que o PIB real fica abaixo do produto potencial) como os hiatos inflacionários (em que o PIB real está acima do produto potencial) tendem a ser eliminados no longo prazo. Dessa forma, descontar os efeitos dos hiatos de recessão e de inflação sobre o balanço orçamentário permite avaliar melhor se as políticas tributárias e de gasto do governo são sustentáveis no longo prazo.

Em outras palavras, a política fiscal do governo gera receita suficiente para financiar seus gastos no longo prazo? Como veremos, essa é uma questão basicamente muito mais importante do que se o governo tem superávit ou déficit no orçamento do ano corrente.

Para separar o efeito do ciclo econômico dos efeitos de outros fatores, muitos governos produzem uma estimativa do que seria o balanço orçamentário se não houvesse recessão nem inflação. O **balanço orçamentário ciclicamente ajustado** é uma estimativa do que seria o balanço orçamentário se o PIB real fosse exatamente igual ao produto potencial. Ele leva em conta a receita tributária extra que o governo arrecadaria e as transferências que pouparia se um hiato de recessão fosse eliminado – ou as receitas que o governo perderia e as transferências que ele teria de fazer caso um hiato inflacionário fosse eliminado.

Balanço orçamentário ciclicamente ajustado é uma estimativa de qual seria o balanço orçamentário se o PIB real fosse exatamente igual ao produto potencial.

A Figura 28.10 mostra o déficit orçamentário efetivo dos Estados Unidos e as estimativas do déficit orçamentário ciclicamente ajustado feitas pela Comissão de Orçamento do Congresso dos Estados Unidos, de 1965 a 2019. Como se vê, o balanço orçamentário ciclicamente ajustado não flutua tanto quanto o déficit orçamentário efetivo. Em especial, déficits efetivos elevados, como os de 1975, 1983 e 2009, normalmente são causados em parte por economia deprimida.

O orçamento deve ser equilibrado?

Déficits orçamentários persistentes podem causar problemas tanto para o governo quanto para a economia. Mas os políticos têm sempre a tentação de manter déficits, porque isso lhes permite atender os eleitores cortando impostos sem cortar despesas ou aumentando gastos sem aumentar impostos. Por causa disso, há tentativas ocasionais dos responsáveis pela política econômica de forçar a disciplina fiscal por meio de legislação – e até de emendas constitucionais – proibindo o governo de manter déficits orçamentários. Normalmente, isso é formulado como exigência de que o orçamento seja equilibrado, ou seja, que as receitas sejam pelo menos iguais aos gastos em cada ano fiscal. Será boa ideia exigir um balanço equilibrado em cada ano?

A maioria dos economistas acha que não. Eles acreditam que o governo deveria equilibrar o orçamento apenas na média, isto é, deveria ter permissão para ter déficit em anos economicamente desfavoráveis compensado por superávit em anos favoráveis. Não acreditam que o governo deva ser forçado a ter um orçamento equilibrado *todo ano*, porque isso solaparia o papel dos impostos e das transferências como estabilizadores automáticos.

Como já aprendemos, a tendência de a receita tributária cair e as transferências aumentarem quando a economia se contrai ajuda a limitar a gravidade das recessões. Mas receita em queda e transferências em aumento levam o orçamento rumo a um déficit. Caso seja restringido por uma regra de equilíbrio orçamentário, o governo tem de responder a esse déficit com políticas fiscais contracionistas, que tendem a aprofundar a recessão.

Contudo, responsáveis pela política econômica, preocupados com déficits excessivos, algumas vezes sentem que regras rígidas proibindo déficits, ou pelo menos estabelecendo limites, são necessárias. Como explica o Economia em Ação a seguir, os governos estadual e local dos EUA possuem tais regras, as quais causaram impacto importante sobre a política fiscal durante a Grande Recessão e em consequência dela.

Figura 28.10 Déficit do orçamento efetivo *versus* ciclicamente ajustado nos Estados Unidos, 1965-2019.

Déficit orçamentário ciclicamente ajustado é uma estimativa do que seria o déficit orçamentário se a economia estivesse em seu produto potencial. Ele flutua menos que o déficit orçamentário efetivo, porque anos de déficit orçamentário elevado tendem a ser também anos em que a economia tem elevado hiato de recessão. Os grandes déficits efetivos em 1975, 1983 e 2009 (que são relatados no ano seguinte) são indicados pelas barras verticais. Esses déficits devem-se principalmente a uma economia em depressão.
Dados de: Congressional Budget Office.

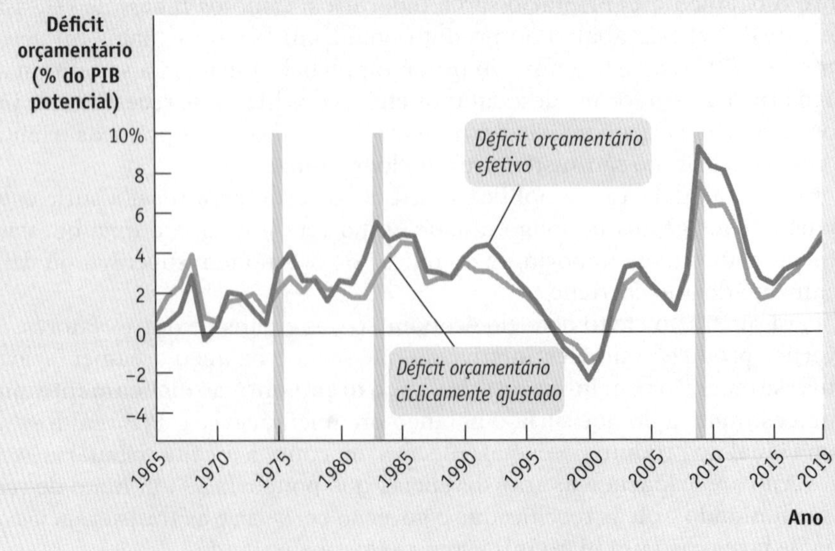

ECONOMIA >> *em Ação*

Tentando equilibrar orçamentos em uma recessão

Quando surgiu a Grande Recessão, o déficit orçamentário do governo federal dos EUA aumentou de apenas US$ 160 bilhões para US$ 1,4 trilhão, em parte em razão das medidas de estímulo, mas principalmente por causa dos estabilizadores automáticos: a receita caiu drasticamente, enquanto algumas despesas, especialmente auxílios de desemprego, aumentaram. Muitos observadores se preocuparam com esse déficit, mas a maioria dos economistas achava que tentar equilibrar o orçamento em face de uma recessão, na verdade, pioraria a recessão.

No entanto, quando se trata de gastos do governo norte-americano, o governo federal não é o único a entrar na jogada. Governos estaduais e locais respondem por cerca de 40% do total de gastos do governo e a maioria dos empregos públicos. (A maioria dos funcionários públicos está em cargos que prestam serviços essenciais, como professores, policiais e bombeiros.) E quase todos esses governos estaduais e locais têm regras que exigem que seus orçamentos sejam equilibrados o tempo todo.

Existem vários motivos para essas regras, que fazem sentido para cada estado ou cidade individual. Em conjunto, no entanto, as regras significam que, para uma parte grande do governo dos Estados Unidos, estabilizadores automáticos não funcionam. Na verdade, os governos estaduais e locais cortaram seus gastos drasticamente em face de uma economia deprimida, especialmente depois de 2010, quando a ajuda federal do estímulo de 2009 terminou. A Figura 28.11 mostra o número de funcionários estaduais e locais de 2000 a 2020; como você pode ver, de 2009 a 2013 (período sombreado do gráfico), houve grandes cortes, principalmente demissões de professores, em razão da queda do faturamento.

Figura 28.11 Emprego nos governos estadual e local, 2000-2020.

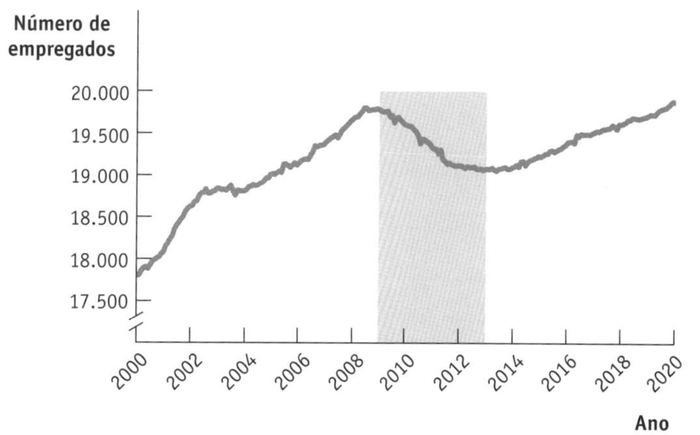

Dados de: Bureau of Labor Statistics; Federal Reserve Bank of St. Louis.

Essas ações nos níveis estadual e local não compensaram totalmente os efeitos dos estabilizadores automáticos no nível federal, mas provavelmente ainda causaram uma recessão mais profunda e uma recuperação mais lenta do que se não houvesse vários níveis do governo, com a obrigação dos níveis mais baixos de administrar orçamentos equilibrados.

>> *Teste seu entendimento* 28.3

As respostas estão no fim do livro.

1. Por que o balanço orçamentário ciclicamente ajustado é uma medida melhor do que o balanço orçamentário efetivo para avaliar a sustentabilidade de longo prazo das políticas?
2. Explique por que os estados da União obrigados a equilibrar seu orçamento provavelmente sofrerão flutuações econômicas mais severas do que estados que não sofrem essa exigência.

>> *Revisão Rápida*

- O déficit orçamentário tende a aumentar durante recessões e a cair durante expansões. Isso reflete o efeito do ciclo econômico sobre o balanço orçamentário.
- **Balanço orçamentário ciclicamente ajustado** é uma estimativa do que seria o balanço orçamentário se a economia estivesse no produto potencial. Ele flutua menos que o déficit orçamentário efetivo.
- A maioria dos economistas acredita que os governos deveriam incorrer em déficits em anos economicamente desfavoráveis e em superávits em anos favoráveis. Uma regra exigindo equilíbrio orçamentário prejudicaria o funcionamento dos estabilizadores automáticos.

Implicações de longo prazo da política fiscal

Ao final de 2009, o governo da Grécia viu-se frente a um muro financeiro. Como a maioria dos demais governos da Europa (e o dos Estados Unidos também), o governo grego mantinha um elevado déficit orçamentário, o que significava que precisava manter-se tomando emprestado mais fundos, tanto para cobrir suas despesas quanto para pagar suas dívidas à medida que seus prazos venciam. Mas governos, assim como países e indivíduos, só conseguem tomar emprestado se os credores acreditam que há boa probabilidade de que eles terão capacidade ou disposição de amortizar suas dívidas. Em 2009, a maioria dos investidores, tendo perdido confiança no futuro financeiro da Grécia, não mais se dispunha a emprestar para o governo grego. Aqueles poucos que estavam dispostos a conceder créditos exigiam taxas de juros muito altas para compensá-los pelo risco de prejuízo.

A Figura 28.12 compara taxas de juros de títulos de dez anos emitidos pelos governos da Grécia e da Alemanha. No início de 2007, a Grécia conseguia tomar emprestado a taxas de juros semelhantes às da Alemanha. Em 2009, seus custos para empréstimo começaram a subir, e no final de 2011 a Grécia estava sendo obrigada a pagar juros cerca de dez vezes maiores que os pagos pela Alemanha.

O que precipitou a crise? Em 2009, parecia claro que o governo grego tinha usado uma contabilidade criativa para esconder até onde exatamente tinha chegado seu endividamento. Dívida pública, afinal de contas, é a promessa de fazer pagamentos futuros aos credores. Em 2010, parecia que o governo grego já tinha prometido mais do que tinha capacidade de cumprir.

Os investidores ficaram bastante preocupados que o nível de dívida do governo grego se tornasse insustentável – ou seja, que o país não conseguisse restituir o que devia. Como resultado, a Grécia ficou impossibilitada de tomar mais empréstimos de credores privados. Para impedir um colapso do governo, recebeu créditos emergenciais de outras nações europeias e do Fundo Monetário Internacional. Mas esses empréstimos vieram com a exigência de que o governo grego exercesse austeridade, fazendo cortes de gastos severos e aumentando bruscamente seus impostos. A austeridade na Grécia enfraqueceu sua economia, impondo aos gregos duras dificuldades econômicas, trazendo inquietação e protestos sociais maciços.

A crise de 2009 na Grécia mostra por que nenhuma discussão de política fiscal é completa se não leva em conta as implicações de longo prazo dos déficits e superávits do orçamento público, especialmente as implicações para a dívida do governo. Passaremos agora a essas implicações de longo prazo.

Déficits, superávits e dívida

Quando uma família gasta mais do que ganha durante o ano, ela tem de obter os fundos extras necessários vendendo ativos ou contraindo dívida. E se a família toma empréstimos ano após ano, vai acabar tendo muita dívida.

O mesmo vale para os governos. Com poucas exceções, governos não arrecadam grandes somas vendendo ativos como parques nacionais. Em vez disso, quando o governo gasta mais do que os impostos que arrecada, ou seja, quando incorre

Figura 28.12 Taxas de juros de longo prazo da Grécia e da Alemanha.

Ainda em 2008, o governo da Grécia conseguia tomar emprestado a taxas de juros apenas ligeiramente mais altas que as da Alemanha, considerada um devedor muito seguro. Mas no início de 2009, quando ficou claro que tanto a dívida quanto o déficit grego eram maiores que o divulgado anteriormente, os investidores perderam a confiança e levaram a taxa de juros de dívidas da Grécia para as nuvens.

Dados de: Federal Reserve Bank of St. Louis; OECD "Main Economic Indicators Complete Database."

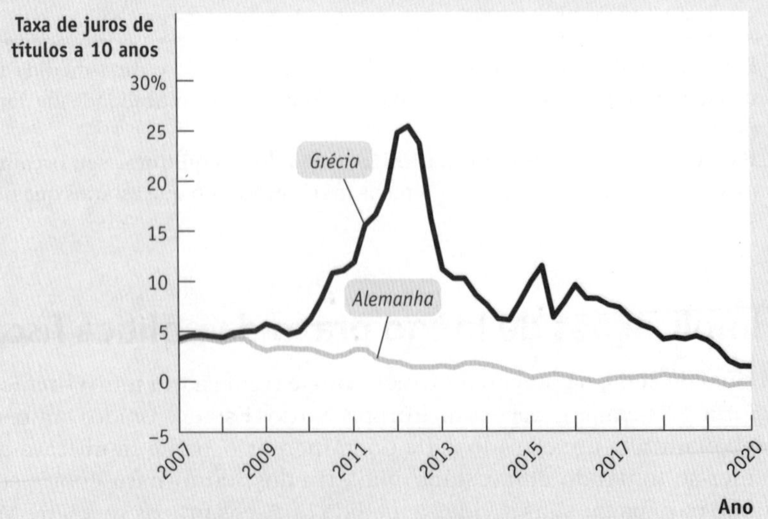

em déficit orçamentário, quase sempre ele toma emprestados os fundos extras. E governos que incorrem em déficits orçamentários persistentes acabam tendo dívidas substanciais.

Para interpretar os números adiante, é preciso saber de uma característica peculiar da contabilidade do governo federal dos Estados Unidos. Por motivos históricos, o governo norte-americano não faz seus registros contábeis por ano-calendário. Em vez disso, obtêm-se os totais orçamentários do **ano fiscal**, que vai de 1º de outubro a 30 de setembro e é rotulado conformem o ano-calendário em que termina. Por exemplo, o ano fiscal de 2019 começou em 1º de outubro de 2018 e terminou em 30 de setembro de 2019.

Um **ano fiscal** vai de 1º de outubro a 30 de setembro e é denominado conforme o ano-calendário em que termina.

Ao final do ano fiscal de 2019, o governo federal dos Estados Unidos tinha uma dívida igual a US$ 21,2 trilhões. Uma parte dessa dívida, no entanto, representa regras especiais de contabilidade especificando que o governo federal em seu conjunto deve fundos a certos programas governamentais, especialmente a Previdência Social. Explicaremos essas regras adiante. Por ora, vamos nos concentrar na **dívida pública**, a dívida do governo nas mãos de indivíduos e instituições fora do governo. No fim do ano fiscal de 2019, a dívida pública do governo federal norte-americano era de "apenas" 16,8 trilhões de dólares, ou 79% do PIB. O total da dívida pública do governo federal, ao fim do ano fiscal de 2019, era maior do que ao fim do ano fiscal de 2018 porque o governo federal teve déficit orçamentário em 2019. Governos que incorrem em déficits orçamentários persistentes experimentam um nível crescente de dívida pública. Por que isso é um problema?

Dívida pública é a dívida do governo detida por indivíduos e instituições fora do governo.

Perigos em potencial impostos por uma dívida pública crescente

Há duas razões para preocupação quando um governo incorre em déficits orçamentários persistentes que resultam em dívida pública que aumenta com o tempo.

1. *Crowding out*. Quando a economia está em pleno emprego e o governo toma emprestado fundos nos mercados financeiros, ele está competindo com empresas que pretendem tomar emprestado para financiar gastos de investimento. Em consequência, a tomada de empréstimos pelo governo pode afastar gastos de investimento privados (*crowding out*), aumentando as taxas de juros e reduzindo a taxa de crescimento de longo prazo da economia.

2. Pressão financeira e *default*. Os déficits de hoje, ao aumentarem a dívida do governo, exercem pressão sobre orçamentos futuros. O impacto dos déficits correntes sobre os déficits futuros é direto. Como os indivíduos, o governo precisa pagar suas contas, inclusive os juros sobre a dívida acumulada. Quando o governo está muito endividado, esses pagamentos de juros podem ser substanciais. No ano fiscal de 2019, o governo federal dos Estados Unidos pagou 1,8% do PIB, US$ 347 bilhões, em juros da sua dívida. O governo da Itália, mais endividado, pagou em juros 3,7% do seu PIB em 2019.

Tudo o mais mantido constante, um governo que paga grande soma de juros tem de arrecadar mais receita de impostos ou gastar menos, ou então precisa tomar emprestado ainda mais para cobrir a lacuna. Mas um governo que toma emprestado para pagar juros sobre a sua dívida vai se afundar ainda mais em dívida – um processo conhecido como **espiral de dívida**. Esse processo pode, por fim, deixar o governo em tal situação que os credores duvidem da sua capacidade de pagar a dívida. Como um consumidor que esgotou o limite de todos os seus cartões de crédito, esse governo descobrirá que os credores não estão dispostos a conceder mais financiamentos. O resultado pode ser o *default*, ou seja, o governo para de pagar o que deve. E o *default*, com frequência, resulta em grave turbulência financeira e econômica.

A ideia de um governo se declarar em *default* parece remota para norte-americanos, mas essas coisas acontecem. Na década de 1990, a Argentina, país em desenvolvimento de renda relativamente alta, foi amplamente elogiada por suas políticas econômicas e pôde tomar emprestadas grandes somas de credores estrangeiros. Em 2001, contudo, os pagamentos de juros da Argentina haviam chegado a uma espiral

ARMADILHAS

DÉFICIT *VERSUS* DÍVIDA

Déficit e *dívida* não são a mesma coisa.

Déficit é a diferença entre a quantidade de dinheiro que o governo gasta e a quantidade que ele arrecada em impostos em dado período – normalmente, mas nem sempre, um ano. As cifras de déficit sempre vêm junto com a informação do período de tempo às quais elas se referem, como na informação "o déficit orçamentário dos Estados Unidos no *ano fiscal de 2019* foi de US$ 984 bilhões".

Dívida é a soma de dinheiro que um governo deve em um ponto específico do tempo. As cifras da dívida normalmente vêm junto com uma data específica, como na informação "a dívida pública dos Estados Unidos *no fim do ano fiscal de 2019* era de US$ 16,8 trilhões".

Os déficits e a dívida são interligados porque a dívida do governo cresce quando o governo incorre em déficits. Mas trata-se de conceitos diferentes, que inclusive podem contar histórias diferentes. Por exemplo, em 2019, a Itália tinha um déficit bastante baixo segundo padrões históricos, mas uma dívida muito elevada, legado de políticas do passado.

Uma **espiral de dívida** ocorre quando os juros da dívida do governo aumentam ainda mais essa dívida.

fora de controle e o país parou de pagar as somas que devia. Acabou conseguindo um acordo com a maioria de seus credores, segundo o qual pagava menos de um terço da quantia devida originalmente.

O *default* cria tumulto e destruição nos mercados financeiros de um país e abala a confiança do público tanto no governo quanto na economia. O calote da dívida argentina foi acompanhado de uma crise no sistema bancário do país e de uma recessão muito severa. Mesmo que um governo altamente endividado consiga evitar o *default*, uma dívida pesada normalmente obriga a cortar gastos ou aumentar impostos, medidas politicamente impopulares que também podem prejudicar a economia. Em alguns casos, medidas de austeridade destinadas a assegurar aos credores que os governos podem de fato pagar acabam por deprimir a economia tanto que a confiança dos credores continua a cair.

Se um governo possui sua própria moeda, ao passar por dificuldade de tomar emprestado, ele pode imprimir dinheiro para pagar suas contas. Mas fazer isso pode levar a outro problema: inflação. De fato, problemas orçamentários são a principal causa de inflações graves. Os governos devem cuidar-se para não chegarem a uma posição em que a escolha seja calote da dívida ou inflação tão alta que a dívida desaparece na alta de preços gerada quando se imprime dinheiro.

As preocupações sobre efeitos de longo prazo dos déficits não devem excluir o uso da política fiscal para estimular a economia quando ela está em depressão. Contudo, essas preocupações significam que o governo deveria procurar compensar déficits orçamentários em anos difíceis com superávits orçamentários em anos favoráveis. Em outras palavras, os governos deveriam ter um orçamento aproximadamente equilibrado ao longo do tempo. Eles de fato têm conseguido isso?

COMPARAÇÃO GLOBAL | O JEITO NORTE-AMERICANO DE SE ENDIVIDAR

Como a dívida pública dos Estados Unidos se classifica internacionalmente? Em dólares, é a maior do mundo, mas isso não é muito informativo, pois a economia norte-americana e também a base tributária do governo são muito maiores que as de quase todas as outras nações. Uma comparação mais informativa é a razão entre dívida pública e PIB.

A figura mostra a *dívida pública líquida* como porcentagem do PIB para vários países ricos, no final de 2019. Dívida pública líquida é dívida do governo menos quaisquer ativos que o governo tenha – um ajuste que pode fazer uma grande diferença. Pode-se ver aqui que os Estados Unidos estão mais ou menos no meio do grupo.

Não surpreende que a Grécia esteja no topo da lista, e a maioria dos demais com dívida líquida elevada são países europeus que andaram nas manchetes por causa de seus problemas de dívida. O interessante é que o Japão também está no alto da lista, pois usou gasto público maciço para estimular a economia nos anos 1990. Os investidores, contudo, ainda consideram o governo japonês confiável, de modo que os custos do Japão para tomar emprestado permanecem baixos, apesar da dívida elevada.

Ao contrário de outros países, a Noruega tem uma grande dívida pública *negativa*, graças ao petróleo. A Noruega é um dos maiores exportadores de petróleo do mundo. Em vez de gastar sua receita do petróleo imediatamente, o governo da Noruega usou a receita para formar um fundo de investimento para necessidades futuras, seguindo o exemplo de produtores tradicionais de petróleo, como a Arábia Saudita. Resultado disso é que a Noruega tem enormes ativos governamentais em vez de uma grande dívida pública.

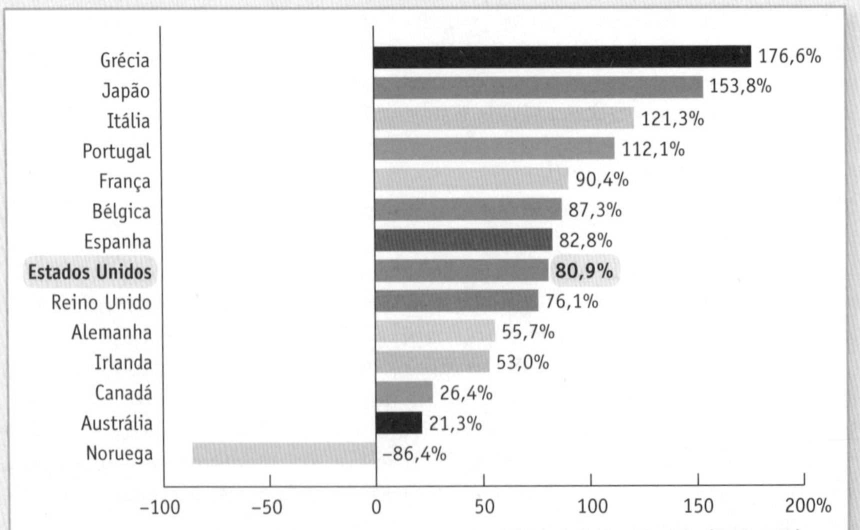

Dados de: International Monetary Fund; World Economic Outlook, janeiro de 2020.

Déficits e dívida na prática

A Figura 28.13 mostra como o déficit orçamentário do governo federal e sua dívida evoluíram nos Estados Unidos de 1940 a 2019. O painel (a) mostra o déficit federal como porcentagem do PIB. Como se vê, o governo federal incorreu em enormes déficits durante a Segunda Guerra Mundial. Teve superávits durante um breve período depois da guerra, mas normalmente vem tendo déficits desde então, especialmente depois de 1980. Isso parece ser inconsistente com a recomendação de que os governos devem compensar déficits de tempos difíceis com superávits em tempos favoráveis.

O painel (b) da Figura 28.13, contudo, mostra que esses déficits não provocaram dívida incontrolável. Para avaliarmos a capacidade dos governos de pagar suas dívidas, usamos com frequência a **razão dívida/PIB**, a dívida do governo como porcentagem do PIB. Usamos essa medida, em vez de apenas olharmos o tamanho da dívida, porque o PIB, que mede o tamanho da economia em seu conjunto, é um bom indicador do potencial de arrecadação de impostos do governo. Se a dívida do governo cresce mais lentamente que o PIB, o peso de pagar essa dívida de fato está caindo, comparado com a receita tributária potencial do governo. Sob essas condições, a economia básica é forte o bastante para gerar superávits futuros, permitindo que o governo pague sua dívida, em momento à sua escolha, e evite os perigos potenciais da pressão financeira e do calote.

A **razão dívida/PIB** é a dívida do governo como porcentagem do PIB.

O que observamos no painel (b) é que, embora a dívida federal tenha crescido em quase todos os anos, a razão dívida/PIB caiu durante 30 anos depois do fim da Segunda Guerra Mundial. Isso mostra que a razão dívida/PIB pode cair mesmo quando a dívida está aumentando, desde que o PIB cresça mais rápido que a dívida. A seção Para Mentes Curiosas, cujo foco é a elevada dívida que o governo dos Estados Unidos acumulou durante a Segunda Guerra Mundial, explica como crescimento e inflação algumas vezes permitem que um governo que tem déficits orçamentários persistentes tenha ao mesmo tempo uma razão dívida/PIB declinante.

Figura 28.13 Déficit e dívida pública nos Estados Unidos.

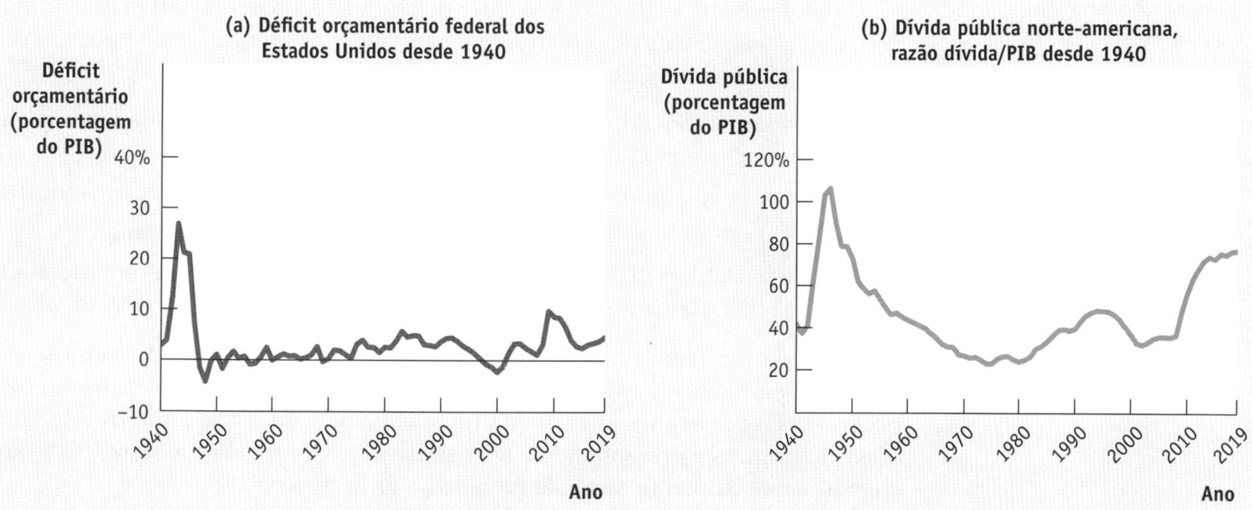

O painel (a) mostra o déficit do orçamento federal dos Estados Unidos como porcentagem do PIB de 1940 a 2019. O governo norte-americano incorreu em enormes déficits durante a Segunda Guerra Mundial e tem tido déficits menores desde então. O painel (b) mostra a razão dívida pública/PIB nos EUA. Comparando-se os painéis (a) e (b), pode-se ver que em muitos anos a razão dívida/PIB caiu, apesar dos déficits do governo. Esse aparente paradoxo reflete o fato de que a razão dívida/PIB pode cair mesmo que a dívida esteja subindo, desde que o PIB cresça mais rápido que a dívida.

Dados de: Office of Management and Budget; Federal Reserve Bank of St. Louis.

PARA MENTES CURIOSAS O que aconteceu com a dívida da Segunda Guerra Mundial?

Como se pode ver na Figura 28.13, o governo norte-americano pagou pela Segunda Guerra Mundial tomando emprestado em grande escala. Quando a guerra terminou, a dívida pública passava de 100% do PIB e muita gente duvidava que fosse possível um dia terminar de pagá-la.

A verdade é que ela nunca se acabou de pagar. Em 1946, a dívida pública era de US$ 242 bilhões; esse número caiu ligeiramente nos anos seguintes, à medida que os Estados Unidos tiveram superávits orçamentários depois da guerra, mas o governo voltou a ter déficit orçamentário em 1950, com o início da Guerra da Coreia. Em 1962, a dívida havia voltado a subir, chegando a US$ 248 bilhões.

Mas naquela época ninguém mais estava preocupado com a saúde fiscal do governo dos Estados Unidos, porque a razão dívida/PIB havia caído para quase a metade. Qual o motivo? Crescimento econômico vigoroso junto com inflação suave havia levado a um rápido aumento do PIB. Essa experiência é uma clara lição do fato peculiar de que governos modernos podem incorrer em déficits para sempre, desde que não sejam elevados demais.

Não obstante, um governo que persistentemente incorre em déficits *elevados* terá uma razão dívida/PIB crescente quando a dívida crescer mais rápido que o PIB. Após a crise financeira de 2008, o governo dos EUA passou a ter déficits orçamentários nunca vistos desde a Segunda Guerra Mundial, e a razão dívida/PIB começou a subir rapidamente. Houve saltos similares na razão dívida/PIB em vários outros países depois de 2008. Economistas e responsáveis por política econômica concordam que esta não é uma tendência sustentável, e que os governos precisariam voltar a equilibrar melhor receitas e despesas.

Passivos implícitos

Olhando a Figura 28.13, você poderá ser tentado a concluir que até a crise de 2008 o déficit federal dos Estados Unidos estava em boa forma: a volta aos déficits orçamentários depois de 2001 levou a um pequeno aumento da razão dívida/PIB, mas essa razão ainda era baixa, tanto comparada com a experiência histórica do país como com outros países ricos. De fato, no entanto, especialistas em questões orçamentárias de longo prazo consideram que a situação dos Estados Unidos (e de outros países, como Japão e Itália) é alarmante. O motivo é o problema dos *passivos implícitos*. **Passivos implícitos** são promessas de gasto feitas pelo governo que na verdade são o mesmo que uma dívida, a despeito do fato de que elas não estão incluídas nas estatísticas usuais de dívida.

Passivos implícitos são promessas de gasto feitas pelo governo que de fato são o mesmo que uma dívida, a despeito de não estarem incluídas nas estatísticas usuais de dívida.

Os passivos implícitos do governo norte-americano decorrem principalmente dos programas de transferências que visam oferecer segurança na aposentadoria e proteção contra despesas elevadas de assistência médica:

- A Previdência Social é a principal fonte de renda de aposentadoria para os norte-americanos idosos.
- Medicare paga a maioria dos custos médicos dos norte-americanos idosos.
- Medicaid oferece assistência médica para famílias de baixa renda.
- A lei Affordable Care Act subsidia os prêmios de seguro-saúde para muitas famílias de baixa a média rendas, que não são elegíveis para o Medicaid.

Em cada um desses casos, o governo prometeu fazer pagamentos de transferência a beneficiários futuros, bem como aos beneficiários atuais. Assim, esses programas representam uma dívida futura que precisa ser honrada, ainda que tal dívida não apareça presentemente nas estatísticas comuns. Juntos, esses programas constituem atualmente cerca de metade do gasto federal.

Os passivos implícitos criados por esses programas de transferência preocupam os especialistas em assuntos fiscais. A Figura 28.14 mostra por quê. Ela mostra o gasto de 2019 com a Previdência Social e os principais programas de assistência médica, medidos como porcentagem do PIB, junto com as projeções da Comissão de Orçamento do Congresso dos Estados Unidos para esses gastos continuamente até os anos 2040. De acordo com essas projeções, o gasto com Previdência Social vai aumentar substancialmente nas próximas décadas, e o gasto com os principais programas de saúde vai crescer de modo alarmante. Por quê?

No caso da Previdência Social, a resposta é a demografia. A Previdência Social é um sistema de benefícios definidos: os trabalhadores empregados atuais pagam impostos sobre salários que formam os fundos que beneficiam os aposentados atuais. Assim, a relação entre o número de trabalhadores pagando a Previdência Social e o número de aposentados recebendo benefícios tem um impacto importante nas finanças do sistema.

Houve um crescimento enorme da taxa de natalidade nos Estados Unidos entre 1946 e 1964, os anos do chamado *baby boom*. A maioria das pessoas nascidas nesse período estão atualmente em idade de trabalhar, o que significa que estão pagando impostos sobre salários e não recebendo benefícios de aposentadoria. Mas alguns estão começando a se aposentar, e à medida que mais e mais se aposentarem, deixarão de obter renda tributável e começarão a receber benefícios.

Por causa disso, vai subir a razão entre aposentados recebendo benefícios e trabalhadores pagando o sistema de Previdência Social. Em 2018, havia 36 aposentados recebendo benefícios para 100 trabalhadores contribuindo para o sistema. Porém, em 2050, de acordo com a administração da Previdência Social dos Estados Unidos, esse número vai aumentar para 45. Assim, à medida que a geração dos *baby boomers* se aposentar, o pagamento de benefícios em relação ao tamanho da economia continuará a aumentar.

O envelhecimento dos *baby boomers* em si mesmo representa um problema fiscal de longo prazo apenas moderado. O aumento projetado nos gastos com programas de assistência à saúde dos idosos e das famílias de renda baixa mostra um problema muito mais sério. Essas projeções também refletem o envelhecimento da população, tanto porque mais pessoas estarão aptas ao Medicare quanto porque as mais idosas costumam ter custos médicos mais altos. Mas a principal história por trás das projeções de gastos mais altos com os cuidados médicos é a tendência de longo prazo de tais gastos crescerem mais rapidamente que os gastos em geral, tanto no caso dos cuidados médicos financiados pelo governo como no daqueles pagos de forma privada.

Figura 28.14 Demandas futuras no orçamento federal dos Estados Unidos.

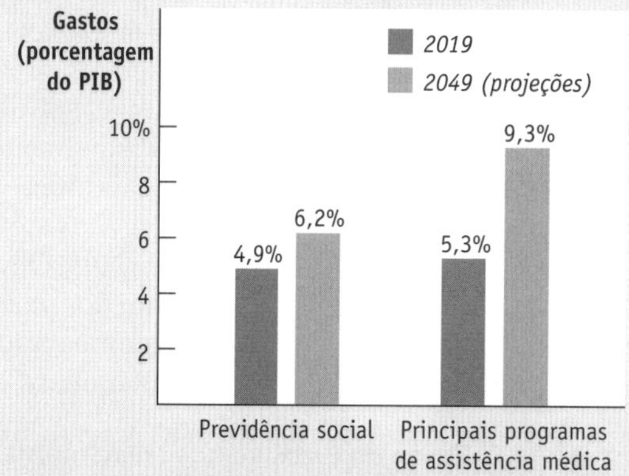

Esta figura mostra os gastos efetivos com programas de seguro social como porcentagem do PIB em 2019 e as projeções da Comissão de Orçamento do Congresso dos Estados Unidos para esses mesmos programas na década de 2040. Em parte devido ao envelhecimento da população, esses programas implicarão gastos cada vez maiores ao longo do tempo. Porém, são os aumentos significativos nos custos com a saúde que irão causar mais dificuldades para o orçamento federal no futuro.

Dados de: Congressional Budget Office.

Até certo ponto, os passivos implícitos do governo norte-americano já estão refletidos nas estatísticas de dívida. Mencionamos antes que o governo tinha uma dívida total de US$ 21,2 trilhões no fim do ano fiscal de 2019, mas que apenas US$ 16,8 trilhões desse total eram devidos ao público. A principal explicação dessa discrepância é que tanto a Previdência Social como uma parte do Medicare (a parte que é o programa de seguro de internação hospitalar) são financiadas por *impostos vinculados*: seus gastos são pagos por impostos especiais sobre os salários. Em alguns períodos, esses impostos vinculados geram mais receita do que o necessário para pagar benefícios correntes.

Em particular, desde meados dos anos 1980 o sistema de Previdência Social nos Estados Unidos tem arrecadado mais receita do que é hoje necessário para preparar-se para a aposentadoria dos *baby boomers*. Esse superávit no sistema de Previdência Social norte-americano tem sido usado para acumular um *fundo vinculado de Previdência Social*, que tinha US$ 2,8 trilhões no final de 2019.

O dinheiro do fundo de previdência é mantido na forma de títulos do governo, que estão incluídos nos US$ 21,2 trilhões da dívida total. Poder-se-ia dizer que é estranho contar títulos do fundo da Previdência Social como dívida do governo. Afinal de contas, eles são devidos por uma parte do governo (a parte fora do sistema de Previdência Social) a outra parte do governo (o próprio sistema de Previdência Social). Mas a dívida corresponde a um passivo real, ainda que implícito: a promessa do governo de pagar aposentadorias no futuro. Assim, muitos economistas argumentam que a dívida bruta de US$ 21,2 trilhões, a soma da dívida pública mais a dívida do governo em Previdência Social e outros fundos vinculados, é uma indicação mais precisa da saúde fiscal do governo do que a quantidade menor do que é devido apenas ao público.

ECONOMIA >> *em Ação*

Quem tem medo de uma espiral de dívida?

Como explicamos no texto, uma preocupação relativa aos efeitos de longo prazo dos déficits orçamentários é que eles podem começar a se autoalimentar por meio de uma espiral de dívida. Déficits levam a dívidas mais altas; dívidas mais altas levam a pagamento de juros mais altos, o que aumenta o déficit, o que leva a dívidas ainda mais altas e assim por diante. Portanto, a dívida pode crescer como uma bola de neve.

Mas até que ponto devemos nos preocupar com as espirais de dívida? Em janeiro de 2019, Olivier Blanchard, ex-economista-chefe do Fundo Monetário Internacional e um dos macroeconomistas mais respeitados do mundo, surpreendeu seus colegas na reunião anual da American Economic Association, onde fez o discurso presidencial. Blanchard argumentou que os temores de uma espiral da dívida e as preocupações com a dívida do governo em geral são muito exagerados.

O argumento de Blanchard enfatizou um ponto que também destacamos no texto, sobre os efeitos do crescimento e da inflação na relação dívida/PIB, que é um indicador muito melhor da saúde fiscal de um governo do que o simples valor em dólares da dívida. Como foi observado, um aumento do PIB nominal, que reflete a inflação e o crescimento real, faz com que a relação dívida/PIB "derreta", a menos que o déficit orçamentário seja grande.

O que Blanchard apontou foi que, embora um aumento na dívida aumente os pagamentos de juros do governo, também acelera a taxa de derretimento, basicamente porque há mais dívida a ser derretida. Só haverá uma espiral de dívida se os pagamentos de juros mais altos causados por dívidas maiores ultrapassarem esse efeito de derretimento. A questão mais importante é se a taxa de juros que o governo tem de pagar é maior ou menor do que a taxa de crescimento do PIB nominal.

E, como Blanchard observou, a experiência dos Estados Unidos e de outras economias avançadas nos últimos 30 anos, e especialmente na última década, é que as taxas de juros geralmente são menores do que as taxas de crescimento nominais. Esse ponto é ilustrado na Tabela 28.2, que compara a taxa de juros média de dez anos sobre os títulos do governo dos EUA com o crescimento nominal do PIB ao longo do tempo. Além disso, a lacuna entre o crescimento e as taxas de juros é ainda maior em muitos outros países avançados.

Blanchard também argumentou que mesmo essa comparação exagera o risco de uma espiral de dívida, porque parte do dinheiro que o governo paga em juros volta para ele em pagamentos de impostos pelos detentores de títulos.

Embora o discurso de Blanchard tenha sido uma surpresa estarrecedora, muitos outros economistas lançaram recentemente argumentos semelhantes. Ninguém está argumentando que devemos ignorar completamente a dívida. Mas não parece haver muitos motivos para temer uma espiral de dívida desenfreada.

Tabela 28.2 Taxas de juros *versus* crescimento

	Taxa de juros média de 10 anos	Taxa de crescimento do PIB nominal
1990-2019	4,41	4,51
2010-2019	2,40	3,97

>> *Revisão Rápida*

- Déficits orçamentários grandes e persistentes provocam aumento da **dívida pública**.
- Dívida pública crescente ano após ano pode motivar um *default* do governo. Em casos menos extremos, isso pode deslocar os gastos de investimento (*crowding out*), reduzindo o crescimento de longo prazo. Tal circunstância sugere que os déficits orçamentários em **anos fiscais** desfavoráveis deveriam ser compensados por superávits orçamentários em anos fiscais favoráveis.
- Uma **espiral de dívida** ocorre quando um governo precisa tomar emprestado para pagar as despesas de juros do passado, fazendo com que a dívida geral aumente. No entanto, se um país tiver PIB crescente, economistas acreditam que pode ser seguro manter déficits anuais, desde que a **razão dívida/PIB** seja estável ou decrescente, pois o PIB está crescendo mais rápido que a dívida.
- Além da dívida oficial, os governos modernos têm passivos implícitos. O governo dos Estados Unidos tem elevados **passivos implícitos** na forma da Previdência Social e dos programas de assistência médica Medicare, Medicaid e lei Affordable Care Act (ACA). Com grandes passivos implícitos, uma razão dívida/PIB estável pode oferecer falsa sensação de segurança.

>> *Teste seu entendimento* 28.4

As respostas estão no fim do livro.

1. Explique como cada um dos eventos a seguir afetaria a dívida pública ou os passivos implícitos do governo dos Estados Unidos, tudo o mais mantido constante. A dívida pública ou os passivos implícitos seriam maiores ou menores?
   a. Taxa de crescimento mais alta do PIB real.
   b. Aposentados vivendo mais tempo.
   c. Declínio na receita de impostos.
   d. Tomada de empréstimos pelo governo para pagar juros da sua dívida pública corrente.
2. Suponha que a economia esteja em queda e que a dívida pública corrente seja alta. Explique o *trade-off* entre objetivos de curto prazo e objetivos de longo prazo que os responsáveis pela política econômica enfrentam ao decidirem se devem ou não aprovar gastos públicos que aumentem o déficit.
3. Explique como uma política fiscal contracionista, como a austeridade, pode tornar mais provável que um governo seja incapaz de pagar sua dívida.

CASO EMPRESARIAL

Lá vem o sol

A usina de Solana abrange 7,8 quilômetros quadrados do deserto de Sonora, em Gila Bend, Arizona, a cerca de 112 quilômetros de Phoenix. Enquanto a maioria das instalações solares depende de painéis fotovoltaicos que convertem luz diretamente em eletricidade, Solana usa um sistema de espelhos para concentrar o calor do sol em tubos pretos, que transportam esse calor para tanques de sal fundido. O calor do sal, por sua vez, é usado para gerar eletricidade. A vantagem desse arranjo é que a usina pode continuar gerando energia muito depois de o sol se pôr, o que aumenta bastante a sua eficiência.

Solana é uma das poucas usinas solares térmicas concentradas em operação ou em construção e, como mostra a Figura 28.15, a importância da energia solar tem crescendo rapidamente, com a quantidade de eletricidade gerada pelo sol aumentando mais de 10.000% entre 2008 e 2018. Há uma série de razões para esse aumento repentino, mas o estímulo de 2009 – que investiu quantias substanciais na promoção da energia limpa – foi um fator importante. Particularmente, Solana foi construída pela empresa espanhola Abengoa com a ajuda de uma garantia de empréstimo federal de US$ 1,45 bilhão. A Abengoa também recebeu US$ 1,2 bilhão por uma planta semelhante no Deserto de Mojave.

Figura 28.15 Alvorecer solar, 2008-2018.

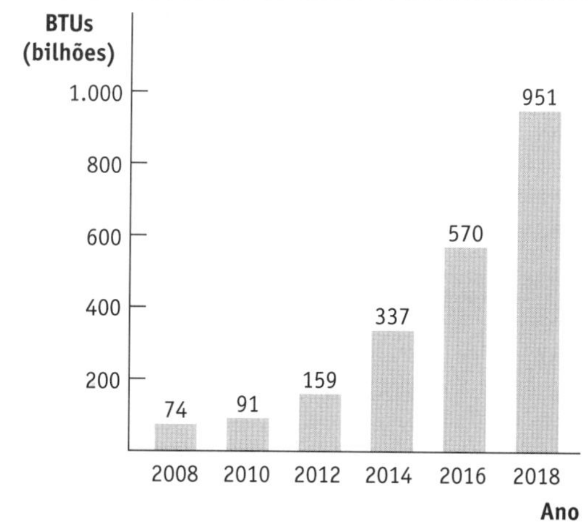

Dados de: U.S. Energy Information Administration.

Embora Solana seja um bom exemplo de gasto de estímulo na prática, também é um bom exemplo de por que esse gasto tende a ser politicamente difícil. Houve muitos protestos contra empréstimos federais a uma empresa não norte-americana, embora a Abengoa tivesse a tecnologia necessária e os empregos de construção civil criados pelo projeto estivessem, naturalmente, nos Estados Unidos. Além disso, a viabilidade financeira de longo prazo dos projetos de energia solar depende em parte da continuidade dos subsídios do governo e de outras políticas que favorecem a energia renovável, o que não é certeza.

Em termos dos objetivos do estímulo, no entanto, Solana parece ter feito o que deveria: gerou empregos em uma época em que os empréstimos eram baratos e muitos trabalhadores da construção estavam desempregados.

QUESTÕES PARA PENSAR

1. Como a reação política ao financiamento público para o projeto Solana difere da reação a projetos de gastos governamentais mais convencionais, como estradas e escolas? O que o caso nos diz sobre como avaliar o valor de um projeto de estímulo fiscal?
2. No capítulo, falamos sobre o problema de defasagens na política fiscal discricionária. O que o caso Solana nos mostra sobre esse assunto?
3. A profundidade de uma recessão é um bom ou um mau momento para empreender um projeto de energia? Por que motivo?

RESUMO

1. O governo desempenha um papel significativo na economia, recolhendo grande parcela do PIB em impostos e gastando elevada proporção tanto na compra de bens e serviços como fazendo pagamentos de transferência, principalmente para **seguro social**. *Política fiscal* é o uso de impostos, transferências governamentais ou compras governamentais de bens e serviços para deslocar a curva de demanda agregada.
2. Compras governamentais de bens e serviços afetam diretamente a demanda agregada, e mudanças em impostos e transferências governamentais afetam a demanda agregada indiretamente, ao modificarem a renda disponível dos domicílios. **Políticas fiscais expansionistas** deslocam a curva de demanda agregada para a direita, enquanto **políticas fiscais contracionistas** deslocam a curva de demanda agregada para a esquerda.
3. Somente quando a economia está em situação de pleno emprego existe potencial para que uma política fiscal expansionista provoque um deslocamento (*crowding out*) do gasto e do investimento privado. O argumento de que política fiscal expansionista não funciona por causa da equivalência ricardiana – de que os consumidores cortarão o gasto hoje para compensar o aumento de impostos esperado no futuro – não parece válido na prática. Mas é verdade que uma política fiscal muito ativa pode desestabilizar a economia em virtude de defasagens de tempo entre o momento de formulação das medidas de política econômica e a sua implementação.
4. A política fiscal tem sobre a economia um efeito multiplicador cuja dimensão depende do tipo de política fiscal. Exceto no caso de **impostos em valor fixo *per capita* (*lump-sum*)**, os impostos reduzem o tamanho do multiplicador. A política fiscal expansionista gera aumento do PIB real, enquanto a política fiscal contracionista gera queda do PIB real. Como uma parte de qualquer mudança em impostos ou transferências é absorvida pela poupança durante a primeira rodada de gastos, mudanças nas compras públicas têm efeito mais poderoso sobre a economia do que mudanças de igual tamanho em impostos ou transferências.
5. As regras que governam os impostos (exceto impostos em valor fixo *per capita* – *lump-sum*) e algumas das transferências funcionam como **estabilizadores automáticos**, reduzindo o tamanho do multiplicador e automaticamente reduzindo o tamanho das flutuações no ciclo econômico. Por outro lado, **políticas fiscais discricionárias** surgem da ação deliberada dos responsáveis pela política econômica em vez de serem resultado do ciclo econômico.
6. Algumas das flutuações no balanço orçamentário se devem aos efeitos do ciclo econômico. A fim de separar os efeitos do ciclo econômico dos efeitos de políticas fiscais discricionárias, governos determinam o **balanço orçamentário ciclicamente ajustado**, uma estimativa do balanço orçamentário como se a economia estivesse no produto potencial.
7. A contabilidade do orçamento do governo dos Estados Unidos é feita com base no **ano fiscal**. Déficits orçamentários persistentes têm consequências de longo prazo porque provocam aumento na **dívida pública**. Em consequência, dois perigos potenciais podem surgir: *crowding out*, que reduz o crescimento econômico de longo prazo, e pressão financeira que leva o governo a um *default*, resultando em turbulência econômica e financeira. Uma **espiral de dívida** aumentará a dívida pública se os países precisarem assumir uma dívida adicional para pagar custos dos juros passados.
8. Uma medida de saúde fiscal amplamente usada é a **razão dívida/PIB**. Esse número pode permanecer estável ou cair diante de déficits orçamentários persistentes, se o PIB crescer ao longo do tempo. Com grandes **passivos implícitos**, uma razão dívida/PIB estável pode dar impressão enganosa de segurança. Os maiores passivos implícitos do governo dos Estados Unidos decorrem da Previdência Social, dos programas de saúde Medicare e Medicaid e da lei Affordable Care Act (ACA), cujos custos estão aumentando devido ao envelhecimento da população e a custos médicos cada vez maiores.

PALAVRAS-CHAVE

Ano fiscal, p. 833
Balanço orçamentário ciclicamente ajustado, p. 829
Dívida pública, p. 833
Espiral de dívida, p. 833
Estabilizadores automáticos, p. 825
Impostos em valor fixo *per capita* (*lump-sum*), p. 824
Passivos implícitos, p. 836
Política fiscal contracionista, p. 818
Política fiscal discricionária, p. 826
Política fiscal expansionista, p. 818
Razão dívida/PIB, p. 835
Seguro social, p. 816

QUESTÕES PARA PENSAR

1. A Lei CARES foi a maior em montantes nominais e reais de alívio/estímulo fiscal aprovada na história dos EUA. O pacote custará mais de US$ 2 trilhões, pois estabiliza os gastos do consumidor durante um período de desemprego sem precedentes. Simultaneamente, a pandemia global causou choque na oferta, uma vez que as cadeias de suprimento sofreram atrasos enquanto famílias estocavam suas necessidades básicas. Em termos de demanda agregada e oferta agregada, explique se a Lei CARES causaria aumento significativo no nível de preços.
2. Com a Lei CARES custando mais de US$ 2 trilhões e o governo federal norte-americano enfrentando declínio significativo na receita tributária, explique a eficácia da política fiscal usando os três argumentos descritos no capítulo.
3. O superávit do orçamento público em Macrolândia aumentou consistentemente ao longo dos últimos cinco anos. Dois responsáveis pela política econômica discordam sobre as causas disso. Um deles argumenta que um superávit do orçamento indica que a economia está crescendo; o outro argumenta que isso mostra que o governo está usando política fiscal contracionista. É possível determinar qual dos dois está correto? Se não é possível, por quê?

PROBLEMAS

1. O gráfico a seguir mostra a situação macroeconômica corrente da economia de Albérnia. Você foi contratado como consultor econômico para ajudar a economia a chegar ao produto potencial, Y_P.

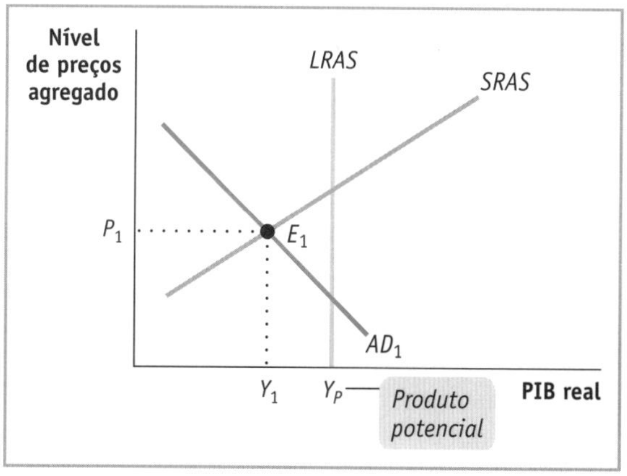

a. Albérnia está com um hiato de recessão ou de inflação?

b. Que tipo de política fiscal, expansionista ou contracionista, levaria a economia de Albérnia ao produto potencial Y_P? Dê alguns exemplos de tais políticas.

c. Ilustre com um gráfico a situação macroeconômica de Albérnia depois que políticas fiscais tenham sido implementadas com sucesso.

2. O gráfico a seguir mostra a situação macroeconômica corrente da economia de Britânia; o PIB real é Y_1 e o nível de preços agregado é P_1. Você foi contratado como consultor econômico para levar a economia ao seu produto potencial Y_P.

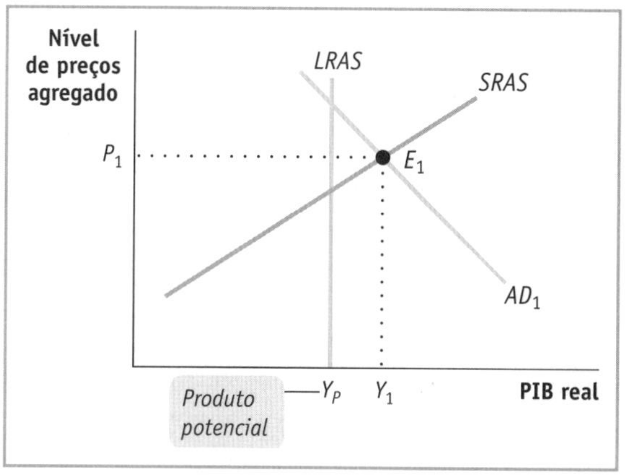

a. Britânia está com hiato de recessão ou de inflação?

b. Que tipo de política fiscal, expansionista ou contracionista, levaria a economia de Britânia ao seu produto potencial, Y_P? Dê alguns exemplos de tais políticas.

c. Ilustre com um gráfico a situação macroeconômica de Britânia depois que políticas fiscais tenham sido implementadas com sucesso.

3. Uma economia está em equilíbrio macroeconômico de longo prazo quando ocorrem os choques de demanda agregada listados a seguir. Que tipo de hiato, de inflação ou de recessão, a economia terá depois do choque em questão e que tipo de política fiscal ajudaria a economia a voltar a seu produto potencial? Como a política fiscal recomendada por você deslocaria a curva de demanda agregada?

a. Um *boom* do mercado de ações aumenta o valor das ações mantidas pelos domicílios.

b. As empresas passaram a acreditar que é provável uma recessão em futuro próximo.

c. Antecipando a possibilidade de guerra, o governo aumenta as compras de equipamento militar.

d. A quantidade de moeda na economia declina e a taxa de juros sobe.

4. Durante uma entrevista em 2008, o então Ministro das Finanças da Alemanha, Peer Steinbruck, declarou: "Temos de cuidar para que na Europa e para além dela não surja nada como taxas de crescimento econômico declinantes com inflação elevada, algo que os especialistas chamam de estagflação." Uma situação dessas pode ser representada pelo movimento da curva de oferta agregada de curto prazo de sua posição original em $SRAS_1$ para $SRAS_2$, com o novo equilíbrio no ponto E_2, conforme a figura a seguir. Nesta questão, procuramos entender por que é particularmente difícil combater a estagflação usando política fiscal.

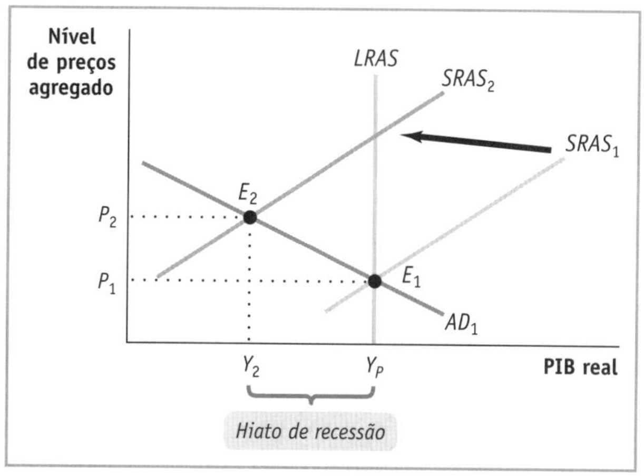

a. Qual seria a resposta adequada de política fiscal nessa situação se a preocupação central do governo fosse manter o crescimento econômico? Usando o gráfico, ilustre o efeito dessa política sobre o ponto de equilíbrio e o nível de preços agregado.

b. Qual seria a resposta adequada de política fiscal nessa situação se a preocupação central do governo fosse manter a estabilidade de preços? Usando o gráfico, ilustre o efeito dessa política sobre o ponto de equilíbrio e o nível de preços agregado.

c. Discuta a eficácia das políticas do item *a* e do item *b* no combate à estagflação.

5. Completando a tabela a seguir, mostre por que uma queda de $ 10 bilhões nas compras governamentais terá efeito maior no PIB real do que $ 10 bilhões de redução em transferências governamentais. Considere que essa economia tenha propensão marginal a consumir

Rodadas	Decréscimo em G = –$ 10 bilhões (bilhões de dólares)			Decréscimo em TR = –$ 10 bilhões (bilhões de dólares)		
	Mudança em G ou C	Mudança no PIB real	Mudança em YD	Mudança em TR ou C	Mudança no PIB real	Mudança em YD
1	ΔG = –$ 10,00	–$10,00	–$10,00	ΔTR = –$ 10,00	$ 0,00	–$ 10,00
2	ΔC = –6,00	–6,00	–6,00	ΔC = –6,00	–6,00	–6,00
3	ΔC = ?	?	?	ΔC = ?	?	?
4	ΔC = ?	?	?	ΔC = ?	?	?
5	ΔC = ?	?	?	ΔC = ?	?	?
6	ΔC = ?	?	?	ΔC = ?	?	?
7	ΔC = ?	?	?	ΔC = ?	?	?
8	ΔC = ?	?	?	ΔC = ?	?	?
9	ΔC = ?	?	?	ΔC = ?	?	?
10	ΔC = ?	?	?	ΔC = ?	?	?

(*MPC*) de 0,6. As duas primeiras linhas da tabela já estão preenchidas: no lado esquerdo da tabela, na primeira linha, os $ 10 bilhões de redução de compras governamentais reduzem o PIB real e a renda disponível, *YD*, em $ 10 bilhões, levando a uma queda nos gastos de consumo de $ 6 bilhões (*MPC* × mudança na renda disponível) na linha 2. Contudo, no lado direito da tabela, a redução de $ 10 bilhões em transferências não tem efeito sobre o PIB real na primeira rodada, mas reduz *YD* em $ 10 bilhões, o que resulta em decréscimo no gasto de consumo de $ 6 bilhões na segunda rodada.

a. Quando as compras governamentais diminuem em $ 10 bilhões, qual é a soma das mudanças no PIB real depois de 10 rodadas?

b. Quando o governo reduz as transferências em $ 10 bilhões, qual é a soma das mudanças no PIB real depois de 10 rodadas?

c. Usando a fórmula do multiplicador para mudanças nas compras governamentais e para mudanças nas transferências, calcule a mudança total no PIB real devido a uma queda de $ 10 bilhões nas compras governamentais e de $ 10 bilhões nas transferências. O que explica a diferença? [*Dica*: o multiplicador das compras governamentais de bens e serviços é 1 / (1 – *MPC*). Mas, como cada $ 1 de mudança nas transferências governamentais leva a uma mudança inicial no PIB real de *MPC* × $ 1, o multiplicador para as transferências governamentais é *MPC* / (1 – *MPC*).]

6. Em cada um dos casos a seguir, existe hiato de recessão ou de inflação. Suponha que a curva de oferta agregada seja horizontal, de modo que a mudança no PIB real decorrente de um deslocamento na curva de demanda agregada seja igual ao tamanho do deslocamento da curva. Calcule a mudança em compras governamentais de bens e serviços e a mudança em transferências governamentais necessárias para fechar o hiato.

a. PIB real igual a $ 100 bilhões, produto potencial igual a $ 160 bilhões e *MPC* de 0,75.

b. PIB real igual a $ 250 bilhões, produto potencial igual a $ 200 bilhões e *MPC* de 0,5.

c. PIB real igual a $ 180 bilhões, produto potencial igual a $ 100 bilhões e *MPC* de 0,8.

7. A maioria dos macroeconomistas acredita ser bom que os impostos funcionem como estabilizadores automáticos e reduzam o tamanho do multiplicador. Mas um multiplicador menor significa que a mudança nas compras governamentais de bens e serviços, nas transferências ou nos impostos necessários para fechar um hiato de recessão ou de inflação tem de ser maior. Como se explica essa aparente inconsistência?

8. A Figura 28.10 mostra o déficit orçamentário efetivo e o déficit orçamentário ciclicamente ajustado como porcentagem do PIB real nos Estados Unidos de 1965 a 2019. Supondo que o produto potencial não se modificou, use essa figura para determinar em que anos, de 1990 a 2019, o governo usou política fiscal expansionista e em que anos usou política fiscal contracionista.

9. Você é assessor econômico de uma candidata a um cargo público de alto nível. Ela lhe pede um resumo das consequências econômicas de uma regra de orçamento equilibrado para o governo federal e pede também sua recomendação sobre se ela deve ou não apoiar tal regra. O que você responderia?

10. Em 2020, os responsáveis pela política econômica em Lestelândia projetaram uma razão dívida/PIB e uma razão déficit público/PIB para a economia nos próximos 10 anos, supondo cenários diferentes para o crescimento do déficit público. O PIB real é atualmente $ 1.000 bilhões por ano, e espera-se que vá crescer 3% ao ano; a dívida pública é $ 300 bilhões no início do ano e o déficit é $ 30 bilhões em 2020.

Ano	PIB real (bilhões de dólares)	Dívida (bilhões de dólares)	Déficit orçamentário (bilhões de dólares)	Dívida (% do PIB)	Déficit orçamentário (% do PIB)
2020	$ 1.000	$ 300	$ 30	?	?
2021	1.030	?	?	?	?
2022	1.061	?	?	?	?

Ano	PIB real (bilhões de dólares)	Dívida (bilhões de dólares)	Déficit orçamentário (bilhões de dólares)	Dívida (% do PIB)	Déficit orçamentário (% do PIB)
2023	1.093	?	?	?	?
2024	1.126	?	?	?	?
2025	1.159	?	?	?	?
2026	1.194	?	?	?	?
2027	1.230	?	?	?	?
2028	1.267	?	?	?	?
2029	1.305	?	?	?	?
2030	1.344	?	?	?	?

a. Complete a tabela para mostrar a razão dívida/PIB e a razão déficit/PIB para a economia, supondo que o déficit orçamentário do governo permaneça constante em $ 30 bilhões nos 10 anos seguintes. (Recorde que a dívida pública aumenta no montante do déficit do ano anterior.)

b. Refaça a tabela para mostrar a razão dívida/PIB e a razão déficit/PIB para a economia, supondo que o déficit orçamentário do governo cresça 3% ao ano nos 10 anos seguintes.

c. Refaça a tabela mais uma vez para mostrar a razão dívida/PIB e a razão déficit/PIB para a economia, supondo que o déficit orçamentário do governo cresça 20% ao ano nos 10 anos seguintes.

d. O que acontece com a razão dívida/PIB e a razão déficit/PIB para a economia ao longo do tempo nos três diferentes cenários?

11. Seu colega argumenta que a distinção entre déficit orçamentário e dívida é semelhante à distinção entre a poupança de um consumidor e sua riqueza. Ele também argumenta que, se o déficit é elevado, necessariamente haverá dívida elevada. Em que medida seu colega está correto e em que medida está errado?

12. Em qual dos casos apresentados a seguir o tamanho da dívida pública e o tamanho do déficit orçamentário indicam problemas potenciais para a economia?

a. A dívida do governo é relativamente baixa, mas o governo está incorrendo em déficit orçamentário elevado, em virtude da construção de uma rede ferroviária de alta velocidade para conectar as principais cidades do país.

b. A dívida do governo é relativamente alta devido a uma guerra recém-terminada, que foi financiada por déficits, mas o governo atualmente incorre apenas em um déficit pequeno.

c. A dívida do governo é relativamente baixa, mas ele está incorrendo em déficit orçamentário para financiar os pagamentos de juros de sua dívida.

d. A dívida do governo é relativamente alta e o governo está incorrendo em déficit orçamentário para financiar novos gastos com infraestrutura.

13. Como as situações a seguir afetaram ou afetariam a dívida pública corrente e os passivos implícitos do governo dos Estados Unidos?

a. Em 2003, o Congresso norte-americano aprovou e o presidente George W. Bush sancionou a Lei de Modernização do Medicare, que concede um benefício que ajuda a pagar remédios prescritos para idosos e indivíduos com incapacidades. Alguns benefícios dessa lei entraram em vigor imediatamente, mas outros só começariam a vigorar dentro de algum tempo.

b. A idade mínima para aposentadoria com direito aos benefícios plenos da Previdência Social foi aumentada para 70 anos para quem se aposentar no futuro.

c. Os benefícios da Previdência Social para futuros aposentados são limitados aos que tenham baixa renda.

d. Como o custo de assistência médica está aumentando mais rapidamente que a taxa de inflação geral, o aumento anual nos benefícios da Previdência Social passa a ser ajustado segundo o aumento anual no custo de cuidados médicos e não segundo a taxa de inflação geral.

e. O Affordable Care Act (ACA), que entrou em vigor em 2014, criou incentivos para hospitais encontrarem meios de economizar o dinheiro público.

14. Diferentemente dos domicílios, os governos muitas vezes conseguem manter dívidas elevadas. Por exemplo, em 2019, a dívida total do governo dos Estados Unidos alcançou US$ 21,2 trilhões, aproximadamente 105,3% do PIB. Naquela época, de acordo com o Tesouro norte-americano, a taxa de juros média que o governo pagava sobre sua dívida era 1,3%. Contudo, incorrer em déficits elevados fica difícil quando a dívida pública é muito grande.

a. Calcule o custo em dólares da taxa de juros anual sobre a dívida pública total supondo as cifras citadas para dívida e taxa de juros.

b. Se o governo tem orçamento equilibrado antes de se levar em conta o pagamento de juros, a que taxa deve crescer o PIB para que a razão dívida/PIB permaneça inalterada?

c. Calcule o aumento total na dívida nacional se o governo incorre em déficit de $ 600 bilhões em 2020.

d. A que taxa tem de crescer o PIB para que a relação dívida/PIB continue a mesma quando o déficit em 2020 é $ 600 bilhões?

e. Por que a razão dívida/PIB é a melhor medida da dívida de um país, em vez do valor em dólares da dívida? Por que é importante que o governo mantenha esse número sob controle?

RESOLVA

15. A tabela a seguir mostra como a propensão marginal a consumir em certa economia se relaciona com o seu nível de renda.

Faixa de renda	Propensão marginal a consumir
$ 0 – $ 20.000	0,9
$ 20.001 – $ 40.000	0,8
$ 40.001 – $ 60.000	0,7
$ 60.001 – $ 80.000	0,6
Acima de $ 80.000	0,5

a. Suponha que o governo se empenhe em aumentar o número de compras de bens e serviços. Para cada grupo de renda da tabela, qual é o valor do multiplicador – ou seja, qual é o poder de cada dólar que o governo gasta com compras públicas de bens e serviços em cada grupo de renda?

b. Caso o governo precise fechar um hiato de recessão ou inflacionário, em que grupo ele deve visar principalmente sua política fiscal de mudanças nos gastos públicos de bens e serviços?

28 Apêndice

Impostos e o Multiplicador

Descrevemos no capítulo como impostos que dependem positivamente do PIB real reduzem o tamanho do multiplicador e atuam como estabilizadores automáticos para a economia. Vejamos mais de perto a matemática desse movimento.

Mais especificamente, suponhamos que o governo "capture" uma fração t de qualquer aumento do PIB real na forma de impostos, em que t, a taxa de impostos, é uma fração entre 0 e 1. Vamos repetir o exercício que desenvolvemos no Capítulo 26, no qual consideramos os efeitos de um aumento de \$ 100 bilhões nos gastos de investimento. A mesma análise serve para *qualquer* aumento autônomo no gasto agregado, inclusive para aumentos de aquisição de bens e serviços pelo governo.

O aumento de \$ 100 bilhões nos gastos de investimento inicialmente aumentou o PIB real em \$ 100 bilhões (a primeira rodada). Não havendo impostos, a renda disponível aumentaria em \$ 100 bilhões. No entanto, dado que uma parte do aumento no PIB real é arrecadada na forma de impostos, a renda disponível aumenta em apenas $(1 - t) \times$ \$ 100 bilhões. O aumento da segunda rodada no gasto de consumo, que é igual à propensão marginal a consumir (*MPC*) multiplicada pelo aumento na renda disponível, é $(MPC \times (1 - t)) \times$ \$ 100 bilhões. Isso leva a uma terceira rodada de aumento no gasto de consumo de $(MPC \times (1 - t)) \times (MPC \times (1 - t)) \times$ \$ 100 bilhões, e assim por diante. Dessa forma, o efeito total sobre o PIB real é:

Aumento no gasto de investimento	= 100 bilhões	
+ Segunda rodada de aumento no gasto de consumo	$= (MPC \times (1 - t))$	× \$ 100 bilhões
+ Terceira rodada de aumento no gasto de consumo	$= (MPC \times (1 - t))^2$	× \$ 100 bilhões
+ Quarta rodada de aumento no gasto de consumo	$= (MPC \times (1 - t))^3$	× \$ 100 bilhões
•	•	
•	•	
•	•	

$$\text{Aumento total no PIB real} = [1 + (MPC \times (1 - t)) + (MPC \times (1 - t))^2 + (MPC \times (1 - t))^3 + \ldots] \times \$\ 100 \text{ bilhões}$$

Como explicamos no Capítulo 26, uma série do formato $1 + x + x^2 + \ldots$, com $0 < x < 1$, é igual a $1 / (1 - x)$. Neste exemplo, $x = (MPC \times (1 - t))$. Dessa forma, o efeito total de um aumento de \$ 100 bilhões nos gastos de investimento, quando se levam em conta todos os aumentos subsequentes no gasto de consumo, levará a um aumento do PIB real de:

$$\frac{1}{1 - (MPC \times (1 - t))} \times \$\ 100 \text{ bilhões}$$

Quando calculamos o multiplicador supondo que não havia o efeito de impostos, verificamos que ele era $1 / (1 - MPC)$. Mas, quando supomos que uma fração t de qualquer mudança no PIB real é arrecadada na forma de impostos, o multiplicador é:

$$\text{Multiplicador} = \frac{1}{1 - (MPC \times (1 - t))}$$

Isso significa sempre um número menor do que $1 / (1 - MPC)$, e seu tamanho diminui à medida que t aumenta. Suponha, por exemplo, que $MPC = 0{,}6$. Na ausência de impostos, isso implica um multiplicador de 1 / (1 – 0,6) = 1/0,4 = 2,5. Mas suponhamos agora t = 1/3, isto é, que um terço de qualquer aumento no PIB real seja arrecadado pelo governo. Nesse caso, o multiplicador é:

$$\frac{1}{1 - (0{,}6 \times (1 - 1/3))} = \frac{1}{1 - (0{,}6 \times 2/3)} = \frac{1}{1 - 0{,}4} = \frac{1}{0{,}6} = 1{,}667$$

PROBLEMAS

1. Uma economia tem propensão marginal a consumir de 0,6, PIB real de $ 500 bilhões e o governo arrecada 20% do PIB em impostos. Se as compras governamentais aumentam em $ 10 bilhões, mostre as rodadas de aumento de gastos que vão ocorrer, completando a tabela a seguir. A primeira e a segunda linhas estão preenchidas. Na primeira linha, o aumento de compras governamentais de $ 10 bilhões aumenta o PIB real em $ 10 bilhões, os impostos aumentam $ 2 bilhões e *YD* aumenta $ 8 bilhões; na segunda linha, o aumento de $ 8 bilhões em *YD* acarreta um aumento dos gastos de consumo de $ 4,8 bilhões (*MPC* × mudança na renda disponível).

Rodadas	Mudança em *G* ou *C*	Mudança no PIB real	Mudança nos impostos	Mudança em *YD*
	(bilhões de dólares)			
1	ΔG = $ 10,00	$ 10,00	$ 2,00	$ 8,00
2	ΔC = 4,80	4,80	0,96	3,84
3	ΔC = ?	?	?	?
4	ΔC = ?	?	?	?
5	ΔC = ?	?	?	?
6	ΔC = ?	?	?	?
7	ΔC = ?	?	?	?
8	ΔC = ?	?	?	?
9	ΔC = ?	?	?	?
10	ΔC = ?	?	?	?

a. Qual é a mudança total no PIB real depois de 10 rodadas? Qual é o valor do multiplicador? Que mudança você esperaria no PIB real com base na fórmula do multiplicador? Como as duas respostas se comparam?

b. Refaça a tabela supondo propensão marginal a consumir de 0,75 e que o governo arrecade 10% do aumento de PIB real em impostos. Qual é a mudança total no PIB real depois de 10 rodadas? Qual o valor do multiplicador? Como as duas respostas se comparam?

RESOLVA

2. Calcule a mudança na compra governamental de bens e serviços necessária para fechar um hiato de recessão ou de inflação nos casos a seguir. Suponha que a curva de oferta agregada de curto prazo seja horizontal, de modo que a mudança no PIB real que surge de um deslocamento da curva de demanda agregada seja igual ao tamanho do deslocamento dessa curva.

a. O PIB real é $ 100 bilhões, o produto potencial é $ 160 bilhões, o governo arrecada 20% de qualquer mudança no PIB real na forma de impostos e a propensão marginal a consumir é 0,75.

b. O PIB real é $ 250 bilhões, o produto potencial é $ 200 bilhões, o governo arrecada 10% de qualquer mudança no PIB real na forma de impostos e a propensão marginal a consumir é 0,5.

c. O PIB real é $ 180 bilhões, o produto potencial é $ 100 bilhões, o governo arrecada 25% de qualquer mudança no PIB real na forma de impostos e a propensão marginal a consumir é 0,8.

29 Moeda, Bancos e os Bancos Centrais

DINHEIRO NÃO TÃO FÁCIL

"O PRODUTO É CRIADO CUIDADOSAMENTE em instalações rurais espalhadas por todo o interior do Peru, usando mão de obra barata, e depois armazenado em esconderijos controlados por gangues violentas em Lima. Uma vez lá, a mercadoria é embalada em pacotes, carregada em aviões ou escondida dentro de malas, peças de cerâmica, Bíblias ocas, tênis, brinquedos infantis ou enormes contêineres com destino aos principais portos de entrada dos EUA, como Miami." Assim começa uma reportagem do *Washington Post* sobre a Operação Sunset, um grande ataque realizado em 2016 por autoridades peruanas em cooperação com o Serviço Secreto dos Estados Unidos. Mas qual foi o alvo desse ataque? Não foi uma apreensão de drogas; foi uma busca por dinheiro falsificado.

Nos últimos anos, o Peru tornou-se uma importante fonte de produção de moeda norte-americana falsificada; a chamada "nota peruana" é considerada a melhor falsificação do mercado. Trabalhadores empregados por sindicatos criminosos adicionam meticulosamente detalhes decorativos às notas impressas à mão, criando falsificações de alta qualidade que são muito difíceis de detectar.

O divertido da coisa é que esses pedaços de papel com decoração elaborada não têm valor intrínseco ou quase nenhum. Na verdade, uma nota de 100 dólares impressa em tinta azul ou laranja literalmente não valeria nem o papel em que tivesse sido impressa.

Mas, se a tinta nesse pedaço de papel decorado tiver o tom exato de verde, as pessoas pensarão que é dinheiro e o aceitarão em pagamento de bens e serviços muito reais, porque elas acreditam, corretamente, que poderão fazer a mesma coisa: trocar aquele pedaço de papel verde por bens e serviços de verdade.

De fato, aí temos uma charada: se uma nota de US$ 100 falsa impressa no Peru entra nos Estados Unidos e ninguém jamais chega a perceber que ela é falsa, quem sai prejudicado? Aceitar uma nota falsa de US$ 100 não é como comprar um carro que depois não funciona ou uma refeição intragável; enquanto não se descobrir que ela é falsa, a nota passará de mão em mão, da mesma maneira que uma nota verdadeira de US$ 100.

A solução para a charada é que as verdadeiras vítimas da falsificação são os contribuintes dos Estados Unidos, porque dólares falsificados reduzem as receitas disponíveis para pagar as operações do governo dos EUA. O Departamento do Tesouro acredita que apenas cerca de 0,01% da moeda em circulação, cerca de US$ 200 milhões, é falsa, mas isso ainda pode significar que os contribuintes foram fraudados em centenas de milhões de dólares. Por conseguinte, o Serviço Secreto diligentemente monitora a integridade da moeda dos Estados Unidos, investigando prontamente qualquer denúncia de falsificação de dólares. Os esforços do Serviço Secreto são o atestado do fato de que a moeda de um país não é como um bem ou serviço comum, e certamente não se trata de pedaços de papel colorido.

Neste capítulo, examinaremos o que é a moeda, o papel que ela desempenha, como funciona um moderno sistema monetário e as instituições que o sustentam e regulam, incluindo os *bancos centrais*. •

O QUE VOCÊ IRÁ APRENDER?

- Quais são os vários papéis desempenhados pela **moeda** e as muitas formas que ela toma na economia?
- Por que o nível da **oferta de moeda** é tão importante para o estado da economia?
- Como as ações dos bancos privados e dos bancos centrais determinam a oferta de moeda?
- Como os bancos centrais usam as **operações de mercado aberto** para modificar a **base monetária**?

Significado do dinheiro

Em conversas do dia a dia, as pessoas muitas vezes usam a palavra *dinheiro* com o significado de "riqueza". Se alguém pergunta "Quanto dinheiro tem Jeff Bezos, o fundador da Amazon?", a resposta será algo como: "Sei lá! Deve ter uns 172 bilhões de dólares, mas quem vai saber o total?". Isto é, a cifra inclui o valor das ações, de títulos, de imóveis e outros ativos que ele possui.

Mas a definição dos economistas para dinheiro ou moeda (*money*)[1] não inclui todas as formas de riqueza. As cédulas na sua carteira são dinheiro; outras formas de riqueza, como carros, casas e ações, não são dinheiro. Segundo os economistas, o que distingue o dinheiro ou moeda de outras formas de riqueza?

O que é moeda?

A moeda é definida em termos do que ela faz: **moeda** é qualquer ativo que pode ser usado facilmente para comprar bens e serviços. No Capítulo 25, definimos um ativo como *líquido* quando ele pode ser facilmente convertido em dinheiro vivo. Moeda consiste no próprio dinheiro vivo, que é líquido por definição, ou nos outros ativos altamente líquidos.

Moeda é qualquer ativo que pode ser usado facilmente para comprar bens e serviços.

Você pode ver a distinção entre moeda e outros ativos perguntando a si mesmo como vai pagar o cafezinho na padaria. O caixa aceitará cédulas e moedas em troca da bebida – mas não aceitará certificados de ações ou uma coleção de selos antigos. Se você quiser transformar certificados de ações em uma xícara de café, terá de vendê-los – trocá-los por dinheiro – e depois usar o dinheiro para fazer sua compra.

Evidentemente, a grande maioria das lojas permitirá que você compre bens com um cartão de débito vinculado à sua conta bancária, e muitos de nós pagam contas maiores (como mensalidades) com cheques preenchidos com um valor disponível no banco. Isso transforma sua conta bancária em dinheiro, mesmo que você não a tenha convertido em dinheiro em espécie? Sim. **Moeda em circulação** – moeda em espécie nas mãos das pessoas – é considerada dinheiro. Da mesma maneira, são considerados dinheiro os **depósitos bancários à vista**, ou seja, contas-correntes que permitem aos seus titulares usar cartões de débito, fazer pagamentos digitais e emitir cheques.

Moeda em circulação é a moeda em espécie nas mãos das pessoas.

Depósitos bancários à vista são contas bancárias que podem ser acessadas por meio de cheques, cartões de débito e pagamentos digitais.

Algumas definições de dinheiro incluem ativos que não são moeda em espécie e depósitos em conta bancária. Existem duas definições muito utilizadas para **oferta de moeda**, o valor total dos ativos financeiros da economia que são considerados moeda:

A **oferta de moeda** é o valor total dos ativos financeiros da economia que são considerados moeda.

1. A definição mais estreita de moeda considera apenas os ativos mais líquidos: moeda em circulação e depósitos à vista verificáveis.
2. A definição mais ampla inclui essas categorias mais outros ativos que são "quase" líquidos ou verificáveis, como depósitos em contas de poupança que podem ser transferidos para a conta-corrente com algumas operações rápidas em um *smartphone*. Ambas as definições de oferta de moeda, no entanto, fazem distinção entre os ativos que podem ser facilmente usados para comprar bens e serviços e aqueles que não podem.

A moeda desempenha um papel essencial gerando *ganhos do comércio*, porque torna possíveis as trocas indiretas. Pense no que acontece quando um cirurgião cardíaco compra um refrigerador novo. O cirurgião tem serviços valiosos para oferecer: cirurgias cardíacas. O proprietário da loja tem bens valiosos para oferecer: refrigeradores e outros eletrodomésticos. Seria extremamente difícil para ambos os lados se, em vez de usar dinheiro, eles tivessem de trocar diretamente os bens e serviços que vendem. Em um sistema de escambo, um cirurgião cardíaco e um dono de loja de aparelhos domésticos poderiam negociar apenas se o dono da loja necessitasse de cirurgia do coração e se o cirurgião precisasse de um refrigerador.

[1]N. R.: No original, usa-se somente a palavra *money* para os dois significados – dinheiro e moeda. Já nesta tradução, empregamos ora uma palavra ora outra, conforme o sentido mais pertinente dentro do tema tratado no capítulo.

Isso é conhecido como o problema de encontrar a *dupla coincidência de necessidades*: em um sistema de escambo, as duas partes só podem negociar quando cada uma quer o que a outra oferece. O dinheiro resolve esse problema: os indivíduos podem trocar por dinheiro aquilo que eles têm a oferecer e dar dinheiro por aquilo que querem.

Como a possibilidade de fazer transações com dinheiro, em vez depender do escambo, torna mais fácil obter ganhos do comércio, a existência de moeda aumenta o bem-estar, embora a moeda não produza nada diretamente.

Vejamos mais de perto os papéis que a moeda (o dinheiro) desempenha na economia.

Papéis da moeda

A moeda desempenha três papéis principais na moderna economia: é *meio de troca*, *reserva de valor* e *unidade de conta*.

Meio de troca é um ativo que indivíduos usam para trocar bens e serviços e não para o seu próprio consumo.

1. Meio de troca. Nosso exemplo do cirurgião cardíaco e do refrigerador ilustra o papel da moeda como **meio de troca**, ou seja, um ativo que os indivíduos usam para trocar bens e serviços e não para consumo. As pessoas não podem comer cédulas de dinheiro; em vez disso, usam cédulas para comprar bens e serviços.

Em tempos normais, a moeda oficial de determinado país – o dólar nos Estados Unidos, o real no Brasil etc. – é também um meio de troca em praticamente todas as transações nesse país. Em épocas tumultuadas, contudo, outros bens ou ativos costumam desempenhar esse papel. Por exemplo, durante turbulências econômicas, a moeda de outros países frequentemente se torna um meio de troca: o dólar americano desempenhou esse papel em países da América Latina e o euro fez isso em países do Leste Europeu que passaram por problemas econômicos. Em um exemplo famoso, cigarros funcionaram como meio de troca nos campos de prisioneiros da Segunda Guerra Mundial: mesmo não fumantes trocavam bens e serviços por cigarros, porque os cigarros, por sua vez, podiam ser facilmente trocados por outros itens. Presos em penitenciárias federais norte-americanas, onde fumar agora é proibido, supostamente usam pacotes de macarrão tipo miojo para muitas transações.[2] Durante a hiperinflação alemã de 1923, bens como ovos e pedaços de carvão foram, por breves momentos, meios de troca.

Uma **reserva de valor** é uma maneira de guardar poder de compra ao longo do tempo.

2. Reserva de valor. Para atuar como meio de troca, a moeda tem de ser também **reserva de valor**, uma maneira de guardar poder de compra ao longo do tempo. Para ver por que isso é necessário, procure fazer funcionar uma economia em que sorvetes de casquinha sejam o meio de troca. Tal economia rapidamente sofreria, digamos, derretimento monetário: seu meio de troca rapidamente se tornaria uma poça pegajosa antes que você pudesse usá-lo para comprar outra coisa. (Como veremos no Capítulo 31, um dos problemas causados por inflação muito elevada, de fato, é que leva o valor do dinheiro a "derreter".) Evidentemente, o dinheiro não é de modo algum a única reserva de valor. Qualquer ativo que mantenha seu poder de compra ao longo do tempo é uma reserva de valor. Assim, o papel da reserva de valor é necessário, mas não é uma característica exclusiva da moeda.

Unidade de conta é uma medida usada para fixar preços e fazer cálculos econômicos.

3. Unidade de conta. Por fim, o dinheiro normalmente serve como **unidade de conta**, uma medida muito aceita que os indivíduos usam para fixar preços e fazer cálculos econômicos. Para compreender a importância dessa função, considere um fato histórico: durante a Idade Média, os camponeses normalmente eram obrigados a fornecer ao senhor feudal bens e trabalho, em vez de dinheiro. Um camponês, por exemplo, podia ser obrigado a trabalhar na terra do latifundiário medieval um dia por semana e entregar um quinto de sua colheita.

---

[2]N. R.: No Brasil, os cigarros continuam a ser usados como moeda de troca em prisões.

COMPARAÇÃO GLOBAL O DINHEIRO DAS NAÇÕES

Quando foi a última vez que você pagou algo em espécie – isto é, entregou literalmente pedaços de papel com retratos de animais ou figuras históricas? Para muitos de nós, a resposta pode ser que foi há dias, semanas e, para alguns, meses. Hoje em dia, muitas das nossas compras cotidianas são feitas com alguma forma de pagamento digital, seja com cartão ou *smartphone*.

Então, o dinheiro em espécie está perdendo força? A resposta, um tanto surpreendente, é que depende do país que você considerar. Uma medida simples da prevalência das transações em dinheiro vivo é a relação entre o valor da moeda em circulação e o PIB, o valor dos bens e serviços produzidos em uma nação. A figura a seguir mostra essa proporção para três países: Suécia, Estados Unidos e Japão.

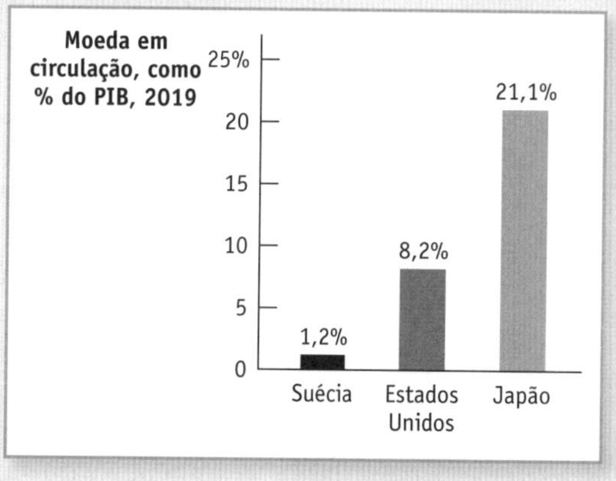

Em um extremo, a Suécia é quase uma sociedade sem dinheiro em espécie: a maioria das lojas não aceita pagamento em dinheiro, e metade das agências bancárias do país nem mesmo lida com dinheiro vivo. No outro extremo, os japoneses ainda carregam muito dinheiro em espécie. Os Estados Unidos estão em algum ponto intermediário.

O que é estranho nisso é que todos os três países são tecnologicamente sofisticados, aproximadamente no mesmo grau. Por que eles são tão diferentes quando se trata de dinheiro vivo?

No caso do Japão, a resposta parece ser principalmente cultural: por diversos motivos, os cidadãos japoneses ainda estão acostumados a usar papel-moeda e relutam em se tornar digitais, embora sua sociedade seja tão viciada em *smartphones* quanto a nossa.

Dados de: Bank for International Settlements, International Monetary Fund.

O caso dos EUA é diferente: como foi explicado na seção Para Mentes Curiosas da p. 422, a maior parte da moeda em espécie dos EUA é na verdade mantida fora do país, principalmente na forma de notas de 100 dólares.

A Suécia, sem dúvida, é como o futuro monetário será; esse país está, de fato, considerando eliminar totalmente o dinheiro. E mesmo nos Estados Unidos, um número cada vez maior de empresas parou de aceitar *dinheiro em espécie*. Mas nem todo mundo está feliz com esse futuro. Recentemente, a cidade de Nova York aprovou uma lei exigindo que as lojas continuem a aceitar dinheiro em espécie como pagamento, argumentando que as lojas sem dinheiro efetivamente discriminam as pessoas pobres demais para terem cartão vinculado a uma conta bancária.

Atualmente, aluguéis por uso da terra, como qualquer outro preço, são quase sempre especificados em termos de dinheiro. Isso torna tudo mais claro: imagine como seria duro decidir qual apartamento alugar se os locatários seguissem a prática medieval. Suponha, por exemplo, que um proprietário diga que alugará um apartamento se você limpar a casa dele duas vezes por semana e trouxer para ele meio quilo de filé todo dia, enquanto outra proprietária pede que você limpe a casa dela apenas uma vez por semana, mas quer dois quilos de frango todo dia. Quem está oferecendo a melhor proposta? É difícil dizer. Se, por outro lado, o primeiro lhe pede $ 600 por mês e a segunda lhe pede $ 700, a comparação fica fácil. Em outras palavras, sem uma medida comumente aceita, os termos da transação são mais difíceis de determinar, tornando muito mais difícil completar transações e obter ganhos com negociação.

Tipos de moeda

De uma forma ou de outra, o dinheiro tem estado em uso há milhares de anos. Na maior parte desse tempo, as pessoas usaram **moeda-mercadoria**: o meio de troca era um bem, normalmente ouro ou prata, que tinha valor intrínseco em outros usos. Esses usos alternativos davam à moeda-mercadoria um valor independente do seu papel como meio de troca. Por exemplo, os cigarros que serviram de dinheiro nos campos de prisioneiros da Segunda Guerra Mundial eram valiosos também porque muitos prisioneiros fumavam. Ouro era valioso porque era usado em joias e ornamentação, além do fato de ser usado para cunhar moedas.

Moeda-mercadoria é um bem usado como meio de troca e que tem valor intrínseco em outros usos.

Em 1776, o ano em que os Estados Unidos declararam sua independência e Adam Smith escreveu *A riqueza das nações*, já se espalhara o uso de papel-moeda além do ouro ou da prata. Contudo, diferentemente das cédulas modernas de dólar, as notas eram emitidas por bancos privados que prometiam trocar essas notas por moedas de ouro ou de prata sempre que solicitado. Isto é, o papel-moeda que inicialmente substituiu a moeda-mercadoria era uma **moeda garantida por mercadoria**, um meio de troca sem valor intrínseco, cujo valor em última instância era garantido por uma promessa de que poderia sempre ser convertido em bens valiosos quando isso fosse solicitado.

Moeda garantida por mercadoria é um meio de troca sem valor intrínseco, cujo valor em última instância é garantido por uma promessa de que pode ser convertido em bens valiosos.

A grande vantagem da moeda garantida por mercadoria, em comparação com a simples moeda-mercadoria, como as moedas de ouro ou de prata, é que comprometia menos recursos valiosos. Embora o banco emissor das notas ainda precisasse manter certa quantidade de ouro e prata, tinha de manter apenas o necessário para honrar os pedidos de resgate de suas cédulas. E podia confiar no fato de que, em dado dia, somente uma fração dos detentores de seu papel-moeda exigiria a sua conversão em moedas de ouro ou prata. Assim, o banco precisava manter somente uma parte do valor de suas notas em circulação na forma de ouro e prata em seus cofres. Podia emprestar o resto do ouro e da prata a quem quisesse usá-lo. Isso permitia à sociedade usar esse ouro e essa prata restantes para outros fins, e tudo isso sem perda da capacidade de obter ganhos do comércio.

Em um trecho famoso de *A riqueza das nações*, Adam Smith descreveu o papel-moeda como "ferrovia pelo ar". Smith estava fazendo uma analogia entre moeda e uma estrada imaginária que não precisasse absorver terra valiosa abaixo dela. Uma estrada de verdade oferece serviço útil, mas a um custo: terra, que poderia ser usada para cultivos mas, em vez disso, é pavimentada. Se a estrada pudesse ser construída no ar, ela não destruiria terra útil. Conforme entendia Adam Smith, quando os bancos substituíram ouro e prata por papel-moeda, conseguiram uma façanha semelhante: reduziram a quantidade de recursos usados pela sociedade para proporcionarem as funções da moeda.

A essa altura, pode-se perguntar para que ainda usar ouro ou prata como meio de troca no sistema monetário, até mesmo como garantia para o papel-moeda. De fato, o sistema monetário contemporâneo vai ainda mais longe que o sistema que Adam Smith admirou, tendo eliminado qualquer função para ouro ou prata. Uma cédula de dólar não é moeda-mercadoria, nem sequer é garantida por mercadoria. Em vez disso, seu valor decorre inteiramente do fato de que é geralmente aceita como meio de pagamento, função que é, em última instância, decretada pelo governo dos Estados Unidos. Dinheiro cujo valor deriva inteiramente de seu *status* oficial como meio de troca é conhecido como **moeda fiduciária** ou moeda *fiat* – porque existe por *fiat* do governo, termo antigo para política ou ordem declarada por um governante.

Moeda fiduciária é um meio de troca cujo valor deriva totalmente de seu *status* oficial como meio de pagamento.

A moeda fiduciária tem duas grandes vantagens sobre a moeda garantida por mercadoria. Primeiro, representa ainda mais uma "ferrovia pelo ar": não empata quaisquer recursos reais, exceto o papel em que é impressa. Segundo, a oferta de moeda pode ser administrada com base nas necessidades da economia, em vez de ser determinada pela quantidade de ouro e de prata que as mineradoras consigam extrair.

Por outro lado, a moeda fiduciária tem seus riscos. Na história de abertura deste capítulo, descrevemos um desses riscos: a falsificação. Falsificadores de dólares usurpam um privilégio do governo dos Estados Unidos, que é o único com o direito legal de imprimir cédulas de dólar. E o benefício que os falsificadores obtêm trocando notas falsas por bens e serviços de verdade se dá à custa do governo federal dos EUA, que cobre uma parte pequena, mas não trivial, de suas despesas emitindo moeda nova para atender à demanda crescente por moeda.

Outro risco é que governos que podem criar moeda sempre que queiram serão tentados a abusar desse privilégio. No Capítulo 31, aprenderemos como os governos às vezes confiam demais em imprimir moeda para pagar suas contas, causando inflação elevada. Neste capítulo, contudo, vamos nos concentrar na questão do que é a moeda e de como ela é administrada.

Medindo a oferta de moeda

O Federal Reserve (banco central dos EUA) calcula o tamanho de dois **agregados monetários**, medidas gerais de oferta de moeda, que diferem na definição estrita da moeda. Os dois agregados são conhecidos de modo meio obscuro como M1 e M2. (Existia um terceiro agregado monetário, denominado, é claro, M3, mas em 2006 o Federal Reserve decidiu que essa medida já não era útil.)

Agregado monetário é uma medida geral da oferta de moeda.

M1, a definição mais estrita, inclui apenas moeda em circulação (ou dinheiro vivo) e dinheiro em conta-corrente contra o qual é possível emitir cheques. M2 acrescenta vários outros tipos de ativos muitas vezes referidos como **quase-moedas**, ativos financeiros que não podem ser usados diretamente como meio de troca, mas que podem ser rapidamente convertidos em espécie ou em depósitos em conta-corrente, como as contas de poupança. Exemplos são depósitos a prazo, como CDBs de pequeno valor, contra os quais não é possível emitir cheque, mas que podem ser retirados a qualquer momento antes de seu vencimento, mediante pagamento de penalidade. Como o dinheiro vivo e os depósitos em conta-corrente podem ser utilizados diretamente como meio de troca, M1 é a medida mais líquida de moeda.

Quase-moedas são ativos financeiros que não podem ser usados diretamente como meio de troca, mas podem ser prontamente convertidos para dinheiro ou depósitos em conta.

A Figura 29.1 mostra a composição de M1 e M2 nos Estados Unidos em março de 2020, em bilhões de dólares. M1 era avaliado em US$ 4.267,6 bilhões, com cerca de 41% constituídos de moeda em circulação e o restante formado por depósitos bancários. Mas M1 representa 27% de M2, avaliado em US$ 16.103,9 bilhões. M2 consiste em M1 mais outros tipos de ativos: dois tipos de depósitos bancários, conhecidos como depósitos de poupança e depósitos a prazo, que não permitem emitir cheques, além dos fundos do mercado monetário, os quais são fundos mútuos que investem somente em ativos líquidos e têm muita semelhança com depósitos bancários. Essas quase-moedas rendem juros – coisa que o dinheiro em espécie (moeda em circulação) não faz – e normalmente pagam taxas de juros mais altas que quaisquer taxas eventualmente oferecidas por depósitos bancários comuns.

ARMADILHAS

O QUE NÃO FAZ PARTE DA OFERTA DE MOEDA

Ativos financeiros como ações e títulos não fazem parte da oferta de moeda, qualquer que seja a definição, pois não são suficientemente líquidos.

M1, grosso modo, são ativos que você pode usar para fazer compras no mercado da esquina: dinheiro em espécie e depósitos em conta-corrente contra os quais se podem emitir cheques. M2 é mais amplo, pois inclui itens como contas de poupança, que podem ser transformadas em M1 facilmente e com rapidez. Normalmente, por exemplo, você pode transferir fundos da poupança para a conta-corrente em um caixa eletrônico ou usando o seu celular.

Em contrapartida, para converter ações ou títulos em dinheiro, é preciso vendê-los, algo que normalmente leva algum tempo e implica pagar uma taxa à corretora. Isso torna esses ativos muito menos líquidos que os depósitos bancários. Assim, ações e títulos, diferentemente dos depósitos bancários, não são considerados moeda.

Figura 29.1 Agregados monetários nos Estados Unidos, março de 2020.

O banco central norte-americano usa duas definições de oferta de moeda: M1 e M2. Como mostra o painel (a), mais de metade de M1 consiste em depósitos em conta-corrente, sendo que o restante é composto de moeda em circulação. M2, como mostra o painel (b), tem definição mais ampla e inclui M1 mais uma série de outros depósitos e ativos semelhantes a depósitos, tornando-o quase quatro vezes maior. (Os números podem não totalizar os 100% em razão de arredondamento.)

Dados de: Federal Reserve Bank of St. Louis.

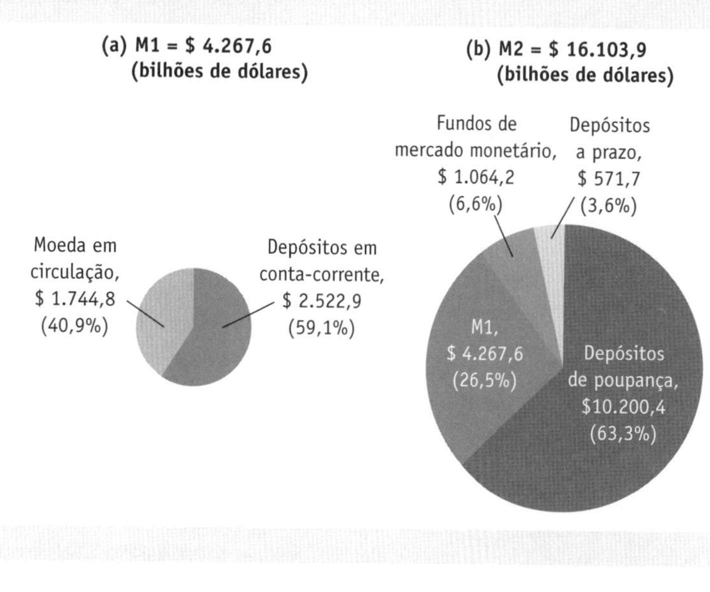

PARA MENTES CURIOSAS Tudo sobre os Benjamins

Há quase US$ 1,8 trilhão de moeda norte-americana em circulação nos Estados Unidos, quase US$ 5.500 para cada homem, mulher e criança no país. A maioria das pessoas não carrega esse dinheiro no bolso – em média, um norte-americano carrega cerca de 60 dólares em espécie, provavelmente porque as pessoas cada vez mais fazem compras usando cartões de débito e aplicativos no celular. Então, onde está todo esse dinheiro?

Parte da resposta é que ele está nas caixas registradoras: tanto empresas como indivíduos precisam manter dinheiro vivo. Porém, a maior proporção dessas imensas quantias de moeda – aproximadamente 60% – está nas mãos dos residentes estrangeiros, cuja moeda nacional inspira tão pouca confiança que o dólar americano se tornou um meio de troca amplamente aceito, bem como para reserva de valor.

O dinheiro em espécie também é muito usado para manter as transações dissimuladas – por criminosos, como traficantes de drogas, ou empresários que procuram evitar o pagamento de imposto de renda. A prevalência de transações ilegais pode explicar por que cerca de três quartos do valor da moeda norte-americana em circulação assume a forma de notas de US$ 100 – também chamadas de "Benjamins", porque trazem o retrato de Benjamin Franklin – que muitas empresas legítimas nem mesmo aceitarão.

O desejo de esconder as transações dos olhos das autoridades ajuda a explicar o crescimento do Bitcoin, uma moeda virtual criada em 2009. É basicamente um algoritmo de computação que cria *tokens* eletrônicos aceitos por alguns como moeda.

Mas o que leva as pessoas a acreditarem em uma moeda virtual – a aceitá-la no lugar do dinheiro "de verdade"? Assim como o dólar, a fé no Bitcoin surgiu da crença de que outra pessoa, posteriormente, o aceitaria em troca de algo real. Contanto que existam pessoas que desejam ocultar as transações, esta não é uma crença irracional. Uma desvantagem do Bitcoin é sua suscetibilidade a *hackers*. Apesar disso, as atrações do Bitcoin e de outras moedas virtuais, como a Ethereum, são tão grandes que seu valor combinado em abril de 2020 era de aproximadamente US$ 150 bilhões.

ECONOMIA >> *em Ação*

A história do dólar

Cédulas de dólar são puras moedas fiduciárias: elas não têm valor intrínseco e não são garantidas por nada que tenha o mesmo valor. Mas a moeda nos Estados Unidos não foi sempre assim. Nos primórdios da colonização europeia, as colônias que se tornariam os Estados Unidos usavam moeda-mercadoria, parte da qual consistia em moedas de ouro e de prata cunhadas na Europa. Mas essas moedas eram escassas nesse lado do Atlântico, de modo que os colonos usaram uma variedade de outras formas de moeda-mercadoria. Por exemplo, colonos na Virgínia usaram tabaco como dinheiro e os colonos no nordeste do país usaram *wampum*, contas feitas com conchas de um tipo de marisco.

Mais tarde na história norte-americana, o papel-moeda garantido por mercadoria passou a ser muito utilizado. Mas esse não era papel-moeda como o conhecemos hoje, emitido pelo governo e com a assinatura do Secretário do Tesouro. Antes da Guerra Civil, o governo dos Estados Unidos não emitia nenhum papel-moeda. Cédulas de dólar eram emitidas por bancos privados que prometiam aos detentores que essas cédulas seriam resgatadas em troca de moeda de prata quando assim solicitado. Essas promessas nem sempre tinham credibilidade, porque às vezes os bancos falhavam, deixando as pessoas que tinham suas notas com pedaços de papel sem valor. É compreensível que as pessoas tivessem relutância em aceitar moeda de bancos sob suspeita de estarem em dificuldades financeiras. Em outras palavras, nesse sistema privado de moeda, alguns dólares eram menos valiosos que outros.

Um legado curioso daquela época são as cédulas emitidas pelo Banco dos Cidadãos da Louisiana, com sede em Nova Orleans, que se tornaram das mais usadas nos estados sulistas. Essas cédulas eram impressas em inglês de um lado e em francês do outro (na época, muita gente em Nova Orleans, que fora originalmente uma colônia da França, falava francês). Assim, a cédula de 10 dólares mostrava *ten* de um lado e, do outro, *dix* (as palavras para *dez* em inglês e francês, respectivamente). Essas cédulas de US$ 10 tornaram-se conhecidas como "*dixies*" e, provavelmente, são a origem do apelido "Dixieland" que ainda hoje tem o sul dos Estados Unidos.

Em 1862, o governo dos EUA começou a emitir oficialmente o papel-moeda, chamado *greenbacks*, como uma forma de ajudar a pagar pela Guerra Civil em curso. No começo, esse papel-moeda não tinha valor fixo em termos de mercadoria.

Depois de 1873, o governo norte-americano passou a garantir o valor de um dólar em termos de ouro, efetivamente transformando o dólar em moeda garantida por mercadoria.

Em 1933, quando o Presidente Franklin D. Roosevelt rompeu a ligação entre dólares e ouro, o seu próprio diretor do orçamento federal (temendo que o público perdesse a confiança no dólar se em última instância não fosse garantido pelo ouro) declarou sombriamente: "Isso será o fim da civilização ocidental." Não foi. A vinculação entre dólares e ouro foi restaurada alguns anos mais tarde, sendo depois rompida de novo em agosto de 1971, aparentemente para sempre. Apesar dos alertas catastrofistas, o dólar americano avançou até tornar-se a moeda mais utilizada em todo o mundo.

>> *Teste seu entendimento* 29.1

As respostas estão no fim do livro.

1. Suponha que você tenha um vale-presente para certos produtos nas lojas participantes. Esse vale-presente é moeda? Por quê?
2. Embora a maioria das contas bancárias pague juros, os depositantes podem obter taxa de juros mais alta comprando um certificado de depósito bancário (CDB). A diferença entre um CDB e uma conta-corrente é que o depositante paga uma penalidade se resgatar o dinheiro antes que o CDB vença – um período de meses ou mesmo de anos. CDBs de pequeno valor são contados em M2, mas não em M1. Explique por que eles não são parte de M1.
3. Explique por que um sistema de moeda garantida por mercadoria usa recursos de modo mais eficiente que um sistema de moeda-mercadoria.

>> *Revisão Rápida*

- **Moeda** é qualquer ativo que pode ser usado facilmente para comprar bens e serviços. **Moeda em circulação** e **depósitos em conta-corrente** são considerados parte da **oferta de moeda**.
- A moeda desempenha três funções: **meio de troca**, **reserva de valor** e **unidade de conta**.
- Historicamente, a moeda primeiro tomou a forma de **moeda-mercadoria** e depois de **moeda garantida por mercadoria**. Atualmente, o dólar é pura **moeda fiduciária** ou moeda *fiat*.
- A oferta de moeda é medida por dois **agregados monetários**: M1 e M2. M1 é o mais líquido, consistindo em moeda em circulação e depósitos bancários. M2 consiste em M1 mais vários tipos de **quase-moeda**.

O papel monetário dos bancos

Cerca de 41% de M1, a definição mais restrita de oferta de moeda, são formados por moeda em circulação – cédulas de $ 1, cédulas de $ 5 e assim por diante. É óbvio de onde vem a moeda: ela é impressa pelo Tesouro. Mas o restante de M1 é formado por depósitos bancários, e depósitos bancários representam a maior parte de M2, a definição mais ampla de oferta de moeda. Segundo qualquer das medidas, portanto, depósitos bancários são um componente muito importante da oferta de moeda. Isso nos leva ao tópico seguinte: o papel monetário dos bancos.

O que fazem os bancos

Como aprendemos no Capítulo 25, um banco é um *intermediário financeiro* que usa ativos líquidos na forma de depósitos bancários para financiar investimentos ilíquidos dos tomadores de empréstimos. Bancos podem criar liquidez porque não é necessário para um banco manter na forma de ativos altamente líquidos todos os fundos que nele são depositados. Exceto no caso de uma *corrida aos bancos* – tema que veremos adiante –, nem todos os depositantes de um banco vão querer sacar seus fundos ao mesmo tempo. Assim, um banco pode proporcionar ativos líquidos aos seus depositantes e ainda investir grande parte dos fundos dos depositantes em ativos ilíquidos, como empréstimos hipotecários e financiamento às empresas.

No entanto, bancos não podem emprestar o total dos fundos neles depositados, porque eles têm de atender a qualquer depositante que queira sacar seus fundos. Para atenderem a essas demandas, os bancos mantêm à disposição quantidades substanciais de ativos líquidos. No moderno sistema bancário dos Estados Unidos, esses ativos têm a forma de moeda nos cofres do banco ou de depósitos mantidos na conta do banco junto ao banco central. Estes últimos, como veremos, podem ser convertidos em dinheiro vivo mais ou menos instantaneamente. Os depósitos em moeda nos cofres e os depósitos no banco central mantidos pelos bancos são chamados **reservas bancárias**. Como as reservas bancárias são mantidas pelos bancos e pelo banco central, não pelo público, elas não são consideradas parte da moeda em circulação.

Reservas bancárias são constituídas pelo dinheiro que os bancos mantêm em seus cofres mais seus depósitos no banco central.

Conta T é uma ferramenta para análise da posição financeira de uma empresa, mostrando, em uma única tabela, os ativos (no lado esquerdo) e os passivos (do lado direito).

Para entendermos o papel básico dos bancos na determinação da oferta de moeda, vamos começar apresentando um instrumento simples que serve para analisar a posição financeira de um banco: **conta T**. A conta T resume a posição financeira de um banco ou empresa, mostrando em uma única tabela os ativos e passivos do negócio, com ativos no lado esquerdo e passivos no lado direito.

A Figura 29.2 mostra a conta T para uma empresa hipotética que *não é* um banco – Samantha Sucos. De acordo com a Figura 29.2, a Samantha Sucos é dona de um prédio que vale $ 30.000 e tem $ 15.000 de equipamento para fabricação de bebidas. Estes são ativos, de modo que estão no lado esquerdo da tabela. Para financiar seu início, a empresa tomou emprestados $ 20.000 no banco local. Estes são passivos, de modo que o empréstimo está no lado direito da tabela. Examinando-se a conta T, pode-se verificar imediatamente quanto a Samantha Sucos possui e quanto deve. Esse tipo de planilha financeira é apelidada de T por causa do formato das linhas que dividem a tabela.

A Samantha Sucos é uma empresa comum, não um banco. Vejamos agora a conta T de um banco hipotético, o Banco da Primeira Rua, que tem depósitos de $ 1 milhão.

A Figura 29.3 mostra a posição financeira do Banco da Primeira Rua. Os empréstimos que esse banco fez estão no lado esquerdo, porque são um ativo: representam fundos que se espera serão devolvidos por quem tomar empréstimos do banco. Nesse exemplo simplificado, o único ativo além disso são suas reservas que, como já sabemos, podem tomar a forma de dinheiro nos cofres do banco ou depósitos no banco central. No lado direito mostramos os passivos do banco, que nesse exemplo consistem apenas nos depósitos feitos pelos seus clientes. São passivos porque representam fundos que, em última instância, terão de ser devolvidos aos depositantes.

Note, aliás, que nesse exemplo os ativos do Banco da Primeira Rua são maiores que seus passivos. É assim que supostamente deveria ser. De fato, como veremos logo adiante, os bancos são obrigados por lei a manter ativos maiores que passivos em certa proporção determinada.

Coeficiente de reserva é a fração dos depósitos bancários que um banco mantém como reserva.

Vamos supor que o Banco da Primeira Rua mantenha reservas equivalentes a 10% de seus depósitos bancários. A fração dos depósitos que um banco mantém como reserva é seu **coeficiente de reserva**. No moderno sistema norte-americano, o Federal Reserve – que, entre outras funções, regula os bancos que operam nos Estados Unidos – estabelece um coeficiente mínimo de reserva que os bancos são obrigados a manter. Para entendermos por que os bancos são regulados, temos de conhecer um problema com que os bancos podem se defrontar: uma corrida aos bancos.

Figura 29.2 Conta T da Samantha Sucos.

Uma conta T resume a posição financeira de uma empresa. Seus ativos, que neste caso são um prédio e algum maquinário, ficam no lado esquerdo. Seus passivos, que são uma dívida no banco local, ficam no lado direito.

Ativos		Passivos	
Prédio	$ 30.000	Empréstimo bancário	$ 20.000
Máquinas de fabricação	$ 15.000		

Figura 29.3 Ativos e passivos do Banco da Primeira Rua.

Os ativos do Banco da Primeira Rua consistem em $ 1.200.000 de empréstimos concedidos e reservas de $ 100.000. Seus passivos são $ 1.000.000 em depósitos bancários, dinheiro que o banco deve às pessoas que nele depositaram fundos.

Ativos		Passivos	
Empréstimos concedidos	$ 1.200.000	Depósitos	$ 1.000.000
Reservas	$ 100.000		

O problema da corrida aos bancos

Um banco pode emprestar a maior parte dos fundos depositados nele porque, normalmente, apenas uma pequena fração dos depositantes vai querer retirar os seus fundos em um dia qualquer. Mas o que aconteceria se, por alguma razão, todos ou pelo menos grande parte de seus clientes de fato tentassem sacar todos os seus fundos em um curto período, como alguns dias apenas?

Se uma parcela significativa dos depositantes quisesse retirar todo o seu dinheiro ao mesmo tempo, o banco não teria como levantar dinheiro em espécie para atender a essa demanda. O motivo é que os bancos convertem a maior parte dos fundos de depositantes em empréstimos bancários concedidos a tomadores de crédito. É assim que os bancos têm receita – cobrando juros sobre os empréstimos.

Mas os empréstimos bancários são ilíquidos: não podem ser rapidamente convertidos em dinheiro vivo com um aviso de véspera. Para ver o motivo, imagine que aquele Banco da Primeira Rua tenha emprestado $ 100.000 para um revendedor local de carros, o Nos Trinques Carros Usados. Para levantar dinheiro e atender às demandas de saque, o Banco da Primeira Rua pode vender o seu crédito com o Nos Trinques a mais alguém – outro banco ou outro investidor individual. Mas, se o Primeira Rua tentar vender o título de crédito rapidamente, compradores potenciais ficarão preocupados: vão suspeitar que o banco quer vender o crédito porque há qualquer coisa errada e que o empréstimo não será pago. Por conseguinte, o Banco da Primeira Rua só consegue repassar o empréstimo se oferecê-lo com um grande desconto – digamos, um desconto de 40%, ou seja, por $ 60.000.

A conclusão é que, se os depositantes do Primeira Rua de repente quiserem retirar seus fundos, qualquer esforço para levantar o dinheiro necessário obrigará o banco a vender seus ativos muito barato. Inevitavelmente isso levará a uma *falência bancária*: o banco não será capaz de atender plenamente seus depositantes.

O que pode dar início a todo esse processo? Isto é, o que pode levar os depositantes do Primeira Rua a correrem para retirar seu dinheiro? Uma resposta plausível seria a difusão de um boato de que o banco está em dificuldades financeiras. Mesmo que não tenham certeza se o boato é verdade ou não, os depositantes, para sua própria segurança, podem querer retirar o dinheiro enquanto é possível. E a coisa fica pior ainda: um depositante que pensa que *outros* depositantes vão ficar em pânico e retirar seu dinheiro percebe que isso pode "quebrar o banco". Assim, ele se junta aos demais na corrida. Em outras palavras, o medo de que o banco esteja em dificuldades financeiras pode tornar-se uma profecia autorrealizada: depositantes que acreditam que os outros vão cair fora também cairão fora.

Uma **corrida aos bancos**, portanto, é um fenômeno pelo qual muitos depositantes tentam retirar seus fundos devido ao temor de quebra de um banco. Ademais, corridas ao banco não são ruins apenas para o banco em questão e seus clientes. Historicamente, elas muitas vezes se mostraram contagiosas, com a corrida a um banco provocando perda de confiança em outros bancos, o que motiva mais corridas aos bancos.

Corrida aos bancos é um fenômeno pelo qual muitos depositantes tentam retirar seus fundos levados pelo temor de quebra de um banco.

O próximo Economia em Ação descreve um caso real desse tipo de contágio: a onda de corridas aos bancos que varreu os Estados Unidos no início dos anos 1930. Em resposta a essa experiência e a experiências similares em outros países, os Estados Unidos e a maioria dos governos no mundo moderno estabeleceram um sistema de regulamentação bancária para proteger depositantes e prevenir corridas aos bancos.

Regulação bancária

É preciso ficar preocupado em perder dinheiro por causa de uma corrida aos bancos nos Estados Unidos? Caso se trate de um banco convencional, a resposta é não. Depois da crise bancária da década de 1930, os Estados Unidos e a maioria dos outros países estabeleceram um sistema destinado a proteger os depositantes e a economia em seu conjunto contra corridas aos bancos. Esse sistema tem quatro características principais: *seguro de depósito*, *capital obrigatório*, *reservas compulsórias* e, além disso, os bancos têm acesso ao *guichê de redesconto* (ou *janela de redesconto*), uma fonte de dinheiro usada quando for necessária.

O **seguro de depósito** garante que os depositantes receberão, mesmo que o banco quebre, até uma quantia máxima por conta individual.

1. Seguro de depósito. Quase todos os bancos nos Estados Unidos anunciam que são "membros da FDIC", Federal Deposit Insurance Corporation. A FDIC oferece **seguro de depósito**, uma garantia de que os depositantes receberão, mesmo que o banco quebre, até uma quantia máxima por conta individual. A FDIC atualmente garante os primeiros US$ 250.000 de cada conta, por depositante e por banco segurado.[3]

É importante notar que o seguro de depósito não protege meramente os depositantes de um banco em caso de quebra. Ele também elimina a razão principal das corridas aos bancos: como os clientes sabem que seus depósitos estão seguros mesmo que o banco quebre, eles não terão incentivo para correr e sacar seu dinheiro por causa de algum boato de que o banco está em dificuldades.

2. Capital obrigatório. O seguro de depósito, embora proteja o sistema bancário contra corridas aos bancos, cria um problema bem conhecido de incentivos perversos. Como os depositantes são protegidos contra perdas, eles não têm incentivo para monitorar a saúde financeira de seu banco, permitindo que atividades arriscadas do banco fiquem despercebidas. Enquanto isso, os donos dos bancos ficam encorajados a fazer investimentos exageradamente arriscados, como conceder empréstimos questionáveis a juros elevados. Se tudo vai bem, os proprietários têm lucro; e, se as coisas vão mal, o governo cobre a perda com o seguro de depósito.

Para reduzir o incentivo à tomada de riscos excessivos, os reguladores exigem que proprietários de bancos tenham ativos substancialmente mais elevados que o valor dos depósitos. Dessa forma, os bancos terão ativos maiores que seus depósitos, mesmo que haja inadimplência em alguns dos seus empréstimos, e as perdas incorridas serão deduzidas dos ativos do banco e não do governo. O excedente dos ativos do banco sobre seus depósitos bancários e outros passivos é denominado *capital próprio do banco*. No exemplo, o Primeira Rua tem capital de $ 300.000, igual a ($ 1.200.000 + $ 100.000) – $ 1.000.000. Isso equivale a $ 300.000 / ($ 1.200.000 + $ 100.000) = 23% do valor total dos seus ativos. Na prática, o capital próprio dos bancos tem de ser igual a pelo menos 7% de seus ativos.

Reservas compulsórias são regras estabelecidas pelos bancos centrais que determinam um coeficiente mínimo de reserva para os bancos.

3. Reservas compulsórias. Outra regulação usada para reduzir o risco de corrida aos bancos são as **reservas compulsórias**, regras dos bancos centrais que determinam que o banco tenha coeficiente mínimo de reserva. Por exemplo, nos Estados Unidos, o coeficiente de reserva mínimo para os depósitos em conta é de 10%.

Guichê de redesconto ou janela de redesconto é um arranjo pelo qual o banco central está preparado para emprestar dinheiro a bancos em dificuldade.

4. Guichê de redesconto. Uma última proteção contra corridas aos bancos é o fato de que o banco central, que discutimos com mais detalhes em outro ponto deste capítulo, está preparado para emprestar dinheiro a bancos em dificuldade, um arranjo conhecido como **guichê de redesconto**.[4] A capacidade de obter dinheiro emprestado de um banco central significa que o banco pode evitar a venda de seus ativos a preço de liquidação para satisfazer demandas de uma corrida súbita de depositantes exigindo seu dinheiro. Em vez disso, ele pode recorrer ao banco central e tomar emprestados os fundos de que necessita para pagar os depositantes.

Limites de alcance da regulação: *shadow banking*. O moderno sistema bancário dos EUA está bem protegido contra as antiquadas corridas aos bancos. Infelizmente, como muitos investidores aprenderam para seu espanto em 2008, embora as corridas bancárias possam ser coisa do passado, corridas bancárias modernas – que parecem muito diferentes, mas têm muitos dos mesmos efeitos – ainda podem acontecer.

Como isso é possível? A resposta está em uma série de arranjos financeiros, que não são exatamente bancários no sentido tradicional, mas servem praticamente aos mesmos propósitos que os bancos convencionais e podem representar sérios riscos. Esses arranjos, conhecidos como *shadow banking*, são realizados por empresas

[3]N. T.: No Brasil, os bancos contam com o Fundo Garantidor de Crédito (FGC), uma associação civil com a função principal de "proteger depositantes e investidores no âmbito do Sistema Financeiro Nacional" até os limites estabelecidos pela regulamentação interna – atualmente, R$ 250.000,00 por pessoa e instituição associada, até o limite total de 1 milhão.

[4]N. T.: *Discount window*, uma linha de crédito emergencial de curto prazo aos bancos, criada em alguns bancos centrais e que no Brasil também é chamada de "janela de redesconto".

financeiras não depositárias, incluindo bancos de investimento, seguradoras, empresas de fundos de *hedge* e empresas de fundos do mercado monetário. Como não aceitam depósitos, as empresas do setor de *shadow banking* não são totalmente cobertas pelas proteções ou regras que tornaram os bancos de depósito convencionais tão seguros. Falaremos mais sobre o *shadow banking* posteriormente neste capítulo.

ECONOMIA >> *em Ação*

A felicidade do sistema bancário

O filme de 1946 *A felicidade não se compra* é um clássico sempre revisto. Mostra James Stewart no papel de George Bailey, um banqueiro de uma pequena cidade cuja vida é salva por um anjo. A principal cena do filme é uma corrida ao banco de Bailey, com depositantes amedrontados aflitos para sacar seus fundos.

Quando esse filme foi feito, tais cenas ainda estavam frescas na memória dos norte-americanos. Houve uma onda de corrida aos bancos no fim de 1930, uma segunda onda na primavera de 1931 e uma terceira no início de 1933. No fim, mais de um terço dos bancos do país havia falido. Para pôr fim ao pânico, em 6 de março de 1933, o recém-empossado presidente dos Estados Unidos Franklin D. Roosevelt declarou um *feriado bancário* nacional, fechando todos os bancos por uma semana, para dar tempo aos reguladores para fechar os bancos doentes e conceder certificado para os bancos com saúde financeira.

Desde então, existe regulamentação que protege os Estados Unidos e outras nações ricas contra a maioria das corridas aos bancos. De fato, aquela cena do filme já tinha quase passado de moda quando ele foi feito. Mas décadas recentes assistiram a várias ondas de corridas aos bancos em países em desenvolvimento. Por exemplo, corridas aos bancos tiveram participação na crise econômica que assolou o Sudeste Asiático em 1997-1998 e na severa crise econômica da Argentina que começou no final de 2001. E um pânico bastante semelhante a uma onda de corridas aos bancos varreu os mercados financeiros mundiais em 2008.

Note que dissemos *a maioria das corridas aos bancos*. Há alguns limites para o seguro de depósito; em particular, atualmente apenas os primeiros US$ 250.000 dos fundos de um depositante individual em um banco com seguro estão garantidos nos Estados Unidos. Em consequência, ainda pode acontecer uma corrida para um banco que pareça estar em dificuldade. De fato, foi exatamente o que aconteceu em julho de 2008 com o IndyMac Bank, instituição credora com sede em Pasadena que havia feito grande número de empréstimos imobiliários duvidosos. Quando se levantaram dúvidas sobre a saúde financeira do IndyMac, os depositantes começaram a retirar seus fundos, obrigando os reguladores federais a intervir e fechar o banco. Na Grã-Bretanha os limites do seguro de depósito são bem mais baixos, o que expôs o banco Northern Rock a uma clássica corrida em setembro de 2007. Contudo, diferentemente das corridas aos bancos dos anos 1930, a maioria dos depositantes do IndyMac e do Northern Rock recebeu de volta seus fundos, e o pânico desses bancos não se espalhou para outras instituições.

>> *Revisão Rápida*

- Usa-se a **conta T** para analisar a posição financeira de um banco. Os bancos mantêm **reservas bancárias**, isto é, moeda em seus cofres mais depósitos em suas contas no banco central. **Coeficiente de reserva** é a razão entre as reservas e os depósitos bancários mantidos pelos clientes.
- Como os empréstimos concedidos pelos bancos são ilíquidos, mas um banco é obrigado a devolver os fundos dos depositantes quando solicitado, existe o problema potencial das **corridas aos bancos**. Embora elas tenham acontecido em escala maciça nos Estados Unidos durante os anos 1930, foram em grande medida eliminadas por regulação bancária na forma de **seguro de depósito**, da exigência de capital mínimo obrigatório e das **reservas compulsórias**, bem como pela disponibilidade de **guichês de redesconto**. Porém, o surgimento do *shadow banking* tem demonstrado os limites da regulamentação para impedir corridas aos bancos no setor bancário convencional.

>> *Teste seu entendimento* 29.2

As respostas estão no fim do livro.

1. Suponha que você tenha depósito no Banco da Primeira Rua. Você ouve rumores de que o banco sofreu grave inadimplência de seus empréstimos. Cada depositante sabe que o boato é falso, mas cada um acha que os outros depositantes vão acreditar no boato. Por que, na falta de seguro de depósito, isso poderia levar a uma corrida bancária? Como o seguro de depósito muda essa situação?
2. Certo vigarista tem uma grande ideia: abrir um banco sem investir capital algum e emprestar todos os depósitos a juros elevados para incorporadoras de imóveis. Se o mercado imobiliário entra em alta, os empréstimos serão amortizados e ele terá muito lucro. Mas, se o mercado imobiliário entra em baixa, os empréstimos não serão pagos, o banco sofrerá perdas, mas ele não perderá sua própria riqueza. Como a moderna regulamentação bancária pode frustrar um esquema desses?

Determinantes da oferta de moeda

Se os bancos não existissem, não existiriam depósitos em conta e, assim, a quantidade de moeda em circulação seria igual à oferta de moeda. Nesse caso, a oferta de moeda seria determinada diretamente por quem controla a cunhagem e as impressoras do governo. Mas os bancos existem e, com a criação de depósitos em conta, eles afetam a oferta de moeda de duas maneiras:

1. Os bancos reduzem a oferta de moeda retirando parte dela de circulação: o dinheiro parado nos cofres dos bancos, diferentemente do que está no bolso das pessoas, não é considerado parte da oferta de moeda.
2. Muito mais importante, os bancos aumentam a oferta de moeda ao concederem empréstimos, cujo valor total é muito maior do que suas reservas. Em consequência disso, eles tornam a oferta de moeda maior do que simplesmente o valor da moeda em circulação.

Vejamos agora como os bancos criam moeda e o que determina a quantidade de moeda que eles criam.

Como os bancos criam moeda

Para vermos como os bancos criam moeda, convém examinarmos o que acontece quando alguém decide depositar dinheiro no banco. Consideremos o exemplo de Silas, uma pessoa muito econômica, que mantém muito dinheiro debaixo do colchão. Suponha que ele se dê conta de que, na verdade, seria mais seguro e mais conveniente depositar esse dinheiro no banco e usar seu cartão de débito ao fazer compras. E suponha que ele leve seu dinheiro, $ 1.000, para depositar em uma conta-corrente no Banco da Primeira Rua. Como isso vai afetar a oferta de moeda?

O painel (a) da Figura 29.4 mostra o efeito inicial do depósito de Silas. O banco credita $ 1.000 em sua conta, de modo que os depósitos em conta-corrente aumentam em $ 1.000. Enquanto isso, o dinheiro trazido por Silas vai para o cofre do banco, de modo que as reservas do banco também aumentam em $ 1.000.

Essa transação inicial não tem efeito sobre a oferta de moeda. A moeda em circulação, parte da oferta de moeda, cai em $ 1.000. Mas os depósitos em conta-corrente, que também são parte da oferta de moeda, aumentam no mesmo montante.

Mas esse não é o fim da história, porque o Banco da Primeira Rua pode agora emprestar parte do depósito de Silas. Suponha que o banco mantenha 10% do depósito, $ 100, em reservas e empreste o resto em dinheiro vivo a uma vizinha de

Figura 29.4 Efeito sobre a oferta de moeda de transformar dinheiro vivo em depósito em conta-corrente no Banco da Primeira Rua.

(a) Efeito inicial antes que o banco conceda um novo empréstimo

Ativos		Passivos	
Empréstimo	Não muda	Depósitos em conta-corrente	+$ 1.000
Reservas	+$ 1.000		

(b) Efeito quando o banco concede novo empréstimo

Ativos		Passivos
Empréstimo	+$ 900	Não muda
Reservas	–$ 900	

Quando Silas deposita $ 1.000 (que estavam debaixo do seu colchão) em uma conta-corrente, de início não há efeito sobre a oferta de moeda: a moeda em circulação cai em $ 1.000, mas os depósitos em conta-corrente sobem em $ 1.000. As entradas correspondentes na conta T do banco (painel a) mostram que inicialmente os depósitos aumentam em $ 1.000 e as reservas do banco aumentam em $ 1.000. Na segunda etapa (painel b), o banco mantém 10% do depósito de Silas ($ 100) como reserva e empresta o resto ($ 900) a Maya. Como resultado, suas reservas caem em $ 900 e seus empréstimos aumentam em $ 900. Seus passivos, inclusive o depósito de $ 1.000 de Silas, não mudam. A oferta de moeda, a soma de depósitos em conta-corrente e moeda em circulação, aumentou em $ 900 – os $ 900 que estão agora nas mãos de Maya.

Silas, Maya. O efeito dessa segunda etapa aparece no painel (b). Os depósitos no banco permanecem inalterados, assim como o valor dos seus ativos. Mas muda a composição dos ativos: ao fazer o empréstimo, o banco reduz suas reservas em $ 900, de modo que elas são apenas $ 100 maiores do que antes do depósito feito por Silas. Em lugar da redução de $ 900 nas reservas, o banco adquiriu um "direito de recebimento futuro" (também chamado de IOU[5]), seus $ 900 em dinheiro emprestados a Maya.

Assim, ao devolver à circulação, mediante o empréstimo a Maya, os $ 900 em moeda de Silas, o Banco da Primeira Rua de fato aumentou a oferta de moeda. Isto é, a soma de moeda em circulação e depósitos em conta-corrente aumentou em $ 900, comparado com o que era quando o dinheiro de Silas ainda estava debaixo do colchão. Embora Silas ainda tenha os $ 1.000, agora na forma de um depósito em conta, Maya tem o uso de $ 900 em dinheiro do seu pedido de empréstimo.

E mesmo isso pode não ser ainda o fim da história. Suponha que Maya use seu dinheiro para comprar um televisor na loja Acme Mercadorias. O que a dona da loja, Anne Acme, vai fazer com esse dinheiro? Se fica com ele na mão, a oferta de moeda não aumenta. Mas suponha que ela deposite esses $ 900 em uma conta-corrente em outro banco, o Banco da Segunda Rua. Esse banco, por sua vez, vai manter apenas uma parte desse depósito em reservas, emprestando o resto e criando ainda mais moeda.

Suponha que o Banco da Segunda Rua, assim como o Banco da Primeira Rua, mantenha 10% de qualquer depósito como reservas e empreste o resto. Então, ele vai manter $ 90 em reservas e emprestar $ 810 do depósito de Anne para outra pessoa, aumentando ainda mais a oferta de moeda.

A Tabela 29.1 mostra o processo de criação de moeda que descrevemos até agora. Para simplificar a tabela, vamos supor que, inicialmente, a oferta de moeda consista apenas nos $ 1.000 de Silas. Depois que ele deposita o dinheiro em uma conta-corrente e o banco concede um empréstimo, a oferta de moeda aumenta para $ 1.900. Depois do segundo depósito e da segunda concessão de empréstimo, a oferta de moeda aumenta para $ 2.710. E o processo obviamente vai prosseguir. (Embora tenhamos considerado que Silas deposita seu dinheiro em uma conta-corrente, os resultados seriam os mesmos se ele colocasse seu dinheiro em qualquer tipo de conta de quase-moeda.)

Esse processo de criação de moeda pode parecer familiar. No Capítulo 26, descrevemos o *processo multiplicador*: um aumento inicial no PIB real leva a um aumento no gasto de consumo, que leva a um subsequente aumento no PIB real, que por sua vez leva a um posterior aumento no gasto de consumo, e assim por diante. O que temos aqui é outro tipo de multiplicador, o *multiplicador da moeda*. Vejamos como se determina o tamanho desse multiplicador.

Tabela 29.1 Como os bancos criam dinheiro

	Moeda em circulação	Depósitos em conta-corrente	Oferta de dinheiro
Primeira etapa Silas guarda seu dinheiro debaixo do colchão.	$ 1.000	$ 0	$ 1.000
Segunda etapa Silas deposita o dinheiro no Banco da Primeira Rua, que empresta $ 900 a Maya, que então o paga a Anne Acme.	900	1.000	1.900
Terceira etapa Maya deposita esses $ 900 do empréstimo no Banco da Segunda Rua, que empresta $ 810 a outro tomador.	810	1.900	2.710

[5]N. R.: A pronúncia em inglês de IOU soa como *"I Owe You"* (Eu Devo a Você). A expressão é usada na língua inglesa desde o século XVIII para designar um documento que formaliza o compromisso de se devolver um valor que se tomou emprestado.

Reservas, depósitos bancários e multiplicador da moeda

Ao rastrearmos os efeitos do depósito de Silas na Tabela 29.1, consideramos que os fundos que o banco empresta acabam sendo depositados no mesmo banco ou em outro banco, de modo que os empréstimos retornam ao sistema bancário, ainda que não necessariamente ao próprio banco que concedeu o empréstimo.

Na realidade, parte dos empréstimos pode ser mantida pelos tomadores na forma de moeda e, assim, uma parte do montante emprestado "vaza" para fora do sistema bancário. Tais vazamentos reduzirão o tamanho do multiplicador da moeda, do mesmo modo que os vazamentos de renda real para a poupança reduzem o tamanho do multiplicador do PIB real. (Note, no entanto, que o "vazamento" aqui vem do fato de que alguns dos tomadores de empréstimo mantêm uma parte de seus fundos em moeda, não do fato de que os consumidores poupam uma parte de sua renda.)

Mas vamos deixar de lado essa complicação por um momento e ver como a oferta de moeda seria determinada em um sistema monetário apenas com depósitos em conta-corrente, no qual os fundos fossem sempre depositados em contas bancárias e nada fosse mantido como dinheiro no bolso. Isto é, em nosso sistema monetário de depósitos em conta-corrente apenas, todo e qualquer montante tomado emprestado é imediatamente depositado em uma conta-corrente comum. Vamos supor que os bancos estejam sujeitos a uma regra que os obrigue a um coeficiente mínimo de reservas de 10% e que todos os bancos emprestem o total das **reservas excedentes**, as reservas além do montante necessário para satisfazer o coeficiente de reserva mínimo.

Reservas excedentes são as que um banco mantém acima de suas reservas compulsórias.

Suponha agora que, por qualquer razão, um banco repentinamente verifique que tem \$ 1.000 de reservas excedentes. O que acontece? A resposta é que o banco emprestará esses \$ 1.000, que se tornarão depósito em conta-corrente em alguma parte do sistema bancário, dando início a um processo multiplicador da moeda muito semelhante ao processo que se mostra na Tabela 29.1.

Na primeira etapa do processo, o banco com reservas excedentes emprestará \$ 1.000, que se tornam depósito em conta-corrente em outra parte. O banco que recebe esse depósito mantém 10%, ou \$ 100, como reserva e empresta os 90% restantes, ou \$ 900, que de novo se tornam depósito em conta-corrente em outra parte. O banco que recebe esses \$ 900 de depósito mais uma vez mantém 10% de reservas compulsórias, que são \$ 90, e empresta os \$ 810 restantes. O banco que recebe esses \$ 810 mantém \$ 81 em reservas e empresta os \$ 729 restantes, e assim por diante. Como resultado desse processo, o aumento total de depósitos em conta-corrente é igual a uma soma que tem o seguinte formato:

$$\$\ 1.000 + \$\ 900 + \$\ 810 + \$\ 729 + \ldots$$

Usaremos o símbolo *rr* para o coeficiente de reservas compulsórias. Generalizando a fórmula, o aumento total de depósitos em conta-corrente que é gerado quando um banco empresta \$ 1.000 de reservas excedentes é:

(29.1) Aumento de depósitos em conta-corrente iniciado por \$ 1.000 em reservas excedentes = $\$\ 1.000 + (\$\ 1.000 \times (1 - rr)) + (\$\ 1.000 \times (1 - rr)^2) + (\$\ 1.000 \times (1 - rr)^3) + \ldots$

Como vimos no Capítulo 26, uma série infinita desse formato pode ser simplificada para:

(29.2) Aumento de depósitos em conta-corrente iniciado por \$ 1.000 em reservas excedentes = $\$\ 1.000/rr$

Dado um coeficiente de reservas de 10%, ou 0,1, um aumento de \$ 1.000 nas reservas excedentes aumentará o valor total de depósitos em conta-corrente em \$ 1.000 / 0,1 = \$ 10.000. De fato, em um sistema monetário que tenha apenas depósitos em conta-corrente, o valor total dos depósitos bancários em conta-corrente será igual ao valor das reservas bancárias dividido pelo coeficiente de reservas obrigatório. Em outras palavras, se o coeficiente de reservas compulsório é 10%, cada \$ 1 de reservas mantido por um banco serve de base para $\$\ 1 / rr = \$\ 1 / 0,1 = \$\ 10$ de depósitos bancários em conta-corrente.

O multiplicador da moeda na realidade

Na realidade, a determinação da oferta de moeda é mais complicada do que sugere esse modelo simplificado, pois depende não só da razão entre reservas e depósitos do banco, mas também da fração da oferta de moeda que os indivíduos decidem manter na forma de dinheiro vivo. De fato, já vimos isso com o exemplo de Silas guardando dinheiro debaixo do colchão: quando decidiu abrir uma conta-corrente em vez de guardar dinheiro, ele colocou em movimento um aumento na oferta de moeda.

Para definir o multiplicador da moeda na prática, é importante reconhecer que as autoridades monetárias controlam a *soma* das reservas bancárias e da moeda em circulação, denominada *base monetária*, mas não controlam a alocação dessa soma entre reservas e moeda em circulação. Mais uma vez, vamos usar o exemplo de Silas e seu depósito: ao tirar dinheiro do colchão e depositá-lo em um banco, ele reduziu a moeda em circulação, mas aumentou as reservas bancárias em montante igual, deixando inalterada a base monetária. **Base monetária**, que é a quantidade que as autoridades monetárias controlam, é a soma de moeda em circulação e reservas mantidas pelos bancos.

Base monetária é a soma da moeda em circulação com as reservas bancárias.

Base monetária não é o mesmo que oferta de moeda, por duas razões:

1. Reservas bancárias, que fazem parte da base monetária, não são consideradas parte da oferta de moeda. Uma cédula de $ 1 na carteira de alguém é considerada moeda porque está disponível para o indivíduo gastar. Mas uma cédula de $ 1 mantida como reserva no cofre de um banco ou depositada no banco central não é considerada parte da oferta de moeda, porque não está disponível para se gastar.
2. Depósitos em conta-corrente, que fazem parte da oferta de moeda porque estão disponíveis para se gastar, não fazem parte da base monetária.

A Figura 29.5 mostra os dois conceitos em um esquema. O círculo à esquerda representa a base monetária, consistindo em reservas bancárias mais moeda em circulação. O círculo à direita representa a oferta de moeda, que é constituída principalmente de moeda em circulação mais depósitos bancários em conta-corrente ou depósitos de quase-moeda. Como a figura indica, a moeda em circulação é tanto parte da base monetária quanto da oferta de moeda. As reservas bancárias, porém, não são parte da oferta de moeda, e os depósitos em conta-corrente ou em contas de quase-moeda não são parte da base monetária. Na prática, a maior parte da base monetária de fato é constituída por moeda em circulação, que também corresponde a cerca de metade da oferta de moeda.

Figura 29.5 Base monetária e oferta de moeda.

Base monetária é igual a reservas dos bancos mais moeda em circulação. É diferente da oferta de moeda, que consiste principalmente em depósitos em conta-corrente ou depósitos que são quase-moeda mais moeda em circulação. Cada $ 1 de reserva bancária origina vários $$ de depósito bancário. Como resultado, em períodos econômicos normais, a oferta de moeda é maior que a base monetária, tornando o círculo da direita maior que o da esquerda. No entanto, em períodos econômicos extraordinários, como no resultado da crise financeira de 2008, a base monetária cresceu, ultrapassando a oferta de moeda e tornando o círculo da direita menor que o da esquerda.

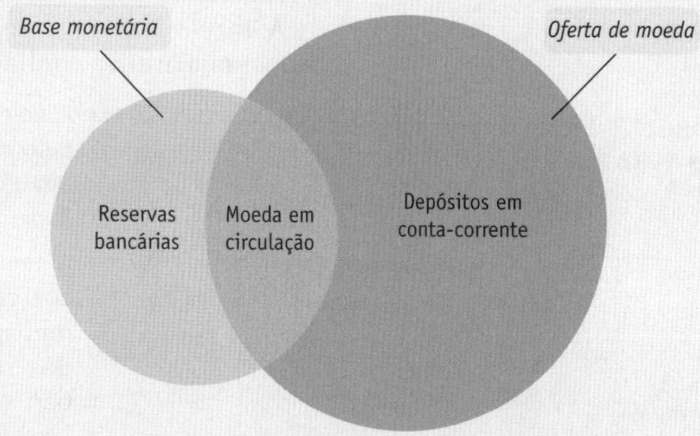

O **multiplicador da moeda** é a razão entre a oferta de moeda e a base monetária.

Agora, podemos definir formalmente o **multiplicador da moeda**: é a razão entre a oferta de moeda e a base monetária. Antes da crise financeira de 2008, ele era cerca de 1,6, conforme calculado a partir das estatísticas oficiais do banco central norte-americano. Depois da crise, caiu para cerca de 0,7. Mesmo em tempos normais, antes da crise, ele era bem menor que 1 / 0,1 = 10, o multiplicador da moeda em um sistema que tenha apenas depósitos em conta-corrente com um coeficiente de reserva de 10% (que é o coeficiente obrigatório para a maior parte dos depósitos em conta-corrente nos Estados Unidos).

O motivo pelo qual o multiplicador da moeda tem sido menor que 10 é que as pessoas mantiveram muito dinheiro, e um dólar de moeda em circulação, diferentemente de um dólar de reservas, não dá origem a vários dólares de oferta de moeda. De fato, antes da crise, a moeda em circulação normalmente respondia por mais de 90% da base monetária.

No início de 2009, a moeda em circulação nos Estados Unidos caiu para apenas 40% da base monetária. Uma década depois, em 2019, a porcentagem tinha aumentado apenas ligeiramente, para 47%. O que aconteceu, basicamente, é que o banco central expandiu drasticamente a base monetária em resposta à crise financeira. Ele empreendeu essa ação em um esforço para estabilizar a economia depois que a Lehman Brothers, importante instituição financeira, decretou falência em setembro de 2008. No entanto, os bancos viram poucas oportunidades de conceder empréstimos seguros e lucrativos na época. Assim, em vez de emprestarem o aumento na base monetária, começaram a estacionar enormes somas no banco central, na forma de depósitos – que são contados como parte da base monetária. Em consequência, a moeda em circulação não mais dominava a base monetária, já que uma onda de depósitos no banco central tornou a base monetária maior que M1. Como resultado, o multiplicador da moeda real caiu para menos de 1 enquanto os bancos mantinham muito mais do que os 10% obrigatórios nas reservas do banco central. Somente em 2019 é que o multiplicador da moeda finalmente ficou maior que 1: em março de 2020, ele ficou em 1,01.

ECONOMIA >> *em Ação*

O multiplicador encolhendo moeda

No exemplo hipotético usado para ilustrar como os bancos criam moeda, descrevemos como o poupador Silas decide levar o dinheiro que estava debaixo do colchão para ser transformado em um depósito em conta-corrente. Isso causou aumento da oferta de moeda, na medida em que os bancos se engajaram em rodadas sucessivas de empréstimos com base nos fundos de Silas. Daí se deduz que, se algo acontece levando Silas a voltar a seus velhos hábitos e a colocar seu dinheiro de novo debaixo do colchão, o resultado será menos empréstimos e, em última instância, uma queda na oferta de moeda. Foi exatamente isso o que aconteceu em consequência das corridas aos bancos do início dos anos 1930.

A Tabela 29.2 mostra o que aconteceu entre 1929 e 1933, quando quebras de bancos abalaram a confiança do público no sistema bancário.

- A segunda coluna mostra a quantidade de moeda mantida pelo público. Esta aumentou fortemente quando muitos norte-americanos decidiram que dinheiro debaixo do colchão talvez fosse mais seguro que dinheiro no banco.
- A terceira coluna mostra o valor dos depósitos em conta-corrente. Estes caíram fortemente, pelo efeito do processo multiplicador, quando os indivíduos sacaram seu dinheiro dos bancos. Os empréstimos caíram também, porque os bancos que sobreviveram às corridas bancárias aumentaram suas reservas excedentes para prevenir-se em caso de novas corridas.

Tabela 29.2 Efeito de corridas aos bancos, 1929-1933

	Moeda em circulação	Depósitos em conta-corrente	M1
	(bilhões de dólares)		
1929	$ 3,90	$ 22,74	$ 26,64
1933	5,09	14,82	19,91
Mudança percentual	+31%	−35%	−25%

Dados de: U.S. Census Bureau (1975), *Historical Statistics of the United States.*

- A quarta coluna mostra o valor de M1, o primeiro dos agregados monetários que descrevemos anteriormente. Esse agregado caiu fortemente porque a redução nos depósitos em conta-corrente ou em contas de quase-moeda foi muito maior do que o aumento de moeda em circulação.

>> *Teste seu entendimento* 29.3

As respostas estão no fim do livro.

1. Suponha que o total das reservas seja igual a $ 200 e que o total dos depósitos bancários seja igual a $ 1.000. Suponha também que o público não mantenha moeda. Suponha agora que o coeficiente de reserva caia de 20% para 10%. Descreva como isso causa expansão de depósitos bancários.
2. Tome o exemplo de Silas, depositando seus $ 1.000 em moeda no Banco da Primeira Rua, e suponha que o coeficiente de reservas obrigatórias seja 10%. Mas suponha agora que, cada vez que uma pessoa obtém um empréstimo bancário, ela mantenha o empréstimo na forma de dinheiro em espécie. Descreva a expansão resultante da oferta de moeda.

>> *Revisão Rápida*

- Bancos criam moeda quando emprestam **reservas excedentes**, gerando um efeito multiplicador sobre a oferta de moeda.
- Em um sistema que tenha apenas depósitos em conta-corrente, $ 1 de reservas bancárias dá suporte a $ 1 / *rr* depósitos em conta. Assim, a oferta de moeda será igual às reservas dos bancos divididas pelo coeficiente de reservas compulsórias. Na prática, contudo, o público mantém alguns fundos como dinheiro em espécie em vez de depósitos em conta-corrente.
- O banco central controla a **base monetária**, que é igual às reservas compulsórias dos bancos mais a moeda em circulação. O **multiplicador da moeda** é igual à oferta de moeda dividida pela base monetária. Ele é menor que $ 1 / *rr* porque as pessoas mantêm parte dos fundos como dinheiro em espécie.

O sistema do Federal Reserve norte-americano

Quem está a cargo de garantir que os bancos mantenham reservas suficientes? Quem decide o tamanho da base monetária? A resposta, nos Estados Unidos, é uma instituição chamada Federal Reserve (conhecida informalmente apenas como "Fed"). O Fed é um **banco central** – uma instituição que regula e supervisiona o sistema bancário e controla a base monetária.

Um **banco central** é uma instituição que regula e supervisiona o sistema bancário e controla a base monetária.

Exemplos de outros bancos centrais são o Banco da Inglaterra, o Banco Popular da China, o Banco do Japão e o Banco Central Europeu, ou BCE. O BCE atua como banco central comum para 19 países europeus: Alemanha, Áustria, Bélgica, Chipre, Eslováquia, Eslovênia, Espanha, Estônia, Finlândia, França, Grécia, Holanda, Irlanda, Itália, Letônia, Lituânia, Luxemburgo, Malta e Portugal. Aliás, o banco central mais antigo do mundo é o da Suécia, o Sveriges Riksbank, que patrocina o Prêmio Nobel de Economia.

Estrutura do Fed

O estatuto legal do Fed, que foi criado em 1913, não é comum: ele não é exatamente parte do governo norte-americano, mas tampouco é verdadeiramente uma instituição privada. Estritamente, o sistema do Federal Reserve consiste em duas partes: uma diretoria e 12 bancos regionais.

A diretoria, que monitora o sistema inteiro a partir de seus escritórios em Washington, funciona como uma agência governamental: seus sete membros são indicados pelo presidente da República e precisam ser aprovados pelo Senado. Contudo, eles são nomeados por períodos de 14 anos para que fiquem distanciados de pressão política na condução da política monetária. (As razões por que a pressão é um problema potencial ficarão claras no próximo capítulo, quando discutirmos inflação.)

Embora o presidente do banco central seja nomeado mais frequentemente, a cada quatro anos, é tradicional que ele seja reconduzido, servindo durante prazos muito mais longos. Por exemplo, William McChesney Martin foi presidente do banco central norte-americano de 1951 a 1970. Alan Greenspan, nomeado em 1987, foi presidente do Fed até 2006. Ben Bernanke, sucessor de Greenspan, atuou até 2014. Janet Yellen, que veio após Bernanke, tornou-se a primeira presidente a não ser indicada novamente para um segundo período. Jerome Powell foi seu sucessor no Fed.

Os 12 bancos do Federal Reserve dos Estados Unidos servem cada um a uma região do país, estando a cargo de vários serviços bancários e de supervisão. Uma de suas funções, por exemplo, é a de auditoria nos bancos do setor privado para garantir sua saúde financeira. Cada banco regional é administrado por uma diretoria escolhida na comunidade local de banqueiros e empresários. O banco do Federal Reserve de Nova York tem uma função especial: realiza *operações de mercado aberto*, normalmente o principal instrumento de política monetária. A Figura 29.6 mostra os distritos do Federal Reserve e a cidade em que cada banco regional está localizado.

As decisões de política monetária são tomadas pelo Comitê Federal de Mercado Aberto (*Federal Open Market Committee* – FOMC), que consiste na diretoria do Fed mais cinco dos presidentes dos bancos regionais. O presidente do Federal Reserve de Nova York é membro permanente do FOMC, e os outros quatro membros são escolhidos dentre os outros 11 presidentes de bancos regionais, de forma rotativa. O presidente da diretoria normalmente é também presidente do FOMC.

O efeito dessa complexa estrutura é criar uma instituição que, em última instância, presta contas aos eleitores, pois a diretoria é escolhida pelo presidente da República e confirmada pelo Senado, sendo todos os cargos eletivos. Mas os diretores são nomeados por um prazo prolongado, o que, junto com o caráter indireto do processo pelo qual eles são indicados, em grande medida permite protegê-los de pressões políticas de curto prazo.

O que o Fed faz: reservas obrigatórias e a taxa de redesconto

O Fed tem à sua disposição três instrumentos principais de política monetária: *reservas compulsórias, taxa de redesconto* e, principalmente, *operações de mercado aberto*.

Em nossa discussão sobre as corridas aos bancos, notamos que o banco central estabelece um coeficiente mínimo de reservas compulsórias, atualmente equivalente a 10% dos depósitos em conta-corrente. Bancos que não mantenham pelo menos o coeficiente de reservas obrigatórias em um período médio de duas semanas enfrentam penalidades.

O **mercado interbancário** permite a bancos que não tenham reservas obrigatórias tomar emprestado de bancos com reservas excedentes.

O que faz um banco quando se dá conta de que suas reservas são insuficientes para cumprir a exigência do banco central? Normalmente, ele toma emprestadas as reservas adicionais de outros bancos, por meio do **mercado interbancário**, um mercado financeiro que permite aos bancos que não tenham as reservas mínimas

Figura 29.6 Sistema do Federal Reserve dos Estados Unidos.

O sistema do Federal Reserve consiste em um conselho de administradores na capital Washington mais 12 bancos regionais. Este mapa mostra cada um dos 12 distritos do banco central norte-americano.

Dados de: Board of Governors of the Federal Reserve System.

exigidas tomar emprestado de bancos que tenham reservas excedentes (geralmente no *overnight*). A taxa de juros nesse mercado é determinada por oferta e demanda, mas tanto a oferta como a demanda são muito afetadas por ações do banco central. Como veremos no próximo capítulo, a **taxa de juros do mercado interbancário**, ou seja, a taxa de juros que é determinada no mercado de crédito interbancário, desempenha papel-chave na política monetária moderna.

Taxa de juros do mercado interbancário é a taxa pela qual os fundos são emprestados e tomados no mercado interbancário.

Alternativamente, os bancos podem tomar reservas emprestadas do próprio Fed, por meio de um *guichê de redesconto*. A **taxa de redesconto** é a taxa de juros que o Fed cobra para emprestar aos bancos. Normalmente, a taxa de redesconto está fixada em um ponto percentual acima da taxa de juros do mercado de crédito interbancário, a fim de desencorajar os bancos de recorrerem ao Fed quando precisam de reservas. A partir do último trimestre de 2007, o Fed reduziu o *spread* entre a taxa de juros do mercado interbancário e a taxa de redesconto, como parte de sua resposta à crise financeira que se desenrolava (descrita no próximo Economia em Ação). Como resultado, no segundo trimestre de 2008 a taxa de redesconto era de apenas 0,25 ponto porcentual acima da taxa do crédito interbancário. E no início de 2020, logo antes de irromper a crise da Covid-19, a taxa de desconto ainda era apenas 0,60 ponto percentual acima da taxa do crédito interbancário.

Taxa de redesconto é a taxa de juros que o Fed cobra em seus empréstimos aos bancos.

De maneira a alterar a oferta de moeda, o Fed pode mudar as exigências de reservas mínimas, a taxa de redesconto ou ambas. Se o Fed reduzir o coeficiente de reservas compulsórias, os bancos normalmente emprestarão uma porcentagem maior de seus depósitos, o que levará a maior quantidade de empréstimos e a um aumento da oferta de moeda via multiplicador da moeda. Por outro lado, se o Fed aumentar a exigência das reservas compulsórias, os bancos serão obrigados a reduzir os empréstimos, reduzindo a oferta de moeda mediante o multiplicador da moeda.

Se o Fed reduzir o *spread* entre a taxa de redesconto e a taxa de juros do mercado interbancário, diminuirá o custo que os bancos terão em uma situação de reservas insuficientes. A reação dos bancos será aumentar seus empréstimos, e assim a oferta de moeda aumentará via multiplicador da moeda. Se o Fed aumentar o *spread* entre a taxa de redesconto e a taxa de juros do mercado interbancário, os empréstimos bancários cairão, assim como a oferta de moeda via multiplicador da moeda.

Na prática, porém, o Fed atualmente não usa mudanças no coeficiente de reservas compulsórias ou na taxa de redesconto para administrar ativamente a oferta de moeda. A última mudança significativa no coeficiente de reserva obrigatório ocorreu em 1992. Normalmente, o Fed tampouco usa a taxa de redesconto, embora, como já dissemos, em 2007 tenha ocorrido um salto temporário nos empréstimos do Fed aos bancos mediante o guichê de redesconto, em reação à crise financeira. Comumente, a política monetária normal é conduzida quase exclusivamente com uso do terceiro instrumento de política do Fed, as operações de mercado aberto.

Operações de mercado aberto

Tal como os bancos que ele supervisiona, o Fed tem ativos e passivos. Os ativos do Fed são constituídos pela dívida do governo norte-americano que ele mantém, principalmente títulos do governo de curto prazo, com vencimento inferior a um ano, conhecidos como letras do Tesouro. Lembre-se de que o Fed não é exatamente parte do governo dos Estados Unidos, de modo que essas letras do Tesouro são um passivo do governo, mas um ativo do Fed. O passivo do Fed (ou de qualquer outro banco central) compõe-se de moeda em circulação e reservas bancárias. Ativos e passivos normais de um banco central são sintetizados em forma de conta T na Figura 29.7.

Em uma **operação de mercado aberto**, o Federal Reserve compra ou vende uma parte do estoque existente de títulos do Tesouro norte-americano, normalmente por meio de uma transação com *bancos comerciais* (bancos que aceitam depósitos e fazem empréstimos) e *bancos de investimento* (bancos que criam e negociam ativos, mas não aceitam depósitos). O Fed nunca compra títulos ou notas do Tesouro diretamente do governo federal. Há uma boa razão para isso: quando um banco

Operação de mercado aberto é uma compra ou venda de dívida do governo pelo banco central.

Figura 29.7 Ativos e passivos do Federal Reserve.

O Federal Reserve mantém seus ativos principalmente em títulos de curto prazo do governo, denominados letras do Tesouro norte-americano. Seus passivos são a base monetária – moeda em circulação mais reservas bancárias.

Ativos	Passivos
Dívida do governo (letras do Tesouro)	Base monetária (moeda em circulação + reservas bancárias)

central compra títulos de dívida pública diretamente do governo, ele está emprestando diretamente para o governo – com isso, o banco central está imprimindo dinheiro para financiar o déficit orçamentário do governo. Historicamente, esse tem sido um caminho que leva a níveis desastrosos de inflação.

Os dois painéis da Figura 29.8 mostram as mudanças na posição financeira do Fed e dos bancos comerciais que resultam de operações de mercado aberto. Quando o Fed compra letras do Tesouro norte-americano, paga por elas creditando as contas desses bancos com depósitos adicionais em um montante igual ao das letras do Tesouro. Isso é ilustrado no painel (a): o Fed compra $ 100 milhões em letras do Tesouro dos bancos comerciais, o que aumenta a base monetária em $ 100 milhões, porque aumenta as reservas bancárias em $ 100 milhões. Quando o Fed vende letras do Tesouro norte-americano aos bancos comerciais, ele debita as contas dos bancos, reduzindo as reservas destes. Isso é mostrado no painel (b), no qual o Fed vende $ 100 milhões em letras do Tesouro norte-americano. Aqui, as reservas dos bancos e a base monetária diminuem.

Você pode estar se perguntando onde o Fed arranja fundos para comprar letras do Tesouro norte-americano dos bancos. A resposta é que ele simplesmente cria esses

Figura 29.8 Operações de mercado aberto do Federal Reserve.

(a) Compra em mercado aberto de $ 100 milhões

	Ativos		Passivos	
Federal Reserve	Letras do Tesouro	+$ 100 milhões	Base monetária	+$ 100 milhões

	Ativos		Passivos
Bancos comerciais	Letras do Tesouro	-$ 100 milhões	Sem mudança
	Reservas	+$ 100 milhões	

(b) Venda em mercado aberto de US$ 100 milhões

	Ativos		Passivos	
Federal Reserve	Letras do Tesouro	-$100 milhões	Base monetária	-$100 milhões

	Ativos		Passivos
Bancos comerciais	Letras do Tesouro	+$100 milhões	Sem mudança
	Reservas	-$100 milhões	

No painel (a), o Fed aumenta a base monetária comprando letras do Tesouro norte-americano dos bancos comerciais privados em uma operação de mercado aberto. Aqui, a compra de $ 100 milhões em letras do Tesouro pelo Fed é paga mediante um acréscimo de $ 100 milhões às reservas bancárias privadas, gerando um aumento de $ 100 milhões na base monetária. Isso levará, em última instância, a um aumento na oferta de moeda via multiplicador da moeda, à medida que os bancos emprestarem parte dessas novas reservas. No painel (b), o Fed reduz a base monetária vendendo letras do Tesouro norte-americano aos bancos privados em uma operação de venda de mercado aberto. Aqui, uma venda de $ 100 milhões em letras do Tesouro leva a uma redução de $ 100 milhões nas reservas bancárias privadas, resultando em uma queda de $ 100 milhões na base monetária. Isso causará, em última instância, uma queda na oferta de moeda via multiplicador da moeda, pois os bancos reduzem seus empréstimos em resposta à queda em suas reservas.

PARA MENTES CURIOSAS **Quem recebe os juros dos ativos do Fed?**

O Fed possui diversos ativos – letras do Tesouro –, que ele comprou dos bancos comerciais em troca da base monetária formada por créditos nas contas de reserva dos bancos. Esses ativos rendem juros. Os passivos do Fed, contudo, são constituídos principalmente pela base monetária, passivos sobre os quais o Fed *não paga* juros. Assim, o Fed é, de fato, uma instituição que tem o privilégio de tomar emprestados fundos a juro zero e emprestá-los a uma taxa de juros positiva. Isso tem a aparência de uma atividade bem lucrativa. E os contribuintes norte-americanos recebem os juros.

O Fed mantém parte dos juros que recebe para financiar suas operações, mas entrega a maior parte ao Tesouro norte-americano. Por exemplo, em 2019, o sistema do Federal Reserve recebeu 55,5 bilhões de dólares, em sua maior parte juros sobre seus ativos, dos quais US$ 54,9 bilhões foram devolvidos ao Tesouro norte-americano. Esse montante tem diminuído uniformemente ao longo dos últimos cinco anos; em 2014, o Fed retornou mais de US$ 100 milhões ao Tesouro dos EUA.

Podemos agora completar a história do impacto daquelas notas de dólar falsificadas, impressas no Peru. Quando uma nota falsa, digamos, de US$ 20 entra em circulação, ela tem o mesmo efeito que uma nota de US$ 20 verdadeira, impressa pelo governo dos Estados Unidos. Isto é, enquanto ninguém descobre a falsificação, a nota falsa funciona, para todos os fins práticos, como parte da base monetária.

Enquanto isso, o Fed decide sobre o tamanho da base monetária com apoio em considerações econômicas – em especial, o Fed normalmente não deixa que a base monetária se amplie demais porque isso pode causar mais inflação. Assim, cada nota falsa de 20 dólares que entra em circulação basicamente significa que o Fed imprime uma nota verdadeira de US$ 20 a menos. Mas, quando o Fed imprime uma nota de US$ 20 legalmente, ele obtém letras do Tesouro em troca – e a taxa de juros sobre essas letras ajuda a pagar pelos gastos do governo norte-americano. Assim, uma nota falsa de 20 dólares reduz a quantidade de letras do Tesouro que o Fed pode adquirir e reduz os pagamentos de juros ao Fed e ao Tesouro norte-americano. Assim, os contribuintes é que acabam arcando com o custo real da falsificação de dinheiro.

fundos com um clique de *mouse*, que credita as contas dos bancos com reservas extras. (O Fed imprime moeda para pagar por letras do Tesouro somente quando os bancos desejam reservas adicionais na forma de moeda.) Lembre-se de que o dólar moderno é uma moeda fiduciária, que não é garantida por nada além de um decreto (*fiat*). Assim, o Fed pode criar base monetária adicional segundo sua decisão.

A variação nas reservas bancárias causada por uma operação de mercado aberto não afeta diretamente a oferta de moeda. Em vez disso, uma operação de mercado aberto põe em movimento o multiplicador da moeda. Depois do aumento de $ 100 milhões nas reservas bancárias que se mostra no painel (a) da Figura 29.8, os bancos comerciais (sob circunstâncias normais) emprestariam todas as reservas adicionais, imediatamente aumentando a oferta de moeda em $100 milhões. Alguns desses empréstimos serão depositados novamente no sistema bancário, aumentando de novo as reservas e permitindo uma rodada subsequente de empréstimos, e assim por diante, levando a um aumento da oferta de moeda. Uma operação de venda de mercado aberto tem efeito inverso: as reservas bancárias caem, tornando necessário que os bancos reduzam seus empréstimos e causando uma queda da oferta de moeda.

Embora economistas muitas vezes digam, de maneira imprecisa, que o Fed controla a oferta de moeda – depósitos em conta mais moeda em circulação –, essa afirmação não é totalmente exata. *Literalmente, o Fed controla apenas a base monetária, isto é, reservas bancárias mais moeda em circulação. Mas, ao aumentar ou reduzir a base monetária, o Fed pode exercer uma influência poderosa tanto sobre a oferta de moeda quanto sobre a taxa de juros*. Essa influência é a base da política monetária, tema do nosso próximo capítulo.

Banco Central Europeu

Como já foi observado, o Fed é um entre diversos bancos centrais do mundo, e é muito mais novo que o Sveriges Riksbank, banco central da Suécia, e o Banco da Inglaterra, banco central da Grã-Bretanha. Outros bancos centrais geralmente operam de maneira bastante semelhante ao Fed. Isso é especialmente verdadeiro no que se refere ao único outro banco central que rivaliza com o Fed em matéria de importância na economia mundial: o Banco Central Europeu.

O Banco Central Europeu, conhecido como BCE, foi criado em janeiro de 1999, quando 11 nações europeias abandonaram suas moedas nacionais e adotaram o euro como sua moeda comum, colocando a política monetária conjunta nas mãos do

BCE. Outros países se juntaram desde então, com a Lituânia tornando-se em 2015 a décima-nona nação europeia a adotar o euro. O BCE tornou-se instantaneamente uma instituição de suma importância: embora nenhum país europeu sozinho tenha uma economia que chegue perto do tamanho da economia norte-americana, as economias combinadas da Zona do Euro, o grupo de países que adotou o euro como sua moeda, têm mais ou menos o mesmo tamanho que a economia dos Estados Unidos. Consequentemente, o Fed e o BCE são os dois gigantes do mundo monetário.

Tal como o Fed, o BCE tem *status* especial: não é uma instituição privada, mas tampouco é precisamente uma agência governamental. Na verdade, não pode ser uma agência governamental porque não existe um governo pan-europeu! Felizmente para os norte-americanos intrigados, há fortes analogias entre o Banco Central Europeu e o sistema do Federal Reserve dos Estados Unidos.

Antes de tudo, o BCE, que está localizado na cidade de Frankfurt, Alemanha, não é realmente a contraparte de todo o sistema do Federal Reserve norte-americano. Ele é equivalente à diretoria do Fed em Washington. O que seriam as contrapartes europeias dos bancos regionais do Fed são os bancos centrais nacionais da Europa: o Banco da França, o Banco da Itália e assim por diante. Até 1999, cada um desses bancos nacionais era o equivalente do Fed. Por exemplo, o Banco da França controlava a base monetária francesa.

Hoje, esses bancos centrais nacionais, como os bancos regionais do Fed, proporcionam diversos serviços financeiros aos bancos locais e às empresas, e de fato levam a cabo operações de mercado aberto, mas as decisões de política monetária mudaram para a alçada do BCE. Ainda assim, os diversos bancos centrais nacionais da Europa não são instituições pequenas: juntos, empregam mais de 50 mil pessoas.

Na Zona do Euro, cada país escolhe os dirigentes do seu próprio banco central. O BCE é dirigido por um conselho executivo que é a contraparte da diretoria do Fed; seus membros são escolhidos pelos governos dos países que usam o euro, mediante aprovação que tem de ser unânime. A contraparte do FOMC, o Comitê de Mercado Aberto do Fed, é o conselho diretor do BCE. Do mesmo modo como o FOMC é formado pela diretoria do Fed mais um grupo rotativo de presidentes dos bancos regionais do Fed, o conselho diretor do BCE consiste no conselho executivo do BCE mais os presidentes de bancos centrais nacionais.

Do mesmo modo que o Fed, o BCE em última instância é responsável perante os eleitores, mas tenta manter sua independência das pressões políticas de curto prazo.

ECONOMIA >> *em Ação*

O balanço do Fed, normal e anormal

A Figura 29.7 mostrou uma versão simplificada do balanço do Fed, em que o passivo consistia inteiramente na base monetária e seus ativos consistiam inteiramente em letras do Tesouro. Trata-se de uma simplificação extrema, pois no detalhe as operações do Fed são complicadas, e o balanço do Fed inclui uma série de itens adicionais. Em tempos normais, contudo, a Figura 29.7 não é tão ruim assim como uma aproximação: a base monetária normalmente constitui mais ou menos 90% dos passivos do Fed, e direitos sobre a conta do Tesouro norte-americano (na forma de letras do Tesouro) representam cerca de 90% de seus ativos.

Mas, no fim de 2007, ficou dolorosamente claro que já não estávamos em tempos normais. A fonte da turbulência foi o estouro de uma enorme bolha imobiliária, que causou grandes perdas para instituições financeiras que tinham concedido empréstimos relacionados com moradia ou que tinham ativos garantidos por hipotecas. Causou uma perda generalizada de confiança no sistema financeiro.

Não eram apenas bancos comerciais convencionais que estavam em dificuldade, mas também instituições financeiras não bancárias – bancos de investimento e companhias de seguro, que compõem o setor de *shadow banking*. Como essas instituições detinham grande quantidade de títulos de dívida, tiveram enormes prejuízos com o estouro da bolha imobiliária; e, como elas tinham ativos ilíquidos, o pânico atingiu esses bancos "paralelos". Em poucas horas, o sistema financeiro paralisou-se à medida que instituições financeiras experimentavam algo que era essencialmente uma corrida aos bancos.

Por exemplo, em 2008, muitos investidores ficaram preocupados com a saúde financeira da Bear Stearns, uma instituição de Wall Street que se dedicava a negócios financeiros complexos, comprando e vendendo ativos financeiros com uso de fundos emprestados. Quando a confiança na Bear Stearns se esvaiu, a empresa foi incapaz de levantar os fundos necessários para cumprir sua parte nesses arranjos e rapidamente entrou em uma espiral rumo à falência.

Figura 29.9 Ativos do Federal Reserve, 2007-2020.

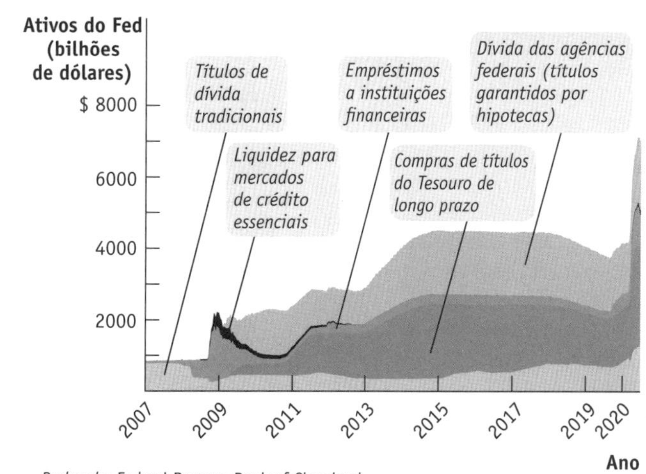

Dados de: Federal Reserve Bank of Cleveland.

O Fed entrou imediatamente em ação para conter o que estava se tornando um colapso de todo o setor financeiro. Expandiu enormemente seu guichê de redesconto, concedendo elevados empréstimos aos bancos de depósitos, mas também às instituições financeiras não bancárias. Isso deu às instituições financeiras a liquidez que não haviam obtido no mercado. Fazendo uso da possibilidade de tomar emprestado barato do banco central, essas empresas ofereceram como garantia os ativos que possuíam, uma variada coleção de empréstimos imobiliários, empréstimos a empresas etc.

Examinando a Figura 29.9, vemos que, a partir de meados de 2008, o Fed reduziu fortemente a quantidade dos ativos tradicionais que detinha, como letras do Tesouro, enquanto iam às nuvens seus "empréstimos a instituições financeiras" – expressão que se refere aos créditos do guichê de redesconto, mas também a empréstimos feitos pelo Fed diretamente a empresas como a Bear Sterns. "Liquidez para mercados de crédito essenciais" cobre a compra pelo Fed de ativos como títulos de corporações, o que era necessário para evitar que as taxas de juros de empréstimos para as empresas subissem muito rapidamente. Por fim, "Dívida das agências federais" era a dívida de Fannie Mae e Freddie Mac, as agências de crédito hipotecário apoiadas pelo governo, que o Fed igualmente se viu obrigado a comprar a fim de prevenir o colapso do mercado de crédito hipotecário.

Quando a crise retrocedeu no final de 2009, o Fed não voltou aos seus ativos tradicionais. Em vez disso, voltou-se para letras do Tesouro de longo prazo e aumentou suas compras de dívidas das agências federais. Quando a pandemia de Covid-19 chegou, em março de 2020, ameaçando causar outro colapso financeiro, o Fed se distanciou ainda mais da tradição, comprando trilhões a mais em ativos de longo prazo e até mesmo alguns títulos corporativos.

>> Revisão Rápida

- O Federal Reserve é o **banco central** dos Estados Unidos, supervisionando os bancos e fazendo política monetária.
- O Fed estabelece o coeficiente de reservas compulsórias. Os bancos emprestam e tomam emprestado reservas no **mercado interbancário**. A taxa de juros determinada nesse mercado é a **taxa de juros do mercado interbancário**. Os bancos podem também solicitar empréstimos do Fed à **taxa de redesconto**.
- Embora o Fed possa mudar a exigência de reservas obrigatórias ou a taxa de redesconto, na prática a política monetária é conduzida mediante **operações de mercado aberto**.
- Uma compra de mercado aberto de letras do Tesouro aumenta a base monetária e, por conseguinte, a oferta de moeda. Uma venda de dívida pública no mercado aberto reduz a base monetária e a oferta de moeda.

>> Teste seu entendimento 29.4

As respostas estão no fim do livro.

1. Suponha que qualquer dinheiro emprestado por um banco seja depositado de volta no sistema bancário como depósito à vista, que o coeficiente de reservas seja 10% e que os bancos não mantenham reservas excedentes. Explique quais efeitos tem uma operação de compra pelo Fed de $ 100 milhões em letras do Tesouro no mercado aberto sobre o valor dos depósitos em conta-corrente. Qual o valor do multiplicador da moeda?

Evolução do sistema bancário norte-americano

Estivemos até agora descrevendo o sistema bancário dos Estados Unidos e como ele funciona. Contudo, para melhor entender esse sistema, convém examinar como e por que ele foi criado – uma história intimamente ligada ao relato de quando e como certas experiências não deram certo. Pois os elementos essenciais do sistema bancário do século XXI não surgiram do nada: os esforços para mudar a regulamentação bancária e o sistema do Federal Reserve que resultaram da crise de 2008 levaram a reforma financeira para o primeiro plano. Essa reforma deverá continuar dando forma ao sistema financeiro nos próximos anos.

A crise bancária norte-americana no início do século XX

A criação do sistema do Federal Reserve, em 1913, marcou o início da era moderna do sistema bancário nos Estados Unidos. De 1864 a 1913, o setor bancário norte-americano era dominado por um sistema de bancos nacionais regulado em nível federal. Somente eles tinham direito a emitir moeda, e as notas da moeda emitida eram impressas pelo governo federal com tamanho e desenho uniformes. Quanta moeda um banco nacional podia emitir dependia do tamanho do seu capital. Embora esse sistema representasse uma melhoria em relação ao período anterior, no qual os bancos emitiam suas próprias notas sem uniformidade e praticamente sem regulamentação, o regime bancário nacional continuou sofrendo numerosas quebras bancárias e graves crises financeiras: ao menos uma e, às vezes, até duas por década.

O principal problema que afligia o sistema é que a oferta de moeda não respondia de forma suficientemente rápida: era difícil movimentar moeda por todo o país de modo a responder rapidamente a mudanças econômicas locais. (Em especial, ocorriam com frequência disputas entre os bancos de Nova York e bancos rurais em torno de quais deveriam ser as quantidades adequadas de moeda.) Boatos de que um banco tinha moeda insuficiente para atender demandas de retirada de dinheiro provocavam rapidamente uma corrida aos bancos. Uma corrida aos bancos espalhava contágio, dando início a corridas aos bancos próximos, semeando pânico generalizado e devastação na economia local. Em resposta, banqueiros de algumas localidades reuniram seus recursos em um *pool*, criando uma espécie de câmara de compensação local que, conjuntamente, garantiria os passivos de seus membros em caso de pânico, e alguns governos estaduais começaram a oferecer seguros para depósitos em seus bancos.

Apesar dessas crises recorrentes, os pedidos de reforma monetária foram ignorados até que o pânico de 1907, que ocasionou uma profunda recessão nacional de quatro anos, deixou claro quão vulnerável o sistema havia se tornado.

A crise se originou em instituições de Nova York conhecidas como *trustes*, instituições semelhantes a bancos, as quais aceitavam depósitos, mas originalmente se destinavam a administrar apenas a herança e o espólio de clientes ricos. Como se supunha que esses trustes deveriam levar a cabo apenas atividades de baixo risco, eles eram menos regulados, tinham exigência de menores reservas compulsórias e menores reservas em moeda que os bancos nacionais, o que permitia que pagassem retornos mais altos a seus depositantes. Em consequência, os trustes cresceram rapidamente: em 1907, o total dos ativos dos trustes da cidade de Nova York tinha o mesmo tamanho que os ativos dos bancos nacionais. Enquanto isso, os trustes não aceitaram participar da Câmara de Compensação Bancária de Nova York, um consórcio dos bancos nacionais da cidade que garantia reciprocamente a solidez desses bancos.

O pânico de 1907 começou com a quebra do Knickerbocker Trust, um grande truste de Nova York que foi à falência quando sofreu perdas maciças em operações de alto risco no mercado acionário que deram errado. Rapidamente, outros trustes da cidade ficaram sob pressão, e depositantes amedrontados formaram longas filas para retirar seus fundos. A Câmara de Compensação Bancária de Nova York recusou-se a intervir e emprestar aos trustes, e mesmo trustes em situação saudável foram atropelados. Em dois dias, uma dúzia de trustes dos mais importantes haviam ido à bancarrota. Os mercados de crédito congelaram, o mercado acionário caiu drasticamente à medida que corretores não conseguiam crédito para financiar suas operações e a confiança empresarial evaporou-se.

Felizmente, o homem mais rico de Nova York, o banqueiro J. P. Morgan, rapidamente interveio para conter o pânico. Compreendendo que a crise estava se espalhando e logo afundaria também instituições saudáveis, tanto trustes quanto bancos, ele trabalhou com outros banqueiros, homens ricos como John D. Rockefeller e o secretário do Tesouro norte-americano, para aumentar as reservas dos bancos e trustes de tal modo que pudessem enfrentar a onda das retiradas de fundos. Quando as pessoas tiveram a certeza de que poderiam retirar seus fundos, o pânico cessou. Embora o próprio pânico durasse pouco mais de uma semana, somado ao colapso do mercado acionário, ele e a queda do mercado de ações dizimaram a economia. Seguiu-se uma recessão de quatro anos, que levou a uma queda de 11% na produção e a um aumento no desemprego de 3 para 8%.

Respondendo a crises bancárias: a criação do sistema do Federal Reserve

A preocupação com a frequência das crises e com o papel sem precedentes de J. P. Morgan em salvar o sistema financeiro levou o governo federal a iniciar uma reforma bancária. Em 1913, o sistema bancário nacional foi eliminado e criou-se o sistema do Federal Reserve como uma maneira de obrigar todas as instituições que recebem depósitos a manter reservas adequadas e a abrir suas contas para inspeção por parte dos reguladores. O pânico de 1907 convenceu muita gente de que havia chegado a hora para o controle centralizado das reservas bancárias. Além disso, foi dado ao Fed o direito exclusivo de emitir moeda a fim de se tornar a oferta de moeda suficientemente flexível para corresponder às condições econômicas em todo o país.

Embora o novo regime padronizasse e centralizasse a manutenção das reservas bancárias, não eliminou o potencial para corridas aos bancos, já que as reservas dos bancos continuavam sendo inferiores ao valor total de seus depósitos. O potencial para mais corridas aos bancos tornou-se realidade durante a Grande Depressão. Preços de *commodities* em queda prejudicaram os Estados Unidos severamente, precipitando uma série de corridas aos bancos em 1930, 1931 e 1933; cada uma delas começou em bancos do centro-oeste e se espalhou pelo restante do país.

Depois da quebra de um grande banco em 1930, funcionários federais se deram conta de que os efeitos para o conjunto da economia exigiam uma intervenção mais vigorosa. Em 1932, foi estabelecida a Corporação Financeira para a Reconstrução (*Reconstruction Finance Corporation* – RFC), à qual foi dada autoridade para conceder empréstimos aos bancos a fim de estabilizar o setor bancário. Também foi aprovada a Lei Glass-Steagall de 1933, que criou o seguro de depósito federal e aumentou a capacidade dos bancos de tomarem empréstimos do Fed. Contudo, as feras ainda não estavam domadas. Bancos temiam solicitar empréstimos à RFC porque, ao fazê-lo, sinalizavam fraqueza ao público.

Em meio às catastróficas corridas aos bancos de 1933, foi empossado o novo presidente, Franklin D. Roosevelt. Ele imediatamente declarou um "feriado bancário", fechando todos os bancos até que os reguladores pudessem ter uma ideia melhor do problema.

Em março de 1933, foram adotadas medidas de emergência que davam à RFC poderes extraordinários para estabilizar e reestruturar o setor bancário mediante a oferta de capital aos bancos, seja via empréstimos, seja via compra direta de ações dos bancos. Com a nova regulamentação, os encarregados fecharam bancos inviáveis e capitalizaram bancos viáveis, ao permitirem que a RFC comprasse ações preferenciais dos bancos (ações que davam ao governo dos Estados Unidos mais direitos do que a acionistas comuns) e ao expandirem amplamente a capacidade dos bancos de obterem empréstimos do Fed. Em 1933, a RFC já havia investido quase US$ 19 bilhões (em valores de 2020) em capital nos bancos – montante correspondente a um terço do capital total de todos os bancos norte-americanos à época – e comprado ações em quase metade de todos os bancos. Durante esse período, a RFC emprestou mais de US$ 37 bilhões (valores de 2020) aos bancos.

Os historiadores econômicos concordam que as crises bancárias do início dos anos 1930 exacerbaram a severidade da Grande Depressão, tornando a política monetária ineficaz à medida que os bancos quebravam e a moeda, retirada dos bancos e guardada debaixo do colchão, reduzia a oferta de dinheiro.

Um **banco comercial** aceita depósitos e é coberto por seguro de depósito.

Um **banco de investimento** negocia ativos financeiros e não aceita depósito, de modo que não é coberto por seguro de depósito.

Embora os atos poderosos da RFC estabilizassem o setor bancário, era necessária nova legislação para prevenir futuras crises bancárias. A Lei Glass-Steagall, de 1933, separou os bancos em duas categorias: **bancos comerciais**, que aceitavam depósitos e eram cobertos por seguro de depósito, e **bancos de investimento**, que se dedicavam a criar e negociar ativos financeiros, como ações e títulos das empresas, mas que não eram cobertos por seguro de depósito.

A chamada Regulação Q impedia os bancos comerciais de pagarem juros a contas-correntes, pois se acreditava que isso promoveria uma competição pouco saudável entre os bancos. Além disso, os bancos de investimento tinham uma regulação mais leve que a dos bancos comerciais. A medida mais importante para prevenir corridas aos bancos foi, no entanto, a adoção do seguro de depósito federal (com um limite original de US$ 2.500 por depósito).

Ficou claro que essas medidas tiveram sucesso, e os Estados Unidos desfrutaram de um longo período de estabilidade financeira e bancária. À medida que a memória dos maus tempos do passado se atenuava, a regulação bancária da era da Depressão foi sendo revogada. Em 1980, aboliu-se a Regulação Q, e em 1999 a Lei Glass-Steagall já estava tão enfraquecida que oferecer serviços como a negociação de ativos financeiros já não estava mais fora do âmbito dos bancos comerciais.

A crise das instituições de poupança e empréstimo dos anos 1980

Uma **instituição de poupança e empréstimo** (S&L ou *thrift*) é outro tipo de banco de depósito, normalmente especializado na emissão de empréstimos hipotecários de imóveis.

Além de bancos, o setor bancário incluía **instituições de poupança e empréstimo** (também chamadas S&Ls, de *Savings & Loans*, ou *thrifts*), destinadas a aceitar poupanças e transformá-las em empréstimos hipotecários de longo prazo para quem quisesse comprar moradia. As S&Ls eram cobertas pelo seguro de depósito federal e estritamente reguladas para sua segurança. Contudo, houve dificuldades no setor durante a década de 1970, quando a inflação elevada levou poupadores a retirarem seus fundos das instituições de poupança e empréstimo, que pagavam juros baixos, e a colocá-los em contas de mercado monetário, que pagavam mais. Além disso, a elevada taxa de inflação abalou severamente o valor dos ativos das instituições de poupança e empréstimo, que eram as hipotecas de longo prazo presentes em suas contas.

A fim de melhorar a situação competitiva das instituições de poupança e crédito em comparação com os bancos, o Congresso facilitou a regulamentação para que essas instituições pudessem levar a cabo investimentos muito mais arriscados, além das hipotecas de longo prazo de imóveis residenciais. A nova liberdade, contudo, não veio junto com mais fiscalização, deixando as instituições de poupança e empréstimo com menos fiscalização que os bancos. Não é surpresa que, durante o *boom* imobiliário dos anos 1970 e 1980, as S&Ls fizessem operações de crédito imobiliário extremamente arriscadas. Além disso, houve corrupção e alguns dos executivos usaram suas instituições como caixa econômica particular.

No fim da década de 1970 e início dos anos 1980, a interferência política do Congresso norte-americano manteve abertas instituições de poupança e empréstimo insolventes, quando um banco nas mesmas condições seria rapidamente fechado pelos reguladores. No início dos anos 1980, grande número de S&Ls havia falido. Como as contas eram cobertas por seguro de depósito federal, os passivos das S&Ls falidas eram agora passivos do governo federal, e os depositantes tiveram de ser pagos com fundos de contribuintes. De 1986 a 1995, o governo federal fechou mais de mil instituições de poupança e empréstimo falidas, a um custo para o contribuinte superior a US$ 124 bilhões.

Em um exemplo clássico de fechar a porteira depois que o cavalo fugiu, o Congresso norte-americano estabeleceu, em 1989, ampla fiscalização das atividades das instituições de poupança e empréstimo. Também concedeu poderes a Fannie Mae e Freddie Mac para assumirem boa parte dos empréstimos hipotecários residenciais que antes eram feitos pelas S&Ls. *Fannie Mae* e *Freddie Mac* são agências quase-governamentais criadas durante a Grande Depressão para que mais famílias de renda baixa e média pudessem se tornar proprietárias de suas residências. A crise das S&Ls contribuiu para uma forte desaceleração dos setores financeiro e imobiliário, levando à recessão do início da década de 1990.

De volta ao futuro: a crise financeira de 2008 e sua consequência

As regulamentações bancárias introduzidas na década de 1930 deram início a uma longa era de relativa estabilidade financeira. Porém, no início do século XXI, surgiu um novo problema: essas regulamentações não cobriam o ***shadow banking*** – atividades, como já explicamos, que não se parecem com o sistema bancário tradicional, mas servem a propósitos semelhantes, embora apresentem riscos significativos. Em 2008, esse sistema bancário paralelo estava no centro de uma crise que se assemelhava à crise dos anos 1930 em importantes aspectos.

Atividades semelhantes a bancos realizadas por empresas financeiras não depositárias, como bancos de investimento e empresas de fundos de *hedge*, mas sem supervisão ou proteção reguladora, são conhecidas como ***shadow banking***.

Shadow banking e suas vulnerabilidades

Os detalhes do *shadow banking* podem ser complexos. No entanto, grande parte do sistema bancário paralelo envolve intermediários financeiros – instituições financeiras não depositárias, como bancos de investimento, seguradoras, fundos de *hedge* e fundos do mercado monetário. Essas instituições tomam empréstimos de curto prazo – geralmente auferindo valores que devem ser pagos no dia seguinte – e usam os fundos emprestados para comprar ativos relativamente ilíquidos para serem colocados como garantia. Para quem empresta fundos a intermediários, isso parece um banco, porque seus empréstimos se assemelham muito a depósitos bancários. Por exemplo, uma empresa com dinheiro extra em mãos pode emprestar esse dinheiro extra de um dia para o outro a um banco de investimento de Wall Street. Dessa forma, pode obter uma taxa de juros mais elevada do que se deixasse os fundos em depósitos bancários comuns e, em circunstâncias normais, ainda pode contar com o acesso ao dinheiro avisando com apenas um dia de antecedência.

Enquanto isso, o intermediário financeiro não precisa manter dinheiro suficiente em caixa para pagar todas as suas dívidas todos os dias. Muitos dos credores simplesmente rolarão seus empréstimos a cada dia, liberando os fundos. E, quando um credor exigir o pagamento, o devedor simplesmente levantará o dinheiro de outro credor. Portanto, o relacionamento da instituição de *shadow banking* com seus credores é muito parecido com o relacionamento de um banco convencional com seus depositantes, exceto por duas diferenças significativas: não há seguro de depósito e há muito menos regulamentação sobre as suas ações.

Esse é um sistema que pode funcionar perfeitamente em tempos normais, mas também pode dar terrivelmente errado, como aconteceu em 2007, quando a bolha imobiliária que ele ajudou a criar estourou, levando à Grande Recessão.

Empréstimos de alto risco e a bolha imobiliária. A história da crise de 2008 começou com taxas de juros baixas: em 2003, as taxas de juros nos Estados Unidos haviam chegado a níveis historicamente muitos baixos, em parte devido à política do Federal Reserve e em parte devido a grandes entradas de capital de outros países, em especial da China. Essas taxas baixas de juros ajudaram a provocar um *boom* na construção de imóveis, o que, por sua vez, levou a economia norte-americana a sair da recessão. Contudo, à medida que a construção residencial aumentava com muita rapidez, as instituições financeiras começaram a assumir riscos cada vez maiores, riscos que não eram bem avaliados.

Tradicionalmente, as pessoas só podiam obter dinheiro emprestado para comprar moradia se pudessem mostrar que tinham renda suficiente para pagar as prestações da hipoteca. O crédito hipotecário de quem não preenche os critérios normais para a concessão de empréstimos, chamado de **empréstimo *subprime***, era apenas uma pequena parte do crédito total. Mas, durante o *boom* do mercado imobiliário do período 2003-2006, os empréstimos *subprime* começaram a ter aparência de aposta de pouco risco. De acordo com o pensamento convencional, como os preços dos imóveis residenciais continuavam subindo, mutuários que não conseguissem pagar as prestações das hipotecas sempre podiam liquidá-las vendendo seus imóveis. Em consequência, os empréstimos *subprime* explodiram.

Empréstimo *subprime* é o empréstimo para compradores de imóveis que não preencham os critérios normais para a concessão de empréstimo.

A maior parte de quem fazia esses empréstimos *subprime* não eram os bancos tradicionais que emprestavam o dinheiro de seus depositantes. Em vez disso, a maioria dos empréstimos era feita por *originadores de empréstimos*, que por assim

Na **securitização**, um *pool* de empréstimos é criado e participações desse *pool* são vendidas aos investidores.

dizer "davam origem" ao crédito e rapidamente vendiam as hipotecas a outros investidores no mercado de *shadow banking*. Essas vendas de hipotecas *subprime* em grande escala eram possíveis por meio de um processo conhecido como **securitização**: as instituições financeiras reuniam os empréstimos em *pools* e vendiam participação na renda desses *pools*. Novamente, de acordo com o pensamento convencional na época, essas participações ou ações dos *pools* eram consideradas investimentos relativamente seguros, pois se considerava pouco provável que grande número dos compradores de imóveis deixasse de pagar suas prestações e ficasse inadimplente ao mesmo tempo.

Pois foi exatamente isso o que aconteceu. Acabou acontecendo que o *boom* imobiliário era uma bolha e, quando os preços dos imóveis residenciais começaram a cair no fim de 2006, muitos dos devedores *subprime* não conseguiram pagar as prestações de suas hipotecas nem vender suas casas por um montante suficiente para liquidar a hipoteca. Em consequência, eles se tornaram inadimplentes e os investidores em títulos lastreados em hipotecas *subprime* começaram a ter enormes perdas.

Muitos desses títulos pertenciam a instituições de *shadow banking*, mas também a alguns bancos de depósitos tradicionais. Assim como os trustes que tiveram papel fundamental no pânico de 1907, esses "bancos paralelos" ofereciam retornos mais altos aos investidores, mas os deixavam extremamente vulneráveis em uma crise. Sem uma rede de segurança do seguro de depósito, as perdas relacionadas com hipotecas ocasionaram perda de confiança no sistema financeiro.

A Figura 29.10 mostra uma medida do rigor dessa perda de confiança: a quantidade de *papéis comerciais lastreados em ativos*, uma classe de ativos importante no sistema bancário paralelo. Em meados da década de 2000, o volume desses papéis – lastreados por empréstimos de curto prazo contraídos com ativos geralmente criados pela securitização de hipotecas e outras dívidas – aumentou rapidamente. Após a crise imobiliária, houve um rápido declínio, sinal de intenso estresse financeiro. Oficialmente, embora não sendo uma queda de oferta de moeda no estilo daquela da década de 1930, isso funcionou quase da mesma maneira, porque os papéis comerciais eram uma fonte essencial de liquidez no sistema financeiro.

Crise e resposta. A partir de 2007, o estouro da bolha imobiliária, seguido pelas elevadas perdas sofridas por empresas financeiras e pelo colapso da confiança no sistema financeiro, desencadeou grandes crises para a economia em seu conjunto. As empresas – financeiras e outras – tinham dificuldade em obter crédito, até mesmo para operações de curto prazo. Indivíduos se viram sem possibilidade de obter empréstimos imobiliários e os limites dos cartões de crédito foram reduzidos.

Figura 29.10 Medida da perda de confiança.

Em meados da década de 2000, o uso de papéis comerciais lastreados em ativos – empréstimos de curto prazo criados pela securitização de hipotecas e outras dívidas e um importante componente do sistema bancário paralelo – cresceu rapidamente em volume. Mas entrou em rápido declínio depois que a bolha imobiliária estourou, um sinal de estresse financeiro extremo quando a liquidez do sistema financeiro secou.
Dados de: Federal Reserve Bank of St. Louis.

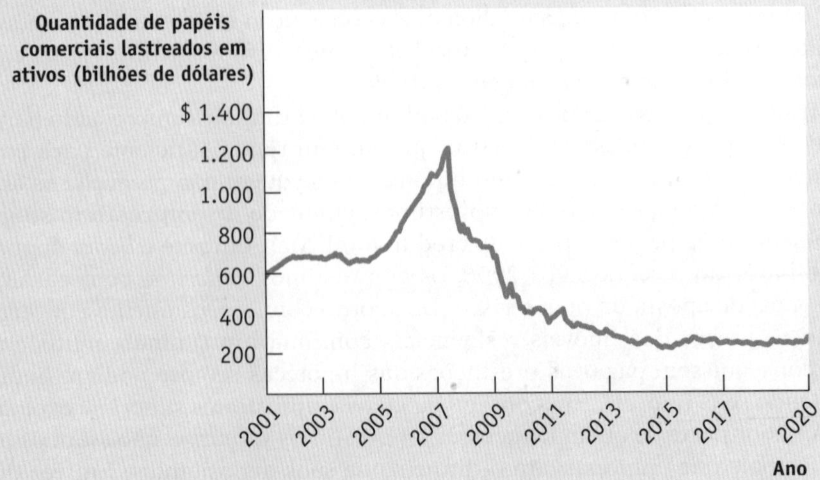

Os preços de muitos ativos foram derrubados, reduzindo bastante a riqueza de domicílios.

Em seu conjunto, os efeitos econômicos negativos da crise financeira tinham semelhança preocupante com os efeitos da crise bancária do início dos anos 1930, que contribuíram para causar a Grande Depressão. Responsáveis pela política econômica notaram a semelhança e tentaram evitar a repetição daquele desempenho. A partir do início de agosto de 2007, o Federal Reserve ofereceu liquidez para impedir uma enxurrada de inadimplências, emprestando fundos a uma ampla gama de instituições e comprando papéis comerciais. O Fed e o Tesouro norte-americano também interferiram para salvar empresas individuais que eram consideradas demasiado essenciais para que sua falência fosse permitida, como o banco de investimentos Bear Stearns e a companhia de seguros AIG.

Em setembro de 2008, contudo, sob pressão política para punir "banqueiros irresponsáveis", os formuladores de política econômica dos Estados Unidos decidiram que podiam permitir a quebra de um grande banco de investimentos, o Lehman Brothers. Rapidamente eles se arrependeram da decisão. Poucos dias depois da falência do Lehman Brothers, o pânico tomou conta dos mercados financeiros. Em resposta, o governo norte-americano aumentou sua intervenção em apoio ao sistema financeiro, quando o Tesouro começou a "injetar" capital nos bancos – fornecendo dinheiro vivo aos bancos em troca de ações. O efeito foi em parte uma *nacionalização* do sistema financeiro (tomada de posse pública). O Federal Reserve respondeu a essa situação com novas formas de operações de mercado aberto, como proporcionar liquidez maciça via empréstimos do guichê de redesconto e comprar maiores quantidades de outros ativos – sobretudo títulos da dívida do governo de longo prazo e dívida de Fannie Mae e Freddie Mac (como mostramos na Figura 29.9 com o grande aumento nos ativos do Fed depois de setembro de 2008).

Rescaldo da crise. Depois de muitos meses terríveis, no outono de 2010 o sistema financeiro se estabilizou e as principais instituições retornaram grande parte do dinheiro que o governo federal havia injetado durante a crise. No entanto, a recuperação dos bancos não foi acompanhada por recuperação bem-sucedida da economia como um todo. Embora a recessão iniciada em dezembro de 2007 tenha terminado oficialmente em junho de 2009, com o desemprego atingindo uma alta de 10% em outubro de 2009, este caiu muito lentamente depois disso. Foram necessários quase nove anos, até maio de 2016, para que a taxa de desemprego voltasse ao nível em que estava antes do início da Grande Recessão.

Como crises anteriores, a crise de 2008 motivou mudanças na regulamentação bancária, principalmente a Lei Dodd-Frank de reforma da regulação financeira, discutida no próximo Economia em Ação.

ECONOMIA >> *em Ação*

Regulamentação financeira após a crise de 2008

A Lei de Reforma de Wall Street e de Proteção ao Consumidor de 2010 – geralmente conhecida como Lei Dodd-Frank, em homenagem a seus proponentes no Senado e na Câmara, respectivamente – foi a maior reforma financeira promulgada desde a década de 1930. Como isso mudou a regulamentação financeira?

Para os bancos tradicionais, a principal mudança foi a criação de uma nova agência, o Consumer Financial Protection Bureau. Sua missão era proteger os mutuários de serem explorados por meio de negócios financeiros aparentemente atraentes que eles não compreendiam.

O principal impulso da Lei Dodd-Frank, no entanto, foi a regulamentação das instituições bancárias paralelas (*shadow banking*). De acordo com a lei, uma instituição financeira poderia ser designada como "sistemicamente importante" – isto é, como a Lehman Brothers, ela seria importante o suficiente para o sistema financeiro a ponto de desencadear uma crise bancária, embora não fosse um banco de depósitos.

De acordo com a Lei Dodd-Frank, essas instituições sistemicamente importantes foram submetidas à regulamentação no estilo dos bancos de depósitos, como requisitos de capital relativamente alto e limites para a tomada de risco. Além disso, o governo federal afirmou ter *autoridade de resolução*, direito de assumir o controle de instituições financeiras não depositárias em dificuldades da mesma forma que fez com os bancos em dificuldades.

A Lei Dodd-Frank também determinou que a maioria dos *derivativos*, instrumentos financeiros complexos que também desempenharam papel significativo na crise de 2008, poderiam ser comprados e vendidos em corretoras públicas, para torná-los mais transparentes e reduzir o risco.

No geral, o objetivo da Lei Dodd-Frank era estender o espírito da regulamentação bancária antiquada ao sistema financeiro mais complexo do século XXI. Isso está funcionando bem? Relativamente bem, de acordo com as evidências até o momento:

- As novas regras sobre instituições sistemicamente importantes parecem ter reduzido o incentivo para criação de bancos paralelos que contornam as regulamentações dos bancos convencionais. Um exemplo é o caso da GE Capital, banco não regulamentado que já pertenceu à General Electric. Embora fosse a principal fonte de lucros de sua empresa-mãe, a General Electric a vendeu quando a Lei Dodd-Frank entrou em vigor.
- A autoridade de resolução parece ter ocasionado uma redução no chamado *subsídio ao grande demais para falir*: o custo mais baixo de pedido de empréstimo desfrutado pelas grandes instituições financeiras em comparação com as menores, porque se achava que apenas as grandes seriam resgatadas em uma crise.
- O Consumer Financial Protection Bureau foi amplamente considerado eficaz em punir e impedir fraudes financeiras. No entanto, seu poder e sua eficácia foram muito reduzidos depois de 2017, quando a administração Trump recém-eleita agiu para reduzir a independência e o papel da agência.

Dito isso, não conheceremos a eficácia da Lei Dodd-Frank até o próximo período de turbulência financeira.

>> *Revisão Rápida*

- O sistema do Federal Reserve foi criado em resposta ao pânico de 1907.
- Corridas aos bancos comuns no início da década de 1930 resultaram em maior regulação bancária e na criação do seguro de depósito federal. Os bancos foram separados em duas categorias: **comerciais** (cobertos pelo seguro de depósito) e **de investimento** (não cobertos).
- Na crise das **instituições de poupança e empréstimo** (as S&Ls, ou *thrift*) das décadas de 1970 e 1980, S&Ls insuficientemente reguladas incorreram em enormes perdas devidas a especulações arriscadas no setor imobiliário.
- As atividades não regulamentadas do ***shadow banking*** criaram vulnerabilidade no sistema financeiro. Em meados dos anos 2000, a **securitização** espalhou **empréstimos *subprime*** pelo setor de *shadow banking* e entre alguns dos bancos tradicionais, levando a uma crise financeira quando a bolha imobiliária estourou. O Federal Reserve e o Tesouro dos EUA empreenderam etapas extraordinárias para estabilizar os mercados financeiros.
- Em 2010, o Congresso aprovou a Lei Dodd-Frank. Essa lei estendeu as regulamentações financeiras – para evitar outra crise financeira – e as proteções contra fraudes financeiras ao consumidor.

>> *Teste seu entendimento* 29.5

As respostas estão no fim do livro.

1. Quais são as semelhanças entre o pânico de 1907, a crise das S&Ls (instituições de poupança e empréstimo) e a crise de 2008?
2. Por que a criação do Federal Reserve não foi capaz de impedir as corridas aos bancos na Grande Depressão? Que medidas acabaram com as corridas aos bancos?
3. Por que foram necessárias medidas extraordinárias para lidar com a crise financeira de 2008?

CASO EMPRESARIAL

O presente perfeito: dinheiro em espécie ou vale-presente?

É sempre agradável quando alguém nos mostra apreço dando um presente. Nos últimos anos, cada vez mais pessoas têm optado por dar vales-presente, cartões plásticos pré-pagos emitidos por uma loja e que podem ser resgatados por mercadoria, na loja ou *on-line*. Para mais de 80% dos 100 principais varejistas norte-americanos, o item mais vendido é o dos seus vales-presente, conforme revelou a GiftCardUSA.

O que poderia ser mais simples e útil do que permitir ao presenteado escolher o que ele deseja? E um vale-presente não é mais pessoal do que dinheiro vivo ou um cheque?

Apesar disso, muitas empresas agora estão lucrando com o fato de que os que recebem vales-presente estão muitas vezes dispostos a vender seus cartões-presente com desconto – às vezes um bom desconto – para transformá-los na fria e impessoal moeda corrente. Enquanto isso, outras pessoas desejam comprar esses cartões, para transformá-los em mercadorias que desejam, com desconto.

Um exemplo é o *site* CardCash. No momento em que escrevíamos este livro, o *site* oferecia pagar a quem vendesse um cartão-presente do Walmart o equivalente a 88% do valor de face do cartão. Por exemplo, quem vendesse um cartão-presente de $ 100 receberia $ 88 em dinheiro. Cardcash.com lucra revendendo o cartão-presente com uma margem sobre o que pagou. Assim, venderia o cartão-presente do Walmart por mais de 88% do valor de face. O valor em dinheiro oferecido aos vendedores de cartões varia por varejista. Por exemplo, o CardCash oferece um valor igual a somente 75% do valor de face de um cartão da Gap.

Muitos consumidores podem estar dispostos a vender seus vales-presente com um desconto considerável. Mas os varejistas preferem promover o uso dos vales-presente em vez de dinheiro, pois grande parte do valor dos vales-presente nunca é resgatada, deixando o lucro para o varejista.

Como isso acontece? As pessoas perdem cartões. Ou gastam apenas $ 47 de um cartão-presente de $ 50, achando que não vale a pena voltar à loja para gastar os $ 3 que sobram. Além disso, os varejistas também cobram taxas depois de certa data, ou o cartão tem prazo de validade, o que os clientes esquecem. E se uma loja fecha, o valor dos cartões-presente não resgatados desaparece com ela.

Além da parte não usada dos cartões, lojistas se beneficiam quando o consumidor que quer usar o valor integral do seu cartão-presente vê que é muito difícil achar algo com o valor exato e acaba gastando mais que o valor de face do cartão, e até mais do que teria gasto se não tivesse recebido o cartão.

Cartões-presente são tão vantajosos para os varejistas que os que costumavam premiar a lealdade dos consumidores com descontos (o que já foi uma prática comum) agora mudaram para a distribuição desses cartões. Hoje, os varejistas esperam recompensar clientes leais com um cartão de sua própria loja. Durante o fechamento causado pela Covid-19, os restaurantes fechados precisaram de dinheiro, rapidamente, de modo que passaram a vender cartões-presente. Havia restaurantes que até mesmo davam um bônus de 20% se você comprasse um cartão-presente de US$ 50 ou US$ 100. Esses restaurantes esperavam que o dinheiro adiantado ajudasse a cobrir seus gastos, e os cartões vendidos ajudariam a manter a lealdade do cliente.

QUESTÕES PARA PENSAR

1. Por que quem tem vale-presente ou cartão-presente se dispõe a vendê-lo por um montante em dinheiro inferior ao valor de face do cartão?
2. Por que o cartão-presente de varejistas como Walmart vende com um desconto menor que o de varejistas como Gap?
3. Use sua resposta da questão 2 para explicar por que o dinheiro em espécie nunca é "vendido" com desconto.
4. Explique por que os varejistas preferem premiar a fidelidade de seus clientes com cartões-presente em vez de lhes dar descontos.
5. A legislação recente restringiu a possibilidade de varejistas cobrarem taxas e estabelecerem datas de validade para seus cartões-presente, e exigiu mais transparência sobre as regras de uso. Em sua opinião, por que o Congresso norte-americano aprovou tal legislação?

RESUMO

1. **Moeda** é um ativo que pode ser usado facilmente para comprar bens e serviços. **Moeda em circulação** e **depósitos em conta-corrente** são considerados parte da **oferta de moeda**. A moeda desempenha três papéis: é um **meio de troca** usado em transações, uma **reserva de valor** que mantém o poder de compra ao longo do tempo e uma **unidade de conta** pela qual são informados os preços.
2. Com o passar do tempo, a **moeda-mercadoria**, que consiste em bens que possuem valor além do seu papel como dinheiro, como moedas de ouro e prata, foi substituída pela **moeda garantida por mercadoria**, como o papel-moeda garantido pelo ouro. Hoje, o dólar é pura **moeda fiduciária** ou moeda *fiat*, cujo valor deriva exclusivamente do seu papel oficial.
3. O Federal Reserve calcula duas medidas para a oferta de moeda. M1 é o **agregado monetário** mais estreito, contendo somente moeda em circulação e depósitos em conta-corrente. M2 abrange ativos mais amplos, chamados **quase-moeda**, sobretudo outras formas de depósitos que podem ser facilmente transformados em depósitos em conta-corrente.
4. Os bancos permitem aos depositantes acesso imediato a seus fundos, mas ao mesmo tempo emprestam a maior parte dos fundos depositados neles. Para enfrentar a demanda de saques de moeda, eles mantêm **reservas bancárias** compostas de moeda mantida em seus cofres, bem como depósitos no banco central. **Coeficiente de reserva** é a razão entre as reservas bancárias e os depósitos bancários. Uma **conta T** resume a posição financeira de um banco, com empréstimos e reservas contando como ativos e depósitos contando como passivos.
5. Os bancos sofreram algumas vezes **corridas aos bancos**, notavelmente no início dos anos 1930. Para evitar esse perigo, depositantes são agora protegidos pelo **seguro de depósito**; os donos dos bancos têm de cumprir normas de capital que reduzem o incentivo para fazerem operações de crédito exageradamente arriscadas com os fundos dos depositantes, e os bancos precisam manter um mínimo de **reservas compulsórias**.
6. Quando se deposita moeda em um banco, ela dá início ao processo do multiplicador, em que os bancos emprestam suas **reservas excedentes**, levando a aumento da oferta de moeda, de modo que criam moeda. Se o total da oferta de moeda fosse de depósitos em conta-corrente, a oferta de moeda seria igual ao valor das reservas dividido pelo coeficiente de reservas obrigatórias. Na realidade, grande parte da **base monetária** consiste em moeda em circulação, e o **multiplicador da moeda** é a razão entre a oferta de moeda e a base monetária.
7. A base monetária nos Estados Unidos é controlada pelo Federal Reserve (ou Fed), o **banco central** dos Estados Unidos. O Fed regula os bancos e estabelece as reservas mínimas obrigatórias. Para cumprirem a exigência de reserva mínima, os bancos emprestam e tomam emprestadas reservas no **mercado interbancário** à **taxa de juros do mercado interbancário**. Por meio do **guichê de redesconto**, os bancos também podem tomar emprestado do banco central à **taxa de redesconto**.
8. A **operação de mercado aberto** realizada pelo Fed é o seu principal instrumento de política monetária: o Fed pode aumentar ou diminuir a base monetária comprando notas e letras do Tesouro dos bancos ou vendendo aos bancos notas e letras do Tesouro.
9. Em resposta ao pânico de 1907, foi criado o Fed para centralizar a manutenção de reservas, fiscalizar a contabilidade dos bancos e fazer a oferta de moeda responder de forma adequada a mudanças nas condições econômicas.
10. A Grande Depressão desencadeou corrida aos bancos espalhados pelo país no início dos anos 1930, que piorou e prolongou a gravidade da crise. Foi criado o seguro de depósito, e o governo capitalizou bancos concedendo-lhes empréstimos e comprando suas ações. Em 1933, os bancos foram separados em duas categorias: **bancos comerciais** (que aceitam depósitos e são cobertos pelo seguro de depósito) e **bancos de investimento** (que não aceitam depósitos e não são cobertos). A confiança pública no seguro de depósito finalmente acabou com as corridas aos bancos da Grande Depressão.
11. A crise das **instituições de poupança e empréstimo** (as S&Ls ou *thrifts*) nos Estados Unidos, nos anos 1980, ocorreu porque essas instituições insuficientemente reguladas se dedicaram a especulação excessivamente arriscada e incorreram em enormes perdas. Na quebra das S&Ls, os depositantes foram compensados com dinheiro dos contribuintes de impostos, pois estavam cobertos pelo seguro de depósito. A crise causou severas perdas nos setores financeiro e imobiliário, resultando na recessão do início dos anos 1990.
12. O surgimento do ***shadow banking***, atividades paralelas empreendidas por instituições financeiras não depositárias, não sujeitas a supervisão ou proteção reguladora, tornou o sistema financeiro novamente vulnerável ao pânico que causa corrida aos bancos. Em meados da década de 2000, a **securitização** de empréstimos hipotecários a partir de **empréstimos *subprime*** espalhou-se pelo setor de *shadow banking* e entre alguns bancos tradicionais. Quando a bolha imobiliária estourou em 2007, perdas maciças dos bancos e instituições financeiras não bancárias geraram pânico e um colapso generalizado do sistema financeiro em 2008. Para evitar outra Grande Depressão, o Federal Reserve e o Tesouro norte-americano realizaram ações extraordinárias para dar suporte ao sistema financeiro, fornecendo capital aos bancos, comprando ações dos bancos, oferecendo liquidez maciça por meio de empréstimos na janela de redesconto e comprando grande parcela de dívidas do governo e dívidas de agências patrocinadas pelo governo a longo prazo. Em 2010, o sistema financeiro tinha se estabilizado, mas a economia não se recuperou totalmente até 2016.
13. Em 2010, o Congresso aprovou uma lei de reforma da regulamentação financeira, conhecida como Lei Dodd-Frank, a fim de evitar outra crise. Sua finalidade principal foi estender a regulamentação bancária ultrapassada para o sistema financeiro mais complexo da atualidade. Ela também estendeu a proteção para clientes contra a fraude financeira.

PALAVRAS-CHAVE

Agregado monetário, p. 851
Banco central, p. 863
Banco comercial, p. 872
Banco de investimento, p. 872
Base monetária, p. 861
Coeficiente de reserva, p. 854
Conta T, p. 854
Corrida aos bancos, p. 855
Depósitos bancários à vista, p. 847
Empréstimos *subprime*, p. 873
Guichê de redesconto, p. 856
Instituições de poupança e empréstimo (S&L), p. 872
Meio de troca, p. 848
Mercado interbancário, p. 864
Moeda, p. 847
Moeda em circulação, p. 847
Moeda fiduciária (moeda *fiat*), p. 850
Moeda garantida por mercadoria, p. 850
Moeda-mercadoria p. 849
Multiplicador da moeda, p. 862
Oferta de moeda, p. 847
Operação de mercado aberto, p. 865
Quase-moeda, p. 851
Reserva de valor, p. 848
Reservas bancárias, p. 853
Reservas compulsórias, p. 856
Reservas excedentes, p. 860
Securitização, p. 874
Seguro de depósito, p. 856
Shadow banking, p. 873
Taxa de juros do mercado interbancário, p. 865
Taxa de redesconto, p. 865
Unidade de conta, p. 848

QUESTÕES PARA PENSAR

1. Seu colega está pensando em comprar criptomoeda, porque acredita que ela poderá ser usada no lugar da moeda. A criptomoeda pode funcionar como moeda?

2. Durante o colapso econômico de 2020, muita gente se preocupou com a estabilidade do sistema financeiro. Quando os empregos caíram, muitos moradores não conseguiram fazer pagamentos de hipoteca, aluguel, carro ou cartão de crédito. Muitos questionaram: será que veremos outro pânico financeiro, como o que aconteceu depois da crise imobiliária, em 2009? Explique como as mudanças de regulamentação após a Grande Recessão ajudaram a evitar outra corrida aos bancos.

3. Como o Federal Reserve respondeu à crise econômica de 2020? Usando a Figura 29.9, explique como a resposta do Fed se assemelha à resposta seguinte ao estouro da bolha imobiliária.

PROBLEMAS

1. Para cada uma das transações a seguir, qual é o efeito (aumento ou diminuição) sobre M1? E sobre M2?
   a. Você vende algumas ações e coloca o dinheiro recebido na sua conta de poupança.
   b. Você vende algumas ações e põe o dinheiro recebido na sua conta-corrente.
   c. Você transfere dinheiro da sua conta de poupança para sua conta-corrente.
   d. Você acha $ 0,25 debaixo do tapete do seu carro e deposita na sua conta-corrente.
   e. Você acha $ 0,25 debaixo do tapete do seu carro e deposita na sua conta de poupança.

2. Há três tipos de moeda: moeda-mercadoria, moeda garantida por mercadoria e moeda fiduciária. Que tipo de moeda é usada em cada uma das situações a seguir?
   a. Garrafas de rum eram usadas para pagar bens na Austrália colonial.
   b. O sal era usado em muitos países europeus como meio de troca.
   c. Durante um breve período, a Alemanha usou papel-moeda (chamado de "marco-centeio") que podia ser trocado por certas quantidades de centeio.
   d. A cidade de Ithaca, no estado de Nova York, imprime sua própria moeda, a "Ithaca HOURS", que pode ser usada para compra de bens e serviços locais.

3. A tabela a seguir mostra os componentes de M1 e M2 em bilhões de dólares para o mês de dezembro, de 2009 a 2019, como publicados no Federal Reserve Bank de Saint Louis. Complete a tabela calculando M1, M2, moeda em circulação como porcentagem de M1 e moeda em circulação como porcentagem de M2. Que tendências ou padrões você observa nessas variáveis monetárias: M1, M2, moeda em circulação como porcentagem de M1 e moeda em circulação como porcentagem de M2? O que poderia explicar essas tendências?

Ano	Moeda em circulação	Depósitos em conta-corrente	Depósitos em poupança	Depósitos a prazo	Fundos em mercado monetário	M1	M2	Moeda em circulação como porcentagem de M1	Moeda em circulação como porcentagem de M2
2009	$ 863,7	$ 829,1	$ 4.812,0	$ 1.187,5	$ 791,1	?	?	?	?
2010	918,8	917,9	5.331,5	934,4	686,7	?	?	?	?
2011	1.001,6	1.162,7	6.033,6	776,9	676,3	?	?	?	?
2012	1.090,7	1.370,4	6.683,3	645,8	655,4	?	?	?	?
2013	1.160,7	1.503,7	7.128,2	570,4	652,0	?	?	?	?
2014	1.253,2	1.687,1	7.573,0	523,4	631,3	?	?	?	?
2015	1.339,5	1.754,4	8.169,7	413,2	653,3	?	?	?	?
2016	1.420,9	1.919,0	8.814,5	353,4	691,3	?	?	?	?
2017	1.525,0	2.082,3	9.110,3	414,2	703,8	?	?	?	?
2018	1.624,8	2.121,7	9.260,9	532,9	811,5	?	?	?	?
2019	1.710,9	2.266,2	9.765,2	580,0	979,9	?	?	?	?

Dados de: Federal Reserve Bank of St. Louis.

4. Indique se cada um dos itens a seguir é parte de M1 ou de M2 ou de nenhum deles.

a. $ 95 no seu cartão de crédito especial para refeições na universidade.

b. $ 0,55 de trocados no porta-luvas do seu carro.

c. $ 1.663 em sua conta de poupança.

d. $ 459 em sua conta-corrente.

e. 100 ações no valor total de $ 4.000.

f. Uma linha de crédito de $ 1.000 no seu cartão de crédito da loja de departamentos.

5. Tracy Williams deposita $ 500, que estavam em sua gaveta de meias, na conta-corrente de um banco local. O coeficiente de reserva do banco é 10%.

a. Como o depósito inicialmente muda a conta T do banco local? Como ele muda a oferta de moeda?

b. Se o banco mantém um coeficiente de reserva de 10%, como reagirá ao novo depósito?

c. Se, cada vez que o banco faz um empréstimo, este resulta em novo depósito em conta-corrente em outro banco, igual ao montante do empréstimo, em quanto se expandirá a oferta de moeda na economia em resposta ao depósito inicial de Tracy em moeda, no valor de $ 500?

d. Se, cada vez que o banco faz um empréstimo, este resulta em novo depósito em conta-corrente em outro banco, igual ao montante do empréstimo, e o banco mantém um coeficiente de reserva de 5%, em quanto se expandirá a oferta de moeda em resposta a um depósito inicial de $ 500 em dinheiro?

6. Ryan Cozzens saca $ 400 de sua conta-corrente no banco local e fica com eles na carteira.

a. Como esse saque muda a conta T do banco local e a oferta de moeda?

b. Se o banco mantém um coeficiente de reserva de 10%, como reagirá ao saque? Suponha que o banco responda a reservas insuficientes reduzindo o montante dos depósitos que mantém até que o nível de suas reservas satisfaça a exigência do coeficiente mínimo de reserva. O banco reduz seus depósitos cancelando alguns de seus empréstimos, obrigando os devedores a liquidarem seus débitos com moeda dos seus depósitos em conta-corrente (no mesmo banco).

c. Se, cada vez que o banco reduz seus empréstimos, os depósitos em conta-corrente caem no montante da redução dos empréstimos, quanto, no total, poderia contrair a oferta de moeda na economia em resposta ao saque de $ 400 feito por Ryan?

d. Se, cada vez que o banco reduz seus empréstimos, os depósitos em conta-corrente caem no montante da redução dos empréstimos e o banco mantém um coeficiente de reserva de 20%, quanto, no total, vai diminuir a oferta de moeda em resposta a um saque de $ 400?

7. O governo de Lestelândia usa medidas de agregados monetários semelhantes às usadas nos Estados Unidos, e o Banco Central da Oestelândia impõe um coeficiente de reservas compulsórias de 10%. Dada a informação seguinte, responda às questões a seguir.

Depósitos dos bancos no banco central = $ 200 milhões
Moeda em poder do público = $ 150 milhões
Moeda nos cofres dos bancos = $ 100 milhões
Depósitos em conta-corrente = $ 500 milhões

a. Quanto é M1?

b. Quanto é a base monetária?

c. Os bancos comerciais estão mantendo reservas excedentes?

d. Os bancos comerciais podem aumentar os depósitos em conta-corrente? Em caso afirmativo, os depósitos em conta-corrente podem aumentar quanto?

8. Na Oestelândia, o público mantém 50% de M1 em forma de moeda e o coeficiente de reservas compulsórias é 20%. Estime quanto aumentará a oferta de moeda em reação a um novo depósito em dinheiro de $ 500, completando a tabela a seguir. (*Dica*: a primeira linha mostra que o banco precisa manter $ 100 de reserva mínima obrigatória – 20% do depósito de $ 500 –, sobrando $ 400 de reservas excedentes que podem ser emprestadas.

Contudo, como o público quer manter 50% do empréstimo em moeda, somente \$ 400 × 0,5 = \$ 200 serão depositados na segunda rodada a partir do empréstimo concedido na primeira rodada.) Como sua resposta se compara com uma economia em que o montante total do empréstimo é depositado no sistema bancário e o público não mantém nenhuma parte do empréstimo como moeda? O que isso implica para a relação entre o desejo do público de manter moeda e o multiplicador da moeda?

Rodada	Depósitos	Reservas compul-sórias	Reservas exce-dentes	Emprés-timos	Mantido em moeda
1	\$ 500,00	\$ 100,00	\$ 400,00	\$ 400,00	\$ 200,00
2	200,00	?	?	?	?
3	?	?	?	?	?
4	?	?	?	?	?
5	?	?	?	?	?
6	?	?	?	?	?
7	?	?	?	?	?
8	?	?	?	?	?
9	?	?	?	?	?
Total depois de 10 rodadas	?	?	?	?	?

9. O que acontecerá com a oferta de moeda nas circunstâncias a seguir em um sistema que só conta com depósitos em conta-corrente?

a. A reserva mínima obrigatória é 25% e um depositante saca \$ 700 de sua conta-corrente, mantendo-os como dinheiro em espécie.

b. A reserva mínima obrigatória é 5% e um depositante saca \$ 700 de sua conta-corrente, mantendo-os como dinheiro em espécie.

c. A reserva mínima obrigatória é 20% e um cliente deposita \$ 750 em sua conta-corrente, mantendo-os como dinheiro espécie.

d. A reserva mínima obrigatória é 10% e um cliente deposita \$ 600 em sua conta-corrente, mantendo-os como dinheiro espécie.

10. Embora o Federal Reserve dos EUA não use a mudança do coeficiente mínimo de reserva para administrar a oferta de moeda, o banco de Albérnia o faz. Os bancos comerciais de Albérnia têm reservas de \$ 100 milhões e depósitos em conta-corrente de \$ 1 milhão. O coeficiente de reservas mínimas compulsórias é 10%. Os bancos comerciais seguem uma política de não manter reservas excedentes. O público não mantém um montante de moeda, apenas depósitos no sistema bancário.

a. Como a oferta de moeda vai mudar se a reserva mínima obrigatória cair para 5%?

b. Como a oferta de moeda vai mudar se a reserva mínima obrigatória aumentar para 25%?

11. Usando a Figura 29.6, escolha um distrito qualquer do Fed. Acesse http://www.federalreserve.gov/fomc/ e descubra se o presidente desse banco regional do Federal Reserve é atualmente membro votante do FOMC (Comitê de Mercado Aberto do Fed).

12. Mostre a mudança na conta T do Fed e dos bancos comerciais quando o Fed vende \$ 30 milhões em letras do Tesouro. Se o público mantém uma quantia fixa de moeda (de modo que todos os empréstimos criam montante igual de depósitos no sistema bancário) e a reserva mínima compulsória é 5%, em quanto mudarão os depósitos nos bancos comerciais? Em quanto mudará a oferta de moeda? Mostre as mudanças finais na conta T dos bancos comerciais quando a oferta de moeda muda naquela quantia.

13. O serviço de pesquisa do Congresso norte-americano estima que pelo menos \$ 45 milhões de notas falsas de \$ 100 feitas pelo governo da Coreia do Norte estão em circulação.

a. Por que o contribuinte norte-americano perde por causa da falsificação norte-coreana?

b. Em dezembro de 2016, a taxa de juros de uma letra do Tesouro norte-americano de um ano era 0,87%. A uma taxa de juros de 0,87%, quanto perdem por ano os contribuintes nos Estados Unidos por causa desses \$ 45 milhões em notas falsas?

14. Como se mostrou na Figura 29.9, a parcela dos títulos do Tesouro norte-americano nos ativos do Fed declinou depois de 2007. Acesse www.federalreserve.gov. No início da página, sob "Data" (dados) e "Money Stock and Reserve Balances" (estoque de moeda e balanço das reservas), selecione o *link* "Factors Affecting Reserve Balances – H.4.1" (fatores que afetam o balanço de reservas). Clique na data mais recente.

a. No item "Condition Statement of Federal Reserve Banks" (declaração da situação dos bancos do Federal Reserve), encontre a linha "Reserve Bank Credit". Qual o montante de crédito de reserva bancária que aparece em "Average of Daily Figures" (média de valores diários) para a semana encerrada mais recentemente? Qual é o montante exibido para "U.S. Treasury securities" (títulos do Tesouro norte-americano)? Que porcentagem do total de crédito de reserva bancária do Fed é atualmente constituída de títulos do Tesouro?

b. Os ativos do Federal Reserve são constituídos principalmente de títulos do Tesouro, como foi o caso em janeiro de 2007 (início do gráfico na Figura 29.9), ou o Fed continua mantendo grande número de outros ativos, como no início de 2020, o final do gráfico na Figura 29.9?

15. A figura mostra o início de novas construções residenciais nos Estados Unidos, em milhares de unidades por mês, entre janeiro de 1980 e março de 2020. O gráfico mostra grande queda no início de novas construções em 1984-1991 e em 2006-2009. O início de novas construções residenciais tem relação com a disponibilidade de crédito hipotecário.

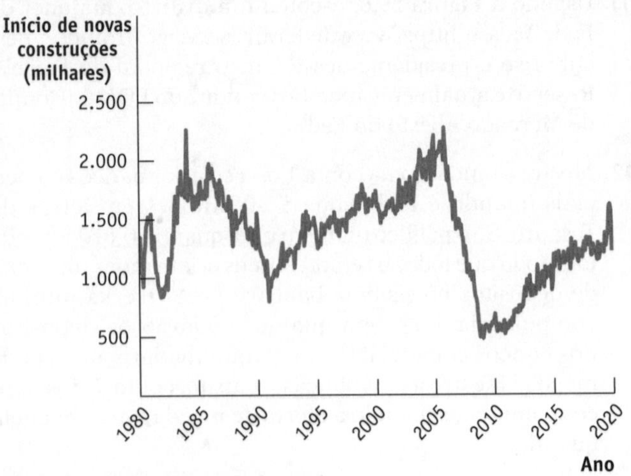

Dados de: Federal Reserve Bank of St. Louis.

a. O que causou a queda no início de construções residenciais em 1984-1991?

b. O que causou a queda no início de construções residenciais em 2006-2009?

c. Como uma regulação melhor das instituições financeiras poderia ter prevenido esses dois eventos?

RESOLVA

16. Mostre as mudanças nas contas de ativos e passivos (contas T) do Federal Reserve e dos bancos comerciais quando o Fed compra $ 50 milhões em Letras do Tesouro norte-americano. Se o público mantém uma quantia fixa de moeda (de modo que todos os empréstimos criam igual montante de depósitos no sistema bancário), a reserva mínima é 10% e os bancos não mantêm reservas excedentes, em quanto mudarão os depósitos nos bancos comerciais? Em quanto mudará a oferta de moeda? Mostre as mudanças finais na conta T dos bancos comerciais quando a oferta de moeda muda naquela quantia.

30 Política Monetária

A PESSOA MAIS PODEROSA NO GOVERNO

"OS FUNDAMENTOS DA ECONOMIA DOS EUA permanecem fortes. No entanto, o coronavírus impõe riscos para a evolução da atividade econômica. À luz desses riscos e em apoio ao cumprimento de suas metas de máximo emprego e de estabilidade de preços, o Federal Open Market Committee decidiu hoje reduzir o intervalo-alvo para a taxa de juros interbancária em 0,5 ponto percentual, passando para a faixa de 1 a 1,25 por cento. O Comitê monitora de perto a evolução dos acontecimentos e suas implicações para as perspectivas econômicas, e usará seus instrumentos e agirá conforme apropriado para apoiar a economia."

Você leu um comunicado, emitido em 3 de março de 2020, pelas pessoas que definem a política monetária dos Estados Unidos. Apenas 12 dias depois, elas emitiram outro comunicado, reduzindo efetivamente para zero as taxas de juros que controlam, ao mesmo tempo que anunciaram planos para impulsionar a economia com a compra de pelo menos US$ 700 bilhões em títulos.

Esses dois anúncios representaram uma grande mudança na política econômica dos EUA. Mas quem estava fazendo a mudança? Nem o Congresso nem o presidente têm qualquer função direta na definição das taxas de juros. Essa função cabe, em vez disso, aos diretores do Federal Reserve, uma agência independente que era presidida na época por Jerome Powell. E há um velho ditado segundo o qual o diretor-geral do Fed, não o presidente da república, é a pessoa mais poderosa do governo.

Ainda assim, no Federal Reserve, ao contrário da vizinha Casa Branca, não há pompa e solenidade: nenhum assessor correndo ao redor, nenhum guarda militar com trajes glamurosos, nenhuma pintura ornamentando as paredes e nenhum serviço secreto. Em vez disso, os funcionários do Fed usam vestes casuais – e muitas vezes parecem estudantes universitários. Por exemplo, todos os dias no banco de Nova York do Federal Reserve, onde as operações financeiras do Fed são realizadas, bilhões de dólares em títulos do governo dos EUA de longo prazo são comprados e vendidos em uma pequena sala com apenas cinco funcionários. Impressionado com a banalidade de tudo isso, um jornalista escreveu: "Pode um espetáculo sem qualquer indício de importância – sem pompa, sem emoções, nem mesmo discursos – ser realmente o coração pulsante do capitalismo?"

A resposta é sim. A fonte do poder do diretor-geral do Fed e sua diretoria vem da capacidade de definição da *política monetária*. É difícil avaliar totalmente a importância da política monetária do Fed para a economia dos EUA – para a estabilidade de preços, para a criação de empregos e para o bom funcionamento do sistema financeiro. Quase metade das recessões que ocorreram desde a Segunda Guerra Mundial pode ser atribuída, pelo menos em parte, às políticas empreendidas pelo Federal Reserve para combater a inflação. Além disso, durante muitos outros períodos, a política do Fed teve papel fundamental no combate às crises e na promoção da recuperação econômica. Durante a crise financeira de 2008 e a subsequente Grande Recessão, o Fed estava no centro da luta para evitar que a economia mergulhasse no abismo.

Como o Fed consegue tudo isso? Por meio de mudanças na oferta de dinheiro e nas taxas de juros, implementadas por seus funcionários de aparência despretensiosa, que negociam bilhões de dólares diariamente em títulos do governo dos EUA. (E, como aprendemos no Capítulo 29, em menor grau, o Fed pode influenciar a oferta de moeda alterando os requisitos de reserva para os bancos.)

Neste capítulo, veremos como a política monetária funciona – como as ações executadas pelo Federal Reserve podem ter um poderoso efeito sobre a economia. Começaremos examinando a *demanda de moeda* por parte de domicílios e empresas. Em seguida veremos como a capacidade do Fed de mudar a *oferta de moeda* lhe permite alterar as taxas de juros no curto prazo e, ao fazê-lo, afetar o PIB real. Analisaremos a política monetária dos EUA na prática e vamos compará-la com a de outros bancos centrais. Concluindo, examinaremos os efeitos de longo prazo da política monetária. •

O QUE VOCÊ IRÁ APRENDER?

- O que é **curva de demanda de moeda**?
- Por que o **modelo de preferência por liquidez** determina a taxa de juros no curto prazo?
- Como o Federal Reserve implementa a política monetária?
- Por que a política monetária é o principal instrumento para estabilizar a economia?
- Por que os economistas acreditam na **neutralidade monetária**?

Demanda por moeda

No capítulo anterior, aprendemos sobre os diversos tipos de agregados monetários: M1, a definição mais usada de oferta monetária, consiste em moeda em circulação (dinheiro vivo), mais contas de depósito bancários; e M2, uma definição mais ampla da oferta monetária, consiste em M1 mais depósitos que podem ser facilmente transferidos para depósitos em conta-corrente. Vimos também por que as pessoas mantêm moeda: para facilitar a compra de bens e serviços. Agora, vamos aprofundar a questão, examinando o que determina a quantidade de moeda que indivíduos e empresas querem reter em determinado momento.

O custo de oportunidade de reter moeda

A maior parte das decisões econômicas implica *trade-offs* na margem. Isto é, os indivíduos decidem quanto de um bem consumir ao verificarem se os benefícios que eles obtêm de consumir um pouco mais de qualquer produto vale o custo. O mesmo processo decisório é usado para decidir quanta moeda manter.

Os indivíduos e as empresas acham útil manter uma parte de seus ativos na forma de moeda pela conveniência que o dinheiro vivo oferece: ele pode ser usado diretamente para fazer compras, enquanto outros ativos não servem para isso. Mas há um preço a pagar por essa conveniência: normalmente, a moeda deixa de gerar taxa de retorno, ou resulta em taxa de retorno menor que os ativos não monetários.

A título de exemplo de como a conveniência faz com que valha a pena incorrer em algum custo de oportunidade, considere as somas substanciais que as pessoas mantêm em dinheiro vivo e em contas bancárias vinculadas a cartões de débito, que não pagam juros, ou em instrumentos de transferência de dinheiro como o PayPal e PicPay. Fazendo isso, elas deixam de lado os juros que poderiam ganhar se colocassem esses fundos em um ativo que rende juros, como um certificado de depósito. **Certificado de depósito bancário**, ou **CDB**, é um ativo emitido pelo banco que permite ao cliente depositar seus fundos por algum prazo predeterminado; em troca, o banco paga uma taxa de juros especificada. Por exemplo, em abril de 2020, o banco Capital One nos EUA estava oferecendo um CDB de cinco anos que pagava 1,4% anualmente e um CDB de um ano que pagava 1,5%. Mas os CDBs também cobram penalidade se os fundos forem retirados antes do prazo contratado (neste caso, cinco anos ou um ano).

Certificado de depósito bancário (CDB) é um ativo emitido pelo banco, no qual os clientes depositam fundos por um período indicado e ganham uma taxa de juros especificada.

Assim, ter clara a demanda por dinheiro é entender como indivíduos e empresas decidem entre o benefício de manter ativos monetários que são convenientes mas pouco ou nada rendem (como dinheiro vivo e contas bancárias com juro zero) e manter ativos não monetários com rendimento – que pagam juros mas não são convenientes (como os CDBs). E essa decisão é afetada pela taxa de juros. (Como já mostrado, quando dizemos *taxa de juros* isso deve ser entendido como taxa de juros nominal, isto é, sem ser ajustada pela inflação.) Em seguida, examinaremos como essa decisão mudou drasticamente a partir de março de 2019 e março de 2020, quando houve uma grande queda nas taxas de juros.

A Tabela 30.1 ilustra o custo de oportunidade de reter dinheiro em um mês específico, março de 2019. A primeira linha mostra a taxa de juros das letras do Tesouro de um mês – isto é, a taxa de juros que os indivíduos obteriam caso estivessem dispostos a imobilizar seus fundos para o governo por um mês.

Em março de 2019, as letras do Tesouro de um mês nos Estados Unidos rendiam 2,45%. A segunda linha mostra as taxas de juros em contas bancárias que pagam juros. Os fundos nessas contas eram mais acessíveis que os aplicados em letras do Tesouro, mas o preço dessa conveniência era uma taxa de juros muito menor, de apenas 0,06%. Finalmente, a última linha mostra a taxa de juros sobre o dinheiro no bolso, que, obviamente, é zero.

Tabela 30.1 Taxas de juros selecionadas nos Estados Unidos, março de 2019

Letras do Tesouro de um mês	2,45%
Conta de depósitos pagando juros	0,06%
Dinheiro vivo	0

Dados de: Federal Reserve Bank of St. Louis.

A Tabela 30.1 mostra o custo de oportunidade de manter dinheiro vivo em dado momento no tempo, mas esse custo de oportunidade muda quando muda o nível geral da taxa de juros. Especificamente, quando o nível geral da taxa de juros cai, o custo de oportunidade de manter dinheiro vivo cai também.

A Tabela 30.2 ilustra esse ponto, mostrando de que modo taxas de juros selecionadas mudaram entre março de 2019 e março de 2020; como vimos, no início de 2020 o Fed reduziu as taxas de juros em um esforço para combater uma recessão que piorava rapidamente. Uma comparação entre as taxas de juros naqueles dois meses ilustra o que acontece quando o custo de oportunidade de manter dinheiro vivo cai drasticamente. No decorrer de um ano, a taxa de juros interbancária, que é a taxa que o Fed controla mais diretamente, caiu 2,3 pontos percentuais. A taxa de juros das Letras do Tesouro de um mês caiu quase o mesmo. Essas são todas **taxas de juros de curto prazo** – taxas de juros de ativos financeiros resgatáveis ou com maturidade dentro do prazo de um ano.

Tabela 30.2 Taxas de juros e custo de oportunidade de reter dinheiro

	Março de 2019	Março de 2020
Taxa do mercado interbancário	2,41%	0,08%
Letras do Tesouro de um mês	2,45%	0,12%
Depósitos em conta-corrente rendendo juros	0,06%	0,06%
Dinheiro vivo	0	0
Diferença entre letras do Tesouro e depósitos em conta-corrente rendendo juros (pontos percentuais)	**2,39**	**0,06**
Diferença entre letras do Tesouro e dinheiro vivo (pontos percentuais)	**2,45**	**0,12**

Dados de: Federal Reserve Bank of St. Louis.

Taxas de juros de curto prazo são as taxas de juros sobre ativos financeiros resgatáveis dentro do prazo de um ano.

Quando as taxas de juros de curto prazo caíram, as taxas de juros sobre moeda não caíram na mesma medida. A taxa de juros sobre dinheiro vivo, é claro, continuou zero. A taxa de juros de depósitos em contas-correntes rendendo juros permaneceu inalterada, em 0,06%. Comparando as duas colunas da Tabela 30.2, vemos que o custo de oportunidade de reter dinheiro caiu. As duas últimas linhas da Tabela 30.2 resumem essa comparação: mostram as diferenças entre as taxas de juros de letras do Tesouro e depósitos em conta-corrente e entre as taxas de juros de letras do Tesouro e dinheiro vivo.

Essas diferenças – o custo de oportunidade de guardar dinheiro em vez de aplicar em ativos que rendem juros – teve queda aguda entre março de 2019 e março de 2020. Isso reflete um resultado geral: *Quanto mais altas as taxas de juros de curto prazo, tanto maior o custo de oportunidade de guardar dinheiro; quanto mais baixas as taxas de juros de curto prazo, tanto menor o custo de oportunidade de guardar dinheiro.*

O fato de que a taxa de juros do mercado interbancário na Tabela 30.2 e a taxa de juros das letras do Tesouro de um mês caíram quase o mesmo não é acidental: todas as taxas de juros de curto prazo tendem a se mover juntas, com raras exceções. A razão é que os ativos de curto prazo estão de fato competindo pelos mesmos negócios. Qualquer ativo de curto prazo que ofereça taxas de juros abaixo da média será vendido pelos investidores, que movimentarão seus recursos para aplicarem em ativos de curto prazo com melhor rendimento. A venda de um ativo, por sua vez, empurra para cima sua taxa de juros, porque os investidores precisam ser compensados por uma taxa de juros mais alta, de modo a serem induzidos a comprar.

Por outro lado, os investidores moverão seus fundos para aplicarem em quaisquer ativos de curto prazo que ofereçam taxas de juros acima da média. A compra desses ativos pressiona a taxa de juros para baixo quando os vendedores acham que podem reduzir a taxa de retorno sobre o ativo e ainda assim encontrar compradores dispostos a investir. Assim, a taxa de juros dos ativos financeiros de curto prazo tende a ser a mesma, *grosso modo*, porque nenhum ativo poderá consistentemente oferecer taxas de juros mais altas ou mais baixas do que a média.

A Tabela 30.2 contém apenas taxas de juros de curto prazo. Em qualquer momento dado, as **taxas de juros de longo prazo** – taxas de juros sobre ativos financeiros com maturidade ou vencimento dentro de alguns anos no futuro – podem ser diferentes das taxas de juros de curto prazo. A diferença entre taxas de curto prazo e de longo prazo, algumas vezes, é importante do ponto de vista prático.

Taxas de juros de longo prazo são as taxas de juros sobre ativos financeiros resgatáveis dentro de alguns anos no futuro.

Além disso, são as taxas de juros de curto prazo que afetam a demanda por moeda, porque a decisão de reter dinheiro envolve um *trade-off* entre a conveniência de guardar dinheiro vivo e a vantagem de manter ativos cuja maturidade é de curto prazo, de um ano ou menos. Mas, por enquanto, convém ignorar a distinção entre taxas de curto prazo e de longo prazo e supor que exista uma única taxa de juros.

Curva de demanda de moeda

Dado que o nível geral das taxas de juros afeta o custo de oportunidade de reter moeda, a quantidade de dinheiro que indivíduos e empresas querem manter, tudo o mais mantido constante, tem relação negativa com a taxa de juros. Na Figura 30.1, o eixo horizontal mostra a quantidade demandada de moeda e o eixo vertical mostra a taxa de juros, *r*, que podemos imaginar como uma taxa de juros de curto prazo representativa, como a taxa de juros de CDBs de um mês. (Como vimos no Capítulo 25, essa é a taxa de juros nominal e não a taxa de juros real, que influencia as decisões de alocação de moeda das pessoas. Por conseguinte, *r* na Figura 30.1 e em todas as figuras subsequentes é a taxa de juros nominal.)

A **curva de demanda de moeda** mostra a relação entre a taxa de juros e a quantidade de moeda demandada.

A relação entre taxa de juros e quantidade de moeda demandada pelo público é ilustrada pela **curva de demanda de moeda**, *MD*, na Figura 30.1. A curva de demanda de moeda tem inclinação para baixo porque, tudo o mais mantido constante, uma taxa de juros mais alta aumenta o custo de oportunidade de reter moeda, levando o público a reduzir a quantidade de moeda que ele demanda. Por exemplo, se a taxa de juros é muito baixa, digamos 1%, os juros sacrificados por reter moeda são relativamente baixos. Em consequência, as pessoas tenderão a manter quantias relativamente grandes de moeda para evitar o custo e o incômodo de converter outros ativos em moeda ao fazerem compras.

Em contraste, se a taxa de juros é relativamente alta – digamos, 15%, nível que foi alcançado nos Estados Unidos no início dos anos 1980 –, o custo de oportunidade de reter moeda é alto e as pessoas reagirão mantendo apenas pequenas quantidades de dinheiro vivo e depósitos, convertendo fundos em moeda somente quando precisarem.

Alguém poderá perguntar por que traçamos a curva de demanda de moeda com a taxa de juros no eixo vertical, diferentemente das taxas de retorno sobre outros ativos, como ações e imóveis. A resposta é que, para a maioria das pessoas, a questão relevante ao decidir quanto dinheiro guardar é a de saber se devem aplicar os fundos na forma de outros ativos que possam ser transformados mais ou menos rapidamente em dinheiro. Muitas corretoras *on-line* oferecem negociações a custo zero. Ações não correspondem a essa definição, pois a conversão de ações em dinheiro leva um tempo considerável, implica taxas de corretagem significativas ou as duas coisas, e também porque o valor das ações flutua. Vender imóveis também não corresponde a essa definição, pois implica taxas ainda maiores e também pode exigir muito tempo. Assim, a comparação relevante é com os ativos que "estão perto" de serem moeda, ou seja, ativos bastante líquidos, como

Figura 30.1 Curva de demanda de moeda.

A curva de demanda de moeda ilustra a relação entre as taxas de juros e a quantidade de moeda demandada. Ela tem inclinação para baixo: uma taxa de juros mais alta leva a um custo de oportunidade mais alto de reter moeda e reduz a quantidade de moeda demandada. Por outro lado, uma taxa de juros mais baixa reduz o custo de oportunidade de reter moeda e aumenta a quantidade de moeda demandada.

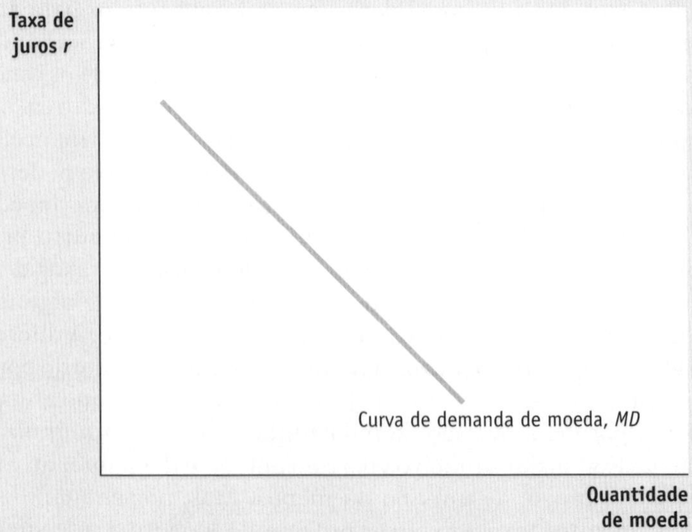

CDBs, que são menos líquidos que o dinheiro, porém mais líquidos que ações e imóveis. E, como já vimos, as taxas de juros de todos esses ativos normalmente movimentam-se em conjunto.

Deslocamentos na curva de demanda de moeda

Diversos fatores, diferentes da taxa de juros, afetam a demanda por moeda. Quando um desses fatores muda, a curva de demanda de moeda se desloca. A Figura 30.2 mostra deslocamentos da curva de demanda de moeda: um aumento na demanda de moeda corresponde a um deslocamento para a direita da curva *MD*, aumentando a quantidade de moeda em qualquer nível de taxa de juros; uma queda na demanda de moeda corresponde a um deslocamento para a esquerda da curva *MD*, reduzindo a quantidade de moeda demandada em qualquer nível da taxa de juros.

Os fatores mais importantes que causam deslocamentos são mudanças no nível de preços agregado, mudanças no PIB real, mudanças nos mercados de crédito e na tecnologia bancária e mudanças nas instituições.

Mudanças no nível de preços agregado. Os norte-americanos, hoje em dia, mantêm muito mais dinheiro na carteira e fundos em suas contas-correntes do que mantinham na década de 1950. Uma razão é que eles precisam fazer isso se quiserem comprar seja o que for: quase tudo custa mais hoje do que no tempo em que se podia comprar um hambúrguer com fritas e bebida no McDonald's por US$ 0,45 e um galão de gasolina por US$ 0,29. Assim, tudo o mais mantido constante, preços mais altos aumentam a demanda por dinheiro (deslocamento para a direita da curva *MD*), e preços mais baixos reduzem a demanda por moeda (deslocamento para a esquerda na curva *MD*).

Na verdade, podemos ser mais específicos que isso: tudo o mais mantido constante, a quantidade nominal de moeda demandada é *proporcional* ao nível de preços agregado. Isto é, se o nível de preços agregado aumenta 20%, a quantidade de moeda demandada a qualquer taxa de juros, como r_1 na Figura 30.2, também aumenta 20% – o movimento de M_1 para M_2. Por quê? Porque, se o preço de todas as coisas aumenta 20%, é preciso 20% mais moeda para comprar a mesma cesta de bens e serviços. E, se o nível de preços agregado cai 20%, a qualquer taxa de juros, a quantidade de moeda demandada cai 20%, como se mostra pelo movimento de M_1 para M_3 à taxa de juros r_1. Como veremos adiante, o fato de que a demanda de moeda é proporcional ao nível de preços tem implicações importantes para os efeitos de longo prazo da política monetária.

Figura 30.2 Aumento e diminuição da demanda de moeda.

A curva de demanda de moeda se desloca quando se alteram fatores diferentes da taxa de juros que afetam a demanda por moeda. Um aumento na demanda de moeda desloca a curva de demanda de moeda para a direita, de MD_1 para MD_2, e a quantidade demandada de moeda aumenta em qualquer nível de taxa de juros. Uma queda na demanda de moeda desloca a curva de demanda de moeda para a esquerda, de MD_1 para MD_3, e a quantidade demandada de moeda cai em qualquer nível de taxa de juros.

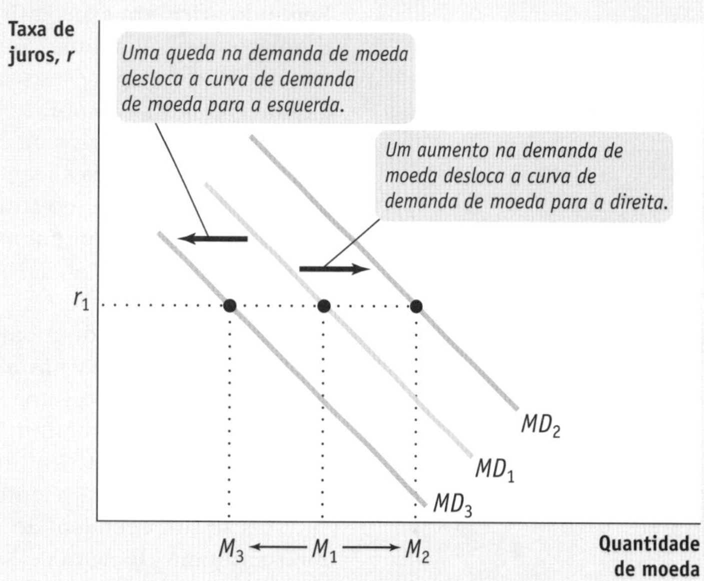

Mudanças no PIB real. Domicílios e empresas mantêm moeda como um modo de facilitar as compras de bens e serviços. Quanto maior a quantidade de bens e serviços que compram, tanto maior a quantidade de moeda que desejam manter a qualquer taxa de juros. Assim, um aumento no PIB real – a quantidade total de bens e serviços produzidos e vendidos em uma economia – desloca a curva de demanda de moeda para a direita. Uma queda no PIB real desloca a curva de demanda de moeda para a esquerda.

Mudanças nos mercados de crédito e na tecnologia bancária. Ainda nos anos 1960, quase todas as compras pequenas – lanches, mantimentos etc. – eram feitas com dinheiro, já que havia poucas alternativas. Desde então, no entanto, a necessidade de dinheiro no bolso foi bastante reduzida por uma série de inovações, como cartões de crédito, cartões de débito e aplicativos como o PayPal, que permitem que você pague com seu *smartphone* (veja o Caso Empresarial no final do capítulo para saber mais sobre sistemas de transferência de dinheiro como PayPal e Venmo). Caixas eletrônicos e serviços bancários *on-line* também facilitaram bastante a transferência de fundos entre contas, ficando menos necessário manter um excedente de fundos em conta-corrente para fazer pagamentos. Durante a pandemia de Covid-19, os consumidores preferiram pagamento sem contato e abandonaram o uso de dinheiro vivo em favor de plataformas digitais como PicPay, ApplePay ou Google Pay. Esse movimento tornou mais fácil para as pessoas fazerem compras e reduziu a demanda por dinheiro em espécie, deslocando a curva de demanda de moeda para a esquerda.

Mudanças nas instituições. Mudanças em instituições podem aumentar ou diminuir a demanda de moeda. Por exemplo, até que a Regulação Q fosse revogada nos anos 1980, os bancos nos Estados Unidos não tinham permissão para oferecer juros sobre fundos depositados em conta-corrente. Em consequência, os juros que se perdiam ao manterem-se fundos na conta em vez de aplicá-los em ativos que rendessem juros tornavam muito alto o custo de oportunidade de manter fundos em conta-corrente. Quando uma mudança na regulação bancária permitiu o pagamento de juros para depósitos em conta-corrente, a demanda de moeda aumentou e deslocou a curva de demanda de moeda para a direita.

ECONOMIA >> *em Ação*

Iene na mão

Segundo afirmam especialistas em finanças, o Japão ainda é uma "sociedade de dinheiro vivo". Visitantes que chegam de outros países ficam surpreendidos ao verem como os japoneses usam pouco os cartões de crédito e débito. É certo que eles fazem muitas compras com *smartphones*, mas ainda carregam grandes quantidades de dinheiro vivo na carteira. E, no entanto, o Japão é um dos países mais avançados econômica e tecnologicamente, sendo superior aos Estados Unidos em algumas áreas, como no transporte. Então, por que os cidadãos dessa economia poderosa ainda fazem compras da maneira como norte-americanos e europeus faziam uma geração atrás? A resposta ilumina os fatores que afetam a demanda de moeda.

Uma razão pela qual os japoneses usam tanto dinheiro vivo é que suas instituições nunca passaram a se apoiar pesadamente nos cartões de plástico. Por motivos complexos, o setor do varejo no Japão ainda é dominado por pequenas lojas familiares, que relutam em investir na tecnologia dos cartões de crédito, muito menos em aplicativos de *smartphone*, como meio de pagamento. Os bancos do Japão também atuaram lentamente para exigir tecnologia das transações; muitos turistas se surpreendem ao verificarem que os caixas eletrônicos fora das áreas metropolitanas fecham cedo, no fim da tarde, em vez de permanecerem abertos durante a noite inteira.

Mas existe outra razão pela qual os japoneses mantêm tanto dinheiro no bolso: é muito pequeno o custo de oportunidade de fazê-lo. As taxas de juro de curto prazo no Japão têm estado abaixo de 1% ao ano desde meados da década de 1990. Também ajuda o fato de que a taxa de criminalidade no Japão é bem baixa, de modo que é pouco provável que a sua carteira seja roubada. Então, por que não levar o dinheiro na carteira?

>> Teste seu entendimento 30.1

As respostas estão no fim do livro.

1. Explique como cada uma das situações a seguir afetaria a quantidade de moeda demandada. A mudança causa um movimento ao longo da curva de demanda de moeda ou um deslocamento da curva de demanda de moeda?
   a. A taxa de juros de curto prazo aumenta de 5% para 30%.
   b. Todos os preços caem 10%.
   c. Nova tecnologia "*just walk out*" cobra automaticamente dos cartões de crédito as compras no supermercado, eliminando a necessidade de passar pela caixa registradora.
   d. A fim de evitarem pagar por uma forte alta de impostos, os residentes de Lagúria mudaram seus ativos para contas em bancos estrangeiros. Essas contas são mais difíceis de serem detectadas pelas autoridades tributárias, mas também fica mais difícil sacar e converter fundos em moeda.
2. Em qual das situações a seguir aumentará o custo de oportunidade de manter dinheiro vivo? E em qual diminuirá? Explique.
   a. Para atrair novos clientes, a nova empresa de pagamento eletrônico PayBuddy anuncia que pagará juros de 0,5% sobre os saldos em dinheiro em uma conta do PayBuddy.
   b. Para atrair mais depósitos, os bancos aumentam os juros que pagam em CDBs com vencimento em seis meses.
   c. Em um esforço para aumentar as vendas no período de Natal, os comerciantes oferecem juro zero por um ano nas compras feitas com cartões de crédito da loja.

>> Revisão Rápida

- Moeda oferece uma taxa de retorno mais baixa que outros ativos financeiros. Normalmente, comparamos a taxa de retorno para moeda com **taxas de juros de curto prazo** e não de **longo prazo**.
- Guardar dinheiro oferece liquidez, mas tem um custo de oportunidade que aumenta com a taxa de juros, levando a uma inclinação para baixo da **curva de demanda de moeda**.
- Mudanças no nível de preços agregado, no PIB real, nos mercados de crédito, na tecnologia e nas instituições deslocam a curva de demanda de moeda. Um aumento na demanda de moeda desloca a curva de demanda de moeda para a direita; uma redução na demanda de moeda desloca a curva de demanda de moeda para a esquerda.

|| Moeda e taxa de juros

Iniciamos este capítulo citando um comunicado do Federal Reserve que anunciava uma redução na taxa de juros interbancária. Aprendemos o que é a taxa de juros do mercado interbancário no Capítulo 29: é a taxa pela qual os bancos emprestam reservas entre si para cumprir as reservas mínimas compulsórias. Como o comunicado informa, em cada uma de suas oito reuniões do ano, bem como em reuniões especiais nos intervalos, um grupo chamado Comitê Federal de Mercado Aberto (*Federal Open Market Committee* – FOMC), o comitê de mercado aberto dos Estados Unidos, estabelece uma meta para a taxa de juros do mercado interbancário. Depois, cabe aos funcionários do Fed conseguir alcançar essa meta. Isso é feito na Mesa de Mercado Aberto (*Open Market Desk*) do Banco do Federal Reserve de Nova York, que compra e vende a dívida do governo dos EUA de curto prazo, conhecida como letras do Tesouro, a fim de alcançar aquela meta.

Como já vimos, outras taxas de juros de curto prazo acompanham a taxa do mercado interbancário. Assim, quando o banco central norte-americano reduziu sua meta para a taxa do mercado interbancário em março de 2020, muitas outras taxas de juros de curto prazo caíram da mesma maneira.

Como o Fed opera para alcançar a *taxa de juros do mercado interbancário*? E, mais precisamente, como o Fed consegue em geral afetar as taxas de juros?

Taxa de juros de equilíbrio

Recorde que, para simplificar, supomos que exista uma só taxa de juros paga sobre ativos financeiros não monetários, tanto no curto quanto no longo prazo. Para entender como a taxa de juros é determinada, considere a Figura 30.3, que ilustra

De acordo com o **modelo da taxa de juros segundo a preferência por liquidez**, a taxa de juros é determinada por oferta e demanda de moeda.

A **curva de oferta de moeda** mostra como a quantidade de moeda nominal ofertada varia com a taxa de juros.

o **modelo da taxa de juros segundo a preferência por liquidez**; esse modelo diz que a taxa de juros é determinada pela oferta e pela demanda de moeda no mercado monetário. A Figura 30.3 combina a curva de demanda de moeda nominal, *MD*, com a **curva de oferta de moeda**, *MS*, que mostra como a quantidade de moeda nominal ofertada pelo Fed varia com a taxa de juros.

O Federal Reserve pode aumentar ou diminuir a oferta de moeda: normalmente, faz isso mediante *operações de mercado aberto*, comprando e vendendo letras do Tesouro, mas pode também emprestar via *guichê de redesconto* ou mudar o nível exigido de *reservas compulsórias*. Suponhamos, para simplificar, que o Fed escolha o nível de oferta de moeda que ele acredita que permita alcançar a meta da taxa de juros. Então, a curva de oferta de moeda é uma linha vertical, *MS* na Figura 30.3, com um intercepto horizontal correspondente à oferta de moeda escolhida pelo Fed, $\overline{M}$. O equilíbrio do mercado monetário está em *E*, onde *MS* e *MD* se cruzam. Nesse ponto, a quantidade de moeda demandada é igual à oferta de moeda $\overline{M}$, levando a uma taxa de juros de equilíbrio r_E.

Para entendermos por que r_E é a taxa de juros de equilíbrio, consideremos o que acontece quando o mercado monetário está em um ponto como *L*, em que a taxa de juros, r_L, está abaixo de r_E. Em r_L, o público quer reter a quantidade de moeda M_L, uma quantia maior que a oferta de moeda efetiva, $\overline{M}$. Isso significa que no ponto *L* o público quer transferir uma parte de sua riqueza para a forma monetária, retirando-a de ativos financeiros que rendem juros, como CDBs.

Isso tem duas implicações:

1. A quantidade de moeda demandada é *maior* que a quantidade de moeda ofertada.
2. A quantidade demandada de ativos financeiros não monetários que rendem juros é *menor* do que a quantidade ofertada.

Assim, quem estiver tentando vender ativos que rendem juros vai verificar que precisa oferecer uma taxa de juros mais alta para atrair compradores. Em consequência, a taxa de juros será pressionada para cima a partir de r_L, até que a quantidade de moeda que o público deseja reter se torne igual à quantidade de fato disponível, $\overline{M}$. Isto é, a taxa de juros vai subir até que seja r_E.

Consideremos agora o que acontece se o mercado monetário está no ponto *H* na Figura 30.3, onde a taxa de juros r_H está acima de r_E. Nesse caso, a quantidade de

Figura 30.3 Equilíbrio no mercado monetário.

A curva de oferta de moeda, *MS*, é vertical na oferta de moeda escolhida pelo Fed, $\overline{M}$. O mercado monetário está em equilíbrio à taxa de juros r_E; a quantidade de moeda demandada pelo público é igual a $\overline{M}$, a quantidade de moeda ofertada.

Em um ponto como *L*, a taxa de juros r_L está abaixo de r_E e a quantidade correspondente de moeda demandada, M_L, excede a oferta de moeda, $\overline{M}$. Na tentativa de transferir sua riqueza de ativos financeiros não monetários que rendem juros e aumentar a moeda mantida por eles, os investidores pressionam a taxa de juros para cima até r_E. Em um ponto como *H*, a taxa de juros r_H está acima de r_E e a quantidade correspondente de moeda demandada, M_H, é inferior à oferta de moeda, $\overline{M}$. Na tentativa de transferir sua riqueza mantida em moeda para ativos financeiros não monetários que rendem juros, os investidores pressionam a taxa de juros para baixo até r_E.

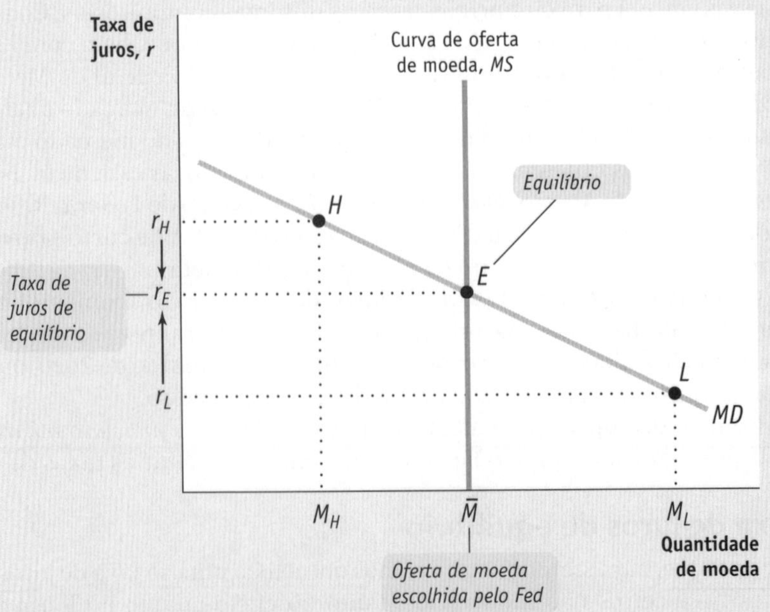

moeda demandada, M_H, é inferior à quantidade de moeda ofertada, $\overline{M}$. Por outro lado, a quantidade demandada de ativos financeiros não monetários rendendo juros é maior que a quantidade ofertada. Quem estiver tentando vender ativos financeiros que rendem juros vai verificar que pode oferecer uma taxa de juros menor e ainda assim encontrar compradores. Isso provoca queda na taxa de juros partindo de r_H. Ela vai cair até que o público queira reter a quantidade de moeda que está de fato disponível, $\overline{M}$. Mais uma vez, a taxa de juros vai acabar sendo r_E.

Dois modelos de taxas de juros?

O leitor pode ter notado que esta é a segunda vez que examinamos a determinação da taxa de juros. No Capítulo 25, estudamos o *modelo* de taxas de juros *dos fundos para empréstimo*; de acordo com aquele modelo, a taxa de juros é determinada pelo processo que iguala a oferta de fundos para emprestar com a demanda de fundos pelos tomadores de empréstimos no mercado de crédito. Mas, aqui, descrevemos um modelo que aparentemente é diferente, no qual a taxa de juros é determinada pela equalização da oferta e da demanda por moeda no mercado monetário. Qual desses modelos está correto?

A resposta é: ambos. No apêndice deste capítulo, explicamos como esses dois modelos são consistentes entre si. Por ora, vamos deixar de lado o modelo dos fundos para empréstimo e nos concentrar no modelo da taxa de juros segundo a preferência por liquidez. A percepção mais importante desse modelo é aquela que nos mostra como funciona a política monetária, isto é, as medidas tomadas pelo Federal Reserve e outros bancos centrais.

Política monetária e taxa de juros

Examinemos como o Fed pode usar mudanças na oferta monetária para mudar a taxa de juros. A Figura 30.4 mostra o que acontece quando o Fed aumenta a oferta de moeda de $\overline{M}_1$ para $\overline{M}_2$. A economia está originalmente em equilíbrio em E_1, com uma taxa de juros de equilíbrio de r_1 e a oferta monetária em $\overline{M}_1$. Um aumento na oferta de moeda pelo Fed para $\overline{M}_2$ desloca a curva de oferta de moeda para a direita, de MS_1 para MS_2, e gera uma queda na taxa de juros de equilíbrio para r_2. Por quê? Porque r_2 é a única taxa de juros pela qual o público dispõe-se a manter a quantidade de moeda de fato ofertada, $\overline{M}_2$.

Assim, um aumento na oferta de moeda pressiona a taxa de juros para baixo. De modo similar, uma redução na oferta de moeda pressiona a taxa de juros para

Figura 30.4 Efeito de um aumento na oferta de moeda sobre a taxa de juros.

O Federal Reserve pode baixar a taxa de juros aumentando a oferta de moeda. Aqui, a taxa de juros de equilíbrio cai de r_1 para r_2 em resposta a um aumento na oferta de moeda de $\overline{M}_1$ para $\overline{M}_2$. Para induzir as pessoas a manterem uma quantidade maior de moeda, a taxa de juros tem de cair de r_1 para r_2.

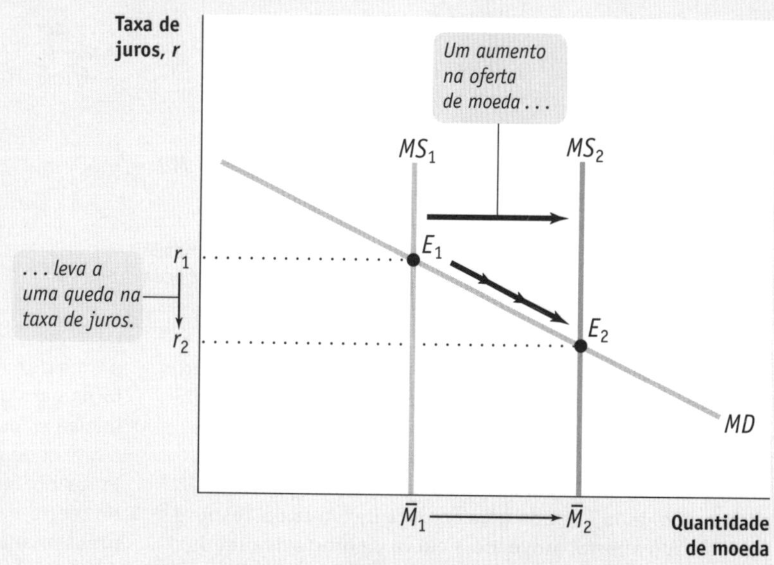

cima. Ajustando a oferta de moeda para baixo ou para cima, o Fed pode determinar a taxa de juros.

Meta para a taxa de juros do mercado interbancário é o nível desejado pelo Federal Reserve para a taxa do mercado interbancário.

Na prática, em cada uma de suas reuniões, o Comitê Federal de Mercado Aberto (FOMC) decide a taxa de juros que deve prevalecer nas próximas seis semanas, até a reunião seguinte. O Fed estabelece uma **meta para a taxa de juros do mercado interbancário**, o nível desejado para a taxa do mercado interbancário. Essa meta é então implementada pela Mesa de Mercado Aberto do Banco do Federal Reserve de Nova York – naquelas pequenas salas que mencionamos na história do início do capítulo –, que ajusta a oferta de moeda mediante compra e venda de letras do Tesouro até que a taxa de juros efetiva no mercado interbancário se iguale à meta de taxa de juros. Os outros instrumentos de política monetária – empréstimos via guichê de redesconto e determinação do nível de reservas compulsórias – não são usados de forma regular (embora o Fed tenha usado empréstimos do guichê de redesconto em seus esforços para enfrentar a crise financeira de 2008).

A Figura 30.5 mostra como isso funciona. Em ambos os painéis, a meta de taxa de juros do mercado interbancário é r_T. No painel (a), a curva de oferta de moeda inicial é MS_1 com uma oferta de moeda $\overline{M}_1$ e a taxa de juros de equilíbrio, r_1, está acima da meta de taxa de juros. A fim de baixar a taxa de juros para r_T, o Fed faz uma compra de letras do Tesouro no mercado aberto, que leva a um aumento na oferta monetária via multiplicador da moeda. Isso é ilustrado no painel (a) pelo deslocamento da curva de oferta de moeda para a direita, de MS_1 para MS_2, e por um aumento na oferta de moeda para $\overline{M}_2$. Isso pressiona a taxa de juros de equilíbrio para baixo até a meta, r_T.

O painel (b) mostra o caso oposto. De novo, a curva de oferta de moeda inicial é MS_1 com uma oferta de moeda $\overline{M}_1$. Mas, dessa vez, a taxa de juros de equilíbrio, r_1, está abaixo da meta da taxa de juros, r_T. Nesse caso, o Fed atuará no mercado aberto vendendo letras do Tesouro, provocando assim uma queda na oferta de

Figura 30.5 Determinação da taxa de juros do mercado interbancário.

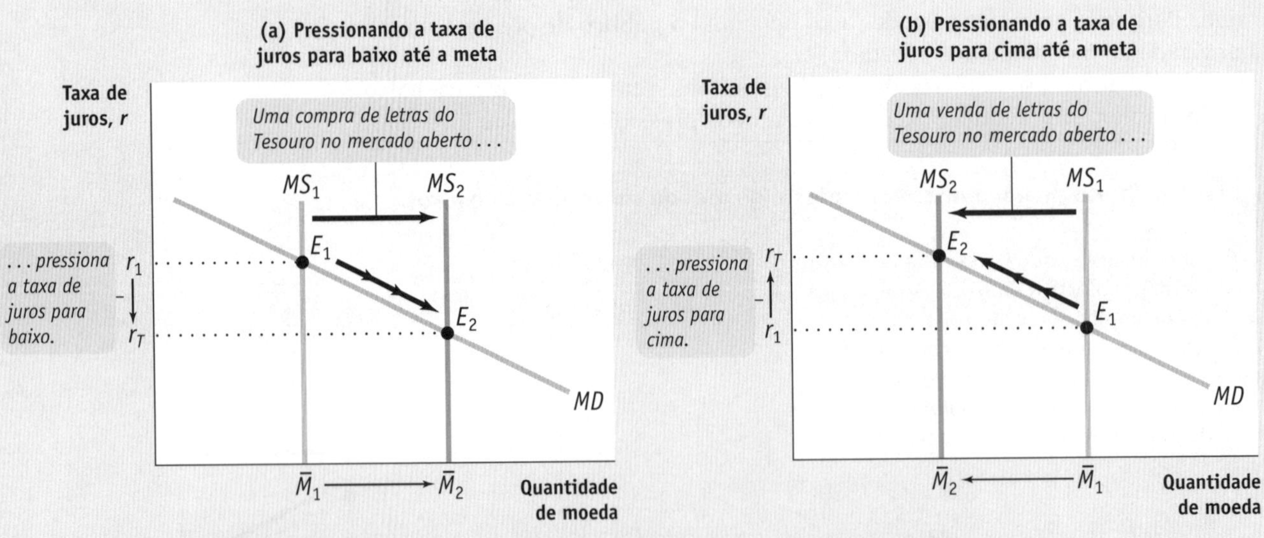

O Federal Reserve estabelece uma meta para a taxa de juros do mercado interbancário e usa operações de mercado aberto para chegar a essa meta. Em ambos os painéis, a taxa que corresponde à meta é r_T. No painel (a), a taxa de equilíbrio inicial, r_1, está acima da meta. O Fed aumenta a oferta de moeda fazendo uma compra de letras do Tesouro no mercado aberto, movendo a curva de oferta de moeda para a direita, de MS_1 para MS_2, e pressionando a taxa de juros para baixo até r_T. No painel (b), a taxa de equilíbrio inicial, r_1, está abaixo da meta de taxa de juros. O Fed reduz a oferta de moeda fazendo uma operação de venda de letras do Tesouro no mercado aberto, pressionando a curva de oferta de moeda para a esquerda, de MS_1 para MS_2, e pressionando a taxa de juros para cima até r_T.

moeda para $\overline{M}_2$ via multiplicador da moeda. A curva de oferta de moeda se desloca para a esquerda, de MS_1 para MS_2, pressionando a taxa de juros de equilíbrio para cima até a taxa de juros que é a meta para o mercado interbancário, r_T.

Taxas de juros de longo prazo

No início de 2015, as taxas de juros de curto prazo eram bastante semelhantes entre as economias ricas do mundo, porque estavam todas próximas de zero. Por exemplo, na Alemanha a taxa de juros de curto prazo era de 0,05%, enquanto nos Estados Unidos era de 0,15%. Mas as taxas de juros de longo prazo – taxas de títulos ou empréstimos com vencimento em vários anos – eram bem diferentes. A taxa de juros dos títulos do governo alemão de dez anos era 0,35%, mas a taxa correspondente para os Estados Unidos era 1,97%.

Por que essas taxas de longo prazo eram tão diferentes? Porque as taxas de longo prazo refletem a política monetária futura esperada, que por sua vez depende em grande parte do panorama econômico futuro.

Considere o caso de Min, que já decidiu colocar $ 10.000 em títulos do governo dos EUA nos próximos dois anos. No entanto, ela não decidiu se vai colocar o dinheiro em títulos de um ano, a uma taxa de juros de 4%, ou em títulos de dois anos, a uma taxa de juros de 5%. Se comprar o título de um ano, em um ano Min receberá os $ 10.000 que pagou pelo título (o *principal*) mais os juros ganhos. Se, em vez disso, comprar o título de dois anos, Min terá de esperar até o final do segundo ano para receber seu principal e os juros.

Você pode pensar que os títulos de dois anos são um negócio certamente melhor – mas podem não ser. Suponha que Min espere que a taxa de juros dos títulos de um ano suba acentuadamente no próximo ano. Se ela colocar seus fundos em títulos de um ano este ano, poderá reinvestir o dinheiro a uma taxa muito mais alta no próximo ano. E isso poderia dar a ela uma taxa de retorno de dois anos maior do que se ela colocasse seus fundos em títulos de dois anos hoje.

Por exemplo, se a taxa de juros dos títulos de um ano aumentar de 4% agora para 8% no próximo ano, ao colocar seus fundos em um título de um ano hoje e um ano depois colocar em outro título de um ano Min terá uma taxa anual de retorno média nos próximos dois anos de cerca de 6%, melhor do que a taxa de 5% dos títulos de dois anos.

As mesmas considerações se aplicam a todos os investidores que decidem entre títulos de curto e de longo prazo. Se esperam que as taxas de juros de curto prazo subam, os investidores podem comprar títulos de curto prazo, mesmo que os títulos de longo prazo comprados hoje ofereçam uma taxa de juros mais alta hoje. Se eles esperam que as taxas de juros de curto prazo caiam, podem comprar títulos de longo prazo, mesmo que os títulos de curto prazo comprados hoje ofereçam uma taxa de juros mais alta hoje.

Como o exemplo sugere, as taxas de juros de longo prazo refletem amplamente a expectativa média do mercado sobre o que acontecerá com as taxas de curto prazo no futuro. O que aconteceu em 2015 foi que os investidores esperavam que a economia dos EUA continuasse crescendo no futuro próximo, o que gerou a expectativa de que o Fed aumentasse as taxas de juros de curto prazo.

No entanto, a política monetária esperada não é a história completa: o risco também é um fator. Voltemos à decisão de Min: comprar títulos de um ou de dois anos. Suponha que haja alguma chance de ela precisar resgatar seu investimento depois de apenas um ano – digamos, para pagar uma conta médica de emergência. Se ela comprar títulos de dois anos, terá de vendê-los para fazer frente às despesas inesperadas. Mas que valor ela receberá por esses títulos? Depende do que aconteceu com as taxas de juros no restante da economia. Como já vimos, os preços dos títulos e as taxas de juros movem-se em direções opostas: se as taxas de juros sobem, os preços dos títulos caem e vice-versa.

ARMADILHAS

DEFINIÇÃO DA TAXA DE JUROS OU DA OFERTA DE MOEDA: OUTRA VISÃO, MAS A MESMA HISTÓRIA

Ao longo dos anos, o Fed modificou os detalhes de como implementa a política monetária. Em certo momento, no fim da década de 1970 e início dos anos 1980, ele definia uma meta para o nível da oferta monetária e alterava a base monetária para alcançar essa meta. Conforme esse procedimento operacional, a taxa de juros no mercado interbancário flutuava livremente. Hoje, o Fed faz o inverso, estabelecendo uma meta para a taxa de juros do mercado interbancário e permitindo que a oferta de moeda flutue enquanto busca aquela meta.

Um erro comum é imaginar que essas mudanças na maneira como o Fed opera alteram a maneira como o mercado monetário funciona. Isto é, às vezes ouve-se dizer que a taxa de juros não mais reflete a oferta e a demanda de moeda porque o Fed fixa a taxa de juros.

Na verdade, o mercado monetário funciona do mesmo modo de sempre: a taxa de juros é determinada por oferta e demanda de moeda. A única diferença é que agora o Fed ajusta a oferta de moeda para alcançar sua meta de taxa de juros. É importante não confundir uma mudança nos procedimentos operacionais do Fed com uma mudança na maneira como funciona a economia.

Isso significa que Min terá um risco extra se comprar títulos de dois anos em vez de um ano, porque, se daqui a um ano os preços dos títulos caírem e ela precisar vendê-los para levantar dinheiro, terá prejuízo com os títulos. Por causa desse fator de risco, as taxas de juros de longo prazo são, em média, maiores do que as taxas de curto prazo, a fim de compensar os compradores de títulos de longo prazo pelo risco maior que enfrentam (embora essa relação seja revertida quando as taxas de curto prazo são excepcionalmente altas).

Como veremos, o fato de que as taxas de longo prazo não se movem necessariamente junto com as taxas de curto prazo às vezes é uma consideração importante para a política monetária.

ECONOMIA >> *em Ação*

O Fed muda de rumo

Começamos este capítulo com o anúncio feito pelo Fed, em março de 2020, de que estava reduzindo sua meta da taxa de juros. No entanto, pelos padrões históricos, a meta da taxa de juros já estava muito baixa até mesmo antes desse corte. Como mostra a Figura 30.6, no início de 2007, antes da crise financeira, a meta da taxa era de 5,25%. Mas quando a crise financeira chegou, em 2008, o Fed cortou drasticamente as taxas, em um esforço para combater a Grande Recessão, e as manteve próximas de zero por sete anos.

Mas por que o Fed manteve as taxas tão baixas? Porque uma severa recessão seguida por uma recuperação lenta manteve o desemprego – também mostrado na figura – muito alto, enquanto a inflação permanecia baixa, durante um longo tempo. Com efeito, o Fed acreditava que precisava manter os esforços no sentido da recuperação da economia.

Ao final de 2015, no entanto, a economia nitidamente havia melhorado, sobretudo com o desemprego caindo aproximadamente ao nível anterior à crise. Em dezembro de 2015, o Federal Open Market Committee começou a retroceder em direção a uma política monetária historicamente normal, antes de reverter o curso em 2019. Mas "avançar" é a palavra: mesmo em seu pico de 2019, a taxa de juros interbancária ainda estava bem abaixo do que tinha sido em 2007.

Por que o Fed se movia tão devagar? Por um lado, embora a economia tivesse claramente se recuperado do pior da Grande Recessão, dificilmente estava experimentando um *boom* inflacionário. Na verdade, a medida de inflação preferida do Fed ainda se mantinha um pouco abaixo de sua meta.

Além disso, diversos economistas temiam que as mudanças no ambiente econômico, em particular o envelhecimento da população e a desaceleração do crescimento da produtividade, significassem que a manutenção do pleno emprego exigiria manter as taxas de juros mais ou menos permanentemente baixas pelos padrões históricos. Os investidores pareciam concordar: de fato, depois de subir por pouco tempo, no início de 2020 – isto é, antes dos efeitos da Covid-19 –, as taxas de juros de longo prazo eram de cerca de 1,50% apenas, o que implicava que, em um futuro previsível, os investidores não esperavam que o Fed retornasse ao tipo de taxas de juros que costumava visar.

Figura 30.6 O Fed muda de rumo.

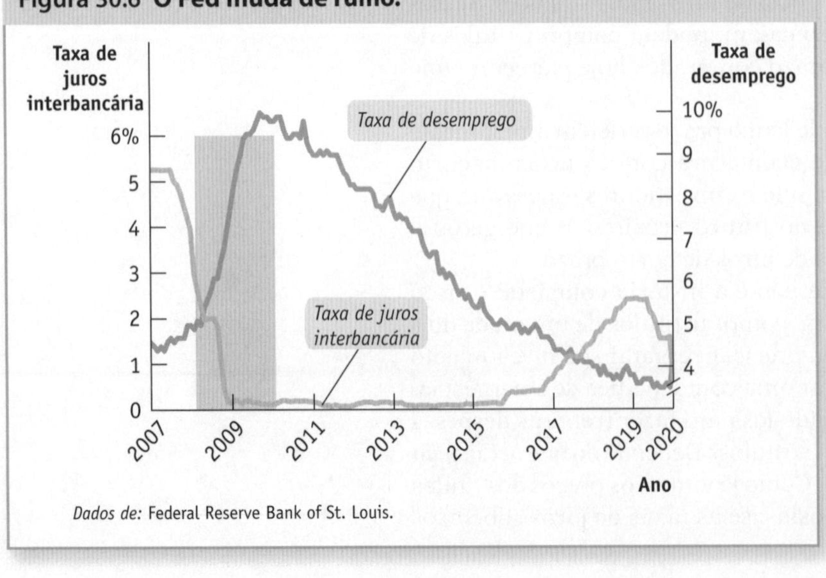

Dados de: Federal Reserve Bank of St. Louis.

>> ***Teste seu entendimento*** **30.2**

As respostas estão no fim do livro.

1. Suponha que haja um aumento na demanda por moeda para qualquer taxa de juros. Usando um gráfico, mostre que efeito isso terá sobre a taxa de juros de equilíbrio para dada oferta de moeda.
2. Suponha agora que o Fed adote uma política de metas para a taxa de juros do mercado interbancário. O que o Fed fará, em uma situação como a descrita na Questão 1, a fim de manter sem alteração a taxa de juros do mercado interbancário? Ilustre com um gráfico.
3. Malia tem de decidir entre comprar hoje um título de um ano e daqui a um ano comprar mais um título de um ano, ou então comprar hoje um título de dois anos. Em qual dos cenários a seguir a primeira opção é a mais vantajosa? E em qual a segunda oferece maior vantagem?
   a. Este ano, a taxa de juros do título de um ano é 4%; no próximo ano será 10%. A taxa de juros de um título de dois anos é 5%.
   b. Este ano, a taxa de juros do título de um ano é 4%; no próximo ano será 1%. A taxa de juros de um título de dois anos é 3%.

>> ***Revisão Rápida***

- De acordo com o **modelo da taxa de juros segundo a preferência por liquidez**, a taxa de juros de equilíbrio é determinada pela curva de demanda de moeda e pela **curva de oferta de moeda**.
- O Federal Reserve pode alterar a taxa de juros mediante operações de mercado aberto, que deslocam a curva de oferta de moeda. Na prática, o Fed estabelece uma **taxa de juros do mercado interbancário** e usa operações de mercado aberto para alcançar essa meta.
- Taxas de juros de longo prazo refletem as expectativas sobre o que vai acontecer no futuro com as taxas de juros de curto prazo. Em virtude do risco, as taxas de juros de longo prazo tendem a ser mais altas que as taxas de curto prazo.

Política monetária e demanda agregada

Vimos no Capítulo 28 como a política fiscal pode ser usada para estabilizar a economia. Agora, veremos como a política monetária, que definimos anteriormente como as mudanças na oferta de moeda, e a taxa de juros podem juntas desempenhar o mesmo papel.

Políticas Monetárias Expansionista e Contracionista

No Capítulo 27, dissemos que a política monetária desloca a curva de demanda agregada. Podemos agora explicar como isso funciona: por meio do efeito da política monetária sobre a taxa de juros.

A Figura 30.7 ilustra o processo. Primeiro, suponhamos que o Federal Reserve queira reduzir a taxa de juros, de modo que expande a oferta de moeda. Como podemos ver na parte superior da figura, uma taxa de juros mais baixa levará, tudo o mais mantido constante, a um aumento nos gastos de investimento, provocando, em consequência, uma elevação no consumo pelo processo do multiplicador, e a um aumento na demanda do produto agregado. No fim, a quantidade total de bens e serviços demandada em qualquer nível de preços agregado aumenta quando a quantidade de moeda aumenta, e a curva *AD* se desloca para a direita. Uma política monetária que aumenta a demanda por bens e serviços é conhecida como **política monetária expansionista**. (Também costuma ser chamada de *política monetária frouxa*.)

Política monetária expansionista é a política monetária que aumenta a demanda agregada.

Suponha, por outro lado, que o Federal Reserve queira aumentar as taxas de juros e então contraia a oferta de moeda. Esse processo é ilustrado na parte inferior do diagrama. A contração da oferta de moeda leva a uma taxa de juros mais alta. A taxa de juros mais alta ocasiona gastos de investimento menores, em seguida gastos de consumo mais baixos e então uma diminuição da demanda do produto agregado. Assim, a quantidade total de bens e serviços demandados cai quando se reduz a oferta de moeda, e a curva *AD* se desloca para a esquerda. Uma política monetária que reduz a demanda por bens e serviços é denominada **política monetária contracionista**. (Ela também costuma ser chamada de *política monetária apertada*.)

Política monetária contracionista é a política monetária que diminui a demanda agregada.

Política monetária na prática

Como o Fed decide se deve usar política monetária expansionista ou contracionista? E como ele decide quanto é necessário? Conforme aprendemos, os responsáveis pela política econômica tentam combater recessões, bem como garantir *estabilidade de*

Figura 30.7 Políticas monetárias expansionista e contracionista.

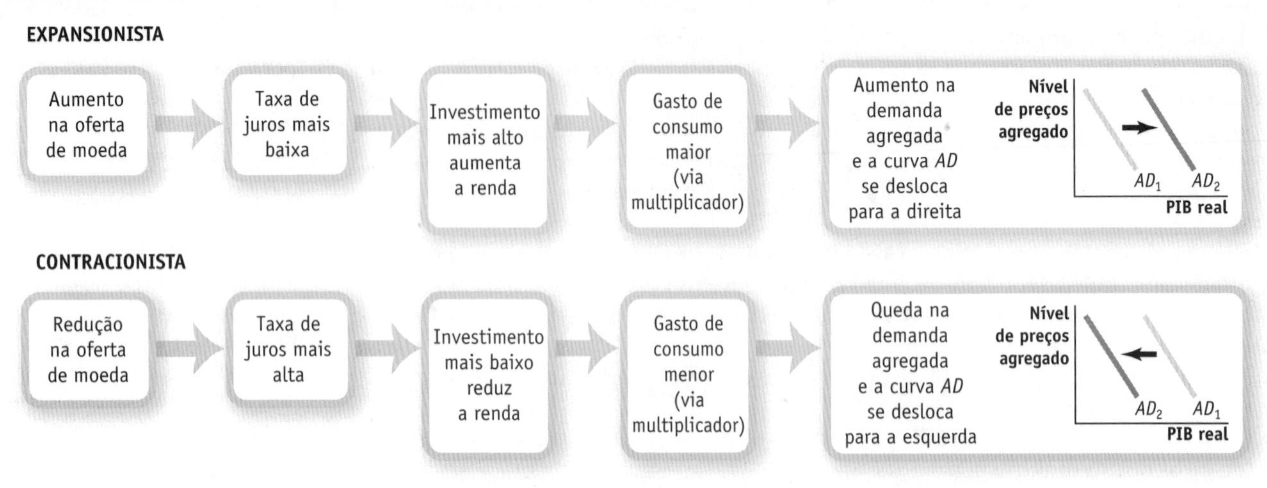

A parte de cima mostra o que acontece quando o Fed adota uma política monetária expansionista e aumenta a oferta de moeda. A taxa de juros cai, gerando gastos de investimento maiores, o que aumenta a renda, o que, por sua vez, aumenta os gastos de consumo e desloca a curva *AD* para a direita. A parte de baixo mostra o que acontece quando o Fed adota uma política monetária contracionista e reduz a oferta de moeda. A taxa de juros sobe, motivando gastos de investimento mais baixos, o que diminui a renda. Isto reduz os gastos de consumo e desloca a curva *AD* para a esquerda.

preços: inflação baixa (mas normalmente sem chegar a zero). A política monetária efetiva reflete uma combinação desses dois objetivos.

Em geral, o Fed e outros bancos centrais tendem a aplicar uma política monetária expansionista quando o PIB real efetivo está abaixo do produto potencial. O painel (a) da Figura 30.8 mostra o hiato de produto nos Estados Unidos (que definimos no Capítulo 27 como a diferença percentual entre o PIB real efetivo e o produto potencial) *versus* a taxa de juros do mercado interbancário, desde 1985. (Recorde que o hiato de produto é positivo quando o PIB real efetivo excede o produto potencial). Como se vê, o Fed tende a aumentar a taxa de juros quando o hiato de produto está subindo (quando a economia está desenvolvendo um hiato inflacionário) e tende a reduzir a taxa quando o hiato de produto está caindo. (Exceção é o período de 2009 a 2016 e, novamente, 2020, quando a taxa de juros do mercado interbancário ficou parada perto de zero, um fenômeno chamado *limite inferior zero nas taxas de juros*.)

A grande exceção ocorreu no fim da década de 1990, quando o Fed deixou as taxas constantes por vários anos, mesmo quando a economia desenvolveu um hiato de produto positivo (que foi acompanhado de uma taxa de desemprego baixa). Uma razão pela qual o Fed estava disposto a manter a taxa de juros baixa no fim dos anos 1990 é que a inflação era baixa.

O painel (b) da Figura 30.8 compara a taxa de inflação (medida como a mudança nos preços ao consumidor exceto alimentos e energia) com a taxa de juros do mercado interbancário. Pode-se ver como a inflação baixa em meados dos anos 1990, início dos anos 2000 e final dos anos 2000 contribuiu para uma política monetária frouxa, tanto no fim da década de 1990 quanto em 2002-2003 e, de novo, a partir de 2008.

Método da regra de Taylor na formulação da política monetária

Em 1993, John Taylor, economista da Universidade Stanford, sugeriu que a política monetária deveria seguir uma regra simples que levasse em conta preocupações

Figura 30.8 Analisando a política monetária pelos hiatos de produto e de inflação.

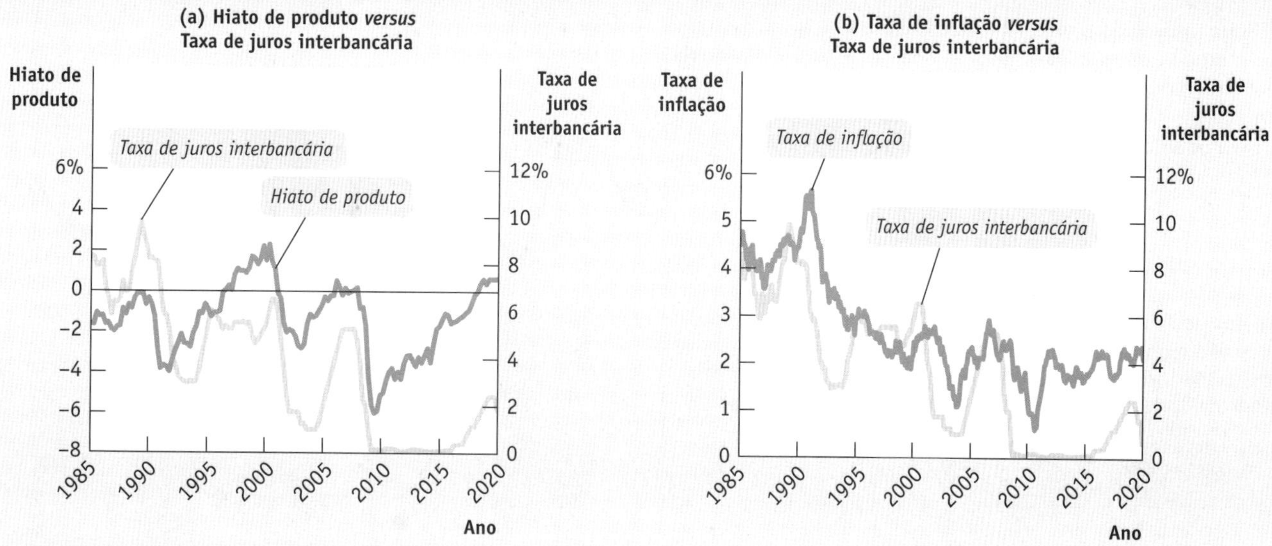

O painel (a) mostra que a taxa de juros interbancária geralmente aumenta quando o hiato de produto está subindo, e diminui quando o hiato de produto está caindo. O painel (b) ilustra que a taxa dos juros interbancária tende a ser elevada quando a inflação está alta, e baixa quando a inflação está baixa.
Dados de: Federal Reserve Bank of St. Louis.

com o ciclo econômico e com a inflação. Ele sugeriu também que, de fato, a política monetária frequentemente sugeria que o Fed estava mais ou menos seguindo a regra proposta. A **regra de Taylor para a política monetária** é uma regra para fixar a taxa de juros que leva em conta tanto a taxa de inflação quanto o hiato de produto ou, em alguns casos, a taxa de desemprego.

Regra de Taylor para a política monetária é uma regra para fixar a taxa de juros do mercado interbancário de acordo com o nível da taxa de inflação e o hiato de produto ou a taxa de desemprego.

Um exemplo muito citado de regra de Taylor é a relação entre a política do Fed, a inflação e o desemprego, estimada pelos economistas do Federal Reserve em São Francisco. Esses economistas verificaram que, entre 1988 e 2008, o comportamento do Fed era representado resumidamente pela seguinte regra de Taylor:

$$\text{Taxa de juros do mercado interbancário} = 2{,}07 + 1{,}28 \times \text{taxa de inflação} - 1{,}95 \times \text{hiato de desemprego}$$

em que a taxa de inflação era medida pela mudança nos preços ao consumidor (excluindo alimentos e energia) em relação ao ano anterior, e o hiato de desemprego era a diferença entre a taxa de desemprego efetiva e a estimativa da taxa natural de desemprego do escritório de orçamento do Congresso.

A Figura 30.9 compara a taxa de juros interbancária prevista por essa regra de Taylor com a taxa de juros interbancária que de fato prevaleceu de 1985 até 2020. Como se vê, as decisões do Fed estiveram bastante próximas dessa especificação da regra de Taylor de 1985 até o fim de 2008. Já veremos o que aconteceu depois de 2008.

Metas de inflação

Até janeiro de 2012, o Fed não tinha compromisso explícito de alcançar uma taxa de inflação específica. Contudo, em janeiro de 2012, o Fed anunciou que teria a política de manter uma taxa de inflação de aproximadamente 2% ao ano. Com esse comunicado, o Fed se juntou a uma série de bancos centrais que têm metas de inflação explícitas. Assim, em vez de usar uma regra de Taylor para fixar a política monetária, eles anunciam a taxa de inflação que querem alcançar – a *meta de inflação* – e estabelecem as políticas para tentar atingir essa meta. Esse método de

Figura 30.9 Regra de Taylor e taxa de juros do mercado interbancário.

A linha mais escura mostra a taxa de juros do mercado interbancário prevista na versão da regra de Taylor do Fed de San Francisco, que relaciona a taxa de juros com a taxa de inflação e a taxa de desemprego. A linha mais clara mostra a taxa efetiva do mercado interbancário. Até 2008, a taxa efetiva acompanhava de maneira bastante aproximada a taxa prevista pela regra de Taylor. Depois disso, no entanto, a regra de Taylor pediria taxas de juros negativas, o que não é possível.

Dados de: Bureau of Labor Statistics; Congressional Budget Office; Federal Reserve Bank of St. Louis; Glenn D. Rudebusch, "The Fed's Monetary Policy Response to the Current Crisis," FRBSF Economic Letter #2009-17 (May 22, 2009).

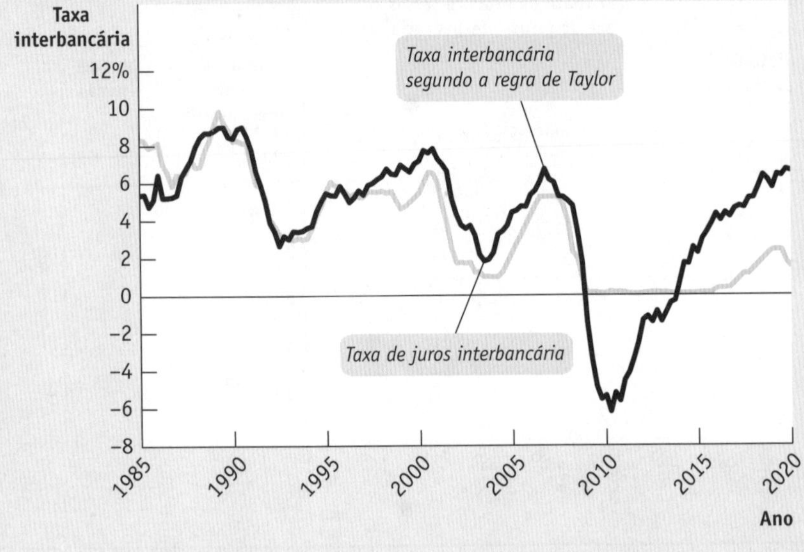

Metas de inflação ocorrem quando o banco central define uma meta explícita para a taxa de inflação e estabelece a política monetária para atingir essa meta.

estabelecer política monetária, chamado de **metas de inflação**, envolve o anúncio do banco central sobre a taxa de inflação que está tentando alcançar e o uso dessa política em um esforço de atingir seu alvo. O Banco Central da Nova Zelândia, primeiro a adotar metas de inflação, especifica para a meta uma margem entre 1 e 3%.

Outros bancos centrais se comprometem a atingir um número específico. Por exemplo, o Banco Central da Inglaterra tem compromisso de manter a taxa de inflação em 2%. Na prática, não parece haver muita diferença entre essas versões: os bancos centrais cuja meta é um intervalo predeterminado costumam buscar o centro desse intervalo, e os que têm uma meta fixa costumam permitir-se algum espaço para oscilar em torno da meta.

Uma diferença importante entre as metas de inflação e a regra de Taylor é que as metas de inflação olham para diante em vez de olhar para trás. Isto é, o método da regra de Taylor ajusta a política monetária em resposta à inflação *passada*, enquanto as metas de inflação se baseiam na previsão da inflação futura.

Defensores das metas de inflação argumentam que elas apresentam duas vantagens em relação à regra de Taylor: *transparência* e *prestação de contas*. Primeiro, a incerteza econômica se reduz porque o plano do banco central é transparente: o público conhece o objetivo de um banco central com meta de inflação. Segundo, o sucesso do banco central pode ser julgado pela verificação de quanto a taxa de inflação efetiva correspondeu à meta, tornando os banqueiros centrais sujeitos a uma prestação de contas de seu trabalho.

Críticos das metas de inflação alegam que elas são excessivamente restritivas, porque há épocas em que outras preocupações – como a estabilidade do sistema financeiro – devem ter mais prioridade do que alcançar determinada taxa de inflação. De fato, a partir do final de 2013 a taxa da regra de Taylor e a taxa do mercado interbancário divergiram significativamente, pois o Fed manteve a taxa de juros próxima de zero enquanto a taxa da regra de Taylor despencou. As ações do Fed foram motivadas pelo temor de que um aumento na taxa de juros poderia levar a economia persistentemente fraca de volta à turbulência e à recessão.

Muitos macroeconomistas norte-americanos fizeram afirmações positivas sobre a política de metas de inflação, inclusive Ben Bernanke, presidente do Fed de 2006 até início de 2014. E em janeiro de 2012 o Fed declarou que o que entendia como "estabilidade de preços" almejada era uma inflação de 2%, embora não houvesse um compromisso explícito sobre quando essa taxa de inflação seria atingida.

COMPARAÇÃO GLOBAL METAS DE INFLAÇÃO

A figura mostra as metas para taxas de inflação de seis bancos centrais que adotam uma política de metas de inflação. O banco central da Nova Zelândia introduziu o sistema de metas de inflação em 1990 e tem hoje uma meta entre 1 e 3%. Os bancos centrais do Canadá, da Suécia e da Noruega têm o mesmo intervalo de metas mas, além disso, especificam 2% como a meta precisa. O Banco da Inglaterra, banco central da Grã-Bretanha, especifica uma meta de inflação de 2%. Desde 2012, o Federal Reserve dos EUA também tem meta de 2%.

Na prática, essas diferenças de detalhe não parecem levar a qualquer diferença significativa nos resultados. A Nova Zelândia busca atingir o centro do seu intervalo de metas em 2%; a Grã-Bretanha, a Noruega e os Estados Unidos permitem-se alguma flexibilidade para oscilar em torno de suas metas de inflação.

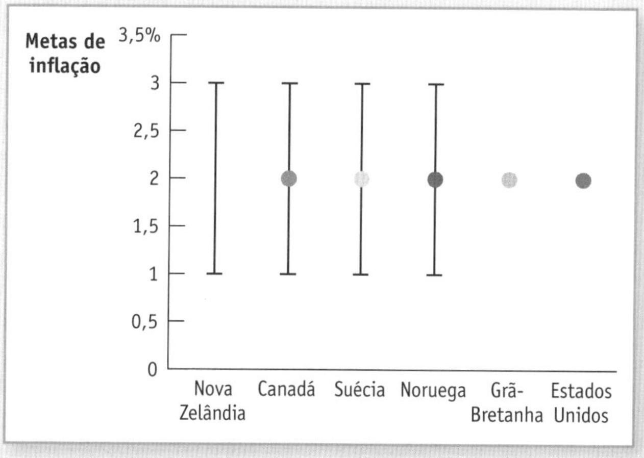

Dados de: IMF, Reserve Bank of New Zealand, Bank of Canada, Riksbank, Bank of England, Norges Bank, and Federal Reserve System.

O problema do limite inferior zero

A Figura 30.9 mostra que uma regra de Taylor baseada na inflação e na taxa de desemprego funcionou razoavelmente para prever a política do Fed de 1985 a 2008. Depois disso, no entanto, as coisas desandam, e por uma razão simples: com desemprego muito alto e inflação baixa, a regra de Taylor pedia juros inferiores a zero, o que não é possível.

Taxas de juros negativas são problemáticas, porque as pessoas sempre têm a alternativa de manter dinheiro vivo, que oferece taxa de juros zero. Por que, então, alguém compraria um título com taxa de juros menor que zero?

Até 2014, a maioria dos economistas acreditava que era praticamente impossível as taxas de juros caírem abaixo de zero. Naquele ano, porém, o banco central da Suíça fez o que antes era impensável, fixando taxas um pouco abaixo de zero. Acontece que, mesmo com uma taxa de juros ligeiramente negativa, há limites para a quantidade de dinheiro que o público admite reter, porque armazenar dinheiro é caro: você precisa de cofres protegidos contra perdas devidas tanto a roubo em potencial quanto a ameaças como ratos devoradores de cédulas. (Sim, o controle de roedores acaba tendo um papel importante na política monetária.) Em 2016, o equivalente suíço da taxa de juros interbancária era –0,75%, e tanto o Banco Central Europeu quanto o Banco do Japão também tinham taxas ligeiramente negativas. (A situação do Japão, à qual os economistas se referem como ir *contra o limite inferior zero*, é abordada no Capítulo 31.)

Portanto, o limite inferior zero não é um limite absoluto. Ainda assim, nenhum banco central tentou empurrar as taxas significativamente abaixo de zero, digamos para –3% ou –6%, que é o que a regra de Taylor sugeriu para os Estados Unidos em 2009 e 2010. Isso é explicado em parte porque taxas tão baixas motivariam acúmulo de dinheiro. Além disso, acredita-se que taxas de juros negativas causam grandes problemas ao sistema bancário, com efeitos adversos na economia como um todo. Esse conjunto de circunstâncias leva ao que é chamado de **limite inferior zero para taxas de juros** (*zero lower bound for interest rates*): as taxas de juros não podem cair muito abaixo de zero sem causar problemas significativos.

Limite inferior zero para taxas de juros (*zero lower bound for interest rates*) significa que as taxas de juros não podem ficar muito abaixo de zero sem causar problemas significativos.

Como resultado, o Fed nunca esteve disposto a levar as taxas para menos que zero. Isso, por sua vez, significa que quando a inflação está baixa e a economia opera muito abaixo do potencial, a política monetária normal – compras no mercado aberto de dívida pública de curto prazo para expandir a oferta de moeda – fica sem espaço para operar, porque as taxas de juros de curto prazo já estão em zero ou perto disso. Os economistas referem-se a essa situação como *ir contra o limite inferior zero*.

Em novembro de 2010, o Fed iniciou uma tentativa de contornar o problema causado por sua incapacidade de reduzir ainda mais as taxas de juros, apesar da fraqueza econômica. Essa tentativa recebeu o nome um tanto obscuro de *flexibilização quantitativa*. Em vez de comprar apenas dívida do governo de curto prazo, começou a comprar dívida do governo de longo prazo – títulos de cinco ou seis anos, em vez de letras do Tesouro de três meses. E, como sabemos, as taxas de juros de longo prazo não seguem exatamente as taxas de curto prazo. Na época em que o Fed começou esse programa, as taxas de curto prazo eram próximas de zero, mas as taxas dos títulos de longo prazo estavam entre 2 e 3%. O Fed esperava que as compras diretas desses títulos de longo prazo reduzissem as taxas de juros sobre a dívida de longo prazo, resultando em um efeito expansionista sobre a economia.

Mais tarde, o Fed expandiu ainda mais o programa, comprando também títulos lastreados em hipotecas, que normalmente oferecem taxas um pouco mais altas do que a dívida do governo dos EUA. Também aqui se esperava que essas taxas pudessem ser reduzidas, com efeito expansionista sobre a economia. Tal como acontece com as operações normais de mercado aberto, a flexibilização quantitativa foi realizada pelo Federal Reserve Bank de Nova York.

Foi uma política eficaz? O Federal Reserve acredita que ajudou a economia. No entanto, o ritmo de recuperação permaneceu decepcionantemente lento. A partir de 2016, o Fed começou a aumentar aos poucos as taxas em valor menor do que uma regra de Taylor teria previsto, refletindo o ritmo lento da recuperação. Em 2019 ele reverteu o curso, antes mesmo da pandemia de Covid-19 fazer a economia cambalear.

ECONOMIA >> *em Ação*

O Fed consegue o que quer

Qual é a evidência de que o Fed de fato consegue uma contração ou uma expansão econômica? Talvez você pense que encontrar essa evidência seja apenas uma questão de olhar o que está acontecendo com a economia quando as taxas de juros sobem ou descem. Acontece que essa abordagem tem um grande problema: normalmente, o Fed muda a taxa de juros na tentativa de atenuar o ciclo econômico, aumentando a taxa quando a economia está expandindo e diminuindo-a quando a economia desacelera. Dessa forma, nos dados concretos, muitas vezes parece que taxas de juros baixas acompanham uma economia fraca e taxas de juros altas acompanham uma economia forte.

Em um famoso trabalho intitulado "Does Monetary Policy Matter?" (Política monetária é importante?), os macroeconomistas Christina Romer e David Romer solucionaram esse problema focando episódios em que a política monetária não era uma reação ao ciclo econômico. Mais especificamente, eles pegaram as atas do FOMC, o Comitê de Mercado Aberto do Fed, e outras fontes para identificar episódios "em que o Federal Reserve de fato tentou criar uma recessão para reduzir a inflação". Como examinaremos no Capítulo 31, em vez de ser apenas um instrumento de estabilização macroeconômica, a política monetária às vezes é usada para eliminar a *inflação embutida* – aquela que as pessoas acreditam que persistirá no futuro. Nesse caso, o Fed precisa criar um hiato de recessão, como que para expulsar da economia a inflação embutida, e não apenas eliminar um hiato inflacionário.

Figura 30.10 Quando o Fed quer recessão.

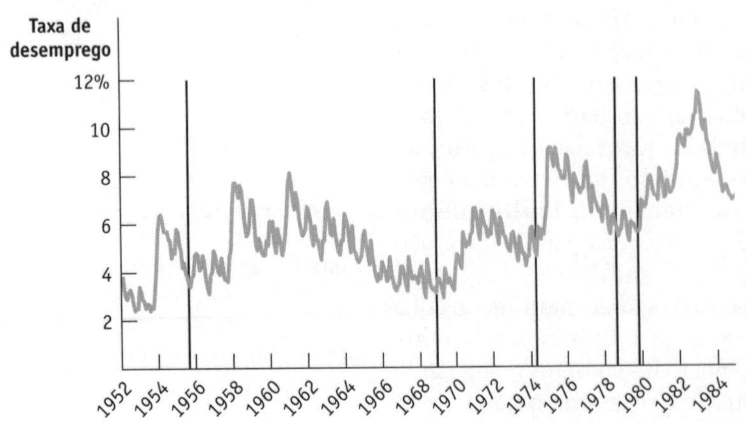

Dados de: Bureau of Labor Statistics; Christina D. Romer and David H. Romer, "Monetary Policy Matters," *Journal of Monetary Economics* 34 (August 1994): 75–88.

A Figura 30.10 mostra a taxa de desemprego nos EUA entre 1952 e 1984 e identifica cinco datas em que, de acordo com Romer e Romer, o Fed decidiu que queria uma recessão (linhas verticais). Em quatro dos cinco casos, a decisão de contrair a economia foi seguida, depois de breve defasagem, por aumento na taxa de desemprego. Em média, Romer e Romer verificaram que a taxa de desemprego aumenta dois pontos percentuais depois que o Fed decide que a taxa de desemprego tem de aumentar.

Ou seja, o Fed consegue o que quer.

>> Revisão Rápida

- O Federal Reserve pode usar **política monetária expansionista** para aumentar a demanda agregada e **política monetária contracionista** para reduzir a demanda agregada. O Fed e outros bancos centrais geralmente procuram atenuar o ciclo econômico enquanto mantêm a taxa de inflação baixa, porém positiva.
- A **regra de Taylor para a política monetária** diz que a taxa de juros do mercado interbancário deve aumentar quando há inflação alta e ocorre um hiato de produto positivo ou desemprego muito baixo; ela deve diminuir quando há inflação baixa ou negativa e quando ocorre um hiato de produto negativo ou alta taxa de desemprego.
- Em contraste, alguns bancos centrais determinam a política monetária por meio de **metas de inflação**, uma regra de política monetária que olha para diante, em vez de usarem a regra de Taylor, que é uma regra de política monetária que olha para trás. Embora a política das metas de inflação tenha a vantagem da transparência e da obrigatoriedade da prestação de contas, alguns a consideram por demais restritiva. Até 2008, o Fed seguiu uma regra de Taylor frouxamente definida. Desde o início de 2012, passou a ter meta de inflação de 2%.
- Existe um **limite inferior zero para taxas de juros** – elas não podem ser inferiores a zero – que limita a eficácia da política monetária.
- Em virtude de sofrer defasagem menor que a política fiscal, a política monetária é o principal instrumento de estabilização macroeconômica.

>> *Teste seu entendimento* 30.3

As respostas estão no fim do livro.

1. Suponha que a economia esteja atualmente sofrendo um hiato de produto e que o Fed use política monetária expansionista para fechar essa defasagem. Descreva o efeito de curto prazo dessa política no que se segue:
   - **a.** Curva de oferta de moeda
   - **b.** Taxa de juros de equilíbrio
   - **c.** Gasto de investimento
   - **d.** Gasto de consumo
   - **e.** Produto agregado
2. Ao definir a política monetária, qual banco central – um que opera segundo uma regra de Taylor e outro que tem meta de inflação – tenderá a responder mais diretamente a uma crise financeira? Explique.

Moeda, produto e preços no longo prazo

Com seus efeitos expansionistas e contracionistas, a política monetária costuma ser o instrumento preferido para ajudar a estabilizar a economia. Contudo, nem todas as ações do banco central são produtivas. Em especial, os bancos centrais às vezes imprimem moeda não para combater um hiato de recessão, mas para ajudar o governo a pagar suas contas, uma ação que normalmente desestabiliza a economia.

O que acontece quando uma mudança na oferta de moeda afasta a economia do equilíbrio de longo prazo, em lugar de aproximá-la? Conforme aprendemos, a economia automaticamente se corrige no longo prazo: um choque de demanda tem efeito apenas temporário sobre o produto agregado. Se o choque de demanda resulta de uma mudança na oferta de moeda, podemos fazer uma afirmação mais categórica: no longo prazo, mudanças na quantidade de moeda afetam o nível de preços agregado, mas elas não mudam o produto agregado real ou a taxa de juros. Para vermos o motivo, examinemos o caso de um aumento na oferta de moeda.

Efeitos de curto e de longo prazos de um aumento na oferta de moeda

Para analisar os efeitos de longo prazo da política monetária, convém pensar no banco central escolhendo uma meta para a oferta de moeda em lugar da taxa de juros. Ao avaliarmos os efeitos de um aumento na oferta de moeda, voltamos à análise dos efeitos de longo prazo de um aumento na demanda agregada, análise apresentada no Capítulo 27.

A Figura 30.11 mostra os efeitos de curto e de longo prazos de um aumento na oferta de moeda quando a economia começa no produto potencial, Y_1. A curva de oferta agregada de curto prazo inicial é $SRAS_1$, a curva de oferta agregada de longo prazo é $LRAS$ e a curva de demanda agregada inicial é AD_1. O equilíbrio inicial da economia está em E_1, um ponto que é tanto de equilíbrio macroeconômico de curto quanto de longo prazo, pois situa-se sobre a curva de oferta agregada de curto prazo, bem como sobre a curva de oferta agregada de longo prazo. O PIB real está no produto potencial, Y_1.

Suponhamos agora que haja aumento na oferta de moeda. Tudo o mais mantido constante, um aumento na oferta de moeda reduz a taxa de juros, o que aumenta os gastos de investimento, o que leva a um aumento subsequente nos gastos

Figura 30.11 Efeito de curto e de longo prazos de um aumento na oferta de moeda.

Quando a economia já está no produto potencial, um aumento na oferta de moeda gera efeito positivo de curto prazo, mas no longo prazo não tem efeito sobre o PIB real.

Aqui, a economia começa em E_1, um ponto de equilíbrio de curto e longo prazos. Um aumento na oferta de moeda desloca a curva *AD* para a direita, e a economia se move para um novo equilíbrio macroeconômico de curto prazo em E_2 e um novo PIB real de Y_2. Mas E_2 não é um equilíbrio de longo prazo: Y_2 excede o produto potencial, Y_1, gerando, ao longo do tempo, um aumento nos salários nominais. No longo prazo, o aumento nos salários nominais desloca a curva de oferta agregada de curto prazo para a esquerda, rumo a uma nova posição em $SRAS_2$.

A economia alcança novo equilíbrio macroeconômico de curto e longo prazo em E_3 na curva *LRAS*, e o produto volta ao produto potencial, Y_1. Quando a economia já está no produto potencial, o único efeito de longo prazo de um aumento na oferta de moeda é aumento no nível de preços agregado de P_1 para P_3.

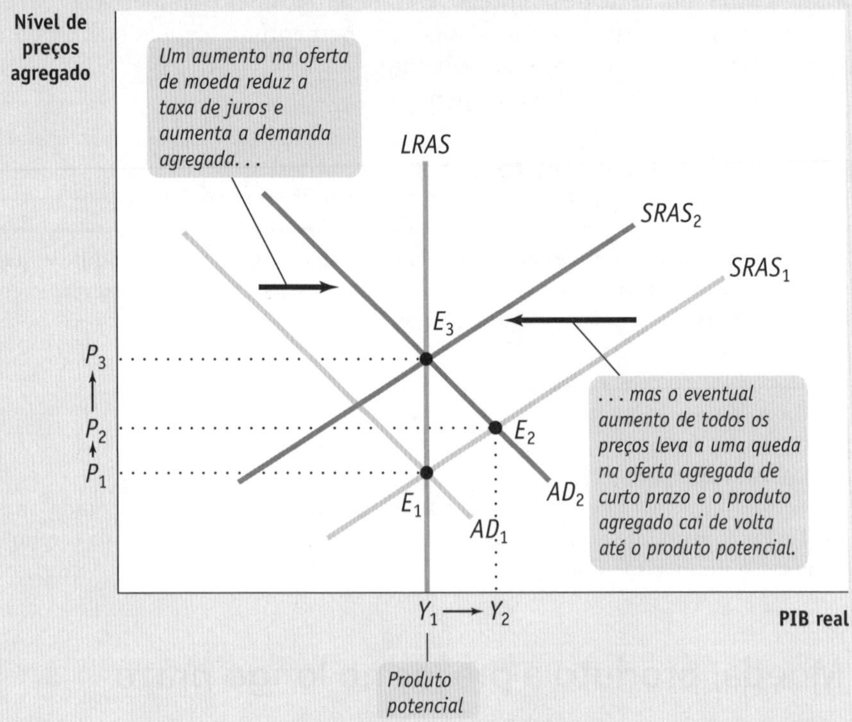

de consumo e assim por diante. Desse modo, um aumento na oferta de moeda aumenta a quantidade de bens e serviços demandada, o que desloca a curva *AD* para a direita, até AD_2. No curto prazo, a economia move-se para um novo equilíbrio macroeconômico de curto prazo em E_2. O nível de preços sobe de P_1 para P_2 e o PIB real sobe de Y_1 para Y_2. Isto é, tanto o nível de preços agregado quanto o produto agregado aumentam no curto prazo.

Mas o nível do produto agregado Y_2 está acima do produto potencial. Em consequência, os salários nominais aumentarão ao longo do tempo, fazendo a curva de oferta agregada de curto prazo se deslocar para a esquerda. Esse processo somente se detém quando a curva *SRAS* chega a $SRAS_2$ e a economia acaba ficando no ponto E_3, um ponto de equilíbrio macroeconômico tanto de curto prazo quanto de longo prazo. O efeito de longo prazo de um aumento na oferta de moeda, portanto, é que o nível de preços agregado aumentou de P_1 para P_3, mas o produto agregado está de volta ao produto potencial, Y_1. No longo prazo, uma expansão monetária eleva o nível de preços agregado, mas não tem efeito sobre o PIB real.

Não vamos descrever em detalhes os efeitos de uma contração monetária, mas aplica-se a mesma lógica. No curto prazo, uma queda na oferta de moeda leva a uma queda no produto agregado, à medida que a economia se move para baixo na curva de oferta agregada de curto prazo. No longo prazo, contudo, a contração monetária reduz apenas o nível de preços agregado e o PIB real volta ao produto potencial.

Neutralidade monetária

A que ponto uma mudança na oferta de moeda muda o nível de preços agregado no longo prazo? A resposta é que uma mudança na oferta monetária causa uma mudança proporcional no nível de preços agregado no longo prazo. Por exemplo, se a oferta de moeda cai 25%, o nível de preços agregado cai 25% no longo prazo; se a oferta de moeda aumenta 50%, o nível de preços agregado aumenta 50% no longo prazo.

Como se sabe isso? Imaginemos o seguinte experimento hipotético: suponhamos que dobrem todos os preços da economia, ou seja, preços dos bens e serviços finais, bem como preços de fatores como salários nominais. E suponhamos que, ao mesmo tempo, dobre a oferta de moeda. Que diferença isso faz na economia em termos reais? A resposta é: nenhuma. Todas as variáveis reais da economia, como o PIB real e o valor real da oferta de moeda (o valor real dos bens e serviços que ela pode comprar), ficam inalterados, de modo que não há razão para ninguém se comportar de modo diferente.

Podemos expressar esse argumento na forma inversa: se a economia começa em equilíbrio macroeconômico de longo prazo e a oferta de moeda muda, a volta ao equilíbrio macroeconômico de longo prazo exige que se restaurem todos os valores reais a seus valores originais. Isso inclui fazer o valor real da oferta de moeda voltar ao seu nível original. Assim, se a oferta de moeda cai 25%, o nível de preços agregado tem de cair 25%; se a oferta de moeda aumenta 50%, o nível de preços tem de aumentar 50%; e assim por diante.

Essa análise demonstra o conceito conhecido como **neutralidade monetária**, segundo o qual mudanças na oferta de moeda não têm efeito real sobre a economia. No longo prazo, o único efeito de um aumento na oferta de moeda é aumentar o nível de preços agregado na mesma proporção. Economistas argumentam que *a moeda é neutra no longo prazo.*

De acordo com o conceito de **neutralidade monetária**, mudanças na oferta de moeda não causam efeito real sobre a economia.

Esse é um bom momento, no entanto, para recordar o dito de John Maynard Keynes: "No longo prazo, estaremos todos mortos." No longo prazo, as mudanças na oferta de moeda não têm qualquer efeito sobre o PIB real, sobre as taxas de juros ou sobre qualquer outra coisa além do nível de preços. Mas seria absurdo concluir daí que o banco central é irrelevante. A política monetária tem efeitos reais poderosos sobre a economia no curto prazo, muitas vezes significando a diferença entre recessão e expansão. E isso importa muito para o bem-estar da sociedade.

Mudanças na oferta de moeda e a taxa de juros de longo prazo

No curto prazo, um aumento na oferta de moeda leva a uma queda na taxa de juros, e uma redução na oferta de moeda leva a uma elevação da taxa de juros. No longo prazo, contudo, mudanças na oferta monetária não afetam a taxa de juros.

A Figura 30.12 mostra a razão disso. Ela apresenta a curva de oferta de moeda e a curva de demanda de moeda antes e depois de o Fed aumentar a oferta de moeda. Supomos que a economia esteja inicialmente em E_1, em equilíbrio macroeconômico de longo prazo no produto potencial, com a oferta de moeda nominal igual a $\overline{M}_1$. A taxa de juros de equilíbrio inicial, determinada pela interseção da curva de demanda de moeda MD_1 com a curva de oferta de moeda MS_1, é r_1.

Suponha agora que a oferta de moeda aumente de $\overline{M}_1$ para $\overline{M}_2$. No curto prazo, a economia se move de E_1 para E_2 e a taxa de juros cai de r_1 para r_2. Ao longo do tempo, contudo, o nível de preços agregado aumenta, e isso aumenta a demanda de moeda, deslocando a curva de demanda de moeda para a direita, de MD_1 para MD_2. A economia se move para um novo equilíbrio de longo prazo em E_3 e a taxa de juros aumenta para o seu nível original em r_1.

No fim das contas, a taxa de juros de equilíbrio de longo prazo é a taxa de juros original, r_1. Sabemos isso por duas razões. Primeiro, em razão da neutralidade monetária, no longo prazo o nível de preços agregado aumenta na mesma proporção que a oferta de moeda, de tal modo que, se a oferta de moeda aumenta, digamos, 50%, o nível de preços também aumenta 50%. Segundo, a demanda de moeda, tudo o mais mantido constante, é proporcional ao nível de preços agregado.

Assim, um aumento de 50% na oferta de moeda aumenta o nível de preços agregado em 50%, o que aumenta em 50% a quantidade de moeda demandada em qualquer nível de taxa de juros. Em consequência, a quantidade de moeda

Figura 30.12 Determinação de longo prazo da taxa de juros.

A economia está inicialmente em E_1, um equilíbrio macroeconômico de longo prazo. No curto prazo, um aumento da oferta de moeda de $\overline{M}_1$ para $\overline{M}_2$ reduz a taxa de juros de equilíbrio de r_1 para r_2. A economia se move para E_2, um equilíbrio de curto prazo. Entretanto, no longo prazo, o nível de preços agregado aumenta na proporção do aumento na oferta de moeda, gerando aumento na demanda de moeda em qualquer nível de juros em proporção ao aumento no nível de preços agregado, como se mostra pelo deslocamento de MD_1 para MD_2. O resultado é que a quantidade de moeda demandada a qualquer taxa de juros aumenta no mesmo montante que a quantidade de moeda ofertada. A economia se move para o equilíbrio de longo prazo em E_3 e a taxa de juros volta para r_1.

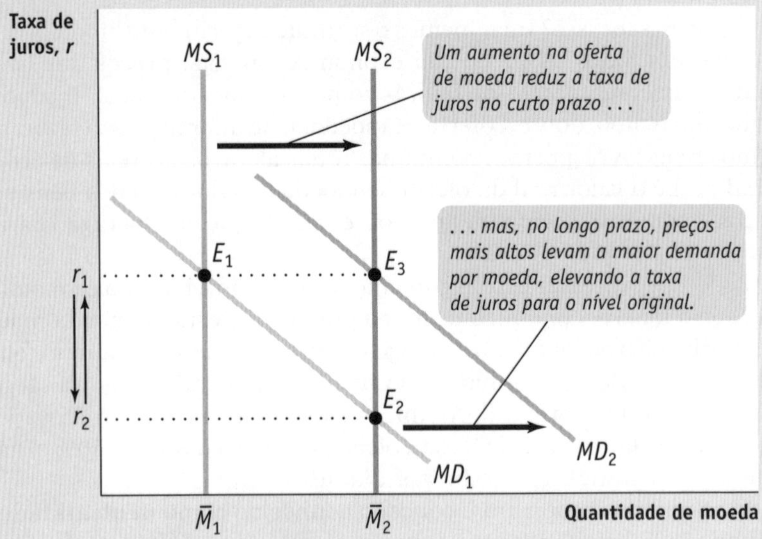

demandada à taxa de juros inicial, r_1, aumenta exatamente na mesma proporção que a oferta de moeda, de tal modo que r_1 continua sendo a taxa de juros de equilíbrio. Por conseguinte, no longo prazo, mudanças na oferta de moeda não afetam a taxa de juros.

ECONOMIA >> *em Ação*

Evidência internacional de neutralidade monetária

Atualmente, a política monetária dos países desenvolvidos é muito semelhante. Cada uma das principais nações (ou, no caso do euro, a Zona do Euro) tem um banco central protegido da pressão política. Todos esses bancos centrais tentam manter o nível de preços agregado mais ou menos estável, o que normalmente significa inflação de, no máximo, 2 a 3% ao ano.

Mas, se examinamos um período mais longo e um grupo maior de países, vemos grandes diferenças no crescimento da oferta de moeda. Entre 1983 e 2018, a oferta de moeda aumentou apenas uma pequena porcentagem em alguns países, como a Suíça e os Estados Unidos, mas aumentou muito mais rapidamente em alguns países mais pobres, como a África do Sul e o México. Essas diferenças nos permitem verificar se é realmente verdade que aumentos da oferta de moeda levam, no longo prazo, a aumentos percentuais iguais no nível de preços agregado.

A Figura 30.13 apresenta o aumento percentual anual na oferta de moeda e o aumento anual no nível de preços agregado médio – isto é, a taxa média de inflação – para um grupo de países no período de 1983 a 2018, com cada ponto representando um país. Se a relação entre aumento de oferta de moeda e mudança no nível de preços agregado fosse perfeita, os pontos estariam precisamente sobre a linha de 45°.

Figura 30.13 Relação de longo prazo entre moeda e inflação.

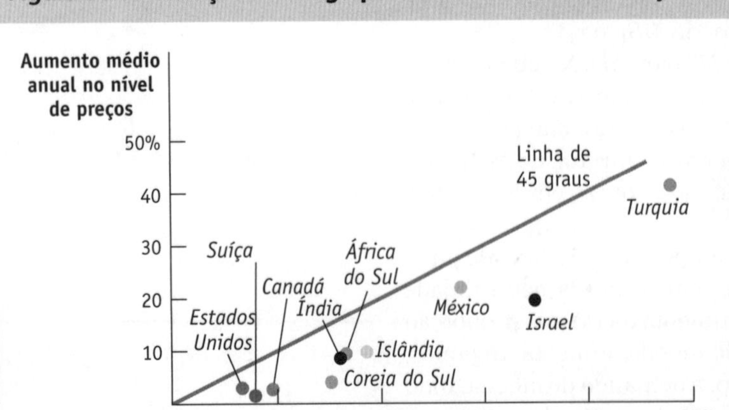

Dados de: Federal Reserve Bank of St. Louis.

De fato, a relação não é exata, pois há outros fatores além da moeda que afetam o nível de preços agregado. Mas a dispersão dos pontos mantém-se claramente próxima da linha de 45°, mostrando uma relação mais ou menos proporcional entre oferta de moeda e nível de preços agregado. Ou seja, os dados dão apoio à ideia de que a moeda é neutra no longo prazo.

>> Revisão Rápida

- De acordo com a **neutralidade monetária**, mudanças na oferta de moeda não afetam o PIB real, mas somente o nível de preços agregado. Os economistas acreditam que a moeda seja neutra no longo prazo.
- No longo prazo, a taxa de juros de equilíbrio na economia não é afetada pelas mudanças na oferta de moeda.

>> *Teste seu entendimento* 30.4

As respostas estão no fim do livro.

1. Suponha que o banco central aumente a quantidade de moeda em 25%, ainda que a economia esteja inicialmente em equilíbrio macroeconômico de curto e de longo prazos. Dando números sempre que possível, descreva os efeitos no curto prazo e no longo prazo sobre o seguinte:
   a. Produto agregado
   b. Nível de preços agregado
   c. Taxa de juros
2. Por que a política monetária afeta a economia no curto prazo, mas não no longo prazo?

CASO EMPRESARIAL

PayPal como depósito de dinheiro

Oficialmente, o PayPal, empresa de transferência eletrônica de fundos – que também é dona do Venmo, popular serviço de pagamentos por celular – não é considerado banco. Em vez disso, os reguladores o consideram um *transmissor de dinheiro*, uma entidade que envia nosso dinheiro para algum lugar em vez de guardá-lo e mantê-lo seguro.

No entanto, à medida que os usuários acumulam somas substanciais em suas contas do PayPal, essa distinção começa a parecer questionável. Os usuários do Venmo, em particular, muitas vezes parecem dispostos a deixar os pagamentos recebidos ficarem em suas contas até que os fundos sejam gastos, da maneira como se costumava guardar dinheiro na carteira. Como resultado, as contas do PayPal foram estimadas em um total de mais de US$ 22,5 bilhões em 2019. Se esses bilhões fossem considerados depósitos bancários, o PayPal seria considerado um dos 70 maiores bancos dos Estados Unidos.

À primeira vista, deixar somas significativas em conta do PayPal parece contraintuitivo por dois motivos. Primeiro, essas contas não são protegidas por seguro de depósito federal. Em segundo lugar, elas não rendem juros.[1] Porém, examinando mais de perto, esse comportamento faz sentido do ponto de vista econômico. As pessoas normalmente manterão apenas uma pequena fração de seu patrimônio em sua conta do PayPal, tornando a falta de seguro federal de depósitos um risco aceitável. E as taxas de juros em contas bancárias são tão baixas atualmente (cerca de 0,06% em julho de 2020 nos EUA) que perder esses juros é um preço razoável a pagar para evitar o incômodo de mover fundos entre uma conta bancária e uma conta PayPal ou Venmo.

O resultado é que muita gente tem se comportado como um usuário citado pelo *Wall Street Journal*, que agora espera um pouco antes de transferir fundos de sua conta Venmo para sua conta bancária normal: "Estou começando a manter intencionalmente meu dinheiro lá um pouco mais de tempo."

Mas o PayPal/Venmo ou algo do gênero começará a fazer incursões importantes no sistema bancário tradicional? Alguns analistas acreditam que sim. Outros sugerem, entretanto, que sistemas de pagamento como a Zelle, plataforma desenvolvida por bancos convencionais, e eventualmente o aumento das taxas de juros atrairão os clientes de volta aos depósitos bancários convencionais. Só o tempo dirá.

QUESTÕES PARA PENSAR

1. As contas do PayPal não são consideradas parte da oferta de moeda. Deveriam ser? Por quê?
2. Em 2010, apenas cerca de 25% dos telefones celulares nos Estados Unidos eram *smartphones*. Em 2020, quase todo mundo tinha seu *smartphone*. Como essa situação influencia a história do PayPal e como ela se encaixa no padrão mais amplo da história da moeda?
3. Como as ações futuras do Federal Open Market Committee poderiam afetar o futuro do PayPal e outros serviços semelhantes?

[1]N. T.: Desde 2012, o aplicativo brasileiro PicPay tem função semelhante à do PayPal de efetuar compras e realizar transferência de valores. Porém, diferentemente do PayPal, atualmente (maio de 2022) ele rende juros de 105% do CDI, diariamente.

RESUMO

1. A **curva de demanda de moeda** surge de um *trade-off* entre o custo de oportunidade de reter moeda e a liquidez que a moeda oferece. Os norte-americanos mantêm grandes somas em dinheiro vivo e em contas bancárias que não pagam juros, vinculadas a cartões de débito ou transmissores de dinheiro como PayPal e Venmo. Ao fazerem isso, eles abrem mão dos juros que poderiam obter colocando esses fundos em ativos que rendem juros, como o **certificado de depósito bancário (CDB)**. O custo de oportunidade de manter moeda depende das **taxas de juros de curto prazo** e não das **taxas de juros de longo prazo**. Mudanças no nível de preços agregado, no PIB real, na tecnologia e nas instituições deslocam a curva de demanda de moeda.
2. O **modelo da taxa de juros segundo a preferência por liquidez** diz que a taxa de juros é determinada no mercado monetário pela curva de demanda de moeda e pela **curva de oferta de moeda**. O banco central pode mudar a taxa de juros no curto prazo deslocando a curva de oferta de moeda. Na prática, o Fed usa operações de mercado aberto para alcançar uma **meta para a taxa de juros do mercado interbancário**, taxa que em geral é acompanhada pelas demais taxas de juros de curto prazo. Embora as taxas de juros de longo prazo não se alterem necessariamente junto com as taxas de juros de curto prazo, elas refletem expectativas sobre o que vai acontecer com as taxas de juros de curto prazo no futuro.
3. **Política monetária expansionista** reduz a taxa de juros ao aumentar a oferta de moeda. Isso aumenta os gastos de investimento e de consumo, o que por sua vez aumenta a demanda agregada e o PIB real no curto prazo. **Política monetária contracionista** aumenta a taxa de juros reduzindo a oferta de moeda. Isso reduz os gastos de investimento e de consumo, o que por sua vez reduz a demanda agregada e o PIB real no curto prazo.
4. O Federal Reserve e outros bancos centrais procuram estabilizar a economia limitando as flutuações do produto efetivo em torno do produto potencial e, ao mesmo tempo, mantendo a inflação positiva, porém baixa. Mediante uma **regra de Taylor para a política monetária**, a meta da taxa de juros sobe quando há inflação e um hiato de produto positivo ou a taxa de desemprego é muito baixa; a meta da taxa de juros cai quando a inflação é baixa ou negativa e quando o hiato de produto é negativo ou a taxa de desemprego é muito alta. Alguns bancos centrais, inclusive o Fed, adotam **metas de inflação**, que são uma regra de política orientada para o futuro, enquanto a regra de Taylor é uma regra de política orientada para o passado. Dado que a política monetária está sujeita a menos defasagens de implementação do que a política fiscal, ela é o instrumento de política econômica preferido para estabilizar a economia. No entanto, como a taxa de juros não pode ser muito inferior a zero sem causar problemas significativos, existe um **limite inferior zero para taxas de juros** (*zero lower bound for interest rates*). Como resultado disso, a eficácia da política monetária é limitada.
5. No longo prazo, mudanças na oferta de moeda afetam o nível de preços agregado, mas não o PIB real ou a taxa de juros. Dados mostram que o conceito de **neutralidade monetária** tem fundamento: mudanças na oferta de moeda não têm efeito real sobre a economia no longo prazo.

PALAVRAS-CHAVE

QUESTÕES PARA PENSAR

1. O aparecimento dos sistemas de pagamento eletrônico tem incentivado mais programas de empréstimos de pessoa para pessoa. Esses programas conectam credores e devedores fora do sistema bancário tradicional. Como o Federal Reserve depende de mudanças na oferta de dinheiro por meio de operações do mercado aberto e, em última instância, de empréstimos bancários, como o aumento das redes de empréstimos de pessoa para pessoa afetará a capacidade do Federal Reserve de conduzir uma política monetária eficaz?
2. John Maynard Keynes disse: "No longo prazo, estaremos todos mortos." Qual é a coerência entre essa citação e o conceito de neutralidade monetária? Qual é a incoerência?
3. De acordo com o *site* do Banco Central Europeu, o tratado que estabelece a Comunidade Europeia "deixa claro que assegurar a estabilidade de preços é a contribuição mais importante que a política monetária pode dar para obter um clima econômico favorável e um nível elevado de emprego". Se a estabilidade de preços é o único objetivo da política monetária, explique como a política monetária será conduzida durante recessões. Analise tanto o caso de recessão resultante de um choque de demanda quanto o caso de recessão que resulta de um choque de oferta.

PROBLEMAS

1. Como os eventos a seguir afetarão a demanda por moeda? Em cada caso, especifique quando se trata de um deslocamento da curva de demanda ou de um movimento sobre a curva de demanda, bem como sua direção.
   a. A taxa de juros cai de 12% para 10%.
   b. Começa a temporada de compras natalinas.
   c. Cada vez mais os comerciantes estão adotando sistemas eletrônicos de pagamento, permitindo que mais consumidores usem PayPal e PicPay para fazer compras.
   d. O Fed faz uma operação de mercado aberto comprando letras do Tesouro dos EUA.

2. a. Acesse www.tresurydirect.gov em "Individuals", vá para "Treasury Securities & Programs" (Títulos e Programas do Tesouro). Clique em "Treasury bills" (Letras do Tesouro). Sob "at a glance" (num relance), clique em "rates in recent auctions" (taxas de juros em leilões recentes). Qual é a taxa de investimento para a letra do Tesouro americano mais recente com vencimento em 52 semanas?
   b. Acesse o *site* do seu banco preferido e veja qual é a taxa de juros para os CDBs de um ano.
   c. Por que as taxas de CDBs de um ano são mais altas que as das letras do Tesouro de 52 semanas?

3. Acesse www.tresurydirect.gov em "Individuals", vá para "Treasury Securities & Programs" (Títulos e Programas do Tesouro). Clique em "Treasury notes" (Notas do Tesouro). Sob "at a glance" (num relance), clique em "rates in recent auctions" (taxas de juros em leilões recentes). Use a lista de "Recent Note, Bond, TIPS Auction Results" (Resultado de Leilões Recentes de Notas, Títulos e TIPS[2]) para responder às perguntas a seguir.
   a. Quais são as taxas de juros das notas de 2 anos e de 10 anos?
   b. Como as taxas de juros de notas de 2 anos e de 10 anos se relacionam entre si? Por que a taxa de juros da nota de 10 anos é mais alta (ou mais baixa) do que a taxa de juros da nota de 2 anos?

4. Uma economia se defronta com um hiato de recessão que se mostra no gráfico a seguir. Para eliminar o hiato, o banco central deveria usar política monetária expansionista ou contracionista? Como mudarão a taxa de juros, o gasto de investimento, o gasto de consumo, o PIB real e o nível de preços agregado à medida que a política monetária fecha o hiato de recessão?

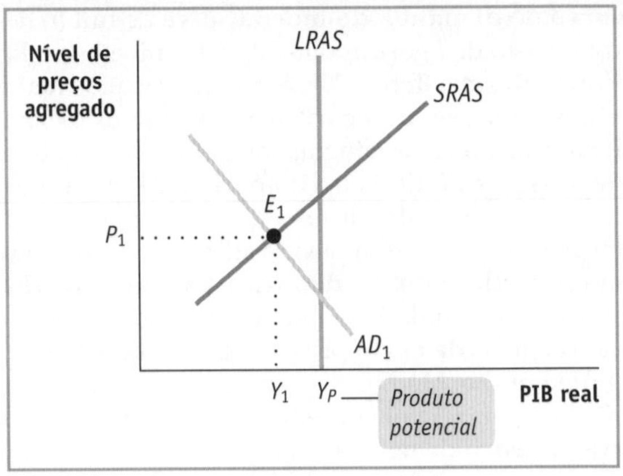

5. Uma economia se defronta com um hiato inflacionário que se mostra no gráfico a seguir. Para eliminar o hiato, o banco central deveria usar política monetária expansionista ou contracionista? Como mudarão a taxa de juros, o gasto de investimento, o gasto de consumo, o PIB real e o nível de preços agregado à medida que a política monetária fecha o hiato inflacionário?

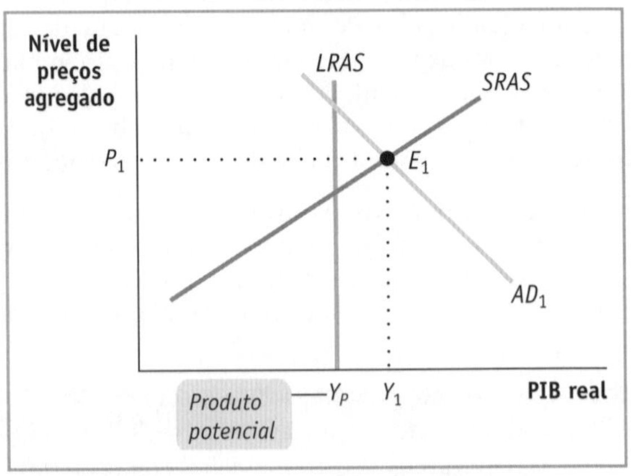

6. Na economia de Lestelândia, o mercado monetário está inicialmente em equilíbrio e, então, a economia começa a deslizar para uma recessão.
   a. Usando o gráfico a seguir, explique o que acontecerá com a taxa de juros se o Banco Central de Lestelândia mantiver a oferta de moeda constante em $\overline{M}_1$.

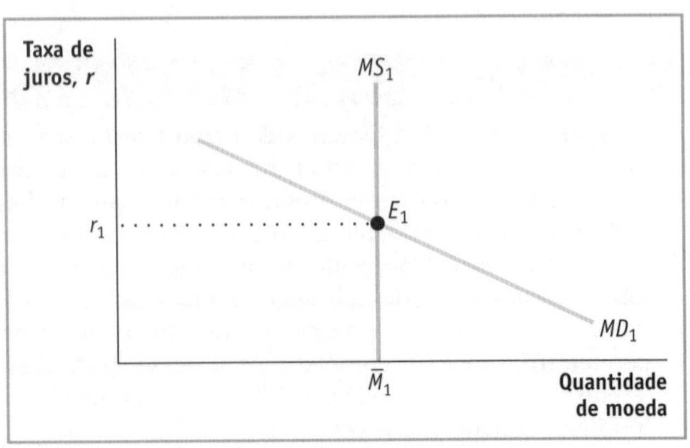

[2]N. R.: Notas e títulos do Tesouro dos Estados Unidos se diferenciam pelo prazo e pela taxa de juros (os títulos possuem maior prazo e maior taxa de juros). TIPS são títulos do governo cujo valor é corrigido pela inflação.

b. Se, em vez disso, o banco central está decidido a manter a meta da taxa de juros em r_1, como deverá reagir se a economia rumar para uma recessão? Usando seu diagrama da parte *a*, demonstre a reação do banco central.

7. Suponha que o mercado monetário em Oestelândia esteja inicialmente em equilíbrio e o banco central decida reduzir a oferta de moeda.

a. Usando um diagrama como o do Problema 6, explique o que acontecerá com a taxa de juros no curto prazo.

b. O que acontecerá com a taxa de juros no longo prazo?

8. Uma economia está em equilíbrio macroeconômico de longo prazo, com taxa de desemprego de 5%, quando o governo passa uma lei exigindo que o banco central use a política monetária para baixar a taxa de desemprego para 3% e mantê-la nesse nível. Como o banco central alcançará esse objetivo no curto prazo? O que acontecerá no longo prazo? Ilustre com um diagrama.

9. A eficácia da política monetária depende da facilidade com que mudanças na oferta de moeda alteram a taxa de juros. Ao mudar a taxa de juros, a política monetária afeta gastos de investimento e a curva de demanda agregada. As economias de Albérnia e de Britânia têm curvas de demanda monetária bem diferentes, como se mostra no gráfico a seguir. Em qual economia as mudanças na oferta de moeda serão mais eficazes como instrumento de política? Por quê?

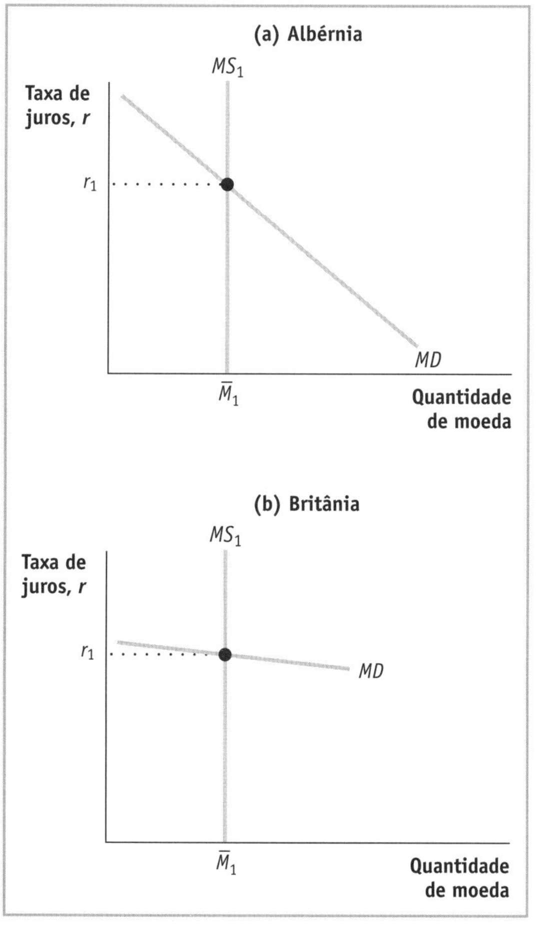

10. Durante a Grande Depressão, empresários nos Estados Unidos estavam muito pessimistas sobre o futuro do crescimento econômico e relutavam em aumentar os gastos de investimento, mesmo quando a taxa de juros caía. Como isso limitava o potencial da política monetária para ajudar a aliviar a Depressão?

RESOLVA

11. Em virtude da desaceleração econômica relacionada com a recessão de 2007-2009, o Comitê de Mercado Aberto do Federal Reserve, entre 18 de setembro de 2007 e 16 de dezembro de 2008, reduziu a taxa de juros do mercado interbancário gradativamente de 5,25% para uma taxa entre zero e 0,25%. A ideia era dar uma injeção de estímulo à economia, expandindo a demanda agregada.

a. Use o modelo de preferência pela liquidez para explicar como o Comitê de Mercado Aberto corta a taxa de juros no curto prazo. Trace um gráfico apropriado que ilustre o mecanismo. Rotule o eixo vertical com "Taxa de juros" e o eixo horizontal com "Quantidade de moeda". O seu gráfico deverá mostrar duas taxas de juros, r_1 e r_2.

b. Explique por que uma diminuição na taxa de juros leva a um aumento na demanda agregada no curto prazo.

c. Suponha que em 2022 a economia esteja em seu produto potencial, mas que de algum modo o Fed não nota isso e continua sua expansão monetária. Demonstre o efeito dessa medida de política econômica sobre a curva de demanda agregada *AD*. Use a curva da oferta agregada de longo prazo *LRAS* para mostrar que o efeito dessa medida sobre a curva *AD*, tudo o mais mantido constante, causa no longo prazo um aumento no nível de preços agregado. Rotule o eixo vertical com "Nível de preços agregado" e o eixo horizontal com "PIB real".

30 Apêndice

Reconciliação entre os Dois Modelos de Taxa de Juros

No modelo da taxa de juros segundo a preferência por liquidez, desenvolvido no Capítulo 30, na taxa de juros de equilíbrio a quantidade de moeda demandada é igual à quantidade de moeda ofertada. Mesmo assim, no modelo da taxa de juros segundo os fundos para empréstimo, que desenvolvemos no Capítulo 25, a taxa de juros de equilíbrio é aquela pela qual a quantidade de fundos para empréstimo ofertada pelos poupadores é igual à quantidade de fundos para empréstimo demandada para gastos de investimento. É possível reconciliar esses dois modelos de taxas de juros? Sim, é possível. Vamos tratar disso em duas etapas, focando primeiro o curto prazo e em seguida o longo prazo.

Taxa de juros no curto prazo

Como analisamos no capítulo, uma queda na taxa de juros provoca aumento no gasto de investimento, *I*, que tende a causar aumento tanto no PIB real quanto no gasto de consumo, *C*. Contudo, o aumento no PIB real não causa apenas aumento no gasto de consumo. Causa também aumento na poupança: a cada rodada do processo multiplicador, parte do aumento na renda disponível é poupada. Em quanto aumenta a poupança?

No Capítulo 25 apresentamos a *identidade poupança-gasto de investimento*: a poupança total na economia é sempre igual ao gasto de investimento. *Isso nos diz que, quando uma queda na taxa de juros causa gasto de investimento mais alto, o resultante aumento no PIB real gera exatamente a quantidade adicional de poupança suficiente para cobrir o aumento no gasto de investimento.* Formulando de outro modo, depois de uma queda na taxa de juros, a quantidade de poupança ofertada aumenta precisamente o suficiente para cobrir a quantidade de poupança demandada. Compreender essa relação é a chave para reconciliar os dois modelos da taxa de juros.

A Figura 30A.1 mostra como se reconciliam os dois modelos para taxas de juros no curto prazo. O painel (a) representa o modelo da taxa de juros segundo a preferência por liquidez, em que MS_1 e MD_1 são as curvas de oferta e demanda de moeda iniciais, e r_1, a taxa de juros de equilíbrio inicial, iguala a quantidade de moeda ofertada à quantidade de moeda demandada no mercado monetário. O painel (b) representa o modelo da taxa de juros segundo os fundos para empréstimo, em que S_1 é a curva de oferta inicial e D é a curva de demanda por fundos para empréstimo, e r_1, a taxa de juros de equilíbrio inicial, iguala a quantidade ofertada à quantidade demandada no mercado de fundos para empréstimo.

Na Figura 30A.1, tanto o mercado monetário quanto o mercado de fundos para empréstimos estão inicialmente em equilíbrio em E_1 com a mesma taxa de juros r_1. Poderíamos imaginar que isso acontece somente por acaso, mas é sempre verdade. Para sabermos a razão, acompanhemos o que acontece no painel (a), o mercado monetário, quando o Fed aumenta a oferta de moeda de $\overline{M}_1$ para $\overline{M}_2$, empurrando a curva de oferta de moeda para a direita até MS_2, reduzindo a taxa de juros de equilíbrio no mercado para r_2 e movendo a economia para um equilíbrio de curto prazo em E_2.

O que acontece no painel (b), o mercado de fundos para empréstimo? No curto prazo, a queda na taxa de juros resultante do aumento na oferta de moeda gera aumento no PIB real, o que gera um aumento na poupança via processo multiplicador. Esse aumento na poupança desloca para a direita a curva de oferta de fundos

Figura 30A.1 Determinação da taxa de juros no curto prazo.

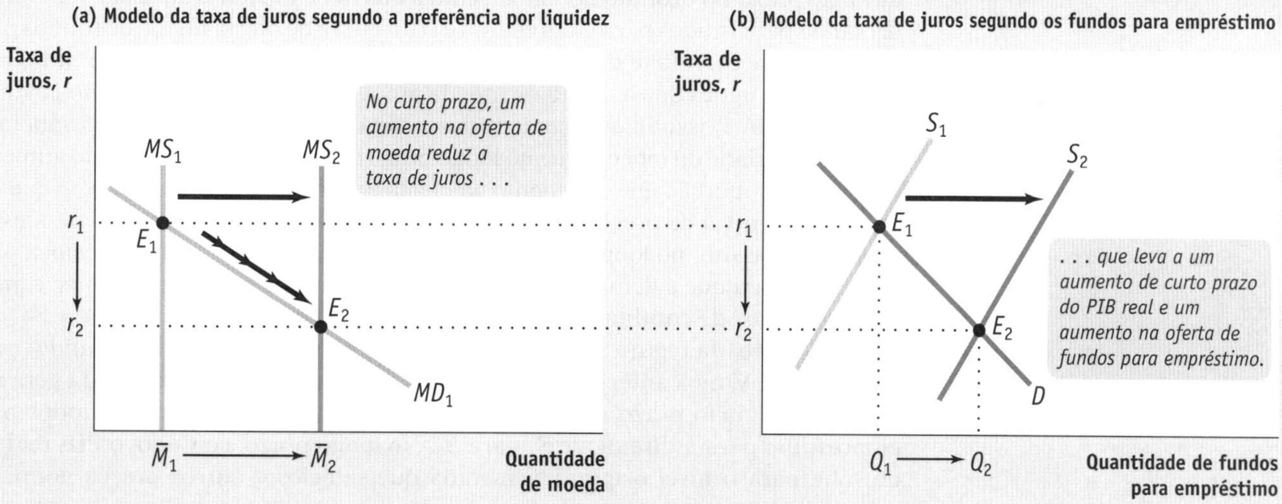

O painel (a) mostra o modelo da taxa de juros segundo a preferência por liquidez: a taxa de juros de equilíbrio iguala a oferta de moeda e a quantidade de moeda demandada. No curto prazo, a taxa de juros é determinada no mercado monetário, em que um aumento da oferta de moeda de $\overline{M}_1$ para $\overline{M}_2$ pressiona a taxa de juros de equilíbrio para baixo, de r_1 para r_2. O painel (b) mostra o modelo da taxa de juros segundo os fundos para empréstimo. A queda na taxa de juros no mercado monetário provoca, pelo efeito multiplicador, um aumento no PIB real e na poupança, um deslocamento para a direita da curva de oferta de fundos para empréstimo, de S_1 para S_2, e uma queda na taxa de juros de r_1 para r_2. Em consequência, a nova taxa de juros de equilíbrio no mercado de fundos para empréstimo é igual à nova taxa de equilíbrio no mercado monetário, em r_2.

para empréstimo, de S_1 para S_2, movendo o equilíbrio no mercado de fundos para empréstimos de E_1 para E_2 e reduzindo a taxa de juros de equilíbrio no mercado de fundos para empréstimo. Como a poupança tem que aumentar exatamente o suficiente para cobrir o aumento no gasto de investimento, a taxa de juros de equilíbrio no mercado de fundos para empréstimo cai para r_2, exatamente a nova taxa de juros de equilíbrio no mercado monetário.

No curto prazo, então, a oferta e a demanda de moeda determinam a taxa de juros, e o mercado de fundos para empréstimo acompanha a tendência do mercado monetário até que a taxa de juros de equilíbrio no mercado de fundos para empréstimo seja igual à taxa de juros de equilíbrio no mercado monetário.

Note que estamos dizendo *no curto prazo*. Mudanças na demanda agregada afetam o produto agregado somente no curto prazo. No longo prazo, o produto agregado é igual ao produto potencial. Dessa forma, este relato sobre como uma queda na taxa de juros leva a um aumento no produto agregado, que leva ao aumento da poupança, aplica-se somente no curto prazo.

No longo prazo, como veremos em seguida, a determinação da taxa de juros é bem diferente, pois os papéis dos dois mercados se invertem. No longo prazo, o mercado de fundos para empréstimo determina a taxa de juros de equilíbrio, e é o mercado monetário que acompanha a tendência do mercado de fundos para empréstimo.

Taxa de juros de longo prazo

No curto prazo, um aumento na oferta de moeda provoca queda na taxa de juros, e uma redução na oferta de moeda leva a uma elevação da taxa de juros. No longo prazo, contudo, mudanças na oferta de moeda não afetam a taxa de juros.

A Figura 30A.2 mostra o motivo. Assim como na Figura 30A.1, o painel (a) mostra o modelo da taxa de juros segundo a preferência por liquidez e o painel (b) mostra a oferta e a demanda de fundos para empréstimo. Supomos que em ambos os painéis a economia esteja inicialmente em E_1, em equilíbrio macroeconômico de longo prazo no produto potencial, com a oferta de moeda igual a $\overline{M}_1$. A curva de demanda para fundos para empréstimo é D e a curva de oferta inicial de fundos para empréstimo é S_1. A taxa de juros de equilíbrio inicial em ambos os mercados é r_1.

Suponha agora que a oferta de moeda aumente de $\overline{M}_1$ para $\overline{M}_2$. Como já vimos na Figura 30A.1, isso inicialmente reduz a taxa de juros para r_2. Mas já sabemos, pela neutralidade da moeda, que no longo prazo o nível de preços agregado aumenta na mesma proporção que o aumento na oferta de moeda. Sabemos também que um aumento no nível de preços agregado aumenta a demanda por moeda na mesma proporção. Assim, no longo prazo, a curva de demanda de moeda se desloca para MD_2, à medida que a demanda por moeda responde aos preços mais altos, e move a taxa de juros de equilíbrio de volta para seu nível original, r_1.

O painel (b) da Figura 30A.2 mostra o que acontece no mercado de fundos para empréstimo. Vimos anteriormente que um aumento na oferta de moeda gera um aumento de curto prazo no PIB real e que isso desloca a oferta de fundos para empréstimo para a direita, de S_1 para S_2. No longo prazo, contudo, o PIB real cai de volta para o nível original, à medida que salários e outros preços nominais sobem. Em consequência, a oferta de fundos para empréstimo, S, que inicialmente se deslocara de S_1 para S_2, desloca-se de volta para S_1.

Por conseguinte, no longo prazo, mudanças na oferta de moeda não afetam a taxa de juros. O que é, então, que determina a taxa de juros de longo prazo – isto é, o que determina r_1 na Figura 30A.2? A resposta é a oferta e a demanda de fundos para empréstimo. Mais especificamente, no longo prazo, a taxa de juros de equilíbrio iguala a oferta e a demanda de fundos para empréstimo que se originam do produto potencial.

Figura 30A.2 Determinação da taxa de juros no longo prazo.

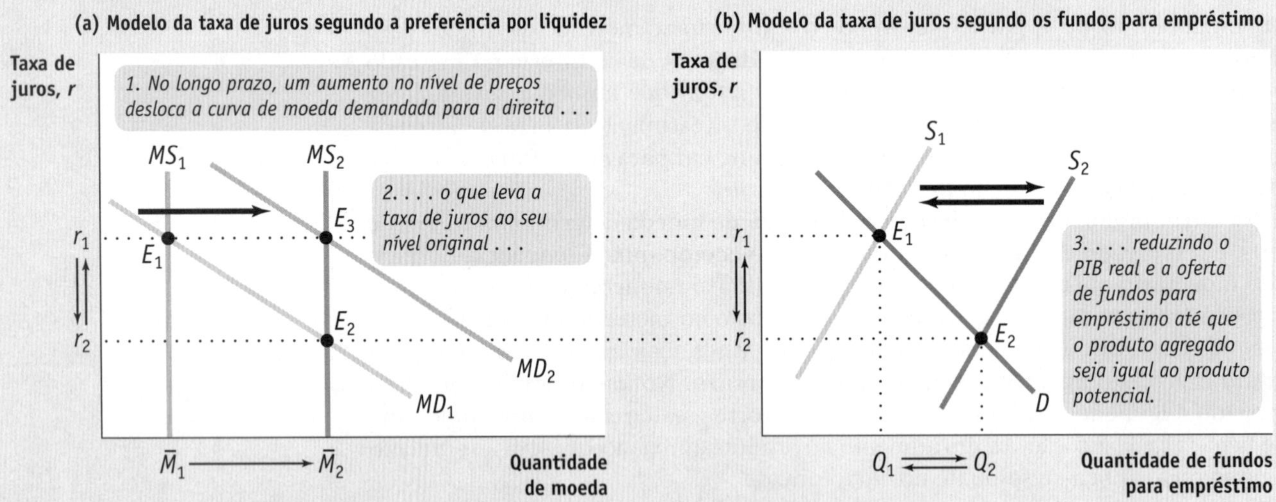

O painel (a) mostra o ajuste de longo prazo do modelo de preferência para um aumento na oferta de moeda de $\overline{M}_1$ para $\overline{M}_2$. O painel (b) mostra o ajuste correspondente no modelo da taxa de juros segundo os fundos para empréstimo. Os dois painéis começam de E_1, um equilíbrio macroeconômico de longo prazo no produto potencial e com taxa de juros r_1. Como discutido na Figura 30A.1, o aumento na oferta de moeda reduz a taxa de juros de r_1 para r_2, aumenta o PIB real e a poupança de curto prazo. Isso é mostrado nos painéis (a) e (b) com o movimento de E_1 para E_2. No longo prazo, entretanto, o aumento da oferta de moeda aumenta os salários e outros preços nominais, mudando a curva de moeda demandada no painel (a) de MD_1 para MD_2. Isso leva a um aumento na taxa de juros de r_1 para r_2, enquanto a economia muda de E_2 para E_3. O aumento da taxa de juros ocasiona queda no PIB real e nas poupanças, trazendo a curva da oferta de fundos para empréstimo de volta para S_1 a partir de S_2 e movendo o mercado de fundos para empréstimo de E_2 de volta para E_1. No longo prazo, a taxa de juros de equilíbrio é determinada pela junção de oferta e demanda por fundos de empréstimo, que surge quando o PIB real se iguala ao produto potencial.

PROBLEMAS

1. Usando uma figura semelhante à Figura 30A.1, explique como o mercado monetário e o mercado de fundos para empréstimo reagem a uma redução da oferta de moeda no curto prazo.

RESOLVA

2. Compare os efeitos de curto prazo de um aumento da oferta de moeda sobre a taxa de juros com os efeitos de longo prazo de um aumento da oferta de moeda sobre a taxa de juros. Qual é o mercado que determina a taxa de juros no curto prazo? E qual é o mercado que a determina no longo prazo? Quais são as implicações da sua resposta para a eficácia da política monetária em influenciar o PIB real no curto e no longo prazos?

31 Inflação, Desinflação e Deflação

ISTO E MAIS 900.000 BOLÍVARES PAGAM UMA XÍCARA DE CAFÉ

EM 2015, A NAÇÃO SUL-AMERICANA da Venezuela praticamente parou de divulgar estatísticas econômicas, provavelmente em uma tentativa de esconder a forma como as coisas estavam indo mal – e, em particular, para evitar admitir a extensão da inflação galopante no país. Mas é muito difícil enganar alguém.

Observadores independentes criaram suas próprias medidas de inflação; por exemplo, a Bloomberg News começou a lançar um "índice café com leite" com base no preço da bebida favorita da Venezuela. E os cidadãos individuais, bem cientes da queda acentuada do valor dos bolívares, a moeda do país, esforçavam-se ao máximo para se livrar da moeda assim que ela caía em suas mãos. Lojistas não deixavam dinheiro na caixa registradora, mas corriam para gastá-lo em novos estoques. Indivíduos empreendedores compravam bens sujeitos a controle de preços e os contrabandeavam para vender em países vizinhos. E todos tentavam trocar bolívares por dólares americanos no mercado paralelo.

Em 2019, o banco central da Venezuela, equivalente ao Federal Reserve dos EUA, finalmente cedeu e divulgou os números da inflação, que confirmaram o que todos já sabiam. Em 2016, a taxa de inflação era de "apenas" 274%; em 2018, havia atingido 130.000%. (A inflação caiu ligeiramente em 2019, mas poucos esperavam que o alívio durasse.)

A experiência da Venezuela foi chocante, mas não sem precedentes. Em 2008, o Zimbábue atingiu brevemente a inflação de 500 bilhões por cento antes de abandonar completamente sua moeda. Em 1994, a taxa de inflação na Armênia atingiu 27.000%. Em 1991, a inflação da Nicarágua ultrapassou 60.000%. E a experiência do Zimbábue foi semelhante ao exemplo mais famoso da história de inflação extrema, que ocorreu na Alemanha em 1922-1923. Perto do fim da hiperinflação alemã, os preços subiam 16% *ao dia*, o que – por cálculos de composição – significava um aumento de aproximadamente 500 bilhões por cento ao longo de cinco meses.

Os alemães ficaram tão relutantes em reter dinheiro vivo, o qual perdia valor a cada hora, que ovos e pedaços de carvão começaram a circular como moeda. As empresas pagavam a seus trabalhadores várias vezes ao dia para que seu salário fosse gasto antes de perder o valor (dando um novo sentido ao termo *salário por hora*). Diz a lenda que os clientes sentados em um bar pediam duas cervejas por vez, com medo de que o preço de uma cerveja aumentasse antes que eles pudessem pedir uma segunda rodada!

Os Estados Unidos nunca experimentaram esse tipo de inflação. A pior inflação dos EUA em tempos modernos ocorreu no fim da década de 1970. De 1978 a 1980, a taxa de inflação dos EUA mais que dobrou, de 6,4 para 14,5%. Ainda assim, até mesmo a inflação nessa taxa foi extremamente preocupante para o público norte-americano, e as políticas que o Federal Reserve seguiu para fazer a inflação dos EUA retornar a uma taxa aceitável provocaram severa recessão.

O que provoca a alta da inflação e sua queda? Neste capítulo, vamos examinar as razões subjacentes da inflação. Veremos que as causas subjacentes de uma inflação muito elevada, como aquela sofrida pela Venezuela, são bastante diferentes das causas de uma inflação mais moderada. Examinaremos também por que a *desinflação*, uma redução na taxa de inflação, com frequência é muito difícil. Por fim, discutiremos os problemas particulares associados a um nível de preços em queda, ou deflação. ●

O QUE VOCÊ IRÁ APRENDER?

- Por que a impressão de dinheiro gera altas taxas de inflação e hiperinflação?
- Como a **curva de Phillips** descreve o *trade-off* de curto prazo entre inflação e desemprego?
- Por que o *trade-off* entre inflação e desemprego cessa no longo prazo?
- Por que mesmo níveis moderados de inflação são difíceis de eliminar?
- Por que a deflação é um problema para os responsáveis pela política econômica?

Moeda e inflação

Níveis moderados de inflação, como os experimentados nos Estados Unidos – mesmo a inflação de dois dígitos do fim dos anos 1970 –, podem ter causas complexas. Mas inflação muito elevada está sempre associada com rápidos aumentos na oferta de moeda.

Para entender o motivo, é preciso rever os efeitos das mudanças na oferta de moeda sobre o nível geral de preços. Em seguida, passaremos às razões pelas quais os governos às vezes aumentam muito rapidamente a oferta de moeda.

O modelo clássico de moeda e preços

No capítulo anterior, aprendemos que, no curto prazo, um aumento na oferta de moeda aumenta o PIB real ao reduzir taxas de juros e estimular gastos de investimento e de consumo. Contudo, no longo prazo, à medida que salários nominais e outros preços rígidos aumentam, o PIB real cai de volta para seu nível original. Assim, no longo prazo, um aumento na oferta de moeda não muda o PIB real. Em vez disso, tudo o mais mantido constante, ele gera aumento percentual igual no nível geral de preços. Ou seja, os preços de todos os bens e serviços na economia, inclusive salários nominais e preços de bens intermediários, aumentam na mesma porcentagem da oferta de moeda. E, quando o nível geral de preços aumenta, aumenta também o nível de preços agregado, ou seja, os preços de todos os bens e serviços finais.

Como resultado, um aumento na oferta de moeda *nominal*, *M*, leva em longo prazo a uma mudança no nível de preços agregado, que deixa a quantidade de moeda *real*, *M/P*, no nível original, sem qualquer efeito de longo prazo sobre a demanda agregada ou sobre o PIB real. Por exemplo, em janeiro de 2005, quando a Turquia cortou seis zeros de sua moeda, a lira turca, o PIB real do país não mudou. A única coisa que mudou foi o número de zeros nos preços: em vez de algo custar 2 milhões de liras passou a custar duas liras.

Repetindo: isso é o que acontece no longo prazo. Contudo, ao analisarem grandes mudanças no nível de preços agregado, os macroeconomistas muitas vezes consideram útil ignorar a distinção entre curto e longo prazo. Em vez disso, eles trabalham com um modelo simplificado, em que o efeito de uma mudança na oferta de moeda sobre o nível de preços agregado ocorre instantaneamente em lugar de ocorrer ao longo de um período de tempo. Talvez essa pressuposição cause estranheza, pois em capítulos anteriores enfatizamos a diferença entre curto e longo prazo. No entanto, por motivos que já explicaremos, esse é um pressuposto razoável para adotar no caso de inflação elevada.

O modelo simplificado, em que a quantidade de moeda em termos reais, *M/P*, está sempre no nível de equilíbrio de longo prazo, é conhecido como **modelo clássico do nível de preços**, porque costumava ser usado pelos economistas "clássicos", aqueles que escreveram antes do trabalho de John Maynard Keynes. Para entendermos o modelo clássico e por que ele é útil no contexto de inflação elevada, vamos rever o modelo de demanda agregada-oferta agregada (*AD-AS*) e o que ele diz sobre os efeitos de um aumento na oferta de moeda. (Quando não explicitado de outra forma, estaremos sempre nos referindo a mudanças na oferta de moeda *nominal*.)

De acordo com o **modelo clássico do nível de preços**, a quantidade real de moeda está sempre em seu nível de equilíbrio de longo prazo.

A Figura 31.1 revê os efeitos de um aumento na oferta de moeda de acordo com o modelo *AD-AS*. A economia começa em E_1, um ponto de equilíbrio macroeconômico de curto prazo e de longo prazo. Ele está situado na interseção da curva de demanda agregada AD_1 e da curva de oferta agregada de curto prazo $SRAS_1$. Está também sobre a curva de oferta agregada de longo prazo, *LRAS*. Em E_1, o nível de preços agregado de equilíbrio é P_1.

Suponhamos agora que haja aumento na oferta de moeda. Essa é uma política monetária expansionista, que desloca a curva de demanda agregada para a direita até AD_2 e move a economia para um novo equilíbrio de curto prazo em E_2. Ao longo do tempo, contudo, os salários nominais se ajustarão para cima em resposta ao aumento no nível de preços agregado, e a curva *SRAS* se deslocará para a esquerda,

Figura 31.1 Modelo clássico do nível de preços.

Começando em E_1, um aumento na oferta de moeda desloca a curva de demanda agregada para a direita, como mostrado pelo movimento de AD_1 para AD_2. Ocorre agora um novo equilíbrio macroeconômico de curto prazo em E_2, com nível de preços mais alto em P_2. No longo prazo, os salários nominais se ajustarão para cima e levarão a curva *SRAS* para a esquerda, até $SRAS_2$. O aumento percentual total no nível de preços de P_1 para P_3 é igual ao aumento percentual na oferta de moeda. No *modelo clássico do nível de preços*, ignoramos o período de transição e imaginamos que o nível de preços sobe para P_3 imediatamente. Esta é uma boa aproximação em condições de inflação elevada.

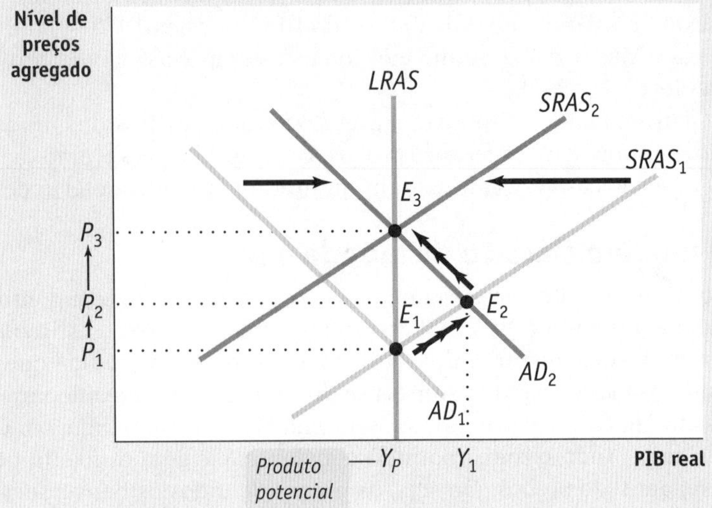

até $SRAS_2$. O novo equilíbrio macroeconômico de longo prazo está em E_3 e o PIB real retorna ao seu nível inicial. Como aprendemos no Capítulo 30, o aumento de longo prazo no nível de preços agregado de P_1 para P_3 é proporcional ao aumento na oferta de moeda. Por conseguinte, mudanças de longo prazo na oferta de moeda não têm efeito sobre a quantidade real de moeda, *M*/*P*, ou sobre o PIB real. Como vimos, no longo prazo a moeda é *neutra*.

O modelo clássico do nível de preços ignora o movimento de curto prazo de E_1 para E_2, supondo-se que a economia se mova diretamente de um equilíbrio de longo prazo a outro equilíbrio de longo prazo. Em outras palavras, o modelo supõe que a economia passa diretamente de E_1 para E_3 e que o PIB real nunca muda em resposta a mudanças na oferta de moeda. Com efeito, no modelo clássico, os resultados de mudanças na oferta de moeda são analisados como se tanto a curva de oferta agregada de curto prazo quanto a de longo prazo fossem verticais.

Esse pressuposto não é adequado para períodos de baixa inflação, pois pode passar algum tempo até que trabalhadores e empresas reajam a uma expansão monetária que aumente salários e preços. Como resultado, no caso de inflação baixa, há uma curva de oferta agregada de curto prazo, *SRAS*, com inclinação para cima e mudanças na oferta de moeda de fato podem mudar o PIB real no curto prazo.

Em períodos de alta inflação, no entanto, economistas observaram que a rigidez de curto prazo de salários e preços nominais tendia a desaparecer. Trabalhadores e empresas, com maior sensibilidade à inflação, aumentam os salários e os preços rapidamente em resposta a mudanças na oferta de moeda. Isso implica que, quando a inflação é alta, ocorre um ajuste mais rápido de salários e preços de bens intermediários do que aquele que se dá nos casos de baixa inflação. Assim, a curva de oferta agregada de curto prazo desloca-se para a esquerda mais rapidamente e há um retorno mais rápido ao equilíbrio de longo prazo quando a inflação é alta. O resultado é que o modelo clássico do nível de preços tem maior probabilidade de ser uma boa aproximação da realidade para economias que sofrem persistentemente de inflação alta.

A consequência desse rápido ajuste de todos os preços na economia é que, em países com inflação alta e persistente, as mudanças na oferta de moeda são rapidamente traduzidas em mudanças na taxa de inflação. Vejamos o caso da Venezuela. A Figura 31.2 mostra a taxa *mensal* de crescimento da oferta de moeda (conforme medida pela base monetária) e a taxa mensal de variação nos preços ao consumidor, de 2016 a 2019. Usamos taxas de mudança mensais, em parte, porque é assim que as pessoas nas economias com inflação muito alta costumam

Figura 31.2 Crescimento da oferta de moeda e inflação na Venezuela.

Esta figura mostra as taxas *mensais* de mudança da base monetária e do nível de preços ao consumidor na Venezuela quando o país entrou em uma espiral de inflação. Os saltos na base monetária refletiram-se rapidamente em saltos no nível de preços.

Dados de: Central Bank of Venezuela.

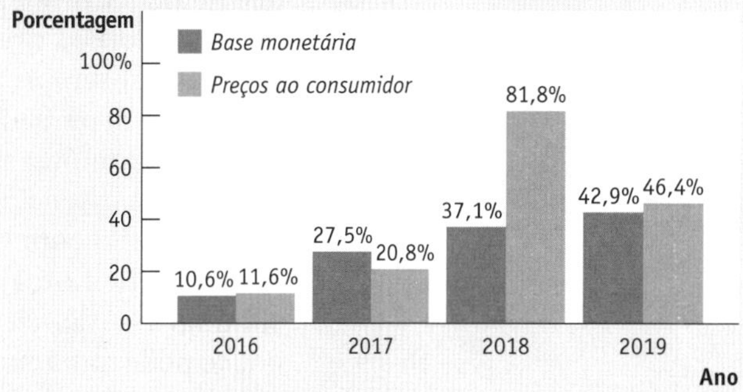

pensar a respeito da inflação, mas também porque, de outra forma, a inflação em "apenas" algumas centenas de pontos percentuais por ano seria invisível. Como se pode ver, o salto na taxa de crescimento da oferta de moeda coincidiu com um salto na taxa de inflação.

O que leva um país a aumentar sua oferta de moeda a ponto de provocar uma taxa de inflação que chega milhares por cento?

O imposto inflacionário

Economias modernas usam moeda fiduciária (ou moeda *fiat*), pedaços de papel que não têm valor intrínseco, mas são aceitos como meio de troca. Nos Estados Unidos e na maioria dos outros países desenvolvidos, quantos pedaços de papel devem ser impressos é decisão que está nas mãos de um banco central com certo grau de independência do processo político. Contudo, essa independência sempre pode ser abolida se os políticos decidirem assumir o controle da gestão monetária.

Então o que vai impedir um governo de pagar alguns dos seus gastos, não mediante aumento de impostos ou tomada de empréstimos, mas apenas imprimindo dinheiro? Nada. De fato, os governos, inclusive o dos Estados Unidos, fazem isso o tempo todo. Como o governo dos EUA pode fazer isso, dado que é o Fed que emite moeda e não o Tesouro? A resposta é que o Tesouro e o Fed trabalham em conjunto. O Tesouro emite dívida para financiar as compras públicas de bens e serviços, e o Fed *monetiza* a dívida criando moeda e comprando a dívida de volta do público, por meio de operações de mercado aberto de compra de Letras do Tesouro. Com efeito, o governo norte-americano pode obter receita imprimindo dinheiro, e assim o faz.

Por exemplo, em agosto de 2008, a base monetária dos Estados Unidos – reservas bancárias mais moeda em circulação – era US$ 18 bilhões maior do que tinha sido um ano antes. Isso ocorreu porque, ao longo daquele ano, o Fed havia emitido US$ 20 bilhões em moeda ou seu equivalente eletrônico e posto em circulação mediante operações de mercado aberto. Em outras palavras, o Fed criou moeda do nada e usou para comprar títulos públicos valiosos do setor privado. É verdade que o governo dos Estados Unidos paga juros sobre a dívida do Federal Reserve, mas o Fed, por lei, transfere os pagamentos de juros que recebe sobre dívida do governo de volta para o Tesouro, mantendo apenas os fundos suficientes para suas próprias operações. De fato, na ocasião, as medidas do Fed permitiram ao governo quitar US$ 18 bilhões de dívida pública apenas imprimindo dinheiro.

Como abordagem alternativa, podemos dizer que o direito de imprimir moeda é em si mesmo uma fonte de receita. Os economistas referem-se à receita gerada pelo direito do governo de imprimir moeda como *senhoriagem*, um termo arcaico que vem da Idade Média. Trata-se do direito de cunhar ouro e prata em moeda e cobrar comissão por fazê-lo, que os *seigniors* – senhores feudais na França medieval – reservavam para si mesmos.

A senhoriagem representa uma pequena fração (menos de 1%) do orçamento do governo norte-americano. Além disso, preocupações com senhoriagem não têm qualquer influência sobre as decisões do Federal Reserve sobre quanta moeda imprimir; o Fed preocupa-se com inflação e desemprego, não com receita. Mas isso não foi sempre assim, mesmo nos Estados Unidos: o Norte e o Sul usaram senhoriagem para ajudar a cobrir os déficits orçamentários durante a Guerra Civil. E existiram muitas ocasiões na história em que governos usaram suas impressoras como fonte essencial de receita.

De acordo com o cenário mais comum, um governo se encontra enfrentando elevado déficit orçamentário, mas não tem competência ou vontade política para eliminar esse déficit aumentando impostos ou cortando despesas. E o governo tampouco pode tomar emprestado para cobrir a diferença, porque credores potenciais não darão empréstimos com medo de que a fraqueza do governo persistirá e isso o tornará incapaz de pagar suas dívidas.

Nessa situação, o governo acaba por imprimir moeda para cobrir o déficit público. Mas, ao imprimir moeda para pagar suas contas, o governo aumenta a quantidade de moeda em circulação. E, como acabamos de ver, o aumento na oferta de moeda mais cedo ou mais tarde se traduz em aumentos de igual montante no nível de preços agregado. Assim, imprimir dinheiro para cobrir o déficit orçamentário gera inflação.

Quem acaba pagando pelos bens e serviços que o governo compra com o dinheiro que ele acaba de imprimir? Quem paga são as pessoas que retêm dinheiro no momento. Elas pagam porque a inflação corrói o poder de compra da moeda que mantêm. Em outras palavras, o governo impõe um **imposto inflacionário**, a redução no valor da moeda mantida pelo público, ao imprimir moeda para cobrir seu déficit orçamentário e criar inflação.

Imposto inflacionário é a redução no valor da moeda mantida pelo público, como resultado da inflação.

Convém analisar o que esse imposto representa. Se a taxa de inflação é 5%, então, daqui a um ano, \$ 1 comprará bens e serviços que valem apenas \$ 0,95 hoje. Assim, uma taxa de inflação de 5% é equivalente a uma taxa de imposto de 5% sobre o valor de toda moeda mantida pelo público.

Mas por que algum governo levaria o imposto inflacionário a taxas percentuais de centenas ou de milhares? A seguir, veremos a lógica da hiperinflação.

Lógica da hiperinflação

A inflação inflige um imposto sobre os indivíduos que detêm moeda. E, como a maioria dos impostos, esse leva as pessoas a mudarem seu comportamento. Especialmente quando a inflação é alta, as pessoas evitam manter dinheiro. Em lugar disso, procuram manter bens reais, bem como substituir moeda por ativos que rendam juros. Na introdução deste capítulo, descrevemos como, durante a hiperinflação alemã, as pessoas começaram a usar ovos ou pedaços de carvão como meio de troca. Fizeram isso porque o carvão mantinha seu valor real ao longo do tempo e o dinheiro não. De fato, durante o pico da hiperinflação alemã, muita gente queimava papel-moeda em vez de carvão, por ter menos valor que madeira.

Além disso, as pessoas não se limitam a reduzir sua reserva monetária nominal – elas reduzem a reserva monetária *real*, diminuindo a quantidade de moeda que mantêm a tal ponto que esta terá poder de compra menor que a quantidade de moeda que manteriam se a inflação fosse baixa. Elas fazem isso usando a moeda para comprar bens que resistem ao tempo ou ativos que mantêm seu valor, como o ouro. Por quê? Porque, quanto mais moeda real elas tiverem, maior a quantidade real de recursos que o governo captura delas por meio do imposto inflacionário.

Agora podemos entender como os países podem chegar a situações de inflação extrema. Inflação elevada surge quando o governo tem de imprimir grande quantidade de moeda, impondo um imposto inflacionário elevado, para cobrir elevados déficits orçamentários.

Acontece que a senhoriagem coletada pelo governo durante um período curto – digamos, de um mês – é igual à mudança na oferta de moeda nesse período. Vamos usar M para indicar a oferta de moeda e o símbolo Δ para indicar "mudança mensal em". Então:

(31.1) Senhoriagem = ΔM

O valor em moeda da senhoriagem, contudo, não é muito informativo por si só. Afinal, o ponto essencial da inflação é que dada quantidade de moeda compra cada vez menos à medida que o tempo passa. Assim, é mais útil considerar a senhoriagem *real*, a receita criada pela impressão de moeda dividida pelo nível de preços, P:

(31.2) Senhoriagem real = $\Delta M/P$

A Equação 31.2 pode ser reescrita dividindo e multiplicando pelo nível corrente da oferta de moeda, M, o que resulta em:

(31.3) Senhoriagem real = $(\Delta M/M) \times (M/P)$

ou

Senhoriagem real = Taxa de crescimento da oferta de moeda × Oferta de moeda real

Mas, como acabamos de explicar, diante de inflação elevada, o público reduz a quantidade real de moeda que mantém, de modo que o termo final da Equação 31.3, M/P, fica menor. Suponha que o governo tenha de imprimir moeda em quantidade suficiente para pagar certa quantidade de bens e serviços – isto é, precisa coletar certa quantidade *real* de senhoriagem. Então, como a oferta de moeda real, M/P, cai à medida que as pessoas mantêm quantidades menores de moeda real, o governo tem de responder acelerando a taxa de crescimento da oferta de moeda, $\Delta M/M$. Isso levará a uma taxa de inflação ainda mais alta. E as pessoas respondem à nova taxa de inflação mais elevada reduzindo ainda mais a quantidade de dinheiro real que mantêm, M/P.

À medida que o processo se autorreforça, ele pode facilmente tornar-se uma espiral fora de controle. Embora não mude a quantidade de senhoriagem real que o governo, em última instância, precisa arrecadar para cobrir seu déficit, aumenta a taxa de inflação que o governo precisa impor para arrecadar essa quantia. Assim, o governo é forçado a aumentar a oferta de moeda mais rapidamente, gerando uma taxa de inflação ainda mais alta, e assim por diante.

Eis uma analogia: imagine um governo municipal que tente arrecadar muito dinheiro por meio de uma taxa sobre o estacionamento em local público. A taxa aumentará o custo do estacionamento na cidade e isso fará as pessoas adotarem substitutivos facilmente disponíveis, como andar a pé ou pegar ônibus. À medida que o número de carros estacionados declina, o governo vê que a receita da taxa sobre estacionamento também diminui, e tem de cobrar uma taxa ainda mais alta para arrecadar a mesma quantia que antes. É possível imaginar o círculo vicioso que acontece: o governo impõe uma taxa sobre estacionamento, o que leva a um uso menor do estacionamento, o que obriga o governo a aumentar a taxa de estacionamento, o que leva a um uso ainda menor do estacionamento e assim por diante.

Troque o estacionamento pela oferta de moeda e a taxa sobre estacionamento pela taxa de inflação e você tem a origem da hiperinflação. Desenvolve-se uma competição entre a impressora de dinheiro do governo e o público: a impressora solta dinheiro com rapidez cada vez maior, tentando compensar o fato de que o público está reduzindo a quantidade de moeda real que mantém. Em algum ponto, a taxa de inflação explode e se torna hiperinflação, e as pessoas passam a não querer manter moeda nenhuma (e recorrerem ao comércio com ovos e pedaços de carvão). O governo é então obrigado a abandonar seu uso do imposto inflacionário e desligar a impressora de dinheiro.

ECONOMIA >> *em Ação*

O que há por trás da inflação da Venezuela

A Venezuela é o exemplo mais recente de país com inflação altíssima. A Figura 31.2 mostrou que os aumentos no crescimento da oferta de moeda da Venezuela foram acompanhados por aumentos quase simultâneos em sua taxa de inflação. Mas por que o governo da Venezuela seguiu políticas que acabaram gerando uma inflação galopante?

A Venezuela já foi relativamente rica em comparação com outras grandes nações latino-americanas. No entanto, essa riqueza repousava sobre uma base muito estreita: a economia venezuelana dependia quase totalmente das exportações de petróleo. E muitos venezuelanos achavam que não estavam recebendo sua parte justa da receita do país, que estava sendo desviada para o benefício de uma pequena minoria rica.

Em 1999, Hugo Chávez, um populista de esquerda, assumiu o poder com a promessa de usar a riqueza do petróleo da Venezuela para ajudar os pobres e a classe trabalhadora. Por muitos anos, ele cumpriu essa promessa, pelo menos parcialmente, aumentando os gastos em programas sociais e conduzindo o que parece ter sido uma redução substancial da pobreza. No entanto, ele não fez nada para afastar a Venezuela de sua dependência do petróleo.

Figura 31.3 Preços reais do petróleo, 2010-2020.

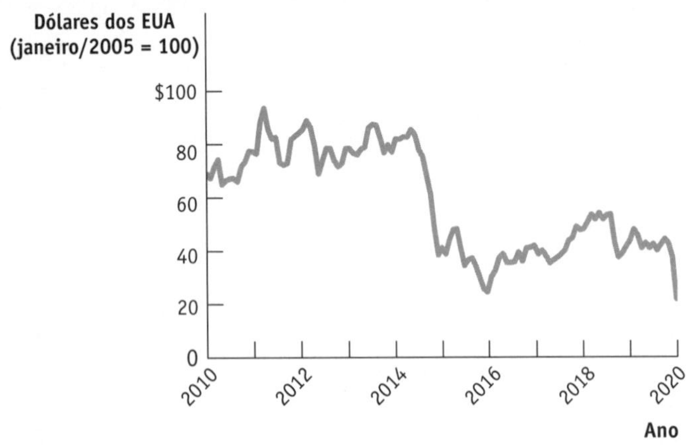

Dados de: U.S. Energy Information Administration.

Chávez morreu em 2013 e seu sucessor, Nicolas Maduro, logo se viu em apuros, sobretudo por causa do colapso dos preços mundiais do petróleo. A Figura 31.3 mostra o preço real do petróleo – ou seja, o preço ajustado pela inflação – nos Estados Unidos desde 2010. Os preços despencaram em 2013, especialmente porque o método de fraturamento hidráulico provocou aumento no fornecimento de petróleo e outros hidrocarbonetos, principalmente o gás natural. E o governo da Venezuela, profundamente dependente da receita do petróleo, não tinha mais dinheiro para pagar os programas de Chávez.

Em vez de voltar atrás ou buscar novas fontes de receita, no entanto, o governo de Maduro tentou fechar o hiato orçamentário imprimindo dinheiro. Quando isso, previsivelmente, gerou inflação, o governo venezuelano tentou suprimi-la com controles de preços, provocando uma escassez de produtos generalizada que provavelmente agravou ainda mais a inflação.

Embora existam muitos detalhes exclusivos na história da Venezuela, no geral ela se encaixa no padrão clássico, em que um governo que não pode ou não quer pagar por suas operações recorre à impressão de moeda e acaba caindo na hiperinflação.

>> *Revisão Rápida*

- O **modelo clássico do nível de preços** não distingue o curto prazo do longo prazo. Ele explica como o aumento na oferta de moeda alimenta diretamente a inflação. É uma boa descrição da realidade apenas para países com inflação persistentemente elevada ou hiperinflação.
- Governos costumam imprimir dinheiro para cobrir seu déficit orçamentário. A perda resultante no valor da moeda é denominada **imposto inflacionário**.
- Uma taxa de inflação elevada faz as pessoas reduzirem a quantidade de dinheiro real que mantêm, o que leva a mais impressão de moeda e a uma inflação mais elevada, a fim de arrecadar o imposto inflacionário. Isso pode causar uma espiral que se autorreforça e se transforma em hiperinflação.

>> *Teste seu entendimento* 31.1

As respostas estão no fim do livro.

1. Suponha que se dê um grande aumento na oferta de moeda em uma economia que anteriormente tinha inflação baixa. Em consequência, o produto agregado se expande no curto prazo. O que isso nos informa sobre situações em que o modelo clássico do nível de preços se aplica?
2. Suponha que todos os salários e preços na economia sejam indexados pela inflação – ou seja, salários e preços sejam ajustados automaticamente para incorporar os números de inflação mais recentes. Ainda assim, pode haver imposto inflacionário?

Inflação moderada e desinflação

Governos de países ricos e politicamente estáveis, como os Estados Unidos e a Grã-Bretanha, não se veem forçados a imprimir moeda para pagar suas contas. Ainda assim, nos últimos 40 anos, ambos os países, junto com várias outras nações, passaram por episódios desconfortáveis de inflação. Nos Estados Unidos, a taxa de inflação chegou ao pico de 14% no início dos anos 1980. Na Grã-Bretanha, a taxa de inflação chegou a 26% em 1975. Como os responsáveis pela política econômica permitiram que isso acontecesse?

A resposta, em resumo, é que no curto prazo políticas que produzem um *boom* na economia tendem também a produzir inflação mais alta, e políticas que reduzem a inflação tendem a deprimir a economia. Isso cria tanto tentações quanto dilemas para os governos.

Primeiro, imagine que você seja um político que terá de enfrentar eleições daqui a um ano ou dois, e suponha que a inflação seja bastante baixa no momento. Pode ser que você tenha a tentação de perseguir políticas expansionistas que pressionarão para baixo a taxa de desemprego, como forma de agradar os eleitores, mesmo que seus assessores econômicos advirtam que isso eventualmente levará a uma inflação mais alta. Você talvez tenha também a tentação de mudar sua assessoria econômica e encontrar assessores que dizem não haver problema: em política, assim como na vida comum, muitas vezes prevalecem sobre a análise realista ideias cuja origem é apenas o desejo de que sejam verdadeiras.

Por outro lado, imagine-se como um político em uma economia que esteja sofrendo inflação alta. Seus assessores econômicos provavelmente lhe dirão que a única maneira de conter a inflação é trazer a economia para uma recessão, que causará temporariamente um desemprego mais elevado. Você estará disposto a pagar esse preço? Talvez não.

Esse dilema político – decisões inflacionárias frequentemente produzem ganhos políticos de curto prazo, enquanto políticas para reduzir a inflação carregam custos políticos de curto prazo – explica como países que não precisam instituir imposto inflacionário acabam às vezes tendo sérios problemas de inflação. Por exemplo, aquela inflação de 26% na Grã-Bretanha foi em grande medida resultado de decisões governamentais britânicas de perseguir, em 1971, políticas monetária e fiscal altamente expansionistas. Os políticos britânicos ignoraram advertências de que aquelas políticas seriam inflacionárias e relutaram muito em reverter o rumo quando ficou claro que as advertências tinham sido corretas.

Mas por que políticas expansionistas levam à inflação? Para responder a essa questão, é preciso examinar primeiro a relação entre produto e desemprego.

Hiato de produto e taxa de desemprego

No Capítulo 27, apresentamos o conceito de *produto potencial*, o nível de PIB real que a economia produziria se todos os preços estivessem plenamente ajustados. O produto potencial em geral cresce constantemente ao longo do tempo, refletindo o crescimento econômico de longo prazo. Contudo, como aprendemos no modelo *AD-AS*, o produto agregado efetivo flutua em torno do produto potencial no curto prazo: um hiato de recessão surge quando o produto agregado efetivo é menor que o produto potencial; um hiato de inflação surge quando o produto agregado efetivo excede o produto potencial.

Recorde que a diferença percentual entre o nível efetivo do PIB real e o produto potencial é denominada *hiato de produto*. Um hiato de produto positivo ou negativo ocorre quando a economia está produzindo mais ou menos do que seria "esperado", porque todos os preços ainda não se ajustaram. E os salários, como aprendemos, são os preços no mercado de trabalho.

Enquanto isso, aprendemos no Capítulo 23 que a taxa de desemprego é composta do desemprego cíclico e do desemprego natural (desemprego natural é a parte da taxa de desemprego que não é afetada pelo ciclo econômico). Assim, existe conexão entre taxa de desemprego e hiato de produto. Tal conexão é definida por duas regras:

1. Quando o produto agregado efetivo é igual ao produto potencial, a taxa de desemprego efetiva é igual à taxa natural de desemprego.
2. Quando o hiato de produto é positivo (hiato de inflação), a taxa de desemprego fica *abaixo* da taxa natural. Quando o hiato de produto é negativo (hiato de recessão), a taxa de desemprego fica *acima* da taxa natural.

Em outras palavras, flutuações do produto agregado em torno da tendência de longo prazo do produto potencial correspondem a flutuações da taxa de desemprego ao redor da taxa natural.

Isso faz sentido. Quando a economia produz menos que o produto potencial, ou seja, quando o hiato de produto é negativo, ela não está fazendo pleno uso dos seus recursos produtivos. Entre os recursos que não são plenamente utilizados está o trabalho, o recurso mais importante da economia. Por conseguinte, é de se esperar que um hiato de produto negativo esteja associado com desemprego excepcionalmente alto. Por outro lado, quando a economia produz mais que o produto potencial, ela está temporariamente usando recursos a uma taxa superior à normal. Com um hiato de produto positivo, é de se esperar desemprego menor que o normal.

A Figura 31.4 confirma essa regra. O painel (a) mostra a taxa de desemprego efetivo e a natural, conforme a estimativa do Congressional Budget Office (CBO),

Figura 31.4 Desemprego cíclico e hiato de produto.

O painel (a) mostra a taxa de desemprego efetiva nos Estados Unidos de 1949 a fevereiro de 2020, junto com a estimativa da taxa natural de desemprego feita pelo escritório de orçamento do Congresso norte-americano (*Congressional Budget Office* – CBO). A taxa efetiva flutua em torno da natural, muitas vezes por períodos prolongados. O painel (b) mostra o desemprego cíclico (diferença entre a taxa de desemprego efetiva e a taxa natural) e o hiato de produto, também estimado pelo CBO. A taxa de desemprego é medida no eixo vertical esquerdo e o hiato de produto se mostra em escala invertida no eixo vertical direito. Em escala invertida, move-se na mesma direção que a taxa de desemprego: quando o hiato de produto é positivo, a taxa de desemprego efetiva está abaixo da taxa natural; quando o hiato de produto é negativo, a taxa de desemprego efetiva está acima da taxa natural. Uma série acompanha a outra de perto, mostrando a relação forte entre hiato de produto e desemprego cíclico.

Dados de: Federal Reserve Bank of St. Louis.

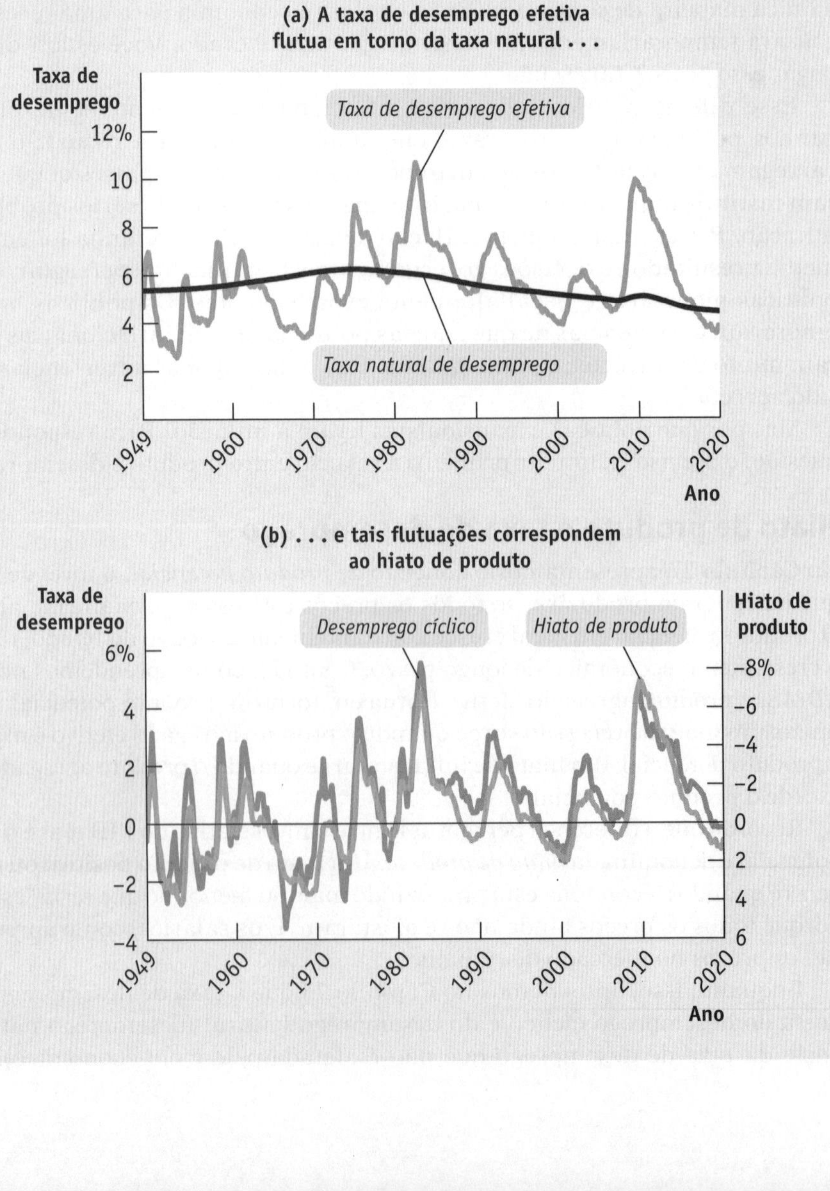

o escritório de orçamento do Congresso norte-americano. O painel (b) mostra duas séries. Uma é o desemprego cíclico: a diferença entre o desemprego efetivo e a estimativa da taxa natural de desemprego do CBO, medida à esquerda. A outra é a estimativa do mesmo CBO para o hiato de produto, medida à direita. Para tornar a relação mais clara, a série do hiato de produto é "invertida", mostrada de cabeça para baixo, de modo que a linha desce quando o produto efetivo sobe além do produto potencial, e a linha sobe quando o produto efetivo cai mais que o produto potencial.

Como se pode ver, as duas séries se movem em conjunto, mostrando uma forte relação entre hiato de produto e desemprego cíclico. Anos de elevado desemprego cíclico, como 1982, 1992 ou 2009, também foram anos de hiato de produto fortemente negativo. Anos de baixo desemprego cíclico, como o fim dos anos 1960 ou 1990 até o início da década de 2000, foram também anos de hiatos de produto fortemente positivos.

Lei de Okun é a relação negativa entre o hiato de produto e o desemprego cíclico.

PARA MENTES CURIOSAS A lei de Okun

Embora o desemprego cíclico e o hiato de produto movam-se em conjunto, o desemprego cíclico parece mover-se *menos* que o hiato de produto. Por exemplo, o hiato de produto atingiu –8% em 1982, mas o desemprego cíclico alcançou apenas 4%. Essa observação é a base de uma relação importante originalmente descoberta por Arthur Okun.

As estimativas modernas da **lei de Okun** – relação negativa entre o hiato de produto e a taxa de desemprego – normalmente verificam que um aumento no hiato de produto de um ponto percentual reduz a taxa de desemprego em cerca de meio ponto percentual.

Suponhamos, por exemplo, que a taxa natural de desemprego seja 5,2% e que a economia esteja atualmente produzindo 98% do produto potencial. Nesse caso, o hiato de produto é –2% e a lei de Okun prevê uma taxa de desemprego de 5,2% – 0,5 × (–2%) = 6,2%.

O fato de que um aumento de 1% no produto reduz a taxa de desemprego em apenas metade de 1% pode parecer estranho: poder-se-ia imaginar que há relação de um para um entre o hiato de produto e o desemprego. Um aumento de 1% no produto agregado não exigiria aumento de 1% no emprego? E isso não deveria deduzir 1% da taxa de desemprego?

A resposta é não: há diversas razões bem conhecidas para que a relação entre mudanças no hiato de produto e mudanças na taxa de desemprego não seja de um para um. A primeira é que as empresas geralmente atendem a mudanças de demanda, em parte, modificando o número de horas trabalhadas de seus empregados existentes. Por exemplo, uma empresa que experimenta aumento repentino na demanda por seus produtos pode resolver a situação pedindo (ou exigindo) que seus trabalhadores trabalhem mais horas, em vez de contratar mais trabalhadores. Por outro lado, uma empresa que vê suas vendas caírem, com frequência, reduzirá as horas trabalhadas em vez de demitir empregados. Esse comportamento atenua o efeito de flutuações do produto sobre o número de trabalhadores empregados.

Além disso, o número de trabalhadores procurando emprego é afetado pela disponibilidade de empregos. Suponha que o número de empregos caia em um milhão. O desemprego medido vai aumentar em menos de um milhão, pois alguns trabalhadores desempregados ficam desencorajados e desistem de procurar emprego. (Lembre-se de que os trabalhadores só são contados como desempregados quando estão ativamente procurando emprego.) Por outro lado, se a economia criar um milhão de empregos, algumas pessoas que não estavam ativamente em busca de emprego vão começar a procurar; a consequência é que o desemprego medido vai diminuir em menos de um milhão.

Finalmente, a taxa de crescimento da produtividade em geral acelera nos períodos de *boom* e desacelera e até se torna negativa nos períodos de estagnação econômica. Os motivos disso são objeto de alguma controvérsia entre economistas. A consequência, contudo, é que os efeitos de rápida expansão da economia ou de forte desaceleração sobre a taxa de desemprego são suavizados.

A curva de Phillips de curto prazo

Acabamos de ver que políticas expansionistas causam uma taxa de desemprego mais baixa. O passo seguinte para entender as tentações e os dilemas enfrentados pelos governos é mostrar que há um *trade-off* de curto prazo entre desemprego e inflação: desemprego mais baixo tende a gerar inflação mais alta e vice-versa. O conceito-chave é o da *curva de Phillips*.

As origens desse conceito estão em um trabalho famoso de 1958, de autoria do economista neozelandês A. W. H. Phillips. Observando dados históricos para a Grã-Bretanha, Phillips notou que, quando a taxa de desemprego é alta, o nível de salários tende a cair e, quando a taxa de desemprego é baixa, o nível de salários tende a subir. Usando dados para a Grã-Bretanha, para os Estados Unidos e outros países, outros economistas logo encontraram um padrão similar entre a taxa de desemprego e a taxa de inflação – isto é, a taxa de mudança no nível de preços agregado. Por exemplo, a Figura 31.5 mostra a taxa de desemprego e a taxa da inflação de preços ao consumidor para os Estados Unidos, de um ano em relação ao ano anterior, entre 1955 e 1968, sendo que cada ponto representa um ano.

Por evidências como as da Figura 31.5, muitos economistas concluíram que existe relação negativa de curto prazo entre a taxa de desemprego e a taxa de inflação, que é chamada de **curva de Phillips de curto prazo** ou *SRPC* (em inglês: *Short-Run Phillips Curve*); logo explicaremos a diferença entre a curva de Phillips de curto prazo e a de longo prazo. A Figura 31.6 mostra uma curva de Phillips hipotética de curto prazo.

Curva de Phillips de curto prazo é a relação negativa de curto prazo entre taxa de desemprego e taxa de inflação.

As primeiras estimativas da curva de Phillips para os Estados Unidos eram muito simples: elas mostravam a relação negativa entre taxa de desemprego e taxa de inflação sem levar em conta quaisquer outras variáveis. Durante as décadas de 1950 e 1960, essa abordagem simples pareceu adequada por algum tempo. E essa relação simples está clara nos dados da Figura 31.5.

Mesmo naquela época, entretanto, alguns economistas argumentavam que uma curva de Phillips mais precisa deveria incluir outros fatores. No Capítulo 27, discutimos o efeito de *choque de oferta*, tais como mudanças súbitas no preço

Figura 31.5 Desemprego e inflação, EUA, 1955-1968.

Cada ponto mostra a taxa média de desemprego dos Estados Unidos em um ano e o aumento percentual no índice de preços ao consumidor no ano subsequente. Dados como esses estão por trás do conceito inicial da curva de Phillips.
Dados de: Bureau of Labor Statistics.

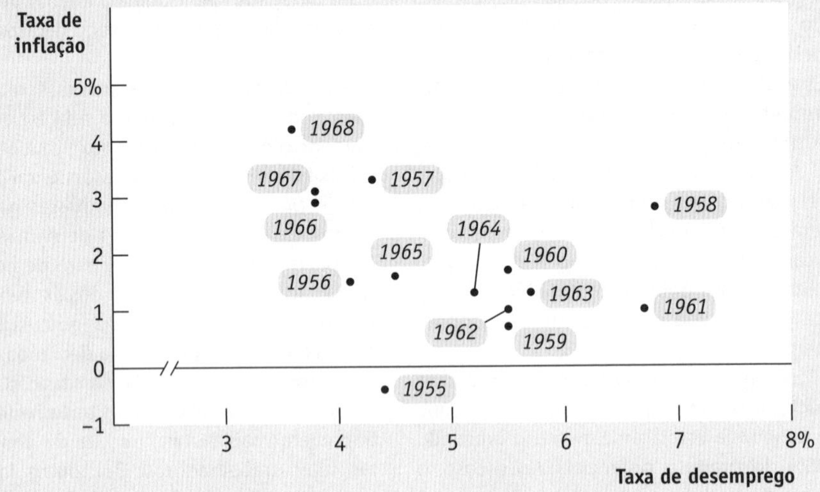

Figura 31.6 Curva de Phillips de curto prazo.

A curva de Phillips de curto prazo, *SRPC*, tem inclinação para baixo porque a relação entre taxa de desemprego e taxa de inflação é negativa.

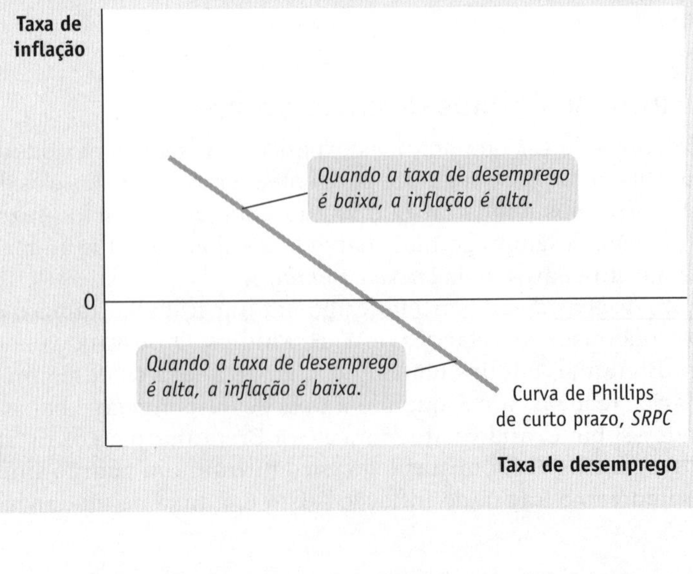

do petróleo, que deslocam a curva de oferta agregada de curto prazo. Esses choques também deslocam a curva de Phillips de curto prazo: preços do petróleo em alta foram um importante motor da inflação dos anos 1970, e da mesma forma desempenharam papel importante na aceleração da inflação em 2007-2008. Um choque de oferta negativo geralmente desloca a *SRPC* para cima, na medida em que a taxa de inflação aumenta para todos os níveis de taxa de desemprego, e um choque de oferta positivo desloca a *SRPC* para baixo na medida em que a taxa de inflação se reduz para todos os níveis da taxa de desemprego. Os dois resultados são apresentados na Figura 31.8.

Mas choques de oferta não são os únicos fatores que podem mudar a taxa de inflação. No início dos anos 1960, os norte-americanos tinham pouca experiência

PARA MENTES CURIOSAS A curva de oferta agregada e a curva de Phillips de curto prazo

Em capítulos anteriores, fizemos extenso uso do modelo de demanda agregada-oferta agregada (modelo *AD-AS*), em que a curva de oferta agregada de curto prazo – ou seja, a relação entre o PIB real e o nível de preços agregado – desempenha um papel central. Agora, apresentamos o conceito de curva de Phillips de curto prazo, uma relação entre a taxa de desemprego e a taxa de inflação. Como esses dois conceitos se combinam?

Podemos obter uma resposta parcial a essa questão observando o painel (a) da Figura 31.7, que mostra como mudanças no nível agregado de preços, bem como no hiato de produto, dependem de mudanças na demanda agregada. Suponha que no ano 1 a curva de demanda agregada seja AD_1, a curva de oferta agregada de longo prazo seja *LRAS* e a curva de oferta agregada de curto prazo seja *SRAS*. O equilíbrio macroeconômico inicial está em E_1, onde o nível de preços é 100 e o PIB real é $ 10 trilhões. Note que, em E_1, o PIB real é igual ao produto potencial, de modo que o hiato de produto é zero.

Considere agora dois caminhos possíveis para a economia no próximo ano. Em um deles, a demanda agregada permanece inalterada e que a economia fica em E_1. No outro, a demanda agregada sobe para AD_2 e a economia se move para E_2.

Em E_2, o PIB real é $ 10,4 trilhões, $ 0,4 trilhão a mais que o produto potencial – um hiato de produto de 4%. Enquanto isso, em E_2 o nível de preços agregado é 102 – um aumento de 2%. Assim, o painel (a) nos diz que, nesse exemplo, um hiato de produto de zero está associado a inflação zero e que um hiato de produto de 4% está associado a 2% de inflação.

O painel (b) mostra o que isso implica para a relação entre desemprego e inflação. Suponha que a taxa natural de desemprego seja 6% e que um aumento de um ponto percentual no hiato de produto cause uma queda de meio ponto percentual na taxa de desemprego, segundo a lei de Okun (descrita na seção Para Mentes Curiosas anterior). Nesse exemplo, os dois casos que se mostram no painel (a) – demanda agregada inalterada ou em elevação – correspondem a dois pontos no painel (b). Em E_1, a taxa de desemprego é 6% e a taxa de inflação é 0%. Em E_2, a taxa de desemprego é 4%, porque um hiato de produto de 4% reduz a taxa de desemprego em 4% × 0,5 = 2%, e a taxa de inflação é 2%. Assim, há relação negativa entre desemprego e inflação.

Quer dizer, então, que a curva de oferta agregada de curto prazo diz a mesma coisa que a curva de Phillips de curto prazo? Não exatamente. A curva de oferta agregada de curto prazo parece implicar uma relação entre a *mudança* na taxa de desemprego e a taxa de inflação, mas a curva de Phillips de curto prazo mostra uma relação entre o *nível* da taxa de desemprego e a taxa de inflação. Reconciliar inteiramente essas duas ideias vai além do escopo deste livro. O importante é que a curva de Phillips de curto prazo é um conceito estreitamente associado, ainda que não idêntico, à curva de oferta agregada de curto prazo.

Figura 31.7 Modelo *AD-AS* e curva de Phillips de curto prazo.

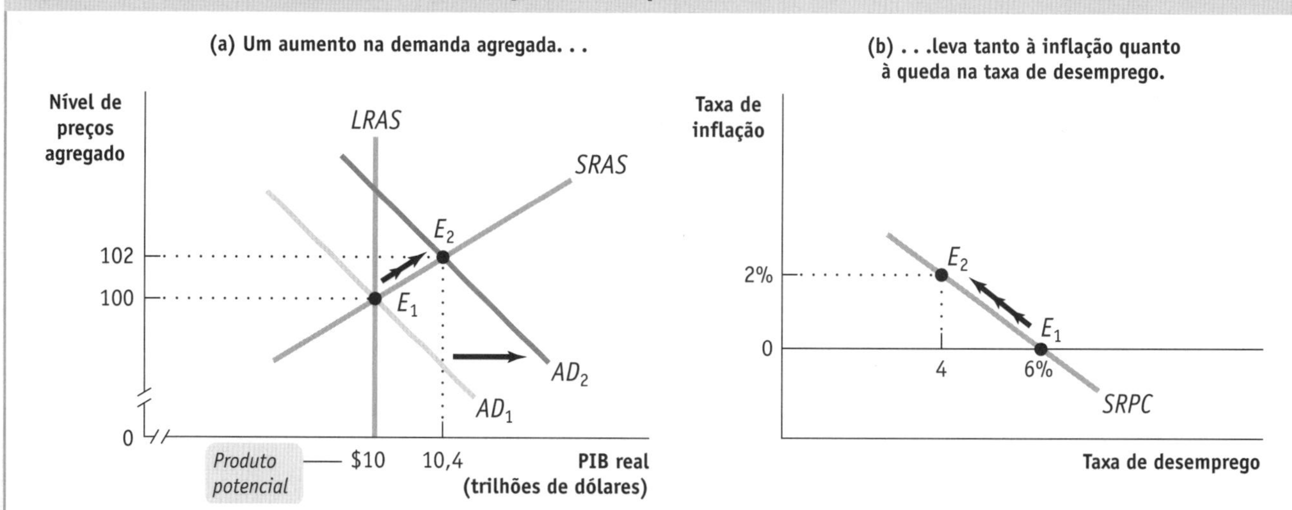

Figura 31.8 Curva de Phillips de curto prazo e choques de oferta.

Um choque de oferta negativo desloca a *SRPC* para cima e um choque de oferta positivo desloca a *SRPC* para baixo.

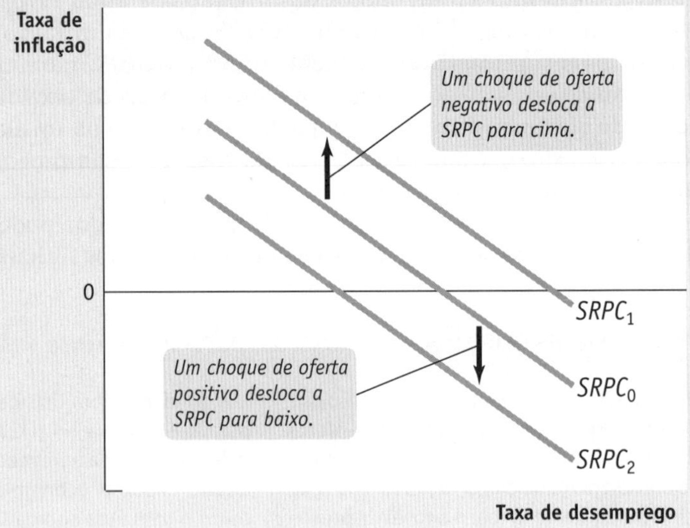

com inflação, pois as taxas de inflação haviam sido baixas durante décadas. Mas, no final dos anos 1960, depois que a inflação aumentou constantemente por alguns anos, eles provavelmente passaram a esperar inflação futura. Em 1968, dois economistas, Milton Friedman, da Universidade de Chicago, e Edmund Phelps, da Universidade Columbia, independentemente, anunciaram uma hipótese crucial: expectativas de inflação futura afetam diretamente a taxa de inflação presente. Atualmente, a maioria dos economistas aceita que a *taxa de inflação esperada* – a taxa de inflação que empregadores e trabalhadores esperam no futuro próximo – é o fator mais importante que afeta a inflação, além da taxa de desemprego.

Expectativas inflacionárias e curva de Phillips de curto prazo

Taxa de inflação esperada é a taxa de inflação que empregadores e trabalhadores esperam em um futuro próximo.

Taxa de inflação esperada é a taxa de inflação que empregadores e trabalhadores esperam em um futuro próximo. Uma das descobertas cruciais da moderna macroeconomia é que a taxa de inflação esperada afeta o *trade-off* de curto prazo entre desemprego e inflação e desloca a curva de Phillips de curto prazo.

Por que as mudanças na inflação esperada afetam a curva de Phillips de curto prazo? Ponha-se no lugar de um trabalhador ou empregador que esteja para assinar um contrato fixando os salários dos trabalhadores para o ano seguinte. Por uma série de motivos, o nível salarial com o qual eles vão concordar será mais alto se todos esperam inflação mais alta (incluindo salários em ascensão) do que se todos esperam que os preços permaneçam estáveis. Os trabalhadores vão querer um salário que leve em conta quedas futuras no poder de compra de seus rendimentos. Vão querer também um salário que não fique atrás dos salários dos outros trabalhadores. E o empregador estará mais disposto a concordar com o aumento de salários agora se acha que contratar trabalhadores mais tarde vai ser ainda mais caro. Ademais, preços em ascensão tornarão mais fácil para o empregador pagar salários mais altos, pois o produto do empregador estará sendo vendido por mais.

Por esses motivos, um aumento na inflação esperada desloca a curva de Phillips de curto prazo para cima: a taxa de inflação efetiva, sob qualquer taxa de desemprego, é mais alta quando a taxa de inflação esperada é mais alta. De fato, os macroeconomistas acreditam que a relação entre mudanças na inflação esperada e mudanças na inflação efetiva seja de um para um. Ou seja, quando a taxa de inflação esperada aumenta, a taxa de inflação efetiva sob qualquer taxa de desemprego aumenta no mesmo montante. Quando a taxa de inflação esperada cai, a taxa de inflação efetiva em qualquer nível de desemprego cai no mesmo montante.

A Figura 31.9 mostra como a taxa de inflação esperada afeta a curva de Phillips de curto prazo. Primeiro, suponha que a taxa de inflação esperada seja 0%. $SRPC_0$ é a curva de Phillips de curto prazo quando o público espera uma inflação de 0%. De acordo com $SRPC_0$, a taxa de inflação efetiva será 0% se a taxa de desemprego for 6%; será 2% se a taxa de desemprego for 4%.

De forma alternativa, suponha que a taxa de inflação esperada seja 2%. Nesse caso, os empregadores e os trabalhadores vão incorporar essa expectativa nos salários e preços. Com qualquer taxa de desemprego, a taxa de inflação efetiva será dois pontos percentuais mais alta do que seria se as pessoas esperassem 0% de inflação. $SRPC_2$, que mostra a curva de Phillips quando a inflação esperada é 2%, é $SRPC_0$ deslocada para cima em dois pontos percentuais em cada nível de desemprego. De acordo com $SRPC_2$, a taxa de inflação efetiva será 2% se a taxa de desemprego for 6%; será 4% se a taxa de desemprego for 4%.

O que determina a taxa de inflação esperada? Em geral, as pessoas baseiam suas expectativas sobre inflação na experiência. Se a taxa de inflação ficou em torno de 0% nos últimos tempos, as pessoas vão esperar que ela continue em torno de 0% no futuro próximo. Mas, se a taxa de inflação tem sido em média 5% nos últimos tempos, elas vão esperar que a inflação esteja em torno de 5% no futuro próximo.

Dado que a inflação esperada é uma parte importante da moderna discussão sobre a curva de Phillips de curto prazo, você pode questionar por que isso não estava na formulação original da curva de Phillips. A resposta está na história. Recorde o que dissemos sobre o início dos anos 1960: naquela época, as pessoas estavam acostumadas a taxas de inflação baixas e com razão esperavam que a inflação futura também fosse modesta. Somente depois de 1965 é que a inflação persistente tornou-se um fato comum do cotidiano. Dessa forma, foi somente aí que os economistas começaram a argumentar que a inflação esperada desempenharia um papel importante na fixação de preços.

Com certeza, a relação aparentemente simples entre inflação e desemprego desapareceu depois de 1969. A Figura 31.10 representa a sequência das taxas de desemprego e de inflação de 1961 a 1990. Como se pode ver, o traçado tem mais aparência de um fio de linha enrolado do que de uma curva suave.

Durante grande parte da década de 1970 e início dos anos 1980, a economia sofreu de uma combinação de taxas de desemprego acima da média com taxas de inflação sem precedentes na história norte-americana moderna. Essas condições passaram a ser conhecidas como *estagflação* (estagnação combinada com alta inflação). No fim dos anos 1990, em contraste, a economia estava experimentando uma combinação abençoada de baixo desemprego e baixa inflação. O que explica esses movimentos?

Figura 31.9 Inflação esperada e curva de Phillips de curto prazo.

Um aumento na inflação esperada desloca a curva de Phillips de curto prazo para cima. $SRPC_0$ é a curva de Phillips de curto prazo com uma taxa de inflação esperada de 0%; $SRPC_2$ é a curva de Phillips de curto prazo com uma taxa de ação esperada de 2%. Cada ponto percentual adicional de inflação esperada aumenta a taxa de inflação efetiva, sob qualquer taxa de desemprego dada, em um ponto percentual.

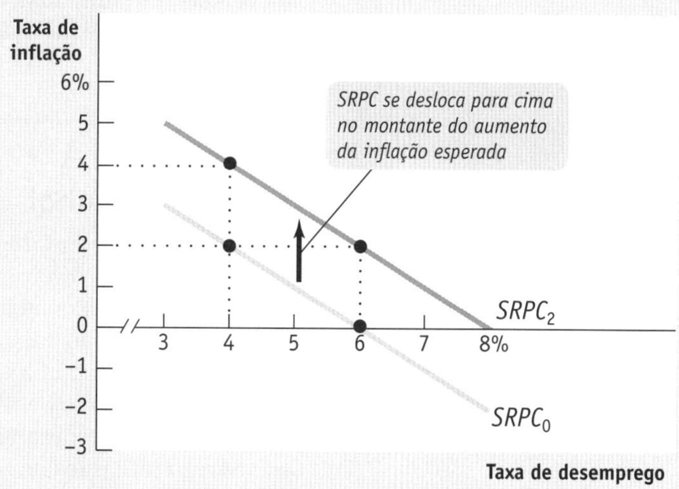

Figura 31.10 Desemprego e inflação nos EUA, 1961-1990.

Na década de 1970, a relação da curva de Phillips de curto prazo que parecia se manter durante as décadas de 1950 e 1960 desapareceu quando a economia dos EUA experimentou uma combinação de alto desemprego e alta inflação. Economistas acreditam que isso foi resultado tanto de choques negativos de oferta quanto do efeito cumulativo de vários anos de inflação acima do esperado. A inflação caiu durante a década de 1980, e a década de 1990 foi uma época de baixo desemprego e baixa inflação.

Dados de: Bureau of Labor Statistics.

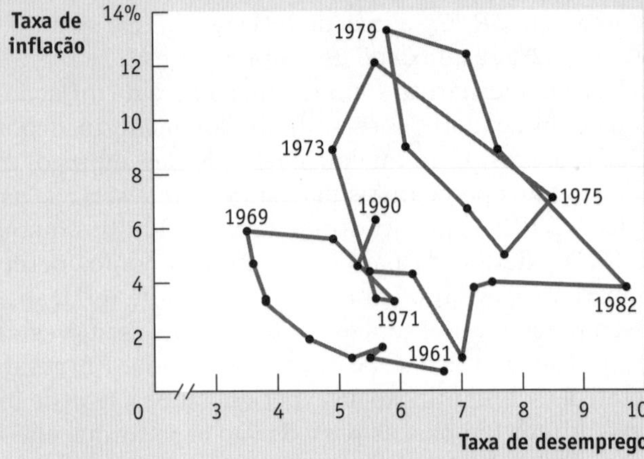

Parte da resposta pode ser atribuída à série de choques de oferta que a economia norte-americana sofreu durante a década de 1970. O preço do petróleo, em particular, subiu muito na medida em que guerras e revoluções no Oriente Médio causaram redução da oferta de petróleo e os países exportadores de petróleo deliberadamente reduziram a produção para fazerem os preços subir. Multiplicando o efeito do choque de preços do petróleo, houve também uma desaceleração no crescimento da produtividade do trabalho. Esses fatores deslocaram para cima a curva de Phillips de curto prazo. Em contraste, durante os anos 1990, os choques de oferta foram positivos. Os preços do petróleo e de outras matérias-primas em geral estavam caindo e o crescimento da produtividade acelerava. Em consequência, a curva de Phillips de curto prazo se deslocou para baixo.

Igualmente importante, contudo, foi o papel das expectativas inflacionárias. Como mencionamos antes neste capítulo, a inflação acelerou durante os anos 1960. Durante a década de 1970, o público passou a esperar inflação mais alta e isso também deslocou para cima a curva de Phillips de curto prazo. Foi necessário esforço constante e custoso durante os anos 1980 para conseguir reduzir de novo a inflação. O resultado, contudo, foi que as expectativas inflacionárias passaram a ser muito baixas no fim dos anos 1990, permitindo que a inflação fosse reduzida mesmo com taxas de desemprego baixas.

De fato, a maioria dos macroeconomistas acredita que, desde os anos 1990, recriaram-se condições mais ou menos semelhantes àquelas que prevaleceram nas décadas de 1950 e 1960: as pessoas esperam que a inflação permaneça baixa e estável. Como dizem alguns analistas, as expectativas de inflação agora estão "ancoradas" em uma taxa anual em torno de 2%. Como resultado, a relação atual entre desemprego e inflação se parece muito com a curva de Phillips original.

ECONOMIA >> *em Ação*

O aperto espanhol

A relação entre desemprego e inflação não é muito precisa; poucas relações na economia são. Em fevereiro de 2020, a taxa de desemprego dos EUA havia caído para apenas 3,5%, bem abaixo de seu nível antes da crise financeira de 2008, mas a inflação permaneceu baixa. Os economistas não sabiam o motivo ao certo, embora alguns sugerissem que a taxa de desemprego não era um indicador tão bom da restrição do mercado de trabalho quanto costumava ser.

Ainda assim, esperaríamos ver movimentos realmente grandes na taxa de desemprego refletidos na taxa de inflação. E é isso que vemos olhando para países que experimentaram desemprego muito alto depois da crise.

A Espanha é o exemplo de país que passou por altos e baixos dramáticos desde o começo do século XXI. De 2000 a 2007, ela experimentou um grande *boom*, impulsionado por enorme bolha imobiliária, maior do que a experimentada nos Estados Unidos. Quando essa bolha estourou, a Espanha caiu em uma profunda recessão, agravada por grandes cortes nos gastos do governo, com o objetivo de tranquilizar investidores preocupados com a dívida do governo espanhol. Como resultado, a taxa de desemprego disparou, atingindo incríveis 26% em 2013. Desde então, a Espanha vem se recuperando gradualmente.

Teriam as grandes oscilações na taxa de desemprego da Espanha ocasionado mudanças na taxa de inflação? Sim. A Figura 31.11 mostra o desemprego espanhol contra a inflação (medida pelo deflator do PIB) de 2000 a 2019. Os anos de baixa taxa de desemprego foram marcados por uma inflação relativamente alta, e os anos de altíssima taxa de desemprego por uma inflação muito baixa.

Figura 31.11 Curva de Phillips na Espanha, 2000-2019.

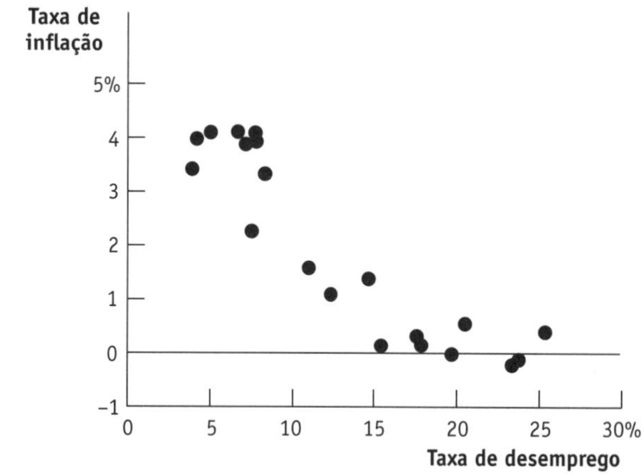

Dados de: Organization for Economic Co-operation and Development.

Você deve ter notado que, para a Espanha, "baixo desemprego" ainda significava taxas de desemprego de 8 a 10%, altas para os padrões dos EUA. De fato, a Espanha parece ter um índice alto de desemprego medido, mesmo quando a economia parece estar em franca expansão. Um dos motivos é que alguns espanhóis "desempregados" na verdade têm emprego, mas estão trabalhando informalmente para evitar impostos e regulamentações.

>> Teste seu entendimento 31.2

As respostas estão no fim do livro.

1. Explique como a curva de Phillips de curto prazo pode ser imaginada como uma relação entre desemprego cíclico e a taxa de inflação efetiva para dado nível da taxa de inflação esperada.
2. Em que direção se move a curva de Phillips de curto prazo em resposta a uma queda no preço das *commodities*? E a um aumento no preço das *commodities*? Explique.

>> *Revisão Rápida*

- A **lei de Okun** descreve a relação entre o hiato de produto e o desemprego cíclico.
- A **curva de Phillips de curto prazo** ilustra a relação negativa entre desemprego e inflação.
- Um choque de oferta negativo desloca a curva de Phillips de curto prazo para cima, mas um choque de oferta positivo a desloca para baixo.
- Um aumento na **taxa de inflação esperada** pressiona para cima a curva de Phillips de curto prazo: cada ponto percentual adicional de inflação esperada aumenta em um ponto percentual a taxa de inflação efetiva para qualquer nível de desemprego.
- Na década de 1970, uma série de choques de oferta negativos e a desaceleração no crescimento da produtividade do trabalho trouxeram *estagflação* e deslocamento para cima da curva de Phillips de curto prazo.

Inflação e desemprego no longo prazo

A curva de Phillips de curto prazo diz que, em qualquer momento do tempo, existe *trade-off* entre desemprego e inflação. De acordo com essa visão, os responsáveis pela política econômica têm uma escolha: podem optar por aceitar o preço de uma inflação alta a fim de alcançar baixo desemprego. De fato, durante os anos 1960, muitos economistas acreditavam que essa fosse de fato uma escolha real.

Tal visão, contudo, foi alterada enormemente com o reconhecimento posterior de que a inflação esperada afeta a curva de Phillips de curto prazo. No curto prazo, as expectativas muitas vezes divergem da realidade. No longo prazo, contudo, qualquer taxa de inflação consistente será refletida nas expectativas. Se a inflação é consistentemente alta, como foi nos anos 1970, as pessoas começarão a esperar que a mesma coisa aconteça; e se a inflação é consistentemente baixa, como foi em tempos recentes, isso do mesmo modo fará parte das expectativas.

O que acontece então com o *trade-off* entre inflação e desemprego no longo prazo, quando a inflação efetiva é incorporada às expectativas? A maioria dos macroeconomistas acredita que, de fato, não há *trade-off* no longo prazo. Ou seja, não é possível alcançar desemprego mais baixo no longo prazo aceitando uma inflação mais alta. Para vermos o porquê disso, precisamos trazer mais um conceito: a *curva de Phillips de longo prazo*.

Curva de Phillips de longo prazo

A Figura 31.12 reproduz as duas curvas de Phillips de curto prazo da Figura 31.9, $SRPC_0$ e $SRPC_2$. Ela também acrescenta mais uma curva de Phillips de curto prazo, $SRPC_4$, que representa uma taxa de inflação esperada de 4%. Explicaremos em um instante o significado da curva de Phillips de longo prazo vertical, *LRPC*.

Suponhamos que a economia tenha tido no passado uma taxa de inflação de 0%. Nesse caso, a curva de Phillips de curto prazo corrente refletirá uma taxa de inflação esperada de 0% e será $SRPC_0$. Se a taxa de desemprego é 6%, a taxa de inflação efetiva é 0%.

Suponhamos também que os responsáveis pela política econômica decidam trocar desemprego mais baixo por inflação mais alta. Eles usam política monetária, política fiscal ou ambas para pressionar a taxa de desemprego para baixo até 4%. Isso coloca a economia no ponto *A* em $SRPC_0$, gerando taxa de inflação efetiva de 2%.

Com o passar do tempo, o público passará a esperar uma taxa de inflação de 2%. *Esse aumento nas expectativas inflacionárias deslocará a curva de Phillips de curto prazo para cima*, até $SRPC_2$. Agora, quando a taxa de desemprego é 6%, a taxa de inflação efetiva é 2%. Dada essa nova curva de Phillips de curto prazo, as políticas adotadas para manter a taxa de desemprego em 4% levarão a uma taxa de inflação efetiva de 4%, ponto *B* em $SRPC_2$, em vez do ponto *A* com inflação efetiva de 2%.

Eventualmente, essa taxa de inflação efetiva de 4% é incorporada às expectativas de inflação futura, e a curva de Phillips de curto prazo se desloca de novo para cima, até $SRPC_4$. Para manter a taxa de desemprego em 4%, seria necessário agora aceitar uma taxa de inflação efetiva de 6% (ponto *C* em $SRPC_4$), e assim por diante. Em resumo, uma tentativa persistente de trocar desemprego mais baixo por inflação mais alta acarreta *aceleração* da inflação ao longo do tempo.

Para evitar aceleração da inflação ao longo do tempo, a taxa de desemprego tem de ser suficientemente alta para que a taxa de inflação efetiva corresponda à taxa de inflação esperada.

Essa é a situação em E_0 sobre $SRPC_0$: quando a taxa de inflação esperada é 0% e a taxa de desemprego é 6%, a taxa de inflação efetiva é 0%. É também a situação em E_2 sobre $SRPC_2$: quando a inflação esperada é 2% e a taxa de desemprego é 6%, a taxa de inflação efetiva é 2%. E é a situação em E_4 sobre $SRPC_4$: quando a taxa de inflação esperada é 4% e a taxa de desemprego é 6%, a taxa de inflação efetiva

Figura 31.12 NAIRU e curva de Phillips de longo prazo.

$SRPC_0$ é a curva de Phillips de curto prazo quando a taxa de inflação esperada é 0%. A uma taxa de desemprego de 4%, a economia está no ponto *A*, com taxa de inflação de 2%. A taxa de inflação mais alta será incorporada às expectativas e *SRPC* se elevará até $SRPC_2$. Se os responsáveis pela política econômica atuarem para manter a taxa de desemprego em 4%, a economia estará em *B* e a taxa de inflação aumentará para 4%. As expectativas inflacionárias serão de novo revistas para cima, e *SRPC* se elevará até $SRPC_4$. A uma taxa de desemprego de 4%, a economia estará no ponto *C* e a taxa de inflação aumentará para 6%. Aqui, uma taxa de desemprego de 6% é a NAIRU (*nonaccelerating inflation rate of unemployment* – taxa de desemprego que não acelera a inflação). Desde que o desemprego seja o da NAIRU, a taxa de inflação efetiva corresponderá às expectativas e permanecerá estável. Taxa de desemprego abaixo de 6% implica uma inflação cada vez mais acelerada. A curva de Phillips de longo prazo, *LRPC*, que passa pelos pontos E_0, E_2 e E_4, é vertical: no longo prazo, não há *trade-off* entre desemprego e inflação.

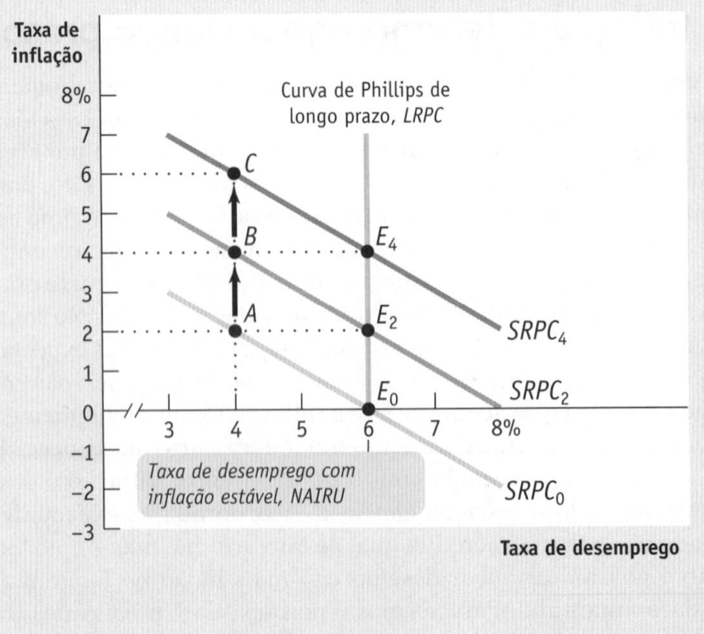

é 4%. Essa relação entre aceleração da inflação e taxa de desemprego é conhecida como *hipótese da taxa natural*.

A taxa de desemprego sob a qual a inflação não muda ao longo do tempo – 6% na Figura 31.12 – é conhecida como **NAIRU**, a **taxa de desemprego com inflação estável**. Taxas de desemprego abaixo da NAIRU produzem uma inflação que se acelera constantemente e não podem ser mantidas. A maioria dos macroeconomistas acredita que exista uma NAIRU e que não haja *trade-off* de longo prazo entre desemprego e inflação.

Taxa de desemprego com inflação estável, ou **NAIRU**, é a taxa de desemprego em que a inflação não muda com o tempo.

Agora podemos explicar o significado da linha vertical *LRPC*. É a **curva de Phillips de longo prazo**, a relação entre desemprego e inflação no longo prazo, depois que as expectativas de inflação tiveram tempo de se ajustar à experiência. Ela é vertical porque qualquer taxa de desemprego abaixo da NAIRU provoca uma inflação que se acelera cada vez mais. Em outras palavras, a curva de Phillips de longo prazo mostra que há limites para políticas expansionistas, porque uma taxa de desemprego abaixo da NAIRU não pode ser mantida no longo prazo. Além disso, há um ponto que ainda não enfatizamos: qualquer taxa de desemprego acima da NAIRU implica inflação em desaceleração.

A **curva de Phillips de longo prazo** mostra a relação entre desemprego e inflação depois que as expectativas de inflação tiveram tempo de se ajustar à experiência.

Taxa natural de desemprego revisitada

Recorde que a taxa natural de desemprego é a parte da taxa de desemprego não afetada pelas oscilações do ciclo econômico. Agora introduzimos o conceito da *NAIRU*. Como esses dois conceitos se inter-relacionam?

A resposta é que NAIRU é outro nome para a taxa natural de desemprego. O nível de desemprego que a economia "precisa" a fim de evitar uma aceleração da inflação é igual à taxa natural de desemprego.

Na verdade, os economistas estimam a taxa natural de desemprego buscando evidência sobre a NAIRU a partir do comportamento da taxa de inflação e da taxa de desemprego ao longo do ciclo econômico. Por exemplo, foi por meio de uma experiência desagradável que os principais países europeus descobriram, para seu desalento, que suas taxas naturais de desemprego eram 9% ou mais por volta de 1990. No fim da década de 1980 e de novo no fim dos anos 1990, a inflação europeia começou a acelerar à medida que as taxas de desemprego na Europa, que tinham estado acima de 9%, começaram a cair, aproximando-se de 8%.

Na Figura 31.4, citamos estimativas para a taxa natural de desemprego dos Estados Unidos feitas pelo CBO, o escritório do Congresso norte-americano para orçamento. O CBO tem um modelo que prevê mudanças na taxa de inflação com base nos desvios da taxa de desemprego efetiva em relação à taxa natural. Considerando dados sobre desemprego efetivo e inflação, esse modelo pode ser usado para deduzir estimativas da taxa natural, e é daí que vêm os números do CBO. Em 2017, as estimativas da CBO eram de que a taxa natural de desemprego nos Estados Unidos situava-se em 4,7%.

Custos da desinflação

Por meio da experiência, os responsáveis pela política econômica verificaram que reduzir a inflação é uma tarefa muito mais árdua do que aumentá-la. A razão é que, depois que o público passa a esperar inflação continuada, trazer a inflação de volta para níveis mais baixos é doloroso.

Uma tentativa persistente de manter a taxa de desemprego abaixo da taxa natural provoca uma aceleração da inflação que se incorpora nas expectativas. Para reduzir as expectativas inflacionárias, os responsáveis pela política econômica têm de levar a cabo o processo inverso, adotando políticas contracionistas para manter a taxa de desemprego acima da taxa natural por um período prolongado. O processo de reduzir a inflação que se incorporou às expectativas é conhecido como *desinflação*, um conceito discutido no Capítulo 23.

A desinflação pode ser muito dispendiosa. Como documenta a próxima seção Economia em Ação, o processo de retroceder da inflação alta do início dos anos 1980, nos Estados Unidos, parece ter custado o equivalente a cerca de 18% do

PIB real de um ano, o que corresponde a cerca de US$ 3,7 trilhões de hoje. A justificativa para pagar esses custos é que eles geram ganho permanente. Embora a economia não recupere as perdas de produtividade de curto prazo causadas pela desinflação, ela não mais sofre dos outros custos associados com inflação persistentemente alta. De fato, os Estados Unidos, a Grã-Bretanha e outros países ricos que experimentaram inflação nos anos 1970 acabaram decidindo que o benefício de reduzir a inflação compensava o sofrimento necessário – a considerável redução do PIB real no curto prazo.

Alguns economistas argumentam que os custos da desinflação poderão ser reduzidos se os responsáveis pela política econômica afirmarem explicitamente sua determinação de reduzir a inflação. Uma política de desinflação claramente anunciada e plausível, segundo eles, pode reduzir as expectativas de inflação futura e, assim, deslocar a curva de Phillips de curto prazo para baixo. Alguns economistas acreditam que a determinação clara do Federal Reserve de combater a inflação dos anos 1970 teve credibilidade suficiente para que os custos da desinflação, ainda que tivessem sido enormes, fossem mais baixos do que teriam sido em outras circunstâncias.

COMPARAÇÃO GLOBAL — DESINFLAÇÃO AO REDOR DO MUNDO

A desinflação dos anos 1980 não foi exclusiva dos Estados Unidos. Vários outros países avançados também experimentaram inflação elevada na década de 1970 e depois reduziram a inflação, nos anos 1980, ao custo de uma severa recessão. A figura mostra a taxa anual de inflação na Grã-Bretanha, na Itália e nos Estados Unidos de 1970 a 2019. Todas as três nações tiveram altas taxas de inflação acompanhando os dois choques do petróleo, de 1973 e 1979, sendo a taxa de inflação dos Estados Unidos a menos severa das três. Todas as três nações suportaram recessões severas a fim de reduzir a inflação. Desde os anos 1980, a inflação tem permanecido baixa e estável em todos os países ricos.

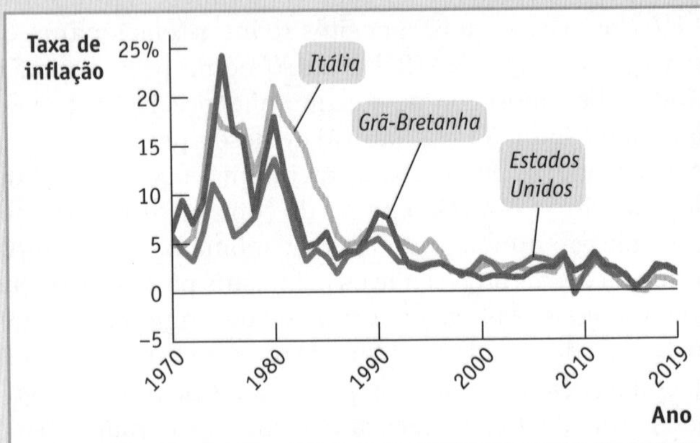

Dados de: World Development Indicators, World Bank.

ECONOMIA >> *em Ação*

A grande desinflação dos anos 1980

Como já mencionamos, os Estados Unidos terminaram a década de 1970 com inflação elevada, ao menos segundo seus próprios padrões históricos em tempos de paz: 14% em 1980. Parte dessa inflação era consequência de eventos que aconteceram de uma só vez, como a crise mundial do petróleo. Mas expectativas de inflação futura de 10% ou mais por ano pareciam estar firmemente incorporadas à economia.

Em meados da década de 1980, contudo, a inflação estava a um ritmo de 4% ao ano. O painel (a) da Figura 31.13 mostra a taxa de mudança anual no índice de preços ao consumidor básico (IPC) – também chamada de *taxa do núcleo de inflação*. Esse índice, que nos Estados Unidos exclui os preços de energia e alimentação, é amplamente considerado um indicador melhor das tendências subjacentes da inflação do que o IPC cheio (ou completo). Segundo essa medida, a inflação caiu de 12%, no fim dos anos 1970, para 4% em meados dos 1980.

Como essa desinflação foi alcançada? A grandes custos. A partir do fim de 1979, o Federal Reserve impôs uma política monetária fortemente contracionista, que levou a economia à pior recessão desde a Grande Depressão, embora mais tarde fosse superada pela Grande Recessão de 2007-2009. O painel (b) mostra as estimativas do CBO do Congresso norte-americano para o hiato de produto dos Estados

Figura 31.13 A grande desinflação.

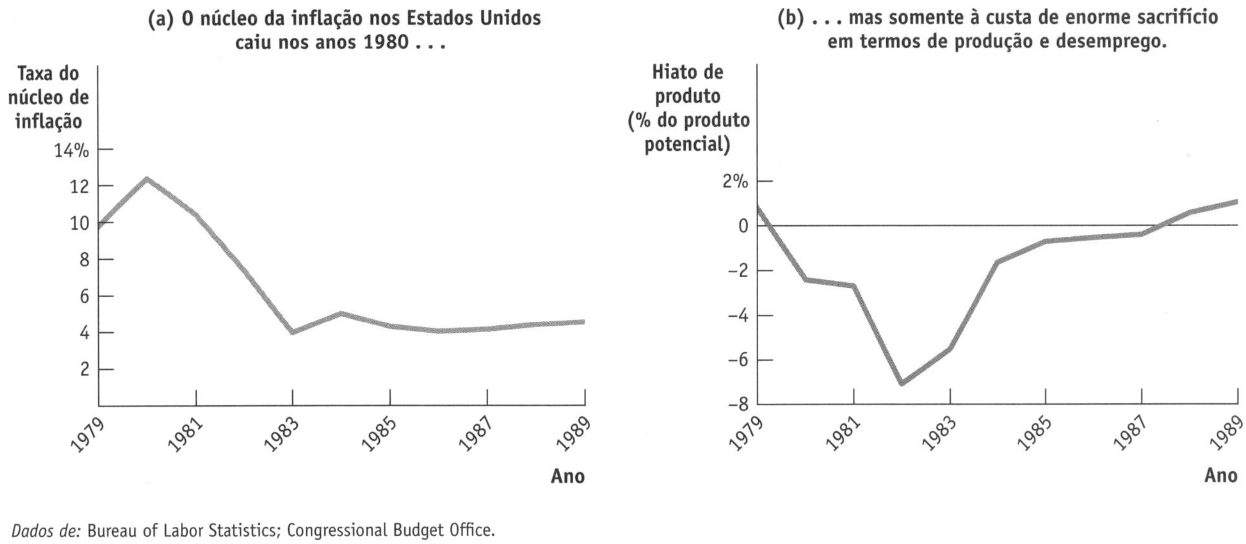

Unidos de 1979 a 1989: em 1982, o produto efetivo estava 7% abaixo do produto potencial, correspondendo a uma taxa de desemprego superior a 9%. O produto agregado só voltou ao nível do produto potencial em 1987.

A análise da curva de Phillips indica que um aumento temporário no desemprego como o dos anos 1980 é necessário para romper o ciclo das expectativas inflacionárias. Uma vez reduzidas as expectativas de inflação, a economia pode voltar à taxa natural de desemprego com taxa de inflação mais baixa. E foi isso o que aconteceu.

Mas o custo foi enorme. Se somarmos o hiato de produto de 1980 a 1987, veremos que a economia sacrificou aproximadamente 18% do produto médio anual durante esse período. Se tivéssemos de fazer a mesma coisa hoje, isso significaria renunciar a bens e serviços no valor de cerca de US$ 4 trilhões.

>> *Teste seu entendimento* 31.3

As respostas estão no fim do livro.

1. Por que não existe um *trade-off* de longo prazo entre desemprego e inflação?
2. Economistas britânicos acreditam que a taxa natural de desemprego naquele país aumentou fortemente durante os anos 1970, de cerca de 3 para 10%. Durante aquele período, a Grã-Bretanha sofreu aguda aceleração da inflação, que durante algum tempo passou de 20%. Como esses fatos podem estar relacionados?
3. Por que a desinflação é tão custosa para uma economia? Existem maneiras de reduzir seus custos?

>> *Revisão Rápida*

- Políticas que mantêm a taxa de desemprego abaixo da **NAIRU, a taxa de desemprego com inflação estável**, geram aceleração da inflação à medida que as expectativas inflacionárias se ajustam a níveis mais altos de inflação efetiva. A NAIRU é igual à taxa natural de desemprego.
- A **curva de Phillips de longo prazo** é vertical e mostra que uma taxa de desemprego abaixo da NAIRU não pode ser mantida no longo prazo. Em consequência, há limites para políticas expansionistas.
- A *desinflação* impõe à economia custos elevados – desemprego e perda de produto. Governos adotam a desinflação para evitar os custos da inflação persistentemente alta.

Deflação

Antes da Segunda Guerra Mundial, a *deflação*, ou seja, uma queda no nível de preços agregado, era quase tão comum quanto a inflação. (Apresentamos a deflação no Capítulo 21.) De fato, o índice de preços ao consumidor dos Estados Unidos às vésperas da Segunda Guerra Mundial era 30% mais baixo do que havia sido em 1920. Depois da Segunda Guerra, a inflação tornou-se norma em todos os países. Mas, nos anos 1990, a deflação reapareceu no Japão e mostrou-se difícil de reverter. A preocupação com a deflação potencial desempenhou papel crucial na política monetária norte-americana no início de 2000 e de novo na sequência da crise financeira de 2008.

Por que a deflação é um problema? E por que ela é difícil de eliminar?

Deflação de dívida

A deflação, tal como a inflação, produz tanto ganhadores quanto perdedores – mas em direções opostas. Por causa de um nível de preços declinante, $ 1 no futuro terá valor real superior a $ 1 hoje. Assim, os credores, aos quais se deve dinheiro, ganham porque o valor real dos pagamentos que recebem dos devedores aumenta. Devedores perdem porque o peso real de sua dívida aumenta.

Em uma famosa análise no início da Grande Depressão, Irving Fisher (que descreveu o *efeito Fisher* da inflação esperada sobre as taxas de juros, descrito no Capítulo 25) sugeriu que os efeitos da deflação sobre credores e devedores podem piorar um declínio econômico. A deflação, com efeito, retira recursos reais dos devedores e os redistribui aos credores.

Fisher argumentou que os devedores, que perdem com a deflação, normalmente têm pouca moeda em seu poder e são forçados a fazer acentuado corte em seus gastos no momento em que o peso de sua dívida aumenta. Os credores, contudo, têm menor probabilidade de aumentar fortemente seus gastos quando os valores dos empréstimos devidos a eles aumenta. O efeito global, segundo Fisher, é que a deflação reduz a demanda agregada, aprofundando a recessão econômica, o que, formando um círculo vicioso, pode ocasionar mais deflação. O efeito da deflação em reduzir a demanda agregada, conhecido como **deflação de dívida**, provavelmente desempenhou papel significativo na Grande Depressão.

Deflação de dívida é a redução na demanda agregada que provém do aumento no peso real da dívida pendente, causado pela deflação.

Efeitos da deflação esperada

Assim como a inflação esperada, a deflação esperada afeta a taxa nominal de juros. Olhe de novo a Figura 25.9, que mostra como a inflação esperada afeta a taxa de juros de equilíbrio. Na Figura 25.9, a taxa de juros nominal de equilíbrio é 4% se a taxa de inflação esperada é 0%. Porém, se a inflação esperada é –3%, ou seja, se o público espera uma deflação de 3% ao ano, a taxa de juros nominal de equilíbrio se reduzirá para 1%.

Mas o que aconteceria se a taxa de inflação esperada fosse –6%? Cairia a taxa de juros nominal para –2%, com credores pagando aos devedores 2% sobre seu débito? Provavelmente não, porque seria melhor para eles simplesmente manter o dinheiro. Como explicamos no Capítulo 30, agora sabemos que não existe uma fronteira zero, pois manter muito dinheiro é inconveniente. Mas a taxa nominal certamente não pode ir além do que um pequeno valor abaixo de zero.

Essa restrição – denominada *problema da fronteira zero* – pode limitar a eficácia da política monetária. Suponhamos que a economia esteja deprimida, com a produção abaixo do produto potencial e a taxa de desemprego acima da taxa natural. Normalmente, o banco central pode responder cortando a taxa de juros de modo a aumentar a demanda agregada. Contudo, se a taxa de juros nominal já é zero, o banco central não pode reduzi-la ainda mais. O banco central está próximo da fronteira zero para a taxa de juros nominal. Os bancos se recusam a emprestar e as empresas se recusam a gastar, pois, com uma taxa de inflação negativa e uma taxa de juros nominal igual a zero, manter moeda gera um retorno real positivo: com os preços em queda, determinado montante de dinheiro compra mais com o tempo. Qualquer aumento subsequente na base monetária ficará nos cofres dos bancos ou será mantido por indivíduos e empresas na forma de dinheiro vivo, sem ser gasto.

Uma situação em que a política monetária convencional para combater uma recessão – cortando as taxas de juros – não pode ser usada porque a taxa de juros nominal não pode cair ainda mais é conhecida como **armadilha da liquidez**. Uma armadilha da liquidez pode ocorrer sempre que aconteça uma redução muito aguda na demanda de fundos para empréstimo – exatamente o que aconteceu durante a Grande Depressão. A Figura 31.14 mostra a taxa de juros sobre a dívida pública de curto prazo nos Estados Unidos de 1920 a 2020. Como se vê, desde 1933 até a recuperação após a Segunda Guerra Mundial, a economia norte-americana estava perto do limite zero da taxa de juros. Depois da Segunda Guerra Mundial, quando a inflação tornou-se a norma no mundo inteiro, a fronteira zero para a taxa de juros

A economia está em uma **armadilha da liquidez** quando a política monetária convencional é ineficaz porque a taxa de juros nominal está próxima à fronteira zero.

Figura 31.14 Fronteira zero na história dos Estados Unidos.

Esta figura mostra taxas de juros de curto prazo nos Estados Unidos – especificamente a taxa de juros sobre letras do Tesouro norte-americano de três meses – de 1920 até 2020. Como se vê no retângulo sombreado à esquerda, durante boa parte da década de 1930 a taxa de juros esteve muito perto de zero, deixando pouco espaço para uma política monetária expansionista. Depois da Segunda Guerra Mundial, a inflação persistente manteve a taxa de juros em geral bem acima de zero. No fim de 2008, contudo, às portas do estouro da bolha imobiliária e da crise financeira que se seguiu, a taxa de juros sobre as letras do Tesouro de três meses era de novo praticamente zero, continuando assim por quase oito anos, como mostra o retângulo sombreado à direita.

Dados de: National Bureau of Economic Research; Federal Reserve Bank of St. Louis.

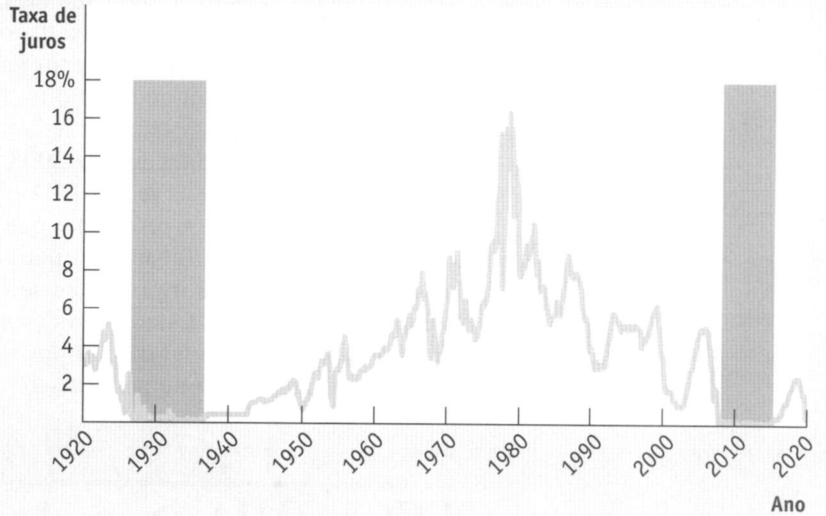

em grande medida desapareceu como problema, pois o público passou a esperar inflação em vez de deflação. Como resultado, grande parte dos economistas perdeu o interesse pela questão.

Porém, como se pode ver, a fronteira zero surgiu novamente como resultado da crise financeira de 2008, e tornou a voltar durante a pandemia da Covid-19. Novamente, a taxa de juros sobre as letras do Tesouro de três meses era praticamente zero. Mesmo assim, por motivos que ainda não são totalmente claros, os Estados Unidos não experimentaram deflação durante a Grande Recessão. Salários rígidos podem ter sido a causa disso, pois os EUA não experimentaram queda significativa nos salários nominais, embora o desemprego tenha disparado.

A história recente da economia japonesa, que se mostra na Figura 31.15, oferece uma ilustração moderna do problema da deflação e da armadilha da liquidez. Nos anos 1990, depois do estouro de uma imensa bolha imobiliária e acionária, a economia japonesa entrou em um período de fraqueza sustentada, com queda nos salários e nos preços. No esforço de combater a fraqueza da economia, o Banco

Figura 31.15 Deflação e a armadilha da liquidez na economia japonesa.

Uma estagnação econômica prolongada no Japão levou à deflação desde o fim dos anos 1990. O banco central do Japão reagiu cortando a taxa de juros, mas eventualmente bateu na fronteira zero, onde permanecia em 2020, mais de 20 anos depois.

Dados de: Federal Reserve Bank of St. Louis.

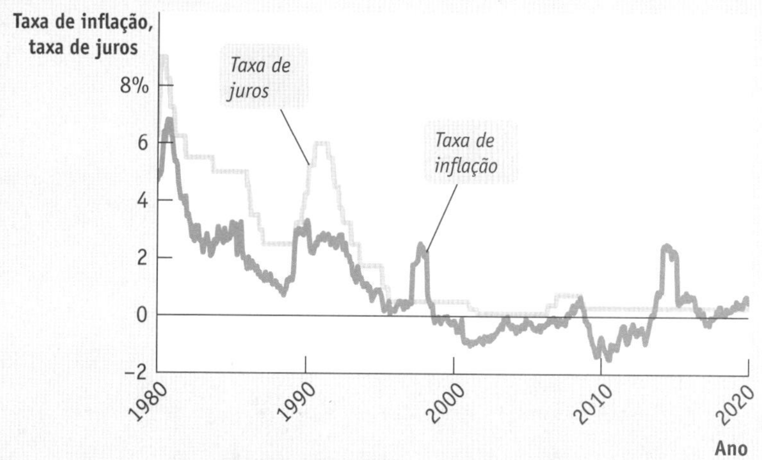

do Japão – banco central japonês – reduziu a taxa de juros repetidamente. Por fim, chegou a uma *política de taxa de juros zero* (também chamada de *zero interest rate policy* – ZIRP). A taxa, que no Japão equivale à taxa de juros do mercado interbancário, foi literalmente fixada em zero. Dado que a economia continuava deprimida, teria sido desejável cortar a taxa de juros ainda mais. Mas isso não era possível: o Japão estava encostado na fronteira zero. E permanecia lá em 2020, quase 25 anos depois!

Depois da crise financeira de 2008, os bancos centrais mais importantes do mundo – o Federal Reserve dos EUA e o Banco Central Europeu – enfrentavam praticamente os mesmos problemas que o banco central do Japão havia enfrentado desde a década de 1990: suas economias permaneceram deprimidas, apesar da política de taxas de juros próximas de zero e inflação persistentemente abaixo da meta. Em 2014, nem os Estados Unidos nem a Zona do Euro estava experimentando deflação real, mas, como discutimos no próximo Economia em Ação, a Europa chegou assustadoramente perto disso.

ECONOMIA >> *em Ação*

A Europa estará se tornando japonesa?

Desde a crise financeira de 2008, formuladores de política econômica nos Estados Unidos andam preocupados com a possibilidade de uma "japanização" – isto é, com a possibilidade de que, como o Japão dos anos 1990, os Estados Unidos fiquem presos em uma armadilha deflacionária. Para evitar essa possibilidade, eles tomaram algumas medidas extraordinárias, principalmente a compra de ativos em grande escala (a chamada *flexibilização quantitativa*[1]), descrita no Capítulo 30. Por volta de 2017, o perigo da deflação nos Estados Unidos parecia ter regredido, e o Federal Reserve começou a normalizar sua política.

Mas na Europa a situação foi diferente. Enquanto a recuperação norte-americana da recessão de 2007-2009 foi estável, embora desapontadoramente lenta, a Zona do Euro, contida por crises de dívida, voltou a recuar no final de 2011. O crescimento foi retomado em 2013, mas, como pode ser visto no painel (a) da Figura 31.16, isso só gerou um declínio modesto na elevada taxa de desemprego. E, como mostra o painel (b) dessa figura, em 2013–2017 a inflação começou a cair abaixo de 1%,

Figura 31.16 Problema na Europa, 2008-2020.

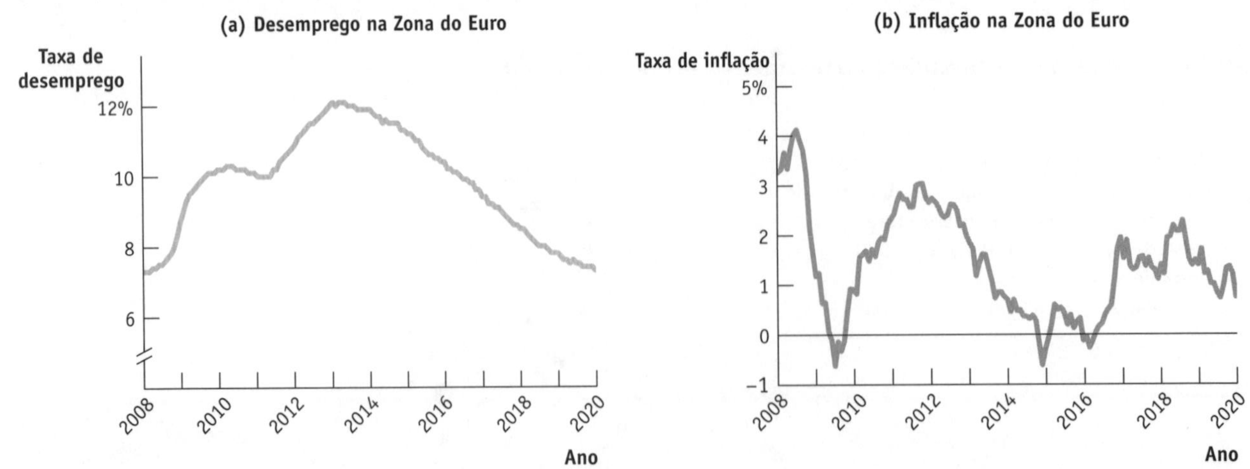

Dados de: Eurostat.

[1]N. R.: Algumas vezes, emprega-se no Brasil o termo original em inglês, *quantitative easing*.

causando preocupação de que a Europa estaria no caminho certo para repetir a situação econômica do Japão.

Embora a Europa não estivesse mais passando por deflação sustentada em 2017, ela estava, como disse o Fundo Monetário Internacional, sofrendo de *baixa inflação* – inflação persistentemente abaixo da meta – e isso gerava muitos dos mesmos problemas. Em particular, uma inflação abaixo do esperado estava piorando os problemas de nações altamente endividadas, como Portugal, Espanha e Grécia.

E, assim como o Banco do Japão muitos anos antes, o Banco Central Europeu achava difícil encontrar uma resposta eficaz para o problema. A partir de junho de 2014, o BCE tomou a medida extraordinária de reduzir uma de suas principais taxas da política econômica, a taxa de juros que ele paga sobre os depósitos de bancos privados, para *menos* 0,1% – isto é, ele realmente começou a cobrar uma taxa dos bancos por manter seu dinheiro. Mas a inflação abaixo da meta persistiu.

>> Teste seu entendimento 31.4

As respostas estão no fim do livro.

1. Por que ninguém empresta dinheiro a uma taxa de juros nominal negativa? Como isso traz problema para a política monetária?

>> Revisão Rápida

- Deflação inesperada ajuda credores e prejudica devedores. Isso pode levar a uma **deflação de dívida**, que tem efeito contracionista sobre a demanda agregada.
- A deflação torna mais provável que os juros terminem batendo na fronteira zero. Quando isso acontece, a economia está em uma **armadilha da liquidez** e a política monetária não tem eficácia.

CASO EMPRESARIAL

Hiperinflação como oportunidade de negócios

Normalmente, dizemos que os governos modernos, com moedas *fiat*, simplesmente imprimem suas próprias moedas. Mas às vezes isso não é o que acontece literalmente – o que eles realmente fazem é contratar empresas privadas para a impressão do dinheiro. Foi o que aconteceu em novembro de 2019, quando a Venezuela assinou um contrato com a Goznak, empresa russa de impressão de dinheiro, para produzir 300 milhões de notas de bolívar, em valores nominais que variam de 10.000 a 50.000 bolívares.

O uso de uma empresa estrangeira para impressão de dinheiro não é tão incomum na Venezuela. Imprimir moeda de difícil falsificação requer bastante conhecimento técnico e equipamento especializado, portanto, muitos países contratam esse trabalho. Até a Grã-Bretanha subcontrata a impressão de cédulas de libra para a De La Rue, uma empresa de 200 anos que, por exemplo, imprimia papel-moeda para o governo da China antes da revolução comunista.

De fato, a Venezuela contou com a De La Rue no passado. Mas, a partir de 2019, ainda devia dinheiro à empresa por trabalhos anteriores, e nenhum dos concorrentes habituais da De La Rue estava disposto a assumir o negócio. Daí a escolha da Goznak, que por acaso é propriedade do governo russo.

Havia duas coisas incomuns no contrato com a Goznak. Uma foi o fato de que o pedido era muito pequeno – apenas US$ 143 milhões em valor de face, o que não é muito, mesmo para um país do tamanho da Venezuela. Ainda assim, isso equivalia a cerca de um quinto do valor da moeda venezuelana em circulação na época. A outra era a taxa estranhamente alta – cerca de 5% do valor das notas. Essa taxa alta refletia em parte o baixo poder de compra das notas: o custo de imprimir uma nota de 10.000 bolívares não é provavelmente muito diferente do custo de imprimir, digamos, uma nota de 20 dólares, mas mesmo na época a cédula venezuelana valia apenas cerca de US$ 0,14.

Ainda assim, negócios são negócios, e o contrato com a Goznak mostrou que mesmo tempos difíceis oferecem oportunidades.

QUESTÕES PARA PENSAR

1. Por que a Venezuela tinha tanta urgência em contratar alguma empresa para imprimir mais dinheiro?
2. Por que um pedido tão pequeno de papel-moeda novo representava uma fração tão grande da oferta monetária existente?
3. Como você classificaria as taxas pagas à Goznak na categoria geral de custos da inflação?

RESUMO

1. Ao analisarem a inflação alta, economistas usam o **modelo clássico do nível de preços**, que diz que mudanças na oferta de moeda levam a mudanças proporcionais no nível agregado de preços, mesmo no curto prazo.

2. Os governos às vezes imprimem moeda a fim de financiarem déficits orçamentários. Quando o fazem, impõem um **imposto inflacionário** a quem retém moeda, gerando receita tributária igual à taxa de inflação multiplicada pela oferta de moeda. O valor real dos recursos capturados pelo governo reflete-se na receita proveniente do imposto inflacionário real, a taxa de inflação multiplicada pela oferta de moeda real. A fim de evitarem o pagamento do imposto inflacionário, as pessoas reduzem a quantidade de moeda que mantêm e forçam o governo a aumentar a inflação para capturar o mesmo montante de receita do imposto inflacionário real. Em alguns casos, isso leva a um círculo vicioso, de oferta de moeda real que se encolhe e taxa de inflação que se eleva, gerando hiperinflação e uma crise fiscal.

3. O hiato de produto é a diferença percentual entre o nível efetivo do PIB real e o produto potencial. Um hiato de produto positivo está associado a desemprego mais baixo que o normal; um hiato de produto negativo está associado a desemprego mais alto que o normal. A relação entre hiato de produto e desemprego cíclico é descrita pela **lei de Okun**.

4. Mesmo países que não precisam imprimir moeda para cobrir déficits públicos podem chegar a uma situação de inflação moderada, seja em razão de oportunismo político, seja por se convencerem de que a interpretação que lhes é favorável é a correta.

5. Em dado momento no tempo, há uma relação negativa entre desemprego e inflação conhecida como **curva de Phillips de curto prazo**. Essa curva se desloca movida por mudanças na **taxa de inflação esperada**. A **curva de Phillips de longo prazo**, que mostra a relação entre desemprego e inflação quando as expectativas já tiveram tempo para se ajustar, é vertical. Ela define a **taxa de desemprego com inflação estável**, ou **NAIRU**, que é igual à taxa natural de desemprego. A *estagflação*, combinação de alto desemprego e alta inflação, reflete um deslocamento para cima da curva de Phillips de curto prazo.

6. Quando a inflação passa a ser incorporada nas expectativas, conseguir reduzir de novo a inflação pode ser difícil porque a *desinflação* pode significar altos custos, exigindo o sacrifício de grandes parcelas do produto agregado e impondo elevado nível de desemprego. Contudo, os responsáveis pela política econômica nos Estados Unidos e em outros países ricos estavam dispostos a pagar o preço de reduzir a inflação elevada dos anos 1970.

7. A deflação impõe diversos problemas. Ela pode levar à **deflação de dívida**, em que o aumento do peso real da dívida pendente intensifica um declínio econômico. Além disso, as taxas de juros nominais facilmente atingem a fronteira zero em uma economia que passa por deflação. Quando isso acontece, a economia entra em uma **armadilha da liquidez**, tornando a política monetária ineficaz.

PALAVRAS-CHAVE

Armadilha da liquidez, p. 934
Curva de Phillips de curto prazo, p. 924
Curva de Phillips de longo prazo, p. 931
Deflação de dívida, p. 934
Imposto inflacionário, p. 918
Lei de Okun, p. 923
Modelo clássico do nível de preços, p. 915
Taxa de desemprego com inflação estável (NAIRU), p. 931
Taxa de inflação esperada, p. 926

QUESTÕES PARA PENSAR

1. No decorrer do texto, baseamo-nos em uma curva de oferta agregada de curto prazo com inclinação para cima. Mas existe um grande debate na área em torno da inclinação real da curva de oferta agregada de curto prazo. Muitos economistas acreditam que a curva *SRAS* é muito mais "plana" do que representada no livro. Explique como uma curva *SRAS* mais plana afeta a curva de Phillips e o *trade-off* de curto prazo entre inflação e desemprego que acompanha a política expansionista monetária e fiscal.

2. No início da recessão econômica ligada à Covid-19, muitos economistas debatiam sobre os efeitos que a recessão econômica e os esforços políticos subsequentes teriam sobre a inflação futura. Explique como cada um dos seguintes eventos afetará a curva de Phillips de curto prazo. Trate cada item como um evento exclusivo.
   a. Um declínio dos gastos do consumidor na expectativa de queda na atividade econômica futura.
   b. Um aumento na política fiscal e monetária expansionista.
   c. Uma queda da produção global tornou difícil para os produtores manterem a produção de bens essenciais, causando aumento nos custos de produção.

3. Recentemente, você leu duas citações, uma de um artigo da *National Review*: "Depois, há os custos de encurtar as cadeias de abastecimento globais e talvez de domesticar novamente parte da produção. Totalmente sem teoria

econômica, simplesmente observando como funciona a economia mundial." O autor chegou a uma conclusão inevitável: "Haverá inflação. Quanta inflação? . . . Eu diria que chegará a dois dígitos nos Estados Unidos nos primeiros meses de 2022."

A outra citação é de Olivier Blanchard, ex-economista-chefe do Fundo Monetário Internacional: "A queda dos preços das *commodities*, a queda dos preços do petróleo e um mercado de trabalho deprimido trarão inflação baixa e talvez até deflação, ou aumentos muito grandes nos déficits fiscais e nos balanços do banco central trarão inflação?" Blanchard conclui: "O desafio para a política monetária e fiscal provavelmente será sustentar a demanda e evitar a deflação, não o contrário."

Dada a gama extrema de opiniões, como você avaliaria cada afirmação para os próximos dois anos?

PROBLEMAS

1. Os responsáveis pela política econômica de Escotopia querem reduzir a taxa de desemprego e aumentar o PIB real usando política monetária. Mediante o gráfico a seguir, mostre por que essa política, em última instância, resultará em um nível de preços agregado mais alto, mas em nenhuma mudança no PIB real.

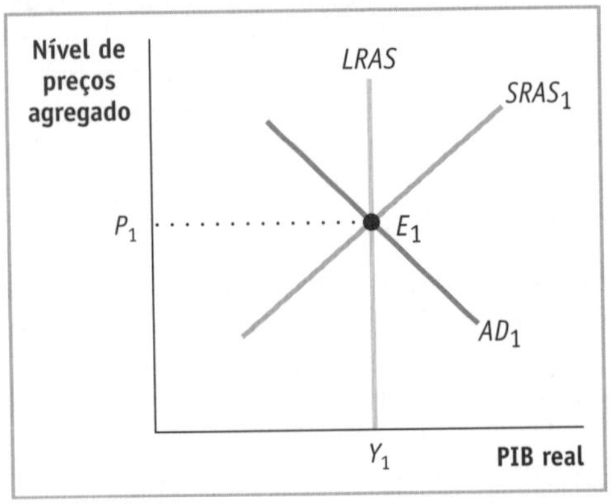

2. Nos exemplos a seguir, o modelo clássico do nível de preços seria útil para analisar o comportamento da economia?

a. Há muito desemprego na economia e nenhum caso de inflação.

b. A economia acaba de sofrer cinco anos de hiperinflação.

c. Embora a economia, três anos atrás, tenha experimentado inflação de 10 a 20%, os preços recentemente têm ficado estáveis e a taxa de desemprego ficou próxima da taxa natural de desemprego.

3. Responda às questões a seguir sobre o imposto inflacionário (real), supondo que o nível de preços comece em 1.

a. Maria mantém \$ 1.000 na gaveta durante um ano. Durante esse ano, a taxa de inflação é 10%. Qual é o imposto inflacionário real pago por Maria nesse ano?

b. Maria continua a manter \$ 1.000 na gaveta por um segundo ano. Qual é o valor desses \$ 1.000 no início do segundo ano? Ao longo desse ano, a inflação é de novo 10%. Qual é o imposto inflacionário real pago por Maria no segundo ano?

c. Por um terceiro ano, Maria mantém os \$ 1.000 na gaveta. Qual é o valor real desses \$ 1.000 no início do terceiro ano? Durante o ano, a taxa de inflação é mais uma vez 10%. Qual é o imposto inflacionário real pago por Maria no terceiro ano?

d. Depois de três anos, qual é o imposto inflacionário real acumulado?

e. Calcule de novo os itens *a* a *d* com taxa de inflação de 25%. Por que a hiperinflação é um problema tão grave?

4. A taxa de inflação é muitas vezes considerada uma fonte de receita significativa nos países em desenvolvimento, onde a arrecadação de tributos e o sistema de declaração de impostos não são aperfeiçoados e onde a sonegação de impostos pode ser alta.

a. Use os números da tabela a seguir para calcular o imposto inflacionário nos Estados Unidos e na Índia (Rp são rupias).

	Inflação em 2019	Oferta de moeda em 2019 (bilhões)	Receita total do governo central em 2019 (bilhões)
Índia	7,66%	Rp 36.883	Rp 12.828
Estados Unidos	1,81%	US\$ 3.981	US\$ 3.331

Dados de: Bureau of Economic Analysis; Controller General of Accounts (India); Reserve Bank of India; International Monetary Fund; The World Bank.

b. Qual o tamanho do imposto inflacionário nos dois países, quando calculado como porcentagem da receita total do governo?

5. Preocupado com o congestionamento do mercado de crédito porque a tomada de empréstimos pelo governo está deslocando os gastos de investimento privado, um candidato a presidente dos Estados Unidos argumenta que se deveria imprimir moeda para cobrir o déficit público. Quais as vantagens e as desvantagens de um plano desses?

6. O gráfico de dispersão a seguir mostra a relação entre a taxa de desemprego e o hiato de produto nos Estados Unidos de 1996 a 2019. Trace uma linha reta pelos pontos do gráfico de dispersão. Suponha que essa linha represente a lei de Okun:

$$\text{Taxa de desemprego} = b - (m \times \text{hiato de produto})$$

em que b é o intercepto vertical e $-m$ é a inclinação

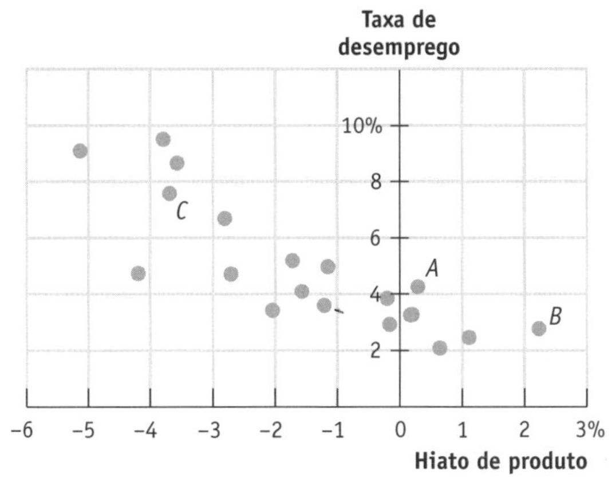

Dados de: Federal Reserve Bank of St. Louis.

Qual é a taxa de desemprego quando o produto agregado é igual ao produto potencial? Qual seria a taxa de desemprego se o hiato de produto fosse 2%? E se o hiato de produto fosse negativo, de –3%? O que esses resultados nos informam sobre o coeficiente *m* na lei de Okun?

7. Depois de experimentar uma recessão nos últimos dois anos, os residentes de Albérnia tinham a expectativa de que haveria uma queda na taxa de desemprego. Contudo, passados seis meses de crescimento econômico positivo, a taxa de desemprego ficou apenas ligeiramente menor que o nível que tinha no fim da recessão. Como você pode explicar por que a taxa de desemprego quase não caiu, embora a economia tenha experimentado forte crescimento econômico? (*Dica:* releia o quadro Para Mentes Curiosas sobre a Lei de Okun para ter ajuda na resposta a este problema.)

8. a. Vá para www.bls.gov e clique no *link* "Subjects"; à esquerda, em "Inflation & Prices", clique no *link* "Consumer Price Index" e depois, sob o título "CPI Data", selecione "Tables" e em seguida "Archived CPI Detailed Report". Faça o *download* do arquivo para "2009 Detailed Report" e abra o arquivo cpid09av.pdf. Qual é o valor da mudança percentual do índice de preços ao consumidor dos Estados Unidos de 2008 para 2009?

b. Agora vá para www.treasury.gov e, sob a guia "Data" e "Interest Rates", selecione "Daily Treasury Bill Rates" e selecione "2009" sob "Select Time Period". Examine os dados em "4 Weeks Bank Discount". Qual é o máximo? E o mínimo? Depois, faça o mesmo para 2007. Como se comparam os dados de 2009 e 2007? Como se relaciona isso com sua resposta na parte *a*? Dos dados sobre os juros das letras do Tesouro, o que se infere para os níveis de inflação de 2007 e 2009? (É possível checar a resposta voltando ao *site* www.bls.gov para buscar a mudança percentual no índice de preços ao consumidor de 2006 para 2007.)

c. Como você caracterizaria as mudanças na economia americana de 2007 para 2009? Quais foram as implicações para a eficácia da política monetária?

9. A economia de Britânia tem tido inflação alta com taxa de desemprego igual à sua taxa natural. Os responsáveis pela política econômica gostariam de provocar desinflação da economia com os menores custos possíveis. Suponha que o estado da economia não seja resultante de um choque de oferta negativo. Como podem minimizar o custo de desemprego da desinflação? É possível que eles não tenham custo de desinflação?

10. Quem são os ganhadores e os perdedores quando uma companhia de crédito imobiliário empresta $ 100.000 em crédito hipotecário à família Miller para comprar uma casa no valor de $ 105.000 e, no primeiro ano, os preços inesperadamente caem 10%? O que você imagina que acontecerá se a deflação continuar nos próximos anos? Como a deflação continuada afetará devedores e credores na economia em seu conjunto?

RESOLVA

11. Em razão de diferenças históricas, os países muitas vezes diferem na rapidez com que uma mudança na inflação corrente é incorporada a uma mudança na inflação esperada. Em um país como o Japão, em que a memória recente é de inflação muito baixa, uma mudança na taxa de inflação efetiva levará muito mais tempo para se refletir em mudança correspondente na expectativa de inflação. Por outro lado, em um país como o Zimbábue, que recentemente teve inflação muito elevada, uma mudança na inflação efetiva imediatamente se refletirá em mudança correspondente na taxa de inflação esperada. O que isso implica no que se refere às curvas de Phillips de curto e de longo prazo nesses dois tipos de países? O que isso implica sobre a eficácia da política monetária e fiscal para reduzir a taxa de desemprego?

32 Macroeconomia: Eventos e Ideias

TENTAÇÃO PELO DÉFICIT

NO ANO FISCAL DE 2019, O GOVERNO FEDERAL DOS EUA teve um déficit orçamentário de quase US$ 1 trilhão, 4,7% do PIB. Esse não foi o maior déficit da história dos EUA. No entanto, no passado, déficits desse tamanho ocorreram apenas durante guerras e emergências econômicas, como a consequência da crise financeira de 2008. Incorrer em um déficit tão grande em face do baixo desemprego e do crescimento saudável não tinha precedentes.

Você poderia esperar, então, que os economistas alertassem sobre irresponsabilidade fiscal. Na verdade, porém, 2019 também passou a ser um ano em que vários macroeconomistas proeminentes publicaram artigos argumentando que a dívida do governo é um problema muito menos premente do que muitas pessoas imaginam. Em janeiro de 2019, Olivier Blanchard, ex-economista-chefe do Fundo Monetário Internacional e quase tão popular e amplamente respeitado quanto qualquer macroeconomista moderno, dedicou seu discurso presidencial na American Economic Association à questão da dívida pública e concluiu que ela pode não causar muito dano, e isso se houver dano.

Algumas semanas depois, Jason Furman e Lawrence Summers, que haviam sido economistas importantes no governo Obama, publicaram um artigo intitulado "Quem tem medo dos déficits orçamentários?", que concluía: "É hora de Washington colocar de lado sua obsessão pelo déficit e se concentrar em coisas maiores."

De fato, quando os déficits orçamentários explodiram em 2020 como resultado da queda nas receitas e gastos de emergência para lidar com o coronavírus, economistas entrevistados pela Universidade de Chicago apoiaram um programa de apoio à renda para trabalhadores desempregados, embora esse programa estivesse adicionando centenas de bilhões aos gastos públicos.

Por que economistas influentes desenvolveram essa queda por déficits orçamentários? A resposta, como costuma acontecer na macroeconomia, é que eles foram fortemente influenciados por eventos – neste caso, tanto a crise financeira de 2008 quanto a era de taxas de juros muito baixas que começou durante a crise, mas continuou até 2020.

Ideias macroeconômicas evoluem porque as circunstâncias mudam. Soluções que eram apropriadas quando ouro e prata eram o único dinheiro disponível são inadequadas na era dos cartões de débito, PicPay e criptomoedas. No entanto, as ideias macroeconômicas evoluem também porque há um acúmulo constante de pesquisas e evidências que podem ser aplicadas aos tipos de fenômenos econômicos recorrentes ao longo do tempo. As lições aprendidas em uma década são disponibilizadas para o benefício das gerações futuras.

Portanto, para compreender o estado do pensamento macroeconômico de hoje, é preciso fazer uma viagem pela história econômica e compreender como as ideias econômicas evoluíram em face dos eventos.

Neste capítulo, acompanharemos o desenvolvimento das ideias macroeconômicas ao longo dos últimos 90 anos: a ascensão da economia keynesiana em resposta à Grande Depressão, os desafios ao ativismo político que surgiram em resposta à estagflação dos anos 1970 e as revisões de pensamento econômico influenciadas por mudanças no ambiente econômico desde a Grande Recessão. •

O QUE VOCÊ IRÁ APRENDER?

- Por que a macroeconomia clássica não era adequada para os problemas impostos pela Grande Depressão?
- Como John Maynard Keynes e a experiência da Grande Depressão legitimaram o **ativismo de política macroeconômica**?
- Por que o foco original da **economia keynesiana** na política fiscal deu lugar a uma ênfase na política monetária?
- Por que os economistas, por certo tempo, passaram a ter grande fé no poder dos bancos centrais independentes para estabilizar a economia?
- Como eventos ocorridos desde 2008 enfraqueceram essa fé e também mudaram as visões a respeito de déficits e débito?

|| Macroeconomia clássica

O termo *macroeconomia* foi criado, ao que consta, em 1933 pelo economista norueguês Ragnar Frisch; a data, durante o pior ano da Grande Depressão, não é coincidência. Mas antes disso já havia economistas analisando o que agora consideramos questões macroeconômicas – ou seja, o comportamento do nível de preços agregado e do produto agregado.

Moeda e nível de preços

No Capítulo 31, descrevemos o *modelo clássico do nível de preços*. De acordo com o modelo clássico, os preços são flexíveis, tornando a curva de oferta agregada vertical, mesmo no curto prazo. Nesse modelo, um aumento na oferta de moeda causa, tudo o mais mantido constante, um aumento proporcional no nível de preços agregado, sem efeito sobre o produto agregado. Em consequência, aumentos na oferta de moeda provocam inflação e nada além. Antes dos anos 1930, o modelo clássico do nível de preços dominava o pensamento econômico sobre efeitos da política monetária.

Será que os economistas clássicos realmente acreditavam que mudanças na oferta de moeda afetavam apenas os preços agregados, sem qualquer efeito sobre o produto agregado? Provavelmente não. Historiadores do pensamento econômico dizem que, antes de 1930, a maioria dos economistas tinha consciência de que mudanças na oferta de moeda afetam o produto agregado, bem como o nível de preços no curto prazo – ou, para usar termos modernos, eles tinham consciência de que a curva de oferta agregada de curto prazo inclina-se para cima. Mas eles consideravam tais efeitos de curto prazo pouco importantes, enfatizando que importante mesmo era o longo prazo. Foi essa atitude que levou o economista britânico John Maynard Keynes a ironizar o foco exclusivo no longo prazo com seu famoso ditado: "No longo prazo, estaremos todos mortos."

Ciclo econômico

Apesar de sua falta de interesse no curto prazo, os economistas clássicos sabiam que a economia não crescia suavemente, sem tropeços. Alguns historiadores econômicos argumentam que a primeira recessão verdadeira no sentido moderno ocorreu na Grã-Bretanha em 1825-1826, quando a bolha superaquecida da construção de canais estourou. Quando a Revolução Industrial se espalhou para fora da Grã-Bretanha, as flutuações do ciclo econômico também se difundiram, o que levou o ciclo a tornar-se objeto de estudo sistemático e quantitativo, começando pelo economista norte-americano Wesley Mitchell. Em 1920, Mitchell fundou o National Bureau of Economic Research (NBER), organização não lucrativa e independente que até hoje tem o papel oficial de declarar o início de recessões e expansões. Graças ao trabalho de Mitchell, a *mensuração* dos ciclos econômicos estava bastante avançada em 1930. Mas não havia uma *teoria* amplamente aceita sobre o que causava os ciclos econômicos ou o que fazer a respeito deles.

Na falta de uma teoria clara, as ideias sobre como os responsáveis pela política econômica deveriam responder a uma recessão eram conflitantes. Alguns economistas eram a favor de políticas monetária e fiscal expansionistas para combater uma recessão. Outros acreditavam que tais políticas iriam piorar o declínio econômico ou postergar o inevitável. Por exemplo, em 1934, o economista de Harvard Joseph Schumpeter, hoje famoso por seu reconhecimento pioneiro da importância da mudança tecnológica, advertiu que qualquer tentativa de aliviar a Grande Depressão com política monetária expansionista "levaria, no fim, a um colapso pior do que aquele que ela tentava remediar". Quando a Grande Depressão atingiu o país, a política econômica estava paralisada por essa falta de consenso.

A necessidade foi, contudo, a mãe da invenção. Como explicaremos a seguir, a Grande Depressão ofereceu forte incentivo para que os economistas desenvolvessem teorias que pudessem funcionar como guias para a política econômica.

A Grande Depressão e a revolução keynesiana

A Grande Depressão demonstrou, de uma vez por todas, que os economistas não podem tranquilamente ignorar o curto prazo. Não foi só severo o dano econômico; ele ameaçou desestabilizar sociedades e sistemas políticos. Em particular, a queda da atividade econômica ajudou Adolf Hitler a tomar o poder na Alemanha, preparando a cena para a Segunda Guerra Mundial.

O mundo inteiro queria saber como esse desastre econômico podia estar acontecendo e o que podia ser feito a respeito. Mas, como não havia uma teoria amplamente aceita do ciclo econômico, os economistas deram conselhos conflitantes e, muitas vezes, prejudiciais. Alguns acreditavam que somente uma enorme mudança no sistema econômico poderia terminar com a recessão, como o Estado se apropriar da indústria privada e substituir os mercados por uma economia planificada. Outros argumentavam que as recessões são naturais – e até benéficas, ajudando a corrigir excessos do passado – e que nada deveria ser feito.

Certos economistas, contudo, argumentaram que as recessões eram destrutivas e deveriam ser curadas. Além disso, elas poderiam ser curadas sem comprometer a economia de mercado. O defensor mais convincente dessa visão foi John Maynard Keynes, que comparou os problemas das economias norte-americana e britânica em 1930 aos de um carro com defeito no dínamo. Para fazer a economia andar, argumentou ele, era necessário apenas um reparo modesto e não uma inspeção completa.

Boa metáfora. Mas o que ele estava querendo dizer, especificamente?

A teoria de Keynes

Em 1936, Keynes apresentou sua análise da Grande Depressão – sua explicação do que estava errado com o dínamo da economia – em um livro intitulado *Teoria geral do emprego, do juro e da moeda*. Em 1946, o grande economista norte-americano e ganhador do Prêmio Nobel Paul Samuelson escreveu que "esse é um livro mal escrito, precariamente organizado (...) momentos de grande percepção e intuição se mostram em meio a uma álgebra monótona (...) achamos que sua análise é óbvia e ao mesmo tempo nova. Em resumo, é o trabalho de um gênio". Samuelson estava correto dos dois lados: A *Teoria geral* não é fácil de ler, mas junto com *A riqueza das nações*, de Adam Smith, é um dos livros de economia de maior influência já escritos.

Como a descrição de Samuelson sugere, o livro de Keynes é uma vasta sopa de ideias. A *economia keynesiana* é baseada principalmente em duas inovações. Em primeiro lugar, Keynes enfatizou os efeitos de curto prazo de mudanças na demanda agregada sobre o produto agregado, em vez da determinação de longo prazo do nível de preços agregado, focada pelos classicistas.

Até a chegada da *Teoria Geral*, a maioria dos economistas havia tratado a macroeconomia de curto prazo como uma questão menor. Keynes desviou a atenção dos economistas do longo prazo inalcançável para o mundo em que as pessoas realmente vivem, no qual a curva de oferta agregada de curto prazo tem inclinação ascendente e em que deslocamentos na curva de demanda agregada afetam o produto agregado e o emprego, bem como os preços agregados.

A Figura 32.1 ilustra a diferença entre a macroeconomia keynesiana e a clássica. Ambos os painéis da figura mostram a curva de oferta agregada de curto prazo, *SRAS*; em ambos, o pressuposto é de que, por alguma razão, a demanda cai e a curva de demanda agregada se desloca para a esquerda, de AD_1 para AD_2 – digamos, por exemplo, que seja em resposta a uma queda nos preços do mercado de ações que leva as famílias a reduzirem os gastos de consumo.

O painel (a) mostra a abordagem clássica: nela, a curva de oferta agregada de curto prazo é vertical. Portanto, o declínio na demanda agregada leva a uma queda do nível de preços de P_1 para P_2, mas o produto agregado fica inalterado. O painel (b) mostra a abordagem keynesiana: nela, a curva de oferta agregada de curto prazo inclina-se para cima, de modo que uma redução na demanda agregada leva tanto a uma queda no nível de preços agregado, de P_1 para P_2, como a uma queda no produto agregado, de Y_1 para Y_2.

Figura 32.1 Macroeconomia clássica *versus* keynesiana.

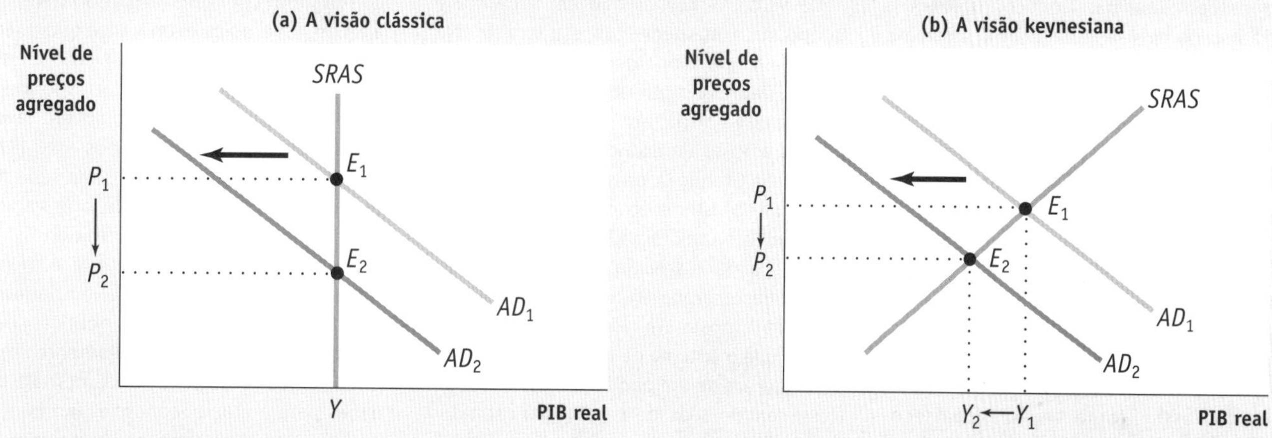

Uma diferença importante entre a economia clássica e a keynesiana envolve a curva de oferta agregada de curto prazo. O painel (a) mostra a visão clássica: a curva *SRAS* é vertical, de modo que deslocamentos na demanda agregada afetam o nível de preços agregado, mas não o produto agregado. O painel (b) mostra a visão keynesiana: no curto prazo, a curva *SRAS* inclina-se para cima, de modo que deslocamentos na demanda agregada afetam o produto agregado, bem como os preços agregados.

Como já explicamos, muitos macroeconomistas clássicos teriam concordado que o painel (b) é uma história correta do curto prazo, mas eles consideravam o curto prazo pouco importante. Keynes discordou fortemente, provando que os problemas econômicos de curto prazo causavam grande angústia social e eram de fato reparáveis. [Apenas para evitar confusão, não há um gráfico parecido com o painel (b) da Figura 32.1 na *Teoria geral* de Keynes. Mas a discussão de Keynes da oferta agregada, traduzida em terminologia moderna, claramente implica uma curva *SRAS* com inclinação para cima.]

A segunda inovação de Keynes tratava da questão de quais fatores deslocavam a curva de demanda agregada e causavam ciclos econômicos. Os economistas clássicos atribuíam as mudanças na curva de demanda quase exclusivamente a mudanças na oferta de moeda. Keynes, ao contrário, argumentava que outros fatores, especialmente mudanças nos "espíritos animais" – hoje em dia chamados pelo termo mais neutro *confiança empresarial* – eram os principais responsáveis pelos ciclos econômicos.

Antes de Keynes, os economistas muitas vezes defenderam a ideia de que um declínio na confiança empresarial não teria efeito sobre o nível de preços agregado ou sobre o produto agregado. Keynes ofereceu um quadro muito diferente, no qual, por exemplo, o pessimismo sobre os lucros futuros pode levar a uma queda no gasto de investimento, e isso pode causar recessão.

A **economia keynesiana**, uma visão do ciclo econômico informada por tais inovações, penetrou profundamente na consciência do público em geral, a ponto de muita gente que nunca ouviu falar de Keynes, ou que ouviu falar dele mas acha que discorda de sua teoria, usar ideias keynesianas o tempo todo. Por exemplo, suponha que um comentarista econômico diga algo como: "As empresas estão segurando os gastos com investimento porque estão preocupadas com a baixa demanda do consumidor, e é por isso que a recuperação estagnou." Saiba o comentarista ou não, essa afirmação é pura economia keynesiana.

A **economia keynesiana** repousa em dois princípios principais: mudanças na demanda agregada afetam produto agregado, emprego e preços; e mudanças em confiança empresarial causam os ciclos econômicos.

O próprio Keynes previu mais ou menos que, algum dia, as pessoas usariam suas ideias mesmo não sabendo que elas são *keynesianas*. Em outra passagem famosa, escrita em *Teoria geral*, ele escreveu: "Homens práticos que acreditam ser eles próprios isentos de quaisquer influências intelectuais normalmente são os escravos de algum economista defunto."

PARA MENTES CURIOSAS A política de Keynes

Alguns comentaristas políticos utilizam o termo *economia keynesiana* como sinônimo de economia de esquerda. Visto que Keynes ofereceu justificativa para alguns tipos de ativismo governamental, esses comentaristas continuaram afirmando que ele era algum tipo de esquerdista, quem sabe até mesmo um socialista. Mas a verdade é mais complicada.

Como explicamos, as ideias keynesianas foram de fato aceitas entre economistas e legisladores de uma ampla faixa do espectro político. Em 2004, o presidente dos Estados Unidos George W. Bush era conservador, assim como seu principal economista, N. Gregory Mankiw. Mas Mankiw é também um conhecido defensor das ideias keynesianas.

Na verdade, Keynes não era socialista e tampouco exatamente um esquerdista. Na época em que *Teoria geral* foi publicado, a Grande Depressão convenceu muitos intelectuais de que o socialismo era a única solução para as aflições da economia. Eles acreditavam que a Grande Depressão representava a crise final do sistema econômico capitalista e que somente uma tomada da indústria pelo governo poderia salvar a economia. Keynes, em contraste, argumentou que o socialismo não era a resposta. Em vez disso, ele disse que tudo o que o sistema de mercado capitalista precisava era de um pequeno ajuste técnico. Nesse sentido, suas ideias eram pró-capitalistas e politicamente conservadoras.

A verdade é que a ascensão da economia keynesiana nos anos 1940, 1950 e 1960 ocorreu junto com uma expansão geral do papel do governo na economia e que quem preferia um papel maior do governo tendia a ser keynesiano entusiasta. Correspondentemente, uma volta do pêndulo em favor de políticas de livre mercado nos anos 1970 e 1980 veio acompanhada de uma série de desafios às ideias keynesianas, que vamos descrever mais adiante neste capítulo.

A história recente mostra que é muito fácil encontrar economistas e legisladores respeitados com preferências políticas conservadoras e que, simultaneamente, respeitam as contribuições fundamentais de Keynes para a macroeconomia. Também é possível encontrar pessoas de tendência liberal[1] que questionam algumas das ideias de Keynes.

Política de combate a recessões

Ativismo de política macroeconômica é o uso de políticas monetária e fiscal para suavizar o ciclo econômico.

A maior consequência prática do trabalho de Keynes foi que ele legitimou o **ativismo de política macroeconômica**, ou seja, o uso de políticas monetária e fiscal para suavizar o ciclo econômico.

É verdade que alguns economistas já haviam praticado ativismo macroeconômico antes de Keynes, particularmente defendendo a expansão monetária para combater fases de declínio econômico. Alguns economistas tinham até argumentado, assim como Keynes, que déficits orçamentários temporários eram uma coisa boa em tempos de recessão. Mas o ativismo de política macroeconômica na época era considerado profundamente controverso e quem o defendia era ferozmente atacado.

Como resultado, quando alguns governos durante a década de 1930 seguiram políticas que hoje chamaríamos de keynesianas, elas foram executadas sem grande convicção e não foram suficientes para reverter a Grande Depressão. Nos Estados Unidos, a administração de Franklin Roosevelt, em seu esforço de criar emprego, incorreu em gastos que geravam um déficit modesto, ações que pareciam ganhar algum impulso na melhoria da economia. Porém, em 1937, Roosevelt cedeu ao conselho de economistas não keynesianos que insistiram para que ele equilibrasse o orçamento federal e aumentasse as taxas de juros, embora a economia ainda estivesse profundamente deprimida. O resultado foi uma recessão renovada.

Depois da Segunda Guerra Mundial, as ideias de Keynes foram em geral aceitas pelos economistas. Mas elas enfrentaram uma série de críticas, algumas das quais provocaram mudanças consideráveis de percepção mesmo entre os economistas que continuavam a acreditar que, em geral, Keynes estava certo a respeito das causas das recessões. Na próxima seção, veremos essas críticas e as escolas que surgiram, a *nova economia clássica* e a *nova economia keynesiana*.

ECONOMIA >> *em Ação*

O fim da Grande Depressão

Teríamos uma boa história para contar se as ideias de Keynes tivessem acarretado uma mudança de política econômica que levasse ao fim a Grande Depressão. Infelizmente, não foi isso o que aconteceu. Ainda assim, a forma como a Depressão terminou convenceu os economistas de que Keynes basicamente tinha razão.

[1] N.R.: O leitor não deve esquecer que os autores empregam o termo "liberal" aqui no sentido norte-americano, significando um posicionamento político mais à esquerda.

O que os economistas aprenderam com o trabalho de Keynes foi que a recuperação econômica exige uma expansão fiscal agressiva – gastos deficitários em escala suficientemente grande para criar empregos e impulsionar a demanda agregada. E isso aconteceu nos Estados Unidos não por causa de uma política econômica intencional, mas como resultado de uma guerra muito grande que exigiu imensa quantidade de gastos do governo, a Segunda Guerra Mundial. A evidência esmagadora de que foram os gastos do governo com a Segunda Guerra que fizeram a economia sair da Grande Depressão finalmente encerrou o debate sobre a validade dos pontos de vista de Keynes.

Figura 32.2 Política fiscal e o fim da Grande Depressão.

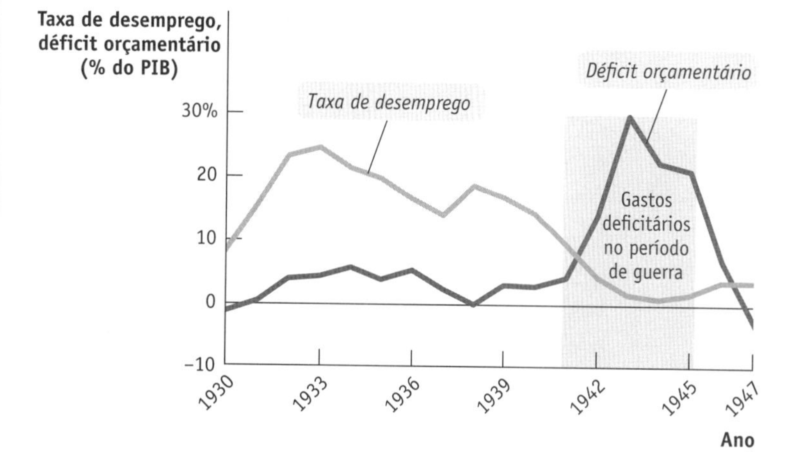

Dados de: U.S. Census Bureau.

A Figura 32.2 mostra a taxa de desemprego nos Estados Unidos e o déficit orçamentário federal como proporção do PIB entre 1930 e 1947. Como se vê, os gastos deficitários durante os anos 1930 tiveram uma escala modesta. Em 1940, à medida que o risco de guerra aumentava, os Estados Unidos começaram um enorme reforço militar, construindo tanques, aviões, bases militares e afins, o que levou o orçamento a ser deficitário em grande escala. Depois do ataque a Pearl Harbor, em 7 de dezembro de 1941,[2] o país começou a fazer gastos deficitários em enorme escala: no ano fiscal de 1943, que começou em julho de 1942, o déficit foi de 30% do PIB. Hoje, isso significaria um déficit de US$ 6 trilhões.

O que ficou claro para economistas e formuladores de políticas foi que esse enorme aumento nos gastos do governo levou a economia, atolada na Grande Depressão por bem mais de uma década, a finalmente se recuperar de forma sustentável. A Segunda Guerra Mundial não foi imaginada como política fiscal keynesiana. E é difícil acreditar que qualquer evento, exceto uma guerra mundial, teria compelido o governo dos EUA a gastar tanto dinheiro. Ainda que não intencionais, os gastos da Segunda Guerra Mundial demonstraram que política fiscal expansionista pode tirar a economia de uma recessão profunda.

>> *Teste seu entendimento* 32.1

As respostas estão no fim do livro.

1. Em seu famoso livro *Uma história monetária dos Estados Unidos, 1867–1960*, os economistas Milton Friedman e Anna Schwartz argumentaram que o Federal Reserve seria responsável pela Grande Depressão, pois deixou de buscar uma política monetária suficientemente expansionista. Por que um economista clássico teria considerado que a ação do Fed não teria feito diferença na duração ou na profundidade da Grande Depressão?
2. Em um comunicado à imprensa durante a Grande Recessão, a Federação Nacional de Negócios Independentes dos Estados Unidos, que calcula um Índice de Otimismo das Pequenas Empresas (IOPE), afirmou que "o IOPE aumentou apenas 0,1 ponto em janeiro. [...] Historicamente, o otimismo continua em níveis de recessão. Ainda que donos de pequenas empresas parecessem menos pessimistas sobre o panorama das condições econômicas e o crescimento das vendas reais, esse otimismo não se refletiu em contratações ou planos de aumento de estoques." Essa afirmação seria familiar para um economista keynesiano? A que conclusões chegaria um economista keynesiano quanto à necessidade de políticas públicas?

>> *Revisão Rápida*

- Os macroeconomistas clássicos colocavam foco nos efeitos de longo prazo da política monetária sobre o nível de preços agregado, ignorando quaisquer efeitos de curto prazo sobre o produto agregado.
- Na época da Grande Depressão, a mensuração dos ciclos econômicos estava bastante avançada, mas não havia uma teoria amplamente aceita sobre a razão por que eles aconteciam.
- As principais inovações da **economia keynesiana** são a ênfase no curto prazo, em que a curva de oferta agregada de curto prazo (*SRAS*) tem inclinação para cima em lugar de ser vertical, e a crença de que mudanças na confiança empresarial deslocam a curva *AD* e, com isso, geram ciclos econômicos.
- A economia keynesiana legitimou o **ativismo de política macroeconômica**.
- As ideias keynesianas são amplamente usadas mesmo por pessoas que nunca ouviram falar de Keynes ou pensam que discordam dele.

[2]N. R.: O bombardeio realizado nessa data por forças japonesas à base naval norte-americana de Pearl Harbor, no Havaí, foi a justificativa oficial para a entrada dos Estados Unidos na Segunda Guerra Mundial.

Desafios à análise econômica keynesiana

As ideias de Keynes modificaram fundamentalmente a maneira como os economistas pensam sobre ciclos econômicos. Mas elas não ficaram sem questionamento. Logo após o sucesso dos gastos do governo ao terminar a Grande Depressão, a economia keynesiana enfrentou vários desafios. Em consequência, nos anos 1980, o consenso macroeconômico retrocedeu um pouco da versão de forte keynesianismo que prevaleceu nos anos 1950. Em particular, muitos economistas começaram a sugerir limites para a eficácia do ativismo de política macroeconômica.

O renascimento da política monetária

Muitos macroeconomistas modernos concordam com a visão de Keynes de que, durante uma depressão, a política monetária seria relativamente ineficaz. Vimos esse fenômeno no Capítulo 31, naquilo que chamamos de *armadilha da liquidez*,[3] uma situação em que a política monetária é ineficaz porque a taxa de juros não pode ser empurrada mais para baixo. Nos anos 1930, quando Keynes escreveu sua teoria, as taxas de juro de fato estavam muito perto de zero.

Quando a era das taxas de juros próximas de zero terminou depois da Segunda Guerra Mundial e a economia se recuperava, o pêndulo balançou tanto em favor da economia keynesiana que muitos economistas continuaram a enfatizar a política fiscal e a desconsiderar a utilidade da política monetária. Eventualmente, contudo, o pêndulo balançou parcialmente de volta à medida que os macroeconomistas reavaliaram a importância da política monetária.

Um marco dessa reavaliação foi a publicação, em 1963, de *Uma história monetária dos Estados Unidos, 1867–1960*, de Milton Friedman, da Universidade de Chicago, e Anna Schwartz, do National Bureau of Economic Research. Friedman e Schwartz mostraram que os ciclos econômicos estiveram associados historicamente com flutuações na oferta de moeda. Em particular, a oferta de moeda caiu fortemente quando começou a Grande Depressão. Friedman e Schwartz convenceram muitos economistas, ainda que não todos, de que a Grande Depressão poderia ter sido evitada se o Fed tivesse agido para impedir a contração monetária, aumentando a base monetária. Eles persuadiram a maioria dos economistas de que a política monetária deveria desempenhar um papel-chave no gerenciamento da economia.

O renascimento do interesse pela política monetária foi significativo porque sugeria que o peso de administrar a economia poderia ser retirado da política fiscal – o que significa que o gerenciamento da economia podia em grande medida ser retirado das mãos dos políticos. Esse recurso era atraente para muitos, porque a política fiscal necessariamente envolve escolhas políticas. Se o governo tenta estimular a economia cortando impostos, ele precisa decidir quais impostos cortar. E, se ele tenta estimular a economia por meio do gasto público, tem de decidir em que gastar o dinheiro. Como resultado, a gestão da economia quase sempre ficaria atolada pelo processo político se a política fiscal fosse o único instrumento à disposição.

A política monetária, em comparação, não envolve tais escolhas políticas: quando o banco central corta a taxa de juros para combater uma recessão, ele corta a taxa de juros de todo mundo ao mesmo tempo. Assim, deixar de se apoiar na política fiscal para basear-se na política monetária torna a macroeconomia uma questão mais técnica e menos política. De fato, como já aprendemos, a política monetária na maioria das economias importantes é estabelecida por um banco central independente que é isolado do processo político.

Monetarismo

Depois da publicação de *Uma história monetária dos Estados Unidos*, Milton Friedman liderou um movimento que procurou eliminar todas as formas de ativismo de política macroeconômica – fiscal e monetária. Em vez disso, ele

[3]N. T.: A expressão *armadilha da liquidez* foi apresentada pelo economista britânico John Hicks em um texto de 1937, "Mr. Keynes and the classics: a suggested interpretation", que resumiu as ideias de Keynes.

afirmou que a melhor forma de administrar a economia era com uma política monetária não ativista ou *não discricionária*. O **monetarismo** afirma que o PIB crescerá regularmente se a oferta de moeda crescer regularmente. A prescrição de política econômica dos monetaristas foi a de que o banco central deveria ter como meta uma taxa de crescimento constante da oferta monetária, tal como 3% ao ano, e deveria manter essa meta independentemente de quaisquer flutuações na economia.

O **monetarismo** afirma que o PIB crescerá regularmente se a oferta de moeda crescer regularmente.

É importante notar que o monetarismo manteve muitas ideias keynesianas. Como Keynes, Friedman declarou que o curto prazo é importante e que mudanças de curto prazo na demanda agregada afetam o produto agregado, bem como os preços agregados. Como Keynes, ele argumentou que a política macroeconômica deveria ter sido muito mais expansionista durante a Grande Depressão, mesmo acreditando que somente a política monetária era necessária.

No entanto, os monetaristas afirmam que, na maioria dos casos, a política macroeconômica ativista para suavizar o ciclo econômico na realidade piora a situação. No Capítulo 28, discutimos como os hiatos podem causar problemas para a *política fiscal discricionária*. Por exemplo, um governo que tenta responder a recessões aumentando os gastos às vezes descobre que, quando observa uma recessão a caminho, toma uma providência e obtém resultados, a recessão já acabou e o aumento de gastos alimenta uma bolha em vez de combater a recessão. De acordo com os monetaristas, a **política monetária discricionária** (isto é, mudanças na taxa de juros ou na oferta de moeda pelo banco central a fim de estabilizar a economia) sofre de problemas semelhantes e pode facilmente tornar a economia menos estável.

Política monetária discricionária é o uso de mudanças na taxa de juros ou na oferta de moeda para estabilizar a economia.

Friedman argumentou também que, se o banco central seguisse seu conselho, adotando uma política monetária não ativista e recusando-se a modificar a oferta de moeda em resposta a flutuações da economia, a política fiscal seria muito menos eficiente do que os keynesianos acreditavam, devido ao *crowding out* – quando os gastos do governo evitam gastos de investimento privado. No Capítulo 25, analisamos como isso pode acontecer: os gastos públicos ocasionam déficits, que elevam a taxa de juros e provocam redução dos gastos de investimento. Friedman e outros economistas assinalaram que, quando a oferta de moeda é mantida fixa enquanto o governo persegue uma política fiscal expansionista, esse *crowding out* ocorrerá quando a taxa de juros subir, limitando o efeito da expansão fiscal sobre a demanda agregada.

Como já vimos, Friedman tampouco defendeu uma política monetária ativista. Ele argumentou que os mesmos problemas de defasagem de tempo que limitam a capacidade do governo de estabilizar a economia mediante o uso de política fiscal discricionária também se aplicam à política monetária discricionária. A solução de Friedman foi tornar a política monetária não discricionária, de modo a colocá-la em "piloto automático". O banco central, conforme sua argumentação, deve seguir uma **regra de política monetária**, fórmula que determina suas ações e deixa pouca margem para opções. Durante as décadas de 1960 e 1970, a maioria dos monetaristas acreditava que a melhor regra de política monetária fosse uma meta de crescimento constante e lento da oferta de moeda.

Regra de política monetária é uma fórmula que determina as ações do banco central.

O monetarismo teve grande influência na política monetária implementada de fato no fim dos anos 1970 e início dos anos 1980, quando o Fed tentou manter constante a taxa de crescimento na oferta de moeda. Mas logo ficou claro que um crescimento constante na oferta de moeda não garantia crescimento constante da economia.

Consequentemente, monetaristas tradicionais – aqueles que acreditam que o PIB crescerá de forma constante se a oferta de moeda crescer de forma constante – são difíceis de encontrar entre os macroeconomistas atuais. No entanto, o argumento de Friedman de que a política monetária pode cumprir a tarefa de estabilizar a economia e que a política fiscal tem pouco papel a desempenhar espalhou-se entre os economistas até ser questionado pela crise de 2008 e suas consequências.

Limites da política macroeconômica: inflação e taxa natural de desemprego

O problema das defasagens de tempo na implementação da política macroeconômica ativista não foi a única crítica infligida à economia keynesiana. Outro problema sério surgiu com relação ao seu efeito na inflação. Nos anos 1940 e 1950, muitos economistas keynesianos acreditavam que fosse possível usar uma política fiscal expansionista para alcançar o pleno emprego em base permanente. Na década de 1960, contudo, muitos economistas perceberam que políticas persistentemente expansionistas podiam causar inflação. Mesmo assim, eles continuavam acreditando que os governos podiam trocar desemprego baixo por inflação mais alta.

Em 1968, contudo, Milton Friedman e Edmund Phelps, da Universidade Columbia, em trabalhos distintos, propuseram que não existe realmente um *trade-off* de longo prazo entre desemprego e inflação. (A propósito, Friedman apresentou seu argumento em um famoso discurso como presidente da American Economic Association em 1969 – mesma circunstância que seria usada 50 anos depois por Olivier Blanchard para minimizar preocupações com a dívida pública.) De acordo com a **hipótese da taxa natural** de desemprego de Friedman e Phelps, qualquer tentativa de manter o desemprego abaixo de um nível mínimo levaria não apenas à inflação, mas a uma inflação cada vez mais alta. O ponto importante a ser reconhecido aqui é que, se for verdade, a hipótese da taxa natural implica que as políticas keynesianas não podem realizar tanto quanto os macroeconomistas acreditavam anteriormente. Dado que o governo não pode manter a taxa de desemprego abaixo da taxa natural, sua tarefa passa a ser não a de manter o desemprego baixo, mas mantê-lo *estável em torno da taxa natural* – para prevenir flutuações elevadas no desemprego acima ou abaixo da taxa natural.

De acordo com a **hipótese da taxa natural**, como a inflação acaba por ser incorporada às expectativas, a taxa de desemprego deve ser mantida estável em torno da taxa natural para evitar acelerar a inflação com o tempo.

E a hipótese da taxa natural foi realmente aceita pela maioria dos economistas após a década de 1970. A hipótese de Friedman-Phelps fez uma previsão forte: o *trade-off* aparente entre desemprego e inflação não sobreviveria a um período extenso de preços em ascensão. Quando a inflação se incorporasse às expectativas do público, ela continuaria, mesmo com desemprego elevado.

Na verdade, foi exatamente isso que aconteceu nos anos 1970. O acerto nessa previsão foi um dos triunfos da análise macroeconômica e convenceu a grande maioria dos economistas de que a hipótese da taxa natural estava correta, embora alguns macroeconomistas acreditem que, quando as taxas de inflação são muito baixas ou quando há deflação, essa hipótese não funciona.

Expectativas racionais e a nova economia clássica

Como vimos, uma diferença essencial entre a economia clássica e a economia keynesiana é que os economistas clássicos acreditavam que a curva de oferta agregada de curto prazo era vertical, enquanto Keynes enfatizou a ideia de que a curva de oferta agregada tem inclinação para cima no curto prazo. Uma consequência da curva de oferta com inclinação para cima é que os choques de demanda – deslocamentos na curva de demanda agregada – causam flutuações no produto agregado.

Nos anos 1970 e 1980, a ideia clássica de que os deslocamentos na curva de demanda agregada afetam apenas o nível de preços agregado, e não o produto agregado, foi renovada em uma abordagem conhecida como **nova macroeconomia clássica**. Ela evoluiu em duas etapas. Primeiro, alguns economistas questionaram os argumentos tradicionais sobre a inclinação da curva de oferta agregada de curto prazo, baseados no conceito de *expectativas racionais*. Segundo, alguns economistas sugeriram que mudanças de produtividade causam flutuações econômicas, uma visão conhecida como *teoria do ciclo econômico real*.

Nova macroeconomia clássica é uma abordagem do ciclo econômico que retorna à ideia clássica de que deslocamentos na curva de demanda agregada afetam apenas o nível de preços agregado e não o produto agregado.

O conceito de **expectativas racionais** é a ideia de que indivíduos e empresas tomam decisões ótimas usando toda informação disponível.

Nos anos 1970, um conceito conhecido como *expectativas racionais* teve poderoso impacto sobre a macroeconomia. **Expectativas racionais**, uma teoria originalmente apresentada por John Muth em 1961, é a ideia de que indivíduos e empresas tomam decisões ótimas usando toda informação disponível.

Por exemplo, trabalhadores e empregadores barganhando contratos salariais de longo prazo precisam estimar a taxa de inflação que eles acreditam que vá ocorrer durante a vida daquele contrato. O conceito das expectativas racionais diz que, ao fazerem estimativas da inflação futura, eles não vão apenas considerar as taxas de inflação do passado; vão levar em conta também a informação disponível sobre políticas monetária e fiscal. Suponha que os preços não aumentaram no último ano, mas que as políticas monetária e fiscal anunciadas pelos formuladores de política econômica tornam claro para os analistas econômicos que haverá inflação substancial nos próximos anos. De acordo com as expectativas racionais, os contratos salariais de longo prazo serão ajustados hoje para refletir essa inflação futura, mesmo que os preços no passado não tenham subido.

A adoção da premissa de expectativas racionais pode fazer uma grande diferença nas convicções a respeito da eficácia da política macroeconômica ativista. De acordo com a versão original da hipótese da taxa natural, a tentativa de um governo de persistentemente empurrar a taxa de desemprego para abaixo da taxa natural funcionaria no curto prazo, mas após algum tempo fracassaria, porque a inflação mais alta seria incorporada às expectativas. De acordo com as expectativas racionais, deveríamos remover a expressão *após algum tempo* e substituí-la por *imediatamente*: se o governo pretende baixar o desemprego hoje ao custo de inflação mais alta no futuro, a inflação subirá imediatamente, sem sequer uma queda temporária no desemprego. Assim, segundo o modelo das expectativas racionais, a intervenção do governo falha no curto e no longo prazo.

Nos anos 1970, Robert Lucas, da Universidade de Chicago, usou a lógica das expectativas racionais para argumentar que a política monetária só pode mudar o nível de produção e de desemprego se surpreender o público. Em 1995, Lucas ganhou o Prêmio Nobel de Economia por esse trabalho, que continua sendo bastante admirado. Contudo, muitos macroeconomistas, provavelmente a maioria, em especial aqueles que assessoram os responsáveis pela política econômica,

PARA MENTES CURIOSAS Economia pelo lado da oferta

Durante a década de 1970, um grupo de jornalistas econômicos começou a propor uma abordagem de política econômica que veio a ser conhecida como *economia pelo lado da oferta*. O núcleo dessa abordagem era a crença de que reduzir taxas de impostos, e assim aumentar os incentivos ao trabalho e ao investimento, teria um poderoso efeito positivo sobre a taxa de crescimento do produto potencial. Os partidários da economia pelo lado da oferta insistiram para que o governo cortasse impostos sem se preocupar com cortes correspondentes nos gastos: o crescimento econômico, segundo eles alegavam, anularia quaisquer efeitos negativos de déficits orçamentários.

Alguns dos partidários da economia pelo lado da oferta chegaram a dizer que cortes nas taxas de impostos teriam um efeito de tal forma milagroso sobre o crescimento econômico que a *receita tributária* – o montante total que os contribuintes pagariam ao governo – de fato iria aumentar. Ou seja, alguns dos partidários argumentaram que os Estados Unidos estavam do lado errado da *curva de Laffer*, uma relação hipotética entre taxas de impostos e receita tributária total que tem inclinação para cima quando as taxas de impostos são baixas, mas que passa a ter inclinação para baixo quando as taxas de impostos aumentam muito. Os economistas pelo lado da oferta tornaram-se populares entre os políticos e, em 1980, Ronald Reagan tornou a economia pelo lado da oferta a base de sua campanha presidencial.

Dado que a economia pelo lado da oferta enfatiza a oferta em lugar da demanda, e como seus partidários são eles próprios extremamente críticos da economia keynesiana, poderia parecer que a teoria da economia pelo lado da oferta faz parte da nossa discussão sobre a nova macroeconomia clássica. Mas, na verdade, a economia pelo lado da oferta não costuma ser levada a sério pelos pesquisadores econômicos.

A principal razão para deixá-la de lado é a falta de evidência. Quase todo economista concorda que cortes de impostos aumentam os incentivos ao trabalho e ao investimento. Mas tentativas de estimar os efeitos desses incentivos indicam que, nos níveis atuais de impostos nos Estados Unidos, efeitos positivos estão longe de oferecer apoio para as alegações feitas pelos partidários da economia pelo lado da oferta. Em especial, essa doutrina implica que grandes cortes de impostos, como aqueles implementados por Ronald Reagan no início dos anos 1980, elevariam fortemente o produto potencial, enquanto aumentos de impostos, como os feitos por Bill Clinton em 1993, deveriam reduzir o crescimento em potencial. No entanto, as estimativas de produto potencial feitas pelo Escritório de Orçamento do Congresso norte-americano e por outros não mostram sinal algum disso.

Anos depois, em 2012, o estado norte-americano do Kansas ofereceu a melhor evidência até agora contra a utilidade da economia pelo lado da oferta. Naquele ano, o Kansas aprovou grandes cortes nos impostos estaduais. No entanto, sua economia afundou, com o crescimento econômico e a criação de empregos caindo muito abaixo da média nacional, e seu déficit estadual disparou. Em 2017, enfrentando uma crise financeira estadual e eleitores irritados com os cortes nos serviços estaduais, o Kansas encerrou sua experiência na economia pelo lado da oferta e aumentou os impostos.

atualmente acreditam que suas conclusões foram exageradas. O Federal Reserve certamente considera que pode desempenhar um papel útil na estabilização econômica.

De acordo com o **modelo de expectativas racionais** da economia, mudanças esperadas na política monetária não têm efeito sobre o desemprego e a produção, e só afetam o nível de preços.

Segundo a **nova economia keynesiana**, as imperfeições de mercado podem ocasionar rigidez de preços para a economia como um todo.

A **teoria do ciclo econômico real** afirma que flutuações na taxa de crescimento da produtividade causam os ciclos econômicos.

Por que, segundo muitos macroeconomistas, o **modelo de expectativas racionais** de Lucas para a macroeconomia não descreve de forma precisa o comportamento real da economia? A **nova economia keynesiana**, um conjunto de ideias que se tornou influente na década de 1990, fornece uma explicação. Ela argumenta que as imperfeições de mercado interagem de modo a tornar temporariamente rígidos muitos preços na economia. E, com preços rígidos, a inflação esperada não pode subir com rapidez suficiente para deslocar a política macroeconômica ativista.

Com o tempo, as novas ideias keynesianas combinadas com a experiência efetiva reduziram a influência prática do conceito de expectativas racionais. Não obstante, alguns macroeconomistas foram ainda mais longe que Lucas, argumentando que os choques de demanda não desempenham papel importante nas recessões. Nos anos 1980, vários economistas argumentaram que a desaceleração no crescimento da produtividade, que eles atribuíram a pausas no progresso tecnológico, é a principal causa das recessões. A **teoria do ciclo econômico real** diz que flutuações na taxa de crescimento da produtividade causam os ciclos econômicos.

Essa teoria teve muita influência, como se vê pelo fato de que dois dos fundadores da teoria do ciclo econômico real, Finn Kydland, da Universidade Carnegie-Mellon, e Edward Prescott, do Federal Reserve Bank de Minneapolis, ganharam o Prêmio Nobel de Economia de 2004. O *status* atual da teoria do ciclo econômico real, contudo, é algo semelhante ao da teoria das expectativas racionais. É amplamente reconhecido que a teoria deu uma contribuição valiosa à compreensão da economia e serve como advertência útil contra a ênfase exagerada na demanda agregada.

Mas muitos dos verdadeiros teóricos dos ciclos econômicos agora reconhecem que os dados econômicos reais indicam que seus modelos precisam de uma inclinação ascendente na curva de oferta agregada – e que isso dá à demanda agregada um papel potencial na determinação da produção agregada.

Ciclo político-econômico

O último desafio à análise econômica keynesiana tem o foco não na validade de sua análise econômica, mas em suas consequências políticas. Diversos economistas e cientistas políticos chamaram a atenção para o fato de que a política macroeconômica ativista está sujeita a manipulação política.

Existe evidência estatística de que os resultados das eleições tendem a ser determinados pelo estado da economia nos meses imediatamente anteriores à eleição. Nos Estados Unidos, quando a economia está crescendo rapidamente e a taxa de desemprego cai nos seis meses mais ou menos antes da eleição, o partido no poder tende a ser reeleito, mesmo se a economia teve desempenho pobre nos três anos anteriores. Isso cria uma tentação óbvia de abusar da política macroeconômica ativista: invista na economia em um ano eleitoral e pague o preço de maior inflação e/ou mais desemprego mais tarde. O resultado pode ser uma instabilidade desnecessária na economia, um **ciclo político-econômico** causado pelo uso da política macroeconômica para servir a fins políticos.

Um **ciclo político-econômico** é causado quando os políticos usam a política macroeconômica para servir a fins políticos.

Exemplo bastante citado é a combinação de política fiscal e monetária expansionista que levou ao rápido crescimento da economia norte-americana logo antes da eleição de 1972 e a uma rápida aceleração da inflação depois das eleições. Kenneth Rogoff, respeitado macroeconomista que atuou como economista-chefe do Fundo Monetário Internacional, proclamou Richard Nixon, presidente dos Estados Unidos na época, "o maior herói de todos os tempos dos ciclos político-econômicos".

Como já vimos, uma forma de evitar o ciclo político-econômico é colocar a política monetária nas mãos de um banco central independente, protegido da pressão política. O ciclo político-econômico é também uma razão para limitar o uso de política fiscal discricionária, exceto em circunstâncias extremas, como uma armadilha da liquidez.

ECONOMIA >> *em Ação*

O Fed causou a Grande Depressão?

A Grande Depressão deu origem à economia keynesiana e convenceu a maior parte dos economistas sobre a necessidade de uma política macroeconômica ativista. Mas o influente livro *Uma história monetária* de Friedman e Schwartz argumentou que o Federal Reserve poderia ter evitado a Grande Depressão se tivesse feito seu trabalho. Alguns escritos posteriores de Milton Friedman reforçam essa visão e afirmam que o Fed *causou* a depressão.

O Fed causou de fato a Grande Depressão ou pelo menos permitiu que isso acontecesse por negligência?

A questão contra o Fed se baseia em grande parte no fato de que a oferta geral de moeda, medida por M2, caiu drasticamente de 1929 a 1933, quando a economia despencou. Essa contração monetária é mostrada na Figura 32.3, onde M2 é mostrado como um índice com 1929 = 100. A visão de Friedman-Schwartz era de que o Fed poderia ter evitado a queda em M2 e, portanto, impedido que a depressão acontecesse.

Contudo, o Fed não controla diretamente agregados monetários como o M2, que consiste principalmente em depósitos bancários. O que o Fed controla diretamente é a base monetária – moeda em circulação mais reservas bancárias. E, como mostra a Figura 32.3, a base monetária na verdade aumentou acentuadamente nos primeiros anos da Grande Depressão.

Por que o M2 caiu tanto, enquanto a base monetária subia? A principal explicação foi que uma onda de corridas aos bancos destruiu a confiança na segurança dos bancos: muita gente optou por converter seus depósitos em moeda e os bancos sobreviventes cortaram os empréstimos, acumulando reservas, para que tivessem dinheiro em mãos no caso de uma corrida.

Nessas condições, não fica claro se o Fed poderia ter evitado a queda de M2. As taxas de juros eram muito baixas, dando aos bancos poucos incentivos para emprestar, então, mesmo que o Fed tivesse se envolvido em grandes operações do mercado aberto, aumentando as reservas bancárias, o dinheiro poderia muito bem ter ficado lá.

Na verdade, foi isso que aconteceu após a crise financeira de 2008, quando o Fed aumentou maciçamente a base monetária, mas viu apenas um pequeno aumento em M2.

Figura 32.3 Política monetária durante a Grande Depressão.

Durante a Grande Depressão, o Federal Reserve aumentou a base monetária em mais de 50%, mas a oferta geral de moeda, medida por M2, diminuiu 30% antes de se estabilizar em 1933 e aumentar ligeiramente em 1934 e 1935. A maioria dos economistas acredita que a divergência em M2 e na base monetária decorreu da quebra generalizada dos bancos.

Dados de: Friedman, Milton, and Anna Jacobson Schwartz. (1970). "Monetary Statistics of the United States: Estimates, Sources, Methods."

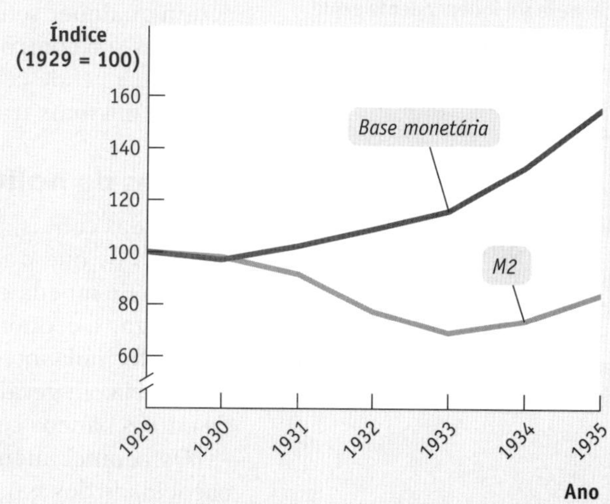

Em suma, não é certo que o Fed pudesse ter evitado a Grande Depressão, e certamente não a causou.

>> ***Revisão Rápida***

- O keynesianismo, no seu início, menosprezou a eficácia da política monetária em comparação com a política fiscal. Porém, mais tarde, os macroeconomistas perceberam que a política monetária é eficaz exceto quando ocorre uma armadilha da liquidez.
- De acordo com o **monetarismo**, por causa das defasagens de tempo, tanto a política fiscal discricionária quanto a **política monetária discricionária** fazem mais mal do que bem e uma **regra de política monetária** simples é a melhor maneira de estabilizar a economia. Essa doutrina foi popular durante algum tempo, mas perdeu sua influência quando as previsões não se materializaram.
- A **hipótese da taxa natural**, hoje amplamente aceita, impõe limites nítidos para o que a política macroeconômica pode alcançar. Ela implica que a política deve visar a estabilização da taxa de desemprego em torno da taxa natural.
- A **nova macroeconomia clássica** reviveu algumas das ideias pré-keynesianas sobre política monetária. O conceito das **expectativas racionais** lançou dúvidas sobre se a política monetária pode funcionar mesmo no curto prazo, enquanto a **teoria do ciclo econômico real** sugeriu que os choques de produtividade são responsáveis pelas recessões. Essas ideias, no entanto, foram rebatidas pela **nova economia keynesiana** e tiveram pouca influência na política.
- Preocupações sobre o **ciclo político-econômico** sugerem que o banco central deve ser independente e que a política fiscal discricionária deve ser evitada, exceto em circunstâncias extremas, como uma armadilha da liquidez.

>> ***Teste seu entendimento* 32.2**

As respostas estão no fim do livro.

1. Quais são os limites do ativismo político macroeconômico?
2. A partir de 2008, quando a economia entrou na Grande Recessão, o desemprego disparou enquanto as taxas de juros e os gastos de investimento despencaram. Em resposta a isso, o Fed acelerou o crescimento da base monetária.
   a. Você acha que Milton Friedman teria concordado com a política do Fed?
   b. Monetaristas, como Friedman, costumam acreditar que a política monetária discricionária e a política fiscal são ineficazes. Você acha que as objeções deles à política fiscal e monetária foram válidas durante a Grande Recessão? Observe que o desemprego não voltou ao nível anterior à recessão até 2016.
3. No final de 2008, quando ficou claro que os Estados Unidos estavam passando por uma recessão, o Fed reduziu sua meta para a taxa de juros interbancários para perto de zero, como parte de uma postura de política monetária agressivamente expansionista (incluindo o que o Fed chamou de *flexibilização quantitativa*). A maioria dos observadores concordou que a expansão monetária agressiva do Fed ajudou a reduzir a duração e a gravidade da Grande Recessão.
   a. O que os teóricos das expectativas racionais diriam sobre essa conclusão?
   b. O que diriam os teóricos dos ciclos econômicos reais?

Da Grande Moderação à estagnação secular

Os anos 1970 e a primeira metade da década de 1980 foram um período turbulento para a economia norte-americana (e também para outras economias importantes). Houve duas recessões severas em 1974-1975 e depois disso mais duas recessões, uma colada na outra, em 1979-1982, que levaram a taxa de desemprego a quase 11%. Ao mesmo tempo, a inflação foi para dois dígitos – e depois afundou. Como vimos, esses eventos deixaram marcas profundas no pensamento macroeconômico.

Depois de 1985, no entanto, a economia estabilizou. A recessão de 1990-1991 foi bem mais moderada que a de 1974-1975 ou que a estagnação de duplo mergulho de 1979 a 1982, e a taxa de inflação em geral permaneceu abaixo de 4%. O período de relativa calma na economia entre 1985 e 2007 passou a ser chamado de **Grande Moderação**. E a calma na economia foi em grande medida marcada por uma calma semelhante nas discussões de política macroeconômica. De fato, parecia que emergira um amplo consenso sobre várias questões macroeconômicas cruciais.

Grande Moderação é o período de 1985 a 2007, quando a economia norte-americana passou por flutuações relativamente pequenas e baixa inflação. Ela motivou uma crença geral de que a política monetária poderia estabilizar a economia.

Entretanto, a crise financeira global de 2008 e suas consequências enfraqueceram qualquer sensação de que os responsáveis pela política econômica tinham as coisas sob controle, além de fazerem repensar a política macroeconômica – um repensar que, de certa forma, trouxe os macroeconomistas de volta a uma visão keynesiana mais tradicional.

Limites da política monetária

No fim das contas, Milton Friedman foi incapaz de convencer os formuladores de políticas de que o monetarismo era uma boa ideia – simplesmente garantir que a oferta de moeda estava crescendo a uma taxa constante não foi suficiente para estabilizar a economia. Porém, durante a Grande Moderação, tanto economistas quanto formuladores de política econômica quase sempre acreditavam que a política monetária em geral era altamente eficaz e que os tecnocratas apolíticos do Fed e de outros bancos centrais poderiam cumprir a função de estabilizar a economia.

Os acontecimentos desde 2008, no entanto, enfraqueceram a confiança na capacidade dos bancos centrais de manter a economia estável. A Figura 32.4, que mostra a taxa de juros interbancários desde o início da Grande Moderação, ilustra

Figura 32.4 Política monetária nas recessões recentes.

O Federal Reserve responde ativamente a desacelerações econômicas. Durante cada uma dessas quatro recessões, o Fed agiu rapidamente para reduzir as taxas de juros.
Dados de: Federal Reserve Bank of St. Louis.

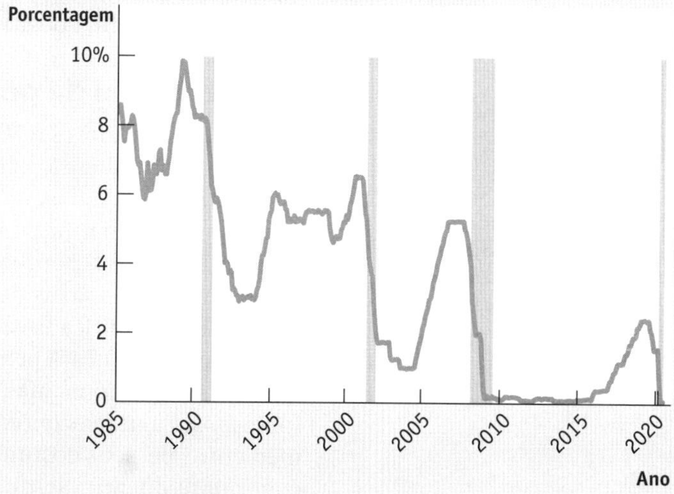

o problema. A política monetária normal envolve aumentar ou diminuir essa taxa por meio de operações de mercado aberto e, de fato, o Fed cortou essa taxa em cerca de 5 pontos percentuais a cada começo de recessão.

Em 2008, no entanto, baixar a taxa de juros interbancários até zero não foi suficiente para evitar uma recessão severa – e a recuperação dessa recessão foi decepcionantemente lenta. Em outras palavras, a política monetária convencional não parecia à altura da função que deveria ter.

Na verdade, até mesmo a política monetária não convencional parecia não ser suficiente. Normalmente, o Fed compra apenas dívidas públicas de curto prazo. No entanto, em 2010 ele tentou impulsionar a economia comprando outros ativos, incluindo dívidas públicas de longo prazo e dívidas de agências do governo que emprestam dinheiro para compradores de imóveis. Como mostra a Figura 32.5, esse programa, geralmente conhecido como *flexibilização quantitativa*, levou a um grande aumento da base monetária.

Figura 32.5 Muito dinheiro e pouca inflação nos Estados Unidos, 2007-2020.

A flexibilização quantitativa gerou um grande aumento na base monetária dos EUA após a Grande Recessão, e alguns economistas advertiram que isso, por sua vez, levaria a uma inflação alta. Porém, o Fed argumentou que os riscos de inflação eram baixos e, como pode ser visto na figura, isso foi sustentado pelos eventos: o índice de preços ao consumidor permaneceu praticamente constante, refletindo uma taxa de inflação muito baixa de 2008 em diante.
Dados de: Federal Reserve Bank of St. Louis.

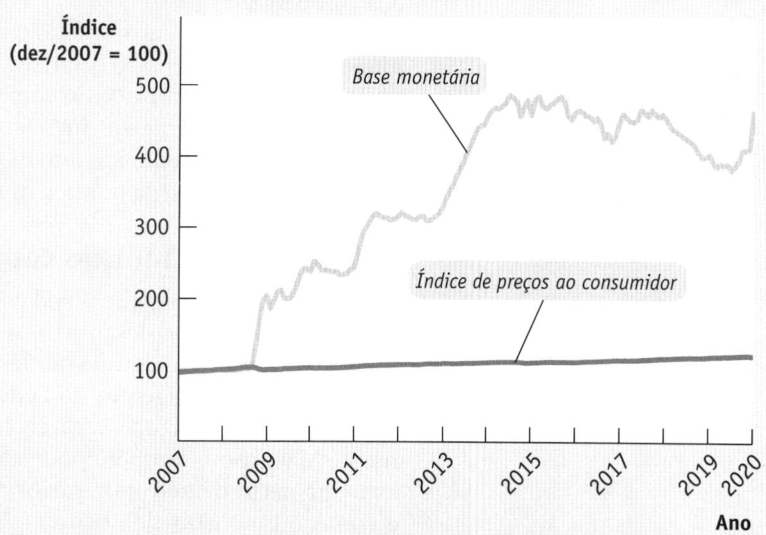

Alguns críticos advertiram que o aumento na base monetária geraria inflação alta. Como vemos na Figura 32.5, isso não aconteceu. Por outro lado, também não levou a um estouro econômico. Os dirigentes do Fed acreditam que o programa gerou alguns efeitos positivos, que no entanto não foram dramáticos.

Renascimento da política fiscal

Estímulo fiscal é a política fiscal expansionista que toma a forma de medidas de gasto temporárias e cortes de impostos temporários.

Políticas de austeridade tentam limitar os pedidos de empréstimo do governo cortando gastos e elevando impostos.

Os eventos posteriores a 2008 mostraram que a política monetária não era um instrumento de combate à recessão tão confiável quanto muitos economistas achavam. Isso motivou um renascimento do interesse pela política fiscal. Os Estados Unidos se envolveram em uma significativa política fiscal expansionista, ou **estímulo fiscal**, em 2009-2010, porque a economia ainda estava se contraindo, embora o Fed tivesse cortado as taxas de juros até chegarem a zero.

Será que a política fiscal realmente funciona? Alguns observadores notaram que o desemprego nos EUA permaneceu alto após o estímulo de 2009 como evidência de que ela não funciona, mas esse argumento esbarra no problema de que o estímulo foi resposta a uma economia já em apuros. Pense em uma analogia com visitas ao médico: as pessoas costumam consultar o médico quando ficam doentes e muitas continuam doentes alguns dias após a visita ao consultório. Você não diria que isso é uma evidência de que os médicos não são úteis.

Um teste melhor veio no período de 2010-2013, quando diversos países passaram de políticas de estímulo para duras **políticas de austeridade** – tentativas de reduzir seus déficits orçamentários cortando gastos e elevando os impostos. Essas políticas tiveram forte inspiração nos eventos da Grécia, que viu as taxas de juros dispararem em 2010 à medida que os investidores perdiam a confiança na capacidade do governo grego de pagar suas dívidas.

Temendo um destino semelhante, muitos países, inclusive os Estados Unidos, lançaram mão da austeridade fiscal, mas o grau de austeridade variou muito de um país para outro. Por exemplo, a Espanha impôs cortes orçamentários em torno de 8% do PIB, enquanto a Bélgica, que na verdade tinha um nível de dívida mais alto em relação ao PIB, quase não impôs cortes.

Um estudo influente do Fundo Monetário Internacional apresentou forte correlação entre cortes no orçamento e crescimento econômico em comparação com as previsões anteriores: quanto mais profundos os cortes no orçamento, pior o desempenho econômico. Na verdade, cada dólar de corte no orçamento parecia reduzir o PIB em cerca de US$ 1,50. Junto com outras evidências, essa experiência convenceu muitos economistas de que a política fiscal realmente tem fortes efeitos em um mundo com taxas de juros baixas, com poucas evidências de *crowding out*.

Como resultado, os macroeconomistas têm interesse muito mais forte na política fiscal como instrumento para estabilizar a economia do que tinham durante a Grande Moderação.

Política fiscal expansionista, entretanto, significa déficits orçamentários mais altos. Não deveria ser isso uma fonte de preocupação? A resposta, como sugerimos na história de abertura deste capítulo, é que muitos macroeconomistas (embora não todos) passaram a ser menos preocupados com a dívida do que eram antes. Essa preocupação reduzida tem muito a ver com o mesmo fenômeno que reduziu a confiança na eficácia da política monetária: taxas de juros persistentemente baixas.

Política em um mundo com taxas de juros baixas

Na Figura 32.4, vimos que o Fed cortou as taxas de juros até zero em face da crise financeira de 2008 e descobrimos que mesmo isso não foi suficiente para evitar uma recessão severa seguida por lenta recuperação. No início, porém, a maioria dos economistas – e dirigentes do Federal Reserve – acreditava que o Fed seria capaz de elevar as taxas de juros a níveis historicamente normais assim que a crise terminasse. Mas, como também pode ser visto na Figura 32.4, o Fed acabou mantendo as taxas perto de zero por vários anos, depois aumentou-as apenas ligeiramente e começou a cortar de novo em 2019 em meio a sinais de fraqueza econômica. A pandemia da Covid-19 forçou o Fed a retornar à sua política de taxa de juros zero.

A persistência de taxas de juros baixas não foi apenas um fenômeno norte-americano. A Figura 32.6 mostra as taxas de juros de dez anos, frequentemente usadas como indicador de custos de empréstimos de longo prazo, para três países desde 2000: Estados Unidos, Alemanha e Espanha. Como se pode ver, as taxas de juros nos Estados Unidos e na Alemanha estão em tendência de queda – na Alemanha, elas estão na verdade negativas. A Espanha viu um aumento temporário nas taxas depois que a crise da dívida grega causou pânico sobre a dívida de outras nações europeias, mas o pânico logo diminuiu e, no início de 2016, os custos de empréstimos da Espanha eram ainda menores do que os dos Estados Unidos.

Por que as taxas de juros caíram tanto e com tanta persistência? Diversos economistas, com base em um conceito da década de 1930, sugerem que fatores subjacentes, como o declínio do crescimento populacional e, talvez, uma desaceleração do progresso tecnológico colocaram as principais economias do mundo em **estagnação secular** ou perto dela, um estado em que a taxa de juros necessária para alcançar o pleno emprego é consistentemente próxima de zero.

Estagnação secular ocorre quando a taxa de juros necessária para alcançar o pleno emprego é consistentemente próxima de zero.

Se taxas de juros muito baixas são o novo normal, como parecem ser, isso tem duas consequências principais para a política econômica: não devemos nos preocupar muito com a dívida e devemos nos preocupar muito com as respostas fiscais às crises.

Começamos este capítulo falando sobre o discurso presidencial de Olivier Blanchard na American Economic Association, no qual ele argumentou que os temores sobre a dívida foram exagerados. Taxas de juros baixas foram fundamentais para o seu argumento.

No passado, observou ele, as pessoas temiam que a dívida pudesse crescer ao longo do tempo como uma bola de neve, à medida que os pagamentos de juros sobre a dívida levassem a déficits maiores, o que aumentava a dívida, levando a pagamentos de juros mais altos e assim sucessivamente. Porém, conforme Blanchard observou, o que importa para a economia não é o tamanho absoluto da dívida, mas a razão entre a dívida e o PIB. E nas últimas décadas as taxas de juros têm estado bem abaixo da taxa de crescimento da economia. O significado disso é que, em vez de se autoalimentar, uma razão alta entre a dívida e o PIB tende a encolher com o tempo, a menos que o governo tenha um grande déficit sem juros. Você pode dizer que não precisamos nos preocupar com bolas de neve de dívidas, já que bolas de neve tendem a derreter.

De fato, pode haver boa argumentação para aumentar a dívida do governo por meio de novos empréstimos, se o empréstimo for usado para pagar coisas como a infraestrutura, que fortalecerá a economia no futuro.

Ao mesmo tempo, uma economia em que as taxas de juros são persistentemente baixas é também uma economia em que mesmo choques adversos de médio porte

Figura 32.6 Taxas de juros cada vez mais baixas.

As taxas de juros em todo o mundo têm sido extremamente baixas desde 2008.
Dados de: Federal Reserve Bank of St. Louis.

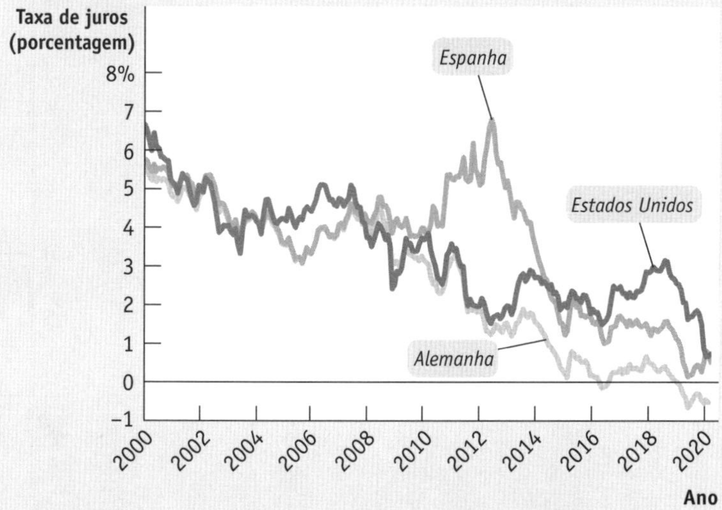

podem ser grandes demais para compensar com a política monetária, simplesmente porque o Fed e outros bancos centrais não têm espaço suficiente para cortes. Isso sugere que devemos fortalecer os *estabilizadores automáticos* da economia, as respostas fiscais e de gastos que ajudam a combater as recessões, mesmo sem uma nova legislação. Alguns economistas também argumentam que certo grau de gastos deficitários persistentes pode ser bom, especialmente se envolver investimento público, porque sugere que algum estímulo fiscal já está em vigor.

ECONOMIA >> *em Ação*

Temores de dívidas, austeridade e a recuperação dos EUA

Desde a Segunda Guerra Mundial, os Estados Unidos passaram por três recessões realmente grandes: uma em 1974-1975, uma recessão de duplo mergulho de 1979 a 1982 e a Grande Recessão de 2007-2009. Após as duas primeiras quedas, a economia experimentou as chamadas recuperações em forma de V, recuperando-se rapidamente. A recuperação da Grande Recessão, entretanto, foi muito mais gradual; cerca de seis anos foram necessários para que a taxa de desemprego caísse perto do nível anterior à crise. Por que a recuperação foi lenta?

Uma resposta é que as causas dessas três recessões diferiram: 1974-1975 e 1979-1982 foram provocadas por taxas de juros altas, impostas pelo Fed para controlar a inflação, enquanto 2007-2009 foi o resultado de uma crise financeira, cujos efeitos adversos foram muito mais difíceis de reverter. Mas a política fiscal provavelmente também desempenhou importante papel.

É verdade que o governo dos EUA decretou um grande estímulo fiscal em 2009. Mas os efeitos desse estímulo começaram a diminuir no final de 2010. Nessa ocasião, grande parte do *establishment* político de Washington havia decidido que a dívida pública era um grande perigo – que a crise grega foi um aviso para todos – e começou a pressionar por austeridade fiscal na forma de cortes de gastos.

A austeridade fiscal dos EUA nunca foi tão extrema quanto a austeridade, digamos, da Espanha, muito menos a da Grécia. Mas foi significativa. O Hutchins Center da Brookings Institution em Washington oferece estimativas regulares da chamada "medida de impacto fiscal", que "mostra quanto os impostos locais, estaduais e federais e a política de gastos acrescentam ou subtraem do crescimento econômico geral". A Figura 32.7 mostra essa medida junto com o crescimento

Figura 32.7 Estilo norte-americano de austeridade.

Depois de 2011, os cortes persistentes nos gastos públicos podem ter adiado a recuperação dos EUA ao saírem da Grande Recessão.

Dados de: Federal Reserve Bank of St. Louis; Hutchins Center on Fiscal and Monetary Policy.

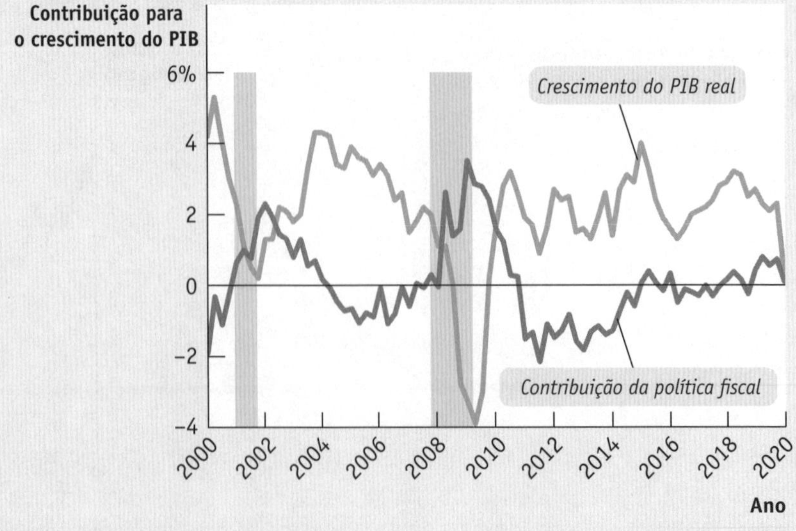

real do PIB nos últimos 20 anos. De acordo com essa estimativa, a austeridade impôs obstáculo constante e significativo ao crescimento econômico do início de 2011 até 2015.

Quanta diferença esse obstáculo fez no ritmo da recuperação? Se a estimativa do Hutchins Center for correta, sem austeridade os Estados Unidos poderiam muito bem ter experimentado uma recuperação total, com o desemprego caindo abaixo de 5%, em algum momento de 2012.

Portanto, os Estados Unidos parecem ter pagado um preço alto pela austeridade imposta em nome da limitação da dívida pública. Se economistas que agora dizem que os temores da dívida foram exagerados estiverem certos, esse foi um grande engano da política.

>> *Teste seu entendimento* 32.3

As respostas estão no fim do livro.

1. Por que a Grande Recessão levou ao declínio do consenso da Grande Moderação? Qual é o estado atual do consenso entre a maioria dos economistas?
2. Por que houve um debate tão acirrado em relação à política monetária não convencional do Fed e ao nível apropriado da meta de inflação do Fed?

>> *Revisão Rápida*

- A **Grande Moderação**, período de relativa calmaria econômica de 1985 a 2007, levou muitos economistas a acreditarem que a política monetária foi suficiente para estabilizar a economia. No entanto, a crise financeira de 2008, em que o Fed diminuiu as taxas até zero e nem mesmo isso foi suficiente para impedir uma recessão severa, enfraqueceu tal crença.
- O aparecimento de limites para a política monetária motivou um interesse renovado pela política fiscal, com volta temporária ao **estímulo fiscal** para combater a Grande Recessão. No entanto, as preocupações com a dívida pública levaram muitos países a reverter essa política de 2010 em diante, empreendendo **políticas de austeridade** em vez disso. Os efeitos adversos da austeridade sobre o crescimento, de modo um tanto irônico, mostraram que a política fiscal é eficaz.
- As taxas de juros permaneceram muito baixas desde a crise financeira de 2008. Alguns economistas acreditam que estamos sofrendo de **estagnação secular**: declínio do crescimento populacional e desaceleração do progresso tecnológico levaram a um estado de fraqueza econômica persistente.
- Em um mundo com taxas de juros baixas, as antigas preocupações com a dívida pública parecem ter sido exageradas, e existe argumento muito mais forte para o estímulo fiscal, especialmente para combater recessões, mas possivelmente até mesmo em tempos normais.

RESUMO

1. A macroeconomia clássica considerava que a política monetária afetava apenas o nível de preços agregado e não o produto agregado, e que o curto prazo era pouco importante. Na década de 1930, a mensuração dos ciclos econômicos já era um tema bem estabelecido, mas não havia uma teoria dos ciclos econômicos que fosse amplamente aceita.

2. A **economia keynesiana** atribuiu o ciclo econômico aos deslocamentos na curva de demanda agregada, que muitas vezes resultam de mudanças na confiança empresarial. A economia keynesiana ofereceu também uma argumentação que favorece o **ativismo de política macroeconômica**.

3. Nas décadas que se seguiram ao trabalho de Keynes, economistas passaram a concordar que a política monetária, bem como a política fiscal, é eficaz em certas condições. O **monetarismo**, doutrina que defendia uma **regra de política monetária** em contraposição a **políticas monetárias discricionárias** e que argumentou por um crescimento estável na oferta de moeda, teve influência durante algum tempo, mas foi eventualmente rejeitado por muitos macroeconomistas.

4. A **hipótese da taxa natural** tornou-se quase universalmente aceita, limitando o papel da política macroeconômica a manter a estabilidade da economia em vez de buscar uma taxa de desemprego permanentemente mais baixa. Temores de um **ciclo político-econômico** motivaram o consenso de que a política monetária deveria ser afastada dos políticos.

5. O conceito de **expectativas racionais** afirma que indivíduos e empresas tomam decisões usando todas as informações disponíveis. De acordo com o **modelo de expectativas racionais** para a economia, somente mudanças inesperadas na política monetária podem afetar o produto agregado e o emprego; mudanças esperadas apenas alteram o nível de preços. A **teoria do ciclo econômico real** diz que mudanças na taxa de crescimento da produtividade de fator total são a principal causa dos ciclos econômicos. Essas duas versões da **nova macroeconomia clássica** receberam ampla atenção e respeito, mas os responsáveis pela política econômica e muitos economistas não aceitaram a conclusão de que as políticas monetária e fiscal são ineficazes para mudar o produto agregado.

6. A **nova economia keynesiana** argumenta que, devido a imperfeições de mercado que levam à rigidez de preços, no fim das contas as mudanças na demanda agregada afetam o produto agregado.

7. A **Grande Moderação** de 1985 a 2007 deixou muitos economistas confiantes de que a política monetária sozinha poderia estabilizar a economia. Mas a Grande Recessão revelou os limites da política monetária e a potencial utilidade do **estímulo fiscal**. Por outro lado, depois da crise da dívida grega, muitos países, preocupados com seus níveis de dívida pública, voltaram-se para **políticas de austeridade** que parecem ter prejudicado o crescimento e adiado a recuperação.

8. A persistência de taxas de juros muito baixas gerou preocupações com o enfrentamento da **estagnação secular**: declínio do crescimento populacional e desaceleração do progresso tecnológico levaram a um estado de fraqueza econômica persistente. De qualquer modo, as taxas de juros baixas sugerem que governos devem focar menos na dívida e talvez se engajar em mais gastos deficitários.

PALAVRAS-CHAVE

Ativismo de política macroeconômica, p. 946
Ciclo político-econômico, p. 952
Economia keynesiana, p. 945
Estagnação secular, p. 957
Estímulo fiscal, p. 956
Expectativas racionais, p. 950
Grande Moderação, p. 954
Hipótese da taxa natural, p. 950
Modelo de expectativas racionais, p. 952
Monetarismo, p. 949
Nova economia keynesiana, p. 952
Nova macroeconomia clássica, p. 950
Política monetária discricionária, p. 949
Políticas de austeridade, p. 956
Regra de política monetária, p. 949
Teoria do ciclo econômico real, p. 952

QUESTÕES PARA PENSAR

1. A Figura 32.1 destaca as diferenças na *SRAS* para economistas clássicos e keynesianos. O que tais diferenças implicariam para a curva de Phillips? Após a Grande Recessão, a maior parte das pesquisas encontrou um "achatamento da curva de Phillips": o que isso implica a respeito das duas escolas de pensamento?

2. "Somos todos keynesianos agora" é uma citação normalmente atribuída ao presidente Richard Nixon. Embora as origens exatas dessa citação ainda sejam debatidas, em termos de estímulo fiscal e políticas de austeridade, como ela se aplica à lição que aprendemos após a Grande Recessão e à desaceleração econômica ligada à pandemia de Covid-19?

3. No início da paralisação econômica ligada à pandemia de Covid-19, o Escritório de Orçamento do Congresso norte-americano projetou que a relação dívida federal/PIB alcançaria 108% ao final de 2021, um aumento de 26 pontos percentuais em relação à projeção anterior. Trazendo para hoje, que lições podem ser tiradas do nível recorde de dívida após a Segunda Guerra Mundial? Quais são os principais fatores que determinarão se a dívida se tornará uma bola de neve fora de controle ou se derreterá lentamente?

PROBLEMAS

1. Desde o colapso do mercado de ações, em 1989, a economia japonesa tem tido pouco crescimento econômico e alguma deflação. A tabela a seguir, da Organização para a Cooperação e Desenvolvimento Econômico (OCDE), mostra alguns dados macroeconômicos essenciais para o Japão em 1991 (um ano "normal") e em 1995-2003.

 a. A partir desses dados, determine que tipo de medidas os responsáveis pela política econômica no Japão adotaram para promover o crescimento nessa época.

 b. Pode-se considerar com certeza que uma taxa de juros inferior a 0,1% é de fato uma taxa zero. Como se chama essa situação? O que ela implica para a eficácia da política monetária? E da política fiscal?

Ano	Taxa de crescimento anual do PIB real	Taxa de juros de curto prazo	Dívida pública (% do PIB)	Déficit orçamentário público (% do PIB)
1991	3,4%	7,38%	64,8%	−1,81%
1995	1,9	1,23	87,1	4,71
1996	3,4	0,59	93,9	5,07
1997	1,9	0,60	100,3	3,79
1998	−1,1	0,72	112,2	5,51
1999	0,1	0,25	125,7	7,23
2000	2,8	0,25	134,1	7,48
2001	0,4	0,12	142,3	6,13
2002	−0,3	0,06	149,3	7,88
2003	2,5	0,04	157,5	7,67

2. O National Bureau of Economic Research (NBER) mantém a cronologia oficial dos ciclos econômicos passados nos Estados Unidos. Entre no *site* do NBER – www.nber.org/cycles/cyclesmain.html – para responder às questões a seguir.

 a. Quantos ciclos econômicos ocorreram desde o fim da Segunda Guerra Mundial, em 1945?

 b. Qual foi a duração média do ciclo econômico quando medido do fim de uma expansão (seu pico) até o fim da expansão seguinte, ou seja, qual foi a duração média dos ciclos econômicos no período de 1945 até 2009?

 c. Quando foi publicado e o que dizia o último anúncio do Comitê de Determinação do Ciclo Econômico do NBER?

3. O fim da União Soviética, rival militar dos Estados Unidos, em 1989 permitiu que os EUA reduzissem significativamente seus gastos de defesa nos anos subsequentes. Usando os dados da tabela a seguir, do Relatório Econômico do presidente dos Estados Unidos, trace uma réplica da Figura 32.2 para o período 1990-2000. Dado o forte crescimento econômico dos Estados Unidos no fim dos anos 1990, por que um keynesiano veria com bons olhos a diminuição dos gastos com defesa nos anos 1990?

Ano	Déficit orçamentário (% do PIB)	Taxa de desemprego (%)
1990	3,9%	5,6%
1991	4,5	6,8
1992	4,7	7,5
1993	3,9	6,9
1994	2,9	6,1
1995	2,2	5,6
1996	1,4	5,4
1997	0,3	4,9
1998	−0,8	4,5
1999	−1,4	4,2
2000	−2,4	4,0

4. No mundo moderno, os bancos centrais têm liberdade para aumentar ou reduzir a oferta de moeda conforme julguem adequado. Contudo, certas pessoas têm nostalgia dos "bons velhos tempos" do padrão-ouro. Sob o padrão-ouro, a oferta de moeda podia expandir somente quando aumentasse a quantidade disponível de ouro.

 a. Sob o padrão-ouro, se a economia em expansão levasse a uma demanda crescente por moeda, o que seria necessário ocorrer para manter os preços estáveis?

 b. Por que os macroeconomistas modernos consideram má ideia o padrão-ouro?

5. Este capítulo explicou que Kenneth Rogoff proclamou Richard Nixon "o maior herói de todos os tempos dos ciclos político-econômicos". Usando a tabela a seguir, do Relatório Econômico do Presidente dos Estados Unidos, explique por que Nixon pode ter recebido esse título. (*Nota*: Nixon tomou posse em janeiro de 1969, foi reeleito em novembro de 1972 e renunciou em agosto de 1974.)

Ano	Receita do governo (bilhões de dólares)	Gastos públicos (bilhões de dólares)	Balanço orçamentário (bilhões de dólares)	Crescimento de M1	Crescimento de M2	Taxa das letras do Tesouro de 3 meses
1969	$186,9	$183,6	$ 3,2	3,3%	3,7%	6,68%
1970	192,8	195,6	–2,8	5,1	6,6	6,46
1971	187,1	210,2	–23,0	6,5	13,4	4,35
1972	207,3	230,7	–23,4	9,2	13,0	4,07
1973	230,8	245,7	–14,9	5,5	6,6	7,04

6. A economia de Albérnia está sofrendo um hiato de recessão, e o dirigente da nação reuniu seus melhores economistas representando a visão clássica, a keynesiana, a monetarista, o ciclo econômico real, o consenso da Grande Moderação, a austeridade expansionista e a estagnação secular para a macroeconomia. Explique que políticas cada economista recomendaria e por quê.

7. Dentre as seguintes recomendações de política, quais são consistentes com as visões clássica, keynesiana, monetarista e/ou do consenso da Grande Moderação em confronto com a visão da estagnação secular para a macroeconomia?

a. Como o crescimento de longo prazo do PIB real é 2%, a oferta de moeda deveria crescer 2%.

b. Reduza os gastos do governo a fim de reduzir a pressão inflacionária.

c. Aumente a oferta de moeda a fim de aliviar um hiato de recessão.

d. Sempre mantenha um orçamento equilibrado.

e. Reduza o déficit orçamentário como porcentagem do PIB quando ocorrer um hiato de recessão.

f. Busque grandes políticas fiscais expansionistas durante um período de armadilha da liquidez.

8. Usando um gráfico de *AD*/*AS* e a oferta e demanda de moeda, mostre como um monetarista pode argumentar que uma política fiscal contracionista não precisa levar necessariamente a uma queda no PIB real dada uma oferta monetária fixa. Explique.

9. Em resposta à Grande Recessão, o Federal Reserve tomou medidas drásticas e em grande parte não testadas para estabilizar tanto o sistema financeiro quanto a macroeconomia. Essas medidas fizeram com que a base monetária aumentasse de aproximadamente US$ 850 bilhões para mais de US$ 4 trilhões. O que um economista de cada ponto de vista – clássico, keynesiano, monetarista, ciclo econômico real, consenso da Grande Moderação e estagnação secular – preveria sobre o efeito dessas políticas e por quê? Indique se cada escola apoiaria as ações do Fed.

33 Macroeconomia Internacional

A SUÍÇA NÃO QUER SEU DINHEIRO

COLOCAR SEU DINHEIRO em um banco suíço não é maneira de ficar rico, dados os juros baixos que os banqueiros suíços oferecem. Na verdade, desde 2013 os bancos suíços têm pagado juros negativos sobre depósitos, cobrando aos clientes pelo serviço de manter seus fundos.

Mas, ao longo de muitas gerações, manter uma conta em um banco suíço foi visto como uma maneira de *permanecer* rico, um lugar seguro para depositar sua riqueza. Nos anos turbulentos que se seguiram à crise financeira de 2008, a reputação suíça de segurança tornou-se particularmente importante. Investidores europeus, em especial, levaram rios de dinheiro para a Suíça.

E os suíços não gostaram nada. O resultado da entrada de fundos do exterior foi uma forte alta no valor do franco suíço que arruinou as exportações do país.

No início de 2008, um franco suíço era trocado por cerca de 0,6 euro. Em meados de 2011, o franco suíço estava valendo cerca de € 0,9, uma valorização de 50%. Isso significava que as exportações suíças, tudo o mais mantido constante, tiveram aumento de 50% nos seus custos de mão de obra em relação a seus competidores em outros países da Zona do Euro. Graças à sua reputação de qualidade, a Suíça ao longo dos anos tem tido sucesso notável em vender seus produtos no mercado internacional, apesar dos altos custos de mão de obra no país. Ninguém espera conseguir barato um relógio ou um chocolate suíço. Mas uma valorização de 50% do franco suíço empurrou os exportadores do país para o limite.

Então, o que podia ser feito? No início de 2009, o Banco Central da Suíça começou a vender francos suíços no mercado internacional de câmbio, na tentativa de evitar a alta do franco. Em troca desses francos, recebeu outras moedas, em especial dólares e euros, que aumentaram suas reservas. Trata-se de *grande quantidade* de vendas: em um período de dois anos e meio, o banco central aumentou suas reservas de moeda estrangeira em US$ 180 bilhões, ou cerca de um terço do PIB da Suíça; isso seria o equivalente aos Estados Unidos venderem US$ 5 trilhões.

Mesmo isso não foi suficiente para impedir a valorização do franco suíço. Em setembro de 2011, quando o franco parecia subir rumo a € 1 ou mais, o banco central anunciou que faria o que fosse necessário – vender um montante ilimitado de francos suíços – para manter a moeda abaixo de um máximo de € 0,833 por franco (isto é, 1,2 franco por euro, que foi a maneira como se anunciou a meta de câmbio). Esse comunicado pareceu parar finalmente a valorização do franco.

O que os extraordinários esforços do Banco Central da Suíça ilustram é a importância de uma dimensão da macroeconomia que não enfatizamos até agora: o fato de que economias nacionais modernas negociam grandes quantidades de bens, serviços e ativos com o resto do mundo. *Macroeconomia internacional* é o ramo da macroeconomia que lida com as relações entre economias nacionais (também é conhecida como *macroeconomia de economia aberta*). Conforme ilustra o caso da Suíça, interações econômicas com o resto do mundo podem ter profundo impacto sobre uma economia doméstica.

Neste capítulo, examinaremos algumas das principais questões na macroeconomia internacional: os determinantes do *balanço de pagamentos* de um país, os fatores que afetam *taxa de câmbio*, as diferentes formas de *políticas cambiais* adotadas por vários países e as relações entre taxas de câmbio e política macroeconômica. •

O QUE VOCÊ IRÁ APRENDER?

- O que são **contas do balanço de pagamentos**?
- O que determina os fluxos internacionais de capital?
- Que papel desempenham o **mercado de câmbio** e a **taxa de câmbio**?
- Como as **taxas de câmbio reais** afetam a **conta-corrente**?
- Por que os países optam por **regimes de taxa de câmbio** diferentes, como **taxas de câmbio fixas** ou **taxas de câmbio flutuantes**?
- Por que considerações econômicas internacionais afetam a política macroeconômica doméstica?

Fluxos de capital e balanço de pagamentos

Em 2020, pessoas que vivem nos Estados Unidos venderam trilhões de dólares em coisas para pessoas que vivem em outros países e, em troca, compraram trilhões de dólares em outras coisas. Que tipo de coisas? Todo tipo. Residentes nos Estados Unidos (incluindo as empresas que operam no país) venderam aviões, títulos, licenças de *software*, trigo e muitos outros itens a residentes em outros países. Residentes nos Estados Unidos compraram carros, ações, petróleo e muitos outros itens de residentes de outros países.

Como se pode monitorar essas transações? No Capítulo 22, aprendemos que os economistas monitoram a economia doméstica usando as contas de renda e produto nacional. Os economistas acompanham as transações internacionais usando um conjunto de contas diferentes, mas correlacionadas, as *contas do balanço de pagamentos*.

Contas do balanço de pagamentos

Contas do balanço de pagamentos de um país são o resumo das transações desse país com outros países em determinado ano.

As **contas do balanço de pagamentos** de um país são o resumo das transações desse país com outros países.

Para entendermos a ideia básica por trás das contas do balanço de pagamentos, vamos considerar um exemplo em pequena escala: não um país, mas uma pequena unidade agrícola familiar. Digamos que sabemos como foi financeiramente o último ano para a família Costas, proprietária de uma pequena fazenda de alcachofras na Califórnia, tendo as seguintes informações:

- Ganhou $ 100.000 vendendo alcachofra.
- Gastou $ 70.000 na gestão da fazenda, incluindo aí a compra de novo equipamento agrícola, bem como $ 40.000 com compra de alimentos, pagamento de serviços como luz e água, substituição do carro velho etc.
- Recebeu $ 500 de juros em sua conta bancária, mas pagou $ 10.000 de juros de sua hipoteca.
- Tomou um empréstimo de $ 25.000 para ajudar a pagar melhorias na fazenda, mas não gastou todo esse dinheiro imediatamente, de modo que depositou $ 5.500 restantes no banco.

Como poderíamos resumir as transações dos Costas nesse ano? Uma forma seria compor uma tabela como a Tabela 33.1, que mostra as origens do dinheiro que entrou e as aplicações do dinheiro que saiu, apresentadas sob algumas rubricas gerais. A primeira linha da Tabela 33.1 mostra as vendas e compras de bens e serviços: vendas de alcachofras; compras de alimentos, óleo combustível, o novo carro e assim por diante. A segunda linha mostra o pagamento de juros: os juros que os Costas receberam de sua conta bancária e os juros que pagaram sobre sua hipoteca. A terceira linha mostra empréstimos e depósitos: o dinheiro que entrou de novos empréstimos e o dinheiro depositado no banco.

Em cada linha são mostrados os ingressos líquidos de cada transação. Assim, o ingresso líquido na primeira linha é de –$ 10.000, porque os Costas gastaram $ 10.000 a mais do que ganharam. O líquido na segunda linha é de –$ 9.500, ou seja, a diferença entre os juros que os Costas receberam em sua conta no banco e os juros que eles pagaram em sua hipoteca. O valor líquido na terceira linha é $ 19.500: houve uma entrada de $ 25.000 por causa do novo empréstimo dos Costas, mas desse total apenas $ 5.500 foram depositados no banco.

Tabela 33.1 Ano financeiro da família Costas

	Fontes de dinheiro	Usos de dinheiro	Resultado líquido
Vendas e compras de bens e serviços	Venda de alcachofra: $ 100.000	Custo operacional da fazenda e manutenção: $ 110.000	–$ 10.000
Pagamentos de juros	Juros recebidos da conta bancária: $ 500	Juros pagos sobre a hipoteca: $ 10.000	–$ 9.500
Empréstimos e depósitos	Fundos recebidos de novos empréstimos: $ 25.000	Fundos depositados no banco: $ 5.500	+$ 19.500
Total	$ 125.500	$ 125.500	$ 0

A última linha mostra a soma de dinheiro proveniente de todas as fontes e a soma de todo o dinheiro usado. As somas são iguais, por definição: toda quantia de dinheiro tem uma fonte e cada quantia recebida é usada em algum lugar. (E se os Costas escondessem dinheiro debaixo do colchão? Isso seria contado como outro "uso" do dinheiro.)

O balanço de pagamentos das contas de um país é uma tabela que resume suas transações com o mundo em determinado ano, de maneira bem semelhante ao que fizemos ao resumirmos o ano financeiro dos Costas.

Tabela 33.2 Balanço de pagamentos dos Estados Unidos em 2019 (bilhões de dólares)

		Pagamentos recebidos de estrangeiros	Pagamentos feitos a estrangeiros	Líquido
1	Compra e venda de bens e serviços	$ 2.498	$ 3.114	–$ 616
2	Renda de fator	1.123	866	257
3	Transferências	143	282	–139
	Conta-corrente (1 + 2 + 3)			**–498**
4	Compra e venda de ativos (conta financeira)	784	427	357
	Conta financeira (4)			**357**
	Discrepância estatística	–	–	**–141**

Dados de: Bureau of Economic Analysis.

A Tabela 33.2 mostra uma versão simplificada das contas do balanço de pagamentos dos Estados Unidos em 2019. Onde as contas da família Costas mostram as fontes e os usos do dinheiro, as contas do balanço de pagamentos do país mostram pagamentos recebidos de estrangeiros – fontes de dinheiro para os Estados Unidos em seu conjunto – e pagamentos feitos a estrangeiros – usos de dinheiro dos Estados Unidos em seu conjunto.

A linha 1 da Tabela 33.2 mostra os pagamentos que surgem de compra e venda de bens e serviços entre os Estados Unidos e outros países em 2019. Por exemplo, o número na segunda coluna da linha 1, $ 2.498 bilhões, incorpora itens como o valor das exportações de trigo dos Estados Unidos e a remuneração que os estrangeiros pagaram a empresas de consultoria norte-americanas em 2019. O número na terceira coluna da linha 1, $ 3.114 bilhões, incorpora itens como o valor das importações norte-americanas de petróleo e a remuneração que empresas norte-americanas pagam aos *call centers* indianos (as pessoas que costumam responder as chamadas feitas pelos norte-americanos ao número 1-800).

A linha 2 mostra a *renda de fator* em 2019 – o rendimento que os países estrangeiros pagaram aos residentes dos EUA pelo uso dos fatores de produção pertencentes aos EUA, bem como o rendimento pago por norte-americanos a estrangeiros pelo uso de fatores de produção de propriedade dos residentes de outros países. Em sua maior parte, isso significa rendimentos de investimentos: juros pagos pelos norte-americanos por empréstimos recebidos do exterior, lucros de empresas de propriedade de estrangeiros que operam no exterior etc. Por exemplo, os lucros auferidos pela Disneylândia de Paris, que é de propriedade da Companhia Walt Disney baseada nos Estados Unidos, estão incluídos no valor de $ 1.123 bilhões na segunda coluna da linha 2. Os lucros das operações das companhias automobilísticas japonesas nos Estados Unidos aparecem na terceira coluna da linha 2, que totaliza $ 866 bilhões. Essa categoria inclui também alguma renda do fator trabalho. Por exemplo, os salários do engenheiro norte-americano que trabalhou temporariamente em uma construção em Dubai estão incluídos no valor de $ 1.123 bilhões na segunda coluna.

A terceira linha mostra as *transferências internacionais* para os Estados Unidos em 2019, ou seja, fundos enviados por residentes dos EUA para residentes de outros países e vice-versa. O valor na segunda coluna da linha 3, $ 143 bilhões, inclui pagamentos enviados para os EUA por pessoas que trabalham fora do país. A terceira coluna representa a parte principal das transferências internacionais. Esse valor, $ 282 bilhões, é composto principalmente das remessas que os imigrantes que residem nos Estados Unidos, como os milhões de trabalhadores nascidos no México, fazem a suas famílias no país de origem.

A linha 4 da tabela mostra os pagamentos líquidos decorrentes de vendas e compras de ativos entre residentes dos EUA e estrangeiros em 2019. Esses pagamentos envolvem uma grande variedade de transações, desde empresas chinesas comprando empresas dos EUA até compras de ações europeias por investidores norte-americanos. Detalhes dessas transações são complexos e, se somarmos todas as compras, o valor será muito grande, motivo pelo qual focamos apenas no valor líquido. Em geral, de acordo com os valores oficiais e como pode ser visto na tabela, os residentes nos EUA venderam $ 357 bilhões a mais em ativos do que compraram.

Ao organizarmos a Tabela 33.2, separamos as linhas 1, 2 e 3 em um grupo para distingui-las da linha 4, refletindo uma diferença fundamental na maneira como esses dois grupos de transações afetam o futuro. Quando um residente nos Estados Unidos vende um bem como trigo a um estrangeiro, essa transação está encerrada. Mas um ativo financeiro, como um título, é diferente: envolve uma promessa de pagar juros e o principal no futuro. Assim, quando o residente vende um título a um estrangeiro, essa venda cria um passivo: o residente nos Estados Unidos terá de pagar juros e amortizar o principal no futuro. As contas do balanço de pagamentos distinguem operações que não criam passivos daquelas que criam.

Balanço de pagamentos em conta-corrente, ou **conta-corrente**, é o balanço de pagamentos de bens e serviços mais o resultado líquido dos pagamentos de transferências internacionais e a renda de fator.

Balanço de pagamentos de bens e serviços de um país é a diferença entre o valor das exportações e o valor das importações em dado período.

Balança do comércio de mercadorias ou **balança comercial** é a diferença entre as exportações e as importações de produtos.

O **balanço de pagamentos em conta financeira** de um país, ou simplesmente sua **conta financeira**, é a diferença entre suas vendas de ativos para estrangeiros e suas compras de ativos de estrangeiros em determinado período.

Transações que não criam passivos são consideradas parte do **balanço de pagamentos em conta-corrente**, com frequência mencionado como **conta-corrente**: o balanço de pagamentos de bens e serviços mais o resultado líquido dos pagamentos de transferências internacionais e a renda de fator. Isso corresponde às linhas 1, 2 e 3 da Tabela 33.2. Na prática, a linha 4 da tabela, totalizando –$ 616 bilhões, corresponde à parte mais importante da conta-corrente: **balanço de pagamentos de bens e serviços**, a diferença entre o valor das exportações e o valor das importações em dado período.

No noticiário econômico, você pode ter visto referências a mais outra medida, a **balança do comércio de mercadorias** ou, mais comumente, **balança comercial**. É a diferença entre as exportações de um país e suas importações, mas apenas de bens, sem incluir serviços. Certos economistas concentram sua atenção na balança comercial de mercadorias, embora ela seja uma medida incompleta, porque os dados sobre o comércio internacional de serviços não são tão precisos quanto os dados sobre comércio de bens físicos; além disso, dados sobre serviços demoram mais a ficar prontos.

Transações que envolvem a venda ou a compra de ativos por determinado período e, portanto, criam passivos futuros, são consideradas parte do **balanço de pagamentos em conta financeira** – ou **conta financeira**, de modo abreviado. Isso corresponde à linha 4 da Tabela 33.2, que mostra $ 357 bilhões em 2019. (Até alguns anos atrás, os economistas ainda se referiam à conta financeira como *conta de capital*. Usaremos o termo moderno, mas ainda é possível encontrar o termo mais antigo.)

Logo, qual é o resultado final de tudo isso? As linhas sombreadas na Tabela 33.2 mostram esse resultado: conta-corrente e conta financeira dos Estados Unidos como um todo em 2019. Como se vê:

- Os Estados Unidos tiveram *déficit em conta-corrente*: a quantia paga a estrangeiros por conta de bens, serviços, fatores e transferências foi maior do que a quantia recebida.
- Ao mesmo tempo, tiveram *superávit em conta financeira*: o valor dos ativos que venderam a estrangeiros foi maior que o valor dos ativos comprados de estrangeiros.
- Pelas estatísticas oficiais, o déficit da conta-corrente nos Estados Unidos não foi exatamente cancelado pelo superávit da conta financeira: o superávit da conta financeira em 2019 foi $ 141 bilhões menor que o déficit da conta-corrente (como pode ser visto na última linha da tabela). Mas esse é apenas um erro estatístico, refletindo a imperfeição dos dados oficiais. (Essa discrepância de $ 141 bilhões reflete provavelmente a compra de ativos dos Estados Unidos por estrangeiros que os dados oficiais de alguma forma não captaram.)

De fato, uma regra básica da contabilidade do balanço de pagamentos é que a conta-corrente e a conta financeira têm de ter soma zero:

(33.1) Conta-corrente (CC) + Conta financeira $(CF) = 0$

ou

$CC = -CF$

PARA MENTES CURIOSAS PIB, PNB e conta-corrente

Quando discutimos as contas de renda nacional no Capítulo 22, derivamos a equação básica que relaciona o PIB com componentes da despesa:

$$Y = C + I + G + X - IM$$

onde X e IM são, respectivamente, exportações e importações de bens e serviços. Mas, como aprendemos, o balanço de pagamentos em bens e serviços é apenas um dos componentes do balanço em conta-corrente. Por que a equação da renda nacional não usa a conta-corrente como um todo?

A resposta é que o produto interno bruto, Y, é o valor dos bens e serviços produzidos domesticamente. Assim, não inclui renda de fator internacional e transferências internacionais, duas fontes de renda que são incluídas no cálculo do balanço da conta-corrente. Os lucros da Ford Motors no Reino Unido não são incluídos no PIB dos Estados Unidos, e os fundos que imigrantes latino-americanos nos Estados Unidos enviam às suas famílias no país de origem não são subtraídos do PIB dos EUA.

Não deveríamos ter uma medida mais ampla, que incluísse essas fontes de renda? De fato, o produto *nacional* bruto (PNB) inclui a renda de fator internacional. Estimativas do PNB dos Estados Unidos diferem ligeiramente de estimativas do PIB, porque o PNB inclui itens como os rendimentos de companhias norte-americanas no exterior e subtrai itens como pagamentos de juros de bônus do Tesouro norte-americano de propriedade de residentes na China ou no Japão. Não há, no entanto, qualquer medida regularmente calculada que inclua os pagamentos de transferência.

Por que os economistas normalmente usam o PIB e não a medida mais ampla do PNB? Por duas razões. Em primeiro lugar, o propósito original das contas nacionais era monitorar a produção e não a renda. Em segundo lugar, dados sobre renda de fator internacional e pagamentos de transferência, em geral, não são considerados muito confiáveis. Assim, se o objetivo é acompanhar movimentos na economia, faz sentido focalizar o PIB, que não se baseia nesses dados pouco confiáveis. (No entanto, como podemos ver no Economia em Ação sobre a "Economia dos duendes", às vezes o PIB também tem problemas.)

Por que a Equação 33.1 tem de ser verdadeira? Já vimos a explicação básica na Tabela 33.1, que mostrou as contas da família Costas: no total, as fontes do dinheiro têm de ser iguais aos usos do dinheiro. O mesmo se aplica às contas do balanço de pagamentos. A Figura 33.1, uma variante do diagrama do fluxo circular que foi útil na discussão da macroeconomia doméstica, pode ajudar a visualizar como toda essa soma funciona. Em vez de mostrar o fluxo da moeda *dentro* da economia nacional, a Figura 33.1 mostra o fluxo da moeda *entre* economias nacionais.

A moeda entra nos Estados Unidos proveniente do restante do mundo como pagamento pelas exportações de bens e serviços, como pagamento pelo uso de fatores de produção de propriedade dos Estados Unidos e como pagamentos de transferência. Esses fluxos (indicados pelas setas interiores) são os componentes positivos do balanço de pagamentos do país em conta-corrente. A moeda também entra nos EUA proveniente de estrangeiros que compram ativos desse país. Eles formam o componente positivo do balanço de pagamentos dos EUA na conta financeira e são mostrados pelas setas exteriores.

Figura 33.1 Balanço de pagamentos.

As setas internas representam pagamentos que são registrados no balanço de pagamentos em conta-corrente. As setas externas representam pagamentos que são registrados no balanço de pagamentos em conta financeira. Dado que o fluxo total que entra nos Estados Unidos tem de ser igual ao fluxo total que sai do país, a soma do balanço de pagamentos em conta-corrente com o balanço de pagamentos em conta financeira é zero.

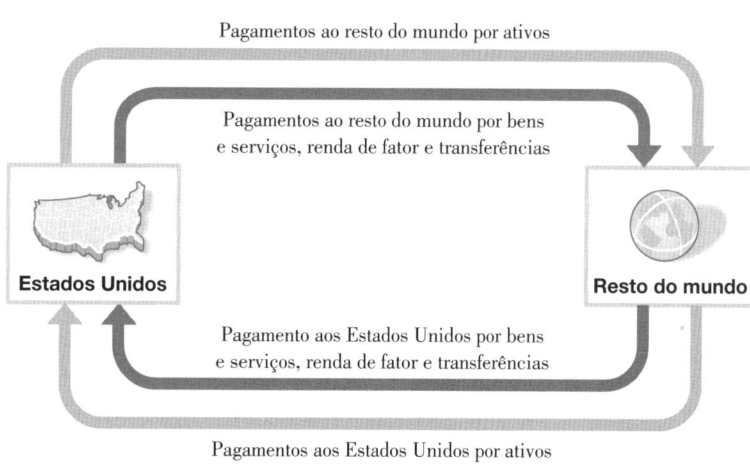

Ao mesmo tempo, a moeda flui dos Estados Unidos para o resto do mundo na forma de pagamento pelas importações de bens e serviços feitas pelos Estados Unidos, como pagamento pelo uso de fatores de produção de propriedade de estrangeiros e como pagamentos de transferência. Esses fluxos, indicados pela seta interna na parte de cima, são os componentes negativos do balanço de pagamentos dos EUA em conta-corrente. Moeda flui também para fora desse país para a compra de ativos estrangeiros. Eles constituem o componente negativo da conta financeira dos EUA e são representados pela seta externa na parte de cima.

Como em todos os diagramas de fluxo circular, o fluxo que entra em uma caixa e o que sai da caixa são iguais. Isso significa que a soma das duas setas que entram nos Estados Unidos (na parte inferior do diagrama) é igual à soma das setas que saem dos Estados Unidos (na parte superior do diagrama). Ou seja:

(33.2)

Registros positivos na conta-corrente + Registros positivos na conta financeira =
(seta interna inferior) (seta externa inferior)

Registros negativos na conta-corrente + Registros negativos na conta financeira
(seta interna superior) (seta externa superior)

A Equação 33.2 pode ser rearranjada da seguinte maneira:

(33.3)

Registros positivos na conta-corrente – Registros negativos na conta-corrente +
Registros positivos na conta financeira – Registros negativos na conta financeira = 0

A Equação 33.3 é equivalente à Equação 33.1: quando tivermos somado os registros positivo e negativo dentro de cada conta, conta-corrente mais conta financeira será igual a zero.

Mas o que determina a conta-corrente e a conta financeira?

Modelando a conta financeira

A conta financeira de um país mede suas vendas líquidas de ativos a estrangeiros. Mas existe outra maneira de pensar sobre a conta financeira: ela mede a *entrada de capital*, de poupança estrangeira que está disponível para financiar os gastos de investimento domésticos.

O que determina a entrada de capital?

Parte dessa explicação terá de esperar um pouco, porque alguns fluxos de capital internacional são levados a cabo por governos e bancos centrais, que às vezes atuam de modo muito diferente de investidores privados. Mas podemos ter uma ideia das motivações dos fluxos de capital que resultam de decisões privadas usando o *modelo de fundos para empréstimo* que desenvolvemos no Capítulo 25, em particular nas Figuras 25.7 e 25.8. Ao usarmos esse modelo para analisar a conta financeira, faremos duas simplificações importantes:

1. Consideramos que todos os fluxos de capital internacionais têm a forma de empréstimos. Na realidade, fluxos de capital ocorrem de muitas formas, inclusive compras de participação acionária em empresas estrangeiras e de imóveis no exterior, bem como *investimentos diretos estrangeiros*, em que companhias constroem fábricas ou adquirem outros ativos produtivos no exterior.
2. Ignoramos os efeitos de mudanças esperadas nas taxas de câmbio, os valores relativos das diferentes moedas nacionais. Vamos analisar a determinação das taxas de câmbio mais adiante no capítulo.

Vamos relembrar a Figura 25.7, da nossa discussão sobre o mercado global de fundos para empréstimo, no Capítulo 25. Ela mostra um mundo hipotético que consiste em apenas dois países, Estados Unidos e Grã-Bretanha, que teriam diferentes taxas de juros de equilíbrio – 6% nos Estados Unidos e 2% na Grã-Bretanha – na ausência de fluxos de capital internacional. Mas essa diferença nas taxas de juros

COMPARAÇÃO GLOBAL GRANDES EXCEDENTES

Como vimos, os Estados Unidos geralmente têm déficit elevado em sua conta-corrente. De fato, os EUA são campeões mundiais em déficit em conta-corrente; outros países têm déficits maiores em relação ao PIB, mas são economias menores, de modo que em termos absolutos o déficit norte-americano é muito maior.

Para o mundo como um todo, contudo, déficits em alguns países têm de ser compensados por superávits em outros. Assim, quais são as nações superavitárias que estão contrabalançando os déficits dos Estados Unidos, e o que têm em comum – se é que têm algo em comum?

A figura mostra o excedente em conta-corrente médio em seis países que tiveram os maiores superávits no período de 2009 a 2018. Não é surpresa que a China esteja nessa lista. Durante um tempo, a China teve uma política deliberada de manter sua moeda desvalorizada em relação a outras moedas.

Alemanha, Japão, Holanda, Suíça e Coreia do Sul têm superávits em conta-corrente mais ou menos pelas mesmas razões: são países ricos com elevada taxa de poupança, o que lhes garante bastante dinheiro para investir. Também têm crescimento lento a longo prazo, o que reduz as oportunidades para investimento doméstico. Assim, grande parte de suas economias vai para o exterior, o que significa que eles têm déficits na conta financeira e superávits na conta-corrente.

Os superávits na conta-corrente da Alemanha (que está no topo da lista) e da Holanda cresceram também graças à desvalorização do euro. O euro mais fraco reduziu o custo de seus produtos manufaturados nos mercados mundiais, permitindo o aumento das exportações.

Os países superavitários geralmente formam um grupo diversificado. Quem acha que o mundo é apenas déficits norte-americanos *versus* superávits chineses está deixando de ver uma parte ampla dessa história.

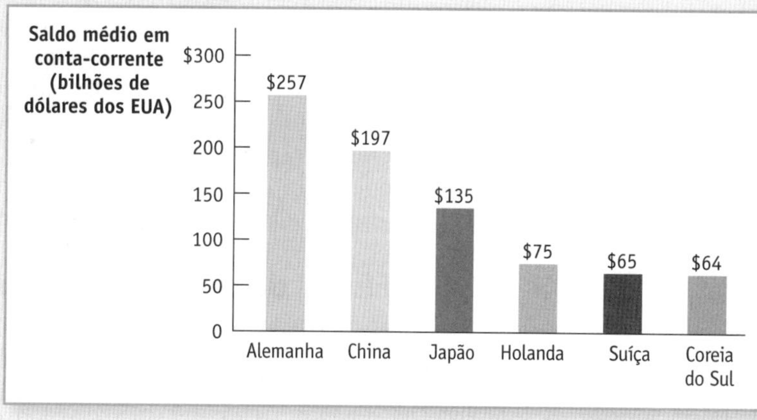

não persistirá se for fácil para os credores britânicos disponibilizar parte de seus fundos para empréstimos aos Estados Unidos. De fato, se os credores britânicos considerarem empréstimos aos americanos tão bons quanto empréstimos domésticos, as taxas de juros cairão nos Estados Unidos e subirão na Grã-Bretanha até ficarem equivalentes em ambos os países, com os EUA, na verdade, importando fundos para empréstimo da Grã-Bretanha. Esse equilíbrio das taxas de juros (em 4%) pode ser visto na Figura 25.8.

Contudo, em virtude de nossas duas simplificações, os fundos para empréstimo que os Estados Unidos importam da Grã-Bretanha (que são o excesso de economias ou saídas de capital da Grã-Bretanha) são exatamente o balanço de pagamentos dos EUA na conta financeira! Assim, a conta financeira é determinada pela oferta e pela demanda de fundos para empréstimo: o capital se move dos lugares em que ele seria barato na ausência de fluxos de capital internacional para lugares onde ele seria caro na ausência desses fluxos.

Determinantes subjacentes dos fluxos internacionais de capital

Embora o modelo de fundos para empréstimo nos mostre a direção dos fluxos de capital – de países em que o capital é barato para países em que o capital é caro –, ele não explica o motivo. Ou seja, por que o capital é barato em um país, mas caro em outro?

As diferenças internacionais nas oportunidades de investimento geram diferenças internacionais na demanda de capital. Um país com economia em rápido crescimento, tudo o mais mantido constante, tende a oferecer mais oportunidades de investimento e retorno mais alto aos investidores do que um país com economia que cresce lentamente. Assim, economias em rápido crescimento costumam ter maior demanda por capital do que economias que crescem lentamente. O resultado é que o capital tende a fluir de economias em crescimento lento para economias em crescimento rápido.

As diferenças internacionais na oferta de fundos refletem as diferenças na poupança entre os países. Isso pode ser resultado de diferenças nas taxas de poupança privada, que variam entre os países. Elas também podem refletir diferenças na economia dos governos. Em particular, os déficits orçamentários do governo, que reduzem a poupança nacional geral, podem resultar em entradas de capital.

Agora podemos juntar a demanda de capital gerada por oportunidades de investimento dentro de um país com a oferta de capital gerada pela poupança dentro de um país, para explicar as diferenças nas taxas de juros entre os países. Se tudo o mais for mantido constante, países com alta demanda de capital e/ou baixa oferta de capital terão taxas de juros mais altas. Por conseguinte, eles serão os destinatários dos influxos de capital.

Por outro lado, tudo o mais mantido constante, os países com baixa demanda por fundos e/ou alta oferta de fundos terão taxas de juros mais baixas. Desse modo, eles serão as fontes de saída de capital. O exemplo clássico de fluxo de capital internacional é o fluxo da Grã-Bretanha para os Estados Unidos, entre outros países do Novo Mundo, de 1870 a 1914. Naquela época, a industrialização nos Estados Unidos crescia rapidamente e tinha uma alta demanda de capital. Mas a Grã-Bretanha, que já era industrializada, apresentava crescimento mais lento da economia, com grande volume de poupança acumulada.

Fluxos de capital em dois sentidos

Na verdade, é a direção dos fluxos de capital *líquidos* – ou seja, o excedente de entradas de um país sobre as saídas, e vice-versa – que é explicada pelo modelo dos fundos para empréstimo. A direção dos fluxos *líquidos*, tudo o mais mantido constante, é determinada pelas diferenças nas taxas de juros entre os países. Contudo, fluxos *brutos* ocorrem em ambas as direções: por exemplo, os Estados Unidos tanto vendem ativos a estrangeiros quanto compram ativos de estrangeiros. Por que o capital se move em ambas as direções?

A resposta a essa pergunta é que, no mundo real, ao contrário do modelo simples que acabamos de descrever, existem outros motivos que causam fluxos de capital internacional além da busca por uma taxa de juros mais alta.

Investidores individuais muitas vezes tentam diversificar para atenuar o risco, comprando ações em vários países. Ações na Europa podem ter resultado bom, enquanto ações nos Estados Unidos têm resultado ruim ou vice-versa, de modo que os investidores na Europa tentam reduzir seu risco comprando algumas ações norte-americanas, mesmo quando há investidores nos Estados Unidos tentando reduzir seus riscos por meio da compra de algumas ações europeias. O resultado é o fluxo de capitais em ambas as direções.

Enquanto isso, as corporações frequentemente levam a cabo investimentos internacionais como parte de sua estratégia de negócios; por exemplo, companhias automobilísticas podem achar que competirão melhor em um mercado internacional se ali fizerem uma parte da montagem de seus carros. Assim, investimentos produtivos também podem gerar fluxos de mão dupla, uma vez que, por exemplo, companhias automobilísticas europeias instalam plantas nos Estados Unidos mesmo quando empresas de computadores dos Estados Unidos inauguram instalações para produzir na Europa.

Finalmente, alguns países, inclusive os EUA, são centros bancários internacionais: pessoas do mundo inteiro aplicam dinheiro em instituições financeiras norte-americanas, que então investem parte desses fundos no exterior.

O resultado desses fluxos de mão dupla é que as economias modernas normalmente são tanto devedoras (países que devem dinheiro ao resto do mundo) quanto credoras (países aos quais o resto do mundo deve dinheiro). Como consequência de muitos anos de entradas e saídas de capital, no fim de 2016 os Estados Unidos tinham acumulado ativos estrangeiros no valor de 29,3 trilhões de dólares, e os estrangeiros haviam acumulado ativos nos Estados Unidos no valor de US$ 40,3 trilhões.

ECONOMIA >> *em Ação*

Economia dos duendes

Um fator que não mencionamos em nossa discussão sobre os fluxos de capital internacional foi a tributação. Ainda assim, as taxas de impostos sobre os lucros corporativos variam consideravelmente entre países. A França, por exemplo, tem uma taxa de imposto corporativa de 28%, enquanto a taxa da Irlanda é de apenas 12,5%. Essas diferenças fiscais criam incentivo para que as empresas multinacionais relatem grandes investimentos em países com impostos baixos.

Observe como nos expressamos: isso dá às empresas incentivo para *relatar* grandes investimentos em países como a Irlanda. Considere as operações da subsidiária irlandesa da Apple, que compra peças das instalações da Apple em outros países e vende muito do que fabrica para outras filiais da Apple; ela também paga *royalties* à sede da empresa pelo uso das patentes da Apple. Qual é a lucratividade dessa subsidiária? Difícil dizer, porque tanto os preços que recebe como os preços que paga refletem em grande parte as decisões internas da Apple e não de algum mercado independente.

Portanto, é fácil para a Apple registrar lucros muito grandes em suas operações na Irlanda; contanto que a companhia não envie os lucros para casa, considera-se que esses lucros foram investidos na Irlanda, mesmo que não esteja ocorrendo qualquer investimento real.

A evasão fiscal não distorce apenas as estatísticas do balanço de pagamentos. Também pode distorcer a contabilidade da receita nacional, especialmente em países menores. Em 2015, a Irlanda informou que seu PIB real aumentou 26%, o que obviamente não refletia o estado real da taxa de crescimento da economia no país. O que aconteceu foi que várias grandes empresas mudaram sua contabilidade, optando por atribuir mais do seu valor agregado à Irlanda. Um dos autores deste livro imediatamente apelidou o bizarro valor relatado de "economia dos duendes", um termo rapidamente adotado pelos irlandeses, que felizmente têm um bom senso de humor sobre si próprios (e que desenvolveram medidas alternativas para oferecer um retrato melhor do verdadeiro crescimento da economia).

Infelizmente, brincadeiras à parte, esse tipo de transferência de lucros tornou-se um grande problema para a arrecadação de impostos. O FMI estima que os fluxos de capital "fantasma", feitos exclusivamente para evitar impostos, representam cerca de 40% do investimento corporativo internacional. Isso representa uma grave perda de receita para muitos governos.

>> *Teste seu entendimento* 33.1

As respostas estão no fim do livro.

1. Qual é a conta do balanço de pagamentos que é afetada pelos eventos a seguir?
   a. A Boeing, companhia baseada nos Estados Unidos, vende à China um avião que acabou de ser construído.
   b. Investidores chineses compram de norte-americanos ações da Boeing.
   c. Uma companhia chinesa compra um avião usado da American Airlines e o embarca para a China.
   d. Um investidor chinês que tem propriedades nos Estados Unidos compra um jatinho corporativo que ele manterá nos Estados Unidos para poder viajar por este país.
2. Que efeito você acha que tiveram o colapso da bolha imobiliária norte-americana em 2008 e a Grande Recessão subsequente sobre os fluxos de capitais internacionais nos Estados Unidos?

>> *Revisão Rápida*

- As **contas do balanço de pagamentos**, que monitoram as transações internacionais de um país, compõem-se de **balanço de pagamentos em conta-corrente**, ou **conta-corrente**, mais **balanço de pagamentos em conta financeira**, ou **conta financeira**. O componente mais importante da conta-corrente é o **balanço de pagamentos de bens e serviços**, que inclui a **balança do comércio de mercadorias**, ou **balança comercial**.
- Dado que as fontes dos pagamentos têm de ser iguais aos usos dos pagamentos, a soma da conta-corrente com a conta financeira é zero.
- A direção dos fluxos de capital *líquidos* – o excedente das entradas em relação às saídas, ou vice-versa – é determinada pelas diferenças nas taxas de juros. As diferenças de taxas de juros entre os países surgem dos diferentes tipos de oportunidades de investimento disponíveis e das variações no comportamento das economias.
- No mundo real, os países experimentam fluxos de capital de mão dupla – entrada e saída de fluxos *brutos* de capital –, porque há outros fatores além das diferenças de taxas de juros que afetam as decisões dos investidores.

Papel da taxa de câmbio

Acabamos de ver como diferenças entre a oferta de fundos para empréstimo, originária da poupança, e a demanda de fundos para empréstimo, que se destina a gastos de investimento, movimentam os fluxos de capital internacional. Vimos também como o balanço de pagamentos em conta-corrente de um país e o seu balanço de pagamentos na conta financeira somam-se com resultado zero: um país que recebe entrada líquida de capital tem de incorrer em um déficit em conta-corrente que equipare aquela entrada, e um país que gera uma saída líquida de capitais tem de ter superávit correspondente em conta-corrente.

O comportamento da conta financeira, refletindo a entrada e a saída de capital, é bem descrito pelo equilíbrio do mercado internacional de fundos para empréstimo. Ao mesmo tempo, o balanço de pagamentos de bens e serviços, principal componente da conta-corrente, é determinado por decisões no mercado internacional de bens e serviços.

Portanto, dado que a conta financeira reflete o movimento de capitais e a conta-corrente reflete o movimento de bens e serviços, o que garante que o balanço de pagamentos realmente se equilibra? Isto é, o que garante que as duas contas de fato cancelem uma à outra?

Não é surpresa que seja o preço que faz essas duas contas se equilibrarem. Especificamente, que o preço é a *taxa de câmbio*, que é determinada no *mercado de câmbio*.

O que são taxas de câmbio

Em geral, bens, serviços e ativos produzidos em um país têm de ser pagos na moeda desse país. Produtos norte-americanos têm de ser pagos em dólares, produtos europeus têm de ser pagos em euros, produtos japoneses têm de ser pagos em ienes. Ocasionalmente, algum vendedor local aceita pagamento em uma moeda estrangeira, mas ele trocará essa moeda pela moeda local.

As moedas são trocadas no **mercado de câmbio**.

Os preços pelos quais as moedas são trocadas são conhecidos como **taxas de câmbio**.

Transações internacionais, então, requerem um mercado – o **mercado de câmbio** – em que as moedas possam ser trocadas entre si. Esse mercado determina as **taxas de câmbio**, preços pelos quais as moedas são trocadas. (O mercado de câmbio, na verdade, não está localizado em nenhuma área geográfica. Ele é um mercado eletrônico global que agentes econômicos no mundo inteiro usam para comprar e vender moeda.)

A Tabela 33.3 mostra as cotações das três principais moedas do mundo às 23 h de 6 de maio de 2020 nos Estados Unidos. Cada número mostra o preço da moeda da "linha" em termos da moeda da "coluna". Por exemplo, naquele momento, US$ 1 era trocado por € 0,9259, de modo que era preciso entregar € 0,9259 para comprar US$ 1. De modo correspondente, era necessário US$ 1,0800 para comprar € 1. Esses dois números refletem a mesma taxa de câmbio entre o euro e o dólar americano: 1/1,0800 = 0,9259.

Tabela 33.3 Taxas de câmbio, 6 de maio de 2020, 23h

	Dólares americanos	Ienes	Euros
1 dólar americano trocado por	1	106,27	0,9259
1 iene trocado por	0,0094	1	0,0087
1 euro trocado por	1,0800	114,74	1

Existem duas maneiras de se escrever qualquer taxa de câmbio. Nesse caso, havia € 0,9259 para US$ 1 e US$ 1,0800 para € 1. Qual é a maneira correta de escrever isso? A resposta é que não há uma regra fixa. Na maioria dos países, as pessoas tendem a expressar a taxa de câmbio como o preço de um dólar na moeda doméstica. Contudo, essa regra não é universal, e a taxa de câmbio euro-dólar normalmente é dada de ambas as maneiras. O importante é ter certeza sobre qual delas se está usando! Veja o próximo Armadilhas.

Quando uma moeda se torna mais valiosa em termos das outras moedas, ela teve **apreciação**.

Quando uma moeda se torna menos valiosa em termos das outras moedas, ela teve **depreciação**.

Ao discutirem o movimento das taxas de câmbio, os economistas usam termos especializados para evitarem confusão. Quando uma moeda se torna mais valiosa em termos das outras moedas, os economistas dizem que essa moeda teve **apreciação**. Quando uma moeda se torna menos valiosa em termos das outras modernas, ela teve **depreciação**. Suponha, por exemplo, que o valor de € 1 tenha mudado de US$ 1 para US$ 1,25, o que significa que o valor de US$ 1 foi de € 1 para € 0,80 (pois 1/1,25 = 0,80). Nesse caso diremos que o euro teve apreciação e o dólar teve depreciação.

A propósito, embora *apreciação* e *depreciação* sejam os termos técnicos, mais ou menos oficiais para o aumento ou a queda de uma moeda em relação a outras moedas, você também poderá ouvir que uma moeda em apreciação está se tornando "mais forte" ou que uma moeda em depreciação está ficando "mais fraca". Embora esses termos sejam muito usados, é importante observar que eles não devem ser considerados julgamentos de valor: um dólar forte não é necessariamente uma coisa boa, e um dólar fraco não é necessariamente uma coisa ruim.

Movimentos nas taxas de câmbio, tudo o mais mantido constante, afetam os preços relativos de bens, serviços e ativos em diferentes países. Por exemplo, suponha que a diária de um hotel norte-americano seja US$ 100 e a de um hotel francês seja € 100. Se a taxa de câmbio for € 1 = US$ 1, essas diárias de hotel terão o mesmo preço. Se a taxa de câmbio for € 1,25 = US$ 1, a diária do hotel francês será 20% mais barata que a do norte-americano. Se a taxa de câmbio for € 0,80 = US$ 1, a diária do hotel francês será 25% mais cara que a do norte-americano.

Mas o que determina as taxas de câmbio? Oferta e demanda no mercado de câmbio.

Taxa de câmbio de equilíbrio

Imaginemos, para simplificar, que existam apenas duas moedas no mundo: dólar e euro. Europeus que querem comprar bens, serviços e ativos norte-americanos chegam ao mercado de câmbio querendo trocar euros por dólares. Isto é, os europeus demandam dólares americanos no mercado de câmbio e, correspondentemente, oferecem euros nesse mercado. Norte-americanos que querem comprar bens, serviços e ativos europeus chegam ao mercado de câmbio para trocar dólares por euros. Isto é, os norte-americanos oferecem dólares no mercado de câmbio e, correspondentemente, demandam euros nesse mercado. (Transferências internacionais e pagamentos de renda de fator também entram no mercado de câmbio, mas vamos ignorá-los para manter a explicação mais simples.)

A Figura 33.2 mostra como funciona o mercado de câmbio. A quantidade de dólares demandada e ofertada a qualquer taxa de câmbio euro-dólar se mostra no eixo horizontal e a taxa de câmbio euro-dólar se mostra no eixo vertical. A taxa de câmbio desempenha o mesmo papel que o preço de um bem ou serviço no gráfico comum de oferta e demanda.

ARMADILHAS

PARA QUE LADO SUBIU?

Suponha que alguém diga: "A taxa de câmbio dos Estados Unidos subiu." O que essa pessoa quer dizer?

Isso não é claro. Algumas vezes, a taxa de câmbio é medida como o preço de US$ 1 em termos de uma moeda estrangeira, algumas vezes como o preço de uma moeda estrangeira em termos de dólares. Desse modo, a afirmação pode significar que o dólar teve uma apreciação ou uma depreciação!

É preciso ter muito cuidado quando se usam estatísticas publicadas. A maioria dos países fora dos Estados Unidos informa suas taxas de câmbio em termos do preço de US$ 1 em sua moeda local; por exemplo, funcionários do governo mexicano dirão que a taxa de câmbio é 10 querendo dizer 10 pesos por dólar. Mas a Grã-Bretanha, por razões históricas, geralmente informa sua taxa de câmbio da maneira contrária. Naquele 6 de maio de 2020, às 17h55, US$ 1 valia £ 0,8088 e £ 1 valia $ 1,2364. Na maior parte das vezes, esse número é dado como uma taxa de câmbio de 1,2364. Às vezes, acontece que até economistas profissionais e consultores se confundem trocando a direção em que a libra está se movendo!

Os norte-americanos geralmente seguem os outros países nessa matéria: eles dizem que a taxa de câmbio em relação ao México é 10 pesos por dólar, mas a taxa de câmbio em relação à Grã-Bretanha é US$ 1,24 por libra. Mas essa regra não é confiável: taxas de câmbio em relação ao euro são frequentemente citadas de ambas as maneiras.

Por conseguinte, é sempre importante checar antes de usar dados de taxas de câmbio: de que lado a taxa de câmbio está sendo medida?

Figura 33.2 O mercado de câmbio.

O mercado de câmbio casa a demanda de moeda pelos estrangeiros que querem comprar bens, serviços e ativos domésticos com a oferta de moeda dos residentes no país que querem comprar bens, serviços e ativos estrangeiros. Aqui o equilíbrio no mercado de dólares está no ponto *E*, correspondendo a uma taxa de equilíbrio de € 0,80 por US$ 1.

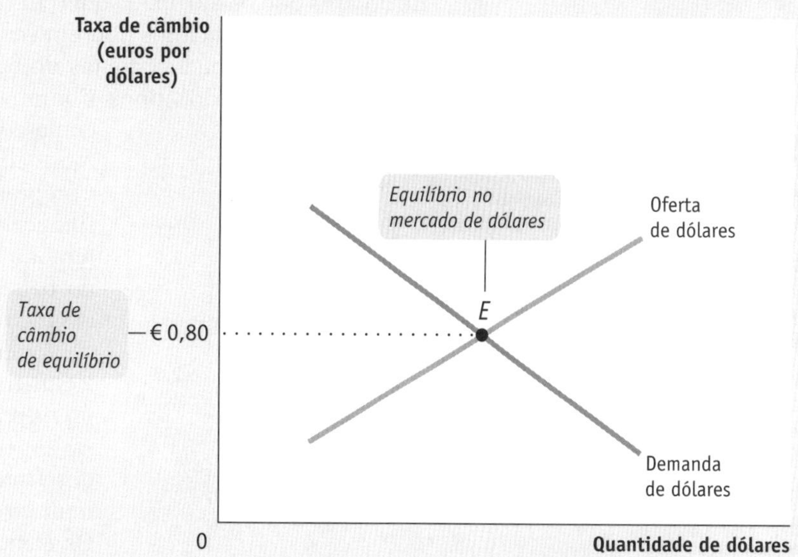

A figura mostra duas curvas: a curva de demanda de dólares e a curva de oferta de dólares. A melhor maneira de entender as inclinações dessas curvas é observar que o nível da taxa de câmbio afeta exportações e importações. Quando a moeda de um país se aprecia (torna-se mais valiosa), as exportações caem e as importações sobem. Quando a moeda de um país se deprecia (torna-se menos valiosa), as exportações sobem e as importações caem.

Para entender por que a curva de demanda de dólares tem inclinação para baixo, recorde que a taxa de câmbio, tudo o mais mantido constante, determina os preços dos bens, serviços e ativos norte-americanos em relação aos bens, serviços e ativos europeus.

Se o dólar sobe em relação ao euro (sofre apreciação), os produtos norte-americanos ficam mais caros para os europeus em comparação com bens europeus. Assim, os europeus compram menos dos Estados Unidos e adquirem menos dólares no mercado de câmbio: a quantidade de dólares demandada cai à medida que o número de euros necessários para comprar US$ 1 aumenta.

Se o dólar cai em relação ao euro (deprecia-se), os produtos norte-americanos ficam mais baratos para europeus. Os europeus responderão comprando mais nos Estados Unidos e adquirindo mais dólares no mercado de câmbio: a quantidade de dólares demandada aumenta à medida que cai o número de euros necessários para comprar US$ 1.

Um argumento parecido explica por que a curva de oferta de dólares na Figura 33.2 tem inclinação para cima: quanto mais euros forem necessários para comprar US$ 1, tanto mais dólares os norte-americanos ofertarão. Mais uma vez, a razão é o efeito da taxa de câmbio sobre os preços relativos. Quando o dólar aumenta em relação ao euro, os produtos europeus mostram-se mais baratos para os norte-americanos, que demandam mais produtos europeus. Isso exige que os norte-americanos convertam mais dólares em euros.

Taxa de câmbio de equilíbrio é a taxa de câmbio em que a quantidade de uma moeda demandada no mercado de câmbio é igual à quantidade ofertada.

A **taxa de câmbio de equilíbrio** é a taxa de câmbio em que a quantidade de dólares demandada no mercado de câmbio é igual à quantidade de dólares ofertada. Na Figura 33.2, o equilíbrio está no ponto *E* e a taxa de câmbio de equilíbrio é € 0,80. Isto é, com uma taxa de câmbio de € 0,80 por US$ 1, a quantidade de dólares ofertada no mercado de câmbio é igual à quantidade de dólares demandada.

Para entender o significado da taxa de câmbio de equilíbrio, vale a pena acompanhar um exemplo numérico de como se mostra o equilíbrio no mercado de câmbio. Esse exemplo hipotético aparece na Tabela 33.4. A primeira linha mostra as compras de dólares pelos europeus, seja para comprar bens e serviços norte-americanos, seja para comprar ativos norte-americanos. A segunda linha mostra as vendas de dólares pelos norte-americanos, seja para comprar bens e serviços europeus, seja para comprar ativos europeus. Na taxa de câmbio de equilíbrio, a quantidade total de dólares que os europeus querem comprar é igual à quantidade total de dólares que os norte-americanos querem vender.

Lembre-se de que as contas do balanço de pagamentos dividem as transações internacionais em dois tipos. Compras e vendas de bens e serviços são incluídas na conta-corrente. (Mais uma vez, para simplificar, estamos deixando de lado transferências e renda de fator.) Compras e vendas de ativos são registradas na conta financeira. À taxa de câmbio de equilíbrio, portanto, temos a situação que se mostra na Tabela 33.4: a soma do balanço de pagamentos em conta-corrente com o balanço de pagamentos na conta financeira é zero.

Tabela 33.4 Equilíbrio no mercado de câmbio: exemplo hipotético

	Conta-corrente	Conta financeira	Totais
Compras de dólares pelos europeus (trilhões de dólares)	Para comprar bens e serviços norte-americanos: 1,0	Para comprar ativos norte-americanos: 1,0	2,0
Vendas de dólares pelos norte-americanos (trilhões de dólares)	Para comprar bens e serviços europeus: 1,5	Para comprar ativos europeus: 0,5	2,0
Balanço de pagamentos dos EUA	−0,5	+0,5	

Agora, vamos considerar brevemente como um deslocamento na demanda de dólares afeta o equilíbrio no mercado de câmbio. Suponhamos que, por alguma razão, os fluxos de capital da Europa para os Estados Unidos aumentem, digamos, em virtude de uma mudança nas preferências dos investidores europeus. Os efeitos se mostram na Figura 33.3. A demanda de dólares no mercado de câmbio aumenta à medida que

Figura 33.3 Um aumento na demanda de dólares.

O aumento na demanda de dólares pode decorrer de uma mudança nas preferências dos investidores europeus. A curva de demanda de dólares se desloca de D_1 para D_2. O número de euros por dólar no equilíbrio aumenta, ou seja, o dólar sofre apreciação. Em consequência, o balanço de pagamentos em conta-corrente diminui à medida que o balanço de pagamentos na conta financeira aumenta.

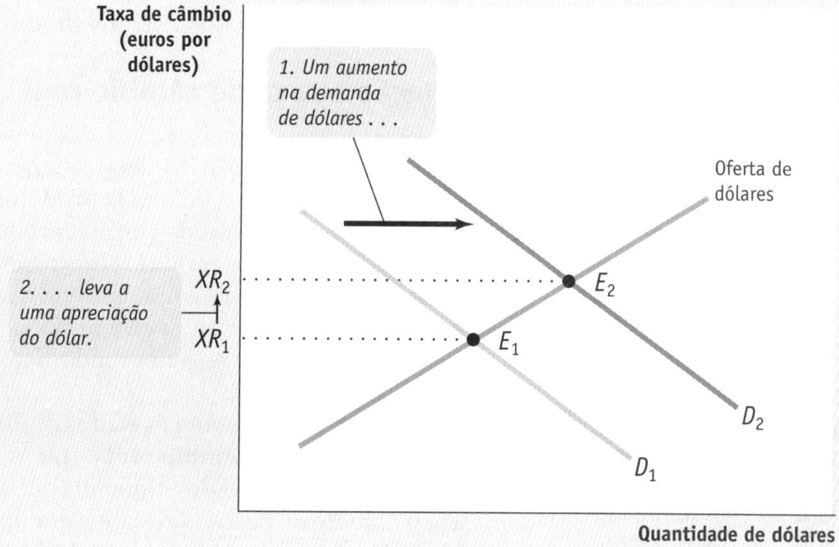

investidores europeus convertem euros em dólares para financiar seus novos investimentos nos Estados Unidos. Isso se mostra por um deslocamento da curva de demanda de D_1 para D_2. Em consequência, o dólar se aprecia em relação ao euro: o número de euros por dólar à taxa de câmbio de equilíbrio aumenta de XR_1 para XR_2.

Quais são as consequências desse aumento na entrada de capital para o balanço de pagamentos? A quantidade total de dólares ofertada no mercado de câmbio continua tendo de igualar a quantidade de dólares demandada. Assim, o aumento da entrada de capital nos Estados Unidos, ou seja, um aumento no balanço de pagamentos na conta financeira, tem de ser contrabalançado por um declínio no balanço de pagamentos em conta-corrente. O que diminui o balanço de pagamentos em conta-corrente? A apreciação do dólar. Um aumento no número de euros por dólar leva os norte-americanos a comprarem mais bens e serviços europeus, e os europeus a comprarem menos bens e serviços norte-americanos.

A Tabela 33.5 mostra um exemplo hipotético de como isso pode funcionar. Os europeus estão comprando mais ativos norte-americanos, aumentando o balanço na conta financeira de 0,5 para 1,0. Isso é compensado por uma redução nas compras europeias de bens e serviços norte-americanos e por um aumento nas compras norte-americanas de bens e serviços europeus, ambos resultantes da apreciação do dólar.

Dessa forma, qualquer mudança no balanço de pagamentos dos EUA na conta financeira gera uma reação igual e oposta no balanço de pagamentos em conta-corrente. Movimentos na taxa de câmbio garantem que as mudanças na conta financeira e na conta-corrente se contrabalancem.

Vamos rapidamente acompanhar esse processo no sentido inverso. Suponhamos que haja uma redução nos fluxos de capital da Europa para os Estados Unidos, de novo devido a uma mudança nas preferências dos investidores europeus. A demanda de dólares no mercado de câmbio diminui e o dólar se deprecia: o número de euros por dólar à taxa de câmbio de equilíbrio diminui. Isso leva os norte-americanos a comprarem menos produtos europeus, e os europeus a comprarem mais produtos norte-americanos.

Tabela 33.5 Exemplo hipotético dos efeitos de um aumento na entrada de capital

	Conta-corrente	Conta financeira	Totais
Compras de dólares pelos europeus (trilhões de dólares)	Para comprar bens e serviços norte-americanos: 0,75 (redução de 0,25)	Para comprar ativos norte-americanos: 1,5 (aumento de 0,5)	**2,25**
Vendas de dólares pelos norte-americanos (trilhões de dólares)	Para comprar bens e serviços europeus: 1,75 (aumento de 0,25)	Para comprar ativos europeus: 0,5 (sem mudança)	**2,25**
Balanço de pagamentos dos EUA	**−1,0 (redução de 0,5)**	**+1,0 (aumento de 0,5)**	

Em última instância, isso gera um aumento no balanço de pagamentos dos Estados Unidos em conta-corrente. Assim, uma queda no fluxo de capital para os Estados Unidos leva a um dólar mais fraco, o que por sua vez gera um aumento nas exportações líquidas dos Estados Unidos.

Inflação e taxa de câmbio real

Em 1993, 1 dólar trocava-se em média por 3,1 pesos mexicanos. Em 2020, o peso havia caído em relação ao dólar em quase 90%, sendo a taxa de câmbio média igual a 24,3 pesos por dólar. Os produtos mexicanos, igualmente, ficaram muito mais baratos comparados com os produtos norte-americanos nesse período de 27 anos? O preço dos produtos mexicanos expressos em dólares igualmente caiu quase 90%? A resposta é não, porque o México teve inflação muito mais alta que os Estados Unidos durante esse período. De fato, os preços relativos dos produtos norte-americanos e mexicanos modificaram-se pouco entre 1993 e 2020, sem uma tendência clara.

Taxas de câmbio reais são as taxas de câmbio ajustadas pelas diferenças internacionais nos níveis de preços agregados.

Para levarem em conta os efeitos de diferentes taxas de inflação, os economistas calculam **taxas de câmbio reais** – taxas de câmbio ajustadas pelas diferenças nos níveis de preços agregados. Suponha que a taxa de câmbio que estamos examinando seja o número de pesos mexicanos por dólar. Sejam P_{US} e P_{Mex} os índices dos níveis de preços agregados dos Estados Unidos e do México, respectivamente. Então, a taxa de câmbio real entre o peso mexicano e o dólar americano é definida como:

(33.4) Taxa de câmbio real = Peso mexicano por dólar × $\frac{P_{US}}{P_{Mex}}$

Para distingui-la da taxa de câmbio real, a taxa de câmbio não ajustada pelo nível de preços agregado costuma ser denominada taxa de câmbio *nominal*.

Para entendermos melhor o significado da diferença entre as taxas de câmbio real e nominal, vejamos o exemplo a seguir. Suponhamos que o peso mexicano se deprecie em relação ao dólar, com a taxa de câmbio passando de 10 pesos por dólar para 15 pesos por dólar – uma mudança de 50%. Mas suponhamos que, ao mesmo tempo, o preço de tudo no México, medido em pesos, aumente 50%, de modo que o índice de preços mexicano aumente de 100 para 150. Ao mesmo tempo, suponhamos que não haja mudança de preços nos Estados Unidos, de modo que o índice de preços nos Estados Unidos permanece em 100. Então, a taxa de câmbio real inicial é:

$$\text{Pesos por dólar antes da depreciação} \times \frac{P_{US}}{P_{Mex}} = 10 \times \frac{100}{100} = 10$$

Depois que o peso se deprecia e o nível de preços mexicanos aumenta, a taxa de câmbio real é:

$$\text{Pesos por dólar após a depreciação} \times \frac{P_{US}}{P_{Mex}} = 15 \times \frac{100}{150} = 10$$

Neste exemplo, o peso se depreciou substancialmente em relação ao dólar, mas a taxa de câmbio *real* entre o peso e o dólar não mudou nada. E, como a taxa de câmbio real peso-dólar não mudou, a depreciação nominal do peso em relação ao dólar não terá impacto sobre a quantidade de bens e serviços exportada pelo México para os Estados Unidos nem sobre a quantidade de bens e serviços importada pelo México dos Estados Unidos.

Para sabermos a razão disso, consideremos de novo o exemplo da diária de hotel. Suponha que a diária custe inicialmente 1.000 pesos, o que dá US$ 100 a uma taxa de câmbio de 10 pesos por dólar. Depois que tanto os preços mexicanos quanto o número de pesos por dólar aumentarem 50%, o custo da diária de hotel será 1.500 pesos, mas 1.500 pesos divididos por 15 pesos por dólar é US$ 100, de modo que a diária do hotel mexicano continua custando 100 dólares. Em consequência, um turista norte-americano que está pensando em visitar o México não tem motivo para mudar seus planos.

O mesmo vale para todos os bens e serviços que entram no comércio internacional: *a conta-corrente responde apenas a mudanças na taxa de câmbio real, não na taxa de câmbio nominal.* Os produtos de um país se tornam mais baratos para os estrangeiros somente quando a moeda do país se deprecia em termos reais, e os produtos desse país só se tornam mais caros para os estrangeiros quando a moeda se aprecia em termos reais. Em consequência, economistas que analisam movimentos nas exportações e importações de bens e serviços enfatizam a taxa de câmbio real e não na taxa de câmbio nominal.

A Figura 33.4 ilustra a importância de distinguir taxas de câmbio nominais de reais. A linha indicada por "taxa de câmbio nominal" mostra o número de pesos necessários para comprar um dólar de 1993 a 2020. Como se vê, houve depreciação maciça do peso nesse período. Mas a linha indicada por "taxa de câmbio real" mostra a taxa de câmbio real calculada usando a Equação 33.4 com os índices de preços, tanto do México quanto dos Estados Unidos, fixados em 1993 = 100. Em termos reais, o peso teve depreciação entre 1994 e 1995, mas nem de longe ela foi igual à depreciação nominal. Em 2013, a taxa de câmbio real entre o peso e o dólar estava mais ou menos de volta ao ponto de onde havia partido, embora tenha subido novamente nos dois anos seguintes.

Paridade do poder de compra

Um instrumento útil para analisar taxas de câmbio, estreitamente ligado ao conceito de taxa de câmbio real, é conhecido como *paridade do poder de compra*. **Paridade do poder de compra** entre as moedas de dois países é a taxa de câmbio nominal pela qual dada cesta de bens e serviços custaria o mesmo montante em cada um dos países. Suponhamos, por exemplo, que uma cesta de bens e serviços custe 100 dólares nos Estados Unidos e 1.000 pesos no México. Então, a paridade do poder de compra é 10 pesos por US$ 1. A essa taxa de câmbio, 1.000 pesos = US$ 100, de modo que a cesta de mercado custa o mesmo montante em ambos os países.

Paridade do poder de compra entre moedas de dois países é a taxa de câmbio nominal pela qual dada cesta de bens e serviços custaria o mesmo montante em cada um dos países.

Cálculos da paridade do poder de compra normalmente são feitos estimando o custo de uma variada cesta de mercado contendo muitos bens e serviços, desde automóveis até verduras, de casas a serviços de internet. Mas, como explica o Para Mentes Curiosas "Economia do hambúrguer", taxa de câmbio nominal quase sempre difere da paridade do poder de compra. Algumas diferenças são sistemáticas: em geral, os preços são mais baixos em países pobres do que em países ricos, porque os serviços tendem a ser mais baratos em países pobres. Mas, mesmo entre países que têm aproximadamente o mesmo nível de desenvolvimento econômico, taxas de câmbio nominais diferem consideravelmente da paridade do poder de compra.

Figura 33.4 Taxa de câmbio real *versus* nominal, 1993-2020.

Entre novembro de 1993 e fevereiro de 2020, o preço de um dólar em pesos mexicanos aumentou dramaticamente. Mas, como o México teve inflação mais alta que os Estados Unidos, a taxa de câmbio real, que mede o preço relativo dos bens e serviços mexicanos, terminou mais ou menos onde estava.
Dados de: Federal Reserve Bank of St. Louis.

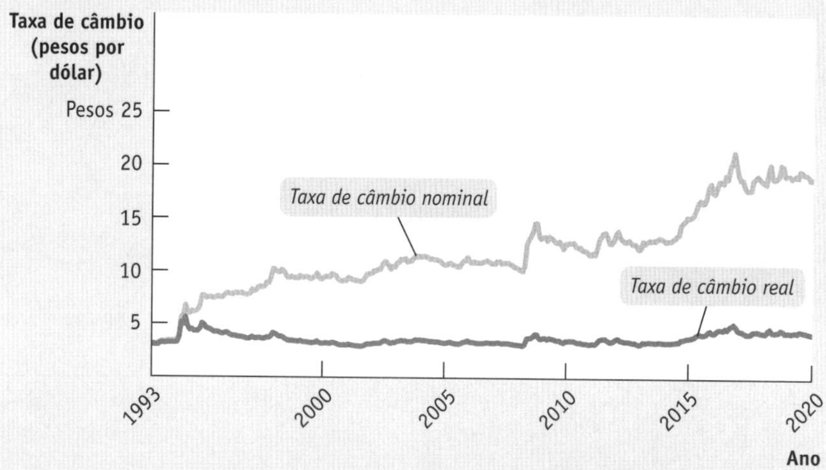

PARA MENTES CURIOSAS Economia do hambúrguer

A revista *The Economist* publica uma comparação anual do custo em diferentes países de um item de consumo específico que se pode encontrar no mundo todo: o sanduíche Big Mac do McDonald's. A revista verifica o preço de um Big Mac em moeda local e em seguida calcula dois números: o preço de um Big Mac em dólares americanos usando a taxa de câmbio corrente e a taxa de câmbio pela qual o preço de um Big Mac seria igual ao seu preço nos Estados Unidos.

Se a paridade do poder de compra valesse para o Big Mac, o preço em dólar de um Big Mac teria de ser o mesmo em toda parte. Se a paridade do poder de compra é uma boa teoria para o longo prazo, a taxa de câmbio pela qual o preço de um Big Mac se equipara ao preço nos Estados Unidos pode oferecer alguma orientação sobre o nível em que a taxa de câmbio eventualmente vai parar.

A Tabela 33.6 mostra as estimativas da *Economist* para países selecionados em janeiro de 2020, ordenadas em escala crescente do preço do Big Mac em dólares. Os países com Big Mac mais barato e portanto, segundo essa medida, com a moeda mais desvalorizada são México, Índia e China, três países em desenvolvimento. No topo da lista, com um Big Mac cerca de 20% mais caro que nos Estados Unidos, está a Suíça, país que, como relatamos na história de abertura deste capítulo, tomou medidas extraordinárias no esforço de depreciar sua moeda.

Tabela 33.6 Paridade do poder de compra e preço de um Big Mac

	Preço do Big Mac		Moeda local por dólar	
País	**Em moeda local**	**Em dólares dos EUA**	**PPC implícito**	**Taxa de câmbio vigente**
Índia	Rp 188	$ 2,65	33,16	70,98
México	Mex$ 50	2,66	8,82	18,82
China	¥ 21,5	3,13	3,79	6,88
Japão	¥ 390	3,54	68,78	110,04
Grã-Bretanha	£ 3,39	4,40	0,60	0,77
Zona do Euro	€ 4,12	4,58	0,73	0,90
Brasil	R$ 19,90	4,81	3,51	4,14
Estados Unidos	US$ 5,67	5,67	1,00	1,00
Suíça	$Fr 6,50	6,70	1,15	0,97

Dados de: The Economist.

A Figura 33.5 mostra a taxa de câmbio nominal entre o dólar canadense e o dólar americano, medida como o número de dólares canadenses por US$ 1, de 1990 a 2019, junto com uma estimativa da taxa de câmbio da paridade do poder de compra entre os Estados Unidos e o Canadá durante o mesmo período. A paridade do poder de compra não mudou muito durante o período inteiro porque os Estados Unidos e o Canadá tiveram aproximadamente a mesma taxa de inflação. Da maior parte da década de 1990 até 2005, a taxa de câmbio nominal esteve acima da paridade do poder de compra, de modo que uma cesta de mercado era muito mais barata no Canadá do que nos Estados Unidos. Mas, de 2005 a 2015, o dólar canadense havia tido apreciação, tornando uma cesta de mercado mais cara no Canadá.

Figura 33.5 Paridade do poder de compra *versus* taxa de câmbio nominal, 1990-2019.

A paridade do poder de compra entre os Estados Unidos e o Canadá – a taxa de câmbio pela qual uma cesta de bens e serviços custaria o mesmo em ambos os países – mudou pouco durante o período apresentado, ficando próxima de 1,20 dólar canadense por 1 dólar dos EUA. Mas a taxa de câmbio normal flutuou bastante.
Dados de: OECD.

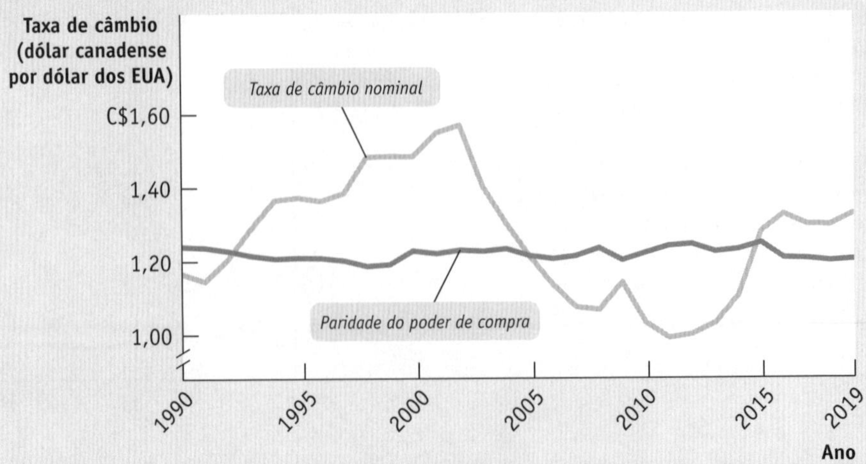

No longo prazo, contudo, a paridade do poder de compra é um indicador muito bom para prever mudanças correntes na taxa de câmbio nominal. Em especial, as taxas de câmbio nominais entre países com níveis similares de desenvolvimento econômico costumam flutuar em torno de níveis que levam a custos semelhantes para determinada cesta de mercado.

ECONOMIA >> *em Ação*

Impacto negativo do dólar forte

Será que a taxa de câmbio é realmente importante para as empresas? Para respondermos a essa pergunta, vamos considerar o que aconteceu com as corporações dos EUA de 2014 a 2015.

Ao longo desses dois anos, o dólar se fortaleceu significativamente em relação a muitas moedas, especialmente o euro e o iene japonês. A alta do dólar refletiu em grande parte as deficiências de outras economias: problemas na Europa e no Japão mantiveram baixas as taxas de juros e a demanda de investimentos, e o capital fluiu para os Estados Unidos, que estavam experimentando estabilidade no crescimento de empregos e, de modo geral, fazendo um trabalho muito melhor de recuperação da Grande Recessão.

Figura 33.6 impacto negativo de um dólar forte, 2011-2020.

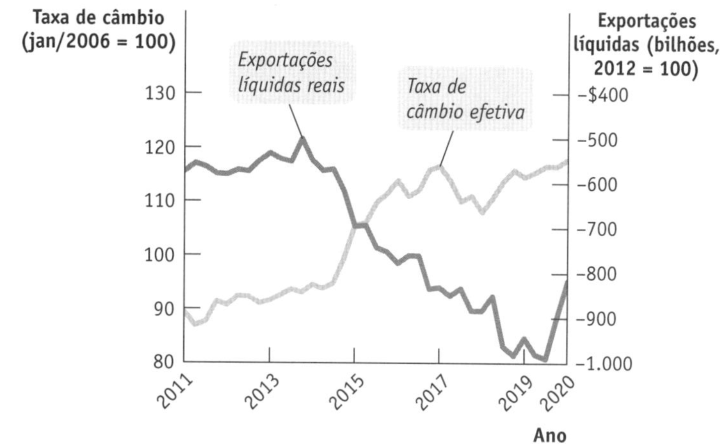

Dados de: Federal Reserve Bank of St. Louis.

Embora o dólar forte refletisse (relativamente) boas notícias para a economia dos Estados Unidos como um todo, as notícias eram más para as empresas norte-americanas que vendem muito para mercados internacionais – empresas como a Procter and Gamble, que vende pasta de dente e outros produtos de higiene pessoal para o mundo inteiro, ou a Kimberly-Clark, cujas fraldas Huggies protegem muitos bebês estrangeiros. Essas empresas relataram grandes impactos em seus lucros e começaram a perder terreno para concorrentes estrangeiros ou a transferir parte de sua própria produção para o exterior.

A Figura 33.6 ilustra o quadro geral. Ela compara a *taxa de câmbio efetiva dos EUA*, uma medida do valor médio do dólar em relação a outras moedas, com as *exportações líquidas reais*, exportações menos importações, medidas em dólares de 2012. Do início de 2014 ao início de 2016, o dólar subiu cerca de 15% em média, depois permaneceu nesse nível mais alto até 2020, enquanto as exportações líquidas reais rumaram consideravelmente para o déficit.

Em outras palavras, a taxa de câmbio é muito importante para empresas que competem com rivais estrangeiras. Já observamos que, embora seja comum descrever uma moeda em valorização como "cada vez mais forte", isso não significa uma coisa boa. Definitivamente, o dólar mais forte de 2014 a 2015 não foi bom para algumas empresas norte-americanas.

>> Revisão Rápida

- Moedas são comercializadas no **mercado de câmbio**, que determina as **taxas de câmbio**.
- Taxas de câmbio podem ser medidas de duas maneiras. Para evitar confusão, os economistas dizem que uma moeda sofre **apreciação** ou **depreciação**. A **taxa de câmbio de equilíbrio** iguala a oferta e a demanda de moeda no mercado de câmbio.
- Para levar em conta as diferenças nos níveis de preço nacionais, os economistas calculam **taxas de câmbio reais**. A conta-corrente responde apenas a mudanças na taxa de câmbio real, não na taxa de câmbio nominal.
- **Paridade do poder de compra** é a taxa de câmbio nominal que iguala os preços de uma cesta de mercado em dois países quaisquer. Enquanto a taxa de câmbio nominal quase sempre difere da paridade do poder de compra, a paridade do poder de compra é um bom indicador de mudanças efetivas na taxa de câmbio nominal.

>> *Teste seu entendimento* 33.2

As respostas estão no fim do livro.

1. O México descobriu enormes reservas de petróleo e começa a exportar petróleo para os Estados Unidos. Descreva como isso afetaria:
   a. A taxa de câmbio nominal entre peso e dólar.
   b. As exportações mexicanas de outros bens e serviços para os Estados Unidos.
   c. As importações mexicanas de bens e serviços dos Estados Unidos.
2. Uma cesta de bens e serviços que custa 100 dólares nos Estados Unidos sai por 800 pesos no México, e a atual taxa de câmbio nominal é de 10 pesos por dólar. Nos cinco anos seguintes, o custo dessa cesta de mercado aumenta para US$ 120 nos Estados

Unidos e para 1.200 pesos no México, embora a taxa de câmbio nominal permaneça em 10 pesos por dólar. Calcule o seguinte:

a. A taxa de câmbio real agora e passados cinco anos, supondo que o índice de preços de hoje em ambos os países seja 100.

b. A paridade do poder de compra hoje e passados cinco anos.

|| Política cambial

A taxa de câmbio nominal, como outros preços, é determinada pela oferta e pela demanda. No entanto, diferentemente do preço do trigo ou do petróleo, a taxa de câmbio é o preço da moeda de um país (em termos da moeda de outro país). Moeda não é um bem ou serviço produzido pelo setor privado; é um ativo cuja quantidade é determinada pela política pública. Em consequência, os governos têm muito mais poder para influenciar taxas de câmbio nominais do que para influenciar preços comuns.

A taxa de câmbio nominal tem um valor muito importante para muitos países: a taxa de câmbio determina o preço das importações e das exportações. Nas economias em que exportações e importações são uma proporção elevada do PIB, movimentos na taxa de câmbio podem ter efeitos importantes sobre o produto agregado e sobre o nível de preços agregado. O que os governos fazem com o seu poder de influenciar esse preço tão importante?

A resposta é: depende. Em diferentes épocas e em diferentes lugares, governos têm adotado diversos *regimes de taxa de câmbio*. Vamos abordar esses regimes, como eles são implementados e como os governos escolhem um regime cambial. (A partir de agora, vamos convencionar que, quando nos referimos à taxa de câmbio, estamos pensando na taxa de câmbio nominal.)

Regimes cambiais

Regime cambial é uma regra que determina a política pública em relação à taxa de câmbio.

Um país tem **taxa de câmbio fixa** quando o governo mantém a taxa de câmbio em relação a alguma outra moeda em uma meta específica ou perto dela.

Um país tem **taxa de câmbio flutuante** quando o governo deixa que as forças do mercado determinem a taxa de câmbio.

Regime cambial é uma política pública de regras em relação à taxa de câmbio. Existem dois tipos principais de regime cambial. Um país tem **taxa de câmbio fixa** quando o governo mantém a taxa de câmbio em relação a alguma outra moeda em uma meta específica ou perto dela. Por exemplo, o governo de Hong Kong tem a política oficial de estabelecer uma taxa de câmbio de HK$ 7,8[1] por US$ 1. Por outro lado, um país tem **taxa de câmbio flutuante** quando o governo deixa que as forças do mercado determinem a taxa de câmbio. Essa é a política seguida por Grã-Bretanha, Canadá e Estados Unidos.

Taxas de câmbio fixas e taxas de câmbio flutuantes não são as únicas possibilidades. Em várias épocas, países adotaram políticas intermediárias situadas em algum ponto entre as taxas de câmbio fixas e as flutuantes. Tais políticas incluem taxas de câmbio que são fixas em determinado momento no tempo, mas que são ajustadas frequentemente, taxas de câmbio que não são fixas, mas são "administradas" pelo governo para evitar flutuações muito grandes e taxas de câmbio que flutuam dentro de certas *bandas cambiais*, mas que são impedidas de sair dessas bandas. Neste capítulo, contudo, vamos nos concentrar nos dois principais regimes cambiais.

A questão imediata imposta sobre a taxa de câmbio fixa é como os governos podem fixar a taxa de câmbio quando esta é determinada por oferta e demanda.

Como uma taxa de câmbio pode ser mantida fixa?

Para entendermos como é possível que um país mantenha sua taxa de câmbio fixa, consideremos um país hipotético, Genóvia, que por algum motivo decidiu fixar o valor da sua moeda, o geno, em 1,50 dólar americano.

O problema óbvio é que US$ 1,50 pode não ser a taxa de câmbio de equilíbrio no mercado de câmbio. A taxa de equilíbrio pode ser mais alta ou mais baixa do

[1]N. R.: A moeda de Hong Kong é o *dólar de Hong Kong*, representado por HK$.

que a meta cambial. A Figura 33.7 mostra o mercado de câmbio para genos, com as quantidades de genos ofertadas e demandadas no eixo horizontal e a taxa de câmbio do geno, medida em dólares por geno, no eixo vertical. O painel (a) mostra o caso em que a taxa de equilíbrio do geno está *abaixo* da meta cambial. O painel (b) mostra o caso em que o valor de equilíbrio do geno está *acima* da meta cambial.

Vejamos primeiro o caso em que o valor de equilíbrio do geno está abaixo da meta cambial. Como mostra o painel (a), quando a taxa de câmbio está na meta, há excedente de genos no mercado de câmbio, que normalmente pressionaria para baixo o valor do geno. Como o governo de Genóvia dá apoio ao valor do geno para manter a taxa de câmbio onde ele quer? Há três respostas possíveis, e todas elas foram usadas por governos em algum momento.

Uma forma pela qual o governo de Genóvia pode apoiar o geno é "enxugar" o excedente de genos comprando sua própria moeda no mercado de câmbio. As compras ou vendas governamentais no mercado de câmbio são chamadas de **intervenção no mercado de câmbio**. Para comprar genos no mercado de câmbio, é óbvio que o governo de Genóvia tem de ter dólares para trocar por genos. De fato, a maioria dos governos mantém **reservas cambiais**, estoques de moeda estrangeira (geralmente, dólares ou euros) que podem usar para comprar sua própria moeda a fim de apoiar seu preço.

A compra ou a venda de moeda pelo governo no mercado de câmbio é uma **intervenção no mercado de câmbio**.

Reservas cambiais são estoques de moeda estrangeira que os governos mantêm para comprar sua própria moeda no mercado de câmbio.

Mencionamos antes neste capítulo que uma parte importante do fluxo de capitais internacionais é resultado de compras e vendas de ativos estrangeiros por governos e bancos centrais. Agora podemos ver por que os governos vendem ativos estrangeiros: eles estão apoiando sua própria moeda por meio de intervenções no mercado de câmbio. Como veremos em seguida, governos que mantêm *baixo* o valor da sua moeda com intervenções no mercado de câmbio precisam *comprar* ativos estrangeiros. Antes disso, contudo, vamos considerar outras maneiras como os governos podem fixar as taxas de câmbio.

Uma segunda forma de o governo de Genóvia apoiar o geno é tentar deslocar as curvas de oferta e de demanda do geno no mercado de câmbio. Governos em geral fazem isso modificando a política monetária. Por exemplo, para apoiar o geno, o Banco Central de Genóvia pode aumentar as taxas de juros genovianas. Isso aumentará o fluxo de capital para Genóvia, aumentando a demanda de genos,

Figura 33.7 Intervenção no mercado de câmbio.

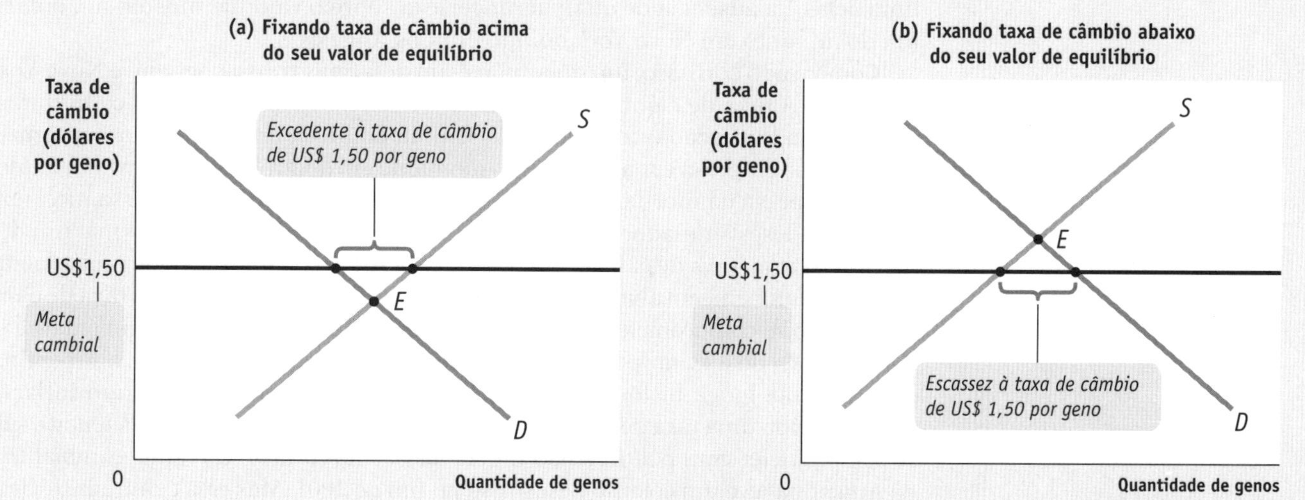

Em ambos os painéis, o país imaginário Genóvia está tentando manter o valor de sua moeda, o geno, fixo em US$ 1,50 por geno. No painel (a), a taxa de equilíbrio está abaixo de US$ 1,5, o que produz excedente de genos no mercado de câmbio. Para impedir que o geno caia, o governo de Genóvia tem de comprar genos e vender dólares. No painel (b), a taxa de equilíbrio está acima de US$ 1,50, o que produz escassez de genos. Para impedir que o geno se eleve, o governo de Genóvia tem de vender genos e comprar dólares.

ao mesmo tempo em que reduz a saída de capital de Genóvia, reduzindo a oferta de genos. Assim, tudo o mais mantido constante, um aumento na taxa de juros de um país valorizará sua moeda.

Terceiro, o governo de Genóvia pode apoiar o geno reduzindo a oferta de genos no mercado de câmbio. Ele pode fazer isso exigindo que os residentes no país que queiram comprar moeda estrangeira tenham uma licença e dando tal licença apenas a quem faça transações aprovadas pelo governo (como a compra de bens importados que o governo de Genóvia julgue essenciais). Sistemas de licenciamento que limitam o direito dos indivíduos de comprar moeda estrangeira são chamados de **controles cambiais**. Tudo o mais mantido constante, controles cambiais aumentam o valor da moeda de um país.

Controles cambiais são sistemas de licenciamento que limitam o direito dos indivíduos de comprar moeda estrangeira.

Até agora, estivemos discutindo a situação em que o governo tenta impedir uma depreciação do geno. Suponhamos que, em vez disso, a situação seja a que aparece no painel (b) da Figura 33.7, em que o valor de equilíbrio do geno está *acima* da meta cambial de US$ 1,50 por geno e há escassez de genos. Para manter a meta cambial, o governo de Genóvia pode usar as mesmas três opções básicas no sentido inverso. Ele pode intervir no mercado de câmbio, nesse caso *vendendo* genos e adquirindo dólares, o que aumentará suas reservas de moeda estrangeira. Ele pode *reduzir* a taxa de juros para aumentar a oferta de genos e reduzir sua demanda. Ou pode impor controles cambiais que limitem a capacidade dos estrangeiros de comprar genos. Todas essas ações, tudo o mais mantido constante, reduzirão o valor do geno.

Como dissemos, todas essas três técnicas têm sido usadas para administrar taxas de câmbio fixas. Mas ainda não dissemos se fixar a taxa de câmbio é uma boa ideia. De fato, a escolha do regime cambial impõe um dilema para os responsáveis pela política econômica, porque tanto taxas de câmbio fixas como flutuantes apresentam vantagens e desvantagens.

Dilema do regime cambial

Poucas questões de macroeconomia provocam tanta discussão quanto a de decidir se um país deve adotar taxa de câmbio fixa ou flutuante. O motivo de tanta controvérsia é que ambos os lados podem ter razão.

Para entender o argumento em favor do câmbio fixo, considere por um momento como é fácil fazer negócios atravessando as fronteiras entre estados dentro dos EUA. Há uma série de fatores que tornam o comércio interestadual mais fácil, mas uma delas é a ausência de qualquer incerteza sobre o valor da moeda: um dólar é um dólar, tanto em Nova York quanto em Los Angeles.

Comparado com isso, um dólar não é um dólar nas transações entre Nova York e Toronto. A taxa de câmbio entre o dólar canadense e o dólar americano flutua, e às vezes a flutuação é considerável. Se uma empresa norte-americana promete pagar a uma empresa canadense certo montante em dólares daqui a um ano, o valor dessa promessa na moeda canadense pode variar em 10% ou mais. Essa incerteza tem efeito desestimulador no comércio entre os dois países. Dessa forma, um dos méritos de uma taxa de câmbio fixa é a certeza sobre o valor futuro de uma moeda.

Existe também, em alguns casos, benefício adicional de adotar uma taxa de câmbio fixa. Ao se comprometer com uma taxa de câmbio fixa, um país também está se comprometendo a evitar políticas inflacionárias. Por exemplo, em 1991, a Argentina, que tem uma longa história de políticas irresponsáveis que provocaram inflação severa, adotou uma taxa de câmbio fixa de 1 dólar por peso argentino, na tentativa de se comprometer com políticas não inflacionárias no futuro. (O regime cambial fixo da Argentina teve um colapso desastroso no fim de 2001. Mas essa é outra história.)

O fato é que há alguma vantagem econômica em ter uma taxa de câmbio estável. Na verdade, como explica o próximo Para Mentes Curiosas, os benefícios presumíveis de taxas de câmbio estáveis motivaram o sistema internacional de taxas de câmbio fixas criado depois da Segunda Guerra Mundial. Foi também uma das principais razões para a criação do euro.

Mas também há custos em fixar a taxa de câmbio. Para estabilizar a taxa de câmbio mediante intervenções no mercado de câmbio, um país tem de ter grande quantidade de reservas de moeda estrangeira – o que normalmente é um investimento de baixo retorno. Além do mais, mesmo reservas elevadas podem se exaurir rapidamente quando há vultosas saídas de capital de um país. Se um país decide estabilizar a taxa de câmbio ajustando a política monetária em vez de usar a intervenção no mercado cambial, ele precisa desviar a política monetária de outros objetivos, principalmente estabilizando a economia e a taxa de inflação. Por fim, controles de câmbio, como cotas e tarifas de importação, distorcem os incentivos às importações e exportações de bens e serviços. Também podem provocar custos substanciais em termos de excesso de burocracia e corrupção.

Temos, portanto, um dilema. Deve um país deixar sua moeda flutuar, o que deixa a política monetária disponível para a estabilização macroeconômica, mas cria incerteza para as empresas? Ou o país deve fixar a taxa de câmbio, o que elimina a incerteza, mas significa abdicar da política monetária, adotando controles de câmbio, ou ambas as coisas?

PARA MENTES CURIOSAS **De Bretton Woods ao euro**

Em 1944, quando a Segunda Guerra Mundial ainda não havia terminado, representantes das nações aliadas se encontraram em Bretton Woods, no estado norte-americano de New Hampshire, com o objetivo de estabelecer um sistema monetário internacional para o pós-guerra, com taxas de câmbio fixas entre as principais moedas. O sistema teve grande êxito no início, mas sofreu um colapso em 1971. Depois de um intervalo confuso, durante o qual os responsáveis pela política econômica tentaram sem sucesso estabelecer um novo sistema de taxas de câmbio fixas, em 1973 a maioria dos países economicamente avançados tinha passado a taxas de câmbio flutuantes.

Na Europa, contudo, muitos responsáveis por política econômica estavam insatisfeitos com as taxas de câmbio flutuantes, que eles acreditavam provocar incerteza excessiva para os negócios. Do fim da década de 1970 em diante, eles tentaram várias vezes criar um sistema de taxas de câmbio mais ou menos fixas na Europa, o que culminou em um arranjo conhecido como Mecanismo Europeu de Taxas de Câmbio. (O Mecanismo Europeu de Taxas de Câmbio, estritamente falando, era um sistema de "bandas cambiais", ou seja, as taxas de câmbio europeias estavam livres para mover-se dentro de uma banda estreita, mas não sair fora dela.) E, em 1991, eles concordaram em dar o último passo em matéria de taxas de câmbio fixas: uma moeda europeia comum, o euro. Para surpresa de muitos analistas, eles conseguiram; hoje, a maior parte da Europa abandonou a moeda nacional em favor do euro.

A Figura 33.8 ilustra a história dos arranjos cambiais da Europa. Ela mostra a taxa de câmbio entre o franco francês e o marco alemão, medida como francos por marco, desde 1971 até sua substituição pelo euro.

A taxa de câmbio flutuou fortemente no início. Os platôs que se podem observar nos dados – etapas em que a taxa de câmbio flutuou apenas modestamente – são períodos nos quais estavam em curso tentativas de restaurar as taxas de câmbio fixas. O Mecanismo Europeu de Taxas de Câmbio, depois de algumas tentativas iniciais que falharam, tornou-se efetivo em 1987, estabilizando a taxa de câmbio em cerca de 3,4 francos por marco. (As fortes oscilações no início dos anos 1990 refletem duas *crises cambiais*, episódios em que amplas expectativas de desvalorização iminente geraram fluxos de capital volumosos, mas temporários.)

Em 1999, a taxa de câmbio foi "congelada", ou seja, não se permitiram mais flutuações, pois os países se preparavam para mudar de francos e marcos para euros. No fim de 2001, o franco e o marco deixaram de existir.

A transição para o euro teve seus custos. Os países que adotaram o euro sacrificaram alguns instrumentos importantes de política econômica: cada país individualmente já não podia ajustar sua política monetária às suas próprias circunstâncias e não podia mais baixar seus custos em relação a outras nações europeias simplesmente deixando sua moeda depreciar.

Figura 33.8 O caminho em direção ao euro.

Dados de: Pacific Exchange Rate Service.

Diferentes países chegaram a conclusões diferentes em épocas diversas. A maioria dos países europeus, exceto a Grã-Bretanha, acredita há muito tempo que as taxas de câmbio entre as principais economias europeias, cujo comércio internacional se faz predominantemente entre elas próprias, deveriam ser fixas. Mas o Canadá parece contente com uma taxa de câmbio flutuante com os Estados Unidos, ainda que o comércio com os EUA represente a maior parte do comércio exterior do Canadá.

Felizmente, não precisamos resolver esse dilema aqui. No restante do capítulo, vamos considerar os regimes cambiais como dados e indagar como eles afetam a política macroeconômica.

ECONOMIA >> *em Ação*

A China fixa o yuan

Nos primeiros anos do século XXI, a China ofereceu um exemplo marcante de quanto esforço os países às vezes fazem para manter sua taxa de câmbio fixa.

No primeiro ato dessa história, a China agiu para manter sua moeda em baixa. O sucesso espetacular da China como exportador gerou um superávit crescente em sua conta-corrente, e os investidores privados ficaram cada vez mais interessados em transferir fundos para a China, a fim de investir em sua economia interna em rápido crescimento.

Esses fluxos de capital foram em certa medida contidos por controles cambiais, mas continuaram a entrar de qualquer modo. Em virtude do superávit em conta-corrente e da entrada de capital privado, a China se encontrou na posição descrita pelo painel (b) da Figura 33.7: no nível da meta cambial, a demanda de yuans excedia a oferta. Mas o governo chinês estava decidido a manter a taxa de câmbio fixa em um valor abaixo do seu nível de equilíbrio.

Para manter a taxa de câmbio fixa, a China teve de fazer intervenções maciças no mercado de câmbio, vendendo yuans, comprando moedas de outros países (sobretudo dólares americanos) no mercado de câmbio e adicionando-as a suas reservas. Na verdade, entre o início de 2009 e o início de 2014, a China acrescentou US$ 2 trilhões às suas reservas cambiais, e em meados de 2014 o total de suas reservas havia chegado a incríveis US$ 4 trilhões, cerca de 40% do PIB. Não é surpresa que a política cambial chinesa tenha trazido algum atrito com seus parceiros comerciais, os quais sentem que isso tem tido o efeito de subsidiar as exportações da China.

Mas então veio a segunda parte da história. Depois de 2012, o excedente da conta-corrente da China caiu, refletindo em parte o aumento de salários e o surgimento de novos concorrentes, como Vietnã e Bangladesh. Além disso, o crescimento econômico da China, embora ainda rápido, foi reduzido e os investidores ficaram nervosos com a possibilidade de uma crise financeira ou política. Assim, as entradas de capital viraram saídas de capital: as saídas em 2015 foram estimadas em cerca de US$ 1 trilhão, tendo a grande maioria desse montante seguido para os Estados Unidos.

Na ausência de intervenção do governo, essa fuga de capital poderia ter causado um forte declínio no yuan. Mas o governo chinês foi tão relutante em reconhecer sua desvalorização da moeda quanto havia sido para ver sua valorização. Assim, a China começou a usar suas reservas de moeda estrangeira para comprar grandes quantidades de yuans. Por volta do início de 2017, as reservas tinham caído de US$ 4 trilhões para aproximadamente US$ 3 trilhões, patamar em que permaneceu até 2020.

>> *Revisão Rápida*

- Os países escolhem **regimes cambiais** diversos. Os dois principais regimes são **câmbio fixo** e **câmbio flutuante**.
- Taxas de câmbio podem ser fixadas por meio de **intervenção no mercado de câmbio**, usando **reservas de moeda estrangeira**. Os países podem usar também políticas domésticas para deslocar a oferta e a demanda no mercado de moeda estrangeira (normalmente a política monetária) ou podem impor **controles cambiais**.
- Escolher um regime cambial impõe um dilema. Taxas de câmbio estáveis são boas para os negócios. Mas manter reservas cambiais elevadas sai caro, usar a política interna para fixar taxas de câmbio torna mais difícil perseguir outros objetivos e os controles cambiais distorcem os incentivos.

>> *Teste seu entendimento* 33.3

As respostas estão no fim do livro.

1. Trace um gráfico, semelhante ao da Figura 33.7, representando a situação cambial da China quando manteve a taxa de câmbio fixa. Expresse a taxa de câmbio na forma de dólares por yuans. Depois, mostre com um gráfico como cada uma das mudanças de política a seguir poderia eliminar o desequilíbrio no mercado:
   a. A China não mais fixar sua taxa de câmbio, permitindo que ela flutue livremente.

b. Estabelecer restrições aos estrangeiros que queiram investir na China.
c. Remover restrições aos chineses que queiram investir no exterior.
d. Determinar impostos sobre certas exportações chinesas, como remessas de vestuário, que têm causado protestos políticos nos países importadores.

Taxas de câmbio e política macroeconômica

Quando o euro foi criado, em 1999, houve celebração nos países da Europa, onde se via um passo adiante para um futuro mais brilhante. Mas havia algumas poucas exceções notáveis. Alguns países resolveram não adotar a nova moeda. O mais importante deles foi a Grã-Bretanha, mas outros países europeus, como a Suécia, também decidiram que o euro não lhes servia.

Por que a Grã-Bretanha disse não? Em parte, por orgulho nacional: se a Grã-Bretanha abdicasse da libra esterlina, também teria de abdicar de uma moeda que leva a efígie da rainha. Mas também existiam preocupações econômicas sérias quanto a abdicar da libra em favor do euro. Economistas britânicos favoráveis à adoção do euro argumentaram que, se a Grã-Bretanha usasse a mesma moeda que seus vizinhos, o comércio internacional do país se expandiria e sua economia se tornaria mais produtiva. Mas outros economistas notaram que adotar o euro retiraria da Grã-Bretanha a capacidade de ter uma política monetária independente e poderia ocasionar problemas macroeconômicos.

Como essa discussão sugere, o fato de que as economias modernas são abertas ao comércio internacional e aos fluxos de capital internacional acrescenta mais um nível de complexidade à nossa análise da política macroeconômica. Vamos examinar três questões de política econômica levantadas pelos aspectos internacionais da macroeconomia:

1. Desvalorização e valorização de taxas de câmbio fixas
2. Política monetária com câmbio flutuante
3. Ciclos econômicos internacionais

Desvalorização e valorização de taxas de câmbio fixas

Historicamente, taxas de câmbio fixas não foram compromissos permanentes. Algumas vezes, os países que tinham taxa de câmbio fixa mudaram para uma taxa de câmbio flutuante. Em outros casos, mantiveram a taxa de câmbio fixa, mas mudaram a meta para sua taxa de câmbio. Esses ajustes na meta eram comuns durante a era de Bretton Woods, descrita no último Para Mentes Curiosas. Por exemplo, em 1967, a Grã-Bretanha mudou a taxa de câmbio em relação ao dólar de US$ 2,80 por libra para US$ 2,40 por libra. Exemplo mais recente é a Argentina, que manteve uma taxa de câmbio fixa em relação ao dólar americano de 1991 até 2001, mas mudou para câmbio flutuante no fim de 2001.

A redução no valor de uma moeda que está em regime de taxa de câmbio fixa é denominada **desvalorização**. Como já aprendemos, *depreciação* é um movimento descendente em uma moeda. Desvalorização é uma depreciação devida a revisão de meta de uma taxa de câmbio fixa. Aumento no valor de uma moeda fixado em regime de taxa de câmbio fixa é denominado **valorização**.

Desvalorização é uma redução no valor de uma moeda que está em regime de taxa de câmbio fixa.

Valorização é um aumento no valor de uma moeda fixado em regime de taxa de câmbio fixa.

Uma desvalorização, assim como uma depreciação, torna os bens domésticos mais baratos em termos da moeda estrangeira, o que motiva maior volume de exportações. Ao mesmo tempo, torna os bens estrangeiros mais caros em termos da moeda doméstica, o que reduz as importações. O efeito é aumentar o saldo do balanço de pagamentos em conta-corrente. De modo semelhante, uma valorização torna os bens domésticos mais caros em termos da moeda estrangeira, o que reduz as exportações e torna os bens estrangeiros mais baratos em moeda doméstica, aumentando as importações. Assim, uma valorização reduz o saldo do balanço dos pagamentos em conta-corrente.

Desvalorizações e valorizações servem a duas finalidades quando o regime é de taxas de câmbio fixas. Em primeiro lugar, elas podem ser usadas para eliminar escassez ou excesso de moeda estrangeira no mercado. Por exemplo, em 2010, alguns economistas e políticos pediam que a China valorizasse o yuan, por acreditarem que a política cambial chinesa ajudava de modo injusto as exportações chinesas.

Em segundo lugar, desvalorização e valorização podem ser usadas como instrumentos de política macroeconômica. Uma desvalorização, ao aumentar exportações e reduzir importações, aumenta a demanda agregada. Dessa forma, a desvalorização pode ser usada para reduzir ou eliminar um hiato de recessão. A valorização tem o efeito oposto, reduzindo a demanda agregada. Assim, uma valorização pode ser usada para reduzir ou eliminar um hiato de inflação.

Política monetária com câmbio flutuante

Em um regime de taxas de câmbio flutuantes, o banco central do país retém sua capacidade de adotar uma política monetária independente: ele pode aumentar a demanda agregada cortando taxas de juros, ou reduzir a demanda agregada aumentando a taxa de juros. Mas a taxa de câmbio confere outra dimensão aos efeitos da política monetária. Para sabermos por quê, voltemos ao país hipotético de Genóvia para indagarmos o que acontece quando o banco central corta a taxa de juros.

Da mesma forma que em uma economia fechada sem relações internacionais, uma taxa de juros mais baixa leva a gastos de investimento e de consumo mais elevados. Mas o declínio na taxa de juros afeta também o mercado de câmbio. Os estrangeiros têm menos incentivo para transferir fundos a Genóvia, pois terão uma taxa de retorno mais baixa sobre seus empréstimos. Dessa forma, eles têm menos necessidade de trocar dólares por genos, de modo que a demanda de genos cai. Ao mesmo tempo, os residentes de Genóvia passam a ter *mais* incentivo para transferir fundos ao exterior, porque a taxa de retorno sobre empréstimos concedidos no mercado doméstico caiu, tornando o investimento fora do país mais atrativo. Em consequência, eles precisam trocar mais genos por dólares, de modo que a oferta de genos aumenta.

A Figura 33.9 mostra o efeito de uma redução da taxa de juros no mercado de câmbio. A curva de demanda de genos se desloca para a esquerda, de D_1 para D_2, e a curva de oferta se desloca para a direita, de S_1 para S_2. A taxa de câmbio de equilíbrio, medida em dólares por geno, cai de XR_1 para XR_2. Isto é, uma redução na taxa de juros de Genóvia causa *depreciação* do geno.

A depreciação do geno, por sua vez, afeta a demanda agregada. Já vimos como uma desvalorização – depreciação que é resultado de mudança em uma taxa de

Figura 33.9 Política monetária e a taxa de câmbio.

Mostramos aqui o que acontece no mercado de câmbio quando Genóvia reduz sua taxa de juros. Residentes de Genóvia têm incentivo menor para manter seus fundos dentro do país e, assim, investem mais no exterior. Em consequência, a oferta de genos se desloca para a direita, de S_1 para S_2. Enquanto isso, os estrangeiros têm menos incentivos para transferir fundos a Genóvia, de modo que a demanda de genos se desloca para a esquerda, de D_1 para D_2. O geno se deprecia: a taxa de câmbio de equilíbrio cai de XR_1 para XR_2.

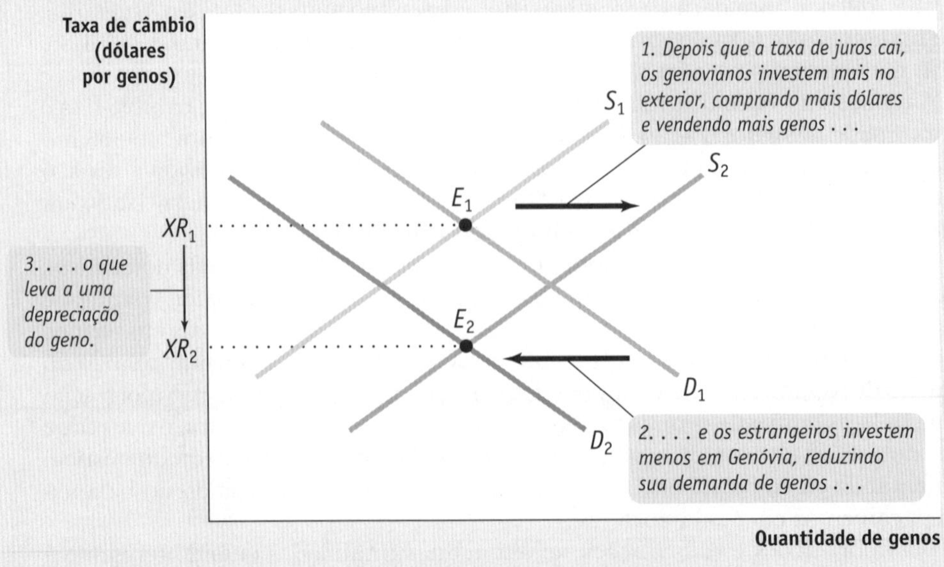

câmbio fixa – aumenta as exportações e reduz as importações, aumentando dessa forma a demanda agregada. A depreciação que resulta de um corte na taxa de juros tem o mesmo efeito: aumenta as exportações e reduz as importações, aumentando a demanda agregada.

Dito de outro modo, em um regime de taxas de câmbio flutuantes, a política monetária tem efeitos que vão além daqueles que já descrevemos. Na ausência de comércio internacional e fluxos de capital, uma redução na taxa de juros leva gera aumento na demanda agregada, porque leva a mais gastos de investimento e de consumo. Em uma economia com taxa de câmbio flutuante, a redução na taxa de juros causa aumento nos gastos de investimento e de consumo, mas aumenta também a demanda agregada de outra forma: ela leva a moeda a se depreciar, o que aumenta as exportações e reduz as importações, aumentando ainda mais a demanda agregada.

Ciclos econômicos internacionais

Até agora, discutimos macroeconomia como se todos os choques de demanda tivessem origem na economia doméstica. Porém, na realidade, as economias algumas vezes se defrontam com choques que vêm do exterior. Por exemplo, recessões nos Estados Unidos historicamente provocaram recessões no México.

Fundamental, no caso, é que mudanças na demanda agregada afetam a demanda por bens e serviços produzidos no exterior, assim como no país: tudo o mais igual, uma recessão leva a uma queda nas importações e uma expansão leva a um aumento nas importações. E as importações de um país são as exportações de outro país. Essa ligação entre a demanda agregada em diferentes economias nacionais é uma das razões por que o ciclo econômico em diferentes países às vezes parece estar em sincronia, mas nem sempre. Os principais exemplos disso são a Grande Depressão da década de 1930, a Grande Recessão de 2008 e a crise de 2020 causada pela pandemia da Covid-19, que afetaram países em todo o mundo.

Mas a amplitude dessa ligação depende do regime cambial. Para vermos a razão disso, imaginemos o que acontece se uma recessão no exterior reduz a demanda das exportações provenientes de Genóvia. A redução da demanda estrangeira por bens e serviços genovianos é também uma redução na demanda de genos no mercado de câmbio. Caso Genóvia tenha taxa de câmbio fixa, o seu governo responde a esse declínio com uma intervenção no mercado de câmbio. Mas, se Genóvia tem taxa de câmbio flutuante, o geno se deprecia. Como os bens e serviços de Genóvia ficam mais baratos para os estrangeiros no momento em que a demanda por exportações cai, a quantidade de bens e serviços exportados não cai tanto quanto cairia caso a taxa de câmbio fosse fixa. Ao mesmo tempo, a queda no geno torna as importações mais caras para os genovianos, levando a uma queda nas importações. Ambos os efeitos limitam o declínio na demanda agregada de Genóvia, em comparação com o que teria ocorrido com uma taxa de câmbio fixa.

Uma das virtudes da taxa de câmbio flutuante, de acordo com os seus defensores, é que ela ajuda a proteger os países das recessões que se originam no exterior. Essa teoria parecia estar funcionando bem no início do século XXI: a Grã-Bretanha, com taxa de câmbio flutuante, conseguiu escapar de uma recessão que afetou o restante da Europa, e o Canadá, que também tem taxa de câmbio flutuante, sofreu uma recessão menos severa que a dos Estados Unidos.

Porém, na Grande Recessão, uma crise financeira que começou nos Estados Unidos parecia estar provocando recessão em praticamente todos os países. Nesse caso, parece que o "contágio financeiro" – a disseminação da perturbação do mercado por meio das interligações internacionais entre os mercados financeiros – era muito mais forte do que qualquer blindagem das perturbações externas proporcionada por taxas de câmbio flutuantes.

Por fim, a crise da Covid-19 foi global em grande parte por causa do contágio literal: nações do mundo inteiro colocaram grande parte de suas economias em *lockdown* temporário, em uma tentativa de limitar a disseminação da Covid-19.

ECONOMIA >> *em Ação*

A pequena coroa islandesa

A Islândia, com uma população em torno de 334 mil habitantes, é um país muito pequeno. E, em 2008, ela teve um problema econômico muito grande. Entre 2003 e 2007, os principais bancos do país expandiram-se de forma muito agressiva, principalmente com dinheiro emprestado de bancos de outros países, e a bolha dos bancos, por sua vez, fez expandir-se a economia local. Mas então a bolha estourou, assim como os bancos, e a Islândia precisava voltar a formas mais mundanas de ganhar a vida, como a pesca e o turismo. Para isso, o país precisava reduzir custos, principalmente cortando salários. Mas esse não foi o único país em tal posição. Outras nações que tomaram muito dinheiro emprestado, como a Grécia, também precisaram fazer grandes ajustes.

Mas havia uma grande diferença entre a Islândia e a Grécia (além do clima, naturalmente): a Grécia não tinha mais sua própria moeda, porque havia adotado o euro, enquanto a Islândia, por menor que fosse, ainda tinha sua própria moeda, a coroa islandesa – e os salários islandeses são fixados em coroas, não em euros ou dólares.

Isso tornou o processo de corte de salários na Islândia muito diferente do que ocorreu nos países que usam o euro. Na Grécia, os empregadores tiveram de dizer aos trabalhadores que eles receberiam menos – algo que as empresas relutam em fazer porque, na melhor das hipóteses, cria sentimentos ruins e, na pior, leva a greves. No entanto, a Islândia poderia ganhar competitividade sem cortes de salários, simplesmente deixando a coroa se depreciar.

A Figura 33.10 mostra como se saíram as diferentes opções. A segunda linha, a partir do alto do canto direito da figura, mostra os salários médios na área do euro em conjunto, com 2007 = 100, enquanto a terceira linha mostra os salários gregos no mesmo período. Como você pode ver, a Grécia conseguiu cortar salários gradualmente ao longo do tempo, enquanto os salários em outras nações europeias aumentaram, de modo que a economia grega tornou-se gradualmente mais competitiva. No entanto, esse foi um processo lento e extremamente doloroso.

As outras duas linhas mostram a história da Islândia. A linha de cima mostra os salários na moeda da própria Islândia, a coroa. Estes continuaram a subir; não houve cortes de salários nominais. A linha de baixo mostra os salários islandeses em euros, que caíram dramaticamente graças à depreciação da coroa islandesa.

Figura 33.10 Corte de salários na Islândia e na Grécia, 2007-2015.

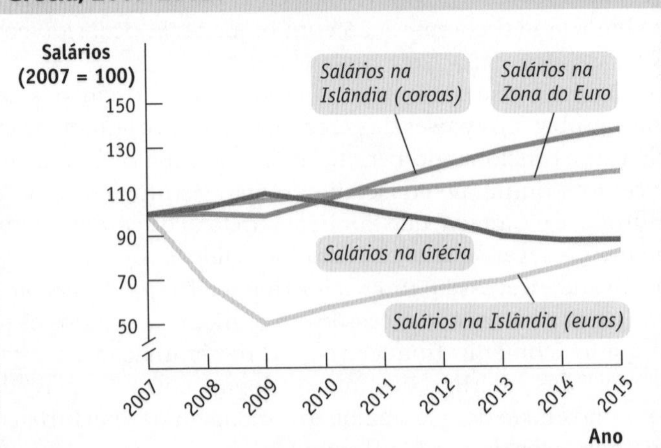

Dados de: OECD.

Seria um erro dizer que esse processo foi indolor – os trabalhadores islandeses viram os preços dos produtos importados subir, reduzindo seu poder de compra. Mas isso não foi tão doloroso quanto o ajuste da Grécia. O desemprego na Grécia aumentou ano após ano, chegando a 28% no final de 2013, antes de começar a diminuir. Na Islândia, por outro lado, a crise nos empregos durou apenas cerca de dois anos e, no final de 2014, a taxa de desemprego era inferior a 5%.

No geral, a experiência da Islândia foi uma lição prática sobre as vantagens de ter sua própria moeda – mesmo quando seu país não é maior do que uma cidade de tamanho médio nos Estados Unidos.

>> *Teste seu entendimento* 33.4

As respostas estão no fim do livro.

1. Examine os dados da Figura 33.8. Onde se percebem desvalorizações e valorizações do franco em relação ao marco?
2. No fim dos anos 1980, economistas canadenses argumentaram que a política de taxas de juros elevadas do Banco Central do Canadá não estava apenas causando desemprego, mas também tornando mais difícil para as manufaturas canadenses competir com os Estados Unidos. Explique essa queixa usando a análise de como a política monetária funciona quando as taxas de câmbio são flutuantes.

>> *Revisão Rápida*

- Os países podem mudar as taxas de câmbio fixas. Uma **desvalorização** – redução no valor da moeda – pode ajudar a reduzir excedentes no mercado de câmbio e aumentar a demanda agregada. Uma **valorização** – aumento no valor da moeda – pode ajudar a reduzir a escassez no mercado de câmbio e reduzir a demanda agregada.
- Em uma economia aberta com taxa de câmbio flutuante, as taxas de juros também afetam a taxa de câmbio e, assim, a política monetária afeta a demanda agregada mediante efeitos da taxa de câmbio sobre importações e exportações.
- Como as importações de um país são as exportações de outro, ciclos econômicos às vezes acontecem sincronizados entre os países. Contudo, taxas de câmbio flutuantes podem reduzir esse elo.

CASO EMPRESARIAL

Carros alemães fabricados na Espanha

A cidade de Pamplona, na Espanha, é famosa pela "corrida de touros", um evento de verão em que aventureiros tentam correr mais que um grupo de touros ao longo de uma seção isolada do centro antigo da cidade. Mas esse é um evento anual e, embora atraia turistas, os residentes da cidade precisam ganhar a vida o ano todo. E muitos deles realmente vivem, direta ou indiretamente, de algo que geralmente não se associa à Espanha: fabricação de automóveis.

Pamplona é o lar de uma grande montadora de propriedade da Volkswagen, uma das muitas produtoras de automóveis que operam na Espanha. A Volkswagen, como outras empresas automotivas – especialmente, mas não apenas as corporações alemãs – começou a investir grandes somas na expansão de suas operações espanholas no início da década de 2010. Você provavelmente não pensa na Espanha como potência da indústria automobilística, uma vez que não existem empresas de automóveis pertencentes a espanhóis. Mas as multinacionais automobilísticas migraram para a Espanha, tornando-a o segundo maior produtor de automóveis da Europa, atrás apenas da Alemanha.

A indústria automobilística espanhola produz principalmente carros para consumidores de outros países; 80% de sua produção é exportada. Então, por que empresas como a Volkswagen têm transferido sua produção para a Espanha? Em uma palavra, custos.

A Espanha, como a Alemanha, usa o euro. Quando enfrentou uma recessão severa que elevou a taxa de desemprego para 26%, o país não conseguiu desvalorizar sua moeda, como fez a Islândia. No entanto, como observamos em Economia em Ação no Capítulo 31, a inflação espanhola caiu drasticamente em face do desemprego alto, enquanto os preços em outros países, incluindo a Alemanha, continuaram a subir. Os salários espanhóis também diminuíram. De 2010 a 2018, o custo horário da mão de obra na indústria espanhola cresceu apenas 0,9% ao ano, em comparação com 2,4% na Alemanha.

A restrição salarial relativa da Espanha parece ter importado muito para sua indústria automobilística. E a próspera indústria automobilística tem sido uma das maiores forças por trás da recuperação econômica da Espanha.

QUESTÕES PARA PENSAR

1. Como a história da indústria automobilística espanhola se relaciona com nossa discussão sobre os determinantes da conta-corrente?
2. O ajuste da Espanha desde o início dos anos 2010 costuma ser descrito como uma "desvalorização interna". Em sua opinião, o que isso significa?
3. As crescentes exportações de automóveis da Espanha devem-se inteiramente a investimentos de empresas não espanholas. Como isso poderia afetar as mudanças na conta-corrente da Espanha?

RESUMO

1. As **contas do balanço de pagamentos** de um país resumem suas transações com o resto do mundo. O **balanço de pagamentos em conta-corrente**, ou **conta-corrente,** inclui o **balanço de pagamentos em bens e serviços**, junto com balanços de renda de fator e de transferências. A **balança comercial** é um componente frequentemente citado do balanço de pagamentos em bens e serviços. O **balanço de pagamentos na conta financeira**, ou **conta financeira**, mede fluxos de capital. Por definição, balanço de pagamentos em conta-corrente mais balanço de pagamentos na conta financeira totaliza zero.

2. O modelo de fundos para empréstimo mostra que a direção dos fluxos de capital líquido – o excesso de entradas em relação a saídas, ou vice-versa – entre países é determinado por diferenças nas taxas de juros que surgem de diferenças nas oportunidades de investimento e no comportamento da poupança. Fluxos de capital se movem para igualar as taxas de juros entre os países. No mundo real, países experimentam fluxos de capital nos dois sentidos – entrada e saída de fluxos de capital brutos –, pois outros fatores além das diferenças na taxa de juros afetam decisões dos investidores. Esses fatores são considerações de risco, estratégia de negócios e *expertise* do setor bancário.

3. As transações com moeda realizam-se no **mercado de câmbio**. Os preços pelos quais as moedas são transacionadas são as **taxas de câmbio**. Quando a moeda de um país ganha valor em relação às demais moedas, ela se **aprecia**; quando perde valor, ela se **deprecia**. A **taxa de câmbio de equilíbrio** iguala a quantidade ofertada da moeda no mercado de câmbio à quantidade demandada.

4. Para obterem valores que levam em conta as diferenças internacionais de taxas de inflação, os economistas calculam a **taxa de câmbio real**, que multiplica a taxa de câmbio entre as moedas de dois países pela razão entre os níveis de preços desses países. A conta-corrente reage apenas a mudanças da taxa de câmbio real, não da taxa de câmbio nominal. **Paridade do poder de compra** é a taxa de câmbio que torna igual em dois países o custo de uma cesta de bens e serviços. Embora a paridade do poder de compra e a taxa de câmbio nominal quase sempre sejam diferentes, a paridade do poder de compra é um bom indicador de mudanças efetivas na taxa de câmbio nominal.

5. Os países adotam **regimes cambiais** diversos, regras que governam a política relativa à taxa de câmbio. Os principais tipos de regime são **taxas de câmbio fixas**, quando o governo toma medidas para manter a taxa de câmbio em uma meta prefixada, e **taxas de câmbio flutuantes**, quando a taxa de câmbio é livre para flutuar. Os países podem fixar a taxa de câmbio usando **intervenção no mercado de câmbio**, precisando para isso manter **reservas cambiais** que possam usar para comprar qualquer excedente de suas moedas. Por outro lado, podem mudar políticas econômicas domésticas, especialmente a política monetária, para deslocar as curvas de demanda e de oferta no mercado de moeda estrangeira. Por fim, eles podem usar **controles cambiais**.

6. Políticas cambiais impõem um dilema: há vantagem em ter taxas de câmbio estáveis, mas as políticas usadas para fixar a taxa de câmbio têm custo. Intervenções no mercado de câmbio exigem reservas elevadas, e controles de câmbio distorcem os incentivos. Se a política monetária é usada para ajudar a corrigir a taxa de câmbio, ela deixa de estar disponível para fins de política econômica doméstica.

7. Taxas de câmbio fixas não são sempre permanentes: países com taxas de câmbio fixas às vezes levam a cabo **desvalorizações** – reduções deliberadas no valor de meta da moeda – ou **valorizações** – aumentos deliberados no valor de meta da moeda. Além de contribuir para eliminar um excedente de moeda doméstica no mercado de câmbio, uma desvalorização aumenta a demanda agregada. De modo correspondente, uma valorização reduz a escassez de moeda doméstica e reduz a demanda agregada.

8. No regime de taxas de câmbio flutuantes, a política monetária expansionista funciona em parte via taxa de câmbio: redução nas taxas de juros domésticas leva a uma depreciação e, por meio dela, a mais exportações e menos importações, o que aumenta a demanda agregada. A política monetária contracionista tem efeito inverso.

9. O fato de que as importações de um país são as exportações de outro cria um elo entre os ciclos econômicos em diferentes países. Taxas de câmbio flutuantes, no entanto, podem reduzir a força dessa relação.

PALAVRAS-CHAVE

Apreciação, p. 972
Balança do comércio de mercadorias (balança comercial), p. 966
Balanço de pagamentos de bens e serviços, p. 966
Balanço de pagamentos em conta-corrente (conta-corrente), p. 966
Balanço de pagamentos em conta financeira (conta financeira), p. 966
Contas do balanço de pagamentos, p. 964
Controles cambiais, p. 982
Depreciação, p. 972
Desvalorização, p. 985
Intervenção no mercado de câmbio, p. 981
Mercado de câmbio, p. 972
Paridade do poder de compra, p. 977
Regime cambial, p. 980
Reservas cambiais, p. 981
Taxa de câmbio de equilíbrio, p. 974
Taxa de câmbio fixa, p. 980
Taxa de câmbio flutuante, p. 980
Taxa de câmbio real, p. 976
Taxas de câmbio, p. 972
Valorização, p. 985

QUESTÕES PARA PENSAR

1. Você leu recentemente uma manchete informando: "EUA perdem US$ 500 bilhões por ano no comércio com a China". Esse montante seria incluído como parte do déficit em conta-corrente dos EUA. Por que essa manchete é enganosa? Como tais transações afetam a estrutura de fundos para empréstimo?

2. Durante sua presidência, Donald Trump tentou aliviar o déficit comercial dos EUA aprovando uma série de tarifas sobre exportações chinesas. Antes da posse do presidente Trump, os EUA tinham uma tarifa média de 3,1% sobre as exportações chinesas, mas em fevereiro de 2020 a tarifa média havia aumentado para 19,3%. Durante o mesmo período, o dólar americano valorizou de 6,27 yuans chineses para 7,10 yuans por dólar americano. Usando o mercado de câmbio, explique como a implementação das tarifas mudaria a taxa de câmbio entre yuan e dólar. Isso é coerente com o que observamos nos dados?

3. Com os preços do petróleo cotados em dólares americanos, a maioria dos países do Oriente Médio e outros produtores de petróleo têm taxa de câmbio fixa, atrelada ao dólar americano. Quais são os prós e os contras de atrelarem suas moedas ao dólar americano?

PROBLEMAS

1. Como seriam classificadas as transações a seguir no balanço de pagamentos dos Estados Unidos? Elas entrariam na conta-corrente (como o pagamento recebido de estrangeiros ou feito a estrangeiros) ou na conta financeira (como a venda de um ativo a estrangeiro ou a compra de um ativo de estrangeiro)? Como mudará o balanço de pagamentos em conta-corrente ou na conta financeira?

   a. Um importador francês compra uma caixa de vinho da Califórnia por 500 dólares.

   b. Uma norte-americana que trabalha para uma companhia francesa deposita o cheque de pagamento do seu salário, emitido para cobrança em um banco de Paris, na sua conta em um banco de São Francisco.

   c. Um norte-americano compra um título de companhia japonesa por US$ 10.000.

   d. Uma instituição de caridade norte-americana envia US$ 100.000 à África para ajudar os moradores locais a comprarem alimentos depois de uma safra ruim.

2. O gráfico mostra os ativos do exterior que estão nos Estados Unidos e os ativos norte-americanos que estão no exterior, ambos como porcentagem do PIB do exterior. Como se vê no gráfico, ambos praticamente quintuplicaram de 1980 a 2019.

   a. Dado que os ativos dos Estados Unidos aumentaram como porcentagem do PIB do exterior, isso significa que os EUA experimentaram no período uma saída líquida de capital?

   b. Esse gráfico indica que as economias do mundo estavam mais estreitamente interligadas em 2019 do que em 1980?

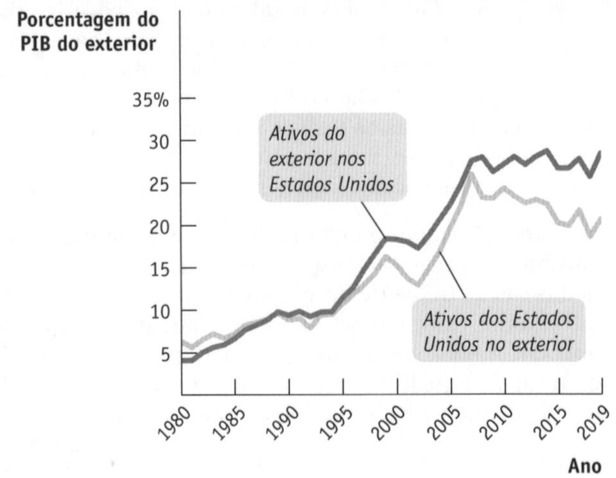

Dados de: IMF; Bureau of Economic Analysis.

3. Na economia de Escotopia, em 2020, as exportações foram de $ 400 bilhões em bens e $ 300 bilhões em serviços, as importações foram de $ 500 bilhões em bens e $ 350 bilhões em serviços e o resto do mundo comprou $ 250 bilhões de ativos de Escotopia. Qual foi o resultado da balança comercial de Escotopia? Qual foi o resultado do balanço de pagamentos em conta-corrente de Escotopia? Qual foi o balanço de pagamentos na conta financeira? Qual foi o valor dos ativos do resto do mundo comprados por Escotopia?

4. Na economia de Popânia, em 2020, as compras totais de ativos do resto do mundo feitas por Popânia foram de $ 300 bilhões, as compras de ativos de Popânia pelo resto do mundo foram de $ 400 bilhões e Popânia exportou bens e serviços no valor de $ 350 bilhões. Qual foi o balanço de pagamentos na conta financeira de Popânia em 2020? Qual foi seu balanço de pagamentos em conta-corrente? Qual foi o valor de suas importações?

5. Suponha que Nortelândia e Sulândia sejam os dois únicos países do mundo que comerciam, que as duas nações tenham um balanço de pagamentos em conta-corrente e na conta financeira que fecha em zero, e que cada nação considera que os ativos da outra são idênticos aos seus próprios ativos. Usando os gráficos a seguir, explique como a oferta e a demanda de fundos para empréstimo, a taxa de juros e o balanço de pagamentos em conta-corrente e na conta financeira mudarão em cada país se fluxos de capital internacional forem possíveis.

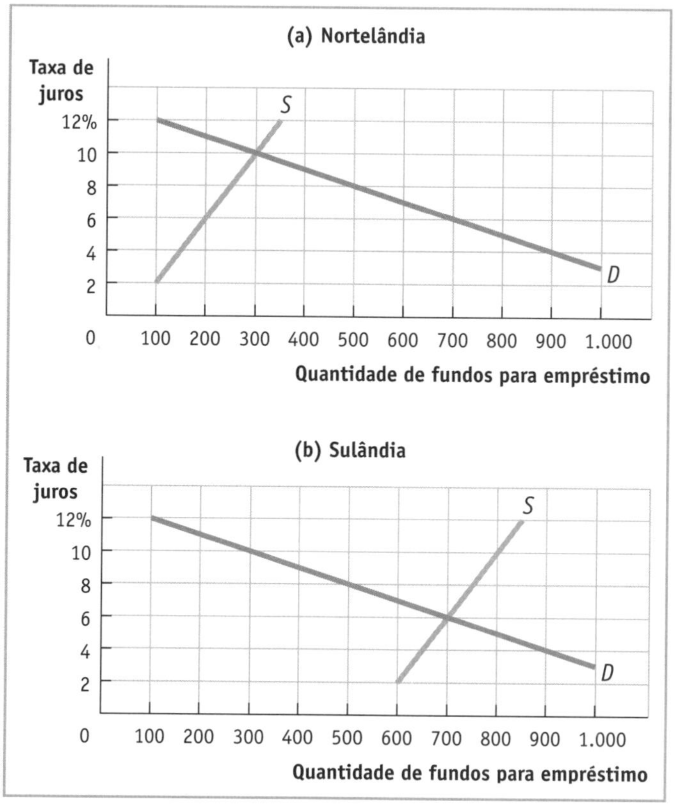

6. Com base nas taxas de câmbio para os primeiros dias de 2019 e 2020 que se mostram na tabela a seguir, diga se o dólar americano se apreciou ou depreciou durante o ano. O movimento no valor do dólar tornou bens e serviços norte-americanos mais ou menos atrativos para os estrangeiros?

1º de abril de 2019	1º de abril de 2020
US$ 1,31 compra 1 libra esterlina	US$ 1,24 compra 1 libra esterlina
30,81 dólares de Taiwan compram US$ 1	30,29 dólares de Taiwan compram US$ 1
US$ 0,75 compra 1 dólar canadense	US$ 0,70 compra 1 dólar canadense
111,23 ienes japoneses compram US$ 1	107,22 ienes japoneses compram US$ 1
US$ 1,12 compra € 1	US$ 1,09 compra € 1
1,00 franco suíço compra US$ 1	0,97 franco suíço compra US$ 1

7. Acesse http://fx.sauder.ubc.ca. Usando a tabela de título "The most recent cross-rates of major currencies", determine se a libra britânica (GBP), o dólar canadense (CAD), o iene japonês (JPY), o euro (EUR) e o franco suíço (CHF) apreciaram ou depreciaram em relação ao dólar desde 1º de abril de 2020. As taxas de câmbio em 1º de abril de 2020 estão listadas na tabela do Problema 6.

8. Em janeiro de 2001, a taxa de juros do mercado interbancário (taxa de juros básica) nos Estados Unidos era de 6,5%, caindo para 2% em novembro de 2004. Durante o mesmo período, a taxa de juros equivalente do Banco Central Europeu diminuiu de 5,75 para 3%.

a. Considerando a mudança da taxa de juros no período e usando o modelo dos fundos para empréstimo, você esperaria que os fundos fluíssem dos Estados Unidos para a Europa ou da Europa para os Estados Unidos nesse período?

b. O gráfico mostra a taxa de câmbio entre o euro e o dólar americano entre 1º de janeiro de 2001 e setembro de 2008. O movimento da taxa de câmbio entre janeiro de 2001 e setembro de 2008 é consistente com o movimento dos fundos previsto no item *a* da pergunta?

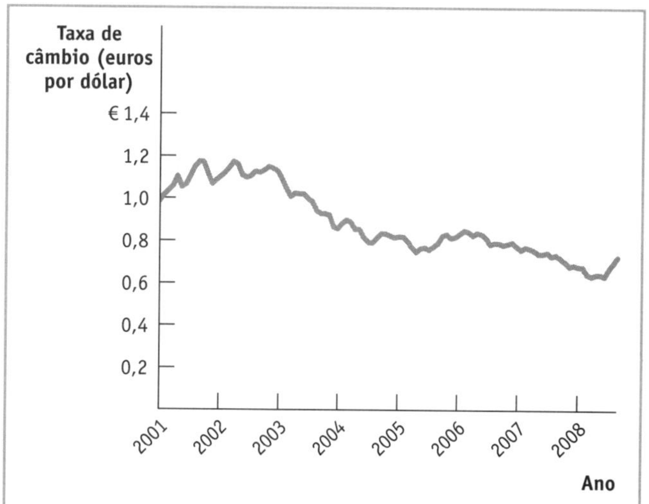

Dados de: Federal Reserve Bank of St. Louis.

9. Em cada um dos cenários a seguir, suponha que os dois países citados sejam os únicos que comercializam no mundo. Dada a inflação e a mudança na taxa de câmbio nominal, os bens de qual país se tornam mais atrativos?

a. Inflação de 10% nos Estados Unidos e 5% no Japão; a taxa de câmbio dólar-iene permanece a mesma.

b. Inflação de 3% nos Estados Unidos e 8% no México; o dólar americano cai de 12,50 para 10,25 pesos mexicanos.

c. Inflação de 5% nos Estados Unidos e 3% na Zona do Euro; o euro cai de US$ 1,30 para US$ 1,20.

d. Inflação de 8% nos Estados Unidos e 4% no Canadá; o dólar canadense aumenta de US$ 0,60 para US$ 0,75.

10. Começando em uma posição de equilíbrio no mercado de câmbio, com um regime cambial fixo, como deve reagir um governo para manter fixa a taxa de câmbio quando aumenta a demanda de bens e serviços do país por parte do restante do mundo?

11. Suponha que o Banco Central de Albérnia tenha fixado o valor da sua moeda, o bern, em relação ao dólar americano (à taxa de US$ 1,50 por 1 bern) e se comprometeu a manter essa taxa de câmbio. Inicialmente, o mercado de câmbio para o bern também está em equilíbrio, como se mostra no gráfico a seguir. Contudo, tanto norte-americanos como albernianos começam a acreditar que existe um grande risco em manter ativos de Albérnia. Como resultado, eles não estão dispostos a manter ativos de Albérnia a não ser que recebam uma taxa de retorno mais elevada do que ganham com ativos norte-americanos. Como isso afetaria o gráfico? Se o Banco Central de Albérnia tentar manter a taxa de câmbio fixa usando política monetária, como isso afetará a economia de Albérnia?

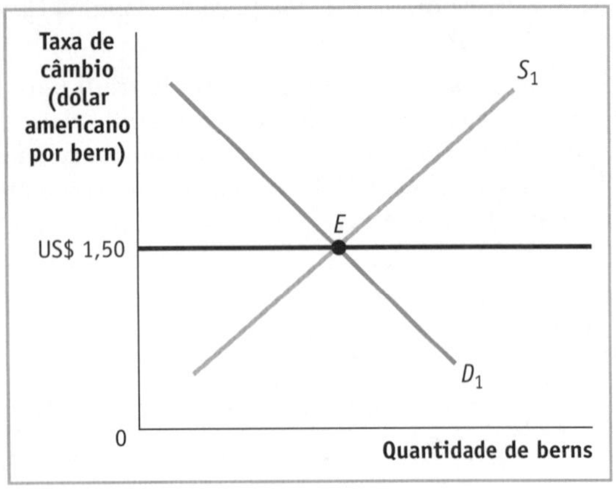

12. Seu colega de estudos pergunta: "Se os bancos centrais perdem sua capacidade de usar política monetária discricionária com um sistema de taxas de câmbio fixas, por que os países concordariam em ter um sistema de taxas de câmbio fixas?" Como você responderia?

RESOLVA

13. Suponha que os Estados Unidos e o Japão sejam os únicos dois países no mundo que comercializam. O que acontecerá com o valor do dólar americano se acontecer o seguinte, tudo o mais mantido constante?

a. O Japão relaxa algumas de suas restrições à importação.

b. Os Estados Unidos impõem algumas tarifas de importação para bens japoneses.

c. As taxas de juros nos Estados Unidos aumentam drasticamente.

d. Um relatório informa que carros japoneses duram muito mais do que se havia imaginado antes, especialmente comparados com carros norte-americanos.

Glossário

A

Ação: propriedade parcial de uma companhia (pela participação acionária).

Acordo de Paris: compromisso de 196 países, assinado em 2015, para reduzir suas emissões de gases do efeito estufa, em um esforço para limitar o aumento da temperatura da Terra para não mais do que 2 graus centígrados.

Acordos internacionais de comércio: tratados pelos quais um país concorda em reduzir a proteção comercial às exportações de outros países, em troca da promessa por parte dos outros países de fazer o mesmo com as próprias exportações.

Agregado monetário: uma medida geral da oferta de moeda. Os agregados monetários mais comuns nos Estados Unidos são M1, que inclui moeda em circulação, *traveller's checks* e depósitos em conta-corrente, e M2, constituído de M1 mais quase-moedas.

Alocação do tempo: decisão sobre quantas horas gastar em diferentes atividades, que implica decisão sobre a quantidade de trabalho a ofertar.

Alocação eficiente do risco: uma alocação de risco na qual quem tem maior disposição de assumir riscos é quem de fato os assume.

Alocação ineficiente das vendas entre vendedores: forma de ineficiência em que vendedores que estariam dispostos a vender um bem por preço menor não conseguem realizar vendas, ao passo que estas vão para os que só vendem por preço mais alto; é com frequência resultado de um piso para preços (preço mínimo).

Alocação ineficiente entre consumidores: forma de ineficiência na qual os consumidores que querem muito o bem e dispõem-se a pagar um preço alto não conseguem obtê-lo, e os que não estão muito interessados mas só admitem pagar um preço baixo conseguem; é com frequência resultado de um teto para preços (controle de preços).

Análise de custo-benefício: estimativa e comparação dos custos e benefícios de oferecer um bem. Quando governos usam a análise de custo-benefício, eles estimam os custos sociais e os benefícios sociais de prover um bem público.

Análise marginal: estudo das decisões marginais.

Ano fiscal: o período de tempo usado para fechar as contas públicas, que nos Estados Unidos vai de 1º de outubro a 30 de setembro. Anos fiscais recebem o nome do ano-calendário em que eles terminam.

Apólice de seguro justa: uma apólice de seguros cujo prêmio a ser pago é igual ao valor esperado da reivindicação.

Apreciação: aumento do valor de uma moeda em termos das demais moedas.

Armadilha da liquidez: situação em que a política monetária é ineficaz porque a taxa de juros nominal atingiu a fronteira zero.

Ativismo de política macroeconômica: uso de políticas monetária e fiscal para suavizar o ciclo econômico.

Ativo financeiro: título que dá a seu comprador o direito a uma renda futura a ser paga pelo vendedor. Empréstimos, ações, títulos e depósitos bancários são tipos de ativos financeiros.

Ativo físico: direito sobre um objeto tangível que pode ser usado para gerar renda futura.

Autarquia: situação em que um país não faz comércio com outros países.

Autocorreção: refere-se a uma economia em que os choques na demanda agregada afetam o produto agregado no curto prazo, mas não no longo prazo.

Aversão à perda: sensibilidade exagerada à perda, que produz incapacidade de reconhecer a perda e seguir adiante.

Aversão ao risco: disposição de sacrificar algum lucro econômico a fim de evitar uma perda potencial.

Avesso ao risco: indivíduo que opta por reduzir o risco quando tal redução deixa inalterado o valor esperado da renda ou da riqueza.

B

Baixa qualidade por ineficiência: uma forma de ineficiência em que os vendedores oferecem produtos de baixa qualidade a preço baixo, embora os compradores prefiram qualidade maior a preço mais alto; com frequência, é resultado de um teto para preços.

Balança comercial (balança do comércio de mercadorias): diferença entre as exportações de bens e as importações de bens apenas, sem incluir serviços.

Balanço de pagamentos de bens e serviços: diferença entre o valor das exportações e o valor das importações em dado período.

Balanço de pagamentos em conta financeira (conta financeira): transações internacionais que envolvem compra e venda de ativos e, portanto, criam passivos futuros.

Balanço de pagamentos em conta-corrente (conta-corrente): transações que não criam passivos; o balanço de pagamentos de bens e serviços de um país mais pagamentos líquidos de transferências internacionais e renda de fatores.

Balanço do comércio de mercadorias (balança comercial): a diferença entre as exportações de bens do país e suas importações de bens – sem incluir serviços.

Balanço orçamentário: diferença entre receita fiscal e gasto do governo. Um balanço positivo é chamado superávit orçamentário; um balanço negativo é déficit orçamentário. Ver também **saldo orçamentário**.

Balanço orçamentário ciclicamente ajustado: estimativa do que seria o saldo do balanço orçamentário se o PIB real fosse exatamente igual ao produto potencial. Ver também **saldo orçamentário ajustado segundo o ciclo econômico**.

Banco: intermediário financeiro que proporciona ativos líquidos na forma de depósitos bancários a credores e usa esses fundos para financiar investimentos ilíquidos ou necessidades de gastos de investimento de tomadores de empréstimos.

Banco central: instituição que supervisiona e regula o sistema bancário e controla a base monetária.

Banco comercial: um banco que aceita depósitos e é coberto pelo seguro de depósitos.

Banco de investimento: banco que negocia ativos financeiros e não aceita depósitos, de modo que não é coberto pelo seguro de depósitos.

Barreiras à entrada: algo que impede outras empresas de entrar em um setor industrial. É crucial para proteger os lucros de um monopolista. Há cinco tipos de barreiras à entrada: controle sobre recursos ou insumos escassos, retornos crescentes à escala, superioridade tecnológica, externalidades da rede e barreiras criadas pelo governo.

Base monetária: soma de moeda em circulação e reservas bancárias.

Base tributária: medida ou valor, tal como renda ou valor da propriedade, que determina quanto imposto um indivíduo ou empresa paga.

Bem artificialmente escasso: um bem que é excluível, mas não rival no consumo.

Bem de Giffen: hipotético bem inferior para o qual o efeito renda supera o efeito substituição e a curva de demanda tem inclinação para cima.

Bem inferior: bem cuja demanda cai quando a renda aumenta.

Bem normal: um bem cuja demanda aumenta quando a renda também aumenta – o caso "normal".

Bem privado: um bem que é ao mesmo tempo excluível e rival no consumo.

Bem público: bem que é ao mesmo tempo não excluível e não rival no consumo.

Benefício em espécie: benefício concedido na forma de bens e serviços.

Benefício externo: benefício não compensado que um indivíduo ou uma empresa confere a outros; também conhecido como externalidade positiva.

Benefício marginal: benefício extra que resulta de produzir uma unidade a mais de um bem ou serviço.

Benefício marginal decrescente: caso em que cada unidade adicional de atividade produz menos benefícios que a unidade anterior.

Benefício social marginal da poluição: ganho adicional para a sociedade em seu conjunto de uma unidade adicional de poluição.

Bens complementares: pares de bens em que um aumento no preço de um deles resulta em queda na demanda pelo outro.

Bens e serviços finais: bens e serviços vendidos ao usuário final ou a usuário no final da cadeia de consumo.

Bens e serviços intermediários: bens e serviços comprados de uma empresa por outra, que são insumos para a produção de bens e serviços finais.

Bens ordinários: em uma função de utilidade do consumidor, são os bens cujas unidades adicionais são necessárias para compensar menos unidades de outro bem e vice-versa; o consumidor experimenta uma taxa de substituição marginal decrescente ao substituir um bem por outro.

Busca de emprego: tempo despendido pelo trabalhador na procura de um emprego.

C

Capacidade excedente: quando empresas produzem menos que a quantidade em que o custo total médio é minimizado; característica das empresas em competição monopolística.

Capital: valor conjunto dos ativos pertencentes a um indivíduo ou uma empresa; ativos físicos mais ativos financeiros.

Capital em risco: fundos que uma seguradora coloca em risco quando decide oferecer um seguro.

Capital físico: recursos produtivos manufaturados, tais como equipamentos, prédios, ferramentas e máquinas; geralmente chamado apenas de "capital".

Capital humano: melhoria no trabalho criada pela educação e pelo conhecimento incorporados à força de trabalho.

Cartel: acordo entre vários produtores que concordam em estabelecer restrições à produção de cada um deles, a fim de aumentarem o lucro conjunto.

Causalidade reversa: erro cometido quando a verdadeira direção da causalidade entre duas variáveis é revertida, sendo a variável independente e a variável dependente identificadas de modo incorreto.

Certificado de depósito bancário (CDB): ativo emitido por um banco em que os clientes depositam fundos por um período especificado e recebem uma taxa de juros especificada.

Cesta de mercado: um conjunto hipotético de bens e serviços comprados pelo consumidor. Usada para medir mudanças no nível geral de preços.

Choque de demanda: evento que desloca a curva de demanda agregada. Um choque de demanda positivo remete a uma demanda maior pelo produto agregado em qualquer nível de preços, deslocando a curva para a direita. Um choque de demanda negativo associa-se a demanda mais baixa pelo produto agregado em qualquer nível de preços, e desloca a curva para a esquerda.

Choque de oferta: qualquer evento que desloca a curva de oferta agregada de curto prazo. Um choque de oferta negativo aumenta os custos de produção e reduz a quantidade ofertada em qualquer nível de preços agregado, deslocando a curva para a esquerda. Um choque de oferta positivo reduz os custos de produção e aumenta a quantidade ofertada em qualquer nível de preços agregado, deslocando a curva para a direita.

Ciclo econômico: alternância de curto prazo entre declínio da economia, conhecido como recessão, e ascensão econômica, conhecida como expansão.

Ciclo político-econômico: um ciclo econômico que resulta da aplicação de ações macroeconômicas para servir a fins políticos.

Ciência econômica (*Economics*)**:** ciência social que estuda produção, distribuição e consumo de bens e serviços.

Ciência econômica: ramo das ciências sociais que estuda a produção, a distribuição e o consumo de bens e serviços.

Coeficiente de Gini: número que resume o nível da desigualdade de renda em um país baseado na desigualdade de distribuição da renda entre os quintis da população.

Colusão: cooperação entre produtores para limitar a produção e aumentar preços, de modo a aumentar seus lucros.

Colusão tácita: cooperação entre produtores, sem a existência de um acordo formal, para limitar a produção e aumentar preços, de modo a aumentar os lucros uns dos outros.

Combustível fóssil: combustível derivado de fontes fósseis, como carvão e petróleo.

Comércio: a prática, em economias de mercado, em que indivíduos fornecem bens e serviços e recebem em troca bens e serviços.

***Commodity*:** produto de diferentes produtores tido pelos consumidores como um mesmo bem; também chamada de produto homogêneo ou padronizado.

Companhia de seguro de vida: intermediário financeiro que vende apólices garantindo um pagamento aos beneficiários de um detentor da apólice quando este morrer.

Competição extrapreço: competição em áreas que não o preço com objetivo de aumentar as vendas, tais como novos recursos do produto e publicidade; é utilizada especialmente por empresas que têm entendimento tácito de não competir em preço.

Competição imperfeita: estrutura de mercado em que nenhuma empresa é monopolista e, não obstante, os produtores têm algum poder de mercado que podem usar para afetar os preços.

Competição monopolística: estrutura de mercado em que há muitos produtores competindo em um setor, em que cada produtor vende um produto diferenciado e há livre entrada e saída do setor no longo prazo.

Complementares perfeitos: bens que o consumidor deseja consumir em dada proporção, independentemente dos seus preços relativos.

Comportamento estratégico: decisões tomadas por uma empresa que buscam influenciar o comportamento futuro de outras empresas.

Comportamento não cooperativo: ações de empresas que ignoram os efeitos dessas ações sobre os lucros de outras empresas.

Compras governamentais de bens e serviços: despesas do governo em níveis federal, estadual e municipal na compra de bens e serviços.

Condição de tangência: em um gráfico da linha do orçamento do consumidor e das curvas de indiferença disponíveis dos pacotes de consumo disponíveis, o ponto em que uma das curvas de indiferença e a linha do orçamento se tocam. Quando as curvas de indiferença têm o formato convexo típico, esse ponto determina o consumo ótimo.

Consumidor tomador de preço: consumidor cujas ações não têm efeito sobre o preço de mercado do bem ou serviço que ele compra.

Conta financeira (balanço de pagamentos em conta financeira): transações internacionais que envolvem venda ou compra de ativos e, assim, criam passivos futuros.

Conta T: instrumento simples para resumir a posição financeira de um negócio ao mostrar ativos e passivos em uma única tabela, com ativos à esquerda e passivos à direita.

Contabilidade do crescimento: estimativa da contribuição de cada um dos principais fatores (capital físico e humano, mão de obra e tecnologia) do crescimento econômico na função de produção agregada.

Contabilidade mental: hábito de destinar mentalmente montantes a contas diferentes de tal modo que certos montantes valham mais que outros.

Conta-corrente (balanço de pagamentos em conta-corrente): transações que não criam passivos; o balanço de pagamentos de bens e serviços de um país mais pagamentos líquidos de transferências internacionais e renda de fatores.

Contas do balanço de pagamentos: resumo das transações de um país com outros países em determinado ano, incluindo dois componentes principais: balanço de pagamentos em conta-corrente e balanço de pagamentos em conta financeira.

Contas nacionais de renda e produto (contas nacionais): método para calcular e monitorar os gastos de consumo, as vendas dos produtores, os gastos de investimento das empresas, as compras governamentais e diversos fluxos de moeda entre diferentes setores da economia.

Controle cambial: sistema de licenciamento que limita o direito dos indivíduos de comprar moeda estrangeira.

Controle de preços: restrição legal dos limites máximo e mínimo a que um preço de mercado pode chegar.

Controle de quantidade: limite superior estabelecido pelo governo para a quantidade de algum bem que se pode comprar ou vender; também denominado cota.

***Copyright* (direito autoral):** direito legal exclusivo que tem o criador de um trabalho literário ou artístico sobre o lucro daquele trabalho; assim como a patente, é um monopólio temporário.

Corrida aos bancos: fenômeno em que muitos dos depositantes de um banco tentam resgatar seus fundos sob o temor de uma quebra do banco.

Cota: limite superior estabelecido pelo governo para a quantidade de algum bem que se pode comprar ou vender; também é chamado de controle de quantidade.

Cota de importação: limite legal para a quantidade que pode ser importada de um bem.

Crescimento econômico: capacidade crescente de uma economia de produzir bens e serviços, ocasionando padrões de vida mais elevados.

Crescimento econômico de longo prazo: o aumento sustentado da quantidade de bens e serviços que a economia produz.

Crescimento econômico de sustentável de longo prazo: crescimento econômico de longo prazo que pode perdurar face à oferta limitada de recursos naturais e o impacto do crescimento sobre o meio ambiente.

Critério de renda: descreve um programa em que o benefício é concedido apenas a indivíduos ou famílias cuja renda fica abaixo de certo mínimo.

Cruz keynesiana: diagrama que identifica o equilíbrio renda-despesa como o ponto em que a linha do gasto agregado planejado cruza a linha de 45 graus.

Cunha: a diferença entre o preço de demanda da quantidade transacionada e o preço de oferta da quantidade transacionada de um bem, quando a oferta do bem é legalmente restringida. Com frequência, é criada por um controle de quantidade ou cota. O preço pago pelos compradores acaba sendo maior que o recebido pelos vendedores.

Curto prazo: o período em que pelo menos um insumo é fixo.

Curva: linha em um gráfico, curva ou reta, representando a relação entre duas variáveis.

Curva de benefício marginal: representação gráfica que mostra como o benefício de produzir uma unidade a mais de um bem ou serviço depende da quantidade já produzida desse bem ou serviço.

Curva de custo marginal: representação gráfica que mostra como o custo de produzir uma unidade a mais de um bem ou serviço depende da quantidade já produzida desse bem ou serviço.

Curva de custo total: representação gráfica do custo total, mostrando como o custo total depende da quantidade produzida.

Curva de custo total médio de longo prazo: representação gráfica mostrando a relação entre produto e custo total médio quando o custo fixo foi escolhido de modo a minimizar o custo total para cada nível de produção.

Curva de custo total médio em forma de U: representação gráfica característica da relação entre produto e custo total médio; a curva de custo total médio no começo é declinante quando o produto está em níveis de quantidade baixos, e depois é ascendente quando o produto aumenta.

Curva de demanda: representação gráfica da tabela de demanda, que mostra a relação entre a quantidade demandada e o preço.

Curva de demanda agregada: representação gráfica que mostra uma relação entre o nível de preços agregado e a quantidade de produto agregado demandada por domicílios, empresas, governo e o restante do mundo. A curva de demanda agregada tem inclinação negativa devida ao efeito riqueza de uma mudança no nível de preços agregado e ao efeito taxa de juros de uma mudança no nível de preços agregado.

Curva de demanda de moeda: representação gráfica da relação negativa entre a taxa de juros e a quantidade demandada de moeda. A curva de demanda de moeda tem inclinação para baixo porque, tudo o mais mantido constante, uma taxa de juros mais alta aumenta o custo de oportunidade de manter moeda.

Curva de demanda doméstica: uma curva de demanda que mostra como a quantidade de um bem demandada pelos consumidores domésticos depende do preço desse bem.

Curva de demanda individual: representação gráfica da relação entre quantidade demandada e preço para um consumidor individual.

Curva de indiferença: uma linha de contorno mostrando todos os pacotes de consumo que geram a mesma quantidade de utilidade total para um indivíduo.

Curva de oferta: representação gráfica de uma tabela de oferta, mostrando a relação entre a quantidade ofertada e seu preço.

Curva de oferta agregada: representação gráfica que mostra a relação entre o nível de preços agregado e a quantidade total de produto agregado ofertada.

Curva de oferta agregada de curto prazo: representação gráfica da relação positiva entre o nível de preços agregado e a quantidade de produto agregado ofertada que existe no curto prazo, o período em que muitos custos de produção, em particular salários nominais, podem ser considerados fixos. A curva de oferta agregada de curto prazo tem inclinação positiva, porque um aumento no nível de preços agregado produz aumento nos lucros e, por conseguinte, no produto quando os custos de produção são fixos.

Curva de oferta agregada de longo prazo: representação gráfica da relação entre o nível de preços agregado e a quantidade ofertada de produto agregado quando todos os preços, inclusive salários nominais, são plenamente flexíveis. A curva de oferta agregada de longo prazo é vertical, porque o nível de preços agregado não tem efeito sobre o produto agregado no longo prazo; no longo prazo, o produto agregado é determinado pelo produto potencial da economia.

Curva de oferta da indústria: representação gráfica que mostra a relação entre o preço de um bem e a quantidade de produto total desse bem suprida pela indústria ou setor.

Curva de oferta de moeda: representação gráfica da relação entre a quantidade de moeda ofertada pelo banco central e a taxa de juros.

Curva de oferta da indústria no curto prazo: representação gráfica que mostra como a quantidade ofertada por uma indústria depende do preço de mercado, dado um número fixo de produtores.

Curva de oferta da indústria no longo prazo: representação gráfica que mostra como a quantidade ofertada responde ao preço quando produtores tiveram tempo suficiente para entrar ou sair da indústria ou setor.

Curva de oferta de trabalho individual: representação gráfica que mostra como a quantidade de trabalho ofertada por um indivíduo depende do nível de salário desse indivíduo.

Curva de oferta de trabalho individual que dobra para trás: curva de oferta de trabalho individual que se inclina para cima em níveis de salário baixos até moderados e que se inclina para baixo em níveis de salário mais elevados.

Curva de oferta doméstica: uma curva de oferta que mostra como a quantidade de um bem ofertada pelos produtores domésticos depende do preço desse bem.

Curva de oferta individual: representação gráfica da relação entre quantidade ofertada e preço para um produtor individual.

Curva de oferta individual de curto prazo: representação gráfica que mostra como a quantidade de produto que maximiza o lucro de um produtor individual depende do preço de mercado, tomando os custos fixos como dados.

Curva de Phillips de longo prazo: representação gráfica da relação entre desemprego e inflação depois que as expectativas de inflação tiveram tempo para se ajustar à experiência.

Curva de Phillips de curto prazo: representação gráfica da relação de curto prazo negativa entre a taxa de desemprego e a taxa de inflação.

Curva de produto total: representação gráfica da função de produção, mostrando como a quantidade a produzir depende da quantidade de insumos variáveis para dada quantidade de insumo fixo.

Curva de receita marginal: representação gráfica que mostra como a receita marginal varia quando o produto varia.

Curva de utilidade marginal: representação gráfica que mostra como a utilidade marginal depende da quantidade consumida do bem ou serviço.

Curva não linear: curva cuja inclinação não é a mesma entre cada par de pontos.

Custo (de um vendedor): o preço mais baixo pelo qual o vendedor se dispõe a vender um bem.

Custo de oportunidade: o custo real de um item, ou seja, o custo do que é preciso sacrificar para obtê-lo.

Custo explícito: custo que exige de fato um dispêndio em dinheiro.

Custo externo: custo não compensado que um indivíduo ou uma empresa impõe a outros; também conhecido como externalidade negativa.

Custo fixo: custo que não depende da quantidade produzida; custo de um insumo fixo.

Custo fixo médio: custo fixo por unidade de produto.

Custo implícito: um custo que não exige dispêndio de dinheiro; é medido pelo valor, em moeda, dos benefícios sacrificados ou aos quais foi necessário renunciar.

Custo implícito do capital: o custo de oportunidade do capital usado no negócio, isto é, a renda que poderia ter sido obtida se o capital tivesse sido usado na melhor alternativa seguinte.

Custo irrecuperável: custo já incorrido e que não pode ser recuperado; esse custo deve ser ignorado em decisões sobre futuras ações.

Custo marginal: custo adicional incorrido por produzir uma unidade a mais de um bem ou serviço.

Custo marginal constante: cada unidade adicional custa o mesmo que a anterior para produzir.

Custo marginal crescente: o caso em que cada unidade adicional de atividade custa mais para produzir que a unidade anterior.

Custo marginal decrescente: o caso em que cada unidade adicional custa menos para produzir que a unidade anterior.

Custo médio: termo alternativo para custo total médio; custo total dividido pela quantidade produzida de um bem.

Custo social marginal da poluição: o custo adicional imposto sobre a sociedade em seu conjunto por uma unidade adicional de poluição.

Custo total médio: custo total dividido pela quantidade total de produto. Também mencionado como custo médio.

Custo total: soma de todos os custos fixos e custos variáveis de produzir determinada quantidade.

Custo variável: custo que depende da quantidade produzida; custo de um insumo variável.

Custo variável médio: custo variável por unidade produzida.

Custos administrativos (de um imposto)**:** os recursos usados para sua coleta, para o método de pagamento e para tentar impedir quaisquer tentativas de evasão.

Custos de menu: custo real de modificar preços listados.

Custos de sola de sapato (da inflação)**:** aumento de custos associados às transações causadas pela inflação.

Custos de transação: custos de negociar e levar a cabo uma transação, que quase sempre impedem um acordo mutuamente benéfico.

Custos de unidade de conta (da inflação)**:** custos que derivam da maneira com que a inflação torna a moeda menos confiável como unidade de medida.

D

Decisão marginal: uma decisão, feita na "margem" de uma atividade, de fazer um pouco mais ou um pouco menos dessa atividade.

Déficit comercial: déficit que resulta quando o valor dos bens e serviços comprados dos estrangeiros é maior que o valor dos bens e serviços vendidos a eles.

Déficit orçamentário: diferença entre receita fiscal e gastos governamentais quando o governo gasta mais que sua receita de impostos; a "despoupança" do governo na forma de déficit orçamentário é uma contribuição negativa à poupança nacional.

Deflação: nível de preços agregado em queda.

Deflação de dívida: redução na demanda agregada decorrente do aumento da carga real da dívida pendente causada pela deflação; ocorre porque os que tomam empréstimo, cuja dívida real aumenta como resultado da deflação, provavelmente cortarão os gastos drasticamente e os credores, cujos ativos reais agora são mais valiosos, têm menor probabilidade de aumentarem os gastos.

Deflator do PIB: uma medida de preços para determinado ano que é igual a 100 vezes a razão entre o PIB nominal e o PIB real naquele ano.

Demanda de elasticidade unitária: o caso em que a elasticidade-preço da demanda é exatamente 1.

Demanda elástica: quando a elasticidade-preço da demanda é maior que 1.

Demanda inelástica: quando a elasticidade-preço da demanda é menor que 1.

Demanda inelástica em relação à renda: quando a elasticidade-renda da demanda por um bem é positiva, mas menor que 1.

Demanda perfeitamente elástica: o caso em que qualquer aumento de preço fará a quantidade demandada cair a zero; a curva de demanda é uma linha horizontal.

Demanda perfeitamente inelástica: o caso em que a quantidade demandada não responde a preços; a curva de demanda é uma linha vertical.

Depósito bancário: pleito dirigido a um banco que o obriga a entregar ao depositante seu dinheiro quando solicitado.

Depósitos bancários à vista: contas bancárias que podem ser acessadas por meio de cheques, cartões de débito e pagamentos digitais.

Depreciação: queda no valor de uma moeda em relação às demais.

Desemprego: o número de pessoas ativamente à procura de emprego, mas que não estão empregadas no momento.

Desemprego cíclico: diferença entre a taxa de desemprego efetiva e a taxa natural de desemprego devida a desacelerações no ciclo econômico.

Desemprego estrutural: desemprego que ocorre quando há mais pessoas procurando emprego em certo mercado de trabalho do que empregos disponíveis no nível de salários corrente, mesmo quando a economia está no pico do ciclo econômico.

Desemprego friccional: desemprego devido ao tempo que os trabalhadores gastam procurando um emprego.

Desinflação: o processo de redução da inflação que se incorporou às expectativas.

Deslocamento da curva da oferta: mudança na quantidade ofertada a um preço qualquer, representada graficamente pelo movimento da curva de oferta original para uma nova posição, descrita por uma nova curva de oferta.

Deslocamento da curva de demanda: mudança na quantidade demandada a um preço qualquer, representada graficamente pelo movimento da curva de demanda original para uma nova posição, descrita por uma nova curva de demanda.

Deslocamento do investimento privado (*crowding out*): efeito negativo de déficits orçamentários sobre o investimento privado, que ocorre porque o endividamento do governo pressiona para cima as taxas de juros.

Despesa agregada: fluxo total de fundos gastos nos mercados para bens e serviços finais produzidos domesticamente; soma de gastos de consumo, gastos de investimento, compras do governo de bens e serviços e o saldo entre exportações e importações.

Desperdício de recursos: uma forma de ineficiência em que os consumidores desperdiçam recursos quando eles têm de gastar dinheiro e dedicar esforços e tempo para lidar com a escassez causada por um teto de preços.

Desvalorização: redução no valor de uma moeda que está fixada em um regime de taxa de câmbio fixa.

Diagrama de dispersão: um gráfico apresentando pontos que correspondem a observações de fato de duas variáveis x e y; normalmente, uma curva é ajustada aos pontos dispersos para verificar uma tendência nos dados.

Diagrama do fluxo circular: gráfico que representa as transações em uma economia mediante dois tipos de fluxos em torno de um círculo: um fluxo de coisas físicas, tais como bens ou trabalho em uma direção, e um fluxo de dinheiro para pagar por essas coisas físicas na direção oposta.

Diferenciação de produtos: o esforço que as empresas fazem para convencer os compradores de que seus produtos são diferentes daqueles de outras empresas no mesmo setor. Se a empresa consegue convencer os compradores, ela pode cobrar mais caro.

Diferenças compensatórias: diferenças salariais entre cargos devidas ao fato de que alguns cargos são menos agradáveis ou mais perigosos que outros.

Dilema do prisioneiro: jogo baseado em duas premissas: (1) cada jogador tem incentivo para escolher uma ação que beneficie a si mesmo à custa do outro jogador e, assim, (2) ambos os jogadores ficam em situação pior do que se tivessem agido de forma cooperativa.

Direitos de propriedade: direitos que proprietários de itens valiosos têm de dispor deles como desejarem.

Discriminação de preços perfeita: discriminação de preços que acontece quando um monopolista cobra de cada consumidor o máximo que o consumidor está disposto a pagar.

Discriminação de preços: prática de cobrar preços diferentes por um mesmo bem de consumidores diferentes.

Disposição a pagar: o preço máximo que um consumidor está preparado para pagar por um bem.

Distribuição da renda por fatores: divisão da renda total entre trabalho, terra e capital.

Distribuição de renda: em uma economia, a maneira pela qual a renda total é distribuída entre os proprietários dos vários fatores de produção.

Diversificação: investimento em vários ativos diferentes com riscos independentes, não correlacionados entre si, de tal modo que eventuais perdas sejam eventos independentes.

Dívida pública: dívida do governo mantida por indivíduos e instituições fora do governo.

Dólares encadeados: método de calcular o PIB real que divide a diferença entre a taxa de crescimento calculada usando o ano-base anterior e a taxa de crescimento calculada usando um ano-base subsequente.

Domicílio: pessoa ou grupo de pessoas que compartilham renda.

Duopólio: um oligopólio que consiste em apenas duas empresas.

Duopolista: uma de duas empresas em um duopólio.

E

Economia (*Economy*)**:** sistema de coordenação das atividades produtivas de uma sociedade.

Economia aberta: uma economia que comercializa bens e serviços com outros países.

Economia autorregulada: uma economia em que problemas como desemprego são resolvidos sem intervenção governamental, mediante a ação da mão invisível, e na qual tentativas governamentais de melhorar o desempenho da economia seriam na melhor das hipóteses ineficazes e, provavelmente, até contraproducentes.

Economia de mercado: uma economia em que as decisões sobre produção e consumo são feitas por produtores e consumidores individuais.

Economia keynesiana: escola de pensamento que emergiu dos trabalhos de John Maynard Keynes; de acordo com a análise econômica keynesiana, uma economia deprimida é resultado de gasto inadequado e a intervenção do governo pode ajudar uma economia deprimida mediante política monetária e política fiscal.

Economia normativa: ramo da análise econômica em que são feitas prescrições sobre a forma de funcionamento da economia.

Economia positiva: ramo da análise econômica que descreve como a economia de fato funciona.

Efeito Fisher: princípio segundo o qual o aumento na inflação futura esperada pressiona para cima a taxa de juros nominal, deixando sem alteração a taxa de juros real esperada.

Efeito renda: mudança na quantidade consumida de um bem que resulta da mudança no poder de compra do consumidor devida à mudança no preço do bem.

Efeito riqueza de uma mudança no nível agregado de preços: efeito sobre o gasto do consumidor causado pela mudança no poder de compra dos ativos do consumidor quando muda o nível de preços agregado. Um aumento no nível de preços agregado diminui o poder de compra dos ativos do consumidor, de modo que reduz seu consumo; uma queda no nível de preços agregado aumenta o poder de compra dos ativos do consumidor, de modo que aumenta seu consumo.

Efeito substituição: mudança na quantidade consumida de um bem quando o consumidor compra o bem que ficou mais barato em lugar daquele que ficou relativamente mais caro.

Efeito taxa de juros de uma mudança no nível agregado de preços: efeito sobre os gastos de consumo e gastos de investimento causado por uma mudança no poder de compra da moeda mantida pelos consumidores quando o nível de preços agregado muda. Um aumento (diminuição) no nível de preços agregado diminui (aumenta) o poder de compra da moeda mantida pelos consumidores. Em resposta, os consumidores tentam aumentar (diminuir) a quantidade de moeda que eles mantêm, o que pressiona para cima (para baixo) a taxa de juros, diminuindo (aumentando) assim o consumo e o investimento.

Eficiente: descreve um mercado ou uma economia que aproveita todas as oportunidades de melhorar a situação de algumas pessoas sem piorar a de outras.

Eixo *x*: a linha horizontal de números em um gráfico, ao longo da qual são medidos os valores da variável x. Também denominada eixo horizontal (ou abscissa).

Eixo *y*: a linha vertical de números em um gráfico, ao longo da qual são medidos os valores da variável y. Também denominada eixo vertical (ou ordenada).

Eixo horizontal: a linha horizontal de números de um gráfico na qual são medidos os valores da variável x. Também chamada de eixo x e abscissa.

Eixo vertical: a linha vertical de números em um gráfico, ao longo da qual são medidos os valores da variável y. Também referida como o eixo y e ordenada.

Elasticidade-preço cruzada da demanda: medida do efeito da mudança de preço de um bem sobre a quantidade demandada de outro; é igual à mudança percentual na quantidade demandada de um bem dividida pela mudança percentual no preço de outro bem.

Elasticidade-preço da demanda: razão entre a mudança percentual na quantidade demandada e a mudança percentual no preço quando nos movemos ao longo da curva de demanda.

Elasticidade-preço da oferta: medida da sensibilidade da quantidade ofertada de um bem ao preço desse bem; razão entre a mudança percentual na quantidade ofertada e a mudança percentual no preço quando nos movemos ao longo da curva de oferta.

Elasticidade-renda da demanda: variação percentual da quantidade demandada de um bem quando a renda do consumidor muda, dividida pela variação percentual da renda do consumidor.

Emprego: número de pessoas correntemente empregadas com remuneração na economia, em tempo integral ou em tempo parcial.

Empresa: organização que produz bens e serviços para venda.

Empréstimo: acordo entre um credor individual e um tomador de empréstimo individual. Empréstimos são normalmente realizados de acordo com as necessidades do tomador individual e sua capacidade de pagar, mas apresentam custos de transação relativamente altos.

Empréstimos *subprime* (empréstimos de alto risco): empréstimos para a compra de imóveis residenciais concedidos a pessoas que não preenchem os critérios de qualificação para sua obtenção.

Entrada líquida de capital: entrada total de fundos em um país menos a saída total de fundos desse país.

Equidade: justiça; cada um recebe sua justa parcela. Visto que os indivíduos podem discordar sobre o que é "justo", a equidade não é um conceito tão bem definido como eficiência.

Equilíbrio: condição econômica em que nenhum indivíduo poderia melhorar sua situação fazendo algo diferente.

Equilíbrio de lucro zero: um equilíbrio econômico em que cada empresa tem lucro zero em sua quantidade de produto que maximiza o lucro; resultado de longo prazo de um setor monopolisticamente competitivo.

Equilíbrio de mercado no curto prazo: o equilíbrio econômico que resulta quando a quantidade ofertada é igual à quantidade demandada, considerando o número de produtores como dado.

Equilíbrio de mercado no longo prazo: equilíbrio econômico em que, dado tempo suficiente para produtores entrarem ou saírem da indústria, a quantidade ofertada iguala a quantidade demandada.

Equilíbrio de Nash: em teoria dos jogos, equilíbrio que resulta quando todos os jogadores escolhem a ação que maximizará seus ganhos, dadas as estratégias dos outros jogadores, ignorando o efeito de tal estratégia sobre os ganhos obtidos pelos outros jogadores. Também conhecido como equilíbrio não cooperativo.

Equilíbrio macroeconômico de curto prazo: ponto em que a quantidade de produto agregado ofertada é igual à quantidade demandada.

Equilíbrio macroeconômico de longo prazo: ponto em que o equilíbrio macroeconômico de curto prazo está também sobre a curva de oferta agregada de longo prazo; assim, o produto agregado de equilíbrio de curto prazo é igual ao produto potencial.

Equilíbrio não cooperativo: em teoria dos jogos, o equilíbrio que resulta quando todos os jogadores escolhem a ação que maximizará seus ganhos dadas as ações dos outros jogadores, ignorando o efeito dessa ação sobre os ganhos dos outros jogadores. Também conhecido como equilíbrio de Nash.

Equilíbrio renda-despesa: situação em que o produto agregado medido pelo PIB real é igual à despesa agregada planejada e as empresas não têm incentivo para mudar a quantidade produzida.

Escambo: comércio na forma da troca direta de bens ou serviços por outros bens ou serviços que as pessoas desejam.

Escassez: insuficiência de um bem ou serviço que ocorre quando a quantidade demandada excede a quantidade ofertada; há escassez quando o preço está abaixo do preço de equilíbrio.

Escasso: de oferta limitada; um recurso é escasso quando a quantidade disponível não é suficiente para satisfazer todos os usos que a sociedade quer fazer dele.

Escolha individual: decisão de um indivíduo sobre que fazer, que necessariamente envolve decisão sobre o que não fazer.

Especialização: circunstância em que cada pessoa se dedica à tarefa que consegue executar melhor.

Espiral de dívida: situação em que os juros na dívida pública tornam essa dívida ainda mais alta.

Estabilidade de preços: situação em que o nível geral do custo de vida ou muda muito devagar ou não muda.

Estabilizadores automáticos: gastos públicos e regras fiscais que fazem a política fiscal ser automaticamente expansionista quando a economia está se contraindo e automaticamente contracionista quando a economia se expande, sem exigir qualquer ação deliberada dos responsáveis pela política econômica. Impostos que dependem da renda disponível são o exemplo mais importante de estabilizadores automáticos.

Estado de bem-estar (políticas de bem-estar social): conjunto de programas governamentais destinado a aliviar as privações econômicas.

Estado do mundo: um evento futuro possível.

Estagflação: combinação de inflação com produto agregado declinante.

Estagnação secular: estado em que a taxa de juros que seria necessária para se alcançar o pleno emprego está consistentemente próxima de zero. Os proponentes dessa ideia, conhecidos como *estagnacionistas seculares*, defendem uma política fiscal ativa e uma política monetária não convencional.

Estímulo fiscal: política fiscal expansionista que tem a forma de ações de gasto temporárias e cortes de impostos temporários.

Estoques: quantidade de bens e matérias-primas mantida para facilitar as operações comerciais.

Estratégia dominante: em teoria dos jogos, uma estratégia que seja a melhor possível do jogador, não importa o que faça o oponente.

Estrutura tributária: especifica a forma em que um tributo depende da base tributária; normalmente, é expressa em termos percentuais.

Eventos independentes: circunstância na qual a ocorrência de um evento não afeta a probabilidade de ocorrência de qualquer outro.

Excedente: excesso de um bem ou serviço que ocorre quando a quantidade ofertada é maior que a quantidade demandada; excedentes ocorrem quando o preço cobrado está acima do preço de equilíbrio.

Excedente do consumidor: termo usado com frequência para designar tanto o excedente do consumidor individual quanto o excedente total dos consumidores.

Excedente do consumidor individual: ganho líquido de um comprador individual que decorre da compra de um bem; igual à diferença entre a disposição a pagar do comprador e o preço pago.

Excedente do consumidor total: soma dos excedentes do consumidor de todos os compradores de um bem em um mercado.

Excedente do produtor: termo frequentemente usado em referência tanto ao excedente do produtor individual quanto ao excedente total dos produtores.

Excedente do produtor individual: ganho líquido de um vendedor individual proveniente da venda de um bem, igual à diferença entre o preço recebido e o custo do vendedor.

Excedente do produtor total: soma dos excedentes do produtor de todos os vendedores de um bem em um mercado.

Excedente total: ganho líquido total para consumidores e produtores por comercializarem em um mercado; soma do excedente do produtor e do excedente do consumidor.

Excesso de uso: o esgotamento de um recurso comum que ocorre quando indivíduos ignoram o fato de que seu uso esgota a quantidade que resta para os outros.

Excluível: quando se refere a um bem, descreve o caso em que o fornecedor pode impedir seu consumo por quem não pagar.

Expansão: período de crescimento econômico em que a produção e o emprego estão subindo; a maioria das cifras econômicas segue sua tendência ascendente normal. Também chamada de recuperação econômica.

Expectativas racionais: teoria da formação de expectativas que diz que os indivíduos e as empresas tomam decisões ótimas (otimizam decisões) usando toda a informação disponível.

Exportações: bens e serviços vendidos a outros países.

Exportações líquidas: diferença entre o valor das exportações e o valor das importações. Um valor positivo das exportações líquidas indica que o país é exportador líquido de bens e serviços; um valor negativo indica que o país é importador líquido de bens e serviços.

Externalidade de rede: o aumento no valor de um bem para um indivíduo é maior quando grande número de outras pessoas possui ou usa o mesmo bem.

Externalidades: benefícios e custos externos.

Externalidades negativas: custos externos.

Externalidades positivas: benefícios externos.

F

Falácia do custo irrecuperável: crença equivocada de que um custo irrecuperável representa custo de oportunidade.

Falha de mercado: o ponto em que a busca individual de interesse próprio encontrada nos mercados torna a sociedade pior – ou seja, o resultado para o mercado é ineficiente.

Fatores de produção: os recursos usados para produzir bens e serviços.

***Feedback* positivo:** em termos simples, o sucesso gera sucesso, o fracasso gera fracasso; esse efeito se verifica com bens sujeitos a externalidades de rede.

Financiamento do governo: quantidade de fundos que os governos federal, estaduais e municipais tomam emprestado nos mercados financeiros.

Fontes de energia limpa: fontes de energia que não emitem gases do efeito estufa. Fontes de energia renováveis também são fontes de energia limpa.

Fontes renováveis de energia: fontes de energia, como solar e eólica, que não se esgotam, diferentemente das fontes fósseis de combustível, que são recursos esgotáveis.

Força de trabalho: soma de emprego e desemprego – isto é, o número de pessoas que estão atualmente empregadas ou estão desempregadas e procurando trabalho ativamente.

Formação de *pool*: uma forma de forte diversificação em que o investidor individual tem pequena participação no risco em muitos eventos independentes, de modo que o ganho tem baixo grau total de risco.

Franquia (dedutível)**:** montante especificado na apólice de seguro que o próprio segurado tem de pagar antes de ser indenizado por uma perda; os dedutíveis reduzem o risco moral.

Fronteira de possibilidades de produção: modelo que ilustra os *trade-offs* com que se defronta uma economia produzindo apenas dois bens. Mostra a quantidade máxima de um bem que pode ser produzida para qualquer quantidade dada do outro bem.

Função consumo: equação que mostra como os gastos de consumo de um domicílio individual variam com a sua renda disponível corrente.

Função de consumo agregado: a relação para o conjunto da economia entre a renda disponível efetiva agregada e o gasto de consumo agregado.

Função de produção: relação entre a quantidade de insumos que a empresa usa e a quantidade que ela produz.

Função de produção agregada: função hipotética que descreve como a produtividade (PIB real por trabalhador) depende das quantidades de capital físico por trabalhador e capital humano por trabalhador, bem como do estado da tecnologia.

Função de utilidade (de um indivíduo)**:** utilidade total gerada pelo pacote de consumo de um indivíduo.

Fundo de pensão: tipo de fundo mútuo que mantém ativos a fim de proporcionar renda de aposentadoria a seus membros.

Fundo mútuo: intermediário financeiro que cria uma carteira de ações ao comprar e manter ações de empresas e em seguida revende as ações dessa carteira a investidores individuais.

G

Ganhos com o comércio: ganhos obtidos com divisão de tarefas e negociação; desse modo, as pessoas podem obter mais daquilo que querem por meio do comércio do que poderiam se cada uma tentasse ser autossuficiente.

Gases de efeito estufa: emissões de gases que mantêm o calor preso na atmosfera terrestre.

Gasto agregado planejado: montante total do gasto planejado na economia; inclui gasto de consumo e gasto de investimento planejado.

Gasto efetivo de investimento: soma do gasto planejado de investimento com o não planejado em estoques.

Gasto de investimento: gasto em capital físico produtivo, como maquinário e construção de prédios, bem como em mudanças nos estoques.

Gasto planejado de investimento: gasto de investimento que as empresas pretendem realizar durante determinado período. O gasto planejado de investimento pode divergir do gasto de investimento que de fato ocorre, em razão do investimento não planejado em estoques.

Gastos de consumo: gastos dos domicílios em bens e serviços produzidos por empresas locais e estrangeiras.

Globalização: o fenômeno das interligações econômicas crescentes entre países.

Gráfico de barras: gráfico que usa barras de diferentes alturas ou comprimentos para mostrar os tamanhos relativos de diferentes observações de uma variável.

Gráfico de pizza: gráfico circular que mostra como algum total se divide entre seus componentes, geralmente expressos em porcentagens do total.

Gráfico de série temporal: gráfico de duas variáveis em que os valores do eixo horizontal são datas e os do eixo vertical são os valores de uma variável que ocorrem naquelas datas.

Grande Moderação: o período, entre 1985 e 2007, em que a economia norte-americana teve pouca flutuação e baixa inflação.

Guerra comercial: ocorre quando países tentam deliberadamente impor pânico aos seus parceiros comerciais, como forma de extrair concessões políticas.

Guerra de preços: colapso dos preços quando uma colusão tácita é rompida.

Guichê de redesconto: proteção contra corridas aos bancos, em que o banco central está pronto a emprestar moeda aos bancos em dificuldades.

H

Hiato de produto: diferença percentual entre o nível de fato do produto agregado real e o produto potencial.

Hiato de recessão: lacuna que existe quando o produto agregado está abaixo do produto potencial.

Hiato inflacionário: ocorre quando o produto agregado está acima do produto potencial.

Hiperglobalização: fenômeno que consiste em níveis extremamente altos de comércio internacional.

Hipótese da convergência: princípio da teoria do crescimento econômico que sustenta que as diferenças internacionais de PIB real *per capita* tendem a diminuir ao longo do tempo, porque os países com renda *per capita* mais baixa geralmente apresentam taxas de crescimento mais elevadas.

Hipótese da taxa natural: a hipótese de que, sendo a inflação em algum momento incorporada às expectativas, a taxa de desemprego tem de ser mantida estável em torno da taxa natural para evitar a aceleração da inflação ao longo do tempo.

Hipótese dos mercados eficientes: um princípio de determinação do preço dos ativos que sustenta que os preços dos ativos incorporam toda a informação disponível para o público. Essa hipótese implica que os preços das ações são impossíveis de prever ou seguem um passeio aleatório, pois mudanças só ocorreriam em resposta a informações novas a respeito dos fundamentos da economia.

I

Ilíquido: refere-se a um ativo que não pode ser rapidamente convertido em dinheiro com perda de valor relativamente pequena.

Importações: bens e serviços comprados de outros países.

Imposto de renda (da pessoa física)**:** imposto sobre a renda recebida por um indivíduo ou uma família.

Imposto de renda negativo: programa de governo que suplementa a renda das famílias trabalhadoras de baixa renda.

Imposto de soma fixa: um imposto que é o mesmo para todos, independentemente de quaisquer ações que as pessoas executem.

Imposto inflacionário: redução no valor da moeda mantida pelo público, causada pela inflação.

Imposto progressivo: imposto que cobra mais dos contribuintes de alta renda do que dos contribuintes de baixa renda.

Imposto proporcional: imposto que cobra o mesmo percentual da base tributária independentemente da renda ou riqueza do contribuinte.

Imposto regressivo: imposto que cobra menos dos contribuintes de alta renda do que dos de baixa renda.

Imposto seletivo: imposto sobre as vendas de um bem ou serviço.

Imposto sobre a folha salarial: imposto sobre o montante de salário que um empregador paga ao empregado.

Imposto sobre a propriedade: imposto sobre o valor da propriedade – por exemplo, o valor de uma casa.

Imposto sobre emissões: imposto que depende da quantidade de poluição que uma empresa produz.

Imposto sobre fortuna: imposto cobrado sobre a riqueza de um indivíduo.

Imposto sobre o lucro: imposto sobre os lucros de uma empresa.

Imposto sobre a venda: imposto sobre o valor dos bens vendidos.

Impostos pigouvianos: taxas destinadas a reduzir os custos impostos sobre a sociedade por uma externalidade negativa.

Inadimplência: risco de que o emissor de um título deixe de fazer os pagamentos especificados pelo contrato relativo ao título.

Incentivo: recompensa oferecida às pessoas a fim de modificar seu comportamento.

Incentivos: formulação da escolha do *status quo* com a intenção de levar pessoas a escolhas mais racionais quando elas são propensas a viés do *status quo*.

Incidência (de um imposto): medida de quem de fato suporta a carga de um imposto.

Inclinação: medida de quanto uma curva é íngreme. A inclinação de uma linha é medida pela razão entre a variação de um ponto a outro no eixo vertical *y* e a variação entre os dois pontos correspondentes no eixo horizontal *x*.

Índice de preços: mede o custo de comprar determinada cesta de mercado em dado ano, sendo o custo normalizado de tal modo que seja igual a 100 no ano-base escolhido; uma medida do nível geral de preços.

Índice de Preços ao Consumidor (IPC): uma medida de preços; calculado monitorando-se o preço de mercado de uma cesta de bens que visa a representar o consumo de uma família urbana típica. O IPC é em geral a medida de preços mais comumente usada nos Estados Unidos.

Índice de preços ao produtor (IPP): medida do custo de uma cesta de bens e serviços típica comprada pelos produtores. Dado que os preços de *commodities* respondem rapidamente a mudanças na demanda, o IPP é muitas vezes considerado como indicador antecedente de mudança na taxa de inflação.

Indústria perfeitamente competitiva: indústria em que todas as empresas são tomadoras de preços.

Indústrias concorrentes à importação: setores que produzem bens ou serviços que também são importados.

Indústrias exportadoras: indústrias ou setores que produzem bens ou serviços para venda no exterior.

Ineficiente: descreve um mercado ou uma economia em que há oportunidades perdidas de melhorar a situação de alguns indivíduos sem piorar a de outros.

Inflação: nível de preços agregado em elevação.

Informação privilegiada: informação que algumas pessoas têm e outras não.

Infraestrutura: capital físico, tal como rodovias, linhas de transmissão elétrica, portos, redes de informação e outras áreas de uma economia, que fornece a base para a atividade econômica.

Instituições de poupança e empréstimo: bancos de depósitos dos Estados Unidos, normalmente especializados em empréstimos para a compra de residências.

Insumo: um bem ou serviço usado para produzir outro bem ou serviço.

Insumo fixo: insumo cuja quantidade é fixa por certo tempo e que não pode variar (por exemplo, terreno).

Insumo variável: insumo cuja quantidade a empresa pode fazer variar a qualquer momento (por exemplo, mão de obra).

Intensidade de fator: medida para determinar qual fator é usado em quantidades relativamente maiores do que outros fatores na produção. Por exemplo, o refino de petróleo é intensivo em capital comparado com a produção de bancos de automóveis, porque o refino de petróleo tem uma razão capital-trabalho mais alta que a produção de bancos.

Interação (das escolhas)**:** minhas escolhas afetam suas escolhas e vice-versa; uma característica da maioria das situações econômicas. Os resultados dessa interação geralmente são muito diferentes do que os indivíduos esperam.

Intercepto horizontal: o ponto em que uma curva cruza o eixo horizontal, mostrando o valor da variável *x* quando o valor da variável *y* é zero.

Intercepto vertical: o ponto em que uma curva cruza o eixo vertical, mostrando o valor da variável *y* quando o valor da variável *x* é zero.

Interdependência: relação entre empresas quando suas decisões afetam significativamente os lucros umas das outras; característica dos oligopólios.

Intermediário financeiro: instituição, como fundos mútuos, fundos de pensão, companhias de seguro de vida ou bancos, que transforma em ativos financeiros os fundos que ela coleta de muitos indivíduos.

Internalizar a externalidade: levar em conta custos externos e benefícios externos.

Intervenção no mercado de câmbio: compras ou vendas governamentais de moeda no mercado cambial.

Investimento em estoques: valor da mudança no total dos estoques mantido na economia em dado período. Diferentemente de outros tipos de gastos de investimento, o investimento em estoques pode ser negativo, quando os estoques diminuem.

Investimento não planejado em estoques: mudanças não planejadas nos estoques que ocorrem quando as vendas efetivas são maiores ou menores do que as vendas esperadas.

Irracional: descreve o indivíduo que toma uma decisão e escolhe a opção que o deixa em situação pior do que se tivesse escolhido outra opção disponível.

L

Lazer: tempo disponível para outras finalidades além de ganhar dinheiro para comprar bens comercializados.

Lei da demanda: princípio pelo qual um preço mais alto cobrado por um bem ou serviço, tudo o mais mantido constante, leva as pessoas a demandarem menor quantidade do mesmo bem ou serviço.

Lei de Okun: relação negativa entre o hiato de produto e a taxa de desemprego, segundo a qual cada ponto percentual adicional de um hiato de produto reduz a taxa de desemprego em cerca de meio ponto percentual.

Licença: direito, conferido pelo governo ou por um proprietário, de suprir um bem.

Licenças comercializáveis de emissões: licenças para emitir quantidades limitadas de poluentes que podem ser compradas e vendidas pelos poluidores.

Liderança de preço: padrão de comportamento em que uma empresa fixa seu preço e as demais empresas no setor acompanham.

Limite da cota: quantidade total que pode ser legalmente transacionada de um bem para o qual haja cota ou que esteja sob controle de quantidade.

Limite inferior zero para taxa de juros: afirmação do fato de que a taxa de juros não pode cair abaixo de zero sem causar problemas significativos.

Linha de orçamento: todas as diferentes combinações de consumo disponíveis para um consumidor, supondo que ele gaste o total da sua renda.

Linha de pobreza: renda mínima abaixo da qual uma família é oficialmente considerada pobre.

Linha do orçamento da alocação do tempo: o possível *trade-off*, para um indivíduo, entre o consumo de lazer e a renda que permita o consumo de bens comercializados.

Líquido: refere-se a um ativo que pode ser transformado rapidamente em dinheiro com relativamente pouca perda de valor.

Livre comércio: ocorre em uma economia quando o governo não tenta reduzir nem aumentar os níveis de exportação e importação que ocorrem naturalmente, como resultado da oferta e da demanda.

Livre entrada e saída: descreve um setor em que produtores potenciais podem entrar facilmente e produtores existentes podem sair também com facilidade.

Longo prazo: período de tempo em que todos os insumos podem variar.

Lucro contábil: receita de uma empresa menos os custos explícitos.

Lucro econômico: receita de um negócio menos custo de oportunidade dos recursos usados; normalmente, é menor do que o lucro contábil.

M

Macroeconomia: ramo da ciência econômica que trata da expansão e da retração da economia em geral.

Mão invisível: expressão usada por Adam Smith para descrever a maneira pela qual a busca pessoal de vantagem pode levar, sem que seja essa a intenção dos indivíduos, a bons resultados para a sociedade como um todo.

Mapa das curvas de indiferença: coleção de curvas de indiferença para certo indivíduo que representa a função de utilidade total desse indivíduo; cada curva corresponde a um nível diferente de utilidade total.

Matriz de *payoff*: em teoria dos jogos, diagrama que mostra como, em um jogo de dois participantes, os *payoffs* de cada um dependem das ações de ambos; um instrumento para analisar a interdependência.

Máximo: o ponto mais alto de uma curva não linear, em que a inclinação passa de positiva para negativa.

Meio de troca: um ativo que os indivíduos adquirem com a finalidade de trocá-lo por bens e serviços e não para seu próprio consumo.

Mercado de câmbio: mercado em que se transacionam moedas.

Mercado competitivo: mercado em que há muitos compradores e vendedores do mesmo bem ou serviço, nenhum dos quais conseguindo influenciar o preço pelo qual o bem ou serviço é vendido.

Mercado de fundos para empréstimo: mercado hipotético que reúne aqueles que querem emprestar dinheiro (poupadores) e aqueles que querem tomar emprestado (empresas com projetos de gastos de investimento).

Mercado global de fundos para empréstimo: situação em que os fluxos internacionais de capital são tão grandes que igualam as taxas de juros entre os países.

Mercado interbancário: mercado financeiro no qual os bancos que não têm o suficiente para cobrir reservas compulsórias podem tomar emprestado fundos dos bancos com reservas excedentes.

Mercado negro: mercado em que bens ou serviços são vendidos e comprados ilegalmente, seja porque é completamente ilegal vendê-los, seja porque se cobram preços além de um teto fixado por lei.

Mercado perfeitamente competitivo: mercado em que todos os participantes são tomadores de preço.

Mercados de bens e serviços: mercados em que empresas vendem aos domicílios os bens e serviços que produzem.

Mercados de fatores: mercados em que empresas compram os recursos de que necessitam para produzirem bens e serviços.

Mercados financeiros: os mercados bancário, de ações e de títulos, que canalizam poupança privada e empréstimos do exterior para os gastos de investimento, tomada de empréstimos pelo governo e empréstimos ao exterior.

Meta para a taxa de juros do mercado interbancário: é a meta da taxa de juros que um banco central procura alcançar. Em geral, o banco central ajusta a oferta de moeda mediante compra e venda de letras do Tesouro, até que a taxa efetiva seja igual à taxa almejada.

Metas de inflação: abordagem de política monetária que exige que o banco central procure manter a taxa de inflação perto de uma meta predeterminada.

Método do ponto médio: técnica para calcular variações percentuais em que as mudanças na variável são comparadas com a média ou ponto médio entre o valor inicial e o valor final.

Microeconomia: ramo da economia que estuda como os indivíduos tomam decisões e como essas decisões interagem.

Mínimo: o ponto mais baixo em uma curva não linear, no qual a inclinação passa de negativa para positiva.

Modelo: representação simplificada de uma situação da vida real, usada para compreendê-la melhor.

Modelo *AD-AS*: modelo básico usado para entender as flutuações no produto agregado e no nível de preços agregado. Usa conjuntamente a curva de oferta agregada e a curva de demanda agregada para analisar o comportamento da economia em resposta a choques ou a políticas governamentais.

Modelo clássico do nível de preços: um modelo financeiro simplificado do nível de preços em que a quantidade real de moeda, M/P, está sempre em seu nível de equilíbrio de longo prazo. Esse modelo ignora a distinção entre curto prazo e longo prazo, mas é útil para analisar casos de inflação elevada.

Modelo da taxa de juros segundo a preferência por liquidez: um modelo do mercado de moeda em que a taxa de juros é determinada por oferta e demanda de moeda.

Modelo de expectativas racionais: um modelo da economia em que as mudanças esperadas na política monetária não têm efeito sobre o desemprego e o produto, só afetando o nível de preços.

Modelo de oferta e demanda: modelo que descreve como se comporta um mercado competitivo.

Modelo do salário de eficiência: modelo em que alguns empregadores pagam salários superiores ao salário de equilíbrio como incentivo para um desempenho melhor.

Modelo Heckscher-Ohlin: modelo de comércio internacional em que um país tem vantagem comparativa em um bem cuja produção é intensiva nos fatores disponíveis em abundância nesse país.

Modelo ricardiano de comércio internacional: modelo que analisa o comércio internacional com a pressuposição de que os custos de oportunidade são constantes.

Moeda: qualquer ativo que pode ser usado facilmente para a compra de bens e serviços.

Moeda em circulação: dinheiro vivo mantido pelo público.

Moeda fiduciária (moeda *fiat*): meio de troca que deriva seu valor inteiramente da sua condição como meio de pagamento.

Moeda garantida por mercadoria: meio de troca que não tem valor intrínseco, mas é garantido por promessa de que pode ser convertido em bens de valor conforme seja solicitado.

Moeda-mercadoria: meio de troca que é um bem, normalmente ouro ou prata, que tem valor intrínseco em outros usos.

Monetarismo: teoria dos ciclos econômicos, originalmente associada a Milton Friedman, segundo a qual o PIB crescerá constantemente se a oferta de moeda crescer constantemente.

Monopólio: setor industrial controlado por um monopolista.

Monopólio natural: um monopólio que surge quando retornos crescentes à escala proporcionam vantagem de custos muito grande se uma única empresa concentra o total da produção.

Monopolista: empresa que é o único produtor de um bem sem substitutos próximos.

Monopolista de preço único: monopolista que oferece seu produto pelo mesmo preço a todos os consumidores.

Monopsônio: mercado em que existe apenas um comprador, mas muitos vendedores de um bem.

Monopsonista: empresa que é a única compradora em um mercado.

Movimento ao longo da curva de demanda: mudança na quantidade demandada de um bem que resulta de mudança no preço desse bem.

Movimento ao longo da curva de oferta: mudança na quantidade ofertada de um bem que resulta de mudança no preço desse bem.

Mudança autônoma no gasto agregado: aumento ou queda inicial no gasto agregado em dado nível de PIB real.

Mudança climática: mudança causada pelo homem no clima da Terra, a partir do acúmulo de gases do efeito estufa resultantes do uso de combustíveis fósseis.

Multiplicador: razão entre uma eventual mudança no PIB real causada por mudança autônoma no gasto agregado e o tamanho dessa mudança autônoma.

Multiplicador da moeda: razão entre oferta de moeda e base monetária.

N

Não excluível: referido a um bem, descreve o caso em que o fornecedor não pode impedir o consumo do bem por quem não paga.

Não rival no consumo: referido a um bem, descreve o caso em que a mesma unidade do bem pode ser consumida por mais de uma pessoa ao mesmo tempo.

Neutralidade monetária: o conceito de que mudanças na oferta de moeda não têm efeito real sobre a economia no longo prazo e resultam apenas em mudança proporcional no nível de preços.

Neutro quanto ao risco: descreve os indivíduos que são completamente insensíveis ao risco.

Nível agregado de preços de equilíbrio de curto prazo: nível de preços agregado no equilíbrio macroeconômico de curto prazo.

Nível de preços agregado: número único que representa o nível geral de preços para bens e serviços finais na economia.

Nomes de marca: nome de propriedade de uma empresa específica que distingue os seus produtos dos de outras empresas.

Normas ambientais: regras estabelecidas por um governo para proteger o meio ambiente, especificando ações a serem executadas por produtores e consumidores.

Nova economia keynesiana: teoria que argumenta que imperfeições de mercado podem causar rigidez de preços no conjunto da economia.

Nova macroeconomia clássica: abordagem do ciclo econômico que retorna à visão clássica, segundo a qual deslocamentos na curva de demanda agregada afetam apenas o nível de preços agregado e não o produto agregado.

O

Oferta de moeda: valor total dos ativos financeiros na economia que são considerados moeda.

Oferta perfeitamente elástica: caso em que mesmo um pequeno aumento ou diminuição no preço ocasiona grandes mudanças na quantidade ofertada, de modo que a elasticidade-preço da oferta é infinita; a curva de oferta perfeitamente elástica é uma linha horizontal.

Oferta perfeitamente inelástica: caso em que a elasticidade-preço da oferta é zero, de modo que mudanças no preço não têm efeito sobre a quantidade ofertada; a curva de oferta perfeitamente inelástica é uma linha vertical.

Olho por olho: em teoria dos jogos, estratégia em que os jogadores começam cooperando e depois cada jogador repete a ação que o outro realizou no período anterior.

Oligopólio: setor que tem somente um pequeno número de produtores.

Oligopolista: empresa em determinada indústria que tem apenas um pequeno número de produtores.

Operação de mercado aberto: compra ou venda de letras do Tesouro pelo banco central do país, normalmente por meio de transações com um banco comercial.

Organização Mundial do Comércio (OMC): organização internacional de países-membros que supervisiona acordos de comércio internacional e julga disputas relativas a esses acordos.

P

Pacote de consumo (de uma pessoa)**:** combinação de todos os bens e serviços consumidos por determinado indivíduo.

Pacote de consumo ótimo: combinação de consumo que maximiza a utilidade total do consumidor, dada a restrição orçamentária desse consumidor.

Paridade do poder de compra (entre as moedas de dois países)**:** taxa de câmbio nominal pela qual certa cesta de bens e serviços custaria o mesmo em ambos os países.

Participação de mercado: a fração do produto total da indústria que corresponde ao produto de determinado produtor.

Passeio aleatório: movimento de uma variável imprevisível ao longo do tempo.

Passivo: compromisso legal de pagar renda no futuro.

Passivos implícitos: promessas de gasto feitas por governos que são como uma dívida, embora não se incluam nas estatísticas normais de dívida. Nos Estados Unidos, o maior passivo implícito surge da Previdência Social e do programa Medicare, que prometem pagamento de transferências a aposentados atuais e futuros (Previdência Social) e aos idosos (Medicare).

Patente: monopólio temporário concedido pelo governo a um inventor para o uso ou a venda de sua invenção.

***Payoff*:** em teoria dos jogos, a recompensa recebida por um participante do jogo (por exemplo, os lucros ganhos por um oligopolista).

Peneiramento (*screening*): uso da informação observável para fazer inferências sobre informação privilegiada; uma maneira de reduzir a seleção adversa.

Peso morto: perda no excedente total que ocorre sempre que uma ação ou política reduz a quantidade transacionada para menos do que a quantidade de equilíbrio do mercado eficiente.

Pesquisa e Desenvolvimento (P&D): gasto para criar novas tecnologias e prepará-las para o uso prático.

PIB de equilíbrio renda-despesa: nível de PIB real em que este é igual ao gasto agregado planejado.

PIB nominal: valor de todos os bens e serviços finais produzidos em uma economia durante determinado ano, calculado usando os preços correntes no ano em que a produção ocorreu.

PIB *per capita*: PIB dividido pelo tamanho da população; equivalente ao PIB médio por pessoa.

PIB real: valor de todos os bens e serviços finais produzidos na economia durante determinado ano, calculado usando os preços de um ano-base escolhido.

Pico do ciclo econômico: ponto mais alto do ciclo; momento no tempo em que a economia passa da expansão à recessão.

Piso de preços: preço mínimo que os compradores precisam pagar por um bem ou serviço; uma forma de controle de preços.

Poder de mercado: a capacidade de uma empresa de aumentar seus preços.

Política antitruste: esforços legislativos e regulatórios do governo para evitar que indústrias oligopolistas se tornem monopólios ou comportem-se como tal.

Política de austeridade: uma política que tenta limitar os empréstimos feitos pelo governo, cortando gastos e elevando impostos.

Política de estabilização: esforços de política econômica realizados a fim de reduzir a severidade de recessões e controlar expansões excessivamente rápidas. Há dois instrumentos principais de política de estabilização: política monetária e política fiscal.

Política fiscal: mudanças no gasto público e na tributação destinadas a afetar o gasto em seu conjunto.

Política fiscal contracionista: política fiscal que reduz a demanda agregada reduzindo as compras governamentais, aumentando impostos ou reduzindo transferências.

Política fiscal discricionária: política fiscal que é resultado direto de ações deliberadas dos responsáveis pela política econômica, não de regras ou ajustes automáticos.

Política fiscal expansionista: política fiscal que aumenta a demanda agregada expandindo compras governamentais, reduzindo impostos ou aumentando transferências.

Política monetária: mudanças na quantidade de moeda em circulação destinadas a alterar a taxa de juros e afetar o nível do gasto total.

Política monetária contracionista: política monetária que, pelo aumento da taxa de juros, reduz a demanda agregada e, portanto, o produto.

Política monetária discricionária: ações de política monetária – sejam mudanças na taxa de juros ou na oferta de moeda – empreendidas pelo banco central com base no seu julgamento do estado da economia.

Política monetária expansionista: política monetária que, pela redução da taxa de juros, aumenta a demanda agregada e por conseguinte o produto.

Positivamente correlacionados: descreve uma relação entre eventos na qual cada evento tem mais probabilidade de ocorrer se o outro também ocorre.

Possibilidades de consumo: conjunto de todos os pacotes ou cestas de consumo disponíveis para o consumidor, dada a renda desse consumidor e os preços que prevalecem.

Poupança nacional: soma da poupança privada e do saldo do orçamento público (balanço orçamentário do governo); a quantidade total de poupança gerada dentro da economia.

Preço de demanda: o preço de certa quantidade pelo qual os consumidores demandarão essa quantidade.

Preço de equilíbrio: preço em que o mercado encontra-se em equilíbrio, isto é, a quantidade demandada de um bem ou serviço é igual à quantidade ofertada; também mencionado como preço que equilibra o mercado.

Preço de fechamento: preço em que uma empresa deixa de produzir no curto prazo porque o preço de mercado caiu abaixo do custo variável médio mínimo.

Preço de oferta: preço de determinada quantidade pelo qual os produtores ofertarão tal quantidade.

Preço mundial: preço pelo qual um bem pode ser comprado e vendido no exterior.

Preço que equilibra o mercado: preço em que o mercado está em equilíbrio, isto é, a quantidade demandada de um bem ou serviço é igual à quantidade ofertada; também mencionado como preço de equilíbrio.

Preço que iguala receita e custo: preço de mercado pelo qual a empresa tem lucro zero.

Preço relativo: razão entre o preço de um bem e o preço de outro.

Prêmio: pagamento a uma companhia de seguros em troca da promessa de pagamento de um sinistro caso aconteçam certas condições.

Pressuposto de tudo o mais constante: no desenvolvimento de um modelo, a pressuposição de que todos os outros fatores relevantes permanecem inalterados.

Previsão: uma simples predição do futuro.

Princípio da capacidade de pagar: princípio de justiça tributária segundo o qual quem tem maior capacidade de pagar imposto deve pagar um imposto mais elevado.

Princípio da tomada de decisões "ou-ou então": princípio segundo o qual, em uma decisão "ou-ou então" entre duas atividades, deve ser escolhida aquela que traga lucro econômico positivo.

Princípio da utilidade marginal decrescente: proposição de que cada unidade sucessiva de um bem ou serviço consumida adiciona menos utilidade total que a unidade anterior.

Princípio do acelerador: proposição de que uma taxa de crescimento mais elevada do PIB real gera maiores gastos de investimento planejado, e uma taxa de crescimento mais baixa do PIB real produz gasto de investimento planejado mais baixo.

Princípio dos benefícios: princípio de justiça tributária segundo o qual deve-se impor a quem se beneficia de um gasto público a carga do imposto que pague esse gasto.

Princípio de maximização do lucro da análise marginal: proposição de que, em uma decisão quantitativa de maximização de lucro, a quantidade ótima de uma atividade é a maior quantidade com benefício marginal maior ou igual ao custo marginal.

Princípio de maximização da utilidade da análise marginal: o princípio de que a utilidade marginal por unidade de moeda gasta tem de ser a mesma para todos os bens e serviços no pacote de consumo ótimo.

Problema das caronas: problema que ocorre quando indivíduos que não têm incentivo para pagar pelo próprio consumo de um bem "pegam carona" com qualquer um que pague; trata-se de um problema relativo a bens não excluíveis.

Produtividade: produto por trabalhador; forma abreviada de se referir à *produtividade do trabalho*.

Produtividade do trabalho: produção por trabalhador; também referido simplesmente como produtividade. Aumentos na produtividade do trabalho são a única fonte do crescimento econômico de longo prazo.

Produtividade total de fator: quantidade que pode ser produzida com dada quantidade de insumos do fator.

Produto agregado: quantidade total de bens e serviços finais que a economia produz durante determinado período, normalmente um ano. O PIB real é a medida numérica do produto agregado tipicamente usada pelos economistas.

Produto agregado de equilíbrio de curto prazo: quantidade de produto agregado produzida no equilíbrio macroeconômico de curto prazo.

Produto de custo mínimo: quantidade de produto em que o custo total médio é o mais baixo, ou seja, o fundo da curva de custo total médio de forma em U.

Produto Interno Bruto (PIB): valor total de todos os bens e serviços produzidos em uma economia durante determinado período, normalmente um ano.

Produto marginal: montante em que aumenta a quantidade produzida quando se usa uma unidade a mais de certo insumo.

Produto padronizado: produto de diferentes produtores tido pelo consumidor como um mesmo bem; também chamado de *commodity*.

Produto potencial: nível de PIB real que a economia produziria se todos os preços, inclusive salários nominais, fossem plenamente flexíveis.

Produtor tomador de preço: um produtor cujas ações não têm efeito sobre o preço de mercado do bem ou serviço vendido.

Programa antipobreza: programa governamental destinado a ajudar os pobres.

Programa de previdência social: programa governamental destinado a prover proteção contra dificuldades financeiras imprevisíveis.

Progresso tecnológico: avanço nos meios técnicos de produção de bens e serviços.

Propensão marginal ao consumo (*marginal propensity to consume – MPC*): aumento nos gastos de consumo quando a renda disponível aumenta em uma unidade monetária. Como os consumidores normalmente gastam uma parte mas não toda a sua renda disponível adicional, a *MPC* se situa entre 0 e 1.

Propensão marginal a poupar (*marginal propensity to save – MPS*): a fração de uma unidade adicional da renda disponível que é poupada; a *MPS* é igual a 1 – *MPC*.

Propriedade pública: quando bens são fornecidos pelo governo ou por uma agência do governo para proteger os interesses do consumidor em resposta a um monopólio natural.

Proteção: políticas que limitam importações; termo alternativo para proteção comercial.

Proteção comercial: políticas que limitam importações; também conhecida como proteção.

Q

Qualidade elevada por ineficiência: uma forma de ineficiência em que vendedores oferecem produtos de alta qualidade a preço elevado, embora os compradores prefiram qualidade menor a preço mais baixo; com frequência, resultado de um piso para preços.

Quantidade de equilíbrio: a quantidade de um bem comprada e vendida ao preço de equilíbrio (ou preço de ajustamento do mercado).

Quantidade demandada: a quantidade efetiva de um bem ou serviço que os consumidores dispõem-se a comprar por algum preço específico.

Quantidade ofertada: a quantidade efetiva de um bem ou serviço que os vendedores dispõem-se a vender por um preço específico.

Quantidade ótima: nível de atividade que gera o máximo possível de ganho total líquido.

Quantidade socialmente ótima de poluição: quantidade de poluição que a sociedade escolheria se todos os custos e benefícios da poluição fossem plenamente contabilizados.

Quase-moeda: um ativo financeiro que não pode ser usado diretamente como meio de troca, mas que pode ser rapidamente convertido em dinheiro vivo ou depósito em conta-corrente.

R

Racional: descreve um tomador de decisão que escolhe entre as opções disponíveis aquela que leve ao resultado que ele prefere.

Racionalidade limitada: base para tomada de decisões que fica próxima, mas não é exatamente aquela que leva ao melhor resultado econômico; método de decisão que adota o critério de ser "bom o suficiente" para tomar uma decisão.

Razão dívida/PIB: dívida pública como proporção do PIB, frequentemente usada como indicador da capacidade de um governo para pagar suas dívidas.

Receita marginal: variação na receita total recebida pela empresa por vender uma unidade adicional de produto.

Receita total: valor total das vendas de um bem ou serviço (preço do bem multiplicado pela quantidade vendida).

Recessão: período de declínio da economia, quando a produção e o emprego estão caindo; também denominada retração.

Recompensas não monetárias: benefícios ou lucros que não são de natureza financeira; exemplos são maior tempo para lazer e experiências de bem-estar.

Recuperação sem emprego: período em que a taxa de crescimento do PIB é positiva, mas a taxa de desemprego continua a subir.

Recurso: qualquer coisa que possa ser usada para produzir outra coisa: abrange recursos naturais (do meio ambiente físico) e recursos humanos (trabalho, habilidade, inteligência).

Recurso comum: recurso que é não excluível nem rival no consumo.

Regime cambial: regra que determina a política econômica de um país em relação à taxa de câmbio.

Regra da alocação de tempo ótima: princípio segundo o qual um indivíduo deve alocar tempo de tal modo que a utilidade marginal obtida com a renda ganha de uma hora adicional trabalhada seja igual à utilidade marginal de uma hora adicional de lazer.

Regra de política monetária: uma fórmula que determina as ações do banco central.

Regra de Taylor para a política monetária: regra para determinar a taxa de juros do mercado interbancário (ou taxa básica de juros) que leva em conta tanto o nível da taxa de inflação quanto o hiato de produto ou a taxa de desemprego.

Regra de emprego ótimo do produtor tomador de preço: o lucro do produtor tomador de preço é maximizado pelo emprego de cada fator de produção até o nível em que o valor do produto marginal seja igual ao preço do fator.

Regra de produção ótima: princípio pelo qual o lucro é maximizado quando se produz a quantidade em que a receita marginal da última unidade produzida é igual ao seu custo marginal.

Regra de produção ótima da empresa tomadora de preços: princípio segundo o qual o lucro de uma empresa tomadora de preço é maximizado ao produzir a quantidade em que o custo marginal da última unidade produzida seja igual ao seu preço de mercado.

Regra do preço relativo: no pacote de consumo ótimo, a taxa marginal de substituição de um bem por outro é igual a seus preços relativos.

Regra dos 70: fórmula matemática segundo a qual o tempo que o PIB real *per capita* (ou qualquer outra variável com crescimento gradual no tempo) leva para dobrar seu valor é aproximadamente 70 dividido pela taxa de crescimento anual dessa variável.

Regulação de preços: limita o preço que um monopolista tem permissão de cobrar.

Relação causal: relação entre duas variáveis em que o valor assumido por uma variável influencia ou determina diretamente o valor assumido pela outra.

Relação linear: relação entre duas variáveis em que a inclinação é constante e que, por conseguinte, é representada em um gráfico por uma curva em forma de linha reta.

Relação não linear: relação entre duas variáveis em que a inclinação não é constante e por isso é representada em um gráfico por uma curva que não é uma linha reta.

Relação negativa: relação entre duas variáveis em que o aumento no valor de uma delas é associado com um decréscimo no valor da outra. É descrita por uma curva com inclinação descendente da esquerda para a direita.

Relação positiva: relação entre duas variáveis em que um aumento no valor de uma delas é associado com o aumento no valor da outra. É ilustrada por uma curva que tem inclinação ascendente da esquerda para direita.

Renda da cota: diferença entre o preço de demanda e o preço de oferta no limite da cota; essa diferença, o ganho que é obtido por quem tem a licença para a cota, é igual ao preço de mercado da licença quando tais licenças são comercializadas.

Renda familiar média: renda média do total dos domicílios.

Renda familiar mediana: a renda do domicílio que fica exatamente no meio da distribuição de renda.

Renda real: renda dividida pelo nível de preços.

Reputação: prestígio de longo prazo junto ao público que serve para assegurar às pessoas que alguma informação privilegiada não esteja sendo escondida; é um ativo valioso quando se trata de enfrentar a seleção adversa.

Reserva de valor: ativo que representa uma maneira de manter poder de compra ao longo do tempo.

Reservas bancárias: moeda mantida pelos bancos em seus cofres mais seus depósitos no banco central.

Reservas cambiais: estoques de moeda estrangeira mantida por governos a fim de comprarem sua própria moeda no mercado de câmbio.

Reservas compulsórias: regras do banco central que determinam a taxa de reserva mínima de um banco. Para depósitos em conta-corrente nos Estados Unidos, a reserva mínima obrigatória é de 10%.

Reservas excedentes: reservas bancárias acima do exigido por lei ou regulamentação.

Restrição orçamentária: limitação pela qual o custo de uma cesta de consumo do consumidor não pode exceder a renda total desse consumidor.

Retornos constantes à escala: o custo total médio de longo prazo permanece constante à medida que a produção aumenta.

Retornos crescentes à escala: o custo total médio de longo prazo declina à medida que aumenta a quantidade produzida (também mencionados como economias de escala).

Retornos decrescentes à escala: o custo médio total de longo prazo aumenta à medida que aumenta o produto (também conhecidos como deseconomia de escala).

Retornos decrescentes ao capital físico: em uma função de produção agregada, quando mantidos fixos a quantidade de capital humano por trabalhador e o estado da tecnologia, cada aumento adicional na quantidade de capital físico por trabalhador leva a um aumento menor na produtividade.

Retornos decrescentes de um insumo: efeito observado de que, quando aumenta a quantidade de um insumo, mantidos fixos todos os demais, o produto marginal daquele insumo declina.

Riqueza (de um domicílio)**:** valor das economias acumuladas.

Risco: incerteza sobre resultados futuros.

Risco financeiro: incerteza sobre resultados futuros que envolvam perdas e ganhos financeiros.

Risco moral (ou risco comportamental)**:** situação que pode ocorrer quando um indivíduo sabe mais sobre as implicações de suas próprias ações do que as outras pessoas. Leva a uma distorção dos incentivos para tomar cuidados ou para fazer esforço, sobretudo quando o custo de não tomar cuidado ou de não fazer esforço é incorrido pelos outros.

Rival no consumo: quando se refere a um bem, significa que uma unidade desse bem não pode ser consumida por mais de uma pessoa ao mesmo tempo.

S

Salário-mínimo: piso legal para o nível de salários, que é o preço de mercado da mão de obra.

Salário nominal: o montante em moeda pago como salário.

Salário real: salário dividido pelo nível de preços.

Salários de eficiência: salários que empregadores estabelecem acima do salário de equilíbrio como incentivo para melhor desempenho.

Salários rígidos: salários nominais que só diminuem lentamente diante de desemprego elevado e só aumentam lentamente mesmo quando há escassez de mão de obra.

Saldo orçamentário: diferença entre receita fiscal e gasto do governo. Um saldo positivo é chamado superávit orçamentário; um saldo negativo é déficit orçamentário.

Saldo orçamentário ajustado segundo o ciclo econômico: estimativa do que seria o saldo orçamentário se o PIB real fosse exatamente igual ao produto potencial. Ver também **balanço orçamentário ciclicamente ajustado**.

Securitização: formação de um *pool* de empréstimos e hipotecas por uma instituição financeira, que então vende ações (participações) desse *pool* a outros investidores.

Seguro de depósito: garantia de que os depositantes em um banco serão pagos, mesmo que o banco chegue ao ponto de não ter os fundos para pagar, até um máximo por conta bancária.

Seguro-saúde privado: programa em que cada membro de um grande grupo de indivíduos paga certa soma fixa a uma companhia privada que concorda em pagar a maioria dos gastos médicos dos membros do grupo.

Seguro social: programas governamentais como previdência social, assistência médica, seguro-desemprego, cesta básica e outros, que buscam proteger as famílias contra a adversidade econômica.

Seleção adversa: o que se dá quando uma pessoa sabe mais que as outras sobre como são as coisas. Problemas de seleção adversa podem gerar problemas de mercado: informação privada leva compradores a esperar problemas ocultos em itens oferecidos em liquidações, o que provoca preços baixos, fazendo os melhores itens ficarem fora do mercado.

Sinal econômico: qualquer informação que ajude as pessoas a tomar decisões econômicas melhores.

Sinalização: tomar medidas para estabelecer credibilidade a despeito de ter informação privilegiada; uma forma de reduzir a seleção adversa.

Sindicatos: organizações de trabalhadores que levam a cabo negociações coletivas para elevar salários e melhorar as condições de trabalho de seus membros.

Sistema de pagador único: sistema de saúde em que o governo é o principal pagador das contas médicas, com recursos dos impostos.

***Shadow banking*:** atividades realizadas por uma instituição financeira que não recebe depósitos, como banco de investimentos e fundos *hedge*, e que não possui supervisão e proteção dos bancos convencionais.

Subemprego: conjunto das pessoas que trabalham em tempo parcial porque não conseguem encontrar emprego de tempo integral.

Subsídio pigouviano: pagamento destinado a encorajar atividades que gerem benefícios externos.

Substitutos: pares de bens em situação na qual um aumento no preço de um deles provoca aumento na demanda pelo outro.

Substitutos perfeitos: bens cujas curvas de indiferença são linhas retas; a taxa marginal de substituição de um bem no lugar de outro é constante, não importa qual seja a quantidade consumida de cada um dos bens.

Superávit comercial: excedente que resulta quando o valor dos bens e serviços comprados de estrangeiros é menor que o valor dos bens e serviços vendidos a eles.

Superávit orçamentário: diferença entre receita fiscal e gastos governamentais quando a receita de impostos excede o gasto público; a poupança do governo na forma de superávit orçamentário é uma contribuição positiva à poupança nacional.

T

Tabela de demanda: lista ou tabela mostrando a quantidade de um bem que os consumidores estariam dispostos a comprar por diferentes preços.

Tabela de oferta: lista ou tabela mostrando quanto de um bem ou serviço os produtores ofertarão por diferentes preços.

Tangente: linha reta que toca uma curva não linear em determinado ponto; a inclinação da tangente é igual à inclinação da curva não linear nesse ponto.

Tarifa: imposto cobrado sobre importações.

Taxa de arrendamento: custo, implícito ou explícito, de usar uma unidade de terra ou de capital por determinado período.

Taxa de câmbio: preço pelo qual as moedas são negociadas, determinado no mercado cambial.

Taxa de câmbio de equilíbrio: taxa de câmbio pela qual a quantidade de moeda demandada no mercado cambial é igual à quantidade ofertada.

Taxa de câmbio fixa: regime cambial em que o governo mantém o valor da taxa de câmbio em relação a alguma outra moeda em certa meta ou perto dela.

Taxa de câmbio flutuante: regime cambial em que o governo deixa a taxa de câmbio mover-se para onde as forças do mercado a levem.

Taxa de câmbio real: a taxa de câmbio ajustada pelas diferenças internacionais nos níveis de preços agregados.

Taxa de desemprego: porcentagem do número total de pessoas na força de trabalho que estão desempregadas. Calcula-se como taxa de desemprego = desemprego / (desemprego + emprego).

Taxa de desemprego com inflação estável (*nonaccelerating inflation rate of unemployment* – NAIRU): taxa de desemprego que a inflação não muda ao longo do tempo, tudo o mais mantido constante.

Taxa de impostos: quantidade de imposto que as pessoas têm de pagar por unidade do que esteja sendo tributado.

Taxa de inflação: variação percentual por ano no índice de preços, tipicamente o índice de preços ao consumidor. A taxa de inflação é positiva quando o nível de preços agregado está subindo (inflação) e negativa quando o nível de preços cai (deflação).

Taxa de inflação esperada: a taxa de inflação que empresas e trabalhadores esperam para o futuro próximo.

Taxa de juros: preço cobrado pelos credores aos devedores, calculado como uma percentagem sobre o total do empréstimo tomado.

Taxa de juros de curto prazo: a taxa de juros sobre ativos financeiros que têm maturidade em prazo inferior a um ano.

Taxa de juros de equilíbrio: situação da taxa de juros em que a quantidade de fundos para empréstimo fornecida é igual à quantidade de fundos para empréstimo demandada.

Taxa de juros de longo prazo: a taxa de juros sobre ativos financeiros que têm maturidade no prazo de alguns anos no futuro.

Taxa de juros nominal: taxa de juros em termos da moeda.

Taxa de juros real: taxa de juros nominal menos a taxa de inflação.

Taxa de participação na força de trabalho: porcentagem da população com 16 anos ou mais que está na força de trabalho.

Taxa de pobreza: porcentagem da população que vive abaixo da linha de pobreza.

Taxa de redesconto: a taxa de juros que o banco central cobra por emprestar aos bancos que precisam completar reservas compulsórias.

Taxa marginal de imposto: porcentagem de um acréscimo na renda que tem de ser paga como imposto.

Taxa marginal de substituição (*MRS*): razão entre a utilidade marginal de um bem e a utilidade marginal de outro; a *MRS* entre um bem R e um bem M é igual a MU_R/MU_M, a razão entre a utilidade marginal de R e a utilidade marginal de M.

Taxa marginal de substituição decrescente: princípio segundo o qual, quanto mais de um bem seja consumido em proporção a outro, tanto menos do segundo bem o consumidor estará disposto a trocar por mais uma unidade do primeiro bem; quanto mais R uma pessoa consome em relação ao bem M, menos M ela estará disposta a substituir por outra unidade de R.

Taxa natural de desemprego: taxa de desemprego normal em torno da qual flutua a taxa de desemprego que de fato ocorre; taxa de desemprego que surge dos efeitos do desemprego friccional e do desemprego estrutural.

Tecnologia: meios técnicos para a produção de bens e serviços.

Teorema de Coase: proposição de que, mesmo na presença de externalidades, uma economia pode sempre alcançar uma solução eficiente desde que os custos de transação sejam suficientemente baixos.

Teoria da distribuição de renda segundo a produtividade marginal: proposição de que cada fator de produção é remunerado segundo seu valor de equilíbrio do produto marginal.

Teoria do ciclo econômico real: teoria do ciclo econômico que afirma que as flutuações na taxa de crescimento da produtividade total de fator são a causa do ciclo econômico.

Teoria dos jogos: estudo do comportamento em situações de interdependência. Usada para explicar o comportamento de um oligopólio.

Terceirização internacional (*offshore outsourcing*)**:** prática das empresas que empregam pessoas em outro país para executarem diversas tarefas.

Teto de preços: preço máximo que os vendedores têm permissão para cobrar por um bem ou serviço; uma forma de controle de preços.

Títulos lastreados por empréstimos: ativos criados pela formação de um *pool* de empréstimos individuais e pela venda de ações desse *pool*.

Trabalhadores desalentados: pessoas com capacidade de trabalho que declararam aos pesquisadores do governo que não procuram emprego agora porque acham que não há perspectiva de achar trabalho, dada a situação do mercado.

Trabalhadores desocupados: pessoas que não estão trabalhando e dizem que gostariam de um emprego e procuraram por um no passado recente, mas que atualmente não estão procurando emprego.

***Trade-off*:** comparação entre custos e benefícios de fazer algo.

***Trade-off* entre equidade e eficiência**: dinâmica segundo a qual um sistema tributário bem formulado só pode ficar mais eficiente ao se tornar menos justo (equitativo), e vice-versa.

Transbordamento tecnológico (propagação tecnológica): benefício externo que se dá quando o conhecimento se difunde entre indivíduos e empresas.

Transferências governamentais: pagamentos do governo a indivíduos ou famílias, sem fornecimento de bem ou serviço como contrapartida.

Tratado Norte-Americano de Livre Comércio (*North American Free Trade Agreement* – NAFTA): acordo de comércio entre os Estados Unidos, o Canadá e o México. Revisado em 2018 para *United States-Mexico-Canada Agreement* (USMCA).

Truncado: cortado; em um eixo truncado, uma parte do intervalo de valores é omitida, normalmente para economizar espaço.

U

União Europeia: união aduaneira entre 27 nações da Europa.

Unidade de conta: medida usada para fixar preços e fazer cálculos econômicos.

USMCA (*United States-Mexico-Canada Agreement*): acordo comercial revisado entre Estados Unidos, México e Canadá, que substitui o NAFTA.

Util: unidade de utilidade.

Utilidade (de um consumidor)**:** medida da satisfação derivada do consumo de bens e serviços.

Utilidade esperada: valor esperado de utilidade total, dada a incerteza sobre resultados futuros.

Utilidade marginal: mudança na utilidade total provocada pelo consumo de uma unidade adicional de bem ou serviço.

Utilidade marginal por unidade de moeda: a utilidade adicional ganha por gastar-se $ 1 adicional em um bem ou serviço.

V

Vale do ciclo econômico: ponto mais baixo do ciclo; momento no tempo em que a economia passa da recessão à expansão.

Valor absoluto: valor de um número sem que se considere o sinal positivo ou negativo.

Valor agregado (de um produtor)**:** o valor das vendas de um produtor menos o valor de suas compras de bens e serviços intermediários.

Valor da curva do produto marginal: representação gráfica mostrando como o valor do produto marginal de um fator depende da quantidade empregada do fator.

Valor de equilíbrio do produto marginal: valor adicional produzido pela última unidade de um fator empregada no conjunto do mercado de fatores.

Valor do produto marginal: valor do produto extra produzido por uma unidade adicional de um fator qualquer, como a mão de obra.

Valor esperado: com referência a uma variável aleatória, é a média ponderada de todos os valores possíveis, em que as ponderações sobre cada valor possível correspondem à probabilidade de ocorrência daquele valor.

Valor presente (de *X*): quantia necessária no presente momento para receber *X* em uma data futura, dada a taxa de juros especificada.

Valorização: aumento no valor de uma moeda que é determinado em um regime de taxa de câmbio fixa.

Vantagem absoluta: a vantagem que um país tem na produção de um bem ou serviço se o país puder produzir mais por trabalhador do que outros países. Da mesma forma, um indivíduo tem vantagem absoluta na produção de um bem ou serviço se ele for melhor na sua produção do que outras pessoas. Ter vantagem absoluta não é a mesma coisa que ter vantagem comparativa.

Vantagem comparativa: vantagem que um país tem na produção de um bem ou serviço se seu custo de oportunidade na produção do bem ou serviço for menor que o custo de outros países. De modo semelhante, um indivíduo tem vantagem comparativa na produção de um bem ou serviço se seu custo de oportunidade na produção do bem ou serviço for menor do que o de outras pessoas.

Variável: quantidade que pode assumir mais que um valor.

Variável aleatória: uma variável com valor futuro incerto.

Variável dependente: a variável que é determinada em uma relação causal.

Variável independente: a variável determinante em uma relação causal.

Variável omitida: variável não observada que, por sua influência sobre outras variáveis, cria a aparência errônea de uma relação causal direta entre essas outras variáveis.

Velocidade da moeda: razão entre o PIB nominal e a oferta de moeda.

Viés de enquadramento: tendência de tomar decisões com base no modo como as escolhas são apresentadas e não na comparação dos seus verdadeiros valores.

Viés de *status quo*: tendência de evitar tomar uma decisão e permanecer no *status quo*.

Soluções para as questões de "Teste seu entendimento"

Esta seção oferece sugestões de respostas para as questões de "Teste seu entendimento" de cada capítulo.

Capítulo 1

Teste seu entendimento 1.1

1. **a.** Isso ilustra o conceito de custo de oportunidade. Dado que há um máximo para o que alguém pode comer em uma única refeição, comer uma fatia adicional de bolo de chocolate implica deixar de comer alguma outra coisa, como uma fatia de torta de creme de coco.

   b. Isso ilustra o conceito de que recursos são escassos. Mesmo que existissem mais recursos no mundo, a quantidade total seria limitada. Em consequência, ainda assim haveria escassez. Para que não houvesse escassez, seria necessário que existisse uma quantidade ilimitada de tudo (inclusive tempo ilimitado na vida humana), o que é claramente impossível.

   c. Isso ilustra o conceito de que as pessoas normalmente exploram as possibilidades de melhorar sua situação. Estudantes procuram melhorar de situação matriculando-se para receber orientação com os auxiliares de ensino de melhor reputação e evitando aqueles que tenham reputação de não serem bons professores. Isso também ilustra o conceito de que os recursos são escassos. Se existisse espaço ilimitado nas aulas dos professores de melhor reputação, elas não teriam as vagas esgotadas.

   d. Isso ilustra o conceito de análise marginal. Sua decisão de alocação do tempo é uma decisão de "quanto": quanto tempo gastar na ginástica *versus* quanto tempo passar estudando. A decisão é tomada comparando-se o benefício de uma hora adicional de exercício físico com seu custo, o efeito sobre suas notas de uma hora menos de estudo.

2. **a.** Sim. O aumento de tempo gasto na viagem é um custo que você terá se aceitar o novo emprego. Esse tempo adicional em viagem – ou, de forma equivalente, o benefício que você teria se gastasse esse tempo fazendo outra coisa – é um custo de oportunidade do novo emprego.

   b. Sim. Um dos benefícios do novo emprego é que você estará ganhando \$ 50.000. Mas, se você aceitar o novo emprego, terá de sacrificar seu emprego atual, isto é, deixará de ganhar seu atual salário de \$ 45.000. Assim, \$ 45.000 é um custo de oportunidade de aceitar o novo emprego.

   c. Não. Um escritório maior é benefício adicional do seu novo emprego e não implica renunciar a alguma outra coisa. Portanto, não é um custo de oportunidade.

Teste seu entendimento 1.2

1. **a.** Isso ilustra o conceito de que há ganhos no comércio. Estudantes negociam o serviço de monitor com base nas suas diferentes competências acadêmicas.

   b. Isso ilustra o conceito de que, quando os mercados não alcançam eficiência, a intervenção do governo pode melhorar o bem-estar social. Nesse caso, o mercado, deixado a si mesmo, permitirá que bares e boates imponham um custo a seus vizinhos na forma de música alta, custos que bares e boates não têm incentivo para levar em conta. Esse é um resultado ineficiente porque a sociedade como um todo poderá ficar melhor se bares e boates forem obrigados a reduzir seu ruído.

   c. Isso ilustra o conceito de que os recursos devem ser usados da maneira mais eficiente para atingir os objetivos da sociedade. Fechando-se clínicas de bairro e sendo os fundos transferidos para o hospital central, melhor assistência médica poderá ser oferecida a custo mais baixo.

   d. Isso ilustra o conceito de que os mercados se movem em direção ao equilíbrio. Aqui, dado que livros com grau similar de desgaste são vendidos aproximadamente pelo mesmo preço, nenhum comprador ou vendedor pode ficar melhor fazendo uma transação diferente daquela que realizou. Isso significa que o mercado de livros-texto usados se moveu para o equilíbrio.

2. **a.** Isso não descreve uma situação de equilíbrio. Muitos estudantes desejariam mudar seu comportamento e passar a comer em restaurantes. Uma situação de equilíbrio será estabelecida quando a situação dos estudantes for igualmente boa comendo em restaurantes ou no refeitório da faculdade – o que aconteceria se, digamos, os preços do refeitório fossem mais altos que os dos restaurantes.

   b. Essa é uma situação de equilíbrio. Ao mudar de comportamento usando o ônibus, sua situação não melhoraria. Portanto, você não tem incentivo para mudar seu comportamento.

Teste seu entendimento 1.3

1. **a.** Isso ilustra o princípio de que aumentos no potencial da economia geram crescimento econômico com o passar do tempo. Painéis solares mais baratos reduzirão o custo da energia, aumentando o potencial da economia e o crescimento econômico. Os fabricantes de painéis solares se sairão melhor, mas as empresas que produzem energia concorrente serão prejudicadas.

   b. Isso ilustra o princípio de que o gasto total às vezes fica desalinhado com a capacidade produtiva da economia; quando isso acontece, a política pública pode mudar os gastos. O corte de impostos aumentaria a renda pós-imposto das pessoas, levando a maior gasto de consumo.

   c. Isso ilustra o princípio de que o gasto de uma pessoa é a renda de outra pessoa. Quando as companhias de petróleo diminuem seu gasto com mão de obra demitindo trabalhadores e pagando salários mais baixos aos que permanecem na empresa, a renda desses trabalhadores diminui. Por sua vez, esses trabalhadores diminuem seus gastos de consumo, causando perda de renda para restaurantes e outros vendedores.

Capítulo 2

Teste seu entendimento 2.1

1. a. Falso. Um aumento de recursos disponíveis para usar na produção de jatos grandes e jatos pequenos muda sua fronteira das possibilidades de produção, deslocando-a para fora. Isso porque a Boeing pode agora produzir mais jatos grandes e pequenos que antes. Na figura a seguir, a linha indicada como "*PPF* original da Boeing" é a fronteira das possibilidades de produção original, e a linha indicada como "Nova *PPF* da Boeing" representa a fronteira das possibilidades de produção decorrente de um aumento dos recursos disponíveis para a Boeing.

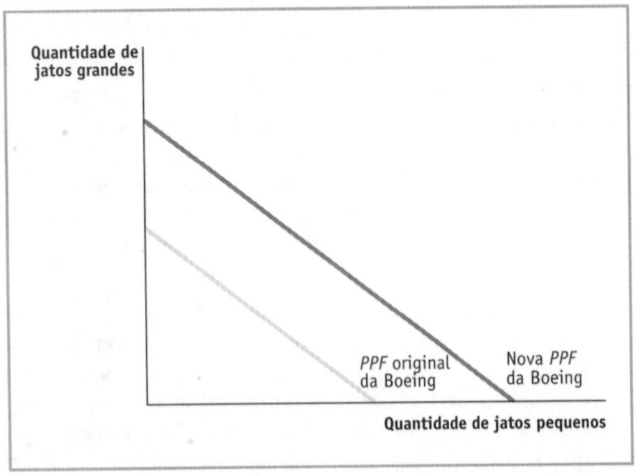

b. Verdade. Uma mudança tecnológica que permite à Boeing construir mais jatos pequenos para qualquer quantidade de jatos grandes resulta em uma mudança na sua fronteira das possibilidades de produção. Isso se ilustra na figura: a nova fronteira das possibilidades de produção está indicada por "Nova *PPF* da Boeing" e a fronteira das possibilidades de produção original por "*PPF* original da Boeing". Como a quantidade máxima de jatos grandes que a Boeing pode produzir é a mesma de antes, a nova fronteira intercepta o eixo vertical no mesmo ponto que a fronteira original. Mas, como a quantidade máxima de jatos pequenos agora é maior que antes, a nova fronteira intercepta o eixo horizontal à direita da fronteira original.

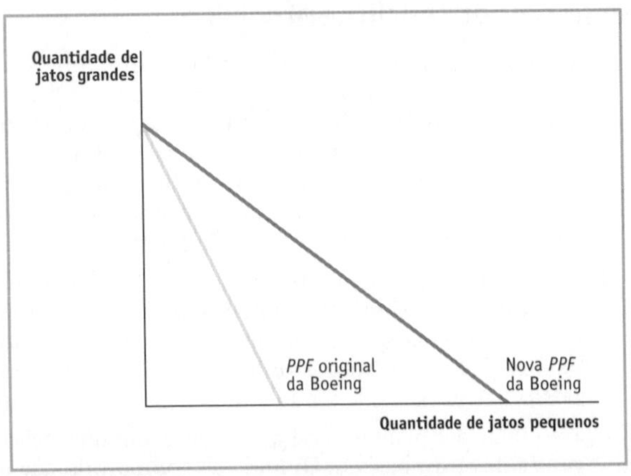

c. Falso. A fronteira das possibilidades de produção ilustra a quanto de um bem uma economia precisa renunciar para ter mais de outro bem somente quando os recursos são usados eficientemente na produção. Em uma economia que produz ineficientemente – isto é, no interior da fronteira –, não há necessidade de sacrificar uma unidade de um bem a fim de obter uma unidade de outro. Em vez disso, ao tornar-se mais eficiente na produção, essa economia pode ter mais de ambos os bens.

2. a. Os Estados Unidos têm vantagem absoluta na produção de automóveis porque são necessários menos norte-americanos (6) para produzir um carro em um dia do que italianos (8). Os Estados Unidos têm também vantagem absoluta em máquinas de lavar roupa porque são necessários menos norte-americanos (2) para produzir uma máquina de lavar em um dia do que italianos (3).

b. Na Itália, o custo de oportunidade de uma máquina de lavar roupa em relação a um automóvel é 3/8: três oitavos de um carro podem ser produzidos com o mesmo número de trabalhadores e no mesmo tempo necessários para produzir uma máquina de lavar roupa. Nos Estados Unidos, o custo de oportunidade de uma máquina de lavar roupa em relação a um automóvel é 2/6 = 1/3: um terço de um carro pode ser produzido com o mesmo número de trabalhadores e no mesmo tempo que uma máquina de lavar roupa. Como 1/3 < 3/8, os EUA têm vantagem comparativa na produção de máquinas de lavar roupa: para produzir uma máquina de lavar, é necessário sacrificar somente 1/3 de um carro nos Estados Unidos, mas 3/8 de um carro têm de ser sacrificados na Itália. Isso significa que a Itália tem vantagem comparativa em automóveis e isso pode ser verificado da seguinte maneira: o custo de oportunidade de um automóvel em relação a uma máquina de lavar na Itália é 8/3 = 2 2/3: 2 2/3 de máquinas de lavar podem ser produzidas no tempo que leva para produzir um carro na Itália. E o custo de oportunidade de um automóvel em termos de uma máquina de lavar nos Estados Unidos é 6/2 = 3: três máquinas de lavar podem ser produzidas no tempo que leva para produzir um carro nos Estados Unidos. Como 2 2/3 < 3, a Itália tem vantagem comparativa na produção de automóveis.

c. Os maiores ganhos são obtidos quando cada país se especializa em produzir o bem para o qual tem vantagem comparativa. Por isso, os Estados Unidos deveriam se especializar em máquinas de lavar e a Itália, em automóveis.

3. Trocando 10 jatos grandes dos Estados Unidos por 15 jatos pequenos do Brasil, o Brasil renuncia a menos por um jato grande do que se o produzisse ele próprio. Sem comércio, o Brasil renuncia a 3 jatos pequenos para cada jato grande que produz. Com comércio, o Brasil renuncia a apenas 1,5 jato pequeno para cada jato grande que obtém dos Estados Unidos. Do mesmo modo, os EUA têm de renunciar a menos em troca de um jato pequeno do que teriam de renunciar se produzissem internamente os jatos pequenos. Sem comércio, os Estados Unidos renunciam a 3/4 de um jato grande para cada jato pequeno. Com comércio, renunciam a apenas 2/3 de um jato grande para cada jato pequeno que recebem do Brasil.

4. Um aumento na quantidade de moeda gasta pelos domicílios resulta em aumento no fluxo de bens para as famílias. Isso, por sua vez, gera aumento na demanda de fatores de produção pelas empresas. Por conseguinte, ocorre um aumento do número de empregos na economia.

Teste seu entendimento 2.2

1. a. Essa é uma afirmação normativa, porque estipula o que deve ser feito. Além disso, pode não haver uma resposta "correta". Isto é, devem as pessoas ser impedidas de todo comportamento pessoal perigoso se elas gostam desse

comportamento – por exemplo, saltar de paraquedas? Sua resposta vai depender do seu ponto de vista.

b. Essa é uma proposição positiva, porque descreve um fato.

2. a. Verdade. Economistas costumam fazer julgamentos de valor diferentes sobre o desejo de realizar um objetivo social específico. Mas, apesar dessas diferenças de julgamento de valor, eles tendem a concordar que a sociedade, quando decide perseguir determinado objetivo social, deve adotar a política mais eficiente para atingir esse objetivo. Por conseguinte, os economistas provavelmente concordariam em adotar a opção política B.

b. Falso. Divergências entre economistas têm mais probabilidade de surgir porque eles baseiam suas conclusões em modelos diferentes ou porque têm julgamentos de valor diferentes sobre a conveniência da política.

Capítulo 3

Teste seu entendimento 3.1

1. a. A quantidade de guarda-chuvas demandada é mais alta, sob qualquer preço dado, em dia de chuva do que em dia de sol. Esse é um deslocamento para a direita da curva de demanda, pois com qualquer preço dado a quantidade demandada aumenta. Isso implica que qualquer quantidade específica pode agora ser vendida por um preço mais alto.

b. A quantidade demandada de cruzeiros de verão no Caribe aumenta em resposta à redução de preços. Trata-se de um movimento ao longo da curva de demanda para cruzeiros de verão no Caribe.

c. A demanda de rosas aumenta na semana do Dia dos Namorados. É um deslocamento para a direita da curva de demanda.

d. A quantidade demandada de gasolina cai em resposta a um aumento no preço. Esse é um movimento ao longo da curva de demanda.

Teste seu entendimento 3.2

1. a. A quantidade ofertada de imóveis aumenta em resultado de um aumento nos preços. Trata-se de um movimento ao longo da curva de oferta.

b. A quantidade de morangos ofertada é maior com qualquer preço dado. Há um deslocamento da curva de oferta para a direita.

c. A quantidade de trabalho ofertada é mais baixa com qualquer salário. Há deslocamento para a esquerda da curva de oferta, comparada com a curva de oferta durante as férias. Assim, para atrair trabalhadores, as cadeias de lanchonetes precisam oferecer salários mais altos.

d. A quantidade de trabalho ofertada sobe em resposta a um aumento de salários. Trata-se de um movimento ao longo da curva de oferta.

e. A quantidade de cabines ofertada é mais alta sob qualquer preço. Há deslocamento para a direita da curva de oferta.

Teste seu entendimento 3.3

1. a. A curva de oferta se desloca para a direita. No preço de equilíbrio original de um ano antes, a quantidade de uvas ofertada excede a quantidade demandada. Esse é um caso de excedente. O preço das uvas vai cair.

b. A curva de demanda se desloca para a esquerda. No preço de equilíbrio original, a quantidade de quartos de hotel ofertada excede a quantidade demandada. Esse é um caso de excesso de oferta. As diárias de hotel vão cair.

c. A curva de demanda para removedores de neve de segunda mão desloca-se para a direita. No preço de equilíbrio original, a quantidade de removedores de neve demandada excede a quantidade ofertada. Esse é um caso de escassez de oferta. O preço de equilíbrio dos removedores de neve vai aumentar.

Teste seu entendimento 3.4

1. a. Mercado de carros grandes: esse é um deslocamento para a direita na demanda causado por redução no preço de um bem complementar, a gasolina. Em consequência do deslocamento, o preço de equilíbrio dos carros maiores aumentará e a quantidade de equilíbrio dos carros maiores comprados e vendidos também aumentará.

b. Mercado de papel novo feito de estoques reciclados: esse é um deslocamento para a direita na oferta, decorrente da inovação tecnológica. Em consequência desse deslocamento, o preço de equilíbrio do papel novo feito de reciclado cairá e a quantidade de equilíbrio comprada e vendida aumentará.

c. Mercado de filmes em um cinema local: esse é um deslocamento para a esquerda na demanda, causado por queda no preço de um substituto: os filmes sob demanda na TV a cabo. Em consequência desse deslocamento, o preço de equilíbrio das entradas de cinema cairá e o número de equilíbrio de pessoas indo ao cinema também cairá.

2. Depois de ser anunciado o novo *chip*, a curva de demanda de computadores que usam o *chip* antigo se deslocará para a esquerda à medida que a demanda cair, e a curva de oferta para esses computadores se deslocará para a direita à medida que a oferta aumentar.

a. Se a demanda diminui relativamente mais do que aumenta a oferta, a quantidade de equilíbrio cai, como se vê a seguir:

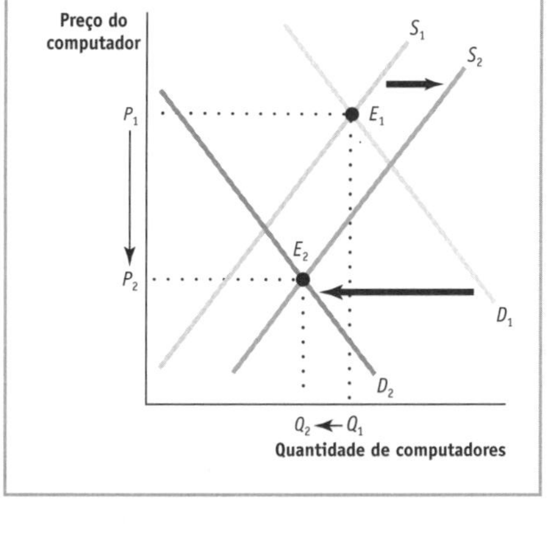

Se a oferta aumenta relativamente mais do que a demanda diminui, a quantidade de equilíbrio aumenta, como se mostra aqui:

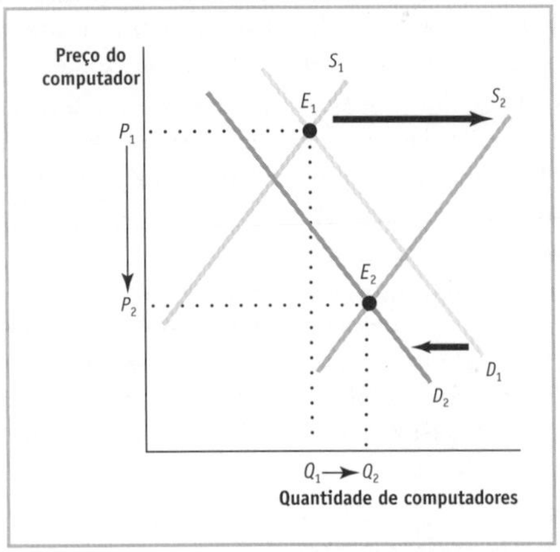

b. Em ambos os casos, o preço de equilíbrio cai.

Capítulo 4

Teste seu entendimento 4.1

1. Um consumidor compra cada pimentão se o preço é inferior (ou exatamente igual) à disposição do consumidor de pagar por aquele pimentão. A tabela de demanda é construída perguntando-se quantos pimentões serão demandados por qualquer preço. Segue a tabela de demanda:

Preço do pimentão	Quantidade demandada de pimentões	Quantidade de pimentões demandada por Teresa	Quantidade de pimentões demandada por Azar
$0,90	1	1	0
0,80	2	1	1
0,70	3	2	1
0,60	4	2	2
0,50	5	3	2
0,40	6	3	3
0,30	8	4	4
0,20	8	4	4
0,10	8	4	4
0,00	8	4	4

Quando o preço é $ 0,40, o excedente do consumidor de Teresa vindo do primeiro pimentão é $ 0,50, do segundo pimentão é $ 0,30, do terceiro é $ 0,10 e então ela para de comprar pimentões. O excedente do consumidor individual de Teresa é, portanto, $ 0,90. O excedente do consumidor de Azar com seu primeiro pimentão é $ 0,40, com seu segundo pimentão é $ 0,20, com o terceiro é $ 0,00 (como o preço é exatamente igual à sua disposição de pagar, ela compra o terceiro pimentão, mas não recebe excedente do consumidor por ele), e ela então para de comprar pimentões. O excedente do consumidor individual de Azar é, portanto, $ 0,60. O excedente total do consumidor ao preço de $ 0,40 é, portanto, $ 0,90 + $ 0,60 = $ 1,50.

Teste seu entendimento 4.2

1. **a.** Um produtor vai fornecer cada pimentão se o preço for maior (ou exatamente igual) ao custo de produzir o pimentão. A tabela de oferta é construída perguntando-se quantos pimentões serão entregues a cada preço. Segue a tabela de oferta:

Preço do pimentão	Quantidade ofertada de pimentões	Quantidade de pimentões ofertada por Cara	Quantidade de pimentões ofertada por Jamie
$0,90	8	4	4
0,80	7	4	3
0,70	7	4	3
0,60	6	4	2
0,50	5	3	2
0,40	4	3	1
0,30	3	2	1
0,20	2	2	0
0,10	2	2	0
0,00	0	0	0

b. Quando o preço é $ 0,70, o excedente do produtor de Cara vindo do primeiro pimentão é $ 0,60, do segundo pimentão é $ 0,60, do terceiro é $ 0,30, do quarto é $ 0,10 e ela para de fornecer pimentões. O excedente do produtor individual de Cara é, portanto, $ 1,60. O excedente do produtor de Jamie com seu primeiro pimentão é $ 0,40, com o segundo pimentão é $ 0,20, com o terceiro é 0,00 (como o preço é exatamente igual ao seu custo, ele vende o terceiro pimentão, mas não recebe excedente do produtor), e ele então para de vender pimentões. O excedente do produtor individual de Jamie é, portanto, $ 0,60. O excedente total do produtor ao preço de $ 0,70 é, portanto, $ 1,60 + $ 0,60 = $ 2,20.

Teste seu entendimento 4.3

1. A quantidade demandada é igual à quantidade ofertada ao preço de $ 0,50, o preço de equilíbrio. Com esse preço, a quantidade total de 5 pimentões será comprada e vendida. Teresa comprará 3 pimentões e receberá um excedente do consumidor de $ 0,40 pelo primeiro, $ 0,20 pelo segundo e $ 0,00 pelo terceiro. Azar comprará 2 pimentões e receberá um excedente do consumidor de $ 0,30 pelo primeiro e $ 0,10 pelo segundo. O excedente do consumidor total é, portanto, $ 1,00. Cara ofertará 3 pimentões e receberá um excedente do produtor de $ 0,40 pelo primeiro pimentão, $ 0,40 pelo segundo e $ 0,10 pelo terceiro. Jamie ofertará 2 pimentões e receberá um excedente do produtor de $ 0,20 pelo primeiro e $ 0,00 pelo segundo pimentão. O excedente do produtor total é, assim, $ 1,10. O excedente total nesse mercado é, portanto, $ 1,00 + $ 1,10 = $ 2,10.

2. **a.** Se Azar consome um pimentão a menos, ela perde $ 0,60 (sua disposição de pagar por seu segundo pimentão); se Teresa consome um pimentão a mais, ela ganha $ 0,30 (sua disposição de pagar pelo quarto pimentão). Esse resultado é, no conjunto, uma perda no excedente do consumidor de $0,60 – $ 0,30 = $ 0,30.

   b. O custo para Cara do último pimentão que ela forneceu (o terceiro) é de $ 0,40, e o custo de Jamie de produzir mais um (seu terceiro) é $ 0,70. O excedente do produtor total, por conseguinte, cai de $ 0,70 – $ 0,40 = $ 0,30.

c. A disposição de Azar de pagar por seu segundo pimentão é $ 0,60; é isso que ela perderia se fosse consumir um pimentão a menos. E o custo de produção de Cara no seu terceiro pimentão é $ 0,40; isso é o que Cara economizaria se tivesse de produzir um pimentão a menos. Portanto, se reduzíssemos a quantidade em um pimentão, perderíamos $ 0,60 – $ 0,40 = $ 0,20 de excedente total.

3. A nova diretriz tenderá a reduzir o tempo de vida total dos receptores de transplante de rim, porque pacientes com crianças pequenas têm mais probabilidade de receber um rim, comparados com a diretriz original. Em consequência, o excedente total tende a cair. Contudo, essa nova política pode ser justificada como um sacrifício aceitável da eficiência em favor da equidade, pois reduzir a possibilidade de crianças pequenas perderem os pais é um objetivo desejável.

Teste seu entendimento 4.4

1. Quando esses direitos são separados, alguém que tem direito tanto à terra da superfície quanto ao mineral do subsolo pode vender cada um desses direitos separadamente nos mercados relativos ao que está acima do solo e aos direitos minerais. E cada um desses mercados alcançará eficiência: se o preço de mercado para o que está por cima do subsolo é mais alto que o custo do vendedor, este venderá o direito e o excedente total aumentará. Se o preço de mercado para os direitos minerais é mais alto que o custo do vendedor, este venderá os direitos e o excedente total aumentará. Mas, quando os dois direitos não podem ser vendidos separadamente, um vendedor pode vender somente os dois direitos juntos ou nenhum deles. Pense em uma situação na qual o vendedor valoriza muito os direitos ao mineral (ou seja, tem alto custo para vendê-los), mas valoriza muito menos os direitos da superfície. Se os dois direitos são separados, o proprietário pode vender os direitos da superfície (aumentando o excedente total), mas não os direitos ao mineral. Contudo, se os dois direitos não puderem ser vendidos separadamente e o proprietário valorizar suficientemente os direitos ao mineral, ele não poderá vender nenhum dos dois direitos. Nesse caso, o excedente que poderia ter sido criado com a venda dos direitos acima do subsolo não se concretizam, já que os dois direitos não podem ser vendidos separadamente.

2. Haverá muitos vendedores querendo vender seus livros, mas poucos compradores dispostos a comprá-los por esse preço. Em consequência, poucas transações serão realizadas e muitas transações que teriam sido mutuamente benéficas não ocorrerão. Óbvio que isso é ineficiente.

3. A verdade é que os mercados nem sempre promovem eficiência. Quando há falha de mercado, o resultado do mercado pode ser ineficiente. Isso pode ocorrer por três motivos. Os mercados podem falhar quando uma das partes (um monopolista, por exemplo), no afã de capturar mais excedente, impede que ocorram transações mutuamente benéficas. Os mercados podem falhar também quando as ações de um indivíduo têm efeitos colaterais (externalidades) sobre o bem-estar de outros. Por fim, os mercados podem falhar quando os próprios bens (como os bens sobre os quais existe informação privilegiada relevante) são inadequados para administração eficiente por parte do mercado. E, quando os mercados não alcançam eficiência, a intervenção do governo pode melhorar o bem-estar da sociedade.

Capítulo 5

Teste seu entendimento 5.1

1. a. Menos donos das casas dispõem-se a alugar seu espaço de estacionamento porque o teto de preços diminui o pagamento que eles recebem. Isso reflete o conceito de que a quantidade ofertada diminui quando o preço diminui. É o que se mostra no gráfico a seguir pelo movimento do ponto *E* para o ponto *A* ao longo da curva de oferta, uma redução de quantidade de 400 lugares de estacionamento.

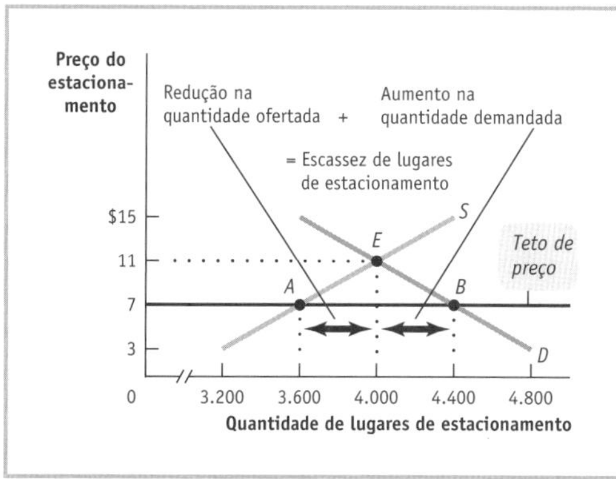

b. A quantidade demandada aumenta em 400 vagas para estacionar quando o preço diminui. Ao preço mais baixo, mais fãs estarão dispostos ir de carro e pagar estacionamento. Isso se mostra no gráfico pelo movimento do ponto *E* para o ponto *B* ao longo da curva de demanda.

c. Com o teto de preço, a quantidade demandada excede a quantidade ofertada; em consequência, surge escassez. Nesse caso, haverá escassez de 800 vagas de estacionamento. Isso se mostra pela distância horizontal entre os pontos *A* e *B*.

d. O teto de preços resulta em recurso desperdiçado. O tempo adicional que os torcedores gastam procurando lugar para estacionar é tempo desperdiçado.

e. O teto de preços produz alocação ineficiente de um bem aos consumidores – aqui, o espaço para estacionar.

f. Tetos de preço geram mercado negro.

2. a. Falso. Ao reduzirem o preço que os produtores recebem, os tetos de preços levam a uma redução na quantidade ofertada.

b. Verdadeiro. Tetos de preços implicam quantidade ofertada mais baixa do que em um mercado eficiente, não regulamentado. Em consequência, algumas pessoas que estariam dispostas a pagar o preço de mercado e que, portanto, teriam obtido o bem no mercado livre não conseguem obtê-lo quando se impõe um teto para os preços.

c. Verdadeiro. Esses produtores que continuam agora vendendo o produto recebem menos por ele e, portanto, ficam em situação pior. Outros produtores já não consideram que vale a pena vender o produto e, por conseguinte, igualmente ficaram em situação pior.

3. a. Como o apartamento é rapidamente alugado ao mesmo preço, não há mudança (nem perda nem ganho) no excedente do produtor. Assim, qualquer mudança no excedente total vem de mudanças no excedente do consumidor. Quando alguém é despejado, a quantidade de excedente do consumidor que se perde é igual à diferença

entre a disposição de pagar por um apartamento e o aluguel tabelado. Quando o apartamento é alugado a outra pessoa pelo mesmo preço, a quantidade de excedente do consumidor que o novo inquilino ganha é igual à diferença entre a disposição dele a pagar por um apartamento e o aluguel tabelado. Assim, haverá mera transferência do excedente de uma pessoa para outra se a disposição a pagar um aluguel for igual para as duas pessoas. No caso de aluguéis controlados, nem sempre os apartamentos são alocados para os que têm a mais alta disposição a pagar e, assim, a disposição de pagar do novo inquilino pode ser igual, menor ou maior que a do inquilino despejado. Se a disposição de pagar do novo inquilino é menor, isso cria um peso morto adicional: algum excedente do consumidor adicional que é perdido. Contudo, se a disposição de pagar do novo inquilino é maior que a do anterior, isso cria um aumento no excedente total, pois o novo inquilino ganha excedente maior que o que foi perdido pelo anterior.

b. Isso cria peso morto: se você pudesse passar adiante as entradas, alguém obteria excedente do consumidor, igual à disposição a pagar pela entrada. Você não perde nem ganha excedente, pois de todo modo não pode ir ao concerto, independentemente de poder passar adiante a entrada. Se você pudesse vender a entrada, o comprador obteria um excedente do consumidor igual à diferença entre a disposição a pagar dele menos o preço que você cobrasse. Além disso, você obteria excedente do produtor igual à diferença entre o preço que você conseguiu pela entrada e o seu custo de vender a entrada (que presumivelmente é zero, já que você ganhou a entrada). Dada a restrição de que não se pode vender nem dar de presente a entrada, esse excedente não pode ser obtido por ninguém, de modo que há peso morto. Se você pudesse dar o bilhete, conforme descrevemos, haveria excedente do consumidor indo para quem o recebesse; e, se você desse o bilhete para a pessoa com a disposição a pagar mais alta, não haveria peso morto.

c. Isso cria peso morto. Se os estudantes compram sorvete no *campus*, eles obtêm excedente do consumidor: sua disposição a pagar deve ter sido mais alta que o preço do sorvete. Sua faculdade obtém excedente do produtor: o preço é mais alto que o custo da faculdade de vender o sorvete. Proibir a venda de sorvete no *campus* significa que essas duas fontes de excedente total se perdem: há peso morto.

d. Dado que seu cão aprecia sorvete exatamente tanto quanto você, isso é pura transferência de excedente. Ao perder excedente do consumidor, seu cão igualmente ganha esse excedente.

Teste seu entendimento 5.2

1. **a.** Alguns donos de postos de gasolina se beneficiarão por obter preço mais alto. Q_F indica as vendas feitas por esses proprietários. Entretanto, alguns saem perdendo; há aqueles que vendem pelo preço de equilíbrio do mercado de P_E, mas não vendem pelo preço regulado de P_F. As vendas perdidas são indicadas no gráfico pela queda na quantidade demandada ao longo da curva de demanda do ponto E para o ponto A.

b. Aqueles que compram gasolina pelo maior preço de P_F provavelmente receberão um serviço melhor; isso é um exemplo de *alta qualidade ineficiente* causada por um piso de preço criado pela competição entre os donos de postos de gasolina, na medida em que eles competem mais pela qualidade do que pelo preço. Porém, os concorrentes estão certos em dizer que os consumidores são geralmente os mais prejudicados – aqueles que compram a P_F ficariam satisfeitos em comprar a P_E, e muitos dos que estavam dispostos a pagar um preço entre P_E e P_F agora não estão mais. Isso é indicado no gráfico por uma queda na quantidade demandada ao longo da curva de demanda do ponto E para o ponto A.

c. Os defensores estão errados porque consumidores e alguns donos de postos são prejudicados pelo piso de preços, que dá lugar a "oportunidades perdidas" – transações desejáveis entre consumidores e donos de postos que nunca chegam a ocorrer. O peso morto – a quantidade de excedente desperdiçado por causa das oportunidades perdidas – é indicado pela área sombreada na figura. Além disso, a ineficiência dos recursos usados aparece quando consumidores gastam mais tempo e dinheiro indo de carro a outros estados. O piso de preço também instiga o consumidor a procurar atividades no mercado negro. Com o piso de preço, apenas Q_F unidades são vendidas. Mas, com preços entre P_E e P_F, há motoristas que cumulativamente querem comprar mais do que Q_F e donos que estão dispostos a vender, uma situação que provavelmente resultará em atividades ilegais.

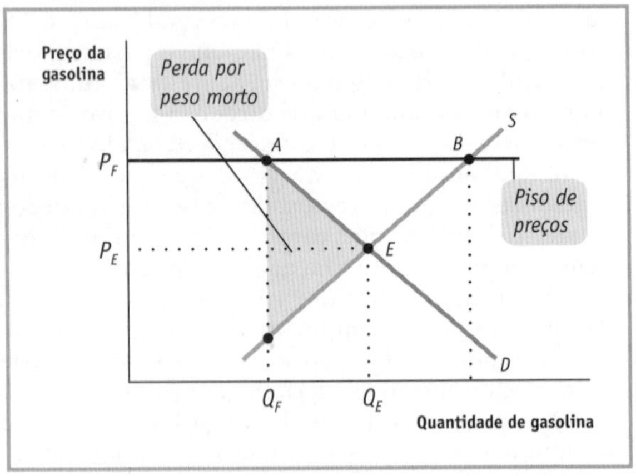

Teste seu entendimento 5.3

1. **a.** O preço de uma corrida é $ 7, pois a quantidade demandada a esse preço é 6 milhões: $ 7 é o *preço de demanda* de 6 milhões de corridas e isso é representado pelo ponto A na figura a seguir.

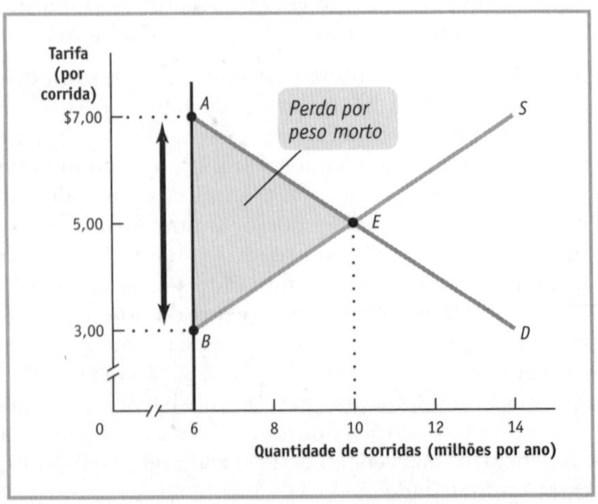

b. No nível de 6 milhões de corridas, o preço de oferta da corrida de táxi é $ 3, representado pelo ponto B na figura. A cunha entre o preço de demanda de $ 7 por corrida e o preço de oferta de $ 3 por corrida é a renda da cota por corrida, $ 4. Isso é representado na figura anterior pela distância vertical entre os pontos A e B.

c. A cota desencoraja 4 milhões de transações mutuamente benéficas. O triângulo sombreado na figura representa a perda por peso morto.

d. Em 9 milhões de corridas, o preço de demanda é $ 5,50 por corrida, indicado pelo ponto C na figura, e o preço de oferta é $ 4,50 por corrida, indicado pelo ponto D. A renda de cota é a diferença entre o preço de demanda e o preço de oferta: $ 1. O peso morto é representado pelo triângulo sombreado na figura. Como se vê, o peso morto é menor quando a cota é fixada em 9 milhões de corridas, em vez de 6 milhões.

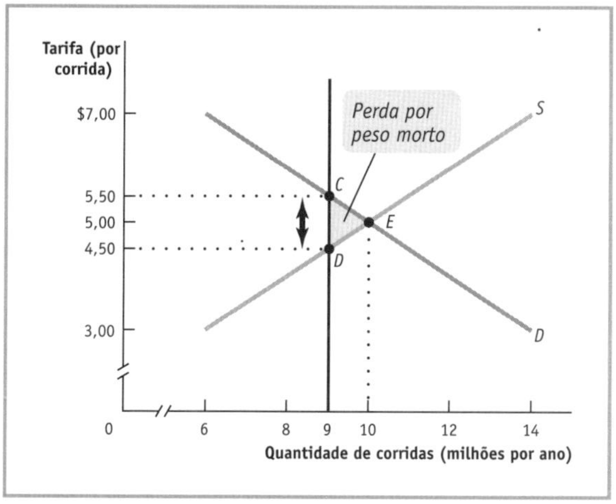

2. A figura mostra uma queda na demanda, de 4 milhões de corridas, representada pelo deslocamento para a esquerda da curva de demanda de D_1 para D_2; a qualquer preço dado, a quantidade demandada cai 4 milhões de corridas. (Por exemplo, ao valor de $ 5, a quantidade demandada cai de 10 milhões para 6 milhões de corridas por ano.) Isso elimina o efeito de um limite de cota de 8 milhões de corridas. No ponto E_2, o novo equilíbrio de mercado, a quantidade de equilíbrio é igual ao limite da cota; em consequência, a cota não tem efeito no mercado.

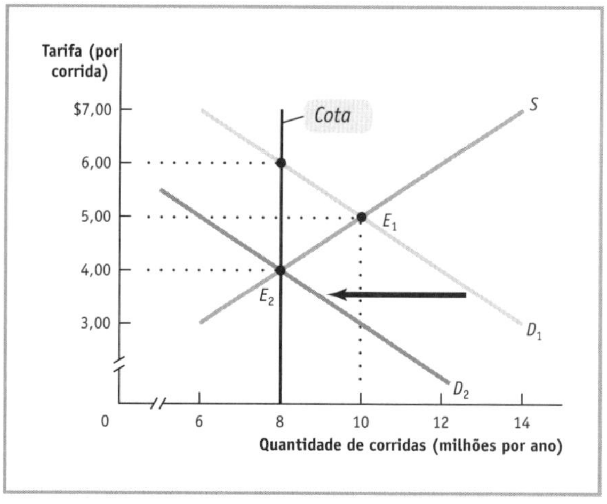

Capítulo 6

Teste seu entendimento 6.1

1. Pelo método do ponto médio, a mudança percentual no preço dos morangos é:

$$\frac{\$1,00 - \$1,50}{(\$1,50 + \$1,00)/2} \times 100 = \frac{-\$0,50}{\$1,25} \times 100 = -40\%$$

De modo semelhante, a mudança percentual na quantidade demandada de morangos é:

$$\frac{200.000 - 100.000}{(100.000 + 200.000)/2} \times 100 = \frac{100.000}{150.000} \times 100 = 67\%$$

Deixando de lado o sinal negativo, a elasticidade-preço da demanda usando o método do ponto médio é 67% / 40% = 1,7.

2. Pelo método do ponto médio, a mudança percentual na quantidade de entradas de cinema demandada quando se passa de 4.000 para 5.000 entradas é:

$$\frac{5.000 - 4.000}{(4.000 + 5.000)/2} \times 100 = \frac{1.000}{4.500} \times 100 = 22\%$$

Como a elasticidade-preço da demanda é 1 no nível de consumo corrente, será necessária uma queda de 22% no preço das entradas de cinema para gerar um aumento de 22% na quantidade demandada.

3. Como o preço aumenta, sabemos que a quantidade demandada tem de cair. Dado o preço corrente de $ 0,50, um aumento de $ 0,05 no preço representa mudança de 10% quando usamos o método da Equação 6.2. Assim, a elasticidade-preço da demanda é:

$$\frac{\text{mudança percentual na quantidade demandada}}{10\%} = 1,2$$

de modo que a mudança percentual na quantidade demandada (10% × 1,2) fica igual a 12%. Uma queda de 12% na quantidade demandada representa 100.000 × 0,12, ou 12.000 sanduíches.

Teste seu entendimento 6.2

1. **a.** Demanda elástica. Os consumidores têm elevada sensibilidade a mudanças de preço. Para um aumento no preço, o efeito quantidade (que tende a reduzir a receita total) supera o efeito preço (que tende a aumentar a receita total). No conjunto, isso leva a uma queda na receita total.

b. Demanda de elasticidade unitária. Aqui, a receita perdida por queda no preço é exatamente igual à receita ganha com maiores vendas. O efeito quantidade compensa exatamente o efeito preço.

c. Demanda inelástica. Os consumidores são relativamente insensíveis a mudanças de preço. Para que os consumidores comprem dada porcentagem a mais de produto, o preço tem de cair em porcentagem ainda maior. O efeito preço de uma queda no preço (que tende a reduzir a receita total) supera o efeito quantidade (que tende a aumentar a receita total). Como resultado, a receita total cai.

d. Demanda inelástica. Os consumidores são relativamente insensíveis a preço, de modo que dada queda percentual no produto é menor do que o aumento percentual no preço. O efeito preço de um aumento de preço (que tende a aumentar a receita total) supera o efeito quantidade (que tende a reduzir a receita total). Como resultado, a receita total aumenta.

2. **a.** A demanda por transfusão de sangue de uma vítima de acidente provavelmente será perfeitamente inelástica, porque não há substituto e é necessária para sobreviver. A curva de demanda será vertical a uma quantidade igual à transfusão de sangue necessária.

b. A demanda dos estudantes por apagadores verdes com certeza é perfeitamente elástica, porque há substitutivos fáceis de encontrar: apagadores não verdes. A curva de demanda será horizontal com preço igual ao dos apagadores que não são verdes.

Teste seu entendimento 6.3

1. Pelo método do ponto médio, a mudança percentual na renda de Charlotte é:

$$\frac{\$18.000 - \$12.000}{(\$12.000 + \$18.000)/2} \times 100 = \frac{\$6.000}{\$15.000} \times 100 = 40\%$$

De modo semelhante, a mudança percentual no seu consumo de filmes é:

$$\frac{40 - 10}{(10 + 40)/2} \times 100 = \frac{30}{25} \times 100 = 120\%$$

Por conseguinte, a elasticidade-renda da demanda de Charlotte por filmes é 120% / 40% = 3.

2. O consumo de Sanjay de refeições em restaurantes caros cairá mais que 10%, porque determinada mudança percentual na renda (aqui, uma queda de 10%) induz uma mudança percentual maior no consumo de um bem elástico quanto a renda.

3. A elasticidade-preço cruzada da demanda é 5% / 20% = 0,25. Como a elasticidade-preço cruzada da demanda é positiva, os dois bens são substitutos.

Teste seu entendimento 6.4

1. Pelo método do ponto médio, a mudança percentual no número contratado de horas de serviços de construção de *sites* é:

$$\frac{500.000 - 300.000}{(300.000 + 500.000)/2} \times 100 = \frac{200.000}{400.000} \times 100 = 50\%$$

De modo semelhante, a mudança percentual no preço dos serviços de construção de *sites* é:

$$\frac{\$150 - \$100}{(\$100 + \$150)/2} \times 100 = \frac{\$50}{\$125} \times 100 = 40\%$$

A elasticidade-preço da oferta é 50% / 40% = 1,25. Portanto, a oferta é elástica.

2. **a.** Verdadeiro. Um aumento na demanda aumenta o preço. Se a elasticidade-preço da oferta de leite é baixa, uma oferta adicional resultante de aumento de preço é relativamente pequena. Em consequência, o preço do leite vai aumentar consideravelmente para satisfazer a demanda de leite que aumentou. Se a elasticidade-preço da oferta é alta, um montante relativamente alto de oferta adicional será produzido à medida que o preço aumenta. Em consequência, o preço do leite aumentará somente um pouco para satisfazer a maior demanda por leite.

b. Falso. É verdade que a elasticidade-preço da oferta de longo prazo costuma ser maior do que a elasticidade de curto prazo da oferta. Mas isso significa que as curvas de oferta de curto prazo, em geral, têm inclinação maior e não menor do que as curvas de oferta de longo prazo.

c. Verdadeiro. Quando a oferta é perfeitamente elástica, a curva de oferta é horizontal. Uma mudança na demanda, portanto, não tem efeito sobre o preço; afeta somente a quantidade comprada e vendida.

Capítulo 7

Teste seu entendimento 7.1

1. A figura a seguir mostra que, depois da introdução de um imposto seletivo, o preço pago pelos consumidores aumenta para $ 1,20; o preço recebido pelo produtor cai para $ 0,90. Os consumidores arcam com $ 0,20 dos $ 0,30 do imposto sobre a manteiga; os produtores arcam com $ 0,10 desse total. E o imposto introduz uma cunha de $ 0,30 entre o preço pago pelo consumidor e o preço recebido pelo produtor. Em consequência, a quantidade de manteiga comprada e vendida é agora 9 milhões de libras.

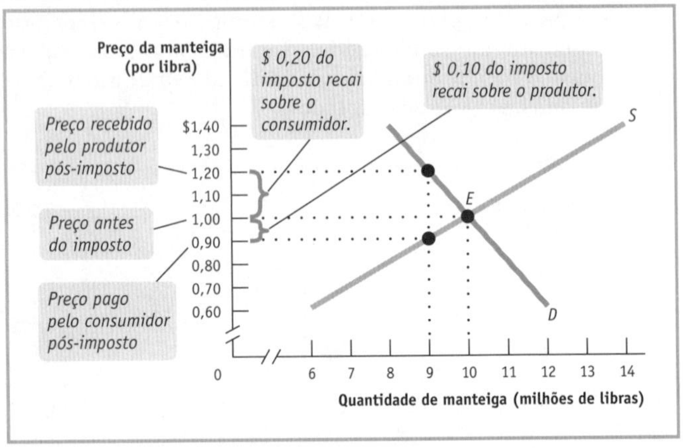

2. O fato de que a demanda é muito inelástica mostra que os consumidores reduzirão muito pouco sua demanda por livros-texto no caso de um aumento no preço causado pelo imposto. O fato de que a oferta é um tanto elástica significa que os fornecedores responderão à queda de preço reduzindo a oferta. Em consequência, a incidência de um imposto recai pesadamente sobre os consumidores de livros-texto de economia e muito pouco sobre os editores, como se mostra na figura a seguir.

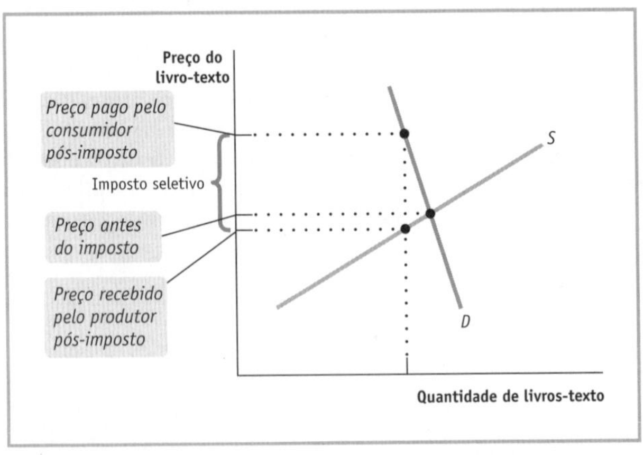

3. Verdade. Quando há um substituto facilmente disponível, a demanda é elástica. Isso implica que os produtores não podem facilmente repassar o custo de um imposto para os consumidores porque estes responderão a um aumento de preço mudando para o substituto. Além disso, quando os produtores têm dificuldade em ajustar a quantidade do bem produzido, a oferta é inelástica. Isto é, os produtores não podem reduzir facilmente a quantidade de produto em resposta a um preço mais baixo deduzido o imposto. Desse modo, a incidência do imposto recairá mais pesadamente sobre produtores do que sobre consumidores.

4. O fato de que a oferta é muito inelástica implica que os produtores reduzirão a oferta de água mineral muito pouco em resposta a uma queda no preço causada pelo imposto. A demanda, por outro lado, vai cair em resposta ao aumento no preço, porque a demanda é um tanto elástica. O resultado é que a incidência do imposto vai recair pesadamente sobre os produtores de água mineral e muito pouco sobre os consumidores, como se vê na figura a seguir.

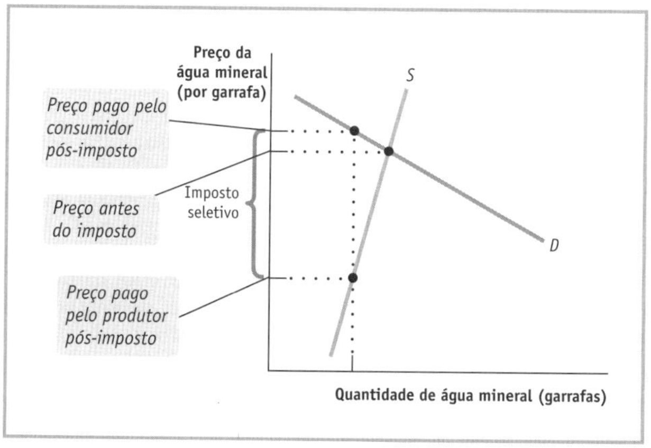

5. Verdade. Quanto mais baixa a elasticidade da oferta, mais a carga do imposto vai recair sobre produtores e não sobre consumidores, tudo o mais mantido constante.

Teste seu entendimento 7.2

1. **a.** Sem o imposto seletivo, Zachary, Yves, Xavier e William vendem, e Ana, Brianna, Chizuko e Dylan compram uma lata de refrigerante cada, a \$ 0,40 por lata. Assim, a quantidade comprada e vendida é 4.

   b. Ao preço de \$ 0,60 ao consumidor, somente Ana e Brianna aceitarão comprar uma lata de refrigerante. Com o preço pago aos produtores de apenas \$ 0,20, somente Zachary e Yves estão dispostos a vender. Assim, a quantidade comprada e vendida é 2.

   c. Sem o imposto seletivo, o excedente do consumidor individual de Ana é \$ 0,70 – \$ 0,40 = \$ 0,30, o de Brianna \$ 0,60 – \$ 0,40 = \$ 0,20, o de Chizuko \$ 0,50 – \$ 0,40 = \$ 0,10 e o de Dylan, \$ 0,40 – \$ 0,40 = \$ 0,00. O excedente do consumidor total é \$ 0,30 + \$ 0,20 + \$ 0,10 + 0 = \$ 0,60. Com o imposto, o excedente do consumidor individual de Ana é \$ 0,70 – \$ 0,60 = \$ 0,10, o de Brianna \$ 0,60 – \$ 0,60 = \$ 0,00. O excedente do consumidor total é \$ 0,10 + \$ 0,00 = \$ 0,10. Assim, o excedente do consumidor total perdido por causa do imposto é \$ 0,60 – \$ 0,10 = \$ 0,50.

   d. Sem o imposto seletivo, o excedente do produtor individual de Zachary é \$ 0,40 – \$ 0,10 = \$ 0,30, o de Yves \$ 0,40 – \$ 0,20 = \$ 0,20, o de Xavier \$ 0,40 – \$ 0,30 = \$ 0,10 e o de William é \$ 0,40 – \$ 0,40 = \$ 0,00. O excedente do produtor total é \$ 0,30 + \$ 0,20 + \$ 0,10 + \$ 0,00 = \$ 0,60. Com o imposto, o excedente do consumidor individual de Zachary é \$ 0,20 – \$ 0,10 = \$ 0,10 e o de Yves é \$ 0,20 – \$ 0,20 = \$ 0,00. O excedente do produtor total é \$ 0,10 + \$ 0,00 = \$ 0,10. Assim, o excedente do produtor total perdido com o imposto é \$ 0,60 – \$ 0,10 = \$ 0,50.

   e. Com o imposto, são vendidas duas latas de refrigerante, de modo que a receita do governo com esse imposto seletivo é 2 × \$ 0,40 = \$ 0,80.

   f. O excedente total sem o imposto é \$ 0,60 + \$ 0,60 = \$ 1,20. Com o imposto, o excedente total é \$ 0,10 + \$ 0,10 = \$ 0,20 e a receita do governo é \$ 0,80. Assim, a perda por peso morto decorrente desse imposto é \$ 1,20 – (\$ 0,20 + \$ 0,80) = \$ 0,20.

2. **a.** A demanda de gasolina é inelástica porque não há substituto similar à gasolina e é difícil para os motoristas conseguir substituir o uso do carro, como usar o transporte público. Em consequência, o peso morto de um imposto sobre a gasolina seria relativamente pequeno, como se mostra no gráfico a seguir.

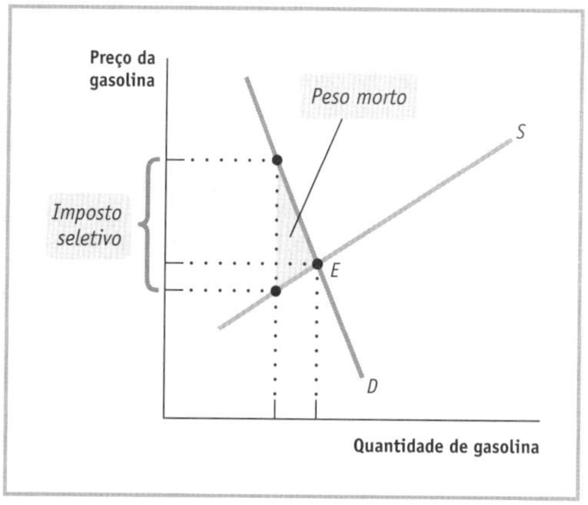

   b. A demanda de chocolate ao leite é elástica porque há substitutos próximos: barras de chocolate meio amargo, bombons de chocolate ao leite etc. Por isso, o peso morto de um imposto sobre barras de chocolate ao leite seria relativamente elevado, como se mostra no gráfico a seguir.

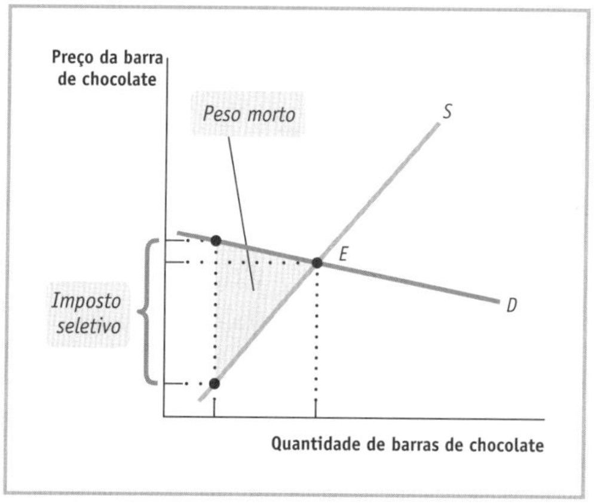

Teste seu entendimento 7.3

1. **a.** Como os motoristas são os beneficiários de programas de segurança nas estradas, esse imposto funciona bem, de acordo com o princípio dos benefícios. Mas, como o nível do imposto não depende da capacidade de pagar, ele não funciona bem segundo o princípio da capacidade de pagamento. Como as pessoas de alta renda que compram carro tenderão a gastar mais em carros novos, um imposto calculado como porcentagem do preço de compra do carro funcionaria melhor segundo o princípio da capacidade de pagar. Um imposto de \$ 500 fará as pessoas comprarem menos carros e carros mais baratos.

   b. Esse imposto não funciona bem de acordo com o princípio dos benefícios, porque quem paga é quem não reside no local, mas os beneficiários são residentes locais, que se beneficiarão de melhores serviços públicos. Mas, na medida em que quem fica em hotéis mais caros tem renda mais alta comparado com quem não fica nesses hotéis, o imposto funciona bem segundo o princípio da capacidade de pagamento. Ele distorcerá a ação de ficar em um hotel nessa área, o que resultará em menos diárias de hotel.

c. Esse imposto funciona bem de acordo com o princípio do benefício porque os donos de residências locais são usuários das escolas locais. Ele também funciona bem de acordo com o princípio da capacidade de pagamento, porque é calculado como porcentagem do valor das casas: residentes de renda mais alta, que são donos das casas mais caras, pagarão impostos mais elevados. Ele vai distorcer a ação de comprar uma casa nessa área em comparação com outra área em que o imposto sobre propriedade é mais baixo. Também poderá distorcer a ação de fazer reformas nas casas que aumentem o seu valor estimado.

d. Esse imposto funciona bem de acordo com o princípio dos benefícios, porque os consumidores de alimentos são beneficiários dos programas governamentais de segurança alimentar. Ele não funciona bem de acordo com o princípio da capacidade de pagamento, porque alimentação é um bem de primeira necessidade e as pessoas de renda mais baixa vão pagar aproximadamente o mesmo que as pessoas de alta renda. Esse imposto distorce a ação de comprar alimentos, levando as pessoas a comprarem variedades mais baratas de alimentos.

Teste seu entendimento 7.4

1. a. A taxa marginal de imposto para alguém com renda de \$ 5.000 é 1%: para cada \$ 1 adicional de renda, \$ 0,01 ou 1% é entregue como imposto. Essa pessoa paga o imposto total de \$ 5.000 × 1% = \$ 50, que é \$ 50 / \$ 5.000 × 100 = 1% de sua renda.

b. A taxa marginal de imposto para alguém com renda de \$ 20.000 é 2%: para cada \$ 1 adicional de renda, \$ 0,02 ou 2% é entregue como imposto. Essa pessoa paga o imposto total de \$ 10.000 × 1% + \$ 10.000 × 2% = \$ 300, que é (\$ 300 / \$ 20.000) × 100 = 1,5% de sua renda.

c. Como o contribuinte de alta renda paga uma porcentagem mais alta de sua renda como imposto, esse imposto é progressivo.

2. Imposto de 1% sobre gastos de consumo significa que uma família que ganha \$ 15.000 e gasta \$ 10.000 pagará imposto de 1% × \$ 10.000 = \$ 100, equivalente a 0,67% de sua renda: (\$ 100 / 15.000) × 100 = 0,67%. Mas uma família que ganhe \$ 10.000 e gaste \$ 8.000 pagará imposto de 1% × \$ 8.000 = \$ 80, o equivalente a 0,80% de sua renda: (\$ 80 / \$ 10.000) × 100 = 0,80%. Portanto, o imposto é regressivo, pois famílias de renda mais baixa pagam uma porcentagem mais alta de sua renda em imposto do que famílias de alta renda.

3. a. Falso. Recorde que um vendedor sempre sofre alguma carga de imposto, desde que sua oferta do bem não seja perfeitamente elástica. Como a oferta de trabalho que um trabalhador fornece não é perfeitamente elástica, o trabalhador arcará com alguma parte da carga do imposto sobre a folha salarial e, portanto, o imposto afetará o incentivo das pessoas a aceitar um emprego.

b. Falso. Quando o imposto é proporcional, a porcentagem que incide sobre a base do tributo é a mesma para todos. Quando o imposto é de soma fixa, o total do imposto pago é igual para todos, independentemente de sua renda.

Capítulo 8

Teste seu entendimento 8.1

1. a. Para determinarmos a vantagem comparativa, temos de comparar os custos de oportunidade dos dois países para determinado bem. Tomemos o custo de oportunidade de uma tonelada de milho em comparação a bicicletas. Na China, o custo de oportunidade de uma bicicleta corresponde a 0,01 tonelada de milho; assim, o custo de oportunidade de uma tonelada de milho é 1 / 0,01 bicicleta = 100 bicicletas. Os Estados Unidos têm vantagem comparativa em milho, pois o seu custo de oportunidade em termos de bicicletas é 50, número menor. De modo semelhante, nos EUA, o custo de oportunidade de uma bicicleta em termos de milho é 1/50 toneladas de milho = 0,02 tonelada de milho. Isso é superior a 0,01, o custo de oportunidade de uma bicicleta chinesa em termos de milho, e implica que a China tem vantagem comparativa em bicicletas.

b. Dado que os Estados Unidos podem produzir 200.000 bicicletas caso não produzam milho, podem produzir 200.000 bicicletas × 0,02 tonelada de milho/bicicletas = 4.000 toneladas de milho quando nenhuma bicicleta é produzida. Do mesmo modo, se a China pode produzir 3.000 toneladas de milho quando nenhuma bicicleta é produzida, ela pode produzir 3.000 toneladas de milho × 100 bicicletas/toneladas de milho = 300.000 bicicletas quando nenhum milho é produzido. Esses pontos determinam o intercepto vertical e o horizontal nas fronteiras de possibilidades de produção dos Estados Unidos e da China, como se mostra no gráfico a seguir.

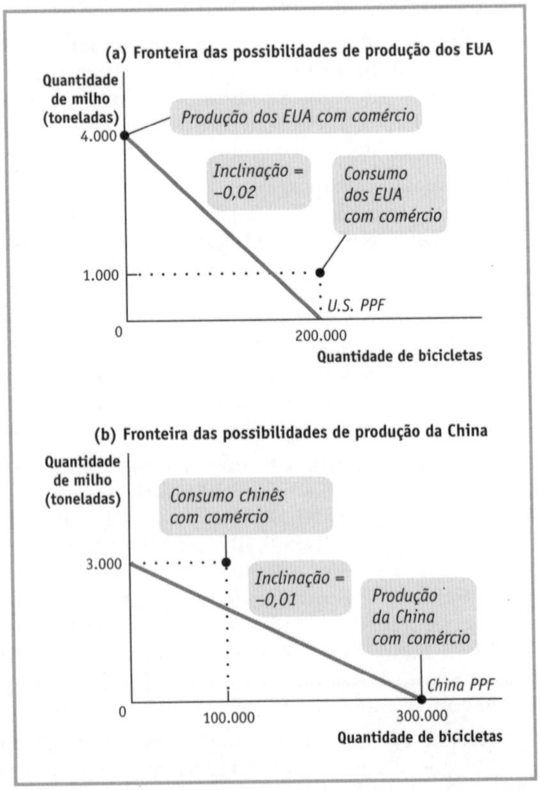

c. A figura mostra os pontos de produção e consumo dos dois países. Cada país nitidamente melhora sua situação com comércio internacional porque cada um, agora, consome um pacote de dois bens que está fora de sua fronteira das possibilidades de produção, sendo que cada um desses pacotes seria inatingível caso cada país ficasse em autarquia.

2. **a.** De acordo com o modelo Heckscher-Ohlin, esse padrão de comércio ocorre porque os Estados Unidos têm disponibilidade de fatores de produção relativamente maior, como capital humano e físico, que são adequados para a produção de cinema, mas a França tem disponibilidade relativamente maior de fatores de produção adequados para fabricar vinho, como vinhedos e o capital humano dos enólogos.

b. De acordo com o modelo Heckscher-Ohlin, esse padrão de comércio ocorre porque os Estados Unidos têm disponibilidade de fatores de produção relativamente maior, como capital humano e físico, que são adequados para fabricar maquinário, mas o Brasil tem disponibilidade relativamente maior de fatores de produção adequados para fabricar sapatos, como mão de obra não especializada e couro.

Teste seu entendimento 8.2

1. No gráfico a seguir, P_A é o preço de uvas nos Estados Unidos em autarquia e P_W é o preço internacional de uvas havendo comércio internacional. Com comércio, os consumidores dos Estados Unidos pagam um preço P_W por uvas e consomem a quantidade Q_D, os produtores de uva nos Estados Unidos produzem a quantidade Q_S, e a diferença, $Q_D - Q_S$, representa a importação de uvas mexicanas. Em consequência da greve dos caminhoneiros, as importações são interrompidas, o preço pago pelo consumidor norte-americano aumenta para o preço de autarquia, P_A, e o consumo norte-americano cai para a quantidade de autarquia, Q_A.

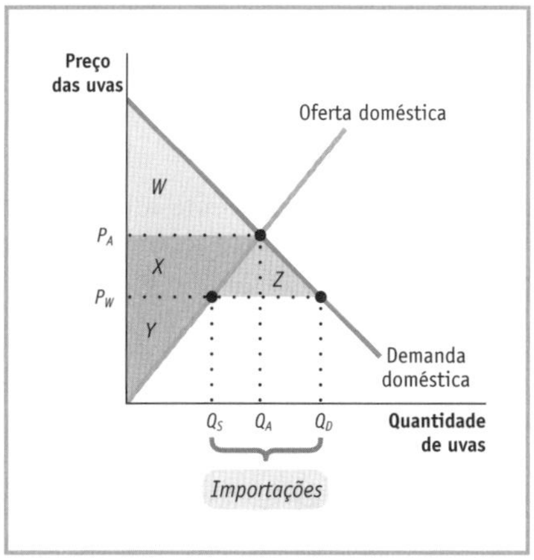

a. Antes da greve, os consumidores norte-americanos gozavam de um excedente do consumidor igual à área $W + X + Z$. Depois da greve, o excedente do consumidor encolhe para a área W. Assim, os consumidores ficam em situação pior, perdendo o excedente do consumidor representado pela área $X + Z$.

b. Antes da greve, os produtores norte-americanos tinham excedente do produtor igual à área Y. Depois da greve, o excedente do produtor aumentou para a área $Y + X$. Assim, os produtores norte-americanos ficaram em situação melhor, ganhando o excedente do produtor representado pela área X.

c. Como resultado da greve, o excedente total dos Estados Unidos cai na proporção representada pela área Z, a perda no excedente do consumidor que não vai para o produtor.

2. Os produtores de uva do México ficam em pior situação porque perdem vendas de uvas exportadas para os Estados Unidos, e os catadores de uva mexicanos ficam pior porque perdem seus salários que estavam associados às vendas perdidas. A demanda menor por uvas mexicanas causada pela greve implica que o preço que o consumidor mexicano paga por uvas diminui, melhorando a sua situação. Os catadores de uva norte-americanos ficam melhor porque seus salários aumentam em consequência do aumento de $Q_A - Q_S$ nas vendas norte-americanas.

Teste seu entendimento 8.3

1. **a.** Se a tarifa é \$ 0,50, o preço pago pelos consumidores domésticos por 1 libra de manteiga importada é \$ 0,50 + \$ 0,50 = \$ 1,00, o mesmo preço que 1 libra de manteiga doméstica. A manteiga importada não mais terá vantagem de preço sobre a manteiga doméstica, as importações serão suspensas e os produtores domésticos vão capturar todas as vendas possíveis aos consumidores domésticos, vendendo a quantidade Q_A da figura a seguir. Mas, se a tarifa é \$ 0,25, o preço pago pelos consumidores domésticos por 1 libra de manteiga importada é \$ 0,50 + \$ 0,25 = \$ 0,75, o que é \$ 0,25 mais barato que 1 libra de manteiga doméstica. Os produtores de manteiga norte-americana ganharão um total de vendas de $Q_2 - Q_1$ em consequência da tarifa de \$ 0,25. Mas isso é menos do que o total que eles ganhariam com uma tarifa de \$ 0,50, $Q_A - Q_1$.

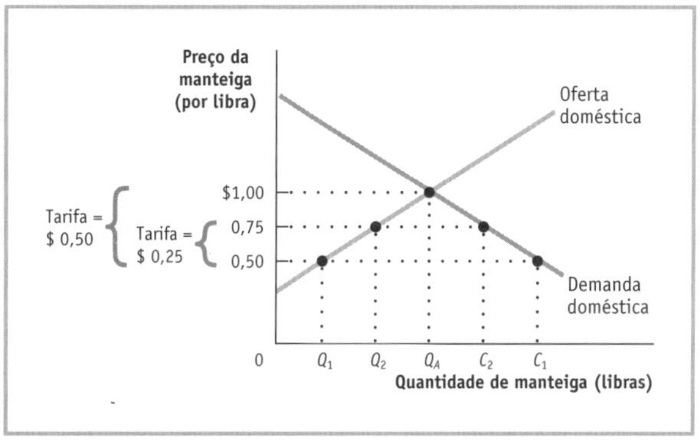

b. Desde que a tarifa seja pelo menos \$ 0,50, aumentá-la não terá efeito. A uma tarifa de \$ 0,50, todas as importações são de fato bloqueadas.

2. Todas as importações são de fato bloqueadas com uma tarifa de \$ 0,50. Por conseguinte, tal tarifa corresponde a uma cota de importações igual a 0.

Teste seu entendimento 8.4

1. Há bem menos empresas que usam aço como insumo do que consumidores que compram açúcar ou roupa. Por isso, será mais fácil para tais empresas comunicarem-se e entrarem em acordo para fazer pressão contra tarifas do que será para os consumidores. Além disso, cada empresa perceberá que o custo de uma tarifa sobre o aço é pesado para seus lucros, mas um consumidor individual não tem consciência nem percebe uma perda pequena por causa de tarifas sobre açúcar ou roupa.

2. Muitas vezes, os países ficam tentados a proteger indústrias domésticas, argumentando que uma importação apresenta perigo de qualidade, de saúde ou ambiental para os consumidores domésticos. Um funcionário da OMC deve examinar se os produtores domésticos estão sujeitos à mesma rigidez na aplicação de regulamentos de qualidade, saúde e meio ambiente que os produtores estrangeiros. Se estiverem, é mais provável que as regulamentações tenham finalidade legítima e não de protecionismo comercial; se não, é mais provável que as regulamentações sejam medidas protecionistas.

Capítulo 9

Teste seu entendimento 9.1

1. **a.** Suprimentos são um custo explícito porque exigem dispêndio de dinheiro.
   b. Se o porão puder ser usado de algum outro modo que renda dinheiro, como alugá-lo a um estudante, o custo implícito é esse dinheiro que se deixa de ganhar. Do contrário, o custo implícito é zero.
   c. Salários são um custo explícito.
   d. Ao usarem a caminhonete para o seu negócio, Marisol e Logan renunciam ao dinheiro que eles podiam ter ganhado com a sua venda. Assim, o uso da caminhonete é um custo implícito.
   e. Os salários que Marisol deixa de ganhar no emprego são um custo implícito.
2. Para escolhermos corretamente, precisamos apenas comparar a escolha de tornar-se maquinista com a de aceitar um emprego em outro estado. Podemos descartar a escolha de obter um diploma de farmacologia porque já sabemos que aceitar o emprego em outro estado é sempre superior a isso. Comparemos as duas alternativas que sobram: tornar-se um maquinista qualificado *versus* aceitar um emprego em outro estado. No estágio como maquinista, Adam ganhará apenas $ 30.000 nos primeiros dois anos, comparado com $ 57.000 no emprego fora do estado. Assim, ele tem um custo implícito de $ 30.000 – $ 57.000= –$ 27.000 ao tornar-se maquinista em vez de sair imediatamente do estado para trabalhar. Mas daqui a dois anos, a renda durante a sua vida será de $ 725.000 como maquinista, em vez de $ 600.000 no outro emprego, tendo uma vantagem contábil de $ 125.000 ao escolher ser maquinista. Resumindo, seu lucro econômico de escolher ser maquinista será $ 125.000 – $ 27.000 = $ 98.000. Diferentemente, seu lucro econômico ao escolher o emprego alternativo, um trabalho fora do estado em vez de ser maquinista, é –$ 125.000 + $ 27.000 = –$ 98.000. Assim, pelo princípio da tomada de decisão de "ou-ou então", Adam deveria escolher ser maquinista, porque essa carreira tem lucro econômico positivo.
3. Você pode descartar a alternativa A, porque tanto B como C são superiores. Mas é preciso comparar B e C. Então, deve escolher a alternativa que tenha o maior lucro econômico positivo – B ou C.

Teste seu entendimento 9.2

1. **a.** O custo marginal de lavar sua roupa é o custo de oportunidade do tempo gasto lavando a roupa hoje – isto é, o valor que você daria para gastar mais tempo hoje com a sua melhor alternativa seguinte de atividade, por exemplo, ir ao cinema. O benefício marginal é ter mais roupa limpa hoje para usar.
   b. O custo marginal de trocar o óleo é o custo de oportunidade do tempo gasto trocando óleo agora, bem como o custo explícito da troca de óleo. O benefício marginal é a melhoria de desempenho do seu carro.
   c. O custo marginal é a sensação desagradável de queimação na boca e mais qualquer custo explícito do pimentão. O benefício marginal de mais um pimentão na sua torta é o gosto agradável que você sente.
   d. O custo marginal é o salário que você tem de pagar a esse trabalhador. O benefício marginal de contratar mais um trabalhador é o valor do produto que o trabalhador produz.
   e. O custo marginal de mais uma dose é o valor perdido de mais efeitos colaterais decorrentes dessa dose adicional. O benefício marginal de outra dose do remédio é o valor da melhora na saúde do paciente.
   f. O custo marginal é o custo de oportunidade do seu tempo, aquilo que você obteria com o melhor uso seguinte do seu tempo. O benefício marginal é o provável aumento da sua nota.
2. A tabela mostra o novo custo marginal de Alexa e seu novo lucro. Reproduz também o benefício marginal de Alexa tirado da Tabela 9.5.

Anos de escola	Custo total	Custo marginal	Benefício marginal	Lucro
0	$ 0			
		$ 90.000	$ 300.000	$ 210.000
1	90.000			
		30.000	150.000	120.000
2	120.000			
		50.000	90.000	40.000
3	170.000			
		80.000	60.000	–20.000
4	250.000			
		120.000	50.000	–70.000
5	370.000			

O custo marginal de Alexa é decrescente até ela completar dois anos de escola; depois disso, o seu custo marginal aumenta, devido ao valor da renda que ela deixar de obter. O número de anos ótimo para permanecer na escola continua sendo 3. Para menos de três anos, o benefício marginal excede o custo marginal; para mais de três anos, o custo marginal excede o benefício marginal.

Teste seu entendimento 9.3

1. **a.** Seu custo irrecuperável é $ 8.000 porque nada dos $ 8.000 gastos no caminhão é recuperável.
   b. Seu gasto irrecuperável é $ 4.000, porque 50% dos $ 8.000 gastos no caminhão são recuperáveis.
2. **a.** Esse argumento não vale porque tempo e dinheiro já gastos são irrecuperáveis nesse ponto.
   b. Esse argumento tampouco é válido, porque o que você deveria ter feito há dois anos é irrelevante em relação ao que você tem de fazer agora.
   c. Esse argumento vale porque reconhece que custos irrecuperáveis são irrelevantes quanto ao que tem de ser feito agora.
   d. Esse é um argumento válido, dada a sua preocupação em não desapontar seus pais. Mas as ideias dos seus

pais são irracionais, porque eles não reconhecem que o tempo que já passou é um custo irrecuperável.

Teste seu entendimento 9.4

1. **a.** Jenny está mostrando que tem aversão ao risco. Ela é muito sensível à perda; não consegue reconhecer a perda e seguir adiante.

   b. Este é um exemplo de viés de enquadramento. As lojas estão usando ofertas de múltiplos itens para induzir os compradores a comprarem mais sob a percepção de que estão fazendo um bom negócio. Mas esse não é um bom negócio para Leo, porque ele compra mais do que precisa.

   c. Talvez Danilo tenha expectativas irrealistas sobre o comportamento futuro. Mesmo que não queira participar do plano agora, ele deve encontrar uma forma de se comprometer a participar mais tarde.

   d. Emma tem viés de *status quo*. Está evitando uma decisão, ou seja, ela prefere deixar tudo como está.

2. Para determinar se uma decisão foi racional ou irracional, será necessário fazer as contas exatas dos custos e benefícios da decisão. Em particular, é preciso medir os custos de oportunidade com precisão. Em seguida, calcular o ganho econômico da decisão comparada à melhor alternativa seguinte. Se continua com a mesma escolha depois dessa comparação, você tomou uma decisão racional. Caso contrário, a decisão foi irracional.

Capítulo 10

Teste seu entendimento 10.1

1. Consumir uma unidade que gera utilidade marginal negativa deixa o consumidor com menos utilidade total do que não consumir essa unidade. Um consumidor racional, aquele que maximiza a utilidade, não faria isso. Por exemplo, na Figura 10.1, pode-se ver que Cassie obtém 64 utils se consome 8 mexilhões, mas se ela consumir o nono mexilhão perderá um util, ficando com utilidade total de apenas 63 utils. Assim, sempre que o consumo de mais uma unidade gerar utilidade marginal negativa, o consumidor ficará em situação melhor se não consumir essa unidade, mesmo que ela seja gratuita.

2. Como Marta tem utilidade marginal decrescente com café, sua primeira xícara de café do dia gera o maior aumento de utilidade total. Sua terceira e última xícara do dia gera o menor aumento.

3. **a.** Mabel não tem utilidade marginal crescente com exercícios, pois cada unidade adicional consumida lhe traz mais prazer que a unidade anterior.

   b. Mei não tem utilidade marginal decrescente com CDs, pois cada unidade adicional gera o mesmo prazer adicional que a unidade anterior.

   c. Dexter tem utilidade marginal decrescente com idas ao restaurante, pois a utilidade adicional gerada por uma boa refeição no restaurante é menor quando ele consome muitas refeições do que quando consome menos refeições.

Teste seu entendimento 10.2

1. **a.** A tabela a seguir mostra as possibilidades de consumo de um consumidor, de *A* a *C*. Essas possibilidades de consumo estão desenhadas no gráfico, junto com a linha do orçamento do consumidor, *BL*.

Pacote de consumo	Quantidade de pipoca (copos)	Quantidade de entradas de cinema
A	0	2
B	2	1
C	4	0

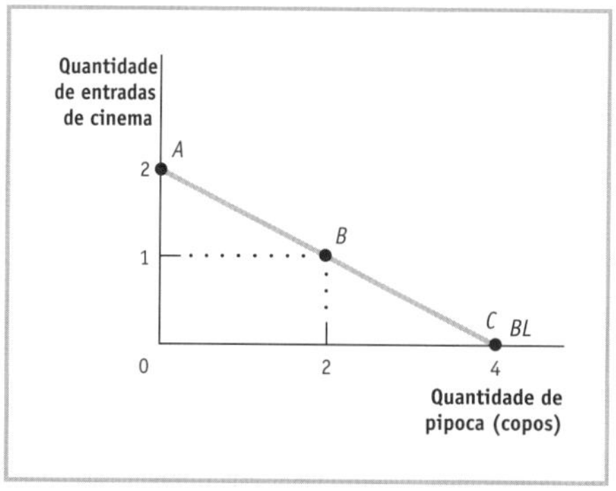

   b. A tabela a seguir mostra as possibilidades de consumo de um consumidor, de *A* a *D*. Essas possibilidades de consumo estão desenhadas no gráfico, junto com a linha do orçamento do consumidor, *BL*.

Pacote de consumo	Quantidade de cuecas (pares)	Quantidade de meias (pares)
A	0	6
B	1	4
C	2	2
D	3	0

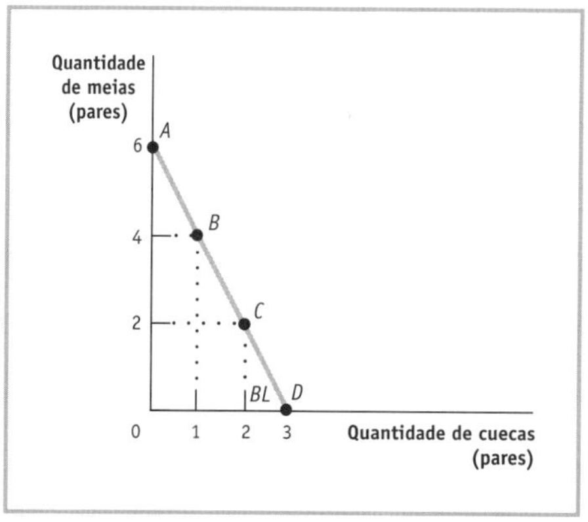

Teste seu entendimento 10.3

1. Na Tabela 10.3 pode-se ver que a utilidade marginal por $ de Sammy ao aumentar seu consumo de 3 rolinhos para 4 e sua utilidade marginal por $ ao aumentar seu consumo de refrigerantes de 9 para 10 latas são iguais: 0,75 util. Mas esse não é o pacote de consumo ótimo de Sammy, porque não está ao alcance do seu orçamento de $ 20; 4 rolinhos e 10 latas de refrigerante custam $ 4 × 4 + $ 2 × 10 = $ 36, $ 16 mais do que a renda de Sammy. Isso pode ser ilustrado com a linha do orçamento de Sammy no painel (a) da Figura 10.3: um pacote de 4 rolinhos e 10 latas de refri-

gerante é representado pelo ponto *X* no gráfico a seguir, um ponto que está fora da linha de orçamento de Sammy. Se você olhar para o eixo horizontal do painel (a) da Figura 10.3, ficará claro que não existe nas possibilidades de consumo de Sammy um pacote que consista em 4 rolinhos e 10 latas de refrigerante.

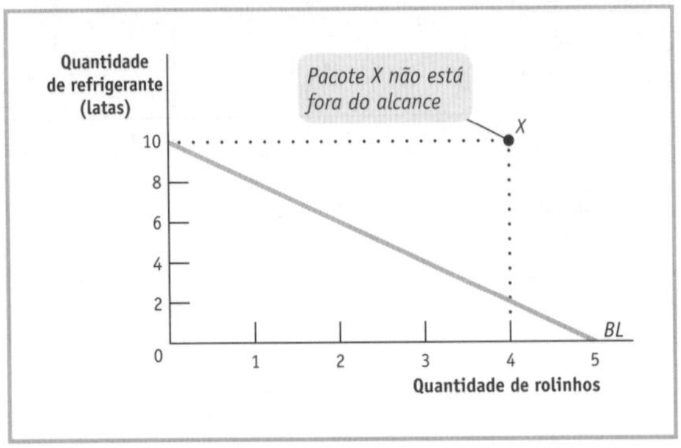

2. A utilidade máxima por $ de Sammy é gerada quando ele passa do consumo de 0 para 1 rolinho (3,75 utils) e quando ele vai de 0 a 1 lata de refrigerante (5,75 utils). Mas esse pacote de 1 rolinho e 1 lata de refrigerante gera apenas 26,5 utils para ele. Em vez disso, Sammy deveria escolher o pacote de consumo condizente com sua restrição orçamentária e no qual a utilidade marginal por dólar para ambos os bens é igual.

Teste seu entendimento 10.4

1. **a.** Como o gasto com suco de laranja é uma parcela pequena do gasto de Clare, o efeito renda de um aumento no preço do suco de laranja é insignificante. Somente o efeito substituição, representado por substituir o suco de laranja por limonada, é significativo.

   b. Como o aluguel representa uma porcentagem grande do gasto de Delia, o aumento do aluguel gera um efeito renda, fazendo Delia se sentir mais pobre. Como a moradia é um bem normal para Delia, os efeitos renda e substituição movem-se na mesma direção, levando-a a reduzir seu consumo de moradia ao mudar-se para um apartamento menor.

   c. Como o tíquete-refeição é uma parcela significativa do custo de vida dos estudantes, um aumento no seu preço gera efeito renda significativo. Como as refeições no restaurante da faculdade são um bem inferior, o efeito substituição (que deve induzi-los a comer com menos frequência no restaurante da faculdade) e o efeito renda (que deve induzi-los a comer no restaurante da faculdade com mais frequência do que em restaurantes fora da faculdade, porque eles ficaram mais pobres) movem-se em direções opostas.

2. Para determinar se qualquer bem é de Giffen, será preciso ver primeiro se é um bem inferior. Em outras palavras, se a renda dos estudantes cai, tudo o mais mantido constante, a demanda de refeições no restaurante da faculdade aumenta? Depois de verificar se é bem inferior, é preciso ver se o efeito renda supera o efeito substituição. Ou seja, se o preço da refeição do restaurante da faculdade sobe, tudo o mais mantido constante, a demanda por essas refeições aumenta? É preciso ver com cuidado se, de fato, tudo o mais é mantido constante. Mas, se a quantidade de refeições do restaurante demandada realmente aumenta quando aumenta o preço, elas são um bem de Giffen.

Capítulo 11

Teste seu entendimento 11.1

1. **a.** O insumo fixo é a máquina de 10 toneladas e o insumo variável é a eletricidade.

   b. Como se vê pelos números decrescentes na terceira coluna da tabela a seguir, a eletricidade de fato apresenta retornos decrescentes: o produto marginal de cada quilowatt adicional de eletricidade é menor do que o do quilowatt anterior.

Quantidade de eletricidade (kW)	Quantidade de gelo (libras)	Produto marginal da eletricidade (libras por kW)
0	0	
		1.000
1	1.000	
		800
2	1.800	
		600
3	2.400	
		400
4	2.800	

   c. Um aumento de 50% no tamanho do insumo fixo significa que Bernie tem agora uma máquina de 15 toneladas. Assim, o insumo fixo é agora a máquina de 15 toneladas. Como ela gera um aumento de 100% no produto para qualquer quantidade dada de eletricidade, a quantidade de produto e o produto marginal são agora o que aparece na tabela a seguir.

Quantidade de eletricidade (kW)	Quantidade de gelo (libras)	Produto marginal da eletricidade (libras por kW)
0	0	
		2.000
1	2.000	
		1.600
2	3.600	
		1.200
3	4.800	
		800
4	5.600	

Teste seu entendimento 11.2

1. **a.** Como se mostra na tabela a seguir, o custo marginal de cada torta se verifica multiplicando o custo marginal da torta anterior por 1,5. O custo variável de cada nível de produção se encontra somando o custo marginal de todas as tortas para chegar ao nível de produto. Assim, por exemplo, o custo variável de três tortas é $ 1,00 + $ 1,50 + $ 2,25 = $ 4,75. O custo fixo médio para *Q* tortas é calculado como $ 9,00 / *Q*, pois o custo fixo é $ 9,00. O custo variável médio para *Q* tortas é igual ao custo variável das *Q* tortas dividido por *Q*; por exemplo, o custo variável médio de 5 tortas é $ 13,19 / 5 ou aproximadamente $ 2,64. Por fim, o custo total médio pode ser calculado de duas maneiras equivalentes: *TC/Q* (custo total sobre quantidade) ou *AVC* + *AFC* (custo variável médio + custo fixo médio).

Quantidade de tortas	Custo marginal da torta	Custo variável	Custo fixo médio da torta	Custo variável médio da torta	Custo total médio da torta
0		$ 0,00	—	—	—
	$ 1,00				
1		1,00	$ 9,00	$ 1,00	$ 10,00
	1,50				
2		2,50	4,50	1,25	5,75
	2,25				
3		4,75	3,00	1,58	4,58
	3,38				
4		8,13	2,25	2,03	4,28
	5,06				
5		13,19	1,80	2,64	4,44
	7,59				
6		20,78	1,50	3,46	4,96

b. O efeito de difusão domina o efeito de retornos decrescentes quando o custo total médio está caindo: a queda no *AFC* domina o aumento no *AVC* para as tortas 1 a 4. O efeito de retornos decrescentes domina quando o custo total médio está subindo: o aumento no *AVC* domina a queda no *AFC* nas tortas 5 e 6.

c. O produto de custo mínimo de Aidy é 4 tortas; isso gera o menor custo médio total, $ 4,28. Quando o produto é inferior a 4, o custo marginal de uma torta é menos que o custo total médio das tortas já produzidas. Assim, fazer uma torta adicional reduz o custo total médio. Por exemplo, o custo marginal da torta 3 é $ 2,25, enquanto o custo total médio das tortas 1 e 2 é $ 5,75. Assim, fazer a torta 3 reduz o custo total médio para $ 4,58, igual a (2 × $ 5,75 + $ 2,25) / 3. Quando a produção é mais que 4, o custo marginal de uma torta é maior que o custo médio total das tortas já produzidas. Consequentemente, fazer uma torta adicional aumenta o custo total médio. Assim, embora o custo marginal da torta 6 seja $ 7,59, o custo total médio das tortas de 1 a 5 é $ 4,44. Fazer a torta 6 aumenta o custo total médio para $ 4,96, igual a (5 × $ 4,44 + 7,59) / 6.

Teste seu entendimento 11.3

1. a. A tabela a seguir mostra o custo total médio de produzir 12.000, 22.000 e 30.000 unidades para cada uma de três escolhas de custo fixo. Por exemplo, se a empresa escolhe a opção 1, o custo total de produzir 12.000 unidades de produto é $ 8.000 + 12.000 × $ 1,00 = $ 20.000. O custo total médio de produzir 12.000 unidades de produto é, portanto, $ 20.000 / 12.000 = $ 1,67. Os outros custos totais médios são calculados de modo similar. Por conseguinte, se a empresa quisesse produzir 12.000 unidades, ela faria a opção 1 porque essa opção lhe dá o menor custo total médio. Se quisesse produzir 22.000 unidades, ela optaria por 2 e, se quisesse produzir 30.000 unidades, optaria por 3.

	12.000 unidades	22.000 unidades	30.000 unidades
Custo total médio da opção 1	$ 1,67	$ 1,36	$ 1,27
Custo total médio da opção 2	1,75	1,30	1,15
Custo total médio da opção 3	2,25	1,34	1,05

b. Tendo historicamente produzido 12.000 unidades, a empresa teria adotado a opção 1. Ao produzir 12.000 unidades, a empresa teria tido um custo total médio de $ 1,67. Quando a produção salta para 22.000 unidades, a empresa não pode alterar a sua escolha de custo fixo no curto prazo, de modo que seu custo total médio no curto prazo será $ 1,36. No longo prazo, contudo, ela adotará a opção 2, fazendo seu custo total médio diminuir para $ 1,30.

c. Se a empresa acredita que o aumento de demanda é temporário, ela não deve mudar seu custo fixo da opção 1, pois a opção 2 gera um custo total médio mais alto logo que a produção volta à quantidade original de 12.000 unidades: $ 1,75 contra $ 1,67.

2. a. Essa empresa provavelmente terá retornos à escala constantes. Para aumentar a produção, a empresa tem de contratar mais trabalhadores, comprar mais computadores e pagar uma conta de telefone maior. Dado que esses insumos estão facilmente disponíveis, seu custo total médio de longo prazo não tenderá a mudar conforme a produção aumentar.

b. Essa empresa provavelmente terá retornos decrescentes à escala. Conforme a empresa aceitar mais projetos, os custos de comunicação e coordenação necessários para aproveitar a especialidade técnica do dono da empresa provavelmente aumentarão. Como resultado, o custo total médio a longo prazo da empresa aumentará à medida que a produção aumentar.

c. Essa empresa tenderá a ter retornos crescentes à escala. Como a mineração de diamantes exige um custo de instalação elevado para equipamento de escavação, o custo total médio de longo prazo cairá à medida que a produção aumentar.

3. O gráfico a seguir mostra a curva de custo total médio de longo prazo (*LRATC*) e a curva de custo total médio de curto prazo correspondente a uma escolha de longo prazo de produzir 5 caixas de molho (ATC_5). A curva ATC_5 mostra o custo total médio de curto prazo em relação ao qual o nível do custo fixo minimiza o custo total com produção de 5 caixas de molho. Isso se confirma pelo fato de que, com 5 caixas por dia, ATC_5 toca *LRATC*, a curva de custo total médio de longo prazo.

Se Selena espera produzir apenas 4 caixas de molho por um longo tempo, a empresa deve mudar seu custo fixo. Se ela não muda o custo fixo e produz 4 caixas por dia, seu custo total médio de curto prazo é indicado por *B* em ATC_5; não está mais em *LRATC*. Mas, se ela muda seu custo fixo, seu custo total médio pode ser mais baixo, no ponto *A*.

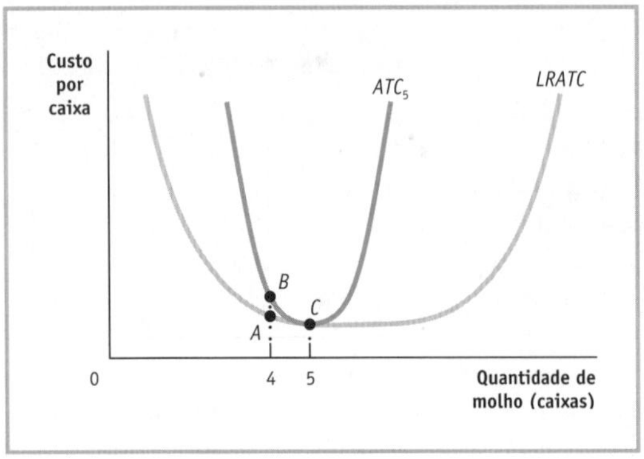

Capítulo 12

Teste seu entendimento 12.1

1. **a.** Com apenas dois produtores no mundo, cada produtor representará uma parcela considerável do mercado. Assim, a indústria não será perfeitamente competitiva.

   b. Como cada produtor de gás natural do Mar do Norte tem apenas uma pequena parcela do total da oferta mundial de gás e como o gás natural é um produto padronizado, a indústria de gás será perfeitamente competitiva.

   c. Como cada *designer* tem um estilo característico, as roupas de alta moda não são um produto padronizado. Assim, a indústria não é perfeitamente competitiva.

   d. O mercado descrito aqui é o mercado de cada cidade para entradas em jogos de beisebol. Como há apenas um ou dois times em cada cidade importante, cada time representa uma parcela considerável do mercado. Assim, o setor não é perfeitamente competitivo.

Teste seu entendimento 12.2

1. **a.** A empresa deve fechar imediatamente quando o preço é menor do que o custo variável médio mínimo, o preço de fechamento. No gráfico a seguir, essa é a solução ótima para os preços que vão de 0 a P_1.

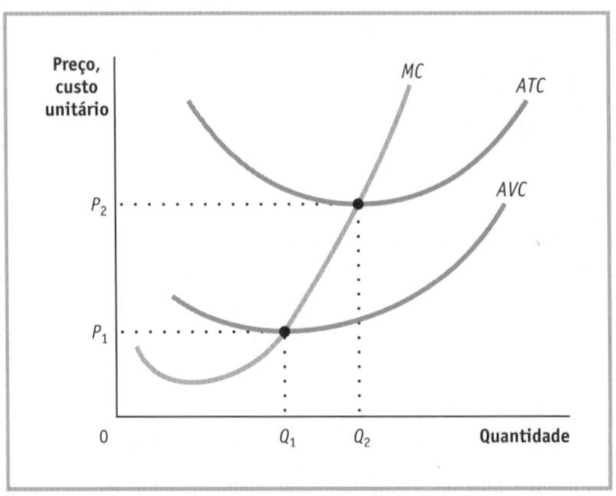

   b. Quando o preço é superior ao custo variável médio mínimo (o preço de fechamento), mas inferior ao custo total médio mínimo (o preço que iguala custo e receita), a empresa deve continuar a operar no curto prazo mesmo que tenha prejuízo. Esse é o ideal para preços entre P_1 a P_2 e quantidades de Q_1 a Q_2.

   c. Quando o preço excede o custo total médio mínimo (o preço que iguala custo e receita), a empresa tem lucro. Isso acontece para preços superiores a P_2 e quantidades superiores a Q_2.

2. Esse é um exemplo de fechamento temporário de uma empresa quando o preço de mercado fica abaixo do preço de fechamento, o custo variável médio mínimo. Nesse caso, o preço de mercado é o preço de um prato de lagosta na barraca e o custo variável é o custo variável de servir esse prato, como o custo da lagosta, o salário dos empregados e assim por diante. Nesse exemplo, contudo, é a curva de custo variável que se desloca ao longo do tempo e não o preço de mercado, em virtude de mudanças sazonais no custo da lagosta. As barracas que servem lagosta no verão têm custo variável médio relativamente baixo durante essa época, quando há lagosta barata disponível no Maine. No resto do ano seu custo variável médio é relativamente alto, devido ao elevado custo da lagosta importada. Assim, as barracas que servem lagosta ficam abertas durante o verão, quando seu custo variável médio mínimo está abaixo do preço. Mas elas fecham durante o resto do ano, quando o preço fica abaixo do seu custo variável médio mínimo.

Teste seu entendimento 12.3

1. **a.** Uma queda no custo fixo de produção gera queda no custo total médio de produção e, no curto prazo, gera aumento no lucro de cada empresa ao nível corrente de produção. Assim, no longo prazo, novas empresas entrarão na indústria. O aumento na oferta pressiona para baixo preços e lucros. Quando os lucros são pressionados de volta para zero, a entrada para.

   b. Um aumento de salários gera aumento na variável de média e no custo total médio de produção em cada nível de produto. No curto prazo, as empresas terão perdas no nível corrente de produto e, assim, no longo prazo, as empresas sairão da indústria. (Se o custo variável médio aumenta o suficiente, algumas empresas podem até fechar em curto prazo.) À medida que as empresas saem, a oferta diminui, os preços sobem e as perdas vão diminuindo. As saídas de empresas param quando as perdas voltam a zero.

   c. O preço vai subir em consequência de maior demanda, causando aumento de curto prazo nos lucros no nível de produção corrente. No longo prazo, as empresas entrarão na indústria, gerando aumento de oferta, queda no preço e queda nos lucros. Quando os lucros são pressionados de volta para zero, a entrada para.

   d. A escassez de um insumo essencial faz o preço desse insumo aumentar, resultando em aumento no custo total médio para os produtores. As empresas incorrem em perdas no curto prazo e algumas delas sairão do setor no longo prazo. A queda na oferta gera aumento no preço e menores perdas. A saída vai cessar quando as perdas tiverem retornado a zero.

2. No gráfico a seguir, o ponto X_{MKT} no painel (b), a interseção de S_1 com D_1, representa o equilíbrio de longo prazo da indústria antes de mudanças no gosto dos consumidores. Quando os gostos mudam, a demanda cai e a indústria se move no curto prazo para o ponto Y_{MKT} no painel (b), na interseção da nova curva de demanda D_2 e S_1, sendo que a curva de oferta a curto prazo representa o mesmo número de produtores de ovos como no equilíbrio original no ponto X_{MKT}. À medida que o preço de mercado cai, a empresa individual reage produzindo menos, como se mostra no painel (a), enquanto o preço de mercado permanece acima do custo variável médio mínimo. Se o preço de mercado cair abaixo desse custo, a empresa terá de fechar imediatamente. No ponto Y_{MKT}, o preço dos ovos está abaixo do custo total médio mínimo, criando perdas

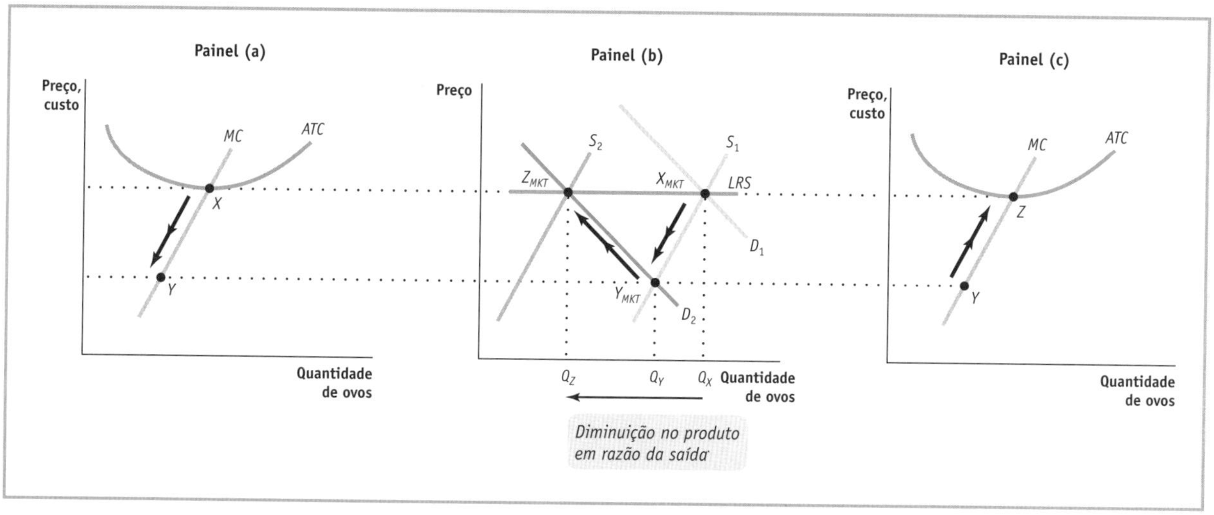

para os produtores. Isso leva algumas empresas a fechar, o que desloca a curva de oferta da indústria de curto prazo para a esquerda até S_2. Um novo equilíbrio de longo prazo se estabelece no ponto Z_{MKT}. Quando isso acontece, o preço de mercado volta a subir e, como aparece no painel (c), cada produtor que permanece reage aumentando a produção (aqui, do ponto *Y* para o ponto *Z*). Todos os produtores que permanecem de novo têm lucro zero. A queda na quantidade ofertada de ovos vem inteiramente da saída de alguns produtores dessa indústria. A curva de oferta de longo prazo da indústria é a curva indicada por *LRS* no painel (b).

Capítulo 13

Teste seu entendimento 13.1

1. **a.** Isso não apoia a conclusão. A Texas Tea tem uma quantidade limitada de petróleo, e o preço subiu a fim de igualar oferta e demanda.
   b. Isso apoia a conclusão, porque o mercado de combustível para aquecimento doméstico tornou-se um monopólio e um monopolista reduzirá a quantidade ofertada e aumentará o preço para gerar lucro.
   c. Isso não apoia a conclusão. A Texas Tea aumentou seu preço para os consumidores porque o preço do seu insumo, combustível para aquecimento, aumentou.
   d. Isso apoia a conclusão. O fato de outras empresas terem começado a fornecer combustível para aquecimento a um preço menor implica que a Texas Tea deve ter tido lucros, que atraíram outras empresas para Frigid.
   e. Isso apoia a conclusão. Indica que a Texas Tea se beneficia com uma barreira à entrada, por controlar o acesso ao único oleoduto para aquecimento no Alasca.
2. **a.** Estender a duração da patente aumenta o período durante o qual o inventor pode reduzir a quantidade ofertada e aumentar o preço de mercado. Como isso aumenta o tempo durante o qual o inventor pode obter lucros econômicos da sua invenção, aumenta o incentivo para inventar novos produtos.
   b. Estender a duração da patente também aumenta o período em que os consumidores têm de pagar preços mais altos. Assim, determinar a duração adequada da patente envolve um *trade-off* entre incentivo desejável à invenção e preço alto indesejável para os consumidores.
3. **a.** Quando grande número de pessoas usa cartões de crédito da Passport, há mais probabilidade de um comerciante aceitar esse cartão. Assim, quanto maior a base de clientes, maior a probabilidade de o cartão Passport ser aceito.
   b. Quando muita gente tiver carro com um novo tipo de motor, será mais fácil achar um mecânico que consiga consertá-lo.
   c. Quando o *site* tem muitos usuários, é mais fácil encontrar compradores ou vendedores para algo que se quer vender ou comprar.

Teste seu entendimento 13.2

1. **a.** O preço de cada nível de produção é encontrado dividindo-se a receita total pelo número de esmeraldas produzidas; por exemplo, quando são produzidas 3 esmeraldas, o preço é \$ 252 / 3 = \$ 84. O preço nos vários níveis de produção é então usado para construir a tabela de demanda mostrada adiante.
   b. A tabela de receita marginal é encontrada calculando-se a mudança na receita total quando o produto aumenta em uma unidade. Por exemplo, a receita marginal gerada ao se aumentar o produto de 2 para 3 esmeraldas é \$ 252 – \$ 186 = \$ 66.
   c. O componente da receita marginal que representa o efeito quantidade é a receita adicional gerada por vender mais uma unidade do bem ao preço de mercado. Por exemplo, como se mostra na tabela a seguir, em 3 esmeraldas o preço de mercado é \$ 84. Assim, quando se vai de 2 para 3 esmeraldas, o efeito quantidade é \$ 84.
   d. O componente da receita marginal que corresponde ao efeito preço é o declínio na receita total causado pela queda de preço quando mais uma unidade é vendida. Por exemplo, como se mostra na tabela a seguir, quando são vendidas apenas 2 esmeraldas, cada esmeralda é vendida ao preço de \$ 93. Contudo, quando a Emerald Inc. vende uma esmeralda adicional, o preço tem de cair em \$ 9 para \$ 84. Assim, o componente do efeito preço ao passar de 2 para 3 esmeraldas é (–\$ 9) × 2 = –\$ 18. Isso porque 2 esmeraldas só podem ser vendidas ao preço de \$ 84 quando se vende um total de 3 esmeraldas, embora elas possam ser vendidas ao preço de \$ 93 quando se vende o total de apenas 2 esmeraldas.

Quantidade demandada de esmeraldas	Preço da esmeralda	Receita marginal	Componente do efeito quantidade	Componente do efeito preço
1	$ 100			
		$ 86	$ 93	–$ 7
2	93			
		66	84	–18
3	84			
		28	70	–42
4	70			
		–30	50	–80
5	50			

e. Para se determinar o nível de produto da Emerald Inc. que maximiza o lucro, é preciso saber o custo marginal a cada nível de produção. O nível que maximiza o lucro é aquele em que a receita marginal é igual ao custo marginal.

2. Como mostra o gráfico a seguir, a curva de custo marginal se desloca para cima até $ 400. A quantidade que maximiza o lucro cai, caindo também o lucro de $ 3.200 para $ 300 × 6 = $ 1.800. Os lucros de uma indústria competitiva, contudo, permanecem sem modificação, em zero.

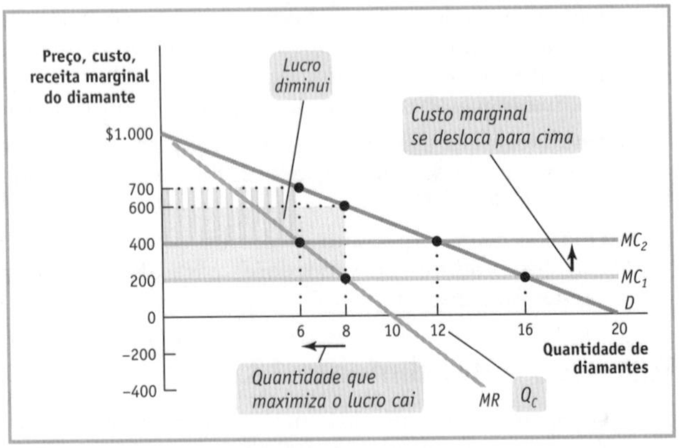

Teste seu entendimento 13.3

1. a. O serviço de internet por cabo é um monopólio natural. O governo deve intervir somente se considerar que o preço excede o custo total médio, quando o custo total médio se baseia no custo de instalar os cabos. Nesse caso, ele deve impor um teto de preços igual ao custo total médio. Do contrário, não deve fazer nada.

b. O governo deve aprovar a fusão somente se puder promover a competição, transferindo algumas rotas da companhia para outras companhias de aviação que estão competindo.

2. a. Falso. Como se pode ver na Figura 13.8, painel (b), a ineficiência surge do fato de que uma parte do excedente do consumidor é transformada em peso morto (área listrada), não do fato de que é transformada em lucro (área do quadrado cinza).

b. Verdadeiro. Se o monopolista vendesse a todos os consumidores que atribuem valor superior ou igual ao custo marginal, todas as transações seriam mutuamente benéficas e não haveria peso morto.

3. Como se mostra no gráfico a seguir, um monopolista produz Q_M, o nível de produto pelo qual a receita marginal é igual ao custo marginal ($MR = MC$). Um monopolista que erroneamente crê que $P = MR$ vai produzir o nível de produto pelo qual $P = MC$ (quando de fato $P > MR$ e, no nível de produto que de fato maximiza o lucro, $P > MR = MC$). Esse monopolista enganado produzirá o nível de produto Q_C, em que a curva de demanda cruza a curva de custo marginal – o mesmo nível de produto que seria produzido se a indústria fosse perfeitamente competitiva. Ele cobrará o preço P_C, que é igual ao custo marginal, e terá lucro zero. O total da área sombreada é igual ao excedente do consumidor, que é também igual ao excedente total nesse caso (pois o monopolista recebe excedente do produtor zero). Não há peso morto porque cada consumidor disposto a pagar tanto quanto ou mais que o custo marginal obtém o bem. Um monopolista esperto, contudo, produzirá no nível Q_M e cobrará o preço P_M. O lucro é igual à área do quadrado cinza-claro, o excedente do consumidor corresponde à área do triângulo cinza-escuro e o excedente total é igual à soma dessas áreas. A área do triângulo cinza-claro é o peso morto gerado pelo monopolista.

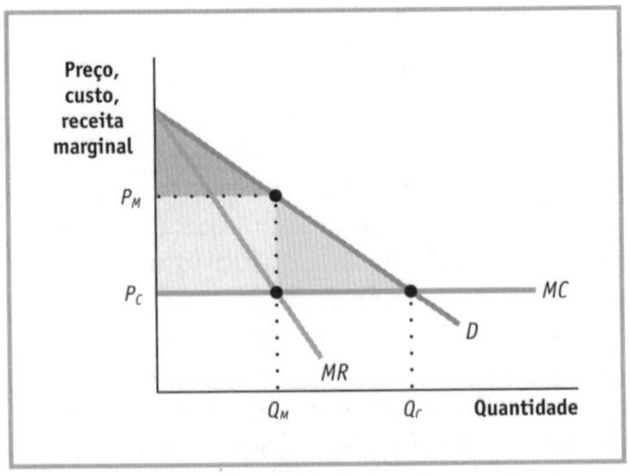

4. O Facebook (agora, Meta) tem quase 2,5 bilhões de usuários, criando uma externalidade de rede. Nesse ponto, ele está experimentando retornos de escala cada vez maiores. Porém, ao mesmo tempo existem muitas redes de mídia social, incluindo Twitter, Instagram e Snapchat, o que reduziu a fatia de mercado do Facebook.

Teste seu entendimento 13.4

1. a. Falso. Um monopolista que discrimina preços venderá a alguns consumidores o que um monopolista de preço único rejeitará – a saber, os clientes de alta elasticidade-preço da demanda que estão dispostos a pagar apenas um preço relativamente baixo pelo bem.

b. Falso. Embora de fato um monopolista discriminador de preços capture mais do excedente do consumidor, a ineficiência é menor: ocorrem mais transações mutuamente benéficas, porque o monopolista faz mais vendas a consumidores com baixa disposição de pagar pelo bem.

c. Verdadeiro. Com a discriminação de preços, cobram-se dos consumidores preços que dependem de sua elasticidade-preço da demanda. Um consumidor com demanda altamente elástica pagará menos que um consumidor com demanda inelástica.

2. a. Esse não é um caso de discriminação de preços porque todos os consumidores, independentemente de sua elasticidade-preço da demanda, dão menor valor à mercadoria com defeito do que à mercadoria sem defeito, de modo que o preço tem de ter desconto para vender a mercadoria.

b. Esse é um caso de discriminação de preços. Os idosos têm elevada elasticidade-preço da demanda por refeições em restaurantes (sua demanda por refeições em restaurantes é mais sensível a mudanças de preço), comparados com outros clientes. Os restaurantes reduzem o preço para consumidores de alta elasticidade (idosos).

Consumidores com baixa elasticidade-preço da demanda pagarão o preço completo.

c. Esse é um caso de discriminação de preços. Consumidores com alta elasticidade-preço da demanda pagarão menos coletando e usando os cupons de desconto. Consumidores com baixa elasticidade-preço da demanda não usarão os cupons.

d. Esse não é um caso de discriminação de preços; é apenas um caso de oferta e demanda.

Capítulo 14

Teste seu entendimento 14.1

1. a. A indústria mundial do petróleo é um oligopólio porque poucos países controlam um recurso necessário para a produção: reservas de petróleo.

b. A indústria de microprocessadores é um oligopólio porque duas empresas possuem tecnologia superior e, assim, dominam a produção do setor.

c. A indústria de aviões a jato de grande porte para passageiros é um oligopólio porque há economias de escala na produção.

2. a. O índice HHI de concentração nessa indústria é $62{,}5^2 + 24{,}9^2 + 11{,}7^2 + 0{,}9^2 = 4.664$.

b. Se Yahoo! e Bing chegassem a uma fusão, tornando-se um mercado combinado de 11,7% + 24,9% = 36,6%, o índice HHI nesse setor seria $62{,}5^2 + 36{,}6^2 + 0{,}9^2 = 5.247$.

Teste seu entendimento 14.2

1. a. A empresa tenderá a agir de forma não cooperativa e a aumentar o produto, o que vai gerar um efeito preço negativo. Mas, como a parcela de mercado da empresa é atualmente pequena, o efeito preço negativo recairá mais pesadamente sobre as receitas dos rivais do que sobre suas próprias receitas. Ao mesmo tempo, a empresa se beneficiará com um efeito quantidade positivo.

b. A empresa tenderá a agir de forma não cooperativa e a aumentar a produção, o que vai gerar queda no preço. Como seus rivais têm custos mais altos, eles perderão dinheiro ao preço mais baixo, enquanto a empresa continuará tendo lucro. Assim, a empresa poderá ser capaz de expulsar os rivais do setor ao aumentar sua produção.

c. A empresa provavelmente vai buscar uma colusão. Como sai caro para os consumidores mudar de produto, a empresa terá de baixar seu preço substancialmente (aumentando bastante a quantidade) para induzir os consumidores a adotarem seu produto. Assim, aumentar a quantidade produzida tenderá a não ser lucrativo, dado o elevado efeito preço negativo.

d. A empresa tenderá a atuar de forma não cooperativa porque sabe que os rivais não podem retaliar aumentando sua produção.

Teste seu entendimento 14.3

1. Quando Margaret constrói um míssil, o ganho de Nikita de também construir um míssil é –10; é –20 se ela não constrói um míssil. O mesmo conjunto de ganhos vale para Margaret quando Nikita constrói um míssil: seu ganho é –10 se ela também constrói um, e é –20 se ela não constrói. Trata-se, pois, de um equilíbrio de Nash (não cooperativo) tanto para Margaret quanto para Nikita construírem mísseis, e seu ganho total é (–10) + (–10) = –20. Mas seu ganho total é maior quando nenhuma das duas constrói um míssil: seu ganho total é 0 + 0 = 0. Mas esse resultado – o resultado cooperativo – não é provável. Se Margaret constrói um míssil mas Nikita não, Margaret tem ganho de +8, em lugar do 0 que ela obtém se não constrói o míssil. Assim, Margaret fica em situação melhor se constrói um míssil, mas Nikita não. De modo semelhante, Nikita fica em situação melhor se constrói um míssil mas Margaret não: ela obtém ganho de +8, em vez do 0 que obtém se não construir um míssil. Assim, os participantes no jogo têm incentivo para construir mísseis. Ambos vão construir mísseis e cada um terá um ganho de –10. A não ser que Margaret e Nikita possam se comunicar de alguma maneira para cooperar, elas agirão no seu próprio interesse individual e cada uma construirá um míssil.

2. a. A entrada futura de várias empresas novas aumentará a competição e pressionará para baixo os lucros da indústria. Em consequência, haverá menos lucro futuro para proteger com comportamento cooperativo hoje. Assim, cada oligopolista tenderá a se comportar hoje de modo não cooperativo.

b. Quando é muito difícil para uma empresa detectar se outra aumentou o seu produto, é muito difícil implementar a cooperação pela estratégia "olho por olho". Assim, é mais provável que a empresa se comporte de modo não cooperativo.

c. Quando as empresas mantêm seus preços altos por muito tempo, cada uma conta com a cooperação da outra para continuar. Logo, o preço de se comportar de modo cooperativo atualmente é alto, e provavelmente as empresas buscarão uma colusão tácita.

Teste seu entendimento 14.4

1. a. É provável que isso seja interpretado como evidência de colusão tácita. As empresas de determinado setor podem efetuar colusão tácita ao fixarem seus preços de acordo com o preço "sugerido" pela maior empresa do setor. Essa é uma forma de liderança de preço.

b. Não é provável que isso seja interpretado como evidência de colusão tácita. Uma variação significativa nas participações do mercado indica que as empresas têm competido entre si para conquistar mercado.

c. Não é provável que isso seja interpretado como evidência de colusão tácita. Essas características tornam menos provável que os consumidores mudem de um produto para outro em resposta a preços mais baixos. Trata-se de uma maneira como as empresas evitam qualquer tentação de ganhar parcela de mercado baixando preços. É uma forma de diferenciação de produto usada para evitar a competição direta.

d. Isso provavelmente será interpretado como evidência de colusão tácita. Sob o disfarce de discutir metas de vendas, as empresas podem criar um cartel, definindo as quantidades que cada uma produzirá.

e. Isso provavelmente será interpretado como evidência de colusão tácita. Quando se aumentam os preços de modo conjunto, cada empresa no setor está se recusando a competir com seus rivais, deixando seu preço inalterado ou baixando-o. Como cada uma poderia ganhar parcela de mercado baixando o preço, não fazê-lo é evidência de colusão tácita.

Capítulo 15

Teste seu entendimento 15.1

1. **a.** As escadas não são diferenciadas por causa de competição monopolística. Um produtor faz diferentes escadas (escadas pequenas, escadas compridas) para satisfazer diferentes necessidades do consumidor, e não para evitar a competição com rivais. Assim, duas escadas compridas produzidas por dois produtores diferentes não se distinguem para o consumidor.

   b. Refrigerantes são um exemplo de diferenciação de produto pela competição monopolística. Por exemplo, vários produtores fabricam refrigerantes gaseificados e cada um é diferente em termos de gosto, da cadeia de restaurantes que o vende etc.

   c. Lojas de roupas são um exemplo de diferenciação de produto resultante da competição monopolística. Elas atendem a clientelas diversas, que têm diferentes sensibilidades a preços e gostos diferentes. Também oferecem diferentes níveis de atendimento ao consumidor e estão presentes em diversos locais.

   d. O aço não se diferencia como resultado de competição monopolística. Diferentes produtos de aço (vergalhões *versus* chapas, por exemplo) são feitos para finalidades diversas e não para distinguir uma siderúrgica de outra.

2. **a.** Indústrias perfeitamente competitivas e indústrias em competição monopolística têm muitos vendedores, de modo que pode ser difícil distinguir entre elas apenas pelo número de empresas. Em ambas as estruturas de mercado existe livre entrada e saída da indústria no longo prazo. Mas na indústria perfeitamente competitiva é vendido um produto padronizado, enquanto na indústria de competição monopolística os produtos são diferenciados. Assim, o que se deve perguntar é se os produtos na indústria são diferenciados.

   b. Em um monopólio há apenas uma empresa, mas na indústria em competição monopolística há muitas empresas. Assim, o que se deve perguntar é se há ou não uma única empresa no setor.

Teste seu entendimento 15.2

1. **a.** Um aumento no custo fixo aumenta o custo total médio e desloca a curva de custo total médio para cima. No curto prazo, as empresas incorrem em perda e algumas sairão da indústria. No longo prazo algumas empresas sairão do setor, e isso resulta em deslocamento para a direita das curvas de demanda das empresas que permanecem no setor, pois cada uma serve agora uma fatia maior de mercado. O equilíbrio de longo prazo é restabelecido quando a curva de demanda de cada empresa que permanece se desloca para a direita até o ponto em que ela fica tangente à nova curva de custo total médio mais alta. Nesse ponto, o preço de cada empresa é igual ao custo total médio, e cada empresa tem lucro zero.

   b. Uma redução no custo marginal reduz o custo total médio e desloca a curva de custo total médio e a curva de custo marginal para baixo. Como as empresas existentes agora têm lucro, no longo prazo, novos entrantes serão atraídos para a indústria. No longo prazo, isso resulta em deslocamento para a esquerda da curva de demanda de cada empresa, pois cada uma tem agora uma parcela menor do mercado. O equilíbrio de longo prazo é restabelecido quando a curva de demanda de cada empresa se desloca para a esquerda até o ponto em que fica tangente à nova curva de custo total médio, agora mais baixa. Nesse ponto, o preço de cada empresa é exatamente igual ao custo total médio e cada uma tem lucro zero.

2. Se todas as empresas existentes na indústria se juntassem para criar um monopólio, elas alcançariam lucros de monopólio. Mas isso induziria novas empresas a criarem produtos novos diferenciados e entrarem na indústria para capturar parte dos lucros de monopólio. Assim, no longo prazo, seria impossível manter o monopólio. O problema surge do fato de que, como novas empresas podem criar novos produtos, não há barreira à entrada que possa manter um monopólio.

Teste seu entendimento 15.3

1. **a.** Falso. Como se pode ver no painel (b) da Figura 15.4, uma empresa em competição monopolística produz no ponto em que o preço excede o custo marginal – diferentemente de uma empresa perfeitamente competitiva, que produz onde o preço é igual ao custo marginal (no ponto de custo total médio mínimo). Uma empresa em competição monopolística se recusará a vender ao custo marginal. Isso estaria abaixo do custo total médio e a empresa incorreria em perda.

   b. Verdadeiro. Empresas de uma indústria em competição monopolística poderiam obter lucro maior (lucro de monopólio) se todas se reunissem e produzissem um único produto. Além disso, como a indústria possui capacidade em excesso, produzir uma quantidade maior reduziria o custo total médio da empresa. O efeito sobre os consumidores, contudo, é ambíguo. Eles passariam a ter menos escolha. Mas, se a consolidação reduz substancialmente o custo total médio na indústria em seu conjunto e, por conseguinte, aumenta substancialmente o produto da indústria em seu conjunto, os consumidores podem obter preços menores sob monopólio.

   c. Verdade. Manias e modas são criadas e promovidas pela publicidade, que ocorre em oligopólios e em indústrias em competição monopolística, mas não no monopólio ou em indústrias em competição perfeita.

Teste seu entendimento 15.4

1. **a.** Economicamente útil, porque essa publicidade tenderá a enfatizar os benefícios médicos da aspirina.

   b. Desperdício econômico, pois essa publicidade tenderá a se concentrar em promover a aspirina Bayer contra uma aspirina rival. Os dois produtos não têm diferença do ponto de vista médico.

   c. Economicamente útil, porque essa publicidade tenderá a apresentar o suco de laranja como saudável e prazeroso.

   d. Há desperdício econômico porque essa publicidade tenderá a se concentrar em promover o suco de laranja Tropicana contra um produto rival. Os dois provavelmente são indistinguíveis para o consumidor.

   e. Economicamente útil, porque a longevidade de um negócio dá ao cliente potencial informação sobre sua qualidade.

2. Uma marca de sucesso indica atributo desejável, como qualidade, para o comprador potencial. Assim, mantendo-se constantes outros fatores como o preço, uma empresa com marca de sucesso alcançará maiores vendas do que uma rival com produto comparável, mas sem marca de sucesso. Isso provavelmente desencorajará novas empresas de entrarem na indústria em que existem empresas com marca de sucesso.

Capítulo 16

Teste seu entendimento 16.1

1. a. O custo externo é a poluição causada pelos efluentes, um custo não compensado que é imposto pelas granjas aos seus vizinhos.

   b. Como as granjas não levam em conta o custo externo de suas ações ao decidirem quanto resíduo escoar, elas geram, na ausência de intervenção governamental ou de um acordo privado, mais efluentes do que o socialmente ótimo. E produzirão efluentes poluidores até o ponto em que o benefício social marginal de uma unidade adicional de efluente for zero; contudo, seus vizinhos experimentam um custo social marginal positivo e elevado do efluente gerado nesse nível de produção. Assim, a quantidade de resíduo é ineficiente: reduzir o efluente em uma unidade reduziria o benefício social total menos do que reduziria o custo social total.

   c. Na quantidade socialmente ótima de efluentes gerados, o benefício social marginal é igual ao custo social marginal. A quantidade é mais baixa que o volume de efluentes que seria gerado na ausência de intervenção governamental ou de um acordo privado.

2. O raciocínio de Yasmin não é correto: permitir que alguns livros sejam devolvidos com atraso parece ser socialmente ótimo. Ainda que se imponha um custo social marginal por dia de atraso na devolução, existe algum benefício social marginal positivo para a pessoa que devolve o livro com atraso – por exemplo, um aluno ganha mais tempo para usar o livro na preparação de um trabalho acadêmico.

   O número socialmente ótimo de dias de atraso na devolução do livro é o número pelo qual o benefício social marginal é igual ao custo social marginal. Uma multa tão alta que impeça qualquer atraso na devolução tende a resultar em uma situação na qual as pessoas devolvem os livros embora o benefício social marginal de ficar com eles mais um dia seja maior que o custo social marginal decorrente do atraso – um resultado ineficiente. Nesse caso, permitir mais um dia a um sócio em atraso aumentaria o benefício social total mais do que aumentaria o custo social total. Assim, é apropriado cobrar uma multa moderada que reduza o número de dias de atraso na devolução de livros para um número socialmente ótimo de dias de atraso.

Teste seu entendimento 16.2

1. Esse argumento está equivocado. Permitir que poluidores vendam licenças de emissão faz com que os poluidores encarem o custo de poluir na forma de custo de oportunidade da licença. Caso o poluidor decida não reduzir suas emissões, ele não pode vender suas licenças de emissão. Em consequência, ele deixa de aproveitar a oportunidade de ganhar dinheiro com a venda das licenças. Assim, apesar do fato de que o poluidor recebe um benefício monetário de vender licenças de emissão, o esquema tem o efeito desejado: fazer os poluidores internalizarem a externalidade de suas ações.

2. a. Se o imposto sobre emissões é menor que o custo social marginal em Q_{OPT}, o poluidor se defrontará com um custo marginal de poluir (igual ao montante do imposto), que é inferior ao custo social marginal na quantidade de poluição socialmente ótima. Como o poluidor produzirá emissões poluentes até o ponto em que o benefício social marginal for igual ao seu custo marginal, a quantidade resultante de poluição será maior que a quantidade socialmente ótima. Portanto, há ineficiência: se a quantidade de emissão é maior do que a quantidade socialmente ótima, o custo social marginal excede o benefício social marginal. Uma redução nos níveis de emissões aumentará o excedente social.

   Se o imposto sobre emissões é maior que o custo social marginal em Q_{OPT}, o poluidor se defrontará com um custo marginal de poluir (igual ao montante do imposto) que é maior que o custo social marginal na quantidade de poluição socialmente ótima. Isso levará o poluidor a reduzir as emissões poluentes até abaixo da quantidade socialmente ótima. Também é algo ineficiente: sempre que o benefício social marginal excede o custo social marginal, um aumento nos níveis de emissões aumentará o excedente social.

   b. Se a quantidade total de poluição permitida é fixada em um nível alto demais, a oferta de licenças de emissão será alta, do mesmo modo que será baixo o preço de equilíbrio pelo qual as licenças de emissão serão compradas e vendidas. Isto é, os poluidores se defrontarão com um custo marginal de poluir (o preço da licença) que é "baixo demais" – mais baixo que o custo social marginal na quantidade socialmente ótima de poluição. Em consequência, a poluição será maior do que a quantidade socialmente ótima. Isso é ineficiente e reduz o excedente total.

   Se a quantidade total de poluição permitida for fixada em um nível baixo demais, a oferta de licenças de emissão será baixa, do mesmo modo que será alto o preço de equilíbrio pelo qual as licenças de emissão serão compradas e vendidas. Isto é, os poluidores se defrontarão com um custo marginal de poluir (o preço da licença) que é "alto demais" – mais alto que o custo social marginal na quantidade socialmente ótima de poluição. Em consequência, a poluição será menor do que a quantidade socialmente ótima. Isso também é ineficiente e reduz o excedente total.

   c. Um imposto de carbono aumentará o custo da utilização de combustíveis fósseis, incluindo os preços da gasolina e do carvão. Quando o custo dos combustíveis fósseis aumentar, os consumidores reduzirão seu uso desses tipos de combustível como fontes de energia. Eles provavelmente comprarão carros ainda mais econômicos e investirão em tecnologia solar para suas residências.

Teste seu entendimento 16.3

1. Os tipos de combustível fóssil são carvão, petróleo e gás. As principais fontes de energia limpa são o vento e o sol. A queima de combustíveis fósseis cria emissões de gases do efeito estufa, causando mudança climática. Fontes de energia limpa não emitem gases do efeito estufa, de modo que não contribuem para a mudança climática.

2. A falha de mercado que provocou mudança climática foi a desvalorização histórica do consumo de combustíveis fósseis. Ou seja, o preço de mercado do combustível fóssil era muito baixo em comparação com o custo real das emissões de gases do efeito estufa que foram geradas. A perda estimada para o PIB dos EUA com mudanças climáticas não mitigadas é de 10%; a perda estimada para o PIB mundial é de 20%.

3. Os subsídios governamentais para inovações em energia limpa são uma ferramenta política importante porque, sem eles, é pouco provável que o setor de energia limpa se tornasse competitivo em custos com os combustíveis fósseis. Acordos multilaterais entre países são uma impor-

tante ferramenta política, porque um país provavelmente não estará disposto a reduzir suas emissões sem o comprometimento de outros países com o mesmo objetivo. Os incentivos à escolha individual são importantes porque podem levar a formas rápidas e eficazes de economizar energia e, assim, reduzir as emissões de gases do efeito estufa.

4. Embora a mudança estrutural necessária para lidar com a mudança climática exija alguma perda do PIB, ela é pequena (1) em comparação com os custos da mudança climática não mitigada e (2) em comparação com a taxa de crescimento projetada do PIB ao longo do tempo. Além disso, os custos diretos com saúde devidos a mudanças climáticas não mitigadas são significativos, resultando em milhões a mais e até 5% do PIB mundial.

Teste seu entendimento 16.4

1. A educação universitária proporciona benefícios externos mediante criação de conhecimento. A ajuda aos estudantes funciona como subsídio à educação superior. Se o benefício social marginal da educação é de fato $ 120 bilhões, a ajuda aos estudantes constitui uma política ótima.

2. **a.** Plantar árvores resulta em benefício externo, pois muitas pessoas (não somente aquelas que plantam árvores) podem beneficiar-se com a melhoria da qualidade do ar e com temperaturas mais frescas no verão. Sem subsídio, as pessoas plantarão muito menos árvores, tornando muito baixo o custo social marginal de plantar uma árvore – aquilo a que elas renunciam ao plantar. (Embora muito baixo, tal custo ainda pode ser maior que zero, pois um proprietário tem algum benefício social por plantar uma árvore.) Um subsídio pigouviano induzirá as pessoas a plantar mais árvores, alinhando o benefício social marginal de plantar uma árvore ao custo social marginal.

   b. Sanitários que economizam água geram benefício externo, pois desencorajam o desperdício de água, reduzindo assim a necessidade de bombear água de rios e aquíferos. Sem subsídio, as pessoas usarão água até que o custo social marginal do uso da água seja igual a zero, pois a água não terá custo para elas. Um subsídio pigouviano sobre sanitários que economizam água induzirá os proprietários de casa a reduzir seu consumo de água, de modo que o benefício social marginal da água estará alinhado ao custo social marginal.

   c. Garrafas plásticas descartadas impõem um custo externo por degradar o meio ambiente. Sem um imposto, as pessoas descartarão garrafas plásticas livremente – até que seja zero o custo social marginal de descartar uma garrafa (aquilo a que se deve renunciar ao descartar uma garrafa). Um imposto ou subsídio pigouviano sobre essas garrafas alinhará o benefício social marginal de uma garrafa de bebida ao seu custo social marginal. Isso pode ser feito de duas maneiras: por meio de um imposto ou de um subsídio. O imposto induzirá fabricantes de bebidas a mudar de garrafas plásticas poluentes para recipientes menos poluentes, como caixas de papelão. O subsídio para formas ambientalmente corretas de descarte das embalagens, como a reciclagem, induzirá os consumidores de bebidas a descartar as garrafas de modo que reduza os custos externos.

Teste seu entendimento 16.5

1. **a.** A tensão de um aparelho elétrico tem de ser compatível com a tensão da tomada que se vai usar. Os consumidores vão querer aparelhos de 110 volts quando as casas têm instalação elétrica de 110 volts, e as construtoras instalam tomadas de 110 volts quando a maioria dos compradores potenciais de casas usa aparelhos de 110 volts. Por conseguinte, surgem externalidades de rede porque o consumidor vai querer usar aparelhos que operam com a mesma tensão dos aparelhos usados pela maioria dos outros consumidores.

   b. Impressoras, copiadoras, aparelhos de fax etc. são projetados para tamanhos de papel específicos. Os consumidores vão querer comprar papel do tamanho que possa ser usado nesses aparelhos, e os respectivos fabricantes vão querer fabricar suas máquinas para o tamanho de papel que a maioria dos consumidores usa. Assim, surge uma externalidade de rede, porque o consumidor vai querer usar o tamanho de papel usado pela maioria dos outros consumidores – por exemplo, papel em tamanho A4 em vez de papel em tamanho carta ou ofício.

2. Entre duas companhias que competem, a que alcançar a maior quantidade de vendas tenderá a dominar o mercado. Em um mercado com externalidades de rede, novos consumidores basearão suas decisões de compra no número de consumidores já existentes de um produto específico. Em outras palavras, quanto mais consumidores a empresa possa atrair inicialmente, tanto mais consumidores escolherão comprar seu produto e o produto terá *feedback positivo*. Por isso é importante para a companhia fazer vendas elevadas logo de início. Ela pode fazer isso oferecendo preço baixo, aceitando uma perda em cada unidade vendida. Dessa forma, a companhia que tem mais capacidade de subsidiar grande quantidade de vendas logo no início tenderá a ser a vencedora dessa competição.

Capítulo 17

Teste seu entendimento 17.1

1. **a.** O uso de um parque público é não excludente, mas pode ou não ser rival no consumo, dependendo das circunstâncias. Por exemplo, se você e eu usamos o parque para correr, o seu uso não vai impedir o meu uso – o uso do parque é não rival no consumo. Nesse caso, o parque é um bem público. Mas o uso do parque é rival no consumo quando há muita gente ao mesmo tempo tentando usar a trilha para corrida ou quando o meu uso da quadra de tênis pública impede o seu uso da mesma quadra. Nesses casos, o parque público é um recurso comum.

   b. Um pastel de queijo é tanto excludente quanto rival no consumo. Portanto, é um bem privado.

   c. A informação presente em um *site* protegido por senha é excludente, mas não rival no consumo. Assim, é um bem artificialmente escasso.

   d. A informação publicamente anunciada sobre a rota de um furacão que vai chegar é não excludente e não rival no consumo. Assim, é um bem público.

2. Um produtor privado só fornecerá um bem excludente; de outro modo, o produtor não poderá cobrar um preço que cubra seu custo de produção. Assim, um produtor privado estaria disposto a fornecer pastel de queijo e informação em um *site* protegido por senha, mas não estaria disposto a fornecer um parque público ou informação publicamente anunciada sobre um furacão que está para chegar.

Teste seu entendimento 17.2

1. **a.** Com 10 "caseiros" e 6 "festeiros", a tabela de benefício social marginal de dinheiro gasto na festa se mostra a seguir.

Dinheiro gasto na festa	Benefício social marginal
$0	
	(10 × $ 0,05) + (6 × $ 0,13) = $ 1,28
1	
	(10 × $ 0,04) + (6 × $ 0,11) = $ 1,06
2	
	(10 × $ 0,03) + (6 × $ 0,09) = $ 0,84
3	
	(10 × $ 0,02) + (6 × $ 0,07) = $ 0,62
4	

O nível de gasto eficiente é $ 2, o nível mais alto em que o benefício social marginal é superior ao custo marginal ($ 1).

b. Com 6 caseiros e 10 festeiros, a tabela de benefício social marginal de dinheiro gasto na festa se mostra a seguir.

Dinheiro gasto na festa	Benefício social marginal
$0	
	(6 × $ 0,05) + (6 × $ 0,13) = $ 1,60
1	
	(6 × $ 0,04) + (6 × $ 0,11) = $ 1,34
2	
	(6 × $ 0,03) + (6 × $ 0,09) = $ 1,08
3	
	(6 × $ 0,02) + (6 × $ 0,07) = $ 0,82
4	

O nível de gasto eficiente é agora $ 3, nível mais alto em que o benefício social marginal é superior ao custo marginal ($ 1). O nível eficiente de gasto aumentou comparado com o da parte (a) porque há relativamente mais pessoas festeiras do que caseiras, e $ 1 adicional gasto na festa gera um nível de benefício social mais alto comparado com a situação em que havia relativamente mais caseiros que festeiros.

c. Quando o número de caseiros e o de festeiros são desconhecidos, mas se pergunta aos moradores quais são suas preferências, os caseiros vão se passar por festeiros para induzir um nível mais alto de gasto na festa pública. Isso porque uma pessoa caseira continuará recebendo benefício marginal individual positivo resultante de $ 1 adicional gasto, apesar do fato de que seu benefício marginal individual é mais baixo que o da pessoa festeira para cada $ 1 adicional. Nesse caso, a tabela de benefício social marginal "reportado" de dinheiro gasto na festa será como se mostra a seguir.

Dinheiro gasto na festa	Benefício social marginal
$0	
	16 × $ 0,13 = $ 2,08
1	
	16 × $ 0,11 = $ 1,76
2	
	16 × $ 0,09 = $ 1,44
3	
	16 × $ 0,07 = $ 1,12
4	

Em consequência serão gastos $ 4 na festa, nível mais alto para o qual o benefício social marginal reportado é maior que o custo marginal ($ 1). Independentemente de haver 10 caseiros e 6 festeiros (parte a) ou 6 caseiros e 10 festeiros (parte b), gastar um total de $ 4 na festa é claramente ineficiente, pois o custo marginal excede o benefício social marginal nesse nível de gasto.

Como exercício adicional, consideremos como os caseiros ganham com essa falsa representação. Na parte (a), o nível eficiente de gasto é $ 2. Ao enganarem sobre suas preferências, os 10 caseiros ganham, no total, 10 × ($ 0,03 + $ 0,02) = $ 0,50 – isto é, eles ganham benefício individual marginal pelo fato de passarem do nível de gasto de $ 2 para $ 4. Os 6 festeiros também ganham da enganação dos caseiros; eles ganham 6 × ($ 0,09 + $ 0,07) = $ 0,96 no total. Esse resultado é claramente ineficiente – quando se gastam $ 4 no total, o custo marginal é $ 1, mas o benefício social marginal é apenas $ 0,62, indicando que foi gasto dinheiro demais na festa.

Na parte (b), o nível eficiente de gasto é de fato $ 3. A enganação dos 6 caseiros faz com que eles ganhem, no total, 6 × $ 0,02 = $ 0,12, mas os 10 festeiros ganham 10 × $ 0,07 = $ 0,70 no total. Esse resultado também é claramente ineficiente – quando são gastos $ 4, o benefício social marginal é apenas $ 0,12 + $ 0,70 = $ 0,82, mas o custo marginal é $ 1.

Teste seu entendimento 17.3

1. Se os indivíduos tiverem permissão para retirar quanta madeira quiserem, a área natural de propriedade do governo se tornará um recurso comum e os indivíduos a usarão em excesso – eles derrubarão um número de árvores ineficiente por ser excessivo. Em termos econômicos, o custo social marginal de cortar uma árvore é maior que o custo marginal individual da madeireira privada.

2. Os três métodos consistentes com a teoria econômica são (i) impostos pigouvianos, (ii) um sistema de licenças comercializáveis e (iii) alocação de direitos de propriedade.

   i. *Impostos pigouvianos*. Seria estabelecido um imposto sobre as madeireiras igual à diferença entre o custo social marginal e o custo marginal individual de cortar uma árvore quando a quantidade de corte fosse socialmente eficiente. Para fazer isso, é preciso conhecer a tabela de custo social marginal e a tabela de custo marginal individual.

   ii. *Sistema de licenças comercializáveis*. Seriam emitidas licenças comercializáveis, fixando o número total de árvores a serem cortadas igual à quantidade de corte socialmente eficiente. O mercado que surge para essas licenças alocará o direito de retirar madeira de forma eficiente quando houver diferenças entre as madeireiras no que se refere aos seus custos de cortar madeira: licenças serão compradas por quem tiver custo relativamente mais baixo. O preço de mercado de uma licença será igual à diferença entre o custo social marginal e o custo marginal individual de cortar uma árvore quando a quantidade de corte estiver no nível socialmente eficiente. Para implementar esse nível, é preciso conhecer a quantidade de corte socialmente eficiente.

   iii. *Alocação de direito de propriedade*. Nesse caso, a área natural seria vendida ou concedida a um particular. Essa entidade privada teria direito de excluir outros de retirarem madeira. A retirada de madeira é agora um bem privado – é excludente e rival no consumo. Em consequência, não há mais divergência entre custos sociais e privados, e a entidade privada vai retirar o nível eficiente de árvores. Não é preciso ter informação adicional para usar esse método.

Teste seu entendimento 17.4

1. **a.** O preço eficiente para um consumidor é \$ 0, pois o custo marginal de permitir que um consumidor baixe o programa é \$ 0.

   b. A Xenoid não produzirá o programa de atualização a não ser que possa cobrar um preço que lhe permita pelo menos recuperar os \$ 300.000 que custa produzi-lo. Assim, o preço mais baixo pelo qual a Xenoid estará disposta a produzir o programa é \$ 150. A esse preço, ela terá uma receita total de \$ 150 × 2.000 = \$ 300.000. A qualquer preço mais baixo, a Xenoid não conseguirá cobrir seu custo. A área sombreada no gráfico a seguir mostra a perda por peso morto quando a Xenoid cobra \$ 150.

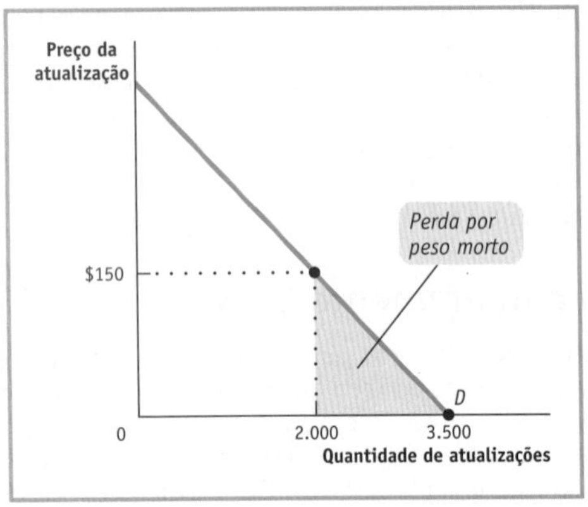

Capítulo 18

Teste seu entendimento 18.1

1. **a.** Um programa que garante aposentadoria é um programa de seguro social. A possibilidade de um empregador ir à falência ou não cumprir sua obrigação de pagar aposentadoria aos empregados cria insegurança. Ao proporcionar uma renda de aposentadoria a esses empregados, o programa alivia a fonte de insegurança econômica.

   b. O plano SCHIP dos Estados Unidos é um programa antipobreza. Ao proporcionar cuidados médicos a crianças de famílias de baixa renda, seus gastos são focados especificamente em classes mais pobres.

   c. A Seção 8 do programa habitacional norte-americano é um programa antipobreza, pois se destina a famílias de baixa renda.

   d. O programa norte-americano para prejuízos das inundações é um projeto de seguro social. Para muitas pessoas, a maior parte da sua riqueza é a casa que elas possuem. O potencial de perda dessa riqueza cria insegurança econômica. Ao dar assistência aos atingidos por inundações, o programa alivia essa fonte de insegurança.

2. O limiar da pobreza é uma medida absoluta de pobreza. Define uma pessoa como pobre quando sua renda está abaixo do nível considerado adequado para a compra das necessidades básicas, independentemente do nível de outras pessoas. Essa medida é fixa: em 2018, por exemplo, custava 12.140 dólares anuais comprar o básico para um indivíduo sozinho viver, nos Estados Unidos. Em especial, o limiar da pobreza não é ajustado conforme o aumento no padrão geral de vida: mesmo se os outros norte-americanos estão melhorando de vida, o nível de pobreza em termos reais (isto é, quantos bens um indivíduo no limiar da pobreza pode comprar) permanece o mesmo.

3. **a.** Para determinarmos a renda média, tomamos a renda total de todos os indivíduos nessa economia e dividimos pelo número de indivíduos. A renda média é (\$ 39.000 + \$ 17.500 + \$ 900.000 + \$ 15.000 + \$ 28.000) / 5 = \$ 999.500 / 5 = \$ 199.900. Para determinar a renda mediana, veja a tabela que lista os cinco indivíduos segundo a renda:

	Renda
Vijay	$15.000
Kelly	17.500
Oskar	28.000
Sephora	39.000
Raul	900.000

   A mediana é a renda do indivíduo bem no meio da distribuição: Oskar, com renda de \$ 28.000. Então, a renda mediana é \$ 28.000.

   A renda mediana é mais representativa da renda dos indivíduos dessa economia: quase todos têm renda entre \$ 15.000 e \$ 39.000, perto da renda mediana de \$ 28.000. Só Raul é exceção: sua renda aumenta a média para \$ 199.900, que não é representativa da maioria das rendas nessa economia.

   b. O primeiro quintil corresponde aos 20% (um quinto) dos indivíduos com a renda mais baixa. Vijay representa 20% dos indivíduos com baixa renda. Sua renda de \$ 15.000 é a renda média do primeiro quintil. Oskar representa os 20% de indivíduos com o terceiro nível mais baixo de renda. Sua renda de \$ 28.000 é a média do terceiro quintil do total considerado.

4. Como o Economia em Ação assinalou, boa parte do aumento da desigualdade reflete diferenças crescentes entre trabalhadores com nível de educação superior. Isto é, trabalhadores com níveis similares de educação obtêm rendas muito diferentes. Em consequência, a principal fonte do aumento da desigualdade nos Estados Unidos hoje está refletida na afirmação (b): o aumento do salário do executivo do banco comparado com o gerente da agência local.

Teste seu entendimento 18.2

1. O programa norte-americano EITC (Earned Income Tax Credit), que corresponde a um imposto de renda negativo, aplica-se apenas a trabalhadores que recebam salário; em certo âmbito de renda, quanto mais o trabalhador ganha, tanto maior o valor recebido do EITC. Uma pessoa sem renda não recebe nenhum crédito a título desse imposto de renda negativo. Em contraste, programas antipobreza que fazem pagamentos apenas com base em baixa renda fazem esses pagamentos mesmo se o indivíduo não trabalha; quando o indivíduo passa a ter determinada renda, esses programas cancelam seus pagamentos. Como resultado, esses programas contêm incentivo para não trabalhar e ganhar salário, pois ter uma renda acima de certo ponto desqualifica o indivíduo para o benefício. O imposto de renda negativo, contudo, oferece incentivo para trabalhar e ganhar salário, porque seus pagamentos aumentam quanto mais a pessoa trabalha.

2. A segunda coluna da Tabela 18.3 informa a redução percentual na taxa geral de pobreza dos programas do governo. Assim, a redução na taxa geral de pobreza pelo estado de bem-estar nos Estados Unidos é dada somando-se os números nessa segunda coluna, que dão uma redução total de 16,7% na taxa geral de pobreza. Para quem tem 65 anos ou mais, o estado de bem-estar corta a taxa de pobreza em 43,6%, o total da soma dos números na última coluna daquela tabela.

Teste seu entendimento 18.3

1. **a.** O programa beneficia você e seus pais porque o conjunto de todos os estudantes universitários contém uma mistura representativa de pessoas mais saudáveis e menos saudáveis, e não um grupo selecionado de pessoas que quer o seguro-saúde porque espera ter elevadas contas médicas. Nesse sentido, esse seguro é semelhante ao *seguro-saúde com base no emprego*. Como nenhum estudante pode sair do esquema, a escola pode oferecer um seguro-saúde baseado nos custos de saúde do estudante médio. Se cada estudante tivesse de pagar seu próprio seguro-saúde, alguns não conseguiriam obter seguro e muitos pagariam mais que o preço do programa de seguro-saúde da escola.

   b. Como todos os estudantes são obrigados a fazer esse seguro-saúde, mesmo os mais saudáveis não podem sair e procurar um seguro mais barato feito especialmente para indivíduos saudáveis. Se isso acontecesse, a escola poderia ficar com uma seleção adversa dos estudantes menos saudáveis e teria de aumentar o prêmio, começando a espiral da morte da seleção adversa. Mas, como nenhum estudante pode deixar o programa, a escola pode continuar a basear seu prêmio na probabilidade média de um estudante ter gastos médicos, evitando a espiral da morte da seleção adversa.

2. Segundo os críticos, parte dos motivos pelos quais o sistema de saúde nos Estados Unidos é tão mais caro que em outros países é sua natureza fragmentada. Como cada uma das muitas companhias de seguro tem custos administrativos (*overhead*) significativos, o sistema tende a ter mais gastos do que se houvesse um único segurador. Outra parte da explicação é que o sistema de saúde dos Estados Unidos inclui muito mais tratamentos caros do que os existentes em outros países ricos, paga salários mais altos aos médicos e tem remédios a preços mais altos.

Teste seu entendimento 18.4

1. **a.** Recorde um dos princípios do Capítulo 1: o gasto de uma pessoa é a renda de outra. Um imposto elevado sobre vendas em um item de consumo é o mesmo que uma taxa de imposto marginal elevada sobre a renda. Em consequência, reduz-se o incentivo para ganhar mais trabalhando ou investindo em projetos arriscados, pois o ganho pós-impostos diminui.

   b. Se você perde o subsídio para a compra da casa logo que sua renda ultrapassa os $ 25.000, seu incentivo para ganhar mais que isso diminui. Se você ganha exatamente $ 25.000, tem subsídio; mas, se você ganha $ 25.001, perde todo o seu subsídio à moradia, ficando em situação pior do que se não tivesse ganho esse $ 1 adicional.

2. Nos últimos 40 anos, a polarização no Congresso norte-americano aumentou. Há 40 anos, alguns republicanos estavam à esquerda de alguns democratas. Hoje, o democrata mais à direita parece estar à esquerda do republicano mais à esquerda.

Capítulo 19

Teste seu entendimento 19.1

1. Muitos professores universitários partirão para outros tipos de trabalho se o governo impuser um salário bem inferior ao salário de mercado. Menos professores representam menos cursos dados e, portanto, menos formações são produzidas. Isso afetará adversamente os setores da economia que dependem diretamente da universidade, como lojas locais que vendem bens e serviços a estudantes e professores, editores de livros didáticos e assim por diante. Também afetará adversamente as empresas que usam o "produto" das faculdades: novos formados com diploma universitário. As empresas que precisam contratar novos empregados com diploma universitário serão prejudicadas à medida que uma oferta menor significará salários mais altos para os que têm diploma universitário. Em última instância, a oferta menor de trabalhadores com educação universitária resultará em nível menor de capital humano em toda a economia, comparado com o que teria sido sem aquela política. Isso prejudicará todos os setores da economia que dependem de capital humano. Setores da economia que podem se beneficiar são as empresas que competem com as faculdades contratando professores universitários potenciais. Por exemplo, empresas de contabilidade acharão mais fácil contratar pessoas que de outro modo teriam sido professores de contabilidade, e editoras terão mais facilidade em encontrar pessoas que de outro modo teriam sido professores de português (maior facilidade no sentido de que as empresas podem recrutar professores potenciais com salário menor do que antes). Além disso, trabalhadores que já têm diploma universitário se beneficiarão: eles conseguirão salários mais altos, pois a oferta de trabalhadores com diploma universitário se reduzirá.

Teste seu entendimento 19.2

1. **a.** À medida que a demanda de serviços cresce, o preço dos serviços aumenta e, à medida que o preço do produto das indústrias aumenta, a curva *VMPL* se desloca para cima – isto é, a demanda de trabalho aumenta. Isso resulta em aumento tanto no salário de equilíbrio quanto na quantidade de trabalho empregada.

   b. Queda na pesca diária significa que o produto marginal do trabalho na indústria declina. A curva *VMPL* se desloca para baixo, gerando queda no salário de equilíbrio e na quantidade de equilíbrio de trabalho empregado.

2. Quando empresas de diferentes indústrias competem pelos mesmos trabalhadores, cada trabalhador nas várias indústrias recebe o mesmo salário de equilíbrio, W. E como, pela teoria da distribuição de renda segundo a produtividade marginal, $VMPL = P \times MPL = W$ para o último trabalhador contratado no equilíbrio, então o último trabalhador contratado em cada uma das diferentes indústrias apresentará o mesmo valor do produto marginal do trabalho.

Teste seu entendimento 19.3

1. **a.** Falso. Disparidades de renda associadas a gênero, raça ou etnia podem ser explicadas pela teoria da distribuição de renda segundo a produtividade marginal, desde que diferenças na produtividade marginal entre as pessoas sejam correlacionadas com gênero, raça ou etnia. Uma fonte possível de tal correlação é a discriminação passada. Tal discriminação pode reduzir a produtividade marginal do indivíduo, por exemplo, impedindo-o de adquirir o capital humano que aumentaria sua pro-

dutividade. Outra fonte possível de correlação é a diferença na experiência de trabalho que é associada com gênero, raça ou etnia. Por exemplo, em trabalhos nos quais a experiência ou o tempo de emprego é importante, talvez as mulheres recebam salários menores porque, em média, mais mulheres do que homens pedem licença do emprego para cuidarem de filhos.

b. Verdade. Companhias que discriminam quando seus competidores não o fazem tendem a contratar trabalhadores menos capacitados, porque elas discriminam os trabalhadores mais capacitados que são considerados do gênero, da raça ou da etnia errados. E, com trabalhadores menos capacitados, essas companhias tenderão a ter menos lucros do que seus competidores que não discriminam.

c. Ambíguo. Em geral, trabalhadores que recebem menos porque têm menos experiência podem ser ou não vítimas de discriminação. A resposta depende das razões da falta de experiência. Se os trabalhadores têm menos experiência porque são jovens ou porque escolheram fazer outra coisa em vez de ganhar experiência, eles não são vítimas de discriminação quando recebem menos. Mas, se os trabalhadores não têm experiência por causa de discriminação anterior que os impediu de obter experiência, então eles são de fato vítimas de discriminação quando recebem menos.

d. Falso. Este não é um exemplo de discriminação salarial. Desde que o Walmart não ofereça salários diferenciados com base em sexo, idade ou raça, todos os trabalhadores serão tratados da mesma maneira. Este é um exemplo de empresas que exploram o poder de monopsônio no mercado de trabalho. Em uma pequena cidade, o Walmart seria o empregador predominante para a maioria dos empregos de nível de entrada, empregos de menor qualificação.

Teste seu entendimento 19.4

1. **a.** A situação de Jaden piora se antes da nova lei ele preferia trabalhar mais que 35 horas por semana. Em virtude da lei, ele agora não pode mais escolher sua alocação de tempo preferida; ele agora consome menos bens e mais lazer do que gostaria.

b. A utilidade de Jaden não é afetada pela lei se, antes da lei, ele preferia trabalhar 35 horas ou menos por semana. Nesse caso, a lei não teria mudado sua alocação de tempo preferida.

c. Jaden jamais pode ficar em situação melhor por uma lei que restringe o número de horas que ele pode trabalhar. Ele só pode piorar (caso a) ou ficar na mesma situação (caso b).

2. O efeito substituição induziria Jaden a trabalhar menos horas e a consumir mais lazer depois de sua queda de salário – a queda no salário significa que o preço de uma hora de lazer diminui, motivando maior consumo de lazer. Mas uma queda no salário igualmente leva a uma queda na renda de Jaden. O efeito renda induziria Jaden a consumir menos lazer e, por conseguinte, a trabalhar mais horas, pois agora ele está mais pobre, e lazer é um bem normal. Se o efeito renda dominar o efeito substituição, Jaden terminará trabalhando mais horas que antes.

Capítulo 20

Teste seu entendimento 20.1

1. A família com renda mais baixa tende a ter maior aversão ao risco. Renda ou riqueza maior geralmente resulta em grau menor de aversão ao risco, por causa da utilidade marginal decrescente. Ambas as famílias podem estar dispostas a contratar um seguro "injusto". A maior parte das apólices de seguro é "injusta" no sentido de que as indenizações ou coberturas de danos esperadas são maiores que o prêmio do seguro. O grau em que uma família se dispõe a pagar por um seguro mais do que o valor de uma cobertura de dano esperada depende do grau de aversão ao risco da família.

2. **a.** A renda esperada de Karma é a média ponderada de todos os valores possíveis de sua renda, ponderada pelas probabilidades de ela obter cada valor possível de sua renda. Como ela ganha \$ 22.000 com probabilidade de 0,6 e \$ 35.000 com probabilidade de 0,4, sua renda esperada é (0,6 × \$ 22.000) + (0,4 × \$ 35.000) = \$ 13.200 + \$ 14.000 = \$ 27.200. Sua utilidade esperada é o valor esperado do total de utilidades que ela experimentará. Com probabilidade 0,6, ela terá um total de utilidade de 850 utils (sua utilidade por ganhar \$ 22.000), e com probabilidade de 0,4 ela terá um total de utilidade de 1.260 utils (sua utilidade por ganhar \$ 35.000), de modo que sua utilidade esperada é (0,6 × 850 utils) + (0,4 × 1.260 utils) = 510 utils + 504 utils = 1.014 utils.

b. Se Karma ganha \$ 25.000 com certeza, ela experimenta um nível de utilidade de 1.014 utils. Pela resposta na parte (a), sabemos que isso a deixa com utilidade igual à que ela tem com uma renda esperada de \$ 27.200 e maior risco. Se Karma é indiferente entre uma renda esperada de \$ 27.200 arriscada e uma renda de \$ 25.000 segura, pode-se concluir que ela vai preferir uma renda de \$ 25.000 segura a uma renda esperada de \$ 27.200 com risco. Ou seja, ela estará definitivamente disposta a reduzir o seu risco quando essa redução no risco deixar sem modificação a sua renda esperada. Em outras palavras, Karma tem aversão ao risco.

c. Sim. Karma experimenta um nível de utilidade de 1.056 utils tendo renda de \$ 26.000, o que é mais do que o nível de utilidade esperado de 1.014 utils gerado por uma renda esperada de \$ 27.200 arriscada. Então, Karma prefere pagar um prêmio para garantir uma renda de \$ 26.000.

Teste seu entendimento 20.2

1. **a.** Um aumento no número de navios implica aumento na quantidade de seguro demandada sob qualquer prêmio dado. Trata-se de um deslocamento para a direita da curva de demanda, resultando em aumento tanto no preço de equilíbrio quanto na quantidade de equilíbrio de seguro comprado e vendido.

b. Aumento no número de rotas comerciais significa que os investidores podem diversificar mais. Em outras palavras, podem reduzir mais o seu risco. Com qualquer preço dado, existem agora mais investidores dispostos a oferecer seguro. Esse é um deslocamento para a direita da curva de oferta de seguro, que leva a uma queda no preço de equilíbrio e a um aumento na quantidade de equilíbrio de seguro vendido e comprado.

c. Se os donos de navios no mercado têm aversão ao risco ainda maior, eles estarão dispostos a pagar um prêmio de seguro ainda mais alto. Isto é, com qualquer prêmio dado, há agora mais pessoas dispostas a comprar seguro. Trata-se de um deslocamento para a direita da curva de demanda de seguros, que gera aumento tanto no preço de equilíbrio quanto na quantidade de equilíbrio de seguro vendido e comprado.

d. Se os investidores no mercado passam a ter maior aversão ao risco, eles estarão menos dispostos a aceitar risco com qualquer prêmio dado. Trata-se de um deslocamento para a esquerda da curva de oferta de seguros, levando a aumento no preço de equilíbrio e a queda na quantidade de equilíbrio de seguro comprado e vendido.

e. À medida que o nível geral de risco aumenta, quem se dispõe a comprar seguro estará mais disposto a comprar seguro com qualquer prêmio dado; a curva de demanda por seguro desloca-se para a direita. Mas, como o risco geral não pode ser diversificado, quem normalmente se dispõe a aceitar risco estará menos disposto a fazê-lo, o que causa um deslocamento para a esquerda da curva de oferta de seguro. Em consequência, o prêmio de equilíbrio do seguro aumentará; o efeito sobre a quantidade de seguro é incerto.

f. Se o nível de riqueza dos investidores diminui, estes passarão a ter maior aversão ao risco e, assim, estarão menos dispostos a oferecer seguro com qualquer prêmio. É um deslocamento para a esquerda da curva de oferta de seguro, que provoca aumento do prêmio de equilíbrio e a queda na quantidade de equilíbrio de seguro comprado e vendido.

Teste seu entendimento 20.3

1. A ineficiência causada pela seleção adversa é que uma política de seguro com o prêmio baseado na média de risco de todos os motoristas atrairá apenas uma seleção adversa de maus motoristas. Bons motoristas (isto é, motoristas seguros) acharão esse prêmio de seguro caro demais e ficarão sem seguro. Isso é ineficiente. Contudo, motoristas seguros são também aqueles que tiveram menor quantidade de multas durante vários anos. Baixar o prêmio para motoristas sem multa permite que a companhia de seguros faça um peneiramento dos seus clientes e venda seguro apenas aos motoristas que também são seguros. Isso significa que pelo menos alguns dos bons motoristas agora têm seguro, o que reduz a ineficiência que surge da seleção adversa. De certo modo, não ser sido multado por vários anos equivale a construir uma reputação de ser motorista seguro.

2. O problema do risco moral na construção residencial surge da informação privilegiada sobre o que a construtora faz: se ela trata de reduzir o custo da construção ou permite que o custo aumente. O dono da casa não consegue, ou consegue apenas de modo imperfeito, observar os esforços de redução de custos da construtora. Se a construtora é reembolsada por todos os custos em que incorre durante a construção, ela não tem incentivo para reduzir o custo. Quando a construtora fica responsável por qualquer custo adicional acima da estimativa original, ela passa a ter incentivo para manter baixos os custos. Contudo, isso impõe riscos à construtora. Por exemplo, se o clima é desfavorável, a construção residencial leva mais tempo e custa mais do que se há bom tempo. Como a construtora paga por quaisquer custos adicionais acima da estimativa original (como atrasos devidos à chuva), ela se defronta com riscos que não pode controlar.

3. a. Verdadeiro. Motoristas que têm franquia (dedutível) de maior valor têm mais incentivo para tomar cuidado ao dirigir, de modo a evitar o pagamento dessa franquia em caso de acidente. Esse é um fenômeno de risco moral.

b. Verdadeiro. Suponha que você saiba que é um motorista seguro. Você pode escolher entre um seguro com prêmio elevado, mas franquia (dedutível) baixa, e um seguro com prêmio mais baixo, mas franquia elevada. Nesse caso, você tenderia a escolher a apólice com prêmio baixo e franquia elevada porque sabe que sua probabilidade de pagar tal franquia é baixa. Quando existe seleção adversa, a companhia de seguro usa técnicas de peneiramento como essa para fazer inferências a respeito da informação privilegiada das pessoas sobre sua própria capacidade como motoristas.

c. Verdadeiro. Quanto mais rico se é, menos aversão ao risco se tem. Se você tem menor aversão ao risco, estará mais disposto a assumir pessoalmente o risco. Ter uma apólice de seguro com franquia elevada significa que você está sujeito a um risco maior: terá de pagar uma soma maior antes de receber qualquer quantia de seguro em caso de acidente. Isso tem a ver com mudanças na aversão ao risco relacionadas com a renda ou a riqueza de uma pessoa.

Capítulo 21

Teste seu entendimento 21.1

1. a. Essa é uma questão microeconômica, porque considera decisões feitas por consumidores sobre um produto em particular.

b. Essa é uma questão macroeconômica, porque considera o gasto do consumidor no conjunto da economia.

c. Essa é uma questão macroeconômica, porque trata de mudanças no conjunto da economia.

d. Essa é uma questão microeconômica, porque trata de mudanças em um mercado específico, nesse caso o mercado para economistas.

e. Essa é uma questão microeconômica, porque trata de escolhas feitas por consumidores e produtores individuais sobre qual modo de transporte utilizar.

f. Essa é uma questão microeconômica, porque trata de mudanças em um mercado específico.

g. Essa é uma questão macroeconômica, porque trata de mudanças em uma medida do nível geral de preços da economia.

2. a. Quando pessoas não podem obter financiamento para suas compras, ficam sem capacidade de gastar dinheiro. Isso vai enfraquecer a economia e, quando alguém vê que a economia está enfraquecendo, igualmente reduz seus gastos de modo a poupar para maus tempos futuros. Em consequência, a redução do crédito terá efeito multiplicador por toda a economia à medida que as pessoas cortam seus gastos, tornando a economia pior, levando a mais cortes de gastos e assim por diante.

b. Se você acredita que a economia é autorregulatória, dirá que não se deve fazer nada em resposta a uma recessão.

c. Se você acredita em economia keynesiana, proporá que os responsáveis pela política econômica adotem política fiscal e monetária para estimular o gasto na economia.

Teste seu entendimento 21.2

1. Falamos de ciclos econômicos para a economia em seu conjunto, pois recessões e expansões não ficam contidas em uns poucos setores: elas refletem os declínios e ascensões da economia toda. Em declínios graves, quase todos os setores da economia reduzem sua produção e o número de pessoas empregadas. Ademais, ciclos econômicos são um fenômeno internacional, algumas vezes se movendo quase em sincronia em vários países.

2. Recessões causam bastante sofrimento para a sociedade inteira. Fazem grande número de trabalhadores perder o emprego e tornam difícil encontrar novos empregos. As recessões prejudicam o padrão de vida de muitas famílias e normalmente têm relação com aumento no número de famílias vivendo abaixo do limiar da pobreza, aumento no número de pessoas que perdem suas casas porque não conseguem pagar a prestação da hipoteca e queda na quantidade de pessoas com seguro-saúde. Recessões também reduzem os lucros das empresas.

Teste seu entendimento 21.3

1. Países com taxa elevada de crescimento da população terão de manter taxas de crescimento do produto agregado mais altas do que países com taxa de crescimento populacional baixa, se quiserem alcançar melhoria do padrão de vida individual, pois o produto agregado terá de ser dividido por um número maior de pessoas.

2. Não, a Argentina não é mais pobre do que no passado. Tanto a Argentina quanto o Canadá tiveram crescimento de longo prazo. Contudo, depois da Segunda Guerra Mundial, a Argentina não teve tanto progresso quanto o Canadá, talvez em razão de instabilidade política e políticas macroeconômicas ruins. A economia do Canadá cresceu muito mais rápido que a da Argentina. Embora o Canadá seja hoje três vezes mais rico que a Argentina, esta passou por um crescimento econômico de longo prazo.

Teste seu entendimento 21.4

1. **a.** Como alguns preços subiram enquanto outros caíram, pode ter havido uma inflação geral ou uma deflação. A resposta é ambígua.
   b. Como todos os preços subiram significativamente, parece ter havido inflação.
   c. Como a maioria dos preços caiu e outros não mudaram, parece ter havido deflação.

Teste seu entendimento 21.5

1. **a.** Essa situação reflete vantagem comparativa. A vantagem comparativa do Canadá resulta da descoberta de petróleo: agora, o Canadá tem petróleo abundante.
   b. Essa situação reflete vantagem comparativa. A vantagem comparativa da China resulta da abundância de mão de obra; a China é boa em atividades com trabalho intensivo, como a de montagem.
   c. Essa situação reflete forças macroeconômicas. A Alemanha tem obtido superávit comercial elevado por causa das decisões subjacentes relativas a poupança e investimento, sendo a poupança mais elevada que os gastos de investimento.
   d. Essa situação reflete forças macroeconômicas. Os Estados Unidos puderam começar a ter enormes déficits comerciais porque o *boom* de tecnologia tornou os EUA um lugar atrativo para investir, e os investimentos superaram a poupança no país.

Capítulo 22

Teste seu entendimento 22.1

1. Comecemos por considerar a relação entre o valor agregado total de todos os bens e serviços finais produzidos internamente e o gasto agregado em bens e serviços finais produzidos internamente. Essas duas quantidades são iguais porque cada bem e serviço final produzido na economia é comprado por alguém ou acrescentado aos estoques. E acréscimos aos estoques são contados como gastos das empresas. Em seguida, consideremos a relação entre gasto agregado em bens e serviços finais produzidos domesticamente e a renda de fator total. Essas duas quantidades são iguais porque todo o gasto que é encaminhado à empresa para pagar compras de bens e serviços finais produzidos domesticamente é receita da empresa. Essa receita precisa ser gasta pela empresa para pagar seus fatores de produção, na forma de salários, lucros, juros e aluguéis. No conjunto, isso significa que todos os três métodos de calcular o PIB são equivalentes.

2. Empresas vendem a outras empresas, aos domicílios, ao governo e ao resto do mundo. Os domicílios (famílias) se relacionam com as empresas pela venda de fatores de produção às empresas, por compra de bens e serviços finais das empresas e por empréstimos de fundos feitos às empresas nos mercados financeiros. Domicílios se relacionam com o governo por seu pagamento de imposto, seu recebimento de transferências e seus empréstimos de fundos ao governo para financiar o endividamento do governo por meio de mercados financeiros. Por fim, domicílios se ligam ao resto do mundo mediante suas compras de importações e transações com estrangeiros nos mercados financeiros.

3. Você estaria contando o valor do aço duas vezes – uma vez quando ele foi vendido pela National Steel à National Motors e outra vez como parte do carro vendido pela National Motors.

Teste seu entendimento 22.2

1. **a.** Em 2019, o PIB nominal era (1.000.000 × $ 0,40) + (800.000 × $ 0,60) = $ 400.000 + $ 480.000 = $ 880.000. Um aumento de 25% no preço de batatas fritas de 2019 para 2020 significa que o preço de fritas em 2020 era 1,25 × $ 0,40 = $ 0,50. Uma queda de 10% no número de porções significa que em 2020 foram vendidas 1.000.000 × 0,9 = 900.000 porções. Em consequência, o valor total das vendas de fritas em 2020 foi 900.000 × $ 0,50 = $ 450.000. Uma queda de 15% no preço das rodelas de cebola frita de 2019 para 2020 significa que, em 2020, o preço das rodelas de cebola era 0,85 × $ 0,60 = $ 0,51. Um aumento de 5% no número de porções vendidas significa que foram vendidas significa que em 2020 foram vendidas 800.000 × 1,05 = 840.000 porções em 2020. Dessa forma, o valor total das vendas de rodelas de cebola em 2020 foi 840.000 × $ 0,51 = $ 428.400. O PIB nominal em 2020 foi $ 450.000 + $ 428.400 = $ 878.400. Para encontrarmos o PIB real em 2020, temos de calcular o valor das vendas em 2020 usando os preços de 2019: (900.000 fritas × $ 0,40) + (840.000 rodelas de cebola × $ 0,60) = $ 360.000 + $ 504.000 = $ 864.000.
   b. Uma comparação entre o PIB nominal de 2019 e o PIB nominal de 2020 mostra um declínio de ($ 878.400 – $ 880.000) / $880.000 × 100 = –0,18%. Mas uma comparação usando o PIB real mostra um declínio de ($ 864.000 – $ 880.000 / $880.000) × 100 = –1,8%. Isto é,

um cálculo baseado no PIB real mostra queda dez vezes maior (1,8%) do que o cálculo baseado no PIB nominal (0,18%). Nesse caso, o cálculo baseado no PIB nominal subestima a verdadeira magnitude da mudança.

2. Um índice de preços baseado nos valores de 2016 vai conter preços relativamente altos para aparelhos eletrônicos e relativamente baixos para residências, comparado com o índice de preços baseado nos valores do ano 2020. Isso significa que um índice de preços com base em 2016 usado para calcular o PIB real em 2018 superestima o valor da produção de eletrônicos na economia, enquanto um índice de preços com base em 2020 inflará o valor da construção residencial na economia.

Teste seu entendimento 22.3

1. Essa cesta de mercado custa, antes da geada, (100 × $ 0,20) + (50 × $ 0,60) + (200 × $ 0,25) = $ 20 + $ 30 + $ 50 = $ 100. A mesma cesta de mercado, depois da geada, custa (100 × $ 0,40) + (50 × $ 1,00) + (200 × $ 0,45) = $ 40 + $ 50 + $ 90 = $ 180. Assim, o índice de preços é ($ 100 / $ 100) × 100 = 100 antes da geada e ($ 180 / $ 100) × 100 = 180 depois da geada, implicando um aumento no índice de preços de 80%. Esse aumento no índice de preços é menor que os 84,2% de aumento calculados no texto. O motivo dessa diferença é que a nova cesta de mercado de 100 laranjas, 50 toranjas e 200 limões contém proporcionalmente maior quantidade dos itens que sofreram aumento de preço relativamente menor (os limões, cujo preço aumentou 80%) e proporcionalmente menos dos itens que tiveram aumento de preço relativamente maior (as laranjas, cujo preço aumentou 100%). Isso mostra que um índice de preços pode ser muito sensível à composição da cesta de mercado. Se a cesta de mercado contém proporção elevada de bens cujos preços aumentaram mais rápido que os preços dos outros bens, ela levará a uma estimativa mais alta de aumento no nível de preços. E, se ela contém proporção elevada de bens cujos preços aumentaram mais lentamente do que o preço dos demais, levará a uma estimativa mais baixa do aumento no nível de preços.

2. **a.** Uma cesta de mercado escolhida 10 anos atrás conterá menos carros do que no presente. Dado que o preço médio de um carro aumentou mais rápido que o preço médio dos outros bens, essa cesta vai subestimar o verdadeiro aumento no nível de preços, pois conterá uma quantidade relativamente menor de carros.

b. Uma cesta de mercado determinada 20 anos atrás não conteria acesso de banda larga à internet. Assim, não pode refletir a queda nos preços do acesso à internet nos últimos anos. Em consequência, ela superestima o verdadeiro aumento do nível de preços.

3. Usando a Equação 22.3, a taxa de inflação de 2017 para 2018 é ((252,723 – 247,901) / 247,901) × 100 = 1,95%.

Capítulo 23

Teste seu entendimento 23.1

1. O aparecimento de *sites* que permitem a quem está procurando emprego achar um trabalho mais rapidamente reduz a taxa de desemprego ao longo do tempo. Contudo, se esses *sites* induzem trabalhadores desalentados a começar de novo a procura ativa de emprego, eles induzirão um aumento na taxa de desemprego com o passar do tempo.

2. **a.** Rosa não é contada como desempregada porque não está em procura ativa de emprego, mas ela é contada como trabalhador desalentado em medidas mais amplas de subutilização do trabalho.

b. Anthony não é contado como desempregado; é considerado empregado, pois tem um emprego.

c. Kanako está desempregada; não está trabalhando e está em procura ativa de emprego.

d. Sérgio não está desempregado, mas subempregado; está trabalhando em tempo parcial por questões econômicas. É contado em medidas mais amplas de subutilização.

e. Natasha não é desempregada, mas marginalmente ligada à força de trabalho. Ela é contada em medidas mais amplas de subutilização.

3. As partes (a) e (b) são consistentes com a relação ilustrada na Figura 23.5, entre crescimento do PIB real acima e abaixo da média e mudanças na taxa de desemprego: durante anos de crescimento econômico acima da média, a taxa de desemprego cai e, durante anos de crescimento abaixo da média, a taxa de desemprego aumenta. Contudo, a parte (c) não é consistente: implica que a recessão está associada a uma queda na taxa de desemprego, o que não é correto.

Teste seu entendimento 23.2

1. **a.** Quando o ritmo do avanço tecnológico acelera, há taxas mais elevadas de criação e destruição de emprego à medida que desaparecem velhas indústrias e surgem novas. O resultado é que o desemprego friccional será mais alto, pois os trabalhadores deixarão as indústrias em declínio em busca de emprego nos setores em expansão.

b. Quando o ritmo do avanço tecnológico acelera, há mais defasagem entre as competências que os empregados têm e aquelas que os empregadores buscam, gerando elevado desemprego estrutural.

c. Quando a taxa de desemprego é baixa, o desemprego friccional representa uma proporção elevada do desemprego total, pois outras fontes de desemprego terão diminuído. Dessa forma, a parcela do desemprego total composta por quem passa por desemprego friccional aumenta.

2. Salário-mínimo obrigatório representa um piso de preços abaixo do qual os salários não podem cair. Em consequência, os salários efetivos não podem se mover rumo ao equilíbrio. Dessa forma, um salário-mínimo faz a quantidade ofertada de trabalho exceder a quantidade demandada de trabalho. Dado que tal excedente de trabalho reflete trabalhadores desempregados, isso afeta a taxa de desemprego. Negociações coletivas têm tido efeito similar – os sindicatos têm capacidade de aumentar o salário acima do nível de equilíbrio, para um nível como W_U no gráfico a seguir. Isso funcionará como um salário-mínimo, fazendo o número dos que procuram emprego ser superior ao número de trabalhadores que as empresas estão dispostas a contratar. Negociações coletivas fazem a taxa de desemprego ser superior, como mostrado no gráfico.

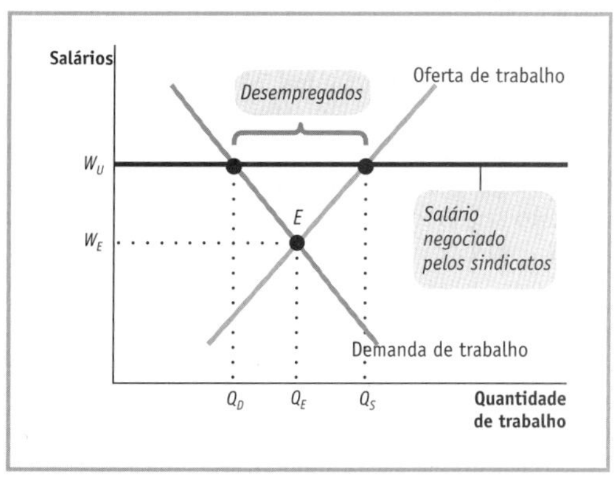

3. No ápice do ciclo econômico, um aumento na assistência ao desempregado reduz para o indivíduo o custo de estar desempregado, levando-o a gastar mais tempo na busca de um novo emprego. Assim, a taxa natural de desemprego aumentará.

Teste seu entendimento 23.3

1. Os "custos de sola de sapato" associados à inflação serão mais baixos porque, agora, é menos dispendioso para os indivíduos administrar seus ativos a fim de economizar na quantidade de dinheiro vivo que mantêm. Essa redução no custo de converter ativos não monetários em moeda viva se traduz em custos de sola de sapato mais baixos.
2. Se a inflação parasse completamente nos próximos 15 ou 20 anos, a taxa de inflação seria zero, o que obviamente é menos do que a taxa de inflação esperada de 2 a 3%. Como a taxa de juros real é a taxa nominal menos a taxa de inflação, a taxa de juros real sobre um empréstimo seria superior ao esperado e os credores ganhariam à custa dos devedores. Os devedores teriam de amortizar seus empréstimos com fundos que tivessem valor real superior ao esperado.

Capítulo 24

Teste seu entendimento 24.1

1. O progresso econômico melhora o padrão de vida do residente médio de um país. Um aumento no PIB real não reflete com precisão um aumento do padrão de vida de um residente médio porque não leva em conta o crescimento no número de residentes. Por exemplo, se o PIB real aumenta 10%, mas a população aumenta 20%, o padrão de vida do residente médio cai: depois da mudança, o residente médio tem apenas (110 / 120) × 100 = 91,6% da renda real que ele tinha antes da mudança. Da mesma forma, um aumento no PIB nominal não reflete com precisão um aumento no padrão de vida, porque não leva em conta mudanças de preços. Por exemplo, um aumento de 5% no PIB nominal gerado por aumento de 5% nos preços implica que não houve mudança no padrão de vida médio. O PIB real *per capita* é a única medida que leva em conta tanto mudanças na população quanto nos preços.
2. Usando a regra dos 70, o tempo necessário para a China dobrar seu PIB real *per capita* é (70 / 7,8) = 8,97, ou aproximadamente 9 anos; para a Índia, (70 / 4,1) = 17,07, ou aproximadamente 17 anos; Irlanda, (70 / 3,7) = 18,92, ou aproximadamente 19 anos; Bangladesh, (70 / 3) = 23,33, ou aproximadamente 23 anos; Estados Unidos, (70 / 1,6) = 43,75, ou aproximadamente 44 anos; França, (70 / 1,3) = 53,85, ou aproximadamente 54 anos; e Argentina, (70 / 0,5) = 140 anos. Como a regra dos 70 só pode ser aplicada a uma taxa de crescimento positiva, não pode ser usada no caso da Venezuela, que tem experimentando taxa de crescimento negativa. Se a Índia continuar tendo taxa de crescimento superior à dos Estados Unidos, eventualmente o PIB real *per capita* da Índia ultrapassará o dos EUA.
3. Os Estados Unidos começaram a crescer rapidamente há mais de um século, mas a China e a Índia só recentemente começaram a crescer rápido. Assim, o padrão de vida do chinês ou indiano típico ainda não alcançou o padrão de vida da família típica norte-americana.

Teste seu entendimento 24.2

1. **a.** Progresso tecnológico significativo resultará em aumento na taxa de crescimento da produtividade, mesmo que o capital físico e o capital humano por trabalhador permaneçam sem alteração.
   b. A taxa de crescimento da produtividade cairá, mas permanecerá positiva, em virtude de retornos decrescentes ao capital físico.
2. **a.** Se a economia cresceu 3% ao ano e a força de trabalho cresceu 1% ao ano, a produtividade (o produto por pessoa) cresceu aproximadamente 3% – 1% = 2% ao ano.
   b. Se o capital físico cresceu aproximadamente 4% ao ano e a força de trabalho cresceu 1% ao ano, o capital físico por trabalhador cresceu aproximadamente 4% – 1% = 3% ao ano.
   c. De acordo com as estimativas, cada 1% de aumento no capital físico, tudo o mais mantido constante, aumenta a produtividade em 0,3%. Assim, se o capital físico por trabalhador aumentou 3% ao ano, o aumento de produtividade que pode ser atribuído ao aumento do capital físico é 0,3 × 3% = 0,9%. Como porcentagem do crescimento total de produtividade, isso dá 0,9% / 2% × 100% = 45%.
   d. Se o resto do crescimento da produtividade se deve ao progresso tecnológico, este contribuiu com 2% – 0,9% = 1,1% para o crescimento da produtividade. Como porcentagem do crescimento total de produtividade, isso dá 1,1% / 2% × 100% = 55%.
3. Será necessário algum tempo para que os trabalhadores aprendam como usar o novo sistema de computação e ajustem sua rotina. E, como muitas vezes ocorrem falhas ao se aprender um novo sistema – como apagar arquivos por engano –, a produtividade da Multinomics poderá cair durante algum tempo.

Teste seu entendimento 24.3

1. Um país que tem poupança doméstica elevada pode atingir taxa de investimento elevada como porcentagem do PIB. Isso, por sua vez, permite que o país tenha elevadas taxas de investimento.
2. É provável que os Estados Unidos terão aceleração na criação e no desenvolvimento de novas drogas, porque relações mais estreitas entre companhias privadas e centros de pesquisa de universidades levarão a um trabalho mais diretamente concentrado na produção de novas drogas do que em pesquisa pura.
3. É provável que esses eventos resultem em queda na taxa de crescimento do país, pois a falta de direitos de propriedade vai dissuadir as pessoas de fazerem investimentos em capacidade produtiva.

Teste seu entendimento 24.4

1. A versão condicional da hipótese de convergência diz que os países crescem mais rápido, tudo o mais mantido constante, quando começam de um PIB *per capita* relativamente baixo, e crescem mais lentamente, tudo o mais mantido constante, quando seu PIB *per capita* é relativamente mais alto. Isso aponta para crescimento futuro mais baixo na Ásia. Porém, pode ser que tudo o mais não fique constante: se as economias da Ásia continuam investindo em capital humano, se as taxas de poupança continuam sendo altas, se o governo investe em infraestrutura e assim por diante, o crescimento pode continuar em ritmo acelerado.

2. O Leste Asiático, a Europa Ocidental e os Estados Unidos apoiam a hipótese da convergência, porque uma comparação entre essas regiões mostra que a taxa de crescimento do PIB real *per capita* diminui à medida que aumenta o PIB *per capita*. A Europa Oriental, a Ásia Ocidental, a América Latina e a África não dão apoio à hipótese, pois todas elas têm PIB real *per capita* muito menor que os Estados Unidos, mas suas taxas de crescimento são mais ou menos as mesmas (Ásia Ocidental e Europa Oriental) ou menores (África e América Latina) que a dos Estados Unidos.

3. Evidência sugere que ambos os conjuntos de fatores importam: infraestrutura melhor é importante para o crescimento, mas estabilidade política também. Políticas públicas devem tratar de ambas as áreas.

Teste seu entendimento 24.5

1. Os economistas normalmente estão mais preocupados com a degradação do meio ambiente do que com a escassez de recursos. A razão é que, em economias modernas, as reações dos preços tendem a aliviar os limites impostos pela escassez de recursos mediante conservação e desenvolvimento de alternativas. Contudo, como a degradação ambiental envolve um custo imposto por indivíduos ou empresas sem que eles sejam obrigados a pagar por compensação (custo conhecido como *externalidade negativa*), é necessária a intervenção governamental efetiva para lidar com o problema. Como resultado, os economistas preocupam-se mais com os limites ao crescimento pela degradação ambiental porque uma resposta do mercado seria inadequada.

2. O crescimento aumenta as emissões de gases do efeito estufa em um país. As melhores estimativas disponíveis indicam que uma grande redução nas emissões resultará em redução apenas modesta no crescimento. A distribuição internacional do ônus da redução de emissões é controversa porque os países ricos relutam em pagar os custos de reduzir suas emissões apenas para ver países emergentes como a China aumentarem as emissões rapidamente. Mas a maior parte do acúmulo atual dos gases se deve a ações passadas dos países ricos. Países mais pobres como a China igualmente relutam em sacrificar seu crescimento para pagar pelas ações passadas dos países ricos.

Capítulo 25

Teste seu entendimento 25.1

1. a. Quando entra capital na economia, a oferta de fundos para empréstimos aumenta. Isso se ilustra no gráfico a seguir por um deslocamento da curva de oferta de S_1 para S_2. À medida que o equilíbrio muda de E_1 para E_2, a taxa de juros de equilíbrio cai de r_1 para r_2, e a quantidade de equilíbrio de fundos para empréstimo aumenta de Q_1 para Q_2.

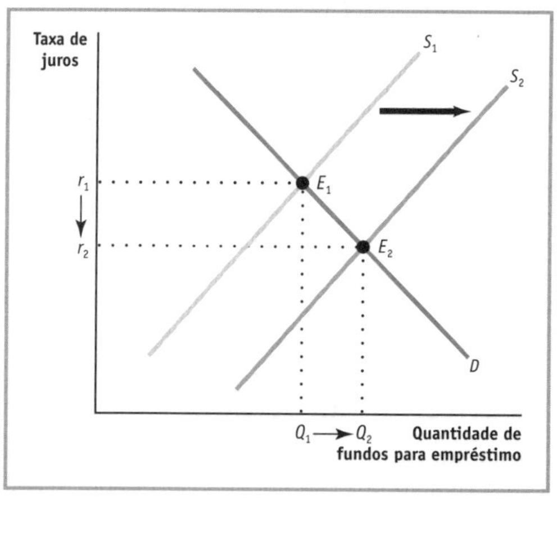

b. A poupança cai por causa de uma proporção mais elevada de pessoas aposentadas, e a oferta de fundos para empréstimos diminui. Isso se ilustra no gráfico a seguir por um deslocamento para a esquerda da curva de oferta, de S_1 para S_2. O equilíbrio muda de E_1 para E_2, a taxa de juros de equilíbrio sobe de r_1 para r_2 e a quantidade de equilíbrio de fundos para empréstimos cai de Q_1 para Q_2.

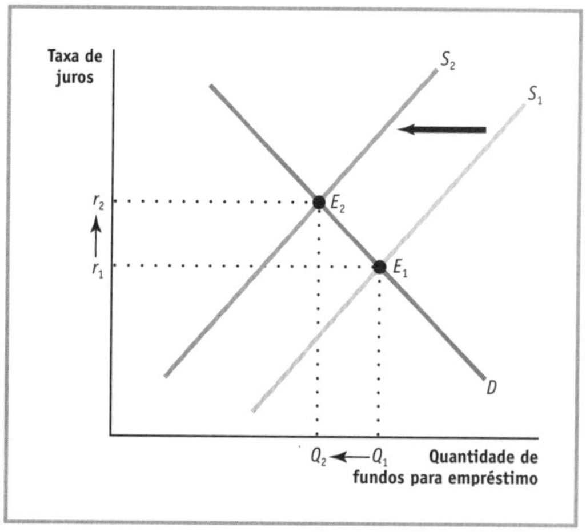

2. Sabemos do mercado de fundos para empréstimos que, quando a taxa de juros sobe, famílias querem poupar mais e consumir menos. Mas, ao mesmo tempo, um aumento na taxa de juros reduz o número de projetos de gastos de investimento que têm retorno pelo menos igual à taxa de juros. A constatação de que as "famílias querem poupar mais dinheiro do que o que as empresas querem investir" não pode representar um equilíbrio no mercado de fundos para empréstimos, porque diz que a quantidade de fundos para empréstimos ofertada excede a quantidade de fundos para empréstimos demandada. Quando isso ocorre, a taxa de juros tem de cair até tornar a quantidade de fundos para empréstimos ofertada igual à quantidade de fundos para empréstimos demandada.

3. a. A taxa de juros real não mudará. De acordo com o efeito Fisher, um aumento na inflação esperada pressiona para cima a taxa de juros nominal, deixando inalterada a taxa de juros real.

b. A taxa de juros nominal aumentará 3%. Cada ponto percentual adicional de inflação esperada pressiona para cima a taxa de juros nominal em 1 ponto percentual.

c. Como vimos na Figura 25.9, desde que a inflação seja esperada, ela não afeta a quantidade de equilíbrio de fundos para empréstimo. Tanto a curva de oferta quanto a curva de demanda dos fundos para empréstimo são pressionadas para cima, deixando inalterada a quantidade de equilíbrio dos fundos para empréstimo.

Teste seu entendimento 25.2

1. Os custos de transação para (a) um depósito bancário e (b) uma participação em fundo mútuo são aproximadamente equivalentes porque cada um normalmente pode ser levado a cabo fazendo-se um telefonema, usando a internet ou visitando uma agência bancária. Os custos de transação são mais altos para (c) a participação em uma empresa familiar, porque encontrar comprador para essa participação consome tempo e recursos. O nível de risco é o mais baixo para (a) o depósito bancário, pois esses depósitos normalmente são garantidos por uma agência federal até certo limite (de US$ 250.000 nos Estados Unidos); é um pouco maior para (b) a parcela de fundo mútuo, porque, apesar da diversificação, continua existindo risco associado aos fundos mútuos; e é o mais alto para (c) uma participação na empresa familiar, pois esse investimento não é diversificado. O nível de liquidez é o mais alto para (a) o depósito bancário, pois retiradas em geral podem ser feitas imediatamente; é um pouco mais baixo para (b) a participação no fundo mútuo, porque pode levar alguns dias para vender suas ações e processar o pagamento; e é o mais baixo para (c) a participação no negócio familiar, pois ela só pode ser vendida com acordo unânime dos outros membros da família e levará algum tempo até que seja encontrado um comprador.

2. Desenvolvimento econômico e crescimento resultam, entre outras coisas, de gastos de investimento em capital físico. Como os gastos de investimento são iguais à poupança, quanto maior a quantidade poupada, tanto maior o investimento e tanto mais alta será a taxa de crescimento e desenvolvimento econômico. Assim, a existência de instituições que facilitem a poupança ajudará o desenvolvimento econômico do país. Em consequência, um país com sistema financeiro que proporcione custos de transação baixos, oportunidades para diversificação dos riscos e alta liquidez para seus poupadores terá crescimento e desenvolvimento econômico mais rápido do que um país que não os proporcione.

Teste seu entendimento 25.3

1. **a.** O preço das ações hoje reflete as expectativas do mercado sobre os preços das ações no futuro e, de acordo com a hipótese dos mercados eficientes, os preços de ações sempre levam em conta toda a informação disponível. O fato de que os lucros deste ano são baixos não é informação nova, de modo que já está incorporado ao preço da ação. Contudo, quando fica conhecido que os lucros da companhia serão elevados no próximo ano, o preço de sua ação vai aumentar hoje, refletindo essa nova informação.

   b. As expectativas dos investidores sobre lucros elevados já estavam embutidas no preço da ação. Como os lucros são mais baixos que o esperado, as expectativas do mercado sobre o futuro preço das ações da companhia serão revistas para baixo. Essa nova informação reduzirá o preço da ação.

   c. Quando outras companhias na mesma indústria anunciam que as vendas estão inesperadamente baixas este ano, investidores tendem a concluir que as vendas também serão inesperadamente baixas para essa companhia. Em consequência, os investidores vão reduzir suas estimativas de lucro futuro e do preço futuro das ações. Essa nova informação resultará em queda no preço da ação hoje.

   d. Esse anúncio não terá efeito sobre o preço das ações da companhia ou o aumentará apenas ligeiramente. Não acrescenta nova informação, além de remover alguma incerteza sobre a previsão de lucros estar correta. Por conseguinte, o resultado é que não haverá mudança no preço da ação ou haverá apenas uma pequena elevação.

2. A hipótese dos mercados eficientes afirma que toda informação disponível é imediatamente levada em conta no preço das ações. Assim, se os investidores consistentemente compraram ações depois que o índice Dow Jones aumentou 1%, um investidor inteligente *venderá* nesse dia porque a demanda e, portanto, o preço das ações serão altos. Se fosse possível obter lucro dessa maneira, eventualmente muitos investidores estariam vendendo, e já não seria verdade que os investidores sempre compram ações um dia depois de um aumento de 1% no índice Dow Jones.

Capítulo 26

Teste seu entendimento 26.1

1. Uma queda nos gastos de investimento, assim como uma subida, tem efeito multiplicador sobre o PIB real; a única diferença é que, nesse caso, o PIB real cai em vez de subir. A queda em I leva a uma queda inicial no PIB real, que leva a uma queda na renda disponível, que leva a gastos de consumo menores, que leva a outra queda no PIB real e assim por diante. Então, os gastos de consumo diminuem como resultado indireto da queda nos gastos de investimento.

2. Quando a propensão marginal a consumir *MPC* é 0,5, o multiplicador é igual a 1 / (1 – 0,5) = 1 / 0,5 = 2. Quando *MPC* é 0,8, o multiplicador é igual a 1 / (1 – 0,8) = 1 / 0,2 = 5.

3. Quanto maior a proporção do PIB que é poupada em vez de ser gasta, menor é a propensão marginal a consumir. A renda disponível que vai para a poupança é como um "vazamento" no sistema, reduzindo a quantia dos gastos que alimentam uma expansão subsequente. Assim, o provável é que Amerigo terá o multiplicador maior.

Teste seu entendimento 26.2

1. **a.** Os gastos de consumo autônomo de Angelina são \$ 8.000. Quando a sua renda disponível corrente aumenta para \$ 10.000, seus gastos de consumo aumentam em \$ 12.000 – \$ 8.000 = \$ 4.000. Assim, sua propensão marginal ao consumo (*MPC*) é \$ 4.000 / \$ 10.000 = 0,4 e sua função consumo é c = \$ 8.000 + 0,4 × yd (renda disponível). Os gastos de consumo autônomo de Felícia são \$ 6.500. Quando a sua renda disponível corrente aumenta para \$ 10.000, seus gastos de consumo aumentam em \$ 14.500 – \$ 6.500 = \$ 8.000. Assim, *sua MPC* é \$ 8.000 / \$10.000 = 0,8 e sua função consumo é c = \$ 6.500 + 0,8 × yd. Os gastos de consumo autônomo de Marina são \$ 7.250. Quando a sua renda disponível corrente aumenta para \$ 10.000, seus gastos de consumo aumentam em \$ 14.250 – \$ 7.250 = \$ 7.000. Assim, *sua MPC* é \$ 7.000 / \$ 10.000 = 0,7 e sua função consumo é c = \$ 7.250 + 0,7 × yd.

   b. Os gastos de consumo autônomo agregado nessa economia são \$ 8.000 + \$ 6.500 + \$ 7.250 = \$ 21.750. Um aumento de \$ 30.000 na renda disponível gera aumento nos gastos de consumo de \$ 4.000 + \$ 8.000 + \$ 7.000 = \$ 19.000. Assim, a *MPC* para a economia em seu conjunto é \$ 19.000 / \$ 30.000 = 0,63 e a função consumo agregado é C = \$ 21.750 + 0,63 × YD.

2. Se você espera que sua renda disponível futura vá cair, vai querer poupar uma parte da sua renda disponível hoje como apoio para o futuro. Mas você não pode fazer isso se não puder poupar. Se espera que a sua renda disponível futura vá aumentar, vai querer gastar hoje uma parte da renda disponível de amanhã. Mas você não pode fazer isso se não puder tomar emprestado. Se você não pode nem poupar nem tomar emprestado, sua renda disponível esperada no futuro não tem efeito sobre o seu gasto de consumo hoje. De fato, sua propensão marginal ao consumo (*MPC*) tem de ser sempre igual a 1: você precisa consumir toda a sua renda disponível corrente hoje e não tem possibilidade de dar maior estabilidade ao seu consumo ao longo do tempo.

Teste seu entendimento 26.3

1. **a.** Um aumento inesperado nos gastos de consumo resultará em redução nos estoques à medida que os produto-

res vendem itens dos seus estoques para satisfazer esse aumento de curto prazo na demanda. Esse é um investimento em estoques não planejado negativo: ele reduz o valor dos estoques dos produtores.

b. Um aumento no custo dos empréstimos é equivalente a um aumento na taxa de juros: menos projetos de gastos de investimento são agora lucrativos para os produtores, sejam eles financiados via tomada de empréstimos ou de lucros retidos. Em consequência, os produtores reduzirão a quantia dos gastos de investimento planejados.

c. Um salto na taxa de crescimento do PIB real leva a um nível mais alto de gastos de investimento planejados pelos produtores, de acordo com o princípio do acelerador, à medida que eles aumentam a capacidade produtiva para atender a demanda mais alta.

d. À medida que as vendas diminuem, os produtores vendem menos e seus estoques aumentam. Isso motiva investimento em estoques não planejado positivo.

2. Como a propensão marginal a consumir é inferior a 1 (pois os consumidores normalmente gastam uma parte, mas não o total de $ 1 adicional de renda disponível), os gastos de consumo não respondem plenamente a flutuações na renda disponível corrente. Esse comportamento diminui o efeito de flutuações na economia sobre os gastos de consumo. Em comparação, segundo o princípio do acelerador, o gasto de investimento tem relação direta com a taxa de crescimento esperada do PIB. Assim, o gasto de investimento ampliará as flutuações na economia: uma taxa mais alta de crescimento esperado do PIB real motivará um gasto de investimento planejado mais alto; uma taxa mais baixa de crescimento esperado do PIB real vai gerar gasto de investimento planejado mais baixo.

3. Quando os gastos de consumo são lentos, empresas com excesso de capacidade produtiva cortam seus gastos de investimento planejados porque julgam que sua capacidade existente é suficiente para atender as vendas futuras esperadas. De modo semelhante, quando o consumo é lento e as empresas fazem investimento elevado em estoques não planejados, elas tendem a reduzir sua produção porque julgam que seus estoques existentes são suficientes para atender a vendas futuras esperadas. Assim, um excesso de estoques tende a deprimir a atividade econômica corrente, pois as empresas reduzem seu gasto de investimento planejado e sua produção.

Teste seu entendimento 26.4

1. Uma redução no gasto de investimento planejado provoca queda no PIB real em resposta a um aumento não antecipado de estoques. A queda no PIB real se traduzirá em queda na renda disponível das famílias, e as famílias responderão reduzindo os gastos de consumo. A queda nos gastos de consumo leva os produtores a reduzirem mais ainda o produto, mais uma vez reduzindo a renda disponível provocando subsequentes reduções no gasto de consumo. Assim, embora a recessão tenha origem nos gastos de investimento, ela causará redução nos gastos de consumo.

2. a. Depois de uma queda autônoma no gasto agregado planejado, a economia já não está em equilíbrio: o PIB real é maior que o gasto agregado planejado. A figura a seguir mostra essa queda autônoma no gasto agregado planejado pelo deslocamento da curva de gasto agregado de AE_1 para AE_2. A diferença entre os dois resulta em investimento não planejado em estoques: ocorre aumento nos estoques que não havia sido previsto. As empresas responderão reduzindo a produção. Isso, por fim, levará a economia a um novo equilíbrio. Na figura a seguir, isso é ilustrado pelo movimento do equilíbrio renda-despesa inicial em E_1 para o novo equilíbrio renda-despesa em E_2. À medida que a economia se move para seu novo equilíbrio, o PIB real cai do seu nível de equilíbrio renda-despesa inicial em Y_1^* para seu novo nível mais baixo Y_2^*.

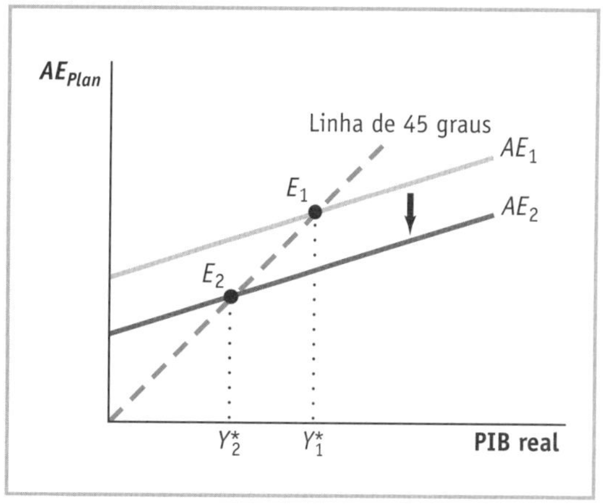

b. Sabemos pela Equação 26.17 que a mudança no PIB de equilíbrio renda-despesa é dada por ΔY^* = Multiplicador $\times \Delta AAE_{Plan}$. Aqui, o multiplicador é igual a 1 / (1 – 0,5) = 1 / 0,5 = 2. Assim, uma queda autônoma de $ 300 milhões no gasto agregado planejado levará a 2 × $ 300 milhões = $ 600 milhões ($ 0,6 bilhão) de queda no PIB de equilíbrio renda-despesa. O novo Y^* será $ 500 bilhões – $ 0,6 bilhão = $ 499,4 bilhões.

Capítulo 27

Teste seu entendimento 27.1

1. a. Esse é um deslocamento da curva de demanda agregada. Uma redução na quantidade de moeda aumenta a taxa de juros, pois as pessoas agora querem tomar mais dinheiro emprestado e emprestar menos. Uma taxa de juros mais alta reduz os gastos de investimento e de consumo sob qualquer nível de preços agregado, de modo que a curva de demanda agregada se desloca para a esquerda.

b. Esse é um movimento para cima ao longo da curva de demanda agregada. Quando o nível de preços agregado sobe, o valor real da moeda que se mantém em mãos diminui. Esse é o efeito taxa de juros de uma mudança no nível de preços agregado: à medida que o valor da moeda cai, as pessoas querem reter mais moeda. Elas fazem isso tomando mais emprestado e emprestando menos. Isso ocasiona aumento na taxa de juros e redução nos gastos de consumo e investimento. Trata-se, pois, de um movimento ao longo da curva de demanda agregada.

c. Esse é um deslocamento da curva de demanda agregada. Expectativas de piora no mercado de trabalho e, assim, de menor renda disponível média reduzem os gastos de consumo das pessoas hoje, em qualquer nível de preços agregado. Assim, a curva de demanda agregada se desloca para a esquerda.

d. Esse é um deslocamento na curva de demanda agregada. Uma queda nas taxas de impostos aumenta a renda disponível das pessoas. Em qualquer nível de preços agregado, os gastos de consumo são mais altos, de modo que a curva de demanda agregada se desloca para a direita.

e. Esse é um movimento para baixo ao longo da curva de demanda agregada. À medida que cai o nível de preços agregado, o valor real dos ativos aumenta. Esse é o efeito riqueza de uma mudança no nível de preços agregado: à medida que o valor dos ativos aumenta, as pessoas aumentam seus planos de consumo. Isso leva a maiores gastos de consumo, de modo que há um movimento ao longo da curva de demanda agregada.

f. Esse é um deslocamento da curva de demanda agregada. Um aumento no valor real dos ativos na economia devido a uma alta no valor dos imóveis aumenta os gastos de consumo em qualquer nível de preços agregado. Assim, a curva de demanda se desloca para a direita.

Teste seu entendimento 27.2

1. **a.** Isso representa um movimento ao longo da curva de oferta de curto prazo (*SRAS*) porque o IPC (assim como o deflator do PIB) é uma medida do nível de preços agregado, o nível de preços geral de todos os bens e serviços da economia.

   b. Isso representa um deslocamento da curva *SRAS* porque o petróleo é uma *commodity*. A curva *SRAS* se deslocará para a direita porque os custos de produção agora são mais baixos, levando a uma quantidade mais alta de produto agregado em qualquer nível de preços agregado.

   c. Isso representa um deslocamento da curva *SRAS* porque envolve mudança nos salários nominais. Um aumento dos benefícios legalmente determinados para os trabalhadores equivale a um aumento nos salários nominais. Assim, a curva *SRAS* se deslocará para a esquerda porque os custos de produção agora são maiores, o que levará a uma quantidade de produto agregado mais baixa em qualquer nível de preços agregado.

2. Você teria de saber o que aconteceu com o nível de preços agregado. Se o aumento na quantidade ofertada do produto agregado foi causado por um movimento ao longo da curva de oferta de curto prazo (*SRAS*), o nível de preços agregado terá aumentado ao mesmo tempo em que aumentou a quantidade ofertada do produto agregado. Se o aumento na quantidade ofertada do produto agregado foi causado por um deslocamento para a direita da curva de oferta de longo prazo (*LRAS*), o nível de preços agregado talvez não aumente. Como alternativa, você pode fazer a determinação começando pelo que aconteceu com o produto agregado no longo prazo. Se ele voltou ao seu nível inicial no longo prazo, o aumento temporário no produto agregado foi causado por um movimento ao longo da curva *SRAS*. Se permaneceu em seu nível mais alto no longo prazo, o aumento no produto agregado foi causado por um deslocamento para a direita da curva *LRAS*.

Teste seu entendimento 27.3

1. **a.** Um aumento no salário-mínimo aumenta o salário nominal e, em consequência, desloca a curva de oferta agregada de curto prazo para a esquerda. Como resultado desse choque de oferta negativo, o nível de preços agregado aumenta e o produto agregado cai.

   b. Maiores gastos de investimento deslocam a curva de demanda agregada para a direita. Em consequência desse choque de demanda positivo, tanto o nível de preços agregado quanto o produto agregado aumentam.

   c. Um aumento nos impostos e uma redução no gasto público são choques de demanda negativos, deslocando a curva de demanda agregada para a esquerda. Em consequência, tanto o nível de preços agregado como o produto agregado diminuem.

   d. Esse é um choque de oferta negativo, deslocando a curva de oferta agregada de curto prazo para a esquerda. Em consequência, o nível de preços agregado aumenta e o produto agregado cai.

2. À medida que o aumento da produtividade aumenta o produto potencial, a curva de oferta agregada de longo prazo se desloca para a direita. Se, no curto prazo, existe um hiato de recessão (o produto agregado é inferior ao produto potencial), os salários nominais vão cair, deslocando a curva de oferta agregada de curto prazo para a direita. Isso gera queda no nível de preços agregado e aumento no produto agregado. À medida que os preços caem, nos movemos ao longo da curva de demanda agregada, em razão do efeito riqueza e do efeito taxa de juros de uma mudança no nível de preços agregado. No final, à medida que o equilíbrio macroeconômico de longo prazo é restabelecido, o produto agregado aumenta até ficar igual ao produto potencial.

Teste seu entendimento 27.4

1. **a.** Uma economia tem excesso de estímulo quando ocorre hiato de inflação. Isso acontece quando se implementa uma política monetária ou fiscal expansionista com a economia de fato em equilíbrio macroeconômico de longo prazo. Isso desloca a curva de demanda agregada para a direita, aumentando no curto prazo o nível de preços agregado e o produto agregado e criando um hiato de inflação. No fim, os salários nominais aumentam, deslocando a curva de oferta agregada de curto prazo para a esquerda, e o produto agregado volta ao nível do produto potencial. Esse é o cenário que a pessoa tem em mente.

   b. Não, esse não é um argumento válido. Quando a economia no presente não está em equilíbrio macroeconômico de longo prazo, uma política monetária ou fiscal expansionista não leva ao resultado descrito no item (a). Suponha que um choque de demanda negativo tenha deslocado a curva de demanda agregada para a esquerda, resultando em hiato de recessão. Uma política monetária ou fiscal expansionista pode deslocar a curva de demanda agregada de volta para sua posição original no equilíbrio macroeconômico de longo prazo. Dessa forma, a queda de curto prazo no produto agregado e a deflação causada pelo choque de demanda negativo original podem ser evitadas. Assim, se usada em resposta a um choque de demanda, a política fiscal ou monetária é um instrumento efetivo.

2. Quem defendia no Fed a redução da taxa de juros tinha como foco um estímulo à demanda agregada, a fim de contrabalançar o choque de demanda negativo causado pelo estouro da bolha imobiliária. Baixar a taxa de juros resultará em deslocamento para a direita da curva de demanda agregada, aumentando o produto agregado, mas aumentando o nível de preços agregado. Quem no Fed estava a favor de manter a taxa de juros constante tinha sua atenção concentrada no fato de que combater a recessão da demanda agregada diante de um choque de oferta negativo podia resultar em aumento da inflação. A manutenção da taxa de juros constante baseia-se na confiança de que a economia se autocorrigirá no longo prazo, com o nível de preços agregado e o produto agregado, retornando apenas gradualmente aos níveis anteriores ao choque de oferta negativo.

Capítulo 28

Teste seu entendimento 28.1

1. **a.** Essa é uma política fiscal contracionista, pois trata-se de uma redução de compras governamentais de bens e serviços.

   b. Essa é uma política fiscal expansionista porque é um aumento de transferências do governo que aumentará a renda disponível.

   c. Essa é uma política fiscal contracionista porque é um aumento de impostos que reduzirá a renda disponível.

2. Ajuda federal de emergência por desastres que é desembolsada rapidamente é mais eficaz que ajuda via legislação porque há pouca defasagem de tempo entre o desastre e o recebimento da ajuda por parte das vítimas. Por conseguinte, estabilizará a economia depois de um desastre. Em comparação, tenderá a haver uma defasagem de tempo até que a ajuda que deve ser aprovada em lei seja desembolsada, o que levará a uma desestabilização potencial da economia.

3. Essa afirmação implica que a política fiscal expansionista resultará em *crowding out*, o deslocamento do investimento privado, e que o oposto, a política fiscal contracionista, levará o setor privado a crescer. A validade ou não dessa afirmação depende de saber se a economia está em pleno emprego; só nesse caso a política fiscal expansionista poderá deslocar o setor privado. Se a economia está em hiato de recessão, espera-se que o setor privado cresça junto com a expansão fiscal e contraia junto com a contração fiscal.

Teste seu entendimento 28.2

1. Um aumento de \$ 500 milhões nas compras públicas de bens e serviços aumenta diretamente o gasto agregado em \$ 500 milhões, o que põe em movimento o multiplicador. Aumentará o PIB real em \$ 500 milhões × 1 / (1 – *MPC*). Um aumento de \$ 500 milhões em transferências governamentais aumenta o gasto agregado somente na medida em que provoque aumento nos gastos de consumo. Os gastos de consumo aumentam na medida da propensão marginal a consumir (*MPC*) a cada aumento de \$ 1 na renda disponível, em que *MPC* é inferior a 1. Portanto, um aumento de \$ 500 milhões nas transferências governamentais desloca a curva de demanda agregada somente *MPC* × 500 milhões, em comparação com compras governamentais de bens e serviços no valor de \$ 500 milhões que constituem integralmente um aumento da despesa agregada. Isso aumentará o PIB real em \$ 500 milhões × *MPC* / (1 – *MPC*).

2. Essa é a mesma questão do Problema 1, mas na ordem inversa. Se as compras de bens e serviços do governo caírem em \$ 500 milhões, a queda inicial nos gastos agregados será de \$ 500 milhões. Se houver redução de \$ 500 milhões nas transferências do governo, a queda inicial nos gastos agregados será *MPC* × \$ 500 milhões, que é menos do que \$ 500 milhões.

3. A Boldóvia terá variação maior em seu PIB real do que a Moldóvia, porque a Moldóvia tem estabilizadores automáticos enquanto a Boldóvia não tem. Na Moldóvia, o efeito das recessões será atenuado pelos benefícios do seguro-desemprego, que sustentará a renda dos residentes, enquanto os efeitos de um *boom* são atenuados porque a arrecadação de impostos aumenta. Em contraste, a renda na Boldóvia não será sustentada durante a recessão porque não há seguro-desemprego. Além disso, como a Boldóvia tem impostos que se pagam de uma só vez, ou impostos de soma fixa (*lump-sum*), seus *booms* não serão atenuados pelo aumento das receitas tributárias.

Teste seu entendimento 28.3

1. O balanço orçamentário efetivo leva em conta efeitos do ciclo econômico sobre o déficit do orçamento. Durante hiatos de recessão, incorpora o efeito de receitas tributárias mais baixas e transferências mais elevadas sobre o balanço orçamentário; durante hiatos de inflação, incorpora o efeito de receitas tributárias mais altas e redução das transferências. Em contraste, o balanço orçamentário ciclicamente ajustado desconta os efeitos do ciclo econômico e pressupõe que o PIB real está no nível do produto potencial. Como o PIB real tende ao produto potencial no longo prazo, o balanço orçamentário ciclicamente ajustado é uma medida melhor da sustentabilidade de longo prazo das políticas governamentais.

2. Em recessões, o PIB real cai. Isso implica que a renda dos consumidores, os gastos dos consumidores e os lucros dos produtores também caem. Dessa forma, nas recessões, a receita tributária dos estados (que depende em grande medida da renda dos consumidores, dos gastos de consumidores e dos lucros de produtores) diminui. A fim de equilibrar o orçamento, os estados precisam cortar despesas ou aumentar impostos. Mas isso implica aprofundar a recessão. Sem a exigência de orçamento equilibrado, os estados podem usar política fiscal expansionista durante uma recessão, para atenuar a queda do PIB real.

Teste seu entendimento 28.4

1. **a.** Uma taxa de crescimento mais alta do PIB real implica que a receita tributária cresce. Se o gasto do governo permanece constante e o governo tem superávit no orçamento, o tamanho da dívida pública será menor do que seria de outro modo.

   b. Se os aposentados vivem mais, a idade média da população aumenta. Em consequência, o passivo implícito do governo aumenta porque aumentam os gastos com programas de assistência aos norte-americanos idosos, como a previdência social e a assistência médica a idosos.

   c. Uma redução na receita tributária, sem redução correspondente no gasto do governo, provocará aumento da dívida pública.

   d. A dívida pública aumentará em consequência da tomada de empréstimos pelo governo para pagar juros sobre a sua dívida pública corrente.

2. A fim de estimular a economia no curto prazo, o governo pode usar política fiscal para aumentar o PIB real. Isso leva à tomada de empréstimos pelo governo, aumentando a dívida pública ainda mais e criando consequências indesejáveis; em casos extremos, o governo pode ser obrigado ao *default* de sua dívida. Mesmo em casos menos extremos, uma dívida pública elevada é indesejável, uma vez que a tomada de empréstimos pelo governo elimina o crédito necessário para gastos de investimento privado. Isso reduz o gasto de investimento, diminuindo o crescimento de longo prazo da economia.

3. Uma política fiscal contracionista, assim como a austeridade fiscal, reduz o gasto público, o que por sua vez reduz a renda e a receita tributária. Com menos receita tributária, o governo tem menos capacidade de pagar suas dívidas. Além disso, uma economia em queda reduz a confiança de credores na capacidade de pagamento do governo e os leva a aumentar as taxas de juros sobre essa dívida. Taxas de juros mais altas sobre a dívida tornam o governo ainda menos capaz de pagar a dívida.

Capítulo 29

Teste seu entendimento 29.1

1. A característica que define a moeda é sua liquidez: a facilidade com que ela pode ser usada para comprar bens e serviços. Embora um cartão de presente possa ser usado facilmente para a compra de um conjunto bem definido de bens e serviços (os bens e serviços disponíveis na loja que emite o cartão), ele não pode ser usado para comprar quaisquer outros bens e serviços. Um cartão de presente, portanto, não é moeda, pois não pode ser facilmente usado para comprar todos os bens e serviços.

2. Mais uma vez, a característica importante da moeda é sua liquidez: a facilidade com que ela pode ser usada para a compra de bens e serviços. M1, a definição mais estrita da oferta de moeda, contém apenas moeda em circulação e depósitos bancários em conta-corrente. Contra certificados de depósito não se podem emitir cheques – e eles não podem ser transformados em depósitos em conta-corrente sem incorrer em custo, pois há uma perda com a retirada antes do prazo. Isso torna os certificados de depósito menos líquidos do que os ativos que são incluídos em M1.

3. A moeda garantida por mercadoria usa recursos de modo mais eficiente que a simples moeda-mercadoria, como moedas de ouro e prata, porque a moeda garantida por mercadoria imobiliza menor quantidade de recursos valiosos. Embora o banco tenha de manter à mão alguma quantidade dessa mercadoria – em geral ouro ou prata –, precisa manter apenas o suficiente para atender os pedidos de resgate. Pode, então, emprestar o ouro e a prata restantes, o que permite à sociedade usar esses recursos para outros fins, sem sacrificar a capacidade de obter ganhos do comércio.

Teste seu entendimento 29.2

1. Embora saiba que o boato sobre o banco não é verdadeiro, você fica preocupado se outros depositantes retiram dinheiro do banco. E você sabe que, se uma quantidade suficiente de depositantes retira o dinheiro deles, o banco vai à falência. Nesse caso, é racional que você retire seu dinheiro antes que o banco vá à falência. Todos os depositantes vão pensar dessa forma. Assim, mesmo que todos saibam que o boato é falso, continua sendo racional retirar o dinheiro, o que leva a uma corrida aos bancos. Um seguro de depósitos leva os depositantes a preocuparem-se menos com a possibilidade de uma corrida aos bancos. Mesmo se o banco falir, nos Estados Unidos, por exemplo, o órgão federal de seguro do crédito bancário atualmente paga a cada depositante até 250.000 dólares por conta. Isso faz com que seja menos provável que um norte-americano retire seu dinheiro em reação a um boato. Como os outros depositantes vão pensar da mesma forma, não haverá corrida aos bancos.

2. Os aspectos da moderna regulamentação bancária que evitariam esse esquema são *exigência de capital* e *exigência de reservas*. A exigência de capital significa que um banco tem de ter determinado montante de capital – a diferença entre seus ativos (empréstimos mais reservas) e seus passivos (depósitos). Dessa forma, o vigarista não poderia abrir o banco sem colocar nada do seu próprio capital, porque o banco é obrigado a ter certa quantidade de capital – isto é, precisa ter mais ativos (empréstimos mais reservas) do que depósitos. Desse modo, o vigarista correria o risco de perder sua própria riqueza se os empréstimos concedidos por ele se tornassem inadimplentes.

Teste seu entendimento 29.3

1. Como os bancos precisam manter reservas de apenas \$ 100 em vez de \$ 200, eles agora emprestam mais \$ 100 de suas reservas. Quem toma emprestado \$ 100 vai depositá-los em um banco, que por sua vez os emprestará na proporção \$ 100 × (1 – *rr*) = \$ 100 × 0,9 = \$ 90. Quem toma emprestado os \$ 90 vai depositá-los em um banco, que vai emprestar \$ 90 × (1 – *rr*) = \$ 90 × 0,9 = \$ 81, e assim por diante. Em conjunto, os depósitos aumentarão em \$ 100/0,1 = \$ 1.000.

2. Silas põe \$ 1.000 no banco, dos quais o banco vai emprestar \$ 1.000 × (1 – *rr*) = \$ 1.000 × 0,9 = \$ 900. Qualquer um que tome emprestado \$ 900 manterá \$ 450 em moeda e depositará \$ 450 no banco. O banco emprestará \$ 450 × 0,9 = \$ 405. Qualquer um que tome emprestado \$ 405 manterá \$ 202,50 em moeda e depositará \$ 202,50 no banco. O banco emprestará \$ 202,50 × 0,9 = \$ 182,25, e assim por diante. Em conjunto, isso levará a um aumento nos depósitos de \$ 1.000 + \$ 450 + \$ 202,50 + ... Mas isso reduz a quantidade de moeda em circulação: o montante de moeda foi reduzido pelos \$ 1.000 que Silas pôs no banco. Isso é contrabalançado, embora não plenamente, pela quantidade de moeda mantida por cada pessoa que toma empréstimo. A quantidade de moeda em circulação, portanto, muda em –\$ 1.000 + \$ 450 + \$ 202,50 + ... A oferta de moeda, portanto, aumenta pela soma dos aumentos nos depósitos e da mudança de moeda em circulação, que é \$ 1.000 – \$ 1.000 + \$ 450 + \$ 450 + \$ 202,50 + \$ 202,50 + ..., e assim por diante.

Teste seu entendimento 29.4

1. Uma compra de mercado aberto de \$ 100 milhões pelo Fed aumenta as reservas bancárias em \$ 100 milhões quando o Fed credita suas contas com reservas adicionais. Em outras palavras, essa compra de mercado aberto aumenta a base monetária (moeda em circulação mais reservas bancárias) em \$ 100 milhões. Os bancos emprestam esses \$ 100 milhões adicionais. Quem toma emprestado o dinheiro coloca-o de volta no sistema bancário na forma de depósitos. Desses depósitos, os bancos emprestam \$ 100 milhões × (1 – *rr*) = \$ 100 milhões × 0,9 = \$ 90 milhões. Quem toma emprestado esse dinheiro vai depositá-lo de volta no sistema bancário. E os bancos emprestam \$ 90 milhões × 0,9 = \$ 81 milhões, e assim por diante. Em consequência, os depósitos bancários aumentam em \$ 100 milhões + \$ 90 milhões + \$ 81 milhões + ... = \$ 100 milhões / *rr* = \$ 100 milhões / 0,1 = \$ 1.000 milhões = \$ 1 bilhão. Como nesse exemplo simplificado todo o dinheiro emprestado é depositado de volta no sistema bancário, não há aumento de moeda em circulação, de modo que o aumento nos depósitos bancários é igual ao aumento na oferta de moeda. Em outras palavras, a oferta de moeda aumenta em \$ 1 bilhão. Isso é mais do que o aumento na base monetária por um fator de 10: nesse modelo simplificado, em que os depósitos são o único componente da oferta de moeda e em que os bancos não mantêm reservas excedentes, o multiplicador da moeda é 1 / *rr* = 10.

Teste seu entendimento 29.5

1. O pânico de 1907, a crise das instituições de poupança e empréstimo e a crise de 2008 implicaram perdas de parte de instituições financeiras que eram menos reguladas que os bancos de depósito tradicionais. Nas crises de 1907 e 2008, houve perda de confiança generalizada no setor financeiro e o colapso dos mercados de crédito. Do mesmo

modo que a crise de 1907 e a das S&L, a crise de 2008 exerceu um poderoso efeito negativo sobre a economia.

2. A criação do Federal Reserve não conseguiu impedir corridas aos bancos, pois não erradicou o temor dos depositantes de perder seu dinheiro caso o banco quebrasse. As corridas aos bancos eventualmente pararam quando foi estabelecido o seguro federal dos depósitos bancários e o público entendeu que seus depósitos agora estariam protegidos.

3. Foram necessárias medidas extraordinárias para lidar com a crise financeira de 2008 porque a falência de bancos paralelos não regulados, como o Lehman Brothers, fez aumentar o pânico nos mercados à medida que os preços dos ativos caíram e os mercados de crédito congelaram para famílias e empresas. A falência dos bancos paralelos também colocou todo o sistema financeiro em risco de falência, incluindo bancos de depósitos tradicionais financeiramente sólidos e instituições financeiras não depositárias, que acabaram sendo considerados importantes demais para a economia fracassar.

Capítulo 30

Teste seu entendimento 30.1

1. **a.** Ao aumentar o custo de oportunidade de manter moeda, uma taxa de juros elevada reduz a quantidade de moeda demandada. Esse é um movimento para cima e para a esquerda ao longo da curva de demanda de moeda.

   b. Uma queda de 10% nos preços reduz a quantidade de moeda demandada sob qualquer taxa de juros, deslocando a curva de demanda de moeda para a esquerda.

   c. Essa mudança tecnológica reduz a quantidade de moeda demandada nominal e real com qualquer taxa de juros, deslocando a curva de demanda de moeda para a esquerda.

   d. Isso aumentará a demanda por moeda a qualquer taxa de juros. Com mais ativos da economia em contas difíceis de acessar nos bancos estrangeiros, as pessoas vão querer manter mais dinheiro vivo para eventuais compras. A curva da demanda de moeda se desloca para a direita.

2. **a.** Uma taxa de juros de 0,5% paga sobre os saldos em dinheiro reduzirá o custo de oportunidade de manter moeda para os clientes do PayBuddy, porque eles agora abrem mão de menos ao reterem moeda.

   b. Um aumento na taxa de juros de CDBs de seis meses aumenta o custo de oportunidade de manter moeda, porque manter moeda implica abdicar do juro mais alto que seria pago.

   c. Um ano de financiamento a juro zero em compras de Natal aumenta o custo de oportunidade de manter dinheiro vivo. Um comprador no Natal não precisa converter ativos que pagam juros em dinheiro para evitar pagar juros nas compras com cartão de crédito. Então, o que um comprador dispensa ao pagar as compras de Natal com dinheiro em vez de cobrá-lo no cartão de crédito aumentou.

Teste seu entendimento 30.2

1. No gráfico a seguir, o aumento na demanda de moeda se mostra como um deslocamento para a direita da curva de demanda de moeda, de MD_1 para MD_2. Isso aumenta a taxa de juros de equilíbrio de r_1 para r_2.

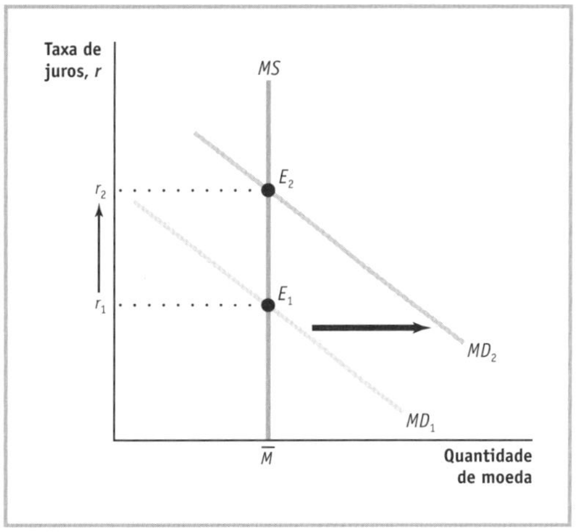

2. Para evitar que a taxa de juros suba, o Fed tem de fazer uma compra de letras do Tesouro no mercado aberto, deslocando a curva de oferta de moeda para a direita. Isso se mostra no gráfico a seguir como um movimento de MS_1 para MS_2.

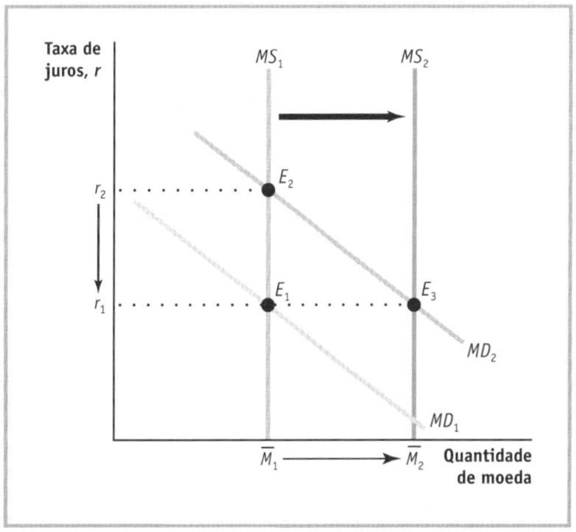

3. **a.** Para Malia, é melhor comprar um título de um ano hoje e um título de um ano daqui a um ano, porque isso lhe permite garantir a taxa de juros mais alta daqui a um ano.

   b. Para Malia, é melhor comprar um título de dois anos hoje, porque isso lhe garante uma taxa de juros mais alta no segundo ano do que se comprasse dois títulos de um ano.

Teste seu entendimento 30.3

1. **a.** A curva de oferta de moeda se desloca para a direita.

   b. A taxa de juros de equilíbrio cai.

   c. O gasto de investimento aumenta em virtude da queda na taxa de juros.

   d. O gasto de consumo aumenta em razão do processo do multiplicador.

   e. O produto agregado aumenta por causa do deslocamento à direita na curva de demanda agregada.

2. O banco central que usa regra de Taylor tende a responder mais diretamente a uma crise financeira do que aquele que tem metas de inflação, pois com a regra de Taylor o banco central não precisa determinar sua política de modo a atingir uma meta preestabelecida de inflação. Além disso, sob a regra de Taylor, os bancos centrais responderão dire-

tamente a uma mudança na taxa de desemprego, já que em uma crise financeira é mais provável que haja aumento no desemprego do que na inflação.

Teste seu entendimento 30.4

1. **a.** O produto agregado aumenta no curto prazo e depois volta para um nível igual ao produto potencial no longo prazo.

   b. O nível de preços agregado aumenta no curto prazo, mas em menos de 25%. Ele continua a subir no longo prazo, em um total de 25%.

   c. A taxa de juros cai no curto prazo e depois sobe de novo para seu nível original no longo prazo.

2. No curto prazo, uma mudança na taxa de juros altera a economia porque afeta o gasto de investimento que, por sua vez, afeta a demanda agregada e o PIB real via processo do multiplicador. Contudo, no longo prazo, mudanças no gasto de consumo e no gasto de investimento, eventualmente, resultarão em mudanças nos salários nominais e nos preços de outros fatores de produção. Por exemplo, uma política monetária expansionista eventualmente causará aumento nos preços dos fatores; uma política contracionista eventualmente causará queda nos preços dos fatores. Em resposta, a curva de oferta agregada de curto prazo se deslocará para levar a economia de volta ao equilíbrio de longo prazo. Assim, no longo prazo, a política monetária não tem efeito sobre a economia.

Capítulo 31

Teste seu entendimento 31.1

1. A taxa de inflação tem mais probabilidade de refletir rapidamente mudanças na oferta de moeda quando a economia passou por um período prolongado de inflação alta. Isso porque um período prolongado de inflação alta sensibiliza trabalhadores e empresas para que aumentem os salários nominais e os preços dos bens intermediários quando o nível de preços agregado sobe. Em consequência, haverá pouco ou nenhum aumento no produto real em curto prazo depois de um aumento na oferta de moeda, e o aumento na oferta de moeda se refletirá no aumento de preços em igual porcentagem. Em uma economia na qual as pessoas não estão sensíveis a inflação alta porque tiveram baixa inflação no passado, um aumento na oferta de moeda levará a um aumento no produto real no curto prazo. Isso ilustra o fato de que o modelo clássico do nível de preços se aplica melhor a economias com inflação persistentemente alta e não àquelas com pouca ou nenhuma história de inflação alta, embora estejam passando atualmente por uma inflação alta.

2. Sim, é possível um imposto inflacionário mesmo assim, porque o imposto inflacionário incide sobre as pessoas que mantêm dinheiro vivo. Desde que as pessoas mantenham moeda, independentemente de os preços serem ou não indexados, o governo consegue usar a senhoriagem para capturar recursos reais do público.

Teste seu entendimento 31.2

1. Quando o PIB real é igual ao produto potencial, o desemprego cíclico é zero e a taxa de desemprego é igual à taxa natural. Isso é dado pelo ponto E_1 na Figura 31.7. Supondo taxa de inflação esperada igual a 0%, isso corresponde também a uma taxa de desemprego de 6% na curva $SRPC_0$ na Figura 31.9. Qualquer taxa de desemprego superior a 6% ou inferior a 6% representa desemprego cíclico. Um aumento na demanda agregada gera queda na taxa de desemprego para menos que a taxa natural (desemprego cíclico negativo) e aumento na taxa de inflação. Isso é mostrado pelo movimento de E_1 para E_2 na Figura 31.7 e é um movimento para cima ao longo da curva de Phillips de curto prazo. Uma queda na demanda agregada gera aumento na taxa de desemprego para mais que a taxa natural (desemprego cíclico positivo) e queda na taxa de inflação. Isso seria representado por um movimento descendente ao longo da curva de Phillips de curto prazo desde o ponto E_1. Assim, para dada taxa de inflação esperada, a curva de Phillips de curto prazo ilustra a relação entre desemprego cíclico e a taxa de inflação efetiva.

2. Uma queda no preço das mercadorias causa choque de oferta positivo, que reduz o nível de preços agregado e reduz a inflação. Assim, qualquer nível de desemprego pode ser mantido a uma taxa de inflação agora mais baixa, o que significa que a curva de Phillips de curto prazo se deslocou para baixo. Em contraste, um aumento no preço das mercadorias causa choque de oferta negativo, que aumenta o nível de preços agregado e aumenta a inflação. Qualquer nível dado de desemprego só pode ser mantido com taxa de inflação mais alta, o que significa que a curva de Phillips de curto prazo se deslocou para cima.

Teste seu entendimento 31.3

1. Não há *trade-off* de longo prazo entre inflação e desemprego porque, uma vez ajustadas as expectativas de inflação, os salários também se ajustarão, retornando a taxa de emprego e a de desemprego em seus níveis de equilíbrio (naturais). Isso implica que, quando a inflação esperada se ajustar plenamente a quaisquer níveis de inflação efetiva, a taxa de desemprego voltará à taxa natural de desemprego (NAIRU). Isso também implica que a curva de Phillips de longo prazo é vertical.

2. Há duas explicações possíveis para isso. Primeiro, choques de oferta negativos (por exemplo, um aumento no preço do petróleo) causariam aumento no desemprego e aumento na inflação. Segundo, é possível que os responsáveis pela política econômica britânicos tentaram ter como meta uma taxa de desemprego abaixo da taxa natural. Qualquer tentativa de manter a taxa de desemprego abaixo da taxa natural resultaria em aumento de inflação.

3. Desinflação é custosa porque, para reduzir a taxa de inflação, o produto agregado no curto prazo normalmente tem de cair até abaixo do produto potencial. Isso, por sua vez, resulta em aumento na taxa de desemprego para níveis acima da taxa natural. Em geral, observaríamos uma redução no PIB real. Os custos de qualquer desinflação podem ser reduzidos se o banco central tiver credibilidade e anunciar antecipadamente sua política para reduzir a inflação. Nessa situação, o ajuste à política de desinflação é mais rápido, resultando em perda menor de produto agregado.

Teste seu entendimento 31.4

1. Se a taxa de juros nominal é negativa, um indivíduo fica em situação melhor apenas mantendo dinheiro vivo, que tem taxa de retorno nominal de 0%. Se as opções disponíveis são emprestar e receber uma taxa de juros nominal negativa ou manter a moeda e receber uma taxa de juros nominal de 0%, o indivíduo ficará com o dinheiro vivo. Esse cenário cria a possibilidade de uma armadilha da liquidez, em que

a política monetária é ineficaz porque a taxa nominal de juros não pode cair abaixo de zero. Quando a taxa nominal de juros chega até zero, os aumentos subsequentes na oferta de moeda farão empresas e indivíduos manterem como dinheiro vivo a moeda adicional.

Capítulo 32

Teste seu entendimento 32.1

1. Um economista clássico diria que, embora a política monetária expansionista provavelmente tivesse algum efeito no curto prazo, o curto prazo não importava. Em vez disso, um economista clássico teria frisado o longo prazo, alegando que a política monetária expansionista resultaria apenas em aumento no nível de preços agregado sem afetar o produto agregado.

2. Essa afirmação soaria familiar a um economista keynesiano. Segundo Keynes, a confiança empresarial (que ele chamou de "espíritos animais") é a principal responsável por recessões. Se a confiança empresarial é baixa, um economista keynesiano consideraria isso motivo para ativismo macroeconômico, ou seja, o governo deveria usar política fiscal e monetária expansionista para ajudar a recuperação da economia.

Teste seu entendimento 32.2

1. A política fiscal é limitada por defasagens temporais no reconhecimento dos problemas econômicos, na formulação de uma resposta, na aprovação de legislação e na implementação das políticas. A política monetária também é limitada por defasagens temporais, mas estas não são tão severas como as da política fiscal, pois o Federal Reserve costuma agir mais rapidamente do que o Congresso. Tentativas de reduzir o desemprego abaixo da taxa natural por meio das políticas fiscal e monetária são limitadas pelas previsões da hipótese da taxa natural: que essas tentativas resultarão em aceleração da inflação. Além disso, tanto a política fiscal quanto a monetária são limitadas por preocupações com o ciclo político-econômico: de que serão usadas para satisfazer fins políticos e acabarão desestabilizando a economia.

2. **a.** É provável que Milton Friedman tenha concordado com a política do Fed de acelerar o crescimento do M1, porque sabemos que Friedman acreditava que o Fed deveria ter adotado uma política monetária mais expansionista após a Grande Depressão, embora ele possa ter expressado cautela sobre o uso de políticas discricionárias.

   b. As objeções monetaristas à política fiscal baseiam-se nos problemas de desfasagem temporal na sua implementação e *crowding out*. Os monetaristas também acreditam que defasagens de tempo prejudicam a eficácia da política monetária, mas em menor grau do que ocorreria com a política fiscal. No entanto, nenhuma dessas objeções se aplicava durante a Grande Recessão. Por ter durado muito tempo, tanto a política fiscal quanto a política monetária foram eficazes apesar das defasagens de tempo. E, como as taxas de juros e os gastos com investimentos despencaram, o *crowding out* pela política fiscal não foi um problema.

3. **a.** Teóricos das expectativas racionais argumentariam que somente mudanças inesperadas na oferta de moeda teriam algum efeito de curto prazo sobre a atividade econômica. Eles argumentariam também que mudanças esperadas na oferta de moeda afetariam apenas o nível de preços agregado, sem efeito de curto prazo sobre o produto agregado. Assim, esses teóricos dariam crédito ao Fed por limitar a severidade da Grande Recessão somente se a política monetária do Fed tivesse sido mais agressiva do que os indivíduos esperavam nesse período.

   b. Os teóricos do ciclo econômico real argumentariam que a política do Fed não teve efeito em acabar com a Grande Recessão porque eles acreditam que flutuações no produto agregado são causadas, em grande medida, por mudanças na produtividade total dos fatores.

Teste seu entendimento 32.3

1. A armadilha da liquidez provocada pela Grande Recessão diminuiu muito o consenso da Grande Moderação, que considerava que o principal instrumento era a política monetária e esta, no momento, parecia em grande parte ineficaz. O permanente desacordo sobre política fiscal passou agora a ser o foco. A experiência sombria dos países europeus que haviam adotado austeridade fiscal, em comparação com a recuperação mais rápida dos Estados Unidos, que adotaram políticas fiscais expansionistas, levou a maioria dos economistas a mais ou menos concordar com a visão keynesiana sobre os efeitos da política fiscal.

2. O Fed recebeu críticas de alguns indivíduos por estar fazendo demais e críticas de estagnacionistas seculares por estar fazendo muito pouco. Alguns indivíduos acreditavam que o grande aumento da base monetária e a flexibilização quantitativa causariam inflação alta. Os estagnacionistas seculares acreditavam que a economia estava em uma armadilha da liquidez e em um estado de estagnação secular. Portanto, os estagnacionistas defendiam uma meta de inflação mais alta, que permitiria ao Fed empurrar a taxa de juros real para baixo enquanto a taxa nominal estivesse próxima de zero.

Capítulo 33

Teste seu entendimento 33.1

1. **a.** A venda de novos aviões à China representa a exportação de um bem para a China e, assim, entra na conta-corrente.

   b. A venda de ações da Boeing para investidores chineses é uma venda de ativos norte-americanos e, assim, entra na conta financeira.

   c. Mesmo que o avião já exista, no momento em que ele é enviado para a China acontece uma exportação de um bem dos Estados Unidos. Assim, a venda do avião entra na conta-corrente.

   d. Como o avião permanece nos Estados Unidos, o investidor chinês está comprando um ativo norte-americano. Assim, temos uma resposta idêntica à do item *b*: a venda do jato entra na conta financeira.

2. O colapso da bolha imobiliária nos Estados Unidos e a recessão subsequente levaram a uma enorme queda na taxa de juros nos EUA, em virtude da profundidade do declínio econômico. Consequentemente, caíram as entradas de capital no país.

Teste seu entendimento 33.2

1. **a.** O aumento na compra de petróleo mexicano motiva os indivíduos (e as empresas) nos Estados Unidos a aumentarem sua demanda de pesos. Para comprar pesos, o indivíduo aumentará sua oferta de dólares americanos no mercado de moeda estrangeira, provocando um deslocamento para a direita da curva de oferta de dólares.

Isso causará uma queda no preço do dólar em termos de pesos (a quantidade de pesos por dólar cairá). O resultado é que o peso apreciou e o dólar americano depreciou.

b. Essa apreciação do peso implica que serão necessários mais dólares para obter a mesma quantidade de pesos mexicanos. Se supomos que o nível de preços (medido em pesos mexicanos) de outros bens e serviços mexicanos não muda, outros bens e serviços mexicanos ficam mais caros para domicílios e empresas americanos. O custo em dólar de outros bens e serviços mexicanos aumentará à medida que o peso apreciar. Assim, as exportações mexicanas de bens e serviços que não sejam petróleo diminuirão.

c. Supondo que o nível de preços nos EUA (medido em dólares) não mude, a apreciação do peso fará com que bens e serviços dos Estados Unidos fiquem mais baratos em termos de pesos. Assim, as importações mexicanas de bens e serviços dos Estados Unidos vão aumentar.

2. a. A taxa de câmbio real é

$$\text{Pesos por dólar} = \frac{\text{Nível de preços agregados nos EUA}}{\text{Nível de preços agregados no México}}$$

Hoje, o nível de preços agregado nos dois países é igual a 100. A taxa de câmbio real hoje é 10 × (100 / 100) = 10. O nível de preços agregado daqui a cinco anos nos Estados Unidos será 100 × (120 / 100) = 120 e no México será 100 × (1.200 / 800) = 150. A taxa de câmbio real daqui a cinco anos, supondo que a taxa nominal não mude, será 10 × (120 / 150) = 8.

b. Hoje, uma cesta de bens e serviços que custa US$ 100 equivale a 800 pesos, de modo que a paridade do poder de compra é 8 pesos por dólar. Em cinco anos, uma cesta que custa hoje US$ 120 custará 1.200 pesos, de modo que a paridade do poder de compra será 10 pesos por dólar.

Teste seu entendimento 33.3

1. O gráfico a seguir mostra a oferta e a demanda por yuans, com o preço de yuans em dólares no eixo vertical. Em 2005, antes da valorização do yuan, a taxa de câmbio estava fixa em 8,28 yuans por dólar ou, de modo equivalente, 0,121 dólar por yuan (US$ 0,121). Na meta da taxa de câmbio de US$ 0,121, a quantidade demandada de yuans excedia a quantidade ofertada de yuans, criando a escassez que se mostra no gráfico. Sem qualquer intervenção do governo chinês, o preço do yuan em dólares deveria ser pressionado para cima, causando uma apreciação do yuan. O governo chinês, contudo, interveio para impedir essa apreciação.

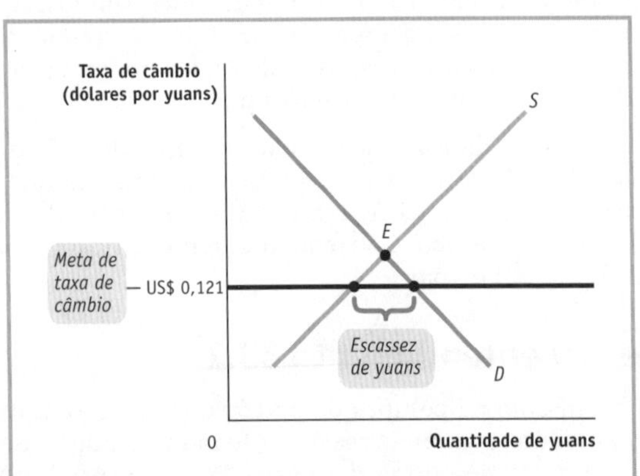

a. Se lhe fosse permitido mudar livremente, a taxa de câmbio em dólares se moveria rumo a uma taxa de câmbio de equilíbrio (indicada por XR^* no gráfico a seguir). Isso ocorreria em consequência da escassez, quando compradores de yuans pressionariam para cima seu preço em dólares. À medida que a taxa de câmbio aumentasse, a quantidade demandada de yuans diminuiria e a quantidade ofertada de yuans subiria. Se a taxa de câmbio aumentasse para XR^*, o desequilíbrio seria inteiramente eliminado.

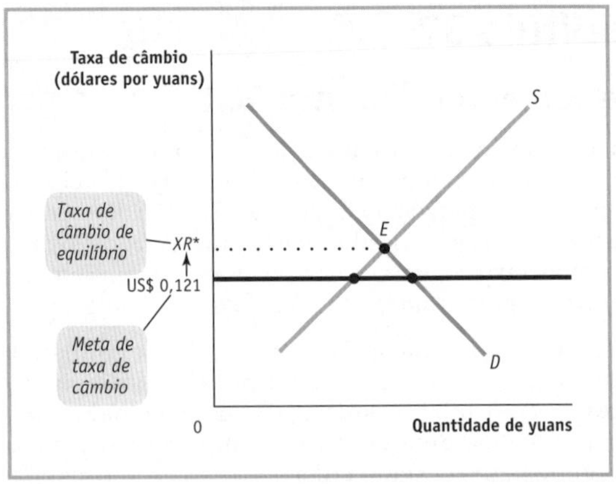

b. Criar restrições aos estrangeiros que querem investir na China reduziria a demanda de yuans, levando a curva de demanda a se deslocar de D_1 para algo como D_2 no gráfico a seguir. Isso diminuiria a escassez de yuans. Se a demanda caísse para D_3, o desequilíbrio seria completamente eliminado.

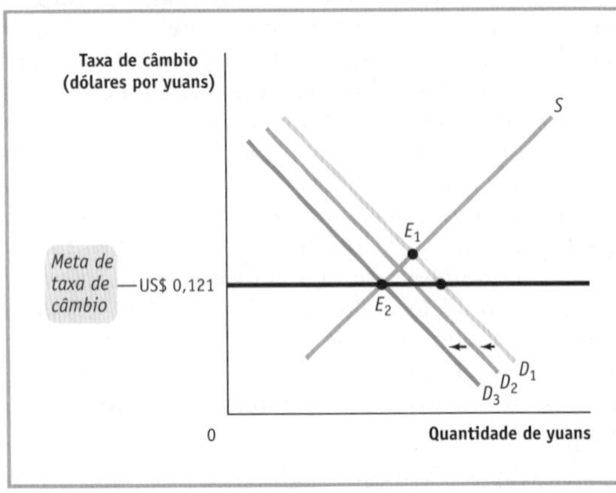

c. Remover restrições para os chineses que querem investir no exterior levaria a um aumento na oferta de yuans e a um deslocamento para a direita na curva de oferta. Esse aumento na oferta também causaria redução no tamanho da escassez. Por exemplo, no gráfico a seguir, se a oferta aumentasse de S_1 para S_2, o desequilíbrio seria eliminado completamente.

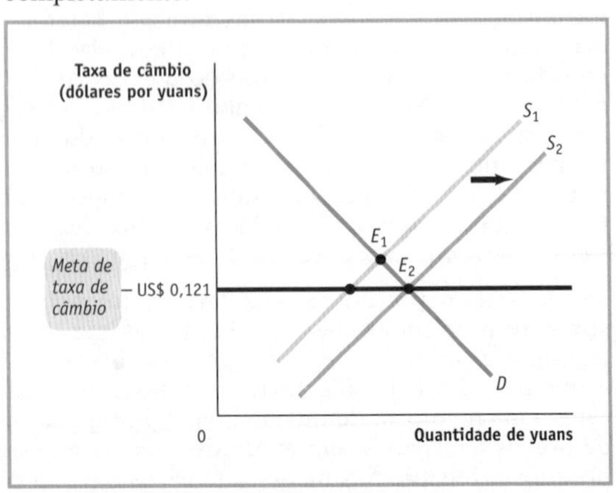

d. Estabelecer um imposto sobre as exportações (bens chineses vendidos a estrangeiros) aumentaria o preço desses bens e diminuiria a quantidade de bens chineses comprados. Isso também reduziria a demanda de yuans. A análise gráfica nesse caso é praticamente idêntica à que se vê na figura que acompanha o item *b*.

Teste seu entendimento 33.4

1. As desvalorizações e valorizações provavelmente ocorreram naqueles períodos em que houve mudança súbita na taxa de câmbio franco-marco: 1974, 1976, início da década de 1980, 1986 e 1993-1994.

2. A elevada taxa de juros canadense teria provavelmente causado aumento na entrada de capital para o Canadá. Para obter esses ativos (que renderam taxas de juros relativamente altas) no Canadá, os investidores teriam de obter primeiro dólares canadenses. O aumento na demanda de dólares canadenses depreciaria o dólar canadense. Essa apreciação da moeda canadense teria aumentado o preço dos bens canadenses para os estrangeiros (medido em termos da moeda estrangeira). Isso teria tornado mais difícil para as empresas canadenses competir em outros mercados.

Índice Alfabético

D

E

F

G

H

I

2023/1

Q

R

S